esta

BÍBLIA SAGRADA

pertence a

A PIETÁ – Michelangelo – Basílica de São Pedro

BÍBLIA SAGRADA

Tradução do
Padre Antônio Pereira de Figueiredo

EDITORA IRACEMA
Av. Armando Ferrentini, 195 – Paraíso
04103-030 – São Paulo – SP
Te.: 11 3209-6866 Fax: 11 3277-0094
iracema@editorairacema.com.br

Dom Raymundo Damasceno Assis
Arcebispo Metropolitano de Aparecida

IMPRIMATUR

Concedo o imprimatur à tradução da Bíblia Sagrada, a partir da vulgata latina e realizada pelo Pe. Antônio Pereira de Figueiredo, editada no Brasil pela Editora Iracema Ltda.

Aparecida, 19 de julho de 2007.

Dom Raymundo Damasceno Assis
Arcebispo Metropolitano de Aparecida-SP

Mitra Arquidiocesana de São Paulo

Dom Pedro Luiz Stringhini
Arquidiocese de São Paulo

NIHIL OBSTAT

Concedo o Nihil Obstat à tradução da Bíblia Sagrada, a partir da vulgata latina e realizada pelo Pe. Antônio Pereira de Figueiredo, editada no Brasil pela Editora Iracema Ltda.

São Paulo, 19 de julho de 2007.

Dom Pedro Luiz Stringhini
Bispo Auxiliar de São Paulo
Mestre em *Re Bíblica* pelo
Pontifício Instituto Bíblico de Roma

PAPA BENTO XVI – (Ratzinger, Joseph) – Eleito em 19/04/2005

João Paulo II

Nossa Família

Nós

ESPOSO

ESPOSA

Recebemos o Sacramento do matrimônio

DATA

LUGAR

Na presença do Reverendíssimo

SACERDOTE

As principais testemunhas de nosso casamento foram

PADRINHO DO ESPOSO

MADRINHA DO ESPOSO

PADRINHO DA ESPOSA

MADRINHA DA ESPOSA

Batismo

____

Nasceu em ____________________ *no dia* ____________

e foi batizado no dia ______________________________

por ____

____

Nasceu em ____________________ *no dia* ____________

e foi batizado no dia ______________________________

por ____

____

Nasceu em ____________________ *no dia* ____________

e foi batizado no dia ______________________________

por ____

____

Nasceu em ____________________ *no dia* ____________

e foi batizado no dia ______________________________

por ____

____

Confirmação

____

Foi crismado aos ____

por ____

____

Foi crismado aos ____

por ____

____

Foi crismado aos ____

por ____

____

Foi crismado aos ____

por ____

____

Foi crismado aos ____

por ____

____

Penitência

Confessou-se pela primeira vez

Confessou-se pela primeira vez

Confessou-se pela primeira vez

Confessou-se pela primeira vez

Confessou-se pela primeira vez

Eucaristia

Recebeu a primeira Comunhão aos

Recebeu a primeira Comunhão aos

Recebeu a primeira Comunhão aos

Recebeu a primeira Comunhão aos

Recebeu a primeira Comunhão aos

Matrimônio

Casou-se com

---

no dia ______________________ *em* ______________________

Casou-se com

---

no dia ______________________ *em* ______________________

Casou-se com

---

no dia ______________________ *em* ______________________

Casou-se com

---

no dia ______________________ *em* ______________________

Unção dos Enfermos

Foi ungido a ____________________

Foi ungido a ____________________

Foi ungido a ____________________

Foi ungido a ____________________

Foi ungido a ____________________

Foi ungido a ____________________

Morte

Faleceu ____________________

Faleceu ____________________

Faleceu ____________________

Faleceu ____________________

Faleceu ____________________

Faleceu ____________________

Sagrada família (tela de Michelangelo).

Escultura do Cristo (imagem), encontrada em um porão de Minas Gerais.

MENSAGEM FRATERNA

Quando o mundo avança rumo à ciência e ao futuro, quando o homem utiliza a máquina para ganhar o tempo, quando as nações estão mais próximas pelo encurtamento das distâncias percorridas por revolucionários meios de transportes e, quando, ainda, o homem parte rumo ao cosmo, mais atônito fica o Homem.

Contempla a esse espetáculo preocupado e perplexo. Ao lado de fabulosas conquistas da ciência e da técnica, o Homem perde-se na ganância, na falta de solidariedade e na falta de fraternidade. A Paz cede lugar à guerra. O individualismo vai, paulatinamente, ganhando os corações levando o Homem ao isolamento dentro de si mesmo. Mesas fartas convivem ao lado da fome. A miséria, a doença, a falta de fraternidade e de amor são as características do mundo de hoje.

E atônito o Homem contempla. Em muitas cabeças deve ser constante a imagem de Jesus, mas quão distante está a prática de seus ensinamentos pelo Homem: "Amarás ao Senhor teu Deus de todo o teu coração, e de toda a tua alma, e de todo o teu entendimento, este é o maior e o primeiro mandamento. E o segundo, semelhante a este é: "Amarás a teu próximo como a ti mesmo". Estes dois mandamentos contêm toda a lei e os profetas (Mateus, XXII:34-40) e "Se queres ser perfeito, vai, vende o que tens, e dá-o aos pobres, e terás um tesouro no céu; depois vem e segue-me" (Mateus, XIX, 16-24 – Lucas, XVII:18-25 – Marcos, X:17-25).

Foi refletindo sobre os ensinamentos de Jesus e a situação atual do mundo e do Homem que a LIVRARIA EDITORA IRACEMA resolveu publicar esta obra. Pretende, desta forma, contribuir para levar ao conhecimento de muitos a mensagem de Jesus para o aperfeiçoamento do homem e da sociedade, lembrando Mateus, V:19: "Aquele, pois, que quebrar um destes mínimos mandamentos e que assim ensinar aos homens será chamado mui pequeno no Reino dos Céus; mas o que os guardar, e ensinar a guardá-los, esse será reputado grande no Reino dos Céus.".

Os Editores

Editor
Orlando Vicente

Supervisão
Orlando Vicente Junior

Arte e Revisão
Equipe do departamento editorial da
Livraria Editora Iracema Ltda

Dados Internacionais de Catalogação na Publicação (CIP)
(Câmara Brasileira do Livro, SP, Brasil)

Bíblia sagrada / (tradução da Vulgata Latina
por Pe. Antônio Pereira de Figueiredo).
São Paulo : Iracema, 2008.

ISBN 978 - 85 - 7411 - 019 - 6

1. Bíblia. A.T. 2. Bíblia. N.T..

08 - 031034 CDD - 220

Índice para catálogo sistemático:

1. Bíblia 220

Impressão e Acabamento
Prol Editora Gráfica Ltda - Unidade Tamboré
Av. Juruá, 820 - Barueri - SP
Tel.11 - 3927 - 8188 Fax: 11 - 3927 - 8172

Introdução

Bíblia palavra de origem grega (**tà bíblia**) significa **os livros**. Os antigos a denominavam de **escrituras**.

A esse conjunto de livros diversificados na forma e no conteúdo liga-se um todo único e homogêneo representado pela mensagem religiosa e filosófica nela contida.

Para os cristãos a Bíblia encontra-se dividida em duas unidades: o **Antigo Testamento** e o **Novo Testamento**. Para os judeus estão excluídos da Bíblia, o Novo Testamento e todos os livros do Antigo Testamento, cujos originais eram gregos e deles traduzidos. Assim excluem do Antigo Testamento todos os livros não diretamente traduzidos do hebraico: Judith, Tobias, Livros I e II dos Macabeus, Sabedoria, Eclesiástico, Baruch.

Assim sendo iniciaremos a introdução tomando como diretiva a divisão cristã da Bíblia.

O ANTIGO TESTAMENTO

Denomina-se de **Antigo Testamento** toda a parte dos livros sagrados escritos antes da Era Cristã. O **Antigo Testamento** é constituído dos seguintes livros:

Gênesis: É o primeiro livro do **Pentateuco** e está dividido em duas partes:

– **i ao xi** – Relatando a criação do mundo e algumas genealogias até Abraão.

– **A partir do xi** – Onde está a história dos Patriarcas.

Êxodo: Trata da fuga do povo de Israel após longo período de escravização pelo faraó do Egito. O Êxodo está dividido em três partes:

– **Capítulos de i a xv**: Saída do Egito e Leis da Páscoa.

– **Capítulos de xvi a xxiv**: Sinai, Decálogo e Código da Aliança.

– **Capítulos de xxxii a xxxiv**: Bezerro de Ouro e Novas Tábuas da Aliança.

Levítico: Este livro ritualístico tem conteúdo sacerdotal e, ao que tudo indica, foi elaborado após o regresso do exílio.

Números: Relata a história do povo hebreu através de narrativas e da descrição de ritos. Este livro é assim denominado, porque enumera as tribos de Israel.

Deuteronômio: É um código de leis, talvez preparado pelos escribas de Ezequias e destinado a enfatizar o conceito de Deus único e voltado para favorecer o seu povo.

Os livros **Gênesis, Êxodo, Levítico, Números** e **Deuteronômio** constituem o primeiro grupo de livros da Bíblia e que recebe o nome de **Pentateuco**, palavra de origem grega que significa **obra em cinco volumes**. Os judeus o chamam de **Tora**: a lei.

Josué: Após libertar o povo hebreu da escravidão egípcia, Moisés o conduziu até as margens do Rio Jordão. Coube a Josué sucedê-lo e completar a missão que era a conquista da terra de Canaã, a **Terra prometida**. Para os cristãos é o primeiro livro histórico, enquanto para os judeus é o primeiro livro profético.

Juízes: Relata o período que medeia entre a morte de Josué e a implantação da monarquia em Israel, com Samuel. Nesse período vamos encontrar relatos referentes a grandes chefes militares que, segundo a Bíblia, eram enviados por Deus em socorro ao povo hebreu, face ao perigo de agressão externa. São doze ao todo esses chefes, divididos em dois grupos:

– **Juízes Maiores**: Otoniel, Aod, Barac, Gedeão, Jefté e Sansão, tratados pormenorizadamente.

– **Juízes Menores**: os demais.

No livro dos **Juízes** sempre se mostra a estreita vinculação entre a sorte do povo hebreu e a sua obediência ou não às leis de Deus.

Rute: Este livro é a exaltação da piedade como algo merecedor de grande recompensa divina. A integridade moral e o espírito de sacrifício de Rute são aqui relatados e mostrados, levando-a por essas qualidades a tornar-se ancestral de Davi e de Cristo.

Os **Livros de Samuel**: São dois os livros de Samuel:

– **Primeiro Livro de Samuel**: Trata da elevação de Davi ao trono de Israel.

– **Segundo Livro de Samuel**: Onde é relatada a história de Davi.

Nos livros de Samuel encontra-se a história de, aproximadamente, um século de Israel: do fim da era dos Juízes ao começo da monarquia, com participação constante de Samuel, Saul e Davi.

Os **Livros dos Reis**: Aqui destaca-se a história religiosa. Os episódios dos Livros dos Reis têm como centro o templo onde ocorria o culto de Javé.

Crônicas, Esdras e Neemias: Segundo conclusão válida em nossos dias, três livros do Antigo Testamento foram escritos pelo autor denominado de Cronista, no século IV a.C.:

– **Genealogias**: Onde se relata a história desde a criação do mundo até Davi.

– **Período Pós-Exílico**: II Cr. xxxvi.

– **Livro de Esdras e Neemias.**

Tobias e Judith: São considerados por judeus e protestantes como apócrifos. Em **Tobias** ressalta-se aspectos da vida familiar; enquanto em **Judith** tem-se a configuração de uma heroína advinda da piedade e da oração.

Livro de Ester: Neste livro encontram-se trechos igualmente rejeitados por protestantes e judeus como apócrifos. No Livro de Ester relata-se um episódio de luta racial.

Macabeus: São dois livros que abrangem o período referente ao fim do século II a.C.:

– **Primeiro Livro dos Macabeus**: Relata os acontecimentos da revolta do povo macabeu após a morte de Judas e trata de assuntos políticos e religiosos.

– **Segundo Livro dos Macabeus**: Trata da restauração do culto pelos macabeus após a perseguição de Antíoco.

Nos livros dos Macabeus encontra-se, na realidade o comportamento do povo judeu durante a ascensão do helenismo e do Império Romano.

Livros Proféticos: Estão dispostos esparçadamente pela Bíblia, não obedecendo nenhuma ordem cronológica. São considerados livros proféticos: o de **Amós**, o de **Oséias**, o de **Isaías**, o de **Miquéias**, o de **Sofonias**, o de **Naum**, o de **Habacuc**, o de **Abdias**, o de **Jeremias**, o de **Ezequiel**, o de **Ageu**, o de **Zacarias**, o de **Malaquias**, o de **Jonas**, o de **Joel**, o de **Daniel**.

Os profetas davam aos seus discípulos a tarefa de escrevar os seus livros.

Vamos encontrar, ainda, no **Antigo Testamento** o **Livro de Jó**, o **Livro dos Salmos**, e o **Livro dos Provérbios**.

O **Livro de Jó** trata do chefe da tribo oriental que dá nome a este livro, caracterizado por sua piedade e justiça. Apesar de todo sofrimento advindo de doença grave e da perda de seus filhos, Jó não reclama de Deus.

O **Livro dos Salmos** também chamado **Saltério** expõe cantos religiosos distribuídos em cinco livros, num total aproximado de 150.

O **Livro dos Provérbios**, trabalho de muitos autores está subdividido em inúmeros outros livros.

O NOVO TESTAMENTO

Podemos dividir o Novo Testamento em duas partes: os **Evangelhos** e os **Escritos Apostólicos**. Dentre os **Evangelhos** temos os de **Mateus**, de **Marcos**, de **Lucas** e de **João**.

O **Evangelho de Jesus Cristo Segundo São Mateus** é o primeiro dos evangelhos, quando Jesus procurou dirigir-se aos de sua raça. Aqui vamos encontrar a história da infância de Jesus, tendo Mateus, também, dividido este evangelho em cinco partes: o **Sermão da Montanha**, a **Instrução aos Discípulos**, as **Parábolas do Semeador**, as **Virtudes Cristãs** e a **Ruína de Jerusalém** e o **Fim do Mundo**.

O **Evangelho de Jesus Cristo Segundo São Marcos** destaca-se por sua linguagem objetiva e direta. Marcos ligou-se a Saulo e, em seguida a Pedro, de cuja atividade catequética trata este Evangelho. O Evangelho de Jesus Cristo Segundo São Marcos busca catequisar os pagãos, transmitindo-lhes conhecimentos sobre a extraordinária figura do Mestre Jesus.

No **Evangelho de Jesus Cristo Segundo São Lucas**, seu autor, Lucas, procurou apresentar características de Jesus, coletando provas testemunhais de sua existência e de sua obra. Apresentou o lado humano e alegre de Jesus, procurando universalizar a sua doutrina e a sua fé.

Marcos era sírio de nascimento e tinha profundo conhecimento do grego, o que facilitou a divulgação da doutrina cristã para certos locais do ocidente. Paulo o chama de "o médico amado".

O **Evangelho de Jesus Cristo Segundo São João** tem característica narrativa e analisa a vida e a obra de Jesus. João era o "discípulo que Jesus amava" e procurou relatar a preocupação do Mestre em criar uma **doutrina de salvação**.

João era pescador, filho de Zebedeu e Salomé, irmão de Thiago, o Maior. Escreveu o seu Evangelho em Éfeso, na Ásia Menor.

Atos dos Apóstolos, segundo consta teriam sido escritos entre os anos 62 e 63 d.C. e tratam do desenvolvimento do Cristianismo da Palestina ao mundo greco-romano. Os Atos dos Apóstolos é obra de Lucas.

Epístolas – Uma série de cartas cujos autores foram: São Paulo Apóstolo, São Thiago Apóstolo, São Pedro Apóstolo, São João Apóstolo, de Judas. As de São Paulo constituem um grupo maior, atingindo ao número de quatorze: aos Romanos, duas aos Coríntios, aos Gálatas, aos Efésios, aos Filipenses, aos Colossenses, duas aos Tessalonicenses, duas a Timóteo, a Tito, a Filémon e, por fim, aos Hebreus.

Excetuando-se as Epístolas de São Paulo, as demais são consideradas "católicas", por não se dirigirem a igrejas particulares e a indivíduos como as primeiras.

Apocalipse também conhecido como **Apocalipse de João**, trata das coisas do mundo e de seu destino de forma profética e imaginosa. Até hoje divergências sobre sua interpretação são causas de constantes debates. O Apocalipse foi escrito por João, na Ilha de Patmos, entre 94 e 96 d.C.

Índice Geral

ANTIGO TESTAMENTO

NOVO TESTAMENTO

ABREVIATURAS
(por ordem alfabética)

ANTIGO
TESTAMENTO

GÊNESIS

I. AS ORIGENS

A criação

1 No princípio criou Deus o céu e a terra.
2 A terra, porém estava vazia e nua; e as
trevas cobriam a face do abismo; e o espírito
de Deus era levado por cima das águas.
3 Disse Deus: Faça-se a luz. E fez-se a luz.
4 E viu Deus que a luz era boa; e dividiu a
luz das trevas. 5 E chamou à luz dia, e às
trevas noite; e da tarde e da manhã se fez o
dia primeiro.
6 Disse também Deus: Faça-se o firmamen-
to no meio das águas, e separe umas águas
das outras águas. 7 E fez Deus o firmamento,
e dividiu as águas, que estavam por baixo do
firmamento, das que estavam por cima do fir-
mamento. 8 E chamou Deus ao firmamento
céu; e da tarde e da manhã se fez o dia segundo.
9 Disse também Deus: As águas que estão
debaixo do céu, ajuntem-se num mesmo lugar,
e o elemento árido apareça. E assim se fez.
10 E chamou Deus ao elemento árido terra,
e ao agregado das águas mares. E viu Deus
que isto era bom. 11 Disse também Deus: Pro-
duza a terra erva verde que dê a sua semente;
e produza árvores frutíferas que dêem fruto,
segundo a sua espécie, e que contenham a
sua semente em si mesmas, para a reproduzi-
rem sobre a terra. E assim se fez. 12 E produ-
ziu a terra erva verde, que dava semente
segundo a sua espécie; e produziu árvores fru-
tíferas que continham a sua semente em si
mesmas. E viu Deus que isto era bom. 13 E
da tarde e da manhã se fez o dia terceiro.
14 Disse também Deus: Façam-se uns luzei-
ros no firmamento do céu, que dividam o dia
e a noite, e sirvam de sinais nos tempos, as esta-
ções, os dias e os anos; 15 que luzam no firma-
mento do céu, e alumiem a terra. E assim se
fez. 16 Fez Deus, pois, dois grandes luzeiros, um
maior, que presidisse ao dia; outro mais peque-
no, que presidisse à noite: e criou também as
estrelas. 17 E pô-las no firmamento do céu para
luzirem sobre a terra, 18 e presidirem ao dia
e à noite, e dividirem a luz, das trevas. E viu
Deus que isto era bom. 19 E da tarde, e da ma-
nhã se fez o dia quarto.
20 Disse também Deus: Produzam as águas
animais viventes, que nadem nas águas; e aves,
que voem sobre a terra, e debaixo do firma-
mento do céu. 21 Criou Deus pois, os grandes
peixes e todos os animais que têm vida e movi-
mento, os quais foram produzidos pelas águas,
cada um segundo a sua espécie. Criou também
todas as aves, segundo as suas espécies. E viu
Deus que isto era bom. 22 E Ele os abençoou, e
lhes disse: Crescei e multiplicai-vos, e enchei as
águas do mar: e as aves se multipliquem sobre
a terra. 23 E da tarde e da manhã se fez o dia
quinto.
24 Disse também Deus: Produza a terra ani-
mais viventes, cada um segundo a sua espé-
cie: animais domésticos, répteis e animais selva-
gens, segundo as suas espécies. E assim se fez.
25 E criou Deus os animais selvagens, segundo
as suas espécies; os animais domésticos, e todos
os répteis, da terra, cada um segundo a sua
espécie. E viu Deus que isto era bom.
26 Disse também Deus: Façamos o homem
à nossa imagem e semelhança, o qual presida
aos peixes do mar, às aves do céu, às bestas,
e a todos os répteis, que se movem sobre a
terra, e domine em toda a terra. 27 E criou
Deus o homem à sua imagem: fê-lo à imagem
de Deus, e criou-os macho e fêmea.
28 Deus os abençoou, e lhes disse: Crescei
e multiplicai-vos, e enchei a terra, e tende-a
sujeita a vós, e dominai sobre os peixes do
mar, sobre as aves do céu, e sobre todos os
animais que se movem sobre a terra. 29 Disse-
lhes também Deus: Eis aí vos dei eu todas as
ervas, que dão as suas sementes sobre a terra;
e todas as árvores, que têm as suas sementes
em si mesmas, cada uma segundo a sua espécie,
para vos servirem de sustento a vós, 30 e a
todos os animais da terra, a todas as aves do
céu e a tudo o que tem vida e movimento
sobre a terra, para terem de que se sustentar.

E assim se fez. 31 E viu Deus todas as coisas que tinha feito, e eram muito boas. E da tarde e da manhã se fez o dia sexto.

2 Assim pois foram acabados o céu, e a terra com todos os seus ornatos. 2 E acabou Deus no dia sétimo a obra que tinha feito: e descansou no dia sétimo, depois de ter acabado as suas obras.

3 E abençoou Deus o dia sétimo, e o santificou; porque neste dia cessou ele de produzir todas as obras que tinha criado.

O paraíso

4 Tal foi a origem do céu, e da terra, e assim é que eles foram criados no dia, que o Senhor os criou, 5 e que criou todas as plantas do campo, antes que elas tivessem saído da terra; e todas as ervas da terra antes que elas tivessem arrebentado: porque ainda o Senhor Deus não tinha feito chover sobre a terra, nem havia ainda homem que a cultivasse, 6 mas da terra saía uma fonte de água, que lhe regava toda a superfície. 7 Formou pois o Senhor Deus ao homem do limo da terra, e assoprou sobre o seu rosto um assopro de vida; e recebeu o homem, alma e vida.

8 Ora, o Senhor Deus, tinha plantado ao princípio um paraíso, ou jardim delicioso, no qual pôs ao homem, que tinha formado. 9 Tinha também o Senhor Deus feito nascer da terra todas as castas de árvores agradáveis à vista, e cujo fruto era gostoso ao paladar: e a árvore da vida no meio do paraíso, com a árvore da ciência do bem e do mal.

10 Deste lugar de delícias saía um rio, que regava o paraíso, e que ali se repartia em quatro braços. 11 Um se chama Fison; e este é o que torneia todo o país de Evilate, onde nasce ouro. 12 E o ouro desta terra é excelente: ali também se acha o bedélio e a pedra cornelina. 13 O segundo rio chama-se Geon: este é o que torneia todo o país da Etiópia. 14 O terceiro rio chama-se o Tigre que corre para a banda dos assírios; e o quarto destes rios é o Eufrates.

15 Tomou pois o Senhor Deus ao homem, e pô-lo no paraíso das delícias, para ele o hortar e guardar. 16 E deu-lhe esta ordem, e lhe disse: Come de todos os frutos das árvores do paraíso. 17 Mas não comas do fruto da árvore da ciência do bem, e do mal. Porque em qualquer tempo que comeres dele, certissimamente morrerás.

18 Disse mais o Senhor Deus: Não é bom que o homem esteja só: façamos-lhe uma ajudante semelhante a ele. 19 Tendo pois o Senhor Deus formado da terra todos os animais terrestres, e todas as aves do céu, ele os levou a Adão, para este ver como os havia de chamar. E o nome, que Adão pôs a cada animal, é o seu verdadeiro nome. 20 Ele os chamou pelo nome, que lhes era próprio, assim as aves do céu, como os animais da terra: mas não se achava ajudante para Adão, que fosse semelhante a ele.

21 Mandou pois o Senhor Deus um profundo sono a Adão; e quando ele estava dormindo, tirou Deus uma das suas costelas, e pôs carne em seu lugar. 22 E da costela que tinha tirado de Adão, formou o Senhor Deus uma mulher, que Ele lhe apresentou. 23 Então disse Adão: Eis aqui agora o osso de meus ossos, e a carne da minha carne. Esta se chamará Virago, porque de varão foi tomada. 24 Por isso deixará o homem a seu pai e a sua mãe, e se unirá a sua mulher: e serão dois numa mesma carne.

25 Ora, Adão e sua mulher estavam nus e não se envergonhavam.

O primeiro pecado

3 É de saber que a serpente era o mais astuto de todos os animais da terra, que Deus tinha feito: e ela disse à mulher: Por que vos mandou Deus que não comêsseis do fruto de todas as árvores do paraíso? 2 Respondeu-lhe a mulher: Nós comemos dos frutos das árvores, que há no paraíso. 3 Mas do fruto da árvore, que está no meio do paraíso, Deus nos mandou que não comêssemos, nem a tocássemos, sob pena de morrermos.

4 Mas a serpente disse à mulher: Bem podeis estar seguros que não haveis de morrer: 5 porque Deus sabe que tanto que vós comerdes desse fruto, se abrirão vossos olhos; e vós sereis como uns deuses conhecendo o bem e o mal. 6 A mulher, pois, vendo que o fruto daquela árvore era bom para se comer, e era formoso, e agradável à vista, tomou dele, e comeu, e deu a seu marido, que comeu do mesmo fruto como ela. 7 No mesmo ponto se lhes abriram os olhos, e ambos conheceram que estavam nus; e tendo cosido umas com outras, umas folhas de figueira, fizeram delas umas cintas. 8 E Adão, e sua mulher, como tivessem ouvido a voz do Senhor Deus, que andava pelo paraíso, ao tempo que se levantava a viração depois do meio-dia, se esconderam da face do Senhor Deus entre as árvores do paraíso. 9 E o Senhor Deus chamou por Adão, e lhe disse: Onde estás? 10 Respondeu-lhe Adão: Como ouvi a tua voz no paraíso, e estava nu, tive medo e escondi-me. 11 Disse-lhe Deus: Donde soubeste tu que estavas nu, se não porque comeste do

fruto da árvore, de que tinha ordenado que não comesses? 12 Respondeu Adão: A mulher que tu me deste por companheira, deu-me desse fruto, e eu comi dele. 13 E o Senhor Deus disse para a mulher: Por que fizeste tu isto? Respondeu ela: A serpente me enganou e eu comi.

Condenação e promessa

14 E o Senhor Deus disse à serpente: Pois que tu assim o fizeste, tu és maldita entre todos os animais e bestas da terra: tu andarás de rojo sobre o teu ventre, e comerás terra todos os dias da tua vida. 15 Eu porei inimizades entre ti, e a mulher; entre a tua posteridade e a dela. Ela te pisará a cabeça e tu procurarás mordê-la no calcanhar.

16 Disse também à mulher: Eu multiplicarei os trabalhos dos teus partos. Tu parirás teus filhos em dor, e estarás debaixo do poder de teu marido, e ele te dominará.

17 A Adão porém disse: Pois que tu deste ouvidos à voz de tua mulher, e comeste do fruto da árvore, de que eu te tinha ordenado que não comesses; a terra será maldita por causa da tua obra: tu tirarás dela o teu sustento à força de trabalho. 18 Ela te produzirá espinhos e abrolhos: e tu terás por sustento as ervas da terra. 19 Tu comerás o teu pão no suor do teu rosto, até que te tornes na terra, de que foste formado. Porque tu és pó, e em pó te hás de tornar.

20 E Adão pôs à sua mulher o nome de Eva, por causa de que ela havia de ser a mãe de todos os viventes.

Adão e Eva expulsos do paraíso

21 Fez também o Senhor Deus a Adão, e a sua mulher, umas túnicas de peles, e os vestiu com elas. 22 E disse: Eis aqui está feito Adão como um de nós, conhecendo o bem, e o mal. Mas agora, para que não suceda que ele lance a mão, e tome do fruto da árvore da vida e coma dele, e viva eternamente. 23 E o Senhor Deus o pôs fora do paraíso, para que cultivasse a terra, de que tinha sido formado. 24 E depois que o deitou fora do paraíso, pôs diante deste lugar de delícias a um querubim com uma espada cintilante e versátil, para guardar a entrada da árvore da vida.

Caim e Abel

4 Ora Adão conheceu a sua mulher Eva e ela concebeu e pariu a Caim, dizendo: Eu possuí um homem por graça de Deus. 2 Depois teve a Abel, irmão de Caim. Abel porém foi pastor de ovelhas, e Caim lavrador. 3 Passado muito tempo aconteceu fazer Caim ao Senhor as suas ofertas dos frutos da terra. 4 Abel também ofereceu das primícias do seu rebanho, e das suas gorduras. Olhou o Senhor para Abel e para as suas ofertas; 5 não olhou porém para Caim, nem para as que ele lhe tinha oferecido. E Caim se irou grandemente, e o seu rosto pareceu descaído. 6 E o Senhor lhe disse: Por que andas tu irado? e por que trazes esse rosto descaído? 7 Porventura se tu obrares bem, não receberás por isso galardão? e se obrares mal, não será bem depressa o pecado à tua porta? Mas a tua concupiscência estar-te-á sujeita, e tu a dominarás.

8 Disse Caim a seu irmão Abel: Saíamos fora. E quando ambos estavam no campo, investiu Caim contra seu irmão Abel e matou-o.

9 E o Senhor disse a Caim: Onde está teu irmão Abel? Ao que Caim respondeu: Eu não sei. Acaso sou eu o guarda de meu irmão? 10 Disse-lhe o senhor: Que é o que fizeste? A voz do sangue de teu irmão clama desde a terra até a mim. 11 Agora pois serás maldito sobre a terra, que abriu a sua boca, e recebeu o sangue de teu irmão da tua mão. 12 Quando tu a tiveres cultivado, ela te não dará os seus frutos. Tu andarás vagabundo e fugitivo sobre a terra. 13 E Caim disse ao Senhor: O meu crime é muito grande, para alcançar dele perdão. 14 Tu me lanças hoje fora da terra; e eu serei obrigado a me esconder de diante da tua face; e andarei vagabundo e fugitivo na terra. O primeiro pois, que me encontrar matar-me-á. 15 Respondeu-lhe o Senhor: Não será assim mas todo o que matar a Caim, será por isso castigado sete vezes em dobro. E pôs o Senhor um sinal em Caim, para ninguém, que o encontrasse, o matar. 16 E Caim tendo-se retirado de diante da face do Senhor, andou errante pela terra, ficou habitando no país que está ao nascente do Éden.

17 E conheceu Caim a sua mulher, a qual concebeu, e pariu Enoc. E ele edificou uma cidade, à qual pôs o nome do seu filho Enoc. 18 Enoc porém gerou a Irad, e Irad gerou a Maviael, e Maviael gerou Matusael, e Matusael gerou a Lamec, 19 o qual teve duas mulheres, uma chamada Ada, outra Sela. 20 Ada pariu a Jabel, que foi pai dos pastores, e dos que habitam em tendas. 21 O nome de seu irmão foi Jubal que foi pai dos que tocam cítara e órgão. 22 Sela também pariu a Tubalcain, que foi trabalhador de martelo, e hábil em obras de bronze e de ferro. A irmã de Tubalcain se chamou Noema.

23 Ora, uma vez disse Lamec a suas duas mulheres Ada e Sela: Mulheres de Lamec escutai a minha voz, ouvi o que vou a dizer-vos: Eu matei um homem com uma ferida, e um rapaz à força de pisaduras. 24 De Caim tomar-se-á vingança sete vezes, e de Lamec setenta vezes sete.

25 Tornou Adão a conhecer a sua mulher, e ela pariu um filho, a quem pôs o nome de Set, dizendo: O Senhor me deu outro filho em lugar de Abel, que Caim matou. 26 Set também teve um filho, a quem pôs o nome de Enos: este começou a invocar a nome do Senhor.

Descendência de Adão

5 Eis aqui a descendência de Adão. Deus o fez à sua semelhança no dia, que o criou. 2 Ele os criou macho e fêmea, e os abençoou, e os chamou pelo nome de Adão no dia da sua criação. 3 Viveu porém Adão cento e trinta anos, gerou à sua imagem, e semelhança um filho, a quem por nome chamou Set. 4 E depois que gerou a Set viveu Adão ainda oitocentos anos, e gerou filhos e filhas. 5 E todo o tempo que Adão viveu foram novecentos e trinta anos, e morreu.

6 Set em idade de cento e cinco anos gerou a Enos. 7 E depois que gerou a Enos viveu ainda oitocentos e sete anos, e teve filhos e filhas. 8 E todo o tempo da vida de Set foram novecentos e doze anos, e morreu.

9 Enos tendo vivido noventa anos, gerou a Cainan. 10 E depois do nascimento de Cainan viveu ainda oitocentos e quinze anos, e gerou filhos e filhas. 11 E todo o tempo da vida de Enos foram novecentos e cinco anos, e morreu.

12 E Cainan em idade de setenta anos gerou a Malaleel. 13 E depois do nascimento de Malaleel viveu ainda oitocentos e quarenta anos, e gerou filhos, e filhas. 14 E todos os dias da vida de Cainan foram novecentos e dez anos, e morreu.

15 Malaleel, tendo vivido sessenta e cinco anos, gerou a Jared. 16 E depois do nascimento de Jared viveu ainda oitocentos e trinta anos, e gerou filhos, e filhas. 17 E todo o tempo da vida de Malaleel foram oitocentos e noventa e cinco anos, e morreu.

18 Jared em idade de cento e sessenta e dois anos gerou a Enoc. 19 E depois do nascimento de Enoc viveu ainda oitocentos anos, e gerou filhos, e filhas. 20 E todos os dias da vida de Jared foram novecentos e sessenta e dois anos, e morreu.

21 Enoc em idade de sessenta e cinco anos gerou a Matusalém. 22 E Enoc andou com Deus, e viveu trezentos anos depois do nascimento de Matusalém, e gerou filhos, e filhas. 23 E todo o tempo da vida de Enoc foram trezentos e sessenta e cinco anos. 24 E ele andou com Deus, e não apareceu mais porque o Senhor o levou.

25 Matusalém em idade de cento e oitenta e sete anos gerou a Lamec. 26 E depois do nascimento de Lamec viveu ainda setecentos e oitenta e dois anos, e gerou filhos e filhas. 27 E todo o tempo que viveu Matusalém, foram novecentos e sessenta e nove anos, e morreu.

28 Lamec em idade de cento e oitenta e dois anos gerou um filho. 29 E ele lhe pôs o nome de Noé, dizendo: Este nos consolará em nossos trabalhos, e nas obras das nossas mãos sobre a terra, que o Senhor amaldiçoou. 30 E depois do nascimento de Noé viveu ainda quinhentos e noventa e cinco anos, e gerou filhos e filhas. 31 E todo o tempo da vida de Lamec foram setecentos e setenta e sete anos, e morreu. 32 Noé porém tendo de idade quinhentos anos gerou a Sem, Cam e Jafé.

Corrupção universal

6 Como os homens tivessem começado a multiplicar-se, e tivessem gerado suas filhas; 2 vendo os filhos de Deus que as filhas dos homens eram formosas, tomaram por mulheres as que de entre elas escolheram. 3 E Deus disse: O meu espírito não permanecerá para sempre no homem, porque é carne; e o tempo da sua vida não será senão cento e vinte anos.

4 Ora naquele tempo havia gigantes sobre a terra. Porque como os filhos de Deus tivessem tido comércio com as filhas dos homens, pariram estas aqueles possantes homens, que tão famosos são na antiguidade.

5 Vendo pois Deus que a malícia dos homens era grande sobre a terra, e que todos os pensamentos dos seus corações, em todo o tempo eram aplicados ao mal: 6 arrependeu-se de ter criado o homem no mundo; e tocado interiormente de dor, disse: 7 Eu destruirei de cima da face da terra o homem, que criei. Estenderei a minha vingança desde o homem até aos animais, desde os répteis até às aves do céu: porque me pesa de os ter criado. 8 Porém Noé achou graça diante do Senhor.

9 Eis aqui os filhos que Noé gerou. Noé foi um homem justo, e perfeito, no meio dos homens que então viviam: ele andou com Deus. 10 E gerou três filhos, Sem, Cam e Jafé.

11 Ora toda a terra estava corrompida, e cheia de iniqüidade diante do Senhor. 12 Vendo pois Deus que toda a terra estava cor-

rompida (porque toda a carne tinha corrompido o seu caminho sobre a terra) 13 disse a Noé: Eu tenho resolvido dar cabo de toda a carne. A terra está cheia das iniqüidades, que os homens têm nela cometido, e eu os farei perecer com a terra.

14 Faze para ti uma arca de madeira alisada. Farás nela uns pequenos repartimentos, e betumá-la-ás por dentro e por fora.

15 E eis aqui como a hás de fazer. Ela terá trezentos côvados de comprido, cinqüenta de largo e trinta de alto. 16 Farás na arca uma janela: e o teto que a há de cobrir, será de um côvado. Porás também nela uma porta a um lado; e disporás um andar em baixo, um no meio, e outro terceiro andar. 17 Sabe que tenho determinado mandar sobre a terra um dilúvio de águas e fazer perecer nele todos os animais viventes, que houver debaixo do céu; e tudo o que houver sobre a terra será consumido. 18 Eu farei um concerto contigo, e tu entrarás na arca, tu, e teus filhos e tua mulher e as mulheres de teus filhos contigo. 19 Farás também entrar na arca dois animais de cada espécie, machos e fêmeas, para que vivam contigo. 20 Entrarão contigo de cada espécie de ave dois; de cada espécie de animais terrestres dois; de tudo o que se arrasta sobre a terra dois para que possam viver. 21 Tomarás pois também contigo de todas as coisas, que se podem comer, e as meterás na arca, para te servirem de sustento a ti, e aos animais. 22 Fez pois Noé o que Deus lhe tinha ordenado.

O dilúvio

7 Disse o Senhor a Noé: entra na arca tu, e toda a tua família: porque eu conheci que eras justo diante de mim, entre todos os que hoje vivem sobre a terra. 2 Toma de todos os animais limpos sete machos e sete fêmeas; e dos animais imundos dois machos e duas fêmeas. 3 Toma também das aves do céu sete machos e sete fêmeas, para se conservar a casta sobre a terra. 4 Porque daqui a sete dias hei de chover sobre a terra quarenta dias e quarenta noites; e hei de destruir da superfície da terra todas as criaturas, que fiz.

5 Fez Noé tudo o que o Senhor lhe tinha ordenado. 6 Tinha ele seiscentos anos de idade, quando as águas do dilúvio inundaram a terra. 7 Entrou Noé na arca com seus filhos, sua mulher, e as mulheres de seus filhos, para se salvarem das águas do dilúvio. 8 Os animais limpos, e os imundos, e as aves com tudo o que tem movimento sobre a terra, 9 entraram também na arca com Noé dois e dois, macho e fêmea, conforme o Senhor tinha mandado a Noé. 10 Passados pois que foram os sete dias, se derramaram sobre a terra as águas do dilúvio.

11 No ano seiscentos da vida de Noé, no dia dezessete do sétimo mês do mesmo ano se romperam todas as origens do grande abismo, e se abriram as cataratas do céu. 12 E caiu a chuva sobre a terra quarenta dias e quarenta noites. 13 Tanto que amanheceu aquele dia, entrou Noé na arca com seus filhos Sem, Cam e Jafé, sua mulher e as mulheres de seus filhos; 14 todos os animais silvestres, segundo a sua espécie; e todos os animais domésticos, segundo a sua espécie; tudo o que se move sobre a terra, segundo a sua espécie; tudo o que voa, segundo a sua espécie; todas as aves e tudo o que se eleva no ar. 15 Todas estas espécies de animais entraram com Noé na arca, dois e dois, macho e fêmea, de toda a carne vivente e animada. 16 Os que entraram pois eram machos e fêmeas, e de todas as espécies, conforme Deus o tinha mandado a Noé; e o Senhor o fechou por fora.

17 Durou o dilúvio quarenta dias, e quarenta noites; as águas cresceram até elevarem a arca muito alto por cima da terra. 18 As águas inundaram tudo, e cobriram toda a superfície da terra: a arca porém era levada sobre as águas. 19 As águas cresceram, e engrossaram prodigiosamente por cima da terra; e todos os mais elevados montes, que há debaixo do céu, ficaram cobertos.

20 Tendo a água chegado ao cume dos montes, elevou-se ainda por cima deles quinze côvados. 21 Toda a carne que se move sobre a terra foi consumida: todas as aves, todos os animais, todas as bestas, e tudo o que anda de rastos sobre a terra. 22 Todos os homens morreram; e geralmente tudo o que tem vida e respira debaixo do céu. 23 Todas as criaturas, que havia sobre a terra, desde o homem até às bestas; tanto as que andam de rastos, como as que voam pelo ar, tudo pereceu. Ficaram somente Noé, e os que estavam com ele na arca. 24 E as águas tiveram a terra coberta cento e cinqüenta dias.

Fim do dilúvio

8 Tendo-se o Senhor lembrado de Noé e de todos os animais silvestres e de todos os animais domésticos que estavam com ele na arca, mandou um vento sobre a terra, que fez diminuir as águas. 2 E as origens do abismo se fecharam, como também as cataratas do céu, e as chuvas que caíam do céu se suspenderam. 3 E as águas levadas duma parte a outra se retiraram de cima da terra e come-

çaram a diminuir depois de cento e cinqüenta
dias. 4 E no dia vinte e sete do sétimo mês,
parou a arca sobre os montes da Armênia.
5 Entretanto as águas iam sempre em diminui-
ção até ao décima mês; e no primeiro dia do
décimo mês apareceram os cumes dos montes.
6 Tendo-se passado quarenta dias, abriu
Noé a janela que tinha feito na arca, e deixou
sair o corvo, 7 o qual saiu, e não tornou, até
que as águas, que estavam sobre a terra, se
secaram. 8 Despediu também a pomba depois
do corvo, para ver se as águas se tinham já
retirado de cima da superfície da terra. 9 E a
pomba, como não achasse onde por o pé,
tornou a voltar para a arca, porque as águas
ainda estavam derramadas sobre toda a terra:
e Noé, estendendo a mão, tomou a pomba, e
a tornou a meter na arca.
10 E depois de ter esperado ainda outros
sete dias, segunda vez largou a pomba da arca.
11 Voltou ela para Noé sobre a tarde, trazen-
do no bico, um ramo verde de oliveira. Assim
conheceu Noé, que as águas se tinham retira-
do de cima da terra. 12 Ainda contudo esperou
Noé outros sete dias, e deixou ir a pomba, que
não tornou mais a ele.

Saída da arca

13 No ano seiscentos e um da vida de Noé,
no primeiro dia do primeiro mês, tendo-se as
águas retirado totalmente de cima da terra,
abriu Noé o teto da arca; e olhando dali, co-
nheceu que toda a superfície da terra estava
seca. 14 Ao dia vinte e sete do segundo mês,
toda a terra estava seca. 15 Então falou o
Senhor a Noé, e lhe disse: 16 Saí da arca tu,
e teus filhos, tua mulher, e as mulheres de
teus filhos. 17 Faze sair também todos os ani-
mais, que nela estão contigo, de toda a carne,
tanto de aves como de bestas, como de répteis,
que andam de rastos sobre a terra: Entrai na
terra, crescei e multiplicai-vos nela. 18 Saiu
pois Noé com seus filhos, sua mulher e as mu-
lheres de seus filhos. 19 Saíram também da
arca todas as bestas silvestres, os animais do-
mésticos e os répteis que andam de rastos
sobre a terra, cada um na sua espécie.
20 Ora, Noé edificou um altar ao Senhor;
e tomando de todas as reses e de todas as
aves, ofereceu-lhas em holocausto sobre o altar.
21 O que foi assim agradável ao Senhor, como
um suave cheiro; e ele disse: Não amaldiçoarei
mais a terra por causa dos homens: porque o
espírito e o pensamento do coração do homem
são inclinados para o mal desde a sua moci-
dade. Não tornarei pois a ferir de morte todo
o vivente como fiz. 22 Ver-se-ão sempre as se-
mentes, e as searas; o frio e o calor; o verão
e o inverno; o dia e a noite sucedendo um ao
outro todo o tempo que a terra durar.

Deus abençoa a Noé

9 E Deus abençoou a Noé e seus filhos, e
disse-lhes: Crescei e multiplicai-vos e enchei
a terra. 2 Temam e tremam em vossa presença
todos os animais da terra, todas as aves do
céu, e tudo o que tem vida e movimento na
terra. Em vossas mãos pus todos os peixes do
mar. 3 Sustentai-vos de tudo o que tem vida, e
movimento: eu vos deixei todas estas coisas
quase como os legumes e ervas. 4 Excetuo-vos
somente a carne misturada com sangue, da
qual eu vos defendo que não comais. 5 Porque
eu tomarei vingança de todos os animais, que
tiverem derramado o vosso sangue; e vingarei
a vida do homem da mão do homem, que lha
tiver tirado, ou ele seja seu irmão, ou seja
qualquer estranho. 6 Todo o que derrama o
sangue humano será castigado com a efusão
do seu próprio sangue. Porque o homem foi
feito à imagem de Deus. 7 Vós porém crescei
e multiplicai-vos sobre a terra, e enchei-a.

Aliança de Deus com Noé

8 Disse também Deus a Noé e a seus filhos
com ele: 9 Eis vou eu a fazer um concerto
convosco, e com a vossa posteridade depois
de vós. 10 e com todos os animais, que estão
convosco; tanto aves, como animais domés-
ticos, e bestas feras do campo; com todos os
que saíram da arca e com todas as bestas da
terra. 11 Vou a fazer um concerto convosco,
e não tornarei mais a fazer morrer pelas águas
do dilúvio todos os animais; nem daqui em
diante haverá mais dilúvio que assole a terra.
12 E disse Deus: Eis aqui o sinal do concerto,
que eu vou fazer convosco, e com toda a alma
vivente que está convosco, em todo o decurso
das gerações futuras para sempre. 13 Eu porei
o meu arco nas nuvens, e ele será o sinal do
concerto, que persiste entre mim e a terra. 14
E quando eu tiver coberto o céu de nuvens,
aparecerá o meu arco nas nuvens. 15 E eu me
lembrarei do concerto, que fiz convosco, e com
toda a alma, que vive e que anima a sua
carne. E não tornará mais a haver dilúvio,
que faça perecer nas águas toda a carne. 16 E
o meu arco estará nas nuvens: e eu vendo-o,
me lembrarei do concerto, que há entre Deus
e todos os animais, que animam toda a carne
que há sobre a terra. 17 Disse também Deus
a Noé: Eis aqui o sinal do concerto que eu
fiz com todos os animais, que há sobre a terra.

Os filhos de Noé

18 Os três filhos de Noé, que tinham saído da arca com ele, eram estes: Sem, Cam e Jafé. Cam porém é o pai de Canaã. 19 Destes três filhos de Noé saiu todo o gênero humano, que há sobre toda a terra. 20 E como Noé era lavrador, começou a cultivar a terra, e plantou uma vinha. 21 E tendo bebido do vinho, embebedou-se e apareceu nu na sua tenda. 22 Cam pai de Canaã, achando-se neste estado, e vendo que seu pai tinha à mostra as suas vergonhas, saiu fora, e veio dizê-lo a seus irmãos. 23 Mas Sem e Jafé, tendo posto uma capa sobre seus ombros, e andando para trás, cobriram com ela as vergonhas de seu pai. Eles não lhe viram as vergonhas, porque tinham os seus rostos virados para outra parte. 24 Noé tendo acordado do sono, que lhe causara o vinho, como soubesse o que lhe tinha feito seu filho menor, disse: 25 Maldito seja Canaã: ele seja escravo dos escravos, a respeito de seus irmãos. 26 E acrescentou: O Senhor Deus de Sem seja bendito, e Canaã seja escravo de Sem. 27 Dilate Deus a Jafé, habite Jafé nas tendas de Sem; e Canaã seja seu escravo.

28 Ora Noé viveu ainda depois do dilúvio trezentos e cinqüenta anos. 29 E tendo vivido ao todo novecentos e cinqüenta anos, morreu.

Origens e dispersão dos povos

10 Eis aqui as gerações dos filhos de Noé, que eram Sem, Cam e Jafé, e eis aqui os filhos que lhes nasceram depois do dilúvio.

2 Os filhos de Jafé foram Gomer, Magog, Madai, Javan, Tubal, Mosoc e Tiras. 3 Os filhos de Gomer foram Ascenez, Rifat e Togorma. 4 Os filhos de Javan foram Elisa, Tarsis, Cetim e Dodanim. 5 Estes repartiram entre si as ilhas das nações, estabelecendo-se em diversos países, onde cada um teve a sua língua, as suas famílias, e o seu povo particular.

6 Os filhos de Cam foram Cus, Misraim, Fut e Canaã. 7 Os filhos de Cus foram Saba, Evila, Sabata, Regma e Sabataca. Os filhos de Regma foram Saba e Dadan. 8 Ora, Cus foi pai de Nemrod, o qual Nemrod começou a ser poderoso na terra. 9 Ele foi um robusto caçador diante de Deus. Daí veio este provérbio: Robusto caçador diante do Senhor, como Nemrod.

10 A cidade capital do seu reino foi Babilônia, além das de Arac, Acad e Calana na terra de Senaar. 11 Daquela terra passou ele à Assíria, onde edificou Nínive, e o lugar chamado Ruas da Cidade, e o outro chamado Cale. 12 Fundou também Resen, entre Nínive e Cale. Esta é uma grande cidade.

13 Quanto a Misraim, ele teve por filhos a Ludin, a Anamin, a Laabim e a Neftnim, 14 a Fetrusim, e a Casluim, donde saíram os filisteus e os casturinos. 15 Canaã gerou a Sidon, que foi seu filho primogênito; 16 ao Heteu, ao Jebuseu, ao Amorreu, ao Gergeseu, 17 ao Heveu, ao Arceu, ao Sineu, 18 ao Aradeu, ao Samareu, e ao Amato: destes é que vieram os povos cananeus, que depois se difundiram por diversos lugares. 19 Os limites porém de Canaã eram desde o caminho, que vem de Sidônia para Gerara, até Gaza, e até entrar em Sodoma, em Gomorra, em Adama e em Seboim até Leza. 20 Estes são os filhos de Cam, segundo as suas alianças, as suas línguas, as suas famílias, os seus países e as suas nações.

21 Sem, que foi pai de todos os filhos de Heber, e irmão mais velho de Jafé, teve também diversos filhos. 22 E estes filhos de Sem foram Elão, Assur, Arfaxad, Lud e Arão. 23 Os filhos de Arão foram Us, Hul, Heter e Més. 24 Arfaxad porém gerou a Sala, que foi pai de Heber. 25 Heber teve dois filhos, um por nome Faleg, porque em seu tempo sucedeu a divisão da terra, e seu irmão por nome Jectan. 26 Jectan teve por filhos a Elmodad, a Salef, a Asarmot, a Jaré, 27 a Adorão, a Usal, a Decla, 28 a Ebal, a Abimael, a Saba, 29 a Ofir, a Hevilá, a Jobab. Eis aqui todos os filhos de Jectan. 30 O país onde eles habitaram, estendia-se desde Messa até Sefar, monte do Oriente. 31 Eis aqui, quais foram os filhos de Sem, segundo as suas famílias, as suas línguas, as suas regiões, e os seus povos.

32 E estes são os descendentes de Noé, segundo os diversos povos, que deles saíram. Destas famílias é que procedem todas as nações da terra depois do dilúvio.

Torre de Babel

11 Ora, na terra não havia senão uma mesma língua e um mesmo modo de falar. 2 E os homens tendo partido do Oriente, acharam um campo na terra de Senaar, e habitaram nele. 3 E disseram uns para os outros: Vinde, façamos ladrilhos e cozamo-los no fogo. Serviram-se pois de ladrilhos por pedras, e de betume por cal traçada. 4 E disseram entre si: Vinde, façamos para nós uma cidade, e uma torre, cujo cume chegue até ao céu; e façamos célebre o nosso nome, antes que nos espalhemos por toda a terra. 5 O Senhor porém desceu, para ver a cidade, e a torre, que os filhos de Adão edificavam, e disse: 6 Eis aqui um povo, que não tem senão uma mesma linguagem; e uma vez que eles começaram esta obra, não hão de desistir do seu intento, a menos que o não tenham de todo executado. 7 Vinde pois,

desçamos, e ponhamos nas suas línguas tal confusão, que eles se não entendam uns aos outros. 8 Desta maneira é que o Senhor os espalhou daquele lugar para todos os países da terra, e que eles cessaram de edificar esta cidade. 9 E por esta razão é que lhe foi posto o nome de Babel, porque nela é que sucedeu a confusão de todas as línguas do mundo. E dali os espalhou o Senhor por todas as regiões.

Os semitas

10 Eis aqui a genealogia dos filhos de Sem. Sem tinha cem anos, quando gerou a Arfaxad, dois anos depois do dilúvio. 11 E depois do nascimento de Arfaxad, viveu ainda Sem quinhentos anos, e gerou filhos e filhas. 12 Arfaxad tendo trinta e cinco anos gerou a Sala. 13 E depois que gerou a Sala viveu ainda Arfaxad trezentos e três anos, e gerou filhos e filhas. 14 Sala tendo trinta anos gerou a Heber. 15 E depois que gerou a Heber viveu ainda quatrocentos e três anos, e gerou filhos e filhas. 16 Heber tendo trinta e quatro anos gerou a Feleg. 17 E depois do nascimento de Feleg viveu ainda quatrocentos e trinta anos, e gerou filhos e filhas. 18 Feleg tendo trinta anos gerou a Reu. 19 E depois do nascimento de Reu viveu ainda duzentos e nove anos, e gerou filhos e filhas. 20 Reu tendo trinta e dois anos gerou a Sarug. 21 E depois do nascimento de Sarug viveu ainda duzentos e sete anos, e gerou filhos e filhas. 22 Sarug tendo trinta anos gerou a Nacor. 23 E depois do nascimento de Nacor viveu ainda duzentos anos, e gerou filhos e filhas. 24 Nacor tendo vinte e nove anos gerou a Tara. 25 E depois do nascimento de Tara viveu ainda cento e dezenove anos, e gerou filhos e filhas. 26 Tara tendo setenta anos gerou a Abrão, a Nacor, e a Arão.

27 Eis aqui a descendência de Tara. Tara gerou a Abrão, a Nacor e a Arão. Arão gerou a Ló. 28 Ora, Arão morreu antes de seu pai Tara, na terra do seu nascimento, em Ur dos caldeus. 29 Abrão, e Nacor casaram. A mulher de Abrão chamava-se Sarai, a de Nacor chamava-se Melca. Ela era filha de Arão, que foi pai de Melca, e pai de Jesca. 30 Sarai porém era estéril, e não tinha filhos. 31 Tomou pois Tara a seu filho Abrão, e a Ló seu neto, filho de Arão, e a Sarai sua nora, mulher de Abrão, e fê-los sair de Ur dos caldeus, para os levar ao país de Canaã; e como tivessem chegado a Haran, ficaram morando aí. 32 E Tara tendo vivido ao todo duzentos e cinco anos, morreu em Haran.

II. OS PATRIARCAS

Vocação de Abrão

12 Ora, o Senhor disse a Abrão: Sai da tua terra, e da tua parentela, e da casa de teu pai, e vem para a terra que eu te mostrarei. 2 E eu te farei pai dum grande povo, e te abençoarei: eu farei célebre o teu nome, e tu serás bendito. 3 Eu abençoarei aos que te abençoarem, e amaldiçoarei aos que te amaldiçoarem; e em ti serão benditas todas as cognações da terra.

4 Saiu pois Abrão de Haran, como o Senhor lhe tinha ordenado, e Ló com ele. Tinha Abrão setenta e cinco anos, quando saiu de Haran. 5 E levou consigo a Sarai, sua mulher, a Ló filho de seu irmão, e de todos os bens, que possuiam, com as pessoas, de que eles tinham aumentado as suas famílias em Haran; e sairam daqui, para irem para a terra de Canaã. 6 Tendo lá chegado, atravessou Abrão este país, até chegar ao lugar, chamado Siquém, e até o Vale Ilustre. É de saber que o cananeu era então senhor da terra.

7 Apareceu o Senhor a Abrão, e lhe disse: Eu darei esta terra aos teus descendentes. No mesmo lugar edificou Abrão um altar ao Senhor, que lhe tinha aparecido. 8 E passando dali ao monte, que estava ao oriente de Betel, levantou nele a sua tenda, ficando-lhe Betel ao ocidente, e Hai ao oriente. E ali edificou também um altar ao Senhor, e invocou o seu nome. 9 Continuando Abrão o seu caminho, passou ainda mais longe para o meio-dia.

Abrão no Egito

10 Mas como sobreviesse à terra uma fome, desceu Abrão ao Egito, para ficar lá como estrangeiro: porque era grande a fome na terra. 11 Ao ponto que eles estavam a entrar no Egito, disse Abrão para sua mulher: Eu sei que tu és em extremo formosa; 12 e que tanto que os egiptanos te virem, hão de dizer: Esta é a mulher deste homem. E matar-me-ão a mim, conservando-te a ti. 13 Dize pois, te peço, que és minha irmã, para que eles me tratem bem por teu respeito, e me não tirem a vida. 14 Tendo pois Abrão entrado no Egito, viram os egiptanos que aquela mulher era em extremo formosa; 15 e os fidalgos o deram a saber a Faraó, e lha gabaram muito. Pelo que foi ela tirada e levada à casa de Faraó.

16 E eles se houveram bem com Abrão,
por causa de Sarai. E ele teve um grande nú-
mero de ovelhas, de bois, de jumentos, de es-
cravos de um e outro sexo, de jumentas, e de
camelos.
17 O Senhor porém afligiu a Faraó, e a
toda a sua casa com grandíssimas pragas, por
causa de Sarai, mulher de Abrão. 18 E Faraó
chamou a Abrão, e lhe disse: Por que usaste
tu comigo desta sorte? Por que me não adver-
tiste, que ela era tua mulher? 19 Por quê me
disseste que ela era tua irmã, para que eu a
tomasse por minha mulher? Agora pois eis
aí tens tua mulher; toma-a e vai-te. 20 E tendo
Faraó dado ordem a seus oficiais, que tivessem
cuidado de Abrão, eles o conduziram até à saí-
da do Egito, a ele e a sua mulher com tudo
que tinham.

Ló separa-se de Abrão

13 Abrão pois tendo saído do Egito com
sua mulher, e com tudo o que tinha, e
Ló com ele, veio para a região austral. 2 Era
ele muito rico, e tinha muito ouro e muita
prata. 3 E pelo mesmo caminho, por que ti-
nha vindo da parte meridional para Betel, foi
andando até o lugar, onde antes tinha posto
a sua tenda, entre Betel e Hai; 4 que era onde
estava o altar, que ele tinha levantado antes,
e onde ele tinha invocado o nome do Senhor.
5 Ló, que se conservava na companhia de
Abrão, tinha também seus rebanhos de ove-
lhas e manadas de bois e suas tendas. 6 Mas
a terra não tinha capacidade para poderem
habitar ambos juntos: porque ambos tinham
tantos bens, que não era possível viver um
com o outro. 7 Daqui nasceu, que os pas-
tores dos rebanhos de Abrão e os de Ló guer-
rearam entre si. É de saber, que por aquele
tempo eram os cananeus e os fereseus os que
habitavam naquela terra. 8 Disse pois Abrão
a Ló: Peço-te que não haja rixas entre mim e
ti, nem entre os teus pastores e os meus, visto
que somos irmãos. 9 Tu vês toda essa terra que
está diante de ti: Aparta-te de mim, te rogo.
Se tu fores para a esquerda, eu tomarei para
a direita: Se tu escolheres a direita, eu ficarei
com a esquerda. 10 Ló pois tendo levantado
os olhos, considerou todo o país que estava
ao longo do Jordão tirando de Segor. Era este
país todo regado como o paraíso do Senhor
e como o Egito, antes que o Senhor tivesse
arruinado a Sodoma e Gomorra. 11 E ele es-
colheu para sua vivenda o país que está sobre
o Jordão, retirando-se do Oriente: e assim se
separou um do outro. 12 Abrão habitou na
terra de Canaã, e Ló nas cidades que estão so-
bre o Jordão, e fixou a sua assistência em
Sodoma. 13 Ora, os habitantes de Sodoma
eram de costumes perversíssimos, e muito
grandes pecadores diante de Deus.
14 E o Senhor disse a Abrão, depois que
Ló se separou dele: Levanta os teus olhos, e
olha desde o lugar em que agora estás, para o
Setentrião, para o Meio-Dia, para o Oriente e
para o Ocidente. 15 Toda essa terra, que vês,
eu ta darei sempre a ti e à tua posteridade.
16 E eu farei a tua posteridade tão numerosa,
como o pó da terra. Se alguém puder contar
o pó da terra, poderá também contar o nú-
mero dos teus descendentes. 17 Levanta-te e
corre todo este país quanto ele tem de com-
prido e de largo: porque eu to hei de dar.
18 Abrão pois tendo enrolado a sua tenda, veio
habitar no vale de Mambre, que é junto a
Hebron, e ali edificou um altar ao Senhor.

Guerra dos quatro reis

14 Naquele tempo sucedeu que Anrafel, rei
de Senaar, Arioc, rei de Ponto, Codorlao-
mor, rei dos elamitas, e Tadal, rei das gentes,
2 fizeram guerra contra Bara, rei de Sodoma;
contra Besra, rei de Gomorra; contra Senab,
rei de Adama; contra Semeber, rei de Seboim;
e contra o rei de Bala, chamada por outro
nome Segor. 3 Todos estes reis se ajuntaram
no Vale das Árvores, onde agora é o mar sal-
gado. 4 Eles tinham estado sujeitos doze anos
ao rei Codorlaomor; e no ano décimo tercei-
ro se subtraíram da sua obediência. 5 Codor-
laomor veio no ano décimo quarto com os reis,
que se lhe tinham unido; e desbarataram aos
rafains em Astarot-Carnaim, e aos zuzins com
eles, e aos emins em Save Gariatim; 6 e aos
correus nos montes de Seir até os campos de
Faran, que são no deserto. 7 Voltando estes
reis da sua expedição, vieram à fonte de Mis-
fat, que é a mesma que Cadés; passaram ao
fio da espada tudo o que encontraram na terra
dos amalecitas, e dos amorreus que viviam
em Asasontamar. 8 Então os reis de Sodoma,
de Gomorra, de Adama, de Seboim e de Bala,
ou de Segor, se puseram em campanha, e or-
denaram as suas tropas em batalha no Vale
das Árvores contra os reis aliados; 9 isto é,
contra Codorlaomor, rei dos elamitas; contra
Tadal, rei das nações; contra Anrafel, rei de
Senaar; contra Arioc, rei de Ponto: quatro reis
contra cinco. 10 Ora, no Vale das Árvores
havia muitos poços de betume. Os reis de So-
doma, e de Gomorra foram postos em fugida,
e as suas gentes acabaram ali. E os que esca-
param, acolheram-se aos montes. 11 Os ven-
cedores levaram todas as riquezas que acha-
ram em Sodoma, e Gomorra, e todos os víve-
res; e retiraram-se. 12 Levaram também Ló

filho do irmão de Abrão, que morava em Sodoma, e tudo o que tinha de bens. 13 Então um, que se tinha salvado, veio dar parte disto a Abrão o hebreu que vivia no Vale de Mambre, Amorreu, irmão de Escol e de Aner: porque estes tinham feito aliança com Abrão.

Vitória de Abrão

14 Abrão tendo sabido que Ló seu parente, ficara prisioneiro, escolheu os mais valentes dos seus servos, em número de trezentos e dezoito; e foi em alcance dos reis até Dan. 15 Tendo repartido esta sua gente, deu sobre os inimigos de noite, desfê-los, e enxotou-os até Hoba, que fica à esquerda de Damasco. 16 E trouxe consigo tudo o que eles tinham levado, e a Ló seu parente, com tudo o que lhe pertencia, como também as mulheres e o povo. 17 Quando Abrão voltava de derrotar a Codorlaomor, e aos reis seus aliados, saiu-lhe ao encontro o rei de Sodoma no Vale de Save, chamado também Vale do Rei.

Melquisedec

18 Mas Melquisedec, rei de Salem, oferecendo pão e vinho, porque era sacerdote do Deus Altíssimo, 19 abençoou a Abrão, e lhe disse: Bendito seja Abrão da parte do Altíssimo Deus, que criou o céu e a terra. 20 E bendito seja o Deus Altíssimo, que te protegeu, e te entregou nas tuas mãos os teus inimigos. E Abrão lhe deu o dízimo de tudo o que tinha tirado.

21 O rei de Sodoma porém disse a Abrão: Dá-me as pessoas, e toma para ti o mais que fica. 22 Abrão lhe respondeu: Eu levanto a minha mão ao Senhor Deus Altíssimo, cujo é o céu e a terra; 23 que eu não tomarei nada de tudo o que te pertence, desde o fio mais pequeno até à correia dos sapatos; para que não digas: Eu enriqueci Abrão: 24 exceto somente aquilo, que a minha gente consumiu de comer, e a parte que compete a Aner, Escol e Mambre, que vieram comigo, estes hão de receber a parte, que lhes é devida.

Aliança de Deus com Abrão

15 Passado isto, falou o Senhor a Abrão numa visão, e lhe disse: Não temas, Abrão; eu sou teu protetor, e a tua paga será infinitamente grande. 2 Abrão lhe respondeu: Senhor Deus, que me deste tu? Eu morrerei sem filhos: e o filho do procurador de minha casa, este Eliezer de Damasco... 3 Quanto a mim, tu não me tens dado filhos, e o meu escravo será o meu herdeiro. 4 A isto lhe respondeu logo o Senhor. Este não há de ser o teu herdeiro; mas tu terás por herdeiro aquele, que nascerá de ti. 5 E depois de o ter feito sair para fora, disse-lhe: Levanta os teus olhos ao céu, e conta, se podes as estrelas. Assim é, ajuntou ele, que se multiplicará a tua posteridade. 6 Creu Abrão em Deus, e à sua fé lhe foi imputada justiça. 7 Disse-lhe mais o Senhor: Eu sou o Senhor que te tirei de Ur dos caldeus para te dar esta terra, e a possuires. 8 Respondeu Abrão: Senhor Deus, por onde poderei eu conhecer que a hei de possuir?

9 Continuou o Senhor: Toma-me uma vaca de três anos, e uma cabra de três anos, e um carneiro de três anos, com uma rola e uma pomba. 10 Abrão tendo tomado todos estes animais, cortou-os em duas metades, e pôs as duas metades, que tinha cortado, bem defronte uma da outra; mas não dividiu a rola, nem a pomba. 11 Ora, as aves vinham pôr-se sobre os cadáveres, e Abrão as enxotava. 12 Ao por do sol sentiu-se Abrão oprimido dum profundo sono, e ocupado de um grande horror como se estivesse metido em trevas. 13 Então lhe foi dito: Sabe desde agora, que a tua posteridade ficará vivendo numa terra estrangeira e será reduzida à escravidão, e aflita por quatrocentos anos. 14 Mas eu exercitarei os meus juízos sobre o povo a que eles estarão sujeitos; eles sairão ao depois, daquela terra, trazendo consigo grandes riquezas. 15 Pelo que toca a ti, tu irás em paz para teus pais, sendo sepultado numa ditosa velhice. 16 Mas os teus descendentes tornarão a entrar nesta terra à quarta geração: porque a medida das iniqüidades dos amorreus não está ainda até agora cheia.

17 Quando pois foi sol posto, formou-se uma escuridade tenebrosa, e apareceu um forno, donde saía muito fumo; e viu-se uma lâmpada acesa, que passava através das reses divididas. 18 Naquele dia fez o Senhor aliança com Abrão, e lhe disse: Eu darei à tua posteridade esta terra desde o rio do Egito até ao grande rio Eufrates: 19 tudo o que possuem os cineus, os ceneseus, os cedmoneus, 20 os heteus, os fereseus, os rafains, 21 os amorreus, os cananeus, os gergeseus, e os jebuseus.

Nascimento de Ismael

16 Ora Sarai, mulher de Abrão, não tinha filhos: mas como tinha uma escrava egiptana, chamada Agar, 2 disse a seu marido: Bem ves que o Senhor me fez estéril, e que eu não posso ter filhos. Toma pois a minha escrava, a ver se ao menos por ela posso ter filhos. E como Abrão anuísse aos seus rogos, 3 tomou Sarai a Agar egiptana sua escrava,

e a deu por mulher a seu marido, dez anos depois que eles tinham começado a habitar na terra de Canaã. 4 Tendo Abrão entrado a ela, e vendo Agar, que tinha concebido, começou a desprezar a sua senhora. 5 Então disse Sarai a Abrão: Tu tratas-me dum modo injusto. Eu dei-te a minha escrava para ser tua mulher, e ela depois que se viu prenhada, despreza-me. O Senhor, seja juiz entre mim, e ti. 6 Abrão lhe respondeu: Eis aí a tua escrava; ela está nas tuas mãos, usa dela, como te der na vontade. Como Sarai a maltratasse, fugiu Agar. 7 E tendo-a o anjo do Senhor achado no ermo ao pé da fonte, que está junto ao caminho de Sur no deserto, disse-lhe: 8 Agar, escrava de Sarai, donde vens tu? e para onde vais? Ela lhe respondeu: Fujo de diante de Sarai minha senhora. 9 E o anjo do Senhor lhe disse: Volta para a tua senhora, e humilha-te debaixo da sua mão. 10 E ajuntou: Eu multiplicarei a tua descendência, e a farei tão numerosa que ela se não possa contar. 11 Disse ainda mais: Eis aí concebeste tu, e parirás um filho, a quem porás o nome de Ismael; porque o Senhor te ouviu na tua aflição. 12 Este será um homem fero, cuja mão será contra todos, e contra o qual terão todos a mão levantada. Ele porá as suas tendas defronte de todos os seus irmãos.

13 Então invocou Agar o nome do Senhor, que lhe tinha falado, e disse: Tu és o Deus que me viste; porque é certo, (ajuntou ela) que eu vi aqui por detrás aquele que me vê. 14 Por esta razão chamou ela àquele poço o Poço-do-que-vive e do que me vê. Este é o poço que está entre Cades e Barad.

15 Ora, Agar pariu um filho a Abrão, que o chamou Ismael. 16 Tinha Abrão oitenta e seis anos quando Agar lhe pariu a Ismael.

Deus muda o nome de Abrão

17 Entrava Abrão no ano noventa e nove de sua idade, quando o Senhor lhe apareceu, e lhe disse: Eu sou o Deus todo Poderoso: anda em minha presença e serás perfeito. 2 Eu farei aliança contigo, e te multiplicarei infinitamente. 3 Abrão se prostrou com o rosto em terra. 4 E Deus lhe disse: Eu farei um pacto contigo, e tu serás pai de muitas gentes. 5 Daqui em diante não te chamarás mais Abrão; mas chamar-te-ás Abraão; porque eu te tenho para pai de muitas gentes. 6 Eu farei crescer a tua posteridade infinitamente; e eu te farei chefe das nações; e de ti sairão reis. 7 Eu estabelecerei o meu pacto contigo, e com os teus vindouros no decurso das suas gerações, por um concerto eterno: e eu serei o teu Deus, e o Deus da tua posteridade depois de ti. 8 Eu te darei a ti e à tua posteridade a terra, em que tu agora moras como estrangeiro; todo o país de Canaã como uma herança eterna: e eu serei o teu Deus.

Circuncisão, sinal de aliança

9 Disse mais Deus a Abraão: Tu pois guardarás o meu pacto, tu, e teus descendentes depois de ti. Todos os machos dentre vós serão circuncidados. 10 Eis aqui o pacto, que eu faço contigo, para que tu o observes, e a tua posteridade depois de ti. Todos os machos dentre vós serão circuncidados. 11 E vós circuncidareis a carne do vosso prepúcio, para que esta circuncisão seja o sinal do concerto, que há entre mim, e vós. 12 O menino de oito dias será circuncidado entre vós: todo o menino será circuncidado em todo o decurso das vossas gerações. Tanto os escravos, que tiverem nascido em vossas casas, como os que vós tiverdes comprado, e que não forem da vossa raça, todos serão circuncidados. 13 E esta marca do meu pacto será na vossa carne como o sinal duma eterna aliança. 14 Todo o macho, cuja carne não for circuncidada, será aquela alma exterminada do seu povo, porque violou o meu pacto.

Promessa de um filho a Sara

15 Disse também Deus a Abraão: Tu não tornarás mais a chamar Sarai a tua mulher, mas chamá-la-ás Sara. 16 Eu a abençoarei, e ela te dará um filho, a quem lançarei a minha bênção; e ele será o chefe das nações, e dele sairão os reis dos povos. 17 Abraão se prostrou com o rosto em terra, e riu-se, dizendo lá no seu coração: Um homem de cem anos terá um filho? e Sara parirá, sendo de noventa? 18 E ele disse a Deus: Seja do teu agrado, que Ismael viva em tua presença. 19 E Deus lhe respondeu: Sara tua mulher te parirá um filho, que tu chamarás Isaac; e eu confirmarei a minha aliança com ele, e com seus descendentes depois dele, para que esta aliança seja eterna.

20 Eu te ouvi também acerca de Ismael: eu o abençoarei, e o farei crescer, e multiplicarei a sua raça. Eu o farei pai de doze príncipes, e duma nação muito numerosa. 21 Mas no tocante ao meu pacto com Isaac é que eu o estabelecerei; e Sara o parirá para o ano nesta mesma estação, em que nós estamos. 22 E tendo assim falado a Abraão, se elevou Deus, e desapareceu dos seus olhos.

23 Então tomou Abraão a seu filho Ismael, e a todos os escravos nascidos em sua casa, e a todos os que ele tinha comprado, e ge-

ralmente a todos os varões da sua casa, e circuncidou-os logo no mesmo dia, como o Senhor lhe tinha ordenado. 24 Tinha Abraão noventa e nove anos, quando se circuncidou. 25 E Ismael tinha treze anos completos quando foi circuncidado. 26 Abraão e Ismael foram circuncidados num mesmo dia. 27 E todos os homens da casa de Abraão foram circuncidados ao mesmo tempo, assim dos escravos comprados, como dos que tinham nascido em casa, e dos que eram estrangeiros.

Aparição divina a Abraão

18 Ora, o Senhor apareceu a Abraão no Vale de Mambre, quando ele estava assentado à porta da sua tenda no maior calor do dia. 2 E tendo Abraão levantado os olhos apareceram três homens junto a ele. Tanto que ele os viu, correu da porta da sua tenda a recebê-los; e prostrado em terra, lhes disse: 3 Senhor, se eu achei graça diante de teus olhos, não passes a casa do teu servo. 4 Eu, porém, trarei uma pouca de água para vos lavar os pés: e entretanto descansai debaixo desta árvore. 5 Eu vos porei diante, um pouco de pão para recobrardes as vossas forças; e ao depois continuareis o vosso caminho: porque por isso é que vós viestes ao vosso servo. Eles lhe responderam: Faze o que disseste.

6 Entrou Abraão a toda a pressa na sua tenda e disse a Sara: Amassa depressa três medidas da mais pura farinha, e faze cozer uns pães debaixo da cinza. 7 E ele correu ao mesmo tempo à manada, e tomou um novilho dos melhores e mais tenros, e deu-o a um criado, que com toda a brevidade o cozeu. 8 Tomou também manteiga e leite, com o novilho que tinha feito cozer, e pôs tudo diante deles: e ele entretanto estava de pé junto a eles debaixo da árvore. 9 Depois que comeram, disseram eles para Abraão: Onde está Sara tua mulher? Respondeu Abraão: Está na tenda. 10 Um deles lhe disse: Eu não faltarei a vir ver-te dentro dum ano a este mesmo tempo. Achar-vos-ei a ambos com vida; e Sara tua mulher terá um filho. Sara, tendo isto ouvido, riu-se detrás da porta da tenda; 11 porque ambos eles eram velhos, e mui idosos; e a pensão, que de ordinário experimentam as mulheres, tinha cessado a Sara. 12 Ela pois se pôs a rir secretamente, e disse: Depois de eu ser uma velha, e meu senhor tão avançado em anos, pôr-me-ei eu a usar do matrimônio? 13 Mas o Senhor disse a Abraão: Por que é que se riu Sara, dizendo: Posso eu esperar ser mãe, sendo velha como sou? 14 Há porventura alguma coisa, que seja difícil a Deus? Eu sem falta tornarei a vir ver-te, como te prometi, dentro de um ano a este mesmo tempo; achar-vos-ei a ambos com vida: e Sara terá um filho. 15 Sara toda cheia de medo o negou, dizendo: Eu não me ri. Mas o Senhor lhe disse: Não, isso não é assim, porque tu riste-te.

Intercessão por Sodoma

16 Tendo-se pois levantado dali aqueles homens, voltaram os olhos para Sodoma; e Abraão os conduziu, e foi com eles. 17 Então disse o Senhor: Acaso poderei eu ocultar a Abraão o que estou para fazer? 18 Pois que ele há de vir a ser pai de uma nação numerosíssima e poderosíssima; e que todas as nações da terra hão de ser benditas nele? 19 Porque eu sei que ele há de ordenar a seus filhos e a toda a sua família depois dele, que guardem os caminhos do Senhor, e que obrem conforme a eqüidade, e a justiça; para que o Senhor execute a favor de Abraão tudo o que lhe tem prometido. 20 Arrescentou depois o Senhor: O clamor de Sodoma e de Gomorra se aumenta cada vez mais; e o seu crime tem chegado ao seu auge. 21 Eu pois descerei a ver se as suas obras correspondem ao clamor, que chegou a mim para saber se assim é, ou não é. 22 Então partiram dali dois daqueles homens, e foram para Sodoma. Mas Abraão ficou ainda diante do Senhor.

23 E chegando-se, lhe disse: Quererás tu perder os justos com os iníquos? 24 Se nesta cidade houver cinqüenta justos, fá-los-ás tu perecer com todos os outros? Não perdoarás tu a esta cidade em atenção a cinqüenta justos, se tantos se acharem nela? 25 Tu sem dúvida estás bem longe de tal fazer. Tu não perderás o justo com o ímpio, nem confundirás o bom com o mau. Este procedimento não te convém de sorte alguma. Tu, que és juiz de toda a terra, não podes exercer um tal juízo. 26 Disse o Senhor: Se eu achar em Sodoma cinqüenta justos, eu perdoarei por amor deles a toda a cidade. 27 Prosseguiu Abraão: Uma vez que eu comecei, falarei ao meu Senhor, ainda que eu seja pó, e cinza. 28 Se faltarem cinco para os cinqüenta justos, destruirás tu toda a cidade, porque nela se não acham senão quarenta e cinco? Não, disse o Senhor, eu a não destruirei, se achar nela quarenta e cinco. 29 Replicou Abraão: Mas se nela não houver, senão quarenta justos, que farás tu? Eu a não castigarei, disse o Senhor, se achar nela quarenta. 30 Peço-te, Senhor, ajuntou Abraão, que te não indignes, se eu ainda continuo a falar. Que farás tu, se lá achares trinta justos? Respondeu o Senhor: Se eu achar nela trinta, não a destruirei. 31 Pois que eu comecei, disse Abraão, falarei

eu ainda ao meu Senhor. E se ali forem achados vinte? Não a arruinarei, respondeu ele, se nela houver vinte. 32 Eu te conjuro, Senhor, continuo Abraão, não te enfades, se eu te falar ainda uma vez. Que será, se tu no achares nesta cidade senão dez justos? Eu a não destruirei, disse o Senhor, se nela houver dez. 33 Retirou-se pois o Senhor, depois que cessou de falar a Abraão: e Abraão voltou para sua casa.

Perversidade dos sodomitas

19 Sobre a tarde chegaram os dois anjos a Sodoma, a tempo que Ló estava assentado à porta da cidade. Tanto que ele os viu, levantou-se e saiu a recebê-los, prostrando-se em terra, e lhes disse: 2 Vinde, vos peço, meus senhores, para a casa de vosso servo, e ficai nela. Vós lavareis os vossos pés, e amanhã pela manhã partireis para continuardes o vosso caminho. Eles lhe responderam: Não, nós não iremos para tua casa, mas passaremos a noite na praça. 3 Ló apertou com eles instantemente, e os constrangeu a irem com ele; e depois que entraram em sua casa, preparou-lhes um banquete; fez cozer uns pães asmos, e eles comeram. 4 Mas antes que eles se fossem deitar, os habitantes da cidade desde os meninos até os velhos, numa palavra, todo o povo junto, vieram cercar a casa de Ló. 5 E chamando por ele, disseram-lhe: Onde estão aqueles homens, que entraram para tua casa esta tarde? Faze-os sair, que os queremos conhecer. 6 Saiu Ló de sua casa: e tendo fechado a porta nas suas costas, lhes disse: 7 Peço-vos, irmãos meus, que não façais tamanho mal. 8 Eu tenho duas flhas, que ainda são donzelas; eu vo-las trarei, e vós usai delas como for do vosso gosto, contanto que não façais mal algum àqueles homens, porque entraram em minha casa, como para um lugar de segurança. 9 Mas eles lhe disseram: Retira-te daqui. Tu vieste para aqui como forasteiro; acaso queres tu ser nosso juiz? A ti pois trataremos nós ainda muito pior, do que a eles. E lançaram-se sobre Ló com grande violência. E quando eles estavam a ponto de arrombar a porta, 10 eis que os dois homens puxaram com as mãos por Ló e tendo-o introduzido para dentro de casa, fecharam a porta; 11 e feriram de cegueira aos que estavam de fora, desde o mais pequeno até o maior, de sorte que não puderam mais atinar com a porta.

12 E os mesmos dois homens disseram a Ló: Tu tens aqui alguns dos teus próximos genros, ou filhos ou filhas? Faze sair desta cidade todos os que te pertencem. 13 Porque nós vamos destruir este lugar; pois que o clamor dos seus crimes se tem elevado cada vez mais até à presença do Senhor, e ele nos enviou para que os destruíssemos. 14 Ló pois, tendo saído, falou a seus genros, que estavam para casar com suas flhas, e disse-lhes: Levantai-vos, e saí deste lugar, porque o Senhor está para destruir esta cidade. E eles julgaram que Ló lhes dizia isto por zombaria.

15 Ao amanhecer apertavam os anjos com Ló que saísse, dizendo-lhe: Toma depressa a tua mulher e as tuas duas filhas, não suceda que também tu pereças na ruína desta cidade. 16 E vendo que Ló ia tardando, eles o tomaram pela mão, porque o Senhor lhe queria perdoar: e tomaram também pela mão a sua mulher e as suas duas filhas. 17 E tendo-o tirado de casa, o puseram fora da cidade. Então lhe disseram eles: Salva a tua vida, não olhes para trás, e não pares em parte alguma deste país e seus arredores; mas salva-te no monte, por não suceder pereceres com os outros. 18 Ló lhes respondeu: Rogo-te, meu Senhor, 19 que pois o teu servo achou graça diante de teus olhos, e tu usaste comigo da grande misericórdia de tomares à tua conta o livrares-me, consideres que eu me não posso salvar no monte; porque tenho medo que me apanhe esta desgraça, e eu morra. 20 Mas eis ali está perto uma cidade, a que eu me posso acolher. Ela é pequena, e nela me poderei eu salvar. Não vês como ela é pequena? Ela me salvará a vida. 21 O anjo lhe disse: Também ainda nisso quero estar pelos teus rogos; e não destruirei aquela cidade, a favor da qual me falaste. 22 Apressa-te por te salvares ali, porque eu não posso fazer nada, enquanto tu não tiveres lá entrado. Por isso a esta cidade puseram o nome de Segor.

Destruição de Sodoma e Gomorra

23 Aparecia o sol sobre a terra, quando Ló entrou em Segor. 24 Fez o Senhor pois, cair sobre Sodoma, e Gomorra uma chuva de enxofre e de fogo, que o Senhor fez descer do céu. 25 E ele destruiu estas cidades, e todo o país em roda; todos os que o habitavam, e tudo o que tinha alguma verdura sobre a terra.

26 A mulher de Ló olhou para trás, e ficou convertida em estátua de sal.

27 Ora Abraão tendo-se levantado ao amanhecer, veio ao lugar, onde antes tinha estado com o Senhor. 28 E levantando os olhos para Sodoma, e Gomorra, e para os países em torno, viu que se elevavam da terra cinzas inflamadas, como fumo, que sai duma fornalha.

29 Ao tempo que Deus, destruía as cidades daquele território, ele se lembrou de Abraão, e livrou a Ló da ruína destas cidades, onde ele tinha assentado a sua vivenda.

Origem dos moabitas e amonitas

30 Mas Ló se retirou de Segor; e tendo ido buscar o monte, se meteu numa caverna com suas duas filhas, porque teve medo de ficar em Segor. 31 Então disse a mais velha para a mais moça. Nosso pai está velho, e na terra não ficou homem algum com quem possamos casar, segundo o costume de todos os países. 32 Demos pois a beber vinho a nosso pai, e embebedemo-lo, e durmamos com ele para que ele nos dê filhos. 33 Deram pois a beber vinho a seu pai aquela noite; e a mais velha dormiu com ele, sem ele o sentir nem quando ela se deitou, nem quando se levantou. 34 Ao outro dia disse a mais velha para a mais moça: Eu ontem dormi com meu pai. Demos-lhe também esta noite a beber vinho, e dormirás tu com ele, para conservarmos a raça de nosso pai. 35 Tornaram pois aquela noite a dar de beber vinho a seu pai, e a segunda filha dormiu com ele, sem que ele também sentisse nem quando ela se deitou, nem quando se levantou. 36 Assim ambas elas conceberam de seu próprio pai. 37 A mais velha pariu um filho, e chamou-o Moab. Este é o pai dos moabitas, que existem até o dia de hoje. 38 A mais moça pariu um filho, e chamou-o Amon, que quer dizer o filho do meu povo. Este é o pai dos amonitas, que ainda hoje vemos.

Abraão e Abimelec

20 Tendo Abraão partido dali para ir para as bandas do Meio-Dia, habitou entre Cadés, e Sur. E tendo ido para Gerara a viver lá como estrangeiro, 2 disse, falando de Sara, que ela era sua irmã. Mandou pois Abimelec, rei de Gerara, quem lhe levasse Sara, e levaram-lha. 3 Mas Deus apareceu de noite em sonhos a Abimelec, e lhe disse: Sabe que serás punido de morte, por causa desta mulher, porque ela tem marido. 4 Ora Abimelec não a tinha tocado, e disse: Senhor, castigarás tu um povo ignorante, e inocente? 5 Porventura não me disse este homem: Ela é minha irmã? E ela mesma não me disse: Ele é meu irmão? Eu fiz isto na simplicidade do meu coração, e com umas mãos puras. 6 Respondeu-lhe Deus: Eu sei que tu obraste com um coração simples: e por isso eu te preservei do pecado, que tu poderias ter cometido contra mim, e te impedi que a tocasses. 7 Entrega pois já desde agora essa mulher a seu marido, porque ele é profeta, e ele rogará por ti, e tu viverás. Porém se tu lha não quiseres entregar, sabe que serás ferido de morte tu, e tudo o que for teu. 8 Abimelec se levantou logo, sendo ainda noite; e tendo chamado os seus servos, lhes expos tudo o que lhe fora dito, e todos eles ficaram cheios de medo.

9 Fez também chamar Abraão, e disse-lhe: Por que nos trataste tu assim? Que mal te fizemos nós, para quereres meter-me a mim, e ao meu reino num tão grande pecado? Tu fizeste-nos uma coisa, que não nos devias fazer. 10 E continuando ainda as suas queixas, ajuntou: Que viste tu para assim te portares comigo? 11 Abraão lhe respondeu: Eu pensei comigo mesmo, e disse: Talvez nesta terra não haja temor de Deus: e eles matar-me-ão, para acolher minha mulher. 12 Por outra parte ela é verdadeiramente minha irmã, como filha que é de meu pai, ainda que não filha de minha mãe, e eu a recebi por mulher. 13 Mas depois que Deus me tirou da casa de meu pai, eu lhe disse: Faze-me esta graça em todos os países onde entrarmos, de dizeres que és minha irmã.

14 Tomou pois Abimelec ovelhas, bois, escravos e escravas, e deu-os a Abraão: e restituiu-lhe Sara sua mulher. 15 E disse-lhe: Todo o país está diante de vós: habita onde quer que te agradar. 16 Depois disse a Sara: Eis aí dou eu mil peças de prata a teu irmão, para que tenhas um véu, que ponhas sobre os teus olhos diante de todos os que estiverem contigo, e em toda a parte, para onde fores: e lembra-te que foste apanhada. 17 Orou Abraão a Deus, e Deus curou a Abimelec a sua mulher, e as suas escravas; e elas pariram. 18 Porque Deus tinha esterilizado todas as mulheres da casa de Abimelec por causa de Sara, mulher de Abraão.

Isaac, o filho da promessa

21 Ora o Senhor visitou a Sara, como ele lhe tinha dito, e executou a sua promessa. 2 Ela concebeu, e pariu um filho na sua velhice, ao tempo que Deus lho tinha predito. 3 Pôs Abraão o nome de Isaac ao filho, que lhe nascera de Sara. 4 E cricuncidou-o ao oitavo dia, segundo a ordem que recebera de Deus, 5 tendo então cem anos: porque nesta idade é que ele veio a ser pai de Issac. 6 E nesta ocasião disse Sara: O Senhor me fez uma coisa, que me causou riso; todo aquele que a souber rirá juntamente comigo. 7 E acrescentou: Quem crera que se poderia dizer a Abraão, que Sara havia de dar de mamar a

um filho, que ela lhe pariria, sendo ele já
velho?
8 Entretanto nasceu o menino, e foi des-
mamado: e no dia, que ele foi desmamado,
deu Abraão um grande banquete.

Expulsão de Ismael e Agar

9 Sara porém, como visse o filho de Agar
egiptana brincando com seu filho Isaac, disse
para Abraão: 10 Expulsa esta escrava com
seu filho: porque o filho da escrava não será
herdeiro com meu filho Isaac. 11 Pareceu isto
duro a Abraão, por causa de seu filho Ismael.
12 Mas o Senhor lhe disse: Não te pareça
áspero o que Sara te disse de teu filho, e da
tua escrava. Antes tudo o que Sara te disser
faze-o: porque de Isaac é que há de sair a
raça, que há de ter o teu nome. 13 E quanto
ao filho da tua escrava, eu o farei também
pai de um grande povo, por ele ter saído de ti.
14 Abraão pois tendo-se levantado de ma-
nhã, tomou pão e um odre d'água, e pô-lo às
costas a Agar: entregou-lhe seu filho, e des-
pediu-a. Agar tendo partido, andava errante
pelo deserto de Bersabé. 15 E como se lhe
tivesse acabado a água do odre, deixou seu
filho deitado debaixo de uma árvore, que ali
havia, 16 e se alongou dele um tiro de arco,
e se assentou bem defronte, dizendo: Não ve-
rei morrer a meu filho. E levantando a voz, se
pôs a chorar. 17 Ora Deus ouviu a voz do
menino: e o anjo do Senhor chamou a Agar
do céu, e lhe disse: Agar, que fazes tu por
aqui? Não temas: porque Deus ouviu a voz
do teu menino do lugar, onde está. 18 Levanta-
te, toma o menino, e tem-no pela mão: por-
que eu o farei pai de um grande povo.
19 Ao mesmo tempo abriu Deus os olhos
de Agar, a qual vendo um poço dágua, foi a
ele, e encheu o seu odre, e deu de beber ao
menino. 20 Assistiu Deus ao menino, e ele
cresceu, e ficou vivendo no deserto, e saiu
um moço bom frecheiro. 21 Ele habitou no
deserto de Faran: e sua mãe o casou com uma
mulher do Egito.

Aliança em Bersabé

22 Neste mesmo tempo Abimelec acompa-
nhado de Ficol, general do seu exército, veio
dizer a Abraão: Deus é contigo em tudo o
que tu fazes. 23 Jura-me pois pelo nome de
Deus, que tu não me farás mal a mim, nem
aos meus descendentes, nem à minha raça:
mas que usarás comigo, e com a terra, onde
tens vivido como estrangeiro, da mesma bon-
dade que eu tenho usado contigo. 24 Res-
pondeu-lhe Abraão: Eu to jurarei. 25 E quei-
xou-se a Abimelec da violência, com que os
seus servos lhe tinham tirado um poço. 26 Abi-
melec lhe respondeu: Eu não soube que te
tinham feito essa injustiça: nem tu me disseste
nada: e até o dia de hoje eu não tinha ouvido
falar em tal.
27 Tomou pois Abraão umas ovelhas, e uns
bois, e deu-os a Abimelec e fizeram ambos
aliança entre si. 28 E tendo Abraão posto à
parte sete cordeiras do seu rebanhos, 29 Abi-
melec lhe disse: Que querem dizer estas sete
cordeiras, que tu puseste à parte? 30 Tu re-
ceberás, disse Abraão, estas sete cordeiras da
minha mão, para que elas me sirvam de tes-
temunho, de como eu abri este poço. 31 Por
isso foi aquele lugar chamado Bersabé, por-
que ali juraram eles ambos, 32 e porque fize-
ram aliança perto do poço do juramento.
33 Abimelec pois, e Ficol, general do seu
exército, voltaram para a terra da Palestina.
E Abraão plantou um bosque em Bersabé,
onde invocou o nome do Senhor Deus eterno.
34 E ficou vivendo muito tempo na terra dos
palestinos.

Heróica obediência de Abraão

22 Passado isto, tentou Deus a Abraão, e
lhe disse: Abraão, Abraão. Ele lhe res-
pondeu: Aqui estou. 2 Continuou Deus: Toma
a Isaac teu filho único, a quem tu tanto amas,
e vai à terra da Visão, e oferecer-mo-ás em
holocausto sobre um dos montes, que eu te
mostrarei. 3 Abraão pois, levantando-se de
noite, preparou o seu jumento, e tomou con-
sigo a seu filho Isaac, e a dois de seus servos;
e depois de cortar a lenha necessária para
consumir o holocausto, partiu para o lugar
que Deus lhe tinha ordenado. 4 Ao terceiro
dia, tendo levantado os olhos, viu ele o lugar
de longe. 5 Então disse aos seus servos: Espe-
rai aqui com o jumento, que eu, e meu filho
não faremos senão chegar acolá; e depois
de termos feito adoração, tornaremos a vós.
6 Tomou também a lenha para o holocausto,
e pô-la às costas de seu filho Isaac: e ele
Abraão levava nas mãos o fogo, e o cutelo.
E quando ambos caminhavam juntos, 7 disse
Isaac a seu pai: Meu pai! Respondeu-lhe
Abraão: Que queres, meu filho? Aqui vai o
fogo, e o cutelo, disse Isaac; onde está a vi-
tima para o holocausto? 8 Deus proverá nisso,
respondeu Abraão: Ele nos deparará uma ví-
tima para o seu holocausto.
Caminharam pois ambos juntos, 9 até que
chegaram ao lugar, que Deus tinha mostrado
a Abraão. Ali levantou Abraão um altar; pôs-
lhe a lenha em cima, depois atou a seu filho
Isaac, e o pôs sobre a lenha, que tinha dis-

posto sobre o altar. 10 E estendendo a mão, pegou no cutelo para imolar seu filho. 11 Mas a esse mesmo ponto lhe gritou do céu o anjo do Senhor, dizendo: Abraão, Abraão. Respondeu ele: Aqui estou. 12 Continuou o anjo: Não estendas a tua mão sobre o menino, e não lhe faças mal algum. Agora conheci que temes a Deus, pois que, por me obedeceres, não perdoaste a teu filho único. 13 Abraão, levantando os olhos, viu atrás de si um carneiro, que estava embaraçado pelas pontas na rama dum espinheiro; e, pegando nele, o ofereceu em holocausto em lugar de seu filho. 14 E chamou a este lugar dum nome, que significa: *O Senhor vê.* Donde veio dizer-se ainda hoje: O Senhor verá no monte.

15 Segunda vez tornou o anjo do Senhor a chamar Abraão, e lhe disse: 16 Eu jurei por mim mesmo, diz o Senhor, que pois que tu fizeste esta ação, e que por me obedeceres não perdoaste a teu filho único; 17 eu te abençoarei, e multiplicarei a tua raça como as estrelas do céu, e como a areia, que há nas praias do mar. Os teus descendentes possuirão as portas de seus inimigos. 18 E todas as gentes da terra serão benditas na tua posteridade porque obedeceste à minha voz. 19 Tendo Abraão voltado para onde estavam os seus servos, recolheram-se todos juntos a Bersabé, e ali ficou vivendo Abraão.

Os filhos de Nacor

20 Depois disto vieram dizer a Abraão, que seu irmão Nacor tinha tido de sua mulher Melca muitos filhos. 21 A saber, Hus, que foi o primogênito, Buz seu irmão, Camuel pai dos sírios. 22 Cased, Azau, Teldas, Gedlaf; 23 e Batuel pai de Rebeca. Eis aqui os oito filhos, que Nacor, irmão de Abraão, teve de Melca sua mulher. 24 Uma sua concubina, chamada Roma, deu-lhe também estes outros quatro filhos: Tabéia, Gaão, Taás, e Maaca.

Morte e exéquias de Sara

23 Ora Sara, tendo vivido cento e vinte sete anos, 2 morreu na cidade de Arbéia que é a mesma que Hebron na terra de Canaã. E Abraão veio pranteá-la, e tomar nojo por ela. 3 Acabados que foram os dias do nojo, levantou-se Abraão, e falou aos filhos de Het, dizendo-lhes: 4 Eu na vossa terra sou como um peregrino, e um forasteiro. Peço-vos, que me deis o direito de ter entre vós uma sepultura, para eu enterrar nela uma pessoa, que me morreu. 5 Os filhos de Het lhe responderam: 6 Senhor, ouve-nos. Tu és para nós um príncipe de Deus, poderás escolher de entre todos os nossos mais formosos sepulcros um, onde enterres essa pessoa, que te morreu. Ninguém te tolherá, que enterres no seu sepulcro essa pessoa, que te morreu. 7 Abraão, depois de se levantar, fez uma profunda reverência diante do povo daquela terra, que eram os filhos de Het e disse-lhes: 8 Se vós achais bom que eu enterre a minha defunta, ouvi-me, vos peço, e intercedei por mim com Efron, filho de Seor, 9 a fim de que ele me dê uma caverna de dois repartimentos, que ele tem no fim do seu campo; que a ceda em mim diante de vós, pelo preço que ela vale; e que fique sendo minha, para eu fazer nela um sepulcro. 10 É de saber, que Efron habitava no meio dos filhos de Het; e ele respondeu a Abraão, ouvindo-o todos os que entravam pela porta da cidade, e lhe disse: 11 Não, meu Senhor, isso não há de ser assim; mas ouve o que te vou dizer. Eu te dou o campo, e a caverna, que nele há, em presença dos filhos do meu povo: enterra nela a pessoa, que te morreu. 12 Abraão se inclinou profundamente diante do povo daquela terra, 13 e disse a Efron no meio do ajuntamento do povo. Ouve-me, te peço. Eu quero dar-te o dinheiro, que o campo vale, recebe-o, e depois enterrarei nele a minha defunta. 14 Efron lhe respondeu: 15 Meu senhor, ouve-me. A terra que tu pedes, vale quatrocentos siclos de prata. Este é o seu preço entre mim e ti. Mas isto que é? Enterra a tua defunta. 16 Abraão tendo isto ouvido, pesou em presença dos filhos de Het o dinheiro, que Efron lhe tinha pedido, e pagou quatrocentos siclos de prata em boa moeda corrente. 17 Assim foi entregue a Abraão o campo, que fora de Efron, onde havia uma caverna de dois repartimentos, que olhava para Mambre; e entregue tanto o campo, como a caverna, com todas as árvores que estavam à roda por todo o seu circuito; 18 e lhe foi segurado como uma fazenda, que lhe ficava sendo própria, na presença de todos os que se tinham ajuntado à porta daquela cidade. 19 Enterrou pois Abraão a Sara sua mulher na caverna de dois repartimentos, que olhava para Mambre, no campo onde é Hebron na terra de Canaã. 20 E o campo com a caverna, que nele havia, foi segurado a Abraão da parte dos filhos de Het, para Abraão gozar dele, como dum jazigo seu próprio.

Isaac e Rebeca

24 Ora Abraão estava velho, e muito avançado em anos; e o Senhor o tinha abençoado em todas as coisas. 2 Disse ele pois ao mais antigo dos seus servos, que tinha a intendência de toda a sua casa. Põe a tua mão

debaixo da minha coxa, 3 para eu te fazer jurar pelo Senhor Deus do céu, e da terra, que tu não hás de tomar nenhuma das filhas dos cananeus, entre os quais eu habito, para a desposares com meu filho Isaac: 4 mas que hás de ir à terra, onde estão meus parentes, para daí trazeres uma mulher a meu filho Isaac. 5 O servo lhe disse: E se essa mulher não quiser vir comigo para esta terra, quererás tu que eu conduza teu filho ao lugar donde tu saiste? 6 Respondeu-lhe Abraão: Guarda-te bem, não leves meu filho a tal país. 7 O Senhor Deus do céu, que me fez sair da casa de meu pai, e do lugar da minha natureza, e que prometeu com juramento que Ele havia de dar esta terra a minha posteridade; ele mesmo enviará o seu anjo diante de ti e tu tomarás para meu filho uma mulher dessa terra. 8 Porém se essa mulher não quiser seguir-te, ficarás tu desobrigado do juramento: mas por nenhum caso me leves lá meu filho. 9 Pôs logo aquele servo a sua mão debaixo da coxa de Abraão, seu senhor, e se obrigou com juramento a fazer tudo o que ele lhe tinha dito.

10 Ao mesmo tempo tomados dez camelos da cáfila de seu senhor, partiu, levando consigo de todos os bens de Abraão; e foi direito a Mesopotâmia à cidade de Nacor. 11 Tendo chegado sobre a tarde perto de um poço fora da cidade, ao tempo que as mulheres costumam sair a tirar água, fez descansar os seus camelos, e orou assim a Deus: 12 Senhor Deus de Abraão, meu amo, peço-te que me assistas hoje, e que mostres quanta é a tua bondade para com meu amo Abraão. 13 Eis aqui estou eu ao pé desta fonte, e as filhas dos habitantes da cidade hão de vir tirar água. 14 Rogo-te pois que faças que aquela moça, a quem eu disser, abaixa a tua cântara para eu beber, e que me responder, bebe, e eu darei também de beber aos teus camelos; seja esta moça aquela, que tu tens destinado para mulher de Isaac teu servo: e que eu conheça daí, que tu favoreceste a meu amo por um efeito da tua misericórdia. 15 Ainda bem ele não tinha acabado de dizer lá consigo estas palavras, senão quando vê ele ir saindo Rebeca, filha de Batuel, filho de Melca, mulher de Nacor, irmão de Abraão, levando aos ombros uma cântara cheia de água.

16 Era ela uma moça por extremo bem feita; uma donzela formosíssima, e não conhecida de homem algum, a qual tinha vindo à fonte; e depois de ter enchido a sua cântara, voltava. 17 Foi o servo pois encontrar-se com ela, e disse-lhe: Dá-me de beber uma pouca d'água da tua cântara. 18 Respondeu ela: Bebe, meu senhor. E descendo prontamente do ombro a cântara, a pôs no braço, e lhe deu de beber. 19 Depois que ele bebeu, acrescentou ela: Eu vou também tirar água para os teus camelos, até que todos tenham bebido. 20 E entornando a água da cântara nos canos, voltou ao poço a tirar outra, que deu a todos os camelos. 21 Entretanto o servo a mirava, e remirava sem dizer nada, querendo saber, se teria o Senhor felicitado a sua jornada ou não. 22 E depois que os camelos beberam, tirou de umas arrecadas de ouro, que pesavam dois siclos, e de dois braceletes, que pesavam dez, e disse-lhe: 23 Dize-me de quem és tu filha? Haverá em casa de teu pai lugar onde se fique? 24 Respondeu ela: Eu sou filha de Batuel, filho de Melca, e de Nacor seu marido. 25 E acrescentou: Em nossa casa há muita palha, e muito feno, e lugar espaçoso para ficar. 26 O homem se inclinou profundamente, e adorou ao Senhor, dizendo: 27 Bendito seja o Senhor Deus de Abraão meu amo, que não retirou dele as suas misericórdias e que cumpriu com ele a verdade das suas promessas, e que me trouxe direito à casa do irmão de meu amo. 28 A moça pois correu à casa de sua mãe, e recontou-lhe tudo o que tinha ouvido.

29 Ora Rebeca tinha um irmão, chamado Labão, o qual saiu logo para ir ter com o homem junto à fonte. 30 E tendo já visto as arrecadas, e os braceletes nas mãos de sua irmã, que lhe tinha referido tudo quanto aquele homem lhe dissera, foi dar com o homem, quando ele ainda estava junto à fonte com os seus camelos, e disse-lhe: 31 Entra, bendito do Senhor. Por que estás tu fora? Eu tenho preparado a casa, e tenho lugar para os camelos. 32 Fê-lo Labão logo entrar em casa; descarregou os camelos; deu-lhes palha, e feno; trouxe água para lavar os pés ao hóspede, e aos que tinham vindo com ele; 33 e ao mesmo tempo se lhe pôs de comer. Porém o servo disse: Eu não hei de comer, menos que não tenha exposto o motivo da minha jornada. Respondeu-lhe Labão: Pois fala.

34 E ele falou desta sorte: Eu sou servo de Abraão. 35 O Senhor tem enchido de bênçãos a meu amo. Ele o fez grande, e rico. Ele lhe deu ovelhas, bois, prata, e ouro, escravos, e escravas, camelos, e jumentos. 36 E Sara, mulher de meu amo, lhe pariu na sua velhice um filho, a quem ele deu tudo o que tinha. 37 O dito meu amo me fez jurar em sua presença, dizendo-me: Promete-me que tu não hás de tomar alguma das filhas dos cananeus, em cuja terra eu habito, para a dares por mu-

lher a meu filho: 38 mas que hás de ir a casa de meu pai, e que hás de tomar para meu filho uma mulher de minha parentela. 39 E sobre o dizer eu então a meu amo: E se essa mulher não quiser vir comigo? 40 Respondeu-me ele: O Senhor, em cuja presença ando, enviará o seu anjo contigo, e te conduzirá no teu caminho, para que tomes para meu filho uma mulher, que seja da minha parentela, e da casa de meu pai. 41 Tu ficarás isento do perjúrio, e desobrigado do teu juramento, se depois que tiveres chegado a casa de meus parentes, eles ta recusarem dar.

42 Hoje pois cheguei eu ao pé da fonte, e fiz esta oração. Senhor Deus de meu amo Abraão, se tu deste um bom sucesso à jornada, que eu empreendi, 43 eis-me aqui junto a esta fonte. Faze que aquela dentre as moças, que vierem a tirar água, a quem eu disser, dá-me de beber uma pouca dágua da tua cântara, 44 e que me responder, bebe, e eu vou também tirar água para os teus camelos: seja aquela, que o Senhor tem destinado para ser mulher do filho de meu amo.

45 Quando eu resolvia isto secretamente comigo, vi ir a Rebeca com a sua cântara ao ombro, a qual tendo descido à fonte, tinha tirado água. E eu lhe disse: Dá-me de beber uma pouca. 46 Ela tirando logo a cântara do ombro, me disse: Bebe, e eu vou também dar de beber aos teus camelos. Bebi eu pois, e ela deu de beber aos camelos. 47 Depois perguntei-lhe eu, e lhe disse: De quem és tu filha? E ela me respondeu: Eu sou filha de Batuel, filho de Nacor, e de Melca sua mulher. Então lhe pendurei eu das orelhas umas arrecadas para adorno do seu rosto e lhe meti uns braceletes nas mãos. 48 E logo abaixando-me profundamente, adorei ao Senhor, e bendisse ao Deus de Abraão meu amo, que me guiou via reta, para que eu tomasse a filha do irmão de meu amo para mulher de seu filho. 49 Assim que se vós verdadeiramente estais de ânimo de obrigar meu amo, dizei-mo. E se vós estais doutra resolução, dizei-mo também, para eu tomar para a direita, ou para a esquerda.

50 Labão, e Batuel lhe responderam: O Senhor nos mostra a sua vontade neste negócio. Nós não te podemos dizer outra coisa, senão o que parece conforme com a sua vontade. 51 Eis aí está Rebeca diante de ti: Toma-a, e parte com ela, e ela seja esposa do filho de teu amo, conforme o Senhor se tem declarado. 52 O servo de Abraão tendo ouvido esta resposta, se lançou por terra, e adorou ao Senhor. 53 E tendo tirado uns vasos de ouro, e prata, e uns vestidos, fez deles presente a Rebeca. Fez também presentes a seus irmãos, e a sua mãe. 54 Então postos à mesa, comeram, e beberam juntos, e ficaram ali aquele dia. Ao outro pela manhã lhes disse o servo de Abraão: Permiti-me que eu volte para meu amo. 55 Mas os irmãos, e a mãe de Rebeca lhe responderam: Fique a rapariga ao menos dez dias conosco, e depois irá. 56 Não me detenhais, lhes disse ele, pois que o Senhor foi o que me conduziu em toda a minha jornada. Permiti-me que eu parta para o meu amo. 57 Disseram eles: Chamemos a rapariga, e saibamos qual é a sua vontade.

58 Chamaram-na pois; e tanto que ela chegou, disseram-lhe: Tu queres ir com este homem? Quero, respondeu ela. 59 Eles pois a deixaram ir, acompanhada da sua ama, com o servo de Abraão e seus sócios, 60 rogando-lhe mil felicidades, e dizendo: Tu és nossa irmã, cresce em mil gerações: a tua posteridade possua as portas de seus inimigos. 61 Rebeca pois, e as suas moças tendo-se montado nos camelos, seguiram aquele homem, que a toda a diligência voltou para seu amo.

62 A este mesmo tempo passeava Isaac no caminho, que guia para o poço cujo nome é Do-que-vive e Do-que-vê: porque então habitava ele no país meridional. 63 E ele tinha saído sobre a tarde ao campo para meditar: e como tivesse levantado os olhos, viu de longe virem os camelos. 64 Rebeca tendo também visto a Isaac, desceu do seu camelo, 65 e disse ao servo: Que homem é aquele, que vem pelo campo a encontrar-se conosco? Ele lhe respondeu: É meu amo. E ela tomou muito depressa o seu véu, e se cobriu com ele.

66 Entretanto foi o servo contar a Isaac tudo o que tinha feito. 67 Então introduziu Isaac a Rebeca na câmara, que fora de sua mãe Sara, e a recebeu por mulher. E a afeição, que ele lhe cobrou, foi tão grande, que com isso é que ele temperou a dor, que a morte de sua mãe lhe causara.

Últimos anos de Abraão

25 Pelo tempo adiante tomou Abraão outra mulher chamada Cetura, 2 a qual lhe pariu a Zamran, a Jecsan, a Madan, a Madian, a Jescó, e a Sué. 3 Jecsan gerou a Saba, e a Dadan. Os filhos de Dadan foram Assurim, Latusim, e Loomim. 4 De Madian saiu Efa, Ofer, Enoc, Abida, e Eldáa. Todos estes foram filhos de Cetura.

5 Abraão deu a Isaac todos os seus bens, 6 e fez em sua vida presentes aos filhos das suas concubinas, e os separou de seu filho Isaac, e os fez ir para as partes do Oriente. 7 E tendo Abraão vivido cento e setenta e cin-

co anos, 8 morreu de puro desfalecimento numa ditosa velhice, numa idade mui avançada, e bem farto de viver; e foi unir-se ao seu povo. 9 Isaac, e Ismael, seus filhos, o sepultaram na caverna de dois repartimentos, que era no campo de Efron, filho de Seor, o heteu, defronte de Mambre, 10 a qual Abraão tinha comprado aos filhos de Het. Eis aqui onde ele foi enterrado, como tinha sido Sara sua mulher. 11 Depois da morte de Abraão abençoou Deus a Isaac seu filho, que habitava perto do Poço chamado do que Vive e do que Vê.

Os ismaelitas

12 Eis aqui a lista dos filhos de Ismael, filho de Abraão, e de Agar egiptana, escrava de Sara. 13 E eis aqui os nomes, que os filhos de Ismael deixaram aos seus descendentes. O primogênito de Ismael foi Nabajot, os outros foram Cedar, Abdeel, Mabsão, 14 Masma, Duma, Massa, 15 Hadar, Tema, Jetur, Náfis e Cedma. 16 Estes são os filhos de Ismael, e estes nomes, que eles deram aos seus castelos, e às suas cidades, tendo sido doze príncipes, chefes de outras tantas tribos.

17 O tempo da vida de Ismael foram cento e trinta e sete anos; e, como lhe faltassem as forças, morreu, e foi unir-se ao seu povo. 18 Ele habitou no país, que corre desde Hevilat até Sur, que olha para a banda do Egito, sobre o caminho, que leva para os assírios; e morreu achando-se presentes todos os seus irmãos.

Nascimentos de Esaú e Jacó

19 Eis aqui também qual foi a genealogia de Isaac, filho de Abraão. Abraão gerou a Isaac. 20 Isaac, tendo quarenta anos, casou com Rebeca, filha de Batuel o assírio de Mesopotâmia, e irmã de Labão. 21 Orou Isaac ao Senhor por sua mulher, porque ela era estéril; e o Senhor o ouviu, dando a Rebeca virtude de conceber. 22 Mas os dois meninos, de que ela estava pejada, lutavam um contra o outro. E ela disse: Se assim tinha de ser, que necessidade havia que eu concebesse? Foi pois consultar o Senhor, 23 o qual lhe respondeu: Duas nações estão no teu ventre, e dois povos sairão de ti. Um destes povos vencerá o outro, e o mais velho vencerá o mais moço.

24 Chegado que foi o tempo de parir, achou-se ela mãe de dois gêmeos. 25 O que saiu primeiro era todo vermelho e todo peludo; e foi-lhe posto o nome de Esaú. Saiu logo o outro, sustendo com a mão o pé do irmão; pelo que o chamaram Jacó. 26 Tinha Isaac sessenta anos, quando lhe nasceram estes dois filhos.

Esaú vende a primogenitura

27 Depois que eles foram grandes Esaú saiu um destro caçador; e exercitou a lavoura. Jacó porém era um homem simples, e vivia em tendas. 28 Isaac amava a Esaú, porque comia do que ele lhe trazia da caça; e Rebeca amava a Jacó.

29 Um dia tendo Jacó feito cozer um prato de lentilhas, chegou Esaú do campo muito fatigado, 30 e disse a Jacó: Dá-me dessa comida avermelhada, porque me sinto em extremo cansado. Por esta razão é que lhe foi posto o nome de Edom. 31 Respondeu-lhe Jacó: Vende-me tu o teu direito de primogenitura? 32 Continuou Esaú: Eu me sinto morrer: de que me servirá o meu direito de primogenitura? 33 Pois jura-mo, lhe disse Jacó. Jurou-lho Esaú e vendeu-lhe o seu direito de primogenitura. 34 E assim tendo tomado do pão, e daquele prato de lentilhas, comeu e bebeu, e depois foi-se, dando-se-lhe bem pouco de ter vendido o seu direito de primogenitura.

Isaac em Gerara

26 Ora na terra houve uma grande fome, depois da que tinha havido em tempo de Abraão, e Isaac partiu para Abimelec rei dos palestinos, que habitava na cidade de Gerara. 2 Porque o Senhor lhe tinha aparecido, e lhe tinha dito: Não desças ao Egito, mas fica na terra, que eu te direi, 3 e passa lá algum tempo como estrangeiro. Eu serei contigo, e te abençoarei; porque te darei e aos teus descendentes todos estes países, e cumprirei o juramento, que fiz a Abraão teu pai: 4 multiplicarei a tua raça como as estrelas do céu, e darei à tua posteridade todas estas terras, que vês; e todas as nações da terra serão benditas naquele, que sairá de ti; 5 pois que Abraão obedeceu à minha voz; e observou os meus preceitos, e as minhas ordenações, as minhas cerimônias, e as leis.

6 Ficou pois Isaac em Gerara. 7 E como os habitantes daquele país lhe perguntassem, que coisa lhe era Rebeca, ele lhes respondeu: É minha irmã. Porque temeu confessar-lhes que era sua mulher, pelo receio que tinha não o matassem, por causa da beleza da esposa.

8 Como Isaac se demorou naquela cidade largo tempo, aconteceu que olhando uma vez Abimelec rei dos palestinos pela janela, viu que Isaac estava brincando com Rebeca sua mulher. 9 E tendo-o mandado chamar, lhe disse: Está visto que ela é tua mulher. Por

que mentiste tu, dizendo que era tua irmã?
Respondeu Isaac: Tive medo me matassem
por causa dela. 10 Replicou Abimelec: Por
que nos enganaste em semelhante matéria?
Podia muito bem suceder, que algum do povo
abusasse de tua mulher, e então imputar-nos-
ias tu a nós esse grande pecado. Depois man-
dou passar esta ordem por todo o povo: 11
Todo aquele, que tocar a mulher deste homem,
será punido de morte.

12 Ora Isaac tendo semeado naquela ter-
ra, colheu no mesmo ano cento por um: por-
que o Senhor o abençoou. 13 Ia enriquecendo,
e os seus bens se aumentavam, e cresciam
cada vez mais, de sorte que veio a ser muito
possante. 14 Tinha também muitos rebanhos
de ovelhas e muitas manadas de bois, com
muitos servos, e servas. Do que tendo-lhe os
palestinos inveja, 15 eles lhe entupiram todos
os poços, que os escravos de seu pai Abraão
tinham aberto, e os atulharam de terra. 16 O
mesmo Abimelec chegou a dizer a Isaac: Reti-
ra-te de viveres aqui conosco; pois que te tens
feito muito mais poderoso do que nós. 17
Isaac pois, deixando aquela terra, veio para
a torrente de Gerara para ali habitar. 18 Fez
despejar novamente outros poços, que os ser-
vos de seu pai ali tinham aberto, e que os
filisteus depois da sua morte haviam também
entupido: e pôs-lhes os mesmos nomes, que
seu pai lhes havia posto antes. 19 Cavaram
também de novo no fundo da torrente, e acha-
ram água viva. 20 Mas ainda nesta ocasião
houve contenda entre os pastores de Gerara,
e os de Isaac, sustentando os primeiros que
a água era sua. Por isso chamou Isaac a este
poço Calúnia, atendendo ao que lhe tinha
acontecido. 21 Abriu ele ainda outro, que foi
uma nova ocasião de rixa: e Isaac o chamou
Inimizade. 22 Partido dali, abriu outro poço,
acerca do qual não houve contestação nenhu-
ma. Por isso o chamou Isaac Largura, dizen-
do: Agora nos pôs o Senhor ao largo, e nos
fez crescer na terra.

Isaac em Bersabé

23 Dali voltou Isaac para Bersabé. 24 E
na noite seguinte lhe apareceu o Senhor, e lhe
disse: Eu sou o Deus de Abraão teu pai, não
temas, porque eu sou contigo. Eu te abençoa-
rei, e eu multiplicarei a tua posteridade, em
atenção a Abraão meu servo. 25 Erigiu Isaac
pois um altar naquele sítio; e tendo invocado
o nome do Senhor, pôs a sua tenda, e mandou
aos seus servos, que abrissem ali um poço. 26
E como Abimelec e Ocozat seu amigo e Ficol,
general do seu exército, tivessem vindo de
Gerara àquele lugar, 27 Isaac lhes disse: A que
viestes vós aqui ver um homem que vós abor-
receis, e que vós expulsastes da vossa com-
panhia? 28 Eles lhe responderam: Reparamos
que o Senhor é contigo, e por isso dissemos:
Façamos aliança recíproca, e tu promete-nos
com juramento, 29 que nos não hás de fazer
mal nenhum, assim como nós te não temos
feito coisa que te pudesse ofender; mas nós
te despedimos em paz, cheio da bênção do Se-
nhor. 30 Isaac pois lhes deu um banquete;
e depois de terem comido, e bebido, 31 levan-
taram-se pela manhã, e juraram aliança entre
si. Isaac lhes disse adeus; e eles voltaram em
paz para sua casa. 32 No mesmo dia vieram
dizer a Isaac os seus servos, que eles tinham
achado água no poço, que haviam aberto. 33
Pelo que chamou Isaac a este poço Abundân-
cia; e à cidade foi posto o nome de Bersabé,
que ela conserva até o dia de hoje.

As mulheres de Esaú

34 Esaú tendo quarenta anos, tomou por
mulheres a Judite filha de Beeri heteu, e a
Basemate filha de Elon, do mesmo país; 35
ambas as quais deram muitos desgostos a
Isaac, e a Rebeca.

Primogenitura e bênção de Jacó

27 Isaac estava velho, e a sua vista se tinha
de tal sorte enfraquecido, que ele não
podia ver nada. Chamou pois a Esaú seu filho
primogênito, e disse-lhe: Meu filho. Esaú lhe
respondeu: Eis aqui me tens. 2 Ajuntou Isaac:
Tu bem vês que estou velho, e que ignoro o
dia da minha morte. 3 Toma as tuas armas,
a tua aljava, e o teu arco, e sai ao monte; e
depois que tiveres apanhado alguma coisa de
caça, 4 faze-me preparar dela, um pratinho
como tu sabes que eu gosto, e traze-mo para
eu comer dele, e para eu te abençoar antes que
morra. 5 Ouviu Rebeca esta prática; e depois
que Esaú foi para a caça, a satisfazer o desejo
de seu pai, 6 disse ela a seu filho Jacó: Eu
ouvi estar falando teu pai Isaac com teu irmão
Esaú, e dizer-lhe: 7 Traze-me alguma coisa do
que tiveres apanhado à caça; e faze-me pre-
parar dela um pratinho para eu comer, e para
eu te abençoar na presença do Senhor antes
da minha morte. 8 Agora pois, filho meu, se-
gue o conselho que te vou dizer. 9 Vai ao reba-
nho, e traze-me dois cabritos dos melhores,
para eu preparar deles a teu pai uma iguaria,
de que eu sei que ele gosta; 10 e para que
depois que tu lha tiveres apresentado, e que
ele tiver comido dela, te dê a sua bênção antes
que morra. 11 Jacó lhe respondeu: Tu sabes

que meu irmão Esaú tem o corpo cheio de pelo, e que eu sou todo liso. 12 Se meu pai me for a tocar com a mão, e me apalpar, temo não cuide que eu o quis enganar, e não chame eu para mim a sua maldição, em vez de sua bênção. 13 Rebeca lhe replicou. Sobre mim caia essa maldição, meu filho. O ponto está que tu me ouças, e que vás buscar-me o que eu te disse.

14 Foi ele, trouxe-o e deu-o a sua mãe, a qual preparou disso uma iguaria para Isaac, como ela sabia que ele gostava. 15 Depois vestiu a Jacó dos mais preciosos vestidos de Esaú, os quais ela tinha em seu poder: 16 e cobriu-lhe as mãos, e o pescoço com as peles dos cabritos. 17 Depois deu-lhe a iguaria, que tinha preparado, e os pães, que tinha cozido. 18 O que tudo posto diante ao pai, disse Jacó: Meu pai. Bem te ouço, respondeu Isaac. Quem és tu, meu filho? 19 Respondeu Jacó: Eu sou Esaú teu primogênito: fiz o que me ordenaste. Levanta-te, assenta-te, e come da minha caça, para me deitares a tua bênção. 20 Disse Isaac a seu filho: Como pudeste tu, meu filho, encontrar tão depressa o que eu pedia? Respondeu ele: Quis Deus que me aparecesse logo o que eu buscava. 21 Continuou: Chega-te a mim, meu filho, para eu te tocar, e para me certificar se tu és meu filho Esaú, ou não. 22 Chegou-se Jacó a seu pai; e tendo-o apalpado Isaac com a mão, disse: Quanto à voz, ela é a voz de Jacó; porém as mãos são as mãos de Esaú. 23 E ele o não conheceu; porque como as suas estavam cobertas de pelo, pareceram-lhe todas semelhantes às do mais velho.

Isaac pois dando-lhe a sua bênção, lhe disse: 24 És tu meu filho Esaú? Eu o sou, respondeu Jacó. 25 Prosseguiu Isaac: Dá-me cá da tua caça, para eu te abençoar. Apresentou-lhe Jacó de comer; e depois que comeu, deu-lhe também vinho, o qual bebido, 26 disse-lhe Isaac: Chega-te a mim, meu filho, e dá-me um beijo. 27 Chegou-se Jacó, e beijou-o: e no mesmo ponto, tendo Isaac sentido o bom cheiro dos seus vestidos, o abençoou, e lhe disse: Eis aqui o cheiro de meu filho, que é como o cheiro de um campo bem cheio, ao qual o Senhor abençoou. 28 Deus te dê do orvalho do céu e da gordura da terra, abundância de pão, e de vinho. 29 Os povos te estejam sujeitos, e eles se prostrem diante de ti: tu sejas o senhor de teus irmãos; e os filhos de tua mãe se inclinem profundamente na tua presença. Aquele, que te amaldiçoar, esse seja amaldiçoado, e aquele, que te bem disser, seja cheio de bênçãos.

30 Apenas Isaac tinha acabado de dizer estas palavras, e Jacó saído para fora, quando chegou Esaú: 31 que tendo apresentado a seu pai o que fizera cozer da sua caça, lhe disse: Levanta-te, meu pai, e come da caça de teu filho, para tu me dares a tua bênção. 32 Disse-lhe Isaac: Pois quem és tu? Esaú lhe respondeu: Eu sou teu filho primogênito. 33 Isaac todo sobressaltado, e cheio duma admiração maior do que quanto se pode crer, lhe disse: Quem é logo aquele, que me trouxe já do que tinha apanhado à caça? Eu comi de tudo o que ele me apresentou antes de tu chegares; e eu lhe dei a minha bênção, e ele será bendito. 34 Esaú ouvidas estas palavras do pai, rompeu nuns grandes bramidos como de um leão que ruge; e todo consternado, disse: Dá-me também a mim a tua bênção, meu pai. 35 Isaac lhe respondeu: Teu irmão me veio surpreender, e ele recebeu a bênção, que era para ti. 36 Prosseguiu Esaú: Com razão lhe foi posto a ele o nome de Jacó; porque esta é a segunda vez, que ele me suplantou. Ele me levou o meu direito de primogenitura; e eis agora veio ele ainda roubar-me a bênção, que me era devida. E tornando a falar com o pai. E tu, lhe disse ele, não reservaste também para mim alguma bênção? 37 Respondeu-lhe Isaac: Eu o constitui a ele teu senhor; sujeitei-lhe todos os seus irmãos; estabeleci-o na posse do trigo e do vinho; e depois disto, meu filho, que te posso eu fazer? 38 Replicou Esaú: Logo tu não tens senão uma bênção? Eu te conjuro, que me abençoes também a mim. E como ele chorava, dando grandes gritos. 39 Isaac movido de compaixão, lhe disse: A tua bênção será na gordura da terra, e no orvalho do céu, que cai lá do alto. 40 Tu viverás de tua espada, e serás sujeito a teu irmão: e lá virá tempo, que tu sacudas o seu jugo da tua cerviz, e te livres dele.

41 Conservou pois Esaú sempre um rancor contra Jacó por causa desta bênção, que ele recebera de seu pai; e o mesmo Esaú dizia no seu coração: Lá virá o tempo do nojo pela morte de meu pai: e então eu me desfarei de Jacó meu irmão. 42 Como estas coisas fossem contadas a Rebeca, mandou ela chamar a seu filho Jacó e lhe disse: Sabe que teu irmão Esaú te ameaça, que te há de matar. 43 Pelo que, meu filho, crê-me, retira-te logo para meu irmão Labão, que assiste em Haran. 44 Deixa-te lá estar alguns dias, até que se aplaque a ira de teu irmão, 45 e a sua indignação passe, e ele se esqueça do que tu lhe fizeste. Pois por que serei eu privada de ambos os meus filhos num dia?

46 Depois disse Rebeca a Isaac: Eu estou aborrecida da minha vida, por causa das filhas

de Het. Se Jacó tomar para mulher alguma das filhas deste país, não quero mais viver.

Jacó vai à Mesopotâmia

28 Isaac pois tendo feito chamar a Jacó abençoou-o, e lhe pôs este preceito: Não tomes, lhe disse ele, para tua mulher alguma das filhas de Canaã. 2 Mas vai a Mesopotâmia na Síria, a casa de Batuel, pai de tua mãe, e desposa-te com uma das filhas de teu tio Labão. 3 O Deus Onipotente te encha das suas bênçãos: ele te faça crescer, e multiplicar de sorte, que venhas a ser pai de muitos povos. 4 Ele te dê a ti, e à tua posteridade depois de ti, as bênçãos, que Ele prometeu a Abraão; para que tu possuas a terra, onde hoje vives como estrangeiro, e que ele prometeu a teu avô. 5 Despedido assim de Isaac, partiu Jacó para Mesopotâmia na Síria a buscar Labão, filho de Batuel Siro, e irmão de Rebeca sua mãe.

Esaú casa-se com uma ismaelita

6 Mas Esaú vendo que seu pai Isaac tinha abençoado a Jacó, e que o tinha mandado a Mesopotâmia na Síria, para lá tomar mulher do mesmo país; e que depois de lhe ter dado a bênção, lhe dissera: Tu não tomarás mulher, que seja das filhas de Canaã; 7 e que Jacó por obedecer a seus pais tinha partido para a Síria: 8 Tendo também alcançado por experiência, que seu pai não olhava com bons olhos para as filhas de Canaã, 9 foi buscar a casa de Ismael, e afora as mulheres, que já tinha, casou com Maelete, filha de Ismael, filho de Abraão, e irmã de Nabajot.

Visão de Jacó em Betel

10 Jacó pois tendo partido de Bersabé, ia para Haran. 11 E como chegasse depois do sol posto a um certo lugar, onde ele queria passar a noite, pegou numa das pedras, que ali havia; e tendo-a posto por baixo da sua cabeça, dormiu ali mesmo. 12 Então viu ele em sonhos uma escada, cujos pés estavam fincados sobre a terra, e o cimo tocava no céu; e os anjos de Deus subindo, e descendo por esta escada. 13 Viu também ao Senhor firmado no cimo da escada, que lhe dizia: Eu sou o Senhor Deus de Abraão teu pai, e o Deus de Isaac. Eu te darei a ti, e a teu descendentes, a terra, em que tu dormes. 14 A tua posteridade será numerosa, como o pó da terra; e tu te estenderás ao Ocidente, e ao Oriente, e ao Setentrião, e ao Meio-Dia; e todas as tribos da terra serão benditas em ti, e naquele, que sairá de ti. 15 Eu serei o teu condutor por toda a parte, por onde fores; e eu te tornarei a trazer a este país; e não te deixarei, menos que não tenha executado tudo o que te prometi.

16 Jacó tendo despertado depois do sono, disse: Em verdade que o Senhor está neste lugar, e eu não o sabia. 17 E cheio de medo prosseguiu: Que terrível é este lugar! Verdadeiramente não é isto outra coisa, que a casa de Deus, e a porta do céu. 18 Tendo-se pois levantado logo ao amanhecer, tomou a pedra, que tinha posto por baixo da sua cabeça, e a erigiu em padrão, lançando-lhe azeite por cima. 19 E pôs o nome de Betel à cidade, que antes se chamava Luza. 20 Ao mesmo tempo fez ele Jacó este voto a Deus, dizendo: Se Deus for comigo, e me guardar no caminho, por que eu ando, e me der pão para comer, e pano para me cobrir, 21 e eu voltar felizmente para a casa de meu pai: o Senhor será o meu Deus. 22 E esta pedra, que erigi em título, será chamada Casa de Deus: e de todas as coisas que vós me derdes, vos oferecerei o dízimo.

Duplo casamento de Jacó

29 Partido pois daquele lugar, chegou Jacó à terra do Oriente. 2 E tendo entrado num campo, onde havia um poço viu descansando ao pé dele, três rebanhos de ovelhas porque dele é que se dava de beber aos rebanhos: e o bocal do poço estava tapado com uma grande pedra. 3 E o costume era não tirar a pedra, senão depois de terem chegado todos os rebanhos: e depois que eles tinham bebido, torná-la a pôr sobre o bocal do poço.

4 Disse pois Jacó aos pastores: Irmãos, donde sois vós? Responderam eles: Somos de Haran. 5 Perguntou-lhes Jacó: Conheceis vós porventura a Labão, filho de Nacor? Disseram eles: Conhecemos. 6 Está ele bom? ajuntou Jacó. Está bom, responderam eles: e eis acolá vem vindo Raquel, sua filha, com o seu rebanho. 7 Continuou Jacó: Ele é ainda muito dia, e ainda não é tempo de se recolherem os rebanhos aos currais. Fazei logo beber primeiro os rebanhos, e depois tornai-os a mandar ao pasto. 8 Não o podemos fazer, responderam eles. É necessário que todos os rebanhos se ajuntem, e que nós tiremos a pedra que tapa o poço, para lhes darmos de beber a todos juntos.

9 Ainda eles estavam falando, quando chegou Raquel com as ovelhas de seu pai: porque ela era a que pastoreava o seu rebanho. 10 Jacó tanto que a viu, como quem sabia que ela era sua prima co-irmã, e que as ovelhas eram de Labão seu tio, tirou a pedra, que cobria o bocal do poço: 11 deu a beber ao

seu rebanho, e beijou a Raquel, desfeito em
altos choros, 12 e lhe disse que ele era irmão
de seu pai, e filho de Rebeca. O que tendo
ouvido Raquel, foi correndo dizê-lo a seu pai:
13 o qual como soube que Jacó, filho de sua
irmã era vindo, correu a encontrar-se com ele;
e abraçou-o, beijou-o muitas vezes, e levou-o
a sua casa; e depois que soube os motivos
da sua jornada, 14 lhe disse: Tu és osso do
meu osso, e carne da minha carne. E passado
que foi um mês, 15 disse Labão a Jacó: Acaso,
porque tu és meu irmão, deves tu servir-me de
graça? Dize-me pois que paga queres?
16 Ora Labão tinha duas filhas, das quais
a mais velha se chamava Lia, e a mais moça
Raquel. 17 Mas Lia tinha os olhos remelosos,
e Raquel era bela de cara, e muito agradável.
18 Jacó como lhe tinha amor, disse a Labão:
Eu te servirei sete anos por ter a Raquel, tua
filha mais moça. 19 Respondeu-lhe Labão:
Melhor é que eu te dê a ti, do que a outro:
fica comigo. 20 Serviu pois Jacó a Labão sete
anos por ter a Raquel; e este tempo lhe pa-
receu muito curto, de grande que era o amor,
que lhe tinha. 21 Depois disse Jacó a Labão:
Dá-me minha mulher, para eu dormir com
ela, pois que o meu tempo está cumprido.
22 Então fez Labão as bodas, tendo con-
vidado para o banquete a seus amigos, que
eram em grande número: 23 e à tarde intro-
duziu a Lia na câmara de Jacó, 24 e deu a
sua filha uma escrava, por nome Zelfa. Tendo
Jacó dormido com a que Labão lhe dera, pela
manhã conheceu que era Lia. 25 E disse Jacó
a seu sogro: Que é isto que tu me quisestes
fazer? Porventura não te servi eu por ter a
Raquel? Por que me enganaste tu? 26 Labão
lhe respondeu: No nosso lugar não é costume
casarmos as filhas mais moças antes das mais
velhas. 27 Acaba a semana deste primeiro ma-
trimônio, e depois dar-te-ei a Raquel pelo
trabalho doutros sete anos, que me servirás.
28 Acomodou-se Jacó ao que ele queria: e
passada a semana, casou com Raquel, 29 à
qual tinha dado seu pai uma escrava, chama-
da Bala. 30 E Jacó tendo enfim logrado aque-
la, que desejava, a preferiu à mais velha no
amor, que lhe tinha, e continuou em servir
Labão outros sete anos.

Fecundidade de Lia

31 Mas o Senhor vendo que Jacó despre-
zava a Lia, fez fecunda a esta ao mesmo tempo
que Raquel era estéril. 32 Concebeu, pois Lia,
e pariu um filho, a quem chamou Rúben, di-
zendo: O Senhor olhou para a minha humi-
lhação: agora me amará meu marido. 33 Ten-
do outra vez concebido, pariu um filho, e
disse: Porque o Senhor viu que eu era tratada
com desprezo, ele me deu este segundo filho:
e ela lhe pôs o nome de Simeão. 34 Concebeu,
e pariu terceiro filho, e disse: Agora se unirá
ainda mais meu marido a mim porque lhe
dei três filhos: por isso chamou ela a este
Levi. 35 Concebeu Lia quarta vez, e pariu um
filho, a quem pôs o nome de Judá, dizendo:
Agora louvarei eu o Senhor. E cessou por então
de ter filhos.

Filhos de Raquel

30 Ora Raquel vendo que ela era infecunda,
teve inveja a sua irmã, e disse a seu
marido: Dá-me filhos senão morrerei. 2 Jacó
enfadado deste modo de falar, respondeu-lhe:
Acaso tens-me tu por Deus, para cuidares que
eu sou quem te privei do fruto do teu ventre?
3 Mas Raquel prosseguiu: Eu tenho minha
criada Bala: entra tu a ela, para que ela me dê
filhos, e eu os apare sobre os meus joelhos.
4 Deu-lhe pois a Bala por mulher. 5 E tendo
Jacó entrado a ela concebeu Bala e pariu um
filho. 6 Então disse Raquel: O Senhor julgou
a meu favor, e ouviu a minha voz, dando-me
um filho: por isso o chamou ela Dan. 7 Con-
cebeu Bala segunda vez, e pariu um filho, 8
em cujo nascimento disse Raquel estas pala-
vras: O Senhor me fez entrar em competência
com minha irmã, e eu prevaleci: por isso ela
o chamou Neftali.
9 Lia vendo que ela tinha cessado de ter
filhos, deu também a seu marido Zelfa sua
escrava, 10 a qual concebeu, e deu à luz um
filho. 11 E Lia disse: Que felicidade! por isso
o chamou Gad. 12 E teve Zelfa ainda outro
filho, 13 e Lia disse: Isto é para dita minha:
porque as mulheres me chamarão ditosa. Por
isso lhe pôs o nome de Aser.

Outros filhos de Jacó

14 Ora Rúben tendo saído ao campo em
tempo da ceifa do trigo, achou umas mandrá-
goras, as quais trouxe a Lia sua mãe. E Ra-
quel disse a Lia: Dá-me as mandrágoras de teu
filho. 15 Porém Lia lhe respondeu: Acaso pa-
rece-te pouco teres-me tu roubado meu ma-
rido, para ainda em cima quereres tirar-me
as mandrágoras de meu filho? Raquel lhe
disse: A mim não se me dá que ele durma
esta noite contigo, contanto que tu me dês
essas mandrágoras de teu filho. 16 Foi Lia
pois encontrar-se com Jacó, quando ele sobre
a tarde voltava do campo, e lhe disse: Tu serás
comigo: porque eu te comprei, dando a minha
irmã as mandrágoras de meu filho. E Jacó
dormiu aquela noite com ela. 17 E Deus ouviu

os seus rogos: e ela concebeu, e teve um quin-
to filho, e disse: 18 Deus me recompensou,
por eu ter dado a minha escrava a meu mari-
do. E pôs a este filho o nome de Issacar. 19
Concebeu ainda Lia, e nasceu um sexto filho,
e disse: 20 Deus me deu um excelente dote.
Meu marido será comigo ainda esta vez, por-
que eu lhe dei seis filhos: e ela o chamou
Zabulon. 21 Depois deste filho deu à luz uma
filha chamada Dina.

Nascimento de José

22 Ora o Senhor se lembrou também de
Raquel: ouviu-a, e deu-lhe virtude de conce-
ber. 23 Concebeu ela pois, e pariu um filho,
dizendo: Tirou Deus o meu opróbrio. 24 E ela
pôs a seu filho o nome de José, dizendo: O
Senhor me dê outro filho.

Astúcia de Jacó

25 Depois do nascimento de José disse Jacó
a seu sogro: Deixa-me tornar para a minha
pátria, e para a terra onde nasci. 26 Dá-me
as minhas mulheres, e os meus filhos, pe-
los quais eu te tenho servido, para me ir
daqui. Tu sabes a servidão, com que te servi.
27 Labão lhe respondeu: Ache eu graça dian-
te de teus olhos. Eu tenho experiência que
Deus me abençoou por causa de ti. 28 Apon-
ta-me que paga é a que queres de mim. 29
Disse-lhe Jacó: Tu sabes de que modo eu te
servi, e quanto os teus bens se aumentaram
nas minhas mãos. 30 Tu tinhas pouco, antes
que eu viesse para ti; agora, estás rico. Deus
te abençoou tanto que eu entrei em tua casa.
É justo que enfim cuide eu também em esta-
belecer a minha. 31 Disse-lhe Labão: Que que-
res tu que eu te dê? Jacó lhe respondeu: Eu
não quero pedir nada. Mas eu obrigo-me a
continuar a guardar os teus rebanhos, se tu
quiseres fazer o que te direi. 32 Faze revista
de todos os teus rebanhos e põe à parte todas
as tuas ovelhas de velo malhado, e de diversas
cores. E tudo o que nascer escuro, malhado
e vário, tanto nas ovelhas, como nas cabras,
será a minha recompensa. 33 E quando chegar
o tempo de fazer esta separação, segundo o
nosso ajuste, a minha inocência me dará tes-
temunho diante de ti. E tudo o que não for
malhado, de diversas cores, ou dum escuro
misturado com o branco, assim nas ovelhas,
como nas cabras, me convencerá de furto. 34
Labão lhe respondeu: Eu venho no que tu me
propões.
35 E no mesmo dia separou Labão as ca-
bras e as ovelhas, os bodes, e os carneiros,
que eram malhados e de diversas cores: e deu
a guardar a seus filhos todos os rebanhos, que
eram duma só cor; isto é, que eram ou todos
brancos, ou todos negros. 36 E pôs o espaço
de três jornadas de caminho entre si, e seu
genro, o qual apascentava os outros rebanhos.
37 Jacó pois tomando umas varas verdes de
choupo, de amendoeira e de plátano, tirou-
-lhes parte da casca: com o que os lugares,
de que se tinha tirado a casca, apareceram
brancos; e os que se tinham deixado com ela,
ficaram verdes; o que causou nas varas uma
variedade de cores. 38 Depois pô-las nos ca-
nais, onde se lançava água: para que vindo
ali beber os rebanhos, tivessem eles estas
varas diante dos olhos, e concebessem olhan-
do para elas. 39 Com efeito sucedeu, que es-
tando as ovelhas no fervor do coito, e olhando
para estas varas, conceberam uns cordeiros
malhados, vários, e de diversas cores. 40 Divi-
diu Jacó o seu rebanho, e pôs estas varas nos
canais diante dos olhos dos carneiros. E feito
isto, estando separados os rebanhos, o que
era todo branco, ou todo negro, pertencia a
Labão; o resto era de Jacó. 41 Quando pois as
ovelhas haviam de conceber na primavera,
punha Jacó estas varas nos canais, onde se
lançava água, diante dos olhos dos carneiros,
e das ovelhas, para que elas concebessem
olhando para as varas. 42 Mas quando elas
haviam de conceber no outono, não lhas punha
diante. Assim o que fora concebido no outo-
no, foi para Labão: e o que concebido na
primavera, para Jacó. 43 Desta sorte veio Jacó
a ser sobremaneira rico: teve muitos reba-
nhos, um grande número de escravos, e de
escravas, camelos e jumentos.

Jacó foge da Mesopotâmia

31 Jacó como ouviu estarem os filhos de
Labão dizendo: Jacó tomou tudo o que
era de nosso pai; e tendo-se enriquecido dos
seus bens, está feito um homem grande. 2
Como advertiu também, que Labão não olha-
va para ele com os mesmos olhos com que
antes olhava: 3 enfim, como o mesmo Senhor
lhe disse: Volta para a terra de teus pais, e
para a tua parentela, e eu serei contigo: 4
mandou buscar, a Raquel, e a Lia; e quando
elas eram chegadas ao campo, onde ela apas-
centava os seus rebanhos, disse-lhes: 5 Eu
reparo que vosso pai não olha para mim com
os mesmos olhos, com que me olhava antes:
mas o Deus de meu pai tem-me assistido.
6 E vós sabeis que eu me empreguei com
todas as minhas forças no serviço de vosso
pai. 7 Ainda assim ele usou comigo de enga-
nos, mudando dez vezes o que me era devido

por paga, ainda que Deus não lhe permitiu fazer-me mal. 8 Quando ele disse, que os animais de diversas cores seriam para mim, tiveram as ovelhas cordeiros de diversas cores. E quando ele disse pelo contrário, que tudo o que nascesse branco seria para mim, tudo o que nasceu dos rebanhos foi branco. 9 Assim tirou Deus os bens de vosso pai para mos dar a mim. 10 Porque chegado o tempo que as ovelhas haviam de conceber, levantei eu os olhos, e vi em sonhos que os machos, que cobriam as fêmeas, eram malhados, mesclados, e de diversas cores. 11 E o anjo de Deus me disse em sonhos: Jacó. A que eu respondi: Aqui estou. 12 E ele prosseguiu: Levanta os teus olhos, e vê que todos os machos, que cobrem as fêmeas, são malhados, mesclados, e de cores diferentes. Porque eu vi tudo o que te fez Labão. 13 Eu sou o Deus, que te apareceu em Betel, onde tu ungiste a pedra, e onde me fizeste um voto. Sai pois muito depressa desta terra, e torna para o país do teu nascimento.

14 Raquel, e Lia lhe responderam: Acaso resta-nos a nós alguma coisa dos bens, e da herança, que nós devemos ter na casa de nosso pai? 15 Não nos tratou ele pelo contrário como umas estranhas? Não nos vendeu ele, e não nos comeu o que nos era devido? 16 Mas Deus tomou as riquezas de nosso pai, e no-las entregou a nós, e a nossos filhos. Assim faze o que Deus te mandou.

17 Fez pois Jacó montar logo sobre uns camelos suas mulheres, e seus filhos: 18 e levando consigo tudo o que tinha, os seus rebanhos, e geralmente tudo o que tinha adquirido em Mesopotâmia, pôs-se a caminho, para ir ter com Isaac, seu pai, na terra de Canaã.

19 Ora tendo Labão ido naquele tempo fafazer a tosquia das suas ovelhas, furtou Raquel os ídolos de seu pai. 20 E como Jacó tinha resolvido retirar-se a toda a pressa não quis descobrir o seu intento a seu sogro. 21 Tendo-se ele pois ido com tudo o que lhe pertencia, quando passado já o rio caminhava para a banda do monte de Galaad.

Labão persegue a Jacó

22 Foi Labão avisado ao terceiro dia, como Jacó ia fugindo. 23 E no mesmo ponto tomados consigo seus irmãos, foi em seu alcance sete dias, e o apanhou no monte de Galaad. 24 Mas Deus lhe apareceu em sonhos, e lhe disse: Guarda-te, não digas a Jacó coisa que o ofenda.

25 Tinha Jacó assentado já a sua tenda no monte de Galaad quando Labão com seus irmãos, tendo-o alcançado, pôs ali também a sua. 26 E ele disse a Jacó: Por que o fizeste tu assim, levando-me minhas filhas, sem me dizeres nada, como se elas fossem algumas prisioneiras de guerra? 27 Por que tomaste tu a resolução de fugires, sem que eu o soubesse? E por que mo não disseste tu, para eu te conduzir com cânticos de alegria ao som de tambores, e de cítaras? 28 Não me deixaste nem sequer beijar meus filhos, e minhas filhas. Nisto obraste tu como néscio. E agora
29 poderia eu muito bem tornar-te mal por mal: porém o Deus de teu pai me disse ontem: Guarda-te, não digas a Jacó coisa que o ofenda. 30 Que tu desejasses tornar para os teus; que tivesses saudades de ires ver a casa de teu pai, muito embora. Mas por que me furtaste tu os meus deuses? 31 Jacó lhe respondeu: O que fez que eu partisse, sem te dizer nada, foi que tive medo não me quisesses tu tirar tuas filhas. 32 Mas no tocante ao furto, de que me arguis, eu consinto que todo aquele, de quem se achar que tirou os teus deuses, seja castigado com pena de morte em presença de nossos irmãos. Busca; e tudo o que achares teu, leva-o. Quando Jacó isto dizia, ignorava ele que Raquel tinha furtado aqueles ídolos.

33 Labão pois tendo entrado na tenda de Jacó, na de Lia, e na das duas escravas, não achou o que buscava. Depois entrou na tenda de Raquel: 34 mas ela tendo escondido muito depressa os ídolos debaixo da enverga dum camelo, assentou-se em cima: e quando ele andava esquadrinhando toda a tenda, sem achar nada, disse-lhe: 35 Não se enfade meu senhor, por eu me não poder levantar diante dele: porque presentemente me acho com a indisposição, que costuma vir às mulheres. Deste modo tornou Raquel inútil aquela busca, que Labão fizera com tanto sentido.

36 Mas Jacó todo irado disse em tom de estranheza a Labão: Que falta cometi eu, e em que te ofendi, para tu vires correndo atrás de mim com tanto calor, 37 e para esquadrinhares e remexeres todos os meus móveis? Que achaste tu aqui de todas as coisas, que havia em tua casa? Põe-nas diante de meus irmãos, e dos teus, e sejam eles juízes entre mim, e ti. 38 Acaso é isto, porque eu passei vinte anos contigo? As tuas ovelhas, e as tuas cabras não foram estéreis: eu não comi os carneiros do teu rebanho: 39 nem eu te mostrei coisa alguma, que tivessem levado as feras: eu tomava sobre mim tudo o que se tinha perdido, e tu me tomavas conta disso, e pedias de mim quanto se furtava. 40 Eu andava de dia, e de noite, ora queimado do calor, ora trespassado do frio; e o sono fugia

dos meus olhos. 41 Deste modo te servi eu
em tua casa vinte anos, catorze pelas tuas
filhas, e seis pelos rebanhos: tu mudaste tam-
bém dez vezes o que eu devia haver por paga.
42 Se o Deus de meu pai Abraão, e o Deus,
que Isaac teme, me não tivesse assistido, tal-
vez que tu me tivesses recambiado nu. Mas
Deus olhou para a minha aflição, e para o
trabalho das minhas mãos: e ele te intimidou
esta noite com as suas ameaças.

Aliança entre Labão e Jacó

43 Labão lhe respondeu: As minhas filhas,
e os meus filhos, os teus rebanhos, e tudo o
que tu vês, tudo é meu. Que posso eu fazer
a minhas filhas, e a meus netos? 44 Vem
tu pois, e façamos uma aliança, que sirva de
testemunho entre mim e ti.
45 Tomou Jacó então uma pedra, e tendo-
a levantado por padrão, 46 disse a seus ir-
mãos: Trazei cá pedras. E como tivessem
amontoado muitas juntas, fizeram delas um
cabeço, e comeram em cima dele. 47 Labão
o nomeou o Cabeço da Testemunha; e Jacó o
Montão do Testemunho, cada um segundo a
propriedade da sua língua. 48 E Labão disse:
Este cabeço será hoje testemunha entre mim,
e ti (por isso este lugar se chamou Galaad,
isto é, o cabeço da testemunha). 49 O Senhor
nos veja, e nos julgue, quando nós nos tiver-
mos apartado um do outro. 50 Se tu maltra-
tares minhas filhas, e se tomares ainda outras
mulheres afora elas, nenhum é testemunha das
nossas palavras, senão Deus, que está presen-
te, e que nos vê. 51 Disse mais Labão a Jacó:
Este cabeço, e esta pedra, que eu levantei
entre mim, e ti, 52 ser-nos-ão de testemunha.
Este cabeço, digo, e esta pedra darão teste-
munho se eu passo para lá, indo para ti; ou
se tu passas para cá, com intento de me fa-
zeres mal. 53 O Deus de Abraão, e o Deus de
Nacor, e o Deus do pai deles seja nosso juiz.
Jurou pois Jacó pelo Deus, que Isaac seu pai
temia.
54 E depois de ter imolado suas vítimas
no monte, convidou seus irmãos a comer. E
tendo comido, deixaram-se ficar ali. 55 Mas
Labão levantando-se antes de ser dia, beijou
seus filhos, e suas filhas, abençoou-os e tor-
nou-se para sua casa.

Jacó volta à Palestina

32 Continuando Jacó o seu caminho, en-
controu uns anjos de Deus. 2 E tendo-os
visto, disse: Este é o arraial de Deus: e cha-
mou a este lugar Maanaim, isto é, Arraial.
3 Ao mesmo tempo mandou ele adiante de
si, quem fosse dar parte da sua vinda a seu
irmão Esaú, à terra de Seir em Edom.
4 E deu esta ordem aos mensageiros: Eis
aqui como vós haveis de falar a Esaú meu
Senhor. Jacó teu irmão te manda dizer isto.
Eu morei com Labão como estrangeiro, e com
ele estive até o dia de hoje. 5 Tenho bois,
jumentos, ovelhas, servos e servas: e mando
agora esta embaixada a meu senhor, para
achar graça diante dele.
6 Voltaram os mensageiros, e disseram a
Jacó: Nós fomos a teu irmão Esaú, e ei-lo
aí vem a toda a pressa a encontrar-se contigo
com quatrocentos homens. 7 Temeu Jacó mui-
to; e de assustado que se achava, dividiu em
duas turmas todos os que vinham com ele, e os
rebanhos, as ovelhas, os bois, e os camelos,
dizendo: 8 Se Esaú vier atacar uma das tur-
mas, a outra, que restar, me salvará. 9 Depois
fez Jacó esta oração: Deus de meu pai Abraão,
Deus de meu pai Isaac, que me disseste: Volta
para a tua terra, e para o lugar da tua nas-
cença, e eu te encherei de benefícios: 10 eu
sou indigno de todas as tuas misericórdias,
e da verdade, que tu tens guardado em todas
as promessas, que fizeste a teu servo. Eu pas-
sei este Jordão, não tendo senão o meu báculo,
e agora volto com estas duas tropas.
11 Livra-me da mão de meu irmão Esaú,
porque eu tenho muito medo dele, não suceda
que na sua chegada passe ao fio da espada a
mãe com os filhos. 12 Tu me prometeste, que
me havias de cumular de bens, e que havias
de multiplicar a minha descendência como a
areia do mar, cuja multidão é inumerável.
13 Jacó tendo passado a noite naquele mes-
mo lugar, separou de tudo o que tinha seu
certos presentes para seu irmão Esaú:
14 A saber, duzentas cabras, vinte bodes,
duzentas ovelhas, e vinte carneiros, 15 trinta
camelas com as suas crias, quarenta vacas,
vinte touros, vinte burras, e dez crias suas.
16 Mandou Jacó separadamente cada um des-
tes rebanhos, que ele fez conduzir pelos seus
servos, e lhes disse: Ide adiante de mim, e
haja seu espaço entre rebanho, e rebanho.
17 E disse ao primeiro: Se tu encontrares
meu irmão Esaú, e ele te perguntar: De quem
és tu? ou para onde vais? ou de quem são
estas reses, que tu levas? 18 Responder-lhe-ás:
São de teu servo Jacó, que as manda de pre-
sente a meu senhor Esaú, e ele mesmo vem
atrás de nós. 19 A mesma ordem deu ele ao
segundo, ao terceiro, e a todos os que con-
duziam os rebanhos, dizendo-lhes: Quando
vós encontrardes a Esaú, dir-lhe-eis a mesma
coisa, 20 e ajuntareis: O mesmo Jacó teu servo
vem atrás de nós. Porque dizia Jacó: Apazi-

guá-lo-ei com os presentes, que vão adiante
de mim; e depois quando eu o vir, talvez que
ele me olhe favoravelmente.

Luta de Jacó com um anjo

21 Foram pois adiante de Jacó os presen-
tes e ele ficou aquela noite no campo. 22 E
tendo-se levantado muito cedo, tomou as suas
duas mulheres, e as suas duas escravas, com
os seus onze filhos e passou o vau de Jaboc.
23 Depois de ter feito passar tudo o que era
seu, 24 ficou ele só. E eis que apareceu um
homem, que lutou com ele até pela manhã.

Mudança do nome de Jacó em Israel

25 O qual homem vendo que o não podia
vencer, tocou-lhe no nervo da coxa, e logo
este se secou. 26 E ele disse a Jacó: Larga-me,
porque já começa a raiar a aurora. Ao que
Jacó respondeu: Eu não te hei de largar, me-
nos que tu me não abençoes. 27 Perguntou-lhe
o homem: Como te chamas tu? Respondeu ele:
Jacó. 28 Prosseguiu o mesmo homem: Daqui
em diante não te chamarão mais Jacó mas
Israel: porque se tu foste forte contra Deus,
como o não serás tu mais contra os homens?
29 Depois lhe fez Jacó esta pergunta: Diz-me,
como te chamas tu? Respondeu-lhe ele: Por
que me perguntas tu o meu nome? E ele
o abençoou no mesmo lugar. 30 Pôs Jacó àque-
le lugar o nome de Fanuel, dizendo: Eu vi a
Deus face a face, e a minha alma foi salva.
31 Tanto que passou de Fanuel, viu que
nascia o sol; mas ele coxeava de uma perna.
32 Esta é a razão porque até ao dia de hoje
não comem os filhos de Israel nervo, lem-
brando-se daquele, que foi tocado na coxa
de Jacó, e que ficou sem movimento.

Encontro de Esaú e Jacó

33 Levantando Jacó depois os olhos, viu
a Esaú, que vinha com quatrocentos
homens; e repartiu os filhos de Lia, de Ra-
quel, e das duas escravas. 2 Pôs a frente as
duas escravas com seus filhos: no segundo
lugar a Lia, e seus filhos: no último a Raquel,
e a José. 3 E ele adiantando-se, adorou a
Esaú, e se prostrou sete vezes em terra, até
que seu irmão se aproximasse. 4 Então correu
Esaú a encontrar-se com seu irmão, abraçou-
o, apertou-o estreitamente, e beijou-o verten-
do lágrimas.
5 E tendo levantado os olhos, viu as mu-
lheres, e as suas crianças, e disse a Jacó:
Quem são estes? Jacó lhe respondeu: São os
pequeninos, que Deus deu a teu servo. 6 E as
escravas chegando-se com seus filhos, o sau-
daram profundamente inclinadas. 7 Depois
chegou-se Lia com seus filhos, e tendo-o tam-
bém adorado, por último o adoraram José e
Raquel. 8 Então lhe disse Esaú: Que turmas
são estas, que eu encontrei? Jacó lhe respon-
deu: Foi para eu achar graça diante de meu
senhor. 9 Esaú lhe disse: Eu tenho muitos
bens, meu irmão: guarda para ti o que é teu.
10 Jacó replicou: Não me faças assim, te rogo:
mas se eu achei graça diante de ti, recebe
das minhas mãos este limitado presente: por-
que eu vi hoje o teu rosto, como se visse o
rosto de Deus; sê-me favorável, 11 e recebe
este presente, que eu te ofereço, e que eu
recebi de Deus, que é quem dá todas as coisas.
Esaú, depois destas instâncias de seu irmão,
recebeu contra sua vontade o que ele lhe dava,
e disse-lhe: 12 Vamos ambos, e eu te acom-
panharei no teu caminho. 13 Replicou-lhe Jacó:
Tu sabes, meu Senhor, que eu tenho comigo
meninos muito tenros, e ovelhas, e vacas, que
têm suas crias. Se eu as cansar, fazendo-as
andar muito depressa, todos os meus reba-
nhos morrerão num dia. 14 Caminhe meu se-
nhor adiante de seu servo, e eu o seguirei
pouco a pouco, conforme eu vir que meus
meninos podem, até chegar à casa de meu
senhor em Seir. 15 Esaú lhe disse: Peço-te
que ao menos fiquem alguns dos da minha
comitiva, para te acompanharem no teu ca-
minho. Respondeu-lhe Jacó: Não é necessário.
Eu só necessito duma coisa, meu senhor, que
é achar graça diante de ti.
16 Esaú pois se tornou no mesmo dia pa-
ra Seir pelo mesmo caminho, por que tinha
vindo. 17 E Jacó veio para Socote onde tendo
edificado uma casa, e tendo levantado diver-
sas tendas, chamou àquele lugar Socote que
quer dizer, as tendas.

Estadia em Siquém

18 Daqui passou até Salem, que é uma
cidade dos siquemitas na terra de Canaã, e
ficou morando ao pé dela depois da sua tor-
nada de Mesopotâmia da Síria. 19 Comprou
parte do campo, onde tinha posto as suas
tendas, por cem cordeiros aos filhos de Hemor,
pai de Siquém. 20 E tendo ali ereto um altar,
invocou nele o Deus fortíssimo de Israel.

Dina é ultrajada

34 Então saiu Dina, filha de Lia, para ver
as mulheres daquele país. 2 E tendo-a
visto Siquém, filho de Hemor heteu, prínci-
pe daquela terra, enamorado dela a furtou,
e dormiu com ela, deflorando-a por força.

3 Ficou o seu coração de todo preso a esta moça; e vendo-a triste, ele a procurou ganhar com meiguices. 4 Depois foi ter com seu pai Hemor, e disse-lhe: Toma-me esta moça para minha mulher. 5 Jacó tendo sido avisado desta violência, estando ausentes seus filhos e ocupados em apascentar os rebanhos, não disse nada até eles voltarem.

6 Neste comemos veio Hemor, pai de Siquém para lhe falar. 7 Ao mesmo tempo chegaram do campo os filhos de Jacó: e como ouvissem o que sucedera, ficaram em extremo irados, por causa da vergonhosa ação, que aquele homem tinha cometido contra Israel, violando, e ultrajando a filha de Jacó. 8 Falou-lhes pois Hemor, e lhes disse: O coração de meu filho Siquém está fortemente apegado à vossa filha. Dai-lha pois para ele casar com ela. 9 Aliemo-nos reciprocamente uns com outros: dai-nos vós as vossas filhas em casamento, e tomai vós as nossas. 10 Habitai conosco: a terra está em vosso poder: cultivai-a, traficai nela, e possui-a. 11 Siquém também disse para o pai, e irmãos da moça: Ache eu graça diante de vós, e eu vos darei tudo o que desejardes. 12 Fazei subir o dote; pedi dádivas, e eu vos darei de muito boa vontade o que quiserdes: dai-me somente esta moça, para que eu a receba por minha mulher.

Vingança dos filhos de Jacó

13 Os filhos de Jacó ardendo em ira, por causa do ultraje feito a sua irmã, responderam fraudulentamente a Siquém, e a seu pai: 14 Nós não podemos dar nossa irmã a um homem incircuncidado: o que é uma coisa defesa, abominável entre nós. 15 Mas poderemos muito bem fazer aliança convosco, se vós quiserdes fazer-vos semelhantes a nós, e se todos os machos, que há entre vós, se circuncidarem. 16 Então nós vos daremos as nossas filhas para casamento, e nós tomaremos as vossas, habitaremos convosco, e seremos todos um mesmo povo. 17 Se vós porém não quiserdes ser circuncidados, tornaremos a levar nossa filha, e retirar-nos-emos.

18 Agradou este oferecimento a Hemor, e a Siquém seu filho. 19 E este mancebo não diferiu executar logo o que lhe fora proposto: porque tinha uma grande paixão por aquela moça. É de saber, que Siquém era o mais celebrado na casa de seu pai. 20 Tenho pois entrado na assembléia que se fazia à porta da cidade, falaram ambos assim ao povo: 21 Estes homens são uma gente pacífica, e querem habitar conosco: permitamos-lhes negociar nesta terra, e cultivá-la; pois é muito espaçosa, e larga, e necessita de quem a fabrique. Nós tomaremos suas filhas por mulheres, e dar-lhes-emos para o mesmo as nossas. 22 Uma só coisa há, que possa diferir um tamanho bem, que é, que primeiro devemos nós circuncidar todos os nossos machos, para assim nos conformarmos com o costume deste povo. 23 Feito que seja isto, os seus bens, os seus rebanhos, e tudo o que eles possuem, será nosso. Demos-lhe somente esta satisfação, e nós ficaremos vivendo todos juntos, fazendo um só povo.

24 Todos estiveram por esta proposta, e todos os machos foram circuncidados. 25 Mas eis aqui ao terceiro dia, quando a dor da ferida é mais violenta, dois dos filhos de Jacó, a saber, Simeão, e Levi irmãos de Dina, entraram muito afoitamente na cidade com a espada na mão; mataram todos os machos, 26 e entre outros a Hemor, e Siquém; e depois levaram da casa de Siquém sua irmã Dina. 27 Depois que os dois sairam, os outros filhos de Jacó se lançaram sobre os mortos; esbulharam toda a cidade, em vingança do ultraje feito a sua irmã; 28 tomaram as ovelhas, bois, e jumentos dos moradores; destruiram tudo o que havia nas casas, e nos campos, 29 e levaram cativas suas mulheres com suas crianças.

30 Depois dum tão atrevido feito, disse Jacó a Simeão, e a Levi: Vós me pusestes tudo em desordem, e me tornastes odioso aos cananeus e fereseus, que habitam neste país. Nós somos poucos: eles se ajuntarão todos para me atacarem, e eles me perderão com toda a minha casa. 31 Seus filhos lhe responderam: Acaso deviam eles abusar de nossa irmã, como duma prostituta?

Volta de Jacó a Betel

35 Entretanto falou Deus a Jacó, e lhe disse: Vai sem demora para Betel, fica-te lá, e erige um altar a Deus, que te apareceu, quando tu fugias de teu irmão Esaú. 2 Então Jacó, convocados todos os da sua casa, lhes disse: Lançai fora os deuses estranhos, que estão no meio de vós; purificai-vos, e mudai os vosos vestidos. 3 Vinde, vamos para Betel, para lá erigirmos um altar a Deus, que me ouviu no dia da minha tribulação, e que me acompanhou na minha jornada. 4 Eles lhe deram pois todos os deuses estranhos, que tinham, e as arrecadas, que lhe pendiam das orelhas; e Jacó escondeu estas coisas na terra, debaixo dum terebinto, que está por detrás da cidade de Siquém. 5 Posto então a caminho, meteu Deus em todas cidades circun-

vizinhas um tão grande terror, que ninguém se atreveu a persegui-los na sua retirada.

6 Assim Jacó, e todo o povo, que vivia com ele, chegou a Luza, chamada por sobrenome Betel, que é na terra de Canaã. 7 Edificou ali um altar, e chamou àquele lugar a Casa de Deus, porque Deus lhe tinha aparecido nele, quando ele fugia de seu irmão. 8 Ao mesmo tempo morreu Débora, ama de Rebeca, e foi enterrada debaixo dum carvalho, ao pé de Betel; e este lugar se ficou chamando o Carvalho do Choro.

Deus renova as promessas a Jacó

9 Ora Deus apareceu ainda outra vez a Jacó, depois da sua tornada de Mesopotâmia da Síria: abençoou-o, e disse-lhe: 10 Tu não te chamarás mais Jacó mas o teu nome será Israel: e Deus o chamou Israel, e lhe disse: 11 Eu sou o Deus Todo Poderoso: cresce, e multiplica-te. Tu serás tronco de muitas nações, e duma multidão de povos, e de ti sairão reis. 12 Eu te darei a ti, e à tua posteridade depois de ti, a terra que eu dei a Abraão, e a Isaac. 13 Depois se retirou Deus. 14 E Jacó erigiu um título de pedra no mesmo lugar, onde Deus lhe tinha falado; ofereceu vinho em cima dele, e derramou azeite; 15 e chamou a este lugar Betel.

Morte de Raquel e nascimento de Benjamim

16 Tendo porém saído dali, veio na primavera até o caminho, que guia para Efrata, onde Raquel, dando-lhe as dores, 17 e experimentando grande dificuldade em parir, se achou em perigo de vida. Disse-lhe a parteira: Não temas, porque tu ainda terás este filho. 18 Mas Raquel, que se sentia morrer à violência das dores, estando quase expirando deu a seu filho o nome de Benoni, que quer dizer, filho das minhas dores. Mas o pai lhe chamou Benjamim, que quer dizer, filho da direita. 19 Morreu pois Raquel, e foi sepultada no caminho, que guia para Efrata, chamada depois Belém. 20 Jacó levantou um padrão em cima do seu sepulcro. E este é o padrão de Raquel, que se vê ainda hoje.

Filhos de Jacó

21 Saído que foi daquele lugar, pôs Jacó a sua tenda da banda de lá da torre do rebanho. 22 E quando ele aqui morava, dormiu Rúben com Bala, concubina de seu pai; ação, que lhe não foi oculta.

Tinha porém Jacó doze filhos. 23 Os filhos havidos em Lia eram Rúben, o primogênito de todos, Simeão, Levi, Judá, Issacar, e Zabulon. 24 Os filhos havidos em Raquel eram José e Benjamim. 25 Os filhos havidos em Bala, escrava de Raquel, eram Dan, e Neftali. 26 Os filhos havidos em Zelfa, escrava de Lia, eram Gad, e Aser. Estes são os filhos de Jacó, que ele teve em Mesopotâmia, na Síria.

27 Ao depois veio Jacó ter com seu pai Isaac a Mambre, à cidade de Arbec chamada depois Hebron, onde Abraão e Isaac tinham assistido como forasteiros. 28 Tinha Isaac então cento e oitenta anos completos. E exausto de forças com a muita idade, morreu. Tendo pois acabado a sua carreira numa extrema velhice, foi unir-se ao seu povo: e seus filhos Esaú e Jacó o sepultaram.

Descendentes de Esaú

36 Eis aqui o catálogo dos descendentes de Esaú, chamado também Edom. 2 Esaú tomou pois suas mulheres dentre as filhas de Canaã, a Ada, filha de Elon heteu, e Oolibama, filha de Ana, que era filha de Sebeon heteu. 3 Foi também casado com Basemate, filha de Ismael, irmã de Nabaiote. 4 Ada pariu Elifaz, Basemate, foi mãe de Rauel. 5 Oolibama teve por filhos Jeus, Ielon, e Coré. Estes são os filhos de Esaú, que lhe nasceram na terra de Canaã.

6 Ora Esaú tomou suas mulheres, seus filhos, suas filhas, e todas as pessoas de sua casa, os seus bens, os seus gados e tudo o que possuía na terra de Canaã; e foi para outro país e se retirou de seu irmão Jacó. 7 Porque como ambos eram muito ricos, não podiam morar juntos; nem a terra, onde eles viviam como estrangeiros, os podia conter no seu âmbito, por causa da multidão dos seus rebanhos.

8 Esaú, chamado também Edom, habitou no monte Seir. 9 Eis aqui os descendentes de Esaú, pai dos idumeus, que habitaram no monte Seir.

10 Os seus nomes são, Elifaz, que foi filho de Ada, mulher de Esaú, e Rauel que foi filho de Basemate, que foi também sua mulher. 11 Filhos porém de Elifaz, foram Teman, Omar, Sefo, Gatão, e Cenez. 12 Elifaz, filho de Esaú, tinha também uma concubina chamada Tana, que lhe pariu a Amalec. Estes são os netos de Ada, mulher de Esaú.

13 Filhos de Rauel foram Naate, Zara, Sana e Meza. Estes são os netos de Basemate, mulher de Esaú.

14 Jeus, Ielon, e Coré foram filhos de Oolibama, mulher de Esaú, que era filha de Ana, e Ana filha de Sebeon.

Chefes dos edomitas

15 Os príncipes dos filhos de Esaú foram os filhos de Elifaz, primogênito de Esaú; o príncipe Teman, o príncipe Omar, o príncipe Sefo, o príncipe Cenez, 16 o príncipe Coré, o príncipe Gatão, o príncipe Amalec. Estes são os filhos de Elifaz na terra de Edom, e netos de Ada.

17 Filhos de Rauel, filho de Esaú, foram o príncipe Naate, o príncipe Zara, o príncipe Sama, o príncipe Meza. Estes são os príncipes, que procederam de Rauel na terra de Edom: e estes os netos de Basemate, mulher de Esaú.

18 Filhos de Oolibama, mulher de Esaú, foram o príncipe Jeus, o príncipe Ielon, o príncipe Coré. Estes foram os príncipes, que procederam de Oolibama, filha de Ana, e mulher de Esaú. 19 Eis aqui pois todos os filhos de Esaú, chamado também Edom, e os que dentre eles foram príncipes.

20 Filhos de Seir horreu, que habitavam então esta terra, foram Latan, Sobal, Sebeon, Ana, 21 Dison, Eser, e Disan. Estes são os príncipes horreus, filhos de Seir na terra de Edom. 22 Filhos de Lotam foram Hori, e Heman: e este Lotan tinha uma irmã, chamada Tana. 23 Filhos de Sobal foram Alvan, Manaat, Ebal, Sefo, e Onão. 24 Filhos de Sebeon foram Aia, e Ana. Este Ana é o que achou umas caldas no deserto, quando apascentava os jumentos de Sebeon seu pai. 25 Ele teve um filho, por nome Dison, e uma filha, por nome Oolibama. 26 Filhos de Dison foram Hamdan, Eseban, Jetran, e Caran. 27 Filhos de Eser foram Balaan, Zavan, e Acan. 28 Filhos de Disan foram Hus, e Arão.

29 Foram pois príncipes dos horreus os que se seguem: o príncipe Lotan, o príncipe Sobal, o príncipe Sebeon, o príncipe Ana, 30 o príncipe Dison, o príncipe Eser, o príncipe Disan. Estes foram os príncipes dos horreus, que governaram na terra de Seir.

Reis de Edom

31 Os reis, que reinaram na terra de Edom antes que os filhos de Israel tivessem rei, foram estes: 32 Bela, filho do Beor, e a sua corte se chamava Dénaba. 33 Morto Bela, reinou em seu lugar Jobab, filho de Zara de Bosra. 34 Morto Jobab, sucedeu-lhe no reino Husão, que era da terra dos temanitas. 35 Morto este, reinou depois dele Adad. Este foi o que desfez os madianitas do país de Moab: a sua corte se chamava Avit. 36 Morto Adad sucedeu-lhe no reino Semla, que era de Masreca. 37 Morto Semla, reinou em seu lugar Saul que era dos arredores do rio de Roobote. 38 Morto Saul, sucedeu-lhe no reino Balanan, filho de Acobor. 39 Morto Balanan sucedeu em seu lugar Adar: a sua corte se chamava Fau, e sua mulher se chamava Meetabel, filha de Matreb, que era filha de Mezaab.

40 Eis-aqui pois os nomes dos príncipes, que procederam de Esaú, segundo suas famílias, lugares da sua habitação, e povos, que deles tomaram os nomes. O príncipe Tama, o príncipe Alva, o príncipe Jetete, 41 o príncipe Oolibama, o príncipe Ela, o príncipe Finon, 42 o príncipe Cenez, o príncipe Teman, o príncipe Mabsar, 43 o príncipe Magdiel, o príncipe Hirão. Estes são os príncipes, que procederam de Edom, e que habitaram nas terras do seu império. E este Edom, chamado também Esaú, é o que foi pai dos idumeus.

III. HISTÓRIA DE JOSÉ

Princípio da história de José

37 Ora Jacó habitava na terra de Canaã, onde seu pai tinha assistido como forasteiro. 2 E eis aqui o que diz respeito à sua família. José aos dezesseis anos de idade, e não sendo ainda mais que menino, apascentava o rebanho com seus irmãos; e costumava acompanhar com os filhos de Bala, e de Zelfa, mulheres de seu pai. Numa ocasião acusou ele a seus irmãos diante de seu pai dum crime enorme.

3 Amava Israel a Jocé mais do que a todos seus irmãos pelo haver tido sendo já velho: e ele lhe tinha mandado fazer uma túnica de várias cores. 4 Seus irmãos pois vendo que seu pai o amava mais do que a todos os outros, aborreciam-no, e não podiam falar-lhe com brandura.

Sonhos de José

5 Aconteceu também, que José referiu a seus irmãos um sonho, que tivera, que foi a semente, donde brotou ainda maior ódio. 6 Porque ele lhes disse: Ouvi um sonho, que eu tive. 7 Parecia-me que eu estava atando convosco uns molhos de trigo no campo: que o meu molho se levantava e se tinha em pé; e que os vossos, postos à roda do meu, o adoravam. 8 Seus irmãos lhe responderam: Acaso serás tu nosso rei, e seremos nós sujeitos ao

teu poder? Estes sonhos pois, e estes contos acenderam ainda mais a inveja, e o ódio, que os irmãos tinham contra ele.

9 Teve José ainda outro sonho, que ele contou a seus irmãos por estas palavras: Pareceu-me como que via em sonhos, que o sol, e a lua, e onze estrelas me adoravam. 10 Tendo ele contado este sonho a seu pai, e a seus irmãos, o pai o repreendeu, e lhe disse: Que quererá dizer esse sonho, que tu tiveste? Será que eu, e tua mãe, e teus irmãos te hajamos de adorar sobre a terra? 11 Assim seus irmãos estavam cheios de inveja contra ele: mas seu pai considerava a coisa em silêncio.

12 Aconteceu então que os irmãos de José se cingiram a viver em Siquém, e ali apascentavam os rebanhos de seu pai. 13 E disse Israel a José: Teus irmãos apascentam as nossas ovelhas no país de Siquém. Vem, e mandar-te-ei para eles. 14 Eu estou pronto, lhe disse José. Continuou Jacó: Vai, e vê se teus irmãos passam bem, e se os rebanhos estão em bom estado: e contar-me-ás o que se passa. Tendo pois sido mandado de Hebron chegou a Siquém. 15 E como um homem o encontrasse, andando daqui para ali no campo, e lhe perguntasse, que era o que buscava, 16 ele lhe respondeu: Busco a meus irmãos; peço-te que me digas, onde estão eles pastoreando os rebanhos? 17 O homem lhe respondeu: Eles foram-se deste lugar, e eu os ouvi estarem dizendo entre si: Vamos para Dotain. Partiu pois José atrás de seus irmãos, e achou-os em Dotain. 18 Tanto que eles o viram de longe, antes que chegasse a eles, resolveram matá-lo. 19 E diziam uns para os outros: Eis aí vem o sonhador. 20 Vamos, tiremos-lhe a vida, metamo-lo numa cisterna velha. Diremos que uma besta fera o devorou; e então se verá de que lhe serviram os seus sonhos.

21 Rúben tendo-os ouvido falar assim, trabalhava pelo livrar das suas mãos, e lhes dizia: 22 Não o mateis, e não derrameis o seu sangue, mas lançai-o nesta cisterna, que está no deserto, e conservai vossas mãos inocentes. Isto dizia ele com intento de o livrar das suas mãos, e de o restituir a seu pai.

23 Ainda bem pois José não tinha chegado a seus irmãos, quando estes lhe tiraram logo a sua túnica de várias cores, que descia até os artelhos: 24 e o lançaram numa cisterna velha, que estava sem água.

José é vendido

25 Depois tendo-se assentado para comerem, viram uns ismaelitas, que passavam e que vindos de Galaad levavam nos seus camelos aromas, resina, e mirra, e caminhavam para o Egito. 26 Então disse Judá a seus irmãos: De que nos servirá matarmos a nosso irmão, e ocultarmos a sua morte? 27 Melhor é vendê-lo a estes ismaelitas, e não manchar nossas mãos: porque ele é nosso irmão, e nossa carne. Assentiram seus irmãos ao que ele lhes dizia.

28 Tendo pois tirado da cisterna a José quando passava uma cáfila de madianitas, venderam-no por vinte moedas de pratas aos ismaelitas, que o levaram ao Egito.

29 Rúben, como voltando à cisterna não achasse o menino, 30 rasgados os seus vestidos, veio ter com seus irmãos, e disse-lhes: O menino não aparece, e onde irei eu?

31 Depois disto tomaram eles a túnica de José e tendo-a tingido no sangue dum cabrito, que mataram, 32 enviaram-na a seu pai, dando ordem a que os portadores lhe dissessem: Eis aqui uma túnica, que nós achamos; vê se ela é a de teu filho, ou não. 33 O pai tendo-a conhecido, disse: Esta é a túnica de meu filho: alguma fera cruel o devorou; alguma besta devorou a José. 34 E rasgados seus vestidos se cobriu de um cilício, chorando a seu filho por muito tempo.

35 Então concorreram juntos seus filhos a ver se podiam aliviar seu pai na sua dor: mas ele não quis admitir consolação, e disse: Eu não hei de deixar de chorar, enquanto não descer com meu filho ao inferno. Pelo que continuou ele sempre em chorar. 36 Entretanto os madianitas venderam José no Egito a Putifar, eunuco de Faraó, e general das suas tropas.

Judá

38 Neste mesmo tempo deixou Judá seus irmãos, e veio para casa dum homem de Odolão que, se chamava Hiras. 2 E como naquele lugar visse a filha de um homem cananeu, chamado Sué, tomou-a por mulher, e coabitou com ela. 3 Concebeu ela, e pariu um filho, a quem chamou Her. 4 E tendo concebido segunda vez, teve outro filho, a quem chamou Onan. 5 Pariu ainda um terceiro, a quem chamou Sela, depois do qual cessou de parir. 6 Casou Judá a Her, seu filho primogênito, com uma mulher, chamada Tamar. 7 Este Her, filho primogênito de Judá, foi um péssimo homem, e o Senhor o feriu de morte.

Pecado de Onan

8 Disse pois Judá a seu segundo Filho Onan: Desposa-te com a mulher de teu irmão, e

coabita com ela, a fim de suscitares filhos a
teu irmão. 9 Porém Onan sabendo que os
filhos, que houvessem de nascer deste matri-
mônio, não haviam de ser seus, impedia com
uma ação execrável, que a mulher concebesse,
para que não nascessem filhos, que usassem
do nome do seu irmão. 10 Por isso o Senhor
o feriu de morte, porque ele fazia uma coisa
detestável. 11 Disse pois Judá a Tamar, sua
nora. Fica viúva em casa de teu pai, até que
meu filho Sela seja grande. Porque temia
Judá não morresse também Sela, como os
outros irmãos. Pelo que Tamar se retirou a
viver em casa de seu pai.

Filhos de Tamar

12 Passados muitos dias, morreu a filha
de Sué, que era mulher de Judá. E este, de-
pois de a ter chorado a ela, e de se ter con-
solado a si desta perda, ia a Tanas com Hiras
de Odolão, pastor do seu rebanho, ver os tos-
quiadores das ovelhas. 13 Tendo-se dito a
Tamar, que Judá seu sogro ia a Tanas fazer
tosquiar as suas ovelhas: 14 largou ela os
vestidos de viúva cobriu-se com um grande
véu, e em trajo disfarçado se assentou numa
encruzilhada do caminho, que guia para Tanas:
porque achando-se Sela em idade de casar,
Judá não lho tinha dado por marido.

15 Judá tendo-a visto, imaginou que era
alguma mulher de má vida: porque ela tinha
coberto o rosto para não ser reconhecida. 16 E
chegando-se a ela, falou-lhe, provocando-a a
que consentisse com o mau desejo, que ele
tinha: porque não sabia Judá que ela era sua
nora. Respondeu-lhe ela: Que me hás de tu
dar por gozares de mim? 17 Mandar-te-ei, disse
ele, um cabrito do meu rebanho. Replicou ela:
Eu consentirei no que tu queres, contanto
que tu me dês algum penhor até me mandares
o que prometes. 18 Que queres tu que eu te
dê em penhor, lhe disse Judá? Ela lhe res-
pondeu: Dá-me o teu anel, o teu bracelete, e
o bordão, que tens na mão. Tendo-se pois
ajuntado com Judá uma só vez, concebeu dele
a mulher. 19 E foi-se logo: e largando o hábi-
to, que tomara, se revestiu dos seus vestidos
de viúva.

20 Passado isto, mandou Judá o cabrito
pelo seu pastor de Odolão, para este recobrar
o penhor, que ele tinha dado à mulher. Mas
como o pastor a não achasse, 21 perguntou
aos habitantes daquele lugar: Onde está aque-
la mulher, que estava assentada na encruzi-
lhada? Responderam-lhe todos, que naquele
lugar não tinha estado mulher alguma pros-
tituta.

22 Assim voltou o mensageiro para Judá
e lhe disse: Eu não a chei: e os mesmos
homens daquele lugar me disseram, que nun-
ca naquele lugar estivera assentada mulher
de má vida. 23 Então disse Judá: Tenha ela
o que tiver, ao menos não me poderá acusar
de que faltei à minha palavra. Eu lhe mandei
o cabrito, que lhe tinha prometido, e tu a
não achaste.

24 Porém três meses depois vieram dizer
a Judá: Sabe que Tamar, tua nôra, caiu em
fornicação: porque pelo avultado do ventre
se percebe que ela concebeu. Respondeu Judá:
Fazei-a sair a público para ser queimada. 25 E
quando eles a levavam ao suplício, mandou
ela dizer a seu sogro: Eu concebi daquele, de
quem são estes penhores. Vede de quem são
este anel, este bracelete, e este bordão. 26 Judá
como conhecesse o que lhe tinha dado, disse:
Ela tem mais justiça do que eu, porque eu
a não casei com meu filho Sela. Ele contudo
a não conheceu mais.

27 Estando Tamar a ponto de dar à luz,
pareceu que ela tinha no ventre dois gêmeos:
28 e ao tempo que os infantes estavam quase
a sair, um deles deitou a mão de fora, a
qual a parteira atou uma fita encarnada, di-
zendo: Este sairá primeiro. 29 Mas tornando
este infante a recolher a mão, saiu o outro.
Então disse a parteira: Por que se dividiu o
muro por tua causa? Por isso foi ele chamado
Farés. 30 Depois saiu seu irmão, o que tinha
a fita encarnada na mão: e foi chamado Zara.

Castidade de José

39 Conduzido pois José ao Egito, Putifar
egípcio, eunuco de Faraó, e general de
suas tropas, o comprou aos ismaelitas, que
o tinham lá levado. 2 O Senhor era com ele,
e tudo lhe sucedia prosperamente, e ele habi-
tava em casa de seu senhor, 3 o qual sabia
muito bem que o Senhor era com ele, e que
este o favorecia, e abençoava em todas as
suas ações. 4 José pois tendo achado graça
diante de seu senhor, todo se dedicou a servi-
lo; e feito por ele intendente geral de sua casa,
ele a governava, e ele cuidava de tudo o que
se lhe tinha entregado. 5 Abençoou o Senhor
a casa do egípcio por atenção a José, e mul-
tiplicou todos os seus bens, assim na cidade,
como no campo. 6 De sorte, que seu amo não
tinha outro cuidado mais, do que por-se à
mesa, e comer. Ora José era muito gentil de
rosto, e de uma presença por extremo agra-
dável.

7 Passado muito tempo, lançou sua ama
os olhos sobre ele, e disse-lhe: Dorme comigo.

8 Mas José tendo horror de cometer uma tão
abominável ação, lhe disse: Tu vês que meu
amo me tem confiado tudo; que ele nem ainda
sabe o que tem em sua casa; 9 que nela não
há nada, que não esteja em meu poder; e
que ele tendo entregado tudo nas minhas
mãos, só reservou para si a ti, que és sua
mulher. Como logo poderei eu cometer um
tão grande crime, e pecar contra o meu Deus?
10 Continuou a mulher muitos dias a solicitar
José com palavras semelhantes, e ele a resistir
ao seu infame desejo. 11 Ora sucedeu um dia,
que tendo José entrado em casa, e estando
fazendo certa coisa, sem ninguém se achar
ali presente, 12 sua ama lhe pegou pela capa,
e lhe disse: Dorme comigo. Então José lar-
gando-lhe a capa nas mãos, fugiu, e saiu para
fora.

José na prisão

13 A mulher vendo-se com a capa nas mãos,
com a dor de ter sido desprezada, 14 chamou
pela gente de sua casa, e disse-lhe: Ele me
introduziu aqui este hebreu para zombar de
nós: o hebreu chegou a mim com intento de
me corromper; e como eu gritei, 15 ele ao
ouvir a minha voz, deixou-me a sua capa, que
eu sustinha, e fugiu para fora. 16 Quando
pois o marido voltou para casa, ela por prova
da sua fidelidade lhe mostrou a capa, com
que tinha ficado, 17 e lhe disse: Este escravo
hebreu, que tu me trouxeste, entrou aqui para
me fazer violência, 18 e como me ouvisse gri-
tar, deixou-me a sua capa, que eu sustinha e
fugiu para fora. 19 O amo demasiadamente
crédulo nas acusações de sua mulher, ao ouvir
estas palavras, encheu-se de furor, 20 e fez
meter José na prisão, onde se guardavam os
que o rei mandava prender. Pelo que estava
ele ali fechado.

21 Mas o Senhor esteve com José, com-
padeceu-se dele, e fez que ele achasse graça
diante do governador do cárcere, 22 que o
encarregou de ter cuidado de todos os presos
que ali estavam encarcerados. E nada se fazia
sem sua ordem. 23 E como o dito governador
lhe tinha confiado tudo, não se metia com
coisa alguma que fosse, porque o Senhor era
com José, e fazia que todas as coisas lhe su-
cedessem felizmente.

José interpreta dois sonhos

40 Depois disto aconteceu que dois eunucos
do rei do Egito, o seu copeiro-mor, e o
seu padeiro-mor, ofenderam a seu senhor. 2 E
Faraó irado contra estes oficiais, dos quais
um presidia aos copeiros, outro aos padeiros,
3 os mandou meter no cárcere do general das
suas tropas, onde José estava preso; 4 e o
governador do cárcere os entregou a José que
os servia, e tinha cuidado deles. Era passado
algum tempo, e eles continuavam sempre a
estar presos.

5 Uma mesma noite tiveram ambos um
sonho, que sendo explicado, denotava o que
havia de suceder a cada um dos dois. 6 Pela
manhã entrou José onde eles estavam; e co-
mo os visse tristes, 7 perguntou-lhes a causa,
e lhes disse: Por que motivo estais vós hoje
com os semblantes mais tristonhos do que
costumais? 8 Eles lhe responderam: Tivemos
um sonho, e não temos ninguém, que no-lo
explique. Disse-lhes José: Porventura não é
a Deus que pertence o dar as interpretações?
Dizei-me, que é o que vós vistes?

9 O copeiro-mor foi o primeiro, que con-
tou o seu sonho. Parecia-me que via adiante
de mim uma cepa de vinha, 10 onde havia três
varas, que cresciam pouco a pouco, lançando
primeiramente os gomos, depois flores, e por
fim cachos maduros; 11 e que eu tendo na
mão o copo de Faraó, tomei os cachos, e ex-
premi-os no copo, que sustinha, e dei a beber
dele a Faraó. 12 José lhe disse: Eis aqui a
interpretação do teu sonho. As três varas da
cepa denotam três dias: 13 depois dos quais
se lembrará Faraó, do serviço, que tu lhe fa-
zias, restituir-te-á ao teu primeiro cargo; e tu
lhe apresentarás para beber o copo, segundo
era o teu costume pelo ofício, que antes
ocupavas. 14 O que só te peço, é que depois
que te suceder esta ventura, te lembres tu
de mim, e me faças o favor de suplicar a
Faraó, que se digne sua majestade de me
tirar da prisão em que me acho: 15 porque
eu fui trazido a furto da terra dos hebreus,
e aqui metido no cárcere, estando inocente.

16 O padeiro-mor vendo que José tinha in-
terpretado sabiamente este sonho, disse-lhe:
Eu também tive um sonho. Parecia-me que
levava à cabeça três cestos de farinha, 17 e
que naquele, que ia por cima dos outros,
havia de tudo o que se pode fazer de massa
para se por numa mesa, e que as aves vinham
comer dele. 18 Respondeu José: Eis aqui a
interpretação deste sonho. Os três cestos de-
notam três dias; 19 depois dos quais te man-
dará Faraó tirar a cabeça, e suspender-te nu-
ma cruz; e as aves do céu despedaçarão as
tuas carnes.

20 O terceiro dia seguinte era o dia do nas-
cimento de Faraó, que deu um grande ban-
quete aos seus criados, durante o qual se lem-
brou ele do copeiro-mor, e do padeiro-mor.
21 Um restituiu ele ao seu cargo para con-

tinuar no ofício de lhe ministrar o copo; 22 outro mandou ele pendurar num patíbulo: o que verificou a interpretação, que José tinha dado aos seus sonhos. 23 Entretanto o copeiro-mor, tendo outra vez entrado a ser favorecido depois da sua desgraça, esqueceu-se do seu intérprete.

Os sonhos do Faraó

41 Passados dois anos teve Faraó um sonho. Parecia-lhe que estava sobre o rio, 2 do qual saíam sete vacas por extremo formosas e gordas, que pastavam nuns lugares palustres. 3 Que depois saíam do rio outras sete todas desfiguradas, e extremamente magras, que pastavam na ribanceira do mesmo rio, nuns lugares cheios de erva. 4 E que estas últimas devoraram as primeiras, que eram por extremo formosas e bem nutridas. Faraó tendo acordado, 5 tornou a adormecer, e teve outro sonho. Eram sete espigas muito graudas, e muito formosas, que saíam de uma mesma cana. 6 Apareciam também outras sete muito chupadas, por causa de um vento abrasador, que as batera. 7 E estas últimas devoraram as primeiras, que eram formosíssimas. Sendo espertado Faraó, 8 ficou cheio de medo; e tendo mandado logo pela manhã buscar todos os adivinhos, e todos os sábios do Egito contou-lhes o seu sonho; e não se achou ninguém, que lho interpretasse.

9 Então o copeiro-mor, lembrando-se enfim de José, disse ao rei: Eu confesso a minha culpa. 10 Quando vossa majestade, estando irado contra seus servos, mandou que eu com o padeiro-mor fôssemos metidos no cárcere do general de suas tropas, 11 ambos nós tivemos numa mesma noite um sonho, que nos prognosticava o que nos havia de acontecer depois. 12 Estava então naquele cárcere um moço hebreu, criado do mesmo general do exército de vossa majestade, ao qual tendo cada um de nós contado o seu sonho, 13 ele nos disse tudo o que o sucesso depois confirmou. Porque eu fui restabelecido no meu cargo, e o padeiro-mor foi pendurado numa cruz.

14 Logo por ordem do rei, foi José tirado do cárcere: tosquiaram-nos, fizeram-no mudar de vestidos, e apresentaram-no diante deste príncipe. 15 Então disse Faraó para ele: Eu tive uns sonhos; e não se acha ninguém, que os decifre. Mas a mim disseram-me que tu tinhas grandes luzes para os interpretar. 16 José lhe respondeu: Deus, e não eu, será o que dê ao rei uma resposta bem favorável. 17 Recontou-lhe pois Faraó o que tinha visto. Parecia-me que estava à ribanceira do rio, 18 e que do rio saíam sete vacas muito formosas, e duma extremada gordura, que pastavam erva num paul: 19 e que depois saíam outras sete tão desfiguradas, e duma tão prodigiosa magreza, quais eu não vira no Egito. 20 Estas últimas devoraram, e consumiram as primeiras, 21 sem que elas por isso mostrassem dalguma sorte que tinham ficado fartas: mas ficando tão magras, e tão gafentas, como dantes estavam. Tendo eu acordado, tornei a adormecer outra vez, 22 e tive segundo sonho. Eram sete espigas muito gradas, e muito formosas, que saíam duma mesma cana. 23 Apareciam também outras sete muito chupadas, por causa dum vento abrasador, que as batera: 24 e estas últimas devoraram as primeiras, que eram tão formosas. Eu contei os meus sonhos a todos os adivinhos e não se acha ninguém, que os explique.

25 Respondeu José: Os dois sonhos de vossa majestade significam ambos a mesma coisa. Deus mostrou a Faraó, o que há de fazer para o futuro. 26 As sete vacas tão formosas, e as sete espigas tão cheias de grão, que vossa majestade viu em sonhos, denotam uma mesma coisa, e significam sete anos de fertilidade. 27 As sete vacas magras, e desfeitas, que sairam do rio depois daquelas primeiras; e as sete espigas chupadas, e arejadas dum vento abrasador, denotam outros sete anos de fome, que estão para vir. 28 E isto se cumprirá desta maneira. 29 Virão primeiramente sete anos duma fertilidade extraordinária em todo o Egito: 30 aos quais seguir-se-ão outros sete duma tão grande esterilidade, que ela fará esquecer toda a abundância passada: porque a fome consumirá toda a terra: 31 e aquela fertilidade tão extraordinária virá a ser como absorvida por esta extrema indigência. 32 Quanto ao segundo sonho, que vossa majestade teve, e que significa a mesma coisa, este é um sinal de que esta palavra de Deus será firme, e que ela se cumprirá infalivelmente e bem cedo. 33 Da prudência logo de vossa majestade é escolher algum homem sábio, e industrioso, a quem vossa majestade dê o comando sobre todo o Egito, 34 para que ele estabeleça oficiais em todas as províncias, os quais enquanto durarem os sete anos de fertilidade que estão para vir, ajuntem nos celeiros públicos a quinta parte dos frutos da terra. 35 Todo o trigo assim guardado esteja debaixo do poder de vossa majestade, e se conserve nas cidades, 36 a fim de que ele se ache pronto para os anos da fome, que há de oprimir o

Egito, e não seja esta terra consumida pela
fome.

Ascensão de José

37 Agradou este conselho a Faraó, e a to-
dos os seus ministros, 38 e ele lhes disse:
Onde poderemos nós achar um homem, como
este que seja tão cheio, como ele o é, do
espírito de Deus? 39 Disse pois Faraó a José:
Pois que Deus te mostrou tudo o que tu dis-
seste, onde poderei, eu achar alguém mais
sábio do que tu, ou semelhante a ti? 40 Tu
serás o que tenhas a autoridade sobre a minha
casa: ao que tu mandares pela tua boca obe-
decerá todo o povo: e somente te precederei
no sólio do reino. 41 Disse mais Faraó a José:
Eu te constituo hoje governador sobre todo
o Egito. 42 Ao mesmo tempo tirando o anel,
que tinha na sua mão ele o meteu na de José:
fê-lo vestir duma túnica de linho fino, e pôs-
lhe ao pescoço um colar de ouro. 43 Depois
fê-lo subir a um dos seus coches, que era o
segundo abaixo do seu; e mandou que um
pregoeiro denunciasse em alta voz, que ajoe-
lhassem todos diante dele, e que todos os re-
conhecessem por governador que tinha sido
estabelecido sobre todo o Egito. 44 Ainda disse
mais Faraó a José Eu sou Faraó: sem tua
ordem ninguém moverá pé, nem mão em todo
o Egito.
45 Mudou-lhe também o seu nome, e cha-
mou-o em língua egípcia, o Salvador do Mun-
do. Ao depois casou-o com Asenete, filha de
Putifar, sacerdote de Heliópole. Depois disto
foi José dar uma vista a todo o Egito. 46 Tinha
ele trinta anos, quando apareceu diante do
rei Faraó e ele correu em roda todo o Egito.

Anos de fertilidade e de fome

47 Chegaram pois os sete anos de ferti-
lidade; e tendo sido o trigo posto em molhos,
foi depois amontoado nos celeiros do Egito.
48 Toda esta grande abundância de grão foi
posta de reserva em todas as cidades. 49 Por-
que foi tão grande a quantidade de trigo, que
houve, que ela igualava a areia do mar, e não
se podia reduzir a medida.
50 Antes que chegasse a fome, teve José
dois filhos de sua mulher Asenete, filha de
Putifar, sacerdote de Heliópole. 51 Chamou
ao primogênito Manassés, dizendo: Deus me
fez esquecer de todos os meus trabalhos, e
da casa de meu pai. 52 Chamou ao segundo
Efraim, dizendo: Deus me fez crescer na terra
da minha pobreza.
53 Passados pois que foram estes sete anos
de fertilidade no Egito, 54 começaram os sete
anos de esterilidade, segundo a predição de
José; e quando todo o resto do mundo es-
tava aflito da fome, havia no Egito muito
pão. 55 O povo achando-se apertado da fome,
gritou a Faraó, e lhe pediu de que viver. Ele
porém lhe respondeu: Ide ter com José, e
fazei tudo o que ele vos disser. 56 Entretanto
a fome crescia todos os dias em toda a terra;
e José abrindo todos os celeiros, vendia trigo
aos egiptanos: porque estes mesmos eram
atormentados da fome. 57 E de todas as partes
vinham homens ao Egito a comprar de comer,
e a buscar com que aliviarem o mal desta
falta de grão.

Os filhos de Jacó vão ao Egito

42 Entretanto Jacó, tendo ouvido que se
vendia trigo no Egito, disse a seus fi-
lhos: Por que não fazeis vós caso disto? 2 Eu
ouvi dizer que no Egito se vende trigo. Ide
lá, e comprai o que havemos mister, para que
possamos viver, e não morramos de fome.
3 Foram pois os dez irmãos de José ao Egito,
para lá comprarem trigo: 4 porque a Benja-
mim deixou Jacó ficar consigo, tendo dito
a seus irmãos: Temo não lhe aconteça no
caminho algum desastre. 5 Entraram eles pois
no Egito com outros, que lá iam a comprar,
porque havia fome na terra de Canaã.
6 José governava em todo o Egito, e não
se vendia trigo aos povos, senão por ordem
sua. Tendo-o pois adorado seus irmãos, 7 ele
os conheceu: e depois de lhes ter falado com
dureza, como a uns estranhos, disse-lhes: Don-
de vindes vós? Responderam eles: Vimos da
terra de Canaã a comprar aqui o que nos é
necessário para a vida.

José põe à prova seus irmãos

8 E ainda que ele conheceu muito bem
seus irmãos, estes o não conheceram. 9 En-
tão lembrando-se dos sonhos, que noutro
tempo tivera, lhes disse José: Vós sois uns
espias: e vós viestes aqui para averiguardes
os lugares mais fracos do Egito. 10 Eles lhe
responderam: Não, senhor, nós não viemos
a isso, mas a comprar trigo. 11 Nós somos
todos filhos dum mesmo homem: nem os
teus servos trazem algum mau intento. 12 José
lhes disse: Não, isso não é assim: mas vós
viestes notar o que há de menos fortificado
no Egito. 13 Replicaram eles: Nós somos doze
irmãos, filhos de um homem da terra de
Canaã, e teus servos. O mais pequeno está
com o nosso pai; o outro já não está no mun-
do. 14 Eis aqui, disse José, o que eu dizia:

Vós sois uns espias. 15 Eu vou experimentar se vós dizeis verdade. Pela vida de Faraó, que vós não saireis daqui, sem que venha vosso irmão mais pequeno. 16 Mandai um de vós que o traga: entretanto estareis em prisão, até eu conhecer se o que me dizeis é verdadeiro, ou falso: doutra sorte, pela vida de Faraó, que vós sois uns espias. 17 Ele pois os fez meter em prisão três dias.

18 E ao terceiro dia fê-los sair da prisão, e lhes disse: Fazei o que eu vos disse, e vivereis: porque eu temo a Deus. 19 Se vós vindes aqui com espírito de paz, fique um de vossos irmãos amarrado na prisão, e vós idevos, e levai o trigo, que tendes comprado para vossas casas, 20 e trazei-me o mais pequeno de vós, para eu conhecer se o que vós me dizeis é verdade, e não morrerdes. Fizeram eles o que se lhes havia ordenado. 21 E diziam uns para os outros: Justamente padecemos nós isto, porque pecamos contra nosso irmão. e porque vendo as angústias da sua alma, quando nos suplicava, não o ouvimos: por isso é que nós caímos, nesta tribulação. 22 Rúben, que era um deles, lhes dizia: Não vos disse eu, não cometais um tamanho crime contra este rapaz? E vós não me ouvistes; eis aqui como agora se nos pede conta do seu sangue. 23 Ora eles não sabiam que José os entendia, porque ele lhes falava por um intérprete. 24 Mas ele se retirou por um pouco de tempo, e chorou: e tornado a eles, lhes falou novamente.

25 Fez pegar em Simeão, e amarrá-lo diante dos outros irmãos; e mandou aos seus oficiais que lhes enchessem os seus sacos de trigo, e que metessem no saco de cada um o dinheiro, que tinham dado; ajuntando de mais a mais víveres para o caminho: o que logo foi executado. 26 Partiram-se pois os irmãos de José, levando o seu trigo nos seus burros. 27 E tendo um deles aberto o seu saco na estalagem, para dar de comer ao seu burro, viu o seu dinheiro na boca do saco; 28 e disse a seus irmãos. Restituiu-se-me o meu dinheiro: ei-lo aqui no meu saco. Ficaram eles pois tomados de espanto, e de turbação, e diziam uns para os outros: Que é isto, que Deus nos fez?

Dor de Jacó

29 Depois que chegaram a casa de Jacó seu pai na terra de Canaã, eles lhe contaram tudo o que lhes tinha acontecido, dizendo: 30 O Senhor daquela terra nos falou duramente, e nos teve por espias, que íamos observar a província. 31 Nós lhe respondemos: Nós somos uma gente pacífica, e muito alheia de trazermos algum mau intento. 32 Somos doze irmãos, filhos de um mesmo pai: um já não está no mundo: o mais pequeno está com nosso pai na terra de Canaã. 33 Ele nos respondeu. Eu quero experimentar se é verdade que sois gente de paz: deixai-me pois aqui um de vossos irmãos. Tomai o trigo, que vos é necessário para vossas casas, e ide-vos: 34 e trazei-me vosso irmão mais pequeno, para eu saber que não sois espias, e para vós depois poderdes levar convosco aquele outro, que cá fica preso, e para daqui em diante vos ser permitido comprar aqui o que quiserdes.

35 Depois que eles assim falaram, ao lançarem o seu trigo fora dos seus sacos, achou cada um o seu dinheiro atado na boca do saco, do que todos ficaram muito espantados. 36 Então lhes disse seu pai Jacó: Vós me tendes reduzido a estar sem filhos. José já o não há; Simeão fica preso; e vós ainda me quereis levar Benjamim. Todos estes males recaíram sobre mim. 37 Rúben lhe respondeu: Manda matar meus dois filhos, se eu to não tornar a trazer; confia-o de mim, e eu to restituirei. 38 Não, disse Jacó, meu filho não há de ir convosco. Seu irmão morreu, e ele ficou só: se lhe suceder algum infortúnio na terra, onde vós ides, vós causareis à minha velhice uma dor, que me levará à sepultura.

Benjamim no Egito

43 Entretanto a fome assolava extraordinariamente toda a terra. 2 E tendo-se acabado o trigo, que os filhos de Jacó tinham trazido do Egito, ele lhes disse: tornai para nos comprardes ainda algum pouco de trigo. 3 Judá lhe respondeu: Aquele homem, que governa em todo o Egito, nos declarou com juramento qual era sua vontade, dizendo: Vós não me vereis a cara, se não trouxerdes convosco vosso irmão mais pequeno. 4 Se tu logo quereis mandá-lo conosco, iremos todos juntos, e comprar-te-emos o que hás mister. 5 Se o não queres, não iremos: porque aquele homem, como nós já te dissemos muitas vezes, nos declarou, que não lhe veríamos a cara, se não lhe levássemos nosso irmão mais pequeno. 6 Israel lhe disse: Para desgraça minha foi, terdes-lhes vós manifestado, que ainda tínheis outro irmão. 7 Mas eles lhe responderam: Ele nos perguntou por ordem todo o séquito da nossa família: se nosso pai vivia; se nós ainda tínhamos algum outro irmão. E nós lhe respondemos conseqüentemente ao que ele nos tinha perguntado. Acaso

podíamos nós adivinhar que ele nos havia de dizer: Trazei convosco vosso irmão?

8 Ainda disse mais Judá a seu pai: Manda comigo o menino para partirmos, e termos de que poder viver, e para não morrermos nós, e nossos filhinhos. 9 Eu me encarrego deste moço: a mim é que tu pedirás conta dele. Se eu to não tornar a trazer, e to não restituir, eu consinto em que tudo me não perdoes nunca esta falta. 10 Se nós não tivéssemos diferido tanto a nossa ida, já nós teríamos voltado segunda vez. 11 Israel pois, seu pai, lhes disse: Se isto assim é necessário, fazei o que quereis. Tomai para levardes convosco os mais excelentes frutos deste país, para fazerdes presente deles a esse homem: uma pouca de resina, um pouco de mel, um pouco de estoraque, alguma mirra, algum terebinto, e algumas amêndoas. 12 Tomai também dobrado dinheiro, e tornai a levar aquele, que vós achastes nos sacos, não fosse isso talvez por engano. 13 Enfim levai vosso irmão, e ide ter com aquele homem. 14 Eu rogo ao meu Deus todo poderoso, que vo-lo faça favorável, para que ele remeta convosco a vosso irmão, que ele retém preso, e a este Benjamim. Entretanto ficarei eu só, como se não tivesse filhos.

15 Tomaram eles, pois os presentes, e dinheiro em dobro, com Benjamim; e tendo partido, chegaram ao Egito, onde se apresentaram diante de José. 16 José tanto que os viu, e Benjamim com eles, disse ao seu dispenseiro: Introduze estes homens em minha casa: mata das reses aquelas, que se costumam escolher para vítimas e prepara um banquete: porque eles hão de comer comigo ao meio-dia. 17 Executou o dispenseiro o que se lhe tinha mandado, e introduziu-os em sua casa. 18 Então passados de medo diziam eles entre si: Sem dúvida que por causa daquele dinheiro, que nós achamos nos sacos, é que ele nos faz entrar aqui, para nos caluniar, e nos oprimir, reduzindo-nos à escravidão, e tomando-nos os nossos burros. 19 Pelo que estando ainda à porta, chegaram-se eles ao dispenseiro de José, e lhe. disseram: 20 Senhor, nós te suplicamos que nos ouças. Nós viemos já uma vez comprar trigo: 21 e depois de o termos comprado, quando nós chegamos à estalagem, ao abrir os nossos sacos achamos nas suas bocas o nosso dinheiro, o qual nós te trazemos agora no mesmo peso. 22 E afora este, te trazemos nós outro dinheiro, para comprarmos o que nos é necessário. Mas nós não sabemos de modo algum, quem foi o que meteu aquele dinheiro nos sacos. 23 O dispenseiro lhes respondeu: Estai sossegados, não tenhais medo. O vosso Deus, e o Deus de vosso pai foi o que vos deu esses tesouros nos vossos sacos. Porque quanto a mim, eu recebi o dinheiro, que vós me destes, e com isso me dou por satisfeito. Fez também sair para fora a Simeão, e trouxe-lho.

José banqueteia seus irmãos

24 Depois de os ter feito entrar na casa, trouxe-lhes água, com que lavaram os pés, e deu de comer aos seus burros. 25 Entretanto puseram eles prontos os seus presentes, esperando que José entrasse ao meio-dia: porque lhes tinham dito que haviam de comer ali.

26 Tendo pois entrado José em sua casa, eles lhe ofereceram os seus presentes, que tinham nas suas mãos, e eles o adoraram, prostrando-se por terra. 27 José os saudou também, mostrando-lhes bom rosto, e lhes perguntou: É ainda vivo vosso pai, aquele bom velho, de que vós me falastes? Passa ele bem? 28 Eles lhe responderam: Nosso pai teu servo ainda vive, e passa bem. E eles encurvando-se profundamente, o adoraram. 29 José, levantando os olhos, viu a Benjamim, seu irmão uterino, e disse: Este é vosso irmão mais pequeno, do qual vós me tínheis falado? Meu filho, ajuntou ele, Deus te conserve, e te seja sempre favorável. 30 E deu-se pressa a sair, porque se lhe tinham comovido as entranhas, vendo a seu irmão, e não podia conter as lágrimas: passando pois a outra camara, chorou.

31 E depois de ter lavado o rosto, se conteve, e disse: Trazei o comer para a mesa. 32 Foi José servido à parte, e seus irmãos à parte e os egípcios, que comiam com ele, servidos também à parte: porque não é permitido entre os egípcios comer com os hebreus; e tem que um banquete desta sorte seria profano. 33 Eles se assentaram pois em presença de José, primeiro o primogenito segundo a sua ordem, e o mais pequeno segundo a sua idade; e ficaram sumamente admirados, 34 ao ver as porções, que José lhes dera, das quais a maior tinha caído a Benjamim: porque esta era cinco vezes mais avantajada que a dos outros. Beberam também com José, e regalaram-se.

Benjamim apanhado em furto

44 Ora José deu esta ordem ao dispenseiro de sua casa, e lhe disse: Mete nos sacos destes homens quanto trigo eles puderem levar, e o dinheiro de cada um no cimo dos sacos; 2 e mete a minha taça de prata na boca do saco do mais moço com o dinheiro, que deu pelo seu trigo. E assim se fez. 3 E ao

outro dia pela manhã deixaram-nos ir com os
seus burros. 4 Quando eles tinham saído da
cidade, e tinham já caminhado um pedaço,
chamou José o dispenseiro de sua casa, e lhe
disse: Corre depressa atrás daqueles homens,
e suspende-os do caminho, e dize-lhes: Por
que tornastes vós mal por bem? 5 A taça,
que vós furtastes, é aquela, por onde bebe
meu senhor, e a de que ele se serve para as
suas adivinhações. Vós fizestes uma coisa ma-
líssima.
6 Fez o dispenseiro o que lhe fora mandado;
e tendo-os embargado, disse-lhes tudo o que
lhe fora ordenado que dissesse. 7 Eles lhe res-
ponderam: Por que fala nosso Senhor assim a
seus servos, e os julga capazes de cometer uma
ação tão vergonhosa? 8 Nós tornamos-te a
trazer o dinheiro, que achamos na boca dos
nossos sacos. Como podia logo ser, que nós
furtássemos da casa de teu senhor ouro, ou
prata? 9 Aquele de teus servos, qualquer que
ele seja, a quem se achar o que tu buscas,
morra; e nós seremos escravos de nosso se-
nhor. 10 Ele lhes disse: Faça-se conforme vós
sentenciastes. Qualquer, a quem for achado o
que eu busco, seja meu escravo: e quanto a
vós outros, vós sereis inocentes.
11 Descarregaram eles pois logo os seus sa-
cos em terra, e cada um abriu o seu. 12 O
dispenseiro tendo-os examinado todos, come-
çando desde o mais velho até ao mais moço,
achou a taça no saco de Benjamim. 13 En-
tão eles, rasgados os seus vestidos, e torna-
dos a carregar os seus burros, voltaram outra
vez para a cidade. 14 Judá foi o primeiro, que
se apresentou com seus irmãos diante de José,
o qual se não tinha ainda arredado do lugar,
onde estava; e todos juntos se prostraram em
terra diante dele. 15 José lhes disse: Por que
vos houvestes vós assim comigo? Vós não sa-
beis que não há ninguém, que me iguale na
ciência de adivinhar?
16 Disse-lhe Judá: Que responderemos nós
a nosso senhor? Que lhe diremos nós, e que
lhe poderemos nós representar, que tenha
alguma sombra de justiça para nossa defesa?
Deus achou a iniqüidade dos teus servos: eis
aqui somos nós escravos de meu senhor, nós,
e aquele, a quem foi achado o corpo. 17 Res-
pondeu José: Deus me defenda de tal fazer.
Aquele, que me furtou a minha taça, esse seja
meu escravo; e vós outros ide com toda a li-
berdade para vosso pai.

Judá se oferece em troca de Benjamim

18 Então Judá chegando-se mais para Jo-
sé, lhe disse confiadamente: meu senhor, per-
mite, te peço, a teu servo, que ele te fale,
e não te agastes com o teu servo. Porque
abaixo de Faraó, 19 tu é que és meu senhor.
Tu perguntaste no princípio a teus servos:
Vós tendes ainda pai, ou algum outro irmão?
20 E nós te respondemos: Meu senhor, nós
temos um pai, que é velho, e um irmão pe-
queno, que ele houve na sua velhice: outro
irmão, que tinha nascido da mesma mãe, é
já morto. Sua mãe não tem senão este, e seu
pai o ama ternamente. 21 Então disseste tu a
teus servos: Trazei-mo cá, que gostarei de o
ver; 22 Mas nós te respondemos: Meu senhor,
o menino não pode largar a seu pai; porque
se o largar morrerá o pai. 23 Disseste tu a
teus servos: Se o mais pequeno de vossos
irmãos não vier convosco, vós não me torna-
reis mais a ver a cara. 24 Quando pois volta-
mos para nosso pai, teu servo, nós lhe con-
tamos tudo o que meu senhor nos dissera.
25 E nosso pai nos disse: Tornai a ir, para
nos comprardes um pouco de trigo. 26 Nós
lhe dissemos: Nós não podemos ir: se nosso
irmão mais moço vier conosco, iremos todos
juntos: mas sem ele vir, nós nos não atreve-
mos a aparecer diante daquele homem. 27 Ele
nos respondeu: Vós sabeis que eu tive dois fi-
lhos de minha mulher. 28 Tendo um deles
saído ao campo, dissestes vós que uma besta
fera o tinha devorado: e até agora não apa-
rece. 29 Se vós levardes também este outro,
e lhe suceder alguma coisa no caminho, vós
com a pena, que isto me causará, dareis com
este pobre velho na sepultura. 30 Se eu pois
chegar a meu pai, teu servo, e não lhe apare-
cer este menino; como a sua vida depende da
de seu filho, 31 quando ele vir que o menino
não vem conosco, morrerá; e teus servos cau-
sarão à sua velhice uma dor, que o leve à cova.
32 Seja eu pois antes o que fique por teu es-
cravo, pois que me obriguei a dar conta deste
menino, e isto prometi a meu pai, dizendo:
Se eu to não tornar a trazer, não se me dará
que meu pai me impute esta falta, e que ele
ma não perdoe nunca. 33 Assim eu ficarei teu
escravo, e servirei a meu senhor em lugar
deste menino, para que ele volte com seus ir-
mãos. 34 Porque eu não posso tornar para
meu pai, sem que vá este menino; por não
suceder que vá, eu mesmo ser testemunha da
extrema aflição, que acabará a meu pai.

Dá-se José a conhecer aos irmãos

45 José não podia conter mais as lágrimas:
e como ele se achava rodeado de muita
gente, mandou que saíssem todos para fora,
para que nenhum estranho se achasse presen-

te, quando ele se desse a conhecer a seus irmãos. 2 Então caindo-lhe as lágrimas dos 3 e disse para seus irmãos: Eu sou José: vive vida dos egípcios, e de toda a casa de Faraó, olhos, levantou ele muito a voz, a qual foi ouainda meu pai? Mas seus irmãos lhe não puderam responder, de passados que ficaram de temor. 4 Ele lhes falou docemente, e lhes disse: Chegai-vos para mim. E como eles se tivessem chegado, ajuntou: Eu sou José vosso irmão, a quem vós vendestes para o Egito. 5 Não temais, e não vos afijais de me terdes vendido para estas terras; porque para salvação nossa me mandou Deus ao Egito. 6 Há já dois anos que a fome começou na terra: e ainda faltam cinco, nos quais nem se poderá lavrar, nem segar. 7 E Deus me mandou adiante, para que vós conservásseis a vida, e pudésseis ter de que subsistirdes. 8 Não foi por vosso conselho que eu aqui fui mandado, mas pela vontade de Deus, que me fez como pai de Faraó, senhor de toda a sua casa, príncipe em todo o Egito.

9 Dai-vos pressa a irdes com teu pai, e dizei-lhe: Eis aqui o que te manda teu filho José: Deus não me fez senhor de todo o Egito, vem ter comigo, não te demores. 10 Tu habitarás na terra de Gessen: estarás ao pé de mim, tu, e teus filhos, e os filhos de teus filhos; as tuas ovelhas, os teus rebanhos, e tudo o que tu possuis. 11 Eu cá te sustentarei, (porque ainda restam cinco anos de fome) para que tu não pereças com toda a tua família, e com tudo o que te pertence. 12 Vós vedes com os vossos olhos, vós e vosso irmão Benjamim, que eu mesmo sou o que vos falo de minha própria boca. 13 Anunciai a meu pai quanta é a glória, a que eu me vi exaltado, e tudo o que tendes visto no Egito. Apressai-vos a trazerdes-mo. 14 Tendo-se lançado ao pescoço de Benjamim, seu irmão, para o abraçar, chorou: e chorou também Benjamim abraçado com ele. 15 Beijou também José a todos seus irmãos, e chorou sobre cada um deles: e depois disto é que eles se animaram a falar-lhe.

16 Logo soou no palácio do rei, e se disse publicamente, que os irmãos de José tinham vindo: do que Faraó com toda a sua casa recebeu grande prazer. 17 E ele disse a José, que desse a seus irmãos esta ordem: Carregai os vossos burros, e tornai para a terra de Canaã: 18 trazei de lá vosso pai com toda a vossa família, ẽ vinde ter comigo: eu vos darei tudo o que há de bom no Egito, e vós sustentar-vos-eis do beijinho desta terra. 19 Ordena-lhes outrossim, que tomem carros do Egito, para trazerem suas mulheres com seus filhinhos, e dize-lhes: trazei vosso pai, e dai-vos pressa a voltardes, o mais cedo que puder ser, 20 sem deixardes nada das vossas alfaias: por que todas as riquezas do Egito serão vossas.

21 Fizeram os filhos de Israel o que lhes fora mandado. E José lhes fez dar carros, segundo a ordem, que tinha recebido de Faraó, e víveres para o caminho. 22 Mandou também dar duas túnicas a cada um de seus irmãos. A Benjamim porém deu cinco túnicas das mais estimadas, e trezentas moedas de prata. 23 Outro tanto dinheiro, e outras tantas opas mandou José a seu pai, com dez burros carregados de tudo o que havia de mais precioso no Egito; e outras tantas burras, que levavam trigo, e pão para o caminho. 24 Desta sorte despediu ele seus irmãos, dizendo-lhes ao partirem: Não guerreeis no caminho. 25 Vieram eles pois do Egito para a terra de Canaã, para seu pai Jacó, 26 a quem deram esta nova: teu filho José está vivo e tem o governo de todo o Egito. Jacó tendo isto ouvido, como quem acorda dum profundo sono, não podia entretanto crer o que eles lhe diziam. 27 Insistiam seus filhos pelo contrário, referindo-lhe como todas as coisas se tinham passado. Enfim tendo visto os carros, e tudo o que José lhe mandava, recobrou o seu espírito, e disse: 28 Não tenho mais que desejar, uma vez que meu filho José ainda vive: irei, e ve-lo-ei, antes que eu morra.

Ida de Jacó para o Egito

46 Partiu pois Israel com tudo o que tinha, e chegou ao Poço do Juramento: e depois de ter imolado aqui suas vítimas ao Deus de seu pai Isaac, 2 ouviu numa visão, que teve de noite, que ele o chamava, e lhe dizia: Jacó, Jacó, Ele lhe respondeu: Aqui me tens. 3 E Deus ajuntou: Eu sou o Deus fortíssimo de teu pai: não temas: vai para o Egito: porque eu te farei lá cabeça dum grande povo. 4 Eu irei para lá contigo, e te trarei de lá, quando tu de lá voltares, José também te cerrará os olhos com as suas mãos.

5 Tendo partido pois Jacó do Poço do Juramento, seus filhos o levaram com seus meninos, e suas mulheres, nos carros que Faraó tinha mandado para trazerem o velho, 6 com tudo o que ele possuía na terra de Canaã: e chegou ao Egito com toda a sua geração, 7 seus filhos, seus netos, suas filhas e tudo o que dele procedia.

8 Ora eis aqui os nomes dos filhos de Israel, que entraram no Egito, quando ele para lá foi com a sua descendência. Seu filho

primogênito era Rúben. 9 Os filhos de Rúben eram Enoc, Falu, Hesron e Carmi. 10 Os filhos de Simeão eram Jamuel, Jamim, Abod, Jaquim, Soar e Saul, filho duma mulher cananéia. 11 Os filhos de Levi eram Gérson, Caat, e Merari. 12 Filhos de Judá eram Her, Onan, Sela, Farés e Zara. Her e Onan morreram na terra de Canaã. A Farés nasceram Hesron e Hamul. 13 Os filhos de Issacar eram Tola, Fua, Jó, e Semron. 14 Os filhos de Zabulon eram Sared, Elon, e Jaelel. 15 Estes são os filhos de Lia, que ela teve em Mesopotâmia, na Síria, com Dina sua filha. Os seus filhos e as suas filhas eram por todos trinta e três.

16 Os filhos de Gad eram Sefion, Hagi, Suni, Esebon, Heri, Arodi, e Areli. 17 Os filhos de Aser eram Jane, Jesua, Jessui, Beria, e Sara irmã deles. Os filhos de Beria eram Heber, e Melquiel. 18 Estes são os filhos de Zelfa, a qual Labão tinha dado a sua filha Lia, que eram também filhos de Jacó, e que faziam dezesseis pessoas.

19 Os filhos de Raquel, mulher de Jacó, eram José, e Benjamim. 20 José estando no Egito teve dois filhos de sua mulher Asenete, filha de Putífar, sacerdote de Heliópole; os quais se chamavam Manassés e Efraim. 21 Os filhos de Benjamim eram Bela, Becor, Asbel, Gera, Naaman, Equi, Ros, Mofim, Ofim, e Ared. 22 Estes são os filhos, que Jacó teve de Raquel, que são por todos catorze.

23 Dan não teve senão um filho que se chamou Husim. 24 Os filhos de Neftali eram Jasiel, Guni, Jeser, e Salém. 25 Estes são os filhos de Bala, a qual Labão tinha dado a sua filha Raquel, que eram também filhos de Jacó, e que faziam por todos sete pessoas.

26 Todos os que vieram para o Egito com Jacó, e que tinham procedido dele, não contando as mulheres de seus filhos, eram por todos sessenta e seis. 27 Os filhos que tinham nascido a José no Egito, eram dois. Todas as pessoas da casa de Jacó, que vieram para o Egito, faziam o número de setenta.

Encontro de Jacó com José

28 Ora Jacó enviou adiante de si Judá a José, para lhe dar parte da sua vinda, e para que José viesse avistar-se com ele em Gessen. 29 Quando Jacó lá chegou, mandou José meter os cavalos no seu coche, e veio a encontrar-se com seu pai no mesmo lugar; e vendo-o, se lançou ao seu pescoço, e o abraçou, chorando. 30 Disse Jacó a José: Agora morrerei eu alegre, pois que vi o teu rosto, e te deixo sobrevivendo-me. 31 José disse a seus irmãos, e a toda a casa de seu pai: Eu vou dizer a Faraó, que meus irmãos, e todos os da casa de meu pai, são vindos a mim da terra de Canaã. 32 Que eles são uns pastores de ovelhas, que se ocupam em apascentar gados: e que eles trouxeram consigo as suas ovelhas, os seus bois, e tudo o que podiam ter. 33 E quando Faraó vos chamar, e vos perguntar: Que ocupação é a vossa? 34 Vós lhe respondereis: Os teus servos são uns pastores desde a sua infância até o presente, e nossos pais o tem sido sempre como nós. Assim é que vós haveis de dizer, para poderdes morar na terra de Gessen: porque os egípcios detestam todos os pastores de ovelhas.

Na terra de Gessen

47 Tendo ido pois José à presença de Faraó, lhe disse: "Meu pai, e meus irmãos são vindos da terra de Canaã com as suas ovelhas, seus rebanhos, e tudo o que possuem; e ei-los aí estão na terra de Gessen. 2 Apresentou também ao rei cinco de seus irmãos. 3 Os quais tendo-lhes o rei perguntado: Que é o em que vós ocupais? eles lhe responderam: Os teus servos são pastores de ovelhas, como o foram nossos pais. 4 Nós viemos passar algum tempo nas tuas terras, por ser no país de Canaã tão grande a fome, que não há nele erva para os gados de teus servos: e nós te suplicamos, que leves a bem que os teus servos habitem na terra de Gessen. 5 Disse pois o rei a José: Teu pai, e teus irmãos vieram ter contigo. 6 Tu tens à tua vista a terra do Egito; faze-os habitar no melhor lugar, e entrega-lhes a terra de Gessen. E se tu sabes que há entre eles homens capazes, dá-lhes a intendência dos meus rebanhos.

7 Depois disto introduziu José seu pai ao rei e apresentou-lho. Jacó saudou a Faraó, e lhe significou quanto lhe desejava toda a sorte de prosperidades. 8 Tendo-lhe perguntado o rei, que anos tinha de idade, 9 Jacó lhe respondeu: Há cento e trinta anos que ando feito peregrino. E este pequeno número de anos, que não chega a igualar o dos anos de meus pais, tem sido acompanhado de muitos trabalhos. 10 E depois de ter significado que desejava toda a sorte de felicidades ao rei, saiu para fora.

11 José, em conseqüência do mandado de Faraó, meteu a seu pai, e a esus irmãos de posse do país de Ramessés, o mais fértil do Egito. 12 E ele os sustentava com toda a casa de seu pai, dando a cada um o que havia mister para viver.

Administração de José

13 Porque em todo o mundo faltava pão, e a fome afligia toda a terra; mas principalmente o Egito, e o país de Canaã. 14 José ajuntando todo o dinheiro, que tinha recebido dos egípcios, e dos cananeus pelo trigo, que lhes vendera, todo o meteu no real erário. 15 E como não restasse mais dinheiro a pessoa alguma para comprar trigo, todo o povo do Egito veio ter com José, dizendo-lhe: Dá-nos pão: por que nos deixas tu morrer, por falta de dinheiro? 16 José lhes respondeu: Se vós não tendes dinheiro, trazei os vossos gados, e eu vos darei trigo por troca. 17 Eles pois lhe trouxeram os seus gados; e José lhes deu trigo pelo preço dos seus cavalos, das suas ovelhas, dos seus bois, dos seus jumentos; e os sustentou aquele ano pela troca dos gados. 18 Tornaram eles a vir o outro ano, e lhe disseram. Nós não te ocultaremos, meu senhor, que por nos ter faltado o dinheiro, nos faltaram também os gados; e tu não ignoras que, exceto os nossos corpos, e as nossas terras, não temos mais nada. 19 Por que havemos de morrer logo à vista de teus olhos? Nós nos damos a ti com as nossas terras: compra-nos para escravos do rei, e dá-nos que semear; para que não suceda que a terra se torne em charneca por tu deixares perecer os que a podiam cultivar.

20 Assim comprou José todas as terras do Egito, vendendo cada um tudo o que possuía, por causa da extremidade da fome. E desta sorte adquiriu ele para Faraó todo o Egito, 21 com todos os povos, desde uma extremidade do reino até à outra; 22 exceto somente as terras dos sacerdotes, que lhes tinham sido dadas pelo rei: porque a estes se dava certa quantidade de trigo dos celeiros públicos; e por isso não foram obrigados a vender as suas terras.

23 Depois disto disse José ao povo: Vós vedes que vós, e as vossas terras sois de Faraó: eu quero pois dar-vos de que semeardes, e vós semeai os vossos campos, 24 para poderdes colher grão. Vós dareis dele, a quinta parte ao rei, e eu vos deixarei as outras quatro para semeardes, e para sustentardes as vossas famílias, e os vossos filhos. 25 Eles lhes responderam: A nossa salvação está nas tuas mãos: olhe somente nosso senhor para nós com olhos de comiseração, e nós serviremos alegres ao rei. 26 Desde aquele tempo até ao dia de hoje se paga em todo o Egito ao rei a quinta parte e isto como que passou em lei, exceto a terra dos sacerdotes que ficou isenta desta sujeição.

Últimos dias de Jacó

27 Habitou pois Israel no Egito, isto é, na terra de Gessen, de que ele gozava como própria; e onde a sua família cresceu, e se multiplicou extraordinariamente. 28 Viveu nele dezessete anos, e todo tempo da sua vida foram cento e quarenta e sete anos. 29 Como ele visse que se vinha chegando o dia da sua morte, chamou a seu filho José, e lhe disse: Se eu achei graça diante de ti, põe a tua mão por baixo da minha coxa; e faze-me o favor de me prometeres com verdade, que me não hás de sepultar no Egito; 30 mas que eu hei de transportar desta terra, e me hás de repor no descansar com meus pais, e que tu me hás de jazigo de meus antepassados. José lhe respondeu: Eu farei o que tu me mandaste. 31 Pois jura-mo, disse Jacó. E ao tempo que José lhe jurava, adorou Israel a Deus, voltado para a cabeceira do leito.

Jacó adota os filhos de José

48 Passadas assim estas coisas, vieram dizer a José, que seu pai estava doente. Então tomando consigo a seus dois filhos, Manassés e Efraim, partiu a vê-lo. 2 Disseram pois a Jacó: Eis aí te vem visitar teu filho José. Jacó recobrando forças se assentou no seu leito. 3 E tendo entrado José, lhe disse: O Deus onipotente me apareceu em Luza, que é na terra de Canaã; e depois de me abençoar, me disse: 4 Eu te farei crescer, e te multiplicarei; e eu te farei cabeça de uma multidão de povos; e te darei esta terra a ti, e à tua descendência depois de ti, para que vós a possuais para sempre. 5 Os teus dois filhos pois, Manassés e Efraim, que te nasceram no Egito, antes que eu viesse para ti, serão meus, e serão postos no número dos meus filhos, como Rúben e Simeão. 6 Mas os outros, que tu tiveres depois destes, serão teus, e terão o nome de seus irmãos nas terras que possuírem. 7 Porque quando eu voltava de Mesopotâmia, perdi eu a Raquel, que morreu na terra de Canaã, vindo pelo caminho. Era então primavera, e eu me achava à entrada de Efrata, e a enterrei no caminho de Efrata, que também se chama Belém.

8 Ao mesmo tempo vendo Jacó os filhos de José, perguntou-lhe: Quem são estes? 9 José lhe respondeu: São os meus filhos, que Deus me deu neste país. Faze-os chegar a mim, disse Jacó, para que eu os abençoe. 10 (Porque os olhos de Israel se tinham escurecido, por causa da sua grande velhice, e não podia ver bem). Tendo-os feito pois chegar a ele, ele os abraçou, e os beijou. 11 E

disse a seu filho: Deus me deu o gosto de te ver; e a este ajuntou ainda o outro de ver os teus filhos.

12 José tendo-os tirado dentre os braços do pai, adorou, prostrando-se por terra. 13 E tendo posto a Efraim à sua direita, isto é, à esquerda de Israel: e a Manassés à sua esquerda, isto é, a direita de seu pai, os chegou ambos a Jacó. 14 O qual estendendo a sua mão direita, a pôs sobre a cabeça de Efraim, que era o mais moço; e pôs a sua mão esquerda sobre a cabeça de Manassés, que era o mais velho, trocando assim as mãos. 15 E abençoando aos filhos de José, disse: O Deus, em cuja presença andaram meus pais Abraão, e Isaac; o Deus, que me sustentou desde a minha mocidade até este dia; 16 o anjo, que me livrou de todos os males, abençoe estes meninos: eles tragam o meu nome, e os nomes de meus pais Abraão, e Isaac; e eles se multipliquem cada vez mais na terra.

17 Mas José, vendo que seu pai tinha posto a sua mão direita sobre a cabeça de Efraim, ficou disso sentido; e, pegando na mão de seu pai, procurava tirá-la de cima da cabeça de Efraim, para a por sobre a cabeça de Manassés, 18 dizendo a seu pai: Não está assim bem, pai, porque este é o primogênito: põe a tua mão direita em cima da sua cabeça. 19 Mas Jacó, recusando fazê-lo, lhe disse: Eu muito bem o sei, meu filho, e muito bem o sei: este também será cabeça de povos, e a sua descendência se multiplicará: mas seu irmão, que é o mais moço, será maior do que ele, e a sua posteridade se multiplicará nas nações. 20 Jacó pois os abençoou então, e disse: Em ti será bendito Israel; e dir-se-á: Deus te faça como fez a Efraim, e a Manassés. Assim ele pôs Efraim adiante de Manassés.

21 Depois disse a seu filho José: Tu vês que eu morro: Deus será convosco, e ele vos tornará a trazer à terra de vossos pais. 22 Eu te dou de mais que a teus irmãos aquela parte da minha fazenda, que eu ganhei aos amorreus, mediante a minha espada, e o meu arco.

Adeus de Jacó a seus filho

49 Ora Jacó chamou seus filhos, e lhes disse: Ajuntai-vos todos, para que eu vos anuncie o que tem de vos acontecer nos últimos tempos. 2 Vinde todos juntos, e ouvi, ó filhos de Jacó, ouvi a Israel vosso pai.

3 Rúben, meu primogênito, tu és toda a minha força, e a principal causa da minha dor, o primeiro nos dons, e o maior no império. 4 Tu te derramaste como água; não cresças, porque tu subiste ao leito de teu pai, e manchaste a sua cama.

5 Simeão, e Levi, irmãos, instrumentos duma carniçaria cheia de injustiça. 6 Não permita Deus, que a minha alma tenha alguma parte nos seus conselhos, e que a minha glória dependa de eu me coligar com eles: porque eles assinalaram o seu furor, matando homens; e assinalaram a sua vontade, destruindo muralhas. 7 Maldito o seu furor, porque obstinado; e maldita a sua ira, porque inflexível: eu os dividirei em Jacó, e eu os espalharei em Israel.

8 Judá, teus irmãos te louvarão: a tua mão subjugará as cervizes de teus inimigos; os filhos de teu pai te adorarão. 9 Judá é como um leão ainda novo. Tu te levantaste, meu filho, para roubares a presa; e quando descansavas estiveste deitado como um leão, e uma leoa: Quem se atreverá a despertá-lo?

10 Não se tirará o ceptro de Judá, nem o príncipe, que proceda dele, até que venha aquele que deve ser enviado. E este será a expectação das agentes. 11 Ele atará o seu jumentinho à vinha; atará, filho meu, a sua jumenta à videira; lavará a sua túnica no vinho, e a sua capa no sangue da uva. 12 Os seus olhos são mais formosos do que o vinho, e os seus dentes mais brancos do que o leite.

13 Zabulon habitará nas ribeiras do mar, e perto do porto dos navios, estendendo-se até Sidônia.

14 Issacar, como um asno forte, e duro para o trabalho, contém-se dentro dos limites da sua repartição. 15 E vendo que o descanso é bom, e que a sua terra é excelente, submeteu os seus ombros ao peso, e sujeitou-se a pagar tributos.

16 Dan julgará o seu povo, bem como as outras tribos de Israel. 17 Venha a ser Dan como uma cobra no caminho, como uma cerastes na vereda, que morde a unha do cavalo, para que caia para trás o seu cavaleiro.

18 Senhor, eu esperarei a salvação, que tu hás de enviar.

19 Gad pelejará armado na frente de Israel, e depois tornará a vir coberto das suas armas.

20 O pão de Aser será excelente e os reis acharão nele as suas delícias.

21 Neftali será como um veado, que se escapule; e derramar-se-á a graça sobre as suas palavras.

22 José vai sempre crescendo, e vai sempre aumentando-se: o seu rosto é formoso, e agradável: e as moças discorrerão por cima do muro. 23 Mas os que estavam armados de dardos, o picaram, e tiveram rixas com ele, e lhe cobraram uma inveja mortal. 24 O seu arco sosteve-se no forte; e as prisões dos seus braços, e das suas mãos foram rôtas pela

mão do Todo Poderoso de Jacó: e dali saiu ele
para ser o pastor, e a força de Israel. 25 O
Deus de teu pai será a tua ajuda; e o Todo
Poderoso te cumulará das bênçãos de lá de
cima do céu; das bênçãos do abismo das águas
de cá debaixo; das bênçãos dos peitos, e do
seio. 26 As bênçãos, que teu pai te dá, exce-
dem as que ele recebeu de seus maiores: e
elas durarão até que seja cumprido o desejo
dos outeiros eternos. Derramem-se estas bên-
çãos sobre a cabeça de José, e sobre o alto da
cabeça daquele, que é como um nazareno
entre seus irmãos.

27 Benjamim será como um lobo arreba-
tador; ele pela manhã devorará a presa, e à
tarde repartirá os despojos.

Últimas palavras de Jacó

28 Estes são os cabeças das doze tribos.
Assim é que lhes falou seu pai, e ele abençoou
a cada um deles, dando-lhes as bênçãos, que
lhes eram próprias. 29 Deu-lhes também esta
ordem, e lhes disse: Eu vou unir-me ao meu
povo. Sepultai-me com meus pais na cova do-
brada, que está no campo de Efron heteu, 30
que olha para Mambre no país de Canaã, e
que Abraão comprou a Efron heteu com todo
o campo, onde ela está, para ter nela o seu
jazigo. 31 Ali é que sepultaram a Abraão, e
a Sara sua mulher: ali é também onde foi
sepultado Isaac com a sua mulher Rebeca; e
ali jaz também enterrada Lia. 32 Acabadas
estas ordens, e instruções, que deu a seus fi-
lhos, ajuntou Jacó os seus pés sobre o leito, e
morreu, e foi-se unir ao seu povo.

Honras fúnebres a Jacó

50 José, vendo que seu pai tinha expirado,
lançou-se sobre o seu rosto, e o beijou,
chorando. 2 Mandou aos médicos, que tinha
em seu serviço, que embalsamassem o corpo
de seu pai. 3 E eles executaram a ordem, que
José lhes tinha dado, no que se passaram
quarenta dias: porque este é o costume, em-
pregar-se todo este tempo em embalsamar os
corpos dos mortos. E o Egito chorou a Jacó
setenta dias.

4 Acabado que foi o tempo do nojo, dis-
se José ao oficiais de Faraó: Se eu achei
graça diante de vós, rogo-vos, que represen-
teis ao rei, 5 que meu pai me disse: Tu vês
que eu morro: promete-me pois com jura-
mento que me hás de sepultar no jazigo, que
eu fiz abrir para mim na terra de Canaã. Eu
pois irei sepultar meu pai, e tornarei logo.
6 Faraó lhe disse: Vai, e sepulta teu pai, visto
ter-te ele obrigado a isso com juramento.

7 E quando José foi, acompanharam-no to-
dos os primeiros oficiais da casa de Faraó,
e todos os grandes do Egito, 8 com a casa de
José e com todos os seus irmãos, que o se-
guiram deixando na terra de Gessen os seus
meninos, e todos os seus rebanhos. 9 Teve
também José na sua comitiva carruagens, e
cavaleiros; de sorte, que se viu nesta função
um numeroso concurso de pessoas.

10 Depois que chegaram à eira de Atad,
a qual está situada da banda de além do Jor-
dão, celebraram ali o funeral por sete dias
com grandes prantos, e altos gritos. 11 O que
tendo visto os habitantes da terra de Canaã,
disseram: Grande pranto é este dos egípcios.
Por isso se ficou chamando aquele lugar o
Pranto do Egito. 12 Cumpriram pois os filhos
de Jacó o que ele lhes tinha mandado: 13 e
tendo o levado à terra de Canaã, o sepultaram
na caverna dobrada, que Abraão tinha com-
prado a Efron heteu, com este campo, que
olha para Mambre, para dela fazer o seu ja-
zigo.

Generosidade de José

14 Tanto que José sepultou seu pai, tor-
nou ele a vir para o Egito com seus irmãos, e
toda a comitiva. 15 Depois da morte de Jacó
tiveram medo os irmãos de José, e disseram
uns para os outros: Poderá José lembrar-se
agora da injúria, que padeceu, e tornar-nos
todo o mal, que nós lhe fizemos. 16 Manda-
ram eles pois dizer-lhe: Teu pai antes de mor-
rer ordenou-nos, 17 que da sua parte te dis-
séssemos: Eu te conjuro, que te esqueças do
crime de teus irmãos, e daquela negra mal-
dade, que eles usaram contra ti. Nós te supli-
camos também, que perdoes esta iniqüidade
aos servos do Deus de teu pai. José, tendo
ouvido estas palavras, chorou. 18 E seus ir-
mãos, tendo-o vindo buscar, se prostraram
diante dele, adorando-o, e lhe disseram: Nós
somos teus servos. 19 Aos quais ele respon-
deu: Não tenhais medo. Acaso podemos nós
resistir à vontade de Deus? 20 Vós intentastes
fazer-me mal: mas Deus trocou esse mal em
bem, para me exaltar a mim, como vós pre-
sentemente vedes, e para salvar a muitos po-
vos. 21 Não temais logo: eu vos sustentarei a
vós, e aos vossos filhinhos. E ele os consolou,
falando-lhes com muita brandura, e muito
carinho.

Últimos anos de José

22 Assistiu José no Egito com toda a casa
de seu pai, e viveu cem anos. Ele viu os fi-
lhos de Efraim até à terceira geração. Ma-

quir, filho de Manassés, também teve filhos,
que ao nascerem foram recebidos sobre os
joelhos de José.

23 Ao depois disse José a seus irmãos:
Deus vos há de visitar depois da minha mor-
te, e vos há de fazer passar desta terra para
a que ele jurou que havia de dar a Abraão, a
Isaac, e a Jacó. 24 Ele pois os obrigou com
juramento, dizendo: Deus vos há de visitar:
transportais então os meus ossos convosco
deste lugar.

25 Depois morreu em idade de cento e
dez anos completos, e o seu corpo, tendo sido
embalsamado, foi posto num caixão no Egito.

ÊXODO

I. FIM DA ESCRAVIDÃO

Opressão dos hebreus no Egito

1 Eis aqui os nomes dos filhos de Israel, que vieram para o Egito com Jacó, e que nele entraram cada um com a sua família. 2 Rúben, Simeão, Levi, Judá, 3 Isaacar, Zabulon, Benjamim, 4 Dan, Neftali, Gad, e Aser. 5 Todos os que tinham saído de Jacó faziam o número de setenta pessoas: José porém estava no Egito. 6 Depois da morte de José, e da de todos seus irmãos, e de toda esta parentela, 7 cresceram os filhos de Israel, e como uns renovos se multiplicaram, e feitos em extremo fortes, encheram todo o país.

8 Entretanto se levantou no Egito um novo rei, que não conhecia a José, 9 e que disse ao seu povo: Vós bem vedes que o povo dos filhos de Israel está muito numeroso, e que é mais forte do que nós. 10 Oprimamo-lo pois com manha, para que não suceda, que ele se multiplique ainda mais; e se sobrevier alguma guerra, se una com os nossos inimigos, e depois de nos vencerem, saiam do Egito.

11 Constituiu pois o rei sobre eles certos intendentes de obras, a fim de os afligir com cargos: e os israelitas edificaram a Faraó as cidades das Tendas, Fitom, e Ramessés. 12 Mas quanto ele mais os oprimia, tanto os israelitas mais se multiplicavam, e cresciam. 13 Pelo que os egípcios aborreciam os filhos de Israel, e os afligiam com insultos. 14 Faziam-lhes amargosa a vida, ocupando-os no penoso trabalho de acarretarem cal traçada, e tijolo, e constrangendo-os a cultivar-lhes seus campos.

15 Ora o rei do Egito falou às parteiras dos hebreus, das quais uma se chamava Séfora, outra Fua, 16 e lhes deu esta ordem: Quando vós pastejardes as mulheres dos hebreus, tanto que a criança nascer, se for macho, matai-a; se for femea, deixai-a viver. 17 Mas as parteiras temeram a Deus e não fizeram o que o rei do Egito lhes tinha mandado, antes pelo contrário conservaram os meninos machos. 18 O rei, tendo-as mandado vir às sua presença, lhes disse: Que é isto que vós quisestes fazer, perdoando aos meninos machos? 19 Elas lhe responderam: As mulheres dos hebreus não são como as dos egípcios: porque elas mesmas se sabem partejar, e, antes de nós chegarmos, parem. 20 Galardoou Deus pois estas parteiras, e o povo foi crescendo, e fortificando-se extraordinariamente. 21 E porque as parteiras temeram a Deus, ele lhes estabeleceu as suas casas. 22 Então pôs Faraó a todo o povo este preceito: Lançai no rio todo o que nascer macho, e não reserveis senão as fêmeas.

Nascimento de Moisés

2 Algum tempo depois um homem da tribo de Levi casou com uma mulher da sua estirpe. 2 Esta mulher concebeu, e deu à luz um filho; e vendo que o menino era de belo parecer, teve-o escondido três meses. 3 Como porém não pudesse por mais tempo ter esta coisa encoberta, tomou um cestinho de junco, barrou-o de betume, e de pez, meteu nele o menino, e expô-lo nuns canaviais, que estavam na ribanceira do rio; 4 ficando uma irmã do menino a observar de longe o que depois sucedia.

5 Neste tempo veio a filha do Faraó banhar-se no rio, acompanhada das suas damas, que caminhavam ao longo da borda da água. E como desse com os olhos no cestinho entre as canas, mandou a uma delas que lho trouxesse. 6 Trazido que foi, abriu-o, e achou dentro um menino chorando. Do que compadecida disse: Este é algum dos meninos dos hebreus. 7 Então chegando-se a irmã do menino, disse para a princesa: É vossa alteza servida, que eu vá buscar alguma mulher dos hebreus, que crie este menino? 8 Disse-lhe ela: Vai. Partiu pois a moça, e fez que viesse sua mãe. 9 A filha de Faraó lhe falou, e disse:

Toma este menino, e cria-mo, que eu te pagarei este trabalho. Tomou a mãe o menino, criou-o e depois de grande tornou-o a dar à filha de Faraó, 10 a qual o adotou por seu filho, e lhe pôs o nome de Moisés, dizendo: Porque eu o tirei da água.

Moisés foge para Madian

11 Neste tempo, sendo Moisés já homem, foi ele ver seus irmãos. Observou a aflição, em que eles estavam, e viu que um hebreu era ultrajado por um egípicio. 12 Então olhando para todas as partes, e vendo que não estava por ali ninguém, matou ao egípcio, e o escondeu na areia. 13 Ao outro dia achou dois hebreus bulhando, e disse ao que fazia o ultraje: Por que dás tu em teu irmão? 14 Respondeu ele: Quem te constituiu a ti nosso príncipe, e nosso juiz? Acaso queres-me tu matar, como mataste ao egípcio? Teve Moisés medo, e disse: Como se descobriu isto?

15 Faraó tendo notícia do caso, procurava matar a Moisés; mas este, fugindo de diante dele, se retirou para a terra de Madian, e se assentou junto a um poço. 16 Ora em Madian havia um sacerdote, que tinha sete filhas, as quais, tendo vindo a tirar água, depois de terem enchido os canos, queriam dar de beber aos rebanhos de seu pai. 17 Mas uns pastores, que sobrevieram, as lançaram para fora. Então Moisés levantando-se e pondo-se em defesa das moças, deu de beber às suas ovelhas. 18 Quando elas voltaram para casa de Raguel seu pai, disse-lhe este: Por que viestes vós mais cedo do costumado? 19 Elas lhe responderam: Um egípcio nos livrou da violência dos pastores; e além disto tirou água conosco, e deu de beber às ovelhas. 20 Onde está ele? disse o pai. Porque deixastes vós ir esse homem? Chamai-o, para que coma. 21 Jurou pois Moisés que ficaria com ele. E depois casou com sua filha Séfora. 22 E ela lhe pariu um filho, a quem ele pôs o nome de Gersão, dizendo: Eu fui viandante numa terra estrangeira. Pariu ela ainda outro filho, e ele o chamou Eliezer, dizendo: O Deus de meu pai, que é o meu socorro, me livrou da mão de Faraó.

23 Muito depois morreu o rei do Egito: e os filhos de Israel gemendo debaixo do peso das obras, que os oprimia, clamaram: e o clamor, que o excesso dos seus trabalhos lhes fazia levantar, chegou a Deus. 24 Ouviu ele os seus gemidos, e lembrou-se do pacto, que tinha feito com Abraão, Isaac e Jacó. 25 E o Senhor olhou para os filhos de Israel e Ele os conheceu.

A sarça ardente

3 Entretanto Moisés apascentava as ovelhas de Jetro, seu sogro, que era sacerdote em Madian. E um dia que ele tinha levado o gado para o interior do deserto, veio ao monte de Deus Horeb. 2 E o Senhor lhe apareceu numa chama de fogo, que saía do meio duma sarça; e Moisés via que a sarça ardia sem se consumir. 3 Disse pois Moisés: É necessário que eu vá reconhecer esta grande maravilha, que estou vendo, e por que causa se não consome a sarça.

4 Mas o Senhor vendo-o vir a examinar o que via, chamou-o do meio da sarça, e lhe disse: Moisés, Moisés. Ele lhe respondeu: Aqui estou. 5 E Deus continuou a dizer: Não te chegues para cá: tira os sapatos de teus pés, porque este lugar, em que estás, é uma terra santa. 6 E disse mais: Eu sou o Deus de teu pai, o Deus de Abrão, o Deus de Isaac, o Deus de Jacó. Moisés cobriu o seu rosto, porque não ousava olhar para Deus. 7 E o Senhor lhe disse: Eu vi a aflição do meu povo no Egito: ouvi o clamor, que ele levanta, por causa da crueza daqueles, que têm a intendência das obras. 8 E sabendo qual é a sua dor, desci para o livrar das mãos dos egípcios, e para o fazer passar desta terra para outra terra boa, e espaçosa; para uma terra, onde correm arroios de leite, e de mel; para o país dos cananeus dos heteus, dos amorreus, dos fereseus, dos heveus e dos jebuseus. 9 O clamor pois dos filhos de Israel chegou a mim: eu vi a sua aflição, e de que modo eles são oprimidos pelos egípcios. 10 Mas vem tu, e eu te enviarei a Faraó, para fazeres sair do Egito os filhos de Israel, meu povo.

11 Disse Moisés a Deus: Quem sou eu, que vá a Faraó, e faça sair do Egito os filhos de Israel? 12 Deus lhe respondeu: Eu serei contigo: e eis-aqui o sinal, que te dou, para tu conheceres, que eu fui o que te mandei. Depois que tu tiveres tirado o meu povo do Egito, tu oferecerás a Deus um sacrifício em cima deste monte. 13 Moisés disse a Deus: Visto isto, irei eu ter com os filhos de Israel, e lhes direi: O Deus de vossos pais me enviou a vós. Mas se eles me disserem: Que nome é o seu? que lhes hei eu de responder? 14 Disse Deus a Moisés: Eu sou aquele, que sou. Eis aqui, prosseguiu Ele, o que tu hás de dizer aos filhos de Israel: Aquele, que é, me enviou a vós.

15 Mais disse Deus ainda a Moisés: Dirás aos filhos de Israel: O Senhor Deus de vossos pais, o Deus de Abraão, o Deus de Isaac, o Deus de Jacó me enviou a vós. Este será o

meu nome por toda a eternidade, e debaixo deste nome é que eu serei lembrado no decurso de todas as gerações.

16 Vai pois, ajunta os anciãos de Israel, e dize-lhes: O Senhor Deus de vossos pais me apareceu. O Deus de Abraão, o Deus de Isaac, o Deus de Jacó me disse: Eu vim visitar-vos, e eu vi tudo o que vos tem sucedido no Egito: 17 e eu resolvi tirar-vos da opressão dos egípcios, e fazer-vos passar para o país dos cananeus, dos heteus, dos amorreus, dos fereseus, dos heveus, dos jebuseus: para uma terra, onde correm arroios de leite, e de mel.

18 Eles ouvirão a tua voz, e tu com os anciãos de Israel irás ao rei do Egito, e lhe dirás: O Senhor Deus dos hebreus nos chamou. Por isso somos obrigados a fazer uma caminhada de três dias ao deserto, para lá sacrificarmos ao Senhor nosso Deus.

19 Mas eu sei que o rei do Egito vos não há de deixar ir, se ele não for tocado duma mão forte. 20 Eu pois estenderei a minha mão, e ferirei o Egito com toda a sorte de prodígios, que obrarei no meio deles; e depois disto ele vos largará. 21 Eu farei que este povo ache graça no espírito dos egípcios; e quando vós sairdes, não será com as mãos vazias. 22 Mas cada mulher pedirá à sua vizinha, e à sua hóspeda vasos de ouro e de prata, e vestidos. Com eles vestireis vós vossos filhos e vossas filhas, e assim deixareis despojados os egípcios.

Moisés recebe o poder de fazer milagres

4 Moisés respondeu a Deus: Eles me não darão crédito, nem ouvirão a minha voz, mas dirão: O Senhor não te apareceu. 2 Disse-lhe pois Deus: Que é o que tu tens na tua mão? Uma vara, lhe respondeu ele. 3 Continuou o Senhor: Deita-a em terra. Moisés a deitou, e ela se converteu em serpente, de sorte que Moisés fugiu. 4 Disse-lhe mais o Senhor: Estende a tua mão, e pega-lhe pela cauda. Estendeu ele a mão, e pegou-lhe, e no mesmo ponto se converteu ela em vara. 5 Isto é, acrescentou o Senhor, para que eles creiam que te apareceu o Senhor Deus de teus pais, o Deus de Abraão, o Deus de Isaac, e o Deus de Jacó.

6 Ainda mais lhe disse o Senhor: Mete a tua mão no teu seio. E tendo-a metido no seio, tirou-a cheia duma lepra branca, como a neve. 7 Torna a meter, disse o Senhor, a tua mão no teu seio. Tornou-a ele a meter, e tirou-a toda semelhante ao mais do seu corpo. 8 Se eles te não crerem, disse o Senhor, e se não ouvirem a voz do primeiro milagre, ouvirão a do segundo. 9 Se ainda a estes dois milagres não crerem, e não ouvirem a tua voz, toma uma pouca de água do rio, e derrama-a sobre a terra: e tudo o que tirardes do rio se converterá em sangue.

10 Então disse Moisés ao Senhor: Senhor, peço-te que atendas que eu nunca tive facilidade de falar; e que depois que tu me começaste a falar, ainda eu tenho a língua mais embaraçada, e mais tarda. 11 O Senhor lhe respondeu: Quem fez a boca do homem? Quem formou o mudo, e o surdo, o que vê, e o que é cego? Não fui eu? 12 Vai pois, e eu serei na tua boca, e te ensinarei o que hás de falar. 13 Rogo-te, Senhor, replicou Moisés, que envies aquele, que deves enviar. 14 Irou-se o Senhor contra Moisés, e disse-lhe: Eu sei que Aarão teu irmão, filho de Levi, é eloqüente: ele te sairá ao encontro, e quando te vir, alegrar-se-á no seu coração. 15 Fala-lhe, e põe as minhas palavras na sua boca: eu serei na tua boca, e na dele: e eu vos mostrarei o que deveis fazer. 16 Ele falará por ti ao povo, e será a tua boca: e tu dirigi-lo-ás em tudo aquilo, que diz respeito a Deus. 17 Toma também na tua mão esta vara, que será o instrumento, com que tu farás todas estas maravilhas.

Moisés volta ao Egito

18 Partiu pois dali Moisés, e voltou para casa de Jetro, seu sogro, e disse-lhe: Eu torno outra vez para meus irmãos ao Egito, a ver se eles ainda são vivos. Jetro lhe disse: Vai em paz. 19 Ora o Senhor disse a Moisés, quando ainda estava em Madian: Vai, torna para o Egito; porque são mortos todos aqueles, que te queriam tirar a vida. 20 Moisés pois tomou sua mulher, e seus filhos, montou-os em cima de um jumento, e tornou para o Egito, levando na sua mão a vara de Deus. 21 E quando ele ia no caminho para o Egito, o Senhor lhe disse: Vê que não faltes a fazer diante de Faraó todos os prodígios, que eu te dei poder de obrar. Eu endurecerei o seu coração, e ele não quererá deixar sair o povo. 22 Tu pois lhe falarás desta sorte: Eis aqui o que diz o Senhor: Israel é meu filho primogênito. 23 Eu te ordenei, que deixasses sair meu filho, para que ele me sirva; e tu não quiseste deixá-lo sair. Pois sabe que também eu matarei teu filho primogênito.

24 Quando Moisés ia no caminho, o Senhor se lhe fez encontradiço numa estalagem, e queria matá-lo. 25 Mas Séfora, tomando em demora uma pedra muito aguda, circuncidou

com ela o prepúcio de seu filho; e tocando os pés de Moisés, disse: Tu és para mim um esposo de sangue. 26 Então deixou o Senhor a Moisés, depois de Séfora lhe ter dito por causa da circuncisão: Tu és para mim um esposo de sangue.

27 Entretanto disse o Senhor a Aarão: Vai encontrar-te com Moisés no deserto. Partiu Aarão a encontrar-se com ele no monte de Deus, e o beijou. 28 Então contou Moisés a Aarão todas as palavras, com que o Senhor o tinha enviado, e os prodígios que lhe mandara que fizesse, 29 e tendo chegado ambos juntos, congregaram todos os anciãos dos filhos de Israel. 30 E Aarão expôs todas as palavras, que o Senhor tinha dito a Moisés e fez milagres diante do povo: 31 pelo que o povo lhes deu crédito. E eles conheceram bem que o Senhor tinha visitado os filhos de Israel, e tinha olhado para a sua aflição: e prostrados por terra o adoraram.

Obstinação de Faraó

5 Passado isto, Moisés e Aarão foram ter com Faraó e lhe disseram: Eis aqui o que diz o Senhor Deus de Israel: Deixa ir o meu povo, para que ele me sacrifique no deserto. 2 Mas Faraó respondeu: Quem é o Senhor, para eu estar obrigado a ouvir a sua voz, e deixar sair Israel? Eu não conheço esse Senhor, e não deixarei sair Israel. 3 Prosseguiram eles, e lhe disseram: O Deus dos hebreus nos ordenou, que fôssemos caminho de três jornadas ao deserto a sacrificar ao Senhor nosso Deus, para que não suceda sermos feridos da peste, ou da espada.

4 O rei do Egito lhes respondeu: Moisés e Aarão, por que retraís vós o povo das suas obras? Ide ao vosso trabalho. 5 Disse mais Faraó: Este povo tem-se multiplicado muito: vós bem vedes que a turba cada vez é maior. Que será, se vós a aliviardes qualquer coisa do seu trabalho?

6 Naquele dia, pois, deu o rei esta ordem aos intendentes das obras, e aos exatores do povo e lhes disse: 7 Não torneis a dar palha, como antes, a este povo para fazer tijolo: mas sejam eles mesmos os que a vão buscar. 8 E não deixeis de os executar pela mesma quantidade de tijolo, que eles davam antes, sem lhes diminuir nada. Porque eles não têm que fazer, e por isso gritam, dizendo: Vamos sacrificar ao nosso Deus. 9 Carregai-os de trabalho; e eles que ponham para ali tudo o que se lhes pedir, para que não dêem ouvidos a palavras mentirosas.

10 Então foram os intendentes das obras, e os exatores do povo, e disseram: Eis aqui a ordem de Faraó: eu não vos torno a dar palha. 11 Ide vós mesmos buscá-la onde quer que for, e ainda assim eu não diminuirei nada das vossas obras. 12 Espalhou-se pois o povo por todo o Egito a ajuntar palha. 13 E os que tinham a intendência das obras instavam com eles, dizendo: Dai todos os dias a mesma quantidade de tijolo, que costumáveis dar, quando se vos punha pronta a palha.

Queixas dos israelitas

14 Aqueles pois dentre os hebreus, que estavam encarregados das obras dos filhos de Israel, foram açoutados pelos exatores de Faraó, e estes diziam: Por que não destes vós nem ontem, nem hoje a mesma quantidade de tijolo, que dáveis antes?

15 Então estes hebreus, que estavam encarregados de fazer trabalhar os filhos de Israel, vieram ter com Faraó, e lhes disseram: Por que maltratas tu assim os teus servos? 16 A nós já se nos não dá a palha, e ainda assim manda-se que demos o mesmo número de tijolo, que antes. Eis aqui somos açoutados, nós, que somos teus servos, e injustamente é atormentado o teu povo. 17 Faraó lhes respondeu: Vós estais ociosos, e isto é o que vos faz dizer: Vamos sacrificar ao Senhor. 18 Ide pois, e trabalhai: não se vos há de dar palha, e vós cada dia haveis de por pronta a mesma quantidade de tijolo.

19 Assim os que dentre os hebreus estavam incumbidos das obras dos filhos de Israel, se viram postos na maior extremidade, por causa de que se lhes não queria diminuir nada do número do tijolo, que haviam de dar cada dia. 20 E vindo ter com Moisés, e Aarão, que estavam perto dali esperando, que eles saíssem da presença de Faraó, lhes disseram: 21 O Senhor veja, e ele julgue entre nós, e vós: porque vós nos pusestes em mau cheiro diante de Faraó, e diante de seus servos; e vós lhe metestes a espada na mão para nos matar.

22 Moisés, tornando-se a voltar para o Senhor, lhe disse: Senhor, por que afligiste tu este povo? por que me enviaste? 23 Pois desde que eu me apresentei a Faraó, para lhe falar em teu nome, ele atormentou o teu povo, e tu não o livraste.

Outra aparição a Moisés

6 O Senhor disse a Moisés: Agora verás tu o que eu vou a fazer a Faraó: porque eu o constrangerei com a força da minha mão a

deixar ir os israelitas; e minha mão poderosa o obrigará a ser ele mesmo quem os faça sair.

2 Continuou o Senhor a falar a Moisés, dizendo-lhe: Eu sou o Senhor, 3 que apareci a Abraão, Isaac e Jacó, como o Deus todo poderoso: mas eu não lhes declarei o meu nome Adonai. 4 Eu fiz pacto com eles de lhes dar a terra de Canaã, terra, em que eles moraram como viandantes e forasteiros. 5 Agora ouvi eu os gemidos dos filhos de Israel; vi os trabalhos, com que os egípcios os oprimem; e lembrei-me do meu pacto. 6 Por isso dize tu aos filhos de Israel: Eu sou o Senhor, que vos hei de tirar da prisão dos egípcios; que vos hei de livrar da servidão, e que vos hei de resgatar na força do meu braço, e na severidade dos meus juízes. 7 Eu vos tomarei por meu povo, e serei o vosso Deus: e vós sabereis que eu sou o Senhor vosso Deus, depois que eu vos tiver tirado da prisão dos egípcios; 8 e depois que vos tiver introduzido na terra, sobre a qual levantei a mão para a dar a Abraão, Isaac e Jacó, porque eu vo-la darei, e vos meterei de posse dela, eu o Senhor. 9 Referiu logo Moisés tudo isto aos filhos de Israel: mas eles não lhe deram crédito, por causa da sua extrema aflição, e do excesso dos trabalhos, de que eles se achavam carregados.

10 Depois falou o Senhor a Moisés, e lhe disse: 11 Vai ter com Faraó, rei do Egito, e fala-lhe, que deixe sair os filhos de Israel da sua terra. 12 Moisés respondeu ao Senhor: Tu bem vês que os filhos de Israel me não ouviram: como logo me ouvirá Faraó, principalmente sendo eu, como sou, incircunciado dos lábios? 13 E isto é o que o Senhor disse a Moisés, e a Aarão, quando lhes deu ordem que fossem ter com os filhos de Israel, e com Faraó, rei do Egito, para fazerem sair do Egito os filhos de Israel.

Genealogia de Moisés e Aarão

14 Eis aqui os nomes dos príncipes das casas, segundo a ordem das suas famílias. Filhos de Rúben, primogênito de Israel, foram Enoc, Falu, Efron e Carmi. Estas são as famílias de Rúben. 15 Filhos de Simeão foram Jamuel, Jamim, Aod, Jaquim, Soar e Saul, que era filho duma cananéia. Estas são as famílias de Simeão. 16 Eis aqui os nomes dos filhos de Levi, e os das suas famílias: Gérson, Caat e Mérari. O tempo, que viveu Levi, foram cento e trinta e sete anos.

17 Filhos de Gérson foram Lobni e Semei, que cada um teve sua família. 18 Filhos de Caat foram Amrão, Isaar, Hebron e Oziel. O tempo da vida de Caat foram cento e trinta e três anos. 19 Filhos de Mérari foram Mooli, e Musi. Estes são os filhos, que saíram de Levi, cada um na sua família.

20 Ora Amrão tomou por mulher a Jocabed, filha de seu tio paterno, da qual ele teve Aarão, e Moisés. E o tempo, que Amrão viveu, foram cento e trinta e sete anos. 21 Filhos de Isaar foram Coré, Nefeg e Zetri. 22 Filhos de Oziel foram Mosael, Eliasafan e Setri. 23 Aarão tomou por mulher a Isabel, filha de Aminadab, e irmã de Naasson, da qual ele teve Nadab, Abiu, Eleazar e Itamar. 24 Filhos de Coré foram Aser, Elcana, e Abiasaf. Estas são as famílias, que saíram de Coré. 25 Eleazar, filho de Aarão, tomou por mulher uma das filhas de Futiel, de que ele teve Fineas. Estes são os chefes das famílias de Levi, que tiveram cada um sua casa. 26 Deste número são Aarão e Moisés, aqueles, a quem o Senhor mandou, que fizessem sair do Egito os filhos de Israel, cada um na sua turma. 27 Aqueles também, que falaram a Faraó, rei do Egito, para fazerem sair do Egito os filhos de Israel. Moisés, e Aarão, digo, foram os que lhe falaram, 28 quando o Senhor deu as suas ordens a Moisés no Egito.

29 Porque o Senhor falou a Moisés, e lhe disse: Eu sou o Senhor. Dize a Faraó, rei do Egito, tudo o que eu mando que lhe digas. 30 E Moisés respondeu ao Senhor: Tu bem vês que eu sou incircunciado dos lábios: Como logo me ouvirá Faraó?

Moisés e Aarão diante de Faraó

7 Então disse o Senhor a Moisés: Eis aí te constituo eu Deus de Faraó: e Aarão teu irmão será o teu profeta. 2 Tu pois dirás a Aarão tudo o que eu te mandei que lhe dissesses: e Aarão falará a Faraó, que deixe sair os filhos de Israel da sua terra. 3 Mas eu endurecerei o seu coração, e assinalarei o meu poder no Egito, com um grande número de prodígios, e de maravilhas. 4 Ele não vos há de ouvir: mas eu estenderei a minha mão sobre o Egito: e depois de lhe ter mostrado a severidade dos meus juízos, farei sair o meu exército, e o meu povo. 5 E saberão os egípcios que eu sou o Senhor, que estendi a minha mão sobre o Egito, e que fiz sair do meio deles os filhos de Israel.

6 Moisés pois, e Aarão se houveram conforme as ordens, que tinham recebido do Senhor. E eis aqui o que eles fizeram. 7 Moisés tinha oitenta anos, e Aarão oitenta e três, quando falaram a Faraó.

Os prodígios de Moisés

8 E o Senhor disse a Moisés, e a Aarão:
9 Quando Faraó vos disser, fazei alguns pro-
dígios, dirás tu a Aarão: Pega na tua vara, e
põe-na diante de Faraó, e ela se converterá
em serpente. 10 Tendo pois entrado Moisés,
e Aarão a Faraó, conforme o Senhor lhes ha-
via ordenado, lançou Aarão a sua vara diante
de Faraó, e dos seus servos, e ela se conver-
teu em serpente. 11 Mandou vir Faraó os seus
sábios, e mágicos: e eles fizeram também a
mesma coisa por meio dos encantos do Egito,
e dos segredos da sua arte. 12 Lançaram cada
um as suas varas, e elas se converteram em
serpentes. Mas a vara de Aarão devorou as
varas deles. 13 E o coração de Faraó se endu-
receu, e ele não deu ouvidos a Moisés, nem
a Aarão, nem quis obedecer ao que o Senhor
tinha ordenado.

A água transformada em sangue

14 Então disse o Senhor a Moisés: O co-
ração de Faraó está obdurado: ele não quer
deixar ir o povo. 15 Vai ter com ele de manhã:
ele há de sair ao rio. Vai-te encontrar com ele
ao longo da água, levando na mão a tua vara,
que se converteu em serpente. 16 E dir-lhe-ás:
O Senhor Deus dos hebreus me enviou a ti,
para te dizer: Deixa ir o meu povo, para que
ele me ofereça sacrifícios no deserto. E tu até
o presente não tens querido ouvir-me. 17 Eis
aqui pois o que diz o Senhor: Nisto conhecerás
tu que eu sou o Senhor: eis aí ferirei eu a
água do rio com a vara, que tenho na minha
mão, e essa água se converterá em sangue.
18 Os peixes também, que estão no rio, mor-
rerão; as águas se corromperão; e os egípcios,
que as beberem, serão atormentados.

19 Disse mais o Senhor a Moisés: Dize a
Aarão: Toma a tua vara, e estende a tua mão
sobre as águas do Egito, sobre os rios, sobre
os regatos, sobre as alagoas, e sobre as águas
de todos os tanques, para que elas se conver-
tam em sangue, e não se veja em todo o Egito
senão sangue em todos os vasos, quer sejam
de madeira, quer de pedra.

20 Fizeram pois Moisés, e Aarão, confor-
me o Senhor lhes tinha mandado. E Aarão le-
vantando a sua vara, feriu a água do rio à vista
de Faraó, e dos seus servos; e a água se con-
verteu em sangue. 21 Os peixes, que estavam
no rio, morreram; o rio se corrompeu; e os
egípcios não podiam beber da água do rio;
e todo o Egito era sangue. 22 A mesma coisa
fizeram os mágicos do Egito com os seus en-
cantos; e o coração de Faraó se empederniu,
e ele não quis ouvir a Moisés, nem a Aarão,
nem obedecer ao que o Senhor lhe tinha man-
dado: 23 mas retirou-se de diante deles, e vol-
tou para sua casa: e ainda desta vez não do-
brou o seu coração. 24 Todos os egípcios ca-
varam a terra ao redor do rio, e buscaram
água, porque não podiam beber da água do
rio. 25 E passaram-se sete dias inteiros depois
que o Senhor ferira o rio com esta praga.

As rãs

8 Tornou o Senhor a dizer a Moisés: Entra
a Faraó e dir-lhe-ás: Eis aqui o que diz o
Senhor: Deixa ir o meu povo, para me ofere-
cer sacrifícios. 2 Se o não quiseres deixar ir,
eu ferirei todas as tuas terras, cobrindo-as de
rãs. 3 O rio produzirá um fervedouro de rãs,
que entrarão na tua casa, e na câmara, onde
tu dormes, e subirão ao teu leito; que entrarão
nas casas dos teus servos, e nas do teu povo;
que passarão até aos teus fornos; e que se
porão até nos sobejos dos teus pratos. 4 Tu, o
teu povo, e os teus servos, todos vós sereis
atormentados de rãs.

5 Disse pois o Senhor a Moisés: Dize a
Aarão: Estende a tua mão sobre os rios, sobre
os regatos, e lagos, e faze sair rãs por toda a
terra do Egito. 6 Estendeu Aarão a sua mão
sobre as águas do Egito, e saíram delas rãs,
que cobriram o Egito. 7 Os mágicos fizeram
também a mesma coisa por meio dos seus
encantos, e fizeram vir rãs sobre a terra do
Egito.

8 Faraó pois chamou a Moisés e a Aarão,
e lhes disse: Rogai ao Senhor, que nos livre
a mim, e ao meu povo destas rãs: e eu deixarei
ir o povo, para que ele sacrifique ao Senhor.
9 Moisés respondeu a Faraó: Aponta-me o
tempo, em que tu queres que eu rogue por ti,
pelos teus servos, e pelo teu povo, a fim de
que as rãs sejam lançadas para longe de ti,
e da tua casa, dos teus servos, e do teu povo;
e não as haja mais, senão no rio. 10 Seja
amanhã, respondeu Faraó. Eu farei, prosse-
guiu Moisés, o que tu me pedes, para saberes
que não há quem seja como o Senhor nosso
Deus. 11 As rãs retirar-se-ão de ti, de teus ser-
vos, e do teu povo; e não as haverá mais, se-
não no rio.

12 Tendo Moisés e Aarão saído da pre-
sença de Faraó, clamou Moisés ao Senhor pelo
cumprimento da promessa, que ele tinha feito
a Faraó, de o livrar das rãs no dia ajustado.
13 E o Senhor fez o que Moisés lhe pedira,
e as rãs morreram pelas casas, pelas aldeias,
e pelos campos. 14 Fizeram-se grandes mon-
tões delas, e a terra ficou infeccionada. 15

Mas Faraó, vendo que se lhe tinha dado algum descanso, endureceu o seu coração, e não deu ouvidos a Moisés, nem a Aarão, nem obedeceu ao que o Senhor tinha mandado.

Os mosquitos

16 Então disse o Senhor a Moisés: Dize
a Aarão: Estende a tua vara, e fere o pó da
terra; toda a terra do Egito se encha de mos-
quitos. 17 Fizeram eles o que Deus lhe orde-
nara. E Aarão, pegando na vara, estendeu a
mão, e feriu o pó da terra; e homens, e bestas
foram todos cobertos de mosquitos, e todo
o pó da terra se converteu em mosquitos por
todo o Egito. 18 Intentaram os mágicos fazer
a mesma coisa com os seus encantamentos, e
produzir destes mosquitos; mas não o pude-
ram conseguir: e homens, e animais estavam
cobertos deles. 19 Então disseram os mágicos
a Faraó: o dedo de Deus é o que obra aqui.
Mas o coração de Faraó se endureceu, e não
ouviu a Moisés, nem a Aarão, nem quis obede-
ceu ao que o Senhor tinha mandado.

As moscas

20 Tornou o Senhor a dizer a Moisés: Le-
vanta-te logo pela madrugada, e apresenta-
te a Faraó: Porque ele há de sair às águas,
e tu lhe dirás: Eis aqui o que diz o Senhor:
Deixa ir o meu povo a sacrificar-me. 21 Se tu
o não deixares ir, mandarei eu contra ti, con-
tra os teus servos, contra o teu povo, e às
tuas casas toda a casta de moscas; e todas
as casas dos egípcios, e todos os lugares, onde
eles se acharem, serão cheios de toda a casta
de moscas. 22 E eu farei admirável naquele
dia a terra de Gessen, onde habita o meu povo,
com se não achar nela mosca de casta algu-
ma; para que tu saibas, que eu é que sou o
Senhor de toda a terra. 23 Eu porei esta di-
ferença entre o meu povo, e o teu povo. Ama-
nhã se fará este portento. 24 Fez o Senhor o
que tinha dito. Uma infinidade de malignas
moscas infestou as casas de Faraó, e as de
seus servos, e a todo o Egito; e a terra se
corrompeu por esta casta de moscas.
25 Então chamou Faraó a Moisés, e a
Aarão, e lhes disse: Ide sacrificar ao vosso
Deus nesta terra. 26 Respondeu Moisés: Isto
não se pode fazer assim porque então imola-
remos nós ao Senhor nosso Deus, o que os
egípcios têm por uma abominação. Se nós ma-
tarmos diante dos egípcios o que eles adoram,
eles nos apedrejarão. 27 Devemos logo ir ao
deserto caminho de três dias, e sacrificar lá ao
Senhor nosso Deus, como ele nos mandou.
28 E Faraó lhes disse: Eu vos deixarei ir ao
deserto a sacrificardes ao Senhor vosso Deus;
mas não vades mais longe: e rogai a Deus por
mim. 29 Respondeu Moisés: Tanto que eu tiver
saído da tua presença, eu rogarei o Senhor: e
amanhã todas as moscas se retirarão de Faraó,
de seus servos, e do seu povo. Mas não me
tornes a enganar, não deixando ainda sair o
povo a sacrificar ao Senhor. 30 Moisés tendo
saído de diante de Faraó, fez oração ao Se-
nhor. 31 E o Senhor fez o que Moisés lhe tinha
pedido. Lançou fora todas as moscas, que
atormentavam a Faraó, aos seus servos, e ao
seu povo, sem ficar nem uma. 32 Mas o cora-
ção de Faraó, se obdurou, e assim ainda desta
vez não quis ele deixar ir o povo.

Mortandade do gado

9 Disse o Senhor a Moisés: Entra a Faraó, e
dize-lhe: Eis aqui o que diz o Senhor Deus
dos hebreus: Deixa ir o meu povo a fazer-me
sacrifício. 2 Se o recusas fazer, e o reténs ain-
da, 3 será a minha mão sobre os teus campos:
e os cavalos, os jumentos, os camelos, os bois,
e as ovelhas serão tocados de uma peste per-
niciosíssima. 4 E o Senhor fará a maravilha
de separar o que pertence aos filhos de Israel,
do que pertence aos egípcios: de sorte que
não pereça nada do que os filhos de Israel
possuem. 5 O mesmo Senhor foi o que de-
signou o tempo, declarando que amanhã fará
ele esta maravilha. 6 Ao outro dia pois fez
o Senhor o que tinha dito: todos os animais
dos egípcios morreram, e não pereceu nenhum
dos dos filhos de Israel. 7 Mandou Faraó,
ver, e achou-se que nada do que possuíam os
filhos de Israel estava morto. Mas o coração
de Faraó se endureceu, e ele não quis deixar
ir o povo.

As úlceras

8 Então disse o Senhor a Moisés, e a
Aarão: Tomai cada um de vós sua mão cheia
de cinza da chaminé, e Moisés deite a sua ao
ar diante de Faraó: 9 e espalhe-se este pó por
todo o Egito; e daqui se formarão umas úlce-
ras, e uns tumores nos homens, e nos animais
por todo o Egito.
10 Tendo eles pois tomado da cinza da
chaminé, se apresentaram ambos a Faraó; e
Moisés a lançou ao ar. Ao mesmo tempo se
formaram úlceras e tumores nos homens e nos
animais.
11 E os mágicos não podiam ter-se diante
de Moisés, por causa das úlceras, que lhes ti-
nham sobrevindo, como a toda a terra do
Egito. 12 O Senhor endureceu o coração de
Faraó, e este não ouviu a Moisés, nem a Aarão,
conforme o Senhor o tinha predito por Moisés.

A chuva de pedras

13 Tornou o Senhor a dizer a Moisés: Le-
vanta-te logo ao amanhecer, e apresenta-te
diante de Faraó, e dize-lhe: Eis aqui o que diz
o Senhor Deus dos hebreus: Deixa ir o meu
povo, para que ele me ofereça sacrifícios. 14
Porque desta vez farei eu cair todas as minhas
pragas sobre o teu coração, sobre os teus ser-
vos, e sobre o teu povo; para que tu saibas
que não há quem seja semelhante a mim em
toda a terra. 15 Agora pois estenderei eu a
minha mão, e ferirei de peste a ti, e ao teu
povo, e tu perecerás de cima da terra. 16
Porque eu para isso te pus, para que em ti
se desse bem a ver a minha fortaleza, e para
que o meu nome se fizesse célebre em toda
a terra. 17 Pois quê? ainda tu reténs o meu
povo, e ainda o não queres deixar ir? 18 Pois
sabe que amanhã, a esta mesma hora, farei eu
chover uma horrível pedra, qual se não viu
nunca semelhante no Egito, desde que ele foi
fundado até o dia de hoje. 19 Manda pois já
desde agora ao campo, e recolhe os teus ani-
mais, e tudo o que tens: porque homens, ani-
mais, e tudo o que se achar fora, e não tiver
sido recolhido dos campos, todos morrerão
feridos da pedra. 20 Aqueles dos servos de
Faraó, que temeram a palavra do Senhor, fize-
ram retirar os seus servos, e os seus animais
para suas casas. 21 Aqueles porém, que des-
prezaram a palavra, que o Senhor tinha dito,
deixaram os seus servos, e os seus animais nos
campos.

22 Então disse o Senhor a Moisés: Esten-
de a tua mão para o céu, para que chova pe-
dra em todo o Egito sobre homens, sobre ani-
mais, e sobre toda a erva do tempo. 23 Tendo
Moisés levantado a sua vara para o céu, fez
o Senhor cair uma chuva de pedra sobre a
terra, no meio de trovões, e de relâmpagos,
que descorriam pelo ar de todas as partes.
Assim fez o Senhor chover pedra sobre a terra
do Egito. 24 A pedra, e o fogo, misturados um
com outro, caíam ambos juntos: e era esta
pedra duma tal grossura, que nunca antes se
tinha visto outra semelhante no Egito, desde
que esta nação fora estabelecida. 25 Em toda
a terra do Egito matou a pedra tudo o que
se achava nos campos, desde os homens até
os animais; ela queimou toda a erva da cam-
panha, e fendeu todas as árvores. 26 Só na
terra de Gessen, onde estavam os filhos de
Israel, não caíu pedra.

27 Então mandou Faraó chamar a Moisés,
e a Aarão, e lhes disse: Eu pequei ainda desta
vez. O Senhor é justo; eu, e o meu povo somos
uns ímpios. 28 Rogai ao Senhor, que cessem
estes grandes trovões, e pedras; para que eu
vos deixe ir, e vós não fiqueis mais aqui. 29
Moisés lhe respondeu: Depois que eu tiver
saído da cidade, estenderei as minhas mãos
para o Senhor, e cessarão os trovões, e não
choverá mais pedra; para que tu saibas que
a terra é do Senhor. 30 Mas eu sei que tu,
e o teu povo ainda não temeis o Senhor.

31 O linho pois, e a cevada perderam-se,
porque a cevada já tinha lançado a sua espiga,
e o linho começava a deitar folhelho. 32 O
trigo porém, e o farro não padeceram danifi-
cação, porque eram serôdios.

33 Moisés depois que deixou a Faraó, e
saiu da cidade, levantou as mãos ao Senhor,
e cessaram os trovões, e a pedra, e não choveu
mais uma gota d'água sobre a terra. 34 Mas
Faraó vendo que tinham cessado a chuva, a
pedra, e os trovões, aumentou ainda o seu
pecado. 35 O seu coração, e o de seus servos
se tornou ainda mais pesado, e ainda mais
endurecido: e ele não deixou sair os filhos de
Israel, nem quis obedecer à ordem, que tinha
recebido de Deus por meio de Moisés.

Os gafanhotos

10 Então disse o Senhor a Moisés: Entra
a Faraó: porque eu endureci o seu cora-
ção, e o de seus servos, para fazer resplande-
cer na sua pessoa os prodígios do meu poder;
2 e para que tu tenhas que contar a teus filhos,
e a teus netos, quantas foram as pragas, com
que eu feri o Egito; e quantas as maravilhas,
que obrei entre eles; e para que vós saibais
que eu sou o Senhor.

3 Moisés pois, e Aarão entraram onde es-
tava Faraó, e disseram-lhe: Eis aqui o que diz
o Senhor Deus dos hebreus: Até quando não
quererás tu obedecer-me? Deixa ir o meu povo,
para que ele me sacrifique. 4 Se ainda resis-
tires, e não quiseres deixá-lo ir, sabe que ama-
nhã mandarei enxames de gafanhotos sobre
o teu reino, 5 os quais cobrirão a superfície
da terra, de sorte que dela não apareça nada,
e comerão tudo o que a pedra não destruiu.
Porque eles roerão tudo o que as árvores tive-
rem produzido nos campos. 6 Eles encherão
as tuas casas, e as de teus servos, e as de
todos os egípcios, de sorte que nem teus pais,
nem teus avós viram nunca tanta quantidade
desde que eles nasceram na terra até o dia
de hoje. Aparteou-se logo Moisés de Faraó, e
retirou-se.

7 Mas os servos de Faraó disseram a este
príncipe: Até quando sofreremos nós este es-
cândalo? Deixa ir estes homens, para que sa-
crifiquem ao Senhor seu Deus. Tu não vês
que o Egito está perdido? 8 Tornaram pois a
chamar a Moisés, e a Aarão a presença de

Faraó, o qual lhes disse: Ide sacrificar ao Senhor vosso Deus. Mas quais são os que hão de ir? 9 Moisés lhe respondeu: Nós havemos de ir com as nossas crianças, com os nossos velhos, com os nossos filhos, e filhas, com as nossas ovelhas, e com os nossos gados: porque esta é uma festa solene do Senhor nosso Deus. 10 Replicou Faraó: Assim seja o Senhor convosco, como eu vos hei de deixar ir, e às vossas crianças. Quem duvidará que nisto levais vós algum mau sentido? 11 Não há de ser assim: ide somente vós os homens, e sacrificai ao Senhor: porque isto é o que vós mesmos pedistes. E no mesmo ponto os lançaram fora da presença de Faraó.

12 Então disse o Senhor a Moisés: Estende a tua mão sobre o Egito, para fazeres vir os gafanhotos, que subam a pôr-se na terra, e que devorem toda a erva, que tenha ficado da chuva de pedra. 13 Estendeu Moisés a sua vara sobre o Egito, e o Senhor fez que um vento, que queimava, assoprasse todo o dia, e toda a noite. Chegada a manhã, este vento abrasador levantou os gafanhotos, 14 que vieram sobre todo o Egito, e pararam em todas as terras dos egípcios numa tão espantosa quantidade qual nunca antes se tinha visto, nem jamais se tornará a ver. 15 Eles cobriram toda a superfície da terra e devastaram tudo. Comeram toda a erva, e todos os pomos que nas árvores tinham escapado à pedra; e não ficou absolutamente nada nem nas árvores, nem da erva em todo o Egito.

16 Pelo que a toda a pressa chamou Faraó a Moisés, e a Aarão, e lhes disse: Eu pequei contra o Senhor vosso Deus, e contra vós. 17 Mas perdoai-me ainda esta vez o meu pecado, e rogai ao Senhor vosso Deus, que tire de mim esta morte. 18 Moisés tendo saído da presença de Faraó, fez oração ao Senhor; 19 o qual tendo feito assoprar da banda do poente um vento fortíssimo, levou os gafanhotos, e os lançou no Mar Vermelho. E não ficou nem um só em todo o Egito. 20 Mas o Senhor obdurou o coração de Faraó, e este não deixou ir o povo.

As trevas

21 Disse pois o Senhor a Moisés: Estende a tua mão para o céu, e formem-se na terra do Egito umas trevas tão espessas que se possam apalpar.

22 Estendeu Moisés a sua mão para o céu: e umas horríveis trevas cobriram toda a terra do Egito por três dias. 23 Ninguém viu a seu irmão, nem se moveu do lugar, onde estava: mas em toda a parte, onde habitavam os filhos de Israel, era dia claro.

24 Então chamou Faraó a Moisés, e a Aarão, e lhes disse: Ide sacrificar ao Senhor. Fiquem somente as vossas ovelhas, e o vosso gado: e vão convosco as vossas crianças. 25 Moisés lhe respondeu: Também nos hás de dar hóstias e holocaustos, que ofereçamos ao Senhor nosso Deus. 26 Irão conosco todos os nossos rebanhos. Não ficará deles nem uma unha, porque tudo havemos mister para o culto do Senhor nosso Deus: e tanto mais, que nós não sabemos o que se lhe deverá imolar, enquanto não chegamos àquele lugar. 27 Mas o Senhor empederniu o coração de Faraó, e este os não quis deixar ir. 28 Disse pois Faraó a Moisés: Guarda-te de me tornares a aparecer; porque em qualquer dia, que me apareceres morrerás. 29 Moisés lhe respondeu: Assim se fará, como tu disseste: eu não te verei mais a cara.

Anúncio da décima praga

11 E o Senhor disse a Moisés: Ainda tenho de ferir a Faraó, e ao Egito com uma praga: e então depois disto ele vos deixará ir, e até vos dará pressa a que saiais. 2 Dize pois a todo o povo: que cada homem peça ao seu amigo, e cada mulher à sua vizinha vasos de prata e ouro. 3 E o Senhor fará que o seu povo ache graça diante dos egípcios. Ora Moisés tinha adquirido uma grande autoridade em todo o Egito, assim aos olhos dos servos de Faraó, como aos de todo o seu povo.

4 Ele pois disse: Eis aqui o que disse o Senhor: Eu sairei à meia noite a correr o Egito. 5 E todos os primogênitos morrerão nas terras do Egito, desde o primogênito de Faraó, que está assentado no seu trono, até o primogênito da escrava, que está à mó do moinho, e até os primogênitos dos animais. 6 Em todo o Egito se ouvirão grandes gritos, quais nunca antes houve, nem haverá jamais. 7 Mas entre todos os filhos de Israel, desde os homens até os animais, não se ouvirá nem ganir um cão; para que vós saibais com que grande milagre divide o Senhor a Israel dos egípcios. 8 Então todos os teus servos, que tu vês aqui, virão ter comigo, e me adorarão, e me dirão: Sai tu, e todo o povo, que te está sujeito. E depois disto sairemos nós. 9 E Moisés saiu da presença de Faraó muito irado.

E o Senhor disse a Moisés: Faraó não vos ouvirá, para que se faça um grande número de prodígios no Egito. 10 Ainda que pois Moisés, e Aarão fizeram diante de Faraó todos os prodígios, que estão escritos, o Senhor endureceu o coração deste príncipe, que não permitiu que os filhos de Israel saíssem das suas terras.

II. LIBERTAÇÃO

Instituição da Páscoa

12 Disse também o Senhor a Moisés, e a Aarão na terra do Egito: 2 Este mês será para vós o princípio dos meses; será o primeiro dos meses do ano. 3 Falei a todo o ajuntamento dos filhos de Israel, e dizei-lhes: Ao décimo dia deste mês tome cada um, um cordeiro para a sua família, e para a sua casa. 4 Se as pessoas, que há numa casa, não forem em número suficiente para comerem o cordeiro, tomarão da casa do vizinho, que estiver pegada a sua, quantos bastem para comer o cordeiro. 5 Este cordeiro será sem mancha, será macho, e será dum ano. Podereis também tomar um cabrito, que tenha as mesmas qualidades. 6 Vós o guardareis até o dia catorze deste mês: e toda a multidão dos filhos de Israel o imolará pela tarde. 7 Eles tomarão do seu sangue, e pô-lo-ão sobre as duas umbreiras, e sobre a verga das portas das casas, onde eles o comerem. 8 E esta mesma noite comerão eles a carne do cordeiro assada no fogo, e pães asmos com leitugas bravas. 9 Não comereis nada dele, que seja cru, ou cozido em água, mas somente assado no fogo. Comer-lhe-eis a cabeça com os pés, e com os intestinos. 10 E não ficará dele nada até pela manhã. Se sobejar alguma coisa, queimá-la-eis no fogo.

11 Eis aqui porém como o haveis de comer. Cingireis os vossos rins, e tereis sapatos nos pés, e bordões nas mãos, e comereis à pressa: porque esta é a Páscoa, isto é, a passagem do Senhor. 12 E aquela noite passarei eu pelo Egito, e matarei na terra do Egito todos os primogênitos, desde os homens até os animais: e eu exercitarei os meus juízos sobre todos os deuses, eu, que sou o Senhor. 13 Ora o sangue, com que estiver marcada cada casa, onde vós morardes, servirá de sinal a vosso favor: eu verei o sangue e eu passarei a outra parte: e a praga de morte não tocará em vós, quando eu ferir todo o Egito.

14 Esse dia ser-vos-á um monumento: e vós o celebrareis de geração em geração com um culto perpétuo, como uma festa solene à honra do Senhor. 15 Comereis pães asmos sete dias. Desde o primeiro dia não se achará pão com fermento em vossas casas. Todo o que comer pão fermentado, desde o primeiro dia até o sétimo, perecerá do meio de Israel. 16 O primeiro dia será santo, e solene, e o dia sétimo será uma festa igualmente venerável. Durante estes dias, não fareis neles obra alguma servil, exceto o que pertence ao comer.

17 Vós pois guardareis esta festa de pães asmos: porque nesse mesmo dia farei eu sair todo o vosso exército do Egito: e vós observareis este dia de geração em geração com um culto perpétuo. 18 Desde o dia catorze do primeiro mês à tarde, comereis vós pães asmos até à tarde do dia vinte deste mesmo mês. 19 Não se achará em vossas casas pão com fermento estes sete dias. Todo o que comer pão fermentado, perecerá do meio do ajuntamento de Israel, ou ele seja estrangeiro, ou natural da terra. 20 Não comereis nada com fermento: usareis de pão asmo em todas as vossas casas.

21 Depois chamou Moisés todos os anciãos dos filhos de Israel, e disse-lhes: Ide tomar um cordeiro para cada família, e imolai-o. 22 Ensopai um molho de hissopo no sangue, que estiver posto no limiar da porta, e borrifai com ele a verga da porta, e as duas umbreiras. Nenhum de vós saia da porta de sua casa até pela manhã. 23 Porque o Senhor passará, ferindo os egípcios: e quando ele vir este sangue sobre a verga das vossas portas, e sobre as duas umbreiras, passará a porta da vossa casa, e não deixará entrar nela o anjo exterminador e ferir-vos.

24 Guardai este mandamento, como uma lei, que deve ser inviolável para sempre, tanto para vós, como para vossos filhos. 25 Depois que vós tiverdes entrado na terra, que o Senhor vos há de dar, como prometeu, observareis estas mesmas cerimônias. 26 E quando os vossos filhos vos disserem: Que culto religioso é este? 27 Vós lhes respondereis: Isto é a vítima da Passagem do Senhor, quando ele passou as casas dos filhos de Israel no Egito, ferindo os egípcios, e livrando as nossas casas. Então o povo profundamente inclinado adorou o Senhor. 28 Os filhos de Israel, depois que dali saíram, fizeram o que o Senhor tinha ordenado a Moisés, e a Aarão.

Morte dos primogênitos

29 Pelo meio da noite feriu o Senhor todos os primogênitos do Egito, desde o primogênito de Faraó, que estava assentado no seu trono, até o primogênito da escrava cativa que estava em prisão, e até o primogênito de todos os animais. 30 Tendo-se levantado pois de noite Faraó, como também todos os seus servos, e todos os egípcios, foi grande o alarido, que se ouviu em todo o Egito: porque não havia casa, onde não jazesse um morto.

31 E Faraó tendo feito vir esta mesma noite a Moisés, e a Aarão, disse-lhes: Retirai-vos sem demora do meu povo, vós, e os filhos de Israel; ide sacrificar ao Senhor, como vós dizeis. 32 Levai convosco as vossas ovelhas,

e os vossos rebanhos, conforme me tínheis pedido; e idos que fordes, rogai por mim.

33 Os egípcios também apertavam o povo, que saísse logo da sua terra, dizendo: Todos nós morreremos. 34 O povo pois tomou a farinha, que tinha sido amassada antes de levar fermento; e atando-a nas capas, pô-la aos ombros. 35 Fizeram também os filhos de Israel o que Moisés lhes havia ordenado, e pediram aos egípcios vasos de prata, e de ouro, e muita quantidade de vestidos. 36 E o Senhor fez favoráveis ao seu povo os egípcios, para que estes emprestassem o que aqueles lhe pediam: e assim eles despojaram os egípcios.

Partida dos israelitas

37 Partiram pois os filhos de Israel de Remessés, e vieram a Socote, sendo perto de seiscentos mil homens de pé, afora os meninos. 38 Foram eles seguidos de uma inumerável multidão do vulgo, e levavam consigo uma infinidade de ovelhas, de rebanhos, e de animais de todas as castas. 39 Cozeram a farinha, que havia tempo tinham trazido amassada do Egito, e fizeram dela pães asmos, cozidos debaixo de cinza: porque os egípcios lhes tinham dado tanta pressa a partir, que lhes não deram tempo a meter-lhes fermento, nem a preparar nada de comer.

40 Ora o tempo, que os filhos de Israel tinham morado no Egito, foi de quatrocentos e trinta anos: 41 completos os quais, todo o exército do Senhor saiu do Egito neste mesmo dia. 42 Esta noite, em que o Senhor os tirou do Egito, deve ser consagrada à honra do Senhor: e todos os filhos de Israel a devem observar pelo decurso de todas as gerações.

Lei relativa à Páscoa

43 Porque o Senhor disse assim a Moisés, e a Aarão: O culto desta Páscoa observar-se-á desta sorte. Nenhum estrangeiro comerá dela. 44 Todo o escravo, que alguém comprar, será circuncidado; e feito isto comerá dela. 45 Porém o estrangeiro, e o mercenário não comerão dela. 46 O cordeiro há de comer-se numa mesma casa: da sua carne não levareis vós nada para fora, nem lhe quebrareis osso algum. 47 Todo o ajuntamento de Israel fará a Páscoa. 48 Se algum estrangeiro se quiser associar a vós, e fazer a Páscoa do Senhor, tudo o que ele tiver consigo, que seja macho, será primeiro circuncidado; e então poderá ele celebrá-la, e será como natural da mesma terra: mas o que não for circuncidado, não comerá dela. 49 A mesma lei se guardará com os habitantes do país, e com os estrangeiros, que vivem convosco. 50 Todos os filhos de Israel executaram o que o Senhor tinha ordenado a Moisés, e a Aarão. 51 E no mesmo dia tirou o Senhor do Egito os filhos de Israel, repartidos em diversas turmas.

Oferta dos primogênitos

13 Falou mais o Senhor a Moisés, e lhe disse: 2 Consagra-me todos os primogênitos, que abrem o útero de sua mãe entre os filhos de Israel, assim de homens como de animais, porque todos eles são meus.

3 E Moisés disse ao povo: Lembrai-vos deste dia, em que vós saístes do Egito, e da casa da servidão. Lembrai-vos que o Senhor vos tirou daquele lugar à força do seu braço; e guardai-vos de comerdes nele pão com fermento. 4 Vós saís hoje neste mês, que é quando começa a haver trigos novos. 5 E depois que o Senhor vos tiver introduzido na terra dos cananeus, dos heteus, dos amorreus, dos heveus, e dos jebuseus, que ele jurou a vossos pais que vos havia de dar; nesta terra, onde correm arroios de leite, e de mel, observareis vós neste mês este sagrado culto. 6 Comereis pães asmos sete dias: e o dia sétimo será a solenidade do Senhor. 7 Comereis pães asmos sete dias: e não haverá em vossas casas pão de fermento, nem em terra alguma vossa. 8 Naquele dia direis vós a vossos filhos: Isto é o que o Senhor fez por mim, quando eu saí do Egito. 9 E esta solenidade será como um sinal na tua mão, e como um memorial diante dos teus olhos, para que a lei do Senhor ande sempre na tua boca: pois que o Senhor te tirou do Egito à força do seu braço. 10 Vós observareis este culto todos os anos, no dia que vos foi ordenado.

11 E depois que o Senhor vos tiver introduzido na terra dos cananeus, conforme o juramento, que ele vos tinha feito a vós, e a vossos pais, e que ele vo-la tiver dado: 12 vós separareis para o Senhor tudo o que abre o útero de sua mãe, e todos os primogênitos dos vossos animais; e consagrareis ao Senhor todos os machos, que tiverdes. 13 O primogênito do jumento vós o trocareis por uma ovelha: se o não resgatardes, matá-lo-eis. E vós resgatareis com dinheiro todos os primogênitos de vossos filhos. 14 Quando pois teu filho te perguntar algum dia, e te disser: Que significa isto? tu lhe responderás: O Senhor nos tirou do Egito, da casa da escravidão, à força do seu braço. 15 Porque como Faraó se endurecesse, e não nos quisesse deixar ir, o Senhor matou no Egito todos os primogênitos, desde os primogênitos dos homens até os primogênitos dos animais. Por isso é que eu

sacrifico ao Senhor todos os machos, que
abrem o útero de sua mãe, e resgato todos os
primogênitos de meus filhos. 16 Isto pois será
como um sinal na tua mão, e como uma coisa,
que se traz suspendida diante de teus olhos
para lembrança: porque o Senhor nos tirou
do Egito à força do seu braço.

Primeiras etapas

17 Ora depois que Faraó fez sair das suas
terras o povo, não os levou Deus pelo caminho
do país dos filisteus, que fica vizinho: e isto
pelo temor de que eles se não arrependessem,
se vissem levantar-se contra si algumas guer-
ras, e de que não tornassem para o Egito. 18
Mas fê-los fazer um longo rodeio pelo cami-
nho do deserto, que é perto do Mar Vermelho.
Assim os filhos de Israel saíram armados do
Egito.

19 E Moisés levou também consigo os ossos
de José, conformemente ao que José tinha
feito que lhe prometessem com juramento
os filhos de Israel, dizendo-lhes: Deus vos há
de visitar: levai daqui os meus ossos convosco.

20 Tendo pois saído de Socote, eles se acam-
param em Etan, no extremo do deserto.

21 E o Senhor caminhava adiante deles,
para lhes mostrar o caminho, dando-se a co-
nhecer de dia numa coluna de nuvem, e de
noite numa coluna de fogo, para lhes servir
de guia em ambos os tempos. 22 Nunca a
coluna de nuvem deixou de aparecer diante
do povo durante o dia, nem a coluna de fogo
durante a noite.

Passagem do Mar Vermelho

14 Tornou o Senhor a falar a Moisés, e
lhe disse: 2 Dize aos filhos de Israel,
que retrocedam, e que se vão acampar diante
de Piairote, que fica entre Magdal, e o mar,
defronte de Beelsefon. Vós vos acampareis
defronte deste sítio sobre o mar. 3 Porque
Faraó há de dizer, falando dos filhos de Israel:
Eles estão embaraçados nuns lugares estrei-
tos, e estão fechados no deserto. 4 Eu lhe en-
durecerei o coração, e ele irá em vosso alcan-
ce: e eu serei glorificado em Faraó, e em todo
o seu exército. E os egípcios saberão que eu
sou o Senhor.

Fizeram pois os filhos de Israel o que o
Senhor lhes tinha ordenado. 5 E vieram dizer
a Faraó, rei dos egípcios, que o povo tinha
fugido. Com isto se mudou o coração de
Faraó, e o de seus servos a respeito deste po-
vo, e eles disseram: Que é o que nós fizemos,
deixando ir Israel, para que ele nos não ser-
visse? 6 Faraó pois fez preparar a sua carroça,
e tomou consigo todo o seu povo. 7 Levou
também seiscentas carroças escolhidas, e tudo
o que no Egito se achou de carroças de guerra,
com os capitães de todo o exército. 8 O Senhor
endureceu o coração de Faraó, rei do Egito,
e este foi em alcance dos filhos de Israel. Mas
eles tinham saído guiados de uma mão po-
derosa. 9 Indo pois os egípcios em alcance
dos israelitas, e caminhando pelo rasto das
suas pisadas, acharam-nos no seu campo so-
bre o mar. Toda a cavalaria, e carroças de
Faraó com todo o seu exército estavam em
Piairote, defronte de Beelsefon.

10 Quando Faraó estava já próximo, le-
vantando os filhos de Israel os olhos, e tendo
visto os egípcios por detrás deles, ficaram
passados de medo: clamaram ao Senhor, 11 e
disseram para Moisés: Talvez não havia se-
pulcros no Egito, e por isso é que tu nos
trouxeste aqui, para que nós morrêssemos na
solidão. Que sentido foi o teu, quando nos
fizeste sair do Egito? 12 Não é isto o que
nós te dizíamos, estando ainda no Egito: Re-
tira-te de nós para servirmos os egípcios?
Porque muito melhor era servi-los a eles, do
que morrermos no deserto. 13 Respondeu Moi-
sés ao povo: Não temais, estai firmes, e con-
siderai as maravilhas, que o Senhor está para
fazer hoje. Porque os egípcios, que vós hoje
vedes, vós os não tornareis a ver jamais. 14 O
Senhor pelejará por vós, e vós ficareis em
silêncio.

15 E o Senhor disse a Moisés: Porque cla-
mas tu a mim? Dize aos filhos de Israel
que marchem. 16 E tu levantarás a tua vara,
e estenderás a tua mão sobre o mar, e o di-
vidirás, para que os filhos de Israel caminhem
em seco pelo meio do mar. 17 Eu endurecerei
o coração dos egípcios, para que eles vão atrás
de vós: e eu serei glorificado em Faraó, e
em todo o seu exército, e nas suas carroças,
e na sua cavalaria; 18 e os egípcios saberão
que eu sou o Senhor, quando eu assim for
glorificado em Faraó e nas suas carroças e
cavalaria.

19 Então o anjo de Deus, que caminhava
adiante do campo dos israelitas, se foi pôr
atrás deles: e ao mesmo tempo a coluna de
nuvem, deixando a vanguarda do povo, 20 se
veio pôr também detrás, entre o campo dos
egípcios, e o campo de Israel. E esta nuvem
duma parte era tenebrosa, e de outra alu-
miava a noite; de sorte que os dois exércitos
se não puderam aproximar todo o tempo da
noite. 21 Tendo Moisés pois estendido a sua
mão sobre o mar, o Senhor lhe dividiu as
águas fazendo que toda a noite assoprasse
um vento veemente, abrasador, que lhe secou
o fundo. Estando a água assim dividida, 22 en-

Criação de Eva (Tela de Paulo Veronese).

O pecado original (Miguel Ângelo – Capela Sixtina – Roma).

Moisés salvo das águas (Paulo Veronese).

Moisés quebra as tábuas da Lei (Tela de Rembrandt).

Abraão e os três anjos (Autor: Giovanni Battista Tiepolo – Museu do Prado – Madrid).

Abraão e Melquisedec (Tela de Frans Franck – Museu do Prado – Madrid).

Noé construindo a arca (Autor: Bianchini – Galeria Moderna – Florença).

Abraão e os desconhecidos (Tela de Frans Franck – Museu do Prado – Madrid).

Entrada dos animais na arca de Noé (Tela de Jacopo da Ponte Bassano – Museu do Prado – Madrid).

traram os filhos de Israel pelo meio do mar seco, tendo pela direita e esquerda a água que lhes servia como de muro.

23 E os egípcios, que os perseguiam, entraram depois deles pelo meio do mar com toda a cavalaria de Faraó, suas carroças e cavalos. 24 Mas quando veio a vigília da manhã, o Senhor tendo olhado para o campo dos egípcios por entre a coluna de fogo e a coluna de nuvem, fez perecer todo o seu exército. 25 Ele embaraçou as rodas das carroças, e os egípcios foram ao fundo. Então disseram entre si os egípcios: Fujamos dos israelitas, porque o Senhor pugna por eles contra nós.

26 Mas o Senhor disse a Moisés: Estende a tua mão sobre o mar para que as águas se tornem sobre os egípcios, sobre as suas carroças, e sobre a sua cavalaria. 27 Estendeu pois Moisés a mão sobre o mar, e ao primeiro romper da manhã se tornou o mar ao mesmo lugar, onde antes estava. Assim quando os egípcios iam fugindo, vieram as águas encontrar-se com eles, e o Senhor os envolveu no meio das ondas. 28 Tendo-se desta sorte tornado a ajuntar as águas, cobriram as carroças, e cavalaria de todo o exército de Faraó, que tinham entrado no mar em alcance dos israelitas, e não escapou deles nem sequer um. 29 Mas os filhos de Israel ao contrário passaram a pé enxuto pelo meio do mar, tendo à direita, e à esquerda as águas, que lhe serviram de muro. 30 Naquele dia livrou o Senhor a Israel da mão dos egípcios. 31 E os israelitas viram os cadáveres dos egípcios sobre a praia do mar, e os efeitos, que a poderosa mão do Senhor tinha obrado contra eles. Então temeu o povo o Senhor, creu no Senhor, e em seu servo Moisés.

Cântico de triunfo

15 Então Moisés, e os filhos de Israel cantaram este cântico ao Senhor, e disseram: Cantemos louvores ao Senhor, por ter feito brilhar a sua grandeza, e a sua glória, e porque precipitou no mar o cavalo, e o cavaleiro.

2 O Senhor é a minha fortaleza, e o objeto dos meus louvores, porque se fez meu salvador. Ele é que é o meu Deus, e eu celebrarei a sua glória: Ele é o Deus de meu pai, e eu exaltarei a sua grandeza.

3 O Senhor se houve como um guerreiro: o seu nome é o Todo Poderoso.

4 Ele precipitou no mar as carroças, e o exército do Faraó: os mais notáveis dentre os seus príncipes foram submergidos no Mar Vermelho.

5 Eles foram sepultados nos abismos: caíram no fundo como uma pedra.

6 A tua destra, Senhor, se assinalou no muito que fez brilhar a sua força: a tua destra, Senhor, feriu o inimigo.

7 E tu deitaste abaixo os teus adversários com a grandez da tua glória: tu mandaste a tua ira, que os devorou como uma palha.

8 Tu excitaste o vento do teu furor, e ao seu assopro se congregaram as águas. A corrente da água parou, e os abismos se ajuntaram no meio do mar.

9 O inimigo disse: Eu os perseguirei, e os alcançarei. Eu repartirei os seus despojos, e a minha alma ficará farta. Eu desembainharei a minha espada, e a minha mão os fará cair mortos.

10 Mas tanto que o teu vento assoprou, o mar os cobriu. Eles caíram como chumbo no fundo das grandes águas.

11 Quem dentre os heróis te é semelhante a ti, Senhor? Quem te é semelhante a ti, que és grande em santidade, que és terrível, que és digno de todos os louvores pelas maravilhas que obras.

12 Tu estendeste a tua mão, e a terra os devorou.

13 Tu na tua misericórdia te fizeste o condutor do povo, que remiste: e tu na tua fortaleza o levaste até à tua santa morada.

14 Os povos se levantaram, e se iraram: uma profunda dor se apossou dos filisteus.

15 Os príncipes de Edom se turbaram: o espanto surpreendeu os valentes de Moab; todos os habitantes de Canaã ficaram enregelados.

16 Caia sobre eles o medo e o pavor, a efeito do poder do teu braço: eles se tornem imóveis como uma pedra, até que passe o teu povo, Senhor, até que passe este teu povo, que tu adquiriste para ti.

17 Tu os conduzirás, Senhor, e tu os estabelecerás no monte da tua herança, nesta firmíssima habitação, que tu te preparaste; neste santuário, Senhor, que as tuas mãos firmaram. 18 O Senhor reinará na eternidade, e além da eternidade.

19 Porque Faraó entrou a cavalo no mar com as suas carroças, e cavalaria: e o Senhor fez que tornassem sobre eles as águas do mar. Os filhos de Israel porém caminharam a pé enxuto pelo meio dele. 20 Maria profetisa, irmã de Aarão, pegou num tambor, e todas as mulheres foram atrás dela com tambores formando coros. 21 E Maria era a primeira que cantava, dizendo:

Cantemos louvores ao Senhor, por ter feito brilhar a sua grandeza, e a sua glória; e porque precipitou no mar o cavalo, e o cavaleiro.

III. LIBERDADE NO DESERTO

As águas de Mara

22 Depois logo que Moisés fez partir os
israelitas do Mar Vermelho, entraram eles no
deserto de Sur: e como tivessem andado três
dias pela solidão, não achavam água. 23 En-
fim chegaram a Mara, e não podiam beber
das águas de Mara, porque eram amaras. Por
isso a este lugar lhe foi posto um nome bem
congruente, qual é o de Mara, que quer dizer
amargura. 24 Então murmurou o povo contra
Moisés, dizendo: Que havemos nós de beber?
25 Porém Moisés clamou ao Senhor, o qual
lhe mostrou um pau, que ele lançou nas águas,
e as águas se tornaram doces.
Ali lhe deu Deus certos preceitos, e cer-
tas ordenanças; e ali tentou ele o povo dizendo:
26 Se tu obedeceres à voz do Senhor teu
Deus, e obrares o que é reto diante de seus
olhos; se obedeceres aos seus mandamentos,
e guardares todos os seus preceitos, eu vos
não ferirei com enfermidade alguma das com
que feri o Egito: porque eu sou o Senhor, que
te sara.
27 Depois vieram os filhos de Israel a Elim,
onde havia doze fontes, e setenta palmeiras,
e eles se acamparam ao pé das águas.

Queixas

16 Tendo toda a multidão dos filhos de
Israel partido de Elim, veio para o de-
serto de Sin, que é entre Elim e Sinai, ao dé-
cimo quinto dia do segundo mês, depois que
tinham saído do Egito. 2 E todos os filhos
de Israel, estando neste deserto, murmuraram
contra Moisés, e contra Aarão, dizendo-lhes:
3 Prouvera a Deus que nós fôssemos mortos
no Egito pela mão do Senhor, quando lá es-
távamos assentados ao pé das panelas de car-
ne, e comíamos quanto pão queríamos. Por
que nos trouxestes vós a este deserto, para
matardes aqui de fome todo o povo?

As codornizes

4 Então disse o Senhor a Moisés: Eu estou
para vos fazer chover pães do céu. Saia o
povo, e apanhe deles o que bastar para cada
dia, porque quero experimentar se ele cami-
nha pela minha lei, ou não. 5 Ao dia sexto
ajunte-se destes pães o que se há de guardar
em casa; e eles apanhem dobrado do que é
costume nos outros dias. 6 Então disseram
Moisés, e Aarão a todos os filhos de Israel:
Esta tarde sabereis vós que o Senhor é quem
vos tirou do Egito. 7 E amanhã pela manhã
vereis vós brilhar a glória do Senhor: porque
ele ouviu as vossas murmurações contra ele.
Pois no tocante às pessoas de nós os dois,
quem somos nós, para que vós murmureis
contra nós? 8 Prosseguiu Moisés, dizendo:
Esta tarde vos dará o Senhor carne para co-
merdes; e amanhã ele vos fartará de pães:
porque ele ouviu as palavras de murmuração,
que vós proferistes contra ele: pois quanto
a nós, quem somos nós? Não é contra nós
a vossa murmuração, mas contra o Senhor.
9 Disse também Moisés a Aarão: dize a
todo o ajuntamento dos filhos de Israel:
Chegai-vos para diante do Senhor, porque ele
ouviu a vossa murmuração. 10 Quando Aarão
ainda estava falando a todo o ajuntamento
dos filhos de Israel, olharam eles para a parte
do deserto, e eis que de repente aparece a
glória do Senhor na nuvem. 11 Ora o Senhor
tinha falado a Moisés, e lhe tinha dito: 12 Eu
ouvi as murmurações dos filhos de Israel.
Dize-lhes: Vós comereis esta tarde carne, e
amanhã vos fartareis de pães; e vós sabereis
que eu sou o Senhor vosso Deus.
13 À tarde pois veio um número sem nú-
mero de codornizes, que cobriram todo o
campo; e pela manhã também todos os arre-
dores do campo foram carregados de orvalho.
14 E estando a superfície da terra coberta
dele, viu-se aparecer no deserto uma coisa
miúda, e como pisada num gral, que se asse-
melhava àqueles pequenos grãos de geada
branca, que caem sobre a terra. 15 O que
tendo visto os filhos de Israel, disseram uns
para os outros: *Manou*, isto é: Que é isto?
Porque não sabiam o que era, Moisés lhes
respondeu: Este é o pão, que o Senhor vos
deu para comerdes.

O maná

16 E eis que o que o Senhor ordena:
Cada um apanhe dele quanto lhe for neces-
sário para comer. Tomai um gomor para cada
pessoa, conforme o número daqueles, que
houver em cada tenda. 17 Assim o fizeram
os filhos de Israel: apanharam do maná, uns
mais, outros menos. 18 E tendo-o medido por
um gomor, nem o que tinha ajuntado mais,
tinha mais; nem o que tinha ajuntado menos,
tinha menos: mas cada um se achou com
quanto podia comer. 19 Moisés lhes disse:
Nenhum deixe nada para amanhã. 20 Mas eles
não lhe deram ouvidos: e tendo alguns guar-
dado do maná para o outro dia, ele se achou
gafo de bichos, e todo corrompido: do que
Moisés se agastou contra eles.

21 Cada um pois colhia todas as manhãs quanto lhe era necessário para comer: e quando vinha o calor do sol, derretia-se. 22 Ao dia sexto colheram eles dobrado, isto é, colheram dois gomores para cada pessoa: e todos os príncipes do povo vieram dar parte disto a Moisés. 23 O qual lhes disse: Isto é o que o Senhor ordenou: Amanhã será o dia de sábado, cujo descanso é consagrado ao Senhor. Fazei pois o que tendes que fazer: cozei o que tendes que cozer: e tudo o que ficar de hoje guardai-o para amanhã. 24 E tendo-o eles feito, como Moisés o ordenara, não apodreceu o maná, nem se acharam bichos nele. 25 Disse-lhes ainda Moisés: Comei-o hoje, porque é o sábado do Senhor, e vós o não achareis hoje no campo. 26 Colhei-o pois os seis dias: mas o dia sétimo é o sábado do Senhor: por isso nele não se achará maná. 27 Chegado que foi o sétimo dia, saíram alguns do povo a apanhá-lo, e não o acharam. 28 Então disse o Senhor a Moisés: Até quando não haveis vós de querer guardar os meus mandamentos, e a minha lei? 29 Considerai que o Senhor vos mandou observar o sábado, e que para isso vos deu ele ao sexto dia dobrado sustento. Cada um de vós logo fique na sua tenda o dia sétimo, e não saia dela. 30 O povo pois observou o descanso do sábado no dia sétimo.

31 E os israelitas deram a este sustento o nome de maná. E ele parecia-se como a semente do coentro: era branco, e de um gosto semelhante ao do pão amassado com mel.

32 Ainda Moisés disse mais: Eis aqui o que diz o Senhor: Enchei um gomor de maná, e ponde-o diante do Senhor, para se conservar memória dele nos tempos vindouros; e para que se saiba qual foi o manjar, com que eu vos sustentei no deserto, depois da vossa saída do Egito. 33 Disse Moisés a Aarão: Toma um vaso, e mete nele tanta quantidade de maná, quanta pode caber num gomor; e põe-no em reserva diante do Senhor, para que ele se conserve nas gerações futuras, 34 segundo a ordem, que eu acerca disso recebi do Senhor. E Aarão pôs este vaso no tabernáculo para ali se conservar.

35 Ora os israelitas sustentaram-se do maná quarenta anos, até o tempo da sua chegada a um país cultivado. Eles se serviram deste mantimento até a sua entrada nas primeiras terras de Canaã. 36 O gomor porém é a décima parte de um efi.

Água de um rochedo

17 Tendo-se partido pois todos os filhos de Israel do deserto de Sin, e tendo feito as suas mansões nos lugares, que o Senhor lhes havia apontado, eles se acamparam em Rafidim, onde não havia água para dar de beber ao povo. 2 Então tornaram eles a murmurar contra Moisés, dizendo: Dá-nos água para bebermos. Moisés lhes respondeu: Por que murmurais vós contra mim? por que tentais o Senhor? 3 O povo pois achando-se neste sítio atormentado da sede, e sem água, queixou-se altamente de Moisés, até lhe dizer: Por que nos fizeste tu sair do Egito, para agora nos fazeres morrer de sede a nós, aos nossos filhos, e às nossas bestas? 4 Clamou então Moisés ao Senhor, e lhe disse: Que farei eu a este povo? Pouco falta que ele me não apedreje. 5 E o Senhor disse a Moisés: Caminha adiante do povo. Leva contigo alguns dos anciãos de Israel; toma na tua mão a vara, com que feriste o rio, e vai até à pedra de Horeb. 6 Eu me acharei lá contigo. Tu ferirás a pedra, e dela sairá água, para que o povo tenha donde beber. Fez Moisés diante dos anciãos de Israel o que Senhor lhe havia ordenado. 7 E ele chamou este lugar a Tentação, aludindo aos queixumes dos filhos de Israel, e a que eles tentaram o Senhor, dizendo: Está o Senhor no meio de nós, ou não está?

Vitória sobre os amalecitas

8 Entretanto Amalec veio a Rafidim a pelejar contra Israel. 9 Então disse Moisés a Josué: Escolhe homens, e vai pelejar no alto contra Amalec. Eu amanhã serei no alto do outeiro, tendo a vara de Deus na mão. 10 Fez Josué o que Moisés lhe tinha dito, e pelejou contra Amalec. Porém Moisés, Aarão, e Hur subiram ao cume do outeiro. 11 E quando Moisés tinha as mãos levantadas, ficava Israel vitorioso: mas se as abaixava um pouco, era Amalec o que levava a melhor. 12 Entretanto as mãos de Moisés pesavam-lhe. Pelo que eles tomaram uma pedra; e tendo-a posto por baixo de Moisés, este se assentou nela: e Aarão, e Hur lhe sustinham as mãos de ambas as partes. Assim as suas mãos se não cansaram até o pôr do sol. 13 Josué pois fez fugir a Amalec, e passar ao fio da espada o seu povo.

14 Então disse o Senhor a Moisés: Escreve isto num livro, para servir de monumento, e faze-o ouvir a Josué. Porque eu hei de extinguir a memória de Amalec de debaixo do céu. 15 Moisés edificou ali um altar, a que ele pôs este nome: O Senhor é a minha glória. 16 Porque a mão do Senhor, disse ele, se levantará do seu trono contra Amalec; e o Senhor lhe fará guerra no decurso de todas as gerações.

Visita de Jetro a Moisés

18 Ora Jetro, sacerdote de Madian, e sogro de Moisés, tendo ouvido tudo o que Deus tinha feito a favor de Moisés e do seu povo de Israel, e como o tinha feito sair do Egito; 2 tomou a Séfora, mulher de Moisés, a qual este lhe tinha remetido, 3 e a seus dois filhos, um dos quais se tinha chamado Gersão, por seu pai ter dito: Eu fui viandante numa terra estrangeira; 4 e o outro Eliazar, por seu pai ter dito: O Deus de meu pai foi o meu defensor, e ele me salvou da espada de Faraó. 5 Veio pois Jetro, sogro de Moisés, ter com ele, trazendo-lhe sua mulher, e seus filhos ao deserto, onde tinha feito acampar o povo junto ao monte de Deus. 6 E ele mandou dizer a Moisés: Eu Jetro, teu sogro, venho a ti com tua mulher, e teus dois filhos.

7 Moisés tendo ido encontrar-se com seu sogro, se abaixou profundamente diante dele, e o beijou: e eles se cumprimentaram, significando desejar um ao outro toda a sorte de felicidades. Feito isto, entrou Jetro na tenda de Moisés. 8 o qual contou a seu sogro todas as maravilhas, que Deus tinha obrado contra Faraó, e contra os egípcios a favor de Israel; todos os trabalhos que tinham padecido no caminho, e de que maneira os havia o Senhor livrado. 9 Jetro se alegrou de todas as graças, que o Senhor fizera a Israel, e de que o tivesse tirado do poder dos egípcios, e disse: 10 Bendito seja o Senhor, que vos livrou da mão dos egípcios, e da mão de Faraó: e que salvou o seu povo do poder do Egito. 11 Agora conheço que o Senhor é grande sobre todos os deuses; pois ele assim castigou a soberba, e insolência, com que os egípcios tinham tratado o seu povo. 12 Jetro pois, sogro de Moisés, ofereceu a Deus holocaustos, e hóstias: e Aarão e todos os anciãos de Israel vieram comer pão com ele diante do Senhor.

Conselho de Jetro a Moisés

13 Ao outro dia assentou-se Moisés para dar audiência ao povo, que se apresentava diante dele, desde pela manhã até à tarde. 14 E seu sogro tendo visto tudo o que ele fazia ao povo, disse-lhe: Que é isto que tu fazes ao povo? Por que estás tu assentado, e todo o povo esperando desde pela manhã até à tarde? 15 Moisés lhe respondeu: É que o povo vem a mim para ouvir pronunciar a sentença de Deus. 16 E quando entre eles sucede haver alguma diferença, vem ter comigo, para que lhes mostre os preceitos, e a lei de Deus.

17 Não fazes bem, disse Jetro. 18 Estás te fatigando sem propósito, tu, e este povo, que vive contigo. Este trabalho é sobre as tuas forças, e tu só não o poderás aturar. 19 Mas ouve o que te vou dizer, e o conselho, que te vou a dar, e será Deus contigo: Presta-te ao povo naquelas coisas, que dizem respeito a Deus, para expores, ao Senhor os requerimentos do povo; 20 para lhe ensinares as cerimônias, e o modo, com que devem honrar a Deus; o caminho por onde devem andar; e as obras que devem fazer. 21 Mas escolhe dentre os do povo uns tantos homens poderosos, que temam a Deus, que sejam amigos de verdade, e inimigos da avareza; e constitui do número destes homens uns chefes de mil, outros chefes de cento, outros de cinqüenta, outros de dez: 22 cuja ocupação seja fazer justiça ao povo em todo o tempo; mas que reservem ao teu conhecimento os negócios de maior suposição, e julguem somente os mais pequenos. Desta sorte o peso, que te oprime, virá a ser mais leve, sendo repartido entre outros. 23 Se fizeres isto, que te digo, cumprirás com o mandamento de Deus; poderás ser capaz de executar as suas ordens; e todo este povo voltará em paz para sua casa.

24 Moisés, tendo ouvido isto, fez tudo o que seu sogro lhe sugerira. 25 E tendo escolhido dentre todo o povo de Israel homens de valor, constituiu-os príncipes do povo, para uns governarem mil outros cem, outros cinqüenta, outros dez. 26 Estes faziam justiça ao povo, em todo o tempo: mas davam conta a Moisés de todos os negócios mais difíceis, sentenciando eles somente os mais fáceis. 27 Depois deixou Moisés retirar-se seu sogro, o qual, partindo, se recolheu para a sua terra.

IV. ALIANÇA NO SINAI

Manifestação divina

19 Ao terceiro dia do terceiro mês da saída dos israelitas do Egito, chegaram eles ao deserto de Sinai. 2 Tendo partido de Rafidim, e chegado a este deserto, acamparam-se no mesmo lugar; e Israel pôs as suas tendas bem defronte do monte.

3 Depois subiu Moisés ao monte para falar a Deus: porque o Senhor o chamou do alto do monte, e lhe disse: Eis aqui o que tu hás de dizer à casa de Jacó, e o que hás de

anunciar aos filhos de Israel. 4 Vós mesmos vistes o que eu fiz aos egípcios, e de que modo eu vos trouxe, como a águia traz seus filhos sobre as suas asas, e que eu vos tomei por meus. 5 Se vós logo ouvirdes a minha voz, e observardes o pacto, que fiz convosco, eu vos tomarei por meu povo particular, com preferência a todos os outros povos: porque toda a terra é minha. 6 E vós sereis o meu reino sacerdotal, e uma nação santa. Eis aqui o que tu hás de dizer aos filhos de Israel. 7 Moisés pois tendo descido, fez ajuntar os anciãos, e expôs-lhes tudo o que o Senhor lhe tinha mandado que lhes dissesse. 8 E todo o povo respondeu a uma voz: Tudo o que o Senhor disse faremos.

Referiu Moisés ao Senhor as palavras do povo, 9 e o Senhor lhe disse: Brevemente virei a ti numa nuvem escura, para que o povo me ouça falar contigo, e te creia para sempre. Depois que Moisés referiu ao Senhor as palavras do povo, 10 ele lhe disse: Vai ter com o povo, e santifica-o hoje, e amanhã. Lavem os seus vestidos, 11 e estejam prontos para o terceiro dia: porque no terceiro dia descerá o Senhor à vista de todo o povo sobre o monte Sinai. 12 Tu designarás em roda limites ao povo, e lhe dirás: Guardai-vos, não subais ao monte, nem vos chegueis às suas faldas. Todo o que tocar o monte, morrerá. 13 Não o tocará mão de homem; mas ele será ou apedrejado, ou asseteado: quer ele seja besta, quer seja homem, não há de mais viver. Quando a trombeta começar a ouvir-se, então subirão ao monte. 14 Moisés tendo descido do monte, foi ter com o povo, e o santificou. E depois de todos terem lavado os seus vestidos, ele lhes disse: 15 Estai aparelhados para o terceiro dia, e não vos chegueis a vossas mulheres.

16 Chegado que foi o dia terceiro, quando já era muito dia, eis que se começam a ouvir trovões, e a ver-se fuzilar o ar: uma nuvem mui espessa cobre o monte: soa a trombeta com grande estrondo: e o povo, que estava no campo, todo fica passado de medo. 17 Então os fez Moisés abalar do campo para se irem encontrar com o Senhor, e eles ficaram ao sopé do monte. 18 Todo o monte Sinai estava cheio de fumo: porque tinha descido o Senhor a ele no meio dos fogos; e daí se elevava o fumo ao alto, como de uma fornalha; e todo o monte metia terror. 19 O som da trombeta também se ia aumentando pouco a pouco, e era já mais forte, e mais penetrante. Moisés falava a Deus, e Deus lhe respondia.

20 E o Senhor tendo descido sobre o monte Sinai, sobre o mesmo cume do monte, chamou a Moisés ao mais alto dele. E tanto que Moisés lá chegou, o Senhor lhe disse: 21 Desce, e adverte o povo, não suceda que pelo desejo de ver o Senhor passe ele dos limites, e pereça um grande número dele. 22 Os sacerdotes também, que se chegam ao Senhor, santifiquem-se, não suceda que ele os fira de morte. 23 Respondeu Moisés ao Senhor: O povo não poderá subir ao monte de Sinai, visto que tu mesmo me ordenaste expressissimamente, dizendo: Põe limites ao redor do monte, e santifica-o. 24 O Senhor lhe disse: Vai, desce: depois subirás tu, e Aarão contigo. Mas os sacerdotes, e o povo não passem dos limites, nem subam onde está o Senhor, não suceda que ele os mate. 25 Desceu pois Moisés até onde estava o povo, e contou-lhe tudo o que Deus lhe tinha dito.

Os Dez Mandamentos

20 Depois falou o Senhor nestes termos. 2 Eu sou o Senhor teu Deus, que te tirei do Egito, da casa da servidão. 3 Não terás deuses estrangeiros diante de mim. 4 Não farás para ti imagem de escultura, nem figura alguma de tudo o que há em cima no céu, e do que há em baixo na terra, nem de coisa, que haja nas águas debaixo da terra. 5 Não as adorarás, nem lhes darás culto: porque eu sou o senhor teu Deus, o Deus forte, e zeloso, que vinga a iniqüidade dos pais nos filhos até à terceira, e quarta geração daqueles, que me aborrecem; 6 e que faz misericórdia até mil gerações àqueles, que me amam, e que guardam os meus preceitos.

7 Não tomarás em vão o nome do Senhor teu Deus: porque o Senhor não terá por inocente aquele, que toma em vão o nome do Senhor seu Deus.

8 Lembra-te de santificar o dia de sábado. 9 Trabalharás seis dias, e farás neles tudo o que tens para fazer. 10 O sétimo dia porém é o dia do descanso consagrado ao Senhor teu Deus. Não farás nesse dia obra alguma, nem tu, nem teu filho, nem tua filha, nem o teu escravo, nem a tua escrava, nem a tua besta, nem o peregrino, que vive das tuas portas para dentro. 11 Porque o Senhor fez em seis dias o céu, e a terra, e tudo o que neles há, e descansou ao sétimo dia. Por isso o Senhor abençoou o dia sétimo, e o santificou.

12 Honrarás a teu pai, e tua mãe, para teres uma vida dilatada sobre a terra, que o Senhor teu Deus te há de dar.

13 Não matarás.

14 Não cometerás adultério.

15 Não furtarás.

16 Não dirás falso testemunho contra o teu próximo.

17 Não cobiçarás a casa de teu próximo:
não desejarás a sua mulher, nem o seu servo,
nem a sua serva, nem o seu boi, nem o seu
jumento, nem coisa alguma, que lhe pertencer.

O temor de Deus

18 Ora o povo ouvia os trovões, e o som
da trombeta, e via os relâmpagos, e o monte
coberto de fumo: e como estavam passados
de medo, e de pavor, deixaram-se estar de
longe. 19 E eles disseram a Moisés: Fala-nos
tu, que nós te ouviremos; e não nos fale o
Senhor, não suceda que morramos. 20 Respondeu Moisés ao povo: Não temais. Porque
o Senhor veio para vos provar, e para imprimir em vós o seu temor, a fim de vós não
pecardes. 21 O povo pois ficou longe, e Moisés se chegou à escuridade, em que Deus
estava.

V. CÓDIGO DA ALIANÇA

Lei acerca dos altares

22 Disse outrossim o Senhor a Moisés: Dirás mais aos filhos de Israel: Vós bem vistes que eu vos falei do céu. 23 Não fareis
para vós nem deuses de prata, nem deuses
de ouro.
24 Far-me-eis um altar de terra, e oferecereis em cima dele os vossos holocaustos, as
vossas hóstias pacíficas, as vossas ovelhas,
e os vossos bois em todos os lugares, onde
o meu nome for lembrado. Eu virei a ti, e
eu te abençoarei. 25 Se tu me edificares algum altar de pedra, não o edificarás de pedras cortadas: porque ele ficará poluto, se
vós empregardes na sua fábrica o cinzel. 26 Não
subirás por degraus ao meu altar, para que
se não revele a tua torpeza.

O direito dos escravos

21 Eis aqui as ordenações de justiça, que
tu proporás ao povo. 2 Se tu comprares
um escravo hebreu, ele te servirá seis anos,
e ao sétimo sairá forro de graça. 3 Ele se irá
de tua casa com o mesmo vestido, com que
tinha entrado nela. Se tiver mulher, também
a mulher sairá com ele. 4 Mas se o senhor
lhe deu mulher, e ele teve dela filhos, e filhas;
a mulher, e os filhos serão de seu senhor, e
ele escravo sairá com o seu vestido. 5 Se o
escravo disser: Eu tenho amor a meu senhor,
a minha mulher, e a meus filhos; não quero
sair a troco de ficar forro, 6 seu senhor o
fará comparecer diante dos deuses; e depois
tendo-o chegado à porta, e às umbreiras, lhe
furará a orelha com uma sovela, e ele ficará
seu escravo para sempre.
7 Se alguém vender sua filha para ser criada de servir, esta não sairá, como costumam
sair as escravas. 8 Se ela desagradar aos
olhos do amo, a quem fora entregue, ele a
porá em liberdade: mas uma vez que a não
quis ter consigo, não a poderá vender a algum
povo estrangeiro. 9 Se o amo a casou com
seu filho, tratá-la-á, como de ordinário se
tratam as filhas. 10 Mas se ele depois casou
seu filho com outra, dará à primeira o necessário para o seu casamento, e para o seu
vestido, e não lhe negará o prêmio da sua
virgindade. 11 Se ele não fizer estas três coisas, sairá a moça de graça, sem se lhe pedir
dinheiro algum.

Homicídios e lesões corporais

12 Todo o que matar de caso pensado um
homem, será também morto. 13 Mas se ele
o matou, sem lhe ter armado traição mas
porque Deus o fez cair entre as suas mãos,
eu vos apontarei um lugar onde ele se poderá
refugiar. 14 Todo o que matar um homem de
caso pensado, e depois de lhe ter armado traição, vós o arrancarei do meu altar, para que
morra. 15 Todo o que ferir a seu pai, ou a
sua mãe, morra.
16 Aquele que furtar um homem hebreu,
e o vender para escravo, convencido que for
deste crime, morra.
17 O que amaldiçoar a seu pai ou a sua
mãe, morra.
18 Se dois homens se travarem de razões,
e um ferir o outro com pedra, ou punhalada,
e o ferido não morrer, mas ficar precisado
a estar de cama; 19 se depois ele se levanta,
e anda por fora firmando-se no seu bordão:
aquele, que o feriu, será dado por inocente;
mas ficará obrigado a lhe pagar perdas e danos à medida do tempo que o ferido não pode
trabalhar, e a dar-lhe tudo o que ele despendeu com os médicos.
20 Se algum ferir o seu escravo, ou a sua
escrava com uma vara, e eles lhe morrerem
nas mãos, será tratado como culpável deste
crime. 21 Mas se eles sobreviverem um, ou
dois dias, não ficará sujeito à pena, porque
o seu escravo é preço do seu dinheiro.
22 Se dois homens brigarem um com outro, e um deles ferir uma mulher pejada, que

veio a parir a sua criança morta, ficando ela viva; será condenado a pagar quanto o marido da mulher quiser, e quanto ordenarem os árbitros. 23 Mas se a mãe morreu da ferida, dará vida por vida, 24 olho por olho, dente por dente, mão por mão, pé por pé, 25 queimadura por queimadura, ferida por ferida, nódoa negra por nódoa negra.

26 Se um ferir no olho ao seu escravo, ou a sua escrava, e os deixar gázeos, dar-lhes-á carta de alforria pelo olho, que lhes tirou. 27 Se lhes fez cair um dente, também os porá livres.

28 Se um touro ferir com as suas pontas um homem, ou uma mulher, e eles morrerem disso, apedrejar-se-á o touro, e não se lhe comerá a carne; mas o senhor do touro será inocente. 29 Se o touro é já de tempos avezado a marrar, e o dono, tendo sido disso advertido, não o mandou estar encurralado; se este animal matar um homem, ou uma mulher, o touro será apedrejado, e o dono matá-lo-ão. 30 Se se lhe permitir que rima a sua vida a preço de dinheiro, estará obrigado a dar por ela tudo o que se lhe pedir. 31 Se este touro ferir com as suas pontas um rapaz, ou uma rapariga, o dono estará sujeito à mesma pena. 32 Se ferir um escravo, ou uma escrava, o dono do touro pagará ao dono do escravo trinta siclos de prata, e o touro será apedrejado.

33 Se alguém abrir, ou cavar uma cisterna, sem lhe deixar o bocal tapado, e nela cair um boi, ou um jumento; 34 o dono desta cisterna pagará o valor destas bestas, e as bestas serão para ele.

35 Se o boi dum homem escornar o boi doutro, e este morrer da pontada, vender-se-á o boi vivo, e os dois donos repartirão entre si o preço; e também repartirão igualmente entre ambos o boi morto. 36 Se o dono do boi, que deu a marrada, sabia que ele de tempos era avezado a isso, e não o encurralou, dará boi por boi, e toda a carne do boi morto será sua.

Leis acerca da propriedade

22 Se alguém furtar um boi, ou uma ovelha, e os matar, ou vender, restituirá cinco bois por um boi, e quatro ovelhas por uma ovelha. 2 Se um ladrão for achado arrombando a porta duma casa, ou escavando a parede para entrar, e sendo ferido, morreu da ferida: aquele, que o feriu, não será culpado da sua morte. 3 Se ele matou o ladrão já de dia, cometeu homicídio, e será punido de morte. Se o ladrão não tiver por donde pague o furto, será vendido. 4 Se aquilo, que ele roubou, se acha ainda vivo em sua casa, quer seja boi, quer seja jumento, quer seja ovelha, restituirá o dobro.

5 Se algum homem danificou um campo, ou uma vinha, deixando lá entrar a sua besta a pastar o que não é seu, dará o melhor que houver no seu campo, ou na sua vinha, para satisfazer o prejuízo, segundo a avaliação, que se fizer dele. 6 Se o fogo prendendo em matérias secas, pegou nas medas de trigo, ou nos feixes que ainda estavam no campo: aquele, que acendeu o fogo, pagará, a perda, que ele causou.

7 Se alguém depositar algum dinheiro, ou puser em guarda qualquer móvel em casa de seu amigo, dado caso que o furtem ao depositário, e se ache o ladrão, pagará este o dobro: 8 Se se não acha o ladrão, será obrigado o dono da casa a apresentar-se aos deuses, e a jurar que ele não tomou o que era de seu próximo, 9 nem da sua parte houve fraude; ou a coisa fosse um boi, ou fosse um jumento, ou fosse uma ovelha, ou outra qualquer coisa, que se perdesse. Os deuses examinarão a causa dum e doutro: e se eles condenarem o depositário, este pagará o dobro ao senhor do depósito.

10 Se algum der a guardar a outro um jumento, ou boi, ou uma ovelha, ou outra qualquer coisa; e aquilo, que for posto em guarda, ou morre, ou se deteriora, ou é apanhado pelos inimigos, sem que ninguém o visse, 11 jurará o guarda diante dos juízes, que ele não tomou o que não era seu; e o dono estará por este juramento, sem que possa constranger o outro a lhe pagar a perda. 12 Se o que ele tinha em guarda foi furtado, satisfará do seu ao dono. 13 Mas se foi comido por alguma fera, levará ao proprietário o que ficar de resto, sem estar obrigado a dar-lhe mais nada.

14 Se um pedir a outro emprestada alguma destas coisas, e ela vier a padecer alguma lesão, ou a morrer em ausência do dono, será o tal obrigado a restitui-la. 15 Se o dono se achou presente ao desastre, não restituirá o outro a coisa, principalmente se a tinha alugado para pagar o uso, que fizesse dela.

Leis morais e religiosas

16 Se um enganar uma donzela, que ainda não está ajustada para casar, e a corromper, ele a dotará, e ele mesmo casará com ela. 17 Se o pai da donzela lha não quiser dar, dará o corruptor ao pai tanto em dinheiro, quanto é o que se costuma dar em dote a uma donzela.

18 Tu castigarás de morte aqueles, que usarem de sortilégios, e de encantamentos.

19 Aquele, que tiver cópula com uma besta, será castigado de morte.

20 Aquele que sacrificar a outros deuses, que não sejam o que só é o único e verdadeiro Senhor, será castigado de morte.

21 Não entristecerás, nem afligirás o estrangeiro: porque também vós fostes estrangeiros na terra do Egito. 22 Não farás mal algum à viúva, nem ao órfão. 23 Se vós os ofenderdes em qualquer coisa, eles gritarão por mim, e eu ouvirei os seus gritos, 24 e o meu furor se acenderá contra vós: eu vos farei morrer ao fio da espada, e as vossas mulheres ficarão viúvas, e os vossos filhos órfãos.

25 Se emprestares algum dinheiro aos do meu povo, que são pobres entre vós, não o apertes como exator inexorável, nem o oprimas com usuras. 26 Se o teu próximo te deu a sua capa em penhor, restitui-lhe antes do sol posto. 27 Porque ele não tem outra coisa, com que cubra o seu corpo nem com que se agazalhe, quando dorme. Se ele clamar a mim, eu o ouvirei, porque sou misericordioso.

28 Não falarás mal dos deuses, nem amaldiçoarás o príncipe do teu povo.

29 Não tardarás em pagar os dízimos, e as primícias dos teus bens: e tu me consagrarás o primogênito de teus filhos. 30 O mesmo farás dos teus bois, e das tuas ovelhas. Deixá-los-ás estar sete dias com suas mães, e ao dia oitavo oferecer-mos-ás.

31 Vós sereis uns homens santos, e particularmente consagrados ao meu serviço. Não comereis da carne, que as bestas tenham provado, mas deitá-la-eis aos cães.

23 Não receberás a palavra da mentira, nem darás a mão ao ímpio, para dizeres um falso testemunho a seu favor. 2 Não seguirás a multidão para fazeres o mal, nem em juízo te deixarás arrastar do sentimento do maior número, para te desviares da verdade. 3 Não terás também compaixão do pobre nos teus juízos.

4 Se encontrares o boi do teu inimigo, ou o seu jumento, que andem desgarrados, leva-lhos. 5 Se vires o jumento daquele, que te tem ódio, caído debaixo da carga, não passarás adiante; mas ajudá-lo-ás a levantá-lo.

6 Não te alongarás da justiça no juízo do pobre. 7 Fugirás à mentira. Não farás morrer o inocente, nem o justo: porque eu aborreço o ímpio. 8 Não aceitarás donativos, porque eles cegam os mesmos sábios, e corrompem os juízos dos que eram justos. 9 Não molestarás o peregrino: porque vós sabeis que coisa é ser peregrino; pois também vós o fostes na terra do Egito.

10 Semearás a tua terra seis anos, e recolherás neles os frutos, que ela der. 11 Mas no sétimo ano não a cultivarás; deixá-la-ás descansar, para que os pobres, que houver no teu povo, achem que comer, ficando o resto para as alimarias do campo. Isto mesmo praticarás tu com a tua vinha, e com o teu olival.

12 Trabalharás seis dias; e ao sétimo dia não trabalharás, para que assim descanse o teu boi, e o teu jumento; e para que o filho da tua escrava e o estrangeiro tenha algum refrigério. 13 Observai tudo o que vos tenho dito.

Não jurareis por nome de deuses estrangeiros, nem o nome deles se ouça de vossa boca.

Leis acerca das festas religiosas

14 Celebrar-me-eis festas três vezes em cada ano. 15 Guardarás a solenidade dos pães asmos. Comerás, como eu te mandei, pães asmos sete dias, no mês dos trigos novos, que foi o tempo, em que tu saiste do Egito. Não aparecerás em minha presença com as mãos vazias. 16 Celebrarás também a solenidade da ceifa, e das primícias do teu trabalho, das primícias de tudo o que tiveres semeado na terra: e a solenidade do fim de ano, quando tiveres recolhido todos os frutos dos teus campos. 17 Todos os teus machos virão apresentar-se três vezes no ano diante do Senhor teu Deus.

18 Não me oferecerás o sangue da minha vítima, enquanto na tua casa houver fermento; nem a gordura do que se me ofereceu na minha solenidade, ficará até amanhã. 19 Trarás à casa do Senhor teu Deus as primícias dos frutos da tua terra. Não cozerás o cabrito no leite de sua mãe.

Promessa de bênção

20 Eis aí enviarei eu meu anjo, que vá adiante de ti, e te guarde pelo caminho, e te introduza no lugar que eu te tenho preparado. 21 Respeita-o, e ouve a sua voz, e guarda-te não o desprezes: porque ele não te perdoará, quando pecares, e porque ele fala em meu nome. 22 Se tu ouvires a sua voz e fizeres tudo o que eu te digo, eu serei inimigo dos teus inimigos, e afligirei os que te afligem.

23 O meu anjo caminhará adiante de ti; e ele te introduzirá na terra dos amorreus, dos heteus, dos fereseus, dos cananeus, dos

heveus, e dos jebuseus, os quais eu destruirei. 24 Não adotarás os seus deuses, nem lhes darás culto algum. Não imitarás as suas obras, mas destruí-las-ás, e quebrarás as suas estátuas. 25 Servirás ao Senhor teu Deus, para que eu abençoe o pão, que comeres, e a água, que beberes, e para que eu lance fora do meio de ti todas as enfermidades. 26 Não haverá na tua terra mulher infecunda, e estéril: e eu encherei o número dos teus dias.

27 Eu farei ir adiante de ti o terror do meu nome: exterminarei todo o povo, em cujas terras entrares, e farei fugir da tua vista todos os teus inimigos. 28 Eu primeiro enviarei vespas, que porão em fugida os heveus, os cananeus, e os heteus, antes que tu entres. 29 Não os lançarei fora de diante da tua face dentro de um ano, para que não suceda ficar a terra reduzida à solidão, e multiplicarem-se os animais contra ti. 30 Lançá-los-ei fora pouco a pouco de diante de ti, até que tu cresças, e te faças senhor de todo o país. 31 Os limites, que te assinarei, serão desde o Mar Vermelho até o Mar dos Palestinos, e desde o deserto até ao rio. Eu vos entregarei nas mãos os habitantes desta terra, e os banirei da vossa vista. 32 Não farás aliança alguma com eles, nem com os seus deuses. 33 Eles não habitarão na tua terra, para que não suceda induzirem-te a me ofenderes, servindo aos seus deuses: o que certamente será para ti um tropeço.

Ratificação da Aliança

24 Disse também Deus a Moisés: Sobe ao Senhor, tu e Aarão, e Nadab, e Abiu, e setenta anciãos de Israel, e adorareis de longe. 2 Só Moisés subirá onde está o Senhor: os outros não se lhe chegarão, nem o povo subirá com ele.

3 Veio pois Moisés referir ao povo todas as palavras, e todas as ordenações do Senhor: e todo o povo respondeu a uma voz: Nós faremos tudo o que o Senhor disse. 4 Escreveu Moisés todas as ordenações do Senhor: e tendo-se levantado de manhã, erigiu um altar ao sopé do monte, e doze padrões, conforme era o número das doze tribos de Israel. 5 E tendo enviado alguns mancebos dentre os filhos de Israel, estes ofereceram seus holocaustos, e imolaram suas vítimas pacíficas, que foram touros. 6 Moisés tomou metade do sangue, e lançou-a numas taças: e derramou a outra sobre o altar. 7 Depois pegou no livro, onde estava escrito o concerto, e leu-o diante do povo, o qual, depois de o ter ouvido, disse: Tudo o que o Senhor disse faremos, e em tudo lhe seremos obedientes. 8 Então tomando o sangue, ele o derramou sobre o povo, e disse: Eis aqui o sangue do concerto, que o Senhor celebrou convosco, debaixo das condições, que eu vos propus.

Aparição divina a Moisés

9 Moisés, Aarão, Nadab, Abiu e os setenta anciãos de Israel, tendo subido, 10 viram o senhor de Israel, e debaixo dos seus pés uma obra feita de safira, que se parecia com o céu quando está sereno. 11 O Senhor não estendeu a sua mão para ferir estes príncipes dos filhos de Israel, que se tinham adiantado até ficarem longe do campo; e, depois de terem visto a Deus, comeram, e beberam.

12 E o Senhor disse a Moisés: Sobe ao alto do monte onde eu estou, e ficarás aí. Eu te darei umas tábuas de pedra, e a lei, e os mandamentos, que eu escrevi, para que instruas neles o povo. 13 Depois se levantou Moisés, e com ele Josué seu ministro; e subindo ao monte de Deus, disse Moisés aos anciãos: 14 Esperai-nos aqui até que nós venhamos, vós tendes convosco a Aarão, e a Hur: se sobrevier alguma dificuldade, dar-lhes-eis conta dela. 15 Tendo subido Moisés, cobriu a nuvem o monte; 16 e a glória do Senhor descansou sobre o Sinai, e cobriu-o de uma nuvem seis dias: e ao sétimo dia chamou Deus a Moisés do meio desta escuridade. 17 O que aparecia desta glória do Senhor era como um fogo ardente no mais alto do monte, que se deixava ver de todos os filhos de Israel. 18 E Moisés, atravessando a nuvem, subiu ao monte e ficou quarenta dias, e quarenta noites.

VI. PRESCRIÇÕES LITÚRGICAS

Contribuições para o santuário

25 Falou pois o Senhor a Moisés, e lhe disse: 2 Ordena aos filhos de Israel, que me ponham à parte os presentes, que me hão de fazer: Vós os recebereis de todos aqueles que mos oferecerem espontaneamente. 3 Eis aqui as coisas, que vós deveis receber: ouro, prata, bronze, 4 jacintos, púrpura, escarlata tinta duas vezes, linho fino, peles de cabra, 5 peles de carneiro tintas de vermelho, e outras roxas, e paus de cetim: 6 azeite para conservar as lâmpadas, aromas para confeccionar os óleos, e perfumes do mais suave cheiro: 7 pe-

dras cornalinas, e outras pedras preciosas
para se ornar o efod, e o racional.
8 Eles me farão um santuário, para que
eu habite no meio deles, 9 o qual santuário
será conforme exatíssima planta, que eu te
hei de mostrar do tabernáculo; como também
o será o modelo dos vasos, que nele hão de
servir. Eis aqui como vós fareis este santuário.

A arca da aliança

10 Fareis uma arca de pau de cetim, que
tenha dois côvados e meio de comprido, cô-
vado e meio de largo, e côvado e meio de alto.
11 Tu a dourarás de ouro puríssimo por den-
tro, e por fora, e pôr-lhe-ás em cima uma co-
roa de ouro, que apanhe tudo em roda. 12 Po-
rás quatro argolas de ouro nos quatro cantos
da arca, duas duma banda, e duas da outra.
13 Farás também uns varais de pau de cetim,
que cobrirás de ouro, 14 e os meterás nas
argolas, que estão aos lados da arca, para
ela ser levada por eles. 15 Estes varais estarão
sempre metidos nas argolas, e nunca se ti-
rarão delas. 16 Meterás na arca as tábuas da
lei, que te hei de dar.
17 Farás outrossim um propiciatório de fi-
níssimo ouro, que terá dois côvados e meio
de comprido, e côvado e meio de largo. 18 Po-
rás nas duas extremidades do oráculo dois
querubins de ouro batido: 19 Um querubim
duma parte, outro doutra. 20 Eles com as
suas asas estendidas cobrirão ambos os lados
do propiciatório, e o oráculo, e estarão olhan-
do um para o outro com os rostos virados
para o propiciatório que cobre a arca, 21 na
qual tu meterás as tábuas da lei, que eu te
hei de dar. 22 Daí é que eu te darei as minhas
ordens. Eu te falarei de cima do propiciatório,
do meio dos dois querubins, que estarão so-
bre a arca do testemunho, dizendo-te tudo
o que eu quiser que tu intimes aos filhos de
Israel.

A mesa dos pães

23 Farás também uma mesa de madeira
de cetim, que terá dois côvados de comprido,
um côvado de largo, e um côvado de alto.
24 Cobri-la-ás de ouro puríssimo, e guarnecê-
la-ás toda em roda de um friso de ouro.
25 Porás sobre esse friso uma coroa de qua-
tro dedos de alto, com seus ornatos de escul-
tura, e sobre esta outra pequena coroa de
ouro. 26 Farás também quatro argolas de
ouro, as quais porás nos quatro cantos da
mesr a mesa, uma em cada pé. 27 As argolas
de ouro estarão por baixo da coroa, para por
elas passarem os varais, quando se quiser levar
a mesa. 28 Farás também de pau de cetim
estes varais, sobre que se leve a mesa, e cobri-
lo-ás de ouro. 29 Farás outrossim de puríssi-
mo ouro pratos, copos, turíbulos e taças, em
que se hajam de lançar os licores, que se
oferecerem. 30 E porás sobre esta mesa os
pães da proposição, que estarão sempre ex-
postos na minha presença.

O candelabro

31 Farás também um candieiro de ouro
finíssimo, batido ao martelo, com seu tronco,
suas hastes, e seus ornatos em forma de co-
pos, seus pomos, e suas açucenas, que sairão
dele. 32 Sairão dos lados do tronco seis hastes,
três duma parte, três da outra. 33 Uma haste
terá três copos do feitio de nozes, cada um
com seu pomo, e sua açucena: outra haste
terá da mesma sorte três copos do feitio de
nozes, cada um com seu pomo, e sua açucena;
e todas as seis hastes, que sairão do tronco,
serão da mesma sorte. 34 Mas o tronco do
candieiro terá quatro copos do feitio de nozes,
acompanhados cada um de seu pomo, e de
sua açucena. 35 Afora isto, haverá três pomos
em três lugares do tronco, e de cada pomo
sairão duas hastes, que farão ao todo seis
hastes, nascendo dum mesmo tronco. 36 Do
candieiro pois sairão estes pomos, e estas
hastes, tudo de puríssimo ouro, batido ao
martelo. 37 Farás outrossim sete lâmpadas,
que porás em cima do candieiro, para escla-
recerem o que estiver defronte. 38 Farás tam-
bém seus espevitadores, e suas caldeirinhas,
onde se apague o murrão, que se tiver tirado
das lâmpadas, tudo de puríssimo ouro. 39 O
candieiro com todas as suas peças terá de
peso um talento de ouro puríssimo. 40 Toma
bem sentido, e faze tudo conforme o modelo,
que te foi mostrado no monte.

O tabernáculo e sua tenda

26 O tabernáculo fá-los-ás assim. Haverá
dez cortinas de linho fino retorcido, de
cor de jacinto, de púrpura, e de escarlata
tingida duas vezes: e elas serão brincadas de
vários bordados. 2 Cada cortina terá vinte e
oito côvados de comprido, e quatro de largo.
Todas as cortinas terão uma mesma medida.
3 Cinco cortinas estarão juntadas a uma ban-
da, e outras cinco à outra. 4 Porás nas ourelas
das cortinas dum, e doutro lado uns cordões
de jacinto, para que elas se possam chegar
umas às outras. 5 Cada cortina terá cinqüenta
cordões de cada lado, postos de tal sorte, que
quando as cortinas se houverem de chegar,
respondam os cordões duma aos da outra, e
elas possam prender umas nas outras. 6 Farás

também cinqüenta argolas de ouro, que sirvam para ajuntar entre si os dois véus, compostos cada um de cinco cortinas, para que assim pareça ser um só véu o que cobre o tabernáculo.

7 Farás outrossim onze cobertas de peles de cabra para cobrirem o teto do tabernáculo. 8 Cada uma destas cobertas terá trinta côvados de comprido, e quatro de largo, e serão todas duma mesma medida. 9 Destas cobertas porás cinco juntas a uma banda e seis juntas à outra, de sorte que dobres a sexta no frontespício do tabernáculo. 10 Porás também cinqüenta cordões na ourela duma destas cobertas, para que ela se possa ajuntar com a outra; e cinqüenta cordões na ourela da outra coberta, para esta prender com aquela. 11 Farás também cinqüenta fivelas de metal, pelas quais passem os cordões, a fim de que todas estas cobertas pareçam uma só coberta. 12 E porque destas cobertas, destinadas a cobrir o teto, haverá uma de mais; tu empregarás metade dela em cobrir as costas do tabernáculo. 13 E como estas cobertas, por serem mais compridas do que as cortinas, descerão mais abaixo um côvado de cada parte; isto, que nelas pende de mais servirá de cobrir os dois lados do tabernáculo. 14 Farás também uma terceira coberta para o teto, que será de peles de carneiro tintas de vermelho; e outra quarta coberta de peles tintas de roxo.

As tábuas para o tabernáculo

15 Farás outrossim umas tábuas de pau de cetim, que estarão levantadas ao redor do tabernáculo. 16 Cada uma delas terá dez côvados de alto e côvado e meio de largo. 17 Cada uma terá duma, e outra parte seus encaixes, por onde uma se meta na outra; e todas as tábuas estarão dispostas desta mesma maneira. 18 Vinte estarão do lado meridional, que olha para o Austro. 19 Farás fundir quarenta bases de prata, para que cada tábua assente sobre duas bases, que lhe sustentem os dois ângulos. 20 Estarão também outras vinte tábuas ao outro lado do tabernáculo, que olha para o aquilão, 21 as quais assentarão sobre outras quarenta bases de prata, tendo cada tábua duas bases, que a sustentem. 22 Mas para o lado ocidental do tabernáculo farás seis tábuas, 23 e além destas mais duas, que se levantarão nos ângulos das costas do tabernáculo. 24 Estas tábuas estarão todas encaixadas umas nas outras. E da mesma maneira estarão elas unidas às duas tábuas, que estiverem nos ângulos. 25 Serão pois ao todo oito estas tábuas, que terão dezesseis bases de prata, dando-se duas a cada tábua. 26 Farás também uns barrotes de pau de cetim: cinco para conterem as tábuas a um lado do tabernáculo, 27 e outros cinco para o outro lado, e outros cinco para o lado ocidental. 28 Estes barrotes estarão atravessados pelo meio das tábuas duma parte à outra. 29 Chapearás de ouro estas tábuas, e por-lhes-ás umas argolas de ouro, pelas quais passem os barrotes, que hão de segurar o madeiramento; e estes barrotes serão também chapeados de ouro. 30 Deste modo levantarás tu o tabernáculo. Conforme o modelo que te foi mostrado no monte.

Cortina e tapete

31 Farás também um véu de cor de jacinto, de púrpura, e de escarlata tingida duas vezes, e de linho fino retorcido, que tenha que ver pela agradável variedade dos bordados. 32 Suspende-lo-ás de quatro colunas de pau de cetim, que serão douradas, e terão os capitéis de ouro, e as bases de prata. 33 Este véu estará preso às colunas por umas argolas. Dentro do véu porás a arca do testemunho; e este véu separará o Santuário do Santo dos Santos. 34 Porás também o propiciatório sobre a arca do testemunho no Santo dos Santos.

35 Mas a mesa pô-las-ás de fora do véu, e defronte da mesa o candieiro, ao lado do tabernáculo, que olha para o meio-dia: porque a mesa deve ser posta no lado setentrional. 36 Farás também um véu para a entrada do tabernáculo, que será de jacinto, de púrpura, de escarlata tingida duas vezes, e de linho fino retorcido, sobre o qual porás alguma obra de bordadura. 37 Este véu estará suspenso de cinco colunas de pau de cetim douradas, cujos capitéis serão de ouro, e as bases de metal.

O altar dos holocaustos

27 Farás também um altar de pau de cetim, que terá cinco côvados de comprido, e outros tantos de largo, isto é, que será quadrado, e terá três côvados de alto. 2 Das quatro hastes do altar levantar-se-ão quatro hastes, e tu o cobrirás de bronze. 3 Farás para o uso do altar umas caldeiras, que servirão para se receberem as cinzas: farás tenazes, forquilhas, e braseiros: todas as quais coisas serão de metal. 4 Farás também uma grelha de metal em forma de rede, em cujos quatro cantos haverá quatro argolas de metal, 5 as quais tu porás debaixo do fogão do altar; e a grelha descerá até o meio da sua altura.

6 Farás outrossim para o altar dois varais de pau de cetim, os quais chapearás de metal, 7 e fá-los-ás passar pelas argolas duma, e outra banda do altar, para servirem a levá-lo. 8 Não farás o altar maciço, mas oco, e côncavo por dentro, segundo o modelo que te foi mostrado no monte.

O átrio do tabernáculo

9 Farás também o átrio do tabernáculo. Ele terá da banda do meio-dia umas cortinas de linho fino retorcido, este lado terá cem côvados de comprido. 10 Porás nele vinte colunas com outras tantas bases de metal: os capitéis, e ornatos das colunas serão de prata. 11 Da mesma sorte haverá no lado do aquilão cortinas de cem côvados de comprido, e vinte colunas cada uma com suas bases de metal, seus capitéis, e seus ornatos de prata. 12 A largura do átrio, que olha para o poente, terá cinqüenta côvados, ao longo da qual porás umas cortinas, e dez colunas com outras tantas bases. 13 A largura do átrio, que olha para o nascente, terá também cinqüenta côvados. 14 Aqui a um lado porás cortinas pelo espaço de quinze côvados, e três colunas com outras tantas bases. 15 Ao outro lado porás cortinas pelo mesmo espaço de quinze côvados, três colunas, e outras tantas bases.

16 À entrada do átrio pelo espaço de vinte côvados, porás cortinas de jacinto, de púrpura de escarlata tingida duas vezes, e de linho fino retorcido, que serão brincadas de vários bordados. Esta entrada terá quatro colunas com outras tantas bases.

17 Todas as colunas postas à roda do átrio serão forradas de lâminas de prata. Terão capitéis de prata, e bases de metal. 18 O átrio terá cem côvados de comprido, cinqüenta de largo, e cinco de alto. As suas cortinas far-se-ão de linho fino retorcido, e as bases serão de metal. 19 Todos os vasos, que houverem de servir para qualquer uso, e para qualquer cerimônia do tabernáculo, como também todas as estacas, que se empregarem, tanto no tabernáculo, como no átrio, serão de metal.

Azeite para as lâmpadas

20 Ordena aos filhos de Israel, que te tragam do mais puro azeite de oliveira, espremido no gral, para que as lâmpadas luzam sempre 21 no tabernáculo do testemunho fora do véu, que está suspenso diante da arca. Aarão, e seus filhos porão as lâmpadas, para que elas luzam até pela manhã diante do Senhor. Este culto se continuará sempre, e passará de geração em geração entre os filhos de Israel.

Vestes pontificais

28 Faze também que se cheguem a ti Aarão, teu irmão, com seus filhos, separados do meio dos filhos de Israel, para que eles exercitem diante de mim as funções do sacerdócio: Aarão, Nadab, Abiu, Eleazar, e Itamar. 2 Farás um vestido santo, e sagrado a Aarão, teu irmão, para glória e ornamento. 3 Falarás a todos os que têm o coração cheio de sabedoria, aos quais eu dei um espírito de inteligências, para que façam um vestido a Aarão, e para que ele sendo santificado me sirva no seu ministério. 4 Eis aqui os vestidos que eles hão de fazer. O racional, o efod, a túnica, a camisa de linho, que será mais estreita, a mitra, e o cíngulo. Estes são os vestidos santos, que eles devem fazer a Aarão, teu irmão, e a seus filhos, para exercitarem diante de mim as funções do sacerdócio. 5 Nisto empregarão eles o ouro, o jacinto a púrpura, a escarlata tinta duas vezes, e o linho fino.

6 Farão o efod de ouro, de jacinto, de púrpura, de escarlata tinta duas vezes, de linho fino retorcido, cuja obra será tecida da mistura destas cores. 7 O efod em cima terá duas aberturas nos ombros, que correspondam uma à outra: e estas aberturas estendendo-se para ele se por, se tornarão a juntar depois de posto. 8 Toda a obra será com agradável variedade tecida de ouro, de jacinto, de púrpura, de escarlata tinta duas vezes, e de linho fino retorcido.

9 Tomarás também duas ágatas, onde gravarás os nomes dos filhos de Israel. 10 Uma pedra terá seis nomes, outra outros seis, segundo a ordem do seu nascimento. 11 Nisto empregarás tu a arte do escultor, e do lapidário: porque hás de gravar nas duas pedras os nomes dos filhos de Israel depois de os teres engastado em ouro. 12 Po-la-ás no efod de uma, e outra parte, para servirem de monumento aos filhos de Israel. Aarão trará os seus nomes diante do Senhor, gravados nas duas pedras sobre os ombros para lembrança. 13 Farás também uns ganchos de ouro, 14 e duas pequenas cadeias de ouro o mais puro, cujos fuzis estejam enlaçados uns aos outros, e prendê-las-ás a estes ganchos.

15 Farás outrossim o racional do juízo, que será como o efod tecido de ouro, de jacinto, de púrpura, de escarlata tinta duas vezes, e de linho fino retorcido. 16 Ele será quadrado e dobrado: terá um palmo tanto de comprido, como de largo. 17 Porás nele qua-

tro ordens de pedras preciosas. Na primeira haverá o sardônio, o topázio, a esmeralda: 18 na segunda o carbúnculo, a safira, e o jaspe: 19 na terceira o ligúrio, a ágata, e a ametista: 20 na quarta a crisólita, a cornalina, e o berilo, encastoadas em ouro, conforme a sua ordem. 21 Porás nelas os nomes dos filhos de Israel: os seus nomes serão nelas gravados, cada um em sua pedra, conforme a ordem das doze tribos.

22 Farás para o racional duas pequenas cadeias de ouro o mais puro, cujos fuzis estejam enlaçados uns nos outros: 23 e duas argolinhas de ouro, que tu porás no alto do racional a um e outro lado. 24 Enfiarás as duas cadeias pelas duas argolinhas. que estarão em cima nas duas extremidades do racional; 25 e prenderás as extremidades das duas cadeias aos dois ganchos de ouro, que estarão nos dois lados do efod, que corresponde ao racional. 26 Farás outras duas argolinhas de ouro, que porás nos dois bordos inferiores do racional, nas ourelas, que correspondem ao efod pela parte detrás. 27 Farás mais outras duas argolinhas do efod, que correspondem às duas argolinhas de ouro em baixo no racional, para que assim possa o racional prender-se ao efod, 28 por meio duma fita de cor de jacinto, que passará pelas argolinhas do efod, e pelas argolinhas do racional; para que eles fiquem bem ao próprio atados um no outro, e para que o efod e o racional se não possam separar.

29 Aarão trará os nomes dos filhos de Israel no racional do juízo, que ele terá sobre o peito, quando entrar no santuário, para servir dum eterno monumento diante do Senhor. 30 Gravarás no racional do juízo estas duas palavras: *Doutrina e Verdade,* as quais estarão sobre o peito de Aarão, quando ele entrar à presença do Senhor; e ele trará sempre sobre o seu peito o juízo dos filhos de Israel diante do Senhor.

31 Farás também a túnica do efod, que será toda de cor de jacinto. 32 Em cima no meio dela haverá uma abertura, e ao redor desta abertura um ponteado, como o que se costuma fazer nas extremidades dos vestidos para se não romperem. 33 Por baixo ao redor da mesma túnica porás tu umas como pequenas romãs feitas de jacinto, de púrpura, e de escarlata tinta duas vezes; e pelo meio delas entressachadas umas campainhas. 34 de sorte, que esteja uma campainha de ouro, e uma granada; outra campainha de ouro, e outra granada. 35 Desta túnica estará vestido Aarão, quando fizer as funções do seu ministério, para que se ouça o som destas campainhas, quando ele entrar no santuário à presença do Senhor, ou quando dele sair, para que não morra.

36 Farás também uma lâmina do mais puro ouro, na qual, farás gravar por algum bom artífice estas palavras: *Santidade ao Senhor.* 37 E atá-la-ás à mitra com uma fita de cor de jacinto sobre a testa do pontífice. 38 E Aarão trará sobre si todas as iniqüidades, que os filhos de Israel cometerem em todos os donativos, e em todos os presentes, que oferecerem, e consagrarem ao Senhor. Ele trará sempre esta lâmina por diante da testa, para que o Senhor lhes seja propício.

39 Farás outrossim uma camisa de linho fino, e uma mitra do mesmo linho, e um cíngulo todo bordado.

Outros hábitos sacerdotais

40 Farás também camisas de linho para os filhos de Aarão, cíngulos, e mitras para glória e ornamento. 41 De todos estes paramentos vestirás tu a Aarão, teu irmão, e a seus filhos com ele. A todos sagrarás as mãos, e a todos santificarás, para que eles exerçam as funções do meu sacerdócio. 42 Far-lhe-ás também calções de linho para cobrirem as suas partes, desde os rins até as coxas. 43 Aarão, e seus filhos usarão deles, quando entrarem no tabernáculo do testemunho, ou quando se chegarem ao altar para servirem no santuário; para que não suceda fazerem-se culpáveis de iniqüidade, e morrerem. Esta ordenação será estável, e perpétua para Aarão, e para a sua posteridade depois dele.

Consagração dos sacerdotes

29 Eis aqui o que tu deves fazer, para me sagrares em sacerdotes a Aarão, e seus filhos. Toma do rebanho um novilho, e dois carneiros, que não sejam malhados: 2 uns pães asmos; uns bolos também asmos borrifados de azeite; umas tortas da mesma sorte asmas, sobre que se tenha deitado algum azeite: todas as quais coisas tu farás da mais pura farinha. 3 E depois de as teres posto num cesto, oferecer-mas-ás, e trar-me-ás também o novilho, e os dois carneiros. 4 Ao mesmo tempo farás chegar Aarão, e seus filhos à entrada do tabernáculo do testemunho. E depois que tiveres lavado com água o pai, e os filhos, 5 vestirás Aarão dos seus vestidos, isto é, da camisa, da túnica, do efod, do racional, que tu atarás com o cíngulo. 6 E por-lhe-ás a mitra na cabeça, e sobre a mitra a lâmina santa. 7 Depois derramarás sobre a sua cabeça o óleo da sagração: e com este rito

ficará ele sagrado. 8 Farás também chegar seus filhos: vestir-lhes-ás as suas túnicas de linho, e cingilo-ás com os seus cíngulos. 9 Isto é o que tu deves fazer a Aarão, e a seus filhos. Por-lhes-ás as mitras nas cabeças, e eles ficarão sendo meus sacerdotes, para me darem um culto perpétuo.

Depois que lhes tiveres sagrado as mãos, 10 trarás o novilho à entrada do tabernáculo do testemunho: e Aarão e seus filhos porão as suas mãos sobre a cabeça deles, 11 e tu o sacrificarás diante do Senhor, à entrada do tabernáculo do testemunho. 12 Tomarás do sangue do novilho, e com o teu dedo o porás sobre os cornos do altar, e o resto do sangue derramá-lo-ás ao pé do mesmo altar. 13 Tomarás também toda a gordura, que cobre os intestinos; o redenho do fígado, e os dois rins, e a gordura que os cobre: oferecer-me-ás tudo, queimando-o sobre o altar. 14 Mas a carne do novilho, o seu couro, e sua bosta queimá-la-ás fora do âmbito do campo, por ser esta uma hóstia pelo pecado.

15 Tomarás também um dos carneiros, e Aarão, e seus filhos lhe porão as mãos sobre a cabeça. 16 E depois que o tiveres imolado, tomarás do seu sangue, e derramá-lo-ás em torno do altar. 17 Depois farás o carneiro em pedaços: e lavados os intestinos, e os pés, pô-los-ás sobre estes pedaços cortados da sua carne, e sobre a sua cabeça, 18 e oferecerás o carneiro, queimando-o todo sobre o altar: porque esta é a oblação do Senhor, e uma hóstia para ele de suavíssimo cheiro.

19 Tomarás também o outro carneiro, sobre cuja cabeça porão as suas mãos Aarão, e seus filhos. 20 E depois de o teres imolado, tomarás do seu sangue, e pô-lo-ás na extremidade da orelha de Aarão, e as seus filhos, e sobre os dedos polegares das suas mãos, e dos seus pés direitos; e o resto do sangue derramá-lo-ás ao redor do altar. 21 Tomarás outrossim do sangue, que está sobre o altar, e do óleo da sagração: e com eles farás aspersão sobre Aarão, e sobre os seus vestidos, sobre seus filhos, e sobre os vestidos destes: e depois de os teres sagrado a eles, e aos seus vestidos, 22 tomarás a gordura do carneiro, a sua cauda, a gordura que cobre as entranhas, o redenho do fígado, os dois rins, e a gordura, que está por cima, e a espádua direita: porque este é o carneiro da sagração. 23 Tomarás outrossim parte de um pão, um dos bolos borrifados de azeite, uma torta do cesto dos asmos, que tenha estado exposta diante do Senhor. 24 E porás todas estas coisas nas mãos a Aarão, e de seus filhos, e santificá-los-ás, elevando estas ofertas diante do Senhor. 25 Depois tornarás a tomar das suas mãos todas estas coisas, e queimá-las-ás sobre o altar em holocausto, para elas espalharem um sauvíssimo cheiro diante do Senhor, porque esta é a sua oblação. 26 Tomarás também o peito do carneiro que tiver servido para a sagração de Aarão, e santificá-lo-ás, elevando-o diante do Senhor, e esta parte do sacrifício ficará para ti.

27 Santificarás também o peito, que foi sagrado e a espádua, que tu separaste do carneiro, 28 com a qual Aarão e seus filhos foram sagrados: e estas são as partes, que ficarão reservadas para Aarão, e seus filhos, das oblações dos filhos de Israel por um direito perpétuo: porque estas são como as primícias, e as primeiras partes das vítimas pacíficas, que eles oferecem ao Senhor.

29 Os filhos de Aarão depois da morte deste trarão as vestimentas, que lhe tiverem servido; para que revestidos delas, recebam a unção santa, e as suas mãos fiquem sagradas. 30 Aquele dentre seus filhos que for constituído pontífice em seu lugar, e entrar no tabernáculo do testemunho, para exercer as suas funções no santuário, trará estas vestimentas sete dias.

31 Tomarás outrossim o carneiro, que foi oferecido para a sagração do pontífice, e farás cozer a sua carne no santo lugar; 32 da qual carne comerá Aarão e seus filhos. Comerão também à entrada do tabernáculo do testemunho os pães, que estiveram postos no cesto, 33 para que este seja um sacrifício, que lhes torne favorável a Deus, e para que as mãos dos que lho oferecem fiquem santificadas. O estrangeiro não comerá destes pães, porque são santos. 34 Se remanescer alguma coisa desta carne consagrada, ou destes pães até pela manhã, queimarás no fogo todas estas sobras: elas se não comerão, porque estão santificadas. 35 Terás cuidado de fazeres tudo isto, que te mando, tocante a Aarão, e seus filhos.

Sagrarás as suas mãos sete dias: 36 e oferecerás cada dia um novilho pela expiação do pecado. Depois que tu tiveres imolado a hóstia da expiação purificarás o altar, e farás nele as unções santas. 37 Purificarás, e santificarás o altar sete dias, e ele será santíssimo. Todo o que o tocar, será santificado.

Os sacrifícios quotidianos

38 Eis aqui o que tu farás sobre o altar. Sacrificarás cada dia sem falta dois cordeiros dum ano: 39 um de manhã, outro de tarde. 40 Oferecerás com o primeiro cordeiro a dé-

cima parte dum efi da mais pura farinha de trigo, misturada com a quarta parte dum hin de azeite de azeitonas pisadas, e com outro tanto de vinho para libações. 41 Oferecerás de tarde o segundo cordeiro, como um sacrifício de cheiro suavíssimo, da mesma maneira que nós dissemos que se devia fazer a oblação da manhã. 42 Este é o sacrifício, que com um culto continuado de geração em geração, se deve oferecer ao Senhor à entrada do tabernáculo do testemunho diante do Senhor, que é onde eu tenho resolvido falar-te.

43 Dali darei eu as minhas ordens aos filhos de Israel, e o altar será santificado com a minha glória. 44 Eu santificarei também o tabernáculo do testemunho com o altar, e Aarão com os seus filhos, para que eles exercitem as funções do meu sacerdócio. 45 Eu habitarei no meio dos filhos de Israel, e serei, o seu Deus. 46 E eles saberão, que eu sou o Senhor seu Deus, que os tirei da terra do Egito, para ficar entre eles, eu, que sou o Senhor seu Deus.

Altar dos perfumes

30 Farás também um altar de pau de cetim para queimar os perfumes. 2 Ele terá um côvado de comprido, e outro de largo para ser quadrado. Terá dois côvados de alto, e dos seus ângulos sairão umas pontas. 3 Cobrirás de finíssimo ouro a mesa deste altar, e os quatro lados com os seus cornos. E farás uma coroa de ouro, que o apanhe todo em roda, 4 e duas argolas de ouro de cada banda debaixo da coroa, para se meterem por elas os varais, que hão de servir para o levarem. 5 Farás também estes varais de pau de cetim, e cobri-los-ás de ouro. 6 Porás este altar defronte do véu, que pende diante da arca do testemunho, e diante do propiciatório, que cobre a arca do testemunho, onde eu te falarei.

7 E Aarão queimará sobre ele um incenso de suave cheiro. Ele o queimará de manhã, quando preparar as lâmpadas. 8 E quando ele as acender de tarde, tornará a queimar do incenso diante do Senhor: o que se observará continuamente entre vós pelo decurso de todas as idades. 9 Não oferecereis sobre este altar perfume doutra composição; nem poreis nele oblação alguma, nem vítima; nem fareis nele algum sacrifício de libações. 10 Aarão deprecará uma vez no ano sobre os cornos deste altar, pondo neles do sangue da vítima, que tiver sido oferecida pelo pecado: e esta expiação continuará sempre a fazer-se entre vós de geração em geração. Isto será para o Senhor uma coisa santíssima.

Imposto para o culto

11 Falou também o Senhor a Moisés, e lhe disse: 12 Quando tu fizeres o arrolamento dos filhos de Israel, cada um dará um tanto ao Senhor em preço da sua alma; e eles não serão feridos de praga alguma, depois que este arrolamento se tiver feito. 13 Todos os que se compreenderem neste arrolamento, darão meio siclo, segundo a medida do Templo. O siclo tem vinte óbolos. Oferecer-se-á pois ao Senhor meio siclo. 14 O que entrar neste arrolamento, isto é, o que tiver vinte anos, daí para cima, dará este preço. 15 O rico não dará mais de meio siclo, e o pobre não dará menos. 16 E depois que tiveres recebido o dinheiro que os filhos de Israel terão dado, empregá-lo-ás nos usos do tabernáculo do testemunho para que isto seja um monumento diante do Senhor, e sirva para expiação das suas almas.

A bacia de bronze

17 Falou mais o Senhor a Moisés, e lhe disse: 18 Farás outrossim uma bacia de metal, e de lavar, com sua base, e pô-la-ás entre o tabernáculo do testemunho, e o altar. 19 E lançada água, Aarão, e seus filhos lavarão nela as suas mãos, e os seus pés, 20 quando estiverem para entrar no tabernáculo do testemunho, ou quando se deverem chegar ao altar a oferecer perfumes ao Senhor, para que não suceda serem punidos de morte. 21 Esta ordenação será eterna para Aarão, e para todos os da sua posteridade, que lhe houverem de suceder.

O óleo da unção e o perfume aromático

22 Falou mais o Senhor a Moisés, e lhe disse: 23 Toma de aromas quinhentos siclos de mirra da primeira, e da mais excelente; de cinamomo metade desta quantidade, isto é, duzentos e cinqüenta siclos, de cana aromática outros duzentos e cinqüenta siclos. 24 De cássia quinhentos siclos do peso do santuário; e de azeite de oliveiras a medada dum hin. 25 De todas estas espécies farás um óleo santo para as unções, uma composição odorífera, feita segundo a arte dos que nisto trabalham. 26 Com isto ungirás o tabernáculo do testemunho; a arca do testamento; 27 a mesa com os seus vasos; o candieiro, e tudo o que nele serve; o altar dos perfumes, 28 e o dos holocaustos, e tudo o que é necessário para o serviço, e culto, que neles se faz. 29 Tu santificarás todas estas coisas, e elas ficarão san-

tas, e sagradas. Aquele, que as tocar, será santificado. 30 Com o mesmo ungirás a Aarão, e a seus filhos, e os santificarás para exercitarem as funções do meu sacerdócio. 31 Dirás outrossim aos filhos de Israel: Este óleo para as unções ser-me-á consagrado entre vós, e entre os que de vós nascerem. 32 Não se ungirá com ele a carne do homem, nem vós fareі outro da mesma composição; porque este é santificado, e vós o devereis considerar como santo. 33 Todo o que fizer algum semelhante, e o der a algum estrangeiro, será exterminado do meio do seu povo.

34 Disse mais o Senhor a Moisés: Toma dos aromas, isto é, de estoraque, de ônix, de galbano bem cheiroso, e de incenso o mais luzido, tudo em igual peso. 35 Farás uma caçoula, composta de todas estas drogas, segundo a arte dos que nisto trabalham. Misturá-las-ás com tal cuidado, que elas saiam puríssimas, e digníssimas de se me oferecerem. 36 Depois de tudo muito bem pisado, e moído, até se reduzir a um pó finíssimo, pô-lo-ás diante do tabernáculo do testemunho, que é o lugar onde eu te aparecerei. Esta caçoula ficará sendo para vós uma coisa sagrada, e inviolável. 37 Não fareis outra composição semelhante para vosso uso, porque é consagrada ao Senhor. 38 O homem, qualquer que ele seja, que tal composição fizer para se regalar com o seu cheiro, perecerá do meio do seu povo.

Escolha dos artífices

31 Falou mais o Senhor a Moisés, e lhe disse: 2 Eu chamei nomeadamente a Beseleel filho de Uri, filho de Hur da tribo de Judá, 3 e eu o enchi do espírito de Deus, eu o enchi de sabedoria, de inteligência, e de ciência para toda a casta de obras, 4 para inventar tudo o que a arte pode fazer de ouro, de prata, de bronze, 5 de mármores, de pedras preciosas, e de toda a diversidade de paus. 6 Eu lhe dei por companheiro Ooliab, filho de Aquisamec da tribo de Dan. E eu pus a sabedoria no coração de todos os artífices hábeis, para fazerem tudo o que te tenho ordenado que se faça. 7 O tabernáculo da aliança, a arca do testemunho, o propiciatório, que está por cima dela, e tudo o que deve servir no tabernáculo: 8 a mesa com os seus vasos, o candieiro puríssimo com os seus vasos, o altar dos perfumes, 9 e o altar dos holocaustos com todos os seus vasos, e a bacia com a sua base: 10 as santas vestimentas destinadas para o ministério do sacerdote Aarão, e de seus filhos, para que eles exerçam as funções do seu ofício revestidos de ornamentos sagrados: 11 o óleo da unção, e o perfume aromático, que deve servir no santuário. Numa palavra, eles farão tudo o que eu te mandei que se fizesse.

Observância do sábado

12 Falou mais o Senhor a Moisés, e lhe disse: 13 Fala aos filhos de Israel, e dize-lhes: Tende grande cuidado de observar o meu sábado, porque este é o sinal que eu estabeleci entre mim, e vós, e que deve passar depois de vós a vossos filhos; para que vós saibais que eu é que sou o Senhor, que vos santifico. 14 Guardai o meu sábado, porque ele deve ser santo para vós. Aquele que o violar, será castigado com a morte. Se algum trabalhar neste dia, perecerá do meio do seu povo. 15 Vós trabalhareis seis dias; mas o dia sétimo é o sábado e o descanso consagrado ao Senhor. Todo o que trabalhar neste dia morrerá. 16 Os filhos de Israel guardem o sábado e celebrem-no de idade em idade. Este é um pacto sempiterno 17 entre mim, e os filhos de Israel, e um sinal, que durará sempre. Porque o Senhor fez em seis dias o céu, a terra, e no dia sétimo cessou de obrar.

18 Tendo o Senhor acabado de falar desta sorte no monte Sinai, deu a Moisés as duas tábuas do testemunho feitas de pedra, e escritas pelo dedo de Deus.

VII. RUPTURA E RENOVAÇÃO DA ALIANÇA

O bezerro de ouro

32 Mas o povo, vendo que Moisés não acabava de descer do monte, se ajuntou contra Aarão, e lhe disse: Vem fazer-nos deuses, que vão adiante de nós: porque pelo que toca a Moisés, a este homem, que nos tirou do Egito, não sabemos o que lhe aconteceu. 2 Aarão lhes disse: Tirai as arrecadas de ouro, que vossas mulheres, filhos, e filhas trazem nas orelhas, e trazei-mas. 3 Fêz o povo o que Aarão lhe mandara, e trouxe-lhe as arrecadas. 4 Aarão depois que as recebeu, fundiu-as, e formou delas um bezerro. Então disseram os israelitas: Eis aqui, ó Israel, os teus deuses, que te tiraram do Egito. 5 O que tendo visto Aarão, erigiu um altar diante do bezerro, e à voz do pregoeiro clamou: Amanhã é a sole-

nidade do Senhor. 6 E eles, tendo-se levantado pela manhã, ofereceram holocaustos, e hóstias pacíficas. Todo o povo se assentou a comer e beber, e depois se levantaram a brincar.

7 Então falou o Senhor a Moisés, e lhe disse: Vai, desce: porque o teu povo, que tu tiraste do Egito, pecou. 8 Eles se apartaram bem depressa do caminho que tu lhes havias mostrado. Fizeram para si um bezerro fundido, adoraram-no, e imolando-lhe vítimas, disseram: Estes são, ó Israel, os teus Deuses, que te tiraram do Egito. 9 Ainda disse mais o Senhor a Moisés: Eu vejo que este povo é de cerviz dura. 10 Deixa, que o furor da minha indignação se acenda contra eles, e que eu os consuma, e eu te farei a ti chefe de um grande povo.

11 Porém Moisés conjurava o Senhor seu Deus, dizendo-lhe: Por que se acende o teu furor contra um povo teu, que tu tiraste do Egito com uma grande força, e com uma poderosa mão? 12 Não permitas, te rogo, que digam os egípcios: Ele os tirou do Egito astutamente para os matar nos montes, e para os extinguir da terra. Aplaque-se a tua ira, e deixa-te dobrar para perdoares ao teu povo a sua iniqüidade. 13 Lembra-te de Abraão, de Isaac, e de Israel teus servos, aos quais tu juraste por ti mesmo, dizendo: Eu multiplicarei a vossa descendência, como as estrelas do céu; e eu darei à vossa posteridade toda esta terra, de que eu falei, e vós a possuireis para sempre. 14 Então se apaziguou o Senhor, para não fazer contra o seu povo o mal, que tinha dito.

Moisés pune o povo e intercede por ele

15 Voltou Moisés pois de cima do monte, trazendo na sua mão as duas tábuas do testemunho, escritas de ambas as partes. 16 Elas eram obra de Deus, como o era a escritura, que estava gravada nelas. 17 Ora Josué ouvindo o tumulto, e a vozeria do povo, disse para Moisés: No campo ouve-se alarido de quem peleja. 18 Ao que respondeu Moisés: Isto não é gritar de pessoas, que se exortam para combater; nem vozeria de gente, que obriga o seu inimigo a fugir: mas o que eu ouço são vozes de pessoas, que cantam. 19 E tendo-se aproximado ao campo, viu o bezerro, e as danças. Então irado na última diferença, atirou as tábuas que trazia na mão em terra, e as quebrou na falda do monte. 20 E pegando no bezerro, que eles tinham feito, lançou-o no fogo, e o reduziu em cinza, que lançou na água, e fez que dela bebessem os filhos de Israel.

21 Depois disse Moisés a Aarão: Que te fez este povo para tu o carregares com um tão grande pecado? 22 Ele lhe respondeu: Não se ire meu Senhor. Porque tu sabes muito bem, quanto este povo é propenso para o mal. 23 Eles me disseram: Faz-nos deuses, que vão adiante de nós: porque nós não sabemos que é o que aconteceu a este Moisés que nos tirou do Egito. 24 Eu lhes disse: Qual dentre vós tem ouro? Trouxeram-no, e deram-no: e eu o lancei no fogo, e saíu este bezerro.

25 Moisés pois vendo que o povo tinha ficado nu, (pois Aarão o tinha despojado com esta vergonhosa abominação, e o tinha posto nu no meio de seus inimigos), 26 pôs-se à porta do campo, e disse: Se algum é do Senhor, ajunte-se comigo. E tendo-se ajuntado à roda dele todos os filhos de Levi, lhes disse: 27 Eis aqui o que diz o Senhor Deus de Israel: Cada homem meta a sua espada à cinta: passai, e tornai a passar, atravessando o campo duma porta à outra; e cada um mate seu irmão, seu amigo, e o que lhe for mais chegado. 28 Fizeram os filhos de Levi o que Moisés tinha ordenado, e foram quase vinte e três mil homens, os que caíram mortos aquele dia. 29 Então lhes disse Moisés: Cada um de vós consagrou hoje as suas mãos ao Senhor, matando seu filho, e seu irmão, para vos ser dada a bênção.

30 Ao outro dia disse Moisés ao povo: Vós cometestes um grandíssimo pecado. Eu subirei onde está o Senhor, a ver se de algum modo o posso dobrar, e alcançar dele perdão do vosso crime. 31 E tendo voltado para o Senhor, lhe disse: Este povo cometeu um grandíssimo pecado, e eles fizeram para si deuses de ouro. Mas eu te conjuro, que ou tu lhe perdoes este delito, 32 ou se o não fazes, me apagues do teu livro, que escreveste. 33 O Senhor lhe respondeu: Eu apagarei do meu livro aquele, que pecar contra mim. 34 Tu porém, vai, e conduze o povo ao lugar, que eu te disse. O meu anjo irá adiante de ti: mas no dia da vingança visitarei eu este pecado, que ele cometeu.

35 Feriu pois o Senhor o povo pelo crime do bezerro, que Aarão lhe tinha feito.

O perdão de Deus

33 Depois falou o Senhor a Moisés, e lhe disse: Vai, sai deste lugar tu, e o povo, que tu tiraste do Egito, e vai para a terra, que eu prometi com juramento a Abraão, Isaac, e Jacó quando lhe disse: Eu darei esta terra à tua posteridade. 2 E dir-lhe-ás da minha parte: Eu enviarei um anjo, que te sirva de percursor, para que lance fora os cananeus,

os amorreus, os heteus, os fereseus, os heveus, os jebuseus; 3 e tu entres num país onde correm arroios de leite, e de mel. Porque eu não subirei contigo, para que não suceda exterminar-te eu durante o caminho, visto seres tu um povo de cerviz dura. 4 O povo, ouvindo estas tremendas palavras pôs-se a chorar; e nenhum deles vestiu as suas galas costumadas.

5 Porque o Senhor disse a Moisés: Diz aos filhos de Israel: Vós sois um povo de cerviz dura: se eu for uma vez no meio de vós, exterminar-vos-ei. Deixai, pois, desde agora as vossas galas, para eu saber de que modo vos hei de tratar. 6 Todos os filhos de Israel pois deixaram as suas galas ao pé do monte Horeb.

A tenda distante

7 E Moisés, levantando o tabernáculo, o pôs bem ao longe fora do campo, e o chamou o tabernáculo do concerto. E todos os do povo, que tinham alguma dificuldade, saíram fora do campo, para irem ao tabernáculo do concerto. 8 Quando Moisés saía para o tabernáculo, levantava-se todo o povo, e cada um se deixava estar à porta da sua tenda, e olhava para Moisés pelas costas, até ele entrar no tabernáculo. 9 Depois que Moisés tinha entrado no tabernáculo do concerto, descia a coluna de nuvem, e punha-se à porta, e o Senhor falava com Moisés. 10 Os filhos de Israel, em vendo que a coluna de nuvem se punha à porta do tabernáculo, punham-se também eles todos à porta das suas tendas, e adoravam o Senhor. 11 Ora o Senhor falava a Moisés face a face, bem como um homem costuma falar ao seu amigo. E quando ele voltava para o campo, o moço Josué, filho de Nun, que o servia, não se alongava do tabernáculo.

Moisés deseja ver a glória de Deus

12 Moisés porém disse ao Senhor: Tu mandas-me que leve eu esse povo, e não me declaras quem hás de enviar comigo, principalmente tendo-me tu dito: Eu conheço-te pelo teu nome, e tu achaste graça de mim. 13 Se eu pois achei graça diante de ti, mostra-me a tua face, para eu te conhecer, e para achar graça diante dos teus olhos: olha benignamente para esta grande multidão, que é teu povo. 14 O Senhor lhe disse: Eu irei em pessoa diante de ti, e eu te darei o descanso. 15 Disse-lhe Moisés: Se tu mesmo não vais adiante de nós, não nos tires deste lugar. 16 Porque como poderemos nós saber, eu, e o teu povo, que nós achamos graça diante de ti, se tu não marchares adiante de nós, para sermos atendidos, e respeitados de todos os povos, que habitam sobre a terra? 17 Respondeu o Senhor a Moisés: Eu te farei isto, que tu acabas de me pedir: porque tu achaste graça diante de mim, e eu te conheço pelo teu nome.

18 Moisés lhe disse: Mostra-me a tua glória. 19 O Senhor lhe respondeu: Eu te mostrarei todo o bem; e passando adiante de ti, pronunciarei o nome do Senhor. Eu me compadecerei de quem eu quiser, e usarei de clemência com quem for do meu agrado usá-la. 20 Disse mais o Senhor: Tu não poderás ver o meu rosto: porque nenhum homem me verá sem morrer. 21 Ainda o Senhor disse mais: Eis aqui o lugar, onde eu costumo estar: e tu pôr-te-ás sobre a pedra. 22 E quando passar a minha glória, eu te porei ao buraco da pedra, e te cobrirei com a minha mão, até que eu tenha passado. 23 Depois tirarei eu a minha mão, e tu me verás pelas costas: mas tu não poderás ver o meu rosto.

Renovação das Tábuas da Lei

34 Depois disse o Senhor a Moisés: Corta duas tábuas de pedra, que sejam como as primeiras: e eu escreverei nelas as palavras, que estavam nas tábuas, que tu quebraste. 2 Está pronto pela manhã para subires logo ao monte Sinai, e estarás comigo no pino do monte. 3 Não suba ninguém contigo, nem apareça nenhum por todo o monte; nem ainda bois, ou ovelhas se apascentem defronte. 4 Cortou Moisés pois duas tábuas de pedra, tais como as primeiras: e, levantando-se antes de amanhecer, subiu ao monte Sinai, levando consigo as duas tábuas, conforme o Senhor lhe tinha ordenado.

5 Então tendo descido o Senhor no meio da nuvem, Moisés se pôs na sua presença, invocando o nome do Senhor. 6 E a tempo que o Senhor passava por diante dele, disse Moisés: Dominador, e Senhor Deus, que és todo cheio de compaixão, e de clemência, paciente, rico de misericórdia, e de verdade; 7 que guardas misericórdia até mil gerações; que apagas a iniqüidade, os crimes, e os pecados; diante do qual nenhum é inocente por si mesmo; e que tornas a iniqüidade dos pais aos filhos, e aos netos até à terceira, e quarta geração. 8 Ao mesmo tempo se prostrou Moisés por terra; e adorando, prosseguiu dizendo: 9 Senhor, se eu achei graça diante de ti, peço-te que caminhes conosco: (porque este povo é de cabeça dura) apaga também as nossas iniqüidades, e os nossos pecados, e possui-nos.

10 O Senhor lhe respondeu: Eu farei à vista de todos uma aliança. Farei prodígios, que nunca jamais se viram na terra, nem em

alguma nação; para que este povo, no meio do qual estás, seja testemunha da terrível obra, que o Senhor está para fazer. 11 Guarda todas as coisas, que eu te ordeno hoje: e eu mesmo lançarei fora diante de ti os amorreus, os cananeus, os heteus, os fereseus, os heveus, e os jebuseus. 12 Vê, não tenhas nunca amizade com os habitantes deste país o que será a tua ruína. 13 Mas destrói os seus altares, quebra as suas estátuas, corta os seus bosques sagrados. 14 Não adores deus estrangeiro. O Senhor tem por nome o Zeloso. Deus quer ser amado unicamente. 15 Não faças pacto algum com os habitantes deste país: não suceda que quando eles se corromperem com os seus deuses, e adorarem as suas estátuas, te convide algum deles a comer das viandas imoladas. 16 Não casarás teus filhos com as suas filhas: não suceda que depois de se corromperem, induzam elas também teus filhos a se corromperem com os seus deuses.

17 Não farás para ti deuses fundidos.

18 Observarás a solenidade dos asmos. Comerás sete dias pães asmos, no mês dos trigos novos, como eu te ordenei; porque tu saíste do Egito no mês em que começa a primavera.

19 Todo o macho que foi primogênito, será meu: os primogênitos de todos os animais, assim de bois como de ovelhas, serão meus. 20 Remirás o primogênito do jumento por uma ovelha: se não remires, matá-lo-ás. Remirás o primogênito de teus filhos.

E não aparecerás na minha presença com as mãos vazias.

21 Trabalharás seis dias, e ao dia sétimo cessarás de lavrar, e de segar.

22 Celebrarás a solenidade das semanas, oferecendo as primícias dos frutos da tua messe do trigo: e a outra solenidade no fim do ano, quando se tiver tudo recolhido. 23 Todos os teus filhos machos se apresentarão três vezes no ano diante do Todo Poderoso Senhor Deus de Israel. 24 Porque quando eu tiver expulsado da tua face as nações, e tiver estendido os limites do teu país; se tu subires, e se tu te apresentares diante do Senhor teu Deus, nenhum formará secretamente maus projetos contra o teu país.

25 Não me imolarás o sangue da minha vítima sobre fermento: nem da hóstia da solenidade da Páscoa remanescerá nada, até o outro dia pela manhã.

26 Oferecerás as primícias dos frutos da tua terra na casa do senhor teu Deus.

Não cozerás o cabrito no leite de sua mãe.

27 Disse mais o Senhor a Moisés: Escreve para ti estas palavras, pelas quais eu fiz concerto contigo, e com Israel. 28 Ficou Moisés pois ali com o Senhor quarenta dias, e quarenta noites: não comeu pão, nem bebeu água; e ele escreveu nas tábuas as dez palavras do concerto.

Regressa Moisés com um resplendor no rosto

29 Depois disto desceu Moisés do monte Sinai, trazendo as duas tábuas do testemunho; e ele não sabia que o seu rosto lançava de si uns raios, que lhe tinham ficado da conversação, que tinha tido com o Senhor. 30 Mas Aarão, e os filhos de Israel vendo que o rosto de Moisés lançava de si estes raios, tiveram medo de se chegar a ele. 31 Tendo Moisés pois chamado a Aarão, e aos principais do ajuntamento, vieram eles ter com Moisés. E depois que ele lhes falou, 32 vieram também a ele todos os filhos de Israel; e ele lhes expôs todas as ordens, que tinha recebido do Senhor no monte Sinai. 33 Acabado o discurso, pôs Moisés um véu sobre o seu rosto. 34 E quando entrava no tabernáculo à presença do Senhor, e falava com ele, tirava o véu até que saía. E então dizia aos filhos de Israel tudo o que o Senhor lhe tinha ordenado que dissesse. 35 Quando Moisés saía do tabernáculo, viam os israelitas que o seu rosto lançava uns raios: mas ele o cobria de novo todas as vezes que lhes havia de falar.

Ordenação acerca do sábado

35 Moisés pois tendo ajuntado todos os filhos de Israel, lhes disse: Eis aqui as coisas, que o Senhor ordenou que se lhe fizessem. 2 Vós trabalhareis seis dias: e o dia sétimo será para vós santo, como sábado que é, e descanso do Senhor. Aquele, que trabalhar neste dia, será morto. 3 Não acendereis lume em todas as vossas casas no dia sétimo.

VIII. CONSTRUÇÃO DO SANTUÁRIO

Moisés pede contribuições

4 Disse mais Moisés a todo o ajuntamento dos filhos de Israel: Eis aqui o que o Senhor ordenou. Ele disse: 5 Ponde à parte em vossas casas as primícias de todos os vossos bens para o Senhor. Vós lhe oferecereis de boamente, e com uma inteira vontade ouro, prata, bronze; 6 jacinto, púrpura, escarlata

tinta duas vezes, linho fino, pêlos de cabra; 7 peles de carneiro tintas de vermelho, peles roxas, paus de cetim; 8 azeite para conservar as lâmpadas, aromas para a composição das unções, e perfumes de excelente cheiro; 9 pedras cornalinas, e outras pedras preciosas para ornar o efod, e o racional.

Chamada dos artífices

10 Todo o que dentre vós é bom artífice, venha fazer o que o Senhor mandou. 11 A saber: o tabernáculo com o seu teto, e as suas coberturas; as argolas, as tábuas, os barrotes, as estacas, as bases; 12 a arca com os seus varais, o propiciatório, e o véu que deve estar pendente diante dele. 13 a mesa com os varais, vasos, e pães da proposição; 14 o candieiro, que há de sustentar as lâmpadas, tudo o que é necessário para o seu uso, as lâmpadas e o azeite para alimentar o fogo; 15 o altar dos perfumes com os varais, o óleo para as unções, e a caçoula dos cheiros; o céu pendente à entrada do tabernáculo; 16 o altar dos holocaustos, a sua grelha de bronze com os seus varais, e com tudo o que é necessário para o seu uso; a bacia com a sua base; 17 as cortinas do átrio com as suas colunas, e suas bases, e o véu da entrada do vestíbulo; 18 as estacas do tabernáculo, e do átrio com os seus cordões; 19 as vestimentas, que se devem usar no culto do santuário; os ornamentos destinados para o pontífice Aarão, e seus filhos, a fim de exercerem as funções do meu sacerdócio.

As contribuições

20 Depois que todos os filhos de Israel saíram da presença de Moisés, 21 tornaram eles a vir oferecer ao Senhor com pronta vontade, e grande devoção, as primícias dos seus bens, para se fazer a obra do tabernáculo do testemunho. Para tudo o que era necessário porém para o culto sagrado, e para os ornamentos sacerdotais, 22 deram homens e mulheres os seus braceletes, as suas arrecadas, os seus anéis, e os enfeites, que eles punham no seu braço direito. Todos os vasos de ouro foram postos à parte, para serem apresentados ao Senhor. 23 Os que tinham jacintos, púrpura, escarlata tinta duas vezes, linho fino, pêlos de cabra, peles de carneiro tintas de vermelho, peles roxas, 24 prata, e bronze, tudo ofereceram ao Senhor com os paus de cetim para qualquer uso. 25 Houve também mulheres habilidosas, que deram o que tinham fiado de jacinto, de púrpura, de escarlata, de linho fino, 26 e de pêlos de cabra; e tudo deram de muito boa vontade. 27 Os príncipes ofereceram pedras cornalinas, e outras pedras preciosas para o efod, e racional; 28 aromas, e azeite para conservar as lâmpadas, e para preparar as unções, e compor o perfume de suavíssimo cheiro. 29 Todos os homens, e mulheres ofereceram gostosos os seus dons, para se fazerem as obras, que o Senhor tinha ordenado por Moisés. Todos os filhos de Israel fizeram as suas ofertas ao Senhor de muito boa vontade.

Os artífices

30 Então disse Moisés aos filhos de Israel: O Senhor chamou por seu nome a Beseleel, filho de Uri, que o é de Hur, da Tribo de Judá: 31 e o encheu do espírito de Deus, de sabedoria, de inteligência, de ciência, e de todos os conhecimentos; 32 para inventar, e para executar tudo o que se pode fazer em ouro, prata, e bronze; 33 para cortar, e lavrar pedras, e para todas as obras de delicadeza. 34 Ele lhe pôs no espírito tudo o que a arte pode inventar. E ele deu os mesmos talentos a Ooliab, filho de Aquisamec da tribo de Dan. 35 A ambos encheu ele de sabedoria para fazerem toda a casta de obras de pau, de panos de diversas cores, de bordados de jacinto, de púrpuras, de escarlata tinta duas vezes, e de linho fino; para trabalharem tudo o que se faz ao tear, e para lhe ajuntarem tudo o que puderem inventar de novo.

36 Trabalhou pois Beseleel com Ooliab em todas estas obras, e trabalharam todos os homens hábeis, a quem o Senhor tinha dado sabedoria, e inteligência para saberem fazer excelentemente, o que era necessário para o uso, do santuário, e tudo o que o Senhor tinha ordenado.

Moisés ordena a suspensão dos donativos

2 Porque tendo-os Moisés feito vir com todos os homens hábeis, aos quais o Senhor tinha dado sabedoria, e os que de sua vontade se tinham oferecido para trabalhar nesta obra, 3 ele lhes entregou todas as ofertas dos filhos de Israel. E quando eles se aplicavam já a adiantar a obra, continuava ainda o povo a oferecer todos os dias pela manhã os seus dons. 4 Isto obrigou os artífices a virem dizer a Moisés; 5 O povo oferece mais do que se há mister. 6 Mandou pois Moisés que à voz do pregoeiro se fizesse publicamente esta declaração: Nenhum homem, nem mulher ofereça mais nada daqui em diante para as obras do santuário. Assim cessaram todos de oferecer

presentes, 7 porque o que se tinha já oferecido
bastava, e ainda sobejava.

O tabernáculo: cobertura e armação

8 Todos estes homens pois, cujo coração
estava cheio de sabedoria para trabalharem
nas obras do tabernáculo, fizeram dez corti-
nas de linho retorcido, de jacinto, de púrpura,
de escarlata tinta duas vezes, tudo bordado,
e de diversas cores. 9 Cada cortina tinha vinte
e oito côvados de comprido, e quatro de largo,
e todas as cortinas eram duma mesma medida.
10 Juntou cinco destas cortinas uma à outra,
e as outras cinco da mesma sorte entre si. 11
Uma cortina tinha cordões de jacinto na oure-
la duma, e outra bandeira; e a cortina da mes-
ma sorte cordões na ourela; 12 para que es-
tando os cordões defronte um do outro, se
ajuntassem reciprocamente as cortinas. 13 Por
isso fez ele fundir também cinqüenta argolas
de ouro, onde se pudessem prender os cordões
das cortinas, para que tudo não parecesse se-
não um tabernáculo.
14 Fez também onze cobertas de pêlos de
cabra para cobrir o teto do tabernáculo. 15
Cada uma destas cobertas tinha trinta côva-
dos de comprido, e quatro de largo, e eram
todas da mesma medida. 16 Destas ajuntaram
eles cinco a uma banda, e seis à outra. 17 Fez
também cinqüenta cordões na ourela duma
coberta, e cinqüenta cordões na ourela da
outra para estarem juntas. 18 Fez outrossim
cinqüenta fivelas de bronze para as ter presas,
a fim de parecer tudo uma peça. 19 Fez além
disto uma terceira coberta de peles de carnei-
ro tintas de vermelho, e por cima desta outra
quarta coberta de peles roxas.
20 Fez também tábuas de pau de cetim
para o tabernáculo, que estavam postas ao
alto. 21 Cada uma destas tábuas tinha dez cô-
vados de comprido, e côvado e meio de largo.
22 Cada tábua tinha sua lingueta, e seu encaixe
para entrar uma na outra. Todas as tábuas do
tabernáculo eram feitas deste mesmo modo.
23 E vinte delas estavam da banda meridional
olhando para o austro, 24 com quarenta bases
de prata. Cada tábua assentava sobre duas
bases duma, e outra parte dos ângulos no
lugar, onde os encaixes dos lados se termi-
nam nos ângulos. 25 Fez outrossim para o lado
do tabernáculo, e que olha para o aquilão,
vinte tábuas, 26 com quarenta bases de prata,
a duas para cada tábua. 27 Mas para o lado
do tabernáculo, que fica ao ocidente e que
olha para o mar, não fizeram senão seis tá-
buas, 28 e mais duas, que estavam postas nos
ângulos por detrás do tabernáculo. 29 Estas
estavam juntas de alto a baixo, fazendo um
só corpo. A mesma coisa fizeram eles nos
dois ângulos dos dois lados. 30 Eram por todas
oito tábuas, as quais tinham dezesseis bases
de prata, a duas por tábua. 31 Fez também
uns grandes barrotes de pau de cetim, cinco
para atravessar, e segurar todas as tábuas
duma banda do tabernáculo, 32 e outros cin-
co para atravessar, e segurar as tábuas da
outra; e fora estes ainda outros cinco para o
lado do tabernáculo, que fica ao ocidente, e
que olha para o mar. 33 Fez mais outro bar-
rote, que passava pelo meio das tábuas dum
canto até o outro. 34 Dourou todas estas tá-
buas, que assentavam em bases de prata fun-
didas, fez outrossim umas argolas de ouro,
pelas quais entrassem os barrotes de pau, que
eles também cobriram de lâminas de ouro.

O véu

35 Fez um véu de jacinto, de púrpura, de
escarlata, de linho fino retorcido, tudo bor-
dado, e tudo matizado. 36 Fez quatro colunas
de pau de cetim, que cobriram de lâminas
de ouro com os seus capitéis; e as suas bases
eram de prata.
37 Fez mais o véu para a entrada do ta-
bernáculo, que era de jacinto, de púrpura, de
escarlata, de linho fino retorcido, tudo obra
de bordadura. 38 Fez também cinco colunas
com seus capitéis, as quais cobriram de ouro
e as suas bases fundidas, feitas de metal.

A Arca da Aliança

37 Fez também Beseleel a arca de pau de
cetim, a qual tinha dois côvados e meio
de comprido, côvado e meio de largo, e côvado
e meio de alto. Ele a cobriu de finíssimo ouro
por dentro, e por fora; 2 e lhe fez uma coroa
de ouro, que a apanhava toda em roda. 3 Fun-
diu quatro, argolas de ouro, que pôs nos qua-
tro cantos da arca, dois duma parte, e dois
da outra. 4 Fez também uns varais de pau de
cetim que cobriu de ouro, 5 e que meteu nas
argolas, que estavam aos cantos da arca, para
ela se poder levar.
6 Fez mais o propiciatório, isto é, o orácu-
lo, dum ouro puríssimo, que tinha dois côva-
dos e meio de comprido, e côvado e meio de
largo: 7 como também os dois querubins de
ouro batido, que lhe pôs aos dois lados do pro-
piciatório: 8 um querubim na extremidade
dum lado, e outro querubim na extremidade
do outro. Assim os dois querubins estavam
numa e outra extremidade do propiciatório, 9
tendo as suas asas estendidas, e cobrindo com
elas o propiciatório, virados os rostos um
para o outro, como também para o propi-
ciatório.

A mesa

10 Fez outrossim uma mesa de pau de ce-
tim, que tinha dois côvados de comprido, um
côvado de largo, e côvado e meio de alto. 11
Cobriu-a de puríssimo ouro, e lhe pôs à roda
um friso de ouro. 12 Sobre o friso pôs uma
coroa de ouro esculturada, de altura de qua-
tro dedos, e sobre esta outra coroa de ouro.
13 Fez fundir também quatro argolas de ouro,
que pôs nos quatro cantos da mesa, uma a
cada pé, 14 por baixo da coroa; e enfiou por
elas os varais, que haviam de servir para levar
a mesa. 15 Estes varais eram também de pau
de cetim, e ele os chapeou de lâminas de ouro.
16 Para os diferentes usos desta mesa fez de
fino ouro pratos, copos, turíbulos, e taças,
onde se haviam de oferecer os licores.

O candelabro

17 Fez também o candieiro do mais puro
ouro batido ao martelo, de cujo tronco saíam
umas hastes com seus copos, seus pomos,
e suas açucenas. 18 Eram seis as hastes, que
saíam das duas bandas do tronco, três duma
banda e três da outra. 19 Uma haste tinha
três copos de feitio de nozes, com seus pomos,
e suas açucenas: outra haste da mesma sorte
três copos do feitio de nozes, com seus pomos,
e suas açucenas. E todas as seis hastes que
saíam do tronco, eram trabalhadas da mesma
forma. 20 Porém o tronco do candieiro tinha
quatro copos do feitio de nozes, acompanha-
dos cada um do seu pomo, e de sua açucena.
21 Havia três pomos em três hastes, que fa-
ziam ao todo seis hastes, nascendo dum mes-
mo tronco. 22 Saíam pois do candieiro estes
pomos, e estas hastes, sendo tudo de puríssi-
mo ouro batido ao martelo. 23 Fez outrossim
de finíssimo ouro sete lâmpadas, com seus
espevitadores, e com suas caldeirinhas, onde
se apagassem os morrões que se tivessem tira-
do das lâmpadas. 24 O candieiro com todas as
suas peças pesava um talento de ouro.

O altar dos perfumes

25 Fez também o altar dos perfumes de
pau de cetim, que tinha um côvado em qua-
dro, e dois côvados de alto, de cujos quatro
cantos saíam quatro cornos. 26 Vestiu-o de
puríssimo ouro com a sua grelha, seus lados,
e seus cornos. 27 Fez-lhe uma coroa de ouro,
que o rodeava todo, e por baixo da coroa a
cada lado pôs duas argolas de ouro para enfiar
por elas os varais, que haviam de servir a leva-
rem-no. 28 Estes varais fez ele de pau de cetim,
e os cobriu de lâminas de ouro. 29 Compôs
também o azeite, para com ele se fazerem as
unções da sagração; e compôs os perfumes
feitos dos aromas mais exquisitos, segundo as
regras desta arte.

O altar dos holocaustos

38 Fez também Beseleel o altar dos holo-
caustos de pau de cetim, que tinha cinco
côvados em quadro, e três de alto: 2 e dos
seus quatro cantos saíam quatro cornos, e ele
o cobriu de lâminas de metal. 3 Fez de metal
muitos, de diversos instrumentos, que haviam
de servir neste altar; caldeiras, tenazes, pin-
ças, croques, braseiros; 4 uma grelha de metal
em forma de rede, e por baixo um fogão no
meio do altar. 5 Fundiu quatro argolas, que
pôs ao quatro cantos desta grelha, pelas quais
passassem os varais, que pudessem servir para
levantar o altar. 6 Os quais varais ele tam-
bém fez de pau de cetim, e os cobriu de lâmi-
nas de metal, 7 e os meteu nas argolas, que
estavam aos lados do altar. Ora este altar feito
de tábuas não era maciço mas oco, e vazio
por dentro.
8 Fez outrossim uma bacia de metal com
sua base; obra, para que deram a matéria os
espelhos das mulheres, que velavam à porta do
tabernáculo.

O átrio

9 Fez mais o átrio, a cujo lado meridional
estavam umas cortinas de linho fino retorcido
da altura de cem côvados; 10 e vinte colunas
com suas bases de metal, e os capitéis com
todos os seus ornatos de prata. 11 Ao lado
setentrional cortinas, colunas, bases e capitéis
da mesma medida, do mesmo metal, e do mes-
mo feitio. 12 Mas ao lado, que olhava para o
ocidente, não se estendiam as cortinas senão
ao espaço de cinqüenta côvados; e as colunas
eram somente dez com suas bases de metal;
e os capitéis das colunas com todos os seus
ornatos eram de prata. 13 Ao lado oriental pôs
ele da mesma sorte cortinas, que ocupavam
o espaço de cinqüenta côvados de comprido,
14 do qual espaço havia quinze côvados duma
parte com três colunas, e suas bases; 15 e quin-
ze da outra com três colunas, e suas bases:
porque no meio entre as duas ordens de colu-
nas fez ele a entrada do tabernáculo. 16 Todas
estas cortinas do átrio eram tecidas de linho
fino retorcido, 17 as bases das colunas eram
de metal; os capitéis com todos os seus orna-
tos eram de prata; e ele vestiu de prata as
mesmas colunas.
18 Fez também o grande véu, que estava
à entrada do átrio, obra de bordadura de ja-

cinto, de púrpura, de escarlata, e de linho fino retorcido. E ele tinha vinte côvados de comprido, e cinco de alto, segundo a medida, que tinham todas as cortinas do átrio. 19 Havia à entrada quatro colunas com suas bases de metal, seus capitéis, e seus ornatos de prata. 20 Fez também de metal umas estacas, que se haviam de pôr ao redor do tabernáculo, e do átrio.

Quantidade de metal empregado

21 Estas são as partes, que compunham o tabernáculo do testemunho, que foram dadas por conta aos levitas por Itamar, filho do sumo sacerdote Aarão, em conseqüência do que Moisés tinha mandado. 22 Tudo acabou Beseleel, filho de Uri, que era filho de Hur da tribo de Judá, segundo a ordem, que o Senhor lhe dera por boca de Moisés. 23 Ele teve por companheiro a Ooliab, filho de Aquisamec da tribo de Dan, que também sabia trabalhar primorosamente em pau, em panos tecidos de fios de diversas cores, e em bordaduras de jacinto, de púrpura, de escarlata, e de linho fino.

24 Todo o ouro, que se empregou nas obras do santuário, e que foi voluntariamente oferecido pelo povo, fazia vinte e nove talentos, e setecentos e trinta siclos, segundo a medida do santuário. 25 Estas oblações foram feitas pelos que entraram no arrolamento, tendo vinte anos, e daí para cima, que chegaram a seiscentos e três mil quinhentos e cinqüenta homens de armas. 26 Houve mais além disto cem talentos de prata, de que foram feitas as bases do santuário, e da entrada, onde estava pendurado o véu. 27 De cem talentos foram feitas cem bases, levando cada base um talento. 28 De mil setecentos e setenta e cinco talentos de prata fez ele os capitéis das colunas, as quais também cobriu de prata. 29 De metal ofereceram-se também setenta e dois mil talentos, e quatrocentos siclos, 30 de que se fundiram as bases, que estavam à entrada do tabernáculo do testemunho: e o altar de metal com a sua grelha, e todos os vasos de seu uso; 31 e as bases do átrio, que estavam em torno dele, e à sua entrada com as estacas, que se puseram ao redor do tabernáculo, e do átrio.

As vestes pontificais e sacerdotais

39 Fez também Beseleel de púrpura, de escarlata, e de linho fino as vestes, de que se havia de paramentar Aarão, quando exercesse o seu santo ministério, conforme a ordem que o Senhor tinha dado a Moisés.

2 Fez pois o efod de ouro, de jacinto, de púrpura, de escarlata tinta duas vezes, e de linho fino retorcido, 3 tudo tecido de bordados de diferentes cores. Cortou umas folhetas de ouro, que reduziu a fios mui delgados, para poderem entretecer-se nos outros fios de diversas cores. 4 Os dois lados do efod vinham ajuntar-se na ourela da extremidade superior. 5 Fez o cíngulo com a mescla das mesmas cores, conforme o que o Senhor tinha mandado a Moisés. 6 Preparou duas pedras cornalinas, que meteu e encastoou em ouro, onde se viam esculpidos, segundo a arte dos lapidários, os nomes dos filhos de Israel. 7 Ele as pôs nos dois lados do efod, como um monumento para os filhos de Israel, conforme a ordem, que Moisés tinha recebido do Senhor.

8 Fez o racional tecido da mistura de diferentes fios, como o efod, de ouro, de jacinto, de púrpura, de escarlata tinta duas vezes, e de linho fino retorcido. 9 Era quadrado, e dobrado, do tamanho de um palmo. 10 Pôs-lhe em cima quatro ordens de pedras preciosas. Na primeira ordem estavam um sardônio, um topazio, uma esmeralda. 11 Na segunda um carbúnculo, uma safira, e um jaspe. 12 Na terceira um ligúrio, uma ágata e uma ametista. 13 Na quarta uma crisólita, uma cornalina, e um berilo; engastadas todas estas pedras em ouro, cada uma na sua ordem. 14 Sobre estas doze pedras estavam gravados os nomes das doze tribos de Israel, cada nome em sua pedra.

15 Fizeram-se no racional duas pequenas cadeias de puríssimo ouro, cujos fuzis estavam enlaçados uns nos outros: 16 dois colchetes, e duas argolinhas de ouro. Puseram-se as argolinhas aos dois lados do racional, 17 e suspenderam-se delas as duas cadeias de ouro, que eles meteram nos colchetes, que saíram dos cantos do efod. 18 Todas estas peças ajustavam tão bem, entre si, por diante, e por detrás, que o efod e o racional ficavam presos um ao outro, 19 apertados por cima do cingidouro, e ligados estreitamente por umas argolinhas, pelas quais passava uma fita de jacinto, para não ficarem laxos, nem se despegarem uns dos outros conforme o Senhor tinha mandado a Moisés.

20 Fizeram também os dois artífices a túnica do efod toda de jacinto. 21 Havia no alto dela uma abertura no meio, e uma ourela tecida à roda desta abertura: 22 em baixo junto aos pés estavam umas romãs feitas de jacinto, de púrpura, de escarlata, e de linho fino retorcido; 23 e umas campainhas de ouro puríssimo, que eles entressacharam com as romãs à roda da extremidade da túnica. 24 Assim é que estavam entressachadas as campainhas de ouro, e as romãs. E deste ornamento estava revestido o pontífice, conforme o Senhor tinha ordenado a Moisés.

25 Fizeram outrossim para Aarão, e seus
filhos camisas tecidas de linho fino; 26 mitras
de linho fino com suas pequenas coroas; 27 cal-
ções também de linho, e de linho fino. 28 Com
um cíngulo bordado de diferentes fios de linho
fino retorcido, de jacinto, de púrpura, e de es-
carlata tinta duas vezes, segundo a ordem que
o Senhor tinha dado a Moisés. 29 Fizeram mais
a santa, e veneranda lâmina de puríssimo ouro,
e gravaram em cima dela, do modo que se es-
creve sobre as pedras preciosas, estas palavras:
A Santidade é do Senhor. 30 Eles a prenderam
à mitra com uma fita de jacinto, como o Se-
nhor o tinha mandado a Moisés.

Entrega das obras

31 Assim se concluiu toda a obra do taber-
náculo e da tenda do testemunho. Os filhos de
Israel fizeram tudo o que o Senhor tinha orde-
nado a Moisés. 32 Ofereceram o tabernáculo
com a sua cobertura, e com tudo o que tinha
serventia nele; as argolas, as tábuas, os varais,
as colunas, as bases; 33 as cobertas de peles de
carneiro tintas de vermelho, e as outras cober-
tas de peles roxas; 34 o véu, a arca, os varais,
o propiciatório; 35 a mesa com os seus vasos,
e com os pães da proposição; 36 o candieiro,
as lâmpadas, e tudo o que para elas se havia
mister com o azeite; 37 o altar de ouro, o óleo
destinado para as unções, os perfumes com-
postos de aromas; 38 o véu à entrada do taber-
náculo; 39 o altar de metal com a sua grelha,
varais, e tudo o que ali servia; a bacia com
a sua base, as cortinas do átrio, e as colunas
com as suas bases; 40 o véu à entrada do átrio,
os seus cordões, e as suas estacas. Não faltou
nada de tudo o que o Senhor tinha ordenado,
que se fizesse para o ministério do tabernáculo,
e para a tenda do concerto. 41 Quanto às vesti-
mentas, de que os sacerdotes Aarão, e seus fi-
lhos deviam usar no santuário, 42 os filhos de
Israel as ofereceram também, conforme tinha
mandado o Senhor. 43 E Moisés tendo visto que
todas estas coisas estavam acabadas, os aben-
çoou.

Erecção e consagração do tabernáculo

40 Depois falou o Senhor a Moisés, e lhe
disse: 2 Levantarás o tabernáculo do tes-
temunho no primeiro dia do primeiro mês. 3
Porás nele a arca, e suspenderás por diante o
véu. 4 Trarás a mesa, e porás sobre ela o que
eu te mandei, segundo a ordem, que te foi pres-
crita. Porás o candieiro com as lâmpadas, 5 e
o altar de ouro, sobre que se queima o incenso
diante da arca do testemunho. Porás o véu à
entrada do tabernáculo, 6 e diante dele o altar
dos holocaustos. 7 A bacia, que tu encherás
d'água, pô-la-ás entre o altar, e o tabernáculo. 8
Cercarás de cortinas o átrio, e a sua entrada.
9 E tomando o azeite das unções, ungirás
com ele o tabernáculo com os seus vasos para
eles ficarem santificados: 10 o altar dos holo-
caustos e todos os seus vasos; 11 a bacia com
a sua base. Todas estas peças sagrarás tu com
o óleo destinado para as unções, para todas
elas serem santas, e sagradas.
12 Chamarás Aarão e seus filhos à entrada
do tabernáculo do testemunho; e depois de la-
vados na água, 13 os vestirás das santas vesti-
mentas, para que eles me sirvam, e para que
a sua unção se continue para sempre nos sacer-
dotes, que lhes sucederem.
14 E Moisés fez tudo o que o Senhor lhe
tinha mandado. 15 Portanto no primeiro dia
do primeiro mês do segundo ano foi colocado
o tabernáculo. 16 Moisés tendo-o erecto, pôs
as tábuas com as bases, e os barrotes de pau,
e assentou as colunas. 17 Estendeu o teto sobre
o tabernáculo, e pôs-lhe por cima a cobertura,
como o Senhor tinha mandado. 18 Pôs o teste-
munho na arca: fez passar os varais pelas
argolas, e pôs oráculo por cima da arca. 19 E
tendo levado a arca para o tabernáculo, pen-
durou diante dela o véu, em cumprimento do
que o Senhor tinha ordenado. 20 Pôs a mesa
no tabernáculo do testemunho, ao lado seten-
trional, fora do véu, 21 e arranjou diante do
Senhor os pães da proposição como o Senhor
lhe tinha mandado. 22 Pôs o candieiro no taber-
náculo do testemunho, ao lado, que olha para
o meio-dia, defronte da mesa; 23 e dispôs as
lâmpadas pela sua ordem, conforme o man-
damento do Senhor. 24 Pôs o altar de ouro
debaixo da tenda do testemunho, diante do
véu, 25 e queimou em cima o incenso, compos-
to e aromas, como o Senhor lhe tinha ordena-
do. 26 Pôs também o véu à entrada do taber-
náculo do testemunho, 27 e o altar do holocaus-
to no vestíbulo do testemunho, sobre o qual
ofereceu ele holocausto, e sacrifícios, como o
Senhor tinha mandado, 28 Pôs outrossim a ba-
cia entre o tabernáculo do testemunho, e o
altar, e a encheu d'água. 29 E nela lavaram
Moisés, Aarão, e seus filhos as suas mãos, e
os seus pés, 30 antes de entrarem no tabernácu-
lo do concerto, e chegarem ao altar, como o
Senhor tinha ordenado. 31 Erigiu também o
átrio ao redor do tabernáculo, e do altar, e pôs
o véu à sua entrada.

Manifestação da presença do Senhor

Depois de todas estas coisas acabadas, 32
uma nuvem cobriu o tabernáculo do testemu-
nho, e ele foi cheio da glória do Senhor. 33 E

Moisés não podia entrar no tabernáculo do comércio, porque a nuvem cobria tudo, e a majestade do Senhor resplandecia de todas as partes, estando tudo coberto desta nuvem. 34
Quando a nuvem se retirava do tabernáculo partiam os filhos de Israel divididos pelas suas turmas. 35 Se ela parava em cima, ficavam eles
no mesmo lugar. 36 Porque de dia repousava a nuvem do Senhor sobre o tabernáculo, e de noite aparecia sobre ele uma chama, que todos os filhos de Israel viam de qualquer lugar, onde estivessem alojados.

LEVÍTICO

I. RITUAL DOS SACRIFÍCIOS

O rito dos holocaustos

1 Chamou o Senhor a Moisés, e falou-lhe do tabernáculo do testemunho, dizendo: 2 Fala aos filhos de Israel, e dize-lhes: Quando algum de vós outros oferecer ao Senhor uma hóstia de gado, isto é, de bois, e de ovelhas:

3 Se a sua oferenda for um holocausto, e este é de gado vacum, tomará um macho, que não tenha defeito, e oferecê-lo-á à porta do tabernáculo do testemunho, para alcançar que o Senhor lhe seja propício. 4 Porá a sua mão sobre a cabeça da hóstia, e ela será aceita e lhe servirá de expiação. 5 Então degolará o novilho diante do Senhor: e os sacerdotes, filhos de Aarão, oferecerão o seu sangue, derramando-o ao redor do altar, que está diante da porta do tabernáculo. 6 Esses mesmos esfolarão a hóstia, e cortar-lhe-ão os membros em pedaços. 7 Meterão o fogo por baixo do altar, depois de terem primeiro preparado a lenha, 8 e de terem posto em ordem os talhos, isto é, a cabeça, e tudo o que está pegado ao fígado; 9 os intestinos, e os pés, que deverão ser lavados em água. E o sacerdote os queimará em cima do altar, para serem ao Senhor um holocausto de suavíssimo cheiro.

10 Se a oferenda de gado é um holocausto de ovelhas, ou de cabras, o homem, que a quiser fazer, escolherá um macho sem defeito, 11 e degolá-lo-á ao lado do altar, que olha para o aquilão: e os filhos de Aarão derramarão o seu sangue ao redor do altar: 12 cortar-lhe-ão os membros, a cabeça, e tudo o que está pegado ao fígado; e pô-los-ão sobre a lenha, a que devem meter fogo por baixo: 13 lavar-lhe-ão em água os intestinos, e os pés: e o sacerdote queimará em cima do altar todos estes talhos, para serem ao Senhor um holocausto de suavíssimo cheiro.

14 Se a oferenda do holocausto for de aves, a saber, de rolas, ou de pombinhos; 15 o sacerdote oferecerá a hóstia no altar; e torcendo-lhe a cabeça sobre o pescoço, far-lhe-á uma ferida, e nela uma abertura, por onde faça correr o sangue por cima da borda do altar. 16 Deitar-lhe-á o papo, e as penas ao pé do altar para a banda do oriente, no lugar onde se costumam botar as cinzas. 17 Quebrar-lhe-á as asas sem lhas cortar, e sem que divida a hóstia com ferro; e queimá-la-á sobre o altar, depois de ter metido fogo por baixo da lenha. Assim se oferece um holocausto ao Senhor, e assim se lhe faz uma oblação de suavíssimo cheiro.

Oblação

2 Quando qualquer pessoa fizer ao Senhor alguma oferenda em sacrifício, a sua oferenda será da flor da farinha, sobre a qual deitará azeite, e porá sobre ela incenso. 2 E levá-la-á aos sacerdotes, filhos de Aarão: e um deles tomará um punhado desta farinha, borrifada com azeite, e todo o incenso; e fá-la-á queimar sobre o altar em memória, como um suavíssimo perfume. 3 E o que ficar do sacrifício será para Aarão, e para seus filhos, e será uma coisa santíssima, como resto das oferendas feitas ao Senhor.

4 Mas quando tu ofereceres um sacrifício de farinha cozida no forno, a saber, alguns pães asmos amassados em azeite, e algumas tortas asmas untadas de azeite, 5 se a tua oferta é de frigideira, de flor de farinha amassada em azeite, e sem fermento, 6 tu a dividirás em pequenos pedaços, e lhe deitarás azeite por cima. 7 Se o sacrifício é de grelha, misturarás também em azeite a flor da farinha: 8 e oferecendo-a ao Senhor, metê-la-ás nas mãos ao sacerdote: 9 o qual depois de a ter oferecido, tirará do sacrifício o que deve servir de memória, e o queimará sobre o altar, para ser um cheiro suavíssimo para o Senhor. 10 Tudo o que ficar será de Aarão, e de seus filhos, e será uma coisa santíssima, como resto das oferendas feitas ao Senhor.

11 Toda a oferenda, que se fizer ao Senhor, será sem fermento; e nos sacrifícios do Senhor não se queimará em cima do altar coisa de fermento, nem de mel. 12 Estas coisas vós as

oferecereis somente, como primícias, e como dons: mas elas não se porão sobre o altar para serem oferendas de agradável cheiro. 13 Temperarás de sal tudo o que ofereceres em sacrifício: e não tirarás do sacrifício o sal do concerto do teu Deus. Toda a tua oferenda deve levar sal.

14 Se fizeres ao Senhor alguma oferenda das primícias do teu grão, que seja de espigas ainda verdes, torrá-la-ás ao fogo, e quebrá-la-ás, como se faz ao trigo: e assim oferecerás as tuas primícias ao Senhor, 15 deitando-lhe azeite por cima, e pondo-lhe por cima incenso: porque isto é uma oferenda feita ao Senhor. 16 O sacerdote em memória do donativo oferecido ao Senhor, queimará parte do grão, que se quebrou, e do azeite, e todo o incenso.

Sacrifícios salutares

3 Se alguém quiser oferecer uma hóstia pacífica ao Senhor e a sua oblação for de bois, poderá tomar macho ou fêmea, que não tenham defeito. 2 Porá a mão sobre a cabeça da sua vítima, a qual será imolada à entrada do tabernáculo do testemunho: e os sacerdotes, filhos de Aarão, entornarão o sangue dela ao redor do altar. 3 Oferecerão ao Senhor a gordura, que cobre as entranhas da hóstia pacífica, e tudo o que ela tem dentro de gordura: 4 os dois rins com a gordura, que cobre os flancos, e o redenho do fígado com os rins. 5 E farão queimar tudo isto sobre o altar em holocausto, tendo se aplicado fogo à lenha, para ser uma oblação de suavíssimo cheiro para o Senhor.

6 Se a oblação é uma hóstia pacífica, tomada do rebanho das ovelhas, ou seja macho, ou seja fêmea, deve não ter mancha alguma. 7 Se o homem oferece um cordeiro diante do Senhor, 8 porá a mão sobre a cabeça da sua vítima, a qual será imolada à entrada do tabernáculo do testemunho: e os filhos de Aarão derramarão o seu sangue em torno do altar, 9 e oferecerão desta hóstia pacífica em sacrifício ao Senhor a gordura, e a cauda toda, 10 com os rins, e a gordura que cobre os flancos; e o redenho do fígado com os rins. 11 E o sacerdote queimará tudo isto sobre o altar, para ser alimento do fogo, e servir à oblação, que se faz ao Senhor.

12 Se a oferta é uma cabra, e o homem a oferece ao Senhor, 13 pôr-lhe-á a mão sobre a cabeça, e a imolará à entrada do tabernáculo do testemunho. Os filhos de Aarão entornarão o seu sangue ao redor do altar; 14 e tomarão da hóstia, para ser pasto do fogo do Senhor, a gordura, que cobre o ventre, e todas as entranhas: 15 os dois rins com o redenho, que eles têm por cima ao pé dos flancos, e a gordura do fígado com os rins. 16 E o sacerdote os fará queimar sobre o altar, para servirem de pasto ao fogo, e serem uma oblação de cheiro muito agradável. Toda a gordura pertencerá ao Senhor, 17 com um perpétuo direito de geração em geração, e em toda a parte, onde vós morardes. E vós não comereis jamais sangue, nem gordura.

Sacrifícios expiatórios

4 Tornou o Senhor a falar a Moisés, e lhe disse: 2 Dize aos filhos de Israel: Quando qualquer homem pecou por ignorância, e violou algum de todos os mandamentos do Senhor, cometendo coisa, que ele defendeu que se não fizesse: 3 se o sacerdote, que recebeu a unção, é quem pecou, fazendo pecar o povo; oferecerá ao Senhor pelo seu pecado um novilho, que não tenha mancha: 4 e depois de o ter trazido à porta do tabernáculo do testemunho diante do Senhor, pôr-lhe-á a mão sobre a cabeça, e o imolará ao Senhor. 5 Tomará também do sangue do novilho, e o levará ao tabernáculo do testemunho: 6 e tendo molhado o seu dedo no sangue da sua vítima, fará com ele sete aspersões na presença do Senhor, diante do véu do santuário. 7 Porá deste mesmo sangue nas hastes do altar dos perfumes de suavíssimo cheiro, para o Senhor, o qual altar está no tabernáculo do testemunho. E o resto do sangue derramá-lo-á ao pé do altar dos holocausto, que está à entrada do tabernáculo. 8 Tirará a gordura do novilho oferecido pelo pecado, assim aquela que cobre as entranhas, como toda a que está dentro: 9 os dois rins, o redenho, que eles têm por cima ao pé dos flancos, e a gordura do fígado com os rins, 10 como eles se tiram do novilho da hóstia pacífica: e queimará tudo isto sobre o altar dos holocaustos. 11 E pelo que toca à pele, a todas as carnes, à cabeça, aos pés, aos intestinos, à bosta, e ao mais do corpo: 12 levará tudo fora do campo a um lugar, limpo onde se costumam espalhar as cinzas: e queimá-lo-á numa fogueira de lenha, para tudo ser consumido no lugar, onde se espalharam as cinzas.

13 Se é todo o povo de Israel o que ignorou, e por ignorância cometeu alguma coisa contra o mandamento do Senhor: 14 se ele depois reconheceu o seu pecado, oferecerá pelo seu pecado um novilho, que levará à porta do tabernáculo. 15 Os anciãos do povo porão as suas mãos sobre a cabeça da hóstia diante do Senhor; e tendo eles imolado o novilho na presença do Senhor, 16 o sacerdote, que foi ungido, levará o sangue do novilho ao tabernáculo do testemunho; 17 e depois de ter molhado o seu dedo no sangue, fará com ele sete

aspersões diante do véu. 18 Porá do mesmo sangue nas hastes do altar, que está diante do Senhor no tabernáculo do testemunho; e o restante do sangue derramá-lo-á ao pé do altar dos holocaustos, que está à entrada do tabernáculo do testemunho. 19 Tirará toda a gordura, e queimá-la-á sobre o altar, 20 fazendo deste novilho, como se disse que se fizesse do outro. E orando o sacerdote pelo povo, o Senhor lhe perdoará o seu pecado. 21 O sacerdote levará também para fora do campo este novilho, e o queimará do modo que está dito do primeiro: porque é pelo pecado de todo o povo.

22 Se um príncipe pecou, e tendo cometido alguma coisa, que fosse proibida pela lei do Senhor, 23 reconheceu depois o seu pecado; oferecerá por hóstia ao Senhor um bode sem mancha, tomado dentre as cabras. 24 Pôr-lhe-á a mão sobre a cabeça; e depois de ele o ter imolado no lugar, onde se costumam sacrificar os holocaustos diante do Senhor, por isto ser pelo pecado; 25 o sacerdote molhará o seu dedo no sangue da hóstia oferecida pelo pecado; tocará com ele os cornos do altar dos holocaustos; e derramará o resto ao pé do altar. 26 Fará queimar a gordura em cima do altar, como se costuma fazer às hóstias pacíficas; e o sacerdote rogará por ele, e pelo seu pecado, e este se lhe perdoará.

27 Se algum dentre o povo pecou por ignorância, e tendo cometido alguma das coisas proibidas pela lei do Senhor, e caído em falta, 28 reconheceu o seu pecado, oferecerá uma cabra sem mancha. 29 Porá a sua mão sobre a cabeça da hóstia, que se oferece pelo pecado; e imolá-la-á no lugar, onde se costumam matar em holocausto. 30 O sacerdote tendo tomado no seu dedo do sangue, tocará com ele os cornos do altar dos holocaustos, e derramará o resto ao pé do altar. 31 Tirar-lhe-á também toda a gordura, como se costuma fazer nas vítimas pacíficas; fá-la-á queimar em cima do altar diante do Senhor, como uma oblação de suavíssimo cheiro; e rogará pelo que cometeu a falta, e ser-lhe-á esta perdoada.

32 Se ele oferece pelo pecado uma vítima de ovelhas, tomará uma ovelha sem mancha. 33 Pôr-lhe-á a mão sobre a cabeça, e imolá-la-á no lugar, onde se costuma matar as hóstias dos holocaustos. 34 O sacerdote, depois de tomar no seu dedo do sangue, tocará com ele os cornos do altar dos holocaustos, e derramará o resto ao pé do altar. 35 Tirar-lhe-á também toda a gordura, como se costuma tirar a do carneiro, que se oferece por hóstia pacífica: queimá-la-á sobre o altar, como uma oblação consumida pelo fogo à honra do Senhor; e rogará por ele, e pelo seu pecado, e esse se lhe perdoará.

Casos particulares

5 Se um homem pecou, porque ouvindo fazer a alguém um juramento, e podendo ser testemunha da coisa, ou porque a viu, ou porque está certo dela, não quis dar sobre isto o seu depoimento, levará a pena da sua iniquidade. 2 Se um homem tocou alguma coisa imunda, como é um animal morto por alguma fera, ou morto de si mesmo, ou qualquer animal, que anda de rastos; ainda quando ele se tenha esquecido desta sua imundície, não deixa de ser culpado, e delinquiu. 3 E se ele tocou alguma coisa de imundo no homem, que estivesse sujo, seja qualquer que for a imundície, que o pode poluir; dado que ao princípio não tomasse sentido, se depois advertiu nisso, ficará sujeito à culpa. 4 Se um homem tendo jurado, e pronunciado com os seus lábios, e confirmado com juramento, e de palavra que ele faria qualquer coisa de bem, ou de mal, se esqueceu isto, e depois se lembrou do delito; 5 faça penitência pelo seu pecado, 6 e tome dos seus rebanhos uma ovelha, ou uma cabra, que oferecerá; e o sacerdote rogará por ele, e pelo seu pecado.

7 Se ele porém não tiver nem ovelha, nem cabra, que oferecer, oferecerá ao Senhor duas rolas, ou dois pombinhos, um pelo pecado, outro em holocausto; 8 e dá-los-á ao sacerdote, o qual oferecendo primeiro um pelo pecado, lhe torcerá a cabeça nas asas, de sorte que ela fique sempre pegada ao pescoço, e não fique de todo arrancada. 9 Depois borrifará com o sangue da hóstia os lados do altar, e todo o resto fá-lo-á distilar ao pé, por ser pelo pecado. 10 O outro queimá-lo-á, e fará dele um holocausto, como é costume: o sacerdote rogará por este homem, e pelo seu pecado, e este lhe será perdoado.

11 Se ele não tem meio de oferecer duas rolas, ou dois pombinhos, oferecerá a décima parte dum efi de flor de farinha. Não lhe lançará nada de azeite, nem de incenso por cima, porque é pelo pecado. 12 Entregá-la-á ao sacerdote, e este tomará um punhado, e o queimará sobre o altar, em memória de quem o ofereceu, 13 rogando por ele, e expiando-o. O que ficar, tomá-lo-á ele para si como um donativo.

14 Falou ainda o Senhor a Moisés, e lhe disse: 15 Se um homem pecou por ignorância contra as cerimônias nas coisas, que são santificadas ao Senhor: oferecerá pelo seu delito um carneiro sem mancha, tomado dos rebanhos, que possa valer dois siclos pelo peso do santuário. 16 Restituirá todo o dano, que fez, e ajuntará por cima a quinta parte, que entregará ao sacerdote, o qual oferecerá o carneiro, rogando por ele; e perdoar-se-lhe-á o seu pecado.

17 Se um homem pecou por ignorância, fazendo alguma das coisas, que são proibidas pela lei do Senhor; e estando réu desta falta, reconheceu depois a sua iniqüidade: 18 tomará dos rebanhos um carneiro sem mancha, que oferecerá ao sacerdote, conforme a medida, e estimação do pecado. O sacerdote rogará por ele, visto que cometeu esta falta sem o saber; e ela ser-lhe-á perdoada. 19 Porque delinquiu por ignorância contra o Senhor.

6 Tornou o Senhor a falar a Moisés, e lhe disse: 2 O homem que tiver pecado, desprezando o Senhor, e recusando restituir a seu próximo o que este tinha confiado dele; ou a tiver usurpado por fraudulência; 3 ou que tendo achado alguma coisa, que estava perdida, a nega, e sobre a negar, jura falso; ou que tiver cometido qualquer daqueles muitos pecados, em que costumam cair os homens: 4 sendo convencido do delito, 5 restituirá tudo o que ele quis usurpar por fraude; e dará de mais a mais uma quinta parte ao que era seu legítimo possuidor, e a quem ele quis fazer dano. 6 E oferecerá pelo seu pecado um carneiro sem mancha, tomado do rebanho, e o dará ao sacerdote, conforme a estimação, e qualidade do seu delito. 7 O sacerdote rogará por ele diante do Senhor; e todo o mal, que ele fez pecando, lhe será perdoado.

O holocausto cotidiano

8 Falou mais o Senhor a Moisés, e lhe disse: 9 Ordena o que se segue a Aarão, e a seus filhos. Eis aqui a lei do holocausto. Este queimar-se-á no altar toda a noite até pela manhã. O fogo tomar-se-á do mesmo altar. 10 O sacerdote estando vestido da sua túnica por cima do seu vestido de linho, que lhe cobre os rins, tomará as cinzas, que restarem, depois do fogo ter consumido tudo; e pondo-as junto ao altar, 11 despojar-se-á dos seus primeiros vestidos; e, tomando outros, levará as cinzas para fora do campo, e acabará de as fazer consumir inteiramente num lugar limpo. 12 Sempre no altar estará ardendo fogo; e o sacerdote terá cuidado de o nutrir, aplicando-lhe todos os dias pela manhã, lenha, sobre a qual porá o holocausto, e fará queimar a gordura das hóstias pacíficas. 13 Este é o fogo perpétuo, que nunca faltará no altar.

Ofertas da flor de farinha

14 Eis aqui a lei do sacrifício, e das libações, que os filhos de Israel hão de oferecer na presença do Senhor, e diante do altar. 15 O sacerdote tomará um punhado da farinha mais fina, misturada com azeite, e todo o incenso, que se pôs em cima da farinha, e os fará queimar sobre o altar, como um monumento, e como um cheiro suavíssimo para o Senhor. 16 E o que ficar da farinha, comê-lo-á Aarão com seus filhos, sem fermento, no lugar santo, no átrio do tabernáculo. 17 Não se meterá fermento nesta farinha, porque dela se queima uma parte sobre o altar do Senhor. Esta oferta será uma coisa santa, e sagrada, da mesma sorte que o é o que se oferece pelo pecado, e pelo delito. 18 Só os machos da estirpe de Aarão comerão dela. Esta será uma lei eterna, que se observará entre vós de geração em geração no sacrifício do Senhor. Todos os que tocarem estas coisas serão santificados.

19 Falou ainda o Senhor a Moisés, e lhe disse: 20 Eis aqui a oferta, que Aarão, e seus filhos devem oferecer ao Senhor no dia da sua unção. Oferecerão por sacrifício perpétuo a décima parte de um efi de flor de farinha, metade pela manhã, e metade à tarde. 21 Ela será misturada com azeite, e cozida numa frigideira. O sacerdote, que suceder legitimamente a seu pai, a oferecerá quente, para ser um cheiro muito agradável ao Senhor. 22 E ela será queimada toda sobre o altar. 23 Porque todo o sacrifício dos sacerdotes deve ser consumido pelo fogo, e ninguém comerá dele.

Hóstias de propiciação

24 Falou mais o Senhor a Moisés, e lhe disse: 25 Dize a Aarão, e a seus filhos: Eis aqui a lei da hóstia, que se oferece pelo pecado. Ela será imolada diante do Senhor no lugar, onde se oferece o holocausto. Este é uma coisa santíssima. 26 E o sacerdote, que a oferece, comê-la-á no lugar santo, no átrio da tabernáculo. 27 Tudo o que tocar a carne dela, será salpicado do seu sangue, lavar-se-á no santo lugar. 28 O vaso de barro, em que ela foi cozida, quebrar-se-á. E se o vaso for de metal, será esfregado, e lavado em água. 29 Todo o macho da geração sacerdotal comerá da carne desta hóstia, porque é santíssima. 30 Porque quanto à hóstia, que se imola pelo pecado, cujo sangue é levado ao tabernáculo do testemunho para se fazer a expiação no santuário, ela não se comerá, mas será queimada no fogo.

Sacrifícios pelo delito

7 Eis aqui a lei da hóstia, que se oferece pelo delito: Esta hóstia é santíssima. 2 Por isso imolar-se-á vítima pelo delito no mesmo lugar, onde se imola o holocausto; e derramar-se-á o seu sangue ao redor do altar. 3 Oferecer-se-á

dela a cauda, e a gordura, que cobre as entranhas; 4 os dois rins; a gordura, que está ao pé dos flancos, e o redenho do fígado com os rins. 5 O sacerdote os fará queimar sobre o altar. Este é um sacrifício, que se consome em honra do Senhor pelo delito. 6 Todo o macho da estirpe sacerdotal poderá comer das carnes desta vítima, e isto no lugar santo, porque ela é santíssima.

7 Bem como se oferece a hóstia pelo pecado, assim se oferece ela pelo delito. Uma mesma lei regulará as duas hóstias: uma e outra pertencerá ao sacerdote, que a tiver oferecido. 8 O sacerdote, que oferece a vítima do holocausto, terá a sua pele. 9 Toda a oferta de flor de farinha, que se coze no forno, ou que se torra na grelha, ou que se prepara na frigideira, será do sacerdote, que a tiver oferecido. 10 Quer ela seja molhada em azeite, quer seja seca, ela se deve repartir igualmente entre todos os filhos de Aarão.

Sacrifícios pacíficos

11 Eis aqui a lei das hóstias pacíficas, que se oferecem ao Senhor. 12 Se a oferta é em ação de graças, oferecer-se-ão uns pães asmos amassados em azeite; umas empanadas asmas borrifadas de azeite por cima, da farinha cozida mais pura; umas tortilhas borrifadas, e misturadas de azeite. 13 Oferecer-se-ão também pães, que se imola por sacrifício pacífico. 14 Dos quais pães se oferecerá um ao Senhor pelas primícias, e este pertencerá ao sacerdote, que entornar o sangue da hóstia.

15 A carne da vítima comer-se-á no mesmo dia, e não ficará dela nada para o outro. 16 Se alguém oferecer uma hóstia por voto, que fez, ou a oferecer espontaneamente, também esta será comida no mesmo dia: e quando dela fique algum resto para o outro dia, será lícito comê-lo. 17 Mas tudo o que se achar de resto ao terceiro dia, será consumido no fogo. 18 Se alguém comer da carne da hóstia pacífica ao terceiro dia, ficará sendo inútil a oferta, e não servirá de nada a quem a tiver oferecido: antes pelo contrário todo o que se contaminar, comendo assim desta hóstia, será réu de prevaricação. 19 E carne, que tiver tocado alguma coisa imunda, não se comerá, mas será consumida no fogo.

Aquele que estiver limpo, poderá comer dela. 20 O homem, que estando sujo, comer da carne das hóstias pacíficas, que foram oferecidas ao Senhor, perecerá do meio do seu povo. 21 E o que tendo tocado qualquer coisa imunda, ou seja de homem ou seja de besta, ou geralmente de toda outra coisa, que possa sujar, não deixa de comer desta carne, perecerá do meio do seu povo.

Proibição de comer gordura e sangue

22 Falou mais o Senhor a Moisés, e lhe disse: 23 Dize aos filhos de Israel: Não comereis gordura de ovelha, nem de boi, nem de cabra. 24 Podereis servir-vos para diversos usos da gordura duma besta, que morresse por si mesma, ou da que fosse tomada por outra besta. 25 Se alguém comer da gordura, que se deve oferecer, e queimar diante do Senhor, será exterminado do meio do seu povo. 26 Não tomareis, para sustento vosso, sangue de animal algum, tanto das aves, como dos rebanhos. 27 Toda pessoa, que comer do sangue, perecerá do meio do seu povo.

A porção dos sacerdotes

28 Falou ainda o Senhor a Moisés, e lhe disse: 29 Fala aos filhos de Israel, e dize-lhes: Aquele que oferece ao Senhor uma hóstia pacífica, oferece-lhe ao mesmo tempo o sacrifício, isto é, as libações, de que ela deve ir acompanhada. 30 Terá na mão a gordura, e o peito da hóstia; e depois que tiver consagrado uma, e outra coisa ao Senhor, entregá-las-á ao sacerdote 31 que fará queimar a gordura sobre o altar; e o peito será para Aarão, e seus filhos. 32 A espádua direita da hóstia pacífica pertencerá também ao sacerdote, assim como as primícias da oblação. 33 Aquele dentre os filhos de Aarão, que oferecer o sangue, e a gordura, terá também à sua parte a espádua direita. 34 Porque eu reservei para mim da carne das hóstias pacíficas, oferecidas pelos filhos de Israel, o peito, que se tirou delas, e a espádua que dele foi separada: e eu as dei ao sacerdote Aarão, e a seus filhos por uma lei, que será perpetuamente observada por todo o povo de Israel.

35 Este é o direito da unção de Aarão, e de seus filhos, nas cerimônias do Senhor, o qual direito eles adquiriram no dia, em que Moisés lhos apresentou, para exercerem as funções do sacerdócio. 36 E isto é o que o Senhor mandou que lhes dessem os filhos de Israel por uma religiosa observância, que deve passar de idade em idade a todos os seus descendentes.

37 Eis aqui a lei do holocausto, e do sacrifício pelo pecado, e pelo delito das consagrações, e das vítimas pacíficas. 38 A qual o Senhor deu a Moisés no Monte Sinai, quando ordenou aos filhos de Israel, que oferecessem as suas oblações ao Senhor no deserto de Sinai.

II. CONSAGRAÇÃO DOS SACERDOTES

Sagração de Aarão e de seus filhos

8 Falou ainda o Senhor a Moisés, e lhe disse:
2 Toma a Aarão com os seus filhos, as suas
vestimentas, o óleo da unção, o novilho pelo
pecado, dois carneiros, um cesto de pães as-
mos; 3 e faze ajuntar todo o povo à entrada
do tabernáculo. 4 Fez Moisés o que o Senhor
tinha mandado. E tendo ajuntado todo o po-
vo diante da porta do tabernáculo lhe disse:
5 Eis aqui o que o Senhor mandou que se
fizesse. 6 Ao mesmo tempo apresentou Aarão,
e seus filhos. E depois de os ter lavado, 7 ves-
tiu o pontífice da sua camisa de linho, cingiu-o
com o cíngulo, lançou-lhe por cima a túnica
de jacinto, pôs-lhe o efod sobre a túnica; 8 e
apertando-o com o cíngulo, prendeu a ele o
racional, onde estavam escritas estas palavras:
Doutrina e Verdade. 9 Pôs-lhe também a mitra
na cabeça, e sobre a mitra, no lugar que co-
bria a testa, pôs a lâmina de ouro consagrada
pelo santo nome, como o Senhor lhe tinha
mandado.

10 Tomou outrossim o óleo da unção com
o qual ungiu o tabernáculo, e todas as suas
alfaias. 11 E tendo feito sete aspersões sobre
o altar para o santificar, entornou sobre ele
o óleo, como também sobre todos os seus
vasos, e santificou com o óleo a bacia com a
base, que a sustinha. 12 Derramou também
sobre a cabeça de Aarão o óleo, com que o
ungiu, e sagrou. 13 E tendo apresentado da
mesma sorte os filhos de Aarão, ele lhes
vestiu as suas camisas de linho, cingiu-os com
os seus cíngulos, e pôs-lhes as mitras na ca-
beça, como o Senhor o tinha mandado.

Sacrifícios de sagração

14 Ofereceu também um novilho pelo pe-
cado. E tendo Aarão, e seus filhos posto as
suas mãos sobre a cabeça desta vítima. 15 Moi-
sés a imolou: e tomando do sangue, molhou
nele o seu dedo, e tocou com ele as hastes
do altar todo em roda: e tendo-o assim puri-
ficado, e santificado, derramou o resto do
sangue ao pé do altar. 16 Fez queimar sobre
o altar a gordura, que cobre as entranhas,
o redenho do fígado, e os dois rins com a
gordura, que está pegada a eles. 17 E queimou
o novilho fora do campo, com a pele, a carne,
e a bosta, como o Senhor o tinha mandado.

18 Ofereceu também um carneiro em holo-
causto. E tendo-lhe Aarão com seus filhos
posto as mãos sobre a cabeça, 19 ele Moisés
o imolou, e lhe derramou o sangue ao redor
do altar. 20 Fez também em pedaços o car-
neiro, e queimou no fogo a cabeça, os mem-
bros, e a gordura, 21 depois de lhe ter lavado
os intestinos, e os pés. Queimou sobre o Altar
o carneiro todo, por ser isto um holocausto
de suavíssimo cheiro para o Senhor, como
ele o tinha mandado.

22 Ofereceu ainda um segundo carneiro pa-
ra a sagração dos Sacerdotes: e tendo-lhe
Aarão com seus filhos posto as mãos sobre
a cabeça, 23 Moisés o imolou: e tomando do
seu sangue, tocou com ele a extremidade da
orelha direita de Aarão, e o dedo polegar da
sua mão direita, e do seu pé. 24 Tendo tam-
bém apresentado os filhos de Aarão, tomou
do sangue do carneiro imolado e tocou com
ele a extremidade da orelha de cada um deles,
e os dedos polegares da sua mão direita, e
do seu pé; e entornou o resto do sangue ao
redor do altar. 25 Pôs à parte a gordura, a
cauda, e todas as banhas, que cobrem os in-
testinos, o redenho do fígado, e os dois rins
com a banha, que está pegada a eles, e a es-
pádua direita. 26 E tirando do cesto dos pães
asmos, que estavam diante do Senhor, um
pão asmo, uma empanada borrifada de azeite,
e uma torta, pôs todas estas coisas sobre as
banhas da hóstia, e sobre a espádua direita;
27 e entregou-as todas a Aarão, e a seus fi-
lhos, que as elevaram diante do Senhor. 28 Tor-
nadas a tomar das mãos deles, Moisés as
queimou em cima do altar dos holocaustos,
por ser esta a oferta da sagração, e um sa-
crifício de suavíssimo cheiro para o Senhor.
29 Tomou outrossim o peito do carneiro imo-
lado para a sagração, e elevou-o diante do
Senhor, como a parte, que lhe estava des-
tinada, segundo a ordem, que o Senhor lhe
dera. 30 Depois tomando o óleo da unção, e
o sangue, que estava sobre o altar, borrifou
com eles a Aarão, e os seus vestidos, os filhos
de Aarão, e os filhos deles.

31 E depois de os ter santificado nos seus
vestidos mandou-lhes, e disse-lhes o seguin-
te: Fazei cozer a carne das vítimas diante
da porta do tabernáculo, e comei-a aí mesmo.
Comei também os pães da sagração, que es-
tiverem postos no cesto, como o Senhor mo
ordenou, dizendo: Aarão, e seus filhos co-
merão estes pães; 32 e tudo o que restar desta
carne, e destes pães, será consumido pelo fogo.
33 Vós não saireis da entrada do tabernáculo
por sete dias até o dia, em que se complete
o tempo da vossa sagração; porque a sagra-
ção acaba-se em sete dias, 34 como presente-
mente se fez, a fim de cumprirem as cerimô-
nias deste sacrifício. 35 Estareis de dia, e de

noite, no tabernáculo velando diante do Senhor, para que não suceda morrerdes: porque assim me foi ordenado. 36 Aarão pois, e seus filhos fizeram tudo o que o Senhor lhes tinha mandado por Moisés.

As primícias dos novos sacerdotes

9 Ao oitavo dia chamou Moisés a Aarão, e a seus filhos, e aos anciãos de Israel, e disse a Aarão: 2 Toma do teu rebanho um novilho pelo pecado, e um carneiro para o holocausto, um e outro sem mancha, e oferece-os diante do Senhor. 3 Dirás também aos filhos de Israel: Tomai um bode pelo pecado, um novilho e um cordeiro, dum ano sem mancha, para se fazer um holocausto. 4 Tomai outrossim um boi, e um carneiro para hóstias pacíficas, e imolai-os diante do Senhor, oferecendo no sacrifício de cada um destes animais farinha pura misturada com azeite: porque hoje vos há de aparecer o Senhor. 5 Puseram eles pois à entrada do tabernáculo tudo o que Moisés lhes tinha ordenado; e ali posta em pé toda a multidão do povo, 6 Moisés lhes disse: Isto é o que o Senhor vos mandou: fazei-o, e aparecer-vos-á a sua glória. 7 Então disse ele para Aarão: Chega-te ao altar, e imola pelo teu pecado. Oferece o holocausto, e roga por ti, e pelo povo: e depois de teres sacrificado a hóstia pelo povo, ora por ele, como o Senhor mandou.

8 Logo Aarão chegando-se ao altar, imolou um novilho pelo seu pecado; 9 cujo sangue tendo-lhe apresentado seus filhos, molhou nele o dedo, e tocou com ele os cornos do altar, e derramou o resto do sangue ao pé do altar. 10 Queimou também em cima do altar a gordura, os rins, e o redenho do fígado, que são pelo pecado, conforme o tinha mandado o Senhor a Moisés. 11 A carne, porém, e a pele consumiu-as no fogo fora do campo. 12 Imolou também a vítima do holocausto: e tendo-lhe seus filhos apresentado o sangue dela, Aarão o entornou ao redor do altar. 13 Apresentaram-lhe outrossim a hóstia cortada em pedaços com a cabeça e todos os membros, e ele queimou tudo sobre o altar, 14 lavados primeiro em água os intestinos, e os pés.

15 Matou também o bode, que ofereceu pelo pecado do povo; e tendo purificado o altar, 16 ofereceu o holocausto; 17 e ajuntou a este sacrifício as oblações, que ao mesmo tempo se oferecem; e fê-las queimar sobre o altar, além das cerimônias do holocausto, que se oferece todas as manhãs. 18 Imolou outrossim um boi, e um carneiro, como hóstias pacíficas pelo povo; e tendo-lhe seus filhos apresentado o sangue, ele o derramou sobre o altar. 19 Puseram também sobre os peitos destas hóstias a gordura do boi, e a cauda do carneiro, os rins com a sua banha, e o redenho do fígado. 20 E queimada que foi a gordura sobre o altar, 21 pôs Aarão à parte o peito, e a espádua direita das hóstias, elevando-as diante do Senhor, como Moisés o tinha ordenado.

Revelação da glória do Senhor

22 Estendeu depois as suas mãos para o povo, e o abençoou. E tendo assim acabado a oblação das hóstias pelo pecado, dos holocaustos, e das vítimas pacíficas, desceu. 23 Então entraram Moisés e Aarão no tabernáculo do testemunho; e tendo depois saído, abençoaram o povo. Ao mesmo tempo apareceu a glória do Senhor a toda a assembléia do povo: 24 e um fogo, que saiu, vindo do Senhor, devorou o holocausto, e as banhas, que estavam em cima do altar, o que vendo todo o povo, louvaram o Senhor, prostrando-se com o rosto em terra.

O pecado de Nadab e Abiu

10 Então Nadab, e Abiu, filhos de Aarão lançando mão dos seus turíbulos, puseram neles o fogo, e por cima o incenso, oferecendo diante do Senhor um fogo estranho, coisa que lhe não tinha sido mandada. 2 Ao mesmo tempo um fogo vindo do Senhor os devorou, e eles morreram diante do Senhor. 3 Pelo que disse Moisés a Aarão: Eis aqui o que disse o Senhor: Eu serei santificado naqueles, que se chegam a mim, e serei glorificado diante de todo o povo. O que tendo ouvido Aarão, calou-se. 4 E Moisés tendo chamado a Misael, e a Elisafan, filhos de Oziel, tio de Aarão, lhes disse: Ide, tirai vossos irmãos de diante do santuário, e levai-os para fora do campo. 5 Foram eles logo tirá-los, assim deitados, e mortos como estavam, vestidos com as suas túnicas de linho, e lançaram-nos fora, como lhes tinha sido mandado.

6 Então disse Moisés a Aarão, e a Eleazar, e a Itamar, filhos de Aarão: Vede lá não descubrais as vossas cabeças, nem rasgueis os vossos vestidos, não suceda morrerdes vós, e levantar-se a ira do Senhor contra todo o povo. Vossos irmãos, e toda a casa de Israel chorem o incêndio, que o Senhor suscitou. 7 Vós, porém, não saiais das portas do tabernáculo, sob pena de perecerdes: porque foi derramado sobre vós o óleo da santa unção. E eles fizeram tudo, conforme Moisés lhes ordenara.

Deveres dos sacerdotes

8 Disse também o Senhor a Aarão: 9 Tu, e teus filhos não bebereis vinho, nem coisa que possa embriagar, quando entrardes no tabernáculo do testemunho para que não suceda morrerdes: porque este é um preceito eterno que passará a toda a vossa posteridade; 10 e isto a fim de que vós tenhais a ciência de discernir entre o santo, e o profano; entre o puro, e o impuro; 11 e para que vós ensineis aos filhos de Israel todas as leis, que lhes prescrevi por Moisés.

12 Disse então Moisés a Aarão, e a Eleazar, e a Itamar, que eram os filhos, que lhe tinham ficado: Tomai o sacrifício, que ficou da oblação do Senhor, e comei-o sem fermento ao pé do altar, porque isto é uma coisa santíssima. 13 Vós o comereis no lugar santo, como dado que foi a ti, e a teus filhos, das oblações do Senhor, conforme ele me ordenou. 14 Comereis também tu, e teus filhos, e tuas filhas contigo, num lugar muito limpo, o peito, que dele foi oferecido, e a espádua, que dele foi posta à parte. Porque isto é o que se reservou para ti, e para teus filhos, das hóstias pacíficas dos filhos ds Israel: 15 porque eles elevaram diante do Senhor a espádua, o peito, e as banhas, que se queimam no Altar; e porque estas coisas te pertencem a ti e a teus filhos por uma lei perpétua, segundo a ordem, que sobre isso deu o Senhor.

16 Entretanto buscando Moisés o bode, que tinha sido oferecido pelo pecado, achou-o queimado. E cheio de ira contra Eleazar, e Itamar, que eram os filhos, que tinham ficado a Aarão, disse-lhes: 17 Por que não comestes vós a hóstia pelo pecado no santo lugar, cuja carne é santíssima, e vos foi dada, para que vós carregueis com a iniquidade do povo, e rogueis por ele diante do Senhor? 18 e tanto mais que o sangue desta hóstia não foi levado ao santuário, e vós a devíeis ter comido no lugar santo, conforme o que se tinha mandado. 19 Aarão lhe respondeu: Hoje ofereceu-se a vítima pelo pecado, e apresentou-se diante do Senhor o holocausto: a mim, porém, aconteceu-me o que tu vês. Como poderia eu logo comer desta vítima, ou agradar ao Senhor nestas cerimônias, achando-me com o espírito oprimido de aflição? 20 O que, ouvindo Moisés, admitiu a escusa.

III. PUREZA LEGAL

Animais puros e impuros

11 Depois falou o Senhor a Moisés, e a Aarão, e lhes disse: 2 Declarai aos filhos de Israel o seguinte: De todos os animais da terra, eis aqui os de que vós podereí comer. 3 Dentre os quadrúpedes podereis comer daqueles, que têm a unha rachada, e que remoem. 4 Quanto aos que remoem, mas não têm a unha rachada, como são os camelos e outros animais, não comereis deles, e reputá-los-eis imundos. 5 O querogrilo, que remói mas não tem a unha rachada, é imundo. 6 A lebre também é imunda, porque ainda que remói, não tem a unha rachada. 7 O porco também é imundo, porque ainda que tem a unha rachada, não remói. 8 Não comereis carne de nenhum destes animais, nem tocareis os seus cadáveres, porque os deveis ter por imundos.

9 Eis aqui os aquáticos de que vos é permitido comer: Comereis de tudo o que tem barbatanas, e escamas, tanto no mar, como nos rios, como nos tanques. 10 Mas tudo o que se move, e vive nas águas sem ter barbatana, nem escamas, será para vós abominável, e execrando. 11 Não comereis da carne destes aquáticos, nem os tocarei, quando estiverem mortos. 12 Todos os aquáticos, que não tiverem barbatanas nem escamas, serão para vós imundos.

13 Das aves, eis aqui as de que vós não comereis, e as que deveis evitar: a águia, o grifo, o falcão, 14 o milhano, o abutre, e tudo o que é da sua espécie; 15 o corvo, e tudo o que é da sua espécie; 16 o avestruz, a coruja, a garça, o açor, e tudo o que é da sua espécie; 17 o mocho, a gaivota, o íbis, 18 o cisne, o onocrótalo, o porfirião, 19 o herôdio, a cegonha, e tudo o que é da sua espécie, a poupa, e o morcego.

20 Tudo o que voa, e anda sobre quatro pés, será para vós abominável. 21 Mas tudo o que anda sobre quatro pés, e que tendo os pés detrás mais compridos, salta sobre a terra, 22 podeis comer dele: como é o brugo segundo a sua espécie, o ataco, o ofiômaco, e o gafanhoto, cada um segundo a sua espécie. 23 Todos os animais, que voam, e têm só quatro pés, serão para vós execrandos.

24 Todo o que tocar, estando mortos, será poluto, e ficará imundo até à tarde. 25 Se lhe for necessário pegar em algum destes animais depois de mortos, lavará os seus vestidos, e ficará imundo até o pôr do sol. 26 Todo o animal, que tem unha mas sem ser rachada, e que não remói, será imundo;

e aquele que o tocar, ficará contaminado. 27 De
todos os animais quadrúpedes, aqueles que
andam sobre as quatro mãos serão imundos:
aquele, que os tocar mortos, ficará imundo
até à tarde. 28 Aquele que carregar com esses
cadáveres, lavará os seus vestidos, e ficará
imundo até à tarde: porque estes animais
são para vós imundos.
29 Também entre os animais, que se mo-
vem sobre a terra, deveis vós reputar imundos
estes: a doninha, o rato; o crocodilo, cada
um na sua espécie; 30 o musaranho, o cama-
leão, o estelião, a lagartixa, a toupeira. 31 To-
dos estes animais são imundos. Aquele que
tocar os seus cadáveres, ficará imundo até
à tarde. 32 E tudo sobre que cair alguma
coisa dos seus cadáveres, ficará poluto; ou
seja um vaso de pau, ou seja um vestido, ou
sejam peles, e cilícios. Todos os vasos, em
que se faz qualquer coisa, serão lavados em
água: eles ficarão polutos até à tarde, e de-
pois disto ficarão limpos. 33 Mas o vaso de
barro, sobre que cair alguma coisa destas,
ficará poluto, e por isso se deve quebrar. 34 Se
se derramar alguma água em cima de qual-
quer comer vosso, ficará este imundo: e todo
o líquido, que se bebe de qualquer destes
vasos, será imundo. 35 Se destes animais mor-
tos cair alguma coisa sobre o que quer que
for, ficará isso imundo: ou o sobre que caiu
seja um forno, ou seja uma marmita, estas
coisas se devem reputar imundas, e se devem
desfazer. 36 Porém as fontes, as cisternas, e
todos os depósitos dágua serão puros. Aquele,
que tocar os sobreditos cadáveres, ficará po-
luto. 37 Se deles cair alguma coisa sobre a
semente, não ficará por isso imunda. 38 Mas
se alguém entornou água sobre a semente e
esta depois tocou em coisa de cadáver, no
mesmo ponto ficará poluta.
39 Se morreu algum daqueles animais, de
que vos é lícito comer, aquele que tocar o
seu cadáver, ficará imundo, até à tarde. 40 O
que comer alguma coisa dele, ou tiver carre-
gado com ele, lavará os seus vestidos, e ficará
imundo até a tarde.
41 Tudo o que anda de rastros sobre a
terra, será abominável, e não se comerá dele.
42 Não comereis nada de todo aquele animal
que tendo quatro pés, anda sobre o peito;
nem do que tem muitos pés, ou que se arrasta
pela terra: porque estes animais são abomi-
náveis. 43 Guardai-vos de contaminardes as
vossas almas, e não toqueis nenhuma destas
coisas, para não ficardes manchados. 44 Por-
que eu sou o Senhor vosso Deus. Sede santos,
porque eu sou santo. Não mancheis as vossas
almas com o toque de algum dos répteis, que
se movem sobre a terra. 45 Porque eu sou o
Senhor, que vos tirei do Egito, para ser o
vosso Deus. Vós sereis santos, porque eu sou
santo.
46 Esta é a lei sobre as bestas, sobre as
aves, sobre todo o animal vivente, que se
move na água, ou que anda de rojo pela terra;
47 para que vós conheçais a diferença do que
é limpo, ou imundo; para que saibais que é
o que deveis comer ou rejeitar.

Purificação das mulheres

12 Tornou o Senhor a falar a Moisés, e lhe
disse: 2 Fala aos filhos de Israel, e dize-
lhes: Se uma mulher, tendo usado do matri-
mônio, parir macho, será imunda sete dias,
e estará separada da mesma sorte, que nas
suas purgações menstruais. 3 Ao oitavo dia
será o menino circuncidado. 4 E ela ficará
ainda trinta e três dias a purificar-se das con-
seqüências do seu parto. Não tocará coisa
alguma santa, nem entrará no santuário, até
se acabarem os dias da sua purificação. 5 Se
ela parir fêmea, será imunda duas semanas,
como nas suas purgações menstruais; e ficará
sessenta e seis dias a purificar-se das conse-
qüências do seu parto.
6 Completos que forem os dias da sua pu-
rificação, ou por filho, ou por filha, levará
ela à porta do tabernáculo do testemunho
um cordeiro dum ano, para ser oferecido em
holocausto, e oferecerá pelo pecado um pom-
binho, ou uma rola, que entregará ao sacer-
dote, 7 o qual os oferecerá diante do Senhor,
e rogará por ela. E assim será ela purificada
das conseqüências do seu parto. Esta é a lei,
que deve observar a que tenha parido ma-
cho, ou parido fêmea. 8 Se ela, porém, não
teve modo de poder oferecer um cordeiro,
tomará duas rolas, ou dois pombinhos, um
para ser oferecido em holocausto, outro pelo
pecado: e o sacerdote orará por ela, e ela
será assim purificada.

Lei sobre a lepra

13 Falou mais o Senhor a Moisés, e a Aarão,
e lhes disse: 2 O homem, em cuja pele,
ou em cuja carne se formar alguma diversi-
dade de cor, ou alguma bostela, ou qualquer
coisa de luzente que pareça a praga da lepra,
será levado ao sacerdote Aarão, ou a qualquer
de seus filhos. 3 Se ele vir que aparece lepra
na sua pele; que o pêlo mudou de cor, e se
fez branco; que os lugares, onde aparece a
lepra, estão mais encovados do que a pele,
e do que a restante da carne; é sinal que

aquilo é a praga da lepra; e o tal homem será
separado da companhia dos outros por juízo
do sacerdote. 4 Se aparecer uma branquidão
luzidia sobre a pele, sem que este lugar este-
ja mais encovado do que o restante da carne,
e o pêlo está da cor, que sempre teve: o sa-
cerdote o encerrará sete dias, 5 e o examinará
ao dia sétimo: e se a lepra não foi por diante,
e não se entranhou mais pela pele dentro
torná-lo-á a encerrar outros sete dias. 6 Ao
sétimo dia examiná-lo-á: e se a lepra aparecer
mais escura, e não tiver lavrado mais pela
pele, declará-lo-á limpo, porque isto é sarna.
Este homem lavará os seus vestidos e será
limpo. 7 Se depois que ele foi visto pelo sa-
cerdote, e declarado limpo, cresceu novamente
a lepra, tornar-lho-ão a levar, 8 e ele será
condenado de imundo.

9 Se a praga da lepra se achar num ho-
mem, será ele levado ao sacerdote, 10 e ele
o examinará. E quando na pele apareça uma
branquidão, e os cabelos tenham mudado de
cor, e a mesma carne apareça viva; 11 julgar-
se-á esta uma lepra muito inveterada, e muito
arraigada na pele. Por isso o sacerdote o de-
clarará imundo, e não o encerrará, porque a
sua imundície bem se está vendo. 12 Se a
lepra aparecer como em flor, de sorte que vá
lavrando pela pele, e ela a cubra toda desde
a cabeça até os pés, quanto podem ver os
olhos; 13 o sacerdote o examinará, e julgará,
que a lepra, que ele tem, é limpíssima, porque
se tornou toda branca. Assim o tal homem
será declarado limpo. 14 Mas quando nele
aparecer a carne viva, 15 então será ele de-
clarado imundo por juízo do sacerdote, e será
considerado na classe dos imundos. Porque a
carne viva, se está salpicada de lepra, é imun-
da. 16 Se ela se mudou, e de novo se tornou
a fazer branca, e cobriu todo o homem, 17 o
sacerdote o considerará, e o declarará limpo.

18 Quando tendo havido na carne, ou na
pele de algum uma úlcera, que fosse curada,
19 aparecer no lugar da úlcera uma cicatriz
branca, ou tirando a vermelho, será este
homem levado ao sacerdote, 20 o qual vendo
que o lugar da lepra está mais encovado do
que toda a mais carne, e que o pêlo se mudou,
e se fez branco, declará-lo-á imundo: porque
isto é a praga da lepra, que se formou na
úlcera. 21 Se o pêlo está da cor que sempre
teve, e a cicatriz algum tanto escura, sem
estar mais encovada do que a carne vizinha,
o sacerdote o terá recluso sete dias. 22 E se
o mal cresceu, declarará que isto é lepra.
23 Mas se ele parou no mesmo lugar, não
é outra coisa, senão a cicatriz da úlcera, e o
homem será declarado limpo.

24 Quando tendo-se queimado algum ho-
mem na carne, ou na pele, estando curada,
a queimadura, se tornou a cicatriz branca,
ou vermelha, 25 o sacerdote a considerará:
e se vir que ela se fez toda branca, e que
este lugar está mais encovado do que o res-
tante da pele, declará-lo-á imundo: porque
isto é que a praga da lepra se formou na ci-
catriz. 26 Se o pêlo não mudou de cor, e o
lugar ferido não está mais encovado do que
o resto da carne e a lepra aparece algum
tanto escura, tê-lo-á fechado sete dias, 27 e
ao dia sétimo o examinará. Se a lepra cresceu
por cima da pele, declará-lo-á imundo. 28 Se
esta mancha branca parou no mesmo lugar,
e se fez algum tanto escura, isto é somente
a praga da queimadura; por isso ele será de-
clarado limpo, porque esta cicatriz é efeito
do fogo, que o queimou.

29 Se nascer lepra na cabeça dum homem,
ou duma mulher, ou na barba dum homem,
o sacerdote o examinará. 30 E se este lugar
estiver mais encovado do que o resto da carne,
e o cabelo tirar para amarelo, e estiver mais
delgado do ordinário: ele os declarará imun-
dos, porque isto é lepra da cabeça, e da barba.
31 Mas se ele vir que o lugar da mancha está
igual com a carne vizinha, e que o cabelo está
negro, tê-lo-á fechado sete dias, 32 e examiná-
lo-á no dia sétimo. Se a mancha não cresceu,
e o cabelo conservou a sua cor; e o lugar da
praga está igual com a mais carne; 33 será
o homem rapado, menos no lugar desta man-
cha e tê-lo-ão recluso outros sete dias. 34 Se
ao dia sétimo se achar que a praga parou
no mesmo lugar, e este não está mais envo-
cado do que a mais carne, o sacerdote o de-
clarará limpo: e ele, lavados os seus vestidos,
será limpo. 35 Se depois de ele julgado limpo
tornar ainda esta mancha a crescer sobre a
pele, 36 não inquirirá, mas se o pêlo se mudou
para amarelo: porque a olhos vistos está imun-
do o homem. 37 Mas se a mancha perseverar
no mesmo estado e os cabelos estiverem ne-
gros, deve o sacerdote conhecer que o homem
está são, e afoitamente o pronuncie limpo.

38 Se aparecer alguma branquidão na pe-
le dum homem, ou duma mulher, 39 o sa-
cerdote os considerará. Se ele achar que esta
branquidão, que aparece sobre a pele, é um
tanto parda, saiba que isto não é lepra, mas
somente uma mancha de cor branca, e que
o homem está puro.

40 Quando a um homem lhe caem os ca-
belos da cabeça, fica ele calvo, e é limpo.
41 Se os cabelos lhe caem de diante da cabeça,
fica ele antecalvo, e é limpo. 42 Se sobre a
pele da cabeça, ou de diante da cabeça, que

está sem cabelos, se formar uma malha branca, ou vermelha, 43 o sacerdote tendo-o visto, o condenará indubitavelmente, como ferido de lepra, que lhe nasceu no lugar da calva.

44 Todo o homem pois, que estiver iscado de lepra, e que foi separado por juízo do sacerdote, 45 terá os seus vestidos descosidos, a cabeça descoberta, o rosto tapado com o seu vestido, e gritará, dizendo que ele está imundo, e sujo. 46 Por todo o tempo que ele estiver leproso, e imundo habitará só fora do campo.

Lepra das vestes

47 Se um vestido de lã, ou de linho for infecto de lepra, 48 na cadeia, ou na trama; ou se uma pele, ou qualquer coisa feita de pele: 49 dado caso que nele se vejam umas manchas brancas, ou vermelhas, julgar-se-á que isto é lepra, e os tais vestidos, ou peles mostrar-se-ão ao sacerdote, 50 o qual depois de os examinar, tê-los-á fechados sete dias.

51 Ao dia sétimo torná-los-á a ver: e se ele achar que as manchas cresceram, será isto uma lepra arraigada, e ele julgará que estes vestidos, e todas as outras coisas, onde se acham as nódoas, estão imundas: 52 e por isso fá-las-á queimar no fogo. 53 Se ele vir que as manchas não cresceram, 54 ordenará que se lave o que aparece infecto de lepra, e tê-lo-á fechado outros sete dias.

55 E vendo que o pano, ou pele não recobrou a sua primeira cor, dado que a lepra não se aumentasse, julgará imundo o tal vestido, e queimá-lo-á no fogo: porque a lepra se difundiu pela superfície, ou o repassou todo. 56 Mas se depois de lavado o vestido, está o lugar da lepra mais escuro, rasgá-lo-á, e separá-lo-á do resto. 57 Se depois disto aparecer ainda uma lepra vaga, e volante nos lugares, que antes estavam sem mancha, deve tudo ser queimado. 58 Se as manchas desaparecerem, lavar-se-á outra vez em água o que está limpo, e ele ficará purificado. 59 Esta é a lei tocante à lepra dum vestido de lã, ou de linho, da cadeia, ou da trama, e de tudo o que é feito de pele, para se saber como o tal vestido se deve julgar limpo, ou imundo.

Purificação dos leprosos

14 Falou mais o Senhor a Moisés, e lhe disse: 2 Eis aqui o que vós deveis observar tocante ao leproso, quando ele deve ser declarado limpo. Será levado ao sacerdote: 3 e o sacerdote tendo saído do campo, ao achar que a lepra está bem curada, 4 ordenará ao que há de ser purificado, que ofereça por si dois pardais vivos, dos quais é lícito comer, e pau de cedro, e escarlata, e hissopo. 5 Ordenará outrossim, que um dos pardais seja imolado num vaso de barro sobre águas vivas. 6 O outro pardal, que está vivo, ele o ensopará com o pau de cedro, escarlata, e hissopo no sangue do pardal imolado: 7 e com este sangue fará sete aspersões sobre aquele, que está para se purificar, a fim de que ele fique legitimamente purificado. Depois disto deitará o pardal vivo a voar para o campo. 8 E o homem, depois de ter lavado os seus vestidos, rapará todo o pêlo do seu corpo, e lavar-se-á em água; e estando assim purificado, entrará no campo; debaixo da condição contudo, que ele estará sete dias fora da sua tenda. 9 Ao sétimo dia rapará todos os cabelos da cabeça a barba e as sobrancelhas, e todo o pêlo do corpo.

E tendo segunda vez levado os seus vestidos, e o seu corpo.

Os sacrifícios para a purificação

10 Ao dia oitavo tomará dois cordeiros sem defeito, e uma ovelha dum ano também sem defeito, e três dízimas de flor de farinha borrifada de azeite, para se empregar em sacrifício, e separadamente um sextário de azeite. 11 E quando o sacerdote, que purifica este homem, o tiver apresentado com todas estas coisas diante do Senhor à porta do tabernáculo do testemunho, 12 tomará um dos cordeiros, e o oferecerá pelo delito com o vaso do azeite: e tendo oferecido todas estas coisas diante do Senhor, 13 degolará o cordeiro, onde se costumam imolar a hóstia pelo pecado, e o holocausto, isto é, no lugar santo. Porque a hóstia, que se oferece pelo delito, pertence ao sacerdote, bem como a que se oferece pelo pecado, e a carne fica sendo santíssima. 14 Então o sacerdote tomando do sangue da hóstia, que foi imolada pelo delito, o porá sobre a extremidade da orelha direita daquele, que se purifica, e sobre os dedos polegares da sua mão direita, e do seu pé. 15 Derramará também parte do vaso do azeite sobre a sua mão esquerda, 16 e untará no mesmo azeite o dedo da sua mão direita, e fará com ele sete aspersões diante do Senhor: 17 e o que ficar do azeite na mão esquerda, derramá-lo-á sobre a extremidade da orelha direita daquele, que se purifica, e sobre os dedos polegares da mão, e pé direito, e sobre o sangue, que foi derramado pelo delito, 18 e sobre a cabeça do homem. 19 Ao mesmo tempo o sacerdote rogará por ele diante do Senhor, fará sacrifício pelo pecado: depois imolará o holocausto, 20 e pô-lo-á sobre o altar com as libações, que o

devem acompanhar: e ficará o homem purificado segundo a lei.

21 Se é pobre, de sorte que não possa achar tudo o que está apontado, bastará que tome um cordeiro, que se ofereça pelo delito, para que o sacerdote rogue por ele, e um dízimo de flor de farinha borrifada de azeite, para ser oferecido em sacrifício com um sextário de azeite, 22 e duas rolas, ou dois pombinhos, um dos quais será pelo pecado, e outro para holocausto: 23 e ao oitavo dia de sua purificação, oferecê-los-á ao sacerdote à porta do tabernáculo do testemunho diante do Senhor. 24 Então o sacerdote recebendo o cordeiro pelo delito, e o sextário de azeite, levá-los-á juntos: 25 e depois de ter imolado o cordeiro, tomará do seu sangue, e pô-lo-á sobre a extremidade da orelha direita de aquele, que se purificar, sobre os dedos polegares da sua mão, e do seu pé direito. 26 Derramará também parte do azeite em cima da sua mão esquerda; 27 e untando no mesmo azeite o dedo da sua mão direita, fará com ele sete aspersões diante do Senhor. 28 Tocará com o mesmo dedo a extremidade da orelha direita de aquele, que se purifica, e os dedos polegares da sua mão, e do seu pé direito no mesmo lugar, que tinha sido borrifado do sangue pelo delito; 29 e porá sobre a cabeça de aquele, que se purifica, o resto do azeite, que está na mão esquerda, para fazer que o Senhor lhe seja propício. 30 E oferecerá a rola ou o pombinho; 31 um pelo delito, e outro para holocausto, com as suas libações. 32 Este é o sacrifício do leproso, que não pode haver à mão tudo o que há mister para a sua purificação.

Lepra das casas

33 Tornou o Senhor a falar a Moisés, e a Aarão, dizendo-lhes: 34 Depois que vós tiverdes entrado na terra de Canaã, que eu vos darei em possessão, se se achar alguma casa ferida da praga da lepra, 35 aquele, cuja é a casa, irá dar parte disso ao sacerdote, e lhe dirá: Parece-me que na minha casa há praga de lepra. 36 Então mandará o sacerdote que lhe tragam tudo o que há na casa, antes que ele lá entre, e antes que veja se ela está leprosa, para que não fique imundo tudo o que na casa se acha. Depois entrará na casa, para examinar se ela está iscada de lepra. 37 E se ele vir nas paredes umas como covinhas, e uns lugares desfigurados por umas nódoas amarelas, ou vermelhas, e mais fundas do que o resto da superfície, 38 sairá fora da porta da casa, e fechá-la-á logo para assim estar sete dias. 39 Tornará a vir ao dia sétimo, e examiná-la-á. E se achar que a lepra se aumentou, 40 mandará que se arranquem as pedras infeccionadas da lepra; que as botem fora da cidade num lugar imundo; 41 que se raspem dentro as paredes da casa ao redor; que se sacuda para um lugar imundo fora da cidade toda a poeira, que tenha caído da raspadura; 42 e que se ponham outras pedras em lugar das que foram tiradas, e que a casa se reboque de novo.

Purificação das casas

43 Mas se depois de tiradas as pedras, raspada a poeira, e rebocada de novo a casa, 44 entrando nela o sacerdote, achar ele que a lepra tornou, e que as paredes estão salpicadas das mesmas nódoas: é sinal que isto é uma lepra arraigada, e que a casa está imunda. 45 Sem demora pois será ela demolida, e se botarão fora da cidade num lugar imundo as pedras, as madeiras, e toda a poeira. 46 Aquele, que entrar nesta casa, quando ela está fechada, ficará imundo até à tarde. 47 O que nela dormir, e comer alguma coisa, lavará os seus vestidos. 48 Se o sacerdote, entrando na casa, vir que a lepra não lavrou pelas paredes, então depois de as ter feito rebocar de novo, purificará a casa como tornada sã: 49 e para a purificar, tomará dois pardais, um pouco de pau de cedro, escarlata, e hissopo; 50 e tendo imolado um dos pardais num vaso de barro sobre águas vivas, 51 ensopará no sangue do pardal, imolado, e nas águas vivas, o pau de cedro, o hissopo, a escarlata, e o outro pardal, que está vivo. Fará sete aspersões pela casa, 52 e a purificará tanto pelo sangue do pardal imolado, como pelas águas vivas, pardal vivo, pau de cedro, hissopo, e escarlata. 53 E depois que ele tiver deitado o pardal a voar livremente para o campo, fará oração pela casa, e ela será purificada segundo a lei.

54 Esta é a lei acerca de todas as espécies de lepra, e de praga, que degenera em lepra; 55 como também da lepra dos vestidos, e das casas, 56 das cicatrizes, pústulas, manchas luzidias, e das diversas mudanças de cores, que sobrevêm ao corpo: 57 para se poder saber quando é que uma coisa está limpa, ou imunda.

Impurezas sexuais

15 Falou mais o Senhor a Moisés, e a Aarão, dizendo: 2 Falai aos filhos de Israel, e dizei-lhes isto: O homem, que padece uma purgação, é imundo. 3 E então se julgará que ele padece este acidente, quando a cada momento se ajunta um impuro humor, que se

lhe pega à carne. 4 Todo o lugar, em que ele dormir, e todo o em que se assentar, será imundo. 5 Se qualquer homem tocar o leito dele, lavará os seus vestidos; e tendo-se lavado esse mesmo homem em água, estará imundo até a tarde. 6 Se se assentar onde ele estava assentado, lavará também os seus vestidos; e tendo-se lavado em água, estará imundo até à tarde. 7 O que tocar a sua carne, lavará os seus vestidos; e tendo-se lavado em água, estará imundo até à tarde. 8 Se este homem salivar em cima de aquele, que está limpo, este lavará os seus vestidos; e tendo-se lavado em água, estará imundo até à tarde. 9 A sela, sobre que ele se assentar, ficará imunda; 10 e tudo o que tiver estado debaixo de aquele, que padece uma purgação branca, ficará poluto, até à tarde. O que tiver pegado em qualquer destas coisas, lavará os seus vestidos; e tendo-se ele mesmo lavado em água, estará imundo até à tarde. 11 Se um homem neste estado, antes de ter lavado as mãos, tocar com elas noutro; aquele, que foi tocado lavará, os seus vestidos; tendo-se lavado em água, estará imundo até à tarde. 12 Quando este homem tenha tocado um vaso, se ele é de barro, deve-se quebrar; se é de pau, deve-se lavar em água.

13 Se o que padece este trabalho sarou dele, contará sete dias depois da sua purificação; e tendo lavado os vestidos, e todo o corpo em águas vivas, será limpo. 14 Ao dia oitavo tomará duas rolas, ou dois pombinhos, e se apresentará diante do Senhor à porta do tabernáculo do testemunho, e dá-los-á ao sacerdote; 15 e este imolará um pelo pecado, e outro em holocausto; e rogará por ele diante do Senhor, para ele ser purificado desta impureza.

16 O homem, a quem acontece o que é efeito do uso do matrimônio, lavará em água todo o seu corpo, e estará imundo até à tarde. 17 Lavará em água o vestido, e a pele, que tiver trazido sobre si, e esse vestido, e essa pele serão imundos até à tarde.

18 A mulher, a que ele se chegou, lavar-se-á em água, e estará imunda até à tarde.

19 A mulher, que padece o seu fluxo de sangue menstrual, estará separada sete dias. 20 Todo o que a tocar estará imundo até à tarde: 21 e todas as coisas, sobre que ela tiver dormido, ou sobre que se tiver assentado, durante os dias da sua separação, serão polutas. 22 Aquele, que tocar o seu leito, lavará o seu vestido; e depois de ele mesmo se ter lavado em água, estará imundo até à tarde. 23 Todo o que tocar qualquer coisa, sobre que ela se tenha assentado, lavará os seus vestidos; e tendo-se ele mesmo lavado em água, estará imundo até à tarde. 24 Se qualquer homem tiver cópula com ela, durante o seu mênstruo, será imundo sete dias: e todos os leitos, sobre que ele dormir, serão polutos.

25 A mulher, que fora do tempo do seu mênstruo padece por muitos dias fluxo de sangue; ou aquela, a quem continua o mênstruo, quando ele já devia cessar: todo o tempo que estiver sujeita a este acidente, estará imunda, como se andasse com o seu mênstruo. 26 Todos os leitos, sobre que ela dormir, e todas as coisas, sobre que ela se assentar, serão polutas. 27 Todo o que tocar algumas destas coisas, lavará os seus vestidos; e depois de ele mesmo se ter lavado em água, estará imundo até à tarde.

28 Se o sangue parou, e deixou de correr, contará ela sete dias até ao dia da sua purificação. 29 E ao dia oitavo oferecerá por si ao sacerdote duas rolas, ou dois pombinhos à porta do tabernáculo do testemunho. 30 E o sacerdote imolará um deles pelo pecado, e oferecerá outro em holocausto, e rogará diante do Senhor pela mulher, e pelo fluxo da sua imundície.

31 Vós pois ensinareis aos filhos de Israel, que se guardem da impureza, para não morrerem nas suas imundícies, tendo violado o meu tabernáculo, que está no meio deles.

32 Esta é a lei acerca daquele, que padece uma purgação branca, ou que se mancha, tendo cópula com alguma mulher. 33 E esta é também a lei acerca da mulher, que está separada por causa do que lhe acontece cada mês, ou à qual continua a indisposição dali por diante; e também acerca do homem, que dormir com ela.

O grande dia da Expiação

16 Falou o Senhor a Moisés depois da morte dos dois filhos de Aarão, quando, oferecendo a Deus um fogo estranho foram mortos: 2 e lhe deu a ordem dizendo: Dize a teu irmão Aarão, que não entre em todo tempo no santuário, que está para dentro do véu diante do propiciatório, que cobre a arca, para que não morra; porque eu aparecerei sobre o oráculo na nuvem. 3 Não entre ali senão depois de ter feito o seguinte: oferecerá um novilho pelo pecado, e um carneiro em holocausto. 4 Vestir-se-á da túnica de linho; cobrirá com os calções de linho o que a honestidade manda esconder; cingir-se-á com um cinto de linho, e porá na sua cabeça uma mitra de linho, porque estas vestiduras são santas; e ele as tomará depois de se ter lavado.

5 Receberá de toda a multidão dos filhos de Israel dois bodes pelo pecado, e um carneiro para o holocausto.

6 E depois de ter oferecido o novilho, e de ter orado por si, e pela sua casa, 7 apresentará diante do Senhor os dois bodes à porta do tabernáculo do testemunho; 8 e deitando sortes sobre os dois bodes, para ver qual deles será imolado ao Senhor, e qual será o bode emissário, 9 oferecerá pelo pecado aquele bode, que a sorte tiver destinado para o Senhor: 10 e aquele, a quem a sorte tiver destinado para bode emissário, apresentá-lo-á diante do Senhor, para fazer sobre ele as preces, e para o mandar para o deserto.

11 Feitas estas coisas pela ordem, que lhe foi prescrita, oferecerá o novilho; e orando por si, pela sua casa, o imolará. 12 Depois pegando no turíbulo, que ele terá enchido de brasas do altar; e tomando com a mão os perfumes compostos para o incenso, entrará para dentro do véu no santo dos santos, 13 a fim de que postos sobre o fogo os perfumes aromáticos, cubra a chama, e o vapor, que deles sairem, o oráculo, que está sobre o testemunho, e ele Aarão não morra. 14 Tomará também do sangue do novilho; e molhando nele o dedo, fará com ele sete aspersões para onde está o propiciatório ao Oriente.

15 E depois de ter imolado o bode do pecado do povo, levará o seu sangue para dentro do véu, conforme o que lhe foi ordenado tocante ao sangue do novilho, para fazer com ele as aspersões diante do oráculo, 16 e para expiar o santuário das impuridades dos filhos de Israel, das suas prevaricações contra a lei, e de todos os seus pecados. O mesmo fará ao tabernáculo do testemunho que foi colocado entre eles no meio das impuridades, que se cometem nas suas tendas. 17 Não esteja homem algum no tabernáculo, quando o pontífice entrar no santuário para orar pela sua pessoa, e pela sua casa, e por todo o ajuntamento de Israel, menos que ele não tenha de lá saído. 18 E ele depois que tiver saído para se chegar ao altar, que está diante do Senhor, ore por si; e tendo tomado do sangue do novilho, e do bode, entorne-o à roda em cima dos cornos do altar. 19 Tendo também molhado o dedo neste sangue, faça com ele sete aspersões, e expie, e santifique assim o altar, das impuridades dos filhos de Israel.

Bode expiatório

20 Depois de ter purificado o santuário, o tabernáculo e o altar, então oferecerá o outro bode, que está vivo; 21 e tendo-lhe posto ambas as mãos sobre a cabeça, confessará todas as iniqüidades dos filhos de Israel, todos os seus delitos, e pecados; e carregará deles com imprecação a cabeça do bode, e mandá-lo-á para o deserto por um homem destinado para isso.

22 Depois que o bode tiver levado todas as iniqüidades deles a um lugar solitário, e o tiverem deixado ir para andar pelo deserto, 23 voltará Aarão para o tabernáculo do testemunho; e depostos os vestidos, que antes trazia sobre si, quando entrava no santuário, e largando-os ali mesmo, 24 lavará o seu corpo no lugar santo, e se revestirá dos seus hábitos. Depois sairá: e como tiver oferecido o seu holocausto, e o do povo, fará oração pela sua pessoa, e pelo povo: 25 e fará queimar sobre o altar as banhas, que foram oferecidas pelos pecados.

26 Quanto aquele, que foi levar o bode emissário, ele lavará os seus vestidos, e o seu corpo em gua; e depois disto é que tornará a entrar no campo. 27 O novilho porém, e o bode, que foram imolados pelo pecado, e cujo sangue foi levado ao santuário, para com ele se fazerem as cerimônias da expiação, levá-los-ão fora do campo, para lá lhes queimarem no fogo tanto as peles, como a carne, e a bosta. 28 Todo o que as queimar, lavará os seus vestidos, e o seu corpo em água; e feito isto, tornará a entrar no campo.

Conclusão

29 Esta ordenação será guardada entre vós eternamente. Ao décimo dia do sétimo mês afligireis as vossas almas e não fareis obra alguma, tanto os que são nascidos na vossa terra, como os que vierem de fora, e que são estrangeiros entre vós. 30 Neste dia é que se fará a vossa expiação, e a purificação de todos os vossos pecados: nele vos purificareis diante do Senhor. 31 Porque este é o sábado do descanso, e no qual vós afligireis as vossas almas com um culto, que será perpétuo.

32 Esta expiação fá-la-á o sacerdote, que tiver sido ungido, e cujas mãos tiverem sido consagradas, para exercer as funções do sacerdócio em vez de seu pai; e ele paramentado da estola de linho, e das santas vestimentas, 33 expiará o santuário, o tabernáculo do testemunho, e o altar, como também os sacerdotes, e de todo o povo. 34 E esta ordenação ficará sendo entre vós eterna, de orar uma vez cada ano pelos filhos de Israel, e por todos os seus pecados. Tudo isto, pois, fez Moisés, conforme o Senhor lho tinha ordenado.

IV. CÓDIGO DE SANTIDADE

Lugar do sacrifício

17 Falou mais o Senhor a Moisés, dizendo-lhe: 2 Fala a Aarão, e a seus filhos, e a todos os filhos de Israel, e dize-lhes: Eis aqui o que o Senhor ordenou, eis aqui o que ele disse: 3 Todo o homem da casa de Israel, que matar um boi, ou uma ovelha, ou uma cabra no campo, ou fora do campo, 4 e a não oferecer à porta do tabernáculo, como uma oblação feita ao Senhor, será réu de morte e perecerá do meio do seu povo, como se ele tivesse derramado sangue. 5 Por isso os filhos de Israel devem apresentar ao sacerdote as hóstias, que até agora imolavam nos campos, para elas serem consagradas ao Senhor diante da porta do tabernáculo do testemunho, e para eles as imolarem ao Senhor como hóstias pacíficas. 6 O sacerdote derramará o seu sangue sobre o altar do Senhor à porta do tabernáculo do testemunho e queimará a gordura delas, como um cheiro muito agradável ao Senhor. 7 E nunca mais sacrificarão as suas hóstias aos demônios, aos quais idolatraram. Esta será uma lei eterna para eles, e para os seus descendentes.

8 Dir-lhes-ás outrossim: Se qualquer homem da casa de Israel, ou daqueles, que vieram de fora, e que são estrangeiros entre eles, oferecer um holocausto, ou uma vítima, 9 sem a imolar à porta do tabernáculo do testemunho, para ser oferecida ao Senhor, o tal homem perecerá do meio do seu povo. 10 Se um homem, quem quer que ele for, da casa de Israel, ou dos estrangeiros, que vieram morar entre eles, comer sangue, eu pregarei nele os olhos da minha indignação, e o perderei do meio do seu povo; 11 porque a vida do animal está no sangue, eu vo-lo dei para que sobre o altar expiásseis com ele as vossas almas e para que a alma fosse expiada pelo sangue. 12 Por isso eu disse aos filhos de Israel: Nenhum de vós, nem dos estrangeiros, que vieram morar entre vós, comerá sangue.

13 Se qualquer homem dentre os filhos de Israel, ou dentre os estrangeiros, que vieram morar entre vós, tomou à caça qualquer fera, ou ao laço qualquer ave, de que é lícito comer, derrame o seu sangue, e cubra-o de terra. 14 Porque a vida de toda a carne está no sangue. Por isso é que eu disse aos filhos de Israel: Vós não comereis sangue de qualquer carne que seja, porque a vida de toda a carne está no sangue e todo o que comer dele será punido de morte.

15 Se algum ou do povo de Israel, ou dos estrangeiros, comer dalguma besta morta de si mesma, ou tomada por outra besta, lavará os seus vestidos, e a si mesmo em água, e ficará contaminado até à tarde, e desta maneira tornará a ficar limpo. 16 Se ele não lavar os seus vestidos, e o seu corpo, levará a pena da sua iniqüidade.

Honestidade de costumes

18 Falou o Senhor a Moisés, dizendo: 2 Fala aos filhos de Israel e dize-lhes: Eu sou o Senhor vosso Deus. 3 Não vos conduzireis conforme os costumes da terra do Egito, nem vos portareis conforme os costumes da terra dos cananeus, na qual eu vos hei de introduzir, nem seguireis as suas leis, e máximas. 4 Executareis as minhas ordenações, observareis os meus preceitos, e andareis conforme eles vos prescrevem. Eu sou o Senhor vosso Deus. 5 Guardai as minhas leis, e as minhas ordenações. O homem, que as guardar, achará nelas a vida. Eu sou o Senhor.

6 Nenhum homem se chegará àquela, quê com ele tenha proximidade de sangue, para descobrir a sua fealdade. Eu sou o Senhor. 7 Não descobrirás a fealdade de teu pai, e a fealdade da tua mãe. Ela é tua mãe: não descobrirás a sua fealdade. 8 Não descobrirás a fealdade da mulher de teu pai, porque isso seria descobrir a vergonha de teu pai. 9 Não descobrirás a fealdade de tua irmã, tanto por parte do pai, como por parte da mãe, que nasceu, ou dentro de casa, ou fora dela. 10 Não descobrirás a fealdade da filha de teu filho, nem da filha de tua filha, porque isso seria descobrir a tua própria vergonha. 11 Não descobrirás a fealdade da filha da mulher de teu pai, que ela pariu a teu pai, e que é tua irmã. 12 Não descobrirás a fealdade da irmã de teu pai, por que é carne de teu pai. 13 Não descobrirás a fealdade da irmã de tua mãe, porque é carne de tua mãe. 14 Não descobrirás a fealdade de teu tio paterno, nem te chegarás à sua mulher, que te é conjunta por afinidade. 15 Não descobrirás a fealdade de tua nora, porque é mulher de teu filho, e deixarás coberta a sua fealdade. 16 Não descobrirás a fealdade da mulher de teu irmão, porque isso seria descobrir a vergonha de teu irmão. 17 Não descobrirás a fealdade duma mulher, e a de sua filha. Não tomarás a filha de seu filho, nem a filha de sua filha, para descobrires a sua fealdade, porque são carne de tua mulher, e esta cópula é um incesto. 18 Não tomarás a irmã de tua mulher, para a fazeres sua rival; nem descobrirás a sua fealdade, vivendo ainda tua mulher.

19 Não terás acesso à mulher, que padece o seu mênstruo, e não descobrirás nela as suas imundícias. 20 Não terás cópula com a mulher de teu próximo, nem te deixarás manchar com esta vergonhosa, e ilegítima união. 21 Não darás nenhum de teus filhos para ser consagrado ao ídolo de Moloc, nem mancharás o nome do teu Deus. Eu sou o Senhor. 22 Não usarás do macho, como se fosse fêmea, porque isto é uma abominação. 23 Não te ajuntarás com besta alguma, nem te mancharás com ela. A mulher não se prostituirá deste modo a algum animal, porque isto é um crime da última fealdade.

24 Não vos manchareis com nenhuma dessas torpezas, com que se tem contaminado todas essas gentes, que eu expulsarei à vossa vista, 25 e que tem desonrado esta terra, cujos detestáveis crimes eu castigarei de sorte, que ela vomite para fora de si os seus habitantes. 26 Guardai as minhas leis, e as minhas ordenanças; e nem os que sois israelitas, nem os estrangeiros, que vieram morar entre vós, cometam alguma de todas estas abominações. 27 Porque todas estas execráveis infâmias cometeram os habitantes desta terra antes de vós, e com elas a contaminaram. 28 Vede pois não suceda que cometendo vós os mesmos crimes que eles cometeram, vos vomite esta terra do seu seio, como vomitou todos estes povos, que a habitaram antes de vós. 29 Todo o homem, que cometer alguma destas abominações, perecerá do meio do seu povo. 30 Guardai os meus mandamentos. Não façais o que fizeram os que foram antes de vós, e não vos mancheis com estas infâmias. Eu sou o Senhor vosso Deus.

Prescrições religiosas e morais

19 Falou o Senhor a Moisés, dizendo: 2 Fala aos filhos de Israel, e dize-lhes: Sedes santos, porque eu sou santo, eu, que sou o Senhor vosso Deus. 3 Cada um respeite com temor a seu pai, e a sua mãe. Guardai os meus sábados. Eu sou o Senhor vosso Deus.

4 Não vos volvais para os ídolos, nem façais para vós deuses fundidos. Eu sou o Senhor vosso Deus.

5 Se imolardes ao Senhor alguma hóstia pacífica, para que ele vos seja favorável; 6 come-la-eis no mesmo dia, e no seguinte, em que ela tiver sido imolada, e consumireis ao fogo no dia terceiro tudo o que dela ficar. 7 Se algum comer dela, passados os dois dias, será profano, e será réu de impiedade. 8 Ele amargará a sua iniqüidade, porque manchou o Santo do Senhor, e o tal homem perecerá do meio do seu povo.

9 Quando tu segares a seara dos teus campos, não cortarás réus do chão o que tiver crescido sobre a terra; nem enfeixarás as espigas, que tiverem ficado. 10 Não recolherás também na tua vinha os cachos, que ficaram na vindima, nem os bagos, que caíram; mas deixá-los-ás tomar aos pobres, e aos peregrinos. Eu sou o Senhor vosso Deus.

11 Não fareis furtos; não mentireis; e nenhum enganará a seu próximo. 12 Não jurarás falso em meu nome, nem mancharás o nome de teu Deus. Eu sou o Senhor.

13 Não caluniarás o teu próximo, nem o oprimarás com violências. O jornal do que trabalhou em teu serviço não ficará em teu poder até pela manhã. 14 Não falarás mal do surdo, nem porás tropeço diante do cego: mas temerás o teu Deus, porque eu sou o Senhor.

15 Não farás nada contra a eqüidade, nem julgarás contra a justiça. Não consideres a pessoa do pobre, nem temas a presença do poderoso. Julga o teu próximo conforme a justiça. 16 Não serás no teu povo nem delator de crimes, nem maldizente secreto. Não te porás contra o sangue de teu próximo. Eu sou o Senhor.

17 Não aborrecerás teu irmão no teu coração: mas repreende-o publicamente, para que não peques a seu respeito. 18 Não busques ocasião de te vingares, nem te lembres da injúria de teus concidadãos. Amarás o teu amigo, como a ti mesmo. Eu sou o Senhor.

19 Guardai as minhas leis. Não lançarás a tua besta doméstica a ter cópula com animais doutra espécie. Não semearás o teu campo de sementes diversas. Não usarás de vestido, que seja tecido de fios diferentes.

20 Se um homem dormir com uma mulher, e abusar da que era escrava, e em idade de casar, mas que não foi resgatada a preço de dinheiro, nem estava ainda forra, serão ambos açoitados; mas não morrerão, porque ela não é mulher livre. 21 Por este seu delito oferecerá o homem ao Senhor um carneiro, à porta do tabernáculo do testemunho. 22 O sacerdote rogará por ele, e pelo seu pecado diante do Senhor, e ele lhe tornará a ser propício, e o seu pecado lhe será perdoado.

23 Quando vós tiverdes entrado naquela terra, e tiverdes plantado nela árvores frutíferas; tereis cuidado de tirar dela os primeiros frutos por uma espécie de circuncisão. Estes primeiros frutos vós os havereis como imundos, e não comereis deles. 24 No quarto ano porém todo o seu fruto será santificado, e consagrado em honra do Senhor. 25 No quinto ano comereis vós os frutos, colhendo os pomos, que cada uma árvore tiver produzido. Eu sou o Senhor vosso Deus.

26 Não comereis nada, que leve sangue. Não usareis de agouros, nem observareis sonhos. 27 Não cortareis os vossos cabelos em redondo, nem rapareis a barba. 28 Não fareis golpes na vossa carne, pranteando os mortos; nem fareis figuras algumas, nem marcas sobre o vosso corpo.

29 Não prostituas tua filha, para que a terra não seja contaminada e não se encha de impiedade. 30 Guardai os meus sábados, e tremei diante do meu santuário. Eu sou o Senhor.

31 Não vos dirijais aos mágicos, nem consulteis os adivinhos, para que não suceda que este comércio vos corrompa. Eu sou o Senhor, vosso Deus.

32 Levanta-se diante dos que têm cãs na cabeça: honra a pessoa do velho, e teme o Senhor teu Deus. Eu sou o Senhor.

33 Se algum forasteiro habitar na vossa terra, e morar entre vós, não lhe façais vitupério. 34 Mas ele seja entre vós, como se fosse um natural; e vós o amareis, como a vós mesmos. Porque também vós fostes estrangeiros no Egito. Eu sou o Senhor vosso Deus.

35 Não façais nada contra a eqüidade, nem no juízo, nem na regra, nem no peso, nem na medida. 36 Seja justa a balança, e justos os pesos: seja justo o alqueire, e justa a medida. Eu sou o Senhor vosso Deus, que vos tirei do Egito. 37 Guardai todos os meus preceitos, e todas as minhas ordenanças, e executai-as. Eu sou o Senhor.

Leis penais

20 Falou mais o Senhor a Moisés, dizendo: 2 Dirás isto aos filhos de Israel: Se algum homem dentre os filhos de Israel, ou dos estrangeiros que habitam em Israel, der de seus filhos ao ídolo de Moloc, seja punido de morte, e o povo da terra o apedreje. 3 Eu porei sobre esse homem o olho da minha ira; e eu o cortarei do meio do seu povo, porque deu da sua descendência a Moloc, e profanou o meu santuário e manchou o meu santo nome. 4 Se o povo da terra, mostrando-se negligente, e como fazendo pouco caso do meu mandato, deixar ir o homem, que deu de seus filhos a Moloc, e não quiser matá-lo: 5 eu porei o olho da minha ira sobre o tal homem, e sobre a sua família; e eu o cortarei do meio do seu povo, a ele, e a todos os que consentirem na fornicação, em que ele se prostituiu a Moloc. 6 Se algum homem declinar para os mágicos, e adivinhos, e se der a eles por uma espécie de fornicação; eu porei sobre ele o olho da minha ira, e o exterminarei do meio do seu povo. 7 Santificai-vos, e sede santos, porque eu o sou o Senhor vosso Deus. 8 Guardai os meus preceitos, e ponde-os por obra. Eu sou o Senhor, que vos santifico.

9 Aqueles que amaldiçoar a seu pai, ou a sua mãe, seja punido de morte: o seu sangue recaia sobre ele, por que amaldiçoou a seu pai, e a sua mãe. 10 Se algum abusar da mulher do outro, e cometer adultério com a mulher de seu próximo, sejam ambos punidos de morte, o adúltero, e a adúltera. 11 Aquele que dormir com sua madrasta, e descobrir a ignomínia de seu pai, sejam ambos punidos de morte: o seu sangue recaia sobre eles. 12 Se algum dormir com sua nora, morra um, e outro, porque, cometeram um grande crime: o seu sangue recaia sobre eles. 13 Aquele que dormir com macho, abusando dele como se fosse fêmea, morram ambos de morte, como quem cometeu um crime execrável: o seu sangue recaia sobre eles. 14 Aquele que depois de se ter desposado com a filha, se desposar com a mãe, cometeu um crime enorme: ele será queimado vivo com elas ambas; e uma ação assim detestável não ficará impunida no meio de vós. 15 Aquele que tiver cópula com uma besta, seja ela qual for, seja punido de morte: e vós matareis também a besta. 16 A mulher que se ajuntar com qualquer bruto, seja morta juntamente com ele: o seu sangue recaia sobre ambos. 17 Se algum se chegar a sua irmã, que é filha de seu pai, ou filha de sua mãe: e se ele vir a fealdade dela, e ela a fealdade dele; foi isto um enorme crime, que ambos cometeram; e ambos serão mortos em presença do seu povo, por terem descoberto um ao outro a sua fealdade e levarão a pena da sua iniqüidade. 18 Se algum tiver cópula com mulher, a tempo que ela anda com o seu mênstruo; e ele descobrir a fealdade dela, e ela se deixar ver neste estado; serão ambos exterminados do meio do seu povo. 19 Não descobrirás a fealdade de tua tia materna, nem a de tua tia paterna: quem isto fizer, descobrirá a ignomínia da sua carne, e ambos levarão a pena da sua iniqüidade. 20 Aquele que se ajuntar com a mulher do tio paterno, ou materno, e descobrir a ignomínia da sua cognação; ambos levarão a pena do seu pecado, e morrerão sem filhos. 21 Se um homem tomar por mulher a mulher de seu irmão, faz uma coisa ilícita, e descobre a vergonha de seu irmão: eles não terão filhos.

Exortação geral

22 Guardai as minhas leis, e as minha ordenações, e executai-as: para que a terra, em que vós haveis de entrar, não vos vomite de si. 23 Não vos conduzais, segundo as leis e costumes das nações, que eu hei de lançar

fora da terra, onde tenho de vos estabelecer. Porque elas fizeram todas estas coisas, e eu as abominei. 24 Mas pelo que toca a vós, eis aqui o que eu vos digo: Possuí a terra destes povos, que eu vos darei em herança uma terra, onde correm arroios de leite, e de mel. Eu sou o Senhor vosso Deus, que vos separei dos outros povos. 25 Separai vós pois também as bestas limpas das imundas, e as aves puras das impuras; não mancheis as vossas almas, comendo das bestas, e das aves, e do que tem movimento, e vive na terra, que eu vos declarei que eram imundas. 26 Vós sereis para mim santos, porque eu sou santo, eu, que sou o Senhor, que vos separei dos outros povos, para serdes meus.

27 Se qualquer homem, ou mulher tem espírito de Piton, ou espírito de adivinho, sejam punidos de morte, ambos sejam apedrejados, e o seu sangue recaia sobre eles.

Santidade do sacerdócio

21 Disse também o Senhor a Moisés: Fala aos sacerdotes, filhos de Aarão, e dize-lhes: O sacerdote nas mortes de seus compatriotas não faça nada, que o torne imundo; 2 salvo se eles forem seus consangüíneos, e dos mais chegados; a saber, pai, mãe, filho, filha e também irmão, 3 e a irmã virgem, que não tenha ainda casado. 4 Mas ele não fará nada, que o possa contaminar, nem ainda na morte do príncipe do seu povo.

5 Os sacerdotes não raparão as cabeças, nem as barbas, e não farão golpes no seu corpo. 6 Eles serão santos para o seu Deus, e não mancharão o seu nome: porque eles oferecem o incenso, e os pães ao Senhor, e por isso serão santos.

7 Não desposarão mulher, que fosse desonrada: nem que se tenha prostituído à desonestidade pública, nem mulher que fosse, repudiada por seu marido: porque eles são consagrados ao seu Deus, 8 e oferecem os pães da proposição. Sejam eles pois santos, porque também eu sou santo, eu, que sou o Senhor, que os santifico.

9 Se a filha de um sacerdote for apanhada em estupro, e desonrar assim o nome de seu pai, será queimada.

10 O pontífice, isto é, aquele que é o sumo sacerdote entre seus irmãos, sobre cuja cabeça for derramado o óleo da unção, e cujas mãos foram sagradas para fazer as funções do sacerdócio, e que reveste das santas vestimentas, não descobrirá a sua cabeça, nem rasgará os seus vestidos; 11 nem irá a algum morto, qualquer que ele possa ser. Não fará nada que o possa tornar imundo, nem ainda na morte de seu pai, ou de sua mãe. 12 Não sairá também dos lugares santos, para não manchar o santuário do Senhor: porque sobre ele foi derramado o óleo da santa unção do seu Deus. Eu sou o Senhor.

13 Tomará por mulher uma virgem. 14 Não desposará viúva, nem repudiada, nem desonrada, nem meretriz: mas tomará uma donzela do povo de Israel. 15 Não misturará o sangue da sua estirpe com uma pessoa do comum do seu povo: porque eu sou o Senhor, que o santifico.

Impedimentos ao sacerdócio

16 Falou mais o Senhor a Moisés, dizendo: 17 Dize isto a Aarão: Se um homem de qualquer das famílias da tua raça tiver alguma deformidade, não oferecerá os pães ao seu Deus, 18 nem se chegará ao ministério do seu altar: se for cego, se coxo, se de nariz ou muito pequeno, ou muito grande ou torcido: 19 se tiver o pé, ou a mão quebrada: 20 se for corcovado, se remeloso, se tiver alguma belida no olho, se tiver uma sarna contínua, ou alguma impigem espalhada por todo o corpo, ou alguma hérnia. 21 Todo o homem da raça do sacerdote Aarão, que tiver qualquer defeito, não se chegará a oferecer hóstias ao Senhor, nem pães ao seu Deus. 22 Comerá todavia dos pães, que se oferecem no santuário, 23 mas de tal sorte, que não entre para dentro do véu, nem se chegue ao altar, porque tem defeito, e não deve contaminar o meu santuário. Eu sou o Senhor, que os santifico.

24 Moisés pois disse a Aarão, e a seus filhos, e a todo o Israel, tudo o que lhe havia sido mandado.

As refeições sagradas

22 Falou também o Senhor a Moisés, e lhe disse: 2 Fala a Aarão, e a seus filhos, que se guardem de tocar as oferendas sagradas dos filhos de Israel, para que não contaminem o que eles me oferecem, e o que me é consagrado. Eu sou o Senhor.

3 Dize-lhes a eles, e à sua posteridade: Todo o homem da vossa estirpe, que, estando imundo, se chegar às coisas, que foram consagradas, e que os filhos de Israel ofereceram ao Senhor, perecerá diante do Senhor. Eu sou o Senhor.

4 O homem da estirpe de Aarão, que for leproso, ou que padecer uma purgação branca, não comerá das coisas, que me foram santificadas, menos que ele não esteja são. Aquele que tocar um tornado imundo, por ter tocado algum morto, ou algum homem, que pade-

cer purgação branca: 5 ou que tocar coisa, que se arrasta pela terra, e geralmente tudo o que é imundo, e que se não pode tocar, sem que quem o toca fique imundo: 6 será imundo até à tarde, e não comerá daquelas coisas, que foram santificadas: mas depois de ter lavado o seu corpo em água, 7 e de se ter posto o sol, então já limpo comerá das coisas santificadas, pois que este é o seu sustento. 8 Eles não comerão de nenhum animal, que de si morresse, ou que fosse tomado por outro animal, e não se mancharão com estas viandas. Eu sou o Senhor.

9 Guardem os meus preceitos, para não caírem no pecado, e não morrerem no santuário, depois de o terem manchado. Eu sou o Senhor, que os santifico.

10 Nenhum estrangeiro comerá das coisas santificadas: o forasteiro, que veio morar com o sacerdote, ou o jornaleiro, que está com ele, não comerão delas. 11 Porém aquele, que o sacerdote tiver comprado, ou que tiver nascido na casa dalgum escravo seu, comerá delas. 12 Se a filha dum sacerdote casar com um homem do povo, não comerá das coisas santificadas, nem das primícias. 13 Mas se ela sendo viúva, ou repudiada, e sem filhos, voltar para casa de seu pai, comerá das viandas, de que seu pai come como ela costumava, sendo donzela. Nenhum estrangeiro terá o poder de comer destas viandas. 14 Aquele, que por ignorância tiver comido das coisas santificadas, ajuntará uma quinta parte ao que comeu, e dará tudo ao sacerdote para o santuário. 15 Os homens não profanem o que tiver sido santificado, e oferecido ao Senhor pelos filhos de Israel; 16 para que não suceda levarem eles a pena do seu delito, tendo comido das coisas santificadas. Eu sou o Senhor que os santifico.

Escolha das vítimas

17 Falou mais o Senhor a Moisés, e lhe disse: 18 Fala a Aarão, a seu filhos, e a todos os filhos de Israel, e dize-lhes: Se um homem da casa de Israel, ou dos estrangeiros, que habitam convosco, apresentar a sua oblação, ou cumprindo os seus votos, ou oferecendo-a espontâneamente; seja o que quer que for que ele ofereça, para ser apresentado pelos sacerdotes em holocausto ao Senhor; 19 se a sua oblação é de bois, ou ovelhas, ou de cabras, deve ser um macho, que não tenha defeito. 20 Se ele tiver algum defeito, vós o não oferecereis, nem ele será aceito. 21 Se um homem oferecer ao Senhor uma vítima pacífica, ou cumprindo os seus votos, ou fazendo uma oferta voluntária, quer seja de bois, quer de ovelhas; o que ele oferecer há de ser sem defeito, para ser agradável. 22 Se é um animal cego, ou que tenha qualquer membro quebrado, ou qualquer cicatriz, ou bostelas, ou sarna, ou impigem: vós não oferecereis ao Senhor animais desta sorte, nem de semelhantes reses queimareis nada sobre o altar do Senhor. 23 Podereis oferecer voluntariamente um boi, ou uma ovelha, a que se tenha cortado uma orelha, ou a cauda: Mas não podereis satisfazer com ele o voto, que tenhais feito. 24 Não oferecereis ao Senhor animal algum, que tenha os testículos ou trilhados, ou feridos, ou cortados; e guardai-vos absolutamente de tal fazerdes na nossa terra. 25 Não oferecereis ao vosso Deus pães da mão do estrangeiro, nem qualquer outra coisa, que ele queira dar: porque todos estes dons são corruptos, e maculados: vós os não recebereis.

26 Falou mais o Senhor a Moisés, dizendo: 27 Quando nascer um boi, ou uma ovelha, ou uma cabra, estarão sete dias mamando debaixo de suas mães: mas ao dia oitavo, e daí por diante, poderão ser oferecidos ao Senhor. 28 Não oferecereis num mesmo dia nem a vaca, nem a ovelha juntamente com as suas crias. 29 Se vós imolardes alguma hóstia em ação de graças ao Senhor, para que ele vos seja favorável, 30 comê-la-eis no mesmo dia, e não ficará nada dela para a manhã do dia seguinte. Eu sou o Senhor.

31 Guardai os meus mandamentos, e ponde-os por obra. Eu sou o Senhor. 32 Não mancheis o meu santo nome, para que eu seja santificado no meio dos filhos de Israel. Eu sou o Senhor, que vos santifico, 33 e que vos tirei do Egito, para ser o vosso Deus. Eu sou o Senhor.

Lei sobre as festas do ano: Introdução. O Sábado

23 Tornou o Senhor a falar a Moisés, dizendo: 2 Fala aos filhos de Israel, e dize-lhes: Eis aqui as festas do Senhor, que vós chamareis santas.

3 Trabalhareі seis dias, e o dia sétimo se chamará santo, porque este é o descanso do Senhor. Não fareis nele obra alguma: porque este é o sábado do Senhor em toda parte, onde habitardes.

A Páscoa, os Frutos Novos e Pentecostes

4 Eis aqui logo as santas festas do Senhor, que vós deveis celebrar cada uma em seu nome. 5 No primeiro mês, no dia catorze do mês sobre a tarde é a Páscoa do Senhor. 6 E no dia quinze do mesmo mês é a solenidade dos asmos do Senhor. Por sete dias comereis pães

asmos. 7 O primeiro dia será para vós celebérrimo, e santo: não fareis nele obra alguma servil; 8 mas oferecereis ao Senhor por sete dias um sacrifício, que será consumido no fogo. O dia sétimo será mais célebre, e mais santo; e não farei nele obra alguma servil.

9 Falou mais o Senhor a Moisés, dizendo: 10 Fala aos filhos de Israel, e dize-lhes: Depois que vós tiverdes entrado na terra, que eu vos darei, e que tiverdes segado a vossa seara, levareis ao sacerdote um molho de espigas, como primícias da vossa messe: 11 e ao outro dia do sábado elevará o sacerdote este molho diante do Senhor, para que o Senhor recebendo-o, vos seja favorável, e o sacerdote o consagrará. 12 No mesmo dia, que o molho for consagrado, imolar-se-á ao Senhor em holocausto um cordeiro de um ano, que não tenha defeito. 13 Oferecer-se-ão com ele por presente duas dízimas de flor de farinha, misturada com azeite, para ser consumida no fogo em honra do Senhor, e para lhe ser um cheiro suavíssimo; e a quarta parte de um hin para as ofertas de vinho. 14 Não comereis nem pão, nem farinha, nem papas do grão novo até ao dia, que vós ofereçais as primícias dele ao vosso Deus. Esta lei será eternamente observada de geração em geração em todos os lugares, onde vós habitardes.

15 Contareis logo desde o segundo dia do sábado, em que vós oferecestes o molho das primícias, sete semanas cheias, 16 até o dia de depois que a sétima semana for completa, isto é, cinqüenta dias: e então oferecereis um sacrifício novo, 17 de dois pães das primícias de duas dízimas de flor de farinha com fermento, a qual vós fareis cozer para ser oferecida de todos os lugares da vossa habitação, como primícias ao Senhor. 18 Oferecereis também com os pães sete cordeiros sem defeito, que não tenham senão um ano, e um novilho da manada, e dois carneiros, que serão oferecidos em holocausto com as libações, como um sacrifício de suavíssimo cheiro para o Senhor. 19 Oferecereis outrossim um bode pelo pecado, e dois cordeiros dum ano por hóstias pacíficas. 20 E depois que o sacerdote os tiver elevado diante do Senhor, serão para ele. 21 Vós chamareis este dia o dia celebérrimo, e santíssimo. Não fareis nele obra servil alguma. Esta ordenação será observada eternamente em toda parte, onde morardes, e em toda a vossa posteridade.

22 Quando vós porém segardes a seara do vosso campo não lhe cortareis as canas rente do chão, nem enfeixareis as espigas que ficam; mas deixá-las-eis para os pobres, e para os forasteiros. Eu sou o Senhor vosso Deus.

Ano novo e dia da Expiação

23 Falou mais o Senhor a Moisés e lhe disse: 24 Fala aos filhos de Israel: No primeiro dia do sétimo mês celebrareis vós ao som de trombetas um dia, que o seja de descanso para vos servir de recordação; e ele se chamará santo. 25 Não farei nele obra alguma servil, e oferecereis nele holocausto ao Senhor.

26 Falou mais o Senhor a Moisés, dizendo: 27 O décimo dia deste sétimo mês será o dia das expiações, que será celebérrimo, e se chamará santo. Neste dia afligireis vós as vossas almas, e oferecereis um holocausto ao Senhor. 28 Não fareis obra servil alguma em todo este dia, porque é um dia de propiciação, para que o Senhor vosso Deus vos seja favorável. 29 Todo o homem, que se não tiver afligido neste dia, perecerá do meio do seu povo. 30 E eu também exterminarei do seu povo aquele, que neste dia fizer qualquer obra. 31 Não fareis pois nele obra alguma; e esta ordenação será eternamente observada em toda a vossa posteridade, e em todos os seus lugares, em que assistirdes. 32 Este dia é dia de profundo, e total descanso: e vós afligireis as vossas almas no dia nove do mês. Celebrareis as vossas festas duma tarde até à outra.

Festa dos tabernáculos

33 Falou mais o Senhor a Moisés, dizendo: 34 Fala aos filhos de Israel: Desde o dia quinze deste sétimo mês se celebrará a festa dos tabernáculos em honra do Senhor por sete dias. 35 O primeiro dia será o mais célebre, e os mais santo, não fareis nele obra alguma servil. 36 E por sete dias oferecereis ao Senhor holocaustos. O dia oitavo será também celebérrimo, e santíssimo, e nele oferecereis vós ao Senhor um holocausto: porque é dia duma solene assembléia: neste dia não fareis obra servil alguma.

37 Estas são as festas do Senhor, que vós chamareis celebérrimas, e santíssimas; e nelas oferecereis ao Senhor oblações, holocaustos, e libações, conforme está ordenado para cada dia: 38 afora os sacrifícios dos outros sábados do Senhor, e as ofertas, que vós lhe fizerdes, ou seja em cumprimento de algum voto, ou por boa vontade que tivésseis.

39 Assim desde o dia quinze do sétimo mês, quando vós tiverdes recolhido todos os frutos das vossas terras, celebrareis vós uma festa em honra do Senhor por sete dias. O primeiro dia, e o oitavo serão dias de sábado, isto é, de descanso. 40 No primeiro dia tomareis vós dos ramos mais formosos das árvores, dos ramos de palmeiras, e dos ramos das árvo-

res mais fechadas, e dos salgueiros de junto das torrentes, e vos alegrareis diante do Senhor vosso Deus: 41 e celebrareis cada ano por sete dias a sua solenidade. Esta lei será eternamente observada por todos os vossos vindouros. Celebrareis esta festa ao sétimo mês, 42 e habitareis debaixo da sombra dos ramos das árvores sete dias. Todo o homem da geração de Israel ficará debaixo de tendas; 43 para que os vossos descendentes saibam, que eu fiz habitar os filhos de Israel debaixo de tendas, quando os tirava do Egito. Eu sou o Senhor vosso Deus.

44 Declarou pois Moisés aos filhos de Israel todas estas coisas, tocantes às solenidades do Senhor.

As lâmpadas do santuário

24 Falou mais o Senhor a Moisés, e lhe disse: 2 Ordena aos filhos de Israel, que te tragam azeite de oliveiras bem puro, e bem claro, para terem sempre as lâmpadas concertadas, 3 fora do véu do testemunho no tabernáculo do ajuste. Aarão as disporá diante do Senhor desde a tarde até pela manhã; cerimônia, que se observará por um culto perpétuo em toda a vossa posteridade. 4 Estas lâmpadas pôr-se-ão sempre em cima do candieiro de ouro puríssimo diante do Senhor.

Os pães da proposição

5 Tomarás também farinha pura, e farás cozer dela doze pães, cada um dos quais terá duas dízimas de farinha. 6 E tu exporás sobre a puríssima mesa diante do Senhor, seis duma parte, e seis da outra. 7 Porás sobre eles um incenso bem transparente, para que este pão seja um monumento de oferta feita ao Senhor. 8 Estes pães mudar-se-ão para se porem outros diante do Senhor cada sábado, depois que forem recebidos das mãos dos filhos de Israel por um pacto eterno. 9 E eles pertencerão a Aarão, e a seus filhos, para os comerem no lugar santo: porque isto é uma coisa santíssima que lhes pertence dos sacrifícios do Senhor por direito perpétuo.

Blasfêmia e lei do talião

10 Entretanto aconteceu que um filho duma mulher israelita, que ela tivera dum egípcio entre os filhos de Israel bulhou no campo com um israelita: 11 e como tivesse blasfemado o nome do Senhor, e o tivesse amaldiçoado, levaram-no a Moisés. Sua mãe chamava-se Salumit, e era filha de Dabri, da tribo de Dan. 12 Puseram-no em prisão, até saberem o que o Senhor dispunha. 13 Então falou o Senhor a Moisés, e lhe disse: 14 Manda deitar fora do arraial esse blasfemador: e todos os que o ouviram, ponham as suas mãos sobre a cabeça dele, e todo o povo lhe atire às pedradas. 15 Dirás também aos filhos de Israel: O homem, que amaldiçoar o seu Deus, levará a pena do seu pecado: 16 e o que blasfemar o nome do Senhor, morra de morte. Todo o povo o apedrejará, ou ele seja cidadão, ou seja forasteiro. Aquele, que blasfemar o nome do Senhor, morra de morte.

17 O que ferir, e matar um homem morra de morte. 18 O que ferir uma besta dará outra em seu lugar isto é besta por besta. 19 O que ferir a qualquer dos seus compatriotas far-se-lhe-á a ele como ele fez ao outro. 20 Receberá quebradura e perderá olho por olho dente por dente. Qual for o mal, que ele tiver feito, tal será ele constrangido a sofrer. 21 O que matar uma besta caseira, dará por ela outra. O que matar um homem, será punido de morte. 22 Faça-se entre vós justiça igualmente, ou o que delinquiu seja forasteiro, ou seja compatriota; porque eu sou o Senhor vosso Deus.

23 Tendo Moisés declarado estas coisas aos filhos de Israel, fizeram eles sair do campo o que tinha blasfemado, e o apedrejaram. E fizeram os filhos de Israel o que o Senhor havia ordenado a Moisés.

O ano sabático

25 Falou outrossim o Senhor a Moisés no monte Sinai, dizendo: 2 Fala aos filhos de Israel, e dize-lhes: Quando vós tiverdes entrado na terra, que eu tenho de vos dar, observareis o sábado do Senhor. 3 Semeareis os vossos campos seis anos a fio, e seis anos podareis as vossas vinhas, e recolhereis os seus frutos. 4 O ano sétimo porém será o sábado na terra, consagrado à honra do descanso do Senhor. Não semeareis os vossos campos, nem podareis as vossas vinhas. 5 Não segareis o que a terra produzir espontaneamente, nem comereis os cachos da vinha, cujas primícias costumáveis oferecer, como quem a quer vindimar: porque este é o ano do descanso da terra. 6 Mas tudo o que então nascer de si mesmo, será para vos sustentar a vós, ao vosso escravo, e à vossa escrava, ao jornaleiro, que trabalha para vós, e ao forasteiro que mora entre vós. 7 Outrossim servirá para sustentar as vossas bestas de casa, e os vossos rebanhos.

Jubileu

8 Contareis também sete semanas de anos, isto é, sete vezes sete, que fazem ao todo

quarenta e nove anos: 9 e ao dia décimo do
sétimo mês, que é o tempo da festa das expia-
ções, fareis soar uma buzina em toda a vossa
terra. 10 Santificareis o ano quinquagésimo,
e publicareis liberdades para todos os habi-
tantes da vossa terra: porque este é o ano do
jubileu. Todo homem tornará a entrar de posse
do que antes era seu, e cada um tornará para
a sua primeira família: 11 porque este é o
ano do jubileu o ano quinquagésimo. Não se-
meareis nada nele; nem também segareis o
que a terra tiver produzido de si mesma; nem
colhereis as primícias da vossa vinha; 12 por
causa de santificardes o jubileu: mas come-
reis as primeiras coisas que achardes.

13 No ano do jubileu tornarão a entrar to-
dos na posse dos bens, que antes tinham.
14 Quando tu venderes qualquer coisa a algum
dos teus concidadãos, ou lhe comprares a ele
qualquer coisa, não entristeças a teu irmão;
mas comprar-lhe-ás à proporção dos anos, que
se tiverem passado depois do jubileu: 15 e ele
venderá à proporção do que a coisa pode
render, deitadas assim as contas. 16 Quantos
mais anos restarem de um jubileu até outro
jubileu, tanto mais subirá o valor da coisa; e
quanto menos restar de tempo até o jubileu,
tanto a coisa se venderá mais barata. Porque
o que se te vende, é o tempo de gozar dos
frutos. 17 Não aflijais uns homens, que for-
mam convosco uma mesma tribo; mas cada
um tema o seu Deus, porque eu sou o Senhor
vosso Deus.

18 Executai os meus preceitos, guardai as
minhas ordenações e cumpri-as, para que pos-
sais habitar na terra sem medo nenhum; 19 e
para que a terra vos produza os seus fru-
tos, de que possais comer, e fartar-vos, sem
temerdes violência de ninguém. 20 Se vós dis-
serdes: Que comeremos nós no sétimo ano, se
nós não semeamos, nem recolhemos os frutos
de nossas terras? 21 Eu lançarei a minha bên-
ção sobre vós no ano sexto, e ela produzirá
tanto de frutos, quanto em três anos. 22 Por-
que vós semeareis no oitavo ano e comereis os
vossos antigos frutos até o ano novo. Vós vos
sustentareis dos velhos até virem os novos.

23 A terra também não se venderá para
sempre: porque ela é minha, e vós sois como
uns estrangeiros, a quem eu a arrendo. 24 Por-
tanto todos os fundos, que vós possuirdes, se
venderão sempre debaixo da condição do res-
gate. 25 Se teu irmão, achando-se pobre, ven-
der uma pequena fazenda, que possui; o pa-
rente mais próximo poderá, se quiser, remir
o que ele tinha vendido ao outro. 26 No caso
que ele não tenha parentes próximos, e que
possa achar com que resgatar a sua fazenda,
27 avaliar-se-ão os frutos desde o tempo, que
se fez a venda; a fim de que, dando ao com-
prador o que há de mais, recupere o primeiro
dono a sua fazenda. 28 Se ele não achou com
que pagar o preço da sua fazenda, ficará
aquele, que a comprou, possuindo-a até o ano
do jubileu. Porque neste ano toda a coisa
vendida tornará para o seu primeiro dono, e
antigo possuidor.

29 Aquele, que tiver vendido uma casa den-
tro dos muros da cidade, terá poder de a re-
mir dentro dum ano. 30 Se a não remiu den-
tro deste tempo, e deixou passar a roda do
ano, possuí-la-ão para sempre o comprador,
e seus descendentes, sem que ela possa ser
remida, nem ainda no jubileu. 31 Se esta casa
for numa vila, que não tem muros, será ven-
dida conforme o costume dos campos. E se
ela não foi remida antes, tornará no ano do
jubileu a ser do proprietário.

32 As casas dos levitas, que estão nas ci-
dades, podem sempre resgatar-se. 33 Se não
se resgataram, tornarão para os proprietários
no ano do jubileu; porque as casas que os levi-
tas têm nas cidades, são a herança, que eles
possuem entre os filhos de Israel. 34 Mas os
seus arrabaldes não serão vendidos, por se-
rem uns bens, que eles possuem para sempre.

35 Se teu irmão se achar muito pobre, e
não puder já trabalhar de mãos; e se tu o
receberes como um estrangeiro, que veio de
fora, e ele viver contigo: 36 não recebas usura
dele, nem o executes por mais do que o que
tu lhe deste. Teme a teu Deus, para que teu
irmão possa viver em tua casa. 37 Não lhe
darás o teu dinheiro a usura, nem exigirás
dele mais grão do que o que tu lhe houveres
dado. 38 Eu sou o Senhor vosso Deus, que vos
tirei do Egito, para vos dar a terra de Canaã,
e para ser vosso Deus.

39 Se a pobreza reduziu teu irmão a se te
vender, não oprimas, tratando-o como escra-
vo: 40 mas tratá-lo-ás como um jornaleiro e
um inquilino. Ele trabalhará em tua casa até
o ano do jubileu; 41 e ao depois sairá com
seus filhos, e tornará a ir para a sua parente-
la, e para a herança de seus pais. 42 Porque
eles são meus servos: e eu é que os tirei do
Egito. Assim não se vendam, como os outros
escravos. 43 Não aflijas pois a teu irmão com
o teu poder; mas teme a teu Deus. 44 Os es-
cravos, e escravas, que tiverdes, sejam das
nações, que estão à roda de vós.

45 Tereis também por escravos os estran-
geiros, que vieram viver convosco, ou os que
nasceram deles no vosso país. 46 Vós os dei-
xareis à vossa posteridade por um direito here-
ditário, e vós sereis os seus donos para sem-

pre: mas não oprimais pelo vosso poder os filhos de Israel, que são vossos irmãos.

47 Se um estrangeiro, que veio doutra parte, enriqueceu em vossa casa por meio do seu trabalho; e se um de vossos irmãos, por se achar muito pobre, se vendeu a ele, ou a algum da sua família; 48 poderá o tal remir-se depois da venda. Aquele de seus parentes chegados, que o quiser remir, poderá fazê-lo; 49 o tio, o primo, e o que tiver com ele alguma razão de consangüinidade, ou de afinidade. Se ele mesmo se pode remir a si faça-o, 50 contando o número dos anos, que faltam, desde o tempo, que foi vendido, até o ano do jubileu; e abatendo do preço, por que seu senhor o comprou, o que se pode dever a ele escravo pelo tempo, que o serviu; e avaliando os seus jornais, como os de um mercenário. 51 Se restam muitos anos até o jubileu, pagará também mais dinheiro. 52 Se restam poucos, fará contas com o senhor, conforme o número dos anos, que restarem, e dar-lhe-á o dinheiro à proporção do número dos anos, 53 abatendo do preço o que se lhe dever pelo tempo que serviu. Seu senhor o não trate com dureza, e violência à vossa vista. 54 Se ele não pode remir-se deste modo, sairá livre no ano do jubileu com seus filhos. 55 Porque os filhos de Israel são meus servos, que eu tirei do Egito.

Bênçãos para os obedientes

26 Eu sou o Senhor vosso Deus. Não fareis para vós ídolo algum, nem imagem esculturada; não levantareis na vossa terra colunas, nem pedra alguma insigne, para adorardes, porque eu sou o Senhor vosso Deus. 2 Guardai os meus sábados, e tremei diante do meu santuário. Eu sou o Senhor.

3 Se vós andardes conforme os meus preceitos, se guardardes, e praticardes os meus mandamentos, eu vos darei as chuvas a seus tempos. 4 A terra produzirá o seu grão, e as árvores darão os seus pomos. 5 Ainda bem não tereis feito a debulha da messe, quando vos apressará a vindima; e ainda bem não estará feita a vindima, quando vos apressará o tempo das sementeiras: vós comereis o vosso pão em fartura, e habitareis na vossa terra sem temor algum. 6 Eu darei paz dentro dos vossos limites: vós dormireis descansados, sem haver quem vos inquiete. Eu alongarei de vós as alimárias nocivas, e não passará espada pelas vossas terras. 7 Vós perseguireis os vossos inimigos e eles cairão diante de vós. 8 Cinco dos vossos perseguirão um cento dos estranhos, e cem dos vossos perseguirão dez mil deles: vossos inimigos cairão debaixo da espada à vista dos vossos olhos. 9 Eu olharei para vós, e vos farei crescer: vós vos multiplicareis, e eu ratificarei o meu pacto convosco. 10 Vós comereis os frutos da terra, que de muito tempo tínheis guardado; e botareis fora os velhos, pela grande abundância dos novos. 11 Eu estabelecerei a minha morada no meio de vós, e não vos rejeitarei. 12 Eu andarei entre vós, e serei o vosso Deus, e vós sereis o meu povo. 13 Eu sou o Senhor vosso Deus, que vos tirei da terra dos egípcios, para que vós os não servísseis; e eu o que esmigalhei as cadeias, que vos traziam encurvado o pescoço, para vos fazer andar com a cabeça erguida.

Maldições para os desobedientes

14 Porém se vós me não ouvirdes, e não executardes todos os meus mandamentos: 15 se vós vos dedignardes de observar as minhas leis, e desprezardes as minhas ordenações, de sorte que não façais o que por mim vos foi prescrito, e torneis írrito o meu pacto: 16 eis aqui de que maneira me haverei eu também convosco. Castigar-vos-ei bem depressa com a indigência, com um ardor, que vos seque os olhos, e vos consuma. Em vão semeareis o vosso grão, porque ele será destruído por vossos inimigos. 17 Eu porei sobre vós o olho da minha ira: vós caíreis diante dos vossos inimigos, e vivereis sujeitos aos que vos aborrecem, e fugireis sem ninguém vos perseguir.

18 Se ainda depois disto me não obedecerdes, eu vos castigarei sete vezes mais, por causa dos vossos pecados: 19 quebrarei a dureza da vossa soberba, e farei que o céu seja para vós de ferro, e a terra de bronze. 20 Todos os vossos trabalhos serão baldados: a terra não produzirá os seus frutos; nem as árvores darão os seus pomos.

21 Se ainda assim vos opuserdes a mim, e não quiserdes ouvir-me, eu multiplicarei sete vezes mais as vossas pragas, por causa dos vossos pecados. 22 Mandarei contra vós as feras do campo, que vos consumam a vós, e aos vossos gados; que vos reduzam a um pequeno número, e que tornem os vossos caminhos uns desertos.

23 Se vós ainda depois disto não quiserdes tomar o ensino, mas continuardes a andar contra mim; 24 também eu andarei contra vós, e vos ferirei sete vezes mais, por causa dos vossos pecados. 25 Eu farei vir sobre vós a espada, que vos castigará, como violadores do meu pacto. E quando vós vos refugiardes nas cidades, mandarei eu que a peste se ponha no meio de vós, e vós sereis entregues nas mãos de vossos inimigos, 26 depois de eu ter

quebrado o vosso cajado, que é o pão, em forma que dez mulheres cozam o pão num só forno, e o distribuam por peso, e vós comendo-o não fiqueis satisfeitos.

27 Se até depois disto ainda me não ouvirdes, mas teimardes a andar contra mim; 28 também eu andarei contra vós. Eu oporei o meu furor ao vosso, e eu vos castigarei com sete novas pragas, por causa dos vossos pecados, 29 até o ponto de vos reduzir a comer a carne de vossos filhos, e de vossas filhas. 30 Eu destruirei os vossos altos, e desfarei as vossas estátuas. Vós caireis entre as ruínas dos vossos ídolos, e a minha alma vos terá em tal abominação, 31 que eu converterei as vossas cidades em ermos: farei dos vossos santuários uns desertos, e não tornarei a receber mais de vós o suavíssimo cheiro. 32 Eu assolarei o vosso país: reduzi-lo-ei a ser o espanto dos vossos mesmos inimigos, quando estes se fizerem senhores e habitarem. 33 Eu vos espalharei pelas nações: desembainharei a espada atrás de vós: o vosso país ficará deserto, e as vossas casas demolidas. 34 Então agradarão à terra os dias do seu descanso, por todo o tempo que ela estiver deserta. 35 Quando vós estiverdes numa terra inimiga, ela descansará, e ela achará o seu repouso, estando só, e desamparada; pois que ela o não achou nos vossos dias de sábado, quando vós a habitáveis.

36 Quanto aos que dentre vós restarem, eu ferirei os seus corações de pavor no meio de seus inimigos: o ruído de uma folha, que voa, os fará tremer: eles fugirão, como se vissem uma espada; e eles cairão sem ninguém os perseguir: 37 cairão cada um deles em cima de seus irmãos, como se fugissem da batalha. Nenhum de vós poderá resistir a vossos inimigos. 38 Vós perecereis no meio das nações, e morrereis numa terra inimiga. 39 Se dentre estes ficarem ainda alguns, eles se mirrarão entre as suas iniquidades na terra de seus inimigos; e eles serão oprimidos de aflições, por causa dos pecados de seus pais, e dos seus.

40 Até que confessem as suas iniqüidades, e as de seus maiores, pelas quais violaram as minhas ordenações, e andaram contra mim. 41 Eu pois também andarei contra eles, e os farei ir para uma terra inimiga, até que a sua alma incircuncidada se envergonhe. Então é que eles orarão pelas suas impiedades. 42 E eu me lembrarei do concerto, que fiz com Jacó e Abraão. Eu me lembrarei também da terra, 43 que sendo deixada por eles, terá complacência com os dias de sábado, levando gosto a achar-se só, e desamparada por causa deles. Eles, porém, rogarão pelos seus pecados, por terem rejeitado as minhas ordenações, e desprezado as minhas leis. 44 Assim ainda quando eles estavam numa terra inimiga, eu os não rejeitei de todo, nem os desprezei de sorte, que os deixasse perecer inteiramente, e tornasse vão o pacto, que com eles tinha feito. Porque eu sou o Senhor seu Deus, 45 e eu me lembrarei deste antigo pacto, que fiz com eles, quando os tirei do Egito à vista das nações, para eu ser o seu Deus.

Estas são as ordenações, preceitos, e leis, que o Senhor deu por Moisés sobre o monte Sinai, entre ele, e os filhos de Israel.

Votos

27 Falou mais o Senhor a Moisés, dizendo: 2 Fala aos filhos de Israel, e dize-lhes: O homem, que tiver feito voto, e que tiver prometido a Deus consagrar-lhe a sua vida, pagará um certo preço, segundo a estimação seguinte. 3 Se for varão, desde os vinte anos até aos sessenta, dará cinqüenta siclos de prata, segundo o peso do santuário. 4 Se for mulher, dará trinta. 5 Desde os cinco anos, até os vinte, o homem dará vinte siclos, a mulher dez. 6 Dum mês até cinco anos, dar-se-ão cinco siclos pelo varão, e três pela fêmea. 7 O que tiver sessenta anos, e daí para cima, sendo homem, dará quinze siclos; sendo mulher, dez. 8 Se for um pobre, que não possa pagar o preço do seu voto, segundo a avaliação, apresentar-se-á diante do sacerdote, que o julgará; e ele dará tanto, quanto o sacerdote vir que ele pode pagar.

9 Se algum votou dar ao Senhor um animal, que possa ser imolado, esse animal será santo, 10 e não poderá ser trocado; isto é, não se poderá dar nem um melhor por outro mau, nem um pior por outro bom. Se quem o votou fez troca dele, tanto o trocado, como o substituído em seu lugar, será consagrado ao Senhor. 11 Se algum votou dar ao Senhor um animal imundo, que não pode imolar-se-lhe, será ele trazido ao sacerdote, 12 o qual julgará se ele é bom, ou mau, e determinará o preço. 13 Se aquele, que ofereceu o animal quiser pagar o seu preço, ajuntará por cima da avaliação uma quinta parte.

14 Se um homem votou dar, e consagrar ao Senhor a sua casa, o sacerdote verá se ela é boa ou má, e ela será vendida pelo preço, que ele lhe tiver posto. 15 Se o que fez o voto quiser remi-la, dará a quinta parte sobre a avaliação, e ficará com a casa.

16 Se ele votou dar, e consagrar ao Senhor um campo que possui, assinar-se-lhe-á o preço à proporção da semeadura, que ele pode levar. Se ele leva trinta alqueires de cevada,

será vendido por cinqüenta siclos de prata.
17 Se um homem fez voto de dar o seu campo
logo desde o princípio do ano do jubileu, será
ele avaliado em tanto quanto pode valer. 18 Se
ele fez o voto algum tempo depois, o sacerdote
contará o dinheiro segundo o número dos
anos, que restam até o jubileu; e por aqui re-
gulará o abatimento do preço. 19 Se aquele
que tinha votado dar o seu campo, quiser re-
mi-lo, ajuntará uma quinta parte sobre a ava-
liação, que se tiver feito, e possuí-lo-á de novo.
20 Se o não quiser remir, e o campo foi ven-
dido a outro, não poderá quem o votou tornar
a remi-lo: 21 porque quando chegar o ano
do jubileu, será ele consagrado ao Senhor, e
porque uma fazenda consagrada ao Senhor
pertence aos sacerdotes.

22 Se o campo, que foi consagrado ao Se-
nhor, foi comprado, e quem o deu não o hou-
ve por herança de seus maiores; 23 o sacer-
dote fixará o preço, contando os anos, que
restam até o jubileu; e aquele que tinha feito
voto dele, dará este preço ao Senhor. 24 Mas
no ano do jubileu tornará o campo para o seu
antigo dono, que o tinha vendido, e que o
tinha possuído como uma fazenda própria.

25 Toda a avaliação será feita pelo peso do
santuário. O siclo tem vinte óbulos.

26 Ninguém poderá consagrar, nem votar
os primogênitos, porque estes pertencem ao
Senhor: quer eles sejam bois, quer sejam ove-
lhas, eles são do Senhor. 27 Se o animal é
imundo, aquele que o ofereceu, o remirá, se-
gundo a tua avaliação, e dará em cima a quin-
ta parte do preço. Se ele o não remir, será
vendido a outro pelo preço em que tu o tive-
res avaliado.

28 Tudo o que é consagrado ao Senhor, ou
seja homem, ou animal, ou campo, não se
venderá, nem se poderá remir. Tudo o que
uma vez foi consagrado ao Senhor será duma
santidade inviolável. 29 Tudo o que foi ofere-
cido por algum homem, e consagrado ao Se-
nhor, não se remirá, mas será necessário que
morra.

Dízimos

30 Todos os dízimos da terra, ou sejam de
grão, ou de frutas das árvores, são do Senhor,
e a ele se consagram. 31 Mas se algum quiser
remir os seus dízimos, dará uma quinta parte
por cima do preço, em que eles foram avalia-
dos. 32 Todos os dízimos de bois, ovelhas, e
cabras, e de tudo o que passa por baixo do
cajado do pastor, serão oferecidos ao Senhor.
33 Não se escolherá nem o bom, nem o mau,
nem um se trocará por outro. Se alguém o
trocar, tanto o trocado, como o substituído
será consagrado ao Senhor, e não poderá re-
mir-se.

34 Estes são os preceitos, que o Senhor deu
a Moisés para os filhos de Israel no monte
Sinai.

NÚMEROS

I. PREPARATIVOS PARA A PARTIDA

Rescenceamento das tribos

1 E falou o Senhor a Moisés no deserto do Sinai, no tabernáculo de aliança, no segundo ano depois da saída dos filhos de Israel do Egito, no primeiro dia do segundo mês e lhe disse: 2 Tomai a rol todo o corpo dos filhos de Israel, por famílias, por casas e por cabeças, contando todos os varões, 3 desde vinte anos, e para cima, e todos os homens fortes de Israel vós os contareis pelas suas turmas, tu e Aarão.

4 E serão convosco aqueles, que são os príncipes das suas tribos, e das suas casas, 5 cujos nomes são estes. Da tribo de Rúben, Elisur filho de Sedeur. 6 Da tribo de Simeão, Salamiel filho de Surisadai. 7 Da tribo de Judá, Naasson filho de Aminadab. 8 Da tribo de Issacar, Natanael filho de Suar. 9 Da tribo de Zabulon, Eliab filho de Helon. 10 E entre os filhos de José, da tribo de Efraim Elisama filho de Amiud; da tribo de Manassés, Gamaliel filho de Fadassur. 11 Da tribo de Benjamim, Abidan filho de Gedeão. 12 Da tribo de Dan, Aiezer filho de Amisadai. 13 Da tribo de Aser, Fegiel filho de Ocran. 14 Da tribo de Gad, Eliasaf filho de Duel. 15 Da tribo de Neftali, Aíra filho de Enan.

16 Estes eram os mais ilustres príncipes de todo o povo, dividido em tribos, e em famílias, e os chefes do exército, de Israel. 17 Moisés, e Aarão tendo pegado neles com toda a multidão do povo, 18 os ajuntaram no primeiro dia do segundo mês, e fizeram resenha deles por parentelas, por casas, e por famílias, contando cada pessoa, e tomando o nome de cada um, de vinte anos, e daí para cima, 19 conforme o Senhor tinha ordenado a Moisés. Fez-se a resenha no deserto de Sinai.

20 Da tribo de Rúben, filho primogênito de Israel, tendo sido contados pelas suas parentelas, famílias, e casas, cada um pelo seu nome, todos os machos, desde vinte anos, e daí para cima que podiam ir à guerra; 21 acharam-se quarenta e seis mil e quinhentos.

22 Dos filhos de Simeão, contados pelas suas parentelas, famílias, e casas, cada um pelo seu nome, todos os machos de vinte anos, e para cima, que podiam ir à guerra; 23 acharam-se cinqüenta e nove mil e trezentos.

24 Dos filhos de Gad, contados pelas suas parentelas, cada um pelo seu nome, todos os que tinham vinte anos, e para cima, e que podiam ir à guerra; 25 acharam-se quarenta e cinco mil e seiscentos e cinqüenta.

26 Dos filhos de Judá, contados pelas suas parentelas, famílias e casas, cada um pelo seu nome, todos os que tinham vinte anos, e para cima, e que podiam ir à guerra; 27 acharam-se setenta e quatro mil e seiscentos.

28 Dos filhos de Issacar, contados pelas suas parentelas, famílias e casas, cada um pelo seu nome, todos os que tinham vinte anos, e para cima, e que podiam ir à guerra; 29 acharam-se cinqüenta e quatro mil e quatrocentos.

30 Dos filhos de Zabulon, contados pelas suas parentelas, famílias, e casas, cada um pelo seu nome, todos os que tinham vinte anos, e para cima, e que podiam ir à guerra; 31 acharam-se cinqüenta e sete mil e quatrocentos.

32 Dos filhos de José, contados pelas suas parentelas, famílias, e casas, cada um pelo seu nome, todos os filhos de Efraim, que tinham vinte anos, e para cima, e que podiam ir à guerra; 33 acharam-se quarenta mil e quinhentos.

34 Dos filhos de Manassés, contados pelas suas parentelas, famílias e casas, cada um pelo seu nome, todos os que tinham vinte anos, e para cima, e que podiam ir à guerra; 35 acharam-se trinta e dois mil e duzentos.

36 Dos filhos de Benjamim, contados pelas suas parentelas, famílias e casas, cada um pelo seu nome, todos os que tinham vinte anos, e para cima, e que podiam ir à guerra; 37 acharam-se trinta e cinco mil e quatrocentos.

38 Dos filhos de Dan, contados pelas suas parentelas, famílias, e casas, cada um pelo seu

nome, todos os que tinham vinte anos, e para cima, e que podiam ir à guerra; 39 acharam-se sessenta e dois mil e setecentos.

40 Dos filhos de Dan, contados pelas suas parentelas, famílias e casas, cada um pelos seus nomes, todos os que tinham vinte anos, e para cima, e que podiam ir à guerra; 41 acharam-se quarenta e um mil e quinhentos.

42 Dos filhos de Neftali, contados pelas suas parentelas, famílias e casas, cada um pelo seu nome, todos os que tinham vinte anos, e para cima, e que podiam ir à guerra; 43 acharam-se cinqüenta e três mil e quatrocentos.

44 Esta é a resenha, que fizeram Moisés, Aarão e os doze príncipes de Israel, sendo cada um contado pelas suas casas, e pelas suas famílias. 45 E feita a conta por casas, e por famílias, dos filhos de Israel, que tinham vinte anos e para cima, e que podiam ir à guerra; 46 acharam-se seiscentos e três mil quinhentos e cinqüenta homens.

Ofício dos levitas

47 Pelo que toca aos levitas, eles não foram contados com os outros, segundo as famílias da sua tribo. 48 Porque o Senhor falou a Moisés, dizendo: 49 Não contes a tribo de Levi, nem apontes os seus nomes com os dos filhos de Israel. 50 Mas incumbe-os de curarem do tabernáculo do testemunho, de todos os seus vasos, e de tudo o que pertence às cerimônias. Eles levarão o tabernáculo, e tudo o que for do seu uso: empregar-se-ão no ministério, e acampar-se-ão ao redor do tabernáculo. 51 Quando se houver de partir, serão os levitas os que abaixem o tabernáculo: quando se houver de fazer acampamento, eles serão os que o levantem. Se algum estranho se chegar para fazer isto, será morto. 52 Os filhos de Israel acampar-se-ão todos por turmas, cada um no seu batalhão, e nas suas companhias, de que cada um for composto. 53 Mas os levitas armarão as suas tendas à roda do tabernáculo, para que não suceda cair a indignação sobre a multidão dos filhos de Israel; e velarão em guarda do tabernáculo do testemunho. 54 Os filhos de Israel pois executaram todas as coisas, que o Senhor tinha ordenado a Moisés.

Ordem dos acampamentos

2 Falou mais o Senhor a Moisés, e a Aarão, dizendo: 2 Os filhos de Israel acampar-se-ão ao redor do tabernáculo do testemunho, divididos em turmas, cada uma debaixo das insígnias e dos estandartes das suas famílias, e das suas casas.

3 Judá armará as suas tendas ao oriente, dividida toda a tribo em turmas: Naasson, filho de Aminadab, será o príncipe desta tribo. 4 O número dos combatentes de Judá são setenta e quatro mil e seiscentos. 5 A tribo de Issacar acampar-se-á ao pé de Judá: o seu príncipe é Natanael, filho de Suar: 6 e o número dos seus combatentes são cinqüenta e quatro mil e quatrocentos. 7 Da tribo de Zabulon é príncipe Eliab, filho de Helon: 8 e todo o corpo dos combatentes desta tribo são cinqüenta e sete mil e quatrocentos. 9 E todos os que foram contados como pertencentes ao acampamento de Judá, montam a cento oitenta e seis mil e quatrocentos. Eles serão os primeiros, que marchem, cada um na sua turma.

10 Os filhos de Rúben acampar-se-ão ao meio-dia: Elisur, filho de Sedeur, será o seu príncipe: 11 e todo o corpo dos seus combatentes, de que se fez a resenha, é de quarenta e seis mil e quinhentos. 12 Os da tribo de Simeão acampar-se-ão ao pé de Rúben: o seu príncipe é Salamiel, filho de Surisadai: 13 e todo o corpo dos seus combatentes de que se fez a resenha, é de cinqüenta e nove mil e trezentos. 14 Da tribo de Gad é príncipe Eliasaf, filho de Duel: 15 e todo o corpo dos seus combatentes, de que se fez a resenha, é de quarenta e cinco mil e seiscentos e cinqüenta. 16 Todos os que foram pois contados para serem do campo de Rúben, fazem o número de cento e cinqüenta e um mil e quatrocentos e cinqüenta, distintos por suas turmas. Estes marcharão em segundo lugar.

17 O tabernáculo do testemunho será levado pelo ministério dos levitas, que marcharão distintos pelas suas turmas. Do modo que o tabernáculo for levantado, desse mesmo será deposto: e os levitas marcharão cada um no seu lugar, e na sua fileira.

18 Ao ocidente acampar-se-ão os filhos de Efraim, cujo príncipe é Elisama, filho de Amiud. 19 Todo o corpo dos seus combatentes, de que se fez a resenha, é de quarenta mil e quinhentos. 20 Ao pé deles estará a tribo dos filhos de Manassés, cujo príncipe é Gamaliel, filho de Fadassur: 21 e todo o corpo dos seus combatentes, de que se fez a resenha, é de trinta e dois mil e duzentos. 22 Da tribo dos filhos de Benjamim é príncipe Abidan, filho de Gedeão: 23 e todo o corpo dos seus combatentes, de que se fez a resenha, são trinta e cinco mil e quatrocentos. 24 Todos os que pois foram contados para serem do campo de Efraim, fazem o número de cento e oito mil e cem homens, distintos em suas turmas. Estes marcharão em terceiro lugar.

25 Da banda do norte acampar-se-ão os filhos de Dan, cujo príncipe é Aiezer, filho de Amisadai: 26 e todo o corpo dos seus combatentes, de que se fez a resenha, é de sessenta e dois mil e setecentos. 27 Ao pé de Dan acampar-se-ão os da tribo de Aaser, cujo príncipe é Fegiel, filho de Ocran: 28 e todo o corpo dos seus combatentes, de que se fez a resenha, é de quarenta e um mil e quinhentos. 29 Da tribo dos filhos de Neftali é príncipe Aíra, filho de Enan: 30 e todo o corpo de seus combatentes são cinqüenta e três mil e quatrocentos. 31 Todos os que foram contados pois no campo de Dan, fazem o número de cento e cinqüenta e sete mil e seiscentos: e estes marcharão em último lugar.

32 Este é o número dos filhos de Israel, divididos em diversas turmas, segundo as casas, e as suas famílias, seiscentos e três mil e quinhentos e cinqüenta. 33 Os levitas porém não foram contados entre os filhos de Israel: porque assim o tinha ordenado o Senhor a Moisés. 34 E os filhos de Israel fizeram tudo o que o Senhor tinha mandado. Eles se acamparam em diversas turmas, e marcharam segundo a ordem das famílias, e das casas de seus pais.

Número e ofício dos levitas

3 Eis aqui a posteridade de Aarão, e de Moisés ao tempo que o Senhor falou a Moisés no monte Sinai. 2 Eis aqui, digo os nomes dos filhos de Aarão. O primogênito era Nadab, e os outros Abiu, Eleazar, e Itamar. 3 Estes são os nomes dos filhos de Aarão, que fôram sacerdotes, que receberam a unção, e cujas mãos foram cheias, e consagradas, para exercerem as funções do sacerdócio. 4 Ora Nadab, e Abiu, como tivessem oferecido um fogo estranho diante do Senhor no deserto de Sinai, morreram sem filhos. Pelo que Eleazar, e Itamar exerceram as funções do sacerdócio em vida de seu pai Aarão.

5 E o Senhor falou a Moisés, e lhe disse: 6 Faze chegar a tribo de Levi, e faze que os desta tribo se ponham em pé diante do sacerdote Aarão para o servirem; para estarem de vela; 7 para observarem tudo o que diz respeito ao culto, que o povo me deve render diante do tabernáculo do testemunho: 8 para terem em guarda os vasos do tabernáculo; e para fazerem todo o serviço, que é do seu santo ministério. 9 Tu darás os levitas 10 a Aarão, e a seus filhos, como um presente que lhes fazem os filhos de Israel. Tu porém estabelecerás a Aarão, e a seus filhos para as funções do sacerdócio. Todo o estranho que se chegar ao santo ministério, morrerá.

11 Falou mais o Senhor a Moisés, dizendo: 12 Eu tomei os levitas dentre os filhos de Israel, em lugar de todos os primogênitos, que são os primeiros que saem do ventre de suas mães dentre os filhos de Israel: por isso os levitas serão meus. 13 Porque meus são todos os primogênitos. Desde que eu feri no Egito os seus primogênitos, consagrei eu para mim tudo o que primeiro nasce em Israel, desde os homens até às bestas; todos eles são meus: eu sou o Senhor.

14 Tornou o Senhor a falar a Moisés no deserto de Sinai, e lhe disse: 15 Conta os filhos de Levi por todas as casas de seus pais, e pelas suas famílias. Conta todos os machos dum mês e para cima.

16 Fez Moisés a conta conforme o Senhor lhe ordenara; 17 e foram achados entre os filhos de Levi os que se seguem pelos seus nomes: Gérson, Caat e Merari. 18 Filhos de Gérson: Lebni, e Semei. 19 Filhos de Caat: Amrão, Jesaar, Hebron, e Oziel, 20 Filhos de Merari: Mooli, e Musi. 21 De Gérson saíram duas famílias: a de Lebni, e a de Semei; 22 de ambas as quais, contados todos os varões dum mês, e para cima, acharam-se sete mil e quinhentos. 23 Estes devem acampar-se detrás do tabernáculo ao ocidente, 24 tendo por príncipe a Eliasaf, filho de Lael.

25 E eles velarão sobre o tabernáculo do concerto, 26 e serão encarregados de guardar o mesmo tabernáculo, a sua coberta, o véu, que se tira diante da porta do tabernáculo do concerto, e as cortinas do átrio; como também o véu, que está pendurado à entrada do átrio do tabernáculo, e tudo o que pertence ao ministério do altar, as cordas do tabernáculo, e tudo o que nele tem uso.

27 De Caat saíram as famílias dos amramitas, jesaaritas, hebronitas, e ozielitas. Estas são as famílias dos caatitas, de que se fez a resenha pelos seus nomes. 28 Todos os varões dum mês, e daí para cima, fazem o número de oito mil e seiscentos. Estes estarão velando em guarda do santuário, 29 e acampar-se-ão ao meio-dia. 30 O seu príncipe será Elisafan, filho de Oziel. 31 Eles guardarão a arca, a mesa, o candieiro, os altares, e os vasos do santuário, que servem no santo ministério, o véu, e todas as mais alfaias deste gênero. 32 Eleazar, porém, filho de Aarão, e príncipe dos príncipes dos levitas, será acima dos que velam em guarda do santuário,

33 As famílias, que vêm de Merari, são os moolitas, e os musitas, de que se fez a resenha pelos seus nomes. 34 Todos os varões dum mês, e daí para cima, fazem o número de seis mil e duzentos. 35 O seu príncipe é

Suriel, filho de Abiaiel. Eles se acamparão ao
norte. 36 Debaixo da sua guarda estarão as
tábuas do tabernáculo, e os seus varais; as
colunas com as suas bases, e tudo o que per-
tence à estas coisas: 37 as colunas, que cer-
cam o Átrio com as suas bases, e os paus com
as suas cordas. 38 Moisés, e Aarão com seus
filhos, que têm a seu cargo a guarda do san-
tuário no meio dos filhos de Israel, acampar-
se-ão diante do tabernáculo do concerto: todo
o estranho, que se chegar, morrerá. 39 Todos
os levitas dum mês, e daí para cima, de que
Moisés e Aarão fizeram a resenha, segundo
as suas famílias, como o Senhor tinha orde-
nado, fizeram o cômputo de vinte e dois mil.

Resgate dos primogênitos

40 Disse mais o Senhor a Moisés: Conta
todos os primogênitos dentre os varões dos
filhos de Israel, dum mês, e daí para cima,
e faze-lhes a soma. 41 Tomarás para mim os
levitas em lugar de todos esses primogênitos
dos filhos de Israel. Eu sou o Senhor. E os
gados dos levitas serão por todos os primo-
gênitos dos gados dos filhos de Israel. 42 Fez
Moisés pois a resenha dos primogênitos dos
filhos de Israel, como o Senhor lhe ordenara;
43 e contados pelos seus nomes todos os va-
rões dum mês, e daí, para cima, acharam-se
vinte e dois mil duzentos e setenta e três.

44 Tornou o Senhor a falar a Moisés, e lhe
disse: 45 Toma os levitas pelos primogêni-
tos dos filhos de Israel, e os gados dos levi-
tas pelos seus gados; e os levitas serão meus.
Eu sou o Senhor. 46 E pelo preço dos duzen-
tos e setenta e três primogênitos dos filhos
de Israel, que passam o número dos levitas,
47 tomarás tu cinco siclos por cabeça do peso
do santuário. O siclo tem vinte óbolos. 48 E
darás este dinheiro a Aarão, e a seus filhos
por preço daqueles, que são por cima do
número dos levitas. 49 Tomou pois Moisés
o dinheiro dos que excediam o número, e ti-
nham sido remidos pelos levitas, 50 pelos pri-
mogênitos dos filhos de Israel: o que fez a
soma de mil trezentos e sessenta e cinco si-
clos do peso do santuário: 51 e deu-o a Aarão,
e a seus filhos, conforme lhe tinha mandado
o Senhor.

Deveres dos levitas

4 Falou mais o Senhor a Moisés e a Aarão,
dizendo: 2 Faze a conta dos filhos de Caat
separadamente dos outros levitas, por casas
e por famílias. 3 Conta-os desde a idade de
trinta anos e daí para cima, até os cinqüenta;
a todos os que entram no tabernáculo do
concerto, para nele assistirem e servirem.
4 Eis aqui quais deverão ser as funções
dos filhos de Caat, por ordem ao tabernáculo
do concerto, e ao santo dos santos. 5 Quando
se houver de levantar o campo, Aarão e seus
filhos entrarão no tabernáculo do concerto,
e no santo dos santos, para descerem o véu,
que pende diante da porta e envolverão nele
a arca do testemunho. 6 Por-lhe-ão ainda por
cima uma coberta de peles roxas; e estenderão
por cima dessa coberta um pano todo de cor
de jacinto e meterão os varais. 7 E envolverão
também num pano de jacinto a mesa dos
pães da proposição, e porão com ela os turí-
bulos, os graizinhos, os copos e as taças para
as oblações dos licores; e sempre os pães es-
tarão em cima dela. 8 Lançar-lhe-ão por cima
um pano de escarlata, o qual eles cobrirão
ainda com outro envoltório de peles roxas,
e meterão os varais. 9 Tomarão também um
pano de jacinto, no qual envolverão o can-
deeiro com as suas lâmpadas, tenazes, espe-
vitadores e todos os vasos do azeite, que são
necessários para concertar as luzes. 10 Todas
estas coisas cobrirão eles de peles roxas, e
meterão os varais. 11 Outrossim envolverão
o altar de ouro num pano de jacinto: lança-
lhe-ão por cima outra coberta de peles roxas,
e meterão os varais. 12 Envolverão da mesma
sorte num pano de jacinto todos os vasos
que servem no santuário: lançar-lhes-ão por
cima outra coberta de peles roxas, e meterão
os varais. 13 Tirarão também as cinzas do al-
tar, e o embrulharão num pano de púrpura.
14 Porão com o altar todos os vasos que ser-
vem nele: os braseiros, as tenazes, os garfos,
os tridentes, e as ferras. Cobrirão os vasos
do altar todos juntos com uma coberta de
peles roxas, e meterão os varais.

15 Depois que Aarão e seus filhos tiverem
embrulhado o santuário com todos os seus
vasos ao abalar do campo, então se chega-
rão os filhos de Caat para levarem todos es-
tes móveis embrulhados; e eles não tocarão
nos vasos do santuário, por não morrerem.
Estes são os cargos, que os filhos de Caat
devem levar do que pertence ao tabernáculo
do concerto.

16 Eleazar, filho do sacerdote Aarão, será
acima deles: e ele é o que terá cuidado do
azeite para preparar as lâmpadas: das com-
posições odoríferas, que se hão de queimar;
do sacrifício perpétuo; do óleo da unção; de
tudo que pertence ao culto do tabernáculo, e
de todos os vasos que servem no santuário.

17 Falou pois o Senhor a Moisés e a Aarão,
dizendo-lhes: 18 Não exponhais o povo de
Caat a ser exterminado do meio dos levitas:
19 mas eis aqui como vós vos deveis haver

com eles para que vivam, e não morram, se tocarem nos vasos do santuário. Aarão e seus filhos entrarão e disporão o que cada um deve fazer, e assinarão o cargo, que cada um deve levar. 20 Os outros entretanto não tenham curiosidade alguma de ver as coisas, que há no santuário antes de estarem embrulhadas: de outra sorte serão eles punidos de morte.

21 Falou mais o Senhor a Moisés, e lhe disse: 22 Tira também a conta dos filhos de Gérson, por casas, por famílias, por parentelas, 23 desde os trinta anos, e daí para cima, até os cinqüenta. Conta todos os que entram, e servem no tabernáculo do concerto. 24 Eis aqui qual será o cargo da família dos gersonitas. 25 Eles levarão as cortinas do tabernáculo, a coberta do concerto, a segunda coberta, e a coberta das peles roxas, que se põe por cima das outras duas; com o véu, que está pendurado à entrada do tabernáculo do concerto; 26 as cortinas do átrio, e o véu, que está à entrada diante do tabernáculo. Os filhos de Gérson levarão tudo o que pertence ao altar, os cordões, e os vasos do ministério, 27 segundo a ordem, que hão de receber de Aarão, e de seus filhos: e cada um saberá qual é o cargo, que deve levar. 28 Este é o emprego da família dos gersonitas a respeito do tabernáculo do concerto: e estarão sujeitos a Itamar, filho do sacerdote Aarão.

29 Farás também a conta dos filhos de Merari por famílias, e pelas casas de seus pais. 30 Desde os trinta anos, e daí para cima, até os cinqüenta; todos os que vêm fazer as funções do seu ministério, e que se aplicam ao culto do concerto do testemunho. 31 Eis aqui os cargos, que lhes serão destinados. Eles levarão as tábuas do tabernáculo, os barrotes de atravessar, e as colunas com as suas bases; 32 como também as colunas, que estão ao redor do átrio com as suas bases, suas estacas, e seus cordões. Tomarão por conta todos os vasos, e todas as alfaias, e assim as levarão. 33 Este será o emprego da família dos meraritas, e o serviço, que eles renderão ao tabernáculo do concerto. E eles estarão às ordens de Itamar, filho do sacerdote Aarão.

Resenha dos levitas adultos

34 Moisés pois, Aarão, e os príncipes da sinagoga fizeram a resenha dos filhos de Caat por famílias, e pelas casas de seus pais, 35 contando desde os trinta anos, e daí para cima até os cinqüenta, todos os que estão empregados no ministério do tabernáculo do concerto: 36 e acharam-se dois mil e setecentos e cinqüenta. 37 Este é o número do povo de Caat, que entra no tabernáculo do concerto. Moisés, e Aarão os contaram, segundo o tinha mandado o Senhor por Moisés.

38 Fez-se também a resenha dos filhos de Gérson por famílias, e pelas casas de seus pais; 39 contados todos os que estão adictos ao ministério do tabernáculo do concerto, desde os trinta anos, e daí para cima, até os cinqüenta: 40 e acharam-se dois mil e seiscentos e trinta. 41 Este é o povo dos gersonitas, que Moisés, e Aarão contaram, conforme a ordem do Senhor.

42 Fez-se também a resenha dos filhos de Merari por famílias, e pelas casas de seus pais; 43 contados todos os que estão adictos ao culto, e cerimônias do tabernáculo do concerto, desde os trinta anos, e daí para cima até os cinqüenta: 44 e acharam-se três mil e duzentos. 45 Este é o número dos filhos de Merari, que Moisés, e Aarão contaram, conforme o mandado, que o Senhor intimara a Moisés.

46 Todos aqueles dentre os levitas, que foram contados pelos seus nomes, e de que Moisés, e Aarão, e os príncipes de Israel fizeram a resenha por famílias, e pelas casas de seus pais, 47 desde os trinta anos, e daí para cima, até os cinqüenta, e que estavam ocupados no ministério do tabernáculo, e em levar os cargos: 48 foram ao todo oito mil quinhentos e oitenta. 49 Deles fez Moisés a resenha por ordem do Senhor, nomeando a cada um segundo o seu ofício, e segundo os cargos, que deviam levar como o Senhor lho tinha ordenado.

Expulsão dos imundos

5 E falou o Senhor a Moisés, dizendo: 2 Manda aos filhos de Israel, que deitem fora do campo todo o leproso, e o que padece purgação branca, e o que está imundo por ter tocado coisa morta. 3 Deitai-os fora do campo, quer eles sejam homens, quer sejam mulheres, para que não manchem o lugar, onde eu habito no meio de vós. 4 Assim o fizeram os filhos de Israel, e botaram fora do campo estas pessoas, como o Senhor tinha ordenado a Moisés.

Confissão dos pecados e restituição

5 Tornou o Senhor a falar a Moisés, dizendo: 6 Dize isto aos filhos de Israel: Quando um homem, ou uma mulher tiverem cometido algum dos pecados, em que de ordinário caem os homens; e tiverem violado por negligência o mandamento do Senhor, e tiverem delinqüido: 7 confessarão o seu pecado, e restituirão àquele, contra quem pecaram, o

justo preço da injúria, que lhe fizeram, ajuntando ainda por cima a quinta parte. 8 Se não se achar pessoa, que o receba, dar-se-á ao Senhor, e pertencerá ao sacerdote, além do carneiro, que se oferece como vítima de expiação, para aplacar a ira do Senhor. 9 Todas as primícias, que os filhos de Israel oferecem, pertencem também ao sacerdote. 10 E tudo o que se oferece no santuário pelos particulares, e se põe nas mãos do sacerdote, será dele.

Leis a respeito de ciúmes

11 Tornou o Senhor a falar a Moisés, dizendo: 12 Fala aos filhos de Israel, e dize-lhes: Quando uma mulher tiver caído em falta, e desprezando a seu marido, 13 tiver dormido com outro homem, de sorte que seu marido não possa descobrir a coisa, e o adultério esteja oculto, sem que ela possa ser convencida por testemunhas, porque não foi apanhada no crime: 14 se o marido se acha agitado do espírito de ciúme contra sua mulher; que ou na realidade está manchada, ou foi acusada por uma falsa suposição: 15 ele a trará diante do sacerdote, e oferecerá por ela de oferta a décima parte duma medida de farinha de cevada, sobre a qual ele não derramará azeite, nem porá incenso: porque este é um sacrifício de ciúme, e uma oblação feita para descobrir o adultério.

16 O sacerdote pois a oferecerá, e a apresentará diante do Senhor. 17 E tomando da água santa num vaso de barro, lançará nela uma pouca de terra do pavimento do tabernáculo. 18 E tanto que a mulher se apresentar diante do Senhor, o sacerdote lhe descobrirá a cabeça, e lhe porá nas mãos o sacrifício de recordação, e a oferta de zelos: e ele mesmo terá as águas amaríssimas, sobre que pronunciou as maldições com execração: 19 e a esconjurará, e lhe dirá: Se um homem estranho não dormiu contigo, e tu te não manchaste, largando o leito de teu marido, não te farão mal estas águas amaríssimas, sobre que eu lancei as maldições. 20 Mas se tu te apartaste de teu marido, e te manchaste, e te deitaste com outro homem: 21 cairão sobre ti estas maldições: o Senhor te faça um objeto de maldição, e um exemplo para todo o seu povo: Ele faça que apodreça a tua coxa, e que o teu ventre inchando arrebente. 22 Estas águas de maldição entrem no teu ventre, e inchando-te o útero, apodreça a tua coxa. E a mulher responderá, amém, amém. 23 E o sacerdote escreverá estas maldições num livro, e depois as apagará com estas águas amaríssimas, que ele carregou de maldições, 24 e dar-lhes-á a beber. E depois que as tiver tragado, 25 tomará o sacerdote da mão da mulher o sacrifício de zelos e levantá-lo-á diante do Senhor, e pô-lo-á em cima do altar: mas isto de modo, que primeiro 26 tenha ele separado um punhado do que se ofereceu em sacrifício, e o queime sobre o altar: e desta maneira dê a beber à mulher das águas amaríssimas. 27 Logo que ela as tiver bebido, se está culpada, e desprezando seu marido pecou por adultério, penetrá-la-ão as águas da maldição, e inchando-lhe o ventre lhe apodrecerá a coxa: e a mulher será em execração, e escarmento para todo o povo. 28 Porém se ela for inocente, não experimentará mal algum, e terá filhos.

29 Esta é a lei dos zelos. Se uma mulher se retirar de seu marido, e lhe for infiel, 30 e o marido agitado do espírito de zelos a apresentar diante do Senhor, e o sacerdote fizer com ela tudo o que fica escrito: 31 será o marido sem culpa, e a mulher pagará a sua maldade.

Os nazireus

6 Falou mais o Senhor a Moisés, dizendo: 2 Fala aos filhos de Israel, e lhes dirás: Quando um homem, ou uma mulher fizerem voto de se santificar, e quiserem consagrar ao Senhor: 3 se absterão de vinho, e de tudo o que pode embebedar. Não beberão vinagre de vinho, ou de qualquer outra beberagem, nem de tudo o que se espreme das uvas: não comerão uvas frescas, nem passadas 4 por todo o tempo que estiverem consagrados ao Senhor pelo voto: não comerão nada que possa ser de vinha, desde a uva passada até o bagulho. 5 Por todo o tempo da sua separação não passará navalha pela sua cabeça, até que se completem os dias da sua consagração ao Senhor. Será santo, deixando crescer os cabelos da sua cabeça. 6 Por todo o tempo da sua consagração não entrará onde haja algum morto, 7 nem se contaminará assistindo ao enterro ainda de seu pai, ou de sua mãe, ou de seu irmão, ou de sua irmã, porque a consagração do seu Deus está sobre a sua cabeça. 8 Por todos os dias da sua separação será santo para o Senhor.

9 Mas se alguém morrer subitamente diante dele, ficará poluta a cabeça da sua consagração: a qual rapará logo no mesmo dia da sua purificação, e segunda vez no sétimo. 10 No oitavo dia porém oferecerá ao sacerdote à entrada do concerto do testemunho duas rolas, ou dois pombinhos, 11 e o sacerdote imolará um pelo pecado, e outro em holocausto, e rogará por ele, porque pecou, manchando-se com a presença do morto:

e santificará a sua cabeça naquele dia: 12 e
consagrará ao Senhor os dias da sua separa-
ção, oferecendo um cordeiro de um ano pelo
pecado: mas de sorte, que os primeiros dias
sejam perdidos, visto que a sua santificação
foi manchada.

13 Esta é a lei da consagração. Comple-
tos que forem os dias, a que por voto se tinha
obrigado, trá-lo-á à entrada do tabernáculo do
concerto, 14 e apresentará ao Senhor a sua
oferta, que será um cordeiro de um ano sem
defeito em holocausto, e uma ovelha de um
ano sem defeito pelo pecado, e um carneiro
sem defeito por hóstia pacífica, 15 e também
um canistrel de pães asmos, que fossem bor-
rifados com azeite, e umas tortas sem fer-
mento untadas de azeite, tudo com as suas
libações: 16 as quais coisas oferecerá o sa-
cerdote diante do Senhor, e o fará tanto pelo
pecado, como em holocausto. 17 Imolará po-
rém ao Senhor um carneiro por hóstia pací-
fica, oferecendo ao mesmo tempo o canistrel
dos pães asmos, e as libações que por costume
se devem. 18 Então à porta do tabernáculo
do concerto será rapado ao nazireu o cabelo,
da sua consagração: e o sacerdote tomará os
seus cabelos, e os queimará no fogo, que está
por baixo do sacrifício dos pacíficos. 19 E
porá nas mãos do nazireu, depois de lhe ser
rapada a cabeça, a espádua do carneiro cozi-
da, e uma torta asma tirada do canistrel, e
um filhó asmo. 20 E recebidas dele segunda
vez estas coisas, as elevará diante do Senhor:
e tendo sido santificadas, serão do sacerdote,
como também o peito, que se mandou separar,
e a perna: depois disto pode o nazireu beber
vinho.

21 Esta é a lei do nazireu, quando tiver
votado a sua oferta ao Senhor pelo tempo
da sua consagração, afora aquela coisa a que
ele puder chegar segundo suas posses: con-
forme o que prometera na sua mente, assim
o fará ele para sua cabal santificação.

A bênção litúrgica

22 Falou o Senhor ainda a Moisés, dizen-
do: 23 Dize a Aarão e a seus filhos: Assim
abençoareis os filhos de Israel, e lhes direis:
24 O Senhor te abençoe e te guarde. 25 O
Senhor te mostre a sua face, e se compadeça
de ti. 26 O Senhor volva o seu rosto para ti,
e te dê a paz. 27 E invocarão o meu nome
sobre os filhos de Israel, e eu os abençoarei.

Oferta dos chefes de tribos

7 Aconteceu porém que no dia que Moisés
acabou o tabernáculo, e o levantou, ungiu
e santificou com todos os seus vasos, como
também o altar com todos os seus vasos:
2 ofereceram os príncipes de Israel e os che-
fes das famílias que havia em cada tribo, e
os capitães dos que haviam sido alistados,
3 suas ofertas diante do Senhor, seis carros
cobertos com doze bois. Cada dois capitães
ofereceram um carro e cada um deles um boi,
e os apresentaram diante do tabernáculo.

4 E disse o Senhor a Moisés: 5 Recebe-os
deles, para que sirvam no ministério do ta-
bernáculo, e entregá-los-ás aos levitas segundo
a ordem do seu ministério. 6 E assim tendo
Moisés recebido os carros e bois, os entregou
aos levitas. 7 Deu dois carros e quatro bois
aos filhos de Gérson, segundo era a necessi-
dade que deles tinham: 8 deu aos filhos de
Merari outros quatro carros e oito bois, para
se servirem deles em todas as funções dos
seus cargos, à ordem de Itamar, filho do sa-
cerdote Aarão: 9 aos filhos de Caat porém não
deu carros nem bois: porque servem no san-
tuário, e levam os cargos aos seus próprios
ombros.

10 Portanto ofereceram os capitães para a
dedicação do altar, no dia em que foi ungi-
do, as suas oblações diante do altar. 11 E
o Senhor disse a Moisés: cada um dos capi-
tães ofereça cada dia os seus donativos para
a dedicação do altar.

12 No primeiro dia fez a sua oferta Naas-
son, filho de Aminadab, da tribo de Judá:
13 e o seu donativo foi um prato de prata de
cento e trinta siclos de peso, e uma redoma
de prata de setenta siclos segundo o peso do
santuário, cheios ambos de farinha borrifada
com azeite para o sacrifício: 14 um gralzinho
de ouro do peso de dez siclos, cheio de incen-
so: 15 um boi da manada, e um carneiro, e
um cordeiro de um ano para o holocausto:
16 e um bode pelo pecado: 17 e para o sa-
crifício dos pacíficos dois bois, cinco carnei-
ros, cinco bodes, e cinco cordeiros de um
ano: esta foi a oferta de Naasson, filho de
Aminadab.

18 No segundo dia ofereceu Natanael filho
de Suar, chefe da tribo de Issacar, 19 um
prato de prata, que pesava cento e trinta si-
clos, e uma redoma de prata de setenta siclos,
segundo o peso do santuário, cheios ambos
de farinha borrifada com azeite para o sacri-
fício: 20 um gralzinho de ouro do peso de
dez siclos, cheio de incenso: 21 um boi da
manada, e um carneiro, e um cordeiro de
um ano para o holocausto; 22 e um bode pelo
pecado; 23 e para o sacrifício dos pacíficos
dois bois, cinco carneiros, cinco bodes, e cin-
co cordeiros de um ano: esta foi a oferta de
Natanael, filho de Suar.

24 Ao terceiro dia Eliab, filho de Helon,
e príncipe dos filhos de Zabulon, 25 ofereceu
um prato de prata, que pesava cento e trinta
siclos, e uma redoma de prata, que tinha se-
tenta siclos pelo peso do santuário, cheios am-
bos de farinha borrifada com azeite para o
santuário: 26 um gralzinho de ouro do peso
de dez siclos, cheio de incenso: 27 um boi
da manada, e um carneiro, e um cordeiro
de um ano para o holocausto; 28 e um bode
pelo pecado: 29 e para o sacrifício dos pací-
ficos, dois bois, cinco carneiros, cinco bodes,
e cinco cordeiros de um ano: esta foi a oferta
de Eliab filho de Helon.

30 Ao quarto dia Elisur, filho de Sedeur,
e príncipe dos filhos de Rúben, 31 ofereceu
um prato de prata, que pesava cento e trinta
siclos, e uma redoma de prata, que tinha se-
tenta siclos pelo peso do santuário, cheios
ambos de farinha borrifada com azeite para
o santuário: 32 um gralzinho de ouro do peso
de dez siclos, cheio de incenso: 33 um boi
da manada, e um carneiro, e um cordeiro
dum ano para o holocausto; 34 e um bode
pelo pecado; 35 e para o sacrifício dos pací-
ficos dois bois, cinco carneiros, cinco bodes,
e cinco cordeiros dum ano: esta foi a oferta
de Elisur, filho de Sedeur.

36 Ao quinto dia Salamiel, filho de Suri-
sadai, príncipe dos filhos de Simeão, 37 ofe-
receu um prato de prata, que pesava cento e
trinta siclos, e uma redoma de prata, que ti-
nha setenta siclos pelo peso do santuário,
cheios ambos de farinha borrifada com azeite
para o sacrifício: 38 um gralzinho de ouro,
que pesava dez siclos, cheios de incenso: 39 um
boi da manada, e um carneiro, e um cordeiro
dum ano para holocausto; 40 e um bode pelo
pecado; 41 e para as hóstias dos pacíficos
dois bois, cinco carneiros, cinco bodes, e cin-
co cordeiros dum ano: esta foi a oferta de
Salamiel, filho de Surisadai.

42 Ao sexto dia Elisaf, filho de Duel, e
príncipe dos filhos de Gad, 43 ofereceu um
prato de prata, que pesava cento e trinta si-
clos, e uma redoma de prata, que tinha se-
tenta siclos pelo peso do santuário, cheios
ambos de farinha borrifada com azeite para
o sacrifício: 44 um gralzinho de ouro do peso
de dez siclos, cheio de incenso: 45 um boi
da manada, e um carneiro, e um cordeiro dum
ano para o holocausto; 46 e um bode pelo
pecado; 47 e para as hóstias dos pacíficos
dois bois, cinco carneiros, cinco bodes, e cinco
cordeiros dum ano: esta foi a oferta de Eliasaf,
filho de Duel.

48 Ao sétimo dia Elisama, filho de Amiud,
e príncipe dos filhos de Efraim, 49 ofereceu
um prato de prata, que pesava cento e trinta
siclos, e uma redoma de prata, que tinha se-
tenta siclos pelo peso do santuário, cheios
ambos de farinha borrifada com azeite para
o sacrifício: 50 um gralzinho de ouro do peso
de dez siclos cheio de incenso: 51 um boi da
manada, e um carneiro, e um cordeiro dum
ano para o holocausto; 52 e um bode pelo
pecado; 53 e para as hóstias dos pacíficos
dois bois, cinco carneiros, cinco bodes, e cinco
cordeiros dum ano: esta foi a oferta de Elisa-
ma, filho de Amiud.

54 Ao dia oitavo Gamaliel, filho de Fadas-
sur, e príncipe dos filhos de Manassés, 55 ofe-
receu um prato de prata, que pesava cento
e trinta siclos, e uma redoma de prata que
tinha setenta siclos pelo peso do santuário,
cheios ambos de farinha borrifada com azeite
para o sacrifício: 56 um gralzinho de ouro
do peso de dez siclos, cheio de incenso: 57 um
boi da manada, e um carneiro, e um cordeiro
dum ano para o holocausto; 58 e um bode
pelo pecado: 59 e para as hóstias dos pacíficos
dois bois, cinco carneiros, cinco bodes, e cin-
co cordeiros dum ano: esta foi a oferta de
Gamaliel, filho de Fadassur.

60 Ao dia nono Abidan, filho de Gedeão,
e príncipe dos filhos de Benjamim, 61 ofere-
ceu um prato de prata, que pesava cento e
trinta siclos, e uma redoma de prata, que
tinha setenta siclos pelo peso do santuário,
cheios ambos de farinha borrifada com azeite
para o sacrifício: 62 e um gralzinho de ouro
do peso de dez siclos cheio de incenso: 63
um boi da manada, e um carneiro, e um cor-
deiro dum ano para o holocausto; 64 e um
bode pelo pecado; 65 e para as hóstias dos
pacíficos dois bois, cinco carneiros, cinco bo-
des, e cinco cordeiros dum ano: esta foi a
oferta de Abidan, filho de Gedeão.

66 Ao dia décimo Aiezer, filho de Amisadai,
e príncipe dos filhos de Dan, 67 ofereceu um
prato de prata, que pesava cento e trinta si-
clos, e uma redoma, que tinha setenta siclos
pelo peso do santuário, cheios ambos de fa-
rinha borrifada com azeite para o sacrifício:
68 um gralzinho de ouro do peso de dez siclos,
cheio de incenso: 69 um boi da manada, e
um carneiro, e um cordeiro dum ano para
o holocausto; 70 e um bode pelo pecado; 71 e
para as hóstias dos pacíficos dois bois, cinco
carneiros, cinco bodes, e cinco cordeiros dum
ano: esta foi a oferta de Aiezer, filho de
Amisadai.

72 Ao dia undécimo Fegiel filho de Ocran,
e príncipe dos filhos de Aser, 73 ofereceu um
prato de prata, que pesava cento e trinta
siclos, e uma redoma de prata, que tinha

setenta siclos pelo peso do santuário, cheios
ambos de farinha borrifada com azeite para
o sacrifício: 74 um gralzinho de ouro do peso
de dez siclos, cheio de incenso: 75 um boi da
manada, e um carneiro, e um cordeiro dum
ano para o holocausto; 76 e um bode pelo
pecado; 77 e para as hóstias dos pacíficos
dois bois, cinco carneiros, cinco bodes, e cinco
cordeiros dum ano: esta foi a oferta de Fegiel,
filho de Ocran.

78 Ao dia duodécimo Aíra, filho de Enan,
e príncipe dos filhos de Neftali, 79 ofereceu
um prato de prata, que pesava cento e trinta
siclos, e uma redoma de prata, que tinha
setenta siclos pelo peso do santuário, cheios
ambos de farinha borrifada com azeite para
o sacrifício: 80 um gralzinho de ouro de peso
de dez siclos, cheio de incenso: 81 um boi
da manada, e um carneiro, e um cordeiro
dum ano para o holocausto; 82 e um bode
pelo pecado; 83 e para as hóstias dos pacíficos
dois bois, cinco carneiros, cinco bodes, e cin-
co cordeiros dum ano: esta foi a oferta de
Aíra, filho de Enan.

84 Estas as coisas que se ofereceram pe-
los príncipes de Israel na dedicação do altar,
no dia em que foi consagrado: doze pratos de
prata: doze redomas de prata: e doze gral-
zinhos de ouro: 85 pesando cada prato cento
e trinta siclos, e cada redoma setenta: de
sorte que todos os vasos de prata juntos pe-
savam dois mil e quatrocentos siclos pelo
peso do santuário: 86 doze gralzinhos de ouro
cheios de incenso, de dez siclos cada um pelo
peso do santuário, e todos juntos faziam cento
e vinte siclos de ouro: 87 doze bois da ma-
nada para o holocausto, doze carneiros, doze
cordeiros dum ano com as suas libações: doze
bodes pelo pecado. 88 Para as hóstias dos
pacíficos vinte e quatro bois, sessenta car-
neiros, sessenta bodes, sessenta cordeiros dum
ano. Estas são as ofertas, que se fizeram na
dedicação do altar, quando foi ungido.

A voz

89 E quando Moisés entrava no tabernáculo
do concerto, para consultar o oráculo, ouvia
a voz do que lhe falava desde o propiciató-
rio que estava sobre a arca do testemunho
entre os dois querubins, donde também lhe
falava.

O candelabro

8 Tornou o Senhor a falar a Moisés, dizendo:
2 Fala a Aarão, e lhe dirás: Logo que tiveres
posto as sete lâmpadas, levantar-se-á o can-
dieiro na parte do meio-dia. Dá, pois, ordem,
que as lâmpadas olhem do lugar oposto ao
setentrião para a mesa dos pães da proposi-
ção, elas deverão alumiar aquela parte, que
está fronteira ao candieiro. 3 E Aarão o fez,
e pôs as lâmpadas sobre o candeeiro, confor-
me o Senhor o havia ordenado a Moisés. 4 O
feitio porém do candeeiro era este, todo de
ouro batido ao martelo, tanto o tronco do
meio, como todos os braços, que lhe saíam
dos dois lados: segundo o modelo que o
Senhor mostrou a Moisés, assim fez o can-
deeiro.

Consagração dos levitas

5 Falou mais o Senhor a Moisés, dizendo:
6 Toma os levitas do meio dos filhos de Israel,
e os purificarás 7 com estas cerimônias: serão
borrifados com a água da expiação, e rapem
todos os cabelos da sua carne. E depois que
tiverem lavado os seus vestidos, e se tiverem
purificado. 8 Tomarão um boi das manadas,
e para a sua libação flor de farinha borrifada
com azeite: e tu tomarás outro boi da manada
pelo pecado: 9 e farás chegar os levitas diante
do tabernáculo do concerto, depois de con-
vocada toda a multidão dos filhos de Israel.
10 E quando os levitas estiverem diante do
Senhor, os filhos de Israel porão as suas mãos
sobre eles: 11 e Aarão oferecerá os levitas
como um dom que os filhos de Israel fazem
ao Senhor, para que o sirvam no seu minis-
tério. 12 Os levitas também porão as suas
mãos sobre as cabeças dos bois, dos quais
sacrificarás um pelo pecado, e o outro em
holocausto ao Senhor, para que rogues por
eles. 13 E apresentarás os levitas diante de
Aarão e de seus filhos, e os sagrarás depois
de os terem oferecido ao Senhor, 14 e separá-
los-ás do meio dos filhos de Israel, para que
sejam meus: 15 e depois entrarão no taber-
náculo do concerto para me servirem. E deste
modo os purificarás e sagrarás em oferta ao
Senhor: porque me foram dados como um
presente pelos filhos de Israel. 16 Eu os recebi
em lugar de todos os primogênitos que abrem
o útero em Israel. 17 Porque todos os primo-
gênitos dos filhos de Israel assim de homens,
como de animais são meus. Eu os consagrei
a mim desde o dia, que feri na terra do Egito
todos os primogênitos: 18 e tomei os levitas
por todos os primogênitos dos filhos de Is-
rael: 19 e deles fiz presente a Aarão e a seus
filhos do meio do povo, para me servirem
por Israel no tabernáculo do concerto, e para
orarem por eles, para que não venha alguma
praga sobre o povo, se se atreverem a chegar
ao santuário.

20 Moisés pois e Aarão e toda a multidão
dos filhos de Israel fizeram acerca dos levi-

tas o que o Senhor ordenara a Moisés: 21 e foram purificados, e lavaram os seus vestidos. E Aarão os apresentou diante do Senhor, e orou por eles, 22 para que depois de purificados entrassem no tabernáculo do concerto a fazer as suas funções diante de Aarão e de seus filhos. Como o Senhor o ordenara a Moisés acerca dos levitas, assim se fez.

23 E o Senhor falou a Moisés, dizendo: 24 Esta é a lei dos levitas, desde os vinte e cinco anos e daí para cima, entrarão para servirem no tabernáculo do concerto. 25 E quando completarem cinqüenta anos de idade, não servirão mais: 26 e somente ajudarão a seus irmãos no tabernáculo do concerto, para guardarem as coisas que lhes forem encomendadas: mas sem se empregarem nos exercícios ordinários. Assim disporás os levitas nos seus empregos.

A Páscoa no Sinai

9 Falou o Senhor a Moisés no deserto de Sinai, no ano segundo depois que sairam da terra do Egito, em o primeiro mês, dizendo: 2 Os filhos de Israel façam a Páscoa a seu tempo, 3 no dia catorze deste mês à tarde, segundo todas as suas cerimônias e leis. 4 Mandou pois Moisés aos filhos de Israel que fizessem a Páscoa. 5 Os quais a fizeram em seu tempo, no dia 14 do mês à tarde no monte Sinai. Os filhos de Israel fizeram tudo, conforme o Senhor o tinha ordenado a Moisés.

6 Eis que uns, que se achavam imundos, por se terem chegado a um morto, os quais não podiam fazer a Páscoa naquele dia, vindo ter com Moisés e Aarão, 7 lhes disseram: Estamos imundos por causa de nos termos chegado a um morto: por que razão havemos nós de ser privados de oferecer em seu tempo a oblação ao Senhor entre os filhos de Israel? 8 Aos quais Moisés respondeu: Esperai que eu consulte o Senhor, para saber o que ordena acerca de vós.

9 E o Senhor falou a Moisés, dizendo: 10 Dize aos filhos de Israel: O homem que estiver imundo por causa de algum morto, ou se achar em jornada longe de vós, faça a Páscoa ao Senhor, 11 no segundo mês, no dia catorze do mês, à tarde. Comê-la-á com pães asmos, e alfaces bravas: 12 não deixarão nada dela para a manhã seguinte nem quebrarão osso nela: guardarão todo o rito da Páscoa. 13 Se algum porém estando limpo, e não se achando de jornada, ainda não fez a Páscoa, será aquela alma exterminada do seu povo, porque não ofereceu em seu tempo o sacrifício ao Senhor: ele mesmo levará sobre si o seu pecado.

14 Do mesmo modo o estrangeiro e adventício, se morarem entre vós, farão a Páscoa em honra do Senhor com todas as suas cerimônias e leis. O mesmo preceito será guardado entre vós tanto pelo estrangeiro como pelo natural.

A coluna de nuvem

15 No dia pois em que o tabernáculo foi ereto, o cobriu uma nuvem. Da tarde porém até a manhã via-se como uma chama de fogo sobre a tenda. 16 Assim acontecia de contínuo: uma semelhança de fogo. 17 E quando se retirava de cima a nuvem que cobria o tabernáculo, então se punham em marcha os filhos de Israel: e no lugar onde a nuvem parava, aí se acampavam. 18 À ordem do Senhor partiam, e à sua ordem assentavam o tabernáculo. Todo o tempo em que a nuvem estava parada sobre o tabernáculo, permaneciam no mesmo lugar.

19 E se acontecia estar parada sobre ele muito tempo, estavam os filhos de Israel de guarda ao Senhor e não partiam, 20 por todo o tempo em que a nuvem estava sobre o tabernáculo. Ao mandado do Senhor erigiam as tendas e ao seu mandado as desarmavam. 21 Se a nuvem se detinha desde a tarde até a manhã, e logo ao romper do dia se alongava do tabernáculo, partiam: e, se depois dum dia e uma noite se retirava, no mesmo ponto desmanchavam as tendas. 22 Se porém se detinha sobre o tabernáculo dois dias ou um mês, por mais tempo, ficavam no mesmo lugar os filhos de Israel, e não partiam: mas tanto que a nuvem se retirava, levantavam o campo. 23 Ao mandado do Senhor assentavam as tendas, e ao seu mandado partiam: e estavam sempre de guarda ao Senhor, segundo a sua ordem, dada por meio de Moisés.

As trombetas

10 Falou mais o Senhor a Moisés, dizendo: 2 Faze para ti duas trombetas de prata batidas ao martelo, com as quais possas convocar o povo, quando se houver de levantar o campo. 3 E quando tiveres feito soar as trombetas todo o povo se ajuntará ao pé de ti, à entrada do tabernáculo do concerto. 4 Se as tocares uma só vez, virão a ti os príncipes, e os chefes do povo de Israel. 5 Mas se o som for mais prolongado e interrompido, descamparão primeiro os que estão para a banda do oriente. 6 No segundo toque, porém, e igual som da trombeta, levantarão as tendas os que habitam ao meio-dia e do mesmo modo farão os outros, quando as trombetas fizeram sinal

para a partida. 7 Mas quando se houver de congregar o povo, será o som das trombetas singelo, e não soarão interrompidamente.

8 Os filhos porém de Aarão, sacerdotes, tocarão as trombetas: e esta lei será guardada para sempre nas vossas gerações. 9 Se sairdes de vosso país para a guerra contra os inimigos que vos atacam, fareis soar interrompidamente as trombetas, e o Senhor vosso Deus se lembrará de vós, para vos livrar das mãos de vossos inimigos. 10 Quando fizerdes algum banquete, e celebrardes os dias de festas, e as calendas, tocareis as trombetas sobre os holocaustos, e hóstias pacíficas, a fim de que o vosso Deus se lembre de vós. Eu sou o Senhor vosso Deus.

II. ETAPAS NO DESERTO

Partida para o deserto

11 No dia vinte do segundo mês do segundo ano, se levantou a nuvem do tabernáculo do concerto: 12 e os filhos de Israel partiram do deserto de Sinai pelas suas turmas, e a nuvem repousou na solidão de Faran.

13 E os primeiros, que desacamparam, conforme a ordem do Senhor intimada por Moisés, 14 foram os filhos de Judá pelas suas turmas: cujo príncipe era Naasson, filho de Aminadab. 15 Na tribo dos filhos de Isaacar foi príncipe Natanael, filho de Suar. 16 Na tribo de Zabulon era príncipe Eliab filho de Zabulon. 17 E foi desarmado o tabernáculo, levantando o qual se puseram a caminho os filhos de Gérson e de Merari. 18 E partiram também os filhos de Rúben, conforme as suas turmas e ordem: sendo seu príncipe Elisur, filho de Sedeur. 19 Na tribo porém dos filhos de Simeão foi príncipe Salamiel, filho de Surisadai. 20 Mas na tribo de Gad era príncipe Eliasaf, filho de Duel. 21 E partiram também os caatitas, que levavam o santuário. E era levado o tabernáculo até chegar ao lugar, onde se devia erigir. 22 Descamparam também os filhos de Efraim pelas suas turmas, tendo por príncipe do seu corpo a Elisama, filho de Amiud. 23 Na tribo porém dos filhos de Manassés foi príncipe Gamaliel, filho de Fadassur: 24 e na tribo de Benjamim era príncipe Abidan, filho de Gedeão. 25 Os últimos que partiram de todo o campo, foram os filhos de Dan pelas suas turmas, em cujo corpo era príncipe Aiezer, filho de Amisadai. 26 Na tribo porém dos filhos de Aser era príncipe Fegiel, filho de Ocran. 27 E na tribo dos filhos de Neftali foi príncipe Aíra, filho de Enan. 28 Esta é a ordem, com que os filhos de Israel faziam as suas marchas pelas suas turmas quando moviam o campo.

29 E disse Moisés a Hobab filho de Raguel madianita, seu parente: Nós partimos para o lugar, que o Senhor nos há de dar: vem tu conosco, para te fazermos bem: porque o Senhor prometeu bens a Israel. 30 Ao qual ele respondeu: Não irei contigo, mas voltarei para a minha terra, na qual nasci. 31 E Moisés lhe tornou: Não nos deixes, porque tu sabes em que lugares pelo deserto devamos acampar, e serás o nosso guia. 32 E se vieres conosco, nós te daremos o melhor de todas as riquezas, que o Senhor nos há de entregar.

33 Partiram pois do Monte do Senhor caminho de três dias, e a arca da aliança do Senhor ia adiante deles, apontando nos três dias o lugar para o acampamento. 34 A nuvem do Senhor também era sobre eles de dia quando marchavam.

35 E quando se elevava a arca, dizia Moisés: Levanta-te Senhor, e dissipem-se os teus inimigos, e fujam da tua face os que te aborrecem. 36 Quando porém se depunha, dizia: Volta, Senhor, para a multidão do exército de Israel.

Murmuração do povo

11 Entretanto se levantou uma murmuração do povo contra o Senhor, como de quem se queixava da fadiga que padecia. O que ouvindo o Senhor, se irou. E acendido contra eles o fogo do Senhor devorou a última parte do campo. 2 E como o povo chamasse a Moisés, orou Moisés ao Senhor, e se extinguiu o fogo. 3 E chamou àquele lugar o Incêndio; porque ali se tinha acendido o fogo do Senhor entre eles.

4 Porque uma multidão do povo miúdo, que tinha vindo com eles, ardeu em desejos, sentando-se e pondo-se a chorar, unindo-se-lhe também os filhos de Israel, e disse: Quem nos dará carnes para comer? 5 Lembra-nos o peixe que comíamos no Egito sem nos custar nada: vem-nos à memória os pepinos, e melões, os porros e as cebolas, e os alhos. 6 A nossa alma está seca, os nossos olhos não vêem senão maná.

7 Ora, o maná era como os grãos do coentro, da cor do bedélio. 8 O povo ia ao redor do campo, e colhendo-o, o moía numa mó, ou o pisava num gral, e cozendo-o numa panela, fazia dele tortas de sabor de pão amassado

em azeite. 9 E ao tempo que de noite caía o orvalho no campo, caía também o maná.

10 Ouviu pois Moisés chorar o povo pelas suas famílias cada um à porta de sua tenda. Então se enfureceu o Senhor fortemente: e até a Moisés pareceu isto uma coisa intolerável: 11 e disse ao Senhor: Por que afligiste a teu servo? por que não acho eu graça diante de ti? e por que puseste sobre mim o peso de todo este povo? 12 Acaso concebi eu toda esta multidão, ou a gerei, para me dizeres: Traze-os no teu seio assim como uma ama costuma trazer uma criança, e leva-os à terra que, com juramento prometi a seus pais? 13 Donde me virão carnes para dar a uma tão grande multidão? eles choram contra mim, dizendo: Dá-nos carnes para comermos. 14 Eu só não posso suportar todo este povo, porque se me faz pesado. 15 Se a ti te parece outra coisa, peço-te que me tires a vida, e acha eu graça diante dos teus olhos, para me não ver oprimido de tamanhos males.

Os setenta senadores

16 E respondeu o Senhor a Moisés: Ajunta-me setenta homens dos anciãos de Israel, que tu souberes serem os mais experimentados e mestres do povo: e os trarás à porta do tabernáculo do concerto, e fá-los-ás esperar ali contigo, 17 para que eu desça a falar-te: e tirarei do teu espírito, e lho darei a eles, para que sustentem contigo a carga do povo, e não sejas tu só o gravado.

18 Dirás também ao povo, purificai-vos: à manhã comereis carnes; porque eu vos ouvi dizer: Quem nos dará a comer carnes? nós estávamos bem no Egito. Assim o Senhor vos dará carnes para que comais: 19 não só um dia, nem dois, nem cinco, nem dez, nem ainda vinte; 20 mas um mês inteiro, até elas vos saírem pelos narizes, e vos causarem enjôo, visto que rejeitastes o Senhor que está no meio de vós, e chorastes diante dele, dizendo: Por que saímos nós do Egito?

21 E Moisés disse: Isto é um povo de seiscentos mil homens de pé: e tu dizes: Eu lhes darei a comer carnes todo um mês? 22 Acaso matar-se-á tanta quantidade de ovelhas e bois, que possa bastar para sua comida? ou ajuntar-se-ão num monte todos os peixes do mar, para os fartarem? 23 Ao qual o Senhor respondeu: Porventura é fraca a mão do Senhor? Agora mesmo verás tu se a minha palavra se põe por obra.

24 Veio pois Moisés, e referiu ao povo as palavras do Senhor, ajuntando setenta homens dos anciões de Israel, os quais fez estar junto do tabernáculo. 25 E desceu o Senhor em a nuvem, e lhe falou, e tirando do espírito que havia em Moisés, deu dele aos setenta homens. E tendo repousado neles o espírito, profetizaram, e não cessaram de o fazer.

26 Haviam porém ficado no campo dois varões, um dos quais se chamava Eldad, e o outro Medad, sobre os quais repousou o espírito: porque também eles mesmos tinham sido alistados, mas não haviam saído para irem ao tabernáculo. 27 E como profetizassem no campo, veio correndo um moço, e deu por notícia a Moisés, dizendo: Eldad e Medad profetizam no campo. 28 Então Josué, filho de Nun, ministro de Moisés, e escolhido entre muitos, disse: Meu Senhor, proíbe-lho. 29 Moisés lhe respondeu: Que zelos são estes que mostras por mim? Quem dera que todo o povo profetizasse, e que o Senhor lhe desse o seu espírito? 30 Voltou pois Moisés para o campo com os anciãos de Israel.

As codornizes

31 Um vento porém excitado pelo Senhor, vindo da outra banda do mar, arrebatou consigo codornizes, e as lançou sobre o arrial ao redor do campo por tanto espaço, quanto se pode andar num dia; e voavam pelo ar dois covados de alto sobre a terra. 32 Levantando-se pois o povo, apanhou todo aquele dia, e a noite, e o outro dia, uma tão grande multidão de codornizes, que o que menos recolheu, se achou com dez medidas delas: e as puseram a secar à roda do campo. 33 Ainda as carnes estavam nos seus dentes, e ainda se lhes não tinham acabado este manjar: quando o furor do Senhor se acendeu contra o povo, e o feriu com uma praga terribilíssima. 34 E aquele lugar se ficou chamando os Sepulcros da Concupiscência: porque ali sepultaram o povo, que tinha tido os desejos.

Tendo partido porém dos Sepulcros da Concupiscência, vieram a Haserot, e ali ficaram.

Preeminência de Moisés

12 Então falaram Maria e Aarão contra Moisés por causa de sua mulher etiopisa, 2 e disseram: Porventura falou o Senhor só por Moisés? Não nos falou ele também a nós? O que tendo o Senhor ouvido, 3 (porque Moisés era o mais manso de todos os homens que havia na terra), 4 disse logo a Moisés, a Aarão e a Maria: Saí todos três somente ao tabernáculo do concerto. E tanto que lá chegaram, 5 desceu o Senhor na coluna de nuvem, e pôs-se à entrada do tabernáculo, chamando a Aarão e a Maria. Os quais acudindo, 6 lhes disse:

Ouvi as minhas palavras: Se entre vós se achar
algum profeta do Senhor, eu lhe aparecerei
em visão, ou lhe falarei em sonhos. 7 Mas
não é assim a respeito de meu servo Moisés,
que é o mais fiel em toda a minha casa: 8
porque eu lhe falo cara a cara: e ele vê o
Senhor claramente, e não debaixo de enigmas
ou de figuras. Porque não temestes vós logo
detrair de meu servo Moisés?

Castigo de Maria

9 E irado contra eles, foi-se. 10 Retirou-se
também a nuvem, que estava sobre o taber-
náculo: e no mesmo ponto apareceu Maria
toda coberta de lepra branca como neve. E
como Aarão olhasse para ela, e a visse coberta
de lepra, 11 disse a Moisés: Rogo-te, meu Se-
nhor, que não ponhas sobre nós este pecado
que nèsciamente cometemos, 12 e que esta não
fique como morta, e como um aborto que é
arrojado do ventre de sua mãe: vê que a lepra
lhe tem já carcomido a metade da sua carne.
13 Então clamou Moisés ao Senhor, dizendo:
Ó Deus, rogo-te que a sares. 14 Ao qual o
Senhor respondeu: Se seu pai lhe tivesse
cuspido na cara, não deveria ela estar coberta
de vergonha ao menos por sete dias? Esteja
apartada sete dias do campo, e depois será
outra vez chamada. 15 Foi Maria pois deitada
fora do campo por sete dias: e o povo não
se moveu daquele lugar, enquanto Maria não
foi tornada a chamar.

Os exploradores de Canaã

13 Depois disto partiu de Haserot o povo, e
foi abarracar-se no deserto de Faran: 2 e
neste lugar falou o Senhor a Moisés, dizendo:
3 Envia homens que reconheçam a terra de
Canaã, que eu hei de dar aos filhos de Israel,
escolhidos dentre os principais de cada tribo.
4 Fez Moisés o que o Senhor mandara en-
viando do deserto de Faran homens dentre
os principais, cujos nomes são estes: 5 Da
tribo de Rúben, a Samua, filho de Zecur.
6 Da tribo de Simeão, a Safat, filho de Huri.
7 Da tribo de Judá, a Caleb, filho de Jefo-
ne. 8 Da tribo de Issacar, a Igal, filho de
José. 9 Da tribo de Efraim, a Osée, filho de
Num. 10 Da tribo de Benjamin, a Falti, filho
de Rafu. 11 Da tribo de Zabulon, a Gediel,
filho de Sodi. 12 Da tribo de José, do ceptro
de Manassés, a Gadi, filho de Susi. 13 Da tribo
de Dan, a Amiel, filho de Gemali. 14 Da tribo
de Aser, a Stur, filho de Miguel. 15 Da tribo de
Neftali, a Naabi, filho de Vapsi. 16 Da tribo
de Gad, a Guel, filho de Maqui:

17 Estes são os nomes dos homens, que
Moisés enviou a reconhecer a terra. E a Osée
filho de Nun, pôs-lhe o nome de Josué.

18 Moisés pois os enviou a reconhecer a
terra de Canaã, e lhes disse: Subi pela banda
do meio-dia. E tendo chegado aos montes, 19
reconhecei que tal terra é essa: e o povo que
a habita, se é valente ou fraco: se são poucos
ou muitos: 20 se a mesma terra é boa ou má:
que tais são as cidades, se muradas ou sem
muros: 21 se o terreno é fértil ou estéril, de
arvoredos ou sem árvores. Tende ânimo, e
trazei-nos dos frutos da terra. Era pois o tem-
po em que já se achavam uvas temporãs, que
se podem comer.

22 Tendo pois subido, reconheceram a ter-
ra desde o deserto de Sin até Roob, por on-
de se entra em Emate. 23 E subiram pela
banda do meio-dia e vieram a Hebron, onde
estavam Aquiman, Sisai, e Tolmai filhos de
Enac: porque Hebron foi fundada sete anos
antes de Tanis cidade do Egito. 24 E cami-
nhando até a torrente do Cacho, cortaram um
ramo de vide com seu cacho, o qual levaram
dois homens numa vara, colheram também
romãs e figos daquele mesmo lugar: 25 que
foi chamado Neelescol, isto é, a torrente do
Cacho, por causa do cacho que dali levaram
os filhos de Israel.

26 E tendo voltado os exploradores da ter-
ra passados quarenta dias, depois de terem
rodeado toda a região, 27 vieram ter com Moi-
sés e com Aarão e com todo o ajuntamento
dos filhos de Israel no deserto de Farah, que
é em Cades. E falando com eles e com a mul-
tidão lhes mostraram os frutos da terra. 28
e lhes deram conta, dizendo: Fomos à terra,
a que nos enviaste, a qual na verdade mana
leite e mel, como se pode conhecer por estes
frutos: 29 mas tem habitantes fortíssimos, e
grandes cidades e fortificadas de muros. Ali
vimos a raça de Enac. 30 Amalec habita ao
meio-dia; os heteus, os jebuseus, e os amor-
reus estão nas montanhas: os cananeus porém
moram ao pé do mar e ao longo das ribeiras
do Jordão.

31 Entretanto Caleb para refrear a murmu-
ração do povo, que se levanta contra Moisés,
disse: Vamos, e possuamos a terra porque
podemos possuí-la. 32 Mas os outros, que ti-
nham ido com ele, diziam: De nenhuma sorte
podemos ir a este povo, porque é mais forte
do que nós. 33 E diante dos filhos de Israel
infamaram o país, que tinham visto, dizendo:
A terra que fomos ver, devora os seus habi-
tantes: o povo, que vimos, é de estatura extra-
ordinária. 34 Aí vimos certos monstros filhos
de Enac, da raça dos gigantes: comparados
com os quais parecíamos nós uns gafanhotos.

Sedição

14 Toda a multidão pois gritando chorou
aquela noite: 2 e todos os filhos de
Israel murmuraram contra Moisés e Aarão,
dizendo: 3 Oxalá que nós tivéssemos falecido
no Egito: e oxalá que pereçamos nesta vasta
solidão, e que o Senhor nos não introduza
nessa terra, por não sermos passados à espa-
da, e nossas mulheres e filhos levados cativos.
Acaso não nos é melhor voltar para o Egito?
4 E disseram uns para os outros: Constitua-
mos um por nosso capitão, e tornemos para
o Egito.
5 O que tendo ouvido Moisés e Aarão, se
lançaram por terra à vista de toda a multidão
dos filhos de Israel. 6 Josué, porém, filho de
Nun, e Caleb filho de Jefone, que também
tinham visto a terra, rasgaram os seus ves-
tidos, 7 e disseram a toda a multidão dos
filhos de Israel: A terra, que nós corremos
em roda, é muito boa: 8 se o Senhor nos for
propício, Ele nos introduzirá nela, e nos en-
tregará uma terra que mana leite e mel. 9
Não sejais rebeldes contra o Senhor: nem
temais a gente desta terra porque como pão
assim os podemos tragar. Eles se acham des-
tituídos de toda a defesa: o Senhor está co-
nosco: não temais.

Cólera divina e intercessão de Moisés

10 E como toda a multidão levantasse o
grito, e quisesse apedrejá-los, apareceu a gló-
ria do Senhor a todos os filhos de Israel sobre
o tabernáculo do concerto. 11 E o Senhor
disse a Moisés: Até quando murmurará de
mim este povo? Até quando não me acreditará
depois de todos os prodígios que tenho feito
diante dele? 12 Eu pois os ferirei com peste,
e os consumirei: e a ti far-te-ei príncipe duma
gente grande, e mais forte do que esta é.
13 E Moisés respondeu ao Senhor: Sim, para
que ouçam os egípcios, do meio dos quais ti-
raste a este povo, 14 e os habitantes desta terra,
que ouviram dizer, que tu, Senhor, habitas no
meio deste povo, que és visto face a face; e
que a tua nuvem os cobre, e que vás diante
dele de dia numa coluna de nuvem, e de noite
numa coluna de fogo: 15 que fizeste morrer
uma tão grande multidão como se fora um só
homem, e digam: 16 Ele não pode introduzir
o povo no país, que lhe tinha prometido com
juramento: por isso os matou no deserto.
17 Engrandeça-se pois a fortaleza do Senhor
como tu juraste, dizendo: 18 O Senhor é pa-
ciente e de muita misericórdia, que tira a ini-
qüidade e as maldades, e que a nenhum culpa-
do deixa sem castigo, tu que visitas os pecados
dos pais nos filhos até a terceira e quarta
geração: 19 perdoa, te suplico, o pecado a este
povo segundo a grandeza da tua misericórdia,
assim como tu lhe foste propício desde a sua
saída do Egito até este lugar.

Perdão e castigo

20 E o Senhor disse: Eu lhe perdoei confor-
me tu me pediste. 21 Por minha vida, que toda
a terra será cheia da glória do Senhor. 22 Mas
entretanto todos os homens que viram o res-
plendor da minha majestade, e as maravilhas
que fiz no Egito e no deserto; e que me ten-
taram já dez vezes e que não obedeceram à
minha voz, 23 não verão a terra que eu pro-
meti a seus pais com juramento; nenhum dos
que detraíram de mim, a verá. 24 Mas quanto
a meu servo Caleb, que cheio de outro espírito
me seguiu, eu o introduzirei nesta terra que
rodeou toda: e a sua posteridade a possuirá.
25 Porquanto os amalecitas e os cananeus
habitam nos vales. Levantai amanhã o campo,
e tornai a voltar para o deserto pelo caminho
do mar Vermelho.
26 Falou mais o Senhor a Moisés e a Aarão,
dizendo: 27 Até quando murmurará contra
mim esta péssima multidão? Eu ouvi os quei-
xumes dos filhos de Israel. 28 Dize-lhes pois:
Por minha vida, diz o Senhor: Assim como
vós o dissestes, ouvindo-o eu, assim vo-lo
hei eu de fazer. 29 Neste deserto ficarão esten-
didos os vossos cadáveres. Todos vós, os que
fostes contados desde vinte anos e daí para
cima, e que murmurastes contra mim, 30 não
entrareis na terra, na qual eu levantando a
minha mão tinha jurado que vos faria habi-
tar, exceto Caleb filho de Jefone, e Josué filho
de Nun. 31 Mas eu introduzirei os vossos pe-
quenos, que dissestes que serviriam de despojo
para vossos inimigos: para que vejam a terra,
que vos desagradou. 32 Vossos cadáveres fica-
rão jazendo na solidão. 33 Vossos filhos anda-
rão errantes por este deserto quarenta anos,
e pagarão a vossa infidelidade, até que os
cadáveres de seus pais sejam consumidos no
deserto, 34 conforme o número dos quarenta
dias, em que reconhecestes a terra: contar-se-á
um ano por cada dia. E por espaço de qua-
renta anos pagareis a pena das vossas iniqüi-
dades, e experimentareis a minha vingança:
35 porque assim como o disse, assim o farei
a toda esta péssima multidão, que se sublevou
contra mim: nesta solidão será consumida, e
morrerá.
36 E assim todos os homens que Moisés
tinha enviado a reconhecer a terra, e que de-
pois de terem voltado tinham feito murmurar
contra ele todo o povo, infamando a terra de

má, 37 morreram e foram feridos diante do Senhor. 38 Mas Josué filho de Nun, e Caleb filho de Jefone, ficaram com vida entre os que tinham ido a reconhecer a terra.

39 E Moisés falou todas estas palavras a todos os filhos de Israel, e o povo chorou amargamente. 40 Mas ao outro dia levantando-se de madrugada subiram ao cume do monte, e disseram: Estamos prestes para ir ao lugar, de que o Senhor falou: porque nós pecámos. 41 Aos quais Moisés disse: Por que quereis vós transgredir a palavra do Senhor, o que não vos redundará em bem? 42 Não queirais subir: porque não é o Senhor convosco: não suceda serdes destruídos diante de vossos inimigos. 43 Os amalecitas e os cananeus estão à vossa vista, e vós caireis debaixo da sua espada, porque não quisestes obedecer ao Senhor, e o Senhor não será convosco.

44 Mas eles levados da sua cegueira subiram ao cume do monte. A arca porém do testamento do Senhor e Moisés não se apartaram do campo. 45 E desceram os amalecitas e cananeus, que habitavam no monte: e tendo-os batido e retalhado, foram-nos perseguindo até Horma.

Oblações e sacrifícios

15 Falou o Senhor a Moisés, dizendo: 2 Fala aos filhos de Israel, e lhes dirás: Quando vós entrardes na terra da vossa habitação, que eu vos hei de dar, 3 e oferecerdes ao Senhor algum holocausto, ou vítima em cumprimento dos vossos votos, ou oferecendo dons voluntários, ou fazendo queimar nas vossas solenidades cheiro de suavidade para o Senhor, assim de bois como de ovelhas: 4 qualquer que imolar uma vítima, oferecerá para o sacrifício a décima parte dum efi de flor de farinha, misturada com a quarta parte dum hin de azeite: 5 e dará para fazer as libações a mesma medida de vinho para o holocausto ou para a vítima. Por cada cordeiro 6 e por cada carneiro oferecerá em sacrifício duas dízimas de flor de farinha, misturada com azeite, que seja a terça parte dum hin: 7 e de vinho para as libações oferecerá a terça parte da mesma medida, em cheiro de suavidade para o Senhor. 8 Quando porém ofereceres bois em holocausto ou por hóstia para cumprires um voto ou sacrifícios de paz, 9 darás por cada boi três dízimas de flor de farinha, misturada com meio hin de azeite: 10 e de vinho para fazer as libações uma igual medida em oferenda de suavíssimo cheiro para o Senhor. 11 Assim o farás 12 com todos os bois, carneiros, cordeiros, e cabritos.

13 Tantos os naturais da terra como os estrangeiros, 14 oferecerão os sacrifícios com estas mesmas cerimônias. 15 Será uma mesma lei e uma mesma ordenação tanto para vós, como para os que são estrangeiros no vosso país. 16 Falou o Senhor a Moisés, dizendo:

Primícias e expiações

17 Fala aos filhos de Israel, e lhes dirás: 18 Depois que vós tiverdes chegado à terra, que eu vos hei de dar, 19 e comerdes dos pães daquela terra, separareis para o Senhor as primícias 20 de vossas comidas. Assim como separais as primícias das eiras, 21 assim também dareis ao Senhor as primícias das vossas massas.

22 E se por ignorância deixardes de fazer alguma destas coisas, que o Senhor tem dito a Moisés, 23 e que vos tem ordenado por ele, desde o primeiro dia, que começou a dar-vos os seus mandamentos até hoje, 24 e se a multidão vier a cair em qualquer falta por esquecimento: oferecerá um bezerro da manada em holocausto de suavíssimo cheiro para o Senhor, com a sua oferenda e libações, como o pede o cerimonial, e um bode pelo pecado: 25 e o sacerdote rogará por toda a multidão dos filhos de Israel e se lhes perdoará, porque não pecaram voluntariamente: oferecerão contudo este holocausto ao Senhor por si e pelo seu pecado e pelo seu erro: 26 e se perdoará a todo o povo dos filhos de Israel, e aos estrangeiros que moram entre eles: porque foi esta uma culpa que todo o povo cometeu por ignorância.

27 Porém se alguma pessoa pecar por ignorância, oferecerá uma cabra de um ano pelo seu pecado: 28 e o sacerdote rogará por ela, porque pecou diante do Senhor sem o saber: e lhe alcançará o perdão, e se lhe perdoará. 29 Uma mesma lei será para todos os que pecarem por ignorância, ou sejam naturais, ou estrangeiros.

30 Porém o que cometer algum pecado por soberba, ou ele seja cidadão, ou forasteiro (porque foi rebelde contra o Senhor) perecerá do meio do seu povo: 31 pois que desprezou a palavra do Senhor, e tornou vão o seu preceito: por isso mesmo será exterminado, e levará sobre si a sua iniqüidade.

Violador do sábado

32 Aconteceu porém que estando os filhos de Israel no deserto, e achando um homem enfeixando lenha no dia de sábado, 33 o apresentaram a Moisés, a Aarão, e a todo o povo. 34 Os quais o meteram em prisão, não sabendo o que deviam fazer dele. 35 Então disse o

Senhor a Moisés: Este homem morra de mor-
te, todo o povo o apedreje fora do arraial. 36 E
como o tirassem para fora, o apedrejaram, e
morreu, como o Senhor o tinha mandado.

Orlas nos vestidos

37 Disse também o Senhor a Moisés: 38 Fala
aos filhos de Israel, e lhes dirás que se façam
umas guarnições nos remates das suas capas,
pondo nelas fitas de cor de jacinto, 39 para
que, vendo-as, se recordem de todos os man-
damentos do Senhor, e não sigam os seus
pensamentos, nem os seus olhos se prostituam
a vários objetos; 40 mas antes mais lembrados
dos preceitos do Senhor, os cumpram, e sejam
santos para com o seu Deus. 41 Eu sou o
Senhor vosso Deus, que vos tirei da terra do
Egito, para ser vosso Deus.

Rebelião de Coré

16 Por este tempo Coré filho de Isaar, filho
de Caat, filho de Levi, e Datan, e Abiron
filhos de Eliab, como também Hon filho de
Felet da família de Rúben, 2 se levantaram
contra Moisés, e outros duzentos e cinqüenta
dos filhos de Israel, homens principais da sina-
goga, e que quando se convocava o conselho
eram chamados pelos seus nomes. 3 E como se
tivessem feito fortes contra Moisés e Aarão,
disseram: Baste-vos que todo o povo seja um
povo de santos, e que o Senhor esteja com
eles: por que vos elevais vós sobre o povo do
Senhor?
4 O que tendo ouvido Moisés, lançou-se com
o rosto em terra: 5 e falando a Coré e a toda
a multidão, disse: Amanhã fará o Senhor co-
nhecer, quais são os que lhe pertencem, e che-
gará a si os que são santos: e os que escolher,
se chegarão a ele. 6 Fazei pois isto: cada um
tome o seu turíbulo, tu Coré, e toda a tua com-
panhia, 7 e amanhã depois de terdes lança-
do fogo, ponde incenso sobre ele diante do
Senhor: e a quem ele escolher, esse será o
santo: vós vos elevais muito, ó filhos de Levi.
8 E disse de novo a Coré: Ouvi, filhos de
Levi:
9 Acaso é pouco para vós, que o Deus de
Israel vos tenha separado de todo o povo, e
chegado a si, para o servirdes no culto do
tabernáculo e para assistirdes diante de todo
o povo, fazendo as funções do vosso ministé-
rio? 10 Foi acaso para isso que ele chamou
para junto de si, a ti e a todos teus irmãos
filhos de Levi, a fim de usurpardes para vós
também o sacerdócio, 11 e para toda a tua
tropa se sublevar contra o Senhor? Pois quem
é Aarão para vós murmurardes contra ele?

Rebelião de Datan e Abiron

12 Mandou pois Moisés chamar a Datan e a
Abiron filhos de Eliab. Os quais responderam:
Nós não vamos. 13 Porventura não estás con-
tente com haver-nos tirado de uma terra, que
manava leite e mel, para nos fazeres morrer
no deserto, para também te senhoreares de
nós? 14 Por certo que tu nos meteste numa
terra, onde corre o leite e o mel a regatos e
que nos deste possessões de campos e vinhas.
Quererás tu tirar-nos também os nossos olhos?
Nós não vamos.
15 E Moisés, irado grandemente, disse ao
Senhor: Não olhes para os seus sacrifícios. Tu
sabes que eu nunca recebi deles nem tanto
como um asninho, e que nunca afligi a nenhum
deles.
16 E disse a Coré: Tu e toda a tua tropa
estai amanhã de uma parte diante do Senhor,
e Aarão estará noutra parte. 17 Tomai todos
e cada um os vossos turíbulos, e ponde-lhes
em cima o incenso, oferecendo ao Senhor du-
zentos e cinqüenta turíbulos. E Aarão tenha
também o seu turíbulo. 18 O que tendo eles
feito diante de Moisés e de Aarão, 19 e tendo
contra eles ajuntado toda a multidão à entra-
da do tabernáculo, apareceu a todos a glória
do Senhor. 20 E falando o Senhor a Moisés e
a Aarão, disse: 21 Separai-vos do meio desta
congregação, para que eu de improviso os
destrua. 22 Os quais se lançaram com o rosto
em terra, e disseram: Ó Deus fortíssimo dos
espíritos de toda a carne, acaso pelo pecado
de um só homem se acenderá a tua ira contra
todos? 23 E o Senhor disse a Moisés: 24 Man-
da a todo o povo que se separe das tendas de
Coré, e de Datan e de Abiron.

Castigo de Datan, Abiron e Coré

25 Levantou-se pois Moisés, e foi às tendas
de Datan e Abiron: e seguindo-o os anciãos de
Israel, 26 disse para a turba: Apartai-vos das
tendas destes homens ímpios, e não toqueis
coisa que lhes pertença, para que não sejais
envolvidos nos seus pecados. 27 E como se
tivessem retirado todos do contorno das suas
tendas, saíram fora Datan e Abiron, e estavam
em pé à porta dos seus pavilhões com suas
mulheres e filhos, e com toda a sua tropa.
28 Então disse Moisés: Nisto conhecereis que
o Senhor é quem me enviou, para fazer tudo
o que vós vedes, e que não sou eu que o inven-
tei de minha cabeça. 29 Se estes morrerem de
uma morte ordinária entre os homens, e forem
feridos de uma praga, de que também os
outros homens costumam ser feridos, não é
o Senhor quem me enviou. 30 Mas se o Senhor

fizer por um novo prodígio, que a terra, abrindo a sua boca, os engula com tudo o que lhes pertence, e que desçam vivos ao inferno, então sabereis que eles blasfemaram contra o Senhor. 31 Logo pois que ele acabou de falar, se rompeu a terra debaixo dos seus pés: 32 e abrindo a sua boca, os tragou com as suas tendas e com tudo o que lhes pertencia. 33 E desceram vivos ao inferno cobertos de terra, e pereceram do meio da multidão. 34 Todo o Israel, porém, que estava na circunvizinhança, fugiu ao clamor dos que pereciam, dizendo: Não suceda que a terra nos engula também a nós.

35 Ao mesmo tempo saindo um fogo do Senhor, matou os duzentos e cinqüenta homens, que ofereciam o incenso.

36 E o Senhor falou a Moisés, dizendo: 37 Manda ao Sacerdote Eleazar filho de Aarão que tire os turíbulos que estão no meio do incêndio, e que espalhe o fogo duma para outra parte; porque foram santificados 38 na morte dos pecadores: e que os reduza a lâminas, e os pregue no altar, porque neles se ofereceu incenso ao Senhor, e foram santificados, para que filhos de Israel os contemplem como sinal e monumento. 39 Tirou pois o sacerdote Eleazar os turíbulos de metal, nos quais tinham oferecido os que foram consumidos pelo incêndio, e os converteu em lâminas, pregando-os no altar, 40 para que os filhos de Israel tivessem ao depois em que escarmentar, a fim de que nenhum estrangeiro, nem algum que não seja da linhagem de Aarão se chegue para oferecer incenso ao Senhor, e padeça a mesma pena, que padeceu Coré, e toda a sua tropa, conforme o Senhor tinha dito a Moisés.

41 Mas no dia seguinte toda a multidão dos filhos de Israel murmurou contra Moisés e contra Aarão, dizendo: Vós matastes o povo do Senhor. 42 E como se formasse sedição, e crescesse o tumulto, 43 fugiram Moisés e Aarão para o tabernáculo do concerto. Ao qual, depois que eles entraram cobriu a nuvem, e apareceu a glória do Senhor. 44 E o Senhor disse a Moisés: 45 Retirai-vos do meio desta multidão, ainda agora os destruirei. E como se prostrassem por terra, 46 disse Moisés a Aarão: Toma o turíbulo, e pondo-lhe fogo do altar, deita-lhe em cima incenso, e vai depressa ao povo, para rogares por ele: porque já do Senhor saiu a ira, e já a mortandade começa a sentir-se.

47 O que tendo feito Aarão, e correndo ao meio da multidão, a quem já abrasava o incêndio, ofereceu o incenso: 48 e posto em pé entre mortos e vivos, rogou pelo povo, e cessou a mortandade. 49 Os que porém pereceram, foram catorze mil e setecentos homens, fora os que tinham perecido na sedição de Coré. 50 E Aarão voltou para Moisés para a porta do tabernáculo do concerto, depois que cessou a mortandade.

A vara de Aarão

17 Depois falou o Senhor a Moisés, dizendo: 2 Fala aos filhos de Israel, e recebe deles uma vara por cada tribo, doze varas de todos os príncipes das tribos; e escreverás das tribos; e escreverás sobre cada vara o nome de cada um: 3 mas o nome de Aarão estará na tribo de Levi, e o das mais tribos, estará escrito separadamente cada um na sua vara: 4 e pô-las-ás no tabernáculo do concerto diante do testemunho, onde eu te falarei: 5 o que eu escolher dentre eles, florescerá a sua vara: e deste modo tolherei eu os queixumes dos filhos de Israel, com que murmuram contra vós.

6 E falou Moisés aos filhos de Israel: e todos os príncipes por cada uma das tribos lhe deram cada um sua vara: e acharam-se doze varas fora a vara de Aarão. 7 As quais tendo posto Moisés diante do Senhor no tabernáculo do testemunho: 8 voltando no dia seguinte achou que tinha brotado a vara de Aarão na casa de Levi: e que inchando os gomos tinham saído flores, que estendidas as suas folhas se transformaram em amêndoas. 9 Moisés pois trouxe todas as varas de diante do Senhor a todos os filhos de Israel: e cada tribo viu e recebeu a sua vara. 10 E o Senhor disse a Moisés: Torna a levar a vara de Aarão para o tabernáculo do testemunho, para se guardar ali em memória dos rebeldes filhos de Israel, e para que cessem de formar queixas contra mim, e para que não morram. 11 E fez Moisés o que o Senhor lhe tinha mandado.

12 Os filhos de Israel porém disseram a Moisés: Olha que todos somos consumidos, todos perecemos: 13 qualquer que se chega ao tabernáculo do Senhor morre: acaso seremos todos extintos até não ficar nenhum?

Função dos sacerdotes e dos levitas

18 E o Senhor disse a Aarão: Tu, e teus filhos, e a casa de teu pai contigo pagareis as iniqüidades que se cometerem contra o santuário: e tu e teus filhos juntamente dareis conta dos pecados do vosso sacerdócio. 2 Toma também contigo a teus irmãos da tribo de Levi, e o ceptro de teu pai; e eles te assistam, e te sirvam: mas tu e teus filhos ministrareis no tabernáculo do testemunho. 3 E os levitas velarão às tuas ordens, e a todas as obras do tabernáculo: sem que eles todavia se cheguem aos vasos do santuário, nem ao altar, para que nem eles morram, nem vós pereçais juntamente. 4 Mas estejam contigo, e velem sobre a guarda do tabernáculo, e em todas as suas cerimônias. Nenhum estrangeiro se misturará convosco. 5 Vigiai na guarda do santuário, e no ministério do altar; para que se não levante a indignação sobre os filhos de Israel.

6 Eu dei-vos os levitas vossos irmãos, separando-os do meio dos filhos de Israel, e os entreguei em dom ao Senhor, para que sirvam nos ministérios do seu tabernáculo. 7 Tu porém e teus filhos guardai o vosso sacerdócio: e tudo o que pertence ao culto do altar, e que está para dentro do véu, se faça pelo ministério dos sacerdotes. Se algum estranho se chegar, será morto.

Estipêndio dos sacerdotes

8 Falou mais o Senhor a Aarão: Eis aí te dei a guarda das minhas primícias. Eu te dei a ti e a teus filhos pelo ministério sacerdotal, tudo o que me foi consagrado pelos filhos de Israel, por uma lei perpétua. 9 Isto portanto receberás daquelas coisas que santificam, e forem oferecidas ao Senhor. Toda oblação, e sacrifício, e tudo o que se me oferece pelo pecado e pelo delito, e que por isso vem a ser uma coisa santíssima, será teu, e de teus filhos. 10 Tu o comerás no santuário: somente os machos comerão dele, porque é destinado para ti.

11 As primícias porém que votarem e oferecerem os filhos de Israel, eu tas dei a ti, e a teus filhos, e a tuas filhas por um direito perpétuo. Aquele que se achar limpo na tua casa, comerá delas. 12 Eu te dei toda a medula do azeite, do vinho, e do trigo, todas as primícias que se oferecem ao Senhor. 13 Todos os primeiros frutos, que a terra produz, e são apresentados ao Senhor, serão para os teus usos: aquele que se achar limpo na tua casa, comerá deles. 14 Tudo o que por voto derem os filhos de Israel, será teu. 15 Tudo o que primeiro sai da matriz de toda a carne, que oferecem ao Senhor, ou seja de homens, ou de animais, pertencer-te-á por direito: mas com esta condição, que pelo primogênito do homem receberás o preço, e farás remir todo o animal imundo, 16 cuja redenção se fará depois de um mês por cinco siclos de prata do peso do santuário. O siclo tem vinte óbolos. 17 Mas não farás remir o primogênito do boi, nem o da ovelha, nem o da cabra, porque são consagrados ao Senhor. Somente derramarás o seu sangue sobre o altar, e queimarás as banhas em suavíssimo cheiro para o Senhor. 18 As carnes porém servirão para o teu uso, bem como o peito consagrado, e a espádua direita serão teus. 19 Eu te dei a ti, a teus filhos, e filhas, por um direito perpétuo todas as primícias do santuário, que os filhos de Israel oferecem ao Senhor. Isto é um pacto de sal, que deve durar para sempre diante do Senhor, para ti e para teus filhos.

Estipêndio dos levitas

20 Disse mais o Senhor a Aarão: Vós não possuireis nada na sua terra, nem tereis parte entre eles. Eu é que sou a tua parte e a tua herança no meio dos filhos de Israel.

21 Mas aos filhos de Levi eu dei em possessão todos os dízimos de Israel pelo ministério, em que eles me servem no tabernáculo do concerto: 22 para que os filhos de Israel para o futuro se não cheguem mais ao tabernáculo, nem cometam pecado que lhes cause a morte; 23 mas só os filhos de Levi me sirvam no tabernáculo, e levem sobre si os pecados do povo: lei que será sempre observada nas vossas gerações. Nenhuma outra coisa possuirão, 24 contentando-se com as oblações dos dízimos, que separei para seu uso e para o que lhes for necessário.

25 Falou também o Senhor a Moisés, dizendo: 26 Ordena e manda aos levitas isto: Quando receberdes dos filhos de Israel os dízimos, que eu vos dei, oferecei ao Senhor as primícias deles, isto é, o dízimo, do dízimo, 27 para isto se vos reputar como oblação das primícias, tanto das eiras como dos lagares: 28 e de todas as coisas de que recebeis primícias, oferecei ao Senhor, e dai-as ao sacerdote Aarão. 29 Tudo o que oferecerdes dos dízimos, e que separardes para donativo do Senhor, será o melhor e o mais escolhido.

30 Dir-lhes-ás outrossim: Se vós oferecerdes o que nos dízimos há de mais precioso e de mais excelente, ser-vos-á isto reputado como se désseis as primícias da eira e do lagar: 31 e comereis desses dízimos, vós, e as vossas famílias, em todos os vossos lugares: porque este é o preço do serviço, que fazeis no tabernáculo do testemunho. 32 E não pecareis acerca disto, reservando para vós o melhor e o mais pingue; não suceda que profaneis as oferendas dos filhos de Israel, e morrais.

Sacrifício da vaca vermelha

19 Tornou a falar o Senhor a Moisés e a Aarão, dizendo: 2 Esta é a cerimônia da vítima que o Senhor ordenou. Manda aos filhos de Israel, que te tragam uma vaca vermelha, que esteja na força da sua idade, e sem defeito, e que não tenha ainda levado o jugo: 3 e a entregareis ao sacerdote Eleazar: o qual de-

pois de a ter tirado para fora do campo, a
imolará diante de todos: 4 e molhando o dedo
no sangue dela fará com ele sete aspersões
voltado para a porta do tabernáculo. 5 E a
queimará à vista de todos, consumindo na
chama tanto a pele e as carnes, como o sangue
e a bosta. 6 O sacerdote lançará também no
fogo, que queima a vaca, pau de cedro, hissópo
e escarlata tinta duas vezes. 7 E depois disto,
lavados os seus vestidos e o seu corpo, entrará
no campo e estará imundo até à tarde. 8 Assim
mesmo aquele que o tiver queimado, lavará
os seus vestidos e o seu corpo, e estará imundo
até à tarde. 9 E um homem limpo recolherá
as cinzas da vaca, e as deitará fora do campo
num lugar limpíssimo, onde as guarde a mul-
tidão dos filhos de Israel, e sirvam para água
de aspersão: porque a vaca foi queimada pelo
pecado. 10 E aquele que tinha levado as cinzas,
depois de ter lavado os seus vestidos, ficará
imundo até à tarde. Os filhos de Israel e os
estrangeiros que habitam entre eles, terão isto
como santo por um foro perpétuo.

Água de expiação

11 Aquele que tiver tocado o cadáver dum
homem, e ficar por isso imundo sete dias,
12 receberá a aspersão desta água ao terceiro
dia e ao sétimo, e assim se tornará limpo. Se
não receber ao terceiro dia a aspersão, não
poderá ser purificado ao sétimo. 13 Todo o
que tiver tocado um cadáver humano, e não
for borrifado com esta água assim misturada,
manchará o tabernáculo do Senhor, e pere-
cerá do meio de Israel: porque não foi purifi-
cado com a água de expiação, ficará imundo,
e a sua imundície ficará sobre ele.
14 Esta é a lei em quanto ao homem que
morre na sua tenda. Todos os que entrarem
na sua tenda, e todos os vasos que ali há, esta-
rão polutos sete dias. 15 O vaso que não tiver
tapadoura, nem atadura sobre si, será imundo.
16 Se alguém no campo tocar o cadáver de um
homem violentamente morto, ou falecido de
si mesmo, ou qualquer osso dele, ou a sua
sepultura, será imundo sete dias. 17 E toma-
rão das cinzas da combustão e do pecado, e
deitarão por cima delas águas vivas dentro de
um vaso: 18 nas quais depois de ter molhado
um hissópo um homem limpo aspergirá, com
ele, a toda a tenda, e a todos os móveis, e aos
homens infeccionados de semelhante contá-
gio. 19 E por este modo o limpo purificará o
imundo ao terceiro dia e ao sétimo. E expiado
no dia sétimo, lavar-se-á a si e aos seus ves-
tidos, e estará imundo até à tarde. 20 Se alguém
não for expiado conforme este rito, perecerá
a sua alma do meio da congregação: porque
manchou o santuário do Senhor, e não foi
borrifado com a água da expiação.
21 Este será um preceito legítimo e perpé-
tuo. Aquele também que faz as aspersões com
a água, lavará os seus vestidos. Todo o que
tocar as águas da expiação, ficará imundo até
à tarde. 22 Tudo quanto um imundo tocar,
ficará imundo: e a alma, que tocar qualquer
destas coisas, estará imunda até à tarde.

Águas de Contradição

20 E vieram os filhos de Israel, e toda a
multidão para o deserto de Sin, no mês
primeiro: e ficou o povo em Cades. Ali faleceu
Maria, e no mesmo lugar foi enterrada.
2 E como o povo necessitasse de água, se
ajuntaram contra Moisés e Aarão; 3 e tendo
excitado um motim, disseram: Oxalá que nós
tivéssemos perecido entre os nossos irmãos
diante do Senhor. 4 Por que tirastes vós a
congregação do Senhor para o deserto, para
morrermos assim nós, como os nossos ani-
mais? 5 Por que nos fizestes sair do Egito,
e nos trouxestes a este péssimo lugar, que
não se pode semear, e onde se não dão nem
figueiras nem vinhas, nem romeiras, e em
cima disto não tem água que se beba? 6 E
Moisés e Aarão, deixada a turba, entraram no
tabernáculo do concerto, e tendo-se prostrado
com o rosto em terra, clamaram ao Senhor,
e disseram: Senhor Deus, ouve o clamor deste
povo, e abre-lhe o teu tesouro, uma fonte
dágua viva, para que, saciando-se, cesse a sua
murmuração. E apareceu sobre eles a glória
do Senhor.

Pecado de Moisés e Aarão

7 E o Senhor falou a Moisés, dizendo: 8 To-
ma a vara, e ajunta o povo, tu e Aarão teu
irmão e falai à pedra diante deles, e ela dará
águas. E depois que tiveres feito sair água da
pedra, beberá toda a multidão e os seus ani-
mais. 9 Tomou pois Moisés, a vara, que estava
diante do Senhor, conforme lhe tinha ordena-
do, 10 e tendo congregado a multidão diante
da pedra, lhes disse: Ouvi: rebeldes e incré-
dulos: acaso poderemos nós fazer sair desta
pedra água para vós? 11 E tendo Moisés le-
vantado a mão ferindo duas vezes com a vara
a pederneira, saíram dela águas copiosíssi-
mas, de sorte que bebeu o povo e os animais.
12 E o Senhor disse a Moisés e a Aarão: Por-
que vós me não crestes para me santificardes
diante dos filhos de Israel, não introduzireis
estes povos na terra, que tenho para lhes dar.
13 Esta é a água da contradição, onde os filhos

de Israel murmuraram contra o Senhor, e onde o Senhor foi santificado no meio deles.

Recusa do rei de Edom

14 Entretanto enviou Moisés de Cades embaixadores ao rei de Edom, que lhe dissessem: Isto te envia a dizer teu irmão Israel: bem sabes os trabalhos em que nos vimos metidos, 15 de que modo desceram nossos pais ao Egito, e habitámos aí muito tempo: como os egípcios nos afligiram a nós, e a nossos pais: 16 e como clamámos ao Senhor, e nos ouviu, e enviou um anjo, que nos tirou do Egito. Eis aqui postos nas cidades de Cades, que está situada nos teus últimos limites, 17 te suplicamos que nos deixes passar pelo teu país. Não iremos pelos campos, nem pelas vinhas, nem beberemos das águas dos teus poços: mas iremos pela estrada real, sem declinarmos nem para a direita, nem para a esquerda, até que passemos além das tuas terras.

18 Edom lhe respondeu: Não passarás pelas minhas terras, doutra sorte armado te sairei ao encontro. 19 E os filhos de Israel replicaram: Nós marcharemos pelo caminho ordinário: e se bebermos as tuas águas nós e os nossos gados, pagar-te-emos o que for justo: não haverá dificuldade alguma no preço, permite somente que passemos de corrida. 20 Mas ele respondeu: Não hás de passar: e marchou logo ao encontro deles com infinita gente, e com um poderoso exército: 21 nem quis condescender com o que lhe rogavam, para lhes conceder passagem pelo seu país: pelo que se desviou Israel das suas terras.

Morte de Aarão

22 E tendo abalado de Cades, vieram ao monte Hor, que é nos confins da terra de Edom: 23 onde falou o Senhor a Moisés: 24 Vá, lhe diz, ajuntar-se Aarão ao seu povo: porque ele não entrará na terra, que eu dei aos filhos de Israel, porque foi incrédulo às palavras da minha boca, nas águas da contradição. 25 Toma a Aarão e a seu filho com ele, e leva-os ao monte Hor. 26 E depois de teres despido do seu vestido ao pai, vestirás com ele a Eleazar seu filho: Aarão será recolhido, e morrerá aí.

27 Fez Moisés como o Senhor lhe mandara: e subiram ao monte Hor diante de toda a multidão. 28 E depois que despojou a Aarão dos seus vestidos, vestiu com eles a Eleazar seu filho. 29 E logo que aquele morreu no cume do monte, desceu Moisés com Eleazar. 30 E todo o povo vendo que Aarão morrera, chorou por ele com todas as suas famílias trinta dias.

Vitória sobre os cananeus

21 O que ouvindo Arad, rei cananeu, que habitava ao meio-dia, isto é, que Israel viera pelo caminho dos exploradores, pelejou contra ele; e ficando vencedor, levou dele os despojos. 2 Mas Israel obrigando-se com voto ao Senhor, disse: Se tu entregares nas minhas mãos este povo, eu arruinarei as suas cidades. 3 E o Senhor ouviu os rogos de Israel, entregou-lhe os cananeus, que ele fez passar à espada, destruídas as suas cidades: e chamou a este lugar Horma, isto é, anátema.

A serpente de bronze

4 E partiram também do monte Hor pela estrada, que conduz ao mar Vermelho, para rodearem o país de Edom. E começou o povo a enfastiar-se do caminho e do trabalho: 5 e falando contra Deus e contra Moisés, disse: Por que nos tiraste do Egito, para virmos a morrer neste ermo? Falta-nos pão, não há água: a nossa alma se enfastia já deste levíssimo manjar.

6 Por esta causa enviou o Senhor contra o povo umas serpentes, que queimavam como fogo, a cujas mordeduras, como fossem muitíssimos os que morriam, 7 vieram ter com Moisés e lhe disseram: Nós pecamos porque temos falado contra o Senhor e contra ti: roga-lhe que nos livre destas serpentes. E orou Moisés pelo povo, 8 e o Senhor lhe disse: Faze uma serpente de bronze, e põe-na por sinal: todo o que sendo ferido olhar para ela, viverá. 9 Fez pois Moisés uma *Serpente de Bronze*, e pô-la por sinal: e os que, estando feridos, olhavam para ela, saravam.

Vitória sobre os amorreus

10 E tendo partido os filhos de Israel, se acamparam em Obot. 11 Depois tendo saído, armaram as suas tendas em Jeabarim no deserto, que olha para Moab ao oriente. 12 E abalando deste lugar vieram à torrente de Zared. 13 Deixando a qual se acamparam defronte de Arnon, que é no deserto, e sobressai nos confins dos amorreus. Porque Arnon é o termo de Moab, que separa os moabitas dos amorreus. 14 Por isso se diz no Livro das Guerras do Senhor: Assim como fez no mar Vermelho, assim fará nas torrentes de Arnon. 15 Os rochedos das torrentes se inclinaram, para descansarem em Ar, repousarem nos confins dos moabitas.

16 Ao sair daquele lugar, apareceu o poço, sobre o qual falou o Senhor a Moisés, dizendo-lhe: Ajunta o povo, e eu lhe darei água.

17 Então cantou Israel este cântico: Suba o
poço. Cantavam acordes: 18 O poço, que os
príncipes cavaram, e que os chefes do povo
prepararam com o que tinha dado a lei, e com
os seus bordões. Desta solidão veio o povo a
Matana.
19 De Matana a Naaliel: de Naaliel a Bamot.
20 De Bamot a um vale que está no país de
Moab, no cume de Fasga, que olha para o
deserto.

Vitória sobre Seon

21 Mandou porém Israel embaixadores a
Seon, rei dos amorreus, dizendo: 22 Suplico-te
que me deixes passar pelo teu país: não decli-
naremos nem para os campos, nem para as
vinhas; não beberemos águas dos teus poços;
iremos pela estrada real, até passarmos os teus
limites. 23 O qual não quis conceder que
Israel passasse pelo seu país: antes tendo ajun-
tado o seu exército, saiu a encontrar-se com
ele no deserto, e veio a Jasa, e deu-lhe batalha.
24 Mas foi passado à espada por Israel, que
se fez senhor da sua terra, desde Arnon até
Jaboc, e até os filhos de Amon: porque as fron-
teiras dos amonitas estavam defendidas por
fortes guarnições. 25 Tomou pois Israel todas
as suas cidades e habitou nas cidades dos
amorreus, isto é, em Hesebon, e nas aldeias
vizinhas. 26 Porque a cidade de Hesebon per-
tencia a Seon, rei dos amorreus, que pelejou
contra o rei de Moab, e lhe tomou todas as
terras que tinham sido do seu senhorio, até
Arnon. 27 Por isso se diz em provérbio: Vinde
a Hesebon, edifique-se, e levante-se a cidade
de Seon. 28 O fogo saiu de Hesebon, a chama
da cidade de Seon, e devorou a Ar dos moabi-
tas, e aos habitantes nas alturas de Arnon.
29 Ai de ti, Moab; pereceste, povo de Camos.
Ele deixou fugir seus filhos, e entregou cativas
suas filhas de Seon, rei dos amorreus. 30 O seu
jugo foi desfeito desde Hesebon até Dibon,
chegaram cansados a Nofe, e até Medaba.
31 Israel pois habitou no país dos amorreus.
32 E enviou Moisés homens que reconheces-
sem a Jazer: estes tomaram os seus lugarejos,
e se senhorearam dos seus habitantes.

Vitória sobre Og

33 Depois voltaram, e subiram pelo caminho
de Basan, e lhes saiu ao encontro Og, rei de
Basan com todo o seu povo, para lhes dar ba-
talha em Edrai. 34 E o Senhor disse a Moisés:
Não tenhas medo dele, porque em tua mão o
entreguei a ele, e todo o seu povo, e todo o
seu país: e tu o tratarás como trataste a Seon,
rei dos amorreus, que habitava em Hesebon.
35 Mataram pois os israelitas também a este
com seus filhos, e todo o seu povo até os aca-
bar de todo, e fizeram-se senhores do seu país.

III. NAS ESTEPES DE MOAB

Balac recorre a Balaam

22 E tendo partido dali, se acamparam nas
planícies de Moab, onde está situada Je-
ricó, além do Jordão.
2 Vendo porém Balac, filho de Sefor, tudo
o que Israel tinha feito aos amorreus, 3 e que
os moabitas tinham concebido grande medo
dele, e não podiam aturar os seus ataques,
4 disse aos anciãos de Madian: Este povo des-
truirá todos quantos moram à roda de nós, da
mesma sorte que o boi costuma roer as ervas
até à raiz. Este era naquele temepo rei dos
moabitas. 5 Mandou pois embaixadores a Ba-
laam, filho de Boer, o qual era um adivinho,
que habitava sobre o rio do país dos filhos
de Amon, para que o chamassem, e lhe disses-
sem: Olha que saiu do Egito um povo, que
cobriu a face da terra, o qual está acampado
contra mim. 6 Vem pois amaldiçoar este povo,
porque ele é mais forte do que eu, a fim de
ver se posso por algum modo batê-lo, e lançá-lo
fora do meu país. Porque eu sei que será ben-
dito aquele, a quem tu abençoares, e maldito
aquele sobre quem tu lançares a maldição.
7 Partiram pois os senadores de Moab, e os
anciões de Madian, levando nas mãos com que
pagar ao adivinho. E como chegassem a Ba-
laam, e lhe referissem todas as palavras de
Balac: 8 ele lhes respondeu: Ficai aqui esta
noite, e eu vos direi tudo o que o Senhor me
tiver declarado. Estando eles em casa de Ba-
laam, veio Deus, e disse-lhe:
9 Que te querem estes homens, que estão
em tua casa? 10 Respondeu Balaam: Balac,
filho de Sefor, rei dos moabitas me mandou
11 dizer: Olha que um povo que saiu do Egito,
tem coberto a superfície da terra. Vem amal-
diçoá-lo, para ver se eu por algum modo o
posso afugentar combatendo. 12 E Deus disse
a Balaam: Não vás com eles, nem maldigas
o povo: porque é bendito. 13 O qual, levan-
tando-se pela manhã, disse aos príncipes: Tor-
nai para a vossa terra, porque o Senhor me
proibiu ir convosco. 14 Voltando os príncipes
disseram a Balac: Balaam não quis vir co-
nosco.

Segundo apelo a Balaam

15 Então lhe enviou Balac de novo outros embaixadores em maior número e de maior qualidade, do que os que antes enviara. 16 Os quais chegando a casa de Balaam, lhe disseram: Eis aqui o que diz Balac, filho de Sefor: Não te demores em vir a mim: 17 eu estou aparelhado para te honrar e tudo quanto quiseres te darei: vem e amaldiçoa este povo. 18 Respondeu Balaam: Ainda quando Balac me desse a sua casa cheia de prata e de ouro, eu não poderei trocar a palavra do Senhor meu Deus, para dizer ou mais, ou menos. 19 Rogo-vos que fiqueis aqui ainda esta noite, e para que eu possa saber, que é o que o Senhor me responde de novo.

20 Veio pois Deus a Balaam de noite, e lhe disse: Se estes homens te vieram chamar, levanta-te, e vai com eles: mas com condição, que faças o que eu te mandar. 21 Levantou-se Balaam de manhã, e aparelhada a sua jumenta, partiu com eles.

A jumenta que falou

22 E Deus se irou. E o anjo do Senhor se pôs no caminho diante de Balaam, que ia montado na jumenta, e tinha dois criados consigo. 23 A jumenta, vendo o anjo parado no caminho com uma espada desembainhada, afastou-se do caminho e ia pelo campo. E como Balaam a fustigasse, e a quisesse fazer voltar à estrada, 24 pôs-se o anjo numa azinhaga estreita entre dois muros, com que estavam cercadas as vinhas. 25 A jumenta, vendo-o, coseu-se toda com a parede, e comprimiu o pé do que ia montado nela. Porém ele tornou a fustigar: 26 mas o anjo passando a lugar ainda mais apertado, onde não era possível desviar-se nem para a direita, nem para a esquerda, parou adiante. 27 E a jumenta, vendo o anjo parado, caiu debaixo dos pés do que ia montado: o qual irado a fustigava mais fortemente com uma vara pelas ilhargas.

28 Mas o Senhor abriu a boca da jumenta, e ela falou: Que te fiz? Por que me feres? Esta é já a terceira vez? 29 Respondeu-lhe Balaam: Porque tu o mereceste, e porque fizeste escárnio de mim. Quem tivera uma espada para te matar. 30 Disse-lhe a jumenta: Acaso não sou eu a tua besta, em que tu sempre costumaste cavalgar até hoje? Dize-me se te fiz eu jamais coisa semelhante. E ele lhe respondeu: Nunca.

31 No mesmo ponto abriu o Senhor os olhos de Balaam, e ele viu o anjo parado no caminho com a espada desembainhada, e prostrado por terra o adorou. 32 Ao qual disse o anjo: Por que castigas tu terceira vez a tua jumenta? Eu vim opor-me a ti, porque o teu caminho é perverso, e contrário a mim: 33 e se a jumenta se não tivesse desviado do caminho, cedendo-me, quando eu me opunha à tua passagem, eu te matara, e ela ficara viva. 34 Balaam lhe respondeu: Eu pequei, não sabendo que tu te opunhas a mim: agora porém se não é do teu gosto que eu vá, voltarei. 35 Disse-lhe o anjo: Vai com estes, mas vê, não fales senão o que eu te mandar. Ele pois se foi com os príncipes.

36 O que tendo ouvido Balac, saiu a recebê-lo numa cidade dos moabitas, que está situada na extremidade de Arnon. 37 E disse a Balaam: Eu mandei embaixadores a chamar-te, por que não vieste tu logo ver-me? Foi acaso, por que eu te não posso pagar o trabalho da jornada? 38 Respondeu-lhe Balaam: Eis aqui me tens já: mas poderei eu dizer outra coisa, que não seja o que Deus me puser na boca? 39 Puseram-se pois ambos a caminho, e chegaram a uma cidade, que estava na extremidade do seu reino. 40 E Balac tendo feito matar bois, e ovelhas, mandou presentes a Balaam e aos príncipes, que eram com ele. 41 E chegada que foi a manhã, levou-o aos altos de Baal, e viu a última parte do povo.

Primeiro oráculo

23 Então disse Balaam a Balac: Edifica-me aqui sete altares, e prepara outros tantos novilhos e outros tantos carneiros. 2 E tendo feito Balac o que Balaam lhe havia dito, puseram juntamente um novilho e um carneiro sobre cada altar. 3 E Balaam disse a Balac: Fica-te um pouco ao pé do teu holocausto, enquanto eu vou ver se acaso o Senhor me aparece, e te direi tudo o que ele mandar. 4 E partindo a toda a pressa, apareceu-lhe Deus. E falando-lhe Balaam, disse: Eu levantei sete altares, e pus um novilho e um carneiro sobre cada um. 5 E o Senhor lhe pôs a palavra na boca, e disse: Torna para Balac, e dir-lhe-as estas coisas. 6 Tornado, achou a Balac posto em pé junto do seu holocausto com todos os príncipes dos moabitas: 7 e começando a falar em parábola, disse:

Balac, rei dos moabitas, me trouxe de Aram, desde os montes do Oriente. Vem, me disse, e amaldiçoa a Jacó: apressa-te, e detesta a Israel.

8 Como amaldiçoarei eu a quem Deus não amaldiçoou? Como detestarei a quem o Senhor não detesta?

9 Eu o verei do cume dos rochedos, e o contemplarei dos outeiros. Este povo habitará só e não será contado no número das nações.

10 Quem poderá calcular o pó de Jacó, e conhecer o número dos filhos de Israel? A

minha alma morra da morte dos justos, e o fim da minha vida se assemelhe aos destes homens.

11 E disse Balac a Balaam: Que é isto que tu fazes? Eu chamei-te para amaldiçoares os meus inimigos; e tu pelo contrário os abençoas.

12 Ele lhe respondeu: Acaso posso eu dizer outra coisa, senão o que o Senhor me mandou?

Segundo oráculo

13 Disse-lhe pois Balac: Vem comigo a outro lugar, donde tu vejas uma parte de Israel, sem que o possas ver todo por inteiro, e amaldiçoa-o daí. 14 E tendo-o levado a uma grande eminência do cume do monte Fasga, levantou ali Balaam sete altares, e postos sobre cada altar um novilho e um carneiro, 15 disse a Balac: Deixa-te aqui ficar ao péu do teu holocausto, enquanto eu vou ver se o encontro. 16 E como o Senhor lhe aparecesse, e lhe pusesse a palavra na sua boca, lhe disse: Torna para Balac, e dir-lhe-ás estas coisas. 17 Tornando o achou posto em pé junto do seu holocausto, e os príncipes dos moabitas com ele. Balac lhe perguntou: Que é o que te disse o Senhor? 18 E ele continuando com a sua parábola, disse:

Levanta-te, Balac, e escuta; ouve filho de Sefor.

19 Deus não é como o homem capaz de mentir, nem como o filho do homem, sujeito a mudanças. Ele pois disse, e não o fará? Falou, e não o cumprirá?

20 Eu fui trazido para abençoar, não posso impedir a bênção.

21 Em Jacó não há ídolo, nem em Israel se vê simulacro. Com ele está o Senhor seu Deus, e nele se ouve o som da vitória do rei.

22 Deus o tirou do Egito, a sua fortaleza é semelhante à do rinoceronte.

23 Não há agouros em Jacó, nem adivinhações em Israel. A seus tempos se dirá a Jacó e a Israel o que Deus obrou.

24 Eis aqui o povo que se levantará como uma leoa, e se porá em pé como um leão: não se deitará, menos que não devore a presa, e que não beba o sangue dos que tiver morto.

25 E disse Balac a Balaam: Nem o amaldiçoes, nem o bendigas. 26 E ele respondeu: Não te disse eu que havia de fazer tudo aquilo que o Senhor me mandasse?

Terceiro oráculo

27 E Balac lhe disse: Vem, e levar-te-ei a outro lugar: a ver se é do agrado de Deus que tu dali os amaldiçoes. 28 E depois de o ter levado acima do cume do monte Fogor, que olha para o deserto, 29 disse-lhe Balaam: Levanta-me aqui sete altares, e prepara outros tantos novilhos, e igual número de carneiros. 30 Fez Balac o que Balaam lhe dissera: e pôs os novilhos, e os carneiros sobre o altar.

24 Balaam vendo que era do agrado do Senhor que abençoasse a Israel, não foi, como antes tinha ido, buscar os seus agouros: mas voltando o seu rosto para o deserto, 2 e levantando os olhos, viu a Israel acampado nas tendas pelas suas tribos: e vindo sobre ele o Espírito de Deus, 3 tornando ao fio da sua parábola, disse:

Eis aqui o que disse Balaam, filho de Beor; eis aqui o que disse o homem dos olhos tapados:

4 Eis aqui o que disse o ouvinte das palavras de Deus; aquele, que viu as visões do Todo-Poderoso; aquele, que cai, e que deste modo se lhe abrem os olhos.

5 Que formosos são os teus pavilhões, ó Jacó; e que belas as tuas tendas, ó Israel!

6 São como os vales cobertos de grandes arvoredos; como as hortas junto aos rios que as regam; como as tendas, que o Senhor plantou; como os cedros junto às ribeiras.

7 A água correrá do seu alcatruz, e a sua posteridade se fará semelhante às grandes águas. O seu rei será rejeitado por causa de Agag, e o reino lhe será tirado.

8 Deus o tirou do Egito, a sua fortaleza é semelhante à do rinoceronte. Eles devorarão os povos, seus inimigos, e lhes quebrarão os ossos, e os traspassarão com as flechas.

9 Deitando-se adormeceu como o leão, e como a leoa, que ninguém se atreverá a acordar. O que te abençoar, será também bendito: e o que te amaldiçoar, será tido por amaldiçoado.

10 E Balac irado contra Balaam, batendo com as mãos, lhe disse: Eu tinha-te chamado para amaldiçoares os meus inimigos, e tu pelo contrário os tens abençoado já por três vezes. 11 Volta para a tua terra. Eu na verdade tinha determinado honrar-te com magnificência, mas o Senhor te privou da honra destinada. 12 Respondeu Balaam a Balac: Pois não disse eu aos teus mensageiros, que me mandaste: 13 Ainda quando Balac me desse a sua casa atulhada de prata e de ouro, não poderia eu transgredir as ordens do Senhor meu Deus, para proferir de minha cabeça a mínima coisa ou em bem, ou em mal: mas eu hei de dizer tudo o que o Senhor me tiver dito.

Quarto oráculo

14 Contudo na volta para o meu povo, dar-te-ei um conselho, sobre o que por último há

de fazer o teu povo contra este outro. 15 Pros-
seguindo pois a sua parábola, tornou a dizer:
Eis aqui o que disse Balaam, filho de Beor:
Eis aqui o que disse o homem dos olhos ta-
pados:
16 Eis aqui o que disse o ouvinte das pala-
vras de Deus; o que conhece a doutrina do
Altíssimo, e vê as visões do Todo-Poderoso; o
que caindo tem os olhos abertos.
17 Eu o verei, mas não agora: eu o contem-
plarei, mas não de perto. *Nascerá uma Estrela
de Jacó,* e levantar-se-á uma vara de Israel;
e ferirá os capitães de Moab, e destruirá todos
os filhos de Set.
18 E a Iduméia será sua possessão: a heran-
ça de Seir cederá aos seus inimigos: mas Israel
obrará valorosamente.
19 De Jacó sairá o dominador, e arruinará
as relíquias da cidade.
20 E como visse Amalec, continuando a
parábola, disse: Amalec tem sido o primeiro
das gentes, e por fim ele perecerá inteiramente.
21 Viu também os cineus: e prosseguindo a
parábola, disse: O lugar em que tu habitas é
forte: Mas quando tu tiveres estabelecido o
teu ninho no rochedo, 22 e tiveres sido esco-
lhido da estirpe de Cin, por quanto tempo po-
derás tu durar? Porque o assírio te cativará.
23 E outra vez prosseguindo a parábola, disse:
Ai! quem se achará vivo, quando Deus fizer
estas coisas? 24 Eles virão da Itália nas suas
galés; vencerão aos assírios, e arruinarão os
hebreus; e por fim também eles mesmos pere-
cerão. 25 E levantou-se Balaam, voltou para
a sua terra: Balac também voltou pelo mesmo
caminho, por onde tinha vindo.

Idolatria de Beelfegor

25 Neste tempo estava Israel em Cetim, e o
povo caiu em fornicação com as filhas de
Moab, 2 as quais os chamaram para os seus
sacrifícios. E eles comeram, e adoraram os
deuses delas, 3 e Israel se consagrou a Beelfe-
gor: e irado o Senhor, 4 disse a Moisés: Toma
todos os príncipes do povo, e pendura-os em
forcas contra o sol: para que o meu furor se
aparte de Israel. 5 E Moisés disse aos juízes
de Israel: Mate cada um aos seus mais chega-
dos, que se consagraram a Beelfegor.

Zelo de Finéias

6 E ao mesmo tempo um dos filhos de
Israel trouxe à vista de seus irmãos para casa
uma prostituta madianita, vendo Moisés, e
todos os filhos de Israel, que choravam diante
das portas do tabernáculo. 7 O que vendo Fi-
néias, filho de Eleazar, filho do sacerdote
Aarão, levantou-se do meio do povo, e toman-
do um punhal, 8 entrou após o israelita naque-
le lugar infame, e atravessou dum só golpe a
ambos, isto é, ao homem e à mulher, pelas
suas partes genitais. E logo cessou a praga,
que os filhos de Israel padeciam: 9 e foram
mortos vinte e quatro mil homens.
10 E o Senhor disse a Moisés: 11 Finéias,
filho de Eleazar, filho do sacerdote Aarão,
apartou dos filhos de Israel a minha ira: por-
que animado do meu zelo foi contra eles, para
que eu mesmo não extinguisse os filhos de
Israel no meu zelo. 12 Por isso lhe dirás: Adver-
te que eu lhe dou a paz do meu concêrto, 13 e
que a ele e à sua descendência lhe será dado
sacerdócio por um pacto eterno: porque foi
zeloso pelo seu Deus, e expiou a maldade dos
filhos de Israel. 14 O israelita porém que foi
morto com a madianita, chamava-se Zambri,
e era filho de Salu, chefe duma família da
tribo de Simeão. 15 E a mulher medianita,
que foi morta com ele, chamava-se Cozbi, e era
filha de Sur, o mais ilustre príncipe dos ma-
dianitas.
16 Falou mais o Senhor a Moisés, dizendo:
17 Os madianitas vos experimentem por ini-
migos, e castigai-os: 18 porque também eles
vos trataram a vós como inimigos, e vos sedu-
ziram artificiosamente por meio do ídolo de
Fogor, e de Cozbi sua irmã, filha do príncipe
de Madian, que foi morta no dia da praga por
causa do sacrilégio de Fogor.

Segundo censo dos israelitas

26 Depois que foi derramado o sangue dos
culpados, disse o Senhor a Moisés e ao
sacerdote Eleazar filho de Aarão: 2 Contai
toda a soma dos filhos de Israel, desde os
vinte anos e daí para cima, por casas e por
famílias, todos os que podem sair à campanha.
3 Moisés pois e Eleazar sacerdote, estando na
planície de Moab, ao longo do Jordão defronte
de Jericó, falaram aos que tinham 4 vinte anos
e daí para cima, conforme lhes tinha mandado
o Senhor, dos quais este é o número:
5 Rúben primogênito de Israel: seus filhos
Enoc, do qual saiu a família dos enoquitas: e
Falu, do qual saiu a família dos faluítas: 6 e
Hesron, do qual saiu a família dos hesronitas:
e Carmi, do qual saiu a família dos carmitas.
7 Estas são as famílias da estirpe de Rúben:
Que se acharam conter o número de quarenta
e três mil setecentos e trinta.
8 Eliab filho de Falu. 9 Filhos deste, Na-
muel, e Datan, e Abiron. Estes Datan e Abiron
foram os príncipes do povo, que se levantaram
contra Moisés e Aarão na sedição de Coré,
quando se revoltaram contra o Senhor. 10 E

a terra abrindo a sua boca devorou a Coré, morrendo muitíssimos, quando o fogo queimou duzentos homens. E então sucedeu o grande milagre 11 que, perecendo Coré, não pereceram seus filhos.

12 Filhos de Simeão pelas suas famílias: Namuel, chefe da família dos namuelitas: Jamin, chefe da família dos jaminitas: Jaquin, chefe dos jaquinitas: 13 Zare, chefe da família dos zareítas: Saul, chefe da família dos saulitas: 14 Estas são as famílias da estirpe de Simeão, cujo número foi ao todo de vinte e dois mil e duzentos.

15 Filho de Gad, pelas suas famílias: Sefon, chefe da família dos sefonitas: Agi, chefe da família dos agitas: Suni, chefe da família dos sunitas: 16 Ozni, chefe da família dos oznitas: Her chefe da família dos heritas: 17 Arod, chefe da família dos aroditas: Ariel, chefe da família dos arielitas. 18 Estas são as famílias de Gad, cujo número foi ao todo de quarenta mil e quinhentos.

19 Filhos de Judá, Her e Onan, que ambos foram mortos na terra de Canaã; 20 e foram filhos de Judá, contados pelas suas famílias: Sela, chefe da família dos selaítas: Farés, chefe dos faresitas: Zare, chefe da família dos zareítas. 21 E filhos de Farés: Hesron, do qual saiu a família dos hesronitas: e Hamul, do qual saiu a família dos hamulitas. 22 Estas são as famílias de Judá, cujo número foi ao todo de setenta e seis mil e quinhentos.

23 Filhos de Issacar pelas suas famílias: Tola donde vem a família dos tolaítas: Fua, donde vem a família dos fuaítas: 24 Jasub, donde vem a família dos jasubitas: Semran, donde vem a família dos semranitas. 25 Estas são as famílias de Issacar, cujo número foi de sessenta e quatro mil e trezentos.

26 Filhos de Zabulon, pelas suas famílias: Sared, chefe da família dos sareditas: Elon, chefe da família dos elonitas: Jalel chefe da família dos jalelitas. 27 Estas são as famílias de Zabulon, cujo número foi de sessenta mil e quinhentos.

28 Filhos de José pelas suas famílias: Manassés, e Efraim. 29 De Manassés saiu Maquir, chefe da família dos maquiritas. Maquir gerou a Galaad, chefe da família dos galaaditas. 30 Filhos de Galaad foram: Jezer, chefe da família dos jezeritas: e Helec, chefe da família dos helecitas: 31 e Asriel, chefe da família dos asrielitas: e Sequem, chefe da família dos sequemitas: 32 e Semida, chefe da família dos semidaítas: e Hefer, chefe da família dos heferitas. 33 E Hefor foi pai de Salfaad, que não teve filhos mas somente filhas, cujos nomes são estes: Maala, e Noa, e Hegla, e Melca, e Tersa. 34 Estas são as famílias de Manassés, e o seu número foi de cinqüenta e dois mil e setecentos.

35 Filhos de Efraim pelas suas famílias foram estes: Sutala, do qual procede a família dos sutalaítas: Bequer do qual procede a família dos bequeritas: Teen, do qual procede a família dos teenitas. 36 De Sutala porém foi filho Heran, do qual procede a família dos heranitas. 37 Estas são as famílias dos filhos de Efraim, cujo número foi de trinta e dois mil e quinhentos.

38 Estes são os filhos de José pelas suas famílias: filhos de Benjamim pelas suas famílias: Bela, chefe da família dos belaítas: Asbel, chefe da família dos asbelitas: Airam, chefe da família dos airamitas: 39 Sufam, chefe da família dos sufamitas: Hufam, chefe da família dos hufamitas. 40 Filhos de Bela: Hered, e Noeman. De Hered procedeu a família dos hereditas: de Noeman a família dos noemanitas. 41 Estes são os filhos de Benjamim pelas suas famílias, cujo número foi de quarenta e cinco mil e seiscentos.

42 Filhos de Dan pelas suas famílias: Suam, donde vem a família dos suamitas. Estes são os filhos de Dan, conforme as suas famílias. 43 Todos foram suamitas, cujo número era de sessenta e quatro mil e quatrocentos. 44 Filhos de Aser pelas suas famílias: Jena: chefe da família dos jenaítas: Jessui, chefe da família dos jessuítas: Brie, chefe da família dos brieítas. 45 Filhos de Brie foram Heber, chefe da família dos heberitas: e Melquiel, chefe da família dos melquielitas. 46 O nome duma filha de Aser foi Sara. 47 Estas são as famílias dos filhos de Aser, e o seu número foi de cinqüenta e três mil e quatrocentos.

48 Filhos de Neftali pelas suas famílias: Jesiel, donde procedeu a família dos jesielitas: Guni donde procedeu a família dos gunitas: 49 Jeser, donde procedeu a família dos jeseritas. Selem, donde procedeu a família dos selemitas: 50 estas são as famílias dos filhos de Neftali pelas suas casas, cujo número foi de quarenta e cinco mil e quatrocentos.

51 Esta é a soma dos filhos de Israel, que se contaram, seiscentos e um mil e setecentos e trinta.

Repartição das terras

52 Falou depois o Senhor a Moisés, dizendo: 53 Entre estes se repartirá a terra segundo o número dos seus nomes para eles a possuírem. 54 Aos que forem mais em número darás maior parte: e aos que forem menos, menor: a cada um deles conforme agora foram alistados, se dará a sua possessão; 55 mas de maneira que a terra seja repartida por sortes

entre as tribos e famílias. 56 Tudo o que tocar por sorte, isso receberão ou os mais, ou os menos.

Resenha dos levitas

57 Este é também o número dos filhos de Levi, pelas suas famílias: Gérson, chefe da família dos gersonitas: Caat, chefe da família dos caatitas: Merari, chefe da família dos meritas. 58 Estas são as famílias de Levi: a família de Lobni, a família de Hebroni, a família de Coré.

Mas Caat gerou a Amram, 59 e este teve por mulher a Jocabed, que era filha de Levi, a qual lhe nasceu no Egito. Esta Jocabed teve de Amram seu marido por filhos a Aarão e a Moisés, e a Maria irmã deles. 60 De Aarão tiveram origem Nadab e Abiu, e Eleazar, e Itamar: 61 dos quais Nadab e Abiu foram punidos de morte, por terem oferecido um fogo estranho, diante do Senhor.

62 E todos os que foram alistados fizeram o número de vinte e três mil homens dum mês e daí para cima: porque não foram contados entre os filhos de Israel, nem lhes foi dada possessão com os outros.

Conclusão

63 Este é o número dos filhos de Israel, que foram alistados por Moisés e pelo sacerdote Eleazar nas planícies de Moab, ao longo no Jordão, defronte de Jericó. 64 Entre os quais não se achou nenhum daqueles, que tinham sido contados antes por Moisés e Aarão no deserto de Sinai. 65 Porque o Senhor havia dito antes, que todos eles morreriam no ermo. Por isso não ficou deles nenhum, exceto Caleb filho de Jefone, e Josué filho de Nun.

O direito de sucessão das filhas

27 Vieram porém as filhas de Salfaad, filho de Hefer, filho de Galaad, filho de Maquir, filho de Manassés, que foi filho de José, cujos nomes são Maala, e Noa, e Hegla, e Melca, e Tersa. 2 E apresentaram-se a Moisés e a Eleazar sacerdote, e a todos os príncipes do povo, à porta do tabernáculo do concerto e lhes disseram: 3 Nosso pai morreu no deserto, nem se achou na sedição, que se excitou por Coré contra o Senhor, mas morreu no seu pecado: este não teve filhos machos. Por que razão logo se tira o seu nome da sua família, por não ter tido um filho? Dai-nos herança entre os parentes de nosso pai.

4 E Moisés remeteu a causa delas ao juízo do Senhor. 5 O qual lhe disse: 6 As filhas de Salfaad pedem uma coisa justa: dá-lhes possessões entre os parentes de seu pai, e lhe sucedam como suas herdeiras. 7 Aos filhos porém de Israel dirás estas coisas: 8 Quando algum homem morrer sem filhos, a herança passará a sua filha. 9 Se não tiver filha, terá por sucessores a seus irmãos: 10 se não tiver também irmãos, dareis a herança aos irmãos de seu pai: 11 se não tiver tampouco tios paternos, dar-se-á a herança aos parentes mais próximos: e isto será inviolavelmente guardado pelos filhos de Israel por lei perpétua, assim como o Senhor mandou a Moisés.

Josué sucede a Moisés

12 Disse outrossim o Senhor a Moisés: Sobe a este monte Abarim, e contempla daí a terra, que eu hei de dar aos filhos de Israel: 13 e depois de a teres visto, irás também para o teu povo, como foi teu irmão Aarão: 14 porque me ofendestes no deserto de Sin na contradição do povo, nem me quisestes sacrificar diante dele acerca das águas: estas são as águas da contradição em Cades no deserto de Sin.

15 Ao qual respondeu Moisés: 16 O Senhor Deus dos espíritos de todos os homens escolha algum homem, que vigie sobre esta multidão: 17 e que possa sair e entrar diante deles, e tirá-los ou introduzi-los: para que o povo do Senhor não seja como ovelhas sem pastor. 18 E o Senhor lhe disse: Lança mão de Josué filho de Nun, varão no qual reside o espírito, e impõe-lhe as mãos. 19 O qual se apresentará diante do sacerdote Eleazar e de toda a multidão: 20 e tu lhe darás os preceitos à vista de todos, e uma parte da tua glória, para que toda a congregação dos filhos de Israel o ouça. 21 Sobre o que, quando se houver de empreender alguma coisa, o sacerdote Eleazar consultará o Senhor. À palavra deste sairá e entrará Josué, e com ele todos os filhos de Israel, e o resto do povo.

22 Fez Moisés como o Senhor lhe tinha ordenado. E como lançasse mão de Josué, o apresentou diante do sacerdote Eleazar e de todo o ajuntamento do povo. 23 E impostas as mãos sobre a sua cabeça, lhe declarou tudo o que o Senhor lhe havia mandado.

Sacrifícios diários: matutinos e vespertinos

28 Disse também o Senhor a Moisés: 2 Manda aos filhos de Israel, e lhes dirás: Oferecei nos seus tempos as minhas ofertas e os pães, e o incenso de suavíssimo cheiro.

3 Estes são os sacrifícios que me deveis oferecer: Dois cordeiros de um ano sem de-

feito cada dia em holocausto perpétuo. 4 Ofe-
recereis um pela manhã, e outro à tarde: 5 e
a décima parte de um efi de flor de farinha,
que seja amassada na quarta parte de um
hin de azeite puríssimo. 6 Este é o holocausto
perpétuo que vós oferecestes no monte de
Sinai, consumido pelo fogo, em suavíssimo
cheiro para o Senhor. 7 E derramareis a quar-
ta parte dum hin de vinho por cada cordeiro
no santuário do Senhor. 8 E oferecereis da
mesma sorte à tarde o outro cordeiro, com
as mesmas cerimônias do sacrifício da manhã,
e das suas libações, oferta de suavíssimo chei-
ro para o Senhor.

Sacrifícios nos sábados e início dos meses

9 Mas no dia de sábado oferecereis dois
cordeiros dum ano sem defeito, com duas dí-
zimas de flor de farinha amassada com azeite
no sacrifício, e as libações 10 que segundo o
costume se derramam todos os sábados em
holocausto perpétuo.
11 Nas calendas porém oferecereis ao Se-
nhor, em holocausto, dois bezerros da mana-
da, um carneiro, sete cordeiros dum ano sem
defeito, 12 e três dízimas de flor de farinha
amassada com azeite no sacrifício de cada
bezerro: e duas dízimas de flor de farinha mis-
turada com azeite por cada carneiro: 13 e a
dízima da dízima de flor de farinha com azeite
no sacrifício de cada cordeiro. Isto é um holo-
causto de suavíssimo cheiro e de oblação con-
sumida pelo fogo para glória do Senhor. 14 As
libações porém do vinho, que se devem der-
ramar por cada vítima, serão estas: metade
dum hin por cada bezerro, uma terça pelo
carneiro, e uma quarta pelo cordeiro. Este
será o holocausto de todos os meses, que se
sucedem no decurso do ano. 15 Oferecer-se-á
também ao Senhor um bode pelos pecados
em holocausto perpétuo com as suas libações.

Sacrifícios na Páscoa

16 Mas o primeiro mês, no dia catorze do
mês, será a Páscoa do Senhor, 17 e no dia
quinze a solenidade: sete dias se comerão
pães asmos. 18 Dos quais o primeiro dia será
venerável e santo. Vós não fareis nele obra
alguma servil. 19 E oferecereis ao Senhor em
sacrifício de holocausto dois bezerros da ma-
nada, um carneiro, sete cordeiros dum ano
sem defeito: 20 e os sacrifícios de cada um
deles de flor de farinha, que seja amassada
com azeite, três dízimas por cada bezerro, e
duas dízimas pelo carneiro, 21 e a dízima da
dízima por cada cordeiro, isto é, por cada
um dos sete cordeiros: 22 e um bode pelo
pecado, para obterdes a expiação dele, 23 sem
contar o holocausto da manhã, que vós ofe-
recereis sempre. 24 Assim o fareis cada dia
dos sete dias para alimento do fogo, e em
suavíssimo cheiro para o Senhor, que se exa-
lará do holocausto, e das libações de cada
um.
25 O dia sétimo será também celebérrimo
e santo para vós: não fareis nele obra alguma
servil.

Sacrifícios na festa de Pentecostes

26 Também o dia das primícias, quando
completas as semanas oferecerdes ao Senhor
as novas messes, será venerável e santo: não
fareis nele obra alguma servil. 27 E oferece-
reis ao Senhor em holocausto dum suavíssimo
cheiro dois bezerros da manada, um carneiro,
e sete cordeiros dum ano sem defeito: 28 e
nos sacrifícios destes ajuntareis três dízimas
mais de flor de farinha borrifada de azeite
por cada bezerro, pelos carneiros duas, 29 a
dízima da dízima pelos cordeiros, os quais ao
todo são sete cordeiros: e também um bode,
30 o qual se sacrifica pela expiação: afora o
holocausto perpétuo e as libações. 31 Todas
estas coisas oferecereis sem mancha com as
suas libações.

Sacrifícios na festa das Trombetas

29 O primeiro dia do sétimo mês será tam-
bém para vós venerável e santo: não fa-
reis nele obra alguma servil, porque é o dia
do sonido e das trombetas. 2 E oferecereis
ao Senhor em holocausto de suavíssimo chei-
ro um bezerro da manada, um carneiro, e sete
cordeiros dum ano sem defeito: 3 e nos sacri-
fícios destes três, dízimas de flor de farinha
misturada com azeite por cada um dos bezer-
ros, duas dízimas pelo carneiro, 4 uma dízima
por cada cordeiro, que por todos são sete
cordeiros: 5 e um bode pelo pecado, que se
oferece para expiação do povo: 6 sem contar
o holocausto das Calendas com os seus sacri-
fícios, e o holocausto perpétuo com as liba-
ções costumadas: vós o oferecereis com as
mesmas cerimônias, queimado em suavíssimo
cheiro para o Senhor.

Sacrifícios na festa da Expiação

7 O dia décimo deste sétimo mês será tam-
bém para vós santo venerável, e afligireis as
vossas almas: não fareis nele obra alguma
servil. 8 E oferecereis ao Senhor em holocaus-
to de suavíssimo cheiro um bezerro da mana-
da, um carneiro, e sete cordeiros dum ano sem
defeito: 9 e nos sacrifícios deles três dízimas

de flor de farinha amassada com azeite por
cada bezerro, duas dízimas pelo carneiro, 10 e
dízima da dízima por cada cordeiro, os quais
são ao todo sete cordeiros: 11 e um bode pelo
pecado, afora as coisas, que se costumam ofe-
recer para a expiação e o holocausto perpétuo,
com o seu sacrifício e libações.

Sacrifícios na festa dos Tabernáculos

12 No dia quinze porém do sétimo mês, que
será santo e venerável para vós, não fareis
obra alguma servil, mas celebrareis a Sole-
nidade do Senhor por sete dias: 13 e ofere-
cereis ao Senhor em holocausto de suavíssimo
cheiro treze bezerros da manada, dois carnei-
ros, e catorze cordeiros dum ano sem defeito:
14 e nas suas libações, três dízimas de flor
de farinha amassada com azeite por cada be-
zerro, que por todos são treze bezerros: e duas
dízimas por um carneiro, isto é, por cada um
dos dois cordeiros. 15 E a dízima da dízima por
cada cordeiro, que por todos são catorze cor-
deiros: 16 e um bode pelo pecado, afora o
holocausto perpétuo, e o sacrifício, e a sua
libação.

17 No segundo dia oferecereis doze bezerros
da manada, dois carneiros e catorze cordeiros
de um ano sem defeito: 18 e celebrareis se-
gundo o rito os sacrifícios e libações por cada
um deles, nos bezerros e carneiros e cordeiros
19 e um bode pelo pecado, afora o holocausto
perpétuo, e o sacrifício e a sua libação.

20 No terceiro dia oferecereis onze bezerros,
dois carneiros, e catorze cordeiros de um ano
sem defeito, 21 e celebrareis segundo o rito
os sacrifícios e libações de cada um deles nos
bezerros e carneiros e cordeiros: 22 e um bode
pelo pecado, afora o holocausto perpétuo e o
sacrifício e a sua libação.

23 No quarto dia oferecereis dez bezerros,
dois carneiros, e catorze cordeiros de um ano
sem defeito: 24 e celebrareis, segundo o rito,
os sacrifícios e libações de cada um deles nos
bezerros e carneiros e cordeiros: 25 e um bode
pelo pecado, afora o holocausto perpétuo, o
sacrifício e a sua libação.

26 No quinto dia oferecereis nove bezerros,
dois carneiros, e catorze cordeiros de um ano
sem defeito: 27 e celebrareis, segundo o rito,
os sacrifícios e as libações de cada um deles
nos bezerros e carneiros e cordeiros: 28 e um
bode pelo pecado, afora o holocausto perpé-
tuo, e o sacrifício e a sua libação.

29 No sexto dia oferecereis oito bezerros,
dois carneiros, e catorze cordeiros de um ano
sem defeito: 30 e celebrareis segundo o rito
os sacrifícios e libações por cada um deles
nos bezerros e carneiros e cordeiros: 31 e um
bode pelo pecado: afora o holocausto perpé-
tuo, e o sacrifício e a sua libação.

32 No sétimo dia oferecereis sete bezerros,
e dois carneiros, e catorze cordeiros de um
ano sem defeito: 33 e celebrareis segundo o
rito os sacrifícios e libações de cada um de-
les nos bezerros e carneiros e cordeiros: 34 e
um bode pelo pecado, afora o holocausto per-
pétuo, e o sacrifício e a sua libação.

35 No oitavo dia, que será o mais solene,
não fareis obra alguma servil, 36 oferecendo
em holocausto de suavíssimo cheiro para o
Senhor um bezerro, um carneiro, e sete cor-
deiros de um ano sem defeito: 37 e celebra-
reis segundo o rito os sacrifícios e libações
de cada um nos bezerros e carneiros e cordei-
ros: 38 e um bode pelo pecado, afora o holo-
causto perpétuo, e o sacrifício e a sua libação.

39 Estas coisas oferecereis ao Senhor nas
vossas solenidades: sem contar os votos e ofe-
rendas voluntárias em holocausto, em sacri-
fício, em libação, e em hóstias pacíficas.

Leis sobre os votos

30 Referiu pois Moisés aos filhos de Israel
tudo o que o Senhor lhe tinha mandado:
2 e disse aos príncipes das tribos dos filhos
de Israel: Eis aqui a palavra que o Senhor
ordenou: 3 Se algum homem fizer um voto
ao Senhor, ou se obrigar com juramento:
deve não faltar à sua palavra, mas cumprir
tudo o que prometeu.

4 Se alguma mulher fizer um voto, e se
obrigar com juramento, estando em casa de
seu pai, e ainda em idade de menina: se o
pai sabendo do voto que ela fez, e do jura-
mento com que obrigou a sua alma, não disse
nada, está ela obrigada ao seu voto: 5 cum-
prirá efetivamente tudo o que prometeu, e
jurou. 6 Porém se o pai logo que o ouviu, o
contradisse: tanto os votos como os juramen-
tos dela serão nulos, e ela não ficará obri-
gada ao que prometeu, porque o contradisse
o pai.

7 Se já tiver marido, e fizer algum voto, e
saindo uma vez a palavra da sua boca obrigar
a sua alma com juramento: 8 no mesmo dia
que seu marido o ouvir, e não contradisser,
ficará ela obrigada ao voto, e cumprirá tudo
o que prometera: 9 mas se tendo-o ouvido o
contradisser, e tornar nulas as suas promes-
sas, e as palavras com que ela tinha obrigado
a sua alma: o Senhor lhe perdoará. 10 A viúva
e a repudiada cumprirão todos os votos que
fizerem.

11 Quando uma mulher em casa de seu ma-
rido se obrigar com voto e juramento, 12 se
o ouvir o marido, e não disser nada, nem se

opuser à promessa, cumprirá ela tudo o que tinha prometido. 13 Porém se se opuser logo, não estará obrigada à promessa: porque o marido a contradisse, e o Senhor lhe perdoará:

14 Se fizer voto, e se obrigar com juramento a afligir a sua alma com jejum ou com outro gênero de abstinência, ficará no arbítrio do mraido fazê-lo ela, ou não o fazer: 15 mas se ouvindo-o o marido não disser nada, e deferir para outro dia a resolução: cumprirá ela tudo o que tiver votado, ou prometido: visto que o marido não disse nada, logo que o ouviu. 16 Se porém contradisser depois que o soube, levará ele sobre si o pecado dela.

17 Estas são as leis, que o Senhor intimou a Moisés, entre o marido e a mulher, entre o pai e a filha, que ainda está em idade de menina, ou que mora em casa de seu pai.

Guerra santa contra Madian

31 Depois falou o Senhor a Moisés, dizendo: 2 Vinga primeiro os filhos de Israel dos madianitas, e depois irás unir-te ao teu povo. 3 E logo disse Moisés: Armem-se para dar batalha alguns dentre vós que possam executar a vingança do Senhor sobre os madianitas. 4 Escolham-se mil homens de cada tribo de Israel para serem mandados à guerra. 5 Deram eles pois mil soldados de cada tribo, isto é, doze mil homens para combater: 6 os quais Moisés enviou com Finéias filho do sacerdote Eleazar, e lhe entregou os vasos santos, e as trombetas para tocar. 7 E tendo pelejado contra os madianitas, e vencendo-os, passaram à espada todos os machos, 8 e aos seus reis Evi, Recem, Sur, Hur, e Rebe cinco príncipes daquela nação. Mataram também com a espada a Balaam filho de Beor. 9 E tomaram-lhes as suas mulheres, e os seus filhinhos, e todos os seus gados, e toda a sua mobília: saquearam tudo quanto puderam alcançar: 10 queimaram tanto as cidades como as aldeias e castelos. 11 E levaram a presa, e tudo o que tinham tomado tanto de homens como de animais, 12 e o apresentaram a Moisés, e ao sacerdote Eleazar, e a toda a multidão dos filhos de Israel: e o resto dos despojos levaram-no ao arraial nas planícies de Moab junto ao Jordão defronte de Jericó.

Tratamento dos cativos

13 E saíram a recebê-los fora do arraial Moisés e o sacerdote Eleazar, e todos os príncipes da Sinagoga. 14 E Moisés irado contra os príncipes do exército, contra os tribunos, e centuriões que tinham vindo da batalha, 15 disse: Por que reservastes as mulheres? 16 Não são elas as que seduziram os filhos de Israel por conselho de Balaam, e as que vos fizeram violar a lei do Senhor pelo pecado de Fogor, pelo qual foi castigado o povo? 17 Matai pois todos os machos, ainda os que são crianças: e degolai as mulheres, que tiveram comércio com homens: 18 mas reservai para vós as meninas e todas as donzelas.

Purificação depois do combate

19 E deixai-vos ficar fora do campo sete dias. O que tiver morto homem, ou tocado em morto, purificar-se-á no dia terceiro e no sétimo, 20 Purificar-se-á também da presa tudo o que for vestido, ou vaso, ou outra qualquer coisa que possa ter uso, ou ela seja de peles ou de pelos de cabras, ou de pau.

21 O sacerdote Eleazar também falou nestes termos à gente de guerra, que tinha pelejado: Este é o preceito da lei, que o Senhor deu a Moisés: 22 O ouro, a prata, o cobre, o ferro, o chumbo, o estanho, 23 e tudo o que pode passar pelas chamas será purificado no fogo: porém tudo o que não pode sofrer o fogo, será santificado pela água de expiação: 24 e lavareis os vossos vestidos no dia sétimo, e depois de purificados tornareis para o campo.

Repartição da presa

25 Outrossim disse o Senhor a Moisés: 26 Faze o inventário de tudo o que foi tomado, desde os homens até os animais, tu e o sacerdote Eleazar e os príncipes do povo: 27 e repartirás a presa igualmente entre os que pelejaram, e saíram à batalha, e entre todo o resto da multidão: 28 e daqueles que pelejaram e se acharam na batalha, separarás uma parte para o Senhor, de cada quinhentos uma cabeça assim de homens como de bois, asnos, e ovelhas, 29 e a darás ao sacerdote Eleazar, porque são as primícias do Senhor. 30 E da outra metade da presa, que pertence aos filhos de Israel, de cada cinqüenta homens, ou bois, ou asnos, ou ovelhas, ou outros quaisquer animais, tomarás um, e o darás aos levitas, que velam em guarda do tabernáculo do Senhor. 31 E Moisés e Eleazar fizeram como o Senhor tinha mandado.

32 E foi a presa, que o exército tinha tomado, de seiscentas e setenta e cinco mil ovelhas, 33 de setenta e dois mil bois, 34 de sessenta e um mil asnos, 35 e de trinta e duas mil pessoas do sexo feminino, que se conservavam virgens.

36 E deu-se metade aos que se tinham achado no combate, de ovelhas trezentas e trinta e sete mil e quinhentas: 37 das quais se reservou por quinhão do Senhor seiscentas e setenta e cinco ovelhas. 38 E dos trinta e seis

mil bois, se reservaram setenta e dois bois, 39 dos trinta mil e quinhentos asnos, sessenta e um asnos: 40 Das dezesseis mil pessoas foram reservadas trinta e duas por quinhão do Senhor. 41 E Moisés entregou ao sacerdote Eleazar a conta das primícias do Senhor, como se lhe tinha mandado, 42 daquela metade dos filhos de Israel, que ele tinha separado para os que se acharam no combate. 43 E da outra metade, que tocou ao resto da multidão: isto é, das trezentas e trinta e sete mil e quinhentas ovelhas, 44 e dos trinta e seis mil bois, 45 e dos trinta mil e quinhentos asnos, 46 e das dezesseis mil pessoas, 47 tirou Moisés uma cabeça por cada cinqüenta, e deu-a aos levitas, que velavam em guarda do tabernáculo do Senhor, como o Senhor o tinha ordenado.

48 Então chegando-se a Moisés os príncipes do exército, e os tribunos, e os centuriões, lhe disseram: 49 Nós, teus servos, fizemos a resenha de todos os soldados, que comandávamos: e nem um faltou. 50 Por esta causa cada um de nós oferece por donativo ao Senhor todo o ouro que no esbulho podemos achar, ligas de pernas, braceletes, anéis, manilhas, e colares, para que rogues por nós ao Senhor. 51 Moisés pois, e o sacerdote Eleazar receberam todo o ouro em diversas espécies, 52 peso de dezesseis mil e setecentos e cinqüenta siclos, dos tribunos e centuriões. 53 Porque o que cada um tinha tomado na presa, era seu. 54 E tudo o recebido meteram no tabernáculo do testemunho, para monumento dos filhos de Israel diante do Senhor.

Repartição da Transjordânia

32 Ora os filhos de Rúben e de Gad tinham muitos gados, e possuíam em animais um cabedal imenso. Vendo pois que as terras de Jazer, e de Galaad eram próprias para sustentar animais, 2 vieram ter com Moisés, e com o sacerdote Eleazar, e com os príncipes do povo, e lhes disseram: 3 Atarot, Dibon, Jazer, Nemra, Hesebon, Eleale, Saban, Nebo, Beon, 4 terras que o Senhor feriu à vista dos filhos de Israel, são um país fertilíssimo para pastos dos animais: e nós teus servos temos muitíssimos gados: 5 e se achamos pois graça diante de ti, suplicamos-te que o dês a teus servos em possessão, e não nos faças passar o Jordão.

6 Aos quais respondeu Moisés: Porventura irão vossos irmãos para a batalha, e vós ficareis aqui mui descansados? 7 Por que meteis vós terrores nos ânimos dos filhos de Israel, para não ousarem passar ao lugar, que o Senhor está para lhes dar? 8 Não é isto fazer o mesmo, que fizeram vossos pais, quando eu os mandei de Cadesbarne a reconhecer a terra? 9 E depois de terem chegado ao Vale do Cacho, examinada toda aquela região, perverteram o coração dos filhos de Israel, para que não entrassem nos limites, que o Senhor lhes havia dado. 10 O qual irado jurou, dizendo: 11 Estes homens, que saíram do Egito, de vinte anos e daí para cima, não verão a terra, que eu prometi com juramento a Abraão, a Isaac, e a Jacó: porque me não quiseram seguir, 12 exceto Caleb filho de Jefone Cenezeu, e Josué filho de Nun: estes cumpriram com a minha vontade. 13 E o Senhor irado contra Israel, o fez andar errante pelo deserto quarenta anos, até que fosse extinta toda a geração, que tinha pecado na sua presença. 14 E eis aqui agora, prosseguiu Moisés, vos levantastes vós em lugar de vossos pais como uns renovos e umas crias de homens pecadores, para aumentardes ainda o furor do Senhor contra Israel. 15 Se não quiserdes seguir o Senhor, ele deixará o povo no deserto, e vós sereis a causa da morte de todos.

16 Mas eles, chegando-se, lhe disseram: Nós edificaremos currais para as nossas ovelhas, e cavalariças para os nossos animais, e cidades fortes para os nossos filhinhos: 17 nós porém armados e prontos iremos ao combate na frente dos filhos de Israel até os metermos nos seus lugares. Entretanto as nossas crianças, e tudo o que podemos possuir, ficarão em cidades muradas, por causa das ciladas dos naturais do país. 18 Não voltaremos para nossas casas, menos que os filhos de Israel não possuam a sua herança: 19 nem pretenderemos coisa alguma da banda de além do Jordão, visto que já possuímos a nossa porção na sua ribeira oriental.

Moisés aceita as promessas

20 Moisés lhes respondeu: Se vós fazeis o que prometeis, marchai em presença do Senhor prontos a combater: 21 e todo o homem de guerra passe armado o Jordão, até que o Senhor destrua os seus inimigos, 22 e todo o país lhe fique submetido: então sereis inculpáveis diante do Senhor e diante de Israel, e possuireis as terras, que desejais, diante do Senhor. 23 Mas se não fizerdes o que dizeis: é sem dúvida que pecareis contra Deus: e tende entendido que o vosso pecado vos há de apanhar. 24 Edificai pois cidades para as ovelhas e animais: e cumpri o que prometestes.

25 E responderam os filhos de Gad e de Rúben a Moisés: Somos teus servos, faremos o que Nosso Senhor nos manda. 26 Deixaremos nas cidades de Galaad os nossos filhinhos, e mulheres, e gados, e bestiagem: 27 nós po-

rém teus servos iremos à guerra prontos para
pelejar, como tu, Senhor, o mandas.
28 Moisés pois deu esta ordem ao Sacer-
dote Eleazar, e a Josué filho de Nun, e aos
príncipes das famílias pelas tribos de Israel,
e lhes disse: 29 Se os filhos de Gad e os filhos
de Rúben passarem todos convosco o Jordão
armados a pelejar diante do Senhor, e vos
for sujeita a terra dai-lhes Galaad em pos-
sessão. 30 Mas se eles não quiserem passar
armados convosco à terra de Canaã, recebam
entre vós os lugares da sua morada.
31 E responderam os filhos de Gad, e os
filhos de Rúben: Da mesma sorte que o Senhor
disse a seus servos, assim o faremos: 32 nós
mesmos armados marcharemos diante do
Senhor para a terra de Canaã, e confessamos
que já temos recebido a nossa possessão da
banda de aquém do Jordão. 33 Deu portanto
Moisés aos filhos de Gad e de Rúben, e à
meia tribo de Manassés, filho de José, o reino
de Seon rei dos armorreus, e o reino de Og
rei de Basan, e o seu território com as cidades
do seu contorno. 34 Pelo que os filhos de Gad
reedificaram as cidades de Dibon, Atarot, Aroer,
35 Etrot, Sofan, Jazer, Jegbaa, 36 Betnemra,
e Betaran, cidades fortificadas, e fabricaram
currais para os seus gados. 37 Os filhos po-
rém de Rúben reedificaram a Hesebon, Eleale,
Cariataim, 38 Nabo, e Baalmeon, mudando-
lhes os nomes, e também a Sabama: Pondo
nomes às cidades, que tinham fundado.

Outras conquistas

39 E os filhos de Maquir, filho de Manassés,
passaram ao país de Galaad, e o arruinaram,
mortos os amorreus que o habitavam. 40 Deu
pois Moisés o país de Galaad a Maquir filho
de Manassés, que habitou nele. 41 Depois pas-
sou Jair filho de Manassés ao mesmo país,
e nele se fez senhor de muitas aldeias, a que
deu o nome de Havot-Jair, que quer dizer, as
aldeias de Jair. 42 Passou também Nobe, e
tomou a Canat com as suas aldeias: e lhe deu
o seu nome, chamando-a Nobe.

As etapas do Êxodo

33 Estas são as mansões dos filhos de Is-
rael, que saíram do Egito pelas suas tur-
mas debaixo da conduta de Moisés e de Aarão,
2 as quais descreveu Moisés segundo os lu-
gares dos seus acampamentos, que eles muda-
vam ao mandado do Senhor.

Do Egito ao Sinai

3 Tendo pois saído de Ramessés no primei-
ro mês, no dia quinze do primeiro mês, ao
outro dia da Páscoa os filhos de Israel pro-
tegidos da mão poderosa, à vista de todos os
egípcios, 4 que sepultavam os seus primogê-
nitos, a quem o Senhor tinha ferido (pois que
até nos seus deuses tinha exercitado a sua
vingança), 5 foram acampar-se em Socot.
6 E tendo partido de Socot vieram a Etam,
que fica na extremidade do deserto. 7 Saindo
dali, vieram até defronte de Fiairot, que olha
para Beelsefon, e acamparam-se diante de
Magdalo. 8 E partindo de Fiairot passaram
pelo meio do mar ao deserto: e tendo mar-
chado três dias pelo deserto de Etam acam-
param-se em Mara. 9 E abalando de Mara
vieram a Elim, onde havia doze fontes de
águas, e setenta palmeiras: ali se acamparam.
10 Mas tendo também saído dali, foram as-
sentar o campo sobre o mar Vermelho. E par-
tindo do mar Vermelho, 11 se acamparam no
deserto de Sin. 12 Donde saídos, vieram a
Dafca. 13 E tendo partido de Dafca, vieram
acampar-se em Alus, 14 e tendo saído de Alus,
vieram abarracar-se a Rafidim, onde faltou
ao povo água para beber. 15 E partindo de
Rafidim, vieram acampar-se no deserto do
Sinai.

Do Sinai a Moab

16 E abalando do deserto do Sinai, vieram
aos sepulcros da Concupiscência. 17 E par-
tindo dos sepulcros da Concupiscência, vie-
ram acampar-se em Haserot. 18 E de Haserot
vieram a Retma. 19 E partindo de Retma, vie-
ram acampar-se em Remonfarés. 20 Abalan-
do daqui vieram a Lebna. 21 De Lebna foram
acampar-se em Ressa. 22 E tendo partido de
Ressa vieram a Ceelata. 23 Partindo daqui
vieram acampar-se no monte de Sefer. 24 Dei-
xando o monte de Sefer vieram a Arada.
25 Partindo dali vieram acampar-se em Ma-
celot. 26 E partindo de Macelot, vieram a
Taat. 27 De Taat, vieram acampar-se em Tare.
28 Abalando daqui, vieram abarracar-se em
Metca. 29 E de Metca foram acampar-se em
Hesmona. 30 E partindo de Hesmona, vie-
ram a Moserot.
31 E de Moserot foram acampar-se em Be-
nejaacan. 32 E partindo de Benejaacan, vie-
ram ao monte de Gadgad. 33 Saindo daqui,
foram acampar-se a Jetebata. 34 E de Jeteba-
ta vieram a Hebrona. 35 E partindo de He-
brona foram acampar-se em Asiongaber.
36 Partindo daqui, vieram ao deserto de
Sin, que é o de Cades. 37 E saindo de Cades,
foram acampar-se no monte Hor, nos confins
do país de Edom. 38 E o sacerdote Aarão su-
biu por mandado do Senhor ao monte Hor: e
ali morreu no primeiro dia do quinto mês do

ano quadragésimo, depois da saída dos filhos
de Israel do Egito, 39 tendo de idade cento
e vinte e três anos. 40 Então ouviu o rei Arad
cananeu, que habitava para o meio-dia, que os
filhos de Israel eram chegados à terra de Ca-
naã. 41 E partindo do monte Hor, vieram
acampar-se em Salmona.
42 Donde tendo saído, vieram a Funon. 43
E partindo de Funon, foram acampar-se em
Obot. 44 E de Obot, vieram a Ijeabarim, que
é nos limites dos moabitas. 45 E abalando de
Ijeabarim, vieram abarracar-se em Dibongad.
46 Donde tendo saído, foram acampar-se a
Helmondeblataim. 47 E partindo de Helmon-
deblataim, vieram às serras de Abarim de-
fronte de Nabo. 48 E tendo deixado as serras
de Abarim, passaram às planícies de Moab
sobre o Jordão defronte de Jericó.

Prescrições divinas para a partilha de Canaã

49 E aí se acamparam nos lugares mais ra-
sos do país dos moabitas desde Betsimot até
Abelsatim, 50 onde o Senhor disse a Moisés:
51 Ordena aos filhos de Israel, e dize-lhes:
Depois de passardes o Jordão, entrando na
terra de Canaã, 52 exterminai todos os habi-
tantes deste país: quebrai os seus padrões, e
fazei em pedaços as suas estátuas, e deitai
abaixo todos os seus altos. 53 Purificai a ter-
ra, e habitai nela: porque eu vo-la dei para a
possuirdes, 54 a qual repartireis entre vós por
sorte. Aos que forem em maior número dareis
maior porção, e aos que forem menos, porção
mais pequena. Cada um receberá a sua heran-
ça, conforme o que lhe cair por sorte. E a
repartição se fará por tribo e por famílias.
55 Se vós não quiserdes matar os habitan-
tes do país: serão para vós os que ficarem
como uns cravos nos olhos e umas lanças nas
ilhargas, e eles vos darão que fazer na terra
da vossa habitação: 56 e todo o mal que eu
tinha resoluto fazer-lhes a eles, o farei a vós
outros.

Limites

34 Falou mais o Senhor a Moisés, dizendo:
2 Manda aos filhos de Israel e lhes di-
rás: Quando tiverdes entrado na terra de Ca-
naã, e cada um de vós possuir nela o que lhe
tiver caído por sorte, serão estes os seus li-
mites.
3 A parte meridional começará no deserto
de Sin, que é perto de Edom: e terá por li-
mites para o oriente o mar Salgadíssimo. 4
Os quais irão rodeando a parte austral pela
subida do Escorpião, de sorte que passem por
Sena, e se estendam desde o meio-dia até Ca-
desbarne, donde irão até à aldeia chamada
Adar e se estenderão até Asemona. 5 E o li-
mite irá dando volta desde Asemona até a
torrente do Egito, e acabará na praia do mar
Grande.
6 A parte ocidental começará desde o mar
Grande, e nele igualmente se terminará.
7 Os termos pela parte setentrional come-
çarão desde o mar Grande, e se estenderão
até o monte Altíssimo, 8 do qual virão a Emat,
até os confins de Sedada: 9 e se estenderão
os confins até Zefrona, e até a aldeia de Enan:
Estes serão os termos da banda do aquilão.
10 Os da banda do oriente se medirão desde
a aldeia de Enan até Sefama, 11 e de Sefama
descerão os termos a Rebla fronteiros à fonte
de Dafne, desde ali se estenderão contra o
Oriente até o mar de Ceneret, 12 e se enca-
minharão até o Jordão, e alfim se termina-
rão no mar Salgadíssimo. Vós possuireis esta
terra pelos seus limites em circunferência.
13 Mandou pois Moisés aos filhos de Israel,
dizendo: Esta será a terra, que vós possuíreis
por sorte, e que o Senhor mandou que se des-
se às nove tribos, e à meia tribo. 14 Porque a
tribo dos filhos de Rúben com todas as suas
famílias e a tribo dos filhos de Gad segundo
o número das suas famílias, e metade da tribo
de Manassés, 15 isto é, duas tribos e meia, re-
ceberam já a sua parte de aquém do Jordão
defronte de Jericó para a banda do oriente.

Superintendentes da divisão

16 Disse outrossim o Senhor a Moisés:
17 Estes são os nomes dos homens, que vos
repartirão a terra, o sacerdote Eleazar, e Jo-
sué filho de Nun, 18 e um dos príncipes de
cada tribo, 19 cujos nomes são estes: Da tribo
de Judá, Caleb filho de Jefone. 20 Da tribo de
Simeão, Samuel filho de Amiud. 21 Da tribo
de Benjamim, Elidad filho de Caselon. 22 Da
tribo dos filhos de Dan, Boci filho de Jogli.
23 Dos filhos de José da tribo de Manassés,
Haniel filho de Efod. 24 Da tribo de Efraim,
Camuel filho de Seftam. 25 Da tribo de Zabu-
lon, Elisafan filho de Farnac. 26 Da tribo de
Issacar, o príncipe Faltiel filho de Ozan. 27 Da
tribo de Aser, Aiud filho de Salomi. 28 Da tri-
bo de Neftali, Zedael filho de Amiud.
29 Estes são aqueles, a quem o Senhor man-
dou que repartissem entre os filhos de Israel
a terra de Canaã.

Cidades dos levitas

35 Disse também o Senhor estas coisas a
Moisés nas planícies de Moab, ao longo
do Jordão, defronte de Jericó: 2 Manda aos fi-
lhos de Israel, que dêem das suas possessões

aos levitas 3 cidades para habitarem, e os
seus subúrbios em roda: para que eles mo-
rem nas cidades, e os subúrbios sejam pa-
ra os gados e animais: 4 os quais se esten-
derão dos muros das cidades para fora mil
passos em roda. 5 Assim a sua extensão será
de dois mil côvados para o oriente, e da mes-
ma sorte de dois mil côvados para o meio-dia:
a mesma medida terão eles para a banda do
mar que olha para o ocidente, e por iguais
limites se terminará a banda do setentrião: e
as cidades estarão no meio, e os subúrbios
fora.

6 Das mesmas cidades porém que haveis de
dar aos levitas, seis serão destinadas para
asilo dos fugitivos, a fim de que se refugie a
elas aquele que tiver derramado sangue; e
além destas, haverá outras quarenta e duas
cidades, 7 isto é, por todas quarenta e oito
com os seus subúrbios. 8 E essas cidades que
se hão de dar das possessões dos filhos de
Israel, se tomarão mais dos que têm mais: e
menos dos que têm menos: cada um dará ci-
dades aos levitas à proporção da sua herança.

Cidades de asilo

9 Disse o Senhor a Moisés: 10 Fala aos fi-
lhos de Israel, e lhes dirás: Quando passardes
o Jordão entrando na terra de Canaã, 11 de-
terminai que cidades devem ser para asilo dos
fugitivos, que involuntariamente derramarem
sangue: 12 nas quais tanto que algum se tiver
refugiado, não poderá matá-lo o parente do
morto, menos que se não apresente diante do
povo, e seja julgada a sua causa. 13 Dessas
cidades porém, que se separam para asilo dos
fugitivos, 14 três serão de aquém do Jordão,
e três na terra de Canaã, 15 tanto para os fi-
lhos de Israel, como para os adventícios e
estrangeiros, para que a elas se refugie aquele
que involuntariamente derramar sangue.

16 Se alguém ferir com ferro, e o que foi
ferido morrer: ficará réu de homicídio, e ele
mesmo morrerá. 17 Se atirar uma pedrada, e
o ferido morrer dela: será da mesma sorte
castigado. 18 Se morrer o que foi ferido com
pau: será vingado com o sangue do que o fe-
riu. 19 O parente do morto matará ao homi-
cida; logo que o apanhar, o matará.

20 Se um homem por ódio empurrar a ou-
tro, ou lhe atirar com alguma coisa à traição:
21 ou sendo seu inimigo, o ferir de mãos, e
ele morrer: o percursor será réu de homicídio:
o parente do morto logo que der com ele o
matará.

22 Porém se ele acidentalmente, e não por
ódio, 23 nem inimizade fez alguma destas coi-
sas, 24 e isto se justificar diante do povo e
tiver sido ventilada a causa de sangue entre
o matador e o parente: 25 será livre da mão
do vingador como inocente, e por sentença se
mandará para a cidade, a que se tinha refu-
giado, e ali ficará até à morte do sumo sacer-
dote, que foi sagrado com santo óleo. 26 Se o
matador fora dos limites das cidades, que es-
tão destinadas para os fugitivos, 27 for acha-
do, e morto pelo vingador do sangue: será
sem culpa o que o matar: 28 porque o fugitivo
devia residir na cidade até à morte do pontí-
fice. Mas depois que este morrer, voltará o
homicida para a sua terra.

29 Estas coisas serão perpétuas, e se guar-
darão como lei em todas as vossas habitações.

30 O homicida será castigado ouvidas as
testemunhas; pelo dito de uma só testemunha
ninguém será condenado. 31 Não recebereis
preço daquele, que é réu de sangue, mas ele
mesmo morrerá logo. 32 Os desterrados e os
fugitivos de nenhum modo poderão tornar
para as suas cidades, antes da morte do pontí-
fice: 33 por não suceder manchardes a terra
da vossa habitação, a qual se contamina com
o sangue dos inocentes: nem pode purificar-se
de outro modo, que com o sangue daquele,
que derramou o sangue doutro. 34 E desta
maneira se purificará a vossa terra, morando
eu convosco. Porque eu sou o Senhor, que ha-
bito entre os filhos de Israel.

Leis de herança das mulheres

36 Então se chegaram os príncipes das fa-
mílias de Galad filho de Maquir, filho de
Manassés, da linhagem dos filhos de José: e
falaram a Moisés diante dos príncipes de Is-
rael, e lhe disseram: 2 O Senhor te ordenou
a ti que és o nosso senhor, que por sorte re-
partisses a terra entre os filhos de Israel, e
que desses às filhas de Salfaad, nosso irmão,
a herança devida a seu pai: 3 mas se os ho-
mens de outra tribo as receberem por mulhe-
res, segui-las-á a sua possessão, e transferida
a outra tribo, será diminuída da nossa heran-
ça: 4 e assim acontecerá, que quando chegar
o jubileu, isto é, o ano quinquagésimo da re-
missão, se confundirá a distribuição das sor-
tes, e a herança de uns passará aos outros.

5 Respondeu Moisés aos filhos de Israel, e
por mandado do Senhor, lhes disse: A tribo
dos filhos de José falou bem. 6 E esta lei a
respeito das filhas de Salfaad foi promulgada
pelo Senhor: Casem com quem quiserem, con-
tanto que seja como homens da sua tribo:
7 para que a herança dos filhos de Israel se
não confunda, passando duma tribo a outra.
Pelo que todos os varões tomarão mulheres de
sua tribo, e famílias, 8 e todas as mulheres to-

marão maridos da mesma tribo: para que a
herança fique nas famílias, 9 e não se mistu-
rem entre si as tribos, mas fiquem assim,
10 como foram separados pelo Senhor.
E as filhas de Salfaad o fizeram, como se
lhes mandou: 11 e assim Maal, e Tersa, e He-
gla, Melca, e Noa casaram com os filhos de
seu tio paterno, 12 da família de Manassés,
que foi filho de José: e a herança, que lhes
tinha sido adjudicada, permaneceu na tribo e
família de seu pai.

Conclusão

13 Estes são os mandamentos e os juízos,
que o Senhor deu por Moisés aos filhos de
Israel, nas planícies de Moab sobre o Jordão
defronte de Jericó.

DEUTERONÔMIO

I. PRIMEIRO DISCURSO DE MOISÉS

Circunstâncias: lugar e tempo

1 Estas são as palavras, que Moisés disse a
todo o Israel na banda de aquém do Jor-
dão na planície do deserto, defronte do mar
Vermelho, entre Faran, Tofel, Laban, e Hase-
rot, onde há muitíssimo ouro: 2 a onze jor-
nadas de Horeb pelo caminho do monte Seir
até Cadesbarne.

3 No ano quadragésimo, no undécimo mês,
no primeiro dia do mês, disse Moisés aos fi-
lhos de Israel tudo o que o Senhor lhe tinha
ordenado que lhes dissesse: 4 depois de ter
derrotado a Seon rei dos amorreus, que habi-
tava em Hesebon: e a Og rei de Basan, que
morava em Astarot, e em Edrai, 5 da banda de
aquém do Jordão, no país de Moab. Começou
pois a explicar a Lei, e a dizer:

Eleição dos chefes

6 O Senhor nosso Deus nos falou em Horeb,
dizendo: Assaz vos tendes demorado neste
monte: 7 voltai, e vinde ao monte dos amor-
reus, e a todos os mais lugares vizinhos, às
campinas, aos montes e aos vales, que ficam
para o meio-dia, e ao longo da costa do mar,
à terra dos cananeus, e do Líbano até ao gran-
de rio Eufrates. 8 Eis aí, disse ele, vo-la en-
treguei eu: entrai e metei-vos de posse duma
terra, que o Senhor tinha prometido com ju-
ramento dar a vossos pais Abraão, Isaac, e
Jacó, e à sua descendência depois deles.

9 E eu nesse mesmo tempo vos disse: 10
Eu só não posso reger-vos: porque o Senhor
vosso Deus vos multiplicou, e sois hoje tão
numerosos, como as estrelas do céu. 11 (O Se-
nhor Deus de vossos pais ajunte a este nú-
mero muitos milhares, e vos abençoe como
prometeu.) 12 Eu só não posso aturar o peso
dos vossos negócios, e diferença. 13 Dai den-
tre vós homens sábios e capazes, e cuja vida
seja conhecida pela sua probidade nas vossas
tribos, para que eu vo-los ponha por chefes.
14 Vós me respondestes então: É uma boa
coisa, a que tu queres fazer. 15 E eu tirei das
vossas tribos homens sábios e nobres, e os
constituí príncipes, e tribunos, e centuriões,
e comandantes de cinqüenta e de dez, que vos
instruíssem de cada coisa. 16 E lhes mandei,
dizendo: Ouvi-os, e julgai o que for justo: ou
ele seja cidadão, ou estrangeiro. 17 Nenhuma
distinção haverá de pessoas, do mesmo modo
ouvireis o pequeno que o grande: nem tereis
acepção de pessoa alguma, porque este é o
juízo de Deus. Mas se achardes dificuldades
em alguma coisa, dai-me parte, e ouvir-vos-ei.
18 E eu vos ordenei tudo o que devíeis fazer.

Em Cadesbarne

19 E tendo partido de Horeb, passámos pelo
grande e medonho deserto, que vistes, pelo
caminho do monte do amorreu, conforme o
Senhor nosso Deus no-lo tinha mandado. E
tendo chegado a Cadesbarne, 20 eu vos disse:
Chegastes ao monte do amorreu, que o Senhor
nosso Deus nos há de dar. 21 Olha a terra,
que o Senhor teu Deus te dá: sobe e faze-te
senhor dela, como o Senhor nosso Deus o pro-
meteu a teus pais: não temas, nem te atemo-
rizes nada. 22 Então vos chegastes vós todos
a mim, e dissestes: Enviemos homens que
considerem o país: e que nos ensinem por que
caminho devemos entrar, e as cidades a que
devemos ir. 23 E como me tivesse parecido
bem esta lembrança, enviei doze homens den-
tre vós, um de cada tribo. 24 Os quais tendo-
-se posto a caminho, e passando as serras, vie-
ram até o Vale do Cacho de Uva: e depois de
considerada a terra, 25 tomando dos seus fru-
tos, para mostrarem a sua fertilidade, no-los
trouxeram, e disseram: Excelente é a terra,
que o Senhor nosso Deus nos há de dar.

Sublevação

26 E vós não quisestes subir a ela, mas in-
crédulos à palavra do Senhor nosso Deus,
27 murmurastes nas vossas tendas, e dissestes:
O Senhor tem-nos ódio, e por isso nos tirou

da terra do Egito, para nos entregar nas mãos dos amorreus, e para acabar conosco. 28 Para onde subiremos? os que foram mandados aterraram o nosso coração, dizendo: É muita a gente que há, e de estatura mais alta do que a nossa: as cidades são grandes, e fortificadas até ao céu, ali vimos os filhos dos enacins.

29 E eu então vos disse: Não tenhais medo e não os temais: 30 o Senhor Deus, que é o vosso condutor, ele mesmo pelejará por vós, como o fez no Egito à vista de todos. 31 E na solidão (tu mesmo o viste) te levou o Senhor teu Deus por todo o caminho, por onde andastes, como um homem costuma levar a um seu terno filhinho, até que chegásseis a este lugar. 32 E nem ainda assim destes crédito ao Senhor vosso Deus, 33 que foi diante de vós por todo o caminho, e mediu o lugar, onde devíeis assentar as vossas tendas, mostrando-vos o caminho de noite com o fogo, e de dia com a coluna de nuvem.

Castigos

34 Tendo o Senhor pois ouvido as vossas murmurações, irado jurou, e disse: 35 Nenhum dos homens desta péssima ralé verá a excelente terra, que eu com juramento prometi a vossos pais: 36 exceto Caleb filho de Jefone: porque este a verá, e eu lhe darei a ele, e a seus filhos a terra, que ele calcou, porque seguiu o Senhor.

37 Nem há para que alguém se espante desta indignação contra o povo, quando o Senhor irado também contra mim, por causa de vós, disse: Nem tu entrarás lá: 38 mas em teu lugar entrará Josué filho de Nun teu ministro: exorta-o e anima-o, porque ele é que há de repartir a terra por sorte a Israel. 39 As vossas crianças, de quem dissestes que seriam levadas cativas, e os vossos filhos que hoje ainda não sabem discernir entre o bem, e o mal, estes entrarão: e a eles darei a terra, e a possuirão. 40 Mas vós desandai e tornai para o deserto pelo caminho do mar Vermelho.

41 E me respondestes: Nós pecámos contra o Senhor: subiremos e pelejaremos, como o Senhor nosso Deus o mandou. E quando vós armados marcháveis para o monte, 42 o Senhor me disse: Dize-lhes: Não empreendais subir nem pelejeis, porque eu não estou convosco: para que não caiais mortos diante de vossos inimigos. 43 Eu vo-lo disse, e não me ouvistes: mas opondo-vos ao mandado do Senhor, e todos inchados de soberba subistes ao monte. 44 Tendo pois saído o amorreu, que habitava nas serras, e vindo em vosso encontro, ele vos perseguiu como as abelhas costumam perseguir: e vos foi retalhando desde Seir até Horma. 45 E como depois de terdes voltado chorásseis diante do Senhor, ele vos não ouviu, nem se quis dobrar aos vossos rogos. 46 Assim ficastes muito tempo em Cadesbarne.

Através do deserto

2 E partindo dali viemos ao dserto, que leva ao mar Vermelho, como o Senhor mo tinha dito: e andamos muito tempo à roda do monte Seir. 2 Então me disse o Senhor: 3 Basta de andares à roda deste monte: ide para o setentrião: 4 e ordena ao povo, dizendo: Vós passareis pelos confins dos filhos de Esaú vossos irmãos, que habitam em Seir, e eles vos temerão. 5 Guardai-vos pois de os atacar: porque eu vos não darei da terra deles nem quanto um pé pode calcar, visto ter eu dado em possessão a Esaú o motne Seir. 6 Comprar-lhes-eis por dinheiro tudo o que houverdes de comer: e também lhes comprareis a água que tirardes e que beberdes. 7 O Senhor teu Deus te abençoou em todas as obras das tuas mãos: Ele conheceu o teu caminho, como passaste este grande deserto, habitando contigo o Senhor teu Deus por espaço de quarenta anos, e não te tem faltado nada.

8 Depois que passámos as terras dos filhos de Esaú nossos irmãos, que habitavam em Seir, pelo caminho da planície de Elat, e de Asiongaber, viemos ao caminho, que guia para o deserto de Moab. 9 Então me disse o Senhor: Não pelejes contra os moabitas, e não lhes faças guerra: porque eu te não darei nada de sua terra, visto que dei Ar em possessão aos filhos de Ló. 10 Os emins foram os seus primeiros habitadores, povo grande, e pujante, e de tão alta estatura que como da linhagem dos enacins, 11 se tinham por gigantes, e eram semelhantes aos filhos dos enacins. Enfim os moabitas os chamam emins. 12 Em Seir porém habitaram primeiro os horreus: os quais expulsos e destruídos, habitaram ali os filhos de Esaú, assim como o povo de Israel se estabeleceu na terra da sua possessão, que o Senhor lhe deu. 13 Movendo-nos pois para passar a torrente de Zareb, chegámos a ela. 14 Ora o tempo, que nos pusemos em marcha desde Cadesbarne até à passagem da torrente de Zared, foram trinta e oito anos: até que se extinguiu do campo toda a geração dos homens de guerra, como o Senhor tinha jurado: 15 cuja mão foi sobre eles, para os fazer perecer do meio do campo.

16 Depois da morte porém de todos estes homens de guerra, 17 me falou o Senhor, dizendo: 18 Tu passarás hoje os confins de Moab, uma cidade que se chama por nome Ar: 19 e chegando às vizinhanças dos filhos de Amon, vê lá não pelejes contra eles, nem lhes

façás guerra: porque eu te não darei nada da terra dos filhos de Amon, visto tê-la dado em possessão aos filhos de Ló. 20 Este país foi reputado o país dos gigantes: porque nele em outro tempo habitaram os gigantes, que os amonitas chamam zonzomins, 21 povo grande, e numeroso, e de alta estatura, como os enacins, que o Senhor exterminou de diante deles: e os fez habitar em seu lugar, 22 como ele fizera a respeito dos filhos de Esaú, que habitam em Seir, exterminando os horreus, e dando-lhes o seu país, que possuem até ao presente. 23 Da mesma sorte aos heveus, que habitavam desde Haserim até Gaza, os lançaram fora os capadócios: os quais tendo saído da Capadócia, os destruíram, e se estabeleceram em seu lugar.

24 Levantai-vos, e passai a torrente de Arnon: eis aí te entreguei eu nas tuas mãos a Seon amorreu rei de Hesebon, e entra a possuir a sua terra, e peleja contra ele. 25 Hoje começarei a meter o terror e o medo das tuas armas nos povos, que habitam debaixo de todo o céu; para que ao ouvir o teu nome fiquem espavoridos, e à maneira das que estão para parir tremam, e sintam dores.

Vitória sobre Seon

26 Eu pois da solidão de Cademot enviei embaixadores a Seon rei de Hesebon com palavras de paz, dizendo-lhe: 27 Passaremos pela tua terra, iremos pela estrada real: não declinaremos nem para a direita, nem para a esquerda. 28 Vende-nos tudo o que houvermos mister para comer: dá-nos também pelo nosso dinheiro a água, que bebermos. Permite-nos somente a passagem, 29 como fizeram os filhos de Esaú, que habitam em Seir, e os moabitas, que habitam em Ar: até que cheguemos ao Jordão, e passemos à terra, que o Senhor nosso Deus está para nos dar. 30 Mas Seon rei de Hesebon não nos quis dar passagem: porque o Senhor teu Deus lhe tinha obdurado o espírito, e empedernido o seu coração, para ele te ser entregue às mãos, como tu agora vês.

31 Então me disse o Senhor: Eis comecei eu a te entregar Seon com o seu país, começa a possuí-lo. 32 E Seon saiu em nosso encontro com todo o seu povo, para nos dar batalha em Jasa. 33 E o Senhor nosso Deus no-lo entregou: e nós o derrotamos com seus filhos e com todo o seu povo. 34 Tomamos-lhe ao mesmo tempo todas as suas cidades: mortos os seus habitantes, homens e mulheres e meninos, e nelas não deixamos nada: 35 exceto os animais, que vieram a ser presa dos saqueadores: e os despojos das cidades, que tomamos 36 desde Aroer, que está sobre a ribanceira da torrente de Arnon, cidade situada no vale, até Galaad. Não houve aldeia nem cidade, que escapasse às nossas mãos: todas no-las entregou o Senhor nosso Deus: 37 tirando o país dos filhos de Amon, a que não chegámos: e tudo o que está nos arredores da torrente de Jaboc, e as cidades situadas nas serras, com todos os lugares, onde o Senhor nosso Deus nos proibiu que entrássemos:

Vitória sobre Og

3 Tendo pois voltado tomámos o caminho de Basan: e Og, rei de Basan, saiu ao nosso encontro com o seu povo para nos dar batalha em Edrai. 2 Então me disse o Senhor: Não o temas: porque ele te foi entregue com todo o seu povo e o seu país: e lhe farás a ele como fizeste a Seon, rei dos amorreus, que habitava em Hesebon. 3 O Senhor nosso Deus pois entregou nas nossas mãos a Og, rei de Basan, e a todo seu povo: e os passámos a cutelo sem perdoar a nenhum, 4 devastando ao mesmo tempo todas as suas cidades: não houve cidade, que nos escapasse: tomámos sessenta cidades, e todo o país de Argob que era o reino de Og, em Basan. 5 Todas as cidades estavam fortificadas com muros altíssimos, e portas e trancas, afora inumeráveis povoações, que não tinham muros. 6 E os destruímos, como tínhamos feito a Seon rei de Hesebon, arruinando-lhes todas as suas cidades, matando-lhes homens e mulheres e meninos: 7 e tomamos-lhes os seus gados com os despojos das cidades.

8 Nós pois neste tempo nos fizemos senhores do país dos dois reis dos amorreus, que estavam na banda de aquém do Jordão, desde a torrente de Arnon até o monte Hermon, 9 o qual os sidônios chamam Sarion, e os amorreus Sanir: 10 Todas as cidades, que estão situadas na campina, e todo o país de Galaad e de Basan até Selca e Edrai, cidades do reino de Og em Basan. 11 Porque Og, rei de Basan, era o único que tinha ficado da estirpe dos gigantes. Em Rabat, cidade dos filhos de Amon, se mostra o seu leito de ferro, que tem nove côvados de comprido, quatro de largo, pela medida de um côvado de mão de homem.

Divisão dos territórios conquistados

12 E naquele tempo entramos nós de posse deste país desde Aroer, que é sobre a ribanceira da torrente de Arnon, até o meio da serra de Galaad: e dei as cidades situadas nelas às tribos de Rúben e de Gad. 13 A outra parte porém de Galaad, e todo o Basan, que é o reino de Og, e todo o país de Argob, dei-os eu à meia tribo de Manassés: e todo o país de Basan se chama a terra dos gigantes. 14 Jair filho de Manassés possuiu todo o país de Argob até os

confins de Gessuri, e de Macati. E chamou do seu nome a Basan, Havot-Jair, isto é, aldeias de Jair, como elas se nomeiam ainda hoje. 15 Dei também Galaad a Maquir. 16 E às tribos de Rúben e de Gad dei da terra de Galaad até à torrente de Arnon a metade da torrente, e dos seus confins até à torrente de Jaboc, que é a fronteira dos filhos de Amon: 17 com a campina do deserto, e o Jordão, e os limites desde Ceneret até o mar do Deserto, que é Salgadíssimo, até às faldas do monte Fasga para o oriente.

18 Neste mesmo tempo vos dei eu esta ordem, dizendo: O Senhor vosso Deus vos dá esta terra por herança, marchai pois armados diante dos filhos de Israel vossos irmãos, todos vós os que sois homens de valor: 19 exceto as mulheres, e meninos e animais. Porque eu sei que tendes um grande número de gados, e estes deverão ficar nas cidades, que eu vos dei, 20 até que o Senhor dê o descanso a vossos irmãos, assim como vo-lo deu a vós: e eles possuam também a terra, que está para lhes dar na banda de além do Jordão: então cada um de vós voltará a gozar das terras que eu vos tenho dado. 21 Também então fiz esta advertência a Josué, dizendo: Os teus olhos viram como o Senhor vosso Deus tratou a estes dois reis: o mesmo fará ele a todos os reinos, a que tu tens de passar. 22 Não os temas: porque o Senhor vosso Deus pelejará por vós.

Moisés excluído da terra prometida

23 E eu roguei ao Senhor naquele tempo, dizendo: 24 Senhor Deus, tu começaste a mostrar ao teu servo a tua grandeza, e a tua mão poderosíssima: porque não há outro Deus ou no céu, ou na terra, que possa fazer as tuas obras, ou comparar-se com a tua fortaleza. 25 Passarei pois, e verei essa excelente terra além do Jordão, esse belo monte, e o Líbano. 26 E o Senhor se irou contra mim por causa de vós e não me ouviu, mas disse-me: Basta: não me fales mais nisto. 27 Sobe ao cume do monte Fasga, e lança os teus olhos em roda para o ocidente, e para o setentrião, para o meio-dia e para o oriente, e olha: porque tu não passarás este Jordão. 28 Dá as tuas ordens a Josué, e anima-o e fortalece-o: porque ele é que há de marchar diante deste povo, e que há de repartir por eles a terra que tu verás. 29 E ficamos no vale defronte do templo de Fogor.

Exortação à obediência

4 E agora, ó Israel, ouve os preceitos e os juízos, que eu te ensino: para que observando-os, vivas, e entrando possuas a terra, que o Senhor Deus de vossos pais vos há de dar. 2 Vós não ajuntareis, nem tirareis nada às palavras, que eu vos digo: Guardai os mandamentos do Senhor vosso Deus que eu vos intimo. 3 Os vossos olhos viram tudo o que o Senhor fez contra Beelfegor, como ele exterminou do meio de vós todos os seus adoradores. 4 Mas vós que vos tendes unidos ao Senhor vosso Deus, todos estais vivos até ao presente dia. 5 Sabeis que eu vos tenho ensinado os preceitos e os juízos, conforme o Senhor meu Deus me mandou: assim os praticareis pois na terra, que haveis de possuir: 6 e os observareis e cumprireis efetivamente. Porque nisto mostrareis a vossa sabedoria e inteligência aos povos, para que ouvindo todos estes preceitos, digam: Eis aqui um povo sábio e entendido, uma nação grande. 7 Com efeito nenhuma outra nação há tão grande, que tenha deuses tão próximos a si, como nosso Deus está presente a todas as nossas deprecações. 8 Porque onde há outro povo tão célebre, que tenha cerimônias, e ordenações cheias de justiça, e toda uma lei, como a que eu hoje proporei diante dos vossos olhos?

9 Guarda-te pois a ti mesmo, e a tua alma com grande cuidado. Não te esqueças das coisas, que teus olhos viram, e elas se não apaguem do teu coração por todos os dias da vida. Tu as ensinarás a teus filhos e a teus netos. 10 Desde o dia que te apresentaste ao Senhor teu Deus em Horeb, quando o Senhor me falou dizendo: Faze ajuntar todo o povo diante de mim, para que ouçam as minhas palavras, e aprendam a temer-me por todo o tempo que viverem na terra, e ensinem a seus filhos. 11 Então vos chegastes às raízes do monte, que ardia até o céu: e havia nele trevas, e nuvens, e escuridão. 12 E o Senhor vos falou do meio da chama. Vós ouvistes a voz das suas palavras, mas não vistes figura alguma. 13 E ele vos mostrou o seu pacto, que ordenou que observásseis, e as dez palavras, que escreveu em duas tábuas de pedra. 14 E me mandou naquele tempo que vos ensinasse as cerimônias e as ordenações, que vós devíeis guardar na terra, que estais, para possuir.

Proibidos os ídolos

15 Guardai portanto cuidadosamente as vossas almas. Vós não vistes figura alguma no dia que o Senhor vos falou em Horeb no meio do fogo: 16 por não suceder que enganados façais para vós alguma imagem de escultura, ou alguma figura de homem ou de mulher, 17 nem semelhança de qualquer animal que há sobre a terra, ou das aves que voam debaixo do céu, 18 ou dos répteis, que se mo-

vem na terra, ou dos peixes que debaixo da
terra moram nas águas: 19 não seja que le-
vantando os olhos ao céu, vejam o sol e a
lua, e todos os astros do céu, e caindo no
erro adores e dês culto a essas coisas que o
Senhor teu Deus criou para serviço de todas
as gentes, que vivem debaixo do céu. 20 Mas
o Senhor vos tirou, e fez sair da fornalha de
ferro do Egito, para ter um povo, que fosse
a sua herança, como hoje se está vendo. 21 E
o Senhor se irou contra mim por causa dos
vossos discursos, e jurou que eu não passaria
o Jordão, e que não entraria na excelente ter-
ra, que ele está para vos dar. 22 Eis aí morro
eu nesta terra, não passarei o Jordão: passa-
lo-eis vós, e possuireis este belo país. 23 Vê
não te esqueças jamais do pacto do Senhor
teu Deus, que ele fez contigo: e não faças de
escultura alguma imagem das coisas, que o
Senhor proibiu que se fizessem: 24 porque o
Senhor teu Deus é um fogo devorante, um
Deus zeloso.

Fidelidade ao Senhor

25 Se gerardes filhos e netos, e morardes
na terra, e enganados formardes para vós al-
guma figura, cometendo a maldade diante do
Senhor vosso Deus, de modo que o provo-
queis à ira: 26 eu chamo hoje por testemunhas
o céu e a terra, que vós sereis bem cedo ex-
terminados da terra, que, passado o Jordão
estais para possuir: não habitareis nela muito
tempo, mas o Senhor vos destruirá, 27 e vos
espalhará por todos os povos, e vós ficareis
poucos entre as nações, a que o Senhor vos
levará. 28 E lá servireis a deuses, que foram
fabricados por mão de homens, de pau, e de
pedra: os quais não vêem, nem ouvem, nem
comem, nem cheiram. 29 E quando ali bus-
cares ao Senhor teu Deus, achá-lo-ás. Contan-
to porém que o busques de todo o coração
e em toda a amargura da tua alma. 30 Depois
que te tiverem achado todas as coisas que
foram preditas, tu te tornarás enfim para o
Senhor teu Deus, e ouvirás a sua voz. 31 Por-
que o Senhor teu Deus é um Deus misericor-
dioso; não te deixará, nem te extinguirá intei-
ramente, nem se esquecerá do pacto que ju-
rou a teus pais.

Provas do amor de Deus

32 Pergunta aos séculos os mais atrasados,
que te precederam desde o dia que Deus criou
o homem sobre a terra e desde uma extre-
midade do céu até à outra, se aconteceu jamais
coisa semelhante, ou se ouviu nunca, 33 que
um povo ouvisse a voz de Deus, que lhe falava
do meio das chamas, como tu o ouviste sem
perderes a vida? 34 Que Deus viesse escolher
para si um povo do meio das nações, por meio
de provas, sinais e portentos, por meio de ba-
talhas, e mão poderosa, o braço estendido, e
por visões horríveis: segundo todas as coisas
que por vós fez o Senhor vosso Deus no Egito
à vista de teus olhos? 35 Para que soubesses
que o Senhor é que é o Deus, e que não há
outro senão ele. 36 Do céu te fez ouvir a sua
voz para te instruir, e sobre a terra te mos-
trou o seu grandíssimo fogo, e tu ouviste as
suas palavras do meio do fogo, 37 porque amou
a teus pais, e escolheu depois deles a sua
posteridade. E te tirou do Egito, caminhando
diante de ti com o seu grande poder, 38 para
exterminar na tua entrada nações grandíssimas
e mais fortes do que tu: e para te introduzir,
e te dar em possessão a sua terra, como tu
o estás vendo hoje. 39 Reconhece pois neste
dia, e considera no teu coração que o Senhor
ele mesmo é o Deus, que há desde o alto do
céu até ao mais profundo da terra, e que não
há outro. 40 Guarda os seus preceitos e os
seus mandamentos, que eu te prescrevo: para
que te suceda bem a ti, e a teus filhos depois
de ti, e permaneças por muito tempo sobre
a terra que o Senhor teu Deus está para te
dar.

As cidades de refúgio além do Jordão

41 Então destinou Moisés três cidades na
banda de aquém do Jordão para o Oriente,
42 para que se refugie a elas aquele que sem
querer tiver morto a seu próximo, e sem que
tivesse sido seu inimigo um ou dois dias an-
tes, e possa acolher-se a qualquer destas cida-
des: 43 foram estas: Bosor no deserto situada
na campina da tribo de Rúben: e Ramot em
Galaad, que é a tribo de Gad: e Golan em Ba-
san, que é a tribo de Manassés.

II. SEGUNDO DISCURSO DE MOISÉS

A segunda lei

44 Esta é a lei, que Moisés propôs perante
os filhos de Israel, 45 e estes são os preceitos
e as cerimônias e os juízos, que ele prescreveu
aos filhos de Israel, quando eles saíram do
Egito, 46 estando da banda de aquém do Jor-
dão no vale que fica defronte do templo de
Fogor na terra de Seon, rei dos amorreus, que
habitou em Hesebon, a quem Moisés derrotou.

E os filhos de Israel que saíram do Egito, 47 possuíram a sua terra, e a terra de Og rei de Basan, que eram os dois reis dos amorreus, que reinavam da banda de aquém do Jordão para a parte do nascente: 48 desde Aroer, que está situada sobre a ribanceira da torrente de Arnon, até ao monte Sião, que se chama também Hermon, 49 toda a campina de aquém do Jordão para o oriente, até o mar do deserto, e até as faldas do monte Fasga.

Os dez mandamentos

5 Convocou pois Moisés a todo o Israel, e lhe disse: Ouve, ó Israel, as cerimônias, e ordenações, que eu hoje falo aos teus ouvidos: aprende-as e põe-nas por obra. 2 O Senhor nosso Deus fez um concerto conosco em Horeb. 3 Não fez pacto com nossos pais, mas fê-lo conosco que somos, e vivemos hoje. 4 Face a face nos falou no monte do meio do fogo. 5 Então eu fui o que intervim como mediador entre o Senhor e vós, para vos anunciar as suas palavras: porque vós tivestes medo do fogo, e não subistes ao monte, e ele disse:

6 Eu sou o Senhor teu Deus, que te tirei da terra do Egito da casa da servidão. 7 Não terás em minha presença deuses estranhos. 8 Não farás para ti imagem de escultura, nem figura alguma de tudo o que há no alto do céu, ou em baixo na terra, ou que está debaixo da terra nas águas. 9 Não as adorarás nem lhes darás culto. Porque eu sou o Senhor teu Deus: Deus zeloso, que castigo a iniqüidade dos pais sobre os filhos até a terceira e quarta geração daqueles que me aborrecem, 10 e que faço misericórdia por muitos milhares dos que me amam, e guardam os meus preceitos.

11 Não tomarás o nome do Senhor teu Deus em vão: porque não ficará sem castigo aquele que tomar o seu nome sobre uma coisa vã.

12 Observa o dia de sábado, para o santificares, como o Senhor teu Deus te mandou. 13 Seis dias trabalharás, e farás todas as tuas obras. 14 Mas o dia sétimo é o sábado, isto é, o dia do descanso do Senhor teu Deus. Não farás nele algum trabalho nem tu, nem teu filho, nem tua filha, nem teu escravo, nem a tua escrava, nem o teu boi, nem o teu jumento, nem animal algum teu, nem o forasteiro que vive das tuas portas para dentro; para que descanse o teu escravo, e a tua escrava, como tu também descansas. 15 Lembra-te que também tu serviste no Egito, e que de lá te tirou o Senhor teu Deus com uma mão poderosa, e com um braço estendido. Por isso te mandei que observasses o dia do sábado.

16 Honra a teu pai e a tua mãe, como te mandou o Senhor teu Deus, para viveres largo tempo, e para seres bem sucedido na terra que o Senhor teu Deus está para te dar.

17 Não matarás.

18 Não fornicarás.

19 Não furtarás.

20 Não dirás falso testemunho contra o teu próximo.

21 Não cobiçarás a mulher do teu próximo: nem a sua casa, nem o seu campo, nem o seu servo, nem a sua serva, nem o seu boi, nem o seu jumento, nem coisa alguma que lhe pertença.

Moisés como medianeiro

22 Estas palavras pronunciou o Senhor a toda a vossa multidão no monte do meio do fogo, e da nuvem, e da escuridade, com uma voz forte, sem ajuntar mais nada: e as escreveu em duas tábuas de pedra, que me entregou. 23 Mas depois que vós ouvistes a voz desde o meio das trevas, e vistes arder o monte, vós todos os príncipes das tribos, e os anciãos viestes ter comigo, e me dissestes: 24 Eis aí nos mostrou o Senhor nosso Deus a sua majestade e grandeza: nós ouvimos a sua voz desde o meio do fogo, e experimentamos hoje que falando Deus ao homem, o homem ficou com vida. 25 Por que morreremos nós logo, e seremos devorados por este grandíssimo fogo? Porque se nós tornarmos a ouvir a voz do Senhor nosso Deus, morreremos. 26 Que é toda a carne, para que ouça a voz do Deus vivo, que fala do meio do fogo, como nós o ouvimos, e possa viver? 27 Tu chega-te mais: e ouve todas as coisas que o Senhor nosso Deus te disser: depois no-las dirás, e nós ouvindo-as as cumpriremos.

28 O que tendo ouvido o Senhor, me disse: Eu ouvi as palavras que este povo te disse: em tudo falaram eles bem. 29 Quem dera que eles tivessem tal coração, que me temessem, e guardassem em todo o tempo todos os meus mandamentos, para que lhes fosse bem e a seus filhos para sempre? 30 Vai e dize-lhes: Voltai para as vossas tendas. 31 Tu porém deixa-te ficar aqui comigo, e eu te direi todos os meus mandamentos, e cerimônias e ordenações: as quais lhes ensinarás, para que as observem na terra, que eu lhes hei de dar em possessão.

32 Guardai pois e executai o que o Senhor Deus vos mandou: Não declinareis nem para a direita nem para a esquerda: 33 mas andareis pelo caminho, que o Senhor vosso Deus vos prescreveu, para que vivais, e vos suceda bem, e para que os vossos dias se multipliquem na terra da vossa possessão.

O amor de Deus na observância da lei

6 Estes são os preceitos, e as cerimônias, e as ordenações, que o Senhor vosso Deus me mandou que vos ensinasse, para que as observeis na terra que ides a possuir: 2 para que temas o Senhor teu Deus, e guardes todos os seus mandamentos e preceitos, que eu te intimo a ti, e a teus filhos, e netos, por todos os dias da tua vida, para que se prolonguem os teus dias. 3 Ouve, ó Israel, e tem cuidado de fazer o que o Senhor te mandou, para seres ditoso, e te multiplicares mais, assim como o Senhor Deus de teus pais te prometeu a terra que mana leite e mel.

4 Ouve, ó Israel, o Senhor nosso Deus é o único Senhor. 5 Amarás ao Senhor teu Deus de todo o teu coração, e de toda a tua alma, e de todas as tuas forças. 6 E estas palavras, que eu hoje te intimo, estarão gravadas no teu coração: 7 e tu as referirás a teus filhos, e as meditarás assentado em tua casa, e andando pelo caminho, ao deitar-te para dormir e ao levantar-te. 8 E as atarás como um sinal na tua mão: e elas estarão e se moverão diante dos teus olhos, 9 e as escreverás no limiar e nas portas da tua casa.

10 E quando o Senhor teu Deus te tiver introduzido na terra, que ele prometeu com juramento a teus pais Abraão, Isaac, e Jacó: e te tiver dado grandes e excelentes cidades, que tu não edificaste, 11 casas cheias de toda sorte de bens, que não fabricaste, cisternas, que não abriste, vinhas e olivais, que não plantaste, 12 e comeres, e te fartares: 13 olha bem, não te esqueças do Senhor, que te tirou da terra do Egito, da morada da servidão. Temerás ao Senhor teu Deus, e só a Ele servirás, e não jurarás senão pelo seu nome. 14 Não seguireis os deuses estrangeiros de alguma das nações, que estão à roda de vós: 15 porque o Senhor teu Deus, que está no meio de ti, é um Deus de zelos: não suceda que o furor do Senhor teu Deus se acenda contra ti, e te extermine da superfície da terra.

16 Não tentarás ao Senhor teu Deus, como o tentaste no lugar da tentação. 17 Guarda os preceitos do Senhor teu Deus, e as ordenações e as cerimônias, que te prescreveu: 18 e faze o que é agradável e bom aos olhos do Senhor, para seres ditoso: e para que entrando possuas aquela terra excelente, sobre a qual jurou o Senhor a teus pais, 19 que exterminaria diante de ti a todos os teus inimigos, como havia dito.

Fidelidade à tradição

20 E quando teu filho pelo tempo adiante te perguntar, dizendo: Que querem dizer estes testemunhos, e cerimônias, e juízos que o Senhor nosso Deus nos ordenou? 21 Tu lhe responderás: Nós estávamos escravos de Faraó no Egito, e o Senhor nos tirou do Egito com uma mão poderosa: 22 e à nossa vista fez no Egito espantosos milagres e terríveis prodígios contra Faraó, e contra toda a sua casa, 23 e nos tirou de lá, para que introduzidos nela nos desse a terra, que tinha prometido a nossos pais. 24 E o Senhor nos mandou que observássemos todas estas leis, e que temêssemos ao Senhor nosso Deus, para sermos bem sucedidos todos os dias da nossa vida, como nós o somos hoje. 25 E Ele terá misericórdia de nós, se guardarmos e observarmos todos os seus preceitos na presença do Senhor nosso Deus, como Ele no-lo mandou.

Ordem de extinguir os cananeus e seu culto

7 Quando o Senhor teu Deus te tiver introduzido na terra, que vais a possuir, e tiver exterminado à tua vista muitas nações, os heteus, os gergeseus, os amorreus, os cananeus, os fereseus, os heveus, e os jebuseus, que são sete povos muito mais numerosos do que tu és, e muito mais fortes do que tu: 2 e o Senhor teu Deus tas tiver entregado, tu as passarás a cutelo sem que fique nem um só. Não celebrarás concerto algum com elas, nem as tratarás com compaixão, 3 nem contrairás com elas matrimônios. Não darás tua filha a seu filho, nem tomarás sua filha para teu filho: 4 porque ela seduzirá a teu filho, para que me não siga, e sirva antes a deuses alheios: e o furor do Senhor se acenderá, e te destruirá logo.

5 Mas antes ao contrário vós vos havereis assim com eles: Deitai abaixo os seus altares, e quebrai as suas estátuas, e cortai os seus bosques, e queimai as suas esculturas. 6 Porque tu és um povo consagrado ao Senhor teu Deus. O Senhor teu Deus te escolheu para seres o seu povo próprio, dentre todos os povos que há na terra. 7 Não porque vós vencesseis em número todas as nações, se uniu o Senhor a vós, e vos escolheu, sendo vós menos em número, do que todos os outros povos: 8 mas foi porque o Senhor vos amou, e guardou o juramento, que tinha feito a vossos pais: e vos tirou com uma mão poderosa, e vos resgatou da casa da servidão, do poder de Faraó, rei do Egito. 9 Saberás pois que o Senhor teu Deus é Ele mesmo o Deus forte e fiel, que guarda o seu pacto e a sua misericórdia aos que cumprem os seus preceitos até mil gerações: 10 e que castiga prontamente os que o aborrecem, de sorte que não deixa para mais tarde perdê-los de todo nem o dar-lhes logo a paga merecida. 11 Guarda pois os pre-

ceitos e cerimônias e ordenações, que eu hoje te mando observar.

Condições para a proteção de Deus

12 Se depois de teres ouvido estas ordenações, as guardares e as praticares, também o Senhor teu Deus guardará a teu respeito o seu pacto, e a misericórdia que Ele prometeu com juramento a teus pais: 13 e te amará e te multiplicará, e abençoará o fruto do teu ventre, e o fruto da tua terra, o teu trigo, e vindima, o teu azeite, e os teus bois, os teus rebanhos de ovelhas na terra, que Ele prometeu com juramento a teus pais que te daria. 14 Tu serás bendito entre todos os povos. Não haverá em ti estéril nem dum nem doutro sexo, nem nos homens nem nos teus rebanhos. 15 O Senhor alongará de ti todas as doenças: nem te ferirá com as malignissimas enfermidades do Egito, que tu viste, mas ferirá com elas todos os teus inimigos.

16 Devorarás todos os povos, que o Senhor teu Deus está para entregar. Não te deixarás tocar de compaixão para lhes perdoares, nem servirás aos seus deuses, para que não venham a ser causa da tua ruína. 17 Se disseres no teu coração: Estas nações são mais numerosas do que eu, como poderei eu extingui-las? 18 não temas, mas lembra-te de como o Senhor teu Deus tratou a Faraó, e a todos os egípcios: 19 daquelas formidáveis pragas que os teus olhos viram, e daqueles milagres, e daqueles prodígios, e daquela mão poderosa, e daquele braço estendido, com que o Senhor teu Deus te tirou para fora: o mesmo fará Ele a todos os povos que temes. 20 Além disto mandará o Senhor teu Deus vespas contra eles, até destruir, e acabar com todos os que te tiverem escapado, ou se puderem ter escondido de ti. 21 Não os temerás, porque o Senhor teu Deus está no meio de ti, aquele Deus grande e terrível: 22 Ele mesmo consumirá estas nações à tua vista pouco a pouco e por partes. Tu não as poderás destruir todas a um tempo: por não suceder que se multipliquem contra ti as feras da terra. 23 Mas o Senhor teu Deus os porá diante de ti: e os fará morrer até que de todo acabem. 24 Entregar-te-á nas tuas mãos os seus reis, e fará que não fique memória de seus nomes debaixo do céu: ninguém te poderá resistir, até que os tenhas feito em pó. 25 Queimarás no fogo as suas esculturas: não cobiçarás a prata nem o ouro, de que são feitas, nem destas tomarás nada para ti, para que não tropeces visto serem estas coisas a abominação do Senhor teu Deus. 26 Nem em tua casa meterás coisa alguma que seja de ídolo, por não vires a ser anátema, como ele o é também. Detestá-lo-ás como uma imundície, e abominá-lo-ás como as coisas mais hediondas e sórdidas, porque é um anátema.

Gratidão para com Deus

8 Põe todo o cuidado em observar todos os preceitos, que eu hoje te intimo: para que possais viver, e multiplicar-vos, e tendo entrado possuais a terra que o Senhor prometeu com juramento a vossos pais. 2 E recordar-te-ás de todo o caminho, por onde o Senhor teu Deus te conduziu pelo deserto quarenta anos, para te castigar, e para te provar, e para que se descobrisse o que estava dentro do teu coração, se guardavas ou não os seus mandamentos. 3 Afligiu-te com a fome, e deu-te por sustento o maná, que tu desconhecias e teus pais: para te mostrar que o homem não vive só do pão, mas de toda a palavra que sai da boca de Deus. 4 O teu vestido, com que te cobrias, não chegou a gastar-se com a velhice, e o teu pé não foi magoado, e este é o quadragésimo ano. 5 Para que recordes no teu coração, que do mesmo modo que um homem instrui a seu filho, assim te instrui a ti o Senhor teu Deus, 6 para que guardes os mandamentos do Senhor teu Deus, e andes nos seus caminhos e o temas.

Perigos na prosperidade

7 Porque o Senhor teu Deus te há de introduzir numa terra excelente, numa terra cheia de regatos de águas e de fontes: em cujos campos e montes arrebentam os abismos dos rios: 8 numa terra fértil de trigo, de cevada, e de vinhas, onde se dão figueiras, e romeiras, e olivais: numa terra de azeite e de mel. 9 Onde sem alguma penúria comerás o teu pão, e gozarás da abundância de todas as coisas: numa terra cujas pedras são ferro, e de cujos montes se tiram os metais de cobre: 10 para que quando comeres, e fores farto, louves ao Senhor teu Deus, pela excelente terra, que te deu. 11 Toma sentido, e tem cuidado que jamais te não esqueças do Senhor teu Deus, e que não desprezes os seus preceitos e leis e cerimônias que eu hoje te prescrevo: 12 não suceda que depois de teres comido e fores farto, depois de teres edificado formosas casas, e morando nelas, 13 depois de teres manadas de bois e rebanhos de ovelhas e abundância de prata e de ouro, e de todas as coisas, 14 se eleve o teu coração: e te não lembres do Senhor teu Deus, que te tirou da terra do Egito, da casa da servidão: 15 e que foi o teu condutor nesse vasto e temeroso deserto, onde havia serpentes que queimavam com o seu assopro, é escorpiões e dípsades; e onde não

havia nenhuma água: que fez sair arroios duma pedra duríssima, 16 e que na solidão te alimentou com o maná, que teus pais não conheceram. E que depois de ter afligido e provado, por fim teve compaixão de ti 17 para que tu não dissesses no teu coração: A minha fortaleza, e a robustez de minhas mãos são as que me deram todas estas coisas. 18 Mas antes te lembres do Senhor teu Deus que ele mesmo te deu as forças, para assim cumprir o seu pacto, que jurou a teus pais, como mostra o dia presente. 19 Se, esquecendo-te porém do Senhor teu Deus, seguires deuses estranhos, e os servires e adorares: Eu desde agora te denuncio que perecerás de todo. 20 Da mesma maneira que o Senhor destruía as nações na tua entrada, assim também perecereis vós, se fordes desobedientes à voz do Senhor vosso Deus.

A vitória vem de Deus,
não pelos méritos dos israelitas

9 Ouve, ó Israel: Tu passarás hoje o Jordão, para te senhoreares de nações mui populosas e mais possantes do que tu, de grandes cidades, e muradas até o céu, 2 dum povo grande e mui alto, dos filhos dos enacins, que tu mesmo viste e ouviste, e a quem nenhum pode fazer cara. 3 Tu pois saberás hoje que o Senhor teu Deus passará ele mesmo diante de ti, como um fogo devorador e consumidor, que os fará em pó e os arruinará, e os exterminará dentro de pouco tempo como ele to prometeu. 4 Depois que o Senhor teu Deus os tiver destruído diante de ti, não digas lá no teu coração: Por causa da minha justiça é que o Senhor me introduziu nesta terra para a possuir, tendo sido estas nações destruídas por causa das suas impiedades. 5 Porque não é pela justiça, nem pela retidão do teu coração, que tu entrarás nas suas terras para as possuires: mas porque elas obraram impiamente, por isso foram destruídas à tua entrada: e porque o Senhor queria cumprir o que tinha prometido com juramento a teus pais Abraão, Isaac, e Jacó. 6 Sabe pois que não é pela tua justiça que o Senhor teu Deus te fará possuir esta terra tão excelente, pois que tu és um povo de cerviz duríssima.

Infidelidades passadas

7 Lembra-te, e não te esqueças, de que modo tens provocado a ira ao Senhor teu Deus no deserto. Desde o dia que saíste do Egito até este lugar, sempre contendeste contra o Senhor. 8 Porque já em Horeb o provocaste, e ele irado te quis destruir, 9 quando eu subi ao monte, para receber as tábuas de pedra, as tábuas do pacto que o Senhor fez convosco: e perseverei no monte quarenta dias e quarenta noites, sem comer pão, nem beber água. 10 E o Senhor me deu duas tábuas de pedra escritas com o dedo de Deus, e que continham todas as palavras que ele vos falou no monte do meio do fogo, estando junto todo o povo. 11 E passados que foram quarenta dias, e outras tantas noites, me deu o Senhor duas tábuas de pedra, as tábuas do concerto, 12 e me disse: Levanta-te, e desce logo daqui: porque o teu povo, que tu tiraste do Egito, prontamente desamparou o caminho, que tu lhe mostraras, e fez para si um bezerro fundido. 13 Outrossim me disse o Senhor: Vejo que este povo é de dura cerviz. 14 Deixa que eu o faça em pó, e que apague o seu nome debaixo do céu, e eu te farei príncipe duma gente, que seja maior e mais forte do que esta.

15 E como eu descesse do monte que ardia, e levasse nas minhas mãos as duas tábuas do concerto, 16 e visse que vós tínheis pecado contra o Senhor vosso Deus, e que tínheis feito um bezerro fundido, e que depressa tínheis deixado o caminho, que ele vos havia mostrado: 17 arrojei das minhas mãos as tábuas, e as quebrei à vossa vista. 18 E prostreime diante do Senhor, como antes o tinha feito, e estive quarenta dias e quarenta noites sem comer pão, nem beber água por causa de todos os vossos pecados, que tínheis cometido contra o Senhor, e com que o provocastes à ira: 19 porque temi a sua indignação e ira, pela qual, estimulado contra vós, quis acabar-vos. E o Senhor me ouviu ainda por esta vez. 20 Irritado também sobremaneira contra Aarão quis o Senhor matá-lo, e eu orei por ele do mesmo modo. 21 E pegando no vosso pecado, que tínheis feito, isto é, no bezerro, o queimei no fogo, e fazendo-o em pedaços, e reduzindo-o inteiramente a pó, o deitei na torrente, que desce do monte.

22 Irritastes também o Senhor no Incêndio e na Tentação, e nos Sepulcros da Concupiscência: 23 e quando vos mandou de Cadesbarne, dizendo: Subi, e tomai posse da terra, que eu vos dei, e vós desprezastes o mandado do Senhor vosso Deus, e não lhe destes crédito, nem quisestes ouvir a sua voz: 24 mas sempre lhe fostes rebeldes desde o dia que eu comecei a conhecer-vos.

25 E estive prostrado diante do Senhor quarenta dias e quarenta noites, em que humildemente lhe rogava, que vos não perdesse como ele o tinha ameaçado: 26 e orando disse: Senhor Deus, não percas o teu povo, e a tua herança, que tu resgataste com o teu grande poder, e que tiraste do Egito com mão poderosa. 27 Lembra-te de teus servos Abraão, Isaac, e Jacó: não olhes para a dureza deste

povo, nem para a sua impiedade e pecado: 28 para que não digam os habitantes do país, donde nos tiraste: O Senhor não podia introduzi-los na terra, que lhes havia prometido, e como os aborrecia, por isso os tirou, para os matar no deserto: 29 os quais são teu povo e tua herança, que tu tiraste com a tua grande fortaleza, e com o teu braço estendido.

10 Naquele tempo me disse o Senhor: Corta duas tábuas de pedra, como eram as primeiras, e sobe a mim ao monte; e farás uma arca de madeira. 2 E eu escreverei nas tábuas as palavras que estavam nas que tu quebraste antes, e pô-las-ás na arca. 3 Eu pois fiz uma arca de pau de cetim, e tendo cortado duas tábuas de pedra, como as primeiras, subi ao monte, tendo-as nas mãos. 4 E escreveu nestas tábuas, o que antes tinha escrito, as dez palavras, que o Senhor tinha falado no monte no meio do fogo, estando o povo junto: e deu-mas. 5 E voltando do monte, desci, e pus as tábuas na arca que tinha feito, as quais até ao dia de hoje estão ali, como o Senhor me ordenou.

6 Ora os filhos de Israel descamparam de Berot, que era dos filhos de Jacan, e vieram a Mosera, onde Aarão morreu e foi sepultado, a quem sucedeu no sacerdócio Eleazar seu filho. 7 Dali vieram a Gadgad: de onde, tendo partido, foram acampar-se em Jetebata, numa terra d'águas e de arroios.

8 Por este tempo separou a tribo de Levi, para levar a arca do concerto do Senhor, e assistir diante dele no seu ministério, e bendizer em seu nome até o dia de hoje. 9 Por isso Levi não teve parte, nem possessão com seus irmãos: porque o Senhor mesmo é a sua possessão, como o Senhor teu Deus lhe prometeu.

10 Eu porém estive no monte, como antes, quarenta dias e quarenta noites: e o Senhor me ouviu também mais esta vez, e não quis destruir-te. 11 E me disse: Vai, e marcha adiante do povo, para que entre, e possua a terra, que eu prometi com juramento a seus pais que lhes daria.

Nova exortação à obediência

12 Agora pois, ó Israel, que é o que o Senhor teu Deus pede de ti, senão que temas o Senhor teu Deus, e andes nos seus caminhos, e o ames, e sirvas ao Senhor teu Deus de todo o teu coração, e de toda a tua alma: 13 e que observes os mandamentos do Senhor e as suas cerimônias, que eu te prescrevo hoje, para que sejas feliz? 14 Bem ves que o céu é do Senhor teu Deus e o céu dos céus, a terra e tudo o que nela há: 15 e ainda assim o Senhor se uniu estreitamente com teus pais, e os amou, e escolheu a sua linhagem depois deles, isto é, a vós dentre todas as nações, como hoje se prova. 16 Circuncidai pois o prepúcio do vosso coração, e não endureçais mais a vossa cerviz: 17 porque o Senhor vosso Deus é o Deus dos deuses, e o Senhor dos senhores, o Deus grande e poderoso, e terrível que não faz acepção de pessoas, nem se leva de presentes. 18 Que faz justiça ao órfão e à viúva, que ama o peregrino e lhe dá o sustento e o vestido. 19 E assim vós amai os peregrinos, porque também vós fostes estrangeiros na terra do Egito. 20 Temerás ao Senhor teu Deus, e só a Ele servirás: a Ele te unirás, e pelo seu nome jurarás. 21 Ele é a tua glória, e o teu Deus, que fez em teu favor estas maravilhas tão grandes e tão terríveis, quais os teus olhos viram. 22 Teus pais não eram mais que setenta pessoas, quando desceram ao Egito: e vês aí agora te multiplicou o Senhor teu Deus, como as estrelas do céu.

A experiência do passado

11 Ama pois ao Senhor teu Deus, e guarda em todo o tempo os preceitos, e cerimônias, os seus juízos e mandamentos. 2 Conhecei hoje o que ignoram os vossos filhos, que não viram os castigos do Senhor vosso Deus, as suas maravilhas e a sua mão poderosa, e o seu braço estendido, 3 os prodígios e as obras que fez no meio do Egito sobre o rei Faraó, e sobre todo o seu país, 4 e sobre todo o exército dos egípcios, e sobre os seus cavalos e carroças: de que modo as águas do mar Vermelho os cobriram, quando vos perseguiam, e como o Senhor os destruiu até o dia presente: 5 e o que vos fez no deserto, até que chegásseis a este lugar: 6 e a Datan e a Abiron filhos de Eliab, que era filho de Rúben, quando a terra, abrindo a sua boca, os sorveu com as suas casas e tendas, e tudo o que possuíam no meio de Israel. 7 Os vossos olhos viram todas as grandes obras que o Senhor fez, 8 para que guardeis todos os seus mandamentos, que eu hoje vos prescrevo, e possais ocupar e possuir a terra, em que estais a entrar, 9 e vivais nela por muito tempo: na terra onde correm regatos de leite e de mel, e que o Senhor prometeu com juramento a vossos pais, e à sua posteridade.

Advertências e promessas

10 Porque a terra, que tu vais possuir, não é como a terra do Egito, de onde saíste, na qual lançada a semente se conduz água para regar, como se faz nas hortas: 11 mas é montuosa e campestre, que espera as chuvas do

céu; 12 a qual o Senhor vosso Deus está sempre vendo, e seus olhos estão sobre ela desde o princípio do ano até ao fim dele. 13 Se vós portanto obedecerdes aos meus preceitos, que eu vos ponho hoje, de amar o Senhor vosso Deus, e de o servir de todo o vosso coração e de toda a vossa alma: 14 Ele dará à vossa terra as chuvas temporãs e serôdias, para que recolhais pão, e vinho e azeite, 15 e o feno dos campos para sustentar os vossos gados, e para que vós mesmos tenhais que comer e de que vos saciar. 16 Guardai-vos, não suceda que o vosso coração se deixe seduzir, e que vos aparteis do Senhor, e sirvais a deuses estranhos e os adoreis: 17 e que o Senhor irado feche o céu, e não caiam as chuvas, nem a terra dê os seus frutos; e que vós dentro de pouco tempo sejais exterminados da excelente terra, que o Senhor está para vos dar.

18 Ponde nos vossos corações e nos vossos espíritos estas minhas palavras, e trazei-as suspensas nas vossas mãos por sinal e colocai-as entre os vossos olhos. 19 Ensina a teus filhos que a meditem, quando estiveres sentado em tua casa, ou caminhares, e quando te deitares ou levantares. 20 Escrevê-las-ás sobre os postes e as portas de tua casa: 21 para que os teus dias, e os de teus filhos se multipliquem na terra, que o Senhor jurou dar a teus pais, para a possuírem enquanto o céu cobrir a terra.

Sanções

22 Porque se vós observardes os mandamentos que eu vos intimo, e os cumprirdes de modo que ameis o Senhor vosso Deus, e que andeis em todos os seus caminhos, unidos estreitamente com Ele, 23 o Senhor destruirá à vossa vista todas estas gentes, e vós as possuireis, sendo que elas são maiores e mais poderosas do que vós. 24 Todo lugar, em que vós puserdes os pés, será vosso. Os vossos limites serão desde o deserto, e desde o Líbano, desde o grande rio Eufrates até o mar ocidental. 25 Nenhum se atreverá contra vós: o Senhor vosso Deus espalhará o terror e o espanto do vosso nome sobre toda terra que haveis de pisar, como Ele vô-lo prometeu.

26 Eis aqui ponho eu hoje diante de vossos olhos a bênção e a maldição: 27 a bênção, se obedecerdes aos mandamentos do Senhor vosso Deus, que eu hoje vos prescrevo: 28 a maldição, se não obedecerdes aos mandamentos do Senhor vosso Deus, mas vos apartardes do caminho, que eu hoje vos mostro, e correrdes após os deuses estranhos, que não conheceis. 29 Quando porém o Senhor teu Deus te introduzir na terra que vais habitar, porás a bênção sobre o monte de Garizim, e a maldição sobre o monte de Hebal: 30 os quais são na banda de além do Jordão, junto ao caminho que desce para o ocidente, na terra dos cananeus, que habitaram nas campinas defronte de Galgala, a qual está junto do vale que se estende e se dilata até muito longe. 31 Porque vós passareis o Jordão para possuirdes a terra, que o Senhor vosso Deus vos há de dar, para a terdes e possuirdes. 32 Vede pois que observeis as cerimônias e juízos, que eu hoje porei à vossa vista.

III. CÓDIGO DEUTERONÔMICO

Lei sobre o culto e o santuário único

12 Estes são os preceitos e juízos, que vós deveis cumprir na terra, que o Senhor Deus de teus pais te há de dar, para a possuíres todos os dias, que andares sobre a terra. 2 Destruí todos os lugares, em que as nações, que haveis de subjugar, adoraram os seus deuses sobre os altos montes e outeiros, e debaixo de toda a árvore frondosa. 3 Derribai os seus altares, e quebrai as suas estátuas, ponde fogo aos seus bosques, e fazei em pedaços os seus ídolos: extingui os seus nomes daqueles lugares.

4 Não fareis porém assim com o Senhor vosso Deus: 5 mas vireis ao lugar, que o Senhor vosso Deus escolher de todas as vossas tribos, para aí pôr o seu nome, e habitar nele: 6 e oferecereis naquele lugar os vossos holocaustos e vítimas, os dízimos e as primícias das vossas mãos, e os votos e ofertas, os primogênitos das vacas e das ovelhas. 7 E aí comereis na presença do Senhor vosso Deus: e vos regozijareis vós e as vossas famílias em todas as coisas em que meterdes a mão, nas quais o Senhor vosso Deus nos abençoar. 8 Não fareis ali o que nós fazemos hoje aqui, cada um o que bem lhe parece. 9 Porque ainda até o presente não entrastes no repouso, e herança, que o Senhor vosso Deus está para vos dar. 10 Passareis o Jordão, e habitareis na terra, que o Senhor vosso Deus vos dará, para estardes seguros de todos os inimigos que vos cercam: e habitardes sem temor algum 11 no lugar, que o Senhor vosso Deus tiver escolhido, para nele estar o seu nome: lá levareis todas as coisas que eu prescrevo, os holocaustos, e as hóstias, e os dízimos, e as primícias das vossas mãos: e tudo o melhor

que houver dos dons que oferecerdes em voto ao Senhor. 12 Aí vos banqueteareis diante do Senhor vosso Deus, vós e vossos filhos e filhas, servos e servas, e o levita que mora nas vossas cidades: porque eles não têm outra porção nem herança entre vós.

Lei sobre o lugar da imolação

13 Olha, não ofereças os teus holocaustos em qualquer lugar, que vires: 14 mas oferecerás as hóstias naquele, que o Senhor tiver escolhido, em alguma das tuas tribos, e farás tudo o que te mando.

15 Se porém quiseres comer, e gostares de comer carne, mata, e come, segundo a bênção que o Senhor teu Deus te deu nas tuas cidades: tu o comerás ou o animal seja imundo, isto é, defeituoso e estropiado; ou seja limpo, isto é, inteiro e sem defeito para se poder oferecer: como uma cabra e um veado. 16 Somente te absterás de sangue, o qual escorrerás sobre a terra como água. 17 Não poderás comer nas tuas cidades o dízimo do teu trigo, e do vinho, e do azeite, nem os primogênitos de vacas, e de ovelhas, nem coisa de que tenhas feito voto, ou que voluntariamente queiras oferecer, nem as primícias das tuas mãos: 18 mas comerás destas coisas diante do Senhor teu Deus no lugar que o Senhor teu Deus tiver escolhido, tu e teu filho e tua filha, e o servo e serva, e o levita, que mora nas tuas cidades: e te alegrarás e tomarás a tua refeição diante do Senhor teu Deus, em todas as coisas, a que estenderes a tua mão. 19 Olha, não desampares nunca o levita por todo tempo que viveres na terra.

20 Quando o Senhor teu Deus tiver dilatado os teus limites, como ele te prometeu, e tu quiseres comer das carnes, que a tua alma apetece: 21 se estiver longe o lugar, que o Senhor teu Deus tiver escolhido, para nele estar o seu nome, matarás das manadas e gados, que tiveres, como eu te ordenei, e comerás nas tuas cidades, como gostares. 22 Como se come a cabra e o veado, assim comerás tu estas carnes: e o limpo e o imundo se comerá indiferentemente. 23 Guarda-te somente de lhes comer o sangue: porque o sangue lhes serve de alma e por isso, não deves comer a alma com a carne: 24 mas escorrê-lo-ás sobre a terra como água: 25 para serdes felizes tu e teus filhos depois de ti, tendo feito o que é agradável aos olhos do Senhor. 26 Quanto às coisas que tu tiveres santificado, e que tiveres votado ao Senhor tu as tomarás; e virás ao lugar, que o Senhor tiver escolhido: 27 e apresentarás as tuas oblações, a carne e o sangue sobre o altar do Senhor teu Deus: derramarás o sangue das hóstias sobre o altar: e comer-lhes-ás as carnes. 28 Observa e ouve tudo o que eu te ordeno, para serdes felizes para sempre tu e teus filhos depois de ti, tendo feito o que é bom, e agradável ao Senhor teu Deus.

Proibição do culto dos cananeus

29 Quando o Senhor teu Deus tiver exterminado diante de ti as gentes, que entrando vais a possuir, e as possuíres, e habitares nas suas terras: 30 guarda-te, não as imites, depois que elas tiverem sido destruídas na tua entrada, nem te informes das suas cerimônias, dizendo: Assim como estas gentes adoraram os seus deuses, do mesmo modo também eu os adorarei. 31 Não o farás assim, com o Senhor teu Deus. Porque elas fizeram pelos seus deuses, todas as abominações, que o Senhor aborrece, oferecendo-lhes seus filhos e filhas e queimando-os no fogo. 32 Faze somente em honra do Senhor, aquilo que eu te ordeno: sem ajuntar, nem tirar nada.

Castigo dos idólatras

13 Se se levantar no meio de ti um profeta, ou qualquer que diga que teve uma visão em sonhos, e predisser algum sinal ou prodígio, 2 e suceder assim como ele falou, e te disser: Vamos, e sigamos os deuses estranhos que não conheces e sirvamo-los: 3 não ouvirás as palavras do tal profeta ou sonhador: porque o Senhor vosso Deus vos tenta, para se fazer manifesto, se o amais ou não, de todo o vosso coração, e de toda a vossa alma. 4 Segui o Senhor vosso Deus, e temei-o, e guardai os seus mandamentos, e ouvi a sua voz: a Ele servireis, e a Ele vos unireis. 5 Aquele profeta porém ou aquele inventor de sonhos será entregue à morte: porque vos falou com o fim de vos apartar do Senhor vosso Deus, que vos tirou da terra do Egito, e vos resgatou da casa da escravidão: para te desviar do caminho, que o Senhor teu Deus te apontou: e tirarás o mal do meio de ti.

6 Se teu irmão filho de tua mãe, ou teu filho ou filha, ou tua mulher a quem trazes no teu seio, ou o amigo a quem amas como à tua alma, te quiser persuadir, dizendo-te em segredo: Vamos, e sirvamos a deuses estranhos, que tu desconheces, e teus pais desconheceram, 7 de todas as nações circunvizinhas, que estão perto de ti ou longe, desde uma extremidade da terra até à outra, 8 não estejas pelo que ele te diz, nem o ouças, nem o teu olho lhe perdoe de modo que tenhas compaixão e o encubras, 9 mas logo o matarás: seja a tua mão a primeira sobre ele, e depois todo o povo lhe ponha as suas.

Lot foge de Sodoma (Tela de Mateus Stomer).

A destruição de Sodoma (De João Baptista Corot – Museu Metropolitano de Arte – **Nova** York).

Sonho de Jacob (por Domenico Feti – Instituto de Artes de Detroit – Michigan – EUA).

A Torre de Babel, tela de Martin Van Vanckenborgh.

Jacob luta com um anjo (Tela de Frans Franck – Museu do Prado – Madrid).

Histórias de José (Tela de Andrea del Sarto – Palácio Pitti – Florença).

Jacob vê a túnica de José (Escola Italiana – Coleção de Samuel H. Kress – Nova York).

José interpreta os sonhos do Faraó (Quadro de Bernardo Strozzi – Museu do Louvre – Paris – França).

Judite com a cabeça de **Holofernes** (Tela de Paulo Veronese).

10 Morrerá coberto de pedras: porque quis
apartar-te do Senhor teu Deus, que te tirou
da terra do Egito, da casa da servidão: 11 para
que, sabendo-o todo o Israel, tema, e não tor-
ne mais a fazer coisa semelhante a esta.
12 Se ouvires que em alguma das tuas ci-
dades, que o Senhor teu Deus te há de dar
para habitação, há alguns que dizem: 13 Filhos
de Belial saíram do meio de ti, e perverteram
os habitantes da sua cidade, e disseram: Va-
mos, e sirvamos aos deuses estranhos que vos
são desconhecidos: 14 informa-te com toda a
exação possível, e, averiguada a verdade da
coisa, se achares ser certo o que se disse, e
que efetivamente se cometeu uma tal abomi-
nação, 15 imediatamente farás passar à espa-
da os habitantes daquela cidade, e destrui-la-
ás com tudo o que há nela, até os gados.
16 Ajuntarás também no meio das suas ruas
todos os móveis, que nela se acharem, e
queimá-los-ás juntamente com a cidade, de
maneira que consumas tudo em honra do
Senhor teu Deus, e fique sendo um montão
eterno de ruínas. Não se tornará a reedificar,
17 e não se te pegará às mãos nada deste
anátema: para que o Senhor aplaque a ira
do seu furor, e se compadeça de ti, e te mul-
tiplique como ele o jurou a teus pais, 18 en-
quanto tu ouvires a voz do Senhor teu Deus,
guardando todos os seus preceitos, que eu te
intimo, hoje, para que obres o que é agra-
dável aos olhos do Senhor teu Deus.

Animais puros e impuros

14 Sede filhos do Senhor vosso Deus: não
fareis incisões no vosso corpo, nem vos
fareis abrir calva para chorardes algum mor-
to: 2 porque és um povo santo para com o
Senhor teu Deus: e Ele te escolheu dentre
todas as nações, que há na terra, para seres
particularmente o seu povo.
3 Não comais o que é imundo. 4 Estes são
os animais que deveis comer: O boi, e a ove-
lha, e a cabra, 5 o veado e a corça, o búfalo,
a cabra montês, o unicórnio, o orige, o camelo
pardo. 6 Comereis de todo o animal, que tem
a unha fendida em duas partes, e que remói.
7 Não deveis porém comer dos que sim re-
moem, mas não têm a unha fendida, como
são o camelo, a lebre, o querogrilo: estes por-
que remoem, e não têm a unha fendida, serão
imundos para vós. 8 O porco também será
para vós imundo, porque ainda que tem unha
fendida, não remói: não comereis da carne
destes animais, nem tocareis nos seus cadá-
veres. 9 De todos os animais que vivem nas
águas, comereis estes: comei os que têm bar-
batanas, e escamas: 10 mas não comais da-
queles, que não têm barbatanas, nem escamas,
porque são imundos.
11 Comei de todas as aves que são limpas.
12 Mas não comereis das imundas: quais são
a águia, e o grifo, e o esmerilhão, 13 o ixião,
e o abutre e o milhano, segundo o seu gênero:
14 e todo o gênero de corvos, 15 e o avestruz,
e a coruja, e a gaivota, e o açor, segundo o
seu gênero: 16 a cegonha e o cisne, e o íbis,
17 e o mergulo, o porfirião e o bufo, 18 e o
onocrótalo, e o caradrio, cada um no seu gê-
nero, a poupa também e o morcego. 19 E tudo
o que anda de rastos e tem asas, será imundo,
e não se comerá. 20 Comei de tudo o que é
limpo. 21 Não comais coisa alguma de ani-
mal, que morresse por si: mas dá-a para que
a coma, ou vende-a ao peregrino, que vive
de tuas portas para dentro: porque tu és o
povo santo do Senhor teu Deus. Não cozerás
o cabrito no leite de sua mãe.

Dízimos

22 Porás à parte cada ano o dízimo de to-
dos os frutos que nascem na terra, 23 e co-
merás na presença do Senhor teu Deus, no
lugar que ele escolher para aí ser invocado
o seu nome, o dízimo do teu trigo, e do vinho,
e do azeite, e os primogênitos das tuas vacas
e ovelhas: para que aprendas a temer o Senhor
teu Deus em todo o tempo. 24 Mas quando
for mais comprido o caminho, e distante o
lugar que o Senhor teu Deus escolher, e te
abençoar, e não puderes levar lá todas essas
coisas, 25 venderás tudo, e o reduzirás a di-
nheiro, e o levarás na tua mão, e irás ao lugar
que o Senhor teu Deus escolher: 26 e com-
prarás com esse mesmo dinheiro tudo o que
for do teu gosto, ou seja de bois, ou seja de
ovelhas, como também vinho e outros licores,
e tudo o que a tua alma deseja: e comê-lo-ás
diante do Senhor teu Deus, regalando-te tu, e
a tua família: 27 e o levita que vive das tuas
portas para dentro, vê lá não o desampares,
porque ele não tem outra porção na tua heran-
ça. 28 Todos os três anos separarás outro
dízimo de tudo o que te nascer nesse tempo:
e pô-lo-ás de reserva em tua casa. 29 E virão
o levita que não tem outra porção nem heran-
ça contigo, e o peregrino, e o órfão e a viúva,
que estão das tuas portas a dentro, e come-
rão e se fartarão: para que o Senhor teu
Deus te abençoe em todas as obras que tra-
balhares com as tuas mãos.

O ano da remissão

15 No sétimo ano farás a remissão, 2 a qual
se deve fazer desta maneira: Aquele a
quem seu amigo, ou seu próximo, ou seu irmão

dever alguma coisa, não a poderá exigir, porque é o ano da remissão do Senhor. 3 Poderás exigi-la do peregrino e do estrangeiro: mas não terás direito de a repetir dos teus compatriotas nem dos teus propínquos. 4 E absolutamente não haverá entre vós pobre algum nem mendigo: para que o Senhor teu Deus te abençoe na terra, de que ele está para te dar a posse. 5 Bem entendido que se ouvires a voz do Senhor teu Deus, e guardares tudo o que ele te mandou, e o que eu hoje te prescrevo, te abençoará, como prometeu. 6 Tu emprestarás a muitos povos, e de ninguém receberás empréstimos. Tu dominarás sobre muitas nações, e a ti nenhuma te dominará. 7 Se estando tu no país, que o Senhor teu Deus te há de dar, cair em pobreza um dos teus irmãos, que moram dentro da tua cidade, não endurecerás o teu coração, nem cerrarás a tua mão, 8 mas abri-la-ás para o pobre, e lhe emprestarás o que vires que ele há mister. 9 Guarda-te, não te deixes surpreender de ímpio pensamento, e digas lá no teu coração: Está próximo o sétimo ano da remissão; e apartes os teus olhos de teu pobre irmão, não lhe querendo emprestar o que ele te pede: não suceda que ele clame contra ti ao Senhor, e isto te seja imputado a pecado. 10 Mas lho darás: e não usarás de destreza alguma em o socorrer nas suas necessidades: para que o Senhor teu Deus te abençoe em todo o tempo, e em todas as coisas em que meteres a mão. 11 Não faltarão pobres na terra que hás de habitar: por isso eu te ordeno, que abras a mão para teu irmão necessitado e pobre, que vive contigo no mesmo país.

12 Quando te for vendido um teu irmão hebreu ou hebréia, e, te tiverem servido seis anos, no sétimo ano tu os deixarás ir livres: 13 e não deixarás ir com as mãos vazias aquele a quem deres a liberdade: 14 mas far-lhe-ás o alforje para o caminho, dos teus rebanhos, e da tua eira, e do teu lugar, nos quais bens o Senhor teu Deus te tiver abençoado. 15 Lembra-te que também tu foste escravo na terra do Egito, e que o Senhor teu Deus te libertou, e por isso eu te ordeno agora este preceito. 16 Porém se o teu servo te disser: Eu não quero sair: porque ele te ama a ti, e à tua casa, e julga que lhe vai bem estar contigo: 17 pegarás numa sovela, e furar-lhe-ás a orelha à porta da tua casa, e ele te servirá para sempre: o mesmo farás à tua escrava. 18 Não apartes deles os teus olhos, quando os despedires livres: porque eles te serviram seis anos, como te teria servido um mercenário; para que o Senhor teu Deus te abençoe em todas as coisas que fazes.

Primogênitos

19 Consagrarás ao Senhor teu Deus todos os machos dentre os primogênitos das tuas vacas e das tuas ovelhas. Não trabalharás com o primogênito da vaca, nem tosquiarás os primogênitos das ovelhas. 20 Mas comê-los-ás cada ano na presença do Senhor teu Deus, tu e a tua casa no lugar, que o Senhor escolher. 21 Se o primogênito tiver algum defeito, ou se for coxo, ou cego, ou se tiver alguma deformidade ou debilidade em qualquer parte do corpo, não será imolado ao Senhor teu Deus: 22 mas comê-lo-ás das portas para dentro da tua cidade: o limpo e o imundo comerão dele indiferentemente como duma corça, ou dum veado. 23 Terás somente a cautela de não lhe comeres o sangue, mas derramá-lo-ás pela terra como água.

Páscoa e ázimos; Semanas; Tabernáculos

16 Observa o mês dos frutos novos, que é o princípio da primavera, para celebrares nele a Páscoa em honra do Senhor teu Deus: porque neste mês é que o Senhor teu Deus te tirou do Egito de noite. 2 E imolarás na Páscoa ao Senhor teu Deus ovelhas e bois, no lugar que o Senhor teu Deus escolher para aí habitar o seu nome. 3 Não comerás durante esta festa pão fermentado: mas por sete dias comerás pão sem fermento, pão de aflição, porque saíste do Egito, vindo com muito medo: para que te lembres do dia da tua saída do Egito, todos os dias da tua vida. 4 Por sete dias não aparecerá em todos os teus limites pão de fermento, e das carnes do que foi imolado pela tarde não ficará nada até o outro dia pela manhã.

5 Não poderás imolar a Páscoa indiferentemente em qualquer das tuas cidades, que o Senhor teu Deus tem para te dar: 6 mas somente no lugar, que o Senhor teu Deus tiver escolhido, para aí habitar o seu nome: e imolarás a Páscoa de tarde ao pôr do sol, tempo em que saíste do Egito. 7 E a cozerás, e comerás no lugar, que o Senhor teu Deus tiver escolhido, e levantando-te pela manhã voltarás para as tuas tendas. 8 Seis dias comerás pães asmos: e no dia sétimo, porque é a coleta do Senhor teu Deus, não farás obra alguma.

9 Contarás sete semanas desde o dia em que meteres a foice na seara: 10 e celebrarás a festa das semanas em honra do Senhor teu Deus, apresentando-lhe a oblação voluntária da tua mão, a qual oferecerás segundo a bênção do Senhor teu Deus: 11 e te banquetearás diante do Senhor teu Deus, tu, teu filho, e tua filha, o teu servo, e a tua escrava, o levita que mora das tuas portas para dentro, o

estrangeiro e o órfão e a viúva, que vivem contigo: no lugar que o Senhor teu Deus tiver escolhido, para aí habitar o seu nome: 12 e recordar-te-ás que foste escravo no Egito: e guardarás e cumprirás as coisas que te foram mandadas.

13 Celebrarás também por sete dias a solenidade dos tabernáculos, quando tiveres recolhido da eira e do lagar os teus frutos: 14 e te banquetearás nesta festa, tu, teu filho, e filha, o teu servo e a escrava e também o levita e o estrangeiro, o órfão e a viúva que estão das tuas portas para dentro. 15 Por sete dias celebrarás esta festa em honra do Senhor teu Deus no lugar, que o Senhor eleger: e o Senhor teu Deus te abençoará em todos os teus frutos, e em todo o trabalho das tuas mãos, e tu viverás alegre. 16 Todos os teus varões aparecerão três vezes no ano diante do Senhor teu Deus no lugar que ele escolher: na solenidade dos pães asmos, na solenidade das semanas, e na solenidade dos tabernáculos. Eles não aparecerão diante do Senhor com as mãos vazias: 17 mas cada um oferecerá à proporção do que tiver, segundo a bênção que o Senhor teu Deus lhe tiver dado.

A justiça local

18 Estabelecerás juízes e magistrados em todas as cidades, que o Senhor teu Deus te houver dado em cada uma das tuas tribos: para que julguem o povo com retidão de justiça, 19 sem se inclinarem para parte alguma. Não farás aceitação de pessoa, nem receberás dádivas: porque as dádivas cegam os olhos dos sábios, transtornam as palavras dos justos. 20 Administrarás a justiça com retidão: para que vivas e possuas a terra, que o Senhor teu Deus te houver dado.

Contra a idolatria

21 Não plantarás bosque, nem árvore alguma ao pé do altar do Senhor teu Deus. 22 Não farás para ti, nem levantarás estátua: que são coisas que o Senhor teu Deus aborrece:

17 Não imolarás ao Senhor teu Deus ovelha, ou boi, que tenha qualquer defeito, ou qualquer vício: porque isto é uma abominação para o Senhor teu Deus. 2 Quando forem achados na tua cidade, dentro dalguma das tuas portas, que o Senhor teu Deus te tiver dado, homem ou mulher que cometam o mal diante do Senhor teu Deus, e violem o seu pacto, 3 indo a servir a deuses estranhos e a adorá-los, ao sol e à lua, e toda a milícia do céu, contra o que eu mandei: 4 e te derem aviso disto, e tendo ouvido te informares com exação, se souberes que assim foi, e que esta abominação se cometeu em Israel: 5 farás conduzir às portas da tua cidade o homem ou mulher, que cometeram um crime tão detestável, e serão apedrejados. 6 Sobre o depoimento de duas, ou três testemunhas morrerá aquele que houver de ser castigado de morte. E nenhum será morto sobre o testemunho duma só pessoa. 7 As testemunhas serão as primeiras, que lhe atirem, depois atirar-lhe-á todo o resto do povo: para que tires o mal do meio de ti.

Os julgamentos

8 Se acontecer que penda diante de ti algum negócio difícil e escabroso entre sangue e sangue, entre causa e causa, e entre lepra e lepra: e vires que dentro das tuas portas, são vários os pareceres dos juízes: levanta-te, e sobe ao lugar, que o Senhor teu Deus tiver escolhido, 9 e encaminhar-te-ás aos sacerdotes da linhagem de Levi, e ao juiz, que nesse tempo for: e consultá-los-ás, e eles te descobrirão a verdade do juízo. 10 E farás tudo o que te disserem os que presidem no lugar, que o Senhor tiver escolhido, e tudo o que eles te ensinarem, 11 segundo a lei do Senhor; e seguirás seus pareceres: sem declinares nem para a direita nem para a esquerda. 12 Aquele porém que inchado de soberba, não quiser obedecer ao mandado do sacerdote, que nesse tempo for o ministro do Senhor teu Deus, e ao decreto do juiz, esse homem morrerá, e tu tirarás o mal do meio de Israel. 13 E todo o povo ouvindo isto temerá, para que daí em diante nenhum se inche de soberba.

O direito do rei

14 Quando entrares na terra, que o Senhor teu Deus te há de dar, e tiveres tomado posse dela, e nela habitares, e disseres: Eu constituirei um rei para me governar, como têm todas as nações em roda: 15 elegerás aquele, que o Senhor teu Deus tiver escolhido do número de teus irmãos. Não poderás fazer rei a homem doutra nação, que não seja teu irmão. 16 E quando esse for constituído, não multiplicará os seus cavalos, nem fará voltar o povo ao Egito, confiado na sua numerosa cavalaria, principalmente tendo-vos o Senhor ordenado, que não torneis mais a voltar pelo mesmo caminho. 17 Não terá muitas mulheres, que lhe atraiam o seu coração, nem imensas somas de prata e ouro. 18 E depois que ele estiver sentado no trono do seu reino, fará escrever para seu uso num livro o Deuteronômio desta lei recebendo o exemplar dos sacerdotes da tribo de Levi, 19 e tê-lo-á con-

sigo, e o lerá todos os dias da sua vida, para que aprenda a temer o Senhor seu Deus, e a guardar as suas palavras e cerimônias, que estão prescritas na lei. 20 Não se eleve o seu coração de soberba sobre seus irmãos, e não decline nem para a direita nem para a esquerda, para assim reinarem muito tempo sobre Israel, ele, e seus filhos.

Sacerdotes

18 Os sacerdotes e os levitas, e todos os da mesma tribo, não terão parte nem herança alguma com o resto de Israel, porque hão de comer dos sacrifícios do Senhor, e das oblações que lhe forem feitas, 2 e não receberão outra alguma coisa do que seus irmãos possuírem: porque o mesmo Senhor é a sua herança, como ele lhes disse. 3 Este será o direito dos sacerdotes a respeito do povo, e dos que oferecem vítimas: Se sacrificarem um boi, ou uma ovelha, darão ao sacerdote a espádua e o peito: 4 as primícias do pão, do vinho, e do azeite, e uma parte das lãs da tosquia das ovelhas. 5 Porque o Senhor teu Deus escolheu o sacerdote dentre todas as suas tribos, para que assista, e sirva ao nome do Senhor ele, e seus filhos para sempre.

6 Se um levita sair de alguma das tuas cidades de todo o Israel onde ele habita, e quiser por devoção ir morar no lugar que o Senhor tiver escolhido, 7 exercitará o seu ministério em nome do Senhor seu Deus, assim como todos os levitas seus irmãos, que nesse tempo assistirem diante do Senhor. 8 Ele terá a mesma porção de alimentos que os outros: além daquilo que na sua cidade se lhe deve pela sucessão paterna.

Profetas

9 Quando tiveres entrado na terra, que o Senhor teu Deus te há de dar, guarda-te, não queiras imitar as abominações daquelas gentes: 10 nem se ache entre vós quem pretenda purificar seu filho, ou filha, fazendo-os passar pelo fogo: nem quem consulte adivinhos, ou observe sonhos e agouros, nem quem seja feiticeiro, 11 ou encantador, nem quem consulte Piton ou adivinhos, nem quem indague dos mortos a verdade. 12 Porque todas estas coisas abomina o Senhor, e por semelhantes maldades exterminará Ele estes povos à tua entrada: 13 tu será perfeito, e sem mancha com o Senhor teu Deus. 14 Estas nações cujo país tu possuirás, ouvem os agoureiros e os adivinhos: tu porém foste instruído doutra sorte pelo Senhor teu Deus.

15 O Senhor teu Deus te suscitará um *Profeta,* como eu, da tua nação, e dentre teus irmãos: a este ouvirás, 16 como o pediste ao Senhor teu Deus em Horeb, onde todo o povo estava junto, e disseste: Eu não ouvirei mais a voz do Senhor meu Deus, nem tornarei a ver mais este grandíssimo fogo, para que me não suceda morrer. 17 E o Senhor me disse: Eles falaram bem em tudo. 18 Eu lhes suscitarei do meio de seus irmãos um profeta semelhante a ti: e porei na sua boca as minhas palavras, e ele lhes dirá tudo o que eu lhe mandar. 19 Mas o que não quiser ouvir as suas palavras, que ele falar em meu nome, eu me vingarei dele. 20 Se um profeta porém corrompido da sua soberba empreender falar em meu nome, e disser coisas, que eu lhe não mandei dizer, ou se ele falar em nome dos deuses estranhos, será morto.

21 E se tu disseres lá no teu coração: Como poderei eu discernir qual é a palavra, que o Senhor não disse? 22 terás este sinal: Se o que aquele profeta predisse em nome do Senhor, não sucedeu assim: isto não o disse o Senhor, mas o profeta por soberba do seu ânimo o fingiu: e por isso não o temerás.

Cidades de refúgio e o homicídio

19 Quando o Senhor teu Deus tiver exterminado os povos, cuja terra Ele te há de dar, e a possuíres, e habitares nas suas cidades e casas: 2 destinarás para ti três cidades no meio da terra, que o Senhor teu Deus te há de dar em possessão, 3 aplainando com cuidado o caminho: e dividirás em três porções iguais todo o distrito da tua terra: para que o que está fugitivo por homicídio, tenha um lugar vizinho a que se acolha.

4 Esta será a lei do homicida fugitivo, cuja vida se deve conservar: o que ferir a seu próximo sem o cuidar, e não se prova que tivesse inimizade com ele nem ontem nem anteontem: 5 senão que indo com ele simplesmente fazer lenha a uma mata, e ao tempo que cortava a lenha lhe escapou o machado da mão, e saindo o ferro fora do cabo, feriu a seu amigo, e o matou: ele se acolherá a uma das sobreditas cidades, e viverá: 6 por não suceder que algum parente daquele, cujo sangue foi derramado, estimulado da sua dor, o siga e o prenda, se o caminho for muito comprido, e mate a um homem, que não merece a morte: visto não se provar que tivesse antes tido inimizade com o que foi morto. 7 Portanto te mando, que ponhas estas três cidades em igual distância uma da outra.

8 E quando o Senhor teu Deus tiver alargado os teus limites, segundo Ele o assegurou

a teus pais, e te tiver dado toda a terra, que lhes prometeu, 9 (se contudo guardares os seus mandamentos, e cumprires o que eu hoje te prescrevo, que é, que ames o Senhor teu Deus, e andes em todo o tempo pelos seus caminhos) ajuntarás outras três cidades, e dobrarás assim o seu número: 10 para que se não derrame o sangue inocente no meio da terra, que o Senhor teu Deus te fará possuir, e tu não fiques réu do homicídio.

11 Mas se algum tendo inimizade com seu próximo, armar traições à sua vida, e atacando-o o ferir, e matar, e se acolher a uma das sobredita cidades, 12 os anciãos daquela cidade mandarão buscá-lo, e o tirarão do lugar do refúgio, e o entregarão nas mãos do parente daquele cujo sangue foi derramado, e ele morrerá. 13 Não terás compaixão dele, e tirarás de Israel o sangue inocente, para que te suceda bem.

14 Não tomarás, nem transporás os marcos de teu próximo, que teus predecessores fixaram na tua herança, que o Senhor teu Deus te há de dar na terra, que tiveres de possuir.

A prova testemunhal

15 Não valerá contra alguém uma só testemunha, seja qual for o delito, ou crime: mas tudo passará por constante sobre o depoimento de duas ou três testemunhas.

16 Se se apresentar uma testemunha falsa contra um homem, para o acusar de prevaricação, 17 ambos os que entre si têm esta diferença, comparecerão diante do Senhor, presentes os sacerdotes e juízes que forem naqueles dias. 18 E quando depois duma exatíssima averiguação tiverem conhecido que a testemunha falsa se arrojou a dizer uma mentira contra seu irmão: 19 tratá-lo-ão como ele tinha intento de tratar a seu irmão, e assim tirarás o mal do meio de ti: 20 para que os outros ouvindo isto tenham medo, e de nenhuma sorte se atrevam a fazer semelhantes coisas. 21 Não terás misericórdia com ele, mas far-lhe-ás pagar vida por vida, olho por olho, dente por dente, mão por mão, pé por pé.

Os combatentes

20 Se saindo a fazer guerra contra os teus inimigos, e tendo visto a sua cavalaria, e as suas carroças, achares que o exército contrário é mais numeroso do que o teu, não os temerás: porque contigo está o Senhor teu Deus, que te tirou da terra do Egito.

2 E quando estiver perto de se dar a batalha, o pontífice se porá na frente do exército, e falará assim ao povo: 3 Ouve, ó Israel, vós estais hoje para combater contra os vossos inimigos: não se atemorize o vosso coração, não temais, não recueis, nem lhes tenhais medo: 4 porque o Senhor vosso Deus está no meio de vós, e Ele pelejará por vós contra os vossos inimigos, para vos livrar do perigo. 5 Os oficiais também cada um na frente do seu corpo dirão gritando, ouvindo o exército: Há algum homem que tenha edificado uma casa nova, e a não tenha ainda dedicado? vá-se, e torne para sua casa: não suceda que ele morra no combate, e outro a estreie. 6 Há algum homem que tenha plantado uma vinha, e ainda a não tenha feito comum, para que todos possam comer dela? vá-se, e torne para sua casa: não suceda que ele morra na peleja, e faça outro o que a ele lhe tocava. 7 Há alguém que se tenha desposado com uma mulher e todavia a não tenha ainda em seu poder? vá-se, e torne para sua casa, não suceda que ele morra na batalha, e algum outro a tome. 8 Ditas estas coisas, acrescentarão eles, e dirão ao povo o seguinte: Há algum medroso, e de coração tímido? vá-se, e volte para sua casa, para não fazer desmaiar o coração de seus irmãos, assim como ele está assustado de medo.

9 E logo que os oficiais do exército se calarem, e acabarem de falar, cada um preparará os seus esquadrões para a batalha.

Assédio das praças

10 Quando te chegares para combater uma cidade, primeiramente lhe oferecerás a paz. 11 Se ela a aceitar, e te abrir as portas, todo o povo, que houver nela, será salvo, e te ficará sujeito pagando tributo. 12 Mas se não quiser aceitar as condições, e começar a fazer guerra contra ti, atacá-la-ás. 13 E quando o Senhor teu Deus ta houver entregado às mãos, passarás ao fio da espada todos os varões que nela haja, 14 reservando as mulheres e os meninos, os animais e tudo o mais que se achar na cidade. Distribuirás o esbulho todo pelo exército, e sustentar-te-ás dos despojos de teus inimigos, que o Senhor teu Deus te tiver dado.

15 Assim é que hás de fazer a todas as cidades, que estiverem muito longe de ti, e que não são daquelas, que hás de receber em possessão. 16 Quanto àquelas cidades porém, que te hão de ser dadas, nenhum absolutamente deixarás com vida: 17 mas passá-los-ás todos ao fio da espada; convém a saber, aos heteus, e aos amorreus, aos cananeus, aos fereseus, e aos heveus, e aos jebuseus, assim como o Senhor teu Deus te mandou: 18 para que não suceda que vos ensinem a cometer todas as abominações, que eles mesmos fizeram a seus

deuses, e venhais a pecar contra o Senhor vosso Deus.

19 Quando te detiveres muito tempo no sítio de uma cidade, e a tiveres cercado com máquinas para a tomares, não cortarás as árvores de cujo fruto se pode comer, nem deves deitar abaixo a golpes de machado os arvoredos do país circunvizinho: porque isto são paus, e não homens, nem podem aumentar o número dos teus inimigos. 20 Mas se houver algumas árvores, que não sejam frutíferas, mas silvestres, e boas para outros usos, corta-as, e engenha delas máquinas, até que tomes a cidade, que peleja contra ti.

Homicidas desconhecidos

21 Quando no país, que o Senhor teu Deus te há de dar, for achado o cadáver de um homem, que foi morto, sem que se saiba quem foi o matador, 2 sairão os anciãos, e os teus juízes, e medirão o espaço que vai desde onde está o cadáver até cada cidade do contorno: 3 E tendo conhecido qual é a mais vizinha de todas, os anciãos desta cidade tomarão da manada uma novilha, que não tenha ainda carregado com o jugo, nem fendido a terra com a relha do arado, 4 e levá-la-ão a um vale áspero e pedregoso, que nunca tivesse sido lavrado, nem semeado: e ali cortarão o pescoço à novilha: 5 e se chegarão os sacerdotes filhos de Levi, que o Senhor teu Deus tiver escolhido para serem seus ministros, e para darem a bênção em seu nome, e por sentença deles se determine toda a causa, e o que é limpo, ou imundo. 6 E virão os anciãos daquela cidade junto onde está o morto, e lavarão as suas mãos sobre a novilha, que foi degolada no vale, 7 e dirão: As nossas mãos não foram as que derramaram este sangue, nem os nossos olhos viram: 8 Senhor, sê propício ao teu povo de Israel, que tu remiste, não lhe imputes o sangue inocente no meio do teu povo de Israel. Assim se tirará deles o reato deste sangue: 9 e tu não ficarás responsável pelo sangue do inocente, que foi derramado, quando tiveres feito o que o Senhor mandou.

Situação dos cativos

10 Se saíres a pelejar contra os teus inimigos, e o Senhor teu Deus os entregar nas tuas mãos, e os levares cativos, 11 e vires entre o número dos prisioneiros uma mulher formosa, e te namorares dela, e a queiras ter por esposa, 12 introduzi-la-ás em tua casa: ela rapará os cabelos, e cortará as unhas, 13 e despirá o vestido com que foi aprisionada: e ficando assentada em tua casa, chorará a seu pai e a sua mãe um mês: e depois disto a tomarás para ti e dormirás com ela, e ficará sendo tua mulher. 14 Se porém depois ela te não agradar, deixá-la-ás ir livre, nem a poderás vender por dinheiro, nem oprimir com alguma violência: pois que a humilhaste.

Direito de primogenitura

15 Se um homem tiver duas mulheres, uma a quem ama, outra a quem aborrece, e tendo ambas tido filhos dele, e o filho da que ele aborrece for o primogênito, 16 e quiser repartir os seus bens entre os seus filhos: não poderá fazer seu primogênito o filho daquela, que ele ama, nem preferí-lo ao filho da outra, que aborrece, 17 mas reconhecerá por primogênito o filho daquela, a quem aborrece, e dar-lhe-á dobrada porção de tudo o que possui: porque este é o primogênito de seus filhos, e a quem é devida a primogenitura.

Filhos incorrigíveis

18 Se um homem tiver um filho contumaz, e insolente, que não está pelo que seu pai e sua mãe lhe ordenam, e castigado recusar com desprezo obedecer-lhes: 19 pegarão nele, e o levarão aos anciãos daquela cidade, e à porta onde se fazem os juízos, 20 e lhes dirão: este nosso filho é um rebelde e contumaz, despreza ouvir as nossas admoestações, passa a vida em comesainas, e dissoluções e banquetes: 21 o povo da cidade o apedrejará, e ele morrerá, para que assim tireis o mal do meio de vós, e todo o Israel ouvindo-o tema.

Cadáver do justiçado

22 Quando um homem tiver cometido um crime digno de morte, e tendo sido condenado à morte for pendurado num patíbulo: 23 o seu cadáver não ficará no lenho, mas no mesmo dia será sepultado: porque maldito é de Deus aquele que está pendente dum lenho: e tu de nenhuma sorte contaminarás a terra, que o Senhor teu Deus te der em possessão.

Deveres de humanidade

22 Vendo extraviados o boi, ou a ovelha de teu irmão não passarás de largo: mas conduzi-los-ás a teu irmão, 2 ainda quando não seja teu parente, nem tu o conheças: levá-los-ás para tua casa, e lá estarão, até que teu irmãos os venha buscar e os receba. 3 O mesmo farás a respeito do jumento, e do vestido, e de outra qualquer coisa de teu irmão, que se perdesse: se a achares não a desprezes como

coisa alheia. 4 Se vires o jumento ou o boi de teu irmão caídos no caminho, não te mostrarás indiferente, mas ajudá-lo-ás a levantá-los.

5 A mulher não se vestirá de homem, nem o homem se vestirá de mulher: porque aquele que tal faz é abominável diante do Senhor.

6 Se indo por um caminho achares numa árvore ou na terra o ninho duma ave, e a mãe posta sobre os filhinhos ou sobre os ovos: não apanharás a mãe com os filhinhos: 7 mas tomando os filhinhos, deixarás ir a mãe: para que sejas bem sucedido, e vivas muito tempo.

8 Quando edificares uma casa nova, farás um parapeito à roda do teto: para que se não derrame sangue em tua casa, e tu fiques culpado, se algum cair, ou se precipitar.

Cruzamentos ilícitos

9 Não semearás a tua vinha doutra semente: para que não suceda que tanto o que semeaste, como o que nasce da vinha, um e outro se corrompam. 10 Não lavrarás com boi e asno juntamente. 11 Não te vestirás de coisa, que seja tecida de lã e de linho.

12 Porás nas orlas da capa com que te cobrires uns cordõezinhos aos quatro cantos.

Leis acerca do casamento

13 Se um homem casar com uma mulher e depois lhe criar aversão, 14 e buscar pretexto para a repudiar, imputando-lhe um crime vergonhoso, e disser: Eu me recebi com esta mulher; mas quando me fui deitar com ela, não a achei virgem: 15 seu pai e sua mãe pegarão nela, e levarão consigo os sinais da sua virgindade aos anciãos da cidade que estão à porta; 16 e o pai dirá: Eu dei minha filha por mulher a este homem: mas como ele agora lhe tem aversão, 17 impõe-lhe um crime vergonhoso, dizendo: Eu não achei virgem tua filha: e contudo eis aqui os sinais da virgindade de minha filha: ao mesmo tempo estenderão a roupa na presença dos anciãos da cidade: 18 e os anciãos daquela cidade pegarão no marido, e fá-lo-ão açoitar, 19 condenando-o em cima a pagar cem siclos de prata, que ele dará ao pai da moça: porque desonrou com uma acusação de infâmia uma virgem de Israel: e ela ficará sendo sua mulher, e a não poderá repudiar enquanto viver.

20 Porém se o que ele opõe é verdade, e a moça não se achou virgem: 21 lançá-la-ão fora das portas da casa de seu pai, e os habitantes daquela cidade a apedrejarão, e morrerá: porque cometeu um crime detestável em Israel, tendo caído em formicação em casa de seu pai: e tu tirarás o mal do meio de ti.

22 Se um homem dormir com a mulher do outro, morrerão ambos, isto é, o adúltero e a adúltera: e tu tirarás o mal do meio de Israel.

23 Se um homem se tiver desposado com uma moça virgem, e achando-a algum na cidade a desflorar, 24 trarás um e outro à porta daquela cidade, e serão apedrejados: a moça, porque estando na cidade não gritou: e o homem, porque abusou da noiva de seu próximo: e tu tirarás o mal do meio de ti.

25 Se fôr porém no campo que um homem ache uma moça, que está desposada e fazendo-lhe violência a desonrar, morrerá ele somente: 26 a moça não padecerá nada, nem é ré de morte: porque da mesma sorte que um ladrão se levanta contra seu irmão, e lhe tira a vida, assim também padeceu a moça: 27 ela estava só no campo: gritou, e não houve alguém que a livrasse.

28 Se um homem achar uma moça virgem, que não está desposada, e tomando-a por força a desonrar, devolvida a causa a juízo, 29 dará o que desonrou a moça cinqüenta siclos de prata a seu pai, e casará com ela, porque a humilhou: nem a poderá repudiar em todos os dias da sua vida. 30 Nenhum homem tomará a mulher de seu pai, nem descobrirá nela o que o pejo oculta.

Os excluídos da comunidade de Israel

23 O eunuco a quem foram trilhados os testículos, e cortado o membro viril, não entrará na congregação do Senhor.

2 O bastardo, isto é, o que nasceu de mulher pública, não entrará na congregação do Senhor até à décima geração. 3 O amonita ou o moabita não entrarão jamais na congregação do Senhor, ainda depois da décima geração: 4 porque não quiseram sair a receber-vos com pão e água no caminho quando saístes do Egito: e porque conduziram contra ti a Balaam, filho de Beor, da Mesopotâmia da Síria, para que te amaldiçoasse: 5 mas o Senhor teu Deus não quis ouvir a Balaam e trocou a sua maldição em bênção tua, porque te amava. 6 Não farás pazes com eles, nem lhes procures bens alguns por todos os dias da tua vida para sempre. 7 Não abominarás o idumeu, porque é teu irmão: nem o egípcio, porque tu foste estrangeiro na sua terra. 8 Os que nascerem deles, entrarão à terceira geração na congregação do Senhor.

Pureza do acampamento, proteção ao fraco, cumprimento dos votos

9 Quando saíres a pelejar contra os teus inimigos, terás cuidado de te abster de toda a ação ruim.

10 Se houver de entre vós homem, que de
noite tenha padecido impureza entre sonhos,
saírá para fora do arraial, 11 e não voltará,
menos que à tarde se não tenha lavado em
água: e depois do sol posto tornará a ir para
o campo. 12 Terás fora do arraial um lugar,
onde vás satisfazer as necessidades da natu-
reza, 13 levando um pauzinho no cinto: e ten-
do satisfeito à tua necessidade, cavarás ao
redor e cobrirás com a terra que tiraste.
14 Aquilo de que te aliviaste (porque o Senhor
teu Deus anda no meio do campo, para te
livrar de todo o perigo, e para te entregar os
teus inimigos) e o teu campo seja santo, e não
apareça nele coisa de fealdade, para que te
não desampare.
15 Não entregarás a seu senhor o escravo
que se tiver acolhido a ti: 16 ele habitará con-
tigo no lugar que lhe agradar, e descansará
em uma das tuas cidades: não o molestes.
17 Não haverá entre as filhas de Israel mere-
triz, nem prostituidor nos filhos de Israel.
18 Não oferecerás na casa do Senhor teu
Deus o ganho da prostituta, nem o preço do
cão por qualquer voto, que tenhas feito; por-
que uma e outra coisa é abominável diante do
Senhor teu Deus.
19 Não emprestarás com usura a teu irmão
nem dinheiro, nem grão, nem outra qualquer
coisa que seja: 20 mas somente ao estrangeiro.
A teu irmão porém emprestarás o que ele
houver mister, sem daí tirares algum interêsse:
para que o Senhor teu Deus te abençoe em
tudo o que fizeres na terra, em cuja posse
estás para entrar.
21 Quando tiveres feito algum voto ao
Senhor teu Deus, não tardarás em o cumprir:
porque o Senhor teu Deus, te pedirá conta
dele: e se te demorares, ser-te-á imputado o
pecado. 22 Se não quiseres prometer, não pe-
carás. 23 Mas a palavra que uma vez saiu da
tua boca, tu a observarás, e cumprirás, assim
como prometeste ao Senhor teu Deus, pois o
fizeste de tua própria vontade, e o declaraste
pela tua boca.
24 Se entrares na vinha de teu próximo,
come quantas uvas quiseres: mas não as leves
contigo para fora. 25 Se entrares na seara de
teu amigo, poderás colher das espigas, e ma-
chucá-las entre ao mãos: mas, não segá-las
com foice.

Divórcio

24 Se um homem tomar uma mulher, e a
tiver consigo, e ela não fôr agradável a
seus olhos por causa de algum defeito vergo-
nhoso fará um escrito de repúdio, e lho dará
na mão e a despedirá de sua casa. 2 E se ela
depois de ter saído casar com outro, 3 e este
também a aborrecer, e lhe der escrito de repú-
dio, e a despedir de sua casa, ou se ele veio
a morrer: 4 não poderá o primeiro marido
torná-la a tomar por mulher: porque ela ficou
poluta, e se fez abominável diante do Senhor:
não sofras que se contamine a tua terra, que
o Senhor teu Deus te dará em possessão.

Leis de equidade, justiça e humanidade

5 O homem que fôr casado de pouco tempo,
não sairá à guerra, nem se lhe imporá cargo
algum público; mas poderá sem culpa alguma
estar descansado em sua casa, e passar um
ano em alegria com sua mulher.
6 Não receberás em lugar de penhor nem a
mó de cima, nem a de baixo: porque te deu
por penhor a sua própria vida.
7 Se se achar que um homem arrebatou a
um seu irmão dos filhos de Israel, e tendo-o
vendido recebeu o preço, será morto, e tu tira-
rás o mal do meio de ti.
8 Evita com sumo cuidado que não incorras
na praga da lepra, mas farás tudo o que os
sacerdotes da linhagem de Levi te ensinarem,
conforme o que eu lhes mandei, e cumpre-o à
risca. 9 Lembrai-vos do que o Senhor vosso
Deus obrou a respeito de Maria no caminho
depois que vós saístes do Egito.
10 Quando requereres do teu próximo algu-
ma coisa que ele te deve, não entrarás em sua
casa para dela levares algum penhor: 11 mas
estarás fora, e ele te trará o que tiver: 12 mas
se ele é pobre, não pernoitará em tua casa o
penhor, 13 porém lho tornarás a dar antes de
se pôr o sol: a fim de que ele dormindo na sua
roupa, te abençoe, e tu tenhas merecimento
de justo diante do Senhor teu Deus.
14 Não negarás a paga a teu irmão indigente,
e pobre, ou ao peregrino, que mora contigo na
terra, e está de tuas portas a dentro: 15 mas
pagar-lhe-ás no mesmo dia o preço do seu tra-
balho antes do sol posto, porque é pobre, e
disso sustenta a sua vida: não suceda que ele
clame contra ti ao Senhor, e isto se te impute
a pecado.
16 Não se farão morrer os pais pelos filhos,
nem os filhos pelos pais, mas cada um mor-
rerá pelo seu pecado.
17 Não perverterás a justiça na causa do
estrangeiro, nem do órfão; nem tirarás por
penhor o vestido da viúva. 18 Lembra-te que
foste escravo no Egito, e que o Senhor teu
Deus te tirou de lá. Por isso te mando que
faças isto.
19 Quando segares a messe no teu campo, e
deixares por esquecimento alguma gavela, não
voltarás para a levares: mas deixá-la-ás tomar

ao estrangeiro, e ao órfão, e à viúva, para que o Senhor teu Deus te abençoe em todas as obras das tuas mãos. 20 Se colheres o fruto das oliveiras, não voltarás a colher o que ficasse nas árvores: mas deixá-lo-ás para o estrangeiro, para o órfão, e para a viúva. 21 Se tiveres vindimado a tua vinha, não irás colher os cachos que ficaram; eles serão para o estrangeiro, para o órfão, e para a viúva. 22 Lembra-te que também tu foste escravo no Egito, e por isso te mando que faças isto.

25 Se se mover pleito entre alguns, e houver recurso para os juízes: esses adjudicarão a palma da justiça ao que acharem que a tem: e condenarão de impiedade ao ímpio. 2 E se virem que o delinqüente merece açoites, deitá-lo-ão em terra, e fá-lo-ão açoitar na sua presença. O número dos golpes regular-se-á pela qualidade do pecado: 3 bem entendido todavia: que eles não passem de quarenta: para que teu irmão se não retire feiamente maltratado diante de teus olhos.

4 Não atarás a bôca ao boi, que trilha na eira as tuas messes.

Leis do levirato

5 Quando morarem irmãos juntamente, e um deles morrer sem filhos, a mulher do defunto não casará com outro; mas recebê-la-á o irmão do defunto, e suscitará descendência a seu irmão: 6 e ao filho primogênito que tiver dela porá o nome de seu irmão, para que o nome deste não fique esquecido em Israel. 7 Mas se ele não quiser receber a mulher de seu irmão, a qual lhe é devida segundo a lei, irá esta mulher à procedência da cidade, isto é, à porta da cidade, e recorrerá aos anciãos, e lhes dirá: O irmão de meu marido não quer suscitar o nome de seu irmão em Israel: nem receber-me por sua mulher. 8 E eles o farão logo comparecer, e lhe farão perguntas. Se ele disser: Eu não a quero receber por mulher: 9 a mulher se chegará a ele diante dos anciãos, e lhe tirará o sapato dum pé, e lhe cuspirá na cara, e dirá: Assim será tratado aquele, que não edifica a casa de seu irmão. 10 E a sua casa se chamará em Israel a Casa do Descalçado.

Pudor, honestidade no comércio.
Os amalecitas

11 Se acontecer levantar-se alguma pendência entre dois homens, e um começar a renhir contra o outro e a mulher dum, querendo livrar a seu marido da mão do mais forte, lançar a mão, e lhe pegar pelas suas vergonhas: 12 far-lhe-ás cortar a mão, e não te moverás de compaixão alguma por ela.

13 Não terás no teu saco diversos pesos, maior e menor: 14 nem haverá em tua casa um alqueire maior e outro mais pequeno: 15 terás um peso justo, e verdadeiro, e o teu alqueire será igual, e sempre o mesmo: para assim viveres muito tempo na terra, que o Senhor teu Deus te der: 16 porque o Senhor teu Deus abomina ao que faz estas coisas, e aborrece toda a injustiça.

17 Lembra-te do que te fez Amalec no caminho quando saías do Egito: 18 de como ele te saiu ao encontro: e matou os últimos do teu exército, que cansados ficavam atrás, quando tu estavas consumido de fome e de fadiga, sem que ele tivesse algum temor de Deus. 19 Quando pois o Senhor teu Deus te tiver dado descanso, sujeitando a ti todas as nações tuas circunvizinhas na terra, que ele te prometeu: apagarás o seu nome debaixo do céu. Olha, não te esqueças disto.

Ritual das primícias

26 Depois que tu tiveres entrado na terra, de que o Senhor teu Deus está para te meter de posse, e fores Senhor dela, e estiveres nela estabelecido: 2 tomarás as primícias de todos os teus frutos, e as porás num cesto, e irás ao lugar, que o Senhor teu Deus tiver escolhido, para aí ser invocado o seu Nome: 3 e chegarás ao sacerdote, que nesse tempo fôr, e lhe dirás: Confesso hoje diante do Senhor teu Deus, que eu entrei na terra, que ele tinha prometido com juramento a nossos pais que no-la daria. 4 E o sacerdote, tomando da tua mão o cesto, o porá diante do altar do Senhor teu Deus: 5 e dirás na presença do Senhor teu Deus: O sírio perseguia a meu pai, o qual desceu ao Egito, e lá assistiu como estrangeiro, tendo muito poucas pessoas consigo: e se multiplicou até formar um povo grande e poderoso, e de uma infinita multidão. 6 E os egípcios nos afligiram e nos perseguiram impondo-nos cargas pesadíssimas, 7 e clamámos ao Senhor Deus de nossos pais: o qual nos ouviu, e olhou para a nossa aflição e trabalho, e angústia: 8 e nos tirou do Egito com a sua mão forte, e braço estendido, com grande espanto, com sinais e portentos: 9 e nos introduziu neste lugar, e nos deu esta terra que mana leite e mel. 10 E por isso ofereço eu agora as primícias dos frutos da terra, que o Senhor me deu. E deixá-las-ás diante do Senhor teu Deus, e depois de teres adorado o Senhor teu Deus, 11 e te banquetearás com

todos os bens, que o Senhor teu Deus te tiver dado a ti, e à tua casa, tu e o levita, e o estrangeiro que mora contigo.

Ritual dos dízimos trienais

12 Quando tiveres acabado de dar o dízimo de todos os teus frutos, darás no terceiro ano os dízimos ao levita, e ao estrangeiro, e ao órfão, e à viúva, para que comam dentro das tuas portas, e se fartem: 13 e dirás diante do Senhor teu Deus: Eu tirei de minha casa o que te é consagrado, e o dei ao levita e ao estrangeiro, e ao órfão e à viúva, como tu me ordenaste: não preteri as tuas ordenações, nem me esqueci do teu preceito. 14 Não comi dessas coisas no meu luto, nem as separei para me servir delas em algum uso impuro, nem empreguei coisa alguma delas em funerais. Obedeci à voz do Senhor meu Deus, e fiz tudo assim como me ordenaste. 15 Olha desde o teu santuário, e desde a excelsa morada dos céus, e abençoa o teu povo de Israel, e a terra, que mana leite e mel.

Conclusão do segundo sermão: o Pacto

16 O Senhor teu Deus te mandou hoje que observes estas ordenações e leis: e que as guardes e cumpras de todo o teu coração e de toda a tua alma. 17 Tu escolheste hoje o Senhor, para ser o teu Deus, e para andares pelos seus caminhos, e guardares as suas cerimônias, e ordenações e leis, e para obedeceres aos seus mandamentos. 18 E o Senhor te escolheu hoje para que sejas o seu povo especial, conforme Ele te declarou, e guardes todos os seus preceitos: 19 e para te fazer o povo mais ilustre de todas as nações que Ele criou, para seu louvor, e honra, e glória: e para que sejas o povo santo do Senhor teu Deus, como Ele disse.

IV. DISCURSOS COMPLEMENTARES

Monumento à Lei e primeiro altar na Palestina

27 E mandou Moisés e os anciãos de Israel ao povo, dizendo: Observai todas as ordenações que eu vos prescrevo hoje. 2 E quando passares o Jordão para a terra, que o Senhor teu Deus te há de dar, levantarás umas pedras grandes, e as alisarás com cal, 3 para que possas escrever nela todas as palavras desta lei, quando tiveres passado o Jordão: para entrares na terra, que o Senhor teu Deus está para te dar, terra que mana leite e mel, como ele o jurou a teus pais. 4 Logo pois que tiverdes passado o Jordão, levantai as pedras, que eu vos ordeno hoje, no monte de Hebal, e as alisarás com cal: 5 e edificarás aí ao Senhor teu Deus um altar de pedras, que o ferro não tenha tocado, 6 e de pedras brutas e por polir: e oferecerás sobre ele holocaustos ao Senhor teu Deus, 7 e imolarás hóstias pacíficas, e ali comerás, e te regalarás diante do Senhor teu Deus. 8 E escreverás distinta e claramente sobre as pedras todas as palavras desta lei. 9 Então Moisés e os sacerdotes da linhagem de Levi disseram a todo o Israel: Está atento, e ouve, ó Israel: hoje foste feito povo do Senhor teu Deus: 10 ouvirás pois a sua voz, e observarás os preceitos e as ordenações, que eu te prescrevo. 11 E nesse mesmo dia ordenou Moisés ao povo, dizendo: 12 Passado o Jordão, pôr-se-ão para abençoarem o povo sobre o monte de Garizim estes: Simeão, Levi, Judá, Issacar, José, e Benjamin. 13 E estes outros se porão da outra parte sobre o monte de Hebal para deitarem a maldição: Rúben, Gad, e Aser, e Zabulon, Dan e Neftali.

As doze maldições

14 E os levitas pronunciarão, e dirão em alta voz a todos os varões de Israel:

15 Maldito o homem, que faz imagem de escultura ou fundida, que é a abominação do Senhor, a obra da mão dos artífices, e a põe num lugar escondido: e todo o povo responderá, e dirá: Amém.

16 Maldito o que não honra a seu pai, e a sua mãe: e todo o povo responderá: Amém.

17 Maldito o que transpõe os marcos de seu próximo: e todo o povo responderá: Amém.

18 Maldito o que fez que o cego erre o caminho: e todo o povo responderá: Amém.

19 Maldito o que perverte a justiça do estrangeiro, do órfão, e da viúva: e todo o povo responderá: Amém.

20 Maldito o que dorme com a mulher de seu pai, e que levanta o cobertor da sua cama: e todo o povo responderá: Amém.

21 Maldito o que dorme com toda a casta de animais: e todo o povo responderá: Amém.

22 Maldito o que dorme com sua irmão, filha de seu pai ou de sua mãe: e todo o povo responderá: Amém.

23 Maldito o que dorme com sua sogra: e todo o povo responderá: Amém.

24 Maldito o que à traição fere a seu próximo: e todo o povo responderá: Amém.

25 Maldito o que aceita dádivas para derra-
mar o sangue inocente: e todo o povo respon-
derá: Amém.
26 Maldito o que não permanece firme nas
ordenações desta lei, e que as não cumpre efe-
tivamente: e todo o povo responderá: Amém.

Sanções: aos obedientes, bênçãos

28 Se tu porém ouvires a voz do Senhor teu
Deus, cumprindo, e guardando todas as
suas ordenações, que eu hoje te prescrevo, o
Senhor teu Deus te exaltará sobre todas as
nações, que há na terra. 2 Todas estas bênçãos
virão sobre ti, e te alcançarão contanto que
obedeças aos seus preceitos.
3 Tu serás bendito na cidade, e bendito no
campo.
4 Será bendito o fruto do teu ventre, e o
fruto da tua terra, e o fruto dos teus animais,
as manadas dos teus bois, e os rebanhos das
tuas ovelhas.
5 Benditos os teus celeiros, e benditas as
tuas sobras.
6 Serás bendito ao entrar e ao sair.

Vitória e prosperidade

7 O Senhor fará que caiam diante dos teus
olhos os teus inimigos, que se levantam con-
tra ti: eles virão contra ti por um caminho, e
por sete fugirão da tua presença. 8 O Senhor
derramará a sua bênção sobre os teus celeiros,
e sobre todas as obras das tuas mãos: e te
abençoará na terra, que receberes. 9 O Senhor
te levantará como um povo santo para si,
conforme ele to jurou: se guardares os man-
damentos do Senhor teu Deus, e andares nos
seus caminhos. 10 E todos os povos da terra
verão que trazes sobre ti o nome do Senhor,
e temer-te-ão. 11 O Senhor te fará abundante
de todos os bens, do fruto do teu ventre, e do
fruto dos teus gados, do fruto da terra, que
o Senhor prometeu com juramento a teus pais
que te havia de dar. 12 O Senhor abrirá o seu
riquíssimo tesouro, que é o céu, para derra-
mar sobre a terra chuva em seu tempo: e Ele
abençoará todas as obras das tuas mãos. E tu
emprestarás a muitas gentes, e de nenhum re-
ceberás emprestado. 13 O Senhor fará que
sejas o primeiro, e não o derradeiro: e sempre
estarás em cima, e não debaixo: contanto que
obedeças aos mandamentos do Senhor teu
Deus que eu hoje te prescrevo, e os guardes
e cumpras, 14 e não te desvies deles nem para
a direita, nem para a esquerda, nem sigas os
deuses estranhos, nem lhes dês culto.

Aos desobedientes, maldições

15 Porém se tu não quiseres ouvir a voz do
Senhor teu Deus, e não guardares e praticares
todas as suas ordenações e as cerimônias, que
eu hoje te prescrevo, virão sobre ti, e te alcan-
çarão todas estas maldições.
16 Tu serás maldito na cidade, maldito no
campo.
17 Maldito o teu celeiro, e malditas as tuas
sobras.
18 Maldito o fruto do teu ventre, e o fruto
da tua terra, as manadas dos teus bois, e os
rebanhos das tuas ovelhas.
19 Tu serás maldito ao entrar, e maldito
ao sair.

Doenças e derrotas

20 O Senhor mandará sobre ti a indigência
e a fome, e a maldição sobre todas as tuas
obras que tu fizeres: até te reduzir a pó, e te
acabar dentro de pouco tempo, por causa dos
teus péssimos desígnios em que tu me aban-
donaste. 21 O Senhor te mande peste, até que
te faça parecer da terra, que estás para entrar
a possuir. 22 O Senhor te castigue com pobre-
za, com febre e frio, com calor e secura, com
infecção de ar e com ferrugem, e te persiga
até que pereças. 23 O céu, que está por cima
de ti, se torne de bronze: e a terra, que pisas,
se torne de ferro. 24 Em lugar de chuva mande
o Senhor sobre a tua terra nuvens de poeira,
e do céu desça cinza sobre ti, até que sejas
consumido. 25 O Senhor te faça cair diante
de teus inimigos: por um caminho saias tu
contra eles, e por sete fujas, e sejas derramado
por todos os reinos da terra: 26 que o teu ca-
dáver sirva de pasto às aves do céu, e às feras
da terra, e não haja quem as enxote. 27 O
Senhor te castigue com as úlceras do Egito, e
fira de sarna, e de comichão aquela parte do
teu corpo, por onde se lança o excremento:
de sorte que não possas curar-te. 28 O Senhor
te fira de loucura e de cegueira e de frenesi,
29 de sorte que andes às apalpadelas no pino
do dia, como costuma fazer o cego às escuras,
e não acertes nos teus caminhos. E em todo
o tempo sejas denegrido de calúnias, e opri-
mido de violências, nem tenhas quem te livre.

Esbulho

30 Recebas por tua uma mulher, e outro dur-
ma com ela. Edifiques uma casa, e não a habi-
tes. Plantes uma vinha, e não a vindimes. 31 O
teu boi seja imolado diante de ti, e não comas
dele. O teu jumento te seja arrebatado diante
dos teus olhos, e não te seja restituído. As tuas
ovelhas dêem-se aos teus inimigos, e não haja
quem te ajude. 32 Os teus filhos e as tuas
filhas sejam entregues a outro povo, vendo-o
os teus olhos, e secando-se de os ver todo o
dia, e as tuas mãos te fiquem sem nenhuma

força. 33 Os frutos da tua terra, e todos os teus trabalhos coma-os um povo que tu não conheces: e experimentes sempre as calúnias, e sejas oprimido todos os dias, 34 e fiques atônito de terror pelas coisas, que os teus olhos hão de ver. 35 O Senhor te fira com a chaga a mais maligna nos teus joelhos e nas barrigas das tuas pernas, e não possas ser sarado desde a planta do pé até o alto da cabeça.

36 O Senhor te levará a ti, e a teu rei, que terás estabelecido sobre ti, a uma gente, que nem tu, nem teus pais conhecem: e lá servirás a deuses estranhos, ao pau e à pedra. 37 E verte-ás na última miséria como o ludíbrio e a fábula de todos os povos, onde o Senhor te houver levado.

Labores em vão

38 Lançarás muita semente à terra, e recolherás muito pouco: porque os gafanhotos comerão tudo. 39 Plantarás a vinha, e a cavarás: mas não lhe beberás o vinho, nem dela colherás coisa alguma, porque será destruída dos bichos. 40 Terás oliveiras em todas as tuas terras, e não terás azeite com que te untes: porque tudo cairá, e se perderá. 41 Gerarás filhos e filhas, e não te gozarás deles: porque tos levarão cativos. 42 Todas as tuas árvores e os frutos da tua terra consumi-los-á a ferrugem. 43 O estrangeiro, que vive contigo na tua terra, subirá sobre ti, e estará mais alto: e tu descerás, e ficarás mais abatido. 44 Ele te emprestará com usura, e tu não lhe emprestarás. Ele estará na cabeceira, e tu estarás aos pés.

45 E todas estas maldições descarregarão sobre ti, e, perseguindo-te te alcançarão, até que pereças: porque não ouviste a voz do Senhor teu Deus, nem guardaste os mandamentos, e as cerimônias que ele te prescreveu. 46 E ver-se-ão em ti e na tua posteridade para sempre sinais e prodígios: 47 porque não serviste ao Senhor teu Deus com gosto, e alegria de coração, por causa da abundância que tinhas de todas as coisas. 48 Servirás ao inimigo, que o Senhor há de enviar contra ti, com fome, com sede, com desnudez, e com falta de tudo: e Ele porá sobre o teu pescoço um jugo de ferro, até que te destrua.

Invasões

49 O Senhor mandará de longe, e das extremidades da terra sobre ti uma nação, à semelhança da águia que voa impetuosamente: cuja língua tu não possas entender: 50 nação atrevidíssima, que não terá respeito algum ao velho, nem se compadecerá do menino, 51 e devorará tudo o que nascer dos teus gados, e os frutos da tua terra: até que pereças, e não te deixará nem pão, nem vinho, nem azeite, nem manadas de bois, nem rebanhos de ovelhas: até que te haja destruído, 52 e te haja aniquilado em todas as tuas cidades, e até que em toda a tua terra sejam derribados os teus fortes e altos muros em que punhas a tua segurança. Serás sitiado dentro das tuas portas em toda a tua terra, que o Senhor teu Deus te dará: 53 e comerás o fruto do teu ventre, e as carnes de teus filhos e de tuas filhas que o Senhor teu Deus te houver dado na angústia e desolação, com que te oprimirá o teu inimigo. 54 O homem mais delicado dos teus, e o mais entregue a prazeres, será mesquinho com seu irmão, e com sua mulher, que dorme com ele, 55 e não lhes dará das carnes de seus filhos, que ele comerá: por não ter outra alguma coisa no cerco e na penúria, a que te reduzirão os teus inimigos dentro de todas as tuas portas. 56 A mulher tenra e mimosa, que não podia andar sobre a terra, nem firmar nela um pé por causa da sua demasiada brandura e delicadeza, será mesquinha com seu marido, que dorme ao seu lado, das carnes de seu filho e de sua filha, 57 e da asquerosa hediondez das páreas, que sairão do seu ventre, e dos filhos que no mesmo momento lhe nascerem: porque os comerão ocultamente pela falta de todas as coisas, no cerco e desolação, com que te oprimirá o teu inimigo dentro das tuas portas.

Pragas e exílio

58 Se não guardares e não cumprires todas as palavras desta lei, que estão escritas neste volume; e se não temeres o seu nome glorioso, e terrível, isto é, ao Senhor teu Deus: 59 O Senhor aumentará cada vez mais as tuas pragas, e as pragas de teus filhos, pragas grandes perseverantes, doenças malignas e incuráveis: 60 e voltará contra ti todas as aflições do Egito, que tanto temeste, e elas se não separarão de ti: 61 e demais disto enviará o Senhor sobre ti até te destruir todas as enfermidades e pragas, que não estão escritas no livro desta lei: 62 e vós ficareis poucos em número: os que antes pela multidão éreis como as estrelas do céu, porque não ouvistes a voz do Senhor teu Deus.

63 E assim como antes se comprazia o Senhor em vós fazendo-vos bem, e multiplicando-vos: assim se comprazerá em acabar-vos, e destruir-vos, para serdes exterminados da terra, em cuja posse estais a entrar. 64 O Senhor te espalhará por todos os povos desde uma extremidade da terra até os seus fins: e lá servirás a deuses estranhos, que tu e teus

pais ignoram, a paus e a pedras. 65 Tampouco terás repouso entre estes povos, nem a planta do teu pé achará descanso. Porque o Senhor te dará ali um coração medroso, e uns olhos descaídos, e uma alma consumida de tristeza. 66 E a tua vida estará como suspensa diante de ti. Temerás de dia e de noite, e não crerás na tua vida. 67 Pela manhã dirás: Quem me dera chegar à tarde? e à tarde: Quem me dera ver a manhã? por causa do temor com que serás aterrado em teu coração, e por causa daquelas coisas, que verás com os teus olhos. 68 O Senhor vos fará tornar por mar ao Egito, donde ele vos tinha dito que não tornásseis mais a tomar o caminho. Lá sereis vendidos aos teus inimigos para serdes escravos e escravas, e não haverá quem vos compre.

Conclusão da aliança

29 Estas são as palavras do concerto, que o Senhor mandou a Moisés que fizesse com os filhos de Israel na terra do Moab: além daquele outro concerto, que fizera com eles em Horeb.

Motivos de gratidão: os benefícios

2 Convocou pois Moisés a todo o Israel, e lhe disse: Vós vistes tudo o que o Senhor fez diante de vós na terra do Egito e Faraó, e a todos os seus servos, e a todo o seu reino. 3 As grandes provas, que teus olhos viram; aqueles sinais, e prodígios extraordinários, 4 e até o presente dia não vos tem o Senhor dado um coração inteligente, nem uns olhos de ver, nem umas orelhas que possam ouvir. 5 Ele vos conduziu quarenta anos pelo deserto: não se romperam os vossos vestidos, nem se gastaram com a velhice os sapatos dos vossos pés. 6 Não comestes pão, nem bebestes vinho nem outro algum licor: para que soubésseis que eu sou o Senhor vosso Deus. 7 E viestes a este lugar: e Seon rei de Hesebon, e Og rei de Basan, marcharam em nosso encontro para nos combater. E nós os derrotamos, 8 e lhes tomamos o seu país e o demos a Rúben e a Gad, e à meia tribo de Manassés, para eles o possuírem. 9 Guardai pois as palavras deste pacto, e cumpri-as: de sorte que tudo o que fizerdes o façais com inteligência.

A aliança obriga também as gerações futuras

10 Vós estais hoje todos na presença do Senhor vosso Deus, os vossos príncipes, e as tribos, e os anciãos, e os doutores, todo o povo de Israel, 11 os vossos filhos, e as vossas mulheres, e o estrangeiro que mora contigo no arraial, sem contar os que cortam lenha, e os que acarretam água: 12 para que tu passes no concerto do Senhor teu Deus, e no juramento que o Senhor teu Deus faz hoje contigo: 13 e assim suscite em ti um povo seu, e Ele seja o teu Deus como to disse, e como jurou a teus pais, Abraão, Isaac e Jacó. 14 E não só convosco faço eu este concerto, e estabeleço estes juramentos, 15 mas também com todos os presentes e ausentes.

16 Porque vós sabeis de que modo habitamos nós na terra do Egito, e como passamos pelo meio das nações, e ao passá-las, 17 vistes as suas abominações e imundícias, isto é, os seus ídolos, o pau e a pedra, a prata e o ouro, que elas adoravam. 18 Não suceda que entre vós se ache homem ou mulher, família ou tribo, cujo coração este ja hoje apartado do Senhor nosso Deus: de modo que vá servir aos deuses daquelas nações: e seja entre vós uma raiz que produza fel e amargura. 19 E que quando ouvir as palavras deste juramento, se lisonjeie no seu coração, dizendo: Eu viverei em paz, e andarei na depravação do meu coração: e que a embriaguez absorva o sequioso, 20 e o Senhor lhe não perdoe: mas fumegue então mais o seu furor e zelo contra aquele homem, e se ponham de assento sobre ele todas as maldições, que estão escritas neste livro: e apague o Senhor o seu nome debaixo do céu, 21 e o consuma arrancando-o de todas as tribos de Israel, conforme as maldições, que se contêm no livro desta lei e concerto.

22 E dirá a geração vindoura, e os filhos que nascerem daí por diante, e os estrangeiros, que vierem de longe, ao ver as pragas desta terra, e as doenças, com que o Senhor a terá afligido, 23 quando a abrasar com enxofre e com ardor de sal, de maneira que se não semeie jamais, nem se crie nela verdura alguma, à semelhança da ruína de Sodoma e Gomorra, Adama e Seboim, que o Senhor destruiu na sua ira e furor, 24 e todas as nações dirão: Por que se houve o Senhor assim com esta terra? Que ira imensa é esta do seu furor? 25 E responder-lhe-ão: Porque eles deixaram totalmente o pacto, que o Senhor tinha feito com seus pais, quando os tirou da terra do Egito: 26 e serviram, e adoraram a deuses estranhos, que lhes eram desconhecidos, e a cujo culto não tinham sido destinados: 27 Por isso o furor do Senhor se acendeu contra esta terra, para fazer vir sobre ela todas as maldições, que estão escritas neste livro: 28 e por isso com ira e sanha, e indignação grande os lançou fora da sua terra, e atirou com eles para uma terra estrangeira, como hoje se está vendo. 29 Segredos são estes do Senhor nosso Deus: que Ele nos manifestou a nós e a nossos

filhos para sempre, para que guardemos todas
as palavras desta lei.

Conversão e misericórdia

30 Quando pois vierem sobre ti todas estas
coisas, a bênção, ou a maldição, que eu
pus diante de ti: e tu tocado de arrependi-
mento no fundo do teu coração entre todas as
nações, para onde o Senhor teu Deus te tiver
espalhado, 2 e tornares para Ele com teus
filhos, e obedeceres aos seus mandamentos
de todo o teu coração, e de toda a tua alma,
como eu te ordeno hoje: 3 o Senhor teu Deus
te fará voltar do teu cativeiro, e se compade-
cerá de ti, e te congregará de novo, tirando-te
do meio de todos os povos, para onde antes te
havia derramado. 4 Ainda quando tenhas sido
lançado para os pólos do céu, daí te tirará o
Senhor teu Deus, 5 e te tomará, e te introdu-
zirá na terra, que teus pais possuíram, e tu
a alcançarás: e abençoando-te, fará que sejas
em maior número do que o foram teus pais.
6 O Senhor teu Deus circuncidará o teu cora-
ção, e o coração de teus filhos: para que ames
o Senhor teu Deus de todo o teu coração, e
de toda a tua alma, para que possas viver. 7 E
ele converterá todas estas maldições contra
teus inimigos, e contra os que te aborrecem,
e te perseguem. 8 Tu porém voltarás, e ouvirás
a voz do Senhor teu Deus: e observarás todos
os mandamentos, que eu te prescrevo hoje:
9 e o Senhor teu Deus te encherá de bens em
todas as obras das tuas mãos: no fruto do
teu ventre, e no fruto dos teus gados, na fe-
cundidade da tua terra, e numa abundância de
todas as coisas. Porque o Senhor tornará a
comprazer-se em ti, cumulando-te de todos os
bens, como ele se comprazeu em teus pais: 10
contanto todavia que tu ouças a voz do Senhor
teu Deus, e observes os seus preceitos e ceri-
mônias, que estão escritas nesta lei, e te voltes
para o Senhor teu Deus de todo o teu coração,
e de toda a tua alma.
11 Este mandamento, que eu hoje te intimo,
não está sobre ti, nem está longe de ti, 12 nem
está no céu, de sorte que possas dizer: Qual
de nós pode subir ao céu, para que no-lo traga,
e o ouçamos, e o ponhamos por obra? 13 Tam-
bém não está da banda de além do mar: para
que te desculpes, e digas: Qual de nós poderá
passar o mar, e trazer-no-lo: para que possa-
mos ouvir, e cumprir o que se nos manda?
14 Mas esta palavra está muito perto de ti,
na tua boca está, e no teu coração, para a
cumprires.

Solene advertência sobre a escolha de Israel

15 Considera que eu te pus hoje diante dos
olhos a vida e o bem; e ao contrário, a morte
e o mal: 16 para que tu ames o Senhor teu
Deus, e andes nos seus caminhos, e guardes os
seus mandamentos e cerimônias e ordenações:
e para que vivas, e Ele te multiplique, e te
abençoe na terra, que estás para entrar a
possuir. 17 Se porém o teu coração se arredar
dEle, e o não quiseres ouvir, e se deixando-te
levar do erro adorares deuses estranhos, e os
servires, 18 eu te profetizo neste dia que pe-
recerás, e que não morarás longo tempo na
terra, em que, passado o Jordão, entrarás de
posse. 19 Eu chamo hoje por testemunhas o
céu, e a terra, de como vos propus a vida, e
a morte, a bênção e a maldição. Escolhe pois
a vida, para que vivas tu, e a tua posteridade:
20 e ames o Senhor teu Deus, e obedeças à sua
voz, e te unas a Ele (como quem é a tua vida,
e quem prolonga os teus dias), a fim de que
habites na terras, que o Senhor jurou a teus
pais Abraão, Isaac e Jacó, que lhes havia de dar.

V. ADEUS E MORTE DE MOISÉS

Josué, sucessor de Moisés

31 Foi Moisés pois e declarou todas estas
coisas a todo o Israel, 2 e lhes disse: Eu
acho-me hoje com cento e vinte anos, não
posso daqui em diante sair, nem entrar, prin-
cipalmente tendo-me dito o Senhor: Tu não
passarás este Jordão. 3 O Senhor teu Deus
pois passará diante de ti: Ele mesmo extingui-
rá à vista de teus olhos todas estas nações, e
tu as possuirás: e este Josué passará adiante
de ti, como o Senhor disse. 4 E o Senhor tra-
tará a estes povos, como tratou a Seon e a
Og, reis dos amorreus, e ao seu país, e os
exterminará. 5 Quando Ele pois vos tiver tam-
bém entregado estes, vós vos havereis com eles
da maneira que vos tenho mandado. 6 Portai-
vos varonilmente, e tende animo: não temais,
nem vos atemorizeis à vista deles: porque o
mesmo Senhor teu Deus é o teu condutor, e
não te deixará, nem te desamparará.
7 Chamou pois Moisés a Josué, e lhe disse
diante de todo o Israel: Tem ânimo, e sê ro-
busto: porque tu hás de introduzir este povo
na terra, que o Senhor jurou a teus pais que
lhes havia de dar, e tu lha repartirás por sorte.
8 E o Senhor que é o vosso condutor, Ele mes-
mo será contigo: Ele te não deixará, nem te
desamparará. Não temas, nem te assustes.

A leitura da lei e outras instruções do Senhor

9 Escreveu pois Moisés esta lei, e a entregou
aos sacerdotes filhos de Levi, que levavam a
arca do concerto do Senhor, e a todos os
anciãos de Israel. 10 E lhes ordenou, dizendo:
Passados sete anos, no ano da Remissão, na
solenidade dos Tabernáculos, 11 quando todos
os filhos de Israel se ajuntarem para aparecer
diante do Senhor teu Deus, no lugar que o
Senhor tiver escolhido, lerás as palavras desta
lei diante de todo o Israel, ouvindo-as eles,
12 e estando congregado todo o povo num
mesmo lugar, assim homens, como mulheres,
meninos, e estrangeiros, que vivem das tuas
portas para dentro: para que ouvindo-a, a
aprendam, e temam o Senhor vosso Deus, e
guardem e cumpram todas as palavras desta
lei: 13 e também seus filhos, que agora as
ignoram; para que as possam ouvir, e temam
o Senhor seu Deus todo o tempo que viverem
na terra, que, passado o Jordão, ides a possuir.
14 Então disse o Senhor a Moisés: Olha que
estão perto os dias da tua morte: chama a
Josué, e apresentai-vos diante do tabernáculo
do testemunho, para eu lhe dar as minhas or-
dens. Partiram pois Moisés e Josué, e se apre-
sentaram diante do tabernáculo do testemu-
nho: 15 e apareceu ali o Senhor na coluna de
nuvem, a qual parou à entrada do tabernáculo.
16 E disse o Senhor a Moisés: Eis aí vai tu
a dormir com teus pais, e este povo, levantan-
do-se, se prostituirá a deuses estranhos na
terra, em que está para entrar e para habitar
nela: ali me abandonará, e violará o concerto,
que eu fiz com ele. 17 E o meu furor se acen-
derá naquele dia contra ele: e eu o deixarei,
e esconderei dele o meu rosto, e ele será de-
vorado: sobre ele virão todos os males e afli-
ções, sobremaneira que dirá naquele dia: Em
verdade, que por Deus não estar comigo, me
vieram estes males. 18 Mas eu esconderei e
ocultarei a minha face naquele dia, por causa
de todos os males que ele fez, por ter seguido
a deuses estranhos. 19 Agora pois escrevi para
vós este cântico, e ensinai-o aos filhos de Is-
rael: para que eles o saibam de cor, e o can-
tem, e para que este cântico me sirva de teste-
munho entre os filhos de Israel. 20 Porque
eu o introduzirei na terra, que prometi com
juramento a seus pais, que mana leite e mel.
E depois que tiverem comido, e se tiverem
fartado, e engordado, eles se converterão para
deuses alheios, e os servirão: e falarão contra
mim, e violarão o meu pacto. 21 Depois que
tiverem caído sobre eles muitos males e afli-
ções, falará em testemunho contra ele este
cântico, o qual, andando na boca de seus filhos,
nunca jamais se apagará por esquecimento.
Porque eu conheço os seus pensamentos, e o
que ele há de fazer hoje, antes que eu o intro-
duza na terra, que lhes prometi. 22 Escreveu
Moisés pois o cântico, e o ensinou aos filhos
de Israel.
23 E ordenou o Senhor a Josué filho de
Num, e lhe disse: Tem ânimo, e sê robusto:
porque tu introduzirás os filhos de Israel na
terra, que eu lhes prometi, e eu serei contigo.

A lei colocada ao lado da arca

24 Logo pois que Moisés acabou de escrever
num livro as palavras desta lei: 25 mandou aos
levitas, que levavam a arca do concerto do
Senhor, dizendo: 26 Tomai este livro, e ponde-o
ao lado da arca do concerto do Senhor vosso
Deus, para aí servir de testemunho contra ti.
27 Porque eu sei a tua porfia, e a dureza gran-
de da tua cerviz. Ainda vivendo eu, e andando
convosco, vos portastes vós sempre teimoso
contra o Senhor: quanto mais depois que eu
morrer? 28 Fazei que venham perante mim
todos os anciãos das vossas tribos, e doutores
e eu pronunciarei diante deles estas palavras,
e invocarei contra eles o céu e a terra. 29 Por-
que sei que depois da minha morte vós proce-
dereis iniquamente, e que depressa vos arre-
dareis do caminho, que eu vos prescrevi: e
sobrevir-vos-ão calamidades nos últimos tem-
pos, quando fizerdes o mal diante do Senhor,
irritando-o com as obras das vossas mãos.

Cântico de Moisés

30 Pronunciou Moisés pois as palavras deste
cântico, e o recitou até o fim, ouvindo-o todo
o ajuntamento de Israel.

A bondade do Senhor e a ingratidão dos israelitas

32 Ouvi, céus, o que vou a dizer: ouça a
terra as palavras da minha boca.
2 Cresça como chuva a minha doutrina, dis-
tilem como orvalho as minhas palavras, como
chuvisco sobre a erva, e como gotas de água
sobre as relvas.
3 Porque eu invocarei o nome do Senhor:
magnificai ao nosso Deus.
4 As obras de Deus são perfeitas, e todos os
seus caminhos são cheios de eqüidade. Deus
é fiel, e sem nenhuma iniqüidade, justo e reto.
5 Pecaram contra ele, não já seus filhos em
imundícies: geração deprevada e perversa.
6 Assim é que tu, povo louco e insensato,
mostras o teu agradecimento ao Senhor? Não é
Ele teu pai, que te possuiu, e te fez, e te criou?
7 Consulta os séculos antigos, considera o
que se tem passado no decurso de todas as
gerações: pergunta aos teus maiores, e eles
te dirão.

Benefícios de Deus. Apostasia do povo. Ira de Deus

8 Quando o Altíssimo dividia as nações:
quando separava os filhos de Adão, Ele de-
signou os limites dos povos, segundo o núme-
ro dos filhos de Israel. 9 A porção porém do
Senhor é o seu povo: Jacó a corda da sua
herança.

10 Ele o achou numa terra deserta, num lugar horroroso, e numa vasta solidão: Ele o conduziu por diversos caminhos: e o ensinou: e o guardou como a menina do seu olho.

11 Como uma águia provoca seus filhos a voar, e de contínuo voa sobre eles, assim o Senhor estendeu as suas asas sobre o seu povo, e o tomou, e o levou sobre seus ombros.

12 O Senhor só foi o seu condutor: e não era com Ele deus algum estranho.

13 Ele o estabeleceu sobre uma terra alta: para que comesse os frutos dos campos, para que chupasse o mel que saía da pedra, e gostasse do azeite que se dava nos mais duros rochedos.

14 Da manteiga das vacas, e do leite das ovelhas, com a gordura dos cordeiros, e dos carneiros dos filhos de Basan: e dos cabritos com a medula do trigo, e para que bebesse mui puro o sanguíneo licor da uva.

15 Mas o amado engrossado, recalcitrou: engrossado, engordado, alargado, abandonou a Deus seu Criador, e se apartou de Deus seu Salvador.

16 Eles o irritaram, adorando deuses estranhos, e com as suas abominações o provocaram à ira.

17 Ofereceram sacrifícios não a Deus, mas aos demônios, aos deuses, que eles desconheciam: vieram deuses novos e recentes, que seus pais não tinham adorado.

18 Deixaste ao Deus que te gerou, e esqueceste-te do Senhor teu Criador.

19 Viu isto o Senhor, e se acendeu em ira: porque o provocaram seus filhos e filhas.

20 Então disse: eu esconderei deles a minha face, e considerarei o fim que o espera: porque esta é uma geração perversa, e uns filhos infiéis.

21 Eles me provocaram a zelos com aquele que não era Deus, e me irritaram com as suas vaidades: e eu os provocarei a zelos com aquele que não é povo, e os irritarei com uma nação insensata.

22 O fogo se acendeu no meu furor, e arderá até o mais profundo do inferno: e devorará a terra com as suas mais pequenas ervas, e queimará os montes até às raízes.

23 Eu amontoarei sobre eles os males, e empregarei neles todas as minhas setas.

24 A fome os consumirá e as aves os despedaçarão com as suas cruéis mordeduras: eu armarei contra eles os dentes das feras, e o furor das que se revolvem e arrastam sobre a terra.

25 Por fora os devastará a espada, e por dentro o pavor, ao mancebo juntamente com a virgem, à criança que ainda mama, e ao homem velho.

Castigo adiado para tempo oportuno

26 Eu disse: Onde estão eles? Eu farei apagar dentre os homens a sua memória.

27 Mas eu diferi executá-lo por causa da arrogância dos inimigos: para que os seus inimigos se não ensoberbecessem, e dissessem: Não foi o Senhor, mas sim a nossa mão poderosa, a que fez todas estas coisas.

28 É uma gente sem conselho e sem prudência.

29 Oxalá que eles tivessem sabedoria, e inteligência, e previssem os fins.

30 Como pode ser que um persiga a mil, e dois façam fugir a dez mil? Não é isto, por que o seu Deus os vendeu, e o Senhor os fechou?

31 Porque o nosso Deus não é como os deuses deles: e os nossos mesmos inimigos são os juízes.

32 A sua vinha é da vinha de Sodoma, e dos subúrbios de Gomorra: as suas uvas são uvas de fel, e os seus cachos amaríssimos.

33 O seu vinho é fel de dragões, e veneno de áspides incurável.

34 Porventura não tenho eu guardadas estas coisas comigo, e seladas nos meus tesouros?

35 Minha é a vingança, e eu lhes darei o pago a seu tempo, quando resvalar o seu pé: perto está o dia da sua perdição, e os momentos dela se apressam por chegar.

36 O Senhor julgará o seu povo, e se compadecerá dos seus servos. Ele verá que as mãos estão sem força, e que também os que estavam fechados desfaleceram, e que os que tinham ficado foram consumidos.

37 E dirá: Onde estão os seus deuses, nos quais tinham posto a sua confiança?

38 De cujas vítimas comiam as banhas, e bebiam o vinho das suas libações: levantem-se e venham em vosso socorro, e projetam-vos na vossa necessidade.

39 Vede que só eu sou Deus, e que não há outro fora de mim: eu matarei, e eu farei viver: ferirei, e curarei: e não há quem possa tirar da minha mão coisa alguma.

40 Eu levantarei a minha mão ao céu, e direi: Eu sou o que vivo eternamente.

41 Se eu afiar como raio a minha espada, e a minha mão se armar para fazer justiça:

eu me vingarei de meus inimigos, e darei o
pago aos que me aborrecem.
42 Eu embriagarei as minhas setas em san-
gue dos mortos, e a minha espada devorará
as carnes dos inimigos, que estão no cativeiro
com a cabeça rapada.

Conclusão do cântico: O triunfo de Deus e a reconciliação do povo

43 Louvai, ó gentes, o seu povo, porque
Ele vingará o sangue dos seus servos: e to-
mará vingança dos seus inimigos, e se mos-
trará propício à terra do seu povo.

Últimas instruções de Deus a Moisés

44 Veio pois Moisés, e com Josué, filho de
Nun, proferiu todas as palavras deste cântico
diante do seu povo.
45 E acabou todas estas palavras, falando
a todo o Israel: 46 E lhes disse: Aplicai vossos
corações a todas as palavras que eu hoje vos
testifico, recomendai a vossos filhos que guar-
dem, e pratiquem, e cumpram tudo o que
está escrito nesta lei: 47 porque não debalde
vos foram postos estes preceitos, mas sim
para que cada um de vós ache neles a vida,
e guardando-os moreis por muito tempo no
país, que ides a possuir, depois que passardes
o Jordão.
48 No mesmo dia falou o Senhor a Moisés,
dizendo: 49 Sobe a este monte de Abarim,
isto é, das passagens, ao monte Nebo, que é
o país de Moab defronte de Jericó: e con-
templa a terra de Canaã, cuja posse darei aos
filhos de Israel, e tu morrerás no monte. 50 Ao
qual tendo subido, irás unir-te a teus povos,
assim como Aarão teu irmão morreu no mon-
te Hor, e se foi unir aos seus povos: 51 por-
que vós prevaricastes contra mim no meio
dos filhos de Israel nas águas da contradição
em Cades, do deserto de Sin: e não me san-
tificastes entre os filhos de Israel. 52 Tu verás
defronte de ti a terra que eu hei de dar aos
filhos de Israel, e não entrarás nela.

Profética bênção de Moisés sobre as tribos

33 Esta é a bênção, que deu Moisés homem
de Deus, aos filhos de Israel, antes da
sua morte. 2 E disse.
O Senhor veio de Sinai, e nasceu de Seir
para nós: apareceu sobre o monte Faran, e
milhares de santos com Ele. Na sua direita
vinha a lei do fogo.
3 Ele amou os povos; todos os santos estão
na sua mão: e os que se chegam a seus pés,
receberão da sua doutrina.
4 Moisés nos prescreveu a lei para ser a
herança de todos os filhos de Jacó.
5 Será junto do retíssimo o rei, estando
congregados os príncipes do povo com as tri-
bos de Israel.
6 Viva Rúben, e não morra, mas ele seja
em pequeno número.
7 Esta é a bênção de Judá. Ouve, Senhor,
a voz de Judá, e introduze-o no seu povo: as
suas mãos pelejarão por ele e Ele será o seu
protetor contra os seus adversários.
8 Disse também a Levi: A tua perfeição,
e a tua doutrina é para o teu santo varão, que
tu provaste na Tentação, e julgaste nas Águas
da Contradição.
9 Os que disseram a seu pai, e a sua mãe:
Eu não vos conheço. E a seus irmãos: Eu não
sei quem vós sois. E que não conheceram seus
próprios filhos. Estes são os que executaram
a sua palavra, e os que guardaram o teu pac-
to, 10 os teus juízos, ó Jacó, e a tua lei, ó
Israel: estes oferecerão incenso no tempo do
teu furor, e porão o holocausto sobre o teu
altar.
11 Abençoa, Senhor, a sua fortaleza, e acei-
ta as obras das suas mãos. Fere as costas dos
seus inimigos: e os que o aborrecem, não se
levantem.
12 Disse também a Benjamim: O muito
amado do Senhor habitará nele confiadamen-
te: morará como em tálamo nupcial todo o
dia, e descansará entre os seus braços.
13 Disse também a José: A tua terra seja
cheia das bênçãos do Senhor, dos frutos do
céu, e do orvalho, e do abismo que está de-
baixo.
14 Dos frutos produzidos por virtude do
sol, e da lua:
15 dos frutos, que crescem sobre os mon-
tes antigos, e sobre os outeiros eternos:
16 e dos frutos da terra, e de toda a sua
abundância. A bênção daquele, que apareceu
na sarça, venha sobre a cabeça de José, e so-
bre o alto da cabeça do escolhido entre seus
irmãos.
17 A sua formosura é como a do primo-
gênito do touro; os seus cornos são como
os cornos do rinoceronte: com eles levanta-
rás ao ar todas as gentes até às extremida-
des da terra: tais são as tropas inumerá-
veis de Efraim: e tais são os milhares de
Manassés.
18 Disse também a Zabulon: Alegra-te Za-
bulon, na tua saída, e tu, Issacar, nas tuas
tendas.
19 Eles chamarão os povos ao monte: aí
imolarão vítimas de justiça. Eles chuparão
como leite as riquezas do mar, e os tesouros
escondidos nas areias.

20 Disse também a Gad: Bendito Gad na vastidão da sua partilha: Ele repousou como leão, e arrebatou o braço e a cabeça.

21 Ele conheceu a sua prerrogativa, porquanto na sua partilha estava depositado o chefe: ele andou com os príncipes do seu povo, e observou as leis do Senhor, e as suas ordens com Israel.

22 Disse também a Dan: Dan, cachorro de leão se estenderá largamente desde Basan.

23 Disse mais a Neftali: Neftali gozará da abundância, e será cheio das bênçãos do Senhor: possuirá o mar e o meio-dia.

24 Disse outrossim a Aser: Bendito Aser entre os filhos, ele caia em graça a seus irmãos e banhe em azeite o seu pé.

25 O ferro e o bronze serão seu calçado. Os dias da tua velhice sejam como os da tua mocidade.

26 Não há outro Deus, como o Deus do retíssimo: e teu protetor é aquele que sobe ao mais alto dos céus. Pelo seu poder correm as nuvens,

27 a sua habitação é lá no alto, e cá em baixo seus braços eternos: Ele fará fugir da tua presença o inimigo, e dirá: Sê reduzido a pó.

28 Israel habitará em plena segurança, e habitará só. Os olhos de Jacó verão a sua terra cheia de pão e de vinho, e os céus se escurecerão com o orvalho.

29 Bem-aventurado tu, ó Israel: Quem é semelhante a ti, ó povo, que és salvo em o Senhor? Ele é o escudo do teu socorro, e espada da tua glória. Os teus inimigos não te reconhecerão, mas tu lhes porás o pé no pescoço.

Morte de Moisés

34 Subiu pois Moisés da campina de Moab
ao monte Nebo, ao alto de Fasga, defronte de Jericó: e o Senhor lhe mostrou todo
o país de Galaad até Dan, 2 e todo o Neftali,
e toda a terra de Efraim e de Manassés, e
todo o país de Judá até o mar Último, 3 e
a parte meridional, e o espaçoso campo de
Jericó cidade das Palmeiras até Segor. 4 E
o Senhor lhe disse: Eis aí a terra, pela qual
jurei a Abraão, Isaac e Jacó dizendo-lhe: Eu
a darei à tua posteridade. Tu a viste com os
teus olhos, e não passarás a ela. 5 E morreu
ali Moisés, servo do Senhor, na terra de Moab,
por mandado do Senhor; 6 e o sepultou no
vale da terra de Moab, defronte de Fogor: e
nenhum homem tem sabido até hoje o lugar
da sua sepultura. 7 Tinha Moisés cento e vinte
anos, quando morreu: nunca a vista se lhe
diminuiu, nem os dentes se lhe abalaram.

8 E os filhos de Israel o choraram na planície de Moab por trinta dias: e se completaram os dias do pranto dos que choravam a
Moisés. 9 E Josué pois, filho de Nun, foi cheio
do espírito de sabedoria, porque Moisés lhe
tinha imposto as suas mãos. E os filhos de
Israel lhe obedeceram, e fizeram como o
Senhor tinha mandado a Moisés.

10 E não se levantou mais em Israel profeta
algum como Moisés, com quem o Senhor tratasse cara a cara: 11 nem semelhante em sinais
e portentos, como os que em virtude da sua
missão fez na terra do Egito a Faraó, e a
todos os seus servos, e a todo o seu reino,
12 nem semelhante em todas as coisas fortes,
e maravilhas grandes, quais as que obrou
Moisés à vista de todo o Israel.

JOSUÉ

I. CONQUISTA DA TERRA DE CANAÃ

Promessa de Deus a Josué

1 Foi assim, que depois da morte de Moisés,
servo do Senhor, falou o Senhor a Josué
filho de Nun, ministro de Moisés, e lhe disse:
2 Moisés, meu servo, é morto: levanta-te e
passa esse Jordão tu, e todo o povo contigo,
para entrar na terra, que eu darei aos filhos
de Israel. 3 Todo o lugar, que pisarem as plan-
tas de vossos pés, eu vô-lo entregarei, como
disse a Moisés. 4 Os vossos limites serão desde
o deserto e desde o Líbano até o grande rio
Eufrates, todo o país dos heteus até o mar
grande para o poente. 5 Nenhum vos poderá
resistir todo o tempo que viveres: como eu
fui com Moisés, assim serei contigo: não te
deixarei, nem desampararei.
6 Tem ânimo, e sê robusto: porque tu hás
de repartir por sorte a este povo a terra, que
prometi com juramento a seus pais, que lhes
havia de entregar. 7 Tem ânimo pois, e reveste-
te de grande valor, para observares, e cum-
prires toda a lei, que Moisés meu servo te
deixou prescrita. Não te arredes dela nem
para a direita nem para a esquerda, a fim
de entenderes tudo o que fazes. 8 Não se
aparte da tua boca o livro desta lei: mas me-
ditarás nele de dia e de noite, para observares
e cumprires tudo o que nele está escrito. En-
tão levarás o teu caminho direito, e te con-
duzirás por ele com inteligência. 9 Olha que
eu to mando, tem ânimo, e sê robusto. Não
temas, nem hajas medo: porque o Senhor teu
Deus é contigo para qualquer parte que fores.

Ordem de partida

10 Mandou pois Josué aos príncipes do po-
vo, dizendo: Passai pelo meio do arraial, e
dai ao povo esta ordem, e dizei-lhe: 11 Provei-
vos de mantimentos: porque depois do tercei-
ro dia haveis de passar o Jordão, e entrareis
a possuir a terra, que o Senhor vosso Deus
vos há de dar.
12 Disse também aos da tribo de Rúben e
aos da tribo de Gad, e à meia tribo de Ma-
nassés: 13 Lembrai-vos do que vos ordenou
Moisés, servo do Senhor, dizendo: O Senhor
vosso Deus vos deu descanso e toda esta terra.
14 Vossas mulheres, e filhos e animais ficarão
na terra, que Moisés vos entregou desta banda
do Jordão: mas vós todos os que sois valentes,
passai armados na frente de vossos irmãos,
e pelejai por eles, 15 até que o Senhor dê
descanso a vossos irmãos, bem como vô-lo
deu a vós, e também eles possuam a terra,
que o Senhor vosso Deus tem de lhes dar: e
depois disto voltareis vós para a terra que
possuís, e habitareis naquela que vos deu
Moisés servo do Senhor, desta banda do Jordão
para o nascente. 16 E eles responderam a
Josué, e disseram: Nós faremos tudo o que
nos ordenaste: e iremos para onde quer que
nos mandares. 17 Assim como em tudo obe-
decemos a Moisés, do mesmo modo obede-
ceremos também a ti. Somente que o Senhor
teu Deus seja contigo, assim como foi com
Moisés. 18 Aquele que contradisser as pala-
vras da tua boca, e não obedecer a tudo o
que lhe mandares, morra. Somente que te-
nhas ânimo, e obres com valor.

Josué envia exploradores

2 Enviou pois Josué filho de Nun secreta-
mente desde Cetim dois espias e lhes disse:
Ide, e reconhecei bem a terra e a cidade de
Jericó. Eles partiram e entraram em casa de
uma mulher prostituta, por nome Raab, e
pousaram em sua casa. 2 E deu-se notícia ao
rei de Jericó, e foi-lhe dito: Olha que entra-
ram aqui de noite uns homens dos filhos de
Israel, para reconhecer a terra. 3 Mandou pois
o rei de Jericó dizer a Raab: Faze sair esses
homens, que vieram a ti, e entraram em tua
casa: porque são espias, e vieram reconhecer
toda a terra, 4 Mas a mulher tomando os
homens, os escondeu, e disse: Confesso que
eles vieram a minha casa; mas eu não sabia
de onde eram. 5 E quando se fechava a porta,
sendo já escuro, saíram eles ao mesmo tempo,

e não sei para onde foram. Ide após eles depressa, e encontrá-los-eis. 6 Ela porém tinha feito subir os homens ao terraço da sua casa, e os tinha coberto com a palha de linho, que ali havia. 7 E os que tinham sido enviados, os foram seguindo pelo caminho, que conduz ao vau do Jordão: e logo que eles saíram se fechou a porta.

O pacto com Raab

8 Ainda os homens, que estavam escondidos, não tinham pegado no sono, eis que subiu a eles a mulher, e lhes disse: 9 Eu sei que o Senhor vos tem entregado a terra: porque o terror do vosso nome se apoderou de nós, e todos os habitantes da terra desanimaram. 10 Nós ouvimos que o Senhor secou as águas do mar Vermelho à vossa entrada, quando saístes do Egito: e o que tínheis feito aos dois dos amorreus, que estavam da banda de além do Jordão: a Seon e a Ag, os quais matastes. 11 E quando isto ouvimos tivemos grande medo, e o nosso coração desmaiou, e não ficou alento em nós à vossa entrada: porque o Senhor vosso Deus, esse mesmo é o Deus lá em cima no céu, e cá em baixo na terra. 12 Agora pois jurai-me por este Senhor, que usareis com a casa de meu pai da mesma misericórdia, de que eu usei convosco: e que me dareis um sinal seguro, 13 de que salvareis a meu pai e a minha mãe, a meus irmãos e a minhas irmãs, e a tudo o que for deles, e livrareis as nossas almas da morte. 14 Eles lhe responderam: A nossa alma seja por vós até à morte, contanto que tu nos não faças traição: e quando o Senhor nos entregar este país, usaremos contigo de misericórdia e de verdade.

Volta dos exploradores

15 Ela pois os fez descer por uma corda pela janela: porque a sua casa estava pegada com o muro. 16 E disse-lhes: Subi para a montanha, não suceda que eles vos encontrem quando voltarem: e deixai-vos lá estar escondidos três dias até que eles tornem, e depois tomareis o vosso caminho. 17 Eles lhe responderam: Nós seremos inocentes no tocante a este juramento, que tu nos fizeste dar: 18 se quando nós entrarmos nesta terra, estiver por sinal este cordão de escarlata, e o atares à janela, por onde nos fizeste descer. Se tiveres recolhido em tua casa a teu pai e a tua mãe, e a teus irmãos e a toda a tua parentela. 19 Se algum sair da porta de tua casa, o seu sangue cairá sobre a sua cabeça e nós ficaremos sem culpas, mas o sangue de todos os que estiverem contigo em tua casa cairá sobre a nossa cabeça, se algum os tocar. 20 Porém se tu nos quiseres fazer traição, e publicares isto que te dizemos, ficaremos desobrigados deste juramento, com que tu nos conjuraste. 21 E ela respondeu: Faça-se assim, como vós dissestes: e deixando-os partir, pendurou o cordão de escarlata à sua janela.

22 E eles andando chegaram aos montes, e lá se deixaram estar três dias, até que voltaram os que iam em seu seguimento: porque estes, tendo-os buscado por todo o caminho, não os acharam. 23 E depois que eles entraram na cidade, os espias, tendo descido do monte, deram volta: e passado o Jordão, chegaram a Josué filho de Nun, e lhe contaram tudo o que lhes havia acontecido, 24 e disseram-lhe: O Senhor entregou todo este país nas nossas mãos, e todos os seus habitantes estão consternados de medo.

A passagem do Jordão

3 Josué pois, levantando-se de noite, descampou o exército: e saindo de Cetim ele e todos os filhos de Israel, chegaram ao Jordão, e aí se detiveram três dias. 2 Passados estes, atravessaram os pregoeiros pelo meio do arraial, 3 e começaram a dizer em alta voz: Logo que vós virdes a arca da aliança do Senhor vosso Deus, e os sacerdotes da linhagem de Levi levando-a, levantai-vos vós também, e ide em seguimento dos que forem adiante: 4 e haja entre vós e a arca o espaço de dois mil côvados: a fim de a poderdes ver de longe, e conhecer o caminho por onde deveis ir: porque nunca antes por ele andastes: e vede, não vos chegueis perto da arca.

Disposições

5 E Josué disse ao povo: Santificai-vos: porque amanhã fará o Senhor maravilhas entre vós. 6 E disse aos sacerdotes: Tomai a arca do concerto, e caminhai adiante do povo. E eles executando a sua ordem tomaram a arca, e caminharam adiante deles.

7 E disse o Senhor a Josué: Hoje começarei eu a exaltar-te diante de todo o Israel: para que eles saibam que eu sou contigo, bem como fui com Moisés. 8 Manda pois aos sacerdotes, que levam a arca do concerto, e dize-lhes: Tanto que tiverdes entrado em parte da água do Jordão, parai aí.

9 E Josué disse aos filhos de Israel: Chegai-vos cá, e ouvi a palavra do Senhor vosso Deus.

10 E acrescentou: Nisto conhecereis vós que o Senhor, o Deus vivo, está no meio de vós, e que Ele destruirá a vossos olhos os cananeus e os heteus, os heveus e os fereseus, os gergeseus e os jebuseus e os amorreus. 11 Eis aí que a arca da aliança do Senhor de

toda a terra irá adiante de vós atravessando o Jordão. 12 Tende prontos doze homens das tribos de Israel, cada um de sua tribo. 13 E logo que os sacerdotes, que levam a arca do Senhor Deus de toda a terra, tiverem metido as plantas de seus pés nas águas do Jordão, as águas debaixo seguirão a sua corrente e minguarão: e as que vêm de cima, pararão feitas num corpo.

Seca-se o Jordão e o povo passa

14 Saiu pois o povo das suas tendas, para passar o Jordão: e os sacerdotes, que levavam a arca do concerto, caminhavam adiante dele. 15 E tanto que estes entraram no Jordão, e a água lhes começou a molhar os pés (porque o Jordão como em tempo da ceifa inundava as margens do seu leito) 16 as águas que vinham de cima, pararam num lugar e levantando-se à maneira dum monte se descobriam assim de longe desde a cidade, que se chama Adom até o lugar de Sartan: as debaixo porém continuaram a correr para o mar do deserto, (que agora se chama o mar Morto) até que faltaram de todo. 17 E o povo caminhava em direitura a Jericó: e os sacerdotes, que levavam a arca do concerto do Senhor, se conservavam quedos e prestes sobre a terra seca no meio do Jordão, e todo o povo passava através do rio a pé enxuto.

As doze pedras

4 Depois que eles passaram, disse o Senhor a Josué: 2 Escolhe doze homens, um de cada tribo: 3 e manda-lhes que tomem do meio da madre do Jordão, onde os pés dos sacerdotes estiveram parados, doze pedras duríssimas, as quais vós poreis no lugar do acampamento, em que esta noite haveis de plantar as tendas.

4 Chamou pois Josué os doze homens, que tinha escolhido dentre os filhos de Israel, um de cada tribo, 5 e disse-lhes: Ide diante da arca do Senhor vosso Deus ao meio do Jordão, trazei de lá cada um sua pedra sobre vossos ombros, segundo o número dos filhos de Israel, 6 para que seja sinal entre vós: e quando amanhã vos perguntarem vossos filhos, dizendo: Que significam estas pedras? 7 vós lhes respondereis: As águas do Jordão desapareceram diante da arca do concerto do Senhor, quando passava por ele: e por isso se puseram estas pedras para servirem aos filhos de Israel dum eterno monumento. 8 Fizeram pois os filhos de Israel como Josué lhes tinha ordenado, levando do meio do leito do Jordão doze pedras, segundo o número dos filhos de Israel, como o Senhor tinha mandado a Josué, até o lugar onde se acamparam, e ali as puseram. 9 Pôs também Josué outras doze pedras no meio do leito do Jordão, onde pararam os sacerdotes, que levavam a arca do concerto: e ali se conservam até ao dia de hoje.

10 Os sacerdotes porém que levavam a arca, estavam parados no meio do Jordão, até se cumprir tudo o que o Senhor tinha mandado a Josué que dissesse ao povo, e que Moisés lhe tinha dito. E o povo se apressou, e passou. 11 E logo que passaram todos, passou também a arca do Senhor, e os sacerdotes iam adiante do povo. 12 E os filhos de Rúben, e de Gad, e a meia tribo de Manassés, iam também armados adiante dos filhos de Israel, conforme lhes tinha ordenado Moisés: 13 e quarenta mil combatentes marchavam debaixo das suas bandeiras, e em diversos corpos, pelas planícies e campinas da cidade de Jericó.

14 Neste dia engrandeceu o Senhor a Josué diante de todo o Israel, para eles o reverenciarem, como tinham reverenciado a Moisés, quando ainda vivia.

15 E lhe disse: 16 Manda aos sacerdotes, que levam a arca do concerto, que saiam do Jordão.

17 Ele lho mandou, dizendo: Saí do Jordão. 18 E tendo saído levando a arca do concerto do Senhor, logo que começaram a pisar a terra seca, tornaram as águas à sua madre, e correram como costumavam antes.

19 O povo porém saiu do Jordão, no dia dez do primeiro mês, e se acamparam em Galgala pela banda oriental da cidade de Jericó.

O monumento

20 Colocou também Josué em Galgala as doze pedras, que tinham tomado do fundo do Jordão, 21 e disse aos filhos de Israel: Quando vossos filhos amanhã perguntarem a seus pais, e lhes disserem: Que querem dizer estas pedras? 22 Vós os ensinareis, e lhes direis: Israel passou a pé enxuto este Jordão, 23 tendo o Senhor vosso Deus secado as suas águas à vossa vista, até que passásseis: 24 assim como Ele o tinha feito antes no mar Vermelho, ao qual secou até que passássemos: 25 para que todos os povos da terra conheçam, que a mão do Senhor é poderosíssima: e vós também em todo o tempo temais o Senhor vosso Deus.

Terror dos reis amorreus e cananeus

5 Depois que todos os reis dos amorreus, que habitavam na outra banda do Jordão ao ocidente, e todos os reis de Canaã, que possuíam os lugares vizinhos ao mar grande, ouviram que o Senhor tinha secado as águas do

Jordão à vista dos filhos de Israel até que passassem, enfraqueceu-se-lhes o coração, e não ficou neles alento, temendo a entrada dos filhos de Israel.

Circuncisão de todo o povo

2 Naquele tempo disse o Senhor a Josué: Faze umas facas de pedra, e circuncida segunda vez aos filhos de Israel. 3 Fez Josué o que o Senhor lhe mandara, e circuncidou os filhos de Israel no Outeiro dos Prepúcios. 4 E a causa desta segunda circuncisão é esta: Todos os varões de entre o povo, que tinham saído do Egito em idade de tomar armas, tinham falecido no deserto em os larguíssimos rodeios do caminho, 5 e estes todos tinham sido circuncidados. Porém o povo que nasceu no deserto, 6 durante os quarenta anos de marcha por aquela vastíssima solidão estava por circuncidar: até que morreram aqueles que não tinham ouvido a voz do Senhor, e aos quais Ele antes tinha jurado que lhes não mostraria a terra que manava leite e mel. 7 Os filhos destes sucederam no lugar de seus pais, e foram circuncidados por Josué: porque estavam com o seu prepúcio, assim como tinham nascido, e ninguém os tinha circuncidado no caminho.

8 Porém depois que todos foram circuncidados, ficaram no mesmo lugar do acampamento, até que sarassem. 9 E disse o Senhor a Josué: Hoje tirei eu de cima de vós o opróbrio do Egito. E ficou aquele lugar chamando-se Galgala, até o dia presente.

Celebração da Páscoa

10 E permaneceram os filhos de Israel em Galgala, e celebraram a Páscoa, no dia catorze do mês pela tarde, na planície de Jericó: 11 e ao outro dia comeram dos frutos da terra, pães asmos, e farinha de cevada torrada do mesmo ano. 12 E depois que eles comeram dos frutos da terra, cessou o maná, nem os filhos de Israel usaram mais deste alimento, mas comeram dos frutos, que a terra de Canaã tinha dado aquele ano.

Visão de Josué

13 E estando Josué no campo da cidade de Jericó, levantou os olhos, e viu um homem posto em pé diante dele, que tinha uma espada nua, e foi ter com ele, e disse-lhe: Tu és dos nossos, ou dos inimigos? 14 O qual lhe respondeu: Não: mas sou o príncipe do exército do Senhor, e agora venho. 15 Josué se lançou com o rosto em terra. E adorando-o disse: Que diz meu Senhor ao seu servo? 16 Tira, lhe disse ele, o calçado de teus pés: porque o lugar, em que estás, é santo. E Josué fez como se lhe havia mandado.

Disposições para a tomada de Jericó

6 Jericó porém estava fechada e bem fortificada, pelo temor que nela havia dos filhos de Israel, e nenhum ousava sair nem entrar. 2 E disse o Senhor a Josué: Eis aí pus eu na tua mão a Jericó, e ao seu rei, e a todos os seus valentes homens. 3 Dai volta à cidade todos os homens de guerra uma vez no dia: e fareis o mesmo seis dias. 4 Mas no dia sétimo os sacerdotes tomem as sete trombetas, de que se usa no ano do jubileu, e marchem adiante da arca do concerto: rodeareis sete vezes a cidade, e os sacerdotes tocarão as trombetas. 5 E quando as trombetas fizerem um sonido mais largo e penetrante, e vos ferir os ouvidos, todo o povo a uma voz dará um grande grito, e então cairão os muros da cidade até os fundamentos, e cada um entrará por aquele lugar que lhe ficar defronte.

6 Chamou pois Josué filho de Nun os sacerdotes, e lhes disse: Tomai a arca do concerto, e outros tantos sacerdotes tomem as sete trombetas do jubileu, e marchem adiante da arca do Senhor. 7 Disse também ao povo: Ide, e dai volta à cidade armados, indo adiante da arca do Senhor. 8 E tanto que Josué acabou de dizer estas palavras, os sete sacerdotes tocaram as sete trombetas adiante da arca do concerto do Senhor, 9 e todo o exército armado marchava adiante, a outra gente ia atrás da arca, e por todas as partes retinia o sonido das trombetas. 10 Josué porém tinha ordenado ao povo, dizendo: Vós não gritareis, nem se ouvirá a vossa voz, nem sairá da vossa boca uma só palavra, menos que não chegue o dia em que eu vos diga: Gritai, e dai vozes. 11 Deu pois a arca do Senhor volta à cidade uma vez no dia, e tornando para o arraial, ficou ali.

12 Levantando-se, pois, Josué, antes de amanhecer, tomaram os sacerdotes a arca do Senhor, 13 e sete deles tomaram as sete trombetas, que servem no ano do jubileu: e marchavam adiante da arca do Senhor andando e tocando as trombetas: e o povo armado marchava adiante deles, e o resto da gente seguia a arca, e ressoavam as trombetas. 14 E tendo dado volta à cidade uma vez no segundo dia, tornaram para o arraial. Assim fizeram seis dias.

15 Mas ao dia sétimo, levantando-se de madrugada, deram volta à cidade sete vezes, como se lhes tinha ordenado. 16 E quando os sacerdotes tocavam as trombetas à sétima volta, disse Josué a todo o Israel: Gritai: porque o Senhor vos entregou a cidade. 17 E esta

cidade, e tudo o que há nela seja anátema ao Senhor: fique só com vida a prostituta Raab com todos os que estão em sua casa: porque ocultou os mensageiros que enviamos. 18 Vós porém guardai-vos de tocar alguma destas coisas, contra o que se vos mandou, e de que sejais réus de prevaricação, e tragais sobre todo o campo de Israel a turbação e o pecado. 19 Mas tudo o que se achar de ouro e prata, e de vasos de bronze e de ferro, seja consagrado ao Senhor, e depositado nos seus tesouros.

Tomada de Jericó

20 Com isto levantando todo o povo a grita, e soando as trombetas, tanto que a voz e o sonido chegou aos ouvidos da multidão, caíram de repente os muros: e cada um subiu pelo lugar, que lhe ficava defronte: e tomaram a cidade, 21 e mataram a todos os que nela encontraram, desde os homens até as mulheres, e desde as crianças até os velhos. Passaram também ao fio da espada bois e ovelhas e jumentos.

22 Então disse Josué aos dois homens, que tinham sido enviados por espias: Entrai em casa da mulher prostituta, e fazei-a sair com tudo o que lhe pertence, como vós lho prometestes com juramento. 23 E tendo entrado na casa os dois mancebos, tiraram para fora a Raab, e a seus pais, também a seus irmãos e a todos os móveis, e a toda a parentela, e fizeram-nos ficar fora do campo de Israel. 24 E puseram fogo à cidade, e a tudo o que se achou nela, à exceção do ouro e da prata, dos vasos de bronze e de ferro, que consagraram para o tesouro do Senhor. 25 Mas a Raab prostituta, e à casa de seu pai, com tudo o que ela tinha, salvou Josué a vida: e ficaram habitando no meio de Israel até o dia de hoje: porque ela ocultara os mensageiros, que ele tinha enviado a reconhecer a Jericó. Então proferiu Josué esta imprecação, dizendo:

26 Maldito seja diante do Senhor o homem que levantar e reedificar a cidade de Jericó! Morra-lhe o seu primogênito, quando lhe lançar os fundamentos, e perca o último de seus filhos, quando lhe puser as portas. 27 Foi pois o Senhor com Josué, e o seu nome se divulgou por toda a terra.

Sacrilégio de Acan e derrota em Hai

7 Mas os filhos de Israel violaram o mandamento, e tomaram para si do anátema. Porque Acan, filho de Carmi, filho de Zabdi, filho de Zaré, da tribo de Judá, tirou alguma coisa do anátema: e o Senhor se irou contra os filhos de Israel.

2 E enviando Josué de Jericó homens contra Hai, que é ao pé de Betaven, ao nascente da cidade de Betel, lhes disse: Subi e reconhecei a terra. Eles cumprindo com as ordens reconheceram Hai. 3 E voltando lhe disseram: Não suba todo o povo, mas vão só dois ou três mil homens, e destruam a cidade: por que se há de fatigar debalde todo o povo contra tão poucos inimigos? 4 Subiram pois três mil combatentes. Os quais voltando logo as costas, 5 foram acutilados pelos da cidade de Hai, e caíram mortos trinta e seis homens: e os inimigos os foram perseguindo desde a porta até Sabarim, e morreram fugindo pela encosta abaixo: e o coração do povo tomou medo, e se derreteu como água.

Lamentação de Josué

6 Josué, porém, rasgou os seus vestidos, e se lançou com o rosto em terra diante da arca do Senhor, tanto ele como todos os anciãos de Israel até à tarde: e puseram cinza sobre as suas cabeças, 7 e Josué disse: Ah, Senhor Deus, por que quiseste tu que este povo passasse o rio Jordão, para nos entregares nas mãos dos amorreus, e para nos perderes? Oxalá que nós tivéssemos ficado da outra banda do Jordão, como tínhamos começado. 8 Que direi eu, Senhor Deus meu, vendo que Israel dá costas aos seus inimigos? 9 Os cananeus, e todos os habitantes da terra o ouvirão, e unindo-se todos nos cercarão, e apagarão a nossa memória da terra. E que farás tu ao teu grande nome?

10 E o Senhor disse a Josué: Levanta-te: por que jazes tu prostrado em terra? 11 Israel pecou, e violou o meu pacto: pois eles tomaram do anátema, e furtaram e mentiram, e esconderam-no entre os seus móveis. 12 Israel não poderá ter-se diante dos seus inimigos, antes fugirá deles: porque se manchou com o anátema: Eu não serei mais convosco, enquanto não consumirdes aquele, que está réu desta maldade. 13 Levanta-te, santifica o povo, e dize-lhe: Estai santificados para amanhã: porque eis aqui o que diz o Senhor Deus de Israel: O anátema está no meio de ti, ó Israel: tu não poderás estar diante de teus inimigos, até não ser exterminado do meio de ti o que se acha manchado deste crime. 14 E amanhã apresentar-vos-eis cada um nas vossas tribos: e a tribo sobre que cair a sorte, se apresentará pelas suas famílias, e cada família pelas suas casas, e cada casa pelas suas pessoas. 15 E qualquer que se achar culpado nesta maldade, será queimado com todas as suas coisas: porque violou o pacto do Senhor, e cometeu uma coisa detestável em Israel.

Descoberta e castigo do culpado

16 Josué pois levantando-se pela manhã, fez ajuntar a Israel pelas suas tribos, e caiu a sorte sobre a tribo de Judá. 17 E apresentada esta pelas suas famílias, caiu a sorte sobre a família de Zaré. E apresentando também a esta pelas suas casas, caiu sobre Zabdi. 18 E tomando os varões desta casa um a um, caiu sobre Acan, filho de Carmi, filho de Zabdi, filho de Zaré, da tribo de Judá. 19 E Josué disse a Acan: Ó meu filho, dá glória ao Senhor Deus de Israel, e confessa-me, e declara-me o que fizeste, não o ocultes. 20 E respondeu Acan a Josué, e disse-lhe: Na verdade eu pequei contra o Senhor Deus de Israel, e fiz assim e assim 21 porque tendo visto entre os despojos uma capa de escarlata muito boa, e duzentos siclos de prata, e uma régua de ouro de cinqüenta siclos: e cobiçando tirei estas coisas, e as escondi na terra no meio da minha tenda, e cobri o dinheiro numa cova com terra. 22 Mandou pois Josué ministros: que, correndo à tenda de Acan, acharam tudo escondido no mesmo lugar, e o dinheiro juntamente. 23 E tirando-o da tenda o levaram a Josué, e a todos os filhos de Israel, e o lançaram fora diante do Senhor.

24 Então Josué (e todo o Israel com ele) pegando em Acan, filho de Zaré, e na prata, e na capa, e na régua de ouro, e em seus filhos e filhas, nos seus bois e jumentos, e ovelhas, e na mesma tenda, e em tudo quanto tinha, os levaram ao vale de Acor: 25 onde Josué lhe disse: Pois que tu nos turbaste, o Senhor te turbe neste dia. E todo o Israel apedrejou a Acan: e tudo o que lhe pertencia foi consumido no fogo. 26 E ajuntaram sobre ele um grande montão de pedras, o qual permanece até o presente dia. E com isto se apartou deles o furor do Senhor. E até hoje se chama aquele lugar o vale de Acor.

Segunda expedição contra Hai

8 E disse o Senhor a Josué: Não temas, nem te acobardes: leva contigo todos os combatentes, e levantando-te sobe à cidade de Hai. Eis aí te entreguei eu na tua mão o seu rei, e o povo, e a cidade e a terra. 2 E farás à cidade de Hai, e ao seu rei, como fizeste a Jericó, e ao seu rei: mas repartireis entre vós a presa e todos os animais. Põe uma emboscada à cidade por detrás dela. 3 Levantou-se pois Josué, e com ele toda a gente de guerra, para marcharem contra Hai. E mandou de noite trinta mil homens escolhidos dos mais valentes, 4 e lhes ordenou, dizendo: Disponde uma emboscada por detrás da cidade: não vos alongueis muito: e estareis apercebidos todos: 5 mas eu, e toda a gente, que está comigo, marcharemos pela parte oposta contra a cidade. E quando eles saírem contra nós, fugiremos, e dar-lhes-emos as costas, como primeiro fizemos: 6 até que seguindo-nos se tenham posto longe da cidade: porque hão de cuidar que fugimos como a primeira vez. 7 Fugindo pois nós, e eles seguindo-nos, saireis vós da emboscada, e destruireis a cidade: e o Senhor vosso Deus vô-la entregará nas mãos. 8 E depois que a tiverdes tomado, ponde-lhe fogo, e fareis tudo assim, como eu o mandei. 9 despediu-os, e eles foram para o lugar da emboscada, e se puseram entre Betel e Hai, ao poente da cidade de Hai.

E Josué ficou aquela noite no meio do povo, 10 e levantando-se de madrugada fez revista dos que o acompanhavam, e marchou com os anciãos na frente do exército, sustido dum corpo de bons soldados. 11 E tendo chegado e subido fronteiros à cidade, fizeram alto no lado setentrional da cidade, entre a qual e eles mediava um vale. 12 Mas Josué tinha escolhido cinco mil homens, e os tinha posto de emboscada entre Betel e Hai, ao poente da mesma cidade. 13 E todo o mais resto do exército marchava em batalha para o setentrião, de sorte que os últimos daquela multidão alcançavam até o poente da cidade. Marchou pois Josué aquela noite, e ficou no meio do vale. 14 O que tendo visto o rei de Hai, saiu a grã pressa ao amanhecer com todo o exército, que havia na cidade e encaminhou as suas tropas para a banda do deserto, não sabendo que lhe ficava atrás uma emboscada. 15 Josué porém e todo o Israel se foram retirando, fingindo medo, e fugindo pelo caminho do deserto. 16 E os de Hai levantando, ao mesmo tempo, uma grande grita, e animando-se mutuamente, os foram perseguindo. E quando já estavam longe da cidade, 17 sem que tivesse ficado nem sequer um em Hai e em Betel, que não saisse em alcance de Israel: deixando as suas cidades abertas de onde tinham saído de tropel.

Tomada de Hai

18 Disse o Senhor a Josué: Levanta contra a cidade de Hai o escudo, que tens na mão, porque eu ta entregarei. 19 E tendo ele levantado o seu escudo contra a cidade, no mesmo ponto sairam os que estavam escondidos na emboscada: e encaminhando-se à cidade, a tomaram, e lhe puseram fogo. 20 Os da cidade porém, que perseguiram a Josué olhando para trás, e vendo o fumo da cidade que subia até o céu, não puderam já fugir nem para cá nem para lá: principalmente quando os que davam mostra de fugir, e que cami-

nhavam para o deserto, atacaram com o maior esforço aos que os tinham perseguido. 21 E vendo Josué e todo o Israel que a cidade estava tomada, e que dela subia o fumo, voltando-se contra os de Hai os passou a cutelo. 22 Porque os que tinham tomado e queimado a cidade, saindo dela para se unir com os seus, começaram a dar nos inimigos que estavam no meio. E como fossem feridos por uma e por outra parte os adversários, de modo que nem sequer um se salvou de tão grande número, 23 tomaram também vivo o rei da cidade de Hai, e o apresentaram a Josué.

24 Mortos pois todos aqueles, que tinham perseguido a Israel ao fugir para o deserto, e feito no mesmo lugar um destroço, voltaram os filhos de Israel e destruiram a cidade. 25 Os que morreram neste dia, homens e mulheres, foram doze mil, e todos da cidade de Hai. 26 E Josué não retirou a mão, que tinha levantada, tendo o escudo, até que foram mortos todos os habitadores de Hai. 27 Mas os animais e o despojo da cidade o repartiram entre si os filhos de Israel, como o Senhor tinha mandado a Josué. 28 O qual pôs fogo à cidade, e a reduziu para sempre a um montão de ruínas. 29 Fez também suspender dum patíbulo o rei de Hai até à tarde e ao pôr do sol. E mandou Josué, que descessem o seu cadáver da cruz: e eles o lançaram na mesma entrada da cidade, posto sobre ele um grande montão de pedras que ali permanece até o presente dia.

Altar no monte Hebal

30 Então edificou Josué um altar ao Senhor Deus de Israel sobre o monte Hebal: 31 conforme o que Moisés, servo do Senhor, tinha ordenado aos filhos de Israel, e está escrito no livro da lei de Moisés: o altar porém era de pedras toscas, nas quais não tocou ferro: e ofereceu sobre ele holocaustos ao Senhor, e imolou vítimas pacíficas. 32 Escreveu também Josué sobre as pedras o Deuteronômio da lei de Moisés, que ele tinha explicado diante dos filhos de Israel. 33 Todo o povo porém, e os anciãos, e os capitães, e os juízes estavam em pé a um e outro lado da arca, diante dos sacerdotes que levavam a arca do concerto do Senhor, como os estrangeiros assim também os naturais. A metade dele ao pé do monte Garizim, e a outra metade ao pé do monte Hebal, como o tinha mandado Moisés servo do Senhor. E primeiramente abençoou Josué o povo de Israel. 34 Depois disto leu todas as palavras da bênção e da maldição, e tudo o que estava escrito no livro da lei. 35 Não omitiu nada de quantas coisas Moisés tinha mandado, mas repetiu tudo diante de toda a multidão de Israel, às mulheres e aos meninos e aos estrangeiros, que moravam entre eles.

Astúcia e punião dos gabaonitas

9 Tanto que estas coisas soaram, todos os reis de aquém do Jordão, que moravam nos montes e nas planícies, nos lugares marítimos e nas praias do mar grande, e também os que moravam ao pé do Líbano, o heteu e o amorreu, o cananeu, o fereseu, e o heveu, e o jebuseu, 2 fizeram liga entre si, para combater contra Josué e contra Israel de comum acordo, e com um mesmo desígnio.

3 Porém os habitantes de Gabaon, ouvindo tudo o que Josué havia feito a Jericó e a Hai: 4 e usando de astúcia, tomaram consigo víveres, carregando sobre os seus jumentos uns costais velhos, e uns odres de vinho rotos e recosidos, 5 e sapatos muito velhos, que em sinal de muito uso, estavam cheios de tombas: eles vestidos de trapos, e até os pães, que levavam para o caminho, eram duros, e desfeitos em pedaços, 6 e assim vieram apresentar-se a Josué, que então assistia no acampamento de Galgala, e lhe disseram a ele, e juntamente a todo o Israel: Nós viemos duma terra mui distante, com o desejo de fazer pazes convosco. E os filhos de Israel lhes responderam, e disseram: 7 Não sejais vós talvez moradores da terra, que nos é devida por sorte; e assim não possamos fazer aliança convosco. 8 Mas eles disseram a Josué: Nós somos teus servos. Aos quais Josué disse: Quem sois vós? e donde viestes? 9 Eles responderam: Os teus servos vieram duma terra mui distante em nome do Senhor teu Deus. Porque ouvimos a fama do seu poder, tudo o que obrou no Egito, 10 e como tratou os dois reis dos amorreus que estavam da outra banda do Jordão, a Seon rei de Hesebon, e a Og rei de Basan, que estava em Astarot: 11 e os anciãos, e todos os habitantes da nossa terra nos disseram: Tomai convosco mantimentos para uma tão larga jornada, e ide apresentar-vos a eles, e dizei-lhes: Nós somos vossos, fazei aliança conosco. 12 Eis aqui os pães, que tomamos quando partimos de nossas casas, para virmos ter convosco, e agora estão todos secos e desfeitos, por demasiadamente antigos. 13 Estes odres eram todos novos, quando nós os enchemos de vinho; e agora estão rotos e desfeitos: os hábitos que nos cobrem, e os sapatos que trazemos nos pés, se safaram com um tão longo caminho, e quase estão acabados. 14 Tomaram pois os israelitas dos víveres deles, e não consultaram o oráculo do Senhor. 15 E Josué os tratou como amigos: e fazendo aliança com eles lhes

deu palavra de lhes salvar a vida: o que também os príncipes do povo lhes juraram.

16 Mas três dias depois de se ter feito a aliança, ouviram que eles habitavam perto, e que haviam de viver entre eles. 17 E os filhos de Israel abalaram do campo, e vieram três dias depois às cidades deles, cujos nomes são estes: Gabaon, e Cafira, e Berot, e Cariatiarim. 18 E não os mataram, porque os príncipes do povo lhes tinham dado juramento em nome do Senhor Deus de Israel. Pelo que todo o povo murmurou contra os príncipes. 19 Os quais lhe responderam: Nós demos-lhes juramento em nome do Senhor Deus de Israel, e por isso não os podemos tocar nas suas pessoas. 20 Mas tratá-los-emos assim. Fiquem embora salvos com vida, para que não se levante contra nós a ira do Senhor, se faltarmos ao juramento: 21 mas vivam de modo que cortem a lenha, e tragam a água, para o serviço de todo o povo. Estando eles dizendo isto: 22 chamou Josué os gabaonitas, e lhes disse:

Por que quisestes vós surpreender-nos com a vossa mentira, dizendo: Nós habitamos muito longe de vós, sendo que viveis no meio de nós? 23 Por isso pois estareis debaixo de maldição, e não faltará da vossa linhagem quem corte lenha, e traga água para casa de meu Deus. 24 Eles responderam: A nós teus servos veio-nos a notícia, que o Senhor teu Deus tinha prometido a Moisés seu servo, que vos havia de dar toda a terra, e extinguir todos os seus habitantes. Tivemos pois muito medo, e obrigados do terror que vós metíeis, tomamos este expediente para segurarmos as nossas vidas. 25 Mas agora estamos nas tuas mãos: faze de nós o que julgares que é bom e justo. 26 Fez pois Josué o que tinha dito, e livrou-os das mãos dos filhos de Israel, não permitindo que os matassem. 27 E determinou naquele dia que fossem empregados no serviço de todo o povo, e do altar do Senhor, cortando lenha, e trazendo água ao lugar, que o Senhor escolhesse, como até o presente fazem.

Liga dos reis contra Gabaon

10 Adonisedec, rei de Jerusalém, tendo ouvido que Josué tomara, e destruíra a cidade de Hai, (porque ele fez a Hai, e ao seu rei o que fizera a Jericó, e ao seu rei) e que os gabaonitas se tinham passado para Israel, e se tinham feito seus aliados, 2 teve muito medo. Porque Gabaon era uma cidade grande, e uma das cidades reais, e maior do que a cidade de Hai e todos os seus guerreiros mui valentes. 3 Enviou pois Adonisedec rei de Jerusalém seus mensageiros a Oham rei de Hebron, e a Faran rei de Jerimot, e Jafia rei de Láquis, e a Dabir rei de Eglon, para que lhes dissessem: 4 Subi a mim, e dai-me socorro, a fim de tomarmos a Gabaon, porque ela passou para Josué, e para os filhos de Israel. 5 Pelo que unidos saíram os cinco reis dos amorreus com as suas tropas, o rei de Jerusalém, o rei de Hebron, o rei de Jerimot, o rei de Láquis, o rei de Eglon, e se acamparam junto a Gabaon, sitiando-a. 6 Os habitantes porém da cidade sitiada de Gabaon, mandaram dizer a Josué, que estava então acampado em Galgala: Não recuses acudir em socorro de teus servos: vem depressa, e livra-nos, e dá-nos socorro: porque se uniram contra nós todos os reis dos amorreus, que habitam nos montes.

Josué socorre Gabaon. Intervenção divina

7 Subiu pois Josué de Galgala, e com ele toda a gente de guerra, homens valentíssimos. 8 E o Senhor disse a Josué: Não o temas, porque eu os entreguei nas tuas mãos. Nenhum deles te poderá resistir. 9 Josué pois tendo marchado toda a noite desde Galgala, deu de repente sobre eles. 10 E o Senhor os pôs em desordem à vista de Israel: e Josué fez neles grande estrago junto a Gabaon, e os foi perseguindo pelo caminho que sobe a Bet-horon, e dando neles até Azeca e Maceda.

11 E quando eles iam fugindo dos filhos de Israel, e estavam na descida de Bet-horon, fez o Senhor cair do céu grandes pedras em cima deles até Azeca: e morreram mais pela chuva de pedra que lhes caiu, do que pelos golpes da espada dos filhos de Israel.

12 Então falou Josué ao Senhor naquele dia, em que entregou os amorreus nas mãos dos filhos de Israel, e disse em presença deles:

Sol, detém-te sobre Gabaon; e tu, lua, pára sobre o vale de Ajalon.

13 E o sol e a lua pararam, até que o povo se vingou de seus inimigos. Não está isto escrito no livro dos justos? Parou pois o sol no meio de céu, e não se apressou a pôr-se durante o espaço dum dia. 14 Não houve nem antes nem depois dia tão comprido, obedecendo o Senhor à voz dum homem, e pelejando por Israel. 15 E Josué voltou com todo o Israel para o campo de Galgala.

Morticínio dos reis vencidos

16 Mas os cinco reis tinham fugido, e se tinham escondido numa cova da cidade de Maceda. 17 E noticiaram a Josué, que se tinham achado os cinco reis escondidos numa cova da cidade de Maceda. 18 E ele ordenou aos que o acompanhavam, e disse: Arrastai

umas pedras bem grandes para a boca da cova, e ponde homens capazes, que guardem os que nela estão escondidos: 19 vós porém não estejais assim parados, mas persegui os inimigos, e matai os fugitivos que forem ficando atrás: nem deixeis entrar nos castelos das suas cidades aqueles, que o Senhor vos entregou nas mãos.

20 Tendo feito pois grande destroço nos inimigos, e quase até o ponto de os acabar de todo, aqueles que puderam escapar de Israel, se acolheram às cidades fortes. 21 E todo o exército voltou para Josué a Maceda, onde então era o campo, sem ter recebido dano algum nem perdido um só homem: e ninguém se atreveu a boquear contra os filhos de Israel. 22 E mandou Josué, dizendo: Abri a boca da cova, e trazei-me cá os cinco reis, que nela estão escondidos. 23 E os ministros fizeram como lhes fôra mandado: e tirando da cova os cinco reis, trouxeram à presença dele o rei de Jerusalém, o rei de Hebron, o rei de Jerimot, o rei de Láquis, o rei de Eglon. 24 E tendo sido conduzidos perante ele, chamou a todos os varões de Israel, e disse aos príncipes do exército que estavam com ele: Ide, e ponde o pé sobre os pescoços destes reis. Tendo eles chegado, e posto os pés sobre os pescoços dos subjugados reis, 25 disse-lhes de novo: Não temais, nem vos acobardeis, tende ânimo e sede robustos: porque assim fará o Senhor a todos os vossos inimigos contra quem pelejais. 26 E Josué os feriu, e lhes tirou a vida, e os mandou pendurar em cinco lenhos. E estiveram assim pendurados até à tarde. 27 E ao pôr do sol, mandou aos sócios que os descessem dos patíbulos. E depois de descidos os botaram na cova, em que tinham estado escondidos, e puseram na boca da mesma umas grandes pedras, que ali se conservam até hoje.

Conquista do sul de Canaã

28 No mesmo dia tomou também Josué a Maceda, e a passou ao fio da espada, e matou ao seu rei, e a todos os seus habitantes: não deixou nela com vida nem sequer um. E houve-se com o rei de Maceda, assim como se tinha havido com o rei de Jericó. 29 De Maceda passou a Lebna com todo o Israel, e pelejando contra ela: 30 o Senhor a entregou com o seu rei nas mãos de Israel. E passaram ao fio da espada a cidade, e todos os seus habitantes: não deixaram nela resto algum. E trataram o rei de Lebna, assim como tinham tratado o rei de Jericó. 31 De Lebna passou a Láquis com todo o Israel: e postado com o exército em torno da cidade a combatia. 32 E o Senhor entregou Láquis nas mãos de Israel, que a tomou no seguinte dia, e passou ao fio da espada e a toda a gente que estava dentro, assim como fizera em Lebna. 33 Neste tempo subiu Horão rei de Gazer, em socorro de Láquis: mas Josué o derrotou com todo o seu povo sem ficar um só. 34 E de Láquis passou a Eglon, e a sitiou, 35 e no mesmo dia tomou: e fez passar ao fio da espada toda a gente que estava dentro, conforme tudo o que fizera a Láquis. 36 Passou depois com todo o Israel de Eglon a Hebron, e combateu contra ela: 37 tomou-a, e passou também ao fio da espada ao seu rei, e a todos os povos daquela região, e a toda a gente, que nela morava: não deixou ali a ninguém com vida: assim como tinha feito a Eglon, assim também fez a Hebron, passando à espada tudo o que encontrou nela. 38 Dali voltou a Dabir, 39 que ele tomou e destruiu: passou também ao fio da espada o seu rei e a todos os povos do contorno: não deixou nela relíquia alguma: e assim como tinha feito a Hebron e Lebna e aos seus reis, do mesmo modo obrou com Dabir e com o seu rei.

40 Arrasou pois Josué todo o território das montanhas e do meio-dia e das campinas, e a Asedot com os seus reis: não deixou ali resto algum, mas matou tudo o que tinha fôlego, assim como lho tinha ordenado o Senhor Deus de Israel, 41 desde Cadesbarne até Gaza. Todo o país de Gosen até Gabaon, 42 e a todos os reis e a todas as suas terras, de uma mesma expedição tomou e devastou: porque o Senhor Deus de Israel pelejou por ele. 43 E voltou com todo o Israel para o acampamento de Galgala.

Confederação do norte e batalha de Meron

11 Tendo Jabin rei de Asor ouvido estas novas, enviou mensageiros a Jobab rei de Madon, e ao rei de Semeron, e ao rei de Acsaf: 2 e aos reis do setentrião, que habitavam nas montanhas e na planície ao meio-dia de Cenerot, e aos das campinas e dos territórios de Dor junto ao mar: 3 aos cananeus também do nascente e do poente, e aos amorreus e aos heteus e aos fereseus e aos jebuseus das montanhas; e aos heveus que habitavam nas faldas de Hermon na terra de Masfa. 4 E todos estes saíram com as suas tropas, uma multidão de gente tão numerosa como a areia que há nas praias do mar, e um número imenso de cavalos e carroças. 5 E todos estes reis se vieram unir junto às águas de Merom, para pelejarem contra Israel.

6 E disse o Senhor a Josué: Não os temas: porque amanhã a esta mesma hora tos entregarei eu a todos para serem passados à espada à vista de Israel: jarretarás os seus cavalos,

e queimarás as suas carroças. 7 E veio Josué e com ele todo o exército, contra eles até às águas de Merom de improviso, e deram sobre eles: 8 e o Senhor os entregou nas mãos de Israel. Estes os acutilaram, e foram perseguindo até à grande Sidônia, e até às águas de Maserefot, e até o campo de Masfe, que está ao seu lado oriental. Josué os passou a todos à espada, de sorte que não deixou vivo um só: 9 e fez como o Senhor lhe tinha mandado: jarretou os seus cavalos, e pôs fogo às suas carroças.

Conquista do norte de Canaã

10 E voltando logo tomou a Asor: e matou à espada o seu rei. Porque de tempos antigos Asor era a capital de todos estes reinos. 11 E passou à espada toda a gente, que ali morava. Não deixou nela coisa com vida; mas destruiu tudo até às últimas, e reduziu a mesma cidade a cinzas. 12 E tomou, feriu e devastou todas as cidades circunvizinhas, e os seus reis, como lho tinha ordenado Moisés servo do Senhor. 13 Queimou Israel todas as cidades, exceto as que estavam situadas nos outeiros, e nos cabeços: Somente Asor, cidade fortíssima, foi toda queimada. 14 E os filhos de Israel, depois de matarem todos os homens, repartiram entre si todos os despojos e gados destas cidades. 15 Como o Senhor o tinha mandado a Moisés seu servo, assim o mandou Moisés a Josué, e este tudo cumpriu: não omitiu nem sequer uma palavra de todos os mandamentos, que o Senhor tinha ordenado a Moisés.

16 Tomou pois Josué toda a terra das montanhas e do meio-dia, e a terra de Gosen, e a planície, e o distrito ocidental, e o monte de Israel, e as suas campinas: 17 e uma parte do monte que sobe para a banda de Seir até Baalgad pela planície do Líbano na falda do monte Hermon: tomou todos os seus reis, derrotou-os e matou-os. 18 Por muito tempo pelejou Josué contra estes reis. 19 Não houve cidade, que se entregasse aos filhos de Israel, à exceção dos heveus, que assistiam em Gabaon: porque todas as outras tomou à força de armas. 20 Porque esta fora a sentença do Senhor, que os seus corações se empedernissem, e que pelejassem contra Israel, e que fossem derrotados, e que não merecessem piedade alguma, e que enfim perecessem, como o Senhor o tinha ordenado a Moisés.

21 Naquele tempo veio Josué, e tirou a vida aos enacins das montanhas de Hebron, e de Dabir, e de Anab, e de todas as montanhas de Judá e de Israel, e arrasou as suas cidades. 22 Não deixou nem sequer um da raça dos enacins, na terra dos filhos de Israel: tirando as cidades de Gaza, e de Get, e de Azot, em que só ficaram subsistindo. 23 Tomou pois Josué toda a terra, conforme o Senhor o tinha prometido a Moisés, e a entregou em possessão aos filhos de Israel conforme as suas porções e tribos: e a terra cessou de ter guerras.

Enumeração dos reis vencidos

12 Estes são os reis, que os filhos de Israel desbarataram, e cujas terras possuíram da banda de além do Jordão para o nascente, desde a torrente de Arnon até o monte Hermon, e todo o país oriental, que olha para o deserto. 2 Seon rei dos amorreus, que habitava em Hesebon, dominou desde Aroer, que está situada sobre a ribanceira da torrente de Arnon, e desde o meio do vale, e metade de Galaad, até a torrente de Jaboc, que é termo dos filhos de Amon: 3 e desde o deserto até o mar de Cenerot para o nascente, e até o mar do deserto, que é o mar Salgadíssimo, para o lado oriental pelo caminho que vai a Betsimot: e desde a parte do meio-dia, que está abaixo de Asedot até Fasga. 4 Os termos de Og rei de Basan, que tinha ficado dos rafains, o qual habitava em Astarot e em Edrai, e dominava no monte Hermon, e em Saleca, e em todo o território de Basan, até aos confins 5 de Gessuri, e de Macati, e da metade de Galaad: que eram os limites de Seon rei de Hesebon. 6 Moisés servo do Senhor, e os filhos de Israel os destruíram, e Moisés deu as suas terras em possessão aos da tribo de Rúben, e aos da tribo de Manassés.

7 Estes são os reis, que Josué e os filhos de Israel derrotaram da banda de aquém do Jordão para o poente, desde Baalgad no campo do Líbano, até o monte, parte do qual se eleva para a banda de Seir: e Josué deu esta parte em possessão às tribos de Israel, a cada uma seu quinhão, 8 tanto nas montanhas como nas planícies e campinas. Em Asedot, e no deserto, e ao meio-dia, habitava o heteu e o amorreu, o cananeu e o fereseu, o heveu e o jebuseu. 9 Um rei de Jericó: um rei de Hai, que está ao lado de Betel, 10 um rei de Jerusalém, um rei de Hebron, 11 um rei de Jermiot, um rei de Láquis, 12 um rei de Eglon, um rei da Gazer, 13 um rei de Dabir, um rei de Gader, 14 um rei de Herma, um rei de Hered, 15 um rei de Lebna, um rei de Odulão, 16 um rei de Maceda, um rei de Betel, 17 um rei de Tafua, um rei de Ofer, 18 um rei de Afec, um rei de Saron, 19 um rei de Madon, um rei de Asor, 20 um rei de Semeron, um rei de Acsaf, 21 um rei de Tenac, um rei de Magedo, 22 um rei de Cades, um rei de Jacanan do Carmelo, 23 um rei de Dor, e da província de Dor, um rei das nações de Galgal, 24 um rei de Tersa. Por todos trinta e um reis.

II. DIVISÃO DA TERRA PROMETIDA

A ordem do Senhor

13 Achando-se Josué velho, e mui avançado em anos lhe disse o Senhor: Tu estás velho, e de muita idade, e resta ainda um dilatadíssimo espaço de terra, que ainda não foi repartido por sorte: 2 a saber, toda a Galiléia, o território dos filisteus e toda a terra de Gessuri. 3 Desde o rio Turvo, que rega o Egito, até os confins de Acaron para o norte. A terra de Canaã, que está dividida entre cinco régulos dos filisteus, o de Gaza, e o de Azot, o de Ascalon, o de Get, e o de Acaron. 4 Ao meio-dia estão os heveus, toda a terra de Canaã, e Maara dos sidônios até Afeca e os termos do amorreu, 5 e suas fronteiras. Também o país do Líbano para o nascente desde Baalgad na raiz do monte Hermon, até à entrada de Emat. 6 Todos os que habitam no monte desde o Líbano até às águas de Maserefot, e todos os sidônios. Eu sou o que os hei de exterminar da face dos filhos de Israel. Venha, pois, este terreno a ser parte da herança de Israel, como eu to ordenei. 7 E agora reparte tu a terra, que devem possuir as nove tribos, e a meia tribo de Manassés.

Tribos de leste do Jordão

8 Com a qual tribo, Rúben e Gad possuíram a terra, que lhes deu Moisés servo do Senhor, na outra banda do Jordão, para a parte oriental. 9 Desde Aroer, que está na ribanceira da torrente de Arnon, e no meio do vale, e toda a campina de Medaba, até Dibon: 10 e todas as cidades de Seon, rei dos armorreus, que dominou desde Hesebon até aos limites dos filhos de Amon: 11 e Galaad, e os territórios de Gefuri e de Macati, e todo o monte Hermon, e todo o Basan, até Saleca, 12 todo o reino de Og em Basan, o qual reinou em Astarot e em Edrai, ele era dos rafains que ficaram: aos quais matou, e destruiu Moisés. 13. E os filhos de Israel não quiseram extinguir os de Gessuri e de Macati: e assim ficaram estes habitando no meio de Israel até o dia de hoje. 14 Mas à tribo de Levi não deu herança: porque os sacrifícios e as vítimas do Senhor Deus de Israel são o seu quinhão, assim como o Senhor lho tinha dito.

Rúben

15 Deu pois Moisés o seu quinhão à tribo dos filhos de Rúben, segundo as suas famílias. 16 E foram os seus limites desde Aroer, que está situada sobre a ribanceira da torrente de Arnon, e no meio do vale da mesma torrente: toda a planície, que vai a Medaba, 17 e Hesebon com todas as suas aldeias, que estão nas campinas: como também Dibon, e Bamotbaal, e a cidade de Baalmaon, 18 e Jassa, e Cedimot, e Mefaat, 19 e Cariataim, e Sabama, e Saratasar, no monte do vale. 20 Belbfogor e Asedot, Fasga e Betiesimot, 21 e todas as cidades da campina, e todos os reinos de Seon, rei dos amorreus, que dominou em Hesebon, a quem Moisés derrotou com os príncipes de Madian: Hevi, e Recem, e Sur, e Hur e Rebe capitães de Seon que habitavam na terra. 22 Mataram também os filhos de Israel à espada ao adivinho Balaam, filho de Beor, com os mais que foram mortos. 23 E ficou o rio Jordão sendo o termo dos filhos de Rúben. Estas são as cidades e aldeias que possuem os rubenitas segundo as suas famílias.

Gad

24 Deu também Moisés à tribo de Gad e a seus filhos segundo as suas famílias a sua herança, cuja divisão é esta: 25 O termo de Jazer, e todas as cidades de Galaad, e a metade da terra dos filhos de Amon, até Aroer, que está defronte de Raba: 26 e desde Hesebon até Ramot, Masfe, e Betonim: e desde Manim até os confins de Dabir: 27 no vale também a Betaran, e a Betnemra, e a Socot, e a Safon, e ao resto do reino de Seon, rei de Hesebon: é também seu termo o Jordão até à extremidade do mar de Ceneret na outra banda do Jordão para o nascente: 28 esta é a herança, as cidades e aldeias, que se deram aos filhos de Gad segundo as suas famílias.

Manassés

29 Deu também à meia tribo de Manassés, e a seus filhos segundo as suas famílias o seu quinhão, 30 o qual compreendia desde Manaim todo o Basan, e todos os reinos de Og rei de Basan, e todas as aldeias de Jair, que são em Basan, e ao todo sessenta povoações: 31 e metade de Galaad, e Astarot, e Edrai cidades do reino de Ag em Basan, aos filhos de Maquir, filho de Manassés, isto é, a metade dos filhos de Maquir segundo as suas famílias.

32 Esta é a repartição que fez Moisés nas campinas de Moab na outra banda do Jordão, defronte de Jericó para o nascente. 33 Mas não deu quinhão à tribo de Levi: porque o Senhor Deus de Israel é a sua herança, como ele lho tinha dito.

Tribos a oeste do Jordão

14 Isto é o que os filhos de Israel possuíram na terra de Canaã, que lhes deram o sacerdote Eleazar, e Josué filho de Nun, e os príncipes das famílias de cada tribo de Israel: 2 Repartindo tudo por sorte, como o Senhor o tinha mandado por Moisés, entre as nove tribos, e meia tribo. 3 Porque às outras duas tribos e meia, tinha Moisés dado a sua possessão na outra banda do Jordão: não se contando os levitas, que não receberam porção alguma de terra seus irmãos: 4 mas em seu lugar sucederam Manassés e Efraim, filhos de José, divididos em duas tribos: nem os levitas receberam outra parte na terra, senão as cidades para habitarem, e os arrabaldes delas para sustentarem os seus animais.

5 Fizeram os filhos de Israel assim como o Senhor tinha mandado a Moisés, e repartiram a terra.

Porção de Caleb

6 Chegaram pois os filhos de Judá a Josué em Galgala, e Caleb filho de Jefone Cenezeu lhe disse: Tu sabes o que o Senhor disse de mim e de ti a Moisés, homem de Deus, em Cadesbarne. 7 Eu tinha quarenta anos quando Moisés servo do Senhor me mandou a Cadesbarne, para eu reconhecer a terra, e eu lhe referi o que me parecia verdade. 8 Porém meus irmãos, que tinham ido comigo, fizeram descoroçoar o povo: e eu ainda assim não deixei de seguir o Senhor meu Deus 9 E naquele dia me jurou Moisés, dizendo: A terra, em que tu puseste os pés, será a tua possessão, e a de teus filhos para sempre: porque seguiste o Senhor meu Deus. 10 O Senhor pois me conservou a vida até o presente dia, como prometeu. Quarenta e cinco anos há que o Senhor disse esta palavra a Moisés, quando Israel andava pelo deserto: hoje tenho oitenta e cinco anos, 11 e acho-me tão robusto, como ao tempo que fui enviado a reconhecer a terra: o mesmo vigor, que eu tinha então, me dura até hoje, tanto para pelejar como para andar. 12 Dá-me pois este monte, que o Senhor me prometeu, ouvindo-o tu mesmo, no qual estão os enacins, e há cidades grandes e fortes: porventura será o Senhor comigo, e eu poderei extingui-los, como ele me prometeu. 13 Abençoou-o pois Josué: e deu-lhe a Hebron em herança: 14 e desde então pertenceu Hebron a Caleb, filho de Jefone Cenezeu até o dia presente, por ter seguido ao Senhor Deus de Israel. 15 Hebron chamava-se antes por nome Cariat-Arbe: ali está enterrado Adão, que foi o maior entre os enacins: e descansou a terra de guerras.

Fronteiras de Judá

15 A sorte pois dos filhos de Judá segundo as suas famílias foi esta: Desde os limites da Iduméia, o deserto de Sin para o meio-dia, e até à extremidade do lado meridional. 2 O seu princípio é desde a ponta do mar salgadíssimo, e desde a língua, que ele forma olhando para a região austral. 3 E estende-se para a subida do Escorpião, e passa até Sina: e sobe para Cadesbarne, e vem até Esron, subindo para Adar, e dando volta a Carcaa, 4 e passando dali para a banda de Asemona, chega até à torrente do Egito: e os seus limites serão o mar grande: estes serão os limites pelo lado do meio-dia. 5 Mas pela banda do nascente começaram pelo mar salgadíssimo até à extremidade do Jordão: e pela banda do norte desde a língua que forma o mar até o mesmo rio Jordão.

6 E a sua fronteira sobe a Bet Hagla, e passa do norte a Bet Araba; subindo à pedra de Boem filho de Rúben: 7 E estendendo-se até os fins de Debera desde o vale de Acor para o norte olhando para Galgala, que está defronte da subida de Adomim, pela parte austral da torrente: e passa as águas, que se chamam a fonte do Sol: e vem a acabar na fonte de Rogel: 8 e sobe pelo vale do filho de Enom pela banda meridional dos jebuseus, onde está Jerusalém: e dali subindo até ao cume do monte, que está fronteiro a Geenon para o poente na extremidade do vale dos rafains para o norte: 9 e passa desde o cume do monte até à fonte de Neftoa, e chega até as aldeias do monte Efron: e baixa depois a Baala, que é Cariatiarim, isto é, a cidade dos Bosques: 10 e de Baala dá volta para o poente, até o monte Seir, e costeia o monte Jarim ao norte para a banda de Queslon: e desce a Betsames, e passa até Tamna: 11 e chega até o lado setentrional de Acaron: e baixa para Secrona, e passa o monte Baala: e estende-se até Jebneel, e termina-se enfim da banda do poente no mar grande. 12 Estes são os limites dos filhos de Judá por todo o seu contorno segundo as suas famílias.

Tomada de Cariat-Arbe

13 E segundo o que o Senhor lhe tinha ordenado, deu a Caleb filho de Jefone por seu quinhão no meio dos filhos de Judá, a Cariat-Arbe do pai de Enec, que é Hebron. 14 E Caleb exterminou dela os três filhos de Enac, Sesai e Aiman e Tolmai da raça de Enac. 15 E subindo daqui marchou para os habitantes de Dabir, que antes se chamava Cariat-Sefer, isto é, cidade das letras. 16 E disse Caleb: eu darei minha filha Axa por mulher àquele que inves-

tir e tomar a Cariat-Sefer. 17 E tomou-a Otoniel filho de Cenez irmão mais moço de Caleb: e Caleb lhe deu por mulher a Axa sua filha. 18 E caminhando todos de companhia, seu marido lhe aconselhou que pedisse a seu pai um campo: e Axa como ia assentada num jumento, deu um suspiro. Caleb lhe disse: Que é o que tens? 19 Ela porém lhe respondeu: Dá-me a tua bênção: tu me deste uma terra posta ao meio-dia e seca, ajunta-lhe outra de regadio. Deu-lhe pois Caleb uma terra, que se regava nos altos e nos baixos.

Cidades de Judá

20 Esta é a possessão da tribo dos filhos de Judá segundo as suas famílias. 21 E as cidades dos filhos de Judá nas extremidades meridionais pelas fronteiras da Iduméia, eram: Cabseel e Eder e Iagur, 22 e Cina e Dimona e Adada, 23 e Cades e Asor e Jetnam, 24 Zif e Telem e Balot, 25 Asor a nova e Cariot, Hesron, que é Asor, 26 Amam, Sama, e Molada, 27 e Asergada e Hassemon e Betfelet, 28 e Hasersula e Bersabee e Baziotia, 29 e Baala e Jim e Esem, 30 e Eltolad e Cesil e Harma, 31 e Siceleg e Medemena e Sensena, 32 Lebaot, e Selim e Aen e Remon: ao todo vinte e nove cidades com as suas aldeias.

33 Nas campinas porém: Estaol e Sarea e Asena, 34 e Zanoe e Enganim e Tafua e Enaim, 35 e Jerimot e Adulam, Soco e Azeca, 36 e Saraim e Aditaim e Gedera, e Gederotaim: catorze cidades com as suas aldeias. 37 Sanan e Hadassa e Magdalgad, 38 Delean e Masefa e Jectel, 39 Láquis e Bascat e Eglon, 40 Kebon e Leeman e Cetlis, 41 e Giderot e Betdagon e Naama, e Maceda: dezesseis cidades com as sua saldeias. 42 Labana e Eter e Asan, 43 Jefta e Esna e Nesib, 44 e Ceila e Aczib e Maresa: nove cidades com as suas aldeias. 45 Acaron com as suas aldeias e lugarejos. 46 De Acaron até o mar: todo o país que verga para a banda de Azot e as suas aldeias. 47 Azot com as suas aldeias e lugarejos, Gaza com as aldeias e lugarejos, até à torrente do Egito, e o mar grande é o seu termo.

48 E nos montes: Samir e Jeter e Socot, 49 e Dana e Cariatsena, que é Dabir: 50 Anab e Istemo e Anim, 51 Gosen e Olom e Gilo: onze cidades com as suas aldeias. 52 Arab e Ruma e Esaan 53 e Janum e Betafua e Afeca, 54 Atmata e Cariat-Arbe, que é Hebron, e Sior: nove cidades com as suas aldeias. 55 Maon e Carmel e Zif e Jota, 56 Jezrael e Jucadam e Zanoe, 57 Acain, Gabaa e Tamna: dez cidades com as suas aldeias. 58 Halhul, e Bessur, e Gedor, 59 Maret e Betanot, e Eltecon: seis cidades com as suas aldeias. 60 Cariatbaal, que é Cariatiarim cidade dos bosques, e Areba: duas cidades com as suas aldeias.

61 No deserto Betaraba, Medin, e Sacaca, 62 e Nebsan, e a cidade do Sal, e Engadi: seis cidades com as suas aldeias. 63 Porém os filhos de Judá não puderam extinguir os jebuseus, que habitavam em Jerusalém: e habitaram os jebuseus em Jerusalém com os filhos de Judá até o dia de hoje.

As tribos de José

16 Caiu a sorte aos filhos de José desde o Jordão defronte de Jericó e das suas águas para o nascente: o deserto que sobe de Jericó ao monte de Betel: 2 e de Betel sai a Luza: e passa os termos de Arqui para a banda de Atarot: 3 e desce pelo poente perto dos confins de Jefleti, até os termos de Bet-horon a baixa, e de Gazer: e o seu território fenece no mar grande: 4 e esta foi a possessão de Manassés e de Efraim filhos de José.

Efraim

5 E foi o termo dos filhos de Efraim pelas suas famílias: e a sua possessão para o nascente Atarot-Adar até Bet-horon a alta. 6 E os seus confins saem ao mar: Macmetat porém olha para o norte, e cerca os seus termos defronte do nascente em Tanatselo, e passa desde o nascente até Janoe: 7 e desce desde Janoe até Atarot e Naarat: e vem a Jericó, e termina-se no Jordão. 8 De Tafua passa para a banda do mar ao Vale do Canavial, e se termina no mar Salgadíssimo. Esta é a herança da tribo dos filhos de Efraim pelas suas famílias. 9 E foram separadas cidades para os filhos de Efraim no meio da herança dos filhos de Manassés, e também suas aldeias. 10 Mas os filhos de Efraim não exterminaram os cananeus, que habitavam em Gazer: e até o dia de hoje habitaram os cananeus no meio de Efraim sendo-lhe tributários.

Manassés

17 Caiu também a sorte à tribo de Manassés (porque este é o primogênito de José); a Maquir primogênito de Manassés pai de Galaad, que foi um homem guerreiro, e possuiu o país de Galaad e de Basan: 2 e aos filhos de Manassés pelas suas famílias, aos filhos de Abiezer, aos filhos de Helec, e aos filhos de Hefer, e aos filhos de Semida. Estes são os filhos varões de Manassés filhos de José, pelas suas famílias.

3 Mas Salfaad filho de Hefer, filho de Galaad, filho de Maquir, filho de Manassés, não tinha filhos, mas somente filhas, cujos nomes

são estes: Maala e Noa e Hegla e Melca e
Tersa. 4 Estas vieram apresentar-se ao sacer-
dote Eleazar, e a Josué filho de Nun, e aos
príncipes, dizendo: O Senhor ordenou a Moi-
sés, que se nos desse um quinhão no meio de
nossos irmãos. E José lhes deu seu quinhão
no meio dos irmãos de seu pai conforme o
mandado do Senhor. 5 E caíram à tribo de
Manassés dez quinhões, fora o país de Galaad
e Basan na outra banda do Jordão. 6 Porque
as filhas de Manassés possuíram a sua heran-
ça no meio dos filhos desta tribo. E o país
de Galaad coube em sorte aos outros filhos
de Manassés.

7 E o termo de Manassés foi desde Aser até
Macmetat que olha para Siquém: e se estende
pela direita até perto dos que habitam a fonte
de Tafua. 8 Porque na sorte de Manassés tinha
caído o território de Tafua, o qual chega ao
termo de Manassés, e é dos filhos de Efraim.
9 E esta fronteira desce ao vale do Canavial
para o meio-dia da torrente das cidades de
Efraim, que estão no meio das de Manassés: o
termo de Manassés é desde o setentrião da
torrente, e vai terminar-se no mar: 10 assim
a porção de Efraim está ao meio-dia, e a de
Manassés ao norte, e ambas ficam cerradas
pelo mar, e se encontram na tribo de Aser, pelo
norte, e na tribo de Issacar pelo nascente.

11 E teve Manassés por herança na tribo de
Issacar e na tribo de Aser, a Betsan com as
suas aldeias, e a Jeblaam com as suas aldeias,
e aos habitantes de Dor com as suas aldeias,
aos habitantes também de Endor com as suas
aldeias, e da mesma sorte aos habitantes de
Tenac com as suas aldeias, e aos habitantes
de Magedo com as suas aldeias: e a terça parte
da cidade de Nofet. 12 E os filhos de Manassés
não puderam destruir estas cidades, mas co-
meçaram os cananeus a habitar nesta sua
terra. 13 Porém depois que os filhos de Israel
engrossaram em forças, sujeitaram os cana-
neus, e os fizeram seus tributários, e não os
mataram.

Queixas das tribos de José

14 E falaram os filhos de José com Josué,
e disseram: por que me não deste tu senão
uma parte por herança, sendo eu como sou
um povo tão numeroso, e tendo-me o Senhor
abençoado? 15 Aos quais disse Josué: se tu
és um povo tão numeroso, sobe ao bosque,
e faze-te maior lugar no país dos fereseus e
dos rafains: porque o monte de Efraim é para
ti uma herança muito estreita. 16 Os filhos de
José lhe responderam: nós não poderemos
ganhar as montanhas, visto que os cananeus
que habitam na campina, onde está Betsan
com as suas aldeias, e Jezrael ocupando o
meio do vale, usam de carroças armadas de
ferro. 17 E Josué disse à casa de José, Efraim
e Manassés: Tu és um povo muito numeroso,
e de grandes forças, não terás só uma sorte,
18 mas passarás ao monte, e cortarás para ti,
e alimparás maior terreno para habitares: e
poderás passar ainda mais adiante depois que
tiveres destruído os cananeus, que tu dizes
que têm carroças armadas de ferro, e que são
uma gente fortíssima.

Segunda fase da partilha. Em Silo

18 E todos os filhos de Israel se ajuntaram
em Silo, e puseram ali o tabernáculo do
testemunho, e a terra se lhes sujeitou.

2 Porém tinham ficado sete tribos dos filhos
de Israel, que ainda não tinham recebido a sua
herança. 3 Aos quais disse Josué: Até quando
vos consumirá o ócio, e não vos metereis de
posse da terra, que o Senhor Deus de vossos
pais vos deu? 4 Escolhei três homens de cada
tribo para que eu os envie a dar um giro à
terra, e façam a sua demarcação segundo o
número de cada tribo: e me tragam a demar-
cação que fizerem. 5 Dividi entre vós a terra
em sete partes: Judá fique nos seus limites da
banda do meio-dia, e a casa de José da banda
do setentrião. 6 A terra que medeia entre eles
dividi-a em sete partes: e depois vinde cá ter
comigo, para que eu na presença do Senhor
vosso Deus vos lance aqui as sortes: 7 porque
os levitas não têm entre vós parte alguma, por-
que o sacerdócio do Senhor é a sua herança.
A tribo porém de Gad e de Rúben, e a meia
de Manassés já tinham recebido as suas por-
ções antes de passarem o Jordão ao nascente:
as quais lhes deu Moisés servo do Senhor.

8 E quando estes homens se levantaram para
ir fazer a demarcação da terra, mandou-lhes
Josué, dizendo: Dai volta à terra, e demarcai-a,
e voltai a mim: para que eu vos lance as sortes
aqui em Silo diante do Senhor. 9 Partiram
pois: e reconhecendo-a cuidadosamente a divi-
diram em sete partes, que descreveram num
livro. E tornaram para Josué ao arraial de
Silo. 10 O qual lançou as sortes diante do
Senhor em Silo, e dividiu a terra em sete
partes entre os filhos de Israel.

Benjamim

11 E caiu a primeira sorte aos filhos de Ben-
jamim pelas suas famílias, para possuírem por
quinhão o país situado entre os filhos de Judá
e os filhos de José. 12 E a sua fronteira foi para
a banda do setentrião pela margem do Jordão:
estendendo-se para a banda setentrional de
Jericó, e daí subindo as montanhas para o
poente, e chegando até o deserto de Betaven,

13 e passando ao meio-dia pelo pé de Luza, que
é Betel: e desce a Atarot-Adar perto do monte,
que está ao meio-dia de Bet-horon a baixa:
14 e dando volta torce para a banda do mar ao
meio-dia do monte que olha para Bet-horon da
banda de África: e termina-se em Cariatiarim
cidade dos filhos de Judá: esta é a sua extensão
para o mar, pelo lado do poente. 15 Mas pelo
meio-dia da parte de Cariatiarim se estendem
os termos para a banda do mar, e chega até à
fonte das águas de Neftoa. 16 E desce até
àquela parte do monte, que olha para o vale
dos filhos de Enom: e que está da banda do
setentrião na extremidade do vale dos rafains.
E desce a Geenom (isto é, ao vale de Enom)
ao lado dos jebuseus pelo meio-dia: e chega
até à fonte de Rogel, 17 passando para a banda
do setentrião, e estendendo-se até Ensemes,
isto é, até à fonte do Sol: 18 e passa até os
cabeços, que estão de fronte da subida de Ado-
mim: e desce até Abenboen, isto é, até à pedra
de Boen filho de Rúben: e passa pelo lado do
setentrião até às campinas: e desce à planície,
19 e passa para a banda do setentrião além de
Bet-hagla: e termina-se na ponta setentrional
do mar Salgadíssimo na embocadura do Jor-
dão que olha para o meio-dia: 20 que a termi-
na da banda do nascente: esta é a herança dos
filhos de Benjamim com os seus limites à roda,
e segundo as suas famílias.
21 E as suas cidades foram: Jericó e Bet-ha-
gla e o vale de Casis. 22 Bet Araba e Samarim
e Betel, 23 e Avim e Afara e Ofera, 24 a cidade
de Emona e Ofni e Gabee: doze cidades com as
suas aldeias. 25 Gabaon e Rama e Berot, 26 e
Mesfe e Cafara e Amosa, 27 e Recem, Jarefel
e Tarela, 28 e Sela, Elef, e Jebus, que é Jeru-
salém, Gabaat e Cariat: catorze cidades com
as suas aldeias. Esta é a possessão dos filhos
de Benjamim segundo as suas famílias.

Simeão

19 E saiu a segunda parte aos filhos de
Simeão pelas suas famílias: e foi a heran-
ça 2 deles no meio da herança dos filhos de
Judá: Bersabee e Sabee e Molada 3 e Haser-
sual, Bala e Asem 4 e Eltolad, Betul e Harma
5 e Siceleg e Betmarcabot, e Hasersusa 6 e
Betlebaot e Saroen: treze cidades com as suas
aldeias. 7 Ain e Remon e Atar e Asan: quatro
cidades com as suas aldeias: 8 Todos os luga-
rejos dos contornos destas cidades até Baalat
Beer Ramat da banda do meio-dia. Esta é a
herança dos filhos de Simeão segundo as suas
famílias. 9 Na possessão e território de Judá:
porque era maior: e por isso os filhos de Si-
meão tiveram o seu quinhão no meio da heran-
ça daqueles.

Zabulon

10 E caiu a terceira sorte aos filhos de Za-
bulon pelas suas famílias: e a fronteira da sua
herança se estende até Sarid. 11 E sobe do mar
e de Merela, chega a Debaset até a torrente
que está defronte de Jeconam. 12 E volta de
Sared para o nascente até os confins de Cese-
lettabor: e sai a Daberet, e sobe para Jafie.
13 E dali passa até o lado oriental de Getefer
e Tacasin: e estende-se a Remon, Amtar e Noa.
14 E dá volta pelo norte para a banda de
Hanaton: e termina-se no vale de Jeftael, 15 e
Catet e Naalol e Semeron e Jedala e Belém:
doze cidades com as suas aldeias. 16 Esta é
a herança da tribo dos filhos de Zabulon pelas
suas famílias, com as suas cidades e lugarejos.

Issacar

17 Saiu a quarta sorte a Issacar pelas suas
famílias: 18 e a sua herança compreende a
Jezrael e Casalot e Sunem, 19 e Hafaraim e
Seon, e Anaarat, 20 e Rabot e Cesion, e Abes,
21 e Ramet, e Enganim, e Enada, e Betfeses.
22 E a sua fronteira chega até Tabor e Saesi-
ma e Betsames: e fenece no Jordão: dezesseis
cidades com as suas aldeias, 23 esta é a heran-
ça dos filhos de Issacar pelas suas famílias,
com as suas cidades e lugarejos.

Aser

24 E caiu a quinta sorte à tribo dos filhos
de Aser pelas suas famílias: 25 e a sua fron-
teira se estende desde Halcat e Cali e Beten e
Axaf 26 e Elmelec e Amaad e Messal: e chega
até ao Carmelo do mar e a Sior e a Labanat.
27 E volta pelo Oriente para a banda de Betda-
gon: e passa até Zabulon e ao vale de Jeftael
para o norte até Betemec e Neiel. E estende-se
pela esquerda até Cabul, 28 e Abran e Roob e
Hamon e Dana, até a grande Sidônia: 29 e vol-
ta para a banda de Horma até a fortíssima
cidade de Tiro, e até Hosa: e termina-se no
mar do território de Achziba: 30 também Ama
e Afe e Roob: vinte e duas cidades com as
suas aldeias. 31 Esta é a herança dos filhos de
Aser pelas suas famílias, com as suas cidades
e lugarejos.

Neftali

32 Caiu a sexta sorte aos filhos de Neftali
pelas suas famílias: 33 e a sua fronteira come-
ça desde Helef e Elon e Saananim, e Adami,
que se chama Necebe e desde Jebnael até
Lecum; e acaba no Jordão; 34 e volta a sua
fronteira pelo ocidente para Azanot-tabor, e
dali se estende até Hucuca, e passa por Zabu-
lon da parte do meio-dia, e por Aser da parte

do ocidente, e por Judá da parte do Jordão pelo oriente. 35 Suas cidades fortificadíssimas Assedim, Ser e Emat, Recat e Ceneret, 36 e Edema e Arama, Asor, 37 e Cedes e Edrai, Enasor, 38 e Jeron e Magdalel, Horem e Betanat e Betsames: dezenove cidades com as suas aldeias. 39 Esta é a herança da tribo dos filhos de Neftali pelas suas famílias, com as suas cidades e lugarejos.

Dan

40 Saiu a sétima sorte à tribo dos filhos de Dan pelas suas famílias: 41 e foram os termos da sua herança Sara e Estaol, e Hirsemes, isto é, cidade do Sol, 42 Selebin e Aialon e Jetela, 43 Elon e Temna e Acron, 44 Eltece, Gebeton e Balaat, 45 e Jud e Bane e Barac e Getremon, 46 e Meiarcon e Arecon, com os seus confins que olham para Jope, 47 e que se terminam neste mesmo lugar. Mas os filhos de Dan subiram, e pelejaram contra Lesem, e a herdaram, e possuíram, e a povoaram, chamando-a Lesen Dan, do nome de Dan seu pai. 48 Esta é a herança da tribo dos filhos de Dan pelas suas famílias com as suas cidades e lugarejos.

Cidades de Josué

49 E tendo Josué acabado de repartir a terra por sorte por cada uma das tribos, os filhos de Israel deram a Josué filho de Nun por herança no meio deles, 50 conforme o preceito do Senhor, a cidade de Tamnat Saraa sobre o monte de Efraim, a qual ele tinha pedido: e edificou uma cidade, e nela morou. 51 Estas são as possessões, que dividiram por sorte o sacerdote Eleazar, e Josué filho de Nun, e os príncipes das famílias, e das tribos dos filhos de Israel em Silo, diante do Senhor à porta do tabernáculo do testemunho, e repartiram a terra.

Cidades de refúgio

20 E falou o Senhor a Josué, dizendo: Fala aos filhos de Israel, e dize-lhes: 2 Separai as cidades dos que se refugiam, das quais eu vos falei por meio de Moisés: 3 a fim de que todo o que matar um homem sem querer, se retire a elas: e possa evitar a ira do mais próximo parente do morto, que quiser vingar o seu sangue: 4 quando ele se refugiar a uma destas cidades, apresentar-se-á à porta da cidade, exporá aos anciãos dela tudo o que possa comprovar a sua inocência: e deste modo o receberão, e dar-lhe-ão onde habite. 5 E se aquele que quer vingar o morto o perseguir, não lho entregarão às suas mãos: porque matou por ignorância a seu próximo, nem se prova, que dois ou três dias antes fosse seu inimigo. 6 E habitará nesta cidade, até que compareça em juízo, para dar conta do que fez, e até que morra o sumo sacerdote, que fôr naquele tempo. então voltará o homicida, e entrará na sua cidade e na sua casa donde tinha fugido.

Rol das cidades

7 E decretaram que fossem cidades de refúgio Cedes na Galiléia sobre o monte de Neftali, e Siquém, sobre o monte de Efraim e Cariatarbe, que é Hebron no monte de Judá. 8 E na outra banda do Jordão para o nascente de Jericó destinaram a Bosor, que está situada na planície do deserto da tribo de Rúben, e a Ramot em Galaad da tribo de Gad, e a Gaulon em Basan da tribo de Manassés. 9 Estas foram as cidades constituídas para todos os filhos de Israel, e para os estrangeiros que habitavam entre eles: para que aquele que tivesse morto a alguém sem querer, se pudesse refugiar nelas, e não morresse às mãos do parente, que quisesse vingar o sangue derramado, até se apresentar ante o povo, e defender a sua causa.

Cidades levíticas

21 E os príncipes das famílias de Levi vieram ter com o sacerdote Eleazar e com Josué filho de Nun, e com os chefes das famílias de cada tribo dos filhos de Israel: 2 e lhes falaram em Silo da terra de Canaã, e disseram: O Senhor mandou por meio de Moisés, que se nos dessem cidades em que habitássemos, e os arrabaldes delas para manter os nossos animais. 3 E deram os filhos de Israel das suas heranças cidades com os seus arrabaldes, conforme o mandamento do Senhor.

4 E saíram por sorte à família de Caat dos filhos do sacerdote Aarão, treze cidades das tribos de Judá, e de Simeão, e de Benjamim: 5 e aos outros filhos de Caat, isto é, aos levitas que ficavam, dez cidades das tribos de Efraim, e de Dan, e da meia tribo de Manassés. 6 Aos filhos porém de Gérson saiu a sorte de receberem treze cidades das tribos de Issacar e de Aser e de Neftali, e da meia tribo de Manassés em Basan. 7 E aos filhos de Merari pelas suas famílias doze cidades das tribos de Rúben e de Gad e de Zabulon. 8 E deram os filhos de Israel estas cidades e os seus arrabaldes aos levitas, como o Senhor o tinha mandado por meio de Moisés, repartindo-as a cada um por sorte.

Cidades sacerdotais

9 Deu pois Josué das tribos dos filhos de Judá e de Simeão as cidades, cujos nomes são

estes: 10 aos filhos de Aarão das famílias de
Caat da linhagem de Levi (pois que a eles saiu
a primeira sorte) 11 Cariat-Arbe do pai de
Enac, que se chama Hebron, no monte de Judá,
com os seus arrabaldes em roda. 12 Porque
tinha dado os seus campos, e aldeias a Caled
filho de Jefone para os possuir. 13 Deu pois
aos filhos do sacerdote Aarão Hebron cidade
de refúgio com os seus arrabaldes, e Lobna
com os seus arrabaldes: 14 e Jeter, e Estemo,
15 e Helon, e Dabir, 16 e Ain, e Jeta, e Betsa-
mes, com os seus arrabaldes: nove cidades de
duas tribos como fica dito. 17 Da tribo pois
dos filhos de Benjamim, Gabaon, e Gabae,
18 e Anatot e Almon, com os seus arrabaldes:
quatro cidades. 19 Assim pelo todo foram da-
das treze cidades com os seus arrabaldes, aos
filhos do sacerdote Aarão.

20 E às outras famílias dos filhos de Caat
da linhagem de Levi, foi dada a possessão que
se segue: 21 Da tribo de Efraim as cidades de
refúgio, Siquém com os seus arrabaldes sobre
o monte de Efraim, e Gazer, 22 e Cibsaim e
Bet-horon, com os seus arrabaldes, quatro ci-
dades. 23 E da tribo de Dan, Elteco e Gabaton,
24 e Ajalon, e Getremon, com os seus arrabal-
des, quatro cidades. 25 E da meia tribo de
Manassés, Tanac, e Getremon, com os seus
arrabaldes, duas cidades. 26 Ao todo foram
dadas aos filhos de Caat, que eram de inferior
grau, dez cidades, com os seus arrabaldes.

27 Deu também da meia tribo de Manassés
aos filhos de Gérson da linhagem de Levi as
cidades de refúgio, Gaulon em Basan, e Bos-
ram, com os seus arrabaldes, duas cidades.
28 E da tribo de Issacar, Cesion e Daberet, 29 e
Jaramot, e Enganim com os seus arrabaldes,
quatro cidades. 30 E da tribo de Aser, Masal
e Abdon, 31 e Helcat, e Roob, com os seus
arrabaldes, quatro cidades. 32 E da tribo de
Neftali as cidades de refúgio, Cedes em Ga-
liléia, e Hamot-Dor, e Cartan, com os seus
arrabaldes, três cidades. 33 Todas as cidades
das famílias de Gérson foram treze, com os
seus arrabaldes.

34 Aos filhos porém de Merari, levitas de
inferior ordem, segundo as suas famílias fo-
ram dadas da tribo de Zabulon, Jecnam e Car-
ta, 35 e Damna, e Naalol, quatro cidades com
os seus arrabaldes. 36 Da tribo de Rúben na
banda de além do Jordão, defronte de Jericó,
as cidades de refúgio, Bosor no deserto, Misor
e Jaser e Jetson e Mefaat, quatro cidades com
os seus arrabaldes. 37 Da tribo de Gad as cida-
des de refúgio, Ramot em Galaad, e Manaim
e Hesebon e Jazer, quatro cidades com os seus
arrabaldes. 38 Todas as cidades dos filhos de
Merari, segundo as suas famílias e casas, foram
doze. 39 Pelo que todas as cidades dos levitas
no meio das heranças dos filhos de Israel
foram quarenta e oito, 40 com os seus arra-
baldes, distribuídas cada uma segundo a ordem
das famílias.

41 E o Senhor Deus deu a Israel toda a terra,
que tinha prometido com juramento que daria
a seus pais: e eles a possuíram, e povoaram.
42 E lhes deu paz com todas as nações do con-
tôrno: e nenhum dos seus inimigos ousou re-
sistir-lhes, mas todos ficaram sujeitos ao seu
domínio. 43 Nem uma só palavra do que tinha
prometido dar-lhes, ficou sem efeito, mas tudo
se cumpriu por obra.

III. ÚLTIMOS ACONTECIMENTOS E DESPEDIDA DE JOSUÉ

Regresso das tribos da Transjordânia

22 Neste mesmo tempo chamou Josué os
rubenitas, e os gaditas, e à meia tribo de
Manassés, 2 e lhes disse: Vós tendes feito tudo
o que Moisés servo do Senhor vos ordenou: a
mim também me tendes obedecido em todas
as coisas, 3 e por um tão largo tempo até o
dia de hoje, não tendes desamparado a vossos
irmãos, guardando o mandamento do Senhor
vosso Deus. 4 Como pois o Senhor vosso Deus
deu paz e sossego a vossos irmãos, como ele
lho tinha prometido: tornai, e ide-vos para as
vossas tendas, e para a terra da vossa posses-
são, que Moisés, servo do Senhor, vos deu da
outra banda do Jordão: 5 com a condição
porém de que guardeis, e cumprais exatamen-
te o mandamento e a lei que Moisés, servo do
Senhor, vos prescreveu, de maneira que ameis
ao Senhor vosso Deus, e andeis em todos os
seus caminhos, e observeis os seus mandamen-
tos, e vos unais a Ele, e O sirvais de todo o
vosso coração e de toda a vossa alma. 6 De-
pois lhes deu Josué a bênção, e os despediu.
E eles voltaram para as suas tendas.

7 Moisés porém tinha dado à meia tribo de
Manassés as terras que devia possuir em Ba-
san: e por isso Josué deu a sua sorte à outra
meia, que tinha ficado entre os outros seus
irmãos na banda de aquém do Jordão para o
ocidente. E depois de os ter despedido para
as suas tendas, e de os ter abençoado, 8 lhes
disse: Vós voltais para vossas casas com mui-
tos bens, e riquezas, com prata e ouro, cobre
e ferro, e vestidos de toda a qualidade. Reparti
pois com vossos irmãos a presa dos inimigos.
9 Assim os filhos de Rúben, e os filhos de Gad,

com a meia tribo de Manassés, voltaram, e se separaram da companhia dos filhos de Israel, em Silo, que está situada em Canaã, para entrarem em Galaad, terra da sua possessão, que tinham obtido por meio de Moisés conforme o mandado do Senhor.

10 E tendo chegado às represas do Jordão, na terra de Canaã, edificaram junto ao Jordão um altar de imensa grandeza. 11 O que tendo ouvido os filhos de Israel, e sabendo por mensageiros seguros, que os filhos de Rúben, e de Gad, e os da meia tribo de Manassés tinham edificado um altar na terra de Canaã, sobre os cabeços do Jordão, defronte dos filhos de Israel: 12 congregaram-se todos em Silo, para marcharem e pelejarem contra eles.

Acusações das tribos do poente

13 E entretanto lhes enviaram à terra de Galaad a Finéias filho do sacerdote Eleazar, 14 e dez dos príncipes com ele, cada um de sua tribo. 15 Os quais foram ter com os filhos de Rúben e de Gad, e com os da meia tribo de Manassés na terra de Galaad, e lhes disseram: 16 Eis aqui o que todo o povo do Senhor vos manda dizer: Que transgressão é esta? por que deixastes vós o Senhor Deus de Israel, levantando um altar sacrílego, e apartando-vos do seu culto? 17 Acaso parece-vos pouco ter pecado em Beelfegor, e que a mácula deste crime ainda até hoje não esteja apagada em nós? pois por isso pereceram muitos do povo. 18 E vós deixastes hoje o Senhor, e amanhã cairá a sua ira sobre todo o Israel. 19 Se cuidais que a terra da vossa herança é imunda, passai para a terra, onde se acha o tabernáculo do Senhor, e habitai entre nós: contando que vos não aparteis do Senhor, nem da nossa sociedade, edificando um altar contra o altar do Senhor nosso Deus. 20 Não é assim que Acan filho de Zaré violou o mandado do Senhor, e veio a sua ira sobre todo o povo de Israel? E ele era um só homem, e oxalá que só ele tivera perecido pela sua maldade.

Resposta das tribos do levante

21 E os filhos de Rúben e de Gad, e os da meia tribo de Manassés responderam aos príncipes da legação de Israel: 22 O Senhor Deus fortíssimo, Ele o sabe, e também o saberá Israel: se nós com ânimo de prevaricação levantamos este altar, Ele nos não proteja, mas desde agora nos castigue: 23 e se o fizemos com ânimo de ofreecer sobre ele holocaustos, e sacrifícios, e vítimas pacíficas, Ele nos peça disso conta e nos julgue: 24 e se antes pelo contrário o não fizemos com ânimo e desígnio de dizer: Amanhã dirão os vossos filhos aos nossos: Que tendes vós com o Senhor Deus de Israel? 25 O Senhor pôs o rio Jordão por termo entre nós e vós, ó filhos de Rúben, e ó filhos de Gad: e assim não tendes parte no Senhor. E esta será uma ocasião, de que vossos filhos apartem os nossos do termo do Senhor. Portanto assim julgamos por melhor, 26 e dissemos: Façamos um altar, não para oferecermos nele holocaustos, nem vítimas, 27 mas para testemunho entre nós e vós, e entre a nossa posteridade e a vossa, de que servimos ao Senhor, e de que temos direito de lhe oferecer holocaustos e vítimas, e hóstias pacíficas: e de nenhuma sorte digam amanhã vossos filhos aos nossos: Vós não tendes parte no Senhor. 28 Porque, se o quiserem dizer, responder-lhes-ão: Eis aqui o altar do Senhor, que fizeram nossos pais, não para holocaustos, nem sacrifícios, mas para testemunho entre nós e vós. 29 Longe de nós tamanho crime que nos apartemos do Senhor, e deixemos de seguir as suas pisadas, edificando altar para oferecer holocaustos, e sacrifícios, e vítimas fora do altar do Senhor nosso Deus, que foi levantado diante do seu tabernáculo.

30 Quando isto ouviram, o sacerdote Finéias, e os príncipes da legação de Israel, que com ele estavam, se apaziguaram: e admitiram mui contentes as palavras dos filhos de Rúben, e de Gad, e da meia tribo de Manassés. 31 E o sacerdote Finéias filho de Eleazar lhes disse: Agora sabemos que o Senhor é convosco, visto que estais alheios desta prevaricação, e que livrastes os filhos de Israel da vingança do Senhor. 32 E deixando aos filhos de Rúben e de Gad, ele com os príncipes voltou da terra de Galaad, que confina com Canaã, para os filhos de Israel, e lhes deu conta de tudo. 33 E todos os que ouviram se satisfizeram com isto. E os filhos de Israel louvaram a Deus, e nem lhes veio mais ao pensamento sair a combater contra eles, nem a destruir a terra que possuíam.

34 E os filhos de Rúben, e os filhos de Gad chamaram ao altar que tinham edificado, Testemunho nosso, que o Senhor mesmo é Deus.

Exortação de Josué aos representantes do povo

23 Passado pois muito tempo, que o Senhor tinha dado a paz a Israel, subjugadas todas as nações circunvizinhas, e sendo já Josué ancião e duma idade mui avançada: 2 chamou Josué a todo o Israel, e aos anciãos, e aos príncipes, e aos capitães, e aos magistrados, e lhes disse: Eu estou velho, e acho-me numa idade mui adiantada: 3 e vós vedes tudo o que o Senhor vosso Deus tem feito a todas as nações circunvizinhas, e como ele mesmo tem pelejado a vosso favor: 4 e que agora vos

repartiu por sorte toda a terra, desde a banda
oriental do Jordão até o mar grande e posto
que restem ainda muitas nações; 5 o Senhor
vosso Deus as acabará e as tirará da vossa
vista, e vós possuireis a terra, como ele vos
prometeu, 6 contando que sejais constantes e
solícitos em guardar todas as coisas que estão
escritas no livro da lei de Moisés; e não vos
arredais dela nem para a direita nem para a
esquerda: 7 para que depois de entrardes para
o meio destas nações, que hão-de estar entre
vós, não jureis pelo nome dos seus deuses,
nem os sirvais, nem os adoreis: 8 mas vos
conserveis unidos ao Senhor vosso Deus, como
tendes feito até este dia. 9 E então dissipará
o Senhor vosso Deus da vossa presença a estas
nações grandes e pujantes, e nenhuma vos
poderá resistir. 10 Um só dentre vós perse-
guirá mil dos inimigos: porque o Senhor vosso
Deus ele mesmo pelejará por vós, como o pro-
meteu. 11 Isto somente procurai com todo o
cuidado, que ameis ao Senhor vosso Deus.
12 Mas se vós quiserdes seguir os erros destes
povos, que habitam entre vós, e contrair com
eles matrimônios, e fazer amizades; 13 sabei
já daqui que o Senhor vosso Deus não os
exterminará de diante de vós, mas que eles
virão a ser para vós uma cova e um laço, e uma
pedra de tropeço ao vosso lado, e um espinho
nos vossos olhos, até que vos tire e vos exter-
mine desta excelente terra que vos deu.

14 Vede que eu hoje estou a entrar no cami-
nho de toda a terra, e vós reconhecereis com
toda a certeza que de todas as palavras que o
Senhor prometeu cumprir-vos, nem uma só
ficou sem cumprimento. 15 Pois assim como
cumpriu por obra suas promessas, e tudo vos
tem sucedido felizmente: assim fará ele cair
sobre vós todos os males de que vos ameaçou,
até que vos tire e vos extermine desta excelente
terra que vos deu, 16 se tiverdes violado o
pacto que o Senhor vosso Deus fez convosco,
e se tiverdes servido e adorado a deuses estran-
geiros: porque então depressa e subitamente
se levantará contra vós o furor do Senhor, e
vós sereis tirados desta excelente terra, que
vos deu.

Exortação final de Josué ao povo, em Siquém

24 E Josué reuniu todas as tribos de Israel
em Siquém, e chamou aos anciãos, e aos
príncipes, e aos juízes, e aos magistrados: e
eles se apresentaram diante do Senhor: 2 e
Josué falou assim ao povo: Eis aqui o que diz
o Senhor Deus de Israel: Vossos pais, Taré pai
de Abraão, e de Nacor, desde o princípio habi-
taram na banda de além do rio: e serviram a
deuses estranhos. 3 Mas eu tirei a Abraão
vosso pai dos confins da Mesopotâmia: e o
trouxe à terra de Canaã: e multipliquei a sua
descendência, 4 e dei-lhe Isaac: e a este dei
Jacó e Esaú. E a Esaú, um destes, dei em pos-
sessão o monte de Seir: Jacó porém e seus
filhos desceram ao Egito.

5 Depois mandei Moisés a Aarão, e castiguei
o Egito com muitos milagres e portentos. 6
E vos fiz sair a vós e a vossos pais do Egito,
e viestes ao mar: e os egípcios perseguiram a
vossos pais com carroças e cavalaria até o mar
Vermelho. 7 Os filhos de Israel porém clama-
ram ao Senhor: o qual pôs trevas entre vós
e os egípcios, e fez vir o mar sobre eles, e os
cobriu. Vossos olhos viram todas as coisas
que eu fiz no Egito, e vós habitastes no deser-
to muito tempo: 8 e eu vos introduzi na terra
do amorreu, que habitava na banda de além
do Jordão. E quando pelejavam contra vós, eu
os entreguei nas vossas mãos, e vós vos apo-
derastes do seu país, e os passastes ao fio da
espada. 9 E levantou-se Balac filho de Sefor
rei de Moab, e pelejou contra Israel. E man-
dou chamar a Balaam filho de Beor, para que
vos amaldiçoasse: 10 e eu o não quis ouvir,
antes pelo contrário vos abençoei pela sua
boca, e vos livrei de suas mãos. 11 E passastes
o Jordão, e chegastes a Jericó. E pelejaram
contra vós os homens dessa cidade, os amor-
reus, e os fereseus, e os cananeus, e os heteus,
e os gergeseus, e os heveus, e os jebuseus: e
eu os entreguei nas vossas mãos. 12 E mandei
adiante de vós vespas: e lancei fora do seu
país aos dois reis dos amorreus, não com a tua
espada nem com o teu arco.

13 E vos dei uma terra, que não lavrastes;
e umas cidades que não edificastes para habi-
tardes nelas: vinhas e olivais, que não plan-
tastes. 14 Agora pois temei ao Senhor, e servi-O
com um coração perfeito e mui sincero: e tirai
os deuses, a que vossos pais serviram na Me-
sopotâmia e no Egito, e servi ao Senhor. 15 Po-
rém se vos achais mal com servir ao Senhor,
na vossa mão está a escolha: escolhei hoje o
que mais vos agradar, e a quem principalmente
deveis servir, se aos deuses a quem serviram
vossos pais na Mesopotâmia, ou aos deuses
dos amorreus, em cuja terra habitais: porque
eu e minha casa havemos de servir ao Senhor.

Renovação da Aliança

16 E o povo respondeu, e disse: Longe de
nós que abandonemos o Senhor, e sirvamos
a deuses estranhos. 17 O Senhor nosso Deus
Ele mesmo nos tirou a nós, e a nossos pais
da terra do Egito, da casa da servidão: e fez
à nossa vista grandes prodígios, e nos guardou
por todo o caminho, por onde andamos, e por
entre todos os povos, por onde passamos. 18 E
expulsou todas estas nações, ao amorreu habi-

tador da terra, em que nós entramos. Nós pois
serviremos ao Senhor, porque Ele é o nosso
Deus.
19 E Josué disse ao povo: Vós não podereis
servir ao Senhor: porque Ele é um Deus santo,
e zelador forte, e não perdoará as vossas mal-
dades e pecados. 20 Se vós largardes o Senhor,
e servirdes a deuses estranhos, Ele se voltará
contra vós, e vos afligirá, e destruirá depois
dos bens que vos tem feito.
21 E disse o povo a Josué: Não será assim,
como tu dizes, mas nós serviremos ao Senhor.
22 E Josué respondeu ao povo: Vós sois teste-
munhas de que vós mesmos escolhestes o
Senhor para o servir. E responderam: Nós
somos testemunhas. 23 Agora pois, disse Josué,
tirai do meio de vós os deuses estranhos, e
inclinai os vossos corações para o Senhor Deus
de Israel. 24 E o povo disse a Josué: Nós servi-
remos ao Senhor nosso Deus, e seremos obe-
dientes aos seus preceitos.
25 Fez portanto Josué o concerto naquele
dia, e propôs ao povo os preceitos e ordena-
ções em Siquém. 26 Escreveu também todas
estas coisas no livro da lei do Senhor; e to-
mou uma pedra muito grande, e a pôs debaixo
de um carvalho, que estava no santuário do
Senhor: 27 e disse para todo o povo: Esta
pedra que vedes, servir-vos-á de testemunho,
de que ela ouviu todas as palavras que o
Senhor vos disse: para que depois o não pos-
sais negar, nem mentir ao Senhor vosso Deus.
28 E despediu o povo, para que fosse cada um
para as suas terras.

Morte de Josué

29 Depois disto morreu Josué filho de Nun
servo do Senhor, de cento e dez anos. 30 E o
sepultaram nos confins da sua herdade em
Tamnatsaré, que está situada sobre o monte
de Efraim, para a banda setentrional do monte
Gaas. 31 E serviu Israel ao Senhor todo o tem-
po da vida de Josué e dos anciãos que viveram
muito tempo depois dele, e que sabiam todas
as obras que o Senhor tinha feito em Israel.
32 E também os ossos de Josué, que os filhos
de Israel tinham trazido do Egito, os sepul-
taram em Siquém, naquele lugar do campo,
que Jacó comprara aos filhos de Hebron pai
de Siquém, por cem cordeiros, e ficou em pos-
sessão aos filhos de José. 33 Morreu também
Eleazar filho de Aarão: e o sepultaram em
Gabaat, que pertencia a Finéias seu filho, que
lhe foi dada no monte Efraim.

JUÍZES

1. NARRAÇÕES INTRODUTIVAS

Breve resumo da conquista

1 Depois da morte de Josué consultaram os filhos de Israel o Senhor, dizendo: Quem marchará à nossa frente contra os cananeus, e será o nosso general na guerra? 2 E o Senhor respondeu: Judá subirá: eis aí lhe entreguei eu a terra nas suas mãos. 3 E disse Judá a Simeão seu irmão: Sobe comigo à minha sorte, e peleja contra os cananeus, e eu depois irei contigo à tua sorte. E foi com ele Simeão.

4 E subiu Judá, e o Senhor lhe entregou nas mãos os cananeus e os fereseus: e mataram em Bezec dez mil homens. 5 E acharam em Bezec a Adonibezec, e pelejaram contra ele, e derrotaram aos cananeus, e fereseus. 6 E fugiu Adonibezec: e indo em seu alcance o apanharam, e lhe cortaram as extremidades das mãos e dos pés. 7 E disse Adonibezec: Setenta reis a quem tinham sido cortadas as extremidades das mãos e pés apanhavam debaixo da minha mesa os sobejos: assim como eu fiz, assim Deus me fez. E levaram-no a Jerusalém, e ali morreu. 8 Os filhos de Judá porém combatendo a Jerusalem, a tomaram, e passaram ao fio da espada, pondo fogo a toda a cidade.

9 E depois, baixando, pelejaram contra os cananeus, que habitavam nas montanhas, e ao meio-dia, e nas planícies. 10 E Judá marchando contra os cananeus, que habitavam em Hebron, (chamada antigamente Cariat-Arbe) desfez a Sesai, e Aiman, e Tolmai: 11 e partindo dali foi contra os habitantes de Dabir, que antigamente se chamava Cariat-Sefer, isto é, cidade das letras. 12 E disse Caleb: Eu darei minha filha Axa por mulher, ao que tomar e destruir a Cariat-Sefer. 13 E como a tomasse Otoniel filho de Cenez irmão mais moço de Caleb, este deu por mulher a sua filha Axa. 14 Indo ela de caminho lho advertiu seu marido, que pedisse a seu pai um campo. E como ela suspirasse montada num jumento, disse Caleb: Que tens? 15 E ela respondeu: Dá-me a tua bênção, já que me deste uma terra seca: dá-me também outra que se possa regar. Caleb pois lhe deu uma terra, que se regava nos altos, e nos baixos. 16 Os filhos porém de Cineu parente de Moisés saíram da cidade das Palmeiras com os filhos de Judá ao deserto, que era da sorte destes, e fica ao meio-dia de Arad, e habitaram com eles.

17 Depois marchou Judá com Simeão seu irmão, e juntos derrotaram aos cananeus que habitavam em Sefaat, e os passaram à espada. E chamou-se esta cidade Horma, isto é, anátema. 18 E tomou Judá a Gaza com os seus contornos, e a Ascalon, e a Acaron com os seus termos. 19 E foi o Senhor com Judá, e este se apoderou de toda a terra das montanhas: mas não pode derrotar os que habitavam no vale, porque estes tinham muitas carroças armadas de foices. 20 E conforme o que Moisés tinha dito, deram Hebron a Caleb, que exterminou dela os três filhos de Enac.

21 Mas os filhos de Benjamim não destruíram aos jebuseus, que moravam em Jerusalém: e os jebuseus habitaram em Jerusalém com os filhos de Benjamim, até o dia de hoje.

22 A casa de José também marchou contra Betel, e o Senhor era com eles. 23 Porque tendo sitiado a cidade, que antes se chamava Luza, 24 viram sair da cidade a um homem, e lhe disseram: Mostra-nos a entrada da cidade, e usaremos de misericórdia contigo. 25 Tendo-lha ele mostrado, passaram ao fio da espada todos os da cidade: mas deixaram livre aquele homem, e toda a sua família. 26 O qual, posto em liberdade, foi-se para a terra de Hetim, e fundou lá uma cidade, e lhe pôs o nome de Luza: a qual assim se chama até o presente dia.

27 Também Manassés não destruiu a Betsan, e a Tanac com os seus lugarejos, nem aos habitantes de Dor, e de Jeblaam, e de Magedo com os seus lugarejos, e começaram os cananeus a habitar com eles. 28 Mas tanto que Israel cobrou mais forças, fê-los sim tributários, mas não os quis extinguir. 29 Efraim também não matou os cananeus, que habitavam em Gazer, mas ficou habitando com eles.

30 Tampouco exterminou Zabulon os habitantes de Cetron, e de Naalol: os cananeus habitatram no meio dele, e lhe foram tributários.

31 Nem também Aser destruiu os habitantes de Aco, e de Sidônia, de Aalab, de Acazib, e de Helba, e de Afec, e de Roob: 32 antes morou no meio dos cananeus habitantes daquela terra, e não os exterminou.

33 Neftali também não extinguiu os habitantes de Betsames, e de Betanat: mas morou entre os cananeus habitantes daquela terra, e os Betsamitas e Betanitas lhe foram tributários.

34 E os amorreus tiveram os filhos de Dan encerrados no monte, nem lhes deram lugar de descer para as planícies: 35 e habitaram no monte de Hares, que se interpreta monte de argila, em Ajalon e em Salebim. Mas a casa de José carregou sobre eles e os fez seus tributários.

36 E os limites dos amorreus foram desde a subida do Escorpião, Petra, e os lugares mais altos.

Causa da conquista incompleta

2 E o anjo do Senhor subiu de Galgala ao Lugar dos que Choram, e disse: Eu vos tirei do Egito, e vos meti de posse da terra, que eu tinha jurado dar a vossos pais: e vos prometi guardar para sempre o pacto, que fiz convosco: 2 mas com a condição que não faríeis concerto com os habitantes desta terra, mas que havíeis de destruir os seus altares: e vós não quisestes ouvir a minha voz: por que fizestes isso? 3 Por esta razão não quis eu extingui-los da vossa presença: para que os tenhais por inimigos, e os seus deuses sejam a vossa ruína.

4 Ao tempo que o anjo do Senhor dizia estas palavras a todos os filhos de Israel, levantaram eles a sua voz e choraram. 5 E foi aquele lugar chamado: o Lugar dos que Choram, ou das Lágrimas: e ofereceram nele hóstias ao Senhor.

Instituição dos juízes

6 Despediu pois Josué o povo, e os filhos de Israel foram cada um para a terra, que lhes tinha cabido em sorte para a possuírem: 7 e serviram ao Senhor todo o tempo da vida de Josué, e dos anciãos que lhes sobreviveram por largo tempo, e que sabiam todas as obras que o Senhor tinha feito a favor de Israel. 8 Morreu porém Josué filho de Num, servo do Senhor, de cento e dez anos, 9 e sepultaram-no nos confins de sua herdade em Tamnatsaré, no monte de Efraim, ao setentrião do monte Gaas.

10 E toda aquela geração se foi unir a seus pais: e levantaram-se outros, que não conheciam o Senhor, nem as obras que tinha feito a favor de Israel. 11 E os filhos de Israel obraram o mal diante do Senhor, e serviram aos Baalins. 12 E deixaram o Senhor Deus de seus pais, que os havia tirado da terra do Egito: e seguiram aos deuses dos povos que habitavam em torno deles, adoraram-nos: e provocaram o Senhor à ira, 13 deixando a esta para servirem a Baal e a Astarot. 14 Irado pois o Senhor contra Israel, os entregou nas mãos dos que os despojassem: estes os tomaram, e venderam aos inimigos que habitavam ao redor: e eles não puderam resistir aos seus adversários: 15 mas para qualquer parte que quisessem ir, a mão do Senhor estava sobre eles, assim como tinha dito, e jurado: e foram em extremo afligidos. 16 E o Senhor lhes suscitou juízes, que os livrassem das mãos dos seus opressores: mas nem a eles quiseram ouvir, 17 prostituindo-se a deuses estranhos, e adorando-os. Deixaram depressa o caminho, por onde seus pais tinham andado: e tendo ouvido os mandamentos do Senhor, tudo fizeram pelo contrário. 18 E quando o Senhor lhes suscitava juízes, enquanto estes viviam, ele se deixava dobrar da misericórdia, e ouvia os gemidos dos aflitos, e os livrava da crueldade dos que os saqueavam. 19 Mas depois que o juiz era morto, reincidiam, e cometiam muito piores coisas do que tinham feito seus pais, seguindo os deuses estranhos, servindo-os e adorando-os. Não deixaram as suas invenções, nem o caminho duríssimo, por onde costumavam andar.

20 Acendeu-se pois contra Israel o furor do Senhor, e Ele disse: Pois que este povo tem violado o pacto, que eu tinha feito com seus pais, e desprezou ouvir a minha voz, 21 também eu não destruirei as nações, que Josué deixou quando morreu: 22 para assim ver, se os filhos de Israel guardam ou não o caminho do Senhor, e se andam por ele, como seus pais guardaram. 23 Por isso deixou o Senhor persistir todas estas nações, e não as quis destruir em pouco tempo, nem as entregou nas mãos a Josué.

3 Estas são as gentes, que o Senhor deixou para instruir por meio delas a Israel, e a todos aqueles que não tinham conhecido as guerras dos cananeus: 2 para que depois aprendessem seus filhos a combater contra seus inimigos, e se avezassem a pelejar: 3 Cinco satrapas dos filisteus, e todos os cananeus, e os sidônios, e os heveus, que habitavam no monte Líbano, desde o monte de Baal-Hermon

até à entrada de Emat. 4 E deixou-os, para provar com eles a Israel, para ver se ele obedecia, ou não aos mandamentos do Senhor, que ele tinha intimado a seus pais por Moisés. 5 Os filhos pois de Israel habitaram no meio dos cananeus, e dos heteus, e dos amorreus, e dos fereseus, dos heveus, e dos jebuseus: 6 e tomaram por mulheres as filhas destes, e deram suas filhas aos filhos dos mesmos, e serviram aos seus deuses.

II. HISTÓRIA DOS JUÍZES

Otoniel

7 E fizeram o mal diante do Senhor, e esqueceram-se do seu Deus, servindo aos Baalins e a Astarot. 8 Irado pois o Senhor contra Israel, entregou-os às mãos de Cusan Rasataim rei da Mesopotâmia, e lhe estiveram sujeitos oito anos. 9 E clamaram ao Senhor: que lhes suscitou um salvador, que os livrou, a saber a Otoniel filho de Cenez, irmão mais moço de Caleb: 10 e o espírito do Senhor esteve nele, e julgou a Israel. E saiu à campanha, e o Senhor lhe entregou às mãos a Cusan Rasataim rei da Síria, e o derrotou. 11 E ficou a terra em paz quarenta anos, e morreu Otoniel filho de Cenez.

Aod

12 Então tornaram os filhos de Israel a fazer o mal diante do Senhor: que levantou contra eles a Eglon rei de Moab: porque tinham pecado na sua presença. 13 E lhe uniu os filhos de Amon, e de Amelec, e se avançou, e derrotou a Israel, e se apoderou da cidade das Palmeiras.

14 E serviram os filhos de Israel a Eglon rei de Moab dezoito anos: 15 e depois disto clamaram ao Senhor: o qual lhes suscitou um salvador por nome Aod, filho de Gera, filho de Jemini, que se servia de ambas as mãos como da direita. E por ele mandaram os filhos de Israel seus presentes a Eglon rei de Moab. 16 O qual Aod mandou fazer para si uma adaga, que tinha os copos da largura da palma da mão, e a cingiu debaixo do vestido ao lado direito. 17 E presenteou os regalos a Eglon rei de Moab. E Eglon era em extremo gordo. 18 E depois de lhe ter apresentado os regalos, foi seguindo os companheiros, que tinham vindo com ele. 19 E voltando de Galgala, onde estavam os ídolos, disse ao rei: Tenho que dizer-te, ó rei, uma palavra em segredo. E ele lhe mandou que se calasse: e tendo saído para fora todos os que o rodeavam, 20 entrou Aod a ele: e estando o rei só sentado no seu quarto de verão, lhe disse: Tenho que dizer-te uma palavra da parte de Deus. O rei se levantou logo do seu trono. 21 E Aod estendendo a sua mão esquerda, tirou a adaga do lado direito, e lha cravou no ventre, 22 com tanta força, que os copos entraram com a folha pela ferida, e ficou apertada na muita gordura. E não tirou a adaga; mas como a cravou, assim a deixou no corpo; e logo os excrementos do ventre saíram pelas suas vias naturais.

23 Aod porém tendo muito bem fechado e segurado com o ferrolho as portas do quarto, 24 saiu por um postigo. E entrando os criados do rei viram fechadas as portas do quarto, e disseram: Talvez esteja aliviando o ventre no seu quarto de verão. 25 E esperando muito tempo até ficarem confusos, e vendo que ninguém lhes abria, tomaram a chave: e abrindo acharam a seu amo estendido morto em terra.

26 E enquanto eles estavam nesta turbação, saiu Aod, e passou pelo lugar dos ídolos, donde tinha voltado atrás. E chegou a Seirat: 27 e logo tocou a trombeta no monte de Efraim; e os filhos de Israel desceram com ele, marchando na frente. 28 O qual lhes disse: Segui-me: porque o Senhor entregou em nossas mãos os moabitas nossos inimigos. E desceram seguindo-o, e tomaram os vaus do Jordão, por onde se vai a Moab, e não deixaram passar a nenhum: 29 mas mataram desta feita perto de dez mil moabitas, todos homens robustos e esforçados: nenhum deles pode escapar.

Samgar

30 E neste dia ficou Moab humilhado debaixo da mão de Israel: e a terra ficou em paz oitenta anos.

31 Depois deste foi Samgar filho de Anat, que matou a seiscentos filisteus com a relha dum arado: e ele mesmo defendeu a Israel.

Débora e Barac

4 E os filhos de Israel tornaram a fazer o mal na presença do Senhor depois da morte de Aod. 2 E o Senhor os entregou nas mãos de Jabin rei de Canaã, que reinou em Asor: e este teve por general do seu exército a um chamado Sisara, o qual habitava em Haroset das Gentes. 3 E os filhos de Israel clamaram ao Senhor: porque Jabin tinha novecentas carroças armadas de foices, e os havia estranhamente oprimido por vinte anos.

4 Havia uma profetisa chamada Débora, mulher de Lapidot, a qual naquele tempo julgava o povo. 5 E se assentava debaixo duma palmeira, que se chamava do seu nome, entre Rama e Betel no monte de Efraim, e os filhos de Israel vinham ter com ela com todas as suas diferenças. 6 Esta pois mandou chamar a Barac filho de Abinoem de Cedes de Neftali, e lhe disse: O Senhor Deus de Israel te ordena, vai, e leva o exército ao monte Tabor, e tomarás contigo dez mil combatentes dos filhos de Neftali, e dos filhos de Zabulon: 7 e estando tu junto à torrente de Cison, eu farei que venham à tua presença Sisara general do exército de Jabin, e as suas carroças, e todas as suas tropas, e tos entregarei nas mãos. 8 E Barac lhe disse: Se vierem comigo, irei: se não quiseres vir comigo, não irei. 9 Ela lhe respondeu: Eu irei certamente contigo, mas desta feita não te será atribuída a vitória, porque Sisara será entregue nas mãos de uma mulher. Levantou-se pois Débora, e partiu com Barac para Cedes. 10 O qual, chamando os de Zabulon e Neftali, marchou com dez mil combatentes, tendo a Débora em sua companhia. 11 Mas Haber Cineu havia muito tempo que se tinha separado dos outros Cineus seus irmãos filhos de Hobab, parente de Moisés: e tinham estendido as suas tendas até o vale chamado Senim, e estava junto a Cedes.

12 E deu-se notícia a Sisara, que Barac filho de Abinoem se tinha avançado até o monte Tabor: 13 e ele logo ajuntou novecentas carroças armadas de foices, e fez marchar todo o exército desde Haroset das Gentes até à torrente de Cison. 14 E disse Débora a Barac: Levanta-te porque este é o dia em que o Senhor entregou nas tuas mãos a Sisara: atende que ele mesmo é o teu condutor. Desceu pois Barac do monte Tabor e dez mil combatentes com ele. 15 E o Senhor aterrou a Sisara, e a todas as suas carroças, e a todas as suas tropas, que caíram ao fio da espada logo que Barac se deixou ver: de sorte que Sisara saltando da sua carroça, fugiu a pé, 16 e Barac foi seguindo as carroças fugitivas, e todo o exército até Haroset das Gentes, e toda a multidão dos inimigos foi morta sem escapar um só.

17 Sisara porém chegou fugindo para a tenda de Jael, mulher de Haber Cineu. Porque havia paz entre Jabin rei de Asor, e a casa de Haber Cineu. 18 Saindo pois Jael ao encontro de Sisara, lhe disse: Entre cá, meu Senhor. Entre, não tema. Entrou ele na tenda, e coberto por ela com a capa, 19 lhe disse: Peço-te que me dês uma pouca de água, porque trago muita sede. Ela abriu um odre de leite, e lhe deu de beber, e o cobriu. 20 E Sisara lhe disse: Põe-te à porta da tenda: e se alguém vier perguntar-te, e disser: Está aqui alguém? responder-lhe-ás: Não está ninguém. 21 Tomou pois Jael, mulher de Haber um prego dos da tenda, tomando também com ele um martelo: e entrando em silêncio, e pé ante pé, aplicou o prego à fonte da cabeça de Sisara, e dando com o martelo o cravou pelo cérebro até entrar pela terra: e ajuntando o seu profundo sono com a morte desfaleceu, e morreu. 22 Ao mesmo tempo chegou Barac em seguimento de Sisara: e Jael saindo-lhe ao encontro, lhe disse: Vem, e eu te mostrarei o homem que buscas. O qual entrando aonde ela estava, viu a Sisara estirado morto, e o prego encravado na sua fonte.

23 Naquele dia pois humilhou Deus a Jabin rei de Canaã diante dos filhos de Israel: 24 os quais cresciam cada dia, e apertavam com mão forte a Jabin rei de Canaã, até que de todo o destruíram.

Cântico de Débora

5 E naquele dia Débora e Barac filho de Abinoem, cantaram, dizendo:

2 Vós os quais dentre os filhos de Israel espontaneamente oferecestes as vossas vidas ao perigo, bendizei ao Senhor.

3 Ouvi, reis, escutai atentos, príncipes: Eu sou, eu sou a que cantarei ao Senhor, a que entoarei hinos ao Senhor Deus de Israel.

4 Senhor, quando Tu saías de Seir, e passavas pelo país de Edom, a terra se moveu, e os céus e as nuvens distilaram águas.

5 Os montes se derreteram à face do Senhor, e o Sinai à face do Senhor Deus de Israel.

6 Nos dias de Samgar filho de Anat, nos dias de Jael, não se trilhavam os caminhos: e os que haviam de passar por eles, iam por atalhos desviados.

7 Cessaram os valentes em Israel, e desapareceram: até que se levantou Débora, até que se levantou uma mãe em Israel.

8 O Senhor escolheu novas guerras, e Ele mesmo derribou as portas dos inimigos: não apareceu nem escudo nem lança nos quarenta mil de Israel.

9 O meu coração ama aos príncipes de Israel: vós os que voluntários vos oferecestes ao perigo, bendizei ao Senhor.

10 Vós os que montais sobre luzidos jumentos, e os que ocupais as cadeiras da justiça, e os que andais pelo caminho, falai.

11 Aí onde foram quebradas as carroças, e se afogou o exército dos inimigos, aí sejam contadas as justiças do Senhor e a sua clemência para com os valentes de Israel; então desceu o povo do Senhor às portas, e alcançou o principado.

12 Levanta-te, levanta-te, Débora, levanta-te, levanta-te, e entoa um cântico: levanta-te, Barac, e toma posse dos teus cativos, filhos de Abinoem.

13 Salvaram-se as relíquias do povo, o Senhor pelejou nas pessoas destes valentes.

14 Um de Efraim os derrotou em Amalec, e depois dele um de Benjamim contra os teus povos, ó Amalec: de Maquir desceram os príncipes, e de Zabulon os que comandassem o exército para batalhar.

15 Os capitães de Issacar se acharam com Débora, e seguiram as pisadas de Barac, o qual se lançou no perigo, como num precipício e num abismo: dividido Rúben contra si mesmo, se acharam em contenda os seus homens de valor.

16 Por que habitas tu entre dois termos, para ouvires os balidos dos rebanhos? Dividido Rúben contra si mesmo, se acharam em contenda os seus homens de valor.

17 Galaad estava descansado da banda de
além do Jordão, e Dan se ocupava em equipar
as suas naus: Aser habitava na costa do mar,
e se deixava estar nos seus portos. 18 Mas
Zabulon e Neftali se expuseram à morte na
terra de Merome.

19 Vieram os reis e pelejaram: pelejaram os reis de Canaã em Tanac junto às águas de Magedo, e ainda assim não levaram presa alguma.

20 Do céu se pelejou contra eles: as estrelas persistindo na sua ordem e no seu curso, pelejaram contra Sisara.

21 A torrente de Cison arrastou os seus cadáveres, a torrente de Cadumim, a torrente de Cison. Põe o pé, alma minha, sobre estes valentes.

22 As unhas dos cavalos caíram com o ímpeto da fuga, e os mais robustos dos inimigos se precipitaram na sua ruína.

23 Amaldiçoai a terra de Meroz, disse o anjo do Senhor, amaldiçoai os seus habitantes, porque não acudiram a socorrer o Senhor, a ajudar os mais valentes dos seus guerreiros.

24 Bendita seja entre as mulheres Jael esposa de Haber Cineu, e seja bendita na sua tenda.

25 Ela deu leite ao que lhe pedia água, e numa taça de príncipes lhe presenteou manteiga.

26 Estendendo a mão esquerda a um prego, e a direita a um martelo dos oficiais, buscando na cabeça lugar para a ferida, deu o golpe em Sisara, trespassando-lhe com grande força as fontes.

27 Caiu entre os seus pés: desfaleceu, e expirou: revolvia-se ante os seus pés, e jazia morto e miserável.

28 A mãe de Sisara olhando pela janela, gritava, e desde o seu quarto dizia: Por que tarda tanto em voltar a sua carroça? por que são tão pesados os pés dos seus quatro cavalos?

29 Mas uma das suas mulheres mais advertida do que as outras, respondeu à sogra estas palavras:

30 Talvez que a esta hora reparta o esbulho, e escolha para si a mas formosa das cativas: Vestidos de várias cores se dão ao despojo a Sisara, e várias jóias se lhe destinam para o adorno do seu pescoço.

31 Assim pereçam, Senhor, todos os teus inimigos: os que porém te amam, brilhem como o sol quando nasce.

32 E esteve a terra em paz quarenta anos.

Gedeão escolhido

6 Tornaram os filhos de Israel a fazer o mal
diante do Senhor: que os entregou por sete
anos nas mãos dos madianitas, 2 e foram
muito oprimidos por eles. E fizeram para si
covas e cavernas nos montes, e fortalezas pa-
ra lhes poderem resistir. 3 E tendo os israe-
litas feito as suas semeaduras, vinham os ma-
dianitas e os amalecitas, e os outros povos
orientais: 4 e pondo as suas tendas nos seus
campos, talavam tudo quanto ainda estava
em erva até à entrada de Gaza: e não deixa-
vam aos israelitas nada do necessário para
a vida, nem ovelhas, nem bois, nem jumentos.
5 Porque eles vinham com todos os seus re-
banhos e tendas, e à maneira de gafanhotos
cobriam tudo com uma multidão inumerável
de homens, e camelos, destruindo tudo quan-
do tocavam. 6 E Israel foi em extremo humi-
lhado na presença de Madian.

7 Clamaram pois ao Senhor pedindo socor-
ro contra os madianitas. 8 E o Senhor lhes
mandou um profeta, que lhes disse: Eis aqui
o que diz o Senhor Deus de Israel: Eu vos
fiz sair do Egito, e vos tirei da casa da ser-
vidão, 9 e vos livrei do poder dos egiptanos,
e de todos os inimigos que vos afligiam: e
lancei fora os amorreus à vossa chegada, e
entreguei-vos a sua terra. 10 E disse: Eu sou
o Senhor vosso Deus, não temais os deuses
dos amorreus, em cuja terra habitais. E vós
não quisestes ouvir a minha voz.

11 Veio pois o anjo do Senhor, e assentou-
se debaixo dum carvalho, que havia em Efra,
e pertencia a Joás pai da família de Ezri. E
estando Gedeão seu filho sacudindo e alim-
pando o seu trigo no lagar, para o esconder
dos madianitas, 12 lhe apareceu o anjo do
Senhor, e disse: o Senhor é contigo, o homem
o mais valente de todos. 13 E Gedeão lhe

disse: Se o Senhor é conosco, peço-te, Senhor meu, que me digas, por que caíram sobre nós todos os males? Onde estão aquelas suas maravilhas, que nossos pais nos têm contado, dizendo: O Senhor nos tirou do Egito? mas agora nos tem o Senhor desamparado, e nos entregou nas mãos dos madianitas. 14 E o Senhor olhou para ele, e lhe disse: Vai nessa tua fortaleza, e livrarás a Israel do poder dos madianitas: sabe que eu sou quem te manda. 15 Gedeão lhe replicou: Dize-me, te peço, meu Senhor, como poderei eu livrar a Israel? Tu sabes que a minha família é a última de Manassés, e que eu sou o último na casa de meu pai. 16 E o Senhor lhe respondeu: Eu serei contigo: e tu derrotarás os madianitas, como se fossem um só homem. 17 E prosseguiu Gedeão: Se eu achei graça diante de ti, dá-me um sinal por onde conheça que tu és quem me fala. 18 E não te vás daqui, menos que eu não volte trazendo um sacrifício, para to oferecer. E ele lhe respondeu: Eu esperarei até que voltes.

19 Gedeão pois entrou em casa, e cozeu um cabrito, e fez duma certa medida de farinha pães asmos: e pondo a carne num cesto, e deitando o caldo da carne numa panela, trouxe tudo ao lugar debaixo do carvalho, e lho presenteou. 20 O anjo do Senhor lhe disse: Toma esta carne e esses pães asmos, e põe-nos sobre essa pedra, e derrama-lhes por cima esse caldo. Tendo-o assim feito Gedeão, 21 estendeu o anjo do Senhor a ponta da vara, que tinha na mão, e tocou a carne e os pães asmos: e imediatamente saiu da pedra fogo, e consumiu a carne, e os pães asmos: e o anjo do Senhor desapareceu de seus olhos. 22 E vendo Gedeão que era um anjo do Senhor, disse: Ai de mim, Senhor meu Deus, que vi o anjo do Senhor face a face. 23 E o Senhor lhe disse: A paz seja contigo. Não temas, não hás de morrer. 24 Ali mesmo pois edificou Gedeão um altar ao Senhor, e o chamou, a Paz do Senhor, nome que conserva até o dia de hoje.

E estando ele ainda em Efra, que pertence à família de Ezri, 25 naquela noite lhe disse o Senhor: Toma um touro de teu pai, e outro touro de sete anos, e derribarás o altar de Baal, que é de teu pai: e corta o bosque, que cerca o altar: 26 e edificarás um altar ao Senhor teu Deus no alto desta pedra, sobre a qual puseste antes o sacrifício: e tomarás o segundo touro, e o oferecerás em holocausto sobre uma fogueira da lenha, que terás cortado do bosque. 27 Gedeão tendo tomado dez dos seus servos, fez o que o Senhor lhe mandara. Mas temendo a família de seu pai, e os homens da cidade, não o quis fazer de dia, mas cumpriu tudo de noite. 28 E como os homens daquela cidade tendo-se levantado pela manhã, vissem derrubado o altar de Baal, e cortado o bosque, e o outro touro posto sobre o altar, que acabava de se ter erigido, 29 disseram uns para os outros: Quem fez isto? E averiguando o autor da obra, se lhes disse: Gedeão filho de Joás fez todas estas coisas. 30 E disseram a Joás: Faze vir aqui teu filho, para que morra: porque destruiu o altar de Baal, e cortou o bosque. 31 Joás lhes respondeu: Acaso sois vós os vingadores de Baal, para combaterdes por ele? Aquele que é seu inimigo, morra antes que chegue o dia de amanhã: se ele é Deus, vingue-se de quem destruiu o seu altar. 32 Daquele dia em diante foi Gedeão chamado Jerobaal, por causa daquele dito de Joás: Vingue-se Baal daquele que destruiu o seu altar.

33 Entretanto todos os madianitas e os amalecitas e os povos do oriente se ajuntaram no vale de Jezrael. 34 O Espírito do Senhor porém entrou em Gedeão, o qual tocando com a trombeta convocou a casa de Abiezer, para que o seguisse. 35 Enviou também mensageiros por toda a tribo de Manassés, que também o seguiu: e enviou outros mensageiros às tribos de Aser e de Zabulon e Neftali, que lhe saíram ao encontro. 36 E disse Gedeão a Deus: Se tu hás de livrar a Israel, por meio da minha mão, como disseste, 37 porei eu na eira este velo de lã: se o orvalho cair só no velo, e toda a terra ficar seca, conhecerei eu daí que salvarás a Israel pela minha mão, segundo prometeste. 38 E assim sucedeu. E levantando-se ainda de noite espremendo o velo, encheu uma concha de orvalho. 39 Tornou Gedeão a dizer a Deus: Não se acenda contra mim o teu furor se eu ainda fizer outra prova, pedindo sinal no velo. Peço que só o velo esteja seco, e toda a terra molhada do orvalho. 40 E naquela noite fez o Senhor o que Gedeão lhe pedira: e só no velo houve secura, e orvalho em toda a terra.

Derrota dos madianitas

7 Jerobaal pois que também se chamava Gedeão, levantando-se de noite, veio acompanhado de todo o povo à fonte chamada Harad: os madianitas porém estavam acampados no vale na parte setentrional de um outeiro eminente. 2 E disse o Senhor a Gedeão: Tu tens contigo muito povo. Madian não será entregue nas tuas mãos: para que não se glorie Israel contra mim, e diga: Por minhas forças fui livre. 3 Fala ao povo, e manda deitar este pregão: Aquele que é medroso e tímido, volte.

E retiraram-se do monte de Galaad, e se foram vinte e dois mil homens do povo, e só ficaram dez mil. 4 E disse o Senhor a Gedeão: Ainda é muito povo, leva-os às águas, e lá os provarei: e aquele que eu te disser que parta contigo, esse vá: e a quem eu proibir, volte. 5 E tendo o povo descido para perto da água, disse o Senhor a Gedeão: Porás a um lado os que lamberem a água com a língua, assim como os cães costumam lamber: e os que beberem de joelhos, estarão noutra parte. 6 Foi pois o número dos que tinham lambido a água, lançando-a com a mão à boca, trezentos homens: todo o resto da gente tinha dobrado os joelhos para beber. 7 E disse o Senhor a Gedeão: Com estes trezentos homens, que lamberam a água, vos livrarei, e te hei de entregar nas mãos a Madian: toda a outra gente porém volte para suas casas. 8 Gedeão, tomando víveres, e trombetas à proporção do número, mandou que toda a mais multidão se retirasse às suas tendas: e ele com trezentos homens saiu à batalha. Estava o campo de Madian em baixo no vale.

9 Naquela mesma noite lhe disse o Senhor: Levanta-te, e desce ao campo: porque eu tos tenho entregado às tuas mãos: 10 se tens medo de ir só, vá contigo o teu criado Fara. 11 E tendo ouvido o que eles falam, então se confortarão as tuas mãos, e descerás com segurança sobre o campo dos inimigos. Desceu pois ele e Fara seu criado para aquela parte do campo, onde estavam as sentinelas do exército. 12 Os madianitas e amalecitas, e todos os povos do oriente estavam estendidos no vale, como um bando de gafanhotos: os camelos também eram inumeráveis, como a areia que há na praia do mar. 13 E aproximando-se Gedeão, um deles contava a outro o seu sonho: e deste modo lhe referia o que vira: Eu tive um sonho, e me parecia que via como um pão de cevada cozido debaixo do rescaldo que rolava para baixo, e se deixava cair sobre o campo dos madianitas: e tendo chegado a uma tenda, a sacudiu, e contrastou, e lançou de todo por terra. 14 Respondeu o outro, a quem ele falava: Isto não é outra coisa senão a espada de Gedeão filho de Joás homem israelita: porque o Senhor lhe entregou nas suas mãos a Madian, e a todo o seu campo. 15 Gedeão tendo ouvido este sonho, e a sua interpretação, adorou a Deus: e voltou ao campo de Israel, e disse: Levantai-vos, porque o Senhor nos entregou às mãos o campo de Madian.

16 E dividiu os seus trezentos homens, em três, batalhões, e deu a cada um sua trombeta, e sua bilha vazia com sua lanterna no meio de cada bilha. 17 E disse-lhes: Fazei o mesmo que me virdes fazer: eu entrarei por um lado do campo, e segui o que eu fizer. 18 Quando soar a trombeta que tenho na minha mão, tocai vós também as vossas ao redor do campo, e clamai de chusma, ao Senhor, e a Gedeão. 19 E entrou Gedeão e os trezentos homens que acompanhavam por um lado do campo, ao princípio da vigília da meia-noite, e despertadas as sentinelas, começaram a tocar as trombetas, e a quebrar as bilhas, umas nas outras. 20 E tocando em três lugares distintos ao redor do campo, logo que quebraram as bilhas, tomaram as luzes na mão esquerda, e tocando as trombetas com a direita gritaram juntos: A espada do Senhor e de Gedeão. 21 Conservando-se cada um no seu posto ao redor do campo inimigo. Imediatamente todo o campo dos madianitas se pôs em desordem, e dando grandes gritos, e urros fugiram: 22 e com tudo isso insistiram os trezentos homens tocando trombetas. E o Senhor enviou a espada em todo o campo, e eles se matavam uns aos outros, 23 fugindo até Betseta, e até o termo de Abelmehula em Tebat.

Porém os filhos de Israel das tribos de Neftali e de Aser e todos os da tribo de Manassés gritando juntos perseguiam a Madian. 24 E Gedeão enviou mensageiros a todo o monte de Efraim, dizendo: Saí a encontrar-vos com Madian, e apoderai-vos das águas até Betbera, e até ao Jordão. Todo o Efraim pois levantou a grita e se antecipou a ocupar as águas, e passos do Jordão até Betbera. 25 E tendo apanhado a dois homens dos madianitas, Oreb, e Zed, mataram a Oreb no penhasco de Oreb, e a Zeb, no lugar de Zeb. E perseguiram a Madian, levando as cabeças de Oreb e de Zeb a Gedeão ao outro lado do rio Jordão.

8 Então lhe disseram os filhos de Efraim: Que é isto que pretendeste fazer, não nos querendo chamar, quando ias pelejar contra os madianitas? e queixando-se amargamente, pouco faltou para virem às mãos. 2 Gedeão lhe respondeu: Que coisa podia eu fazer, que igualasse ao que vós fizeste? porventura não vale mais um cacho de Efraim, do que as vindimas de Abiezer? 3 O Senhor vos entregou nas mãos os príncipes de Madian, Oreb, e Zeb: que pude eu fazer, que chegasse ao que vós fizestes? E dizendo isto, se aplacou a ira daqueles homens que se tinham enfurecido contra ele.

4 E tendo chegado ao Jordão, passou este rio com os trezentos homens, que trazia consigo: e de cansados não podiam perseguir os que fugiam. 5 Disse pois aos moradores de

Socot: Rogo-vos que me deis pão para esta gente, que aqui trago, porque se acham em extremo desfalecidos, a fim de podermos ir em alcance de Zebée e Salmana, reis de Madian. 6 Os príncipes de Socot responderam: Talvez tens tu já em teu poder as palmas das mãos de Zebée e a Salmana, e por isso nos pedes que demos pão ao teu exército. 7 Disse-lhes Gedeão: Pois quando o Senhor me tiver entregado às mãos a Zebée e a Salmana, eu vos moerei as carnes com os espinhos, e abrolhos do deserto. 8 E abalando dali, veio a Fanuel: e fez a mesma súplica aos moradores deste país. E eles lhe deram a mesma resposta, que os de Socot. 9 Gedeão lhes disse também: Quando eu voltar em paz, vitorioso, derrubarei esta torre.

10 Ora Zebée, e Salmana estavam em descanso com o resto do exército. Porque de todas as tropas do oriente só tinham ficado quinze mil homens, por haverem sido mortos cento e vinte mil combatentes, homens de armas. 11 E Gedeão tomando o caminho dos que habitavam em tendas, da banda oriental de Nobe, e de Jegbaa, destroçou o campo dos inimigos que se davam por seguros, sem recearem nada de contrário. 12 E Zebée e Salmana fugiram, Gedeão indo em seu seguimento os prendeu, pondo em desordem todo o seu exército.

13 E tendo voltado da batalha antes do nascer do sol, 14 tomou um servo dos de Socot: e perguntou-lhe os nomes dos príncipes e anciãos de Socot, e descreveu a nota de setenta e sete pessoas. 15 E veio a Socot, e disse-lhes: Eis aqui tendes a Zebée, e a Salmana, a respeito dos quais me motejaste, dizendo: talvez estão já em teu poder as mãos de Zebée e de Salmana, e por isso pedes que demos pão à tua gente, que está cansada e desfalecida. 16 Tomou pois os anciãos da cidade e espinhos e abrolhos do deserto, e moeu com eles, e despedaçou aqueles homens de Socot. 17 Botou também abaixo a torre de Fanuel, depois de ter morto os habitantes da cidade.

18 E disse a Zebée e a Salmana: Que tais eram aqueles homens, que vós matastes no Tabor? Responderam eles: Semelhantes a ti, e um deles como filho de um rei. 19 E ele lhes respondeu: Pois esses foram meus irmãos, filhos de minha mãe. Viva o Senhor, que se vós lhe tivésseis salvado a vida, eu vos não mataria. 20 E disse para Jeter seu filho primogênito: Levanta-te, e mata-os. Porém Jeter não tirou pela espada: porque como era ainda rapaz, tinha medo. 21 E disseram Zebée e Salmana: Vem tu mesmo, e lança-te sobre nós; porque segundo a idade do homem, assim é o seu esforço. Levantou-se Gedeão, e matou a Zebée e a Salmana: e tomou os ornamentos e crescentes, que se costumam pôr por adorno em os pescoços dos camelos dos reis.

22 E todos os filhos de Israel disseram a Gedeão: Sê nosso príncipe, tu, e teu filho, e o filho de teu filho: porque nos livraste do poder de Madian. 23 E ele lhes respondeu: Nem eu, nem meu filho vos dominará, mas o Senhor terá domínio sobre vós.

24 E lhes disse: Uma só coisa vos peço: dai-me as arrecadas da vossa presa. Porque os ismaelitas costumavam trazer arrecadas de ouro. 25 Eles responderam: Nós tas daremos de muito boa vontade. E estendendo no chão uma capa, botaram nelas as arrecadas havidas da presa: 26 e pesaram as arrecadas pedidas, mil e setecentos siclos de ouro, fora os ornamentos e colares, e vestidos de escarlata, de que os reis de Madian costumavam usar, e fora as coleiras de ouro dos camelos. 27 E disto fez Gedeão um efod, e o pôs na sua cidade de Efra. O que deu ocasião a que todo o Israel idolatrasse, e foi a ruína de Gedeão e de toda a sua casa. 28 Foram pois humilhados os madianitas diante dos filhos de Israel, nem puderam mais levantar cabeça: mas todo o país ficou em paz os quarenta anos, que Gedeão governou.

Abimelec filho de Gedeão

29 Retirou-se pois Jerobaal filho de Joás, e habitou em sua casa: 30 e teve setenta filhos, que saíram da sua coxa: porque tinha muitas mulheres. 31 E uma concubina, que ele tinha em Siquém, lhe pariu um filho chamado Abimelec. 32 E morreu Gedeão filho de Joás numa boa velhice, e foi sepultado no jazigo de Joás seu pai em Efra que pertencia à família de Ezri. 33 Mas depois que Gedeão morreu, se rebelaram os filhos de Israel, e se contaminaram com Baal. E fizeram aliança com Baal, para que fosse seu Deus: 34 nem se recordaram do Senhor seu Deus que os livrou das mãos de todos os seus inimigos que os cercavam: 35 nem ousaram de piedade com a casa de Gedeão chamado Jerobaal em reconhecimento de todos os benefícios, que tinha feito a Israel.

9 E Abimelec filho de Jerobaal foi-se a Siquém aos irmãos de sua mãe, e falou com eles, e com toda a parentela da casa do pai de sua mãe, dizendo: 2 Representai a todos os homens de Siquém: qual é melhor para vós, serdes dominados por setenta homens, filhos todos de Jerobaal, ou por um só? considerai também que eu sou osso vosso, e carne vossa. 3 E falaram os irmãos de sua mãe a favor dele assim a todos os homens de Siquém, e inclinaram o coração deles a favor de Abimelec, dizendo: É nosso irmão. 4 E os siquemitas lhe deram setenta siclos de prata do templo de Baalberit. Com este dinheiro tomou ele a seu soldo uma tropa de gente miserável e vagabunda, que o seguiu. 5 E passou a Efra a casa de seu pai, e matou em cima duma mesma pedra a setenta irmãos seus, filhos de Jerobaal: e ficou somente Joatão, que era o filho mais moço de Jerobaal que se escondeu. 6 Então se ajuntaram todos os siquemitas, e todas as famílias da cidade de Melo: e foram, e constituiram por seu rei a Abimelec junto a um carvalho, que havia em Siquém.

7 Tendo sido avisado disto Joatão, foi, e parou sobre o cume do monte de Garizim: e elevando a voz, clamou, e disse: Ouvi-me, moradores de Siquém, assim Deus vos ouça. 8 Foram uma vez as árvores a eleger sobre si um rei: e disseram à oliveira: Reina sobre nós. 9 Ela respondeu: Acaso posso eu deixar o meu óleo, de que se servem tanto os deuses como os homens, para vir a ser superior às outras árvores? 10 E disseram as árvores à figueira: Vem, e toma o reinado sobre nós. 11 Ela lhes respondeu: Acaso posso eu deixar a minha doçura, e suavíssimos frutos, para ir a sobressair entre as outras árvores? 12 E disseram as árvores à videira: Vem, e toma o mando sobre nós. 13 Ela lhes respondeu: Porventura posso eu deixar o meu vinho, que é alegria de Deus e dos homens, para vir tomar o primeiro lugar entre as mais árvores? 14 E todas as árvores disseram ao espinheiro: Vem, e serás nosso rei. 15 Ele lhes respondeu: Se vós deveras me constituis por vosso rei, vinde, e repousai debaixo da minha sombra: se o não quereis assim, saia fogo do espinheiro, e devore os cedros do Líbano.

16 Agora pois, se com retidão, e sem pecado constituistes por vosso rei a Abimelec, e vos portastes bem com Jerobaal, e com a sua casa, e correspondestes como devíeis aos benefícios daquele que pelejou por vós, 17 e que expôs a sua própria vida aos perigos, para vos livrar do poder de Madian: 18 vós, que agora vos levantastes contra a casa de meu pai, e tirastes a vida a setenta varões seus filhos sobre uma mesma pedra, e constituistes rei dos habitantes de Siquém a Abimelec filho duma sua escrava, porque é vosso irmão: 19 se pois vós vos tendes portado com retidão, e sem pecado com Jerobaal e com a sua casa, alegrai-vos hoje com Abimelec, e ele se alegre convosco. 20 Mas se obrastes perversamente: saia fogo dele, e devore aos habitadores de Siquém, e a cidade de Melo: e dos moradores de Siquém, e da cidade de Melo saia fogo, e devore a Abimelec. 21 Tendo dito estas palavras, fugiu Joatão, e foi-se a Bera: e habitou ali por temer a Abimelec seu irmão.

22 Reinou pois Abimelec sobre Israel três anos. 23 Mas o Senhor enviou um péssimo espírito entre Abimelec e os habitantes de Siquém, que começaram a detestá-lo, 24 e a imputar a atrocidade da morte dos setenta filhos de Jerobaal, e a efusão do seu sangue a Abimelec, seu irmão, e aos outros príncipes dos siquemitas, que o tinham ajudado. 25 E armaram contra ele ciladas no alto dos montes: e enquanto ali esperavam que viesse, cometiam roubos, despojando aos que passavam: e disto foi avisado Abimelec.

26 Veio pois Gaal filho de Obed com seus irmãos, e passou a Siquém. A cuja chegada animados os siquemitas, 27 saíram aos campos devastando as vinhas e pisando aos pés os cachos: e formados coros de cantores entraram no templo do seu Deus, e enquanto comiam e bebiam, amaldiçoavam a Abimelec, 28 clamando Gaal filho de Obed: Quem é Abimelec? e que cidade é Siquém, para que nós lhe estejamos sujeitos? Não é ele filho de Jerobaal, e não constituiu a Zebul, seu servo, para príncipe da casa de Hemor pai de Siquém? Por que razão pois o serviremos? 29 Prouvera a Deus, que alguém me desse o mando deste povo, para eu dar cabo de Abimelec. E foi dito a Abimelec: Ajunta um exército numeroso, e vem.

30 Porque Zebul governador da cidade, tendo ouvido o que dissera Gaal, filho de Obed, ficou por extremo irado, 31 e enviou secretamente correios a Abimelec que lhe disseram: Adverte que Gaal, filho de Obed veio a Siquém com seus irmãos, e anda sublevando a cidade contra ti. 32 Portanto sai de noite com as tropas, que tens contigo, e deixa-te estar escondido no campo: 33 e pela manhã ao sair do sol, dá de golpe sobre a cidade: e saindo Gaal contra ti com a sua gente, faze-lhe o que puderes.

34 Abimelec pois marchou de noite com todo o seu exército, e pôs emboscadas em quatro lugares ao pé de Siquém. 35 E saiu Gaal, filho de Obed, e fez alto à entrada da porta da cidade. E saiu Abimelec do lugar das emboscadas com todo o exército. 36 Quando Gaal viu aquela gente, disse a Zebul: Repara quanta gente desce dos montes. Zebul lhe respondeu: Tu ves as sombras dos montes, que te parecem cabeças de homens, e com isto te enganas. 37 Mas Gaal lhe replicou: Olha que multidão desce das alturas da terra, e

que esquadrão vem vindo pelo caminho que
olha para o carvalho. 38 Zebul lhe respondeu:
Onde está agora aquela audácia, com que tu
dizias: Quem é Abimelec para lhe estarmos
sujeitos! Não é este o povo, que tu despre-
zavas? Sai e peleja contra ele. 39 Saiu pois
Gaal à vista de todo o povo de Siquém, e
pelejou contra Abimelec, 40 que o foi seguin-
do na fugida, e o constrangeu a entrar na
cidade: e morreram muitos dos seus até à
porta da cidade: 41 e Abimelec se deteve em
Ruma: Zebul porém lançou fora da cidade a
Gaal e a seus companheiros e não sofreu que
morasse nela.
42 Ao outro dia saiu o povo à campanha.
O que tendo sabido Abimelec, 43 tomou o
seu exército, e o dividiu em três batalhões,
dispondo emboscadas nos campos. E vendo
que o povo saía da cidade, pôs-se em movi-
mento e deu sobre eles 44 com o seu batalhão,
combatendo, e sitiando a cidade: porém os
outros dois batalhões perseguiam os inimigos,
que estavam derramados pelo campo. 45 E
Abimelec todo aquele dia esteve combatendo
a cidade: e a tomou depois de mortos os seus
habitantes, e a destruiu de sorte que a semeou
de sal.
46 O que tendo ouvido os que havitavam
na torre de Siquém, entraram no templo do
seu deus Berit, onde tinham feito aliança com
ele, e daqui tinha tomado o nome o lugar,
que era mui forte. 47 Abimelec também ou-
vindo que os homens da torre de Siquém
estavam nela juntos e apinhados, 48 subiu ao
monte de Selmon com toda a sua gente: e,
tomando um machado, cortou um ramo duma
árvore, e trazendo-o posto ao ombro, disse
aos seus companheiros: Fazei depressa o mes-
mo que me vedes fazer. 49 Cortando pois à
porfia ramos de árvores, seguiram o seu ge-
neral. E cercando a fortaleza, lhe puseram
fogo, e por este modo aconteceu que por cau-
sa do fumo e do fogo morreram mil pessoas,
tanto homens como mulheres, que habitavam
na torre de Siquém.
50 Partindo dali, Abimelec veio à cidade de
Tebes, à qual bloqueando sitiou com o seu
exército. 51 Havia no meio da cidade uma
alta torre, para onde se tinham refugiado tan-
to homens como mulheres, e todas as pessoas
principais da cidade, fechada a porta com
toda a segurança, e estando sobre o telhado
da torre para se defender. 52 E Abimelec che-
gando-se ao pé da torre, combatia fortemente:
e aproximando-se à porta intentava meter-lhe
fogo por baixo: 53 Eis que pois uma mulher
lançando de cima o pedaço duma mó, feriu
a Abimelec na cabeça, e lhe quebrou o cérebro.
54 No mesmo ponto chamou ele ao seu es-
cudeiro, e lhe disse: Desembainha a tua es-
pada, e mata-me: porque se não diga, que fui
morto por uma mulher. E cumprindo este as
ordens, o matou. 55 E morto Abimelec, todos
os filhos de Israel, que com ele estavam, se
voltaram para suas casas.
56 E assim deu Deus o pago a Abimelec
pelo mal que tinha feito a seu pai tirando
a vida a setenta irmãos seus: 57 e assim tam-
bém pagaram os siquemitas o mal que fize-
ram, e veio sobre eles a maldição de Joatão
filho de Jerobaal.

Tola

10 Depois de Abimelec foi constituído chefe
de Israel Tola filho de Fua, tio paterno
de Abimelec, varão da tribo de Issacar, que
morou em Samir, do monte de Efraim: 2 e
julgou a Israel vinte e três anos, e morreu, e
foi sepultado em Samir.

Jair

3 A este sucedeu Jair de Galaad, que foi
juiz de Israel vinte e dois anos, 4 o qual tinha
trinta flihos que montavam em trinta potros
de jumentas, e eram príncipes de trinta
cidades na terra de Galaad, que até o dia de
hoje se chamam do seu nome Havot-Jair, isto
é, cidades de Jair. 5 E morreu Jair e foi se-
pultado no lugar que chamam Camon.

Servidão sob os amonitas

6 Mas os filhos de Israel ajuntando novos
aos antigos pecados, fizeram o mal na pre-
sença do Senhor, e adoraram os ídolos, a
Baal, e a Astarot, e os deuses da Síria e de
Sidônia e de Moab e dos filhos de Amon e
dos filisteus: e deixaram o Senhor, e não lhe
deram culto. 7 E o Senhor irado contra eles,
os entregou nas mãos dos filisteus e dos fi-
lhos de Amon. 8 E todos os que habitavam
na outra banda do Jordão no território dos
amorreus, que é em Galaad, foram aflitos,
e cruelmente oprimidos por dezoito anos: 9 de
sorte que os filhos de Amon, tendo passado
o Jordão, devastaram as tribos de Judá e de
Benjamim e de Efraim: e Israel se viu numa
extrema aflição.
10 E clamando ao Senhor, disseram: Nós
pecamos contra ti, porque deixamos ao Senhor
nosso Deus, e servimos a Baal. 11 E o Senhor
lhes disse: Porventura não vos oprimiram os
egípcios, e os amorreus e os filhos de Afon,
e os filisteus, 12 e também os sidônios, e os

amalecitas, e os cananeus, e vós clamastes a mim, e eu vos livrei das suas mãos? 13 E com tudo isto vós me tendes deixado e tendes adorado deuses estranhos: por isso eu vos não livrarei jamais para o diante: 14 Ide, e invocai esses deuses que escolhestes: eles vos livrem no tempo da angústia. 15 E os filhos ds Israel disseram ao Senhor: Pecamos, faze tu de nós o que te parecer: somente livra-nos agora. 16 Dizendo estas coisas, lançaram fora de suas terras todos os ídolos dos deuses estranhos, e serviram ao Senhor Deus, que se compadeceu de suas misérias.

17 E os filhos de Amon tendo-se ajuntado com grande algazarra se acamparam em Galaad: e os filhos de Israel, congregando-se contra eles, se acamparam em Masfa. 18 E disseram os príncipes de Galaad uns para os outros: O primeiro de nós que começar a pelejar contra os filhos de Amon, será o chefe do povo de Galaad.

Jefté

11 Havia por este tempo um homem de Galaad, chamado Jefté, mui alentado e guerreiro, que era filho de Galaad, e duma meretriz. 2 Galaad porém era casado, e teve filhos de sua mulher: os quais, depois que cresceram, lançaram fora a Jefté, dizendo: Tu não podes ser herdeiro na casa de nosso pai, visto teres nascido doutra mãe. 3 Jefté pois fugindo e retirando-se deles habitou no país de Tob: e alguns homens miseráveis, e que viviam de latrocínios, se agregaram a ele, e o seguiam como a seu capitão.

4 A este mesmo tempo pelejavam os filhos de Amon contra Israel. 5 Como estes os apertassem fortemente foram os anciãos de Galaad a buscar Jefté do país de Tob, para auxílio seu: 6 E lhe disseram: Vem, e sê o nosso príncipe para combateres contra os filhos de Amon. 7 Ele lhes respondeu: Não sois vós aqueles que me aborrecestes, e que me lançastes fora da casa de meu pai, e agora viestes ter comigo constrangidos da necessidade? 8 E os príncipes de Galaad disseram a Jefté: Pois por esta causa viemos nós agora buscar-te, para que venhas conosco, e pelejes contra os filhos de Amon, e sejas o chefe de todos os que habitam em Galaad. 9 Jefté lhes disse também: Se sinceramente viestes buscar-me para que peleje em defesa vossa contra os filhos de Amon, e o Senhor mos entregar às mãos, serei eu o vosso príncipe? 10 Eles lhe responderam: O Senhor que nos ouve, seja o medianeiro e a testemunha de que cumpriremos as nossas promessas.

11 Foi pois Jefté com os príncipes de Galaad, e todo o povo o elegeu por seu príncipe. Jefté fez todas as suas protestações na presença do Senhor em Masfa. 12 E enviou mensageiros ao rei dos filhos de Amon, que lhe dissessem da sua parte: Que tens tu comigo, que vieste contra mim para destruires a minha terra? 13 Ele lhes respondeu: É porque Israel vindo do Egito, me tomou a minha terra, desde os confins de Arnon até a Jaboc e até o Jordão: agora pois restitui-ma em boa paz.

14 Tornou Jefté a enviar os mesmos, e lhes mandou que dissessem ao rei de Amon: 15 Eis aqui o que te manda dizer Jefté: Israel não tomou a terra de Moab, nem a terra dos filhos de Amon: 16 mas quando saiu do Egito andou pelo deserto até o mar Vermelho, e chegou a Cades. 17 E enviou mensageiros ao rei de Edom, dizendo-lhe: Deixa-nos passar pela tua terra. E ele não lho quis consentir. Mandaram também ao rei de Moab, o qual lhes não quis dar passagem. Deteve-se pois em Cades, 18 e rodeou por um lado a terra de Edom, e a terra de Moab: e veio pelo lado oriental da terra de Moab, e se acampou da outra banda de Arnon: nem quis entrar nos termos de Moab: porque Arnon é a fronteira da terra de Moab. 19 Enviou pois Israel mensageiros a Seon, rei dos amorreus, que habitava em Hesebon, e disseram-lhe: Deixa-nos passar pelas tuas terras até ao rio. 20 E desprezando ele também a petição de Israel, não o deixou passar pelos seus termos: mas antes tendo ajuntado uma infinita multidão, saiu a encontrar-se contra ele em Jasa, e fortemente lhe resistia. 21 Porém o Senhor o entregou nas mãos de Israel com todo o seu exército, que o desbaratou, e se fez senhor de todas as terras dos amorreus, que habitavam naquela região, 22 e de todos os seus limites desde Arnon até Jaboc, e desde o deserto até o Jordão. 23 Assim o senhor Deus de Israel destruiu aos amorreus, pelejando contra eles o seu povo de Israel: e agora pretendes tu possuir a sua terra? 24 Porventura não te é devido por direito tudo o que possui o teu deus Camos? Logo também a nós pertencerá o que o Senhor nosso Deus alcançou com as suas vitórias: 25 se não é que tu sejas de melhor condição do que Balac filho de Sefor, rei de Moab: ou que possas mostrar que ele teve contendas com Israel e lhe fez guerra, 26 enquanto este habitou em Hesebon e suas aldeias, em Aroer, e em seus lugarejos, ou em todas as cidades vizinhas ao Jordão, por espaço de trezentos anos. Por que razão em um tão largo tempo não fizestes vós diligência alguma por recobrardes isto? 27 Não sou eu logo o que te faço injúria a ti, mas tu és o

que ma fazes a mim, declarando-me uma guerra injusta. O Senhor, que é árbitro, decida hoje isto entre Israel, e os filhos de Amon. 28 Porém o rei dos filhos de Amon não quis estar pelo que Jefté lhe mandara dizer por os seus mensageiros.

Voto de Jefté

29 Entrou pois o espírito do Senhor em Jefté, e dando volta por Galaad, e pelo país de Manassés, e por Masfa de Galaad, e passando dali até os filhos de Amon, 30 fez um voto ao Senhor, dizendo: Se tu me entregares nas mãos os filhos de Afon, 31 a primeira pessoa, seja ela qual for, que sair da porta de minha casa, e se encontrar comigo, quando eu tornar vitorioso dos filhos de Amon, eu a oferecerei ao Senhor em holocausto. 32 E passou Jefté às terras dos filhos de Amon a pelejar contra eles: aos quais o Senhor entregou nas suas mãos. 33 E Jefté fez uma grande mortandade em vinte cidades, desde Aroer até chegar a Menit, e até Abel, que está plantada de vinhas: e foram humilhados os filhos de Amon pelos filhos de Israel. 34 Mas voltando Jefté para sua casa em Masfa, eis que saiu a recebê-lo dançando ao som de tambores sua filha única: porque não tinha outros filhos. 35 E quando a viu, rasgou os seus vestidos, e disse: Desgraçado de mim, filha minha, que me enganaste, e te enganaste também a ti: eu abri a minha boca falando ao Senhor, e não poderei fazer outra coisa. 36 Ela lhe respondeu: Meu pai, se deste a tua palavra ao Senhor, dispõe de mim o que prometeste, pois que te concedeu a vingança e a vitória de teus inimigos. 37 E disse a seu pai: Concede-me somente o que te peço: Deixa-me andar pelos montes dois meses, e que chore a minha virgindade com as minhas companheiras. 38 Jefté lhe respondeu: Pois vai. E deixou-a ir por dois meses. E tendo ido com as suas companheiras e amigas, chorava a sua virgindade nos montes. 39 E passados dois meses, tornou ela para seu pai: e ele cumpriu o que tinha votado, com a que não tinha conhecido varão. E daqui veio o costume de Israel, e se tem conservado o uso: 40 de que uma vez cada ano se ajuntam as filhas de Israel, para chorarem a filha de Jefté de Galaad por quatro dias.

Guerra entre Efraim e Galaad

12 Eis que porém se levantou uma sedição em Efraim. Porque os desta tribo passando para a banda do setentrião, disseram a Jefté: Por que razão nos não quisestes tu chamar quando ias pelejar contra os filhos de Amon, para nós irmos contigo? Por isso queimaremos a tua casa. 2 Jefté lhes respondeu: Eu e o meu povo estávamos metidos numa grande contenda contra os filhos de Amon: Pedi-vos que me désseis socorro, e vós não o quisestes fazer. 3 O que vendo eu, pus a minha alma nas minhas mãos, e passei aos filhos de Amon, e o Senhor mos entregou. Que fiz eu nisto para que vós vos levanteis contra mim a fazer-me guerra?

4 E tendo convocado todos os de Galaad, pelejou contra os de Efraim: e os de Galaad derrotaram a Efraim, porque este tinha dito: Galaad é um fugitivo de Efraim, que mora no meio de Efraim e de Manassés. 5 Porém os de Galaad se apoderaram dos vaus do Jordão, por onde os de Efraim haviam de voltar. E quando algum dos fugitivos de Efraim chegava a eles, e dizia: Peço-vos que me deixeis passar: Os de Galaad lhe diziam: Acaso és tu Efrateu? e respondendo: Não sou. 6 Eles lhe replicavam: Pois dize: Shibolet, que significa uma espiga. E quando o outro pronunciava: Sibolet; não podendo exprimir a palavra espiga com a mesma letra: imediatamente preso o degolavam na mesma passagem do Jordão. E assim naquele tempo foram mortos quarenta e dois mil homens de Efraim.

7 Assim Jefté de Galaad julgou a Israel seis anos: e morreu, e foi sepultado na sua cidade de Galaad.

Abesan

8 Depois deste, foi juiz de Israel Abesan de Belém: 9 que teve trinta filhos, e outras tantas filhas, as quais pondo fora as casou, e introduzindo para sua casa igual número de mulheres, as casou com seus filhos. O qual julgou a Israel sete anos: 10 e morreu, e foi sepultado em Belém.

Aialon

11 Sucedeu-lhe Ailon zabulonita: que julgou a Israel dez anos: 12 e morreu, e foi sepultado em Zabulon.

Abdon

13 Depois deste, foi juiz de Israel Abdon, filho de Ilel de Faraton: 14 que teve quarenta filhos, e deles trinta netos que montavam em setenta potros de jumentas, e julgou a Israel oito anos: 15 e morreu, e foi sepultado em Faraton da terra de Efraim, no monte de Amalec.

III. HISTÓRIA DE SANSÃO

Nascimento de Sansão

13 Tornando os filhos de Israel a fazer o mal na presença do Senhor, Ele os entregou nas mãos dos filisteus por quarenta anos. 2 Havia pois um homem de Saraa, e da linhagem de Dan, chamado Manué, cuja mulher era estéril. 3 À qual apareceu o anjo do Senhor e lhe disse: Tu és estéril e sem filhos: mas tu conceberás e parirás um filho. 4 Vê pois não bebas vinho, nem coisa que possa embebedar, nem comas coisa alguma imunda: 5 porque conceberás, e parirás um filho, por cuja cabeça não passará navalha: pois que ele será nazireu de Deus desde a sua infância, e desde o ventre de sua mãe: e ele mesmo começará a livrar a Israel das mãos dos filisteus.

6 Ela tendo ido buscar a seu marido, lhe disse: Veio a mim o homem de Deus, que tinha um rosto de anjo, em extremo terrível. E tendo-lhe perguntado quem era, e donde tinha vindo, e como se chamava, não mo quis dizer: 7 mas só me deu esta resposta: Olha que hás de conceber e parir um filho: vê, não bebas vinho, nem outra coisa que possa embebedar, e nem comas coisa alguma imunda: porque o menino será nazireu de Deus desde a sua infância, desde o ventre de sua mãe até o dia da sua morte. 8 Fez Manué oração ao Senhor, e lhe disse: Peço-te, Senhor, que o homem de Deus, a quem enviaste, venha outra vez, e nos ensine o que devemos fazer acerca do menino, que há de nascer.

9 E ouviu o Senhor a oração de Manué, e apareceu segunda vez o anjo de Deus a sua mulher, estando assentada no campo. Não estava então com ela seu marido Manué. A qual tendo visto o anjo, 10 se apressou, e correu a seu marido: e lhe noticiou, dizendo: Eis aí me apareceu o homem, que eu antes tinha visto. 11 Manué se levantou e seguiu sua mulher: e tendo chegado ao homem lhe disse: Tu és o que falaste a esta mulher? E ele respondeu: Eu sou. 12 Manué lhe disse: Quando se tiver cumprido o que tu disseste, que queres tu que faça o memino? ou de que coisa se deverá ele abster? 13 E o anjo do Senhor respondeu a Manué: Abstenha-se de tudo o que eu declarei a tua mulher: 14 e não coma nada do que nasce da vinha: não beba vinho, nem outra coisa que possa embebedar, não coma coisa alguma imunda: cumpra e guarde o que eu lhe ordenei. 15 E Manué disse ao anjo do Senhor: Rogo-te que consintas nas minhas súplicas, e que te preparemos um cabrito. 16 O anjo lhe respondeu: Por mais que me instes, eu não comerei o teu pão: mas se queres fazer um holocausto: oferece-o ao Senhor. E Manué não sabia que era um anjo do Senhor. 17 E lhe disse: Como te chamas tu, para que, verificada que seja a tua palavra, te honremos? 18 O anjo lhe respondeu: Por que queres tu saber o meu nome, que é admirável? 19 Tomou pois Manué um cabrito com as suas libações, e pô-lo sobre uma pedra, oferecendo-o ao Senhor, que obra maravilhas: e ele e sua mulher estavam vendo. 20 E quando subiu a chama do altar ao céu, subiu também o anjo do Senhor junto com a chama. O que tendo visto Manué e sua mulher, caíram com o rosto em terra. 21 E depois não se lhes mostrou mais o anjo do Senhor, e logo conheceu Manué que aquele era um anjo do Senhor, 22 e disse para sua mulher: Certamente morreremos, porque vimos o Senhor. 23 A mulher lhe respondeu: Se o Senhor nos quisesse matar, não teria ele recebido de nossas mãos o holocausto e as libações, nem nos teria mostrado todas estas coisas, nem nos teria predito o que está para acontecer.

24 Ela pois pariu um filho, e o chamou por nome Sansão. E o menino cresceu, e o Senhor o abençoou. 25 E o espírito do Senhor começou a ser com ele no campo de Dan entre Saraa e Estaol.

Casamento e proezas de Sansão

14 Desceu depois Sansão a Tamnata: e tendo ali visto a uma mulher das filhas dos filisteus, 2 voltou, e noticiou a seu pai, e a sua mãe, dizendo: Eu vi em Tamnata uma mulher das filhas dos filisteus, rogo-vos que ma deis por esposa. 3 Seu pai e sua mãe lhe disseram: Pois não há mulheres entre as filhas de teus irmãos, e entre todo o nosso povo, para que tu queiras casar com uma dentre os filisteus, que são incircuncidados? E Sansão disse a seu pai: Dá-me esta, porque agradou aos meus olhos. 4 Ora seus pais não sabiam que isso se fazia por disposição do Senhor, e que buscava ocasião de ir contra os filisteus: porque naquele tempo dominavam os filisteus sobre Israel.

5 Veio pois Sansão com seu pai e com sua mãe a Tamnata. E quando tinham chegado às vinhas da cidade, apareceu um leão novo, feroz, e que rugia, e se pôs diante da Sansão. 6 Mas o espírito do Senhor se apossou de Sansão, que despedaçou o leão, fazendo-o em quartos como se fora um cabrito sem ter coisa

alguma na mão: e não quis delatar isto a seu pai nem a sua mãe. 7 Depois desceu e falou com a mulher que tinha agradado aos seus olhos. 8 E voltando alguns dias depois para casar com ela, se apartou do caminho para ver o cadáver do leão, e eis que estava na boca do leão um enxame de abelhas e um favo de mel. 9 E tomando-o nas mãos, ia comendo nele pelo caminho: e chegando onde estavam seu pai e sua mãe, deu-lhes uma parte, que eles também comeram; mas não lhes quis descobrir, que aquele mel o tinha ele tirado do corpo do leão.

10 Veio pois seu pai a casa desta mulher, e fez um banquete por conta de seu filho Sansão: porque assim o costumavam fazer os mancebos. 11 Como pois os habitantes daquele lugar o vissem, deram-lhe trinta companheiros para estarem com ele. 12 Aos quais disse Sansão: Propor-vos-ei um problema: e se vós souberdes decifrá-lo dentro destes sete dias de boda, dar-vos-ei trinta lençóes, e outras tantas túnicas. 13 mas se o não souberdes decifrar, dar-me-eis a mim trinta lençóis, e outras tantas túnicas. Eles lhe responderam: Propõe o problema para que o ouçamos. 14 E Sansão lhes disse:

Do comedor saiu comida, e do forte saiu doçura. Eles por três dias não puderam soltar o enígma proposto.

15 E como se chegasse o dia sétimo, disseram à mulher de Sansão: Acaricia a teu marido, e faze que ele te descubra o que significa o enigma: e se o não quiseres fazer, queimar-te-emos a ti, e a casa de teu pai: acaso nos convidastes vós para a vossa boda, só para nos despojardes? 16 A mulher se punha a chorar diante de Sansão, e se queixava dizendo: Tu não me amas, antes me aborreces; por isso me não queres declarar o enigma que propuseste aos mancebos do meu povo. Mas ele lhe respondeu: Eu não quis descobrir a meu pai, nem a minha mãe: e como to poderei declarar? 17 Ela pois chorava diante dele os sete dias da boda: e enfim ao dia sétimo, como lhe fosse molesta lho declarou. O que ela logo descobriu aos seus compatriotas. 18 E eles no dia sétimo antes de pôr o sol, lhe disseram: Que coisa há mais doce do que o mel, e que coisa há mais forte do que o leão? E ele lhes respondeu: Se vós não tivésseis lavrado com a minha novilha, não teríeis percebido o meu enigma. 19 Veio portanto o espírito do Senhor sobre Sansão, e tendo ido a Ascalon, matou lá a trinta homens: aos quais tirou os vestidos, e os deu àqueles que tinham explicado o enigma. E sobremaneira irado, voltou para casa de seu pai: 20 Sua mulher porém se casou com um dos amigos, e dos que o tinham acompanhado na boda.

Sansão derrota os filisteus

15 Pouco tempo depois, estando já próximos os dias da ceifa do trigo, querendo Sansão ver sua mulher, foi, e lhe levou um cabrito. E como quisesse entrar, como costumava na sua câmara, o pai dela o impediu, dizendo: 2 Eu cuidei que a aborrecia, e por isso a dei a um teu amigo: mas ela tem uma irmã, que é mais moça e mais formosa do que ela, toma-a por mulher em seu lugar. 3 Sansão lhe respondeu: De hoje em diante não poderão os filisteus queixar-se de mim: eu vos farei todo o mal que puder. 4 E partiu, e tomou trezentas raposas, e ajuntou-as umas às outras pelas caudas, e no meio atou uns fachos: 5 e tendo-lhes chegado fogo, largou-as, para irem cada uma para seu cabo. Elas partiram logo a correr pelo meio das searas dos filisteus. E incendiadas estas, tanto os trigos enfeixados, como os que ainda estavam por segar, se queimaram de tal modo que o mesmo fogo consumiu também as vinhas e olivais.

6 E disseram os filisteus: Quem fez isto? respondeu-se-lhes: Foi Sansão, genro daquele de Tamnata, porque lhe tirou sua mulher, e a deu a outro. E foram os filisteus: e queimaram tanto a mulher, como a seu pai. 7 Então lhes disse Sansão: Não obstante terdes feito isto, eu ainda assim não deixarei de me vingar de vós, e então sossegarei. 8 E fez neles um grande destroço, de sorte que atônitos punham as pernas sobre as coxas. E descendo dali, morou na cova do rochedo de Etan. 9 Tendo pois vindo os filisteus ao país de Judá, se acamparam no lugar, que depois se chamou Lequi, que quer dizer, queixada, onde o seu exército foi desbaratado. 10 E os da tribo de Judá lhes disseram: Por que viestes contra nós? Eles lhes responderam: Viemos prender a Sansão, e pagar-lhe o mal que nos fez. 11 Então vieram três mil homens da tribo de Judá, à cova do rochedo de Etan, e disseram a Sansão: Tu não sabes, que estamos sujeitos aos filisteus? pois por que quiseste fazer-lhes isto? Ele lhes respondeu: Eu fiz-lhes como eles me fizeram a mim. 12 Nós viemos, replicaram eles, para te prender, e para te entregar nas mãos dos filisteus. Pois jurai-me, lhes disse Sansão e prometei-me, que me não haveis de matar. 13 Eles lhe responderam: Não te mataremos, mas entregar-te-emos preso. Ligaram-no pois com duas cordas novas, e tiraram-no do rochedo de Etan. 14 E chegando ao lugar da Queixada, e saindo-lhe ao en-

contro os filisteus com apupadas, caiu sobre ele o espírito do Senhor: e como o linho costuma consumir-se ao cheiro do fogo, assim quebrou ele, e desfez as cordas, com que estava ligado. 15 E pegando na queixada de um jumento, que achou à mão, e que jazia ali, matou com ela mil homens, 16 e disse:

Eu com a queixada de um jumento, com a queixada de um potro de jumenta os derrotei, e matei mil homens.

17 E logo que acabou de cantar estas palavras, lançou a queixada da mão, e chamou àquele lugar Ramatlequi, que quer dizer, elevação da queixada. 18 E sentindo grande sede, clamou ao Senhor, e disse: Tu foste o que salvaste o teu servo e o que lhe deste esta grande vitória: eis agora morro eu de sede, e cairei nas mãos dos incircuncidados. 19 Abriu pois Senhor um dos dentes molares na queixada do jumento, e saíram dele águas. E bebendo delas Sansão recobrou alento e recuperou as forças. Por isso foi àquele lugar chamado até o dia de hoje fonte do que Invoca da Queixada.

20 E julgou a Israel vinte anos nos dias dos filisteus.

Fuga de Gaza

16 Depois foi Sansão para Gaza, e como ali visse a uma mulher pública, entrou a ela. 2 O que tendo ouvido os filisteus, e espalhado que foi entre eles o rumor, de que Sansão era entrado na cidade, cercaram-no, pondo guardas às portas da cidade: e ali o esperaram mui calados toda a noite, para pela manhã ao sair o matarem. 3 Sansão porém dormiu até à meia-noite: levantando-se depois pegou em ambas as metades da porta com os seus postes e fechaduras, e pondo às costas, as levou até o alto do monte, que olha para Hebron.

Sansão e Dalila

4 Depois amou a uma mulher, que assistia no vale de Sorec, e se chamava Dalila. 5 E com esta vieram ter os príncipes dos filisteus, e lhe disseram: Engana-o, e sabe dele, donde lhe vem tamanha força, e de que modo o poderemos vencer, e maltratá-lo depois de atado. Se assim o fizeres, cada um de nós te daremos mil e cem moedas de prata.

6 Disse pois Dalila a Sansão: Dize-me, te peço, em que esteja esta tua tão grande força, e que coisa haverá que possa ligar-te de modo que não possas quebrá-la? 7 Sansão lhe respondeu: Se me atarem com sete cordas de nervos, ainda não secos, e ainda úmidos, ficarei eu tão fraco como os mais homens. 8 Trouxeram-lhe pois os príncipes dos filisteus sete cordas, como ela tinha dito, com as quais o atou, 9 e estando eles de emboscada escondidos na sua casa, e esperando na sua câmara o sucesso da traição, gritou ela: Sansão: eis aí os filisteus sobre ti. Ele quebrou as prisões, como se quebra um fio torcido de má estopa, ao chegar-lhe o cheiro do fogo: e não se pode conhecer em que consistia a sua força.

10 Dalila lhe disse: Eis aí zombaste tu de mim, e não me disseste a verdade: sequer agora descobre-me com que deves ser atado. 11 Ele lhe respondeu: Se me atarem com umas cordas novas, que ainda não me tenham servido, ficarei eu sem força, e semelhante aos outros homens. 12 Dalila o atou segunda vez com elas, e gritou: Sansão, eis aí os filisteus sobre ti, pois estavam escondidos na câmara homens de emboscada. Ele quebrou logo as prisões como os fios duma teia.

13 E Dalila lhe tornou a dizer: Até quando me hás de tu enganar, e dizer-me falsidades? descobre-me com que é preciso que te atem. Sansão lhe respondeu: Se teceres sete tranças dos cabelos da minha cabeça com os liços da ateia, e atares isto a um prego, e cravares este na terra, ficarei eu fraco. 14 O que tendo feito Dalila, disse-lhe: Sansão, eis aí os filisteus sobre ti. Ele espertando do sono, arrancou o prego com os cabelos e os liços.

15 E Dalida lhe disse: Como dizes tu que me amas, quando o teu afeto não propende para mim? Tens-me mentido por três vezes, e nunca me quiseste dizer em que está essa tua grande força. 16 E como o importunasse, e por muitos dias se não tirasse do pé dele, sem lhe dar tempo para descansar, desmaiou enfim o ânimo de Sansão, e caiu num mortal desfalecimento. 17 Então descobrindo-lhe a verdade da coisa, disse-lhe: Sobre a minha cabeça nunca se pôs ferro, porque sou narizeu, isto é, consagrado a Deus desde o ventre de minha mãe: se me for rapada a cabeça ir-se-á de mim a minha fortaleza, e eu desfalecerei e serei como os mais homens. 18 E vendo ela que Sansão lhe tinha patenteado seu coração, enviou aos príncipes dos filisteus, e lhes fez dizer: Vinde ainda esta vez, porque ele me descobriu agora o seu coração. Vieram eles, trazendo o dinheiro que lhe tinham prometido. 19 E ela fez que Sansão dormisse sobre os seus joelhos, e reclinasse a cabeça no seu seio. E chamou a um barbeiro e lhe fez cortar sete tranças do seu cabeço, e começou a enxotá-lo, e a lançá-lo de si: pois que no mesmo ponto se foi dele a força. 20 E disse-lhe: Sansão, eis aí os filisteus sobre ti. Despertando ele do sono,

disse em seu coração: Sairei, como antes fiz, e me desembaraçarei deles, porque não sabia que o Senhor se tinha retirado dele. 21 Mas os filisteus tendo-o tomado às mãos lhe tiraram logo os olhos, e o levaram a Gaza atado com cadeias, e encerrando-no cárcere, o fizeram andar com uma mó.

Suprema vingança de Sansão

22 E já os seus cabelos lhe tinham começado a renascer, 23 quando os príncipes dos filisteus se ajuntaram para imolarem solenes hóstias ao seu deus Dagon, e para se banquetearem, dizendo: O nosso deus nos entregou nas mãos a Sansão nosso inimigo. 24 O que vendo também o povo, louvou o seu deus, e dizia o mesmo: O nosso deus nos entregou nas mãos o nosso adversário, que arruinou a nossa terra, e matou a muitos. 25 E alegrando-se nos banquetes, depois de terem já comido, mandaram que se chamasse Sansão, para lhes servir de brinco. E tendo-o tirado do cárcere, os divertia, e o fizeram estar em pé entre duas colunas. 26 E ele disse para o moço que o guiava: Deixa-me chegar a tocar as colunas, em que se sutém toda a casa, e arrimar-me a elas, e descansar um pouco. 27 Estava a casa pois cheia de homens e mulheres, e estavam ali todos os príncipes dos filisteus, algumas três mil pessoas dum e outro sexo, que do teto e do pavimento estavam vendo brincar a Sansão. 28 Ele porém invocando o Senhor disse: Senhor Deus, lembra-te de mim, e torna-me a dar agora a minha primeira força, Deus meu, para me vingar de meus inimigos, e fazer pagar duma só vez a perda dos meus dois olhos. 29 E abraçando-se com as duas colunas, em que a casa se sustinha, e pegando numa com a mão direita e na outra com a esquerda, 30 disse: Morra Sansão com os filisteus: e sacudindo com grande força as colunas, caiu a casa sobre todos os príncipes, e sobre todo o povo, que ali estava: e foram muitos mais os que matou morrendo, do que os que matara antes quando vivo.

31 E vindo seus irmãos e toda a parentela, levaram o seu corpo, e o enterraram entre Saraa e Estaol no sepulcro de seu pai Manué: depois de ter sido juiz de Israel vinte anos.

IV. APÊNDICES

O santuário de Mica e o jovem levita

17 Naquele tempo houve um homem do monte de Efraim por nome Micas, 2 que disse a sua mãe: As mil e cem moedas de prata que tinhas posto à parte, e sobre as quais tinhas jurado diante de mim, eis aqui as tenho eu, e estão em meu poder. Ela lhe respondeu: Bendito seja do Senhor meu filho. 3 Entregou-as pois a sua mãe, a qual lhe tinha dito: Eu consagrei e fiz promessa deste dinheiro ao Senhor, para que meu filho o receba da minha mão, e faça dele uma imagem de escultura e de fundição: e por isso to dou agora. 4 Entregou-as pois a sua mãe: que tomou duzentas moedas de prata, e as deu a um ourives, para daquela matéria fazer uma imagem de escultura, e de fundição, que ficou em casa de Micas. 5 O qual edificou também nela uma capela para o Deus, e fez um efod, e uns terafins, isto é, vestidura sacerdotal, e ídolos: e encheu a mão dum de seus filhos, e o criou sacerdote. 6 Naquele tempo não havia rei em Israel, mas cada um fazia o que lhe parecia melhor.

7 Houve também outro mancebo de Belém de Judá, desta mesma família: e era levita, e habitava ali. 8 E tendo saído da cidade de Belém, quis mudar de domicílio onde achasse maior comodidade. E como tivesse chegado ao monte de Efraim, seguindo o seu caminho, e desviando-se um pouco para a casa de Micas, 9 perguntou-lhe este de onde vinha. Ele lhe respondeu: Eu sou um levita de Belém de Judá, e vou estabelecer-me onde puder, e onde vir que me faz conta. 10 E Micas lhe disse: Fica comigo, servir-me-ás de pai e de sacerdote, dar-te-ei cada ano dez moedas de prata, e dois vestidos, e o que te for necessário para sustento. 11 Acomodou-se a isto, e ficou em sua casa, e Micas o tratou como a um de seus filhos, 12 e Micas lhe encheu a mão, e teve consigo a este moço em qualidade de sacerdote. 13 Dizendo: Agora sei que Deus me fará bem, pois que tenho comigo um sacerdote da linhagem de Levi.

Os danitas à procura de território

18 Naqueles dias não havia rei em Israel, e a tribo de Dan buscava terras, onde se estabelecer: porque até então não tinha entrado a possuir a sua sorte entre as outras tribos.

2 Os filhos de Dan, pois, enviaram de Saraa, e de Estaol cinco homens fortíssimos da sua linhagem e família, para explorar e reconhecer cuidadosamente o país, e lhes dis-

seram: Ide e examinai bem a terra. Postos a caminho, chegaram ao monte de Efraim e entraram em casa de Micas, e nela descansaram: 3 e conhecendo pela fala o moço levita, e servindo-se da sua pousada, lhe disseram: Quem te trouxe aqui? Que é o que aqui fazes? Por que causa quiseste vir a este lugar? 4 Ele lhes respondeu: Micas me fez tais e tais coisas, e me assalariou, para ser seu sacerdote. 5 Pediram-lhe pois que consultasse ao Senhor, para poderem saber se a sua jornada seria feliz, e se a sua empresa se efetuaria. 6 Ele lhes respondeu: Ide em paz: o Senhor favorece a vossa jornada, e o caminho que levais.

7 Saindo dali pois estes cinco homens vieram a Lais: e acharam o povo desta cidade, como era costume entre os sidônios, sem nenhum temor, em paz e segurança, não havendo absolutamente quem os inquietasse, e muito rico, e distante de Sidônia e separado de todos os outros homens. 8 E voltando para seus irmãos em Saraa e Estaol, e perguntando-lhes estes o que tinham feito, responderam-lhes: 9 Levantai-vos, vamos a eles: porque nós vimos um país muito rico e fértil: não sejais descuidados, não vos detenhais. Vamos, e metamo-nos de posse dele, não haverá trabalho algum. 10 Entraremos num povo, que vive em segurança num terreno mui dilatado: e o Senhor nos dará um lugar onde não falta nada, do que se dá na terra.

Os danitas depredam Mica

11 Partiram pois da linhagem de Dan, isto é, de Saraa e de Estaol seiscentos homens armados em guerra, 12 e chegando a Cariatiarim da tribo de Judá, se acamparam ali: e este sítio desde então se chamou o campo de Dan, por detrás de Cariatiarim.

13 Dali passaram ao monte de Efraim. E tendo chegado a casa de Micas, 14 os cinco homens, que primeiro tinham sido enviados a reconhecer o país de Lais, disseram aos outros seus irmãos: Vós sabeis que nesta casa há um efod, e uns terafins, e uma imagem de escultura, e de fundição: vede o que vos parece isto. 15 Tendo-se pois apartado um pouco do caminho, entraram no quarto do moço levita, que estava em casa de Micas: e o saudaram com amizade. 16 Entretanto os seiscentos homens, assim armados como estavam, ficaram à porta. 17 Mas os que tinham entrado em casa do moço, procuravam levar a imagem de escultura, e o efod, e os terafins, e a imagem fundida, e o sacerdote estava ante a porta, e os seiscentos homens valorosos estavam não longe esperando. 18 Os que tinham pois entrado, levaram a imagem de escultura, o efod e os ídolos, e a imagem fundida. Aos quais disse o sacerdote: Que fazeis? 19 Eles lhe responderam: Cala-te e põe o dedo sobre a tua boca; e vem conosco, para que nos sirvas de pai, e de sacerdote. Qual é melhor para ti, ser sacerdote na casa dum particular, ou sê-lo numa tribo e em uma família de Israel? 20 O levita tendo ouvido isto, acomodou-se ao que eles lhe diziam, e tomou o efod, os ídolos, e a imagem de escultura, e se foi com eles.

21 Indo eles no caminho, e tendo feito ir adiante de si os meninos e as cavalgaduras, e tudo o que era precioso, 22 e estando já longe da casa de Micas, os homens que habitavam em casa de Micas, dando vozes os seguiam, 23 e começaram a gritar atrás deles. Eles voltando o rosto, disseram a Micas: Que queres? por que gritas? 24 Ele lhes respondeu: Vós me levastes os meus deuses, que eu tinha feito para mim, e o sacerdote, e tudo o que tenho, e perguntais-me: Que é o que tens? 25 E os filhos de Dan lhe disseram: Guarda-te de nos falar mais nisto, não suceda que se lancem sobre ti uns homens cheios de indignação, e tu mesmo pereças com a sua casa. 26 E deste modo continuaram o seu caminho começado. E Micas vendo que aqueles homens eram mais fortes do que ele, voltou para sua casa.

27 Mas os seiscentos homens levaram o sacerdote e o que acima dissemos: e tendo chegado a Lais, acharam um povo descansado e seguro, e o passaram ao fio da espada: e puseram fogo à cidade, 28 sem que alguém os socorresse, por habitarem longe de Sidônia, e por não terem sociedade, nem comércio com pessoa alguma. Estava situada a cidade no país de Roob: e, reedificando-a de novo, a povoaram, 29 chamando-a cidade de Dan, do nome de seu pai, que foi filho de Israel, quando ela antes se chamava Lais. 30 E erigiram para si uma estátua de escultura, e estabeleceram a Jonatan, filho de Gersam, filho de Moisés, e a seus filhos por sacerdotes na tribo de Dan, até o dia do seu cativeiro. 31 E o ídolo de Micas ficou entre eles, por todo o tempo que a casa de Deus esteve em Silo: naqueles dias não havia rei em Israel.

O crime de Gabaa

19 Houve um certo homem levita, que habitava um lado do monte de Efraim, o qual se tinha casado com uma mulher de Belém de Judá. 2 Esta o deixou, e tornou para Belém para casa de seu pai, e ficou morando com ele quatro meses. 3 E seu marido a foi buscar, querendo reconciliar-se com ela, acariciá-la, e torná-la a levar consigo, trazendo

para isto um criado e dois jumentos: a mulher o acolheu, e o introduziu em casa de seu pai. O seu sogro, quando soube isto e o viu, saiu a recebê-lo alegre, 4 e o abraçou. E o genro se deteve três dias em casa do sogro, comendo e bebendo com ele familiarmente. 5 Ao quarto dia porém levantando-se o levita antes de amanhecer, quis partir. O sogro o deteve, e lhe disse: Come primeiro um bocado de pão, e conforta o estômago, e depois partirás. 6 E assentaram-se ambos juntos, e comeram e beberam. Depois disse o pai da moça a seu genro: Peço-te que te deixes ficar aqui ainda hoje, e nos divirtamos de companhia. 7 Mas ele levantando-se, se pôs em ação de querer partir. E todavia o sogro com as suas instâncias o deteve, e fez ficar consigo.

8 Ao outro dia pela manhã preparava-se o levita para partir. E o sogro lhe tornou a dizer: Peço-te que comas primeiro um bocado, e cobrando forças, até que seja mais dia, depois partirás. Comeram pois juntamente. 9 E o mancebo se levantou para partir com sua mulher e com o criado. Mas o sogro lhe disse outra vez: Olha que o dia está mui perto do ocaso, e que chega a noite: fica comigo ainda hoje, e leva em alegria o dia, e amanhã partirás para ires para tua casa. 10 Não quis o genro estar por estes rogos: mas partiu logo, e chegou à vista de Jebus, que por outro nome se chamava Jerusalém, levando consigo dois jumentos carregados, e a sua mulher. 11 E já estavam perto de Jebus, e o dia se mudava em noite: e disse o criado a seu amo: Tomemos, te peço, o caminho da cidade dos jebuseus, e fiquemos nela. 12 O amo lhe respondeu: Eu não entrarei numa cidade de gente estrangeira, que não é dos filhos de Israel, mas passarei até Gabaa: 13 e depois que lá chegarmos, descansaremos nela, ou ao menos na cidade de Rama. 14 Deixaram pois a Jebus, e continuando o seu caminho, se lhes pôs o sol ao pé de Gabaa, que é da tribo de Benjamim.

15 E entraram nela, para ali pousarem. E entrados que foram, se assentaram na praça da cidade, e não houve sequer um que os quisesse hospedar. 16 E eis que apareceu um homem velho, que voltava do campo e do seu trabalho ao anoitecer, o qual também era do monte de Efraim, e habitava como forasteiro em Gabaa. Porque os homens desta região eram filhos de Jemini. 17 E levantando os olhos, viu o velho ao levita assentado na praça da cidade com a sua pequena bagagem: e lhe disse: De onde vens tu? e para onde vais? 18 O qual lhe respondeu: Nós partimos de Belém de Judá, e vamos para nossa casa, que é ao lado do monte de Efraim, de onde tínhamos ido a Belém: e agora vamos à casa de Deus, e ninguém nos quer hospedar na sua morada, 19 tendo nós palha e feno para sustento dos jumentos, e pão e vinho para mim e para esta tua serva, e para o criado, que está comigo: de nenhuma coisa necessitamos mais que de pousada. 20 O velho lhe respondeu: A paz seja contigo, eu te darei tudo o que for necessário: rogo-te somente que não fiques na praça. 21 E assim os introduziu em sua casa, e deu de comer aos jumentos: e depois que lavaram os seus pés, os fez assentar à mesa.

22 Ceando eles, e refazendo os seus corpos da fadiga do caminho com a comida e bebida, chegaram uns homens daquela cidade, filhos de Belial (isto é, sem jugo), e cercando a casa do velho, começaram a bater à porta, gritando ao dono da casa, e dizendo: Deita cá para fora esse homem, que entrou para tua casa, para abusarmos dele. 23 E o velho saiu fora a ter com eles, e disse: Não queirais, irmãos, não queirais cometer semelhante maldade; porque eu hospedei este homem em minha casa, e deixai-vos desta loucura. 24 Eu tenho uma filha donzela, e este homem tem sua mulher: eu vo-las tirarei cá para fora, para vos servirdes delas, e satisfazerdes o vosso apetite: somente vos peço, que não obreis com o homem tal maldade contra a natureza. 25 Não queriam os homens estar pelo que ele lhes dizia: o que vendo o levita, lhes trouxe sua mulher e a entregou aos seus ultrajes: e depois de terem abusado dela toda a noite a largaram ao amanhecer. 26 Mas a mulher, tanto que amanheceu, veio à porta da casa, onde estava seu senhor, e caiu ali. 27 Quando já era dia, levantou-se o marido, e abriu a porta para continuar o seu caminho: e eis que sua mulher estava estirada no limiar da porta com as mãos estendidas. 28 Cuidando ele que ela estava dormindo, disse-lhe: Levanta-te, e vamo-nos. Não respondendo ela nada, conhecendo que estava morta, pegou nela, e pô-la sobre o jumento, e voltou para sua casa.

29 Tanto que aí chegou, tomou um cutelo, e, dividindo o cadáver de sua mulher com os seus ossos em doze partes, pedaço a pedaço, os enviou a todos os limites de Israel. 30 E quando tal viram, exclamaram: Nunca tal coisa se viu em Israel, desde o dia que nossos pais saíram do Egito até hoje: dizei o que sentis, e resolvei de comum acordo o que se deve fazer neste caso.

O castigo

20 Saíram pois todos os filhos de Israel, e se ajuntaram num corpo, como se fora um só homem, desde Dan até Bersabée, e a terra de Galaad, para consultarem o Senhor em Masfa. 2 E todos os chefes dos povos, e todas as tribos de Israel acudiram à assembléia do povo de Deus em número de quatrocentos mil infantes, homens de guerra. 3 (E não se ocultou aos filhos de Benjamim, que os filhos de Israel tinham concorrido a Masfa). E perguntando ao marido da mulher, que fora morta, de que modo se cometera tão atroz maldade, 4 respondeu: Eu cheguei a Gabaa de Benjamim com minha mulher, e ali me hospedei: 5 eis que vieram uns homens daquela cidade e cercaram de noite a casa, onde eu estava, querendo-me matar, ultrajando a minha mulher com um incrível furor de lascívia, por último ela morreu. 6 E eu pegando no seu cadáver o dividi em pedaços, e os enviei repartidos a todas as terras que possuís: porque nunca se cometeu tão grande maldade, nem crime tão abominável em Israel. 7 Vós vos achais presentes, todos os filhos de Israel, resolvei o que deveis fazer. 8 E todo o povo estando em pé respondeu, como se falara um só homem: Não voltaremos às nossas tendas, e ninguém entrará em sua casa: 9 enquanto de comum acordo não executarmos isto contra Gabaa. 10 Escolham-se dentre todas as tribos de Israel dez homens de cada cento, e cem de cada mil, e mil de cada dez mil, para que levem víveres ao exército, e possamos pelejar contra Gabaa de Benjamim, e dar-lhe pelo crime a recompensa que merece.

11 Assim se coligou contra esta cidade todo o Israel como se fora um só homem, com um mesmo espírito, e uma mesma resolução: 12 e mandaram mensageiros a toda a tribo de Benjamim, para que lhe dissessem: Por que se cometeu entre vós tão detestável maldade? 13 Entregai-nos os homens de Gabaa, que estão culpados desta atrocidade, para que morram, e para que se tire este mal de Israel. Não quiseram os benjamitas dar ouvidos à embaixada de seus irmãos os filhos de Israel: 14 mas ajuntaram-se de todas as cidades, que eram da sua repartição, em Gabaa, para lhes darem auxílio, e para pelejarem contra todo o povo de Israel. 15 E acharam-se da tribo de Benjamim vinte e cinco mil homens de guerra, fora os habitantes de Gabaa, 16 que eram setecentos homens valentíssimos, que pelejavam igualmente com a esquerda que com a direita: e eram tão destros em atirar pedras com funda, que poderiam acertar num cabelo, sem que o golpe da pedra desse noutra parte. 17 Da banda dos filhos de Israel também fora os de Benjamim contaram quatrocentos mil homens de armas, e prestes para o combate. 18 Os quais levantando-se vieram à casa de Deus, isto é, a Silo: e consultaram ao Senhor, e disseram: Quem há de ser em o nosso exército o general para a peleja contra os filhos de Benjamim? O Senhor lhes respondeu: Judá seja o vosso general.

19 E logo os filhos de Israel marchando ao amanhecer, se acamparam junto a Gabaa: 20 e avançando dali para pelejarem contra Benjamim, começaram a sitiar a cidade. 21 Mas os filhos de Benjamim tendo saído de Gabaa, mataram dos filhos de Israel naquele dia vinte e dois mil homens. 22 Segunda vez os filhos de Israel confiados nas suas forças e no seu número, se puseram em batalha no mesmo lugar, onde primeiro tinham combatido: 23 mas antes de se moverem foram chorar até à noite diante do Senhor: e o consultaram, e disseram: Devemos continuar ainda em pelejar contra os filhos de Benjamim nossos irmãos, ou não? O Senhor lhes respondeu: Ide contra eles, e dai a batalha. 24 E ao outro dia tendo marchado os filhos de Israel para pelejarem contra os filhos de Benjamim, 25 saíram os filhos de Benjamim com ímpeto das portas de Gabaa: e vindo a seu encontro, fizeram neles tão grande mortandade, que derrubaram dezoito mil guerreiros. 26 Pelo que todos os filhos de Israel vieram à casa de Deus, e assentados choravam diante do Senhor: e jejuaram aquele dia até à tarde, e lhe ofereceram holocaustos, e hóstias pacíficas, 27 e o consultaram sobre o seu estado. Naquele tempo a arca do concerto de Deus estava naquele lugar, 28 e Finéias filho de Eleazar, filho de Aarão, presidia na casa. Consultaram pois o Senhor, e disseram: Devemos ainda sair a pelejar contra os filhos de Benjamim nossos irmãos, ou desistir? E o Senhor lhes respondeu: Marchai porque amanhã os entregarei nas vossas mãos.

29 E os filhos de Israel puseram emboscadas à roda da cidade de Gabaa: 30 e terceira vez assim como da primeira e segunda, marcharam em batalha contra Benjamim. 31 Mas os filhos de Benjamim saíram também ousadamente da cidade, e perseguiram por mais extensão os seus inimigos na fugida, de sorte que feriram alguns deles, como no primeiro e segundo dia, e mataram alguns trinta homens dos que fugiam por duas veredas, uma das quais ia a Betel, e outra a Gabaa: 32 porque cuidaram que os levavam de vencida como costumavam. Mas eles fingindo com arte a fugida, formaram o desígnio de os alongar da cidade, e como em retirada levá-los às sobreditas veredas. 33 Portanto saindo todos os filhos de Israel das suas estâncias, ordenaram a batalha no sítio chamado Baaltamar. Os que estavam de emboscada ao redor da cidade, começaram também a deixar-se ver pouco a pouco, 34 e a marchar pela parte ocidental

da cidade. E de mais outros dez mil homens escolhidos do exército de Israel desafiavam aos moradores da cidade para o combate. E obstinou-se a batalha contra os filhos de Benjamim; e eles não entenderam que de toda a parte lhes estava iminente a morte. 35 E assim o Senhor os destruiu à vista dos filhos de Israel, os quais naquele dia mataram deles vinte e cinco mil e cem homens, todos guerreiros e homens de armas.

36 Mas os filhos de Benjamim, vendo que eles eram inferiores, começaram a fugir. O que vendo os filhos de Israel, deram-lhes lugar para fugirem, a fim de que viessem a cair nas emboscadas, que tinham posto junto à cidade. 37 E estes saindo de repente dos seus esconderijos, e voltando Benjamim as costas aos que os acutilavam, entraram na cidade, e a passaram ao fio da espada. 38 Ora os filhos de Israel tinham dado por sinal aos que tinham posto de emboscada, que logo que tomassem a cidade, acendessem fogo, para que, elevando-se ao alto o fumo, dessem aviso de estar tomada a cidade. 39 O que vendo os filhos de Israel estando ainda no combate, (porque os de Benjamim cuidando que os de Israel fugiam, foram-nos perseguindo com mais instância, depois de lhe terem morto do seu exército trinta homens), 40 e como vissem que da cidade subia como uma coluna de fumo: Os benjamitas olhando também para trás, conheceram que a cidade estava tomada, e as chamas subiam ao alto. 41 Os israelitas que antes davam mostras de fugir, voltando os rostos resistiam com mais valentia. O que, visto pelos filhos de Benjamim, puseram-se em fugida, 42 e começaram a ganhar o caminho do deserto, perseguindo-os até ali os inimigos: mas também os que tinham queimado a cidade, os cortaram. 43 E deste modo sucedeu serem destroçados por uma e outra parte pelos inimigos, e morriam sem cessar. Ficaram estendidos e foram prostrados na parte oriental da cidade de Gabaa. 44 Os que porém ficaram mortos naquele lugar, foram dezoito mil homens, todos guerreiros valentíssimos. 45 O que tanto que viram os benjamitas que tinham ficado, fugiram para o deserto: e se encaminharam para o rochedo chamado Remon. Mas como estavam derrotados, e iam dispersos, ainda naquela fugida foram mortos cinco mil homens. E passando adiante no alcance, os perseguiram e mataram ainda mais dois mil. 46 E sucedeu, que todos os que ficaram mortos da tribo de Benjamim em diversos lugares, foram vinte e cinco mil homens guerreiros destríssimos para pelejarem. 47 Pelo que de toda a gente de Benjamim ficaram seiscentos homens, que puderam escapar, e achar guarida no deserto: e se detiveram quatro meses no rochedo de Remon.

48 E os filhos de Israel tendo voltado, passaram ao fio da espada tudo o que restou na cidade, desde os homens até aos animais, e todas as cidades, e lugarejos de Benjamim foram consumidos pela voracidade das chamas.

Reabilitação de Benjamim

21 Juraram também os filhos de Israel em Masfa, e disseram: Nenhum de nós dará sua filha por mulher aos filhos de Benjamim. 2 E vieram todos a casa de Deus em Silo, e assentados na sua presença até à tarde, levantaram a voz, e começaram a chorar com grande pranto, dizendo: 3 Senhor Deus de Israel, por que aconteceu ao teu povo esta desgraça, o ser hoje cortada de nós uma das tribos? 4 E ao outro dia, tendo-se levantado de madrugada, erigiram um altar: e ofereceram nele holocaustos, e hóstias pacíficas, e disseram: 5 Quem dentre todas as tribos de Israel não marchou com o exército do Senhor? Porque, estando em Masfa, se tinham obrigado com um grande juramento a matar aos que não se achassem.

6 E os filhos de Israel tocados de pesar pelo que tinha acontecido a seu irmão Benjamim, começaram a dizer: Foi cortada de Israel uma tribo, 7 de onde hão de tomar mulheres? porque nós juramos todos à uma, que lhes não daríamos nossas filhas. 8 Por isso disseram: Quem é de todas as tribos de Israel, que não veio ao Senhor a Masfa? E eis que se achou que os habitantes de Jabés-Galaad não tinham estado naquele exército. 9 (E ainda no tempo em que estiveram em Silo não se achou ali nenhum deles). 10 Mandaram pois dez mil homens fortíssimos, e ordenaram-lhes: Ide, e passai ao fio da espada os habitantes de Jabés-Galaad, tanto a suas mulheres como a meninos. 11 E eis aqui o que deveis observar: Matai todos os varões, e todas as mulheres casadas, mas deixai com vida as donzelas. 12 E acharam-se em Jabés-Galaad quatrocentas donzelas, que não tinham conhecido varão, e as trouxeram ao campo de Silo, à terra de Canaã. 13 E mandaram mensageiros aos filhos de Benjamim, que estavam no rochedo de Remon, e lhes ordenaram que as recebessem em paz. 14 E vieram para eles os filhos de Benjamim, e se lhes deram por mulheres as donzelas de Jabés-Galaad: e não acharam outras, que lhes dessem da mesma maneira.

15 E todo o Israel teve grande pena, e arrependimento pela destruição duma das tribos de Israel. 16 E os mais velhos disseram: Que faremos dos outros, que não receberam mu-

lheres? todas as mulheres da tribo de Benja-
mim pereceram. 17 e nós devemos prover com
grande cuidado, e com forte desvelo, que não
pereça uma das tribos de Israel. 18 Porquanto
nós não podemos dar-lhes nossas filhas, estan-
do ligados com o juramento, e com as impre-
cações que fizemos, dizendo: Maldito o que
der sua filha por mulher aos filhos de Benja-
mim. 19 Tomaram pois a resolução, e disse-
ram: Eis aí se avizinha a solenidade anual do
Senhor em Silo, que está situada ao seten-
trião da cidade de Betel, e ao oriente do ca-
minho, que vai de Betel a Siquém, e ao meio-
dia da cidade de Lebona. 20 E ordenaram aos
filhos de Benjamim e disseram: Ide, e escon-
dei-vos nas vinhas. 21 E quando virdes que
as moças de Silo saem, segundo o costume, a
formar as suas danças, saí de repente das vi-
nhas, e cada um roube a sua para mulher, e
parti para a terra de Benjamim. 22 E quando
vierem seus pais, e irmãos, e começarem a
queixar-se, e a gritar contra vós, nós lhes dire-
mos: Tende compaixão deles: pois não as rou-
baram por direito de guerra, nem como ven-
cedores, mas suplicando-vos que lhas désseis,
vós lhas negastes, e assim a culpa veio da vossa
parte.

23 E os filhos de Benjamim fizeram como se
lhes havia mandado: e roubaram para suas
mulheres das donzelas que dançavam tantas,
quantos eles eram: e retiraram-se para suas
casas, edificando suas cidades, e habitando
nelas. 24 Os filhos de Israel voltaram para as
suas tendas pelas suas tribos e famílias.

25 Naquele tempo não havia rei em Israel:
mas cada um fazia o que lhe parecia justo.

RUTE

Rute e Noemi

1 No tempo de um juiz, quando os juízes
governavam, houve uma fome na terra. E
um homem de Belém de Judá saiu a peregri-
nar no país de Moab com sua mulher e dois
filhos. 2 Chamava-se ele Elimelec, e sua mu-
lher Noemi: e os dois filhos, um se chamava
Maalon, e outro Quelion, eram de Efrata de
Belém de Judá. E tendo entrado no país dos
moabitas, moraram ali. 3 E morreu Elimelec
marido de Noemi: ela ficou com os filhos. 4 Os
quais casaram com mulheres de Moab, uma
chamava-se Orfa, e a outra Rute. E assistiram
ali dez anos, 5 e morreram ambos, a saber,
Maalon e Quelion: e ficou sem os dois filhos
e sem marido. 6 E resolveu-se a tornar para a
sua pátria com as suas duas noras moabitas:
porque tinha ouvido que o Senhor tinha olha-
do para o povo, e lhe havia dado de que se
sustentar.
7 Saiu pois do lugar da sua peregrinação
com as suas duas noras: e indo já no caminho
de volta para a terra de Judá, 8 disse para elas:
Ide para casa de vossa mãe, o Senhor use
convosco de misericórdia, bem como vós usas-
tes com os que morreram e comigo. 9 E ele vos
faça achar descanso em poder dos maridos,
com quem tiverdes a sorte de casar. Depois
beijou-as. E elas em alta voz começaram a
chorar. 10 e a dizer: Nós havemos de ir contigo
para o teu povo. 11 Ela lhes respondeu: Vol-
tai, minhas filhas, por que quereis vós ir co-
migo? Porventura tenho eu ainda alguns filhos
no meu ventre, para que possais esperar de
mim maridos? 12 Voltai, minhas filhas, e ide-
vos: porque já estou acabada de velhice, e
incapaz de tornar a casar. Ainda quando eu
pudesse conceber esta mesma noite, e parir fi-
lhos, 13 se vós quisésseis esperar até que cres-
cessem, e chegassem aos anos de puberdade,
primeiro vos faríeis velhas, do que casásseis.
Não, minhas filhas, não queirais tal porque a
vossa aflição acrescenta a minha, e a mão do
Senhor descarregou sobre mim. 14 Elas, levan-
tando a voz, começaram de novo a chorar:
Orfa beijou a sua sogra, e foi-se; porém Rute
acompanhou a sua sogra.
15 E Noemi lhe disse: Eis se foi tua cunhada
para o seu povo, e para os seus deuses, vai tu
com ela. 16 A qual lhe respondeu: Não te po-
nhas contra mim obrigando-me a deixar-te e a
ir-me: porque para onde quer que tu fores,
irei eu: e onde quer que tu ficares, ficarei eu
também. O teu povo será o meu povo, e o teu
Deus o meu Deus. 17 A terra em que tu morre-
res, nessa morrerei: e ali terei o meu sepulcro.
Isto me faça o Senhor, e ainda mais, se outra
coisa que a morte me separar de ti.

Regresso para Belém

18 Vendo pois Noemi, que Rute tão obstina-
damente insistia em querer ir com ela, não a
quis mais contradizer, nem persuadir-lhe que
voltasse para os seus: 19 e partiram juntas, e
chegaram a Belém. Na qual cidade tanto que
entraram, logo por todos correu esta notícia:
e as mulheres diziam: esta é aquela Noemi.
20 Às quais ela respondeu: Não me chameis
Noemi, (isto é, formosa) mas chamai-me Mara,
(isto é, amargosa) porque o Todo-poderoso me
encheu de extrema amargura. 21 Eu saí daqui
cheia, e o Senhor me fez voltar vazia. Por que
me chamais logo Noemi, a quem o Senhor
humilhou, e o Todo-poderoso afligiu? 22 Veio
pois Noemi com Rute Moabita, sua nora, da
terra da sua peregrinação: e voltou para Be-
lém, quando se começavam a segar as cevadas.

O encontro de Rute com Booz

2 Ora havia um homem poderoso, e muito
rico, chamado Booz, que era consangüíneo
de Elimelec. 2 E Rute moabita disse a sua
sogra: Se o mandas, irei ao campo apanhar
as espigas que tiverem escapado das mãos dos
segadores, onde quer que eu ache algum pai
de famílias, que se mostre clemente para co-
migo. E ela lhe respondeu: Vai, minha filha.
3 Foi Rute pois, e apanhava as espigas por
detrás dos segadores. Aconteceu porém que
aquele campo tinha por dono a um homem
chamado Booz, que era da família de Elimelec.
4 Eis que chegou ele de Belém, e disse aos

segadores: O Senhor seja convosco. Eles lhe responderam: O Senhor te abençoe. 5 E disse Booz para o mancebo, que tomava sentido nos segadores: De quem é esta moça? 6 Ele lhe respondeu: Esta é a moabita, que veio com Noemi, do país de Moab, 7 e pediu-me que a deixasse apanhar as espigas, que ficassem atrás dos segadores: e ainda no campo desde a manhã até agora, sem ter voltado a casa nem por um momento.

8 E disse Booz a Rute: Ouve, filha, não vás a outro campo a respigar, não te apartes deste lugar: mas ajunta-te com as minhas moças. 9 E segue-as por onde tiverem segado. Porque eu ordenei aos meus criados, que nenhum te moleste: e ainda quando tiveres sede, vai aos barris, e bebe da água de que também bebem os meus criados. 10 Ela, prostrando o seu rosto em terra, e fazendo-lhe uma profunda reverência, lhe disse: De onde me vem a dita de ter achado graça diante de ti, e de que te dignasses de fazer caso de mim, que sou uma mulher estrangeira? 11 Ao que Booz respondeu: Tem-se-me contado tudo o que tens feito a respeito de tua sogra, depois da morte de teu marido: e como deixaste a teus parentes e a terra onde nasceste, e vieste para um povo, que antes não conhecias. 12 O Senhor te dê o galardão do bem que fizeste, e recebas uma plena recompensa do Senhor Deus de Israel, para quem vieste, e debaixo de cujas asas te acolheste. 13 Ela respondeu: Tenho achado graça diante de teus olhos, meu Senhor, que me consolaste, e falaste ao coração da tua escrava, que não me assemelho a uma das tuas moças. 14 E Booz lhe disse: Quando chegar a hora de comer, vem aqui, e come o pão, e molha o teu bocado no vinagre. Ela pois se assentou ao lado dos segadores, e preparou para si umas papas de farinha torrada, e comeu e ficou satisfeita, e levantou os sobejos. 15 E depois levantou-se dali para continuar a colher as espigas segundo o costume. Booz porém deu esta ordem aos seus moços, dizendo: Ainda que ela queira segar convosco, não lho embaraceis: 16 e de propósito deixai cair algumas espigas das vossas gavelas, e que fiquem ali, para que ela as apanhe sem rubor, e nenhum a repreenda quando as apanhar.

17 Esteve pois Rute apanhando no campo até à tarde: e tendo batido e sacudido com uma vara as espigas que havia colhido, achou quase a medida de um efi de cevada, isto é, três alqueires. 18 E carregando com eles voltou para a cidade, e os mostrou a sua sogra: e além disso tirou para fora, e lhe deu dos sobejos da comida, de que ela se tinha fartado. 19 E sua sogra lhe pergunta: Onde respigaste tu hoje, e onde trabalhaste? Abençoado seja quem se compadeceu de ti. E ela lhe disse onde tinha trabalhado: e que o dono se chamava Booz. 20 Ao que Noemi respondeu: Abençoado seja ele do Senhor: porque a mesma boa vontade que mostrara aos vivos, a mostrou também aos mortos. E ajuntou: Esse homem é nosso parente chegado. 21 E Rute disse: Ele me deu também ordem, que me ajuntasse aos seus segadores, até que se acabasse toda a ceifa. 22 A sogra lhe respondeu: Melhor é, minha filha, que vás segar entre as moças desse homem, não suceda que noutro campo te moleste alguém. 23 Ela pois se incorporou com as moças de Booz: e continuou a andar segando com elas, até que as cevadas e os trigos se recolheram nos celeiros.

Apresenta-se Rute novamente

3 Tendo Rute voltado para sua sogra, esta lhe disse: Minha filha, eu ando cuidando em te pôr em descanso, e o farei de modo que fiques bem. 2 Este Booz, com cujas moças tu andaste unida no campo, é nosso parente chegado, e esta noite há de alimpar a sua cevada na eira. 3 Lava-te pois, e unge-te e toma os teus melhores vestidos, e vai à sua eira. Não te veja este homem, menos que não tenha acabado de comer e beber. 4 E quando se for deitar, nota bem o lugar em que dorme: e irás, e levantar-lhe-ás a capa com que se cobre da parte dos pés, e ali te deitarás, e te deixarás estar: e ele te dirá o que deves fazer. 5 Ela lhe respondeu: Farei tudo o que ordenas. 6 E partiu para a eira, e fez tudo o que sua sogra lhe tinha mandado.

7 E quando Booz, depois de ter comido, estava mais alegre, e se foi deitar a dormir ao pé duma meda, veio ela muito de mansinho, e tendo-lhe levantado a capa pelos pés, deitou-se ali. 8 E eis que pela meia-noite espertou o homem espavorido, e turbado: e viu uma mulher deitada aos pés, 9 e lhe disse: Quem és tu? Ela lhe respondeu: Sou Rute tua escrava. Estende a tua capa sobre a tua serva, porque és parente chegado. 10 E ele disse: Filha, bendita sejas do Senhor, que excedeste a tua primeira bondade com esta de agora: pois que não buscaste mancebos pobres, ou ricos. 11 Não temas pois que eu te farei tudo que me disseres: porque todo o povo, que mora das portas para dentro da minha cidade, sabe que és uma mulher de virtude. 12 Nem eu nego que sou teu parente, mas há outro mais próximo. 13 Descansa esta noite: e quando for manhã, se ele te quiser receber pelo direito de parentesco, muito embora: mas se o não quiser, viva o Senhor, que eu indubitavelmente te hei de receber. Dorme até pela manhã. 14 Dormiu ela

pois a seus pés, até que se passou a noite. E levantou-se antes que os homens se pudessem entreconhecer, e Booz lhe disse: Vê, não saiba ninguém que vieste aqui. 15 E ajuntou: Estende a capa com que te cobres, segura-a bem com ambas as mãos. Tendo-a Rute estendido, e segurando-a, ele lhe mediu seis alqueires de cevada, e lhos pôs em cima. Ela carregada com eles entrou na cidade.

16 E voltou para sua sogra. Esta lhe disse: Que fizeste, filha? E ela lhe contou tudo o que o homem lhe fizera. 17 E acrescentou: Eis-aqui seis alqueires de cevada que ele me deu, dizendo: Não quero que tornes vazia para tua sogra. 18 E Noemi lhe disse: Espera, filha, até vermos em que pára este negócio: porque Booz não há de descansar, enquanto não cumpir o que disse.

Booz casa-se com Rute

4 Foi pois Booz pôr-se à porta, e assentou-se ali. E vendo passar o parente, de que antes falamos, chamando-o pelo seu nome, lhe disse: Vem cá por um pouco, e assenta-te aqui. Veio ele, e assentou-se. 2 Então Booz tomando de parte a dez homens dos anciãos da cidade, lhes disse: Assentai-vos aqui. 3 Assentados eles, falou Booz ao seu parente: Noemi, que voltou do país de Moab, está para vender uma parte do campo de Elimelec nosso irmão: 4 o que eu quis que tu saibas, e dizer-to diante de todos os que estão aqui assentados, e dos anciãos do meu povo. Se o queres possuir pelo direito do parentesco, compra-o, e fica-te com ele: e se te desagrada, dize-mo, para que eu saiba o que devo fazer: porque não há outro parente senão tu, que és o primeiro, e eu que sou o segundo. E ele respondeu: Eu comprarei o campo.

5 Booz lhe disse: Logo que compres o campo de Noemi, é também necessário que cases com Rute moabita, que foi mulher do defunto: para que ressuscites o nome do teu parente na sua herança. 6 Ele respondeu: Eu cedo do direito de parentesco: porque não devo extinguir a posteridade da minha família. Usa tu do meu privilégio, do qual eu declaro que me desfaço de boamente. 7 Este pois era um costume antigo em Israel entre os parentes, que quando um cedia o seu direito a outro, para a cessão ser válida, o que cedia tirava o seu sapato, e o dava a seu parente. Este era o testemunho de cessão em Israel. 8 Disse pois Booz a seu parente: Tira o teu sapato. E ele o tirou logo do seu pé. 9 E Booz disse aos anciãos, e a todo o povo: Vós sois hoje testemunhas, de que entro a possuir tudo o que era de Elimelec, e Quelion, e Maalon, entregando-mo Noemi: 10 e de que recebo por mulher a Rute moabita, casada que foi com Maalon, para eu fazer reviver o nome do defunto na sua herança, para o seu nome se não extinguir na sua família e irmãos, e no seu povo. Vós, torno a dizer, sois testemunhas desta coisa. 11 Respondeu todo o povo que estava à porta, e os anciãos: Nós somos testemunhas: o Senhor faça a esta mulher, que entra na tua casa, assim como a Raquel, e a Lia, que fundaram a casa de Israel: para que seja exemplo de virtude em Efrata, e tenha um nome célebre em Belém: 12 e a tua casa seja, como a casa de Farés, que Tamar pariu a Judá, pela posteridade que o Senhor te dê desta mulher moça.

13 Tomou pois Booz a Rute, e casou com ela: e tendo-a conhecido, fez-lhe o Senhor a graça de que concebesse, e parisse um filho. 14 E disseram as mulheres a Noemi: Bendito seja o Senhor, que não permitiu que faltasse sucessor a tua família, e que o seu nome se conservasse em Israel. 15 E que tenhas quem console a tua alma e te sustente na velhice: porque nasceu um menino da tua nora, que te ama: e é para ti muito melhor, do que se tiveras sete filhos. 16 E Noemi tomando o menino o pôs no seu regaço, e fazia as vezes de ama, levando-o nos braços. 17 E as mulheres suas vizinhas lhe davam os parabéns, e diziam: Nasceu um filho a Noemi. E chamaram ao menino Obed. Este é pai de Isai, que foi pai de Davi.

Genealogia de Davi

18 Estas são as gerações de Farés: Farés gerou a Esron. 19 Esron gerou a Aram, Aram gerou a Aminadab, 20 Aminadab gerou a Naasson, Naasson gerou a Salmon, 21 Salmon gerou a Booz, Booz gerou a Obed, 22 Obed gerou a Isai, Isai gerou Davi.

PRIMEIRO LIVRO DE

SAMUEL

I. HELI E SAMUEL

Os pais de Samuel

1 Houve um homem efrateu de Ramataim Sofim do monte de Efraim, cujo nome era Elcana, filho de Jeroboão, filho de Eliu, filho de Tou, filho de Suf. 2 E teve duas mulheres, uma por nome Ana, e outra por nome Fenena. E Fenena tinha filhos: Ana porém, não os tinha. 3 E este homem nos dias determinados subia da sua cidade a Silo a adorar, e a oferecer sacrifícios ao Senhor dos exércitos. E assistiam ali dois filhos de Heli, Ofni e Finéias, sacerdotes do Senhor.

4 Veio pois um dia, e Elcana ofereceu o seu sacrifício, e deu a Fenena sua mulher, e a todos seus filhos e filhas seus quinhões. 5 A Ana porém com tristeza deu só um quinhão, porque amava a Ana. Mas o Senhor a tinha feito estéril. 6 Afligia-a também sua rival, e a atormentava excessivamente, ao ponto de lhe lançar em rosto, que o Senhor a tinha feito estéril.

7 E assim o fazia todos os anos, quando chegava o tempo de irem ao templo do Senhor: e deste modo a insultava: mas Ana se punha a chorar, e não comia. 8 Disse-lhe pois Elcana, seu marido: Ana, por que choras? e por que não comes? e por que se aflige o teu coração? acaso não sou eu melhor para ti, do que dez filhos?

9 Ana porém se levantou depois de ter comido e bebido em Silo. E estando o pontífice Heli assentado na sua cadeira à porta do templo do Senhor, 10 Ana, com o coração cheio de amargura, orou ao Senhor derramando copiosas lágrimas, 11 e fez um voto, dizendo: Senhor dos exércitos, se tu te dignares de olhar para a aflição da tua serva, e se te lembrares de mim, se te não esqueceres da tua serva, e se deres à tua escrava um filho varão: eu to oferecerei por todos os dias da sua vida, e não passará navalha pela sua cabeça.

12 Aconteceu pois que repetindo ela as preces na presença do Senhor que observasse Heli o movimento dos seus beiços. 13 Ana porém falava no seu coração, e só se moviam os seus beiços, e não se lhe percebia palavra alguma. Julgou pois Heli que ela estava bêbada, 14 e disse-lhe: Até quando estarás tu bêbada? Coze um pouco o vinho, de que estás bêbada. 15 Ana respondendo, disse: Não é assim, meu Senhor, porque eu sou uma mulher por extremo desgraçada, e não bebi vinho, nem outra alguma coisa que possa embebedar, mas dilatei a minha alma na presença do Senhor. 16 Não reputes a tua escrava como uma das filhas de Belial: e porque pelo excesso da minha dor, e da minha aflição, é que falei até agora. 17 Então lhe disse Heli: Vai em paz: e o Deus de Israel te conceda a súplica, que lhe fizeste. 18 E ela lhe respondeu: Praza a Deus que a tua escrava ache graça aos teus olhos. E a mulher se foi seu caminho, e comeu, e o seu semblante não se lhe mudou mais. 19 E levantaram-se de manhã, e adoraram ao Senhor e voltaram, e chegaram a sua casa em Ramata.

Nascimento e consagração de Samuel

E Elcana conheceu a sua mulher Ana: e o Senhor se lembrou dela. 20 E sucedeu que passado o círculo dos dias, concebeu Ana, e pariu um filho, a quem pôs o nome de Samuel porque o tinha pedido ao Senhor.

21 Subiu pois Elcana, seu marido, e toda a sua família a imolar ao Senhor a hóstia solene, e a cumprir seu voto, 22 e Ana não foi: porque disse a seu marido: Eu não irei, menos que o menino não seja desmamado, para o levar a fim de aparecer na presença do Senhor, e para ficar para sempre. 23 E Elcana, seu marido, lhe disse: Faze o que bem parecer, e fica até o desmamares: e eu rogo ao Senhor,

que cumpra a sua palavra. Ficou pois Ana e deu leite a seu filho, até que o desmamou.

24 E depois de o ter desmamado, o levou consigo, e três novilhos, e três alqueires de farinha, e um cântaro de vinho, e o trouxe a Silo à casa do Senhor. O menino porém era ainda muito criança. 25 E sacrificaram um novilho e apresentaram o menino a Heli. 26 E Ana disse: Rogo-te, senhor meu, por tua vida, senhor: eu sou aquela mulher, que estive aqui em tua presença orando ao Senhor. 27 Eu lhe pedi que me desse este menino, e o Senhor me concedeu a petição, que eu lhe fiz. 28 Portanto eu o entrego também ao Senhor por toda a vida que o Senhor for servido conceder-lhe. E adoraram ali ao Senhor. E Ana orou, e disse:

Cântico de Ana

2 O meu coração exultou no Senhor, e a minha força foi exaltada no meu Deus: a minha boca se dilatou para responder a meus inimigos; porque me alegrei na salvação que vem de ti.

2 Não há santo, como é o Senhor: porque não há outro fora de ti, e nenhum há tão forte como o nosso Deus.

3 Não queirais falar tanto, vangloriando-vos de coisas altas: não saia mais da vossa boca a antiga linguagem: porque Deus que tudo sabe, é o Senhor, e para Ele se preparam os pensamentos.

4 O arco dos fortes se quebrou, e os fracos foram armados de força.

5 Os que antes estavam abundantes de bens, assalariaram-se para terem pão: e os famintos se fartaram, até que a estéril teve muitos filhos: e a que tinha muitos, se impossibilitou de os ter.

6 O Senhor é o que tira a vida e a dá, leva à sepultura e tira dela.

7 O Senhor é o que empobrece e enriquece: Ele abate e eleva.

8 Levanta do pó ao necessitado, e do esterco eleva o pobre: para o fazer assentar entre os príncipes, e para lhe dar um trono de glória. Do Senhor pois são os pólos da terra e sobre eles pôs o mundo.

9 Ele guardará os pés dos seus santos, e os ímpios ficarão mudos nas trevas: porque o homem não será forte na sua robustez.

10 Do Senhor tremerão seus inimigos: e Ele trovejará sobre eles dos céus: o Senhor julgará as extremidades da terra, e dará o império ao seu rei, e sublimará a glória do seu Cristo.

11 E retirou-se Elcana para sua casa a Ramata: e o menino ministrava na presença do Senhor diante do pontífice Heli.

Maldade dos filhos de Heli

12 Mas os filhos de Heli eram uns filhos de Belial, que não conheciam ao Senhor, 13 nem as obrigações de sacerdotes a respeito do povo: porque quando algum imolava a vítima, vinha o moço do sacerdote, quando se cozia a carne, e tinha na sua mão um garfo de três pontas, 14 e metia-o no caldeirão, ou na caldeira ou na panela, ou na marmita: e tudo o que podia trazer acima com o garfo, tomava-o o sacerdote para si. Assim faziam a todos os de Israel que vinham a Silo. 15 Assim mesmo antes que queimassem a gordura da hóstia, vinha o moço do sacerdote, e dizia ao que imolava: Dá-me essa carne para a cozer para o sacerdote: porque eu não receberei de ti carne cozida, mas quero-a crua. 16 E dizia-lhe o imolante: Queime-se hoje primeiro a gordura como é costume, e toma para ti quanto quiseres. Mas ele lhe replicava: Não: hás-de dar-ma agora, senão tirar-ta-ei por força. 17 Era pois grande o pecado destes moços diante do Senhor: porque retraíam os homens do sacrifício do Senhor.

Samuel no templo

18 Entretanto o menino Samuel ministrava diante do Senhor, vestido de um efod de linho. 19 E sua mãe lhe fazia uma pequena túnica, que lhe levava nos dias determinados, quando vinha com seu marido oferecer o sacrifício solene. 20 E Heli abençoou a Elcana, e a sua mulher e disse-lhe: O Senhor te dê sucessão desta mulher, em recompensa da prenda que depositaste na mão do Senhor. E eles voltaram para sua casa. 21 Visitou pois o Senhor a Ana, e ela concebeu e pariu três filhos, e duas filhas: e o menino Samuel foi engrandecido diante do Senhor.

Advertência de Heli a seus filhos

22 Heli porém era muito velho, e soube o modo com que seus filhos se portavam com todos os de Israel; e que também dormiam com as mulheres, que vinham estar de vigia à entrada do tabernáculo: 23 e disse-lhes: Por que fazeis estas coisas, que chegam aos meus ouvidos, estes crimes detestáveis, de que todo o povo murmura? 24 Não obreis assim, meus filhos: porque não é boa fama, que eu ouço de que fazeis prevaricar o povo do Senhor. 25 Se um homem pecar contra outro, pode Deus perdoar-lhe: mas se pecar contra o Senhor, quem orará por ele? E eles não ouviram a voz de seu pai, porque o Senhor os queria matar. 26 Ora o menino Samuel aproveitava e crescia,

e era agradável tanto ao Senhor, como aos homens.

A sentença contra a casa de Heli

27 E um homem de Deus veio ter com Heli, e lhe disse: Eis-aqui o que diz o Senhor: Porventura não me dei eu a conhecer visivelmente à casa de teu pai, quando eles estavam no Egito na casa de Faraó? 28 E eu o escolhi entre todas as tribos de Israel para ser meu sacerdote, para subir ao meu altar, e para me oferecer incensos, e para trazer o efod diante de mim: e de todos os sacrifícios dos filhos de Israel dei parte a casa de teu pai. 29 Por que pisastes vós aos pés as minhas vítimas, e os meus donativos, que eu mandei que se me oferecessem no templo: e por que honraste tu mais a teus filhos do que a mim, para comerdes as primícias de todos os sacrifícios do meu povo de Israel? 30 Portanto diz o Senhor Deus de Israel: Falando eu falei que a tua casa, e a casa de teu pai serviria para sempre diante da minha face. Mas agora diz o Senhor: Longe de mim tal coisa: porque eu glorificarei a quem me glorificar: e os que me desprezam, serão desprezados. 31 Eis-aqui são chegados os dias, em que eu cortarei o teu braço, e o braço da casa de teu pai, para que não haja ancião algum em tua casa. 32 E no meio de todas as prosperidades de Israel, verás o teu êmulo no templo: e não haverá ancião algum em tua casa. 33 Sem embargo disto eu não tirarei de todo do meu altar homem da tua linhagem: mas será para que os teus olhos se escureçam, e a tua alma se mirre: e uma grande parte da tua casa morrerá, quando chegar à idade varonil. 34 Este será para ti o sinal, que acontecerá aos teus dois filhos, Ofni e Finéias: Ambos morrerão no mesmo dia. 35 E eu suscitarei para mim um sacerdote fiel, que obrará segundo o meu coração e a minha alma: e lhe estabelecerei uma casa fiel, e ele andará sempre diante do meu Cristo. 36 Então acontecerá, que todo o que restar da tua casa, virá para que se rogue por ele, e oferecerá um real de prata, e uma torta de pão, e dirá: Rogo-te que me admitas a alguma porção sacerdotal, para ter um bocado de pão que coma.

Vocação de Samuel

3 O menino Samuel porém ministrava ao Senhor junto a Heli, e a palavra do Senhor era preciosa naqueles dias, e não havia visão manifesta. 2 Aconteceu pois em certo dia, que Heli estava deitado no seu lugar, e os seus olhos se tinham escurecido, e não podia ver: 3 antes que se apagasse a lâmpada de Deus, dormia Samuel no templo do Senhor, onde estava a arca de Deus. 4 E chamou o Senhor a Samuel. O qual respondendo, disse: Eis-me aqui. 5 E foi correndo a Heli, e lhe disse: Eis-me aqui: pois tu me chamaste. Ele lhe respondeu: Eu não te chamei, volta, e dorme. E ele se retirou, e dormiu. 6 E prosseguiu o Senhor chamando outra vez a Samuel. E Samuel levantando-se, foi a Heli, e disse: Eis-me aqui: pois me chamaste. Heli lhe tornou a dizer: Não te chamei, meu filho: Volta e dorme. 7 Mas Samuel ainda não conhecia o Senhor, porque lhe não tinha sido revelada a palavra do Senhor. 8 E tornou ainda o Senhor a chamar a Samuel pela terceira vez. O qual levantando-se foi a Heli, 9 e disse: Eis-me aqui, pois tu me chamaste. Conheceu então Heli que o Senhor chamava o menino: e disse a Samuel: Vai-te e dorme. E se te chamarem outra vez, responderás: Fala, Senhor, porque o teu servo ouve. Tornou pois Samuel para o seu lugar, e dormiu. 10 E veio o Senhor, e parou: e chamou como tinha feito das outras vezes: Samuel, Samuel. E respondeu-lhe Samuel: Fala, Senhor, porque o teu servo ouve. 11 E o Senhor disse a Samuel: Eis-aqui vou eu a fazer uma coisa em Israel: a qual todo o que a ouvir, ficar-lhe-ão tinindo ambos os ouvidos. 12 Naquele dia suscitarei eu contra Heli todas as coisas que tenho dito sobre a sua casa: começarei, e o cumprirei. 13 Porque eu lhe predisse que exercitaria o meu juízo contra a sua casa para sempre, por causa da iniqüidade, porque sabia que seus filhos procediam indignamente, e não os repreendeu. 14 Por isso jurei à casa de Heli que a iniqüidade de sua casa nunca jamais se expiaria nem com vítimas nem com donativos.

15 Samuel porém dormiu até pela manhã, e foi abrir as portas da casa do Senhor. E Samuel temia dizer a Heli a visão. 16 Chamou pois Heli a Samuel, e disse-lhe: Samuel, meu filho! O qual, respondendo, disse: Aqui estou. 17 E Heli lhe perguntou: Que é o que o Senhor te disse? Não mo encubras, te peço: o Senhor te trate com toda a sua severidade, se tu me encobrires algumas das coisas, que te foram ditas. 18 Samuel pois lhe descobriu todas as palavras, e não lhas ocultou. E Heli respondeu: Ele é o Senhor: faça-se o que for agradável aos seus olhos.

19 Samuel porém crescia, e o Senhor era com ele, e nenhuma das suas palavras caiu no chão. 20 E todo o Israel desde Dan até Bersabée conheceu que Samuel era fiel profeta do Senhor. 21 E o Senhor continuou a aparecer em Silo, porque em Silo é que o Senhor se descobrira a Samuel, segundo a palavra do Senhor. E cumpriu-se a palavra de Samuel dita a todo o Israel.

Vitória dos filisteus

4 E aconteceu naqueles dias, que os filisteus
se reuniram para sair à campanha: e saiu
Israel ao encontro para pelejar com os filisteus,
e acampou-se junto à Pedra do Socorro. Os
filisteus porém vieram a Afec, 2 e se dispuse-
ram para pelejar contra Israel. Travada porém
a batalha, deu Israel costas aos filisteus, e mor-
reram naquele combate dispersos pelos cam-
pos perto de quatro mil homens.
3 E depois que o povo tornou para o arraial,
disseram os anciãos de Israel: Por que nos
destroçou o Senhor hoje diante dos filisteus?
Tragamos para nós de Silo a arca do concerto
do Senhor, e venha para o meio de nós para
que nos salve da mão de nossos inimigos. 4 En-
viou pois o povo a Silo, e trouxeram de lá a
arca do concerto do Senhor dos exércitos,
assentado sobre os querubins: e os dois filhos
de Heli, Ofni e Finéias, estavam com a arca
do concerto do Senhor.
5 E tanto que a arca do concerto do Senhor
veio para o campo, rompeu todo o Israel numa
grande vozeria, e ressonou a terra. 6 E os filis-
teus ouviram a voz do clamor, e disseram:
Que gritaria é esta tão grande no campo dos
hebreus? E souberam que a arca do Senhor
tinha vindo para o campo. 7 E os filisteus te-
meram, dizendo: Chegou Deus ao campo. E
gemeram, dizendo: 8 Ai de nós! porque os
hebreus não estavam com esta alegria nem
ontem, nem anteontem: Ai de nós! Quem nos
salvará da mão destes Deuses excelsos? Estes
Deuses são os que feriram o Egito com toda
a sorte de pragas no deserto. 9 Mas ânimo,
ó filisteus, e portai-vos varonilmente. Não ve-
nhais a ser escravos dos hebreus assim como
eles também o foram vossos: Alentai-vos, e
pelejai. 10 Pelejaram pois os filisteus, e foi
derrotado Israel, e fugiu cada um para a sua
tenda: e foi sobremaneira grande o destroço:
e ficaram mortos de Israel trinta mil homens
de pé. 11 E a arca de Deus foi tomada: e os
dois filhos de Heli, Ofni e Finéias, foram
mortos.

Morte de Heli

12 No mesmo dia um homem da tribo de
Benjamim escapando da batalha, veio corren-
do a Silo, rasgados os vestidos, e coberta a
cabeça de pó. 13 Ao chegar ele, estava Heli
assentado numa cadeira, olhando para a es-
trada. Porque estava o seu coração tremendo
de medo pela arca de Deus. Depois que este
homem entrou espalhou a notícia pela cidade:
e toda a cidade se pôs em lamentáveis brados.
14 E Heli ouviu o ruído dos clamores, e disse:
Que ruído de tumulto é este? E o homem che-
gou a grã pressa, e veio, e deu a notícia a Heli.
15 Tinha pois Heli noventa e oito anos, e os
seus olhos tinham cegado, e não podia ver.
16 E disse a Heli: Eu sou o que venho da ba-
talha, e o que escapei hoje do combate. Heli
lhe disse: Que sucedeu, meu filho? 17 E o
que trazia a nova, respondendo, disse: Israel
fugiu à vista dos filisteus, e houve grande mor-
tandade no povo: além disto também os teus
dois filhos, Ofni e Finéias, foram mortos e a
arca de Deus ficou cativa. 18 E logo que ele
nomeou a arca de Deus, caiu Heli da cadeira
para trás ao pé da porta, e quebrando a cabeça
expirou. Ele era homem velho e muito avan-
çado em anos: e tinha julgado a Israel qua-
renta anos. 19 Mas sua nora, mulher de Finéias,
estava prenhe, e próxima ao parto: e ouvida
a nova de que a arca de Deus ficara cativa, e
que seu sogro, e seu marido eram mortos,
encurvou-se e pariu: porque de repente foi
acometida das dores. 20 E quando ela estava
para expirar, disseram-lhe as que estavam de
roda ao pé dela: Não temas, pois pariste um
filho. Ela não respondeu nada, nem mesmo
deu atenção a isto. 21 E chamou Icabod ao
menino, dizendo: Foi-se a glória de Israel.
Porque foi cativa a arca de Deus, e pela morte
de seu sogro, e de seu marido: 22 e disse:
Foi-se a glória de Israel, porque foi cativa a
arca de Deus.

A Arca de Deus entre os filisteus

5 Os filisteus pois tomaram a arca de Deus,
e a levaram desde a Pedra do Socorro até
Azoto. 2 E tomaram os filisteus a arca de Deus,
e a meteram no templo de Dagon, e a coloca-
ram junto a Dagon. 3 E ao outro dia tendo-se
levantado ao amanhecer os de Azoto, eis que
acharam a Dagon caído com o rosto em terra
diante da arca do Senhor: e levantaram a
Dagon, e o restituíram ao seu lugar. 4 E no
dia seguinte tendo-se também levantado de
manhã, acharam a Dagon caído de bruços em
terra diante da arca do Senhor: mas a cabeça
de Dagon, e as duas mãos estavam cortadas
sobre o limiar da porta: 5 e só o tronco de
Dagon tinha ficado no seu lugar. Pela qual
razão até o dia de hoje os sacerdotes de Dagon,
e todos os que entram no seu templo, não pi-
sam o limiar da porta de Dagon em Azoto.
6 A mão porém do Senhor descarregou pe-
sadamente sobre os de Azoto, e os reduziu à
última miséria: e feriu tanto os da cidade,
como os do seu termo, com um mal na parte
mais oculta do seu corpo. E ferveram as aldeias
e os campos no meio daquela região em ratos
que apareceram, e a cidade se viu consternada
pela grande mortandade.

7 Os de Azoto porém vendo esta praga, disseram: Não fique conosco a arca do Deus de Israel, porque a sua mão descarrega duramente sobre nós, e sobre Dagon nosso deus. 8 E mandando convocar a todos os príncipes dos filisteus, disseram: Que faremos nós da arca do Deus de Israel? E os de Get lhes responderam: Leve-se a arca do Deus de Israel de cidade em cidade. E assim levaram a arca do Deus de Israel. 9 E levando-a eles assim, a mão do Senhor fazia grande mortandade em cada cidade, desde o menor até o maior, e saindo-lhes os intestinos para fora apodreciam. E os de Get tomaram conselho, e fizeram para seu uso assentos de peles.

10 Mandaram pois a arca de Deus a Acaron. E chegando a arca de Deus a Acaron, clamaram os acaronitas, dizendo: Trouxeram-nos a arca do Deus de Israel, para ela nos matar a nós e ao nosso povo. 11 Enviaram pois a ajuntar todos os príncipes dos filisteus, os quais disseram: recambiai a arca do Deus de Israel, e torne para o seu lugar, e não nos mate a nós e ao nosso povo. 12 Porque cada cidade estava cheia de medo de morrer, e a mão de Deus se fazia sentir nelas horrendamente; aqueles também que não morriam, eram feridos na parte mais oculta dentre as nédegas: e os alaridos de cada cidade subiam até ao céu.

Devolução da Arca

6 Esteve pois a arca do Senhor na terra dos filisteus sete meses. 2 E os filisteus chamaram os sacerdotes, e os adivinhos, e lhes disseram: Que faremos da arca do Senhor? Dizei-nos como a havemos de remeter ao seu lugar. Eles responderam: 3 Se vós remeteis a arca do Deus de Israel, não a remetais vazia, mas dai-lhe o que deveis pelo pecado, e então sereis curados e sabereis por que a sua mão se não tira de cima de vós. 4 Eles disseram: Que é o que nós lhe devemos dar pelo delito? E eles responderam: 5 Fareis cinco ânus de ouro, e cinco ratos de ouro, segundo o número das províncias dos filisteus: porque todos vós, e os vossos príncipes fostes feridos duma mesma praga. Fareis pois as figuras dos vossos ânus, e imagens dos ratos, que devastaram a terra, e dareis glória ao Deus de Israel: para ver se tira a sua mão de cima de vós, e dos vossos deuses e da vossa terra. 6 Por que endureceis os vossos corações, como o Egito, e Faraó endureceu o seu coração? Porventura não foi depois de ser castigado, que ele os deixou ir, e eles se foram? 7 Agora pois tomai e fazei um carro novo, e metei-lhe duas vacas paridas, às quais se não tenha posto o jugo, e encerrai os seus bezerros no curral. 8 E tomareis a arca do Senhor, e a poreis no carro, e poreis ao seu lado numa boceta as figuras de ouro que lhe pagastes pelo pecado e deixai-a ir. 9 E reparareis: e se ela for pelo caminho dos seus limites para a banda de Betsames, o Deus de Israel foi quem nos fez este grande mal; se ela porém não for para lá, conheceremos que não foi a sua mão a que nos feriu, mas que sucedeu por acaso.

10 Eles pois assim o fizeram: e tomando duas vacas, que davam leite aos seus bezerros, as ataram ao carro, e depois encerraram no curral os seus bezerros. 11 E puseram a arca do Senhor sobre o carro, e a boceta, que continha os ratos de ouro e as figuras dos ânus. 12 As vacas pois iam diretamente, pela estrada que vai a Betsames e seguiam o mesmo caminho sem parar e bramando: e não declinavam nem para a direita, nem para a esquerda: e os príncipes dos filisteus também foram seguindo até os termos de Betsames.

13 Mas os betsamitas segavam trigo num vale: e levantando os seus olhos, viram a arca, e se alegraram quando a viram. 14 E o carro chegou ao campo de Josué betsamita, e parou ali. Havia no mesmo lugar uma grande pedra, e os betsamitas fizeram em achas a madeira do carro, e puseram as vacas em cima delas em holocausto ao Senhor. 15 E os levitas desceram a arca do Senhor, e a boceta, que estava ao seu lado, onde vinham as figuras de ouro, e puseram-nas sobre aquela grande pedra. Os betsamitas porém ofereceram holocaustos, e imolaram vítimas naquele dia ao Senhor. 16 E os cinco príncipes dos filisteus o viram, e voltaram no mesmo dia para Acaron.

17 Estes porém são os ânus de ouro, que os filisteus deram ao Senhor pelo pecado: Azot deu um, Gaza um, Ascalon um, Get um, Acaron um: 18 E os ratos de ouro segundo o número das cidades, das cinco províncias dos filisteus, desde as cidades muradas até às aldeias sem muros, e até a grande Abel, sob a qual puseram a arca do Senhor, que esteve até àquele dia no campo de Josué betsamita.

Transporte da Arca a Cariatiarim

19 Mas o Senhor feriu os habitantes de Betsames, porque tinham visto a arca do Senhor: e matou setenta homens do povo, e cinqüenta mil da plebe. E chorou o povo, por ter o Senhor ferido a plebe com uma tão grande praga. 20 E disseram os betsamitas: Quem poderá subsistir na presença deste Senhor Deus tão Santo? e para quem irá desde nós? 21 E mandaram mensageiros aos habitantes

de Cariatiarim dizendo: Os filisteus remeteram a arca do Senhor; vinde, e reconduzi-a para vós.

7 Vieram pois os de Cariatiarim, e transportaram a arca do Senhor, e puseram-na em casa de Abinadab em Gabaa: e santificaram a seu filho Eleazar, para que guardasse a arca do Senhor.

Reforma religiosa de Samuel

2 E sucedeu que desde o dia em que a arca do Senhor repousou em Cariatiarim, se passaram muitos dias (pois havia já vinte anos) e toda a casa de Israel descansou seguindo ao Senhor.

3 Falou pois Samuel a toda a casa de Israel, dizendo: Se vós tornais de todo o vosso coração para o Senhor, botai fora do meio de vós os deuses estrangeiros, Baal e Astarot: e preparai os vossos corações para o Senhor, e servi a ele só, e ele vos livrará da mão dos filisteus. 4 Lançaram pois fora os filhos de Israel a Baal e a Astarot, e serviram só ao Senhor. 5 E Samuel disse: Convocai em Masfat a todo o Israel, para eu orar por vós ao Senhor. 6 E se ajuntaram em Masfat: e tiraram água, e a entornaram diante do Senhor, e jejuaram aquele dia, e disseram no mesmo lugar: Pecamos contra o Senhor. Samuel porém julgou os filhos de Israel em Masfat.

Derrota dos filisteus

7 E os filisteus ouviram que os filhos de Israel se tinham ajuntado em Masfat, e os príncipes dos filisteus subiram contra Israel. O que tendo sabido os filhos de Israel, temeram o encontro dos filisteus. 8 E disseram a Samuel: Não cesses de clamar por nós ao Senhor nosso Deus, para que nos salve da mão dos filisteus.

9 Samuel pois tomou um cordeiro que ainda mamava, e o ofereceu inteiro em holocausto ao Senhor: e clamou Samuel ao Senhor por Israel, e o Senhor o ouviu. 10 E aconteceu que ao tempo que Samuel oferecia o holocausto, começaram os filisteus o combate contra Israel: mas o Senhor trovejou aquele dia com um estrondo espantoso sobre os filisteus, e os aterrou de medo, e foram derrotados pelo encontro de Israel. 11 E os israelitas saindo de Masfat foram perseguindo aos filisteus, e os mataram até o lugar que está por baixo de Betcar. 12 E Samuel tomou uma pedra, e a pôs entre Masfat e entre Sen: e apelidou este lugar, a Pedra do Socorro. E disse: Até aqui nos socorreu o Senhor.

Judicatura de Samuel

13 E ficaram humilhados os filisteus, e não ousaram mais vir sobre as terras de Israel. A mão pois do Senhor foi sobre os filisteus em todo o tempo de Samuel. 14 E foram restituídas a Israel, as cidades que os filisteus tinham tomado a Israel, desde Acaron até Get, e seus termos: e Samuel livrou aos israelitas da mão dos filisteus, e havia paz entre Israel e os amorreus.

15 E Samuel julgou a Israel durante toda a sua vida; 16 E ia todos os anos dando volta a Betel e a Galgala e a Masfat, e fazia justiça nos sobreditos lugares. 17 E depois voltava para Ramata: porque ali era a sua casa, e ali julgava a Israel: edificou também ali um altar ao Senhor.

II. REINADO DE SAUL

Os israelitas pedem um rei

8 Aconteceu pois que tendo Samuel envelhecido constituísse por juízes de Israel a seus filhos. 2 E seu filho primogênito chamava-se Joel: e o segundo Abia, que eram juízes em Bersabée. 3 Mas seus filhos não seguiram os caminhos de seu pai: senão que se deixaram corromper da avareza, e receberam presentes, e perverteram os juízos.

4 Tendo-se pois ajuntado todos os anciãos de Israel, vieram ter com Samuel a Ramata. 5 E lhe disseram: Bem vês que tu estás velho e que teus filhos não seguem os teus caminhos: constitui-nos pois um rei, como o têm todas as nações, para que ele nos julgue. 6 Desagradou a Samuel esta proposição, porque lhe diziam: Dá-nos um rei para que nos julgue. E Samuel fez oração ao Senhor. 7 O Senhor pois disse a Samuel: Ouve a voz desse povo em tudo o que eles te dizem. Porque não é a ti que eles rejeitam, mas a mim, para eu não reinar sobre eles. 8 Assim é que eles sempre têm feito desde o dia que eu os tirei do Egito até hoje: assim como me deixaram a mim, e serviram a deuses estranhos, assim também te fazem a ti. 9 Ouve pois o que eles te dizem: mas logo de primeiro faze-os compreender bem e declara-lhes o direito do rei que reinar sobre eles.

10 Referiu pois Samuel todas as palavras do Senhor ao povo, que lhe tinha pedido um rei, 11 e disse: Ele tomará os vossos filhos, e os

porá em as suas carroças para as governarem,
e fará deles moços de cavalo e que vão corren-
do adiante dos seus coches, 12 e os constituirá
seus tribunos, e seus centuriões, e lavradores
dos seus campos, e segadores das suas messes,
e fabricantes das suas armas e carroças. 13 E
fará de vossas filhas suas perfumadeiras, e co-
zinheiras, e padeiras. 14 Tomará também o
melhor dos vossos campos, e das vossas vinhas,
e dos vossos olivais, e dá-lo-á aos seus servos.
15 E também dizimará vossos trigos, e o ren-
dimento das vinhas, para ter que dar aos seus
eunucos e oficiais. 16 E até vos tomará os vos-
sos servos, e escravas, e os mancebos mais bem
feitos, e as cavalgaduras, e os empregará no
seu trabalho. 17 Dizimará também os vossos
rebanhos, e vós sereis seus servos. 18 E na-
quele dia clamareis vós sobre o vosso rei, que
vós mesmos elegestes: e o Senhor vos não
ouvirá naquele dia, porque vós mesmos pedis-
tes um rei. 19 Mas o povo não quis dar ouvidos
às razões de Samuel, antes disseram: Não: mas
queremos ter um rei sobre nós, 20 e seremos
também como todas as nações: e o nosso rei
nos julgará, e marchará à nossa frente e pele-
jará por nós nas nossas guerras. 21 E Samuel
ouviu todas as palavras do povo, e as referiu
ao Senhor. 22 E o Senhor disse a Samuel: Faze
o que eles te dizem, e estabelece sobre eles
um rei. E Samuel disse ao povo de Israel: Cada
um volte para a sua cidade.

Encontro de Saul com Samuel

9 Havia pois um homem na tribo de Ben-
jamim por nome Cis, filho de Abiel, filho de
Seror, filho de Becorat, filho de Afia, filho
dum homem de Jemini, alentado em força. 2 E
ele tinha um filho chamado Saul, escolhido e
bom: e não havia entre os filhos de Israel outro
melhor do que ele: desde o ombro para cima
sobressaía a todo o povo.

3 Tinham-se perdido umas jumentas de Cis,
pai de Saul, e disse Cis a Saul, seu filho: Toma
contigo um criado, e diligente vai, e busca as
jumentas. Tendo eles atravessado o monte de
Efraim, 4 e o território de Salisa, e não as ten-
do achado, recorreram também ao termo de
Salim, e tampouco as acharam; e o mesmo
pela terra de Jemini, e não as acharam. 5 Quan-
do eles porém chegaram à terra de Suf, disse
Saul para o criado que levava consigo: Vem
e voltemos, não suceda estar já meu pai com
mais cuidado em nós, do que nas jumentas.
6 O criado lhe disse: Adverte, nesta cidade há
um homem de Deus, varão famoso: tudo o
que ele diz, sucede assim infalivelmente: va-
mo-lo pois buscar agora, a ver se ele nos dá
alguma luz sobre o negócio que aqui nos trou-
xe. 7 E Saul disse ao seu criado: Vamos lá.
Mas que levaremos nós ao homem de Deus?
acabou-se já o pão que trazíamos em os nossos
alforjes, e não temos dinheiro, nem outra coisa
que oferecer ao homem de Deus. 8 E de novo
respondeu o criado a Saul, e disse: Eis-aqui
um quarto dum siclo de prata, que por acaso
achei na mão, demo-lo ao homem de Deus,
para que nos encaminhe em nossa jornada.
9 Antigamente em Israel todo o que ia consul-
tar a Deus dizia assim: Vinde, e vamos ao
Vidente. Porque aquele que hoje se chama pro-
feta se chamava então Vidente. 10 E Saul res-
pondeu ao seu criado: Dizes muito bem, anda,
vamos. E foram à cidade, onde residia o ho-
mem de Deus. 11 E quando eles subiram pela
costa da cidade, encontraram umas raparigas
que saíam a buscar água, e lhes disseram:
Está cá o Vidente? 12 Elas respondendo-lhes,
disseram: Cá está. Ei-lo aí tens diante, vai de-
pressa: porque ele veio hoje à cidade, porquan-
to hoje é o sacrifício do povo no alto. 13 Ao
entrar na cidade, achá-lo-eis antes que suba
ao alto para comer. Nem o povo comerá, me-
nos que ele não tenha vindo: porque ele é o
que benze a hóstia, e depois comem os que
foram convidados. Subi pois agora, porque
hoje o achareis.

14 Subiram eles pois à cidade. E quando pas-
savam pelo meio dela apareceu Samuel que se
encontrou com eles para subir ao alto. 15 Ora
o Senhor tinha revelado a Samuel a vinda de
Saul, um dia antes que ele chegou, dizendo:
16 Amanhã a esta mesma hora te enviarei eu
um homem da tribo de Benjamim, e tu o
ungirás para chefe do meu povo de Israel: e
ele salvará o meu povo da mão dos filisteus:
porque eu olhei para o meu povo, pois os seus
clamores chegaram a mim. 17 E pondo Sa-
muel os olhos em Saul, o Senhor lhe disse:
Eis aí o homem, que eu te disse, este reinará
sobre o meu povo.

18 Saul pois se chegou a Samuel no meio da
porta, e disse: Peço-te que me digas, onde é a
casa do Vidente. 19 E Samuel respondeu a
Saul, dizendo: Eu sou o Vidente: sobe adiante
de mim ao alto, para que comas hoje comigo,
e pela manhã te despedirei: e descobrir-te-ei
tudo o que tens no teu coração. 20 E pelo
que toca às jumentas, que tu perdeste anteon-
tem, não te dê isso cuidado, porque já se
acharam. E para quem será tudo o que há de
melhor em Israel? Não será porventura para
ti e para toda a casa de teu pai? 21 Saul porém
respondendo, disse: Acaso não sou filho de
Jemini da mais pequena tribo de Israel, e não
é a minha família a menor de todas as famílias
da tribo de Benjamim? por que me falas tu
logo assim?

22 Samuel pois tomando a Saul, e ao seu criado, levou-os para a sala do jantar, e os fez assentar à frente de todos os convidados: que eram perto de trinta pessoas. 23 E Samuel disse ao cozinheiro: Dá cá aquela porção, que eu te dei, e que mandei que guardasses à parte. 24 Tomou pois o cozinheiro a espádua, e a pôs diante de Saul. E Samuel disse: Eis aí o que ficou, põe-no diante de ti, e come: porque expressamente se reservou para ti, quando convidei o povo. E Saul comeu com Samuel naquele dia. 25 E desceram do alto para a cidade, e Samuel falou com Saul no soalheiro, onde fez pôr uma cama a Saul, e este dormiu.

26 E levantando-se pela manhã, e raiando já o dia, chamou a Saul no soalheiro, dizendo: Levanta-te, despachar-te-ei. E levantou-se Saul: e saíram ambos, a saber, ele e Samuel. 27 E quando descendo se acharam no mais baixo da cidade Samuel disse a Saul: Dize ao criado que passe, e vá adiante de nós: e tu demora-te um pouco, para te fazer saber a palavra do Senhor.

Saul é ungido rei

10 Tomou pois Samuel uma pequena redoma de óleo, e a derramou sobre a cabeça de Saul, e o beijou, e disse: Eis aqui te ungiu o Senhor por príncipe sobre a sua herança, e tu livrarás o seu povo da mão de seus inimigos, que o cercam. E este será o sinal de que Deus te ungiu príncipe. 2 Quando te apartares de mim, acharás dois homens junto ao sepulcro de Raquel nos termos de Benjamim, na parte austral, e eles te dirão: As jumentas que tu tinhas ido buscar, já se acharam: e teu pai não se lembrando mais delas, todo o seu cuidado é por vós, e diz: Que farei eu por meu filho? 3 E logo que partires daí, e passares adiante, e chegares ao carvalho de Tabor, encontrarás aí três homens, que vão adorar a Deus em Betel, levando um três cabritos, e o outro três tortas de pão, e o outro uma quarta de vinho: 4 e depois de te saudarem, te darão eles dois pães, e tu os receberás das suas mãos. 5 Depois virás ao Outeiro de Deus, onde há uma guarnição de filisteus: e quando entrares na cidade, encontrarás um rancho de profetas descendo do alto, precedidos de saltérios, e de tambores, e de flautas, e de cítaras, e eles profetizando. 6 E o espírito do Senhor se apoderará de ti, e tu profetizarás com eles, e ficarás mudado noutro homem. 7 Quando pois te acontecerem todos estes sinais faze tudo o que achar a tua mão: porque o Senhor é contigo. 8 E descerás primeiro que eu a Galgala, (porque eu irei ter contigo) para ofereceres um sacrifício, e para imolares hóstias pacíficas: e esperarás sete dias, até que eu venha ter contigo, e te declare o que deves fazer.

9 Tanto pois que Saul deu costas deixando a Samuel, Deus lhe mudou o coração, e todos estes sinais aconteceram no mesmo dia. 10 E chegaram ao outeiro sobredito, e eis que se encontrou com ele um bando de profetas: e o espírito do Senhor se apoderou de Saul, e ele profetizou no meio deles. 11 Todos os que o tinham conhecido pouco antes, vendo que ele estava com os profetas, e que profetizava, diziam entre si: Que é o que aconteceu ao filho de Cis? Porventura Saul é também profeta? 12 E um respondeu ao outro, dizendo: E quem é o pai destes outros? por isso passou em provérbio, o dizer-se: Porventura Saul é também profeta? 13 E cessou de profetizar, e foi Saul para o alto.

14 E um tio paterno de Saul lhe disse a ele, e ao seu criado: Aonde fostes? Eles lhe responderam: Fomos em busca das jumentas, e como as não achássemos, fomos ter com Samuel. 15 E seu tio lhe disse: Dize-me, que é o que te disse Samuel? 16 E Saul respondeu a seu tio: Disse-nos que se tinham achado as jumentas. Mas não descobriu a seu tio nada do que Samuel lhe tinha dito tocante ao reino.

Eleição de Saul

17 E convocou Samuel o povo diante do Senhor em Masfa: 18 e disse aos filhos de Israel: Eis aqui o que diz o Senhor Deus de Israel: Eu sou o que tirei do Egito a Israel, e que vos livrei da mão dos egiptanos, e do poder de todos os reis que vos afligiam. 19 Mas vós rejeitastes hoje o vosso Deus que foi o que só vos salvou de todos os vossos males, e tribulações: e dissestes: Não há de ser assim: mas constitui um rei sobre nós. Agora pois ponde-vos diante do Senhor pelas vossas tribos, e famílias. 20 E sorteou Samuel todas as tribos de Israel, e caiu a sorte sobre a tribo de Benjamim. 21 E deitou sortes sobre a tribo de Benjamim, e sobre suas famílias, e caiu a sorte sobre a família de Metri, e enfim chegou até Saul, filho de Cis. Buscaram-no pois, e não o acharam. 22 E depois disto consultaram ao Senhor se porventura ele viria para ali. E o Senhor respondeu: Está certamente escondido em casa. 23 Foram pois correndo e trouxeram-no de lá: e ele se pôs no meio do povo, e viu-se que era mais alto que todo o povo do ombro para cima.

24 E disse Samuel a todo o povo: Vós bem vedes a quem o Senhor escolheu, porque não há em todo o povo quem lhe seja semelhante. E todo o povo o aclamou, e disse: Viva o rei.

25 Pronunciou pois Samuel diante do povo a lei do reino, e a escreveu num livro e o depositou diante do Senhor. E despediu Samuel todo o povo, cada um para a sua casa. 26 E voltou também Saul para Gabaa a sua casa, e foi com ele uma parte do exército, que eram aqueles cujos corações Deus tinha tocado. 27 Os filhos porém de Belial disseram: Acaso poder-nos-á este salvar? E o desprezaram, e não lhe fizeram presentes: mas Saul dissimulava, como se os não ouvisse.

Luta contra os amonitas

11 Quase um mês depois sucedeu que Naás amonita saiu em campanha, e começou a combater a Jabés de Galaad. E todos os habitantes de Jabés disseram a Naás: Faze aliança conosco, e nós te seremos sujeitos.

2 E Naás amonita lhes respondeu: A aliança que eu farei convosco, será tirar-vos todos os olhos direitos, e fazer-vos o opróbrio de todo o Israel. 3 E os anciãos de Jabés lhe disseram: Concede-nos sete dias, para nós enviarmos mensageiros por todos os limites de Israel: e se se não achar quem nos defenda, entregar-nos-emos a ti.

4 Vieram pois os mensageiros a Gabaa, onde estava Saul, e referiram estas palavras, ouvindo-as o povo: e todo o povo levantou a voz, e se pôs a chorar. 5 E eis aqui Saul vinha do campo, atrás dos seus bois, e disse: Que tem o povo para chorar? E lhe contaram a mensagem dos habitantes de Jabés. 6 E o espírito do Senhor se apoderou de Saul ao ouvir esta mensagem, e se acendeu o seu furor sobremaneira. 7 E tomando os dois bois, os fez em quartos, e os mandou por mão duns mensageiros a todas as terras de Israel, dizendo: Assim é que se fará aos bois de todos aqueles que se não puserem em campanha e que não seguirem a Saul e a Samuel. Entrou pois no povo o temor do Senhor, e saíram como se fossem um só homem.

8 E passou-lhes Saul revista em Bezec: e acharam-se trezentos mil homens da tribo de Judá. 9 E disseram aos mensageiros, que tinham vindo: Direis assim aos habitantes de Jabés de Galaad: Amanhã sereis socorridos, quando o sol aquentar. Vieram pois os mensageiros, e deram a notícia aos habitantes de Jabés, que se alegraram. 10 E disseram: Amanhã nos renderemos a vós: e fareis de nós o que bem vos parecer.

11 E sucedeu que ao outro dia pela manhã, dividiu Saul o povo em três partes: e ao apontar do dia entrou pelo meio do campo, e deu de rijo sobre os amonitas até que o sol começou a aquentar: e os que escaparam foram desmantelados, de sorte que não ficaram deles dois juntos.

Confirmação da realeza

12 E disse o povo de Samuel: Quem são os que disseram: Saul não reinará sobre nós? Dai-nos para cá esses homens, e matá-los-emos. 13 Porém Saul disse: Hoje não se há de matar ninguém, porque no dia de hoje o Senhor salvou Israel. 14 E disse Samuel ao povo: Vinde, e vamos a Galgala, e renovemos lá a eleição do rei. 15 Partiu pois todo o povo para Galgala; e aclamaram ali por seu rei a Saul na presença do Senhor em Galgala, e imolaram ali vítimas pacíficas na presença do Senhor. E Saul, e todos os israelitas se alegaram ali por extremo.

Abdicação de Samuel

12 E disse Samuel a todo o Israel: Bem tendes visto, que eu vos ouvi em tudo o que me dissestes, e que estabeleci rei sobre vós. 2 E já o rei vai adiante de vós: eu porém envelheci e estou cheio de cãs: meus filhos porém estão convosco: tendo pois vivido entre vós desde a minha mocidade até este dia, aqui me tendes presente. 3 Declarai agora diante do Senhor, e diante do seu Cristo, se eu tomei o boi, ou o jumento de alguém; se imputei a alguém falsos crimes, se o oprimi com violência, se aceitei presentes da mão de algum: e eu me desfarei hoje dele, e vo-lo restituirei. 4 E eles responderam: Tu não nos caluniaste, nem nos oprimiste, nem tomaste coisa alguma da mão de ninguém.

Despedida de Samuel

5 E Samuel lhes disse: O Senhor pois é testemunha hoje contra vós, e o seu Cristo também testemunha de que vós não achastes na minha mão coisa alguma. E responderam: É testemunha.

6 E Samuel disse ao povo: O Senhor que fez a Moisés e a Aarão, e que tirou a nossos pais da terra do Egito. 7 Agora pois apresentai-vos, para eu vos acusar diante do Senhor, do mal que tendes correspondido a todas as misericórdias que vos fez a vós, e a vossos pais: 8 como Jacó entrou no Egito, e vossos pais clamaram ao Senhor; e o Senhor enviou a Moisés e a Aarão, e tirou a vossos pais do Egito: e os colocou neste país. 9 Os quais se esqueceram do Senhor seu Deus, e os entregou nas mãos de Sisara, general do exército de Hasor, e nas mãos dos filisteus, e nas mãos do rei de Moab, os quais pelejaram contra eles. 10 Mas depois clamaram ao Senhor, e

disseram: Pecamos porque deixamos o Senhor, e servimos a Baal e a Astarot: Agora pois livra-nos da mão de nossos inimigos, e servir-te-emos. 11 E o Senhor enviou a Jerobaal, e a Badan, e a Jefté, e a Samuel, e vos livrou da mão de vossos inimigos que vos rodeavam, e habitastes sem receio. 12 Vendo porém que Naás, rei dos filhos de Amon, tinha vindo contra vós, vós me dissestes: Não por certo, mas um rei nos governará: quando o Senhor vosso Deus governava sobre vós.

13 Agora pois aí tendes o vosso rei, que escolhestes, e pedistes: eis-aí vos deu o Senhor um rei. 14 Se temerdes ao Senhor, e o servirdes, e ouvirdes a sua voz, e não exasperardes o rosto do Senhor: tanto vós como o rei que vos governa, ireis após o Senhor vosso Deus: 15 se porém não ouvirdes a voz do Senhor, e vos fizerdes rebelde à sua palavra, será a mão de Senhor sobre vós, e sobre vossos pais. 16 Mas também adverti agora, e considerai bem esta grande coisa, que o Senhor vai a fazer diante dos vossos olhos. 17 Não é este agora o tempo da sega do trigo? pois eu invocarei o Senhor, e enviará trovões e chuvas: e sabereis, e vereis que fizestes um grande mal para vós diante do Senhor, pedindo um rei sobre vós.

18 Clamou pois Samuel ao Senhor, e o Senhor enviou naquele dia trovões e chuvas. 19 E todo o povo temeu sobremaneira ao Senhor e a Samuel, e todo o povo disse a Samuel: Roga ao Senhor teu Deus pelos teus servos, para que não morramos: porque a todos os nossos pecados ajuntamos o mal de pedirmos um rei.

20 E Samuel disse ao povo: Não temais, vós fizestes todo este mal: ainda assim não deixeis de seguir o Senhor, mas servi-o de todo o vosso coração. 21 E não vos desvieis seguindo as coisas vãs, que não vos aproveitarão, nem vos livrarão, porque são vãs. 22 E o Senhor por causa do seu grande nome não desamparará o seu povo: porque o Senhor jurou fazer de vós o seu povo. 23 Longe de mim pois este pecado contra o Senhor, que eu cesse de orar por vós, e eu vos mostrarei um caminho bom e direito. 24 Temei pois ao Senhor, e servi-o em verdade, e de todo o vosso coração: porque vós tendes visto as maravilhas que tem obrado entre vós. 25 Se porém perseverardes na malícia: assim vós como vosso rei perecereis juntamente.

Desforra dos israelitas contra os filisteus

13 Era Saul filho de um ano quando começou a reinar: e reinou dois anos sobre Israel. 2 E Saul escolheu para si três mil de Israel: e estavam com Saul dois mil em Macmas, e no monte de Betel: e mil com Jônatas em Gabaa de Benjamim: e o resto do povo mandou ele que fosse cada um para as suas tendas. 3 E Jônatas bateu a guarnição dos filisteus, que estava em Gabaa. O que sabendo os filisteus, Saul o fez publicar por toda a terra ao som de trombeta, dizendo: Ouçam os hebreus. 4 E assim todo o Israel soube esta notícia: Saul destruiu a guarnição dos filisteus: Israel cobrou ânimo contra os filisteus. O povo pois clamou seguindo a Saul em Galgala.

5 E os filisteus se ajuntaram para combaterem contra Israel, com trinta mil carroças, e seis mil cavalos, e o resto do povo tão numeroso, como a areia que há na praia do mar. E vieram acampar-se em Macmas ao oriente de Betavem.

6 Vendo porém os israelitas a estreiteza em que estavam postos, (porque o povo se achava consternado) esconderam-se em covas e em subterrâneos, e em rochedos, e em cisternas. 7 Os hebreus porém passaram o Jordão para ir ao país de Gad e de Galaad. E estando ainda Saul em Galgala, se encheu de terror todo o povo, que o seguia.

Desobediência e castigo de Saul

8 E esperou sete dias, conforme o aprazado por Samuel, e Samuel não veio a Galgala, e o povo pouco a pouco ia deixando a Saul. 9 Disse pois Saul: Trazei-me o holocausto, e as pacíficas. E ofereceu o holocausto.

10 Apenas ele tinha acabado de oferecer o holocausto, eis que chegou Samuel: e Saul lhe saiu ao encontro para o saudar. 11 E Samuel lhe disse: Que fizeste? Saul lhe respondeu: Vendo que os israelitas me deixavam, e que tu não vinhas nos dias aprazados, e que os filisteus se tinham ajuntado em Macmas, 12 disse: Agora virão os filisteus contra mim a Galgala, e eu não tenho aplacado o Senhor. Obrigado desta necessidade, ofereci o holocausto. 13 E Samuel disse a Saul: Obraste nesciamente, e não guardaste o mandamento que te deu o Senhor teu Deus. Se não tiveras feito isto já, desde agora teria o Senhor confirmado para sempre o teu reino sobre Israel, 14 porém o teu reino não subsistirá para o futuro. O Senhor buscou para si um homem segundo o seu coração: e o Senhor lhe mandou que fosse o chefe do povo, porque não observaste o que o Senhor te ordenou.

Preparativos bélicos

15 Levantou-se pois Samuel, e foi-se de Galgala a Gabaa de Benjamim. E o resto do povo

seguiu a Saul contra as tropas, que salteavam aos que iam de Galgala a Gabaa, no outeiro de Benjamim. E Saul tendo feito revista do povo, que tinha ficado com ele, achou como uns seiscentos homens. 16 E Saul e Jônatas, seu filho, e a gente que tinha ficado com eles, achavam-se em Gabaa de Benjamim: os filisteus porém tinham feito assento em Macmas. 17 E sairam do campo dos filisteus três destacamentos a fazer presas. Um destacamento tomou o caminho de Efra para a terra de Saul: 18 o outro tomou pelo caminho de Bet-horon: e o terceiro voltou-se para o caminho do termo que está sobre o vale de Seboim contra o deserto.

Desarmamento dos hebreus

19 Mas em toda a terra de Israel não se achava um ferreiro: Porque os filisteus tinham precavido que os hebreus não forjassem espadas e lanças. 20 Pelo que todo o Israel tinha que ir aos filisteus, para cada um afiar a sua relha e o enxadão, e a machadinha, e o sacho. 21 Estavam portanto embotados os fios das relhas, e dos enxadões, e das forquilhas, e das machadinhas, até uma aguilhada, que se houvesse de aguçar. 22 E quando chegou o dia do combate, não se achou espada nem lança na mão de todo o povo que estava com Saul e Jônatas, a exceção de Saul e de Jônatas, seu filho. 23 A guarnição porém dos filisteus saiu a postar-se na passagem de Macmas.

Proezas de Jônatas

14 Aconteceu um dia o dizer Jônatas, filho de Saul, ao moço seu escudeiro: Vem, e passemos ao campo dos filisteus, que é além daquele lugar. A seu pai porém não disse nada. 2 E Saul morava na extremidade de Gabaa, debaixo duma romeira, que havia em Magron: e tinha consigo um troço de quase seiscentos homens. 3 E Aquias, filho de Aquitob, irmão de Icabod, filho de Finéias, que era filho de Heli, pontífice do Senhor em Silo, trazia o efod. Mas o povo não sabia aonde tinha ido Jônatas. 4 Ora a subida, por onde Jônatas intentava passar à guarnição dos filisteus, eram dois rochedos por ambas as partes mui altos, e como uns cachopos por um lado e outro, e mui escarpados à maneira de dentes, o nome dum era Boses, e o nome do outro Sene: 5 um destes cachopos se elevava pela banda do norte olhando para Macmas, e outro pelo meio-dia fronteiro a Gabaa.

6 Disse pois Jônatas ao moço seu escudeiro: Vem, passemos até o campo destes incircuncidados, talvez obrará o Senhor por nós: porque não é difícil ao Senhor dar vitória ou com muitos, ou com poucos. 7 E o seu escudeiro lhe respondeu: Faze o que bem te aprouver: vai onde desejas, e eu te seguirei em toda a parte onde quiseres. 8 E disse Jônatas: Olha que nós passamos a esses homens. E se logo que nos virem, 9 nos falarem assim: Esperai, até que passemos a vós: deixemo-nos estar no nosso lugar, e não subamos a eles. 10 Porém se disserem: Subi para cá: subamos, porque o Senhor os pôs nas nossas mãos: isto nos servirá de sinal. 11 Logo que a guarnição dos filisteus viu a ambos disseram os filisteus: Eis os hebreus saem das cavernas, onde estavam escondidos. 12 E alguns do campo dos filisteus falaram e disseram a Jônatas e ao seu escudeiro: Subi cá e mostrar-vos-emos uma coisa. Então disse Jônatas ao seu escudeiro: Subamos, segue-me: porque o Senhor os entregou nas mãos de Israel. 13 Trepou pois Jônatas engatinhando com as mãos e pés, e o seu escudeiro atrás dele. Uns pois cairam diante de Jônatas, e aos outros matava o seu escudeiro que o seguia. 14 E esta foi a primeira desfeita, em que Jônatas e o seu escudeiro mataram perto de vinte homens, na metade de uma jeira que uma junta de bois costumava lavrar num dia. 15 E logo sobreveio um maravilhoso espanto em o arraial, pelos campos: porém não só toda a gente da guarnição deles, que tinham saído a prear, ficou tomada de espanto, mas também todo o país se conturbou: e este sucesso foi como um milagre de Deus.

Derrota dos filisteus

16 E as sentinelas de Saul, que estavam em Gabaa de Benjamim, puseram-se a olhar, e eis que viram um grande número deles prostrados por terra, e que fugiam para aqui e para ali. 17 E disse Saul ao povo que estava com ele: Perguntai, e vede quem é que saiu dentre nós. E tendo-se inquirido, achou-se que faltava Jônatas, e o seu escudeiro. 18 Disse pois Saul a Aquias: Chega-te à arca de Deus. (Porque a arca de Deus estava naquele dia com os filhos de Israel.) 19 E falando Saul ao sacerdote, levantou-se um grande tumulto no campo dos filisteus que crescia pouco a pouco, e se percebia cada vez mais. Disse pois Saul ao sacerdote: Encolhe a tua mão. 20 Clamou pois Saul e todo o povo que estava com ele, e chegaram até ao lugar da batalha: e viram que os filisteus se tinham atravessado com as suas mesmas espadas uns a outros, e que tinha havido grande mortandade. 21 Mas os hebreus que tinham estado com os filisteus nos dias antecedentes, e que tinham ido com

eles no exército, vieram agregar-se aos israelitas, que estavam com Saul e Jônatas. 22 E também todos os israelitas, que estavam escondidos no monte de Efraim, sabendo que os filisteus tinham fugido, se uniram com os seus na batalha. E achavam-se com Saul perto de dez mil homens.

23 E naquele dia salvou o Senhor a Israel: e a refrega chegou até Betavem.

Jônatas arrisca a vida por um pouco de mel

24 E os israelitas se reuniram naquele dia: Saul porém conjurou o povo, dizendo: Maldito o homem que comer pão antes da tarde, menos que eu me não vingue de meus inimigos. E todo o povo se absteve de comer: 25 e todo o povo do país veio a um bosque, onde havia mel sobre a superfície do campo. 26 Entrou a gente pois no bosque, e viu correr o mel, e nenhum o levou com a mão à sua boca: porque o povo respeitava o juramento. 27 Mas Jônatas não tinha ouvido quando seu pai conjurou o povo: e estendendo à ponta da vara que tinha na mão, molhou-a num favo de mel: chegou a sua mão à boca, e aclararam-se-lhe os olhos. 28 E avisando-o um do povo, disse: Teu pai ligou o povo com um juramento, dizendo: Maldito o homem que comer hoje pão: (e o povo estava já desfalecido.) 29 E Jônatas respondeu: Meu pai turbou toda a terra: vós mesmo vistes que se me aclararam os olhos, porque comi um pouco desse mel: 30 quanto mais que se o povo tivesse comido do que encontrou da presa de seus inimigos? não seria muito maior o destroço dos filisteus? 31 E foram retalhando naquele dia aos filisteus desde Macmas até Aialon. Mas o povo desfaleceu em extremo: 32 e lançando-se à presa, tomou ovelhas, e bois, e novilhos, e os mataram na terra: e o povo os comeu com sangue. 33 Noticiaram pois a Saul dizendo que o povo tinha pecado contra o Senhor, comendo com sangue. E ele disse: Vós quebrastes a lei: trazei-me aqui já uma pedra grande. 34 E acrescentou Saul: Ide por todo o povo, e dizei-lhe, que traga cada um cá seu boi, e seu carneiro, e degolai-os sobre esta pedra, e comei, e não pecareis contra o Senhor comendo com sangue. Cada um pois do povo trouxe pela sua mão o seu boi até que foi noite: e mataram-nos ali. 35 Edificou pois Saul um altar ao Senhor; e foi este o primeiro altar que edificou ao Senhor.

Jônatas é descoberto e salvo

36 E disse Saul: Invistamos esta noite com os filisteus, e destruamo-los até que seja dia, e não deixemos um homem deles. E o povo respondeu: Faze tudo o que bem te parecer. E disse o sacerdote: Cheguemo-nos aqui a Deus. 37 E consultou Saul ao Senhor: Acaso perseguirei eu aos filisteus? Acaso os entregarás tu nas mãos de Israel? E o Senhor não lhe respondeu naquele dia. 38 E disse Saul: Fazei vir aqui todos os príncipes do povo: e examinai, e vede por culpa de quem sucedeu hoje este pecado. 39 Eu juro pelo Senhor que é o salvador de Israel, que se por culpa de Jônatas meu filho sucedeu sem remissão morrerá. Sobre o que nenhum de todo o povo lhe replicou. 40 E disse a todo o Israel: Pondevos todos a uma parte, e eu com meu filho Jônatas estarei da outra parte. E o povo respondeu a Saul: Faze o que bem te parecer. 41 E disse Saul ao Senhor Deus de Israel: Senhor Deus de Israel, dá-nos a conhecer: por que é que não respondeste hoje ao teu servo? Se esta maldade está em mim, ou em meu filho Jônatas, descobre-no-la: mas se esta iniqüidade está no teu povo, santifica-o. E saíram compreendidos na sorte Jônatas e Saul; o povo porém ficou livre. 42 E disse Saul: Lançai sortes entre mim, e entre Jônatas, meu filho. E caiu a sorte sobre Jônatas. 43 Disse pois Saul a Jônatas: Descobre-me o que fizeste. E Jônatas lho confessou e disse: Tomei um pouco de mel na ponta duma vara que tinha na mão, e comi dele e por isso eu morro. 44 E Saul disse: Assim me faça Deus, e ainda mais, se tu não morreres, ó Jônatas. 45 E disse o povo a Saul: Pois que há de morrer Jônatas, que salvou a Israel tão prodigiosamente? Isto não pode ser: viva o Senhor, que não lhe há de cair no chão nem um só cabelo da sua cabeça, porque ele ajudado de Deus obrou hoje. Livrou pois o povo a Jônatas, para que não morresse. 46 E retirou-se Saul, e não perseguiu os filisteus: mas os filisteus se recolheram também para as suas terras.

Resumo do reinado

47 E Saul, firmado o seu trono em Israel, pelejava contra todos os seus inimigos que viviam no contorno, contra Moab, e contra os filhos de Amon, e contra Edom, e contra os reis de Soba, e contra os filisteus: e para onde quer que voltava as suas armas, era vitorioso. 48 E tendo ajuntado um exército, destroçou aos amalecitas, e livrou a Israel das mãos dos que o devastavam.

49 E os filhos de Saul foram Jônatas e Jessui, e Melquisua: e de duas filhas que teve, a primogênita chamava-se Merob, e a mais moça Micol. 50 E a mulher de Saul chamava-se Aquinoam, filha de Aquimaas: e o general

do seu exército era Abner, filho de Ner, primo de Saul. 51 Porque Cis era pai de Saul, e Ner pai de Abner, filho de Abiel.

52 E por todo o tempo de Saul houve uma forte guerra contra os filisteus. Porque Saul a qualquer homem que via valente, e hábil para a guerra, o agregava a si.

Desobediência e reprovação de Saul

15 E disse Samuel a Saul: O Senhor me enviou que te ungisse rei sobre o seu povo de Israel: ouve pois agora a voz do Senhor: 2 Eis aqui o que diz o Senhor dos Exércitos: Eu me recordei de tudo quanto Amalec tem feito a Israel, e de que modo se opôs no caminho quando saía do Egito. 3 Vai pois agora, e fere a Amalec, e destrói tudo o que ele tiver: não lhe perdoes a ele, e nem cobices coisa alguma sua: mas mata desde o homem até à mulher, e o menino, e o que é de mama, o boi e a ovelha, o camelo e o jumento.

4 Fez Saul pois ajuntar o povo, e os contou como cordeiros: duzentos mil de pé, e dez mil homens da tribo de Judá. 5 E tendo marchado Saul até à cidade de Amalec, dispôs emboscadas ao longo da torrente. 6 E disse Saul aos cineus: Ide-vos, retirai-vos, e separai-vos dos amalecitas: não suceda que eu vos envolva com eles: porque vós usastes de misericórdia com todos os filhos de Israel, quando vinham do Egito. Retiraram-se pois os cineus do meio dos amalecitas. 7 E Saul cortou nos amalecitas desde Hevila até chegar a Zur, que está defronte do Egito. 8 E tomou vivo a Agag, rei dos amalecitas: e fez passar ao fio da espada todo o povo. 9 Mas Saul, e o povo perdoaram a Agag, e ao melhor dos rebanhos de ovelhas e de vacadas, e aos vestidos e carneiros, e em geral a tudo o que era de preço, e não o quiseram destruir: mas tudo o que houve de vil e desprezível, isso destruiram.

10 E o Senhor dirigiu a sua palavra a Samuel, dizendo: 11 Pesa-me de ter feito rei a Saul: porque me deixou, e não cumpriu as minhas ordens. E entristeceu-se Samuel, e clamou ao Senhor toda a noite. 12 E tendo-se levantado Samuel antes do dia, para ir ter com Saul pela manhã, vieram dizer a Samuel que Saul tinha ido ao Carmelo, e que tinha levantado a si um arco triunfal, e que, voltando de lá, tinha passado, e descido a Galgala. Veio pois Samuel em busca de Saul e Saul estava oferecendo ao Senhor um holocausto das primícias da presa, que tinha trazido de Amalec. 13 E chegando Samuel a Saul disse-lhe Saul: Bendito sejas tu do Senhor, já cumpri a ordem do Senhor. 14 E disse Samuel: E que berros são estes de rebanhos, que ressoam nos meus ouvidos, e de vacas, que eu estou escutando? 15 E disse Saul: Trouxeram-nos de Amalec: porque o povo perdoou a tudo o que havia de melhor nas ovelhas e nas vacas, para se imolarem ao Senhor teu Deus: o mais tudo matamos.

16 E Samuel disse a Saul: Permite-me declarar-te o que o Senhor me disse esta noite. E respondeu Saul: Dize-o. 17 E prosseguiu Samuel: Porventura quando tu eras pequeno aos seus olhos, não foste feito chefe de todas as tribos de Israel? E o Senhor te ungiu rei sobre Israel. 18 E o Senhor te mandou a esta guerra, e disse: Vai, e faze passar ao fio da espada os pecadores de Amalec, e peleja contra eles até não deixares nenhum vivo. 19 Por que não ouviste tu logo a voz do Senhor: mas te deixaste arrastar da cobiça da presa, e pecaste aos olhos do Senhor? 20 E respondeu Saul a Samuel: Antes eu pelo contrário ouvi a voz do Senhor, e executei a empresa a que o Senhor me mandou e trouxe a Agag, rei de Amalec, e destruí os amalecitas. 21 Mas o povo tomou da presa ovelhas e vacas, que são as primícias do que foi passado a cutelo, para as imolar ao Senhor seu Deus em Galgala. 22 E disse Samuel: Porventura quer o Senhor os holocaustos e as vítimas, e não quer que antes se obedeça à voz do Senhor? A obediência pois é melhor do que as vítimas: e mais vale obedecer do que oferecer a gordura dos carneiros: 23 porque o resistir é como o pecado de adivinhação: e não querer submeter-se é como o crime de idolatria. Como pois tu rejeitaste a palavra do Senhor, o Senhor te rejeitou a ti, para que tu não sejas rei.

Vão arrependimento de Saul

24 E disse Saul a Samuel: Pequei, porque obrei contra os teus mandados, temendo o povo, e condescendendo com a sua voz. 25 Mas agora toma sobre ti, te peço, o meu pecado, e vem comigo, para adorar ao Senhor. 26 E disse Samuel a Saul: Não irei contigo, porque rejeitaste a palavra do Senhor, e porque o Senhor te rejeitou, para que não sejas rei de Israel. 27 E voltou Samuel as costas em ação de se ir: mas Saul lhe pegou pela ponta da sua capa, a qual se rasgou. 28 E disse-lhe Samuel: Hoje rasgou de ti o Senhor o reino de Israel, e o entregou ao teu próximo que é melhor do que tu. 29 Mas o triunfador em Israel não perdoará, e nem se dobrará pelo arrependimento: porque não é um homem que se arrependa. 30 E Saul disse: Pequei, mas honra-me nesta ocasião diante dos anciãos do

meu povo, e diante de Israel, e volta comigo,
para eu adorar o Senhor teu Deus. 31 Vol-
tando pois Samuel seguiu a Saul: e adorou
Saul o Senhor.
32 E disse Samuel: Trazei-me a Agag, rei
de Amalec. E foi-lhe apresentado Agag, que
era mui gordo, e todo tremendo. E Agag disse:
Assim me separa a morte amarga? 33 E disse
Samuel: Assim como a tua espada tirou os
filhos às mães, assim perderá tua mãe entre
as mulheres os seus filhos. E Samuel o divi-
diu em quartos diante do Senhor em Galgala.
34 Voltou pois Samuel para Ramata: Saul
porém foi para sua casa em Gabaa. 35 E não
viu Samuel mais a Saul até ao dia da sua
morte: porém Samuel chorava a Saul, porque
o Senhor se tinha arrependido de o ter cons-
tituído rei sobre Israel.

Davi é ungido rei

16 E disse o Senhor a Samuel: Até quando
chorarás tu a Saul, tendo-o eu rejeitado,
para não reinar sobre Israel? Enche o teu
corno de óleo, e vem, para eu te enviar a Isai
de Belém: Porque dentre os seus filhos tenho
escolhido para mim um rei. 2 E disse Samuel:
Como hei de ir? Porque Saul o ouvirá, e matar-
me-á. E o Senhor disse: Tomarás contigo um
novilho da manada, e dirás: Eu vim para imo-
lar ao Senhor. 3 E chamarás a Isai ao sacri-
fício, e eu te mostrarei o que deves fazer, e
tu ungirás ao que eu te designar.
4 Fez pois Samuel como o Senhor lhe disse.
E veio a Belém, e os anciãos da cidade se
maravilharam vindo a recebê-lo, e disseram:
Porventura vens tu com espírito de paz? 5 E
ele disse: Em paz vim para fazer um sacrifício
ao Senhor: purificai-vos, e vinde comigo para
eu oferecer a vítima. Purificou pois Samuel
a Isai e a seus filhos, e chamou-os ao sacri-
fício. 6 E tendo eles entrado, viu Samuel a
Eliab, e disse: Porventura está diante do Se-
nhor o seu Cristo? 7 E disse o Senhor a Sa-
muel: Não olhes para o seu vulto, nem para
a altura da sua estatura: porque eu o rejeitei,
nem eu julgo do homem pelo que aparece à
vista: porque o homem vê o que está patente,
mas o Senhor olha para o coração. 8 E cha-
mou Isai a Abinadab, e o apresentou a Samuel.
O qual disse: Nem este é o escolhido do
Senhor. 9 Trouxe pois Isai a Sama, do qual
disse Samuel: Também a este não escolheu
o Senhor. 10 Fez pois vir Isai os seus sete
filhos diante de Samuel: e disse Samuel a
Isai: A nenhum destes escolheu o Senhor. 11 E
disse Samuel a Isai: Acaso não tens tu outros
filhos? Isai respondeu: Ainda falta um peque-
no, que anda apascentando as ovelhas. E disse
Samuel a Isai: Manda-o vir: porque não nos
havemos de assentar à mesa menos que ele
não venha aqui. 12 Mandou-o pois chamar, e
o apresentou. Era porém ruivo, e formoso de
rosto, e de gentil presença: e o Senhor disse:
Levanta-te, unge-o, porque este mesmo é. 13 To-
mou pois Samuel o corno de óleo, e o ungiu
no meio de seus irmãos: e daquele dia em
diante se comunicou sempre o espírito do
Senhor a Davi: e levantando-se Samuel partiu
para Ramata.

Davi na corte de Saul

14 O espírito do Senhor se retirou de Saul,
e atormentava-o um espírito maligno, que o
Senhor lhe enviou. 15 E os servos de Saul lhe
disseram: Eis, o espírito maligno enviado por
Deus te vexa. 16 Mande-o nosso senhor, e os
teus servos, que estão em tua presença, bus-
carão algum homem que saiba tocar harpa
para que, quando o maligno espírito enviado
pelo Senhor te atormentar, toque ele com sua
mão, e experimentes assim algum alívio. 17 E
disse Saul aos seus servos: Buscai-me alguém
que saiba tocar bem, e trazei-me à minha pre-
sença. 18 E respondendo um dos seus criados,
disse: Eis eu vi um dos filhos de Isai de Belém
que sabe tocar harpa, e é mui forçoso, e
homem guerreiro, e sizudo nas palavras, e
de gentil presença: e o Senhor é com ele.
19 Mandou pois Saul mensageiros a Isai,
dizendo: Manda-me cá teu filho Davi, que anda
com os rebanhos. 20 Isai pois tomou um ju-
mento carregado de pães, e um cântaro de
vinho, e um cabrito, e o mandou a Saul por
seu filho Davi. 21 E veio Davi ter com Saul,
e se apresentou à sua vista: Mas ele o amou
muito em extremo, e o fez seu escudeiro.
22 E mandou Saul dizer a Isai: Fique Davi
junto à minha pessoa: porque me caiu em
graça. 23 Assim todas as vezes que o maligno
espírito enviado pelo Senhor se apoderava
de Saul, Davi tomava a harpa, e a tocava com
a sua mão, e Saul sentia alívio, e se achava
melhor: porque então se retirava dele o es-
pírito maligno.

O gigante Golias

17 Ajuntando pois os filisteus as suas tro-
pas para a guerra, vieram unir-se em
Soco de Judá: e se acamparam entre Soco e
Azeca, no país de Domim. 2 Saul porém e os
filhos de Israel tendo-se congregado vieram
ao vale do Terebinto, e formaram o exército
em batalha para pelejarem contra os filisteus.
3 E os filisteus estavam duma parte sobre
um monte, e Israel estava da outra parte sobre
outro monte: e havia um vale entre eles.

4 E saiu do campo dos filisteus um homem bastardo chamado Golias, de Get, que tinha seis côvados e um palmo de altura: 5 e trazia na cabeça um capacete de cobre, e vinha vestido duma couraça escameada: o peso pois da couraça era perto de cinco mil siclos de cobre: 6 e trazia cobertas as pernas dumas botas de cobre: e um escudo de cobre cobria os seus ombros: 7 a haste da sua lança era como o órgão dum tear, e o mesmo ferro da sua lança pesava seiscentos siclos de ferro: e o seu escudeiro vinha adiante dele. 8 E posto em pé clamava contra os esquadrões de Israel, e lhes dizia: Por que viestes vós dispostos a dar batalha? Acaso não sou eu filisteu, e vós servos de Saul? Escolhei dentre vós um homem, e venha bater-se comigo só por só. 9 Se ele puder pelejar comigo, e me tirar a vida, seremos nós vossos escravos: mas se eu o levar debaixo, e o matar, vós sereis nossos escravos, e ficar-nos-eis sujeitos. 10 E dizia o filisteu: Eu insultei hoje os esquadrões de Israel. Dai-me um homem, e saia a bater-se comigo só por só. 11 Ouvindo pois Saul, e todos os israelitas que o filisteu falava assim, estavam atônitos, e temiam em extremo.

Davi no acampamento

12 Davi porém era filho daquele homem efrateu de Belém de Judá, do qual acima falamos, chamado Isai, que tinha outros filhos, e era um dos mais velhos, e dos mais idosos do tempo de Saul. 13 Mas os três filhos maiores deste tinham seguido a Saul na guerra: e os nomes dos seus três filhos que tinham ido à guerra, eram Eliab o primogênito, e o segundo Abinadab, e o terceiro Sama. 14 Davi porém era o mais pequeno. E tendo seguido a Saul os três maiores, 15 Davi deixou a Saul, e voltou a apascentar o gado de seu pai em Belém.

16 O filisteu pois saía de manhã e de tarde ao campo, e continuou assim por quarenta dias. 17 Disse porém Isai a seu filho Davi: Toma para teus irmãos um efi de trigo assado, e estes dez pães, e corre a levá-los ao campo a teus irmãos, 18 e levarás também estes dez queijos para o seu tribuno: e verás como passam teus irmãos: e informa-te, em que companhia servem.

19 Saul porém, e eles, e todos os filhos de Israel pelejavam contra os filisteus no Vale do Terebinto.

20 Davi pois levantou-se de manhã, e encomendou o rebanho a um guarda: e carregado foi caminho do campo, como lho tinha mandado Isai. E chegou ao lugar de Magala, e ao exército, que tendo saído a dar a batalha, gritava em sinal de combate. 21 Israel porém tinha posto em ordem as suas tropas, mas também os filisteus da outra parte se preparavam para os atacar. 22 Davi pois deixando o que trouxera, entregue ao cuidado de um guarda das bagagens, correu ao lugar da batalha e se informou do estado de seus irmãos, e se passavam bem. 23 E quando ele estava ainda falando sobre isto, apareceu aquele homem bastardo chamado Golias, filisteu de Get, vindo do campo dos filisteus: e Davi o ouviu dizer as mesmas palavras. 24 Todos os israelitas, porém, tanto que viram o homem fugiram da sua presença, porque o temiam muito. 25 E um dos de Israel disse: Não vistes a esse homem, que saiu? pois ele saiu a insultar Israel. Ao homem pois que o matar, o rei encherá de grandes riquezas, e dar-lhe-á por mulher sua filha, e à casa de seu pai isentará de tributos em Israel. 26 E falou Davi aos que estavam ao pé dele, dizendo: Que se dará a quem matar este filisteu, e tirar o opróbrio de Israel? Quem é pois este filisteu incircuncidado, que insultou o exército de Deus vivo? 27 O povo porém lhe repetia as mesmas palavras, dizendo: Dar-se-á isto, e isto a quem o matar. 28 O que tendo ouvido Eliab, seu irmão mais velho, falando Davi com os outros, irou-se contra ele, e disse-lhe: Por que vieste cá, e por que deixaste tu no deserto essas poucas ovelhas? eu conheço a tua altivez, e a malignidade do teu coração: porque tu vieste para veres o combate. 29 E Davi disse: Que fiz eu? não direi eu uma palavra? 30 E apartou-se um pouco dele para o pé de outro, e disse a mesma coisa. E o povo lhe respondeu como dantes.

31 Foram pois ouvidas as palavras que falou Davi, e se relataram na presença de Saul. 32 E tendo sido conduzido Davi perante ele, disse-lhe: Não desmaie alguém por causa deste filisteu eu, teu servo, irei, e pelejarei contra ele. 33 E Saul disse a Davi: Tu não poderás resistir a este filisteu, nem combater com ele: porque tu és um rapaz, e este é um homem guerreiro desde a sua mocidade. 34 E Davi respondeu a Saul: O teu servo apascentava o rebanho de seu pai; vinha acaso um leão, ou um urso, e levava um carneiro do meio do rebanho; 35 e eu corria após eles, e os matava, e arrancava-lhes a presa da sua boca: e eles se levantavam contra mim, e eu os agarrava pelas queixadas, e os afogava, e matava. 36 Assim também eu teu servo matei um leão, e um urso: e o mesmo que fiz a eles, farei a esse filisteu incircuncidado. Agora irei, e tirarei o opróbrio do povo: porque quem é este filisteu incircuncidado, que se atreveu a amaldiçoar o exército do Deus vivo? 37 E

disse Davi: O Senhor, que me livrou das garras do leão, e das do urso, me livrará também da mão deste filisteu. E Saul disse a Davi: Vai, e o Senhor seja contigo.

Davi mata o gigante

38 E Saul vestiu a Davi das suas armas e pôs sobre a sua cabeça um elmo de cobre, e o guarneceu de couraça. 39 Cingido pois Davi com a espada de Saul sobre os seus vestidos, começou a ver se poderia andar assim armado: porque não estava acostumado. E disse Davi a Saul: Eu não posso andar assim, porque não tenho uso disso. E largou as armas, 40 e tomou o seu cajado, que sempre trazia na mão: e escolheu da torrente cinco pedras mui limpas, e meteu-as no surrão de pastor, que trazia consigo, e tomou a funda na mão: e saiu contra o filisteu.

41 Ia pois o filisteu andando, e aproximando-se a Davi, e o seu escudeiro vinha diante dele. 42 E quando o filisteu viu, e reconheceu a Davi, desprezou-o, porque era um moço ruivo, e de gentil aspecto.

43 E disse o filisteu a Davi: Acaso sou eu algum cão, para tu vires a mim com um pau? E depois amaldiçoou o filisteu a Davi nos seus deuses: 44 e disse a Davi: Vem a mim, e eu lançarei as tuas carnes às aves do céu e às bestas da terra. 45 Mas Davi respondeu ao filisteu: Tu vens a mim com espada, e lança, e escudo: eu porém venho a ti em nome do Senhor dos exércitos, do Deus das tropas de Israel, as quais tu insultaste. 46 Hoje, o Senhor te entregará nas minhas mãos, e eu te matarei, e te cortarei a cabeça: e darei às aves do céu e às bestas da terra os cadáveres dos filisteus que estão no campo: para que toda a terra saiba, que há Deus em Israel: 47 e para que toda esta multidão de homens conheça que o Senhor salva não pela espada, nem pela lança: porque Ele é o árbitro da guerra, e o que vos entregará nas nossas mãos. 48 Como pois se levantasse o filisteu, e viesse chegando para Davi, apressou-se Davi, e correu ao combate em frente do filisteu. 49 E meteu a mão no surrão, e tirou uma pedra, e a arrojou com a funda, e dando-lhe volta feriu ao filisteu na testa: e a pedra se encravou na sua testa, e ele caiu com o rosto em terra. 50 E assim venceu Davi ao filisteu com a funda e com a pedra, e o feriu e matou. E como Davi não tivesse espada à mão, 51 correu, e se lançou sobre o filisteu, e pegou da sua espada, e tirou-a da bainha e acabou de lhe tirar a vida, e lhe cortou a cabeça.

Os filisteus porém vendo que o mais valente deles era morto, fugiram. 52 E os israelitas com os de Judá deram sobre eles com grande grita, e perseguiram aos filisteus até o vale, e até às portas de Acaron, e caíram feridos muitos dos filisteus no caminho de Saraim até Get, e até Acaron. 53 E voltando os filhos de Israel depois de perseguirem os filisteus, saquearam o seu campo. 54 Tomando pois Davi a cabeça do filisteu, a levou a Jerusalém: e pôs as armas dele na sua tenda. 55 Ao tempo que Saul viu partir Davi contra o filisteu disse para Abner, general do seu exército: Abner, de que geração descende este rapaz? E Abner lhe respondeu: Por tua vida, ó rei, que o não sei. 56 E disse o rei: Pergunta tu, de quem é filho este rapaz? 57 E tendo voltado Davi, depois de morto o filisteu, Abner o trouxe, e o introduziu à presença de Saul, tendo a cabeça do filisteu na mão. 58 E Saul lhe disse: De que família és tu, ó rapaz? E Davi respondeu: Eu sou filho de teu servo Isai de Belém.

Amizade entre Davi e Jônatas

18 Aconteceu pois que acabando Davi de falar com Saul a alma de Jônatas se conglutinou com a de Davi, e Jônatas o amou como a si mesmo. 2 E desde este dia Saul o tomou para sua companhia, e não lhe permitiu que tornasse para casa de seu pai. 3 E Davi e Jônatas fizeram concerto entre si porque Jônatas o amava como a si mesmo. 4 Por isso se despojou Jônatas da túnica, de que estava vestido, e a deu a Davi com o resto dos seus vestidos até a sua espada e o seu arco, e o seu talabarte.

Ciúme de Saul contra Davi

5 E Davi ia a tudo a que Saul o mandava, e conduzia-se com prudência: e Saul lhe deu o mando sobre a gente de guerra, e era Davi muito aceito aos olhos de todo o povo, e mais que tudo para com os oficiais de Saul. 6 Mas quando Davi voltou, depois de ter morto o filisteu, sairam as mulheres de todas as cidades de Israel ao encontro do rei Saul, cantando, e dançando, em testemunho de alegria, ao som de tambores, e de sistros. 7 E dançavam as mulheres cantando, e dizendo: Saul matou mil, e Davi dez mil.

8 Irou-se porém Saul em extremo, e lhe desagradou esta expressão: e disse: Deram dez mil a Davi, e a mim mil: que lhe falta senão só o reino? 9 Daquele dia pois e em diante não via Saul a Davi com bons olhos.

10 Ao outro dia, porém, o espírito maligno mandado por Deus se apoderou de Saul, e profetizava no meio de sua casa: e Davi tocava a harpa com a sua mão, como todos os dias:

e Saul tinha uma lança, 11 e a arrojou, cui-
dando que poderia traspassar a Davi com a
parede: porém Davi se desviou, e evitou o
golpe por duas vezes. 12 E Saul temeu a Davi,
porque o Senhor era com Davi, e se tinha
retirado dele. 13 Por isso o alongou Saul do
pé de sua pessoa, e o fez comandante de mil
homens: e ele saía e entrava à frente desta
tropa.

14 Conduzia-se também Davi em todas as
suas ações com prudência, e o Senhor era
com ele. 15 Viu pois Saul que ele era em
extremo prudente, e começou a acautelar-se
dele. 16 Mas todo o Israel e Judá amava a
Davi: porque ele entrava e saía adiante deles.

Davi casa com a filha de Saul

17 E disse Saul a Davi: Aqui tens a Merob
minha filha maior, que eu te darei por mulher:
contanto que sejas homem valoroso, e com-
batas nas guerras do Senhor. Saul porém me-
ditava, dizendo: Não seja a minha mão a que
o mate, mas sim a dos filisteus. 18 Respon-
deu porém Davi a Saul: Quem sou eu, ou qual
é a minha vida, ou a família de meu pai em
Israel, para vir a ser genro do rei? 19 Mas
tendo chegado o tempo em que Merob, filha
de Saul, devia ser dada a Davi, foi ela dada
por mulher a Hadriel molatita.

20 Micol porém filha segunda de Saul tinha
inclinação a Davi. O que foi contado a Saul,
e ele se comprazeu disso. 21 E disse Saul:
Dar-lhe-ei esta para que ela lhe sirva de oca-
sião de ruína, e ele caia nas mãos dos filisteus.
E disse Saul a Davi: Por dois motivos serás
hoje meu genro. 22 E mandou Saul aos seus
servos: Falai a Davi em segredo, dizendo: Eis
estás tu no agrado do rei, todos os seus ser-
vos te amam. Cuida logo em vir a ser genro
do rei. 23 E os servos de Saul repetiram to-
das estas coisas aos ouvidos de Davi. E Davi
respondeu: Acaso parece-vos pouca coisa ser
genro do rei? Eu por mim sou um pobre, e
humilde. 24 E os servos de Saul lhe referi-
ram isto, dizendo: Davi deu-nos esta resposta.
25 Disse porém Saul: Falai assim a Davi: O
rei não necessita de dons para os esponsais
senão somente de cem prepúcios de filisteus,
para se tomar vingança dos inimigos do rei.
Mas Saul intentava entregar a Davi nas mãos
dos filisteus. 26 E tendo os servos de Saul re-
ferido a Davi as palavras, que dissera Saul,
agradou a Davi a proposição para vir a ser
genro do rei. 27 E poucos dias depois saindo
Davi marchou com a gente, que estava de-
baixo do seu mando. E matou a duzentos fi-
listeus, e trouxe os prepúcios deles, e os deu
por conta ao rei, para vir a ser seu genro.
Deu-lhe pois Saul por mulher a sua filha
Micol. 28 E viu Saul, e conheceu que o Senhor
era com Davi. Micol porém filha de Saul ama-
va a Davi. 29 E Saul começou a temer cada
vez mais a Davi: e Saul se fazia maior inimigo
de Davi todos os dias.

30 E sairam os príncipes dos filisteus à
campanha: ao princípio porém da sua saída
Davi se portava com maior prudência do que
todos os oficiais de Saul, e o seu nome se fez
mui célebre.

Jônatas defende Davi

19 Falou pois Saul a Jônatas, seu filho, e
a todos os seus oficiais, para que ma-
tassem a Davi. Mas Jônatas, filho de Saul,
amava extremosamente a Davi. 2 E Jônatas
avisou a Davi, dizendo: Saul meu pai pro-
cura matar-te: pelo que te rogo que te guardes
amanhã, e te retires ocultamente, e te escon-
das. 3 E eu sairei com meu pai, e irei ao
campo para onde tu te tiveres retirado: e eu
falarei acerca de ti a meu pai, e te avisarei
de tudo o que souber. 4 Jônatas pois falou
em favor de Davi a Saul seu pai: e lhe disse:
Não peques, ó rei, contra Davi teu servo, por-
que não pecou contra ti, e os seus serviços
têm sido para ti importantíssimos. 5 E expôs
a sua vida ao último perigo, e matou ao fi-
listeu, e o Senhor salvou a todo o Israel por
um modo maravilhoso. Tu o viste e te alegras-
te: por que queres tu logo pecar derramando
o sangue inocente, matando a Davi, que está
sem culpa? 6 O que tendo Saul ouvido, apla-
cado com as razões de Jônatas, jurou: Por vida
do Senhor, que ele não morrerá. 7 Chamou
pois Jônatas a Davi, e contou-lhe todas estas
coisas: e Jônatas introduziu Davi à presença
de Saul, e ficou vivendo ao pé dele, como
dantes.

Micol salva Davi

8 Renovou-se depois a guerra: e saindo
Davi, pelejou contra os filisteus: e fez neles
grande destroço, e os obrigou a fugir. 9 E o
espírito maligno, mandado pelo Senhor, se
apoderou de Saul. Estava pois assentado em
sua casa, e tinha uma lança: Davi porém to-
cava a harpa com a sua mão. 10 E Saul se
esforçou para atravessar a Davi com a lança
contra a parede, e Davi se desviou da presença
de Saul: e a lança sem o ofender fincou-se
na parede, e Davi fugiu, e se salvou aquela
noite. 11 Mandou pois Saul os seus guardas
a casa de Davi para lho terem seguro, e para
ser morto pela manhã. Do que foi avisado
Davi por Micol, sua mulher, que lhe disse:
Se te não puseres em salvo esta noite, amanhã

morrerás. 12 Ela o fez descer por uma janela: e ele se foi e fugiu, e se salvou. 13 E tomou Micol uma estátua, e deitou-a em cima da cama, e pôs-lhe ao redor da cabeça uma pele de cabra com o pelo, e cobriu-a com a roupa. 14 Mandou pois Saul uns beleguins, que trouxessem preso a Davi, e se lhe respondeu que ele estava doente. 15 E mandou segunda vez Saul mensageiros para que vissem a Davi, dizendo-lhes: Trazei-mo no seu mesmo leito, para ser morto. 16 E tendo chegado os mensageiros, acharam em cima da cama a estátua, que tinha em roda da cabeça uma pele de cabra. 17 E disse Saul a Micol: Por que me iludiste tu assim, e deixaste escapar o meu inimigo? E Micol respondeu a Saul: Foi porque ele me disse: Deixa-me ir senão matar-te-ei.

Davi e Saul em Naiot

18 E Davi fugiu, e se salvou, e foi ter com Samuel em Ramata, e lhe contou tudo o que Saul lhe tinha feito: e retiraram-se ele e Samuel, e ficaram em Naiot. 19 Noticiaram pois a Saul, dizendo: Olha que Davi está em Naiot de Ramata.

20 Mandou pois Saul beleguins, para prenderem a Davi: os quais tendo visto a um rancho de profetas profetizando, e a Samuel presidindo-lhes, o espírito do Senhor se apoderou também deles, e começaram também eles a profetizar.

21 Avisado disto Saul, mandou segundos mensageiros: e estes também profetizaram. E de novo mandou Saul terceiros mensageiros: e também estes profetizaram. E abrasado em ira Saul, 22 foi também ele a Ramata, e chegou até dizendo: Em que lugar estão Samuel e Davi? E respondeu-se-lhe: Estão em Naiot de Ramata. 23 E partiu para Naiot de Ramata, e ao mesmo tempo se apoderou também dele o espírito do Senhor, e ia andando, e profetizava por todo o caminho até que chegou a Naiot de Ramata. 24 E ainda por si mesmo se despojou dos seus vestidos, e profetizou com os outros diante de Samuel, e esteve nu por terra todo aquele dia e noite. E daqui saiu o provérbio: Também Saul entre os profetas?

Aliança entre Davi e Jônatas

20 Mas Davi fugiu de Naiot, que é em Ramata, e vindo disse a Jônatas: Que fiz eu? Que maldade é a minha, e que pecado é o meu contra teu pai, que procura o como me tirará a vida? 2 E ele lhe respondeu: Não, tu não hás de morrer: porque meu pai não faz coisa alguma, nem grande nem pequena sem primeiro me dar parte: será logo só esta que meu pai me queira ocultar? De nenhum modo acontecerá isto. 3 E novamente o jurou a Davi. E Davi lhe disse: Teu pai sabe muito bem que eu te caí em graça e dirá: Não saiba isto Jônatas, para que se não entristeça. Antes eu te juro pelo Senhor, e te juro pela minha vida, que não há senão um degrau (por assim dizer) entre a minha vida e a minha morte.

4 E Jônatas respondeu a Davi: Eu farei por ti tudo o que me disseres. 5 E Davi disse a Jônatas: Amanhã é o primeiro dia do mês, e eu costumo assentar-me junto ao rei para comer: Deixa-me logo ir esconder num campo até à tarde do terceiro dia. 6 Se, reparando, teu pai perguntar por mim, tu lhe responderás: Davi me pediu que levasse eu a bem que ele fosse com presteza a Belém, sua pátria; porque se faz lá um solene sacrifício por todos os da sua tribo. 7 Se ele te disser: Está bem; nenhum mal irá ao teu servo: mas se ele se enfadar, assenta que a sua má vontade chegou ao seu auge.

8 Faze pois esta graça ao teu servo: já que quiseste que eu teu servo fizesse contigo concerto de amizade no Senhor: mas se eu tenho alguma culpa, tira-me tu mesmo a vida, e não me obrigues a aparecer diante de teu pai. 9 E disse Jônatas: Deus te livre de tal desgraça: porque não é possível que se eu souber de certo que está consumada a malícia de meu pai contra ti, eu te não avise. 10 E respondeu Davi a Jônatas: Quem me há de avisar, se por acaso teu pai te responder com aspereza a meu respeito? 11 E respondeu Jônatas a Davi: Vem, e saiamos fora ao campo. E tendo ambos saído ao campo, 12 disse Jônatas a Davi: Senhor Deus de Israel se eu descobrir o intento de meu pai amanhã ou depois de amanhã, e houver alguma coisa, favorável para Davi, e eu to não mandar imediatamente dizer e to não fizer participar, 13 o Senhor trate a Jônatas com toda a sua severidade. Mas se a má vontade de meu pai perseverar contra ti, eu te avisarei disso, e te deixarei ir em paz, e o Senhor seja contigo, como foi com meu pai. 14 E se eu viver, usarás comigo da misericórdia do Senhor: se porém for morto, 15 não cessarás nunca de usar da compaixão com a minha casa, quando o Senhor tiver arrancado todos os inimigos de Davi um por um: tire o Senhor a Jônatas de sua casa, e vingue-se dos inimigos de Davi. 16 Fez Jônatas pois concerto com a casa de Davi: e o Senhor se vingou dos inimigos de Davi.

17 E fez Jônatas a Davi este novo juramento, pelo amor que lhe tinha: Porque o amava como a sua própria vida. 18 E disse-

lhe Jônatas: Amanhã é o primeiro dia do mês, e perguntar-se-á por ti: 19 porque o teu lugar se verá desocupado estes dois dias. Descerás pois sem demora, e irás para o sítio em que deves esconder-te no dia que for de trabalho, e esperarás junto à pedra chamada Ezel. 20 E eu atirarei junto a ela com três setas, e as arrojarei como quem se exercita em atirar ao alvo. 21 E mandarei também um criado e lhe direi: Vai, e traze-me as setas. 22 Se eu disser ao criado: Olha que as setas estão para cá de ti, levanta-as: Vem tu ter comigo, porque tudo está em paz por ti e não há mal algum que temer, e vive o Senhor. Mas se eu disser ao criado: Olha que as setas estão para lá de ti. Vai-te em paz, porque o Senhor quer que te retires. 23 No que toca porém à palavra que nós nos demos um ao outro, o Senhor seja dela para sempre a testemunha entre mim e ti.

Jônatas defende Davi

24 Escondeu-se pois Davi no campo, e chegado o primeiro dia do mês pôs-se o rei à mesa para comer. 25 E tendo-se assentado, segundo o costume, na sua cadeira que estava junto à parede, levantou-se Jônatas, e Abner se assentou ao lado de Saul e o lugar de Davi apareceu vazio. 26 E naquele primeiro dia não disse Saul nada: porque creu que talvez Davi se não tivesse achado limpo, nem purificado. 27 E chegando o segundo dia depois das Calendas, apareceu ainda vazio o lugar de Davi. E disse Saul a seu filho Jônatas: Por que não veio o filho de Isai comer nem ontem, nem hoje? 28 E respondeu Jônatas a Saul: Ele me pediu com instância, que o deixasse eu ir a Belém, 29 e disse-me: Deixa-me ir porque há na nossa cidade um solene sacrifício: um de meus irmãos me veio convidar: agora pois se eu achei graça diante dos teus olhos, irei depressa, e verei a meus irmãos. E por esta razão não tem vindo comer com o rei.

30 Mas Saul irado contra Jônatas, disse-lhe: Filho de má mulher, não sei eu porventura que amas ao filho de Isai para confusão tua, e para confusão de tua infame mãe? 31 Porquanto em todo o tempo que o filho de Isai viver na terra, nunca estarás seguro nem da vida, nem do reino. Assim manda buscá-lo já e traze-mo à minha presença: porque é filho de morte. 32 E Jônatas respondendo a Saul, seu pai, disse: Por que há de ele morrer? Que fez? 33 E Saul pegou na sua lança para o passar com ela. Conheceu pois Jônatas, que seu pai tinha resoluto o fazer morrer a Davi. 34 Levantou-se pois Jônatas da mesa todo encolerizado, e não comeu neste segundo dia das Calendas. Ficou porém muito sentido por causa de Davi, porque seu pai o ultrajara a ele mesmo.

Aviso a Davi para que fuja

35 Ao outro dia pela manhã, saiu Jônatas ao campo conforme o ajuste feito com Davi, e levou consigo um rapaz. 36 e disse a este seu criado: Vai, e traze-me as setas, que vou atirar. E tendo corrido o rapaz, atirou outra seta mais para lá donde ele estava. 37 Chegou pois o rapaz ao lugar onde Jônatas tinha atirado a seta: e Jônatas gritou atrás dele, e disse: Olha que a seta está muito mais para lá de ti. 38 E tornou Jônatas a gritar atrás do moço, dizendo: Vai depressa, não te demores. E o moço recolheu as setas e trouxe-as a seu amo: 39 e absolutamente não percebia o que se fazia: porque só Jônatas e Davi o entendiam. 40 Deu Jônatas pois as suas armas ao rapaz, e disse-lhe: Vai, leva-as à cidade. 41 E logo que o rapaz se foi, saiu Davi do lugar onde estava que olhava para o meio-dia, e inclinando-se até à terra lhe fez três profundas reverências: e beijando-se um ao outro, choraram ambos, mas Davi mais.

42 Disse pois Jônatas a Davi: Vai-te em paz: uma vez que nós juramos ambos em nome do Senhor, dizendo: o Senhor seja para sempre testemunha entre mim e ti, e entre a minha geração e a tua geração. 43 E levantou-se Davi, e se retirou: e Jônatas tornou para a cidade.

Davi foge para Nobe

21 Porém Davi veio para Nobe, para o pontífice Aquimelec: e Aquimelec se espantou da vinda de Davi, e disse-lhe: Como vens tu só, e ninguém vem contigo? 2 E Davi respondeu ao pontífice Aquimelec: O rei me deu uma ordem, e disse: Não saiba ninguém a causa por que eu te enviei, nem que mandados são os que te dei. E por isso também eu disse a meus criados que me esperassem em tal e tal lugar. 3 Agora pois se tens à mão alguma coisa, ainda que não sejam senão cinco pães, dá-mos, ou qualquer outra coisa que achares. 4 E respondendo o pontífice a Davi, disse-lhe: Eu não tenho à mão pães de leigos, mas somente o pão santo: se todavia os moços estão limpos, principalmente no que toca a mulheres? 5 E Davi respondeu ao pontífice, e disse: No tocante a mulheres, certamente: desde ontem e anteontem que partimos, não nos temos chegado a elas, e os vasos dos criados foram santos: é verdade que este caminho não é puro, mas também ele será hoje purificado com os vasos. 6 Deu-lhe pois o pontífice

do pão santificado, porque não havia ali pão,
senão os pães da proposição, que tinham sido
tirados da presença do Senhor, para se porem
outros quentes. 7 Achava-se então ali dentro
do tabernáculo do Senhor certo homem dos
criados de Saul, o qual se chamava Doeg, idu-
meu, o mais poderoso dos pastores de Saul.
8 Disse porém Davi a Aquimelec: Tens acaso
aqui à mão uma lança, ou uma espada? por-
que eu não trouxe comigo a minha espada,
nem as minhas armas: porque a ordem do
rei era apertada. 9 E respondeu o pontífice:
Eis ali está a espada de Golias o filisteu, a
quem tu mataste no Vale do Terebinto, está
embrulhada num pano detrás do efod: se a
queres levar, leva-a. Porque não há outra se-
não esta. E Davi disse: Não há outra como
esta, dá-ma cá.

Davi em Get

10 Levantou-se pois Davi, e fugiu naquele
dia da presença de Saul: e foi refugiar-se em
casa de Aquis, rei de Get: 11 e os criados de
Aquis lhe disseram tendo visto a Davi: Acaso
não é este Davi o rei da terra? Não é este
aquele a quem cantavam nas danças públicas,
dizendo: Saul matou mil, e Davi dez mil?
12 Considerou porém Davi estas palavras
no seu ânimo, e teve muito medo de Aquis,
rei de Get. 13 E demudou o seu rosto diante
deles, e deixava-se cair entre as suas mãos,
e dava com a cabeça pelos postigos das por-
tas, deixava correr a saliva pela barba. 14 E
disse Aquis aos seus criados: Bem vistes que
este homem está louco: por que o trouxestes
à minha presença? 15 Acaso faltam-nos lou-
cos, porque introduzistes a este, para fazer
loucuras na minha presença? Que me metês-
seis em casa um tal homem?

Davi em Odolão

22 Saiu pois Davi de Get, e se retirou para
a cova de Odolão. O que tendo ouvido
seus irmãos, e toda a casa de seu pai, foram lá
ter com ele. 2 E todos os que se viam em
aperto, e se achavam oprimidos de dúvidas, e
de desgosto, se ajuntaram ao pé dele: e ele se
fez seu general, e eram com ele perto de qua-
trocentos homens.
3 E daí foi Davi para Masfa, que é em terra
de Moab: e disse ao rei de Moab: Peço-te que
meu pai e minha mãe fiquem convosco, até eu
saber que ordena o Senhor de mim. 4 E dei-
xou-os encomendados ao rei de Moab: e fi-
caram com ele por todo o tempo que Davi es-
teve nesta fortaleza.
5 E disse o profeta Gad a Davi: Não fiques
nesta fortaleza; sai, e vai para a terra de
Judá. E partiu Davi daquele lugar, e veio para
o bosque de Haret.

Matança dos sacerdotes de Nobe

6 E soube Saul que Davi tinha aparecido,
e a gente que o acompanhava. Saul porém
como permanecesse em Gabaa, e se achasse
num bosque, que há em Rama, tendo uma
lança na mão, e estando rodeado de todos os
seus servos, 7 disse para os seus servos que
lhe assistiam: Ouvi-me agora, filhos de Je-
mini: Acaso o filho de Isai dar-vos-á a vós
todos campos e vinhas, far-vos-á a todos seus
tribunos e centuriões; 8 para que todos vós
vos tenhais conjurado contra mim, e não haja
ninguém que me dê algum aviso, principal-
mente tendo-se também meu filho ligado es-
treitamente com o filho de Isai? não há dentre
vós quem se lastime da minha desgraça, nem
quem me avise: e até meu próprio filho tem
sublevado contra mim um dos meus servos,
que não cessa até o dia de hoje de me armar
traições. 9 Respondendo porém Doeg, idu-
meu, que estava presente, e era o primeiro dos
criados de Saul, disse. Eu vi o filho de Isai
em Nobe, em casa do pontífice Aquimelec,
filho de Aquitob. 10 O qual consultou o Se-
nhor por ele, e lhe deu o mantimento: e até
lhe deu a mesma espada do filisteu Golias.
11 Mandou pois o rei buscar o pontífice Aqui-
melec, filho de Aquitob, com todos os sacer-
dotes da casa de seu pai, que estavam em
Nobe, os quais todos vieram à presença do
rei. 12 E disse Saul a Aquimelec: Ouve, filho
de Aquitob. Ele respondeu: Aqui me tens, Se-
nhor! 13 E Saul lhe disse: Por que vos con-
jurastes vós contra mim, tu, e o filho de Isai,
e lhe destes pães e espada, e consultastes a
Deus por ele, para se levantar contra mim,
persistindo em me armar traições até o dia de
hoje? 14 E respondendo Aquimelec ao rei,
disse: E quem há entre todos os teus servos,
que te seja tão leal como Davi, e genro do rei,
e o executor das tuas ordens e tão autorizado
na tua casa? 15 Porventura é de hoje que eu
comecei a consultar o Senhor por ele? Longe
de mim tal: não suspeite o rei semelhante
coisa nem de mim teu servo, nem de toda casa
de meu pai: porque o teu servo não soube, nes-
se particular, nem pouco nem muito. 16 E o
rei disse: Morrerás já, Aquimelec, tu, e toda a
casa de teu pai. 17 E disse o rei para os emis-
sários que o rodeavam: Voltai-vos contra os
sacerdotes do Senhor, e matai-os: porque eles
têm inteligência com Davi. Sabiam que este
tinha fugido, e não me avisaram disso. Porém
os criados do rei não quiseram estender as
suas mãos contra os sacerdotes do Senhor.

18 E disse o rei a Doeg: Vai tu, e lança-te sobre esses sacerdotes. E Doeg, idumeu, voltando-se contra os sacerdotes, se lançou sobre eles, e matou naquele dia oitenta e cinco homens, que estavam vestidos do efod de linho. 19 E passou ao fio da espada aos de Nobe, cidade sacerdotal, homens, e mulheres, e crianças, e meninos de mama, e passou também ao fio da espada bois, e jumentos, e ovelhas.

20 Mas escapando um filho de Aquimelec, filho de Aquitob, que se chamava Abiatar, fugiu para Davi, 21 e participou-lhe que Saul tinha feito morrer os sacerdotes do Senhor. 22 E disse Davi a Abiatar: Eu bem sabia aquele dia, que tendo-se achado ali Doeg, idumeu, certamente o havia de dizer a Saul: eu sou a causa de todas as mortes da casa de teu pai. 23 Fica comigo, não temas: se alguém buscar a minha vida, buscará também a tua, e salvar-te-ás comigo.

Davi em Ceila

23 Noticiaram porém a Davi, dizendo: Eis-aí os filisteus atacam Ceila, e roubam as eiras. 2 Consultou pois Davi o Senhor, dizendo: Marcharei eu contra estes filisteus, e desbaratá-los-ei? E o Senhor respondeu a Davi: Vai, e desbaratarás os filisteus, e salvarás a Ceila. 3 E os homens, que estavam com Davi, lhe disseram: Vês, que estando nós aqui na Judéia temos medo: quanto mais se formos a Ceila contra os esquadrões dos filisteus? 4 Segunda vez pois Davi consultou o Senhor, que respondendo lhe disse: Levanta-te e vai a Ceila: porque eu entregarei os filisteus nas tuas mãos. 5 Abalou pois Davi com a sua gente para Ceila, e pelejou contra os filisteus, e fez neles grande mortandade, e levou-lhes os seus gados: e salvou Davi os habitantes de Ceila. 6 Mas no tempo em que Abiatar, filho de Aquimelec, fugia para Davi em Ceila, tinha ele ido levando consigo o efod.

7 Noticiou-se porém a Saul que Davi tinha ido para Ceila: e disse Saul: Deus o entregou nas minhas mãos, e está apanhado, pois que entrou numa cidade que tem portas e fechaduras. 8 E mandou Saul a todo o povo que marchasse a Ceila para a peleja: e que sitiasse a Davi, e aos seus. 9 Tendo Davi sido avisado que Saul lhe maquinava secretamente a ruína, disse para o pontífice Abiatar: Toma o efod. 10 E Davi disse: Senhor Deus de Israel, o teu servo soube que Saul se prepara para vir a Ceila, para destruir esta cidade por minha causa. 11 Entregar-me-ão pois os habitantes de Ceila nas suas mãos? e virá Saul, como o teu servo o ouviu? Senhor Deus de Israel, dá a conhecer isto ao teu servo. E respondeu o Senhor: Há-de vir. 12 E disse Davi: Acaso os habitantes de Ceila me entregarão a mim, e a gente que está comigo, nas mãos de Saul? E o Senhor respondeu: Hão-de entregar. 13 Dispôs-se logo Davi e a sua gente, que eram perto de seiscentos homens, e tendo partido de Ceila, marchavam incertos ora para cá ora para lá: e avisou-se a Saul que Davi tinha fugido de Ceila, e se salvara: pela qual razão Saul dissimulou querer sair.

Davi no deserto

14 Davi porém assistia no deserto em lugares mui seguros, e ficou no monte do deserto de Zif, monte coberto de arvoredo: Saul todavia o buscava incessantemente: mas Deus não lho entregou nas suas mãos. 15 E viu Davi que Saul tinha saído em busca da sua vida.

Mas Davi estava no deserto de Zif numa brenha. 16 E levantou-se Jônatas, filho de Saul, e foi ter com Davi na brenha, e o confortou muito em Deus: e disse-lhe: 17 não temas: porque não te há de achar a mão de Saul meu pai, e tu reinarás sobre Israel, e eu serei o segundo depois de ti, e até mesmo Saul meu pai sabe isto. 18 Ambos pois fizeram aliança diante do Senhor: e ficou Davi na brenha: Jônatas porém tornou para sua casa.

19 Entretanto os de Zif vieram ter com Saul a Gabaa, dizendo: Tu não sabes que Davi está escondido entre nós nos lugares mais recatados do bosque, no outeiro de Haquila, que é à direita do deserto? 20 Agora pois, visto que o teu coração desejou achá-lo, vem: e por nós fica entregar-mo-lo nas mãos do rei. 21 E disse Saul: Abençoados sejais do Senhor porque vos condoestes dos meus males. 22 Ide pois, vos rogo, e fazei todas as diligências, e buscai com a maior curiosidade, e esquadrinhai o lugar onde ele possa estar, ou quem o poderá ter visto aí: porque ele bem entende lá para si, que eu com manha o ando espreitando. 23 Examinai e averiguai todos os seus esconderijos, onde ele se oculta: e depois de certificados vinde-mo dizer, para eu ir convosco: pois ainda quando ele se tenha escondido nas entranhas da terra, eu o buscarei entre todos os milhares de Judá. 24 Eles porém partindo foram a Zif adiante de Saul: mas Davi e os seus estavam no deserto de Maon, na planície à direita de Jesimon.

25 Foi pois Saul e toda a sua gente em busca dele: o que se noticiou a Davi, e imediatamente se retirou para o rochedo, e morava no deserto de Maon: o que tendo Saul sabido, entrou pelo deserto de Maon para perseguir a Davi. 26 E costeava Saul o monte por

uma parte: Davi porém e os seus costeavam
o monte pela outra parte. Mas Davi desespe-
rava de poder escapar das mãos de Saul: por-
que Saul e os seus tinham cercado a Davi e
a sua gente em forma de coroa, para os pren-
der. 27 Eis que chegou um mensageiro a Saul,
dizendo: Apressa-te, e vem, porque os filisteus
invadiram o país. 28 Tornou-se pois Saul dei-
xando de perseguir a Davi, e foi-se encontrar
com os filisteus: e por isso se chamou aquele
lugar, o Rochedo da Separação.

Davi na gruta de Engadi

24 Saiu pois Davi dali: e habitou nos luga-
res mais seguros de Engadi. 2 E tendo
voltando Saul de perseguir os filisteus, noti-
ciaram-lhe, dizendo: Adverte, que Davi está
no deserto de Engadi. 3 Tomando Saul pois
consigo três mil homens escolhidos de todo
o Israel, saiu a buscar a Davi e à sua gente,
até sobre os rochedos mais escarpados onde
só podem subir as cabras montesas. 4 E che-
gou a uns currais de ovelhas, que encontrou
no caminho: e havia lá uma cova onde entrou
Saul, a fazer as suas necessidades: mas Davi e
os seus estavam escondidos no interior da
mesma cova. 5 E disseram a Davi os seus
criados: Eis-aqui o dia, do qual o Senhor te
disse: Eu te entregarei o teu inimigo, para fa-
zeres dele o que bem te parecer. Chegou-se
pois Davi, e cortou muito de mansinho a orla
do manto de Saul. 6 E logo depois bateu o
coração de Davi, por ter cortado a orla do
manto de Saul. 7 E disse para a sua gente:
Deus me guarde de que eu faça uma tal coisa
ao que é meu amo, ao ungido do Senhor, nem
que eu estenda a mão contra ele, pois é o
Cristo do Senhor. 8 E com estas palavras
conteve Davi os seus, e impediu que eles se
lançassem sobre Saul: pelo que Saul, saindo
da caverna, prosseguia o seu caminho.
9 Levantou-se também Davi depois dele: e
tendo saído da caverna, gritou por detrás das
costas de Saul, dizendo: Rei, meu senhor. E
olhou Saul para trás: e Davi, abaixando-se até
o chão, lhe fez uma profunda reverência, 10 e
disse a Saul: Por que dás tu ouvidos às pa-
lavras dos que te dizem: Davi intenta fazer-te
mal? 11 Eis-aqui viste tu hoje com os teus
olhos que o Senhor te entregou nas minhas
mãos na caverna: e eu mesmo tive pensa-
mentos de te matar, mas não o quis fazer: por-
que disse: Não estenderei a mão sobre meu
amo, porque é o ungido do Senhor. 12 Antes
vê, meu pai, e reconhece se é a orla do teu
manto esta que tenho na minha mão: pois cor-
tando a extremidade do teu vestido não quis
estender a minha mão contra ti: adverte pois,
e olha, que eu não sou culpável de algum
mal, nem de alguma injustiça, e que não pe-
quei contra ti: mas tu andas buscando os
meios de me tirares a vida. 13 O Senhor seja
o juiz entre mim e ti, e o Senhor me vingue
de ti: mas nunca a minha mão seja contra ti.
14 E assim como se diz em antigo provérbio:
Dos ímpios sairá a impiedade. Mas nunca a
minha mão seja contra ti. 15 A quem perse-
gues? Persegues a um cão morto, e a uma
pulga. 16 Seja o Senhor juiz, e julgue entre
mim e ti: e veja, e julgue a minha causa, e
me livre das tuas mãos.
17 Como pois tivesse Davi acabado de dizer
a Saul estas palavras, disse Saul: Porventura
é esta a tua voz, ó meu filho Davi? E levantou
Saul a sua voz, e chorou: 18 e disse a Davi:
Tu és mais justo do que eu: porque tu só me
tens feito bem: e eu só te tenho feito mal.
19 E tu mostraste hoje os bens que me tens
feito: pois que, tendo-me o Senhor entregue
nas tuas mãos, tu me não tiraste a vida.
20 Porque quem há que achando a seu ini-
migo, o deixe ir sem lhe fazer mal? Mas o
Senhor te pague esta benevolência, pelo que
hoje obraste para comigo. 21 E agora porque
sei que certissimamente hás de reinar, e que
hás de ter em tua mão o reino de Israel:
22 jura-me pelo Senhor, que não hás de ani-
quilar a minha geração depois de mim, nem
hás de extinguir o meu nome da casa de meu
pai. 23 E assim o jurou Davi a Saul. Voltou
pois Saul para sua casa: e Davi, e a sua gente
se retirou a lugares mais seguros.

Morte de Samuel

25 E faleceu Samuel, e todo o Israel se jun-
tou a chorá-lo, e o enterraram na sua
casa em Ramata.
E Davi se retirou para o deserto de Faran.

Davi e Nabal

2 Havia porém no deserto de Maon um ho-
mem, que tinha as suas possessões no Car-
melo, e este homem era muito rico, e tinha
três mil ovelhas, e mil cabras: e sucedeu
fazer-se a tosquia do seu gado no Carmelo.
3 Chamava-se pois o tal homem Nabal, e sua
mulher chamava-se Abigail: e era esta uma
mulher prudentissima e formosíssima: seu
marido porém era um homem duro, e péssimo,
e malicioso: e vinha da linhagem de Caleb.
4 Como pois Davi tivesse sabido no deserto
que Nabal fazia a tosquia do seu rebanho,
5 enviou lá dez mancebos, e disse-lhes: Subi
ao Carmelo, e ide a casa de Nabal e saudai-o
da minha parte cortesmente. 6 E dir-lhe-eis:

Paz seja a meus irmãos, e a ti, e a paz seja à tua casa, e paz seja a tudo o que tens. 7 Eu ouvi dizer, que os teus pastores, que viviam conosco no deserto, estão na tosquia: nós nunca os molestamos, nem a eles lhes faltou nunca coisa alguma do rebanho, por todo o tempo que estiveram conosco no Carmelo. 8 Pergunta-o aos teus criados, e eles to dirão. Agora pois achem teus servos graça diante de teus olhos: pois viemos em tão bom dia. Dá a teus servos, e a Davi teu filho, qualquer coisa que tiveres à mão.

9 E chegando os criados de Davi, disseram a Nabal todas estas coisas da parte de Davi: e ficaram calados. 10 Respondendo pois Nabal aos criados de Davi, disse: Quem é Davi? e quem é o filho de Isai? Hoje não se vê outra coisa senão servos que fogem a seus amos. 11 Pegarei eu portanto no meu pão, e na minha água, e na carne das reses, que matei para os que tosquiam as minhas ovelhas; dá-las-ei a uns homens, que eu não sei de onde são? 12 Voltaram pois os criados de Davi a tomar o seu caminho, e tendo chegado, lhe contaram todas as palavras que Nabal lhes tinha dito. 13 Então disse Davi à gente: Tome cada um a sua espada. E cingiram todos as suas espadas, e cingiu também Davi a sua: e foram seguindo a Davi perto de quatrocentos homens: e ficaram duzentos com a equipagem.

Abigail aplaca a Davi

14 E um dos criados de Nabal noticiou a Abigail, sua mulher, dizendo: Sabe que Davi enviou do deserto mensageiros, para cumprimentarem a nosso amo: e ele os repeliu muito vilãmente. 15 Estes homens têm-nos sido muito úteis, e nunca nos foram molestos: e enquanto nós vivemos com eles no deserto, nada se perdeu: 16 eles nos serviam como de muro, assim de noite como de dia, por todo o tempo que nós apascentamos entre eles os rebanhos. 17 Portanto considera, e vê o que deves fazer: porque o mal está de todo decretado contra teu marido, e contra a tua casa, e ele é um filho de Belial, de maneira que ninguém é ousado a falar-lhe.

18 Apressou-se pois Abigail, e tomou duzentos pães, e dois odres de vinho, e cinco carneiros cozidos, e cinco alqueires de farinha, e cem cachos de passas de uvas, e duzentas pastas de figos secos, e pôs tudo em cima de jumentos: 19 e disse aos seus criados. Ide adiante de mim: que eu vos seguirei logo. E não disse nada disto a Nabal, seu marido. 20 Montada pois num jumento, a tempo que descia pelas faldas do monte, descia também Davi com a sua gente para ela: e Abigail se encontrou com eles: 21 e disse Davi: Em verdade que de nada me serviu ter eu conservado no deserto tudo o que era deste homem, sem que se lhe perdesse nunca coisa alguma: e ele me tornou mal por bem. 22 Deus trate com todo o seu rigor os inimigos de Davi, se eu até amanhã deixar viva coisa que seja dele, ainda a um dos que urinam à parede.

23 Mas Abigail tanto que viu Davi, apressou-se, e desceu do jumento, e prostrou-se diante de Davi sobre o seu rosto, e fez-lhe uma profunda reverência, 24 e lançou-se a seus pés, e disse: Sobre mim caia, meu senhor, esta iniqüidade. Peço-te que permitas à tua escrava falar-te: e ouve o que te diz a tua serva. 25 Não faças abalo, te peço, no coração de meu senhor, e de meu rei a injustiça de Nabal: porque como o denota o seu nome, é um insensato, e a loucura está com ele: mas eu, tua escrava, não vi os criados que tu, meu senhor, enviaste. 26 Agora pois, meu senhor, viva o Senhor, e viva a tua alma, pois que o Senhor te impediu que não viesses derramar sangue, nem te vingasses pela tua mão: e sejam agora como Nabal os teus inimigos, e os que buscam fazer mal a meu senhor. 27 Portanto aceita esta bênção, que a tua escrava te trouxe a ti, meu senhor, e reparte dela com os que te seguem, meu senhor. 28 Perdoa a tua escrava este pecado: porque certissimamente o Senhor estabelecerá em ti, meu senhor, uma casa permanente, pois que por ele combates, meu senhor. Não se ache pois culpa em ti por todos os dias da tua vida. 29 Porque se em algum tempo se levantar alguém para te perseguir, e buscar a tua alma, será a alma do meu senhor guardada como no ramalhete dos que vivem no Senhor teu Deus: e a alma de teus inimigos será arrojada, como com giro e ímpeto de funda. 30 Quando o Senhor pois te tiver feito a ti, meu senhor, todos os bens que ele predisse de ti, e te tiver estabelecido por general sobre Israel, 31 não terás no coração este pesar, nem este remorso, meu senhor, de que derramaste o sangue inocente, e de que te vingaste a ti mesmo: e quando o Senhor tiver feito a meu senhor estes bens, lembrar-te-ás da tua escrava.

32 E Davi respondeu a Abigail: Bendito seja o Senhor Deus de Israel, que te enviou hoje a meu encontro, e bendita a tua palavra, 33 e bendita tu, que me tolheste hoje o derramar sangue, e vingar-me pela minha mão. 34 De outro modo jurou pelo Senhor Deus de Israel, que me impediu que te não fizesse mal: que se tu não vieras logo ao meu encontro não teria ficado nada com vida até amanhã em casa de Nabal, ainda um dos que urinam à parede. 35 Aceitou pois Davi da sua mão tudo

o que Abigail lhe tinha trazido, e disse-lhe:
Vai-te em paz para tua casa, bem vês que fiz
o que me pediste, e que honrei a tua presença.
36 E voltou Abigail para Nabal, e eis que
achou que ele fazia em sua casa um banquete,
como um banquete de rei, e que o seu cora-
ção nadava em alegria: porque tinha bebido
vinho com excesso: e não lhe quis falar nem
pouco nem muito até pela manhã.
37 Ao outro dia muito cedo quando Nabal
tinha já digerido o vinho, contou-lhe sua mu-
lher tudo o que se tinha passado, e o seu co-
ração ficou como morto interiormente, imó-
vel como uma pedra. 38 E passados dez dias,
feriu o Senhor a Nabal, e este morreu.
39 E tendo Davi ouvido a morte de Nabal,
disse: Bendito seja o Senhor, que me vingou
do avilanado modo com que Nabal se houvera
comigo, e preservou a seu servo do mal, e fez
que a iniqüidade de Nabal recaísse sobre a
sua cabeça.
Entretanto enviou Davi mensageiros a Abi-
gail, que lhe falassem, que ele a queria tomar
por sua mulher. 40 E vieram os mensageiros
de Davi ter com Abigail ao Carmelo, e lhe
falaram, dizendo: Davi nos enviou a ti, para
te significar que ele deseja casar contigo.
41 No mesmo ponto se lançou Abigail por
terra, e disse: Eis-aqui a tua criada, que será
uma escrava, para lavar os pés aos criados de
meu senhor. 42 E levantando-se depressa Abi-
gail, montou num jumento, e foram com ela
cinco moças, criadas suas, e seguiu os mensa-
geiros de Davi: e ele casou com ela. 43 E Davi
se desposou também com Aquinoão, que era
de Jezrael: e foi uma e outra sua mulher.
44 Saul porém tinha dado Micol, sua filha,
mulher de Davi, a Falti, filho de Lais, que
era de Galim.

Davi poupa a vida de Saul pela segunda vez

26 E vieram ter os de Zif com Saul a Ga-
baa, dizendo: Sabe que Davi está escon-
dido no outeiro de Haquila, que é defronte
do deserto. 2 E levantou-se Saul, e desceu ao
deserto de Zif, e tomou consigo três mil ho-
mens escolhidos de todo o Israel, para bus-
car a Davi no deserto de Zif. 3 E acampou-se
Saul em Gabaa no outeiro de Haquila, que é
defronte do deserto sobre o caminho: Davi
pois morava no deserto.
E vendo que Saul o tinha vindo buscar pelo
deserto, 4 enviou uns espias, e soube certis-
simamente que Saul era chegado ali. 5 E par-
tiu Davi caladamente, e veio ao lugar onde
dormia Saul, e Abner, filho de Ner, general
das suas tropas, e que Saul dormia na sua
tenda, e ao redor dele toda a mais gente,
6 disse Davi para Aquimelec heteu, e para
Abisai, filho de Sarvia, irmão de Joab: Quem
descerá comigo ao campo de Saul? E respon-
deu Abisai: Eu descerei contigo.
7 Vieram pois Davi e Abisai de noite me-
ter-se entre aquela gente, e acharam a Saul
deitado e dormindo na sua tenda, e a sua
lança pregada na terra à sua cabeceira, Abner
e toda a sua gente dormindo ao redor dele.
8 E disse Abisai a Davi: Deus te entregou
hoje nas mãos o teu inimigo: Agora pois eu o
atravessarei com a lança até o chão dum só
golpe, e não será necessário segundo. 9 Mas
Davi disse a Abisai: Não o mates: pois quem
estenderá a sua mão contra o ungido do Se-
nhor, e será inocente? 10 E disse Davi: Viva
o Senhor, que menos que o Senhor o não
mate, ou chegue o dia da sua morte, ou estan-
do em batalha pereça: 11 Não permita o Se-
nhor que eu estenda a minha mão contra o
ungido do Senhor. Agora pois toma a lança,
que está à sua cabeceira, e o copo da água, e
vamo-nos. 12 Tomou pois Davi a lança, e o
copo da água, que estava à cabeceira de Saul,
e foram-se. E não houve ninguém, que os
visse, nem que se percebesse, nem que acor-
dasse, mas todos dormiam, porque um pro-
fundo sono do Senhor se tinha apoderado
deles.
13 E como Davi tivesse passado à parte
contrária, e parasse ao longe no alto do mon-
te, e havendo entre eles grande distância,
14 bradou Davi à gente, e a Abner, filho de
Ner, dizendo: Pois que, Abner, não me res-
ponderás? E respondendo Abner, disse: Quem
és tu que estás gritando, e desassossegas o
rei? 15 E disse Davi a Abner: Não és tu esse
valente homem? e quem há em Israel tal como
tu? como pois não guardaste tu o rei, teu se-
nhor? por que aí veio um do povo para matar
o rei, teu senhor. 16 Não é bom isto, que fi-
zeste: Viva o Senhor, que vós mereceis a
morte, vós outros que tão mal guardastes a
vosso amo, ao ungido do Senhor: Vede pois
agora onde está a lança do rei, e onde está o
copo da água, que estava à sua cabeceira.

Saul reconhece a inocência de Davi

17 Conheceu pois Saul a voz de Davi, e
disse: Não é esta a tua voz, meu filho Davi, e
Davi disse: Minha voz é, ó rei meu senhor.
18 E disse: Por que persegue o meu senhor o
teu servo? que fiz eu? ou que maldade se acha
na minha mão? 19 Ouve pois agora, te rogo,
rei meu senhor, as palavras de teu servo: Se
o Senhor te incita contra mim, receba ele o
cheiro do sacrifício: se porém são os filhos
dos homens, malditos são diante do Senhor:

porque me arrojaram hoje, para que eu não habite na herança do Senhor, dizendo: Vai, serve a deuses estranhos. 20 Agora pois não se derrame o meu sangue na terra diante do Senhor: porque saiu o rei de Israel em busca de uma pulga, assim como se persegue uma perdiz nos montes. 21 E Saul disse: Pequei, vem tu, meu filho Davi: em verdade não te tornarei a fazer mal daqui em diante, pois que a minha vida foi hoje preciosa diante dos teus olhos; porque bem se vê que tenho obrado nesciamente, e que ignorei muitas e muitas coisas. 22 E respondendo Davi, disse: Eis aqui a lança do rei: Venha cá um de seus criados, e leve-a. 23 O Senhor pois retribuirá a cada um conforme a sua justiça, e fidelidade: porque o Senhor te entregou hoje na minha mão, e eu não quis estender a minha mão contra o ungido do Senhor. 24 E assim como foi a tua alma hoje preciosa diante de meus olhos, assim a minha alma seja preciosa diante dos olhos do Senhor, e ele me livre de toda atribulação.

25 Disse pois Saul a Davi: Bendito sejas tu, meu filho Davi: e certamente serás bem sucedido nas tuas empresas, e o teu poder será grande. Com isto se foi Davi ao seu caminho, e Saul voltou para sua casa.

Davi entre os filisteus

27 E disse Davi no seu coração: Por fim em algum dia virei a cair nas mãos de Saul: não é logo melhor que eu fuja, e me salve no país dos filisteus, para que Saul perca de todo as esperanças, e cesse de me buscar por todas as terras de Israel? Fugirei portanto das suas mãos. 2 E partiu Davi, e se foi com os seus seiscentos homens, para Aquis, filho de Maoc, rei de Get. 3 E habitou Davi com Aquis em Get, ele e os seus; cada um com as suas famílias: e Davi com as suas duas mulheres, Aquinoão de Jezrael, e Abigail, mulher que foi de Nabal do Carmelo. 4 E foi Saul avisado de que Davi se tinha retirado a Get, e não cuidou mais em o buscar.

5 Davi porém disse a Aquis: Se eu achei graça diante dos teus olhos, dá-me lugar em uma das cidades deste país, onde eu habite: pois a que fim assistirá o teu servo contigo na cidade real? 6 Aquis pois lhe deu naquele dia a Siceleg: e deste modo veio Siceleg aos reis de Judá, até ao dia de hoje. 7 E o tempo que morou Davi nas terras dos filisteus, foi o de quatro meses.

8 E Davi saía com a sua gente, e faziam presas sobre Gessuri, e Gerzi, e sobre os amalecitas: porque estas aldeias eram antigamente habitadas naquela terra, desde o caminho de Sur até à terra do Egito. 9 E Davi matava tudo quanto encontrava no país, sem deixar com vida nem homem nem mulher: e tirando as ovelhas, e os bois, e os vestidos, voltava, e vinha para Aquis. 10 E Aquis lhe perguntava: Para que parte fizeste tu hoje a correria? Respondia-lhe Davi: Para o meio-dia de Judá, e para o meio-dia de Jerameel, e para o meio-dia de Ceni. 11 Não deixava Davi com vida nem homem, nem mulher, nem trazia nenhum a Get, dizendo: Não suceda que falem contra nós. Assim é que Davi se portava: e esta foi a sua determinação por todo o tempo que habitou entre os filisteus. 12 Aquis pois se confiava de Davi, dizendo: Ele tem feito grandes males a Israel seu povo: por isso estará sempre a meu serviço.

Saul consulta uma pitonisa

28 Sucedeu pois naquele tempo, ajuntarem os filisteus as suas tropas, para se prepararem, para combater contra Israel: e disse Aquis a Davi: Tem por certíssimo, que tu hás de vir comigo à campanha, tu, e a tua gente. 2 E Davi disse a Aquis: Tu verás agora o que há de fazer o teu servo. E disse Aquis a Davi: E eu te terei para sempre por guarda da minha pessoa.

3 Samuel porém era falecido, e todo o Israel o tinha chorado, e o enterraram em Ramata, sua pátria. E Saul tinha lançado fora da terra os mágicos, e adivinhos.

4 E ajuntaram-se os filisteus, e vieram acampar-se a Sunam: Saul porém ajuntou também todas as tropas de Israel, e veio a Gelboé. 5 E vendo Saul o exército dos filisteus, penetrou-se de medo, e seu coração se intimidou sobremaneira. 6 E consultou ao Senhor, e não lhe respondeu nem por sonhos, nem por sacerdotes, nem por profetas. 7 E disse Saul para os seus servos: Buscai-me uma mulher que tenha o espírito de Piton, e eu irei ter com ela, e a consultarei. E os seus servos lhe disseram: Em Endor há uma mulher que tem o espírito de Piton.

8 Mudou pois Saul seus hábitos: e tomou outros vestidos, e partiu ele, e dois homens o acompanhavam, e chegaram de noite a casa da mulher, e disse-lhe: Adivinha-me pelo espírito de Piton, e faze-me aparecer quem eu te disser. 9 E a mulher lhe respondeu: Tu bem sabes tudo o que fez Saul, e como ele exterminou da terra os mágicos e os adivinhos: por que me armas tu logo um laço à minha vida, para me matarem? 10 E Saul lhe jurou pelo Senhor, dizendo: Viva o Senhor, que disto não te virá mal algum. 11 E disse-lhe a mulher: Quem queres tu que te apareça? Dis-

se Saul: Faze-me aparecer a Samuel. 12 E a mulher tendo visto Samuel aparecer deu um grande grito: e disse a Saul: Por que me enganaste tu? Tu pois és Saul. 13 E o rei lhe disse: Não temas: que viste tu? E disse a mulher a Saul: Vi deuses que subiam da terra. 14 E disse-lhe Saul: Como é a sua figura? Respondeu-lhe a mulher: Subiu um homem ancião, e esse coberto com uma capa. E entendeu Saul que era Samuel, e fez-lhe uma profunda reverência, e prostrou-se por terra. 15 Disse pois Samuel a Saul: Por que me inquietaste fazendo-me vir cá? E Saul lhe respondeu: Eu acho-me no último aperto: porque os filisteus me fazem guerra, e Deus se retirou de mim, e não me quis ouvir nem por profetas, nem por sonhos: por essa razão te chamei, para que me declarasses o que devo fazer. 16 E disse Samuel: Para que me perguntas, quando o Senhor te tem desamparado, e se passou para o teu rival? 17 Porque o Senhor te tratará, como eu to disse da sua parte, e dividirá o teu reino da tua mão, e o dará a Davi, teu parente mais próximo. 18 Já que não obedeceste à lei do Senhor, nem executaste o decreto da sua ira contra os amalecitas: por isso te fez hoje o Senhor isso que padeces. 19 E o Senhor até entregará contigo Israel nas mãos dos filisteus. Amanhã pois tu, e teus filhos sereis comigo: e até o Senhor entregará também nas mãos dos filisteus o campo de Israel. 20 E imediatamente caiu Saul estendido por terra: porque se espantou com as palavras de Samuel, e lhe faltaram as forças, porque não tinha comido nada todo aquele dia.

21 Estando Saul assim turbado, veio aquela mulher a ele, e lhe disse: Bem vês que a tua escrava obedeceu a tua voz, e que eu expus a minha vida por ti: e ouvi as palavras que me disseste. 22 Ouve pois agora também a tua escrava, e pôr-te-ei diante um bocado de pão, para que, comendo-o, recobres forças, e possas fazer jornada. 23 Ele o recusou, e disse: Não comerei. Porém os seus servos e aquela mulher o constrangeram a isso, e tendo enfim cedido a seus rogos se levantou do chão, e se assentou num leito. 24 A mulher porém tinha em sua casa um gordo novilho, e apressou-se, e matou-o: E tomando farinha, a amassou e cozeu uns pães asmos, 25 e pôs tudo diante a Saul, e aos seus servos. E tendo comido, se levantaram, e caminharam toda aquela noite.

Davi é despedido do exército filisteu

29 Ajuntaram-se pois todos os esquadrões dos filisteus em Afec: mas Israel também veio acampar-se à fonte que havia em Jezrael. 2 E os príncipes dos filisteus marchavam na frente das suas companhias e dos seus regimentos: Davi porém e a sua gente iam na retaguarda com Aquis. 3 E disseram os príncipes dos filisteus a Aquis: A que fim vêm aqui esses hebreus? E Aquis respondeu aos príncipes dos filisteus: Pois vós não conheceis a Davi, que serviu a Saul, rei de Israel, e que está em minha companhia já muitos dias, ou anos, e que nunca achei nele coisa que me desagradasse, desde o dia que ele se refugiou para mim até o dia de hoje?

4 Mas os príncipes dos filisteus se iraram contra ele e lhe disseram: Vá-se embora esse homem, e deixe-se estar no seu lugar, em que tu o puseste, e não se ache conosco na batalha, não suceda voltar-se contra nós, quando começarmos o combate: pois como poderá ele de outro modo aplacar a seu amo, senão com as nossas cabeças? 5 Acaso não é este aquele Davi, em cujo louvor contavam as dançantes dizendo: Saul matou mil e Davi dez mil?

6 Chamou pois Aquis a Davi, e lhe disse: Viva o Senhor, que tu és justo, e bom diante dos meus olhos: e que saíste e entraste o meu exército: e nunca achei em ti coisa que me desgostasse desde o dia que vieste para mim, até ao dia de hoje: mas tu não agradas aos príncipes. 7 Retira-te pois, e vai-te em paz, por não dares nos olhos aos príncipes dos filisteus. 8 E disse Davi a Aquis: Pois que fiz eu e que achaste tu no teu servo desde o tempo que eu te apareci até este dia, para que eu não vá a pelejar contra os inimigos do rei, meu senhor? 9 Mas Aquis respondendo, disse a Davi: Eu bem sei que és bom nos meus olhos, como um anjo de Deus: mas os príncipes dos filisteus disseram: Ele não há de ir conosco à batalha. 10 Assim levanta-te amanhã pela manhã, tu e os servos de teu amo, que vieram contigo: e, levantando-vos de noite, parti logo que principie a raiar a aurora.

11 Levantou-se pois Davi ainda de noite e a sua gente, para partirem pela manhã, e voltarem para a terra dos filisteus: os filisteus porém marcharam para Jezrael.

Vitória de Davi sobre os amalecitas

30 E tendo ao terceiro dia chegado Davi e seus a Siceleg, os amalecitas tinham do lado austral feito uma invasão em Siceleg, e a tinham tomado e queimado. 2 E tinham levado dali cativas as mulheres, desde o mais pequeno até o maior: e não tinham morto a ninguém, mas tinham levado tudo consigo, e voltavam pelo seu caminho: 3 Como pois chegassem Davi e a sua gente à cidade, e a achassem queimada, e suas mulheres e seus filhos, e filhas levados

cativos, 4 levantaram as suas vozes Davi e a sua gente que se achava com ele, e choraram até se lhes esgotarem as lágrimas. 5 Porque também tinham ido cativas as duas mulheres de Davi, Aquinoão de Jezrael, e Abigail, viúva de Nabal do Carmelo. 6 E Davi se desgostou por extremo: porque o povo o queria apedrejar, porque todos estavam amargurados em seu coração por causa de seus filhos e filhas. 7 E disse para o pontífice Abiatar, filho de Aquimelec: Chega-me cá o efod. E Abiatar chegou o efod a Davi, 8 e Davi consultou ao Senhor, dizendo: Perseguirei eu a estes ladrõezinhos, e apanhá-los-ei eu, ou não? E o Senhor lhe respondeu: Persegue-os: porque indubitavelmente os apanharás e os esbulharás da presa.

9 Partiu pois Davi, e os seiscentos homens que o acompanhavam, e vieram à torrente de Besor: e alguns que iam cansados fizeram alto. 10 Prosseguiu pois Davi, e os quatrocentos homens: porque os duzentos que tinham ficado de cansados não puderam passar a torrente de Besor. 11 E acharam no campo a um egípcio, e o trouxeram a Davi. E deram-lhe pão a comer, e a beber água, 12 e também um pedaço de pasta de figos secos, e duas penduras de passas de uvas. E tanto que comeu, cobrou alento, e recuperou forças: porque havia três dias e três noites que não tinha comido pão, nem bebido água. 13 Disse-lhe pois Davi: De quem és tu? Ou donde vens? E para onde vais? E ele disse: Eu sou um moço egípcio, servo de um amalecita. Meu senhor porém me deixou, porque adoeci há três dias. 14 Porque nós fizemos uma irrupção para a banda meridional de Cereti, e para a banda de Judá, e para o meio-dia de Caleb, e pusemos fogo a Siceleg. 15 E disse-lhe Davi: Poderás tu guiar-me até onde está essa quadrilha? Ele respondeu: Jura-me tu por Deus, que me não hás de matar, e que me não hás de entregar nas mãos de meu senhor, e eu te guiarei até onde está essa quadrilha. E Davi lho jurou. 16 Tendo pois conduzido o egípcio, eis que eles estavam recostados em terra por todo o campo comendo e bebendo, e como celebrando um dia de festa, por toda a presa, e esbulho que tinham tomado da terra dos filisteus, e da terra de Judá. 17 E Davi fez matança neles desde aquela tarde até à tarde do outro dia, e não lhe escapou deles algum, exceto quatrocentos mancebos, que montaram nos seus camelos, e fugiram. 18 Recobrou Davi pois tudo o que os amalecitas tinham tomado, e livrou as suas duas mulheres. 19 Não faltou coisa alguma nem pequena nem grande, assim de filhos como de filhas, e de despojo, e geralmente recobrou Davi tudo o que eles tinham apanhado. 20 E os fez caminhar adiante de si: e disseram: Esta é a presa de Davi.

21 Veio pois Davi ajuntar-se com os duzentos homens, que de cansados tinham parado, e não puderam seguir a Davi e aos quais tinha dado ordem que ficassem à torrente de Besor. Eles vieram ao encontro de Davi e dos que o acompanhavam. E Davi chegando-se a eles, os saudou em paz. 22 E respondendo alguns malvados e perversos de entre aqueles que tinham ido com Davi, disseram: Como esta gente não veio conosco, não lhe havemos de dar nada da presa, que nós tomamos: Contente-se cada um de se lhe tornarem a dar sua mulher e filhos: e logo que os receberem, vão-se. 23 Mas Davi disse: Não o fareis assim, meus irmãos, do que o Senhor nos entregou e nos conservou, já que pôs em nossas mãos esses ladrõezinhos, que se lançaram sobre nós. 24 Ninguém dará ouvidos a esta proposição que fazeis, porque tanto o que pelejou, como o que ficou guardando a bagagem, terão igual parte na presa, e ela se dividirá igualmente.

25 E isto ficou em prática desde aquele dia, e ao diante se estabeleceu e foi posto como uma lei em Israel até o dia de hoje.

26 Chegou pois Davi a Siceleg e mandou seus dons da presa aos anciãos de Judá seus próximos, dizendo: Aceitai esta bênção dos despojos dos inimigos do Senhor. 27 Aos que viviam em Betel, e aos de Ramot para o meio-dia, e aos de Jeter, 28 e aos de Aroer, e aos de Sefamot, e aos de Estamo, 29 e aos de Racal, e aos das cidades de Jerameel, e aos da cidade de Ceni, 30 e aos de Arama, e aos do lago de Asan, e aos da Atac, 31 e aos de Hebron, e a todos os outros que viviam naqueles lugares, onde o mesmo Davi tinha morado com os seus.

Derrota e morte de Saul

31 Os filisteus porém pelejavam contra os israelitas: e à vista dos filisteus fugiram os israelitas, e morreram muitos deles no monte de Gelboé. 2 E os filisteus investiram com Saul, e com seus filhos, e mataram a Jônatas, e Abinadab e Melquisua, filhos de Saul. 3 E todo o peso do combate caiu sobre Saul: e alcançaram-no os frecheiros, e estes o feriram mui gravemente. 4 E disse Saul para o seu escudeiro: Desembainha a tua espada, e atravessa-me com ela: para que não venham estes incircuncidados, e me tirem a vida, escarnecendo de mim. Mas o seu escudeiro o não quis fazer: porque se apoderou dele um excessivo terror; tomou pois Saul a sua espada, e deixou-se cair sobre ela. 5 O que vendo o seu escudeiro, que Saul era morto, lançou-se também ele mesmo sobre a sua espada, e morreu

ao pé dele. 6 Morreu pois Saul e seus três
filhos, e o seu escudeiro, e todos os que se
achavam junto à sua pessoa naquele dia. 7 Ven-
do porém os israelitas, que estavam da banda
do vale, e de além do Jordão, que tinham fugi-
do os israelitas, e que era morto Saul, e seus
filhos, desampararam as suas cidades e fugi-
ram: e vieram os filisteus, e se estabeleceram
nelas.

8 Ao outro dia porém vieram os filisteus des-
pojar os mortos, e acharam a Saul e seus três
filhos estirados no monte de Gelboé. 9 E cor-
taram a cabeça a Saul e despojaram-no das
armas: e enviaram por toda a terra dos filis-
teus, para que se publicasse esta notícia no
templo dos seus ídolos, e entre os povos. 10 E
puseram as armas de Saul no templo de Asta-
rot, e penduraram o seu corpo no muro de
Betsan.

11 Como os habitantes de Jabes de Galaad
souberam tudo o que os filisteus tinham feito
a Saul, 12 saíram todos os mais valentes, e
marcharam toda a noite, e tiraram o cadáver
de Saul, e os cadáveres de seus filhos do muro
de Betsan: e voltaram para Jabes de Galaad,
e ali os queimaram: 13 e tomaram os seus
ossos, e sepultaram-nos no bosque de Jabes,
e jejuaram sete dias.

SEGUNDO LIVRO DE

SAMUEL

I. REINADO DE DAVI

A morte de Saul e de Jônatas

1 Sucedeu depois da morte de Saul, que Davi, voltando da desfeita dos amalecitas, esteve dois dias em Siceleg. 2 Ao terceiro dia porém apareceu um homem que vinha do campo de Saul com o vestido rasgado, e a cabeça coberta de pó: e tanto que chegou a Davi, prostrou-se com o rosto em terra, e o adorou. 3 E Davi lhe disse: De onde vens tu? E ele lhe respondeu: Eu me salvei do exército de Israel. 4 E disse-lhe Davi: Como foi lá isso? dize-mo. E ele respondeu: O povo fugiu da batalha, e muitos do povo caíram mortos: e até Saul e seu filho Jônatas pereceram. 5 E disse Davi ao moço, que lhe dava esta nova: Como sabes tu que Saul, e Jônatas, seu filho morreram? 6 E respondeu-lhe o moço que lhe dava a notícia: Por acaso vim ao monte de Gelboé, e achei a Saul que se firmava sobre a sua lança: e as carroças, e cavaleiros se avizinhavam a ele, 7 e olhando para trás, e vendo-me me chamou. E como lhe respondesse: Aqui me tens. 8 Perguntou-me: Quem és tu? E eu lhe respondi: Sou um amalecita. 9 E ele me disse: Lança-te a mim, e mata-me: porque estou muito angustiado, e toda a minha alma está ainda em mim. 10 E chegando-me a ele o matei: porque via que ele não podia viver depois do estrago: e tomei o diadema que tinha na sua cabeça, e o bracelete do braço, e aqui to trouxe a ti, meu Senhor.

11 Davi porém apanhando os seus vestidos os rasgou, e todos os que estavam com ele. 12 E prantearam, e choraram, e jejuaram até a tarde sobre Saul, e sobre Jônatas, seu filho, e sobre o Povo do Senhor, e sobre a Casa de Israel, por terem perecido à espada.

13 E Davi disse ao moço que lhe trouxera a notícia: De onde és tu? O qual lhe respondeu: Eu sou filho de um homem estrangeiro de Amalec. 14 E Davi lhe disse: Como não temeste tu estender a mão para matares ao ungido do Senhor? 15 E chamando um dos sens criados, lhe disse: Lança-te a esse homem, e mata-o. E ele o feriu, e morreu. 16 E disse-lhe Davi: O teu sangue caia sobre a tua cabeça: porque tua própria boca falou contra ti, dizendo: Eu matei o ungido do Senhor.

Elegia de Davi sobre Saul e Jônatas

17 Fez pois Davi este cântico fúnebre sobre Saul, e sobre Jônatas, seu filho, 18 (e ordenou que ensinassem aos filhos de Judá o Arco, conforme está escrito no Livro dos Justos). E disse:

Considera, Israel, aos que morreram cobertos de feridas, sobre os teus altos.

19 Os nobres, ó Israel, foram mortos nos teus montes: Como caíram os valorosos?

20 Não o noticieis em Get: nem o publiqueis nas praças de Ascalon: Não suceda alegrarem-se as filhas dos filisteus, não suceda triunfarem as filhas dos incircuncidados.

21 Montes de Gilboé, nem orvalho nem chuva caia sobre vós, nem haja campos de que oferecer primícias: Porque lá foi lançado por terra o escudo dos fortes, o escudo de Saul, como se não tivesse sido ungido com óleo.

22 A seta de Jônatas nunca voltou para trás sem sangue de mortos, sem gordura de fortes, nem a espada de Saul se retirou em vão.

23 Saul e jônatas amáveis, e majestosos na sua vida, também na morte se não separaram: Mais ligeiros do que as águias, mais valentes do que os leões.

24 Filhas de Israel, chorai sobre Saul, que vos vestia de escarlate entre as delícias, e que vos dava os ornamentos de ouro para vosso enfeite.

25 Como caíram os fortes no combate? Como foi morto Jônata nos teus montes?

26 Por ti me encho de mágoa, meu irmão Jônatas, o mais gentil, e o mais amável sobre as mais amáveis das mulheres. Eu te amava bem como uma mãe ama a seu filho único.

27 Como caíram os robustos e pereceram as armas guerreiras?

Davi coroado em Hebron

2 Depois disto consultou Davi o Senhor, dizendo: Irei eu para alguma das cidades de Judá? E o Senhor lhe respondeu: Vai. E disse Davi: Para qual irei? E o Senhor lhe respondeu: Para Hebron. 2 Foi pois Davi, e as suas duas mulheres, Aquinoão de Jezrael, e Abigail, viúva de Nabal do Carmelo. 3 Levou também Davi consigo a gente, que estava com ele, cada um com a sua família: e ficaram morando nas vilas de Hebron. 4 E vieram os da tribo de Judá, e ungiram ali a Davi para reinar sobre a casa de Judá.

E noticiaram a Davi que os de Jabes de Galaad tinham sepultado a Saul. 5 Mandou pois Davi mensageiros aos de Jabes de Galaad, a dizer-lhes: Benditos sejais vós do Senhor, por esta humanidade que usastes com Saul vosso Senhor, e porque o sepultastes. 6 E agora vos recompensará certamente o Senhor, segundo a sua misericórdia e verdade: e eu também vos galardoarei por esta ação que obrastes. 7 Cobrem alento vossas mãos, e sede homens de valor: porque ainda que Saul, vosso senhor, é morto, contudo a casa de Judá me ungiu por seu rei.

Isboset, rival de Davi

8 Abner porém filho de Ner, general do exército de Saul, pegou em Isboset, filho de Saul, e o levou por todo o campo, 9 e o constituiu rei sobre Galaad e sobre Gessuri, e sobre Jezrael, e sobre Efraim, e sobre Benjamim, e sobre todo o Israel. 10 Tinha Isboset, filho de Saul, quarenta anos, quando começou a reinar em Israel, e reinou dois anos: e só a casa de Judá seguia a Davi. 11 E o número dos dias, que permaneceu Davi, reinando em Hebron, sobre a casa de Judá, foi o de sete anos e seis meses.

Guerra entre Isboset e Davi

12 E Abner, filho de Ner, com a gente de Isboset, filho de Saul, saiu do seu campo para Gabaon. 13 Mas Joab, filho de Sarvia, e as tropas de Davi saíram, e encontraram-se com eles perto da piscina de Gabaon. E tendo-se aproximado, acamparam-se um à vista do outro: estes da banda de cá da piscina, e aqueles da banda de lá. 14 E disse Abner a Joab: Saiam alguns dos moços, e escaramucem diante de nós. E Joab respondeu: Saiam. 15 Levantaram-se pois, e saíram em número de doze de Benjamim, por parte de Isboset, filho de Saul, e doze da gente de Davi. 16 E cada um deles tomando pela cabeça ao seu competidor afincou a espada pelo costado do seu contrário, e morreram todos a um mesmo tempo. E ficou-se aquele lugar chamando: o Campo dos Valentes de Gabaon.

17 E seguiu-se uma crua peleja naquele dia: e foi posto em fugida Abner e os soldados de Israel pelas tropas de Davi.

18 Achavam-se pois no combate os três filhos de Sarvia, Joab, e Abisai, e Asael. Mas Asael era mui ligeiro na carreira, como as cabras montesas, que habitam nas selvas. 19 Perseguia porém Asael e Abner, e não declinou nem para a direita, nem para a esquerda sem se descuidar de alcançar a Abner. 20 Olhou depois para trás Abner, e disse: Tu não és Asael? E este respondeu: Sou eu. 21 E disse-lhe Abner: Corre para a direita, ou para a esquerda, e apanha algum desses moços, e toma os seus despojos. Mas Asael não quis cessar de o perseguir. 22 E outra vez disse Abner a Asael: Retira-te, não me sigas, para que não me veja eu obrigado a te atravessar, e não possa eu mais aparecer diante de Joab, teu irmão. 23 Asael desprezou ouvi-lo, e não quis desviar-se: pelo que Abner voltada a lança o feriu na virilha, e o atravessou, e morreu ali mesmo: e todos os que passavam por aquele lugar, onde Asael caíra morto, paravam.

24 Enquanto porém Joab, e Abisai seguiam a Abner que ia fugindo, pôs-se o sol: e chegaram até o outeiro do aqueduto, que está defronte do vale, pelo caminho que vai do deserto para Gabaon.

25 E os filhos de Benjamim se uniram com Abner: e cerrados em um batalhão, fizeram alto no cimo de um cabeço. 26 E gritou Abner a Joab, e disse: Acaso se embravecerá a tua espada até não ficar nenhum? Ignoras porventura que é coisa perigosa a desesperação? Para quando guardas dizer ao povo que deixe de perseguir seus irmãos? 27 E Joab respondeu: Viva o Senhor, que se tu o tivesses dito, desde manhã teria cessado o povo de perseguir a seus irmãos. 28 Mandou pois Joab fazer sinal com a trombeta e fez alto todo o exército, nem perseguiram mais a Israel, nem travaram peleja.

29 Abner porém e a sua gente caminharam pelos campos toda aquela noite: e passaram o Jordão, e decorrido todo o país de Bet-horon, chegaram ao seu arraial. 30 Mas Joab tendo desistido de perseguir a Abner, voltando para trás ajuntou todo o povo: e da gente de Davi faltaram dezenove homens sem contar a Asael. 31 Mas as tropas de Davi feriram, dos de Benjamim, e dos soldados que vinham com Abner, trezentos e sessenta homens, que também ficaram mortos.

32 E tomaram o corpo de Asael, e o enterraram no jazigo de seu pai em Belém: e marcharam toda a noite Joab e a gente que estava com ele, e ao raiar do dia chegou a Hebron.

Reinado de Davi em Hebron

3 Houve pois uma longa guerra entre a casa de Saul e a casa de Davi: Davi prosperando e fortificando-se cada vez mais, a casa porém de Saul indo cada vez a menos.

2 E nasceram filhos a Davi em Hebron, e foi o seu primogênito Amon, que teve de Aquinoão de Jezrael. 3 E depois deste Queleab que houve de Abigail, viúva de Nabal do Carmelo: e o terceiro Absalão, filho de Maaca, filha de Tolmai, rei de Gessur, 4 o quarto porém Adonias, filho de Hagit: e o quinto Safatia, filho de Abital, 5 e o sexto Jetraão, filho de Egla, mulher de Davi em Hebron.

Abner toma o partido de Davi

6 Havendo pois guerra entre a casa de Saul e a casa de Davi, Abner, filho de Ner, governava a casa de Saul. 7 E Saul tinha uma concubina, chamada Resfa, filha de Aia. E Isboset disse a Abner: 8 Por que te aproximaste da concubina de meu pai? Abner em extremo irado por essas palavras de Isboset, disse: Acaso sou eu hoje alguma cabeça de cão contra Judá, porque usei de piedade com a casa de Saul, teu pai, e com seus irmãos, e parentes, e porque te não entreguei nas mãos de Davi? E tu buscas hoje em mim motivo para me argüires por respeito duma mulher? 9 Deus trate a Abner com toda a sua severidade, se eu não procurar para Davi, o que o Senhor lhe jurou, 10 fazendo que o reino seja transferido da casa de Saul: e que o trono de Davi seja elevado sobre Israel, e sobre Judá, desde Dan até Bersabée. 11 E não lhe pode responder coisa alguma porque o temia.

12 Enviou pois Abner mensageiros a Davi que lhe dissessem da sua parte: A quem pertence a terra? E que acrescentassem: Faze comigo amizade, e eu te servirei, e reduzirei ao teu mando todo o Israel. 13 Davi respondeu: Otimamente: eu farei amizade contigo: mas peço-te uma coisa, dizendo: Tu não me verás sem primeiro me trazeres a Micol, filha de Saul: e deste modo virás e me verás. 14 Enviou depois Davi mensageiros a Isboset, filho de Saul, dizendo: Restitui-me a Micol, minha mulher, que eu desposei por cem prepúcios de filisteus. 15 Enviou-a pois Isboset, e a tirou a seu marido Faltiel, filho de Lais. 16 E a seguia seu marido chorando até Baurim: e disse-lhe Abner: Vai, e torna. E ele voltou.

17 Fez também Abner uma fala aos anciãos de Israel, dizendo: Muito tempo há que vós desejáveis que Davi reinasse sobre vós. 18 Fazei-o pois agora: porquanto o Senhor falou a Davi, dizendo: Eu salvarei por meio de meu servo Davi o meu povo de Israel da mão dos filisteus, e de todos os seus inimigos. 19 E do mesmo modo falou Abner aos de Benjamim. E foi buscar a Davi em Hebron para dizer-lhe tudo o que os de Israel, e todos os de Benjamim tinham resoluto. 20 E se apresentou a Davi em Hebron com vinte homens: e Davi deu um banquete a Abner, e aos que tinham vindo com ele. 21 E disse Abner a Davi: Eu irei, para te ajuntar a ti, meu Senhor e rei, todo o Israel, e farei concerto contigo, para teres o império sobre todos, assim como o deseja teu coração.

Tendo pois Davi despedido a Abner, e tendo-se este ido em paz, 22 chegaram logo as gentes de Davi, e de Joab, que, vindo de matar uns ladrões, traziam uma grande presa: Abner porém não estava já com Davi em Hebron, porque o tinha despedido, e ele se tinha retirado em paz. 23 E Joab, e todo o exército, que estava com ele, chegaram depois. Não faltou porém quem desse a Joab a nova e lhe dissesse: Abner, filho de Ner, veio ao rei, e este o despediu, e ele se foi em paz.

24 E foi Joab ter com o rei, e disse: Que fizeste? Abner acaba de estar contigo: por que o despediste tu, e o deixaste retirar? 25 Tu não sabes quem é Abner, filho de Ner, e que ele veio ter contigo a fim de te enganar e para saber as tuas saídas e as tuas entradas e para sondar tudo quanto fazes?

Abner é morto à traição

26 Retirando-se pois Joab de Davi, enviou mensageiros atrás de Abner, e o fez voltar da cisterna de Sira, sem Davi o saber. 27 E voltando Abner a Hebron, Joab o levou ao meio da porta para lhe falar aleivosamente: e aí mesmo o feriu na virilha, e foi morto em vingança do sangue de Asael, seu irmão.

28 O que ouvindo Davi que a coisa era já feita, disse: Eu para todo sempre estou e o meu reino inocente diante do Senhor do sangue de Abner, filho de Ner, 29 e ele caia sobre a cabeça de Joab, e sobre toda a casa de seu pai: e não falte nunca na casa de Joab quem padeça uma vergonhosa purgação nem quem seja leproso, nem quem pegue no fuso, nem quem seja morto à espada, nem quem mendigue o pão.

30 Joab pois e Abisai, seu irmão, mataram a Abner, porque tinha morto seu irmão Asael na batalha de Gabaon. 31 E disse Davi a Joab,

e a todo o povo, que estava com ele: Rasgai
os vossos vestidos, e cobri-vos de sacos, e cho-
rai no funeral de Abner: e o rei Davi ia se-
guindo o féretro. 32 E logo que enterraram a
Abner em Hebron, levantou o rei Davi a sua
voz, e chorou sobre a sepultura de Abner: e
chorou também sobre a sepultura de Abner:
e chorou também todo o povo. 33 E o rei,
pranteando-o e chorando-o, disse:

Abner não morreu como costumam morrer
os cobardes.

34 As tuas mãos não foram atadas, nem os
teus pés carregados de grilhões: mas tu caíste,
bem como os que costumam cair diante dos
filhos da iniqüidade. E o povo repetindo o
mesmo chorou sobre ele.

35 E tendo vindo todos comer com Davi,
sendo ainda dia claro, jurou Davi, dizendo:
Deus me trate com todo o seu rigor, se eu
provar algum bocado de pão, ou que quer que
seja antes do sol posto. 36 E todo o povo
ouviu, e lhes pareceu bem tudo o que o rei
fizera à vista de todo o povo: 37 e conheceu
toda a plebe, e todo o Israel naquele dia que
Davi não tivera parte alguma no assassinato
de Abner, filho de Ner. 38 Disse também o
rei aos seus servos: Acaso não sabeis que
quem hoje morreu em Israel é um dos seus
maiores príncipes? 39 Eu porém ainda estou
pouco seguro, bem que ungido rei: mas estes
homens filhos de Sarvia são muito violentos
para mim. O Senhor se haja com o que faz mal
segundo a sua malícia.

Assassínio de Isboset

4 Ouviu pois Isboset, filho de Saul, que Abner
fora morto em Hebron: e perdeu com isso
a força de suas mãos, e todo o Israel ficou
perturbado.

2 Tinha o filho de Saul a seu serviço dois
capitães de salteadores, um dos quais se cha-
mava Baana, e outro Recab, filhos de Remon
de Berot, da tribo de Benjamim: porque foi
reputada Berot pertencente a Benjamim.
3 Mas os berotitas fugiram para Getaim, e mo-
raram lá como forasteiros até àquele tempo.

4 Jônatas porém, filho de Saul, tinha um
filho estropeado dos pés: porque tinha cinco
anos, quando chegou de Jezrael a nova da
morte de Saul e de Jônatas. Sua ama pois to-
mando-o, fugiu: e como se apressasse em fugir,
caiu o menino, e ficou coxo: e o seu nome foi
Mifiboset.

5 Vindo pois Recab e Baana, filhos de Re-
mon de Berot, entraram em casa de Isboset no
maior calor do dia: ele estava no seu leito dor-
mindo a sesta. E a porteira de casa estando
alimpando trigo, se deixou adormecer. 6 En-
traram pois na casa sem ser sentidos Recab
e Baana, seu irmão, levando umas espigas de
trigo, e feriram a Isboset na virilha, e fugi-
ram. 7 Porque quando entraram em casa, ele
dormia em cima do seu leito no seu quarto,
e ferindo-o o mataram: e cortando-lhe a cabe-
ça, andaram toda a noite pelo caminho do
deserto, 8 e trouxeram a cabeça de Isboset a
Davi a Hebron: e disseram ao rei: Eis aqui a
a cabeça de Isboset, filho de Saul, teu inimigo,
que procurava tirar-te a vida. E o Senhor vin-
gou hoje ao rei, meu senhor, de Saul, e da sua
linhagem.

9 Mas Davi respondendo a Recab, e a Baana,
seu irmão, filhos de Remon de Berot, disse-lhes:
Viva o Senhor, que livrou a minha alma de
toda a angústia, 10 porque se aquele, que me
anunciou, e disse: É morto Saul: cuidando
que me trazia uma boa nova, fiz que o pren-
dessem, e o matassem em Siceleg, quando pa-
recia ter merecido pela nova as alvíçaras.
11 Quanto mais agora quando uns malvados
mataram a um homem inocente dentro da sua
mesma casa, sobre o seu leito, não vingarei eu
o seu sangue sobre vós, e vos exterminarei
da terra?

12 Deu ordem pois Davi aos seus criados, e
eles os mataram: e cortando-lhes as mãos e os
pés, os penduraram junto da piscina de He-
bron: e tomaram a cabeça de Isboset, e a enter-
raram no sepulcro de Abner em Hebron.

Davi, rei de todo Israel

5 E vieram todas as tribos de Israel ter com
Davi em Hebron, dizendo: Aqui nos tens,
que somos teus ossos e tua carne. 2 E ainda
ontem e antes de ontem, quando Saul era rei
sobre nós, eras tu o que conduzias e fazias
voltar a Israel: e o Senhor te disse: Tu apas-
centarás o meu povo de Israel, e tu serás o
condutor de Israel.

3 Vieram também os anciãos de Israel bus-
car o rei em Hebron, e ali fez o rei Davi alian-
ça com eles diante do Senhor: e eles ungiram
a Davi em Rei sobre Israel.

4 Tinha Davi trinta anos, quando começou
a reinar, e reinou quarenta anos. 5 Reinou
em Hebron sete anos e meio sobre Judá: e
trinta e três anos em Jerusalém sobre todo o
Israel e sobre Judá.

Jerusalém é tomada e elevada a capital

6 E foi o rei, e toda a tropa que tinha con-
sigo, a Jerusalém, contra os jebuseus, que mo-
ravam ali. E estes disseram a Davi: Não en-
trarás cá, menos que não lances fora os cegos

e os coxos que dizem: Davi não há de cá entrar.
7 Tomou pois Davi a fortaleza de Sião, esta é
a cidade de Davi. 8 Porque naquele dia tinha
Davi proposto um prêmio a quem batesse os
jebuseus, e subisse às biqueiras dos telhados,
e lançasse fora os cegos e coxos, que aborre-
ciam a alma de Davi. Por isso se diz em pro-
vérbio: Nem cego nem coxo entrarão no tem-
plo. 9 Habitou porém Davi na Fortaleza: e a
chamou, cidade de Davi: e levantou edifícios
ao redor desde Melo e no interior. 10 E Davi
se ia fortificando e crescendo mais e mais, e o
Senhor Deus dos exércitos era com ele.

11 Hirão, rei de Tiro, enviou também men-
sageiros a Davi, com um donativo de madeira
de cedro, e carpinteiros, e canteiros para os
muros: e edificaram a casa de Davi. 12 E reco-
nheceu Davi que o Senhor o havia confirmado
rei sobre Israel, e que tinha exaltado o seu
reino sobre o seu povo de Israel.

13 Tomou porém Davi ainda concubinas e
mulheres de Jerusalém, depois que veio de
Hebron: e teve delas outros filhos e filhas. 14 E
estes são os nomes dos que lhe nasceram em
Jerusalém, Samua, e Sobab, e Natan, e Salo-
mão, 15 e Jebaar, e Elisua, e Nefeg, 16 e Jafia,
e Elisama e Elioda, e Elifalet.

Vitória sobre os filisteus

17 Os filisteus pois ouviram que Davi fora
ungido rei sobre Israel: e subiram todos em
busca de Davi: o que sabendo Davi, se retirou
a um lugar forte. 18 Mas vindo os filisteus se
estenderam pelo Vale dos Rafains. 19 E Davi
consultou o Senhor, dizendo: Marcharei eu
contra os filisteus? E entregar-mos-ás tu nas
minhas mãos? E respondeu o Senhor a Davi:
Vai, que eu entregarei, e porei os filisteus nas
tuas mãos. 20 Veio pois Davi a Baal Farasim,
e os derrotou aí, e disse: Dividiu o Senhor meus
inimigos à minha vista, bem como se dividem
as águas. Por isso aquele lugar se chamou Baal
Farasim. 21 E os filisteus deixaram lá os seus
ídolos, os quais Davi, e a sua gente trouxeram.

22 E tornaram a vir os filisteus, e se espa-
lharam pelo Vale dos Rafains. 23 Consultou
pois Davi o Senhor, dizendo: Irei eu contra
os filisteus, e entregar-mos-ás tu nas minhas
mãos? O Senhor lhe respondeu: Não vás di-
reito a eles, mas toma por detrás deles, e vai
a eles por defronte das pereiras. 24 E quando
ouvires a ramalha dum que anda por cima das
pereiras, então travarás a batalha: porque o
Senhor marchará então adiante de ti, para
destruir o campo dos filisteus. 25 Fez pois
Davi como o Senhor lhe tinha mandado, e der-
rotou os filisteus desde Gabaa, até chegar a
Gezer.

A Arca na casa de Obededom

6 Ajuntou pois Davi de novo toda a flor de
Israel em número de trinta mil. 2 E levan-
tou-se Davi, e partiu, e todo o povo com ele,
para trazerem a arca de Deus, sobre a qual é
invocado o nome do Senhor dos exércitos, que
tem o seu assento nele sobre os querubins. 3 E
puseram a arca de Deus sobre um carro novo:
e levaram-na da casa de Abinadad, que estava
em Gabaa: Oza porém e Aio, filhos de Abina-
dab, conduziam o carro novo. 4 E tendo-a tira-
do da casa de Abinadab, que estava em Gabaa,
Aio ia adiante da arca guardando a arca de
Deus. 5 Davi porém e todo o Israel tocavam
diante do Senhor toda a casta de instrumentos
de madeira, cítaras e violas e tambores e flau-
tas e tímbales.

6 Mas logo que chegaram à eira de Nacon,
lançou Oza a mão à arca de Deus, e a susteve:
porque os bois escouceavam, e a tinham feito
pender. 7 E o Senhor se indignou em grande
maneira contra Oza, e o feriu pela sua teme-
ridade: e caiu morto ali mesmo junto à arca
de Deus. 8 Mas Davi se contristou, porque o
Senhor ferira a Oza. E ficou-se chamando
aquele lugar até o dia de hoje: O Castigo de
Oza. 9 E temeu Davi ao Senhor naquele dia,
dizendo: Como entrará a arca do Senhor em
minha casa? 10 E não quis que levassem a
arca do Senhor para sua casa na cidade de
Davi: mas fê-la entrar em casa de Obededom
de Get. 11 E esteve a arca do Senhor três meses
em casa de Obededom de Get: e o Senhor aben-
çoou a Obededom, e a toda a sua casa.

A Arca em Jerusalém

12 E vieram dizer ao rei Davi que o Senhor
tinha abençoado a Obededom, e a tudo o que
lhe pertencia, por causa da arca de Deus. Foi
pois Davi, e trouxe de casa de Obededom a
arca de Deus para a cidade de Davi com gozo.
E levava Davi consigo sete coros, e um novilho
para vítima. 13 E quando os que levavam a
arca do Senhor tinham dado seis passos, imo-
lava ele um boi e um carneiro, 14 e Davi
dançava diante do Senhor com todas as suas
forças: Davi porém estava vestido dum efod
de linho. 15 E Davi, e toda a casa de Israel
conduziam a arca do testamento do Senhor,
com júbilo, e ao som de trombetas.

16 E tendo entrado a arca do Senhor na
cidade de Davi, Micol, filha de Saul, olhando
duma janela, viu ao rei Davi bailando, e sal-
tando diante do Senhor: e lá no seu coração
o teve em pouca conta.

17 Introduziram pois a arca do Senhor, e
a colocaram no seu lugar, no meio do taber-

náculo, que Davi lhe tinha preparado. E Davi ofereceu holocaustos e sacrifícios de ação de graças diante do Senhor. 18 E tendo acabado de oferecer os holocaustos e sacrifícios de ação de graças, abençoou o povo em nome do Senhor dos exércitos. 19 E distribuiu a todo o povo de Israel, tanto a homens como a mulheres, a cada um uma empada de pão, e uma posta de vaca assada, e flor de farinha frita em azeite. E retirou-se todo o povo, cada um para a sua casa.

20 Retirou-se também Davi a sua casa, para a abençoar. E Micol, filha de Saul, tendo saído a receber a Davi, disse: Que glória teve hoje um rei de Israel despindo-se diante das escravas de seus vassalos, e aparecendo nu, como faria um chocarreiro! 21 E Davi respondeu a Micol: Diante do Senhor, que me escolheu preferindo-me a teu pai, e a toda a sua casa, e que me mandou que fosse eu o condutor do povo do Senhor em Israel, 22 não só bailarei, mas também me farei mais vil do que me tenho feito: e serei humilde em meus olhos: e com isto aparecerei com mais glória diante das escravas de que falaste. 23 Por esta razão Micol, filha de Saul, não teve filhos até o dia da sua morte.

Promessas de Deus a Davi

7 Aconteceu pois que estando já o rei de assento em sua casa, e tendo-lhe o Senhor dado paz de todas as partes com todos os seus inimigos, 2 disse ele ao profeta Natan: Tu não vês que eu estou morando numa casa de cedro, e que a arca de Deus está posta debaixo dumas peles? 3 E Natan respondeu ao rei: Vai, faze tudo o que tens no coração porque o Senhor é contigo.

4 Mas sucedeu naquela mesma noite que o Senhor falou a Natan, dizendo: 5 Vai, e dize ao meu servo Davi: Eis aqui o que diz o Senhor: Porventura serás tu que me edifiques uma casa onde eu habite? 6 Porque eu desde que tirei da terra do Egito os filhos de Israel até o dia de hoje, não tenho tido casa nenhuma: mas tenho estado debaixo de um pavilhão, e de uma tenda.

7 Por todos os lugares, por onde passei com todos os filhos de Israel, tenho eu porventura falado palavra a alguma das tribos de Israel, a que mandei que pastoreasse o meu povo de Israel, dizendo: Por que me não tendes vós edificado uma casa de cedro? 8 Agora pois dirás a meu serviço Davi: Eis aqui o que diz o Senhor dos exércitos: Eu te tirei das pastagens, quando ias seguindo os gados, para que fosses o condutor do meu povo de Israel: 9 e por toda a parte por onde andaste, estive contigo, e exterminei todos os teus inimigos de diante dos teus olhos: e fiz o teu nome tão ilustre, como o dos grandes que há na terra. 10 E eu fixarei lugar ao meu povo de Israel, e plantá-lo-ei ali, e habitará nele, e não será mais perturbado: nem os filhos da iniqüidade tornarão a afligi-lo como dantes, 11 desde o tempo em que eu constitui juízes sobre o meu povo de Israel: e eu te darei paz com todos os teus inimigos: e o Senhor te diz desde já que o mesmo Senhor estabelecerá a tua casa. 12 E completos que forem os teus dias, e tiveres dormido com teus pais, suscitarei depois de ti a teu filho, que procederá do teu ventre, e firmarei o seu reino, 13 ele edificará uma casa em meu nome: e eu estabelecerei para sempre o trono do seu reino. 14 E eu lhe serei pai, e ele me será filho. Se ele cometer alguma coisa injusta, eu o castigarei com vara de homens, e com açoites de filhos de homens. 15 Porém não retirarei dele a minha misericórdia, como a retirei de Saul, a quem lancei de diante da minha face. 16 E a tua casa será estável, e o teu reino se perpetuará diante do teu rosto, e o teu trono será firme para sempre.

17 Segundo todas estas palavras, e conforme toda esta visão, assim falou Natan a Davi.

Davi agradece a Deus

18 Entrou pois o rei Davi, e se assentou diante do Senhor, e disse: Quem sou eu, ó Senhor Deus, e que casa é a minha, para tu me teres elevado a este ponto? 19 Mas isto mesmo te pareceu a ti pouco, ó Senhor Deus, se não falasses também da casa de teu servo para tempos distantes: porque esta é a lei de Adão, ó Senhor Deus. 20 Que coisa pois poderá acrescentar ainda Davi, que te possa dizer? Porque tu, ó Senhor Deus, conheces a teu servo. 21 Por atenção à tua palavra, e segundo o teu coração, fizeste tu todas estas maravilhas, até o ponto de as dares a saber a teu servo. 22 Pelo que, ó Senhor Deus, bem tens mostrado a tua magnificência, porque não há semelhante a ti, nem há Deus fora de ti, segundo tudo o que temos ouvido com os nossos ouvidos. 23 Que nação pois há na terra, como o teu povo de Israel, a quem Deus foi a resgatar, para fazê-lo povo seu, e dar a si nome, e obrar a seu favor à vista do teu povo, que tiraste da escravidão do Egito, maravilhas, e prodígios terríveis contra a sua terra, a sua gente e o seu deus? 24 Porque tu estabeleceste a Israel, para ser eternamente teu povo: e tu te fizeste o seu Deus, ó Senhor Deus. 25 Agora pois, ó Senhor Deus, faze que tenha efeito para sempre a palavra que fa-

laste acerca de teu servo, e da tua casa: e faze como disseste, 26 para que o teu nome seja eternamente engrandecido, e se diga: O Senhor dos exércitos é o Deus de Israel. E a casa de teu servo Davi permanecerá estável diante do Senhor, 27 porque tu, ó Senhor dos exércitos, Deus de Israel, descobriste à orelha de teu servo, dizendo: Eu te edificarei casa. Por isso o teu servo achou o seu coração para te fazer esta rogativa. 28 Agora pois, ó Senhor Deus, tu és o Deus, e as tuas palavras achar-se-ão verdadeiras: porque tu mesmo disseste a teu servo estes bens. 29 Começa pois, e abençoa a casa de teu servo, para que ela subsista eternamente diante de ti: porque tu, ó Senhor Deus, é que falaste, e com a tua bênção será para sempre bendita a casa de teu servo.

Conquistas de Davi

8 Depois disto foi que Davi desbaratou os filisteus, e os humilhou, e tirou Davi o freio do tributo das mãos dos filisteus. 2 Destroçou também aos moabitas, e mediu-os com cordéis, fazendo-os deitar por terra: e dos dois cordéis de medida, a um destinou para morte, a outro para vida. E ficou Moab sujeito a Davi pagando-lhe tributo. 3 Desfez também Davi a Adarezer, filho de Roob, rei de Soba, quando marchou para estender os seus domínios até o rio Eufrates. 4 E tendo-lhe tomado Davi mil e setecentos de cavalo e vinte mil de pé, cortou os nervos das pernas a todos os cavalos das carroças: e deles reservou somente para cem carroças.

5 Vieram também os siros de Damasco, para darem socorro a Adarezer, rei de Soba: e Davi matou vinte e dois mil siros. 6 E pôs Davi guarnição na Síria de Damasco: e a Síria se sujeitou a Davi ficando-lhe tributária: e o Senhor guardou a Davi em todas as expedições a que foi. 7 E tomou Davi as armas de ouro, que tinham os servos de Adarezer, e levou-as para Jerusalém. 8 E de Bete, e de Berot, cidades de Adarezer, tomou Davi uma prodigiosa quantidade de cobre.

9 Mas Tou, rei de Emat, ouviu que Davi quebrara todas as forças a Adarezer, 10 e Tou enviou Jorão, seu filho, ao rei Davi para o cumprimentar dando-lhe os parabéns, e para lhe dar graças por ter vencido, e destroçado a Adarezer. Porque Tou era inimigo de Adarezer, e trazia na sua mão vasos de ouro, e de prata, e de cobre: 11 os quais o rei Davi consagrou também ao Senhor, com a prata e ouro, que lhe tinha consagrado do despejo de todas as nações, que sujeitara. 12 Da Síria, e de Moab, e dos filhos Amon, e dos filisteus, de Amalec, como os despojos de Adarezer, filho de Roob, rei de Soba.

13 Adquiriu também Davi para si grande nome, quando na volta da conquista da Síria matou dezoito mil homens no Vale das Salinas: 14 e pôs na Iduméia governadores, e estabeleceu uma guarnição. E toda a Iduméia ficou sujeita a Davi em todas as empresas que acometeu.

15 Reinou pois Davi sobre todo o Israel: e julgava também Davi, e fazia justiça a todo o seu povo. 16 Joab porém, filho de Sarvia, era o general dos seus exércitos: e Josafat, filho de Ailud, era cronista-mor: 17 e Sadoc, filho de Aquitob, e Aquimelec, filho de Abiatar, eram pontífices: e Saraias era secretário. 18 Banaias porém, filho de Jojada, mandava nos cereteus e feleteus: e os filhos de Davi eram sacerdotes.

Favores de Davi ao filho de Jônatas

9 E disse Davi: Sabeis se ficou algum da casa de Saul, para que eu lhe faça bem por amor de Jônatas? 2 Ora havia um criado da casa de Saul, chamado Siba: a quem tendo o rei chamado à sua presença, lhe disse: Tu és Siba? Ele respondeu: Eu sou teu servo. 3 E o rei disse: Porventura ficou algum da casa de Saul, a quem eu possa fazer grandes mercês? E Siba respondeu ao rei: Ficou ainda um filho de Jônatas, aleijado dos pés. 4 Onde está ele? disse Davi. Siba disse ao rei: Está em Lodabar em casa de Maquir, filho de Amiel. 5 Mandou pois o rei Davi buscá-lo, e o fez trazer de Lodabar de casa de Maquir, filho de Amiel. 6 E Mifiboset, filho de Jônatas, filho de Saul, tendo chegado à presença de Davi, se prostrou com o rosto por terra, e o adorou. E disse Davi: Mifiboset? Ele respondeu: Aqui estou, teu servo. 7 E disse-lhe Davi: Não temas, porque eu estou resoluto a fazer-te todo o bem em atenção a Jônatas, teu pai, e te restituirei todos os campos de Saul, teu pai, e tu comerás sempre à minha mesa. 8 E Mifiboset, inclinando-se profundamente, disse: Quem sou eu teu servo, para tu teres olhado para um cão morto qual eu sou?

9 Mandou pois o rei chamar a Siba, criado de Saul, e lhe disse: Eu dei ao filho de teu amo tudo o que pertencia a Saul, e a toda a sua casa. 10 Tu pois, e teus filhos, e teus servos, trabalhar-lhe-eis as suas terras. E cuidarás de subministrar ao filho de teu amo alimentos para que se sustente: Mas Mifiboset, filho de teu amo, comerá sempre à minha mesa. E Siba tinha quinze filhos, e vinte servos. 11 E Siba disse ao rei: Conforme tu mandaste, ó rei meu senhor, ao teu servo, assim

o fará teu servo. E Mifiboset comerá à minha
mesa, como um dos filhos do rei. 12 Ora
Mifiboset tinha um filho ainda criança cha-
mado Mica: e toda a parentela da casa de
Siba servia a Mifiboset. 13 Vivia pois Mifi-
boset em Jerusalém: porque todos os dias
comia à mesa do rei: e ele era coxo de ambos
os pés.

Vitórias sobre os amonitas e os amareus

10 Aconteceu depois disto morrer o rei dos
amonitas, e em seu lugar reinou Hanon,
seu filho. 2 E disse Davi: Eu mostrarei o meu
afeto a Hanon, filho de Naás, como seu pai
mo mostrou a mim. Enviou pois Davi embai-
xadores, para o consolar na morte de seu pai.
Mas chegados que foram os enviados de Davi
às terras dos amonitas, 3 disseram os prínci-
pes dos amonitas a seu amo Hanon: Tu cuidas
que em honra de teu pai te enviou Davi estes
homens para te consolar, e não te enviou os
seus servos a fim de investigarem, e de re-
conhecerem a cidade, e para a destruirem?
4 Prendeu pois Hanon os servos de Davi, e
lhes mandou rapar a metade da barba, e
cortar-lhes a metade dos seus vestidos até o
alto das coxas, e os despediu.
5 Davi tanto que lhe foi dada esta notícia,
enviou a encontrá-los: porque estavam os
homens sobremaneira corridos com a afron-
ta, e mandou-lhes dizer Davi: Deixai-vos estar
em Jericó, até que vos cresça a barba, e então
voltareis.
6 Considerando pois os amonitas que ti-
nham injuriado a Davi, mandaram aos siros
de Roob, e aos siros de Soba, e tomaram de-
les a seu soldo vinte mil homens de pé, e do
rei de Maaca mil homens e de Istob doze mil
homens. 7 Advertido disto Davi, mandou a
Joab com todas as suas tropas. 8 E sairam
os amonitas à campanha, e dispuseram o seu
exército em batalha à mesma entrada da por-
ta: e os siros de Soba, e os de Roob, e os de
Istob, e os de Maaca estavam separados no
campo. 9 Joab pois vendo que estava prepa-
rada a batalha contra ele, assim pela frente,
como pela retaguarda, escolheu de toda a flor
de Israel, e formou linha de batalha contra
os siros: 10 o resto porém do exército o en-
tregou a seu irmão Abisai, que dirigiu o com-
bate contra os amonitas. 11 E disse Joab: Se
os siros prevalecerem contra mim, vem tu em
meu socorro: mas se os amonitas prevalece-
rem contra ti, eu te socorrerei. 12 Mostra-te
com valor, e pelejemos pelo nosso povo, e
pela cidade do nosso Deus, e o Senhor obrará
como bem lhe parecer.
13 Travou pois Joab, e a gente que estava
com ele, o combate contra os siros: os quais
logo fugiram de diante dele. 14 Os amonitas
porém vendo que os siros tinham fugido,
fugiram também eles de diante de Abisai, e
se retiraram à cidade. E voltou Joab dos fi-
lhos de Amon, e veio para Jerusalém.
15 Os siros pois vendo que tinham ficado
desbaratados à vista de Israel, tornaram a
refazer-se. 16 E enviou Adarezer, e fez pôr em
campo aos siros que estavam da outra banda
do rio, e conduziu as suas tropas: Sobac po-
rém, general do exército de Adarezer, as co-
mandava. 17 Do que informado Davi, ajuntou
todo o Israel, e passou o Jordão, e foi até
Helam: e os siros ordenaram o seu exército
defronte de Davi, e batalharam contra ele.
18 Mas os siros se puseram em fugida à vista
de Israel, e Davi desbaratou setecentos carros
dos siros e quarenta mil homens de cavalo:
e feriu a Sobac, general do exército, o qual
logo morreu. 19 Vendo porém todos os reis,
que socorriam Adarezer, que eles estavam
vencidos pelos israelitas, tiveram medo e fu-
giram à vista dos israelitas cinqüenta e oito
mil homens. E fizeram pazes com os israelitas.
E ficaram-lhe sujeitos, e de então por diante
não ousaram os siros dar socorro aos amonitas.

Davi e Betsabée

11 Sucedeu porém que tendo decorrido um
ano, ao tempo em que os reis costuma-
vam ir para a guerra, enviou Davi a Joab, e
aos seus oficiais com ele, e a todo o Israel
e destruiram aos amonitas, e puseram sítio
a Raba: mas Davi ficou em Jerusalém.
2 Quando assim passavam as coisas, suce-
deu que levantando-se Davi de dormir a sesta
se pôs a passear no terraço do palácio real:
e viu a uma mulher que se estava lavando,
defronte de seu terraço, e era uma mulher
em extremo formosa. 3 Mandou o rei pois
saber quem era aquela mulher: e disseram-
lhe que era Betsabée, filha de Elião, mulher
de Urias heteu. 4 E enviou Davi mensageiros,
e fez que lha trouxessem. Chegada que foi
Betsabée caiu em adultério: e ela se purificou
logo da sua imundícia. 5 E voltou para a sua
casa, tendo concebido. E enviou a avisar Davi,
e a dizer-lhe: Eu concebi.
6 E Davi mandou dizer a Joab: Remete-me
a Urias heteu. E Joab remeteu Urias a Davi.
7 E apresentou-se Urias a Davi: e Davi lhe
perguntou, se passava bem Joab, e o povo, e
como ia a guerra: 8 e disse Davi a Urias: Vai
para tua casa, e lava os teus pés. E saiu Urias
do palácio do rei, e após ele foram mandados
uns pratos da sua mesa. 9 Mas Urias passou

a noite ao pé da porta do palácio do rei com os outros oficiais do seu senhor, e não foi a sua casa. 10 Avisaram disto a Davi, dizendo: Urias não foi a sua casa. E Davi disse a Urias: Não vieste tu duma jornada? Por que não foste a tua casa? 11 E Urias respondeu a Davi: A arca de Deus e Israel e Judá ficam debaixo dumas tendas, e meu senhor Joab, e os servos de meu senhor dormem na terra nua: e irei eu para minha casa comer e beber, e dormir com minha mulher? Pela tua vida, e pela saúde da tua alma eu não farei tal coisa. 12 Disse pois Davi a Urias: Fica cá ainda hoje, e amanhã te enviarei. Ficou Urias em Jerusalém aquele dia e o seguinte: 13 e Davi o convidou a comer e a beber em sua presença, e o embebedou: e Urias saindo já de noite, dormiu na sua cama com os oficiais do seu senhor, e não foi a sua casa.

Homicídio de Davi

14 Chegada pois a manhã, escreveu Davi a Joab uma carta: e lha enviou por mão de Urias, 15 tendo escrito na carta: Ponde a Urias na frente de um batalhão, onde for mais rijo o combate: e desamparai-o para que ferido pereça.

16 Joab pois tendo sitiado a cidade, pôs a Urias bem defronte do lugar onde sabia que estavam os homens mais valentes. 17 E tendo os da cidade feito uma sortida, carregaram sobre Joab, e morreram alguns do exército de Davi, e morreu também Urias heteu.

18 Enviou pois Joab quem relatasse a Davi tudo o que se tinha passado no combate: 19 e ordenou ao correio, dizendo: Depois que tu tiveres acabado de contar ao rei tudo o que se passou no exército, 20 se vires que ele se indigna, e diz: Por que fostes vós combater tão perto dos muros? Vós não sabíeis que são muitos os dardos que se arremessam do alto muro? 21 Quem matou a Abimelec, filho de Jerobaal? Não foi uma mulher que do alto da muralha deitou em cima dele um pedaço de uma mó de moinho, e o matou em Tebes? Por que vos chegastes vós tanto aos muros? Tu lhe dirás: Também morreu teu servo Urias heteu.

22 Partiu pois o correio, e foi, e referiu a Davi tudo o que Joab lhe tinha mandado. 23 E o mensageiro disse a Davi: Os inimigos prevaleceram contra nós, e fizeram uma saída ao nosso campo: mas dando nós sobre eles os perseguimos até à porta da cidade. 24 E os frecheiros dirigiram os tiros contra os teus servos desde o alto do muro: e morreram alguns dos servos do rei, e até morreu também Urias heteu, teu servo. 25 E Davi disse ao correio: Dirás isto a Joab: Não percas por isso o ânimo: porque os sucessos da guerra são vários, ora perece um, ora perece outro aos golpes da espada. Conforta os teus soldados, e esforça-os contra a cidade, para a destruires.

26 Mas a mulher de Urias ouviu que Urias, seu marido, era morto, e o chorou. 27 E passado o tempo do luto enviou Davi, e a fez trazer para o seu palácio, e tomou-a por sua mulher, e ela lhe pariu um filho. Mas o que Davi fizera, foi desagradável aos olhos do Senhor.

Arrependimento e castigo de Davi

12 Enviou o Senhor pois Natan a Davi: e Natan tendo entrado à sua presença, lhe disse: Havia numa cidade dois homens, um rico e outro pobre. 2 O rico tinha ovelhas, e manadas de bois em grande número: 3 o pobre porém não tinha coisa alguma, senão uma ovelhinha, que ele comprara, e criara, e que tinha crescido em sua casa juntamente com seus filhos, comendo do seu pão, e bebendo do seu mesmo copo, e dormindo no seu regaço: e ele lhe queria como a sua filha. 4 Como pois um forasteiro viesse ver o rico, não querendo este tocar nas suas ovelhas, nem nos seus bois, por dar um banquete àquele forasteiro, que lhe tinha chegado, tomou a ovelhinha daquele pobre homem, e a preparou para dar de comer ao hóspede que tinha vindo a sua casa. 5 Davi porém sumamente indignado contra aquele homem, disse para Natan: Viva o Senhor, que um homem que tal fez, é digno de morte. 6 Ele há de pagar o quádruplo da ovelha, por ter feito dela o que fez, e por não ter perdoado ao pobre.

7 Mas Natan disse a Davi: Tu és este homem. Eis aqui o que diz o Senhor Deus de Israel: Eu te ungi em rei sobre Israel, e eu te livrei da mão de Saul, 8 e te dei a casa de teu amo, e as mulheres de teu amo no teu seio, e te dei a casa de Israel e de Judá: e se isto é pouco, te ajuntarei ainda coisas muito maiores. 9 Por que desprezaste tu logo a palavra do Senhor, até cometeres o mal diante de meus olhos? Fizeste perecer à espada a Urias heteu, e tomaste para ti a que era sua mulher, e mataste-o com a espada dos filhos de Amon. 10 Por esta razão não se apartará jamais a espada da tua casa, por me teres desprezado, e por teres tomado a mulher de Urias heteu, para ser tua mulher. 11 Eis aqui pois o que diz o Senhor: Eu suscitarei da tua mesma casa o mal sobre ti, e tomarei as tuas mulheres à tua vista, e dá-las-ei a um teu próximo, e ele dormirá com as tuas mulheres aos olhos

deste sol. 12 Porque tu fizeste isto às escondidas. Mas eu farei estas coisas à vista de todo o Israel, e à vista do sol.

13 E Davi disse a Natan: Pequei contra o Senhor. E Natan respondeu a Davi: Também o Senhor transferiu o teu pecado: não morrerás. 14 Todavia, como tu pelo que fizeste deste lugar a que os inimigos do Senhor blasfemem, morrerá certamente o filho, que te nasceu. 15 E voltou Natan para sua casa.

E o Senhor feriu de enfermidade ao menino que a mulher de Urias tinha parido a Davi, e perdeu-se a esperança de que vivesse. 16 E fez Davi oração ao Senhor pelo menino: e jejuou Davi com rigoroso jejum: e posto em retiro prostrou-se sobre a terra. 17 Vieram porém os oficiais-mores da sua casa instando-lhe muito para que se levantasse do chão: mas ele o não quis fazer, nem comeu com eles. 18 Aconteceu que ao sétimo dia morreu o menino: e os servos de Davi não ousavam dizer-lhe que o menino era morto: porque diziam: Quando o menino ainda vivia, nós lhe falávamos, e não queria ele ouvir-nos: quanto mais se afligirá ele, se lhe dissermos que o menino morreu! 19 Davi porém vendo a seus servos em segredinhos, entendeu que o menino era morto: e disse aos seus criados: Porventura é morto o menino? Eles lhe responderam: É morto. 20 Levantou-se pois Davi do chão: e lavou-se e se ungiu: e tendo mudado de vestido, entrou na casa do Senhor: e o adorou, e veio para sua casa, e pediu que lhe pusessem de comer, e comeu. 21 E os seus servos lhe disseram: Como assim fizeste? Tu jejuaste, e choraste pelo menino, quando ainda vivia: e agora que ele morreu, levantaste-te, e comeste. 22 E Davi respondeu: Eu jejuei e chorei pelo menino, enquanto vivo: porque dizia: Quem sabe se talvez o Senhor mo dará, e viva o menino? 23 Mas agora que ele morreu, por que hei de jejuar? Acaso posso eu fazê-lo ainda viver? Mais irei eu para ele, do que ele tornará para mim.

Nascimento de Salomão

24 Depois consolou Davi a sua mulher Betsabée, e entrando dormiu com ela. Ela gerou um filho, e lhe pôs o nome de Salomão, e o Senhor o amou. 25 E enviou o Profeta Natan, e deu o nome de Amável ao Senhor, porque o Senhor o amava.

26 E Joab continuava em bater a Rabat dos amonitas, e tinha posto no último aperto a cidade real. 27 E enviou Joab correios a Davi, dizendo: Tenho combatido contra Rabat, e a cidade das águas está a tomar-se. 28 Agora pois ajunta o resto do povo, e vem ao sítio da cidade, e toma-a: para não suceder, que tendo eu destruído a cidade, se atribua ao meu nome a vitória.

29 Ajuntou pois Davi todo o povo, e marchou contra Rabat: e depois de combatida, a tomou. 30 E tirou da cabeça do rei dos amonitas o seu diadema, que pesava um talento de ouro, enriquecido de pedras preciosíssimas, e foi posto na cabeça de Davi. E tirou também da cidade um esbulho de muita importância: 31 e trazendo os seus moradores os mandou serrar, e que passassem por cima deles carroças ferradas: e que os fizessem em pedaços com cutelos, e os botassem em fornos de cozer tijolo. Assim o fez com todas as cidades dos amonitas. E voltou Davi e todo o exército para Jerusalém.

O crime de Amon

13 Aconteceu depois disto que Amon, filho de Davi, se namorou de Tamar, irmã de Absalão, filho de Davi, a qual era duma rara beleza: 2 e se apaixonou de sorte por ela, que por causa do seu amor caiu doente: porque sendo ela virgem, parecia difícil a Amon fazer com ela coisa alguma contra a honestidade. 3 Tinha porém Amon um amigo, homem muito sagaz, chamado Jonadab, filho de Semaa, irmão de Davi. 4 Este disse a Amon: Como assim de dia em dia vais emagrecendo, ó filho do rei? Por que te não descobres tu comigo? E Amon lhe respondeu: Eu amo a Tamar, irmã de meu irmão Absalão. 5 Respondeu-lhe Jonadab: Deita-te na tua cama, e finge que estás doente: e quando teu pai te vier visitar, dize-lhe: Peço-te que tragas aqui minha irmã Tamar, para que me dê de comer, e me guise algum prato que eu possa comer da sua mão. 6 Deitou-se pois Amon na cama, e começou a dar-se por doente. E tendo vindo o rei visitá-lo, disse Amon ao rei: Peço-te que mandes vir a minha irmã Tamar, para que faça à minha vista dois pratinhos, que eu coma da sua mão.

7 Mandou pois Davi a casa de Tamar, a dizer-lhe: Vem à casa de teu irmão Amon, e faze-lhe alguma coisa de comer. 8 E veio Tamar à casa de seu irmão Amon, que estava na cama: e tomando uma pouca de farinha a misturou: e adelgaçando-a, cozeu à sua vista uns caldinhos. 9 E tomando o que tinha cozido, lançou-o num prato, e pôs-lhe diante, e Amon não quis comer, e disse: Façam sair todos para fora. E tendo feito sair todos para fora, 10 disse Amon para Tamar: Chega-me cá à alcova essa vianda, para que eu a coma da tua mão. Tomou pois Tamar o que tinha cozido, e levou-o a seu irmão Amon à alcova.

11 E logo que lhe pôs diante o manjar, pegou dela, e disse: Vem, minha irmã, deita-te comigo. 12 Ela lhe respondeu: Não, meu irmão, não me faças essa violência, pois que isto não é lícito em Israel: não faças tal loucura. 13 Porque eu não poderei sofrer o meu opróbrio, e tu passarás em Israel por um insensato: mais vale que fales ao rei e ele não me negará a ti. 14 Porém Amon não quis ceder a seus rogos, mas podendo mais do que ela a forçou, e a deflorou.

15 E Amon lhe cobrou uma muito estranha aversão: de sorte que o ódio que concebeu contra ela excedia muito ao amor que antes lhe tivera. E Amon lhe disse: Levanta-te e vai-te. 16 E ela lhe respondeu: Este ultraje que tu agora obras para comigo, lançando-me fora, ainda é maior do que o que primeiro me fizeste. E Amon não a quis ouvir. 17 Antes chamando a um criado que o servia lhe disse: Deita-a fora, e fecha logo a porta nas suas costas. 18 Ia Tamar vestida duma túnica talar: porque este era o trajo que costumavam trazer as donzelas filhas do rei. E o criado de Amon a deitou fora: e fechou a porta após ela. 19 Tamar porém lançando cinza sobre a sua cabeça, e rasgando a túnica talar, e postas as mãos na cabeça, se foi dali dando gritos. 20 E Absalão, seu irmão, lhe disse: Acaso teu irmão Amon abusou de ti? Agora porém, ó minha irmã, cala-te: é teu irmão: nem se angustie o teu coração por isso. Ficou pois Tamar em casa de seu irmão Absalão definhando-se de pena. 21 E o rei Davi tendo ouvido estas coisas, se apaixonou muito, mas não quis contristar o ânimo de Amon, seu filho primogênito. 22 E Absalão não falou a Amon nem mal, nem bem: porque Absalão aborrecia a Amon, por ter violado a sua irmã Tamar.

Vingança de Absalão

23 Dois anos depois aconteceu tosquiaremse as ovelhas de Absalão em Baalhasor, que é ao pé de Efraim: e Absalão convidou a todos os filhos do rei, 24 e foi ter com o rei, e lhe disse: Dou-te parte, que se tosquiam as ovelhas de teu servo: rogo pois que venha o rei com os seus príncipes a casa de seu servo. 25 E o rei disse a Absalão: Não, meu filho, não nos peças que vamos todos, e te sejamos pesados. Instando-lhe porém Absalão, e não condescendendo Davi, deu-lhe a sua bênção. 26 E Absalão lhe disse: Se tu não queres vir, suplico-te que ao menos venha conosco meu irmão Amon. E o rei lhe respondeu: Não é necessário que ele vá contigo. 27 Finalmente instou-lhe mais Absalão, e Davi deixou ir com ele a Amon e a todos os mais filhos do rei. E Absalão tinha preparado um banquete como um banquete real. 28 Absalão porém tinha dado ordem aos seus criados, dizendo: Estai com sentido quando Amon começar a estar turbado do vinho, e eu vos der sinal, dai nele, e matai-o: não tenhais medo: porque eu sou quem vo-lo mando. Tende ânimo, e sede homens de valor. 29 Executaram pois os criados de Absalão a respeito de Amon, o que seu amo lhes havia ordenado. E todos os filhos do rei, levantando-se da mesa, montaram cada um na sua mula, e fugiram.

30 Indo eles ainda no caminho, chegou aos ouvidos de Davi o rumor, dizendo: Absalão matou a todos os filhos do rei, e não ficou deles nem um só. 31 Levantou-se então o rei, e rasgou os seus vestidos: e lançou-se por terra, e todos os seus criados, que assistiam, rasgaram os seus vestidos. 32 Mas respondendo Jonadab, filho de Semaa, irmão de Davi, disse: Não imagine o rei, meu senhor, que foram mortos todos os seus filhos: só morreu Amon, porque assim o tinha resoluto fazer Absalão desde o dia que Amon forçara a sua irmã Tamar. 33 Não se lhe meta pois na cabeça ao rei meu senhor tal notícia, que diz: Todos os filhos do rei foram mortos: porque só morreu Amon.

34 Fugiu porém Absalão: e eis que levantando os olhos o criado, que estava de sentinela, viu uma grande tropa de gente, que vinha por um caminho escuso ao lado do monte. 35 E Jonadab disse ao rei: Eis lá vêm os filhos do rei. Sucedeu o caso como o disse teu servo. 36 E acabando ele de falar, apareceram os filhos do rei: e entrando levantaram a voz e choraram: e o rei e todos os seus servos também choraram com pranto mui amargo.

37 Porém Absalão fugindo, foi para casa de Tolomai, filho de Amiud, rei de Gessur. E Davi chorou a seu filho todos os dias.

38 E Absalão tendo fugido e refugiando-se em Gessur, esteve ali três anos. 39 E o rei Davi deixou de perseguir a Absalão porque já se tinha consolado da morte de Amon.

Volta de Absalão

14 Joab, filho de Sarvia, conhecendo que o coração do rei estava inclinado para Absalão, 2 enviou a Técua, fez trazer de lá uma mulher mui sabida: e lhe disse: Finge que estás de nojo, e toma um vestido de dó, e não te unjas com óleo, para pareceres como uma mulher que há muito tempo que chora a um morto: 3 e entrando junto do rei, dirlhe-ás tais e tais palavras. E Joab lhe pôs na boca tudo o que havia de dizer.

4 Tendo-se pois apresentado ao rei esta
mulher de Técua, deitou-se por terra diante
dele, e o adorou, e disse: Salva-me, ó rei. 5 E
o rei lhe disse: Que tens? Ela respondeu: Ai!
eu sou uma mulher viúva: morreu meu ma-
rido. 6 E a tua serva tinha dois filhos: os
quais tiveram uma briga no campo entre si,
e não havia ninguém que os pudesse apartar:
e um feriu o outro, e o matou. 7 E eis que
agora toda a parentela levantando-se contra
a tua serva, diz: Dá-nos para cá a esse que
matou a seu irmão, para o matarmos em
castigo do sangue de seu irmão, a quem ma-
tou, e tirarmos do mundo ao herdeiro. E assim
pretendem extinguir a única faísca, que me
ficou, para que não se conserve o nome de
meu marido, nem resto algum sobre a terra.
8 E o rei disse à mulher: Vai para tua casa,
eu darei ordem em teu favor. 9 E a mulher
de Técua disse ao rei: Sobre mim, ó rei meu
senhor, recaia a culpa, e sobre a casa de meu
pai: mas o rei, e o seu trono seja inocente.
10 E disse o rei: Se alguém te contradisser,
traze-o à minha presença, e está certa que
ele te não inquietará mais. 11 E ela disse:
Recorde-se o rei do Senhor seu Deus, para
que se não multipliquem os parentes de san-
gue para tomarem vingança, e de modo algum
matem a meu filho. Ele respondeu: Viva o
Senhor, que não há de cair no chão nem um
cabelo de teu filho.
12 Disse porém a mulher: Permite que a
tua serva diga uma palavra ao rei meu senhor.
E ele disse: Fala. 13 E disse a mulher: Por
que pensaste tu uma tal coisa contra o povo
de Deus, e por que tem o rei determinado
fazer este mal, e não faz antes voltar o seu
desterrado? 14 Nós morremos todos, e cor-
remos pela terra bem como as águas, que não
tornam mais. Nem Deus quer que alguma al-
ma pereça, mas pensadamente suspende o
castigo, para que se não perca de todo o que
foi rejeitado. 15 Por isso é pois que eu vim
dizer esta palavra ao rei meu senhor, diante
do povo. E a tua serva disse: Falarei ao rei,
a ver se de algum modo consigo dele a graça
que lhe peço. 16 E o rei me ouviu, para livrar
a sua serva da mão de todos os que me que-
riam exterminar da herança de Deus, e a meu
filho também. 17 Permite pois à tua serva
dizer que a palavra do rei meu senhor se
execute como um sacrifício. Porque o rei meu
senhor é como um anjo de Deus, que se não
move nem de bênçãos, nem de maldições. E
por isso também o Senhor teu Deus está
contigo.
18 E respondendo o rei, disse à mulher:
Não me encubras o que te vou a perguntar.
E a mulher lhe respondeu: Fala, ó rei meu
senhor. 19 E disse o rei: Não é verdade que
a mão de Joab anda contigo em tudo isto?
Respondeu a mulher, e disse: Por tua vida,
ó rei meu senhor, em nada se aparta de tudo
o que disse o rei meu senhor, nem para a
direita, nem para a esquerda. Porque com
efeito o teu servo Joab é quem me deu esta
ordem, e quem pôs todas estas palavras na
boca da tua serva. 20 Teu servo Joab me
mandou que te falasse eu assim em parábola:
mas tu, ó rei meu senhor, és sábio como o é
um anjo de Deus, para entenderes tudo o que
se passa sobre a terra.
21 E o rei disse a Joab: Eis aí eu aplacado
te concedo o que pedes. Vai pois, e faze voltar
o moço Absalão. 22 E Joab prostrando-se por
terra sobre o seu rosto adorou e felicitou ao
rei: e disse Joab: Hoje, ó rei meu senhor,
conheceu o teu servo, que eu achei graça dian-
te de teus olhos: porque deferiste à súplica
de teu servo.
23 Partiu pois Joab e foi a Gessur, e con-
duziu Absalão para Jerusalém. 24 Mas o rei
disse: Torne para sua casa, e não veja a mi-
nha face. Voltou pois Absalão para sua casa
e não viu a face do rei.
25 Mas em todo o Israel não havia homem
tão bem feito, nem tão gentil, como Absalão:
da planta do pé até à cabeça não havia nele
defeito algum. 26 E quando cortava o cabelo
(o que ele fazia uma vez cada ano, porque lhe
carregava o cabelo) o cabelo da sua cabeça
pesava duzentos siclos, pelo peso ordinário.
27 Teve porém Absalão três filhos: e uma
filha chamada Tamar, de elegante parecer.
28 E esteve Absalão em Jerusalém dois anos,
e não viu a face do rei.
29 Mandou pois chamar a Joab, para o en-
viar ao rei: o qual não quis vir a ele. E como
o mandasse chamar segunda vez, e ele não
quisesse ainda vir ter com ele, 30 disse aos
seus servos: Vós sabeis que Joab tem um
campo ao pé do meu, que está semeado de
cevada: ide pois, e lançai-lhe o fogo. Os ser-
vos pois de Absalão puseram fogo à seara.
E vindo os servos de Joab ter com seu amo,
rasgados os seus vestidos, lhe disseram: Os
servos de Absalão queimaram parte do teu
campo. 31 E Joab se levantou, e foi a casa
de Absalão, e disse: Por que puseram os teus
servos fogo à minha seara? 32 E respondeu
Absalão a Joab: Eu mandei-te chamar, pedindo-
te que viesses ter comigo, para te enviar ao
rei, e lhe dizeres: Por que vim eu de Gessur?
melhor me era estar lá: peço pois a graça
de ver a face do rei; e se ele está lembrado
da minha iniqüidade, mande-me matar. 33 Joab
porém apresentando-se ao rei, contou-lhe tu-
do. E foi chamado Absalão, e entrou à pre-

sença do rei, e o adorou prostrado o seu rosto em terra em sua presença: e o rei deu o ósculo a Absalão.

Ambição e revolta de Absalão

15 E depois disto mandou Absalão aprontar para si carroças, e gente de cavalo, e cinqüenta homens, que andassem adiante dele. 2 E levantando-se Absalão de manhã, parava à entrada da porta, e a todo o que tinha algum negócio e vinha a pedir justiça ao rei, chamava-o Absalão a si, e lhe dizia: De que cidade és tu? E ele respondia: Eu teu servo sou de tal tribo de Israel. 3 E Absalão lhe dizia: O teu negócio me parece ser de razão e de justiça. Mas não há pessoa constituída pelo rei para te ouvir. E acrescentava Absalão: 4 Ó quem me dera ser juiz sobre a terra, que viessem a mim todos os que têm negócios, e eu os decidisse segundo a justiça? 5 E quando se chegava a ele algum homem a cortejá-lo, estendia a sua mão, e abraçando-o o beijava. 6 E isto praticava com todos os de Israel, que vinham para que o rei os ouvisse, e julgasse, e atraía a si o coração dos homens de Israel.

7 Mas depois de quarenta anos, disse Absalão ao rei Davi: Eu tenho que ir a Hebron para cumprir os votos que fiz ao Senhor. 8 Porque quando o teu servo estava em Gessur da Síria, fez este voto, dizendo: Se o Senhor me restituir a Jerusalém, eu oferecerei um sacrifício ao Senhor. 9 E o rei Davi lhe disse: Vai em paz. E ele saiu, e foi para Hebron.

10 Absalão porém enviou emissários por todas as tribos de Israel, dizendo: Tanto que tiverdes ouvido o som da trombeta, publicai: Absalão reina em Hebron. 11 Mas com Absalão foram duzentos homens de Jerusalém por ele convocados, que o seguiam inocentemente, e que de todo não penetraram a sua intenção. 12 Chamou também Absalão a Aquitofel gilonita, conselheiro de Davi, que era da sua cidade de Gilo. E quando se imolavam as vítimas fez-se uma poderosa conjuração, e crescia o povo que tomava o partido de Absalão.

Davi foge de Jerusalém

13 Chegou logo um correio a Davi dizendo: Todo o Israel segue Absalão com todas as veras. 14 E disse Davi aos seus criados, que estavam com ele em Jerusalém: Levantai-vos, fujamos: porque não poderemos escapar das mãos de Absalão. Apressai-vos a sair, não suceda que ele chegando nos apanhe, e traga sobre nós a ruína, e mande passar ao fio da espada a cidade. 15 E os servos do rei lhe disseram: Nós teus servos executaremos de boa vontade tudo o que mandar o rei nosso senhor.

16 Saiu pois o rei, e toda a sua família a pé: e deixou dez mulheres suas concubinas para guardarem o palácio. 17 E tendo saído o rei e todo o Israel a pé, parou estando já longe da sua casa. 18 E todos os seus servos iam ao pé dele, e as legiões dos cereteus e feleteus, e todos os geteus, fortes guerreiros, em número de seiscentos homens de pé, que o tinham seguido em Get, iam adiante do rei.

19 E disse o rei a Etai geteu: Por que vens tu conosco? Volta, e vai viver com o rei, porque és forasteiro, e saíste da tua terra. 20 Ontem vieste, e hoje serás obrigado a sair conosco? Eu porém irei para onde devo ir. Tu volta, e leva contigo a teus irmãos, e o Senhor usará contigo de misericórdia, e de verdade, porque deste mostras da tua gratidão e fidelidade. 21 E Etai respondeu ao rei, dizendo: Viva o Senhor, e viva o rei meu amo: porque em qualquer estado em que tu te achares, ó meu senhor, quer seja na morte, quer na vida, aí se achará o teu servo. 22 E Davi disse a Etai: Vem, e passa. E passou Etai geteu, e todos os homens que estavam com ele, e toda a mais multidão.

23 E todos choravam a grandes vozes, e passava todo o povo: o rei também passava a torrente de Cedron, e todo o povo tomava o caminho, que olha para o deserto.

24 Veio pois também o pontífice Sadoc, e com ele todos os levitas que traziam a arca do testamento de Deus, e assentaram a arca de Deus. E subiu Abiatar, até que tivesse passado todo o povo, que tinha saído da cidade.

25 E disse o rei a Sadoc: Torna a levar a arca de Deus para a cidade. Se eu achar graça diante dos olhos do Senhor, ele me restituirá, e fará que eu veja a sua arca, e o seu tabernáculo. 26 Se ele porém me disser: Tu não me agradas: eu estou pronto, faça de mim o que bem lhe parecer. 27 E disse o rei ao pontífice Sadoc: Ó Vidente, torna em paz para a cidade: e estejam convosco vossos dois filhos Aquimaas, teu filho, e Jônatas, filho de Abiatar. 28 Olhai que eu me vou esconder nas campinas do deserto, até que vós me mandeis novas do estado das coisas. 29 Sadoc pois, e Abiatar tornaram a levar para Jerusalém a arca de Deus: e lá ficaram.

30 E Davi ia subindo a costa das oliveiras, e a subiu chorando, caminhando com os pés descalços e a cabeça coberta, e todo o povo que ia com ele, subia também chorando coberta a cabeça. 31 E deu-se notícia a Davi que Aquitofel também entrava na conjuração de

Absalão, e disse Davi: Peço-te, Senhor, que
enfatues o conselho de Aquitofel.
32 E quando Davi subia ao cume do monte,
onde devia adorar ao Senhor, eis se encon-
trou com ele Cusai de Arac, rasgados os ves-
tidos, e coberta a cabeça de terra. 33 E Davi
lhe disse: Se vieres comigo, ser-me-ás pesado:
34 mas se tu voltares para a cidade, e disseres
a Absalão: Eu ó rei, sou teu servo, e eu te
servirei a ti, como servi a teu pai: dissiparás
os desígnios de Aquitofel. 35 Tu porém tens
contigo aos pontífices Sadoc, e Abiatar: e
tudo o que ouvires da casa do rei avisarás aos
pontífices Sadoc e Abiatar. 36 E com eles
estão seus dois filhos Aquimaas, filho de Sa-
doc, e Jônatas, filho de Abiatar: e por eles
me avisarás de tudo o que ouvires. 37 Che-
gando pois Cusai amigo de Davi à cidade,
entrou também Absalão em Jerusalém.

Siba atraiçoa seu amo Mifiboset

16 Tendo pois Davi passado algum tanto,
do alto do monte, lhe saiu ao encontro
Siba, criado de Mifiboset, com dois jumentos
carregados de duzentos pães, e de cem pen-
duras de passas de uvas, e de cem camadas
de figos, e de um odre de vinho. 2 E disse o
rei a Siba: Para que é isto? E Siba lhe res-
pondeu: Os jumentos são para se montarem
neles os criados do rei: os pães e os figos,
para os teus criados: e o vinho, para beber
quem se achar fraco no deserto. 3 E disse o
rei: Onde está o filho do teu amo? E Siba
respondeu ao rei: Ficou em Jerusalém, di-
zendo: Hoje me restituirá a casa de Israel o
reino de meu pai. 4 E disse o rei a Siba: Teu
é tudo o que era de Mifiboset. E Siba respon-
deu: O que eu desejo, ó rei meu senhor, é
achar graça diante de ti.

Semei insulta a Davi

5 Chegou pois o rei Davi até Baurim: e eis
que saía dali um homem da parentela da casa
de Saul, chamado Semei, filho de Gera, que
se adiantava no seu caminho, e amaldiçoava,
6 e atirava pedradas contra Davi, e contra
todos os servos do rei Davi. Todo o povo po-
rém e todos os homens de guerra marchavam
à direita, e à esquerda do rei. 7 E Semei
amaldiçoando ao rei dizia assim: Sai, sai,
homem sangüinário, e homem de Belial. 8 O
Senhor te deu agora o pago de todo o sangue
da casa de Saul: porquanto lhe usurpaste o
reino, e o Senhor o pôs na mão de teu filho
Absalão: e olha como os males te oprimem,
porque és um homem sangüinário.
9 Então disse Abisai, filho de Sarvia, ao
rei: Por que amaldiçoa este cão morto ao rei
meu senhor? Eu vou, e cortar-lhe-ei a cabeça.
10 E o rei disse: Que tenho eu convosco, fi-
lhos de Sarvia? Deixai-o maldizer: porque o
Senhor lhe mandou que maldissesse a Davi:
e quem se atreverá a dizer: Por que o fez ele
assim?
11 E disse o rei a Abisai, e a todos os seus
servos: Vós vêdes que meu filho, que eu gerei
das minhas entranhas, procura tirar-me a vida:
quanto mais agora um filho de Jemini? Deixai-o
maldizer conforme a ordem do Senhor. 12 Tal-
vez que o Senhor olhe para a minha aflição:
e me faça o Senhor bem pelas maldições deste
dia.
13 Prosseguia pois Davi o seu caminho
acompanhado dos seus. Mas Semei ia pelo
alto costeando o monte, defronte dele, mal-
dizendo-o, e atirando pedras contra ele, e es-
palhando pó. 14 Chegou enfim o rei, e com
ele todo o povo fatigados, e ali descansaram.

Conselho de Aquitofel

15 Mas Absalão e todos os do seu partido
entraram em Jerusalém, e com ele também
Aquitofel. 16 Como pois Cusai de Arac, amigo
de Davi, se tivesse apresentado a Absalão, lhe
disse: Deus te salve, ó rei, Deus te salve, ó
rei. 17 E Absalão lhe respondeu: Pois esse é
o teu agradecimento para com o teu amigo?
Por que não foste com o teu amigo? 18 E
respondeu Cusai a Absalão: De nenhuma sor-
te: porque eu hei de ser daquele, a quem
elegeu o Senhor, e todo este povo, e todo o
Israel, e hei de ficar com ele. 19 E ainda quero
acrescentar mais isto: A quem hei eu de servir?
Não é ao filho do rei? Como obedeci a teu
pai, assim te obedecerei a ti também.
20 E disse Absalão a Aquitofel: Consultai
entre ambos que é o que devemos fazer. 21 E
Aquitofel disse a Absalão: Entra às concubi-
nas de teu pai, que ele deixou para guardarem
o palácio: para que em soando por todo o
Israel que fizeste esta afronta a teu pai, se
unam eles mais fortemente ao teu partido.
22 Armou-se pois para Absalão uma tenda no
terraço e ele à vista de todo o Israel abusou
das concubinas de seu pai. 23 Os conselhos
porém que Aquitofel dava naqueles dias, eram
considerados como os oráculos de um Deus.
E assim se consideravam todos os conselhos
de Aquitofel, tanto quando estava com Davi,
como quando estava com Absalão.

17 Disse pois Aquitofel a Absalão: Farei
para mim escolha de doze mil homens,
e sairei em busca de Davi esta noite. 2 E
dando sobre ele (pois que está cansado e
frouxo das mãos) o destroçarei: e logo que

fugir todo o povo, que vem com ele, matarei
o rei abandonado. 3 E reconduzirei todo o
povo, bem como costuma voltar um só homem:
pois que tu a um só homem buscas: e todo
o povo ficará em paz. 4 E agradou o seu pa-
recer a Absalão, e a todos os anciãos de Israel.

Conselho de Susai

5 Todavia Absalão disse: Chamai a Cusai
de Arac, e ouçamos também que é o que ele
diz. 6 E chegando Cusai à presença de Absa-
lão, Absalão lhe disse: Eis aqui o conselho,
que Aquitofel nos deu. Devemo-lo nós seguir
ou não? Que nos aconselhas tu? 7 E Cusai
respondeu a Absalão: Não é bom o conselho,
que Aquitofel deu esta vez. 8 E acrescentou
mais Cusai: Tu conheces bem que teu pai, e
que a gente, que está com ele, são uns homens
valentíssimos e que estão com o coração amar-
gurado como uma ursa, que discorre enfu-
recida pelo bosque por lhe terem roubado os
seus cachorros: e também teu pai é homem
guerreiro e não se demorará com a sua gente.
9 Talvez agora está ele escondido nalguma
caverna, ou outro qualquer lugar, que tenha
escolhido. Se nos princípios perecer alguns
dos teus, publicar-se-á isto, e quem o ouvir,
dirá: Foi destroçado o povo que seguia a
Absalão. 10 E os mais fortes, cujos corações
são como leões, desfalecerão de pavor: porque
todo o povo de Israel sabe que teu pai é va-
lente, e que todos que estão com ele são es-
forçados. 11 Mas o conselho que me parece
acertado é este: Ajunte-se a ti todo o Israel,
desde Dan até Bersabée, que será inumerável
como a areia do mar: e tu estarás no meio
deles. 12 E daremos sobre ele em qualquer
lugar em que for achado: e cobri-lo-emos, co-
mo costuma cair o orvalho sobre a terra: e
não deixaremos nem um só homem dos que
estão com ele. 13 Porém se ele se retirar para
alguma cidade, todo o Israel cingirá aquela
cidade com cordas, e trazê-la-emos arrastando
até um ribeiro para que não apareça dela nem
a mais pequena pedrinha. 14 E disse Absalão,
e todos os magnates de Israel: O conselho
de Cusai de Arac é melhor do que o conselho
de Aquitofel. Mas por disposição do Senhor
foi dissipado o útil conselho de Aquitofel,
para que o Senhor fizesse cair o mal sobre
Absalão.

Davi passa o Jordão

15 E disse Cusai aos pontífices Sadoc e
Abiatar: Deste e deste modo aconselhou Aqui-
tofel a Absalão, e aos anciãos de Israel: e eu
o aconselhei assim e assim. 16 Agora pois
mandai a toda a diligência avisar a Davi,
dizendo-lhe: Não fiques esta noite nas planí-
cies do deserto, mas passa sem dilação à
outra banda: não seja que fique absorvido o
rei, e todo o povo que com ele está. 17 Jônatas
porém e Aquimaas estavam esperando junto
à fonte de Rogel: e uma escrava lhe foi dar
o aviso: e eles partiram a dar parte ao rei
Davi: porque não deviam ser vistos, nem en-
trar na cidade. 18 Viu-os todavia um rapaz,
e avisou a Absalão: mas eles apertando o
passo entraram em casa de um homem de
Baurim, que tinha um poço à entrada da ca-
sa ao qual desceram. 19 E a mulher tomou
uma coberta, e a estendeu sobre o bocal do
poço, como quem queria secar cevada pilada:
e assim ficou a coisa oculta.

20 E tendo chegado à casa os servos de
Absalão, disseram à mulher: Onde estão Aqui-
maas e Jônatas? E a mulher lhes respondeu:
Foram-se apressadamente, depois de beberem
uma pouca de água. E os que os buscavam,
como os não achassem, voltaram para Jeru-
salém. 21 E logo que se retiraram, saíram
Aquimaas e Jônatas do poço, e continuando
o seu caminho avisaram ao rei Davi e lhe
disseram: Marchai, e passai depressa o rio:
porque Aquitofel deu este conselho contra
vós. 22 Marchou pois Davi, e toda a sua gente
que estava com ele e passaram o Jordão antes
de amanhecer: e não ficou nem só um que
não passasse o rio.

23 Aquitofel porém vendo que se não tinha
seguido o seu conselho, aparelhou o seu ju-
mento, e levantou-se e foi para a sua cidade.
E tendo disposto todos os negócios da sua
casa, se enforcou, e morreu, e foi sepultado
no jazigo de seu pai.

Absalão, derrotado e morto

24 Depois chegou Davi ao arraial, e Absa-
lão passou o Jordão, ele e na sua companhia
todo o Israel. 25 E Absalão deu o mando do
exército a Amasa em lugar de Joab: Amasa
porém era filho dum homem de Jezrael cha-
mado Jetra, que era casado com Abigail, filha
de Naas, irmão de Sarvia, que foi mãe de
Joab. 26 E Israel se acampou com Absalão
no país de Galaad.

27 E tendo Davi chegado ao arraial, Sobi,
filho de Naas de Rabat dos amonitas, e Ma-
quir, filho de Amiel de Lodabar, e Berzelai
galaadita de Rogelim, 28 lhe trouxeram um
presente de camas, e de tapetes, e louça de
barro, trigo, e cevada, e farinha, e cevada
torrada, e favas, e lentilhas, e grãos fritos,
29 e mel, e manteiga, ovelhas, e novilhos gor-
dos: e deram tudo isto a Davi, e ao povo que
com ele estava, para que comessem: porque

creram que o povo estaria quebrantado de fome, e de sede no deserto.

18 Davi pois tendo feito resenha da sua gente nomeou para eles tribunos e centuriões, 2 e deu um terço das suas tropas ao mando de Joab, e outro terço ao mando de Abisai, filho de Sarvia, irmão de Joab, e outro terço ao mando de Etai de Get: e disse o rei à sua gente: Eu sairei também convosco. 3 E a sua gente lhe respondeu: Não sairás: porque quando os inimigos nos ponham em fugida não terão isto por uma grande coisa: e quando a metade das nossas tropas fique derrotada, não lhes dará isso maior cuidado: porque tu só és considerado como dez mil: logo é melhor que fiques na cidade para nos dares socorro. 4 O rei lhes disse: Farei o que vos parecer ajustado. E pôs-se o rei junto à porta: e o povo ia desfilando formado em seus esquadrões de cento em cento, e de mil em mil. 5 E o rei ordenou a Joab, e a Abisai, e a Etai, dizendo: Salvai-me com vida o moço Absalão. E todo o povo ouviu a ordem que o rei dava a todos os seus generais para salvarem a vida de Absalão.

6 Assim saiu o povo à campanha contra Israel, e deu-se a batalha no bosque de Efraim. 7 E ali foi o povo de Israel desbaratado pelo exército de Davi, e naquele dia houve uma grande mortandade de vinte mil homens. 8 E os que ali combateram foram dispersos por toda a face da terra, e foram muito mais os que do povo consumiu o bosque, do que aqueles que pereceram à espada naquele dia.

9 Aconteceu pois que indo Absalão montado num macho se encontrou com a gente de Davi: e tendo entrado o macho por baixo dum espesso e grande carvalho, se lhe embaraçou a cabeça no carvalho: e passando adiante o macho em que ia montado, ficou pendurado entre o céu e a terra. 10 Vendo porém isto um homem, avisou a Joab, dizendo: Eu vi Absalão pendurado dum carvalho. 11 E Joab disse ao homem, que lhe tinha dado a notícia: Se o viste, por que o não atravessaste com a terra, e eu teria dado dez siclos de prata, e um boldrié? 12 Ele respondeu a Joab: Ainda quando pusesses nas minhas mãos mil siclos de prata, de nenhuma sorte estenderia eu a minha mão contra o filho do rei: porque todos nós ouvimos a ordem que o rei te deu a ti, e a Abisai, e a Etai, dizendo: Guardai-me o moço Absalão. 13 Mas também se eu com risco da minha vida tivesse obrado tão temerariamente, de nenhum modo isto se poderia ocultar ao rei, e tu mesmo te oporias. 14 E disse Joab: Não será assim como tu queres, mas à tua mesma vista o matarei. Tomou pois na mão três lanças, e traspassou com elas o coração de Absalão: e quando ele ainda palpitava pendurado no carvalho, 15 correram dez mancebos escudeiros de Joab, e a golpes o acabaram de matar.

16 Deu pois Joab sinal com a trombeta, e querendo perdoar à multidão, impediu que a sua gente não fosse no alcance dos israelitas que fugiam. 17 E levaram a Absalão, e o lançaram numa grande cova em o bosque, e arremessaram sobre ele um muito grande montão de pedras. E todos os israelitas fugiram para as suas tendas. 18 Ora Absalão, quando ainda vivia, se tinha feito levantar uma coluna no vale do rei: porque tinha dito: Eu não tenho filhos, e este será um monumento do meu nome. E deu o seu nome a esta coluna, e ainda hoje se chama ela a Mão de Absalão.

Davi chora a morte de Absalão

19 Aquimaas porém, filho de Sadoc, disse: Eu irei correndo, e darei por notícia ao rei, que o Senhor lhe fez justiça vingando-o do poder de seus inimigos. 20 Joab lhe disse: Não lhe levarás hoje a notícia, mas noutro dia. Não quero que dês hoje a notícia porque é morto o filho do rei. 21 E disse Joab a Cusi: Parte e vai anunciar ao rei o que viste. Cusi lhe fez uma profunda reverência, e partiu a correr. 22 E tornou Aquimaas, filho de Sadoc, a dizer a Joab: Que embaraço há para que eu não vá também correndo depois de Cusi? E Joab lhe respondeu: Por que queres tu correr, ó meu filho? Não serás portador de boa nova. 23 Aquimaas respondeu: Que importa pois se eu correr? E Joab lhe disse: Corre. Correndo pois Aquimaas por um atalho, passou a Cusi.

24 Davi porém estava assentado entre as duas portas: e a sentinela, que estava em cima da muralha no alto da porta, levantando os olhos, viu vir um homem correndo só. 25 E clamando o disse ao rei, e o rei respondeu: Se ele vem só, traz alguma boa nova. Vindo ele a grã pressa, e estando já próximo, 26 descobriu a sentinela outro homem, que corria, e gritando de cima, disse: Eu vejo lá vir correndo outro homem só. E o rei disse: Este também traz alguma boa nova. 27 Mas a sentinela disse: Observo que o modo de correr do primeiro me parece ser o correr de Aquimaas, filho de Sadoc. E disse o rei: É um honrado homem: e ele vem trazer alguma boa nova. 28 E gritando Aquimaas, disse ao rei: Deus te guarde, ó rei. E prostrado em terra adorando o rei em sua presença, disse:

Bendito seja o Senhor teu Deus, que destro-
çou os homens que se tinham sublevado con-
tra o rei meu senhor. 29 E o rei disse: Está
vivo o moço Absalão? e respondeu-lhe Aqui-
maas: Quando teu servo Joab me enviou a
ti que sou teu servo, ó rei, vi eu um grande
tumulto: não sei outra coisa. 30 O rei lhe
disse: Passa, e espera aqui. Tendo ele passado,
e estando posto no seu lugar, 31 apareceu
Cusi: e chegando disse: Ó rei meu senhor,
trago-te uma boa nova: porque o Senhor jul-
gou hoje em teu favor vingando-te da mão de
todos aqueles que se sublevaram contra ti.
32 E o rei disse a Cusi: É vivo o moço Absa-
lão? Cusi respondendo-lhe, disse: Assim su-
ceda aos inimigos do rei meu senhor, e a to-
dos os que se sublevam contra ele para o
perderem, como sucedeu aquele mancebo. 33 O
rei pois cheio de tristeza, subiu a uma sala
que estava por cima da porta e se pôs a cho-
rar. E andando dizia assim: Meu filho Absa-
lão, Absalão meu filho. Quem me dera que
eu morrera por ti, Absalão, meu filho, filho
meu Absalão!

Volta de Davi para Jerusalém

19 Noticiaram pois a Joab que o rei chorava
e lamentava a seu filho: 2 e a vitória
se converteu em luto naquele dia para todo
o povo: porque o povo ouviu dizer naquele
dia: o rei está de nojo por seu filho. 3 E o
povo se absteve aquele dia de entrar na ci-
dade, como costuma abster-se um povo der-
rotado e que foge da batalha.

4 Mas o rei estava com a cabeça coberta,
e dizia a alta voz: Meu filho Absalão, Absalão
meu filho, filho meu. 5 Mas Joab entrando
no quarto à presença do rei, disse: Tu cobriste
hoje de confusão a todos os teus servos, que
salvaram a tua vida, e a vida de teus filhos,
e de tuas filhas, e a vida de tuas mulheres,
e a vida de tuas concubinas. 6 Amas aos que
te aborrecem, e aborreces aos que te amam:
e mostraste hoje que se te não dá nem dos
teus oficiais: e na verdade conheci agora, que
se Absalão vivesse, e todos nós fôssemos mor-
tos, então ficarias tu contente. 7 Agora pois
levanta-te, e sai, e falando satisfaze a teus
servos: porque eu te juro pelo Senhor, que
se não saires, nem sequer um homem ficará
contigo esta noite: e isto te será pior do que
todos os males, que têm vindo sobre ti, desde
a tua mocidade até o presente.

8 O rei pois se levantou e se assentou à
porta: e avisou-se a todo o povo que o rei
estava sentado à porta. E toda a multidão
veio apresentar-se diante do rei: mas os de
Israel se retiraram às suas tendas. 9 E todo
o povo em todas as tribos de Israel porfiava
dizendo: O rei nos livrou da mão de nossos
inimigos, ele mesmo nos salvou do poder dos
filisteus: e agora fugiu da sua terra por causa
de Absalão. 10 E Absalão, a quem tínhamos
ungido por nosso rei, morreu na batalha. Até
quando estareis em inação, e por que não
fazeis voltar o rei?

11 O rei Davi porém mandou dizer aos pon-
tífices Sadoc, e Abiatar: Falai aos anciãos de
Judá, e dizei-lhes: Por que sois vós os últimos
em convidar o rei que venha para sua casa?
Porque tinham chegado à notícia do rei em
sua casa as palavras de todo o Israel. 12 Vós
sois meus irmãos, sois meu osso, e minha
carne; por que sois vós os últimos em fazer
chamar o rei? 13 E dizei a Amasa: Não és
tu meu osso, e minha carne: Deus me trate
com todo o seu rigor, se eu te não fizer para
sempre general do meu exército junto à minha
pessoa em lugar de Joab. 14 E ganhou ele o
coração de todos os de Judá, como se foram
um só homem. E enviaram a dizer ao rei:
Volta, e todos os teus servos. 15 E voltou o
rei, e chegou até o Jordão, e todos os de Judá
vieram até Galgala, para receber o rei, e para
o acompanharem na passagem do Jordão.

Semei e Mifiboset

16 Mas Semei de Baurim, filho de Gera,
filho de Jemini, veio a grã pressa com os de
Judá a encontrar-se com o rei Davi, 17 com
mil homens de Benjamim, e Siba servo da
casa de Saul: e quinze filhos seus, e vinte
servos na sua companhia: e metendo-se pelo
Jordão, adiante do rei, 18 passaram o vau,
para fazerem passar a família do rei, e para
executarem as suas ordens: mas Semei filho
de Gera prostrado diante do rei, quando já
tinha passado o Jordão, 19 lhe disse: Não
castigues, meu Senhor, a minha maldade, nem
te lembres das injúrias de teu servo, meu rei
e senhor, no dia que saíste de Jerusalém, nem
as conserves, ó rei, no teu coração. 20 Porque
eu teu servo conheço o meu pecado: e por
isso vim hoje o primeiro de toda a casa de
José, e saí a receber ao rei meu senhor. 21 Res-
pondendo porém Abisai, filho de Sarvia, disse:
Acaso bastarão estas palavras para Semei não
ser morto, depois de ter amaldiçoado ao ungi-
do do Senhor? 22 E Davi disse: Que tenho eu
convosco, filhos de Sarvia? por que vindes
vós hoje a servir-me de adversários? Pois quê?
há de hoje tirar-se a vida a um israelita? Igno-
ro eu acaso que hoje fui feito rei sobre Israel?
23 E o rei disse para Semei: Não morrerás.
E assim lho jurou.

24 Veio também Mifiboset, filho de Saul, a receber o rei, sem ter lavado os pés nem ter feito a barba: e não tinha lavado seus vestidos desde o dia que o rei tinha saído, até o dia em que tinha chegado em paz. 25 E tendo saído a receber o rei em Jerusalém, disse-lhe o rei: Mifiboset, por que não foste tu comigo? 26 E respondeu-lhe, dizendo: Meu rei o senhor, o meu criado me desatendeu: porque eu teu servo lhe disse que me aparelhasse um jumento para me montar nele, e ir com o rei: pois eu teu servo sou coxo. 27 E ele demais disto me acusou a mim, teu servo diante de ti, meu rei e senhor. Mas tu, meu rei e senhor, és como um anjo de Deus, faze o que bem te parecer. 28 Porque a casa de meu pai para com o rei meu senhor não foi digna senão de morte: porém tu me puseste a mim, teu servo, entre os convidados à tua mesa. De que poderei eu pois queixar-me com justiça? ou que motivo terei eu para importunar mais o rei? 29 E o rei lhe respondeu: Para que hás de falar mais? o que eu mandei, há de subsistir: Tu, e Siba reparti a fazenda. 30 E Mifiboset respondeu ao rei: Fique ele muito embora com tudo, uma vez que o rei meu senhor se recolheu em paz a sua casa.

Davi e Berzelai

31 Também Berzelai de Galaad, tendo vindo de Rogelim acompanhou o rei na passagem do Jordão, pronto para o seguir ainda da outra banda do rio. 32 Era pois Berzelai de Galaad muito velho, isto é, de oitenta anos, e ele mesmo tinha provido o rei de víveres, quando estava nos arraiais: porque era um homem muito rico. 33 O rei pois disse a Berzelai: Vem comigo, para viveres em minha companhia descansando em Jerusalém. 34 E Berzelai respondeu ao rei: Quantos são os dias dos anos da minha vida, para que eu suba com o rei a Jerusalém? 35 Oitenta anos tenho hoje: acaso estão os meus sentidos com vigor para discernir entre o doce e o amargo? ou pode teu servo perceber sabor no que come e no que bebe? ou posso ouvir já a voz dos cantores, e das cantoras? porque há de teu servo servir de carga ao rei e meu senhor! 36 Eu, teu servo, te acompanharei ainda um pouco da outra banda do Jordão. Tal mudança não me faz conta, 37 mas rogo-te que permitas a teu servo o voltar, e morrer na minha cidade, e ser enterrado junto do sepulcro de meu pai, e de minha mãe. Mas aqui está Camaam, teu servo, vá ele mesmo contigo, ó meu rei e senhor, e faze dele o que for mais do teu gosto. 38 E o rei lhe disse: Passe comigo Camaam, e eu lhe farei tudo o que quiseres, e conceder-te-ei tudo o que me pedires.

39 E como rei e todo o povo tivessem passado o Jordão, beijou o rei a Berzelai, e o abençoou. Ele voltou para sua casa. 40 Passou pois o rei a Galgala, e Camaam com ele: mas toda a tribo de Judá tinha acompanhado o rei ao passar o rio, e só se tinha achado ali metade do povo de Israel. 41 Pelo que acudindo juntos os de Israel ao rei, lhe disseram: Por que te roubaram nossos irmãos os de Judá, e fizeram passar ao rei o Jordão, e a toda a gente de Davi com ele? 42 E todos os homens de Judá responderam aos homens de Israel: É porque o rei nos toca a nós mais de perto. Por que vos enojais por isso? Acaso comemos nós alguma coisa do rei, ou têm-se-nos dado alguns presentes?

43 E respondendo os de Israel aos de Judá, disseram: Nós somos dez tantos mais do que vós para servir ao rei e assim mais nos toca Davi a nós do que a vós. Por que nos fizestes este agravo, e não se nos deu aviso antes, para fazermos voltar o nosso rei? Porém os homens de Judá responderam com maior desabrimento aos de Israel.

Rebelião de Seba

20 Sucedeu também achar-se ali um homem de Belial, por nome Seba, filho de Bocri, da cidade de Jemini: e tocou a trombeta, e disse: Nós não temos parte em Davi, nem herança no filho de Isai. Volta-te para as tuas tendas, Israel. 2 E todo o Israel se separou de Davi, e seguiu a Seba, filho de Bocri: mas os de Judá não se separaram do seu rei desde o Jordão até Jerusalém.

3 E o rei, depois que chegou ao seu palácio de Jerusalém, mandou que as dez concubinas, que ele tinha deixado para o guardarem, fossem encerradas numa casa, dando-lhes de que se alimentassem: e não se chegou mais a elas, mas ficaram encerradas vivendo como viúvas até o dia da sua morte.

4 Disse porém o rei a Amasa: Faze-me vir dentro de três dias todos os de Judá, e acha-te presente com eles.

5 Partiu logo Amasa para ajuntar os de Judá, mas tardou além do tempo que o rei lhe aprazara. 6 Disse pois Davi a Abisai: Agora afligir-nos-á Seba, filho de Bocri, muito mais do que fez Absalão. Portanto toma os servos de teu senhor, e vai em seu alcance, não suceda que ele ache cidades fortes, e nos escape. 7 Saíram logo com ele as gentes de Joab, e também os cereteus e os feleteus: e todos os homens mais valentes de Jerusalém saíram para perseguirem a Seba filho de Bocri.

8 E quando eles estavam junto da grande pedra, que há em Gabaon, lhes saiu ao encontro Amasa. Estava pois Joab vestido duma túnica estreita que lhe ficava justa ao corpo, e sobre ela levava cingida a espada pendente até às ilhargas, dentro da sua bainha, que tendo sido feita com tal arte, num momento podia sair e ferir. 9 Disse pois Joab a Amasa: Paz seja contigo, meu irmão. E com a mão direita tomou a Amasa pela barba, como para beijá-lo. 10 Mas Amasa não reparou na espada que trazia Joab, e este o feriu num lado, e lhe lançou por terra os intestinos, e sem ser necessário segundo golpe, caiu morto. Porém Joab, e Abisai seu irmão marcharam contra Seba, filho de Bocri. 11 Entretanto alguns dos companheiros de Joab, parando junto ao cadáver de Amasa, disseram: Eis aqui quem quis ser general de Davi em lugar de Joab. 12 E Amasa estava estendido no meio do caminho, todo envolto no seu sangue. Mas um tal, vendo que todo o povo parava a vê-lo, tirou-o do caminho para o campo, e o cobriu com um manto, para os que passavam não pararem ao pé dele. 13 Tirado pois que foi Amasa do caminho, passaram todos os que iam com Joab em seguimento de Seba filho de Bocri.

14 Mas este tinha atravessado todas as tribos de Israel até Abela, e Betamaaca: e tinha-se-lhe ajuntado toda a gente escolhida. 15 Vieram pois, e sitiaram-no em Abela, e em Betmaaca, e levantaram baterias contra a cidade, e ficou esta cercada: e toda a gente que estava com Joab trabalhava em arruinar os muros. 16 E uma mulher da cidade que tinha muito siso gritou: Ouvi, ouvi, dizei a Joab: que chegue cá, que lhe quero falar. 17 E tendo ele chegado, lhe disse a mulher: Tu és Joab? E ele respondeu: Sou. E ela lhe falou assim: Ouve as palavras de tua escrava. Ele lhe respondeu: Ouço. 18 E a mulher prosseguiu: Noutro tempo costumava-se dizer: Os que buscam conselho, peçam-no a Abela: e assim concluíam os seus negócios. 19 Acaso não sou eu a que respondo a verdade em Israel, e tu queres arruinar uma cidade, e destruir uma metrópole em Israel? Por que te fadigas tu em destruir a herança do Senhor? 20 E Joab respondeu, dizendo: Longe de mim que eu tal faça: eu não destruo, nem demulo. 21 A coisa não é assim, senão que um homem do monte de Efraim chamado Seba, filho de Bocri, se levantou contra o rei Davi. Entregai-nos só este, e retirar-nos-emos da cidade. E disse a mulher a Joab: Agora mesmo te será lançada a sua cabeça pelo muro. 22 Ela pois foi ter com todo o povo, e falou-lhes sabiamente. Eles, cortada a cabeça de Seba, filho de Bocri, a lançaram a Joab, e ele tocou a trombeta, e se retiraram da cidade cada um para suas tendas, e Joab voltou a ver-se com o rei em Jerusalém.

Os ministros de Davi

23 Joab pois era general de todo o exército de Israel: Banaias, filho de Jojada, porém comandava os cereteus e os feleteus. 24 Aduram porém era superintendente dos tributos: Josafat, filho de Ailud, cronista-mor. 25 Siva porém secretário: Sadoc e Abiatar pontífices. 26 Ira de Jair porém era sacerdote de Davi.

II. APÊNDICES

Os gabaonitas e a casa de Saul

21 Houve também em tempo de Davi uma fome que durou três anos contínuos: e Davi consultou o oráculo do Senhor. E o Senhor lhe respondeu: Por causa de Saul, e da sua casa sangüinária, porque tinha morto os gabaonitas. 2 E chamados os gabaonitas, o rei lhes disse: (Ora os gabaonitas não eram dos filhos de Israel, mas umas relíquias dos amorreus: porque os israelitas se tinham aliado com eles por juramento, e Saul empreendeu o extingui-los, com um zelo, como em favor dos filhos de Israel e de Judá.) 3 Disse pois Davi aos gabaonitas: Que quereis que eu vos faça? E que satisfação vos darei, para que abençoeis a herança do Senhor? 4 E os gabaonitas lhe responderam: Não é nossa pretensão sobre ouro, nem prata, senão contra Saul e contra a sua casa. Nem queremos que pereça homem de Israel. E o rei lhes disse: Que é pois o que quereis que vos faça? 5 Eles responderam ao rei: Aquele homem, que iniquamente nos esmagou, e oprimiu, nós o devemos acabar de modo que não fique da sua linhagem nem um só em todos os limites de Israel. 6 Dêem-se-nos sete de seus filhos, para os crucificarmos à honra do Senhor em Gabaa de Saul, que foi noutro tempo o escolhido do Senhor. E o rei disse: Eu os darei. 7 E perdoou o rei a Mifiboset, filho de Jônatas, filho de Saul, por causa do juramento do Senhor, que tinha mediado entre Davi e entre Jônatas, filho de Saul. 8 Mas tomou os dois filhos de Resfa, filha de Aia, chamados Armoni, e Mifiboset, os quais ela houvera de Saul: e cinco filhos de Berzelai, que era de Molati, 9 e entregou-os nas mãos dos gabaonitas, que os

crucificaram no monte diante do Senhor.
Assim acabaram estes sete homens mortos
todos juntos nos primeiros dias da ceifa, quan-
do se começava a segar as cevadas.
10 Porém Resfa, filha de Aia, tomando um
pano de cilício o estendeu debaixo de si, sobre
uma pedra desde o princípio da ceifa, até que
a água do céu caiu sobre eles: e cuidou em
que as aves os não despedaçassem de dia, nem
as feras de noite.
11 E foi contado a Davi o que fizera Resfa,
filha de Aia, concubina de Saul. 12 E foi Davi
e tomou os ossos de Saul, e os ossos de Jôna-
tas, seu filho, aos vizinhos de Jabés de Galaad,
que os tinha roubado da praça de Betsan, na
qual os filisteus os tinham pendurado quando
mataram a Saul em Belboé: 13 e transportou
dali Davi os ossos de Saul, e os ossos de
Jônatas, seu filho: e tendo feito a ajuntar os
ossos dos que tinham sido crucificados, 14 os
enterraram com os ossos de Saul e de Jônatas,
seu filho, no país de Benjamim, a um lado, no
jazigo de Cis, seu pai: e cumpriram todas as
ordens do rei, e depois disto se aplacou Deus
com a terra.

Façanhas guerreiras

15 Ateou-se porém de novo a guerra dos
filisteus contra Israel, e saiu Davi, e a sua
gente com ele, e pelejavam contra os filisteus.
E desfalecendo Davi, 16 Jesbibenob, que era
da linhagem de Arafa, que ia armado de uma
lança, cujo ferro pesava trezentas onças, e que
cingia uma espada nova se esforçou por ferir
a Davi. 17 Mas Abisai, filho de Sarvia, lhe
serviu de broquel, e ferindo ao filisteu o ma-
tou. Então fizeram as gentes de Davi um jura-
mento, dizendo: Tu não tornarás a sair à
batalha conosco, para que não apagues a lâm-
pada de Israel.
18 Houve ainda uma segunda guerra em
Gob contra os filisteu:s Então Sobocai de
Husati matou a Saf, da linhagem de Arafa, da
raça dos gigantes. 19 Houve mais outra tercei-
ra guerra em Gob contra os filisteus na qual
Adeodato, filho de Bosque, que tecia panos
de cores em Belém, matou a Golias de Get,
que levava uma lança, cuja haste era como
o órgão do tear dos tecelões.
20 A quarta foi em Get: Nela se achou um
homem de grande estatura, que tinha seis
dedos em cada mão e em cada pé, isto é, vinte
e quatro dedos, e era da casta de Arafa. 21 Este
blasfemou contra Israel: mas matou-o Jônatas,
filho de Semaa, irmão de Davi. 22 Estes quatro
homens tinham nascido de Arafa em Get, e
foram mortos à mão de Davi, e das suas gentes.

Cântico de Davi

22 E Davi falou ao Senhor as palavras deste
cântico, no dia em que o Senhor o livrou
da mão de todos os seus inimigos, e da mão
de Saul, 2 e disse:
O Senhor é o meu rochedo, e o meu esfor-
ço, e o meu Salvador.
3 É o meu Deus forte, nele esperarei: é o
meu escudo, e a fortaleza da minha salvação:
O meu exaltador e o meu refúgio: ó meu Sal-
vador, tu me livrarás da iniqüidade.
4 Eu invocarei o Senhor digno de louvor: e
serei salvo de meus inimigos.
5 Porque me cercaram quebrantos de mor-
te: Torrentes de Belial me atemorizaram.
6 Cordas de inferno me cingiram todo: Laços
de morte me apanharam descuidado.
7 Na minha tribulação invocarei o Senhor,
e clamarei ao meu Deus: E ele ouvirá a minha
voz lá do seu templo, e o meu clamor chegará
aos seus ouvidos.
8 A terra se comoveu e estremeceu: Os fun-
damentos dos montes foram agitados, e aba-
lados, porque se irou contra eles.
9 O fumo de seus narizes se elevou ao
alto, e fogo devorador sairá da sua boca:
Por ele serão acesos carvões.
10 Abaixou os céus, e desceu: E a escurida-
de debaixo de seus pés.
11 E subiu sobre os querubins, voou: E
desceu sobre as asas dos ventos.
12 Pôs trevas ao redor de si para se ocultar:
Joeirando as águas das nuvens do céu.
13 Pelo esplendor da sua presença se acen-
deram carvões de fogo.
14 O Senhor trovejará do céu: E o Altíssimo
fará soar a sua voz.
15 Disparou setas e dissipou os raios, e
consumiu-os.
16 E apareceram as profundidades do mar,
e descobriram-se os fundamentos da terra, ao
ameaçar do Senhor, ao assopro do espírito
do seu furor.
17 Enviou do alto, e recebeu-me: E tirou-me
das muitas águas.
18 Livrou-me do meu inimigo poderosís-
simo, e daqueles que me tinham ódio: Porque
eram mais fortes do que eu.
19 Preveniu-me no dia da minha tribulação,
e o Senhor se fez o meu firme esteio.
20 E ele me tirou ao largo: Livrou-me, por-
que lhe agradei.
21 O Senhor me retribuirá segundo a minha
justiça: E ele me galardoará segundo a pureza
das minhas mãos.
22 Porque eu guardei os caminhos do Se-
nhor, e não obrei impiamente, contra o meu
Deus.

23 Todos os seus pensamentos pois estão diante dos meus olhos: E não me arredei dos seus preceitos.

24 E serei perfeito com ele: E guardar-me-ei da minha iniqüidade.

25 E o Senhor me retribuirá segundo a minha justiça: E segundo a pureza de minhas mãos, diante dos seus olhos.

26 Com o santo serás santo: E com o robusto, perfeito.

27 Com o puro serás puro: E com o perverso far-te-ás perverso.

28 E salvarás o povo pobre: E com os teus olhos humilharás os soberbos.

29 Porque tu, Senhor, és a minha candeia: E tu, Senhor, alumiarás as minhas trevas.

30 Contigo pois correrei armado a combater: Com o meu Deus saltarei o muro.

31 O caminho de Deus é imaculado, a palavra do Senhor é purificada ao fogo: E é escudo de todos os que esperam nele.

32 Que Deus há senão o Senhor? e que forte há senão o nosso Deus?

33 O Deus que me cingiu de fortaleza: E aperfeiçoou o meu caminho.

34 Que iguala os meus pés com os dos cervos, e me põe sobre as minhas alturas.

35 Que instrui as minhas mãos para a peleja, e faz os meus braços como um arco de bronze.

36 Tu me deste o escudo da tua salvação: E a tua benignidade me engrandeceu.

37 Alargaste os meus passos debaixo de mim: E não desfaleceram os meus artelhos,

38 perseguirei os meus inimigos, e fá-los-ei em migalhas: E não tornarei atrás até que os consuma.

39 Consumi-los-ei e desfaze-los-ei de modo que se não levantem: Caíram debaixo dos meus pés.

40 Tu me guarneceste de força para o combate: Fizeste acurvar debaixo de mim os que resistiam.

41 Fizeste que voltassem as costas meus inimigos que me aborreciam, e eu os arruinarei de todo.

42 Clamarão, e não haverá ninguém que os socorra: Clamarão ao Senhor, e ele os não ouvirá.

43 Eu os moerei como o pó da terra: Trilhá-los-ei, e desfá-los-ei, como o lodo das ruas.

44 Tu me salvarás das contradições do meu povo: Conservar-me-ás para ser o chefe das nações: Um povo, que eu não conheço, me servirá.

45 Os filhos estranhos me resistirão, em me ouvindo me obedecerão.

46 Os filhos estranhos se desfizeram, e serão estreitados nos seus encerramentos.

47 Viva o Senhor, e seja bendito o meu Deus: E será exaltado o Deus forte da minha salvação.

48 Tu és, ó Deus, o que me vingas, o que sujeitas os povos debaixo de mim.

49 Tu o que me tiras dentre os meus inimigos, e o que me exaltas sobre os que me resistem: Tu me livrarás do homem injusto:

50 Por isso, Senhor, te darei as graças no meio das nações: E entoarei louvores ao teu nome.

51 O que engrandece as saúdes do seu rei, e usa de misericórdia com Davi seu ungido, e com a sua descendência para sempre.

Últimas palavras de Davi

23 Estas são as últimas palavras de Davi. Disse Davi, filho de Isai: Disse o varão, a favor do qual se decretou sobre o Cristo do Deus de Jacó, excelente salmista de Israel.

2 O espírito do Senhor falou por mim, e a sua palavra pela minha língua.

3 O Deus de Israel me disse, o forte de Israel falou, o dominador dos homens, o justo dominador dos que temem a Deus.

4 Como a luz da aurora que resplandece pela manhã ao sair do sol, sem nuvens, e como a erva da terra que brota com as chuvas.

5 A minha casa não era tal diante de Deus, que devesse ele fazer comigo um pacto eterno, firme, e em tudo incontrastável. Porque ele é toda a minha salvação, e toda a minha vontade: e não há coisa alguma que daqui não tenha a sua origem.

6 Mas os prevaricadores serão arrancados todos como os espinhos: Que não se tocam com as mãos.

7 E se alguém quiser tocá-los, armar-se-á de ferro e dum pau de lança, e pegando-lhes fogo serão queimados, até não ficar nada deles.

Elenco dos heróis de Davi

8 Eis aqui os nomes dos valentes de Davi.
O que se assenta em cadeira, príncipe sapientíssimo entre três, ele é como o tenro verme
da madeira, e ele foi o que duma feita matou
oitocentos. 9 Depois deste, Eleazar aoíta, filho
de seu tio paterno, era o segundo entre os três
valentes, que se acharam com Davi quando
insultaram aos filisteus, e se ajuntaram ali
para a batalha.
10 E tendo subido os israelitas, se apresentou Eleazar, e bateu os filisteus até lhe cansar
a mão e ficar pegada à espada. E concedeu o
Senhor naquele dia uma sinalada vitória: e o
povo, que tinha fugido, voltou a tirar os despojos dos mortos. 11 E depois deste era Sema,

filho de Age de Arari: e os filisteus se ajunta-
ram num sítio onde havia um campo cheio
de lentilhas. E tendo fugido o povo de diante
dos filisteus, 12 ele se fez firme no meio do
campo, e o defendeu, e derrotou os filisteus.
E concedeu o Senhor uma grande vitória.
13 Assim também antes tinham descido os
três que eram os primeiros entre os trinta, e
tinham vindo no tempo das messes ter com
Davi à cova de Odolão: e os filisteus tinham o
seu arraial no Vale dos Gigantes. 14 E Davi
estava num lugar forte: e ao mesmo tempo
havia em Belém uma guarnição de filisteus.
15 Davi pois teve desejos, e disse: Oh! se algum
me dera a beber água da cisterna que há em
Belém junto à porta! 16 No mesmo ponto estes
três valentes romperam pelo campo dos filis-
teus, e foram tirar água à cisterna de Belém,
que estava junto à porta, e a trouxeram a
Davi. Mas ele a não quis beber, mas ofereceu-a
ao Senhor, 17 dizendo: Guarde-me o Senhor
de que tal faça: Beberei eu o sangue destes
homens, que foram buscá-la, aventurando as
suas vidas? Não quis pois bebe-la. Assim o
fizeram estes três fortíssimos.
18 Abisai também irmão de Joab, filho de
Sarvia, era o primeiro dos três. Este é o que
levantou a sua lança contra trezentos, que
matou, afamado entre os três, 19 e o mui in-
signe deles, e seu príncipe, mas não igualava
os três primeiros.
20 E Banaias de Cabseel, filho de Jojada,
que foi um homem valentíssimo e de grandes
feitos. Ele matou os dois leões de Moab, e ele
mesmo desceu, e matou um leão no meio de
uma cisterna e em tempo de neve. 21 Ele foi
também o que matou a um egípcio, homem
digno de se ver, que tinha uma lança na mão:
e tendo-se chegado a ele com uma vara, arran-
cou por força a lança da mão do egípcio, e o
matou com a sua própria lança. 22 Isto é o
que fez Banaias filho de Jojada. 23 E ele era
nomeado entre os três valentes, que eram os
mais insignes entre os trinta: mas não chegava
aos três primeiros: e Davi o tinha feito seu
conselheiro, e escrivão pessoal.
24 Asael irmão de Joab era dos trinta, Elea-
nan de Belém, filho de seu tio paterno, 25 Sema
de Harodi, Elica de Harodi, 26 Heles de Falti,
Hira de Técua filho de Acés. 27 Abiezer de
Anatot, Mobonai de Husati, 28 Selmon da
Ahoh, Maarai de Netofat, 29 Heled filho de
Baana, que também era de Netofat, Itai filho
de Ribai de Gabaat na tribo de Benjamim,
30 Banaia de Faraton, Heldai da Torrente de
Gaas, 31 Abialbon de Arbat, Azmavet de Bero-
mi, 32 Eliaba de Salaboni, Jonatan, dos filhos
de Jassen, 33 Sema de Orori, Aiam de Aror,
filho de Sarar, 34 Elifelet, filho de Aasbai,
filho de Macati, Eliam, filho de Aquitofel de
Gelon, 35 Hesrai do Carmelo, Farai de Arbi,
36 Igaal, filho de Natan, de Soba, Boni de
Gadi. 37 Selec de Amoni, Naarai de Berot
escudeiro de Joab, filho de Sarvia, 38 Ira, de
Jetrit, Gareb também de Jetrit, 39 Urias heteu.
Por todos trinta e sete.

Recenciamento e castigo

24 Tornou-se de novo a acender o furor do
Senhor contra Israel e excitou o Senhor
contra eles a Davi, permitindo que dissesse:
Vai, numera a Israel e Judá. 2 Disse pois David
a Joab general do seu exército: Corre todas
as tribos de Israel desde Dan até Bersabée, e
fazei resenha do povo, para eu saber o seu
número. 3 E Joab respondeu ao rei: O Senhor
teu Deus queira multiplicar o teu povo outro
tanto do que agora é, e ainda cem vezes mais
aos olhos do rei meu senhor: mas que intenta
o rei meu senhor com isso? 4 Todavia a ordem
do rei prevaleceu às representações de Joab
e dos generais do exército: e saiu Joab da pre-
sença do rei com os primeiros oficiais da
tropa, a contar o povo de Israel. 5 E tendo eles
passado o Jordão, vieram a Aroer ao lado
direito da cidade, que está no vale de Gad:
6 e por Jazer passaram a Galaad, e à terra
baixa de Hodsi, e vieram aos bosques de Dan.
E caminhando pelo contorno de Sidônia,
7 passaram perto das muralhas de Tiro, e toda
a terra dos heveus e dos cananeus, e chegaram
até Bersabée, ao meio-dia de Judá. 8 E tendo
decorrido toda a terra, voltaram para Jeru-
salém depois de nove meses e vinte dias. 9 Deu
pois Joab ao rei a lista do povo, e acharam-se
em Israel oitocentos mil homens robustos,
capazes de puxar pela espada: e em Judá qui-
nhentos mil combatentes.
10 Mas, depois que foi contado o povo, sen-
tiu Davi um remorso no seu coração: e disse
Davi ao Senhor: Eu cometi nesta ação um
grande pecado: mas rogo-te, ó Senhor, que
perdoes a iniqüidade de teu servo, porque
obrei muito nesciamente. 11 Levantou-se pois
Davi pela manhã, e o Senhor dirigiu a sua
palavra a Gad profeta e vidente de Davi, di-
zendo: 12 Vai, e dize a Lavi: Eis-aqui o que
diz o Senhor: De três coisas se te dá a opção,
escolhe qual destas queres que te mande.
13 E Gad tendo-se apresentado a Davi, lho
intimou, dizendo: Ou virá fome por sete anos
à tua terra: ou por três meses irás fugindo
de teus inimigos, e eles perseguindo-te: ou ao
menos haverá peste na tua terra por três dias.
Delibera pois agora, e vê que resposta hei de
levar a quem me enviou. 14 E Davi respondeu
a Gad: Eu me acho muito perplexo: mas me-

lhor é que eu caia nas mãos do Senhor (porque são muitas as suas misericórdias) do que nas mãos dos homens. 15 Mandou pois o Senhor a peste a Israel, desde a manhã até o tempo sinalado, e morreram do povo desde Dan até Betsabée setenta mil homens.

16 E tendo estendido o anjo do Senhor a sua mão sobre Jerusalém para a destruir, o Senhor se compadeceu da sua aflição, e disse ao anjo exterminador do povo: Basta. Detém agora a tua mão. E o anjo do Senhor estava junto da eira de Areuna jebuseu. 17 E Davi logo que viu ao anjo ferindo o povo disse ao Senhor: Eu sou o que pequei, eu obrei mal. Que fizeram estes, que são as ovelhas? Volte-se, te peço, a tua mão contra mim, e contra a casa de meu pai.

Construção de um altar

18 E veio Gad naquele dia buscar a Davi, e lhe disse: Vai, e levanta um altar ao Senhor na eira de Areuna jebuseu. 19 E Davi subiu conforme o que Gad lhe tinha dito por ordem do Senhor. 20 E como Areuna levantasse os olhos, viu que vinham para ele o rei e os seus servos. 21 E adiantando-se o adorou prostrado o rosto em terra, e disse: Que motivo há para o rei meu senhor vir buscar a seu servo? Davi lhe respondeu: Para comprar-te a eira, e para edificar nela um altar ao Senhor, e para que cesse a mortandade que grassa no povo. 22 E Areuna disse a Davi: Tome-a o rei meu senhor, e sacrifique como bem lhe parecer: eis aqui estão bois para o holocausto, e um carro, e jugos de bois para lenha. 23 E Areuna deu tudo ao rei: e disse Areuna ao rei: O Senhor teu Deus receba o teu voto. 24 O rei respondendo-lhe, disse: Eu não posso receber o que tu me ofereces, mas comprá-lo-ei pelo que vale, e não oferecerei ao Senhor meu Deus holocaustos que me não custem nada. Comprou pois Davi a eira e os bois por cinqüenta siclos de prata: 25 e edificou ali Davi um altar ao Senhor, e ofereceu holocaustos, e hóstias pacíficas. E o Senhor se aplacou com a terra, e cessou o flagelo que assolava a Israel.

PRIMEIRO LIVRO DOS
REIS

I. REINADO DE SALOMÃO

Velhice de Davi

1 O rei Davi porém tinha envelhecido, e achava-se numa idade mui avançada: e por mais que o cobriam de roupa, não aquecia. 2 Disseram-lhe pois os seus criados: Busquemos para o rei nosso senhor uma rapariga virgem, que esteja diante do rei e o aquente, durma ao seu lado, e preserve do grande frio o rei nosso senhor. 3 Buscaram pois em todas as terras de Israel uma rapariga formosa: e acharam a Abisag de Sunam, e a trouxeram ao rei. 4 Era esta uma rapariga de extrema beleza, e dormia com o rei, e o servia, mas o rei a deixou sempre virgem.

Conspiração de Adonias

5 Adonias porém, filho de Hagit, se elevava, dizendo: Eu reinarei. E mandou fazer para si coches e tomou gente de cavalo, e cinqüenta homens, que corressem adiante dele. 6 E nunca seu pai o repreendeu, nem disse: Por que fazes isto? E ele era também muito gentil, e o segundo gênito depois de Absalão.

7 E tinha inteligência com Joab, filho de Sarvia, e com o pontífice Abiatar, que sustentavam o partido de Adonias. 8 Mas nem o pontífice Sadoc, nem Banaias, filho de Jojada, nem o profeta Natan, nem Semei, nem Rei, nem o grosso do exército de Davi eram por Adonias. 9 Adonias pois tendo imolado carneiros e novilhos, e toda a sorte de vítimas gordas ao pé da pedra de Zoelet, que está junto da fonte de Rogel, convidou a todos os de Judá, criados do rei. 10 Mas não convidou nem ao profeta Natan, nem a Banaias, nem a algum dos mais valentes, nem a Salomão seu irmão.

Salomão é proclamado rei

11 Disse pois Natan a Betsabée, mãe de Salomão: Tu não ouviste que Adonias filho de Hagit se tem feito rei, e que nosso senhor Davi ignora isto? 12 Vem pois agora, toma o meu conselho, e salva a tua vida, e a de teu filho Salomão. 13 Vai, e entra ao rei Davi, e dize-lhe: Porventura tu, ó rei meu senhor, não me juraste a mim tua escrava, dizendo: Salomão, teu filho, reinará depois de mim, e ele se assentará no meu trono? Por que reina logo Adonias? 14 E estando tu ainda falando com o rei, eu sobrevirei depois de ti, e acabarei as tuas razões.

15 Entrou pois Betsabée ao rei no seu quarto: e o rei era já muito velho, e Abisag de Sunam o servia 16. Inclinou-se Betsabée profundamente, e adorou o rei. E o rei lhe disse: Que é o que queres? 17 Ela respondendo, disse: Meu senhor, tu juraste à tua escrava pelo Senhor teu Deus: Salomão, teu filho, reinará depois de mim, e ele se assentará no meu trono. 18 E agora eis aí Adonias reina, sem tu, ó rei meu senhor, o saberes. 19 Ele imolou bois, e toda a sorte de gordas vítimas e muitos carneiros, e convidou a todos os filhos do rei, e ao pontífice Abiatar, e a Joab general do exército: mas não convidou a Salomão, teu servo. 20 Todavia todo o Israel está com os olhos em ti, ó rei meu senhor, para que tu lhe declares, ó rei meu senhor, quem é o que deve assentar-se no teu trono. 21 Porque tanto que o rei meu senhor dormir com seus pais, eu e meu filho seremos os pecantes.

22 E falando ela ainda com o rei, eis que chegou o profeta Natan. 23 E avisaram ao rei, dizendo: Eis aí está o profeta Natan. E tendo entrado à presença do rei, e tendo-o adorado, prostrando-se em terra, 24 disse Natan: Ó rei meu senhor: acaso disseste tu: Adonias reine depois de mim e ele seja o que se assente no meu trono? 25 Porque ele desceu hoje, e imolou bois, e vítimas gordas, e muitos carneiros, e convidou a todos os filhos do rei e aos generais do exército, e ao pontífice Abiatar: e

comendo eles, e bebendo diante dele, e dizendo: Viva o rei Adonias. 26 Não me convidou a mim que sou servo teu, nem ao pontífice Sadoc, nem a Banaias, filho de Jojada, nem a teu servo Salomão. 27 Acaso saiu esta ordem da parte do rei meu senhor? Mas não é assim que tu me declaraste a mim teu servo, quem era o que devia depois do rei meu senhor assentar-se sobre o seu trono?

28 E o rei Davi respondeu, dizendo: Chamai-me cá a Betsabée. E tendo-se ela apresentado ao rei, e estando em pé diante dele, 29 jurou o rei, e disse: Viva o Senhor, que livrou a minha alma de toda a angústia, 30 que assim como eu te jurei pelo Senhor Deus de Israel, dizendo: Salomão, teu filho, reinará depois de mim, e ele se assentará em meu lugar sobre o meu trono. Assim o cumprirei hoje. 31 E Betsabée prostrando-se com o rosto em terra, adorou o rei dizendo: Viva Davi, meu senhor, para todo sempre.

32 Disse mais o rei Davi: Chamai-me cá ao pontífice Sadoc, e ao profeta Natan, e a Banaias filho de Jojada. E tendo eles entrado à presença do rei, 33 disse-lhes: Tomai convosco os servos de vosso amo, e fazei montar na minha mula a meu filho Salomão, e levai-o a Gion. 34 E o pontífice Sadoc com o profeta Natan o unjam ali em rei de Israel. E vós fareis soar a trombeta, e direis: Viva o rei Salomão. 35 E voltareis em seu seguimento, e ele virá, e assentar-se-á sobre o meu trono, e reinará em meu lugar: e eu lhe ordenarei que governe a Israel e a Judá. 36 E Banaias, filho de Jojada, respondeu ao rei, dizendo: Amém: assim o confirme o Senhor Deus do rei meu amo. 37 Bem como o Senhor foi com o rei meu senhor, assim seja ele com Salomão, e eleve o seu trono ainda acima do trono do rei Davi, meu amo.

38 Desceram pois o pontífice Sadoc, e o profeta Natan, e Banaias filho de Jojada, com os cereteus, e os feleteus: e fizeram montar a Salomão na mula do rei Davi, e o levaram a Gion. 39 E o pontífice Sadoc tomou do tabernáculo o vaso do óleo, e ungiu a Salomão: e tocaram a trombeta, e disse todo o povo: Viva o rei Salomão. 40 E subiu toda a multidão após ele, e o povo cantando ao som de flautas, e mostrando grande regozijo, e a terra retiniu com as suas aclamações.

Temores e submissão de Adonias

41 Ouviu pois Adonias, e ouviram todos os que ele tinha convidado, a tempo que o banquete estava já acabado: mas Joab, como ouvisse soar a trombeta, disse: Que quer dizer este ruído de cidade alvoroçada? 42 Ainda ele falava, eis que chega Jônatas, filho do pontífice Abiatar: ao qual disse Adonias: Entra, porque tu és um valente homem, e nos trazes boas novas. 43 E respondeu Jônatas a Adonias: Não por certo: porque o rei Davi, nosso senhor, constituiu rei a Salomão, 44 e enviou com ele ao pontífice Sadoc, e ao profeta Natan, e a Banaias, filho de Jojada, e aos cereteus, e aos feleteus, e estes o fizeram montar na mula do rei. 45 E o pontífice Sadoc, e o profeta Natan o ungiram rei em Gion, e dali voltaram cheios de alegria, e a cidade retumbou em clamores: Este é o estrondo que vós ouvistes. 46 E até Salomão está já assentado no trono do rei. 47 E os servos do rei entraram a dar o parabém ao rei Davi nosso senhor, dizendo: Deus faça o nome de Salomão ainda mais ilustre do que o teu, e ele eleve o seu trono sobre o teu trono. E o rei fez adoração no seu leito: 48 e disse: Bendito seja o Senhor Deus de Israel, que me fez ver hoje com os meus próprios olhos ao que se assenta sobre o meu trono. 49 Aqueles pois a quem Adonias tinha convidado se encheram de medo, e se levantaram, e cada um foi para sua parte. 50 Adonias porém temendo a Salomão, se levantou, e se foi abraçar com o chifre do altar.

51 E noticiaram a Salomão, dizendo: Eis aí Adonias que por temer ao rei Salomão está agarrado no chifre do altar, dizendo: O rei Salomão me jure hoje, que ele não fará morrer seu servo à espada. 52 E Salomão respondeu: Se ele se houver como homem de bem, não cairá em terra nem um só cabelo da sua cabeça: mas se se achar nele maldade, morrerá. 53 Mandou pois o rei Salomão, que o fossem tirar do altar: e Adonias tendo entrado adorou o rei Salomão: e Salomão lhe disse: Vai para tua casa.

Últimas disposições de Davi

2 Aproximando-se pois o dia da morte de Davi, deu ele estes mandamentos a Salomão, seu filho, dizendo:

2 Eis me aqui perto do termo de todos os mortais: arma-te de valor, e porta-te como homem. 3 E observa tudo o que o Senhor teu Deus te mandou, andando pelos seus caminhos, guardando as suas cerimônias, e os seus preceitos, e as suas ordenações, e as suas leis, conforme está escrito na lei de Moisés: para que entendas tudo o que fizeres, e para onde quer que te voltares: 4 para que o Senhor confirme as suas palavras, que ele falou de mim, dizendo: Se os teus filhos vigiarem sobre os seus caminhos, e andarem diante de mim em verdade, de todo o seu coração, e de toda a sua

alma, terás tu sempre algum dos seus descen-
dentes assentado no trono de Israel.
5 Tu sabes também como me tratou Joab,
filho de Sarvia, e o que ele fez aos dois gene-
rais do exército de Israel, a Abner filho de
Ner, e a Amasa filho de Jeter: os quais ele
matou, e derramou o seu sangue em tempo
de paz como se fosse na guerra, e tingiu com
ele o boldrié que trazia sobre seus rins, e os
sapatos, que tinha nos pés. 6 Farás pois con-
forme a tua sabedoria, e não permitirás que
as suas cãs o levem em paz à sepultura.
7 E mostrarás também o teu agradecimento
aos filhos de Berzelai de Galaad, e eles come-
rão à tua mesa: porque me saíram ao encontro
quando eu fugia de diante de Absalão, teu
irmão.
8 Tens também contigo a Semei de Gera
filho de Jemini de Baurim, que me maldisse
com uma péssima maldição, quando eu ia
para o arraial: mas porque ele veio encontrar-
se comigo passando eu o Jordão, eu lhe jurei
pelo Senhor, dizendo: Não te matarei à espa-
da. 9 Não deixes sem castigo o seu crime.
Homem entendido és, para saberes como te
hás de haver com ele, e levarás as suas cãs à
sepultura com morte violenta.

Morte de Davi

10 Adormeceu pois Davi com seus pais, e foi
sepultado na cidade de Davi. 11 E o tempo
que Davi reinou sobre Israel, foram quarenta
anos: Em Hebron reinou sete anos: em Jeru-
salém, trinta e três. 12 Salomão porém tomou
posse do trono de Davi seu pai, e o seu reino
se fortificou sobremaneira.

Aspirações de Adonias e sua morte

13 E entrou Adonias, filho de Hagit, a ver a
Betsabée, mãe de Salomão. Ela lhe disse: É
porventura de paz a tua entrada? Ele lhe
respondeu: De paz é. 14 E ajuntou: Tenho uma
palavra que te dizer. Ela lhe respondeu: Dize-a.
E ele disse: 15 Tu sabes que o reino era meu,
e que todo o Israel me tinha escolhido com
preferência para seu rei: mas o reino foi trans-
ferido, e passou para meu irmão: porque o
Senhor o destinou para ele. 16 Agora pois uma
só coisa te peço, não me faças passar pela
vergonha de ma recusares. Ela lhe disse: Ex-
plica-te. 17 E Adonias disse: (Como o rei Sa-
lomão não pode negar-te nada) peço-te que
lhe digas, que me dê a Abisag de Sunam por
mulher. 18 E Betsabée respondeu: Está bem,
eu falarei por ti ao rei.
19 Veio pois Betsabée ter com o rei Salo-
mão, para lhe falar por Adonias: e o rei se
levantou a vir recebê-la, e a saudou com pro-
funda reverência, e se assentou no seu trono:
e pôs-se um trono para a mãe do rei, a qual
se assentou à sua mão direita. 20 E disse-lhe:
Eu só uma pequena coisa te peço: não me en-
vergonhes com a repulsa. E o rei lhe disse:
Pede, minha mãe: porque não é justo que tu
vás descontente. 21 Disse Betsabée: Dê-se Abi-
sag de Sunam por mulher a Adonias, teu
irmão. 22 E respondeu o rei Salomão, e disse
a sua mãe: Por que pedes tu Abisag de Sunam
para Adonias? Pede também para ele o reino:
porque ele é meu irmão mais velho, e tem por
si ao pontífice Abiatar, e a Joab, filho de Sar-
via. 23 Jurou pois o rei Salomão pelo Senhor,
dizendo: Deus me trate com todo o seu rigor,
se não é verdade que Adonias por esta palavra
falou contra a sua própria vida. 24 E agora
juro pelo Senhor, que me segurou, e que me
colocou no trono de Davi meu pai, e que esta-
beleceu a minha casa como tinha dito, que
Adonias será hoje morto. 25 E mandou o rei
Salomão com esta ordem a Banaias filho de
Jojada, o qual o matou, e assim morreu.

Castigo de Abiatar

26 Disse também o rei ao pontífice Abiatar:
Vai para Anatot para o teu campo, que na
verdade és digno de morte: mas eu te não
matarei hoje, porque levaste a arca do Senhor
Deus diante de meu pai Davi, e acompanhaste
a meu pai em todos os trabalhos que padeceu.
27 Desterrou pois Salomão a Abiatar, para não
ser mais pontífice do Senhor, para se cumprir
a palavra que o Senhor tinha proferido em
Silo acerca da casa de Heli.

Fuga e morte de Joab

28 E chegou esta notícia a Joab, porque
Joab tinha seguido o partido de Adonias, e
não o de Salomão. Fugiu pois Joab para o Ta-
bernáculo do Senhor, e pegou-se ao chifre
do altar. 29 E vieram dizer ao rei Salomão,
que Joab tinha fugido para o Tabernáculo do
Senhor, e estava ao pé do altar. E Salomão
mandou a Banaias filho de Jojada, dizendo:
Vai, mata-o. 30 E foi Banaias ao Tabernáculo
do Senhor e disse a Joab: O rei manda isto:
Sai daqui. Ele respondeu: Não sairei, mas mor-
rerei neste lugar. Deu Banaias parte disto ao
rei, dizendo: Eis aqui o que disse Joab, e o
que me respondeu: 31 E o rei lhe disse: Faze
como ele te disse: E mata-o, e sepulta-o, e com
isto tolherás, que nem eu, nem a casa de meu
pai fiquemos encarregados no sangue inocen-
te, que Joab derramou. 32 E o Senhor fará
recair o sangue dele sobre a sua cabeça, porque
assassinou a dois homens justos, e melhores

do que ele: e ele os matou à espada, sem meu pai Davi o saber, a Abner, filho de Ner, general do exército de Israel, e Amasa, filho de Jeter, general do exército de Judá. 33 E o sangue destes recairá para sempre sobre a cabeça de Joab, e sobre a cabeça da sua posteridade. Mas a Davi e à sua descendência, e à sua casa, e ao seu trono dê o Senhor paz para sempre.

34 Partiu pois Banaias, filho de Jojada, e arremetendo a Joab o matou. E foi sepultado em sua casa no deserto. 35 E em lugar de Joab constituiu o rei a Banaias filho de Jojada por general do exército, e em lugar de Abiatar por pontífice a Sadoc.

Fim de Semei

36 Mandou o rei também chamar a Semei, e lhe disse: Faze para ti casa em Jerusalém, e habita aí: e não saias andando duma parte para a outra. 37 Em qualquer dia pois que daqui saíres, e que passares a torrente de Cedron, sabe que serás morto: o teu sangue recairá sobre a tua cabeça. 38 E disse Semei ao rei: Justa ordem é esta. Como o disse o rei meu senhor, assim o executará o seu servo. Morou pois Semei em Jerusalém largo tempo.

39 Mas passados três anos aconteceu que os escravos de Semei fugiram para Aquis, filho de Maaca rei de Get. E vieram dizer a Semei que os escravos tinham ido para Get. 40 Levantou-se pois Semei, e cilhou o seu jumento: e foi ter com Aquis a Get em busca dos seus escravos, e tornou-os a trazer de Get. 41 E avisou-se a Salomão que Semei tinha ido de Jerusalém a Get, e que tinha voltado. 42 E mandou-o chamar, e lhe disse: Não te conjurei eu pelo Senhor, e não te avisei antes, dizendo: Sabe que em qualquer dia que saíres a uma, ou outra parte, morrerás? E tu me respondeste: Justa ordem é esta que acabo de ouvir. 43 Por que não guardaste tu logo o juramento do Senhor, e a ordem que eu te tinha dado? 44 E o rei disse a Semei: Tu sabes todo o mal que a tua consciência te acusa teres feito a Davi meu pai: o Senhor fez recair a tua malícia sobre a tua cabeça. 45 E o rei Salomão será abençoado, e o trono de Davi será para sempre estável diante do Senhor. 46 Deu pois o rei ordem a Banaias filho de Jojada: o qual, tendo saído, o feriu, e ele morreu.

Casamento de Salomão

3 Confirmou-se pois o reino na mão de Salomão, e este se aparentou com Faraó, rei do Egito, porque, casou com uma sua filha, e levou-a para a cidade de Davi, até que acabasse de edificar a sua casa, e a casa do Senhor, e o muro à roda de Jerusalém.

2 Entretanto o povo imolava sobre os altos: porque até àquele dia se não tinha edificado templo ao nome do Senhor. 3 Mas Salomão amava o Senhor, conduzindo-se segundo os preceitos de Davi, seu pai, exceto que sacrificava e queimava incenso nos altos.

Prece de Salomão

4 Foi Salomão pois a Gabaon, para lá sacrificar: porque este era o mais considerável entre todos os altos. E ofereceu mil hóstias em holocausto sobre aquele altar em Gabaon. 5 Apareceu pois o Senhor a Salomão em sonhos de noite, dizendo: Pede-me o que queres que eu te dê. 6 E Salomão lhe respondeu: Tu usaste de grande misericórdia com meu pai Davi, teu servo, segundo foi a verdade, e justiça com que ele andou na tua presença, e segundo a retidão de coração para contigo. Tu lhe guardaste a tua grande misericórdia, e lhe deste um filho que se assentasse sobre o seu trono, como hoje o está. 7 E agora, ó Senhor Deus, tu me fizeste reinar a mim teu servo em lugar de Davi meu pai: mas eu sou um menino pequenino, e que não sei por onde hei de sair nem por onde hei de entrar. 8 E o teu servo se acha no meio dum povo, que tu escolheste, de um povo infinito, que não pode contar-se nem reduzir-se a número pela sua multidão. 9 Tu pois darás a teu servo um coração dócil, para poder julgar o teu povo, e discernir entre o bem e o mal: porque quem poderá julgar a este povo, a este teu povo tão vasto?

10 Agradou pois ao Senhor esta oração, por ter Salomão pedido uma tal coisa. 11 E o Senhor disse a Salomão: Pois que esta foi a petição que me fizeste, e não pediste para ti nem muitos dias, nem riquezas, nem a morte de teus inimigos, mas pediste-me para ti a sabedoria para discernires o que é justo: 12 eis pois te fiz o que me pediste, e te dei um coração tão cheio de sabedoria e de inteligência, que nenhum antes de ti te foi semelhante, nem se levantará tal depois de ti. 13 Mas eu te dei também o que tu me não pediste: a saber, riquezas, e glória em tal grau, que não se achará um semelhante a ti entre os reis de todos os séculos passados. 14 Se porém andares nos meus caminhos, e guardares os meus preceitos, e os meus mandamentos, como teu pai os guardou, eu prolongarei os teus dias.

15 Então despertou Salomão, e entendeu que era sonho. E tendo vindo a Jerusalém, se pôs diante da arca do concerto do Senhor, e ofereceu holocaustos, e vítimas pacíficas, e deu a todos os seus criados um grande banquete.

Julgamento de Salomão

16 Nesta ocasião vieram ter com o rei duas mulheres prostitutas, e se puseram diante dele. 17 Uma das quais disse: Faço-te, meu senhor, esta súplica: Eu e esta mulher habitávamos numa mesma casa, e eu pari na mesma câmara em que ela estava. 18 E três dias depois de ter parido, pariu ela também. E nós estávamos juntas, e não havia na casa outra alguma pessoa conosco, senão nós ambas. 19 E uma noite morreu o filho desta mulher: porque estando dormindo o abafou. 20 E levantando-se no mais profundo silêncio da noite, me tirou a meu filho do meu lado quando eu, tua escrava, dormia, e o pôs junto a mim a seu filho, que estava morto. 21 E levantando-me eu pela manhã para dar de mamar a meu filho, apareceu-me morto: e olhando para ele com mais atenção, já dia claro, achei que ele não era o meu que eu tinha gerado. 22 E a outra mulher respondeu: Não é assim como tu dizes, mas o teu filho morreu, o meu porém está vivo. A primeira pelo contrário replicava: Mentes: porque o meu filho está vivo, e o teu é o que morreu. E deste modo disputavam diante do rei. 23 Então disse o rei: Esta diz, o meu filho está vivo, e o teu filho está morto. E a outra responde: Não, mas o teu filho é o que morreu, e o meu é o que está vivo. 24 Disse pois o rei: Trazei-me cá uma espada. E como fosse trazida uma espada diante do rei. 25 Dividi, disse ele, em duas partes o menino que está vivo, e dai metade a uma, e metade à outra. 26 A mulher porém, cujo filho estava vivo, disse ao rei (porque as suas entranhas se lhe enterneceram por seu filho): Senhor, eu te peço que dês a ela o menino vivo, e não o mates. A outra pelo contrário dizia: Não seja nem para mim, nem para ti, mas divida-se. 27 Respondeu o rei, e disse: Dai a esta o menino vivo, e não se mate: porque esta é sua mãe.

28 Tendo pois ouvido todo o Israel como o rei havia sentenciado este negócio, temeram ao rei, vendo que nele estava a sabedoria de Deus para fazer justiça.

O governo de Salomão

4 Mas o rei Salomão reinava sobre todo o Israel: 2 e estes eram os principais ministros que tinha: Azarias filho do pontífice Sadoc: 3 Eliorel e Aia, filhos de Sisa, secretários de estado: Josafat, filho de Ailud, era cronista-mor. 4 Banaias, filho de Jojada, era general dos exércitos: Sadoc porém, e Abiatar eram pontífices. 5 Azarias filho de Natan tinha a intendência sobre os que assistiam ao rei. O sacerdote Zabud, filho de Natan, era privado do rei: 6 e Aizar era mordomo-mor: e Adonirão filho de Abda superintendente dos tributos.

7 E Salomão tinha estabelecido doze governadores sobre todo o Israel, que tinham a seu cargo prover a mesa do rei, e a de toda a sua casa; porque todos os meses no ano, cada um subministrava o necessário. 8 E estes são os seus nomes: Benur, no monte de Efraim. 9 Bandecar, em Maces, e em Salebim, e em Betsames, e em Elon, e em Betanan. 10 Benhesed em Arubot: e ao mesmo pertencia Soco, e toda a terra de Efer. 11 Benabinadab, que tinha na sua repartição todo o país de Nefat-dor, era casado com Tafet filha de Salomão. 12 Bana, filho de Ailud, era governador de Tanac e de Magedo, e de todo o país de Betsan, que é vizinho de Sartana debaixo de Jezrael, desde Betsan até Abelmeula defronte de Jecamaan. 13 Bengaber em Ramot de Galaad: e este tinha as aldeias de Jair, filho de Manassés em Galaad, este mesmo governava em todo o país de Argob, que é em Basan, sessenta cidades grandes e muradas, que tinham fechadura de bronze. 14 Ainadab, filho de Ado, era governador em Manaim. 15 Aquimaas em Neftali: e este também tinha por mulher a Basemat filha de Salomão. 16 Baana filho de Husi, em Aser, e em Balot. 17 Josafat filho de Farue, em Issacar. 18 Semei filho de Ela, em Benjamim. 19 Gaber filho de Uri, na província de Galaad, no país de Seon rei dos amorreus, e de Og rei de Basan, sobre quanto havia nesta terra.

20 Judá e Israel eram pela multidão inumeráveis, como a areia do mar: comiam, e bebiam, e se alegravam.

21 E tinha Salomão debaixo do seu domínio todos os reinos desde o rio do país dos filisteus até à fronteira do Egito: e lhe ofereciam presentes, e lhe estiveram sujeitos por todos os dias da sua vida.

22 Os víveres para a mesa de Salomão eram cada dia trinta coros de flor de farinha, e sessenta coros de farinha ordinária, 23 dez bois gordos, e vinte bois dos que andavam a pastar: e cem carneiros, além da caça de veados, corças e bois monteses, e de aves cevadas. 24 Porque ele era o Senhor de todo o país, que estava da banda de cá do rio, desde Tapsa até Gaza, e de todos os reis destas províncias. E por toda a parte tinha paz com os vizinhos. 25 E habitava Judá, e Israel sem temor algum, cada qual debaixo da sua parreira, e debaixo da sua figueira, desde Dan até Bersabée por todo o tempo que Salomão reinou.

26 E tinha Salomão quarenta mil manjedouras de cavalos para as carroças, e doze mil cavalos de montar. 27 E a todos sustentavam os sobreditos oficiais do rei: e até também

nos tempos competentes proviam com sumo
cuidado o necessário para a mesa do rei Salo-
mão. 28 Levavam também para o sítio em que
estava o rei, cevada e palha para os cavalos e
bestas de carga, conforme lhe fora ordenado.

Sabedoria de Salomão

29 Deu mais Deus a Salomão uma sabedoria,
e prudência sobremaneira prodigiosa, e gran-
deza de coração como a areia, que há na praia
do mar. 30 E a sabedoria de Salomão excedia
a sabedoria de todos os orientais e egípcios,
31 e era mais sábio do que todos os homens:
mais sábio do que Etan ezraíta, e do que He-
man, e do que Calcol, e do que Dorda, filhos
de Maol: era nomeado por todas as nações
circunvizinhas. 32 Propôs também Salomão
três mil parábolas: e foram os seus cânticos
mil e cinco. 33 E tratou de todas as árvores
desde o cedro, que há no Líbano, até o hissôpo,
que sai da parede: e tratou dos animais, e das
aves, e dos répteis, e dos peixes. 34 E de todos
os povos vinham gentes a ouvir a sabedoria de
Salomão, e de todos os reis da terra vinham
homens a ouvir a sua sabedoria.

Aliança com Hirão

5 Enviou também Hirão de Tiro servos a Sa-
lomão: pois ouviu que ele tinha sido ungido
rei em lugar de seu pai: porque Hirão sempre
fora amigo de Davi.
2 Salomão mandou dizer a Hirão: 3 Tu sabes
o desejo de Davi meu pai, e que lhe não foi
possível edificar uma casa ao nome do Senhor
seu Deus em razão das guerras que lhe sobre-
vinham de todas as partes, enquanto o Senhor
lhe não metesse debaixo dos pés os seus inimi-
gos. 4 Porém agora o Senhor meu Deus me
concedeu descanso por toda a parte: e não há
contrário, nem mau encontro. 5 Pelo que inten-
to edificar um templo ao nome do Senhor meu
Deus, conforme o que o Senhor ordenou a
Davi meu pai dizendo: Teu filho, que eu farei
assentar em teu lugar sobre o teu trono, este
edificará um templo ao meu nome. 6 Dá ordem
pois a teus servos que me cortem cedros do
Líbano, e os meus servos estarão com os teus:
e eu darei a teus servos qualquer paga que tu
me peças: porque tu sabes que no meu povo
não há ninguém que saiba cortar madeira
como os sidônios.
7 Hirão como ouvisse as palavras de Salo-
mão, alegrou-se em extremo, e disse: Bendito
seja hoje o Senhor Deus, que deu a Davi um
filho sapientíssimo sobre este tão grande povo.
8 E Hirão mandou dizer a Salomão: Eu ouvi
tudo o que me mandaste dizer. Eu executarei
tudo o que desejas acerca das madeiras de
cedro e de faia. 9 Os meus servos as levarão
do Líbano até ao mar: e eu os farei conduzir
em jangadas até o lugar que tu me designares,
e eu as farei aí transportar, e tu as mandarás
receber, e dar-me-ás o necessário para susten-
tação da minha casa.
10 Deu pois Hirão a Salomão madeiras de
cedro, e madeiras de faia, conforme todo o seu
desejo. 11 E Salomão dava a Hirão para sus-
tento da sua casa vinte mil coros de trigo, e
vinte coros de puríssimo azeite. Estes os pro-
vimentos que Salomão dava a Hirão todos os
anos. 12 Deu o Senhor também a sabedoria a
Salomão, conforme lho tinha prometido: e ha-
via paz entre Hirão e Salomão, e fizeram
ambos entre si aliança.
13 E escolheu o rei Salomão obreiros em
todo o Israel, e ordenou que fossem trinta
mil homens. 14 E ele os mandava ao Líbano
por seu turno, dez mil cada mês, de sorte que
ficavam dois meses em suas casas e Adoni-
rão era o encarregado do cumprimento desta
ordem.
15 E teve Salomão setenta mil que acarre-
tavam as cargas, e oitenta mil cabouqueiros
no monte: 16 fora os aparelhadores de cada
obra, em número de três mil e trezentos que
davam as ordens ao povo e aos que traba-
lhavam. 17 E o rei mandou que tirassem pedras
grandes, pedras de preço para os alicerces do
Templo, e que as facejassem: 18 e lavraram-nas
os canteiros de Salomão, e os canteiros de
Hirão: os de Gíblios porém aparelharam as
madeiras e as pedras para se edificar a casa.

Construção do Templo

6 Sucedeu pois que aos quatrocentos e oiten-
ta anos da saída dos filhos de Israel da
terra do Egito, no quarto ano do reinado de
Salomão, no mês de Zio (que é o segundo mês)
se começou a edificar a casa para o Senhor.
2 A casa porém que Salomão edificou em
honra do Senhor, tinha sessenta côvados de
comprido, e vinte côvados de largo, e trinta
côvados de alto. 3 E havia um pórtico diante
do Templo de vinte côvados de comprido, con-
forme a medida da largura do Templo: e tinha
dez côvados de largo ante a face do Templo.
4 E fez no Templo janelas oblíquas. 5 E edifi-
cou sobre a parede do Templo diversos anda-
res ao redor nas paredes da casa pelo contorno
do Templo e do oráculo, e fez vários quartos
à roda. 6 O andar debaixo tinha cinco côvados
de largo, o terceiro andar sete côvados de largo.
E pôs vigas ao redor da casa pela parte de fora
para que não estribassem nas paredes do
Templo.

7 E quando a casa se edificava, faziam-na de pedras lavradas e perfeitas: e não se ouviu martelo, nem machado, nem instrumento algum de ferro, enquanto ela se edificava. 8 A porta do lado do meio estava na parte direita da casa: e subiam por um caracol ao andar do meio, e deste ao terceiro. 9 E edificou a casa, e a acabou. Cobriu também a casa com pranchões de cedro. 10 E fez por cima de toda a casa um madeiramento de cinco côvados de altura, e cobriu a casa de madeira de cedro.

11 E falou o Senhor a Salomão, dizendo: 12 Esta casa, que tu edificas, se tu andares nos meus preceitos, e executares as minhas ordenanças, e guardares todos os meus mandamentos, caminhando por eles: Eu verificarei em ti as palavras que disse a Davi teu pai. 13 E habitarei no meio dos filhos de Israel, e não desampararei o meu povo de Israel. 14 Salomão pois edificou a casa, e a acabou. 15 E guarneceu as paredes da casa pelo interior, de tábuas de cedro, desde o pavimento da casa até o mais alto das paredes, e até ao travejamento, as vestiu por dentro de madeira de cedro: e cobriu o pavimento da casa de tábuas de faia. 16 Fez também uns repartimentos de madeiras de cedro de altura de vinte côvados no fundo do Templo, desde o pavimento até o mais alto: e destinou o lugar do fundo do oráculo para Santo dos Santos. 17 O Templo porém desde a porta do oráculo tinha quarenta côvados. 18 E toda a casa pelo interior estava forrada de cedro, tendo suas entalhaduras, e junturas feitas com grande arte e entalhe de relevo. Tudo estava coberto de tábuas de cedro: nem se descobria coisa alguma de pedra na parede.

19 Fez assim mesmo o oráculo no meio do Templo na parte mais interior, para por nele a arca do concerto do Senhor. 20 O oráculo porém tinha vinte côvados de comprido, e vinte côvados de largo, e vinte côvados de alto: e o cobriu e guarneceu de puríssimo ouro: e também cobriu o altar de cedro. 21 Cobriu mais de puríssimo ouro a parte do Templo fronteira do oráculo, e pregou as chapas com pregos de ouro.

22 E nada havia no Templo que não fosse coberto de ouro: e até cobriu de ouro todo o altar do oráculo.

23 E pôs no oráculo dois querubins de pau de oliveira, de dez côvados de altura. 24 Uma das asas de um querubim tinha cinco côvados, e a outra asa do querubim tinha também cinco côvados: isto é, tinham dez côvados desde a extremidade de uma das asas até à extremidade da outra. 25 O segundo querubim tinha também dez côvados: com a mesma dimensão, e a obra de ambos os querubins era a mesma, 26 isto é, o primeiro querubim tinha dez côvados de altura, e o segundo querubim da mesma sorte. 27 E pôs os querubins no meio do templo interior: porém os querubins tinham as suas asas estendidas, e uma asa tocava na parede, e a asa do segundo querubim tocava na outra parede: e as asas ajuntavam-se no meio do Templo. 28 Cobriu também de ouro os querubins.

29 E fez esculpir todas as paredes do Templo em roda de entalhes e molduras: e nelas fez querubins, e palmas, e diversas figuras, como sobrepujando, e saindo da parede. 30 Cobriu também de ouro o pavimento do Templo por dentro e por fora.

31 E fez à entrada do oráculo umas pequenas portas de pau de oliveira, e os seus postes de cinco esquinas, 32 E as duas portas de madeira de oliveira: e entalhou nelas figuras de querubins, e palmas, e relevos mui saídos fora, e os cobriu de ouro: também cobriu de ouro assim os querubins como as palmas, e os demais.

33 E pôs à entrada do Templo os postes de madeira de oliveira quadrangulares: 34 e duas portas de pau de faia, uma dum lado, outra de outro: e ambas as portas eram dobradiças, e se abriam tendo-se uma à outra. 35 E entalhou querubins, e palmas, e relevos mui sacados fora: e cobriu tudo de chapas de ouro obra esquadriada à régua.

36 Edificou também o átrio interior de três ordens de pedras polidas, duma ordem de paus de cedro.

37 Lançaram-se os fundamentos da casa do Senhor no quarto ano de Zio: 38 e no ano undécimo, no mês de Bul (que é o oitavo mês) foi a casa inteiramente acabada em todas as partes, e tudo o que nela havia de servir: e Salomão a edificou em sete anos.

O palácio de Salomão

7 Edificou Salomão o seu palácio, e o completou dentro do espaço de treze anos.

2 Edificou também a casa do Bosque do Líbano, que tinha cem côvados de comprido e cinqüenta côvados de largo, e trinta côvados de alto: e havia quatro galerias entre colunas de cedro: porque para estas colunas tinha ele mandado cortar paus de cedro.

3 E forrou de madeira de cedro todo o teto, que se sustentava em quarenta e cinco colunas. E cada ordem tinha quinze colunas. 4 Postas umas defronte das outras, 5 e as colunas correspondendo-se em frente umas às outras em igual distância, e sobre as colunas havia umas vigas quadradas em tudo iguais.

6 E fez um pórtico de colunas, que tinha cinqüenta côvados de comprido e trinta côva-

dos de largo: e outro pórtico defronte do pórtico maior: com colunas, e arquitraves sobre as colunas. 7 Fez também o pórtico do trono, onde estava o tribunal: e forrou-o de madeiras de cedro desde o pavimento até o alto. 8 E a casinha, onde ele se assentava para dar audiência, estava no meio do pórtico, e era de uma semelhante obra.

Fez também para a filha de Faraó (com a qual Salomão se casara) um palácio da mesma arquitetura, que este pórtico.

9 Todos estes edifícios eram de finíssimas pedras, que tinham sido serradas de uma mesma forma e medida tanto por dentro, como por fora, desde os fundamentos até o cimo das paredes, e por fora até o átrio maior. 10 Os fundamentos também eram de pedras grandes de dez ou de oito côvados. 11 E dali para cima havia pedras belíssimas cortadas em igual medida, e cobertas também de cedro. 12 E o átrio maior era redondo, de três ordens de pedras cortadas, e de uma ordem de cedro lavrado: e o mesmo tanto no átrio interior da casa do Senhor, como no pórtico da casa.

As obras de bronze

13 Mandou também o rei Salomão, que de Tiro viesse Hirão, 14 filho duma mulher viúva da tribo de Neftali, e cujo pai era de Tiro, que trabalhava em bronze, e era cheio de sabedoria, e de inteligência, e de ciência para fazer todo o gênero de obras de bronze. Tendo pois vindo Hirão para o rei Salomão, fez todas as suas obras.

15 E fundiu duas colunas de bronze: cada uma delas era de dezoito côvados de altura: e a ambas as colunas dava voltas uma linha de doze côvados. 16 Fez também dois capitéis de bronze fundido para os pôr sobre o alto das colunas: Um capitel tinha cinco côvados de altura, e o outro capitel tinha também a altura de cinco côvados. 17 E via-se como espécie de rede, e de cadeias entrelaçadas umas nas outras com admirável artifício. Ambos os capitéis das colunas eram fundidos. Havia sete ordens de medalhas num capitel, e outras sete no outro capitel. 18 E rematou as colunas com duas ordens de romãs ao redor de cada uma das malhas, para cobrir os capitéis que estavam no alto: e o mesmo fez também no segundo capitel. 19 Os capitéis porém, que estavam no alto das colunas no pórtico, eram fabricados em feitio de açucena e tinham quatro côvados. 20 E além disto no alto das colunas sobre as malhas outros capitéis proporcionados à medida da coluna: na circunferência porém do segundo capitel havia duzentas romãs postas em duas ordens. 21 E pôs estas duas colunas no pórtico do Templo, e tendo levantado a coluna direita, chamou-a por nome Jaquin. Levantou do mesmo modo a segunda coluna: e chamou-a por nome Booz. 22 E por cima das colunas pôs um lavor a moda de açucena. E acabou-se a obra das colunas.

23 Fez também um mar de fundição de dez côvados duma borda à outra, redondo em circunferência: a sua altura era de cinco côvados: e cingia-o um cordão de trinta côvados. 24 E por baixo da borda corria uma talha por dez côvados que rodeava o mar: duas ordens de canais eram entalhados de fundição. 25 E firmava-se sobre doze bois, três dos quais olhavam para o sententrião, e três para o ocidente, e três para o meio-dia, e três para o oriente, e o mar estava em cima deles: as partes posteriores deles todas se escondiam para a parte de dentro. 26 A grossura da bacia era de três polegadas; e a sua borda era como a borda de um copo, e como a folha de uma açucena aberta. Ela levava dois mil batos.

27 Fez mais dez bases de bronze, cada uma das quais tinha quatro côvados de comprido, e quatro côvados de largo, e três côvados de alto. 28 E a obra mesma das bases era de várias peças: e havia suas talhas entre as junturas. 29 E entre as coroas e laçadas havia leões e bois e querubins: e também nas junturas da parte de cima: e debaixo dos leões e dos bois, como pendentes, uns loros de cobre. 30 Cada base tinha quatro rodas com seus eixos de bronze: e nos quatro cantos debaixo do lavatório havia uns como ombrinhos fundidos, em correspondência uns dos outros. 31 Havia também dentro no alto da base uma cavidade em que encaixava a bacia: e o que se via por fora, era de um côvado, todo redondo, e todo junto tinha côvado e meio: e nos cantos das colunas havia vários abertos: e os intercolúnios, que mediavam, eram quadrados e não redondos. 32 E as quatro rodas que havia nos quatro cantos da base, correspondiam-se umas às outras por baixo da base: e cada roda tinha côvado e meio de altura. 33 E as rodas eram como as que costumam fazer-se em uma carroça: E os seus eixos, e raios, e caibras, e cubos, tudo era de fundição. 34 Porque até os quatro ombrinhos que estavam nos quatro cantos de cada base, eram fundidos e pegados com a mesma base. 35 No alto da base porém havia uma redondeza de meio côvado, feita de tal modo que se podia pôr em cima a bacia, e tinha suas talhas, com variedade de relevos que saíam dela mesma.

36 Lavrou também naqueles taboleiros, que eram de bronze, e nos cantos, querubins, leões e palmas, como representando a figura de um homem em pé, de tal modo que estes não

pareciam gravados, mas de vulto postos ao redor. 37 Deste modo fez dez bases, fundidas do mesmo estilo, da mesma medida, e por semelhante entalhadura. 38 Fez também dez bacias de bronze: cada uma das quais continha quarenta batos, e era de quatro côvados: e pos cada bacia sobre cada uma das dez bases. 39 E das dez bases pos cinco à parte direita do Templo, e cinco à esquerda: e pôs o mar à parte direita do templo entre o oriente e o meio-dia.

40 Fez também Hirão caldeirões e panelas, e hâmulos, e acabou toda a obra do rei Salomão no Templo do Senhor. 41 As duas colunas, e os dois cordões dos capitéis sobre os capitéis das colunas: e as duas redes, para cobrir os dois cordões, que estavam no alto das colunas. 42 E quatrocentas romãs nas duas redes: duas ordens de romãs em cada rede, para cobrir os cordões dos capitéis que estavam no alto das colunas. 43 E dez bases, e dez bacias sobre as bases. 44 E um mar, e doze bois por baixo do mar. 45 E caldeirões, e panelas, e hâmulas. Todos os vasos, que Hirão fez ao rei Salomão na casa do Senhor, eram de latão fino. 46 O rei o fez fundir nos campos do Jordão numa terra barrenta entre Socot e Sartan. 47 E Salomão pôs todos estes vasos: e pelo seu excessivo número ignorava-se o peso do metal.

Mobília do Templo

48 E fez Salomão todos os vasos para a casa do Senhor: O altar de ouro, e a mesa de ouro, sobre a qual se pusessem os pães da proposição: 49 e os candeeiros de ouro, cinco à direita, cinco à esquerda, de fino ouro diante do oráculo: e em cima havia umas flores de açucenas, e lâmpadas de ouro, 50 e quartas para água, e os garfos, e os copos, e os grais, e os turíbulos, de ouro puríssimo: e as couceiras das portas da casa interior do Santo dos Santos, e as das portas da casa do Templo, eram de ouro.

51 E acabou Salomão toda a obra, que mandou fazer para a casa do Senhor, e meteu nela a prata, e o ouro, e os vasos, e as coisas que seu pai Davi tinha consagrado e as depositou nos tesouros da casa do Senhor.

Transferência da Arca

8 Então se congregaram todos os anciãos de Israel com os príncipes das tribos, e os chefes das famílias dos filhos de Israel junto ao rei Salomão em Jerusalém: para trasladarem a arca do concerto do Senhor, da cidade de Davi, isto é, de Sião. 2 E todo o Israel concorreu ao rei Salomão num solene dia do mês de Etanim, que é o sétimo mês. 3 E vieram todos os anciãos de Israel, e tomaram os sacerdotes a Arca, 4 e levaram a arca do Senhor e o tabernáculo do concerto, e todos os vasos do santuário, que havia no tabernáculo: e os sacerdotes, e levitas os levavam. 5 O rei Salomão porém, e todo o povo de Israel que tinha concorrido a ele, iam adiante da arca, e imolavam ovelhas, e bois sem taxa e sem número. 6 E os sacerdotes puseram a arca do concerto do Senhor no seu lugar, no oráculo do Templo, no Santo dos Santos, debaixo das asas dos querubins. 7 Porque os querubins tinham estendidas as asas sobre o lugar da arca, e cobriam por cima a arca, e os seus varais.

8 E como os varais sobressaíssem, e as suas pontas aparecessem fora do santuário diante do oráculo, já não apareciam mais por fora, e assim ficaram ali até o presente dia. 9 Na arca porém não havia senão as duas tábuas de pedra, que Moisés tinha metido nela em Horeb, quando o Senhor fez aliança com os filhos de Israel, logo que saíram da terra do Egito.

10 Aconteceu porém que logo que os sacerdotes saíram do santuário, uma névoa encheu a casa do Senhor, 11 e os sacerdotes não podiam ter-se em pé nem fazer as funções do seu ministério por causa da névoa: porque a glória do Senhor tinha enchido a casa do Senhor.

Discurso de Salomão

12 Então disse Salomão: O Senhor disse que ele habitaria numa névoa. 13 Eu desvelado edifiquei esta casa para tua morada, teu trono firmíssimo para sempre. 14 E o rei voltou o seu rosto, e abençoou todo o ajuntamento de Israel, porque todo o ajuntamento de Israel estava ali. 15 Salomão disse: Bendito seja o Senhor Deus de Israel, que falou pela sua boca a meu pai Davi, e que pelo seu poder executou a sua palavra, dizendo: 16 Desde o dia em que eu tirei do Egito o meu povo de Israel, não escolhi cidade alguma de todas as tribos de Israel, para se me edificar nela uma casa, e para nela se estabelecer o meu nome: mas escolhi a Davi para ser o chefe do meu povo de Israel: 17 e meu pai Davi quis edificar uma casa ao nome do Senhor Deus de Israel, 18 mas o Senhor disse a Davi meu pai: Quando tu no teu coração intentaste edificar uma casa ao meu nome, fizeste bem, meditando no teu entendimento isto mesmo. 19 Todavia tu não edificarás uma casa, mas teu filho, que nascerá dos teus rins, esse edificará uma casa ao meu nome. 20 Verificou o Senhor a sua palavra, que lhe disse. E eu fiquei em lugar de Davi meu pai, e eu me assentei sobre o trono de Israel, bem como o Senhor o disse. E edifiquei

uma casa ao nome do Senhor Deus de Israel.
21 E ali constituí o lugar para a arca, em que
está o concerto, que o Senhor fez com nossos
pais, quando saíram da terra do Egito.

Oração de Salomão

22 Depois pos-se Salomão diante do altar do
Senhor à vista do ajuntamento de Israel, e
estendeu as suas mãos para o céu, 23 e disse:
Senhor Deus de Israel, não há Deus semelhante
a ti, nem no mais alto do céu, nem abaixo sobre
a terra. Tu conservas o pacto e a misericórdia
para os teus servos, que caminham adiante de
ti de todo o seu coração. 24 Tu guardaste ao
teu servo Davi meu pai, o que lhe prometes-
te. Tu lho disseste por tua boca, e cumpriste
pelas tuas mãos, assim como o prova este dia.
25 Agora pois, Senhor Deus de Israel, conserva
ao teu servo Davi meu pai, o que lhe prome-
teste, dizendo: Não te faltarão descendentes,
que diante de mim se assentem sobre o trono
de Israel: contanto todavia que teus filhos
guardem os teus caminhos, andando em minha
presença, como tu andaste diante de mim.
26 Agora pois, Senhor Deus de Israel, cum-
pram-se as tuas palavras, que disseste ao teu
servo Davi meu pai.

27 É pois crível que Deus habite verdadeira-
mente sobre a terra? Porque se o céu, e os
céus dos céus te não podem compreender,
quanto menos esta casa, que eu edifiquei?
28 Mas atende, Senhor Deus meu, à oração
do teu servo. Ouve o hino e a oração, que teu
servo faz hoje em tua presença: 29 para que
os teus olhos estejam abertos de noite e de
dia, sobre esta casa, da qual disseste: O meu
nome está nela: para ouvires a oração, que teu
servo te oferece neste lugar. 30 Para ouvires
a deprecação de teu servo, e do teu povo de
Israel, em tudo o que te pedirem neste lugar:
e para as ouvires do lugar da tua morada no
céu, e para que, tendo-as ouvido, lhe sejas
propício.

31 Quando algum homem pecar contra seu
próximo, e houver de fazer algum juramento,
com que se ligue: e vier à tua casa por motivo
do juramento diante do teu altar, 32 tu ouvi-
rás do céu: e farás justiça a teus servos, con-
denando o ímpio, e fazendo recair a sua per-
fídia sobre a sua cabeça, e justificarás o justo,
e retribuindo-lhe conforme a sua justiça.

33 Quando o teu povo de Israel tiver fugido
diante dos seus inimigos (porque algum dia
pecará ele contra ti) e fazendo penitência, e
dando glória ao teu nome, vierem, e orarem e
te implorarem nesta casa: 34 ouve-os do céu,
e perdoa o pecado do teu povo de Israel, e
torna-os a levar à terra, que deste a seus pais.

35 Quando o céu se tiver fechado, e não cair
chuva alguma por causa dos seus pecados, e
eles orando neste lugar fizerem penitência em
honra do teu nome, e se converterem dos seus
pecados por causa da sua aflição: 36 ouve-os
do céu, e perdoa os pecados de teus servos,
e do teu povo de Israel: e mostra-lhes o cami-
nho direito por onde andem, e derrama chuva
sobre a tua terra, que tu deste ao teu povo
para a possuírem.

37 Quando vier sobre a terra fome, ou peste,
ou corrupção do ar, ou ferrugem, ou gafanho-
to, ou qualquer maligno humor, ou quando
apertar ao teu povo o seu inimigo sitiando as
suas portas, toda a praga, toda a enfermidade,
38 toda a rogativa, e súplica, que fizer qualquer
homem do teu povo de Israel: se algum co-
nhecer a chaga do seu coração, e estender as
suas mãos para ti nesta casa, 39 tu o ouvirás
do céu no lugar de tua morada, e tu propício
te reconciliarás com ele, e obrarás dando a
cada um conforme todas as suas obras, e se-
gundo vires o seu coração (porque só tu co-
nheces o interior dos corações de todos os
filhos dos homens), 40 para que eles tenham
temor de ti por todo o tempo que viverem
sobre a face da terra, que tu deste a nossos
pais.

41 Também quando algum estrangeiro, que
não é do teu povo de Israel, vier de algum país
remoto por causa do teu nome (porque ouvirá
a grandeza do teu nome, e a força da tua mão,
e o poder do teu braço, 42 dilatado por toda
a parte) quando vier por isso fazer oração
neste lugar, 43 tu o ouvirás do céu, do firma-
mento da tua morada, e farás tudo o que o
estrangeiro te pedir: para que todos os povos
da terra aprendam a temer o teu nome, como
faz o teu povo de Israel, e para que experi-
mentem que o teu nome foi invocado sobre
esta casa, que eu edifiquei.

44 Quando o teu povo sair à guerra contra
os seus inimigos, indo pelo caminho, por que
tu o tiveres mandado, se te fizerem as suas
preces olhando para o caminho da cidade, que
tu escolheste, e para a casa, que eu edifiquei
ao teu nome, 45 tu também ouvirás do céu as
suas orações, e as suas preces, e lhes farás
justiça.

46 Porém se pecar contra ti, (porque não há
homem que não peque) e tu irado os entrega-
res nas mãos de seus inimigos, e eles forem
levados cativos ou perto ou longe para terra
inimiga, 47 e fizerem penitência do íntimo
do seu coração no lugar do seu cativeiro, e
convertidos te suplicarem no seu cativeiro,
dizendo: Nós pecamos, nós cometemos a ini-
qüidade, nós obramos impiamente, 48 e se
eles se voltarem para ti de todo o seu coração,

e de toda a sua alma na terra de seus inimigos,
para onde foram levados cativos, e orarem vol-
tados para o caminho da sua terra, que tu deste
a seus pais, e para a cidade que tu escolheste,
e para o templo que eu edifiquei ao teu nome:
49 tu ouvirás do céu, no firmamento do teu
trono, as suas orações, e as suas preces, e
defenderás a sua causa: 50 e te mostrarás pro-
pício ao teu povo que pecou contra ti, e per-
doarás todas as suas iniqüidades com que tive-
rem prevaricado contra ti: e inspirarás ternura
aos que os levaram cativos, para deles terem
compaixão. 51 Porque eles são o teu povo, e a
tua herança, a quem tiraste da terra do Egito,
do meio da fornalha de ferro.

52 Os teus olhos estejam abertos às depre-
cações do teu servo, e do teu povo de Israel,
e os ouças em tudo por que eles te invocarem.
53 Porque tu, ó Senhor Deus, os separaste de
todos os povos da terra para tua herança, co-
mo tu o declaraste por teu servo Moisés, quan-
do tiraste a nossos pais do Egito.

Bênção de Salomão

54 Sucedeu pois, que tendo Salomão acabado
de fazer oração, e esta rogativa, se levantou de
diante do altar do Senhor: porque ele tinha
posto ambos os joelhos em terra, e tinha as
mãos estendidas para o céu. 55 Pôs-se logo
em pé, e abençoou a todo o ajuntamento de
Israel, dizendo em alta voz: 56 Bendito seja
o Senhor, que deu descanso ao seu povo de
Israel, conforme todas as promessas que tinha
feito: Não falhou nem sequer uma palavra de
todos os bens, que ele nos tinha prometido
por seu servo Moisés. 57 O Senhor nosso Deus
seja conosco, bem como foi com nossos pais,
não nos desamparando, nem nos afastando de
si. 58 Mas ele incline os nossos corações, para
andarmos em todos os seus caminhos, para
guardarmos os seus mandamentos, e as suas
cerimônias, e todas as ordenações que ele pres-
creveu a nossos pais. 59 E as palavras desta
minha oração, com que deprequei diante do
Senhor, sejam presentes de dia e de noite ao
Senhor nosso Deus, para que cada dia faça ele
justiça ao seu servo, e ao seu povo de Israel:
60 de sorte que todos os povos da terra saibam
que é ele o Senhor e o Deus, e que não há outro
fora ele. 61 Seja também o nosso coração
perfeito com o Senhor nosso Deus, para andar-
mos nos seus decretos, e guardarmos os seus
mandamentos, como fazemos hoje.

Cerimônia final

62 O rei pois, e todo o Israel com ele imola-
ram vítimas diante do Senhor. 63 E degolou
Salomão por hóstias pacíficas que imolou ao
Senhor vinte e dois mil bois, e cento e vinte
mil ovelhas. E o rei com os filhos de Israel
dedicaram o Templo do Senhor.

64 Naquele dia consagrou o rei o meio do
átrio, que estava diante da casa do Senhor.
Ofereceu pois ali holocaustos, e sacrifícios, e
as bandas das hóstias pacíficas: porque o altar
de bronze, que estava diante do Senhor, era
pequeno, e não podiam caber nele os holocaus-
tos e os sacrifícios, e as banhas das hóstias
pacíficas. 65 Fez pois Salomão naquele tempo
uma festa muito célebre, e todo o Israel com
ele, tendo concorrido em grandes enxames des-
de a entrada de Emat até o rio do Egito, diante
do Senhor nosso Deus, por sete dias, e por
outros sete, isto é, por catorze dias. 66 E ao
dia oitavo despediu ele os povos: os quais,
abençoando o rei, voltaram para suas tendas
alegres, e com o coração contente por todos
os bens, que o Senhor tinha feito a Davi seu
servo, e ao seu povo de Israel.

Segunda visão de Salomão

9 Sucedeu pois que tendo Salomão acabado
de edificar a casa do Senhor, e o palácio
do rei, e tudo o que tinha desejado e quisera
fazer, 2 lhe apareceu o Senhor segunda vez
como lhe tinha aparecido em Gabaon. 3 E o
Senhor lhe disse: Eu ouvi a tua oração e a
tua súplica que fizeste em minha presença:
Eu santifiquei esta casa que me edificaste,
para nela estabelecer para sempre o meu no-
me, e nela estarão sempre os meus olhos e
o meu coração. 4 Se tu também andares na
minha presença, como andou teu pai, em sim-
plicidade de coração, e em eqüidade: E se
fizeres tudo o que te tenho mandado, e guar-
dares as minhas leis e as minhas ordenações,
5 eu estabelecerei o trono do teu reino sobre
Israel para sempre, como eu o prometi a
Davi teu pai dizendo: Não faltará varão da
tua linhagem sobre o trono de Israel. 6 Mas
se obstinadamente vos desviardes de mim vós
e vossos filhos, não me seguindo, nem guar-
dando os meus preceitos, e as minhas ceri-
mônias, que eu vos prescrevi, mas se vos re-
tirardes e desdes culto a deuses estranhos, e
os adorardes: 7 Eu exterminarei Israel da
superfície da terra, que lhes dei, e lançarei
longe da minha presença o Templo, que con-
sagrei ao meu nome, e Israel será o escárnio,
e a fábula de todos os povos. 8 E esta casa
servirá de exemplo: todo o que passar por
diante dela ficará pasmado, e a insultará, e
dirá: Por que se houve o Senhor assim com
esta terra, e com esta casa? 9 E responder-
lhe-ão: Porque estes povos deixaram o Senhor
seu Deus, que tirou da terra do Egito a seus

pais, e porque eles seguiram deuses estranhos, e os adoraram, e lhes renderam culto: por isso o Senhor descarregou sobre eles todo este mal.

Cidades cedidas a Hirão

10 Mas vinte anos andados, depois que Salomão edificara as duas casas, isto é, a casa do Senhor, e a casa do rei, 11 (mandando Hirão, rei de Tiro, a Salomão madeira de cedro e de faia, e o ouro todo quanto havia mister) deu Salomão a Hirão vinte cidades no país de Galiléia.

12 E saiu Hirão de Tiro, para ver as cidades, que Salomão lhe tinha dado, mas não lhe agradaram, 13 e disse: São estas, irmão, as cidades que tu me deste? e as chamou a terra de Cabul, até ao dia de hoje. 14 Tinha Hirão também mandado ao rei Salomão cento e vinte talentos de ouro. 15 Esta é a soma das despesas, que fez Salomão na fábrica da casa do Senhor e da sua casa, em Melo, e dos muros de Jerusalém, e a de Heser, e Magedo, e Gazer.

Outras construções e impostos

16 Faraó, rei do Egito, veio, e tomou Gazer, e a queimou: e matou os cananeus que habitavam na cidade, e a deu em dote a sua filha, mulher de Salomão. 17 Salomão pois reedificou Gazer e Beton a baixa, 18 e Baalat, e Palmira na terra do deserto. 19 E fortificou todas as aldeias, que lhe pertenciam, e que não tinham muros, e as cidades dos coches e as cidades da gente de cavalo, e tudo o que ele lhe aprouve edificar em Jerusalém, e no Líbano, e em toda a extensão do seu domínio.

20 Todo o povo, que tinha ficado dos amorreus, e dos heteus, e dos fereseus, e dos heveus, e dos jebuseus, que não eram dos filhos de Israel, 21 aos filhos destes, que tinham ficado no país, aos quais os filhos de Israel não puderam extinguir, fez Salomão tributários até o dia de hoje. 22 Ele não quis que algum dos filhos de Israel servisse de escravo, mas eram os seus homens de guerra, e os seus ministros, e os seus primeiros oficiais, e os capitães, e os comandantes dos coches e da cavalaria. 23 Havia pois quinhentos e cinqüenta homens estabelecidos sobre todas as obras de Salomão, os quais tinha o povo sujeito, e eram os superintendentes de todas as obras determinadas.

24 Veio pois a filha de Faraó da cidade de Davi para a sua casa, que Salomão lhe tinha edificado: então edificou Melo. 25 Oferecia também Salomão três vezes cada ano holocaustos e vítimas pacíficas sobre o altar, que tinha levantado ao Senhor, e queimava perfumes diante do Senhor. E o Templo se completou.

Frota de Salomão

26 Equipou mais o rei Salomão uma frota em Asiongaber, que é perto de Ailat na praia do mar Vermelho, na terra de Iduméia. 27 E mandou Hirão nesta frota servos seus, homens marinheiros, entendidos em a náutica, juntamente com os servos de Salomão. 28 Os quais, tendo chegado a Ofir, trouxeram ao rei Salomão quatrocentos e vinte talentos de ouro, dali conduzido.

A rainha de Sabá

10 E até a rainha de Sabá, ouvida a fama de Salomão no nome do Senhor, veio fazer experiência nele por enigmas. 2 E tendo entrado em Jerusalém com grande comitiva, e rica equipagem, com camelos que traziam aromas, e infinita quantidade de ouro, e pedras preciosas, se apresentou diante do rei Salomão, e lhe descobriu tudo quanto trazia no seu peito. 3 E Salomão a instruiu em todas as coisas, que ela lhe tinha proposto: não houve nenhuma que o rei ignorasse, e sobre a qual ele lhe não respondesse. 4 Vendo pois a rainha de Sabá toda a sabedoria de Salomão, e a casa, que ele tinha feito, 5 e os manjares da sua mesa, e os aposentos dos seus oficiais, e as diversas classes dos que o serviam, e os seus vestidos, e copeiros, e holocaustos, que ele oferecia na casa do Senhor: estava toda transportada: 6 e disse ao rei: É verdadeiro o que eu no meu reino ouvi, 7 acerca da tua conversação, e da tua sabedoria: e contudo eu não acreditava aos que mo diziam, até que eu mesma vim, e vi com meus olhos, e tenho reconhecido que se me não dizia a metade do que era: é maior a tua sabedoria e as tuas obras, do que a fama que tenho ouvido. 8 Bem-aventurados os teus homens, e bem-aventurados os teus servos, que gozam sempre da tua presença, e que ouvem a tua sabedoria. 9 Bendito seja o Senhor teu Deus, a quem agradaste, e que te colocou sobre o trono de Israel, porque o Senhor amou a Israel para sempre e te constituiu rei, para governar com eqüidade e justiça.

10 Deu pois ao rei cento e vinte talentos de ouro, e infinitos aromas, e pedras preciosas: Desde então não se trouxeram a Jerusalém tantos aromas, como os que a rainha de Sabá deu ao rei Salomão.

11 (Mas até a frota de Hirão, que trazia o ouro de Ofir, trouxe de Ofir uma prodigiosa quantidade de paus odoríferos, e pedras pre-

ciosas. 12 E o rei mandou fazer das madeiras
cheirosas os balaústres da casa do Senhor, e
da casa do rei, e cítaras e violas para os mú-
sicos. Não se trouxeram, nem se viram mais
semelhantes madeiras odoríferas até ao pre-
sente dia.)
13 O rei Salomão porém deu à rainha de
Sabá tudo o que ela desejou, e lhe pediu:
fora os presentes, que ele mesmo lhe fez com
real liberalidade. A rainha voltou, e se foi
para o seu reino com os seus servos.

Opulência de Salomão

14 E o peso de ouro, que se trazia a Salo-
mão cada ano, era de seiscentos e sessenta
e seis talentos de ouro: 15 fora o que lhe tra-
ziam os homens, que eram os recebedores dos
tributos, e os negociantes, e todos os que ven-
diam quinquilharias, e todos os reis da Ará-
bia, e os governandes da terra.
16 Fez mais o rei Salomão duzentos escudos
de ouro puríssimo, e deu para as chapas de
cada escudo seiscentos siclos de ouro. 17 E
trezentos broquéis de ouro fino: trezentas
minas de ouro revestiam cada broquel: e o
rei os pôs na casa do Bosque do Líbano.
18 Fez mais o rei Salomão um grande trono
de marfim: e o guarneceu de ouro mui luzente,
19 o qual tinha seis degraus: e o alto do trono
era redondo pelo espaldar: e duas mãos uma
duma parte, outra doutra sustinham o assen-
to: e havia dois leões ao pé de cada mão, 20 e
doze leõezinhos postos sobre os seis degraus
duma parte e doutra. Não se fez obra seme-
lhante em nenhum dos reinos.
21 Mas até todos os vasos, por onde bebia
o rei Salomão, eram de ouro: e toda a sua
baixela da casa do Bosque do Líbano era de
ouro puríssimo. Não havia prata, nem se fazia
apreço algum dela em tempo de Salomão,
22 porque a frota do rei Salomão ia por mar
com a frota de Hirão uma vez cada três anos
a Tarsis, a trazer dali ouro, e prata, e dentes
de elefantes, e bugios, e pavões.
23 Excedeu logo o rei Salomão todos os reis
do mundo em riquezas, e sabedoria. 24 E toda
a terra desejava conhecer de vista a Salomão,
para ouvir a sabedoria, que Deus tinha de-
positado no seu coração. 25 E cada um lhe
mandava todos os anos seus presentes, vasos
de prata e de ouro, vestidos, e armas de guer-
ra, até aromas e cavalos machos. 26 E ajun-
tou Salomão um grande número de coches,
e de cavaleiros, e teve mil e quatrocentos co-
ches, e doze mil homens de cavalo: e ele os
distribuiu pelas cidades fortificadas, e em
Jerusalém junto da pessoa dele rei. 27 E fez
que houvesse tanta abundância de prata em
Jerusalém, quanta era também a das pedras:
e fez tão óbvios os cedros, como os sicômoros,
que nascem nas campinas 28 Sacavam-se tam-
bém do Egito, e de Coa cavalos para Salomão.
Porque os feitores do rei os compravam em
Coa, e lhos traziam por um certo preço. 29 Saía-
lhe porém do Egito um tiro de quatro cavalos
por seiscentos siclos de prata, e um cavalo
por cento e cinqüenta. E assim lhe vendiam
cavalos todos os reis dos heteus e da Síria.

Idolatria de Salomão

11 Mas o rei Salomão amou apaixonada-
mente a muitas mulheres estrangeiras,
também à filha de Faraó, e a mulheres moa-
bitas, amonitas, iduméias, e sidônias, e hetéias:
2 das nações, de quem o Senhor tinha dito
aos filhos de Israel: Não tomeis as suas mu-
lheres, nem eles as vossas: porque elas cer-
tissimamente vos perverterão os vossos co-
rações para seguirdes os seus ídolos. A estas
pois se uniu Salomão com um amor arden-
tíssimo. 3 E ele teve setecentas mulheres, que
eram como rainhas, e trezentas concubinas,
e as mulheres lhe perverteram o coração. 4 E
sendo já velho, o seu coração foi pervertido
pelas mulheres para seguir os deuses alheios:
nem o seu coração era perfeito diante do
Senhor seu Deus, como o fora o de Davi, seu
pai. 5 Mas Salomão dava culto a Astarte,
deusa dos sidônios, e a Moloc ídolo dos
amonitas. 6 E fez Salomão o que não era
agradável ao Senhor, e não seguiu o Senhor
perfeitamente, como seguira Davi, seu pai.
7 Naquele tempo edificou Salomão um tem-
plo a Camos, ídolo dos moabitas no monte
que está fronteiro a Jerusalém, e a Moloc,
ídolo dos filhos de Amon. 8 E o mesmo fez
ele por todas as suas mulheres estrangeiras,
que queimavam incenso, e sacrificavam a seus
deuses.

Predição do castigo de Salomão

9 O Senhor pois se irou contra Salomão,
por se ter o seu espírito apartado do Senhor
Deus de Israel, que lhe tinha aparecido se-
gunda vez, 10 e lhe tinha proibido expressa-
mente que não seguisse a deuses estrangeiros,
e ele não guardou o que o Senhor lhe man-
dara. 11 Disse pois o Senhor a Salomão: Pois
que tu assim te portaste, não guardaste o
meu pacto, nem os mandamentos, que eu te
ordenei, eu rasgando dividirei o teu reino, e
o darei a um dos teus servos. 12 Contudo
não o farei em teus dias por atenção a Davi,
teu pai: Eu o dividirei da mão de teu filho.
13 Nem lhe tirarei o reino todo, mas darei

a teu filho uma tribo, em atenção a meu servo
Davi, e a Jerusalém que eu escolhi.

Rebelião de Adad

14 Suscitou pois o Senhor por inimigo de
Salomão, a Adad, idumeu de sangue real, que
vivia em Edom. 15 Porque quando Davi estava
em Iduméia, e veio Joab, general do seu exér-
cito, a sepultar os que tinham sido mortos,
e a matar em Iduméia todos os varões, 16 (por-
que seis meses se demorou ali Joab e todo o
Israel, enquanto matava todos os varões de
Iduméia), 17 fugiu o mesmo Adad de lá, e com
ele os idumeus, servos de seu pai, para se re-
tirar ao Egito: e Adad era de mui tenra idade.
18 Saindo de Madian vieram a Faran, e leva-
ram consigo homens de Faran, e entrando
no Egito se apresentaram a Faraó, rei o Egi-
to: o qual lhe deu casa, e consignou-lhe ali-
mentos, e lhe adjudicou terras. 19 E Adad
caiu tanto em graça a Faraó, que este o casou
com a própria irmã da rainha Tafnes, sua
mulher. 20 E desta irmã de Tafnes teve Adad
um filho chamado Genubat, e Tafnes o criou
na casa de Faraó: e Genubat habitava no pa-
lácio de Faraó com os filhos do rei. 21 E tendo
Adad ouvido no Egito, que Davi adormecera
com seus pais, e que Joab, general do seu
exército, era morto, disse a Faraó: Deixai-me
ir para a minha terra. 22 E Faraó lhe disse:
Pois que é o que te falta em minha casa, para
cuidares em voltar para a tua terra? E ele
lhe respondeu: Nada: mas suplico-te que me
deixes ir.

Rebelião de Razon

23 Suscitou-lhe Deus também por inimigo
a Razon, filho de Eliada, que tinha fugido de
Adarezer, rei de Soba, seu senhor: 24 e jun-
tou gente contra ele, e se fez capitão de la-
drões quando Davi lhes fazia guerra. Estes se
retiraram para Damasco, e fizeram ali assento
e o constituiram rei em Damasco, 25 e foi
inimigo de Israel em todo o tempo de Salo-
mão. E este é o mal de Adad, e o ódio contra
Israel: e ele reinou na Síria.

Rebelião de Jeroboão

26 Jeroboão também filho de Nabat, efra-
teu, de Sareda, servo de Salomão, cuja mãe
era uma mulher viúva por nome Sarva, se
sublevou contra Salomão. 27 E o motivo da
rebelião contra ele foi este, que Salomão ti-
nha edificado a Melo, e terraplanado o pro-
fundo sorvedouro da cidade de Davi, seu pai.
28 Era pois Jeroboão um homem valente e
poderoso: e Salomão, vendo que era um moço
de inteligência e capacidade, o tinha feito in-
tendente das tribos de toda a casa de José.
29 Aconteceu pois naquele tempo que Jero-
boão saiu de Jerusalém, e que Aías, silonita
profeta, coberto com uma capa nova, encon-
trou Jeroboão no caminho: estavam sós os
dois no campo. 30 E Aías tomando a sua capa
nova, de que vinha coberto, a rasgou em doze
partes. 31 E disse a Jeroboão: Toma para ti
dez retalhos: porque isto é o que diz o Senhor
Deus de Israel: Eis aqui eu rasgarei o reino
das mãos de Salomão, e dar-te-ei dez tribos.
32 Porém a ele ficará uma tribo, em atenção
a meu servo Davi, e à cidade de Jerusalém,
que eu escolhi dentre todas as tribos de Israel:
33 porque Salomão me deixou, e adorou a
Astarte, deusa dos sidônios, a Camos, deus
de Moab, e a Moloc, deus dos filhos de Amon:
e não andou pelos meus caminhos, para fazer
o que era justo diante de mim, e para observar
os meus preceitos, e as minhas ordenações
como Davi, seu pai. 34 Eu lhe não tirarei todo
o reino das suas mãos, mas o deixarei gover-
nar todos os dias da sua vida por causa de
Davi meu servo, a quem escolhi, o qual guar-
dou os meus mandamentos e os meus precei-
tos. 35 Tirarei porém o reino das mãos de
seu filho, e te darei dez tribos: 36 a seu filho
porém darei uma tribo, para que sempre fique
a meu servo Davi uma lâmpada diante de
mim na cidade de Jerusalém, que eu escolhi
a fim de ser nela reverenciado o meu nome.
37 E a ti eu te tomarei, e tu reinarás sobre
tudo o que a tua alma deseja, e serás rei em
Israel. 38 Se tu pois ouvires tudo o que eu
te ordenar, e se andares pelos meus caminhos,
se fizeres o que é reto diante de mim, guar-
dando as minhas ordenações e os meus pre-
ceitos, assim como fez Davi, meu servo: Eu
serei contigo, e te edificarei uma casa que
seja estável, bem como a que fiz a meu servo
Davi, e te entregarei Israel: 39 e afligirei neste
ponto a descendência de Davi, mas não para
sempre.
40 Quis pois Salomão matar a Jeroboão:
o qual se retirou e fugiu para o Egito, para
Sesac, rei do Egito, e ficou no Egito até à
morte de Salomão.

Morte de Salomão

41 O resto porém das ações de Salomão,
assim o que ele fez, como a sua sabedoria:
tudo está escrito no livro da história do rei-
nado de Salomão. 42 O tempo, que Salomão
reinou em Jerusalém sobre todo o Israel, fo-
ram quarenta anos. 43 E Salomão adormeceu
com seus pais, e foi enterrado na cidade de
seu pai, Davi, e Roboão, seu filho, reinou em
seu lugar.

II. HISTÓRIA DOS DOIS REINOS

Roboão, rei

12 Veio pois Roboão a Siquém: porque todo o Israel se tinha ali ajuntado para o constituir rei.

2 Porém Jeroboão, filho de Nabat, achando-se ainda no Egito refugiado da face do rei Salomão, sabida a sua morte, voltou do Egito.

3 E o mandaram chamar. Veio pois Jeroboão e todo o povo de Israel, e falaram a Roboão, dizendo: 4 Teu pai nos tinha imposto um jugo duríssimo: tu pois agora diminui alguma coisa da dureza do governo de teu pai, e daquele pesadíssimo jugo, que ele nos impôs, e nós te serviremos. 5 Roboão lhes respondeu: Ide-vos, e daqui a três dias vinde ter comigo.

E tendo-se retirado o povo, 6 teve o rei Roboão conselho com os velhos, que faziam corte a Salomão seu pai, quando este ainda vivia, e lhes disse: Que me aconselhais vós que eu responda a este povo? 7 Eles lhe disseram: Se tu agora obedeceres a este povo, e cederes, e condescenderes com a sua petição, e lhe falares com brandura, eles serão teus servos para sempre. 8 Ele abandonou o conselho, que lhe tinham dado os velhos, e consultou os moços, que tinham sido criados com ele, e que lhe assistiam, 9 e disse-lhes: Que me aconselhais vós que eu responda a este povo, que me disse: Adoça um pouco o jugo que teu pai impôs sobre nós? 10 E disseram-lhe os moços que tinham sido criados com ele: Assim dirás a este povo, que te falou, dizendo: Teu pai fez o nosso jugo pesadíssimo, tu alivia-nos: assim lhes dirás: O meu dedo mínimo é mais grosso do que o costado de meu pai. 11 E se meu pai pôs sobre vós um jugo pesado, eu ainda acrescentarei sobre o vosso jugo: meu pai açoitou-vos com correias, e eu açoitar-vos-ei com escorpiões.

12 Voltou pois Jeroboão, e todo o povo a Roboão no terceiro dia, conforme o que o rei lhes tinha ordenado, dizendo: Tornai a vir ter comigo ao terceiro dia. 13 E o rei respondeu duramente ao povo, desprezando o conselho que os velhos lhe tinham dado. 14 E lhes falou conforme o que lhe tinham aconselhado os moços, dizendo: Meu pai impôs-vos um julgo pesado, eu ainda acrescentarei o peso do vosso jugo: meu pai açoitou-vos com correias, e eu açoitar-vos-ei com escorpiões.

15 E não deu o rei ouvidos ao povo: porque o Senhor tinha apartado dele a sua face, para verificar a sua palavra, que havia dito a Jeroboão, filho de Nabat, pelo profeta Aías silonita.

Cisão política das dez tribos

16 Vendo logo o povo que o rei o não queria ouvir, respondeu-lhe dizendo: Que parte temos nós com Davi? ou que herança no filho de Isai? Vai-te pois para as tuas tendas, ó Israel, e tu, ó Davi, trata agora da tua casa. E Israel se retirou para as suas tendas.

17 E reinou Roboão sobre todos os filhos de Israel, que habitavam nas cidades de Judá. 18 Enviou pois o rei Roboão a Adurão, que era o superintendente dos tributos: e todo o Israel o apedrejou, e ele morreu. E o rei Roboão a toda a pressa montou no seu coche, e fugiu para Jerusalém. 19 E Israel se separou da casa de Davi, até o dia de hoje.

20 Sucedeu pois que tendo ouvido todo o Israel que Jeroboão tinha voltado, congregados em cortes, o mandaram chamar e o aclamaram rei sobre todo o Israel: e não houve alguém que seguisse a casa de Davi, senão somente a tribo de Judá.

21 Veio pois Roboão a Jerusalém, e fez ajuntar toda a casa de Judá, e a tribo de Benjamim, cento e oitenta mil homens de guerra escolhidos, para pelejar contra a casa de Israel, e reduzir o reino à obediência de Roboão, filho de Salomão.

22 Então dirigiu o Senhor a sua palavra a Semeias homem de Deus, dizendo: 23 Fala a Roboão, filho de Salomão, rei de Judá, e a toda a casa de Judá, e de Benjamim, e a todo o resto do povo, dizendo: 24 Eis aqui o que diz o Senhor: Não vos ponhais em campanha, nem façais guerra contra os filhos de Israel que são vossos irmãos: cada um torne para sua casa, porque eu é que fiz isto. Ouviram eles a palavra do Senhor, e se retiraram da sua jornada, conforme o Senhor lhes havia mandado.

25 E Jeroboão reedificou a Siquém sobre o monte de Efraim, e residiu ali: E tendo saído daqui reedificou a Fanuel.

Cisão religiosa

26 E disse Jeroboão em seu coração: Agora tornará o reino para a casa de Davi, 27 se este povo for a Jerusalém para lá oferecer sacrifícios na casa do Senhor: e o coração deste povo torna para seu senhor Roboão, rei de Judá, e eles me matarão, e se voltarão para ele. 28 E depois de ter bem considerado fez dois bezerros de ouro, e disse ao povo: Não torneis mais a ir a Jerusalém: eis aqui, ó Israel, os teus deuses, que te tiraram da terra do Egito.

Regresso de Judite (Tela de Sandro Botticelli – Galeria dos Uffizi, Florença).

A descoberta do corpo de Holofernes (Tela de Sandro Botticelli – Galeria dos Uffizi – em Florença).

Sansão move as rodas de uma azenha (Tela de Carl Bloch no Museu Statens for Konst, em Copenhaguem).

Sansão cegado (Tela de Rembrandt).

Paisagem com Tobias e o Anjo (Tela de Domenichino na National Gallery, em Londres).

Samuel unge David (Quadro de Jan Victors – Museu de Brunswick – Alemanha).

Lamentações de Jeremias (Tela de Rembrandt).

Reconciliação de David com Absalão (Tela de Rembrandt).

O Triunfo de David (Tela de Matteo Roselli – Palácio Pitti – Florença).

29 E pôs um em Betel, e o outro em Dan.
30 E isto foi uma ocasião de pecado: porque
o povo ia até Dan para lá adorar o bezerro.
31 E levantou templos nos altos, e pôs sacer-
dotes os ínfimos do povo, que não eram dos
filhos de Levi. 32 Ordenou também um dia
de festa no oitavo mês, no dia décimo quinto
do mês, à semelhança da solenidade que se
celebrava em Judá. E subindo ao altar, o
mesmo fez em Betel, oferecendo sacrifícios
aos bezerros, que tinha fabricado: e estabele-
ceu em Betel sacerdotes dos altos, que edifi-
cara. 33 Ao décimo-quinto dia do oitavo mês,
que ele tinha feito solene à sua fantasia, subiu
Jeroboão ao altar que tinha construído em
Betel, e fez celebrar uma solene festa aos
filhos de Israel, e subiu ao altar para oferecer
incenso.

Um profeta repreende a Jeroboão

13 E ao tempo que Jeroboão estava sobre
o altar, e lançava o incenso, eis que um
homem de Deus veio de Judá a Betel por or-
dem do Senhor. 2 E exclamou contra o altar
da parte do Senhor, e disse: Altar, altar, eis
aqui o que diz o Senhor: Na casa de Davi nas-
cerá um filho, que se chamará Josias, e ele
degolará sobre ti os sacerdotes dos altos, que
agora queimam sobre ti incensos, e queimará
sobre ti ossos de homens. 3 E naquele dia
deu um testemunho, dizendo: Eis aqui o sinal
por onde o Senhor falou: O altar se partirá,
e a cinza que está por cima se espalhará.
4 E tendo o rei ouvido as palavras do
homem de Deus, que ele proferira em alta
voz contra o altar em Betel, estendeu a sua
mão desde o altar, dizendo: Prendei-o. E logo
a mão, que ele estendera contra o homem de
Deus, se secou: e ele a não pôde trazer a si.
5 O altar também se dividiu, e se espalhou a
cinza do altar, conforme o sinal que o homem
de Deus tinha dado em nome do Senhor.
6 E disse o rei ao homem de Deus: Faze
oração ao Senhor teu Deus, e roga-lhe por
mim, para que se me restitua a minha mão.
E o homem de Deus fez oração ao Senhor e
o rei trouxe a si a sua mão, e ela ficou como
antes era.
7 Disse mais o rei ao homem de Deus: Vem
jantar comigo a minha casa, e eu te farei pre-
sentes. 8 E o homem de Deus respondeu ao
rei: Ainda quando tu me houvesses de dar
metade da tua casa, eu não irei contigo, nem
comerei pão, nem beberei água neste lugar:
9 porque assim me foi mandado da parte do
Senhor, que me ordenou: Tu não comerás
pão, nem beberás água, nem voltarás pelo
caminho por onde vieste. 10 Ele pois se foi
por outro caminho, e não voltou pelo mesmo
por onde tinha ido a Betel.

Desobediência e castigo do profeta

11 Em Betel porém morava um velho pro-
feta, com o qual vieram ter seus filhos, e lhe
disseram todas as obras, que o homem de
Deus tinha feito aquele dia em Betel: e con-
taram a seu pai as palavras que ele tinha dito
ao rei. 12 E seu pai lhes disse: Por que caminho
se foi ele? Os filhos lhe mostraram o caminho,
por onde voltara o homem de Deus, que tinha
vindo de Judá. 13 E ele disse a seus filhos:
Aparelhai-me o jumento. E como o tivessem
aparelhado, montou nele, 14 e foi após o
homem de Deus, e o achou assentado debaixo
dum terebinto, e disse-lhe: Tu és o homem de
Deus que vieste de Judá? Ele lhe respondeu:
Sou eu mesmo. 15 E ele lhe disse: Vem co-
migo a casa, comer pão. 16 Ele lhe respondeu:
Não posso voltar, nem ir contigo, nem eu co-
merei pão, nem beberei água neste lugar:
17 porque o Senhor com palavras de Senhor
me mandou, dizendo: Não comerás pão, nem
beberás água nesse lugar, nem voltarás pelo
caminho por onde tiveres ido. 18 Aquele
homem lhe disse: Eu também sou profeta
como tu: e um anjo me falou da parte do
Senhor dizendo: Leva-o contigo a tua casa,
para que ele coma pão, e beba água. Enganou-o,
19 e levou-o consigo: comeu pois o pão em
sua casa, e bebeu água.
20 E estando à mesa, falou o Senhor ao
profeta, que o tinha feito voltar. 21 E excla-
mou ao homem de Deus, que tinha vindo de
Judá, dizendo: Eis aqui o que diz o Senhor:
Porque tu não obedeceste à palavra do Senhor,
e não guardaste o mandamento, que o Senhor
teu Deus te tinha posto, 22 e voltaste, e co-
meste pão, e bebeste água no lugar em que
te mandou que não comesses pão, nem be-
besses água, o teu cadáver não será levado ao
sepulcro de teus pais.
23 E logo que comeu e bebeu, aparelhou o
velho profeta o seu jumento para o profeta,
a quem tinha feito voltar. 24 E indo no ca-
minho, um leão lhe saiu ao encontro, e o
matou, e o seu cadáver ficou estendido no
caminho: o jumento porém estava parado
junto a ele, e o leão ficou ao pé do cadáver.
25 E eis que, passando por ali certos homens
viram o cadáver estirado no caminho, e o leão
posto ao pé do cadáver. E foram e o publica-
ram a cidade, onde morava aquele velho pro-
feta. 26 Tendo ouvido isto o profeta, que o
tinha feito voltar do caminho, disse: É o
homem de Deus, que foi desobediente à pa-
lavra do Senhor, e o Senhor o entregou a um

leão, e o despedaçou, e o matou conforme a
palavra que o Senhor lhe falou. 27 E disse
a seus filhos: Aparelhai-me o jumento. O que
como eles fizessem, 28 e ele tivesse partido,
achou o cadáver estendido no caminho, e o
jumento e o leão postos ao pé do cadáver:
não tinha o leão comido do cadáver, nem feito
mal ao jumento. 29 Pegou pois o profeta do
cadáver do homem de Deus, e o pôs em cima
do seu jumento, e voltando o levou à cidade
dele, velho profeta, para o chorar. 30 E meteu
o cadáver no seu sepulcro: e eles o choraram:
Ai, ai, meu irmão! 31 E tendo-o pranteado
disse ele a seus filhos: Quando eu morrer,
sepultai-me no sepulcro, em que foi enterrado
o homem de Deus: ponde os meus ossos ao
pé dos seus ossos. 32 Certamente pois se ve-
rificará o que ele predisse da parte do Senhor
contra o altar que está em Betel, e contra
todos os templos dos altos, que existem nas
cidades de Samaria.

33 Depois destas coisas não se converteu
Jeroboão da sua péssima vida, antes ao con-
trário dos ínfimos do povo fez sacerdotes dos
altos: todo o que queria enchia a sua mão,
e era feito sacerdote dos altos. 34 E por esta
causa pecou a casa de Jeroboão, e foi destruí-
da, e extinta da face da terra.

Profecia de Aías contra Jeroboão

14 Naquele tempo adoeceu Abia, filho de
Jeroboão. 2 E Jeroboão disse a sua
mulher: Levanta-te e muda de trajo, para que
não conheçam que és mulher de Jeroboão: E
vai a Silo, onde está o profeta Aías, que me
predisse, que eu reinaria sobre este povo. 3
Leva contigo dez pães, e uma torta, e uma
botija de mel, e vai ter com ele: porque ele te
mostrará o que tem de acontecer a este me-
nino.

4 Fez a mulher de Jeroboão como ele lhe
tinha dito e levantando-se partiu para Silo, e
foi à casa de Aías: mas ele não podia ver,
porque os olhos se lhe tinham escurecido por
causa da muita idade.

5 O Senhor porém disse a Aías: Eis aí vem
a mulher de Jeroboão consultar-te sobre seu
filho que está doente: tu lhe dirás isto e isto.
Como a mulher de Jeroboão entrasse, e dis-
simulasse quem era, 6 ouviu Aías o estrondo
dos seus pés ao entrar pela porta, e disse:
Entra, mulher de Jeroboão: por que finges
tu seres outra? Mas eu fui enviado para dar-te
uma dura nova. 7 Vai, e dize a Jeroboão: Eis
aqui o que diz o Senhor Deus de Israel: Eu
te elevei do meio do povo, e te constitui che-
fe do meu povo de Israel: 8 e dividi o reino
da casa de Davi, e to dei a ti, e tu não foste
como meu servo Davi, que guardou os meus
mandamentos, e que me seguiu de todo o seu
coração, fazendo o que me era agradável: 9
mas obraste maiores males do que todos
quantos têm havido antes de ti, e fabricaste
para ti deuses estrangeiros, e fundidos, para
me provocares a ira, e a mim lançaste-me
para trás das costas: 10 por isso eu meterei
grandes males dentro da casa de Jeroboão, e
farei morrer da casa de Jeroboão até o que
urina à parede, e o encerrado, e o último em
Israel: e varrerei os resíduos da casa de Je-
roboão como se costuma varrer o esterco até
não ficar rastro. 11 Os que morrerem da
casa de Jeroboão na cidade, serão comidos
dos cães: e os que morrerem no campo, serão
comidos das aves do céu: porque o Senhor
falou. 12 Vai-te pois, e torna para tua casa,
e ao mesmo tempo que puseres os pés na
cidade, morrerá o menino, 13 e todo o Israel
o chorará, e o sepultará: porque só este da
casa de Jeroboão será metido no sepulcro,
porque nele achou o Senhor Deus de Israel
uma coisa boa, entre os da casa de Jeroboão.
14 Mas o Senhor constituirá para si um rei
sobre Israel, que arruinará a casa de Jero-
boão neste dia, e neste tempo: 15 e o Senhor
Deus ferirá a Israel, bem como uma cana
costuma mover-se nas águas: e ele arrancará
a Israel desta excelente terra, que deu a seus
pais, e os sacudirá para além do rio: porque
consagraram à sua impiedade bosques, para
irritarem o Senhor. 16 E o Senhor entregará
Israel por causa dos pecados de Jeroboão,
que pecou, e fez pecar a Israel.

17 Levantou-se pois a mulher de Jeroboão,
e se foi, e veio para Tersa: e quando ela en-
trava o limiar da porta, morreu o menino,
18 e o sepultaram. E todo o Israel o chorou
conforme a palavra do Senhor, a qual profe-
riu pela boca do profeta Aías seu servo.

Morte de Jeroboão

19 O mais porém das ações de Jeroboão,
as guerras que teve, e o como reinou, está
escrito no Livro dos Anais dos reis de Israel.
20 O tempo porém que reinou Jeroboão, fo-
ram vinte e dois anos: e ele adormeceu com
seus pais: e em seu lugar reinou seu filho
Nadab.

Roboão, rei de Judá

21 Mas Roboão, filho de Salomão, reinou
em Judá. Ele tinha quarenta e um anos, quan-
do começou a reinar: reinou dezessete anos
na cidade de Jerusalém, que o Senhor tinha
escolhido de entre todas as tribos de Israel

para estabelecer nela o seu nome. Sua mãe
chamava-se Naama, e era amonita.
22 E Judá fez o mal diante do Senhor, e o
irritaram mais do que tinham feito seus pais
com os crimes que tinha cometido. 23 Porque
eles mesmos levantaram também para si alta-
res, e estátuas, e bosques em cima de todos
os outeiros, e debaixo de todas as árvores
frondosas: 24 e até houve também na terra
efeminados, e cometeram todas as abomina-
ções das gentes, que o Senhor tinha destruído
à vista dos filhos de Israel.
25 No quinto ano porém do reinado de
Roboão veio a Jerusalém Sesac rei do Egito,
26 e levou os tesouros da casa do Senhor, e
os tesouros do rei, e roubou tudo: até os
mesmos escudos de ouro, que Salomão fize-
ra: 27 em lugar dos quais fez o rei Roboão
escudos de bronze, e os entregou nas mãos
dos capitães da guarda, e dos que faziam
sentinela diante da porta da casa do rei. 28
E quando o rei entrava na casa do Senhor,
os que tinham o ofício de ir adiante levavam
estes escudos: e depois os tornavam a pôr
na casa das armas dos da guarda.
29 O resto porém das ações de Roboão, e
tudo o que ele fez, acha-se escrito no Livro
dos Anais dos reis de Judá. 30 E por todo o
tempo houve guerra entre Roboão e Jero-
boão. 31 E Roboão adormeu com seus pais,
e foi sepultado com eles na cidade de Davi.
O nome de sua mãe foi Naama, que era amo-
nita. E reinou em seu lugar Abião seu filho.

Abião, rei de Judá

15 No décimo oitavo ano pois do reinado de
Jeroboão, filho de Nabat, reinou Abião
sobre Judá. 2 Reinou três anos em Jerusalém.
Sua mãe se chamava Maaca filha de Abessa-
lão. 3 Ele se entregou a todos os pecados, que
seu pai tinha cometido antes dele: nem o seu
coração era perfeito diante do Senhor seu
Deus, como o fora o coração de seu pai Davi.
4 Mas o Senhor seu Deus em atenção a Davi
lhe deu uma lâmpada em Jerusalém, suscitan-
do a seu filho depois dele, para restabelecer
a Jerusalém: 5 porque Davi tinha feito o que
era reto aos olhos do Senhor, e em nada se
tinha afastado de tudo o que lhe mandara em
todos os dias da sua vida, exceto o que se
passou a respeito de Urias heteu. 6 Todavia
entre Roboão e Jeroboão houve guerra, todo
o tempo da vida de Roboão.
7 O resto porém das ações de Abião, e tudo
o que ele fez, está escrito no Livro dos Anais
dos reis de Judá. E houve uma batalha entre
Abião e Jeroboão.
8 E adormeceu Abião com seus pais, e o
sepultaram na cidade de Davi: e seu filho Asa
reinou em seu lugar.

Asa, rei de Judá

9 No ano pois vigésimo de Jeroboão, rei de
Israel reinou Asa, rei de Judá, 10 e reinou
quarenta anos em Jerusalém. Sua mãe se cha-
mava Maaca, filha de Abessalão.
11 E Asa fez o que era reto aos olhos do
Senhor, bem como Davi seu pai: 12 e tirou da
terra os efeminados, e a limpou de todas as
imundícias dos ídolos, que seus pais tinham
fabricado. 13 E além disto removeu a sua mãe,
para que não fosse princesa nos sacrifícios de
Príapo, e no bosque, que lhe tinha consagrado:
e arruinou a sua gruta, e despedaçou o ídolo
torpíssimo, e o queimou no vale de Cedron:
14 mas não tirou os altos. Ainda assim o cora-
ção de Asa foi perfeito toda a sua vida para
com o Senhor. 15 Meteu também na casa do
Senhor o que seu pai tinha consagrado, e vo-
tado dar, prata e ouro, e vasos. 16 E houve
guerra entre Asa, e Baasa, rei de Israel, todo
o tempo da vida deles.
17 E Baasa, rei de Israel, veio a Judá, e edi-
ficou Rama, para que ninguém pudesse sair
nem entrar nos estados de Asa, rei de Judá.
18 Tomando pois Asa toda a prata, e o ouro,
que tinha ficado nos tesouros da casa do
Senhor, e nos tesouros do palácio do rei, os
pôs nas mãos dos seus servos: e os enviou a
Benadad, filho de Tabremon, filho de Hezion,
rei da Síria, que habitava em Damasco, dizen-
do: 19 Entre mim, e ti há aliança como a houve
entre meu pai e teu pai: por isso te mandei
esses presentes de prata e ouro: e suplico-te
que venhas, e que quebres a aliança, que tens
com Baasa, rei de Israel, para que ele se retire
das minhas terras. 20 Benadad, condescen-
dendo com os rogos do rei Asa, mandou os ge-
nerais do seu exército contra as cidades de
Israel, e tomaram a Aion, e a Dan, e a Abel
casa de Maaca, e a todo o distrito de Cenerot,
isto é, todo o território de Neftali. 21 O que
tendo ouvido Baasa, deixou de edificar Rama,
e voltou para Tersa. 22 E despachou o rei Asa
correios por toda a Judéia com esta ordem:
Ninguém se escuse. E tomaram as pedras de
Rama, e as suas madeiras, que Baasa havia
empregado em a edificar, e delas fundou o rei
Asa a Gabaa de Benjamim, e a Masfa.
23 O resto de todas as ações de Asa, e todas
as suas empresas de valor, e todos os seus
feitos, e as cidades que edificou, se acham es-
critas no Livro dos Anais dos reis de Judá.
Todavia no tempo da sua velhice padeceu dos
pés. 24 E adormeceu com seus pais, e foi se-

pultado com eles na cidade de seu pai Davi.
Josafat, seu filho, reinou em seu lugar.

Nadab, rei de Israel

25 Nadab porém filho de Jeroboão, reinou
sobre Israel no segundo ano de Asa rei de Judá:
e reinou sobre Israel dois anos. 26 E ele fez
o mal diante do Senhor, e andou nos caminhos
de seu pai, e nos pecados, que ele tinha feito
cometer a Israel. 27 Mas Baasa filho de Aías
da casa de Issacar armou-lhe uma traição, e o
matou em Gebeton, que é uma cidade dos
filisteus: porque Nadab e todo o Israel sitia-
vam Gebeton. 28 Baasa pois no terceiro ano
de Asa, rei de Judá, matou a Nadab, e reinou
em lugar dele. 29 E tanto que reinou, matou
toda a casa de Jeroboão: não deixou com vida
nem sequer uma da sua linhagem, até acabar
inteiramente com ela, conforme a palavra que
o Senhor tinha dito por boca de seu servo Aías
de Silo, 30 por causa dos pecados de Jeroboão,
que ele cometera, e pelos que fizera cometer
a Israel: e por causa do delito com que tinha
irritado o Senhor Deus de Israel.
31 O resto das ações de Nadab, e tudo o que
ele fez está escrito no Livro dos Anais dos reis
de Israel. 32 E houve guerra entre Asa, e
Baasa rei de Israel, todo o tempo de sua vida.

Baasa, rei de Israel

33 No terceiro ano de Asa, rei de Judá, reinou
Baasa, filho de Aías, sobre todo o Israel e
Tersa vinte e quatro anos. 34 E ele fez o mal
diante do Senhor, e andou no caminho de Jero-
boão, e nos pecados, que tinha feito cometer
a Israel.

16 Dirigiu pois o Senhor a sua palavra a Jeú,
filho de Hanani, contra Baasa, dizendo:
2 Porquanto eu te levantei do pó, e te constitui
chefe sobre o meu povo de Israel, e tu andaste
no caminho de Jeroboão, e fizeste pecar o meu
povo de Israel, provocando-me a ira com os
seus pecados: 3 Eis aí, eu segarei a posteridade
de Baasa, e a posteridade de sua casa: e farei
da tua casa o que fiz da casa de Jeroboão,
filho de Nabat. 4 Aquele da linhagem de Baasa
que morreu na cidade, comê-lo-ão os cães: e o
que morrer no campo, comê-lo-ão as aves do
céu.
5 O resto porém das ações de Baasa, e todos
os seus feitos, e batalhas estão escritos no
Livro dos Anais dos reis de Israel. 6 Adorme-
ceu pois Baasa com seus pais, e foi enterrado
em Tersa: e reinou por ele seu filho Ela.
7 Mas tendo o profeta Jeú, filho de Hanani,
declarado o que o Senhor pronunciara contra
Baasa, e contra a sua casa, e contra todos os
males, que ele tinha feito aos olhos do Senhor,
irritando-o com as obras das suas mãos, para
o Senhor tratar a sua casa, como a de Jero-
boão: por esta razão o matou ele, isto é, a Jeú
profeta, filho de Hanani.

Ela, rei de Israel

8 No ano vigésimo sexto de Asa, rei de Judá,
reinou Ela, filho de Baasa, sobre Israel em
Tersa dois anos. 9 E rebelou-se contra ele seu
servo Zambri, comandante de metade da sua
cavalaria: e achava-se Ela em Tersa bebendo,
e embriagado em casa de Arsa governador de
Tersa. 10 Caindo pois Zambri sobre ele, o
feriu, e matou no ano vigésimo sétimo de Asa
rei de Judá, e reinou em seu lugar. 11 E logo
que ele reinou, e subiu ao seu trono, extinguiu
toda a casa de Baasa, e não deixou dela resto
algum, assim parentes seus, como amigos. 12 E
destruiu Zambri toda a casa de Baasa, confor-
me a palavra que o Senhor tinha feito dizer
a Baasa pela boca do profeta Jeú, 13 por causa
de todos os pecados de Baasa, e dos pecados
de seu filho Ela, que tinham pecado, e fizeram
pecar a Israel irritando o Senhor Deus de Israel
com as suas vaidades.
14 O mais das ações de Ela, e tudo o que ele
fez, está escrito no Livro dos Anais dos reis
de Israel.

Zambri, rei de Israel

15 No ano vinte e sete de Asa, rei de Judá,
reinou Zambri em Tersa sete dias: e o exército
sitiava a Gebeton cidade dos filisteus. 16 E
tendo ouvido que Zambri se tinha rebelado, e
havia morto o rei, todo o Israel constituiu
seu rei a Amri, o qual era general do exército
de Israel que estava então em campanha. 17 Re-
tirou-se pois Amri, e todo o Israel com ele de
Gebeton, e vieram sitiar a Tersa. 18 E vendo
Zambri que a cidade estava a ponto de ser to-
mada, entrou no palácio e se queimou a si
juntamente com a casa real: e morreu 19 nos
seus pecados, que tinha cometido, obrando o
mal diante do Senhor, e andando pelo caminho
de Jeroboão, e no seu pecado, com que ele fez
pecar a Israel.
20 O mais das ações de Zambri, e da sua
tirania, está escrito no Livro dos Anais dos
reis de Israel.

Amri, rei de Israel

21 Então se dividiu o povo de Israel em dois
partidos: Metade do povo seguia a Tebni, filho
do Ginet, para o constituir rei: e a outra me-
tade seguia Amri. 22 Mas o povo, que estava
com Amri, prevaleceu contra o povo que seguia

Tebni, filho de Ginet: e morreu Tebni, e reinou Amri.

23 No ano trinta e um de Asa, rei de Judá, reinou Amri sobre Israel doze anos: em Tersa reinou seis anos. 24 E comprou o monte de Samaria a Somer por dois talentos de prata: e edificou-o, e chamou a cidade que ele tinha edificado Samaria do nome de Semer, senhor do monte. 25 Amri porém fez o mal diante do Senhor: e cometeu mais crimes do que todos os seus predecessores. 26 E andou em todo o caminho de Jeroboão, filho de Nabat, e nos seus pecados com que ele tinha feito pecar a Israel: para irritar o Senhor Deus de Israel com as suas vaidades.

27 O resto das ações de Amri, e as suas batalhas, que ele deu, acham-se escritas nos Livros dos Anais dos reis de Israel. 28 E Amri dormiu com seus pais, e foi sepultado em Samaria: e em seu lugar reinou seu filho Acab.

Acab, rei de Israel

29 Acab pois, filho de Amri, reinou sobre Israel no ano trinta e oito de Asa, rei de Judá. E reinou Acab, filho de Amri, sobre Israel em Samaria vinte e dois anos. 30 E Acab, filho de Amri, fez o mal diante do Senhor mais que todos os que tinha havido antes dele. 31 Nem se contentou com andar nos pecados de Jeroboão filho de Nabat: ainda mais tomou por mulher a Jezabel filha de Etbaal, rei dos sidônios. E foi, e serviu a Baal, e o adorou. 32 E pôs um altar a Baal no templo de Baal, que tinha edificado em Samaria, 33 e plantou um bosque: e acumulou Acab seus crimes, irritando o Senhor Deus de Israel mais do que todos os reis de Israel, que o tinham precedido. 34 Durante o seu reinado fundou Hiel de Betel, a Jericó: lançando os seus alicerces lhe morreu Abirão, seu primogênito, e quando lhe pôs as portas, lhe morreu Segub, seu último filho: conforme o que o Senhor tinha predito por boca de Josué, filho de Nun.

Elias prediz a fome

17 E Elias tesbita, dos habitantes de Galaad, disse a Acab: Viva o Senhor Deus de Israel, em cuja presença estou, que nestes anos não cairá nem orvalho nem chuva, senão conforme as palavras da minha boca.

2 E dirigiu o Senhor a sua palavra a Elias, dizendo: 3 Retira-te daqui, e vai para a banda do oriente, e esconde-te ao pé da torrente de Carit, que é defronte do Jordão, 4 e lá beberás da torrente: e eu mandei aos corvos que te sustentem ali mesmo. 5 Partiu pois, e obrou em conformidade da ordem do Senhor, e tendo-se retirado, se alojou ao pé da torrente de Carit, que é defronte do Jordão. 6 E os corvos lhe traziam pela manhã pão e carne, e ele bebia da torrente. 7 Mas passados dias secou-se a torrente: porque não tinha chovido sobre a terra.

Elias e a viúva de Sarepta

8 Falou-lhe pois o Senhor, dizendo: 9 Levanta-te, e vai para Sarepta dos sidônios e ali estarás: porque eu ordenei a uma mulher viúva que te sustente. 10 Levantou-se, e foi para Sarepta. E quando ele tinha chegado à porta da cidade, lhe apareceu uma mulher viúva apanhando lenha, e ele a chamou, e lhe disse: Dá-me num vaso uma pouca dágua para beber. 11 E quando ela lha ia buscar, gritou Elias após ela, dizendo: Traze-me também, te peço, um bocado de pão na tua mão. 12 Ela lhe respondeu: Viva o Senhor teu Deus, que não tenho pão, senão somente obra de um punhado de farinha numa panela, e um pouco de azeite na almotolia: eis aqui ando eu ajuntando uns pauzinhos para ir prepará-lo para mim, e para meu filho para comermos, e depois morrer. 13 Elias lhe disse: Não temas, mas vai, e faze como disseste: contudo faze primeiro para mim dessa pouca de farinha um pãozinho cozido debaixo do rescaldo, e traze-mo: para ti e para teu filho o farás depois. 14 Porque eis aqui o que diz o Senhor Deus de Israel: A farinha que está na panela não faltará, nem se diminuirá na almotolia o azeite até o dia em que o Senhor faça cair chuva sobre a terra. 15 Foi pois a mulher, e fez como Elias tinha dito: e comeu ele, e ela e toda a sua casa. E desde aquele dia 16 não faltou a farinha da panela, nem se diminuiu o azeite da almotolia, conforme o que o Senhor tinha predito por Elias.

Elias ressuscita o filho da viúva

17 Depois aconteceu adoecer o filho desta viúva, mãe de família, e a doença era tão forte, que já não respirava. 18 Disse ela pois a Elias: Que te fiz eu, ó homem de Deus? Acaso vieste tu a minha casa, para excitares em mim a memória de meus pecados, e me matares meu filho? 19 E Elias lhe disse: Dá-me cá o teu filho. E tomou-o do seu regaço e o levou à câmara onde ele mesmo assistia, e o pôs em cima do seu leito. 20 E clamou ao Senhor, e disse: Senhor meu Deus, que até a uma viúva, que me sustenta como pode, afligiste matando-lhe seu filho? 21 E estendeu-se depois, e se mediu três vezes sobre o menino, e gritou ao Senhor, e disse: Senhor meu Deus, faze, te rogo, que a alma deste menino torne às suas entranhas. 22 E o Senhor ouviu a voz de Elias, e a alma do menino tornou a entrar nele e ele

recobrou a vida. 23 E Elias tomou o menino, e o desceu da sua câmara à casa de baixo, e o entregou a sua mãe, e lhe disse: Eis aí tens vivo a teu filho. 24 E a mulher respondeu a Elias: Agora nisto conheço eu que tu és um homem de Deus, e que a palavra do Senhor é verdadeira na tua boca.

Elias e Acab

18 Muito tempo depois dirigiu o Senhor a sua palavra a Elias, no terceiro ano, dizendo: Vai, e apresenta-te diante de Acab, para eu dar chuva sobre a terra. 2 Partiu pois Elias, para se mostrar a Acab: e a fome era extrema em Samaria. 3 E chamou Acab a Abdias, mordomo da sua casa: Abdias porém temia muito o Senhor. 4 Porque quando Jezabel matava os profetas do Senhor, ele Abdias tomou cem profetas, e os escondeu numas cavernas, cinqüenta noutra, e os sustentou de pão e água. 5 Disse pois Acab a Abdias: Vai por estas terras todas às fontes de águas, e a todos os vales, a ver se podemos achar erva e salvar a vida aos cavalos, e aos machos e não pereçam de todo os animais. 6 E repartiram entre si as terras, para discorrerem por elas: Acab ia por um caminho, e Abdias separadamente ia por outro.

7 E quando Abdias estava em caminho, Elias se encontrou com ele: e Abdias tendo-o conhecido, se prostrou com o rosto em terra, e disse: És tu, Elias meu senhor? 8 Ele lhe respondeu: Sou eu. Vai, e dize a teu amo: Eis aqui está Elias. 9 E ele disse: Que pecado cometi eu, para me entregares nas mãos de Acab a mim teu servo, para ele me matar? 10 Viva o Senhor, teu Deus, que não há nação, nem reino, onde meu amo te não tenha mandado buscar: e dizendo-lhe todos: Não está aqui: tem ele conjurado um por um a todos os reis e povos, por te não acharem. 11 E agora me dizes tu: Vai, e dize a teu amo: Eis aqui está Elias. 12 E quando eu me apartar de ti, te levará o espírito do Senhor para um lugar que eu ignoro: e entrando a Acab lho direi, e não te achando, ele me matará: mas teu servo teme o Senhor desde a sua infância. 13 Acaso não se te disse a ti meu Senhor, o que eu fiz, quando Jezabel matava os profetas do Senhor, que escondi cem destes profetas do Senhor numas cavernas cinqüenta numa e cinqüenta noutra, e os sustentei de pão e água? 14 E agora dizes tu: Vai, e dize a teu amo: Eis aqui está Elias: Para ele me matar. 15 E Elias disse: Viva o Senhor dos exércitos, em cuja presença estou, que eu me apresentarei hoje diante dele.

16 Foi pois Abdias ter com Acab, e o avisou: e Acab saiu a encontrar-se com Elias. 17 E vendo-o, disse: Acaso és tu aquele que trazes perturbado a Israel? 18 E Elias respondeu: Não sou eu o que perturbei a Israel, mas és tu, e a casa de teu pai, por terdes deixado os mandamentos do Senhor, e por terdes seguido a Baal. 19 Mas, não obstante, manda agora, e faze ajuntar todo o povo de Israel no monte Carmelo, e os quatrocentos e cinqüenta profetas de Baal, e os quatrocentos profetas dos bosques, que comem da mesa de Jezabel. 20 Mandou pois Acab buscar todos os filhos de Israel, e ajuntou os profetas no monte Carmelo.

Elias e os profetas de Baal

21 E Elias chegando-se a todo o povo, disse: Até quando claudicareis vós para duas partes? Se o Senhor é o Deus, segui-o: se porém o é Baal, segui-o. E o povo lhe não respondeu nem uma só palavra. 22 E tornou a dizer Elias ao povo: Eu sou o único que fiquei dos profetas do Senhor: mas os profetas de Baal chegam a quatrocentos e cinqüenta homens. 23 Dêm-se-nos dois bois, e eles escolham para si um boi, e fazendo-o em quartos, o ponham sobre a lenha, mas não lhe metam fogo por baixo: e eu tomarei o outro boi, e o porei sobre a lenha, mas não lhe meterei fogo por baixo. 24 Invocai vós os nomes dos vossos deuses, e eu invocarei o nome do meu Senhor: e o Deus que ouvir mandando fogo, esse seja o Deus. Todo o povo respondendo, disse: Ótima proposição.

25 Disse pois Elias aos profetas de Baal: Escolhei para vós um boi, e começai vós primeiro, porque sois em maior número: e invocai os nomes dos vossos deuses, e não ponhais fogo por baixo. 26 Eles pois tendo tomado o boi, que lhes foi dado, o sacrificaram: e invocavam o nome de Baal, desde a manhã até ao meio-dia, dizendo: Baal ouve-nos. Mas não se percebia voz, nem quem respondesse: e passavam saltando da outra parte do altar que tinham feito. 27 E sendo já meio-dia, Elias os motejava, dizendo: Gritai mais alto: porque esse deus, ou está talvez falando a alguém; ou está em alguma estalagem, ou no caminho, ou talvez dorme, e necessita que o acordem. 28 Eles pois gritavam ainda mais de rijo, e se retalhavam segundo o seu costume com canivetes e lancêtas, até se cobrirem de sangue.

29 Mas passado o meio-dia, e enquanto eles profetizavam chegou o tempo em que era costume oferecer-se o sacrifício, e não se ouvia voz, nem havia quem respondesse, nem ouvisse seus rogos. 30 Disse Elias a todo o povo: Chegai-vos a mim. E chegando-se o povo a ele, refez Elias o altar do Senhor, que tinha sido destruído. 31 E tomou doze pedras conforme o número das tribos dos filhos de Jacó, a quem

o Senhor dirigira a sua palavra, dizendo: Israel
será o teu nome. 32 E destas pedras edificou
um altar em nome do Senhor: e fez um re-
gueiro, como de dois pequenos regos ao redor
do altar, 33 e consertou a lenha: e dividido o
boi em quartos, o pôs sobre a lenha, 34 e disse:
Enchei de água quatro talhas, e entornai-as
sobre o holocausto, e sobre a lenha. E disse
outra vez: Fazei isto ainda segunda vez. E
tendo-o eles feito segunda vez, disse: Fazei ain-
da terceira vez isto mesmo. E eles o fizeram
terceira vez, 35 e as águas corriam ao redor
do altar, e o regueiro se encheu.
36 E sendo já o tempo de se oferecer o holo-
causto, chegando-se o profeta Elias, disse:
Senhor Deus de Abraão, e de Isaac, e de Israel,
mostra hoje que tu és o Deus de Israel, e que
eu sou teu servo, e que por tua ordem eu fiz
todas estas coisas. 37 Ouve-me, Senhor, ouve-
me: para que este povo aprenda que tu és o
Senhor Deus, e que tu converteste novamente
o seu coração. 38 Caiu pois fogo do Senhor, e
devorou o holocausto, e a lenha, e as pedras,
lambendo o mesmo pó, e a água, que estava no
regueiro. 39 O que tendo visto todo o povo,
prostrou-se com o rosto em terra, e disse: O
Senhor é o Deus, o Senhor é o Deus. 40 E
Elias lhes disse: Apanhai os profetas de Baal,
e não escape deles nem um só. E, tendo-os
o povo agarrado, Elias os levou à torrente de
Cison, e ali os matou.

Elias faz cair chuva

41 E disse Elias a Acab: Vai, come, e bebe:
porque se ouve o ruído duma grande chuva.
42 Acab se retirou a comer e beber: Elias po-
rém subiu ao alto do Carmelo, e inclinado por
terra meteu o seu rosto entre os seus joelhos,
43 e disse ao seu criado: Vai e olha para a ban-
da do mar. Tendo este ido, e tendo olhado
disse: Não há nada. E Elias lhe disse segunda
vez: Torna a ir sete vezes. 44 E à sétima vez,
eis que uma pequena nuvem se levantava do
mar, bem como a pegada de homem. Disse-
lhe Elias: Vai, e dize a Acab: Faze meter os
cavalos no teu coche e corre, não te apanhe a
chuva. 45 E quando ele se voltava para uma
e para outra parte, eis que se cobriu o céu de
trevas, e vieram nuvens, e vento, e caiu uma
grande chuva. Acab pois subindo ao coche foi
para Jezrael: 46 e a mão do Senhor foi sobre
Elias, e tendo-se cingido os rins, corria adiante
de Acab, até chegar a Jezrael.

Elias se refugia no deserto

19 Referiu pois Acab a Jezabel tudo o que
Elias havia feito, e como ele matara à
espada todos os profetas. 2 E Jezabel enviou
um mensageiro a Elias, dizendo: Os deuses me
tratem com toda a sua severidade, se eu ama-
nhã a esta mesma hora te não fizer perder a
vida, como tu fizeste perder a cada um deles.
3 Elias pois teve medo, e levantando-se se
ausentou para onde quer que o seu desejo o
levava: e chegou a Bersabée em Judá, e despe-
diu ali o seu criado, 4 e andou pelo deserto, o
caminho dum dia. E tendo chegado, e assen-
tando-se debaixo dum junípero, desejou para
si a morte, e disse: Basta-me de vida, Senhor,
tira a minha alma: porque eu não sou melhor
do que meus pais. 5 E lançou-se em terra, e
adormeceu à sombra do junípero: e eis que
um anjo do Senhor o tocou, e lhe disse: Levan-
ta-te, e come. 6 Olhou ele, e viu junto à sua
cabeça um pão cozido debaixo da cinza, e um
vaso de água, comeu pois, e bebeu, e tornou
a adormecer. 7 E voltou segunda vez o anjo
do Senhor, e o tocou, e lhe disse: Levanta-te,
e come: porque te resta um grande caminho.
8 Tendo-se ele levantado, comeu e bebeu, e
com o vigor daquela comida caminhou qua-
renta dias, e quarenta noites, até o monte de
Deus, Horeb.

No monte Horeb, o encontro com Deus

9 E tendo chegado ali, ficou numa caverna:
e eis que o Senhor lhe dirigiu a sua palavra, e
lhe disse: Que fazes aqui, Elias? 10 E ele res-
pondeu: Eu me consumo de zelo pelo Senhor
Deus dos exércitos, porque os filhos de Israel
deixaram o teu pacto: destruíram os teus alta-
res, mataram os teus profetas à espada; eu
fiquei só, e eles me procuram para me tirarem
a vida. 11 E disse-lhe: Sai e tem-te no monte
diante do Senhor, e eis que passa o Senhor e
um vento impetuoso e rijo, que transtorna
os montes, e esmigalha as pedras diante do
Senhor. O Senhor não estará no vento, e de-
pois do vento haverá tremor: e o Senhor não
estará no tremor, 12 e depois do tremor acen-
der-se-á um fogo: o Senhor não estará no fogo,
e depois do fogo ouvir-se-á o assopro duma
branda viração. 13 Tendo Elias ouvido isto,
cobriu o seu rosto com a capa, e tendo saído,
pôs-se à entrada da caverna, e eis que sai
uma voz que lhe dizia: Que fazes aqui, Elias?
E ele respondeu: 14 Eu me consumo de zelo
pelo Senhor Deus dos exércitos, porque os
filhos de Israel deixaram o teu pacto: destruí-
ram os teus altares, mataram os teus profetas
à espada, e eu fiquei só, e eles me procuram
para tirar-me a vida.
15 E o Senhor lhe disse: Vai, e torna ao teu
caminho pelo deserto para Damasco: e quando
lá tiveres chegado, ungirás a Hazael em rei da
Síria, 16 e a Jeú, filho de Namsi, ungirás em rei

sobre Israel: e a Eliseu, filho de Safa, que é de Abelmeula, e ungirás profeta em teu lugar. 17 E acontecerá que todo o que escapar à espada de Hazael, Jeú o matará: e todo o que escapar à espada de Jeú, Eliseu o matará. 18 E eu me reservarei para mim em Israel sete mil homens, que não dobraram os joelhos diante de Baal, e não beijaram as mãos com a boca para o adorar.

Vocação de Eliseu

19 Tendo pois Elias partido dali, achou a Eliseu, filho de Safat, lavrando com doze juntas de bois: e ele mesmo conduzia um dos arados das doze juntas de bois: e chegando Elias a Eliseu, pôs a sua capa sobre ele. 20 Ele imediatamente deixando os bois correu após Elias e disse: Permite-me, te rogo, que vá beijar meu pai, e minha mãe, e assim seguir-te-ei. E Elias lhe respondeu: Vai, e volta: porque eu fiz por ti o que era da minha parte. 21 E tendo Eliseu deixado a Elias, tomou uma junta de bois, e os matou, e com o arado dos bois cozeu as carnes, e as deu ao povo, e comeram: e levantando-se partiu, e seguiu a Elias, e o servia.

Deus concede duas vitórias a Acab

20 Benadad porém, rei da Síria, ajuntou todo o seu exército, e com ele trinta e dois reis, e cavalos e carroças: e subindo pelejou contra Samaria, e a sitiou. 2 E enviando à cidade mensageiros a Acab, rei de Israel, 3 disse: Eis aqui o que diz Benadad: A tua prata, e o teu ouro é meu: e as tuas mulheres, e os teus filhos mais gentis, são meus. 4 E o rei de Israel respondeu: Como tu dizes, ó rei meu senhor, eu sou teu, e todas as minhas coisas. 5 E voltando os mensageiros, disseram: Eis aqui o que diz Benadad, que nos enviou a ti: Tu me hás de dar a tua prata, e o teu ouro, e as tuas mulheres, e os teus filhos. 6 Amanhã pois a esta mesma hora te enviarei os meus servos, e esquadrinharão tua casa, e a casa de teus servos: e eles tomarão com as suas mãos tudo o de que gostarem e o levarão.

7 Chamou pois o rei de Israel todos os anciãos do povo, e disse: Considerai, e vede, que ele nos arma algum laço: porque me mandou mensageiros a pedir minhas mulheres, e filhos, e a prata, e o ouro, e eu não disse que não. 8 E todos os anciãos, e todo o povo lhe responderam: Não lhe dês ouvidos, nem condescendas com ele. 9 E assim respondeu aos mensageiros de Benadad: Dizei ao rei meu senhor: Eu farei todas as coisas que tu me enviaste a pedir no princípio a mim teu servo: mas esta coisa não a posso fazer. 10 E voltando os mensageiros, lhe referiram a resposta. O qual os tornou a enviar e disse: Os deuses me tratem com a sua última severidade, se o pó de Samaria bastar para encher os punhados de todo o povo que me segue. 11 E o rei de Israel respondendo, disse: Dizei-lhe: Não se vanglorie o que toma as armas do mesmo modo como o que as larga. 12 Sucedeu pois que, quando Benadad ouviu esta resposta, ele estava bebendo nas suas tendas com os reis, e disse aos seus servos: Cercai a cidade. E eles a cercaram.

13 E eis que chegando-se um profeta a Acab rei de Israel, lhe disse: Eis aqui o que diz o Senhor: Viste toda esta inumerável multidão? Pois eu te declaro, que hoje ta entregarei nas tuas mãos: para que tu saibas, que eu sou o Senhor. 14 E disse Acab: Por quem? E ele lhe respondeu: Eis aqui o que diz o Senhor: Pelos criados de pé dos príncipes das províncias. E disse Acab: Quem começará a pelejar? E o profeta lhe disse: Tu. 15 Fez Acab pois revista dos criados dos príncipes das províncias, e achou que eram duzentos e trinta e dois: e depois deles fez revista do povo, de todos os filhos de Israel, e achou que eram sete mil. 16 E saíram ao meio-dia. Benadad porém já embriagado estava bebendo na sua tenda, e com ele os trinta e dois reis, que tinham vindo em seu socorro. 17 Os criados pois dos príncipes das províncias marchavam na primeira frente. E Benadad mandou espias. Os quais lhe vieram dizer: É gente que saiu de Samaria. 18 E ele disse: Ou eles venham tratar de paz, tomai-os vivos: ou venham a pelejar, prendei-os vivos. 19 Avançaram-se pois os criados dos príncipes das províncias, e o resto do exército os seguia: 20 E cada um deles matou os que se lhe puseram diante: e logo os siros fugiram, e Israel os perseguiu. Benadad, rei da Síria, também fugiu a cavalo com os seus cavaleiros. 21 E o rei de Israel tendo também saído matou os cavalos, e destruiu as carroças, e maltratou a Síria com um grande estrago. 22 (Vindo pois um profeta ter com o rei de Israel, disse-lhe: Vai, e cobra ânimo, e sabe, e vê o que tens para fazer: porque no ano seguinte virá o rei da Síria contra ti.)

23 Os servos porém do rei da Síria lhe disseram: Os deuses dos montes são seus deuses, e por isso eles nos venceram: mas é melhor que pelejemos com eles em campo raso, e vencê-los-emos. 24 Tu pois faze isto: Aparta do exército todos os reis, e põe em seu lugar os primeiros oficiais: 25 e restabelece o número dos soldados, que morreram dos teus, e os cavalos conforme eram antes, e as carroças segundo o número das que tinhas antes: e nós pelejaremos contra eles em campo raso, e tu verás que os desbarataremos. Creu ele no con-

selho deles, e assim o fez. 26 Portanto tendo passado um ano, fez Benadad revista dos siros, e veio a Afec, para combater contra Israel.

27 E fez-se também revista dos filhos de Israel, e providos de víveres marcharam contra os siros, e se acamparam em frente deles, como dois pequenos rebanhos de cabras: os siros porém cobriam a terra.

28 (E vindo um homem de Deus disse ao rei de Israel: Eis aqui o que diz o Senhor: Porque os siros disseram: O Deus dos montes é o Senhor e não é o Deus dos vales: Eu te entregarei nas mãos toda esta grande multidão, e sabereis que eu sou o Senhor.)

29 E estiveram os exércitos ordenados em batalha sete dias, estes em frente daqueles, e ao sétimo dia se deu batalha: e os filhos de Israel mataram num dia cem mil homens de pé dos siros. 30 Os que escaparam, fugiram para a cidade de Afec: e caiu o muro sobre vinte e sete mil homens, que tinham restado. Mas Benadad fugindo entrou na cidade, e retirou-se ao lugar mais secreto duma câmara: 31 e disseram-lhe os seus servos: Atende, nós temos ouvido dizer que os reis da casa de Israel são clementes: ponhamos pois sacos sobre os nossos rins, e cordas à roda das nossas cabeças, e vamos buscar o rei de Israel: talvez que ele nos salve as vidas. 32 Pelo que eles se cingiram com sacos pelos rins, e puseram cordas nas suas cabeças, e vieram ter com o rei de Israel, e lhe disseram: O teu servo Benadad diz: Concede-me, eu te peço, a vida. E ele respondeu: Se ele ainda vive ele é meu irmão. 33 O que tomaram os homens por bom presságio: e tomaram logo a palavra da sua boca, e disseram: Teu irmão Benadad. E ele lhes disse: Ide, e trazei-mo. Veio pois Benadad à presença de Acab, e este o fez montar sobre a sua carroça. 34 E Benadad lhe disse: Eu te restituirei as cidades, que meu pai tomou a teu pai: e faze para ti praças em Damasco, assim como meu pai as fez em Samaria, e eu me retirarei de ti depois de feita a aliança. Fez pois a aliança e o deixou ir.

Um profeta repreende a Acab

35 Então um dos filhos dos profetas disse da parte do Senhor a um seu companheiro: Fere-me. Mas ele o não quis ferir. 36 E ele lhe disse: Porque tu não quiseste ouvir a voz do Senhor, logo que te apartares de mim te matará um leão. E tendo-se eles apartado um pouco dele, um leão o encontrou, e o matou. 37 Mas encontrando também outro homem, disse-lhe: Fere-me. Este homem lhe deu e o feriu.

38 Retirou-se pois o profeta, e encontrou o rei no caminho, e disfarçou-se cobrindo de pó o seu rosto e os seus olhos. 39 E passando o rei, gritou ao rei, e disse-lhe: O teu servo saiu a pelejar de perto: e como fugisse um homem, outro mo trouxe, e me disse: Guarda-me este homem: se ele se escapar, a tua vida responderá pela vida dele, ou tu pagarás um talento de prata. 40 E quando eu todo turbado andava às voltas duma parte para a outra, de repente desapareceu. E o rei de Israel lhe disse: Esta é a tua sentença que tu mesmo pronunciaste. 41 Mas logo limpou o pó do seu rosto, e o rei de Israel conheceu que era um dos profetas. 42 E ele lhe disse: Eis aqui o que diz o Senhor: Porque tu deixaste escapar das tuas mãos um homem digno de morte, a tua vida responderá pela vida dele, e o teu povo pelo seu povo. 43 O rei de Israel porém voltou para sua casa, não fazendo caso de ouvir, e enfurecido veio para Samaria.

A vinha de Nabot

21 Passadas pois estas coisas, tinha naquele tempo Nabot de Jezrael, que estava em Jezrael, uma vinha ao pé do palácio de Acab, rei de Samaria. 2 E Acab falou a Nabot, dizendo: Dá-me a tua vinha, para fazer para mim uma horta, porque está vizinha, e ao pé de minha casa, e dar-te-ei por ela uma vinha melhor: ou, se te faz mais conta, o dinheiro pelo preço que ela vale. 3 Nabot lhe respondeu: Deus me guarde, que eu te dê a herança de meus pais. 4 Veio pois Acab para sua casa agastado e encolerizado por causa da palavra, que Nabot jezraelita lhe dera, dizendo: Eu te não darei a herança de meus pais. E deitando-se na sua cama, voltou o rosto para a parede, e não comeu pão.

5 E Jezabel, sua mulher, veio ter com ele, e disse-lhe: Que é isto, de onde te vem esta tristeza? E por que não comes pão? 6 Ele lhe respondeu: Falei a Nabot de Jezrael, e lhe disse: Dá-me a tua vinha recebendo o dinheiro, ou se te faz mais conta, dar-te-ei por ela outra vinha melhor. E ele me respondeu: Eu te não darei a minha vinha. 7 Disse-lhe pois Jezabel, sua mulher: Grande autoridade é a tua, e bem governas tu a Israel. Levanta-te, e come, e sossega o teu espírito, eu te darei a vinha de Nabot de Jezrael.

8 Logo escreveu ela uma carta em nome de Acab e a selou com o selo do rei, e a enviou aos anciãos, e aos príncipes, que havia na sua cidade, e habitavam com Nabot. 9 E o teor da carta era este: Publicai um jejum, e fazei assentar Nabot entre os primeiros do povo, 10 e ganhai contra ele dois homens filhos de Belial, e profiram um falso testemunho: Nabot blasfemou contra Deus e contra o rei: e trazei-o fora da cidade, e o apedrejai, e assim morra.

11 E os seus cidadãos mais velhos, e os primeiros, que viviam com ele na cidade, o fizeram como Jezabel lhes havia mandado, e como se continha na carta que ela lhes enviara: 12 publicaram o jejum, e fizeram assentar Nabot entre os primeiros do povo. 13 E tendo feito vir dois homens filhos do diabo, os fizeram assentar defronte dele: e eles, como homens diabólicos, deram testemunho contra Nabot diante do ajuntamento, dizendo: Nabot blasfemou contra Deus e contra o rei: pelo que o fizeram levar fora da cidade, e o mataram às pedradas. 14 E mandaram dizer a Jezabel: Nabot foi apedrejado, e morreu.

Profecia de Elias

15 Sucedeu pois que tendo Jezabel ouvido que Nabot fora apedrejado, e morrera, foi dizer a Acab: Vai, e faze-te senhor da vinha de Nabot de Jezrael, que te não quis fazer a vontade, nem dar-ta por dinheiro de contado: porque Nabot já não vive, mas é morto. 16 Acab, tendo ouvido que Nabot era morto, levantou-se, e ia para a vinha de Nabot de Jezrael, para se apossar dela.

17 A este tempo dirigiu o Senhor a sua palavra a Elias tesbita, dizendo: 18 Levanta-te, e vai encontrar-te com Acab, rei de Israel, que está em Samaria: porque eis aí vai ele à vinha de Nabot, para tomar posse dela: 19 e tu lhe falarás dizendo: Eis aqui o que te diz o Senhor: Tu o mataste, e em cima te senhoreaste. E depois acrescentarás: Isto é o que diz o Senhor: Neste lugar em que os cães lamberam o sangue de Nabot, lamberão eles também o teu sangue. 20 E Acab disse a Elias: Porventura achaste que eu fosse teu inimigo? Elias lhe respondeu: Eu o achei em tu seres vendido, para fazerdes o mal aos olhos do Senhor. 21 Eis aí farei eu cair o mal sobre ti, e arrancarei a tua posteridade, e matarei da casa de Acab até o que urina à parede, e o encerrado e o último filho de Israel. 22 E eu darei a tua casa como a casa de Baasa filho de Aía: porque obraste de modo que me provocaste à ira, e fizeste pecar a Israel. 23 E também de Jezabel falou o Senhor, dizendo: Os cães comerão a Jezabel no campo de Jezrael. 24 Quem de Acab morrer na cidade, comê-lo-ão os cães: quem morrer no campo comê-lo-ão as aves do céu.

25 Não houve pois outro tal como Acab, que se vendeu para fazer o mal aos olhos do Senhor: porque Jezabel, sua mulher, o incitou, 26 e ele se tornou tão abominável, que seguia os ídolos dos amorreus, que o Senhor tinha exterminado à face dos filhos de Israel.

27 Portanto tendo Acab ouvido estas palavras, rasgou os seus vestidos, e cobriu a sua carne dum cilício, e jejuou e dormiu com o saco, e andou de cabeça baixa. 28 E o Senhor dirigiu a sua palavra a Elias tesbita, dizendo: 29 Não viste a Acab humilhado diante de mim? Porque ele pois se humilhou por minha causa, não farei eu cair o mal enquanto ele viver, mas em tempo de seu filho farei cair o mal sobre a sua casa.

Aliança de Acab com Josafat

22 Passaram-se pois três anos sem haver guerra alguma entre a Síria e Israel. 2 Mas ao terceiro ano, veio Josafat, rei de Judá, ter com o rei de Israel. 3 (E disse o rei de Israel aos seus servos: Ignorais vós que a cidade de Ramot de Galaad é nossa, e nós não curamos de a recobrar das mãos do rei da Síria?) 4 E disse a Josafat: Virás tu comigo à guerra contra Ramot de Galaad? 5 E Josafat respondeu ao rei de Israel: Tu podes dispor de mim, como de ti mesmo: o meu povo, e o teu povo são um mesmo: e a minha cavalaria é a tua cavalaria. E disse Josafat ao rei de Israel: Consulta hoje, te peço, a vontade do Senhor.

6 O rei de Israel pois ajuntou os seus profetas, perto de quatrocentos homens, e disse-lhes: Devo eu ir a pelejar contra Ramot de Galaad, ou deixar-me estar quieto? Eles lhe responderam: Vai, e o Senhor a entregará nas mãos do rei. 7 Mas Josafat disse: Não há aqui nenhum profeta do Senhor, para nós o consultarmos por ele? 8 E o rei de Israel respondeu a Josafat: Ficou um homem, por quem nós podemos consultar o Senhor: mas eu o aborreço porque ele me não profetiza o bem, mas o mal, Miquéias, filho de Jemla. E Josafat lhe disse: Ó rei, não fales assim. 9 Chamou pois o rei de Israel um eunuco, e lhe disse: Traze-me aqui depressa a Miquéias, filho de Jemla.

10 E o rei de Israel, e Josafat, rei de Judá, estavam assentados cada um no seu trono, vestidos com magnificência real, numa eira junto à porta de Samaria, e todos os profetas profetizavam diante deles. 11 Fez também para si Sedeciais, filho de Canaana, umas pontas de ferro, e disse: Eis aqui o que diz o Senhor: Com estas armas agitarás a Síria, até a destruíres de todo. 12 E todos os profetas profetizavam da mesma maneira, dizendo: Vai contra Ramot de Galaad, e marcha felizmente, e o Senhor a entregará nas mãos do rei.

Profecia de Miquéias

13 O mensageiro porém que tinha ido a chamar a Miquéias, lhe falou, dizendo: Eis aí todos os profetas a uma voz predizem bom sucesso ao rei: sejam pois as tuas palavras semelhantes às deles, e anuncia novas favorá-

veis. 14 Miquéias lhe respondeu: Viva o Senhor, que eu não direi senão o que o Senhor me disser.

15 Apresentou-se pois diante do rei, e o rei lhe disse: Miquéias, devemos nós ir pelejar contra Ramot de Galaad, ou ficarmos quedos? Miquéias lhe respondeu: Vai, e marcha felizmente, e o Senhor a entregará nas mãos do rei. 16 Mas o rei lhe disse: Eu te conjuro uma e outra vez em nome do Senhor, que me não fales senão a verdade. 17 E ele lhe disse: Eu vi todo o Israel disperso pelos montes, como ovelhas que não têm pastor: e o Senhor disse: Eles não têm condutor: torne cada um em paz para sua casa.

18 (Disse pois o rei de Israel para Josafat: Não te disse eu, que este homem nunca me profetiza o bem, mas sempre o mal?) 19 Miquéias porém acrescentando, disse: Por isso ouve a palavra do Senhor: Eu vi o Senhor assentando sobre o seu trono, e todo o exército do Céu ao redor dele, à direita e à esquerda, 20 e o Senhor disse: Quem enganará a Acab rei de Israel, para que ele marche, e pereça em Ramot de Galaad? E um disse uma coisa, e outro outra. 21 Mas o espírito maligno se adiantou, e se apresentou diante do Senhor, e disse: Eu o enganarei. E o Senhor lhe disse: De que modo? 22 E ele respondeu: Eu sairei, e serei um espírito mentiroso na boca de todos os seus profetas. E o Senhor disse: Tu o enganarás, e prevalecerás: sai, e faze-o assim. 23 Eis aqui pois agora pôs o Senhor um espírito de mentira na boca de todos os teus profetas, que aqui estão, e o Senhor pronunciou o mal contra ti.

24 Chegou-se pois Sedecias, filho de Canaana, e deu uma bofetada em Miquéias na maçã do rosto, e disse: Logo a mim me largou o espírito do Senhor, e te falou a ti. 25 E Miquéias disse: Tu o verás naquele dia, quando entrares de câmara em câmara para te esconderes. 26 E disse o rei de Israel: Tomai a Miquéias, e fique em poder de Amon, governador da cidade, e de Joás, filho de Amelec, 27 e dizei-lhes: Eis aqui o que o rei ordena: Metei este homem na cadeia e sustentai-o com pão de tribulação, e água de angústia, até que eu volte em paz. 28 E Miquéias disse: Se tu voltares em paz, não falou o Senhor por mim. E prosseguiu: Ouvi, povos todos.

Morte de Acab

29 Com isto marchou o rei de Israel, e Josafat, rei de Judá, contra Ramot de Galaad. 30 Disse pois o rei de Israel a Josafat, rei de Judá: Toma as armas e entra no combate, e veste os teus vestidos. Mas o rei de Israel mudou de trajo, e entrou na batalha. 31 O rei da Síria porém tinha ordenado aos trinta e dois capitães das suas carroças, dizendo: Não pelejareis contra algum pequeno ou grande, mas somente contra o rei de Israel. 32 Os capitães das carroças pois tendo visto a Josafat, imaginaram que ele era o rei de Israel, e caindo com ímpeto pelejavam contra ele: e Josafat exclamou. 33 E os capitães das carroças conheceram que não era o rei de Israel, e cessaram de o investir. 34 Um homem porém armou o seu arco, apontando a seta à ventura, e por acaso feriu o rei de Israel entre o bofe e o estômago. Mas ele disse ao seu cocheiro: Toma a volta, e tira-me do exército, porque estou gravemente ferido. 35 Deu-se pois a batalha naquele dia, e o rei de Israel estava na sua carroça voltado para os siros: e corria o sangue da ferida sobre toda a carroça, e ele morreu de tarde, 36 e antes que o sol se pusesse, tocou um pregoeiro a trombeta por todo o exército, dizendo: Cada um volte para a sua cidade, e para a sua terra. 37 Morreu pois o rei, e foi levado a Samaria: e enterraram o rei em Samaria, 38 e lavaram a sua carroça na piscina de Samaria, e os cães lamberam o seu sangue, e lavaram as rédeas conforme a palavra que o Senhor tinha pronunciado.

39 O resto pois das ações de Acab, e tudo o que ele fez, a casa de marfim, que fabricou e todas as cidades, que fundou, estão escritas no Livro dos Anais dos Reis de Israel. 40 Dormiu pois Acab com seus pais, e reinou em seu lugar Ocozias, seu filho.

Josafat, rei de Judá

41 E Josafat, filho de Asa, tinha começado a reinar sobre Judá no quarto ano de Acab, rei de Israel. 42 Tinha trinta e cinco anos quando começou a reinar, e reinou vinte e cinco anos em Jerusalém. Sua mãe chamava-se Azuba, filha de Salai. 43 E andou em todos os caminhos de Asa, seu pai, e não se desviou deles: e fez o que era reto diante do Senhor. 44 Não destruiu contudo os altos: porque ainda o povo sacrificava, e queimava incenso nos altos. 45 E Josafat teve paz com o rei de Israel.

46 O mais das ações de Josafat, e os seus feitos, e as suas guerras, estão todas escritas no Livro dos Anais dos reis de Judá. 47 Extirpou também da terra os restos dos efeminados, que tinham ficado do tempo de seu pai Asa. 48 E então não havia rei constituído em Edom. 49 E o rei Josafat tinha preparado frotas no mar, que navegassem para Ofir por causa do ouro: mas não puderam ir, porque se destroçaram em Asiongaber. 50 Então disse Ocozias, filho de Acab, a Josafat: Vão os meus servos embarcados com os teus. Mas Josafat não quis.

51 E dormiu Josafat com seus pais, e foi
sepultado com eles na cidade de Davi, seu pai:
E Jorão, seu filho, reinou em seu lugar.

Ocozias rei de Judá

52 Ocozias porém filho de Acab começou a
reinar sobre Israel em Samaria, no ano dezes-
sete de Josafat rei de Judá, e reinou sobre
Israel dois anos. 53 E ele obrou o mal diante
do Senhor, e andou no caminho de seu pai, e
de sua mãe, e no caminho de Jeroboão filho
de Nabat, que tinha feito pecar a Israel. 54 Ser-
viu também a Baal, e o adorou, e irritou o
Senhor Deus de Israel conforme tudo o que
seu pai tinha feito.

SEGUNDO LIVRO DOS
REIS

I. CONTINUAÇÃO DA HISTÓRIA DOS DOIS REINOS

Doença e morte de Ocozias

1 Depois da morte de Acab, sacudiu Moab o
jugo de Israel. 2 E Ocozias caiu pelas gra-
des dum quarto alto, que tinha em Samaria, e
adoeceu: e enviou mensageiros, dizendo-lhes:
Ide, consultai a Beelzebu, deus de Acaron, se
poderei eu convalescer desta minha moléstia.
3 O anjo porém do Senhor falou a Elias
tesbita, dizendo: Levanta-te, e vai sair ao en-
contro dos mensageiros do rei de Samaria, e
lhes dirás: Acaso não há um Deus em Israel,
para vós irdes consultar a Beelzebu, deus de
Acaron? 4 Por isso eis aqui o que diz o Senhor:
Tu te não levantarás da cama, em que jazes
mas certissimamente morrerás. E Elias par-
tiu. 5 E os mensageiros voltaram para Ocozias,
o qual lhes disse: Por que voltastes? 6 Eles
porém lhe responderam: Um homem nos saiu
ao encontro, e nos disse: Ide, e tornai para o
vosso rei, que vos mandou, e lhe direis: Eis
aqui o que diz o Senhor: Acaso, porque não
há um Deus em Israel, mandas a consultar a
Beelzebu, deus de Acaron? Pois por isso te não
levantarás tu da cama em que jazes, mas cer-
tissimamente morrerás. 7 E ele lhes disse: Que
figura, e que hábito é o desse homem, que se
encontrou convosco e vos disse essas pala-
vras? 8 E eles responderam: É um homem co-
berto de cabelos, e que anda cingido sobre
os rins com uma cinta de couro. Ele disse:
É Elias tesbita.
9 E logo lhe enviou um capitão de cinqüenta
homens, e os cinqüenta soldados que estavam
debaixo do seu mando. O qual foi ter com
Elias: E estando ele assentado no cume dum
monte, lhe disse: Homem de Deus, o rei man-
dou que venhas. 10 E respondendo Elias, disse
ao capitão dos cinqüenta soldados: Se eu sou
homem de Deus, desça fogo do céu, e te devore
a ti, e aos teus cinqüenta homens. Desceu pois
fogo do céu, e o devorou, e aos cinqüenta
homens que estavam com ele.
11 E enviou outra vez Ocozias segundo ca-
pitão de cinqüenta soldados, e os seus cin-
qüenta com ele. O qual lhe disse: Homem de
Deus, o rei diz isto: Apressa-te, e vem. 12 Res-
pondendo Elias, disse: Se eu sou homem de
Deus, desça fogo do céu, e te devore a ti, e os
teus cinqüenta homens. Desceu pois fogo do
céu, e o devorou e os seus cinqüenta homens.
13 Enviou outra vez Ocozias terceiro capitão
de cinqüenta homens, e os cinqüenta homens,
que estavam com ele. O qual tendo chegado, se
pôs de joelhos diante de Elias e lhe suplicou, e
disse: Homem de Deus, não desprezes a minha
alma, nem as almas dos teus servos que estão
comigo. 14 Eis aí desceu o fogo do céu, e devo-
rou os dois primeiros capitães dos cinqüenta
homens e os cinqüenta que estavam com eles:
mas agora eu te suplico que te compadeças da
minha alma.
15 E o anjo do Senhor falou a Elias, dizendo:
Desce com ele, não temas. Levantou-se pois, e
desceu com este capitão a buscar o rei, 16 e
lhe disse: Eis aqui o que diz o Senhor: Porque
tu enviaste mensageiros a consultar a Beelze-
bu, deus de Acaron, como se não houvesse um
Deus em Israel, que tu pudesses consultar,
por isso tu te não levantarás da cama, em que
jazes, mas certissimamente morrerás.
17 Morreu pois Ocozias conforme a palavra
do Senhor, que pronunciou Elias, e em seu
lugar reinou Jorão, seu irmão, no segundo ano
de Jorão, filho de Josafat rei de Judá: porque
Ocozias não tinha filho.
18 O resto porém das ações de Ocozias está
escrito no Livro dos Anais dos reis de Israel.

Elias é arrebatado ao céu

2 Aconteceu pois que quando o Senhor quis
arrebatar Elias ao céu por um remoinho,
vinham Elias e Eliseu de Galgala. 2 E Elias
disse a Eliseu: Fica aqui, porque o Senhor me
mandou a Betel. Eliseu lhe respondeu: Viva

o Senhor, e viva a tua alma que eu não te deixarei. E indo para Betel, 3 saíram os filhos dos profetas que estavam em Betel, a receber Eliseu, e disseram-lhe: Acaso sabes tu que o Senhor te há de levar hoje teu amo? Ele respondeu: Eu também o sei: calai-vos. 4 Disse pois Elias a Eliseu: Fica aqui, porque o Senhor me mandou a Jericó. E ele respondeu: Viva o Senhor, e viva a tua alma, que eu te não hei de deixar. E tendo chegado a Jericó, 5 vieram os filhos dos profetas, que estavam em Jericó, ter com Eliseu, e disseram-lhe: Acaso sabes tu que o Senhor há de tirar hoje teu amo? E ele disse: Eu também o sei: calai-vos. 6 Disse-lhe pois Elias: Fica aqui, porque o Senhor me mandou até ao Jordão. E ele respondeu: Viva o Senhor, e viva a tua alma, que eu te não hei de deixar. Foram pois ambos juntos, 7 e cinqüenta dos filhos dos profetas os seguiram, os quais também pararam defronte dele, de longe: e eles ambos se puseram à borda do Jordão. 8 E tomou Elias a sua capa, e dobrou-a, e feriu as águas, as quais se dividiram para as duas bandas, e passaram ambos a pé enxuto.

9 E tendo passado, disse Elias a Eliseu: Pede-me o que queres que eu te alcance, antes que eu seja arrebatado de ti. E Eliseu respondeu: Peço que seja dobrado em mim o teu espírito. 10 Elias respondeu: Dificultosa coisa pediste: todavia se tu me vires, quando me arrebatarem de ti, terás o que pediste: mas se me não vires, não o terás.

11 E continuando o seu caminho, e caminhando a conversar entre si, eis que um carro de fogo, e uns cavalos de fogo os separaram um do outro: e Elias subiu ao céu por meio de um remoinho, 12 e Eliseu o via, e clamava: Meu pai, meu pai, meu pai, carro de Israel, e seu condutor. E não o viu mais: e tomou os seus vestidos e os rasgou em duas partes. 13 E levantou do chão a capa, que Elias lhe tinha deixado cair: e voltando parou à borda do Jordão, 14 e pegando na capa, que Elias lhe tinha deixado cair, feriu as águas, e elas não se dividiram: e disse: Onde está ainda agora o Deus de Elias? E feriu as águas, e elas se dividiram duma, e doutra parte, e Eliseu as passou.

15 Vendo pois os filhos dos profetas, que estavam em Jericó defronte, disseram: O espírito de Elias repousou sobre Eliseu. E vindo sair-lhe ao encontro, se prostraram por terra a seus pés com profundo respeito, 16 e disseram-lhe: Sabe que entre os teus servos há cinqüenta homens fortes, que podem ir a buscar teu amo, porque talvez que o espírito do Senhor o levasse, e atirasse com ele para algum monte, ou para algum vale. Eliseu respondeu: Não mandeis. 17 E o constrangeram, até que ele condescendeu, e disse: Mandai. Mandaram eles pois cinqüenta homens, os quais tendo-o buscado três dias, o não acharam. 18 E voltaram para Eliseu: e ele estava em Jericó, e lhes disse: Não vos disse eu: Não mandeis?

Eliseu na fonte de Jericó

19 Disseram também a Eliseu os habitantes desta cidade: A habitação desta cidade é muito cômoda, como tu mesmo, senhor, vês: mas as águas são péssimas, e a terra estéril. 20 E ele respondeu: Trazei-me um vaso novo, e deitai-lhe sal. Como lho tivessem trazido, 21 saiu ele à fonte das águas, e deitou o sal nela, e disse: Eis aqui o que diz o Senhor: Eu sarei estas águas, e elas não causarão mais nem morte, nem esterilidade. 22 Tornaram-se pois sadias as águas até ao dia de hoje conforme a palavra que disse Eliseu.

Os rapazes insolentes

23 E dali veio para Betel: e indo pelo caminho, uns meninos pequenos sairam da cidade, e zombavam dele, dizendo: Sobe, calvo, sobe, calvo. 24 Eliseu virando-se para eles, os viu, e os amaldiçoou em nome do Senhor: e sairam dois ursos do bosque, e despedaçaram deles quarenta e dois meninos. 25 Retirou pois dali para o monte Carmelo, e de lá voltou para Samaria.

Jorão, rei de Israel

3 Jorão porém, filho de Acab, reinou sobre Israel em Samaria no décimo oitavo ano de Josafat rei de Judá. E reinou doze anos. 2 E ele obrou o mal diante do Senhor, mas não tanto como seu pai, e sua mãe: porque tirou as estátuas de Baal, que seu pai tinha feito. 3 Perseverou todavia sempre nos pecados de Jerobotão, filho de Nabat, que fez pecar a Israel e se não apartou deles.

Campanha contra os moabitas

4 Ora Mesa, rei de Moab, sustentava muitos gados, e pagava ao rei de Israel cem mil cordeiros, e cem mil carneiros com os seus velos. 5 Porém depois da morte de Acab, quebrou o ajuste que tinha feito com o rei de Israel. 6 Por isso o rei Jorão saiu naquele dia de Samaria e fez revista de todo o Israel. 7 E mandou dizer a Josafat, rei de Judá: O rei de Moab se sublevou contra mim, vem tu comigo a pelejar contra ele. Josafat respondeu: Eu irei. O que é meu é teu: o meu povo é teu povo: e os meus cavalos são teus cavalos. 8 E

disse: Por que caminho iremos? E Jorão respondeu: Pelo deserto da Iduméia.

9 Marcharam pois o rei de Israel, e o rei de Judá, e o rei de Edom, e andaram rodeando com uma marcha de sete dias, e não havia água para o exército, nem para as bestas, que os seguiam. 10 E disse o rei de Israel: Ai, ai, ai! O Senhor nos ajuntou três reis, para nos entregar nas mãos de Moab. 11 E disse Josafat: Aqui não há nenhum profeta do Senhor, para implorarmos por ele o Senhor? E um dos servos do rei de Israel respondeu: Aqui está Eliseu, filho de Safat, que dava água às mãos a Elias. 12 E disse Josafat: A palavra do Senhor está nele. E foram ter com ele o rei de Israel, e Josafat, rei de Judá, e o rei de Edom.

13 E Eliseu disse ao rei de Israel: Que tenho eu contigo? Vai ter com os profetas de teu pai, e de tua mãe. E o rei de Israel lhe disse: Por que ajuntou o Senhor estes três reis, para os entregar nas mãos de Moab? 14 E Eliseu lhe respondeu: Viva o Senhor dos exércitos em cuja presença estou, que se não fosse por respeitar a pessoa de Josafat rei de Judá, eu sem dúvida te não atenderia, nem poria em ti os olhos. 15 Mas agora mandai-me cá um harpista. E quando este cantava ao som da harpa, foi a mão do Senhor sobre Eliseu, e disse: 16 Eis aqui o que diz o Senhor: Fazei várias poças pela madre desta torrente. 17 Porque eis aqui o que diz o Senhor: Vós não vereis vento, nem chuva: mas esta madre se encherá de água, e bebereis vós e os vossos servos, e as vossas bestas. 18 E isso é pouco na presença do Senhor: ainda mais ele entregará também Moab nas vossas mãos. 19 E vós destruireis todas as cidades fortes, e todas as praças as mais importantes, e cortareis pelo pé todas as árvores frutíferas, e entupireis todas as fontes de água, e cobrireis de pedras todos os campos mais férteis. 20 Sucedeu pois pela manhã quando se costuma oferecer o sacrifício, e eis que desceram as águas pelo caminho de Edom, e a terra se encheu de água.

21 Todos os moabitas porém sabendo que eram vindos os reis para pelejarem contra eles, ajuntaram todos os que pegavam em armas, e os esperaram nas fronteiras.

22 E levantando-se ao romper da manhã, e raiando já o sol sobre as águas, viram os moabitas defronte de si as águas vermelhas como sangue, 23 e disseram: É sangue derramado pela espada: os reis pelejaram contra si, e de parte a parte se mataram: marcha agora, ó Moab, à presa. 24 E vieram ao campo de Israel: mas os israelitas levantando-se bateram os moabitas: estes fugiram à sua vista. Os vencedores vieram em seu alcance, e mataram os moabitas, 25 e destruiram as cidades: e encheram todos os campos os mais férteis de pedras, que cada um lançou: e entupiram todas as fontes de água: deitaram abaixo todas as árvores frutíferas de modo que ficaram só em pé os muros feitos de barro: e a cidade foi cercada pelos que atiravam com funda, e em uma grande parte ficou demolida. 26 Vendo o rei de Moab que os inimigos prevaleciam, tomou consigo setecentos homens de guerra, que investissem o rei de Edom: mas eles não puderam. 27 E pegando em seu filho primogênito, que havia de reinar depois dele, o ofereceu em holocausto sobre o muro, e os israelitas se indignaram em extremo, e logo se retiraram dele, e voltaram para o seu país.

Eliseu e a viúva

4 Mas uma mulher que o era de um dos profetas gritou a Eliseu, dizendo: Teu servo, meu marido morreu, e tu sabes que teu servo era temente ao Senhor: e agora eis vem o credor levar-me os meus dois filhos para serem seus escravos. 2 Eliseu lhe disse: Que queres que eu te faça? Dize-me, que tens em tua casa? E ela respondeu: Eu tua serva não tenho em minha casa outra coisa senão um pouco de azeite, para me ungir. 3 Disse-lhe Eliseu: Vai, pede emprestadas às tuas vizinhas bastante vasilhas despejadas. 4 E entra, e fecha a tua porta, depois que estiveres de dentro tu, e teus filhos: e deita do azeite em todas estas vasilhas: e estando cheias, tirá-las-ás. 5 Foi pois a mulher, e fechou a porta sobre si, e sobre seus filhos: os filhos lhe chegavam as vasilhas, e ela as enchia. 6 Cheias que foram as vasilhas, disse ela a um de seus filhos: Chega-me cá ainda alguma outra vasilha. E ele lhe respondeu: Não a tenho. E o azeite parou. 7 Veio pois ela, e o declarou ao homem de Deus. E ele disse: Vai, vende o azeite, e paga ao teu credor: e tu, e teus filhos vivei do resto.

Ressurreição do filho da sunamita

8 Aconteceu também que Eliseu um dia passava por Sunam: e havia ali uma mulher grave, a qual teve mão nele para comer o pão: e como ele passava freqüentemente por ali, ia pousar em sua casa para tomar a sua refeição. 9 A qual disse a seu marido: Tenho observado que este homem, que passa tantas vezes por nossa casa, é um homem de Deus, e um santo. 10 Façamos-lhe pois um pequeno quarto, e ponhamos nele uma cama, e uma mesa, e uma cadeira, e um candeeiro, para que quando vier a nossa casa, se acomode ali.

11 Aconteceu pois que um dia veio, e se alojou no quarto, e descansou nele. 12 E disse a Piezi, seu criado: Chama esta sunamita. E tendo-a ele chamado, e estando ela em pé diante dele, 13 disse ao seu criado: Dize-lhe: Tu nos tens tratado com todo o desvelo, que queres que eu te faça? Acaso tens algum negócio, e queres que fale ao rei, ou ao general dos seus exércitos? Ela respondeu: Eu vivo no meio do meu povo. 14 E disse: Que quer pois que eu lhe faça? e Giezi respondeu: É escusado perguntar-lho: porque ela não tem filhos, e seu marido é já velho.

15 Mandou-lhe pois que a chamasse: E chamada que ela foi, e tendo-se posto diante da porta, 16 Eliseu lhe disse: Neste tempo e nesta mesma hora, se Deus te conservar com vida, terás um filho no teu ventre. E ela respondeu: Não meu senhor, homem de Deus, não enganes, te peço, a tua escrava. 17 E a mulher concebeu, e pariu um filho no mesmo tempo, e à mesma hora, que Eliseu lhe dissera.

18 E o menino cresceu. E tendo ido um dia buscar a seu pai, que estava com os ceifeiros, 19 disse a seu pai: Dói-me a cabeça, dói-me a cabeça. E ele disse a um servo: Toma este menino e leva-o a sua mãe. 20 E tendo o servo pegado nele, e levado a sua mãe, ela o pôs sobre os seus joelhos, até o meio-dia, e morreu. 21 Mas a mãe subiu, e pôs o menino em cima da cama do homem de Deus, e fechou a porta: e saindo, 22 chamou a seu marido, e lhe disse: Manda comigo, te peço, um dos teus servos, e uma jumenta, para eu ir à pressa até o homem de Deus, e voltarei. 23 O marido lhe disse: Por que vais ter com ele? Hoje não são Calendas, nem Sábado. Ela respondeu: Eu irei. 24 E fez aparelhar a jumenta, e disse ao servo: Guia-me, e apressa-te, não me demores no caminho: e faze o que te ordeno.

25 Partiu pois, e foi ter com o homem de Deus ao monte Carmelo: e o homem de Deus tendo-a visto vir para ele, disse para o seu criado Giezi: Eis aí vem aquela sunamita. 26 Vai pois a recebê-la, e dize-lhe: Vai-te bem a ti, e a teu marido e a teu filho? Respondeu-lhe ela: Muito bem. 27 E tendo vindo ter com o homem de Deus ao monte, se deitou a seus pés: e Giezi se chegou para a retirar. Mas o homem de Deus lhe disse: Deixa-a: Porque a sua alma está em amargura, e o Senhor mo encobriu, e não mo manifestou. 28 Ela lhe disse: Acaso pedi-te eu algum filho, meu senhor? Não te disse eu: Não me enganes? 29 E Eliseu disse a Giezi: Cinge os teus rins, e toma o meu bordão na mão, e parte. Se encontrares alguém não o saúdes: e se alguém te saudar, não lhe respondas: e porás o meu bordão sobre o rosto do menino. 30 Porém a mãe do menino disse: Viva o Senhor, e viva a tua alma, que eu não te largarei. Partiu ele pois e a seguiu. 31 Giezi porém tinha ido adiante deles, e tinha posto o bordão de Eliseu sobre o rosto do menino, mas ele não tinha nem fala, nem sentidos: e voltou a encontrar-se com ele, e lho noticiou, dizendo: O menino não ressuscitou. 32 Entrou pois Eliseu na casa, e o menino estava morto em cima da sua cama: 33 e tendo entrado cerrou a porta sobre si, e sobre o menino: e fez oração ao Senhor. 34 E subiu à cama, e deitou-se sobre o menino: e pôs a sua boca sobre a boca dele, e os seus olhos sobre os olhos dele, e as suas mãos sobre as mãos dele: e encurvou-se sobre ele, e cobrou calor a carne do menino. 35 E ele descendo deu duas voltas pela casa: e subiu e estendeu-se sobre ele: e o menino bocejou sete vezes, e abriu os olhos. 36 Então ele chamou a Giezi, e lhe disse: Chama essa sunamita: a qual sendo chamada entrou no quarto onde ele estava. E Eliseu lhe disse: Toma o teu filho.

37 Chegou-se ela, lançou-se a seus pés, e o adorou prostrada em terra: e tomou seu filho, e saiu.

A comida envenenada

38 E Eliseu voltou para Galgala. E neste país havia fome, e os filhos dos profetas habitavam com ele: e disse a um dos seus criados: Pega numa panela grande, e faze de comer para os filhos dos profetas. 39 E saiu um ao campo para apanhar umas ervas bravas: e achou uma como parra silvestre, e colheu dela as coloquintidas do campo, e encheu a sua capa, e tendo voltado, as cortou em pedaços dentro da panela das papas mas não conhecia o que era. 40 Deram pois delas aos companheiros para comerem: e tendo provado do guisado, gritaram, dizendo: Homem de Deus, a panela tem coisa mortífera. E não puderam comer. 41 Mas ele lhes disse: Trazei-me farinha. E tendo-lha trazido, a lançou na panela, e disse: Deita à gente, para que coma. E não houve mais amargor algum na panela.

Multiplicação dos pães

42 Veio também um homem de Baalsalisa que trazia ao homem de Deus uns pães das primícias, vinte pães de cevada, e trigo novo no seu alforje. E Eliseu disse: Dá ao povo para que coma. 43 E o seu criado lhe respondeu: Que é isto, para eu o pôr diante a cem pessoas? Ele disse outra vez: Dá ao povo para que coma: porque eis aqui o que diz o Senhor: Comerão e sobejará. 44 Pôs-lhos pois

diante: comeram, e ainda sobrou, conforme
a palavra do Senhor.

Cura e conversão de Naaman

5 Naaman, general do exército do rei da
Síria, era um homem poderoso, e de gran-
de privança junto a seu amo: porque por ele
salvou o Senhor a Síria: e era um homem
valente e rico, mas leproso. 2 Ora uns ladrões
haviam saído da Síria, e tinham levado cativa
do país de Israel uma rapariga pequena, que
estava ao serviço da mulher de Naaman, 3 a
qual disse a sua ama: Prouvera a Deus que
meu senhor tivera ido buscar o profeta, que
está em Samaria: sem dúvida ele o tivera
curado da lepra, que padece. 4 Sobre isto foi
Naaman ter com seu amo, e declarou-lhe, di-
zendo: Uma rapariga do país de Israel disse
isto e isto. 5 E o rei da Síria lhe respondeu:
Vai, eu enviarei uma carta ao rei de Israel.
Partindo pois Naaman, e levando consigo dez
talentos de prata, e seis mil escudos de ouro,
e dez vestidos para mudar, 6 levou ao rei de
Israel a carta concebida nestes termos: Quan-
do tu tiveres recebido esta carta, saberás que
eu te enviei Naaman meu servo, para o cura-
res da sua lepra. 7 E tendo rei de Israel lido
a carta, rasgou os seus vestidos, e disse: Acaso
sou eu Deus, para poder tirar, e dar vida,
como assim este me enviou um homem, para
eu o curar da sua lepra? Adverti, e vede que
anda buscando ocasião de romper comigo.
8 O que tendo ouvido Eliseu, homem de
Deus, a saber, que o rei de Israel rasgara os
seus vestidos, mandou-lhe dizer: Por que ras-
gaste os teus vestidos? Venha ter comigo, e
saiba que há um profeta em Israel. 9 Veio
pois Naaman com os seus cavalos, e carroças,
e parou à porta da casa de Eliseu, 10 e Eliseu
lhe enviou um mensageiro, dizendo: Vai, lava-
te sete vezes no Jordão, e a tua carne será
curada, e ficarás limpo. 11 Naaman agastado
se retirava, dizendo: Eu cuidava que ele sairia
a buscar-me, e que posto em pé invocaria o
nome do Senhor seu Deus, e que me tocaria
com a sua mão o lugar da lepra, e que me
curaria. 12 Acaso Abana, e Farfar, rios de Da-
masco, não são melhores do que todas as
águas de Israel, para eu me lavar nelas e ficar
limpo? Como ele pois votlasse, e se retirasse
enfadado, 13 chegaram-se a ele os seus servos,
e lhe disseram: Pai, ainda quando o profeta
te houvesse ordenado uma coisa muito difícil,
deveras tu sem dúvida fazê-la: quanto mais
agora que ele te disse: Lava-te e ficarás limpo.
14 Foi ele pois, e lavou-se sete vezes no Jordão
conforme a palavra do homem de Deus, e
a sua carne se tornou, bem como a carne
dum menino muito tenro, e ficou limpo.
15 E voltando para o homem de Deus com
toda a sua comitiva, veio, e se apresentou
diante dele, e disse: Eu sei certamente que
não há outro Deus em toda a terra, senão o
que há em Israel. Rogo-te pois que recebas
de teu servo alguma oferta. 16 Mas ele res-
pondeu: Viva o Senhor, em cuja presença es-
tou, que eu a não receberei. E por mais que
instasse, absolutamente não condescendeu.
17 E disse Naaman: Seja como tu queres:
mas peço-te que me permitas levar dois ma-
chos carregados da terra deste país: porque
o teu servo não sacrificará mais holocaustos,
ou vítimas aos deuses estrangeiros, senão ao
Deus de Israel. 18 Esta só coisa porém há
pela qual rogues ao Senhor pelo teu servo,
quando meu amo entrar no templo de Remon,
para adorar: e segurando-se ele no meu bra-
ço, se eu adorar no templo de Remon, ado-
rando ele no mesmo lugar, que o Senhor me
perdoe a mim teu servo por esta causa. 19 Eli-
seu lhe respondeu. Vai-te em paz. Retirou-se
pois dele no melhor tempo do ano.

A cobiça castigada

20 E Giezi criado do homem de Deus disse:
Meu amo perdoou a este Naaman siro, não
querendo receber nada do que ele lhe trou-
xera: Viva o Senhor, que eu correrei atrás
dele, e receberei dele alguma coisa. 21 E Giezi
foi em alcance de Naaman: o qual, vendo-o
vir correndo para ele, saltou do coche a recebê-
lo, e disse: Está tudo bom? 22 E ele respon-
deu: Muito bom. Meu amo me enviou a dizer-
te: A esta hora chegaram do monte de Efraim
dois moços dos filhos dos profetas: dai-lhes
um talento de prata, e dois vestidos para mu-
darem. 23 E disse Naaman: Melhor é que
aceites dois talentos. E obrigou-o a isso, e
atou os dois talentos de prata, e os dois ves-
tidos em dois sacos, e carregou com eles dois
dos seus servos, que os levaram diante de
Giezi.
24 E chegada já a tarde, tomou-os ele das
suas, mãos, e os guardou em sua casa, e des-
pediu os homens, e eles se foram. 25 Tendo
ele pois entrado, pôs-se diante de seu amo.
E Eliseu lhe disse: De onde vens, Giezi? Ele
lhe respondeu: Teu servo não foi a parte al-
guma. 26 Mas Eliseu lhe replicou: Pois não
tinhas presente o meu espírito, quando aque-
le homem desceu do coche ao teu encontro?
Tu agora pois recebeste prata, e recebeste
vestidos, para comprares olivais, vinhas e ove-
lhas, e bois, e servos, e servas. 27 Mas tam-
bém a lepra de Naaman se pegará a ti, e a
toda a tua geração para sempre. E Giezi saiu
da sua presença leproso como a neve.

O machado flutuante

6 Disseram porém os filhos dos profetas a Eliseu: Vê que o lugar, em que moramos contigo, é estreito para nós. 2 Vamos até o Jordão, cada um de nós corte madeiras do bosque, para edificarmos aí lugar para nós habitarmos. Ele respondeu: Ide 3 e um deles lhe disse: Pois vem tu também com os teus servos. Ele respondeu: Eu irei. 4 E foi com eles. E chegados eles ao Jordão, cortavam madeiras. 5 Aconteceu porém que um cortando uma árvore, caiu na água o ferro do machado: e ele gritou, e disse: Ai, ai, ai, meu Senhor! Que este mesmo o tinha eu pedido emprestado. 6 E o homem de Deus disse: Onde caiu? E ele lhe mostrou o lugar. Cortou pois Eliseu um pau, e o lançou no mesmo lugar: e o ferro saiu acima nadando, 7 e disse: Tira-o. Estendeu ele a mão, e o tirou.

Os sírios feridos de cegueira

8 Ora o rei da Síria pelejava contra Israel, e teve conselho com os seus oficiais, dizendo: Armemos emboscadas em tal, e em tal lugar. 9 Mandou pois o homem de Deus dizer ao rei de Israel: Acautela-te, não passes por acolá: porque os siros estão ali de emboscada. 10 Mandou pois o rei de Israel ao lugar que o homem de Deus lhe dissera, e tomou-o de antemão, e assim se guardou mais duma e de duas vezes. 11 E turbou-se com este acidente o coração do rei da Síria. E convocados os seus servos, disse: Por que não descobris vós quem é o que me faz traição junto ao rei de Israel? 12 E um dos seus servos respondeu: Não é assim, ó rei meu senhor, mas o profeta Eliseu, que está em Israel, descobre ao rei de Israel tudo o que dizes no teu gabinete. 13 E ele lhes disse: Ide, e vede onde ele está, para eu o mandar prender. E o avisaram, dizendo: Eliseu está em Dotan. 14 Mandou logo cavalaria e coches, e as suas melhores tropas: e tendo eles chegado de noite, cercaram a cidade.

15 Porém levantando-se ao amanhecer o criado do homem de Deus, saindo fora, viu o exército em torno da cidade, e a cavalaria e os coches: e o avisou disso, dizendo: Ai, ai, ai, meu senhor, que faremos? 16 Mas Eliseu respondeu: Não temas: muitos mais estão conosco, do que com eles. 17 E fazendo oração Eliseu, disse: Senhor, abre os olhos deste, para que veja. E abriu o Senhor os olhos do criado, e viu: e eis que se vê o monte cheio de cavalos, e de carroças de fogo ao redor de Eliseu. 18 Os inimigos porém desceram a ele: e Eliseu fez a sua oração ao Senhor, dizendo: Fere, te peço, de cegueira a esta gente. E o Senhor ou feriu de cegueira, conforme a palavra de Eliseu. 19 E Eliseu lhes disse: Este não é o caminho, nem esta a cidade: Segui-me, e eu vos mostrarei o homem que vós buscàis. Ele pois os levou a Samaria: 20 e tendo eles entrado em Samaria, disse Eliseu: Senhor, abre-lhes os olhos, para que vejam. E abriu-lhes o Senhor os olhos, e viram que estavam no meio de Samaria. 21 E o rei de Israel tendo-os visto, disse a Eliseu: Matá-los-ei, meu pai? 22 Mas ele respondeu: Não os matarás: porque tu os não cativaste com a tua espada, nem com o teu arco para os matar: mas manda-lhes pôr diante pão, e água, para que comam, e bebam, e tornem para seu amo. 23 E apresentou-se-lhes uma grande quantidade de alimentos, e comeram, e beberam, e os despediu, e eles voltaram para seu amo, e não tornaram mais os ladrões da Síria às terras de Israel.

Cerco e fome de Samaria

24 E aconteceu depois que Benadad, rei da Síria, ajuntou todas as suas tropas, e veio sitiar Samaria. 25 E houve uma grande fome em Samaria: e continuou o seu assédio até ao extremo de se vender a cabeça de um jumento por oitenta moedas de prata, e a quarta parte dum cabo de esterco de pombas, por cinco moedas de prata.

26 E passando o rei de Israel pelo muro, gritou-lhe uma mulher, dizendo: Salva-me, ó rei meu senhor. 27 O qual disse: O Senhor te não salva: como posso eu salvar-te? Da eira, ou do lagar? E o rei lhe disse: Que é o que tu queres? Ela respondeu: 28 Esta mulher me disse: Dá-me o teu filho, para o comermos hoje, e amanhã comeremos o meu filho. 29 Cozemos pois o meu filho, e o comemos. E ao outro dia lhe disse eu: Dá o teu filho para o comermos. E ela escondeu o seu filho.

30 O rei tendo isto ouvido, rasgou os seus vestidos, e ia passando pelo muro. E todo o povo viu o cilício, que ele trazia vestido à raiz da carne. 31 E o rei disse: Deus me trate com todo o seu rigor, se a cabeça de Eliseu, filho de Safat, lhe ficar hoje sobre os ombros. 32 Eliseu porém estava assentado em sua casa, e estavam assentados com ele uns velhos. Mandou pois o rei um homem: e antes que este mensageiro chegasse, disse para os velhos: Não sabeis vós que este filho do homicida mandou que se me cortasse a cabeça? Tende pois cuidado, que quando o mensageiro chegar, fecheis a porta, e não o deixeis entrar: porque eis aí sinto eu o estrondo dos pés de seu amo, que vem após ele. 33 Quando Eliseu ainda estava falando com ele, eis que apare-

ceu o mensageiro, que vinha para ele. E ele disse: Vede que tão extrema desgraça nos vem do Senhor: Que mais esperarei eu do Senhor?

Fuga dos sírios após a predição de Eliseu

7 E Eliseu lhe respondeu: Ouvi a palavra do Senhor: Eis aqui o que diz o Senhor: Amanhã a esta hora dar-se-á um módio de pura farinha, por um estáter, e se darão módios de cevada, por um estáter na porta de Samaria. 2 Respondendo um dos grandes, a cujo braço estava o rei encostado, ao homem de Deus, disse: Ainda quando o Senhor faça chover víveres do céu, poderá acaso ser o que tu dizes? Ele lhe disse: Tu o verás com os teus olhos, e não comerás daí.

3 Estavam pois quatro homens leprosos à entrada da porta: os quais disseram entre si: Para que estamos nós aqui até morrermos? 4 Se quisermos entrar na cidade, morreremos de fome: se ficarmos aqui, morreremos também: vamo-nos pois, e passemo-nos para o campo dos siros. Se eles se compadecerem de nós, viveremos, e se nos quiserem matar, sem dúvida morreremos. 5 Partiram pois à tarde, para darem consigo no campo dos siros. E tendo chegado à entrada do campo dos siros, não acharam ali ninguém. 6 Porque o Senhor tinha feito ouvir no campo dos siros um estrondo de carroças, e de cavalos, e de um exército muito numeroso: e os siros disseram entre si: Sem dúvida que o rei de Israel fez assoldadar contra nós os reis dos heteus, e dos egípcios, e ei-los aí vêm sobre nós. 7 Abalaram pois, e fugiram de noite, e deixaram no campo as suas tendas, e os seus cavalos, e jumentos, e fugiram cuidando somente de salvar as suas vidas.

8 Tendo pois chegado aqueles leprosos à entrada do campo, entraram numa barraca; e comeram, e beberam: e levaram dali prata e ouro, e vestidos, e retiraram-se, e os esconderam: e tornaram outra vez a outra barraca, e tirando da mesma sorte o esconderam. 9 E disseram um para o outro: Não fazemos bem: porque este é um dia de boa nova. Se nós nos calarmos, e não quisermos avisar até amanhã seremos argüidos de um crime. Vamos, e avisemos em a corte do rei. 10 E tendo chegado à porta da cidade, contaram-lhes, dizendo: Nós fomos ao campo dos siros, e não achamos lá homem algum, mas somente cavalos, e jumentos presos, e as suas tendas armadas. 11 Foram pois os guardas da porta, e deram aviso aos de dentro no palácio do rei.

12 Ele se levantou de noite, e disse aos seus oficiais: Vede em que deram os siros contra nós: como sabem que a fome nos aperta, e por isso sairam do seu arraial, e estão escondidos pelos campos, dizendo: Logo que sairem da cidade, nós os apanharemos vivos, e então poderemos entrar na cidade. 13 Mas um dos servos do rei respondeu: Tomemos os cinco cavalos, que ficaram na cidade (porque só estes restaram de tão grande número que havia em Israel, porque os outros foram consumidos) e mandando estes, poderemos descobrir o que vai. 14 Tomaram pois dois cavalos, e o rei mandou ao campo dos siros, dizendo: Ide, e vede. 15 Eles foram em seu seguimento até o Jordão: e acharam que todo o caminho estava cheio de vestidos, e de armas, que os siros tinham arrojado com a sua turbação: e voltando os mensageiros deram conta ao rei.

16 E tendo saído o povo esbulhou o campo dos siros: e um módio de pura farinha foi vendido por um estáter, e dois módios de cevada por um estáter, conforme a palavra do Senhor. 17 E o rei pôs à porta aquele oficial, no braço do qual ele se segurava: ao qual atropelou o concurso do povo à entrada da porta, e morreu, conforme lho tinha predito o homem de Deus, quando o rei o veio buscar. 18 E assim se cumpriu segundo a palavra que o homem de Deus tinha predito ao rei, quando lhe disse: Amanhã a esta mesma hora darão à porta de Samaria por um estáter dois módios de cevada, e um módio de pura farinha por um estáter: 19 quando aquele oficial tinha respondido ao homem de Deus, e tinha dito: Ainda quando o Senhor faça chover víveres do céu, poderá acaso ser o que tu dizes? E lhe disse: Tu o verás com os teus olhos, e não comerás daí. 20 Como Eliseu lhe tinha predito, assim lhe sucedeu, e o povo o atropelou na porta, e morreu.

Justiça feita à sunamita

8 Eliseu porém falou àquela mulher, cujo filho ele ressuscitara, dizendo: Levanta-te, vai tu e a tua família, e sai do teu país por onde quer que puderes: porque o Senhor chamou a fome, e ela virá sobre a terra por sete anos. 2 Levantou-se ela, e fez conforme o que o homem de Deus lhe tinha dito: e indo com toda a sua família, peregrinou largo tempo na terra dos filisteus. 3 Passados que foram os sete anos, voltou a mulher da terra dos filisteus: e foi ter com o rei a reclamar pela sua casa, e pelas suas fazendas.

4 Falava pois o rei com Giezi, criado do homem de Deus, dizendo: Conta-me todas as maravilhas que Eliseu tem feito. 5 E referindo ele ao rei como Eliseu tinha ressuscitado um morto, apareceu a mulher, cujo filho ele tinha ressuscitado reclamando ao rei pela casa, e

pelas suas fazendas. E disse Giezi: Ó rei meu senhor, esta é a mulher, e este é o seu filho, que Eliseu ressuscitou. 6 E perguntou o rei à mulher: e ela lho contou. E o rei lhe deu um eunuco, dizendo: Faze-lhe restituir tudo o que é seu, e todos os réditos de suas fazendas desde o dia em que ela deixou a terra até o presente.

Eliseu em Damasco

7 Veio também Eliseu a Damasco, e Benadad, rei da Síria, estava doente: e avisaram-no, dizendo: O homem de Deus é chegado aqui. 8 E disse o rei a Hazael: Toma contigo presentes, e vai ao encontro do homem de Deus, e consulta por ele o Senhor, dizendo: Se eu poderei escapar desta minha doença. 9 Foi pois Hazael encontrar-se com o homem de Deus, levando consigo presentes, e tudo o mais precioso de Damasco, que faziam as cargas de quarenta camelos. E tendo-se apresentado a Eliseu, disse: Teu filho Benadad, rei da Síria, me enviou a ti, dizendo: Se poderei sarar desta minha doença? 10 E Eliseu respondeu: Vai, dize-lhe: Sararás: mas o Senhor me mostrou que ele morrerá certamente. 11 E ficou parado com Hazael, e se turbou até corar pelo rosto: e o homem de Deus chorou. 12 E Hazael lhe disse: Por que choras meu senhor? E Eliseu lhe respondeu: Porque sei quantos males virás tu a fazer aos filhos de Israel. Queimarás as suas cidades fortes, e passarás à espada os seus mancebos: e machucarás as suas crianças, e rasgarás pelo meio o ventre das prenhadas. 13 E Hazael lhe disse: Quem sou eu teu servo, senão um cão para fazer tão grandes coisas? E Eliseu respondeu: O Senhor me mostrou que tu serás rei da Síria. 14 Ele, depois de deixar Eliseu, voltou para seu amo, o qual lhe disse: Que te disse Eliseu? E ele lhe respondeu: Disse-me que recobrarás a saúde. 15 E ao outro dia, pegou Hazael num pano, e molhou-o em água, e o estendeu sobre o rosto do rei: e morto ele, reinou Hazael em seu lugar.

Jorão e Ocozias, reis de Judá

16 No ano quinto de Jorão, filho de Acab, rei de Israel, e de Josafat, rei de Judá, reinou Jorão, filho de Josafat, rei de Judá. 17 Tinha trinta e dois anos, quando começou a reinar, e reinou oito anos em Jerusalém. 18 Ele andou pelos caminhos dos reis de Israel, como tinha andado a casa de Acab: porque a filha de Acab era sua mulher: e ele obrou o mal diante do Senhor. 19 Mas o Senhor não quis perder inteiramente a Judá, por causa de Davi seu servo, conforme a promessa que lhe tinha feito, que lhe daria uma lâmpada luzente a ele, e a seus filhos para sempre.

20 Em tempo do seu reinado se rebelou Edom para não estar debaixo do jugo de Judá, e constituiu para si um reino. 21 E veio Jorão a Seir com todas as suas carroças: e saiu de noite, e bateu os idumeus, que o tinham cercado, e aos comandantes das carroças, mas o povo fugiu para as suas tendas.

22 Separou-se pois Edom para não estar sujeito a Judá até ao dia de hoje. Então se rebelou também Lobna.

23 O resto das ações de Jorão, e tudo o que fez, se acha escrito no Livro dos Anais dos reis de Judá. 24 E Jorão adormeceu com seus pais, e foi sepultado com eles na cidade de Davi, e em seu lugar reinou seu filho Ocozias.

25 No ano duodécimo de Jorão, filho de Acab, rei de Israel, subiu ao trono Ocozias, filho de Jorão, rei de Judá. 26 Tinha Ocozias vinte e dois anos, quando começou a reinar, e reinou um ano em Jerusalém. Sua mãe chamava-se Atália, filha de Amri, rei de Israel. 27 E ele andou nos caminhos da casa de Acab: e obrou o mal diante do Senhor como a casa de Acab: porque era genro da casa de Acab.

28 Ele marchou também com Jorão, filho de Acab, a pelejar contra Hazael, rei da Síria, em Ramot de Galaad, e os siros feriram a Jorão: 29 o qual voltou a Jezrael, para se curar: porque os siros o tinham ferido em Ramot, pelejando contra Hazael rei da Síria. E Ocozias, filho de Jorão, rei de Judá, veio a Jezrael para visitar a Jorão, filho de Acab, porque estava lá doente.

Jeú, rei de Israel

9 E chamou o profeta Eliseu um dos filhos dos profetas, e lhe disse: Cinge os teus rins, e toma na mão esta redomazinha de óleo, e vai a Ramot de Galaad. 2 E quando lá tiveres chegado verás a Jeú, filho de Josafat, filho de Namsi: e depois de entrardes o tirarás da roda de seus irmãos, e o levarás para um aposento retirado. 3 E tomando a redomazinha de óleo lha derramarás sobre a cabeça, e dirás: Eis aqui o que diz o Senhor: Eu te ungi rei sobre Israel. E abrirás a porta, e fugirás, e não te demorarás ali.

4 O moço, pois, criado de Eliseu, partiu para Ramot de Galaad, 5 e entrou ali: e viu assentados os principais oficiais do exército, e disse: Ó príncipe, eu tenho que te dar uma palavra. E Jeú disse: A qual de nós queres tu falar? E ele respondeu: A ti, ó príncipe. 6 Jeú pois se levantou e entrou para um quarto: e o moço lhe derramou óleo sobre a cabeça, e lhe disse: Eis aqui o que diz o Senhor

Deus de Israel: Eu te ungi em rei sobre Israel povo do Senhor. 7 E extinguirás a casa de Acab, teu amo, e eu vingarei da mão de Jezabel o sangue dos profetas meus servos, e o sangue de todos os servos do Senhor. 8 E perderei toda a casa de Acab, e matarei da casa de Acab até o que urina à parede, desde o primeiro até o último em Israel. 9 E tratarei a casa de Acab, como a casa de Jeroboão, filho de Nabat, e como a casa de Baasa, filho de Aía. 10 Jezabel será também comida dos cães no campo de Jezrael, e não se achará quem a enterre. E ele abriu a porta, e fugiu.

11 E Jeú saiu para onde estavam os oficiais de seu amo: Os quais lhe disseram: Vai tudo bem? Que é o que te veio dizer esse louco? Ele lhe respondeu: Vós bem conheceis o homem, e o que ele me diria. 12 Porém eles replicaram: Não é assim: mas conta-no-lo antes. Jeú lhes disse: Ele me declarou tal coisa, e acrescentou: Eu te ungi em rei sobre Israel. 13 Com isto eles se levantaram apressados, e tomando cada um a sua capa, as puseram debaixo dos pés de Jeú, como uma espécie de trono, e tocaram a trombeta e disseram: Jeú é nosso rei.

Jeú mata aos reis Jorão e Ocozias

14 Jeú pois, filho de Josafat, filho de Namsi, fez uma conjuração contra Jorão: porque Jorão com todo o Israel tinha cercado a Ramot de Galaad, contra Hazael, rei da Síria. 15 E tinha voltado para se curar em Jezrael das feridas, que lhe tinham feito os siros, quando pelejava contra Hazael, rei da Síria: e disse Jeú: Se vos parece, ninguém saia nem fuja para fora da cidade, para que não vá dar a nova a Jezrael. 16 E ele partiu, e marchou contra Jezrael: Jorão pois estava ali doente, e Ocozias, rei de Judá, tinha vindo a visitar Jorão.

17 A sentinela pois que estava no alto da torre de Jezrael, viu a tropa de Jeú que vinha, e disse: Eu vejo uma tropa. E disse Jorão: Toma um coche, e envia ao seu encontro, e quem for pergunte: Acaso vai tudo bem? 18 Foi pois o que tinha montado no coche, a encontrar-se com Jeú, e lhe disse: O rei te diz isto: Está tudo em paz? E Jeú lhe respondeu. Que tens tu com a paz? Passa, e segue-me. Deu a sentinela também aviso, dizendo: O mensageiro chegou a eles e não volta. 19 Mandou Jorão ainda segundo coche de cavalos: E o mensageiro chegou a eles, e disse: O rei diz isto: Está tudo em paz? E respondeu Jeú: Que tens tu com a paz? Passa, e segue-me. 20 E a sentinela avisou, dizendo: Ele chegou a eles, e não volta: Mas o andar parece-se com o andar de Jeú, filho de Namsi, porque vem precipitadamente. 21 E disse Jorão: Metam os cavalos no coche. E meteram os cavalos no seu coche, e saiu Jorão, rei de Israel, e Ocozias rei de Judá, cada um no seu coche, e sairam a encontrar-se com Jeú, e o acharam no campo de Nabot jezraelita. 22 E Jorão tanto que viu a Jeú, disse: Temos paz, Jeú? Mas ele lhe respondeu: Que paz? Ainda as idolatrias e crimes de Jezabel, tua mãe, e os seus muitos encantamentos estão em vigor. 23 Logo voltou Jorão as rédeas, e fugindo disse para Ocozias: Estamos traídos, Ocozias. 24 Mas Jeú armou o seu arco, e feriu a Jorão por entre as espáduas: e a flecha lhe saiu pelo coração, e caiu logo morto no seu coche. 25 E disse Jeú ao capitão Badacer: Pega nele, e deita-o no campo de Nabot jezraelita: porque quando eu e tu sentados no coche seguíamos a Acab, pai deste, pronunciou o Senhor esta profecia contra ele, dizendo: 26 Eu juro, diz o Senhor, que neste campo vingarei em ti o sangue de Nabot, e o sangue de seus filhos, que eu vi derramar ontem. Agora pois pega nele, e deita-o no campo, conforme a palavra do Senhor.

27 Mas Ocozias, rei de Judá, vendo isto fugiu pelo caminho da casa do jardim: e Jeú foi em seguimento dele e disse: Mata também a este no seu coche: e o feriram na subida de Gaver que está ao pé de Jeblaam: e ele fugiu para Magedo, e ali morreu. 28 E seus servos o puseram sobre o coche, e o levaram para Jerusalém: e o sepultaram no sepulcro de seus pais na cidade de Davi.

29 No ano undécimo de Jorão, filho de Acab, reinou Ocozias sobre Judá.

Jezabel devorada pelos cães

30 E veio Jeú a Jezabel. Mas Jezabel tendo sabido a sua chegada, pintou os seus olhos com antimônio, e adornou a sua cabeça, e olhou pela janela 31 para Jeú que entrava pela porta, e disse: Que paz se pode esperar de quem, como Zambri, matou seu amo? 32 E Jeú levantou o rosto para a janela, e disse: Quem é esta? E dois ou três eunucos lhe fizeram uma profunda reverência. 33 Mas Jeú lhe disse: Precipitai-a daí abaixo. E eles a precipitaram, e a parede ficou salpicada de sangue, e as patas dos cavalos a pisaram. 34 E tendo Jeú entrado para comer, e para beber, disse: Ide ver aquela desgraçada, e sepultai-a: porque é filha de rei. 35 E tendo ido para a enterrar, não acharam senão a caveira, e os pés, e as extremidades das mãos. 36 E vieram-no dizer a Jeú. E ele disse: Isto é o que o Senhor tinha pronunciado por Elias tesbita, seu servo, dizendo: No campo de Jez-

rael comerão os cães a carne de Jezabel, 37 e a carne de Jezabel será no campo de Jezrael como o esterco sobre a face da terra, de sorte que os que passarem, digam: Esta é aquela Jezabel?

Matança da família de Acab

10 Acab pois tinha setenta filhos em Samaria: E Jeú escreveu uma carta, e a mandou a Samaria aos principais da cidade, aos anciãos, e aos aios dos filhos de Acab, dizendo: 2 Tanto que vós receberdes esta carta, vós que tendes em vosso poder os filhos do vosso amo, e coches, e cavalos, e cidades fortes, e armas, 3 escolhei o mais considerável, e aquele que mais vos agradar, dentre os filhos do vosso amo, e ponde-o no trono de seu pai, e pelejai pela casa de vosso amo. 4 Eles se atemorizaram muito, e disseram: Dois reis não puderam ter-se contra ele, pois como poderemos nós resistir-lhe? 5 Pelo que os mestres do palácio do rei, e os oficiais da cidade, e os anciãos e os aios, mandaram dizer a Jeú: Nós somos teus servos, faremos tudo que nos ordenares: nem elegeremos rei sobre nós: faze tudo o que vos agradar.

6 Mas Jeú lhes tornou a escrever segunda carta, dizendo: Se vós sois meus, e me obedeceis, cortai as cabeças aos filhos do vosso rei, e vinde ter comigo amanhã a esta mesma hora a Jezrael. E os filhos do rei que eram setenta, se criavam em casa dos principais da corte. 7 E logo que eles receberam a carta, pegaram nos setenta filhos do rei, e os mataram, e meteram as suas cabeças nuns cestos, e lhas mandaram a Jezrael. 8 Veio pois o mensageiro, e o avisou, dizendo: Trouxeram as cabeças dos filhos do rei. Ele respondeu: Ponde-as em dois montes à entrada da porta até pela manhã. 9 E tanto que amanheceu, saiu, e posto em pé, disse a todo o povo: Vós sois justos: se eu conspirei contra meu amo, e se eu o matei, quem é o que matou todos estes? 10 Considerai pois agora não caiu em terra palavra alguma do Senhor, que o Senhor proferiu contra a casa de Acab, e como o Senhor cumpriu o que predisse pela boca do seu servo Elias. 11 Fez pois Jeú morrer todos os que restavam da casa de Acab em Jezrael, e todos os seus grandes e amigos, e os sacerdotes, até não ficar dele resto algum.

12 E levantou-se, e veio para Samaria: e como no caminho chegasse a uma cabana de pastores, 13 achou os irmãos de Ocozias, rei de Judá, e lhes disse: Quem sois vós? Eles responderam: Somos os irmãos de Ocozias, e viemos a cumprimentar os filhos do rei, e os filhos da rainha. 14 Jeú disse: Apanhai-os vivos. E como os apanhassem vivos, os degolaram em uma cisterna perto da cabana, a quarenta e dois homens, e não deixou deles algum.

15 E partindo dali, achou a Jonadab, filho de Recab, que se lhe fez encontradiço, e Jeú o saudou. E lhe disse: Porventura tens tu o coração reto, como o meu o é com o teu coração? E Jonadab respondeu: Tenho. Se assim é, disse Jeú, dá-me a tua mão. E Jonadab lhe deu a sua mão. E Jeú o fez subir ao seu coche: 16 e lhe disse: Vem comigo, e verás o meu zelo pelo Senhor. E tendo-o feito assentar no seu coche, 17 o levou a Samaria. E matou a todos os que restavam da casa de Acab em Samaria sem perdoar a um só, conforme a sentença que o Senhor tinha pronunciado por Elias.

Extermínio dos profetas de Baal

18 Ajuntou pois Jeú todo o povo, e lhes disse: Acab deu pequeno culto a Baal: mas eu lhe tributarei maior culto. 19 Fazei-me pois vir agora todos os seus ministros, e todos os seus sacerdotes: não falte nenhum que deixe de vir, porque quero fazer um grande sacrifício a Baal: todo o que faltar, morrerá. Mas isto em Jeú era artifício, para dar cabo dos adoradores de Baal. 20 E disse: Fazei uma festa solene a Baal. E enviou, 21 a chamá-los por todos os limites de Israel, e vieram todos os servos de Baal: não ficou nem um só que não viesse. E entraram no templo de Baal: e encheu-se a casa de Baal desde o princípio até o fim. 22 E disse aos que guardavam as vestimentas: Tirai vestimentas para todos os ministros de Baal. E eles lhe trouxeram as vestimentas. 23 E tendo entrado Jeú e Jonadab, filho de Recab, no templo de Baal, disse aos adoradores de Baal. Examinai, e vede bem não esteja entre vós algum dos ministros do Senhor, mas que estejam somente os servos de Baal.

24 Entraram eles pois para oferecerem as suas vítimas, e os seus holocaustos: Jeú, porém, tinha prontos da parte de fora oitenta homens, e tinha-lhes dito: Se escapar um só homem destes que eu vos entregar às mãos, a vossa vida me será responsável pela sua.

25 E aconteceu que, oferecido o holocausto, ordenou Jeú aos seus soldados, e oficiais: Entrai, e matai neles, não escape nenhum. E os soldados e os capitães os passaram ao fio da espada, e os lançaram fora: e foram à cidade do templo de Baal, 26 e tiraram do templo a estátua de Baal, e a queimaram, 27 e a reduziram a pó. Destruíram também o templo de Baal, e em lugar dele fizeram umas latrinas que ainda hoje persistem.

O reino de Jeú

28 Deste modo aboliu Jeú de Israel a Baal: 29 mas ele não se apartou dos pecados de Jeroboão, filho de Nabat, que fez pecar a Israel, nem abandonou os novilhos de ouro, que estavam em Betel, e em Dan. 30 Disse pois o Senhor a Jeú: Porque tu cumpriste cuidadosamente o que era justo, e agradável aos meus olhos, e executaste contra a casa de Acab tudo o que eu tinha no meu coração, teus filhos se assentarão sobre o trono de Israel até à quarta geração. 31 Mas Jeú não teve o cuidado de andar de todo o seu coração na lei do Senhor Deus de Israel: porque não se apartou dos pecados de Jeroboão, que tinha feito pecar a Israel.

32 Neste tempo começou o Senhor a ter tédio de Israel: e Hazael os derrotou em todas as fronteiras de Israel, 33 desde o Jordão para a banda do oriente toda a terra de Galaad, e de Gad, e de Rúben, e de Manassés, desde Aroer, que estava sobre a torrente de Arnon, e Galaad, e Besan.

34 O mais das ações de Jeú, e todos os seus feitos e o seu valor, estão escritos no Livro dos Anais dos Reis de Israel. 35 E adormeceu Jeú com seus pais, e foi sepultado em Samaria: e em seu lugar reinou seu filho Joacaz. 36 E o tempo, que Jeú reinou sobre Israel em Samaria, foram vinte e oito anos.

Atália, rainha de Judá

11 Mas Atália, mãe de Ocozias, vendo morto seu filho, levantou-se, e matou toda a descendência real. 2 Porém Josabá, filha do rei Jorão, irmã de Ocozias, pegando em Joás filho de Ocozias, o furtou do meio dos filhos do rei, quando os estavam matando, e também furtou do leito à sua ama: e o escondeu da presença de Atália para que o não matasse. 3 E ele esteve seis anos oculto com a ama na casa do Senhor: e Atália reinou sobre a terra.

4 No ano sétimo porém enviou Jojada, e tomando os centuriões, e os soldados os introduziu consigo no Templo do Senhor, e fez com eles um tratado: e juramentando-os na casa do Senhor, lhes mostrou o filho do rei: 5 e ordenou-lhes, dizendo: Eis aqui o que haveis de fazer: 6 Uma terça parte de vós entrará no sábado, e fará guarda à casa do rei. A outra terça parte ficará à porta de Sur: e a terceira terça parte esteja à porta, que está por detrás do quartel dos escudeiros: e fareis a guarda à casa de Messa. 7 E duas partes de vós, todos os que saírem de semana, estarão de sentinela em a casa do Senhor junto ao rei. 8 E o rodeareis, tendo as armas nas vossas mãos: e se alguém entrar no recinto do Templo, seja morto: e estareis com o rei quando entrar e quando sair.

9 E executaram os centuriões tudo o que o pontífice Jojada lhes havia ordenado: e tomando cada um a sua gente, que entrava de semana, com os que saíam dela vieram ter com o pontífice Jojada. 10 O qual lhes deu as lanças, e as armas do rei Davi que estavam na casa do Senhor. 11 Puseram-se pois cada um com as armas na mão à roda do rei desde a banda direita do Templo, até à banda esquerda do altar, e do Templo. 12 E Jojada lhes apresentou o filho do rei, e pôs-lhe sobre a cabeça o diadema, e o livro da lei: e eles o constituíram rei, e o ungiram: e batendo com as mãos, gritaram: Viva o rei.

13 E Atália ouviu o clamor do povo que concorria: e entrando por entre as turbas no Templo do Senhor, 14 viu o rei assentado no trono segundo o costume, e ao pé dele os cantores, e os trombetas, e todo o povo da terra muito alegre, e tocando trombetas: e ela rasgou os seus vestidos, e gritou: Traição, traição. 15 Mas Jojada ordenou aos centuriões, que comandavam as tropas, e lhes disse: Levai-a para fora do recinto do Templo, e todo o que a seguir, morra à espada. Porque tinha dito o pontífice: Não seja morta dentro do Templo do Senhor. 16 E lançaram-lhe as mãos, e a levaram aos empurrões ao caminho da entrada dos cavalos, junto ao palácio, e ali foi morta.

17 Jojada pois fez uma aliança entre o Senhor e entre o rei, e entre o povo para que ele fosse o povo do Senhor, e entre o rei e o povo. 18 E todo o povo da terra entrou no templo de Baal, e deitaram abaixo os seus altares, e fizeram as suas imagens em mil pedaços: e mataram a Matam, sacerdote de Baal, diante do altar. E o príncipe pôs guardas na casa do Senhor. 19 E tomou consigo os centuriões, e as legiões de Ceret e de Felet, e todo o povo da terra, e conduziram o rei fora da casa do Senhor: e foram ao palácio pelo caminho da porta dos escudeiros, e o rei se assentou no trono dos reis. 20 E todo o povo da terra se alegrou, e a cidade ficou em paz: Atália porém foi passada à espada na casa do rei. 21 E tinha Joás sete anos, quando começou a reinar.

Joás, rei de Judá

12 No ano sétimo de Jeú reinou Joás: e reinou quarenta anos em Jerusalém. Sua mãe chamava-se Sebia de Bersabée.

2 E procedeu Joás justamente diante do Senhor todo o tempo, que foi dirigido pelo pontífice Jojada. 3 Todavia não tirou os altos:

porque ainda o povo sacrificava, e oferecia
incenso nos altos.

Restauração do Templo

4 E disse Joás aos sacerdotes: Todo o di-
nheiro consagrado, que for oferecido no Tem-
plo do Senhor pelos que passam, que se ofe-
rece por preço da sua alma, e que espontanea-
mente e ao arbítrio de seu coração trazem ao
Templo do Senhor: 5 os sacerdotes o recebam
segundo a sua ordem, e façam os reparos na
casa do Senhor, se virem que alguma coisa
necessita de conserto. 6 Mas até o ano vigési-
mo terceiro do rei Joás, os sacerdotes não
fizeram reparos alguns no Templo. 7 E o rei
chamou o pontífice Jojada e os sacerdotes, e
lhes disse: Por que não fazeis vós os reparos
do Templo? Não recebais logo mais dinheiro
segundo a ordem do vosso ministério, mas
restituí-o para os reparos do Templo. 8 E os
sacerdotes foram proibidos de receberem mais
dinheiro do povo e de fazerem os reparos
da casa.
9 E pegou o pontífice Jojada num cofre, e
fez-lhe abrir um buraco por cima, e o pôs ao
pé do altar à mão direita dos que entravam
na casa do Senhor, e os sacerdotes, que guar-
davam as portas, deitavam nele todo o dinhei-
ro que se se trazia ao Templo do Senhor: 10 e
quando viam que havia muito dinheiro no
cofre, vinha o escrivão do rei, e o pontífice, e
despejavam e contavam o dinheiro, que se
achava na casa do Senhor. 11 E o depositavam
por conta e por peso nas mãos dos que presi-
diam aos que trabalhavam na fábrica do
Senhor: os quais o dispendiam com os carpin-
teiros e com os pedreiros, que trabalhavam na
casa do Senhor, 12 e faziam os consertos: e
com os que cortavam as pedras e para se com-
prarem as madeiras, e as pedras que se lavra-
vam, de maneira que se completasse o conserto
da casa do Senhor, de tudo o que necessitava
de despesa para se reparar a casa. 13 Não se
faziam contudo deste dinheiro que se trazia
ao Templo do Senhor, nem as talhas do Templo
do Senhor, nem os garfos, nem os turíbulos,
nem as trombetas, nem vaso algum de ouro
ou prata: 14 porque se dava aos que traba-
lhavam para se reparar o Templo do Senhor:
15 e não se tomava conta aos homens que
recebiam o dinheiro para se distribuir pelos
trabalhadores, mas eles o empregavam com
fidelidade. 16 Não metiam porém no Templo
do Senhor o dinheiro por delito, e o dinheiro
pelos pecados, porque era dos sacerdotes.

Compromisso com Hazael

17 Então veio Hazael, rei da Síria, e sitiou
a Get, e a tomou: e fez rosto a marchar contra
Jerusalém. 18 Por este motivo Joás, rei de
Judá, tomou todas as oferendas santificadas,
que tinham consagrado Josafat, e Jorão, e
Ocozias, reis de Judá, seus pais, e as que ele
mesmo tinha oferecido: e todo o dinheiro, que
se pode achar nos tesouros do Templo do
Senhor, e no palácio do rei, o mandou a Ha-
zael, rei da Síria, o qual desistiu de vir a
Jerusalém.
19 E o resto das ações de Joás, e tudo o
que ele fez está escrito no Livro dos Anais dos
reis de Judá.

Morte de Joás

20 Porém os servos de Joás se levantaram,
e fizeram uma conspiração entre si, e mataram
a Joás na casa de Melo na descida de Sela.
21 Porque Josacar filho de Semaat, e Jozabad
filho de Somer, seus servos, o mataram, e
morreu: e o sepultaram com seus pais na ci-
dade de Davi, e em seu lugar reinou Amasias
seu filho.

Joacaz, rei de Israel

13 No ano vinte e três de Joás, filho de
Ocozias, rei de Judá, reinou Joacaz, filho
de Jeú, sobre Israel em Samaria dezessete
anos. 2 E obrou o mal diante do Senhor, e
seguiu os pecados de Jeroboão filho de Nabat,
que tinha feito pecar a Israel e não se apartou
deles. 3 E acendeu-se o furor do Senhor contra
Israel, e os entregou todo este tempo nas mãos
de Hazael, rei da Síria, e nas mãos de Benadad,
filho de Hazael. 4 Mas Joacaz fez uma oração
diante da face do Senhor, e o Senhor o ouviu:
pois viu o aperto de Israel, porque os tinha
destroçado o rei da Síria: 5 e o Senhor deu
um salvador a Israel, e ele foi livre da mão
do rei da Síria: e os filhos de Israel habitaram
nas suas tendas como dantes. 6 Eles todavia
se não apartaram dos pecados da casa de
Jeroboão, que tinha feito pecar a Israel, mas
caminharam neles: porque até o bosque per-
maneceu em Samaria. 7 E não tinham ficado
a Joacaz do povo senão cinqüenta cavaleiros,
e dez coches, e dez mil homens de pé: porque
o rei da Síria os tinha morto, e os tinha redu-
zido como o pó da eira onde se debulha.
8 O resto das ações de Joacaz, e todos os
seus feitos, e o seu valor, estão escritos no
Livro dos Anais dos reis de Israel. 9 E Joacaz
adormeceu com seus pais, e o sepultaram em
Samaria: e Joás, seu filho, reinou em seu
lugar.

Joás, rei de Israel

10 No ano trinta e sete de Joás, rei de Judá,
reinou Joás, filho de Joacaz, sobre Israel em

Samaria por espaço de dezesseis anos, 11 e
obrou o que é mau diante do Senhor: não se
apartou de pecado nenhum de Jeroboão, filho
de Nabat, que tinha feito pecar a Israel, mas
neles andou.
12 O resto porém das ações de Joás, e tudo
o que ele fez, e o seu valor, e como pelejou
contra Amasias rei de Judá, tudo isto está
escrito no Livro dos Anais dos reis de Israel.
13 E Joás adormeceu com seus pais: e Jero-
boão subiu ao seu trono. Mas Joás foi sepul-
tado em Samaria com o reis de Israel.

Morte de Eliseu

14 E Eliseu estava doente da enfermidade
de que morreu: e Joás rei de Israel o veio ver,
e chorava diante dele, e dizia: Meu pai, meu
pai, tu és o carro de Israel e seu condutor.
15 E Eliseu lhe disse: Traze-me cá o arco, e
flechas. E como lhe trouxesse um arco, e
flechas, 16 Eliseu disse ao rei de Israel: Põe
a tua mão sobre o arco. E tendo ele posto a
sua mão, Eliseu pôs as suas mãos sobre as do
rei, 17 e disse: Abre a janela que olha para o
oriente. E tendo-a aberto, disse Eliseu: Atira
com uma flecha. E a atirou. E Eliseu disse:
Flecha da salvação do Senhor, flecha da sal-
vação contra a Síria: e tu ferirás a Síria em
Afec, até a consumires. 18 E disse: Pega das
flechas. E tendo o rei pegado delas, disse-lhe
outra vez: Fere a terra com a flecha. E tendo
ele ferido três vezes, e parando, 19 o homem
de Deus se enfadou com ele, e disse: Se tiveras
ferido a terra cinco, ou seis, ou sete vezes,
terias derrotado a Síria até à sua total ruína:
mas agora só a derrotarás três vezes.
20 Morreu pois Eliseu e o enterraram. Neste
mesmo ano porém vieram uns ladrões de Moab
sobre a terra, 21 e uns que estavam enterrando
um homem, viram os ladrões, e lançaram o
cadáver no sepulcro de Eliseu. E tanto que
o cadáver tocou os ossos de Eliseu, ressusci-
tou o homem, e se levantou sobre os seus pés.

Vitória de Joás sobre os siros

22 Hazael, porém, rei da Síria, tinha afli-
gido a Israel por todo o reinado de Joacaz:
23 e compadeceu-se o Senhor deles, e tornou
para eles por causa do pacto que tinha feito
com Abraão, e Isaac, e Jacó, e não os quis
perder, nem rejeitar inteiramente até o pre-
sente tempo. 24 E morreu Hazael, rei da Síria,
e reinou por ele seu filho Benadad. 25 Mas
Joás, filho de Joacaz, recobrou de Benadad,
filho de Hazael, as cidades, que este havia
tomado a Joacaz seu pai pelo direito da guer-
ra, e Joás o bateu por três vezes, e restituiu a
Israel as cidades.

Amasias, rei de Judá

14 No segundo ano de Joás, filho de Joacaz,
rei de Israel, reinou Amasias, filho de
Joás, rei de Judá. 2 Tinha vinte e cinco anos
quando começou a reinar: vinte e nove anos
reinou em Jerusalém, sua mãe se chamava
Joadan de Jerusalém. 3 E ele fez o que era
justo diante do Senhor, mas não como Davi
seu pai. Ele procedeu em tudo, como seu pai
Joás o tinha feito: 4 exceto que não tirou os
altos: porque ainda o povo imolava e queima-
va incensos nos altos.
5 E tanto que teve o reino seguro, fez matar
aqueles de seus servos, que tinham morto o
rei seu pai: 6 mas não fez morrer os filhos
destes matadores, segundo o que está escrito
no Livro da Lei de Moisés, conforme o preceito
do Senhor, que diz: Não morrerão os pais
pelos filhos, nem os filhos morrerão pelos
pais: mas cada um morrerá pelo seu pecado.
7 Este mesmo foi que bateu dez mil idumeus
no Vale das Salinas, e tomou na peleja a for-
taleza que chamou Jecteel, como ela ainda
hoje se chama.
8 Então enviou Amasias mensageiros a Joás,
filho de Joacaz, filho de Jeú, rei de Israel, di-
zendo: Vem, e vejamo-nos. 9 E Joás, rei de
Israel, mandou a Amasias, rei de Judá, esta
resposta: O cardo do Líbano mandou dizer
ao cedro, que está no Líbano: Dá tua filha por
mulher a meu filho. E passaram as feras do
bosque que estão no Líbano, e pisaram aos
pés o cardo. 10 Tu ficaste superior em batalha
aos idumeus, e o teu coração se ensoberbeceu:
contenta-te com a glória, e repousa em tua
casa: chamas pelo mal, para pereceres tu e
Judá contigo? 11 Porém Amasias não sosse-
gou: e Joás, rei de Israel, subiu, e viram-se
ele e Amasias, rei de Judá, em Betsames,
cidade de Judá. 12 E Judá foi desfeito por
Israel: e fugiram cada um para as suas tendas.
13 E Joás, rei de Israel, tomou em Betsames
a Amasias, rei de Judá, filho de Joás, filho de
Ocozias, e o levou a Jerusalém: e rompeu o
muro de Jerusalém o espaço de quatrocentos
côvados, desde a porta de Efraim até à porta
do Ângulo. 14 E tomou todo o ouro e prata,
e todos os vasos, que se acharam na casa do
Senhor, e nos tesouros do rei, e os reféns, e
voltou para Samaria.
15 O resto das ações de Joás, e o valor com
que pelejou contra Amasias, rei de Judá, está
escrito no Livro dos Anais dos reis de Israel.
16 E Joás adormeceu com seus pais, e foi
sepultado em Samaria com os reis de Israel:
e em seu lugar reinou seu filho Jeroboão.
17 Mas Amasias, filho de Joás, rei de Judá,
viveu quinze anos, depois da morte de Joás,
filho de Joacaz, rei de Israel.

18 O resto das ações de Amasias está escrito
no Livro dos Anais dos reis de Judá.
19 E contra ele se forjou em Jerusalém uma
conjuração: mas ele fugiu para Láquis. E eles
enviaram após ele a Láquis e ali o mataram.
20 E o transportaram em cima de uns cavalos,
e foi sepultado em Jerusalém com seus pais
na cidade de Davi.
21 E todo o povo de Judá tomou a Azarias
em idade de dezesseis anos: e o constituíram
rei em lugar de seu pai Amasias. 22 Este foi
que edificou Elat, e a restituiu a Judá, depois
que o rei adormeceu com seus pais.

Jeroboão II, rei de Israel

23 No décimo quinto ano de Amasias, filho
de Joás, rei de Judá, reinou em Samaria Je-
roboão, filho de Joás, rei de Israel quarenta
e um anos: 24 E obrou o mal diante do Senhor.
Não se apartou de pecado nenhum de Jero-
boão, filho de Nabat, que tinha feito pecar a
Israel. 25 Este mesmo restabeleceu os limites
de Israel desde a entrada de Emat até o mar
do deserto, conforme a palavra do Senhor
Deus de Israel, a qual havia pronunciado por
seu servo o profeta Jonas, filho de Amati, que
era de Get, que está em Ofer. 26 Porque viu
o Senhor a crudelíssima aflição de Israel, e
que haviam sido consumidos até os encarce-
rados, e os derradeiros do povo, e não havia
quem socorresse a Israel. 27 Nem o Senhor
decretou que ele apagaria o nome de Israel
debaixo do Céu, mas ele os salvou por mão
de Jeroboão, filho de Joás.
28 O mais das ações de Jeroboão, e tudo o
que ele fez, e o valor com que ele pelejou, e o
como restituiu Damasco, e Emat a Judá em
Israel, tudo isto está escrito no Livro dos
Anais dos reis de Israel.

Azarias, rei de Judá

15 No ano vinte e sete de Jeroboão, rei de
Israel, reinou Azarias, filho de Amasias,
rei de Judá. 2 Tinha dezesseis anos, quando
começou a reinar, e reinou cinqüenta e dois
anos em Jerusalém. Sua mãe chamava-se Je-
quélia de Jerusalém. 3 E ele fez o que era
agradável diante do Senhor, conforme tudo
o que fez Amasias seu pai. 4 Todavia não de-
moliu os altos: ainda o povo sacrificava, e
queimava incenso nos altos. 5 Mas o Senhor
feriu o rei, e ficou leproso até o dia da sua
morte, e vivia à parte numa casa retirada: e
Joatão, filho do rei, governava o palácio, e
julgava o povo da terra.
6 O resto porém das ações de Azarias, e tudo
o que ele fez, está escrito no Livro dos Anais
dos reis de Judá. 7 E Azarias adormeceu com
seus pais: e o sepultaram com os seus maiores
na cidade de Davi, e Joatão seu filho reinou
em seu lugar.

Zacarias, rei de Israel

8 No ano trinta e oito de Azarias, rei de Judá,
reinou Zacarias, filho de Jeroboão, sobre Israel
em Samaria seis meses: 9 e obrou o que era
mau diante do Senhor, como tinham feito seus
pais: não se apartou dos pecados de Jeroboão,
filho de Nabat, que tinha feito pecar a Israel.
10 E contra ele se conjurou Selum, filho de
Jabes: e o atacou, e matou publicamente, e
reinou em seu lugar.
11 E o resto das ações de Zacarias está es-
crito no Livro dos Anais dos reis de Israel.
12 Assim se cumpriu o que o Senhor tinha dito
a Jeú: Teus filhos estarão assentados sobre
o trono de Israel até à quarta geração. E assim
sucedeu.

Selum, rei de Israel

13 No ano trinta e nove de Azarias, rei de
Judá, reinou Selum, filho de Jabes, só um mês
em Samaria. 14 E subiu de Tersa Manaem,
filho de Gadi: e veio a Samaria, e investiu com
Selum, filho de Jabes, em Samaria, e o matou,
e reinou em seu lugar.
15 E o resto das ações de Selum, e a conspi-
ração, que ele urdiu atraiçoadamente, isto está
escrito no Livro dos Anais dos reis de Israel.
16 Então destruiu Manaem a Tapsa, e a
todos os que nela estavam, e os seus confins
desde Tersa: porque lhe não quiseram abrir
a porta: e matou todas as mulheres prenhes,
fazendo-as rasgar pelo ventre.

Manaem, rei de Israel

17 No ano trinta e nove de Azarias, rei de
Judá, reinou sobre Israel em Samaria Manaem,
filho de Gadi, dez anos. 18 E obrou o que era
mau diante do Senhor: não se apartou dos
pecados de Jeroboão, filho de Nabat, que tinha
feito pecar a Israel, durante todo o seu rei-
nado.
19 Veio a esta terra Ful, rei dos assírios, e
Manaem deu a Ful mil talentos de prata, para
que ele o socorresse, e lhe firmasse o seu reino.
20 Manaem ordenou a imposição deste dinhei-
ro sobre todas as pessoas poderosas, e ricas,
para o dar aos assírios, cinqüenta siclos de
prata por cabeça: e voltou-se o rei dos assírios,
e não se demorou no país.
21 O resto das ações de Manaem, e tudo o
que ele fez, está escrito no Livro dos Anais
dos reis de Israel. 22 E adormeceu Manaem
com seus pais. E Facéias, seu filho, reinou em
seu lugar.

Facéias, filho de Manaem, rei de Israel

23 No ano cinqüenta de Azarias, rei de Judá, reinou Facéias, filho de Manaem, sobre Israel dois anos: 24 e obrou o que era mau diante do Senhor: não se apartou dos pecados de Jeroboão, filho de Nabat, que tinha feito pecar a Israel.

25 Mas Facéia, filho de Romelia, general das suas tropas, fez uma conjuração contra ele, e o feriu em Samaria na torre da casa real ao pé de Argob, e ao pé de Arié, e com ele a cinqüenta dos filhos dos galaaditas, e matou, e reinou em seu lugar.

26 O resto das ações de Facéias, e tudo o que ele fez, está escrito no Livro dos Anais dos reis de Israel.

Facéia, filho de Romélia, rei de Israel

27 No ano cinqüenta e dois de Azarias, rei de Judá, reinou Facéia, filho de Romelia, sobre Israel em Samaria vinte anos. 28 E obrou o que era mau diante do Senhor: não se apartou dos pecados de Jeroboão, filho de Nabat, que tinha feito pecar a Israel.

29 Em tempo de Facéia, rei de Israel, veio Teglatfalasar, rei dos assírios, e tomou Aion, e Abel, casa de Maaca, e Janoe, e Cedes, e Asor, e Galaad, e Galiléia, e o país de Neftali: e transportou todos os seus habitantes para a Assíria. 30 Mas Oséias, filho de Ela, fez uma conspiração e armou emboscada contra Facéia, filho de Romelia, e o feriu, e o matou: e reinou em seu lugar no vigésimo ano de Joatão, filho de Ozias.

31 Mas o resto das ações de Facéia, e tudo o que ele fez, está escrito no Livro dos Anais dos reis de Israel.

Joatão, rei de Judá

32 No ano segundo de Facéia, filho de Romelia, rei de Israel, reinou Joatão, filho de Ozias, rei de Judá. 33 Ele tinha vinte e cinco anos quando começou a reinar, e reinou dezesseis anos em Jerusalém. Sua mãe chamava-se Jerusa, filha de Sadoc. 34 E ele fez o que era agradável ao Senhor: e procedeu em tudo como tinha feito Ozias seu pai. 35 Todavia não destruiu os altos: porque ainda o povo sacrificava, e queimava incenso nos altos. Ele edificou a mais alta porta da casa do Senhor.

36 O resto das ações de Joatão, e tudo o que ele fez, está escrito no Livro dos Anais dos reis de Judá. 37 Neste mesmo tempo começou o Senhor a enviar contra Judá a Rasin, rei da Síria, e a Facéia filho de Romelia. 38 E Joatão adormeceu com seus pais, e foi sepultado com eles na cidade de Davi seu pai, e em seu lugar reinou seu filho Acaz.

Acaz, rei de Judá

16 No ano décimo sétimo de Facéia, filho de Romelia, reinou Acaz, filho de Joatão, rei de Judá. 2 Tinha Acaz vinte anos, quando começou a reinar, e reinou dezesseis anos em Jerusalém: não fez o que era agradável na presença do Senhor seu Deus, como Davi seu pai: 3 mas andou pelo caminho dos reis de Israel: e até consagrou seu filho, fazendo-o passar pelo fogo segundo a idolatria das gentes: que o Senhor tinha destruído na entrada dos filhos de Israel. 4 Imolava também vítimas, e oferecia incenso nos altos, e nos outeiros, e debaixo de toda a árvore frondosa.

5 Então vieram Rasin, rei da Síria, e Facéia, filho de Romelia, rei de Israel contra Jerusalém para pelejar: e tendo cercado a Acaz, não o puderam vencer.

6 Naquele tempo Rasin, rei da Síria, recobrou a Aila, da Síria, e lançou fora de Aila os judeus: e os idumeus vieram para Aila, e habitaram ali até ao dia de hoje.

7 Mas Acaz mandou mensageiros a Teglatfalasar, rei dos assírios, dizendo: Eu sou teu servo, e teu filho: vem, e salva-me da mão do rei da Síria, e das mãos do rei de Israel, que se aliaram contra mim. 8 E tendo ajuntado a prata e ouro, que se pode achar na casa do Senhor, e nos tesouros do rei, mandou presentes ao rei dos assírios. 9 E este condescendeu com a sua vontade: Veio pois o rei dos assírios sobre Damasco, e a arrasou: e transportou os seus moradores para Cirene, e matou a Rasin.

10 E foi o rei Acaz ao encontro de Teglatfalasar, rei dos assírios, em Damasco: e como visse o altar erguido em Damasco, mandou o rei Acaz ao pontífice Urias o seu modelo, e semelhança conforme toda a obra dele. 11 E o pontífice Urias fez um altar em conformidade de tudo o que o rei Acaz lhe tinha ordenado de Damasco, e assim o fez o pontífice Urias, até que o rei Acaz viesse de Damasco. 12 E tendo o rei vindo de Damasco, viu o altar, e o venerou: e subiu a ele e imolou holocaustos, e o seu sacrifício, 13 e fez oblações de licores, e derramou o sangue das pacíficas, que tinha oferecido sobre o altar. 14 E o altar de bronze, que estava na presença do Senhor, o transportou de diante do Templo, e do lugar do altar, e do lugar do Templo do Senhor: e o pôs ao lado do altar para o setentrião.

15 Ordenou também o rei Acaz ao pontífice Urias, dizendo: Tu oferecerás sobre o altar-mor o holocausto da manhã, e o sacrifício da tarde, e o holocausto do rei, e o seu sacrifício, e o holocausto de todo o povo da terra, e os seus sacrifícios, e as libações: e derramarás sobre ele todo o sangue do holocausto, e todo

o sangue da vítima: porém o altar de bronze estará pronto à minha vontade. 16 Executou pois o pontífice Urias conforme tudo o que o rei Acaz tinha ordenado. 17 Tirou também o rei Acaz as bases entalhadas, e a bacia, que estava em cima: e tirou o mar de cima dos bois de bronze, que o sustinham, e pô-lo sobre o pavimento lajeado de pedra. 18 Tirou outrossim a tribuna do sábado, que tinha mandado fazer no Templo: e mudou o passadiço exterior por onde o rei ia para o Templo do Senhor, por causa do rei dos assírios.

19 O mais das ações de Acaz está escrito no Livro dos Anais dos reis de Judá. 20 E adormeceu Acaz com seus pais, e foi sepultado com eles na cidade de Davi, e em seu lugar reinou seu filho Ezequias.

Oséias, rei de Judá

17 No ano duodécimo de Acaz, rei de Judá, reinou em Samaria sobre Israel Oséias, filho de Ela, nove anos. 2 E obrou o mal diante do Senhor: mas não como os reis de Israel, que o tinham precedido.

Ruína de Israel

3 Contra ele marchou Salmanasar, rei dos assírios, e Oséias ficou sendo servo dele, e lhe pagava tributos. 4 Mas tendo o rei dos assírios, descoberto a Oséias, meditando rebelar-se, tinha mandado mensageiros a Sua, rei do Egito, para não pagar os tributos ao rei dos assírios como todos os anos costumava, cercou-o, e depois de preso o meteu numa prisão. 5 E tinha Salmanasar feito correrias por todo o país: e chegando a Samaria, a sitiou três anos. 6 Mas no ano nono de Oséias, tomou o rei dos assírios Samaria, e transportou os israelitas para Assíria: e os pôs em Hala, e em Habor, cidades dos medos, perto do rio Gozan.

7 Sucedeu pois que tendo os filhos de Israel pecado contra o Senhor seu Deus, que os tinha tirado da terra do Egito, do poder de Faraó, rei do Egito, adoraram a deuses estranhos. 8 E viviam segundo os costumes das gentes, que o Senhor exterminara na entrada dos filhos de Israel, e dos reis de Israel: porque tinham feito o mesmo. 9 E os filhos de Israel tinham ofendido o Senhor seu Deus com ações más: e tinham edificado para si altos em todas as suas cidades desde a torre dos guardas até à cidade forte. 10 E fizeram para si estátuas e bosques em todos os mais altos outeiros, e debaixo de todas as árvores frondosas: 11 e ali queimavam incenso sobre os altares à maneira das gentes, que o Senhor tinha exterminado na entrada deles: e cometiam ações criminosíssimas irritando o Senhor. 12 E adoravam as abominações, que o Senhor expressamente lhes tinha proibido que não fizessem.

13 E o Senhor tinha protestado em Israel e em Judá por todos os seus profetas, e videntes, dizendo: Voltai dos vossos caminhos corrompidos, e guardai os meus preceitos, e cerimônias conforme todas as leis que eu prescrevi a vossos pais: e do mesmo modo que eu vo-lo tenho declarado pelos profetas meus servos. 14 Eles o não quiseram ouvir, mas endureceram a sua cabeça, como as de seus pais, que não quiseram obedecer ao Senhor seu Deus. 15 E tinham rejeitado as suas leis, e o pacto, que fizera com seus pais, e as representações que contra eles fizera: e tinham corrido após as suas vaidades, e obrado vãmente: e seguiram as nações, de que estavam rodeados, acerca das quais o Senhor lhes tinha defendido que não fizessem assim como elas faziam. 16 E tinham abandonado todas as ordenações do Senhor seu Deus: e tinham feito para si dois bezerros fundidos, e bosques, e tinham adorado todos os astros do céu: e tinham servido a Baal, 17 e sacrificavam seus filhos, e suas filhas pelo fogo: e davam-se a adivinhações, e agouros: e se entregavam a fazer o mal diante do Senhor, para o irritar.

18 E o Senhor se indignou sobremaneira contra Israel, e os rejeitou de diante da sua face, não ficou senão somente a tribo de Judá. 19 Mas nem essa mesma tribo de Judá guardou os mandamentos do Senhor seu Deus: antes andou nos erros, que Israel tinha obrado. 20 E o Senhor abandonou a toda a linhagem de Israel, e os afligiu, e os deu em presa dos que os saqueavam, até que os lançou da sua presença: 21 já desde aquele tempo, que Israel se separou da casa de Davi, e eles constituíram por seu rei a Jeroboão filho de Nabat: porque Jeroboão separou Israel do Senhor, e os fez cair num grande pecado. 22 E andaram os filhos de Israel em todos os pecados que tinha cometido Jeroboão: e não se apartaram deles, 23 até que enfim repeliu o Senhor a Israel, de diante da sua face, como ele tinha predito por todos os profetas, seus servos: e foi Israel transferido do seu país para a Assíria, até ao dia de hoje.

Origem do culto samaritano

24 Mas o rei dos assírios trouxe gente de Babilônia, e de Cuta, e de Ava, e Emat, e de Sefarvaim: e os pôs nas cidades de Samaria em lugar dos filhos de Israel: e eles possuíram a Samaria, e habitaram nas suas cidades. 25 E quando tinham começado a habitar nelas, não temiam o Senhor: e o Senhor mandou contra eles leões que os matavam. 26 E avisaram ao

rei dos assírios, dizendo: Os povos, que tu transferiste, e que mandaste, que habitassem nas cidades de Samaria, ignoram o culto do Deus do país: e o Senhor mandou contra eles leões, e atende que os matam, porque não sabem o culto do Deus da terra. 27 E o rei dos assírios ordenou, dizendo: Mandai para Samaria um dos sacerdotes, que vós de lá trouxestes cativos, e vá, e habite com eles, e lhes ensine o culto do Deus da terra.

28 Tendo logo vindo um dos sacerdotes, que tinham sido levados cativos de Samaria, habitou em Betel, e lhes ensinava o modo como deviam honrar ao Senhor. 29 E cada um destes povos forjou para si seu deus: e os puseram nos templos dos altos, que os samaritanos tinham edificado, cada nação na sua cidade onde habitava. 30 Porque os babilônios fizeram a Socotbenot: e os cuteus fizeram a Nergel: e os de Emat fizeram a Asima. 31 E os heveus fizeram a Nebaaz e Tartac. Mas os que eram de Sefarvaim queimavam os seus filhos no fogo em honra de Adremelec e de Anamelec, deuses de Sefarvaim, 32 e todavia adoravam o Senhor. Eles fizeram os ínfimos do povo sacerdotes dos seus altos, e os punham nos templos dos altos. 33 E ainda que adorassem o Senhor, serviam também aos seus deuses à moda das nações do meio das quais tinham sido transferidos para Samaria.

34 E ainda hoje seguem o antigo costume: não temem o Senhor nem guardam as suas cerimônias, nem ordenações, nem leis, nem os preceitos, que o Senhor deu aos filhos de Jacó, a quem deu o sobrenome de Israel: 35 e com os quais tinha contratado aliança e lhes tinha mandado, dizendo: Não temais os deuses estrangeiros, e não os adorareis, nem os sirvais, e nem lhes sacrifiqueis: 36 mas sim ao Senhor vosso Deus, que vos tirou da terra do Egito, por grande poder, e o braço estendido, a ele temei, e a ele adorais, e a ele oferecei os sacrifícios. 37 Guardai também as cerimônias, e as ordenações, e as leis e os preceitos, que ele vos deu por escrito, observando-os todos os dias: e não tenhais medo dos deuses estrangeiros. 38 E não vos esqueçais da aliança, que ele fez convosco: nem honreis deuses estrangeiros, 39 mas temei ao Senhor vosso Deus, e Ele vos livrará do poder de todos os vossos inimigos. 40 Mas eles não deram ouvidos, mas obraram seguindo o seu antigo costume. 41 E assim estes povos perseveraram em temer ao Senhor, mas todavia serviram também os seus ídolos: porque tanto seus filhos, como seus netos ainda hoje fazem como fizeram seus pais.

II. ÚLTIMOS REIS DE JUDÁ

Ezequias, rei de Judá

18 No ano terceiro de Oséias, filho de Ela, rei de Israel, reinou Ezequias, filho de Acaz, rei de Judá. 2 Tinha vinte e cinco anos, quando começou a reinar: e reinou vinte e nove anos em Jerusalém. Sua mãe chamava-se Abi, filha de Zacarias. 3 E ele fez o que era bom na presença do Senhor, segundo tudo o que tinha feito Davi seu pai.

4 Ele destruiu os altos, e esmigalhou as estátuas e deitou abaixo os bosques, e fez em pedaços a serpente de metal, que Moisés tinha fabricado: porque os filhos de Israel até então lhe haviam queimado incenso: e a chamou Noestan. 5 Pôs a sua esperança no Senhor Deus de Israel: portanto depois dele não houve dentre todos os reis de Judá quem lhe fosse semelhante, bem assim como o não tinha havido entre aqueles que foram antes dele. 6 E se chegou ao Senhor, e não se apartou dos seus caminhos, e observou os seus mandamentos, que o Senhor tinha dado a Moisés.

7 E por isso o Senhor era com ele, e se conduzia com sabedoria em todas as coisas, que empreendia. Sacudiu também o jugo do rei dos assírios, e não lhe esteve sujeito.

8 Ele destruiu aos filisteus até Gaza, e todas as suas terras desde a torre dos guardas até à cidade fortificada.

9 No ano quarto do rei Ezequias, que era o sétimo ano de Oséias, filhos de Ela, rei de Israel, veio Salmanasar, rei dos assírios, a Samaria, e sitiou-a, 10 e tomou-a. Porque foi tomada Samaria ao cabo de três anos, no sexto ano de Ezequias que é o ano noveno de Oséias, rei de Israel. 11 E o rei dos assírios transportou os israelitas para a Assíria, e os fez habitar em Hala, e em Habor, cidades dos medos perto do rio Gozan: 12 porque eles não tinham ouvido a voz do Senhor seu Deus, mas tinham violado a sua aliança: e não tinham nem ouvido, nem praticado as ordenações, que Moisés, servo do Senhor, lhes havia prescrito.

Invasão dos assírios

13 No ano décimo quarto do rei Ezequias, veio Senaquerib, rei dos assírios, atacar todas as cidades fortes de Judá: e as tomou. 14 Então mandou Ezequias, rei de Judá, mensageiros ao rei dos assírios a Láquis, dizendo: Eu pequei, retira-te das minhas terras: e eu sofrerei tudo o que tu me impuseres.

O rei pois dos assírios impôs a Ezequias, rei de Judá, trezentos talentos de prata, e trinta talentos de ouro. 15 E Ezequias lhe deu toda a prata que se achou na casa do Senhor, e nos tesouros do rei. 16 Nesta ocasião despedaçou Ezequias as duas meias portas do Templo do Senhor, e as chapas de ouro, de que ele mesmo as tinha forrado, e deu-as ao rei dos assírios.

17 E o rei dos assírios enviou de Láquis a Tartan, e a Rabsaris, e a Rabsaces ao rei Ezequias, com grande poder contra Jerusalém: os quais, tendo subido, vieram a Jerusalém, e fizeram alto ao pé do aqueduto da piscina superior, que está no caminho do campo do Lavandeiro. 18 E chamaram o rei: saiu pois a ter com eles Eliacim filho de Helcias, mordomo-mor da casa de rei, e Sobna secretário de estado, e Joaé filho de Asaf cronista-mor. 19 E Rabsaces lhes disse: Dizei a Ezequias: Eis aqui o que diz o grande rei, o rei dos assírios: Que confiança é esta, em que tu te estribas? 20 Acaso tomaste a resolução de te prepares para a batalha? Em que confias, para ousares resistir-me? 21 Esperas porventura no Egito que é um bordão de cana rachada, sobre a qual se o homem se firmar esmigalhada se lhe meterá pela mão, e a traspassará? Assim é Faraó rei do Egito para todos os que confiam nele. 22 Se vós me disserdes: Nós temos a nossa confiança no Senhor nosso Deus: cujos altares e altos destruiu Ezequias: e ordenou a Judá e a Jerusalém: Diante deste altar vós adorareis em Jerusalém? 23 Marchai pois agora contra o rei dos assírios meu amo, e eu vos darei dois mil cavalos, e vede se podeis achar homens para montar neles. 24 E como podereis vós ter-vos diante dum só capitão dos últimos servos de meu amo? Acaso tens confiança no Egito por causa das carroças e cavaleiros? 25 Porventura sem a vontade de Deus vim eu a esse lugar para o destruir? O Senhor me disse: Entra nesta terra, e arrasa-a.

26 Disseram pois a Rabsaces Eliacim, filho de Helcias, e Sobna, e Joaé: Nós te suplicamos que fales a teus servos em siríaco: porque entendemos esta língua: e não nos fales em língua judaica, ouvindo o povo, que está em cima do muro. 27 E Rabsaces lhes respondeu, dizendo: Meu amo me mandou a teu amo e a ti, para assim falar, e não antes aos homens que estão sobre o muro, para que comam os seus excrementos, e bebam o seu mijo convosco? 28 Rabsaces pois se pôs em pé, e gritou em alta voz, em língua judaica, e disse: Ouvi as palavras do grande rei, do rei dos assírios. 29 Eis aqui o que diz o rei: Não vos seduza Ezequias: porque ele vos não poderá livrar da minha mão. 30 Nem vos faça confiar sobre o Senhor dizendo: O Senhor infalivelmente nos livrará, e esta cidade não será entregue na mão do rei dos assírios. 31 Não queirais ouvir a Ezequias. Porque eis aqui o que diz o rei dos assírios: Tratai comigo o que vos é útil, e vinde para mim: e cada um de vós comerá da sua vinha, e da sua figueira, e bebereis das águas das vossas cisternas, 32 até que eu venha: e vos transfira para uma terra, que é semelhante à vossa terra, para uma terra frutífera, e fértil de vinho, terra de pão e de vinhas, terra de olivais, e de azeite e de mel, e vivereis, e não morrereis. Não queirais dar ouvidos a Ezequias, que vos engana, dizendo: O Senhor vos livrará. 33 Acaso os deuses das gentes livraram as suas terras da mão do rei de assírios? 34 Que é feito do deus de Emat, e do deus de Arfad? Que é do deus de Sefarvaim, e de Ana, e de Ava? Acaso livraram eles da minha mão a Samaria? 35 Quais são eles entre todos os deuses das terras, que livraram da minha mão o seu próprio país, para que o Senhor possa livrar da minha mão a Jerusalém?

36 Calou-se pois o povo, e não lhe respondeu uma só palavra: porque eles tinham recebido ordem do rei, para que lhe não respondessem.

37 E veio Eliacim, filho de Helcias, mordomo-mor, e Sobna secretário do estado, e José, filho de Asaf, cronista-mor, ter com Ezequias, rasgados os vestidos, e lhe referiram as palavras de Rabsaces.

Ezequias e Isaías

19 O que tendo ouvido o rei Ezequias, rasgou os seus vestidos, e cobriu-se de saco, e entrou na casa do Senhor. 2 E mandou a Eliacim, mordomo-mor da sua casa, e a Sobna, secretário de estado, e aos mais velhos dos sacerdotes cobertos de sacos, ao profeta Isaías, filho de Amós. 3 Os quais lhe disseram: Eis aqui o que diz Ezequias: Este dia é um dia de tribulação, e de increpação, e de blasfêmia: os filhos chegaram ao ponto de nascer, porém a que está com as dores, não tem forças. 4 O Senhor teu Deus talvez terá ouvido as palavras de Rabsaces, a quem enviou o rei dos assírios seu amo, para blasfemar o Deus vivo, e para o insultar com palavras, que o Senhor teu Deus ouviu: faze pois oração ao Senhor por este resto que ainda se acha.

5 Foram pois os servos do rei Ezequias ter com Isaías. 6 E Isaías lhes respondeu: Direis a vosso amo o seguinte: Não temas essas palavras, que ouviste, nas quais os servos do rei dos assírios me blasfemaram. 7 Eu estou para lhe enviar um espírito, e ele ouvirá uma nova, e voltará para a sua terra, e eu o farei perecer à espada na sua terra.

8 Voltou pois Rabsaces, e achou o rei dos
assírios sitiando a Lobna: porque tinha sabido
que o rei se havia retirado de Láquis.
9 E como Senaquerib tivesse ouvido aos que
diziam de Taraca, rei da Etiópia: Olha que ele
saiu para pelejar contra ti. E indo contra ele,
enviou mensageiros a Ezequias, dizendo:
10 Direis a Ezequias, rei de Judá: Vê não te
seduza o teu Deus, no qual tens confiança: nem
digas: Jerusalém não será entregue nas mãos
do rei dos assírios. 11 Porque tu mesmo tens
ouvido o que os reis dos assírios fizeram a
todas as terras, e como se arruinaram: acaso
pois tu só te poderás salvar? 12 Porventura
os deuses das gentes livraram os povos, que
meus pais devastaram, a saber, a Gozan, e a
Haram, e a Resefe, e aos filhos de Eden, que
estavam em Telassar? 13 Que é feito do rei
de Emat e do rei de Arfad, e do rei da cidade
de Sefarvaim, de Ana e de Ava?

Oração de Ezequias

14 Ezequias pois tendo recebido a carta da
mão dos mensageiros, e lendo-a foi para a casa
do Senhor, e estendeu a carta diante do Senhor,
15 e fez a sua oração diante dele, dizendo:
Senhor Deus de Israel, que estás assentado
sobre os querubins, tu és só o que és o Deus
de todos os reis da terra: tu fizeste o céu e a
terra. 16 Inclina a tua orelha, e ouve: abre,
Senhor, os teus olhos, e vê: ouve todas as
palavras de Senaquerib, que mandou se blas-
femasse diante de nós o Deus vivente. 17 E
na verdade, Senhor, os reis dos assírios des-
truíram as nações e as terras de todos. 18 E
lançaram os seus deuses no fogo: porque eles
não eram deuses, mas obras das mãos dos
homens, de pau e de pedra, e deram cabo deles.
19 Salva-nos pois agora, Senhor nosso Deus,
das suas mãos, para que todos os reinos da
terra saibam que só tu és o Senhor Deus.

Mensagem de Isaías

20 Mandou pois dizer Isaías, filho de Amós,
a Ezequias: Eis aqui o que diz o Senhor Deus
de Israel: Eu ouvi a oração que tu me fizeste
tocante a Senaquerib, rei dos assírios. 21 Eis
aqui o que o Senhor disse dele:
A virgem filha de Sião te desprezou, e te
escarneceu: Jerusalém sacudiu a sua cabeça
por trás de ti.
22 A quem insultaste, e de quem blasfemas-
te? Contra quem levantaste a tua voz, e ergues-
te ao alto os teus olhos? Contra o Santo de
Israel.
23 Tu blasfemaste o Senhor por meio dos
teus servos, e disseste: Com a multidão das
minhas carroças, subi ao alto dos montes no
cume do Líbano, e deitei abaixo os seus altos
cedros, e as suas mais formosas, e as suas
mais notáveis faias.
E penetrei até os seus limites e até o bosque
do seu Carmelo, 24 eu o cortei. E bebi as
águas estrangeiras e sequei com as plantas de
meus pés todas as águas que estavam fechadas.
25 Tu logo não ouviste dizer o que eu fiz
desde o princípio? Desde os dias antigos eu
formei este projeto, e agora o executei: e as
fortes cidades serviram de ruína dos outeiros
que pelejam.
26 E os que nelas habitam, abatidas as for-
ças, se atemorizaram, e ficaram confundidos,
tornaram-se como o feno dos campos, e como
a erva verde dos telhados, que se secou antes
de amadurecer.
27 Eu previ a tua habitação, e a tua saída,
e a tua entrada, e o teu caminho, e o teu furor
contra mim.
28 Tu te fizeste louco contra mim, e a tua
soberba subiu até às minhas orelhas. Eu te
porei pois um círculo nos teus narizes, e uma
mordaça nos teus beiços, e te farei voltar pelo
caminho por onde vieste.
29 Tu porém, ó Ezequias, terás este sinal:
Come neste ano o que achares: no seguinte
ano, o que nascer por si mesmo: mas no ter-
ceiro, semeai e recolhei: plantai vinhas, e
comei os frutos delas. 30 E tudo o que ficar
da casa de Judá, lançará raízes para baixo, e
produzirá o seu fruto para cima. 31 Porque de
Jerusalém sairão as relíquias, e do monte de
Sião o que será salvo: o zelo do Senhor dos
exercícios fará isto.
32 Portanto eis aqui o que do rei dos assírios
diz o Senhor:
Ele não entrará nesta cidade, nem despedirá
setas contra ela, nem será investida pela força
dos escudos, nem será cercada de trincheiras.
33 Ele voltará pelo caminho, por onde veio:
e não entrará nesta cidade, diz o Senhor.
34 E eu protegerei esta cidade, e a salvarei
por amor de mim, e por amor de meu servo
Davi.

Jerusalém libertada

35 Aconteceu pois que naquela noite veio o
anjo do Senhor, e matou no campo dos assírios
cento e oitenta e cinco mil homens. E Sena-
querib tendo-se levantado ao amanhecer, viu
todos estes corpos dos mortos: e retirando-se,
foi-se, 36 e retirou-se Senaquerib, rei dos assí-
rios, e ficou em Nínive.
37 E quando ele adorava no templo a Nesroc
seu deus, Adramelec e Sarasar, seus filhos, o
mataram às estocadas, e fugiram para a terra
dos armênios, e em lugar dele reinou seu filho
Asaradon.

Doença de Ezequias

20 Neste tempo adoeceu Ezequias de morte:
e o profeta Isaías, filho de Amós, veio
ter com ele, e lhe disse: Eis aqui o que diz o
Senhor Deus: Ordena a tua casa: porque tu
morrerás, e não viverás. 2 Ele virou o rosto
para a parede, e fez oração ao Senhor, dizendo:
3 Peço-te, Senhor, lembra-te, te suplico, de que
modo eu andei diante de ti em verdade, e com
um coração perfeito, e que fiz o que era do
teu agrado. Depois derramou Ezequias grande
cópia de lágrimas.

4 E antes que Isaías tivesse passado metade
do átrio, o Senhor lhe falou, dizendo: 5 Volta,
e dize a Ezequias condutor do meu povo: Eis
aqui o que diz o Senhor Deus de Davi teu pai:
Eu ouvi a tua oração, e vi as tuas lágrimas: e
olha que eu te dei saúde, daqui a três dias
irás ao Templo do Senhor. 6 E acrescentarei
quinze anos aos dias da tua vida: além disto
eu te livrarei a ti, e a esta cidade da mão do
rei dos assírios, e protegerei esta cidade, por
amor de mim, e por amor de Davi meu servo.

Cura de Ezequias

7 E disse Isaías: Trazei-me cá uma massa
de figos. Como lha trouxessem, e a pusessem
sobre a úlcera do rei, ficou curado. 8 Mas
Ezequias tinha dito a Isaías: Qual será o sinal,
de que o Senhor me sarará, e que dentro em
três dias irei ao Templo do Senhor? 9 Isaías
lhe respondeu: Este será o sinal da parte do
Senhor, de que o Senhor há de cumprir a pa-
lavra que disse: queres que a sombra se adian-
te dez linhas, ou que ela retroceda outros tan-
tos graus? 10 E Ezequias disse: É fácil que a
sombra se adiante dez linhas. Não quero que
isto se faça, senão que volte atrás dez graus.
11 Invocou pois o profeta Isaías o Senhor, e
fez que a sombra voltasse pelas linhas, pelas
quais já tinha passado no relógio de Acaz dez
graus atrás.

Embaixada do rei da Babilônia

12 Naquele tempo Berodac Baladan, filho
de Baladan, rei dos babilônios, enviou uma
carta e presentes a Ezequias: porque tinha
sabido que Ezequias havia estado doente. 13 E
Ezequias se alegrou com a sua vinda, e lhe
mostrou a casa dos aromas, e o ouro e a prata,
e vários bálsamos, e os ungüentos e a estância
de seus vasos, e tudo o que podia ter em seus
tesouros. Não houve nada no seu palácio, nem
coisa que fosse sua, que Ezequias lhe não
mostrasse.

14 Veio pois o profeta Isaías buscar o rei
Ezequias, e lhe disse: Que te disseram estes
homens? Ou de onde vieram eles para te falar?
Ezequias lhe respondeu: Vieram ver-me de
um país mui remoto, de Babilônia. 15 E ele
respondeu: Que viram eles em tua casa? Res-
pondeu Ezequias: Viram tudo quanto há no
meu palácio: não há nada nos meus tesouros
que eu lhes não mostrasse.

16 Então disse Isaías e Ezequias: Ouve a
palavra do Senhor. 17 Eis virão dias em que
será transportado para Babilônia tudo o que
há em tua casa, e tudo o que teus pais ajunta-
ram até este dia. Não ficará coisa alguma, diz
o Senhor. 18 E até teus mesmos filhos, que
saíram de ti, e que tu terás gerado, serão leva-
dos, e serão eunucos no palácio do rei de Ba-
bilônia. 19 Ezequias respondeu a Isaías: É
justa a palavra do Senhor que tu me anuncias.
Haja paz e verdade em meus dias.

20 O resto das ações de Ezequias, o seu
grande valor, e de que modo fez a piscina, e o
aqueduto, e como metesse água dentro da ci-
dade, tudo isto está escrito no Livro dos Anais
dos reis de Judá. 21 Adormeceu pois Ezequias
com seus pais, e em seu lugar reinou seu filho
Manassés.

Manassés, rei de Judá

21 Manassés tinha doze anos, quando co-
meçou a reinar, e reinou cinqüenta e
cinco anos em Jerusalém. Sua mãe chamava-se
Hafsiba. 2 E ele obrou o mal diante do Senhor,
seguindo os ídolos das gentes, que o Senhor
tinha expulsado na entrada dos filhos de Israel.
3 E perverteu-se, e reedificou os altos, que seu
pai Ezequias tinha destruído: e levantou os
altares de Baal, e plantou bosques como tinha
feito Acab, rei de Israel, e adorou todos os
astros do céu e lhes rendeu culto. 4 E cons-
tituiu altares na casa do Senhor, da qual o
Senhor tinha dito: Eu estabelecerei o meu
nome em Jerusalém. 5 E dedicou altares a
todos os astros do céu nos dois átrios do Tem-
plo do Senhor. 6 E fez passar seu filho pelo
fogo: e amou adivinhações, e observou agou-
ros, e instituiu pitões, e multiplicou os arúspi-
ces, de sorte que cometeu o mal aos olhos do
Senhor, e o irritou. 7 Pôs também o ídolo do
bosque, que tinha plantado no Templo do
Senhor, do qual o Senhor tinha dito a Davi, e
a Salomão seu filho: Neste templo e em Jeru-
salém, que escolhi dentre todas as tribos de
Israel, estabelecerei o meu nome para sempre.
8 E eu mais não permitirei que Israel ponha
o pé fora da terra, que eu dei a seus pais:
contanto que eles guardem tudo o que eu lhes
mandei, e toda a lei, que meu servo Moisés
lhes deu. 9 Eles porém não ouviram: mas fo-
ram seduzidos por Manassés para fazerem ain-

da pior do que tinham feito as gentes, que o Senhor desfez na entrada dos filhos de Israel.

10 Falou pois o Senhor pelos profetas seus servos dizendo: 11 Porque Manassés, rei de Judá, cometeu estas abominações ainda mais detestáveis, do que tudo quanto os amorreus tinham feito antes dele, e fez pecar também a Judá com as suas infâmias: 12 portanto diz o Senhor Deus de Israel: Eis aí farei eu vir tais pragas sobre Jerusalém e Judá, que todo o que as ouvir, ficar-lhe-ão retinindo ambas as orelhas. 13 E estenderei sobre Jerusalém o cordão de Samaria, e o peso da casa de Acab: e eu apagarei a Jerusalém como se apaga o que está escrito numa tábua: e riscando a varrerei, e repassarei muitas vezes o ponteiro por cima da sua superfície. 14 E abandonarei os restos da minha herança, e os entregarei nas mãos de seus inimigos: e servirão para serem assolados e roubados por todos os seus adversários: 15 porque eles cometeram o mal diante de mim, e continuaram em me irritar, desde o dia em que seus pais sairam do Egito, até hoje.

16 Além disso derramou também Manassés arroios de sangue inocente, enchendo Jerusalém até à boca: fora os seus pecados, com que tinha feito pecar a Judá, para fazer o mal diante do Senhor.

17 O resto das ações de Manassés, e tudo o que ele fez, e o pecado que ele cometeu, tudo isto está escrito no Livro dos Anais dos reis de Judá.

18 E adormeceu Manassés com seus pais, e foi sepultado no jardim de Oza: e em seu lugar reinou seu filho Amon.

Amon, rei de Judá

19 Tinha Amon vinte e dois anos quando começou a reinar: e reinou dois anos em Jerusalém. Sua mãe chamava-se Messalemet filha de Haro de Jeteba. 20 E ele fez o mal diante do Senhor, como havia feito Manassés seu pai. 21 E andou por todos os caminhos, por onde tinha andado seu pai: e serviu as abominações, a que tinha servido seu pai, e as adorou, 22 e abandonou o Senhor Deus de seus pais, e não andou no caminho do Senhor. 23 E seus servos lhe armaram traições, e mataram o rei em sua casa. 24 Mas o povo da terra matou todos aqueles que tinham conspirado contra o rei Amon: e constituiram o Josias seu filho para reinar em seu lugar.

25 O resto das ações de Afon está escrito no Livro dos Anais dos reis de Judá. 26 O enterraram no seu jazigo, no jardim de Oza: e em seu lugar reinou seu filho Josias.

Josias, rei de Judá

22 Josias tinha oito anos quando começou a reinar, e reinou trinta e um anos em Jerusalém. Sua mãe chamava-se Idida, filha de Hadaia de Besecat. 2 E ele fez o que era do agrado do Senhor, e andou em todos os caminhos de Davi seu pai: não declinou nem para a direita nem para a esquerda.

3 No ano décimo oitavo do rei Josias, enviou o rei a Safan filho de Aslia, filho de Messulão, secretário do Templo do Senhor, dizendo-lhe: 4 Vai ter com o pontífice Helcias, para se ajuntar o dinheiro, que se tem metido no Templo do Senhor, o qual os porteiros do Templo têm recebido do povo, 5 e dê aos oficiais pelos aparelhadores da casa do Senhor: os quais também o distribuam pelos que trabalham no Templo do Senhor, para fazerem os reparos do Templo: 6 isto é, pelos carpinteiros e pedreiros, e pelos que consertam os muros que tem abertas: e para que também se comprem madeiras, e pedras das pedreiras para se reparar o Templo do Senhor. 7 Todavia não se lhes dê por conta o dinheiro que recebem, mas o tenham em seu poder, e sua boa fé.

Acha-se um livro da Lei

8 E disse o pontífice Helcias ao secretário Safan: Eu achei um livro da Lei na casa do Senhor: e Helcias deu este livro a Safan, que também o leu. 9 Veio também o secretário Safan ao rei, e lhe deu conta do que lhe tinha mandado, e disse: Os teus servos ajuntaram o dinheiro que se achou na casa do Senhor: e o deram para os aparelhadores das obras do Templo do Senhor distribuirem pelos oficiais. 10 Contou mais o secretário Safan ao rei, dizendo: O pontífice Helcias me deu um livro. E como Safan o lesse diante do rei, 11 e o rei tivesse ouvido as palavras do livro da Lei do Senhor, rasgou os seus vestidos. 12 E ordenou ao pontífice Helcias, e a Aicão, filho de Safan, e a Acobor, filho de Mica, e a Safan, secretário, e a Asaias, oficial do rei, dizendo: 13 Ide, consultai o Senhor acerca de mim, e do povo, e de todo o Judá, sobre as palavras deste livro, que se achou: porque a ira do Senhor se acendeu grandemente contra nós: porque nossos pais não ouviram as palavras deste livro, deixando de fazer tudo o que nos fora prescrito.

Consultam a profetisa Holda

14 Portanto o pontífice Helcias, e Aicão e Acobor, e Safan, e Asaias foram ter com a profetisa Holda, mulher de Selum filho de

Tecuas, filho de Araáz, guarda-roupa, a qual habitava em Jerusalém na Segunda. E falaram-lhe. 15 E ela lhes respondeu: Eis aqui o que diz o Senhor Deus de Israel: Dizei ao homem que vos mandou a mim: 16 Eis aqui o que diz o Senhor: Eis aí estou eu para fazer cair males sobre este lugar, e sobre os seus habitantes, conforme todas as palavras da lei que o rei de Judá leu: 17 porque eles me deixaram, e ofereceram sacrifícios a deuses estrangeiros, irritando-me em todas as obras de suas mãos: e a minha indignação se acenderá contra este lugar, e não se extinguirá. 18 Ao rei porém de Judá, que vos enviou a consultar o Senhor, assim direis: Eis aqui o que diz o Senhor Deus de Israel: Porque tu ouviste as palavras do livro, 19 e o teu coração se atemorizou, e tu te humilhaste diante do Senhor, depois de ouvidas as palavras contra este lugar, e os seus habitantes, porque sem dúvida eles viriam a ser objeto do espanto, e da execração: e porque tu rasgaste os teus vestidos, e choraste diante de mim, eu também te ouvi, diz o Senhor: 20 por isso eu te farei descansar com teus pais, e serás sepultado em paz no teu sepulcro, para que os teus olhos não vejam todos os males que eu hei de fazer cair sobre este lugar.

Reforma religiosa de Josias

23 Eles pois referiram ao rei o que a profetisa dissera. O qual mandou ajuntar em sua presença todos os anciãos de Judá e de Jerusalém. 2 E o rei foi ao Templo do Senhor, e todos os varões de Judá, e todos que habitavam em Jerusalém com ele, sacerdotes e profetas, e todo o povo desde o mais pequeno até o maior: e leu, ouvindo todos eles, todas as palavras do livro do concerto, que fora achado na casa do Senhor. 3 E o rei se pôs em pé sobre um degrau: e fez concerto com o Senhor, que andariam pelo caminho do Senhor, e observariam os seus preceitos, e ordenações, e cerimônias de todo o seu coração, e com toda a sua alma, e cumpririam as palavras deste concerto, que estavam escritas naquele livro: e o povo esteve pelo pacto.

4 E mandou o rei ao pontífice Helcias, e aos sacerdotes da segunda ordem, e aos porteiros, que lançassem fora do Templo do Senhor todos os vasos, que tinham sido feitos para Baal, e no bosque, e para toda a milícia do céu: e ele os queimou fora de Jerusalém no Vale de Cedron, e fez levar as suas cinzas para Betel. 5 Aboliu também os agoureiros, que tinham sido constituídos pelos reis de Judá para sacrificarem nos altos nas cidades de Judá, e em torno de Jerusalém: e os que ofereciam incenso a Baal, e ao sol, e à lua, e aos doze signos, e a toda a milícia do céu. 6 E mandou que se levasse o bosque da casa do Senhor para fora de Jerusalém ao Vale de Cedron, e o queimou aí, e o reduziu a cinzas, e as fez lançar sobre os sepulcros do povo. 7 Derrubou mais as casinhas dos efeminados, que havia na casa do Senhor, para as quais as mulheres teciam uns como pavilhões do bosque. 8 E ajuntou todos os sacerdotes das cidades de Judá: e profanou os altos, onde os sacerdotes sacrificavam desde Gabaa até Bersabée: e destruiu os altares das portas à entrada da casa de Josué príncipe da cidade, que ficava à esquerda da porta da cidade. 9 Mas os sacerdotes dos altos não subiam ao altar do Senhor em Jerusalém: mas comiam somente do pão asmo no meio de seus irmãos. 10 Contaminou também o lugar de Tofet, que é no Vale do filho de Enom: para que ninguém sacrificasse seu filho ou filha pelo fogo a Moloc. 11 Tirou também os cavalos, que os reis de Judá tinham dado ao sol, à entrada do Templo do Senhor perto da pousada do eunuco Natamelec, que era em Farurim: e queimou as carroças do sol. 12 Destruiu também o rei os altares, que estavam sobre a cúpula da câmara de Acaz, os quais os reis de Judá tinham feito, e os altares que Manassés tinha construído nos dois átrios do Templo do Senhor: e correu daí, e lançou as cinzas deles no ribeiro de Cedron. 13 Contaminou também o rei os altos, que havia em Jerusalém à parte direita do monte do Escândalo, os quais Salomão, rei de Israel, tinha edificado a Astarot ídolo dos sidônios, e a Camos tropeço de Moab, e a Melcom abominação dos filhos de Amon. 14 E fez em migalhas as estátuas, e cortou os bosques: e encheu estes lugares de ossadas de mortos. 15 E até também o altar, que estava em Betel, e o alto que tinha edificado Jeroboão, filho de Nabat, que tinha feito pecar a Israel: e destruiu aquele altar, e o alto, e queimou-os, e reduziu-os a cinzas, e incendiou também o bosque.

16 E tornando Josias, viu neste lugar os sepulcros, que havia pelo monte: e mandou tirar os ossos dos sepulcros, e os queimou sobre o altar, e o profanou segundo a palavra do Senhor, que pronunciou o homem de Deus, que tinha predito estas coisas. 17 E disse: Que monumento é este, que eu vejo? E os cidadãos daquela cidade lhe responderam: É o sepulcro do homem de Deus, que veio de Judá, e que predisse estas coisas, que tu fizeste sobre o altar de Betel. 18 E disse: Deixai-o, ninguém toque nos seus ossos. E os seus ossos ficaram intactos com os ossos do profeta, que tinha vindo de Samaria. 19 Até destruiu tam-

bém Josias todos os templos dos altos que
havia nas cidades de Samaria, que os reis
de Israel tinham edificado para irritarem o
Senhor: e lhes fez tudo, assim como o havia
feito em Betel. 20 E matou todos os sacerdotes
dos altos, que neles curavam dos altares: e
queimou sobre estes altares ossos humanos.

Celebração da Páscoa

E recolheu-se a Jerusalém. 21 E ordenou a
todo o povo, dizendo: Celebrai a páscoa em
honra do Senhor vosso Deus, do modo que
está escrito no livro deste concerto. 22 Porque
não se celebrou páscoa tal desde o tempo dos
juízes, que julgaram Israel, e em todo o tem-
po dos reis de Israel, e dos reis de Judá,
23 como se fez esta páscoa em honra do Senhor
em Jerusalém, no ano décimo oitavo do rei
Josias.
24 E aboliu também Josias os pitões, e os
adivinhos, e as figuras dos ídolos, e as abo-
minações, que tinha havido no país de Judá,
e de Jerusalém: para cumprir com as palavras
da lei, que estavam escritas no livro que o
pontífice Helcias achou no Templo do Senhor.
25 Não houve rei antes de Josias que lhe
fosse semelhante, que se convertesse ao Senhor
de todo o coração, e de toda a sua alma, e de
toda a sua força, conforme em tudo à lei de
Moisés: nem depois dele houve outro seme-
lhante a ele. 26 Contudo o Senhor não desistiu
do seu extremo furor, com que se tinha acen-
dido a sua indignação contra Judá: por causa
dos crimes, com que Manassés o tinha irrita-
do. 27 Por isso disse o Senhor: Eu arrojarei
também a Judá de diante da minha face, como
arrojei a Israel: e eu abandonarei a esta cida-
de de Jerusalém, que eu escolhi, e a casa da
qual eu disse: O meu nome estará ali.
28 O resto das ações de Josias, e tudo o que
ele fez, está escrito no Livro dos Anais dos
reis de Judá.
29 No seu tempo Faraó Necau, rei do Egito,
marchou contra o rei dos assírios para a banda
de Eufrates: e o rei Josias lhe foi sair ao en-
contro: e tanto que o viu, foi morto em Ma-
gedo. 30 E seus servos o levaram morto de
Magedo: e o transportaram a Jerusalém, e o
sepultaram no seu jazigo. E o povo da terra
pegou em Joacaz, filho de Josias: e o ungiram,
e o constituíram rei em lugar de seu pai.

Joacaz, rei de Judá

31 Tinha Joacaz vinte e três anos quando
começou a reinar, e reinou trê meses em Jeru-
salém. Sua mãe chamava-se Amital, filha de
Jeremias, de Lobna. 32 E ele fez o mal diante
do Senhor, conforme em tudo o que haviam
feito seus pais.
33 E Faraó Necau o prendeu em Rebla, que é
no país de Emat, para que ele não reinasse
em Jerusalém: e multou a terra, em cem talen-
tos de prata, e num talento de ouro. 34 E Fa-
raó Necau constituiu rei a Eliacim, filho de
Josias, para reinar em lugar de Josias seu pai,
e lhe mudou o nome em Joaquim: e levou a
Joacaz, e o conduziu ao Egito, e ali morreu.
35 E Joaquim deu a Faraó a prata, e ouro, do
imposto que havia estabelecido por cabeção
sobre a terra, para se pagar a contribuição
conforme a ordem de Faraó: e exigiu de cada
um do povo da terra à proporção dos seus
teres, tanto prata como ouro para dar a Faraó
Necau.

Joaquim, rei de Judá

36 Tinha Joaquim vinte e cinco anos, quando
começou a reinar: e reinou onze anos em Jeru-
salém. Sua mãe chamava-se Zébida filha de
Fadaia, de Ruma. 37 E ele fez o mal diante do
Senhor, conforme em tudo o que fizeram seus
pais.

24 Em seu tempo marchou Nabucodonosor
rei de Babilônia, e Joaquim ficou sendo
seu servo três anos: e ao depois se rebelou
contra ele. 2 E o Senhor mandou contra ele
salteadores da Caldéia, e salteadores da Síria,
e salteadores de Moab, e salteadores dos filhos
de Amon: e os fez vir contra Judá, para o
extinguirem segundo a palavra do Senhor que
tinha dito pelos profetas seus servos.
3 E aconteceu isto em virtude da palavra do
Senhor contra Judá, para o tirar da sua pre-
sença, por causa de todos os crimes que Ma-
nassés tinha cometido, 4 e por causa do sangue
inocente que ele derramou, tendo enchido a
Jerusalém de sangue de inocentes: e por isso
o Senhor não quis mostrar-se propício.
5 O resto das ações de Joaquim, e tudo o
que ele fez, está escrito no Livro dos Anais
dos Reis de Judá. E Joaquim adormeceu com
seus pais: 6 e em seu lugar reinou seu filho
Joaquim.
7 E o rei do Egito daquele tempo em diante
não saiu mais do seu reino: porque o rei de
Babilônia tinha levado tudo o que tinha sido
do rei do Egito, desde o regato do Egito até
ao rio Eufrates.

Joaquim, filho de Joaquim, rei de Judá

8 Tinha Joaquim dezoito anos quando come-
çou a reinar, e reinou três meses em Jerusa-
lém. Sua mãe chamava-se Noesta, filha de Elna-
tan, de Jerusalém. 9 E ele fez o mal diante do

Senhor, conforme em tudo o que seu pai tinha
feito.

Assédio de Jerusalém

10 Naquele tempo vieram os oficiais de Na-
bucodonosor, rei de Babilônia, contra Jerusa-
lém, e a cidade foi bloqueada com entricheira-
mentos. 11 E veio Nabucodonosor, rei de Ba-
bilônia, com as suas gentes contra a cidade,
para a combater. 12 E Joaquim, rei de Judá,
saiu à presença do rei de Babilônia, ele e sua
mãe, e seus servos, e seus príncipes, e seus
eunucos: e o rei de Babilônia o recebeu no
oitavo ano do seu reinado. 13 E levou dali
todos os tesouros da casa do Senhor, e os te-
souros da casa do rei, e despedaçou todos os
vasos de ouro, que Salomão, rei de Israel, tinha
feito no Templo do Senhor, conforme a pala-
vra do Senhor. 14 E transferiu toda a Jerusa-
lém, todos os príncipes, e todos os valentes do
exército, dez mil cativos, e todos os artífices
e lapidários: e não ficou nada à exceção dos
pobres dentre o povo da terra. 15 Transferiu
também para Babilônia a Joaquim, e a mãe
do rei, e as mulheres do rei e os seus eunucos:
e levou cativos de Jerusalém a Babilônia todos
os juízes da terra. 16 E a todos os homens
robustos em número de sete mil, e os artífices,
e lapidários em número de mil, todos os ho-
mens fortes e guerreiros, e o rei de Babilônia
os levou cativos para Babilônia. 17 E consti-
tuiu rei em seu lugar a Matanias seu tio pa-
terno: e lhe pôs o nome de Sedecias.

Sedecias, rei de Judá

18 Tinha Sedecias vinte e um anos, quando
começou a reinar, e reinou onze anos em Jeru-
salém. Sua mãe chamava-se Amital, filha de
Jeremias, de Lobna. 19 E ele fez o mal diante
do Senhor, conforme em tudo o que fizera Joa-
quim. 20 Porque a ira do Senhor crescia contra
Jerusalém e contra Judá, até os lançar da
sua presença: e Sedecias se rebelou contra o
rei de Babilônia.

Tomada e destruição de Jerusalém

25 Aconteceu pois que no ano nono do seu
reinado, no décimo dia do décimo mês,
veio Nabucodonosor rei de Babilônia, ele e to-
do o seu exército contra Jerusalém, e lhe pôs
cerco; e levantaram trincheiras ao redor dela.
2 E a cidade ficou fechada e circunvalada até
o undécimo ano do rei Sedecias, 3 no dia nove
do mês: e a cidade se viu apertada da fome,
nem havia pão para o povo da terra. 4 E abriu-
se brecha na cidade: e todos os homens de
guerra fugiram de noite pelo caminho da por-
ta, que está entre os dois muros perto do
jardim do rei (enquanto os caldeus apertavam
o cerco da cidade), fugiu pois Sedecias pela
estrada, que vai para as campinas do deserto.
5 E o exército dos caldeus foi em seguimento
do rei, e o alcançou na planície de Jericó e
todos os guerreiros que estavam com ele, fo-
ram desmantelados, e o desampararam. 6 Ten-
do pois apanhado às mãos o rei, o levaram
a Reblata ao rei de Babilônia: o qual lhe pro-
nunciou a sua sentença. 7 E matou os filhos
de Sedecias à vista dele, e vazou-lhe os olhos,
e o prendeu com cadeias, e o levou para
Babilônia.

8 No dia sétimo do quinto mês, que é o
décimo nono ano do rei de Babilônia, veio
a Jerusalém Nabuzardan, general do exército,
e servo do rei de Babilônia. 9 E queimou a
casa do Senhor, e a casa do rei: e as casas
de Jerusalém, e entregou às chamas todos os
edifícios. 10 E todo o exército dos caldeus,
que estava com o general da tropa, deitou
abaixo em roda os muros de Jerusalém. 11 Na-
buzardan, general do exército, transportou to-
do o resto do povo, que tinha ficado na cidade
e os desertores, que se tinham passado ao rei
de Babilônia, e o resto da plebe. 12 E dos
pobres da terra deixou para cultivarem as
vinhas e os campos. 13 E os caldeus despe-
daçaram as colunas de bronze, que estavam
no Templo do Senhor, e as bases, e o mar de
bronze, que estava na casa do Senhor, e trans-
portaram para a Babilônia todo o bronze.
14 Levaram também as panelas de bronze, e
as jarras, e os garfos, e as taças, e os grais,
e todos os vasos de bronze que se usavam
no ministério. 15 E assim mesmo os turíbilos,
e os copos: o que era de ouro à parte: e o
que era de prata, à parte levou o general do
exército, 16 a saber: duas colunas, um mar,
e as bases que Salomão tinha feito no Tem-
plo do Senhor: era infinito o peso de todos
os vasos de bronze. 17 Cada coluna tinha de-
zoito côvados de altura: e sobre si um capitel
de bronze, de três côvados de alto: e uma
rede, e romãs sobre o capitel da coluna, tudo
de bronze: e a segunda coluna tinha os mes-
mos ornatos.

18 Levou também o general do exército a
Saraias primeiro sacerdote, e a Sofonias, se-
gundo sacerdote, e a três porteiros, 19 e um
eunuco da cidade, que comandava a gente de
guerra: e a cinco homens dos que assistiam
ao rei, os quais achou na cidade: e a Sofer
inspetor do exército, que exercitavam os sol-
dados bisonhos do povo da terra: e a sessenta
homens do povo, que se acharam na cidade.
20 E tomando-os Nabuzardan, general do exér-
cito, os levou ao rei de Babilônia a Reblata.

21 E o rei de Babilônia os feriu, e os matou
em Reblata na terra de Emat.

Governo e morte de Godolias

E Judá foi transladado fora do seu país.
22 E do povo que tinha ficado na terra de
Judá, que Nabucodonosor, rei de Babilônia,
tinha deixado, entregou o comando a Godo-
lias, filho de Aicão, filho de Safan.
23 O que tendo sabido todos os oficiais do
exército, eles, e as gentes que estavam com
eles, a saber, que o rei de Babilônia havia
nomeado governador a Godolias: vieram ter
com o Godolias em Masfa, Ismael filho de
Natanias, e Joanan, filho de Carée, e Saraia
filho de Taneumet Netofatites, e Jezonias, fi-
lha de Maacati, eles e os seus companheiros.
24 E Godolias lhes jurou a eles e aos seus
companheiros, dizendo: Não se vos dê de ser-
vir os caldeus: ficai no país, e servi ao rei de
Babilônia, e bem vos sucederá.
25 E a cabo de sete meses aconteceu que
veio Ismael, filho de Natanias, filho de Elisa-
ma de sangue real, e dez homens em sua com-
panhia: e feriram a Godolias, que morreu: e
também aos judeus, e caldeus, que estavam
com ele em Masfa, 26 E levantando-se todo o
povo desde o pequeno até o maior, e os ofi-
ciais do exército temendo os caldeus fugiram
para o Egito.

Libertação de Joaquim

27 E aconteceu no ano trigésimo sétimo da
transmigração de Joaquim, rei de Judá, no dia
vinte e sete do duodécimo mês: que Evilme-
rodac, rei de Babilônia, no ano em que come-
çou a reinar, aliviou a pessoa de Joaquim,
rei de Judá, tirando-o do cárcere. 28 E lhe
falou benignamente: e pôs o seu trono acima
do trono dos reis, que estavam com ele em
Babilônia. 29 E lhe mudou os vestidos de que
tinha usado no cárcere, e comia o pão sempre
à sua vista, todos os dias da sua vida. 30
Assinou-lhe também alimentos perpétuos, que
diariamente lhe dava o rei em todos os dias
da sua vida.

PRIMEIRO LIVRO DAS
CRÔNICAS
(OU DOS PARALIPÔMENOS)

I. REGISTROS GENEALÓGICOS

Os patriarcas

1 Adão, Set, Enos. 2 Cainan, Malaleel, Jared, 3 Enoc, Matusalém, Lamec, 4 Noé, Sem, Cam, e Jafet.

5 Filhos de Jafet: Gomer, e Magog, e Madai, e Javan, Tubal, Mosoc, Tiras. 6 E filhos de Gomer: Ascenez, e Rifat, e Togorma. 7 E filhos de Javan: Elisa e Tarsis, Cetim e Dodanim.

8 Filhos de Cam: Cus, e Mesraim, e Fut, e Canaã. 9 E filhos de Cus: Saba e Hevila, Sabata, e Regma, e Sabataca. E filhos de Regma: Saba, e Dadan. 10 Porém Cus gerou a Nemrod: este começou a ser poderoso na terra.

11 E Mesraim gerou a Ludim, e a Anamim, e a Laabim, e a Neftuim, 12 e a Fetrusim, e a Casluim: dos quais procederam os filisteus, e os caftorins. 13 E Canaã gerou a Sidon seu primogênito, e o heteu também, 14 e o jebuseu, e o amorreu, e o gergeseu, 15 e o heveu, e o araceu, e o sineu. 16 Também o aradio, e o samareu, e o hamateu.

17 Filhos de Sem: Elão, e Assur, e Arfaxad, e Lud, e Arão, e Hus, e Hul, e Geter, e Mosoc. 18 Arfaxad porém gerou a Sale, que também foi pai de Heber. 19 Heber porém teve dois filhos, um dos quais foi chamado Faleg, porque em seu tempo se dividiu a terra: e o nome de seu irmão foi Jectan. 20 Jectan porém gerou a Elmodad, e a Salef, e a Asarmot, e a Jare, 21 e a Adorão, e a Huzal, e a Decla, 22 assim também a Rebal, e a Abimael, e a Saba, e também 23 a Ofir, e a Hevila, e a Jobab. Todos estes eram filhos de Jectan.

Genealogia de Sem até Abraão

24 Sem, Arfaxad, Sale, 25 Heber, Faleg, Ragau, 26 Serug, Nacor, Taré, 27 Abrão, este é Abraão.

28 E filhos de Abraão Isaac e Ismael. 29 E estas são as suas gerações. Nabaiot, primogênito de Ismael, e Cedar, e Adbeel, e Mabsão, 30 e Masma, e Duma, Massa, Hadad, e Tema, 31 Jetur, Nafis, Cedma: estes são os filhos de Ismael.

32 Mas os filhos que Abraão teve de Cetura sua concubina, foram: Zamran, Jecsan, Madan, Madian, Jesboc, e Sue. E filhos de Jacsan: Saba, e Dadan. E filhos de Dadan: Assurim, e Latussim, e Laomim. 33 E filhos de Madian: Efa, Efer, e Enoc, e Abida, e Eldaa. Todos estes eram filhos de Cetura.

34 E Abraão gerou a Isaac, que teve por filhos Esaú, e a Israel.

Descendentes de Esaú. Edomitas

35 Filhos de Esaú: Elifaz, Rauel, Jeus, Ielom, e Coré. 36 Filhos de Elifaz: Teman, Omar, Sefi, Gatan, Cenez, Tamna, Amalec. 37 Filhos de Rauel: Naat, Zara, Sama, Meza. 38 Filhos de Seir: Lotan, Sobal, Sebeon, Ana, Dison, Eser, Disan. 39 Filhos de Lotan: Hori, e Homão, Irmã porém de Lotan foi Tamna. 40 Filhos de Sobal: Alian, e Manaat, e Ebal, Sefi, e Onão. Filhos de Sebeon: Aia e Ana. Filhos de Ana, Dison. 41 Filhos de Dison: Hamrão, e Eseban, e Jetran e Caran. 42 Filhos de Eser: Balaan, e Zavan, e Jacan. Filhos de Disan: Hus e Aran.

43 Os reis, que reinaram na terra de Edom, antes que houvesse rei sobre os filhos de Israel, são estes: Bale filho de Beor: a sua cidade se chamava Denaba. 44 E morreu Bale, e reinou em seu lugar Jobab filho de Zaré de Bosra. 45 E depois da morte de Joab, reinou em seu lugar Husão da terra dos temanos. 46 E também faleceu Husão e reinou em seu lugar Adad filho de Badad, que derrotou os madianitas na terra de Moab: e a

sua cidade se chamava Avit. 47 E depois da morte de Adad, reinou em seu lugar Semla de Masreca. 48 E faleceu também Semla, e reinou em seu lugar Saul de Roobot, que está situada sobre o rio. 49 E, morto Saul, reinou em seu lugar Balanan filho de Acobor. 50 E este também morreu, e reinou em seu lugar Adad: cuja cidade se chamava Fau, e a sua mulher Meetabel, filha de Matred, filha de Mezaab. 51 E morto Adad, começou a haver em Edom governadores em lugar de reis: o governador Tamna, o governador Alva, o governador Jetet, 52 o governador Oolibama, o governador Ela, o governador Finon, 53 o governador Cenez, o governador Teman, o governador Mabsar, 54 o governador Magdiel, o governador Hirão. Estes foram os governadores de Edom.

Filhos de Jacó e posteridade de Judá

2 E os filhos de Israel foram: Rúben, Simeão, Levi, Judá, Issacar, e Zabulon, 2 Dan, José, Benjamim, Neftali, Gad, e Aser.

3 Filhos de Judá: Her, Onan e Sela: estes três teve ele duma cananéia, filha de Sue.

Her, porém, primogênito de Judá, foi mau aos olhos do Senhor, e Deus o matou.

4 Tamar porém, nora de Judá, pariu dele a Farés e a Zara. Foram logo todos os filhos de Judá cinco.

5 E os filhos de Farés: Hesron, e Hamul. 6 E os filhos de Zara: Zamri, e Etan, e Eman, e Calcal, e Dara, por todos cinco. 7 Filhos de Carmi: Acar, que turbou a Israel e pecou num furto de anátema. 8 Filho de Etan: Azarias.

9 E os filhos que nasceram de Hesron: Jerameel, e Rão, e Calubi.

10 E Rão gerou a Aminadab. E Aminadab gerou a Naasson, príncipe dos filhos de Judá. 11 Naasson também gerou a Salma, do qual procedeu Booz. 12 Ora Booz gerou a Obed, o qual também gerou a Isai. 13 Isai teve por primogênito a Eliab, o segundo Abinadab, o terceiro Simaa, 14 o quarto Natanael, o quinto Radai, 15 o sexto Asom, o sétimo Davi. 16 Irmãs deste foram Sarvia e Abigail. Os filhos de Sarvia foram três, Abisai, Joab, e Asael. 17 Abigail foi mãe de Amasa, cujo pai foi Jeter ismaelita.

18 Caleb porém filho de Hesron tomou por mulher uma chamada Azuba, da qual houve a Jeriot: e foram seus filhos, Jaser, e Sobab, e Ardon. 19 Mas depois que morreu Azuba, tomou Caleb por mulher uma de Efrata da qual houve a Hur. 20 E Hur gerou e Uri, e Uri gerou a Bezeleel.

21 Ao depois tomou Hesron por mulher a filha de Maquir pai de Galaad, e a recebeu tendo sessenta anos: dela houve a Segub. 22 E Segub também gerou a Jair, e foi senhor de vinte e três cidades na terra de Galaad. 23 E Gessur e Aarão tomaram as cidades de Jair, como também a Canat com os lugarejos de sessenta cidades: todos estes eram filhos de Maquir pai de Galaad.

24 Depois da morte de Esron, casou Caleb com Efrata. Mas Esron teve outra mulher por nome Abia, da qual houve a Asur pai de Técua.

25 E Jerameel primogênito do mesmo Esron teve por seu filho primogênito a Rão, depois Buna, e Aarão, e Asom, e Aquia. 26 E também Jerameel casou com outra mulher chamada Atara, que foi mãe de Onão. 27 Mas Rão, primogênito de Jerameel, teve por filhos a Moos, a Jamin, e Acar. 28 E Onão teve por filhos a Semei, a Jada, e os filhos de Semei: Nadab, e Abisur. 29 E a mulher de Abisur chamou-se Abiail, a qual pariu dele a Aoban, e a Molid. 30 Nadab foi pai de Saled, e Afaim. Mas Saled morreu sem filhos. 31 E Afaim teve um filho chamado Jesi: o qual Jesi gerou a Sesan: e Sesan gerou Oolai. 32 E os filhos de Jada, irmão de Semei, foram: Jeter, e Jonatan. Mas Jeter também morreu sem filhos. 33 E Jonatan houve a Falet, e a Ziza. Estes foram os filhos de Jerameel.

34 Sesan porém não teve filhos, mas filhas: e um escravo egiptano por nome Jeraa. 35 E deu a este em matrimônio sua filha: a qual lhe pariu a Etei. 36 E Etei gerou a Natan, e Natan gerou a Zabad. 37 Zabad também gerou a Oflal, e Oflal gerou a Obed. 38 Obed gerou a Jeú, Jeú gerou a Azarias. 39 Azarias gerou a Heles, e Heles gerou a Elasa. 40 Elasa gerou a Sisamoi, Sisamoi gerou a Selum. 41 Selum gerou a Icamia, e Icamia gerou a Elisama.

42 Ora de Caleb, irmão de Jerameel, foram filhos: Mesa seu primogênito, este é o pai de Zif, e os filhos de Maresa pai de Hebron. 43 E os filhos de Hebron foram: Coré, e Tafua, e Recem, e Sama. 44 Sama porém gerou a Raão, pai de Jercaão, e Recem gerou a Samai. 45 Samai teve um filho chamado Maon: e Maon foi pai de Betsur.

46 Ora Efa, concubina de Caleb, pariu-lhe a Haran, e a Mosa, e a Gezez. E Haran gerou a Gezez. 47 E os filhos de Jaadai foram: Regom, e Joatan, e Gesan, e Falet, e Efa, e Saad.

48 Maaca, concubina de Caleb, pariu a Saber, e Tarana. 49 Mas Saaf, pai de Madmena, gerou a Sue pai de Macbena, e pai de Gabaa. Acsa foi filha de Caleb. 50 Estes eram os filhos de Caleb.

Filho de Hur, primogênito de Efrata, Sobal, pai de Cariatiarim. 51 Salma pai de Belém, Harif pai de Betgader. 52 Sobal, pai de Cariatiarim, o qual gozava metade do país do Descanso, teve filhos. 53 E das famílias que eles fundaram em Cariatiarim, descenderam os jeteus, e os afuteus, e os semateus, e os masereus. Destes procederam os saraítas, e os estaolitas. 54 Os filhos de Salma foram, Belém, e Netofati, coroas da casa de Joab, e metade do país do Descanso dos descendentes de Sarai.

55 E as famílias também dos escribas, que habitavam em Jabes, e que se recolhem em tendas cantando e tocando. Estes os cineus, que vêm de Calor, chefe da casa de Recab.

Descendentes de Davi

3 Davi teve estes filhos que nasceram em Hebron: o primogênito foi Amon havido em Aquinoão de Jezrael: o segundo Daniel havido em Abigail do Carmelo, 2 o terceiro Absalão filho de Maaca filha de Tolmai rei de Gessur, o quarto Adonias filho de Hagit, 3 o quinto Safatias filho de Abital, o sexto Jetraão filho de Egla sua mulher. 4 E assim nasceram-lhe seis filhos em Hebron, onde reinou sete anos e seis meses. E em Jerusalém reinou trinta e três anos.

5 Mas em Jerusalém nasceram-lhe estes filhos: Simaa, Sobab, e Natan, e Salomão, os quatro havidos em Betsabée filha de Amiel, 6 teve mais a Jebaar e Elisama, 7 e Elifalet, e Noge, e Nefeg, e Jafia, 8 como também a Elisama, e a Eliada, e Elifalet, nove por todos. 9 Todos estes foram os filhos de Davi afora os filhos das concubinas: e tiveram uma irmã chamada Tamar.

10 E o filho de Salomão foi Roboão, cujo filho Abia gerou Asa. Deste nasceu também Josafat, 11 pai de Jorão: o qual gerou a Ocozias, do qual nasceu Joás: 12 e Amasias filho deste gerou a Azarias. Mas Joatão filho de Azarias 13 gerou a Acaz pai de Ezequias, de quem nasceu Manassés. 14 E Manassés também gerou a Amon pai de Josias. 15 E os filhos de Josias foram Joanan o primogênito, o segundo Joaquim, o terceiro Sedecias, o quarto Selum. 16 De Joaquim nasceu Jeconias, e Sedecias.

17 Filhos de Jeconias foram, Asir, Salatiel, 18 Melquirão, Fadaia, Seneser e Jecemia, Sama, e Nadabia. 19 De Fadaia nasceram Zorobabel e Semei.

Zorobabel gerou a Mosolão, a Hananias, e a Salomit irmã deles: 20 e também estes cinco, Hasaban, Ool, e Baraquia e Hasadian, e Josabesed. 21 E Hananias teve por filho a Faltias, pai de Jeseias, cujo filho foi Rafaia: e o filho deste foi Arnan, do qual veio Obdia, de que foi filho Sequenias. 22 Filho de Sequenias, foi Semeia: do qual foram filhos Hatus, e Jegaal, e Baria, e Naaria, e Safat, seis em número. 23 Filhos de Naaria foram três, Elioenai, e Ezequias, e Ezricão. 24 E os filhos de Elioenai foram sete: Oduia, e Eliasub, e Feleia, e Acub, e Joanan, e Dalaia, e Anani.

Descendentes de Judá

4 Filhos de Judá foram: Farés, Hesron, e Carmi, e Hur, e Sobal. 2 Raia, porém, filho de Sobal, gerou a Jaat, de quem nasceram Aumai, e Laad. Estas as famílias dos Saratitas.

3 Esta é também a posteridade de Etão: Jezrael, e Jesema, e Jédebos. E a irmã teve por nome, Asalelfuni. 4 E Fanuel foi pai de Gedor, e Ezer pai de Hosa. Estes são os filhos de Hur, primogênito de Efrata, pai de Belém.

5 E Assur pai de Técua teve duas mulheres, Halaa, e Naara. 6 E de Naara houve a Oozão, e Hefer, e os temanos e aastaranos. Estes são os filhos de Naara. 7 E os filhos de Haala foram, Seret, Isaar, e Etnam.

8 E Cós gerou a Anob, e a Soboba, e a família de Aareel filho de Arum.

9 Mas Jabes foi mais ilustre do que seus irmãos, e sua mãe lhe pôs o nome de Jabes, dizendo: Porque eu o pari com dores. 10 Ora Jabes invocou o Deus de Israel, dizendo: Se tu me encheres das tuas bênçãos, e dilatares os meus limites, e a tua mão for comigo, e não permitires que eu seja oprimido pela malícia. E Deus lhe concedeu o que ele lhe tinha pedido.

11 E Caleb, irmão de Sua, gerou a Mair, que foi pai de Eston. 12 E Eston gerou a Betrofa, e a Fesse, e a Teina, pai dos habitantes da cidade de Naas. Estes são os povoadores de Reca.

13 E os filhos de Cenez foram, Otoniel, Hatat, e Maonati. 14 Maonati gerou a Ofra, e Sarai gerou a Joab pai dos habitantes do Vale dos Artífices: porque ali habitavam os artífices.

15 Os filhos, porém, de Caleb, filho de Jefone, foram, Hir, e Ela, e Naão. E o filho de Ela, Cenez. 16 E os filhos de Jaleleel foram Zif, e Zifa, Tiria, e Asrael. 17 E os filhos de Ezra foram, Jeter, e Meted, e Efer, e Jalon; teve mais a Maria e a Samai, e a Jesba pai dos habitantes de Estamo. 18 E sua mulher Judaia pariu a Jared pai de Gedor, e a Heber pai de Soco, e a Icutiel pai de Zanoe: e estes são os filhos de Betia, filha de Faraó, com quem casou Mered. 19 E filhos de sua mulher Odaia, irmão de Naão pai de Ceila foram, Garmi, e Estamo, que era de Macati. 20 E os filhos de Simão foram, Amnon e Rina, o qual ele houve de Hanan, e Tilon, e os filhos de Jesi, Zoet, e Benzoet.

21 Filhos de Sela, filho de Judá foram:
Her, pai de Leca, e Laada, pai de Maresa, e
as famílias da casa dos fabricantes de linho
fino na casa do juramento. 22 E o que fez
parar o sol, e os homens de Mentira, e Afoito,
e o que Queima, que foram príncipes em Moab,
e que tornaram para Laem: e estas são as
antigas memórias. 23 Estes são os oleiros que
habitavam nas Hortas, e nos Serrados, nas
casas do rei trabalhando para ele, e ali mo-
ravam.

Tribo de Simeão

24 Filhos de Simeão foram: Namuel e Ja-
min, Jarib, Zara, Saul. 25 Selum seu filho,
foi pai de Mapsão, o qual teve por filho a
Masma. 26 Os filhos de Masma: Hamuel seu
filho, Zacur filho deste, Semei seu filho. 27 Se-
mei teve dezesseis filhos, e seis filhas: mas
seus irmãos não tiveram muitos filhos, e toda
a sua posteridade não pode igualar o número
dos filhos de Judá.

28 E eles se estabeleceram em Bersabée, e
em Molad, e em Hasarsual, 29 e em Bala, e
em Asom, e em Tolad, 30 e em Batuel, e em
Horma, e em Siceleg, 31 e em Betmarcabot,
e em Hasarsusim, e em Betberai, e em Saarim.
Estas são as suas cidades até o reinado de
Davi. 32 E as suas povoações: Etão, e Aen,
Remon, e Toquen, e Asan, cinco cidades. 33 E
todos os seus lugarejos nos arredores destas
cidades até Baal. Esta é a sua habitação e a
distribuição das suas vivendas.

34 E Mosabab, e Jemlec, e Josa filho de
Amasias, 35 e Joel, e Jeú filho de Josabia,
filho de Saraia, filho de Asiel, 36 e Elioenai,
e Jacoba, e Isuaía, e Asaia, e Adiel, e Ismiel e
Banaia, 37 e Ziza, filho de Sefei, filho de Alon,
filho de Idaia, filho de Semri, filho de Samaia.
38 Estes são os príncipes afamados nas suas
linhagens, que se multiplicaram em extremo
nas casas de suas alianças. 39 E sairam para
se apoderarem de Gador até o oriente do vale,
e para buscarem pastos para os seus gados.
40 E acharam pastagens abundantes e muito
excelentes, e uma terra espaçosíssima e quie-
ta, e fértil, onde antes tinham habitado os
da linhagem de Cam. 41 Estes pois, que nós
assim nomeamos, vieram em tempo de Eze-
quias rei de Judá: deitaram abaixo as suas
tendas, e mataram os habitantes que ali acha-
ram, e os destruiram até ao dia de hoje: e
ficaram habitando em lugar deles, porque
acharam ali pastos abundantíssimos.

42 E também quinhentos homens dos fi-
lhos de Simeão passaram ao monte de Seir,
tendo por chefes a Faltias e Naarias e Fafaias,
e Oziel filhos de Jesi: 43 e desbarataram os
restos dos amalecitas, que puderam escapar,
e habitaram ali em seu lugar até ao dia de
hoje.

Descendentes de Rúben e de Gad

5 E os filhos de Rúben, primogênito de Is-
rael, (porque este foi seu primogênito: mas
porque violou o leito de seu pai, foi o seu
direito de primogenitura dado aos filhos de
José, filho de Israel: e Rúben não foi mais
reputado o primogênito. 2 Judá, porém, que
era o mais valente de todos os seus irmãos,
da sua estirpe sairam príncipes: mas o direito
da primogenitura foi conservado a José). 3 Os
filhos pois de Rúben, primogênito de Israel,
foram: Enoc, e Falu, Esron, e Carmi.

4 Filhos de Joel foram: Samaia, pai de Gog,
cujo filho foi Semei. 5 Mica foi filho de Semei,
Reia filho de Mica, Baal filho de Reia. 6 Beera
filho de Baal, a quem levou cativo Telgatfal-
nasar rei dos assírios, e foi príncipe da tribo
de Rúben.

7 E seus irmãos, e toda a sua parentela,
quando se fez a lista deles por famílias, tive-
ram por príncipes a Jeiel, e a Zacarias. 8 E
Bala filho de Azaz, filho de Sama, filho de
Joel, estabeleceu-se em Aroer até Nebo e Beel-
meon. 9 Habitou também até o país oriental,
até a entrada do deserto e até o rio Eufrates,
porque possuiam grande quantidade de gado
na terra de Galaad. 10 Mas no reinado de
Saul pelejaram contra os agareus, e os pas-
saram a cutelo e habitaram em lugar deles
nas suas tendas, em todo o território, que
olha para o oriente de Galaad.

11 Os filhos porém de Gad se estabelece-
ram defronte deles no país de Basan até Selca:
12 Joel era cabeça, e Safan o segundo: e Janai,
e Safat governavam em Basan. 13 E seus ir-
mãos, segundo as casas das suas parentelas,
eram Miguel, e Mosolão, e Sebe, e Jorai, e
Jacan, e Zie, e Heber, sete. 14 Estes foram
filhos de Abiail, filho de Uri, filho de Jara,
filho de Galaad, filho de Miguel, filho de Jesesi
filho de Jedo, filho de Buz. 15 Foram também
seus irmãos os filhos de Abdiel, filho de Guni,
príncipe da casa nas suas linhagens. 16 E
habitaram em Galaad, e em Rasan, e nas al-
deias, e em todos os subúrbios de Saron, de
um termo a outro. 17 Todos estes foram con-
tados em tempo de Joatão rei de Judá e em
tempo de Jeroboão rei de Israel.

18 Os filhos de Rúben, Gad, e da meia tribo
de Manassés foram homens muito guerreiros,
que traziam escudos, e espadas, e que mane-
javam o arco, e destros para a guerra qua-
renta e quatro mil e setecentos e sessenta que
marchavam em batalha. 19 Tiveram guerra
com os agareus: mas os itureus, e os de Nafis,

e de Nodab, 20 lhes deram auxílio. E foram
entregues às mãos os agareus, e todos os que
os haviam auxiliado, porque invocavam a Deus
quando pelejavam: e ele os ouviu, porque ti-
nham fé nele. 21 E se fizeram senhores de
tudo o que possuiam, de cinqüenta mil came-
los, e duzentas e cinqüenta mil ovelhas, e dois
mil jumentos, e cem mil homens.
22 E muitos dos feridos cairam mortos:
porque foi guerra do Senhor. E habitaram
em seu lugar até à transmigração.

Descendentes de Manassés

23 Também os filhos da meia tribo de Ma-
nassés possuiram as terras desde as extremi-
dades de Basan até Baal, Hermon, e Sanir, e
o monte de Hermon, porque eram em muito
grande número. 24 Estes foram os príncipes
das casas de suas linhagens: Efer, e Jesi, e
Eilel, e Ezriel, e Jeremias, e Odoias, e Jediel,
homens fortíssimos, e possantes, e generais
de grande reputação entre as suas famílias.
25 Mas deixaram o Deus de seus pais, e
se prostituiram seguindo os deuses dos povos
da terra, que Deus exterminou na sua presen-
ça: 26 e o Deus de Israel suscitou o espírito
de Ful, rei dos assírios, e o espírito de Tel-
gatfalnasar rei de Assur: e transportou a tribo
de Rúben, e a tribo de Gad, e a meia tribo
de Manassés e os levou para Laela, e para
Habor, e para Ara, e para o rio Gozan, até
ao dia de hoje.

Posteridade de Levi

6 Filhos de Levi foram: Gérson, Caat, e
Merari. 2 Filhos de Caat, Amrão, Isaar,
Hebron, e Oziel. 3 Filhos de Amrão: Aarão,
Moisés, e Maria: Filhos de Aarão: Nadab e
Abiú, Eleazar, e Itamar. 4 Eleazar gerou a
Finéias, e Finéias gerou a Abisué. 5 E Abisué
gerou a Boci, e Boci gerou a Ozi. 6 Ozi gerou
a Zaraias, e Zaraias gerou a Meraiot. 7 E
Meraiot gerou a Amarias, e Amarias gerou a
Aquitob. 8 Aquitob gerou a Sadoc, e Sadoc
gerou a Aquimaas. 9 Aquimaas gerou a Aza-
rias, e Azarias gerou a Joanan. 10 Joanan
gerou a Azarias: este é o que exerceu o sa-
cerdócio no templo que Salomão tinha fun-
dado em Jerusalém. 11 Azarias porém gerou
a Amarias, e Amarias gerou a Aquitob. 12 Aqui-
tob gerou a Sadoc, e Sadoc gerou a Selum.
13 Selum gerou a Helcias, e Helcias gerou a
Azarias, 14 Azarias gerou a Saraias, e Saraias
gerou a Josedec. 15 Mas Josedec saiu, quando
o Senhor transferiu a Judá, e a Jerusalém por
meio de Nabucodonosor.
16 Filhos de Levi pois foram: Gérson, Caat,
e Merari. 17 Estes são os nomes dos filhos
de Gérson: Lobni, e Semei. 18 Filhos de Caat:
Amrão, e Isar, e Hebron, e Oziel. 19 Filhos
de Merari: Mooli, e Musi.
E estas são as famílias de Levi segundo as
suas descendências. 20 Gérson, Lobni, seu fi-
lho, Jaat seu filho, Zama seu filho. 21 Joá
seu filho, Ado seu filho, Zara seu filho, Jetrai
seu filho.
22 Filhos de Caat, Aminadab seu filho, Coré
seu filho, Asir seu filho, 23 Elcana seu filho,
Abiasaf seu filho, Asir seu filho, 24 Taat seu
filho, Uriel seu filho, Saul seu filho. 25 Filhos
de Elcana: Amasai e Aquimot, 26 e Elcana:
Filhos de Elcana: Sofai seu filho, Naat seu
filho, 27 Eliab seu filho, Jeroboão seu filho,
Elcana seu filho. 28 Filhos de Samuel: Vasseni
primogênito, e Abia.
29 E filhos de Merari, Mooli: Lobni seu fi-
lho, Semei seu filho, Oza seu filho, 30 Samaa
seu filho, Hagia seu filho, Asaias seu filho,
31 Estes são os que Davi constituiu sobre os
cantores da casa do Senhor, desde que a arca
foi colocada: 32 e cantando ministravam dian-
te do tabernáculo do testemunho, até que Sa-
lomão edificou a casa do Senhor em Jerusalém:
e exercitavam o seu ministério segundo o seu
turno.
33 E estes são os que serviam justamente
com seus filhos, dos filhos de Caat, Hemam
cantor filho de Joel, filho de Samuel, 34 fi-
lho de Elcana, filho de Jeroão, filho de Eliel,
de Tou, 35 filho de Suf, filho de Elcana, filho
de Maat, filho de Amasai, 36 filho de Elcana,
filho de Joel, filho de Azarias, filho de Sofo-
nias, 37 filho de Taat, filho de Asir, filho de
Abiasaf, filho de Coré, 38 filho de Isaar, filho
de Caat, filho de Levi, filho de Israel. 39 E
seu irmão Asaf, que estava à sua direita, Asaf
filho de Baraquias, filho de Samaa, 40 filho
de Miguel, filho de Basaias, filho de Melquias,
41 filho de Atanai, filho de Zara, filho de Adaia,
42 filho de Etan, filho de Zama, filho de Semei,
43 filho de Jet, filho de Gérson, filho de Levi.
44 E seus irmãos filhos de Merari tinham
à esquerda, Etan filho de Cusi, filho de Abdi,
filho de Maloc, 45 filho de Hasabias, filho de
Amasias, filho de Helcias, 46 filho de Amasai,
filho de Boni, filho de Somer, 47 filho de
Mooli, filho de Musi, filho de Merari, filho
de Levi.
48 E seus irmãos os levitas, que foram des-
tinados para todo o serviço do tabernáculo
da casa do Senhor. 49 Mas Aarão, e seus filhos
queimavam as vítimas sobre o altar dos holo-
caustos, e sobre o altar dos perfumes, em
tudo o que pertencia ao Santo dos Santos:
e para que fizessem oração por Israel, seguin-
do tudo que Moisés, servo do Senhor, havia
prescrito.

50 Estes porém são os filhos de Aarão: Eleazar seu filho, Finéias seu filho, Abisué seu filho, 51 Boci seu filho. Ozi seu filho, Zaraias seu filho, 52 Meraiot seu filho, Amarias seu filho, Aquitob seu filho, 53 Sadoc seu filho, Aquimaas seu filho.

54 E estas são as suas moradas pelas povoações, e arredores, isto é, pelos filhos de Aarão, pelas parentelas dos caatitas: porque lhes tinham caído por sorte. 55 Deram-lhes pois Hebron na terra de Judá, e os subúrbios que a rodeiam: 56 os campos porém da cidade, e os casais, tinham sido dados a Caleb filho de Jefone. 57 Deram-se pois aos filhos de Aarão cidades para refúgio, Hebron, e Lobna, com seus subúrbios, 58 como também Jeter, e Estemo com seus subúrbios, e também Helon, e Dabir com os seus subúrbios, 59 Asan também, e Betsames e os seus subúrbios. 60 E da tribo de Benjamim, Gabee e os seus subúrbios, e Almat com os seus subúrbios, e Anatot com os seus subúrbios: ao todo treze cidades, pelas suas famílias. 61 E aos filhos de Caat que restaram da sua família deram-se em possessão dez cidades da meia tribo de Manassés. 62 E aos filhos de Gérson pelas suas famílias deram-se da tribo de Issacar, e da tribo de Aser, e da tribo de Neftali, e da tribo de Manassés em Basan, treze cidades. 63 E aos filhos de Merari pelas suas famílias deram-se em sorte doze cidades da tribo de Rúben, e da tribo de Gad, e da tribo de Zabulon.

64 Deram pois os filhos de Israel aos levitas cidades com os seus subúrbios: 65 E lhes deram por sorte estas cidades, da tribo dos filhos de Judá, e da tribo dos filhos de Simeão, e da tribo dos filhos de Benjamim, as quais chamaram dos seus nomes, 66 e também aos que eram da parentela dos filhos de Caat, e tiveram no seu distrito cidades da tribo de Efraim. 67 Deram-lhes pois estas cidades para refúgio, Siquém com os seus subúrbios no monte de Efraim e Gazer com os seus subúrbios, 68 e Jecmaan com os seus subúrbios, e da mesma sorte Betoron, 69 e assim também Helon com os seus subúrbios, e Getremon da mesma maneira. 70 E da meia tribo de Manassés, deram Aner e os seus subúrbios, Baalão e os seus subúrbios: àqueles pois que ainda restavam da família dos filhos de Caat.

71 E aos filhos de Gérson deram da meia tribo de Manassés, Gaulon em Basan, e os seus subúrbios, e Astarot com os seus subúrbios. 72 Da tribo de Issacar, Cedes e os seus subúrbios, e Dabaret com os seus subúrbios, 73 e também Ramot e os seus subúrbios, e Anem com seus subúrbios. 74 E da tribo de Aser: Masal com os seus subúrbios, e Abdon semelhantemente, 75 e também Hucac e os seus subúrbios, e Roob com os seus subúrbios. 76 E da tribo de Neftali, Cedes em Galiléia e os seus subúrbios, Hamon com os seus subúrbios, e Cariataim, e os seus subúrbios.

77 E aos filhos de Merari que ainda restavam: da tribo de Zabulon, Remono e os seus subúrbios, e Tabor com os seus subúrbios: 78 e da banda de além do Jordão defronte de Jericó ao oriente do Jordão, da tribo de Rúben, Bosor no deserto com os seus subúrbios, e Jassa com os seus subúrbios. 79 Assim também Cademot e os seus subúrbios, e Mefaat com os seus subúrbios. 80 Como também da tribo de Gad, Ramot em Galaad e os seus subúrbios, e Manaim com os seus subúrbios, 81 e mais Hesebon com os seus subúrbios, e Jezer com os seus subúrbios.

Posteridade de Issacar

7 E os filhos de Issacar foram quatro: Tola, e Fua, Jasub, e Simeron. 2 Os filhos de Tola foram: Ozi e Rafaia, e Jeriel, e Jemai, e Jebsem, e Samuel, que foram príncipes das casas de suas linhagens. Da linhagem de Tola foram contados em tempo de Davi vinte e dois mil e seiscentos homens valorosíssimos. 3 Filhos de Ozi: Izraia, do qual nasceram Miguel, e Obadia, e Joel, e Jesia todos cinco príncipes. 4 E eles tiveram seus ramos e famílias, trinta e seis mil homens fortíssimos, e prontos para combater; porque tiveram muitas mulheres, e filhos. 5 E dos seus irmãos em toda a casa de Issacar se contaram oitenta e sete mil combatentes valorosíssimos.

Posteridade de Benjamim

6 Os filhos de Benjamim foram três: Bela, e Becor, e Jadiel. 7 Os filhos de Bela foram: Esbon, e Ozi, e Oziel, e Jerimot, e Urai, cinco chefes de famílias e homens valentíssimos para o combate, e o número destes foi de vinte e dois mil e trinta e quatro. 8 E os filhos de Becor foram: Zamira, e Joás, e Eliezer, e Elioenai, e Amri, e Jerimot, e Abia, e Anatot, e Almat: Todos estes filhos de Becor. 9 E foram contados nas suas famílias pelos ramos das suas linhagens vinte mil e duzentos, mui valorosos para a guerra. 10 E os filhos de Jadiel foram: Balan. E filhos de Balan foram: Jeús, e Benjamim, e Aod, e Canana, e Zetan, e Tarsis, e Aisaar: 11 todos estes filhos de Jadiel foram príncipes das suas famílias, homens mui valorosos dezessete mil e duzentos que saíam ao combate. 12 E Sefão, e Hafão foram filhos de Hir: e Hasim filho de Aer.

Posteridade de Neftali e Manassés

13 E os filhos de Neftali foram: Jasiel, e Guni, e Jeser, e Selum, que descendiam de Bala.

14 E Esriel foi filho de Manassés, e de uma siriana sua concubina teve Maquir pai de Galaad. 15 E Maquir tomou mulheres para seus filhos Hafim, e Safan: e teve uma irmã por nome Maaca: e o nome do segundo foi Salfaad e Salfaad teve só filhas: 16 e Maaca mulher de Maquir pariu um filho, ao qual ela chamou por nome Farés: e seu irmão se chamou Sares: e seus filhos foram, Ulão e Recen. 17 E o filho de Ulão foi Badan. Estes são os filhos de Galaad, filho de Maquir, filho de Manassés. 18 E sua irmã Rainha pariu um varão formoso e Abiezer, e Moola. 19 E os filhos de Semida foram Ain, e Sequem, e Leci, e Anião.

Posteridade de Efraim

20 E os filhos de Efraim foram: Sutala, Bared seu filho, Taat seu filho, Elada seu filho, Taat seu filho, Zabad seu filho, 21 e Sutala seu filho, e Ezer e Elad filhos deste: mas os habitantes de Get os mataram, por eles terem vindo roubar as suas terras. 22 Por muitos dias pois os chorou Efraim seu pai, e seus irmãos vieram para o consolar. 23 Depois ajuntou-se com sua mulher: e ela concebeu, e pariu um filho, e o chamou Béria, por ter nascido no meio dos pesares da sua família: 24 e sua filha foi Sara, que reedificou a alta e a baixa Betoron, e Ozensara.

25 E seu filho foi Rafa, e Resef, e Tale, de quem nasceu Taan, 26 que foi pai de Laadan: deste foi também filho Amiud, que gerou a Elisama, 27 do qual nasceu Nun, que foi pai de Josué. 28 E as suas possessões e a sua morada foram Betel com as suas dependências, e Noran da banda do oriente, e Gazer, com o que lhe pertence da banda do ocidente, como também Siquém com as suas dependências, até Aza, com as suas dependências. 29 E nos confins dos filhos de Manassés, a Betsan e as suas dependências, Tanac e suas dependências, Magedo e suas dependências, Dor e suas dependências. Nestes lugares habitaram os filhos de José, filho de Israel.

Posteridade de Aser

30 Filhos de Aser foram: Jemna, e Jesua, e Jessui, e Baria, e Sarra sua irmã. 31 E filhos de Baria: Heber, e Melquiel: este é o pai de Barsait. 32 E Heber gerou a Jeflat, e Somer, e Hotão, e Suaa sua irmã. 33 Filhos de Jeflat: Fosec, e Camaal, e Asot. Estes são os filhos de Jeflat. 34 E filhos de Somer: Aí, e Roaga, e Haba, e Aarão. 35 E filhos de Helem seu irmão: Sufa, e Jemna, e Seles, e Amal. 36 E filhos de Sufa: Sue, Harnafer, e Sual, e Beri, e Jamra, 37 Bosor, e Hod, e Sama, e Salusa, e Jetran, e Bera. 38 Filhos de Jeter: Jefone, e Fasfa, e Ara. 39 Filhos de Ola: Aree, e Haniel, e Resia. 40 Todos estes são filhos de Aser, chefes de famílias, capitães distintos e valorosíssimos dos dentre os comandantes dos exércitos: e o número dos que estavam em idade de tomar armas, montava a vinte seis mil.

Posteridade de Benjamim

8 Benjamim gerou a Bale seu primogênito, a Asbel o segundo, a Aara o terceiro, 2 a Noaa o quarto, e a Rafa o quinto. 3 E filhos de Bale foram: Adar, e Gera, e Abiud, 4 e Abisué e Naaman, e Aoe, 5 como também Gera, e Sefufan, e Hurão.

6 Estes são os filhos de Aod, chefes das famílias que habitaram em Gabaa, e que foram transportados para Manaat. 7 E Naaman, e Aquia, e Gera o mesmo que os transportou, e o que gerou a Oza, e a Aiud.

8 Mas Saaraim teve filhos no país de Moab, depois que deixou a Husim e a Bara suas mulheres. 9 Teve pois de Hodes sua mulher a Jobab, e a Sebia, e a Mosa, e a Molcom, 10 e também a Jeús, e a Sequia, e a Marma: estes foram seus filhos chefes em suas famílias. 11 E Meusim gerou a Abitob, e a Elfaal. 12 E filhos de Elfaal foram: Heber, e Misaão, e Samad: este fundou Ono, e Lod, com os lugares dos seus distritos.

13 E Baria, e Sana, chefes dos ramos que se estabeleceram em Aialon: estes afugentaram os habitantes de Get. 14 E Aio, e Sesac, e Jerimot, 15 e Zabadia, e Arod, e Heder, 16 e Miguel, Jesfa, e Joá, filhos de Baria. 17 E Zabadia, e Mosolão, e Hezici, e Heber, 18 e Jesamaria, e Jezlia, e Jobab filhos de Elfaal, 19 e Jacim, e Zecri, e Zabdi, 20 e Elioenai, e Seletai, e Eliel, 21 e Adaia, e Baraia, e Samarat filhos de Semei. 22 E Jesfão, e Heber, e Eliel, 23 e Abdon, e Zecri, e Hanan, 24 e Hanania, e Elão, e Anatotia, 25 e Jefdaia, e Fanuel filhos de Sesac: 26 e Samsari, e Sooria, e Otolia, 27 e Jersia, e Elia, e Zecri, filhos de Jeroão. 28 Estes são os patriarcas, e os chefes das famílias, que habitaram em Jerusalém.

Genealogia da Casa de Saul

29 Em Gabaon porém habitaram Abigabaon, e a sua mulher chamada Maaca: 30 e seu filho primogênito Abdon, e Sur, e Cis, e Baal, e

Nadab: 31 como também Gedor, e Aio, e Zaquer, e Macelot: 32 e Macelot gerou a Samaa: e estes habitaram em Jerusalém com os do mesmo ramo da parte oposta a seus irmãos.

33 Ner porém gerou a Cis, e Cis gerou a Saul: mas Saul gerou Jônatas, e Melquisua, e Abinadab, e Esbaal. 34 E filho de Jônatas foi Meribaal: e Meribaal foi pai de Mica. 35 Filhos de Mica, Fiton, e Melec, e Taraa, e Aaz: 36 e Aaz gerou a Joada: e Joada gerou a Alamat, e Azmot, e Zamri: Zamri porém gerou a Mosa, 37 e Mosa gerou a Banaa, cujo filho foi Rafa, da qual veio Elasa, que gerou a Asel. 38 E Asel teve seis filhos com estes nomes, Ezricão, Bocru, Ismael, Saria, Obdia, e Hanan. Todos estes foram filhos de Asel. 39 E filhos de Esec seu irmão, foram Ulão primogênito, e Jeús o segundo, e Elifalet o terceiro. 40 E os filhos de Ulão foram homens robustíssimos, e de grandes forças no atirar do arco: e que tiveram muitos filhos e netos até cento e cinqüenta. Todos estes, filhos de Benjamim.

Habitantes de Jerusalém depois do cativeiro

9 Foi pois todo os Israel contado: e o seu número foi escrito no Livro dos Reis de Israel, e de Judá: e eles foram transportados a Babilônia por causa dos seus delitos.

2 E os que primeiro se restabeleceram nas suas possessões, e nas suas cidades, foram os de Israel, e os sacerdotes e os levitas, e os natineus. 3 Restabeleceram-se em Jerusalém da tribo de Judá, e da tribo de Benjamim, e também das tribos de Efraim, e de Manassés.

4 Otei filho de Amiud, filho de Amri, filho de Omrai, filho de Boni, um dos filhos de Fares filhos de Judá.

5 E de Siloni: Asaia filho primogênito, e os seus filhos. 6 E dos filhos de Zara: Jeuel, e os irmãos destes, em número de seiscentos e noventa.

7 E da tribo de Benjamim: Salo filho de Mosolão filho de Oduia, filho de Asana: 8 e Jobania filho de Jeroão: e Ela filho de Ozi, filho de Mocori: e Mosolão filho de Safatias, filho de Rauel, filho de Jebanias, 9 e os irmãos destes por suas famílias, até o número de novecentos e cinqüenta e seis. Todos estes chefes de famílias nas casas de seus pais.

10 E dos sacerdotes: Jedaia, Joiarib, e Jaquin: 11 como também Azarias filho de Helcias, filho de Mosolão, filho de Sadoc, filho de Maraiot, filho de Aquitob, pontífice da casa do Senhor. 12 E Adaias filho de Jeroão, filho de Fassur, filho de Melquias: e Maasai filho de Adiel, filho de Jezra, filho de Mosolão, filho de Mosolamit, filho de Emer: 13 e os irmãos destes chefes de suas famílias, até o número de mil setecentos e sessenta homens fortíssimos em robustez para cumprirem as fadigas do ministério na casa do Senhor.

14 E dos levitas foram: Semeia, filho de Hassub, filho de Ezricão, filho de Hasebia dos filhos de Merari. 15 E Bacbacar carpinteiro, e Galal, e Matanias filho de Mica, filho de Zecri, filho de Asaf: 16 e Obdia filho de Semeias, filho de Galal, filho de Iditun: Baraquia filho de Asa, filho de Elcana, que morou nos arrabaldes de Netofati.

17 E os porteiros: Selum, e Acub, e Telmon, e Aimão: e Selum seu irmão o primeiro, 18 até aquele tempo, estavam os filhos de Levi de guarda por seu turno à porta do rei que ficava ao oriente. 19 E Selum filho de Coré, filho de Abiasaf, filho de Coré, com seus irmãos, e toda a casa de seu pai, estes são os coritas estabelecidos sobre as obras do ministério, guardas das portas do tabernáculo: e as suas famílias revesadas guardavam a entrada do arraial do Senhor. 20 Finéias porém, filho de Eleazar, era o seu chefe diante do Senhor. 21 E Zacarias, filho de Mosolamia, era o porteiro da porta do tabernáculo do testemunho. 22 Todos estes escolhidos para guardar as portas, eram em número de duzentos e doze: e estavam descritos nas suas cidades: aos quais estabeleceram Davi e Samuel o Vidente, segundo a sua fé, 23 tanto a estes, como a seus filhos, para guardarem por seu turno as portas da casa do Senhor, e as do tabernáculo. 24 Os porteiros estavam alojados nos lugares correspondentes aos quatro ventos: isto é, ao oriente, e ao ocidente, e ao setentrião, e ao meio-dia. 25 E seus irmãos moravam nas suas aldeias, e vinha cada um deles no seu sábado de tempo em tempo. 26 A estes quatro levitas estava confiado todo o número dos porteiros, e eram os encarregados das câmaras, e dos tesouros da casa do Senhor.

27 A sua vivenda era à roda do Templo do Senhor cada um na sua guarda: para que quando fosse hora, abrissem eles mesmos as portas pela manhã.

28 Da linhagem destes eram também os que tinham a seu cuidado os móveis do ministério: porque os móveis se traziam e se tiravam por conta. 29 Destes eram também os que tinham a seu cargo os utensílios do santuário, e que tinham cuidado da farinha, e do vinho, e do azeite, e do incenso, e dos aromas. 30 Mas os filhos dos sacerdotes faziam os ungüentos dos aromas. 31 E o levita Matatias, filho primogênito de Selum Corita, tinha a intendência sobre o que se frigia na sertã. 32 E alguns dos filhos de Caat seus irmãos, tinham a seu cargo os pães da pro-

posição, para os prepararem sempre frescos em todos os sábados.

33 Estes eram os primeiros dentre os cantores das famílias dos levitas, que moravam nas pousadas do Templo, para de contínuo preencherem de dia e de noite o seu ministério. 34 Os chefes dos levitas, príncipes das suas famílias, ficaram em Jerusalém.

Genealogia da Casa de Saul

35 Mas em Gabaon moraram Jeiel pai dos gabaonitas, e sua mulher que se chamava Maaca. 36 Abdon seu filho primogênito, e Sur, e Cis, e Baal, e Ner, e Nadab, 37 como também Gedor, e Aio, e Zacarias, e Macelot. 38 E Macelot foi pai de Samaan. Estes moraram em Jerusalém com os da sua casa, defronte de seus irmãos.

39 E Ner foi pai de Cis: e Cis pai de Saul: e Saul gerou a Jônatas, e a Melquisua, e a Abinadab, e a Esbaal. 40 E Jônatas teve por filho a Meribaal: e Meribaal foi pai de Mica. 41 E filhos de Mica foram: Fiton e Melec, e Taaraa, e Aaz. 42 E Aaz gerou a Jara, e Jara gerou a Alamat, e a Azmot, e a Zamri; e a Zamri gerou a Mosa. 43 E Mosa gerou a Banaa, cujo filho Rafaia gerou a Elasa: do qual nasceu Azel. 44 E Azel teve seis filhos com estes nomes, Ezrição, Bocru, Ismael, Sária, Obdia, Hanan. Estes são os filhos de Asel.

II. REINADO DE DAVID

Fim da casa de Saul

10 Mas os filisteus pelejavam contra Israel, e os israelitas fugiram dos palestinos, e um grande número deles caíram mortos no monte de Gelboé. 2 E apropinquando-se os filisteus indo no alcance de Saul, e seus filhos, mataram Jônatas, e Abinadab, e Melquisua filhos de Saul. 3 E o combate se fez mais rijo contra Saul, e os frecheiros o reconheceram, e o traspassaram com as setas. 4 E disse Saul ao seu escudeiro: Desembainha a tua espada, e mata-me: não suceda virem estes incircuncidados, e zombem de mim. Mas o escudeiro possuído de temor não quis tal fazer: Saul pois pegou na sua espada, e se lançou sobre ela. 5 O que tendo visto o seu escudeiro, que Saul certamente estava morto, ele mesmo se lançou também sobre a sua própria espada, e morreu. 6 Morreu pois Saul, e três filhos seus, e toda a sua casa pereceu juntamente. 7 E tendo visto este sucesso os israelitas que habitavam nos campos, fugiram: e, mortos Saul e seus filhos, desampararam as suas cidades, e se espalharam cada um para seu cabo: e vieram os filisteus, e se estabeleceram nelas.

8 Ao outro dia pois tirando os filisteus os despojos dos mortos, acharam a Saul, e a seus filhos estendidos no monte de Gelboé. 9 E tendo-o também despojado a ele, e tendo-lhe cortado a cabeça, e depois de lhe despirem as armas, o mandaram para a sua terra, para ser visto por todas as partes, e para que fosse exposto nos templos dos seus ídolos, e aos olhos dos povos: 10 e consagraram as suas armas no templo do seu deus, e pregaram a cabeça no templo de Dagon. 11 Como os habitantes de Jabes de Galaad, ouvissem isto, a saber, tudo o que os filisteus haviam feito a Saul, 12 juntaram-se os mais fortes deles, partiram, e tiraram os cadáveres de Saul e dos seus filhos: e os trouxeram a Jabes, e enterraram os seus ossos debaixo do carvalho, que havia em Jabes, e jejuaram sete dias.

13 Morreu pois Saul por causa das suas iniqüidades, porque tinha prevaricado o mandamento que o Senhor lhe tinha posto, e o não tinha observado: mas até também consultara uma pitonisa, 14 e não pusera a sua esperança no Senhor: pelo que o matou, e transferiu o seu reino para Davi filho de Isai.

Sagração de Davi em Hebron

11 Congregou-se pois todo o Israel com Davi em Hebron, dizendo: Nós somos teus ossos, e tua carne. 2 E já muito dantes quando ainda reinava Saul, tu eras o que capitaneavas, e conduzias a Israel: porque a ti disse o Senhor teu Deus: Tu apascentarás o meu povo de Israel, e tu serás o seu príncipe. 3 Todos os anciãos de Israel pois vieram ter com o rei em Hebron, e Davi fez concerto com eles diante do Senhor: e o ungiram rei sobre Israel, em conformidade da palavra do Senhor, que ele proferira por boca de Samuel.

Cerco e tomada de Jerusalém

4 E marchou Davi, e todo o Israel para Jerusalém: esta é Jebus, onde estavam os jebuseus habitantes do país. 5 E disseram os que habitavam em Jebus a Davi: Tu não entrarás aqui. Mas Davi tomou a fortaleza de Sião, que é a cidade de Davi, 6 e disse: Todo o que primeiro matar um jebuseu será príncipe e general. Subiu pois primeiro Joab filho de Sarvia, e foi feito príncipe. 7 E Davi habitou na fortaleza,

e por isso se chamou cidade de Davi. 8 E edificou a cidade no seu contorno desde Melo até a outra extremidade, e Joab reparou o resto da cidade. 9 E fazia Davi progressos adiantando-se e fortalecendo-se, e o Senhor dos exércitos era com ele.

Heróis de Davi

10 Eis aqui os principais entre os homens fortes de Davi, que o ajudaram para se fazer rei sobre todo o Israel, segundo a palavra que o Senhor tinha dito a Israel. 11 Eis aqui o número dos valentes de Davi: Jesbaão filho de Hacamoni príncipe entre trinta: este levantou a sua lança sobre trezentos que feriu de uma só vez. 12 E depois deste Eleazar aolita filho de seu tio paterno, que era entre os três poderosos. 13 Este se achou com Davi em Fesdomim, quando os filisteus se ajuntaram ali para dar batalha: e o campo daquele lugar estava cheio de cevada, e o povo tinha fugido dos filisteus. 14 Estes se tiveram firmes no meio do campo, e o defenderam: e tendo destroçado os filisteus, deu o Senhor uma grande prosperidade ao seu povo. 15 Desceram porém os três dos trinta príncipes à rocha, onde estava Davi ao pé da caverna de Odolão, quando os filisteus vieram acampar-se no vale de Rafaim. 16 E Davi estava no presídio, e uma guarnição de filisteus estava em Belém. 17 Davi pois sentiu uma grande sede, e disse: Oh! se algum me desse água da cisterna de Belém que está na porta. 18 Logo estes homens atravessaram pelo meio do campo dos filisteus, e tiraram água da cisterna de Belém, que estava à porta, e a trouxeram a Davi, para que bebesse. Ele a não quis beber, mas antes a ofereceu em libação ao Senhor, 19 dizendo: Longe que eu tal faça na presença do meu Deus, e que eu beba o sangue destes homens: porque me trouxeram água com perigo das suas vidas. E por esta causa a não quis beber. Isto fizeram estes três valentíssimos.

20 E Abisai, irmão de Joab, ele mesmo era o primeiro dos outros três, e ele levantou a sua lança contra trezentos que matou, e ele mesmo era o mais nomeado entre os três, 21 e o mais notável de entre os três segundos, e seu chefe: todavia não igualava aos três primeiros.

22 Banaias de Cabseel filho de Jojada, homem valentíssimo, que se assinalou em grandes feitos. Este matou os dois Ariéis de Moab: e ele desceu e matou um leão no meio de uma cisterna em tempo de neve. 23 Este matou também um egípcio, cuja estatura era de cinco côvados e tinha uma lança como o órgão de tear dos tecelões: desceu pois contra ele com uma vara, e lhe tirou a lança que tinha na mão: e o matou com a sua mesma lança. 24 Estas coisas fez Banaias filho de Jojada, que era o mais afamado entre os três valentes, 25 o primeiro entre os trinta; todavia, não igualava os três primeiros e Davi o admitiu ao seu conselho.

26 Porém os mais valentes do exército eram Asael, irmão de Joab, e Elcanan de Belém filho de seu tio paterno, 27 Samot de Arori, Heles de Faloni, 28 Ira de Técua filho de Aces, Abiezer de Anatoti, 29 Soboacai de Husati, Hilai de Aó, 30 Maarai de Netofati, Heled filho de Baana, de Netofati, 31 Etaí filho de Ribai de Gadaat, da tribo de Benjamim, Banaia de Faraton, 32 Hurai da Torrente de Gaas, Abiel de Harbat, Azmot de Baurami, Eliaba de Salaboni. 33 Os filhos de Assen gezonita, Jonatan filho de Sage de Arari, 34 Aião filho de Sacar de Arari, 35 Elifal, filho de Ur, 36 Efer de Mequerat, Aía de Feloni. 37 Hesro do Carmelo, Naarai filho de Asbai, 38 Joel irmão de Natan, Mibaar filho de Agarai, 39 Selec de Amoni, Naarai de Berot escudeiro de Joab filho de Sarvia, 40 Ira de Jetrei, Gareb de Jetrei, 41 Urias heteu, Zabad filho de Ooli. 42 Andina filho de Siza da tribo de Rúben chefe dos rubenitas, e com eles trinta: 43 Hanan filho de Maaca, e Josafat de Matani, 44 Ozia de Astarot, Sama, e Jeiel filhos de Hotão de Arori, 45 Jediel filho de Samri, e Joá seu irmão de Tosa, 46 Eliel de Maumi, e Jeribai, e Josaia, filhos de Elnaem, e Jetma de Moab, Eliel, e Obed, e Jasiel de Masobia.

Primeiros partidários de Davi

12 Estes também vieram achar-se com Davi em Siceleg, quando ainda fugia de Saul filho de Cis, os quais eram homens fortíssimos e excelentes guerreiros, 2 que manejavam o arco, e que arremessavam com ambas as mãos pedras com fundas e que disparavam setas: dos irmãos de Saul de Benjamim.

3 O príncipe Aiezer, e Joás filhos de Samaa, de Gabaat, e Jaziel e Falet filhos de Azmot, e Baraca, e Jeú de Anatoti. 4 E Samaia, de Gabaon o mais valente entre os trinta e comandante dos trinta. Jeremias, e Jeeziel, e Joanan, e Jezabad de Gaderot: 5 e Eluzai, e Jerimut, e Baalia, e Samaria, e Safatia de Harufi. 6 Elcana, e Jesia, e Azareel, e Joezer, e Jesbaão de Careim: 7 E Joela, e Zabadia filhos de Jeroão de Gedor.

8 E também de Gadi se passaram para Davi quando estava oculto no deserto, homens mui valentes, e soldados ótimos, armados de escudo e lança; a sua catadura era como a de leão, e velozes bem como as cabras montanhesas: 9 o primeiro era Ezer, o segundo Obdias, o terceiro

Eliab, 10 o quarto Masmana, o quinto Jeremias, 11 o sexto Eti, o sétimo Eliel, 12 o oitavo Joanan, o nono Elzebad, 13 o décimo Jeremias, o undécimo Macbanai. 14 Estes da tribo de Gad, tinham o comando do exército. O menor comandava cem soldados e o maior mil. 15 Estes foram os que passaram o Jordão no primeiro mês, quando ele costuma transbordar por cima de suas ribeiras: e puseram em fugida a todos os que habitavam nos vales, assim ao oriente como ao ocidente.

16 E vieram também da tribo de Benjamim, e da tribo de Judá ao forte, onde habitava Davi.

17 E Davi lhes saiu ao encontro, e disse: Se vós vindes pacificamente a socorrer-me, o meu coração se unirá ao vosso: mas se vós vindes por parte de meus inimigos a surpreender-me, como eu não faça mal nenhum, o Deus de nossos pais seja disto testemunha, e juiz. 18 Amasai porém, o primeiro entre os trinta, se revestiu de espírito, e disse: Nós somos teus, ó Davi, e contigo, ó filho de Isai. A paz, a paz seja contigo, e a paz seja com os teus defensores: porque o teu Deus te protege. Davi pois os recebeu, e os fez comandantes das tropas.

19 E também da tribo de Manassés se passaram para Davi, quando ele marchava com os filisteus contra Saul, para pelejar: mas não pelejou com eles: porque os príncipes dos filisteus tendo feito conselho o despediram, dizendo: Ele com perigo das nossas vidas voltará para Saul seu amo. 20 Quando ele pois voltou para Siceleg, fugiram para ele da tribo de Manassés, Ednas e Jozabad, e Jediel, e Miguel, e Ednas, e Jozabad, e Eliú, e Salati, comandantes de mil homens na tribo de Manassés. 21 Estes deram auxílio a Davi contra os ladrões: porque todos eram homens fortíssimos, e foram feitos capitães no exército. 22 Mas assim cada dia concorriam a Davi para o auxiliarem até que se fez um grande número, como um exército poderosíssimo.

Guerreiros de Davi em Hebron

23 E este é o número dos capitães do exército, que vieram ter com Davi, quando estava em Hebron, para transferirem nele o reino de Saul, conforme a palavra do Senhor. 24 Filhos de Judá, que manejavam escudo e lança, seis mil e oitocentos homens prestes para a peleja. 25 Dos filhos de Simeão, homens alentadíssimos para a guerra, sete mil e cem. 26 Dos filhos de Levi, quatro mil e seiscentos. 27 E Jojada príncipe da linhagem de Aarão, e com ele três mil e seiscentos. 28 E Sadoc, moço de excelente índole, e a casa de seu pai, vinte e dois chefes de família. 29 E dos filhos de Benjamim irmãos de Saul, três mil: porque a maior parte deste seguia ainda a casa de Saul. 30 E dos filhos de Efraim, vinte mil e oitocentos homens mui esforçados, e de nome nas suas famílias. 31 E da meia tribo de Manassés, dezoito mil, cada um pelos seus nomes vieram para estabelecer rei a Davi. 32 E dos filhos de Issacar, homens eruditos, e que sabiam notar todos os tempos para ordenarem a Israel o que devia fazer, duzentos chefes: e todo o resto da tribo seguia o seu conselho. 33 E dos de Zabulon, que iam à guerra, e que se punham em campo providos de armas de guerra, vieram cinqüenta mil em auxílio, sem algum refolho de coração. 34 E dos de Neftali, mil oficiais: e com eles trinta e sete mil homens armados de escudos e de lanças. 35 E dos de Dan, vinte e oito mil seiscentos prontos para a guerra. 36 E dos de Aser, quarenta mil, que marchavam em batalha, e presentes para atacar. 37 E vieram da banda de além do Jordão cento e vinte mil dos filhos de Rúben, e de Gad, e da meia tribo de Manassés, providos de armas de guerra.

38 Todos estes bravos guerreiros prontos para pelejar, vieram com um coração sincero, a Hebron, para constituir rei a Davi sobre todo o Israel: mas também todo o resto de Israel estava com um mesmo coração, em que se fizesse a Davi seu rei. 39 E eles se demoraram lá junto a Davi três dias comendo e bebendo: porque seus irmãos lhes tinham feito as provisões. 40 Mas além dos vizinhos até os de Issacar, e de Zabulon, e de Neftali, traziam em jumentos, e camelos, e machos, e bois, víveres para se sustentarem: traziam farinhas, figos, passas de uva, vinho, azeite, bois e carneiros em abundância e de sobejo: porque havia regozijo em Israel.

Transporte da arca

13 Davi porém teve conselho com os tribunos e centuriões, e com todos os príncipes, 2 e disse a todo o ajuntamento de Israel: Se vós sois de parecer: e se vem do Senhor nosso Deus, o que eu vos proponho: enviaremos a todos os outros nossos irmãos por todas as províncias de Israel, e aos sacerdotes e levitas, que habitam nos arrabaldes das cidades, para que se ajuntem conosco, 3 e reconduzamos para nós a arca do nosso Deus: porque nós a não buscamos nos dias de Saul. 4 E todo o ajuntamento respondeu que assim se fizesse: porque a todo o povo agradara a proposição.

5 Congregou pois Davi todo o Israel desde o rio Sior do Egito até à entrada de Emat, para conduzir a arca de Deus de Cariatiarim. 6 E Davi saiu, e todos os varões de Israel ao outei-

ro de Cariatiarim, que é na tribo de Judá, para de lá trazer a arca do Senhor Deus, que está assentado sobre os querubins onde é invocado o seu nome. 7 E puseram a arca de Deus em cima dum carro novo, levando-a da casa de Aminadab: e Oza e seu irmão conduziam o carro. 8 Mas Davi e todo o Israel faziam ver a sua alegria diante de Deus com toda a sua força em cânticos, e tangendo cítaras e saltérios, e tambores, e tímbales, e trombetas.

9 E tendo chegado à eira de Quidon, estendeu Oza a sua mão para sustentar a arca, porque um boi respingando a tinha feito inclinar. 10 Irritou-se pois o Senhor contra Oza, e o feriu por ter tocado a Arca, e morreu ali diante do Senhor. 11 E Davi se afligiu, porque o Senhor tivesse ferido a Oza: e chamou àquele lugar: A Divisão de Oza, até o dia de hoje.

12 E temeu Davi então a Deus, dizendo: Como poderei eu trazer para minha casa a arca de Deus? 13 E por esta razão a não fez vir para sua casa, isto é, para a cidade de Davi, mas a fez levar para casa de Obededom de Get. 14 Ficou pois a arca de Deus em casa de Obededom três meses: e o Senhor abençoou a sua casa, e tudo o que lhe pertencia.

Vitórias contra os filisteus

14 Hirão rei de Tiro enviou também mensageiros a Davi, e paus de cedro, e pedreiros, e carpinteiros: para lhe fazerem uma casa. 2 E conheceu Davi que o Senhor o tinha confirmado rei sobre Israel, e que se tinha elevado o seu reino sobre o seu povo de Israel.

3 E tomou ainda Davi em Jerusalém outras mulheres: e teve filhos, e filhas. 4 E estes são os nomes dos que lhe nasceram em Jerusalém: Samua, e Sobad, e Natan, e Salomão. 5 Jebaar, e Elisua, e Elifalet, 6 e Noga, e Nafeg, e Jafia, 7 Elisama, e Baaliada, e Elifalet.

8 Ora os filisteus tendo ouvido que Davi havia sido ungido em rei sobre todo o Israel, ajuntaram-se todos para o investirem; o que tendo sabido Davi, saiu a encontrar-se com eles. 9 Vindos pois os filisteus, espalharam-se pelo vale de Rafaim. 10 E Davi consultou o Senhor, dizendo: Irei eu contra os filisteus, e entregar-mos-ás tu às minhas mãos? E o Senhor lhe respondeu: Vai, e eu tos entregarei nas tuas mãos. 11 Tendo eles pois chegado a Baalfarasim, Davi os desbaratou aí, e disse: O Senhor dividiu por meio da minha mão os meus inimigos, bem como se dividem as águas: e por isso este lugar se chamou Baalfarasim. 12 E os filisteus deixaram ali os seus deuses, aos quais Davi mandou queimar.

13 Mas os filisteus fizeram ainda outra irrupção, e se espalharam pelo vale. 14 E Davi consultou segunda vez a Deus, e Deus lhe disse: Não subas atrás deles, retira-te deles, e virás contra eles por diante das pereiras. 15 E quando ouvires o ruído de quem anda pelos altos das pereiras, então sairás tu à peleja. Porque saiu Deus adiante de ti, para desfazer o campo dos filisteus. 16 Fez pois Davi como o Senhor lhe tinha mandado, e desbaratou o campo dos filisteus desde Gabaon até Gazera. 17 E a reputação de Davi se espalhou por todos os povos, e o Senhor o fez formidável a todas as gentes.

A arca em Jerusalém

15 Edificou também casa para si na cidade de Davi: e preparou um lugar para a arca de Deus, e levantou-lhe um tabernáculo. 2 Então disse Davi: Não é permitido que a arca de Deus seja levada por alguém senão levitas, aos quais o Senhor escolheu para levarem, e para serem os seus ministros para sempre. 3 E congregou a todo o Israel em Jerusalém, para a arca de Deus ser levada ao seu lugar, que lhe tinha destinado. 4 Como também os filhos de Aarão, e aos levitas. 5 Dos filhos de Caat, Uriol era o príncipe: e seus irmãos cento e vinte. 6 Dos filhos de Merari, Asaia era o príncipe: e seus irmãos duzentos e vinte. 7 Dos filhos de Gérson, Joel era o príncipe: e seus irmãos cento e trinta. 8 Dos filhos de Elisafan, Semeias era o príncipe: e seus irmãos duzentos. 9 Dos filhos de Hebron, Eliel era o príncipe: e seus irmãos oitenta. 10 Dos filhos de Oziel, Aminadab era o príncipe: e seus irmãos cento e doze. 11 E chamou Davi aos sacerdotes Sadoc, e Abiatar, e aos levitas, Uriel, Asaia, Joel, Semeia, Eliel, e Aminadab: 12 e disse-lhes: Vós, que sois os chefes das famílias levíticas, purificai-vos com vossos irmãos, e trazei a arca do Senhor Deus de Israel ao lugar que lhe foi preparado: 13 para que como no princípio, porquanto não estáveis presentes, nos feriu o Senhor, não nos aconteça agora o mesmo, fazendo alguma coisa ilícita. 14 Os sacerdotes pois, e os levitas se purificaram, para trazerem a arca do Senhor Deus de Israel.

15 E os filhos de Levi tomaram a arca de Deus aos seus ombros pelos varais, como tinha ordenado Moisés conforme a palavra do Senhor. 16 E disse Davi aos príncipes dos levitas, que constituíssem de seus irmãos cantores com instrumentos musicais, como nablos, e liras, e tímbales, para soar em os altos o som de alegria. 17 Constituíram pois dos levitas: a Hemam filho de Joel, e dentre os seus irmãos a Asaf filho de Baraquias: e dos filhos de Merari, seus irmãos e Etan filho de Casaia. 18 E com eles a seus irmãos: na segunda ordem a Zacarias, e Ben, e Jaziel, e Semiramot, e Jaiel,

e Ani, Eliab, Banaias e Maasias, e Matatias, e Elifalu, e Macenias, e Obededom, e Jeiel, que eram porteiros. 19 Ora os cantores, Heman, Asaf, e Etan, tocavam tímbales de metal. 20 Mas Zacarias, e Oziel, e Semiramot, e Jaeil, cantavam ao som dos nablos misteriosos hinos. 21 Obededom, e Jeiel, e Ozaziú, cantavam epinícios ao som das cítaras pela oitava. 22 E Conenias príncipe dos levitas presidia à profecia, para entoar a sinfonia: porque era muito entendido. 23 E Baraquias, e Elcana eram porteiros da arca. 24 E os sacerdotes Sebenias, e Josafat, e Natanael, e Amasai, e Zacarias, e Banaias, e Eliezer, tocavam trombetas diante da arca de Deus: e Obededom, e Jeias eram os porteiros da arca.

25 Portanto Davi, e todos os anciãos de Israel, e os tribunos foram com alegria para transportarem da casa de Obededom a arca do concerto do Senhor. 26 E tendo Deus assistido aos levitas, que levavam a arca do concerto do Senhor, imolavam-se sete touros e sete carneiros. 27 E Davi estava vestido de uma túnica de linho fino, e todos os levitas que levavam a arca, e os cantores e Conenias príncipe da profecia entre os cantores: mas Davi estava também vestido de um efod de linho. 28 E todo o Israel acompanhava a arca do concerto do Senhor com vozes de júbilo, e ao som de buzinas, e trombetas, e tímbales, e nablos, e cítaras.

29 E tendo a arca do concerto do Senhor chegado até à cidade de Davi, Micol filha de Saul olhando da janela, viu que o rei Davi vinha saltando e dançando, e ela o desprezou lá no seu coração.

A arca no Tabernáculo

16 Levaram pois a arca de Deus, e a colocaram no meio do tabernáculo que Davi lhe tinha levantado: e ofereceram holocaustos e pacíficos diante de Deus.

2 E tendo Davi acabado de oferecer os holocaustos, e os sacrifícios, abençoou o povo em nome do Senhor. 3 E distribuiu a todos um por um, tanto a homens como a mulheres, uma torta de pão, e um pedaço de carne de búfalo assada, e flor de farinha frita em azeite.

4 E estabeleceu de entre os levitas os que haviam de servir diante da arca do Senhor, e se recordassem das suas obras, e glorificassem, e louvassem ao Senhor Deus de Israel. 5 Asaf o primeiro: e a Zacarias o segundo: e depois Jaiel, Semiramot, e Jeiel, e Matatias, e Eliab, e Banaias, e Obededom. Jeiel para tocar o saltério e liras: e Asaf para tocar os tímbales; 6 e aos sacerdotes Banaias e Jaziel, para tocarem continuamente trombetas diante da arca do concerto do Senhor.

Cântico de Davi

7 Naquele dia fez Davi a Asaf primeiro cantor, para cantar os louvores ao Senhor com seus irmãos:

8 Louvai o Senhor, e invocai o seu nome: fazei conhecidas entre os povos as suas obras.

9 Cantai os seus louvores, e tocai para glória sua os saltérios: e anunciai todas as suas maravilhas.

10 Louvai o seu santo nome: alegre-se o coração dos que buscam o Senhor.

11 Buscai o Senhor, e a sua fortaleza: buscai sempre a sua face.

12 Lembrai-vos das maravilhas que Ele fez: dos seus prodígios e dos juízos da sua boca.

13 Vós que sois os descendentes de Israel seu servo: filhos de Jacó seu escolhido.

14 Ele é o Senhor nosso Deus: em toda a terra exercita os seus juízos.

15 Lembrai-vos para sempre do seu pacto: da lei, que prescreveu para mil gerações.

16 Da lei que Ele pacteou com Abraão: e do seu juramento com Isaac.

17 E o confirmou a Jacó como lei: e a Israel como pacto eterno,

18 dizendo: Eu te hei de dar a terra de Canaã, penhor da vossa herança.

19 Quando eles eram em pequeno número, pobres e seus colonos.

20 E passaram de nação em nação, e de um reino para outro povo.

21 Não permitiu que alguém lhes fizesse mal antes por seu respeito castigou reis.

22 Não toqueis os meus ungidos: e não façais mal aos meus profetas.

23 Cantai ao Senhor, vós os habitantes de toda a terra: anunciai de dia em dia a salvação que vos deu.

24 Publicai a sua glória entre as gentes: e as suas maravilhas entre todos os povos.

25 Porque o Senhor é grande, e digno de louvores infinitos: e terrível mais que todos os deuses.

26 Porque todos os deuses das gentes são ídolos: mas o Senhor fez os céus.

27 Louvor e magnificência diante dele: fortaleza e gozo na sua morada.

28 Tributai ao Senhor, ó famílias dos povos: tributai ao Senhor glória e império.

29 Dai ao Senhor a glória, em honra de seu nome, trazei hóstias, e vinde à sua presença: e adorai o Senhor com santo respeito.

30 Trema toda a terra diante da sua face: porque ele estabeleceu a redondeza imóvel.

31 Alegrem-se os céus, e exulte a terra: e diga-se entre as nações: O Senhor reinou.

32 Brame o mar, e quanto nele se contém: regozijem-se os campos, e tudo o que há neles.

33 Então as árvores do bosque cantarão os
louvores diante do Senhor: porque ele veio
julgar a terra.
34 Dai glória ao Senhor, porque é bom: por-
que a sua misericórdia é eterna.
35 E dizei: Salva-nos, ó Deus nosso Salva-
dor, e ajunta-nos, e tira-nos do meio das gen-
tes: para que nós demos glória ao teu santo
nome e nos alegremos em teus cântigos.
36 Bendito seja o Senhor Deus de Israel des-
de a eternidade até à eternidade: e todo o povo
diga: Amém, e cante hinos ao Senhor.
37 Davi pois deixou ali diante da arca do
concerto do Senhor a Asaf, e a seus irmãos
para servirem continuamente na presença da
arca todos os dias, e por seus turnos. 38 E
também a Obededom, e a seus irmãos que eram
sessenta e oito, constituiu por porteiros a Obe-
dedom filho de Iditun, e a Hosa. 39 E ao sa-
cerdote Sadoc, e a seus irmãos sacerdotes,
diante do tarbernáculo do Senhor no alto que
havia em Gabaon, 40 para oferecerem conti-
nuamente holocaustos ao Senhor em cima
do altar dos holocaustos, da manhã e de tarde,
conforme tudo o que está escrito na lei, que o
Senhor prescreveu a Israel. 41 E depois dele a
Heman, e a Iditun, e aos outros escolhidos,
a cada um por seu nome, para bendizerem o
Senhor: porque a sua misericórdia é eterna.
42 E também a Heman, e a Iditun, que to-
cavam a trombeta, e batiam os tímbales, e
todos os instrumentos músicos, para cantarem
louvores a Deus: e estabeleceu em porteiros os
filhos de Iditun.
43 E voltou todo o povo para sua casa: e
também Davi para abençoar a sua família.

Profecia de Natan

17 Habitando pois Davi no seu palácio, disse
ao profeta Natan: Eis habito eu numa
casa de cedro: e arca do concerto do Senhor
está debaixo dumas peles. 2 E respondeu Na-
tan a Davi: Faze tudo o que tens no coração:
porque Deus é contigo.
3 Mas naquela noite falou o Senhor a Natan,
dizendo: 4 Vai, e fala a Davi meu servo: Isto
diz o Senhor: Tu não me edificarás casa para
eu habitar. 5 Porque eu não tenho tido casa
certa desde o tempo em que eu libertei Israel
até ao presente: mas tenho sempre mudado
os lugares do tabernáculo, e estive debaixo de
tendas 6 morando com todo o Israel. Porven-
tura falei eu ao menos a algum dos juízes de
Israel, a quem tinha mandado que apascentas-
sem o meu povo, e lhe disse: Por que me não
tendes vós edificado uma casa de cedro? 7 Ago-
ra pois dirás assim ao meu servo Davi: Eis
aqui o que diz o Senhor dos exércitos: Quando
tu conduzias os rebanhos a pastar, eu te tirei
para seres comandante do meu povo de Israel.
8 E eu fui contigo por onde quer que tu anda-
vas: e extingui à tua vista todos os teus inimi-
gos e fiz o teu nome tão ilustre como o de um
dos grandes, que são celebres no mundo. 9 E
dei um lugar fixo ao meu povo de Israel: nele
será confirmado, e nele habitará e nunca mais
será movido dele. Nem os filhos da iniqüidade
os humilharão, como no princípio, 10 desde o
tempo em que dei juízes ao meu povo de Israel,
e humilhei todos os teus inimigos. Eu pois te
declaro que o Senhor te há de estabelecer a
tua casa. 11 E quando os teus dias forem com-
pletos para ires para teus pais, eu suscitarei
depois um do teu sangue, que será de teus
filhos: e estabelecerei o seu reino. 12 Esse me
edificará casa, e firmarei o seu trono para
sempre. 13 Eu serei seu pai, e ele será meu
filho: e eu não tirarei dele a minha misericór-
dia, como a tirei de teu predecessor. 14 Mas
eu o estabelecerei na minha casa, e no meu
reino para sempre; e o seu trono será perpe-
tuamente firmíssimo. 15 Segundo todas estas
palavras, e segundo toda esta visão, assim falou
Natan e Davi.

Oração de Davi

16 E tendo vindo o rei Davi diante do Senhor,
e tendo ali parado, disse: Quem sou eu, Senhor
Deus, e que casa é a minha, para me prestares
tais coisas? 17 Mas isso pareceu ainda pouco
em tua presença, e por isso falaste sobre a
casa de teu servo, ainda para o futuro: e me
fizeste mais notável do que todos os homens,
Senhor Deus. 18 Que mais pode acrescentar
Davi, tendo tu glorificado assim o teu servo,
e conhecendo-o? 19 Senhor, por amor do teu
servo conforme o teu coração obraste toda esta
magnificência e quiseste que ele conhecesse
estas tão grandes coisas. 20 Senhor, não há
outro semelhante a ti: e não há outro Deus
senão tu, entre todos, de quem temos ouvido
falar. 21 Que outro povo há pois como o teu
povo de Israel, nação única na terra, à qual se
encaminhou Deus, para a livrar, e para a fazer
o seu povo, e para pelo seu poder e pelos seus
terrores expulsar as nações diante deste povo,
a quem tinha livrado do Egito? 22 Assim tu
estabeleceste o teu povo de Israel por teu povo
para sempre, e tu, ó Senhor, te constituíste o
seu Deus. 23 Pois agora, Senhor, confirme-se
para sempre a promessa, que fizeste a teu
servo, e sobre a sua casa, e cumpre-a segundo
a tua palavra. 24 E para sempre permaneça
e seja glorificado o teu nome: e diga-se: O
Senhor dos exércitos é o Deus de Israel: e a
casa de Davi, seu servo, persista sempre diante
dele. 25 Porque tu, Senhor meu Deus, revelaste
ao ouvido de teu servo, que lhe estabelecerias

a casa: e por isso o teu servo se encheu de confiança, para orar em tua presença. 26 Agora, pois, ó Senhor, tu és o Deus: e anunciaste tão grandes benefícios a teu servo. 27 E começaste a abençoar a casa de teu servo, para que subsista sempre diante de ti: pois abençoando-a tu, ó Senhor, para sempre será abençoada.

Conquistas de Davi

18 Depois disto sucedeu que Davi escalou os filisteus, e os humilhou, e tomou das mãos dos filisteus a Get, e suas dependências, 2 e destroçou Moab, e os moabitas ficaram sujeitos a Davi, pagando-lhe tributos.

3 Neste tempo desbaratou Davi também a Adarezer rei de Soba no país de Hemat, quando partiu para dilatar o seu império até ao rio Eufrates. 4 Davi pois lhe tomou mil carroças tiradas a quatro cavalos, e sete mil homens de cavalo, e vinte mil homens de pé, e cortou os nervos das pernas a todos os cavalos das carroças, afora cem tiros de quatro cavalos que reservou para si. 5 E sobrevieram também os siros de Damasco, em socorro de Adarezer rei de Soba: mas também destes desbaratou Davi vinte e dois mil homens. 6 E pôs guarnição em Damasco, para que também tivesse a si sujeita a Síria, e lhe fosse tributária. E o Senhor o ajudou em tudo quanto empreendeu.

7 Tomou Davi também as aljavas de ouro, com que vieram armados os soldados de Adarezer, e as trouxe para Jerusalém. 8 Tomou também de Tebat e de Cun, cidades sujeitas ao rei Adarezer, grande quantidade de bronze, de onde Salomão fez o mar de bronze, e as colunas, e os vasos de bronze.

9 O que tendo ouvido Tou rei de Hemat, que Davi com efeito desfizera todo o exército de Adarezer rei de Soba, 10 enviou a Adorão seu filho ao rei Davi, para lhe pedir sua aliança, e para lhe dar os parabéns, por ter desfeito e vencido a Adarezer; porque Tou era inimigo de Adarezer.

11 Consagrou também o rei Davi ao Senhor todos os vasos de ouro, e de prata, e de bronze com a prata e ouro que tinha tomado a todos os povos assim da Iduméia, e de Moab, e dos amonitas, como também aos filisteus e aos amalecitas.

12 Abisai, porém, filho de Sarvia desfez dezoito mil idumeus no vale das Salinas: 13 e pôs presídio na Iduméia, para que a Iduméia ficasse na obediência de Davi: e o Senhor salvou a Davi em todas as expedições que ele fez.

Governo de Davi

14 Reinou Davi pois sobre todo o Israel, e julgava e fazia justiça a todo o seu povo. 15 E Joab filho de Sarvia era generalíssimo dos exércitos, e Josafat filho de Ailud cronista-mor. 16 E Sadoc filho de Aquitob, e Aimelec filho de Abiatar, eram sacerdotes: e Susa secretário de estado. 17 E Banaias filho de Jojada comandava as legiões dos cereteus, e dos feleteus: e os filhos de Davi eram os primeiros depois do rei.

Vitórias sobre os amonitas e os sírios

19 Acontecendo pois o ter falecido Naas rei dos amonitas, reinou seu filho em seu lugar. 2 E disse Davi: Eu quero mostrar o meu afeto a Hanon filho de Naas: pois que seu pai me fez favor. E Davi mandou mensageiros para o consolarem na morte de seu pai. Os quais tendo chegado ao país dos amonitas, para consolarem a Hanon, 3 os grandes dos amonitas disseram a Hanon: Tu cuidas talvez que Davi por honrar a memória de teu pai te mandou homens que te consolassem: e não advertes, que os seus servos vieram a reconhecer, e a investigar, e a esquadrinhar o teu país.

4 Hanon pois fez rapar a cabeça, e a barba aos servos de Davi, e lhes fez retalhar as suas túnicas da cintura até os pés, e despediu-os. 5 Tendo-se eles retirado, e tendo avisado disto a Davi, mandou ao encontro deles (porque era grande o ultraje que tinham padecido) e lhes ordenou que ficassem em Jericó, até lhes crescer a barba, e então voltassem.

6 Vendo pois os amonitas, que tinham ofendito a Davi, assim Hanon, como o demais povo mandaram mil talentos de prata, para tomarem a seu soldo carroças de guerra, e cavalaria da Mesopotâmia, e da Síria de Maaca, e de Soba. 7 E assoldadaram trinta e duas mil carroças, e o rei de Maaca com o seu povo. E tendo eles marchado, acamparam-se defronte de Medaba. E os amonitas tendo-se ajuntado das suas cidades saíram para a guerra.

8 Informado Davi disto, mandou a Joab, e todo o exército de homens valentes: 9 e tendo saído os amonitas, postaram-se em batalha junto da porta da cidade: e os reis, que tinham vindo em seu socorro, fizeram alto separadamente na campina. 10 Pelo que Joab, entendendo que lhe queriam dar batalha pela frente, e pela retarguarda, escolheu os homens mais esforçados de todo o Israel, e marchou contra os sírios. 11 E o resto do exército deu o comando a Abisai seu irmão; e marcharam contra os amonitas. 12 E disse: Se os siros me vencerem, tu virás socorrer-me: e se os amonitas te vencerem, eu te socorrerei. 13 Esforça-te, e pelejemos valorosamente pelo nosso povo, e pelas cidades do nosso Deus: e o Senhor fará o que bem lhe parecer.

14 Marchou pois Joab, e o povo que estava com ele, contra os siros para a batalha: e os pôs em fugida. 15 E os amonitas vendo que tinham fugido os siros, fugiram eles também de Abisai irmão de Joab, e entraram na cidade: e Joab também voltou para Jerusalém. 16 Mas vendo-os os siros vencidos por Israel, mandaram mensageiros, e fizeram vir os siros, que viviam da banda de além do rio: Safac general do exército de Adarezer, era o seu comandante. 17 Do que avisado Davi, ajuntou todo o Israel, e passou o Jordão, e deu de repente sobre eles, e os acometeu pela frente com o seu exército formado em batalha, pelejando eles contra. 18 Mas os siros fugiram de diante de Israel: e Davi destroçou dos siros sete mil carroças; e matou quarenta mil homens de pé, e Sofac general do exército.

19 Vendo pois os servos de Adarezer, que eram vencidos pelos israelitas, passaram para Davi, e lhe ficaram sujeitos: e os siros não quiseram mais dar socorro aos amonitas.

Castigo dos amonitas

20 Sucedeu pois que tendo decorrido um ano, naquele tempo, em que os reis costumavam ir para a guerra, ajuntou Joab o exército, e a flor das tropas, e assolou o país dos amonitas, e passou adiante e pôs sítio a Raba: Davi porém ficou em Jerusalém, enquanto Joab bateu Raba, e a destruiu. 2 E Davi tirou a coroa de cima da cabeça de Melcom, e achou nela o peso de um talento de ouro, e pedras preciosíssimas, e de que fez para si um diadema: levou também muitos despojos da cidade: 3 mandou também sair o povo, que havia nela, e fez passar por cima deles trilhos e grades, e carros ferrados, até que ficassem despedaçados e esmigalhados. O mesmo fez em todas as cidades dos amonitas: e voltou para Jerusalém com todo o seu povo.

Vitória sobre os filisteus

4 Depois disto fez guerra em Gazer contra os filisteus: onde Sobocai de Husat matou a Safai da raça de Rafaim, e os humilhou. 5 Fez-se ainda outra guerra contra os filisteus, onde Adeodato filho do Bosque de Belém matou a um irmão de Golias de Get, de cuja lança a haste era como um órgão dos tecelões.

6 E ainda houve outra guerra em Get, onde se achou um homem por extremo alto, que tinha seis dedos em pés e mãos, isto é, vinte e quatro por todos: o qual em si era também da raça de Rafa. 7 Este ultrajava insolentemente os israelitas: e Jonatan, filho de Samaa, irmão de Davi, o matou. Estes são os filhos de Rafaim de Get, que foram mortos pela mão de Davi e da sua gente.

Resenha do povo

21 Levantou-se pois Satanás contra Israel: E incitou a Davi a fazer resenha de Israel. 2 E disse Davi a Joab, e aos principais do povo: Ide, e fazei a conta a Israel desde Bersabée até Dan: e trazei-me o número para eu o saber. 3 E Joab respondeu: O Senhor multiplique o seu povo cem vezes mais do que ele é. Acaso, rei meu senhor, não são todos servos teus? Por que quer meu senhor averiguar isto que se imputará a pecado a Israel? 4 Contudo prevaleceu mais a ordem do rei. Partiu, e correu à roda todo o Israel, e voltou para Jerusalém. 5 E deu a Davi o rol daqueles a quem passou revista: e acharam-se de Israel em todo o número, um milhão e cem mil homens capazes de tomar armas: e de Judá quatrocentos e setenta mil homens de guerra. 6 Não contou Joab os da tribo de Levi, nem os da tribo de Benjamim: porque executava de má mente a ordem do rei.

Peste em Israel

7 E desagradou a Deus esta ordem, e feriu a Israel. 8 E disse Davi a Deus: Eu cometi um grande pecado em fazer isto: peço-te que perdoes a culpa a teu servo, porque obrei nesciamente. 9 E falou o Senhor a Gad vidente de Davi, dizendo: 10 Vai, e fala com Davi, e dize-lhe: Eis aqui o que diz o Senhor: Eu te dou a escolha de três coisas: escolhe uma, qual quiseres, e eu ta farei.

11 E tendo vindo Gad à presença de Davi, disse-lhe: Eis aqui o que diz o Senhor: Escolhe o que quiseres, 12 ou sofrer a fome três anos: ou fugir diante de teus inimigos três meses, e sem poderes escapar da sua espada: ou estar debaixo da espada do Senhor três dias, e grassando a peste na terra, e o anjo do Senhor fazendo estragos em todas as terras de Israel. Vê pois agora que hei de responder a quem me enviou. 13 E respondeu Davi a Gad: De toda a parte me vejo em grande apertos: mas para mim é melhor o cair nas mãos do Senhor, porque é de muita misericórdia, do que cair nas mãos dos homens.

14 Mandou pois o Senhor a peste a Israel, e morreram de Israel setenta mil homens. 15 Mandou também o seu anjo de Jerusalém, para a assolar: e ao tempo que estava ferida, olhou o Senhor, e compadeceu-se dum castigo tão terrível: e mandou ao anjo exterminador: Basta, cesse já a tua mão. Pois que o anjo do Senhor estava perto da eira de Ornam jebu-

seu. 16 E Davi, levantando os olhos, viu o anjo do Senhor que estava entre o céu e a terra, e uma espada desembainhada na sua mão, e voltada contra Jerusalém: então assim Davi, como os seus anciãos cobertos de cilícios, se prostraram com os rostos por terra. 17 E Davi disse a Deus: Não sou eu o que mandei que se contasse o povo? Eu sou o que pequei: eu o que fiz o mal: mas este rebanho que mereceu ele? Volte-se pois te peço, Senhor meu Deus, a tua mão contra mim, e contra a casa de meu pai: mas o teu povo não seja castigado.

18 E o anjo do Senhor mandou a Gad, que dissesse a Davi que viesse e que levantasse um altar ao Senhor Deus na eira de Ornam jebuseu. 19 Foi Davi pois conforme a ordem de Gad: que lhe havia intimado da parte do Senhor. 20 Mas Ornan e quatro filhos seus, que com ele estavam, tendo levantado os olhos, e visto o anjo, se esconderam: porque naquele tempo estava debulhando trigo na eira. 21 Quando Davi pois se vinha chegando para Ornan, viu-o Ornan, e saindo da sua eira em seu encontro, lhe fez uma profunda reverência, abaixando-se até ao chão.

22 E Davi lhe disse: Dá-me o lugar da tua eira, para eu edificar nele um altar ao Senhor: de modo que recebas a quantia do seu valor, e cesse a praga de cima do povo. 23 E respondeu Ornan a Davi: Toma-a, e o rei meu senhor faça dela o que for do seu agrado: eu darei também os bois para o holocausto, e os trilhos para lenha, e trigo para o sacrifício: darei tudo de muito boa vontade. 24 E o rei Davi lhe disse: Não se fará assim, mas eu não devo tirar-te o teu, e oferecer ao Senhor holocaustos que não me custem nada.

25 Deu pois Davi a Ornam pelo terreno seiscentos siclos de ouro de bom peso. 26 E levantou ali um altar ao Senhor, e ofereceu holocaustos, e pacíficos, e invocou o Senhor, e ele o ouviu, mandando do céu fogo sobre o altar do holocausto. 27 E mandou o Senhor ao anjo: e ele meteu a sua espada na bainha.

28 Logo pois Davi, vendo que o Senhor o tinha ouvido na eira de Ornan jebuseu, imolou ali vítimas. 29 E o tabernáculo do Senhor, que Moisés tinha feito no deserto e o altar dos holocaustos, estavam então no alto de Gabaon. 30 E não teve Davi força para ir até ao altar para ali fazer oração a Deus: porque tinha ficado em extremo aterrado, ao ver a espada do anjo do Senhor.

Materiais para construção do Templo

22 E disse Davi: Esta é a casa de Deus, e este é o altar para os holocaustos que Israel há de oferecer. 2 E mandou que se ajuntassem todos os prosélitos da Terra de Israel, e tomou deles os cabouqueiros para cortarem e lavrarem as pedras, para se edificar a casa de Deus. 3 Fez Davi também um grande provimento de ferragem para os pregos das portas, e para travar as juntas: e inumerável peso de bronze. 4 Não tinham outrossim preço as madeiras de cedro, que os sidônios e tírios tinham trazido a Davi. 5 E disse Davi: Meu filho Salomão é um moço pequeno e tenro, a casa porém que eu desejo que se edifique ao Senhor, deve ser tal que seja nomeada em todos os países: preparar-lhe-ei pois para ele o necessário. E por esta razão antes da sua morte dispôs todas as coisas precisas.

6 E chamou a seu filho Salomão: e ordenou-lhe que edificasse a casa ao Senhor Deus de Israel. 7 E disse Davi a Salomão: Meu filho, a minha intenção foi edificar uma casa ao nome do Senhor meu Deus, 8 mas o Senhor me falou dizendo: Tu tens derramado muito sangue, e tens dado muitas batalhas: tu não poderás edificar ao meu nome depois de tanto sangue derramado na minha presença: 9 o filho que te nascer será um homem quietíssimo: porque eu o porei em paz em quanto a todos os seus inimigos em roda: e por esta causa será chamado Pacífico: e eu darei paz e descanso a Israel durante todos os seus dias. 10 Ele edificará uma casa ao meu nome, e ele será meu filho, e eu serei seu pai: e eu firmarei o trono do seu reino sobre Israel eternamente. 11 Agora pois o Senhor seja contigo, meu filho, sê ditoso, e edifica uma casa ao Senhor teu Deus, como ele predisse de ti. 12 O Senhor te dê também prudência e siso, para que possas reger a Israel, e guardar a lei do Senhor teu Deus. 13 Porque então tu serás bem sucedido, se guardares os mandamentos, e as leis que o Senhor mandou a Moisés que ensinasse a Israel. Arma-te de fortaleza, e obra varonilmente, não temas nada, nem te desalentes. 14 Já que vês que na minha pobreza preparei para os gastos da casa do Senhor, cem mil talentos de ouro e um milhão de talentos de prata: o bronze, porém, e o ferro não têm peso, porque o número é excedido pela quantidade. Tenho prontas madeiras e pedras para todos os gastos. 15 Tens também infinitos oficiais, canteiros e pedreiros e carpinteiros, e de todas as artes os mais apurados na execução da obra. 16 Em ouro, e em prata, e em cobre, e em ferro, que não tem número. Levanta-te pois, e mete mãos à obra, e o Senhor será contigo.

17 E mandou Davi a todos os chefes de Israel, que ajudassem a seu filho Salomão. 18 Vós vedes, lhes disse, que o Senhor vosso Deus está convosco, e que vos deu a paz por

todas as partes, e que entregou todos os vos-
sos inimigos nas vossas mãos, e que a terra
está sujeita diante do Senhor, e diante do seu
povo. 19 Disponde logo os vossos corações
e as vossas almas, para buscardes o Senhor
vosso Deus, e levantai-vos, e edificai o san-
tuário ao Senhor Deus, para que a arca do
concerto do Senhor, e os vasos consagrados
ao Senhor, sejam trasladados para a casa, que
se vai a edificar ao nome do Senhor.

Ordem e funções dos levitas

23 Achando-se pois Davi velho, e cheio de
dias, constituiu rei sobre Israel a seu
filho Salomão. 2 E ajuntou todos os príncipes
de Israel, e aos sacerdotes e levitas.
3 E foram contados os levitas de trinta
anos, e para cima: e acharam-se trinta e oito
mil homens. 4 Destes foram escolhidos, e dis-
tribuídos vinte e quatro mil para o ministério
da casa do Senhor: e para prepósitos e juízes
seis mil. 5 E quatro mil porteiros: e outros
tantos cantores que cantavam os louvores do
Senhor ao som dos instrumentos, que tinha
mandado fazer para se tocarem.
6 E Davi os distribuiu por turnos dos filhos
de Levi, a saber, de Gérson, de Caat, e de
Merari.
7 Filhos de Gérson foram: Leedan e Semei.
8 Filhos de Leedan: Jaiel, chefe, e Zetan, e
Joel, três. 9 Filhos de Semei três: Salomit, e
Hosiel, e Aran. Estes são os chefes das famí-
lias de Leedan. 10 E filhos de Semei: Leet,
e Ziza, e Jaus, e Baria. Estes são os filhos de
Semei, quatro. 11 Leet pois era o primeiro,
Ziza o segundo: Jaus porém e Baria não ti-
veram muitos filhos, e por isso foram con-
tados numa só família e numa só casa. 12 Fi-
lhos de Caat quatro: Amrão, e Isaar, Hebron,
e Oziel. 13 Filhos de Amrão: Aarão e Moisés.
E Aarão foi separado para servir no Santo
dos Santos, ele, e seus filhos perpetuamente,
e para oferecer incenso ao Senhor, segundo
o seu rito, e para bendizer o seu nome para
sempre.
14 Os filhos de Moisés homens de Deus tam-
bém foram contados na tribo de Levi. 15 Fi-
lhos de Moisés: Gérson, e Eliezer. 16 Filhos
de Gérson: Sobuel o primeiro. 17 E os filhos
de Eliezer foram: Roobia o primeiro: e não te-
ve Eliezer outros filhos. Mas os filhos de
Roobia se multiplicaram muito. 18 Filhos de
Isaar: Salomit o primeiro. 19 Filhos de Hebron:
Jeriau o primeiro, Amarias o segundo, Jaaziel
o terceiro, Jecmaão o quarto. 20 Filhos de
Oziel: Mica o primeiro, Jesia o segundo.
21 Filhos de Merari: Mooli, e Musi. Filhos
de Mooli: Eleazar, e Cis. 22 E Eleazar morreu,
e não teve filhos, senão filhas: e casaram com
os filhos de Cis seus irmãos. 23 Filhos de Musi
três: Mooli, e Heder, e Jerimot.
24 Eis aqui os filhos de Levi chefes das
suas parentelas, e famílias, contados um por
um, que serviam por turnos nas funções do
ministério da casa do Senhor desde vinte anos,
e para cima. 25 Porque disse Davi: O Senhor
Deus de Israel deu paz ao seu povo, e habi-
tação em Jerusalém para sempre. 26 E ao
diante não será mais do cargo dos levitas o
levarem o tabernáculo, e todos os vasos do
seu ministério. 27 Também segundo as últi-
mas ordenanças de Davi contar-se-á o número
dos filhos de Levi, desde vinte anos, e para
cima. 28 E estarão sujeitos aos filhos de Aarão
para o culto da casa do Senhor, nos vestí-
bulos, e nas câmaras, e no lugar da purifica-
ção, e no santuário, e em todas as funções
do ministério do Templo do Senhor. 29 Porém
os sacerdotes terão a intendência sobre os
pães da proposição, e sobre o sacrifício da
farinha, e sobre os bolos asmos, e sobre o
que se assa, e sobre todos os pesos e medidas.
30 E os levitas assistam pela manhã a cantar
os louvores do Senhor: e do mesmo modo à
tarde, 31 tanto na oferenda dos holocaustos
oferecidos ao Senhor como nos dias de sába-
do, e nos primeiros dos meses, e nas outras
solenidades, conforme o número, e as ceri-
mônias de cada coisa, continuamente na pre-
sença do Senhor. 32 E observarão cuidadosa-
mente as ordenanças que respeitam ao taber-
náculo do concerto, e ao culto do santuário,
e à obediência dos filhos de Aarão seus ir-
mãos, para ministrarem na casa do Senhor.

Ordem e funções sacerdotais

24 E os filhos de Aarão foram repartidos
nestas classes: Filhos de Aarão foram:
Nadab, e Abiú, e Eleazar, e Itamar. 2 Mas
Nadab, e Abiú morreram antes de seu pai sem
deixar filhos: e Eleazar, e Itamar exerceram
as funções do sacerdócio. 3 E repartiu-os Davi,
isto é, a Sadoc dos filhos de Eleazar, e a
Aimelec dos filhos de Itamar, fixando os seus
turnos e ministérios. 4 Mas achou-se que eram
muito mais os filhos de Eleazar entre os che-
fes de famílias do que os filhos de Itamar,
e dividiu-os, isto é, aos filhos de Eleazar em
dezesseis famílias, cada uma com seu príncipe,
aos filhos de Itamar em oito pelas suas famí-
lias e casas.
5 E repartiu por sorte ambas as famílias
entre si: porque havia príncipes do santuário,
e príncipes de Deus tanto dos filhos de Elea-
zar, como dos filhos de Itamar. 6 E Semeias
filho de Natanael da tribo de Levi, secretário,

fez o rol deles, na presença do rei, e dos prín-
cipes, e do sacerdote Sadoc, e de Aimelec filho
de Abiatar, e diante dos chefes das famílias
sacerdotais e levíticas: tomando primeiro a
casa de Eleazar, que era sobre as outras: e deu
a outra casa de Itamar, que tinham outras su-
bordinadas a si. 7 Assim a primeira sorte saiu
a Joiarib, a segunda a Jedei, 8 a terceira a
Harim, a quarta a Seorim, 9 a quinta a Mel-
quia, a sexta a Maiman, 10 a sétima a Acos,
a oitava a Abia, 11 a nona a Jesua, a décima
a Sequenia, 12 a undécima a Eliasib, a duodé-
cima a Jacim, 13 a décima terceira a Hopfa,
a décima quarta a Isbaab, 14 a décima quinta
a Belga, a décima sexta a Emer, 15 a décima
sétima a Hezir, a décima oitava a Afses, 16 a
décima nona, a Fetéia, a vigésima a Hezequiel,
17 a vigésima primeira a Jaquim, e a vigésima
segunda a Gamul, 18 a vigésima terceira a Da-
laiau, a vigésima quarta a Maaziau. 19 Esta é
a sua distribuição segundo os seus ministérios,
para servirem na casa do Senhor, e, segundo
o seu rito debaixo da direção de Aarão seu pai
como o tinha mandado o senhor Deus de Israel.

20 E dos filhos de Levi, de que se não falou,
dos filhos de Amrão era Subael, e dos filhos de
Subael era Jeedeia. 21 E dos filhos de Roobia,
o chefe era Jesias. 22 E Salemot, filho de Isaari
e Jaat, filho de Salemot: 23 e Jeriau seu filho
primogênito, Amarias o segundo, Jaaziel o ter-
ceiro, Jecmaan o quarto. 24 Filho de Oziel, foi
Mica: filho de Mica, foi Samir. 25 Irmão de
Mica, Jésia: e filho de Jésia, era Zacarias. 26 Fi-
lhos de Merari: Mooli e Musi. Filho de Oziau:
Beno. 27 E filhos de Merari foram: Oziau e
Soão e Zacur e Hebri. 28 E filho de Mooli:
Eleazar, que não teve filhos. 29 E filho de Cis,
Jerameel. 30 Filhos de Musi foram: Mooli,
Eder, e Jerimot. Estes são os filhos de Levi,
segundo as casas de suas famílias. 31 E estes
também lançaram sortes com seus irmãos
filhos de Aarão, em presença do rei Davi, e
de Sadoc, e de Aimelec, e dos chefes das famí-
lias sacerdotais e levíticas: assim os anciãos
como os mais moços: a todos a sorte distri-
buiu igualmente.

Ordem dos cantores

25 Davi pois, e os principais oficiais do exér-
cito escolheram para o ministério os fi-
lhos de Asaf, e de Heman, e de Iditun: para
tocarem cítaras, e saltéios, e tímbales, servindo
segundo o seu número o emprego que lhes
fora destinado.

2 Dos filhos de Asaf: Zacur, e José, e Nata-
nia, e Asarela, filhos de Asaf: debaixo da dire-
ção de Asaf que cantava ao lado do rei. 3 Quan-
to a Iditun: os filhos de Iditun, Godolias, Sori,
Jeseias, e Hasabias, e Matatias, seis, debaixo
da direção de seu pai Iditun, que cantava ao
som da cítara presidindo aos que cantavam e
louvavam o Senhor. 4 Quanto a Heman: os
filhos de Heman, Bociau, Mataniau, Oziel, Su-
buel e Jerimot, Hananias, Hanani, Eliata, Ge-
delti, e Romemtiezer, e Jesbacassa, Meloti,
Otir Maaziot. 5 Todos estes eram filhos de
Heman, vidente do rei nos louvores de Deus,
para exaltar o seu poder: deu Deus a Heman
catorze filhos e três filhas.

6 Todos estavam repartidos debaixo do ma-
gistério de seu pai, para cantarem no Templo
do Senhor, ao som de tímbales e de saltéios e
de cítaras, para os ministérios da casa do
Senhor conforme a ordem do rei: a saber, os
filhos de Asaf, e de Iditun, e de Heman.

7 E o número destes com seus irmãos, todos
mestres, que ensinavam os cânticos do Senhor,
era de duzentos e oitenta e oito. 8 E eles dei-
taram sortes pelas suas classes, igualmente tan-
to maior como menor, e assim o douto, como
o indouto.

9 E saiu a primeira sorte a José, que era da
casa de Asaf. A segunda a Godolias, assim para
ele como para seus filhos, e irmãos, que eram
doze. 10 A terceira a Zacur, a seus filhos e
irmãos, que eram doze. 11 A quarta a Isari, a
seus filhos e irmãos, que eram doze. 12 A quin-
ta a Natanias, a seus filhos e irmãos, que eram
doze. 13 A sexta a Bociau, a seus filhos e
irmãos, que eram doze. 14 A sétima a Isreela,
a seus filhos e irmãos, que eram doze. 15 A
oitava a Jesaia, a seus filhos e irmãos, que
eram doze. 16 A nona a Matania, a seus filhos
e irmãos que eram doze. 17 A décima a Se-
meias, a seus filhos e irmãos, que eram doze.
18 A undécima a Azareel, a seus filhos e irmãos,
que eram doze. 19 A duodécima a Hasabia, a
seus filhos e irmãos, que eram doze. 20 A déci-
ma terceira a Subael, a seus filhos e irmãos
que eram doze. 21 A décima quarta a Matatias,
a seus filhos e irmãos, que eram doze. 22 A
décima quinta a Jerimot, a seus filhos e irmãos,
que eram doze. 23 A décima sexta a Hananias,
a seus filhos e Irmãos, que eram doze. 24 A
décima sétima a Jesbacassa, a seus filhos e
irmãos, que eram doze. 25 A décima oitava a
Hanani, a seus filhos e irmãos, que eram doze.
26 A décima nona a Meloti, a seus filhos e
irmãos, que eram doze. 27 A vigésima a Eliata,
a seus filhos e irmãos, que eram doze. 28 A
vigésima primeira a Otir, a seus filhos e irmãos,
que eram doze. 29 A vigésima segunda a Ge-
delti, a seus filhos e irmãos, que eram doze.
30 A vigésima terceira a Maaziot, a seus filhos
e irmãos, que eram doze. 31 A vigésima quarta
a Romemtiezer, a seus filhos e irmãos, que
eram doze.

Ordem dos porteiros

26 As distribuições porém dos porteiros fo-
ram assim: dos coritas Meselemia, filho
de Coré, dos filhos de Asaf. 2 Filhos de Mese-
lemia foram: Zacarias o primogênito, Jadiel o
segundo, Zabadias o terceiro, Jatanael o quar-
to, 3 Elão o quinto, Joanan o sexto, Elioenai o
sétimo. 4 E filhos de Obededom: Semeias o pri-
mogênito, Jozabad o segundo, Joab o terceiro,
Sacar o quarto, Natanael o quinto, 5 Amiel o
sexto, Issacar o sétimo, Folati o oitavo: porque
o Senhor o abençoou. 6 Semei, seu filho, teve
filhos chefes de suas famílias: porque eram
homens esforçadíssimos: 7 E filhos de Semeias
foram: Otni e Rafael, e Obed; Elzabad e seus
irmãos, homens fortíssimos: como também
Eliú e Samaquias. 8 Todos estes eram filhos
de Obededom: eles e seus filhos e irmãos ro-
bustíssimos para o seu emprego sessenta e dois
da casa de Obededom. 9 E os filhos de Mesele-
mia, e seus irmãos mui valentes, eram dezoito
10 Mas de Hosa, isto é, dos filhos de Merari:
Semri o chefe, porque seu pai não tinha tido
primogênito, e por isso lhe tinha dado o pri-
meiro lugar. 11 Helcias o segundo, Tabelias o
terceiro, Zacarias o quarto. Todos estes filhos,
e irmãos de Hosa eram treze.

12 Estes foram destinados para porteiros,
de tal sorte que os capitães das guardas, assim
como os seus irmãos, servissem sempre na casa
do Senhor. 13 Deitaram-se pois sortes por igual,
assim os pequenos, como a grandes, pelas suas
famílias, para cada uma das portas.

14 Caiu pois a sorte da porta do Oriente, a
Selemias. E a Zacarias seu filho, homem pru-
dentíssimo e habilíssimo, coube em sorte a do
Setentrião. 15 A do Meio-dia a Obededom e
seus filhos: nesta parte da casa estava o con-
selho dos Anciãos. 16 A Sefim e Hosa caiu a do
Ocidente, junto da porta que guia para a estra-
da da Subida: uma guarda defronte de outra
guarda. 17 Ao Oriente pois seis levitas: e ao
Setentrião quatro por dia: e ao Meio-dia do
mesmo modo quatro por dia: e onde estava
o conselho de dois em dois.

18 E nas celas dos porteiros ao ocidente es-
tavam quatro no caminho, e dois a cada cela.
19 Eis aqui as distribuições dos porteiros,
filhos de Coré e de Merari.

Guarda dos tesouros

20 Aquias porém era o guarda dos tesouros
da casa de Deus, e dos vasos sagrados. 21 Fi-
lhos de Ledan, filhos de Gersoni. De Ledan
vieram estes chefes de famílias, Ledan e Ger-
soni, e Jeieli. 22 Filhos de Jeieli: Zatan, e Joel
seus irmãos, guardas dos tesouros da casa do
Senhor, 23 com os das famílias de Amrão, e
de Isaar, e de Hebron, e de Oziel. 24 E Subael
filho de Gérson, filho de Moisés, era o supe-
rintendente dos tesouros. 25 E Eliezer seu
irmão, do qual foi filho Raabia, e filho destes
Isaías, filho deste Jorão, e filho deste Zecri, e
filho deste Selemit. 26 O mesmo Selemit, e
seus irmãos eram oficiais dos tesouros das
coisas santas, que o rei Davi e os príncipes das
famílias, e os tribunos, e os centuriões, e os
cabos do exército tinham consagrado, 27 das
guerras, e dos despojos das batalhas, que eles
tinham consagrado para a construção, e alfaias
do Templo do Senhor.

28 E todas estas coisas consagrou Samuel o
Vidente, e Saul filho de Cis, e Abner filho de
Ner, e Joab filho de Sarvia: todos os que ofe-
reciam estes donativos os punham nas mãos
de Selemit, e de seus irmãos.

29 E aos da família de Isaar presidia Cone-
nias, e seus filhos, e cuidavam dos negócios
de fora, que tocavam a Israel, para instruí-los
e julgá-los.

30 E Hasabias da família de Hebron, e seus
irmãos, homens mui fortes, mil e setecentos,
governavam os israelitas além do Jordão para
o Ocidente, em todas as coisas pertencentes ao
serviço do Senhor e do rei. 31 E Jeria foi chefe
da posteridade de Hebron, pelas suas famílias
e ramos. No ano quadragésimo do reinado de
Davi fez-se a resenha, e acharam-se em Jazer
de Galaad homens fortíssimos, 32 e seus irmãos
de mais robusta idade dois mil setecentos che-
fes de famílias. E o rei Davi os constituiu sobre
a tribo de Rúben, e a de Gad, e sobre a meia
tribo de Manassés, para o serviço que respei-
tava a Deus, e ao rei.

Chefes do exército

27 E os filhos de Israel segundo o seu nú-
mero, os chefes de famílias, os tribunos,
os centuriões, e prefeitos, que serviam ao rei,
distribuídos pelas suas turmas, entrando e
saindo da guarda todos os meses do ano, estes
comandavam a vinte e quatro mil homens.
2 A primeira turma no primeiro mês coman-
dava Jesboão filho de Zabdiel, e estavam às
suas ordens vinte e quatro mil. 3 Era da casa
de Farés, o primeiro entre todos os príncipes
comandantes do exército no primeiro mês.
4 Dubia aoita comandava a turma do segundo
mês, e subordinado a ele outro chamado Ma-
celot, que comandava uma parte desta tropa
de vinte e quatro mil. 5 E o chefe da terceira
turma no terceiro mês, era o sacerdote Banaias
filho de Jojada: e tinha a sua divisão de vinte
e quatro mil. 6 Este é aquele Banaias o mais
valente dentre os trinta, e superior aos trinta:
e seu filho Amizabad comandava a turma que

lhe era subordinada. 7 O quarto, no quarto mês, era Asael irmão de Joab, Zabadias seu filho depois dele e a sua turma era de vinte e quatro mil. 8 O quinto chefe, no quinto mês, era Samaot de Jezer: e na sua turma havia vinte e quatro mil. 9 O sexto, no sexto mês, era Hira filho de Acés de Técua, que tinha na sua turma vinte e quatro mil. 10 O sétimo, no sétimo mês, era Heles de Faloni da tribo de Efraim: e a sua turma era de vinte e quatro mil. 11 O oitavo, no oitavo mês, era Sobocai de Husat da estirpe de Zarai: e a sua turma era de vinte e quatro mil. 12 O nono, em o nono mês, era Abiezer de Anatot dos filhos de Jemini: e a sua turma era de vinte e quatro mil. 13 O décimo, no décimo mês, era Marai, e ele era de Netofat descendente de Zarai: e a sua turma era de vinte e quatro mil. 14 O undécimo, no undécimo mês, era Banaias de Faraton da tribo de Efraim: e a sua turma era de vinte e quatro mil. 15 O duodécimo, no duodécimo mês, era Holdai de Netofat, descendente de Gotoniel: e a sua turma era de vinte e quatro mil.

Chefes das tribos

16 E os príncipes das tribos de Israel, da de Rúben, era Eliezer filho de Zecri: e da de Simeão, Safatias filho de Maaca: 17 da de Levi, Hasabias filho de Camuel: da de Aarão, Sadoc: 18 da de Judá, Eliú irmão de Davi: da de Issacar, Amri filho de Miguel. 19 Da de Zabulon, Jesmaias filho de Abdias: da de Neftali, Jerimot filho de Ozriel: 20 da de Efraim, Oséias filho de Ozaziu: da meia tribo de Manassés, Joel filho de Fadaia: 21 e da outra meia tribo de Manassés em Galaad, Jado filho de Zacarias: e da de Benjamim, Jasiel filho de Abner. 22 E da de Dan, Ezriel filho de Joroão. Estes eram os príncipes dos filhos de Israel. 23 Não quis porém Davi contar os que eram para baixo de vinte anos: porque o Senhor tinha dito que ele multiplicaria Israel como as estrelas do céu. 24 Joab, filho de Sarvia, tinha começado a fazer o seu arrolamento, mas não o acabou: porque por isto a ira de Deus tinha caído sobre Israel: e por isso o número dos que estavam já contados, não se referiu nos fastos do rei Davi.

Administradores dos bens e conselheiros

25 E o tesoureiro-mor do rei era Azmot filho de Adiel. O intendente porém dos tesouros, que havia nas cidades, e nas vilas, e nos castelos, era Jonatan filho de Ozias. 26 E Ezri filho de Quelub era o superintendente da agricultura, e dos lavradores, que cultivavam as terras: 27 e Semeias de Romati era o das vinhas: e Zabdias de Afoni, era das adegas. 28 E Balanan de Geder era o dos olivais, e figueirais, que estavam nos campos: e Joás era dos armazéns do azeite. 29 E dos rebanhos, que pastavam no campo de Saron, era o intendente Setrai saronita: e dos bois que se criavam nos vales Safat filho de Adli: 30 e Ubil ismaelita curava dos camelos: e Jadias de Meronat dos jumentos: 31 e Jazis Agareu das ovelhas. Todos estes eram os intendentes da fazenda do rei Davi.

32 Jonatan porém tio paterno de Davi, homem prudente e letrado, era seu conselheiro: ele e Jaiel filho de Hacamon estavam com os filhos do rei. 33 Aquitofel também era conselheiro do rei, e Cusai Araquites era privado do rei. 34 Depois de Aquitofel eram Jojada filho de Banaias, e Abiatar. E Joab era o generalíssimo do exército do rei.

Instruções de Davi sobre a construção do Templo

28 Convocou pois Davi a Jerusalém todos os príncipes de Israel, os chefes das tribos, e os comandantes dos corpos que serviam ao rei: e também aos tribunos e centuriões, e os administradores da fazenda, e possessões do rei: e seus filhos com os eunucos, e os mais poderosos e valorosos do exército. 2 E tendo-se levantado o rei, e posto em pé, disse: Ouvi-me, irmãos meus, e povo meu. Eu tinha considerado edificar casa, onde descansasse a arca do concêrto do Senhor, o escabêlo dos pés do nosso Deus: e tenho preparado tudo o necessário para a construção do edifício. 3 Mas Deus me disse: Tu não edificarás casa ao meu nome: porque és um homem guerreiro, e tens derramado sangue. 4 Entretanto o Senhor Deus de Israel escolheu-me de toda a casa de meu pai, para me fazer rei de Israel para sempre: porque de Judá, escolheu os príncipes: e da casa de Judá, escolheu a casa de meu pai: e entre os filhos de meu pai, se dignou escolher-me a mim, para me constituir rei sobre todo o Israel. 5 E até de meus filhos (como o Senhor me deu muitos filhos) escolheu ele a meu filho Salomão, para se assentar no trono do reino do Senhor sobre Israel, 6 e me disse: Teu filho Salomão edificará a minha casa, e os meus átrios: porque eu o escolhi para meu filho, e eu serei para ele seu pai. 7 E firmarei para sempre o seu reino, se perseverar em cumprir os meus preceitos, e os meus juízos, como ele o faz ao presente. 8 Agora pois vos conjuro na presença de todo o ajuntamento de Israel, ouvindo o nosso Deus, que guardeis e estudeis todos os mandamentos do Senhor nosso Deus:

a fim de possuirdes esta terra cheia de bens, e de a deixardes para sempre a vossos filhos depois de vós. 9 E tu, meu filho Salomão, conheces o Deus de teu pai, e serve-o com um coração perfeito, e uma plena vontade: porque o Senhor sonda todos os corações, e penetra todos os pensamentos do espírito. Se tu o buscares, achá-lo-ás: mas se o deixares, Ele te rejeitará para sempre. 10 Agora pois já que o Senhor te escolheu para edificares a casa do santuário, anima-te, e completa a obra. 11 E Davi deu a Salomão seu filho o desenho do pórtico, e o do Templo, e das suas oficinas, e das suas salas, e dos seus aposentos interiores, e da casa da propiciação, 12 e também o de todos os átritos que ele tinha delineado, e o dos cubículos que devia haver em roda para os tesouros da casa do Senhor, e para os tesouros dos sagrados móveis, 13 e o das repartições dos sacerdotes e dos levitas, para todas as funções da casa do Senhor, e para todos os vasos do ministério do Templo do Senhor. 14 Especificando o peso do ouro, conforme a diversidade dos vasos e dos feitios. 15 E deu também o ouro para os candeeiros de ouro, e para as suas lâmpadas, segundo o tamanho de cada cadeeiro, e das lâmpadas. E do mesmo modo deu o peso de prata para os candeeiros de prata e para as suas lâmpadas, segundo a diversidade dos tamanhos. 16 Deu também o ouro para as mesas da proposição, segundo a diversidade das mesas: e igualmente a prata para outras mesas de prata. 17 Também para os garfos, e copos, e turíbulos de ouro puríssimo, e para os leõezinhos de ouro, segundo os seus tamanhos, proporcionou o peso para cada um dos leõezinhos. E assim também para os leões de prata separou diverso peso de prata.

18 E para o altar, em que se queima o incenso, deu do ouro mais puro, para que dele se fizesse a figura de um carro de querubins, que estendessem as suas asas, e cobrissem a arca do concerto do Senhor. 19 Todas estas coisas, disse o rei, me foram dadas escritas pela mão de Deus, para que eu compreendesse todas as obras do modelo.

20 Disse mais Davi a seu filho Salomão: Obra varonilmente, e anima-te, e mete mãos à obra: não temas nada, e não te desanimes: porque o Senhor meu Deus será contigo, e não te largará, nem te desamparará, menos que tu não tenhas acabado toda a obra para o serviço da casa do Senhor. 21 Eis aqui as classes dos sacerdotes e dos levitas, que estão ao teu lado, e estão prontos para tudo o que respeita ao ministério da casa do Senhor, e assim os príncipes como o povo saberão executar todas as tuas ordens.

Ofertas para o Templo

29 E disse o rei Davi a toda a congregação: Deus escolheu só a meu filho Salomão, que é moço e tenro: a empresa é grande: porque não se prepara a morada para algum homem, mas para Deus. 2 Eu pois com todas as minhas forças me empreguei em ajuntar o que era necessário para as despesas da casa do meu Deus. O ouro para os vasos de ouro, e prata para os de prata, bronze para as obras de bronze, ferro para as de ferro, madeira para as de madeira: e preparei também pedras cornalinas, e semelhantes ao alabastro, e diversas cores, e toda a casta de pedras preciosas, e mármores de Paros em suma quantidade. 3 Fora estas coisas, que ofereci para a casa de meu Deus dou do meu bolsinho o ouro e prata para o Templo do meu Deus, sem falar do que eu preparei para o santuário. 4 Três mil talentos de ouro, do ouro de Ofir: e sete mil talentos de prata finíssima para se dourarem as paredes do Templo. 5 E quando convenha de ouro, façam-se de ouro as obras, e onde quer que for precisa a prata, se façam de prata as obras pelas mãos dos artífices: mas se alguém por sua vontade oferecer alguma coisa ao Senhor, encha hoje as suas mãos, e ofereça ao Senhor o que bem lhe parecer.

Oração de Davi

6 Prometeram os chefes das famíllias, e os nobres das tribos de Israel, e os tribunos, e os centuriões, e os intendentes da fazenda do rei. 7 E deram para as obras da casa de Deus cinco mil talentos de ouro, e dez mil soldos: dez mil talentos de prata, e dezoito mil talentos de cobre: e cem mil talentos de ferro. 8 E até todos os que tinham pedras preciosas, as deram para os tesouros da casa do Senhor, por mão de Jaiel gersonita. 9 E o povo se alegrou, ao fazer estas oferendas voluntárias: porque as ofereciam de todo o seu coração ao Senhor: e o rei Davi da mesma sorte se alegrou em extremo. 10 E louvou o Senhor diante de toda esta multidão, e disse: Bendito és tu, ó Senhor Deus de Israel, nosso pai, de eternidade em eternidade. 11 Tua é, Senhor, a grandeza, o poder, a glória, e o vencimento; e a ti é devido o louvor: porque tudo o que há no céu, e na terra, é teu: Teu é, Senhor, o império, e tu és acima de todos os príncipes. 12 Tuas são as riquezas, e tua é a glória. Tu és o dominador de tudo, na tua mão está a fortaleza e o mando de todas as coisas.

13 Agora pois, ó nosso Deus, nós te engrandecemos, e louvamos o teu ínclito Nome. 14 Porque quem sou eu, e quem é o meu povo, para te podermos oferecer todas estas coisas?

Teu é tudo: e o que recebemos da tua mão, nós isso mesmo te oferecemos. 15 Porque nós somos peregrinos, e estrangeiros diante de ti, como todos os nossos pais. Os nossos dias são como a sombra sobre a terra, e não há consistência alguma. 16 Senhor nosso Deus, toda esta riqueza, que ajuntamos para se edificar uma casa ao teu santo Nome, veio da tua mão, e tuas são todas as coisas. 17 Eu sei, Deus meu, que sondas os corações, e que amas a simplicidade, e por isso eu também te ofereci alegre todas estas coisas na simplicidade do meu coração: e eu vi que o teu povo, que aqui está junto, te ofereceu os seus presentes com grande alegria.

18 Senhor Deus de nossos pais Abraão, Isaac e Israel, conserva eternamente esta vontade do seu coração, e faze que permaneça sempre nesta resolução de te venerarem. 19 Dá também a meu filho Salomão um coração perfeito, para que ele guarde os teus mandamentos, as tuas leis, e as tuas cerimônias e cumpra tudo: e edifique a casa para a qual preveni as despesas.

20 Ordenou pois Davi a todo o ajuntamento: Bendizei o Senhor nosso Deus. E todo o povo bendisse o Senhor Deus de seus pais: e se prostraram e adoraram a Deus, e depois ao rei.

Investidura de Salomão

21 E imolaram vítimas ao Senhor: e ao outro dia ofereceram holocaustos, mil touros, mil carneiros, mil cordeiros, com as suas libações, e com todo o rito em suma abundância para todo o Israel. 22 E comeram e beberam naquele dia em presença do Senhor com grande regozijo.

E ungiram segunda vez a Salomão filho de Davi. E ungiram-no ao Senhor em rei, e a Sadoc em pontífice. 23 E Salomão se assentou no trono do Senhor como rei em lugar de Davi seu pai, e agradou a todos: e todo o Israel lhe rendeu obediência. 24 E todos os príncipes e os grandes, e todos os filhos do rei Davi também prestaram vassalagem e sujeitaram-se ao rei Salomão. 25 Elevou o Senhor pois a Salomão sobre todo o Israel: e lhe deu em seu reinado tal glória, qual antes dele não teve nenhum rei de Israel.

Morte de Davi

26 Davi, pois, filho de Isai reinou sobre todo o Israel. 27 E o tempo que reinou sobre Israel, foi de quarenta anos, e em Jerusalém trinta e três anos. 28 E morreu numa ditosa velhice, cheio de dias, e de bens, e de glória, e reinou Salomão seu filho em lugar dele.

29 E as primeiras e últimas ações do rei Davi estão escritas no Livro de Samuel o Vidente, e no livro do profeta Natan, e no volume de Gad o Vidente: 30 e o que passou em todo o seu reinado, e a sua fortaleza, e os acontecimentos, que houveram em seu tempo, assim em Israel, como em todos os reinos da terra.

SEGUNDO LIVRO DAS

CRÔNICAS

(OU DOS PARALIPÔMENOS)

I. REINADO DE SALOMÃO

Salomão pede e alcança sabedoria

1 Foi pois confirmado Salomão filho de Davi
no seu reino, e o Senhor seu Deus era com
ele, e o levou a um alto grau. 2 E Salomão
mandou ajuntar a todo o Israel, aos tribunos,
e centuriões, e capitães, e aos juízes de todo o
Israel, e aos chefes das famílias: 3 e foi com
toda esta multidão ao alto de Gabaon, onde
estava o tabernáculo do concerto de Deus, que
Moisés servo de Deus tinha feito no deserto.
4 Davi pois tinha trazido a arca de Deus de
Cariatiarim para o lugar que lhe tinha prepa-
rado, e onde lhe tinha erigido um tabernáculo,
isto é, para Jerusalém. 5 E o altar de bronze,
que tinha feito Beseleel filho de Uri filho
de Hur, estava ali diante do tabernáculo do
Senhor: e Salomão e toda a multidão foi em
busca dele. 6 Subiu pois Salomão ao altar de
bronze, que estava diante do tabernáculo do
concerto do Senhor, e imolou em cima dele
mil vítimas.
7 Aquela mesma noite lhe apareceu Deus,
dizendo: Pede-me o que tu queres que eu te
dê. 8 E disse Salomão a Deus: Tu obraste com
Davi meu pai grande misericórdia: e a mim
que constituiste rei em seu lugar. 9 Agora
pois, Senhor Deus, cumpra-se a tua palavra,
que prometeste a meu pai Davi: pois que tu
me estabeleceste rei sobre o teu grande povo,
que é tão sem conta, como o pó da terra.
10 Dá-me sabedoria e inteligência, para eu me
haver com o teu povo: porque quem poderá
governar dignamente este teu povo, que é tão
grande?
11 E disse Deus a Salomão: Pois que isso
agradou mais ao teu coração, e não me pe-
diste riquezas, nem bens, nem glória, nem a
morte dos que te aborrecem, e nem ainda mui-
tos dias de vida: pois me pediste sabedoria
e ciência, para poderes governar o meu povo,
sobre o qual eu te constitui rei. 12 A sabedoria
e a ciência te são dadas: e demais te darei
riquezas e bens e glória, de modo que nenhum
rei nem antes de ti, nem depois de ti, te seja
semelhante.

Opulência de Salomão

13 Desceu pois Salomão do alto de Gabaon
de diante do tabernáculo do concerto para
Jerusalém, e reinou sobre Israel. 14 E juntou
um grande número de carroças, e de cavala-
ria, e teve mil e quatrocentas carroças, e doze
mil homens de cavalo: e os fez estar nas ci-
dades das carroças, e em Jerusalém junto
ao rei.
15 E o rei tornou o ouro e a prata tão co-
muns em Jerusalém como as pedras, e os ce-
dros como os sicômoros, que nascem nos cam-
pos e em grande quantidade. 16 E eram-lhe
trazidos cavalos do Egito, e de Coa pelos ne-
gociantes do rei que iam, e os compravam por
certo preço, 17 um tiro de quatro cavalos por
seiscentos siclos de prata, e um cavalo por
cento e cinqüenta. E assim se fazia a compra
em todos os reinos dos heteus, e dos reis da
Síria.

Preparativos para construção do Templo

2 Resolveu pois Salomão fundar a casa ao
nome do Senhor, e o palácio para si. 2 E
ordenou setenta mil homens, que às costas
acarretassem os materiais, e oitenta mil para
cortar pedras nos montes, e três mil e seis-
centos por seus inspetores.
3 Enviou também a dizer a Hirão rei de
Tiro: Do mesmo modo que fizeste com Davi
meu pai, e lhe enviaste paus de cedro, para

edificar para si o palácio, em que com efeito
habitou: 4 obra assim comigo para que eu
edifique casa ao nome do Senhor meu Deus,
e a consagre para queimar o incenso na sua
presença, e fumeguem os aromas, e estejam
sempre expostos os pães da proposição, e para
os holocaustos da manhã e da tarde, e nos
sábados, e neomênias, e solenidades do Senhor
nosso Deus perpetuamente, como está man-
dado a Israel. 5 Porque o templo, que eu de-
sejo edificar, deve ser grande: Visto que o
nosso Deus é grande sobre todos os deuses.
6 Quem poderá logo julgar-se capaz de lhe
edificar uma casa digna? Se o céu, e os céus
dos céus o não podem conter: quem sou eu
que possa edificar-lhe uma casa? mas somente
para que se queime incenso na sua presença.
7 Envia-me pois um homem hábil, que saiba
trabalhar em ouro e em prata, em bronze e
em ferro, em obras de púrpura, de escarlata,
e de jacinto, e que saiba esculpir entalhes
com os oficiais que eu tenho junto a mim na
Judéia, e em Jerusalém, os quais Davi meu
pai tinha escolhido. 8 E manda-me também
paus de cedro, e de faia, e de pinho do Líbano:
porque sei que os teus servos são destros em
cortar madeiras do Líbano, e os meus servos
trabalharão com os teus, 9 para que se me
aparelhem madeiras em grande quantidade.
Porque a casa que eu desejo edificar, deve
ser muito grandiosa, e magnífica. 10 E darei
para o sustento dos obreiros teus, servos, que
hão de cortar as madeiras, vinte mil coros
de trigo, e outros tantos de cevada, e vinte
mil metretas de vinho e vinte mil satos de
azeite.
11 E Hirão, rei de Tiro, na carta que enviou
a Salomão, lhe disse: Porque o Senhor amou
o seu povo, por isso te constituiu a ti rei dele.
12 Ainda ajuntou, dizendo: Bendito seja o
Senhor Deus de Israel, que fez o céu e a terra,
que deu ao rei Davi um filho sábio e enten-
dido e cordato e prudente, para edificardes
um templo ao Senhor, e um palácio para si.
13 Eu te envio pois um homem sábio e inteli-
gente, Hirão meu pai, 14 filho de uma mulher
das filhas de Dan, cujo pai foi tírio, que sabe
trabalhar em ouro, e em prata, em bronze,
em ferro, e em mármore e madeira, tamém
em púrpura, e em jacinto, e em linho fino,
e em escarlata: e que sabe lavrar todo o gê-
nero de escultura, e inventar engenhosamente
tudo quanto é necessário em toda a casta de
obras, e trabalhará com os teus artífices, e
com os artífices de teu pai Davi, meu senhor.
15 Manda pois, meu senhor, para os teus ser-
vos o trigo, e a cevada, e o azeite, e o vinho,
que prometeste. 16 E nós faremos cortar no
Líbano as madeiras, que houveres mister, e
nós as faremos pôr em jangadas para irem
por mar até Jope: e tu as mandarás trans-
portar a Jerusalém.
17 Fez Salomão pois tomar a rol todos os
homens prosélitos, que havia na terra de Is-
rael, depois do arrolamento, que tinha man-
dado fazer Davi seu pai, e achou-se que eram
cento e cinqüenta e três mil e seiscentos. 18 E
destes escolheu setenta mil, que levassem as
cargas às costas, e oitenta mil que cortassem
pedra nos montes: e três mil e seiscentos para
inspetores das obras do povo.

Construção do Templo

3 Começou pois Salomão a edificar o Tem-
plo do Senhor em Jerusalém no monte
Moriá, que tinha sido mostrado a Davi seu
pai, no lugar que Davi tinha disposto na eira
de Ornan jebuseu. 2 E começou este edifício
no segundo mês do quarto ano do seu reinado.
3 E este foi o plano, que lançou Salomão
para construir a casa de Deus, sessenta côva-
dos de comprido pela primeira medida, e de
largura vinte côvados. 4 E o pórtico da fron-
taria, era do comprimento em correspondên-
cia da largura da casa, de vinte côvados: mas
a altura era de cento e vinte côvados: e Sa-
lomão o fez dourar todo por dentro de ouro
puríssimo.
5 Fez também forrar a parte maior do Tem-
plo de madeira de faia, e fez chapear tudo
de lâminas de puríssimo ouro: e gravou nela
palmas, e umas como cadeiazinhas, que se
enlaçavam umas com as outras. 6 Fez pavi-
mentar o Templo dum mármore preciosíssi-
mo, no último primor. 7 E o ouro das lâminas,
de que fez cobrir o edifício, e as suas traves,
e as pilastras, e as paredes, e as portas, era
finíssimo: e fez também esculpir uns queru-
bins nas paredes.
8 E fez a casa do Santo dos Santos: o com-
primento que correspondia à largura do tem-
plo, era de vinte côvados: e a largura tinha
igualmente vinte côvados: e a cobriu de lâ-
minas de ouro, de quase seiscentos talentos
de peso. 9 E fez também os pregos de ouro,
de modo que cada um deles pesava cinqüenta
siclos: e revestiu de ouro as câmaras.
10 Fez também na casa do Santo dos San-
tos duas estátuas de querubins: e as cobriu
de ouro. 11 As asas dos querubins tinham de
extensão vinte côvados, de sorte que uma asa
tinha cinco côvados, e tocava na parede do
Templo: e a outra asa, que tinha cinco côva-
dos, tocava na asa do segundo querubim. 12 Da
mesma sorte a asa do segundo querubim tinha
cinco côvados, e tocava na parede: e a outra
asa deste era de cinco côvados, e tocava a

asa do primeiro querubim. 13 As asas pois
destes dois querubins estavam abertas, e ti-
nham vinte côvados de extensão: eles estavam
postos em pé, e os seus rostos virados para
o templo exterior.
14 Fez também um véu de jacinto, de púr-
pura, de escarlata, e de linho fino, e fez bor-
dar nele querubins.
15 E fez diante da porta do Templo duas
colunas que tinham trinta e cinco côvados de
altura: e os seus capitéis eram de cinco cô-
vados. 16 E fez também como umas miúdas
cadeias no santuário, e pô-las sobre os capi-
téis das colunas: e cem romãs, que entrelaçou
nas cadeiazinhas. 17 E pôs estas colunas no
vestíbulo do Templo, uma à direita, e outra
à esquerda: a que estava à direita, chamou-a
Jaquim: e a que estava à esquerda, chamou-a
Booz.

4 Fez também Salomão um altar de bronze
de vinte côvados de comprido, e de vinte
de largo, e de dez de alto.
2 E um mar fundido que tinha dez côvados
de uma borda à outra, e redondo na circun-
ferência: tinha cinco côvados de alto, e um
cordão de trinta côvados guarnecia todo o
seu âmbito. 3 E por baixo do cordão havia
figuras de bois, e por dez côvados no exterior
alguns relevos, que, divididos em duas ordens,
rodeavam o bojo do mar. E os bois eram fun-
didos: 4 e o mesmo mar estava assentado so-
bre doze bois, três dos quais olhavam para
o setentrião, e outros três para o ocidente, e
outros três para o meio-dia, os três que res-
tavam para o oriente, tendo o mar em cima
de si: e as partes posteriores dos bois esta-
vam para a parte interior do mar. 5 E a sua
grossura era de um palmo, e a sua borda era
como a dum copo, ou como a de uma açucena
aberta: e levava três mil metretas.
6 Fez também dez bacias: e pôs cinco à
direita, e cinco à esquerda, para lavarem nelas
tudo o que se houvesse de oferecer em holo-
causto: os sacerdotes porém lavavam-se no
mar.
7 Fez mais dez candeeiros de ouro na forma
que se tinha ordenado que se fizesse: e pô-los
no Templo, cinco à direita e cinco à esquerda.
8 E fez também dez mesas: e pô-las no Tem-
plo, cinco à direita, e cinco à esquerda: e cem
fialas de ouro. 9 Fez também o átrio dos sa-
cerdotes, e o grande átrio: e portas no átrio
que revestiu de bronze.
10 E colocou o mar ao lado direito contra
o oriente ao meio-dia.
11 Fez Hirão também caldeirões, e garfos,
e fialas: e acabou toda a obra do rei no Tem-
plo de Deus: 12 isto é, duas colunas, e os seus
epistílios, e os capitéis, e como uma espécie
de redes, que cobriam os capitéis por cima
dos epistílios. 13 E quatrocentas romãs, e
duas redes, de sorte que se ajuntavam duas
ordens de romãs a cada uma das redes que
cobriam os epistílios, e os capitéis das colu-
nas. 14 Fez também as bases, e as bacias, que
pôs sobre as bases: 15 um mar, e doze bois
por baixo do mar. 16 E os caldeirões, e os
garfos, e as fialas. Hirão seu pai fez a Salomão
todos os vasos de bronze mui puro para a
casa do Senhor. 17 O rei os fez fundir na
região do Jordão em uma terra argilosa entre
Socot e Saredata.
18 E a multidão dos vasos era inumerável,
de modo que se não sabia o peso do bronze.
19 E fez Salomão todos os vasos do Templo
de Deus, e o altar de ouro, e as mesas, e sobre
elas os pães da proposição: 20 fez mais de
puríssimo ouro os candeeiros com as suas
lâmpadas para arderem diante do Oráculo,
segundo o rito: 21 e uns florões, e os mechei-
ros, e as tenazes de ouro: Tudo se fez de ouro
puríssimo. 22 E as caçoulas, e os turíbulos, e
os copos, e os grais de puríssimo ouro. E fez
que se abrissem lavores nas portas do templo
interior, isto é, do Santo dos Santos: e as
portas do Templo pela parte de fora eram de
ouro. E assim se completaram todas as obras,
que Salomão fez na casa do Senhor.

Dedicação do Templo

5 Recolheu pois Salomão tudo o que Davi
seu pai tinha prometido em voto, pôs a
prata, e o ouro, e todos os vasos nos tesouros
da casa de Deus.
2 Depois disto congregou para Jerusalém
todos os anciãos de Israel, e todos os prín-
cipes das tribos, e os chefes das famílias dos
filhos de Israel, para transportarem a arca
do concerto do Senhor da cidade de Davi, que
é Sião. 3 E vieram à presença do rei todos
os varões de Israel no solene dia do sétimo
mês. 4 E tendo vindo todos os anciãos de Is-
rael, levaram os levitas a arca, 5 e a meteram
dentro, com tudo o que pertencia ao taber-
náculo. E os sacerdotes com os levitas leva-
ram os vasos do Santuário, que havia no ta-
bernáculo. 6 Mas o rei Salomão, e todo o
povo de Israel, e todos os que se tinham
congregado diante da arca, imolavam carnei-
ros e bois sem número: tanta pois era a mul-
tidão das vítimas.
7 E puseram os sacerdotes a arca do con-
certo do Senhor no seu lugar, isto é, no oráculo
do Templo, no Santo dos Santos, debaixo das
asas dos querubins: 8 de sorte que os que-
rubins estendiam as suas asas sobre o lugar
em que estava posta a arca, e cobriam a mes-

ma arca e os seus varais. 9 E as extremidades dos varais, com que se levava a arca, porque eram um pouco mais compridos, apareciam diante do oráculo: mas se alguém estava um tanto fora, não os podia ver. E ali tem estado a arca até o presente dia.

10 E não havia na arca outra coisa mais do que as duas tábuas, que Moisés tinha posto em Horeb, quando o Senhor deu a Lei aos filhos de Israel na sua saída do Egito.

11 E logo que os sacerdotes, que saíam do Santuário, (porque todos os sacerdotes que puderam ali achar-se, se purificaram: nem ainda naquele tempo estavam repartidos entre eles os turnos e ordem dos ministérios). 12 Assim os levitas, como os cantores, isto é, os que estavam debaixo da direção de Asaf, e os que estavam debaixo da direção de Eman e de Iditun, seus filhos, e irmãos revestidos de vestes de linho fino, tocavam tímbales, e saltérios, e cítaras, postos em pé ao lado oriental do altar, e com eles cento e vinte sacerdotes, que tocavam trombetas. 13 Assim pois formando todos um concerto com trombetas, e vozes, e tímbales, e órgãos, e diversos outros instrumentos músicos, e fazendo soar altamente as vozes: de longe se ouvia o estrondo, quando deram princípio a cantar e dizer: Bendizei ao Senhor, porque é bom, e porque a sua misericórdia é eterna: se encheu a casa de Deus duma nuvem, 14 nem os sacerdotes podiam estar nem ministrar por causa da escuridão. Porque a glória do Senhor tinha enchido a casa de Deus.

Alocução de Salomão

6 Então disse Salomão: O Senhor tinha prometido que Ele habitaria num nevoeiro: 2 eu porém edifiquei uma casa ao seu nome, para que habitasse nela para sempre.

3 E o rei voltou o seu rosto, e abendiçoou todo o ajuntamento de Israel (porque toda a multidão estava em pé atenta) e disse: 4 Bendito seja o Senhor Deus de Israel, que cumpriu o que prometeu a Davi meu pai, dizendo: 5 Desde o dia em que eu fiz sair o meu povo da terra do Egito, não escolhi cidade alguma entre todas as tribos de Israel, para nela se levantar uma casa ao meu nome: nem escolhi algum outro homem, para ser o condutor do meu povo de Israel, 6 mas escolhi a Jerusalém, para nela se honrar o meu nome, e escolhi a Davi, para o constituir sobre o meu povo de Israel. 7 E havendo meu pai Davi feito o propósito de edificar uma casa ao nome do Senhor Deus de Israel, 8 o Senhor lhe disse: Já que tu tiveste vontade de levantar uma casa ao meu nome, certamente fizeste bem em tomar esta resolução: 9 mas não serás tu o que edifiques a casa, porém teu filho, que sairá de tuas entranhas, esse edificará casa ao meu nome. 10 Assim tem cumprido o Senhor a sua palavra, que tinha dito: e eu sucedi a Davi meu pai: e me assentei sobre o trono de Israel, como o Senhor o tinha dito: e eu edifiquei uma casa ao nome do Senhor Deus de Israel. 11 E nela pus a arca, na qual está o pacto, que o Senhor fez com os filhos ds Israel.

Oração de Salomão

12 Conservou-se pois Salomão em pé diante do altar do Senhor defronte de todo o ajuntamento de Israel, e estendeu as suas mãos. 13 Porque Salomão tinha feito uma base de bronze de cinco côvados de comprido, e outros tantos de largo, e três de alto, que tinha colocado no meio do átrio: e pôs-se em pé sobre ela: e depois posto de joelhos, com o rosto virado para toda a multidão de Israel, e as mãos levantadas ao céu, 14 disse: Senhor Deus de Israel, não há Deus semelhante a ti nem no céu, nem na terra: a ti que observas o pacto e a misericórdia com os teus servos, que andam diante de ti de todo o seu coração: 15 que cumpriste a teu servo Davi meu pai tudo o que lhe disseste: e que com efeito cumpriste as promessas que fizeste por tua boca, assim como agora se verifica. 16 Cumpre pois agora, Senhor Deus de Israel, a favor de Davi meu pai, e teu servo, tudo o que tu lhe prometeste, dizendo: Não faltará de ti varão diante de mim, que se assente sobre o trono de Israel. Mas debaixo de condição de que teus filhos guardem os seus caminhos, e andem segundo a minha lei, assim como tu também andaste na minha presença. 17 E presentemente, Senhor Deus de Israel, confirme-se a tua palavra, que deste a teu servo Davi. 18 É pois crível que habite Deus com os homens sobre a terra? Se o céu e os céus dos céus te não podem conter, quanto menos esta casa, que eu edifiquei? 19 Mas ela foi somente feita a fim de atenderes à oração de teu servo, e às suas súplicas, Senhor meu Deus: e a fim de ouvires as rogativas, que o teu servo faz na tua presença: 20 para de dia e de noite teres os teus olhos abertos sobre esta casa, sobre o lugar no qual tu prometeste que se invocaria o teu Nome, 21 e que escutarias a oração, que o teu servo nele te faz: e ouvirias as súplicas do teu servo e as do teu povo de Israel. Ouve, Senhor, da tua morada, que é o céu, todos os que neste lugar orarem, e sê propício.

22 Se alguém pecar contra seu próximo, e se apresentar para dar juramento contra ele, e se ligar com alguma maldição diante do teu

altar nesta casa: 23 tu ouvirás do céu, e farás justiça aos teus servos, de maneira que faças recair a perfídia do culpado sobre a sua cabeça, e vingues o justo, retribuindo-lhe segundo a sua justiça.

24 Se o teu povo de Israel for vencido dos seus inimigos (porque pecou contra ti) e convertidos fizerem penitência, e invocarem o teu Nome, e vieram suplicar neste lugar, 25 tu os ouvirás do céu, e perdoarás o seu pecado ao teu povo de Israel, e os restituirás à terra, que lhes deste a eles, e a seus pais.

26 Se fechado o céu, a chuva não cair por causa dos pecados do povo, e eles te rogarem neste lugar, e dando glória ao teu Nome, e convertendo-se, e fazendo penitência dos seus pecados, quando os afligires, 27 ouve-os lá do céu, Senhor, e perdoa os pecados dos teus servos e do teu povo de Israel, e ensina-lhes o bom caminho, por onde andem: e derrama a chuva sobre a terra, que tu deste ao teu povo para possuir.

28 Se sobrevier à terra fome ou peste, mela, ou corrupção do ar, e alguma praga de gafanhotos, ou de pulgão, ou os inimigos, depois de destruídos os campos, sitiarem as portas da cidade, e se toda a casta de males e de doenças a oprimir: 29 se algum do teu povo de Israel, considerando a sua praga, e doença te suplicar, e levantar as suas mãos para ti nesta casa, 30 tu o ouvirás do céu, certamente desde a tua sublime morada, e serás propício, e darás a cada um conforme as suas obras, que conheces que ele tem no seu coração (pois que só tu conheces os corações dos filhos dos homens). 31 Para que eles te temam, e para que andem pelos teus caminhos todos os dias que viverem sobre a face da terra, que deste a nossos pais.

32 Se mesmo um estrangeiro, que não fôr do teu povo de Israel, vier dum país remoto, atraído da fama do teu grande Nome, e da tua fortaleza, e do poder do teu braço estendido, e te adorar neste lugar, 33 tu o ouvirás do céu, tua firmíssima habitação, e concederás todas as coisas, pelas quais aquele peregrino te invocar: para que todos os povos da terra saibam o teu Nome, e te temam, como o teu povo de Israel: e reconheçam que o teu nome foi invocado nesta casa, que eu edifiquei.

34 Se o teu povo sair a campanha contra os seus inimigos pelo caminho, pelo qual tu os tiveres mandado, te adorarem com a face virada para o caminho, onde está situada esta cidade, que tu escolheste e a casa que eu edifiquei ao teu Nome: 35 tu ouvirás do céu as suas orações, e as suas súplicas, e os vingarás. 36 Se eles porém pecarem contra ti, (porque não há homem que não peque) e tu te irares contra eles, e os entregares aos inimigos, e estes o levarem cativos para um país remoto, ou talvez para mais vizinho, 37 e eles convertendo-se do seu coração na terra, para onde foram levados cativos, fizerem penitência, e recorrerem a ti na terra do seu cativeiro, dizendo: Nós pecamos, nós cometemos a iniqüidade: nós obramos injustamente: 38 e se voltarem para ti de todo o seu coração, e de toda a sua alma, no país do seu cativeiro, a que foram levados, te adorarem virados para o caminho da sua terra, que deste a seus pais, e da cidade que escolheste, e do Templo, que eu edifiquei ao teu Nome: 39 tu ouvirás do céu, isto é, da tua firme morada as suas rogativas, e farás justiça, e perdoarás ao teu povo, ainda que pecador: 40 porque tu és o meu Deus. Abram-se, te peço, os teus olhos, e estejam atentos os teus ouvidos à oração que se fizer neste lugar.

41 Levanta-te pois agora, Senhor Deus, e vem para o teu descanso, tu e a arca da tua fortaleza. Os teus sacerdotes, Senhor Deus, sejam revestidos da salvação, e os teus santos se alegrem em os bens. 42 Senhor Deus, não apartes o rosto do teu Cristo: lembra-te das misericórdias, que usaste com teu servo Davi.

Sacrifícios inaugurais

7 Tendo pois Salomão acabado a sua oração, desceu fogo do céu, e consumiu os holocaustos e as vítimas: e a majestade do Senhor encheu a casa. 2 De sorte que os sacerdotes não podiam entrar no Templo do Senhor, porque a majestade do Senhor tinha enchido o seu Templo. 3 E também todos os filhos de Israel viram descer o fogo, e a glória do Senhor sobre o Templo: e, prostrados com o rosto em terra sobre o pavimento lajeado de pedra, adoraram e louvaram o Senhor, dizendo: Ele é bom, e a sua misericórdia é eterna.

4 O rei, pois, e todo o povo imolavam vítimas diante do Senhor. 5 O rei Salomão pois sacrificou as vítimas de vinte e dois mil bois e cento e vinte mil carneiros: e o rei com todo o povo dedicou a casa do Senhor. 6 Mas os sacerdotes estavam aplicados às suas funções: e os levitas faziam soar ao som dos instrumentos músicos os hinos do Senhor, que o rei Davi compôs para louvar o Senhor: porque a sua misericórdia é eterna; cantavam os hinos de Davi ao som dos instrumentos que tocavam com as suas mãos.

E os sacerdotes diante deles tocavam as suas trombetas, e todo o Israel estava em pé.

7 Consagrou Salomão também o meio do átrio diante do Templo do Senhor: porque ali tinha ele oferecido os holocaustos e as banhas

das vítimas pacíficas: porque o altar de bronze,
que ele fizera, não podia bastar para os holo-
caustos e sacrifícios e banhas.
8 E fez Salomão então uma solene festa por
sete dias, e todo o Israel com ele, sendo muito
grande o ajuntamento, desde a entrada de
Emat até a torrente do Egito. 9 E ao oitavo
dia celebrou a festa do solene ajuntamento,
porque nos sete dias tinha ele feito a dedicação
do altar, e celebrado a solenidade dos taber-
náculos por sete dias. 10 Assim no dia vigési-
mo terceiro do sétimo mês despediu os povos
para as suas tendas, cheios de alegria e de
contentamento pelas graças, que o Senhor tinha
feito a Davi e a Salomão, e ao seu povo de
Israel.

Segunda aparição do Senhor

11 Acabou pois Salomão a casa do Senhor,
e o palácio do rei, e tudo o que ele dentro em
seu coração tinha proposto fazer na casa do
Senhor, e no seu próprio palácio, e foi bem
sucedido.
12 E o Senhor lhe apareceu de noite, e disse:
Eu ouvi a tua oração e escolhi para mim este
lugar para casa de sacrifício. 13 Se acaso eu
fechar o céu, e não cair chuva, e mandar e
ordenar aos gafanhotos que devorem a terra, e
eu mandar a peste ao meu povo: 14 e conver-
tendo-se o meu povo, sobre que foi invocado
o meu nome, me rogar, e buscar a minha face,
e fizer penitência dos seus maus caminhos: eu
também o ouvirei do céu, e perdoarei os seus
pecados, e purificarei a sua terra. 15 Os meus
olhos também se abrirão, e os meus ouvidos
atenderão à oração daquele que orar neste
lugar. 16 Porque eu escolhi, e santifiquei este
lugar, para nele estar o meu nome para sem-
pre, e para nele estarem fixos os meus olhos,
e o meu coração em todo o tempo. 17 Tu tam-
bém, se andares na minha presença, como
andou Davi teu pai, e se obrares em tudo con-
forme as ordens, que tenho dado, e guardares
os meus preceitos e leis: 18 eu conservarei o
trono do teu reino, bem assim como o pro-
meti a Davi teu pai, dizendo: Não faltará varão
da tua linhagem, que seja príncipe em Israel.
19 Mas se vós vos desviardes de mim, e dei-
xardes as minhas leis, e os mandamentos, que
eu vos propus, e seguirdes o serviço dos deu-
ses estranhos, e os adorardes, 20 eu vos arran-
carei da minha terra, que vos dei: e lançarei
para longe da minha presença este templo,
que consagrei ao meu nome, e o entregarei
para servir de fábula, e de exemplo a todos os
povos. 21 E esta casa se tornará em provérbio
para todos os que passarem, e cheios de es-
panto dirão: Por que se houve o Senhor assim
com esta terra, e com esta casa? 22 E lhes
responderão: Porque deixaram o Senhor Deus
de seus pais, que os tinha tirado da terra do
Egito, e porque tomaram deuses estranhos,
e os adoraram e reverenciaram; por isso vie-
ram sobre eles todos estes males.

Outros empreendimentos de Salomão

8 Passados pois vinte anos depois que Salo-
mão edificara a casa do Senhor e o seu
palácio: 2 reedificou as cidades, que Hirão
tinha dado a Salomão, e fez habitar nelas os
filhos de Israel. 3 Foi também a Emat de Suba,
e apossou-se dela. 4 E fundou Palmira no de-
serto, e edificou outras cidades fortíssimas em
Emat. 5 E fundou Betoron tanto a alta, como
a baixa, cidades muradas, que tinham portas
e ferrolhos e fechaduras: 6 e também a Balaat
e a todas as mais fortes praças, que foram de
Salomão, e a todas as cidades das carroças, e
as cidades dos homens de cavalo: Salomão
edificou tudo o que quis e dispôs assim em
Jerusalém, como no Líbano, em toda a exten-
são de seus estados.
7 Todos os povos, que tinham ficado dos
heteus, e dos amorreus, e dos fereseus, e dos
heveus, e dos jebuseus, que não eram da linha-
gem de Israel, 8 mas sim dos filhos, e descen-
dentes daqueles que os filhos de Israel tinham
deixado com vida, Salomão os fez seus tribu-
tários até o dia de hoje. 9 Porém dos filhos de
Israel não lançou ele mão para trabalharem
nas obras do rei: porque eram homens de
guerra, e os primeiros oficiais e os comandan-
tes das suas carroças e cavalaria. 10 E todos
os maiores oficiais do exército do rei Salomão
chegavam ao número de duzentos e cinqüen-
ta, que amestravam o povo.
11 E mudou a filha de Faraó da cidade de
Davi para a casa que lhe tinha edificado: por-
que disse o rei: Não habitará minha mulher
na casa de Davi rei de Israel, porque foi santi-
ficada: porque entrou nela a arca do Senhor.
12 Então ofereceu Salomão holocaustos ao
Senhor sobre o altar do Senhor, que tinha
levantado diante do pórtico, 13 para ofere-
cer nele cada dia sacrifícios conforme a orde-
nação de Moisés nos sábados, e nas neome-
nias, e nos dias solenes, três vezes no ano, a
saber, na festa dos Asmos, e na festa das Se-
manas, e na festa dos Tabernáculos. 14 E orde-
nou conforme a ordem de Davi seu pai as obri-
gações dos sacerdotes em os seus ministérios:
e a ordem dos levitas, para cantarem os louvo-
res, e para servirem diante dos sacerdotes
segundo o rito de cada dia: e a distribuição
dos porteiros por cada uma das portas: porque
assim o tinha mandado Davi, homem de Deus.

15 E não transgrediram as ordens do rei, tanto
os sacerdotes como os levitas em tudo o que
lhes tinha mandado, e nas guardas dos tesou-
ros. 16 Teve Salomão preparadas todas as coi-
sas necessárias, desde o dia em que lançou os
fundamentos da casa do Senhor até o dia em
que a acabou.

17 Então foi Salomão a Asiongaber, e a
Ailat à praia do mar Roxo, que é na terra de
Edom. 18 E o rei Hirão lhe mandou por seus
vassalos naus, e marinheiros práticos do mar,
e foram com a gente de Salomão a Ofir e de lá
trouxeram ao rei Salomão quatrocentos e cin-
qüenta talentos de ouro.

Visita da rainha de Sabá

9 A rainha de Sabá, tendo também ouvido a
fama de Salomão, veio a Jerusalém para o
sondar por enigmas, trazendo consigo grandes
riquezas e camelos, que vinham carregados de
aromas, e de grande quantidade de ouro, e de
pedras preciosas. Tanto que ela se apresentou
a Salomão, expôs-lhe tudo o que tinha no seu
coração. 2 Salomão lhe explicou tudo o que
ela lhe propusera: não houve coisa alguma que
ele lhe não pusesse claro. 3 Logo que ela viu
a sabedoria de Salomão, e a casa que ele edi-
ficara, 4 e também os manjares da sua mesa,
e os aposentos dos seus servos, e os ofícios
dos que o serviam, e os seus vestidos, também
os copeiros e os seus vestidos e as vítimas que
imolava na casa do Senhor: ficou espantada
como fora de si. 5 E disse ao rei: É verdade
o que das tuas virtudes e da tua sabedoria
ouvi no meu reino. 6 Eu não acreditava aos
que me contavam, até que eu mesma vim, e
vi com os meus olhos, e me desenganei, que
apenas se me tinha dito metade da tua sabe-
doria: as tuas virtudes sobreexcedem a mes-
ma fama. 7 Bem-aventurados os teus povos, e
bem-aventurados os teus servos, que estão
sempre diante de ti, e que ouvem a tua sabe-
doria. 8 Bendito seja o Senhor teu Deus, que
quis colocar-te sobre o seu trono como rei,
fazendo as vezes do Senhor teu Deus. Como
Deus ama a Israel, e quer conservá-lo para
sempre, por isso te estabeleceu por seu rei,
para o julgares e lhe administrares a justiça.

9 E presenteou ao rei com cento e vinte ta-
lentos de ouro, e uma prodigiosa quantidade
de aromas, e pedras preciosíssimas. Não se
viram jamais perfumes tão excelentes, como os
que a rainha de Sabá deu ao rei Salolmão.

Riquezas de Salomão

10 E os servos de Hirão com os de Salomão
trouxeram também ouro de Ofir, e madeiras de
tino, e pedras de sumo preço: 11 das quais
madeiras, isto é, das madeiras de tino, fez o
rei os degraus da casa do Senhor, e no palácio
real, e as cítaras, e os saltérios dos músicos.
Nunca se viram na terra de Judá madeiras
semelhantes.

12 E o rei Salomão deu à rainha de Sabá
tudo o que ela desejou, e o que ela pediu, e
muito mais do que ela lhe tinha trazido: e ela,
retirando-se, voltou para a sua terra com a sua
comitiva.

13 E o peso do ouro, que todos os anos se
trazia a Salomão, era de seiscentos e sessenta
e seis talentos de ouro: 14 sem contar aquela
soma, que lhe costumavam trazer os deputados
de várias nações, e os negociantes, e todos os
reis da Arábia, e os governadores das provín-
cias, que traziam ouro e prata a Salomão.
15 Fez pois o rei Salomão duzentas lanças de
ouro do peso de seiscentos siclos, que se des-
pendiam em cada uma das lanças: 16 e tam-
bém trezentos escudos de ouro de trezentos
siclos de ouro, com que se cobria cada escudo:
e o rei o pôs no seu arsenal, que estava situado
no bosque. 17 Fez mais o rei um grande trono
de marfim, e o revestiu de puríssimo ouro.
18 E os seis degraus, pelos quais se subia ao
trono, e um estrado de ouro, e dois braços
de uma e outra parte, e dois leões ao pé dos
dois braços, 19 e mais outros doze leõezinhos
postos de uma e outra parte sobre os seus
degraus. Não houve trono semelhante em todos
os reinos. 20 E todos os vasos da mesa do rei
eram de ouro, e a baixela do palácio do Bosque
do Líbano era de ouro puríssimo. Porque então
reputava-se por nada a prata. 21 Porque as
frotas do rei iam de três em três anos com a
gente de Hirão a Tarsis: e traziam de lá ouro
e prata, e marfim, e bugios, e pavões.

22 Por isso o rei Salomão foi exaltado acima
de todos os reis do mundo em riquezas e em
glória. 23 E todos os reis da terra desejavam
ver o rosto de Salomão, para ouvirem a sabe-
doria, de que Deus dotara o seu coração: 24 e o
presenteavam todos os anos com vasos de pra-
ta, e de ouro, e vestidos, e armas, e aromas,
cavalos, e machos. 25 Teve também Salomão
quarenta mil cavalos nas suas cavalariças, e
doze mil coches, e doze mil homens de cavalo,
e os repartiu pelas cidades destinadas para as
carroças, e por Jerusalém onde estava o rei.
26 Exerceu também seu poder sobre todos os
reis, que havia desde o rio Eufrates até a terra
dos filisteus, e até às fronteiras do Egito. 27 E
fez que em Jerusalém fosse tão comum a prata
como as pedras: e que houvesse tanta multi-
dão de cedros como são os sicômoros, que nas-
cem nos campos. 28 Traziam-se-lhe também
cavalos do Egito, e de todos os países.

29 As mais ações de Salolmão, tanto as primeiras como as últimas estão escritas nos livros do profeta Natan, e nos livros de Aías de Silo, e na Visão do Vidente Ado, contra Jeroboão filho de Nabat.

30 Reinou pois Salomão em Jerusalém sobre todo o Israel quarenta anos. 31 E adormeceu com seus pais, e foi sepultado na cidade de Davi: e reinou Roboão seu filho em seu lugar.

II. SUCESSORES DE SALOMÃO

Cisão do povo de Israel

10 Partiu pois Roboão para Siquém: porque todo o Israel se tinha lá ajuntado para o constituir rei. 2 O que tendo ouvido Jeroboão filho de Nabat, que estava no Egito (pois tinha fugido para lá da presença de Salomão), voltou logo. 3 E chamaram-no, e veio com todo o Israel, e falaram a Roboão, dizendo: 4 Teu pai nos oprimiu com um jugo duríssimo, trata-nos com mais brandura do que teu pai, que nos impôs uma grave servidão, e alivia-nos um pouco a carga, e nós seremos teus servos. 5 Ele lhes disse: Tornai a vir daqui a três dias.

E depois que o povo se foi, 6 teve Roboão conselho com os anciãos, que tinham sido ministros de Salomão seu pai durante a sua vida, dizendo: Que me aconselhais que eu responda ao povo? 7 Eles lhe disseram: Se contentares a este povo, e o afagares com palavras doces, eles te servirão para sempre. 8 Mas ele desaprovou o conselho dos anciãos, e começou a consultar os moços que haviam sido criados com ele, e estavam na sua companhia. 9 E lhes disse: Que vos parece: o que devo eu responder a esse povo, que me veio dizer: Alivia-nos o jugo, que teu pai nos impôs? 10 Mas eles lhe responderam como moços, e como criados com ele nas delícias, e disseram: Assim responderás ao povo, que te veio dizer: Teu pai fez pesadíssimo o nosso jugo, tu alivia-o. E assim lhe responderás: O meu dedo mínimo é mais grosso do que o costado de meu pai. 11 Meu pai pôs-vos um jogo pesado, e eu lhe acrescentarei maior peso. Meu pai açoitou-vos com correias, eu porém açoi-tar-vos-ei com escorpiões.

12 Ao terceiro dia pois veio Jeroboão, e todo o povo ter com Roboão, segundo ele lhes tinha ordenado. 13 E o rei não fazendo caso do conselho dos anciãos, respondeu-lhes desabridamente: 14 e falou-lhes segundo o conselho dos moços: Meu pai pôs-vos um jugo pesado, o qual eu farei mais pesado. Meu pai açoitou-vos com correias, e eu porém açoitar-vos-ei com escorpiões. 15 E não condescendeu com as súplicas do povo: porque era da vontade de Deus que se cumprisse a palavra, que tinha dito a Jeroboão filho de Nabat por meio de Aías de Silo.

16 Todo o povo porém, com tão dura resposta do rei, assim lhe disse: Não temos parte com Davi, nem herança com o filho de Isai. Volta, Israel, para as tuas tendas, e tu, Davi, cuida da tua casa. E assim se retirou Israel para as suas tendas. 17 Roboão pois reinou sobre os filhos de Israel, que habitavam nas cidades de Judá.

18 E enviou o rei Roboão e Adurão, que era superintendente dos tributos, mas os filhos de Israel o apedrejaram, e ele morreu: mas o rei Roboão apressadamente montou no seu coche e fugiu para Jerusalém. 19 E Israel se separou da casa de Davi, até ao dia de hoje.

11 Roboão veio portanto para Jerusalém, e convocou toda a tribo de Judá e de Benjamim, cento e oitenta mil homens escolhidos e guerreiros, para pelejar contra Israel e para o reunir ao seu império. 2 Mas o Senhor dirigiu a sua palavra a Semeias homem de Deus, dizendo: 3 Vai dizer a Roboão filho de Salomão rei de Judá, e a todo o Israel, que se contém na tribo de Judá, e de Benjamim: 4 Eis aqui o que diz o Senhor: Não vos poreis em campanha, nem pelejareis contra vossos irmãos: cada um volte para sua casa, porque isto aconteceu por minha vontade. Eles tendo ouvido a palavra do Senhor, tornaram para trás, e não marcharam contra Jeroboão.

Roboão, rei de Judá

5 E Roboão habitou em Jerusalém, e fortificou várias cidades muradas em Judá. 6 E fortificou Belém, e Etam, e Técua, 7 e também a Betsur, e Soco, e Odolão, 8 e assim mesmo a Get, e Maresa, e Zif, 9 e Adurão também, e Láquis, e Azeca, 10 e Saraa, e Aialon, e Hebron, que eram em Judá e Benjamim, cidades fortíssimas. 11 E tendo-as fechado de muros, pôs nelas governadores, e armazéns de víveres, isto é, de azeite, e de vinho. 12 E estabeleceu também em cada cidade um arsenal de escudos e de lanças, e as fortaleceu com sumo cuidado, e reinou Roboão sobre Judá e Benjamim.

13 Mas os sacerdotes e os levitas, que havia em todo o Israel, vieram para ele de todas as suas residências, 14 deixando os seus subúr-

bios e suas fazendas, retirando-se para Judá e para Jerusalém: porque Jeroboão e seus filhos os tinham lançado fora, para não exercerem o sacerdócio do Senhor. 15 O qual Jeroboão constituiu para si sacerdotes dos altos, e dos demônios, e dos novilhos que ele mandara fazer. 16 E também de todas as tribos de Israel, todos aqueles que se tinham determinado de seu coração a buscar o Senhor Deus de Israel, vieram a Jerusalém, para imolarem as suas vítimas na presença do Senhor Deus de seus pais. 17 E corroboraram o reino de Judá, e confirmaram a Roboão filho de Salomão por três anos: porque só três anos andaram nos caminhos de Davi e de Salomão.

18 E casou Roboão com Maalat, filha de Jerimot, filho de Davi: e também com Abiail, filha de Eliab, filho de Isai, 19 da qual teve os filhos Jeús, e Somorias, e Zoom. 20 Depois desta tomou também por mulher a Maaca filha de Absalão, da qual teve a Abia, e a Etai, e a Ziza, e a Salomit. 21 Roboão pois amou a Maaca filha de Absalão sobre todas as suas mulheres, e concubinas: porque ele tinha casado com dezoito mulheres, e tinha sessenta concubinas: e teve vinte e oito filhos, e sessenta filhas. 22 Pôs porém a Abia filho de Maaca por cabeça, e príncipe sobre todos os seus irmãos: porque tinha o intento de o fazer rei, 23 porque era o mais avisado, e o mais poderoso do que todos os seus filhos, e em todos os territórios de Judá, e de Benjamim, e em todas as cidades muradas: e lhes deu alimentos em suma abundância, e pediu para eles muitas mulheres.

12 Firmado pois e fortalecido o reino de Roboão, deixou este a lei do Senhor, e com ele todo o Israel.

2 Mas no quinto ano do reinado de Roboão, marchou Sesac rei do Egito contra Jerusalém (porque tinham pecado contra o Senhor), 3 com mil e duzentas carroças de guerra, e sessenta mil homens de cavalo: e era inumerável a populaça que com ele tinha vindo do Egito, a saber, os líbios, e os trogloditas, e os etíopes. 4 E ele se apoderou das praças mais fortes de Judá, e chegou até Jerusalém. 5 E o profeta Semeias veio ter com Roboão, e com os príncipes de Judá, que se tinham ajuntado em Jerusalém, fugindo de Sesac, e lhes disse: Eis aqui o que diz o Senhor: Vós desamparastes-me, e eu vos desamparei também nos mãos de Sesac. 6 E consternados os príncipes de Israel e o rei disseram: O Senhor é justo. 7 E vendo o Senhor, que se tinham humilhado, o Senhor fez ouvir a sua palavra a Semeias, dizendo: Pois que eles se humilharam, eu os não perderei, mas dar-lhes-ei algum socorro, e não farei cair o meu furor sobre Jerusalém por mão de Sesac. 8 Todavia eles lhe ficarão sujeitos, para conhecerem a diferença que há entre o servir-me a mim, e o servir os reis da terra.

9 Sesac pois rei do Egito se retirou de Jerusalém, depois de ter tirado os tesouros da casa do Senhor, e do palácio do rei, e levou tudo consigo, e os escudos de ouro, que Salomão tinha mandado fazer, 10 em lugar dos quais mandou o rei fazer outros de bronze, e os entregou aos capitães dos escudeiros, que guardavam o átrio do palácio. 11 E quando o rei entrava na casa do Senhor, vinham os escudeiros, e os tomavam, e depois tornavam-nos a levar para o seu arsenal. 12 Mas porque eles se tinham humilhado, se apartou de cima deles a ira do Senhor, e não foram de todo extintos: porque ainda se acharam obras boas em Judá.

13 Fortificou-se pois o rei Roboão em Jerusalém, e reinou: e tinha quarenta e um anos quando começou a reinar, e reinou dezessete anos em Jerusalém, cidade que o Senhor tinha escolhido entre todas as das tribos de Israel, para nela estabelecer o seu nome. E sua mãe chamava-se Naama amonita. 14 Mas ele fez o mal, e não preparou o seu coração para buscar o Senhor.

15 As ações porém de Roboão, assim as primeiras como as últimas, estão escritas nos livros do profeta Semeias, e de Ado o Vidente, e expostas com diligência: e Roboão, e Jeroboão tiveram guerra entre si em todos os seus dias. 16 E Roboão adormeceu com seus pais, e foi sepultado na cidade de Davi. E em seu lugar reinou seu filho Abia.

Abia, o rei de Judá

13 No ano décimo oitavo do rei Jeroboão, reinou Abia sobre Judá. 2 Reinou três anos em Jerusalém. Sua mãe chamava-se Micaia, filha de Huriel de Gabaa.

E havia guerra entre Abia e Jeroboão. 3 E Abia pondo-se em estado de dar batalha, e tendo consigo gentes fortíssimas, e quatrocentos mil homens escolhidos: Jeroboão pôs também em batalha um exército de oitocentos mil homens os quais também eram soldados escolhidos, e valentíssimos para guerrear.

4 Abia pois se acampou em cima do monte Semeron que era na tribo de Efraim, e disse: Ouve, Jeroboão, e todo o Israel. 5 Acaso ignorais vós que o Senhor Deus de Israel deu para sempre a Davi, e a seus descendedntes a soberania sobre Israel por um pacto de sal? 6 E que Jeroboão, filho de Nabat, vassalo do Salomão, filho de Davi, se levantou: e se rebelou contra seu senhor. 7 E que uma multiddão de gentes de nada, e filhos de Belial se ajuntaram a ele:

e fizeram-se mais fortes do que Roboão filho de Salomão: porque Roboão era um homem sem experiência, e de coração cobarde, nem lhes pode resistir. 8 Agora pois vós dizeis que podeis resistir ao reino do Senhor, que ele possui pelos descendentes de Davi, e que tendes uma grande multidão de povo, e os novilhos de ouro que Jeroboão vos fez para vossos deuses. 9 E vós deitastes fora os sacerdotes do Senhor, filhos de Aarão, e os levitas: e fizestes para vós sacerdotes bem como todos os povos da terra: todo o que vier, e consagrar a sua mão pela imolação dum novilho, e de sete carneiros, é feito sacerdote daqueles que não são deuses. 10 Mas o nosso Senhor é Deus, a quem não deixamos e ao Senhor servem os sacerdotes da linhagem de Aarão, e os levitas o servem na sua ordem: 11 e cada dia de manhã e de tarde oferecem holocaustos ao Senhor, e perfumes compostos segundo os preceitos da lei, e expõem-se os pães numa mesa, limpíssima, e temos o candeeiro de ouro, e as suas lâmpadas, que sempre se acendem de tarde: porque nós guardamos os preceitos do Senhor nosso Deus, a quem vós deixastes. 12 Assim o capitão do nosso exército é Deus, e os seus sacerdotes são o que tocam as trombetas, e as fazem retinir contra vós. Filhos de Israel, não queirais pelejar contra o Senhor Deus de vossos pais, porque isto vos não convém.

13 Dizendo Abia estas coisas, procurava Jeroboão surpreendê-lo por detrás. E estando acampado defronte dos inimigos, rodeava com o seu exército a Judá sem este o perceber. 14 Mas tendo Judá voltado a cabeça reconheceu que vinham sobre ele por diante e por detrás, e clamou ao Senhor: e os sacerdotes começaram a tocar as trombetas. 15 E todo o exército de Judá levantou uma grande vozeria: e eis que quando eles assim gritavam, infundiu Deus o temor em Jeroboão, e em todo o Israel que estava defronte de Abia e de Judá. 16 E os filhos de Israel apertaram a fugir à vista de Judá, e Deus lhos entregou nas suas mãos. 17 Abia pois, e a sua gente os desbarataram com grande destrôço: e morreram feridos da banda de Israel quinhentos mil homens valentes. 18 E foram humilhados os filhos de Israel naquele tempo, e os filhos de Judá cobraram grandíssimo alento, porque tinham pôsto a sua confiança no Senhor Deus de seus pais.

19 E Abia foi perseguindo a Jeroboão que fugia, e lhe tomou as suas cidades, a Betel e as suas dependências, e a Jesana e as suas dependências, a Efron e as suas dependências: 20 e Jeroboão não pode mais resistir durante o reinado de Abia: e o Senhor feriu a Jeroboão, e o matou. 21 Abia pois, firmado o seu reino, tomou catorze mulheres: e teve vinte e dois filhos e dezesseis filhas.

22 Mas o resto das ações de Abia, e dos seus costumes, e feitos está escrito com toda a exacção no livro do profeta Ado.

Asa, rei de Judá

14 E adormeceu Abia com seus pais, e sepultaram-no na cidade de Davi: e em seu lugar reinou Asa seu filho, em cujo tempo esteve a terra em paz dez anos.

2 E fez Asa o que era justo e grato aos olhos do seu Deus, e destruiu os altares de culto estranho, e os altos, 3 e quebrou as estátuas, e cortou os bosques: 4 e mandou a Judá que buscasse o Senhor Deus de seus pais, e observasse a lei, e todos os preceitos: 5 e tirou de todas as cidades de Judá os altares e os ídolos, e reinou em paz.

6 Fez também reparar as cidades fortes de Judá, porque estava quieto, e não havia guerra alguma em seus dias, dando o Senhor a paz. 7 Disse pois a Judá: Reparemos estas cidades e cinjamo-las de muros, e fortifiquemo-las com torres, e portas, e fechaduras, enquanto tudo está quieto de guerras, porque buscamos o Senhor Deus de nossos pais, e Ele nos deu paz com os povos vizinhos. Repararam pois as praças, e não houve coisa que estorvasse o seu reparo.

8 Asa pois teve no seu exército trezentos mil homens de Judá armados de escudos e lanças, e de Benjamim duzentos e oitenta mil homens, armados de escudos, e de flechas, todas estas gentes de muito valor. 9 E veio contra eles Zara etíope com o seu exército composto dum milhão de homens, e trezentas carroças: e chegou até Maresa. 10 Porém Asa marchou ao seu encontro, e formou o exército em batalha no vale da Sefata, que está perto de Maresa: 11 e invocou o Senhor Deus, e disse: Senhor, não há diferença alguma para contigo quando tu queres socorrer, ou com poucos, ou com muitos: socorre-nos pois, Senhor nosso Deus: porque confiados em ti, e no teu Nome, viemos contra esta multidão. Senhor, tu és o nosso Deus, não prevaleça o homem contra ti. 12 Aterrou portanto o Senhor aos etíopes, à vista de Asa e de Judá: e os etíopes fugiram. 13 E os foi perseguindo Asa, e o povo, que com ele estava, até Gerara: e foram derrotados os etíopes sem ficar nenhum, porque foram destroçados pelo Senhor que os feria, e pelo seu exército que pelejava. Levaram pois muitos despojos, 14 e destruíram todas as cidades nos arredores de Gerara: porque um grande temor se tinha apossado de todos: e saquearam as cidades, e levaram grande presa. 15 E destruindo tam-

bém as malhadas das ovelhas, levaram consigo infinidade de gados, e de camelos: e voltaram para Jerusalém.

Profecia de Azarias

15 Azarias, filho de Oded, recebido em si o Espírito de Deus, 2 saiu ao encontro de Asa, e lhe disse: Ouvi-me, Asa, e todos vós, povo de Judá e de Benjamim: O Senhor foi convosco, porque vós fostes com ele. Se vós o buscardes achá-lo-eis: mas se o deixardes, ele vos deixará. 3 Passar-se-ão muitos dias em Israel sem o verdadeiro Deus, e sem sacerdotes que os instruam, e sem lei. 4 E se eles na sua angústia se converterem para o Senhor Deus de Israel, e o buscarem achá-lo-ão. 5 Naquele tempo não haverá paz para o que saia, nem para o que entre, mas de todas as partes haverá terror em todos os habitantes da terra: 6 porque levantar-se-á uma nação contra outra nação, e uma cidade contra outra cidade, porque o Senhor os conturbará com toda a aflição. 7 Vós pois alentai-vos, e não se enfraqueçam as vossas mãos: porque a vossa obra será recompensada.

8 E ouvindo Asa estas falas, e a predição de Azarias, filho de Oded Profeta, cobrou ânimo, e exterminou os ídolos de todas as cidades da terra de Judá, e de Benjamim, e das cidades do monte de Efraim, que ele tinha tomado, e renovou o altar do Senhor que estava diante do átrio do Senhor. 9 E congregou todo o povo de Judá e de Benjamim, e com eles os estrangeiros de Efraim, e de Manassés, e de Simeão: porque tinham fugido para ele muitos israelitas, vendo que o Senhor seu Deus era com ele. 10 E vindos que foram a Jerusalém no terceiro mês, do ano décimo quinto do reinado de Asa, 11 imolaram ao Senhor naquele dia setecentos bois, e sete mil carneiros, do esbulho, e da presa, que tinham trazido. 12 E o rei entrou, segundo o costume, para ratificar o concerto, de buscarem de todo o seu coração, e de toda a sua alma, o Senhor Deus de seus pais. 13 E se algum, disse ele, não buscar o Senhor Deus de Israel, morra, desde o pequeno até o maior, desde o homem até a mulher. 14 E prestaram juramento ao Senhor em altas vozes, com júbilo, e toque das trombetas, e ao som de buzinas; 15 todos os que estavam em Judá acompanharam com execrações este juramento: porque juraram de todo o seu coração, e buscaram a Deus com toda a sua vontade, e o acharam: e o Senhor lhes deu descanso com todos os seus vizinhos.

16 E depôs Asa também do poder soberano a Maaca sua mãe, porque ela tinha levantado num bosque o ídolo de Príapo: o qual esmigalhou inteiramente, e fazendo-o em pedaços o queimou no vale de Cedron. 17 Mas ficaram em Israel os altos: o que não obstante o coração de Asa foi perfeito em todos os seus dias. 18 E meteu no Templo do Senhor, o que seu pai, e ele tinham prometido em voto, prata e ouro e vasos de diversos feitios. 19 E não houve guerra até o ano trigésimo quinto do reinado de Asa.

Pecado de Asa

16 No ano trigésimo sexto do seu reinado, veio Baasa rei de Israel a Judá, e fortificava Rama com um muro à roda, para que nenhum do reino de Asa pudesse seguramente sair nem entrar. 2 Tirou pois Asa o ouro e a prata dos tesouros da casa do Senhor, e dos tesouros do rei, remeteu-os a Benadad rei da Síria, que habitava em Damasco, dizendo: 3 Há uma aliança entre mim e ti, meu pai também e o teu conservaram concórdia entre si. Por esta razão te mandei prata e ouro, para que, rota a aliança, que tens com Baasa rei de Israel, o obrigues a retirar-se de meus estados. 4 Sabido o que, Benadad despediu os generais dos seus exércitos contra as cidades de Israel: os quais destruíram Aion, e Dan, e Abelmaim, e a todas as cidades muradas de Naftali. 5 O que tendo ouvido Baasa, cessou de edificar a Rama, e não prosseguiu na sua obra. 6 Mas o rei Asa pegou em toda a gente de Judá, e fez tirar de Rama as pedras, e a madeira, que Baasa tinha preparado para a edificar, e com elas reparou Gabaa, a Masfa.

7 Naquele tempo veio ter o profeta Hanani com Asa rei de Judá, e lhe disse: Porque te confiaste no rei da Síria, e não no Senhor teu Deus, por isso o exército do rei da Síria escapou das tuas mãos. 8 Acaso não eram os etíopes e os líbios muito mais em número, em carroças, e em cavalaria, e numa multidão imensa: aos quais, quando tu confiaste no Senhor, ele os entregou nas tuas mãos? 9 Porque os olhos do Senhor contemplam toda a terra, e inspiram força aos que confiam nele com um coração perfeito. Tu pois obraste loucamente, e por isso mesmo desde agora estão a levantar-se guerras contra ti. 10 E Asa, irado contra o Vidente, mandou que o metessem no cepo: porque se tinha irritado muito por esta causa: e nesta ocasião mandou ele matar muitos do povo.

11 Quanto às ações de Asa, desde as primeiras até as últimas, elas estão escritas no livro dos reis de Judá e de Israel.

12 Caiu depois Asa doente no ano trinta e nove do seu reinado, de uma veementíssima dor nos pés, e nem na sua enfermidade ele recor-

reu ao Senhor, mas antes pôs a sua confiança
na ciência dos médicos. 13 E adormeceu com
seu reinado. 14 E sepultaram-no no seu sepul-
cro que ele tinha mandado fazer para si na
cidade de Davi: e puseram-no sobre o seu leito
todo cheio de aromas e de ungüentos meretrí-
cios, que tinham sido compostos pela arte dos
perfumadores, e os queimaram sobre ele com
exraordinária pompa.

Josafat, rei de Judá

17 Em seu lugar pois reinou seu filho Jo-
safat, e prevaleceu contra Israel. 2 E es-
tabeleceu o número de soldados por todas as
cidades de Judá, que estavam cercadas de mu-
ros. E pôs guarnições na terra de Judá, e nas
cidades de Efraim, que Asa seu pai tinha to-
mado.
3 E o Senhor foi com Josafat, porque andou
pelos primeiros caminhos de Davi seu pai, e
não pôs a sua confiança nos ídolos, 4 mas sim
no Deus de seu pai, e porque caminhou nos
seus mandamentos, e não seguiu os pecados de
Israel. 5 E o Senhor firmou o reino na sua mão,
e todos os de Judá fizeram seus presentes a
Josafat. Ele adquiriu infinitas riquezas, e mui-
ta glória. 6 E tendo o seu coração tomado
esforço por amor dos caminhos do Senhor, fez
também deitar abaixo em Judá os altos e os
bosques.
7 E no terceiro ano do seu reinado, enviou
dos primeiros senhores da sua corte a Benail,
e a Obdias, e a Zacarias, e a Natanael, e a Mi-
quéias, para ensinarem nas cidades de Judá:
8 e com estes os levitas, Semeias, e Natanias,
e Zabadias, e Asael, e Semiramot, e Jonatan,
e Adonias, e Tobias, e Tobadonias, levitas, e
com eles os sacerdotes Elisama, e Jorão, 9 e
eles instruíam o povo em Judá, levando con-
sigo o lilvro da lei do Senhor, e iam por todas
as cidades de Judá, e doutrinavam o povo.
10 Deste modo se espalhou o terror do
Senhor por todos os reinos da terra, que con-
finavam com o de Judá, e não se atreviam a
tomar as armas contra Josafat. 11 Mas até os
filisteus traziam a Josafat donativos, e tributo
de prata, e os árabes traziam-lhe gados, sete
mil e setecentos carneiros, e outros tantos
bodes.
12 Cresceu pois Josafat, e se engrandeceu até
ao maior ponto de grandeza: e edificou em
Judá fortalezas em forma de torres, e cidades
muradas. 13 E empreendeu muitas obras em
as cidades de Judá: e tinha também gentes
de guerra, e homens mui valentes em Jerusa-
lém, 14 e este é o número deles pelas casas
e famíllias de cada um: em Judá os primeiros
oficiais do exército, o general Ednas, que tinha
às suas ordens trezentos mil homens valentís-
simos. 15 Depois deste Joanan príncipe e com
ele duzentos e oitenta mil. 16 E depois deste
Amasias, filho de Zecri, consagrado ao Senhor,
e com ele duzentos mil homens de valor. 17 Se-
guia-se a este Eliada formidável na peleja, e
com ele duzentos mil armados de arcos e
escudos. 18 E depois deste Jozabad, e com ele
cento e oitenta mil soldados de tropas ligeiras.
19 Todos estes tinha o rei à mão, sem falar dos
outros, que ele tinha posto nas cidades mura-
das, por todo o Judá.

Aliança de Josafat com Acab

18 Foi Josafat pois muito rico e muito ilus-
tre, e se enlaçou por afinidade com Acab.
2 E, passados anos, foi ve-lo a Samaria. Acab
à sua chegada mandou matar muitos carneiros
e bois para ele, e para o povo, que com ele
tinha vindo: e lhe persuadiu que marchasse
contra Ramot de Galaad.
3 Acab pois rei de Israel disse a Josafat rei
de Judá: Vem comigo a Ramot de Galaad. E
Josafat lhe respondeu: Como, eu, assim também
tu: como o teu povo, assim também o meu
povo: e nós te acompanharemos na guerra.
4 E Josafat disse ao rei de Israel: Peço-te
que consultes hoje a vontade do Senhor. 5 O
rei de Israel pois ajuntou quatrocentos profe-
tas, e lhes disse: Devemos nós ir atacar a Ra-
mot de Galaad ou deixar-nos estar quedos? E
eles responderam: Vai, e Deus a entregará nas
mãos do rei. 6 E disse Josafat: Não há aqui
algum profeta do Senhor, para também o con-
sultarmos? 7 E o rei de Israel disse a Josafat:
Aqui há um homem, pelo qual nós podemos
consultar a vontade do Senhor: mas eu o
aborreço, porque nunca me profetiza coisa
boa, mas sempre o mal. É Miquéias, filho de
Jemla. E Josafat lhe disse: Ó rei, não fales
assim. 8 Mandou o rei de Israel pois chamar
um dos seus eunucos, e lhe disse: Faze-me
aqui vir logo a Miquéias filho de Jemla.
9 Mas o rei de Israel, e Josafat rei de Judá
estavam assentados cada um em seu trono,
vestidos com magnificência real: e estavam
assentados no terreiro que está junto à porta
de Samaria, e todos os profetas profetizavam
diante deles. 10 Então Sedecias filho de Ca-
naana fez para si uns cornos de ferro, e disse:
Eis aqui o que diz o Senhor: Com estes sacudi-
ras tu a Síria, até a destruíres. 11 E todos os
profetas profetizavam do mesmo modo, e di-
ziam: Marcha para Ramot de Galaad, e tu
serás bem sucedido, e o Senhor os entregará
nas mãos do rei.
12 O mensageiro porém, que tinha ido cha-
mar Miquéias, disse a este: Saberás que todos

os profetas profetizam a uma boca ao rei bom sucesso: peço-te pois que as tuas palavras não difiram das deles, e que profetizes um sucesso favorável. 13 Ao qual respondeu Miquéias: Viva o Senhor, que eu não direi, senão o que me disser o meu Deus.

14 Veio pois à presença do rei. E o rei lhe disse: Miquéias, devemos nós ir contra Ramot de Galaad para a sitiar, ou deixarmo-nos estar quedos? Ele lhe respondeu: Ide: porque todas as coisas vos sairão bem, e os inimigos serão entregues nas vossas mãos. 15 E disse o rei: Eu te conjuro, uma, e outra vez, que me não fales senão o que é verdade, em nome do Senhor. 16 Então disse Miquéias: Eu vi a Israel disperso pelos montes, como ovelhas sem pastor: e o Senhor disse: Estas gentes não têm chefes: cada um volte em paz para sua casa. 17 E disse o rei de Israel para Josafat: Não te disse eu, que este homem nunca me profetiza coisa alguma de bem, mas sempre o que é mau? 18 Mas Miquéias prosseguiu: Ouvi pois a palavra do Senhor: Eu vi o Senhor assentado no seu trono, e todo o exército do céu assistindo-lhe à direita e à esquerda. 19 E o Senhor disse: Quem enganará a Acab rei de Israel, para que ele marche e pereça em Ramot de Galaad? E dizendo um de um modo, e outro de outro: 20 chegou-se o espírito maligno, e se apresentou diante do Senhor, e disse: Eu o enganarei. E o Senhor lhe disse: Como o enganarás tu? 21 E ele respondeu: Irei, e serei um espírito mentiroso na boca de todos os seus profetas. E disse o Senhor: Tu o enganarás, e prevalecerás: vai, e faze-o assim. 22 Repara pois agora como o Senhor pôs um espírito de mentira na boca de todos os teus profetas, e o Senhor pronunciou contra ti desgraças.

23 E Sedecias filho de Canaana se chegou e deu uma bofetada em Miquéias, e disse: Por que caminho passou de mim o espírito do Senhor, para te falar a ti? 24 E respondeu Miquéias: Tu mesmo o verás naquele dia, quando fores entrando de cubículo em cubículo para te esconderes. 25 Mas o rei de Israel ordenou, dizendo: Pegai em Miquéias, e levai-o a Amon governador da cidade, e a Joás filho de Amelec. 26 E direis: Isto manda o rei: Metei este homem no cárcere; e dai-lhe um pouco de pão, e uma pouca de água, até que eu volte em paz. 27 E respondeu Miquéias: Se tu voltares em paz, não falou o Senhor pela minha boca. E acrescentou: Ouvi isto, povos todos.

28 O rei de Israel pois, e Josafat rei de Judá marcharam contra Ramot de Galaad. 29 E o rei de Israel disse para Josafat: Eu mudarei de trajo, e assim irei a combater, mas tu, vem com os teus vestidos. E o rei de Israel, mudado o trajo, foi para o combate.

30 Mas o rei da Síria mandou aos comandantes da sua cavalaria, dizendo: Não pelejeis contra o pequeno, nem contra o grande, mas somente contra o rei de Israel. 31 Assim logo que os comandantes da cavalaria viram a Josafat, disseram: Este é o rei de Israel. E o cercaram carregando sobre ele: mas este príncipe gritou ao Senhor, que o socorreu, e os apartou dele. 32 Porque como os comandantes da cavalaria viram, que este não era o rei de Israel, deixaram-no. 33 Mas aconteceu que um homem do povo atirou à toa uma flecha, e feriu com ela o rei de Israel entre o pescoço e as costas, mas ele disse ao seu cocheiro: Volta de rédea, e tira-me do combate, porque estou ferido. 34 E acabou-se a peleja naquele dia. E o rei de Israel ficou no seu coche até à tarde fazendo cara aos siros, e morreu ao pôr do sol.

19 E Josafat rei de Judá voltou em paz para sua casa em Jerusalém. 2 Ao qual saiu ao encontro o vidente Jeú filho de Hanani, e lhe disse: Tu dás socorro a um ímpio, e fazes liga com os que aborrecem o Senhor, e tu te fizeste digno da ira do Senhor: 3 mas em ti se acharam certas obras boas, porque tu exterminaste da terra de Judá os bosques e dispuseste o teu coração a buscar o Senhor Deus de teus pais.

Reformas

4 Habitou pois Josafat em Jerusalém: e saiu outra vez a visitar o povo desde Bersabée até ao monte de Efraim, e os reduziu ao culto do Senhor Deus de seus pais. 5 Estabeleceu também juízes na terra em todas as cidades fortes de Judá em cada um dos seus lugares. 6 E ordenando aos juízes, disse: Vede o que fazeis: porque não exerceis a justiça de um homem, mas sim a do Senhor: e tudo o que vós julgardes, recairá sobre vós. 7 O temor do Senhor seja convosco, e fazei todas as coisas com diligência: porque no Senhor nosso Deus não há iniqüidade, nem acepção de pessoas, nem cobiça de dádivas.

8 Estabeleceu também Josafat em Jerusalém levitas, e sacerdotes, e príncipes das famílias de Israel, para fazerem justiça aos seus habitantes, nos negócios pertencentes ao Senhor. 9 E lhes ordenou, dizendo: Assim obrarei no temor do Senhor com fidelidade, e com um coração perfeito. 10 Em toda a causa, que vos vier de vossos irmãos, que habitam nas suas cidades entre famílias, e famílias, todas as vezes que a questão for sobre a lei, sobre os mandamentos, sobre as cerimônias, e sobre os preceitos; instruí-os, para que não pequem contra o Senhor, e que a sua ira não caia so-

bre vós e sobre vossos irmãos. Se vós pois assim obrardes, não pecareis. 11 E o sacerdote Amarias e vosso pontífice, presidirá nas coisas que tocam a Deus: e Zabadias filho de Ismael, que é o chefe da casa de Judá, presidirá nos negócios que tocam ao serviço do rei: e tendes convosco por mestres os levitas, confortai-vos, e sede diligentes, e o Senhor será convosco aumentando-vos os bens.

Vitórias de Josafat

20 Depois disto se ajuntaram os filhos de Moab, e os filhos de Amon, e com eles dos amonitas, contra Josafat para lhe fazerem guerra. 2 E vieram mensageiros, e avisaram a Josafat, dizendo: Eis aí vem contra ti uma grande multidão daqueles lugares, que estão da banda de além do mar, e da Síria e estão acampados em Asasontamar, que é Engadi.

3 E Josafat, passado de medo, se aplicou inteiramente a rogar ao Senhor, e fez publicar um jejum em todo o Judá. 4 E Judá se ajuntou para implorar o Senhor: e até todos sairam das suas cidades, para lhe fazerem rogativas. 5 E pondo-se em pé Josafat no meio da congregação de Judá, e de Jerusalém, na casa do Senhor, diante do átrio novo, 6 disse: Senhor Deus de nossos pais, tu és o Deus do céu, e tu dominas sobre todos os reinos das nações, na tua mão está a fortaleza e o poder, e ninguém te pode resistir. 7 Acaso tu, ó nosso Deus, não deste cabo de todos os habitantes desta terra na presença do teu povo de Israel, e a deste para sempre à posteridade de Abraão teu amigo? 8 E habitaram nela, e fizeram um santuário ao teu nome, dizendo: 9 Se vierem sobre nós os males, a espada do juízo, a peste, e fome, nós nos apresentaremos diante de ti nesta casa, onde o teu nome foi invocado: e nós clamaremos para ti em nossas aflições, e tu nos ouvirás, e nos salvarás. 10 Agora pois vê, que os filhos de Amon, e de Moab, e os montanheses de Seir, pelas terras dos quais não permitiste a Israel que passasse quando eles sairam do Egito, mas se desviaram deles, e os não mataram: 11 eles o fazem pelo contrário, e pretendem lançar-nos fora da posse, que tu nos deste. 12 Deus nosso, logo não julgarás estes? Em nós certamente não há tantas forças, que possamos resistir a esta multidão, que vem sobre nós. Mas como não sabemos o que devemos fazer, por isso não nos fica outro recurso mais, que voltar para ti os nossos olhos. 13 E todo o Judá estava em pé diante do Senhor, com as suas crianças, e mulheres, e filhos. 14 Achava-se ali também Jaaziel, filho de Zacarias, filho de Banais, filho de Jeiel, filho de Matanias, levita da família de Asaf, sobre o qual desceu o Espírito do Senhor no meio da turba, 15 e disse: Ouvi todos vós, povo de Judá, e vós os que habitais em Jerusalém, e também tu, ó rei Josafat: eis aqui o que vos diz o Senhor: Não vos assusteis, nem tenhais medo desta multidão; porque não é vossa a peleja mas sim de Deus. 16 Amanhã ireis vós contra eles: porque eles hão de subir pela encosta do monte chamado Sis, e vós os achareis na extremidade da torrente, que olha defronte do deserto de Jeruel. 17 Não sereis vós os que combatereis: mas somente tende confiança, e vereis o socorro do Senhor sobre vós, ó Judá, e ó Jerusalém: não vos assusteis nem tenhais medo: vós marchareis amanhã contra eles, e o Senhor será convosco.

18 Então Josafat, e o povo de Judá, e todos os moradores de Jerusalém se prostraram por terra diante do Senhor, e o adoraram. 19 E os levitas da família de Caat, e da de Coré cantaram os louvores do Senhor Deus de Israel em alta voz, até ao céu.

20 E levantando-se pela manhã, marcharam pelo deserto de Técua: tanto que se puseram em caminho, estando em pé Josafat no meio deles, disse: Ouvi-me, homens de Judá, e todos os habitantes de Jerusalém: ponde a vossa confiança no Senhor vosso Deus, e nada tereis a temer: crede os seus profetas, e tudo vos sairá bem. 21 E deu estes conselhos ao povo, e estabeleceu os cantores do Senhor, para o louvarem por suas turmas, e para marcharem adiante do exército, e dizerem a uma voz: Louvai o Senhor, porque a sua misericórdia é eterna.

22 E tendo eles começado a cantar os louvores, o Senhor revirou as ciladas dos inimigos contra si mesmos, isto é, os desígnios dos filhos de Amon, e de Moab, e dos montanheses de Seir, os quais sairam a pelejar contra Judá, e foram desbaratados. 23 Porque os filhos de Amon, e de Moab se puseram a combater os moradores do monte Seir, com o fim de os matar e acabar: e tendo-o assim executado, voltando as armas contra si mesmos, uns a outros, se deram cabo às cutiladas. 24 Tendo pois chegado o exército de Judá ao alto, que olha para o deserto, viu de longe que toda aquela dilatada campina estava juncada de corpos mortos, e que não tinha ficado um só que pudesse escapar à morte. 25 Veio pois Josafat, e toda a sua gente com ele para tirar os despojos dos mortos: e acharam entre os cadáveres toda a casta de mobília, e vestidos, e vasos preciosíssimos, que eles tomaram, de modo que não puderam levar tudo, nem tirar em três dias os despojos de grande que foi a presa. 26 E ao quarto dia

eles se ajuntaram no Vale da Bênção: porque como ali tinham eles louvado o Senhor, chamaram a este lugar o Vale da Bênção até o presente dia.

27 Depois todo o Judá, e os habitantes de Jerusalém e Josafat à frente deles se voltaram para Jerusalém com grande alegria, porque o Senhor os tinha feito triunfar de seus inimigos. 28 E entraram em Jerusalém no Templo do Senhor ao som de saltérios, e cítaras, e de trombetas. 29 E o terror do Senhor caiu de repente sobre todos os reinos da terra, depois que ouviram que o Senhor tinha pelejado contra os inimigos de Israel.

30 E o reino de Josafat ficou quieto, e Deus lhe deu paz pelo contorno.

31 Reinou pois Josafat sobre Judá e tinha trinta e cinco anos quando começou a reinar: e reinou vinte e cinco anos em Jerusalém, e sua mãe chama-se Azuba filha de Selai. 32 E ele andou nos caminhos de seu pai Asa, e não se afastou deles fazendo o que era agradável aos olhos do Senhor. 33 Não destruiu contudo os altos, e o povo não tinha ainda convertido o seu coração para o Senhor Deus de seus pais.

34 O resto porém das ações de Josafat, assim primeiras como últimas, estão escritas na história de Jeú filho de Hanani, que as inseriu nos livros dos Reis de Israel.

35 Depois disto travou Josafat rei de Judá amizade com Ocosias rei de Israel, cujas obras foram impiíssimas. 36 E conveio com ele que equipassem navios que fossem a Társis: e construiram uma armada em Asiongaber. 37 Porém Eliezer filho de Dodau de Maresa profetizou a Josafat, dizendo: Pois que tu fizeste aliança com Ocosias, destruiu o Senhor as tuas obras, e despedaçaram-se as tuas naus, e não puderam ir a Társis.

Jorão, rei de Judá

21 E adormeceu Josafat com seus pais, e foi sepultado com eles na cidade de Davi: e em seu lugar reinou seu filho Jorão. 2 O qual teve por irmãos os filhos de Josafat, Azarias, e Jaiel, e Zacarias, e Azarias, e Miguel, e Safatias; todos estes, filhos de Josafat rei de Judá. 3 E seu pai lhes deu muitos dons em prata, e ouro, e em pensões, e cidades mui fortes em Judá: mas entregou o reino a Jorão por ser o primogênito.

4 Tomou logo Jorão posse do reino de seu pai: e depois que se viu bem seguro, mandou matar à espada todos os seus irmãos, e alguns dos grandes de Israel.

5 Tinha Jorão trinta e dois anos quando começou a reinar: e, reinou oito anos em Jerusalém. 6 E andou nos caminhos dos reis de Israel, como tinha feito a casa de Acab: porque sua mulher era filha de Acab, e ele fez o mal na presença do Senhor.

7 O Senhor porém não quis perder a casa de Davi, em atenção ao pacto que havia feito com ele: e porque tinha prometido que lhe daria uma lâmpada a ele, e a seus filhos para sempre.

8 Naquele tempo se rebelou Edom, para não ser mais sujeito a Judá, e constituiu para si rei. 9 E Jorão tendo-se passado àquela província com os seus generais, e com toda a cavalaria, que tinha consigo, se levantou de noite, e desbaratou a Edom e todos os comandantes da sua cavalaria, que o tinham cercado.

10 Todavia Edom se manteve rebelde até o dia de hoje, para não estar debaixo do poder de Judá. No mesmo tempo se rebelou também Lobna para não estar debaixo da sua obediência. Porque tinha abandonado o Senhor Deus de seus pais: 11 além disto fabricou os altos nas cidades de Judá, e induziu os habitantes de Jerusalém para idolatrarem, e fez que Judá fosse prevaricador.

12 E foi-lhe trazida uma carta do profeta Elias, em que estava escrito: Eis aqui o que diz o Senhor Deus de Davi teu pai: Porque tu não andaste pelos caminhos de teu pai Josafat, nem pelos caminhos de Asa rei de Judá, 13 mas seguiste o caminho dos reis de Israel, e fizeste cair na idolatria a Judá, e aos habitantes de Jerusalém, imitando a idolatria da casa de Acab, e de mais a mais mataste a teus irmãos, da casa de teu pai, e melhores do que tu: 14 sabe que também o Senhor te ferirá com um grande flagelo a ti, e a teu povo, e aos teus filhos, e às tuas mulheres e a tudo o que te pertence. 15 Tu serás ferido no teu ventre de uma doença malignissima, até que te saiam pouco a pouco as entranhas em cada dia.

16 Suscitou pois o Senhor contra Jorão o espírito dos filisteus, e dos árabes, que confinam com os etíopes: 17 e entraram na terra de Judá, e a assolaram, e saquearam tudo o que acharam no palácio do rei, e além disso seus filhos, e mulheres: de sorte que lhe não ficou filho algum, senão Joacaz, que era o mais moço em idade. 18 E em cima de tudo isto o feriu o Senhor com uma doença incurável nas entranhas. 19 E sucedendo-se os dias uns a outros, e volvendo-se o espaço dos tempos, se completou o período de dois anos: e definhado assim com a longa podridão, de modo que até lançava fora as suas entranhas, acabou o seu mal com a vida. E morreu de uma terribilíssima enfermidade, e o povo não lhe fez as exéquias segundo o costume de lhe

queimarem perfumes, assim como tinham feito a seus maiores.

20 Tinha Jorão trinta e dois anos, quando começou a reinar, e reinou oito anos em Jerusalém. E não andou com retidão, e sepultaram-no na cidade de Davi: mas não em o sepulcro dos reis.

Ocosias, rei de Judá

22 Os habitantes porém de Jerusalém construiram rei em lugar dele a Ocosias seu filho, mais moço: porque os salteadores árabes, que haviam feito uma irrupção no campo, tinham morto todos os seus irmãos mais velhos, que tinha havido antes dele: e reinou Ocosias filho de Jorão rei de Judá.

2 Tinha Ocosias quarenta e dois anos quando começou a reinar, e reinou um ano em Jerusalém, e sua mãe chamava-se Atália filha de Amri. 3 Mas ele seguiu também os caminhos da casa de Acab: porque sua mãe o impeliu a obrar com impiedade. 4 Fez pois o mal na presença do Senhor, como a casa de Acab: porque os desta lhe serviam de conselheiros depois da morte de seu pai, para a sua ruína.

5 E andou segundo os seus conselhos. E foi a Ramot de Galaad com Jorão filho de Acab rei de Israel, a fazer guerra contra Hazael rei da Síria: e os siros feriram a Jorão. 6 Ele voltou para se curar em Jezrael: porque tinha recebido muitas feridas nesta batalha. Ocosias pois filho de Jorão rei de Judá, foi visitar a Jorão filho de Acab que estava doente em Jezrael. 7 Porque foi vontade de Deus contra Ocosias, que este fosse visitar a Jorão: e que logo que chegasse, saisse com ele contra Jeú filho de Namsi, a quem o Senhor tinha ungido para extinguir a casa de Acab. 8 Quando pois Jeú ia para arruinar a casa de Acab, achou os príncipes de Judá, e os filhos dos irmãos de Ocosias, que o serviam, e os matou. 9 E buscando também ao mesmo Ocosias, que se tinha escondido em Samaria, o fez prender: e trazido que foi à sua presença, o matou, e o sepultaram: porque era filho de Josafat, que tinha buscado o Senhor de todo o seu coração.

Atália, rainha de Judá

E não ficava jamais esperança alguma de que pudesse reinar algum da linhagem de Ocosias: 10 porque Atália sua mãe, vendo que era morto seu filho, levantou-se, e fez matar a toda a real estirpe da casa de Jorão. 11 Porém Josabet filha do rei pegou em Joás filho de Ocosias, e o furtou do meio dos filhos do rei, a tempo que os iam matando: e o escondeu a ele com a sua ama na câmara dos leitos: e Josabet, que o tinha assim escondido, era filha do rei Jorão, mulher do pontífice Jojada, irmã de Ocosias, e por isso Atália o não matou. 12 Esteve logo Joás escondido com os sacerdotes na casa do Senhor durante os seis anos em que reinou Atália sobre a terra.

Morte de Atália

23 No sétimo ano, cheio Jojada de intrepidez, tomou consigo os centuriões, a saber, Azarias filho de Jeroão, e Ismael filho de Joanão, e Azarias filho de Obed, e Maasias filho de Adaia, e Elisafat filho de Zecri: e concertou-se com eles. 2 Os quais tendo decorrido por Judá, congregaram os levitas de todas as cidades de Judá, e os chefes das famílias de Israel, e vieram para Jerusalém. 3 Toda esta multidão pois fez na casa de Deus um ajuste com o rei: e Jojada lhes disse: Eis aqui o filho do rei que deve reinar, segundo o que o Senhor disse a favor dos descendentes de Davi. 4 Eis aqui logo o que vós deveis fazer: 5 A terça parte de vós, sacerdotes e levitas, e porteiros, que entrais de semana no Templo, estará nas portas: e a outra terça parte se porá junto ao palácio do rei: e a outra terça à porta, que se chama do fundamento: e todo o resto do povo estará nos átrios da casa do Senhor. 6 Nenhum outro entre na casa do Senhor, senão os sacerdotes, e os levitas que estão em serviço: estes somente entrem, porque estão santificados: e todo o resto do povo esteja guardando a porta da casa do Senhor. 7 Mas os levitas rodearão o rei, tendo cada um as suas armas (e se algum outro entrar no Templo, seja morto) e acompanhem o rei, quando ele entrar ou quando ele sair.

8 Os levitas pois, e todo o Judá executaram tudo o que o pontífice Jojada lhes havia ordenado: e tomou cada um aos que tinha às suas ordens, e entravam por turno de semana, com os que o tinham já cumprido, e deviam sair. O pontífice Jojada não tinha permitido que se retirassem as turmas, que costumavam suceder umas às outras todas as semanas. 9 E o sumo sacerdote Jojada deu aos centuriões as lanças, e os escudos e broquéis do rei Davi, os quais tinha consagrado na casa do Senhor. 10 E dispôs todo o povo armado de espadas na mão desde o lado direito do Templo até o lado esquerdo do Templo, diante do altar e do Templo, ao redor do rei. 11 E trouxeram o filho do rei, e lhe puseram a coroa na cabeça, e o testemunho e lhe deram a lei, para que a tivesse na sua mão, e o declararam rei e o pontífice Jojada assistido de seus filhos o ungiu: e o aclamaram, e disseram: Viva o rei.

12 O que tendo Atália ouvido, isto é, a voz dos que corriam e abendiçoavam o rei, se apresentou ao povo no Templo do Senhor. 13 E como ela viu o rei posto em pé sobre um estrado à entrada, e os príncipes, e as tropas ao redor dele, e todo o povo da terra muito alegre, tocando as trombetas, e cantando ao som de toda a casta de instrumentos, e as vozes dos que o aclamavam, rasgou os seus vestidos, e disse: Traição, traição. 14 Então o pontífice Jojada chegando-se aos centuriões, e aos chefes do exército, lhes disse: Tirai-a para fora do recinto do Templo, e lá fora matai-a. E mandou o sumo sacerdote que não fosse morta na casa do Senhor. 15 E agarraram-a pelo pescoço: e quando ela tinha entrado a porta dos cavalos da casa do rei, ali a mataram.

16 E fez Jojada aliança entre si, e o povo todo e o rei, para serem o povo do Senhor. 17 Assim que todo o povo entrou no templo de Baal, e o destruiram: e quebraram os seus altares e simulacros: mataram também a Matan sacerdote de Baal diante dos altares. 18 E estabeleceu Jojada oficiais para a guarda do Templo do Senhor, subordinados aos sacerdotes e aos levitas, segundo a distribuição que deles tinha feito Davi na casa do Senhor: para oferecerem holocaustos ao Senhor, como está escrito na lei de Moisés, com alegria, e com cânticos, segundo a determinação de Davi. 19 Pôs também porteiros às portas da casa do Senhor, para nela não entrar imundo algum, por qualquer causa que fosse. 20 E tomou os centuriões, e os homens de maior valor, e os primeiros do povo, e toda a gente do país, e fizeram descer o rei da casa do Senhor, e fizeram-no entrar por meio da porta superior para o palácio do rei, e puseram-no sobre o trono real. 21 E todo o povo da terra se alegrou, e a cidade ficou em paz: e Atália foi morta à espada.

Joás, rei de Judá

24 Joás era de sete anos quando começou a reinar: e reinou quarenta anos em Jerusalém; sua mãe chamava-se Sebia de Bersabée.

2 E fez o que era bom aos olhos do Senhor todo o tempo que viveu o pontífice Jojada. 3 E Jojada o fez casar com duas mulheres, das quais teve filhos e filhas.

4 Depois disto projetou Joás o reparar a casa do Senhor. 5 E fez ajuntar aos sacerdotes, e os levitas, e lhes disse: Saí por todas as cidades de Judá, e cobrai de todo o Israel o dinheiro, para a reparação do Templo do vosso Deus, todos os anos, e fazei isto com toda a diligência: mas os levitas houveram-se com negligência. 6 Mandou pois o rei chamar o pontífice Jojada, e lhe disse: Por que não tiveste tu cuidado de obrigar os levitas a trazerem de Judá e de Jerusalém o dinheiro, que foi determinado por Moisés servo do Senhor, com que contribuisse todo o povo de Israel para o tabernáculo do testemunho? 7 Porque a impiíssima Atália, e seus filhos tinham destruído a casa de Deus e com tudo o que tinha sido consagrado no Templo do Senhor ornaram o templo de Baal.

8 Mandou pois o rei, que fizessem um cofre: e puseram-no junto da porta da casa do Senhor da parte de fora. 9 E publicou-se em Judá e em Jerusalém, que cada um viesse trazer ao Senhor a contribuição que Moisés servo de Deus tinha disposto sobre todo o Israel no deserto. 10 E alegraram-se todos os príncipes, e todo o povo e concorrendo lançaram no cofre do Senhor o dinheiro: e tanto lançaram que ficou cheio. 11 E quando era tempo de levar este cofre à presença do rei por mãos dos levitas (porque eles viam que havia muito dinheiro) entrava o escrivão do rei com aquele, que o sumo pontífice tinha designado, e despejavam o dinheiro que havia no cofre. Depois tornavam a levar o cofre para o seu lugar: e assim o faziam todos os dias, e com isto se recolheu uma imensa quantia de dinheiro. 12 A qual o rei e Jojada deram aos inspetores das obras da casa do Senhor: e eles pagavam com ele aos canteiros e aos artífices de cada uma das obras, para se reparar a casa do Senhor: e aos oficiais que trabalhavam em ferro e em bronze, para se segurar o que ameaçava ruína. 13 E estes obreiros trabalhavam com muita indústria, e por suas mãos cerraram as fendas das paredes, e restituiram a casa do Senhor ao seu antigo estado, e fizeram com que ficasse firme. 14 E depois que tiveram feitas todas as obras, levaram ao rei, e a Jojada o remanescente do dinheiro: e dele se fizeram os vasos para o ministério do Templo, e para os holocaustos, e copos, e outros vasos de ouro e prata. E ofereciam-se continuamente holocaustos na casa do Senhor durante toda a vida de Jojada.

15 Mas Jojada envelheceu, e cheio de dias morreu, tendo de idade cento e trinta anos: 16 e sepultaram-no com os reis na cidade de Davi, por ele ter feito bem a Israel, e à sua casa.

Idolatria e castigo

17 Depois que Jojada morreu, entraram os príncipes de Judá, e prestaram ao rei grandes obséquios, o qual atraído das suas lisonjas, conveio com eles. 18 E abandonaram o Tem-

plo do Senhor Deus de seus pais, e serviram aos bosques, e as estátuas, e este pecado chamou pela ira do Senhor contra Judá e contra Jerusalém. 19 E lhes enviava profetas que os fizessem tornar para o Senhor, os quais por mais que protestassem, eles lhes não queriam dar ouvidos. 20 O Espírito de Deus pois encheu o sumo sacerdote Zacarias filho de Jojada, e ele se apresentou diante do povo, e lhe disse: Eis aqui o que diz o Senhor Deus: Por que violais vós os preceitos do Senhor, o que vos não será de proveito, e por que abandonastes vós o Senhor para ele vos abandonar? 21 Eles congregando-se contra ele, o apedrejaram no átrio da casa do Senhor, conforme a ordem do rei. 22 E o rei Joás não se lembrou da misericórdia, que Jojada pai de Zacarias tinha usado com ele, mas matou-lhe seu filho. O qual quando expirava disse: O Senhor o veja, e lhe peça contas. 23 E no cabo dum ano, veio o exército da Síria contra Joás: e veio a Judá e a Jerusalém, e matou a todos os príncipes do povo, e remeteu ao rei a Damasco toda a presa. 24 E é certo que tendo vindo os siros em mui pequeno número, o Senhor lhes entregou nas suas mãos uma multidão infinita, porque eles tinham deixado o Senhor Deus de seus pais: e ao mesmo Joás trataram ignominiosamente. 25 E retirando-se o deixaram em grandes dores: e seus servos se levantaram contra ele para vingarem o sangue do filho do pontífice Jojada, e o assassinaram no seu leito, e morreu: e sepultaram-no na cidade de Davi, mas não no jazigo dos reis.

26 Os que conspiraram contra ele foram Zabad filho de Semaat amonita, e Josabad filho de Semarit moabita. 27 E os seus filhos, e a soma de dinheiro, que se ajuntou em seu tempo, e o restabelecimento da casa de Deus acham-se escritos com maior diligência nos livros dos reis. E reinou em seu lugar seu filho Amasias.

Amasias, rei de Judá

25 Amasias tinha vinte e cinco anos quando começou a reinar, e reinou vinte e nove anos em Jerusalém; sua mãe chamava-se Joadan de Jerusalém. 2 E fez o bem na presença do Senhor: mas não com um coração perfeito. 3 E como visse o seu império seguro, mandou matar os servos que tinham assassinado o rei seu pai, 4 mas não mandou matar os filhos deles, como está escrito no livro da lei de Moisés, onde o Senhor pôs este preceito, dizendo: Não serão mortos os pais pelos filhos, nem os filhos por seus pais, mas cada qual morrerá pelo seu delito.

5 Amasias pois congregou todo Judá, e o distribuiu por famílias, e por tribunos, e por centuriões, em todo o Judá, e Benjamim: e alistou desde vinte anos e para cima, e achou trezentos mil mancebos, que podiam ir à guerra, e levar lança e escudo.

6 Tomou também a soldo cem mil homens robustos do reino de Israel, por cem talentos de prata.

7 Mas veio ter com ele um homem de Deus, e lhe disse: Ó rei, não marche o exército de Israel contigo: porque o Senhor não é com Israel, nem com todos os filhos de Efraim. 8 Se tu imaginas que o sucesso da guerra depende da força do exército, Deus fará que tu sejas vencido pelos inimigos: porque só Deus pode socorrer, e pôr em fugida. 9 E disse Amasias ao homem de Deus: Que será logo feito de cem talentos que eu dei aos soldados de Israel? E o homem de Deus lhe respondeu: Assaz Deus tem de onde te pode dar muito mais do que isso. 10 Assim Amasias separou o exército, que lhe tinha vindo de Efraim, para que voltasse para a sua terra. Eles em extremo irritados contra Judá voltaram para o seu país.

11 E Amasias cheio de confiança fez marchar o seu povo, e foi até o Vale das Salinas, e derrotou dez mil dos filhos de Seir. 12 E os filhos de Judá fizeram prisioneiros a outros dez mil homens, e tendo-os levado ao escarpado dum rochedo, os precipitaram do alto a baixo, e todos eles arrebentaram. 13 Porém aquele exército, que Amasias tinha recambiado para não vir à guerra com ele, espalhou-se pelas cidades de Judá desde Samaria até Betoron, e depois de ter morto a três mil homens fez uma grande presa.

14 E Amasias depois da matança dos idumeus, e depois de ter trazido os deuses dos filhos de Seir, fez deles seus próprios deuses, e os adorava, e lhes oferecia incenso. 15 Portanto, irritado o Senhor contra Amasias, lhe enviou um profeta, que lhe disse: Por que adoraste tu deuses, que não livraram seu povo de tuas mãos? 16 E dizendo-lhe isto o profeta, ele respondeu: Acaso és tu o conselheiro do rei? Cala-te, não te custe o contrário a vida. E retirando-se o profeta, disse: Eu sei que Deus tem decretado a tua morte, por teres feito este mal, e sobre isto não deste ouvidos ao meu conselho.

17 Amasias pois rei de Judá tomando uma péssima resolução, mandou dizer a Joás filho de Joacaz, filho de Jeú, rei de Israel: Vem, vejamo-nos um ao outro. 18 Mas este lhe tornou a mandar os mensageiros, dizendo: O cardo, que está no Líbano, mandou dizer ao cedro do Líbano: Dá a tua filha por mulher ao

meu filho. Eis senão quando as bestas que estavam no bosque do Líbano, passaram e pisaram o cardo. 19 Tu disseste: Eu desbaratei a Edom, e por isso teu coração se ensoberbeceu: deixa-te estar em tua casa; por que buscar a desgraça contra ti para pereceres tu, e Judá contigo? 20 Não o quis Amasias ouvir, porque era vontade do Senhor entregá-lo nas mãos dos inimigos por causa dos deuses de Edom. 21 Saiu pois Joás rei de Israel em marcha, e puseram-se os exércitos à vista um do outro: e Amasias rei de Judá estava acampado em Betsames de Judá: 22 e Judá caiu diante de Israel, e fugiu para as suas tendas. 23 Enfim Joás rei de Israel apanhou a Amasias rei de Judá, filho de Joás, filho de Joacaz em Betsames, e o levou a Jerusalém: e derribou o muro da cidade desde a porta de Efraim até à porta do Ângulo quatrocentos côvados. 24 E trouxe para Samaria todo o ouro, e prata, e todos os vasos, que achou na casa de Deus, e na de Obededom, e nos tesouros da casa real, e assim mesmo os filhos dos que estavam em reféns.

25 E Amasias filho do rei Joás, rei de Judá, viveu quinze anos depois da morte de Joás, filho de Joacaz, rei de Israel. 26 E o resto das ações de Amasias tanto as primeiras como as últimas estão escritas nos livros dos reis de Judá e de Israel. 27 E depois que este príncipe abandonou o Senhor, armaram uma conjuração contra ele em Jerusalém. E tendo fugido para Láquis, os conjurados mandaram homens, e estes o mataram aí. 28 E trazendo-o sobre uns cavalos, o enterraram com os seus maiores na cidade de Davi.

Ozias, rei de Judá

26 Todo o povo de Judá constituiu rei a seu filho Ozias em idade de dezesseis anos, em lugar de Amasias seu pai. 2 E reedificou a Ailat, e a restituiu ao domínio de Judá depois que o rei adormeceu com seus pais.

3 Tinha Ozias dezesseis anos quando começou a reinar, e reinou cinqüenta e dois anos em Jerusalém; sua mãe chamava-se Jequelia de Jerusalém. 4 E ele fez o que era reto aos olhos do Senhor conforme tudo o que tinha feito Amasias seu pai. 5 E buscou o Senhor enquanto viveu Zacarias homem inteligente e profeta de Deus: e como ele buscava o Senhor, o Senhor o dirigiu em tudo.

6 Enfim ele se pôs em campanha, e fez guerra aos filisteus e destruiu os muros de Get, e os muros de Jabnia, e os muros de Azoto. Edificou também praças fortes em Azoto, e nas terras dos filisteus. 7 E Deus o ajudou contra os filisteus, e contra os árabes, que habitavam em Gurbaal, e contra os amonitas. 8 E os amonitas pagavam tributos a Ozias. E a sua reputação se difundiu até o Egito por causa das suas freqüentes vitórias. 9 E levantou Ozias torres em Jerusalém sobre a porta do Ângulo, e sobre a porta do Vale, e outras mais no mesmo lanço do muro, e fortificou-as. 10 Edificou também torres no deserto, e mandou abrir muitas cisternas, porque tinha muito gado, assim nos campos, como pelo vasto ermo. Tinha também vinhas e vinhateiros nos montes, e no Carmelo: porque era homem afeiçoado à agricultura. 11 E o exército dos seus guerreiros, que saíam à campanha estava debaixo do mando de Jeiel secretário, e de Maasias doutor da lei, e debaixo do mando de Hananias, que era um dos generais do rei. 12 E todo o número dos príncipes das famílias dos homens de valor, montava a dois mil e seiscentos. 13 E estava debaixo das suas ordens o exército, que era de trezentos e sete mil e quinhentos soldados: os quais eram gente guerreira, e pelejavam pelo rei contra os inimigos. 14 E Ozias os proveu, isto é, a todo o exército, de escudos, e de lanças, e de capacetes, e de couraças, e de arcos, e de fundas para atirar pedras. 15 E mandou fazer em Jerusalém toda a casta de máquinas, as quais mandou pôr nas torres, e nos cantos das muralhas, para se arrojarem flechas, e grossas pedras. E a fama do seu nome voou até muito longe, porque o Senhor o auxiliava, e o fortalecia.

16 Mas tendo chegado a tanto poder, o seu coração se elevou de soberba para ruína sua: e desprezou o Senhor seu Deus: e tendo entrado no Templo do Senhor, quis oferecer incenso sobre o altar dos perfumes. 17 E entrou logo após ele o pontífice Azarias, e com ele oitenta sacerdotes do Senhor, homens da maior firmeza, 18 e se opuseram ao rei, e disseram: A ti, Ozias, não é que pertence o queimar incenso ao Senhor, mas aos sacerdotes, isto é, aos filhos de Aarão, que foram consagrados para este ministério. Sai do santuário, não queiras fazer este desprezo: porque esta ação não te será reputada em glória pelo Senhor Deus. 19 E Ozias irado, tendo na mão o turíbulo para oferecer incenso, ameaçou os sacerdotes. E no mesmo ponto lhe nasceu lepra na testa em presença dos sacerdotes, no Templo do Senhor, junto do altar dos perfumes. 20 E como o pontífice Azarias, e todos os outros sacerdotes pusessem nele os olhos, viram a lepra na sua testa, e sem mais detença o lançaram fora. E ele mesmo passado de medo, deu pressa a sair, porque logo sentiu a praga com que o Senhor o tinha ferido. 21 O rei Ozias pois foi leproso até o dia da sua morte, e morou numa casa separada, cheio

de lepra, por amor da qual tinha sido lançado fora da casa do Senhor. Joatão seu filho governava a casa do rei, e fazia justiça ao povo da terra.

22 O resto das ações de Ozias assim das primeiras como das últimas foi escrito pelo profeta Isaías, filho de Amós. 23 E Ozias adormeceu com seus pais, e foi enterrado no campo dos sepulcros dos reis, porque era leproso. E em seu lugar reinou seu filho Joatão.

Joatão, rei de Judá

27 Joatão era de vinte e cinco anos quando começou a reinar, e reinou dezesseis anos em Jerusalém. Sua mãe chamava-se Jerusa filha de Sadoc. 2 E ele fez o que era reto diante do Senhor conforme tudo o que havia feito Ozias seu pai, exceto que não entrou no Templo do Senhor, e ainda o povo prosseguia a delinqüir.

3 Ele edificou a porta grande da casa do Senhor, e mandou fazer muitas obras sobre o muro de Ofel. 4 Mandou também fundar cidades nos montes de Judá, e castelos, e torres nos bosques. 5 O mesmo fez guerra ao rei dos amonitas, e os venceu, e por esse tempo lhe deram os filhos de Amon cem talentos de prata, e dez mil coros de trigo, e outros tantos de cevada: isto lhe deram os filhos de Amon no segundo e terceiro ano. 6 E Joatão se fez pujante, porque tinha dirigido os seus caminhos na presença do Senhor seu Deus.

7 Mas o resto das ações de Joatão, e todas as suas guerras, e empresas, estão escritas no livro dos reis de Israel e de Judá. 8 E ele tinha vinte e cinco anos quando entrou a reinar, e reinou dezesseis anos em Jerusalém. 9 E adormeceu Joatão com seus pais e enterraram-no na cidade de Davi. E em lugar dele reinou seu filho Acaz.

Acaz, rei de Judá

28 Acaz tinha vinte anos quando começou a reinar e reinou dezesseis anos em Jerusalém. Ele não fez o que era reto na presença do Senhor como Davi seu pai: 2 mas andou pelos caminhos dos reis de Israel e até mandou fundir estátuas a Baal. 3 Ele foi o que ofereceu incenso no Vale de Ben-Enom, e o que fez passar seus filhos pelo fogo, segundo o rito das ações, que o Senhor destruiu na chegada dos filhos de Israel. 4 E sacrificava, e queimava perfumes nos altos e nos outeiros, e debaixo de todas as árvores frondosas.

5 E o Senhor seu Deus o entregou nas mãos do rei da Síria, que o desbaratou, e que levou para Damasco uma grande presa do seu domínio. Entregou-o também nas mãos do rei de Israel, e foi ferido de uma grande calamidade. 6 Porque Facéia, filho de Romélia, matou os cento e vinte mil homens de Judá num só dia, todos homens guerreiros: porque eles tinham abandonado o Senhor Deus de seus pais. 7 No mesmo tempo Zecri, homem poderoso de Efraim, matou a Maasias filho do rei, e a Ezrica mordomo-mor da sua casa, e a Elcanão o segundo abaixo do rei. 8 E os filhos de Israel fizeram cativos duzentos mil, de seus irmãos, mulheres, meninos, e meninas, e um grande esbulho: e os levaram para Samaria.

9 Achava-se então lá um profeta do Senhor, por nome Oded: o qual saindo ao encontro ao exército que vinha para Samaria, lhes disse: Vós vedes que o Senhor Deus de vossos pais, irado contra Judá, vo-los entregou às mãos, e vós os matastes desumanissimamente, de sorte que a vossa crueldade chegou até ao céu. 10 Além disto quereis ainda sujeitar os filhos de Judá, e de Jerusalém, para serem escravos e escravas: o que vós não deveis fazer: porque nisso pecastes vós contra o Senhor vosso Deus. 11 Mas ouvi o meu conselho, e reconduzi os cativos, que vós trouxestes de entre vossos irmãos, porque um grande furor do Senhor está a descarregar sobre vós. 12 Assim alguns dos príncipes dos filhos de Efraim, a saber, Azarias filho de Joanan, Baraquias filho de Mosolamot, Ezequias filho de Selum, e Amasa filho de Adali se puseram diante dos que voltavam da batalha, 13 e lhes disseram: Não introduzais aqui os cativos, não suceda que pequemos contra o Senhor: por que quereis vós ajuntar novos pecados aos que já temos cometido, e acumulá-los aos antigos delitos? Porque é um grande pecado, e a ira do furor do Senhor está a descarregar sobre Israel. 14 E aqueles homens guerreiros deixaram a presa, e tudo o que tinham tomado, diante dos príncipes, e de toda a multidão. 15 E os sujeitos, de que falamos acima, pararam, e pegando nos cativos, e em todos os que estavam nus, vestiram-nos dos despojos: e depois de os vestirem, e calçarem, e de os refazerem de comer e de beber, de os ungirem para os aliviarem do cansaço, e cuidarem deles: a todos os que não podiam andar, e eram fracos do corpo, os puseram em bestas, e os levaram a Jericó, cidade das Palmeiras, a seus irmãos, e eles voltaram para Samaria.

16 Neste tempo o rei Acaz mandou pedir socorro ao rei dos assírios. 17 E vieram os idumeus, e mataram a muitos de Judá, e tomaram uma grande presa. 18 Os filisteus também se espalharam pelas cidades campestres, e ao meio-dia de Judá, e tomaram a Betsames, e Aialon, e Gaderot, e Soco, e Tamnan, e Gamzo, com as suas aldeias, e estabeleceram-se

nelas. 19 O Senhor pois tinha humilhado a Judá por causa de Acaz rei de Judá, porque o tinha despojado de socorro, e porque havia desprezado o Senhor. 20 Fez o Senhor também vir contra ele a Telgatfalnasar rei dos assírios, que também o bateu, e destruiu sem resistência alguma. 21 Acaz pois, despojada a casa do Senhor, e o palácio dos reis, e dos príncipes, presenteou ao rei dos assírios, e todavia lhe não serviu de nada.

22 Além disto ainda no tempo da sua maior aflição, aumentou o desprezo contra o Senhor; o rei Acaz, por si mesmo, 23 imolou vítimas aos deuses de Damasco, como autores das suas desgraças, e disse: Os deuses do rei da Síria dão socorro a estes, a quem eu farei favoráveis com os sacrifícios, e eles me assistirão, quando pelo contrário eles foram a sua ruína, e de todo o Israel. 24 Acaz pois, tendo tomado, e feito em pedaços todos os vasos da casa de Deus, fechou as portas do Templo de Deus, e mandou levantar altares a si em todas as praças de Jerusalém. 25 Levantou também altares em todas as cidades de Juda para oferecer incenso, e provocou a ira do Senhor Deus de seus pais.

26 O resto das suas ações, e de todo o seu procedimento, desde o princípio até ao fim está escrito no livro dos reis de Judá e de Israel. 27 E Acaz adormeceu com seus pais, e o enterraram na cidade de Jerusalém: mas não o puseram no jazigo dos reis de Israel, e em lugar dele reinou seu filho Ezequias.

Ezequias, rei de Judá

29 Ezequias pois começou a reinar, tendo de idade vinte e cinco anos, e reinou vinte e nove anos em Jerusalém. Sua mãe chamava-se Abia, filha de Zacarias. 2 E ele fez o que era agradável aos olhos do Senhor, conforme tudo o que tinha feito Davi seu pai.

3 No primeiro ano, e mês do seu reinado, ele fez abrir as portas da casa do Senhor, e as refez de novo. 4 Fez também vir os sacerdotes e os levitas, e ajuntou-os na praça do Oriente. 5 E lhes disse: Ouvi-me levitas, e purificai-vos, limpai a casa do Senhor Deus de vossos pais, e tirai do Santuário toda a imundície. 6 Nossos pais pecaram, e cometeram o mal diante do Senhor nosso Deus, abandonando-o: apartaram os seus rostos do tabernáculo do Senhor, e deram-lhe as costas. 7 Fecharam as portas que havia no pórtico, e apagaram as lâmpadas, e não queimaram incenso, e não ofereceram holocaustos no santuário ao Deus de Israel. 8 Assim a ira do Senhor se inflamou contra Judá e Jerusalém, e ele os entregou à turbação, e à ruína, e aos assobios, como vós mesmos o estais vendo com os vossos olhos. 9 Reparai, que nossos pais pereceram à espada, e que nossos filhos, e nossas filhas, e nossas mulheres foram levadas cativas em pena de tão grande crime. 10 Eu sou logo de parecer que renovemos a aliança com o Senhor Deus de Israel, e ele apartará de cima de nós o furor da sua ira. 11 Filhos meus, não sejais negligentes: o Senhor escolheu-vos para estardes em sua presença, e para o servirdes, e para lhe dardes culto, e para lhe queimardes incenso.

12 Levantaram-se pois os levitas: dentre os descendentes de Caat, Maat filho de Amasai, e Joel filho de Azarias: e dos descendentes de Merari, Cis filho de Abdi, e Azarias filho de Jalaleel. E dos descendentes de Gérson, Joá filho de Zema, e Eden filho de Joá. 13 E dos descendentes de Elisafan, Samri, e Jaiel. E dos descendentes de Asaf, Zacarias, e Matanias: 14 e dos descendentes de Eman, Jaiel, e Semei: e dos descendentes de Iditun, Semeias e Oziel, 15 E congregaram a seus irmãos, e se purificaram, e entraram segundo a ordem do rei e o mandamento do Senhor para purificarem a casa de Deus. 16 E tendo os sacerdotes entrado no Templo do Senhor para o santificarem, tiraram para fora toda a imundície que acharam dentro no vestíbulo da casa do Senhor, a qual tomaram os levitas, e a levaram fora à torrente do Cedron. 17 E começaram a limpar no primeiro dia do primeiro mês, e ao oitavo dia do mesmo mês entraram no pórtico do Templo do Senhor, e no espaço de oito dias expiaram o Templo: e no dia décimo sexto do mesmo mês acabaram o que tinham começado. 18 E foram ao palácio do rei Ezequias, e lhe disseram: Nós temos santificado toda a casa do Senhor, e o altar dos holocaustos, e os seus vasos, e assim mesmo a mesa da proposição com todos os seus vasos, 19 e todas as alfaias do Templo, que o rei Acaz tinha profanado no seu reinado depois que prevaricou: e eis aí está tudo exposto diante do altar do Senhor.

20 E o rei Ezequias, levantando-se de madrugada, convocou todos os príncipes da cidade, e subiu à casa do Senhor: 21 e todos ofereceram juntos sete touros, e sete carneiros, sete borregos, e sete bodes pelo pecado, pelo reino, e pelo santuário, e por Judá, e disse aos sacerdotes descendentes de Aarão que os oferecessem sobre o altar do Senhor. 22 Os sacerdotes pois imolaram os touros, e tomaram o sangue, e o derramaram sobre o altar, imolaram também os carneiros, e derramaram também o seu sangue sobre o altar, e imolaram os borregos, e derramaram o sangue sobre o altar. 23 E trouxeram diante do rei, e de toda a multidão os bodes pelo pecado,

e impuseram-lhes as suas mãos: 24 e os sacerdotes os imolaram, e derramaram o seu sangue diante do altar para expiação de todo o Israel: porque tinha mandado o rei que se oferecesse o holocausto por todo o Israel, e pelo pecado.

25 Estabeleceu também os levitas na casa do Senhor com tímbales, e saltérios, e cítaras, segundo o disposto do rei Davi, e de Gad vidente, e de Natan profeta: porque o Senhor assim o tinha ordenado pelo ministério dos seus profetas. 26 E os levitas se puseram em pé tendo os instrumentos de Davi, e os sacerdotes as trombetas. 27 E mandou Ezequias que oferecessem os holocaustos sobre o altar: e quando se ofereciam os holocaustos, começaram eles a cantar louvores ao Senhor, e a tocar as trombetas, e a tanger os diversos instrumentos músicos, que Davi rei de Israel tinha disposto. 28 E enquanto todo o povo adorava, os cantores, e os que tinham as trombetas, cumpriam com o seu ministério, até que o holocausto se acabasse. 29 E finda que foi a oblação, prostrou-se o rei, e todos os que estavam com ele, e adoraram. 30 E Ezequias, e os senhores da corte mandaram aos levitas, que cantassem os louvores a Deus pelas palavras de Davi, e do profeta Asaf: e eles o louvaram com grande alegria, e postos de joelhos o adoraram.

31 E a isto ajuntou Ezequias ainda o seguinte: Vós enchestes as vossas mãos para o Senhor, chegai-vos, e oferecei vítimas, e louvores na casa do Senhor. Ofereceu pois toda a multidão hóstias, e louvores, e holocaustos com um espírito cheio de devoção. 32 E o número dos holocaustos, que a multidão ofereceu, foi este: Setenta touros, cem carneiros, e duzentos borregos. 33 Consagraram também ao Senhor seiscentos bois, e três mil ovelhas. 34 Os sacerdotes porém eram poucos, e não podiam bastar para esfolar as vítimas dos holocaustos: e por isso os levitas seus irmãos os ajudaram até se acabar o ministério, e se purificarem os prelados: porque os levitas se purificavam com menos cerimônias do que os sacerdotes.

35 Foram pois muitos os holocaustos, as banhas das hóstias pacíficas, e as libações dos holocaustos: e restabeleceu-se o culto da casa do Senhor. 36 E Ezequias, e todo o povo se alegrou, por se ter restituído o ministério do culto do Senhor. Porque ele quis que isto se fizesse de improviso.

Solene celebração da Páscoa

30 Enviou também Ezequias por todo o Israel e Judá e escreveu cartas aos de Efraim e de Manassés, para que viessem à casa do Senhor, em Jerusalém, e celebrassem a Páscoa ao Senhor Deus de Israel. 2 Tendo pois conselho o rei com os grandes, e com todo o povo em Jerusalém, determinaram celebrar a Páscoa no segundo mês. 3 Porquanto a não tinham podido celebrar no seu tempo, porque não se tinham santificado sacerdotes que pudessem bastar, e porque não se tinha ainda ajuntado o povo em Jerusalém. 4 E tomou esta resolução o rei, e todo o povo. 5 E ordenaram que se mandassem mensageiros por todo o Israel desde Bersabée até Dan, para que viessem, e celebrassem a Páscoa do Senhor Deus de Israel em Jerusalém: porque muitos a não tinham celebrado como estava pescrito pela lei.

6 E partiram os correios com as cartas por mandado do rei e dos seus grandes, para todo o Israel e Judá, conforme o que o rei tinha ordenado, publicando: Filhos de Israel, tornai para o Senhor Deus de Abraão, e de Isaac, e de Israel. E ele tornará para os restos, que escaparam da mão do rei dos assírios. 7 Não façais como vossos pais e irmãos, que se retiraram do Senhor Deus de seus pais, que os entregou à morte, como vós vedes. 8 Não endureçais as vossas cervizes, como vossos pais. Dai as mãos ao Senhor, e vinde ao seu santuário, que ele santificou para sempre. Servi ao Senhor Deus de vossos pais, e se apartará de vós a ira do seu furor. 9 Porque se vós voltardes para o Senhor: vossos irmãos e filhos acharão misericórdia diante de seus senhores, que os levaram cativos, e eles tornarão para esta terra: porque o Senhor vosso Deus é piedoso e clemente, e não apartará de vós o seu rosto, se vós voltardes para ele. 10 Iam pois os correios a toda a diligência, de cidade em cidade, por toda a terra de Efraim, e de Manassés, até à de Zabulon: zombando estes deles, e insultando-os com insolência.

11 Todavia alguns homens de Aser, e de Manassés, de Zabulon, estando pelo conselho, vieram a Jerusalém. 12 Quanto porém a Judá, a mão do Senhor foi neles dando-lhes um só coração, para cumprir a palavra do Senhor conforme a ordem do rei, e dos grandes.

13 E ajuntaram-se muitos povos em Jerusalém para celebrar a solenidade dos asmos, no segundo mês: 14 e, levantando-se, destruíram os altares, que havia em Jerusalém, e derribando tudo aquilo, em que se queimava incenso aos ídolos, o lançaram na torrente do Cedron. 15 E imolaram a Páscoa no dia catorze do segundo mês. E os sacerdotes, e os levitas, que enfim se tinham santificado, ofereceram holocaustos na casa do Senhor. 16 E se puseram na sua ordem conforme a orde-

nança, e lei de Moisés homem de Deus: e os sacerdotes recebiam da mão dos levitas o sangue que se havia de derramar, 17 por causa de que um crescido número não se tinha santificado: e por isso os levitas imolaram a Páscoa por aqueles que não tinham vindo para santificar-se ao Senhor. 18 E ainda uma grande parte do povo de Efraim, e de Manassés, e de Issacar, e de Zabulon, que se não tinha santificado, comeu a Páscoa, não segundo o que está escrito: mas Ezequias fez oração por eles, dizendo: O Senhor, que é bom, será propício 19 para todos os que buscam de todo o seu coração o Senhor Deus de seus pais: e Ele lhes não imputará falta de não estarem bem purificados. 20 Ouviu-o o Senhor, e se mostrou favorável ao povo.

21 E os filhos de Israel, que se acharam em Jerusalém, celebraram a solenidade dos asmos por sete dias com grande júbilo, louvando todos os dias o Senhor: e os levitas também, e os sacerdotes tocando os instrumentos, que correspondiam ao seu ofício. 22 E falou Ezequias ao coração de todos os levitas, que tinham boa inteligência nas coisas do Senhor: e comeram sete dias da solenidade, imolando vítimas pacíficas, e louvando ao Senhor Deus de seus pais.

23 E conveio toda a multidão em que celebrasse ainda outros sete dias: o que eles também fizeram com um grande contentamento. 24 Porque Ezequias rei de Judá tinha dado à multidão mil touros, e sete mil ovelhas: e os grandes deram ao povo mil touros, e dez mil ovelhas: e assim um grande número de sacerdotes se purificou. 25 E todo o povo de Judá, assim os sacerdotes e os levitas, como toda a multidão que viera de Israel se banhou de alegria: e os mesmos prosélitos da terra de Israel, e os que habitavam em Judá. 26 E fez-se uma grande solenidade em Jerusalém, qual não tinha havido naquela cidade desde o tempo de Salomão filho de Davi, rei de Israel.

27 Enfim os sacerdotes e os levitas se levantaram para abençoar o povo: e a sua voz foi ouvida: e a sua oração chegou até à santa morada do céu.

31 Feitas estas coisas segundo o rito, todos os israelitas, que se achavam nas cidades de Judá, sairam, e despedaçaram as estátuas, e talaram os bosques, demoliram os altos, e destruiram os altares, não só em toda a terra de Judá e de Benjamim, senão também na de Efraim e de Manassés, até os destruirem de todo: e voltaram todos os filhos de Israel para as suas possessões, e para as suas cidades.

Regulamentos do ministério sacerdotal

2 Mas Ezequias restabeleceu as classes dos sacerdotes, e levitas segundo as suas divisões, a cada um no seu próprio ofício, a saber, tanto dos sacerdotes como dos levitas, para os holocaustos e pacíficos, para servirem e louvarem a Deus, e cantarem às portas do arraial do Senhor. 3 E a parte, com que contribuia o rei, era que da sua própria fazenda se oferecesse o holocausto perpétuo da manhã e da tarde. Também dos sábados, e calendas, e mais festas solenes, como está escrito na lei de Moisés. 4 Mandou também ao povo que morava em Jerusalém que desse aos sacerdotes, e aos levitas as suas porções, para se poderem aplicar ao cumprimento da lei do Senhor. 5 O que tendo chegado aos ouvidos do povo, os filhos de Israel ofereceram muitas primícias de trigo, de vinho, e de azeite, e de mel: e ofereceram o dízimo de tudo o que a terra produz. 6 E os filhos de Israel e de Judá, que moravam nas cidades de Judá, ofereceram também o dízimo dos bois e das ovelhas, e o dízimo das coisas santificadas, que tinham prometido em voto ao Senhor seu Deus: e, levando tudo, fizeram grandes montões. 7 Começaram a recolher os primeiros montões no terceiro mês, e os acabaram no sétimo mês.

8 E tendo entrado Ezequias, e os grandes da sua corte, viram os montões, e louvaram ao Senhor e ao povo de Israel. 9 E perguntou Ezequias aos sacerdotes e aos levitas, porque estavam os montões assim expostos. 10 E o sumo sacerdote Azarias, da linhagem de Sadoc, lhe respondeu, dizendo: Desde que começaram a oferecer primícias na casa do Senhor, temos nós comido, e nos temos fartado delas, e tem sobejado muito, porque o Senhor abençoou o seu povo: e das sobras é esta grande abastança, que vês. 11 Mandou pois Ezequias que se aprontassem celeiros na casa do Senhor. O que tendo-se feito, 12 recolheram dentro fielmente, assim as primícias, como os dízimos, e tudo o que tinham oferecido em voto. E disto foi feito superintendente o levita Conenias, e Semei seu irmão, em segundo lugar, 13 depois deste Jaiel, e Azarias, e Naat, e Asael, e Jerimot, e Jozabad, e Eliel, e Jesmaquias, e Maat, e Banaias, foram subordinados debaixo da autoridade de Conenias, e de Semei seu irmão, por ordem do rei Ezequias e de Azarias, pontífice da casa de Deus, aos quais competia tudo. 14 O levita Coré, porém, filho de Jemna e guarda da porta oriental, estava encarregado dos dons que voluntariamente se ofereciam ao Senhor, e das primícias e das coisas consagradas ao

Santo dos Santos. 15 E debaixo da sua inspeção estavam Eden, e Benjamim, Jesué, e Semeias, e Amarias, e Sequenias nas cidades dos sacerdotes, para distribuirem fielmente aos seus irmãos as porções, tanto a pequenos como a grandes: 16 compreendidos até os meninos machos desde a idade de três anos e daí para cima, enfim a todos os que entravam no Templo do Senhor, e de tudo aquilo que era conducente diariamente para todos os ministérios, e ofícios segundo as suas distribuições, 17 aos sacerdotes por famílias, e aos levitas de vinte anos e daí para cima, pelas suas classes e turmas, 18 e a toda a multidão, tanto às mulheres, como a seus filhos dum e outro sexo, se davam fielmente alimentos daquelas coisas que tinham sido oferecidas. 19 E também dos filhos de Aarão estavam dispostos pelos campos, e pelos arrabaldes de cada cidade homens, que distribuissem as porções a todo o sexo masculino que eram dos sacerdotes, e levitas.

20 Cumpriu pois Ezequias tudo o que temos dito em todo o reino de Judá: e fez o que era bom e reto, e verdadeiro na presença do Senhor seu Deus 21 em tudo o que é concernente ao serviço da casa do Senhor, segundo a lei e as cerimônias, com a vontade de buscar ao seu Deus de todo o seu coração. Ele o fez e foi bem sucedido.

Invasão de Senaquerib

32 Depois de executadas estas coisas, e como fielmente fica referido, veio Senaquerib, rei dos assírios, e tendo entrado nas terras de Judá, pôs cerco às cidades fortificadas, com o desígnio de as conquistar. 2 O que vendo Ezequias, isto é, que Senaquerib tinha vindo, e que todo o ímpeto da guerra se dirigia contra Jerusalém, 3 teve conselho com os grandes, e com os mais valentes oficiais, sobre que se tapassem as nascenças das fontes, que havia fora da cidade. E sendo todos deste parecer, 4 ajuntou muita gente, e taparam todas as fontes, e o regato, que corria pelo meio da terra, dizendo: Não aconteça que venham os reis dos assírios, e achem abundância de água. 5 Reparou também, esmerando-se muito, todos os muros, que se achavam desmantelados, e fez em cima torres e outros muros por fora: e reedificou o forte de Melo na cidade de Davi, mandou que se fizessem armas e escudos de todo o gênero. 6 E nomeou oficiais que comandassem o exército: e ajuntando-os todos na praça da porta da cidade, falou-lhes ao coração, dizendo: 7 Sede homens de valor, e alentai-vos: não temais, nem se vos dê do rei dos assírios, nem de toda a multidão, que o acompanha: porque muitos mais estão conosco, do que os que estão com ele. 8 Porque com ele está um braço de carne: conosco o Senhor nosso Deus, que é nosso auxiliador, e que peleja por nós. E o povo cobrou ânimo com essas palavras de Ezequias rei de Judá.

9 Depois que estas coisas sucederam, Senaquerib, rei dos assírios, enviou os seus mensageiros a Jerusalém (porque ele como todo o exército estava sitiando Láquis) dizendo a Ezequias, rei de Judá, e a todo o povo, que havia na cidade: 10 Eis aqui o que manda dizer Senaquerib rei dos assírios: Em quem estais vós confiados para vos deixardes estar cercados em Jerusalém? 11 Porventura Ezequias vos engana, para vos fazer morrer à fome e à sede, afirmando que o Senhor vosso Deus vos livrará da mão do rei dos assírios? 12 Não é pois este o Ezequias, que destruiu os seus altos, e os seus altares, e o que ordenou em Judá e em Jerusalém dizendo: Diante de um só altar vós adorareis, e no mesmo queimareis incenso? 13 Ignorais acaso o que temos feito eu, e meus pais a todos os povos da terra? Porventura tiveram poder os deuses das nações e de todas as terras para livrar os seus países da minha mão? 14 Qual é de todos os deuses das nações, as quais meus antepassados devastaram, que tivesse força para tirar das minhas mãos o seu povo, de sorte que possa também o vosso Deus livrar-vos de um tal poder? 15 Não vos engane logo Ezequias, nem zombe de vós por uma vã persuasão, nem lhe deis crédito. Porque se nenhum dos deuses de todas as nações e de todos os reinos pode livrar o seu povo da minha mão nem da de meus pais, logo conseqüentemente o vosso Deus vos não poderá livrar da minha mão.

16 Outras muitas coisas disseram ainda os mensageiros de Senaquerib contra o Senhor Deus, e contra o seu servo Ezequias. 17 Ele escreveu também cartas cheias de blasfêmias contra o Senhor Deus de Israel, e disse contra ele: Assim como os deuses das outras nações não puderam livrar o seu povo da minha mão, assim também o Deus de Ezequias não poderá livrar o seu povo deste poder. 18 E além disto a alta voz falava em língua judaica ao povo, que estava sobre as muralhas de Jerusalém, para os atemorizar, e para se assenhorear da cidade. 19 E falou contra o Deus de Jerusalém, bem como contra os deuses dos povos da terra, que são obras das mãos dos homens.

20 Fizeram pois oração o rei Ezequias, e o profeta Isaías filho de Amós, contra esta blasfêmia, e levantaram gritos até o céu. 21 E

o Senhor mandou um anjo, que matou todo o homem forte, e guerreiro, e o general do exército do rei dos assírios: e Senaquerib se recolheu com ignomínia ao seu país. E tendo entrado no templo do seu deus os filhos que tinham saído das suas entranhas, o mataram à espada. 22 E o Senhor salvou a Ezequias e aos habitantes de Jerusalém da mão de Senaquerib, rei dos assírios, e da mão de todos, e lhes deu paz em os contornos.

23 E muitos traziam a Jerusalém vítimas, e oferendas ao Senhor, e presentes a Ezequias rei de Judá: o qual depois disto foi engrandecido entre todas as nações.

Doença e morte de Ezequias

24 Neste tempo adoeceu Ezequias mortalmente, e fez a sua oração ao Senhor: e ele o ouviu, e lhe deu um sinal. 25 Mas não correspondeu aos benefícios, que tinha recebido, porque o seu coração se elevou: e a ira do Senhor se acendeu contra ele, e contra Judá e contra Jerusalém. 26 Mas depois, por se ter elevado seu coração, se humilhou tanto ele como os habitantes de Jerusalém: e por isso não veio sobre eles a ira do Senhor durante a vida de Ezequias.

27 Ezequias porém foi rico, e de grande fama, e ajuntou para si grandes tesouros de prata e de ouro e de pedraria preciosa, de aromas, e de toda a casta de armas, e de vasos de grande preço. 28 Teve também grandes celeiros de trigo, de vinho, e de azeite, e cavalariças para toda a casta de animais, e currais para os gados, 29 e edificou também cidades para si: porque tinha inumeráveis rebanhos de ovelhas, e de gado grosso, porque o Senhor lhe tinha dado uma extraordinária abundância de bens.

30 Este é o mesmo Ezequias, que tapou a fonte de cima das águas de Gion, e as fez correr por baixo da terra para o poente da cidade de Davi. Em todas as obras que empreendeu foi bem sucedido. 31 Todavia na embaixada dos príncipes de Babilônia, que lhe tinham sido enviados, para se informarem do prodígio, que tinha acontecido na terra, Deus o desamparou para que fosse tentado, e para se fazer patente tudo o que ele tinha no seu coração.

32 E o resto das ações de Ezequias, e das suas obras de misericórdia, estão escritas na visão do profeta Isaías filho de Amós, e no Livro dos reis de Judá e de Israel.

33 E adormeceu Ezequias com seus pais, e sepultaram-no sobre os jazigos dos filhos de Davi: e todo o Judá, e todos os moradores de Jerusalém celebraram as suas exéquias. E em seu lugar reinou seu filho Manassés.

Manassés e Amon, reis de Judá

33 Manassés tinha doze anos quando começou a reinar, e reinou cinqüenta e cinco anos em Jerusalém. 2 Mas ele fez o mal diante do Senhor seguindo as abominações dos povos, que o Senhor tinha exterminado à vista dos filhos de Israel. 3 E restaurou os altos, que seu pai Ezequias tinha demolido: e levantou altares a Baal, e plantou bosques, e adorou toda a milícia do céu, e lhe deu culto. 4 Edificou também altares na casa do Senhor, da qual o Senhor tinha dito: O meu nome estará eternamente em Jerusalém. 5 E ele os edificou à honra de todo o exército celestial nos dois átrios da casa do Senhor. 6 Fez também passar seus filhos pelo fogo no vale de Ben-Enom. Observava os sonhos, seguia os agouros, dava-se às artes mágicas, tinha consigo mágicos, e encantadores: e cometeu muitos males diante do Senhor, para o irritar. 7 Pôs também um ídolo, e uma estátua fundida na casa do Senhor, da qual Deus falou a Davi, e a seu filho Salomão, dizendo: Nesta casa e em Jerusalém, a qual eu escolhi entre todas as tribos de Israel, eu estabelecerei o meu nome para sempre. 8 E eu não farei mais sair a Israel da terra, que dei a seus pais: contanto que eles procurem cumprir o que eu lhes tenho mandado, e toda a lei, e as cerimônias, e os preceitos dados por intervenção de Moisés.

9 Manassés pois seduziu a Judá, e aos habitantes de Jerusalém, para fazerem maiores males do que todas as nações, que o Senhor tinha destruído em presença dos filhos de Israel. 10 E o Senhor lhe falou a ele, e ao seu povo, e o não quiesram ouvir. 11 Por isso fez vir Deus sobre eles os príncipes do exército do rei dos assírios: e estes aprisionaram a Manassés, e o levaram para Babilônia preso com cadeias, e em grilhões. 12 Ele depois que se viu reduzido a um grande aperto, orou ao Senhor seu Deus: e fez grande penitência diante do Deus de seus pais. 13 E suplicou-o e rogou-o fervorosamente: e o Senhor ouviu a sua deprecação, e tornou-o a trazer a Jerusalém ao seu reino, e Manassés reconheceu que o Senhor mesmo era o Deus.

14 Depois disto fez edificar o muro, que está fora da cidade de Davi ao ocidente de Gios no vale, desde a entrada da porta dos Peixes, em roda até Ofel, e o levantou muito: e pôs oficiais do exército em todas as cidades fortes de Judá: 15 e tirou da casa do Senhor os deuses estranhos, e o ídolo: e os altares, que tinha mandado levantar no monte da casa do Senhor, e em Jerusalém, e fez lançar tudo fora da cidade. 16 Restituiu também o altar

do Senhor, e imolou sobre ele vítimas, e hóstias pacíficas, e de ação de graças: e ordenou a Judá que servisse o Senhor Deus de Israel. 17 Contudo ainda o povo imolava nos altos ao Senhor seu Deus.

18 O resto dos feitos de Manassés: e a oração que ele fez ao seu Deus: e as palavras dos profetas, que lhe falaram da parte do Senhor Deus de Israel, se encerram nos Livros dos reis de Israel. 19 A oração também que ele fez e como foi ouvido, e todos os seus pecados, e desprezos, os lugares também em que fez edificar os altos, em que fez plantar os bosques e as estátuas antes de fazer penitência, se acha tudo escrito no Livro de Hozai. 20 Adormeceu pois Manassés com seus pais, e foi sepultado em sua casa: e em seu lugar reinou Amon seu filho.

21 Tinha Amon vinte e dois anos quando começou a reinar, e reinou dois anos em Jerusalém. 22 E ele fez o mal na presença do Senhor como o tinha feito seu pai Manassés: e sacrificou e serviu a todos os ídolos que Manassés mandara fabricar. 23 E não respeitou a face do Senhor, como seu pai Manassés a tinha respeitado: mas cometeu muito maiores delitos. 24 E tendo-se conjurado contra ele seus servos, o mataram em sua casa. 25 Mas o resto do povo, depois de terem dado a morte aos matadores de Amon, constituíram rei a Josias seu filho em lugar dele.

Josias, rei de Judá

34 Josias tinha oito anos, quando começou a reinar, e reinou trinta e um anos em Jerusalém. 2 E fez o que era reto na presença do Senhor, e andou nos caminhos de Davi seu pai: não declinou nem para a direita, nem para a esquerda.

3 Desde o oitavo ano do seu reinado, sendo ainda muito moço, começou a buscar o Deus de Davi seu pai: e no duodécimo ano depois que começara a reinar, purificou a Judá e Jerusalém dos altos, e dos bosques, e das estátuas de fundição e de escultura: 4 e destruíram na sua presença os altares de Baal: e quebraram os ídolos, que se tinham colocado em cima. Mandou cortar os bosques, e fazer em pedaços os ídolos: e ordenou que os pedaços fossem lançados sobre as sepulturas daqueles que tinham tido o costume de lhes oferecer vítimas. 5 Além disto queimou os ossos dos sacerdotes sobre os altares dos ídolos, e expurgou a Judá e a Jerusalém. 6 E até nas cidades de Manassés, e de Efraim, e de Simeão, até Neftali destruiu tudo isto. 7 E depois que destruiu os altares, e os bosques, e fez em pedaços os ídolos, e arrasou todos os templos por toda a terra de Israel, voltou para Jerusalém.

8 Assim no ano décimo oitavo do seu reinado, depois de já purificada a terra, e o Templo do Senhor, mandou a Safan filho de Eselias, e a Maasias governador da cidade, e a Joá filho de Joacaz seu cronista-mor, que reparassem a casa do Senhor seu Deus. 9 Vieram eles ter com o sumo sacerdote Helcias: e depois de recebido dele o dinheiro, que se tinha trazido à casa do Senhor, e que os levitas e os porteiros tinham cobrado de Manassés, e de Efraim, e de tudo o que tinha ficado de Israel, também de todo o Judá e Benjamim, e dos moradores de Jerusalém, 10 o entregaram nas mãos dos que eram os superintendentes dos oficiais que trabalhavam na casa do Senhor, para restabelecerem o Templo, e para repararem todas as suas ruínas. 11 E estes o deram aos artífices, e aos canteiros para comprarem pedras de cantaria, e madeiras para o emadeiramento do edifício, e para os sobrados das casas que os reis de Judá tinham destruído. 12 Eles fizeram tudo fielmente. E os superintendentes dos oficiais eram Jaat e Abdias, da linhagem de Merari, Zacarias e Mosolão, da linhagem de Caat, os quais diligencivaam a pressa da obra: todos levitas que sabiam tocar instrumentos. 13 Mas sobre os que carregavam com os pesos para diversos usos, eram inspetores os escrivães, juízes, e porteiros da ordem dos levitas.

14 Quando porém se transportava o dinheiro, que se tinha levado ao Templo, o pontífice Helcias achou um livro da lei do Senhor dada pelas mãos de Moisés. 15 E ele disse ao secretário Safan: Eu achei o livro da lei na casa do Senhor. E entregou-lho. 16 Mas Safan levou o livro ao rei, e deu-lhe conta, dizendo: Tudo o que tu mandaste a teus servos, executa-se fielmente. 17 Eles recolheram a prata, que se achou na casa do Senhor: e se deu aos prefeitos dos artífices, e dos que trabalhavam em diversos misteres. 18 Além disto o pontífice Helcias me entregou este livro. E como ele o lesse diante do rei, 19 e este ouvisse as palavras da lei, rasgou os seus vestidos: 20 e ordenou a Helcias, e a Aicão, filho de Safan, e a Abdon filho de Mica, e ao secretário Safan, e a Asaas, servo do rei dizendo: 21 Ide, e rogai ao Senhor por mim, e pelas relíquias de Israel, e de Judá, acerca de todas as palavras deste livro, que se achou: porque está a ponto de cair sobre nós a grande ira do Senhor, porque nossos pais não guardaram as palavras, do Senhor, cumprindo tudo o que está escrito neste livro.

22 Foi depois Helcias, e os que tinham sido enviados juntamente pelo rei a consultar a

profetisa Olda mulher de Selum, filho de
Tecuat, filho de Hasra, guarda dos vestidos:
a qual habitava em Jerusalém na Segunda. E
eles lhe disseram as palavras, que referimos
acima. 23 E Olda lhes respondeu: Eis aqui o
que diz o Senhor Deus de Israel: Dizei ao ho-
mem que cá vos mandou: 24 Isto disse
o Senhor: Eu estou para fazer cair sobre este
lugar e sobre seus habitantes os males, e todas
as maldições que estão escritas neste livro,
que foi lido diante do rei de Judá. 25 Porque
eles me abandonaram, e ofereceram sacrifí-
cios aos deuses estranhos, provocando-me a
ira por todas as obras das suas mãos, por isso
o meu furor se derramará sobre este lugar, e
não se aplacará. 26 E quanto ao rei de Judá,
que vos enviou para implorardes a misericór-
dia do Senhor, assim lhes direis: Eis aqui o
que diz o Senhor Deus de Israel: Porque tu
ouviste as palavras do livro, 27 e se enter-
neceu o teu coração, e tu te humilhaste diante
de Deus por causa dos males, que foram co-
minados contra este lugar, e os habitantes de
Jerusalém, e porque temendo o meu rosto,
rasgaste os teus vestidos, e choraste diante de
mim: eu também te ouvi, diz o Senhor. 28 Por
isso eu te ajuntarei com teus pais e serás posto
em paz no teu sepulcro: e os teus olhos não
verão todos os males, que eu estou para man-
dar sobre este lugar, e sobre os seus mora-
dores.

Reforma religiosa

Eles pois vieram referir ao rei tudo o que
a profetisa lhes tinha dito. 29 E o rei, depois
de convocados todos os anciãos, de Judá e de
Jerusalém, 30 subiu à casa do Senhor, e jun-
tamente com ele todos os homens de Judá e
os anciãos de Jerusalém, os sacerdotes e os
levitas, e todo o povo desde o mais pequeno
até o maior. E ouvindo eles na casa do Senhor
leu o rei todas as palavras do livro. 31 E, pos-
to em pé no seu tribunal, fez concerto com o
Senhor, que caminharia após Ele, e que guar-
daria os seus preceitos, e ordenanças, e as suas
cerimônias, de todo o seu coração, e de toda
a sua alma, que cumpriria tudo o que estava
escrito naquele livro, que acabava de ler.
32 E fez prestar juramento sobre isto a todos
os que se tinham achado na tribo de Jerusa-
lém, e na tribo de Benjamim: e os moradores
de Jerusalém o cumpriram, conforme o pacto
do Senhor Deus de seus pais.

33 Tirou pois Josias todas as abominações
de todas as terras dos filhos de Israel: e obri-
gou todos os que restavam em Israel, a servir
ao Senhor seu Deus. E enquanto ele viveu, não
es separaram do Senhor Deus de seus pais.

Celebração da Páscoa

35 Depois celebrou Josias em Jerusalém a
Páscoa do Senhor, a qual foi imolada no
décimo quarto dia do primeiro mês: 2 e esta-
beleceu os sacerdotes nos seus ministérios, e
e os exortou a servirem na casa do Senhor.
3 E aos levitas, por cujas instruções Israel
estava santificado para o Senhor, disse: Ponde
a Arca no santuário do Templo, que edificou
Salomão filho de Davi rei de Israel, porque
vós não tornareis a carregar mais com ela:
agora porém servi ao Senhor vossos Deus, e
ao seu povo de Israel. 4 Preparai-vos pois
pelas vossas casas, e pelas vossas famílias, se-
gundo a distribuição de cada um de vós, as-
sim como ordenou Davi rei de Israel, e assim
o escreveu Salomão seu filho. 5 E ministrai
no santuário, segundo a distribuição das fa-
mílias e das turmas levíticas, 6 e depois de
santificados, imolai a Páscoa: e disponde tam-
bém vossos irmãos para que a possam cele-
brar segundo o que o Senhor ordenou por meio
de Moisés.

7 Deu além disso Joasias a todo o povo, que
se tinha ajuntado na solenidade da Páscoa,
cordeiros e cabritos dos rebanhos, e do resto
do seu gado, até trinta mil e três bois: tudo
isto da fazenda do rei. 8 Os seus oficiais tam-
bém ofereceram o que tinham prometido vo-
luntariamente tanto ao povo, como aos sacer-
dotes e aos levitas. Mas Helcias, e Zacarias,
e Jaiel príncipes da casa do Senhor, deram
aos sacerdotes para celebrar a Páscoa duas
mil e seiscentas reses de gado miúdo, e tre-
zentos bois. 9 Conenias porém, e Semeias, e
Natanael seus irmãos, como também Hasabias,
e Jeiel, e Jozabad, chefes dos levitas, deram
aos outros levitas para celebrarem a Páscoa,
cinco mil reses miúdas, e quinhentos bois.
10 E preparou-se tudo para a função, e puse-
ram-se os sacerdotes na sua ordem: e também
os levitas divididos por turmas, segundo o
mandado do rei. 11 Imolou-se pois a Páscoa:
e os sacerdotes com as suas mãos derrama-
ram o sangue, e os levitas esfolaram os holo-
caustos: 12 e os separaram para os distribuí-
rem pelas casas e famílias de cada um, e para
os oferecerem ao Senhor, conforme o que está
escrito no livro de Moisés: e o mesmo fizeram
eles aos bois. 13 Depois assaram a Páscoa so-
bre o lume, como está escrito na lei: mas as
hóstias pacíficas eles as cozeram em marmi-
tas, e caldeirões, e panelas, e as distribuíram
prontamente a todo o povo: 14 e depois as
prepararam para si, e para os sacerdotes. Por-
que os sacerdotes estiveram ocupados até à
noite na oblação dos holocaustos e das ba-
nhas: pelo que os levitas preparam o comer

para si e para os sacerdotes filhos de Aarão em último lugar. 15 E os cantores filhos de Asaf também estavam na sua ordem, conforme o mandamento de Davi, e de Asaf, e de Heman, e de Iditun, profetas do rei. Os porteiros porém guardavam também cuidadosamente todas as portas, sem se apartarem um só momento do seu ministério: por conta do que também os levitas seus irmãos lhes prepararam o comer. 16 Portanto todo o culto do Senhor foi cumprido conforme o rito naquele dia, celebrando-se a Páscoa, e oferecendo-se os holocaustos sobre o altar do Senhor, segundo o mandado do rei Josias. 17 E os filhos de Israel, que ali se acharam, naquele tempo celebraram a Páscoa, e a solenidade dos asmos por sete dias. 18 Não houve Páscoa semelhante a esta em Israel desde o tempo do profeta Samuel: e dentre todos os reis de Israel não houve nenhum que fizesse Páscoa como a que fez Josias, com os sacerdotes, e com os levitas, e com todo o povo de Judá, e com tudo o que se achou de Israel, e com os habitantes de Jerusalém. 19 Foi celebrada esta Páscoa no ano décimo oitavo do reinado de Josias.

Morte de Josias

20 Depois que Josias reparou o Templo, foi Necau rei do Egito fazer guerra em Carcames junto ao Eufrates: e Josias marcou ao seu encontro. 21 Mas aquele príncipe, mandando-lhe mensageiros, lhe disse: Por que te embaraças tu comigo, ó rei de Judá? Não venho contra ti hoje, mas eu vou fazer guerra a outra nação, contra a qual me mandou Deus que marchasse a toda a diligência: cessa pois de te opores aos desígnios de Deus, o qual é comigo, não suceda que ele te mate. 22 Não quis Josias tornar atrás, mas preparou-se para o combater, e não esteve pelo que Necau lhe disse da parte de Deus: mas marchou por diante para lhe dar batalha no campo de Magedo. 23 E ali sendo ferido pelos frecheiros, disse para os seus criados: Tirai-me da peleja, porque estou muito ferido. 24 Eles o passaram de um coche para outro coche, que o seguia de reserva, segundo o costume dos reis, e o trouxeram para Jerusalém, e morreu, e foi sepultado no mausoléu de seus pais, e todo Judá e Jerusalém o prantearam. 25 E muito particularmente Jeremias, cujas lamentações sobre Josias se cantam até este tempo por todos os músicos e músicas, costume que ficou em Israel como lei. Elas se acham escritas entre as Lamentações.

26 O resto das ações de Josias, e as suas boas obras, conformes com o que ordena a lei do Senhor: 27 e as suas façanhas tanto primeiras como últimas, estão escritas no Livro dos reis de Judá e de Israel.

Joacaz e Joaquim, reis de Judá

36 Pegou logo o povo da terra em Joacaz filho de Josias, e o aclamou rei em Jerusalém em lugar de seu pai. 2 Tinha Joacaz vinte e três anos, quando começou a reinar, e reinou em Jerusalém três meses. 3 Porque o rei do Egito tendo vindo a Jerusalém o depôs, e condenou a terra à contribuição de cem talentos de prata, e um talento de ouro. 4 E em lugar de Joacaz constituiu a Eliaquim seu irmão, rei sobre Judá e sobre Jerusalém: e mudou-lhe o nome em Joaquim: e pegou no mesmo Joacaz, e o levou consigo para o Egito.

5 Joaquim tinha vinte e cinco anos quando começou a reinar, e reinou onze anos em Jerusalém: mas ele fez o mal diante do Senhor seu Deus. 6 Contra este marchou Nabucodonosor, rei dos caldeus, e carregado de cadeias o levou para Babilônia. 7 Transportou também para esta cidade os vasos do Senhor, e os pôs no seu templo.

8 E o resto das ações de Joaquim, e das suas abominações, que ele cometeu, e o que se achou nele, se contém no Livro dos reis de Judá e de Israel. Em seu lugar porém reinou seu filho Joaquim. 9 Joaquim tinha oito anos, quando começou a reinar, e reinou três meses e dez dias em Jerusalém, e ele fez o mal na presença do Senhor.

Sedecias, rei de Judá

10 E tendo decorrido o espaço de um ano, mandou o rei Nabucodonosor tropas, que o conduziram a Babilônia, levando juntamente os mais preciosos vasos da casa do Senhor. E ele em lugar de Joaquim constituiu rei sobre Judá e sobre Jerusalém a Sedecias seu tio paterno.

11 Sedecias tinha vinte e um anos quando começou a reinar, e reinou onze anos em Jerusalém. 12 E ele fez o mal diante dos olhos do Senhor seu Deus, e não teve respeito à pessoa do profeta Jeremias, que lhe falava da parte do Senhor. 13 Sublevou-se também contra o rei Nabucodonosor, a quem tinha dado juramento de fidelidade em nome de Deus. Ele pois endureceu a cerviz e o seu coração, para não voltar para o Senhor Deus de Israel. 14 E até também todos os príncipes dos sacerdotes, e o povo, se entregaram a todas as abominações gentílicas, e profanaram a casa do Senhor, que a tinha santificado para si em Jerusalém.

Destruição de Jerusalém

15 Mas o Senhor Deus de seus pais lhes di-
rigia freqüentemente a sua palavra por meio
dos seus mensageiros, levantando-se de noite,
e admoestando-os todos os dias: porque queria
perdoar ao seu povo, e à sua casa. 16 Mas eles
zombavam dos mensageiros de Deus, e des-
prezavam as suas palavras, e mofavam dos
seus profetas, até que o furor do Senhor se
levantou contra o seu povo, e não houve re-
médio algum. 17 Porque fez vir contra eles o
rei dos caldeus, e degolou seus filhos na casa
do seu santuário, não tendo piedade nem do
moço, nem da donzela, nem do velho, nem
do decrépito, mas Deus lhos entregou todos
nas suas mãos. 18 Trasladou também para Ba-
bilônia todos os vasos da casa do Senhor, as-
sim grandes, como pequenos, e os tesouros do
Templo, e os do rei, e dos príncipes. 19 Os
inimigos queimaram a casa de Deus e arruina-
ram os muros de Jerusalém, e puseram fogo
a todas as torres, e destruíram tudo o que
havia de precioso. 20 Se algum tinha escapado
da espada, esse levado a Babilônia, foi ser es-
cravo do rei, e de seus filhos, até que teve o
império o rei dos persas, 21 e se cumpriu a
palavra do Senhor pronunciada por boca de
Jeremias, e a terra celebrou os seus sábados:
porque durante todo o tempo da sua desola-
ção ela esteve num sábado continuado até
que se completaram setenta anos.

Edito de Ciro

22 Mas no primeiro ano de Ciro rei dos per
sas para se cumprirem as palavras, que o
Senhor tinha dito por boca de Jeremias, tocou
o Senhor o coração de Ciro rei dos persas: o
qual mandou publicar por todo o reino, e
ainda expedir patentes, dizendo: 23 Eis aqui
o que diz Ciro rei dos persas: O Senhor Deus
do céu pôs nas minhas mãos todos os reinos
da terra, e ele me mandou também que lhe
fizesse uma casa em Jerusalém, que é na Ju-
déia. Qual dentre vós se acha ser de todo o
seu povo? O Senhor seu Deus seja com ele e
vá-se.

ESDRAS

I. ZOROBABEL E A PRIMEIRA VOLTA DOS CATIVOS DE BABILÔNIA

Decreto de Ciro

1 No primeiro ano de Ciro rei dos persas
para se cumprir a palavra do Senhor pro-
nunciada por boca de Jeremias, suscitou o
Senhor o espírito de Ciro rei dos persas: e este
fez publicar em todo o seu reino, até por es-
crito, esta ordem, dizendo: 2 Eis aqui o que
diz Ciro rei dos persas: O Senhor Deus do céu
me deu todos os reinos da terra, e ele mesmo
me mandou que lhe edificasse um templo em
Jerusalém que é na Judéia. 3 Qual é dentre
vós de todo o seu povo? O seu Deus seja com
ele. Vá para Jerusalém, que é na Judéia, e
edifique a casa do Senhor Deus de Israel, esse
mesmo é o Deus que está em Jerusalém. 4 E
todos os varões que tiverem ficado em os lu-
gares onde habitam, os ajudem do lugar onde
estão, com prata, e com ouro, e com fazenda,
gados, e fora o que eles oferecerem volunta-
riamente ao Templo de Deus, que é em Jeru-
salém.

Partida do exílio

5 E os príncipes das famílias paternas de
Judá, e de Benjamim, e os sacerdotes, e os
levitas, e todos aqueles, cujo coração tinha
Deus tocado, se prepararam para ir reedificar
o Templo do Senhor, que havia em Jerusalém.
6 E todos os que moravam nos arredores, os
ajudaram com as suas baixelas de prata, e de
ouro com os seus bens, gados, e com os seus
móveis, fora o que eles tinham oferecido vo-
luntariamente.
7 O rei Ciro entregou também os vasos do
Templo do Senhor, que Nabucodonosor tinha
levado de Jerusalém, e que tinha posto no
templo do seu Deus. 8 Ciro rei dos persas as
fez entregar por Mitrídates, filho de Gazabar,
e os deu por conta a Sassabasar, príncipe de
Judá. 9 E eis aqui o número deles: Trinta co-
pos de ouro, mil copos de prata, vinte e nove
faças, trinta taças de ouro, 10 quatrocentas
e dez taças de prata de segundo tamanho:
outros mil vasos. 11 Todos os vasos de ouro e
de prata eram cinco mil e quatrocentos. Todos
levou Sassabasar, com os que tornaram do
cativeiro de Babilônia para Jerusalém.

Número de repatriados

2 Estes são pois os filhos da província, que
tendo sido levados cativos para Babilônia
por Nabucodonosor rei de Babilônia, voltaram
para Jerusalém e para a Judéia, cada um para a
sua cidade. 2 Os que vieram com Zorobabel,
foram Josué, Neemias, Saraias, Raelaias, Mar-
docai, Belsan, Mesfar, Beguai, Reum, Baana.
Eis aqui o número dos varões do povo de
Israel: 3 Filhos de Faros, dois mil cento e se-
tenta e dois. 4 Filhos de Sefatia, trezentos e
setenta e dois. 5 Filhos de Aréia, setecentos e
setenta e cinco. 6 Filhos de Faat Moab, dos
filhos de Josué: de Joab, dois mil e oitocentos
e doze. 7 Filhos de Elão, mil e duzentos cin-
qüenta e quatro. 8 Filhos de Zetua, novecentos
e quarenta e cinco. 9 Filhos de Zacai, setecen-
tos e sessenta. 10 Filhos de Bani, seiscentos e
quarenta e dois. 11 Filhos de Babai, seiscentos
e vinte e três. 12 Filhos de Azgad, mil duzentos
e vinte e dois. 13 Filhos de Adonicão, seiscentos
e sessenta e seis. 14 Filhos de Beguai, dois mil
e cinqüenta e seis. 15 Filhos de Adin, quatro-
centos e cinqüenta e quatro. 16 Filhos de Ater,
que vinham de Ezequias, noventa e oito. 17 Fi-
lhos de Besai, trezentos e vinte e três. 18 Filhos
de Jora, cento e doze. 19 Filhos de Hasum, du-
zentos e vinte e três. 20 Filhos de Gebar, no-
venta e cinco. 21 Filhos de Belém, cento e vinte
e três. 22 Homens de Netufa, cinqüenta e três.
23 Homens de Anatot, cento e vinte e oito.
24 Filhos de Azmavet, quarenta e dois. 25 Fi-
lhos de Cariatiarim, de Cefira, e de Berot, sete-
centos e quarenta e três. 26 Filhos de Rama
e de Gabaa, seiscentos e vinte um. 27 Homens
de Macmas, cento e vinte e dois. 28 Homens de
Betel e de Hai, duzentos e vinte e três. 29 Filhos
de Nebo, cinqüenta e dois. 30 Filhos de Megbis,
cento e cinqüenta e seis. 31 Filhos de outro
Elão, mil e duzentos e cinqüenta e quatro.
32 Filhos de Harim, trezentos e vinte. 33 Filhos

de Lod, de Hadid, de Ono, setecentos e vinte
e cinco. 34 Filhos de Jericó, trezentos e qua-
renta e cinco. 35 Filhos de Senaa, três mil e
seiscentos e trinta.
36 Sacerdotes: Os filhos de Jadaia na casa
de Josué, novecentos e setenta e três. 37 Filhos
de Emer, mil e cinqüenta e dois. 38 Filhos de
Fesur, mil e duzentos e quarenta e sete. 39 Fi-
lhos de Harim, mil e dezessete.
40 Levitas: Os filhos de Josué, e de Cedmiel
dos filhos de Odovia, setenta e quatro. 41 Can-
tores: Os filhos de Asaf, cento e vinte oito.
42 Filhos dos porteiros: Os filhos de Selum,
os filhos de Ater, os filhos de Telmon, os filhos
de Acub, os filhos de Hatita, os filhos de Sobai,
por todos cento e trinta e nove.
43 Natineus: Os filhos de Sia, os filhos de
Hasufa, os filhos de Tabaot, 44 os filhos de
Ceros, os filhos de Siaa, os filhos de Fadon,
45 os filhos de Lebana, os filhos de Hagaba, os
filhos de Acub, 46 os filhos de Hagab, os filhos
de Semlai, os filhos de Hanan, 47 os filhos de
Gadel, os filhos de Gaer, os filhos de Raaia,
48 os filhos de Rasin, os filhos de Vecoda, os
filhos de Gazão, 49 os filhos de Asa, os filhos
de Facéia, os filhos de Besée, 50 os filhos de
Asena, os filhos de Munim, os filhos de Nefu-
sim, 51 os filhos de Bacbuc, os filhos de Hacu-
fa, os filhos de Hatur, 52 os filhos de Beslut,
os filhos de Maida, os filhos de Harsa, 53 os
filhos de Bercos, os filhos de Sisara, os filhos
de Tema, 54 os filhos de Nasia, os filhos de
Hatifa, 55 os filhos dos servos de Salomão, os
filhos de Sotai, os filhos de Soferet, os filhos
de Faruda, 56 os filhos de Jala, os filhos de
Dercon, os filhos de Gedel, 57 os filhos de
Safatia, os filhos de Hatil, os filhos de Foque-
ret, que eram de Asebaim, os filhos de Ami:
58 todos os natineus, e os filhos dos servos
de Salomão, eram trezentos e noventa e dois.
59 E estes foram os que vieram de Telmala,
de Telharsa, de Querub, e de Adon, e de Emer:
e que não puderam mostrar qual era a casa de
seus pais, e a sua linhagem, se acaso eram de
Israel. 60 Os filhos de Dalaia, os filhos de
Tobias, os filhos de Necoda, eram seiscentos
e cinqüenta e dois.
61 E dos filhos dos sacerdotes: Os filhos de
Hobia, os filhos de Acos, os filhos de Berzelai,
de Galaad, e que foi chamado do seu nome.
62 Estes buscaram o livro da sua genealogia, e
o não acharam, e foram excluídos do sacer-
dócio.
63 E Atersata lhes intimou que não comes-
sem do Santo dos Santos, até que se levan-
tasse um pontífice douto e perfeito.
64 Toda esta multidão era como um só
homem, e compreendia quarenta e duas mil
trezentas e sessenta pessoas: 65 sem falar nos
seus servos, e nas suas servas, que eram sete
mil trezentos e trinta e sete: e entre eles havia
duzentos cantores, e cantoras. 66 Os seus ca-
valos eram setecentos e trinta e seis, os seus
machos, duzentos e quarenta e cinco, 67 os
seus camelos, quatrocentos e trinta e cinco, os
seus jumentos, seis mil e setecentos e vinte.
68 E alguns dos chefes das famílias, tendo
entrado no Templo do Senhor, que está em
Jerusalém, fizeram oferendas espontâneas à
casa de Deus para se reedificar no seu lugar.
69 Deram conforme as suas forças para a des-
pesa da obra, sessenta e um mil soldos de ouro,
cinco mil minas de prata, e cem vestimentas
sacerdotais.
70 Os sacerdotes pois, e os levitas, e os do
povo, e os cantores, e os porteiros, e os natineus
se estabeleceram nos seus territórios, e todo o
povo de Israel ficou nas suas cidades.

Restauração do altar e do culto

3 Tinha pois chegado o sétimo mês, e os filhos
de Israel estavam nas suas cidades. Ajun-
tou-se porém o povo todo como um só homem
em Jerusalém. 2 E levantou-se Josué, filho de
Josedec, e seus irmãos sacerdotes e Zorobabel,
filho de Salatiel, e seus irmãos, e edificaram
o altar do Deus de Israel, para oferecerem nele
holocaustos, conforme o que está escrito na
lei de Moisés, homem de Deus. 3 e colocaram
o altar de Deus sobre as suas bases ainda que
os povos dos países confinantes procuravam
tolhê-los, e eles ofereceram ao Senhor sobre o
altar o holocausto da manhã e da tarde: 4 e
celebraram a festa dos tabernáculos bem assim
como está prescrito, e ofereceram o holocaus-
to cada dia, segundo a sua ordem conforme
o que estava mandado observar dia por dia.
5 E depois disto ofereceram o holocausto per-
pétuo, tanto nas calendas, como em todas as so-
lenidades que estavam consagradas ao Senhor,
e em todas aquelas em que ofereciam volunta-
riamente donativos ao Senhor. 6 Desde o pri-
meiro dia do sétimo mês começaram a oferecer
o holocausto ao Senhor.

Fundamentos do Templo

Mas ainda se não tinham lançado os funda-
mentos do Templo de Deus. 7 Deram pois
dinheiro aos canteiros, e pedreiros: e pão e
vinho, e azeite aos sidônios, e aos tírios, para
que trouxessem madeiras de cedro do Líbano
ao mar de Jope, conforme o que lhes havia
ordenado Ciro rei dos persas. 8 E no segundo
ano da chegada deles ao Templo de Deus em
Jerusalém, no segundo mês começaram Zoro-
babel, filho de Salatiel, e Josu, filho de Josedec,
e os outros seus irmãos sacerdotes, e levitas,

e todos os que tinham vindo do cativeiro para Jerusalém, e constituíram levitas de idade de vinte anos, e daí para cima, para apressarem a obra do Senhor. 9 E apresentou-se Josué e seus filhos, e seus irmãos, Cedmiel e seus filhos, e os filhos de Judá, como um só homem para darem pressa aos que trabalhavam no Templo de Deus: Assim também os filhos de Henadad, e seus filhos, e seus irmãos que eram levitas.

10 Lançados pois os alicerces do Templo do Senhor pelos pedreiros, apresentaram-se os sacerdotes revestidos dos seus ornamentos com as trombetas: e os levitas filhos de Asaf com tímbales, para louvarem a Deus com os salmos de Davi, rei de Israel. 11 E cantavam hinos, e publicavam a glória do Senhor: Porque ele é bom, e a sua misericórdia foi sempre sobre Israel. Todo o povo também levantava grandes clamores louvando o Senhor, por se terem lançado os fundamentos do Templo do Senhor: 12 E muitos dos sacerdotes e dos levitas, e os chefes das famílias, e os anciãos, que tinham visto o primeiro Templo, quando à sua vista se tinham lançado os fundamentos deste Templo, choravam dando grandes vozes. E muitos levantavam a voz, gritando de contentamento. 13 Ninguém podia discernir os gritos dos que se regozijavam, nem a voz do choro do povo: porque o povo gritava confusamente com grande clamor, e o sonido retinia ao longe.

Hostilidade dos vizinhos

4 Os inimigos porém de Judá, e de Benjamim, souberam que os filhos do cativeiro edificavam o Templo ao Senhor Deus de Israel: 2 e vindo ter com Zorobabel, e com os chefes das famílias, lhes disseram: Deixai-nos edificar convosco, porque nós buscamos o vosso Deus assim como vós: e nós lhe temos sempre imolado vítimas, desde o tempo de Asor Hadan, rei da Assíria, que nos mandou para aqui. 3 E Zorobabel e Josué, e outros chefes das famílias de Israel lhes responderam: Não nos convém edificar convosco a casa ao nosso Deus, mas nós mesmos sós a edificaremos ao Senhor nosso Deus, como Ciro, rei dos persas no-lo há ordenado. 4 Sucedeu pois que todo o povo da terra impedisse o trabalho do povo de Judá e os inquietasse na obra. 5 Ganharam também por dinheiro contra eles os conselheiros, para arruinarem o seu projeto durante todo o tempo de Ciro, rei dos persas, e até o reinado de Dario, rei dos persas.

Acusação à corte

6 Mas no reinado de Assuero, quando ele começou a reinar, ofereceram por escrito uma acusação contra os habitantes de Judá e de Jerusalém. 7 E no reinado de Artaxerxes escreveu Beselão Mitrídates, a Tabeel, e os outros, que eram do conselho destes, a Artaxerxes, rei dos persas: e a carta de acusação era escrita em siríaco, e se lia na língua dos siros. 8 Reum Beelteem, e Samsai, secretário, escreveram de Jerusalém uma carta ao rei Artaxerxes, do teor seguinte: 9 Reum Beelteem, e Samsai, secretário, e os outros seus conselheiros, os dineus, e os afarsataqueus, os terfaleus, e os afarseus, os ercueus, os babilônios, os susanequeus, os dievos, e os elamitas, 10 e os outros dentre as nações, que o grande e o glorioso Arsenafar transportou: E que ele fez morar em paz nas cidades de Samaria, e nas outras províncias da banda de além do rio. 11 (Esta é a cópia da carta que lhe mandaram): Ó rei Artaxerxes, os teus servos, os varões que habitam da banda de além do rio, te enviam saudar. 12 Saiba o rei, que os judeus que transitaram do pé de ti para nós, vieram a Jerusalém, cidade rebelde e péssima, a qual reedificam construindo os seus muros, e reparando as paredes. 13 Agora pois seja notório ao rei, que se esta cidade for reedificada, e os seus muros restaurados, não pagarão mais os tributos, nem os rendimentos anuais, e esta perda chegará até os reis. 14 E nós lembrando-nos do sal, que comemos em palácio, e julgando como coisa injusta o ver os prejuízos do rei, por isso mandamos dar aviso ao rei, 15 para que examines os livros das histórias de teus predecessores, e acharás escrito nos seus comentários, e saberás que esta cidade é uma cidade rebelde, e inimiga dos reis e das províncias, e que de tempos antigos se tem nela excitado guerras: pelo que também a mesma cidade foi já destruída. 16 Nós pois declaramos ao rei, que se esta cidade for reedificada, e os seus muros restabelecidos, não possuirás as terras da banda de além do rio.

Resposta da corte

17 O rei respondeu a Reum Beelteem, e a Samsai, secretário, e aos outros habitantes de Samaria que eram do conselho deles, e aos mais que moravam da banda de além do rio, desejando-lhes saúde e paz. 18 A acusação, que vós nos enviastes, foi manifestamente lida na minha presença: 19 e foi ordenado por mim: que se examinassem as memórias, e acharam que de tempos antigos se tem esta cidade revoltado contra os reis, e que nela se têm excitado sedições, e guerras: 20 porque em Jerusalém houve reis muito valentes, que também foram senhores de todas as terras, que estão da outra banda do rio: e que recebiam

também delas tributos e impostos, e rendimentos. 21 Agora pois ouvi o que eu ordeno: Embaraçai esses homens que não reedifiquem essa cidade, até que eu não mande o contrário. 22 Vede não sejais negligentes em executar esta ordem, e não suceda crescer o mal pouco a pouco contra o interêsse dos reis.

23 A cópia pois deste edito do rei Artaxerxes foi lida diante de Reum Beelteem, e de Samsai, secretário, e dos seus conselheiros: e a grã pressa o foram levar a Jerusalém aos judeus, e lhes impediram de mão armada a obra. 24 Então foi interrompida a obra da casa do Senhor em Jerusalém, e não se trabalhou nela até o segundo ano do reinado de Dario, rei dos persas.

Recomeçam as obras do Templo

5 E profetaram o profeta Ageu, e Zacarias, filho de Ado, profetizando em nome do Deus de Israel aos judeus, que estavam em Judéia, e em Jerusalém. 2 Então se deram pressa Zorobabel, filho de Salatiel, e Josué, filho de Josedec, e começaram a edificar o Templo de Deus em Jerusalém, e com eles os profetas de Deus que os ajudavam.

3 E no mesmo tempo veio ter com eles Tatanai, que era chefe dos da banda de além do rio, Estarbuzanai, e os seus conselheiros: e lhes disseram assim: Quem vos aconselhou que edificásseis este templo, e que restabelecêsseis os seus muros? 4 Ao que nós lhes respondemos, nomeando os homens que eram autores daquela edificação.

5 Mas Deus olhou favoravelmente para os anciãos dos judeus, e não puderam tolhê-los. Entretanto determinou-se que se participasse o negócio a Dario, e que então os judeus respondessem àquela acusação.

Relatório enviado ao rei

6 Eis aqui a cópia da carta, que ao rei Dario mandaram Tatanai governador da província de além do rio, e Estarbuzanai, e seus conselheiros os arfasaqueus, que habitavam da banda de além do rio. 7 A carta, que eles mandaram, era escrita nestes termos: Ao rei Dario toda a paz. 8 Saiba o rei que nós fomos à província da Judéia, à casa do grande Deus, que se está edificando de pedras toscas, e onde se estão pondo os sobrados sobre as paredes: e esta obra se edifica com grande cuidado, e se adianta nas suas mãos. 9 Nós pois nos informamos daqueles anciãos, e lhes dissemos assim: Quem vos deu poder para edificardes esta casa, e para restaurardes estes muros? 10 E perguntamos-lhes também pelos seus nomes, para tos declararmos: e escrevemos os nomes daqueles varões, que são entre eles os principais. 11 Eles nos responderam assim, dizendo: Nós somos servos do Deus do céu, e da terra, e reedificamos um templo, que há muitos anos tinha sido fundado, e que um grande rei de Israel tinha edificado, e construído. 12 Mas depois que nossos pais provocaram a ira o Deus do céu, ele os entregou nas mãos de Nabucodonosor rei de Babilônia na Caldéia, o qual destruiu também esta casa, e transportou o seu povo para Babilônia. 13 No primeiro ano porém de Ciro rei de Babilônia, o rei Ciro saiu com um edito para que esta casa de Deus se reedificasse. 14 Porque também os vasos de ouro e de prata do Templo de Deus, que Nabucodonosor tinha levado do Templo, que estava em Jerusalém, e transportara para o templo de Babilônia, tirou o rei Ciro do templo de Babilônia e foram dados a Sassabasar, a quem o rei também nomeou príncipe, 15 e lhe disse: Toma estes vasos e vai, e põe-nos no Templo, que havia em Jerusalém, e reedifique-se a casa de Deus no mesmo lugar onde estava. 16 Então, pois, veio aquele Sassabasar a Jerusalém e pôs os fundamentos do Templo de Deus em Jerusalém e de então para cá se está edificando, e ainda não está acabado. 17 Agora pois, se parece bem ao rei, mande que se examine na real biblioteca, que está em Babilônia, se é verdade que o rei Ciro ordenou que se reedificasse a casa de Deus em Jerusalém, e sobre isto nos faça saber sua real vontade.

Rescrito do rei Davi

6 Então o rei Dario mandou: e examinaram na biblioteca dos livros, que estavam depositados em Babilônia, 2 e achou-se em Ecbátana, que é um castelo da província da Média, um livro, onde estava escrita a seguinte memória: 3 No primeiro ano do rei Ciro: o rei Ciro ordenou que a casa de Deus, que há em Jerusalém, fosse reedificada no lugar onde se ofereçam sacrifícios, e que se lhe pusessem uns fundamentos que sustentem a altura de sessenta côvados de alto, e a largura de sessenta côvados, 4 três fiadas de pedras por polir, e do mesmo modo fileiras de madeira nova: e que a despesa se fizesse da casa do rei. 5 E que se restituíssem também os vasos de ouro e prata do Templo de Deus, que Nabucodonosor tirara do Templo de Jerusalém, e que levara para Babilônia, e que se reconduzissem para o Templo de Jerusalém para o seu lugar, os quais também se puseram no Templo de Deus.

6 Agora pois vós, Tatanai governador das terras, que estão de além do rio, Estarbuzanai, vossos conselheiros os afarsaqueus, que viveis de além do rio, retirai-vos longe dos judeus, 7 e deixai que se faça aquele Templo de Deus pelo

chefe dos judeus, e pelos seus anciãos, para que edifiquem aquela casa de Deus no seu lugar. 8 E tenho também ordenado como é que se deve proceder com aqueles anciãos dos judeus, para que se reedifique a casa de Deus, e vem a ser que do bolsinho do rei, isto é, dos tributos que se pagam das terras de além do rio, se dê com pontualidade àqueles homens o que for necessário para as despesas, para que não se embarace a obra. 9 E que, sendo necessário, se lhes dê todos os dias novilhos, e borregos, e cabritos para se oferecerem em holocausto ao Deus do Céu, o trigo, o sal, o vinho, e o azeite, conforme o rito dos sacerdotes, que assistem em Jerusalém, para que não haja em coisa alguma motivo de queixa. 10 E ofereçam sacrifícios ao Deus do Céu, e roguem pela vida do rei, e de seus filhos. 11 Portanto foi por mim decretado: que todo o homem que contravier a este edito, se arranque um pau de sua casa, e se levante em alto, e o preguem nele, e a sua casa seja confiscada. 12 E o Deus que estabeleceu o seu nome naquele lugar, dissipe todos os reinos, e o povo que estender a sua mão para o contradizer, e para destruir aquela casa de Deus, que está em Jerusalém. Eu Dario ordenei este edito, e quero que ele se cumpra pontualmente.

Término e inauguração do templo

13 Tatanai pois o governador do território de além do rio, e Estarbuzanai, e os seus conselheiros, conforme o que havia ordenado o rei Dario, assim o executaram. 14 E os anciãos dos judeus edificavam, e eram bem sucedidos conforme a profecia do profeta Ageu, e de Zacarias, filho de Ado: e edificaram e construíram o edifício pelo mandado do Deus de Israel, e pela ordem de Ciro, e de Dario, e de Artaxerxes, reis dos persas: 15 e completaram esta casa de Deus, no dia três do mês de Adar, que é o sexto ano do reinado do rei Dario.

16 E os filhos de Israel, os sacerdotes e os levitas, e os mais filhos que tinham voltado do cativeiro, fizeram a dedicação da casa de Deus com regozijo. 17 E ofereceram para a dedicação da casa de Deus, cem novilhos, duzentos carneiros, quatrocentos borregos, doze bodes pelo pecado de todo o Israel, conforme o número das tribos de Israel. 18 E estabeleceram sacerdotes nas suas ordens, e levitas nos seus turnos sobre as obras de Deus em Jerusalém, segundo está escrito no livro de Moisés.

Celebração da Páscoa

19 E os filhos de Israel que eram tornados do cativeiro, celebraram a Páscoa, no dia catorze do primeiro mês. 20 Porque os sacerdotes e os levitas se tinham purificado, como se fossem um só homem. Todos puros imolaram a Páscoa para todos os israelitas tornados do cativeiro, e para os sacerdotes seus irmãos, e para si mesmos. 21 E os filhos de Israel, que tinham voltado do cativeiro, comeram a Páscoa, e todos aqueles que se tinham separado da corrupção dos povos do país unidos a eles, para buscarem o Senhor Deus de Israel. 22 E fizeram a solenidade dos asmos por sete dias com júbilo, porque o Senhor os tinha enchido de contentamento, e tinha mudado o coração do rei da Assíria a favor deles para este os ajudar na obra da casa do Senhor Deus de Israel.

II. SEGUNDA LEVA DE REPATRIADOS E REFORMAS DE ESDRAS

Esdras em Babilônia

7 E depois destas coisas no reinado de Artaxerxes, rei dos persas, Esdras, filho de Saraias, filho de Azarias, filho de Helcias, 2 filho de Selum, filho de Sadoc, filho de Aquitob, 3 filho de Amarias, filho de Azarias, filho de Maraiot, 4 filho de Zeraias, filho de Ozi, filho de Boci, 5 filho de Abisué, filho de Finéias, filho de Eleazar, filho de Aarão, que foi o primeiro pontífice. 6 O mesmo Esdras veio de Babilônia, e ele era escriba expedito na lei de Moisés que o Senhor Deus tinha dado a Israel. O rei conforme a mão do Senhor seu Deus que era com ele lhe concedeu tudo o que pediu.

7 E muitos dos filhos de Israel, e dos filhos dos sacerdotes, e dos filhos dos levitas, e dos cantores, e dos porteiros, e dos natineus vieram para Jerusalém no sétimo ano do rei Artaxerxes. 8 E chegaram a Jerusalém no quinto mês do sétimo ano deste rei. 9 Porque ele partiu de Babilônia no primeiro dia do primeiro mês, e chegou a Jerusalém no primeiro dia do quinto mês, porque a mão favorável do seu Deus era com ele. 10 Porque Esdras tinha preparado o seu coração para buscar a lei do Senhor, e para cumprir e ensinar em Israel os seus preceitos e as suas ordenanças.

Rescrito de Artaxerxes e Esdras

11 Esta é pois a cópia da carta de Edito, que o rei Artaxerxes deu a Esdras sacerdote, doutor instruído nas palavras e nos preceitos do

Senhor, e nas cerimônias que ele prescreveu a Israel.

12 Artaxerxes, rei dos reis a Esdras sacerdote doutor eruditíssimo na lei de Deus do Céu, saúde. 13 Tenho decretado que no meu reino todo aquele do povo de Israel, e dos seus sacerdotes, e dos levitas que queira ir para Jerusalém, vá contigo. 14 Porque tu és enviado pelo rei e pelos seus sete conselheiros, para visitares a Judéia, e a Jerusalém segundo a lei do teu Deus, que está na tua mão: 15 e para levares a prata e o ouro, que o rei e os seus conselheiros ofereceram espontâneamente ao Deus de Israel, cujo tabernáculo está em Jerusalém. 16 E toda a prata e ouro que achares em toda a província de Babilônia, e que o povo quiser oferecer, e tudo o que os sacerdotes espontâneamente oferecerem à casa de Deus, que está em Jerusalém, 17 recebe-o com liberdade, e compra diligentemente com este dinheiro novilhos, carneiros, borregos e hóstias e as suas libações, e oferece-as sobre o altar do Templo do vosso Deus, que está em Jerusalém. 18 Mas se tu, e teus irmãos achardes por bem dispor de qualquer outra sorte do resto da prata e do ouro, obrai conforme a vontade do vosso Deus. 19 Os vasos também, que te foram dados para o ministério do Templo do teu Deus, entrega-os na presença de Deus em Jerusalém. 20 E ainda para as demais coisas, que forem necessárias para a casa do teu Deus, tudo quanto for preciso para se despender, dar-se-á do tesouro, e da câmara do rei, 21 e por mim. Eu, o rei Artaxerxes, ordenei e mandei a todos os tesoureiros do erário público, que estão além do rio, que tudo o que vos pedir Esdras sacerdote, doutor da lei do Deus do Céu, lho deis sem demora, 22 até à quantia de cem talentos de prata, e até cem coros de trigo, e até cem batos de vinho, e até cem batos de azeite, e o sal sem medida. 23 Tudo o que pertence ao rito do Deus do Céu, se dê pontualmente na casa do Deus do Céu: não suceda irar-se ele contra o reino do rei, e de seus filhos. 24 Nós vos declaramos também que tocante a todos os sacerdotes, e levitas, e cantores, e porteiros, natineus, e ministros da casa deste Deus, vós não tereis poder de impordes nem talha, nem tributo, nem outros encargos sobre eles. 25 E tu, Esdras, segundo a sabedoria que recebeste do teu Deus, estabelece juízes e presidentes, que julguem todo o povo, que está além do rio, isto é, todos aqueles que conhecem a lei do teu Deus, e ensina também com liberdade aos que a ignoram. 26 E todo o que não observar exatamente a lei do teu Deus, e a ordenação do rei, será condenado ou à morte, ou a desterro, ou a alguma multa sobre os seus bens, ou certamente à prisão.

27 Bendito seja o Senhor Deus de nossos pais, que pôs no coração do rei este pensamento de glorificar a casa do Senhor, que está em Jerusalém, 28 e que mostrou em mim a sua misericórdia diante do rei e dos seus conselheiros, e diante de todos os príncipes poderosos da corte do rei: portanto confortado eu da mão do Senhor meu Deus, que estava sobre mim, ajuntei os primeiros de Israel para virem comigo.

A comitiva

8 Estes são pois os chefes das famílias, e genealogia daqueles que vieram comigo de Babilônia no reinado do rei Artaxerxes. 2 Dos filhos de Finéias, Gérson. Dos filhos de Itamar, Daniel. Dos filhos de Davi, Harto. 3 Dos filhos de Sequenias, filhos de Faros, Zacarias: e contaram-se com ele cento e cinqüenta homens. 4 Dos filhos de Faat Moab, Elionai, filho de Zaree; e com ele duzentos homens. 5 Dos filhos de Sequenias, o filho de Ezequiel, e com ele trezentos homens. 6 Dos filhos de Adan, Abed, filho de Jonatan, e com ele cinqüenta homens. 7 Dos filhos de Alão, Isaías filho de Atália, e com ele setenta homens. 8 Dos filhos de Safatias, Zebedia filho de Miguel, e com ele oitenta homens. 9 Dos filhos de Joab, Obedia, filho de Jaiel, e com ele duzentos e dezoito homens. 10 Dos filhos de Selomit, o filho de Josfias, e com ele cento e sessenta homens. 11 Dos filhos de Bebai, Zacarias filho de Bebai, e com ele vinte e oito homens. 12 Dos filhos de Azgad, Joanan, filho de Ecetan, e com ele cento e dez homens. 13 Dos filhos de Adonicão, que eram os últimos: e estes são os seus nomes: Elifelet, e Jeiel, e Samaias, e com eles sessenta homens. 14 Dos filhos de Begui, Utai, e Zacur, e com eles setenta homens.

Preparativos para a partida

15 Eu os congreguei junto do rio, que corre para Aava, e ficamos ali três dias: e busquei entre o povo e os sacerdotes homens dos filhos de Levi, e não os achei aí. 16 Enviei pois Eliezer, e Ariel, e Semeias, e Elnatan, e Jarib e outro Elnatan, e Natan, e Zacarias, e Mosolão que eram dos chefes: e Joiarib, e Elnatan que eram sábios. 17 E eu os enviei a Edo, que era o chefe no lugar de Casfia, e lhes pus na boca as palavras que deviam dizer a Edo, e aos natineus seus irmãos, no lugar de Casfia para nos trazerem os ministros da casa do nosso Deus. 18 E como a mão favorável do nosso Deus era sobre nós, eles nos trouxeram um homem doutíssimo dos filhos de Mooli filho de Levi, filho de Israel, e Sarabias com seus filhlos e seus irmãos que eram dezoito. 19 E Hasabias e com ele Isaías

dos filhos de Merari, e seus irmãos, e seus filhos que eram vinte. 20 E dos natineus, que Davi, e os príncipes tinham instituído para o ministério dos levitas, duzentos e vinte natineus. Todos estes estavam distinguidos pelos seus nomes.

21 E estando junto ao rio Aava publiquei ali um jejum para nos humilharmos diante do Senhor nosso Deus, e para lhe pedirmos uma feliz jornada para nós, e para nossos filhos, e para tudo o que levávamos conosco. 22 Porque tive vergonha de pedir ao rei uma escolta de gente de cavalo, que nos defendesse de nossos inimigos pelo caminho: porque tínhamos dito ao rei: A mão de nosso Deus é sobre todos os que o buscam em bondade: e o seu império e o seu poder, e o seu furor é sobre todos os que o deixam. 23 Nós pois jejuamos, e fizemos por isto oração ao nosso Deus: e tudo nos sucedeu com felicidade. 24 E escolhi doze dentre os primeiros dos sacerdotes, Sarabias, e Hasabias, e com eles dez de seus irmãos. 25 E pesei diante deles a prata e o ouro, e os vasos consagrados da casa do nosso Deus, que o rei e os seus conselheiros, e os seus príncipes, e todos os que se tinham achado em Israel, haviam oferecido: 26 e entreguei nas suas mãos o peso de seiscentos e cinqüenta talentos de prata, e cem vasos de prata, cem talentos de ouro: 27 e vinte taças de ouro, que tinham de peso mil soldos, e dois vasos de um bronze mui caro e brilhante, tão belos como ouro. 28 E eu lhes disse: Vós sois os santos do Senhor, e santos são os vasos, e a prata e o ouro, que foi espontâneamente oferecido ao Senhor Deus de nossos pais. 29 Vigiai e guardai-os, até que os peseis em Jerusalém na presença dos príncipes dos sacerdotes, e dos levitas, e dos chefes das famílias de Israel, para se conservarem no tesouro da casa do Senhor. 30 E os sacerdotes e os levitas receberam o peso da prata, e do ouro, e dos vasos, para o levarem a Jerusalém à casa do nosso Deus.

Partida de Babilônia

31 Partimos pois do rio Aava no dia doze do primeiro mês para irmos para Jerusalém: e a mão do nosso Deus foi sobre nós, e nos livrou das mãos do inimigo e dos que nos armavam ciladas pelo caminho. 32 E chegamos a Jerusalém, e ficamos ali três dias. 33 E no dia quarto se pesou a prata, e o ouro, e os vasos na casa do nosso Deus por mãos de Meremot, filho do sacerdote Urias, e com ele Eleazar, filho de Finéias, e com eles Jozabed, filho de Josué, e Noadaia filho do levita Benoi, 34 tudo conforme a sua conta e peso: e então se descreveu todo o peso.

35 E também os filhos da transmigração, que tinham voltado do cativeiro, ofereceram holocaustos ao Deus de Israel, doze novilhos por todo o povo de Israel, noventa e seis carneiros, setenta e sete cordeiros, doze bodes pelo pecado: tudo em holocausto ao Senhor. 36 E entregaram os editos do rei aos sátrapas, que eram da corte do rei, e aos governadores de além do rio, e exaltaram o povo e a casa de Deus.

Escândalos de matrimônios mistos

9 E depois de sucedidas estas coisas, vieram à minha presença os príncipes, dizendo: O povo de Israel, os sacerdotes, e os levitas não se separaram dos povos deste país, nem das suas abominações, a saber, dos cananeus, dos heteus, dos fereseus, dos jebuseus, e dos amonitas, e dos moabitas, e dos egípcios, e dos amorreus: 2 porque eles tomaram das suas filhas para si e para seus filhos, e misturaram a linhagem santa com os povos destas terras: até os príncipes e os magistrados entraram nesta primeira transgressão.

3 E quando eu ouvi estas palavras, rasguei a minha capa e a minha túnica, e arranquei os cabelos da minha cabeça e da minha barba, e assentei-me triste. 4 E se ajuntaram ao pé de mim todos os que temiam a palavra do Deus de Israel, por causa da transgressão daqueles que tinham tornado do cativeiro, e eu perseverava assentado triste até ao sacrifício da tarde. 5 E ao sacrifício da tarde eu me levantei da minha consternação, e rasgada a minha capa e a minha túnica, me pus de joelhos, e estendi as minhas mãos para o Senhor meu Deus, 6 e disse:

Meu Deus, eu estou confundido, e envergonho-me de levantar a minha face para ti: porque as nossas iniqüidades se multiplicaram sobre as nossas cabeças, e os nossos delitos cresceram até o céu, 7 desde o tempo de nossos pais: e nós mesmos também temos cometido graves pecados até o dia de hoje, e em as nossas iniqüidades nós temos sido entregues, nós e os nossos reis, e os nossos sacerdotes nas mãos dos reis da terra, e entregues à espada, e ao cativeiro, e à rapina, e à confusão de nossos rostos, bem como ainda hoje o estamos. 8 E agora como há pouco e por um momento têm sido admitidos os nossos rogos pelo Senhor nosso Deus, para que nos ficassem algumas relíquias, e se nos desse uma pequena estaca no seu santo lugar, e nos alumiasse os olhos o nosso Deus e nos desse algum tempo de vida na nossa escravidão, 9 porque nós somos escravos, e o nosso Deus não nos desamparou no nosso cativeiro, mas antes nos fez achar misericórdia diante do rei dos persas, para nos dar a vida, e para sublimar a casa do nosso Deus, e para a reedificar depois da sua desolução, e para nos deixar uma sebe em Judá e em Jerusalém. 10 E agora, Deus nosso, que diremos nós depois disto? porque nós temos violado os teus mandamentos, 11 que tu nos tinhas dado pelos profetas teus servos, dizendo: A terra que vós ides possuir, é uma terra imunda segundo a imundície dos povos, e das outras terras, com abominações de que eles a encheram de uma extremidade à outra com a sua hediondez. 12 Por isso não deis vossas filhas a seus filhos, e não tomeis suas filhas para vossos filhos, e não procureis jamais nem a sua paz nem a sua prosperidade: para que venhais a ser poderosos, e para que comais os bens desta terra, e para que tenhais por herdeiros a vossos filhos para sempre. 13 Mas depois de tudo o que nos tem sucedido por causa de nossas desordenadíssimas obras, e dos nossos grandes pecados, tu, ó nosso Deus, nos livraste da nossa iniqüidade, e nos salvaste como nós o vemos hoje, 14 e para que nós não violássemos os teus mandamentos, nem celebrássemos matrimônios com os povos dados a estas abominações. Porventura estarás tu irado contra nós até nos perderes inteiramente sem nos deixares nenhum resto do povo para que se salve? 15 Senhor Deus de Israel, tu és justo: porque nós fomos deixados, para sermos salvos como nós hoje o vemos. Eis aqui estamos nós delinqüentes diante de ti: porque depois disto não se pode estar em tua presença.

Reforma de Esdras

10 Orando pois assim Esdras, e implorando, e chorando, e jazendo prostrado diante do Templo de Deus, uma grande multidão do povo de Israel de homens e de mulheres e de meninos se ajuntou ao pé dele, e o povo derramou um mar de lágrimas. 2 E respondeu Sequenias, filho de Jeiel dos filhos de Elão, e disse para Esdras: Nós temos prevaricado contra o nosso Deus, e tomamos mulheres estrangeiras das nações da terra, mas agora se disto Israel se arrepende, 3 façamos concerto com o Senhor nosso Deus, que lançaremos fora todas as mulheres, e os que delas são nados conformando-nos com a vontade do Senhor, e com a dos que reverenciam os preceitos do Senhor nosso Deus. Faça-se segundo a lei. 4 Levanta-te, a ti pertence determinar, e nós seremos contigo. Cobra alento, e obra. 5 Levantou-se pois Esdras e obrigou com juramento os príncipes dos sacerdotes e dos levitas, e a todo o Israel, que fariam o que se acaba de dizer, e eles o juraram.

6 E levantou-se Esdras de diante da casa de Deus, e foi à casa de Joanan, filho de Eliasib, e entrou ali, não comeu pão, nem bebeu água: porque chorava o pecado daqueles que tinham voltado do cativeiro. 7 E deitou-se pregão em Judá, e em Jerusalém a todos os filhos que tinham vindo do cativeiro, para que se ajuntassem em Jerusalém: 8 e que todo o que se não achasse dentro de três dias conforme a ordem dos príncipes e dos anciãos, se lhe tomariam todos os seus bens, e seria lançado fora do ajuntamento dos que tinham vindo do cativeiro. 9 Assim concorreram todos os homens de Judá, e de Benjamim dentro de três dias a Jerusalém, no dia vinte do nono mês. E todo o povo se pôs quieto no terreiro do Templo de Deus, tremendo por causa dos seus pecados, e por causa das chuvas. 10 E levantou-se o sacerdote Esdras, e lhes disse: Vós tendes transgredido, e vos casastes com mulheres estrangeiras, para acrescentardes mais os delitos de Israel. 11 Agora pois dai glória ao Senhor Deus de vossos pais, e fazei o que é do seu agrado, e separai-vos dos povos da terra, e das mulheres estrangeiras. 12 E toda a multidão respondeu, e disse em alta voz: Faça-se assim segundo tu nos tens dito. 13 Mas porque o povo é grande, e é tempo de chuva, e não podemos estar de fora, e isto não é obra dum dia, nem dois, (porque temos gravissimamente pecado nisto), 14 estabeleçam-se uns chefes dentre toda a multidão: e todos os que em nossas cidades casaram com mulheres estrangeiras, venham em tempos determinados, e com eles os anciãos, e os magistrados de cada cidade, até que se aparte de nós a ira de nosso Deus, por causa deste pecado. 15 Foram pois estabelecidos para isto Jonatan, filho de Azael, e Jaasia, filho de Tecué, e os ajudaram os levitas Mosolão, e Sebetai. 16 E assim o fizeram os filhos que tinham vindo do cativeiro. E o sacerdote Esdras, e os chefes das famílias foram às casas dos pais deles, e todos pelos seus nomes, e se assentaram no primeiro dia do décimo mês para averiguar a coisa. 17 E levaram a fazer a conta de todos os varões que tinham tomado mulheres estrangeiras, até ao primeiro dia do primeiro mês.

18 E dos filhos dos sacerdotes achou-se que tinham casado com mulheres estrangeiras estes: Dos filhos de Josué, os filhos de Josedec e seus irmãos, Maasia, e Eliezer, e Jarib, e Godolia. 19 E convieram em lançar fora suas mulheres, e oferecer um carneiro do rebanho pelo seu delito. 20 E dos filhos de Emer, Hanani, e Zebedia. 21 E dos filhos de Harim, Maasia, e Elia, e Semeia, e Jeiel, e Ozias. 22 E dos filhos de Fesur, Elioenai, Maasia, Ismael, Natanael, Jozabed, e Elasa.

23 E dos filhos dos levitas Jozabed, e Semei,
e Celaia, que por outro nome se chama Calita,
Fataia, Judá, e Eliezer. 24 E dos cantores,
Eliasib. E dos porteiros, Selum, Telem, e Uri.
25 E do povo de Israel, dos filhos de Faros,
Remeia, e Jezia, e Melquia, e Miamin, e Eliezer,
e Melquia, e Banéia. 26 E dos filhos de Elão,
Matania, Zacarias, e Jeiel, e Abdi, e Jerimot, e
Elia. 27 E dos filhos de Zetua, Elioenai, Eliasib,
Matania, e Jerimut, Zabad e Aziza. 28 E dos
filhos de Bebai, Joanan, Hanania, Zabai, Atalai.
29 E dos filhos de Bani, Mosolão, e Meluc, e
Adaia, Jasub, e Saul, e Ramot. 30 E dos fi-
lhos de Faat Moab, Edna, e Calal, Banaias, e
Maasias, Matanias, Beseleel, Benui, e Manassés.
31 E dos filhos de Herem, Eliezer, Josué, Mel-
quias, Semeias, Simeão. 32 Benjamim, Maloc,
Samarias. 33 E dos filhos de Hasom, Matanai,
Matata, Zabad, Elifelet, Jermai, Manassés, e
Semei. 34 Dos filhos de Bani, Maadi, Amrão, e
Vel. 35 Banéias, e Badaias, Queliau, 36 Vania,
Marimut, e Eliasib, 37 Matanias, Matanai, e
Jasi, 38 e Bani, Benui, Semei, 39 e Salmias, e
Natan, e Adaias, 40 e Mecnedebai, Sisai, Sarai,
41 Ezrel, e Selemiau, Semeria, 42 Selum, Ama-
ria, José. 43 Dos filhos de Nebo, Jeiel, Ma-
tatias, Zabad, Zabina, Jedu, e Joel, e Banaia.
44 Todos estes tinham tomado mulheres
estrangeiras, e destas havia mulheres que ti-
nham tido filhos.

NEEMIAS

(OU SEGUNDO LIVRO DE ESDRAS)

I. PRIMEIRA VIAGEM DE NEEMIAS E RECONSTRUÇÃO DOS MUROS

Neemias recebe notícias de Jerusalém

1 História de Neemias, filho de Helquias. E aconteceu no mês de Casleu, no ano vigésimo, quando eu estava no castelo de Susa. 2 E veio Hanani, um de meus irmãos, ele com alguns da tribo de Judá: e lhes perguntei pelos judeu, que tinham ficado, e sobreviviam ainda depois do cativeiro, e acerca de Jerusalém. 3 E eles me responderam: Os que ficaram depois do cativeiro, e foram deixados ali na província, estão numa grande aflição, e em ignomínia: e os muros de Jerusalém foram destruídos, e as suas portas consumidas do fogo.

4 E como eu ouvi estas palavras, assentei-me, e chorei, e derramei lágrimas por muitos dias. Jejuei, e orei na presença de Deus do céu. 5 E disse: Peço-te, Senhor Deus do céu, forte, grande e terrível, que guardas o teu pacto, e a tua misericórdia para com aqueles que te amam, e observam os teus mandamentos. 6 Atendam os teus ouvidos, e os teus olhos se abram para ouvires a oração do teu servo, que eu hoje faço em tua presença de noite e de dia pelos filhos de Israel, teus servos. E confesso os pecados dos filhos de Israel, que têm cometido contra ti: eu, e a casa de meu pai pecamos, 7 nós fomos seduzidos pela vaidade, e não guardamos os teus mandamentos, e as tuas cerimônias, e as tuas ordenanças que tu prescreveste a teu servo Moisés. 8 Lembra-te da palavra, que deste a Moisés, teu servo, dizendo: Quando vós transgredirdes, eu vos espalharei pelos povos: 9 mas se vós vos converterdes a mim, e guardardes os meus preceitos, e os cumprirdes: ainda quando vós tenhais sido espalhados até as extremidades do mundo, eu vos ajuntarei desses países e eu vos reconduzirei ao lugar, que eu escolhi, para nele habitar o meu nome. 10 E estes são os teus servos, e o teu povo, os quais tu resgataste na tua soberana fortaleza, e na tua mão poderosa. 11 Peço-te, Senhor, que estejam atentos os teus ouvidos à oração do teu servo, e às orações dos teus servos, que querem temer o teu Nome: e conduze hoje o teu servo, e faze-o achar misericórdia diante deste homem. Porque eu era copeiro-mor do rei.

Neemias é enviado a Jerusalém

2 Sucedeu pois no mês de Nisan no ano vigésimo do reinado de Artaxerxes: e estava posto vinho diante dele e eu tomei o vinho, e o ministrei ao rei: e eu estava como abatido na sua presença. 2 E o rei me disse: Por que está triste o teu rosto, não te vendo estar doente? Isto não é sem causa, e não sei que mal há no teu coração. E eu me enchi de um temor grande, e excessivo. 3 E disse ao rei: Ó rei, vive eternamente: por que não há de estar o meu rosto amargurado pois que a cidade que é a casa dos sepulcros de meus pais, está deserta, e as suas portas foram queimadas pelo fogo? 4 E o rei me disse: Que me pedes tu? E fiz eu oração ao Deus do céu, 5 e disse ao rei: Se é do agrado do rei, e o teu servo é aceito em tua presença, peço-te que me mandes à Judéia, à cidade dos sepulcros de meus pais, e eu a reedificarei. 6 E disse-me, o rei, e a rainha, que estava assentada a par dele: Que tempos durará a tua jornada, e quando voltarás tu? Eu lhe apontei o tempo: e aprazeu na presença do rei, e me permitiu que fosse. 7 E disse ao rei: Se ao rei parece bem, eu lhe suplico que me dê cartas para os governadores das províncias de além do rio, para que me dêm passagem, até eu chegar à Judéia: 8 e uma carta para Asaf guarda do bosque do rei, a fim de me dar madeiras, com que cubra as portas das torres da casa, e os muros da cidade, e a casa em que eu me alojar. E o rei me concedeu

tudo, segundo era comigo a mão favorável do meu Deus.

9 E fui ter com os governadores do país de além do rio, e lhes apresentei as cartas do rei. E o rei tinha enviado comigo oficiais de guerra, e gente de cavalo. 10 E Sanabalat horonita, e Tobias servo amonita o souberam: e ficaram em extremo tristes, por ter vindo um homem, que buscava o bem dos filhos de Israel.

Inspeção das muralhas

11 E cheguei a Jerusalém, e estive ali três dias, 12 e me levantei de noite, eu e poucas pessoas comigo, e não disse a ninguém o que Deus me tinha inspirado no meu coração para fazer em Jerusalém. E eu não tinha ali cavalo, senão o em que estava montado. 13 E saí de noite pela porta do vale, e ante a fonte do Dragão, e à porte da Esterqueira, e contemplava os muros de Jerusalém deitados abaixo, e as suas portas que tinham sido queimadas pelo fogo. 14 E passei à porta da Fonte, e ao aqueduto do Rei, e não havia lugar por onde pudesse passar o cavalo em que eu ia montado. 15 E subi de noite pela torrente, e eu considerava os muros, e voltando cheguei à porta do Vale, e recolhi-me.

16 E os magistrados não sabiam onde eu tinha ido, nem o que eu fazia. E até então não tinha eu descoberto nada, nem aos judeus nem aos sacerdotes, nem aos magnates, nem aos magistrados, nem aos mais dos que tinham a intendência das obras. 17 E eu lhes disse: Vós vedes a aflição em que estamos: porque Jerusalém está deserta, e as suas portas foram consumidas pelo fogo. Vinde, e restauremos os muros de Jerusalém, não sejamos mais o opróbrio. 18 E eu lhes referi o como a mão do meu Deus era favorável para comigo, e as palavras que o rei me tinha dito, e digo: Vinde, e reedifiquemos. E as suas mãos se fortaleceram para o bem.

19 Mas Sanabalat horonita, e Tobias servo amonita, e Gossem árabe, o souberam, e fizeram zombaria de nós, e desprezaram-nos, e disseram: Que é isso que vós fazeis? Porventura vós vos rebelais contra o rei? 20 E eu lhes respondi, e lhes disse: O Deus do Céu é o que nos ajuda, e nós somos seus servos. Levantemo-nos e reedifiquemos: porque vós não tendes parte, nem direito, nem sois conhecidos em Jerusalém.

Reedificação dos muros de Jerusalém

3 E levantou-se o sumo pontífice Eliasib, e os sacerdotes seus irmãos, e reedificaram a porta do Rebanho: eles a consagraram, e assentaram as suas portas e eles a consagraram até à torre de cem côvados, até à torre de Hananeel. 2 E junto a eles edificaram os homens de Jericó: e ao pó dele edificou Zacur filho de Amri.

3 E os filhos de Asnaa edificaram a porta dos Peixes: e eles a cobriram, e puseram as suas duas portas, e as fechaduras e as trancas. Ao pé deles edificou Marimut, filho de Urias, filho de Acus. 4 E ao pé deste edificou Mosolão, filho de Baraquias, filho de Mesezebel: e ao pé deles edificou Sadoc, filho de Baana: 5 e ao pé destes edificaram os de Técua; mas os principais dentre eles não se sujeitaram a trabalhar na obra de seu Senhor.

6 E Jojada, filho de Faséia, e Mosolão, filho de Besodia, edificaram a porta velha. Eles a cobriram, e lhe puseram as suas portas, e as fechaduras, e as trancas. 7 E ao pé deles, edificaram Meltias gabaonita, e Jadon meronatita, homens de Gabaon, e de Masfa, pelo governador que estava no país de além do rio. 8 E ao pé dele edificou Eziel, filho de Araia ourives: e ao pé de Eziel, Ananias, filho de um perfumador: e deixaram aquela parte de Jerusalém até ao muro da rua larga. 9 E ao pé dele edificou Rafaia, filho de Hur, capitão de um bairro de Jerusalém. 10 E ao pé dele defronte de sua casa edificou Jedaia, filho de Haromaf: e ao pé dele edificou Hato, filho de Hasebonias. 11 Melquias, filho de Herem, e Hasub, filho de Faat Moab edificaram a metade de um bairro, e a torre dos Fornos. 12 E ao pé deles edificaram Selum, filho de Aloés, capitão de metade de um bairro de Jerusalém, ele e suas filhas.

13 E a porta do Vale edificaram-na Hanun, e os habitantes de Zanoe. Estes a edificaram, e lhe puseram as suas portas, e as fechaduras, e as trancas, e refizeram mil côvados do muro até à porta da Esterqueira. 14 E a porta da Esterqueira edificou a Melquias, filho de Recab, capitão do bairro de Betacaram. Ele a edificou, e lhe pôs as suas portas, e as fechaduras, e as trancas.

15 E a porta da Fonte edificou-a Selum filho de Colhoza, capitão do bairro de Masfa. Ele a edificou, e a cobriu, e lhe pôs as fechaduras, e as trancas, e refez os muros da piscina de Siloé ao longo do jardim do rei, e até os degraus que descem da cidade de Davi. 16 Depois dele edificou Neemias, filho de Azboc, capitão de metade do bairro de Betsur até defronte do sepulcro de Davi, e até à piscina, que tinha sido feita com grande trabalho, e até à casa dos Valentes. 17 Depois dele edificaram os levitas, Reum, filho de Beni. E depois dele edificou Hasebias capitão de metade do bairro de Ceila no seu bairro. 18 Depois dele edificaram seus irmãos Bavai, filho

de Enadade, capitão de metade de Ceila. 19 E depois dele trabalhou Aser, filho de Josué, capitão de Masfa, outro tanto espaço defronte da subida do ângulo fortíssimo.

20 Depois dele Baruc, filho de Zacai, edificou no monte outro tanto espaço, desde o ângulo até à porta da casa do sumo sacerdote Eliasib. 21 Depois dele Merimut, filho de Urias, filho de Haco, edificou outro tanto espaço, desde a porta da casa de Eliasib, até onde se estendia a casa de Eliasib. 22 Depois dele edificaram os sacerdotes habitantes das planícies do Jordão. 23 Depois dele edificaram Benjamim e Hasub defronte de suas casas. E depois deles edificou Azarias filho de Maasias, filho de Ananias, defronte de sua casa. 24 Ao pé dele edificou Benui, filho de Henadad, outro tanto espaço, desde a casa de Azarias até a volta, e até o ângulo. 25 Falel, filho de Ozi, edificou defronte da volta e da torre, que se levanta acima da alta casa do rei, isto é, no átrio do cárcere. E depois dele Fadaias, filho de Faros. 26 Os natineus porém habitavam no bairro de Ofel, até defronte da porta das águas para o oriente, e até à torre que estava sobranceira.

27 Depois de Fadaias edificaram os de Técua outro tanto espaço defronte desde a torre grande e eminente até o muro do Templo. 28 Os sacerdotes edificaram acima desde a porta dos cavalos, cada um defronte de sua casa. 29 Ao pé deles edificou Sadoc, filho de Emer, defronte de sua casa. E depois dele edificou Semaia, filho de Sequenias, guarda da porta do Oriente. 30 Ao pé dele Hanania, filho de Selemias, e Hanun sexto filho de Selef, edificaram outro tanto espaço. E junto dele edificou Mosolão, filho de Baraquias, o muro, defronte do seu gazofilácio. E ao pé dele edificou Melquias, filho do ourives até à casa dos natineus, e dos adelos defronte da porta Judiciária, até a câmara do ângulo. 31 E entre a câmara do ângulo e a porta do Rebanho edificaram os ourives e os negociantes.

Assaltos e ciladas

4 Sucedeu pois que tendo ouvido Sanabalat, que nós reedificávamos os muros, irou-se em extremo: e muito encolerizado escarneceu dos judeus, 2 e disse diante de seus irmãos, e dum grande número de samaritanos: Que fazem estes pobres judeus? Acaso deixá-los-ão os povos? Acaso sacrificarão eles, e acabarão a sua obra num dia? Acaso poderão edificar com as pedras, que pelo fogo foram reduzidas a um montão de pó? 3 E até Tobias amonita que estava próximo a ele, disse: Edifiquem embora: se vier uma raposa, saltará por cima do seu muro de pedras.

4 Ouve, Deus nosso, que estamos feitos o desprezo. Faze recair os insultos sobre as suas cabeças, e torna-os objeto de vilipêndio numa terra de cativeiro. 5 Não cubras a sua iniqüidade, e o seu pecado não se apague de diante dos teus olhos, porque eles escarneceram dos que edificavam.

6 Nós pois reedificamos o muro, e o unimos todo até a metade: e o ânimo do povo se estimulou para trabalhar.

7 E sucedeu que ouvindo Sanabalat, e Tobias, e os árabes, e os amonitas, e os de Azot, que a cicatriz do muro de Jerusalém se tinha fechado, e se começavam a reparar as suas brechas, iraram-se sobremodo. 8 E ajuntaram-se todos de comum acordo para virem, e atacarem Jerusalém, e armarem-nos emboscadas. 9 Nós pois fizemos oração ao nosso Deus, e pusemos guardas de dia e de noite sobre o muro contra eles. 10 E os de Judá disseram: As forças dos que acarretam estão enfraquecidas, e há ainda muita terra que tirar, e nós não poderemos edificar o muro. 11 E disseram os nossos inimigos: Não saibam, nem percebam eles até que demos sobre eles, e os matemos, e façamos cessar a obra. 12 E aconteceu que vindo os judeus, que moravam junto deles, e tendo-nos descoberto por dez vezes todos os lugares de onde vinham contra nós, 13 arranjei por ordem o povo por detrás dos muros ao redor da cidade com as suas espadas, e lanças, e arcos. 14 E examinei e fui: e disse aos magnates e magistrados, e ao resto do povo: Não temais diante deles. Lembrai-vos do Senhor grande e terrível, e pelejai pelos vossos irmãos, pelos vossos filhos, e pelas vossas filhas, e pelas vossas mulheres, e pelas vossas casas.

15 Mas aconteceu, que tendo sabido nossos inimigos, que nós tínhamos sido avisados, dissipou Deus o desígnio deles. E nós nos recolhemos às muralhas, cada um para a sua obra. 16 E daquele dia em diante sucedeu que uma metade da gente moça trabalhava na obra, e a outra metade estava prestes para a peleja, com lanças, e escudos, e arcos, e couraças, e os chefes atrás deles em toda a casa de Judá: 17 os que edificavam os muros, e os que acarretavam, e os que carregavam: com uma mão faziam a obra, e com a outra pegavam na espada: 18 porque cada um dos que edificavam tinha a sua espada à cinta. E trabalhavam, e tocavam a trombeta ao pé de mim.

19 E disse eu aos magnates, e aos magistrados, e ao resto do povo: Esta obra é grande, e extensa, e nós estamos aqui no muro separados longe uns dos outros. 20 Em qualquer lugar vós ouvirdes o som da trombeta, correi ali a socorrer-nos. O nosso Deus pelejará por

nós. 21 E nós mesmos continuemos a obra: e a metade dos nossos tenha empunhadas as lanças desde o ponto da aurora até que saiam as estrelas. 22 Neste mesmo tempo disse eu ao povo: Cada um fique com o seu moço no meio de Jerusalém, e revezemo-nos de noite, e de dia, para trablahar. 23 Eu porém e meus irmãos, e os meus moços, e os guardas que me acompanhavam, não largávamos os nossos vestidos: somente se despia cada um para se lavar.

Suprimem-se usuras desumanas

5 E levantou-se um grande clamor do povo, e de suas mulheres contra os judeus seus irmãos. 2 E havia quem dissesse: Nossos filhos, e nossas filhas são em excessivo número: vendamo-los, e compremos trigo para nos sustentar, e para vivermos. 3 Havia também quem dizia: Empenhemos os nossos campos, e as nossas vinhas, e as nossas casas, para termos trigo durante a fome. 4 E outros diziam: Tomemos dinheiro emprestado para pagarmos os tributos do rei, e demos os nossos campos e vinhas. 5 E agora a nossa carne é como a carne de nossos irmãos, e os nossos filhos são como os filhos deles. Eis aqui nós reduzimos nossos filhos, e nossas filhas à escravidão, e de nossas filhas são as escravas, e não temos com que poder resgatá-las, e estranhos são os que possuem nossos campos, e nossas vinhas.

6 E eu me enfadei muito quando ouvi os seus clamores segundo estas palavras: 7 e considerei isto, comigo, mesmo no meu coração: e repreendi os magnates e os magistrados, e lhes disse: Porventura cada um de vós pretendeis de vossos irmãos usura? E convoquei contra eles um grande ajuntamento, 8 e lhes disse: Nós, como sabeis, segundo nossas posses, resgatamos os judeus nossos irmãos, que tinham sido vendidos à gentes: e vós vendereis agora vossos irmãos, e que nós os tenhamos de resgatar? E eles ficaram em silêncio, e não souberam que me responder. 9 E eu lhes disse: Não é boa coisa o que vós fazeis: por que não andais vós no temor do nosso Deus, não suceda que nos lancem isto em rosto os povos nossos inimigos? 10 E eu, e meus irmãos, e os meus criados temos emprestado a muitos dinheiro e trigo. Convenhamos todos em não lhes pedir nada, e em os dar por quites do que eles nos devem. 11 Restitui-lhes hoje os seus campos, e as suas vinhas, e os seus olivais, suas casas. Pagai ainda mesmo por eles a centésima do dinheiro, do trigo, do vinho, e do azeite, que vós costumáveis cobrar deles. 12 E responderam: Nós lho restituiremos, e não lhe pediremos nada: e faremos assim como tu dizes. E chamei os sacerdotes, e fiz-lhes prestar juramento, que o fariam como eu tinha dito. 13 Depois disto sacudi os meus vestidos, e disse: Assim sacuda Deus da sua casa, e do logro dos seus trabalhos todo aquele homem, que não cumprir o que eu disse: assim o seja ele sacudido e fique sem coisa alguma. E todo o povo respondeu: Amém. E eles louvaram a Deus. Fez pois o povo segundo se tinha dito.

Desinteresse de Neemias

14 E desde o dia em que o rei me tinha mandado que eu fosse governador no país de Judá, desde o ano vinte do reinado de Artaxerxes até o trinta e dois por espaço de doze anos, nem eu, nem meus irmãos comemos das rendas, que eram devidas aos governadores. 15 Mas os primeiros governadores, que tinham sido antes de mim, oprimiram o povo, cobrando dele todos os dias quarenta siclos em pão, vinho, e dinheiro: e sobre isto o carregavam ainda os seus oficiais. Mas pelo que é de mim eu o não fiz assim porque temo a Deus: 16 antes eu mesmo trabalhei nos reparos do muro, sem comprar campo algum, e a minha gente se achou sempre junta no trabalho. 17 Os mesmos judeus e os magistrados até o número de cento e cinqüenta pessoas, e os que dentre os povos, estavam à roda de nós, vinham ter conosco, todos comiam à minha mesa. 18 Porque todos os dias se me preparava um boi, e seis carneiros escolhidos, fora as aves, e de dez em dez dias distribuia eu vinhos diversos, e muitas outras coisas: e além disso não cobrei as rendas do meu cargo de governador: porque estava o povo extremamente atenuado. 19 Lembra-te de mim, Deus meu, para usares comigo de misericórdia, à medida de todo o bem, que eu fiz a este povo.

Insídias contra Neemias

6 Sucedeu pois, que sabendo Sanabalat, e Tobias, e Gossem árabe, e os outros nossos inimigos, que eu tinha reedificado os muros, e que neles já não havia brecha alguma (posto que até então eu não tinha posto as portas nos portais). 2 Sanabalat, e Gossem me mandaram dizer: Vem, e façamos aliança entre nós em qualquer das aldeias do campo de Ono. Mas eles intentavam fazer-me mal. 3 Eu pois lhes enviei mensageiros, que lhes dissessem: Eu tenho entre mãos uma grande obra, e não posso ir: para que não suceda que se pare com ela, enquanto eu for ter convosco. 4 E eles mandaram-me dizer a mesma coisa quatro vezes: e eu lhes respondi como da primeira vez. 5 E Sanabalat me enviou ainda pela quinta vez um dos seus criados em conformi-

dade da primeira proposta, e que trazia na sua mão uma carta do teor seguinte: 6 Corre voz entre o povo e Gossem publicou, que tu e os judeus tens resolvido rebelar-te, e que por isso reedificas os muros, e que pretendes constituir-te rei sobre eles: por cuja causa, 7 dispuseste também profetas, que falem de ti com louvor em Jerusalém, dizendo: Há rei em Judéia. O rei há de ser informado destas coisas, por isso vem agora, para de acordo deliberarmos. 8 E lhes mandei a dizer: Não é assim segundo o que tu dizes: porque tu inventas isto da tua cabeça. 9 Porque todos estes procuravam aterrar-nos, imaginando que nós cessaríamos da obra, e largaríamos o trabalho: mas eu por isso mesmo cobrei mais ânimo.

10 E entrei secretamente em casa de Semaias, filho de Dalaias, filho de Metabeel. Ele me disse: Consultemos entre nós na casa de Deus no meio do Templo, e fechemos as portas do Templo: porque eles hão de vir para te matarem, e hão de vir de noite para te darem a morte. 11 E eu lhe respondi: Porventura uma personagem como eu há de fugir? E quem como eu entrará no Templo, e há de viver? Eu não entrarei. 12 E conheci que não era Deus quem o tinha enviado, mas que ele me falara como se fora profeta, e que Tobias, e Sanabalat o tinham peitado: 13 porque ele tinha recebido dinheiro para que eu intimidado o fizesse, e para que eu pecasse, e eles tivessem maldades de que me arguir. 14 Lembra-te de mim, Senhor, em quanto a Tobias e a Sanabalat, conforme estas suas obras: e lembra-te também do que fez o profeta Noadias, e os outros profetas, que me atemorizavam.

15 E acabou-se de reedificar o muro no dia vinte e cinco do mês de Elul, em cinqüenta e dois dias. 16 Aconteceu pois que tendo ouvido isto os nossos inimigos, se atemorizaram todos os povos nossos circunvizinhos, e se consternaram dentro de si mesmo, e reconheceram que esta obra era a obra de Deus.

17 E por aquele tempo muitos dos magnates dos judeus se carteavam com Tobias, e Tobias com eles. 18 Porque havia muitos na Judéia seus ajuramentados, por ele ser genro de Sequenias, filho de Aréia, e porque Joanan, seu filho, tinha casado com a filha de Mosolão, filho de Baraquias: 19 e até o louvaram diante de mim, e lhe passavam o que eu dizia: e Tobias mandava cartas para me aterrar.

Patrulhamento da cidade

7 E depois que o muro se acabou, e que eu pus as portas, e fiz a revista dos porteiros, e dos cantores e dos levitas; 2 ordenei a meu irmão Hanani, e a Hananias, príncipe da casa em Jerusalém (o qual me parecia homem sincero e temente a Deus mais do que os outros), 3 e lhes disse: Não se abram as portas de Jerusalém, menos que o sol não esteja alto. E quando eles ainda estavam presentes, as portas se fecharam e trancaram: e pus guardas dos habitantes de Jerusalém, cada um por seu turno, e cada um diante da sua casa.

Recenseamento do povo

4 A cidade porém era muito larga e grande, e dentro dela era pouco o povo, e não estavam edificadas as casas. 5 Deus pois inspirou no meu coração o ajuntar os magnates, e os magistrados, e o povo, para lhes passar revista: e achei o livro de arrolamento daqueles, que tinham vindo primeiro, e nele se achou escrito.

6 Estes são os filhos da província, que vieram do cativeiro da transmigração aos quais tinha transportado Nabucodonosor, rei de Babilônia, e voltaram para Jerusalém, e para Judéia, cada um para a sua cidade. 7 Os que vieram com Zorobabel foram Josué, Neemias, Azarias Raamias, Naamani, Mardoqueu, Belsão, Mesfarat, Begoai, Naum, Baana.

O número dos homens do povo de Israel é este: 8 Filhos de Faros, dois mil cento e setenta e dois: 9 Filhos de Safatia, trezentos e setenta e dois: 10 Filhos de Aréia seiscentos e cinqüenta e dois. 11 Filhos de Faat Moab, da família de Josué e de Joab, dois mil oitocentos e dezoito. 12 Filhos de Elão, mil e duzentos e cinqüenta e quatro: 13 Filhos de Zetua, oitocentos e quarenta e cinco: 14 Filhos de Zacai, setecentos e sessenta: 15 Filhos de Banui, seiscentos e quarenta e oito: 16 Filhos de Bebai, seiscentos e vinte e oito: 17 Filhos de Azgad, dois mil trezentos e vinte e dois: 18 Filhos de Adonicam, seiscentos e sessenta e sete: 19 Filhos de Beguai, dois mil e sessenta e sete: 20 Filhos de Adin, seiscentos e cinqüenta e cinco: 21 Filhos de Ater, filho de Hezecias, noventa e oito: 22 Filhos de Hazem, trezentos e vinte e oito: 23 Filhos de Besai, trezentos e vinte e quatro: 24 Filhos de Haref, cento e doze: 25 Filhos de Gabon, noventa e cinco. 26 Filhos de Belém, e Netufa, cento e oitenta e oito. 27 Homens de Anatot, cento e vinte e oito. 28 Homens de Betazmot, quarenta e dois. 29 Homens de Cariatiarim, de Cefira, e de Berot, setecentos e quarenta e três. 30 Homens de Rama e Geba, seiscentos e vinte e um. 31 Homens de Macmas, cento e vinte e dois, 32 Homens de Betel e de Hai, cento e vinte e três. 33 Homens de outra Nebo cinqüenta e dois. 34 Homens de outra Elão, mil e duzentos e cinqüenta e quatro. 35 Filhos de

Harem, trezentos e vinte. 36 Filhos de Jericó, trezentos e quarenta e cinco. 37 Filhos de Lod de Hadid e de Ono, setecentos e vinte e um. 38 Filhos de Senaa, três mil novecentos e trinta.

39 Sacerdotes: Os filhos de Idaia na casa de Josué, novecentos e setenta e três. 40 Os filhos de Emer, mil e cinqüenta e dois. 41 Os filhos de Fasur, mil e duzentos e quarenta e sete. 42 Os filhos de Arem, mil e dezessete.

Levitas: 43 Os filhos de Josué e de Cedmiel, filhos 44 de Oduia, setenta e quatro. Cantores: 45 Os filhos de Asaf, cento e quarenta e oito.

46 Porteiros: Os filhos de Selum, os filhos de Ater, os filhos de Telmon, os filhos de Acub, os filhos de Hatita, os filhos de Sobai, cento e trinta e oito.

47 Natineus: Os filhos de Soa, os filhos de Hasufa, os filhos de Tebaot, 48 os filhos de Ceros, os filhos de Siaa, os filhos de Fadon, os filhos de Lébana, os filhos de Hágaba, os filhos de Selmai, 49 os filhos de Hanan, os filhos de Gedel, os filhos de Gaer, 50 os filhos de Raaia, os filhos de Rasin, os filhos de Necoda, 51 os filhos de Gezem, os filhos de Aza, os filhos de Faséia. 52 Os filhos de Besai, os filhos de Munim, os filhos de Nefussim, 53 os filhos de Bacbuc, os filhos de Hacufa, os filhos de Harur, 54 os filhos de Beslot, os filhos de Maida, os filhos de Harsa, 55 os filhos de Bercos, os filhos de Sisara, os filhos de Tema, 56 os filhos de Nasia, os filhos de Hatifa, 57 os filhos dos servos de Salomão, os filhos de Sotai, os filhos de Soferet, os filhos de Farida, 58 os filhos de Jaala, os filhos de Darcon, os filhos de Jedel, 59 os filhos de Safatia, os filhos de Hatil, os filhos de Foquerot, que era de Sabaim, filho de Amon. 60 Todos os natineus, e os filhos dos servos de Salomão, eram trezentos e noventa e dois.

61 E estes são os que vieram de Telmela, de Telharsa, de Querub, de Adon, e de Emer: e que não puderam declarar a casa de seus pais, nem a sua raça e se eles eram de Jerusalém. 62 Os filhos de Dalaia, os filhos de Tobias, os filhos de Necoda, seiscentos e quarenta e dois.

63 E dos sacerdotes, os filhos de Habia, os filhos de Acos, os filhos de Berzelai, que tinha casado com uma das filhas de Berzelai de Galaad: e foi chamado do seu nome. 64 Estes buscaram a sua genealogia no arrolamento, e não a acharam, e foram excluídos do sacerdócio. 65 E Atersata lhes intimou que não comessem das ofertas sagradas, até que houvesse um sacerdote douto e erudito.

66 Toda esta multidão como se fosse um só homem, era de quarenta e duas mil trezentas e sessenta pessoas, 67 sem falar nos seus escravos e escravas, que eram sete mil trezentos e trinta e sete, e entre eles duzentos e quarenta e cinco cantores e cantoras. 68 Eles tinham setecentos e trinta e seis cavalos: Duzentos e quarenta e cinco machos: 69 Quatrocentos e trinta e cinco camelos: Seis mil setecentos e vinte jumentos.

Até aqui refere-se o que estava escrito no livro do arrolamento, e por diante segue-se a história de Neemias.

70 Mas alguns dos chefes das famílias contribuiram para a obra. Atersata deu para o tesouro mil dracmas de ouro, cinqüenta fialas, e quinhentas e trinta túnicas sacerdotais. 71 E alguns dos chefes das famílias deram para o tesouro da obra vinte mil dracmas de ouro, e duas mil e duzentas minas de prata. 72 E o que deu o resto do povo, foram vinte mil dracmas de ouro, e duas mil minas de prata, e sessenta e sete túnicas sacerdotais.

73 E os sacerdotes, e os levitas, e os porteiros, e os cantores, e o resto do povo, e os natineus, e todo o Israel, ficaram habitando nas suas cidades.

II. ORGANIZAÇÃO POLÍTICA E RELIGIOSA

Leitura pública da lei

8 Chegou o sétimo mês: e os filhos de Israel estavam nas suas cidades. E congregou-se todo o povo como um só homem no terreiro que está diante da porta das Águas: e disseram a Esdras escriba que trouxesse o livro da lei de Moisés, que o Senhor tinha prescrito a Israel. 2 O sacerdote Esdras pois trouxe a lei para diante da multidão dos homens e das mulheres, e de todos os que a podiam entender, no primeiro dia do sétimo mês. 3 E ele leu neste livro claramente no meio do terreiro que fica diante da porta das Águas, desde manhã até ao meio-dia, na presença dos homens e das mulheres, e dos entendidos: e todo o povo tinha os ouvidos atentos à leitura do livro.

4 E Esdras escriba se pôs em pé sobre o estrado de madeira, que ele tinha feito para falar: e estavam em pé junto a ele à sua direita, Matatias, e Semeia, e Ania, e Uria, e Helcia, e Maasia: e à sua esquerda, Fadaia, Misael, e Melquias, e Hasum, e Hasbadana, Zacarias, e Mosolão. 5 E abriu Esdras o livro diante de todo o povo: porque ele estava elevado acima de todo o povo e logo que o abriu,

todo povo se pôs em pé. 6 E Esdras bendisse o Senhor Deus grande: E todo o povo respondeu: Amém, Amém: levantando as suas mãos: e inclinaram-se, e prostrados por terra adoraram a Deus. 7 E Josué, e Bani, e Serebia, Jamim, Acub, Septae, Odia, Maasia, Celita, Azarias, Jozabed, Hanan, Falaia, levitas, faziam estar calado o povo, para ouvir a lei: e o povo estava em pé nos seus lugares. 8 E eles leram no livro da lei de Deus distinta e claramente para se entender: e o povo entendia quanto se estava lendo.

Alegria santa

9 E Neemias (que se chama também o Atersata) e Esdras sacerdote e escriba, e os levitas que interpretavam a lei a todo o povo, disseram: Este dia é consagrado ao Senhor nosso Deus, e não estejais tristes, e não choreis. Porque todo o povo ouvindo as palavras da lei se desfazia em lágrimas. 10 E ele lhes disse: Ide, comei viandas gordas, e bebei vinho misturado com mel, e mandai quinhões ao que não têm nada preparado para si: porque este é um dia santo do Senhor, e não estejais contristados: porque a alegria do Senhor é a nossa fortaleza. 11 Os levitas porém faziam estar todo o povo em silêncio, dizendo: Estai calados, e não vos aflijais, porque é dia santo. 12 E todo o povo logo se foi a comer, e a beber, e mandou quinhões, e fez grande regozijo: porque tinham entendido as palavras, que Esdras lhes havia ensinado.

Festa das Cabanas

13 E ao outro dia os chefes das famílias de todo o povo, os sacerdotes, e os levitas, se congregaram na presença de Esdras escriba, para que lhes interpretasse as palavras da lei. 14 E acharam escrito na lei, ter mandado o Senhor por ministério de Moisés, que os filhos de Israel habitassem debaixo de tendas, no dia solene do sétimo mês: 15 e que eles apregoassem, e divulgassem por todas as suas cidades, e em Jerusalém, dizendo: Saí ao monte, e trazei ramos de oliveira, e ramos das mais formosas árvores, e ramos de murta, e ramos de palmas, e ramos das árvores as mais copadas, com que se façam as tendas conforme está escrito. 16 Saiu pois o povo, e trouxeram os ramos. E fizeram para si tendas, cada um nos seus átrios, e no átrio da casa de Deus, e no terreiro da porta das Águas, e no terreiro da porta de Efraim. 17 E todo o ajuntamento dos que tinham vindo do cativeiro, fez tendas, e habitaram nessas tendas: porque o não tinham feito assim os filhos de Israel desde o tempo de Josué, filho de Nun, até àquele dia. E foi extraordinário o contentamento. 18 E Esdras leu no livro da lei de Deus todos os dias desde o primeiro até ao último. E celebraram esta solenidade por sete dias, e ao terceiro dia a coleta segundo o rito.

Penitência pública e confissão

9 E no dia vinte e quatro deste mês se ajuntaram os filhos de Israel em jejum, e vestidos de sacos, e cobertos de terra. 2 E os da linhagem dos filhos de Israel foram separados de todos os filhos estrangeiros: e eles se apresentaram, e confessavam os seus pecados, e as iniqüidades de seus pais. 3 E levantaram-se para se porem em pé: e leram no volume da lei do Senhor seu Deus, quatro vezes no dia, e quatro vezes bendiziam e adoravam o Senhor seu Deus.

4 E puseram-se sobre o degrau dos levitas Josué, e Bani, e Cedmiel, Sabania, Boni, Sarebias, Bani, e Canani: e levantaram as suas vozes, e gritaram ao Senhor seu Deus. 5 E os levitas Josué, e Cedmiel, Boni, Hasebnia, Serebia, Odaia, Sebnia, Fataia disseram: Levantai-vos, bendizei o Senhor vosso Deus de século em século:

E eles bendigam, ó Senhor, o sublime nome de tua glória, dando-lhe toda a sorte de bênção e de louvor.

6 Tu só és o Senhor, tu só fizeste o céu, e o céu dos céus, e todo o seu exército: a terra, e tudo o que há nela: os mares, e tudo o que neles se contém: e tu dás vida a todas estas coisas, e o exército do céu te adora.

7 Tu mesmo és, ó Senhor nosso Deus, o que escolheste Abrão, e que o tiraste do fogo dos caldeus, e lhe deste o nome de Abraão.

8 E achaste o seu coração fiel aos teus olhos: e fizeste concerto com ele, que lhe darias a terra dos cananeus, dos heteus, e dos armorreus, e dos fereseus, e dos jebuseus, e dos gergeseus, para a dares à sua descendência: e tu cumpriste as tuas palavras, porque és justo.

9 E viste a aflição de nossos pais no Egito: e ouviste os seus clamores sobre o mar Vermelho.

10 E obraste maravilhas e prodígios sobre Faraó, e sobre todos os seus servos, e sobre todo o povo daquele país: porque sabias que eles os tinham tratado com soberba: e tu alcançaste para ti nome; assim como no dia de hoje.

11 E tu dividiste o mar diante deles, e eles passaram em seco pelo meio do mar: e tu precipitaste os seus perseguidores no fundo, como uma pedra que cai em águas profundas.

12 E tu foste o seu condutor de dia pela coluna de nuvem, e de noite pela coluna de fogo, para conhecerem o caminho, por onde iam.

13 Tu também desceste ao monte Sinai, e do céu falaste com eles, e lhes deste ordenanças justas, e uma lei de verdade, cerimônias e bons preceitos:

14 E os ensinaste a santificar o teu sábado, e lhes prescreveste por Moisés teu servo os mandamentos, e as cerimônias, e a lei.

15 Tu lhes deste também pão do céu, quando tiveram fome, e tu lhes fizeste arrebentar água do rochedo, quando tinham sede, e lhes disseste que entrassem e possuíssem a terra, sobre a qual levantaste tua mão jurando que lha darias.

16 Mas eles e nossos pais obraram soberbamente, e endureceram as suas cervizes, e não ouviram os teus mandamentos.

17 E não quiseram ouvir, e não se lembraram das tuas maravilhas, que tinhas obrado a seu favor. E endureceram as suas cervizes, e se obstinaram voltando para a sua escravidão, como de teima. Mas tu, ó Deus propício, clemente, e misericordioso, sempre paciente, e de muita compaixão, tu não os desamparaste, 18 ainda mesmo quando eles fizeram para si um bezerro fundido, e que disseram: Este é o teu Deus, que te tirou do Egito: e cometeram grandes blasfêmias.

19 Mas tu pela multidão das tuas misericórdias não os desamparaste no deserto. A coluna de nuvem não se apartou deles de dia para os guiar pelo caminho, nem a coluna de fogo durante a noite, para lhes mostrar o caminho por onde deviam ir.

20 E tu lhes deste o teu bom espírito que os ensinasse, e tu não retiraste o teu maná da sua boca, e lhes deste água na sua sede.

21 Tu os sustentaste quarenta anos no deserto, e não lhes faltou nada. Os seus vestidos não se fizeram velhos, e os seus pés não se trilharam.

22 E tu lhes deste reinos, e povos, e lhos repartiste por sortes: e eles possuiram o país de Seon, e o país do rei de Hesebon, e o país de Og, rei de Basan.

23 E multiplicaste os seus filhos como as estrelas do céu, e os trouxeste à terra, onde tinhas prometido a seus pais que eles entrariam e possuiriam.

24 E vieram seus filhos, e possuiram a terra, e tu humilhaste diante deles os cananeus habitantes da terra, e lhos entregaste nas suas mãos, e os seus reis e os povos do país, para fazerem deles como lhes desse na vontade.

25 Eles pois tomaram fortes cidades, e um bom terreno, e possuiram casas cheias de toda a sorte de bens: cisternas que outros tinham edificado, vinhas, e olivais, e muitas árvores frutíferas: e comeram, e fartaram-se, e engordaram, e abundaram em delícias pela tua grande bondade.

26 Mas eles te provocaram à ira, e se retiraram de ti, e rejeitaram com desprezo a tua lei: e mataram os teus profetas, que os conjuravam que voltassem para ti: e cometeram grandes blasfêmias.

27 E tu os entregaste nas mãos de seus inimigos, e estes os oprimiram. E no tempo da sua tribulação clamaram a ti, e tu os ouviste do céu, e segundo a multidão das tuas misericórdias lhes deste salvadores, que os salvassem das mãos de seus inimigos.

28 E quando se viram em descanso, tornaram a fazer o mal diante de ti: e tu os deixaste nas mãos de seus inimigos, que se senhorearam deles. E depois eles se converteram, e clamaram a ti: e tu os ouviste do céu, e os livraste uma e muitas vezes a efeito das tuas misericórdias.

29 E tu os solicitaste para que tornassem para a tua lei. Mas eles obraram soberbamente, e não ouviram os teus mandamentos e pecaram contra as tuas ordenanças, as quais se o homem as observar, acha nelas a vida: e eles te deram as costas, e endureceram a sua cerviz, e não te deram ouvidos.

30 E tu por muitos anos deferiste o castigá-los, e os exortaste com teu espírito por meio dos teus profetas: e eles não deram ouvidos, e tu os entregaste nas mãos dos povos da terra.

31 Mas tu pela multidão de tuas misericórdias não os confundiste de todo, nem mesmo os desamparaste: porque és um Deus misericordioso, e clemente.

32 Agora pois, ó Deus nosso, grande, e terrível, que conservas o teu pacto e a tua misericórdia, não apartes de tua face todos os males que nos têm oprimido a nós, aos nossos reis, e aos nossos príncipes, e aos nossos sacerdotes, e aos nossos profetas, e a nossos pais, e a todo o teu povo desde o tempo do rei da Assíria até hoje.

33 E tu és justo em todas as coisas, que têm vindo sobre nós: porque tu obraste segundo a verdade, e nós nos conduzimos impiamente.

34 Os nossos reis, os nossos príncipes, os nossos sacerdotes, e nossos pai não guardaram a tua lei, não atenderam o teus mandamentos, nem os teus testemunhos que neles declaraste.

35 E eles nos seus reinos, e na muita abundância de bens que lhes tinhas dado, e na terra tão espaçosa e fértil, que tu lhes entregaste na sua presença, eles te não serviram, nem se converteram das suas corrompidas inclinações.

36 Tu vês que nós mesmos hoje somos escravos: como também o é a terra, que tu tinhas dado a nossos pais, para lhe comerem o pão, e os frutos que ela produzisse, nós mesmos também somos escravos nela.

37 E os seus frutos se multiplicam para os reis, que tu puseste sobre as nossas cabeças por causa dos nossos pecados, e eles dominam sobre os nossos corpos, e sobre os nossos animais, como bem lhes apraz, e nós estamos numa grande tribulação.

38 Em atenção a todas estas coisas nós mesmos celebramos um pacto, e o escrevemos e o assinam os nossos príncipes, os nossos levitas, e os nossos sacerdotes.

Renovação do pacto

10 Os que assinaram foram Neemias, Atersata, filho de Haquelai, e Sedecias, 2 Saraias, Azarias, Jeremias, 3 Fesur, Amarias, Melquias, 4 Hato, Sebenia, Meluc, 5 Harem, Merimut, Obdias, 6 Daniel, Genton, Baruc, 7 Mosolão, Abia, Miamin, 8 Maazia, Belgai, Semeia: estes eram sacerdotes. 9 Os levitas eram Josué, filho de Azanias, Benui, dos filhos de Henadad, Cedmiel, 10 e seus irmãos Sebenia, Odaia, Celita, Falaia, Hanan, 11 Mica, Roob, Hasebia, 12 Zacur, Serebia, Sabania, 13 Odaia, Banì, Baninu. 14 Os chefes do povo eram Faros, Faatmoab, Elão, Zetu, Bani. 15 Boni, Azgad, Bebai. 16 Adonia, Begoai, Adin, 17 Ater, Hezecia, Azur, 18 Odaia, Hasum, Besai, 19 Haref, Anatot, Nebai, 20 Megfias, Mosolão, Hazir, 21 Mesizabel, Sadoc, Jedua, 22 Feltia, Hanan, Anaia, 23 Osée, Hanania, Hasub, 24 Aloés, Faléia, Sobec, 25 Reum, Hasebna, Maasia, 26 Ecaia, Hanan, Anan, 27 Meluc, Haran, Baana:

28 E o resto do povo, os sacerdotes, os levitas, os porteiros, e os cantores, os natineus, e todos os que se titnham separado dos povos das terras para abraçarem a lei de Deus, as suas mulheres, os seus filhos, e as suas filhas, 29 todos os que tinham discernimento deram palavra por seus irmãos: os seus magnates, e os que vieram prometer, e jurar, que andariam na lei de Deus, que o Senhor tinha dado por meio de Moisés servo de Deus, que guardariam, e observariam todos os mandamentos do Senhor nosso Deus, e as suas ordenanças e as suas cerimônias, 30 e que assim não daríamos as nossas filhas ao povo da terra, nem tomaríamos as filhas deles para os nossos filhos. 31 E aos povos da terra, que nos trouxerem coisas de venda, e tudo o necessário para o uso da vida, em o dia de sábado para venderem, nós não lho compraremos nem no sábado nem no dia santificado. E deixaremos o sétimo ano, e perdoaremos todas as dívidas. 32 Nós nos imporemos a obrigação de dar cada ano a terça parte dum siclo para as obras da casa do nosso Deus, 33 para os pães da proposição, e para o sacrifício perpétuo, e para o holocausto eterno nos sábados, nas calendas, nas festas solenes, e nos sacrifícios pacíficos, e nos sacrifícios pelo pecado: para se rogar por Israel, e para todo o ministério da casa do nosso Deus.

34 E deitamos sortes entre os sacerdotes, e os levitas, e o povo acerca da oferenda da lenha, para que fosse levada à casa do nosso Deus pelas casas de nossos pais, no tempo que fosse assinalado, de ano a ano: para se queimar sobre o altar do Senhor nosso Deus, conforme está escrito na lei de Moisés. 35 E que traríamos todos os anos à casa do Senhor as primícias da nossa terra, e as primícias dos frutos de todas as árvores. 36 E os primogênitos dos nossos filhos, e dos nossos gados, como está escrito na lei, e os primogênitos dos nossos bois, e das nossas ovelhas, para serem oferecidos na casa do nosso Deus, aos sacerdotes que servem na casa do nosso Deus. 37 E traríamos aos sacerdotes, para o tesouro do nosso Deus, as primícias dos nossos alimentos, e dos nossos licores, e dos frutos de todas as árvores e da vinha, e do azeite, e pagar o dízimo da nossa terra aos levitas. Os mesmos levitas receberão de todas as cidades os dízimos de nossos trabalhos. 38 E o sacerdote da linhagem de Aarão terá parte com os levitas nos dízimos que os levitas receberem: e os levitas oferecerão na casa do nosso Deus o dízimo do dízimo, que tiverem recebido, para se guardar na casa do tesouro. 39 Porque os filhos de Israel, e os filhos de Levi trarão as primícias do trigo, do vinho, e do azeite à casa do tesouro: e ali estarão os vasos consagrados, e os sacerdotes, e os cantores e os porteiros, e os ministros, e nós não deixaremos a casa do nosso Deus.

Repovoamento de Jerusalém

11 Os príncipes do povo habitaram em Jerusalém: mas o resto do povo deitou sortes, para tirarem uma parte de dez, que habitaria em Jerusalém, cidade santa, e as outras nove partes residissem nas outras cidades. 2 E o povo abençoou todos os homens que se ofereceram voluntariamente para habitar em Jerusalém. 3 Estes são pois os príncipes da província que habitaram em Jerusalém, e nas cidades de Judá. Cada um pois habitou na sua herança, e nas suas cidades, o povo de Israel, os sacerdotes, os levitas, os natineus, e os filhos dos servos de Salomão.

4 E em Jerusalém residiram os filhos de Judá, e dos filhos de Benjamim: dos filhos de

Judá, Ataias, filho de Azião, filho de Zacarias, filho de Amarias, filho de Safatias, filho de Malaleel: dos filhos de Farés. 5 Maasia, filho de Baruc, filho de Colhoza, filho de Hazia, filho de Adaia, filho de Joiarib, filho de Zacarias, filho de um silonita: 6 todos estes filhos de Farés, que habitaram em Jerusalém, eram quatrocentos e sessenta e oito homens valentes. 7 E estes são os filhos de Benjamim: Selum filho de Mosolão, filho de Joed, filho de Fadaia, filho de Colaia, filho de Masia, filho de Eteel, filho de Isaías, 8 e depois dele Gebai, Selai, novecentos e vinte oito homens, 9 e Joel, filho de Zecri, seu prepósito, e Judas, filho de Senua, segundo sobre a cidade.

10 E dos sacerdotes, Idaia, filho de Joarib, e Jaquim, 11 Saraia, filho de Helcias, filho de Mosolão, filho de Sadoc, filho de Merajot, filho de Aquitob príncipe da casa de Deus, 12 e seus irmãos ocupados nas funções do templo: oitocentos e vinte dois. E Adaia, filho de Jeroão, filho de Felelia, filho de Amsi, filho de Zacarias, filho de Fesur, filho de Melquias, 13 e seus irmãos príncipes das famílias: duzentos e quarenta e dois. E Amassai, filho de Azreel, filho de Aazi, filho de Mosolalmot, filho de Emer, 14 e seus irmãos homens poderosíssimos: cento e vinte oito, e seu chefe Zabdiel, filho de um dos poderosos.

15 E dos levitas Semeia, filho de Hasub, filho de Azaricão, filho de Hasabia, filho de Boni, 16 e Sabatai e Jozabed, intendentes de todas as obras, que se faziam exteriormente na casa de Deus, dos principais dos levitas. 17 E Matania, filho de Mica, filho de Zebedei, filho de Asaf, o chefe dos que louvavam, e publicavam a glória do Senhor orando, e Becbecia o segundo dentre seus irmãos, e Abda, filho de Samua, filho de Galal, filho de Iditum: 18 todos os levitas na cidade santa duzentos e oitenta e quatro.

19 E os porteiros, Acub, Telmon, e seus irmãos, que guardavam as portas: eram cento e setenta e dois.

20 E o resto dos sacerdotes de Israel e dos levitas e todas as cidades de Judá, cada um na sua herança.

21 E os natineus, que habitavam em Ofel, e Siaa, e Gasfa dos natineus. 22 E o chefe dos levitas em Jerusalém, era Azi, filho de Bani, filho de Hasabia, filho de Matanias, filho de Mica. Dos filhos de Asaf os cantores no serviço da casa de Deus. 23 Porque o rei tinha posto um preceito sobre eles, e a ordem que se devia observar todos os dias entre os cantores. 24 E Fataia, filho de Mesezebel, dos filhos de Zara, filho de Judá, comissário do rei, em todos os negócios do povo, 25 e sobre as habitações por todas as suas terras. Dos filhos de Judá habitaram em Cariatarbe, e nas suas dependências: e em Dibon, e nas suas dependências: e em Cabseel, e nas suas aldeias, 26 e em Jesué, e em Molada, e em Betfalet, 27 e em Hasersual, e em Bersabée, e nas suas dependências, 28 e em Siceleg, e em Mocona, e nas suas dependências, 29 e em Remon, e em Saraa, e em Jerimut, 30 em Zanoa, em Odolão, e nas aldeias, em Láquis e nas suas dependências, e em Aseca, e nas suas dependências. E ficaram em Bersabée até o vale de Enom. 31 E os filhos de Benjamim se estabeleceram desde Geba, em Mecmas, e em Hai, e em Betel, e nas suas dependências: 32 em Anatot, em Nob, em Anania, 33 em Asor, em Rama, e em Getaim, 34 em Hadid, em Seboim, e em Nebalat, em Lod, 35 e em Ono vale dos artífices. 36 E os levitas tinham as suas repartições em Judá e Benjamim.

Lista dos ministros sagrados

12 Estes são os sacerdotes e os levitas, que voltaram com Zorobabel, filho de Salatiel, e com Josué: Saraia, Jeremias, Esdras, 2 Amaria, Meluc, Hato, 3 Sebenias, Reum, Merimut. 4 Ado, Genton, Abia, 5 Miamin, Madia, Belga, 6 Semeia, e Joiarib, Idaia, Selum, Amoc, Helcias, 7 Idaia. Estes eram os principais dentre os sacerdotes, e seus irmãos em tempo de Josué. 8 Os levitas porém eram, Jesua, Benui, Cedmiel, Sarebia, Judá, Matamias, que presidiam com seus irmãos aos hinos: 9 e Becbecia e Hani, e seus irmãos, cada um no seu emprego. 10 Josué, porém gerou a Joacim e Joacim gerou a Eliasib, e Eliasib gerou a Jojada, 11 e Jojada gerou a Jonatan, Jonatan gerou a Jedoa.

12 E em tempo de Joacim eram os sacerdotes e os chefes das famílias: Da de Saraia, Maraia: Da de Jeremias, Hanania: 13 Da de Esdras, Mosolão: Da de Amaria, Joanan: 14 Da de Milico, Jonatan: Da de Sebenias, José: 15 Da de Haram, Edna: Da de Maraiot, Helci: 16 Da de Adaia, Zacarias: Da de Genton, Mosolão: 17 Da de Abia, Zecri: Da de Miamim e de Moadia, Felti: 18 Da de Belga, Samua: Da de Semaia, Jonatan: 19 Da de Joiarib, Matanai: Da de Jodaia, Azi: 20 Da de Selai, Celai, da de Amoc, Heber: 21 Da de Helcias, Hasebia: Da de Idaia, Natanael.

22 Os levitas em tempo de Eliasib, e de Jojada, e de Joanan, e de Jedoa, chefes das famílias, e sacerdotes, foram escritos sob Dario, rei dos persas. 23 Os filhos de Levi chefes das famílias foram escritos no livro dos Anais, até o tempo de Jonatan, filho de Eliasib. 24 E os chefes dos levitas eram Hasebia, Serebia, e Josué, filho de Cedmiel: e seus irmãos pelas suas classes, para cantarem e publicarem os

louvores conforme o preceito de Davi homem de Deus, e para servirem igualmente segundo o seu turno. 25 Matania, Becbecia, Obedia, Mosolão, Telmon, Acub, eram os guardas das portas e dos vestíbulos ante as portas. 26 Estes eram em tempo de Joacim, filho de Josué, filho de Josedec, e em tempo de Neemias governador, e de Esdras sacerdotes e escriba.

Dedicação dos muros

27 Ao tempo porém da dedicação do muro de Jerusalém, buscaram-se os levitas de todos os seus lugares, para os trazerem a Jerusalém, e para fazerem a dedicação e a solenidade com ações de graças e em cânticos, e ao toque de tímbales, de saltérios e de cítaras. 28 Ajuntaram-se pois os filhos dos cantores do campo dos arredores de Jerusalém, e das aldeias de Netufati, 29 e da casa de Galgal, e dos cantões de Geba e de Azmavet: porque os cantores tinham edificado aldeias para si à roda de Jerusalém.

30 E tendo-se purificado os sacerdotes e os levitas, purificaram também o povo, e as portas, e os muros. 31 Eu porém fiz subir os príncipes de Judá sobre o muro, e pus dois grandes coros dos que cantavam os louvores. E caminharam para a direita sobre o muro para a banda da porta da Esterqueira. 32 E depois deles foi Osaias, e metade dos príncipes de Judá. 33 E Azarias, Esdras, e Mosolão, Judas e Benjamim, e Semeia, e Jeremias. 34 E dos filhos dos sacerdotes com as trombetas, Zacarias, filho de Jonatan, filho de Semeia, filho de Matanias, filho de Micaia, filho de Zecur, filho de Asaf, 35 e seus irmãos Semeia, e Azareel, Malalai, Galalai, Maai, Natanael, e Judas, e Hanani com os instrumentos músicos de Davi homem de Deus: e Esdras escriba estava diante deles na porta da Fonte. 36 E defronte deles subiram pelos degraus da cidade de Davi na elevação do muro por cima da casa de Davi, e até à porta das Águas para o oriente.

37 E o segundo coro dos que davam graças caminhava em frente, e eu o seguia, e a metade do povo sobre o muro e sobre a torre dos Fornos, e até à maior largura do muro, 38 e sobre a porta de Efraim, e sobre a porta Velha, e sobre a porta dos Peixes, e sobre a torre de Hananeel, e sobre a torre de Emat, e até à porta do Rebanho: E eles pararam à porta da Prisão, 39 e pararam os dois coros dos que cantavam os louvores do Senhor diante da casa de Deus, e eu e a metade dos magistrados comigo. 40 E os sacerdotes, Eliaquim, Maasia, Miamin, Miquéia, Elioenai, Zacarias, Hanania com as trombetas, 41 e Maasia, e Semeia, e Eleazar, e Azi e Joanan, e Melquia, e Elão, e Ezer. E os cantores cantavam em voz clara, com Jezraia seu prefeito: 42 e naquele dia imolaram formosas vítimas, e se alegraram: porque Deus os tinha enchido duma alegria extraordinária, e também suas mulheres e filhos se encheram de gozo, e a alegria de Jerusalém se ouviu de longe.

Normas para os tributos sagrados

43 Escolheram-se também naquele dia entre os sacerdotes e levitas homens que fossem intendentes das câmaras do tesouro, para as libações, e primícias, e dízimos para que pelas suas mãos se apresentassem os magnatas da cidade em honorífica ação de graças: porque Judá se alegrou estando assistindo os sacerdotes e os levitas. 44 E eles observaram a ordenança do seu Deus, e a da expiação, e os cantores, e os porteiros conforme o preceito de Davi e de Salomão seu filho, 45 porque desde o princípio em tempo de Davi e de Asaf se tinham estabelecido chefes dos cantores, que em hinos cantavam, e publicavam os louvores de Deus. 46 E todo o Israel, em tempo de Zorobabel, e em tempo de Neemias davam aos cantores e aos porteiros as suas porções diárias, e santificavam aos levitas, e os levitas santificavam aos filhos de Aarão.

III. SEGUNDA VIAGEM DE NEEMIAS E SUAS REFORMAS

Separação dos estrangeiros

13 Naquele dia leu-se no volume de Moisés ouvindo o povo: e achou-se escrito nele que os amonitas e os moabitas não deviam entrar jamais na igreja de Deus: 2 porque não tinham vindo a receber os filhos de Israel com pão e água: e porque assalariaram a Balaão, para os amaldiçoar: mas o nosso Deus converteu a maldição em bênção. 3 Sucedeu pois que quando ouviram a lei, separaram de Israel todos os estrangeiros.

4 E isto era encarregado ao sacerdote Eliasib, que havia sido intendente do tesouro da casa do nosso Deus, e se tinha aparentado com Tobias. 5 Fez ele pois para si uma câmara grande e ali estavam ante ele os que depositavam os donativos, e o incenso, e os vasos, e os dízimos do trigo, do vinho, e do azeite, as porções dos levitas, e dos cantores, e dos porteiros, e as

primícias sacerdotais. 6 E em todo este tempo não me achei em Jerusalém, porque no ano trinta e dois de Artaxerxes rei de Babilônia vim eu ter com o rei e no cabo dos dias supliquei ao rei. 7 E voltei para Jerusalém e soube do mal que Eliasib tinha cometido por servir a Tobias, fazendo-lhe um aposento nos átrios da casa de Deus. 8 E o mal me pareceu em extremo grande. E deitei os móveis da casa de Tobias fora da câmara: 9 e ordenei que se purificassem os aposentos: o que assim se fez. Reconduzi para ali os vasos da casa de Deus, as oferendas, e o incenso.

Distribuição aos levitas

10 Soube também que os quinhões dos levitas não lhes foram dados: e que cada um dos levitas e dos cantores, e dos que serviam no Templo, tinham fugido para o seu país. 11 E tratei a causa contra os magistrados, e lhes disse: Por que deixamos nós a casa de Deus? E os congreguei, e os fiz ficar nas suas estâncias. 12 E todo o Judá trazia para os celeiros os dízimos do trigo, do vinho e do azeite. 13 E nós estabelecemos por intendentes dos celeiros a Selemia sacerdote, e a Sadoc escriba, e a Fadaia dentre os levitas, e com eles a Hanan filho de Zacur, filho de Matanias: porque se tinham achado fiéis, e es lhes tinham confiado as porções de seus irmãos. 14 Lembra-te de mim, Deus meu, por estas coisas, e não apagues as boas obras, que eu fiz na casa do meu Deus, e a respeito das suas cerimônias.

Observância do sábado

15 Naquele tempo vi em Judá homens, que pisavam nos lagares ao sábado, que carretavam molhos, e que carregavam sobre os jumentos vinho, e uvas, e figos, e toda a casta de cargas, e que as traziam a Jerusalém em dia de sábado. E eu lhes ordenei expressamente, que vendessem nos dias em que era lícito vender. 16 E os tírios moravam na cidade e traziam peixe, e todas as coisas de venda: e as vendiam em Jerusalém aos filhos de Judá em os sábados: 17 e repreendi os magnates de Judá, e lhes disse: Que maldade é esta que cometeis, profanando o dia de sábado? 18 Não é isto o mesmo que fizeram nossos pais, e nosso Deus fez cair toda esta calamidade sobre nós e sobre esta cidade? E vós aumentais sua ira sobre Israel violando o sábado? 19 Sucedeu pois, que quando começavam as portas de Jerusalém a estarem em descanso no dia de sábado, disse: que fechassem as portas, e mandei que as não abrissem até passado o sábado. Pus a alguns de meus criados às portas para que ninguém fizesse entrar carga alguma em dia de sábado. 20 E os negociantes, e os que traziam para vender toda a casta de coisas de venda, ficaram uma ou duas vezes fora de Jerusalém. 21 E eu lhes protestei, e lhes disse: Por que vos pondes defronte tão perto dos muros? Se outra vez fizerdes tal far-vos-ei castigar, portanto daquele tempo em diante não tornaram mais em o sábado. 22 E ordenei também aos levitas que se purificassem, e que viessem guardar as portas, e santificar o dia de sábado: e por isso lembra-te de mim, Deus meu, e perdoa-me segundo a multidão das tuas misericórdias.

Expurgo

23 E naquele mesmo tempo vi eu judeus que se casavam com mulheres de Azot, de Amon, e de Moab. 24 E seus filhos falavam meia língua azótica, e não podiam falar Judio, e falavam conforme a linguagem destes dois povos. 25 E eu os repreendi e amaldiçoei. E castiguei alguns deles, e lhes fiz rapar os cabelos, e os fiz jurar por Deus, que não dariam suas filhas aos filhos dos estrangeiros, e não tomariam filhas estrangeiras para seus filhos, nem para si mesmos, dizendo: 26 Não é assim que pecou Salomão rei de Israel? E certamente não havia rei semelhante a ele entre todos os povos, e ele era amado do seu Deus, e Deus o tinha constituído rei sobre todo o Israel: e contudo as mulheres estrangeiras o fizeram cair no pecado. 27 Porventura também nós desobedientes faremos este tão grande mal, que prevariquemos contra o nosso Deus, e nos casemos com mulheres estrangeiras? 28 E dentre os filhos de Jojada, filho de Eliasib Sumo sacerdote, havia um, que era genro de Sanabalat Honorita, a quem afugentei. 29 Senhor Deus meu, lembra-te contra aqueles que mancham o sacerdócio, e o direito sacerdotal e levítico.

30 Eu os purifiquei pois de todos os estrangeiros, e restabeleci a ordem dos sacerdotes e dos levitas, cada um no seu ministério: 31 e na oblação da lenha nos tempos assinados, e na oferenda das primícias. Lembra-te de mim, Deus meu, para usares comigo de misericórdia. Amém.

TOBIAS

I. PROVAÇÕES DE TOBIAS E SARA

Piedade de Tobias em sua pátria

1 Tobias da tribo, e cidade de Neftali (que é na parte superior da Galiléia acima de Naasson, por detrás do caminho, que guia para o ocidente, tendo à esquerda a cidade de Sefet) 2 tendo sido levado cativo em tempo de Salmanasar rei dos assírios, e todavia no seu cativeiro, não abandonou o caminho da verdade, 3 de sorte que tudo, quanto podia ter, distribuía todos os dias pelos seus irmãos que estavam cativos com ele, e que eram da sua linhagem. 4 E sendo que ele era o mais moço de todos os da tribo de Neftali, não obrava contudo ação alguma pueril. 5 Enfim quando todos iam adorar os bezerros de ouro, que Jeroboão rei de Israel tinha feito, ele só fugia da companhia de todos, 6 e ia a Jerusalém ao Templo do Senhor, e aí adorava ao Senhor Deus de Israel, oferecendo fielmente todas as suas primícias, e o dízimo dos seus bens, 7 de sorte que cada três anos distribuía aos prosélitos e aos estrangeiros toda a dizimação. 8 Estas coisas e outras semelhantes conformemente com a lei de Deus observava o menino. 9 Porém depois que chegou à idade varonil, casou-se com Ana mulher da sua tribo e teve dela um filho, a quem pôs o seu nome, 10 ao qual ensinou desde a infância a temer a Deus, e a abster-se de todo o pecado.

No cativeiro

11 Portanto, quando ele foi levado cativo com sua mulher, e filho, e toda a sua tribo à cidade de Nínive, 12 (ainda que todos comessem das viandas dos gentios) ele conservou a sua alma, e não se manchou nunca com as suas comidas.

13 E porque ele de todo o coração se lembrou do Senhor, Deus lhe concedeu graça diante do rei Salmanasar, 14 o qual lhe deu faculdade de ir aonde quisesse, tendo liberdade para fazer tudo que queria. 15 Ia pois ter com todos os que estavam cativos, e dava-lhes saudáveis conselhos. 16 Mas como tivesse ido a Ragés cidade dos medos, e levasse dez talentos de prata daqueles com que tinha sido presenteado pelo rei: 17 e vendo em necessidade entre o grande número dos da sua nação a Gabelo, que era da sua tribo, lhe deu a sobredita quantia de prata debaixo de um escrito de sua própria mão.

Perseguido por Senaqueirb

18 Mas muito tempo depois, morto o rei Salmanasar, reinando Senaquerib, seu filho, em seu lugar, e tendo em ódio aos filhos de Israel em sua presença: 19 Tobias todos os dias ia visitar a todos os da sua parentela, e consolava-os, e por cada um distribuía dos seus bens, segundo as suas posses. 20 Alimentava os famintos, e vestia os nus, e cuidadoso dava sepultura aos falecidos e aos que tinham sido mortos. 21 Finalmente, quando se tinha retirado o rei Senaquerib fugindo da Judéia à praga, com que Deus o castigara pelas suas blasfêmias, e irado mandasse matar a muitos dos filhos de Israel, Tobias sepultava os seus cadáveres. 22 Mas quando isto se noticiou ao rei, mandou que o matasse, e tirou-lhe todos os seus bens. 23 Mas Tobias, despojado de tudo, fugindo com seu filho, e com sua mulher, se escondeu, porque muitos lhe queriam bem. 24 Mas daí a quarenta e cinco dias assassinaram o rei seus próprios filhos, 25 e Tobias voltou para a sua casa, e toda a sua fazenda lhe foi restituída.

Cegueira de Tobias

2 Depois disto porém, como fosse chegado um dia de festa do Senhor, e se fizesse um grande banquete em casa de Tobias, 2 disse a seu filho: Vai e traze aqui alguns da nossa tribo, que sejam tementes a Deus, para comerem conosco. 3 E tendo ido, na volta noticia ao pai que um dos filhos de Israel jazia degolado na rua. E logo, levantando-se do seu assento, deixando o jantar, em jejum chegou ao ré do cadáver: 4 e tomando-o, o levou se-

cretamente para sua casa, a fim de que ao pôr do sol, o sepultasse a bom recato. 5 E tendo escondido o cadáver, comeu o pão com lágrimas e tremor, 6 recordando-se do que o Senhor dissera pelo profeta Amós: Os vossos dias de festa converter-se-ão em lamentação e pranto. 7 Depois que foi sol posto, saiu, e sepultou-o. 8 Mas todos os seus próximos o argüiam, dizendo: Já por este motivo te mandaram matar, e com custo escapaste da sentença de morte, e novamente tu sepultas os mortos? 9 Mas Tobias, temendo mais a Deus do que ao rei, levava os corpos dos que tinham sido mortos, e escondia-os em sua casa e sepultava-os no meio da noite.

10 Sucedeu um dia que cansado de enterrar mortos vindo para sua casa, e deitando-se ao pé duma parede, e adormecendo, 11 quando ele dormia lhe caiu dum ninho de andorinhas um pouco de esterco quente sobre seus olhos e ficou cego. 12 Permitiu pois Deus que lhe acontecesse esta prova, para que a sua paciência assim servisse de exemplo aos vindouros, como a do Santo Jó. 13 Porque tendo sempre temido a Deus desde sua infância, e guardado os seus mandamentos, não se entristeceu contra Deus, por lhe ter acontecido o trabalho da cegueira, 14 mas permaneceu imóvel no temor de Deus, dando graças a Deus todos os dias da sua vida. 15 Porquanto bem como os reis insultavam ao bem-aventurado Jó, assim os parentes, e cognatos de Tobias escarneciam do seu modo de vida, dizendo: 16 Onde está a tua esperança, pela qual tu fazias esmolas, e sepultavas os mortos? 17 Mas Tobias os repreendia, dizendo: Não faleis assim: 18 porque nós somos filhos dos Santos, e esperamos aquela vida que Deus há de dar aos que dele nunca mudam a sua fé.

19 E Ana sua mulher ia todos os dias pôr-se ao tear, e do trabalho de suas mãos trazia, o que podia ganhar para viver. 20 Sucedeu pois que tendo recebido um cabrito o trouxe para casa: 21 e seu marido, tendo-o ouvido dar balidos, disse: Vede, não seja furtado, restitui-o a seus donos, porque a nós não nos é lícito comer, nem tocar coisa alguma furtada. 22 A isto lhe respondeu sua mulher com ira: Bem se vê, como as tuas esperanças são vãs, e agora se fizeram ver as tuas esmolas. 23 E com estas, e outras semelhantes palavras o insultava.

Oração de Tobias e de Sara

3 Então Tobias deu um suspiro, e começou a orar com lágrimas,

2 dizendo: Tu és justo, Senhor, e todos os teus juízos são justos, e todos os teus caminhos são misericórdia, e verdade e justiça.

3 Agora pois, Senhor, lembra-te de mim, e não tomes vingança dos meus pecados nem te lembres dos meus delitos, nem dos de meus pais.

4 Porque não obedecemos aos teus preceitos, por isso fomos entregues à pirataria, e ao cativeiro, e à morte, e para servirmos de fábula, e de escárnio a todas as nações, por entre as quais nos espalhastes.

5 E agora, Senhor, os teus juízos são grandes, porque nós não obramos segundo os teus preceitos, e nem andamos sinceramente na tua presença.

6 E agora, Senhor, trata-me segundo a tua vontade, e manda que a minha alma seja recebida em paz: porque mais conveniente me é morrer do que viver.

7 Neste mesmo dia pois aconteceu que Sara, filha de Raguel estando em Ragés cidade dos medos, ouvisse ela mesma ser ultrajada por uma das criadas de seu pai, 8 porque ela tinha sido casada com sete maridos, e um demônio chamado Asmodeu os tinha morto, quando eles se chegavam para ela.

9 Como Sara pois repreendesse a moça por uma sua falta, ela lhe respondeu, dizendo: Não vejamos nós jamais de ti filho, nem filha sobre a terra, ó matadora de teus maridos.

10 Acaso queres tu também matar-me a mim, assim como mataste já a sete maridos? A esta palavra subiu Sara ao quarto mais alto da sua casa: e três dias, e três noites nem comeu, nem bebeu, 11 mas perseverando em oração pedia a Deus com lágrimas, que a livrasse deste opróbrio.

12 Sucedeu pois ao terceiro dia, quando acabava a sua oração, que, bendizendo ao Senhor, 13 disse: Bendito seja o teu nome, ó Deus de nossos pais: que depois de te irares, farás misericórdia, e no tempo da aflição perdoas os pecados aos que te invocam.

14 Para ti, Senhor, volto a minha face, para ti dirijo os meus olhos.

15 Peço-te, Senhor, que me livres do laço deste impropério, ou que ao menos me tires de cima da terra.

16 Tu sabes, Senhor, que eu nunca desejei marido, e que conservei a minha alma pura de toda a concupiscência.

17 Nunca me comuniquei com os que folgavam: nem tive comércio com os que se conduziam com leviandade.

18 Eu porém consenti a receber marido no teu temor, e não por prazer meu.

19 E, ou eu fui indigna deles ou talvez eles não foram dignos de mim: porque tu acaso me tens reservado para outro marido.

20 Porque não está no poder dos homens o teu conselho.

21 Mas todo o que te rende cultos, tem de certo que a sua vida se fôr provada será coroada: e se fôr atribulada, será livre: e se fôr castigada, poderá obter a tua misericórdia.

22 Porque tu não te deleitas com os nossos males, porque depois da tormenta, dás a bonança, e depois das lágrimas e suspiros, infundes a alegria. 23 Seja o teu nome, ó Deus de Israel, bendito pelos séculos.

II. INTERVENÇÃO PROVIDENCIAL

24 Naquele tempo foram ouvidas as orações de ambos diante da glória do sumo Deus: 25 e Rafael, santo anjo do Senhor, foi enviado para curar a eles ambos, cujas orações tinham sido ao mesmo tempo expostas na presença do Senhor.

Conselhos do pai ao filho Tobias

4 Julgando pois Tobias que seria ouvida a oração que ele tinha feito de poder morrer, chamou a si a seu filho Tobias, 2 e disse-lhe: Ouve, filho meu, as palavras da minha boca e imprime-as no teu coração, como fundamento. 3 Depois que Deus tiver recebido a minha alma, sepulta o meu corpo: e honra a tua mãe por todos os dias da sua vida: 4 porque te deves lembrar quantos e quão grandes perigos padeceu por amor de ti trazendo-te no seu ventre. 5 E quando ela também tiver acabado o tempo da sua vida, a sepultarás ao pé de mim.

6 Tem a Deus em teu espírito todos os dias da tua vida: e guarda-te de consentir jamais em o pecado e de violar os preceitos do Senhor nosso Deus. 7 Faze esmola dos teus bens, e não voltes a tua cara a nenhum pobre: porque desta sorte sucederá que também não se aparte de ti a face do Senhor. 8 Da maneira que puderes, sê caritativo. 9 Se tiveres muito, dá muito: se tiveres pouco, procura dar de boamente também esse pouco. 10 Porque assim entesouras uma grande recompensa para o dia da necessidade: 11 porque a esmola livra de todo o pecado e da morte, e não deixará cair a alma nas trevas. 12 A esmola servirá duma grande confiança diante do Sumo Deus para todos os que a fazem.

13 Preserva-te, meu filho, de toda a impureza, e fora de tua mulher nunca consintas em conhecer o crime. 14 Nunca permitas que a soberba domine nos teus pensamentos, ou nas tuas palavras, porque nela teve princípio toda a perdição. 15 A todo o homem que te tiver feito algum trabalho, paga-lhe logo o salário, e nunca fique em teu poder a paga do mercenário. 16 Acautela-te, não faças nunca a outro o que tu levarias a mal que outro te fizesse. 17 Come o teu pão com os pobres e com os que têm fome, e veste dos teus vestidos os que estão nus. 18 Põe o teu pão, e o teu vinho sobre a sepultura do justo, e não comas nem bebas com os pecadores. 19 Pede sempre conselho ao sábio. 20 Bendize a Deus em todo o tempo: e pede-lhe que dirija os teus caminhos, e que todos os teus intentos se firmem nele.

21 Também te advirto, filho meu, que, quando tu ainda eras crianças, dei eu dez talentos de prata a Gabelo, estando em Ragés, cidade dos medos, e que eu tenho em meu poder o seu escrito: 22 e por isso busca o modo de o achar, e cobrar dele a sobredita quantia de prata, e de lhe entregares o seu escrito.

23 Não temas, meu filho. Em verdade nós vivemos pobres, mas nós teremos muitos bens, se temermos a Deus, e nos desviarmos de todo o pecado, e obrarmos bem.

Preparativos para a viagem

5 Então respondeu Tobias a seu pai, e disse: Meu pai, tudo o que me mandaste farei. 2 Mas não sei de que modo poderei cobrar este dinheiro: porque nem ele me conhece a mim, nem eu o conheço a ele. Que sinal lhe darei eu? Eu nem ainda sei o caminho, por onde se vai à tal terra. 3 Então seu pai lhe respondeu, e disse: Eu tenho em meu poder a obrigação de seu punho: a qual, quando tu lha mostrares, ele logo te pagará. 4 Mas agora vai, e busca algum homem que te seja fiel, que vá contigo pagando-se-lhe o seu trabalho: para que tu cobres o dinheiro enquanto ainda eu estou vivo.

5 Então tendo Tobias saído, achou a um gentil mancebo, que estava cingido, e como prestes a caminhar. 6 E não sabendo que era um anjo de Deus, o saudou, e disse: De onde és tu, galhardo mancebo? 7 E ele respondeu. Eu sou um dos filhos de Israel. E Tobias lhe disse: Tu sabes o caminho que leva à terra dos medos? 8 O anjo lhe respondeu: Sei: e tenho andado muitas vezes estes caminhos, e tenho estado em casa de Gabelo nosso irmão, que mora em Ragés, cidade dos medos, que está situada sobre o monte de Ecbátana. 9 Tobias lhe disse: Suplico-te que esperes por mim, até que eu avise meu pai disto mesmo.

10 Então Tobias tendo entrado, referiu a seu pai tudo isto. Do que admirado o pai, lhe rogou que entrasse em sua casa. 11 Tendo pois entrado saudou a Tobias, e disse: A alegria seja sempre contigo. 12 E disse Tobias: Que alegria poderei eu ter, eu que sempre estou em trevas, e que não vejo a luz do céu? 13 O mancebo lhe disse: Tem bom ânimo, perto está o tempo em que Deus te cure. 14 Disse-lhe pois Tobias: Acaso poderás tu levar meu filho a casa de Gabelo em Ragés, cidade dos medos? e quando tu voltares eu te pagarei o teu trabalho. 15 E o anjo lhe disse: Eu o levarei, e to reconduzirei. 16 Tobias lhe respondeu: Peço-te que me digas, de que família, ou de que tribo és tu? 17 O anjo Rafael lhe disse: Procuras saber da família do mercenário, ou o mesmo mercenário, que vá com teu filho? 18 Mas para que eu te não ponha em cuidados, eu sou Azarias, filho do grande Ananias. 19 E Tobias lhe respondeu: Tu és duma ilustre prosápia. Mas peço-te que te não agastes por eu desejar conhecer a tua geração. 20 E o anjo lhe disse: Eu levarei teu filho com saúde e to reconduzirei com saúde. 21 E respondendo Tobias, disse: Fazei boa jornada, e Deus seja convosco no vosso caminho, e o seu anjo vá em vossa companhia.

Partida

22 Então preparado tudo o que se havia de levar na jornada, despediu-se Tobias de seu pai, e de sua mãe, e partiram ambos de companhia. 23 Tanto que partiram, começou sua mãe a chorar, e a dizer: Tu nos tiraste o bordão da nossa velhice, e o apartaste de nós. 24 Oxalá que nunca tivesse havido este dinheiro, pelo qual tu o mandaste. 25 Bastava-nos a nossa pobreza, para contarmos como riquezas o vermos o nosso filho. 26 E disse-lhe Tobias: Não chores, nosso filho chegará salvo e voltará salvo para nossa companhia, e tu o verás com os teus olhos. 27 Porque eu creio que o bom anjo de Deus o acompanha, e que ele regula tudo o que lhe diz respeito, de modo que tornará cheio de alegria para nossa companhia. 28 A esta palavra cessou a mãe de chorar, e calou-se.

Ordem do anjo Rafael a Tobias filho

6 Partiu pois Tobias, e um cão o seguiu, e ficou na primeira pousada ao pé do rio Tigre. 2 E saiu a lavar os seus pés, e eis que sai da água um peixe monstruoso para o tragar. 3 À sua vista espavorido Tobias clamou em alta voz, dizendo: Senhor, ele lança-se a mim. 4 E disse-lhe o anjo: Pega-lhe pelas guelras, e puxa-o para ti. Tendo-o assim feito, puxou-o para a terra, e o peixe começou a palpitar a seus pés. 5 Então disse-lhe o anjo: Tira as entranhas a esse peixe, e toma para ti o coração, e o fel, e o fígado: porque te serão necessárias estas coisas para remédios úteis. 6 O que feito, assou Tobias parte da sua carne, e a levaram consigo para o caminho: salgaram o mais que lhes bastasse, até chegarem a Ragés cidade dos medos. 7 Então perguntou Tobias ao anjo, e disse-lhe: Irmão Azarias, suplico-te que me digas de que remédio servirão estas coisas, que tu mandaste guardar do peixe? 8 E o anjo, respondendo, lhe disse: Se tu puseres um pedacinho do seu coração sobre as brasas acesas, o seu fumo afugenta toda a casta de demônios, tanto do homem, como da mulher, de sorte que não tornam mais a chegar a eles. 9 E o fel é bom para untar os olhos, que tem algumas névoas, e sararão.

10 E disse-lhe Tobias: Onde queres que nós nos pousemos? 11 E respondendo, o anjo disse: Aqui há um homem chamado Raguel, teu parente da tua tribo, e este tem uma filha por nome Sara, e fora ela não tem mais filho, nem filha. 12 Todos os seus bens te pertencem, e importa que tu a recebas por mulher. 13 Pede-a pois a seu pai, e ele ta dará em casamento.

14 Então Tobias lhe respondeu, e disse: Eu sei que ela fôra já casada com sete maridos, e que morreram: e também soube que um demônio os matara. 15 Temo pois não me suceda também o mesmo: e como sou filho único de meus pais, temo conduzir a sua velhice com tristeza até a sepultura.

16 Então o anjo Rafael lhe disse: Ouve-me, e eu te mostrarei quais são aqueles sobre quem o demônio tem poder. 17 Estes são pois os que se casam de maneira que lançam a Deus fora de si e do seu espírito, e se entregam tanto ao seu deleite, como o cavalo e o macho, que não têm entendimento: então tem o demônio poder sobre eles. 18 Mas tu quando a tiveres recebido, tendo entrado na câmara, viverás com ela em continência por três dias, e não cuidarás noutra coisa que em fazeres orações com ela. 19 E nesta mesma noite, queimando o fígado do peixe, se afugentará o demônio. 20 E na segunda noite serás associado aos santos Patriarcas. 21 E na terceira noite, conseguirás a bênção, para que de vós nasçam filhos robustos. 22 E passada a terceira noite, receberás esta donzela em temor do Senhor, levado mais do desejo de teres filhos do que por sensualidade, a fim de conseguires nos filhos a bênção reservada à descendência de Abraão.

Em casa de Raguel

7 Entraram pois em casa de Raguel, e Ra-
guel os recebeu com alegria. 2 E pondo
Raguel os olhos em Tobias, disse para Ana sua
mulher: Como este moço é parecido com meu
primo! 3 E proferindo isto, disse: De onde
sois vós, nossos irmãos mancebos? E eles res-
ponderam: Somos da tribo de Neftali, dos ca-
tivos de Nínive. 4 E disse-lhes Raguel: Vós
conheceis a meu irmão Tobias? Responderam
eles: Conhecemos. 5 E como dissesse muitos
bens dele, o anjo disse a Raguel: Tobias, por
quem perguntas, é o pai deste moço. 6 E Ra-
guel se lançou a ele, e o beijou com lágrimas,
e chorando sobre o seu pescoço, 7 disse: Aben-
çoado sejas, meu filho, porque és filho dum
homem de bem e virtuosíssimo. 8 E Ana sua
mulher, e Sara sua filha derramavam lágrimas.
9 E depois que falaram, mandou Raguel ma-
tar um carneiro e preparar um banquete. E
quando ele os rogava que se pusessem à mesa,
10 disse Tobias: Eu não comerei nem beberei
aqui hoje, menos que tu me não despaches a
minha petição, e prometas dar-me Sara tua
filha. 11 Ouvido isto, Raguel se assustou, sa-
bendo o que tinha acontecido aos sete maridos,
que se tinham chegado a ela: e começou a
temer não sucedesse também o mesmo a este:
e como vacilasse, e não desse resposta alguma
à petição que lhe fazia, 12 o anjo lhe disse:
Não temas dar tua filha a este moço, porque
a este, que é temente a Deus, lhe é devida tua
filha para esposa: e por isso nenhum outro a
pode ter. 13 Então Raguel respondeu: Não du-
vido que Deus aceitasse em sua presença as
minhas orações e as minhas lágrimas. 14 E
creio que por isso Ele permitiu que vós viésseis
a mim, para que esta filha se despossasse com
um da sua parentela segundo a lei de Moisés:
assim não duvides que eu ta não haja de dar.
15 E pegando na mão direita de sua filha, a
pôs na mão direita de Tobias, dizendo: O Deus
de Abraão, e o Deus de Isaac, e o Deus de Jacó
seja convosco, e Ele mesmo vos ajunte, e cum-
pra a sua bênção em vós. 16 E tomando papel,
fizeram a escritura de casamento. 17 E depois
fizeram um banquete, bendizendo a Deus. 18 E
Raguel chamou a Ana sua mulher, e ordenou-
lhe que preparasse outro aposento. 19 E intro-
duziu Ana no tal aposento a Sara, sua filha, e
se pôs a chorar. 20 E ela lhe disse: Tem bom
ânimo, minha filha: o Senhor do céu te encha
de alegria pelos dissabores que tens padecido.

Tobias filho e Sara sua mulher

8 E depois de terem ceado, introduziram o
moço onde ela estava. 2 E Tobias lembran-
do-se do que lhe tinha dito o anjo, tirou da sua
bolsa um pedacinho de fígado do peixe e pô-lo
sobre uns carvões acesos. 3 Então o anjo Rafael
pegou no demônio, e o ligou no deserto do alto
Egito. 4 Então exortou Tobias a donzela, e lhe
disse: Sara, levanta-te, e façamos oração a Deus
hoje, amanhã, e ao outro dia: porque estas
três noites nos unimos a Deus: e depois da
terceira noite, viveremos no nosso matrimô-
nio: 5 porque nós somos filhos de Santos, e
não devemos juntar-nos como fazem os gen-
tios, que não conhecem a Deus. 6 E levantan-
do-se juntamente, oravam ambos juntos com
instância que lhes fosse conservada a saúde.
7 E Tobias disse: Senhor Deus de nossos pais,
bendigam-vos o céu e a terra, e o mar e as
fontes, e os rios e toda as tuas criaturas, que
neles se encerram. 8 Tu fizeste a Adão do limo
da terra, e lhe deste para socorro a Eva. 9 E
agora, Senhor, tu sabes que não é para satis-
fazer o meu apetite, que eu tomo minha irmã
por mulher, mas só por amor dos filhos, pelos
quais o teu nome seja bendito pelos séculos
dos séculos. 10 E Sara disse: Compadece-te de
nós, Senhor, compadece-te de nós, e vivamos
juntos até à velhice em perfeita saúde.

Vãos temores de Raguel

11 E sucedeu que ao cantar do galo, mandou
Raguel que fossem chamados os seus criados, e
se foram com ele a abrir uma sepultura. 12 Por-
que dizia: Não suceda talvez a este o mesmo
que aos outros sete homens, que estiveram com
ela. 13 Depois que tiveram preparado a cova,
voltando Raguel, a sua mulher, disse-lhe:
14 Manda uma das tuas criadas, a ver se ele
morreu, para o sepultar antes que amanheça.
15 E ela mandou uma das suas criadas. E esta
tendo entrado na câmara, os achou são e
salvos, dormindo ambos juntamente. 16 E vol-
tando, deu esta boa nova. Então tanto Raguel
como Ana sua mulher louvaram o Senhor, 17 e
disseram: Nós te bendizemos, Senhor Deus de
Israel, por não haver sucedido o que cuidáva-
mos. 18 Porque usaste conosco de tua miseri-
córdia, e lançaste para longe de nós o inimigo
que nos perseguia. 19 E tiveste compaixão de
dois filhos únicos. Faze, Senhor, que eles te
bendigam mais e mais: e te ofereçam o sacri-
fício do louvor a ti devido e pela sua saúde,
a fim de que todas as nações conheçam que
só tu és o Deus em toda a terra. 20 E logo
mandou Raguel aos seus criados, que enches-
sem a cova que tinham feito, antes que fosse
dia.
21 E disse a sua mulher, que dispusesse um
banquete, e preparasse todos os provimentos

necessários a quem havia de fazer jornada. 22 E fez matar duas vacas gordas, e quatro carneiros, e que se aparelhasse o banquete para todos os seus vizinhos, e para todos os seus amigos. 23 E esconjurou Raguel a Tobias, que ficasse com ele duas semanas. 24 E de tudo o que possuía Raguel deu metade a Tobias, e declarou por um escrito, que a outra metade, que restava, passaria a Tobias depois da sua morte.

O anjo vai a Gabelo

9 Então Tobias chamou a si o anjo, que ele cria ser homem, e lhe disse: Irmão Azarias, peço-te que escutes as minhas palavras. 2 Quando eu me entregasse a ti por teu escravo, não poderia corresponder dignamente aos teus cuidados. 3 Peço-te, contudo, que tomes para ti bestas e servos, e que vás buscar a Gabelo em Ragés cidade da Média, e lhe entregues o seu escrito, e recebas dele o dinheiro, e o rogues que venha à minha boda. 4 Porque tu sabes que meu pai conta os dias: e que se eu tardar um dia mais, se contristará a sua alma. 5 Tu vês também de que modo Raguel me esconjurou, e eu não posso desprezar suas tão fortes instâncias. 6 Então Rafael tomando quatro criados de Raguel, e dois camelos, foi-se à cidade de Ragés na Média: e achando a Gabelo, lhe entregou o seu escrito, e recebeu dele todo o dinheiro. 7 E contou-lhe tudo o que tinha sucedido a Tobias filho de Tobias: e o fez vir consigo à boda.

8 E tendo Gabelo entrado em casa de Raguel, achou Tobias à mesa: e levantando-se se beijaram mutuamente: e Gabelo chorou e louvou a Deus, 9 e disse: O Deus de Israel te abençoe, porque és filho dum homem virtuosíssimo, e justo, e temente a Deus, e esmoler, 10 abranja também a bênção a tua mulher, e a vossos pais: 11 e vejais a vossos filhos, e aos filhos de vossos filhos, até à terceira e quarta geração: e a tua descendência seja bendita do Deus de Israel, que reina por séculos dos séculos. 12 E tendo todos respondido, Amém, puseram-se à mesa: e também com temor do Senhor celebravam o banquete da boda.

Separam-se Raguel e Tobias filho

10 Quando porém o moço Tobias se demorava, por causa da sua boda, estava seu pai Tobias em cuidados, dizendo: Quem sabe por que tarda meu filho, e por que se tem lá detido? 2 Acaso morreria Gabelo, e não haja ninguém que lhe restitua o dinheiro? 3 Começou ele pois a entristecer-se em extremo, e Ana sua mulher com ele: e ambos juntos se puseram a chorar: porque seu filho não voltara para eles no dia assinalado. 4 Mas sua mãe derramava lágrimas inconsoláveis, e dizia: Ai, ai de mim, meu filho, para que te mandamos nós tão longe, a ti que eras a luz dos nossos olhos, o bordão da nossa velhice, a consolação da nossa vida, e a esperança da nossa posteridade? 5 Nós que em ti só tínhamos juntas todas as coisas não devíamos alongar-te da nossa companhia. 6 Tobias lhe dizia: Cala-te, e não te turbes, nosso filho passa com saúde: aquele homem com o qual nós o enviamos, é muito fiel. 7 Mas ela não se podia consolar de modo algum, mas saindo todos os dias fora, andava olhando para todas as partes, e corria por todos os caminhos, por onde esperava que o filho poderia tornar, para o ver vir ao longe, se lhe fosse possível.

8 Mas porém Raguel dizia a seu genro: Fica-te aqui, e eu mandarei a Tobias teu pai um mensageiro com novas da tua saúde. 9 Tobias lhe respondeu: Eu sei que meu pai e minha mãe contam os dias, e que seu espírito está num contínuo tormento. 10 E tendo Raguel feito ainda muitas instâncias a Tobias, e não querendo este de modo algum condescender com ele, lhe entregou sua filha Sara, e metade de tudo o que possuía em servos, em servas, em rebanhos, em camelos, e em vacas, e em grande quantidade de dinheiro: e o deixou ir de sua companhia são e alegre, 11 dizendo: O santo anjo do Senhor seja no vosso caminho, e vos conduza sem perigo algum, e que acheis tudo bem em casa de vossos pais, e que os meus olhos vejam a vossos filhos antes que eu morra. 12 E tomando os pais a sua filha, e beijaram, e a deixaram ir: 13 advertindo-a que honrasse a seus sogros, que amasse a seu marido, que regesse a sua família, que governasse a sua casa, e que ela mesma se comportasse irrepreensível.

Tobias o moço, e Rafael chegam a Nínive

11 E voltando, chegaram no undécimo dia a Caran, que está no meio do caminho indo para Nínive. 2 E disse o anjo: Irmão Tobias, tu sabes o estado em que deixaste a teu pai. 3 Se assim pois te parece bem, vamos nós adiante, e os teus domésticos sigam-nos devagar com tua mulher, e com os gados. 4 E tendo pois concordado em que fossem, disse Rafael a Tobias: Traze contigo o fel do peixe, porque será necessário. Tomou portanto Tobias do fel, e foram seu caminho.

5 Ana porém todos os dias se ia assentar ao pé da estrada, no alto dum monte, de onde ela

podia descobrir ao longe. 6 E quando do mes-
mo lugar espreitava a sua vinda, viu ao longe,
e logo reconheceu seu filho que vinha: e correu
a dar a nova a seu marido, dizendo: Eis aí
vem teu filho. 7 E ao mesmo tempo disse
Rafael a Tobias: Tanto que tiveres entrado em
tua casa, adora logo ao Senhor teu Deus: e
dando-lhe graças, chega-te a teu pai, e dá-lhe
um beijo. 8 E imediatamente unta-lhe os seus
olhos com este fel de peixe, que trazes contigo:
porque está certo que logo os seus olhos se
abrirão, e teu pai verá a luz do céu, e se ale-
grará com a tua vista. 9 Então o cão, que os
tinha seguido pelo caminho, correu adiante: e
como que trazendo a nova mostrava o seu con-
tentamento festejando com a sua cauda. 10 E
levantando-se assim cego seu pai, começou tro-
peçando com os pés a correr: e dando a mão
a um criado, foi encontrar-se com seu filho.
11 E acolhendo-o, o beijou a sua mulher, e
ambos começaram a chorar de gosto. 12 E de-
pois que adoraram a Deus, e lhe deram graças,
assentaram-se.

O velho Tobias recupera a vista

13 Então Tobias tomando do fel do peixe
untou os olhos de seu pai. 14 E susteve-lhe
o fel nos olhos quase meia hora: e começou
a despegar de seus olhos uma belida, como a
película de um ovo. 15 Tobias pegando nela
tirou-a dos seus olhos, e no mesmo ponto re-
cobrou a vista. 16 E glorificaram a Deus, a
saber ele, e sua mulher, e todos os que o
conheciam. 17 E dizia Tobias: Eu te bendigo,
Senhor Deus de Israel, por me teres castiga-
do, e por me teres curado: e eis aqui estou
agora vendo a Tobias, meu filho.
18 Passados sete dias chegou também Sara
mulher de seu filho, e toda a sua família com
saúde, e os rebanhos, e os camelos, e grande
soma de dinheiro de sua mulher: e também
aquele dinheiro que tinha cobrado de Gabelo:
19 e Tobias contou a seus pais todos os be-
nefícios, que Deus lhe tinha feito, por meio
desse homem, que o conduzira. 20 E vieram
Aquior e Nabat, primos de Tobias, regozijar-
se com Tobias, e congratular-se com ele por
todos os bens, que Deus tinha feito a seu
favor. 21 E banqueteando-se por sete dias, to-
dos se alegraram com grandes regozijos.

Manifestação do anjo Rafael

12 Então chamou Tobias a seu filho, e lhe
disse: Que poderemos nós dar a este
santo homem, que veio contigo? 2 Tobias res-
pondendo, disse a seu pai: Meu pai, que ga-
lardão lhe daremos nós? ou que coisa poderá
haver proporcionada aos seus benefícios? 3 Ele
me levou e me trouxe salvo, ele recebeu de
Gabelo o dinheiro, ele me fez ter mulher, e
ele expeliu dela o demônio, ele encheu de
alegria a seus pais, ele me livrou a mim mes-
mo de ser tragado do peixe, e a ti fez-te ver
a luz do céu, e por ele nós fomos cheios de
todos os bens. Que lhe poderemos nós dar
que iguale tais benefícios? 4 Mas rogo-te, meu
pai, que lhe peças, se digne ao menos aceitar
para si metade de tudo o que nós trouxemos.
5 E chamando-o, a saber o pai, e o filho, o
trouxeram à parte: e começaram a rogar-lhe
que quisesse de boa-mente receber metade de
tudo o que tinham trazido.
6 Então lhes falou o anjo assim em segredo:
Bendizei ao Deus do céu, e dai-lhe glória dian-
te de todos os viventes, por ter usado con-
vosco da sua misericórdia. 7 Porque é bom
conservar escondido o segredo do rei: mas é
coisa de honra manifestar e publicar as obras
de Deus. 8 É boa a oração acompanhada de
jejum, e da esmola mais do que ajuntar te-
souros de ouro: 9 porque a esmola livra da
morte, e ela é a que apaga os pecados, e faz
achar a misericórdia e a vida eterna. 10 Mas
os que cometem pecado, e iniqüidade, são
inimigos das suas almas. 11 Eu pois vos des-
cubro a verdade, e não vos ocultarei o que
está em segredo. 12 Quando tu oravas com
lágrimas, e enterravas os mortos, e deixavas
o teu jantar, e ocultavas os mortos em tua
casa de dia, e os enterravas de noite, presen-
tei eu as tuas orações ao Senhor. 13 E porque
tu eras aceito a Deus, por isso foi necessário
que a tentação te provasse. 14 E agora me
enviou o Senhor a curar-te, e a livrar do de-
mônio a Sara, mulher de teu filho. 15 Porque
eu sou o anjo Rafael, um dos sete que assis-
timos diante do Senhor.
16 E ao ouvir estas palavras, se turbaram,
e espavoridos caíram com o rosto em terra.
17 E o anjo lhes disse: A paz seja convosco,
não temais. 18 Porque quando eu estava con-
vosco, eu o estava por vontade de Deus. Ben-
dizei-o, e cantai-lhe louvores. 19 A vós parecia-
vos que eu comia, e bebia convosco mas eu
sustento-me de um manjar invisível, e duma
bebida, que não pode ser vista dos homens.
20 É pois tempo que eu volte para aquele que
me enviou. Vós porém bendizei a Deus, e con-
tai todas as suas maravilhas.
21 E tendo dito estas palavras, desapareceu
de diante deles, e eles o não puderam ver
mais. 22 Então tendo-se postrado sobre o
rosto por três horas, bendisseram a Deus: e
erguendo-se contaram todas as suas maravi-
lhas.

III. CONCLUSÃO

Cântico de Tobias

13 E o velho Tobias abrindo a sua boca, abendiçoou ao Senhor, e disse:

Tu, Senhor, és grande na eternidade, e o teu reino é por todos os séculos:

2 Porque tu castigas, e tu salvas: tu levas até à sepultura, e tudo ressuscitas: e ninguém há que escape da tua mão.

3 Dai graças ao Senhor, filhos de Israel, e louvai-o diante das nações:

4 Porque Ele por isso vos espalhou por entre os povos, que o não conhecem, para que vós publiqueis as suas maravilhas, e para que lhes façais saber, que não há outro Deus todo poderoso senão Ele.

5 Ele nos castigou por causa das nossas iniqüidades: Ele mesmo nos salvará por causa da sua misericórdia.

6 Considerai pois o que Ele obrou conosco, e bendizei-o em temor e tremor: e exaltai ao rei dos séculos pelas vossas obras.

7 Eu porém o confessarei na terra do meu cativeiro: porque manifestou a sua majestade sobre uma nação pecadora.

8 Convertei-vos pois, é pecadores, e obrai justiça diante de Deus, crendo que Ele obrará conosco a sua misericórdia.

9 Eu também, e a minha alma nos regozijaremos nele.

10 Bendizei ao Senhor todos vós os seus escolhidos: festejai os dias de alegria, e rendei-lhe louvores.

11 Jerusalém, cidade de Deus, o Senhor te castigou por causa das obras das tuas mãos.

12 Dá graças ao Senhor pelos teus bens, e bendizei ao Deus dos séculos para que restabeleça em ti o seu tabernáculo, e para que chame a ti todds os cativos, e para que te alegres por todos os séculos dos séculos.

13 Tu brilharás com uma refulgente luz: e todas as extremidades da terra te adorarão.

14 As nações virão a ti desde os países mais remotos: e trazendo-te dádivas, adorarão em ti o Senhor, e terão a tua terra por santuário.

15 Porque invocarão o grande nome no meio de ti.

16 Malditos serão os que te desprezarem: e serão condenados todos os que blasfemarem contra ti: e serão benditos os que se edificarem.

17 Tu porém alegrar-te-ás nos teus filhos, porque serão abençoados todos, e se reunirão ao Senhor.

18 Bem-aventurados todos os que te amam, e os que se alegram na tua paz.

19 Ó alma minha, bendize ao Senhor, porque livrou a sua cidade de Jerusalém de todos os seus males, Ele é o Senhor nosso Deus.

20 Ditoso serei, se restar ainda algum da minha descendência para ver o esplendor de Jerusalém.

21 As portas de Jerusalém se edificarão de safiras e de esmeraldas: e de pedras preciosas todo o circuito dos seus muros.

22 Todas as suas praças serão calçadas de pedras brancas e belas: e em todos os seus bairros se cantará Aleluia.

23 Bendito o Senhor que a exaltou, e o seu reino seja nela pelos séculos dos séculos. Amém.

14 E acabaram-se as palavras de Tobias.

Últimos anos de Tobias

E Tobias, depois que recobrou a sua vista,
viveu quarenta e dois anos, e viu os filhos de
seus netos. 2 E tendo completado cento e dois
anos, foi sepultado honorificamente em Níni-
ve. 3 Porque tendo cinqüenta e seis anos per-
deu a vista de seus olhos, e a recobrou tendo
sessenta. 4 E o restante da sua vida o passou
em alegria, e com grandes aproveitamento no
temor de Deus se foi em paz.

5 E à hora da sua morte chamou à sua
preesnça a Tobias, seu filho, e a sete moços
filhos deste, seus netos, e disse-lhe: 6 A ruína
de Nínive está próxima: porque não falha a
palavra do Senhor: e os nossos irmãos, que
foram dispersos fora da terra de Israel, tor-
narão para ela. 7 E todo o seu país deserto
será povoado outra vez, e a casa de Deus, que
nela foi queimada, se reedificará de novo: e
para ela tornarão todos os que temem a Deus.
8 E os gentios deixarão os seus ídolos, e virão
a Jerusalém, e habitarão nela, 9 e nela se
alegrarão todos os reis da terra, adorando o
rei de Israel. 10 Ouvi pois, meus filhos, a vosso
pai. Servi ao Senhor em verdade, trabalhai
por fazerdes o que for do seu agrado. 11 E
recomendai a vossos filhos que façam obras
de justiça, e esmolas, que se lembrem de Deus,
e que o bendigam em todo o tempo em ver-
dade, e com todas as suas forças. 12 Ouvi-me
pois agora, meus filhos, e não fiqueis aqui:
mas tanto que vós tiverdes sepultado a vossa
mãe, junto a mim em um mesmo sepulcro,
desde logo dirigi vossos passos para sairdes
daqui: 13 porque eu vejo que a sua iniqüi-
dade há de dar cabo dela.

14 E sucedeu que Tobias depois da morte
de sua mãe, saiu de Nínive com sua mulher,
filhos, e filhos de seus filhos, e voltou para
casa de seus sogros: 15 e os achou ainda com
saúde numa ditosa velhice: e tomou cuidado
deles, e ele mesmo lhes fechou os seus olhos:
e ele se apossou de toda a herança da casa
de Raguel: e viu até à quinta geração, os fi-
lhos de seus filhos. 16 E tendo vivido noventa
e nove anos no temor do Senhor, o sepultaram
em alegria.

17 E toda a sua parentela, e toda a sua ge-
ração perseverou na boa vida, e num santo
procedimento, de modo que foram aceitos tan-
to a Deus, como aos homens, e a todos os
habitantes do país.

JUDITE

I. ANTECEDENTES DO ASSÉDIO DE BETÚLIA

Guerra dos assírios com os medos

1 Arfaxad pois, rei dos medos, tinha sujei-
tado ao seu império muitas nações, e ele
edificou uma cidade poderosíssima, a que cha-
mou Ecbátana, 2 de pedras cortadas à esqua-
dria: fez os seus muros de setenta côvados
de largo, e de trinta côvados de alto, e pôs-lhe
torres de cem côvados de altura. 3 E na sua
quadratura se estendia cada lado no espaço
de vinte pés, e fez-lhe as suas portas da mes-
ma altura que as torres: 4 e se jactava como
poderoso pela força do seu exército, e pela
magnificência das suas carroças.
5 Porém no ano duodécimo do seu reinado
Nabucodonosor rei dos assírios, que reinava
na grande cidade de Nínive, fez guerra a Ar-
faxad, e o venceu 6 na grande planície, que
se chama de Ragau, junto do Eufrates, e do
Tigre, e do Jadason no campo de Erioc rei
dos élicos.

Vitória de Holofernes

7 Então se elevou o reino de Nabucodono-
sor, e o seu coração se ensoberbeceu: e enviou
a todos os que habitavam na Cilícia, e em
Damasco, e no Líbano, 8 e aos povos que habi-
tam no Carmelo e em Cedar, e aos que habita-
vam na Galiléia no grande campo de Esdrelon,
9 e a todos os que viviam em Samaria, e da
banda de além do rio Jordão até Jerusalém,
e em toda a terra de Jessé, até aos confins
da Etiópia. 10 A todos estes enviou Nabuco-
donosor rei dos assírios mensageiros: 11 os
quais todos de comum acordo os contradis-
seram e os despediram vazios, e os lançaram
fora sem honra. 12 Então o rei Nabucodono-
sor, indignado contra toda aquela terra, jurou
pelo seu trono e pelo seu reino, que se vin-
garia de todas estas regiões.

2 No ano décimo terceiro do reinado de Na-
bucodonosor, aos vinte e dois dias do pri-
meiro mês, se fez conselho no palácio de
Nabucodonosor, rei dos assírios, sobre ele se
vingar. 2 E chamou todos os mais velhos e
todos os seus generais, e guerreiros, e comu-
nicou-lhes o segredo do seu conselho: 3 e
declarou que o seu pensamento era sujeitar
ao seu império toda a terra. 4 O qual projeto
tendo parecido bem a todos, chamou o rei
Nabucodonosor a Holofernes, general das suas
tropas, 5 e disse-lhe: Vai atacar os reinos do
Ocidente, e principalmente aqueles que des-
prezaram o meu mandado. 6 O teu olho não
perdoe a reino algum, e tu me sujeitarás to-
das as cidades fortes.
7 Então convocou Holofernes os chefes, e
oficiais das tropas dos assírios: e contou para
se pôr em campanha, segundo a ordem que
lhe deu o rei, cento e vinte mil combatentes
de pé, e doze mil frecheiros a cavalo. 8 E fez
marchar adiante toda a sua bagagem em uma
multidão inumerável de camelos, com copio-
sos provimentos que podiam ser necessários
aos exércitos, e manadas de bois, e rebanhos
de ovelhas, sem número. 9 Mandou que em
toda a Síria se aprontasse trigo para a sua
passagem. 10 E levou da casa do rei somas
imensas de ouro e de prata. 11 E partiu ele,
e todo o exército com as carroças, e cavalaria,
e frecheiros, que cobriram a face da terra,
como gafanhotos.
12 E tendo passado os confins da Assíria,
veio aos grandes montes de Angé, que ficam
à esquerda da Cilícia, e entrou por todos os
seus castelos, e se apoderou de todas as for-
talezas. 13 E destruiu a famosíssima cidade
de Meloti, e saqueou todos os filhos de Társis,
e os filhos de Ismael, que habitavam em fren-
te do deserto, e Eufrates, e veio à Mesopotâ-
mia: e levou à ao meio-dia da terra de Celon.
14 E passou a força todas as grandes cidades
que ali havia, desde a ribeira de Mambre até
chegar ao mar: 15 e fez-se senhor dos seus
territórios, desde a Cilícia até aos confins de
Jafet, que são ao meio-dia. 16 E levou consigo
todos os filhos de Madian, e saqueou todas as
suas riquezas, e passou ao fio da espada to-
dos os que lhe resistiam.

17 E depois desceu aos campos de Damasco ao tempo da ceifa, e queimou todas as searas, e fez cortar todas aş árvores, e as vinhas: 18 e o temor dele se espalhou por todos os habitantes da terra.

Capitulação geral e depredações de Holofernes

3 Então os reis, e príncipes de todas as cidades e províncias, a saber da Síria da Mesopotâmia, e da Síria de Sobal, e da Líbia, e da Cilícia enviaram os seus embaixadores, os quais, apresentando-se a Holofernes, disseram: 2 Cesse a tua indignação contra nós: porque melhor é que vivamos sendo vassalos do grande rei Nabucodonosor, e que nos sujeitemos a ti, do que morrer, e com a nossa ruína padecer os males da nossa escravidão. 3 Todas as nossas cidades, e todas as nossas possessões, todos os nossos montes, e outeiros, e campos, e as manadas de bois, e os rebanhos de ovelhas, e cabras, e de cavalos e de camelos, e todas as nossas riquezas e famílias estão no teu poder. 4 Tudo está debaixo da tua lei. 5 Nós, e nossos filhos somos teus escravos. 6 Vem ser para nós um senhor pacífico, e emprega-nos no teu serviço, como bem te aprouver.

7 Então ele desceu dos montes com a cavalaria e com grande exército, e apoderou-se de todas as cidades, e de todos os habitantes da terra. 8 E tomou de todas as cidades para suas tropas auxiliares os homens valentes, e capazes para a guerra. 9 E tão grande medo assaltou aquelas províncias, que os principais, e os honrados moradores de todas as cidades juntamente com os povos sairam a encontrar-se com ele na sua vinda, 10 recebendo-o com coroas, e com lâmpadas, fazendo danças ao som de tambores, e de flautas. 11 Nem contudo fazendo isto, puderam abrandar a ferocidade do seu coração: 12 porque nem só lhes destruiu as suas cidades, mas também lhes cortou os seus bosques: 13 porque o rei Nabucodonosor lhe tinha mandado que exterminasse todos os deuses da terra, e isto a fim de que só ele se chamasse Deus por aquelas nações, que pudessem ser subjugadas pelo poder de Holofernes. 14 E, atravessando a Síria Sobal, e toda a Apaméia, e toda a Mesopotâmia, veio aos idumeus na terra de Gabaa, 15 e conquistou as suas cidades, e ele se demorou ali trinta dias, nos quais mandou que se ajuntassem todas as tropas do seu exército.

Pavor e preparativos de resistência dos judeus

4 Ouvindo então estas coisas os filhos de Israel, que habitavam na terra de Judá, tiveram muito medo da presença de Holofernes. 2 O susto, e o pavor se apoderou dos seus corações, temendo não fizesse ele a Jerusalém e ao Templo do Senhor, o que tinha feito às outras cidades, e aos seus templos. 3 E enviaram por toda a fronteira de Samaria até Jericó, e ocuparam todos os cumes dos montes: 4 e cercaram as suas aldeias de muros, e fizeram provimento de trigos preparando-se para a guerra. 5 O pontífice Eliaquim também escreveu a todos os que habitavam para as partes de Esdrelon, que está fronteira à grande planície junto a Dotain, e a todos os dos lugares, que podiam ser de passagem, 6 que se apoderassem das subidas dos montes, por onde se podia ir a Jerusalém, e que pusessem guarnições nos lugares, onde podia ser o caminho estreito entre os montes. 7 E os filhos de Israel assim o executaram como lhes tinha mandado Eliaquim pontífice do Senhor.

8 E todo o povo clamou ao Senhor com grande instância, e humilharam as suas almas em jejuns, e orações eles e suas mulheres. 9 E os sacerdotes se vestiram de cilício, e prostraram os meninos diante do Templo do Senhor, e cobriram de cilício o altar do Senhor: 10 e chamaram ao Senhor Deus de Israel unanimemente, que não fossem dados em presa seus filhos, e suas mulheres para serem separadas, e as suas cidades para serem destruídas, e o seu Santuário para ser profanado, e eles fossem feitos o opróbio das nações.

11 Então, Eliaquim, sumo pontífice do Senhor, decorreu por todo o Israel, e lhes falou, 12 dizendo: Sabei que o Senhor vos ouvirá as vossas súplicas, se permanecerdes constantes nos jejuns, e nas oraçoec diante do Senhor. 13 Lembrai-vos de Moisés, servo do Senhor, que destroçou a Amalec que confiava na sua força, e no seu poder, e no seu exército, e nos seus escudos, e nas suas carroças, e na sua cavalaria, pelejando não com o ferro, mas rogando com santas orações: 14 assim sucederá a todos os inimigos de Israel: se vós perseverardes nesta obra, que tendes começado: 15 E a estas exortações que lhes fazia, permaneciam na presença do Senhor, orando ao Senhor, 16 de sorte que ainda aqueles, que ofereciam os holocaustos ao Senhor vestidos de cilícios, e com as suas cabeças cobertas de cinza ofereciam os sacrifícios ao Senhor. 17 E de todo o seu coração todos rogavam a Deus, que visitasse o seu povo de Israel.

Rejeitado o conselho de Aquior

5 Deu-se pois aviso a Holofernes general das tropas dos assírios, que os filhos de Israel

se preparavam para resistir, e que tinham fe-
chado as passagens dos montes, 2 e com de-
masiado furor se inflamou em grande cólera:
e chamou todos os príncipes de Moab e os
chefes dos amonitas, 3 e disse-lhes: Dizei-me
que povo é este, que ocupa os montes: e quais
ou quantas sejam as suas cidades: que poder
seja também o deste povo, ou qual a sua mul-
tidão: ou quem seja o general do seu exército:
4 e por que dentre todos, os que habitam no
Oriente, estes nos desprezaram, e não vieram
ao nosso encontro, para nos receberem em
paz?

5 Então Aquior, chefe de todos os filhos
de Amon, respondendo, disse: Meu senhor, se
tu te dignas de ouvir-me, eu te direi a verdade
na tua presença, no tocante a este povo que
habita nos montes, e da minha boca não sairá
palavra falsa. 6 Este povo é da raça dos cal-
deus. 7 Ele habitou primeiramente em Meso-
potâmia, porque não quiseram seguir os deu-
ses de seus pais, que moravam na terra dos
caldeus. 8 Tendo pois deixado as cerimônias
de seus pais, que consistiam na multidão de
deuses, 9 adoraram a um só Deus do céu, o
qual lhes mandou que saíssem dali, e que fos-
sem assistir em Caran. Mas como sobreviesse
em todo o país uma grande fome, desceram
ao Egito, e ali pelo espaço de quatrocentos
anos se multiplicaram, de sorte que o seu
exército era inumerável. 10 E como o rei do
Egito os tratasse duramente, e os sujeitasse
a trabalhar em barro e ladrilho, para se edi-
ficarem as suas cidades, clamaram ao seu
Senhor, e este feriu toda a terra do Egito com
várias pragas. 11 E como os egípcios os lan-
çassem de si, e a praga os deixasse, e qui-
sessem outra vez sujeitá-los, e reduzi-los à sua
escravidão, 12 o Deus do céu lhes abriu o
mar quando fugiam, de modo que duma e
doutra parte as águas se fizeram sólidas como
um muro, e eles passaram a pé enxuto atra-
vessando o fundo do mar. 13 A tempo que o
inumerável exército dos egípcios ia em alcan-
ce deles neste lugar, de tal sorte ficou este
coberto das águas, que não escapou nem se-
quer um que contasse à sua posteridade o
sucesso. 14 Depois de saírem do mar Verme-
lho, acamparam-se nos desertos do monte Si-
na, onde nunca homem algum pode habitar,
e onde ninguém assistiu. 15 Ali as fontes amar-
gosas se tornaram doces para eles beberem,
e por espaço de quarenta anos alcançaram
do céu o sustento. 16 Em toda a parte onde
entravam sem arco e sem flecha, e sem escudo
e sem espada, o seu Deus pelejou a favor de-
les, e venceu. 17 E não achou nunca quem
insultasse a este povo, senão quando se apar-
tou do culto do Senhor seu Deus. 18 Porque
todas as vezes que eles adoraram outro Deus
que não fosse o seu, foram entregues ao rou-
bo, à espada, e ao opróbrio. 19 E todas as
vezes que se arrependeram de ter deixado o
culto do seu Deus, o Deus do céu lhes deu
forças para resistirem. 20 Por último asso-
laram o rei dos cananeus, e dos jebuseus, e
dos fereseus, e dos heteus, e dos heveus, e
dos amorreus, e todos os poderosos de Hese-
bon, e se apossaram das suas terras, e das
suas cidades. 21 E enquanto não pecaram
contra o seu Deus, eram felizes: porque o seu
Deus aborrece a iniqüidade. 22 E ainda há
poucos anos, havendo-se desviado do cami-
nho, que Deus lhes tinha mostrado, para an-
darem nele, foram eles dispersos em batalhas
por diversas nações, e muitos deles foram
levados cativos a uma terra estranha. 23 Mas
agora de pouco tendo-se voltado para o Senhor
seu Deus, eles se tornaram a ajuntar dos lu-
gares por onde tinham sido dispersos, e su-
biram a todos estes montes, e estão outra vez
de posse de Jerusalém, onde têm o seu san-
tuário.

24 Agora pois, meu Senhor, informa-te tu
se este povo tem cometido algum pecado na
presença do seu Deus: e vamos a eles, porque
o seu Deus sem dúvida os entregará às tuas
mãos, e ficarão sujeitos debaixo do teu poder.
25 Mas se este povo não tem ofendido ao seu
Deus, nós não lhe poderemos resistir: porque
o seu Deus os defenderá: e nós seremos o
opróbrio de toda a terra.

26 E sucedeu, que tendo Aquior cessado de
falar assim, todos os magnates de Holofernes
se encolerizaram, e cuidavam em o matar, di-
zendo um para o outro: 27 Quem é este que
diz que os filhos de Israel podem resistir ao
rei Nabucodonosor, e aos seus exércitos, sen-
do eles uns homens sem armas, e sem forças,
e sem ciência na arte de pelejar? 28 Para que
logo Aquior conheça que nos engana, vamos
aos montes: e depois que forem tomados os
valentes dentre eles, então o passaremos com
eles ao fio da espada: 29 para que saiba toda
a gente que Nabucodonosor é o deus da terra,
e que fora ele não há outro.

Ira de Holofernes

6 Sucedeu pois que tendo deixado de falar,
Holofernes, fortemente endurecido, disse
a Aquior: 2 Já que tu profetizaste, dizendo-
nos, que o povo de Israel há de ser defendido
pelo seu Deus, para eu te mostrar que não
há outro Deus, senão Nabucodonosor: 3 quan-
do nós os tivermos mortos a todos como a
um só homem, então tu mesmo cairás tam-
bém com eles debaixo do ferro dos assírios,

e todo o povo de Israel perecerá contigo. 4 Conhecerás tu que Nabucodonosor é o senhor de toda a terra: e então a espada dos meus soldados passará o teu corpo, e tu cairás atravessado entre os feridos de Israel: e não respirarás mais até que sejas exterminado com eles. 5 Mas porém se tu crês que a tua profecia é verdadeira, não se abata o teu rosto, a palidez de que está coberto o teu semblante, te deixe, se imaginas que estas minhas palavras se não podem cumprir. 6 E para que pois conheças que tens de experimentar com eles esta infelicidade, serás desde já associado a este povo, a fim de que quando receberem as dignas penas da minha espada, fiques tu também sujeito à vingança juntamente.

7 Então mandou Holofernes à sua gente que prendessem a Aquior, e que o levassem a Betúlia, e o entregassem nas mãos dos filhos de Israel. 8 E tendo pegado em Aquior os servos de Holofernes, partiram pelas campinas, mas estando perto dos montes, sairam contra eles os atiradores de funda. 9 E eles desviando-se do lado do monte, ataram Aquior de mãos e pés a uma árvore, e assim preso com cordas o deixaram, e voltaram para seu senhor.

Aquior é acolhido pelos israelitas

10 Ora os filhos de Israel descendo de Betúlia, vieram ter com ele: e desatando-o o levaram para Betúlia, e tendo-o posto no meio do povo, perguntaram-lhe por que motivo os assírios o deixaram atado. 11 Por este tempo eram ali chefes Ozias, filho de Mica da tribo de Simeão, e Carmi, que também se chamava Gotoniel. 12 E posto no meio dos anciãos, e em presença de todos, contou tudo o que ele tinha falado sendo perguntado por Holofernes e como a gente de Holofernes o quisera matar por ter falado assim, 13 e como o mesmo Holofernes cheio de cólera mandara que o entregassem aos israelitas por esta causa: a fim de que depois que ele tivesse vencido aos filhos de Israel, fizesse então também morrer ao mesmo Aquior com diversos suplícios, por ele ter dito: O Deus do céu é o seu defensor.

14 E tendo Aquior referido todas estas coisas, todo o povo se prostrou com o rosto em terra, adorando ao Senhor, e misturando os seus gritos e prantos ofereceram concordemente as suas orações do Senhor, 15 dizendo: Senhor Deus do céu e da terra, lança os olhos para a soberba destes homens, e considera o nosso abatimento, e atende ao voto dos que tu santificaste, e mostra que não desamparas aos que presumem de ti: e que humilhas aos que presumem de si mesmos, e se gloriam do seu poder. 16 Acabado pois o choro, e completa a oração dos povos, que durou todo o dia, consolaram a Aquior, 17 dizendo: O Deus de nossos pais, cujo poder tu publicaste, ele te dará por isso a recompensa, para que tu vejas antes a ruína deles. 18 E quando o Senhor nosso Deus tiver dado esta liberdade aos seus servos, Deus seja também contigo no meio de nós: para que, segundo for do teu agrado, assim vivas conosco, tu e todos os teus. 19 Então Ozias, despedida a assembléia, o recebeu em sua casa, e deu-lhe uma grande ceia. 20 E convidados todos os anciãos, depois de completo jejum, tomaram juntos a sua refeição. 21 Depois porém foi convocado todo o povo, e fizeram por toda a noite oração dentro da igreja, pedindo socorro ao Deus de Israel.

II. VITÓRIA DO POVO JUDEU

Cerco da cidade e medo dos israelitas

7 No dia seguinte porém mandou Holofernes marchar os seus exércitos contra Betúlia. 2 E os combatentes de pé eram cento e vinte mil, e vinte e dois mil homens de cavalaria, sem contar os recrutas dos homens, aos quais tinha aprisionado, e de toda a mocidade que tinha levado por força das províncias e das cidades. 3 Todos se prepararam a um tempo para combater contra os filhos de Israel, e vieram ao longo do monte até o cume, que olha para Dotain, desde o lugar chamado Belma, até a Quelmon, que está defronte de Esdrelon.

4 Mas os filhos de Israel, tanto que viram a multidão deles, lançaram-se por terra, cobrindo as suas cabeças de cinza, pedindo unanimemente ao Deus de Israel que fizesse resplandecer sobre eles a sua misericórdia. 5 E tomando as suas armas de guerra se postaram nos lugares, que vão ter à vereda de um atalho entre os montes, e estavam ali guarnecendo-os todo o dia e toda a noite.

Desespero pela falta de água

6 Mas Holofernes, ao tempo que averiguava em roda, achou que a fonte que corria para dentro, trazia a sua direção da parte do meio-

dia por um aqueduto da parte de fora da ci-
dade: e mandou que se lhes cortasse o aque-
duto. 7 Havia contudo fontes e não longe dos
muros, donde se via que os sitiados iam às
furtadelas tirar água mais para aliviar a sede
do que para beber. 8 Mas os amonitas, e os
moabitas foram ter com Holofernes, e lhe dis-
seram: Os filhos de Israel não confiam nem
nas lanças, nem nas flechas, mas os montes
os defendem, e outeiros escarpados os forti-
ficam. 9 Porém para que tu os possas vencer
sem travar peleja, põe guardas às fontes, para
não tirarem delas água, e sem puxares pela
espada os matarás, ou ao menos fatigados da
sede eles entregarão a sua cidade, a qual como
posta sobre um monte têm por inconquistável.
10 Agradou pois este conselho a Holofernes
e aos seus oficiais, e ele pôs cem homens de
guarda ao redor de cada fonte.

11 E tendo-se feito esta guarda por vinte
dias, esgotaram-se as cisternas, e conservas
de água a todos os moradores de Betúlia, de
maneira que não havia dentro da cidade de
onde se pudessem saciar nem um só dia, por-
que todos os dias se repartia a água por me-
dida ao povo. 12 Então todos os homens, e
mulheres, moços, e meninos, vieram juntos
ter com Ozias, e todos a uma voz 13 lhe dis-
seram: Deus seja juiz entre nós e ti, porque
tu nos trouxeste estes males, não querendo
falar de paz com os assírios, e por isso nos
entregou Deus nas suas mãos. 14 E assim não
há quem nos socorra, quando aos seus olhos
nos achamos prostrados de sede, e de grande
miséria. 15 Agora pois faze ajuntar todos os
que há na cidade, para que todos nós nos
rendamos voluntariamente ao povo de Holo-
fernes. 16 Porque melhor é que cativos ben-
digamos ao Senhor, vivendo, do que morra-
mos, e sejamos em opróbrio a todos os homens,
vendo morrer aos nossos olhos as nossas mu-
lheres, e as nossas crianças. 17 Nós te con-
juramos hoje diante do céu, e da terra, e
diante do Deus de nossos pais, o qual se vinga
de nós segundo nossos pecados, para que en-
tregueis para já a cidade entre as mãos do
exército de Holofernes, e para que o nosso
fim se abrevie ao fio da espada, o qual se
torna mais dilatado pelo ardor da sede. 18 E
tendo eles assim falado, levantou-se um gran-
de pranto, e alarido em todo o ajuntamento,
e por muitas horas clamaram a uma voz a
Deus, dizendo: 19 Nós pecamos com os nos-
sos pais, obramos injustamente, cometemos
iniqüidades. 20 Tu, que és piedoso, compadece-
te de nós, ou com o teu flagelo castiga as
nossas iniqüidades, e não entregues os que te
bendizem a um povo, que te não conhece,
21 para que não digam entre as nações: Onde
está o seu Deus?

22 E depois de cansados com estes clamo-
res, e com estes prantos ficaram em silêncio,
23 levantando-se Ozias banhado em lágrimas,
disse: Tende bom ânimo, irmãos, e por estes
cinco dias esperemos misericórdia do Senhor.
24 Talvez pois que aplaque a sua ira, e dê
glória ao seu nome. 25 Mas se, passados estes
cinco dias nos não vier socorro, faremos o
que vós dissestes.

Antecedentes da virtuosa Judite

8 Aconteceu pois que tendo ouvido estas
palavras Judite viúva, a qual era filha
de Merari, filho de Idox, filho de José, filho de
Ozias, filho de Elai, filho de Janor, filho de
Gedeão, filho de Rafaim, filho de Aquitob,
filho de Melquia, filho de Enan, filho de Na-
tania, filho de Salatiel, filho de Simeão, filho
de Rúben: 2 e seu marido chamava-se Ma-
nassés, que morreu ao tempo da ceifa das
cevadas: 3 porque ao tempo que ele apressava
os que atavam os feixes no campo, deu-lhe
o ardor da calma na cabeça, e morreu em
Betúlia, sua cidade, e foi ali sepultado com
seus pais. 4 Havia já três anos e meio que
Judite tinha ficado viúva dele. 5 E no andar
superior de sua casa fez ela para si um quarto
retirado, no qual se conservava clausurada
com as suas criadas, 6 e tendo um cilício
sobre os seus rins, jejuava todos os dias de
sua vida, exceto os sábados, e as neomênias,
e as festas da casa de Israel. 7 E era de mui
formosa presença, e seu marido lhe tinha dei-
xado muitas riquezas, e uma grande família
e fazendas, cheias de manadas de bois, e de
rebanhos de ovelhas. 8 E era ela estimadíssi-
ma de todos, porque tinha muito temor de
Deus, e não havia ninguém que dissesse dela
uma palavra de desdouro.

Discurso de Judite

9 Tendo pois ela sabido que Ozias tinha
prometido entregar a cidade passados cinco
dias, mandou chamar aos anciãos Cabri, e
Carmi, 10 e eles vieram ter com ela, e lhes
disse: Que palavra é esta, em que conveio
Ozias, de entregar a cidade aos assírios, se
dentro de cinco dias vos não viesse socorro?
11 E quem sois vós, que tentais ao Senhor?
12 Não são estas as palavras, que conciliem
a sua misericórdia, mas antes são palavras
de excitar ira, e de acender furor. 13 Vós pres-
crevestes o termo à misericórdia do Senhor,
e ao vosso arbítrio lhe assinastes o dia. 14 Mas
porque o Senhor é paciente, arrependamo-nos

disto mesmo, derramando lágrimas implore-
mos a sua misericórdia: 15 porque Deus não
ameaça como os homens, nem ele se inflama
em ira como os filhos dos homens. 16 E por
isso humilhemos a ele as nossas almas, e pos-
tos num espírito de abatimento, como servos
seus, 17 digamos ao Senhor com lágrimas, que
segundo a sua vontade assim use conosco da
sua misericórdia: para que como se perturbou
o nosso coração por causa da soberba daque-
les, assim também nos gloriemos pela nossa
humildade: 18 porque nós não seguimos os
pecados de nossos pais, que deixaram o seu
Deus, e adoraram os deuses estranhos, 19 por
cujo crime foram entregues à espada, e ao
roubo, e à confusão de seus inimigos: mas
nós não conhecemos outro Deus senão o nos-
so. 20 Esperemos com humildade as suas con-
solações, e Ele vingará o nosso sangue das
aflições que nos fazem nossos inimigos, e
humilhará todas as nações quantas se levan-
tam contra nós e as cobrirá de ignomínia o
Senhor nosso Deus.

21 E agora, irmãos, como vós sois os an-
ciãos do povo de Deus, e de vós depende a
sua vida, com as vossas palavras alentai os
seus corações, para que se lembrem, que nos-
sos pais foram tentados para serem experi-
mentados, se eles verdadeiramente serviam ao
seu Deus. 22 Devem recordar-se como nosso
pai Abraão foi tentado, e provado por mui-
tas tribulações veio a ser o amigo de Deus.
23 Assim Isaac, assim Jacó, assim Moisés, e
todos os que agradaram a Deus, passaram
fiéis por muitas tribulações. 24 Aqueles, po-
rém, que não receberam as provas com o te-
mor do Senhor, e que mostraram a sua im-
paciência e impropério das suas murmurações
contra o Senhor, 25 foram exterminados pelo
exterminador, e pereceram pelas serpentes.
26 E nós pois não nos impacientemos por isto
que padecemos, 27 mas considerando que es-
tes mesmos castigos são menores do que os
nossos pecados, creiamos que estes flagelos
do Senhor, com que como seus servos somos
castigados, nos vieram para a nossa emenda,
e não para nossa perdição.

Plano de salvação da cidade

28 E Ozias, e os anciãos lhe responderam:
Tudo isto, que nos tens dito, é verdade, e
nada há repreensível nas tuas palavras. 29 Ago-
ra pois ora por nós, porque tu és uma mulher
santa e temente a Deus. 30 E Judite lhes disse:
Assim como reconheceis que o que eu vos
disse é de Deus, 31 assim também provai se
o que eu resolvi a fazer vem de Deus, e rogai
para que Deus faça eficaz o meu intento.
32 Vós pôr-vos-eis esta noite à porta, e eu sairei
com a minha criada: e fazei oração, para que
assim, como vós dissestes, o Senhor dentro
destes cinco dias olhe para o seu povo de
Israel. 33 Mas não quero que vós espreiteis
o que eu determino fazer, e enquanto eu mes-
ma não vos avisar, não se faça outra coisa
senão rogar por mim ao Senhor nosso Deus.
34 E Ozias, príncipe de Judá, lhe disse: Vai
em paz, e o Senhor seja contigo, para se
vingar de nossos inimigos. E voltando se
retiraram.

Oração de Judite

9 Depois que eles se retiraram, entrou Judite
no seu oratório: e vestindo-se de cilício,
pôs cinza sobre a sua cabeça, e prostrando-se
diante do Senhor, clamava ao Senhor, dizen-
do: 2 Senhor Deus de meu pai Simeão, que
lhe deste a espada para se vingar dos estran-
geiros, que por uma paixão impura foram
violadores, e ultrajaram com afronta o pudor
de uma virgem: 3 e que deste suas mulheres
à presa, e suas filhas em cativeiro: todos os
seus despojos em partilha aos teus servos, que
se abrasaram em teu zelo: socorre, te rogo,
Senhor meu Deus, a esta viúva. 4 Porque tu
fizeste as coisas primeiras, e determinaste que
umas sucedessem a outras, e aquilo se fez
que tu quiseste. 5 Porque todos os teus ca-
minhos estão preparados, e tu estabeleceste
todos os teus juízos na tua providência.

6 Lança agora os olhos sobre o campo dos
assírios, bem como noutro tempo te dignaste
lançá-los sobre o campo dos egípcios, quando
armados corriam atrás dos teus servos, fiando-
se nas suas carroças, e na sua cavalaria, e
na multidão dos soldados. 7 Tu porém lan-
çaste os olhos sobre o seu campo, e as trevas
os cansaram. 8 O abismo reteve os seus pés,
e as águas os cobriram. 9 Assim pereçam tam-
bém, Senhor, estes que confiam na sua mul-
tidão, e se gloriam nas suas carroças, e nos
dardos, e nos escudos e nas suas flechas, e
lanças, 10 e que não sabem que tu mesmo és
o nosso Deus, que desfazes as guerras desde
o princípio, e que o teu nome é o Senhor.
11 Levanta o teu braço como desde o princí-
pio, e com a tua força quebra a sua fortaleza,
pela tua ira caia a força destes que se pro-
metem violar o teu Santuário, e profanar o
tabernáculo do teu nome, e derrubar com a
espada a majestade de teu altar. 12 Faze,
Senhor, que a sua soberba seja cortada pela
própria espada. 13 Fique preso em mim com
laço de seus olhos, e fere-o com as palavras
de meu carinho. 14 Dá-me constância no co-
ração, para eu o desprezar: e fortaleza, para

o perder. 15 Este será pois um monumento do teu nome, quando a mão duma mulher o derrubar. 16 Porque o teu poder, Senhor, não está na multidão, nem tu te comprazes na força dos cavalos, nem desde o princípio te agradaram os soberbos: mas sempre te agradou a súplica dos humildes e dos mansos.

17 Deus dos céus, Criador das águas, e Senhor de todo o criado, ouve a esta miserável, que te suplica, e que presume da tua misericórdia. 18 Lembra-te, Senhor, do teu pacto, e põe as palavras na minha boca, e fortifica a resolução do meu coração, para que a tua casa permaneça em te santificar: 19 e todas as nações conheçam que tu és Deus, e que não há outro senão tu.

Vai-se Judite ao campo assírio

10 Sucedeu pois que tendo Judite cessado de clamar ao Senhor, se levantou do lugar, onde se tinha prostrado em terra diante do Senhor. 2 E chamou a sua escrava, e descendo à sua casa, tirou de si o cilício, e despiu-se dos hábitos de sua viuvez, 3 e lavou o seu corpo, e ungiu-se de preciosos cheiros, e entrançou os cabelos de sua cabeça, e pôs uma coifa magnífica sobre a sua cabeça, e vestiu-se com os vestidos da sua gala, e calçou os seus pés de sandálias, e pôs braceletes, e jóias do feitio de açucenas, e arrecadas, e anéis, e ornou-se com todos os seus enfeites. 4 O Senhor lhe acrescentou a gentileza: porque todo este adorno procedia não de algum mau desejo, mas de virtude: e por isso o Senhor lhe aumentou tal formosura, que aparecesse aos olhos de todos de incomparável beleza. 5 Deu pois para levar à sua escrava uma garrafinha de vinho, e uma almotolia de azeite, e farinha, e figos passados, e pão, e queijo, e partiu.

6 E tendo ela chegado à porta da cidade acharam a Ozias, e aos anciãos da cidade, que a estavam esperando. 7 Eles vendo-a de pasmados se admiraram sobremaneira da sua beleza. 8 Não lhe perguntando contudo coisa alguma, deixaram-na passar, dizendo: O Deus de nossos pais te dê graça, e corrobore com a sua fortaleza todas as resoluções do teu coração, para que Jerusalém se glorie em ti, e o teu nome seja no número dos santos e justos. 9 E os que estavam ali presentes disseram todos a uma voz: Assim seja, assim seja. 10 Mas Judite, orando ao Senhor, passou as portas, ela e a sua escrava.

11 E sucedeu que quando ela descia do monte, ao amanhecer do dia, lhe sairam ao encontro as guardas avançadas dos assírios, e a prenderam, dizendo: De onde vens tu? Ou para onde vais? 12 Respondeu ela: Eu sou uma das filhas dos hebreus, e eu por isso fugi da presença deles, porque previ que eles vos hão de ser entregues a saque, porque desprezando-vos, não quiseram render-se-vos voluntariamente para encontrarem misericórdia em vossa presença. 13 E por esta causa pensei comigo, dizendo: Irei à presença do príncipe Holofernes, para lhe descobrir os seus segredos, e para lhe mostrar por que entrada os possa tomar, sem que pereça um só homem do seu exército. 14 E tendo aqueles homens ouvido as suas palavras, consideravam o seu rosto, e nos seus olhos estava o pasmo, porquanto sobremodo se maravilhavam de sua formosura. 15 E disseram-lhe: Tu salvaste a tua vida porque tomaste tal resolução de vir ter com o nosso príncipe. 16 E deves saber isto, que quando te apresentares diante dele, ele te há de tratar bem, e tu lhe hás de ganhar o coração. Levaram-na pois à tenda de Holofernes, noticiando-lhe quem ela era.

17 E tendo entrado à sua presença, logo Holofernes ficou cativo de seus olhos. 18 E os seus oficiais lhe disseram: Quem poderá desprezar o povo dos hebreus, que tem mulheres tão belas, que devamos com razão pelejar contra eles para as possuirmos? 19 E Judite vendo a Holofernes assentado debaixo de um mosquiteiro, que era de púrpura, e tecido de ouro, e de esmeraldas, e de pedras preciosas: 20 e depois de ter olhado para o seu rosto, o adorou, prostrando-se em terra. E os oficiais de Holofernes a levantaram, por mandado do seu senhor.

Judite à presença de Holofernes

11 Então Holofernes lhe disse: Tem bom ânimo, e não te assustes em teu coração: porque eu nunca fiz mal a homem algum, que quisesse servir ao rei Nabucodonosor. 2 E se o teu povo me não tivesse desprezado, não teria eu levantado contra ele a minha lança. 3 Mas dize-me agora, por que causa os deixaste tu, e te resolveste a vir para nós?

4 E Judite lhe respondeu: Escuta as palavras de tua serva, porque se tu seguires as palavras de tua serva, o Senhor te completará a empresa. 5 Viva pois Nabucodonosor rei da terra, e viva o seu poder, que tu tens para castigo de todas as almas desencaminhadas: porque não somente os homens por ti o servem, mas até as feras do campo lhe obedecem. 6 Porque a sabedoria do teu espírito é célebre em todas as nações, e por todo o mundo se publicou que tu és o único bom, e poderoso em todo o seu reino, e por todas as províncias a tua perícia militar se apregoa. 7 Sabe-

se também o que disse Aquior, e não se ignora o modo como tu mandaste que ele fosse tratado. 8 Porque é constante que o nosso Deus está de tal sorte irritado pelos pecados, que mandou dizer ao povo pelos seus profetas, que o entregaria por causa das suas ofensas. 9 E porque os filhos de Israel ofenderam o seu Deus, o temor de ti está sobre eles. 10 Além disto a fome os aperta, e pela falta de água se reputam já como mortos. 11 Eles finalmente têm resolvido matar as suas bestas, e beberem o sangue delas: 12 E as coisas consagradas ao Senhor seu Deus que Deus mandou que se não tocassem, no pão, no vinho, e no azeite, eles resolveram gastá-las, e querem consumir o que não deveriam nem tocar com as mãos: Logo como obram assim, é certo que se hão de perder. 13 O que sabendo eu tua serva, fugi deles, e o Senhor me enviou a descobrir-te estas coisas. 14 Porque eu tua serva adoro a Deus, ainda agora estando diante de ti: e a tua serva sairá, e orará a Deus, 15 e Ele me dirá quando há de recompensar o seu pecado, e eu to virei dizer, de modo que eu te levarei pelo meio de Jerusalém, e terás todo o povo de Israel como as ovelhas, que não têm pastor, e não ladrará nem um só cão contra ti: 16 porque isto me foi revelado pela providência de Deus. 17 E porque Deus está irado contra eles, eu fui enviada para te anunciar estas mesmas coisas.

18 E todas estas palavras agradaram a Holofernes, e aos seus oficiais, e admiraram a sua sabedoria, e diziam uns para os outros: 19 Não há sobre a terra mulher semelhante a esta no aspecto, e na formosura, e na prudência das palavras. 20 E Holofernes lhe respondeu: Bem fez Deus, que te enviou adiante do teu povo, para no-lo entregares às nossas mãos. 21 E já que a tua promessa é boa, se o teu Deus me fizer isto, será ele também o meu Deus, e tu serás grande na casa de Nabucodonosor, e o teu nome será afamado em toda a terra.

Judite no acampamento e o banquete fatal

12 Então mandou que ela entrasse onde estavam os seus tesouros, e mandou que ela ficasse ali, e ordenou o que se lhe havia de dar da sua mesa. 2 Judite lhe respondeu, e disse: Eu não poderei comer agora dessas coisas, que tu mandaste que se me dessem, para não vir sobre mim a indignação mas comerei daquelas coisas que eu trouxe para mim. 3 Holofernes lhe replicou: Se o que trouxeste contigo, te faltar, o que te faremos? 4 E Judite lhe disse: Juro pela tua vida, meu senhor, que a tua serva não gastará todas estas coisas sem que Deus faça pela minha mão o que tenho meditado. E os criados de Holofernes a conduziram à tenda, que ele tinha ordenado. 5 E ao entrar, pediu Judite que se lhe desse licença de sair fora à noite e antes de amanhecer, para fazer oração, e invocar o Senhor. 6 E Holofernes mandou aos seus camaristas, que a deixassem sair, e entrar conforme lhe agradasse, para adorar o seu Deus, por três dias: 7 E saía pelas noites ao vale de Betúlia e lavava-se numa fonte de água, 8 E tanto que subia, orava ao Senhor Deus de Israel, que a guiasse no seu caminho, para livramento do seu povo. 9 E entrando, ficava pura na sua tenda, até que tomava a sua refeição pela tarde.

10 E sucedeu que ao quarto dia deu Holofernes uma ceia aos seus domésticos, e disse a Vagao seu eunuco: Vai, e persuade, a esta hebréia que consinta de boamente em vir habitar comigo. 11 Porque é coisa vergonhosa para os assírios, que uma mulher zombe de um homem, obrando de modo que se retire dele isenta.

12 Então foi ter Vagao com Judite, e lhe disse: Não receie uma tão boa moça entrar à presença do meu senhor, para ser honrada diante dele, para comer com ele, e beber vinho em alegria. 13 Judite lhe respondeu: Quem sou eu para contradizer a meu senhor? 14 Eu farei tudo o que for bom, e o melhor diante de seus olhos. Porque tudo o que for do seu agrado, isto será também para mim o melhor em todos os dias da minha vida. 15 E levantou-se, e ornou-se de seus vestidos, e entrando se pôs em sua presença. 16 E o coração de Holofernes se abalou: porque ardia de paixão por ela. 17 E disse-lhe Holofernes: Bebe agora, e assenta-se a comer alegremente, porque achaste graça diante de mim. 18 E Judite lhe disse: Eu beberei, senhor, porque a minha alma recebeu hoje maior glória que em todos os meus dias. 19 E tomou, e comeu, e bebeu diante dele o que sua serva lhe tinha preparado. 20 E Holofernes se alegrou diante dela, e bebeu muito vinho em demasia, tanto quanto nunca tinha bebido em sua vida.

Judite mata a Holofernes

13 Mas tanto se fez tarde, os criados de Holofernes se retiraram apressados para os seus quartos, e Vagao fechou as portas da câmara, e foi-se. 2 Estavam pois todos sopitos do vinho: 3 e Judite estava só na câmara. 4 E Holofernes estava deitado no leito, profundamente adormecido pelo muito vinho. 5 E Judite disse à sua escrava, que estivesse de fora à porta da câmara, e vigiasse.

6 E Judite estava em pé diante do leito,
orando com lágrimas, e movendo os beiços
em silêncio 7 disse: Senhor Deus de Israel,
fortifica-me, e sê-me favorável neste momento
ao que a minha mão vai fazer, a fim de que,
assim como tu prometeste, levantes a tua ci-
dade de Jerusalém: e eu acabe o que cri que
se podia fazer por teu meio. 8 E tendo assim
falado, chegou-se à coluna, que estava à ca-
beceira do seu leito, e desprendeu o seu al-
fanje, que estava pendurado preso nela. 9 E
tendo-o desembainhado, agarrou nos cabelos
da cabeça de Holofernes, e disse: Senhor Deus,
dá-me alento nesta hora. 10 E feriu-o no pes-
coço por duas vezes, e cortou-lhe a cabeça,
e despegou das colunas o seu pavilhão, e dei-
tou por terra o seu corpo descabeçado. 11 E
pouco tempo depois saiu, e entregou à sua
escrava a cabeça de Holofernes, e mandou
que a metesse no seu saco.

Judite leva a cabeça de Holofernes para Betúlia

12 E sairam ambas, conforme o seu costu-
me, como se fossem para a oração, e passa-
ram além do campo, e rodeando o vale, che-
garam à porta da cidade.
13 E disse Judite de longe aos guardas dos
muros: Abri as portas, porque Deus é conosco,
Ele assinalou o seu poder em Israel. 14 E
sucedeu que tendo os homens ouvido a sua
voz, chamaram aos anciãos da cidade. 15 E
todos concorreram a ela, desde o mais peque-
no até ao maior: porque já não esperavam que
ela tornasse. 16 E acendendo luminárias ajun-
taram-se todos ao redor dela: e Judite subindo
a um lugar mais alto, mandou que houvesse
silêncio. E estando todos calados, 17 disse
Judite: Louvai o Senhor nosso Deus, que não
desamparou os que esperavam nele: 18 e que
cumpriu por mim sua serva a sua misericór-
dia, que tinha prometido à casa de Israel: e
que matou esta noite pela minha mão o ini-
migo do seu povo.
19 E tirando do saco a cabeça de Holofer-
nes, mostrou-lha dizendo: Eis aqui a cabeça
de Holofernes, general do exército dos assí-
rios, e eis aqui o seu pavilhão, debaixo do
qual ele estava deitado bêbado, onde o Senhor
nosso Deus o degolou pela mão duma mulher.
20 E vive o mesmo Senhor, porque o seu
anjo me guardou tanto ao sair desta cidade,
como ao demorar-me lá, e como ao volta para
aqui, e não permitiu o Senhor que eu sua
serva fosse manchada, mas ele me fez tornar
para vós sem nenhuma mácula de pecado,
cheia de alegria por sua vitória, pela minha
salvação, e pelo vosso livramento.
21 Louvai-o todos, porque é bom, porque
sua misericórdia é eterna.
22 Todos porém adorando o Senhor, lhe
disseram:
O Senhor te abençoou com a sua fortale-
za. Porque ele por ti aniquilou os nossos
inimigos.
23 E Ozias, príncipe do povo de Israel, lhe
disse: Ó filha, tu és bendita do Senhor Deus
Altíssimo, sobre todas as mulheres que há na
terra. 24 Bendito o Senhor, que criou o céu
e a terra, que te dirigiu para cortares a cabeça
ao chefe dos nossos inimigos: 25 porque hoje
engrandeceu o teu nome tanto, que nunca o
teu louvor se apartará da boca dos que se
lembrarem eternamente do poder do Senhor,
por amor dos quais tu não poupaste a tua
vida, por causa das angústias, e da atribula-
ção do teu povo, mas tu impediste a ruína
na presença do nosso Deus. 26 E todo o povo
respondeu: Assim seja, assim seja.
27 E Aquior sendo chamado veio, e Judite
lhe disse: O Deus de Israel, de quem tu tes-
temunhaste que ele tinha poder para se vin-
gar dos seus inimigos, esse mesmo cortou esta
noite pela minha mão o chefe de todos os
incrédulos. 28 E para que tu aproves que assim
é, eis aqui a cabeça de Holofernes, que na
insolência da sua soberba desprezou o Deus
de Israel, e te ameaçava a morte, dizendo:
Logo que o povo de Israel for feito cativo,
eu mandarei que te trespassem as ilhargas
com a espada. 29 E Aquior vendo a cabeça
de Holofernes, aterrado de pavor, caiu de bru-
ços em terra e ficou esvaído de sentidos.
30 Mas depois que, recobrado o ânimo, tor-
nou a si, lançou-se aos seus pés, e a adorou,
e disse: 31 Tu és bendita do teu Senhor em
toda a casa de Jacó, porque entre todos os
povos, que ouvirem o teu nome, o Deus de
Israel será em ti glorificado.

Derrota dos assírios

14 Disse pois Judite a todo o povo: Ouvi-me,
irmãos, pendurai esta cabeça no alto dos
nossos muros: 2 e assim quando tiver saído
o sol, tome cada um as suas armas, e saí com
ímpeto, não para descerdes até os inimigos,
mas como querendo acometê-los. 3 Então será
necessário que as guardas avançadas fujam
para despertar o seu general para a batalha.
4 E quando os seus capitães tiverem corrido
para a tenda de Holofernes, e o acharem
descabeçado nadando no seu sangue, cairá
sobre eles o temor. 5 E quando os virdes fu-
gir, ide afoitos atrás deles, porque o Senhor
os pisará debaixo dos vossos pés.

David vencedor de Golias (Quadro de Caravaggio – Museu do Prado – Madrid).

Os israelitas celebram a vitória de David (Tela de Bernardo Cavallino – Museu da Flórida).

A Fornalha Ardente (Tela de Armand Roger, inspirada em gravura de Doré).

Briton Rivière
DANIEL E O LAGO DOS LEÕES.

E Daniel respondendo ao Rei disse: Ó Rei, vive eternamente! O meu Deus enviou o seu anjo, e fechou as bocas aos leões, e eles não me fizeram mal algum: porque foi achada em mim justiça diante dele: como também eu diante de ti, ó Rei, não cometi delito algum. *Daniel, 6:21 e 6:22.*

O festim de Baltazar (Tela de Rembrandt – National Gallery – Londres).

O Juízo de Salomão (Tela de Peter Paul Rubens – Museu Statens for Konst – Copenhaguem).

6 Então Aquior vendo a maravilha, que o Deus de Israel tinha feito, deixadas as superstições da gentilidade, creu em Deus, e circuncidou-se e foi incorporado no povo de Israel, e toda a descendência da sua linhagem até o dia de hoje.

7 Tanto que apareceu o dia, penduraram de cima dos muros a cabeça de Holofernes, e cada um tomou as suas armas, e saíram com muito estrondo e alarido. 8 O que vendo as sentinelas avançadas, correram à tenda de Holofernes. 9 Mas os que estavam na tenda, vindo e fazendo estrépito à entrada da câmara, a fim de o despertar, com arte procuravam que Holofernes acordasse sem ser despertado, mas sim pelo ruído que faziam. 10 Porque nenhum ousava batendo, nem entrando, abrir a câmara do general dos assírios. 11 Mas tendo vindo os seus capitães e tribunos, e todos os oficiais maiores do exército do rei dos assírios, disseram aos camaristas: 12 Entrai, e acordai-o porque saíram os ratos das suas cavernas, e tiveram o atrevimento de nos desafiar para o combate.

13 Então Vagao tendo entrado na câmara de Holofernes, pôs-se diante da cortina, e bateu com as suas mãos: porque imaginava que ele dormia com Judite. 14 Mas como aplicando o ouvido, não percebesse nenhum movimento de quem dormia, chegou aproximando-se à cortina, e levantando-a e vendo o cadáver de Holofernes sem cabeça, que jazia estirado sobre a terra banhado do seu sangue, exclamou em alta voz com lágrimas, e rasgou os seus vestidos. 15 E tendo entrado em a tenda de Judite, não a achou e correu fora para o povo, 16 e disse: Uma mulher hebréia meteu a confusão na casa do rei Nabucodonosor, porque eis aí Holofernes jaz estirado por terra, e sem cabeça o seu corpo. 17 E tendo ouvido isto os chefes do exército dos assírios, rasgaram todos os seus vestidos, e um insuportável temor e susto os surpreendeu, e seus ânimos se turbaram em extremo. 18 E levantou-se um incomparável clamor no meio do seu acampamento.

15 Quando pois todo o exército soube que Holofernes estava degolado, perderam a razão, e o conselho, e agitados unicamente do temor e do medo, buscam a sua salvação fugindo, 2 de sorte que nenhum falava ao seu companheiro, mas de cabeça baixa, desamparado tudo, apressavam-se em escapar dos hebreus, os quais eles ouviam dizer que vinham de mão armada sobre eles, que fugiam pelos caminhos dos campos e pelas veredas dos outeiros. 3 Os israelitas pois vendo-os fugir, foram em seguimento deles. E desceram tocando trombetas, e gritando após eles. 4 E como os assírios desordenados, iam fugindo precipitadamente: e os israelitas os perseguiam juntos em um só batalhão, destroçavam todos quantos podiam encontrar.

5 Mandou pois Ozias mensageiros a todas as cidades e províncias de Israel. 6 Assim cada província, e cada cidade, mandou em seu alcance escolhidos mancebos armados, e os perseguiram ao fio da espada até as extremidades dos seus confins. 7 E os que tinham ficado em Betúlia, entraram no campo dos assírios, e levaram o despojo, que os assírios na sua fugida tinham deixado, e se carregaram muito. 8 Aqueles porém que tornaram vitoriosos para Betúlia, trouxeram consigo tudo o que era dos assírios, de modo que eram inumeráveis os gados, e os animais, e todas as suas bagagens, de sorte que todos, desde o mais pequeno até o maior, ficaram ricos dos seus despojos.

Triunfo de Judite

9 E o sumo pontífice Joacim veio de Jerusalém a Betúlia com todos os seus anciãos, para ver a Judite. 10 A qual tendo saído a recebê-los, eles a abençoaram todos a uma voz, dizendo: Tu és a glória de Jerusalém, tu a alegria de Israel, tu a honra do nosso povo: 11 porque obraste varonilmente, e o teu coração se fortificou, porque amaste a castidade, e depois de teu marido, não conheceste outro homem: por isso não só a mão do Senhor te fortaleceu, mas também serás bendita eternamente. 12 E todo o povo respondeu: Assim seja, assim seja.

13 E por trinta dias apenas pode o povo de Israel recolher os despojos dos assírios. 14 Mas tudo aquilo que se conheceu que pertencia a Holofernes, o deram a Judite, em ouro, e em prata, e em vestidos, e em pedraria preciosa, em toda a sorte de alfaias, e tudo lhe foi dado pelo povo 15 E todos os povos, mulheres, e donzelas, e mancebos mostravam o seu regozijo ao som dos instrumentos músicos, e das cítaras.

Cântico de Judite

16 Então cantou Judite ao Senhor este cântico, dizendo:

2 Começai os louvores do Senhor ao som dos tambores, cantai em glória ao Senhor ao som dos tímbales, entoai-lhe em melodiosos cântico um novo salmo, exaltai e invocai o seu nome.

3 O Senhor que faz em pó os exércitos, o seu nome é o Senhor.

4 Que pôs o seu campo no meio do seu povo, para nos livrar da mão de todos os nossos inimigos.

5 O assírio veio dos montes da parte do aquilão com a multidão de sua força: cuja multidão esgotou as torrentes, e a sua cavalaria cobriu os vales.

6 Ele jurou que havia de queimar as minhas terras, e que havia de passar ao fio da espada as meus mancebos, que havia de dar em presa as minhas crianças, e que havia de fazer cativas as minhas donzelas.

7 Porém o Senhor todo poderoso o feriu e o entregou nas mãos duma mulher, que lhe tirou a vida.

8 Porque o poderoso entre eles não foi prostrado às mãos dos mancebos, nem os filhos de Titã o feriram, nem desmarcados gigantes se lhe opuseram, mas Judite, filha de Merari, o derrubou com a formosura do seu rosto.

9 Ela pois se despiu do traje de viúva, e se ataviou com os vestidos de alegria para exultação dos filhos de Israel.

10 Ela ungiu o seu rosto com pomadas cheirosas, e enastrou os anéis de seus cabelos com uma coifa, vestiu-se dumas roupas novas para o enganar.

11 As suas sandálias lhe arrebataram os olhos, a sua beleza lhe cativou a alma, ela lhe cortou a cabeça com o alfanje.

12 Os persas se espantaram da sua constância, e os medos da sua afoiteza.

13 Então bramaram os arraiais dos assírios, quando apareceram os meus humildes mirrados da sede.

14 Os filhos das mulheres moças os traspassaram a golpes, e os mataram como a meninos que fogem: eles pereceram no combate em a presença do Senhor meu Deus.

15 Cantemos um hino ao Senhor, cantemos um novo hino ao nosso Deus.

16 Adonai, Senhor, tu és grande, e esclarecido pela tua fortaleza, e a quem ninguém pode vencer.

17 Todas as tuas criaturas te obedeçam: porque tu falaste, e foram feitas: tu mandaste o teu espírito, e foram criadas, e não há quem resista à tua voz.

18 Os montes desde os fundamentos serão abalados com as águas: os penhascos, bem como a cera, se derreterão diante da tua face.

19 Porém aqueles que te temem, serão grandes diante de ti em todas as coisas.

20 Desgraçada a nação que se levantar contra o meu povo: porque o Senhor todo poderoso se vingará dela, e a visitará no dia do juízo.

21 Ele fará vir sobre as suas carens o fogo e os bichos, para serem queimados, e para sentirem eternamente.

22 E sucedeu então que todo o povo depois
da vitória veio a Jerusalém a adorar o Senhor.
E tanto que se purificaram, todos ofereceram
os seus holocaustos, e cumpriram os seus votos,
e as suas promessas. 23 Mas Judite ofereceu
como um anátema de esquecimento todos os
arnezes de Holofernes, que o povo lhe tinha
dado, e o pavilhão, que ela mesma tinha tirado
do leito dele. 24 E o povo esteve em grande
regozijo à vista dos santos lugares, e a alegria
desta vitória foi celebrada com Judite por es-
paço de três meses.

25 E passados aqueles dias, cada um tornou
para sua casa, e Judite ficou sendo célebre em
Betúlia, e era a pessoa mais considerável de
toda a terra de Israel. 26 Porque a castidade
estava junta à sua virtude, de tal sorte que
nunca em todos os dias da sua vida conheceu
mais homem, desde que morreu Manassés seu
marido. 27 E nos dias de festa aparecia em
público com grande glória. 28 E morou na
casa de seu marido até à idade de cento e cinco
anos, e deu carta de alforria à sua escrava, e
faleceu e foi sepultada em Betúlia com seu
marido. 29 E todo o povo a chorou por sete
dias.

30 E em todo o tempo de sua vida, e muitos
anos depois da sua morte, não houve quem
perturbasse a Israel. 31 E o dia da festividade
desta vitória foi posto pelos hebreus na classe
dos dias santos, e desde aquele tempo até hoje
é festejado pelos judeus.

ESTER

I. OS JUDEUS EM PERIGO

Banquete no palácio real

1 Em tempo de Assuero, que reinou desde a
Índia até a Etiópia sobre cento e vinte sete
províncias: 2 quando ele se assentou no trono
do seu reino, era a cidade de Susa a capital
do seu império.
3 E no ano terceiro do seu império fez um
grande convite a todos os príncipes, e gentes da
sua corte, aos mais valorosos dos persas, e
ilustres dos medos, e aos governadores das
províncias estando ele presente, 4 para ostentar
as riquezas da glória do seu reino, e mostrar a
grandeza do seu poder, por muito tempo, a
saber, de cento e oitenta dias.
5 E quando se cumpriam os dias deste con-
vite convidou a todo o povo, que se achava em
Susa, desde o maior até o menor: e ordenou
que por sete dias se preparasse um banquete
no átrio do jardim, e do bosque que estava
plantado de real mão e com magnificência
real. 6 E pendiam de todas as partes pavilhões
de côr celeste e branca e de jacinto, sustidos
de cordões de finíssimo linho, e de púrpura,
que passavam por anéis de marfim, e se susti-
nham em colunas de mármore. Havia também
dispostos leitos de ouro, e de prata sobre o
pavimento semeado de esmeraldas e de már-
more de Paros: embutido com admirável va-
riedade de figuras. 7 E os convidados bebiam
por vasos de ouro, e os manjares se serviam
em baixela sempre diferente. Servia-se assim
mesmo vinho em abundância, e excelente, como
correspondia à magnificência de um rei. 8 Nin-
guém constrangia a beber os que o não que-
riam: antes tinha ordenado o rei que um dos
grandes da sua corte presidisse a cada mesa,
para que cada um tomasse o de que gostava.
9 A rainha Vasti também fez um banquete para
as mulheres no palácio, em que o rei Assuero
costumava residir.

Repúdio da rainha Vasti

10 E ao dia sétimo, quando o rei estava mais
alegre, e no calor do vinho, que ele tinha bebi-
do com excesso, mandou a Mauman, e Bazata,
e Harbona, e Bagata, e Abgata, e Zetar, e Car-
cas, sete eunucos, que assistiam ao seu serviço,
11 que introduzissem à presença do rei a rainha
Vasti, com o seu diadema na cabeça, para que
todos os seus povos, e grandes da corte vissem
a sua beleza: porque era em extremo formosa.
12 Porém ela recusou obedecer, e se dedignou
de ir, conforme o rei lhe tinha mandado inti-
mar pelos eunucos.
Do que irado o rei, e todo transportado em
furor, 13 consultou os sábios, que sempre anda-
vam juntos da sua pessoa, conforme o costume
ordinário de todos os reis, e por cujo conselho
fazia ele todas as coisas, porque sabiam as leis,
e ordenações antigas: 14 (ora os primeiros e os
mais próximos eram Carsena, e Setar, e Adma-
ta, e Tarsis, e Marés e Marsana, e Mamucã,
que eram os sete principais dos persas, e dos
medos, que nunca perdiam de vista o rei, e
que costumavam ser os primeiros que se assen-
tavam ao pé dele.) 15 A que pena estava sujeita
a rainha Vasti, por não haver obedecido à
ordem do rei Assuero, que lhe havia enviado
pelos eunucos. 16 E respondeu Mamucã em
presença do rei, e dos grandes: A rainha Vasti
não somente ofendeu ao rei, mas também a
todos os povos, e a todos os príncipes, que há
por todas as províncias do rei Assuero. 17 Por-
que o que fez a rainha chegará à notícia de
todas as mulheres, para que tenham em pouco
a seus maridos, e digam: O rei Assuero mandou
vir a rainha Vasti à sua presença, e ela não
quis. 18 E à sua imitação as mulheres de todos
os persas e medos desprezarão os mandados
de seus maridos: o que suposto a ira do rei é
justíssima. 19 Se é pois do teu agrado, faze
que se publique um edito, e que se escreva
conforme a lei dos persas e medos, que não
é permitido violar, que a rainha Vasti não
torne jamais à presença do rei, senão que
receba o seu reino outra que seja melhor
que ela. 20 E isto seja publicado por todo
o domínio das tuas províncias (que é mui
dilatado), e todas as mulheres tanto de gran-

des, como de pequenos darão honra a seus
maridos.
21 Pareceu bem o conselho ao rei, e aos
grandes: e o rei o fez conforme o conselho de
Mamucã. 22 E enviou cartas a todas as províncias do seu reino, em diversas línguas, e caracteres, conforme cada nação o pudesse entender, e ler, dizendo, que os maridos são os
senhores, e os superiores em suas casas: e que
isto se publicasse por todos os povos.

Ester escolhida para ser rainha

2 Passadas assim as coisas, quando a ira do
rei era já aplacada, lembrou-se ele de Vasfi,
e do que ela tinha feito e do que tinha padecido.
2 E disseram-lhe os criados do rei, e seus ministros: Busquem-se para o rei donzelas, que
sejam virgens e formosas, 3 e enviem-se por
todas as províncias pessoas que escolham donzelas de bom parecer e virgens: e tragam-nas
à cidade de Susa, e ponham-se na casa das mulheres em poder do eunuco Egeu, que está
encarregado de guardar as mulheres do rei: e
aprontem-se-lhes todos os seus atavios, e o mais
que houverem mister. 4 E aquela que entre
todas mais agradar aos olhos do rei, essa será
rainha em lugar de Vasti. Agradou este parecer ao rei: e mandou-lhes que fizessem conforme tinham aconselhado. 5 Havia na cidade de
Susa um homem judeu, por nome Mardoqueu,
filho de Jair, filho de Semei filho de Cis, da
linhagem de Jemini, 6 que tinha sido trasladado de Jerusalém naquele tempo, que Nabucodonosor, rei de Babilônia, tinha feito levar
para esta cidade a Jeconias, rei de Judá. 7 Tinha ele criado uma filha do seu irmão, chamada Edissa, e por outro nome Ester: e tinha
ela perdido pai e mãe: era em extremo formosa, e engraçada. E havendo falecido seu pai,
e sua mãe, Mardoqueu a tinha adotado por
filha.
8 Como pois por toda a parte se tivesse
publicado o mandado do rei, e se trouxessem a
Susa muitas donzelas formosíssimas, e se entregassem ao eunuco Egeu: trouxeram-lhe também entre as outras a Ester, para ser guardada
com as mulheres. 9 Ela lhe agradou, e achou
graça em seus olhos. E mandou a um eunuco,
que se desse pressa aos enfeites, e lhe desse o
que lhe pertencia, e sete donzelas das de melhor parecer da casa do rei, e que atendesse
ao adorno e bom tratamento assim dela como
das suas criadas. 10 Ester não lhe quis dizer
de que terra nem de que nação era: porque
Mardoqueu lhe tinha ordenado que guardasse
nisso um grande segredo. 11 Ele todos os dias
passeava diante do vestíbulo da casa, onde
estavam guardadas as virgens escolhidas, cuidadoso do estado em que se acharia Ester, e desejoso de saber o que lhe aconteceria.
12 E quando chegou o tempo em que cada
uma das donzelas, pela sua ordem, devia ser
apresentada ao rei, e concluídas todas as coisas
que correspondiam ao seu adorno, ia já correndo o mês duodécimo: porquanto, por seis
meses se ungiam com óleo de mirra, e por
outros seis usavam de certos ungüentos e aromas. 13 E quando se haviam de apresentar ao
rei lhes davam tudo quanto pediam concernente ao seu adorno, e ataviando-se a seu gosto,
desde a habitação das mulheres passavam à
câmara do rei. 14 E a que havia entrado à noite,
saía pela manhã, e dali era levada a outra
segunda habitação, que estava ao cuidado do
eunuco Susagazi, que tinha o governo das concubinas do rei: e não podia já voltar de novo
ao rei, se o rei, o não quisesse, e por seu nome
a mandasse vir.
15 Passado pois um certo tempo, estava já
próximo o dia em que devia ser apresentada
ao rei Ester, filha de Abiail, irmão de Mardoqueu, à qual este havia adotado por filha. Não
pediu ela nada para se ataviar, mas o eunuco
Egeu que tinha inspeção sobre as donzelas, lhe
deu o que quis para que se enfeitasse. Porque
era de um ar mui formoso, e de incrível beleza,
e parecia aos olhos de todos engraçada e amável. 16 Foi pois levada à câmara do rei Assuero
no décimo mês, chamado Tebet, no sétimo ano
do seu reino. 17 O rei a amou mais do que a
todas as outras mulheres, e ela achou graça e
favor diante dele mais que todas as mulheres,
e pos sobre a sua cabeça a coroa real, e a fez
rainha em lugar de Vasti. 18 E mandou que
se preparasse um banquete magnificentíssimo
para todos os grandes, e para os seus criados
pelo casamento e bodas de Ester. E concedeu
alívio a todas as províncias, e fez donativos
dignos da magnificência dum tão grande príncipe.

Mardoqueu desvenda uma conspiração

19 E enquanto a segunda vez se buscavam
virgens, e se ajuntavam num mesmo lugar,
esteve Mardoqueu sempre assistindo à porta
do rei. 20 Ester conforme a sua ordem, contudo não havia ainda manifestado a sua pátria,
e nação. Porque Ester cumpria pontualmente
quanto ele mandava: e tudo fazia do mesmo
modo que costumava fazê-lo, quando sendo
menina a criava.
21 Naquele tempo pois em que Mardoqueu
estava à porta do rei, mostraram-se mal contentes Bagatan, e Tarés, dois eunucos do rei,
que eram porteiros, e cuidavam da primeira
entrada do palácio: e intentaram levantar-se

contra o rei, e matá-lo. 22 O que descobriu Mardoqueu, e imediatamente deu disso parte à rainha Ester: e ela ao rei em nome de Mardoqueu, que lhe havia dado aviso. 23 Fizeram-se as averiguações, e se achou ser verdade: e ambos morreram em uma forca. E tudo foi registrado nas histórias e posto nos anais na presença do rei.

Decreto contra os Judeus

3 Depois disto exaltou o rei Assuero a Aman, filho de Amadat, que era da linhagem de Agag: e pôs o seu assento sobre todos os príncipes que tinha. 2 E todos os servos do rei, que estavam à porta do palácio, dobravam os joelhos diante de Aman, e o adoravam: porque assim o tinha mandado o imperador: só Mardoqueu não dobrava os joelhos diante dele, nem o adorava. 3 E os servos do rei que presidiam às portas do palácio, lhe disseram: Porque não cumpres as ordens do rei como os outros. 4 E depois de lhe dizerem isto muitas vezes, vendo que ele os não queria ouvir, disseram-no a Aman, querendo saber se ele persistiria nesta resolução: porque lhes tinha dito que ele era judeu.

5 O que ouvido por Aman, e tendo conhecido por experiência que Mardoqueu não dobrava os joelhos diante dele, e não o adorava, concebeu grande ira, 6 mas ele reputava por nada empregar as suas mãos só em Mardoqueu: porque tinha ouvido que era judeu de nação: e quis antes acabar com toda a nação dos judeus, que assistiam ao reino de Assuero.

7 No ano duodécimo do reino de Assuero, no primeiro mês (chamado Nisan) foi diante de Aman lançada na urna a sorte, que em hebreu se chamava Fur, para se saber em que dia e em que mês se devia matar toda a nação judaica: e caiu a sorte no duodécimo mês chamado Adar. 8 Então disse Aman ao rei Assuero: Há um povo disperso por todas as províncias do teu reino, e separado entre si mutuamente, que pratica novas leis e cerimônias, e que de mais a mais despreza as ordenações do rei. E tu sabes muito bem que é do interesse do teu reino não sofrer que a licença o torne ainda mais insolente. 9 Ordena logo, se te apraz, que ele pereça, e eu pagarei aos tesoureiros do teu erário dez mil talentos. 10 Então o rei tirou do seu dedo o anel, que costumava trazer, e o deu a Aman, filho de Amadati, da linhagem de Agag, inimigo dos judeus, 11 e disse-lhe: Guarda para ti a prata, que me ofereces, e no tocante ao povo faze o que quiseres.

12 E foram chamados os secretários do rei no mês primeiro de Nisan, no dia treze do mesmo mês: e foi escrito, como tinha ordenado Aman, a todos os sátrapas do rei, e aos juízes das províncias, e das diversas nações, como cada uma delas o podia ler e ouvir conforme a variedade de línguas em nome do rei Assuero: e as cartas seladas com o seu anel, 13 foram enviadas pelos correios do rei a todas as províncias para que matassem e acabassem com todos os judeus, desde o menino até o velho, meninos, e mulheres, em um mesmo dia, isto é, a treze do mês duodécimo, que se chama Adar, e saqueassem os seus bens.

14 E esta era a substância das cartas, para que todas as províncias o soubessem, e se prevenissem para o dito dia. 15 Os correios, que se enviaram, se apressavam a cumprir a ordem do rei. E logo se afixou em Susa o edito, a tempo que o rei e Aman faziam banquete, e que todos os judeus, que havia na cidade, se debulhavam em lágrimas.

Consternação dos judeus e intervenção de Ester

4 Mardoqueu tendo sabido isto, rasgou os seus vestidos, e vestiu-se de saco, cobrindo a cabeça de cinza: e clamava em altas vozes no meio da praça da cidade, dando a conhecer a amargura do seu coração, 2 e vindo com este pranto até à porta do palácio. Porque não era permitido entrar vestido de saco no palácio do rei. 3 Em todas as províncias, cidades, e lugares, onde este cruel edito do rei tinha chegado, era grande a consternação entre os judeus, os jejuns, os lamentos, e os prantos, usando muitos de cilícios e de cinza em lugar de leito.

4 E as criadas de Ester e os eunucos entraram a dar-lhe a notícia. E quando o ouviu ficou consternada. E enviou um vestido, para que despindo o saco, lho vestissem: mas ele o não quis receber. 5 E chamando Ester ao eunuco Atac, que o rei lhe tinha dado para a servir, mandou-lhe que fosse ter com Mardoqueu, e soubesse dele por que fazia isto. 6 E saindo Atac, foi em busca de Mardoqueu, que estava na praça da cidade, diante da porta do palácio; 7 E este o informou de tudo o que havia passado de que maneira Aman prometeu pôr uma soma de dinheiro nos tesouros do rei pela matança dos judeus. 8 Deu-lhe também uma cópia do edito, que estava afixado em Susa, para a mostrar à rainha, e para a advertir que fosse ter com o rei, e lhe rogasse pelo seu povo.

9 Tendo voltado Atac, referiu a Ester tudo o que Mardoqueu lhe tinha dito. 10 Ela lhe respondeu, e mandou que dissesse a Mardoqueu: 11 Todos os servos do rei, e todas as províncias que estão debaixo do seu domínio, sabem que se um homem ou uma mulher entrar, sem ser chamado, na câmara do rei, no mesmo ponto

sem recurso é morto: exceto se o rei estende para ele o seu cetro de ouro em sinal de clemência, e lhe salva assim a vida. Como poderei eu logo ir ter com o rei, quando há já trinta dias que ele me não mandou chamar? 12 O que ouvido por Mardoqueu. 13 mandou ainda dizer a Ester: Não te persuadas que por isso que estás na casa do rei, salvarás tu só a vida entre todos os judeus: 14 porque se tu agora te calares, por outro caminho se salvarão os judeus: mas tu e a casa de teu pai perecereis. E quem sabe se porventura foste elevada a rainha, para que estivesses pronta em tal conjuntura?

15 E de novo mandou Ester dizer a Mardoqueu estas palavras: 16 Vai e ajunta todos os judeus, que achares em Susa, e orai todos por mim. Não comais nem bebais por três dias, e três noites: e eu jejuarei da mesma sorte com as minhas criadas, e depois disto irei buscar o rei obrando contra a lei sem ser chamada, e expondo-me à morte e ao perigo. 17 Foi logo Mardoqueu, e executou tudo o que Ester lhe tinha ordenado.

II. SALVAÇÃO DOS JUDEUS

Apresenta-se Ester ao rei

5 Ao terceiro dia tomou Ester vestidos reais, e apresentou-se no quarto interior do palácio real, defronte da sala do rei: e ele estava sentado sobre o seu trono no fundo do palácio defronte da porta da sala. 2 E tendo visto parada a rainha Ester, ficou dela agradado, e estendeu para ela o cetro de ouro, que tinha na mão. E chegando-se Ester, beijou a ponta do seu cetro. 3 E o rei lhe disse: Que é o que queres, rainha Ester? Que petição é a tua? Ainda quando tu me peças metade do reino, se te dará. 4 E ela respondeu: Se agrada ao rei, suplico que venhas hoje ao meu quarto, e Aman contigo a um banquete, que tenho disposto. 5 E o rei sem mais demora disse: Chamai logo a Aman para que obedeça à vontade de Ester.

Vieram pois o rei e Aman ao banquete, que a rainha lhes havia aparelhado. 6 E o rei lhe disse, depois de bem farto de vinho: Que desejas tu me peças a metade do meu reino, a alcançarás. 7 E Ester lhe respondeu: A minha petição, e os meus rogos são estes: 8 Se tenho achado graça diante do rei, e se ao rei lhe apraz conceder-me o que peço, e cumprir a minha petição: venha o rei e Aman ao banquete que lhes tenho aparelhado, e amanhã declararei ao rei a minha vontade.

9 Saiu pois Aman aquele dia alegre e contente. E havendo visto a Mardoqueu sentado às portas do palácio, e que não só não se havia levantado para o cortejar, senão que nem sequer se havia movido do seu assento, se irritou em extremo: 10 E dissimulando a ira, voltou para sua casa e convocou os seus amigos, e a Zarés sua mulher: 11 e patenteou-lhe a grandeza das suas riquezas, e o grande número de seus filhos, e a alta glória a que o rei o tinha elevado sobre todos os grandes e seus cortesãos. 12 E acrescentou depois disto: A rainha Ester a nenhum outro chamou para o banquete com o rei, senão a mim: e amanhã tenho de comer também no seu quarto com o rei. 13 Mas ainda que tenho tudo isto, nada me parece ter, enquanto vir o judeu Mardoqueu assentado diante das portas do palácio. 14 E Zarés sua mulher, e os outros amigos lhe responderam: Manda levantar uma viga bem grande, que tenha cinqüenta côvados de altura, e dize pela manhã ao rei que faça pendurar nela a Mardoqueu, e assim irás alegre para o banquete com o rei. Agradou-lhe o conselho, e mandou que se preparasse uma cruz bem alta.

Aman obrigado a honrar a Mardoqueu

6 Passou o rei aquela noite sem dormir, e mandou que lhe trouxessem as histórias e os anais dos tempos precedentes, E quando eles se liam diante dele, 2 chegou-se àquele lugar onde estava escrito como Mardoqueu tinha avisado da conjuração dos eunucos Bagatan e Tarés, que haviam intentado assassinar o rei Assuero. 3 O que tendo ouvido o rei, disse: Que honra e que recompensa recebeu Mardoqueu por esta fidelidade? Os seus servos e ministros lhe disseram: Não tem recebido a menor recompensa. 4 E o rei imediatamente disse: Quem está na antecâmara? Porque Aman havia entrado no quarto interior da casa real, para sugerir ao rei que mandasse pôr a Mardoqueu no patíbulo, que lhe tinha preparado. 5 Responderam os criados: Aman está na antecâmara. E disse o rei: Entre.

6 E havendo entrado, lhe disse: Que deve fazer-se com aquele homem, a quem o rei deseja honrar? E Aman pensando no seu coração, e crendo que o rei a nenhum outro queria honrar, senão a ele, 7 respondeu: O homem, a quem o rei deseja honrar, 8 deve ser adornado de vestiduras reais, e montar sobre um cavalo, dos de que se serve o rei, e levar sobre a sua

cabeça a coroa real, 9 e que o primeiro dos príncipes, e dos grandes do rei leve pelas rédeas o seu cavalo, e indo pela praça da cidade, diga em alta voz: Assim é que será honrado todo aquele a quem o rei quiser honrar. 10 E disse-lhe o rei: Vai depressa, e tomando o manto real, e o cavalo, faze tudo que tens dito ao judeu Mardoqueu, que está assentado diante das portas do palácio. Vê não deixes de fazer coisa agulma das que disseste. 11 Tomou pois Aman o manto real, e o cavalo, e tendo vestido a Mardoqueu na praça da cidade, e depois de o montar a cavalo, ia ele diante, e clamava: De tal honra é digno aquele a quem o rei quiser honrar.

12 E voltou Mardoqueu para a porta do palácio: E Aman se recolheu a toda a pressa para sua casa, chorando e com a cabeça coberta: 13 E contou a Zarés sua mulher, e aos amigos tudo o que lhe tinha acontecido. E os sábios, com quem ele se aconselhava, e sua mulher lhe responderam: Se este Mardoqueu, diante do qual tu começaste a cair, é da linhagem dos judeus, tu não lhe poderás resistir, mas cairás diante dele.

14 Ao tempo que eles ainda falavam, chegaram os eunucos do rei, e o obrigaram a ir à pressa ao banquete, que a rainha havia preparado.

Aman, acusado por Ester, é condenado a morte

7 Entrou pois o rei e Aman, para beber com a rainha. 2 E disse-lhe o rei também neste segundo dia, depois de se ter aquecido com o vinho: Que é o que tu me pedes, para que se te conceda? E que queres que se faça? Ainda que peças a metade do meu reino, a terás. 3 Ester lhe respondeu: Ó rei, se eu achei graça aos teus olhos, e assim te apraz, concede-me a minha vida, pela qual te rogo, e a do meu povo, pelo qual intercedo. 4 Porque nós fomos entregues eu e o meu povo, a sermos destroçados, degolados e perecer. E oxalá fôssemos ao menos vendidos por escravos e por escravas. Este mal seria suportável, e lastimando me calaria: mas agora há um nosso inimigo, cuja crueldade redunda sobre o mesmo rei. 5 E respondendo o rei Assuero disse: Quem é esse, e qual é o seu poder, para que tenha a ousadia de fazer isso? 6 E disse Ester: O nosso inimigo e perseguidor é este malvado Aman. Ele ouvindo isto ficou logo aturdido, não podendo suportar nem o aspecto do rei nem da rainha.

7 E o rei se levantou irado, e do lugar do convite entrou em um jardim plantado de arvores. Aman se levantou também, para rogar à rainha Ester pela própria vida, porque conheceu que o rei lhe havia disposto a ruína. 8 Tendo Assuero voltado do jardim plantado de árvores, e tendo entrado no lugar do banquete achou que Aman se tinha lançado no leito, em que estava Ester, e disse: Até estando eu presente, quer na minha mesma casa fazer violência à rainha. Ainda não havia saído da boca do rei esta palavra, quando logo lhe cobriram a cara. 9 E disse Harbona, um dos eunucos, que era do serviço ordinário do rei: Sabei que em casa de Aman está levantado um madeiro, que tem cinqüenta côvados de altura, que tinha preparado para Mardoqueu, que falou em defesa do rei. E o rei lhe disse: Pendurai-o nele. 10 Foi Aman pois pendurado no patíbulo que ele tinha preparado para Mardoqueu: e a ira do rei se aplacou.

8 No mesmo dia doou o rei Assuero à rainha Ester a casa de Aman inimigo dos judeus, e Mardoqueu foi apresentado ao rei. Porque Ester lhe tinha confessado que ele era seu tio paterno. 2 E o rei tomou o anel, que tinha mandado tirar a Aman, e o deu a Mardoqueu. Ester fez também a Mardoqueu intendente da sua casa.

Edito a favor dos judeus

3 E não contente com isto, ela se lançou aos pés do rei, e com lágrimas lhe falou e lhe pediu, que desse ordem, para que não tivesse efeito o mau desígnio de Aman, filho de Agag, nem as suas iníquas maquinações, que havia excogitado contra os judeus. 4 E o rei, segundo o costume, estendeu com a sua mão para ela o cetro de ouro, para lhe dar mostras de clemência: e levantando-se ela se pôs em pé diante do rei, 5 e disse: Se assim apraz ao rei, e se tenho achado graça nos seus olhos, e não lhe parecer ser injusto o meu rogo, suplico, que com novas cartas, sejam revogadas as primeiras de Aman, perseguidor e inimigo dos judeus, com as quais mandava que fossem estes exterminados em todas as províncias do rei. 6 Porque como poderei eu sofrer a matança e estrago do meu povo?

7 E o rei Assuero respondeu à rainha Ester, e ao judeu Mardoqueu: Eu doei a Ester a casa de Aman, e a ele mandei-o pregar numa cruz, porque se atreveu a estender a sua mãe contra os judeus. 8 Escrevei pois aos judeus em nome do rei, como bem vos parecer, e selai as cartas com o meu anel. Porque este era o costume, que ninguém se atrevia a opor-se às cartas, que se enviavam em nome do rei, e eram seladas com o seu anel.

9 E chamados os secretários e escrivães do rei, (e como então era o terceiro mês, que se

chama Siban) e o dia vinte e três do mesmo
mês foram escritas as cartas, da maneira que
quis Mardoqueu, e dirigidas aos judeus, e aos
príncipes, e aos governadores e aos juízes, que
presidiam a cento e vinte sete províncias do
reino, desde a Índia até à Etiópia, província
por província, e povo por povo, conforme as
suas línguas e caracteres, e aos judeus, para
que pudessem lê-las e entendê-las. 10 E estas
cartas, que se enviavam em nome do rei, foram
seladas com o seu anel, e levadas pelos seus
postilhões: os quais, discorrendo com diligên-
cia por todas as províncias, prevenissem as
primeiras cartas com estas segundas ordens.
11 O rei lhes mandou ao mesmo tempo que em
cada cidade buscassem os judeus, e lhes orde-
nassem que se ajuntassem e se aprontassem
todos, para defender as suas vidas, e para
matarem e exterminarem os seus inimigos,
com as suas mulheres e filhos e todas as suas
casas, e que saqueassem os seus despojos. 12 E
assinou-se a todas as províncias um mesmo
dia para a vingança, a saber, o dia treze do
duodécimo mês chamado Adar. 13 E a substân-
cia da carta foi esta, que se notificasse em
todas as terras e povos sujeitos ao domínio do
rei Assuero, que os judeus estavam prontos
para tomarem vingança de seus inimigos. 14 E
partiram incontinenti os postilhões levando os
avisos, e o edito do rei foi afixado em Susa.

15 Mardoqueu, pois, saindo do palácio, e da
presença do rei, resplandecia com a real opa
côr de jacinto e de azul celeste, levando uma
coroa de ouro na cabeça, e vestido de um
manta de seda e de púrpura. E toda a cidade
se encheu de regozijo e de alegria. 16 E aos
judeus parecia-lhes ter-lhes nascido uma nova
luz, gosto, honra e alvoroço. 17 Em todos os
povos, cidades e províncias, onde chegaram as
ordens do rei, havia uma alegria extraordiná-
ria, banquetes e convites, e dias de festas: de
tal sorte que muitos das outras nações e seitas
abraçaram a sua religião e cerimônias: porque
o nome do povo judaico tinha enchido dum
grande terror a todos os espíritos.

Vingança dos judeus

9 Assim no dia treze do duodécimo mês, que
nós já dissemos antes chamar-se Adar, quan-
do se preparava a matança de todos os judeus,
e quando os seus inimigos estavam ansiosos
do seu sangue, os judeus pelo contrário come-
çaram a ser mais fortes, e a vingar-se dos seus
adversários. 2 E se ajuntaram em cada uma
das cidades, povos e lugares, para atacarem
os seus inimigos e perseguidores. E nenhum
ousava resistir-lhes, porque o medo do seu
poder se tinha apoderado de todos os povos.
3 Porque tanto os juízes das províncias como
os governadores e os intendentes, e todos os
de qualquer dignidade, que em cada lugar pre-
sidiam às obras, punham os judeus nas nu-
vens, pelo temor que tinham de Mardoqueu:
4 o qual eles sabiam ser o principal do palácio,
e que tinha grande poder: e a fama do seu
nome crescia de dia em dia, e andava voando
pelas bocas de todos.

5 Fizeram pois os judeus grande carniçaria
nos seus inimigos, e os mataram, retribuindo-
lhes o mal que eles lhes tinham intentado fazer:
6 a ponto tal que até em Susa mataram qui-
nhentos homens, sem contar os dez filhos de
Aman Agagita inimigo dos judeus: cujos nomes
são estes: 7 Farsandata, e Delfon, e Esfata, 8 e
Forata, e Adalia, e Aridata, 9 e Fermesta, e
Arisai, e Aridai, e Jezata. 10 Tendo-os morto,
não quiseram os judeus tocar no despojo de
seus bens. 11 E logo se referiu ao rei o número
dos que tinham sido mortos em Susa. 12 E ele
disse à rainha: Na cidade de Susa mataram os
judeus quinhentos homens, fora os dez filhos
de Aman. Que grande cuidas tu que será a
mortandade que eles fazem em todas as pro-
víncias? Que mais me pedes, e que queres tu
que eu mande se faça? 13 E ela lhe respon-
deu: Se ao rei assim lhe apraz, dê-se poder aos
judeus de fazerem ainda amanhã em Susa o
que fizeram hoje, e os dez filhos de Aman se-
jam pendurados em patíbulos. 14 E o rei man-
dou que assim se fizesse. E logo foi afixado em
Susa o edito, e os dez filhos de Aman foram
pendurados. 15 E juntos os judeus no dia ca-
torze do mês de Adar, foram mortos trezentos
homens em Susa: porém eles não lhes saquea-
ram os seus bens.

16 E da mesma sorte por todas as províncias,
que estavam sujeitas ao império do rei, se pu-
seram os judeus em defesa das suas vidas, ma-
tando os seus inimigos e perseguidores: em
tanto número, que chegaram os mortos a se-
tenta e cinco mil homens, e nenhum pôs a mão
em coisa alguma de seus bens.

17 E no dia treze do mês de Adar começou a
matança em toda a parte, e cessou no dia ca-
torze. O qual eles ordenaram que fosse solene,
que se celebrasse por todos os séculos seguin-
tes com banquetes, júbilos e festins. 18 E os
que haviam executado a mortandade na cidade
de Susa, empregaram nela o dia treze e catorze
do mesmo mês: e cessaram de matar no dia
quinze. E por esta razão estabeleceram que se
solenizasse o mesmo dia com banquetes e re-
gozijos. 19 Os judeus porém, que assistiam
nas vilas não muradas e nas aldeias, decreta-
ram o dia catorze do mês de Adar, para os ban-
quetes e regozijo, de modo que neste dia fa-
zem grandes divertimentos, e mandam uns aos

outros alguma coisa dos seus banquetes, e iguarias.

Instituição da festa de purim

20 Mardoqueu pois escreveu todas estas coisas, e resumindo-as numa carta a mandou aos judeus, que habitavam em todas as províncias do rei, tanto nas mais próximas como nas mais remotas, 21 e a fim de que o dia catorze e o dia quinze do mês de Adar fossem para eles dias de festa, e que os celebrassem todos os anos para sempre com solenes honras: 22 porque nestes dias se vingaram os judeus dos seus inimigos, e o seu luto e tristeza se mudou em alegria e gosto, e que estes dias fossem de banquete e de regozijo, e neles mandassem uns aos outros porções das suas iguarias, e fizessem seus presentinhos aos pobres. 23 E os judeus admitiram entre os seus ritos solenes tudo o que começaram a fazer naquele tempo, e que Mardoqueu na sua carta lhes mandou que fizessem. 24 Porque Aman, filho de Amadati, da raça de Agag, inimigo e adversário dos judeus, formou contra eles o mau projeto de os matar, e de os extinguir: e lançou sobre isto fur, que na nossa língua significa o mesmo que sorte. 25 Mas Ester depois foi ter com o rei, suplicando-lhe que previna os desígnios de Aman com uma carta do rei e que faça cair sobre a sua cabeça o mal que ele tinha projetado contra os judeus. Com efeito os pregaram numa cruz a ele e a seus filhos, 26 e desde aquele tempo estes dias se chamaram furim, isto é, das sortes: porque o fur, ou a sorte foi lançada na urna. E todas as coisas, que passaram se contém no volume de uma carta, isto é, deste livro. 27 E em memória do que padeceram, e da mudança que depois houve, os judeus tomaram a seu cargo, e dos seus descendentes, e de todos os que quiseram agregar-se à sua religião, que a nenhum fosse lícito passar estes dois dias sem solenidade: os quais se notam nesta escritura, e se observam em certos tempos, pelos anos que se hão de seguir perpetuamente. 28 Estes são uns dias, que nunca se apagarão da memória dos homens: e aos quais todas as províncias de geração em geração celebrarão por toda a terra: e não há cidade alguma, onde os dias de furim, isto é, das sortes, não sejam guardados pelos judeus, e por seus filhos que estão obrigados a estas cerimônias.

29 Porque a rainha Ester, filha de Abiail, e Mardoqueu judeu, escreveram ainda segunda carta, para que com o maior cuidado ficasse estabelecido esse dia solene para o futuro. 30 E mandaram dizer a todos os judeus, que moravam nas centos e vinte e sete províncias do rei Assuero, para que tivessem paz, e recebessem a verdade, 31 observando os dias das sortes, e celebrando-os a seu tempo com grande alegria: assim como o haviam ordenado Mardoqueu e Ester, e eles se obrigaram por si, e pela sua descendência, a guardar os jejuns, e clamores, e dias das sortes, 32 e tudo o que se contém na história deste livro, que se chama Ester.

Grandeza de Mardoqueu

10 E o rei Assuero havia feito tributária toda a terra, e todas as ilhas do mar: 2 E no livro dos medos, e dos persas se acha escrito qual foi o seu poder, e o seu domínio e a sublimidade de grandeza a que ele elevou Mardoqueu: 3 e de que modo Mardoqueu, judeu de nação, veio a ser o segundo depois do rei Assuero: e grande entre os judeus e amado do comum de seus irmãos, procurando bens ao seu povo e falando aquilo que conduzia à tranqüilidade da sua nação.

III. SUPLEMENTOS

4 E disse Mardoqueu: Deus é quem fez isto. 5 Lembro-me de um sonho que vi, que significa isto mesmo: e nada dele tem ficado sem se cumprir. 6 A pequena fonte, que cresceu até se fazer um rio, e que foi convertida em luz, e em sol, e derramou águas em grandíssima abundância: é Ester, a qual o rei tomou por mulher, e quis que fosse rainha. 7 Os dois dragões: sou eu, e Aman. 8 As gentes que se ajuntaram: são aqueles que intentaram apagar o nome dos judeus. 9 E o meu povo é o de Israel, o qual clamou ao Senhor, e o Senhor salvou o seu povo: e nos livrou de todos os males, e fez grandes demonstrações e portentos no meio das nações: 10 e mandou que houvesse duas sortes, uma para o povo de Deus e outra para todas as gentes. 11 E uma e outra sorte saiu para todas as gentes diante do Senhor no dia sinalado já desde aquele tempo: 12 e o Senhor se lembrou do seu povo: e teve misericórdia da sua herança. 13 E se observarão estes dias no mês de Adar, o dia catorze e o quinze do mesmo mês, com toda a devoção, e júbilo do povo que se congregará em um ajuntamento perpetuamente por todas as gerações do povo de Israel.

Sonho profético de Mardoqueu

11 No ano quarto reeinando Ptolomeu, e
Cleópatra, Dositeu, que se dizia ser sa-
cerdote, e da linhagem de Levi, e Ptolomeu seu
filho trouxeram esta carta de furim, que dis-
seram haver sido traduzida em Jerusalém por
Lisímaco, filho de Ptolomeu.
2 No ano segundo, reinando o mui grande
Artaxerxes, no primeiro dia do mês de Nisan,
viu um sonho Mardoqueu filho de Jair, filho de
Semei, filho de Cis, da tribo de Benjamim:
3 homem judeu, que morava na cidade de Susa,
varão grande, e dos primeiros da corte do rei.
4 E era do número dos cativos que Nabucodo-
nosor rei de Babilônia havia trazido de Jeru-
salém com Jeconias rei de Judá: 5 e o seu so-
nho foi este: Pareceu-lhe ouvir vozes, e estron-
dos, e trovões, e terremotos, e perturbação so-
bre a terra. 6 E eis que apareceram dois gran-
des dragões a ponto de combater um contra
outro. 7 Ao estrépito deles se moveram todas as
nações, para fazer guerra contra a nação dos
justos. 8 E foi aquele um dia de trevas e de
perigo, de tribulação e de angústia, e houve
grande temor sobre a terra. 9 E conturbou-se
a nação dos justos temendo os seus males, e
preparada para morrer. 10 E clamaram a Deus:
e quando eles levantavam o grito, uma pequena
fonte se fêz um rio muito grande, e derramou
águas em grandíssima abundância. 11 Nasceu
a luz e o sol, e os humildes foram exaltados,
e devoraram aos grandes.
12 Quando Mardoqueu viu isto, levantou-se
de seu leito, e andava considerando no que
queria Deus fazer: e levava isto gravado no seu
coração desejando saber que poderia significar
o sonho.

Descobre Mardoqueu uma conspiração

12 E morava então na corte do rei com Ba-
gata e Tara eunucos do rei, os quais
eram porteiros do palácio. 2 E havendo enten-
dido os seus pensamentos, e reconhecido exata-
mente os seus desígnios, averiguou que inten-
tavam pôr a mão no rei Artaxerxes, e se avisou
disso ao rei. 3 O qual, feito o processo aos dois,
depois de confessarem, os sentenciou à morte.
4 E o rei fez escrever nos anais o que havia
passado: e Mardoqueu o fez também por es-
crito para memória do caso. 5 E ordenou-lhe
o rei, que vivesse em um quarto do palácio,
dando-lhe presentes pelo aviso. 6 Mas Aman,
filho de Amadati bugeu, estava em grande cré-
dito para com o rei, e quis arruinar a Mardo-
queu, e ao seu povo por causa dos dois eunucos
do rei, que haviam sido mortos.

Edito contra os judeus

13 O mui grande rei Artaxerxes desde a Índia
até à Etiópia, aos príncipes e governa-
dores das cento e vinte e sete províncias, que
estão sujeitas ao seu império, saúde. 2 Tendo
eu o império de muitíssimas nações, e havendo
submetido ao meu domínio toda a terra, ja-
mais quis em modo algum abusar da grandeza
do meu poder, senão governar com clemência
e com mansidão aos meus vassalos, para que,
passando a vida com sossego sem medo algum,
gozassem a paz que apetecem todos os mortais.
3 E perguntando eu aos do meu conselho, como
poderia isto conseguir-se, um que excedia aos
demais em sabedoria, e fidelidade e era o se-
gundo depois do rei, chamado Aman, 4 me sig-
nificou que havia um povo disperso por toda
a terra, que seguia umas novas leis, e que
opondo-se ao costume de todas as gentes des-
prezava as ordens dos reis, e alterava com as
suas discórdias a paz de todas as nações. 5 Do
que tudo tendo-nos nós inteirado, vendo que
uma só nação contrária a todo o gênero de
homens segue leis perversas, e se opõe a nossos
mandamentos, e perturba a paz e concórdia
das províncias que nos estão sujeitas, 6 temos
ordenado que todos os que sinalar Aman, que
tem a inspeção de todas as províncias, e é o
segundo depois do rei, e a quem honramos em
lugar de pai sejam exterminados por seus ini-
migos juntamente com suas mulheres e filhos
no dia catorze do mês duodécimo de Adar
deste ano, sem que deles se compadeça alguém:
7 Para que estes homens malvados perecendo
em um mesmo dia, restituam ao nosso império
a paz, que haviam perturbado.

Orações de Mardoqueu e Ester (a inserir-se após 4,17)

8 E Mardoqueu fez oração ao Senhor, tra-
zendo à memória todas as suas obras, 9 e disse:
Senhor, Senhor Rei Onipotente, porque no teu
poder estão postas todas as coisas, e não há
quem possa resistir à tua vontade, se tens de-
terminado salvar Israel. 10 Tu fizeste o céu e
a terra, e tudo quanto se contêm no âmbito do
céu. 11 Tu és Senhor de todas as coisas, e não
há quem resista à tua majestade. 12 Tu tudo
conheces, e sabes que não por soberba nem
por desprezo, nem por alguma cobiça de glória
tenho feito isto, de não adorar ao altivo Aman,
13 (porque pela salvação de Israel pronto esta-
ria a beijar com gosto os vestígios das suas
pisadas), 14 mas temi trasladar para um ho-
mem a honra de meu Deus, e adorar a outro
algum, que não fosse o meu Deus. 15 E agora
tu, ó Senhor Reis, Deus de Abraão, tem mise-

ricórdia do teu povo, porque nossos inimigos querem acabar e destruir a tua herança. 16 Não desprezes a tua porção, que para ti resgataste do Egito. 17 Escuta os meus rogos, e mostra-te propício à tua sorte e herança, e muda o nosso pranto em gozo, para que vivendo louvemos, Senhor, o teu nome, e não feches a boca dos que te louvam.

18 E todo o Israel clamou do mesmo modo ao Senhor orando com um mesmo coração, porque uma morte inevitável os ameaçava.

14 A rainha Ester, temendo o perigo que estava iminente, recorreu ao Senhor. 2 E tendo deposto os vestidos reais, tomou um traje próprio de pranto e luto, em lugar de variedade de ungüentos, cobriu a sua cabeça de cinza e de pó, e humilhou o seu corpo com jejuns: e todos os lugares em que antes costumava alegrar-se, encheu dos cabelos que arrancava.

3 E orava ao Senhor Deus de Israel, dizendo: Meu Senhor, tu que só és nosso rei, socorre-me a mim desamparada, e que não tenho outro favorecedor fora de ti. 4 O meu perigo está nas minhas mãos. 5 Eu ouvi contar a meu pai, como tu, ó Senhor, tomaste a Israel de entre todas as nações, e a nossos pais de entre todos os seus maiores que haviam sido antes, para os possuires por herança eterna, e obraste com eles assim como o havias prometido. 6 Pecamos em tua presença, e por isso nos entregaste nas mãos de nossos inimigos: 7 porque temos adorado os seus deuses. Justo és, ó Senhor: 8 e agora não se contentam só com oprimir-nos com uma escravidão mui dura, senão que aritbuindo ao poder dos seus ídolos a força das suas mãos, 9 pretendem transtornar as tuas promessas, e destruir a tua herança, e fechar as bocas dos que te louvam, e extinguir a glória do teu templo e do teu altar, 10 para abrir as bocas dos gentios, e que louvem o poder dos seus ídolos, e engrandeçam para sempre a um rei mortal.

11 Não entregues, Senhor, o teu cetro àqueles que não são nada, para que não escarneçam da nossa ruína: mas volta contra eles os seus desígnios, e destrói aquele que tem começado a ser cruel contra nós. 12 Lembra-te de nós, Senhor, e mostra-nos a tua face no tempo da nossa tribulação, e dá-me força, Senhor rei dos deuses, e de todas as potestades. 13 Põe na minha boca palavras próprias na presença do leão, e muda o seu coração para que aborreça ao nosso inimigo, e que este pereça, e os demais, que estão de acordo com ele. 14 E livra-nos com a tua mão, e socorre-me, que não tenho outro auxílio, senão a ti, Senhor, que conheces todas as coisas, 15 e sabes que aborreço a glória dos iníquos, e detesto o leito dos incircuncisos, e de todo o estrangeiro. 16 Tu sabes a minha necessidade, e que abomino o distintivo da soberba e da minha glória, que levo sobre a minha cabeça nos dias em que devo comparecer em público, que detesto como um pano asqueroso, e que não o levo, nos dias do meu silêncio. 17 E que não tenho comido na mesa de Aman, nem me tem servido de gosto os convites do rei, nem tenho bebido vinho das libações: 18 e que a tua serva, desde o dia em que foi trasladada para aqui até ao presente, nunca teve contentamento, senão em ti, Senhor Deus de Abraão. 19 Deus forte sobre todos, ouve a voz daqueles, que não têm nenhuma outra esperança, e livra-nos da mão dos iníquos, e livra-me do meu temor.

Exortação de Mardoqueu a Ester
(a inserir-se após 4, 8)

15 E enviou a dizer-lhe (sem dúvida que foi Mardoqueu a Ester) para que entrasse à presença do rei, e lhe rogasse pelo seu povo e pela sua pátria. 2 Lembra-te (lhe disse) dos teus dias humildes, e de como foste criada pela minha mão, posto que Aman, que é o segundo depois do rei, tem falado contra nós para nos fazer morrer. 3 Tu pois invoca ao Senhor, e fala por nós ao rei, e livra-nos da morte.

Ester diante do rei
(a inserir-se no começo do cap. 5)

4 E no dia terceiro deixou ela os vestidos em que ia, e adornou-se com os da sua glória. 5 E brilhando neste traje real, e invocando a Deus, que é governador e salvador de todos, tomou duas das suas criadas, 6 e se ia firmando sobre uma, como se por delicadeza e demasiada debilidade não pudesse suster seu corpo: 7 e a outra criada ia detrás de sua senhora, levando-lhe a cauda que ia arrastando pela terra. 8 E ela banhado seu rosto em uma viva cor de rosa, e com os olhos engraçados e brilhantes, ocultava a tristeza do seu coração, penetrado de um vivo temor. 9 E tendo passado uma por uma todas as portas, se pôs defronte do rei, onde ele estava sentado sobre o sólio do seu reino, vestido de manto real, e resplandecendo com o ouro, e pedras preciosas, e o seu aspecto era terrível. 10 E havendo levantado o rosto, e manifestado em seus olhos cintilantes o furor de seu peito, desmaiou a rainha, e trocando-se a sua

cor em palidez, deixou cair a sua cabeça va-
cilante sobre a criada.
11 Mas Deus trocou em clemência o cora-
ção do rei, e apressurado e temeroso saltou
do trono, e sustendo-a com seus braços, até
que tornou em si, a animava com estas pala-
vras: 12 Que tens, Ester? Eu sou o teu irmão,
não temas. 13 Não morrerás: porque esta lei
não foi estabelecida para ti, senão para todos.
14 Chega-te pois, e toca o cetro. 15 E como
ela não falasse, tomou a vara de ouro, e pôs-
lha sobre o seu colo, e beijou-a, e disse: Por
que não me falas a mim? 16 Ela lhe respon-
deu: Eu te vi, Senhor, como um anjo de Deus,
e o meu coração se turbou com o temor da
tua majestade. 17 Porque tu, Senhor, és em
extremo admirável, e o teu rosto está cheio
de graças. 18 E estando ainda falando des-
maiou de novo, e ficou quase sem sentidos.
19 E o rei se perturbava, e todos os seus mi-
nistros a consolavam.

Edito a favor dos judeus
(a inserir-se após 8, 12)

16 O grande Artaxerxes rei desde a Índia
até à Etiópia aos governadores e prín-
cipes das cento e vinte e sete províncias que
estão sujeitas ao nosso império, saúde.
2 Muitos têm abusado da bondade dos prín-
cipes e das honras, que deles têm recebido,
para ensoberbecer-se: 3 e não só procuram
oprimir os vassalos dos reis senão que não
moderando eles a autoridade que receberam,
armam traições contra os mesmos que lha
deram. 4 E não se contentam com serem in-
gratos aos benefícios, e com violar em si mes-
mo os direitos da humanidade, senão que
presumem também poder escapar do juízo de
Deus que tudo vê. 5 E chegam a tal grau de
loucura, que aos que cumprem exatamente
com os cargos que lhes têm sido confiados,
e procedem em tudo de sorte que se fazem
dignos do comum aplauso, intentam arruinar
com máquinas de mentira, 6 surpreendendo
com cautelosa sagacidade os sinceros ouvidos
dos príncipes, que julgam dos outros como
de si mesmos. 7 O que se comprova já com
as histórias antigas, já também com o que
acontece cada dia, de modo que as boas in-
clinações dos reis se pervertem pelas más su-
gestões de alguns. 8 De onde se deve dar pro-
vidência à paz de todas as províncias. 9 Nem
entendais, que se variamos as ordens, nasce
isto da ligeireza ou inconstância do nosso âni-
mo, senão que acomodamos os juízos à con-
dição e necessidade dos tempos, como o pede
o bem da república.
10 E para que melhor entendais o que di-
zemos, Aman, filho de Amadati, macedônio
de coração e de origem, e alheio do sangue
dos persas, e que tem desacreditado a nossa
piedade com a sua crueldade, sendo estran-
geiro lhe demos acolhimento: 11 e depois de
haver experimentado para consigo tão grande
humanidade, que era chamado nosso pai, e
adorado de todos depois do rei: 12 este che-
gou a tal extremo de arrogância, que intentou
privar-nos do reino e da vida. 13 Porque com
inauditas e novas traças maquinou a morte
a Mardoqueu, a cuja lealdade e benefício de-
vemos a vida, e também à minha consorte no
reino, Ester com toda a sua nação. 14 Tendo
em vista depois de os matar, de armar cila-
das à nossa soidade, e trasladar o reino dos
persas para os macedônios. 15 Porém nós não
havemos achado a menor culpa nos judeus
destinados a morrer pelo pior dos homens,
antes pelo contrário seguem leis justas. 16 E
que são filhos do Deus Altíssimo, onipotente,
e que vive para sempre por cujo benefício foi
dado o reino a nossos pais, e a nós mesmos,
e até ao dia de hoje nos é guardado. 17 Pelo
que deveis saber, que são de nenhum valor
as cartas que ele expediu em nosso nome.
18 Por cuja maldade o mesmo que as ma-
quinou, e toda a sua parentela foram postos
em patíbulos às portas desta cidade, isto é,
de Susa, dando-lhe Deus, e não nós outros o
castigo que merecia.
19 E este edito que agora enviamos se afi-
xará em todas as cidades, para que seja per-
mitido aos judeus guardar as suas leis. 20 Aos
quais deveis dar auxílio, para que no dia treze
do mês duodécimo, que se chama Adar, pos-
sam dar morte àqueles que estavam preveni-
dos para lha dar a eles: 21 pois o Deus oni-
potente lhes trocou em dia de alegria este, que
o devia ser de tristeza e pranto. 22 Pelo que
vós outros contai também este dia entre os
outros dias solenes, e celebrai-o com toda a
alegria, para que se saiba também para o fu-
turo, 23 como todos os que obedecem fiel-
mente aos persas, recebem a recompensa digna
pela sua fidelidade: e os que conspiram con-
tra o seu reino, perecem pela sua culpa. 24 E
toda a província ou cidade que não quiser
ter parte nesta solenidade, perecerá a cutelo
e a fogo, e será de tal maneira exterminada,
que fique para sempre despovoada não só de
homens, senão também de feras, para escar-
mento dos contumazes, e dos desobedientes.

PRIMEIRO LIVRO DOS

MACABEUS

I. INTRODUÇÃO

Alexandre Magno e seus sucessores

1 E aconteceu que depois que Alexandre, rei
de Macedônia, filho de Filipe, que reinou
primeiramente na Grécia, saiu do país de Ce-
tim, derrotou a Dario, rei dos persas e dos
medos. 2 Deu ele muitas batalhas, e tomou as
mais fortes cidades de todas as nações, e ma-
tou os reis da terra, 3 e passou até às extremi-
dades do mundo: lançou mão dos despojos de
muitas gentes: e toda a terra emudeceu diante
dele. 4 Então ajuntou Alexandre grandes tro-
pas, e um exército em extremo forte: e o seu
coração se elevou, e ficou todo inchado: 5 e se
fez senhor das províncias, e dos reis das gen-
tes: que lhe ficaram sendo tributários.
6 E depois disto caiu enfermo, e conheceu
que era chegada a sua morte. 7 E chamou os
grandes da sua corte, que se tinham criado
com ele desde a sua mocidade: e repartiu por
eles o seu reino, estando ainda vivo. 8 Reinou
pois Alexandre doze anos, e morreu.
9 E os grandes da sua corte se fizeram reis,
cada um com o seu governo: 10 e depois da
morte de Alexandre puseram todos o diadema,
e assim mesmo seus filhos depois deles por
muitos anos, e os males se multiplicaram so-
bre a terra.

Antíoco IV Epifânio

11 E destes é que saiu aquela raiz do peca-
do, Antíoco, o Ilustre, filho do rei Antíoco, o
qual em Roma tinha já estado em reféns: e
reinou no ano cento e trinta e sete do reino
dos gregos.
12 Naqueles dias saíram de Israel uns filhos
iníquos, e deram a muitos este conselho dizen-
do: Vamos, e façamos aliança com as gentes,
que se acham em torno de nós: porque desde
o ponto em que nós nos apartamos delas, vie-
ram sobre nós muitos males. 13 E pareceu bem
este conselho a seus olhos. 14 E alguns do povo
se resolveram, e foram ter com o rei: e este
lhes deu poder de viverem segundo os costu-
mes dos gentios. 15 E eles edificaram em Jeru-
salém um colégio conforme os ritos das na-
ções: 16 e tiraram de cima de si os sinais da
sua circuncisão, e separaram-se da santa alian-
ça, e ajuntaram-se com as nações, e deram-se
em venda para fazerem o mal.

Antíoco pilha o Templo e constroe uma cidadela

17 E Antíoco se estabeleceu no seu reino e
começou a querer reinar na terra do Egito
para ficar sendo o rei de dois reinos. 18 Com
este desígnio entrou no Egito à testa de um
poderoso exército, com carroças, e elefantes,
e cavalaria, e grande número de naus: 19 e fez
guerra a Ptolomeu, rei do Egito, e Ptolomeu
teve medo diante dele, e fugiu, e caíram feri-
dos muitos dos seus. 20 E Antíoco tomou as
cidades mais fortes da terra do Egito: e sa-
queou a terra do Egito.
21 E depois que assolou o Egito no ano cen-
to e quarenta e três, deu volta Antíoco: e mar-
chou contra Israel. 22 E chegou a Jerusalém
com um formidável exército. 23 E entrou cheio
de soberba no santuário, e tomou o altar de
ouro, e o candeeiro dos lumes, e todos os seus
vasos, e a mesa da proposição, e as bacias, e
os copos, e os grais de ouro, e o véu, e as
coroas, e o ornamento de ouro, que estava
na fachada do Templo: e quebrou tudo. 24 E
tomou a prata e o ouro, e os vasos preciosos:
e tomou os tesouros escondidos, com que ele
foi dar: e tendo levado tudo, foi-se para o seu
país. 25 E fez grande matança de homens, e
falou com grande soberba.
26 Então houve um grande pranto em Israel
e em todos os lugares deles. 27 E os príncipes,
e os anciãos gemeram: as virgens, e os mance-
bos ficaram sem forças: e a formosura das
mulheres toda se mudou. 28 Todos os maridos

se entregaram ao choro: e as mulheres que estavam assentadas sobre o seu leito nupcial, derramavam lágrimas: 29 e a terra se comoveu com a desolação dos seus habitantes, e toda a casa de Jacó se cobriu de confusão.

30 E depois no fim de dois anos completos enviou o rei por todas as cidades de Judá um superintendente dos tributos, que veio a Jerusalém com grande comitiva. 31 E ele lhes falou palavras de paz com artifício: assim os homens lhe deram crédito. 32 Mas ele deu de repente sobre a cidade, e fez nela grande estrago, e matou grande número do povo de Israel. 33 E tomou os despojos da cidade: e depois lhe pôs fogo, e destruiu as suas casas, e os seus muros que a cercavam. 34 E levaram cativas as mulheres: e se fizeram senhores de seus filhos, e de seus gados.

35 E fortificaram a cidade de Davi com um grande, e forte muro, e com boas torres, e fizeram dela fortaleza. 36 E puseram ali uma raça de pecado, uns homens corrompidos que nela se fizeram fortes: e para ali trouxeram armas e vitualhas, e ajuntaram os despojos de Jerusalém: 37 e os puseram ali de reserva: e deste modo vieram a ser um pernicioso laço. 38 E isto serviu para armarem traições a todos aqueles que vinham santificar-se, e foram como o mau demo de Israel: 39 e derramaram o sangue inocente ao redor do santuário, e profanaram o santuário.

40 E os habitantes de Jerusalém fugiram por causa deles, e a cidade ficou sendo morada dos estrangeiros, e ela se tornou estranha aos seus naturais, e seus próprios filhos a deixaram. 41 O santuário ficou desolado como um ermo, e os seus dias de festa se mudaram em pranto, os seus sábados em opróbrio, as suas honras em nada. 42 À proporção da sua glória se multiplicou a sua ignomínia: e a sua alta elevação foi mudada em luto.

Perseguição religiosa

43 Então escreveu o rei Antíoco a todo o seu reino, que todo o povo não fosse mais que um: e que cada qual abandonasse a sua lei. 44 E todas as nações consentiram nesta ordem do rei Antíoco: 45 e muitos de Israel consentiram em darem esta sujeição a ele, e sacrificarem aos ídolos, e profanaram o sádado.

46 E o rei dirigiu cartas suas por mãos de mensageiros a Jerusalém, e a todas as cidades de Judá, mandando-lhes que seguissem as leis das nações da terra, 47 e proibissem que no Templo de Deus se fizessem holocaustos, sacrifícios, e ofertas em expliação de pecado, 48 e proibissem que se celebrasse o sábado, e os dias solenes: 49 e mandou que se profanassem os lugares santos, e o santo povo de Israel. 50 Outrossim mandou que se edificassem altares, e templos, e que se levantassem ídolos, e que se sacrificassem carnes de porco, e rezes imundas, 51 e que deixassem os seus filhos por circuncidar, e que contaminassem suas almas com toda a casta de comeres imundos, e com todas as abominações, de sorte que se esquecessem da lei de Deus, e transtornassem todas as suas ordenanças.

52 E que todos aqueles que não obrassem conforme a ordem do rei Antíoco, morressem. 53 Por este mesmo teor escreveu ele a todo o seu reino: e nomeou oficiais, que constrangessem o povo a cumprir isto. 54 Eles pois mandaram às cidades de Judá, que sacrificassem aos ídolos.

55 E muitos do povo se vieram ajuntar com aqueles que tinham abandonado a lei do Senhor: e eles fizeram grandes males sobre a terra: 56 e obrigaram o povo de Israel a fugir para lugares escusos, e a buscar retiros, onde pudessem esconder-se na sua fugida.

57 No dia quinze do mês de Casleu, ano cento e quarenta e cinco, pôs o rei Antíoco o abominável ídolo da desolação em cima do altar de Deus, e por toda a parte edificaram altares em todas as cidades de Judá, 58 e os homens ofereciam incenso, e sacrificavam diante das portas das casas, e no meio das ruas: 59 e rasgando os livros da lei de Deus, os deitaram no fogo: 60 e a todo aquele, em poder do qual se achavam os livros do testamento do Senhor, e qualquer que observava a lei do Senhor, cruelmente o matavam, conforme o edito do rei. 61 Com este poder que tinham tratavam assim o povo de Israel, que cada mês se achava junto em todas as cidades. 62 E no dia vinte e cinco de cada mês sacrificavam sobre a ara, que estava oposta ao altar. 63 E as mulheres, que circuncidavam seus filhos, eram cruelmente mortas, segundo o mandamento do rei Antíoco. 64 E penduravam os meninos ao pescoço delas em todas as casas onde os achavam: e matavam desumanamente os que os tinham circuncidado.

65 Então muitos do povo de Israel resolveram consigo não comer nada que fosse imundo: e escolheram antes morrer do que manchar-se com viandas imundas: 66 e eles não quiseram violar a santa lei do Senhor, e foram desapiedadamente mortos. 67 e então caiu sobre o povo uma ira por extremo grande

Matatias e seus filhos

2 Naqueles dias Matatias, filho de João, filho de Simeão, sacerdote dentre os filhos de Joarib, saiu de Jerusalém, e fez assento no

monte de Modin. 2 E tinha ele cinco filhos:
João que tinha por sobrenome Gadis: 3 e Sião,
por sobrenome Tasi: 4 e Judas, que era chama-
do Macabeu: 5 e Eleazar, por sobrenome Aba-
ron: e Jônatas, por sobrenome Afó. 6 Estes
consideraram nos males que se faziam entre o
povo de Judá, e em Jerusalém. 7 E Matatias
disse: Desgraçado de mim, como é possível que
nascesse eu para ver a ruína do meu povo, e
a destruição da cidade santa, e para nela me
deixar estar quedo, quando se acha entregue
nas mãos dos seus inimigos? 8 O seu santuário
está entre as mãos dos estrangeiros. O seu tem-
plo é tratado como um homem infame. 9 Os va-
sos, que contribuíam para a sua glória, foram
levados como cativos para terras estrangeiras.
Os seus velhos foram assassinados nas ruas, e
os seus mancebos caíram mortos aos golpes de
espada dos seus inimigos. 10 Que nação não
herdou o seu reino, e não se enriqueceu com
os seus despojos? 11 Toda a sua magnificência
lhe foi roubada. A que era livre, está feita es-
crava. 12 E quanto nós tínhamos de santo e a
nossa formosura, e o nosso esplendor, eis aí
foi tudo destruído e o profanaram as gentes.
13 De que nos serve pois a nós o viver ainda?
14 Dito isto, rasgaram os seus vestidos Ma-
tatias e seus filhos. E eles se cobriram de cilí-
cios, e se puseram num apertado luto.

Revolta de Matatias

15 Ao mesmo tempo chegaram àquele sítio
os que o rei Antíoco enviara a constranger os
que se tinham acolhido à cidade de Modin,
a que sacrificassem, e queimassem incenso, e
a que abandonassem a lei de Deus. 16 E muitos
do povo de Israel consentindo nisso se ajunta-
ram a eles, porém Matatias, e seus filhos per-
severaram constantes. 17 E falando de mão os
que Antíoco tinha enviado, disseram a Mata-
tias: Tu és um príncipe não só muito ilustre,
mas grande nesta cidade, e adornado com o
brasão de filhos e irmãos. 18 Nestes termos
chega-te tu primeiro, e executa o mandado do
rei, como o têm feito todas as nações e os
homens de Judá, e os que ficaram em Jerusa-
lém: e assim tu, como teus filhos entrareis na
classe dos amigos do rei, e ficareis cobertos de
ouro, e de prata, e de ricos donativos.
19 E Matatias lhes respondeu, e disse em
alta voz: Ainda quando todas as gentes obede-
çam ao rei Antíoco, de tal sorte que cada um
se aparte do jugo da lei de seus pais, e con-
sinta nos mandamentos do rei, 20 eu, e meus
filhos, e meus irmãos obedeceremos à lei de
nossos pais! 21 Deus de tal sorte nos defenda!
Nós nenhuma conveniência temos em largar a
lei, e as ordenanças de Deus. 22 Nós não dare-
mos ouvidos às palavras do rei Antíoco, nem
sacrificaremos transgredindo os mandamentos
da nossa lei, por seguirmos outro caminho.
23 E assim que acabou de proferir estas
palavras, chegou à vista de todos um judeu
para sacrificar aos ídolos sobre o altar, que
se tinha levantado na cidade de Modin, em
observância do mandado do rei. 24 Viu-o po-
rém Matatias, e ficou penetrado de dor, e suas
entranhas se comoveram, e se acendeu o seu
furor segundo o espírito da lei, e arremetendo
a este homem, sem piedade o matou sobre o
altar: 25 e matou também ao mesmo tempo
o oficial, que o rei Antíoco tinha enviado, e
que constrangia os judeus a sacrificarem, e
destruiu o altar. 26 E mostrou o seu zelo pela
lei como fez Finéias, quando matou a Zamri,
filho de Salomi.
27 Então gritou Matatias em alta voz na
cidade, dizendo: Todo o que tem zelo pela lei,
permanecendo firme na aliança, siga-me. 28 E
fugiu ele, e seus filhos para os montes, e deixa-
ram tudo o que tinham na cidade. 29 Então
muitos que procuravam viver conforme a lei,
e a justiça, foram para o deserto: 30 e lá esta-
beleceram a sua morada eles e seus filhos, e
suas mulheres, e seus gados: porque sobre eles
vieram os males como uma inundação.

Repressão odiosa

31 E deu-se a notícia aos oficiais do rei,
e ao exército que estava em Jerusalém na ci-
dadela de Davi, de como alguns homens, que
tinham conculcado o edito do rei, se haviam
retirado a lugares escondidos pelo deserto, e
que eram muitos os que tinham seguido. 32 E
no mesmo ponto marcharam em demanda de-
les, e resolveram apresentar-lhes batalha em
dia de sábado. 33 E lhes disseram: Até nesta
conjuntura resistis vós ainda? Saí, e obedecei
ao edito do rei Antíoco, e vivereis.
34 E lhes responderam: Não havemos de
sair nem havemos de obedecer à ordem do rei
pois profanaríamos o dia do sábado. 35 E logo
deram pressa a os atacar. 36 E não lhes resis-
tiram, nem atiraram contra eles uma só pedra,
nem taparam as cavernas, onde estavam es-
condidos. 37 Dizendo: Morramos todos na sim-
plicidade do nosso coração: e o céu e a terra
nos serão testemunhas de que vós nos fazeis
morrer injustamente. 38 Os inimigos pois os
atacaram em dia de sábado: e foram mortos
eles e suas mulheres e seus filhos, e os seus
gados até o número de mil pessoas.

Organização da resistência

39 E souberam-no Matatias, e os seus ami-
gos e tomaram por eles um apertado nojo.

40 Então disse cada um para seu companheiro:
Se nós todos fizermos como fizeram os nossos
irmãos, e não pelejarmos contra os gentios
pelas nossas vidas, e pelas nossas leis: em bem
pouco tempo nos exterminação eles da face da
terra. 41 Tomaram pois naquele dia esta reso-
lução, dizendo: Todo o homem, quem quer
que ele seja, que nos atacar em dia de sábado,
não façamos dificuldade de pelejar contra ele:
e assim não viremos a morrer todos como
morreram nossos irmãos nos esconderijos.

42 Então se incorporou com eles a sinagoga
dos assideus, que eram dos mais valentes de
Israel, todos os que voluntariamente se ti-
nham dedicado à lei. 43 E todos os que fugiam
dos males que os ameaçavam, vieram ajuntar-
-se com eles, e serviram de reforço às suas
tropas. 44 Fizeram pois um corpo de exército,
e mataram os prevaricadores na sua ira, e os
homens iníquos na sua indignação: e todos os
mais que escaparam, fugiram para as nações,
para ali acharem segurança.

45 E foi por toda a parte Matatias, e seus
amigos, e destruíram os altares: 46 e circunci-
daram todos os meninos quantos acharam por
circuncidar em todo o país de Israel: haven-
do-se também nisto com grande valor. 47 E
perseguiram os filhos da soberba, e foi bem
sucedida a empresa nas suas mãos: 48 e livra-
ram a lei da servidão das gentes, e do poder
dos reis: e não permitiram ao pecador abusar
impunemente da sua força.

Morte de Matatias

49 E a Matatias se aproximaram os dias da
sua morte, e disse ele aos seus filhos:

Agora tem cobrado forças o reino da sober-
ba, e esta é a conjuntura do castigo, e o tem-
po da ruína, e ira da indignação. 50 Agora pois,
ó filhos, sede verdadeiros zeladores da lei, e
dai as vossas vidas pela aliança feita com vos-
sos pais. 51 E lembrai-vos das obras que fize-
ram vossos maiores, cada um em seu tempo, e
recebereі uma grande glória, e um monte
eterno.

52 Porventura Abraão não foi achado fiel na
tentação, e não lhe foi isto imputado a justi-
ça? 53 José guardou os mandamentos de Deus
no tempo da sua angústia, e veio a ser o se-
nhor de todo o Egito. 54 Finéias nosso pai,
abrasando-se em zelo pela lei de Deus, rece-
beu a promessa do sacerdócio eterno. 55 Jo-
sué, cumprindo a palavra do Senhor, veio a
ser o chefe de Israel. 56 Caleb, dando teste-
munho na assembléia, recebeu a herança.
57 Davi pela sua brandura conseguiu para
sempre o trono do reino. 58 Elias, ardendo em
zelo pela lei, foi arrebatado ao céu. 59 Ananias,
e Azarias, e Misael, crendo firmemente, foram
salvos das chamas. 60 Daniel na sua simplici-
dade foi livre da boca dos leões.

61 E por este modo considerai vós tudo o
que se tem passado de geração em geração.
Achareis que todos os que esperam em Deus,
não desfalecem. 62 Não temais logo as pala-
vras do homem pecador: porque toda a sua
glória não é mais que esterco e bichos. 63 Ele
hoje se eleva, e amanhã não haverá rasto dele:
porque ele se tornou na terra de que veio, e
todos os seus pensamentos se desvaneceram.
64 Vós pois, filhos, armai-vos de valor, e obrai
com valentia em defesa da lei: porque por ela
é que vós sereis gloriosos.

65 Aqui vedes a Simão vosso irmão, eu sei
que ele é homem de conselho: ouvi-o sempre,
e ele vos será em lugar de pai. 66 E Judas Ma-
cabeu de grande valor desde a sua mocidade,
seja o general das vossas tropas, e ele admi-
nistrará a guerra do povo. 67 E fareis que se
ajuntem convosco todos os observadores da
lei: e tomai vingança dos agravos feitos ao
vosso povo. 68 Pagai às nações o mal que elas
vos têm feito, e estai sempre atentos aos pre-
ceitos da lei.

69 Dito isto, ele os abençoou, e depois se
foi unir com seus pais. 70 E morreu no ano
cento e quarenta e seis: e foi sepultado por
seus filhos em Modin no jazigo de seus pais,
e todo o Israel o chorou, tomando apertado
dó pela sua morte.

II. JUDAS MACABEU

Judas sucede ao pai

3 Então se levantou em lugar dele seu filho
Judas, que tinha o sobrenome de Macabeu.
2 E todos os seus irmãos o ajudavam: e todos
aqueles que se tinham unido a seu pai, e pele-
javam com alegria em defesa de Israel. 3 E
dilatou a glória do seu povo, e se vestiu de
couraça como um gigante, e se forrou com as
suas armas bélicas nos combates, e protegia
todo o arraial com a sua espada. 4 Ele se fez
semelhante ao leão nas suas grandes ações, e
como o leãozinho que ruge à vista da presa.
5 E ele perseguiu os maus, buscando-os por
toda a parte: e queimou em vivas chamas os
que perturbavam o seu povo: 6 e todos os seus
inimigos foram rechaçados pelo temor que lhe
tinham, e todos os obreiros da iniqüidade se

turbaram: e pelo seu braço foi procurada a
salvação do povo. 7 E exasperava a muitos
reis, e alegrava a Jacó com seus grandes feitos,
e a sua memória será eternamente em benção.
8 E correu as cidades de Judá, e lançou fora
delas os ímpios, e apartou a ira de Deus de
cima de Israel. 9 E ele se fez célebre com gran-
de nomeada até às extremidades da terra, e
reuniu os que estavam a ponto de perecer.

Primeiras vitórias

10 Neste tempo Apolônio ajuntou as nações,
e levantou de Samaria um grande e poderoso
exército para pelejar contra Israel. 11 E sou-
be-o Judas, e lhe saiu ao encontro: e o der-
rotou, e matou; e caíram muitos feridos, e os
demais fugiram. 12 E tomou os despojos deles:
e tirou Judas a espada de Apolônio, e com ela
pelejava sempre.

13 E ouviu Seron, general do exército da
Síria, que Judas havia reunido consigo uma
multidão, e congregação de fiéis à lei, 14 e
disse: Eu alcançarei grande reputação, e fi-
carei com grande glória no meu reino, e de-
belarei a Judas, e aos que estão com ele que
desprezavam as ordens do rei. 15 Ele pois se
preparou para o atacar. E o exército dos ím-
pios o seguiu, servindo-lhe de um poderoso
socorro, para tomarem vingança dos filhos de
Israel.

16 E chegaram até Betoron: e Judas lhe saiu
ao encontro com pouca gente. 17 Mas estes,
tanto que viram marchar contra eles o exér-
cito inimigo, disseram a Judas: Como podere-
mos nós, sendo tão poucos, e vindo fatigados
do jejum de hoje, pelejar contra um tão nume-
roso e forte exército?

18 E Judas lhes disse: É coisa fácil virem a
cair os muitos nas mãos dos poucos: e quando
o Deus do céu quer salvar, diante de seus
olhos não há diferença entre o grande número
e o pequeno: 19 porque a vitória, que se alcan-
ça na guerra não depende da grandeza dos
exércitos, mas dos céus é que vem toda a for-
taleza. 20 Eles vêm contra nós com uma gran-
de multidão de gentes soberbas, e insolentes,
para nos perderem a nós, e a nossas mulheres,
e a nossos filhos, e para se enriquecerem com
os nossos despojos. 21 Mas nós nos havemos
de pelejar pelas nossas vidas e pelas nossas
leis. 22 E o mesmo Senhor quebrará todos os
seus esforços diante da nossa face: por isso
não tenhais vós medo deles.

23 E tanto que cessou de falar, lançou-se
Judas de repente sobre eles: foi desbaratado
Seron, e o seu exército diante dele. 24 E Judas
o perseguiu na descida de Betoron até a pla-
nície, e morreram deles oitocentos homens; os
mais porém fugiram para a terra dos filisteus.
25 Então o terror e medo que infundiam
Judas, e seus irmãos, se espalhou por todas as
gentes em contorno deles: 26 e chegou a fama
do seu nome até ao mesmo rei, e todos os
povos falavam das batalhas de Judas.

Preparativos de Antíoco

27 Tanto porém que o rei Antíoco ouviu
estas novas, concebeu grande ira: e mandou
logo levantar em todo o seu reino tropas, de
que formou um exército sobremaneira pode-
roso. 28 E abriu o seu erário, e pagou às suas
gentes um ano: e lhes mandou que estivessem
prestes para tudo. 29 Mas viu que lhe faltava
o dinheiro de seus tesouros, e que eram limi-
tados os tributos do país em razão do alvo-
roço, e do mal que tinha feito naquela terra,
porque lhes havia tirado os foros de que go-
zavam desde tempos antigos. 30 E temeu que
não teria, como dantes costumava, para os
gastos e donativos, que dantes havia feito
com mão larga: e em que tinha excedido aos
reis seus predecessores.

31 E ele estava consternado em extremo no
seu interior, e resolveu ir à Pérsia, e arrecadar
os tributos daquelas províncias, e ajuntar mui-
ta prata. 32 Deixou pois a Lísias, príncipe es-
clarecido da casa real, para que tivesse cui-
dado dos negócios do reino, e mandasse nele
desde o rio Eufrates, até o rio do Egito: 33 e
outrossim curasse da educação de seu filho
Antíoco, até ele voltar. 34 E deixou-lhe a me-
tade do exército e os elefantes e deu-lhe as
suas ordens sobre tudo o que queria fazer, e
sobre o que tocava aos habitantes da Judéia e
de Jerusalém: 35 e mandou-lhe que enviasse
lá um exército, para perder e extirpar inteira-
mente todas as forças de Israel, e os restos de
Jerusalém, e para apagar deste lugar tudo o
que pudesse renovar a sua memória: 36 e que
pusesse por habitadores em todos os termos
deles a filhos de estrangeiros, e repartisse por
sorte a sua terra.

37 O rei, pois, tomou a outra metade do
exército que lhe restava, e saiu de Antioquia,
capital do seu reino, no ano cento e quarenta e
sete: e passou o rio Eufrates, e atravessava já
as altas províncias.

38 E Lísias escolheu a Ptolomeu, filho de
Dorimino, e a Nicanor, e a Górgias, que eram
homens poderosos entre os amigos do rei: 39 e
mandou com eles quarenta mil infantes, e sete
mil cavalos para que fossem à terra de Judá,
e assolassem conforme a ordem do rei. 40 Eles
pois marcharam com todas as suas tropas, e
chegaram lá, e se acamparam numa planície
do território de Emaús. 41 E os mercadores

das províncias ouviram a fama deles: e toma-
ram muita prata, e ouro em abundância, e
criados: e foram ao arraial, com o fim de com-
prarem os filhos de Israel para escravos, e os
exércitos da Síria se ajuntaram a eles, como
também os das terras estrangeiras.

Preparativos de Judas

42 Então viu Judas, e seus irmãos, que os
males se tinham multiplicado, e que os exér-
citos se vinham chegando para as suas fron-
teiras: e tiveram notícia das ordens do rei,
que ele tinha dado para destruir e acabar de
uma vez com o povo: 43 e disseram cada um
para o seu companheiro: Levantemos o nosso
povo caído no abatimento, e pelejemos pelo
nosso povo, e pelas santas coisas da nossa re-
ligião. 44 Eles pois se ajuntaram num corpo
para se prepararem para a peleja: e para fa-
zerem oração ao Senhor, e implorarem a sua
misericórdia, e as suas comiserações. 45 E Je-
rusalém não estava então habitada, mas pa-
recia como um deserto: entre seus filhos
nenhum havia que entrasse e saísse dela: e o
santuário estava pisado aos pés: e os filhos
dos estrangeiros estavam no alcacer; ali era a
habitação dos gentios. E foi desterrada de
Jacó toda a alegria, e faltou ali a flauta e a
cítara.
46 Eles pois se ajuntaram, e vieram para
Masfa, que é defronte de Jerusalém: porque
antes havia em Masfa um lugar de oração para
Israel. 47 E jejuaram aquele dia, e vestiram-se
de cilícios, e puseram cinzas obre as suas ca-
beças: e rasgaram os seus vestidos: 48 e abri-
ram os livros da lei, nos quais os gentios
procuravam achar alguma coisa, que tivesse
semelhança com os seus ídolos: 49 e trouxe-
ram os ornamentos sacerdotais, e as primícias,
e os dízimos: e fizeram vir os nazireus, que
tinham cumprido os seus dias: 50 e gritaram
com grandes brados ao céu dizendo: Que fare-
mos nós destes? E para onde os levarermos?
51 E o teu santuário foi pisado aos pés, e
contaminado, e os teus sacerdotes estão em
luto e em humilhação. 52 E eis aí se ajunta-
ram as nações contra nós, para nos perderem!
Tu sabes que desínios são os seus contra nós.
53 Como poderemos nós subsistir diante da
sua face, se tu, ó Deus, nos não assistires? 54 E
fizeram retinir as trombetas com grande es-
trondo.
55 E depois disto nomeou Judas oficiais,
que comandassem o exército, coronéis sobre
mil homens, e capitães sobre cem, e subalter-
nos sobre cinqüenta, e sobre dez. 56 E disse
aos que acabavam de edificar casas, e de re-
ceber mulheres, e de plantar vinhas, e aos que
eram tímidos, que voltassem cada um para
suas casas conformre a lei. 57 Feita esta dili-
gência abalaram, e se foram alojar perto
Emáus, da banda do meio-dia.
58 E Judas lhes disse: Tomai as vossas ar-
mas e sede homens de valor, e estai prontos
para amanhã pela manhã, a fim de pelejardes
contra estas nações, que se ajuntaram contra
nós para nos perderem, e para destruírem a
nossa santa religião: 59 porque melhor nos é
morrer combatendo em campal batalha, do
que ver os males da nossa gente, e a destruição
de todas as coisas santas. 60 Mas cumpra-se
o que for vontade de Deus no céu.

De vitória em vitória

4 Então tomou Górgias cinco mil homens de
pé, e mil cavalos escolhidos: e descampou
de noite. 2 Para virem atacar o arraial dos
judeus, e darem sobre eles de improviso: e
os do país, que eram da guarnição da forta-
leza, lhes serviam de guias.
3 Chegou pois esta notícia aos ouvidos de
Judas, e se levantou ele e os seus valentes para
ir atacar o grosso das tropas do rei, que es-
tavam em Emaús, 4 porque uma parte deste
exército andava ainda dispersa fora do arraial.
5 E veio Górgias de noite ao arraial de Judas
e não achou ali ninguém, ele os buscava pelos
montes, pois disse: Estes fogem de nós. 6 E
tanto que foi dia, apareceu Judas na planície,
acompanhado somente de três mil homens,
que não tnham nem escudos nem espadas. 7 E
viram o campo forte dos gentios, e os coura-
ceiros, e a cavalaria em torno deles, e que
todos eram destros para a guerra, 8 então
disse Judas aos varões, que estavam com ele:
Não tenhais medo desta grande multidão, e
não temais o seu encontro. 9 Lembrai-vos co-
mo nossos pais foram salvos no mar Verme-
lho, quando Faraó os perseguia com um gran-
de exército. 10 Gritemos pois agora ao céu: e
o Senhor se compadecerá de nós, e se lem-
brará da aliança que fez com os nossos pais,
e quebrantará hoje este exército diante de
nossos olhos: 11 e todas as nações conhecerão
que há um redentor e libertador de Israel.
12 Neste comenos os estrangeiros levanta-
ram os seus olhos, e viram que a gente de
Judas vinha marchando contra eles. 13 Ao mes-
mo tempo saíram eles do seu arraial para o
combate, e os que estavam com Judas deram
sinal com as trombetas, 14 e travaram a ba-
talha: e foram desfeitas as gentes e fugiram
para o campo. 15 Os derradeiros, porém, caí
ram mortos passados todos à espada, e os
vencedores os perseguiram até Gezeron, e até

os campos da Iduméia e de Azot e de Jâmnia, e morreram deles até três mil homens.

16 E voltou Judas e o seu exército que o seguia, 17 e ele disse à sua gente: Não vos deixeis levar do desejo da presa: porque ainda temos inimigos com que pelejar, 18 e porque Górgias e o seu exército está perto de nós no monte: mas conservai-vos agora firmes contra nossos inimigos, e acabai de os derrotar e ao depois tomareis com segurança os seus despojos.

19 E ainda Judas estava com a palavra na boca, eis senão quando aparece um golpe de gente, olhando de cima do monte, 20 e Górgias viu que os seus tinham sido postos em fugida, e que haviam queimado o seu arraial: porque o fumo, que aparecia, lhe fazia ver o que tinha acontecido. 21 À vista do que tiveram eles muito medo, vendo também ao mesmo tempo que Judas e o seu exército estavam no campo apercebidos para a batalha, 22 e fugiram todos para as terras dos estrangeiros. 23 E Judas voltou para tirar a presa do arraial e os seus levaram muito ouro e prata, e muito jacinto, e púrpura marinha e grandes riquezas.

24 E saindo dali, cantavam hinos, e bendiziam a Deus, chegando com o seu louvor até o céu, porque Ele é bom, porque a sua misericórdia se estende a todos os séculos. 25 E por esta vitória foi grande a salvação que se alcançou em Israel naquele dia.

26 E aqueles dos estrangeiros que escaparam, vieram de lá, e recontaram a Lísias tudo o que tinha acontecido. 27 O que tendo ele ouvido, consternado no interior do seu espírito, desmaiou: vendo que lhe não tinham saído as coisas como ele ideara contra Israel e como o rei lhe tinha encomendado. 28 E no ano seguinte ajuntou Lísias um exército de sessenta mil homens escolhidos, e de cinco mil cavalos, para debelar os judeus. 29 E marcharam para a Judéia e se acamparam junto a Betoron, e Judas lhes veio ao encontro com dez mil homens.

30 E reconheceram eles que o exército inimigo era forte, e Judas fez oração e disse: Bendito és: Salvador de Israel, tu que quebraste a força do gigante por mão do teu servo Davi, e que entregaste o arraial dos estrangeiros nas mãos de Jônatas, filho de Saul, e do seu escudeiro, 31 mete agora este exército de nossos inimigos entre as mãos do teu povo de Israel, e fiquem eles confundidos com as suas tropas e com a sua cavalaria. 32 Infunde-lhes terror e faze definhar a ousadia do seu valor e com o seu mesmo quebrantamento sejam destruídos. 33 Deita-os abaixo por meio da espada dos que te amam. E todos os que conhecem o teu nome, publiquem os teus louvores nos seus cânticos.

34 Depois disto deu-se a batalha. E caíram nela mortos cinco mil homens do exército de Lísias. 35 Vendo pois Lísisa a fuga dos seus, e a afouteza dos judeus, e que estavam dispostos ou a viver ou a morrer valorosamente, foi para Antioquia, e levantou novos soldados, para tornar a vir à Judéia com mais recrescido número de tropas.

Reestabelecimento do culto divino

36 Então disseram Judas e seus irmãos: Eis aí estão nossos inimigos desfeitos: vamos agora purificar e renovar o Templo.

37 Logo se ajuntou todo o exército e subiram ao monte Sião. 38 E viram os santos lugares de todos desertos, e o altar profanado, e as portas queimadas, e nos átrios arbustos nascidos como sucede num bosque ou nos montes, e os quartos do Templo todos destruídos. 39 E rasgaram os seus vestidos, e fizeram grande pranto, e puseram cinza sobre suas cabeças: 40 e prostraram-se por terra de bruços, e deram sinal com trombetas e levantaram gritos ao céu. 41 Então ordenou Judas certos homens, que pelejassem contra os que estavam na fortaleza, enquanto se purificavam os lugares santos. 42 E escolheu sacerdotes sem mancha, religiosos observadores da lei de Deus. 43 E limparam os santos lugares e levaram para uma paragem imunda as pedras de profanação.

44 E Judas deliberou que faria ele do altar dos holocaustos, que tinha sido profanado. 45 E ocorreu-lhes um bom conselho, que foi destruí-lo: tremendo não viesse ele a ser-lhes um motivo de opróbrio, por causa de o terem contaminado os gentios, assim eles o demoliram, 46 e puseram as suas pedras no monte do Templo num lugar próprio, esperando que viesse algum profeta, que declarasse o que se devia fazer delas. 47 E tomaram pedras inteiras segundo a lei, e fizeram com elas um altar novo conforme àquele que tinha havido dantes: 48 e reedificaram o santuário e o que havia que reparar da parte de dentro da casa: e santificaram o Templo e os átrios.

49 E fizeram de novo vasos sagrados, e puseram no Templo o candeeiro, e o altar dos perfumes, e a mesa. 50 Puseram também o incenso sobre o altar, e acenderam as lâmpadas, que estavam sobre o candeeiro, e que luziam no Templo. 51 Puseram igualmente os pães sobre a mesa, e suspenderam os véus, e enfim acabaram tudo o que tinham começado. 52 E o dia vinte e cinco do nono mês (este é o mês de Casleu) do ano cento e quarenta e

oito, eles se levantaram antes de amanhecer:
53 e ofereceram o sacrifício conforme a lei so-
bre o novo altar dos holocaustos que tinham
feito. 54 No mesmo tempo, e no mesmo dia,
em que o contaminaram os gentios, nesse mes-
mo foi ele renovado ao som de cânticos, e de
cítaras, e de liras, e de tímbales. 55 E todo o
povo se lançou com o rosto por terra, e ado-
ram, e em gritos, que chegavam até ao céu,
bendisseram aquele que lhes havia dado o
feliz sucesso da sua empresa.

56 E celebraram a dedicação do altar, por
oito dias, e ofereceram holocaustos com ale-
gria, e um sacrifício de ação de graças e de
louvores. 57 E enfeitaram a face exterior do
Templo com coroas de ouro, e com uns peque-
nos escudos: e dedicaram as entradas do Tem-
plo, e os quartos dos lados, e puseram-lhes
portas. 58 E recresceu no povo mui grande
contentamento, e baniu-se dentre eles o opró-
brio das gentes. 59 E ordenou Judas, e seus
irmãos, e toda a igreja de Israel, que se ce-
lebrasse o dia da dedicação do altar a seus
tempos, de ano em ano, por oito dias contados
desde o dia vinte e cinco do mês de Casleu,
com alegria e gozo.

60 E neste mesmo tempo fortificaram eles
o monte Sião, e levantaram em torno altos
muros, e fortes torres, tremendo não tornas-
sem os gentios a vir outra vez, e o pisassem
aos pés como tinham feito antes. 61 E ali pôs
Judas uma guarnição para o guardar, e forti-
ficou-o para também segurar Betsura, a fim
de ter o povo uma fortaleza nas fronteiras da
Iduméia.

Guerra contra os povos vizinhos

5 E aconteceu que assim que as gentes, que
estavam nos contornos, ouviram que o al-
tar e o santuário tinham sido reedificados co-
mo dantes, iraram-se muito: 2 e resolveram
extingir de todo aos da linhagem de Jacó, que
viviam entre eles, e começaram a matar alguns
do povo, e a perseguir outros.

3 Entretanto Judas estava ocupado em de-
belar os filhos de Esaú na Iduméia, e os que
estavam na Acrabatane: porque tinham sem-
pre os israelitas como bloqueados, e os des-
baratou com uma grande mortandade. 4 Ele se
lembrou também da malícia dos filhos de
Bean, que serviam como de laço e de tropeço
para apanhar o povo, armando-lhe embosca-
das no caminho. 5 E foram encerrados por ele
em torres, e os bloqueou, e anatematizou-os,
e lançou fogo às suas torres queimando-as
com todos os que estavam nelas.

6 Daqui passou Judas a ver-se com os filhos
de Amon, e achou fortes tropas, e um nume-
roso povo, e a Timóteo que era seu capitão:
7 e teve com eles diversos recontros, e foram
desfeitos à vista deles: e os matou: 8 e tomou
a cidade de Gazer, e as povoações do seu dis-
trito, e voltou para a Judéia.

9 Entretanto as gentes que viviam em Ga-
laad, se uniram contra os israelitas, que esta-
vam no seu país, para os exterminar: mas
estes fugiram para a fortaleza de Dateman.
10 E mandaram cartas a Judas, e a seus ir-
mãos, em que lhes diziam: Ajuntaram-se
contra nós as gentes do contorno, para nos
exterminarem: 11 e elas se prepararam a vir,
e a tomar a fortaleza, a que nós nos acolhe-
mos. E Timóteo é o general do seu exército.
12 Vem tu pois agora, e livra-nos das suas
mãos, porque muitos dos nossos têm já pere-
cido. 13 E todos os nossos irmãos, que assis-
tiam nos arredores de Tubin, foram passados
à espada: e levaram cativas suas mulheres, e
seus filhos, e tomaram os seus despojos, e
mataram ali perto de mil homens.

14 Quando ainda se estavam lendo estas car-
tas, eis que chegaram então outros mensagei-
ros de Galiléia, rasgados já os vestidos, tra-
zendo outras novas semelhantes: 15 porque
diziam que os de Ptolemaida, e de Tiro, e de
Sidônia se tinham congregado contra eles: e
toda a Galiléia está cheia de estrangeiros, para
nos perderem.

16 E tanto que Judas e o povo ouviram estas
novas, fizeram uma junta magna, para delibe-
rarem o que se devia fazer, em ordem a darem
socorro a seus irmãos, que se achavam no úl-
timo aperto, e quase em termos de perecerem
à violência de seus inimigos. 17 Então disse
Judas a seu irmão Simão: Toma gente con-
tigo, e vai, e livra teus irmãos que estão em
Galiléia: que eu e meu irmão Jônatas iremos
para Galaad. 18 E deixou a José, filho de Za-
carias, e a Azarias por chefes do povo, para
guardarem a Judéia com o resto das tropas:
19 e lhes deu esta ordem dizendo: Governai
este povo: e não deis batalha contra as gentes,
menos que nós não tenhamos vindo.

20 E deram-se a Simão três mil homens,
para ir para Galiléia: e a Judas oito mil para
ir para Galaad. 21 E marchou Simão para
Galiléia, e deu muitas vezes batalha às nações:
e estas foram derrotadas na sua presença, e
foi em seu alcance até à porta 22 de Ptolemai-
da: e morreram daquelas gentes perto de três
mil homnes, e tomou os seus despojos. 23 E
tomou consigo os que estavam em Galiléia, e
em Arbates com suas mulheres, e seus filhos,
e tudo quanto eles tinham, e trouxe-os para
Judéia com grande alvoroço.

24 Ao mesmo tempo Judas Macabeu, e seu
irmão Jônatas passaram o Jordão, e marcha-
ram três dias de caminho pelo deserto. 25 E os
nabuteus lhes saíram ao encontro, e os rece-
beram pacificamente, e lhes contaram tudo o
que tinha acontecido a seus irmãos em Galaad.
26 E como muitos deles haviam sido fechados
em Barasa, e em Bosor, e em Alimas, e em
Casfor, e em Maget, e em Carnaim: que todas
estas cidades eram fortificadas, e grandes. 27 E
acrescentaram que da mesma sorte se chavam
fechados outros nas outras cidades de Galaad,
e que seus inimigos tinham resolvido fazer
marchar ao outro dia o seu exército contra
estas cidades, com o fim de os apanhar, e de
acabar com todos eles num mesmo dia.
28 E Judas com o seu exército marchou, to-
mando de repente o caminho do deserto de
Bosor, e tomou a cidade por assalto: e man-
dou passar ao fio da espada todos os varões,
e tomou todos os despojos deles, e pôs fogo
à cidade. 29 E saíram dali de noite, e marcha-
ram até à fortaleza. 30 E ao ponto de romper
o dia, tendo levantado os olhos, viram uma
multidão de gente, que não tinha número, que
levava escadas, e máquinas para tomar esta
fortaleza, e acabar com os que estavam den-
tro. 31 Viu pois Judas que o ataque estava já
começado, e que o alarido dos combatentes re-
tumbava até ao céu, como os om de uma trom-
beta, e que se levantava também grande cla-
mor na cidade: 32 e disse ao seu exército: Pe-
lejai hoje por vossos irmãos. 33 E marchou
em três corpos atrás dos inimigos, ao mes-
mo tempo tocaram as trombetas, e levanta-
ram gritos a Deus, dirigindo-lhe as suas ora-
ções.
34 Logo as gentes de Timóteo conheceram
que aquele era Macabeu, e fugiram de diante
dele: e os soldados de Judas fizeram neles
grande estrago: e deles ficaram mortos naque-
le dia oito mil homens com pouca diferença.
35 E dali passou Judas a Masfa, e assaltou-a e
tomou-a e matou a todos os varões que achou
nela, e tomou os seus despojos, e pôs-lhe fogo.
36 Continuou depois a sua expedição, e tomou
a Casbon, e a Maget, e a Bosor, e as demais
cidades de Galaad.
37 E depois disto ajuntou Timóteo outro
exército, e se acampou defronte de Rafon, da
banda de além da torrente. 38 E mandou Ju-
das reconhecer este exército. E tornados que
foram os mensageiros, lhe disseram: Todas
as nações pois que estão em torno de nós se
ajuntaram com Timóteo; o exército que elas
compõem é extraordinariamente numeroso:
39 e eles trouxeram em seu socorro os árabes,
e se acamparam da banda de além da tor-
rente, apercebidos para vir atacar-te. No mes-
mo ponto marchou Judas contra eles.
40 Então disse Timóteo aos príncipes do
seu exército: Quando Judas tiver chegado com
sua gente ao pé da torrente da água: se ele
vier primeiro a nós, nós não poderemos aturar
o choque: porque ele terá sobre nós toda a
vantagem: 41 mas se ele temer passar, e se
acampar da outra banda do rio, passemos nós
a eles, e poderemos fazer-lhes rosto.
42 E tanto que Judas chegou à torrente da
água, pôs ao longo da torrente os escribas do
exército, e lhes passou ordem, dizendo: Não
deixeis ficar aqui homem algum, mas venham
todos ao combate. 43 E foi ele o primeiro que
passou a eles, e todo o povo após dele, e foram
derrotados por eles na sua presença todos os
gentios, os quais arrojaram as suas armas, e
fugiram para um templo, que havia em Car-
naim. 44 E tomou Judas a mesma cidade, e
queimou o templo com todos os que nele es-
tavam. E Carnaim foi assolada, e não pode re-
sistir contra o ímpeto de Judas.
45 Então congregou Judas todos os israeli-
tas, que havia em Galaad, desde o mais pe-
queno até o maior, e suas mulheres, e filhos,
e formou um exército muito grande para que
viessem à terra de Judá. 46 E chegaram até
Efron: e acharam que esta cidade, que está
situada à entrada do país, era grande, por
extremo forte, e que se não podia declinar dela
nem para a direita, nem para esquerda, mas
que o caminho ia por meio dela. 47 E os que
estavam na cidade fecharam-se dentro dela, e
taparam as portas com pedras: e Judas lhes
enviou a dizer palavras de paz 48 nestes ter-
mos: Sede servidos de nos deixar passar pelo
vosso país, para irmos para a nossa terra: e
ninguém vos fará mal algum. Nós passaremos
a pé sem nos determos. Mas eles não queriam
abrir-lhes.
49 Então mandou Judas apregoar pelo ar-
raial, que cada um fosse atacar a cidade pelo
lugar em que estivesse. 50 Os mais valentes
homens pois se chegaram aos muros: e deu
Judas o assalto àquela cidade por todo o dia,
e por toda a noite, e a cidade se lhe entregou
às mãos. 51 E eles fizeram passar ao fio da
espada todos os varões, e Judas destruiu a
cidade até os fundamentos, e levou toda a
presa que se achou nela, e passou por toda a
cidade por cima dos corpos mortos. 52 Depois
passaram eles o Jordão na grande campina,
que está bem defronte de Betsan. 53 E Judas
estava na retaguarda tornando a unir os der-
radeiros, e animava o povo por todo o cami-
nho, até que chegassem ao país de Judá. 54 E
eles subiram ao monte Sião com alegria, e

regozijo, e ofereceram holocaustos em ação
de graças, por terem voltado em paz, sem que
nenhum deles houvesse perecido.
55 E ao tempo em que Judas e Jônatas es-
tavam no país de Galaad, e Simão, irmão de-
les, em Galiléia, diante da fronteira de Ptole-
maida, 56 José, filho de Zacarias, e Azarias,
general dos judeus, souberam os bons suces-
sos que eles tinham tido e as batalhas que se
tinham dado. 57 E disse um para o outro:
Façamos nós também célebre o nosso nome, e
vamos pelejar com as gentes que estão à roda
de nós. 58 Passou pois José ordens aos que
estavam no seu exército, e eles marcharam
contra Jâmnia.
59 E saiu Górgias da cidade, e os seus sol-
dados a encontrar-se com eles, apresentando-
-lhes batalha. 60 E José, e Azarias foram postos
em fugida até à fronteira da Judéia. E os que
naquele dia ficaram mortos do povo de Israel,
montaram a dois mil homens, e foi grande a
deserção que houve no povo, 61 por eles não
terem seguido as ordens de Judas, e de seus
irmãos, imaginando que fariam prodígios de
valor. 62 Mas os tais não eram da linhagem
daqueles homens, por quem a salvação veio
a Israel.
63 Ora as tropas de Judas ficaram gozando
de grandíssimas estimações na presença de
todo Israel, e de todas as gentes onde se ouvia
o seu nome. 64 E muitos lhes vieram dar os
parabéns de tantas vitórias. 65 Passado algum
tempo, marchou Judas com seus irmãos, e foi
sujeitar os filhos de Esaú no país que fica para
o meio-dia, e tomou por força a Hebron e as
cidades que dependiam dela: e queimou os
seus muros, e as torres que a torneavam.
66 Depois disto levantou o campo, para dar
consigo no país dos estrangeiros, e corria toda
a Samaria.
67 Naquede dia caíram mortos os sacerdo-
tes no combate, querendo dar mostras do seu
valor, saindo à peleja sem conselho. 68 E Judas
deu volta para Azot, no país dos estrangeiros,
e demoliu os seus altares, e queimou as está-
tuas dos seus deuses: e tomou os despojos
que se acharam nas suas cidades, e tornou a
vir para a terra de Judá.

Morte de Antíoco Epifânio

6 Entretanto o rei Antíoco discorria por to-
das as altas províncias, e ouviu que na
Pérsia havia uma cidade nobilíssima, chamada
Elimaida, e que era abundante de prata e ouro,
2 e nela um templo riquíssimo: e que ali es-
tavam os véus de ouro, e as couraças, e os
escudos, que tinha deixado Alexandre, rei de
Macedônia, filho de Filipe, que foi o primeiro
que reinou na Grécia. 3 E marchou, e inten-
tava tomar a cidade e saqueá-la, mas não pode
porque o seu desígnio chegou à notícias dos
que estavam na cidade. 4 E saíram a pelejar
contra ele, a fugiu dali, e se retirou com gran-
de tristeza, e tomou a rota de Babilônia.
5 E quando ele ainda estava na Pérsia, che-
gou-lhe a notícia de que tinha sido posto em
fugida o seu exército que estava no país de
Judá, 6 e que Lísias tendo passado lá com um
poder sobremaneira grande, fora posto em
fugida pelo valor dos judeus, e que estes se
haviam feito mais fortes pelas armas, e pela
gente, e com os muitos despojos, que haviam
tomado do campo que derrotaram: 7 e que
tinham destruído o abominável ídolo que ele
tinha mandado colocar sobre o altar que esta-
va em Jerusalém, e que tinham cercado o seu
templo de altos muros, como antes, e assim
mesmo a sua cidade de Betsura.
8 E aconteceu que depois que o rei ouviu
estas notícias, ficou cheio de espanto, e de
grande turbação: e caiu doente de cama, e
veio a enfermar de melancolia, porque não lhe
tinha sucedido como pensava. 9 E havia já
muitos dias que ali se achava: porque se re-
novou nele uma grande melancolia, e entendeu
que morria.
10 Chamou pois todos os seus amigos, e
lhes disse: O sono fugiu dos meus olhos, e eu
me vejo prostrado, e o meu coração abatido
de cuidados. 11 E eu disse no meu coração:
A quanta tribulação me não acho eu reduzido,
e em que ondas de tristeza me não vejo eu
agora soçobrado, eu, que era feliz, e querido
no auge do meu poder! 12 Agora, porém, se me
representam os males que fiz em Jerusalém,
de onde não só tirei todos os despojos de
ouro, e prata, que havia nela, mas ainda enviei
a exterminar sem causa os que habitavam na
Judéia. 13 Eu pois reconheço, que por isso é
que vieram sobre mim todos estes males: e eis
aqui venho a morrer de grande melancolia nu-
ma terra estrangeira.
14 Então chamou a Filipe, um de seus ami-
gos, e o constituiu regente sobre todo o seu
reino: 15 e lhe meteu nas mãos o seu diadema
e a sua opa real, e o seu anel, para que fosse
buscar a seu filho Antíoco, e cuidasse da sua
educação, e o fizesse reinar depois dele.
16 E o rei Antíoco lá morreu, no ano cento
e quarenta e nove.
17 E soube Lísias que o rei era morto, e
aclamou rei a Antíoco, seu filho, a quem ele
tinha criado desde menino: e pôs-lhe por nome
Eupator.

Expedição de Antíoco Eupator contra Jerusalém

18 Ora os que estavam na fortaleza, tinham fechado a Israel todas as avenidas ao redor do Templo: e procuravam sempre o seu mal, e o apoio dos gentios. 19 E Judas resolveu perdê-los: e convocou todo o povo, para o cercarem. 20 Concorreram pois ali todos, e os cercaram no ano cento e cinqüenta e fizeram instrumentos de despedir pedras, e outras máquinas de guerra.

21 Então saíram alguns dos que estavam cercados: e agregaram-se a eles alguns ímpios dos filhos de Israel. 22 E foram ter com o rei, e disseram-lhe: Até quando diferes tu fazer-nos justiça, e vingar nossos irmãos? 23 Nós resolvemo-nos a servir a teu pai, e a nos conduzir pelas suas ordens, e a obedecer aos seus editos: 24 e por esta causa os filhos do nosso povo se alienavam de nós, e matavam de entre nós todos aqueles que achavam, e roubavam as nossas heranças. 25 E eles estenderam as suas mãos não somente sobre nós, mas ainda sobre todo o nosso país. 26 E agora ei-los-aí vieram a atacar a fortaleza de Jerusalém, para se fazerem senhores dela, e têm fortificado Betsura: 27 e se tu não deres pressa a preveni-los, eles farão ainda maiores males do que os que têm feito até o presente, e não poderás sujeitá-los mais.

28 E o rei, assim que ouviu isto, ficou irritado: e fez chamar todos os seus amigos, e os príncipes do seu exército, e os comandantes da cavalaria: 29 e ainda de outros reinos, e de ilhas marítimas lhe vieram tropas assoldadas. 30 O número porém do seu exército era de cem mil infantes, e de vinte mil cavalos, e de trinta e dois elefantes adestrados para a batalha. 31 E eles marcharam pela Induméia, e vieram sitiar Betsura, e atacaram-na por muitos dias, e fizeram para isso máquinas: porém os sitiados saíram contra eles, e as queimaram, e pelejaram com grande valor. 32 E Judas se retirou da fortaleza, e abalou com o seu exército para Betzacarão, para defronte do campo do rei.

33 E o rei se levantou antes de amanhecer, e fez marchar impetuosamente todas as suas tropas caminho de Betzacarão: e prepararam-se os dois exércitos para o combate, e tocaram as trombetas: 34 e eles mostraram aos elefantes o sumo da uva e das amoras, para os incitarem à peleja: 35 e repartiram estas alimárias pelas legiões: e mil homens armados de saios de malha, e de capacetes de bronze nas suas cabeças, acompanhavam a cada um dos elefantes: e quinhentos de cavalo escolhidos tinham ordem de ser conservar sempre ao pé de cada alimária. 36 Estes onde quer que estava a alimária, ali se achavam já prevenindo-a: e para onde quer que ela ia, iam eles, e nunca a largavam. 37 Havia também sobre cada alimária destas, uma forte torre de madeira, destinada a protegê-la: e por cima das tais torres umas máquinas: e em cada torre trinta e dois dos mais valentes homens, que pelejavam de alto: com um índio por condutor.

38 e ordenou o resto da cavalaria de um e de outro flanco em dois troços, para animar o exército com o som das trombetas, e para estreitar nas suas filas os batalhões. 39 E tanto que o sol feriu com os seus raios os escudos de ouro, e de bronze, com o seu reflexo resplandeceram como fachas de fogo. 40 E uma parte do exército do rei se espalhou pelo alto dos montes, e outra pelas planícies: e marchavam com precaução e ordem. 41 E todos os habitantes daquela terra estavam espantados da grita que fazia esta multidão de soldados, e da marcha de tanta gente, e da colisão das suas armas: porque era um exército muito grande e forte.

42 E Judas se chegou com o seu exército para dar a batalha: e morreram do exército do rei seiscentos homens.

43 Então Eleazar, filho de Saura, viu um dos elefantes todo encouraçado com as armas do rei: e era mais alto que todos os outros: e pareceu-lhe que o rei iria sobre ele: 44 e expôs a sua vida por livrar o seu povo, e adquirir para si um nome imortal. 45 E correu a ele animosamente pelo meio da legião matando da direita e da esquerda, e caíam, de uma e de outra parte, à força dos seus golpes, todos os que se lhe punham diante. 46 E chegou até os pés do elefante, e se meteu debaixo dele, e o matou: e caiu em terra sobre ele mesmo, e morreu ali.

47 Mas os judeus vendo as grandes tropas do rei, e o ímpeto do seu exército, retiraram-se do combate. 48 Ao mesmo tempo o exército do rei marchou contra eles para a banda de Jerusalém, e chegou à Judéia o referido exército do rei, e se acampou junto do monte Sião. 49 E o rei fez paz com os que estavam em Betsura: e eles saíram da cidade, porque não tinham já que comer, estando ali encerrados, pois era o ano do Sábado da terra. 50 Assim o rei tomou Betsura: e pôs nela guarnição que a aguardasse.

51 Depois fez marchar as suas tropas para o lugar santo onde se deteve muitos dias: e ali pôs balistas, e máquinas, e engenhos para tiros missivos de fogo, e trabucos para despedir pedras, e arremessar dardos, e escorpiões para despedir setas, e pôs fundas. 52 E os si-

tiados fizeram também máquinas contra as máquinas dos outros, e pelejaram muitos dias. 53 Mas não havia víveres na cidade, por ser o ano sétimo: e porque os das nações que tinham ficado na Judéia, haviam consumido o resto dos que tinham ficado de reserva. 54 E ficaram poucos homens de guarda nos lugares santos, porque os tinha apertado a fome: e eles se espalharam cada um para sua parte.

55 Neste meio tempo ouviu dizer Lísias que Filipe, a quem o rei Antíoco, vivendo ainda, tinha feito aio de seu filho Antíoco, para fazer reinar depois dele, 56 era chegado da Pérsia, e da Média com o exército que lá o tinha acompanhado e que ele se preparava para tomar o governo dos negócios do reino. 57 Ele pois se deu pressa a ir dizer ao rei, e aos generais do seu exército: Nós nos vamos consumindo aqui todos os dias, e os víveres que temos são poucos, e a praça que sitiamos, está bem fortificada, e a nós nos incumbe pôr em ordem os negócios do reino. 58 Demos pois logo as mãos direitas a estes homens e façamos paz com eles, e com toda a sua nação: 59 e permitamos-lhes que vivam segundo as suas leis, como dantes: porque por amor das suas leis, que nós temos desprezado, é que eles se irritaram, e fizeram todas estas façanhas.

60 E pareceu bem esta proposição diante do rei, e de seus príncipes: pelo que enviou ele a tratar de paz com os judeus, e estes a aceitaram. 61 E o rei, e seus príncipes lha confirmaram com juramento: e eles saíram da fortaleza que defendiam. 62 Então subiu o rei ao monte Sião, e viu as suas fortificações: e logo quebrou o juramento que tinha feito: porque mandou derribar o muro que estava de roda. 63 Daqui partiu a grã pressa, e voltou para Antioquia, onde achou que Filipe se tinha apoderado da cidade: e pelejou contra ele, e recobrou a cidade.

Perfídia de Alcimo

7 No ano cento e cinqüenta e um Demétrio, filho de Seleuco, saiu da cidade de Roma, e veio com alguns poucos homens para uma cidade marítima, e começou a reinar nela. 2 E aconteceu que depois que ele entrou na casa, onde tinham reinado seus pais, o exército prendeu a Antíoco, e a Lísias, para os trazerem a Demétrio. 3 E logo isto lhe veio à notícia: e disse: Não me obrigueis a ver-lhes as caras. 4 Então o exército os matou a ambos. E Demétrio se assentou no trono do seu reino.

5 E vieram ter com ele certos homens iníquos e ímpios de Israel, e entre eles Alcimo, seu chefe, que aspirava a ser portífice. 6 E eles acusaram o povo diante do rei, dizendo: Judas, e seus irmãos têm dado cabo de todos os teus amigos, e a nós mesmos nos lançou fora da nossa terra. 7 Envia pois agora um homem, de quem te fies, para que vá, e veja todo o estrago que ele nos tem feito a nós, e às províncias do rei, e castigue a todos os seus amigos, e a todos os seus auxiliadores.

8 E o rei escolheu dentre os seus amigos a Báquides, que tinha o governo das províncias de além do rio, um dos grandes do reino, e fiel ao rei, e o enviou 9 a reconhecer o estrago que lhe tinha feito Judas: até deu de mais a mais o pontificado ao ímpio Alcimo, e lhe ordenou que castigasse os filhos de Israel. 10 Partiram eles pois, e vieram com um grande exército para a terra de Judá: e mandaram deputados, que falaram a Judas, e a seus irmãos, propondo-lhes condições de paz com intento de os enganar. 11 Mas eles não deram ouvidos às suas palavras, por verem que tinham vindo com um poderoso exército.

12 E foi ver-se com Alcimo e Báquides o colégio dos escribas, a fim de lhes proporem o que fosse justo. 13 E os que entre os filhos de Israel se chamavam assideus, eram os primeiros deste congresso, e eles queriam pedir-lhes a paz, 14 porque disseram: Um homem sacerdote da linhagem de Aarão, é o que vem ter conosco; ele não nos há de enganar. 15 E Alcimo lhes falou com todas as aparências de paz: e lhes jurou, dizendo: Nós não faremos mal algum nem a vós, nem aos vossos amigos. 16 E eles o creram: mas Alcimo fez prender sessenta homens deles, e os mandou matar num mesmo dia, segundo esta palavra que está escrita: 17 Eles fizeram cair os corpos dos teus santos, e derramaram o seu sangue ao redor de Jerusalém, sem que houvesse quem os sepultasse. 18 E apoderou-se de todo o povo um grande temor, e tremor: porque disseram: Não há entre eles verdade, nem justiça: porque eles quebraram a palavra que tinham dado, e o juramento que tinham feito.

19 E Báquides abalou de Jerusalém, e foi acampar-se junto a Betzeca: e enviou a prender muitos daqueles que tinham deixado o seu partido, e matou alguns do povo, e os mandou deitar num grande poço. 20 Depois disto, pôs toda a província nas mãos de Alcimo, e deixou com ele um corpo de tropas para o sustentarem. E Báquides voltou para o rei. 21 E Alcimo fazia todos os esforços por se firmar no principado do seu sacerdócio. 22 E vieram ajuntar-se com ele todos os que perturbavam o seu povo, e se fizeram senhores do país de Judá, e executaram grandes estragos em Israel.

23 E viu Judas que todos os males, que Alcimo, e os que com ele estavam, tinham feito aos filhos de Israel, eram muito maiores do que tudo o que os gentios haviam obrado. 24 E saiu por todos os termos da Judéia em contorno, e deu o merecido castigo aos desertores do seu partido e assim cessaram dali em diante de fazer mais correrias pelo país.

25 Mas Alcimo, como se desenganou que Judas, e a sua gente eram mais fortes, e experimentou que ele não podia resistir-lhes, e nesta conformidade tornou para o rei, e os acusou de muitos crimes. 26 Então mandou o rei a Nicanor, um dos mais ilustres senhores da sua corte, o qual andava fomentando inimizades contra Israel: e lhe deu ordem que acabasse com este povo.

Expedição de Nicanor

27 Veio pois Nicanor a Jerusalém com um grande exército, e deputou quem fosse ter com Judas, e com seus irmãos para tratar de paz com engano, 28 dizendo: Não haja guerra entre mim e vós. Eu virei com uns poucos de homens a ver-vos pessoalmente, e a vos falar de paz. 29 Depois veio ele buscar Judas, e uns, e outros se saudaram amigavelmente: mas os inimigos estavam preparados para levar Judas preso.

30 Judas, tanto que percebeu que Nicanor tinha vindo falar-lhe com dolosa tenção, logo se temeu dele, e não quis mais ver-lhe o rosto. 31 E conheceu Nicanor que estava descoberto o seu desígnio: e marchou contra Judas, para lhe dar batalha junto a Cafarsalama. 32 E do exército de Nicanor ficaram mortos perto de cinco mil homens, e os mais fugiram para a cidade de Davi.

33 E depois desta feita subiu Nicanor ao monte Sião: e saíram alguns dos sacerdotes do povo para o cumprimentar em espírito de paz, e mostrar-lhe os holocaustos, que se ofereciam pelo rei. 34 Mas ele os desprezou, fazendo zombaria deles, e tratou-os como uns profanos: e falou-lhes com grande soberba. 35 E jurou, metido em cólera, dizendo: Se se me não entregar às mãos Judas, e o seu exército, logo que eu sair vitorioso, queimarei este templo. E saiu-se todo enfurecido. 36 E entraram os sacerdotes, e se presentaram diante da face do altar e do Templo: e com as lágrimas nos olhos disseram: 37 Tu, Senhor, escolheste esta casa para haver de nela ser invocado o teu nome, para que fosse uma casa de oração e de deprecação para o teu povo. 38 Faze reluzir a tua vingança contra este homem, e contra o seu exército, e caiam as suas tropas debaixo do fio da espada. Lembra-te das suas blasfêmias, e não permitas que eles durem muito tempo sobre a terra.

39 E Nicanor saiu de Jerusalém, e foi acampar-se junto a Betoron: e se lhe veio ajuntar o exército da Síria. 40 E Judas se foi alojar junto de Adarsa com três mil homens: e fez Judas a sua oração, e disse: 41 Senhor, porquanto os que o rei Senaquerib tinha enviado, blasfemaram de ti, veio um anjo, e matou deles cento e oitenta e cinco mil homnes: 42 extermina tu da mesma sorte hoje este exército diante de nós: e saibam os outros que ele falou mal contra o teu santuário. E julga-o, segundo a sua malícia. 43 Deram pois os exércitos a batalha no dia treze do mês de Adar: e o exército de Nicanor foi desfeito, e ele o primeiro que morreu no combate.

44 E tanto que o seu exército viu que Nicanor era morto, largaram as suas armas, e deitaram a fugir. 45 E foi a gente de Judas no seu alcance jornada de um dia desde Adazer até à entrada de Gazara, e tocaram as trombetas atrás deles para todos os saberem. 46 E saíram de todos os castelos da Judéia ao redor e os fustigavam rijamente, e os faziam voltar aos vencedores, que os mataram a todos à espada, e nem um só deles absolutamente escapou.

47 E fizeram presa nos seus despojos, e cortaram a cabeça a Nicanor, e a sua mão direita, que ele tinha estendido insolentemente, e as trouxeram, e penduraram à vista de Jerusalém. 48 E alegrou-se muito o povo, e passaram aquele dia num grande regozijo. 49 E ordenou-se que este mesmo dia seria celebrado todos os anos, como festivo, a treze do mês de Adar. 50 E o país de Judá esteve em descanso por uns poucos de dia.

A potência romana

8 Então ouviu Judas falar da reputação dos romanos, de como eles eram poderosos em forças, e condescendiam em tudo o que se lhes pedia: e que tinham estabelecido amizade com todos quantos se haviam chegado a eles, e que o seu poder era grande. 2 E ouviram contar as suas batalhas, e as grandes proezas que tinham feito na Galácia, como se tinham senhoreado destes povos, e os tinham sujeitado a lhes pagar tributo. 3 E quanto haviam obrado na região de Espanha, e como eles puseram debaixo do seu poder as minas de prata e de ouro, que ali há, e conquistaram todas estas terras pelo seu conselho, e paciência: 4 e como tinham sujeitado países mui distantes dele, e derrotado reis, que os tinham vindo atacar desde as extremidades do mundo, e que tinham feito grande mortandade nos seus exércitos: e que

os outros lhes pagavam tributo todos os anos: 5 e que tinham desfeito em batalha a Filipe e a Perseu, rei dos ceteus, e aos outros, que tinham tomado as armas contra eles e que se tinham feito senhores das suas terras: 6 e que por eles tinha sido desbaratado Antíoco o Grande, rei da Ásia, o qual lhes tinha movido guerra trazendo cento e vinte elefantes, e muita cavalaria, e carros, e um mui numeroso exército: 7 e que o tinham tomado vivo, e o tinham obrigado a que lhes pagasse ele, e os que reinassem depois dele, um grande tributo, e a dar-lhes reféns, e tudo quanto se tinha convencionado; 8 que vinha a ser o país dos índios, e dos medos, e dos lídios, as mais belas das suas províncias: e que depois de as terem recebido deles, as deram ao rei Eumenes: 9 e que os que estavam em Hélada, tinham querido marchar contra eles, e destruí-los: e lhes chegou à notícia o seu intento. 10 E enviaram contra eles um dos seus generais, e lhes deram batalha, e lhes mataram muita gente, e trouxeram cativas as suas mulheres, e seus filhos, e os saquearam, e se fizeram senhores do seu país, e destruíram os muros das suas cidades, e os reduziram à servidão até o dia de hoje: 11 e que tinham arruinado, e subjugado ao seu império os outros reinos, e ilhas, que alguma hora lhes tinham resistido.

12 Mas que conservavam cuidadosamente as alianças que tinham feito com os seus amigos, e com os que se lhes tinham entregado, e que se haviam apoderado dos reinos, que lhes eram vizinhos, e dos que lhes ficavam longe: porque todos quantos ouviam o seu nome, os temiam: 13 e que reinavam aqueles a quem queriam dar socorro para que reinassem: e aos que queriam, destronavam: e que se achavam muito engrandecidos.

14 E que sem embargo de todas estas coisas, nenhum entre eles trazia diadema, nem se vestia de púrpura, para com ela se engrandecer. 15 Mas que tinham estabelecido entre si um senado, e que todos os dias consultavam trezentos e vinte senadores, tendo sempre conselho sobre os negócios da república, para obrarem o que fosse digno deles. 16 E confiavam cada ano a suprema magistratura a um só homem, para este comandar em todos os seus estados, e assim todos obedeciam a um só, sem haver entre eles nem inveja, nem ciúme.

Roma aliada de Jerusalém

17 Judas pois escolheu a Eupolemo, filho de João, filho de Jacó, e a Jasão, filho de Eleazar, e os enviou a Roma a fazer amizade, e aliança com eles. 18 E para que lhes tirassem o jugo dos gregos, porque viam que estes reduziam à escravidão o reino de Israel. 19 E depois de um mui largo caminho chegaram a Roma, e entraram no senado, e disseram: 20 Judas Macabeu, e os seus irmãos, e o povo dos judeus nos enviaram a vós para fazer aliança convosco, e para estabelecer paz entre nós, e a fim de para que vós nos conteis no número dos vossos aliados e dos vossos amigos.

21 E agradou esta proposição aos romanos. 22 E eis aqui o rescrito que eles fizeram gravar numas tábuas de bronze, e que meteram a Jerusalém, para ali servir como de um monumento de paz, e da aliança que tinham feito com os judeus. 23 Bem seja aos romanos, e à nação dos judeus, por mar, e por terra para sempre: e a espada, e o inimigo estejam longe deles. 24 E se sobrevier primeiro uma guerra aos romanos, ou a quaisquer dos seus aliados em toda a extensão dos seus domínios: 25 a nação dos judeus lhes dará socorro com toda a boa vontade, conforme o pedir o tempo. 26 E os romanos não darão, nem subministrarão aos combatentes nem trigo, nem armas, nem dinheiro, nem embarcações, porque assim é que pareceu bem aos romanos: e estes soldados judeus obedecerão ao seu mando, sem receber nada deles.

27 E da mesma sorte, se antes sobrevier também uma guerra à nação dos judeus, os romanos lhes assistirão de boa fé, segundo lhes permitir o tempo: 28 e aos que os auxiliares não se dará nem trigo, nem armas, nem dinheiro, nem embarcações, porque assim é que aprouve aos romanos: e estes obedecerão às suas ordens com fidelidade. 29 Segundo estas condições fizeram os romanos o seu tratado com o povo dos judeus. 30 Porém se depois desta concordata, ou uns, ou outros quiserem acrescentar, ou tirar alguma coisa ao que vai escrito aqui, eles o poderão fazer de comum acordo: e tudo o que acrescentarem ou tirarem ficará valioso.

31 E também pelo que toca aos danos, que o rei Demétrio tem feito ao povo dos judeus, nós lhe temos escrito sobre isso, nestes termos: Por que tens tu feito carregar o teu jugo sobre os judeus nossos amigos, e aliados? 32 Se eles porém vierem outra vez representar-nos as suas queixas, nós lhe faremos justiça contra ti, e te faremos guerra por mar, e por terra.

Morte de Judas

9 Entretanto Demétrio, assim que ouviu que Nicanor tinha sido morto na batalha, e o seu exército roto, mandou novamente a Báquides, e a Alcimo para a Judéia, e com eles a ala direita do seu exército. 2 E marcharam

pelo caminho, que vai ter a Galgala, e se acamparam em Masalot, que é em Arbelas: e tomaram a mesma cidade, e mataram grande número de pessoas. 3 No primeiro mês do ano cento e cinqüenta e dois chegaram com o exército a Jerusalém: 4 e partiram e marcharam para Beréia vinte mil infantes, e dois mil cavalos.

5 Ora Judas estava acampado em Laisa, e com ele três mil homens escolhidos: 6 e quando viram a multidão do exército, que era numerosa, temeram por certo em grande maneira: e muitos se retiraram escondidamente do campo, e não ficaram deles senão oitocentos homens. 7 E viu Judas que se tinha diminuído o seu exército, e o aperto em que o inimigo o punha para pelejar, e assim ficou descorçoado: porque não tinha tempo de os ajuntar, e desmaiou; 8 mas sempre disse aos que tinham ficado com ele: Vamos, e marchemos contra nossos inimigos, a ver se poderemos combater com eles.

9 Os seus porém o desviavam disso, dizendo: Nós não poderemos tal fazer, antes por ora cuidmeos em assegurar nossas vidas, e voltemos para nossos irmãos, e depois que assim o tivermos feito, então tornaremos a vir pelejar contra eles: por ora somos poucos. 10 Então Judas lhes disse: Deus nos livre que tal façamos, fugindo à vista deles? E se é chegada a nossa hora, morramos valorosamente por nossos irmãos, e não manchemos a nossa glória com esta nódoa. 11 E o exército abalou do seu campo, e se vieram pôr diante deles: e a cavalaria se dividiu em dois corpos e os fundibulários e os frecheiros marchavam à testa do exército, e todos os que seguiam na primeira linha eram os mais valentes.

12 Báquides porém estava na ala direita, e os esquadrões cerraram por ambos os lados e atroaram os ares com o som das suas trombetas: 13 e os que eram da parte de Judas levantaram também eles mesmos igualmente as vozes num grito, e estremeceu a terra com o alarido dos exércitos: e durou o combate desde a manhã até à tarde.

14 E observou Judas que a ala da parte direita do exército, onde estava Báquides, era a mais forte, e nesta conformidade a investiram juntamente com ele todos os que eram de ânimo mais intrépido. 15 E com isto foi rota por eles a mesma ala direita, e Judas os foi perseguindo até o monte de Azot. 16 Mas os que estavam na ala esquerda, quando viram que a ala direita tinha sido desfeita, logo foram seguindo por detrás a Judas, e aos que com ele se achavam. 17 E travou-se uma renhida peleja, e foram muitos os que de uma e outra parte caíram feridos. 18 E Judas caiu morto, e os mais fugiram.

19 E Jônatas, e Simão levaram o corpo de seu irmão Judas, e o sepultaram no jazigo dos seus maiores, que era na cidade de Modin. 20 E todo o povo de Israel chorou com apertado luto a sua morte, e o panteavam já havia muitos dias. 21 E disseram: Como caiu este esforçado guerreiro, que defendia o povo de Israel! 22 E quanto às outras relações, que se podiam fazer, das guerras de Judas, e das façanhas que obrou, e da grandeza do seu espírito, elas se não acham aqui escritas: porque eram muitas em grande número.

III. JÔNATAS

Jônatas, chefe das forças judaicas

23 E aconteceu isto: Depois da morte de Judas apareceram por todos os termos de Israel homens perversos, e se deram a conhecer todos os que obravam a iniqüidade. 24 Naqueles dias sobreveio uma fome muito grande, e todo o país deles com os seus habitantes se rendeu a Báquides. 25 E Báquides escolheu homens ímpios e os pôs por governadores daquele país: 26 e andavam em busca, e em pesquisa dos amigos de Judas, e os traziam a Báquides, o qual se vingava neles, e os insultava. 27 E levantou-se uma tão grande tribulação em Israel, que se não tinha visto outra tal, desde o tempo em que os profetas tinham desaparecido de Israel.

28 Então se ajuntaram todos os amigos de Judas, e disseram a Jônatas: 29 Desde que teu irmão Judas é falecido, não se acha homem semelhante a ele, que marche contra nossos inimigos, Báquides, e contra os outros, que são inimigos da nossa gente. 30 Portanto nós agora te temose legido hoje para seres nosso príncipe, e nosso capitão em lugar dele, a fim de administrar as nossas guerras. 31 Jônatas pois naquele tempo recebeu o principado, e tomou o lugar de seu irmão Judas.

32 E teve notícia disso Báquides, e andava vendo como o havia de matar. 33 Mas Jônatas, e Simão seu irmão, e todos os que com ele estavam, souberam isto: e fugiram para o deserto de Técua e pararam junto às águas do lado de Asfar. 34 Soube-o igualmente Báquides, e ele mesmo, e todo o seu exército num dia de sábado passou à banda de além do

Jordão. 35 Então enviou Jônatas a seu irmão, que comandava o povo, e rogou aos nabuteus, seus amigos, que lhe emprestassem o seu aparelho que era muito grande. 36 Mas os filhos de Jambri saíram de Madaba, e apanharam a João, e tudo o que ele tinha, e se foram, levando tudo isso.

37 Passado isto, vieram dizer a Jônatas, e a Simão seu irmão, que os filhos de Jambri celebravam umas grandes bodas, e traziam de Madaba com grande pompa a noiva, que era filha de um dos primeiros príncipes da Canaã. 38 Lembraram-se eles então do sangue de seu irmão João: e subiram, e foram-se emboscar detrás de um monte que os cobria. 39 E levantaram-se os seus olhos, e olharam: e eis que vinha um grande tropel, e um magnífico aparato. E o noivo, e seus amigos, e seus irmãos, vieram encontrar-se com esta comitiva, ao som de tambores e instrumentos músicos, escoltados de muita gente de armas. 40 Ao mesmo tempo deram sobre eles os da emboscada e os mataram, e caíram muitos feridos, e os que tinham escapado fugiram para os montes: e eles tomaram todos os seus despojos. 41 Assim as bodas se trocaram em luto, e os seus concertos músicos em gritos de lamentação. 42 E desta maneira tomaram eles vingança do sangue de seu irmão. E voltaram para a ribanceira do Jordão.

Batalha do Jordão

43 E Báquides ouviu isto, e veio com um poderoso exército em dia de sábado até à ribanceira do Jordão. 44 Jônatas porém disse aos seus: Vamos pelejar contra os nossos inimigos, porque hoje não é como ontem e anteontem. 45 Vêde pois que temos o inimigo por diante, e as correntes do Jordão de uma e outra parte, e suas ribanceiras, e paúes, e bosques: e não há meio de escapar. 46 Agora pois clamai ao céu, para que sejais livres da mão de vossos inimigos. E travou-se a batalha.

47 E Jônatas estendeu a sua mão para ferir a Báquides, mas ele evitou o golpe, retirando-se para trás. 48 Enfim, Jônatas e os que eram com ele, deitaram-se ao Jordão, e o passaram a nado, à vista deles: 49 e da parte de Báquides ficaram mortos naquele dia mil homens. E ele com a sua gente voltou para Jerusalém. 50 E edificaram cidades fortes na Judéia, e fortificaram de altos muros, e de portas, e de fechaduras, as cidadelas que havia em Jericó, e em Amaus, e em Betoron, e em Betel, e em Tamnata, em Fara, e em Topo. 51 E nelas pôs Báquides guarnições, para que fizessem suas correrias contra Israel. 52 Fortificou também a cidade de Betsura, e Gázara, e a fortaleza, e pôs nelas gentes de guarda, e provisão de mantimentos: 53 e tomou para reféns os filhos das primeiras personagens da terra, e pô-los em custódia na fortaleza de Jerusalém.

54 E no ano cento e cinqüenta e três, no segundo mês, mandou Alcimo demolir as paredes da parte interior do Templo, e destruir as obras dos profetas: e começou a deitá-las a baixo. 55 Naquele tempo foi Alcimo ferido da mão de Deus: e se atalharam as suas obras e a boca se lhe fechou, e ele ficou tolhido de uma paralisia, nem pode mais falar palavra, nem fazer disposição alguma tocante à sua casa. 56 Deste sorte morreu Alcimo naquele tempo atormentado de grandes dores. 57 E viu Báquides que Alcimo era morto: e voltou para o rei, e a terra esteve calada por dois anos.

Pacificação

58 Ao cabo deste tempo todos os maus formaram entre si este desígnio, dizendo: Reparai Jônatas, e os que com ele estão, vivem desassustadamente com descanso: pois agora façamos vir a Báquides, e ele os apanhará a todos numa noite. 59 Pelo que eles o foram buscar, e lhe deram este conselho. 60 Báquides pois se deu pressa a vir com um grande exército: e mandou em segredo cartas aos do seu partido, que estavam na Judéia, em que lhes advertia prendessem a Jônatas, e aos que eram com ele: mas eles não o puderam fazer, porque chegou à notícia destes o seu desígnio.

61 E dentre as pessoas da terra prendeu Jônatas cinqüenta homens, que eram os capatazes da velhacaria, e os mandou matar. 62 E retirou-se Jônatas, e Simão, e os que com ele estavam a Betbessen, que é no deserto: e reparou as suas ruínas, e fizeram dela uma forte praça.

63 E quando Báquides o soube, ajuntou logo todas as suas tropas, e do que se passava fez aviso àqueles que estavam na Judéia. 64 E veio acampar-se acima de Betbessen: e a combateu por muitos dias, e fez construir diversas máquinas de guerra. 65 Porém Jônatas deixou a Simão seu irmão na cidade, e saiu à campanha, e marchou com um reforçado corpo de tropas. 66 E desfez a Odaren, e a seus irmãos, e aos filhos de Faseron, dentro das suas mesmas tendas, e começou a dar rijo nos inimigos, e a fazer-se célebre pelos seus grandes feitos.

67 Porém Simão, e os que com ele estavam, saíram da cidade, e queimaram os aproches. 68 E pelejaram contra Báquides, e o desbarataram: e lhe causaram grande pesar, vendo que tinham saído frustrados os seus desígnios, e a sua empresa. 69 E encolerizado contra aqueles homens iníquos, que lhe haviam dado o con-

selho de que viesse para a sua terra, matou a
muitos deles: e resolveu ele mesmo tornar para
o seu paí scom todo o resto do exército.
70 E soube isto Jônatas, e lhe mandou em-
baixadores para fazer pazes com ele, e ofere-
cer-lhe que restituiria os prisioneiros. 71 E
aceitou Báquides de boa vontade a oferta, e
consentiu no que Jônatas queria, e jurou que
em todos os dias da sua vida lhe não faria mal
algum. 72 E restituiu-lhe os prisioneiros, que
antes fizera cativos na terra de Judá: e se foi
na volta do seu país, e não quis mais tornar
à terra de Judá. 73 Assim a guerra cessou em
Israel: e Jônatas assistiu em Macmas, e ali
começou o mesmo Jônatas a julgar o povo, e
exterminou os ímpios do meio de Israel.

Jônatas entre dois rivais

10 No ano pois cento e sessenta, Alexandre,
filho de Antíoco, que teve o sobrenome
de Ilustre, subiu: e se senhoreou de Ptolemai-
da: e o receberam os habitantes, e reinou ali.
2 E soube isto o rei Demétrio, e levantou um
exército em extremo numeroso, e saiu a encon-
trar-se com ele para lhe dar batalha.
3 Então Demétrio remeteu a Jônatas uma
carta cheia de expressões de paz, onde ele o
engrandecia muito. 4 Porque dizia Demétrio:
Antecipemo-nos a fazer a paz com ele, antes
que ele a faça com Alexandre em dano nosso:
5 porque ele Jônatas se lembrará de todos os
males que nós lhe fizemos a ele, e a seu irmão,
e à sua gente. 6 Demétrio pois lhe deu poder
de levantar um exército, e de mandar fazer
armas, e quis que ele fosse seu aliado: e man-
dou que se lhe entregassem os reféns, que
estavam na fortaleza.
7 E veio Jônatas a Jerusalém, e leu as car-
tas, ouvindo-o todo o povo, e os que estavam
na fortaleza. 8 E eles ficaram tomados de um
grande medo, depois que ouviram que o rei lhe
tinha dado poder de ajuntar um exército. 9 Fo-
ram pois entregues a Jônatas os reféns, e ele
os restituiu a seus pais: 10 e Jônatas ficou
habitando em Jerusalém, e começou a edificar
e a renovar a cidade. 11 E mandou aos arqui-
tetos que levantassem os muros, e cercassem
de pedras de silharia o monte Sião todo em
torno para a sua fortificação. E eles assim o
fizeram.
12 Então os estrangeiros, que estavam nas
fortalezas que Báquides tinha edificado, fugi-
ram: 13 e cada um deixou o seu lugar, e se
foi para a sua terra. 14 Ficaram somente em
Betsura alguns daqueles que tinham abando-
nado a lei, e os preceitos de Deus: porque
esta cidade era a que lhes servia de acolheita.
15 Entretanto ouviu o rei Alexandre as pro-
messas que Demétrio tinha feito a Jônatas.
Recontaram-lhe também as batalhas, e provas
de valor, que ele, e seus irmãos tinham dado,
e os trabalhos que tinham padecido: 16 e disse
ele: Acaso poderemos nós achar outro algum
homem tal como este? pois vejamos como o
faremos agora nosso amigo, e aliado.
17 E escreveu uma carta, e lha enviou con-
cebida nestes termos, dizendo: 18 O rei Alexan-
dre a seu irmão Jônatas, saúde. 19 Nós temos
ouvido dizer de ti, que és um homem poderoso
em forças, e azado para seres nosso amigo:
20 e agora te constituímos hoje sumo pontífice
da tua nação, e queremos que sejas chamado
amigo do rei (e mandou-lhe uma púrpura, e
uma coroa de ouro), e que te conformes co-
nosco em todas as coisas que são dos nossos
interesses, e nos conserves a amizade. 21 E no
ano cento e sessenta, no sétimo mês, se vestiu
Jônatas da santa opa, no dia da solene festa
dos Tabernáculos: e levantou um exército, e
mandou fazer quantidade de armas.
22 E Demétrio tanto que ouviu estas coisas,
logo se contristou em extremo, e disse: 23 Co-
mo temos nós dado lugar a que Alexandre nos
haja prevenido em conciliar a amizade dos
judeus para fortificar o seu partido? 24 Eu
pois lhes escreverei também exortando-os a
isso com rogativas, e oferecendo-lhes digni-
dades, e dádivas: para eles serem comigo em
minha ajuda.
25 Ele pois lhes escreveu nestes termos: O
rei Demétrio à nação dos judeus, saúde. 26 Ou-
vimos que vós tendes guardado a aliança que
fizestes conosco, e que perseverastes firmes
na nossa amizade, e que vos não acostastes ao
partido de nossos inimigos, e disto nos alegra-
mos. 27 Perseverai pois agora como até aqui
em nos conservar a mesma fidelidade, e nós
vos pagaremos avantajadamente o que obrastes
conosco: 28 e nós vos remeteremos muitas das
prestações que vos estavam impostas, e vos
faremos grandes doações.
29 E desde agora eu vos remito a vós, e a
todos os judeus os tributos que costumáveis
pagar, e vos perdôo os impostos do sal, e vos
dou por isentos das coroas, e da terça da se-
mente: 30 e do que eu tinha direito de levar
pela metade dos frutos das árvores, eu vos
alivio de tudo isso desde o dia de hoje em
diante, não querendo que ela se cobre mais
do país de Judá, nem das três cidades, que
lhe foram anexadas, da Samaria, e da Galiléia,
começando de hoje pelo decurso do tempo
para sempre. 31 Quero outrossim que Jeru-
salém seja santa, e livre com todo o seu terri-
tório: e que os dízimos e os tributos sejam
seus.

32 Também abro mão do senhorio da fortaleza, que está em Jerusalém: e dou ao sumo sacerdote, a fim de que ele ponha nela quaisquer homens que ele mesmo escolher, para que a guardem. 33 Dou mais sem resgate algum a liberdade a todos os judeus, que foram cativos do país de Judá, e se acharem em todo o meu reino, isentando-os a todos de pagarem tributos por si, e ainda pelos seus gados.

34 Quero da mesma sorte que todas as festas solenes, e os dias de sábado, e as luas novas, e as festas decretadas, e os três dias antes de cada festa solene, e os três depois dela, sejam todos uns dias de imunidade, e de franqueza para todos os judeus que estão no meu reino. 35 E ninguém terá poder de andar em litígio, nem mover demanda contra algum deles em qualquer negócio que for.

36 Item, ordeno que dos judeus se alistem nas tropas do rei até trinta mil homens: e se lhes subministrará o necessário como convém a todas as tropas do rei, e deles se escolherão os que houverem de ser postos nas fortalezas do grande rei. 37 Item, destes se elegerão alguns para o manejo dos negócios do reino, que pedem fidelidade, e sejam deles mesmos tirados os cabeceiras do governo, e vivam conforme as suas leis, como o rei ordenou para o país de Judá.

38 E que as três cidades do país de Samaria, que foram anexadas à Judéia sejam havidas como da Judéia: para que não dependam senão de um governador, nem obedeçam a nenhuma outra potestade, que não seja a do sumo pontífice. 39 Quanto a Ptolemaida, e a todo o seu território, tenho feito doação dela ao santuário de Jerusalém, para daqui se acudir às despesas necessárias das coisas santas.

40 Afora isto darei eu todos os anos quinze mil siclos de prata, que se tomarão dos direitos reais, que me pertencem: 41 e os que administravam a minha fazenda os anos passados, darão desde hoje para as obras da casa tudo o que restar daqueles anos, que eles ainda não pagaram. 42 E além disto cinco mil siclos de prata, que todos os anos cobravam das rendas do santuário: também estes pertencem aos sacerdotes, que fazem as funções do seu ministério. 43 Item quero que todos aqueles que, sendo devedores ao rei por qualquer negócio que ser possa, se refugiarem no Templo de Jerusalém, e em todo o seu couto, fiquem seguros, e gozem livremente de tudo o que têm no meu reino.

44 Item para edificar ou reparar as obras do santuário, sairão as despesas do bolsinho do rei. 45 Também para reedificar os muros de Jerusalém, e para os fortificar ao redor, far-se-ão os gastos do mesmo bolsinho do rei, e para fazer muros por toda a Judéia.

46 Mas Jônatas, e o povo quando ouviram estas proposições de Demétrio, não as tiveram por sinceras, nem as aceitaram: porque se lembraram dos grandes males que ele tinha feito a Israel, e quanto os tinha atribulado. 47 Eles pois se declararam a favor de Alexandre, visto ter ele sido o primeiro que lhes falara de paz, e eles o auxiliaram sempre dali por diante.

48 Negociado isto, levantou o rei Alexandre um grande exército, e marchou com as suas tropas contra Demétrio. 49 E deram batalha os dois reis, e fugiu o exército de Demétrio, e foi Alexandre em seu alcance, e deu sobre eles. 50 E foi mui renhida a peleja, até que se pôs o sol. E acabou Demétrio naquele dia.

Honras reais a Jônatas

51 E depois destas coisas enviou Alexandre embaixadores a Ptolomeu, rei do Egito, dizendo:

52 Já que sou entrado no meu reino e me assentei no trono de meus pais, e recobrei o meu império, e desfiz a Demétrio, e entrei na posse de meus domínios, 53 e vim com ele às mãos, e o derrotei a ele e às suas tropas, e me assentei no trono do seu reino: 54 portanto façamos agora amizade um com outro: e dá-me tua filha por mulher, e eu serei teu genro, e assim a ti, como a ela, eu farei presentes dignos de ti. 55 E o rei Ptolomeu lhe respondeu, dizendo: Venturoso o dia em que tornaste a ocupar a terra de teus pais, e te assentaste no trono do seu reino. 56 E agora te farei o que me pediste por escrito: mas vem ter comigo a Ptolemaida, para que ambos ali nos vejamos, e dar-te-ei a minha filha como disseste. 57 Saiu pois Ptolomeu do Egito, e ele, e sua filha Cleópatra, e veio a Ptolemaida no ano cento e sessenta e dois. 58 E foi ali encontrar-se com ele o rei Alexandre, a quem Ptolomeu deu sua filha Cleópatra. E celebrou as suas núpcias em Ptolemaida com grande magnificência, segundo o costume dos reis.

59 O rei Alexandre também escreveu a Jônatas, para que viesse avistar-se com ele. 60 E foi Jônatas com grande pompa a Ptolemaida, e ali saiu ao encontro aos dois reis, e lhes deu muita prata, e ouro, e presentes: e achou um entranhável acolhimento em ambos eles. 61 E conspiraram-se contra ele certos homens pestilenciais de Israel, homens iníquos, para darem contra ele capítulos de acusação: mas o rei os não quis atender. 62 Antes mandou que se tirassem a Jônatas os seus vestidos, e que o vestissem de púrpura. E assim o fizeram. E o rei fez assentar a par de si. 63 E disse aos

grandes de sua corte: Ide com ele pelo meio da cidade, e fazei publicar em voz alta, que ninguém se atreva a formar contra ele queixa por título algum, e que ninguém lhe seja molesto por qualquer coisa que for. 64 Aqueles pois que tinham vindo com tenção de o acusar, quando o viram sublimado ao auge de glória, que se apregoava dele, e a ele vestido de púrpura, fugiram todos. 65 E o rei o elevou a grande honra, e pô-lo no número dos seus primeiros amigos, e constituiu-o chefe, e príncipe junto à sua pessoa. 66 E Jônatas voltou para Jerusalém em paz, e com alegria.

Vitória de Jônatas sobre Apolônio

67 No ano cento e sessenta e cinco, Demétrio, filho de Demétrio, veio de Creta à terra de seus pais. 68 Tanto que o rei Alexandre teve notícia disto, logo se contristou em extremo e voltou para Antioquia.

69 E o rei Demétrio fez general das suas tropas a Apolônio, que era governador da Celesíria: e este levantou um grande exército, e chegou a Jâmnia: e enviou um mensageiro a Jônatas sumo sacerdote, 70 dizendo: Tu és o único que nos resistes: e eu estou feito um objeto de riso, e de opróbrio, porque tu te vales contra nós da vantagem que tens nos montes. 71 Se pois agora confias nas tuas tropas, desce a nós ao campo, e façamos lá prova das nossas forças: porque o valor militar me acompanha sempre. 72 Pergunta, e saberás quem eu sou, e os outros que me dão socorro, os quais também dizem que os vossos pés se não podem manter firmes diante da nossa face, porque teus pais duas vezes foram postos em tu logo agora aturar a força da minha cava-
fugida na sua própria terra: 73 como poderás
laria, e a de um tão grande exército num campo, onde não há nem pedra, nem penedo, nem lugar para fugir?

74 E Jônatas assim que ouviu estas palavras de Apolônio, alterou-se no fundo do seu coração: e escolheu dez mil homens, e partiu de Jerusalém, e Simão seu irmão se foi incorporar com ele para o socorrer: 75 e vieram acampar-se ao pé de Jope, e os da cidade lhes fecharam as portas: porque dentro de Jope havia uma guarnição de Apolônio, e Jônatas a combateu. 76 E espantados os que estavam dentro da cidade, abriram-lhe as portas, e Jônatas se apoderou de Jope.

77 E tanto que ouviu isto, Apolônio fez logo avançar consigo três mil cavalos, e um grande corpo de tropas. 78 E marchou como quem ia para Azot, e logo de improviso se lançou na campina, porque tinha muita cavalaria, e nela se fiava. Segui-o pois Jônatas para a parte de Azot, e ali deram batalha um ao outro. 79 Mas Apolônio tinha deixado de emboscada no seu arraial mil cavalos por detrás dos inimigos.

80 E teve notícia Jônatas de que ficava por detrás dele uma emboscada, e os inimigos rodearam o seu arraial, e desde a manhã até à tarde não cessaram de despedir tiros missivos contra a sua gente. 81 Mas ela se tinha firme, conforme a ordem que Jônatas lhe havia dado. Entretanto os cavalos dos inimigos se fatigaram muito. 82 Então fez Simão avançar as suas tropas, e atacou a infantaria: porque a cavalaria estava já cansada, de sorte que foi rota por ele e fugiu. 83 E os que se tinham espalhado pelo campo, se acolheram a Azot, e entraram pelo templo de Dagon, seu ídolo, para ficarem salvos. 84 Porém Jônatas queimou a Azot, e as cidades que estavam nos seus contornos, e tomou os seus despojos, e pôs fogo ao templo de Dagon, queimando-o com todos os que nele se tinham refugiado. 85 E foram perto de oito mil homens os que morreram passados à espada, entrando nesta conta os que ficaram consumidos do fogo.

86 E Jônatas fez abalar o campo deste lugar, e marchou contra Ascalon: e os paisanos saíram fora da cidade a recebê-lo com grandes honras. 87 Depois se recolheu Jônatas a Jerusalém com a sua gente carregada de muitos despojos.

88 E aconteceu isto: O rei Alexandre como ouviu estes felizes sucessos elevou ainda Jônatas a maior glória. 89 Mandou-lhe pois uma fivela de ouro, daquelas que se costumam dar aos príncipes de sangue real. E deu-lhe a propriedade de Acaron com todo o seu território.

Intrigas egípcias falidas

11 Passado isto, o rei do Egito ajuntou um exército, como a areia que está na ourela do mar, e um grande número de naus. E ele andava vendo, como se faria senhor do reino de Alexandre por surpresa, e o ajuntaria ao seu reino. 2 Marchou pois para a Síria em tom de paz, e os habitantes das cidades lhe abriam as portas, e o vinham receber: porque o rei Alexandre tinha mandado que saíssem a recebê-lo, pelo motivo de que o rei do Egito era seu sogro. 3 Mas Ptolomeu logo que entrava numa cidade punha guarnição militar em cada uma delas. 4 E quando chegou perto de Azot, mostraram-lhe o templo de Dagon queimado, e Azot, e os seus subúrbios demolidos, e os cadáveres por terra, e ao longo do caminho os montões que tinham feito daqueles que haviam sido mortos na batalha. 5 E disseram ao rei, que Jônatas era quem tinha feito todos

estes estragos, para lho fazerem odioso: mas
o rei a tudo isto se calou.
6 E Jônatas veio com grande pompa encon-
trar-se com o rei em Jope, e se cumprimenta-
ram um ao outro, e passaram ali a noite. 7 E
Jônatas acompanhou o rei até ao rio, que se
chama Eleutero: e voltou para Jerusalém. 8 Mas
o rei Ptolomeu se levantou com o domínio de
todas as cidades até Selêucia que está sobre o
mar, e trazia maus intentos contra Alexandre.
9 E enviou embaixadores a Demétrio, dizendo:
vem, façamos aliança um com outro, e eu te
darei minha filha que Alexandre tem por mu-
lher, e tu reinarás no reino de teu pai: 10 por-
que eu estou arrependido de lhe ter dado mi-
nha filha em matrimônio: visto que ele pro-
curou matar-me. 11 E acusava deste modo
Ptolomeu a Alexandre, pelo desejo que tinha
de lhe tirar o seu reino. 12 E lhe tirou sua
filha, e a deu a Demétrio, e se descartou intei-
ramente de Alexandre, e então se fez pública
a sua inimizade. 13 Ptolomeu entrou pois em
Antioquia, e pôs na sua cabeça dois diademas,
um do Egito, e outro da Ásia.
14 E o rei Alexandre naquele tempo acha-
va-se em Cilícia: porque os que estavam na-
quelas províncias se tinham rebelado contra
ele. 15 E quando Alexandre ouviu esta notícia,
veio logo ter com ele para o combate; e o rei
Ptolomeu fez sair a campo o seu exército, e lhe
saiu ao encontro com um grande poder, e o
pôs em fugida. 16 E Alexandre fugiu para a
Arábia, a ver se achava ali alguma proteção:
e o rei Ptolomeu foi exaltado a grande glória.
17 Mas Zabdiel, príncipe dos árabes, fez cortar
a cabeça a Alexandre: e a mandou a Ptolomeu.
18 Mas a cabo de três dias morreu o rei
Ptolomeu: e os da sua gente, que estavam nas
fortalezas, foram mortos pelos que se achavam
no arraial. 19 Entrou pois Demétrio a reinar
no ano cento e sessenta e sete.

Jônatas aplaca Demétrio

20 Naqueles dias ajuntou Jônatas os que
estavam na Judéia, para combaterem a forta-
leza, que havia em Jerusalém: e aplicaram
muitas máquinas de guerra para a tomar.
21 Mas certos homens iníquos que aborreciam
a sua gente, foram ter com o rei Demétrio, e
lhe contaram que Jônatas tinha de cerco a
fortaleza. 22 E Demétrio, quando tal ouviu,
ficou irritado: e veio logo para Ptolemaida,
e escreveu a Jônatas que não sitiasse a forta-
leza, mas que viesse sem demora ver-se com
ele, para terem uma conferência. 23 Mas Jôna-
tas logo que recebeu esta carta, mandou que
se continuasse o cerco: e escolheu alguns dos
anciãos de Israel, e dos sacerdotes, e foi com
eles expor-se ao perigo. 24 E tomou quantidade
de ouro, e de prata, e de vestidos, e de outros
presentes, e deu consigo em Ptolemaida, a
ver-se com o rei, e achou graça diante dele.
25 Ainda alguns homens perdidos da sua na-
ção formavam queixas contra ele. 26 Mas o
rei o tratou como o tinham tratado os prínci-
pes seus predecessores: e o elevou a grande
honra à vista de todos os seus amigos. 27 E
confirmou-o no sumo sacerdócio, e em todos
os outros distintivos de honra, que antes ti-
nha, e fê-lo o primeiro dos seus amigos. 28 E
Jônatas suplicou ao rei que concedesse imuni-
dade de tributos à Judéia, e às três toparquias,
e à Samaria, e ao seu território: e prometeu-lhe
trezentos talentos. 29 E conveio nisso o rei: e
fez expedir a Jônatas sobre todas estas coisas
cartas patentes, que eram concebidas nestes
termos:
30 O rei Demétrio a seu irmão Jônatas, e à
gente dos judeus, saúde. 31 Nós vos mandamos
entregar uma cópia da carta, que a vosso res-
peito escrevemos a Lastenes, nosso pai, para
serdes informado de tudo. 32 O rei Demétrio
a Lastenes seu pai, saúde. 33 Temos resolvido
fazer bem à nação dos judeus, que são nossos
amigos, e nos conservam a fidelidade que lhes
cumpre, por causa da sua boa vontade, que
tem para conosco. 34 Temos pois decretado
em benefício deles que todos os termos da
Judéia, e que as três cidades de Lida, e Ra-
mata, as quais foram anexadas à Judéia da
província da Samaria, e todos os seus territó-
rios, sejam destinados para todos os sacerdo-
tes de Jerusalém, em lugar dos impostos que
o rei cobrava já deles cada ano, e em lugar
do que lhe rendiam os frutos da terra, e dos
pomares. 35 Remitimos-lhes também desde
agora as outras coisas, que nos pertenciam de
dízimos, e de tributos: da mesma sorte as
lagoas das marinhas, e as coroas que se nos
costumavam trazer. 36 Todas estas coisas lhes
damos: e nada disto será anulado desde agora,
e para sempre. 37 Cuidai pois de tirar agora
uma cópia desta ordenação, e ela se entregue
a Jônatas, e seja posta no monte santo em
lugar público.
38 E o rei Demétrio vendo que a terra estava
sossegada diante dele, e que nada lhe resistia,
licenciou todo o seu exército, mandando cada
um para sua casa, exceto as tropas estrangei-
ras, que ele tinha levantado das ilhas das gen-
tes: e isto excitou contra ele o ódio de todas
as tropas, que tinham servido a seus pais.
39 Havia então um certo Trifão, que antes
tinha sido do partido de Alexandre: quando
viu que todas as gentes de guerra murmura-
vam contra Demétrio, foi logo ter com Emal-

cuel Áárabe, que criava ao pé de si a Antíoco, filho de Alexandre. 40 E por muitos tempos apertou com ele, que lhe desse aquele moço príncipe, para o fazer reinar em lugar de seu pai: e controu-lhe tudo o que Demétrio tinha feito, e o ódio que todas as gentes de guerra haviam concebido contra ele. E lá se demorou muitos dias.

41 Entretanto Jônatas enviou embaixadores ao rei Demétrio, suplicando-lhe que deitasse fora os que estavam na fortaleza de Jerusalém, e os que havia nos outros presídios: porque faziam muitos danos a Israel. 42 E Demétrio mandou dizer a Jônatas: Não só farei por ti, e pela tua gente o que me pedes, mas elevar-te-ei em glória a ti, e ao teu povo, tanto que o tempo me der lugar. 43 Agora pois farás tu uma ação de justiça, se mandares tropas em meu socorro: porque todo o meu exército me desamparou. 44 Então lhe mandou Jônatas para Antioquia três mil homens esforçados, que vieram ter com o rei, e o rei se alegrou muito com a sua chegada.

45 Ao mesmo tempo ajuntaram-se dos habitantes da cidade cento e vinte mil homens, que queriam matar o rei. 46 E fugiu o rei para o seu palácio: e os da cidade se fizeram senhores de todas as ruas dela, e começaram a atacá-lo. 47 E o rei chamou os judeus em seu socorro, e eles se ajuntaram todos ao pé dele, e fizeram todos suas correrias pela cidade: 48 e mataram naquele dia cem mil homens, e puseram fogo à cidade, e tomaram naquele mesmo dia muitos despojos, e livraram o rei.

49 Quando porém os da cidade viram que os judeus se tinham apoderado dela como desejavam: logo perderam o ânimo, e com deprecações gritaram misericórdia ao rei, dizendo: 50 Dá-nos a tua destra, e cessem os judeus de nos atacar a nós, e à cidade. 51 Ao mesmo tempo largaram as suas armas, e fizeram a paz, e os judeus adquiriram grande glória no conceito do rei, e no conceito de todos os que se achavam no seu reino, e ficaram afamados em todo o reino: e voltaram para Jerusalém carregados de muitos despojos. 52 E o rei Demétrio se assentou no trono do seu reino: e o país ficou apaziguado diante dele.

53 Mas este príncipe faltou a tudo que tinha prometido, e se alienou de Jônatas, e não lhe correspondeu segundo os benefícios, que lhe havia feito, antes em grande maneira o molestava.

Jônatas amigo de Antíoco VI

54 E depois disto voltou Trifão, e com ele Antíoco mui moço, que reinou, e se pôs o diadema na cabeça. 55 E todas as tropas, que Demétrio tinha despedido, se ajuntaram logo ao pé de Antíoco, e batalharam contra Demétrio: o qual fugiu, e voltou as costas. 56 Trifão se apoderou então dos elefantes, e se fez senhor de Antioquia:

57 E escreveu o moço Antíoco a Jônatas, nestes termos: Eu te confirmo no sumo pontificado, e eu te constituo sobre as quatro cidades, para que tu sejas dos amigos do rei. 58 Mandou-lhe também vasos de ouro para o seu serviço, e lhe deu poder de beber por copo de ouro, e de se vestir de púrpura, e de trazer fivela de ouro: 59 e a seu irmão Simão nomeou-o governador das terras, que vão desde a costa de Tiro até a fronteira do Egito.

60 E saiu Jônatas, e andava visitando as cidades de além do rio: e se lhe ajuntou em seu socorro todo o exército da Síria, e marchou para Ascalon e os da cidade saíram a recebê-lo com grandes honras. 61 E daqui passou ele a Gaza: e os de Gaza lhe fecharam as portas: e ele a sitiou, e queimou tudo quanto havia ao redor da cidade, e fez saque do que achou. 62 Então mandaram os de Gaza dizer a Jônatas, que queriam capitular, e ele lhes deu a sua mão direita: e tomou seus filhos em reféns, e os remeteu a Jerusalém. Depois correu todo o país até Damasco.

63 Mas depois que Jônatas ouviu dizer que os generais de Demétrio tinham vindo com um poderoso exército a sublevar os de Cades, que é na Galiléia, com o fim de o apartar do manejo dos negócios do reino: 64 logo lhes foi ao encontro, e deixou na província seu irmão Simão. 65 E Simão pôs cerco a Betsura, e a atacou por muitos dias, e teve bloqueados os de dentro. 66 E lhe pediram que lhes desse a sua mão direita, e ele lha concedeu: e os lançou fora dali, e se apoderou da cidade, e pôs nela guarnição.

67 Jônatas porém, e as suas tropas se avizinharam até à borda dágua de Genesar, e antes de amanhecer deram consigo na campina de Asor: 68 e eis que acham lá o exército dos estrangeiros, que vinham a encontrar-se com eles na campina, e que lhe armavam emboscadas nos montes: e ele mesmo marchou direito a eles. 69 E neste comenos os que estavam escondidos saíram dos lugares da sua emboscada, e travaram a batalha. 70 E todos os que eram da parte de Jônatas fugiram, sem ficar nem só um deles, senão Matatias, filho de Absolomi, e Judas, filho de Calfi, general do seu exército. 71 Então rasgou Jônatas os seus vestidos, e pôs terra sobre a sua cabeça, e orou. 72 Feito isto, tornou Jônatas sobre eles para os combater, e os fez voltar as costas e pelejaram. 73 e os do

seu partido que fugiram, quando o viram
pelejar tornaram logo a vir-se ajuntar com
ele, e todos perseguiram com ele os inimigos
até Cades, onde tinham o arraial, e chegaram
só até ali. 74 E ficaram naquele dia mortos
três mil homens do exército estrangeiro. E
Jônatas se recolheu a Jerusalém.

Israel alia-se com Roma e Esparta

12 Viu pois Jônatas que o tempo lhe corria
favorável, e escolheu certos homens, e
enviou-os a Roma a confirmar, e renovar a
amizade com os romanos. 2 Mandou também
aos lacedemônios, e a outros lugares cartas do
mesmo teor. 3 E foram os seus embaixadores
e Roma, e entraram no senado, e disseram:
Jônatas, sumo sacerdote, e o povo judeu nos
enviaram aqui a renovar convosco a amizade,
e a aliança, como ela foi antes feita entre nós.
4 E os romanos lhes deram cartas dirigidas
aos seus oficiais em cada província, para eles
os fazerem conduzir em paz até a Judéia.
5 E a cópia das cartas, que Jônatas escreveu
aos lacedemônios, é como se segue: 6 Jônatas,
sumo sacerdote, e os anciãos da nação e os
sacerdotes, e o resto do povo judeu, aos lace-
demônios seus irmãos, saúde. 7 Muito tempo
há que foram enviadas cartas aos sumo sacer-
dote Onias por Ário, que reinava entre vós,
que testemunharam que vós éreis nossos ir-
mãos, como se contém no seu transunto, que
vai junto. 8 E Onias recebeu com grande hon-
ra o mensageiro, que tinha sido enviado: e
aceitou as cartas, onde ele lhe falava desta
criança, e amizade. 9 Nós, posto que não ti-
véssemos necessidade alguma destas coisas,
tendo para nossa consolação os santos livros,
que estão entre nossas mãos, 10 quisemos
antes contudo enviar-vos mensageiros para
renovarmos esta confraternidade, e amizade,
temendo não viéssemos a ficar como estra-
nhos a vosso respeito: visto ter já passado
muito tempo, desde que vós cá mandastes.
11 Nós pois em todo o tempo sem interrup-
ção, nos dias solenes, e nos outros, em que
convém, nos lembramos de vós nos sacrifícios,
que oferecemos, e nas nossas santas cerimô-
nias como é justo, e pede a decência que nos
lembremos dos irmãos. 12 Nós portanto nos
regozijamos da vossa glória.
13 Mas a nós outros nos têm cercado gran-
des tribulações, e várias guerras, e nos têm
invadido os reis que estão em nossos contor-
nos. 14 Entretanto não quisemos ser pesados
nem a vós, nem aos outros aliados, e nossos
amigos, em todos estes combates: 15 porque
temos tido o socorro do céu, e nós fomos
livres, e os nossos inimigos se viram humilha-
dos. 16 Portanto escolhemos a Numênio, filho
de Antíoco, e a Antípatro, filho de Jasão, e
os enviamos aos romanos a renovar a antiga
aliança, e amizade, que temos com eles. 17 As-
sim que nós lhes demos ordem, que fossem
também a vós, e que vos cumprimentassem
da nossa parte: e que vos entregassem as nos-
sas cartas sobre a renovação da nossa confra-
ternidade. 18 E agora fareis bem se nos res-
ponderdes a isto.
19 E este é o traslado das cartas, que Ário
tinha enviado a Onias: 20 Ário, rei dos lace-
demônios, ao sumo sacerdote Onias, saúde.
21 Achou-se aqui numa escritura sobre os la-
cedemônios, e os judeus, que eles são irmãos,
e que todos vêm da linhagem de Abraão.
22 Agora pois desde que nós soubemos isto,
fazeis bem de nos escrever acerca da vossa
paz: 23 e também nós vos respondemos: Os
nossos gados e todos os nossos bens são vos-
sos: e os vossos são nossos: e isto é o que
nós ordenamos que se vos declarasse da nossa
parte.

Lutas com Demétrio. Jônatas traído e preso

24 Entretanto ouviu dizer Jônatas, que os
generais de Demétrio tinham voltado com um
exército muito maior que o de antes, para
pelejar contra ele: 25 e partiu Jônatas de
Jerusalém, e se foi encontrar com eles no
país de Amatite: porque não queria dar-lhes
tempo de entrarem pelas suas terras. 26 E
mandou espias ao arraial dos inimigos: e de-
pois de voltarem os avisaram de que eles ti-
nham resolvido vir sobre eles de noite. 27 Tan-
to pois que se pôs o sol, mandou Jônatas aos
seus que vigiassem, e estivessem toda a noite
sobre as armas, apercebidos para a peleja,
e pôs guardas em torno do arraial.
28 E ouviram os inimigos que Jônatas com
a sua gente se conservava prestes para o com-
bate: e tiveram medo, e perderam o alento
sobressaltados de pavor: e acenderam fogos
no seu campo. 29 Mas Jônatas, e os que com
ele estavam, não deram fé da sua retirada
até pela manhã: e estavam vendo as fogueiras
acesas. 30 E Jônatas foi atrás deles mas não
os pode apanhar: porque já tinham passado o
rio Eleutero.
31 Dali marchou Jônatas na volta dos ára-
bes que se chamam zabadeus, e desbaratou-os,
e tomou os seus despojos. 32 Depois reuniu a
sua gente, e veio a Damasco, e fazia correrias
por toda aquela província.
33 Ao mesmo tempo saiu Simão, e foi até
Ascalon, e até às fortalezas vizinhas: e de lá
partiu para Jope e a tomou. 34 (Porque tinha
sabido que eles queriam entregar a praça aos

do partido de Demétrio) e pôs ali guarnição
que guardasse a cidade.
35 E voltou Jônatas, e convocou os anciãos
do povo, e assentou com eles levantar fortale-
zas na Judéia, 36 e edificar muros em Jerusa-
lém, e levantar um muro de grande altura
entre a fortaleza e a cidade para a separar da
cidade, de sorte que ficasse ela sem comuni-
cação, e os de dentro não pudessem comprar
nem vender. 37 Eles pois se ajuntaram, para
edificarem a cidade; e havia caído o muro,
que estava sobre o ribeiro da banda do nas-
cente, e Jônatas reparou aquele que se chama
Cafeteta: 38 Simão da mesma sorte edificou
Adiada em Sefela, e a fortificou, e lhe pôs
portas e fechaduras.
39 Mas Trifão tendo resolvido fazer-se rei
da Ásia, e tomar o diadema, e matar o rei
Antíoco: 40 temendo não lho tolhesse Jônatas,
e não lhe declarasse guerra, buscava meios de
se apoderar da sua pessoa, e de o matar. E
levantando o seu campo se foi para Betsan:
41 e marchou Jônatas em seu encontro com
quarenta mil homens escolhidos para lhe dar
batalha, e veio para Betsan.
42 E quando Trifão viu que Jônatas era che-
gado com um grande exército para o comba-
ter, ficou cheio de medo: 43 e recebeu-o com
grande honra, e recomendou-o a todos os seus
amigos, e fez-lhe presentes: e mandou a todo
o seu exército que lhe obedecessem, como a
ele mesmo. 44 Depois disse a Jônatas: Por
que fatigaste tu inutilmente todo este povo,
quando nós não temos guerra um com outro?
45 Manda-os pois agora para suas casas, e
escolhe dentre eles alguns poucos, que fiquem
contigo e vem comigo para Ptolemaida, que
eu ta entregarei com as outras fortalezas, e
com as tropas, e com todos os que têm a
intendência dos negócios, e feito isto eu me
retirarei: porque a isto é que eu vim.
46 E creu-o Jônatas, e fez o que ele lhe dis-
se: e despediu as suas tropas, as quais se tor-
naram para a terra de Judá. 47 E ele não
reteve consigo senão três mil homens: dos
quais mandou ainda dois mil para Galiléia,
e mil se foram com eles. 48 E tanto que Jôna-
tas entrou em Ptolemaida, fecharam as portas
da cidade os ptolemenses: e o apanharam e
passaram ao fio da espada todos os que ti-
nham entrado com ele. 49 E Trifão enviou
as suas tropas, e a sua cavalaria para Galiléia
e para o campo grande para matarem todos
os companheiros de Jônatas.
50 Mas estes, tendo sabido que Jônatas ti-
nha sido preso, e tinha perecido com todos
os que com ele estavam, uns aos outros se
animaram, e saíram apercebidos para com-
bater. 51 Os que os tinham perseguidos po-
rém, vendo-os de todos resolutos a vender
bem caro as suas vidas, tornaram para trás.
52 Assim eles vieram todos em paz para a
terra de Judá. E choraram muito a Jônatas,
e aos que com ele tinham estado: e Israel
tomou apertado nojo. 53 Então todos os po-
vos, que estavam ao redor deles, procuraram
perdê-los: porque disseram: 54 Eles não têm
chefe, nem pessoa que os auxilie: ataquemo-
-los pois agora: e apaguemos o seu nome da
memória dos homens.

IV. SIMÃO, PRÍNCIPE DO POVO JUDEU

Simão, o novo comandante

13 Entretanto ouviu dizer Simão, que Trifão
tinha levantado um grande exército, para
vir à terra de Judá, e assolá-la. 2 Vendo que o
povo estava todo amedrontado, e espavorido,
subiu a Jerusalém, e fez ajuntar o povo: 3 e
para os animar, lhes disse: Vós sabeis quanto
havemos pelejado, eu e meus irmãos, e a casa
de meu pai pelas nossas leis, e pelo santo
templo, e em que apertos nos temos visto.
4 Por esta causa são mortos todos os meus
irmãos, por quererem salvar a Israel, e fiquei
eu só. 5 Mas não permita Deus agora que quei-
ra eu perdoar à minha vida, enquanto dura-
rem as nossas tribulações: porque eu não sou
melhor do que meus irmãos. 6 Eu pois vinga-
rei a minha gente, e o santuário: também os
nossos filhos, e mulheres: porque todas as
nações se têm ajuntado para nos oprimir,
somente pelo ódio que nos têm.
7 E o espírito do povo, assim que ouviu
estas palavras, ficou todo inflamado. 8 E res-
ponderam em alta voz, dizendo: Tu és o nosso
capitão em lugar de Judas e de Jônatas teu
irmão. 9 Dirige as nossas batalhas: e nós fa-
remos tudo o que nos disseres.
10 E ajuntando todos os homens de guerra,
fez acabar com presteza todos os muros de
Jerusalém, e fortificou-a toda em roda. 11 E
enviou a Jônatas, filho de Absalomi, e com
ele um novo exército a Jope, e tendo deitado
fora os que estavam dentro dela, ele se dei-
xou lá ficar. 12 Trifão, entretanto, abalou de
Ptolemaida com um grande exército, para vir
para a terra de Judá, e trazia consigo a

Jônatas, que ele tinha retido prisioneiro. 13 E Simão acampou-se perto de Adus, defronte da planície.

Assassínio de Jônatas

14 E Trifão tanto que soube que Simão entrara em lugar de seu irmão Jônatas: e que se dispunha a lhe dar batalha, mandou-lhe embaixadores, 15 dizendo: Pelo dinheiro que teu irmão Jônatas devia à fazenda real, por causa dos negócios que manejou, nós o temos retido. 16 Mas envia-me tu agora cem talentos de prata, e os seus dois filhos em reféns, para que ele, sendo posto em liberdade, não fuja do nosso partido, e nós to remeteremos.

17 Simão, ainda que conheceu que Trifão lhe falava assim para o enganar, mandou todavia que se lhe levasse o dinheiro com os meninos: temendo não mover contra si o ódio do povo de Israel, que poderia dizer: 18 Porque não lhe enviou o dinheiro, e os meninos, por isso é que Jônatas pereceu. 19 Ele pois lhe mandou os meninos, e os cem talentos. E Trifão faltou à palavra, e não remeteu a Jônatas.

20 E depois disto veio Trifão à terra para a assolar: e deram volta pelo caminho que vai a Ador: mas Simão e o seu exército marchavam para toda a parte, para onde quer que eles iam. 21 Então os que estavam na fortaleza, mandaram por uns mensageiros dizer a Trifão, que se desse pressa em vir pelo deserto, e que lhes enviasse viveres. 22 E pôs Trifão toda a cavalaria pronta, para partir aquela mesma noite. Mas tinha caído muita neve em grande cópia, e não pode ir ao território de Galaad. 23 E estando perto de Bascaman, matou ali a Jônatas, e a seus filhos. 24 Depois voltou Trifão, e foi para a sua terra.

25 Então mandou Simão buscar os ossos de seu irmão Jônatas, e os sepultou em Modin, que era a cidade de seus pais. 26 E todo Israel tomou grande dó da sua morte, e o pranteou por muitos dias. 27 E Simão levantou sobre o sepulcro de seu pai e de seus irmãos um alto edifício, que se via de longe, cujas pedras eram polidas por detrás e por diante. 28 E pôs sete pirâmides em correspondência umas das outras, uma a seu pai, outra a sua mãe, e quatro a seus irmãos. 29 E pôs-lhe à roda umas grandes colunas: e sobre estas colunas armas, que servissem de um monumento eterno, e ao pé das armas navios de escultura, que fossem vistos de longe por todos os que navegavam pelo mar. 30 Este é o sepulcro, que ele fez em Modin, que até o presente ainda dura.

31 Ora Trifão indo em jornada com o moço rei Antíoco, matou-o à traição. 32 E reinou em lugar dele, e pôs sobre a cabeça o diadema da Ásia, e fez grande estragos na terra.

Consolida Simão e liberdade nacional

33 Simão entretanto reparou as praças da Judéia, fortificando-as de altas torres, e de grandes muros e de portas, e fechaduras: e meteu víveres nas praças fortes. 34 Escolheu também Simão certos homens, e os enviou ao rei Demétrio, pedindo-lhe que restabelecesse a Judéia nas suas liberdades: porque todo o procedimento de Trifão tinha sido fundado em rapina.

35 E veio o rei Demétrio no que ele lhe tinha pedido, e lhe respondeu por escrito nestes termos: 36 O rei Demétrio a Simão, sumo sacerdote, e amigo dos reis, e aos anciãos, e ao povo dos judeus, saúde. 37 Nós recebemos a coroa, e a palma de ouro, que vós nos mandastes: e estamos prontos a fazer convosco uma paz sólida, e a escrever aos governadores do rei que vos remitam o que vós vos temos concedido. 38 Porque tudo o que nós temos ordenado a nosso favor, fica para vós valioso. As praças, que edificastes, sejas vossas. 39 Também vos perdoamos as ignorâncias, e as faltas, em que podeis ter caído até o dia de hoje, e a coroa que devíeis: e se acaso se nos pagava qualquer outro imposto em Jerusalém, não se torne ele mais a pagar. 40 E se entre vós alguns há que sejam capazes de se alistarem nas nossas tropas, alistem-se e haja entre nós paz.

41 No ano cento e setenta foi tirado o jugo dos gentios a Israel. 42 E o povo de Israel começou a pôr nas tábuas e registros públicos a era desde o primeiro ano sob Simão, sumo pontífice, grande capitão, e príncipe dos judeus.

43 Naqueles dias foi Simão sitiar Gaza, e bloqueou-a com o seu exército, e fez máquinas, e chegou-se à cidade, e atacou uma das suas torres, e a levou. 44 E os que estavam numa destas máquinas haviam já entrado de golpe na cidade: e levantou-se um grande motim na cidade. 45 E os que estavam na cidade subiram acima dos muros com suas mulheres e filhos, rasgados os seus vestidos, e clamaram a grandes gritos, pedindo a Simão que lhes desse a sua mão direita. 46 E disseram: Não nos trates segundo a nossa muita malícia, mas segundo a tua grande clemência. 47 E ainda que movido Simão de piedade, lhes não fez sentir o rigor da guerra: contudo lançou-os fora da cidade, e purificou as casas em que tinham estado os ídolos, e então é

que entrou nela bendizendo com hinos ao Senhor. 48 E depois de tiradas da cidade todas as imundícies, pôs nela homens que observassem a lei. E fortificou-a, e fez nela habitação para si.

49 Os que porém estavam na fortaleza de Jerusalém não podiam tolhidos disso, nem sair dela nem entrar pelo país, nem comprar nada, ou vender: e viram-se reduzidos a uma grande fome, e muitos deles morreram à míngua. 50 E gritaram a Simão, pedindo-lhe composição: e ele lha outorgou: e lançou-os fora da fortaleza, e limpou-a de todas as contaminações. 51 E entraram depois nela em o dia vinte e três do segundo mês, ano cento e setenta e um, entoando louvores, e levando ramos de palmas na mão, e ao toque de harpas e de tímbales, e de liras, e cantando hinos, e cânticos, por ter sido exterminado de Israel um grande inimigo. 52 E ordenou Simão que todos os anos se celebrassem estes dias com alegria. 53 Fortificou outrossim o monte do Templo, que era perto da fortaleza, e habitou ali ele mesmo, e os que com ele estavam. 54 Ao depois viu Simão que João, seu filho, era um homem de guerra mui valente: e fê-lo general de todas as tropas. E João habitou em Gazara.

Prosperidade de Simão

14 No ano cento e setenta e dois ajuntou o rei Demétrio o seu exército, e foi para a Média, para tirar dali socorros, e fazer guerra a Trifão. 2 Ora Arsaces, rei da Pérsia, e da Média, como ouviu que Demétrio tinha entrado nas suas terras, despachou logo um dos seus generais para que o tomasse vivo, e lho levasse. 3 Marchou ele pois, e desbaratou o exército de Demétrio: e o apanhou, e o levou a Arsaces, o qual o fez meter numa prisão.

4 E todo o país de Judá esteve sossegado por todo o tempo que Simão governou, e procurou fazer bem à sua nação: e o seu poder e a sua glória foram do agrado dos judeus enquanto ele viveu. 5 E além de todas as outras ações gloriosas que fez, tomou a Jope para lhe servir de porto, e fez que ela fosse uma passagem para as ilhas do mar. 6 E estendeu os limites da sua nação, e se fez senhor de todo o país. 7 E ajuntou um grande número de prisioneiros, e apoderou-se de Gazara, e de Betsura, e da fortaleza: e tirou dela todas as imundícies, e não havia quem lhe resistisse.

8 E cada um cultivava a sua fazenda em paz: e a terra de Judá produzia as suas novidades, e as árvores do campo os seus frutos. 9 Os velhos estavam assentados pelas praças e se entretinham na abundância dos bens da terra, e os moços se enfeitavam com vestidos magníficos, e com hábitos de guerra. 10 E ele distribuía mantimentos às cidades, e as ordenava em forma que ficassem sendo praças de armas, de maneira que a nomeada da sua glória se fez célebre até às extremidades da terra. 11 Ele firmou a paz nos seus estados, e Israel se regozijou com grande alegria. 12 E cada um se punha assentado debaixo da sua parreira, e debaixo da sua figueira: e não havia quem lhes fizesse o menor medo. 13 Não se achou sobre a terra quem os atacasse. Os reis ficaram abatidos por aqueles dias: 14 e protegeu todos os pobres do seu povo, e zelou a observância da lei, e exterminou todos os iníquos, e todos os maus. 15 Restabeleceu a glória do santuário, e multiplicou os vasos santos.

16 E soou em Roma a notícia de que Jônatas era falecido: e chegou ela até aos lacedemônios: e todos o sentiram em extremo. 17 Mas quando ouviram dizer que Simão, seu irmão, tinha sido feito sumo pontífice em seu lugar, e que ele estava senhor de todo o país, e todas as cidades dele, 18 escreveram-lhe em tábuas de metal, para renovarem a amizade, e a aliança que haviam feito com Judas, e com Jônatas seus irmãos. 19 Estas cartas pois foram lidas em Jerusalém diante de todo o povo. E este é o teor das cartas que mandaram os lacedemônios:

20 Os príncipes, e as cidades dos lacedemônios, a Simão, sumo sacerdote, e aos anciãos, e aos sacerdotes, e a todo o povo dos judeus, seus irmãos, saúde. 21 Os embaixadores, que foram enviados ao nosso povo, nos informaram da glória, e da honra, e da alegria, em que vós presentemente vos achais: e nós nos regozijamos com a sua chegada. 22 E o que eles nos disseram nas juntas do povo escrevemos nós nos registros públicos, pelo teor seguinte: Numênio, filho de Antíoco, e Antípatro, filho de Jasão, deputados dos judeus, vieram ter conosco, para renovar a nossa antiga amizade. 23 E pareceu bem ao povo receber a estes homens honorificamente, e pôr o treslado de suas palavras nos livros reservados do povo, para que ficasse em lembrança aos povos dos lacedemônios. Ora nós mandamos uma cópia de tudo isto a Simão, sumo pontífice. 24 E depois disto enviou Simão a Roma a Numênio com um grande escudo de ouro, que pesava mil minas, a fim de renovar a aliança com eles.

Simão reconhecido príncipe do povo

E tendo ouvido os do povo romano 25 estas razões, disseram: Que ação de graças rendere-

mos nós a Simão, e a seus filhos? 26 Porque
ele restabeleceu seus irmãos, e exterminou no
meio de Israel os seus inimigos, e eles lhe
deram o privilégio de uma inteira liberdade,
e gravaram isto numas tábuas de metal, e o
puseram numa inscrição pública sobre o mon-
te Sião.
27 E isto é o que continha a inscrição: Aos
dezoito dias do mês de Elul, ano cento e se-
tenta e dois, o terceiro ano sob Simão, sumo
sacerdote em Asaramel. 28 Foi feita esta de-
claração no grande ajuntamento dos sacerdo-
tes, e do povo, e dos príncipes da nação, e
dos anciãos do país. Todos sabem que no nos-
so país têm havido freqüentes guerras. 29 E
Simão, filho de Matatias, da prosápia de
Jarib, e seus irmãos se expuseram ao perigo,
e resistiram aos inimigos da sua nação, para
susterem o seu santo Templo, e a sua lei: e
levaram o seu povo a uma grande glória. 30 E
Jônatas congregou os da sua nação, e foi feito
sumo sacerdote deles: e foi-se unir ao seu
povo. 31 E os inimigos dos judeus quiseram
espezinhar, e destruir o seu país e alçar as
mãos contra o seu santo Templo. 32 Então
lhes resistiu Simão, e pelejou pelo seu povo,
e distribuiu muito dinheiro, e armou os mais
valentes da sua nação, e lhes deu soldo: 33 e
fortificou as cidades da Judéia, onde seus ini-
migos tinham feito antes sua praça de armas:
e pôs nela uma guarnição de judeus. 34 E for-
tificou a Jope, que estava sobre a costa do
mar: e a Gazara, que está na fronteira de
Azot, onde antes habitavam os inimigos, e pôs
nelas judeus que as guardassem: e as proveu
de todas as coisas necessárias para a sua de-
fensa.
35 E viu o povo os feitos de Simão, e o
que ele fazia por exaltar a glória da sua nação,
e eles o constituíram seu chefe, e príncipe dos
sacerdotes, pelo motivo de ter ele obrado tudo
isto, e pela justiça e fidelidade, que tinha
guardado à sua nação, e por ter procurado
por todos os meios exaltar o seu povo. 36 E
em seus dias tudo foi próspero nas suas mãos,
de maneira que os estrangeiros foram banidos
do seu país, e também os que estavam em
Jerusalém, na cidade de Davi na fortaleza, da
qual faziam as suas sortidas, e profanavam
tudo o que há no contorno do santuário, e
faziam um grande ultraje a sua santidade.
37 E pôs ali soldados judeus para segurança
do país, e da cidade, e levantou os muros de
Jerusalém.
38 E o rei Demétrio o confirmou no sumo
pontificado. 39 Depois disto lhe deu o título
de seu amigo, e o elevou a uma grande glória.
40 Porque ouviu dizer que os romanos tinham
chamado aos judeus seus amigos, e aliados, e
irmãos, e que tinham recebido os embaixado-
res de Simão com grande honra: 41 e que os
judeus, e os seus sacerdotes tinham consenti-
do que ele fosse seu chefe, e sumo sacerdote
para sempre, até que se levantasse um pro-
feta fiel: 42 e que tivesse sobre eles autorida-
de de chefe, e que tomasse sobre si o cuidado
das coisas santas, e que designasse quais ha-
viam de ter a intendência sobre as obras pú-
blicas, e sobre a província, e sobre as armas,
e sobre os presídios: 43 vigiasse outrossim
na guarda dos santos lugares: e que a ele
obedecessem todos, e em nome dele fossem
escritos todos os instrumentos públicos do
país: e que andasse vestido de púrpura, e
ouro: 44 e que a nenhum do povo, nem dos
sacerdotes fosse permitido violar alguma des-
tas coisas, nem contradizer a nada do que ele
ordenasse, nem colocar junta alguma na pro-
víncia sem a sua autoridade, nem vestir púr-
pura, nem usar fivela de ouro: 45 e o que
obrasse contra esta ordenança, ou violasse
qualquer parte dela, ficaria réu. 46 Aprouve
pois a todo o povo constituir a Simão nesta
grande autoridade, e executar todo o conteúdo
nesta declaração. 47 E aceitou Simão o gover-
no, e consentiu em fazer as funções do sumo
pontificado e em ser chefe, e príncipe da na-
ção dos judeus, e dos sacerdotes, e em ter o
comando de todas as coisas.
48 E acordaram pôr esta declaração em
pranchas de metal, e colocá-las na galeria do
santuário, em lugar público: 49 e guardar no
erário uma cópia de tudo isto, para que tives-
sem ali este título Simão, e seus filhos.

Simão reconhecido por nações estrangeiras

15 Então o rei Antíoco, filho de Demétrio,
remeteu das ilhas do mar cartas a Simão,
sumo sacerdote, e príncipe do povo dos ju-
deus, e a toda a sua nação: 2 e o seu conteúdo
era desta maneira: O rei Antíoco a Simão,
sumo sacerdote e à nação dos judeus, saúde.
3 Porquanto certos homens pestilenciais inva-
diram o reino de nossos pais, e eu quero
recobrá-lo, e restabelecê-lo no estado em que
antes se achava: e levantei um grande exérci-
to de gente escolhida e fiz construir naus de
guerra, 4 assim faço tenção de entrar nos
meus estados para me vingar daqueles que
têm danificado as minhas províncias, e que
têm assolado muitas cidades no meu reino.
5 Eu pois te remito agora todos os impos-
tos, que todos os reis meus predecessores te
remitiram e te confirmo em todas as imuni-
dades que eles te concederam: 6 e eu te dou
licença que batas moeda do teu cunho no teu

país: 7 e que Jerusalém seja uma cidade san-
ta, e livre: e que todas as armas, que man-
daste fazer, e todas as praças fortes, as quais
tu construíste, e tens em teu poder, fiquem
para ti. 8 E todas as dívidas do rei, e as rega-
lias que o rei devia haver, desde agora e para
sempre, te são perdoadas. 9 E quando nós
tivermos entrado na posse do nosso reino, e
te faremos a ti, e à tua nação, e ao Templo,
grandes honras, de maneira que fique mani-
festa a vossa glória em toda a terra.

10 No ano cento e setenta e quatro entrou
Antíoco no reino de seus pais, e todas as tro-
pas vieram logo oferecer-se a ele, de sorte que
poucas ficaram com Trifão. 11 E o rei Antíoco
o perseguiu, e ele Trifão veio para Dora, fu-
gindo pela costa do mar. 12 Porque sabia que
sobre ele estavam os males iminentes, e que
o exército o desamparara. 13 E Antíoco caiu
sobre Dora com cento e vinte mil homens de
guerra, e oito mil cavalos: 14 e pôs cerco à
cidade, e os navios a bloquearam pela parte
do mar: e a tinham em aperto por mar, e por
terra, sem deixarem entrar nem sair pessoa
alguma.

15 Entretanto chegaram de Roma Numênio,
e os que tinham ido com ele, trazendo cartas
escritas aos reis, e a diversos povos, nas quais
se continha o seguinte: 16 Lúcio, consul dos
romanos, ao rei Ptolomeu, saúde. 17 Os em-
baixadores dos judeus, que são nossos amigos,
vieram ter conosco, enviados por Simão, prín-
cipe dos sacerdotes, e pelo povo dos judeus,
a fim de renovarem a antiga aliança, e ami-
zade que há entre nós. 18 E eles trouxeram
também um escudo de ouro de mil minas.
19 Nós pois resolvemos escrever aos reis e
aos povos, que lhes não façam mal nenhum,
que não acometam nem a eles, nem as suas
cidades, nem as suas províncias: e que não
dêem socorro aos que pelejarem contra eles.
20 Ora nós julgamos que devíamos aceitar o
escudo que eles nos trouxeram. 21 Se pois al-
guns homens corrompidos saíram do país de-
les para se refugiarem entre vós, remetei-os
a Simão, príncipe dos sacerdotes, para que
ele os faça castigar conforme a sua lei.

22 Estas mesmas coisas escreveram ao rei
Demétrio, e a Atalo, e a Ariarates, e a Arsaces,
23 e a todas as terras: e a Lâmpsaco, e aos
lacedemônios, e a Delos, e a Mindo, e a Siciô-
nia, e a Cária, e a Samos, e a Panfília, e a
Lícia, e a Halicarnasso, e a Cós, e a Siden,
e a Arado, e a Rodes, e a Fasélida, e a Gor-
tina, e a Gnido, e a Chipre, e a Cirene. 24 E
destas cartas mandaram os romanos uma có-
pia a Simão, príncipe dos sacerdotes, e ao
povo dos judeus.

Antíoco VII viola os pactos

25 O rei Antíoco, porém, pôs um segundo
cerco a Dora, sem nunca levantar mão do seu
combate, e aplicando máquinas: e ali teve de
tal sorte fechado a Trifão, que não podia sair.
26 Então lhe mandou Simão um socorro de
dois mil homens escolhidos, com dinheiro e
ouro, e muitos vasos. 27 Mas Antíoco os não
quis receber, e rompeu todos os tratados, que
tinha feito com ele antes, e se alienou dele.

28 Depois enviou-lhe a Atenóbio, um dos
seus confidentes, para tratar com Simão, di-
zendo-lhe da sua parte: Vós tendes entre vos-
sas mãos a Jope, e a Gazara, e a fortaleza que
está em Jerusalém, que são cidades do meu
reino. 29 Tendes assolado os seus termos, e
fizestes grande destroço no país, e levantas-
tes-vos com o senhorio de muitos lugares no
meu reino. 30 Agora pois dai para cá as cida-
des que tomastes, e os tributos de diferentes
lugares, em que vós dominastes fora das fron-
teiras da Judéia: 31 e senão, pagai pelas cida-
des que retendes, quinhentos talentos de prata,
e pelos estragos que fizestes, e tributos das
cidades, outros quinhentos talentos: de outra
sorte, nós iremos, e vos faremos guerra.

32 Veio pois Atenóbio, amigo do rei, a Jeru-
salém, e viu a glória de Simão, e as suas peças
de ouro, e prata que brilhavam, e o seu grande
aparato: e ficou maravilhado. Depois lhe re-
feriu as palavras do rei. 33 E Simão lhe res-
pondeu, e lhe disse: Nós não temos usurpado
o país de ninguém, nem retemos os bens de
outrem: mas temos somente recuperado a he-
rança de nossos pais, que de certos tempos a
esta parte estava injustamente possuída pelos
nossos inimigos. 34 Assim que, tendo-nos sido
favorável o tempo, nós nos tornamos a meter
de posse da herança de nossos pais. 35 Pelo
que toca às queixas que nos fazes acerca de
Jope, e de Gazara, eles eram os que causavam
muitos males entre o povo, e no nosso país:
entretanto nós estamos prontos a dar por es-
tas cidades cem talentos. E Atenóbio não lhe
respondeu uma só palavra.

36 Mas ele cheio de ira, tendo voltado para
o rei, lhe deu parte destas razões, e da glória
de Simão, e de tudo o que tinha visto, do que
o rei ficou em grande extremo irritado.
37 Neste comenos fugiu Trifão numa nau pa-
ra Ortosíada.

38 E o rei Antíoco deu a Cendebeu o co-
mando de toda a costa marítima, e lhe entre-
gou um exército composto de infantaria, e
cavalaria. 39 E ordenou-lhe que fizesse abalar
o seu campo contra a fronteira da Judéia: e
lhe mandou que reedificasse a Gedor, e tapas-
se as portas da cidade, e reduzisse o povo à

força das suas armas. Entretanto o rei perseguia a Trifão. 40 E Cendebeu chegou a Jâmnia, e começou a vexar o povo, e a espezinhar a Judéia, e a fazer um grande número de prisioneiros, e a matar gente, e a reedificar Gedor. 41 E pôs ali cavalaria, e gente de pé: para que saindo fizessem correrias pelas terras da Judéia, em conformidade do que lhe tinha mandado o rei.

Vitória dos filhos de Simão sobre Cendebeu

16 Veio João de Gazara, e contou a Simão, seu pai, tudo o que Cendebeu fizera contra o seu povo. 2 E Simão fez vir a seus dois filhos mais velhos, Judas e João, e lhes disse: Eu, e meus irmãos, e a casa de meu pai temos desbaratado os inimigos de Israel desde a nossa mocidade até o dia de hoje: e neste nosso manejo temos tido a ventura de livrar a Israel, por várias vezes. 3 Agora porém já estou velho, mas tomai vós o meu lugar, e sede como meus irmãos, e ide pelejar pelo nosso povo: e seja convosco o socorro do céu.

4 Depois disto escolheu de todo o país vinte mil homens de guerra, e soldados de cavalo; e os dois marcharam contra Cendebeu: e pernoitaram em Modin. 5 E levantaram-se ao romper da manhã, e marcharam para o campo: e eis que vinha em demanda deles um grosso exército de infantaria, e cavalaria, e em meio deles havia uma impetuosa torrente. 6 E abalou ele com a sua gente para os atacar, e como viu que as suas tropas estavam receosas de passar a torrente, por essa causa a passou ele primeiro: e quando os outros o viram fazer esta ação, logo passaram atrás dele. 7 E dividiu a sua gente em dois corpos, e pôs no meio da infantaria a cavalaria: porque a cavalaria dos inimigos era muito numerosa. 8 E assim que fizeram soar as sagradas trombetas, logo Cendebeu fugiu para as suas tropas: e caíram mortos das feridas muitos deles: e o resto se recolheu precipitadamente à fortaleza. 9 Nesta ocasião foi ferido Judas, irmão de João: e João perseguiu os inimigos até chegar a Cedron, que Cendebeu tinha reedificado. 10 E muitos fugiram para as torres que havia na campina de Azot, e João as fez queimar. E morreram deles dois mil homens, e João voltou em paz para a Judéia.

Simão é assassinado

11 E Ptolomeu, filho de Abobo, tinha sido feito governador da campina de Jericó, e tinha muita prata, e muito ouro: 12 porque era genro do sumo sacerdote. 13 E o seu coração se elevou de soberba, e queria fazer-se senhor do país, e andava maquinando alguma aleivosia contra Simão, e seus filhos para os matar.

14 Simão porém, correndo as cidades, que havia no país da Judéia, e tratando cuidadosamente de as pôr em ordem, baixou a Jericó ele, e Matatias, seu filho, e Judas, no ano cento e setenta e sete, no undécimo mês: que é o mês Sabat. 15 E o filho de Abobo os recebeu com má tenção num pequeno forte, que tinha edificado, o qual se chamava Doc: e mandou-lhe fazer um grande banquete, e escondeu ali homens. 16 Quando pois Simão, e seus filhos tinham bebido bem, levantou-se Ptolomeu com a sua gente, e tomaram as suas armas, e entraram na sala do banquete, e mataram a Simão, e a seus dois filhos, e alguns dos seus criados. 17 Deste modo executou Ptolomeu em Israel uma grande perfídia, e tornou mal por bem.

18 E escreveu Ptolomeu isto ao rei, e lhe mandou pedir que lhe enviasse um exército em seu socorro, e ele lhe entregaria o país e cidades deles, e os tributos. 19 Ao mesmo tempo mandou outros a Gazara para matarem a João: e enviou cartas aos tribunos para que viessem unir-se com ele, prometendo que lhes daria ouro, prata, e presentes. 20 E mandou outros a fazerem-se senhores de Jerusalém, e do monte do Templo.

21 Mas prevenindo-os certo homem, foi avisar a João em Gazara, que seu pai, e seus irmãos tinham sido mortos, e que Ptolomeu tinha também enviado gente para o matarem a ele. 22 Ele porém assim que ouviu isto, ficou espavorido em extremo: e fez apanhar os que vinham matá-lo, e mandou-lhes tirar a vida: porque conheceu que eles vinham com tenção de o matar.

EPÍLOGO

23 O resto porém da vida de João, e das suas guerras, e das gloriosas facções, em que valorosamente se portou, e da reedificação dos muros, que construiu, e das ações que obrou: 24 eis aí que tudo isto está escrito no livro dos anais do seu pontificado, começando desde o tempo em que ele foi constituído príncipe dos sacerdotes em lugar de seu pai.

SEGUNDO LIVRO DOS
MACABEUS

I. INTRODUÇÃO. DOCUMENTOS

Primeira carta dos judeus de Jerusalém

1 Aos irmãos judeus, que estão espalhados pelo Egito, os judeus seus irmãos, que estão em Jerusalém, e que vivem no país da Judéia, lhes desejam saúde e boa paz. 2 Deus vos encha de bens, e se lembre da sua aliança que fez com Abraão, e Isaac, e Jacó, seus fiéis servos. 3 E Ele vos dê a todos um mesmo coração para que vós o adoreis, e façais a sua vontade com um coração grande, e um ânimo fervoroso. 4 Ele abra o vosso coração para a sua lei, e para os seus preceitos, e Ele vos dê a paz. 5 Ele escute as vossas orações, e se reconcilie convosco, e vos não desampare no tempo mau. 6 Pelo que nos diz respeito, nós aqui estamos agora ocupados em orar por vós.

7 Sob o reinado de Demétrio, ano cento e sessenta e nove, nós outros judeus vos escrevemos na aflição, e violência dos males, que tinham sobrevindo estes anos, desde que Jasão se retirou da terra santa, e do reino. 8 Eles queimaram a porta e derramaram o sangue inocente: e nós fizemos oração ao Senhor, e fomos ouvidos, e oferecemos o sacrifício e a flor da farinha, e acendemos as lâmpadas, e pusemos os pães. 9 Celebrai pois agora a festa dos Tabernáculos do mês de Casleu. 10 Ano cento e oitenta e oito.

Carta do povo de Aristóbulo, no Egito

O povo, que está em Jerusalém, e na Judéia, e o senado e Judas, a Aristóbulo, mestre do rei Ptolomeu, que é da linhagem dos sacerdotes ungidos, e aos judeus que vivem no Egito, saúde e prosperidade. 11 Livrados por Deus de grandes perigos, nós lhe rendemos grandiosas ações de graças, pela fortaleza que nos deu para pelejarmos contra um tal rei. 12 Porque ele foi o que fez sair da Pérsia aquela multidão de gentes, que pelejaram contra nós, e contra a cidade santa. 13 Porquanto, achando-se na Pérsia o mesmo chefe, e com ele um exército imenso, pereceu no templo de Nanéia, enganado pelo fraudulento conselho dos sacerdotes da referida Nanéia. 14 Porque veio Antíoco em companhia de seus amigos ao seu templo, como para se desposar com ela, e para receber grandes somas de dinheiro a título de dote. 15 E como os sacerdotes de Nanéia lhe tivessem mostrado as tais somas, e ele houvesse entrado com uns poucos dentro do âmbito do templo fecharam logo o templo, 16 assim que entrou Antíoco. E depois de terem aberto uma oculta entrada do templo, arrojando pedras feriram o chefe, e os que com ele estavam, os esquartejaram, e cortadas as cabeças os deitaram fora. 17 Em tudo e por tudo seja Deus bendito, que assim entregou os ímpios. 18 Devendo nós pois celebrar no dia vinte e cinco do mês de Casleu a purificação do Templo, julgamos que era necessário avisar-vos disso: para que vós também celebreis tanto a festa dos Tabernáculos, como a festa do fogo que nos foi dado quando Neemias, depois de ter edificado o Templo e o altar, ofereceu nele os sacrifícios. 19 Porque quando nossos pais foram levados cativos para a Pérsia, os sacerdotes, que então eram tementes a Deus, tirando o fogo que estava sobre o altar, o esconderam secretamente num vale, onde havia um poço alto, e seco, e o guardaram ali, de sorte que a todos ficasse incógnito o lugar. 20 Tendo-se passado pois muitos anos, foi Deus então servido que Neemias fosse enviado à Judéia pelo rei da Pérsia. Mandou ele que os netos daqueles sacerdotes, que tinham escondido o fogo, o fossem buscar: e não acharam fogo, como eles mesmos no-lo disseram, mas uma água crassa.

21 Então mandou o sacerdote Neemias que tirassem eles desta água, e lha trouxessem.

Ordenou-lhes que com a mesma água se fizessem aspersões sobre os sacrifícios, que estavam postos em cima, e sobre a lenha, e sobre o que se achava posto em cima. 22 E logo que se isto fez, e veio o tempo em que raiou o sol, que havia estado antes nublado, se acendeu um grande fogo, de maneira que todos ficaram maravilhados. 23 Entretanto todos os sacerdotes estavam fazendo oração, enquanto o sacrifício se consumava, principiando Jônatas, e respondendo os outros. 24 E a oração que fazia Neemias, era desta maneira: Senhor Deus, Criador de todas as coisas, terrível, e forte, justo, e misericordioso, que és o só bom rei, 25 o só excelente, o só justo, e todo-poderoso, e eterno, que livras a Israel de todo o mal, que escolheste a nossos pais, e os santificaste: 26 recebe este sacrifício por todo o teu povo de Israel, e guarda a tua herança, e santifica-a. 27 Congrega a todos os nossos irmãos dispersos, livra os que estão debaixo da escravidão dos gentios, e olha favoravelmente para os que estão feitos um objeto de desprezo, e de abominação: para que as nações conheçam que tu és nosso Deus. 28 Aflige os que nos oprimem, e os que nos ultrajam com soberba. 29 Estabelece o teu povo no teu santo lugar, como o disse Moisés.

30 Entretanto os sacerdotes cantavam hinos, até que o sacrifício fosse acabado. 31 E acabado que foi o sacrifício, ordenou Neemias que com o que restava daquela água fossem borrifadas as pedras maiores. 32 O que depois de feito, se acendeu delas uma grande chama: porém ela foi consumida pelo lume, que resplandeceu do altar.

33 E tanto que este sucesso se fez público, contaram ao rei dos persas, como no lugar, onde os sacerdotes, que tinham sido levados cativos, haviam escondido o fogo, se tinha achado uma água, com a qual Neemias, e os que estavam com ele, tinham purificado os sacrifícios. 34 E considerando nisto o rei, e examinando com diligência o caso, fez ali um templo, para memória do que tinha acontecido. 35 E tendo-se assegurado deste prodígio, deu aos sacerdotes muitos bens, el hes fez muitos e diversos presentes, que ele lhes distribuía por sua própria mão. 36 E Neemias chamou a este lugar Neftar, que quer dizer, purificação. Mas há muitos que o chamam Nefi.

2 Ora nas relações do profeta Jeremias se acha escrito que ele aos que iam da Judéia para um país estrangeiro, lhes mandou que tomassem o fogo: como já ficou indicado, e como ele o prescreveu aos que eram levados cativos. 2 E o mesmo profeta lhes deu a lei, para que eles se não esquecessem dos preceitos do Senhor, nem se extraviassem nos seus espíritos vendo os ídolos de ouro, e de prata, e os seus adornos. 3 E dando-lhes outros avisos semelhantes a estes os exortava a que não apartassem do seu coração a lei.

4 Continha-se outrossim no mesmo escrito, como este profeta por ordem particular que tinha recebido de Deus, mandou que levassem com ele o tabernáculo, e a arca, até que chegasse ao monte, a que Moisés tinha subido, e do qual ele viu a herança de Deus. 5 E tendo ali chegado Jeremias, achou naquele lugar uma caverna: e meteu nela o tabernáculo, e a arca, e o altar dos perfumes, e tapou-lhe a entrada. 6 Alguns porém dos que o seguiam, se chegaram juntos para notarem este lugar: e não puderam achá-lo. 7 E quando isto soube Jeremias, repreendendo-os, disse: Sabei que este lugar ficará incógnito, até que Deus reuna a congregação do povo, e se lhe mostre propício. 8 E então descobrirá o Senhor estas coisas e aparecerá a majestado do Senhor, e ver-se-á uman uvem, como também se manifestava a Moisés, e assim como apareceu a Salomão quando pediu que o Templo fosse santificado pelo grande Deus. 9 Porque então fazia ele resplandecer magnificamente a sua sabedoria: e ele ofereceu o sacrifício da dedicação, e da consumação do Templo, como quem estava cheio de sabedoria. 10 E assim como Moisés orava ao Senhor, e desceu fogo do céu e consumiu o holocausto, por semelhante modo também orou Salomão, e desceu fogo do céu, que consumiu o holocausto. 11 E Moisés disse pelo motivo de que se não comeu a hóstia que era oferecida pelo pecado, foi ela consumida. 12 Também Salomão da mesma sorte celebrou por oito dias a dedicação.

13 E estas mesmas coisas se achavam nos escritos, e memórias de Neemias: e ele as descreveu como quem, formando uma biblioteca, ajuntara de diversos países livros, assim os dos profetas, como os de Davi, e as cartas dos reis, e os que tocava aos seus dons. 14 E do mesmo modo também Judas Macabeu recolheu tudo o que se havia perdido durante a guerra, que nos sobreviera, e esta coleção nós a temos nas nossas mãos. 15 Se vós pois desejais estes escritos, mandai pessoas que vo-los possam levar.

16 Nós pois vos escrevemos, estando a ponto de celebrar a purificação: e vós fareis bem se celebrardes esta festa. 17 Porque Deus, que livrou o seu povo, e que restituiu a todos a herança, e o reino, e o sacerdócio, e o lugar

santo, 18 conforme o tinha prometido na lei, esperamos que cedo nos fará misericórdia, e nos tornará a ajuntar de todos os países, que estão debaixo do céu, no seu santo lugar. 19 Pois que Ele nos livrou de grandes perigos, e purificou o seu Templo.

Prefácio deste livro

20 Nós pois temo-nos proposto escrever o que toca a Judas Macabeu, e a seus irmãos, e sobre a purificação do grande Templo, e a respeito da dedicação do altar: 21 e também acerca das batalhas que se deram sob Antíoco Ilustre, e sob seu filho Eupator: 22 e sobre as manifestas aparições que tiveram do céu aqueles que pelejaram pelos judeus com tanto valor, que sendo poucos, se fizeram senhores de todo o país: e puseram em fugida um grande número de bárbaros, 23 e recobraram o mais famoso Templo que há em todo o mundo, e livraram a cidade da escravidão, restituíram ao seu vigor as leis, que tinham sido abolidas, tendo-se-lhes o Senhor mostrado propício com evidentes provas da sua bondade: 24 e além disto o que Jasão de Cirene compreendeu em cinco livros, procuramos nós epitomar num só volume.

25 Portanto considerando a multidão de livros, e a dificuldade que encontram os que querem aaplicar-se às narrações das histórias por causa da multidão dos sucessos, 26 procuramos em benefício dos que desejarem com efeito ler esta nossa, que ela lhes servisse de recreação do espírito: e para comodidade dos estudiosos, que eles a pudessem entregar mais facilmente à memória, e pudesse geralmente ser útil a todos os que a folhearem.

27 Mas na verdade pelo que diz respeito a nós, que nos encarregamos de fazer o resumo desta obra, não é ligeiro trabalho que temos tomado, antes porém uma empresa cheia de vigílias, e de suor. 28 Como aqueles que dispõem um banquete, e procuram lisonjear o gosto dos outros, assim nós, pelo proveito que daqui muitosp odem tirar, levamos de boa vontade esta fadiga. 29 E deixando correr a afirmação da verdade de cada um dos fatos por conta dos autores que os referem, nós com isso tomamos à ànossa o resumí-los segundo foi nossa tenção. 30 Porque assim como um arquiteto, que empreende edificar uma casa nova, deve pôr o cuidado em regular toda a sua fábrica: e o que trata de a pintar, há de inquirir o que é acomodado para o seu ornato: da mesma sorte se deve julgar também de nós. 31 Porquanto quem compõe uma história, deve recolher diferentes espécies de que ela se teça, e distribuir cada uma delas por sua ordem, e examinar com individuação cada uma de suas partes: 32 mas a quem faz um resumo, se deve permitir que siga a brevidade no que escreve, e fuja dilatar-se em longos discursos. 33 Nós pois começaremos daqui a nossa narração: para prefação baste só o que temos dito: porque seria uma loucura sermos difusos na prefação da história e sucintos no corpo dela.

II. PERSEGUIÇÕES RELIGIOSAS

Início da perseguição síria

3 Gozando pois a cidade santa de uma perfeita paz, e guardando-se ainda exatissimamente as leis, por causa da piedade do pontífice Onias, e do ódio que ele tinha no coração contra todo o mal, 2 nascia daqui, que também os mesmos reis, e príncipes reputavam o santo lugar por digno de suma veneração, e enriqueciam o Templo com grandíssimos donativos: 3 de sorte que Seleuco, rei da Ásia, subministrava das suas rendas toda a despesa que pertencia ao ministério dos sacrifícios.

4 Porém Simão da tribo de Benjamim, que estava constituído prepósito do Templo, trabalhava por fazer alguma má obra na cidade, não obstante a resistência que achava no príncipe dos sacerdotes. 5 E vendo que não podia vencer a Onias, foi ter com Apolônio, filho de Tarséias, que naquele tempo era governador de Celesíria e da Fenícia. 6 E declarou-lhe que o erário de Jerusalém estava cheio de infinitas somas de dinheiro, e que nele se achavam imensas riquezas do comum, que não pertenciam ao ramo dos sacrifícios: e que se poderia descobrir meio para que todo este cabedal viesse a cair em poder do rei.

7 E tendo Apolônio avisado o rei desta grande soma de dinheiro, que lhe tinha sido delatado, o rei tendo feito chamar a Heliodoro, que era seu primeiro ministro, o enviou com ordem de fazer transportar o sobredito dinheiro. 8 E pôs-se logo Heliodoro a caminho, e isto com o pretexto de quem tinha de visitar as cidades da Celesíria e da Fenícia, mas na realidade levando em propósito executar a intenção do rei. 9 E chegado que foi a Jerusalém, e recebido na cidade com grande benignidade pelo sumo sacerdote, declarou-lhe Heliodoro o aviso que se tinha dado

ao rei sobre este dinheiro: e manifestou-lhe
que esta era a verdadeira causa da sua vinda.
Perguntou-lhe, se era verdade o que se tinha
dito. 10 Então lhe representou o sumo sacer-
dote, que este dinheiro estava em depósito, e
que era subsistência de viúvas, e de órfãos:
11 e que no monte deste dinheiro, que o ím-
pio Simão tinha denunciado, havia uma parte
que pertencia a Hircano Tobias, varão muito
eminente: e que toda esta soma vinha a con-
sistir em quatrocentos talentos de prata, e
duzentos de ouro: 12 e que era uma coisa
absolutamente impossível, enganar aos que ti-
nham segurado o seu dinheiro metendo-o em
depósito num lugar, e num templo, que por
todo o mundo era honrado pela veneração que
infundia, e santidade que respirava.

13 Mas Heliodoro, em cumprimento das or-
dens que recebera do rei, insistia que em todo
o caso devia aquele dinheiro ser levado ao rei.
14 O dia pois que tinha assinado para isso,
entrou ele no Templo, para haver de ordenar
a entrega deste dinheiro. Entretanto não ha-
via pequeno sobressalto por toda a cidade.
15 Os sacerdotes porém se prostraram diante
do altar com as suas vestes sacerdotais, e in-
vocavam aquele que está do céu dominando
tudo, que fez uma lei sobre os depósitos, ro-
gando-lhe que os guardasse salvos para aque-
les que os tinham depositado. 16 Já quanto
aos que olhavam para o semblante do sumo
sacerdote, ficavam com o coração traspas-
sado: porque a mudança do seu parecer, e da
sua cor, mostrava bem a pena interior da
sua alma: 17 porque uma certa tristeza difun-
dida por todo ele e o horror de que o seu
corpo parecia tomado, era o sinal porque se
fazia manifesta, aos que o viam, a dor do seu
coração.

18 Outros também corriam em bandos de
suas casas, conjurando a Deus com públicas
preces, que não permitisse que um lugar tão
santo houvesse de ser exposto ao desprezo.
19 E as mulheres cingidas pelo peito com ci-
lícios, iam em ranchos pelas ruas: e até as
donzelas, que antes se conservavam clausura-
das, corriam umas para Onias, e outras para
os muros, e algumas olhavam pelas janelas:
20 todas, porém, levantando as mãos para o
céu, dirigam a Deus as suas rogativas. 21 E
era na verdade um espetáculo digno de com-
paixão, ver toda esta confusa multidão de
povo, e o sumo sacerdote reduzido a uma tal
angústia. 22 E estes sinceramente invocavam
a Deus todo-poderoso, para que Ele conser-
vasse inviolável o depósito daqueles que lho
tinham confiado.

23 Mas Heliodoro levava ao fim o que tinha
determinado, achando-se no mesmo lugar
presente ele com os seus guardas junto à por-
ta do erário. 24 Mas o espírito de Deus todo-
-poderoso se deu então a conhecer em sinais
bem sensíveis, de sorte que todos os que ti-
nham ousado obedecer a Heliodoro, lançados
a terra pelo poder de Deus, chegaram a ficar
num total desfalecimento, e em grande terror.
25 Porque lhes apareceu um cavalo, sobre que
estava montado um homem terrível, ajaezado
com os melhores arreios: o qual, investindo
com ímpeto a Heliodoro, lhe deu muitas pa-
tadas com os dois pés de diante: e o que
vinha montado sobre ele, parecia ter armas
de ouro. 26 Ao mesmo tempo se viram outros
dois mancebos, de varonil formosura, cheios
de majestade, e ricamente ataviados: os quais
rodearam a Heliodoro, e o açoitavam nas cos-
tas cada um da sua banda, descarregando
sobre ele muitos golpes sem cessar.

27 Caiu pois Heliodoro de repente por ter-
ra, e envolvido todo ele numa grande escuri-
dade o arrebataram e posto numa cadeira de
mãos o lançaram dali para fora. 28 Assim o
que tinha entrado no já mencionado erário
com tanta comitiva de guardas e de arqueiros,
era levado sem ninguém o poder socorrer, no
que se tinha deixado ver manifestamente o
poder de Deus: 29 e ele na verdade por um
feito deste divino poder jazia emudecido, e
sem esperança alguma de vida.

30 Mas os outros bendiziam o Senhor, por
engrandecer o seu santo lugar: e o Templo
que pouco antes estava cheio de trepidação, e
de tumulto, logo que o Senhor manifestou a
sua onipotência, se encheu de gosto, e de ale-
gria. 31 Então, porém, alguns dos amigos de
Heliodoro foram a toda a pressa suplicar a
Onias, que quisesse invocar o Altíssimo, para
que Ele desse vida ao que estava reduzido a
dar o último bocejo.

32 Então o sumo sacerdote considerando
que o rei poderia talvez suspeitar alguma tra-
ma urdida pelos judeus contra Heliodoro ofe-
receu uma hóstia saudável pela vida daquele
homem. 33 E quando o sumo sacerdote fazia
a sua oração, os mesmos dois mancebos ves-
tidos dos mesmos trajos, apresentando-se a
Heliodoro, lhe disseram: Dá as graças ao sa-
cerdote Onias: porque o Senhor teu deu a
vida por seu respeito. 34 Tu pois que assim
foste açoitado por Deus, anuncia a todas as
maravilhas de Deus, e o seu poder. E ditas es-
tas palavras desapareceram.

35 E Heliodoro depois de ter oferecido uma
hóstia a Deus, e feito grandes promessas ao
que lhe tinha concedido a vida, e dando gra-
ças a Onias, tornando a ir ajuntar-se com as

suas tropas, voltou para o rei. 36 E a todos testificava Heliodoro as obras do grande Deus, que ele vira com os seus olhos. 37 E tendo perguntado o rei a Heliodoro quem lhe parecia apto para ser ainda mandado outra vez a Jerusalém, respondeu: 38 Se tu tens algum inimigo, ou algum que tenha maquinado contra o teu reino, manda-o lá, e tu o receberás tornado a vir açoitado, se puder escapar: porque verdadeiramente naquele Templo há uma virtude divina. 39 Porque aquele mesmo que tem a sua habitação nos céus, esse mesmo é visitador, e protetor daquele lugar, e Ele fere, e mata aos que lá chegam para fazer algum mal.

40 Isto é pois o que se passou a respeito de Heliodoro, e da conservação do erário.

Onias denuncia Simão e Jasão compra o sumo sacerdócio

4 Mas Simão, que, como se disse acima, tinha denunciado o dinheiro, e se havia declarado contra a sua pátria, dizia mal de Onias como se ele fosse o que tinha instigado Heliodoro a fazer o que fizera, e tivesse ele sido a causa impulsiva de todo estes males. 2 E atreveu-se a fazer passar por um traidor do reino o protetor da cidade, e o defensor da sua nação, e o zelosíssimo observador da lei de Deus. 3 Mas como esta inimizade passava a tal extremo, que até por alguns amigos de Simão se cometiam homicídios, 4 considerando Onias o perigo desta dissenção, e que Apolônio, como governador que era da Celesíria, e da Fenícia, aumentava o seu furor, para animar a malícia de Simão, foi ter com o rei, 5 não como acusador dos seus compatriotas, mas atendendo no seu coração à comum utilidade de todo o seu povo. 6 Porque via que sem uma providência do rei não era possível pôr as coisas em paz, nem que Simão cessasse da sua loucura.

7 Mas depois da morte de Seleuco, como tivesse recebido o reino, Antíoco, que se chamava o Ilustre, procurava Jasão, irmão de Onias, usurpar-lhe o sumo sacerdócio: 8 tendo ido com este fim buscar o rei, prometendo-lhe trezentos e sessenta talentos de prata, e oitenta talentos de outras rendas. 9 Sobre isto lhe prometia ainda mais outros cento e cinqüenta talentos, se se lhe desse faculdade de instituir uma academia, e uma aula, e de fazer os habitantes de Jerusalém cidadãos de Antioquia. 10 Tendo o rei anuído a esta sua petição, e ele mesmo alcançado já o principado, logo começou a trabalhar por que os seus naturais abraçassem os ritos dos gentios. 11 E abolidos todos os pricilégios, que os reis por um efeito da sua humanidade tinham concedido aos judeus, por meio de João, pai de Eupolemo, que foi enviado por embaixador aos romanos, a renovar a amizade, e a aliança dos judeus com eles, transtornando as ordenações legítimas dos seus compatriotas, estabelecia leis perversas. 12 Porque teve o atrevimento de fundar uma academia debaixo da mesma fortaleza, e de expor os mais perfeitos moços em lugares infames.

13 E isto não era um princípio, mas já um progresso, e consumação da vida pagã, e estrangeira por causa da detestável, e inaudita maldade do ímpio e falso sacerdote Jasão: 14 de tal sorte que os sacerdotes não se aplicando já às funções do altar, mas desprezado o Templo, e descuidados dos sacrifícios, se apressavam a assistir aos jogos da luta, e à injusta distribuição dos seus prêmios, e aos exercícios do disco. 15 E por certo não reputando em nada a honras da pátria, faziam muito maior apreço das glórias dos gregos. 16 Por esta causa se excitava entre eles uma perigosa emulação, e faziam alarde de imitar os costumes destes gentios, e afetavam ser em tudo semelhantes àqueles que antes tinham sido seus mortais inimigos. 17 Porque o obrar impiamente contra as leis de Deus, não fica sem castigo: e isto mostrará bem às claras a história do tempo que se vai seguindo.

18 Pois como se celebrassem em Tiro os jogos, que se fazem de cinco em cinco anos, e estivesse o rei presente, 19 mandou de Jerusalém o ímpio Jasão uns homens de vida estragada levar trezentas didracmas de prata para o sacrifício de Hércules, as quais os mesmos que as tinham levado, pediram que se não empregassem em tais sacrifícios, porque não convinha que elas fossem aplicadas para isso, mas para outra casta de despesas. 20 Porém estas didracmas sim é verdade que foram oferecidas por aquele que as enviara para o sacrifício de Hércules: mas em tenção às instâncias dos que as levavam, se aplicaram para a construção das galeras.

21 Entretanto enviado ao Egito, Apolônio, filho de Mnesteu, por causa dos grandes da corte do rei Ptolomeu Filometor, como Antíoco viesse a conhecer que tinha sido excluído do governo dos negócios daquele reino, atendendo só a seus próprios interesses, depois de haver partido de lá, veio primeiro a Jope, e depois a Jerusalém. 22 E recebido magnificamente por Jasão, e por toda a cidade, fez a sua entrada alumiada de fachos, e entre públicas aclamações: e dali voltou para a Fenícia com o seu exército.

Menelau suplanta Jasão, pilha e massacra impunemente

23 E passado o espaço de três anos mandou Jasão a Menelau, irmão daquele Simão, de que se falou acima, para levar dinheiro ao rei, e para haver de trazer a resolução de certos negócios importantes. 24 Porém Menelau tendo adquirido para si a benevolência do rei pelo modo lisonjeito com que exagerava a grandeza do seu poder, achou com que fazer recair nas suas mãos o sumo sacerdócio, dandot rezentos talentos de prata sobre o que tinha dado Jasão. 25 E recebidas as ordens do rei se retirou, não tendo por certo nada que fosse digno do sacerdócio: mas sim portando-se com o ânimo de um cruel tirano, e com a ira de uma besta fera. 26 E assim Jasão, que tinha surpreendido a seu próprio irmão, ele mesmo enganado, depois de banido fugiu expulsado para o país dos amonitas.

27 E desta sorte obteve Menelau o principado: mas não tratava de mandar ao rei o dinheiro que lhe tinha prometido, ainda que Sóstrato, que era o governador da fortaleza, o apertava que fizesse este pagamento: 28 porque a ele pertencia a arrecadação dos tributos: pelo qual motivo ambos foram citados para comparecer diante do rei.

29 E Menelau foi removido do sacerdócio, sucedendo-lhe Lisímaco, seu irmão: e Sóstrato foi promovido ao cargo de governador de Chipre.

30 E enquanto estas coisas se passavam, aconteceu excitarem os de Tarso, e os de Malo uma sedição, por terem sido dado a Antioquides, concubina do rei. 31 Foi lá pois o rei a toda a pressa apaziguá-los, tendo deixado por seu lugar-tenente um dos grandes da sua corte, por nome Andrônico. 32 Menelau porém crendo que tinha chegado a lograr uma ocasião favorável, tendo furtado do Templo alguns vasos de ouro, deu parte deles a Andrônico, e vendeu os outros em Tiro, e nas cidades vizinhas.

33 Como Onias tivesse sabido isto com toda a certeza, repreendeu a Menelau, contendo-se ele entretanto em Antioquia num lugar seguro junto a Dafné. 34 Por esta causa indo Menelau ter com Andrônico, lhe rogava que matasse a Onias. Tendo pois vindo Andrônico onde estava Onias, e depois de haver persuadido a este dando-lhe a destra com juramento (se bem que Onias o tinha por suspeito) que saísse daquele asilo, Andrônico o matou logo, sem temor algum da justiça. 35 Por esta causa não somente os judeus mas também as outras nações estavam indignadas, e levaram muito a mal a injusta morte de um tão grande varão. 36 Pelo que tendo o rei voltado das partes da Cilícia, foram ter com ele a Antioquia os judeus, e juntamente os gregos, queixando-se desta injusta morte de Onias. 37 E ficou Antíoco penetrado de tristeza, no fundo do seu coração, por causa da morte de Onias, e movido a compaixão dele, derramou lágrimas, lembrado da temperatura e modéstia do defunto. 38 E aceso em ira manda que Andrônico, despojado da púrpura, seja levado por todas as ruas da cidade: e que um tal sacrílego seja privado da vida no mesmo lugar onde tinha cometido esta impiedade, contra Onias, dando-lhe o Senhor o castigo que merecia.

39 Ora, tendo cometido Lisímaco muitos sacrilégios no Templo po rconselho de Menelau, e divulgada esta fama, ajuntou-se contra Lisímaco uma grande multidão de povo, a tempo que ele já tinha exportado muito ouro. 40 Como os da cidade pois se sublevassem e estivessem os ânimos cheios de cólera, Lisímaco, tendo feito armar perto de três mil homens, começou a usar de violência, sendo capitão desta gente um certo Tirano, igualmente avançado em idade e em malícia. 41 Mas quando os do povo entenderam o intento de Lisímaco, uns arrebatadamente lançaram mão de pedras, outros de fortes cajados: e alguns arrojaram cinza contra Lisímaco. 42 E foram ali muitos feridos, e alguns também ficaram mortos, e todos postos em fugida: e mataram ao mesmo sacrílego ao pé do tesouro.

43 Por todas estas desordens pois se começou a tratar de uma acusação contra Menelau. 44 E tendo vindo o rei a Tiro, vieram três deputados enviados pelos anciãos oferecer-lhe as suas queixas nesta matéria. 45 E vendo Menelau que ele sucumbia a esta acusação, prometeu dar a Ptolomeu uma grande soma de dinheiro, para ele falar ao rei em seu favor. 46 Ptolomeu pois foi buscar o rei, quando ele estava posto num átrio, como a tomar o fresco, e o fez mudar de resolução. 47 e este príncipe declarou inocente de delitos a Menelau, posto que culpado em toda a casta de crimes: e condenou à morte aqueles infelizes deputados, que teriam sido julgados inocentes, ainda quando tivessem orado a sua causa diante dos citas. 48 Assim aqueles que haviam sustentado os interesses da cidade, e do povo, e o respeito devido aos sagrados vasos, foram punidos para logo contra toda a justiça. 49 Por isso também os mesmos tiros, indignados do caso, se mostraram generosíssimos na honrada sepultura que lhes deram. 50 Entretanto Menelau se mantinha na autoridade pela avareza dos que tinham o poder, crescendo em malícia para fazer traições aos seus compatriotas.

Pretextos para a perseguição. Pilhagem do Templo

5 Neste mesmo tempo se preparava Antíoco para fazer uma segunda expedição contra o Egito. 2 Aconteceu porém que em toda a cidade de Jerusalém por espaço de quarenta dias se viam homens a cavalo, que discorriam pelo ar, vestidos de telas de ouro, e armados de lanças, como tropas de cavalaria. 3 E cavalos ordenados em esquadrões, correndo uns contra os outros, e pelejas de corpo a corpo, e movimentos de escudos, e grande multidão de gente armada de capacetes com espadas nuas, e tiros de dardos, e resplendor de armas de ouro, e de couraças de toda a casta. 4 Por conta do que todos rogavam a Deus que tais prodígios se tornassem a seu favor.

5 Mas tendo-se espalhado uma falsa voz de que Antíoco era morto, tomando Jasão consigo não menos de mil homens, de repente veio acometer a cidade: e ainda que os cidadãos concorreram de todas as partes aos muros, tendo-se ele feito por último senho da cidade, Menelau fugiu para a Fortaleza. 6 Entretanto Jasão fazia grande matança não perdoando aos seus patrícios, nem ele considerava que o ser bem sucedido numa guerra feita aos próximos, era uma grandíssima infelicidade, julgando que alcançaria um troféu de seus inimigos, e não de seus compatriotas.

7 Ainda assim não lhe foi possível entrar de posse do seu principado, mas por último remate das suas traições, veio a tirar a sua própria confusão, e se retirou fugitivo outra vez para a terra dos amonitas. 8 Por fim Jasão, metido para ruína sua numa prisão por Aretas, rei dos árabes, da qual depois de se ter salvado, fugindo de cidade em cidade, aborrecido de todos como um violador de todas as leis, e um homem execrável, como um inimigo da pátria, e dos seus naturais, foi empurrado para o Egito. 9 E aquele que tinha lançado fora da sua terra a tantas pessoas, ele mesmo pereceu fora da sua pátria, tendo ido para Lacedemônia, como quem esperava que acharia lá algum refúgio por causa do parentesco. 10 E ele que tinha feito arrojar os corpos de muitos sem sepultura, ele mesmo foi arrojado, sem ser chorado nem sepultado, não achando nem sepultura na terra estranha, nem participando do sepulcro na sua própria.

11 Passadas assim estas coisas, suspeitou o rei que os judeus poderiam bem largar a aliança que tinham feito com ele: e por esta causa tendo voltado do Egito com o ânimo enfurecido, tomou com efeito a cidade à força de armas. 12 E mandou aos soldados que matassem tudo, e não perdoassem a pessoa alguma que encontrassem, e que subindo às casas fizessem a mesma cruel matança. 13 Foi executada pois uma grande mortandade de moços, e de velhos, e feito um geral extermínio de mulheres, e de seus filhos, e dada violenta morte a donzelas, e a meninos. 14 Em três dias porém foram mortos oitenta mil, feitos cativos quarenta mil e não foram menos os que se venderam.

15 Mas nem ainda esta crueldade foi bastante a Antíoco ele se atreveu de mais a mais a entrar no Templo, que era o lugar mais santo de todo o mundo, tendo por condutor a Menelau, que foi traidor às leis, e à sua pátria, 16 e tomando com as suas criminosas mãos os vasos sagrados, que os outros reis, e as outras cidades tinham ali posto para ornamento, e glória de tal lugar, ele os maneava indignamente, e os profanava.

17 Assim alienado de juízo, Antíoco não considerava que Deus, por causa dos pecados dos que moravam na cidade, se tinha irado por algum pouco de tempo contra eles: e que por isso é que também acontecera o desacato feito àquele lugar. 18 Doutra sorte a não ser acharem-se eles envoltos em muitos pecados, este príncipe a exemplo de Heliodoro, que foi enviado pelo rei Seleuco a despojar o erário, teria sido açoitado também como ele ao ponto da sua chegada, e tolhido por certo de executar a sua insolente empresa. 19 Porém Deus não escolheu o povo por amor do Templo: mas escolheu o Templo por amor do povo. 20 E por isso também este lugar participou dos males do povo: bem como depois há de participar com ele dos bens: e aquele que foi desamparado por causa da ira do Deus Onipotente, virá de novo a ser elevado a uma soberana glória, quando se aplacar aquele grande Senhor. 21 Tendo pois Antíoco tirado do Templo mil e oitocentos talentos, voltou sem demora para Antioquia, deixando-se possuir de um tal excesso de soberba, e elevando-se no coração, que lhe parecia que podia navegar sobre a terra, e fazer marchar as suas tropas por cima do mar. 22 E deixou também ali certos homens, que constituiu em autoridade para afligirem o povo: a saber, em Jerusalém a Filipe originário da Frígia, mais cruel em seus costumes, do que aquele mesmo que aí o havia estabelecido. 23 E em Garizim a Andrônico, e a Menelau, que estavam mais empenhados do que os outros, a fazerem mal aos seus naturais.

24 E não estando ainda satisfeito o ódio que ele tinha aos judeus, mandou-lhes lá por comandante o detestável Apolônio com um exército de vinte e dois mil homens, com

ordem que matasse todos os que estivessem em idade perfeita, que vendesse as mulheres, e os moços. 25 Apolônio pois, chegado que foi a Jerusalém, fingindo que só buscava a paz, esteve quedo até ao santo dia do sábado: e nele, quando os judeus estavam em descanso, mandou aos seus tomar armas, 26 e matou cruelmente a todos os que tinham vindo a vê-los: e correndo por toda a cidade com os seus soldados, tirou a vida a grande número de pessoas. 27 Entretanto Judas Macabeu, que era o décimo, se retirou a um lugar despovoado, e passava ali a vida nos montes com os seus entre as feras. E ali assistiam comendo ervas do campo, por não serem participantes do que manchava os outros.

Perseguição religiosa

6 Mas não muito tempo depois mandou o rei um certo velho de Antioquia para forçar os judeus a deixarem as leis de Deus e as de seus pais: 2 para profanar também o Templo que havia em Jerusalém, e chamá-lo o templo de Júpiter Olímpico, e para dar ao templo de Garizim o nome de templo de Júpiter Hospitaleiro como o eram os que habitavam naquele lugar. 3 Era pois muito perniciosa e grave para todos esta aluvião de males: 4 porque o Templo estava cheio de desonestidades, e de comezainas dos gentios, e de homens impudicos metidos com prostitutas, e as mulheres entravam com todo o despejo nestes lugares sagrados, metendo dentro o que não era permitido. 5 O altar também estava cheio de viandas impuras, que eram proibidas pelas leis. 6 Nem tampouco se guardavam os sábados, nem se celebravam já as festas solenes do país, e nenhum havia que confessasse de plano que era judeu. 7 E por uma dura necessidade eram levados aos sacrifícios no dia dos anos do rei: e quando se celebrava a festa de Baco, constrangiam-nos a ir pelas ruas coroados de hera em louvor do mesmo Baco.

8 Também por sugestão dos habitantes de Ptolemaida se publicou um edito em todas as cidades vizinhas dos gentios, pelo qual eram eles também obrigados a obrarem da mesma sorte contra os judeus, constrangendo-os a sacrificarem, 9 e a matarem os que não quisessem abraçar os costumes dos gentios. Assim tudo o que se via, era miséria. 10 Porque foram acusadas duas mulheres de ter circuncidado seus filhos: as quais tendo-as levado eles publicamente por toda a cidade, pendurados esses filhos a seus peitos, depois as precipitaram de cima dos muros. 11 Outros porém ajuntando-se nas cavernas vizinhas, e celebrando ali secretamente o dia de sábado, tendo sido denunciados a Filipe, foram queimados em vivas chamas, porque por escrúpulo, e por não faltarem à sua observância temiam defender-se. 12 Eu conjuro porém os que lerem este livro, que se não escandalizem de tão horríveis infelicidades, mas que considerem que todos estes males, que sucederam, não foram para ruína, mas por castigo da nossa nação. 13 Porque é sinal de grande misericórdia de Deus para com os pecadores, não os deixar por muito tempo viver segundo os seus apetites, mas aplicar-lhes prontamente o castigo. 14 Porque o Senhor não se há conosco, como se porta com as outras nações, que Ele sofre com paciência, aguardando pelas castigar na plenitude de seus pecados, quando chegar o dia do juízo. 15 E assim Ele se houve conosco, não esperando, para que então finalmente Ele nos castigue, que os nossos pecados tenham subido ao seu cume. 16 Portanto Ele por certo não aparta jamais a sua misericórdia de cima de nós: e quando castiga ao seu povo com adversidades, não o desampara. 17 Mas baste-nos dizer em poucas palavras estas coisas para a prevenção dos leitores. Assim que nós tornaremos já ao fio da narração.

Martírio de Eleazar

18 Eleazar pois, um dos primeiros doutores da lei, varão provecto na idade, e de venerável presença, depois de lhe abrirem a boca à força, era constrangido a comer carne de porco. 19 Mas ele, preferindo uma morte cheia de glória a uma vida odiosa, voluntariamente se encaminhava ao suplício. 20 Considerando pois o que lhe convinha sofrer neste recontro, firme na paciência, resolveu não fazer nada contra a lei por amor da vida.

21 Mas os que estavam presentes, movidos de uma injusta compaixão, por causa da antiga amizade que tinham com o homem, tomando-o à parte, lhe rogavam que tivesse por bem que lhe trouxessem das carnes, que lhe era lícito comer, para assim se poder fingir que ele tinha comido das carnes do sacrifício, como o rei o tinha mandado: 22 tudo a fim de que por este modo se livrasse ele da morte: e usavam eles com Eleazar desta espécie de humanidade, por efeito da antiga afeição que lhe professavam.

23 Mas ele começou a considerar o que era digno do auge da sua idade e velhice, e das suas cãs sócias daquela grandeza de ânimo que lhe era natural, e dos irrepreensíveis costumes em que sempre se criara desde menino: e logo respondeu segundo as ordenações da lei santa, e estabelecida por Deus, dizendo

que ele antes queria ser lançado na sepultura. 24 Porque não é digno da idade em que eu me acho, lhes dizia ele, usar de uma tal ficção. Dela poderá resultar que muitos moços, tendo para si que Eleazar em idade de noventa anos passara para a vida dos pagãos: 25 venham também eles por causa deste meu fingimento, e por conservar um pequeno resto de uma vida corruptível, a cair em erro, e com isto me grangearia eu uma vergonhosa nota, e a execração dos homens sobre a minha velhice. 26 Porque dado que eu me livrasse presentemente dos suplícios dos homens, não poderia todavia fugir à mão do Todo-Poderoso, nem na vida, nem depois da morte. 27 Pelo que morrendo valorosamente, parecerei por certo digno da velhice em que estou: 28 e deixarei aos moços um exemplo de fortaleza, se sofrer com ânimo pronto, e constante uma honrosa morte em defesa de leis tão graves, e tão santas. Tanto que acabou de dizer estas palavras, foi logo arrebatado para o suplício.

29 E os que o levavam, e que pouco antes tinham sido mais brandos, se acenderam em cólera por causa das palavras que Eleazar acabara de dizer, as quais eles entendiam tê-las proferido por arrogância. 30 E quando ele estava a ponto de morrer pela veemência dos golpes, deu um grande suspiro, e disse: Senhor, que tens uma ciência toda santa, tu sabes claramente que podendo eu livrar-me da morte, sofro em meu corpo acerbas dores: mas que na alma sinto alegria em as padecer pelo temor que te tenho. 31 E desta maneira é que ele morreu, deixando não somente aos moços, mas também a toda a sua nação, a lembrança da sua morte para exemplo de virtude, e de fortaleza.

Martírio dos sete irmãos, e da mãe

7 E aconteceu também que tendo sido presos sete irmãos com sua mãe, o rei os queria obrigar a comer carnes de porco contra a lei, atormentando-os para isso com açoites que lhes davam com azorragues de couro, e de nervo de boi, 2 mas um deles, que foi o primeiro, lhe disse desta maneira: Que pretendes tu, e que queres saber de nós? Nós estamos prontos a antes morrer do que a violar as leis de Deus, e da nossa pátria. 3 Com o que irritado o rei, mandou pôr ao lume frigideiras, e panelas de cobre até ficarem em brasa: as quais feitas logo em brasa, 4 ordenou que se cortasse a língua ao que tinha falado primeiro: e que arrancada a pele da cabeça, lhe cortassem também as extremidades das mãos, e dos pés, à vista dos outros seus irmãos e de sua mãe.

5 E depois dele assim decepado já por todo o corpo, mandou que o chegassem ao fogo, e o torrassem na frigideira, quando ainda respirava: na qual por todo o tempo que ele era atormentado, os mais irmãos se exortavam uns aos outros com sua mãe a morrerem constantemente, 6 dizendo: O Senhor Deus verá a verdade, e consolar-se-á em nós, conforme o declarou Moisés quando o protestou no seu cântico, por estas palavras: E Ele será consolado nos seus servos.

7 E morto deste modo o primeiro, e levavam eles o segundo a padecer com ultraje. E tendo-lhe arrancado a pele da sua cabeça com os cabelos, lhe perguntavam, se queria ele comer das viandas que lhe presentavam, antes de ser atormentado em cada um dos membros de todo o seu corpo. 8 Mas ele respondendo na língua de seus pais, disse: Não farei tal. Pelo que também este padeceu em segundo lugar os mesmos tormentos que o primeiro. 9 E estando já para dar o último suspiro, disse desta maneira: Tu, ó malvadíssimo, na verdade nos fazes perder a vida presente: mas o rei do mundo nos ressuscitará na ressurreição da vida eterna, depois de sermos mortos em defesa das suas leis.

10 Depois deste, insultaram também o terceiro, e tendo-lhe sido pedida a língua, ele a presentou logo, assim como estendeu as mãos contantemente: 11 e disse afouto: Do céu recebi estes membros, mas agora eu os desprezo pela defesa das leis de Deus, porque espero que Ele mos tornará a dar algum dia. 12 De sorte que o rei, e os que o acompanhavam admiraram o valor deste moço, que reputava por nada tão grandes tormentos.

13 E morto assim este, atormentavam da mesma sorte com igual tirania o quarto. 14 E quando ele estava já para render o espírito, disse assim: A nós é-nos melhor ser entregues à morte pelos homens, esperando firmemente em Deus, que de novo havemos de ser por Ele ressuscitados: porque quanto a ti, a tua ressurreição não será para a vida.

15 E tendo pegado no quinto, atormentavam-no como os mais. Então ele olhando para o rei, lhe disse: 16 Tu fazes o que queres, porque recebeste o poder entre os homens, ainda que mortal como eles: mas não cuides que Deus tem desamparado a nossa nação. 17 Espera tu somente um pouco, e verás o seu grande poder, e como Ele te atormentará a ti, e à tua descendência.

18 Após este, levavam ao suplício o sexto, e quando ele estava perto de morrer, disse assim: Não te enganes vãmente: porque se nós padecemos isto, é porque o merecemos,

tendo pecado contra o nosso Deus, e assim nós somos os que chamamos sobre nós estes tão espantosos flagelos. 19 Mas não imagines tu que hás de ficar sem castigo, depois de teres empreendido combater contra Deus.

20 Ora a mãe deles sobremaneira admirável, e digna da memória dos bons, que vendo morrer a seus sete filhos no termo de um só dia, levava com ânimo constante a sua morte, pela esperança que tinha em Deus. 21 Cheia de sabedoria exortava com grande esforço na língua de seus pais a cada um deles em particular: e unindo um ânimo varonil à ternura de mulher, 22 lhes disse: Eu não sei como vós fostes formados no meu ventre: porque eu não fui a que vos dei o espírito, nem a alma, nem a vida, nem eu mesma fui a que reuni os membros de cada um de vós. 23 Mas porque o Criador do mundo que é quem formou o homem no seu nascimento, e quem deu a origem a todas as coisas, Ele também vos tornará a dar o espírito e a vida por sua misericórdia, em recompensa do quanto vós agora vos desprezais a vós mesmos por amor das suas leis.

24 Ora Antíoco, entendendo que era desprezado, e ao mesmo tempo fazendo pouco caso da voz de quem o insultava, como faltasse ainda o mais novo, ele não somente o exortava com palavras, mas ainda lhe assegurava com juramento que o faria rico, e ditoso, e que o teria na classe dos seus favorecidos, e lhe daria tudo o que houvesse mister, conquanto que ele deixasse as leis de seus pais. 25 Mas como o moço não se pudesse dobrar a estas palavras, chamou o rei sua mãe, e lhe persuadia que inspirasse àquele mancebo sentimentos para salvar a vida.

26 E depois de a ter exortado com muitas razões, ela lhe prometeu que faria por persuadir a seu filho. 27 Ao mesmo tempo tendo-se inclinado já para lhe falar, zombando deste cruel tirano, lhe disse na língua pátria: Meu filho, tem compaixão de mim, que te trouxe nove meses no meu ventre, e te dei o leite, e sustentei por três anos, e te cheguei a essa idade. 28 Peço-te, meu filho, que olres para o céu e para a terra, e para todas as coisas que há neles: que te capacites bem, que Deus as criou do nada a elas, e a todos os homens. 29 Com isto não temerás este cruel algoz, mas fazendo-te digno de ter parte nos tormentos de teus irmãos, aceita de boamente a morte, para que eu te torne a receber com teus irmãos naquela misericórdia que nos espera. 30 Quando ela ainda estava dizendo isto, pôs-se o moço a gritar, exclamando. Que esperais vós de mim? Eu não obedeço ao mandado do rei, mas ao preceito da lei, que nos foi dada por Moisés. 31 Quanto a ti, que és o autor de todos os males que oprimem os hebreus, tu não escaparás da mão de Deus. 32 Porque pelo que toca a nós, por causa de nossos pecados é que padecemos todas estas coisas. 33 E se o Senhor nosso Deus se irou um pouco contra nós para nos castigar, e para nos corrigir: Ele todavia se tornará outra vez a reconciliar com seus servos.

34 Quanto a ti porém, ó malvado, e de todos os homens o mais perverso, não te lisonjeies inutilmente em vás esperanças, inflamado contra os servos de Deus: 35 porque ainda não escapaste ao juízo de Deus, que pode tudo, e que vê tudo. 36 Quanto a meus irmãos, eles depois de terem suportado agora uma dor transitória, entraram já na aliança da vida eterna. Tu porém tens de sofrer no juízo de Deus a pena justamente devida à tua soberba. 37 Quanto a mim eu de boamente, assim como também fizeram meus irmãos, entrego a minha alma, e corpo pela defesa das leis de meus pais: conjurando a Deus que bem cedo se mostre propício à nossa gente, e te constranja a ti por meio de tormentos e de flagelos a confessares que Ele é o que só é Deus. 38 Na minha morte, porém, e na de meus irmãos acabará a ira do Todo-Poderoso, que justamente caiu sobre todo o nosso povo.

39 Então o rei abrasado em ira, se embraveceu contra este mais cruelmente que contra os outros, não podendo sofrer ver-se assim iludido. 40 Assim que também este morreu sem se contaminar, confiando em tudo, e por tudo no Senhor. 41 E por fim a mãe veio a sofrer também a morte depois de seus filhos. 42 Mas de sacrifícios e de crueldades excessivas, assaz é o que temos dito.

III. REVOLTAS E VITÓRIAS DE JUDAS MACABEU

Primeiras vitórias de Judas Macabeu

8 Por este meio tempo Judas Macabeu, e os que com ele viviam, entravam às escondidas nos castelos: e chamando seus parentes, e amigos, e tomando consigo os que se mantinham firmes na religião judaica, uniram ao seu partido seis mil homens. 2 E invocaram o Senhor, para que olhasse benignamente para o seu povo, que andava pisado por todos:

e que se compadecesse do Templo, que era contaminado pelos ímpios: 3 que se apiedasse também das ruínas da cidade, que estava a ponto de ser logo arrassada, e que ouvisse a voz do sangue que clamava a Ele. 4 Que se lembrasse igualmente das injustissimas mortes das crianças inocentes, e das blasfêmias que se tinham proferido contra o seu nome, e que se revestisse de indignação contra estes excessos.

5 Macabeu pois tendo ajuntado grande número de gente, se fazia intolerável às nações: porque a ira do Senhor se mudou em misericórdia. 6 E dando de improviso sobre os castelos, e cidades, os queimava. E apoderando-se dos lugares vantajosos, fazia não pequeno estrago nos inimigos: 7 e principalmente de noite é que ele fazia estas suas correrias, e a fama do seu valor se espalhava por toda a parte.

8 Então Filipe, vendo os progressos que este grande homem ia fazendo de dia em dia, e a felicidade das suas empresas quase sempre bem sucedidas: escreveu a Ptolomeu, governador da Celesíria, e da Fenícia que lhe mandasse socorro com que reforçar o partido do rei. 9 Ptolomeu pois lhe enviou logo a Nicanor, filho de Pátroclo, amigo seu entre os grandes da corte, dando-lhe não menos de vinte mil homens de guerra de diversas nações, para extinguir toda a linhagem dos judeus, agregando-lhe por companheiro também a Górgias, grande capitão, e homem de longas experiências nos acidentes de guerra.

10 E resolveu Nicanor pagar o tributo de dois mil talentos, que o rei devia dar aos romanos, tirando-os do dinheiro da venda dos judeus, que cativasse. 11 Despachou pois sem perda de tempo correios pelas cidades marítimas, convidando os negociantes a que viessem comprar escravos judeus, prometendo dar-lhes noventa escravos por cada talento, sem fazer reflexão na vingança do Todo-Poderoso, que por momentos estava a vir sobre ele.

12 Mas Judas tanto que teve notícia da chegada de Nicanor, deu parte dela aos judeus que o acompanhavam. 13 Alguns dos quais deixando-se entrar de medo, e não confiando na justiça de Deus fugiam: 14 os outros porém vendiam tudo o que lhes podia ficar, e ao mesmo tempo rogavam ao Senhor que os livrasse do ímpio Nicanor, que antes de se chegar a eles, os tinha já vendido: 15 e quando não fosse por amor deles, ao menos em consideração da aliança que tinha feito com seus pais, e da honra que eles tinham de invocar sobre si mesmos e o seu santo, e grande nome.

16 Macabeu porém, tendo feito ajuntar os sete mil homens que estavam com ele, os conjurava que se não reconciliassem com seus inimigos, nem tivessem medo daquela multidão de adversários que injustamente os vinham atacar, mas que pelejassem galhardamente. 17 Tendo diante dos olhos o desacato, que por eles havia sido feito com injustiça ao santo lugar, como também o ultraje cometido contra a cidade igualmente insultada, e ainda a abolição das ordenanças dos antigos. 18 Porque eles, lhes dizia, só se fiam nas suas armas e ao mesmo tempo na sua audácia: porém nós confiamos no Senhor todo-poderoso, que pode destruir com um dar de olhos não só os que vêm para nos atacar, mas ainda o mundo inteiro.

19 Lembrou-lhes também ainda os socorros, que Deus tinha dado a seus pais: e que do exército de Senaquerib haviam perecido cento e oitenta e cinco mil homens: 20 e a batalha, que eles tinham dado contra os gálatas em Babilônia, com tal felicidade que logo se entrou na ação, tendo fraqueado os macedônios seus aliados, eles que ao todo eram só seis mil, mataram cento e vinte mil homens por causa do socorro que lhes foi dado do céu, e por isto alcançaram grandíssimos bens.

21 Com estas palavras ficaram eles cheios de valor, e prontos a morrer pelas leis, e pela pátria. 22 Ele pois deu o comando de uma parte do exército a seus irmãos, Simão, e José, e Jônatas, subordinando a cada um deles mil e quinhentos homens. 23 Além disto havendo-lhes também lido Esdras o santo livro, e dado Judas o sinal da ajuda de Deus, ele como general posto na frente do exército, acometeu a Nicanor. 24 E tendo-se declarado a favor deles o Todo-Poderoso, mataram passante de nove mil homens. E enfraquecida a maior parte do exército de Nicanor com as feridas que recebera, eles a puseram na necessidade de fugir. 25 E depois de tomarem todo o dinheiro dos que tinham vindo para os comprar, os foram perseguindo até bem longe.

26 Mas voltaram, vendo-se apressados pela hora: porque era véspera do sábado: motivo por que não continuaram em seguir o seu alcance. 27 Tendo depois recolhido as armas, e os despojos dos inimigos, celebravam o sábado: bendizendo ao Senhor, que os tinha livrado naquele dia, derramando sobre eles como as primeiras gotas da sua misericórdia. 28 E depois do sábado, repartiram dos despojos com os enfermos, e com os órfãos, e com as viúvas: e reservaram o resto para si, e para os seus. 29 Executadas que foram assim estas coisas, e havendo todos feito a sua oração em

comum, conjuravam ao misericordioso Senhor que se congraçasse para sempre com seus servos.

30 E daqueles que estavam com Timóteo, e com Báquides, e que vinham contra eles, mataram mais de vinte mil homens, e tomaram várias praças fortes: e repartiram muitas presas, dando partes iguais aos doentes, aos órfãos, e às viúvas, e até aos velhos. 31 E tendo recolhido com diligência as armas dos inimigos, as puseram todas de reserva em lugares azados para isso, e o resto dos despojos levaram-no para Jerusalém. 32 Mataram outrossim a Filarques, que estava com Timóteo, homem facinoroso, que tinha feito muitos males aos judeus. 33 E quando estavam em Jerusalém rendendo a Deus ações de graças por esta vitória, a um, que tinha queimado as sagradas portas, isto é, a Calístenes, tendo-se ele refugiado a certa casa, nela o queimaram pondo-lhe fogo, dando-lhe a recompensa que mereciam as suas impiedades.

34 Nicanor porém, aquele homem facinorosíssimo, que tinha trazido mil negociantes para lhes vender os escravos judeus, 35 humilhado com o socorro do Senhor, por aqueles mesmos, que ele tinha considerado como uma gente de nada, tendo largado a vestidura de honra, fugindo pelo meio das terras, chegou desacompanhado a Antioquia, reduzido ao cúmulo da infelicidade pela perda do seu exército. 36 E o que tinha prometido aos romanos, que lhes pagaria o tributo com o que tirasse da venda dos cativos de Jerusalém, publicava então que os judeus tinham a Deus por protetor, e que por isso eram invulneráveis, porque seguiam as leis que Ele lhes tinha dado.

É Antíoco punido pelo Senhor

9 No mesmo tempo Antíoco voltava ignominiosamente da Pérsia. 2 Porque tinha entrado naquela que se chama Persépolis, e intentou roubar o templo, e vexar a cidade: mas correndo às armas todo o povo, foram os seus postos em fugida. Assim resultou daqui o voltar Antíoco desta fugida com afronta.

3 E depois que chegou perto de Ecbátana, teve notícia da desfeita de Nicanor e de Timóteo. 4 E transportado em ira, imaginava que poderia vingar-se sobre os judeus, da afronta que lhe tinham feito os que o fizeram fugir: e por isso mandou ao cocheiro que apertasse com os cavalos que tiravam por ele, correndo sem cessar, sendo a vingança do céu a que o perseguia, por ter dito com tanto orgulho que iria a Jerusalém, e faria dela um sepulcro de cadáveres amontoados de judeus.

5 Mas o Senhor Deus de Israel, que vê todas as coisas, feriu a este príncipe com uma chaga incurável, e invisível. Porque no momento em que ele proferiu estas mesmas palavras, o assaltou uma terrível dor de entranhas, e uns cruéis tormentos dos intestinos: 6 e isto com assaz de justiça, pois que ele mesmo tinha rasgado as entranhas aos outros por muitas, e novas maneiras de tormentos, se bem apesar do que de nenhum modo tinha cessado da sua malícia. 7 Antes pelo contrário cheio de soberba, respirando fogo de dentro do coração contra os judeus, e mandando que se acelerasse a jornada, aconteceu que indo ele com ímpeto caiu da carroça, e pela grave contusão se lhe quebrantaram os membros do corpo. 8 Assim aquele elevando-se pela sua soberba sobre a condição de homem, se tinha lisonjeado que podia até mandar às ondas do mar, e pesar numa balança os mais altos montes, agora humilhado até à terra era levado numa cadeira, dando em si mesmo um manifesto testemunho do poder de Deus. 9 Tanto assim que do corpo deste ímpio saíam bichos a ferver, e ainda vivendo lhe caíam as carnes a pedaços no meio das dores, sendo também tão hediondo o cheiro, e fétido que dele saía, que não havia do exército quem lhe pudesse ter o rosto direito. 10 E aquele que pouco antes cuidava que podia tocar até às estrelas do céu, agora ninguém o podia suportar por causa dos insuportáveis eflúvios do mau cheiro que saía dele. 11 E assim derribado com isto da sua grande soberba começou a entrar no conhecimento de si mesmo, advertido do que era pelo castigo de Deus, dobrando-se-lhe a cada instante as suas dores. 12 E como nem ele mesmo pudesse já sofrer o seu mau cheiro, disse assim: É justo que o homem seja sujeito a Deus, e que quem é mortal, não queira pôr-se ombro por ombro com o mesmo Deus.

13 Ora este malvado orava ao Senhor, do qual não havia de conseguir misericórdia. 14 E aquela cidade, contra a qual ele antes se encaminhava apressado para a assolar, e reduzir a um sepulcro de cadáveres amontoados, agora deseja fazê-la livre. 15 E aos judeus, de quem havia dito que nem sequer os teria por dignos de sepultura, mas que os arrojaria às aves, e feras, para os despedaçarem, e que os exterminaria com os seus filhinhos, promete agora fazê-los iguais aos atenienses. 16 Promete outrossim que ornará de preciosíssimos dons o santo Templo, que antes tinha roubado, e que multiplicará o número dos vasos sagrados, que concorrerá das suas rendas para as despesas necessárias dos sacrifícios. 17 Que, além disso, ele até se fará judeu, e correrá

todos os lugares da terra, e neles publicará o
poder de Deus.
18 Mas como não cessavam as suas dores
(porque o justo juízo de Deus tinha enfim des-
carregado sobre ele) perdendo as esperanças,
escreveu aos judeus em forma de súplica uma
carta, que continha o seguinte 19 A seus bo-
níssimos compatriotas, judeus, o rei e prínci-
pe Antíoco deseja muita saúde, e que passem
bem, e tenham felicidades. 20 Se vós, e vossos
filhos passais bem, e se vos sucedem todas as
coisas como desejais, nós rendemos por isso
muitas graças a Deus. 21 Eu pois, achando-me
agora enfermo, e lembrando-me benignamen-
te de vós, nesta grande doença que me apa-
nhou ao voltar das partes da Pérsia, julguei
que era necessário cuidar dos interesses co-
muns do meu estado: 22 não porque eu de-
sespere da minha saúde, mas, antes pelo con-
trário, tenho grande confiança que tornarei a
melhorar. 23 Tendo pois considerado que até
meu pai, quando capitaneava o seu exército
para as altas províncias, declarou quem ha-
via de tomar as rédeas do governo depois
dele: 24 a fim de que dado o caso que suce-
desse alguma infelicidade, ou se espalhasse
alguma má nova, não se inquietassem por
isso os que viviam nas províncias do seu rei-
no, sabendo quem era o que ele tinha deixado
por herdeiro da sua coroa. 25 Refletindo além
disto que cada um dos confinantes e vizinhos
poderosos estão espreitando as conjunturas, e
aguardando as ocasiões, tendo designado rei
a meu filho Antíoco que eu muitas vezes, ao
passar às altas províncias do meu reino, re-
comendava a muitos de vós, e lhe tenho escri-
to o que abaixo se segue. 26 Portanto vos
rogo, e peço que, lembrados dos benefícios
que tendes recebido de mim em comum, e em
particular, guarde cada um a fidelidade devi-
da a mim, e a meu filho. 27 Porque espero
que ele se portará com moderação, e com
brandura, e que seguindo as minhas intenções,
até vos dará boas provas da sua afabilidade.
28 Enfim, este homicida, e blasfemo, ferido
de uma horrível úlcera e tratado da mesma
sorte que ele tinha tratado os outros, longe
da sua terra, acabou a sua vida nos montes
com uma miserável morte. 29 E fez trasladar
o seu corpo, Filipe seu colaço, que, temen-
do-se o filho de Antíoco, partiu para o Egito,
para Ptolomeu Filometor.

Restauração do culto

10 Entretanto Macabeu, e os que ele tinha
consigo, protegendo-os o Senhor, com
efeito recobraram o Templo, e a cidade. 2 E
demoliu os altares, que os infiéis tinham le-
vantado nas praças públicas, e também os
templos dos ídolos. 3 E depois de terem puri-
ficado o Templo, erigiram nele outro altar: e
tendo feito sair algumas faiscas de pedras de
pedras de fogo, ofereceram sacrifícios dois
anos depois, e puseram o incenso, e as lâm-
padas, e os pães da proposição. 4 Feitas estas
coisas, prostrados por terra, rogavam ao
Senhor que não permitisse que eles tornas-
sem a cair em tão grandes males: mas que
no caso que ainda pecassem, os castigasse
com mais brandura, e não fossem entregues
a homens bárbaros, e blasfemos.
5 E aconteceu que naquele dia em que o
Templo tinha sido profanado pelos estrangei-
ros, nesse mesmo dia foi purificado, no dia
vinte e cinco do mês de Casleu. 6 E celebra-
ram esta festa com alegria por oito dias, como
a dos Tabernáculos, lembrando-se que pouco
tempo antes tinham passado a solenidade dos
Tabernáculos nos montes, e nas cavernas, on-
de viviam como feras. 7 Pelo que levavam
nas mãos varas cobertas de folhagem, e ramos
verdes, e palmas à honra daquele que tinha
facilitado o modo de se purificar o seu Tem-
plo. 8 E por um preceito, e decreto em que
eles convieram, mandaram a toda a nação
judia que celebraria esta festa todos os anos
os mesmos dias.

Derrota de Górgias e Timóteo

9 E tal foi por certo, quanto a Antíoco, que
foi chamado o Ilustre, o fim que teve a sua
vida. 10 Agora porém falando de Eupator,
filho deste ímpio Antíoco, relataremos as ações
que obrou, resumindo os males que sucede-
ram durante as suas guerras. 11 Este pois
tanto que entrou a reinar, nomeou por seu
primeiro ministro de estado dos negócios do
reino a um certo Lísias, o general do exército
da Fenícia, e da Síria.
12 Porque Ptolomeu, que tinha por alcunha
o Magro, determinou guardar religiosamente
justiça aos judeus e principalmente por causa
do injusto tratamento que se tinha praticado
com eles, e portar-se pacificamente a respeito
dos mesmos. 13 Mas ele, acusado disto na pre-
sença de Eupator pelos seus favorecidos, como
ouvisse que o tratavam muitas vezes de trai-
dor, por ter deixado Chipre, que o rei Filo-
metor lhe tinha confiado, e porque tendo pas-
sado para o partido de Antíoco o Ilustre se
tinha também alienado deste príncipe, se tirou
a si a vida com veneno.
14 Quanto a Górgias, que tinha o mando
daqueles lugares, tomando consigo tropas es-
trangeiras, dava de quando em quando suas
refregas aos judeus. 15 Por outra parte os

judeus, que estavam senhores das praças fortes, recolhiam os que tinham sido sacudidos de Jerusalém, e buscavam ocasiões de guerrear.

16 Entretanto os que andavam com Macabeu, tendo conjurado pelas suas orações ao Senhor, que viesse em seu socorro, atacaram com grande vigor as fortalezas dos idumeus. 17 E porfiando em as combater com muita atividade, se apoderaram daqueles lugares, mataram os que se lhes puseram diante, e entre todos passaram à espada não menos que vinte mil homens. 18 E tendo-se alguns retirado para duas torres em extremo fortes, onde tinham todos os petrechos que haviam mister para bem se defenderem, 19 Macabeu deixando para a sua expugnação a Simão, e a José, e também a Zaqueu: e aos que estavam com eles em bastante número, marchou em pessoa para onde as necessidades mais urgentes da guerra o chamavam.

20 Mas os que estavam com Simão, levados da cobiça, foram ganhados com dinheiro por alguns dos que estavam nas torres: e tendo recebido setenta mil didracmas, deixaram escapar alguns deles. 21 E tendo chegado à notícia de Macabeu o que tinha passado, ajuntando os primeiros do povo acusou aqueles homens de terem vendido a seus irmãos por dinheiro, deixando escapar seus inimigos. 22 Fez pois matar a estes tais convencidos de traidores, e tomou logo imediatamente as duas torres. 23 E cedendo tudo prosperamente ao valor de suas armas, matou dentro destas duas praças passante de vinte mil homens.

24 Porém Timóteo, que antes tinha sido vencido pelos judeus, levantado um exército de tropas estrangeiras, e ajuntada a cavalaria da Ásia, veio à Judéia, parecendo-lhe que se faria senhor dela pelas armas. 25 Ao mesmo tempo que ele vinha chegando, Macabeu, e os que estavam com ele, faziam oração ao Senhor, lançando terra sobre suas cabeças, e tendo cingidos os seus rins de cilícios. 26 Prostrados ao pé da porta do altar, para que lhes fosse a eles favorável, e se declarasse inimigo de seus inimigos, e adversário de seus adversários, como diz a lei.

27 E assim tomadas as armas depois da oração, tendo-se avançado a bastante distância da cidade, fizeram logo alto estando já próximos aos inimigos. 28 E tanto que saiu o sol travaram batalha os dois exércitos: tendo uns por certo, além do seu esforço, ao Senhor por fiador da vitória e bom sucesso das suas armas: e os outros só tinham por guia o seu ânimo.

29 Mas a tempo que a peleja era de parte a parte mais obstinada, apareceram do céu aos inimigos cinco homens a cavalo, com o adorno de freios de ouro, servindo de guia aos judeus: 30 dois deles tendo no meio de si a Macabeu, cobrindo-o com suas armas, o guardavam para que andasse sem risco de sua pessoa: e contra os inimigos lançavam dardos, e raios, com que vinhama cair mortos assim confundidos pela cegueira, como cheios de turbação. 31 Foram pois mortos vinte mil e quinhentos homens, e seiscentos cavalos.

32 E Timóteo fugiu para Gazara, praça fortificada, de que era governador Quéreas. 33 Macabeu, porém, e os que com ele estavam, cheios de alegria tiveram cercada a praça por quatro dias. 34 Mas os que estavam dentro, confiados no fortificado da praça, os insultavam sobremaneira com injúrias, e proferiam palavras abomináveis.

35 Porém amanhecendo o dia quinto, vinte mancebos dos que estavam com Macabeu, irritados no seu interior por causa destas blasfêmias, se chegaram valorosamente aos muros, e subiram acima deles com um ânimo embravecido: 36 e subindo também outros em seu seguimento, começaram a pôr fogo às torres, e às portas, e a queimar vivos aqueles blasfemadores. 37 E depois de gastarem dois dias inteiros em destruir a praça, tendo achado a Timóteo num lugar, onde ele se escondera, o mataram. Também tiraram a vida a seu irmão Quéreas, e a Apolófanes. 38 Concluídas que foram estas empresas, cantando hinos e cânticos, bendiziam ao Senhor, que tinha feito estas grandes coisas em Israel, e lhes havia dado a vitória.

Vitória sobre Lísias

11 Mas pouco tempo depois Lísias, aio do rei, e seu parente, e que tinha a seu cargo os negócios do reino, muito sentido do que havia acontecido, 2 ajuntando oitenta mil homens de pé, e toda a cavalaria, marchava contra os judeus, imaginando que sem dúvida tomaria a cidade, com tenção de a dar aos gentios para a povoarem. 3 E de tirar do Templo grandes somas de dinheiro, como dos outros templos dos pagãos, e vender todos os anos o sumo sacerdócio: 4 não fazendo reflexão alguma no poder de Deus, mas tendo largado as rédeas à sua soberba, punha Lísias toda a confiança na multidão da sua infantaria, e nos seus milhares de cavalos, e em oitenta elefantes.

5 Entretanto pois na Judéia, e chegando a Betsura, que estava situada num lugar estreito, cinco estádios distante de Jerusalém, atacava esta praça. 6 Tanto porém que Macabeu

e os que estavam com ele souberam que as fortalezas eram combatidas, com gemidos, e lágrimas, rogavam ao Senhor, e juntamente todo o povo, que enviasse algum bom anjo para salvação de Israel. 7 E Macabeu foi o primeiro que depois de tomar ele mesmo as armas exortou os outros a se exporem juntamente com ele ao perigo, e a darem socorro a seus irmãos.

8 E quando eles marchavam todos juntos com ânimo resoluto, apareceu ao sair de Jerusalém um homem a cavalo, que ia adiante deles vestido de hábitos brancos com armas de ouro, brandindo uma lança. 9 Então bendisseram todos eles ao mesmo tempo ao Senhor misericordioso, e se encheram de ânimo: prontos a pelejar, não só com os homens mas também com as alimárias mais ferozes, e atravessar por muros de ferro. 10 Marchavam eles pois com grande coragem, tendo por si o Senhor, que do alto do céu se declarava seu protetor, e fazia resplandecer sobre eles a sua misericórdia.

11 Ao mesmo tempo lançando-se eles com grande ímpeto sobre seus inimigos, à maneira de leões, mataram onze mil homens da sua infantaria, e mil e seiscentos de cavalaria: 12 e fizeram fugir todo o mais resto, e a maior parte deles não se puderam salvar, senão ficando feridos e sem armas. E até mesmo Lísias por meio de uma vergonhosa fugida escapou.

13 E como ele não era insensato, considerando consigo mesmo a perda que tinha tido, e reconhecendo que os hebreus eram invencíveis quando se escoravam no socorro de Deus todo-poderoso, mandou-lhes embaixadores: 14 e prometeu-lhes que consentiria em todas as condições de paz, que fossem justas, e que persuadiria ao rei que fizesse amizade com eles.

15 Anuiu pois Macabeu aos rogos de Lísias, atendendo em todas as coisas ao interesse do público: e o rei esteve por tudo o que Macabeu pediu aos judeus na carta que escreveu a Lísias. 16 Porque Lísias tinha escrito uma carta aos judeus concebida assim nestes termos: Lísias ao povo dos judeus, saúde. 17 João e Abesalom, que por vós tinham sido enviados, entregando-me as vossas cartas, me pediram que cumprisse eu as coisas que por intervenção deles me eram significadas. 18 Portanto expus ao rei tudo o que se lhe podia representar: e ele conveio naquilo que os seus negócios lhe permitiam. 19 Se vós pois fordes fiéis ao rei nos vossos tratados, eu também daqui em diante me empenharei por vos fazer todo o bem que puder. 20 E pelo que toca aos outros pontos, eu, tanto aos que vós me enviastes, como aos que eu vos envio, os encarreguei de conferirem pessoalmente mais em particular convosco sobre eles. 21 Tende boa saúde. Ano cento e quarenta e oito, a vinte e quatro dias do mês de Dióscoro.

22 E a carta do rei continha o seguinte: O rei Antíoco a Lísias, seu irmão, saúde. 23 Tendo sido o rei nosso pai trasladado para entre os deuses, desejando nós que os que estão no nosso reino vivam em paz e que ponham diligência em tratar dos seus negócios, 24 ouvimos que os judeus não condescenderam com meu pai no tocante a se passarem para o rito dos gregos, mas que querem conservar os seus costumes, e que por esta razão eles nos pedem que lhes seja permitido viverem segundo as suas leis. 25 Querendo pois que também este povo viva em quietação, determinamos, e ordenamos que lhes seja restituído o seu templo, para eles viverem conforme os costumes de seus antepassados. 26 Tu pois farás bem de mandares lá, e de fazeres aliança com eles: para que tendo conhecido a nossa vontade, fiquem já com o ânimo desassombrado, e atendam a seus próprios interesses.

27 E a carta do rei aos judeus era do teor seguinte: O rei Antíoco ao senado dos judeus, e aos outros judeus, saúde. 28 Se vós passais com saúde, estais no estado em que nós desejamos. E nós também passamos bem. 29 Veio buscar-nos Menelau, dizendo que vós desejáveis vir ter com os vossos, que estão no nosso reino. 30 Nós pois damos passaportes aos que quiserem vir até ao dia trinta do mês de Xântico, 31 permitindo que os judeus usem das suas comidas, e vivam segundo as suas leis, como dantes: e que nenhum deles de modo algum padeça detrimento pelas faltas que foram cometidas por ignorância. 32 Nós pois vos mandamos também Menelau, para conferir convosco. 33 Tende saúde. Ano cento e quarenta e oito, aos quinze dias do mês de Xântico.

34 E também os romanos mandaram sua carta concebida nestes termos: Quinto Mêmio, e Tito Manílio, legados dos romanos, ao povo dos judeus, saúde. 35 Nós vos concedemos igualmente as mesmas coisas que Lísias, parente do rei, vos concedeu. 36 E pelo que toca às que ele julgou que deviam ser representadas ao rei, mandai quanto mais depressa alguém, depois de terdes entre vós deliberado bem na matéria, para nós determinarmos o que vos for mais conveniente: porque nós vamos a Antioquia. 37 Por isso mandai-nos depressa a resposta, para nós sabermos também qual é a vossa vontade. 38 Tende boa saúde. Ano cento e quarenta e oito, aos quinze dias do mês de Xântico.

Guerra de Judá contra as nações vizinhas

12 Feitos estes tratados, voltou Lísias para
o rei, e os judeus se ocupavam em cul-
tivar as terras. 2 Mas outros, que tinham fi-
cado no país, a saber, Timóteo e Apolônio,
filho de Jeneu, como também Jerônimo e
Demofonte, além destes, também Nicanor, go-
vernador de Chipre, não os deixava viver em
paz nem em sossego.

3 Entretanto os de Jope cometeram uma
aleivosia tal, como esta: Rogaram aos judeus,
com quem habitavam, que com suas mulheres
e filhos se metessem numas barcas que ti-
nham preparado, como se não houvesse entre
eles inimizade alguma. 4 Enfim segundo um
decreto acordado unanimemente pela cidade,
depois de consentirem até nisto os mesmos
judeus, não tendo outrossim a menor suspeita
por causa da paz que havia entre eles: tanto
que chegaram ao mar alto, os de Jope afoga-
ram nele alguns duzentos judeus.

5 Judas assim que soube desta crueldade
cometida contra a gente da sua nação, man-
dou aos que estavam com ele que tomassem
as armas, e depois de ter invocado a Deus,
justo juiz, 6 marchou contra estes homicidas
de seus irmãos, e logo lhes queimou de noite
o porto, queimou as barcas, e fez passar ao
fio da espada os que tinham escapado das
chamas. 7 E depois de ter assim executado
isto, retirou-se com tenção de lá tornar, e de
acabar de uma vez com todos os de Jope.
8 Mas como tivesse entendido que também
os de Jâmnia queriam fazer do mesmo modo
aos judeus que viviam entre eles, 9 deu tam-
bém de noite sobre os tais jamnitas, e lhes
queimou o porto com as suas embarcações:
de sorte que o clarão do fogo se via em Jeru-
salém ficando ela na distância de duzentos e
quarenta estádios.

10 Tendo-se apartado já dali nove estádios,
e indo marchando contra Timóteo, investiram
com ele os árabes, que eram cinco mil infan-
tes e quinhentos cavalos. 11 E como se tra-
vasse um rijo combate, e tivesse havido bom
sucesso com ajuda de Deus, os árabes que
tinham ficado, vendo-se vencidos, pediam a
Judas que se compusesse com eles, prometen-
do que lhe dariam pastos, e lhe assistiriam
em tudo o mais. 12 E Judas crendo que eles
efetivamente lhe poderiam ser úteis em muitas
coisas, prometeu-lhes paz. E feita a composi-
ção, eles se retiraram às suas tendas.

13 E atacou ainda uma cidade forte, que
tinha por nome Casfin, cercada de pontes e
de muros, a qual estava mui povoada de uma
mistura de diversas nações. 14 Os que porém
estavam dentro, confiados na firmeza dos seus
muros, e no provimento que tinham de víve-
res, defendiam-se negligentemente, insultando
a Judas com dictérios, e com blasfêmias, e
proferindo palavras detestáveis. 15 Macabeu
porém, invocado o grande Príncipe do mundo,
que sem aríetes, nem máquinas bélicas, em
tempo de Josué instantaneamente derribou a
Jericó, subiu furiosamente aos muros: 16 e
tendo tomado a cidade pela vontade do Se-
nhor executou nela incríveis estragos, de sorte
que um tanque que estava ao pé, de dois es-
tádios de largo, se viu tinto do sangue dos
mortos.

17 Partidos dali, caminharam setecentos e
cinqüenta estádios, e chegaram a Caraca aos
judeus, que se chamam tubianeus: 18 e não
puderam por certo haver às mãos a Timóteo
naqueles lugares, porque como não tinha po-
dido fazer ali nada, voltou para trás, deixa-
da em certo sítio uma fortíssima guarnição.
19 Mas Dositeu e Sosípatro, que eram coman-
dantes das tropas com Macabeu, mataram dez
mil homens, que Timóteo havia deixado para
guarda desta praça. 20 Entretanto Macabeu,
ordenados e repartidos em coortes seis mil
homens que o acompanhavam, marchou con-
tra Timóteo, que tinha consigo cento e vinte
mil infantes, e dois mil e quinhentos cavalos.

21 E Timóteo sabida a chegada de Judas,
mandou adiante as mulheres, e os filhos, e o
resto da bagagem para uma praça chamada
Carnion: porque era inconquistável e difícil
de ser entrada por causa da estreiteza das
suas avenidas. 22 Mas tanto que apareceu a
primeira coorte de Judas ficaram os inimigos
passados de medo, pela presença de Deus,
que vê todas as coisas, e tomaram a fugida
uns atrás dos outros, de sorte que eram com
maior desbarato derribados pelos seus, e se
feriam com golpes das suas mesmas espadas.
23 E Judas carregava sobre eles com grande
vigor castigando a estes profanos, e deles fez
cair mortos no campo trinta mil homens.

24 E o mesmo Timóteo veio a cair nas mãos
de Dositeu, e de Sosípatro: e lhes pediu com
agonizadas instâncias que o deixassem ir com
vida, porque tinha feito prisioneiros muitos
pais, e muitos irmãos de judeus, os quais pela
sua morte perderiam a esperança de cobrar
a liberdade. 25 E tendo-lhes dado palavra que
restituiria estes prisioneiros segundo o trata-
do, eles o deixaram ir sem lhe fazerem mal
algum, com os olhos em salvar a seus irmãos.

26 Depois tornou Judas a ir a Carnion, onde
matou vinte e cinco mil homens. 27 Depois da
fugida, e matança destes inimigos, fez ele mar-
char seu exército para Efrom, cidade forte,
em que habitava uma grande multidão de

diversos povos: e os seus muros estavam bordados de valentes mancebos, que os defendiam vigorosamente: e dentro havia muitas máquinas de guerra, e prevenção de armas de arremesso. 28 Mas tendo os judeus invocado o Todo-Poderoso, que destrói com o seu poder as forças dos inimigos, tomaram a cidade: e mataram dos que estavam dentro vinte e cinco mil.

29 Dali passaram à cidade dos citas, que distava de Jerusalém seiscentos estádios. 30 E como os mesmos judeus, que viviam com os citopolitas, tivessem atestado que eram bem tratados por eles, que ainda nos tempos da sua desgraça tinham usado com eles de moderação: 31 dando-lhes por isso as graças, tendo-os exortado a que se mostrassem ainda para o diante benignos com os da sua nação, voltaram para Jerusalém por estar próxima a solenidade das Semanas.

32 E passado que foi o Pentecostes, marcharam eles contra Górgias, governador da Iduméia. 33 E Judas o foi atacar com três mil infantes, e quatrocentos cavalos. 34 Tendo vindo às mãos os dois exércitos, foram poucos os judeus que ficaram mortos. 35 Um certo cavaleiro porém dos de Bacenoris, por nome Dositeu, homem valente, tinha aferrado de Górgias: e quando ele o queria tomar vivo, outro cavaleiro dos de Trácia arremeteu a ele, e lhe cortou um ombro, e assim escapando Górgias fugiu para Maresa.

36 Mas achando-se fatigado os que estavam com Esdrim, por terem pelejado havia muito tempo, invocou Judas ao Senhor, para que se fizesse Ele mesmo o protetor, e o capitão neste combate. 37 Começando a falar na língua pátria, e a levantar clamores em hinos, pôs em fugida os soldados de Górgias.

Sacrifícios pelos defuntos

38 Depois ajuntando Judas o seu exército, partiu para a cidade de Odolan: e chegando o dia sétimo, purificados segundo o costume, celebraram o sábado no mesmo lugar. 39 E no dia seguinte foi Judas com os seus ao campo, para levar os corpos dos que tinham sido mortos, e para os sepultar com os seus parentes nos sepulcros de seus pais. 40 Ora eles acharam debaixo das túnicas dos mortos na batalha algumas das oferendas consagradas aos ídolos, que havia em Jâmnia, que a lei proíbe ao judeus. Todos pois reconheceram que esta fora a causa da sua morte.

41 Todos por isso bendisseram o justo juízo do Senhor, que tinha descoberto o que estava escondido. 42 E assim, tendo-se posto em oração, conjuraram o Senhor que se esquecesse do pecado, que fora cometido. Mas na verdade o fortíssimo Judas exortava o povo a que se conservasse sem pecado, vendo diante de seus olhos o que tinha acontecido por causa dos pecados daqueles que tinham sido mortos.

43 E tendo ajuntado uma coleta, mandou doze mil dracmas de prata a Jerusalém para serem oferecidas em sacrifício pelos pecados dos mortos, sentindo bem e religiosamente da ressurreição: 44 (porque se ele não esperasse que os que tinham sido mortos, haviam um dia de ressuscitar, teria por uma coisa supérflua e vã orar pelos defuntos). 45 E porque ele considerava que os que haviam falecido na piedade tinham uma grandíssima misericórdia reservada. 46 É logo um santo, e saudável pensamento orar pelos mortos, para que sejam livres dos seus pecados.

Vitória sobre Antíoco Eupator

13 O ano cento e quarenta e nove, soube Judas que Antíoco Eupator marchava com grandes tropas contra a Judéia. 2 E com ele Lísias, regente, o primeiro ministro dos negócios do reino, trazendo consigo cento e dez mil homens de pé, e cinco mil de cavalo, com vinte e dois elefantes, e trezentas carroças armadas de foices.

3 E Menelau se uniu também a eles. E com muito ardil procurava por meio de rogos abrandar a Antíoco, não pela salvação da pátria, mas esperando ser ele promovido ao principado. 4 Porém o rei dos reis suscitou o coração de Antíoco contra este pecador. E persuadido por sugestão de Lísias, que Menelau era a causa de todos os males, mandou que, preso que fosse, o matassem no mesmo lugar, segundo o costume deles. 5 É de saber que naquele lugar havia uma torre de cinqüenta côvados de altura, que de todas as partes estava cercada de um grande montão de cinzas: do cimo da qual não se via ao redor senão um grande precipício. 6 Mandou o rei que precipitassem aquele sacrílego dali abaixo sobre a cinza, empurrando-o todos para lhe dar a morte. 7 E em observância de tal lei coube morrer a Menelau, prevaricador da lei, sem que o seu corpo fosse dado à terra. 8 E isto sem dúvida aconteceu por um juízo assaz justo: porque como ele tinha cometido muitas impiedades contra o altar de Deus, cujo fogo e cinza eram umas coisas santas: foi ele justamente condenado a morrer abafado na cinza.

9 Entretanto marchava o rei bravamente desenfreado, prometendo mostrar-se mais violento aos judeus que seu pai. 10 O que sabendo Judas, mandou ao povo que invocassem o Senhor de dia e de noite, para que também

então lhes assistisse, como sempre tinha feito: 11 pois que receavam verem-se privados da sua lei, e da sua pátria, e do seu santo Templo: e que não permitisse que o seu povo, que não havia muito tempo começara a respirar um pouco, ficasse outra vez sujeito às nações que blasfemavam o seu santo nome.

12 E fazendo todos uniformemente o que Judas lhes havia ordenado, e implorando a misericórdia do Senhor com lágrimas, e jejuns, prostrados diante dele três dias contínuos, Judas os exortou que se preparassem. 13 E ele com os anciãos resolveu marchar contra o rei, antes que ele fizesse entrar as suas tropas na Judéia, e se apoderasse da cidade, e deixar ao juízo do Senhor o êxito da empresa. 14 Remetendo pois tudo ao poder de Deus, criador do universo, e tendo exortado os seus a combater valorosamente, e a resistir até à morte em defesa das suas leis, do seu Templo, da sua cidade, da sua pátria, e dos seus compatriotas, fez acampar o seu exército junto a Modin.

15 E depois de ter dado aos seus por sinal, a vitória de Deus, tomando consigo os mais valentes dentre os mancebos, atacou de noite o quartel do rei, matou no seu campo quatro mil homens, e os mais corpulentos dos elefantes, com todos os que levava em cima. 16 E tendo enchido de espantosíssimo terror, e de turbação o campo dos inimigos, depois do feliz sucesso desta empresa, se retiraram. 17 E foi este feito cometido ao romper do dia, assistindo a Macabeu a proteção do Senhor.

18 Mas o rei, depois de ter assim provado a audácia dos judeus, procurava tomar as cidades fortes por estratagema. 19 E veio pôr o cerco diante de Betsura, que era uma praça dos judeus bem fortificada: mas foi rechaçado, voltou à carga e perdeu muita gente. 20 Entretanto Judas mandava aos sitiados o que lhes era necessário. 21 Mas um certo Rodoco, do exército dos judeus, ia descobrir aos inimigos os segredos do seu partido, mas depois de reconhecido, foi apanhado, e metido em prisão. 22 O rei fez que se tornasse a falar aos que estavam em Betsura. Deu-lhes a sua palavra: recebeu a deles: foi-se: 23 pelejou contra Judas, foi vencido: mas tanto que teve por notícia, que Filipe, que tinha ficado por superintendente dos negócios, se havia rebelado em Antioquia, todo consternado no seu espírito fazendo deprecações aos judeus, e submetendo-se a eles, jurou guardar-lhes todas as condições que parecessem justas. E depois desta reconciliação ofereceu um sacrifício, honrou o Templo, e fe-lhe presentes. 24 Abraçou a Macabeu, e o declarou governador e príncipe de todo o país, desde Ptolemaida até os gerrenos.

25 Quando porém Antíoco entrou em Ptolemaida, estavam os ptolemenses num grande descontentamento por causa das condições daquela aliança, mostrando a sua indignação por temerem não viessem eles a romper o tratado. 26 Então subiu Lísias ao tribunal, e expôs as razões desta aliança, e apazigou o povo, e tornou para Antioquia. E desta maneira foi a jornada do rei contra a Judéia, e depois a sua retirada.

Aliança com Nicanor, general de Demétrio

14 Mas passado o espaço de três anos soube Judas, e os que com ele estavam, que Demétrio, filho de Seleuco, tinha vindo pelo porto de Trípoli com um poderoso exército, e navios, para se apoderar dos postos vantajosos. 2 E que se tinha feito senhor de diversas províncias, apesar de Antíoco, e do seu general Lísias.

3 Ora um certo Alcimo, que tinha sido sumo sacerdote, e que voluntariamente se tinha manchado no tempo da mistura, considerando que ele de nenhum modo podia ter melhoramento de estado, nem acesso ao altar, 4 veio ter com o rei Demétrio no ano cento e cinqüenta, oferecendo-lhe uma coroa de ouro e uma palma, além disto também uns ramos, que pareciam ser do Templo. E com efeito aquele dia não lhe disse nada. 5 Mas tendo achado ocasião oportuna de executar o seu louco intento, chamado por Demétrio ao conselho, e perguntado em que fundamentos e conselhos se estribavam os judeus, 6 respondeu: Aqueles de entre os judeus, que se chamam Assideus, cujo capitão é Judas Macabeu, fomentam guerras, e excitam sedições, e não sofrem que o reino esteja quieto. 7 Porque até eu mesmo despojado da glória que tinha recebido de meus pais (quero dizer do sumo pontificado) vim ter aqui. 8 Primeiramente para guardar por certo a fidelidade que devo ao rei, no tocante aos seus interesses, e secundariamente para negociar também as conveniências de meus compatriotas: porque toda a nossa nação está vexada não de mui leves opressões pela maldade destas pessoas. 9 Assim que, eu te rogo, ó rei, que informando-te miudamente de todas estas coisas, olhes pelos interesses tanto da nossa terra, como da nossa nação, conforme a tua bondade pr todos já tão conhecida. 10 Porque enquanto viver Judas, é impossível que haja paz no estado.

11 E depois que Alcimo assim falou, os outros amigos, que mostravam uma declarada inimizade contra Judas, inflamaram ainda

mais contra ele a Demétrio. 12 Enviou logo Demétrio por general à Judéia a Nicanor, intendente dos elefantes. 13 Dando-lhe ordem que tomasse com efeito às mãos vivo ao mesmo Judas: e que dissipasse todos os que estavam com ele, e que constituísse a Alcimo sumo sacerdote do grande Templo. 14 Então os pagãos que tinham fugido da Judéia por temor de Judas, vieram em magotes unir-se a Nicanor, havendo que as misérias, e perdas dos judeus serviam de prosperidade para os seus negócios.

15 Assim que tendo os judeus ouvido a chegada de Nicanor, e a união dos gentios com ele, cobertas suas cabeças de pó, faziam as suas rogativas àquele que tinha fundado o seu povo, para o conservar eternamente, e que protegia com evidentes prodígios a sua herança. 16 E logo depois partiram eles do lugar onde estavam, por ordem do seu general, e foram pôr-se ao pé do castelo de Dessau. 17 Ora Simão, irmão de Judas, tinha principiado a batalha contra Nicanor: mas foi aterrado com a imprevista chegada dos inimigos.

18 Todavia Nicanor ouvindo falar do esforço da gente de Judas, e da grandeza de ânimo com que eles pelejavam pela pátria, temia expor-se a um combate sanguinolento. 19 Portanto enviou diante a Possidônio, e a Teodócio, e a Matias, para que presentassem, e recebessem proposições de paz. 20 E como por largo tempo se tomasse deliberação a respeito destas ocorrências e tivesse o mesmo general exposto a causa a todo o exército, foram todos uniformemente de parecer que se aceitasse a concórdia. 21 Pelo que ajustaram os dois generais um dia certo, em que conferenciassem entre si secretamente sobre o ponto: e para cada um se assentar se tiraram cadeiras: e com efeito lhes foram postas. 22 Entretanto Judas tinha mandado que estivesse gente armada em lugares oportunos, por não suceder que lhes viesse de repente algum mal dos inimigos: e eles tiveram uma conferência tendente ao bom êxito do seu negócio.

23 Ficou pois Nicanor em Jerusalém, e não obrou ali nada contra a eqüidade, e despediu a multidão de tropas, que se lhe tinham ajuntado. 24 E ele amava sempre a Judas com um amor sincero, e sentia particular inclinação para a sua pessoa. 25 Até lhe pediu que se casasse, e que visse se tinha filhos. Judas se casou: teve descanso e eles viviam familiarmente um com outro.

Ruptura de relações

26 Mas Alcimo, vendo a amizade, e boa harmonia que havia entre eles, foi ter com Demétrio, e lhe disse que Nicanor favorecia os interesses dos seus inimigos, e que tinha destinado por seu sucessor dele Alcimo a Judas que aspirava ao reino. 27 Então exasperado o rei, e todo irritado com as mui detestáveis calúnias que ouvia da boca deste mau homem, escreveu a Nicanor, dizendo-lhe que levava por certo muito a mal que ele tivesse feito amizade com Macabeu, que todavia lhe ordenava que o mais depressa que pudesse ser, lho remetesse preso a Antioquia.

28 Nicanor, recebida esta nova, ficou todo consternado, e custava-lhe muito haver de violar o concerto que tinha feito com Macabeu, não tendo recebido agravo algum da sua pessoa. 29 Mas porque não podia resistir ao rei, buscava ocasião favorável para executar a ordem recebida.

30 Entretanto Macabeu, vendo que Nicanor o tratava mais desabridamente que de ordinário, e que lhe mostrava, quando se encontravam, um aspecto mais carrancudo do que costumava, refletindo que esta austeridade não podia proceder de boa causa, convocados alguns poucos dos seus, furtou-se a Nicanor. 31 Quando Nicanor veio a conhecer que ele tinha sido prevenido por Judas com valente resolução, foi ao augustíssimo e santíssimo Templo: e oferecendo os sacerdotes as vítimas ordinárias, lhes mandou que lhe entregassem nas mãos a Macabeu. 32 Mas afirmando-lhe eles com juramento, que não sabiam onde estava aquele que buscava, estendendo a mão para o Templo, 33 jurou, dizendo: Se vós me não entregardes Judas debaixo de prisão, eu arrasarei este Templo de Deus, e derribarei o altar, e consagrarei este Templo ao pai Baco.

Razias, homem zeloso

34 E ditas estas coisas, foi-se. Os sacerdotes porém levantando as mãos ao céu, invocavam aquele que sempre se tinha declarado protetor da sua nação, dizendo assim: 35 Senhor de todo o universo, que de nada necessitas, tu quiseste que se edificasse um templo da tua habitação no meio de nós. 36 Agora pois, ó santo dos santos, ó Senhor de todas as coisas, isenta para sempre de profanação esta casa, que há pouco foi purificada.

37 Então foi acusado diante de Nicanor um dos anciãos de Jerusalém, chamado Razias, homem zeloso pela cidade, e que estava em grande reputação: o qual era chamado o pai dos judeus, pelo afeto que lhes tinha. 38 Este já de tempos muito atrasados fazia uma vida puríssima no judaísmo, e estava pronto para entregar o seu corpo e a sua vida, por perseverar assim até o fim. 39 Querendo pois

Nicanor mostrar o ódio que tinha dos ju-
deus, mandou quinhentos soldados a prendê-
-lo: 40 porque tinha para si, que se seduzisse
a este homem, haveria ele de causar um gran-
díssimo estrago aos judeus.

41 A tempo pois que estas tropas forceja-
vam por entrar na sua casa, e arrombar a
porta, e pôr-lhe fogo, como ele se viu a ponto
de ser preso, deu em si um golpe com a es-
pada. 42 Escolhendo antes morrer nobremen-
te do que ver-se sujeito a pecadores, e padecer
ultrajes indígnos do seu nascimento.

43 Mas como pela pressa com que o deu,
não fora mortal o golpe, e entrando toda
aquela soldadesca de tropel em sua casa cor-
rendo com extraordinária resolução ao muro,
se precipitou ele mesmo animosamente de
alto a baixo sobre o povo. 44 Tendo-se todos
afastado com presteza, para não dar em cima
deles a queda, caiu no chão, dando primeiro
com o meio da cerviz: 45 e como ainda res-
pirasse, tendo cobrado alentos se pôs em pé:
e não obstante correr-lhe o sangue em largos
rios, e estando muito maltratado com as fe-
ridas, atravessou numa carreira pelo meio do
povo: 46 e posto sobre um escarpado penedo,
e tendo já perdido quase todo o sangue, ti-
rando do corpo para fora as suas entranhas,
com ambas as mãos as lançou sobre o povo,
invocando o Senhor da vida e da alma, para
que lhas tornasse a dar algum dia. E assim
acabou a vida.

Derrota de Nicanor

15 Ora Nicanor, tanto que soube que Judas
estava nas terras de Samaria, resolveu
atacá-lo com todas as suas forças no dia do
sábado. 2 E quando os judeus, que se viam
constrangidos a segui-lo, lhe disseram: Não
obres tão ferozmente, nem com tanta barba-
ridade, mas faze honra à santidade do dia,
e reverencia aquele que vê todas as coisas.
3 Aquele infeliz lhes perguntou se havia no
céu algum Deus poderoso, que tivesse manda-
do celebrar o dia do sábado. 4 E responden-
do-lhe eles: Há um Senhor vivo poderoso no
céu, o qual mandou guardar o dia sétimo.
5 Então replicou ele: Também eu sou pode-
roso na terra, que mando se tomem armas,
e que se cumpram as ordens do rei. Ele toda-
via não pode executar o seu desígnio. 6 Por-
que com efeito Nicanor no cume de soberba
em que estava, tinha assentado consigo levan-
tar um mesmo trofeu de Judas, e de toda a
sua gente.

7 Porém Macabeu esperava sempre com to-
da a confiança que Deus lhe havia de assistir
com o seu auxílio: 8 e exortava os seus a que
não tivessem medo ao chegar destas nações,
mas repassassem com a memória as ajudas
que tinham recebido do céu, e esperassem
agora que o Todo-Poderoso lhes daria vitória.
9 Tendo-lhes também dado suas instruções
tiradas da lei e dos profetas, e trazido à me-
mória os combates que tinham sustentado,
ele lhes infundiu novos alentos. 10 E depois
de lhes ter levantado assim os espíritos, lhes
representou Judas ao mesmo tempo a perfídia
das nações e a violação dos seus juramentos.
11 Ele pois armou a cada um deles não tanto
com a prevenção de escudos, e lanças, como
com palavras e exortações excelentíssimas, re-
ferindo-lhes uma visão dígna de fé que ele
tinha tido em sonhos, com a qual encheu a
todos de alegria.

12 A visão pois que teve foi desta maneira:
Parecia-lhe que Onias, sumo sacerdote, que
havia sido homem de bem e afável, recatado
no olhar, comedido nos costumes, e prazen-
teiro nos seus discursos, e que desde menino
se tinha exercitado nas virtudes, estendendo
as mãos orava por todo o povo dos judeus.
13 Que depois disto lhe aparecera também
outro varão, admirável pela sua idade, e glo-
rioso esplendor, e cercado de grande formo-
sura: 14 e que Onias, apontando para ele,
dissera: Este é o amador de seus irmãos, e
do povo de Israel, este é Jeremias, profeta
de Deus, que ora muito pelo povo, e por toda
a santa cidade. 15 Que ao mesmo estendera
Jeremias a mão, e dera a Judas uma espada
de ouro, dizendo-lhe: 16 Toma esta santa es-
pada como um presente que Deus te faz, com
a qual tu deitarás por terra os inimigos do
meu povo de Israel.

17 Excitados pois com estas tão excelentes
exortações de Judas, capazes de poderem dar
brios, e fortalecer os ânimos dos mancebos,
resolveram atacar e combater vigorosamente
os inimigos: para que o esforço com que os
rebatessem, fosse a decisão desta guerra, por-
que a cidade santa, e o Templo estavam ex-
postos a um grande perigo. 18 Porquanto a
eles não se lhes dava tanto de suas mulheres,
e filhos, como também de seus irmãos, e pa-
rentes: porém o maior, e o primeiro temor
que tinham era pela santidade do Templo.
19 E também dos que estavam na cidade, se
apoderava um não mui pequeno sobressalto,
por causa dos que haviam de combater.

20 E quando já todos esperavam a futura
decisão do combate, e estando à vista os ini-
migos, e o exército formado em batalha, os
elefantes, e a cavalaria disposta no seu com-
petente lugar. 21 Considerando Macabeu aque-
la multidão de gentes que vinha sobre eles, e

aquele aparato de armas tão diversas, e a ferocidade daquelas alimárias, estendendo as mãos ao céu, invocou o Senhor, que faz prodígios, que não atendendo ao poder das armas, porém como a ele muito lhe apraz, dá a vitória aos que são dignos dela. 22 Invocando-o pois disse desta maneira: Tu, ó Senhor, que mandaste o teu anjo em tempo de Ezequias, rei de Judá, e que mataste cento e oitenta e cinco mil homens do exército de Senaquerib: 23 manda também agora adiante de nós, ó Senhor dos céus, o teu bom anjo, que inspire temor, e tremor da grandeza do poder de teu braço, 24 para que aqueles, que blasfemando o teu nome, vêm atacar o teu santo povo, tenham medo. E assim é que ele na verdade acabou a sua oração.

25 Entretanto Nicanor, e o seu exército se vinham chegando para o combate ao som das trombetas e com alaridos. 26 Judas porém, e os que vinham com ele, invocando a Deus, com as suas orações deram sobre os inimigos: 27 pelejando sim com as armas na mão, porém encomendando-se ao Senhor no fundo de seus corações, mataram não menos que trinta e cinco mil homens, sentindo-se cheios de uma grande alegria pela presença de Deus. 28 E tendo eles acabado a peleja, e ao tempo que voltavam com júbilo, souberam que Nicanor tinha caído morto, coberto das suas armas. 29 Assim que tendo dado um grande grito, e levantando um ruído de confusas vozes, bendiziam ao Senhor todo-poderoso na língua de seus pais.

30 E Judas, que em tudo e por tudo estava pronto de corpo, e alma, a dar a vida por seus compatriotas, mandou que cortada a cabeça a Nicanor, e a sua mão com o ombro, fosse levada a Jerusalém. 31 Tendo lá chegado, convocados junto ao altar os seus patrícios, e os sacerdotes, chamou também os que estavam na fortaleza. 32 E tendo-lhes mostrado a cabeça de Nicanor, e aquela malvada mão, que ele com tanta soberba, e insolência, estendera contra a santa casa de Deus todo-poderoso, 33 mandou também que a língua daquele ímpio Nicanor, cortada em muitos pedacinhos, se desse a comer às aves: e que fosse pendurada defronte do Templo a mão daquele furioso. 34 Todos pois bendisseram ao Senhor do céu, dizendo: Bendito seja aquele que conservou puro o seu santo Templo. 35 Pendurou Judas também a cabeça de Nicanor no alto da fortaleza, para ser vista de todos, e com um sinal manifesto do auxílio de Deus.

36 Pelo que decretaram todos de comum acordo, que de nenhum modo se deixasse passar aquele dia sem se fazer nele uma festa particular: 37 e que esta celebração se fizesse ao décimo terceiro dia do mês, que na língua siríaca se chama Adar, um dia antes do de Mardoqueu.

Conclusão

38 Passadas pois estas coisas acerca de Nicanor, e ficando os hebreus desde aqueles tempos de posse da cidade, eu também porei aqui fim à minha narração. 39 E se ela está bem organizada, e como convém à história, isso é também o que eu desejo. Mas se pelo contrário, foi escrita com menos dignidade, deve-se-me perdoar. 40 Porque assim como beber sempre vinho, ou sempre água é coisa danosa: mas agradável o fazer uso alternativo de ambas estas bebidas: assim também se o discurso for sempre limado, não será grato aos leitores. Acabarei pois aqui.

JÓ

I. PRÓLOGO

Virtude e prosperidade de Jó

1 Havia um varão na terra de Hus, por nome Jó, e era este um varão sincero, e reto, e que temia a Deus, e se retirava do mal. 2 E nasceram-lhe sete filhos, e três filhas. 3 E possuía sete mil ovelhas, três mil camelos, e quinhentas juntas de bois, quinhentas jumentas, e família numerosíssima: e este varão era grande entre todos os orientais. 4 E seus filhos iam, e se banqueteavam em suas casas, cada um em seu dia. E mandavam convidar as suas três irmãs para virem comer e beber com eles. 5 E tendo decorrido o turno de dias de banquete, mandava Jó chamar a seus filhos, e os purificava, e levantando-se de madrugada oferecia holocaustos por cada um deles. Porque dizia: Talvez que os meus filhos tenham pecado, e que tenham ofendido a Deus nos seus corações. Assim o fazia Jó todos os dias.

6 Mas um certo dia como os filhos de Deus se tivessem apresentado diante do Senhor, achou-se também entre ele Satanás. 7 E o Senhor lhe disse: Donde vens tu? Ele respondeu, dizendo: Girei a terra, e andei-a toda. 8 E o Senhor lhe disse: Acaso consideraste tu a meu servo Jó, que não há semelhante a ele na terra, varão sincero e reto, e que teme a Deus, e que se afasta do mal? 9 Satanás respondendo, disse: Acaso Jó teme debalde a Deus? 10 Não o circunvalaste tu a ele, e a sua casa, e a todos os seus bens, não tens abençoado as obras de suas mãos, e as suas possessões não têm crescido na terra? 11 Mas estende tu um pouco a tua mão, e toca em tudo o que ele possui, e verás se ele te não amaldiçoa na tua mesma cara.

12 Disse pois o Senhor a Satanás: Olha, tudo o que ele tem está em teu poder: somente não estendas a tua mão contra ele, e Satanás saiu da presença do Senhor.

Primeira provação e resignação de Jó

13 E um dia em que seus filhos e filhas estavam comendo e bebendo vinho em casa de seu irmão primogênito, 14 veio ter com Jó um mensageiro, que lhe disse: Os bois lavraram, e as jumentas pastavam junto a eles, 15 e vieram sobre eles de repente os sabeus, e levaram tudo, e passaram à espada os criados, e só eu escapei para te trazer a nova.

16 E estando ainda este falando veio outro, e disse: Fogo de Deus caiu do céu, e ferindo as ovelhas, e aos pastores os consumiu, e escapei eu só para te trazer a nova.

17 Ainda este falava, e eis que chegou outro, e disse: Os caldeus se dividiram em três esquadrões, e se lançaram sobre os camelos, e os levaram, e até também passaram à espada os criados, e só eu escapei para te trazer a nova.

18 Ainda este estava falando, e eis que entrou outro, e disse: Estando teus filhos e filhas comendo e bebendo vinho em casa de seu irmão mais velho, 19 de repente se levantou um vento muito rijo da banda do deserto, e abalou os quatro cantos da casa, a qual caindo esmagou a teus filhos e morreram, e só eu escapei para te trazer a nova.

20 Então se levantou Jó, e rasgou os seus vestidos, e, tosquiada a cabeça, prostrando-se em terra, adorou, 21 e disse: Nu saí do ventre de minha mãe, e nu tornarei para lá. O Senhor o deu, o Senhor o tirou: como foi do agrado do Senhor, assim sucedeu. Bendito seja o nome do Senhor. 22 Em todas estas coisas não pecou Jó pelos seus lábios, nem falou coisa alguma indiscreta contra Deus.

A doença, segunda provação,
e a visita dos amigos

2 E sucedeu que em certo dia viessem os filhos de Deus: e apresentando-se diante do Senhor, veio também Satanás entre eles, e pôs-se na sua presença, 2 e disse o Senhor a Satanás: Donde vens tu? Ele respondeu, dizendo: Girei a terra, e andei-a toda. 3 E disse o Senhor a Satanás: Não tens considerado ao meu servo Jó, que não há outro semelhante

a ele na terra, varão sincero e reto, e que teme
a Deus, e que se retira do mal, e que ainda
conserva a sua inocência? Mas tu me tens
incitado contra ele para o afligir em vão. 4 E
Satanás respondeu, dizendo: O homem dará
pele por pele, e deixará tudo o que possui
pela sua vida: 5 e senão estende a tua mão,
e toca-lhe nos ossos e na carne, e então verás
se ele te não amaldiçoa cara a cara. 6 Disse
pois o Senhor a Satanás: Eis aqui ele está
debaixo da tua mão, mas guarda a sua vida.
7 Tendo pois saído Satanás da presença do
Senhor, feriu a Jó duma chaga maligna, desde
a planta do pé até o alto da cabeça: 8 Jó
assentado num monturo, raspava com um pe-
daço de telha a podridão. 9 E sua mulher lhe
disse: Ainda tu perseveras na tua simplicida-
de? Louva a Deus e morre. 10 Jó lhe respon-
deu: Falaste como um das mulheres tolas. Se
nós temos recebido os bens da mão de Deus,
por que não receberemos também os males?
Em todas estas coisas não pecou Jó com os
seus lábios.

11 Portanto três amigos de Jó tendo ouvido
todo o mal, que lhe havia sucedido, vieram
cada um do seu lugar a verem-no, Elifaz de
Teman, e Baldad de Suas, e Sofar de Naamat.
Porque se tinham ajustado para juntos o vi-
rem visitar, e para o consolarem. 12 Tendo
pois de longe levantado os olhos, não o co-
nheceram, e exclamado choraram, e rasgados
os seus vestidos lançaram pó ao ar sobre as
suas cabeças. 13 E se assentaram com ele na
terra sete dias e sete noites, e nenhum lhe
dizia palavra: porque viam que a dor era
excessiva.

II. DISPUTA DE JÓ COM OS AMIGOS

Primeiro ciclo de discursos
Lamentações de Jó

3 Depois disto abriu Jó a sua boca, e amal-
diçoou o dia do seu nascimento, 2 e falou
assim:

3 Pereça o dia em que eu fui nado, e a noite em que se disse: Foi concebido um homem.

4 Converta-se aquele dia em trevas. Deus desde o alto céu não olhe para ele, nem ele seja esclarecido pela luz.

5 Escureçam-no as trevas, e a sombra da morte, cerque-o uma negra escuridão, e seja envolto em amargura.

6 Um tenebroso redemoinho ocupe aquela noite, não se conte entre os dias do ano, nem se numere entre os meses.

7 Serás aquela uma noite solitária, e não digna de louvor:

8 Amaldiçoem-na aqueles que amaldiçoam o dia, e os que estão prontos para sucitar o Leviatã:

9 Escureçam-se as estrelas pela sua negridão: ela espere a luz e não a veja, nem o nascimento da aurora quando raia:

10 Porque ela não fechou as portas do ventre que me trouxe, nem apartou de meus olhos os males.

11 Por que não morri eu dentro do ventre de minha mãe, por que não pereci tanto que saí dele?

12 Por que fui recebido entre os joelhos? Por que me alimentaram com o leite dos peitos?

13 Porque agora dormindo estaria em silêncio, e descansaria no meu sono:

14 Juntamente com os reis e conselheiros da terra, que fabricam para si solidões.

15 Ou com os príncipes, que possuem o ouro, e que enchem as suas casas de prata:

16 Ou como aborto que se oculta não existiria, ou como os que depois de concebidos não viram a luz.

17 Ali os ímpios cessariam de tumultos, e ali acharam descanso os cansados de forças.

18 E os encarcerados em outro tempo estão já sem moléstia, nem ouviram a voz do exator.

19 O pequeno e o grande ali estão e, o escravo está livre de seu senhor.

20 Por que foi concedida luz ao miserável, e vida aos que estão em amargura de ânimo?

21 Os que esperam a morte, e não lhes vem, como os que cavam em busca de um tesouro:

22 E que ficam transportados de alegria quando acham o sepulcro.

23 A um homem que não sabe o caminho, e a quem Deus cercou de trevas?

24 Suspiro antes de comer: e os meus gemidos são bem, como águas que inundam:

25 Porquanto o temor, que temia, me veio: e me aconteceu o que receava.

26 Porventura não dissimulei? Não me calei? Não estive sossegado? E veio sobre mim a indignação.

Elifaz acusa a Jó — primeiro discurso

4 Então respondendo Elifaz de Teman, disse:
2 Se começarmos a falar-te, talvez que tu
o leves de má mente, mas quem poderá conter
a palavra concebida!

3 Eis aqui ensinaste a muitos, e deste vigor a mãos cansadas:

4 As tuas palavras firmaram aos que vacilavam: e fortaleceste aos joelhos trêmulos.

5 Porém agora veio sobre ti o açoite, e desfaleceste: feriu-te, e tu te perturbaste.

6 Onde está aquele teu temor, a tua fortaleza, a tua paciência, e a perfeição dos teus caminhos?

7 Lembra-te, te peço, que inocente pereceu jamais? Ou quando foram os justos destruídos?

8 Antes bem tenho visto, que os que obram iniqüidade, e semeiam dores, e as segam,

9 pereceram a um assopro de Deus, e foram consumidos pelo espírito da sua ira.

10 O rugido do leão, e a voz da leoa, e os dentes dos cachorros dos leões se quebraram.

11 O tigre morreu, porque não tinha presa, e os cachorros dos leões foram dissipados.

12 Mas a mim se me disse uma palavra em segredo, e os meus ouvidos como às furtadelas perceberam uma parte do seu ruído.

13 No horror duma visão noturna, quando o sono costuma ocupar os sentidos dos homens,

14 assaltou-me o medo, e o tremor, e todos os meus ossos estremeceram.

15 E ao passar diante de mim um espírito, os cabelos da minha carne se arripiaram.

16 Parou diante um, cujo rosto eu não conhecia, um vulto diante dos meus olhos, e ouvi uma voz como de branda viração.

17 Porventura o homem, em comparação de Deus, será justificado, ou o varão será mais puro que o seu Criador?

18 Ainda os mesmos que o servem, não são estáveis, e entre os seus anjos achou crime:

19 Quanto mais aqueles que moram em casas de lodo, que tem o fundamento de terra, serão consumidos como pela traça?

20 Da manhã até à tarde serão destroçados: e porque nenhum tem inteligência, perecerão para sempre.

21 Aqueles porém que deles restarem, serão arrebatados: morrerão e não em sabedoria.

5 Chama pois, se há alguém que te responda, e volta-te para algum dos santos.

2 Certamente a ira mata o fátuo, e a inveja mata o pequeno.

3 Eu vi o insensato com profundas raízes, e logo amaldiçoei o seu luzimento.

4 Longe estarão seus filhos da salvação, e serão pisados aos pés na porta, e não haverá quem os livre.

5 A sua messe comê-la-á o faminto, e o armado o arrebatará, e os sequiosos beberão as suas riquezas.

6 Nada se faz na terra sem causa, e da terra não nasce a dor.

7 O homem nasce para o trabalho, e a ave para voar.

8 Por isso eu rogarei ao Senhor, e a Deus dirigirei a minha fala:

9 O qual faz coisas grandes e impenetráveis e maravilhas sem número:

10 Que derrama a chuva sobre a face da terra, e tudo rega com as águas:

11 Que exalta aos humildes, e aos tristes levanta com felicidade:

12 Que dissipa os pensamentos malignos, para que as suas mãos não possam acabar o que tinham começado:

13 Que apanha os sábios na sua própria astúcia, e que dissipa o desígnio dos malvados:

14 De dia se verão em trevas, e ao meio-dia andarão às apalpadelas como de noite.

15 Porém Ele salvará ao desvalido da espada da boca deles, e ao pobre da mão do homem violento.

16 E terá esperança o desvalido, e a iniqüidade comprimirá a própria boca.

17 Bem-aventurado o homem a quem Deus corrige. Não desprezes pois a correção do Senhor:

18 Porque Ele fere, e cura: Dá o golpe, e as suas mãos curarão.

19 Em seis tribulações Ele te livrará, e à sétima o mal não te tocará.

20 No tempo da fome Ele te salvará da morte, e no tempo da guerra do poder da espada.

21 Estarás em seguro do açoite da língua, e não temerás a calamidade quando chegar.

22 Na desolação, e fome te rirás, não temerás as feras da terra.

23 Até farás concerto com as pedras dos campos, e as feras da terra te serão pacíficas.

24 E saberás que há paz na tua casa, e visitando a tua espécie, não pecarás.

25 E saberás também que se multiplicará a tua descendência, e a tua posteridade como erva da terra.

26 Entrarás com abundância na sepultura, como se recolhe o montão de trigo a seu tempo.

27 Olha, que isto é assim, como temos alcançado: o que tens ouvido, medita-o no entendimento.

Primeira resposta de Jó a Elifaz

6 Jó pois respondendo, disse:

2 Oxalá se pesassem numa balança os meus pecados, pelos quais mereci a ira: e a calamidade que padeço.

3 Ver-se-ia que esta era mais pesada que a areia do mar: pelo que as minhas palavras estão também cheias de dor:

4 Porque as setas do Senhor estão em mim cravadas, e a malignidade delas devora o meu espírito, e terrores do Senhor combatem contra mim.

5 Porventura ornejará o onagro, quando tiver erva? ou mugirá o boi quando tem diante a manjedoura cheia?

6 Ou poderá comer-se a vianda insulsa, que não foi temperada de sal? ou pode alguém gostar o que mata a quem o come?

7 As coisas que antes não queria tocar a minha alma, agora pela aflição são o meu sustento.

8 Quem dera que se cumprisse a minha petição: e que Deus me concedesse o que espero?

9 E aquele que começou, esse mesmo me fizesse em pó: que soltasse a sua mão, e me cortasse pela raiz?

10 E esta seria a minha consolação, que afligindo-me com a dor, não me perdoasse, nem eu contraditaria as palavras do Santo.

11 Pois que fortaleza é a minha para poder sofrer? ou qual o meu fim, para me portar com paciência?

12 Nem a fortaleza das pedras é a minha fortaleza, nem a minha carne é de bronze.

13 Bem vedes que eu não acho socorro em mim, e que até os meus próximos me têm desamparado.

14 Aquele que não tem compaixão de seu amigo, abandona o temor do Senhor.

15 Meus irmãos passaram ao longe de mim, como a torrente que arrebatadamente corre pelos vales.

16 Os que temem a geada, cairá sobre eles neve.

17 No tempo em que forem dissipados, perecerão: e logo que vier o calor, desaparecerão do seu lugar.

18 Embaraçadas são as veredas dos seus passos: andarão sobre o vácuo, e perecerão.

19 Considerai as veredas de Tema, os caminhos de Saba, e esperai um pouco.

20 Eles ficaram confusos, porque esperei: vieram também até perto de mim, e ficaram cobertos de pejo.

21 Agora viestes: e tanto que vistes a minha chaga tivestes medo.

22 Acaso disse-vos eu: Trazei-me, e dai-me dos vossos bens?

23 Ou, livrai-me da mão do inimigo, e tiraime do poder dos valentes.

24 Ensinai-me, e eu me calarei: e se eu talvez ignorei alguma coisa, instruí-me.

25 Porque murmurastes vós de umas palavras de verdade, não havendo de vós algum que me possa argüir?

26 Compondes discursos somente com o fim de increpar, e proferis palavras ao vento.

27 Arremeteis contra um pupilo, e esforçaivos por arruinar o vosso amigo.

28 Com tudo isso acabai o que começastes. Aplicai o ouvido, e vede se eu minto.

29 Respondei vos peço sem contenda: e dizendo o que é justo, julgai.

30 E não achareis iniqüidade alguma na minha língua, nem na minha boca soará estultícia alguma.

7 A vida do homem sobre a terra é uma guerra: e os seus dias são como os dias dum jornaleiro.

2 Assim como o escravo deseja a sombra, e como o jornaleiro espera pelo fim do seu trabalho:

3 Assim também eu tive meses vazios, e noites trabalhosas contei para mim.

4 Se durmo, digo: Quando me levantarei eu? E de novo esperarei a tarde, e fartar-me-ei de dores até à noite.

5 A minha carne está coberta de podridão e de imundícia do pó, a minha pele se secou, e se encolheu.

6 Os meus dias passaram mais depressa do que a teia é cortada pelo tecelão, e consumiram-se sem nenhuma esperança.

7 Lembra-te que a minha vida é um assopro, e que os meus olhos não tornarão a ver os bens.

8 Nem me verá mais vista de homem. Teus olhos estão sobre mim, e não subsistirei.

9 Assim como se desfaz a nuvem, e passa: assim aquele que descer aos infernos, não subirá.

10 Nem tornará mais a sua casa, nem o lugar onde estava o conhecerá jamais.

11 E por isso não reprimirei a minha língua, falarei na tribulação do meu espírito, conversarei com a amargura da minha alma.

12 Acaso sou eu o amor, ou baleia, para tu me teres encerrado como num cárcere?

13 Se eu disser: Consolar-me-á o meu leito, e terei alívio falando comigo mesmo na minha cama:

14 Tu me assustarás com sonhos, e me horrorizarás com espantosas visões.

15 Por isso mesmo escolheu a minha alma um laço, e os meus ossos a morte.

16 Perdi as esperanças, não viverei jamais. Perdoa-me, que nada são os meus dias.

17 Que coisa é o homem para o engrandeceres? E por que pões sobre ele o teu coração?

18 Tu o visitas pela manhã, e de repente o experimentas:

19 Até quando me não perdoarás e não permitirás que eu trague a minha saliva?

20 Pequei, que te farei eu, ó Libertador dos homens? Por que me puseste contrário a ti, e me tenho feito pesado a mim mesmo?

21 Por que não me tiras o meu pecado, e por que não apagas a minha iniqüidade? eis aí vou agora dormir no pó: e se tu me buscares pela manhã, não subsistirei.

Primeiro discurso de Baldad contra Jó

8 Respondendo pois Baldad Suita, disse:

2 Até quando falarás tu semelhantes coisas, e as palavras da tua boca serão um espírito multiplicado?

3 Porventura Deus perverte seus juízos? ou o Todo-Poderoso destrói o que é justo?

4 Ainda que teus filhos hajam pecado contra Ele, e os haja deixado no poder da sua iniqüidade:

5 Contudo se tu te levantares pela manhã para Deus, e humilde rogares ao Onipotente:

6 Se caminhares com limpeza e retidão, logo despertará para te acudir, e fará pacífica a morada da tua justiça:

7 De tal sorte, que se os teus princípios tiverem sido pequenos, também os teus fins crescerão com excesso.

8 Pergunta pois às gerações passadas, e examina com cuidado as memórias de nossos pais:

9 (Porque nós somos de ontem, e o ignoramos, porquanto os nossos dias passam como a sombra sobre a terra).

10 E eles te instruirão, te falarão, e do seu coração tirarão palavras.

11 Porventura um junco pode conservar-se verde sem umidade? ou crescer um canavial sem água?

12 Quando ainda está em flor, sem que mão lhe toque, se seca antes que as outras ervas:

13 Assim são os caminhos de todos os que se esquecem de Deus, e a esperança do hipócrita perecerá:

14 A ele mesmo lhe não agradará a sua loucura, e como a teia de aranhas é a sua confiança.

15 Se estribará sobre a sua casa, e não permanecerá: pôr-lhe-á espeque e não se levantará:

16 Uma planta se vê fresca antes que venha o sol, e quando ele nasce brotará o seu pimpolho.

17 As suas raízes se condensarão entre um montão de pedras, e ficará entre penhascos.

18 Se alguém a arrancar do seu lugar, a desconhecerá, e dirá: Não te conheço.

19 Esta pois é a alegria do seu caminho, que de novo brotem da terra outros pimpolhos.

20 Deus não rejeitará ao homem sincero, nem dará a mão a malignos:

21 Até que a tua boca se encha de riso, e os teus lábios de júbilo:

22 Os que te aborrecem serão cobertos de confusão: e a casa dos ímpios não subsistirá.

Primeira resposta de Jó a Baldad

9 E respondendo Jó, disse:

2 Eu sei verdadeiramente, que isto é assim, e que o homem comparado com Deus não é justo.

3 E se quiser disputar com Deus, não lhe poderá responder por mil coisas uma sequer.

4 Ele é sábio de coração, e forte em poder. Quem lhe resistiu e ficou em paz?

5 Ele transferiu os montes, e aqueles mesmos que subverteu no seu furor, não o conheceram.

6 Ele move a terra do seu lugar, e as suas colunas são abaladas.

7 Ele manda ao sol, e o sol não nasce: Ele tem as estrelas encerradas como debaixo de um selo:

8 Ele só formou a extensão dos céus, e anda sobre as ondas do mar.

9 Ele criou as estrelas da Ursa, e do Orion, e das Híadas, e as mais próximas ao meio-dia.

10 Ele faz coisas grandes, e incompreensíveis, e maravilhosas, as quais não têm número.

11 Se Ele vier a mim, eu não o verei: se se for, eu não o perceberei.

12 Se Ele perguntar de repente quem lhe responderá? ou quem lhe pode dizer: Por que fazes isto?

13 Deus, a cuja ira ninguém pode resistir, e sob o qual se curvam os que sustentam o mundo sobre seus ombros.

14 Quem sou eu logo para lhe responder e para ousar falar-lhe?

15 Que ainda quando em mim haja algum vestígio de justiça, não lhe responderei, mas que implorarei ao meu juiz.

16 E ainda quando me ouvir deprecando-lhe, eu não crerei que Ele ouvisse a minha voz.

17 Porque me desfará com um redemoinho, e multiplicará as minhas feridas ainda sem causa.

18 Não concede que meu espírito repouse, e me enche de amarguras.

19 Se se busca fortaleza, é robustíssimo: se eqüidade de juízo, ninguém ousa dar testemunho em meu favor.

20 Se eu pretender justificar-me, a minha boca me condenará: se mostrar-me inocente, Ele me convencerá de culpado.

21 Ainda quando eu seja sincero, isto mesmo ignorará a minha alma, e me será tediosa a minha vida.
22 Uma só coisa é que digo, Deus aflige assim o inocente como o ímpio.
23 Se Ele fere, mate por uma vez, e não se ria das penas dos inocentes.
24 A terra foi entregue nas mãos do ímpio, cobre com um véu os olhos dos seus juízos: se não é Deus, quem é logo?
25 Os dias da minha vida foram mais velozes do que um correio: fugiram, e não viram o bem.
26 Passaram como navios que levam fruta, como a águia que voa à sua comida.
27 Quando disser: Já não falarei assim: mudo o meu rosto, e de dor me atormento.
28 Eu me temia de todas as minhas obras, sabendo que não perdoavas ao delinqüente.
29 Mas se ainda assim sou um ímpio, porque trabalhei eu em vão:
30 Ainda que me lavasse como com água de neve, e brilhassem as minhas mãos como as mais limpas:
31 Contudo me cobrirás de imundícies, e os meus próprios vestidos me abominarão.
32 Porque o meu caso não é responder a um homem semelhante a mim: nem contestar com ele como com um meu igual.
33 Não há quem possa ser árbitro entre ambos, nem meter a sua mão entre os dois.
34 Tire Ele a sua vara de cima de mim, e não me amedronte o seu terror.
35 Falarei, e não o temerei: porque eu não posso cheio de medo responder.

10 A minha alma tem tédio à minha vida, soltarei a minha língua contra mim, falarei na amargura da minha alma.
2 Direi a Deus: Não me condenes. Mostrame por que assim me julgas?
3 Porventura parece-te bem caluniares-me e oprimires-me a mim que sou obra das tuas mãos, e favoreceres o desígnio dos ímpios?
4 Acaso tens tu olhos de carne: ou vês tu as coisas, bem como as vê o homem?
5 Acaso são os teus dias como os dias do homem, ou são os teus anos como os tempos do homem,
6 para te informares da minha iniqüidade, e averiguares o meu pecado?
7 Ainda que tu sabes que eu não cometi impiedade alguma, não havendo ninguém que possa arrancar-me da tua mão.
8 As tuas mãos me fizeram, e me formaram todo em roda: e assim de repente me despenhas?
9 Lembra-te, eu to peço, que como barro tu me formaste, e que me hás de reduzir a pó.
10 Porventura não me mungiste como leite, e como queijo me coalhaste? 11 De pele e de carne me vestiste: de ossos e de nervos me compuseste:
12 Vida, e misericórdia me concedeste, e a tua assistência conservou o meu espírito.
13 Ainda que tu escondas estas coisas em teu coração, eu sei todavia que tu te lembras de tudo.
14 Se eu pequei, tu me perdoaste na mesma hora. Por que não permites tu que eu esteja limpo da minha iniqüidade?
15 Se for mau, desgraçado de mim: mas se for justo, não levantarei cabeça, farto de aflição e de miséria.
16 E por causa da minha soberba, tu me apanharás como a uma leoa, e me tornarás a atormentar de um modo terrível.
17 Tu renovas contra mim as testemunhas, e multiplicas contra mim a tua ira, e as penas combatem contra mim.
18 Por que me tiraste tu do ventre de minha mãe? Oxalá que eu tivera perecido, para que nenhum olho me visse.
19 Que tivera sido como se não fora, desde o ventre trasladado para a sepultura.
20 Porventura o pequeno número de meus dias não se acabará em breve? Deixa-me pois que eu chore um pouco a minha dor:
21 Antes que vá, para não tornar, para aquela terra tenebrosa, e coberta da escuridade da morte:
22 Terra de miséria, e de trevas, onde habita a sombra da morte, e não há nenhuma ordem, senão um sempiterno horror.

Primeiro discurso de Sofar contra Jó

11 Depois respondendo Sofar de Naamat, disse:
2 Porventura o que fala muito, não ouvirá também? Ou bastará a um homem ser grande falador para justificar-se?
3 Para ti só se hão de calar os homens? e depois de zombares dos outros, ninguém te há de confundir?
4 Porque tu disseste: As minhas palavras são puras, e eu estou limpo na tua presença.
5 E oxalá que Deus falasse contigo, e abrisse a sua boca,
6 para te descobrir os segredos da sua sabedoria, e que a sua lei é de muitas maneiras, e que entendesse que é muito menos o com que Ele te castiga em comparação do que merece a tua maldade.
7 Acaso alcançarás o caminhos de Deus, e conhecerás perfeitamente o Todo-Poderoso?

8 Ele é mais elevado do que o céu e que farás tu? é mais profundo do que o inferno, e como o conhecerás?

9 A sua medida é mais comprida do que a terra, e mais larga que o mar.

10 Se Ele destruir todas as coisas ou as apinhoar em uma, quem o contrastará?

11 Por que Ele conhece a vaidade dos homens, e vendo a iniqüidade deles, acaso a considera?

12 O homem vão eleva-se em soberba, e julga ter nascido livre, como a cria do asno montês.

13 Mas tu endureceste o teu coração, e levantaste a tua mão para Deus.

14 Se lançares fora de ti a iniqüidade, que está na tua mão, e se a injustiça não assistir na tua casa:

15 Então poderás levantar o teu rosto sem mácula, e serás estável e não temerás.

16 Também te esquecerás da tua miséria, e lembrar-te-ás dela como de águas, que passaram.

17 E se levantará pela tarde sobre ti uma luz como a do meio-dia: e quando te julgares consumido, nascerás como a estrela dalva.

18 E terás firmeza na esperança, que te propuseste, e enterrado dormirás seguro.

19 Repousarás, e não haverá quem te amedronte: e rogarão muitos a tua face.

20 Mas os olhos dos ímpios desfalecerão, e não lhes ficará refúgio, e a esperança, deles será abominação da sua alma.

Primeira resposta de Jó a Sofar

12 Mas respondendo Jó, disse:

2 Logo só vós sois homens, e convosco morrerá a sabedoria?

3 Eu também tenho entendimento, como vós, e não vos sou inferior: pois quem ignora isto, que vós sabeis?

4 Aquele que é escarnecido pelo seu amigo como eu invocará a Deus e Ele o ouvirá: porque se zomba da simplicidade do justo.

5 É lâmpada desprezada no conceito dos ricos, aparelhada para o tempo determinado.

6 As casas dos ladrões abundam, e atrevidamente provocam a Deus, quando Ele lhes põe tudo nas suas mãos.

7 Pergunta pois aos animais, e eles te ensinarão: e às aves do céu, e elas to indicarão.

8 Fala com a terra, e ela te responderá: e os peixes do mar te instruirão.

9 Quem ignora que a mão de Deus fez todas estas coisas?

10 Na sua mão está a alma de todo o vivente, e o espírito de toda a carne humana.

11 Porventura o ouvido não julga das palavras e o paladar de quem come não julga do sabor?

12 A sabedoria acha-se nos velhos, e a prudência na vida dilatada.

13 A sabedoria e a fortaleza está em Deus, Ele possui o conselho e a inteligência.

14 Se Ele destruir, ninguém há que edifique: se clausurar um homem, ninguém há que o solte.

15 Se retiver as águas, tudo se secará: e se as largar, alagarão a terra.

16 Nele residem a fortaleza e a sabedoria. Ele conhece assim ao que engana, como ao que é enganado.

17 Ele conduz aos conselheiros a um fim imprudente, e conduz à estupidez aos juízes.

18 Ele desata o boldrié aos reis, e cinge os seus rins com uma corda.

19 Deixa ir aos sacerdotes sem glória, e abate aos magnates.

20 Muda a linguagem aos que amam a verdade, e tira dos velhos a doutrina.

21 Derrama desprezo sobre os príncipes, elevando outra vez aos que foram oprimidos.

22 Ele tira das trevas o que estava escondido e põe em claro a sombra da morte.

23 Ele mutliplica as nações e as destrói, e depois de destruídas as restitui ao seu primeiro estado.

24 Ele muda o coração dos príncipes do povo da terra, e os engana, para os fazer andar debalde por caminhos desviados.

25 Andarão às apalpadelas como em trevas, e não em luz, e os fará desatinar como bêbados.

13 Eis aqui todas estas coisas viu o meu olho, e ouviu o meu ouvido, e as compreendi todas.

2 Isso que vós sabeis, também eu o alcanço: e não vos sou inferior.

3 Com tudo isso falarei ao Todo-Poderoso e com Deus desejo conversar:

4 Fazendo antes ver que vós sois uns forjadores de mentiras, fautores de perversos dogmas.

5 E oxalá que vós vos calásseis, para poderdes passar por sábios.

6 Ouvi pois a minha correção, a atendei ao juízo dos meus lábios.

7 Acaso necessita Deus das vossas mentiras, para que em sua defensa faleis dolosamente?

8 Porventura olhais para o seu rosto, e vos esforçais a sentenciar a favor de Deus?

9 Ou será isto do agrado daquele, a quem nada se pode ocultar? Ou será Ele surpreendido como um homem, com os vossos enganos?

10 Ele mesmo vos condenará, porque dissimuladamente olhais para o seu rosto.

11 Logo que se mover, vos perturbará, e o seu terror cairá sobre vós.

12 A vossa memória será semelhante à cinza, e as vossas cabeças reduzir-se-ão como a lodo.

13 Calai-vos por um pouco, para que eu vos diga tudo o que o meu espírito me sugerir.

14 Por que razão despedaço eu as minhas carnes com os meus dentes, e por que trago eu a minha vida nas minhas mãos?

15 Ainda quando Ele me matasse, nele esperarei: mas acusarei na sua presença os meus caminhos.

16 E Ele mesmo será o meu salvador: porque nenhum hipócrita ousará aparecer diante dos seus olhos.

17 Ouvi as minhas palavras, e dai ouvidos aos meus enigmas.

18 Se eu for julgado, sei que hei de ser achado justo.

19 Quem há que queira ser julgado comigo? Venha: por que calando me consumo?

20 Duas coisas ao menos não obres comigo, e então não me esconderei da tua face:

21 Desvia a tua mão longe de mim, e não me consterne o teu terror.

22 Chama por mim, e eu te responderei: ou bem eu falarei, e tu responde-me.

23 Quantas iniqüidades e pecados tenho eu, mostra-me as minhas maldades e delitos.

24 Por que escondes tu de mim o teu rosto, e por que me julgas tu teu inimigo?

25 Contra uma folha, que é arrebatada do vento, ostentas o teu poder, e persegues a uma palha seca:

26 Pois escreves contra mim amarguras, e queres-me consumir pelos pecados da minha mocidade.

27 Tu puseste os meus pés em um cepo, e observaste todas as minhas veredas, e consideraste os vestígios de meus pés.

28 E que como a podridão hei-de ser consumido, e como vestido que é comido da traça.

14 O homem nascido da mulher, que vive breve tempo, é cercado de muitas misérias.

2 Que como flor sai e é pisado, e foge como a sombra, e jamais permanece num mesmo estado.

3 E tu te julgas digno de abrir os teus olhos sobre este tal, e trazê-lo a juízo contigo?

4 Quem pode fazer puro ao que foi concebido de imunda semente? Quem senão tu que és só?

5 Breves são os dias do homem, em teu poder está o número dos seus meses. Tu lhe demarcaste os limites, dos quais ele não pode passar.

6 Retira-te um pouco dele, para que descanse, até que chegue o seu dia desejado, como o do jornaleiro.

7 Uma árvore tem esperança: se for cortada, torna a reverdecer, e brotam os seus ramos.

8 Se se envelhecer na terra a sua raiz, e morrer o seu tronco no pó,

9 ao cheiro dágua reverdecerá, e fará copa, como no princípio quando foi plantada:

10 Mas o homem quando morrer, despojado do que seja e consumido, dize-me, que é dele?

11 Como se do mar se retirassem as águas, e se se esgotasse um rio, ficaria seco:

12 Assim como o homem quando dormir, não ressuscitará, menos que o céu não seja consumido, não despertará, nem se levantará do seu sono.

13 Quem me dera que tu me encobrisses no sepulcro, e me escondesses nele, até ter passado o teu furor, e que tu me sinalasses o tempo, em que te lembres de mim?

14 Crês porventura que morto um homem tornará a viver? Todos os dias, que passo agora nesta guerra, estou esperando até que chegue a minha imutação.

15 Tu me chamarás, e eu te responderei. Tu estenderás a tua destra para a obra de tuas mãos.

16 Em verdade tu contaste todos os meus passos, mas perdoa-me os meus pecados.

17 Tu selaste como em um saco os meus delitos mas curaste a minha iniqüidade.

18 Um monte destrói-se caindo, e um rochedo é trasladado do seu lugar.

19 As águas escavam as pedras, e a terra pouco a pouco se consome com as aluviões: assim mesmo pois acabarás ao homem.

20 Tu o fortaleceste por um pouco de tempo, a fim de que acabasse para sempre: mudarás o seu rosto, e o farás sair.

21 Ou os seus filhos estejam exaltados, ou estejam abatidos, ele o não conhecerá.

22 Contudo a sua carne enquanto ele viver, padecerá dores, e a sua alma chorará sobre si mesmo.

Segundo ciclo de discursos:
Secundo discurso de Elifaz

15 Mas respondendo Elifaz de Teman, disse:
2 Porventura o sábio responderá como se falasse ao vento, e encherá de ardor o seu peito?

3 Argúis com palavras àquele que não é teu igual, e falas o que te não convém.

4 Quanto é em ti, tens feito vão o temor
e tens desterrado os rogos diante de Deus.
5 Porque a tua iniqüidade ensinou a tua
boca, e tu imitas a linguagem dos blasfema-
dores.
6 Pois a tua própria boca te condenará, e
não eu: e os teus lábios te responderão.
7 Acaso és tu o primeiro homem que nas-
ceu, e foste tu formado antes dos outeiros?
8 Acaso entraste tu no conselho de Deus,
e sua sabedoria será inferior à tua?
9 Que sabes tu que nós ignoremos? Que
entendes tu que nós não saibamos?
10 Também há entre nós velhos, e anciãos
muito mais antigos que teus pais.
11 Será porventura dificultoso a Deus con-
solar-te? Porém as tuas perversas palavras o
impedem.
12 Por que te ensoberbece o teu coração,
e como pensando coisas grandes, tens os olhos
pasmados?
13 Por que se incha o teu espírito contra
Deus, para proferires por tua boca tão estra-
nhos discursos?
14 Que é o homem, para ser imaculado, e
para parecer justo tendo nascido duma mu-
lher?
15 Olha como entre os seus mesmos santos
nenhum há imutável, e como nem os céus são
puros na sua presença.
16 Quanto mais o homem abominável e
inútil, que bebe a iniqüidade como a água?
17 Eu te mostrarei, ouve-me: eu te contarei
o que tenho visto.
18 Os sábios o publicam, e não ocultam
saberem-no de seus pais.
19 Àqueles somente foi dada a terra, e não
passou estranho por meio deles.
20 Em todos os seus dias o ímpio se en-
soberbece, e o número dos anos da sua tirania
é incerto.
21 A zoada do terror está sempre em seus
ouvidos: e ainda quando há paz, ele sempre
receia traições.
22 Não crê que se possa voltar das trevas
à luz, vendo em roda de todas as partes a
espada.
23 Quando se mover para buscar pão co-
nhece que está preparado na sua mão o dia
das trevas.
24 A tribulação o aterrará, e a angústia o
cercará, como a um rei que se prepara para
a batalha.
25 Porque estendeu a sua mão contra Deus,
e se fez forte contra o Todo-Poderoso.
26 Correu contra Ele com o pescoço levan-
tado, e armou-se duma soberba inflexível.
27 A gordura cobriu todo o seu rosto, e a
enxúndia lhe pende das suas ilhargas.
28 Habitou em cidades assoladas, e em ca-
sas desertas que estão reduzidas a montões.
29 Não se enriquecerá, nem os seus bens
persistirão, nem lançarão suas raízes pela
terra.
30 Não sairá de trevas: a chama secará os
seus ramos, e com o assopro da sua boca
será arrebatado.
31 Não crerá, baldadamente enganado pelo
erro, que possa ser resgatado por algum preço.
32 Antes dos seus dias se completarem, pe-
recerá: e as suas mãos se secarão.
33 Será ferido como a vinha na sua primeira
flor, e como a oliveira que deixa cair a sua
flor.
34 Porque tudo o que o hipócrita ajunta
será estéril, e o fogo devorará as casas dos
que gostam de receber presentes. 35 Ele con-
cebeu dor, e pariu iniqüidade e o seu coração
inventa enganos.

Segunda resposta de Jó a Elifaz

16 Mas Jó respondendo, disse:
2 Eu tenho ouvido muitas vezes seme-
lhantes discursos, todos vós sois uns conso-
ladores importunos.
3 Acaso não se acabarão nunca estes dis-
cursos de vento? Ou te dá alguma moléstia
o falar?
4 Eu também pudera falar como vós e oxa-
lá que a vossa alma estivera em lugar da
minha.
5 Eu também vos consolaria com os meus
discursos, e mostraria com o movimento da
minha cabeça o que sentia de vós.
6 Eu vos fortaleceria com as minhas pala-
vras, e moveria os meus lábios, como com-
padecendo-me de vós.
7 Mas que farei? Se eu falar, nem por isso
se aplacará a minha dor: e se eu me calar,
nem por isso me deixará ela.
8 Mas agora me aperta a minha dor, e todos
os meus membros estão reduzidos a nada.
9 As minhas rugas dão testemunho contra
mim, e se levanta um caluniador para me
contradizer na minha cara.
10 Recolheu o seu furor contra mim, e amea-
çando-me, rangeu os seus dentes contra mim:
com os olhos terríveis me olhou o meu ini-
migo.
11 Abriram as suas bocas contra mim, e
cobrindo-me de opróbrios me feriram no quei-
xo, e se fartaram das minhas penas.
12 Deus me fechou debaixo do poder do
injusto, e me entregou nas mãos dos ímpios.
13 Eu, aquele em outro tempo tão opulento,
de repente fui reduzido a pó. Tomou-me pelo
pescoço, quebrantou-me, e pôs-me por alvo
dos seus tiros.

14 Cercou-me com as suas lanças, atravessou-me os rins, não me perdoou, e derramou sobre a terra as minhas entranhas.
15 Despedaçou-me com feridas sobre feridas. Lançou-se a mim como um gigante.
16 Levo um cilício cosido sobre a minha pele, e cobri de cinza a minha carne.
17 O meu rosto inchou à força de chorar, e as minhas pálpebras se escureceram.
18 Padeci isto sem maldade das minhas mãos, quando eu oferecia a Deus puras rogativas.
19 Terra, não cubras o meu sangue, nem os meus clamores achem lugar de se esconderem no teu seio.
20 Porque eis aqui a minha testemunha está no céu, e nas alturas o que me conhece.
21 Os meus amigos se desfazem em falar: mas o meu olho se desfaz em lágrimas diante de Deus.
22 E oxalá se fizera o juízo entre Deus e o homem, como se faz o de um filho do homem com o seu vizinho.
23 Vê pois que passam os meus breves anos, e eu caminho por uma vereda, pela qual não voltarei.

17 O meu espírito se vai atenuando, os meus dias se abreviam, e só me resta o sepulcro.
2 Não pequei, e em amarguras se demoram os meus olhos.
3 Livra-me, Senhor, e põe-me junto a ti, e arme-se contra mim a mão de quem quer que for.
4 Tu alongaste da inteligência o coração deles, por isso não serão exaltados.
5 Ele promete a presa aos companheiros e os olhos de seus filhos desfalecerão.
6 Ele me reduziu a ser como a fábula do povo, e estou feito diante deles um exemplo.
7 Escureceram-se de indignação meus olhos, e os meus membros foram como reduzidos a nada.
8 Os justos pasmarão disto, e o inocente se levantará contra o hipócrita.
9 E o justo persistirá no seu caminho, e às mãos puras acrescentará fortaleza.
10 Voltai portanto vós todos, e vinde, e não acharei entre vós nenhum sábio.
11 Os meus dias passaram, os meus pensamentos se desvaneceram, sendo verdugos do meu coração.
12 Trocaram a noite em dia, e de novo depois das trevas espero a luz.
13 Se eu suportar, o sepulcro será a minha casa, e eu tenho preparado o meu leito nas trevas.
14 Eu disse à podridão: Tu és meu pai; e aos bichos, vós sois minha mãe, e minha irmã.
15 Onde está logo agora a minha esperança, e quem considera a minha paciência?
16 Todas as minhas coisas desceram ao mais profundo do sepulcro: e acaso crês tu que ao menos neste lugar terei eu descanso?

Segundo discurso de Baldad

18 E respondendo Baldad Suíta, disse:
2 Até quando direis palavras vãs? Entendei primeiro, e depois falaremos.
3 Por que havemos nós sido reputados por animais, e sórdidos nos vossos olhos?
4 Tu que no teu furor perdes a tua alma, porventura por amor de ti se despovoará a terra, e serão transferidos os rochedos do seu lugar?
5 Porventura a luz do ímpio não se apagará, e não resplandecerá a chama do seu fogo?
6 A luz se obscurecerá na sua casa, e a lâmpada que está sobre ele, se apagará.
7 Estreitar-se-ão os passos do seu poder, e o seu conselho o precipitará.
8 Porque meteu os seus pés na rede, e anda entre as suas malhas.
9 O seu pé ficará preso pelo laço, e incender-se-á sede contra ele.
10 Está escondido debaixo da terra o seu laço e ao longo da vereda a armadilha.
11 De todas as partes o amedrontarão temores, e lhe enredarão os pés.
12 Pela fome se enfraquecerá sua robustez, e a falta de alimento acometerá o seu estômago.
13 A morte a mais terrível devorará o nédio da sua pele, e consumirá os seus braços.
14 A sua confiança será arrancada da sua casa, e o calcará como rei, a morte.
15 Os companheiros de quem já não é, habitarão na casa dele, a sua tenda será defumada de enxofre.
16 Por baixo as suas raízes secarão, e por cima a sua seara será destruída.
17 A sua memória perecerá da terra, e não será celebrado seu nome em as praças.
18 Lança-lo-á da luz para as trevas, e do mundo o transportará.
19 Não subsistirá a sua linhagem, nem a sua posteridade no seu povo, nem relíquia alguma no seu país.
20 No seu dia pasmarão os últimos, e aos primeiros invadirá o horror.
21 Tais pois serão as moradas do iníquo, e tal o paradeiro daquele que não conhece a Deus.

Segunda resposta de Jó a Baldad

19 E respondendo Jó disse:

2 Até quando afligireis a minha alma, e me atormentareis com os vossos discursos?

3 Eis aí são já dez vezes que vós me quereis confundir, e não vos envergonhais de me oprimir.

4 Embora haja eu errado, o meu erro ficará comigo.

5 Porém vós levantais-vos contra mim, e me argüis com as minhas calamidades.

6 Entendei sequer agora que Deus não é por um juízo de justiça que me afligiu, e me feriu com os seus açoites.

7 Clamarei pois padecendo violência, e ninguém me ouvirá: bradarei, e não há quem faça justiça.

8 Por todas as partes fechou o meu caminho, e não posso passar, e no meu caminho pôs trevas.

9 Despojou-me da minha glória, e tirou-me a coroa da cabeça.

10 Destruiu-me por todos os lados, e pereço, e como à árvore arrancada me tirou a minha esperança.

11 O seu furor se acendeu contra mim, e assim me tratou como a seu inimigo.

12 Mancomunados vieram os seus salteadores, e fizeram para si caminho sobre mim, e cercaram em roda a minha casa.

13 Pôs longe de mim a meus irmãos, e os meus conhecidos como estranhos se apartaram de mim.

14 Os meus propínquos me desampararam: e os que me conheciam, esqueceram-se de mim.

15 Os que moravam em minha casa, e as mesmas minhas servas me reputaram como um estranho, e fui como um peregrino nos seus olhos.

16 Chamei ao meu servo e ele não me respondeu, e por minha própria boca eu o rogava.

17 Minha mulher teve horror do meu bafo, e tinha eu que rogar aos filhos das minhas entranhas.

18 Até os fátuos me desprezavam, e retirando-me deles, detraíam de mim.

19 Os que noutro tempo eram meus conselheiros me tiveram em execração: e aquele a quem eu mais amava, me voltou as costas.

20 À minha pele, consumidas as carnes, se pegaram os meus ossos, e só me restam os lábios ao redor dos meus dentes.

21 Compadecei-vos de mim, compadecei-vos de mim, sequer vós, que sois meus amigos, porque a mão do Senhor me feriu.

22 Por que me perseguis, como Deus, e vos fartais das minhas carnes?

23 Quem me dera que as minhas razões fossem escritas? Quem me dera que se imprimissem em um livro,

24 com ponteiro de ferro, ou em lâmina de chumbo, ou que com cinzel se gravassem em pederneira?

25 Porque eu sei que o meu remidor vive, e que eu no derradeiro dia surgirei da terra:

26 E serei novamente revestido da minha pele, e na minha própria carne verei a meu Deus.

27 A quem eu mesmo hei de ver, e meus olhos hão de contemplar, e não outro: esta minha esperança está depositada no meu peito.

28 Porque dizeis pois agora: persigamo-lo, e achemos raiz de palavras contra ele?

29 Fugi pois de diante da espada, porque há espada vingadoura das iniqüidades: e sabei que há juízo.

Segundo discurso de Sofar

20 E respondendo Sofar de Naamat, disse:

2 Por isso a mim me vêm pensamentos sobre pensamentos, e o meu espírito é arrebatado a diversas coisas.

3 Ouvirei a doutrina, com que me argúis, e o espírito da minha inteligência responderá por mim.

4 Isto sei eu desde o princípio, desde que o homem foi posto sobre a terra,

5 que é breve o louvor dos ímpios, e alegria do hipócrita como de um momento.

6 Se a sua soberba subir até ao céu, e a sua cabeça tocar nas nuvens:

7 Enfim perecerá como um monturo: e os que o viam, dirão: Onde está?

8 Como sonho que voa não será achado, desaparecerá como visão noturna.

9 O olho que o havia visto, não o verá, nem o verá mais a sua morada.

10 Os seus filhos serão consumidos da pobreza, e as suas mãos lhe tornarão a sua dor.

11 Os seus ossos se encherão dos vícios da sua mocidade, e com ele dormirão no pó.

12 Porque quando o mal for doce na sua boca, escondê-lo-á debaixo da sua língua.

13 Poupá-lo-á, e não o deixará, e o reterá na sua garganta.

14 O seu pão nas suas entranhas se converterá interiormente em fel de áspides.

15 Vomitará as riquezas, que devorou, e Deus lhas fará sair das entranhas.

16 Chupará a cabeça de áspides, e a língua da víbora o matará.

17 Jamais veja ele correntes de rio, nem torrentes de mel, e de manteiga.

18 Pagará tudo o que fez, mas nem por isso será consumido: segundo a multidão de seus embustes, assim será a sua pena.

19 Porque oprimindo despia os pobres: roubou casas, e não as edificou.

20 Nem se saciou o seu ventre: e quando tiver o que havia cobiçado, não o poderá possuir.

21 Não sobrou da sua comida, e por isso nada permanecerá de seus bens.

22 Depois que se fartar padecerá ânsias, e se abrasará e toda a sorte de dores virá sobre ele.

23 Oxalá se encha o seu ventre para que envie contra ele a ira do seu furor, e faça chover sobre ele a sua vingança.

24 Fugirá das armas de ferro, e cairá no arco de bronze.

25 A espada tirada, e que sai da sua bainha, e que rutila como o relâmpago em sua amargura: irão, e virão sobre ele os horríveis.

26 Todas as trevas estão escondidas no interior da sua alma: devorá-lo-á fogo, que não se ascende, será penetrado de aflição o que ficar na sua tenda.

27 Os céus revelarão a sua iniqüidade, e a terra se levantará contra ele.

28 Ficará ao desamparo o fruto da sua casa, será arrancado no dia do furor de Deus.

29 Esta é a sorte que receberá de Deus o homem ímpio, e herança que haverá do Senhor pelas suas palavras.

Segunda resposta de Jó a Sofar

21 E respondendo Jó, disse:
2 Ouvi, vos peço, as minhas razões, e fazei penitência.

3 Sofrei-me, e eu falarei, e depois, se vos parecer, zombai das minhas palavras.

4 Porventura é com um homem a minha disputa, para que não tenha motivo de angustiar-me?

5 Olhai para mim, e pasmai, e ponde o dedo sobre a vossa boca:

6 E eu mesmo quando me recordo, me assombro, e estremece toda a minha carne.

7 Por que razão pois vivem os ímpios, por que são exaltados, e crescem em riquezas?

8 Seus filhos se conservam diante deles, à sua vista têm uma multidão de parentes, de netos.

9 As suas casas estão seguras, e em paz, e a vara de Deus não está sobre eles.

10 A sua vaca concebeu, e não abortou: pariu a sua vaca, e não se lhe malogrou a sua cria.

11 Saem como a manadas os seus filhos, e os seus pequenos saltam, e brincam.

12 Levam pandeiro, e alaúde, saltam ao som dos instrumentos músicos.

13 Eles passam os seus dias em prazeres, e num momento descem à sepultura.

14 Estes são os que disseram a Deus: Retira-te de nós, pois nós não queremos conhecer os teus caminhos.

15 Quem é o Todo-Poderoso para que o sirvamos? E que nos aproveita que lhe façamos orações?

16 Mas porquanto não estão na mão deles os seus bens, longe esteja de mim o conselho dos ímpios.

17 Quantas vezes se apagará a lucerna dos ímpios, e lhes sobrevirá inundação, e lhes repartirá as dores do seu furor?

18 Serão como as palhas ao soprar do vento, e como a cinza espalhada pelo redemoinho.

19 Deus reservará para seus filhos a pena do pai: e quando lhe der o pago, então escarmentará.

20 Verão os seus próprios olhos a sua total ruína, e do furor do onipotente beberá.

21 Pois que se lhe dá a ele do que será feito da sua casa depois da sua morte? E que Deus corte pela metade o número dos seus meses?

22 Acaso pretenderá alguém ensinar alguma coisa a Deus, que julga os mais elevados?

23 Um morre robusto e são, rico e feliz.

24 As suas entranhas estão cheias de gordura, e os seus ossos estão regados de tutanos:

25 Outro porém morre em amargura da sua alma sem bens alguns:

26 E todavia ambos eles dormem igualmente no pó, e os bichos os comerão.

27 Eu conheço bem os vossos pensamentos, e injustos juízos contra mim.

28 Por que vós dizeis: Onde está a casa deste príncipe, e onde as tendas dos ímpios?

29 Perguntai a qualquer dos viandantes, e sabereis que ele entende isto mesmo.

30 Porque o mau é reservado para o dia da perdição, e será conduzido ao dia do furor.

31 Quem acusará diante dele o seu caminho? E quem lhe dará o pago do que fez?

32 Ele mesmo será levado aos sepulcros e estará vigilante no montão dos mortos.

33 Doce foi ele às areias do Cocito e arrastará atrás de si todo o homem, e diante de si a inumeráveis.

34 Como pois me consolais em vão, tendo-se visto que as vossas respostas se opõem à verdade?

Terceiro ciclo de discursos:
Terceiro discurso de Elifaz

22 E respondendo Elifaz de Teman, disse:
2 Acaso pode o homem ser comparado

com Deus, ainda quando ele fosse de uma
ciência consumada?
3 De que serve a Deus que tu sejas justo?
ou que lhe acrescentas, se for sem mácula
o teu caminho?
4 Acaso temeroso te argüirá, ou entrará
contigo em juízo,
5 e não antes pela tua grandíssima malícia,
e pelas tuas inumeráveis maldades?
6 Porque tu sem causa tiraste os penhores a
teus irmãos, e aos nus despojaste dos seus
vestidos.
7 Negaste água ao fatigado, e tiraste pão ao
faminto.
8 Com a força de teu braço possuías a terra,
e como mais poderoso te levantavas com ela.
9 Despediste as viúvas sem socorro, e os bra-
ços dos órfãos quebrantaste.
10 Por isso tu estás cercado de laços, e um
repentino temor te turba.
11 E julgavas que nunca verias as trevas,
nem serias oprimido na impetuosa inundação
das águas?
12 Acaso não ponderas que Deus é mais alto
que o céu e que se eleva sobre o cume das
estrelas?
13 E dizes: Pois que sabe Deus? Ele julga
como entre trevas.
14 Nas nuvens está escondido, nem tem
cuidado das nossas coisas e passeia pelos pólos
do céu.
15 Acaso queres seguir a rota dos séculos,
que pisaram os homens iníquos?
16 Os quais foram arrebatados antes do seu
tempo, e um rio destruiu os seus fundamentos:
17 Que diziam a Deus: Retira-te de nós. E
que reputavam o Onipotente, como se não pu-
desse fazer nada:
18 Sendo Ele o que cumulou de bens as suas
casas: cujo modo de pensar seja longe de mim.
19 Os justos verão e alegrar-se-ão, e o ino-
cente os insultará.
20 Porventura não foi cortada a sua soberba,
e o fogo não devorou as suas relíquias?
21 Submete-se pois a Ele, e terás paz; e assim
colherás mui excelentes frutos.
22 Recebe a lei da sua boca, e grava as suas
palavras no teu coração.
23 Se voltares para o Todo-Poderoso, serás
restabelecido, e afugentarás de tua casa a ini-
qüidade.
24 Ele te dará em lugar da terra o rochedo,
e em lugar de rochedo torrentes de ouro.
25 E o Todo-Poderoso se declarará contra os
teus inimigos, e tu terás prata a montes.
26 Então abundarás em delícias no Todo-
Poderoso, e levantarás o teu rosto para Deus.
27 Tu lhe rogarás, e Ele te ouvirá, e cum-
prirás os teus votos.
28 Formarás os teus projetos, e terão feliz
êxito, e a luz brilhará em teus caminhos.
29 Porque aquele que se humilhar, será em
glória; e aquele que tiver abaixado os seus
olhos, esse será salvo.
30 O inocente será salvo, mas será salvo pela
pureza de suas mãos.

Terceira resposta de Jó a Elifaz

23 E respondendo Jó, disse:
2 Ainda agora estão em amargura as
minhas palavras, e a violência da minha chaga
se agravou sobre o meu gemido.
3 Quem me dera que o conhecesse, e o achas-
se, e eu chegasse até ao seu trono?
4 Exporia ante Ele a minha causa, e encheria
a minha boca de queixas.
5 Para saber o que Ele me responderia, e
para compreender o que Ele me poderia di-
zer.
6 Não quero que com muita fortaleza con-
tenda comigo, nem que me oprima com o peso
da sua grandeza.
7 Proponha contra mim a eqüidade, e che-
gará à vitória o meu juízo.
8 Se eu fôr ao Oriente, não aparece: se ao
Ocidente, não o perceberei.
9 Se à esquerda, que hei de fazer? Não o
alcançarei: se me voltar à direita, não o verei.
10 Mas Ele sabe o meu caminho, e Ele me
prova como ouro que passa pelo fogo.
11 O meu pé seguiu as suas pisadas, eu guar-
dei o seu caminho, e não me desviei dele.
12 Dos preceitos de seus lábios não me apar-
tei, escondi no meu seio as palavras da sua
boca.
13 Porque Ele é só, e ninguém pode inverter
seus pensamentos: e a sua vontade tudo o que
quis, isso fez.
14 Quando tiver cumprido em mim a sua
vontade, ainda tem à mão outras muitas coisas
semelhantes.
15 E por isso eu estou turbado na sua pre-
sença, e quando o considero, sou agitado de
temor.
16 Deus amolgou o meu coração, e o Todo-
Poderoso me turbou.
17 Porque não tenho perecido não obstante
as trevas que estão sobre mim, nem a escuri-
dade cobriu meu rosto.

24 Ao Todo-Poderoso os tempos não são
ocultos: mas os que o conhecem a Ele,
ignoram os seus dias.
2 Uns passaram além dos limites, roubaram
rebanhos, e os apascentaram.
3 Levaram o jumento dos pupilos, e toma-
ram em penhor o boi da viúva.

4 Transtornaram o caminho dos pobres, e
oprimiram juntamente os mansos da terra.
5 Outros como asnos monteses no deserto
saem à sua obra: madrugando para roubar,
aprontam o pão para seus filhos.
6 Ceifam o campo que não é seu: e vindimam
a vinha daquele, a quem oprimiram com vio-
lência.
7 Deixam nus aos homens, tirando vestidos
aos que não têm com que se cobrir no frio:
8 A quem as chuvas nos montes repassam: e
que não tendo com que se cubram, se abraçam
com os rochedos.
9 Fizeram violência roubando aos pupilos e
ao povo pobre despojaram.
10 Aos nus e que iam sem vestido, e aos
famintos tiraram as espigas.
11 Eles repousam ao meio-dia entre os mon-
tões daqueles, que depois de terem pisado a
uva nos lagares, padecem sede.
12 Fizeram gemer aos homens nas cidades,
e a alma dos feridos gritou, e Deus não deixa
tais coisas sem castigo.
13 Eles foram rebeldes à luz, não conhece-
ram os caminhos dele, nem voltaram pelas
suas veredas.
14 O homicida levanta-se ao amanhecer, mata
o mendigo e o pobre: e de noite será como um
ladrão.
15 O olho do adúltero observa a escuridade,
dizendo: Ninguém me verá. E cobrirá o seu
rosto.
16 Arromba nas trevas as casas, como de dia
haviam ajustado e não advertiram que era dia.
17 Se de súbito aparece a aurora, crêem que
é a sombra da morte: e assim andam pelas tre-
vas como pela luz.
18 É mais inconstante que a superfície da
água: Maldita seja a sua porção sobre a terra, e
não ande pelo caminho das vinhas.
19 Ele passe das águas da neve para um
excessivo calor, e o seu pecado vá até aos
infernos.
20 A misericórdia se esqueça dele. Os bichos
sejam a sua doçura. Não haja dele memória,
mas seja feito em pedaços como árvore que não
dá fruto.
21 Porque ele sustentou a estéril, que não
pare, e não fez bem à viúva.
22 Destroçou os valentes com a sua fortale-
za: e quando estiver em pé, não se fiará na sua
vida.
23 Deus lhe deu lugar de penitência, e ele
abusa disto para soberba: e os olhos de Deus
estão nos seus caminhos.
24 Elevaram-se um pouco, mas não subsisti-
rão, e serão humilhados, e arrebatados como
todas as coisas, e como cabeças de espigas
serão quebrantados.
25 Se isso não é assim, quem me poderá con-
vencer de mentira, e acusar as minhas palavras
diante de Deus?

Terceiro discurso de Baldad

25 E respondendo Baldad Suíta, disse:
2 O poder e o terror estão na mão
daquele, que mantém a concórdia nas suas
alturas.
3 Porventura têm número os seus soldados?
E sobre quem não surgirá a sua luz?
4 Acaso pode justificar-se o homem, com-
parado com Deus, ou aparecer puro o que
nasceu da mulher?
5 Eis aí que a mesma lua não resplandece, e
as mesmas estrelas não são limpas na sua pre-
sença:
6 Quanto menos o homem que é podridão,
e o filho do homem que é um bichinho?

Terceira resposta de Jó a Baldad

26 E respondendo Jó, disse:
2 De quem és tu ajudador? Porventura
do fraco? e sustentas o braço daquele que não
tem força?
3 A quem deste conselho? Talvez àquele que
não tem sabedoria, e fazes alarde da tua gran-
de prudência.
4 A quem quiseste tu ensinar? Não é àquele
que fez a respiração?
5 Eis aí os mesmos gigantes gemem debaixo
das águas, e os que habitam com eles.
6 Aberto está o inferno diante dele, e não há
véu algum que cubra a perdição.
7 Ele é o que estende o pólo setentrional
sobre o vazio, e o que suspende a terra sobre
o nada.
8 Ele é o que prende as águas nas suas nu-
vens, para que todas à uma se não precipitem
para baixo.
9 O que esconde à vista o seu trono, e espa-
lha sobre ele as suas nuvens.
10 Pôs em roda limites às águas, até que se
acabem a luz e as trevas.
11 As colunas do céu estremece, e tremem
ao seu aceno.
12 Com a sua fortaleza de repente se con-
gregaram os mares, e a sua sabedoria feriu ao
soberbo.
13 O seu espírito adornou os céus, e por obra
da sua mão, foi tirada à luz a cobra tor-
tuosa.
14 Eis aqui, isto é uma parte dos seus cami-
nhos, e se apenas temos ouvido uma pequena
gota do que dele se pode dizer, quem podedrá
compreender o trovão da sua grandeza?

Resposta coletiva de Jó aos amigos

27 Acrescentou também Jó, continuando a sua parábola, e disse:

2 Vive Deus, que desviou a minha causa, e o Onipotente, que trouxe à amargura a minha alma.

3 Porque enquanto em mim houver alento, e o Espírito de Deus nos meus narizes,

4 não falarão os meus lábios iniqüidade, nem a minha língua inventará mentira.

5 Guarde-me Deus de vos ter por justos: Enquanto eu viver, não me apartarei da minha inocência.

6 Não deixarei a justificação, que tenho começado a seguir: porque o meu coração nada me remorde em toda a minha vida.

7 Seja como ímpio, o meu inimigo: e o meu adversário, seja como iníquo.

8 Pois qual é a esperança do hipócrita se rouba por avareza, e Deus não livra a sua alma?

9 Acaso ouvirá Deus o seu clamor quando lhe sobrevier a angústia?

10 Ou poderá ele deleitar-se no Todo-Poderoso, e invocar a Deus em todo o tempo?

11 Eu vos ensinarei com o auxílio de Deus o que se encerra no Todo-Poderoso, eu não vo-lo esconderei.

12 Mas todos vós o sabeis, e por que pois falais inutilmente palavras vãs?

13 Esta é a sorte que diante de Deus terá o homem ímpio, e a herança que os violentos receberão do Todo-Poderoso.

14 Se os seus filhos se multiplicarem, serão para a espada, e os seus netos não serão fartos de pão.

15 Os que ficarem dele, serão sepultados na sua ruína, e as suas viúvas não chorarão.

16 Se ele amontoar prata como terra, e se ajuntar vestidos como lama:

17 Ele sim os ajuntará, mas o justo se vestirá com eles, e o inocente repartirá a sua prata.

18 Lavrou como a traça a sua casa, e como o guarda fez a sua choupana.

19 O rico quando dormir, nada levará consigo: abrirá os seus olhos, e nada achará.

20 A miséria o surpreenderá como inundação, de noite o oprimirá a tempestade.

21 Um vento abrasador o tirará, e levará, ele o arrebatará do seu lugar, como um redemoinho.

22 E lançará sobre ele, e não perdoará: da sua mão irá fugindo a toda a pressa.

23 O que vir o seu lugar, baterá sobre ele as suas mãos, e assobiará sobre ele.

Elogio à Sabedoria

28 A prata tem um princípio das suas veias: o ouro tem um próprio lugar onde se forma.

2 O ferro tira-se da terra: e a pedra derretida no fogo torna-se em metal.

3 Pôs termo às trevas, e ele mesmo considera o fim de todas as coisas também a pedra da escuridão, e a sombra da morte.

4 A torrente divide do povo viandante aqueles de quem o pé do homem pobre se esqueceu, e que estão fora do caminho.

5 A terra, da qual nascia o pão como do seu lugar, foi destruída pelo fogo.

6 Há lugares cujas pedras são safiras e cujos torrões são grãos de ouro.

7 A ave ignorou a sua rota, e o olho do abutre não a viu.

8 Os filhos dos negociantes não a trilharam, nem a leoa passou por ela.

9 Estendeu a sua mão contra os rochedos, transtornou os montes desde as suas raízes.

10 Cortando os penhascos fez arrebentar arroios, e o seu olho viu tudo o que há precioso,

11 Investigou também até o fundo dos rios, e pôs às claras o que estava escondido.

12 Mas a sabedoria onde se acha ela? E qual é o lugar da inteligência?

13 O homem não conhece o seu preço, nem ela se acha na terra dos que vivem em delícias.

14 O abismo diz: Ela não está em mim. E o mar publica: Ela não está comigo.

15 Não se dará por ela ouro o mais puro, nem se pesará prata em câmbio dela.

16 Não será comparada com as cores mais vivas da Índia, nem com a pedra sardônica preciosíssima, nem com a safira.

17 Não se lhe igualará o ouro nem o cristal, e ela se não dará em troca pelos vasos de ouro:

18 Quanto há grande e elevado, não se nomeará em comparação dela: mas a sabedoria se tira de coisas ocultas.

19 Não se lhe igualará o topázio da Etiópia, nem será comparada com as tintas mais brilhantes.

20 De onde vem pois a sabedoria? E qual é o lugar da inteligência?

21 Escondida está aos olhos de todos os viventes, até às aves do céu está oculta.

22 A perdição e a morte disseram: Aos nossos ouvidos chegou a sua fama.

23 Deus entende o seu caminho, e Ele mesmo conhece o seu lugar.

24 Porque Ele vê as extremidades do mundo: e vê tudo o que há debaixo do céu.

25 Ele é o que deu peso aos ventos, e pesou as águas com medida.

26 Quando prescrevia certa lei às chuvas, quando designava certo caminho às tempestades ruidosas:

27 Então a viu, e a manifestou, e preparou, e investigou.

28 E disse ao homem: Eis aí o temor do Senhor, ele é a mesma sabedoria. E apartar-se do mal, é a inteligência.

Monólogo final de Jó

29 Acrescentou também Jó, continuando a sua parábola, e disse:

2 Quem me dera ser como eu fui nos meses antigos, como nos dias em que Deus me guardava?

3 Quando a sua lâmpada luzia sobre a minha cabeça, e quando eu guiado pela sua luz caminhava nas trevas?

4 Como fui nos dias da minha mocidade, quando Deus habitava secretamente em minha casa?

5 Quando o Todo-Poderoso estava comigo: e os meus filhos em torno de mim?

6 Quando eu lavava os meus pés em manteiga, e quando a pedra derramava para mim arroios de azeite?

7 Quando eu saía até à porta da cidade, e me preparavam uma cadeira na praça pública?

8 Viam-me os mancebos, e se escondiam: e os velhos, levantando-se, se punham em pé.

9 Os príncipes cessavam de falar, e punham o dedo sobre a sua boca.

10 Os maiorais continham a sua voz, e a sua língua ficava pegada ao seu paladar.

11 A orelha que me ouvia, chamava-me bem-aventurado, e o olho que me via dava testemunho de mim.

12 Porque eu tinha livrado o pobre que gritava, e o órfão, que não tinha quem o socorresse.

13 A benção do que estava a perecer vinha sobre mim, e consolei o coração da viúva.

14 Eu me revesti da justiça: e a eqüidade me serviu, como de vestido e de diadema.

15 Eu fui o olho do cego, e o pé do coxo.

16 Eu era o pai dos pobres: e as causas de que eu não tinha conhecimento, eu me instruía delas com toda a diligência.

17 Eu quebrava os queixos do iníquo, e tirava-lhe a presa dentre os dentes.

18 E eu dizia: Eu morrerei no meu ninhozinho, e multiplicarei os meus dias como a palmeira.

19 A minha raiz descoberta está junto às águas, e na minha seara fará assento o orvalho.

20 A minha glória sempre se renovará, e o meu arco se fortificará na minha mão.

21 Os que me ouviam, esperavam a minha sentença, e em silêncio estavam atentos ao meu conselho.

22 Não ousavam ajuntar nada às minhas palavras, e minhas razões caiam sobre eles como orvalho.

23 Esperavam-me como a chuva, e abriam a sua boca como às águas tardias.

24 Se alguma vez me ria com eles, não o criam, e a luz do meu rosto não caía no chão.

25 Se eu queria ir vê-los, assentava-me no primeiro lugar: quando eu estava assentado como um rei, rodeado de guardas, era todavia o consolador dos aflitos.

30 Porém agora zombam de mim os de menos idade, cujos pais noutro tempo não me dignaria eu pôr com os cães do meu rebanho:

2 Aqueles, cuja força de mãos reputava eu em nada, e eram estimados como indignos de viver.

3 Estéreis pela pobreza e pela fome, que andavam roendo pelo deserto, esquálidos pela calamidade e pela miséria.

4 E comiam ervas, e cascas de árvores, e que se sustentavam das raízes dos juníperos.

5 Que arrebatando dos vales estas coisas, logo que as achavam, corriam a elas com gritaria.

6 Habitavam nas concavidades dos reis e nas cavernas da terra, ou sobre os penhascos.

7 Que achavam a sua alegria entre tais coisas, e reputavam por delícia estar debaixo dos espinhos.

8 Filhos de gente insensata e desprezível, e que nem ainda aparecem na terra.

9 Agora tenho chegado a ser a sua canção e me tenho feito objeto dos seus escárnios.

10 Eles me abominam e fogem para longe de mim, e não receiam cuspir-me no rosto.

11 Porque abriu a sua aljava e me afligiu e pôs um freio na minha boca.

12 Logo que comecei a aparecer se levantaram à minha destra as minhas calamidades: transtornaram os meus pés, e me oprimiram com as suas veredas, como com ondas.

13 Desbarataram-me os meus caminhos, armaram-me traições, e prevaleceram, e não houve quem me socorresse.

14 Como na brecha de uma muralha, e por uma porta aberta se lançaram sobre mim, e me vieram acabar na minha miséria.

15 Reduzido me vejo a um nada, arrebataste o meu desejo como vento: e como nuvem passou a minha saúde.

16 E agora dentro de mim mesmo se murcha a minha alma, e me possuem dias de aflição.

17 De noite os meus ossos são traspassados de dores: e os que me devoram não dormem.

18 Com a multidão destes se consome o meu vestido, e me cercaram como com cabeção de túnica.

19 Sou comparado ao lodo, e sou semelhante
ao pó e à cinza.
20 Clamo a ti e não me ouves: ponho-me
diante de ti e não olhas para mim.
21 Trocaste-te em severo para comigo, e na
dureza da tua mão te mostras inimigos para
comigo.
22 Elevaste-me, e como pondo-me sobre o
vento, me arrojaste com violência.
23 Sei que me entregarás à morte, onde há
casa estabelecida para todo o vivente.
24 Mas não estendes a tua mão para consu-
mi-los inteiramente: e se caírem, tu mesmo os
salvarás.
25 Eu chorava algum dia sobre aquele que
estava aflito: a minha alma se compadecia do
pobre.
26 Esperava bens, e vieram-me males: espe-
rava a luz e saíram trevas.
27 As minhas entranhas ferveram sem des-
canso algum: os dias da aflição me surpreen-
deram.
28 Caminhava triste, mas sem furor: levan-
tando-me gritava no meio da gente.
29 Fui irmão de dragões, e companheiro de
avestruzes.
30 Denegrida está a minha pele sobre mim,
e os meus ossos se secaram pelo ardor.
31 A minha cítara se trocou em tristes la-
mentos, e o meu órgão nas vozes dos que
choram.

31 Fiz concerto com os meus olhos de cer-
tamente não cogitar, nem ainda em uma
virgem.
2 Pois que parte teria Deus em mim lá de
cima, e que herança o Onipotente desde as
alturas?
3 Porventura não há perdição para o malva-
do, e estranheza para os que obram injus-
tiça?
4 Porventura não considera Ele os meus ca-
minhos, e conta todos os meus passos?
5 Se caminhei em vaidade, e se se apressou
o meu pé para o engano:
6 Pese-me Deus em balança justa, e conheça
a minha singeleza.
7 Se os meus pés se desviaram do caminho,
e se o meu coração seguiu os meus olhos, e se
às minhas mão se pegou mácula.
8 Semeie eu, e outro o coma: e seja a minha
descendência arrancada até à raiz.
9 Se o meu coração foi seduzido por causa
de mulher, e se eu armei traições à porta do
meu amigo:
10 Seja minha mulher desonestada por outro,
e prostitua-se à paixão de outros.
11 Porque este é um crime enorme, e uma
grandíssima maldade.
12 É fogo que consome até ao extermínio,
e que desarraiga até às mais pequenas ver-
gônteas,
13 Se eu me dedignei de entrar em juízo com
o meu servo, ou com a minha serva, quando
eles disputavam contra mim.
14 Pois que farei quando Deus se levantar
para me julgar? E quando me perguntar, que
lhe responderei?
15 Porventura o que me formou no ventre a
mim, não o criou também a ele: e não foi um
que nos formou no ventre da mãe?
16 Se neguei aos pobres o que queriam, e se
fiz esperar os olhos da viúva.
17 Se comi sozinho o meu bocado, e se o
órfão não comeu dele:
18 (Porque desde a minha infância cresceu
comigo a comiseração: e do ventre de minha
mãe saiu comigo).
19 Se desprezei ao que perecia, porque não
tinha de que vestir-se, e ao pobre que não tinha
com que cobrir-se:
20 Se os seus membros me não abendiçoa-
ram, e não se aquentou com os velos das mi-
nhas ovelhas:
21 Se eu levantei a minha mão contra o ainda
quando me via superior na porta:
22 Caia o meu ombro da sua juntura, e que-
bre-se o meu braço com os seus ossos.
23 Porque eu sempre temi a Deus como a
umas ondas, que gravitavam sobre mim, e eu
não pude suportar o seu peso.
24 Se eu julguei que o ouro era a minha for-
ça, e se eu disse ao ouro mais puro: Tu és
minha confiança.
25 Se eu me alegrei com as minhas grandes
riquezas, e com os grandes bens que ajuntei
pela minha mão.
26 Se eu olhei para o sol no seu luzimento,
e para a lua quando caminhava com clari-
dade:
27 E o meu coração sentiu algum oculto con-
tentamento, e beijei a minha mão com a minha
boca.
28 O que é o sumo da iniqüidade, e um
renunciar ao altíssimo Deus.
29 Se eu folguei com a ruína daquele que me
tinha ódio, e se eu exultei com o mal que lhe
sobreveio.
30 Pois não permiti que pecasse a minha
garganta, demandando com imprecações a sua
morte.
31 Se as pessoas da minha casa não disse-
ram: Quem nos dará da sua carne para nos
fartarmos dela?
32 O peregrino não ficou de fora, a minha
porta esteve aberta para o viandante.
33 Se encobri como homem o meu pecado, e
ocultei no meu coração a minha iniqüidade.

34 Se a grande multidão me aterrou, ou se eu
fiquei atemorizado pelo desprezo que de mim
faziam os meus parentes: e se eu pelo contrá-
rio não me conservei em silêncio, sem sair da
minha porta.
35 Quem me dera um que me ouvisse, e que
o Onipotente escutasse os meus desejos: e que
escrevesse o livro o mesmo que julga.
36 Para levá-lo sobre o meu ombro, e rodear-
me com ele como coroa?
37 Cada um dos meus passos o publicarei, e
lho apresentarei como a príncipe.
38 Se a terra que eu possuo clama contra
mim e se os seus regos choram com ela:
39 Se comi seus frutos sem dinheiro, e se
afligi o coração dos que a cultivaram:
40 Ela me produza abrolhos em lugar de
trigo, e espinhos em lugar de cevada.

Findaram as palavras de Jó.

III. DISCURSOS DE ELIÚ

Primeiro discurso: Pedagogia do sofrimento

32 Cessaram porém estes três homens de
responder a Jó, porque se tinha por justo.
2 Mas Eliú, filho de Baraquel de Buz, da
família de Ram, se irou, e encheu de cólera: e
inflamou-se em ira contra Jó, porque dizia que
ele era justo diante de Deus. 3 Irritou-se tam-
bém contra os seus amigos, por não terem
achado resposta conveniente, senão que so-
mente haviam condenado a Jó. 4 Eliú pois
esperou que Jó falasse: porquanto eram mais
velhos os que haviam falado. 5 Mas como viu
que os três lhe não puderam responder, se in-
dignou fortemente.
6 E respondendo Eliú, filho de Baraquel de
Buz, disse: Sou o mais moço em idade, e vós
mais provectos portanto abaixando a minha
cabeça, não me atrevi a expor-vos o meu pa-
recer.
7 Porque esperava que falasse a idade mais
provecta e que os muitos anos ensinassem
sabedoria.
8 Mas, pelo que vejo, o espírito está nos
homens, e a inspiração do Todo-Poderoso dá
a inteligência.
9 Não são os sábios os de muita idade, nem
os anciãos os que julgam o que é justo.
10 Portanto falarei: ouvi-me, eu vos mostra-
rei também a minha sabedoria.
11 Porque tenho dado lugar aos vossos dis-
cursos, tenho ouvido as vossas razões enquanto
têm durado as vossas disputas:
12 E enquanto eu cria, que vós dizíeis algu-
ma coisa, atendia: mas, pelo que vejo, não há
entre vós quem possa argüir a Jó, nem respon-
der às suas razões.
13 Não digais porventura: Nós achamos a
sabedoria, Deus é que a lançou de si, e não
algum homem.
14 Ele não falou nada para mim, nem eu lhe
responderei também a ele segundo os vossos
arrazoados.
15 Ei-los aí intimidados, e não deram mais
resposta, e a si mesmos se taparam a boca.
16 E pois eu tenho esperado, e não têm fa-
lado. Ficaram mudos, e não tiveram já que
responder:
17 Responderei eu também pela minha parte,
e mostrarei a minha ciência:
18 Porque estou cheio de razões, e me aperta
o espírito no meu peito.
19 Eis aqui o meu peito é como o mosto sem
respiradouro, o qual faz estoirar as vasilhas
novas.
20 Falarei, e respirarei um pouco: abrirei os
meus lábios, e responderei.
21 Não farei acepção de pessoa, e não igua-
larei a Deus como o homem.
22 Porque não sei o tempo que subsistirei, e
se daqui a pouco me levará o meu Criador.

33 Ouve pois, Jó, as minhas palavras, e
escuta todos os meus discursos.
2 Eis aqui abri a minha boca, fale a minha
língua nas minhas fauces.
3 Os meus discursos sairão da simplicidade
do meu coração e os meus lábios pronunciarão
sentimentos apurados.
4 O espírito de Deus me fez, e o assopro do
Todo-Poderoso me deu vida.
5 Se podes, responde-me, e põe-te a fazer-me
frente.
6 Eis aqui, Deus me fez, a mim, assim como
a ti, e do mesmo lodo também eu fui formado.
7 Pelo que nada há de maravilhoso em mim
que te espante, e a minha eloqüencia não te
será pesada.
8 Disseste pois nos meus ouvidos, e ouvi a
voz das tuas palavras:
9 Eu estou limpo e sem pecado. Eu estou
sem mácula, e em mim não há iniqüidade.
10 Porque Deus achou contra mim queixas,
por isso me considerou como seu inimigo.
11 Pôs os meus pés no cepo, e observou todas
as minhas veredas.
12 Isto pois é, no que tens mostrado que não
és justo; responder-te-ei, que Deus é maior do
que o homem.

13 Disputas contra Ele, por que não respondeu a todas as tuas palavras?

14 Deus fala uma vez, e segunda vez não repete uma mesma coisa.

15 Por sonho de visão noturna, quando cai sopor sobre os homens, e estão dormindo no seu leito.

16 Então abre os ouvidos dos homens, e admoestando-os lhes adverte o que devem fazer.

17 Para apartar o homem daquilo que faz e para o livrar da soberba:

18 Salvando a sua alma de corrupção: e a sua vida, para que não passe por espada.

19 Corrige-o também por meio das dores na cama, e faz que todos os seus ossos se mirrem.

20 Neste estado se lhe faz aborrecido o pão, e o manjar que noutro tempo apetecia a sua alma.

21 Consumir-se-á a sua carne, e os ossos que haviam estado cobertos, se descobrirão.

22 Aproximou-se a sua alma à corrupção, e a sua vida ao que traz a morte.

23 Se houver algum anjo, um entre milhares, que fale a seu favor, e instrua o homem no seu dever:

24 Se compadecerá dele, e dirá: Livra-o, para que não desça à corrupção. Eu achei por que lhe fazer graça.

25 A sua carne está consumida dos castigos, torne aos dias da sua mocidade.

26 Ele pedirá perdão a Deus, e Deus se lhe aplicará. E ele verá com júbilo a sua face, e Deus justificará de novo a este homem.

27 Tornará a olhar para os homens, e dirá: Pequei, e deveras delinqüi, e não tenho sido castigado como merecia.

28 Deus livrou a sua alma para que não caminhasse à morte senão que vivendo visse a luz.

29 Ora Deus obra todas estas coisas três vezes em cada um.

30 Para retrair as suas almas da corrupção, e para as esclarecer com a luz dos viventes.

31 Atende, Jó, e ouve-me: e cala-te, enquanto eu falo.

32 Se contudo tens alguma coisa que dizer, responde-me, fala: porque quero que compareças justo.

33 Se não a tens, ouve-me: cala-te, e eu te ensinarei a sabedoria.

Segundo discurso: Deus é justo

34 Continuando pois Eliú o seu discurso, disse também o que se segue:

2 Ouvi, sábios, as minhas palavras: eruditos, escutai-me.

3 Porque o ouvido julga das palavras, assim como o paladar distingue os manjares pelo gosto.

4 Tratemos nós em comum a causa, e vejamos entre nós o que seja o melhor.

5 Porque Jó disse: Eu sou justo, e Deus transtornou a minha causa.

6 Porquanto no juízo que se faz de mim, há mentira: violenta é a minha seta sem pecado algum.

7 Que homem há semelhante a Jó, que bebe o escárnio como a água:

8 Que anda com os que obram a iniqüidade e caminha com os homens ímpios?

9 Porque disse: O homem não agradará a Deus, ainda que vá correndo com Ele.

10 Vós pois os cordatos, ouvi-me, a impiedade está longe de Deus, e a injustiça longe de Todo-Poderoso.

11 Porque Ele pagará ao homem a sua obra, recompensará a cada um segundo os seus caminhos.

12 Porque certamente Deus não condenará sem razão, nem o Onipotente atropelará a justiça.

13 A qual outro estabeleceu sobre a terra? Ou a quem pôs sobre o mundo, que fabricou?

14 Se voltasse a Ele o seu coração, atrairia a si o espírito e alento dele.

15 Toda a carne pereceria ao mesmo tempo, e o homem se tornaria em cinza.

16 Portanto se tens entendimento, ouve o que se diz, e escuta a voz do meu discurso.

17 Acaso pode ser curado aquele que não ama a justiça? E como condenas tu tão afoitamente aquele, que é o justo?

18 O que diz ao rei: Apóstata: e chama ímpios aos grandes:

19 Aquele que não guarda respeito à pessoa dos príncipes: e que não conheceu o tirano, quando disputava contra o pobre: porque todos são obra das suas mãos.

20 Eles morrerão de improviso, e no meio da noite se sublevarão os povos, e passarão, e tirarão o violento sem se ver a mão.

21 Porque os olhos de Deus estão sobre os caminhos dos homens, e considera todos os seus passos.

22 Não há trevas, e não há sombra de morte, de maneira que se escondam ali os que obram a iniqüidade.

23 Porque já não está mais no poder do homem, o vir a Deus a ser julgado.

24 Ele destruirá a uma inumerável multidão, e porá outros em seu lugar.

25 Porque conhece as suas obras: e por isso enviará a noite, e eles serão moídos.

26 Feriu-os como ímpios à vista de todos.

27 Os que como de propósito se apartaram dele, e que não quiseram compreender todos os seus caminhos:

28 Para fazerem que o clamor do indigente subisse até Ele, e que ouvisse a voz dos pobres.

29 Por que se Ele concede a paz, quem há que o condene? E se Ele esconde o seu rosto, quem o poderá contemplar, seja isto sobre as gentes, seja sobre todos os homens?

30 Ele é o que faz reinar o homem hipócrita por causa dos pecados do povo.

31 E pois qque eu tenho falado de Deus, também te não estorvarei a ti.

32 Se eu errei, corrige-me tu: se falei com iniqüidade, não acrescentarei mais.

33 Porventura te pedirá Deus a ti conta do que eu falei que te desagradou? Mas tu foste o primeiro a falar, e não eu: se sabes coisa melhor, dize-a.

34 Falem-me homens inteligentes, e ouça-me um homem sábio.

35 Mas Jó falou nesciamente, e as suas palavras não soam boa doutrina.

36 Pai meu, seja provado Jó até ao fim: não retires a tua mão de um homem iníquo.

37 Porque ajunta a blasfêmia sobre os seus pecados, entrementes nós o apertemos: e depois apele para o juízo de Deus nos seus discursos.

Terceiro discurso: vantagens da virtude

35 Mas Eliú de novo falou desta maneira:
2 Parece-te acaso justo o teu pensamento, quando disseste: Mais justo sou eu que Deus?

3 Porque tu disseste: O que é justo não te agrada. Ou que conveniência tiras tu, se eu pecar?

4 Assim que eu responderei aos teus discursos, e aos teus amigos contigo.

5 Levanta os olhos ao céu, e vê, e contempla o firmamento que é mais alto que tu.

6 Se pecares, em que prejudicarás tu a Deus? E se as tuas iniqüidades se multiplicarem, que farás tu contra Ele?

7 Demais disso se obrares com justiça, que lhe darás? Ou que receberá Ele da tua mão?

8 A tua impiedade poderá fazer mal a um homem, que é teu semelhante: e a tua justiça poderá ser útil ao filho do homem.

9 Eles clamarão por causa da multidão dos caluniadores: e se lamentarão pela força do braço dos tiranos.

10 E nenhum disse: Onde está o Deus que me fez, que deu canções na noite?

11 O qual nos instrui mais que aos animais da terra, e nos ilustra mais que às aves do céu.

12 Eles clamarão entre, e Deus os não ouvirá, por causa da soberba dos maus.

13 Não em vão pois ouvirá Deus, e verá o Onipotente as causas de cada um.

14 Ainda quando disseres: Não atende. Julga-te a ti mesmo na sua presença, e espera-o.

15 Porque não é agora quando Ele exercita o seu furor, nem castiga os delitos com severidade.

16 Logo Jó em vão abre a sua boca, e sem ciência multiplica palavras.

Quarto discurso: submissão a Deus

36 E acrescentou Eliú, e falou assim:
2 Escuta-me um pouco, e eu me explicarei, contigo: porque ainda tenho que falar em defesa de Deus.

3 Tornarei a pegar no discurso que eu fazia desde o princípio, e provarei que o meu Criador é justo.

4 Porque o certo é que nos meus discursos não há mentira, e será da tua aprovação uma ciência consumada.

5 Deus não rejeita os poderoso, visto que também Ele é poderoso.

6 Mas não salva os ímpios, e faz justiça aos pobres.

7 Não tirará os seus olhos do justo, e põe aos reis sobre o trono para sempre, e eles são exalçados.

8 E se estiverem em cadeias e atados com os laços da pobreza:

9 Ele lhes fará ver as suas obras, e as suas maldades, porque foram violentos.

10 E lhes abrirá também o seu ouvido para os repreender: e lhes falará, para que se convertam da sua iniqüidade.

11 Se ouvirem e cumprirem, acabarão os seus dias em bem, e os seus anos em glória:

12 Porém se não ouvirem passarão por espada, e serão consumidos na sua sandice.

13 Os dissimulados, e dobres do coração provocam contra si a ira de Deus, nem clamarão, quando se virem manietados.

14 A sua alma morrerá na tempestade, e sua vida acabará entre os deprevados.

15 Ele livrará da sua angústia, ao pobre, e lhe abrirá o ouvido na tribulação.

16 Ele te salvará pois da boca da angústia, e que não tem fundo debaixo de si largamente: e o descanso da tua mesa estará cheia de gordura.

17 A tua causa tem sido julgada, como a de um ímpio; ganharás a causa e sentença.

18 Não te vença pois a ira, para oprimires a algum: Nem te dobre multidão de dádivas.

19 Reprime a tua grandeza sem tributação, e todos os robustos com fortaleza.

20 Não dilates a noite, para que subam os povos por eles.

21 Guarda-te de declinares para a iniqüidade: porque tu a começaste a seguir depois que caíste na miséria.

22 Olha como Deus é excelso na sua fortaleza, e nenhum semelhante a Ele entre os legisladores.

23 Quem poderá esquadrinhar os seus caminhos? Ou quem poderá dizer-lhe: Tu fizeste uma injustiça?

24 Lembra-te que não compreendes a sua obra, da qual cantaram os homens.

25 Todos os homens o vêem, mas cada um o vê de longe.

26 Com efeito, Deus é grande, que sobreexcede a nossa ciência: os seus anos são inumeráveis.

27 Ele detém as gotas da chuva, e verte as águas do céu como arroios.

28 As quais caem das nuvens, que cobrem tudo por cima.

29 Se quiser estender as nuvens como pavilhão seu,

30 e fuzilar relâmpagos com a sua luz desde o alto, cobrirá também as extremidades do mar.

31 Porque por meio destas coisas exercia os seus juízos sobre os povos, e alimenta a muitos mortais.

32 Nas suas mãos esconde a luz, e lhe manda que torne de novo.

33 Faz conhecer a quem ama, que esta é possessão sua, e que até ela pode subir.

37 Sobre isto se espantou o meu coração, e se moveu do seu lugar.

2 Ouvi, ouvi a sua voz terrível, e o sonido que sai da sua boca.

3 Ele considera tudo o que há debaixo dos céus, e difunde a sua luz sobre as extremidades da terra.

4 Após Ele rugirá sonido, trovejará pela voz da sua grandeza, e não será compreendida, quando for ouvida a sua voz.

5 Trovejará Deus maravilhosamente com a sua voz, o que faz coisas grandes e impenetráveis.

6 O que manda à neve que desça sobre a terra, e às chuvas do inverno, e às impetuosas águas das grandes tormentas.

7 O que põe como um selo sobre a mão de todos os homens, para que cada um conheça as suas obras.

8 A fera entrará no seu escondirejo, e ficará na sua cova.

9 De lugares ocultos sairá a tempestade, e do Arcturo o frio,

10 O caramelo se forma ao assopro de Deus, e depois se derramam as águas em grande abundância.

11 O trigo deseja as nuvens, e as nuvens espalham a sua luz.

12 Elas esclarecem em torno, por onde quer que as conduz a vontade daquele que as governa, a tudo quanto Ele lhes manda sobre a face de toda a terra:

13 Ou seja numa tribo estrangeira, ou numa terra sua, ou em qualquer lugar onde a sua bondade lhes mandar que se achem.

14 Ouve. Jó, estas coisas: Pára, e considera as maravilhas de Deus.

15 Acaso sabes tu, quando mandou Deus às chuvas, que fizessem aparecer a luz das suas nuvens?

16 Porventura conheces as grandes veredas das nuvens, e as suas perfeitas inteligências?

17 Não é assim que os teus vestidos estão quentes, quando o vento do meio-dia assopra sobre a terra?

18 Talvez formaste tu com Ele os céus, que são tão sólidos como se fossem de metal.

19 Mostra-nos o que lhe diremos: porque nós outros cá estamos envolvidos em trevas.

20 Quem lhe referirá o que falo? se o homem se atrever a falar, será oprimido.

21 Mas agora não vem a luz: o ar repentinamente se condensará em nuvens, e um vento que passa as dissipará.

22 Do Setentrião vem o ouro, e o louvor de Deus seja com temor.

23 Não podemos compreendê-lo como merece: grande em fortaleza, e em juízo, e em justiça, e Ele é inefável.

24 Por isso o temerão os homens, e não ousarão contemplá-lo todos aqueles que se persuadem ser sábios.

IV. APARIÇÃO DIVINA

Primeiro discurso do Senhor

38 E respondendo o Senhor a Jó, do meio de um redemoinho, disse:

2 Quem é este, que mistura sentenças com discursos ignorantes?

3 Cinge os teus lombos como homem. Perguntar-te-ei, e responde-me.

4 Onde estavas tu, quando eu lançava os fundamentos da terra? Dize-mo, se é que tens inteligência.

5 Quem deu as medidas para ela, se é que o sabes? Ou quem lhe lançou o cordel?

6 Sobre que foram firmadas as suas bases? Ou quem assentou a sua pedra angular,

7 quando os astros da manhã me louvavam

todos juntos, e quando todos os filhos de Deus estavam transportados de júbilo?

8 Quem pôs diques ao mar para o ter encerrado, quando ele transbordava saindo como do ventre de sua mãe:

9 Quando lhe punha nuvem por vestidura, e o envolvia em obscuridade, como com envolvedouro de infância?

10 Eu o encerrei nos limites que lhe prescrevi, e lhe pus ferrolhos, e portas:

11 E eu lhe disse: Até aqui chegarás, e não passarás mais longe, e aqui quebrarás as tuas empoladas ondas.

12 Acaso és tu o que depois do teu nascimento deste lei à estrela dalva, e o que mostraste à aurora o seu lugar?

13 E tomaste a terra pelas suas extremidades, para fazê-la estremecer, e sacudir dela os ímpios?

14 A figura impressa será restabelecida como o barro, e ficará como um vestido:

15 Tirar-se-á aos ímpios a sua luz, e quebrar-se-á o seu excelso braço.

16 Acaso entraste tu até o fundo do mar, e andaste passeando no mais profundo do abismo?

17 Porventura abriram-se-te as portas da morte, e viste tu essas portas tenebrosas?

18 Consideraste toda a extensão da terra? declara-me, se sabes todas estas coisas.

19 Em que caminho habita a luz, e qual é o lugar das trevas?

20 Para que leves cada coisa aos seus lugares, e saibas as veredas da sua casa.

21 Sabias tu então que havias de nascer? E tinhas averiguado o número dos teus dias?

22 Entraste porventura nos tesouros da neve, ou viste os tesouros da saraiva?

23 Que eu preparei para o tempo do inimigo, para o dia da guerra e da batalha?

24 Por que caminho se difunde a luz, e se espalha o calor sobre a terra?

25 Quem deu curso à tempestade impetuosa, e passagem ao estampido do trovão,

26 para que chovesse sobre a terra sem homem, em deserto onde não mora nenhum dos mortais,

27 para inundá-la, ainda que inacessível, e desolada, e que criasse as ervas com o seu verdor?

28 Quem é o pai da chuva? Ou quem produziu as gotas do orvalho?

29 De que seio saiu a geada? E quem gerou o gelo do céu?

30 As águas se endurecem a modo de pedra, e a superfície do abismo se aperta.

31 Acaso poderás tu ajuntar as brilhantes estrelas Plêiadas ou poderás impedir a revolução do Arcturo?

32 Acaso és tu o que fazes aparecer a seu tempo o luzeiro, ou que se levante de tarde o Véspero sobre os filhos da terra?

33 Acaso entendes a ordem do céu, e darás tu disso a razão estando na terra?

34 Levantarás porventura a tua voz até às nuvens, e te cobrirá um dilúvio de água?

35 Porventura enviarás os relâmpagos, e irão, e te dirão quando voltarem: Aqui estamos?

36 Quem pôs a sabedoria no coração do homem? Ou quem deu inteligência ao galo?

37 Quem contará o modo de proceder dos céus, e quem fará cessar a harmonia do céu?

38 Quando se fundia o pó, em massa de terra, e se formavam os seus torrões?

39 Porventura caçarás tu presa para a leoa, e saciarás a fome das suas crias,

40 quando estas estão deitadas nos seus covis, e à espreita nas suas cavernas?

41 Quem prepara ao corvo o seu sustento, quando os seus filhinhos, vagueando, gritam a Deus, por não terem que comer?

39 Porventura sabes o tempo do parto das cabras montesas nos rochedos, ou tens observado quando parem as corças?

2 Contaste tu os meses da sua prenhez, e sabes o tempo do seu parto?

3 Encurvam-se para darem à luz a sua cria, e parem dando rugidos.

4 Apartam-se seus filhos, e vão a pascer: saem, e não voltam a elas.

5 Quem deixou o asno montês em liberdade, e quem soltou as suas prisões?

6 A ele lhe dei casa no deserto, e lugar onde albergar-se em terra estéril.

7 Despreza a multidão da cidade, não ouve os gritos do exator.

8 Olha para todas as partes, para os montes dos seus pastos, e anda buscando tudo quanto está verde.

9 Acaso quererá o rinoceronte servir-te, ou ficará ele na tua cavalariça?

10 Prenderás tu porventura o rinoceronte ao teu arado para lavrar? Ou será ele o que após ti estorroe os vales?

11 Porventura terás confiança na sua grande força, e lhe deixarás o cuidado da tua lavoura?

12 Porventura fiarás dele que te torne o que semeaste, e que te encha a tua eira?

13 A pena do avestruz é semelhante às penas da cegonha, e do falcão.

14 Quando ele desampara em terra os ovos, acaso os aquentarás tu no pó?

15 Não tem cuidado de que algum pé lhos pise, ou de que algum animal do campo lhos quebre.

16 É cruel com seus filhos como se não foram seus, trabalhos debalde sem que algum temor o obrigasse.
17 Porque Deus lhe negou sabedoria, e não lhe deu inteligência.
18 Quando chega a ocasião, levanta ao alto as asas: e faz zombaria do cavalo, e do cavaleiro.
19 Porventura darás fortaleza ao cavalo, ou cercarás de rincho o seu pescoço?
20 Porventura o farás dar saltos como os gafanhotos? O fogoso respirar das suas ventas faz terror.
21 Escava a terra com a sua unha, salta com brio: corre ao encontro dos armados.
22 Não conhece medo, nem cede à espada.
23 Sobre ele fará ruído a aljava, se vigrará a lance e o escudo.
24 Arrojando espuma e rinchando, sorve a terra, e não faz caso do som da trombeta.
25 Logo que houve a buzina, diz: Vai, cheira de longe a batalha, a exortação dos capitães, e o alarido do exército.
26 Porventura cobre-se o falcão de penas pela tua sabedoria, estendendo as asas para o Austro?
27 Porventura a teu mandado se remontará a águia, e porá o seu ninho em lugares altos?
28 Nas brenhas faz a sua mansão, e nos penhascos escarpados mora, e nas rochas inacessíveis.
29 Dali contempla a sua presa, os seus olhos descobrem muito ao longe.
30 Os seus filhinhos chupam o sangue: e ela onde houver carne morta, logo se acha.
31 E acrescentou o Senhor, e disse a Jó:
32 Porventura o que disputa com Deus, tão facilmente o deixa? por certo o que argüi a Deus deve responder-lhe.

Humilde resposta de Jó

33 Jó respondendo ao Senhor, disse:
34 Eu que tenho falado com leveza, que coisa posso responder? Porei a minha mão sobre a minha boca.
35 Uma coisa tenho falado, que oxalá não a houvera dito: e outra também, às quais nada mais acrescentarei.

Segundo discurso do Senhor

40 E respondendo o Senhor a Jó desde o redemoinho, disse:
2 Cinge os teus lombos como homem. Eu te perguntarei: e me responderás.
3 Porventura farás tu vão o meu juízo: e me condenarás a mim, por te justificares a ti?
4 E se tu tens braço como Deus, e trovejas com voz semelhante?
5 Reveste-te de formosura, e levanta-te em alto, e atavia-te de glória, e adorna-te de magníficos vestidos.
6 Dissipa os soberbos no teu furor, e humilha os insolentes com um só olhar.
7 Põe os olhos em todos os soberbos, e confunde-os, e quebranta aos ímpios no seu lugar.
8 Esconde-os no pó a um mesmo tempo: e mergulha no sepulcro as suas cabeças:
9 E eu confessarei que poderá salvar-te a tua destra.
10 Considera a Beemot, que eu criei contigo, comerá feno como o boi.
11 A sua fortaleza está nos seus lombos, e o seu vigor no umbigo do seu ventre.
12 Aperta a sua cauda como cedro, os nervos dos seus testículos estão entrelaçados um no outro.
13 Os seus ossos são como canas de bronze, e as suas cartilagens como umas lâminas de ferro.
14 Ele é o princípio dos caminhos de Deus; aquele que o fez, aplicará a sua espada.
15 Os montes lhe produzem ervas: e todas as alimárias do campo virão ali retouçar.
16 Dorme à sombra no esconderijo dos canaviais, e em lugares úmidos.
17 As sombras cobram a sua sombra, os salgueiros da torrente o rodearão.
18 Ele absorverá um rio, e não o terá por excesso: e ele se promete que o Jordão entrará pela sua boca.
19 Nos seus olhos como um anzol o apanhará, e com paus agudos furará os seus narizes.
20 Porventura poderás tirar com o anzol o Leviatã, e ligarás a sua língua com uma corda?
21 Porventura porás argola nos seus narizes, ou furarás a sua queixada com anel?
22 Porventura multiplicará muitos rogos para contigo, ou te dirá palavras brandas?
23 Porventura fará ele concertos contigo, e recebê-lo-ás tu por escravo para sempre?
24 Porventura brincarás com ele como com um pássaro, ou o atarás para as tuas servas?
25 Parti-lo-ão em troços os teus amigos, dividi-lo-ão os negociantes?
26 Porventura encherás redes com a sua pele, e nassa de peixes com a sua cabeça?
27 Põe a tua mão sobre ele: lembra-te da guerra, e não continues mais a falar.
28 Ele enfim se enganará nas suas esperanças e será precipitado à vista de todos.

41 Não como cruel o despertarei eu: porque quem pode resistir ao meu semblante?
2 Quem me deu a mim antes, para que eu haja de retribuir-lhe? Quanto há debaixo do céu, meu é.
3 Não lhe terei respeito a ele nem às suas palavras eficazes, e compostas para rogar.

4 Quem descubrirá a superfície do seu vestimento? E quem entrará no meio da sua boca?

5 Quem abrirá as portas do seu rosto? Em roda dos seus dentes está o terror.

6 O seu corpo é como escudos fundidos, apinhoados de escamas que se apertam.

7 Uma está unida à outra, de sorte que nem um assopro passa por entre elas:

8 Uma com a outra estará pegada, e juntas entre si de nenhuma maneira se separarão.

9 O seu espírito é resplendor do fogo, e os seus olhos como as pestanas da aurora.

10 Da sua boca saem umas lâmpadas como tochas de fogo acesas.

11 Dos seus narizes sai fumo, como o de uma panela incendida e que ferve.

12 O seu hálito faz incender os carvões, e da sua boca sai chama.

13 No seu pescoço fará assento a fortaleza, e adiante dele vai a fome.

14 Os membros do seu corpo bem unidos entre si: enviará raios contra ele, e não o farão mover para outro lugar.

15 O seu coração se endurecerá como pedra e se apertará como bigorna de ferreiro.

16 Quando se elevar temerão os anjos, e espantados se purificarão.

17 Ainda quando uma espada o alcançar, não valerá ela contra ele, nem lança nem couraça.

18 Porque ele reputará o ferro como as palhas e o metal, como um pau podre.

19 Não o fará fugir homem frecheiro, as pedras da funda se tornarão em palhas.

20 Reputará o martelo como uma aresta, e se rirá do vibrar da lança.

21 Os raios do sol estarão debaixo dele, e ele andará por cima do ouro como por cima do lodo.

22 Fará ferver o fundo do mar como uma panela, e o tornará como quando fervem os ungüentos.

23 A luz brilhará sobre as suas pegadas, e reputará o abismo como cheio de cãs.

24 Não há poder sobre a terra, que se lhe compare, pois foi feito para que não temesse a nenhum.

25 Todo o alto vê, ele é o rei de todos os filhos da soberba.

42 E respondendo Jó ao Senhor, disse:
2 Sei que tudo podes, e que nenhum pensamento te é oculto.

3 Quem é este que falto de ciência encobre o conselho? Por isso eu tenho falado nesciamente, e o que sem comparação excedia a minha ciência.

4 Ouve, e eu falarei. Perguntar-te-ei, e responde-me.

5 Eu te ouvi por ouvido de orelha, mas agora te vê o meu olho.

6 Por isso me repreendo a mim mesmo, e faço penitência no pó e na cinza.

EPÍLOGO

Os amigos são censurados e Jó cumulado de bens

7 E depois que o Senhor falou daquela sorte a Jó, disse para Elifaz de Teman. O meu furor se acendeu contra ti, e contra os teus dois amigos, porque vós não falastes diante de mim o que era reto, como falou o meu
servo Jó. 8 Tomai pois sete touros, e sete carneiros, e ide ao meu servo Jó, e oferecei holocaustos por vós. O meu servo porém orará por vós: admitirei propício a sua face, para que se vos não impute esta estultícia: porque vós não falastes de mim o que era reto, como o meu servo Jó.

9 Foram pois Elifaz de Teman, e Baldad de Su, e Sofar de Naamat, e fizeram como o Senhor lhes tinha dito, e o Senhor atendeu
a Jó. 10 O Senhor também se deixou dobrar à vista da penitência de Jó, quando orava pelos seus amigos. E o Senhor lhe tornou em
dobro tudo o que ele antes possuía. 11 E
vieram a ele todos os seus irmãos, e todas as suas irmãs, e todos os que antes o haviam conhecido, e comeram com ele pão em sua casa: e moveram sobre ele a cabeça, e o consolaram de todas as tribulações que o Senhor lhe havia enviado: e cada um deles que deu uma ovelha, e umas arrecadas de ouro.

12 Mas o Senhor abendiçoou a Jó no seu último estado ainda mais do que no seu princípio. E chegou ele a ter catorze mil ovelhas, e seis mil camelos, e mil juntas de bois, e mil jumentas.

13 Teve também sete filhos, e três filhas.
14 E chamou o nome da primeira Dia; e o nome da segunda Cássia, e o nome da tercei-
ra Cornustíbio. 15 E não foram achadas em toda a terra mulheres tão formosas como as filhas de Jó. E deu-lhes seu pai herança entre seus irmãos.

16 Depois disto viveu Jó cento e quarenta anos, e viu a seus filhos e aos filhos de seus filhos até a quarta geração, e morreu velho e cheio de dias.

O LIVRO DOS
SALMOS

LIVRO I

A VERDADEIRA FELICIDADE

1 Bem-aventurado o varão que não se deixou
ir após o conselho dos ímpios, e que não
se deteve no caminho dos pecadores, e que
não se assentou na cadeira da pestilência.
2 Mas a sua vontade está posta na lei do
Senhor, e na sua lei meditará de dia e de
noite.
3 A será como a árvore que está plantada
junto às correntes das águas, que a seu tempo
dará o seu fruto, e cuja folha não cairá; e
todas as cousas, que ele fizer, serão prósperas.
4 Não assim os ímpios, não assim: senão
como o pó, que o vento espalha de cima da
face da terra.
5 Por isso os ímpios não ressurgirão no
juízo, nem os pecadores na congregação dos
justos,
6 porque o Senhor conhece o caminho dos
justos; e o caminho dos ímpios perecerá.

O REI MESSIAS

2 Por que razão se embraveceram as nações,
e os povos meditaram cousas vãs?
2 Os reis da terra se sublevaram, e os prín-
cipes se coligaram contra o Senhor, e contra
o seu cristo.
3 Rompamos os seus laços, e sacudamos de
nós o seu jugo.
4 Aquele que habita no céu zombará deles,
e o Senhor os escarnecerá.
5 Ele lhes falará então na sua ira, e os
encherá de turbação no seu furor.
6 Eu porém fui por ele constituído rei so-
bre Sião, seu monte santo, para promulgar
o seu decreto.
7 O Senhor disse para mim: Tu és meu
filho, eu te gerei hoje.
8 Pede-me, e eu te darei as nações em tua
herança, e em tua possessão as extremidades
da terra.
9 Tu os governarás com uma vara de ferro,
e quebrá-los-ás como um vaso de oleiro.
10 E agora, ó reis, entendei; instruí-vos, os
que julgais a terra.
11 Servi ao Senhor em temor, e alegrai-vos
nele com tremor.
12 Tomai o ensino, para que não suceda
que se ire o Senhor, e pereçais do caminho
da justiça,
13 quando daqui a pouco se incender a sua
ira. Bem-aventurados todos os que confiam
nele.

A CONFIANÇA EM DEUS NO PERIGO

1 Salmo de Davi, quando fugia de seu filho
Absalão.

3 Senhor, por que são em tão grande nú-
mero os que me perseguem? Muitos se le-
vantam contra mim.
3 Muitos dizem à minha alma: Não há sal-
vação para ele em seu Deus.
4 Porém tu, Senhor, és o meu protetor, a
minha glória, e o que exaltas a minha cabeça.
5 Com a minha voz clamei ao Senhor, e me
ouviu desde o seu santo monte.
6 Eu dormi e estive sepultado no sono, e
levantei-me, porque o Senhor me amparou.
7 Não temerei aqueles milhares de povos
que me cercam. Levanta-te, Senhor, salva-me,
Deus meu.
8 Porque tu tens ferido a todos os que me
perseguem sem causa; quebraste os dentes dos
pecadores.
9 Do Senhor é a salvação; e sobre o teu
povo a tua bênção.

A ALEGRIA DA CONFIANÇA EM DEUS

1 Ao Mestre de canto. Para instrumentos de corda.
Salmo de Davi.

4 Quando eu invocava, me ouviu o Deus da
minha justiça; na angústia me alargaste.

Tem compaixão de mim, e ouve a minha
oração.
3 Filhos dos homens, até quando sereis de
pesado coração? Por que amais a vaidade, e
buscais a mentira?
4 Sabei pois que o Senhor tem feito mara-
vilhoso ao seu santo; o Senhor me ouvirá
quando eu clamar a ele.
5 Irai-vos, e não queirais pecar; do que di-
zeis nos vossos corações, compungi-vos nos
vossos leitos.
6 Sacrificai sacrifícios de justiça, e esperai
no Senhor. Muitos dizem: Quem nos paten-
teará os bens?
7 Gravado está, Senhor, sobre nós o lume
do teu rosto. Deste alegria no meu coração.
8 Pelo produto do seu trigo, vinho e azeite
se multiplicaram.
9 Em paz dormirei nele mesmo, e repou-
sarei;
10 Porque tu, Senhor, de uma maneira sin-
gular, me tens firmado na esperança.

A ORAÇÃO DA MANHÃ

1 Ao Mestre de canto. Para flautas. Salmo de Davi.

5 Senhor, dá ouvidos às minhas palavras,
escuta o meu clamor.
3 Atende à voz da minha súplica, rei meu
e Deus meu,
4 Porque a ti orarei. Na manhã, Senhor,
ouvirás a minha voz.
5 Na manhã me porei na tua presença, e
te verei. Porque não és tu Deus que queres
iniqüidade.
6 Não habitará ao pé de ti o maligno; nem
os injustos permanecerão diante de teus olhos.
7 Aborreces a todos os que obram a ini-
qüidade; perderás a todos os que proferem a
mentira; o Senhor abominará o varão san-
guinário e doloso.
8 Eu porém, confiado na multidão da tua
misericórdia, entrarei na tua casa; e cheio de
temor teu, te adorarei no teu santo templo.
9 Senhor, guia-me na tua justiça; dirige
diante de teus olhos o meu caminho, por cau-
sa de meus inimigos.
10 Porque na boca deles não há verdade;
o seu coração é vão.
11 A sua garganta é um sepulcro aberto;
com as suas línguas urdiram enganos; tu, Deus,
os julga; caiam de seus pensamentos, lança-os
segundo a multidão das suas impiedades, por-
que te irritaram, Senhor.
12 E alegrem-se todos aqueles que esperam
em ti; exultarão eternamente, e tu habilitarás
neles; e em ti se gloriarão todos os que amam
o teu nome.
13 Porque tu abençoarás o justo. Senhor,
de tua boa vontade nos coroaste, como com
escudo.

PRANTO E PENITÊNCIA NA HORA GRAVE

1 Ao Mestre de canto. Para instrumento de corda.
Uma oitava (abaixo). Salmo de Davi.

6 Senhor não me argúias no teu furor nem
me castigues na tua ira.
3 Tem misericórdia de mim, Senhor, por-
que sou enfermo; sara-me, Senhor, porque os
meus ossos estão comovidos,
4 E a minha alma se turbou em extremo.
Mas tu, Senhor, até quando?
5 Volta-te, Senhor, e livra a minha alma;
salva-me pela tua misericórdia.
6 Porque na morte não há quem se lembre
de ti: e no inferno quem te louvará?
7 Trabalhado me vejo no meu gemido: la-
varei todas as noites o meu leito; regarei com
minhas lágrimas o meu estrado.
8 O meu olho se turvou à vista do furor;
tenho envelhecido no meio de todos os meus
inimigos.
9 Apartai-vos de mim todos os que obrais
iniqüidade, porque o Senhor ouviu a voz do
meu pranto.
10 O Senhor ouviu o meu humilde rogo; o
Senhor recebeu a minha oração.
11 Sejam confundidos, e em extremo con-
turbados, todos os meus inimigos; convertam-
se, e sejam cobertos de ignomínia num ins-
tante.

ORAÇÃO DO CALUNIADO E OPRIMIDO

1 Lamentação que Davi cantou ao Senhor, por
causa de Cus, o benjaminita.

7 Senhor, Deus meu, em ti esperei; salva-me
de todos os que me perseguem, e livra-me.
3 Para que como leão não arrebate ultima-
mente a minha alma, quando não haja quem
me livre, nem quem me salve.
4 Senhor, Deus meu, se eu fiz isso, se há
iniqüidade nas minhas mãos,
5 Se paguei com mal aos que mo faziam,
caia eu com razão debaixo dos meus inimigos,
sem esperança.
6 Persiga o inimigo a minha alma, e apo-
dere-se dela; e pise juntamente com a terra
a minha vida; e reduza a pó a minha glória.
7 Levanta-te, Senhor, na tua ira, e mostra
a tua grandeza no meio dos meus inimigos;
e levanta-se, Senhor, Deus meu, segundo o
preceito que tu ordenaste.
8 E a multidão dos povos se unirá em roda
de ti; e por amor desta remonta-te ao alto.

9 O Senhor julga os povos. Julga-me, Senhor,
segundo a minha justiça, e segundo a ino-
cência que há em mim.
10 Será consumida a malícia dos pecado-
res, e encaminharás o justo, ó Deus, que son-
das os corações e as entranhas.
11 Justo é o meu auxílio que vem do Senhor,
o qual salva os retos de coração.
12 Deus, juiz justo, forte e paciente, ira-se
acaso todos os dias?
13 Se vós vos não converterdes, vibrará a
sua espada; armou o seu arco, e o tem pronto.
14 Já pôs nele os instrumentos da morte;
já preparou as suas setas ardentes.
15 Olha como ele pariu a injustiça; conce-
beu dor, e pariu a iniqüidade.
16 Fosso abriu, e o cavou, e caiu na cova
que fez.
17 A sua dor se voltará contra a sua cabeça;
e sobre a sua mioleira recairá a sua iniqüi-
dade.
18 Glorificarei o Senhor segundo a sua jus-
tiça; e cantarei o nome do Senhor altíssimo.

MAJESTADE DE DEUS E DIGNIDADE DO HOMEM

1 Ao Mestre de canto. Segundo a melodia do
cântico "Os lagares..." Salmo de Davi.

8 Senhor, nosso dominador soberano, que
admirável é o teu nome em toda a terra!
porque a tua magnificência se elevou sobre
os céus.
3 Tu fizeste sair da boca dos infantes, e dos
que mamam, um louvor perfeito, por causa
de teus inimigos, para destruíres ao inimigo
e ao vingativo.
4 Porque eu hei-de ver os teus céus, obra
dos teus dedos, a lua e as estrelas, que tu
estabeleceste.
5 Que é o homem, para tu te lembrares
dele? ou que é o filho do homem para tu o
visitares?
6 Pouco menor o fizeste do que os anjos,
de glória e de honra o coroaste.
7 E tu o puseste sobre as obras das tuas
mãos.
8 Todas as cousas sujeitaste debaixo de seus
pés; as ovelhas e as vacas todas; e além des-
tes, os outros animais do campo;
9 As aves do céu, e os peixes do mar, que
discorrem pelas veredas do mar.
10 Senhor nosso dominador soberano, que
admirável é o teu nome em toda a terra!

A JUSTIÇA DE DEUS SOBRE OS ÍMPIOS

1 Ao Mestre do canto. Segundo a melodia do
Canto *"mût lābben"*. Salmo de Davi.

9 Eu te glorificarei, Senhor, com todo o meu
coração; cantarei todas as tuas maravilhas.
3 Alegrar-me-ei, e regozijar-me-ei em ti, can-
tarei o teu nome, ó Altíssimo.
4 Porque fizeste pôr em fugida o meu ini-
migo, serão debilitados, e perecerão diante
de ti.
5 Porque julgaste e defendeste a minha cau-
sa; assentaste-te sobre o trono, tu que julgas
segundo a justiça.
6 Tu repreendeste as nações, e o ímpio pe-
receu, apagaste o nome deles para sempre, e
por todos os séculos de séculos.
7 As espadas do inimigo perderam a sua
força para sempre; e destruíste as suas cida-
des. A memória deles pereceu com ruído.
8 E o Senhor permanece eternamente; ele
preparou o seu trono para exercer o juízo.
9 E ele mesmo julgará toda a terra em
eqüidade, ele julgará os povos em justiça.
10 O Senhor se fez o refúgio para o pobre,
socorrendo-o oportunamente, na angústia.
11 Em ti pois esperem os que conhecem o
teu nome; porque tu, Senhor, não desampa-
raste os que te buscam.
12 Cantai ao Senhor, que habita em Sião;
anunciai entre as nações os seus conselhos.
13 Porque, demandando o sangue deles, os
teve presentes; não se esqueceu do clamor dos
pobres.
14 Tem compaixão de mim, Senhor; vê a hu-
milhação a que meus inimigos me reduziram.
15 Tu que me retiras das portas da morte,
para que publique todos os teus louvores, nas
portas da filha de Sião.
16 Exultarei na tua salvação; cravaram-se
as gentes na ruína que me haviam preparado.
No mesmo laço que esconderam, ficou preso
o pé deles.
17 Conhecido será o Senhor que faz justiça;
nas obras das suas mãos foi preso o pecador.
18 Sejam precipitados todos os pecadores
no inferno, todas as nações que se esquecem
de Deus.
19 Porque nem para sempre haverá esque-
cimento do pobre; nem a paciência dos po-
bres será para sempre frustrada.
20 Levanta-te, Senhor, não se fortifique o
homem; sejam julgadas as nações em tua pre-
sença.
21 Senhor, estabelece sobre eles um legis-
lador, para que as nações conheçam que são
homens.

(Salmo 10 segundo os hebreus)

Por que te apartaste tu, Senhor, para longe?
desamparas-nos nas necessidades, na tribula-
ção?

2 Entretanto que o ímpio se ensoberbece, é abrasado o pobre; eles são apanhados nos pensamentos de que o seu espírito está ocupado.

3 Porque o pecador tira louvor nos desejos da sua alma, e o iníquo é abençoado.

4 O pecador irritou ao Senhor, não o buscará segundo a grandeza da sua indignação.

5 Não há Deus diante dele. Os seus caminhos são maculados em todos os tempos; os teus juízos estão tirados de diante dele; ele dominará todos os seus inimigos.

6 Porque ele disse no seu coração: Não serei abalado de geração em geração, sem mal.

7 A sua boca está cheia de maledicência, e de amargura, e de dolo; debaixo da sua língua está o trabalho e a dor.

8 Está de assento em emboscada com os ricos, em lugares ocultos, para matar o inocente.

9 Os seus olhos estão voltados contra o pobre; arma ciladas em secreto como o leão na sua cova. Arma ciladas para arrebatar o pobre, para arrebatar o pobre atraindo-o a si.

10 Ele o abaterá no seu laço, se inclinará, e se deixará cair, logo que se apoderar dos pobres.

11 Porque ele disse no seu coração: Deus se esqueceu; apartou o seu rosto para não ver jamais.

12 Levanta-te, Senhor Deus, eleve-se a tua mão; não te esqueças dos pobres.

13 Por que razão irritou o ímpio a Deus? Porque disse no seu coração: Ele não perguntará por isso.

14 Tu o vês, porque tu consideras o trabalho e a dor; para os entregares às tuas mãos. Para ti se reservou o cuidado do pobre; tu serás o que ajudes o órfão.

15 Quebra o braço do pecador e do maligno; o seu pecado buscar-se-á, e não se achará.

16 O Senhor reinará eternamente, e por séculos de séculos; vós, ó nações, sereis exterminadas da sua terra.

17 O Senhor ouviu o desejo dos pobres: a tua orelha entendeu a disposição do seu coração.

18 Para julgares a favor do pupilo e do humilde, a fim de que o homem não empreenda mais engrandecer-se sobre a terra.

CONFIANÇA INABALÁVEL EM DEUS

1 Ao Mestre de canto. De Davi.

10 No Senhor confio; por que dizeis à minha alma: Foge para o monte como pássaro?

3 Porque eis aí os pecadores estenderam o seu arco, prepararam as suas setas na aljava, para as dispararem na obscuridade contra os que são de coração reto.

4 Porque destruíram o que tu tinhas acabado. E que fez o justo?

5 O Senhor habita no seu santo templo, o trono do Senhor é no céu; os seus olhos olham para o pobre, as suas pálpebras fazem perguntas aos filhos dos homens.

6 O Senhor faz perguntas ao justo e ao ímpio; aquele porém que ama a iniqüidade, aborrece a sua alma.

7 Fará chover laços sobre os pecadores. O fogo, e o enxofre, e as tempestades são a parte que lhes toca.

8 Porque o Senhor é justo, e ele amou a justiça. O seu rosto olha para a eqüidade.

CONTRA ÀS MÁS LÍNGUAS

1 Ao Mestre de canto. Uma oitava abaixo. Salmo de Davi.

11 Salva-me, Senhor, porque faltou homem santo; porque vieram a menos as verdades entre os filhos dos homens.

3 Cada um deles falou cousas vãs ao seu próximo, lábios dolosos com coração dobrado.

4 Destrua o Senhor todos os lábios dolosos, e a língua que fala arrogâncias.

5 Os que disseram: Engrandeceremos a nossa língua, nossos lábios de nós são; quem é nosso Senhor?

6 Pela miséria dos desvalidos, e o gemido dos pobres, agora me levantarei, diz o Senhor; eu os porei em salvo; nisto eu obrarei confiadamente.

7 As palavras do Senhor, palavras sinceras: prata purificada ao fogo, acendrada em crisol, refinada sete vezes.

8 Tu, Senhor, nos guardarás, e nos preservarás desta geração para sempre.

9 Os ímpios andam ao derredor; segundo o teu altíssimo conselho, multiplicaste os filhos dos homens.

O SOCORRO DIVINO NA DOR

1 Ao Mestre de canto. Salmo de Davi.

12 Até quando, Senhor, te esquecerás de mim para sempre? até quando apartarás de mim a tua face?

2 Até quando encherei a minha alma de desígnios, cada dia com dor no meu coração?

3 Até quando será o meu inimigo exaltado sobre mim?

4 Olha para mim, e ouve-me, Senhor, Deus meu; alumia os meus olhos, para que eu não durma jamais na morte;

5 Para que nunca o meu inimigo diga: Eu
prevaleci contra ele. Os que me atribulam,
exultarão se eu for abalado.
6 Porém eu esperei na tua misericórdia; o
meu coração exultará na salvação que me virá
de ti; cantarei ao Senhor que me deu bens;
e entoarei salmos ao nome do Senhor altíssimo.

CORRUPÇÃO GERAL SEM DEUS

1 Ao Mestre de canto. De Davi.

13 O insensato disse no seu coração: Não,
não há Deus. Corromperam-se, e se fi-
zeram abomináveis nos seus desejos; não há
quem faça o bem, não há nem sequer um.
2 O Senhor olhou desde o céu para os fi-
lhos dos homens, para ver se há quem tenha
inteligência, ou quem busque a Deus.
3 Todos se desviaram: à uma se fizeram
inúteis; não há quem faça o bem, não há nem
sequer um. A sua garganta é sepulcro aberto;
com as suas línguas urdiam enganos; veneno
de áspides debaixo dos seus lábios; cuja boca
está cheia de maldição e de amargura; os
seus pés são ligeiros para derramar sangue:
aflição e calamidade nos caminhos deles, e
não conheceram o caminho da paz; não há
temor de Deus diante de seus olhos.
4 Acaso não terão conhecimento todos os
que obram a iniqüidade? os que devoram o
meu povo, como um pedaço de pão?
5 Não invocaram o Senhor, ali tremeram
de medo, onde não havia que temer;
6 Porque Deus está com a geração dos jus-
tos. Confundiste o conselho do pobre, porque
o Senhor é a sua esperança.
7 Quem dará de Sião a salvação de Israel?
Quando o Senhor puser fim ao cativeiro do
seu povo, exultará Jacob, e alegrar-se-á Israel.

O HÓSPEDE DIGNO DE DEUS

1 Salmo de Davi.

14 Senhor, quem habitará no teu taber-
náculo? ou quem descansará no teu san-
to monte?
2 O que caminha na inocência e faz obras
de justiça,
3 O que fala verdade no seu coração, o que
não fez engano com a sua língua, nem fez
mal a seu próximo, nem consentiu que se
infamassem seus próximos.
4 O que nos seus olhos olha o malvado co-
mo um nada; mas honra aos que temem ao
Senhor; o que jura a seu próximo, e não o
engana.
5 O que não deu à usura o seu dinheiro,
nem recebeu dádivas sobre o inocente; o que
faz estas cousas não será jamais comovido.

O SUMO BEM

1 Inscrição do título pelo mesmo Davi.

15 Guarda-me Senhor, porque eu esperei em
ti.
2 Eu disse ao Senhor: Tu és o meu Deus;
porque não tens necessidade dos meus bens.
3 Para os santos que estão na terra dele,
fez maravilhosas todas as minhas vontades
neles.
4 Multiplicaram-se as enfermidades deles;
depois correram aceleradamente. Não congre-
garei os seus conventículos sanguinários, nem
me lembrarei de seus nomes, ainda para pro-
nunciá-los.
5 O Senhor é a porção da minha herança,
e do meu cálix; tu és o que me restituirás a
minha herança.
6 As sortes me caíram em lugares delicio-
sos; porque a minha herança é excelente para
mim.
7 Louvarei ao Senhor, que me deu inteli-
gência; e além disto, ainda durante a noite
me increparam as minhas entranhas.
8 Contemplava eu sempre ao Senhor diante
de mim; porquanto está à minha direita, para
que não seja eu comovido.
9 Portanto alegrou-se o meu coração, e re-
gozijou-se a minha língua: e além disso, tam-
bém a minha carne repousará em esperança,
10 Porque não deixarás a minha alma no
inferno; nem permitirás que o teu santo veja
corrupção; a mim me fizeste conhecer os ca-
minhos da vida; encher-me-ás de alegria com
teu rosto: deleites na tua direita para sempre.

O GALARDÃO DA JUSTIÇA

1 Oração de Davi.

16 Ouve, Senhor, a minha justiça; atende
ao meu humilde rogo. Chegue aos teus
ouvidos a oração que te faço, não com lábios
enganosos.
2 Do teu rosto saia o meu juízo; vejam
teus olhos a eqüidade.
3 Provaste o meu coração, e o visitaste de
noite; no fogo me examinaste, e não se achou
em mim a iniqüidade;
4 Para que a minha boca não fale as obras
dos homens. Por amor às palavras de teus
lábios tenho guardado caminhos penosos.
5 Firma os meus passos nas tuas veredas,
para que os meus pés não vacilem.
6 Eu clamei, porque tu me tens ouvido, ó
Deus; inclina para mim a tua orelha, e ouve
as minhas palavras.
7 Faze que sejam maravilhosas as tuas mi-
sericórdias, tu que salvas os que esperam em ti.

8 Guarda-me dos que resistem à tua direita, como à menina do olho. Debaixo da sombra das tuas asas, defende-me.

9 Da face dos ímpios que me afligiram. Os meus amigos cercaram a minha alma.

10 Cerraram as suas entranhas; a sua boca falou com soberba.

11 Depois de me terem lançado fora, me cercam agora, e resolveram abaixar os seus olhos para a terra.

12 Eles me receberam como o leão preparação à presa, e como um cachorro do leão que habita nos lugares ocultos.

13 Levanta-te, Senhor, vem antes dele, e prostra-o; livra a minha alma do ímpio, tua espada,

14 Dos inimigos da tua dextra. Separa-os, Senhor, em vida deles, dos que são poucos sobre a terra; de tuas cousas escondidas se tem repleto o seu ventre; fartaram-se de filhos, e deixaram suas obras aos seus pequeninos.

15 Mas eu com justiça comparecerei na tua presença; saciar-me-ei quando aparecer a tua glória.

APARIÇÃO DIVINA E TRIUNFO

1 Ao Mestre de canto. Do servo do Senhor, Davi, que disse ao Senhor as palavras deste cântico quando o Senhor o livrou do poder de todos os seus inimigos e das mãos de Saul.

17 Eu te amarei, Senhor, que és a minha fortaleza.

3 O Senhor é a minha firmeza, e o meu refúgio e o meu libertador. Ele é meu Deus, meu favorecedor, e nele esperarei, meu protetor, e a força da minha salvação, e meu amparador.

4 Louvando-o, invocarei ao Senhor; e serei salvo de meus inimigos.

5 Cercaram-me dores de morte, e torrentes de iniqüidade me conturbaram.

6 Dores de inferno me cercaram; surpreenderam-me laços de morte.

7 Na minha tribulação invoquei o Senhor e clamei ao meu Deus. E ele ouviu desde o seu santo templo a minha voz, e o clamor que eu dei na sua presença entrou nos seus ouvidos.

8 Comoveu-se a terra e tremeu, os fundamentos dos montes estremeceram e se abalaram, porque se indignou contra eles.

9 Subiu fumo na ira dele, e saiu fogo ardendo do seu rosto; por ele foram incendidos carvões.

10 Inclinou os céus, e desceu: e obscuridade debaixo de seus pés.

11 E subiu sobre querubins, e voou; voou sobre as asas dos ventos.

12 E se ocultou nas trevas como em um pavilhão seu, que o cercava; água tenebrosa nas nuvens do ar.

13 Pelo resplandor da sua presença se desfizeram as nuvens em chuva de pedra, e carvões de fogo.

14 E o Senhor trovejou desde o céu. E o Altíssimo fez ouvir a sua voz, e caíram pedras e carvões de fogo.

15 E enviou as suas setas, e desbaratou-os; multiplicou relâmpagos, e os aterrou.

16 E apareceram os mananciais das águas, e ficaram descobertos os fundamentos da terra, às tuas ameaças, ó Senhor, ao sopro impetuoso da tua ira.

17 Enviou desde o alto, e me tomou: e me tirou das muitas águas.

18 Ele me livrou de meus fortíssimos inimigos, e dos que me aborreciam; porque se tinham feito mais poderosos do que eu.

19 Eles me atacaram no dia da minha aflição; e o Senhor se declarou meu protetor.

20 Ele me tirou ao largo; ele me salvou, por efeito de me querer bem.

21 E o Senhor me retribuirá segundo a minha justiça, e ele me retribuirá segundo a pureza das minhas mãos.

22 Porque guardei os caminhos do Senhor, e não procedi impiamente contra o meu Deus.

23 Porque todos os seus juízos estão diante de mim, e porque não repeli de diante de mim as suas justiças.

24 E serei sem mácula diante dele, e me guardarei da minha iniqüidade.

25 E o Senhor me retribuirá segundo a minha justiça, e segundo a pureza das minhas mãos, que é presente aos seus olhos.

26 Tu serás santo com o santo; e serás inocente com o varão inocente:

27 E com o escolhido, escolhido serás; e serás perverso com o perverso.

28 Porque tu salvarás ao povo humilde, e humilharás os olhos dos soberbos.

29 Pois que tu, Senhor, alumias a minha candeia. Esclarece, meu Deus, as minhas trevas.

30 Porque por ti sairei livre da tentação e com o meu Deus transpassarei a muralha.

31 Meu Deus, sem mácula é o caminho do Senhor; as suas palavras são examinadas no fogo; ele é o protetor de todos os que nele esperam.

32 Porque quem é Deus fora do Senhor? ou que Deus há fora do nosso Deus?

33 Ele é o Deus que me revestiu de força, e fez que o meu caminho fosse imaculado.

34 Que fez os meus pés como de cervos, e me estabeleceu sobre lugares altos.

35 Que adestra as minhas mãos para a peleja; e formaste os meus braços, como arco de bronze.

36 Que me deste a tua proteção para me salvar: e a tua direita me susteve; a tua disciplina me corrigiu até ao fim, e essa tua mesma disciplina ela me ensinará.

37 Alargaste os meus passos debaixo de mim, e não enfraqueceram os meus pés.

38 Perseguirei os meus inimigos, e apanhá-los-ei; e não me volverei até que eles acabem.

39 Eu lhes quebrarei as forças, e eles não poderão ter-se em pé, e cairão debaixo de meus pés.

40 Porque tu me guardaste de força para a guerra; e abateste debaixo de mim aos que se levantaram contra mim.

41 E fizeste que os meus inimigos me dessem costas, e aniquilaste aos que me aborreciam.

42 Gritaram, e não havia quem os salvasse, ao Senhor, e não os ouviu.

43 E os desfarei como o pó que o vento espalha, fá-los-ei desaparecer como a lama das ruas.

44 Livrar-me-ás das contradições do povo; estabelecer-me-ás em cabeça das gentes.

45 Um povo, que não conheci, me serviu; ao ouvir a minha voz me foi obediente.

46 Os filhos estranhos me mentiram, os filhos estranhos se envelheceram, e claudicaram dos seus caminhos.

47 Vive o Senhor, e seja bendito o meu Deus; e seja exaltado o Deus da minha salvação;

48 Deus que me dás vinganças, e sujeitas os povos debaixo de mim, meu libertador dos meus inimigos enfurecidos.

49 E tu me elevarás por cima daqueles que se levantam contra mim; tu me livrarás do homem iníquo.

50 Por isso eu, Senhor, te louvarei entre as nações, e cantarei um salmo ao teu nome.

51 O qual engrandece com magnificência a salvação do seu rei, e que faz misericórdia a David seu cristo, e a fará à sua posteridade por todos os séculos.

BELEZA DO CRIADO E DA LEI DIVINA

1 Ao Mestre de canto. Salmo de Davi.

18 Os céus publicam a glória de Deus, e o firmamento anuncia as obras das suas mãos.

3 Um dia diz uma palavra a outro dia, e uma noite mostra sabedoria a outra noite.

4 Não há linguagem, nem fala, por quem não sejam entendidas as suas vozes.

5 O seu som se estendeu por toda a terra, e as suas palavras até às extremidades do mundo.

6 No sol pôs o seu tabernáculo; e ele, como esposo que sai do seu tálamo, deu saltos como gigante para correr o caminho.

7 A sua saída é desde uma extremidade do céu, e corre até à outra extremidade dele; e não há quem se esconda do seu calor.

8 A lei do Senhor que é imaculada, converte as almas; o testemunho do Senhor é fiel, e dá sabedoria aos pequeninos.

9 As justiças do Senhor são retas, que alegram os corações; o preceito do Senhor é claro, que esclarece os olhos.

10 O tempo do Senhor é santo, que permanece por séculos de séculos; os juízos do Senhor são verdadeiros, cheios de justiça em si mesmos.

11 Eles são mais para desejar do que o muito ouro e as muitas pedras preciosas; e são mais doces do que o mel e o favo.

12 Pelo que o teu servo os guarda; e em os guardar há grande recompensa.

13 Quem é que conhece os seus delitos? Purifica-me dos que me são ocultos;

14 E perdoa ao teu servo os alheios. Se eles se não senhorearem de mim, então serei eu imaculado e serei purificado do delito máximo.

15 Então as palavras da minha boca te serão agradáveis; e a meditação do meu coração será sempre na tua presença, Senhor, favorecedor meu e Redenção meu.

ORAÇÃO PELO REI, ANTES DE UMA BATALHA

1 Ao Mestre de canto. Salmo de Davi.

19 O Senhor te ouça no dia da tribulação; o nome do Deus de Jacob te proteja.

3 Envie-te socorro desde o santuário, e desde Sião te proteja.

4 Ele se lembre de todos os teus sacrifícios, e o holocausto, que tu lhe ofereces, lhe seja agradável.

5 Reparta contigo segundo o teu coração, e cumpra todos os teus desígnios.

6 Alegrar-nos-emos na tua salvação, e em nome do nosso Deus seremos engrandecidos.

7 Cumpra o Senhor todas as tuas petições. Agora tenho conhecido que o Senhor salvou ao seu cristo; ele o ouvirá desde o seu santo céu; nos potentados a salvação é da sua direita.

8 Estes confiam nas suas carroças, e aqueles nos seus cavalos; mas nós invocaremos o nome do Senhor nosso Deus.

9 Eles ficaram atados, e caíram; mas nós nos levantamos e fomos sustidos.

10 Senhor, salva o rei; e ouve-nos no dia em que te invocarmos.

AÇÃO DE GRAÇAS PELO REI

1 Ao Mestre de canto. Salmo de Davi.

20 Senhor, o rei se alegrará na tua fortaleza; e na tua salvação se regozijará em grande maneira.

3 Tu lhe cumpriste o desejo do seu coração, e não o defraudaste da vontade dos seus lábios.

4 Porque tu o preveniste de bênçãos de doçuras; e puseste sobre a sua cabeça uma coroa de pedras preciosas.

5 Vida te pediu a ti, e lhe concedeste diuturnidade de dias pelo século, e pelos séculos dos séculos.

6 Grande é a sua glória na tua salvação; glória e grande formosura porás sobre ele.

7 Porque tu darás para bênção pelos séculos dos séculos; enchê-lo-ás de alegria com o teu rosto;

8 Porquanto o rei espera no Senhor; e na misericórdia do Altíssimo não será comovido.

9 Caia a tua mão sobre todos os teus inimigos; caia a tua dextra sobre todos os que te aborrecem.

10 Tu os porás como um forno aceso, ao mostrar-lhes teu rosto. O Senhor na sua ira os conturbará, e fogo os devorará.

11 Seu fruto exterminarás da terra, e a sua descendência de entre os filhos dos homens.

12 Porque urdiram contra ti males; maquinaram conselhos que não puderam estabelecer.

13 Porquanto os porás em fugida; nos teus resíduos prepararás o rosto deles.

14 Exalta-te, Senhor, no teu poder; cantaremos e louvaremos as tuas maravilhas.

DO SOFRIMENTO EXTREMO À SALVAÇÃO UNIVERSAL

1 Ao Mestre de canto. Salmo de Davi.

21 Deus, Deus meu, olha para mim; por que me desamparaste? Os clamores de meus pecados são causa de estar longe de mim a salvação.

3 Meu Deus, clamarei durante o dia, e tu não me ouvirás; clamarei de noite, e não por insipiência minha.

4 Mas tu moras no lugar santo, ó Glória de Israel.

5 Em ti esperaram os nossos pais; esperaram e os livraste.

6 A ti clamaram e foram salvos; em ti esperaram e não foram confundidos.

7 Mas eu sou bichinho, e não homem; o opróbrio dos homens, e a abjeção da plebe.

8 Todos os que me viam escarneceram de mim; falaram com os lábios e menearam a cabeça:

9 Esperou no Senhor, livre-o: salve-o, se é que o ama.

10 Porque tu és o que me tiraste do ventre; a minha esperança desde os peitos de minha mãe.

11 Eu fui lançado nos teus braços desde o seu seio; tu és o meu Deus desde o ventre de minha mãe.

12 Não te retires de mim; porque a tribulação está próxima; porque não há quem me ajude.

13 Um grande número de novilhos me cercaram; eu me vi sitiado de gordos touros.

14 Abriram sobre mim a sua boca, como leão roubador e que dá rugidos.

15 Eu me derramei como a água, e todos os meus ossos se desconjuntaram; o meu coração, no meio das minhas entranhas, se tornou como cera que se derrete.

16 Secou-se, como barro cozido, o meu vigor; e a minha língua se pegou às minhas fauces; e me tens conduzido até ao pó da sepultura.

17 Porquanto me rodearam muitos cães; uma turba de malignos me sitiou. Eles traspassaram as minhas mãos, e os meus pés;

18 Contaram todos os meus ossos; e eles mesmos me estiveram considerando e olhando.

19 Repartiram entre si os meus vestidos, e lançaram sorte sobre a minha túnica.

20 Mas tu, Senhor, não afastes de mim o teu socorro; aplica-te a me defenderes.

21 Livra, ó Deus, a minha alma da espada; e da mão do cão a minha túnica.

22 Salva-me a mim da boca do leão; e a minha humildade dos chifres dos unicórnios.

23 Então anunciarei o teu nome a meus irmãos; no meio da igreja te louvarei.

24 Vós os que temeis ao Senhor louvai-o; vós todos os que sois a descendência de Jacob, glorificai-o.

25 Tema-o toda a posteridade de Israel; porque ele não desprezou, nem se dedignou da humilde súplica do pobre; nem apartou de mim a sua face; mas ele me ouviu quando eu lhe clamava.

26 Para contigo o meu louvor na igreja grande: eu cumprirei os meus votos em presença dos que o temem.

27 Os pobres comerão e serão fartos; e os que buscam ao Senhor, louvá-lo-ão; os seus corações viverão pelos séculos dos séculos.
nhor todos os limites da terra; e adorarão

28 Lembrar-se-ão, e converter-se-ão ao Senhor todos os limites da terra; e adorarão na sua presença todas as famílias das gentes.

29 Porquanto do Senhor é o reino; e ele mesmo reinará sobre as gentes.

30 Comeram e o adoraram todos os poderosos da terra; diante dele se prostraram todos os que descem à terra.

31 E a minha alma viverá para ele; e a minha descendência o servirá a ele mesmo.

32 A geração que há-de vir será chamada com o nome do Senhor; e a anunciarão os céus a justiça dele, ao povo que há-de nascer, ao qual fez o Senhor.

O SENHOR, MEU PASTOR

1 Salmo de Davi.

22 O Senhor é meu pastor e nada me faltará;

2 Em um lugar de pastos ali me colocou; ele me conduziu junto a uma água de refeição.

3 Converteu a minha alma; levou-me por veredas de justiça, por amor do seu nome.

4 Pois, ainda quando andar no meio da sombra da morte, não temerei males, porquanto tu estás comigo; a tua vara e o teu báculo, eles me consolaram.

5 Preparaste uma mesa diante de mim, à vista daqueles que me angustiavam; ungiste com o óleo pingue a minha cabeça, e o meu cálix que embriaga, quão precioso é!

6 E a tua misericórdia irá após mim todos os dias da minha vida; e a fim de que eu habite na casa do Senhor, por diuturnidade de dias.

INGRESSO NO TEMPLO

1 Salmo de Davi.

23 Do Senhor é a terra, e tudo o que a enche; a redondeza da terra e todos os seus habitadores.

2 Porque ele a fundou sobre os mares, e a estabeleceu sobre os rios.

3 Quem subirá ao monte do Senhor? ou quem estará no seu santo lugar?

4 O inocente de mãos, e limpo de coração; o que não recebeu em vão a sua alma, nem fez juramentos dolosos ao seu próximo;

5 Este receberá a bênção do Senhor, e a misericórdia de Deus, seu Salvador.

6 Esta é a geração dos que o buscam, dos que buscam a face do Deus de Jacob.

7 Levantai, ó príncipes, as vossas portas; levantai-vos, ó portas eternas, e entrará o Rei da glória.

8 Quem é este Rei da Glória? O Senhor forte e poderoso, o Senhor poderoso na batalha.

9 Levantai, ó príncipes, as vossas portas; levantai-vos, ó portas eternas; e entrará o Rei da glória.

10 Quem é este Rei da glória? O Senhor das virtudes, esse é o Rei da glória.

PERDÃO E PROTEÇÃO

1 De Davi.

24 A ti, Senhor elevei a minha alma.

2 Deus meu, em ti confio, não seja eu envergonhado;

3 Nem me insultem meus inimigos; porque todos os que em ti esperam, não serão confundidos.

4 Sejam confundidos todos os que em vão cometem iniqüidade. Mostra-me, Senhor, os teus caminhos, e ensina-me as tuas veredas.

5 Dirige-me na tua verdade, e ensina-me; porque tu és o Deus, meu Salvador, e te tenho esperado todo o dia.

6 Lembra-te, Senhor, das tuas comiserações e das tuas misericórdias, que têm sido desde o século.

7 Não te recordes dos delitos da minha mocidade, nem das minhas ignorâncias; mas lembra-te de mim segundo a tua misericórdia, por amor da tua bondade, Senhor.

8 Doce e reto é o Senhor; por isso dará ele a lei aos que pecam no caminho.

9 Conduzirá aos mansos em justiça; ensinará aos humildes os seus caminhos.

10 Todos os caminhos do Senhor são misericórdia e verdade para os que buscam a sua aliança e os seus mandamentos.

11 Por amor do teu nome, Senhor, me hás-de perdoar o meu pecado: porque é grande.

12 Quem é o homem que teme ao Senhor? Ele lhe constituiu uma lei no caminho que escolheu.

13 A sua alma morará em bens; e a sua descendência terá por herança a terra.

14 O Senhor é o firme apoio dos que o temem; e o testamento dele é para que lhes seja manifestado a eles.

15 Os meus olhos se elevam sempre ao Senhor; porquanto ele tirará do laço os meus pés.

16 Olha para mim, e tem misericórdia de mim; porque eu sou só e pobre.

17 As tribulações do meu coração se multiplicaram; livra-me das minhas aflições.

18 Olha para o meu abatimento, e para o meu trabalho; e perdoa todos os meus pecados.

19 Olha meus inimigos como se têm multiplicado, e com ódio injusto me têm aborrecimento.

20 Guarda a minha alma, e livra-me; não seja eu confundido, havendo esperado em ti.

21 Os inocentes e os justos se têm unido comigo: porque te tenho esperado.

22 Livra, ó Deus, a Israel, de todas as suas tribulações.

PROTESTO DE UM INOCENTE

1 De Davi.

25 Julga-me, Senhor, porque eu andei na minha inocência; e esperando no Senhor não serei enfraquecido.

2 Prova-me, Senhor, e sonda-me; abrasa os meus rins e o meu coração.

3 Porque a tua misericórdia eu a tenho diante de meus olhos; e na tua verdade me tenho comprazido.

4 Não me assentei no congresso da vaidade; e não tratarei com os que obram a iniqüidade.

5 Eu aborreço a sociedade dos malignos, e não me assentarei com os ímpios.

6 Mas lavarei as minhas mãos entre os inocentes: e estarei, Senhor, ao redor do teu altar;

7 Para ouvir a voz dos teus louvores, e narrar todas as tuas maravilhas.

8 Senhor, eu amei a formosura da tua casa, e o lugar onde habita a tua glória.

9 Não percas, ó Deus, com os ímpios a minha alma, nem com os homens sanguinários a minha vida;

10 Em cujas mãos estão as iniqüidades: a dextra deles está cheia de subornos.

11 Porque eu andei na minha inocência; resgata-me, e tem compaixão de mim.

12 O meu pé esteve no direito; nas igrejas te bendirei, ó Senhor.

CONFIANÇA INQUEBRANTÁVEL EM DEUS

1 De Davi.

26 O Senhor é a minha luz, e a minha salvação; a quem temerei? O Senhor é o defensor da minha vida; de quem tremerei?

2 Enquanto se chegam a mim os daninhos, para comer as minhas carnes, estes meus inimigos que me angustiam eles mesmos se debilitaram, e caíram.

3 Ainda que se acampem exércitos contra mim, não temerá o meu coração; ainda quando se levante batalha contra mim, nisto mesmo esperarei eu.

4 Uma só cousa pedi ao Senhor, esta tornarei a pedir: que habite eu na casa do Senhor todos os dias da minha vida, para ver as delícias do Senhor, e visitar o seu templo.

5 Porquanto me escondeu no seu tabernáculo; no dia dos males me pôs a coberto no escondido do seu tabernáculo; na pedra me exaltou.

6 E agora tem exaltado a minha cabeça sobre os meus inimigos; dei voltas, e sacrifiquei no seu tabernáculo hóstia com vozes de júbilo; cantarei, e direi salmo ao Senhor.

7 Ouve, Senhor, a minha voz, com que clamei a ti; tem compaixão de mim, e ouve-me.

8 O meu coração te falou a ti, os meus olhos te buscaram; teu rosto hei-de buscar, Senhor.

9 Não apartes de mim a tua face; e não te retires do teu servo na tua ira. Sê minha ajuda; não me deixes, nem me desprezes, ó Deus, meu Salvador.

10 Porque meu pai e minha mãe me deixaram; mas o Senhor me recolheu.

11 Prescreve-me, Senhor, a lei no teu caminho; e guia-me pela vereda direita, por causa de meus inimigos.

12 Não me entregues às almas dos que me atribulam; porque se têm levantado contra mim testemunhas falsas, mas a iniqüidade mentiu em seu dano.

13 Creio ver os bens do Senhor na terra dos viventes.

14 Espera ao Senhor, porta-te varonilmente, e fortifique-se o teu coração; e está firme, esperando ao Senhor.

SÚPLICA E AÇÃO DE GRAÇAS

1 De Davi.

27 A ti clamarei, Senhor, Deus meu. Não estejas em silêncio comigo; não suceda que, calando tu, seja eu como aqueles que descem a sepultura.

2 Ouve, Senhor, a voz da minha deprecação quanto a ti oro, quando levanto as minhas mãos ao teu santo templo.

3 Não me arrastes juntamente com os pecadores, e não me percas com os que obram a iniqüidade; os quais falam de paz com o seu próximo, e nos seus corações só cuidam em lhe fazer mal.

4 Dá-lhes a eles segundo as suas obras, e segundo a malignidade dos seus projetos. Dá-lhes a eles segundo as obras das suas mãos; dá-lhes a recompensa que lhes é devida.

5 Porquanto não compreenderam as obras do Senhor, nem o que fizeram as mãos dele, tu os destruirás, e não os restabelecerás.

6 Bendito o Senhor, porque ouviu a voz da minha deprecação.

7 O Senhor é a minha ajuda, e o meu protetor; nele esperou o meu coração, e eu fui ajudado; e refloresceu a minha carne; e do meu coração o louvarei.

8 O Senhor é a fortaleza do seu povo, e o protetor que salva ao seu ungido.

9 Salva, Senhor, ao teu povo, e abençoa a tua herança; conduze-o e exalta-o até à eternidade.

PODER DE DEUS NUMA PROCELA

1 Salmo de Davi.

28 Trazei ao Senhor, ó filhos de Deus, trazei ao Senhor tenros cordeiros.

2 Rendei ao Senhor glória e honra; rendei ao Senhor a glória devida ao seu nome; adorai o Senhor no átrio do seu santuário.

3 Voz do Senhor sobre as águas; o Deus da majestade trovejou; o Senhor sobre muitas águas.

4 Voz do Senhor em poder, voz do Senhor em magnificência.

5 Voz do Senhor que quebra os cedros; e o Senhor quebrará os cedros do Líbano,

6 E os fará em pequenos pedaços, como a um bezerro do Líbano, e ao filho amado do unicórnio.

7 Voz do Senhor que divide a chama do fogo.

8 Voz do Senhor que abala o deserto, porque o Senhor fará tremer o deserto de Cades.

9 Voz do Senhor que prepara os veados, e descobrirá as espessuras; e no seu templo todos anunciarão a sua glória.

10 O Senhor faz habitar no dilúvio; e o Senhor assentar-se-á como rei para sempre.

11 O Senhor dará fortaleza ao seu povo; o Senhor bendirá ao seu povo em paz.

A LIBERTAÇÃO

1 Salmo de Davi. Cântico para a dedicação do Templo.

29 Eu te glorificarei, Senhor, porque me recebeste, e não comprazeste meus inimigos em meu dano.

3 Senhor meu Deus, eu clamei a ti, e tu me saraste.

4 Senhor, tiraste do inferno a minha alma; puseste-me a salvo dos que descem ao lago.

5 Santos do Senhor, cantai-lhe hinos, e celebrai a memória da sua santidade.

6 Porque ele nos fere na sua ira; e ele nos dá a vida na sua boa vontade. De tarde estaremos em lágrimas, e de manhã em alegria.

7 Ora eu tinha dito na minha abundância: Não terei jamais mudança.

8 Senhor, por teu querer deste firmeza à minha prosperidade; apartaste de mim teu rosto, e eu fiquei conturbado.

9 A ti, Senhor, clamarei; e ao meu Deus rogarei.

10 Que proveito há no meu sangue, se desço à corrupção? Porventura dirá o pó o teu louvor, ou publicará ele a tua verdade?

11 O Senhor me ouviu, e se compadeceu de mim; o Senhor se fez meu ajudador.

12 Tu converteste o meu pranto em gozo; tu rasgaste o meu saco, e todo me cercaste de alegria,

13 Para que te cante na minha glória; e eu não tenha penas. Senhor, Deus meu, eu te louvarei eternamente.

ABANDONO NAS MÃOS DE DEUS

1 Ao Mestre de canto. Salmo de Davi.

30 Em ti, Senhor, esperei; não permitas que eu seja eternamente confundido. Livra-me, segundo a tua justiça.

3 Dá ouvidos aos meus rogos, acode pronto a livrar-me. Ache eu em ti um Deus protetor, e uma casa de refúgio para me fazeres salvo.

4 Porque tu és a minha fortaleza, e o meu refúgio; e por amor do teu nome me conduzirás, e me sustentarás.

5 Tu me tirarás deste laço, que me armaram escondidamente, porque tu és o meu protetor.

6 Nas tuas mãos encomendo o meu espírito; tu me remiste, Senhor, Deus da verdade.

7 Aborreces aos que observam cousas vãs inutilmente; mas eu no Senhor esperei.

8 Regozijar-me-ei, e alegrar-me-ei na tua misericórdia; porque viste a minha humilhação, salvaste das angústias a minha alma.

9 E não me encerraste nas mãos do inimigo; puseste os meus pés em lugar espaçoso.

10 Tem misericórdia de mim, Senhor, que estou atribulado; conturbado com o pesar está o meu olho, a minha alma, e as minhas entranhas.

11 Porque a minha vida tem desfalecido com a dor, e os meus anos com os gemidos; tem-se debilitado pela pobreza a minha força, e os meus ossos estão conturbados.

12 Estou feito o opróbrio para todos os meus inimigos, e muito mais para os meus vizinhos, e o horror para os meus conhecidos; os que me viam, fugiam para longe de mim.

13 Fui posto em esquecimento, no coração deles como morto; fiquei sendo como vaso quebrado.

14 Porque tenho ouvido as injúrias de muitos no meio dos quais eu estava; quando deliberavam juntos contra mim, resolveram tirar-me a vida.

15 Mas eu em ti esperei, Senhor; disse: Meu Deus és tu;

16 Nas tuas mãos estão as minhas sortes; livra-me das mãos do meus inimigos, e dos que me perseguem.

17 Resplandeça a claridade do teu rosto sobre o teu servo; salva-me segundo a tua misericórdia.

18 Senhor, não seja eu confundido, pois que te invoquei; envergonhem-se os ímpios, e sejam conduzidos ao inferno.

19 Tornem-se mudos os lábios enganadores, que falam contra o justo palavras de iniqüidade, com soberba e com desprezo.

20 Que grande é, Senhor, a abundância da tua doçura, que tens reservada para os que te temem! Tu a deste completa àqueles que esperam em ti, à vista dos filhos dos homens.

21 Tu os esconderás no secreto da tua face contra a turbação dos homens; tu os defenderás no teu tabernáculo da contradição das línguas.

22 Bendito o Senhor, porque maravilhosamente tem usado comigo da sua misericórdia, na cidade fortificada.

23 Mas eu disse, no transporte do meu ânimo: Lançado fui de diante dos teus olhos; portanto ouviste a voz da minha oração, quando a ti clamava.

24 Amai ao Senhor todos os que sois seus santos; porque o Senhor perguntará pela verdade, e retribuirá abundantemente aos que obram com soberba.

25 Obrai varonilmente, e fortaleça-se o coração de todos vós os que esperais no Senhor.

CONFISSÃO E PERDÃO

1 De Davi.

31 Bem-aventurados aqueles cujas iniqüidades são perdoadas, e cujos pecados são cobertos.

2 Bem-aventurado o homem a quem o Senhor não imputou pecado, e cujo espírito é isento de dolo.

3 Porque calei, e envelheceram os meus ossos, enquanto clamava todo o dia.

4 Porque a tua mão se fez pesada sobre mim de dia e de noite; eu me converti na minha miséria, enquanto se crava a espinha.

5 Eu te manifestei o meu pecado, e não ocultei a minha injustiça. Eu disse: Confessarei ao Senhor contra mim a minha injustiça; e tu me perdoaste a impiedade do meu pecado.

6 Por isto orará a ti todo o santo no tempo oportuno; mas na inundação das muitas águas, a ele não se chegarão.

7 Tu és o meu refúgio na tribulação que me cercou; alegria minha, livra-me dos que me cercam.

8 Inteligência te darei, e instruir-te-ei neste caminho em que hás-de- andar, fixarei sobre ti os meus olhos.

9 Não queirais ser como o cavalo e o mulo, que não têm entendimento. Com o bocado e com a brida aperta as queixadas daqueles que não se chegam a ti.

10 Muitos são os açoites para o pecador, mas o que espera no Senhor misericórdia o cercará.

11 Alegrai-vos no Senhor, e regozijai-vos, ó justos, e gloriai-vos todos os de reto coração.

CÂNTICO DE LOUVOR AO PODER E À PROVIDÊNCIA DE DEUS

O Salmo não tem título.

32 Exultai, ó justos, no Senhor; aos retos convém que o louvem.

2 Louvai ao Senhor com a cítara; cantai-lhe hinos a ele com o saltério de dez cordas.

3 Cantai-lhe a ele um novo cântico; celebrai-o com concerto de instrumentos e de vozes.

4 Porque a palavra do Senhor é reta, e a sua fidelidade resplandece em todas as suas obras.

5 Ele ama a misericórdia e a justiça; da misericórdia do Senhor está cheia a terra.

6 Pela palavra do Senhor se firmaram os céus; e pelo espírito da sua boca toda a sua virtude.

7 Ele ajunta como em odre as águas do mar; ele põe os abismos em tesouros.

8 Toda a terra tema ao Senhor; e todos os que habitam o universo tremam diante dele.

9 Porque ele disse, e foram feitas as cousas; ele mandou, e foram criadas.

10 O Senhor dissipa os projetos das nações; e reprova os intentos dos povos, e arruina os conselhos dos príncipes.

11 Mas o conselho do Senhor permanece eternamente, os pensamentos do seu coração de geração em geração.

12 Bem-aventurada a gente que tem ao Senhor por seu Deus; o povo a quem escolheu em herança para si.

13 Desde o céu olhou o Senhor; viu todos os filhos dos homens;

14 Desde a sua morada, que tem preparada, olhou sobre todos os que habitam a terra.

15 Ele é o que formou o coração de cada um deles; o que entende todas as suas obras.

16 Não se salva o rei por grande exército; nem o gigante se salvará pela sua força.

17 Enganoso o cavalo para a salvação; e em a sua grande força não se salvará.

18 Eis aqui os olhos do Senhor sobre os que o temem, e em aqueles que esperam sobre a sua misericórdia,

19 Para livrar da morte as suas almas, e para os sustentar na sua fome.

20 A nossa alma espera ao Senhor, porque é nosso favorecedor e protetor.

21 Porque nele se alegrará o nosso coração, e no seu santo nome temos esperado.

22 Faça-se, Senhor, sobre nós a tua misericórdia, da maneira que em ti temos esperado.

TEMOR DE DEUS E SUA RECOMPENSA

1 De Davi, quando simulou de alienado na presença de Abimelec, e, despedido por ele, partiu.

33 Bendirei o Senhor em todo o tempo; seu louvor será sempre na minha boca.

3 No Senhor se gloriará a minha alma; ouçam-no os humildes, e alegrem-se.

4 Engrandecei comigo ao Senhor, e exaltemos o seu nome, todos à uma.

5 Busquei ao Senhor, e me ouviu, e me livrou de todas as minhas tribulações.

6 Chegai-vos a ele, e sereis iluminados; e vossos rostos não serão confundidos.

7 Este pobre levantou o grito, e o Senhor o ouviu, e ele o salvou de todas as suas tribulações.

8 O anjo do Senhor andará à roda dos que o temem, e os livrará.

9 Gostai, e vede quão suave é o Senhor; ditoso o homem que espera nele.

10 Temei ao Senhor todos vós os seus santos; porque os que o temem não caem em pobreza.

11 Os ricos necessitaram e tiveram fome; mas os que buscam ao Senhor, não serão privados de bem algum.

12 Vinde, filhos, ouvi-me; eu vos ensinarei o temor do Senhor.

13 Quem é o homem que quer a vida, e que deseja ver os dias bem-aventurados?

14 Guarda a tua língua do mal, e os teus lábios não falem engano.

15 Desvia-te do mal, e faze o bem; busca a paz, e vai em seu seguimento.

16 Os olhos do Senhor estão sobre os justos, e os seus ouvidos aos rogos deles.

17 Mas o rosto do Senhor sobre os que fazem o mal, para apagar da terra a sua memória.

18 Os justos clamaram, e o Senhor os ouviu, e os salvou de todas as suas tribulações.

19 Perto está o Senhor daqueles que têm o coração atribulado, e aos humildes de espírito os salvará.

20 Muitas são as tribulações dos justos; e de todas estas os livrará o Senhor.

21 O Senhor guarda todos os seus ossos; e nem sequer um deles se quebrará.

22 É péssima a morte dos pecadores; e os que aborrecem o justo perecerão.

23 O Senhor remirá as almas dos seus servos; e todos os que esperam nele não perecerão.

ALVO DE PERSEGUIDORES INGRATOS

1 De Davi.

34 Julga, Senhor, aos que me fazem dano; expugna os que me combatem.

2 Toma as tuas armas e o teu escudo, e levanta-te em meu socorro.

3 Tira da espada, e conclui contra aqueles que me perseguem; dize à minha alma: Eu sou a tua salvação.

4 Sejam confundidos e envergonhados os que buscam a minha alma; voltem atrás e sejam confundidos os que meditam males contra mim.

5 Sejam feitos como o pó ante a face do vento, e o anjo do Senhor os coarte.

6 Torne-se o seu caminho em trevas, e escorregadio; e o anjo do Senhor os persiga.

7 Porquanto sem razão me esconderam o seu laço de morte; sem causa encheram de opróbios a minha alma.

8 Venha sobre ele um laço que ignora; e a rede, que escondeu, o prenda a ele; e caia no mesmo laço que ele armou.

9 Mas a minha alma regojizar-se-á no Senhor, e deleitar-se-á em seu Salvador.

10 Todos os meus ossos dirão: Senhor, quem é semelhante a ti, que livras ao desvalido das mãos dos mais fortes do que ele, ao necessitado e ao pobre dos que o roubam?

11 Levantando-se testemunhos iníquos, cousas que não sabia me perguntavam.

12 Tornavam-me a mim males por bens, esterilidade à minha alma.

13 Porém eu, quando me eram molestos, me vestia de cilício; humilhava a minha alma com o jejum, e a minha oração dava voltas no meu seio.

14 Como a próximo, e como a irmão nosso, assim lhe comprazia; como um que traz luto e está em tristeza, assim me humilhava.

15 E se alegraram, e contra mim se ajuntaram; amontoaram-se sobre mim açoites, e não o sabia.

16 Foram dissipados, e não se arrependeram. Tentaram-me, insultaram-me com escárneos; rangeram sobre mim os seus dentes.

17 Senhor, quando tornarás a olhar-me? Resgata a minha alma da malignidade deles; dos leões a túnica minha.

18 Glorificar-te-ei na igreja grande, no meio do povo numeroso te louvarei.

19 Não se regojizem sobre mim os que me são contrários injustamente; os que me aborrecem sem causa, e acenam com os olhos.

20 Porque na verdade me falavam com demonstrações de paz; mas falando na comoção da terra, maquinavam enganos.

21 E alargaram sobre mim a sua boca; e disseram: Bem, bem têm visto os nossos olhos.

22 Tu o teus visto, Senhor, não cales; Senhor, não te apartes de mim.

23 Levanta-te e atende ao meu juízo, Deus meu, e Senhor meu, na minha causa.

24 Julga-me segundo a tua justiça, Senhor, Deus meu, e não se alegrem sobre mim.

25 Não digam em seus corações: Ainda bem, ainda bem para nossa alma; nem digam: Nós o temos devorado.

26 Fiquem envergonhados, e confundidos todos juntos, os que se congratulam dos meus males; vestidos sejam de confusão e de vergonha, os que falam com orgulho sobre mim.

27 Regozijem-se e alegrem-se os que querem a minha justiça; e digam sempre: Engrandecido seja o Senhor, os que querem a paz do seu servo.

28 E a minha língua publicará a tua justiça, todo o dia o teu louvor.

DA BONDADE DE DEUS E DA MALÍCIA DO HOMEM

1 Ao Mestre de canto. De Davi, servo do Senhor.

35 Disse o injusto entre si mesmo, que ele delinqüiria; não há temor de Deus ante seus olhos.

3 Porque ele obrou dolosamente na sua presença, de sorte que a sua iniqüidade o fez objeto do ódio.

4 As palavras da sua boca são iniqüidade e engano; não quis instruir-se para fazer o bem.

5 Meditou a iniqüidade na sua cama; deixou-se estar em todos os caminhos que não eram bons, e não aborreceu a malícia.

6 Senhor, a tua misericórdia está no céu; e a tua verdade até às nuvens.

7 A tua justiça é como os montes de Deus; os teus juízos são um abismo profundo. Tu, Senhor, salvarás os homens e as bestas,

8 Segundo tens multiplicado a tua misericórdia, ó Deus; mas os filhos dos homens esperarão à sombra das tuas asas.

9 Embriagar-se-ão da abundância da tua casa; e os farás beber na torrente das tuas delícias.

10 Porque em ti está a fonte da vida; e no teu lume veremos o lume.

11 Estende antes a tua misericórdia sobre os que te conhecem, e a tua justiça sobre aqueles que têm o coração reto.

12 Não venha sobre mim pé de soberba, e mão de pecador não me comova.

13 Ali caíram os que obram a iniqüidade; foram empurrados, e não se puderam levantar.

A SORTE DOS BONS E A DOS MAUS

1 De Davi.

36 Não queiras imitar os malignos, nem invejes os que obram iniqüidade.

2 Porque eles como o feno se secarão velozmente, e como verdura de ervas logo se murcharão.

3 Espera no Senhor, e faze obras boas; e habita na terra, e te sustentarás com as riquezas dela.

4 Deleita-te no Senhor; e te outorgará as petições do teu coração.

5 Descobre ao Senhor o teu caminho, e espera nele; e ele fará.

6 E fará brilhar como lume a tua justiça, e o teu juízo como o meio-dia.

7 Está obediente ao Senhor, e roga-lhe; não queiras invejar ao que tem prosperidade no seu caminho, ao homem que faz injustiças.

8 Guarda-te da ira, e deixa o furor; não te mova a emulação para te fazeres mau.

9 Porque os que fazem maldade serão exterminados; mas os que esperam o Senhor, eles herdarão a terra.

10 E ainda um pouco, e não existirá o pecador; e buscarás o lugar dele, e não o acharás.

11 Mas os mansos herdarão a terra; e deleitar-se-ão em abundância de paz.

12 O pecador espreitará ao justo, e rangerá com os dentes contra ele.

13 Mas o Senhor zombará dele, porque vê que há-de chegar o seu dia.

14 Os pecadores desembainharam a espada; estenderam o seu arco, para arruinarem o pobre e o indigente; para assassinarem os retos de coração.

15 A espada deles traspasse o seu coração, e o arco deles seja quebrado.

16 Mais vale o pouco a um justo, do que as muitas riquezas aos pecadores;

17 Porque os braços dos pecadores serão quebrados; os justos porém fortalece-os o Senhor.

18 O Senhor conhece os dias dos que são imaculados; a herança deles será eterna.

19 Eles não serão confundidos no tempo mau; e serão fartos nos dias da fome.

20 Porque os pecadores perecerão mas os inimigos do Senhor, tanto que tiverem sido honrados e exaltados, faltarão, e se desvanecerão como o fumo.

21 O pecador pedirá emprestado, e não pagará; o justo porém tem compaixão e dará.

22 Porque os que bendizem, herdarão a terra; mas os que maldizem, perecerão.

23 Os passos do homem serão dirigidos pelo Senhor; e o seu caminho será aprovado por ele.

24 Quando cair não se ferirá, porque o Se-
nhor lhe põe a mão por baixo.
25 Mancebo fui, e já sou velho; e não vi o
justo desamparado, nem a sua descendência
mendigando pão.
26 Todo o dia exercita a misericórdia, e dá
emprestado; e a sua descendência será aben-
çoada.
27 Desvia-te do mal, e faze o bem; e terás
uma morada eterna.
28 Porque o Senhor ama a eqüidade, e não
desamparará os seus santos; serão eternamen-
te conservados; os injustos serão punidos, e a
descendência dos ímpios perecerá.
29 Mas os justos herdarão a terra e mora-
rão sobre ela por todos os séculos.
30 A boca do justo meditará sabedoria, e a
sua língua falará prudência.
31 A lei do seu Deus está no seu coração; e
não se armará ardil enganoso aos seus passos.
32 Espreita o pecador ao justo, e procura
como há-de dar-lhe a morte.
33 Mas o Senhor não o deixará nas suas
mãos, nem o condenará quando for dele jul-
gado.
34 Espera no Senhor, e guarda o seu cami-
nho, e te exaltará para que tomes em herança
a terra; quando perecerem os pecadores, então
verás.
35 Vi o ímpio sumamente exaltado e eleva-
do como os cedros do Líbano.
36 E passei, e eis que não era; e o busquei,
e não foi achado o lugar dele.
37 Guarda a inocência, e atende à eqüidade:
porque há resíduos para o homem pacífico.
38 Mas os injustos perecerão igualmente: as
relíquias dos ímpios serão destruídas.
39 Mas a salvação dos justos vem do Senhor;
e ele é o seu protetor no tempo da aflição.
40 E o Senhor os ajudará, e os livrará, e os
tirará da mão dos pecadores, e os salvará, por-
que esperaram nele.

CASTIGO DE UM PECADOR

1 Salmo de Davi. Em memória.

37 Senhor, não me repreendas no teu furor,
nem me castigues na tua ira.
3 Porque as tuas setas se me cravaram, e
assentaste sobre mim a tua mão.
4 Não há parte sã na minha carne na face
da tua ira; não há paz nos meus ossos à vista
dos meus pecados.
5 Porque as minhas iniqüidades se elevaram
por cima da minha cabeça; e como carga pe-
sada se agravaram sobre mim.
6 Apodreceram e corromperam-se as minhas
cicatrizes, à vista da minha estultícia.
7 Eu me tornei miserável, e todo encurvado;
todo o dia andava oprimido de tristeza.
8 Porque os meus lombos estão cheios de
ilusões; e não há parte alguma sã na minha
carne.
9 Estou aflito, e grandemente abatido; rugia
pela força do gemido do meu coração.
10 Senhor, diante de ti está todo o meu de-
sejo; e o meu gemido não te é oculto.
11 O meu coração está conturbado, a minha
força me desamparou; e ainda o mesmo lume
dos meus olhos não está já comigo.
12 Os meus amigos e os meus propínquos se
chegaram, e se puseram contra mim; e os que
estavam perto de mim se puseram de longe;
13 E faziam seus esforços os que buscavam
a minha alma; e os que me procuravam males
falaram cousas vãs, e todo o dia maquinavam
enganos.
14 Mas eu, como um surdo, não ouvia; e
como um mundo que não abre a sua boca.
15 E tornei-me como homem que não ouve,
e que não tem na sua boca palavras com que
se defenda.
16 Porque em ti, Senhor, esperei; tu me
ouvirás, Senhor, Deus meu.
17 Porque disse: Nunca triunfem de mim
meus inimigos; e enquanto meus pés estão va-
cilantes, falaram com orgulho contra mim.
18 Porque aparelhado estou para os açoites,
e a minha dor está sempre diante de mim.
19 Porque eu publicarei a minha iniqüidade;
e meditarei sobre o meu pecado.
20 Mas os meus inimigos vivem, e se têm
fortificado sobre mim; e se têm multiplicado
os que me aborrecem injustamente.
21 Os que tornam males por bens murmu-
ravam de mim; porque eu seguia o que era
bom.
22 Não me desampares, Senhor, Deus meu;
não te apartes de mim.
23 Acode prontamente em meu socorro,
Senhor, Deus da minha salvação.

ELEGIA DA CADUCIDADE HUMANA E SÚPLICA

1 Ao Mestre de canto, Idithun. Salmo de Davi.

38 Disse: Guardarei os meus caminhos, para
não delinqüir com a minha língua; pus
guarda à minha boca, quando o pecador estava
em frente contra mim.
3 Emudeci, e me humilhei, e nem ainda falei
de cousas boas; e a minha dor se renovou.
4 O meu coração se escandeceu dentro de
mim; e na minha meditação se incenderá fogo.
5 Falei com a minha língua. Faze-me conhe-
cer, Senhor, o meu fim, e o número dos meus
dias qual é; para que eu saiba o que me resta.

6 Eis aqui puseste os meus dias em medida; e a minha substância é como nada diante de ti; todavia é pura vaidade todo o homem que vive.

7 Pois certamente o homem passa como em sombra, e assim em vão se conturba; entesoura, e não sabe para quem ajunta aquelas cousas.

8 E agora qual é a minha esperança? Porventura não é o Senhor? pois em ti está a minha substância.

9 Livra-me de todas as minhas iniqüidades; tu me fizeste um objeto de opróbrio para o insensato.

10 Emudeci, e não abri a minha boca, porque tu o fizeste.

11 Aparta de mim os teus flagelos.

12 Debaixo da força da tua mão eu desfaleci quando me repreendeste; tu, por causa da iniqüidade, castigaste o homem, e fizeste que a sua alma se consumisse como aranha; certamente em vão se conturba todo o homem.

13 Ouve, Senhor, a minha oração e a minha súplica; recebe em teus ouvidos as minhas lágrimas; não te cales, porque adventício sou diante de ti, e peregrino como todos meus pais.

14 Deixa que tome algum alento, antes que me vá, e não exista mais.

AÇÃO DE GRAÇAS E PEDIDO DE NOVO AUXÍLIO

1 Ao Mestre de canto. Salmo de Davi.

39 Aguardei com expectação o Senhor, e me atendeu,

3 E ouviu os meus rogos; e me tirou de um lago de miséria, e de um lodo imundo; e pôs os meus pés sobre pedra, e dirigiu os meus passos.

4 E pôs um novo cântico na minha boca, canção ao nosso Deus; muitos o verão e temerão, e esperarão no Senhor.

5 Bem-aventurado o varão cuja esperança é o nome do Senhor, e não voltou os olhos para as vaidades e necessidades enganosas.

6 Senhor, Deus meu, tu tens feito muitas obras maravilhosas, e não há quem te seja semelhante nos teus conselhos; eu os anunciei e falei; têm-se multiplicado inumeravelmente.

7 Sacrifício e oferenda não quiseste; mas me formaste orelhas perfeitas; e holocaustos pelo pecado não pediste.

8 Então disse: Eis aqui venho; na cabeceira do livro está escrito de mim,

9 Para fazer a tua vontade, Deus meu, eu o quis; e no íntimo do meu coração desejei se cumprisse a tua lei.

10 Anunciei a tua justiça na igreja grande; eis aqui não demorarei os meus lábios, Senhor, tu o sabes.

11 Não escondi a tua justiça no meu coração; mostrei a tua verdade e o teu Salvador; não escondi a tua misericórdia e a tua verdade a uma congregação numerosa.

12 Mas tu, Senhor, não alongues de mim as tuas misericórdias; a tua misericórdia e a tua verdade sempre me ampararam,

13 Porquanto me cercaram males que não têm número; senhorearam-me as minhas iniqüidades, e eu não pude vê-las; multiplicaram-se mais do que os cabelos da minha cabeça, e o meu coração me desamparou.

14 Seja do teu agrado, Senhor, o livrares-me. Senhor, volta os olhos para me socorreres.

15 Sejam confundidos e envergonhados a um tempo aqueles que buscam a minha vida para tirar-ma; voltem atrás, e fiquem confundidos os que me desejam males.

16 Sofram em continente a sua confusão os que me dizem: Bem, bem.

17 Regozijem-se e alegrem-se sobre ti todos os que te buscam; os que amam teu Salvador, digam sempre: Engrandecido seja o Senhor.

18 Mas eu sou mendigo e pobre; o Senhor está cuidadoso de mim; favorecedor meu e protetor meu és tu. Deus meu, não tardes.

SÚPLICA DE UM DOENTE

1 Ao Mestre de canto. Salmo de Davi.

40 Bem-aventurado o que cuida sobre o necessitado e o pobre; o Senhor o livrará no dia mau.

3 O Senhor o guarde, e lhe dê vida e o faça bem-aventurado na terra; e não o entregue ao poder de seus inimigos.

4 O Senhor lhe dê auxílio sobre o leito da sua dor; toda a sua cama revolveste na sua enfermidade.

5 Eu disse: Senhor, compadece-te de mim; sara a minha alma, porque pequei contra ti.

6 Os meus inimigos falaram contra mim, dizendo: Quando morrerá, e perecerá o seu nome?

7 E se algum entrava a ver-me, falava cousas vãs; o seu coração recolheu em si iniqüidade; ele saía fora, e falava sobre isso mesmo.

8 Contra mim murmuravam todos os meus inimigos; contra mim urdiam males.

9 Palavra injusta decretaram contra mim. Porventura o que dorme não se poderá outra vez levantar?

10 Ainda o homem da minha paz, em quem eu confiei, o que comia o meu pão, engrandeceu sobre mim a sua traição.

11 Tu pois, Senhor, tem compaixão de mim, e ressuscita-me; e eu lhes retribuirei.

12 Nisto reconheci eu que tu me querias bem, em que o meu inimigo se não alegrará sobre mim.

13 Porque tu me tomaste na tua proteção
por causa da minha inocência, e tu me forti-
ficaste diante de ti para sempre.
14 O Senhor Deus de Israel, seja bendito,
por todos os séculos dos séculos. Assim seja,
assim seja.

LIVRO II

NOSTALGIA DA CASA DE DEUS

1 Ao Mestre de canto. Dos filhos de Coré.

41 Assim como o cervo suspira pelas fontes
das águas, assim a minha alma suspira
por ti, ó Deus.
3 A minha alma está ardendo de sede pelo
Deus forte e vivo; quando virei e aparecerei
diante da face de Deus?
4 As minhas lágrimas foram o meu pão de
dia e de noite, enquanto se me diz cada dia:
Onde está o teu Deus?
5 Eu me lembrei destas cousas, e derramei
a minha alma dentro de mim mesmo, porque
eu passarei ao lugar do tabernáculo admirável,
até à Casa de Deus, com voz de regozijo e lou-
vor; som festivo de quem se banqueteia.
6 Por que estás triste, alma minha? e por
que me conturbas? Espera em Deus, porque
eu ainda tenho de o louvar; salvação do meu
rosto.
7 E Deus meu. Dentro de mim mesmo está
conturbada a minha alma; pelo que me lem-
brarei de ti na terra do Jordão e de Hermon,
desde o monte pequeno.
8 Um abismo chama outro abismo, à voz
das tuas cataratas; todas as tuas cousas altas,
e as tuas ondas, sobre mim passaram.
9 No dia enviou o Senhor a sua misericórdia,
e de noite o seu cântico; dentro de mim orarei
ao Deus da minha vida,
10 Dizendo a Deus: Tu és meu amparador;
por que te esqueceste de mim? E por que ando
triste, enquanto me aflige o inimigo?
11 Ao tempo que os meus ossos se quebram,
me improperam os meus inimigos que me per-
seguem, dizendo-me todos os dias: Onde está
o teu Deus?
12 Por que estás tu triste, alma minha? e
por que me conturbas? Espera em Deus, por-
que ainda tenho de o louvar, salvação do meu
rosto, e Deus meu.

CONTINUAÇÃO DO SALMO PRECEDENTE

42 Julga-me, ó Deus, e separa a minha causa
de uma gente não santa; livra-me do ho-
mem iníquo e enganador.
2 Porque és, ó Deus, a minha fortaleza: por
que me repeliste? e por que ando triste, quan-
do me aflige o meu inimigo?
3 Envia a tua luz e a tua verdade; estas me
conduziram e me levaram ao teu santo monte,
e aos teus tabernáculos.
4 Entrarei ao altar de Deus, ao Deus que
alegra a minha mocidade. Ó Deus, Deus meu,
eu te louvarei com a cítara.
5 Por que estás tu triste, alma minha? e por
que me conturbas? Espera em Deus, porque
ainda tenho de o louvar, salvação do meu rosto,
e Deus meu.

ORAÇÃO PELA PÁTRIA OPRIMIDA

1 Ao Mestre de Canto. Dos filhos de Coré.

43 Nós, ó Deus, com as nossas orelhas ouvi-
mos; nossos pais nos anunciaram a obra
que fizeste nos dias deles, e nos dias antigos.
3 A tua mão exterminou as gentes, e os plan-
taste a eles; afligiste os povos, e os lançaste
fora.
4 Porque não foi com a sua espada que pos-
suíram a terra, e o seu braço não os salvou;
senão a tua dextra, e o teu braço, e a luz do
teu rosto; porque te comprazeste neles.
5 Tu mesmo és o meu rei e o meu Deus, que
dispõe as salvações de Jacob.
6 Por ti nos esforçaremos em arruinar nos-
sos inimigos; e em teu nome desprezaremos
os que se levantam contra nós.
7 Porque não esperarei no meu arco, e a
minha espada não me salvará.
8 Porque nos salvaste dos que nos afligiam,
e confundiste os que nos tinham aborreci-
mento.
9 Em Deus nos gloriaremos todo o dia, e em
teu nome diremos louvores eternamente.
10 Mas agora tu nos lançaste fora e cobriste
de confusão; e tu, ó Deus, não andarás à testa
dos nossos exércitos.
11 Tu nos fizeste voltar as costas a nossos
inimigos, e que fôssemos presa dos que nos
tinham em aborrecimento.
12 Tu nos entregaste como ovelhas de ma-
tadouro, e nos espalhaste entre as nações.
13 Vendeste o teu povo sem preço, e não
houve concurso nos mercados deles.
14 Puseste-nos por opróbrio aos nossos vizi-
nhos, por escárneo e zombaria àqueles que
estão ao redor de nós.
15 Puseste-nos em provérbio às gentes, por
exemplo de irrisão nos povos.

16 A minha ignomínia está todo o dia diante de mim, e a confusão do meu rosto me tem coberto,

17 A voz do que me afronta e vitupera: à vista do inimigo, e do que me persegue.

18 Todas estas cousas vieram sobre nós, e ainda assim nós não nos temos esquecido de ti, e não temos cometido iniqüidade contra o teu pacto.

19 O nosso coração não tornou atrás, nem tu desviaste do teu caminho os nossos passos;

20 Porque tu nos humilhaste no lugar da aflição, e a sombra da morte nos cobriu.

21 Se nós nos esquemos do nome do nosso Deus, e se estendemos as nossas mãos para algum deus estranho.

22 Porventura não há-de pedir Deus conta disso? Porque ele conhece os segredos do coração. Pois por amor de ti somos entregues à morte cada dia; somos reputados assim como ovelhas do matadouro.

23 Levanta-te, por que dormes, Senhor? Levanta-te e não nos desampares para sempre.

24 Por que apartas teu rosto, te esqueces da nossa miséria e da nossa tribulação?

25 Porquanto a nossa alma está humilhada até ao pó; pegado está com a terra o nosso ventre.

26 Levanta-te, Senhor, ajuda-nos; e resgata-nos por amor do teu nome.

HINO NUPCIAL

1 Ao Mestre do cântico. Seguindo a melodia "Os lírios...". Dos filhos de Coré. Maskîl. Canto de amor.

44 Caiu do meu coração com grande ímpeto uma palavra boa; eu digo ao rei as minhas obras; a minha língua é pena de escrivão, que escreve velozmente.

3 Vistoso em formosura sobre os filhos dos homens, a graça se derramou nos teus lábios; por isso te bendisse Deus para sempre.

4 Cinge a tua espada ao teu lado, ó poderosíssimo.

5 Com a tua beleza e com a tua formosura entesa o arco, vai adiante felizmente, e reina, por meio da verdade, e da mansidão, e da justiça; e a tua dextra te conduzirá a cousas maravilhosas.

6 As tuas setas são agudas nos corações dos inimigos do rei; debaixo de ti cairão os povos.

7 O teu trono, ó Deus, subsistirá por todos os séculos: vara de retidão é a vara de teu reino.

8 Amaste a justiça, e aborreceste a iniqüidade; por isso te ungiu Deus, o teu Deus, com óleo de alegria sobre teus companheiros.

9 Cheiro de mirra, e de óleos, e de cássia sai de teus vestidos, desde as casas de marfim, com as quais cousas te alegraram.

10 As filhas dos reis na tua glória; apresentou-se a rainha à tua dextra com manto de ouro, cercada de variedade.

11 Escuta, ó filha, e vê, e inclina o teu ouvido; e esquece-te do teu povo e da casa de teu pai.

12 E cobiçará o rei a tua beleza; porque ele é o Senhor teu Deus, e adorá-lo-ão.

13 E as filhas de Tiro com dádivas farão deprecações em tua presença; e todos os ricos do povo.

14 Toda a glória da que é filha do rei é de dentro, em franjas de ouro,

15 Toda vestida de vários adornos. Serão apresentadas ao rei virgens após ela; as suas companheiras te serão conduzidas.

16 Serão conduzidas com alegria e com regozijo; conduzi-las-ão ao templo do rei.

17 Em lugar de teus pais te nasceram filhos; estabelecê-los-ás príncipes sobre toda a terra.

18 Lembrar-se-ão do teu nome por toda a geração e geração; por isso os povos te louvarão eternamente, e pelos séculos dos séculos.

O AMPARO DA PROTEÇÃO DIVINA

1 Ao Mestre de cântico. Dos filhos de Coré. Segundo a melodia d' "As virgens..." Cântico.

45 O nosso Deus é refúgio e esfôrço; favorecedor nas tribulações, que com excesso nos têm compreendido.

3 Por isso não temeremos, ainda que seja comovida a terra, e trasladados os montes ao meio do mar.

4 Bramaram, e turbaram-se as suas águas; estremeceram os montes pela sua fortaleza.

5 O ímpeto do rio alegra a cidade de Deus; santificou o seu tabernáculo o Altíssimo.

6 Deus está no meio dela, ela não será comovida: Deus a ajudará desde o raiar da manhã.

7 As nações se conturbaram, e os reinos se humilharam; deu a sua voz, moveu-se a terra.

8 O Senhor dos exércitos é conosco; nosso amparador o Deus de Jacob.

9 Vinde, e vede as obras do Senhor, as maravilhas que pôs sobre a terra.

10 Que aparta as guerras até à extremidade da terra; quebrará o arco, e romperá as armas; e queimará ao fogo os escudos.

11 Cessai e vede que eu sou o Deus; serei exaltado entre as gentes, e serei exaltado na terra.

12 O Senhor dos exércitos é conosco; nosso amparador o Deus de Jacob.

REALEZA UNIVERSAL DE DEUS

1 Ao Mestre de cântico. Salmo dos filhos de Coré.

46 Todas as gentes aplaudi com as mãos; celebrai a Deus com vozes de regozijo,

3 Porque o Senhor é excelso, terrível, Rei grande sobre toda a terra.

4 Submeteu-nos os povos a nós, e as gentes debaixo de nossos pés.

5 Escolheu para nós a sua herança, a formosura de Jacob, à qual amou.

6 Subiu Deus com júbilo, e o Senhor com voz de trombeta.

7 Cantai salmos ao nosso Deus, cantai salmos; cantai salmos ao nosso Rei, cantal salmos.

8 Porque Deus é o Rei de toda a terra; cantai salmos sabiamente.

9 Deus reinará sobre as nações; Deus está assentado sobre o seu santo trono.

10 Os príncipes dos povos se reuniram com o Deus de Abraão; porque os deuses fortes da terra têm sido grandemente exaltados.

VIERAM, VIRAM E FORAM

1 Cântico. Salmo. Dos filhos de Coré.

47 Grande é o Senhor, e muito digno de louvor, na cidade de nosso Deus, no seu monte santo.

3 Fundado é com júbilo de toda a terra o monte de Sião, os lados do equilão, cidade do Rio grande.

4 Conhecido será Deus nas casas dela, quando houver de a proteger.

5 Porque eis aqui os reis da terra se congregaram, se conjuraram unânimemente contra ela.

6 Eles, quando a viram, se admiraram; se conturbaram, foram comovidos.

7 Tremor se apoderou deles; ali sentiram dores como mulher que está de parto.

8 Com vento impetuoso quebrarás as naus de Társis.

9 Como o ouvimos, assim o vimos, na cidade do Senhor das virtudes, na cidade de nosso Deus; Deus a fundou para sempre.

10 Recebemos, ó Deus, a tua misericórdia, no meio do teu templo.

11 Segundo o teu nome, ó Deus, assim também o teu louvor se estende até aos fins da terra; de justiça está cheia a tua dextra.

12 Alegre-se o monte de Sião, e regozijem-se as filhas de Judá, pelos teus juízos, Senhor.

13 Dai voltas a Sião, considerai-a ao redor; contai as torres dela.

14 Aplicai-vos a considerar a força dela, e fazei resenha das suas casas; para que o conteis em outra geração.

15 Porque este é Deus, Deus nosso para sempre, e pelo século do século, ele nos governará pelos séculos.

INSTABILIDADE DA FELICIDADE MATERIAL

1 Ao Mestre de cântico. Salmo dos filhos de Coré.

48 Ouvi isto, todas as gentes; percebei-o nos ouvidos todos os que povoais a terra;

3 Assim os nascidos de plebeus, como de homens ilustres, à uma juntatmente o rico e o pobre.

4 A minha boca falará sabedoria; e a meditação do meu coração prudência.

5 Inclinarei à parábola o meu ouvido, exporei com o saltério a minha proposição.

6 Por que temerei eu no dia mau? A iniqüidade do meu calcanhar me terá cercado.

7 Aos que confiam nas suas forças, e se gloriam na multidão das suas riquezas;

8 O irmão não resgata, não resgatará o homem, não dará a Deus a sua propiciação,

9 Nem o preço do resgate da sua alma. E estará em trabalho eternamente.

10 E viverá, não obstante, até ao fim.

11 Não verá a morte, quando vir morrer os sábios. Igualmente o insensato e o néscio perecerão, e deixarão aos estranhos as suas riquezas.

12 E os seus sepulcros serão as suas casas para sempre, sua morada no decurso de todas as gerações; para aqueles que deram os seus nomes às suas terras.

13 E o homem quando estava na honra, não o entendeu; foi comparado aos brutos irracionais, e se fez semelhante a eles.

14 Este caminho deles lhes serve de ruína; e depois na sua boca se comprazeram.

15 Como ovelhas são postos no inferno; e eles serão pasto da morte, e os justos terão domínio sobre eles na manhã; e passada a sua glória, tudo o que tiveram se envelhecerá no inferno.

16 Mas Deus na verdade resgatará a minha alma do poder do inferno, quando me tomar.

17 Não te dê cuidado quando o homem se enriquecer, e quando se acrescentar a glória da sua casa,

18 Porque, em morrendo, nada levará ele consigo; nem a sua glória descerá com ele.

19 Porque, enquanto ele vive, será louvada a sua alma; confessar-te-á quando lhe fizeres bem.

20 Entrará no lugar da morada de seus pais, e não verá jamais a luz.

21 O homem, quando estava na honra, não o entendeu; foi comparado aos brutos irracionais, e se fez semelhante a eles.

O VERDADEIRO CULTO ESPIRITUAL

1 Salmo d'Asaph.

49 Ó Deus dos deuses, o Senhor falou; e convocou a terra desde o oriente do sol até ao seu ocaso.

2 De Sião é que vem o resplendor da sua formosura.

3 Deus virá manifestamente; Deus nosso, e não guardará silêncio; fogo se incenderá na sua presença, e em roda dele tempestade forte.

4 Chamará de cima ao réu e à terra, para julgar o seu povo.

5 Congregai junto dele os seus santos, que compõem aliança com ele sobre sacrifícios.

6 E anunciarão os céus a justiça dele; porquanto Deus é o juiz.

7 Ouve, povo meu, e eu falarei; ouve, Israel, e testificarei contra ti: Deus, o teu Deus, sou Eu.

8 Não te argüirei sobre os teus sacrifícios; porque os teus holocaustos estão sempre diante de mim.

9 Não receberei de tua casa bezerros, nem cabritos dos teus rebanhos.

10 Porque minhas são todas as feras das selvas, os animais nos montes, e os bois.

11 Conheço todas as aves do céu; e a formosura do campo comigo está.

12 Se tiver fome, não to direi a ti; porque minha é a redondeza da terra, e a sua plenitude.

13 Porventura comerei carnes de touros, ou beberei sangue de cabritos?

14 Oferece a Deus sacrifícios de louvor; e paga ao Altíssimo os teus votos.

15 E invoca-me no dia da tribulação; livrar-te-ei, e honrar-me-ás.

16 Mas ao pecador disse Deus: Porque falas tu dos meus mandamentos arguir-te-ei, e to porei diante da tua boca?

17 Posto que tu tens aborrecido a disciplina, e postergaste as minhas palavras.

18 Se vias um ladrão, corrias com ele e com os adúlteros fazias sociedade.

19 A tua boca abundou de malícia, e a tua língua urdia enganos.

20 Estando assentado, falavas contra teu irmão; e punhas tropeço contra o filho de tua mãe.

21 Isto fizeste, e eu calei; creste a iniqüidade, que serei tal como tu; arguir-te-ei, e to porei diante da tua cara.

22 Entendei isto os que vos esqueceis de Deus, não suceda que vos arrebate, e não haja quem vos livre.

23 Sacrifício de louvor me honrará; e ali o caminho por onde lhe mostrarei a salvação de Deus.

MISERERE

1 Ao Mestre de cântico. Salmo de Davi. 2 Quando
veio ter com ele o profeta Natan, depois do pecado
com Betsabee.

50 Tem piedade de mim, ó Deus segundo a tua grande misericórdia; e segundo as muitas mostras da tua clemência, apaga a minha maldade.

4 Lava-me mais e mais da minha iniqüidade, e purifica-me do meu pecado.

5 Porque a minha maldade eu a conheço: e o meu pecado diante de mim está sempre.

6 Contra ti só pequei, e fiz o mal diante dos teus olhos; para que sejas justificado nas tuas palavras, e venças quando fores julgado.

7 Eis aqui sabes que eu fui concebido em iniqüidade; e em pecados me concebeu minha mãe.

8 E bem vejo que tu amaste a verdade: e me revelaste o segredo, e o escondido do teu saber.

9 Tu me borrifarás com o hissor e serei purificado; lavar-me-ás, e me tornarei mais branco do que a neve.

10 Ao meu ouvido darás gozo e alegria; e se regozijarão os meus ossos humilhados.

11 Aparta o teu rosto dos meus pecados, e apaga todas as minhas maldades.

12 Cria em mim, ó Deus, um coração puro; e renova nas minhas entranhas um espírito reto.

13 Não me arremesses da tua presença; e não tires de mim o teu Espírito Santo.

14 Dá-me a alegria da tua salvação; e conforta-me por meio do espírito principal.

15 Ensinarei aos iníquos os teus caminhos; e os ímpios se converterão a ti.

16 Livra-me dos sangues, Deus, Deus da minha salvação; e a minha língua exaltará a tua justiça.

17 Senhor, abrirás os meus lábios; e a minha boca anunciará o teu louvor.

18 Porque se tu quisesses sacrifício, o houvera na verdade oferecido; tu não te deleitarás com holocaustos.

19 Sacrifício para Deus é o espírito atribulado; ao coração contrito e humilhado, não o desprezarás, ó Deus.

20 Senhor, faze bem a Sião de tua boa vontade, para que se edifiquem os muros de Jerusalém.

21 Então aceitarás sacrifício de justiça, oferendas e holocaustos; então podrão sobre o teu altar bezerros.

CASTIGO DO HOMEM PERVERSO

1 Ao Mestre de canto. Maskîl. 2 De Davi, quando
Doeg, idumeu, veio anunciar a Saul que Davi tinha
entrado na casa de Abimelec.

51 Por que te glorias na malícia, tu que és poderoso em iniqüidade?

4 Todo o dia excogitou injustiça a tua língua; como navalha aguda, fizeste engano.

5 Quiseste mais o mal do que o bem; a linguagem da iniqüidade mais que a da justiça.

6 Amas todas as palavras de ruína, ó língua enganadora.

7 Por isso Deus te destruirá para sempre, arrancar-te-á e transplantar-te-á a ti da tua morada, e à tua estirpe da terra dos viventes.

8 Vê-lo-ão os justos, e temerão, e dele se rirão, e dirão:

9 Eis aqui o homem que não tomou a Deus por seu protetor, mas que esperou na multidão das suas riquezas, e prevaleceu na sua vaidade.

10 Mas eu, como oliveira frutífera na casa de Deus, esperei na misericórdia de Deus para sempre, e pelos séculos dos séculos.*

11 Louvar-te-ei para sempre, porque fizeste; e esperarei no teu nome, porque é bom diante dos teus santos.

CORRUPÇÃO GERAL E SEU CASTIGO

1 Ao Mestre de cântico. Conforme a melodia de "Mahalat". De Davi.

52 Disse o néscio no seu coração: Não há Deus.

2 Perverteram-se, e se têm feito abomináveis em iniqüidades; não há quem faça bem.

3 Deus desde o céu olhos sobre os filhos dos homens, para ver se há quem tenha inteligência, ou busque a Deus.

4 Todos se desviaram, juntamente se fizeram inúteis; não há quem faça bem, não há sequer um só.

5 Porventura não virão em conhecimento todos os que obram iniqüidade? os que devoram o meu povo, como quem come pão?

6 Não invocaram a Deus: ali tremeram de medo, onde não havia que temer, porque Deus dissipou os ossos daqueles que contentam aos homens; foram confundidos, porque Deus os desprezou.

7 Quem dará de Sião a salvação a Israel? Quando Deus puser fim ao cativeiro do seu povo, regozijar-se-á Jacob, e alegrar-se-á Israel.

O INOCENTE PERSEGUIDO

1 Ao Mestre de cântico. Para instrumentos de corda. De Davi. 2 Quando os zifeus vieram dizer a Saul: "Davi está, entre nós, escondido".

53 Salva-me, ó Deus, em teu nome, e com o teu poder julga a minha causa.

4 Escuta, ó Deus, a minha oração; percebe nos teus ouvidos as palavras da minha boca.

5 Por que os estranhos se têm levantado contra mim, e os fortes buscaram a minha alma, e não puseram a Deus diante de si.

6 Mas eis aqui Deus me favorece, e o Senhor é protetor da minha alma.

7 Faze voltar os males sobre os meus inimigos, e na tua verdade destrói-os.

8 Eu te oferecerei um sacrifício voluntário, e louvarei o teu nome, Senhor, porque é bom.

9 Porquanto de toda a tribulação me tens livrado, e os meus olhos olharam com desprezo sobre os meus inimigos.

A CIDADE DISCORDANTE E O PÉRFIDO TRAIDOR

1 Ao Mestre de cântico. Para instrumento de cordas. De Davi.

54 Ouve, ó Deus, a minha oração, e não desprezes o meu humilde rogo:

3 Atende-se a mim, e ouve-me; estou contristado na consideração que me exercita, e estou conturbado.

4 Pela voz do inimigo, e pela perseguição do pecador, porque lançaram iniqüidade sobre mim, e com ira me eram molestos.

5 O meu coração está conturbado, dentro de mim; e medo de morte caiu sobre mim.

6 Temor e tremor vieram sobre mim, e cobriram-me trevas.

7 Então disse: Quem me dará asas como de pomba, e voarei e descansarei?

8 Eis aqui me alonguei fugindo, e permaneci na soledade.

9 Ali aguardava àquele, que me salvou do abatimento de espírito, e de tempestade.

10 Destrói, Senhor, confunde as línguas deles, porque tenho visto a injustiça e a contradição na cidade.

11 Dia e noite a cercará sobre seus muros a iniqüidade; e opressão está no meio dela,

12 E injustiça, e não faltou de suas praças usura e engano.

13 Porque, se o meu inimigo houvera falado mal de mim, eu o houvera sofrido por certo; e se aquele que me tinha em aborrecimento, houvera falado de mim com insolência, talvez me houvesse escondido dele;

14 Mas tu, homem de um coração comigo, minha guia, e meu conhecido,

15 Que juntamente comigo tomavas doces manjares; na casa do Senhor andamos acordes.

16 Venha a morte sobre eles, e desçam vivos ao inferno; porque há malícia nas moradas deles, no meio deles.

17 Mas eu clamei a Deus, e o Senhor me
salvará.
18 De tarde, e manhã, e ao meio-dia, narrá-
lo-ei, e publicá-lo-ei, e ele ouvirá a minha voz.
19 Redemirá em paz a minha alma, livran-
do-a dos que me cercam; porque eles eram
muitos contra mim.
20 Ouvir-me-á Deus, e humilhá-los-á o que
é antes dos séculos.
Porquanto não há neles mudança, e não
temeram a Deus.
21 Estendeu a sua mão para lhes retribuir;
contaminaram o seu testamento.
22 Foram dissipados pela ira do seu rosto;
e o seu coração se apropinquou. As suas pa-
lavras são mais suaves do que o azeite; e eles
são ao mesmo tempo dardos.
23 Lança sobre o Senhor o teu cuidado, e
ele te sustentará; não deixará que flutue o
justo para sempre.
24 Mas tu, ó Deus, os conduzirás ao poço
da perdição; os homens sanguinários e en-
ganadores não chegarão à metade de seus dias;
mas eu em ti esperei, Senhor.

GRITO DE AFLIÇÃO E DE CONFIANÇA

1 Ao Mestre de canto. Conforme a melodia de
"*Yônat'elem rehôqîm*". De Davi. Quando os filisteus
o prenderam em Gat.

55 Tem misericórdia de mim, ó Deus, por-
que me atropelou o homem; angustiou-
me combatendo todo o dia contra mim.
3 Pisaram-me os meus inimigos todo o dia;
porque são muitos os que pelejam contra mim.
4 Na altura do dia temerei; mas eu em ti
esperarei.
5 Em Deus louvarei as palavras que me tem
dado; em Deus tenho esperado, não temerei
o que me possa fazer a carne.
6 Todo o dia abominavam as minhas pala-
vras; contra mim eram todos os pensamentos
deles para me fazerem mal.
7 Congregar-se-ão e esconder-se-ão; eles ar-
marão insídias ao meu calcanhar. Como eles
porfiaram em tirar-me a vida,
8 Tu de nenhum modo os salvarás; com ira
quebrantarás estes povos.
9 Ó Deus, a ti tenho manifestado a minha
vida; tu viste as minhas lágrimas diante de
ti, conforme a tua promessa.
10 Então serão postos em fuga os meus ini-
migos, em qualquer dia que eu te invocar;
eis que conheço que tu és o meu Deus.
11 Em Deus louvarei a palavra; no Senhor
louvarei a promessa; em Deus esperarei, não
temerei o que o homem me possa fazer.
12 Sobre mim estão, ó Deus, os teus votos,
que cumprirei com louvores a ti;
13 Porquanto livraste a minha alma da mor-
te, e os meus pés da queda, para que eu
seja aceite diante de Deus, no lume dos vi-
ventes.

REFÚGIO DE DEUS

1 Ao Mestre de canto. Conforme a melodia de
"Não destruas". De Davi. Quando fugiu de Saul para
a caverna.

56 Tem piedade de mim, ó Deus, tem pie-
dade de mim; porque em ti confia a
minha alma, e nas sombras das tuas asas es-
perarei, até que passe a iniqüidade.
3 Clamarei ao Deus altíssimo; ao Deus que
me fez bens.
4 Enviou desde o céu, e livrou-me, cobriu
de opróbrio os que me pisaram; enviou Deus
a sua misericórdia e a sua verdade.
5 E tirou a minha alma do meio dos ca-
chorros dos leões; conturbado dormi. Filhos
dos homens, os dentes deles são armas e se-
tas, e a sua língua espada aguçada.
6 Exalta-te a ti, ó Deus, sobre os céus; e
brilhe a tua glória por toda a terra.
7 Eles têm preparado laço aos meus pés,
e têm feito encurvar a minha alma; cavaram
diante de mim uma cova, e caíram nela.
8 Aparelhado está o meu coração, ó Deus,
aparelhado o meu coração; cantarei, e direi
salmo.
9 Levanta-te, glória minha, levanta-te, sal-
tério e cítara; levantar-me-ei de manhã.
10 Louvar-te-ei entre os povos, Senhor; e
salmo te direi entre as nações.
11 Porque a tua misericórdia tem sido en-
grandecida até aos céus, e a tua verdade até
as nuvens.
12 Exalta-te a ti, ó Deus, sobre os céus; e
brilhe a tua glória sobre toda a terra.

HIPOCRISIA DOS JUÍZES DA TERRA

1 Ao Mestre de cântico. Conforme a melodia "Não
destruas". De Davi.

57 Se verdadeiramente vós falais justiça,
julgai com retidão, ó filhos dos homens.
3 Porquanto obrais maldades no coração:
as vossas mãos tramam injustiças na terra.
4 Os pecadores desde a sua origem se alie-
naram; erraram desde que saíram do ventre
de sua mãe, e falaram falsidades.
5 O furor deles é semelhante ao da serpen-
te, como o do áspide surdo, e que fecha os
seus ouvidos,
6 Que não ouvirá a voz de encantadores,
nem a de mago que encanta segundo a sua
arte.

7 Deus lhe quebrará os dentes na sua boca;
os queixos dos leões quebrará o Senhor.
8 Reduzir-se-ão ao nada como água que cor-
re; entesou o seu arco até que sejam abati-
dos.
9 Serão destruídos como a cera que se der-
rete; caiu o fogo de cima e não viram o sol.
10 Antes que os vossos espinhos se vejam
feitos arbustos, assim ele na sua ira os devo-
rará como ainda vivos.
11 Alegrar-se-á o justo quando vir a vin-
gança; as suas mãos lavará no sangue do
pecador.
12 E dirá o homem: Se decerto há fruto
para o justo, decerto há Deus que os julga
sobre a terra.

O JUSTO PERSEGUIDO

1 Ao Mestre de canto. Conforme a melodia "Não
destruas". De Davi. Quando Saul mandou que lhe
guardassem a casa para o matar.

58 Livra-me, meu Deus, de meus inimigos,
e livra-me dos que se levantam contra
mim.
3 Livra-me dos que obram iniqüidade, e
salva-me dos varões sanguinários.
4 Pois eis aqui que fizeram presa da minha
alma; vieram sobre mim os fortes.
5 Nem maldade minha, nem pecado meu
é causa disto, Senhor. Sem injustiça corri, e
ordenei os meus passos.
6 Levanta-te ao meu encontro, e considera.
E tu, Senhor, Deus das virtudes, Deus de Is-
rael, atende a visitar todas as gentes; não
uses de piedade com todos os que obram
iniqüidade.
7 Voltarão junto à tarde, e padecerão fome
como cães, e rodearão a cidade.*
8 Eis aqui falarão com a sua boca, e es-
pada está nos lábios deles; porque quem tem
ouvido?
9 Mas tu, Senhor, zembarás deles; olharás
como um nada todas as gentes.
10 Depositarei em ti a minha fortaleza, por-
que tu és Deus amparador meu.
11 Deus meu, a misericórdia dele se ante-
cipará.
12 Deus me dará a conhecer acerca dos
meus inimigos.
Não os mates, porque talvez não se esque-
çam os meus povos. Espalha-os com o teu po-
der, e abate-os, Senhor, protetor meu,
13 Pelo pecado da sua boca, pelas palavras
dos seus lábios, e fiquem presos na sua mesma
soberba, e pela sua execração e mentira serão
mostrados.
14 No dia da consumação serão convenci-
dos pela tua ira, e não subsistirão mais; e
saberão que Deus dominará a Jacob e aos
confins da terra.
15 Voltarão à tarde, e padecerão fome co-
mo cães, e rodearão a cidade.
16 Eles mesmos andarão dispersos para co-
mer, e se não se fartarem, ainda murmura-
rão.
17 Mas eu cantarei a tua fortaleza, e me
regozijarei pela manhã da tua misericórdia;
porque te fizeste meu amparador, e meu re-
fúgio, no dia da minha tribulação,
18 Eu te cantarei a ti, favorecedor meu;
porque és Deus amparador meu; Deus meu,
misericórdia minha.

A DERROTA NACIONAL

1 Ao Mestre de cântico. Conforme a melodia
d' "O lírio da lei". De Davi. A ensinar. 2 Quando
lutava contra Aram de Naharaim e contra Aram de
Soba, e quando Joab, voltando atrás, derrotou a
Edom no vale do Sal (12.000 homens).

59 Ó Deus, desamparaste-nos, e destruíste-
nos; tu te iraste, e tiveste piedade de nós.
4 Fizeste estremecer a terra, e a pertur-
baste; sara as suas fendas, porque está aba-
lada.
5 Mostraste ao teu povo cousas duras; deste-
nos a beber vinho de compunção.
6 Deste aos que te temem um sinal, para
que fugissem da face do arco, e que se livras-
sem os teus amados.
7 Salva-me com a tua dextra, e ouve-me.
8 Deus falou no seu santo: Alegrar-me-ei, e
repartirei Sichém, e medirei o Vale das Ten-
das.
9 Meu é Galaad, e meu é Manassés; e Efraim
fortaleza da minha cabeça; Judá meu rei;
10 Moab vaso da minha esperança; sobre a
Iduméia estenderei o meu calçado; submetidos
me estão os estrangeiros.
11 Quem me conduzirá à cidade fortificada?
quem me conduzirá até à Iduméia?
12 Quem senão tu, ó Deus, que nos desam-
paraste? e não sairás tu, ó Deus, em nossos
exércitos?
13 Dá-nos socorro na tribulação; porque vã
é a salvação da parte do homem.
14 Em Deus faremos proezas; e ele mesmo
reduzirá a nada os que nos afligem.

O REI FUGITIVO

1 Ao Mestre de canto. Para instrumentos de corda.
De Davi.

60 Ouve, Deus meu, a minha deprecação:
atende à minha oração.
3 Desde os fins da terra a ti clamei, quando

estava angustiado o meu coração; na pedra
me colocaste. Guiaste-me,
4 Porque te fizeste a minha esperança; tor-
re de fortaleza diante do inimigo.
5 Habitarei no teu tabernáculo pelos séculos;
abrigar-me-ei à sombra das tuas asas.
6 Porque tu, Deus meu, ouviste a minha
oração; deste herança aos que temem o teu
nome.
7 Acrescentarás dias aos dias do rei; os seus
anos durarão até ao dia de uma e outra ge-
ração.
8 Ele permanece eternamente na presença
de Deus; a misericórdia e a verdade dele,
quem a sondará?
9 Assim cantarei eu salmo ao teu nome pelo
século do século, para cumprir os meus votos
cada dia.

CONFIANÇA ABSOLUTA

1 Ao Mestre de canto. Conforme a melodia de
Iduthum. Salmo de Davi.

61 Porventura a minha alma não estará su-
jeita a Deus? pois que dele é a minha
salvação.
3 Porquanto ele mesmo é meu Deus, e meu
salvador, meu amparador; não serei comovido
jamais.
4 Até quando arremetereis contra um ho-
mem? ajuntais-vos todos para acabar com ele,
como a parede inclinada, e muro abalado?
5 Certamente meditaram tirar-me a minha
dignidade, corri sedento; com a sua boca me
bendiziam, e com o seu coração me maldi-
ziam.
6 Mas tu, ó alma minha, conserva-te sujeita
a Deus; porque dele é que vem a minha pa-
ciência.
7 Porque ele é meu Deus, e meu salvador,
meu favorecedor; não me comoverei.
8 Em Deus está a minha salvação, e a mi-
nha glória; de Deus é que espero o meu so-
corro, e a minha esperança em Deus está.
9 Esperai nele toda a congregação do povo;
derramai ante ele os vossos corações; Deus
é o nosso favorecedor eternamente.
10 Certamente vãos são os filhos dos ho-
mens, mentirosos os filhos dos homens em
balanças; eles conspiram concordemente em
vaidade para usar de enganos.
11 Não queirais confiar na iniqüidade, nem
queirais cobiçar rapinas; se abundardes em
riquezas, não queirais pôr nelas o coração.
12 Uma vez falou Deus, estas duas cousas
tenho ouvido: que o poder é de Deus,
13 E a ti, Senhor, a misericórdia; porque
tu retribuirás a cada um segundo as suas
obras.

ORAÇÃO DA MANHÃ DO HOMEM SEDENTO DE DEUS

1 Salmo de Davi, quando estava no deserto de
Judá.

62 Ó Deus, ó meu Deus, em ti estou vigi-
lante desde o raiar da luz; de ti teve
sede a minha alma. De quantas maneiras se-
rá por ti atormentada deste ardor a minha
carne.
3 Em terra deserta, e sem caminho, e sem
água; nela me apresentei a ti como no san-
tuário, para ver o teu poder e a tua glória.
4 Porque a tua misericórdia é melhor do
que a mesma vida; os meus lábios te louva-
rão.
5 Assim te bendirei em minha vida; e in-
vocando o teu nome, levantarei as minhas
mãos,
6 Como de banha e de gordura seja farta
a minha alma; e com lábios de júbilo te lou-
vará a minha boca.
7 Se me tenho lembrado de ti sobre o meu
leito, nas madrugadas meditarei em ti.
8 Porque fosse meu defensor, e à sombra
das tuas asas me rezorijarei.
9 A minha alma vai unida após ti; a tua
dextra me acolheu.
10 Mas eles em vão procuraram tirar-me a
vida. Entrarão nas profundidades da terra.
11 Serão entregues nas mãos da espada;
presa serão das raposas.
12 Mas o rei se alegrará em Deus, louvados
serão todos os que juram por ele; pois se
fechou a boca aos que falam cousas iníquas.

A MALDADE PUNIDA POR SI MESMA

1 Ao Mestre de canto. Salmo de Davi.

63 Ouve, ó Deus, a minha oração quando
te rogo; do temor do inimigo livra a
minha alma.
3 Defendeste-me da conspiração dos malig-
nos; da multidão dos que obram iniqüidade.
4 Porque aguçaram como espada as suas
línguas, entesaram o arco cousa amarga,
5 Para de emboscada assetear ao inocente.
6 De súbito o assetearam. Obstinaram-se na
sua depravada resolução; trataram de escon-
der laços; disseram: Quem os verá?
7 Esquadrinharam iniqüidades; faltaram os
esquadrinhadores no escrutínio; chegar-se-á o
homem ao profundo do coração,
8 E Deus será exaltado; as feridas que eles
fazem são como as das frechas de crianças.
9 E as suas línguas perderam a força vol-
tando-se contra eles mesmos; conturbados fo-
ram todos os que os viam.

10 E todo o homem temeu; e anunciaram as obras de Deus, e entenderam os seus feitos.

11 Alegrar-se-á o justo no Senhor e esperará nele, e serão louvados todos os retos de coração.

APÓS UMA ABUNDANTE COLHEITA

1 Ao Mestre de canto. Salmo de Davi. Cântico.

64 A ti, ó Deus, te são devidos os hinos em Sião; e a ti se te pagarão os votos em Jerusalém.

3 Ouve a minha oração, a ti virá toda a carne.

4 Palavras de iníquos prevaleceram contra nós; e tu perdoarás as nossas impiedades.

5 Bem-aventurado o que elegeste, e tomaste para o teu serviço; ele habitará nos teus átrios; encher-nos-ás de bens da tua casa. Santo é o teu templo,

6 Maravilhoso em eqüidade; ouve-nos, ó Deus, Salvador nosso, esperança de todos os limites da terra, e no mar longe;

7 Que dispões os montes com a tua virtude, cingido de poder;

8 Que revolves o fundo do mar, o estrondo das suas ondas. Perturbar-se-ão as gentes,

9 E os que habitam os fins da terra temerão pelos teus prodígios. Darás alegria às saídas da manhã e da tarde.

10 Visitaste a terra, e embriagaste-a, enriqueceste-a de muitas maneira. O rio de Deus se encheu de águas; preparaste a comida de seus habitantes, porque tal é a disposição dela.

11 Embriaga os seus ribeiros, multiplica as suas produções; nas chuvas que se distilam alegrar-se-á a terra dando frutos.

12 Bendirás a coroa do ano da tua bondade; e os teus campos se encherão de abundância.

13 As selvas amenas se engrossarão; e se cingirão de regozijos os outeiros.

14 Vestidos estão os carneiros dos rebanhos, e os vales abundarão de trigo; gritarão, porque dirão hinos.

RECONHECIMENTO DE UMA GRANDE VITÓRIA

1 Ao Mestre de canto. Cântico. Salmo.

65 Celebrai a Deus todos os da terra; dizei salmo ao seu nome; dai a glória ao seu louvar.

3 Dizei a Deus: Quão terríveis são, Senhor, as tuas obras! Por ocasião do teu grande poder se convencerão de mentira os teus inimigos.

4 A terra toda te adore, e cante a ti salmo; diga salmo ao teu nome.

5 Vinde e vede as obras de Deus: terrível nos conselhos sobre os filhos dos homens.

6 Ele tornou o mar em seco; pelo rio passaram a pé enxuto; ali nos alegraremos com ele.

7 Ele domina pelo seu poder para sempre; os olhos dele estão olhando sobre as gentes; os que o irritam não se ensoberbeçam dentro de si mesmos.

8 Bendizei, ó gentes, o nosso Deus, e fazei que se ouça a voz do seu louvor,

9 O qual tornou a minha alma em vida, e não permitiu que vacilassem os meus pés.

10 Porquanto nos provaste, ó Deus; com fogo nos afinaste como se afina a prata.

11 Puseste-nos em cadeias; carregas-te tribulações sobre nossas costas.

12 Puseste homens sobre as nossas cabeças; passamos pelo fogo e pela água; e nos tiraste para o lugar do refrigério.

13 Entrarei na tua casa com holocaustos, pagar-te-ei os meus votos,

14 Que pronunciaram os meus lábios, e proferiu a minha boca na minha tribulação.

15 Oferecer-te-ei holocaustos pingues, com perfumes de carneiros; oferecer-te-ei bois com cabritos.

16 Vinde, ouvi todos os que temeis a Deus, e vos referirei quão grande cousas tem feito à minha alma.

17 A ele pela minha boca clamei, e o exaltei com a minha língua.

18 Se eu visse iniqüidade pegada no meu coração, não me ouviria o Senhor.

19 Por isso ouviu Deus, e atendeu à voz da minha deprecação.

20 Bendito Deus, que não rejeitou a minha oração, nem apartou a sua misericórdia de mim.

A SALVAÇÃO DESTINADA A TODA A TERRA

1 Ao Mestre de cântico — Para instrumentos de corda. Salmo. Cântico.

66 Deus tenha piedade de nós, e nos abençoe; faça resplandecer o seu rosto sobre nós, e tenha piedade de nós;

3 Para que conheçamos na terra o teu caminho, em todas as gentes a tua salvação.

4 Glorifiquem-te a ti, ó Deus, os povos; glorifiquem-te os povos todos.

5 Alegrem-se e regozijem-se as gentes; porquanto julgas os povos em eqüidade e governas as gentes sobre a terra.

6 Glorifiquem-te a ti, ó Deus, os povos; glorifiquem-te os povos todos.

7 A terra deu o seu fruto; abençoe-nos Deus, o nosso Deus.

8 Abençoe-nos Deus, e temam-no todos os limites da terra.

ODE PATRIÓTICA E RELIGIOSA

1 Ao Mestre de canto. De Davi. Salmo. Cântico.

67 Levante-se Deus, e sejam dispersos os seus inimigos, e fujam da sua presença os que o aborrecem.
3 Como se desvanece o fumo, assim se desvaneçam; como se derrete a cera diante do fogo, assim pereçam os pecadores diante de Deus.
4 E os justos banquetêem-se e regozijem-se na presença de Deus; e gozem-se em alegria.
5 Cantai a Deus, dizei salmo ao seu nome; aparelhai o caminho àquele que sobe sobre o ocidente; o Senhor é o seu nome. Regozijai-vos diante dele, turbados ficarão seus inimigos pela presença daquele que é
6 Pai de órfãos, e juiz de viúvas. Deus está no seu lugar santo.
7 Deus que faz morar os de uns costumes em casa: que tira os presos com fortaleza, como também àqueles que o irritam, os quais moram nos sepulcros.
8 Ó Deus, quando saías à vista do teu povo, quando passavas pelo deserto,
9 A terra foi comovida, e os céus distilaram águas ante a face do Deus de Sinai, ante a face do Deus de Israel.
10 Chuva liberal porás à parte, ó Deus, para a tua herança: a que tem estado debilitada, mas tu a aperfeiçoaste.
11 Nela morarão os da tua grei; está ó Deus, preparado o sustento para o pobre na tua doçura.
12 O Senhor dará palavra aos que com grande virtude dão boas novas.
13 O Rei dos exércitos será do amado do amado; e a formosura da casa é o repartir os despojos.
14 Se dormirdes entre o meio das sortes, sereis como as penas da pomba, argentadas, e os remates do lombo dela em amarelidão de ouro.
15 Enquanto o Rei do céu faz juízo dos reis sobre a nossa terra, os seus habitantes ficarão brancos como a neve no Selmon.
16 O monte de Deus, monte pingue. Monte coagulado monte pingue.
17 Mas por que pensais em montes coagulados? Monte é este, em que se agradou Deus de morar, porque o Senhor morará nele até ao fim.
18 O carro de Deus vai rodeado com muitas dezenas de milhares, milhares são os que se alegram; o Senhor está entre eles no seu santuário, como estivera no Sinai.
19 Subiste ao alto, fizeste escrava a escravidão; tomaste dons para distribuíres aos homens, ainda aos que não criam que habitava o Senhor Deus entre eles.
20 Bendito o Senhor em toda a série dos dias; próspero nos fará o caminho o Deus da nossa salvação.
21 O nosso Deus é o Deus que tem a virtude de nos fazer salvos; e do Senhor, que é o Senhor, é a saída da morte.
22 Mas Deus quebrará as cabeças de seus inimigos, a mioleira cabeluda dos que passeiam nos seus pecados.
23 O Senhor disse: De Basan os farei voltar, eu os arrojarei ao profundo do mar.
24 Para que o teu pé seja tinto no sangue de teus inimigos, e também a língua dos teus cães.
25 Eles viram as tuas entradas, ó Deus, as entradas do meu Deus, do meu Rei, que está no santuário.
26 Foram adiante os príncipes, juntamente com os que cantavam salmos, no meio das donzelas que iam com pandeiros.
27 Bendizei nas igrejas ao Senhor Deus, os das estirpes de Israel.
28 Ali estava o pequeno Benjamim, em rapto de espírito; os príncipes de Judá, seus comandantes, os príncipes de Zabulon, os príncipes de Nefthali.
29 Envia, ó Deus, a tua virtude; confirma, ó Deus, isto que tens obrado em nós.
30 Desde o teu templo, em Jerusalém, te oferecerão a ti dons os reis.
31 Reprime as feras do canavial; os povos congregados como touros entre vacas, para lançar fora aos que estão provados como a prata. Dissipa as gentes que querem guerras.
32 Virão legados do Egito; a Etiópia se adiantará para levantar as suas mãos a Deus.
33 Reinos da terra, cantai a Deus; dizei salmos ao Senhor, dizei salmos a Deus,
34 Que subiu sobre todos os céus para a parte do oriente. Eis aqui dará a sua voz, de virtude.
35 Dai glória a Deus sobre o que obrou em Israel; a sua magnificência, e o seu poder se manifesta nas nuvens.
36 Deus é maravilhoso nos seus santos; o Deus de Israel, ele dará virtude e fortaleza ao seu povo. Bendito seja Deus.

LAMENTAÇÃO EM MEIO À PERSEGUIÇÃO

1 Ao Mestre de canto. Conforme a melodia de "Os lírios". De Davi.

68 Salva-me, ó Deus; porque as águas têm entrado até à minha alma.
3 Atolado estou no lodo do profundo, nem

há consistência. Cheguei ao alto mar, e a tem-
pestade me submergiu.
4 Cansei-me clamando, enrouqueceram-se as
minhas fauces; desfaleceram os meus olhos,
enquanto espero no meu Deus.
5 Têm-se multiplicado, mais do que os ca-
belos da minha cabeça, os que me aborrecem
sem razão. Têm-se fortalecido os meus inimi-
gos, que me perseguiram injustamente; pa-
guei então o que não tinha roubado.
6 Ó Deus, tu sabes a minha insipiência; e
os meus delitos não te são ocultos.
7 Não sejam envergonhados por minha cau-
sa os que te esperam, Senhor, Senhor das
virtudes; não sejam confundidos a meu res-
peito aqueles que te buscam, ó Deus de Israel.
8 Pois por tua causa tenho sofrido afronta,
foi coberto de confusão o meu rosto.
9 Tenho-me tornado estranho a meus ir-
mãos, e desconhecido aos filhos de minha mãe.
10 Porque o zelo da tua casa me devorou;
e os opróbrios dos que te improperavam a ti,
recaíram sobre mim.
11 E humilhei pelo jejum a minha alma, e
tornou-se-me em opróbrio.
12 E tomei por vestido cilício, e fui para
com eles escárneo.
13 Contra mim falavam os que se assenta-
vam à porta; e sobre mim cantavam os que
bebiam vinho.
14 Porém eu, Senhor, dirigia-te a minha ora-
ção, dizendo: Tempo é de beneplácito; ó Deus,
ouve-me segundo a multidão da tua miseri-
córdia, segundo a verdade da tua salvação.
15 Tira-me do lodo, para que não fique ato-
lado; livra-me daqueles que me aborrecem, e
da profundidade das águas.
16 Não me afogue a tempestade de água;
nem me absorva o mar profundo; nem cerre
apertadamente o poço a sua boca sobre mim.
17 Ouve-me, Senhor, porque benigna é a
tua misericórdia; segundo a multidão das tuas
comiserações, olha para mim,
18 E não apartes o teu rosto do teu ser-
vo, porque estou angustiado; ouve-me pron-
tamente.
19 Atende à minha alma, e livra-a por causa
de meus inimigos, salva-me.
20 Tu sabes o meu opróbrio, e a minha
confusão e a minha vergonha.
21 À tua vista estão todos os que me afli-
gem. Impropério aguardou o meu coração, e
miséria. Esperei se algum se entristecia co-
migo, e não houve ninguém e esperei se al-
gum me consolava, e não o achei.
22 E deram-me na minha comida fel, e na
minha sede me propinaram vinagre.
23 Torne-se a sua mesa diante deles em la-
ço, e em tribulação, e em ruína.
24 Obscureçam-se os olhos deles, para que
não vejam, e encurva sempre o seu espinhaço.
25 Derrama sobre eles a tua ira, e o furor
da tua ira os alcance.
26 Deserta fique a sua morada; e nas chou-
panas deles não haja quem habite.
27 Porquanto ao que tu feriste, persegui-
ram, e sobre a dor das minhas chagas acres-
centaram novas chagas.
28 Ajunta-lhes maldade sobre maldade; e
não cheguem a entrar nos caminhos da tua
justiça.
29 Sejam riscados do livro dos viventes; e
com os justos não sejam escritos.
30 Eu sou pobre e dolorido; a tua salvação,
ó Deus, me acolheu.
31 Glorificarei o nome de Deus com cân-
tico, e o engrandecerei com louvor.
32 E isto agradará a Deus mais do que o
tenro novilho, quando lhe saem as pontas e
as unhas.
33 Vejam-no os pobres, e alegrem-se; bus-
cai a Deus, e viverá a vossa alma.
34 Porquanto ouviu aos pobres o Senhor, e
não desprezou aos que por ele estão em ca-
deias.
35 Louvem-no os céus e a terra, o mar, e
todos os animais que neles se encerram.
36 Porquanto Deus fará salva a Sião e edi-
ficar-se-ão as cidades de Judá; e morarão ali,
e ganhá-la-ão como sua herança.
37 E a linhagem de seus servos a possuirá,
e os que amam o seu nome habitarão nela.

NA PERSEGUIÇÃO

1 Ao Mestre de cântico. De Davi. Para lembrança.

69 Ó Deus, atende ao meu socorro; Senhor,
vinde logo para ajudar-me.
3 Confundidos sejam e envergonhados, os
que buscam a minha alma.
4 Voltem-se atrás e sejam envergonhados,
os que me desejam males. Voltem-se logo
cheios de confusão, os que me dizem: Bem,
bem.
5 Regozijem-se e alegrem-se em ti, todos os
que te buscam; e os que amam a tua salvação,
digam sempre: Engrandecido seja o Senhor.
6 Mas eu sou necessitado, e pobre; ó Deus,
socorre-me. O meu favorecedor, e o meu liber-
tador és tu; Senhor, não te demores.

ORAÇÃO DO HOMEM QUE SE SENTE ENVELHECER

70 Em ti, Senhor, tenho esperado; não seja
eu jamais confundido.
2 Na tua justiça livra-me, e põe-me a salvo;
inclina para mim o teu ouvido, e salva-me.

3 Sejas para mim um Deus protetor, e um asilo seguro, para me fazer salvo; porquanto a minha firmeza e o meu refúgio és tu.

4 Deus meu, livra-me da mão do pecador, e da mão do que procede contra a lei, e do iníquo;

5 Porque tu, Senhor, és a minha paciência; Senhor, tu és a minha esperança desde a minha mocidade.

6 Em ti tenho sido confirmado desde antes de nascer; desde o ventre de minha mãe, tu és o meu protetor, tu foste sempre o assunto dos meus cânticos.

7 Como portento, tenho sido para muitos; e tu favorecedor forte.

8 Encha-se a minha boca de louvor, para cantar a tua glória, todo o dia para celebrar a tua grandeza.

9 Não me desampares no tempo da velhice; quando faltar a minha fortaleza, não me desampares,

10 Porque os meus inimigos falaram contra mim; e os que insidiavam a minha alma, tiveram juntos conselho,

11 Dizendo: Deus o desamparou: persegui-o, e prendei-o; porque não há quem o livre.

12 Ó Deus, não te apartes de mim, Deus meu, volta os teus olhos em meu socorro.

13 Confundidos sejam e pereçam, os que maldizem a minha alma; cobertos sejam de confusão e de vergonha os que me procuram males.

14 Mas eu sempre esperarei e acrescentarei louvor sobre todo o teu louvor.

15 A minha boca anunciará a tua justiça, todo o dia publicará a tua salvação. Porque não conheci a ilteratura,

16 Me internarei nas obras do poder do Senhor; Senhor, farei memória só da tua justiça.

17 Ensinaste-me, ó Deus, desde a minha mocidade; e eu publicarei as tuas maravilhas, que tenho experimentado até agora.

18 E até à velhice e idade avançada, ó Deus, não me desampares, até que a geração que há-de vir; o teu poder,

19 E a tua justiça, ó Deus, até no mais alto, as maravilhas que fizeste; ó Deus, quem é semelhante a ti?

20 Quantas tribulações me tens feito provar a mim, muitas, e penosas; e voltado a mim me tens dado vida, e dos abismos da terra outra vez me tens tirado.

21 Tens multiplicado a tua magnificência, e voltando-te a mim, me tens consolado.

22 Porque eu também te louvarei com instrumentos de salmo, pela tua verdade, ó Deus, eu te direi salmos ao som da cítara, Santo de Israel.

23 Regozijar-se-ão os meus lábios quando cantar os teus louvores, e a minha alma, que redimiste, se alegrará.

24 E também a minha língua meditará todo o dia a tua justiça; quando forem confundidos e envergonhados os que me solicitam males.

DESEJOS DE PAZ AO MESSIAS

1 De Salomão.

71 Ó Deus, dá o teu juízo ao rei, e a tua justiça ao filho do rei, para que ele julgue ao teu povo com justiça, e aos teus pobres com juízo.

3 Recebam os montes paz para o povo, e os outeiros justiça.

4 Julgará os pobres do povo, e fará salvos os filhos dos pobres, e humilhará ao caluniador.

5 E ele permanecerá com o sol, e antes da lua, de geração em geração.

6 Descerá como a chuva sobre o velo; e como orvalho que goteja sobre a terra.

7 Nos dias dele aparecerá justiça, e abundância de paz, até que seja tirada a lua.

8 E dominará de mar a mar, e desde o rio até aos confins da redondeza da terra.

9 Diante dele se prostrarão os da Etiópia; e os seus inimigos beijarão a terra.

10 Os reis de Társis, e as ilhas, lhe oferecerão dons; os reis da Arábia e de Sabá lhe trarão presentes.

11 E adorá-lo-ão todos os reis da terra; todas as gentes o servirão.

12 Porque livrará ao pobre do poderoso; e ao pobre, para quem não havia favorecedor.

13 Usará de clemência com o pobre e o desvalido, e fará salvas as almas dos pobres.

14 Resgatará as suas almas das usuras e da iniqüidade; e será de honra na sua presença o nome deles.

15 E viverá, e se lhe dará do ouro da Arábia; e o adorarão por ele mesmo sempre, todo o dia o bendirão.

16 E haverá mantimento na terra, nos cumes dos montes; exaltar-se-á sobre o Líbano o fruto deles; e florescerão os da cidade, como a erva da terra.

17 Seja o seu nome bendito pelos séculos; o seu nome subsiste antes do sol; e serão benditas nele todas as tribos da terra; todas as gentes o engrandecerão.

18 Bendito o Senhor, Deus de Israel, que faz maravilhas só.

19 E bendito o nome da sua maejstade para sempre; e encher-se-á da sua majestade toda a terra. Assim seja, assim seja.

20 Acabaram-se os louvores de David, filho de Jessé.

LIVRO III

O MINISTÉRIO DA PROSPERIDADE DOS MAUS

1 Salmo de Asaph.

72 Quão bom é Deus para Israel, para os que são retos de coração!

2 Os meus pés por pouco não vacilaram; por pouco se não transtornaram os meus passos;

3 Porque tive zelo sobre os iníquos, vendo a paz dos pecadores.

4 Porque eles não atendem à sua morte; e não há firmeza na sua ferida.

5 Não participam dos trabalhos dos homens; nem com os homens serão flagelados.

6 Portanto os possui a soberba, cobertos estão da sua iniqüidade e impiedade.

7 Como da gordura nasceu a sua maldade; se transformaram segundo o afeto do seu coração.

8 Cogitaram e falaram maldade; iniqüidade falaram em alto.

9 Puseram no céu a sua boca, e a língua deles foi discorrendo pela terra.

10 Por isso se voltará aqui o meu povo e serão achados neles os dias cheios.

11 E disseram: Acaso Deus sabe isto? e tem disto notícia o Altíssimo?

12 Eis aqui os mesmos pecadores, e os que abundam no século, têm adquirido riquezas.

13 E disse: Logo em vão justifiquei o meu coração, e lavei entre os inocentes as minhas mãos.

14 Pois tenho sido afligido todo dia, e castigado desde a manhã.

15 Se dizia: Contá-lo-ei assim; via que condenava a nação de teus filhos.

16 Pensava para entender isto, trabalho é este aos meus olhos;

17 Até que eu entre no santuário de Deus, e aprenda qual será o fim deles.

18 Certamente em enganos os puseste; derribaste-os quando se elevavam.

19 Como os que são postos em desolação, repentinamente feneceram; pereceram pela sua maldade.

20 Como o sonho dos que despertam, tornarás, Senhor, em nada a imagem deles na tua cidade,

21 Porque se inflamou o meu coração, as minhas entranhas se comoveram;

22 Também eu fui reduzido ao nada, e não o entendi.

23 Como jumento me tenho feito diante de ti. E eu estarei sempre contigo.

24 Tomaste-me pela minha mão direita, e me conduziste segundo a tua vontade, e com glória me acolheste.

25 Pois que tenho eu no céu? e fora de ti, que desejei eu sobre a terra?

26 Desfaleceu a minha carne e o meu coração; Deus do meu coração, e minha porção, Deus, para sempre.

27 Pois eis aqui, os que se apartam de ti perecerão; acabaste com todos os que te quebrantam a fé.

28 Mas para mim é bom unir-me a Deus, pôr no Senhor Deus a minha esperança; para anunciar todos os teus louvores nas portas da filha de Sião.

O SANTUÁRIO DESOLADO

1 De Asaph.

73 Por que razão, ó Deus, nos hás desamparado para sempre? incendiado está o teu furor sobre as ovelhas do teu pasto?

2 Lembra-te da tua congregação, que possuíste desde o princípio; tu redimiste a porção da tua herança: o monte de Sião, em que te aprouve habitar.

3 Levanta as tuas mãos contra as soberbas deles até ao fim; quantas maldades tem cometido o inimigo no santuário!

4 E os que te aborreceram, gloriaram-se no meio da tua solenidade. Puseram as suas insígnias, como sinais,

5 E não as conheceram bem como nas portas sobre o mais alto; como em um bosque de árvores, com machados.

6 Destroçaram à uma as suas portas, com machado e a camartelo a derribaram a ela.

7 Abrasaram em fogo ao teu santuário; na terra profanaram o tabernáculo do teu nome.

8 Disseram no seu coração, os das tuas parentelas, todos juntamente: Façamos cessar da terra todas as festas de Deus.

9 Não temos visto os nossos sinais; já não há profeta; e não nos conhecerá daqui em diante.

10 Até quando, ó Deus, nos afrontará o inimigo? blasfemará o adversário o teu nome até ao fim?

11 Por que retrais a tua mão, e a tua direita, do meio do teu seio, até ao fim?

12 Mas o Deus, Rei nosso antes dos séculos, obrou a salvação no meio da terra.

13 Tu com o teu poder deste solidez ao mar; moeste as cabeças dos dragões nas águas.

14 Tu quebraste as cabeças do dragão; deste-o por comida aos povos da Etiópia.

15 Tu abriste as fontes e os ribeiros; tu secaste os rios de Ethan.

16 Teu é o dia, e tua é a noite; tu fabricaste a aurora e o sol.

17 Tu fizeste todos os limites da terra; o estio e a primavera tu os formaste.

18 Lembra-te disto, o inimigo improperou ao Senhor; e um povo néscio irritou o teu nome.

19 Não entregues às feras as almas que te louvam, e não ponhas em esquecimento para sempre as almas dos teus pobres.

20 Olha para o teu testamento; porque os obscurecidos da terra são os que estão cheios de casas de iniqüidade.

21 Não se volte confundido o humilde; o pobre e o desvalido louvarão o teu nome.

22 Levanta-te, ó Deus, julga a tua causa; lembra-te dos impropérios feitos contra ti, daqueles com que um povo néscio te injuria todo o dia.

23 Não te esqueças das vozes de teus inimigos; a soberba daqueles que te aborrecem sobe continuamente.

O JUIZ DIVINO

1 Ao Mestre de canto. Conforme a melodia "Não destruas". Salmo de Asaph. Cântico.

74 Nós te glorificaremos, ó Deus; confessaremos e invocaremos o teu nome. Cantaremos as tuas maravilhas.

3 Quando eu tomar o meu tempo, julgarei com justiça.

4 Tem-se liquidado a terra, e todos os que a habitam; eu fortaleci as suas colunas.

5 Disse aos malvados: Não cometais maldade; e aos que pecam: Não vos glorieis do poder;

6 Não queirais levantar ao alto vosso poder; não queirais falar iniquamente contra Deus;

7 Porque nem do oriente, nem do ocidente, nem dos montes desertos,

8 Porque Deus é o juiz, a este humilha e àquele exalta.

9 Porque na mão do Senhor está o cálice do vinho puro, cheio de uma mistura, e deitou deste naquele. Certamente as suas fezes não se apurarão, delas beberão todos os pecadores da terra.

10 Mas eu anunciarei pelo século, cantarei ao Deus de Jacob.

11 E quebrarei todas as forças dos pecadores; e será exaltada a glória do justo.

VITÓRIA FULMINANTE

1 Ao Mestre de canto. Para instrumentos de corda. Salmo de Asaph. Cântico.

75 Conhecido é Deus na Judéia; em Israel grande é o seu nome.

3 E tem feito o seu assento na paz, e a sua morada é em Sião.

4 Ali quebrou as forças dos arcos, o escudo, a espada, e a guerra.

5 Fazendo brilhar a tua luz maravilhosa desde os montes eternos.

6 Todos os néscios de coração ficaram perturbados, dormiram o seu sono; e nada acharam nas suas mãos todos estes homens de riquezas.

7 À tua ameaça, ó Deus de Jacob, adormeceram os que montaram em cavalos.

8 Tu és terrível, e quem te resistirá desde que aparece a tua ira?

9 Desde o céu fizeste ouvir o teu juízo; a terra tremeu e ficou em sossego,

10 Quando se levantou Deus a juízo, para salvar todos os humildes da terra.

11 Porque o homem, que considere, te louvará; e as memórias, que hão-de ficar, te farão dia festivo.

12 Fazei votos ao Senhor, vosso Deus, e cumpri-os, todos os que ao redor dele lhe trazeis oferendas ao terrível,

13 E ao que tira o espírito aos príncipes, ao que é terrível aos reis da terra.

ESPERANÇA NO MEIO DE CALAMIDADES

1 Ao Mestre de canto. Conforme a melodia Idithun. Salmo de Asaph.

76 Com a minha voz clamei ao Senhor; levantei a minha voz a Deus, e ele me atendeu.

3 No dia da minha tribulação busquei a Deus; estendi as minhas mãos de noite para ele, e não fiquei defraudado. Recusou consolar-se a minha alma.

4 Lembrei-me de Deus e me deleitei; e me exercitei e desmaiou o meu espírito.

5 Adiantaram-se às vigílias os meus olhos; fiquei perturbado, e não falei.

6 Pensei nos dias antigos; e tive na mente os anos eternos.

7 E meditei de noite no meu coração, e me exercitava, e purificava o meu espírito.

8 Porventura nos desamparará Deus para sempre, e não se mostrará ainda inclinado a aplacar-se?

9 Ou cortará para sempre a sua misericórdia, de geração em geração?

10 Ou se esquecerá Deus de usar de clemência? ou demorará com a sua ira as suas misericórdias?

11 E disse: Agora começo; esta mudança vem da dextra do Altíssimo.

12 Lembrei-me das obras do Senhor; porque me lembrei das tuas maravilhas desde o princípio.

13 E meditarei em todas as tuas obras, e considerarei os teus conselhos.

14 O teu caminho, ó Deus, é em santidade; que Deus há grande como o nosso Deus?

15 Tu és o Deus que obras maravilhas; fizeste conhecer nos povos o teu poder;

16 Redimiste com teu braço o teu povo; os filhos de Jacob, e de José.

17 Viram-te as águas, ó Deus; viram-te as águas, e temeram; e foram turbados os abismos.

18 Com grandíssimo estrondo caíram as águas; as nuvens fizeram soar a sua voz; porque as tuas setas traspassam.

19 A voz do teu trovão fuzilou sobre as rodas; fulguraram os teus relâmpagos pela redondeza da terra; estremeceu e tremeu a terra.

20 No mar abriste o teu caminho, e os teus atalhos no meio das muitas águas, e não serão conhecidos os teus vestígios.

21 Conduziste o teu povo como ovelhas, pela mão de Moisés e de Arão.

LIÇÃO DA HISTÓRIA

1 Hino de Asaph.

77 Escutai a minha lei, povo meu; inclinai os vossos ouvidos às palavras da minha boca.

2 Abrirei em parábolas a minha boca; falarei cousas escondidas desde o princípio;

3 Quantas cousas ouvimos, e as temos entendido, e no-las contaram nossos pais.

4 Eles não as ocultaram a seus filhos nem à seguinte geração, contando os louvores do Senhor, e o seu poder, e as maravilhas que ele obrou.

5 E estabeleceu testemunho em Jacob, e pôs lei em Israel. As quais cousas mandou ele a nossos pais, que fizessem conhecer a seus filhos,

6 Para que as soubesse a geração seguinte. Os filhos que hão-de nascer, e se hão-de levantar, o contarão também a seus filhos,

7 Para que ponham em Deus a sua esperança, e não se esqueçam das obras de Deus; e busquem com cuidado os seus mandamentos.

8 Não se façam como seus pais, geração má e rebelde; geração que não encaminhou reto o seu coração, nem o seu espírito foi leal com Deus.

9 Os filhos de Efraim, dextros em entesar o arco e em despedir dele as frechas, voltaram costas no dia da batalha.

10 Não guardaram a aliança feita com Deus, e não quiseram andar na sua lei.

11 E se esqueceram dos seus benefícios, e das suas maravilhas que obrou à vista deles.

12 Diante de seus pais fez maravilhas, na terra do Egito, no campo de Tanis.

13 Dividiu o mar, e por ele os fez passar; e recolheu as águas como em odre,

14 E os conduziu de dia por uma nuvem, e toda a noite com resplandor de fogo.

15 Fendeu a pedra no ermo, e deu-lhes a beber águas como em um grande abismo.

16 E tirou água da pedra e fez correr as águas como rios.

17 E tornaram ainda a pecar contra ele; moveram a ira do Altíssimo num lugar sem água.

18 E tentaram a Deus nos seus corações, pedindo iguarias que fossem de seu gosto.

19 E falaram mal de Deus; disseram: Porventura poderá Deus preparar uma mesa no deserto?

20 Porque feriu a pedra, e correram águas, e as torrentes inundaram: porventura poderá também dar pão? ou aparelhar mesa para o seu povo?

21 Portanto ouviu o Senhor, e deferiu; e um fogo se incendeu contra Jacob, e cresceu a ira contra Israel;

22 Porque não creram em Deus, nem esperaram na salvação dele.

23 E mandou às nuvens de cima, e abriu as portas do céu.

24 E lhes choveu o maná para comer, e lhes deu pão do céu.

25 Pão dos anjos comeu o homem, e lhes enviou manjares em abundância.

26 Retirou do céu o austro; e pela sua virtude fez mover o áfrico.

27 E choveu sobre eles carnes como pó, e aves de asas como as areias do mar.

28 E caíram no meio dos seus alojamentos, em roda das suas tendas.

29 E comeram, e fartaram-se muito, e cumpriu-lhes o seu desejo.

30 Não ficaram defraudados do que apeteceram. Ainda estavam as suas iguarias na boca deles,

31 Quando a ira de Deus se elevou sobre eles e matou os poderosos deles, e derribou os escolhidos de Israel.

32 Sobre tudo isto pecaram ainda, e não creram nas suas maravilhas.

33 E passaram os seus dias em cousas vãs, e os seus anos com grande fadiga.

34 Quando os fazia morrer, o buscavam, e se convertiam; e ao amanhecer vinham a ele.

35 E lembraram-se de que Deus é seu ajudador, e de que o Deus excelso é o seu redentor.

36 E amaram-no com a sua boca, e com a sua língua lhe mentiram;

37 Mas o seu coração não era reto com ele, nem se mantiveram leais na sua aliança.

38 Mas ele é misericordioso, e perdoará os seus pecados, e não os destruirá; e ele deteve muitas vezes a sua ira, e não acendeu contra eles todo o seu furor.

39 E lembrou-se de que são carne; espírito que passa, e não torna.

40 Quantas vezes o irritaram no deserto, o moveram à ira no lugar sem água!

41 E voltaram, e tentaram a Deus, e exacerbaram o Santo de Israel.

42 Não se lembraram do seu poder, no dia em que os redimiu do jugo do opressor.

43 De como fez resplandecer no Egito os seus sinais, e os seus prodígios no campo de Tanis.

44 E converteu em sangue os seus rios e as suas águas para que não bebessem delas.

45 Enviou sobre eles todo o gênero de moscas que os comeram, e rãs, que os destruíram.

46 E entregou os seus frutos à alforra, e as suas searas aos gafanhotos.

47 E destruiu com saraiva as vinhas deles, e os seus amoreirais com geada.

48 E entregou à saraiva os seus animais, e as suas possessões ao fogo.

49 Enviou sobre eles a ira da sua indignação: indignação e ira, e tribulação, por ministério dos anjos maus.

50 Abriu caminho ao atalho da sua ira, não perdoou a vida às suas almas, e envolveu na mortandade os seus animais.

51 E feriu a todo o primogênito na terra do Egito, as primícias de todo o trabalho deles nas tendas de Cão.

52 E fez sair o seu povo como ovelhas, e guiou-os como um rebanho no deserto.

53 E tirou-os fora esperançados, e não temeram; e sepultou no mar os seus inimigos.

54 E os introduziu depois no monte da sua santificação, monte que adquiriu com a sua dextra; e expulsou da face deles as gentes, e repartiu-lhes por sorte a terra distribuída com cordas.

55 E deu as tendas deles por morada às tribos de Israel.

56 E tentaram, e irritaram de novo o Deus excelso, e não guardaram os seus preceitos.

57 E lhe voltaram as costas, e não observaram a aliança, assim como os pais deles se voltaram em arco atravessado.

58 Eles o incitaram à ira nos seus outeiros, e com os seus ídolos que esculpiram lhe inflamaram o seu zelo.

59 Ouviu-os Deus, e os desprezou, e reduziu ao extremo abatimento.

60 E rejeitou o tabernáculo de Silo, seu próprio tabernáculo, onde morou entre os homens.

61 E entregou a cativeiro à força deles, e a sua formosura nas mãos do inimigo.

62 E encerrou com a espada o seu povo e desprezou a sua própria herança.

63 O fogo devorou os seus mancebos, e as suas virgens não foram choradas.

64 Os seus sacerdotes pereceram à espada; e as suas viúvas não eram choradas.

65 E despertou-se o Senhor como quem dorme, como um valente embriagado do vinho.

66 E feriu a seus inimigos abaixo das espáduas; eterna ignomínia lhes deu.

67 E rejeitou o tabernáculo de José, e não escolheu a tribo de Efraim,

68 Mas escolheu a tribo de Judá, o monte de Sião a quem amou.

69 E edificou como o unicórnio o seu santuário na terra que fundou pelos séculos.

70 E escolheu a David seu servo, e o tomou dos apriscos das ovelhas; e o tirou do cuidado das prenhadas.

71 Para que apascentasse a Jacob seu servo, e a Israel sua herança.

72 E apascentou-os segundo a inocência do seu coração; e com a indústria das suas mãos os conduziu.

A DESOLAÇÃO DE JERUSALÉM

1 Salmo de Asaph.

78 Ó Deus, vieram as nações à tua herança; contaminaram o teu santo templo tornaram Jerusalém como despensa de guardar frutas.

2 Deram os cadáveres dos teus servos por comida às aves do céu, as carnes dos teus santos aos animais da terra.

3 Derramaram o sangue deles como água à roda de Jerusalém; e não havia quem lhes desse sepultura.

4 Temos chegado a ser o opróbrio de nossos vizinhos, e escárneo e a mofa daqueles que estão em roda de nós.

5 Até quando, Senhor, te hás-de irar sem aplacar-te? Até quando se acenderá como fogo o teu zelo?

6 Derrama a tua ira sobre as nações que te não conhecem, e sobre os reinos que não invocaram o teu nome.

7 Porque ele tem devorado a Jacob, e tem assolado a sua casa.

8 Não te lembres de nossas antigas maldades; antecipem-se logo as tuas misericórdias; porque temos sido reduzidos a extrema miséria.

9 Ajuda-nos, ó Deus, Salvador nosso, e pela glória do teu nome, Senhor, livra-nos, e perdoa os nossos pecados, por amor do teu nome.

10 Para que não digam talvez as gentes: Onde está o Deus deles? e se divulgue tal blas-

fêmia entre as nações, ante os nossos olhos; a
vingança do sangue dos teus servos, que foi
derramado.
11 Os gemidos dos que estão em cadeias che-
guem à tua presença; e segundo a grandeza do
teu braço, conserva os filhos dos que foram
mortos.
12 E dá a nossos vizinhos sete tantos no seio
deles; seja opróbrio dos mesmos aquilo com
que, Senhor, te improperavam.
13 Mas nós, que somos povo teu e ovelhas
do teu pasto, te glorificaremos para sempre;
de geração em geração publicaremos o teu
louvor.

A VINHA DE DEUS

1 Ao Mestre de canto. Conforme a melodia "O lírio da lei". Salmo de Asaph.

79 Tu que governas a Israel, atende; tu que
estás assentado sobre os querubins ma-
nifesta-te.
3 Diante de Efraim, Benjamim, e Manassés
excita o teu poder, e vem a fazer-nos salvos.
4 Ó Deus, converte-nos; e mostra-nos o teu
rosto, e seremos salvos.
5 Senhor, Deus dos exércitos, até quando
estarás irado, sem ouvir a oração do teu ser-
vo?
6 Sustentar-nos-ás com pão de lágrimas, e
nos darás bebida de lágrimas com abundân-
cia?
7 Puseste-nos em contradição a nossos vizi-
nhos, e nossos inimigos fizeram escárneo de
nós.
8 Deus das virtudes, converte-nos; mostra-
nos o teu rosto, e seremos salvos.
9 Trasladaste a tua vinha do Egito; lançaste
fora as gentes, e plantaste-a em seu lugar.
10 Guia foste no caminho diante dela; fizes-
te-a arraigar, e ela tem enchido a terra.
11 A sombra dela cobriu os montes, e as
suas ramas os cedros de Deus.
12 Estendeu as suas vides até ao mar, e até
ao rio os seus mergulhões.
13 Para que destruíste o seu muro, e a vin-
dimam todos os que passam pelo caminho?
14 O javali da selva a destruiu, e a fera soli-
tária a devorou.
15 Deus dos exércitos, volta-te; olha desde
o céu, e atende, e visita esta vinha,
16 E acaba de aperfeiçoar a que plantou a
tua dextra, e olha para o filho do homem, que
confirmaste para ti.
17 Ela foi queimada a fogo, e escavada; às
ameaças do teu rosto perecerão.
18 Seja a tua mão sobre o varão da tua dex-
tra; e sobre o filho do homem que confirmaste
para ti.
19 E não nos apartamos de ti; tu nos darás
vida, e invocaremos o teu nome.
20 Senhor Deus dos exércitos, converte-nos;
e mostra-nos o teu rosto, e seremos salvos.

CÂNTICO FESTIVO

1 Ao Mestre de canto. Conforme a melodia "Os lagares...". De Asaph.

80 Regozijai-vos, louvando a Deus nosso aju-
dador; celebrai ao Deus de Jacob.*
3 Entoai o salmo, e tocai os timbales, o sal-
tério harmonioso com a cítara.
4 Tocai a trombeta na neomenia, no dia assi-
nalado da vossa solenidade.
5 Porque está mandado em Israel, e é esta-
tuto em honra do Deus de Jacob.
6 Ordenou-o por testemunho a José, quando
saía da terra do Egito; quando ouviu uma lín-
gua que não entendia.
7 Descarregou do peso ao seu ombro; e as
suas mãos que haviam servido de acarretar
com cesto.
8 Na tribulação me invocaste, e te livrei; eu
te ouvi no escondido da tempestade; fiz prova
de ti junto à água da contradição.
9 Ouve povo meu, e eu te declararei a minha
vontade; Israel, se me ouvires,
10 Não haverá em ti deus novo, nem adora-
rás deus estranho.
11 Porque eu sou o Senhor teu Deus, que te
tirei da terra do Egito; abre bem a tua boca,
e eu ta encherei.
12 E não ouviu o meu povo a minha voz; e
Israel não me atendeu.
13 E os abandonei segundo os desejos do
seu coração; eles irão caminhando atrás das
invenções da sua fantasia.
14 Se o meu povo me houvera ouvido, se
Israel tivera andado nos meus caminhos.
15 Em nada teria o haver sem dúvida humi-
lhado a seus inimigos, e houvera descarregado
a minha mão sobre os que o atribulavam.
16 Os inimigos do Senhor mentiram-lhe; e
durará o tempo deles por todos os séculos.
17 E deu-lhes a comer da gordura do trigo;
e os fartou do mel da pedra.

O JUIZ SUPREMO

1 Salmo de Asaph.

81 Deus assistiu sempre no conselho dos
deuses; no meio deles julga os mesmos
deuses.
2 Até quando julgareis injustamente, e tereis
respeito às faces dos pecadores?
3 Fazei justiça ao necessitado, e ao órfão;
atendei à razão do humilde e do pobre.

4 Tirai o pobre, e livrai o desvalido da mão do pecador.

5 Não souberam, nem entenderam. Andam em trevas; serão abalados todos os fundamentos da terra.

6 Eu disse: Sois deuses, e todos filhos do excelso.

7 Mas vós como homens morrereis, e caireis como um dos príncipes.

8 Levanta-te, ó Deus, julga a terra, porque tu herdarás em todas as gentes.

A CONJURAÇÃO DOS POVOS

1 Cântico. Salmo de Asaph.

82 Ó Deus, quem será semelhante a ti? Não estejas em silêncio, nem te detenhas, ó Deus;

3 Pois vês que os teus inimigos têm feito ruído; e os que te aborrecem, levantaram a cabeça.

4 Sobre o teu povo tiveram desígnios maliciosos, e maquinaram contra os teus santos.

5 Disseram: Vinde, e arruinemos aos desta nação, e não haja mais memória do nome de Israel.

6 Porque maquinaram unânimes, todos juntòs formaram liga contra ti:

7 As tendas dos idumeus, e os ismaelitas; Moab, e os agarenos;

8 Gebal, e Amon, e Amalec; os estrangeiros com os moradores de Tiro.

9 Até veio Assur com eles; ajuntaram-se para auxiliarem aos filhos de Lot.

10 Faze-lhes a eles como aos filhos de Madian e a Sísara: como a Jabin no ribeiro de Cison.

11 Acabaram em Endor; foram feitos como escória da terra.

12 Trata aos comandantes deles como a Oreb, e Zez, e Zebee, e Salmana; a todos os comandantes daqueles

13 Que disseram: Tomemos por herança o santuário de Deus.

14 Ó meu Deus, põe-nos tu a eles como uma roda, e como uma palhinha diante da fúria do vento.

15 Como fogo, que queima uma selva; e como chama que abrasa os montes;

16 Assim os perseguirás com a tua tempestade, e com a tua ira os conturbarás.

17 Enche os seus rostos de ignomínia; e então buscarão o teu nome, Senhor.

18 Sejam afrontados, e turbados para sempre; e sejam confundidos, e pereçam;

19 E conheçam que te é próprio o nome de Senhor; que só tu és o Altíssimo em toda a terra.

CANTO DE ALEGRIA DO PEREGRINO

1 Ao Mestre de canto. Conforme a melodia "Os lagares". Salmo dos filhos de Coré.

83 Quão amáveis são os teus tabernáculos, Senhor dos exércitos!

3 A minha alma suspira e desfalece pelos átrios do Senhor; o meu coração e a minha carne se regozijaram no Deus vivo.

4 Ainda o passarinho acha casa para si, e a rola ninho para si, onde ponha seus filhinhos; os teus altares, Senhor dos exércitos, Rei meu, e Deus meu;

5 Bem-aventurados, Senhor, os que moram na tua casa; pelos séculos dos séculos te louvarão.

6 Bem-aventurado o varão que de ti espera socorro; que dispôs elevações no seu coração,

7 Neste vale de lágrimas, no lugar que Deus destinou para si.

8 Porque o legislador lhe dará a sua benção, irão de virtude em virtude; será visto o Deus dos deuses em Sião.

9 Senhor Deus dos exércitos, atende à minha oração; percebe-a nos teus ouvidos, ó Deus de Jacob.

10 Ó Deus nosso protetor, olha para nós, e põe os olhos no rosto do teu cristo;

11 Porque melhor é um dia nos teus átrios do que milhares. Escolhi estar abatido na casa do meu Deus, antes que morar nas tendas dos pecadores.

12 Porque Deus ama a misericórdia e a verdade; o Senhor dará a graça e a glória.

13 Não privará de bens àqueles que andam em inocência. Senhor dos exércitos, bem-aventurado o homem que espera em ti.

SÚPLICA APÓS A VOLTA DO EXÍLIO

1 Ao Mestre de canto. Salmo dos filhos de Coré.

84 Abençoastes, Senhor, a tua terra; apartaste o cativeiro de Jacob.

3 Perdoaste a maldade do teu povo, cobriste todos os pecados deles.

4 Mitigaste toda a tua ira; suspendeste o furor da tua indignação.

5 Converte-nos, ó Deus, Salvador nosso, e aparta de nós a tua ira.

6 Porventura estarás para sempre irado contra nós? ou estenderás a tua ira de geração em geração?

7 Ó Deus, tu voltado para nós nos darás vida; e teu povo se alegrará em ti.

8 Mostra-nos, Senhor, a tua misericórdia, e dá-nos o teu Salvador.

9 Eu ouvirei o que o Senhor Deus me falar; porque ele me anunciará a paz para o seu povo

e para os seus santos e para aqueles que se voltam para o coração.

10 Certamente a salvação dele está perto dos que o temem, para que habite a glória na nossa terra.

11 A misericórdia e a verdade se encontraram; a justiça e a paz se deram ósculo.

12 A verdade nasceu da terra; e a justiça olhou desde o céu.

13 Porque o Senhor dará a sua benignidade; e a nossa terra produzirá o seu fruto.

14 A justiça irá adiante dele; e porá no caminho os seus passos.

A ORAÇÃO DE UM PIEDOSO SERVO DE DEUS

1 Oração de Davi.

85 Inclina, Senhor, o teu ouvido, e ouve-me; porque eu sou desvalido e pobre.

2 Guarda a minha alma, porque sou santo; salva-me, Deus meu, a mim teu servo, que espero em ti.

3 Senhor, tem misericórdia de mim; porque a ti clamei todo o dia.

4 Alegra a alma do teu servo; porque a ti, Senhor, levantei a minha alma.

5 Porque tu, Senhor, és suave e brando, e de muita misericórdia para todos os que te invocam.

6 Percebe, Senhor, nos teus ouvidos a minha oração; e atende à voz do meu humilde rogo.

7 No dia da minha tribulação clamei a ti, porque me escutaste.

8 Não há semelhante a ti entre os deuses, Senhor; e não há quem se te assemelhe nas suas obras.

9 Todas as gentes, quantas fizeste, virão, e prostrados te adorarão, Senhor; e glorificarão o teu nome.

10 Porquanto tu és grande, e fazedor de maravilhas; tu só és Deus.

11 Guia-me, Senhor, no teu caminho, e andarei na tua verdade; alegre-se o meu coração, para que ele tema o teu nome.

12 Louvar-te-ei, Senhor, Deus meu, com todo o meu coração, e glorificarei o teu nome eternamente;

13 Porque a tua misericórdia é grande sobre mim; e livraste a minha alma do inferno inferior.

14 Levantaram-se, ó Deus, iníquos contra mim, e uma tropa de poderosos buscaram a minha alma, e eles não se propuseram que tu lhes estás presente.

15 Mas tu és, Senhor Deus, clemente e misericordioso, sofrido, e de muita misericórdia, e verdadeiro.

16 Põe os olhos em mim, e tem misericórdia de mim; dá o teu império ao teu servo, e faze salvo ao filho da tua escrava.

17 Faze em meu favor algum sinal, para que o vejam aqueles que me têm ódio, e sejam confundidos, pois tu, Senhor, me tens ajudado, e me tens consolado.

GLÓRIA DA CIDADE SANTA

1 Salmo dos filhos de Coré. Cântico.

86 Os fundamentos dela estão sobre os montes santos:

2 Ama o Senhor as portas de Sião sobre todos os tabernáculos de Jacob.

3 Cousas gloriosas se têm dito de ti, ó cidade de Deus.

4 Lembrar-me-ei de Rahab e de Babilónia que me conhecem; eis aqui os estrangeiros e Tiro e o povo dos etiopes, estes estiveram ali.

5 Porventura não se dirá a Sião: Homem, e homem nasceu nela, e o mesmo Altíssimo a fundou?

6 O Senhor, nas descrições dos povos, e dos príncipes, dirá o número daqueles que estiveram nela.

7 Deste modo a habitação de todos os que se acham alegres é dentro de ti.

DESOLADA LAMENTAÇÃO

1 Cântico. Salmo, dos filhos de Coré. Ao Mestre de cântico. Conforme a melodia "Mahalat". Para ser cantado. De Heman Ezrahita.

87 Senhor, Deus da minha salvação, de dia e de noite clamei diante de ti.

3 Entre à tua presença a minha oração: inclina o teu ouvido ao meu rogo;

4 Porquanto a minha alma está repleta de males, e a minha vida está perto do sepulcro.

5 Tenho sido contado com os que descem ao lago, cheguei a ser como homem sem socorro.

6 Livre entre os mortos; assim como os feridos que dormem nos sepulcros, de quem ja mais te não lembras; e eles são desamparados da tua mão.

7 Puseram-me em um fosso profundo, em lugares tenebrosos, e na sombra da morte.

8 Sobre mim descarregou o teu furor, e todas as tuas ondas fizeste vir sobre mim.

9 Alongaste de mim os meus conhecidos; puseram-me como objeto da sua abominação; entregue fui, e não tinha saída.

10 Os meus olhos desfaleceram de miséria; a ti, Senhor, clamei todo o dia, para ti estendi as minhas mãos.

11 Porventura farás maravilhas com os mortos? ou os médicos os ressuscitarão, e te darão a ti louvor?

12 Acaso narrará algum na sepultura a tua
misericórdia, e a tua verdade na perdição?
13 Porventura serão conhecidas nas trevas
as tuas maravilhas? e a tua justiça na terra
do esquecimento?
14 E eu a ti, Senhor, clamei; e pela manhã
se antecipará diante de ti a minha oração.
15 Por que rejeitas, Senhor, a minha oração,
e apartas de mim a tua face?
16 Eu sou pobre, e vivo em trabalhos desde
a minha mocidade; e depois de exaltado fui
humilhado e conturbado.
17 Por cima de mim passaram as tuas iras;
e os teus terrores me conturbaram.
18 Cercaram-me assim como água todo o dia;
cercaram-me juntos.
19 Alongaste de mim ao amigo e ao parente,
e aos meus conhecidos, por causa da minha
miséria.

A PROMESSA DE DAVI

1 Maskîl. De Ethan Ezrahita.

88 Eu cantarei eternamente as misericórdias
do Senhor; anunciarei a tua verdade pela
minha boca, de geração em geração.
3 Porquanto disseste: A misericórdia será
estabelecida para sempre nos céus; estará pre-
parada neles a tua verdade.
4 Tenho feito aliança com os meus esco-
lhidos, jurei a David, meu servo:
5 Para sempre estabelecerei a tua descen-
dência, e farei firme o teu trono, de geração
em geração.
6 Os céus celebrarão, Senhor, as tuas mara-
vilhas; e a tua verdade se louvará na igreja
dos santos.
7 Por que nas nuvens quem se igualará com
o Senhor? quem entre os filhos de Deus será
semelhante a Deus?
8 Deus que é glorificado na congregação dos
santos; grande e terrível sobre todos os que
estão em roda dele.
9 Senhor, Deus das virtudes, quem é seme-
lhante a ti? Poderoso és, Senhor, e a tua ver-
dade está sempre em roda de ti.
10 Tu dominas sobre o poder do mar; e
tu amansas o movimento das suas ondas.
11 Tu humilhaste ao soberbo, assim como a
um ferido; com o braço do teu poder puseste
em dispersão a teus inimigos.
12 Teus são os céus, e tua é a terra; a redon-
deza da terra, e a sua plenitude, tu a fundaste.
13 O aquilão, e o mar, tu o criaste; o Thabor
e o Hermon em teu nome saltarão de conten-
tamento.
14 O teu braço está cheio de poder; firmada
seja a tua mão, e exaltada a tua dextra.
15 Justiça a eqüidade são a base do teu tro-
no; misericórdia e verdade irão diante da tua
face.
16 Bem-aventurado o povo que sabe louvar-
te com júbilo; Senhor, no lume do teu rosto
andarão,
17 E em teu nome se regozijarão todo o dia;
e na tua justiça serão exaltados.
18 Porque tu és a glória da sua virtude, e
por tua boa vontade será exaltado o nosso
poder.
19 Porque o Senhor nos tem tomado por
seus, e o Santo de Israel é nosso rei.
20 Então falaste em visão aos teus santos,
e lhes disseste: Eu tenho posto o socorro em
um poderoso; e tenho exaltado a um escolhi-
do do meu povo.
21 Achei a David, meu servo; com o meu
santo óleo o ungi;
22 Porque a minha mão lhe assistirá a ele,
e o meu braço o confortará.
23 Nada adiantará o inimigo nele, e o filho
da iniqüidade não poderá ofendê-lo.
24 E quebrantarei diante dele a seus inimi-
gos; e os que o aborrecem porei em fuga.
25 E a minha verdade, e a minha clemência
serão com ele; e no meu nome será exaltado
o seu poder.
26 E estenderei a sua mão sobre o mar, e
a sua dextra sobre os rios.
27 Ele me invocará, dizendo: Tu és meu pai,
Deus meu, e amparador da minha salvação.
28 E eu o estabelecerei por primogênito, ex-
celso sobre os reis da terra.
29 Eternamente o guardará a minha mise-
ricórdia, e a minha aliança será estável com
ele.
30 E farei que a sua descendência subsista
por todos os séculos, e o seu trono como os
dias do céu.
31 Mas se seus filhos abandonarem a minha
lei, e não andarem nos meus preceitos;
32 Se violarem as minhas justiças, e não
guardarem os meus mandamentos;
33 Visitarei com vara as suas maldades, e
com açoites os seus pecados.
34 Mas não apartarei dele a minha miseri-
córdia, nem lhe faltarei em minha verdade;
35 Nem violarei a minha aliança nem farei
vãs as promessas que saem dos meus lábios.
36 Uma vez jurei pela minha santidade; não
faltarei a David.
37 A sua descendência permanecerá eterna-
mente
38 E o seu trono será para sempre como o
sol diante de mim, e como a lua cheia, e como
o testemunho fiel no céu.
39 Mas tu repeliste, e desprezaste, alongaste
o teu cristo.

40 Transtornaste a aliança do teu servo; tens posto por terra o seu santuário.

41 Destruíste todos os seus valados; puseste medo na sua fortaleza.

42 Despojaram-no todos os que passavam pelo caminho; chegou a ser o opróbrio dos seus vizinhos.

43 Exaltaste a dextra dos que o humilhavam: alegraste a todos os seus inimigos.

44 Apartaste a defensa da sua espada, e não o auxiliaste na batalha.

45 Fizeste cessar o seu esplendor, e derribaste por terra o seu trono.

46 Abreviaste os dias do seu templo; cobriste-o de confusão.

47 Que, acaso estarás apartado, Senhor, até ao fim: escandecer-se-á como fogo a tua ira?

48 Lembra-te de qual é a minha subsistência; pois que, acaso criaste em vão todos os filhos dos homens?

49 Que homem há, que viva, e não veja a morte, que haja de livrar a sua alma do poder do inferno?

50 Onde estão as tuas antigas misericórdias, Senhor, as que juraste a David na tua verdade?

51 Lembra-te, Senhor, do opróbrio que os teus servos têm sofrido de muitas nações, o qual eu tenho depositado no meu seio;

52 Com que nos têm insultado, Senhor, os teus inimigos, com que nos têm insultado em recompensa do teu cristo.

53 Bendito seja o Senhor para sempre. Assim seja, assim seja.

LIVRO IV

FRATERNIDADE HUMANA

1 Oração de Moisés, homem de Deus.

89 Senhor, tu tens sido o nosso refúgio, de geração em geração.

2 Antes que os montes fossem feitos, ou formada a terra, e a sua redondeza, desde a eternidade tu és Deus.

3 Não reduzas o homem ao abatimento; pois disseste: Convertei-vos, filhos dos homens.

4 Porque mil anos, aos teus olhos, são como o dia de ontem, que passou, e como vigia na noite.

5 Cousas que em nada se estimam, assim serão os anos deles.

6 De manhã passa como a erva, pela manhã floresce e passa: à tarde cai, endurece, e se seca.

7 Porque desfalecemos com a tua ira, e com o teu furor somos turbados.

8 Puseste as nossas maldades à tua vista, o nosso século ao resplandor do teu rosto.

9 Porque todos os nossos dias faltaram, e temos sido consumidos pela tua ira; os nossos anos como aranha serão considerados.

10 Os dias da nossa vida são em si setenta anos; e nos mais robustos, oitenta anos; e o que passa destes, não é mais do que trabalho e dor, porque sobreveio mansidão, e seremos arrebatados.

11 Quem conheceu o poder da tua ira, e soube contar quão terrível é a tua sanha?

12 Faze que seja assim conhecida a tua dextra, e que o nosso coração seja instruído em sabedoria.

13 Volta-te para nós, Senhor: até quando? E sê exorável aos teus servos.

14 Temos sido cheios da tua misericórdia desde a manhã; e nos temos regozijado e deleitado em todos os nossos dias.

15 Alegramo-nos pelos dias que nos humilhaste, pelos anos em que vimos males.

16 Põe os olhos nos teus servos, e nas tuas obras; e encaminha os filhos deles.

17 E seja o resplandor do Senhor, nosso Deus sobre nós, e encaminha as obras de nossas mãos sobre nós; e encaminha a obra de nossas mãos.

A PROTEÇÃO DO ALTÍSSIMO

90 O que habita à sombra do Altíssimo, na proteção do Deus do céu descansará.

2 Dirá ao Senhor: Tu és o meu amparador, e o meu refúgio é o meu Deus, nele esperarei.

3 Porque ele me livrou do laço dos caçadores, e da palavra áspera.

4 Com as suas espáduas te fará sombra, e debaixo das suas asas esperarás.

5 Com o escudo te cercará a sua verdade. Não terás temor de espanto noturno,

6 De seta que voa de dia, de nenhuma cousa que ande em trevas, de assalto, nem de demônio do meio-dia.

7 Cairão mil ao teu lado, e dez mil à tua dextra, mas a ti não se chegará.

8 Certamente com os teus olhos contemplarás, e verás a paga dos pecadores.

9 Porque tu és, Senhor, a minha esperança; puseste por teu refúgio ao Altíssimo;

10 Não se chegará a ti mal, e o flagelo não se aproximará à tua tenda.

11 Porquanto mandou aos seus anjos, acerca
de ti, que te guardem em todos os teus ca-
minhos.
12 Eles te levarão nas suas mãos; para que
não suceda que o teu pé tropece em pedra.
13 Sobre o áspide, e basilisco, andarás; e
pisarás ao leão, e ao dragão.
14 Porquanto em mim esperou, livrá-lo-ei;
protegê-lo-ei, porquanto conheceu o meu nome.
15 Clamará a mim, e eu o ouvirei; com ele
estou na tribulação, livrá-lo-ei, e glorificá-lo-ei;
16 Saciá-lo-ei com diuturnidade de dias, e
mostrar-lhe-ei o meu Salvador.

PODER E JUSTIÇA DE DEUS

1 Salmo. Canto. Para o dia de sábado.

91 Bom é louvar ao Senhor, e cantar salmo
ao teu nome, ó Altíssimo;
3 Para publicar pela manhã a tua misericór-
dia, e a tua verdade pela noite.
4 Com o saltério de dez cordas; com cântico,
ao som da cítara.
5 Porquanto me deste prazer, Senhor, na
tua feitura; e nas obras das tuas mãos me re-
gozijarei.
6 Quão magníficas são, Senhor, as tuas
obras! Extremadamente profundos são os teus
conselhos.
7 O varão insensato não conhecerá, e o nés-
cio não compreenderá estas cousas.
8 Apenas se deixarão ver os pecadores como
a erva, e aparecerão todos os que obram iniqüi-
dade, quando perecerão pelo século do século.
9 Mas tu, Senhor, és eternamente o Altís-
simo.
10 Pois eis aqui os teus inimigos, Senhor,
eis aqui que os teus inimigos perecerão; e serão
dissipados todos os que obram iniqüidade.
11 E será exaltada a minha força como a do
unicórnio; e a minha velhice com a abundân-
cia de misericórdia.
12 E os meus olhos olharam com desprezo
para os meus inimigos, e os meus ouvidos ouvi-
ram o castigo dos malignos que se levantam
contra mim.
13 O justo como palma florescerá; como ce-
dro do Líbano se multiplicará.
14 Plantados na casa do Senhor, florescerão
nos átrios da casa do nosso Deus.
15 Ainda se multiplicarão em velhice abun-
dante; e estarão cheios de vigor.
16 Para anunciar que é reto o Senhor, nosso
Deus, e que não há injustiça nele.

O REINO DE DEUS

92 O Senhor, reinou, vestiu-se de magnifi-
cência; vestiu-se o Senhor de fortaleza,
e cingiu-se; porque firmou a redondeza da terra,
que não será comovida.
2 Desde então se estabeleceu o teu trono;
tu és desde a eternidade.
3 Alçaram os rios, Senhor, alçaram os rios
o estrondo da sua voz; encresparam os rios as
suas ondas,
4 Pelas vozes das suas muitas águas. Mara-
vilhosas as inchações do mar, maravilhoso nas
alturas o Senhor.
5 Os teus testemunhos se têm feito críveis
em grande maneira; à tua casa convém santi-
dade, Senhor, por diuturnidade de dias.

O JUSTO JUÍZO

93 O Deus das vinganças é o Senhor; O Deus
das vinganças sempre obrou livremente.
2 Exalta-te, tu que julgas a terra; dá a retri-
buição aos soberbos.
3 Até quando os pecadores, Senhor, até quan-
do os pecadores se hão-de gloriar;
4 Pronunciarão, e falarão iniqüidade; e fa-
larão todos os que obram injustiça?
5 Ao teu povo, Senhor, humilharam, e à
tua herança maltrataram.
6 À viúva, e ao estrangeiro, mataram, e aos
órfãos tiraram a vida.
7 E disseram: Não o verá o Senhor, nem o
saberá o Deus de Jacob.
8 Entendei, insensatos do povo; e vós, nés-
cios, entrai uma vez em prudência.
9 O que plantou o ouvido, não ouvirá? ou,
o que formou o olho, não verá?
10 O que castiga as gentes, não repreenderá?
Ele que ensina ao homem ciência?
11 O Senhor conhece os pensamentos dos
homens, que são vãos.
12 Bem-aventurado o homem a quem tu ins-
truíres, Senhor, e na tua lei amestrares.
13 A fim de o pôr em descanso nos dias
maus, entretanto que se abre a cova para o
pecador.
14 Porque o Senhor não repelirá o seu povo,
nem abandonará a sua herança.
15 Até que a justiça venha a fazer juízo; e
que estejam perto dela todos os que são retos
de coração.
16 Quem se levantará a meu favor contra os
malignos? Ou, quem estará comigo contra os
que obram iniqüidade?
17 Se não fosse porque o Senhor me valeu,
quase que a minha alma houvera caído no in-
ferno.
18 Se dizia: Está vacilante o meu pé: a tua
misericórdia, Senhor, me sustentava.
19 Segundo as muitas dores que provou o
meu coração, as tuas consolações alegraram a
minha alma.

20 Acaso tem união contigo a cadeira da ini-
qüidade, quando tu nos impões mandamentos
penosos?
21 Eles irão à caça da alma do justo, e con-
denarão o sangue inocente.
22 Mas o Senhor me serviu de refúgio, e o
meu Deus de socorro da minha esperança;
23 E fará cair sobre eles a sua iniqüidade,
e na sua malícia os destruirá; destrui-los-á, a
eles, o Senhor nosso Deus.

CONVITE À ADORAÇÃO

94 Vinde, regozijemo-nos no Senhor; cele-
bremos as glórias de Deus nosso Salvador.
2 Apresentemo-nos ante a sua face com lou-
vor, e celebremo-lo com salmos.
3 Porque o Senhor é Deus grande, e Rei
grande sobre todos os deuses.
4 Porque na sua mão estão todos os limites
da terra, e as alturas dos montes são suas.
5 Porquanto, seu é o mar pois ele o faz; e
as suas mãos formaram a terra árida.
6 Vinde, adoremos, e prostremo-nos; e cho-
remos diante do Senhor que nos criou;
7 Porque ele é o Senhor nosso Deus, e nós
povo do seu pasto, e ovelhas da sua manada.
8 Se hoje ouvirdes a sua voz, não queirais
endurecer os vossos corações;
9 Assim como na altercação em o dia da ten-
tação no deserto, onde me tentaram vossos
pais, me provaram, e viram as minhas obras.
10 Quarenta anos estive desgostado com esta
geração, e disse: Estes sempre erram de co-
ração;
11 E eles não acertaram os meus caminhos,
pelo que lhe jurei na minha ira: Não entrarão
no meu repouso.

APLAUSOS A DEUS, REI INCOMPARÁVEL

95 Cantai ao Senhor um cântico novo; can-
tai ao Senhor, habitantes de toda a terra.
2 Cantai ao Senhor, e bendizei o seu nome;
anunciai, de dia em dia, a sua salvação.
3 Anunciai entre as gentes a sua glória, em
todos os povos as suas maravilhas.
4 Porque o Senhor é grande, e mui digno
de ser louvado; terrível é sobre todos os deuses;
5 Porque todos os deuses das gentes são de-
mônios; mas o Senhor fez os céus.
6 Louvor e formosura diante dele; santidade
e grandeza no seu santuário.
7 Tributai ao Senhor, ó famílias das gentes,
tributai ao Senhor glória e honra.
8 Tributai ao Senhor a glória devida ao seu
nome; tomai vítimas, e entrai nos seus átrios.
9 Adorai ao Senhor no átrio do seu santo ta-
bernáculo; trema toda a terra à sua presença.
10 Dizei entre as gentes que o Senhor reinou;
porque firmou a redondeza da terra, que não
será comovida; julgará os povos com eqüidade.
11 Alegrem-se os céus, e regozije-se a terra;
comova-se o mar, e o que ele contém.
12 Alegrar-se-ão os campos, e todas as cou-
sas que neles há; então se regozijarão todas as
árvores das selvas.
13 Ante a face do Senhor, porque veio, por-
que veio a julgar a terra. Julgará a redondeza
da terra com eqüidade, e os povos segundo
a sua verdade.

TRIUNFO DE DEUS SOBRE OS ÍDOLOS

96 O Senhor reinou, regozije-se a terra; ale-
grem-se as muitas ilhas.
2 Nuvens e escuridão estão ao redor dele;
justiça e juízo são a base do seu trono.
3 Fogo irá adiante dele, e abrasará ao redor
os seus inimigos.
4 Alumiaram os seus relâmpagos a redon-
deza da terra; viu-os a terra, e foi comovida.
5 Os montes como cera se derreteram ante
a face do Senhor, diante do Senhor toda a terra.
6 Anunciaram os céus a sua justiça, e viram
todos os povos a sua glória.
7 Confundidos sejam todos os que adoram
ídolos, e os que se gloriam nos seus simulacros.
Adorai ao Senhor todos os seus anjos.
8 Ouviu-o, e alegrou-se Sião, e regozijaram-se
as filhas de Judá, pelos teus juízos, Senhor;
9 Porque tu és o Senhor Altíssimo sobre toda
a terra. Tu és em grande maneira exaltado so-
bre todos os deuses.
10 Os que amais ao Senhor, aborrecei o mal:
guarda o Senhor as almas dos seus santos, da
mão do pecador os livrará.
11 A luz é nascida para os justos, e a alegria
para os retos de coração.
12 Alegrai-vos, justos, no Senhor; e celebrai
a memória da sua santidade.

A VINDA MESSIÂNICA

1 Salmo.

97 Cantai ao Senhor um cântico novo, por-
que ele fez maravilhas. A sua dextra o
livrou, e o seu braço santo.
2 O Senhor manifestou o seu Salvador: à
vista das nações descobriu a sua justiça.
3 Lembrou-se da sua misericórdia, e da sua
verdade para com a casa de Israel. Viram todos
os limites da terra a salvação do nosso Deus.
4 Celebrai a Deus toda a terra; cantai, e sal-
tai de prazer, e dizei salmos.
5 Cantai salmos ao Senhor com cítara, com
cítara e com voz de salmo;

6 Com trombetas de metal, e som de corneta; regozijai-vos na presença do Rei, que é o Senhor.

7 Mova-se o mar, e quanto nele há; a redondeza da terra, e os que habitam nela.

8 Os rios mostrarão aplauso; os montes juntamente se alegrarão

9 À vista do Senhor, porque veio a governar a terra. Governará a redondeza da terra em justiça, e os povos em eqüidade.

LOUVOR AO REI DO UNIVERSO

98 O Senhor reinou, enfureçam-se os povos; reinou o que está assentado sobre querubins, mova-se a terra.

2 O Senhor é grande em Sião; e é exaltado sobre todos os povos.

3 Dêem glória ao teu grande nome; porquanto é terrível e santo.

4 E a honra do rei está em amar a justiça. Tu preparaste leis retíssimas, tu fizeste juízo e justiça em Jacob.

5 Exaltai ao Senhor nosso Deus, e adorai o escabelo de seus pés, porque ele é santo.

6 Moisés e Arão, entre os seus sacerdotes, e Samuel, entre aqueles que invocam o seu nome, invocavam o Senhor, e ele os atendia.

7 Em coluna de nuvem lhes falava; guardavam os mandamentos, e o preceito que lhes deu.

8 Senhor nosso Deus, tu os atendias; ó Deus, tu lhes foste favorável, e vingador de todas as maquinações que lhes faziam.

9 Exaltai ao Senhor nosso Deus, e adorai-o no seu santo monte; porque santo é o Senhor nosso Deus.

LOUVORES E AÇÕES DE GRAÇAS

1 Salmo de ação de graças.

99 Celebrai com júbilo ao Senhor, povos de toda a terra; servi ao Senhor em alegria; entrai diante dele com alvoroço.

3 Sabei que o Senhor é Deus; ele nos fez e não nós outros a nós, povo seu, e ovelhas de seu pasto.

4 Entrai as portas dele com louvor, nos átrios dele com hinos; glorificai-o, louvai o seu nome:

5 Porque suave é o Senhor; é eterna a sua misericórdia; e a sua verdade se dilata de geração em geração.

PROPÓSITOS DE UM BOM SOBERANO

1 Salmo de Davi.

100 Eu te cantarei a ti, Senhor, a tua misericórdia e a tua justiça; direi salmos.

2 E me aplicarei a conhecer o caminho da inocência quando vieres a mim. Caminhava eu na inocência do meu coração, no meio da minha casa,

3 Não punha diante dos meus olhos cousa injusta; aborrecida aos que faziam prevaricações. Não se unia a mim

4 Coração depravado; ao malicioso, que se afastava de mim, não o conhecia,

5 Ao que secretamente dizia mal do seu próximo, a este perseguia. Com homem de olhos soberbos, e de coração insaciável, com esse não comia;

6 Os meus olhos só olhavam para os fiéis do país para que se assentassem comigo; o que andava em caminho de inocência, esse me servia.

7 Não habitará no meio da minha casa o que obra com soberba. O que fala cousas iníquas, não entrou direito na vista dos meus olhos.

8 Pela manhã entregava à morte todos os pecadores da terra, a fim de exterminar da cidade do Senhor a todos os que obravam maldade.

O CATIVO NA AFLIÇÃO

1 Prece de um miserável que, abatido, expande a sua angústia na presença do Senhor.

101 Senhor, ouve a minha oração, e chegue a ti o meu clamor.

3 Não apartes o teu rosto de mim. Em qualquer dia em que me achar atribulado, inclina para mim o teu ouvido. Em qualquer dia em que te invocar, ouve-me prontamente,

4 Porque foram dissipados como fumo os meus dias, e os meus ossos, assim como acendalhas, se secaram.

5 Fui ferido como feno, e o meu coração se secou, porque me esqueci de comer o meu pão.

6 À voz do meu gemido se pegaram os meus ossos à minha carne.

7 Tornei-me semelhante ao pelicano do deserto; cheguei a ser como a coruja no seu albergue.

8 Vigiei, e estou feito como pássaro solitário no telhado.

9 Todo o dia me improperavam os meus inimigos, e os que me louvavam, se conjuravam contra mim.

10 Porque comia a cinza como pão, e misturava a minha bebida com o pranto,

11 À vista da tua ira e indignação; porque, levantando-me, me arrojaste.

12 Os meus dias como sombra passaram, e eu como feno me sequei;

13 Mas tu, Senhor, permaneces para sempre, e a memória do teu nome vai de geração em geração.

14 Tu, levantando-te, terás piedade de Sião; porque é tempo de teres piedade dela, porque o prazo está já cumprido.

15 Porque as suas ruínas têm sido agradáveis aos teus servos, e eles se compadecerão da sua terra.

16 E temerão as nações o teu nome, Senhor, e todos os reis da terra respeitarão a tua glória:

17 Porquanto o Senhor edificou a Sião, e será visto na sua glória;

18 Atendeu a oração dos humildes, e não desprezou o seu rogo.

19 Sejam escritas estas cousas a outra geração; e o povo, que há-de ser criado, louvará o Senhor,

20 Porque olhou desde o alto do seu santuário; o Senhor desde o céu olhou sobre a terra,

21 Para ouvir os gemidos dos encarcerados; para dar soltura aos filhos dos condenados à morte;

22 Para que anunciem em Sião o nome do Senhor, e o seu louvor em Jerusalém,

23 Quando os povos se ajuntarem, e os reis, para servirem ao Senhor.

24 Respondeu-lhe no caminho do seu vigor: Dize-me o curto número de meus dias.

25 Não me chames na metade de meus dias: os teus anos se estendem de geração em geração.

26 No princípio tu, Senhor, fundaste a terra; e os céus são obras das tuas mãos.

27 Eles perecerão, mas tu permaneces; e todos se envelhecerão como um vestido; e como roupas de vestir os mudarás, e serão mudados;

28 Mas tu és sempre o mesmo, e os teus anos não se acabarão.

29 Os filhos de teus servos habitarão, e a sua posteridade será dirigida eternamente.

AS MISERICÓRDIAS DIVINAS

1 De Davi.

102 Bendize, ó alma minha, ao Senhor; e todas as cousas que há dentro de mim bendigam o seu santo nome.

2 Bendize, ó alma minha, ao Senhor; e não queiras esquecer-te de todos os seus benefícios.

3 O que perdoa todas as tuas maldades; o que sara todas as tuas enfermidades;

4 O que redime da morte a tua vida; o que te coroa da sua misericórdia e das suas graças;

5 O que enche de bens o teu desejo; renovar-se-á como a da águia a tua mocidade.

6 O Senhor, que faz misericórdias, e justiça a todos os que sofrem agravos,

7 Fez conhecer a Moisés os seus caminhos, aos filhos de Israel as suas vontades.

8 É benigno e misericordioso, o Senhor; magnânimo, e de muita misericórdia.

9 Não estará irado para sempre, nem ameaçará eternamente.

10 Não nos há tratado a nós segundo os nossos pecados, nem nos tem pago segundo as nossas maldades;

11 Pois quanto a elevação do céu está remontada sobre a terra, tanto ele tem firmado a sua misericórdia sobre os que o temem;..

12 Quanto dista o oriente do ocidente, tanto ele tem apartado de nós as nossas maldades;

13 Como o pai se compadece dos filhos, assim se tem compadecido o Senhor dos que o temem;

14 Porque ele já tem conhecido a fragilidade da nossa origem, lembrou-se de que somos pó.

15 O homem, cujos dias são como o feno, assim se murchará como a flor do campo,

16 Porque o espírito estará nele de passagem, e ele não subsistirá, e não conhecerá dali em diante o seu lugar;

17 Mas a misericórdia do Senhor está desde a eternidade, até à eternidade, sobre os que o temem, e a sua justiça sobre os filhos dos filhos,

18 Para com aqueles que guardam a sua aliança, e se lembram dos seus mandamentos para observá-los.

19 O Senhor tem prevenido no céu o seu trono, e o seu reino dominará sobre todos.

20 Bendizei ao Senhor todos os anjos dele; poderosos em virtude, que sois executores da sua palavra, para obedecer à voz das suas ordens.

21 Bendizei ao Senhor todas as virtudes dele: vós, ministros seus, que fazeis a sua vontade.

22 Bendizei ao Senhor todas as suas obras; em todo o lugar de seu senhorio; bendize, ó alma minha, ao Senhor.

HINO AO CRIADOR

103 Bendize, ó alma minha, ao Senhor; Senhor, Deus meu, tu te tens engrandecido poderosamente; de glória e de formosura te tens vestido.

2 Coberto de lume como de vestidura; que estendes o céu como um pavilhão;

3 Que cobres com águas os seus mais altos lugares; que pões uma nuvem para tua subida; que andas sobre as asas dos ventos;

4 Que fazes aos teus anjos espíritos; e aos teus ministros fogo queimador;

5 Que fundaste a terra sobre a sua própria estabilidade; não se inclinará pelos séculos dos séculos.

6 O abismo a cinge a ela, como um vestido; sobre os montes estarão as águas.

7 À tua ameaça fugirão; à voz do teu trovão temerão.

8 Sobem os montes, e descem as campinas, ao lugar que lhes estabeleceste,

9 Termo lhes puseste, que não traspassarão, e não voltarão a cobrir a terra.

10 Que fazes sair fontes nos vales; por meio dos montes passarão as águas.

11 Beberão todos os animais do campo; suspirarão por elas os asnos silvestres na sua sede.

12 Sobre elas morarão as aves do céu; as quais do meio dos rochedos darão vozes.

13 Que regas os montes das águas mais altas; do fruto de tuas obras se saciará a terra;

14 Que produzes feno para as alimárias, e erva para o serviço dos homens, para fazeres sair o pão do seio da terra,

15 E o vinho que alegra o coração do homem; o azeite, para que o homem faça brilhar o seu rosto, e com o pão corrobore o seu coração.

16 Saciar-se-ão as árvores do campo, e os cedros do Líbano que plantou;

17 Ali farão ninho as aves; a casa da cegonha lhes serve de guia a elas.

18 Os montes altos são refúgio aos cervos; os penhascos para os ouriços cacheiros.

19 Fez a lua para designar os tempos; o sol conheceu o seu ocaso.

20 Puseste trevas, e foi feita a noite; nela transitarão todas as alimárias da selva.

21 Os cachorros dos leões rugem em busca da presa, e para pedirem a Deus o seu sustento.

22 Saiu o sol, e recolheram-se, e meter-se-ão nos seus covis.

23 Sairá o homem à sua obra, e aos seus trabalhos até à noite.

24 Quão magníficas são as tuas obras, Senhor! Todas as cousas fizeste com sabedoria; cheia está a terra da tua possessão.

25 Este mar grande e largo de braços: ali existem peixes que não têm número, animais pequenos e grandes.

26 Ali transitarão as naus. Este dragão, que formaste para zombar no mar.

27 Todos esperam de ti que lhes dês de comer a seu tempo.

28 Dando-lho tu, eles recolherão: abrindo tu a tua mão, todos se encherão de bens.

29 Mas se tu apartares o teu rosto, turbar-se-ão; tirar-lhes-ás o espírito, e deixarão de ser, e tornar-se-ão no seu pó.

30 Enviarás o teu espírito, e serão criados: e renovarás a face da terra.

31 Seja a glória do Senhor para sempre; alegrar-se-á o Senhor nas suas obras;

32 O que olha para a terra, e a faz estremecer; o que toca os montes, e fumegam.

33 Cantarei ao Senhor em todo o espaço da minha vida; cantarei salmos ao meu Deus enquanto eu subsistir.

34 Sejam-lhe aceites as minhas palavras; eu certamente me deleitarei no Senhor.

35 Feneçam da terra os pecadores e os iníquos, de modo que não subsistam. Bendize, ó alma minha, ao Senhor.

O PACTO ANTIGO

104 Louvai ao Senhor, e invocai o seu nome; anunciai entre as gentes as suas obras.

2 Cantai-lhe, e dizei-lhe salmos; narrai todas as suas maravilhas.

3 Gloriai-vos em seu santo nome; alegre-se o coração dos que buscam ao Senhor.

4 Buscai ao Senhor, e fortificai-vos; buscai sempre a sua face.

5 Lembrai-vos das suas maravilhas que fez; de seus prodígios, e dos juízos que pronunciou com a sua boca;

6 Vós, ó descendentes de Abraão, que sois seus servos; vós, ó filhos de Jacob, seus escolhidos.

7 Ele é o Senhor nosso Deus; os seus juízos se executarão em toda a terra.

8 Ele se lembrou para sempre da sua aliança, e da palavra que enviou para mil gerações;

9 Daquela que deu a Abraão, e do juramento que fez a Isaac;

10 E o confirmou a Jacob por estatuto, e a Israel, para que fosse uma aliança eterna,

11 Dizendo: A ti te darei a terra de Canaan, repartimento da vossa herança.

12 Quando eram em curto número, mui poucos, e estrangeiros nesta terra;

13 E passaram de gente em gente, e de um reino a outro povo.

14 Não permitiu que alguém os ofendesse e castigou por causa deles aos reis.

15 Não toqueis os meus ungidos; e não maltrateis aos meus profetas.

16 E chamou a fome sobre a terra; e quebrantou toda a força do pão.

17 Enviou adiante deles um varão, José, que foi vendido por escravo;

18 Apertaram com grilhões seus pés; o ferro traspassou a sua alma;

19 Até que foi cumprida a profecia dele; a palavra do Senhor o havia inflamado.
20 Enviou o rei, e o soltou; o príncipe dos povos, e lhe deu liberdade.
21 Constituiu-o senhor da sua casa, e por príncipe de tudo o que possuía;
22 Para que desse luz aos seus grandes como a si mesmo, e ensinasse a prudência aos seus anciãos.
23 E entrou Israel no Egito; e foi Israel estrangeiro na terra de Cão.
24 E aumentou o seu povo em grande maneira, e o fez forte sobre os seus inimigos.
25 Transtornou o coração dos egípcios, para que aborrecessem o seu povo, e usassem de enganos com os seus servos.
26 Enviou a Moisés seu servo; a Arão, o mesmo que ele escolheu.
27 Pôs neles as palavras de seus sinais e prodígios, na terra de Cão.
28 Enviou trevas, e difundiu escuridade; e não tornou vãs as suas palavras.
29 Converteu-lhes as águas em sangue, e matou os seus peixes.
30 A sua terra produziu rãs, até nas câmaras dos mesmos reis.
31 Disse, e vieram moscas de todas as castas, e mosquitos em todos os seus limites.
32 Mudou as suas chuvas em granizo; lançou um fogo abrasador na terra deles.
33 E feriu as suas vinhas, e os seus figueirais; e quebrou as árvores que havia nos seus limites.
34 Disse, e vieram gafanhotos, e alforra, em tanta cópia que não tinha número:
35 E comeu toda a erva na terra deles, e comeu todo o fruto da terra deles.
36 E feriu a todos os primogênitos na terra deles; as primícias de todo o seu trabalho.
37 E conduziu-os com prata e com ouro; e não havia enfermo nas tribos deles.
38 Alegrou-se o Egito na partida deles, porque estava preocupado do temor que lhes tinha.
39 Estendeu uma nuvem que os cobrisse; e fogo que os alumiasse de noite.
40 Pediram, e vieram codornizes: e do pão do céu os saciou.
41 Fendeu a pedra, e manaram águas; correram rios em lugar seco,
42 Porque teve em memória a sua santa palavra, a qual ele havia dado a Abraão seu servo.
43 E tirou o seu povo com regozijo, e os seus escolhidos com alegria.
44 E deu-lhes as terras das nações; e disfrutaram o trabalho de outros povos;
45 Para que guardassem os seus mandamentos, e buscassem a sua lei.

FIDELIDADE DIVINA FACE À INFIDELIDADE DE ISRAEL

1 Aleluia.

105 Louvai ao Senhor, porque ele é bom; porque a sua misericórdia é por todos os séculos.
2 Quem referirá as obras do poder do Senhor? quem fará que sejam ouvidos todos os seus louvores?
3 Bem-aventurados os que observam retidão, e praticam a justiça em todo o tempo.
4 Lembra-te de nós, Senhor, segundo a bondade que te aprouve mostrar ao teu povo: visita-nos com a tua salvação;
5 Para que vejamos os bens de teus escolhidos, e gozemos a alegria que destinas ao teu povo, para que sejas glorificado na tua herança.
6 Temos pecado com os nossos pais; temos obrado injustamente, cometemos iniqüidade.
7 Nossos pais no Egito não consideraram as tuas maravilhas; não se lembraram da multidão da tua misericórdia; e te irritaram estando para entrar no mar, no Mar Vermelho.
8 E ele os salvou por amor do seu nome, para fazer patente o seu poder.
9 E ameaçou o Mar Vermelho, e secou-se, e levou-os pelos abismos, como por um deserto.
10 E salvou-os da mão dos que os aborreciam, e resgatou-os da mão do inimigo.
11 E cobriu a água aos que os perseguiam; não ficou deles nem um só.
12 E deram crédito às suas palavras, e cantaram o seu louvor.
13 Porém logo instantaneamente se deram pressa em esquecer as suas obras, e não esperaram o seu conselho.
14 E cobiçaram delícias no deserto; e tentaram a Deus no lugar sem água.
15 E lhes concedeu o que pediam; e enviou fartura às suas almas.
16 E irritaram a Moisés no acampamento; a Arão o santo do Senhor.
17 Abriu-se a terra, e tragou a Dathan, e sorveu a Abiron com seus sequazes.
18 E ateou-se fogo no meio do seu congresso; a chama abrasou os pecadores.
19 E fizeram um bezerro em Horeb, e adoraram a obra que fabricaram.
20 E trocaram a sua glória pelo simulacro de um bezerro que come feno.
21 Esqueceram-se de Deus que os salvou, o qual havia feito grandes prodígios no Egito;
22 Maravilhas na terra de Cão; portentos no Mar Vermelho.
23 E disse que os destruiria, se Moisés, seu escolhido, se não houvesse posto em meio

Frans Francken *OS ISRAELITAS NA PRAIA DO MAR VERMELHO.*

Acampados nas margens do Mar Vermelho, os Israelitas viram o Faraó e o seu exército aproximar-se. Entalados entre os inimigos e o mar, os Israelitas ficaram dominados pelo pânico. Porém Moisés incutiu-lhes coragem para permanecerem firmes e assim verem os prodígios que o Senhor operou. *Êxodo, 14:13.*

Kristoffer Eckersberg
MOISÉS DIVIDE AS ÁGUAS DO MAR VERMELHO.

Mandado por Deus, Moisés levantou a sua vara sobre o Mar Vermelho. As águas dividiram-se e um vento abrasador secou o caminho através do mar. Quando os egípcios se lançaram a persegui-los, reuniram-se as águas, afogando o Faraó e o seu exército, e nem um sequer se salvou. *Êxodo, 14:28.*

Ester e Assuero (Quadro de Poussin).

Caim mata Abel (Quadro de Frans Francken).

Isaac e Jacó (Quadro de Mateus Stomer).

O bom Samaritano (Quadro de Adam Elsheimer – Museu do Louvre – Paris).

O Tributo (Afresco de Masaccio – Capela da Igreja del Carmine – Florença).

São Paulo (Tela de Masaccio).

Os Quatro Apóstolos (obra de Albrecht Dürer).

ante ele, quebrando o ídolo para apartar a
sua ira, que não os destruísse.
24 E por nada reputaram a terra desejada.
Não creram a sua palavra,
25 E murmuraram nas suas tendas; não
atenderam à voz do Senhor.
26 E levantou a sua mão sobre eles, para
os exterminar no deserto;
27 E para envilecer a sua estirpe entre as
nações, e espalhá-los pelas regiões.
28 E consagraram-se a Beelfegor, e come-
ram os sacrifícios dos mortos.
29 E o irritaram com as suas invenções; e
se multiplicou neles a mortandade.
30 E apresentou-se Phineas e o aplacou; e
cessou o flagelo.
31 E foi-lhe imputada a justiça, por geração
e geração para sempre.
32 E irritaram-no nas águas da contradição;
e foi castigado Moisés por causa deles;
33 Porque amarguraram o seu espírito, e foi
duvidoso nas suas palavras.
34 Não exterminaram as gentes, que o Se-
nhor lhes disse;
35 E se mesclaram com as gentes, e toma-
ram os seus costumes;
36 E serviram aos seus ídolos; e lhes foi
causa de tropeço.
37 E imolaram aos demônios os seus filhos
e suas filhas;
38 E derramaram o sangue inocente; o san-
gue de seus filhos e de suas filhas, que haviam
sacrificado aos ídolos de Canaan; e se inficio-
nou a terra com sangues,
39 E se contaminou com as suas obras; e
se prostituíram nas suas invenções.
40 E se incendeu de furor o Senhor contra
o seu povo, e abominou a sua herança.
41 E os entregou em poder das gentes; e
os dominaram aqueles que os aborreciam.
42 E angustiaram-nos os seus inimigos, e
foram humilhados debaixo do seu poder.
43 Muitas vezes os livrou, mas eles o irri-
taram com o seu intento, e foram humilhados
pelas suas maldades.
44 E olhou-os quando estavam em angústia,
e ouviu a sua oração.
45 E lembrou-se do seu pacto, e se enter-
neceu segundo a multidão da sua misericór-
dia.
46 E empregou neles as suas misericórdias,
à vista de todos aqueles que os tinham em
cativeiro.
47 Salva-nos, Senhor nosso Deus, e congrega-
nos de entre as nações, para que confessemos
o teu santo nome, e nos gloriemos no teu
louvor.
48 Bendito o Senhor Deus de Israel, pelos
séculos dos séculos. E dirá todo o povo: Assim
seja, assim seja.

LIVRO V

CANTO DE AÇÃO DE GRAÇAS

106 Louvai ao Senhor, porque é bom; por-
que a sua misericórdia é eterna.
2 Digam-no os que o Senhor tem redimido,
os que tem redimido da mão do inimigo, e
os que congregou de entre as nações,
3 Do oriente e do poente, do aquilão e do
mar.
4 Foram errando pelo deserto sem água;
não acharam caminho de cidade onde alojar-
-se.
5 Padecendo fome e sede, a sua alma neles
desfaleceu.
6 E clamaram ao Senhor quando se viram
em angústia, e ele os livrou das suas neces-
sidades,
7 E os conduziu por caminho direito, para
que fossem à cidade de povoação.
8 Glorifiquem ao Senhor as suas misericór-
dias; e as maravilhas que obrou a favor dos
filhos dos homens;
9 Porque fartou a alma que estava vazia,
e saciou de bens a alma faminta.
10 Os que moravam em trevas, e na sombra
da morte, aprisionados em mendiguez, e em
ferro;
11 Porque foram rebeldes às palavras de
Deus, e desprezaram o conselho do Altíssi-
mo.
12 E foi humilhado o seu coração nos tra-
balhos; ficaram sem forças, e não houve quem
os socoresse.
13 E clamaram ao Senhor quando se viram
em angústia, e livrou-os de suas necessida-
des.
14 E tirou-os das trevas, e da sombra da
morte, e rompeu as suas cadeias.
15 Glorifiquem ao Senhor as suas miseri-
córdias, e as maravilhas que obrou a favor
dos filhos dos homens;
16 Porque arrombou as portas de bronze,
e quebrou os ferrolhos de ferro.
17 Ele os recebeu do caminho da sua mal-
dade; porque pelas suas injustiças foram
humilhados.
18 A alma deles aborreceu toda a comida,
e chegaram até às portas da morte.

19 E clamaram ao Senhor quando se viram
em angústia, e livrou-os de suas necessidades.
20 Enviou a sua palavra, e sarou-os, e livrou-
os do que lhes era mortal.
21 Glorifiquem ao Senhor as suas miseri-
córdias, e as maravilhas que obrou a favor
dos filhos dos homens.
22 E lhe ofereçam sacrifício de louvor, e
anunciem as suas obras com regozijo.
23 Os que descem ao mar em naus, para
fazerem as suas manobras nas muitas águas,
24 Eles mesmos viram as obras do Senhor,
e as suas maravilhas no profundo.
25 Disse, e levantou-se um vento de tempes-
tade, e empolaram-se as suas ondas.
26 Sobem até aos céus, e descem até aos
abismos; a sua alma com os males se con-
sumia.
27 Foram turbados, e titubearam como um
temulento, e todo o seu saber foi apurado.
28 E clamaram ao Senhor quando se viram
em angústia, e livrou-os das suas necessida-
des.
29 E trocou a sua tempestade em vento
suave, e acalmaram as ondas do mar.
30 E eles alegraram-se porque acalmou o
mar; e conduziu-os ao porto que eles dese-
javam
31 Glorifiquem ao Senhor as suas miseri-
córdias, e as maravilhas que obrou a favor
dos filhos dos homens.
32 Exaltem-no na congregação do povo, e
louvem-no no consistório dos anciãos.
33 Mudou os rios em desertos, e os manan-
ciais das águas em terra sedenta;
34 A terra frutífera em mar salgado, pela
malícia dos que habitavam nela.
35 Trocou o deserto em tanques de água,
e a terra sem água em mananciais de águas.
36 E estabeleceu ali os famintos, e funda-
ram cidade para povoá-la.
37 E semearam os campos, e plantaram vi-
nhas, e deram fruto nativo.
38 E abençoou-os, e se multiplicaram em
extremo; e não diminuiu o número dos seus
animais.
39 E foram depois reduzidos a poucos; e
se viram quebrantados pela força dos males,
e com a dor.
40 Caiu o desprezo sobre os príncipes, e os
fez andar errando fora do caminho, e por onde
o não havia.
41 E aliviou o pobre da sua miséria; e mul-
tiplicou as famílias como ovelhas.
42 Vê-lo-ão os retos e alegrar-se-ão; e toda
a maldade fechará a sua boca.
43 Quem é sábio e guardará estas cou-
sas? e compreenderá as misericórdias do
Senhor?

CANTO DE VITÓRIA

1 Cântico. Salmo de Davi.

107 Preparado está o meu coração, ó Deus,
preparado está o meu coração: canta-
rei, e direi salmos na minha glória.
3 Desperta, glória minha, desperta, saltério
e harpa; levantar-me-ei ao romper da alva.
4 Louvar-te-ei no meio dos povos, Senhor;
e te direi salmos entre as nações;
5 Pois grande é sobre os céus a tua miseri-
córdia, e a tua verdade se eleva até às nuvens.
6 Exalta-te, ó Deus, sobre os céus; e res-
plandeça sobre toda a terra a tua glória,
7 Para que sejam livres os teus escolhidos.
Salva-me com a tua dextra, e atende-me.
8 Deus falou no seu santo: Regozijar-me-ei,
e repartirei Siquém, e medirei o Vale das
Tendas.
9 Meu é Galaad, e meu é Manassés, e Efraim
a segurança da minha cabeça; Judá, meu rei;
10 Moab caldeira da minha esperança; até
à Iduméia estenderei o meu calçado; os es-
trangeiros se me têm feito amigos.
11 Quem me conduzirá à cidade fortificada?
quem me conduzirá até à Iduméia?
12 Porventura não és tu, ó Deus, o que nos
tens desamparado; e não sairás, ó Deus, na
testa dos nossos exércitos?
13 Dá-nos socorro na tribulação; porque é
vã a salvação que se espera da parte do
homem.
14 Em Deus faremos proezas; e ele redu-
zirá a um nada os nossos inimigos.

MALDIÇÃO CONTRA UM INIMIGO

1 Ao Mestre de cântico. Salmo de Davi.

108 Ó Deus, não cales o meu louvor; por-
que a boca do pecador, e a boca do
traidor se abriu contra mim.
3 Falaram contra mim com língua aleivosa,
e com palavras de ódio me cercaram, e sem
causa me têm feito guerra.
4 Em vez de amar-me, diziam mal de mim;
mas eu orava.
5 E tornaram contra mim males por bens,
e ódio em câmbio do amor que lhes tinha.
6 Põe sobre ele o pecador; e o diabo esteja
à sua direita.
7 Quando for julgado, saia condenado; e a
sua oração se lhe impute a pecado.
8 Sejam abreviados os seus dias; e receba
outro o seu bispado.
9 Fiquem seus filhos órfãos, e sua mulher
viúva.
10 Prófugos andem de um lugar para outro
seus filhos, e mendiguem; e sejam lançados
fora das suas habitações.

11 O usuário dê caça a todos os seus bens;
e os estranhos roubem o fruto dos seus trabalhos.
12 Não tenha quem o ajude, nem haja quem
se compadeça dos seus órfãos.
13 Sejam seus filhos para extermínio; em
uma só geração fique apagado o seu nome.
14 A iniqüidade de seus pais reviva na presença
do Senhor, ocorrendo à sua lembrança;
e o pecado de sua mãe não seja apagado.
15 Estejam sempre diante do Senhor, e seja
riscada da terra a memória deles.
16 Porquanto se não lembrou de usar de
misericórdia,
17 E perseguiu ao homem sem amparo, e
ao mendigo, e ao quebrantado de coração,
para o entregar à morte.
18 E como amou a maldição, ela lhe virá;
e como não quis a bênção, ela se apartará
dele. E vestiu-se de maldição como de um
vestido, e entrou como água nas suas entranhas,
e como azeite nos seus ossos.
19 Seja-lhe como o vestido com que se
cobre, e como a cinta com que sempre se
cinge.
20 Esta é diante do Senhor a obra daqueles
que dizem mal de mim, e que falam males
contra minha alma.
21 E tu Senhor, Senhor, toma à tua conta
a minha defesa por amor do teu nome; porque
suave é a tua misericórdia. Livra-me,
22 Porque eu sou necessitado, e pobre, e o
meu coração está turbado dentro de mim.
23 Tenho desaparecido, como a sombra que
vai caindo; e tenho sido arrojado como os
gafanhotos.
24 Os meus joelhos se têm delibitado pelo
jejum; e a minha carne se tem mudado pelo
azeite.
25 E eu tenho chegado a ser o opróbrio
deles; viram-me, e menearam as suas cabeças.
26 Assiste-me, Senhor Deus meus; salva-me
segundo a tua misericórdia;
27 E saibam que isto é um golpe da tua
mão; e que tu, Senhor, tens feito estas
cousas.
28 Eles me amaldiçoaram, e tu me abençoarás;
confundidos sejam os que se levantam
contra mim; mas o teu servo se alegrará.
29 Vestidos sejam de afronta os que me
caluniam, e fiquem cobertos da sua confusão,
como de uma capa dobrada.
30 Glorificarei altamente ao Senhor com a
minha boca; e no meio de muitos o louvarei,
31 Porque se pôs à direita do pobre, para
salvar a minha alma dos perseguidores.

O MESSIAS, REI E SACERDOTE

1 Salmo de Davi.

109 Disse o Senhor ao meu Senhor:
Assenta-te à minha mão direita, até
que ponha a teus inimigos por escabelo de
teus pés.
2 De Sião fará sair o Senhor o cetro do teu
poder; reina tu no meio de teus inimigos.
3 Contigo está o principado no dia da tua
fortaleza, entre os resplandores dos santos; eu
te gerei do seio antes do luzeiro.
4 Jurou o Senhor, e não se arrependerá:
Tu és sacerdote eternamente segundo a ordem
de Melquisedech.
5 O Senhor está à tua direita, quebrantou
os reis no dia da sua ira.
6 Exercerá o seu juízo no meio das nações,
meterá tudo em ruína; esmigalhará as cabeças
de muitos sobre a terra.
7 Beberá no caminho da torrente das águas,
por cujo motivo levantará a sua cabeça.

AS OBRAS MAGNÍFICAS DE DEUS EM ISRAEL

1 Aleluia.

110 Louvar-te-ei, Senhor, com todo o meu
coração, no conselho dos justos, e na
congregação.
2 Grandes são as obras do Senhor, apropriadas
a todas as suas vontades.
3 A obra dele é glória, e magnificência; e
a sua justiça permanece pelo século do século.
4 Deixou memória das suas maravilhas o
Senhor, que é misericordioso e compassivo.
5 Deu sustento aos que o temem; lembrar-se-á
eternamente da sua aliança.
6 Anunciará ao seu povo a virtude das suas
obras,
7 Para lhes dar a eles a herança das gentes.
As obras das suas mãos são verdade e justiça.
8 Fiéis são todos os seus mandamentos,
confirmados em todos os séculos, feitos em
verdade e em eqüidade.
9 Redenção enviou ao seu povo; estabeleceu
para sempre a sua aliança; santo e terrível
é o nome dele.
10 O temor do Senhor é princípio da sabedoria;
é bom entendimento o de todos os
que obram como ele; o seu louvor permanece
para sempre.

AS OBRAS E A RECOMPENSA DO JUSTO

1 Aleluia.

111 Bem-aventurado o varão que teme ao
Senhor; nos seus mandamentos se
comprazerá muito.

2 Poderosa será a sua posteridade sobre a terra; bendita será a geração dos justos.
3 Há glória e riquezas na sua casa; e a justiça dele permanece por todos os séculos.
4 Nas trevas nasceu a luz aos retos; misericordioso é, e compassivo, e justo.
5 Ditoso o homem que se compadece e empresta; ele disporá os seus discursos com juízo,
6 Porque nunca jamais será comovido.
7 A memória do justo será eterna. Não temerá ouvir palavra má; o seu coração está sempre aparelhado para esperar no Senhor.
8 Fortalecido está o seu coração, não será comovido, até que veja abatidos a seus inimigos.
9 Distribuiu, deu aos pobres; a sua justiça permanece por todos os séculos; o seu poder será exaltado na glória.
10 Vê-lo-á o pecador, e se indignará; rangerá com os seus dentes, e se consumirá; o desejo dos pecadores perecerá.

O DEUS DOS HUMILDES

1 Aleluia.

112 Louvai, ó meninos, ao Senhor; louvai o nome do Senhor.
2 Seja bendito o nome do Senhor, desde agora e para sempre.
3 Desde o nascimento do sol até ao seu ocaso é digno de louvor o nome do Senhor.
4 Excelso é o Senhor sobre todas as gentes, e a sua glória é sobre os céus.
5 Quem há como o Senhor nosso Deus, que habita nas alturas,
6 E atende às cousas humildes no céu e na terra?
7 Ele levanta da terra ao desvalido, e tira da imundícia ao pobre,
8 Para o colocar com os príncipes, com os príncipes do seu povo.
9 Ele faz que habite na casa a mulher estéril, alegre de se ver mãe de filhos.

MILAGRES DO ÊXODO

1 Aleluia.

113A Quando Israel saiu do Egito, a casa de Jacob, do meio de um povo bárbaro,
2 Consagrou Deus a Judéia ao seu serviço, e estabeleceu em Israel o seu império.
3 O mar o viu, e fugiu; e o Jordão recuou para trás.
4 Os montes saltaram de alegria como carneiros, e as colinas como cordeiros do rebanho.
5 Que tiveste tu, ó mar, que fugiste? e tu, Jordão, para retrocederes?
6 Ó montes, que saltais de prazer como carneiros, e vós, colinas, como cordeiros do rebanho.
7 Comoveu-se a terra na presença do Senhor, perante o Deus de Jacob,
8 Que converteu as pedras em tanques de águas, e o rochedo em fontes de águas.

113B Não a nós, Senhor, não a nós, mas ao teu nome dá a glória,
2 Para fazeres resplandecer a tua misericórdia, e a tua verdade; para que nunca digam as nações: Onde está o seu Deus?
3 Mas o nosso Deus está no céu; tudo quanto quis, fez.
4 Os ídolos das gentes não são senão prata e ouro, obras de mãos de homens.
5 Têm boca, e não falarão; têm olhos, e não verão;
6 Têm ouvidos, e não ouvirão; têm nariz, e não cheirarão;
7 Têm mãos, e não apalparão; têm pés, e não andarão; não clamarão com a sua garganta.
8 Sejam semelhantes a eles os que os fazem; e todos os que confiam neles.
9 A casa de Israel esperou no Senhor; ele é seu favorecedor e seu protetor.
10 A casa de Arão esperou no Senhor, ele é seu favorecedor e seu protetor.
11 Os que temem ao Senhor, esperarão no Senhor; ele é seu favorecedor e seu protetor.
12 O Senhor se lembrou de nós, e nos abençoou; abençoou a casa de Israel; abençoou a casa de Arão;
13 Abençoou a todos os que temem ao Senhor, aos pequenos com os grandes.
14 Acrescente o Senhor bênção sobre vós; sobre vós, e sobre vossos filhos.
15 Sede benditos do Senhor, que fez o céu e a terra.
16 O mais alto dos céus é para o Senhor; mas a terra a deu aos filhos dos homens.
17 Os mortos, Senhor, não te louvarão, nem alguns dos que descem ao inferno;
18 Mas nós, que vivemos, bendizemos ao Senhor, desde agora e por todos os séculos.

O VERDADEIRO DEUS

1 Aleluia.

114 Amei, porque o Senhor ouvirá a voz da minha oração.
2 Porque inclinou para mim o seu ouvido, e eu o invocarei todos os dias da minha vida.
3 Dores de morte me cercaram, e perigos de inferno se apoderaram de mim. Eu me achei em tribulação e dor.

4 E invoquei o nome do Senhor. Ó Senhor, livra a minha alma.
5 Misericordioso e justo é o Senhor, e o nosso Deus tem comiseração.
6 O Senhor é o que guarda aos pequeninos; eu fui humilhado, e ele me livrou.
7 Volta, ó alma minha, ao teu repouso, porque o Senhor te fez bem.
8 Porque livrou da morte a minha alma, os meus olhos das lágrimas, os meus pés da queda.
9 Agradarei ao Senhor na região dos vivos.

CONTINUAÇÃO DO ANTERIOR

115 10 Eu cri, por isso falei; mas eu estive na última humilhação.
11 Eu disse no meu êxtase: Todo o homem é mentiroso.
12 Que darei eu em retribuição ao Senhor, por todos os benefícios que me tem feito?
13 Tomarei o cálix da salvação, e invocarei o nome do Senhor.
14 Cumprirei os meus votos ao Senhor, diante de todo o seu povo.
15 É preciosa aos olhos do Senhor a morte dos seus santos.
16 Ó Senhor, porque sou teu servo: eu sou teu servo, e filho da tua escrava. Rompeste os meus laços:
17 A ti te oferecerei sacrifício de louvor, e invocarei o nome do Senhor.
18 Cumprirei os meus votos ao Senhor à vista de todo o seu povo.
19 Nos átrios da casa do Senhor, no meio de ti, ó Jerusalém.

HINO DE LOUVOR E DE AÇÃO DE GRAÇAS

1 Aleluia.

116 Louvai todas as gentes ao Senhor; louvai-o todos os povos.
2 Porque sobre nós foi confirmada a sua misericórdia, e a verdade do Senhor permanece eternamente.

CANTO TRIUNFAL

1 Aleluia.

117 Louvai ao Senhor, porque ele é bom; porque a sua misericórdia se estende a todos os séculos.
2 Diga agora Israel que o Senhor é bom; porque a sua misericórdia se estende a todos os séculos.
3 Diga agora a casa de Arão, que a sua misericórdia se estende a todos os séculos.
4 Diga agora os que temem ao Senhor, que a sua misericórdia se estende a todos os séculos.
5 No meio da tribualção invoquei ao Senhor; e me atendeu o mesmo Senhor, desafrontando-me.
6 O Senhor é o meu amparo; não temerei o que me possa fazer o homem.
7 O Senhor é o meu amparo; e eu desprezarei aos meus inimigos.
8 Bom é confiar no Senhor, antes que esperar no homem.
9 Bom é esperar no Senhor, antes que esperar nos príncipes.
10 Todas as gentes me cercaram; mas eu tomei vingança delas em nome do Senhor.
11 Pondo-se à roda de mim, me cercaram; e eu tomei vingança delas em nome do Senhor.
12 Cercaram-me como abelhas; e se incendiaram como fogo em espinhos; e eu tomei vingança delas em nome do Senhor.
13 Tendo sido impelido, fui transtornado para cair; mas o Senhor me susteve.
14 O Senhor é a minha fortaleza e o meu louvor; e se tornou para mim em salvação.
15 Voz de júbilo e de salvação soam nas tendas dos justos. A dextra do Senhor fez proezas.
16 A dextra do Senhor me exaltou: a dextra do Senhor fez proezas.
17 Não morrerei, mas viverei, e referirei as obras do Senhor.
18 O Senhor me deu castigo severo: mas não me entregou à morte.
19 Abri-me as portas da justiça; depois de entrar por elas, louvarei ao Senhor.
20 Esta é a porta do Senhor; os justos entrarão por ela.
21 A ti te louvarei, porque me ouviste, e te tornaste para mim em salvação.
22 A pedra que desprezaram os edificadores, esta foi posta por cabeça do ângulo.
23 Pelo Senhor foi feito isto, e é cousa admirável nos nossos olhos.
24 Este é o dia que fez o Senhor; regozijemo-nos e alegremo-nos nele.
25 Ó Senhor, salva-me; ó Senhor, faze que tenha prosperidade.
26 Bendito o que vem em nome do Senhor; nós vos bendizemos a vós, que sois da casa do Senhor.
27 O Senhor é Deus, e nos manifestou a sua luz. Estabelecei dia solene com ramos frondosos, até ao ângulo do altar.
28 Tu és o meu Deus, e a ti te louvarei; tu és o meu Deus, e a ti te exaltarei. A ti te louvarei, porque me atendeste e te tornaste para mim em salvação.

29 Louvai ao Senhor porque é bom, porque
a sua misericórdia é para sempre.

ELOGIO DA LEI DIVINA

Aleph

118 Bem-aventurados os que se conservam
sem mácula no caminho, os que an-
dam na lei do Senhor.
2 Bem-aventurados os que consideram os
seus testemunhos, os que de todo o coração
o buscam.
3 Porque os que obram iniqüidade não têm
andado nos caminhos dele.
4 Tu ordenaste que os teus mandamentos
fossem guardados à risca.
5 Oxalá que os meus caminhos sejam diri-
gidos ao cumprimento das tuas justificações.
6 Então não serei confundido, quando me
empregar atento na observância de todos os
teus mandamentos.
7 Eu te louvarei com retidão de coração,
porque tenho aprendido os juízos da tua jus-
tiça.
8 Guardarei as tuas justificações; não me
desampares jamais.

Beth

9 De que modo emenda o mancebo o seu
caminho? Guardando as tuas palavras.
10 De todo o meu coração te busquei, não
me deixes sair dos teus mandamentos.
11 No meu coração escondi as tuas palavras,
para não pecar contra ti.
12 Bendito és, Senhor; ensina-me as tuas
justificações.
13 Com os meus lábios pronunciei todos os
juízos da tua boca.
14 Eu me deleitei no caminho de teus tes-
temunhos, como em todas as riquezas.
15 Nos teus mandamentos me exercitarei, e
considerarei os teus caminhos.
16 Nas tuas justificações meditarei; não me
esquecerei das tuas palavras.

Gimel

17 Concede esta graça ao teu servo, dá-me
vida; e eu guardarei as tuas palavras.
18 Tira o véu dos meus olhos, e eu conside-
rarei as marilhas da tua lei.
19 Eu sou peregrino na terra; não escon-
das de mim os teus mandamentos.
20 A minha alma desejou ansiosa em todo
o tempo as tuas justificações.
21 Increpaste os soberbos: malditos os que
se apartam dos teus mandamentos.
22 Livra-me do opróbrio e desprezo, porque
busquei cuidadoso os teus mandamentos.
23 Posto que se assentaram os príncipes e
falavam contra mim o teu servo todavia se
exercitava nas tuas justificações,
24 Porque tanto os teus testemunhos são
a minha meditação, como as tuas justificações
são o meu conselho.

Daleth

25 A minha alma esteve pegada com o chão;
dá-me vida, segundo a tua palavra.
26 Eu te expus os meus caminhos, e tu me
atendeste; ensina-me as tuas justificações.
27 Instrui-me no caminho das tuas justifi-
cações; e exercitar-me-ei nas tuas maravilhas.
28 A minha alma adormeceu de tédio; for-
tifica-me com as tuas palavras.
29 Aparta de mim o caminho da iniqüidade,
e tem misericórdia de mim, segundo a tua
lei.
30 Eu escolhi o caminho da verdade; não
me esqueci dos teus juízos.
31 Eu, Senhor, me tenho apoiado nos teus
testemunhos; não me queiras confundir.
32 Corri pelo caminho dos teus mandamen-
tos quando dilataste o meu coração.

He

33 Impõe-me por lei, Senhor, o caminho das
tuas justificações, e buscá-lo-ei sempre.
34 Dá-me inteligência, e estudarei na tua
lei; e a guardarei de todo o meu coração.
35 Guia-me pela vereda dos teus manda-
mentos, porque essa mesma desejei.
36 Inclina o meu coração para os teus tes-
temunhos, e não para a avareza.
37 Aparta os meus olhos para que não ve-
jam a vaidade; no teu caminho dá-me a vida.
38 Faze firme ao teu servo a tua palavra,
mediante o teu temor.
39 Aparta de mim o opróbrio que eu temi;
porque os teus juízos são agradáveis.
40 Tu vês que eu desejei muito os teus man-
damentos; faze que eu viva na tua justiça.

Vau

41 E venha sobre mim a tua misericórdia
Senhor; a tua salvação segundo a tua palavra.
42 E darei em resposta aos que me insul-
tam, que pus a minha esperança nas tuas
palavras.
43 E não tires jamais da minha boca a pa-
lavra de verdade, porque nos teus juízos te-
nho esperado muito.
44 E guardarei sempre a tua lei, por séculos
e por séculos de séculos.

45 E andava em largura, porque busquei cuidadoso os teus mandamentos.
46 E falava dos teus testemunhos diante dos reis, e não me envergonhava.
47 E meditava nos teus mandamentos que amei.
48 E levantei as minhas mãos aos teus mandamentos que amei; e me exercitava nas tuas justificações.

Zain

49 Lembra-te da tua palavra a favor do teu servo, na qual me tens feito esperar.
50 Isto me consolou no meu abatimento, porque a tua palavra me deu vida.
51 Os soberbos obravam sem cessar iniqüamente, mas eu não me apartei da tua lei.
52 Eu me lembrei dos juízos que exerceste em todos os séculos, Senhor, e me consolei.
53 Eu desfaleci, vendo aos pecadores que deixavam a tua lei.
54 As tuas justificações eram dignas de ser cantadas por mim no lugar da minha peregrinação.
55 Lembrei-me do teu nome, Senhor, durante a noite e guardei a tua lei.
56 Isto me veio porque busquei cuidadoso as tuas justificações.

Heth

57 Eu disse: Senhor, a minha pertença é guardar a tua lei.
58 Roguei na tua presença, de todo o meu coração; compadece-te de mim segundo a tua palavra.
59 Considerei os meus caminhos, e voltei os meus pés para os teus testemunhos.
60 Pronto estou, e em nada me tenho perturbado, para guardar os teus mandamentos.
61 Laços de pecadores me cingiram por todas as partes, e eu me não esqueci da tua lei.
62 À meia noite me levantava para te louvar sobre os juízos da tua justificação.
63 Eu sou participante de todos os que te temem e dos que guardam os teus mandamentos.
64 A terra está cheia, Senhor, da tua misericórdia; ensina-me as tuas justificações.

Teth

65 De bondade tens usado com o teu servo, Senhor, segundo a tua palavra.
66 Ensina-me bondade, e doutrina, e ciência, porque dei crédito aos teus mandamentos.
67 Antes de ser humilhado eu delinqüi, por isso guardei a tua palavra.
68 Tu és bom, e, segundo a tua bondade, ensina-me as tuas justificações.
69 A iniqüidade dos soberbos se multiplicou sobre mim, mas eu de todo o meu coração estudarei os teus mandamentos.
70 O coração deles se coalhou como leite, porém eu me pus a meditar na tua lei.
71 Para mim foi-me bom que tu me humilhasses, para eu aprender as tuas justificações.
72 Para mim foi melhor a lei que saiu da tua boca, do que milhões de ouro e de prata.

Iod

73 As tuas mãos me fizeram, e me formaram; dá-me inteligência, e eu aprenderei os teus mandamentos.
74 Os que te temem me verão, e se alegrarão, porque pus toda a minha esperança nas tuas palavras.
75 Tenho conhecido, Senhor, que os teus juízos são de eqüidade, e na tua verdade me humilhaste.
76 Seja a tua misericórdia para consolar-me, segundo a palavra que deste a teu servo.
77 Venham a mim as tuas misericórdias, e viverei, porque a tua lei é a minha meditação.
78 Sejam confundidos os soberbos, pois injustamente maquinaram males contra mim, mas eu nos teus mandamentos me exercitarei.
79 Voltem-se para mim os que te temem, e os que conhecem os teus testemunhos.
80 Seja imaculado o meu coração na prática das tuas justificações, para que eu não seja confundido.

Caph

81 Desfaleceu a minha alma pela tua salvação, e na tua palavra tenho posto toda a minha esperança.
82 Os meus olhos se enfraqueceram de atentos à tua palavra, dizendo: Quando me consolarás?
83 Porque eu me tornei como coiro exposto à geada, mas não me esqueci das tuas justificações.
84 Quantos são os dias de teu servo? quando farás juízo dos que me perseguem?
85 Contaram-me os ímpios cousas frívolas, mas não como tua lei.
86 Todos os teus mandamentos são verdade; injustamente me têm perseguido, dá-me socorro.
87 Por pouco não deram cabo de mim na terra, mas eu não abandonei os teus mandamentos.
88 Segundo a tua misericórdia, vivifica-me: e eu guardarei os testemunhos da tua boca.

Lamed

89 Senhor, para sempre no céu permanece
a tua palavra.
90 Por geração e geração subsiste a tua ver-
dade; tu fundaste a terra, e ela permanece.
91 Por tua ordem persevera o dia, porque
todas as cousas te servem.
92 Se a tua lei não houvera sido a minha
meditação, então decerto houvera eu perecido
na minha aflição.
93 Nunca jamais me esquecerei das tuas
justificações, porque nelas me vivificaste.
94 Eu sou teu, salva-me, porque as tuas jus-
tificações busquei ansioso.
95 Os pecadores me esperaram para me
perder; os teus testemunhos tendo entendido.
96 Tenho visto o fim de toda a cousa aca-
bada; e o teu mandamento é largo sem medida.

Mem

97 De que modo tenho eu, Senhor, amado
a tua lei! Ela é a minha meditação todo o dia.
98 Mais que os meus inimigos me fizeste
prudente no teu mandamento, porque o tenho
perpetuamente diante de meus olhos.
99 Mais que todos os que me ensinavam,
tenho entendido, porque os teus testemunhos
são a minha meditação.
100 Mais que os anciãos, entendi: porque
busquei os teus mandamentos.
101 De todo o mau caminho retirei os meus
pés, para guardar as tuas palavras.
102 Dos teus juízos não me tenho apartado,
porque tu me prescreveste uma lei.
103 Quão doces são as tuas palavras ao meu
paladar! mais que o mel à minha boca!
104 Pelos teus mandamentos tenho adqui-
rido inteligência, por isso aborreço todo o ca-
minho de iniqüidade.

Nun

105 Tocha resplandecente para os meus pés
é a tua palavra, e luz para os meus caminhos.
106 Jurei, e determinei guardar os juízos
da tua justiça.
107 Tenho sido humilhado, Senhor, de todos
os modos; faze-me viver segundo a tua palavra.
108 Faze, Senhor, que te seja agradável o
voluntário da minha boca, e ensina-me os teus
juízos.
109 A minha alma está sempre nas minhas
mãos, e não me esqueci da tua lei.
110 Laço me têm armado os pecadores, e
dos teus mandamentos não me apartei.
111 Por herança tenho adquirido os teus
testemunhos para sempre, porque são a ale-
gria do meu coração.
112 Inclinei o meu coração a praticar eter-
namente as tuas justificações, pela retribuição.

Samech

113 Tenho aborrecido aos iníquos, e tenho
amado a tua lei.
114 Tu és o meu favorecedor, e o meu am-
parador; e tenho posto toda a minha espe-
rança na tua palavra.
115 Retirai-vos de mim, malignos, e eu es-
tudarei os mandamentos do meu Deus.
116 Ampara-me segundo a tua palavra, e
viverei, e não permitas que eu seja confun-
dido no que espero.
117 Favorece-me, e serei salvo, e meditarei
sempre nas tuas justificações.
118 Desprezaste a todos os que se desviam
dos teus juízos, porque é injusto o seu pen-
samento.
119 Reputei por prevaricadores a todos os
pecadores da terra, por isso amei os teus tes-
temunhos.
120 Traspassa com o teu temor as minhas
carnes, porque tenho temido os teus juízos.

Ain

121 Tenho feito juízo e justiça, não me en-
tregues aos que me caluniam.
122 Ampara ao teu servo para bem; não me
caluniem os soberbos.
123 Os meus olhos desfaleceram na expec-
tação da tua salvação, e pela palavra da tua
justiça.
124 Obra com teu servo segundo a tua mi-
sericórdia, e ensina-me as tuas justificações.
125 Eu sou teu servo; dá-me inteligência,
para que saiba os teus testemunhos.
126 É tempo de assim o fazeres, Senhor;
eles dissiparam a tua lei.
127 Por isso amei os teus mandamentos,
mas do que o ouro e o topázio.
128 Pelo que me tenho dirigido a todos os
teus mandamentos, e aborreci todo o caminho
mau.

Phe

129 Maravilhosos são os teus testemunhos,
por isso os tem investigado a minha alma.
130 A exposição das tuas palavras alumia,
e dá inteligência aos pequeninos.
131 Abri a minha boca, e atraí o alento,
porque desejava os teus mandamentos.
132 Olha para mim, e compadece-te de mim,
segundo o juízo que usas com os que amam
o teu nome.
133 Encaminha os meus passos segundo a
tua palavra, e não me predomine iniqüidade
alguma.

134 Redime-me das injúrias dos homens, para que guarde os teus mandamentos.
135 Faze que a luz do teu rosto reluza sobre o teu servo, e ensina-me as tuas justificações.
136 Rios de lágrimas derramaram os meus olhos, porque não guardaram a tua lei.

Tsade

137 Tu és justo, Senhor, e é reto o teu juízo.
138 Mandaste estreitamente observar os teus preceitos, como a tua suma verdade.
139 O meu zelo me tem feito entisicar, porque os meus inimigos se esqueceram das tuas palavras.
140 A tua palavra é ardente em grande maneira, e o teu servo a tem amado.
141 Eu sou mancebinho, e desprezível; não estou esquecido das tuas justificações.
142 A tua justiça é justiça eterna, e a tua lei é a mesma verdade.
143 A tribulação e a angústia me surpreenderam; e os teus mandamentos são a minha meditação.
144 Os teus testemunhos são cheios de uma eterna eqüidade; dá-me inteligência deles, e viverei.

Coph

145 Clamei de todo o meu coração, ouve-me, Senhor; as tuas justificações buscarei.
146 Clamei a ti, salva-me, para que guarde os teus mandamentos.
147 Eu me antecipei pela manhã, e clamei, porque esperei firmemente nas tuas palavras.
148 Os meus olhos se adiantaram para ti de madrugada, para meditar as tuas palavras.
149 Ouve a minha voz segundo a tua misericórdia, Senhor, e dá-me vida segundo o teu juízo.
150 Os meus perseguidores se chegaram para a iniqüidade, e da tua lei se desviaram.
151 Perto estás tu, Senhor, e todos os teus caminhos são verdade.
152 Acerca dos teus testemunhos, desde o princípio tenho reconhecido, que tu os estabeleceste para sempre.

Res

153 Olha para o meu abatimento e livra-me, porque não me tenho esquecido da tua lei.
154 Julga a minha causa, e liberta-me; faze-me viver pela tua palavra.
155 Longe está dos pecadores a salvação, porque não têm buscado as tuas justificações.
156 Muitas são, Senhor, as tuas misericórdias; dá-me vida segundo o teu juízo.
157 Muitos são os que me perseguem e me atribulam; entretanto eu não me desviei dos teus testemunhos.
158 Vi os prevaricadores e me consumia, porque eles não têm guardado as tuas palavras.
159 Olha que tenho amado os teus mandamentos, Senhor; dá-me vida pela tua misericórdia.
160 O princípio das tuas palavras é a verdade; todos os juízos da tua justiça são eternos.

Sin

161 Os príncipes me perseguiram sem causa, e o meu coração temeu as tuas palavras.
162 Eu me alegrarei sobre as tuas palavras, como quem acha muitos despojos.
163 Tenho aborrecido e abominado a iniqüidade; tenho porém amado a tua lei.
164 Sete vezes no dia te disse louvo, sobre os juízos da tua justiça.
165 Gozam muita paz os que amam a tua lei, e não há para eles tropeço.
166 Esperava a tua salvação, Senhor, e amei os teus mandamentos.
167 A minha alma guardou os teus testemunhos, e em grande maneira os amou.
168 Guardei os teus preceitos e os teus testemunhos, porque todos os meus caminhos estão expostos aos teus olhos.

Tau

169 Cheguem, Senhor, os meus rogos à tua presença; dá-me entendimento segundo a tua palavra.
170 Entre a minha petição até ao teu acatamento; livra-me segundo a tua palavra.
171 Sairão dos meus lábios com grande ímpeto hinos, quando me ensinares as tuas justificações.
172 Anunciará a minha língua a tua palavra, porque todos os teus mandamentos são eqüidade.
173 Estende a tua mão para salvar-me, porque elegi os teus mandamentos.
174 Tenho desejado, Senhor, a tua salvação, e a tua lei é a minha meditação.
175 Viverá a minha alma, e te louvará, e os teus juízos serão o meu apoio.
176 Andei errante, como ovelha que se desgarrou; busca o teu servo, porque me não esqueci dos teus mandamentos.

QUEIXAS CONTRA OS PERTURBADORES DA PAZ

1 Cântico das ascensões.

119 Quando me via atribulado, clamei ao Senhor, e ele me atendeu,

2 Senhor, livra a minha alma de lábios iní-
quos, e de língua enganadora.
3 Que te será dado, ou que te será acres-
centado, pela tua língua enganadora?
4 Setas de valoroso agudas, com carvões
devoradores.
5 Ai de mim, que o meu desterro se pro-
longou; habitei com os moradores de Ce-
dar.
6 Muito tempo foi peregrina a minha alma.
7 Com os que aborreciam a paz, era pací-
fico; quando lhes falava, eles me contradiziam
sem razão.

SEGURANÇA DO PROTEGIDO DE DEUS

1 Cântico das ascensões.

120 Levantei os meus olhos aos montes,
donde me virá o socorro.
2 O meu socorro vem do Senhor, que fez
o céu e a terra.
3 Não permita que vacile o teu pé, nem
dormite aquele que te guarda.
4 Eis que não adormecerá nem dormirá o
que guarda a Israel.
5 O Senhor está em tua guarda, o Senhor
é a tua proteção, ele está à tua mão direi-
ta.
6 De dia o sol não te queimará, nem a lua
de noite.
7 O Senhor te guarda de todo o mal; guarde
a tua alma o Senhor.
8 O Senhor guarde a tua entrada e a tua
saída, desde agora, e para sempre.

SAUDAÇÃO A JERUSALÉM

1 Cântico das ascensões. De Davi.

121 Eu me alegrei nisto que me foi dito:
À casa do Senhor iremos.
2 Nossos pés estavam postos nos teus átrios,
Jerusalém.
3 Jerusalém, que se edifica como uma ci-
dade, cuja participação está na união con-
sigo.
4 Porque lá subiram as tribos, as tribos do
Senhor, como se mandou a Israel, para louvar
o nome do Senhor.
5 Porque ali se colocaram as cadeiras da
justiça, cadeiras sobre a casa de David.
6 Pedi o que conduz para a paz de Jerusa-
lém, e a abundância para os que a amam.
7 Seja feita a paz no teu exército, e abun-
dância nas tuas torres.
8 Por causa de meus irmãos, e de meus
vizinhos, pedi eu a paz para ti.
9 Por amor da causa do Senhor nosso Deus,
procurei bens para ti.

FERVOROSO PEDIDO DO AUXÍLIO DIVINO

1 Cântico das ascensões.

122 Levantei os meus olhos para ti, que
habitas nos céus.
2 Vede que, assim como os olhos dos ser-
vos estão pregados nas mãos de seus senhores,
como os olhos da escrava nas mãos de sua
senhora, assim os nossos olhos estão fitos no
Senhor, nosso Deus, até que tenha misericór-
dia de nós.
3 Tem misericórdia de nós, Senhor, tem
misericórdia de nós, porque estamos mui far-
tos de desprezo;
4 Porque mui cheia está a nossa alma, sen-
do objeto de escárneo para os ricos, e de des-
prezo para os soberbos.

AÇÃO DE GRAÇA PELO AUXÍLIO RECEBIDO

1 Cântico das ascensões. De Davi.

123 A não haver estado o Senhor entre
nós, diga-o agora Israel;
2 A não haver estado o Senhor entre nós,
quando se levantaram os homens contra nós,
3 Decerto nos houveram devorado vivos,
quando se acendia o furor deles contra nós.
4 Sem dúvida a água nos houvera sorvido.
5 A nossa alma passou o arroio; certamen-
te houvera passado a nossa alma uma água
insuperável.
6 Bendito o Senhor, que não nos deu por
presa aos dentes deles.
7 A nossa alma como pássaro escapou do
lado dos caçadores; o laço foi quebrado, e
nós ficamos livres.
8 Nosso socorro está no nome do Senhor,
que fez o céu e a terra.

INVOCAÇÃO DO AUXÍLIO DIVINO SOBRE ISRAEL

1 Cântico das ascensões.

124 Os que confiam no Senhor estão fir-
mes como o monte de Sião; nunca
jamais será comovido o que mora em Jeru-
salém.
2 Ela está cercada de montes; e o Senhor
está ao redor do seu povo, desde agora, e
para sempre.
3 Porque não deixará o Senhor a vara dos
pecadores sobre a sorte dos justos, para que
os justos não estendam as suas mãos à ini-
qüidade.
4 Faze bem, Senhor, aos bons, e aos retos
de coração.
5 Mas aos que se desviam para caminhos
torcidos, levá-los-á o Senhor com os que obram
iniqüidade. Paz seja sobre Israel.

PEDIDO DE PLENA RESTAURAÇÃO

1 Cântico das ascensões.

125 Quando o Senhor fizer voltar os cativos de Sião, seremos como cheios de consolação.
2 Então se encherá de gozo a nossa boca, e a nossa língua de alegria; então dirão entre as nações: Grandes cousas fez o Senhor a favor deles.
3 Grandes cousas fez o Senhor por nós; seremos cheios de júbilo.
4 Faze, Senhor, voltar os nossos cativos, como um arroio ao meio-dia.
5 Os que semeiam em lágrimas, com regozijo ceifarão.
6 Andando iam e choravam, semeando suas sementes, mas vindo, virão com regozijo trazendo os seus feixes.

TODO ÊXITO DEPENDE DA DIVINA PROTEÇÃO

1 Cântico das ascensões. De Salomão.

126 Se o Senhor não edificar a casa, em vão se têm posto ao trabalho os que a edificam; se o Senhor não guardar a cidade, inutilmente se desvela o que a guarda.
2 Em vão vos levantais vós antes de amanhecer; levantai-vos depois que houverdes repousado, vós que comeis o pão de dor.
Quando der sono aos seus amados:
3 Eis aqui a herança do Senhor, os filhos; seu galardão, o fruto do ventre.
4 Como setas na mão de um robusto, assim são os filhos dos atribulados.
5 Ditoso o varão que cumpriu o seu desejo sobre eles mesmos; não será confundido, quando falar com os seus inimigos na porta.

FELICIDADE DO JUSTO

1 Cântico das ascensões.

127 Bem-aventurados todos os que temem ao Senhor, os que andam nos seus caminhos.
2 Porque comerás dos trabalhos das tuas mãos, bem-aventurado és, e te irá bem.
3 Tua mulher será no retiro de tua casa como vide abundante; teus filhos, como pimpolhos de oliveiras, estarão ao redor da tua mesa.
4 Eis aqui como será abençoado o homem que teme ao Senhor.
5 Abençoe-te o Senhor desde Sião; e vejas os bens de Jerusalém todos os dias da tua vida.
6 E vejas os filhos de teus filhos, e a paz sobre Israel.

ORAÇÃO CONTRA OS INIMIGOS DO POVO

1 Cântico das ascensões.

128 Muitas vezes me combateram desde minha mocidade, diga-o agora Israel.
2 Muitas vezes me têm combatido desde a minha mocidade, mas não puderam destruir-me.
3 Sobre as minhas costas trabalharam os pecadores; prolongaram a sua iniqüidade.
4 O Senhor, que é justo, cortou as cervizes dos pecadores.
5 Fiquem confundidos, e voltem atrás, todos os que aborrecem a Sião.
6 Sejam como a erva dos telhados, que antes que se arranque tem secado;
7 Da qual nem o que a sega encheu a mão, nem o seu seio o que apanha os feixes.
8 E não disseram os que passavam: A bênção do Senhor seja sobre vós: nós vos abençoamos em nome do Senhor.

IMPLORANDO A MISERICÓRDIA DIVINA

1 Cântico das ascensões.

129 Desde o mais profundo clamei a ti, Senhor.
2 Senhor, ouve a minha voz; estejam atentos os teus ouvidos à voz da minha deprecação.
3 Se observares, Senhor, as nossas maldades, quem, Senhor, poderá subsistir?
4 Mas em ti se acha a propiciação, e pela tua lei pus em ti, Senhor, a minha confiança.
5 A minha alma está confiada na sua palavra; a minha alma esperou no Senhor.
6 Desde a vigília da manhã até à noite, espere Israel no Senhor,
7 Porque no Senhor está a misericórdia, e nele há copiosa redenção.
8 E ele mesmo redimirá a Israel de todas as suas iniqüidades.

CONFISSÃO DE HUMILDADE

1 Cântico das ascensões. De Davi.

130 Senhor, o meu coração não se ensoberbeceu, nem os meus olhos se elevaram, não andei em grandezas, nem em magnificências sobre a minha sorte.
2 Se eu não tinha sentimentos humildes, e pelo contrário elevei o meu coração, como o menino apartado já do peito da mãe está em seus braços, assim seja o galardão na minha alma.
3 Espere Israel no Senhor, desde agora e para sempre.

ORAÇÃO PELA CASA DE DAVI

1 Cântico das ascensões.

131 Lembra-te, Senhor, de David, e de to-
da a sua mansidão;
2 Assim como jurou ao Senhor, fez promes-
sa ao Deus de Jacob:
3 Se eu entrar na tenda de minha casa, se
subir ao leito do meu estrado:
4 Se der sono aos meus olhos, e às minhas
pestanas adormecimento;
5 E repouso às minhas fontes da cabeça;
até que ache um lugar para o Senhor, um
tabernáculo para o Deus de Jacob.
6 Eis aqui temos ouvido que ele estava em
Ephrata, e o achamos nos campos de Selva.
7 Entraremos no seu tabernáculo; nós o
adoraremos no lugar onde estiveram os seus
pés.
8 Levanta-te, Senhor, entra no teu repouso;
tu e a arca da tua santificação.
9 Vistam-se os teus sacerdotes de justiça; e
regozijem-se os teus santos.
10 Por amor de David teu servo, não des-
prezes o rosto do teu cristo.
11 Jurou o Senhor verdade a David, e não
deixará de cumpri-la: Do fruto do teu ventre
porei sobre o teu trono.
12 Se guardarem teus filhos o meu pacto
e estes meus testemunhos, que eu lhes ensi-
narei, e os filhos deles os guardarem também
para sempre, também eles se assentarão sobre
o teu trono.
13 Porque tem escolhido o Senhor a Sião;
tem-na escolhido por morada para si.
14 Este é o meu repouso para sempre; aqui
habitarei, porque o escolhi.
15 Abençoarei copiosamente a sua viúva;
fartarei de pães os seus pobres.
16 Vestirei os seus sarcedotes de salvação;
e os seus santos saltarão de prazer.
17 Ali dilatarei o poder de David: prepa-
rada tenho uma lâmpada para o meu cristo.
18 Cobrirei de confusão os seus inimigos;
mas sobre ele florescerá a minha santifica-
ção.

CONCÓRDIA FRATERNA

1 Cântico das ascensões. De Davi.

132 Ó quão bom, e quão suave é habitarem
os irmãos em reunião!
2 É como o perfume derramado na cabeça,
que desceu sobre toda a barba de Arão, que
desceu sobre a orla do seu vestido;
3 Como o orvalho que cai sobre o Hermon,
que desce sobre o monte Sião; porque ali en-
viou o Senhor bênção, e vida para sempre.

AÇÃO DE GRAÇA PARA A NOITE

1 Cântico das ascensões.

133 Eis aqui bendizei agora ao Senhor,
todos os servos do Senhor, os que
persistis na casa do Senhor, nos átrios da
casa do nosso Deus.
2 Nas noites levantai as vossas mãos para
o santuário, e bendizei ao Senhor.
3 Abençoe-te desde Sião o Senhor, que fez
o céu e a terra.

CANTO DE AÇÃO DE GRAÇAS

1 Aleluia.

134 Louvai o nome do Senhor, louvai ser-
vos, ao Senhor;
2 Vós que persistis na casa do Senhor, nos
átrios da casa do nosso Deus,
3 Louvai ao Senhor, porque o Senhor é bom;
cantai salmos ao seu nome, porque é suave.
4 Porquanto o Senhor escolheu para si a
Jacob, a Israel em possessão para si.
5 Porque eu conheci que o Senhor é grande,
e que o nosso Deus é sobre todos os deuses.
6 Quantas cousas quis, todas fez o Senhor
no céu, na terra, no mar, e em todos os abis-
mos.
7 Ele, que faz subir as nuvens das extremi-
dades da terra, fez os relâmpagos para a chuva,
ele o que produz os ventos dos seus tesouros.
8 O que feriu aos primogênitos do Egito,
desde o homem até ao animal.
9 E enviou sinais, e prodígios no meio de ti,
ó Egito; contra Faraó, e contra todos os seus
servos.
10 O que feriu a muitas gentes, e matou os
reis fortes;
11 A Sehon, rei dos amorreus, e a Og, rei de
Basan, e a todos os reinos de Canaan;
12 E deu a terra deles em herança, por he-
rança a Israel seu povo.
13 Senhor, o teu nome subsistirá eterna-
mente; Senhor, a memória da tua glória con-
servar-se-á em todas as gerações.
14 Porque o Senhor julgará ao seu povo,
e se deixará vencer dos rogos dos seus servos.
15 Os simulacros das gentes não são mais
do que prata e ouro; obras das mãos de ho-
mens.
16 Boca têm, e não falarão; olhos têm, e
não verão;
17 Ouvidos têm, e não ouvirão porque não
há respiro na sua boca.
18 Sejam semelhantes a eles os que os fa-
zem, e todos os que confiam neles.
19 Casa de Israel, bendizei ao Senhor; casa
de Arão, bendizei ao Senhor.

20 Casa de Levi, bendizei ao Senhor; vós os que temeis ao Senhor, bendizei ao Senhor.

21 Desde Sião se bendiga ao Senhor, que habita em Jerusalém.

CANTO DE AÇÃO DE GRAÇAS

1 Aleluia.

135 Glorificai ao Senhor, porque é bom, porque a sua misericórdia é para sempre.

2 Glorificai ao Deus dos deuses, porque a sua misericórdia é para sempre.

3 Glorificai ao Senhor dos senhores, porque a sua misericórdia é para sempre.

4 O que fez grandes maravilhas só, porque a sua misericórdia é para sempre.

5 O que fez os céus com inteligência, porque a sua misericórdia é para sempre.

6 O que firmou a terra sobre as águas, porque a sua misericórdia é para sempre.

7 O que fez os grandes luminares, porque a sua misericórdia é para sempre.

8 O sol para presidir ao dia, porque a sua misericórdia é para sempre.

9 A lua e as estrelas, para presidirem à noite, porque a sua misericórdia é para sempre.

10 O que feriu ao Egito com os seus primogênitos, porque a sua misericórdia é para sempre.

11 O que tirou a Israel do meio deles, porque a sua misericórdia é para sempre.

12 Com mão poderosa e braço excelso, porque a sua misericórdia é para sempre.

13 O que dividiu em duas partes o Mar Vermelho, porque a sua misericórdia é para sempre.

14 E tirou a Israel por meio dele, porque a sua misericórdia é para sempre.

15 E precipitou a Faraó e ao seu exército no Mar Vermelho, porque a sua misericórdia é para sempre.

16 O que conduziu o seu povo pelo deserto, porque a sua misericórdia é para sempre.

17 O que feriu os grandes reis, porque a sua misericórdia é para sempre.

18 E matou os reis fortes, porque a sua misericórdia é para sempre.

19 A Sehon, rei dos amorreus, porque a sua misericórdia é para sempre.

20 E a Og, rei de Basan, porque a sua misericórdia é para sempre.

21 E deu a terra deles em herança, porque a sua misericórdia é para sempre.

22 Em herança a Israel seu servo, porque a sua misericórdia é para sempre.

23 Porque no nosso abatimento se lembrou de nós, porque a sua misericórdia é para sempre.

24 E nos redimiu de nossos inimigos, porque a sua misericórdia é para sempre.

25 O que dá alimento a toda a carne, porque a sua misericórdia é para sempre.

26 Dai glória a Deus do céu, porque a sua misericórdia é para sempre. Dai glória ao Senhor dos senhores, porque a sua misericórdia é para sempre.

AMOR DOS CATIVOS POR SIÃO

136 Junto dos rios de Babilônia, ali nos assentamos e pusemos a chorar, lembrando-nos de Sião.

2 Nos salgueiros que há no meio dela, penduramos nossas harpas,

3 Porque ali nos pediram, os que nos levaram cativos, palavras de canções; e os que por força nos levaram, disseram: Cantai-nos um hino dos cânticos de Sião.

4 Como cantaremos o cântico do Senhor, em terra alheia?

5 Se me esquecer de ti, Jerusalém, a esquecimento seja entregue a minha direita.

6 Fique pegada a minha língua às minhas fauces, se eu me não lembrar de ti: se não me propuser a Jerusalém, como principal objeto da minha alegria.

7 Lembra-te, Senhor, dos filhos de Edom, no dia de Jerusalém; os que dizem: Arruinai, arruinai nela, até os fundamentos.

8 Filha desastrada de Babilônia; bem-aventurado o que te der o pago que tu deste a nós outros.

9 Bem-aventurado o que apanhar às mãos, e fizer em pedaços numa pedra, teus tenros filhos.

CANTO DE AÇÃO DE GRAÇAS

1 De Davi.

137 Eu te glorificarei a ti, Senhor, de todo o meu coração, porque ouviste as palavras da minha boca. À vista dos anjos te cantarei salmos.

2 Eu te adorarei no teu templo, e glorificarei o teu nome sobre a tua misericórdia e a tua verdade, porque engrandeceste sobre tudo o teu santo nome.

3 Em qualquer dia que te invocar, ouve-me; tu aumentarás na minha alma a fortaleza.

4 Louvem-te, Senhor, todos os reis da terra, porque ouviram todas as palavras da tua boca.

5 E cantem nos caminhos do Senhor, que a glória do Senhor é grande.

6 Porque o Senhor é excelso, e olha para as cousas humildes, e conhece de longe as cousas altas.

7 Se eu andar no meio da tribulação, me
farás viver; e sobre a ira dos meus inimigos
estendeste a tua mão e me salvou a tua direita.
8 O Senhor retribuirá por mim; Senhor, a
tua misericórdia é para sempre; não despre-
zes as obras das tuas mãos.

ONISCIÊNCIA E ONIPRESENÇA DIVINAS

1 Ao Mestre de canto. Salmo de Davi.

138 Senhor, provaste-me, e conheceste-me.
2 Tu me conheceste ao assentar-me e
ao levantar-me.
3 De longe entendeste os meus pensamen-
tos; a minha vereda, e o fio de meus passos
investigaste,
4 E previste todos os meus caminhos, ainda
quando não está a palavra na minha língua.
5 Eis aqui, Senhor, tu conheceste todas as
cousas, as novíssimas e as antigas.
Tu me formaste, e puseste sobre mim a tua
mão.
6 Maravilhosa se tem feito a tua ciência
em mim, sublime é, e não poderei lá chegar.
7 Como me irei do teu Espírito? e para on-
de fugirei da tua presença?
8 Se subir ao céu, tu ali te achas: se descer
ao inferno, presente nele estás.
9 Se eu tomar as minhas asas ao romper
da alva, e for habitar nas extremidades do
mar,
10 Ainda lá me guiará a tua mão e me sus-
terá a tua direita.
11 E disse: Talvez me ocultarão as trevas;
mas a noite se converte em claridade para
me descobrir entregue às minhas delícias;
12 Porque as trevas não serão escuras para
ti, e a noite será iluminada como o dia; como
as trevas daquela, assim são também a luz
deste.
13 Porque tu possuíste os meus afetos; re-
cebeste-me desde o ventre de minha mãe.
14 Eu te glorificarei, porque assombrosa-
mente tens sido engrandecido; maravilhosas
são as tuas obras, e a minha alma o conhece
muito.
15 Nenhum dos meus ossos, que formaste
em secreto, te é a ti oculto; nem a minha
substância nas entranhas da terra.
16 Os teus olhos me viram quando era in-
forme, e no teu livro todos serão escritos; os
dias serão formados, e ninguém neles.
17 Mas para mim têm sido singularmente
honrados os teus amigos, ó Deus; muito se
tem fortificado o principado deles.
18 Contá-los-ei, e mais do que a areia se
multiplicarão; despertei, e ainda estou con-
tigo.
19 Se matares, ó Deus, os pecadores: homens
sanguinários, retirai-vos de mim.
20 Porque dizeis no vosso pensamento: To-
marão em vão as tuas cidades.
21 Porventura não aborrecia eu, Senhor,
aos que te aborreceram? e não me consumia
por causa dos teus inimigos?
22 Com ódio consumado eu os aborrecia, e
eles se tornaram meus inimigos.
23 Prova-me, ó Deus, e sonda o meu coração;
pergunta-me, e conhece as minhas veredas,
24 E vê se há em mim caminho de iniqüi-
dade, e conduze-me pelo caminho da eterni-
dade.

ORAÇÃO CONTRA OS INIMIGOS MALDIZENTES

1 Ao Mestre de canto. Salmo de Davi.

139 Livra-me, Senhor, do homem malvado;
livra-me do homem perverso,
3 Os que maquinaram iniqüidades no co-
ração: todo o dia dispunham combates.
4 Aguçaram as suas línguas como a da ser-
pente; veneno de áspides têm debaixo de
seus lábios.
5 Guarda-me, Senhor, da mão do pecador,
e livra-me de homens iníqüos. Os que cogita-
ram derribar os meus passos,
6 Eles soberbos me esconderam o laço, e
estenderam cordas para me surpreender; jun-
to do meu caminho me puseram tropeço.
7 Eu disse ao Senhor: Tu és o meu Deus;
atende, Senhor, à voz da minha deprecação.
8 Senhor, Senhor, que és a fortaleza da mi-
nha salvação, tu puseste reparo sobre a minha
cabeça no dia da batalha.
9 Não me entregues, Senhor, contra o meu
desejo, ao pecador; eles maquinaram contra
mim; não me desampares, para que não su-
ceda ficarem exaltados.
10 A cabeça daqueles que me cercam: o tra-
balho dos seus lábios os envolverá.
11 Cairão sobre eles carvões; ao fogo os ar-
rojarás; entre as misérias não subsistirão.
12 O varão de língua comprida não será
prosperado na terra; do varão injusto se apo-
derarão os males na morte.
13 Sei que o Senhor fará o juízo do desva-
lido, e que vingará aos pobres.
14 Mas contudo os justos darão glória ao
teu nome, e os retos habitarão na tua pre-
sença.

ORAÇÃO EM UM PERIGO MORTAL

1 Salmo de Davi.

140 Senhor, a ti clamei, escuta-me; aten-
de à minha voz, quando clamar a ti.

2 Suba direita a minha oração como incenso na tua presença; seja a elevação das minhas mãos sacrifício da tarde.

3 Põe, Senhor, uma guarda à minha boca; e aos meus lábios uma porta que os feche.

4 Não torças o meu coração a palavras de malícia, para buscar escusas nos pecados, como fazem os homens que obram iniqüidade; e não terei parte nas cousas que eles estimam.

5 O justo me corrigirá e me increpará com misericórdia; mas o azeite do pecado não chegue a ungir a minha cabeça; porque ainda até a minha oração será contra o que lhes apraz a eles.

6 Têm perecido os seus juízes lançados à pedra; ouviram que as minhas palavras foram eficazes.

7 Bem como a grossa gleba se desfez sempre sobre a terra, assim têm sido espalhados os nossos ossos perto da sepultura.

8 Porque os meus olhos a ti, Senhor, ó Senhor, se levantaram; em ti tenho esperado, não me tires a vida.

9 Guarda-me do laço que têm preparado contra mim, e dos precipícios dos que obram iniqüidade.

10 Cairão na sua rede os pescadores; só estou eu, até que seja o meu trânsito.

SÚPLICA DE UM HOMEM ABANDONADO POR TODOS

1 De Davi quando estava na caverna — Oração.

141 Com a minha voz clamei ao Senhor; com a minha voz fiz deprecação ao Senhor.

3 Derramo na sua presença a minha oração, e exponho diante dele mesmo a minha tribulação.

4 Enquanto me vai desfalecendo o meu espírito, e tu conheceste as minhas veredas. Neste caminho, por onde eu andava, esconderam-me o laço.

5 Considerava para a minha direita, e olhava, e não havia quem me conhecesse; não me ficou lugar de fugida, e não há quem se lhe dê da minha alma.

6 A ti clamei, Senhor, disse: Tu és a minha esperança, a minha porção na terra dos viventes.

7 Atende à minha deprecação, porque tenho sido humilhado sobremaneira; livra-me dos que me perseguem, porque se têm feito mais fortes do que eu.

8 Tira do cárcere a minha alma, para dar glória ao teu nome; a mim me estão esperando os justos, até que me dês a retribuição.

HUMILDE ORAÇÃO EM UM PERIGO

1 Salmo de Davi.

142 Senhor, atende à minha oração; percebe nos teus ouvidos o meu rôgo; segundo a tua verdade, atende-me na tua justiça.

2 E não entres em juízo com o teu servo; porque não será justificado na tua presença todo o vivente.

3 Porque o inimigo me perseguiu a minha alma; humilhou a minha vida até ao chão; cocolocou-me em lugares obscuros, como a mortos de muitos séculos.

4 E se angustiou o meu espírito sobre mim; em mim se turbou o meu coração.

5 Tenho-me lembrado dos dias antigos; tenho meditado em todas as tuas obras; meditava nas obras das tuas mãos.

6 Estendi as minhas mãos a ti; a minha alma para contigo é como a terra sedenta.

7 Atende-me, Senhor, com presteza: o meu espírito desfaleceu; não apartes de mim a tua face, para que não seja semelhante aos que descem ao lago.

8 Faze-me ouvir pela manhã a tua misericórdia, porque em ti tenho esperado; faze-me conhecer o caminho em que hei-de andar, porque a ti elevei a minha alma.

9 Livra-me dos meus inimigos, Senhor, a ti me tenho acolhido.

10 Ensina-me a fazer a tua vontade, porque tu és o meu Deus; o teu espírito, que é bom, me conduzirá à terra de retidão.

11 Pelo teu nome, Senhor, me vivificarás segundo a tua eqüidade, tirarás da tribulação a minha alma,

12 E pela tua misericórdia dissiparás a meus inimigos, e destruirás a todos os que atribulam a minha alma, porque eu sou teu servo.

AÇÃO DE GRAÇAS PELA VITÓRIA

1 De Davi.

143 Bendito seja o Senhor, Deus meu, que adestra as minhas mãos para a batalha e os meus dedos para a guerra.

2 Ele para mim é misericórdia, e o meu refúgio; amparador meu, e libertador meu; protetor meu, e nele esperarei; ele o que submete o meu povo à minha autoridade.

3 Senhor, que é o homem, pois tu a ele te manifestaste? ou o filho do homem, para tu assim o estimares?

4 O homem se tem feito semelhante à vaidade: os seus dias passam como sombra.

5 Senhor, inclina os teus céus, e desce; toca os montes, e fumegarão.

6 Vibra os teus coriscos, e dissipá-los-ás; despede as tuas setas, e contubá-los-ás.

7 Envia a tua mão lá do alto, tira-me, e livra-me das muitas águas: da mão dos filhos estranhos,

8 Cuja boca falou vaidade, e a sua direita é direita de iniqüidade.

9 Ó Deus, eu te cantarei uma nova canção; com o saltério de dez cordas te louvarei.

10 Tu que dás saúde aos reis, que redimiste a David, teu servo, da espada maligna,

11 Livra-me, e tira-me da mão dos filhos estranhos, cuja boca falou vaidade, e a direita deles é direita de iniqüidade,

12 Cujos filhos são como plantas novas na sua mocidade; as suas filhas andam compostas, adornadas todas como simulacro de templo.

13 Atulhadas estão as suas despensas, arrevesando dumas para outras; as suas ovelhas tão fecundas, abundantes nas suas saídas;

14 As suas vacas são gordas; não há ruína de muro, nem passagem na sua cerca, nem estrondo nas suas praças.

15 Bem-aventurado chamaram ao povo que tem estas cousas, bem-aventurado o povo que tem ao Senhor por seu Deus.

GRANDEZA E BONDADE DE DEUS

1 Louvores de Davi.

144 Eu te exaltarei, ó Deus, Rei meu, e bendirei o teu nome pelo século, e pelo século do século.

2 Cada dia te bendirei, e louvarei o teu nome pelo século, e pelo século do século.

3 Grande é o Senhor, e muito digno de louvor; e a sua grandeza não tem limites.

4 A geração e geração louvarão as tuas obras, e publicarão o teu poder.

5 Falarão da magnificência da glória da tua santidade, e contarão as tuas maravilhas.

6 E dirão as virtudes das tuas cousas terríveis, e contarão a tua grandeza.

7 Farão larguíssima memória da abundância da tua suavidade, e exultarão com a tua justiça.

8 Clemente e misericordioso é o Senhor; sofrido, e muito misericordioso.

9 Suave é o Senhor para com todos, e as suas misericórdias são sobre todas as suas obras.

10 Dêem-te glória a ti, Senhor, todas as tuas obras; e os teus santos te bem-digam.

11 A glória do teu reino publicarão, e o teu poder celebrarão.

12 Paa fazerem conhecer aos filhos dos homens o teu poder, e a glória da magnificência do teu reino.

13 O teu reino é reino que se estende a todos os séculos, e o teu império a toda a geração e geração. Fiel é o Senhor em todas as suas palavras; e santo em todas as suas obras.

14 O Senhor sustém a todos os que estão para cair, e levanta a todos os oprimidos.

15 Os olhos de todos esperam em ti, Senhor; e tu lhes dás o sustento em tempo oportuno.

16 Tu abres a tua mão, e enches a todo o animal de bênção.

17 Justo é o Senhor em todos os seus caminhos, e santo em todas as suas obras.

18 Perto está o Senhor de todos os que o invocam, de todos os que o invocam em verdade.

19 Ele cumprirá a vontade dos que o temem, e atenderá à sua oração, e os salvará.

20 O Senhor guarda a todos os que o amam, e exterminará a todos os pecadores.

21 A minha boca publicará o louvor do Senhor; e bendiga toda a carne o seu santo nome, pelo século, e pelo século do século.

SOMENTE EM DEUS DEVE CONFIAR-SE

1 Aleluia.

145 Louva, ó alma minha, ao Senhor; eu louvarei ao Senhor durante a minha vida; cantarei salmos ao meu Deus por quanto tempo eu viver.

3 Não queirais confiar nos príncipes; nos filhos dos homens, em quem não há salvação.

4 Sairá o seu espírito, e tornará à sua terra; naquele dia perecerão todos os pensamentos deles.

5 Ditoso aquele de quem é protetor o Deus de Jacob, cuja esperança é no Senhor seu Deus;

6 O qual fez o céu e a terra, o mar, e todas as cousas que neles há;

7 O que guarda verdade para sempre, faz justiça aos que sofrem injúrias; dá sustento aos famintos. O Senhor desata os que estão em grilhões;

8 O Senhor alumia aos cegos; o Senhor levanta os oprimidos; o Senhor ama os justos.

9 O Senhor guarda os peregrinos; amparará ao órfão e à viúva, e destruirá os caminhos dos pecadores.

Deus, ó Sião, reinará por todas as gera-
ções.

LOUVORES A DEUS PELA RESTAUURAÇÃO DE ISRAEL

1 Aleluia.

146 Louvai ao Senhor, porque bom é o
salmo; agradável seja ao nosso Deus,
e digno dele o louvor.
2 O Senhor, que edifica a Jerusalém, con-
gregará as dispersões de Israel.
3 O que sara aos atribulados do coração, e
liga as suas fraturas;
4 O que conta a multidão das estrelas, e as
chama a todas elas pelos seus nomes.
5 Grande é nosso Senhor, e grande o seu
poder; e a sua sabedoria não tem termo.
6 O Senhor é quem ampara aos humildes,
e o que abate aos pecadores até à terra.
7 Entoai cânticos ao Senhor no seu louvor;
dizei salmos ao nosso Deus com harpa.
8 O que cobre ao céu de nuvens, e à terra
prepara chuva; o que produz nos montes feno,
e erva para serviço dos homens.
9 O que dá aos animais o alimento conve-
niente, e aos filhinhos dos corvos que clamam
a ele.
10 Não se agradará da força do cavalo,
nem se comprazerá nos pés robustos do va-
rão.
11 O Senhor se agradou sempre dos que o
temem, e daqueles que esperam na sua mise-
ricórdia.

CONTINUAÇÃO DO PRECEDENTE

147 Louva, ó Jerusalém, ao Senhor; louva,
ó Sião, ao teu Deus.
13 Porque fortificou os ferrolhos das tuas
portas; abençoou os teus filhos dentro de
ti.
14 O que estabeleceu a paz nos teus limi-
tes, e da flor da farinha te farta.
15 O que envia a sua palavra à terra: ve-
lozmentee corre a sua palavra.
16 O que dá neve como lã: espalha a névoa
como cinza.
17 Envia o seu gelo como em pedaços de
pão: diante da intenção do seu frio quem po-
derá suster-se?
18 Enviará a sua palavra, e os derreterá:
assoprará o seu espírito, e correrão feitos em
águas.
19 O que anuncia a sua palavra a Jacob, as
suas justiças e juízos a Israel.
20 Não o fez assim a toda a outra nação, e
não lhes manifestou os seus juízos. Aleluia.

GLÓRIA DE DEUS NOSO CÉUS E NA TERRA

1 Aleluia.

148 Louvai desde os céus ao Senhor; lou-
vai-o nas alturas.
2 Louvai-o, todos os seus anjos; louvai-o,
todas as suas virtudes.
3 Louvai-o, sol e lua, louvai-o, todas as es-
trelas, e o lume.
4 Louvai-o, céus dos céus; e todas as águas
que estão sobre os céus.
5 Louvem o nome do Senhor. Porque ele
disse, e foram feitas as cousas; ele mandou,
e elas foram criadas.
6 Ele as estabeleceu para sempre, e pelo
século do século; preceito pôs, e não se que-
brantará.
7 Louvai ao Senhor, os que sois da terra,
vós dragões, e todos os abismos.
8 O fogo, o granizo, a neve, a geada, o es-
pírito de tempestades, que executam a sua
palavra.
9 Os montes, e todos os outeiros; as árvo-
res frutíferas, e todos os cedros;
10 Os animais, e todos os gados; as serpen-
tes e as aves que voam;
11 Os reis da terra, e todos os povos, os
príncipes e todos os juízes da terra;
12 Os mancebos e as donzelas; os velhos
com os moços, louvem o nome do Senhor:
13 Porque só o nome dele foi exaltado.
14 O seu louvor é sobre o céu e a terra; e
exaltou o poder do seu povo. Hino digam to-
dos os seus santos: os filhos de Israel, o povo
que se lhe apropínqua. Aleluia.

CANTO A DEUS E A SEU POVO PREDILETO

1 Aleluia.

149 Cantai ao Senhor um novo cântico;
seja o seu louvor na igreja dos santos.
2 Alegre-se Israel naquele que o fez; e os
filhos de Sião regozijem-se em seu rei.
3 Louvem o seu nome em coro; com tam-
bor e saltério louvem-no a ele.
4 Porque o Senhor se tem comprazido no
seu povo, e exaltará os mansos para os salvar.
5 Regozijar-se-ão os santos na glória: eles
se alegrarão nas suas mansões.
6 Altos louvores de Deus se acham na sua
boca e espadas de dois fios nas suas mãos,
7 Para fazer vingança nas nações; castigos
nos povos;
8 Para meter os reis dele em grilhões, e os
seus nobres em algemas de ferro;
9 Para fazer sobre eles o juízo prescrito:
esta glória é reservada para todos os seus
santos. Aleluia.

CONCERTO SOLENE DE LOUVOR A DEUS

1 Aleluia.

150 Louvai ao Senhor no seu santuário; lou-
vai-o no firmamento da sua virtude.
2 Louvai-o nas virtudes dele; louvai-o se-
gundo a multidão da sua grandeza.
3 Louvai-o ao som da trombeta; louvai-o
com saltério e cítara.
4 Louvaio com adufe e frauta; louvai-o com
cordas e órgão.
5 Louvai-o com címbalos sonoros; louvai-o
com címbalos de júbilo.
6 Todo o espírito louve ao Senhor. Aleluia.

PROVÉRBIOS

I. EXORTAÇÃO AO ESTUDO DA SABEDORIA

Título e argumento

1 Parábolas de Salomão, filho de Davi, rei de Israel. 2 Para se aprender a sabedoria, e a disciplina: 3 para se entenderem as palavras da prudência: e receber a instrução da doutrina, a justiça, e o juízo, e a eqüidade: 4 a fim de se dar aos pequeninos astúcia, ciência, e entendimento ao mancebo. 5 O sábio ouvindo-as, ficará mais sábio: e entendendo-as, possuirá o leme. 6 Atinará com a parábola, e sua interpretação, com as palavras dos sábios, e seus enigmas. 7 O temor do Senhor é o princípio da sabedoria. Os insensatos desprezam a sabedoria, e a doutrina.

As más companhias

8 Ouve, filho meu, a instrução de teu pai, e não largues a lei de tua mãe; 9 para se acrescentar engraçado adorno à tua cabeça, e um colar ao teu pescoço. 10 Filho meu, se os pecadores te traírem com os afagos, não condescendas com eles. 11 Se te disserem: Vem conosco, façamos emboscadas para derramar sangue, armemos laços ocultos ao inocente, que nos não fez mal algum: 12 devoremo-lo vivo como o inferno, e inteiro como ao que dá consigo no calabouço. 13 Nisto acharemos toda a sorte de bens preciosos, encheremos as nossas casas de despojos. 14 Deita conosco a tua sorte, seja uma só a bolsa de nós todos. 15 Filho meu, não vás com eles, guarda-te de andar pelas suas veredas. 16 Porque os seus pés correm para o mal, e se dão pressa a derramar sangue. 17 Mas debalde se lança a rede diante dos olhos dos que têm asas. 18 Eles mesmos também fazem traições contra o seu próprio sangue, e tramam enganos para ruína de suas almas. 19 Tais são os caminhos de todos os avarentos, eles surpreendem as almas dos que estão possuidos desta paixão.

Exortação da sabedoria

20 A sabedoria ensina de fora, nas praças dá suas vozes: 21 ela grita de contínuo à testa dos ajuntamentos do povo, à entrada das portas da cidade profere as suas palavras, dizendo: 22 Até quando amareis, ó crianças, a infância, e os insensatos cobiçarão as coisas que lhes são nocivas, e os imprudentes aborrecerão a ciência? 23 Convertei-vos à minha correção: eis aqui vou eu a propor-vos já o meu espírito, e a intimar-vos as minhas palavras. 24 Porque eu vos chamei, e vós não quisestes ouvir-me: estendi a minha mão, e não houve quem olhasse para mim. 25 Desprezastes todos os meus conselhos, e não fizestes caso das minhas repreensões. 26 Pois eu me rirei também na vossa morte, e zombarei de vós quando vos suceder o que temíeis. 27 Quando vos assaltar a calamidade repentina, e colher a morte como um temporal; quando vier sobre vós a tribulação e angústia: 28 então me invocarão eles, e eu não os ouvirei: levantar-se-ão de madrugada, e não me acharão: 29 pois que eles aborreceram as instruções, e não abraçaram o temor do Senhor, 30 nem se submeteram ao meu conselho e desacreditaram toda a minha repreensão. 31 Comerão pois os frutos do seu caminho, e fartar-se-ão dos seus conselhos. 32 A aversão dos meninos os matará, e a prosperidade dos insensatos os virá a perder. 33 Mas aquele que me ouvir, descansará sem terror, e gozará da abundância de bens sem receio de mal algum.

Excelência da sabedoria

2 Meu filho, se tu receberes os meus discursos, e tiveres os meus mandamentos escondidos dentro do teu coração, 2 de sorte que o teu ouvido ouça atento o que a sabedoria lhe diz: inclina o teu coração para conhecer a prudência. 3 Porque se tu invocares a sabedoria, e inclinares o teu coração para a prudência: 4 se a buscares como o dinheiro, e cavares para a encontrar, como os que desenterram tesouros: 5 então compreenderás tu o temor do Senhor, e acharás a ciência de

Deus. 6 Porque o Senhor é o que dá a sabedoria, e da sua boca sai a prudência, e a ciência. 7 Ele reservará a salvação para os retos e protegerá os que caminham em simplicidade, 8 sendo Ele mesmo o que guarda as veredas da justiça, e o que está de vigia sobre os caminhos dos santos. 9 Então conhecerás tu a justiça, e o juízo e a eqüidade, e todas as veredas que são boas.

Males afugentados pela sabedoria

10 Se a sabedoria entrar no teu coração, e a ciência agradar à tua alma: 11 o conselho te guardará, e a prudência te conservará, 12 a fim de seres livre do caminho mau, e do homem que fala coisas perversas: 13 dos que deixam o caminho direito, andam por caminhos tenebrosos: 14 que se alegram depois de terem feito o mal, e triunfam de prazer nas piores coisas: 15 cujos caminhos são todos corrompidos, e cujos passos são infames. 16 A fim de seres livre da mulher alheia e da estranha, que usa dos seus brandos discursos, 17 e deixa o guia da sua puberdade, 18 e se tem esquecido do pacto do seu Deus: porquanto a sua casa pende para a morte, e as suas veredas para os infernos. 19 Todos os que têm trato com ela não voltarão, nem tomarão as veredas da vida. 20 Para que andes pelo bom caminho: e não largues as veredas dos justos. 21 Porque os que são retos, habitarão na terra, e nela permanecerão os símplices. 22 Porém os ímpios são arrancados de cima da terra: e os que obram iniquamente serão dela exterminados.

A sabedoria e o temor de Deus

3 Meu filho, não te esqueças da minha lei, e guarda no teu coração os meus preceitos. 2 Porque eles te acrescentarão longura de dias, e anos de vida, e paz. 3 Não te desamparem a misericórdia, e a verdade, põe-nas à roda do teu pescoço, e grava-as sobre as tábuas do teu coração: 4 e acharás graça, e sábia conduta diante de Deus e dos homens. 5 Tem confiança no Senhor de todo o teu coração, e não te estribes na tua prudência. 6 Traze-o no pensamento em todos os teus caminhos, e Ele mesmo dirigirá os teus passos. 7 Não sejas sábio a teus próprios olhos: teme a Deus, e aparta-te do mal: 8 pois isto será saúde para o teu corpo, e a regadura dos teus ossos. 9 Honra ao Senhor com a tua fazenda, e dá-lhe das primícias de todos os teus frutos: 10 e se encherão os teus celeiros de fartura, e transbordarão de vinho os teus lagares.

11 Não rejeites, meu filho, a correção do Senhor: nem caias em abatimento, quando por Ele és castigado: 12 porque o Senhor castiga aquele a quem ama: e acha nele a sua complacência, como um pai em seu filho.

Felicidade do sábio

13 Bem-aventurado o homem que achou a sabedoria, e que está rico de prudência. 14 Melhor é a sua aquisição do que o tráfico da prata, e seus frutos melhores do que o ouro mais fino, e mais depurado. 15 Mais preciosa é que todas as riquezas: e tudo o mais que se deseja não se pode comparar com ela. 16 Na sua direita está a longura de dias, e as riquezas, e a glória na sua esquerda. 17 Os seus caminhos são caminhos formosos, e de paz todas as suas veredas. 18 É árvore da vida para aqueles que lançarem mão dela: e bem-aventurado o que a não largar.

19 O Senhor fundou a terra pela sabedoria, estabeleceu os céus pela prudência. 20 Pela sua sabedoria é que os abismos se romperam, e as nuvens se condensam em orvalho.

21 Meu filho, não te escapem estas coisas de diante dos teus olhos: Guarda a lei, e o conselho: 22 e terá vida a tua alma, e engraçado adorno a tua garganta. 23 Então andarás tu com confiança pelo teu caminho, e o teu pé não tropeçará. 24 Se dormires, não temerás: descansarás, e o teu sono será tranqüilo. 25 Não te assustes do repentino pavor, nem das poderosas arremetidas, com que os ímpios te acometam. 26 Porque o Senhor estará ao teu lado, e ele guardará o teu pé para não seres apanhado no laço.

Máximas sobre as relações com o próximo

27 Não impidas que faça bem aquele que pode: se podes, faze-o tu mesmo também. 28 Não digas ao teu amigo: vai, e torna: amanhã te darei: quando tu lhe podes dar logo. 29 Não traces fazer mal ao teu amigo, tendo ele confiança em ti. 30 Não façais processo contra qualquer homem sem motivo, quando ele te não fez mal nenhum. 31 Não invejes o homem injusto, nem imites os teus caminhos; 32 porque abominação do Senhor é todo o enganador, e a sua conversação é com os símplices. 33 Haverá indigência na casa do ímpio enviada pelo Senhor: porém as habitações dos justos serão abençoadas. 34 Ele escarnecerá dos escarnecedores, e dará graça aos mansos. 35 Os sábios possuirão a

glória: a exaltação dos insensatos será a sua ignomínia.

Exortação paternal

4 Ouvi, filhos, as instruções de um pai, e estai atentos para conhecerdes a prudência. 2 Dar-vos-ei um belo dom, não deixeis a minha lei. 3 Porque eu fui também filho de meu pai, querido e como unigênito diante de minha mãe: 4 e ele me ensinava e dizia: O teu coração receba as minhas palavras, guarda os meus preceitos e viverás. 5 Possue a sabedoria, possue a prudência. Não te esqueças, nem te desvies das palavras da minha boca. 6 Nem a largues, e ela te guardará. Ama-a, e ela te conservará. 7 Possue tu a sabedoria, que este é o princípio da mesma sabedoria, e adquire a prudência com todas as tuas posses. 8 Arrebata-a, e ela te exaltará: glorificado serás por ela, quando a tiveres abraçado, 9 ela derramará sobre a tua cabeça torrentes de graça, e te cobrirá com uma ínclita coroa.

O caminho reto

10 Ouve, meu filho, e recebe as minhas palavras, para que se te multipliquem os anos da tua vida. 11 Eu te mostrarei o caminho da sabedoria, guiar-te-ei pelas veredas da eqüidade: 12 nas quais, depois que tiveres entrado, não se estreitarão os teus passos, e correndo não terás tropeço. 13 Pega-te bem à disciplina, não a largues: guarda-a, porque ela é a tua vida. 14 Não te deleites nas veredas dos ímpios, nem te agrade o caminho dos maus. 15 Foge dele, e não passes por ele: desvia-te, e deixa-o: 16 porque eles não dormem, sem terem feito mal: e foge deles o sono se não tiverem armado alguma sancadilha. 17 Eles comem o pão da impiedade e bebem o vinho da iniqüidade. 18 Mas a vereda dos justos, como luz que resplandece, vai adiante e cresce até o dia perfeito. 19 O caminho dos ímpios é tenebroso. Eles não sabem onde vão cair.

20 Meu filho, escuta os meus discursos e inclina o teu ouvido para as minhas expressões. 21 Elas se não tirem diante dos teus olhos, conserva-as no meio do teu coração: 22 porque são vida para os que as acham, e saúde para toda a carne. 23 Aplica-te com todo o cuidado possível à guarda do teu coração, porque dele é que procede a vida. 24 Remove de ti a boca maligna, e estejam longe de ti os sábios que detraem. 25 Os teus olhos olhem direitos, e as tuas pálpebras precedam os teus passos. 26 Dirige a vereda em que pões os teus pés, e todos os teus caminhos serão firmes. 27 Não declines nem para a direita nem para a esquerda: retira o teu pé do mal: porque o Senhor conhece os caminhos, que estão à direita: e os que estão à esquerda são uns caminhos de perdição. Mas ele mesmo endireitará as tuas carreiras, e guiando prolongará em paz os teus caminhos.

Foge do amor impuro

5 Meu filho, atende à minha sabedoria, e inclina o teu ouvido para a minha prudência, 2 a fim de vigiares sobre a guarda dos teus pensamentos, e para que os teus lábios conservem a disciplina. Não te iludas com os artifícios da mulher. 3 Porque os lábios da prostituta são como o favo que distila o mel, e a sua garganta é mais lustrosa do que o óleo: 4 mas o seu fim é amargoso como o absinto, e talhante como a espada de dois gumes. 5 Os seus pés descem à morte, e os seus passos penetram até aos infernos. 6 Eles não andam pela vereda da vida, os seus passos são vagabundos, e ininvestigáveis. 7 Agora pois, meu filho, ouve-me, e não te apartes das palavras da minha boca. 8 Alonga dela o teu caminho, e não chegues às portas de sua casa. 9 Não dês a tua honra às alheias, nem os teus anos à cruel: 10 para que não suceda que os estranhos enriqueçam dos teus bens e que os teus trabalhos estejam na casa de outrem, 11 e que tu gemas no fim, quando tiveres consumido as tuas carnes e o teu corpo e digas: 12 Por que detestei eu a disciplina, e por que não cedeu às repreensões o meu coração, 13 nem ouvi a voz dos que me ensinavam, nem apliquei aos mestres o meu ouvido? 14 Quase que em todo o mal me achei, no meio da igreja e da sinagoga.

15 Bebe da água da tua cisterna, e das correntes do teu poço. 16 Corram fora os regatos da tua fonte, e reparte as tuas águas nas ruas. 17 Possue-as tu só, e não tenham parte nelas os estranhos. 18 A tua fonte seja bendita, e vive alegre com a mulher que tomaste na tua adolescência. 19 Ela seja para ti a corça que muito amas, e o teu engraçadíssimo veadinho: os seus peitos te embebedem em todo o tempo, no seu amor busca sempre o teu prazer. 20 Por que te deixas, meu filho, enganar da alheia, e repousas no seio duma outra? 21 O Senhor olha atentamente para os caminhos do homem, e considera todos os seus passos. 22 As suas mesmas iniqüidades prendem ao ímpio, e é apertado com as ataduras dos seus pecados. 23 Ele morrerá, porque não admitiu a correção, e se achará enganado pelo excesso da sua loucura.

Conselhos: sobre a fiança

6 Meu filho, se ficares por fiador do teu
amigo, deste por ele a tua mão a um es-
tranho, 2 com as palavras da tua boca te me-
testes no laço, e ficaste preso pelas tuas pró-
prias expressões. 3 Faze pois, meu filho, o
que te digo, e livra-te a ti mesmo: pois que
caíste nas mãos do teu próximo. Discorre
duma para outra parte, apressa-te, desperta
ao teu amigo. 4 Não deixes entregarem-se ao
sono os teus olhos, nem dormirem as tuas
pálpebras. 5 Salva-te como uma corçazinha
que escapa da mão e como um pássaro que
foge dentre as mãos do armador.

Sobre a preguiça e duplicidade

6 Vai ter, ó preguiçoso, com a formiga e
considera os teus caminhos, e aprende dela
a sabedoria: 7 a qual não tendo condutor,
nem mestre, nem príncipe, 8 faz o seu provi-
mento no estio, e ajunta no tempo da ceifa
de que se sustentar. 9 Até quando dormirás
tu, ó preguiçoso? Quando te levantarás do teu
sono? 10 Um poucochinho dormirás, outro
poucochinho dormitarás, outro poucochinho
cruzarás as mãos para dormires; 11 e virá
sobre ti a indigência, como um caminheiro,
e a pobreza, como um homem armado. Se tu
porém fores diligente, virá a tua messe como
uma fonte, e a indigência fugirá longe de ti.
12 O homem apóstata é um homem inútil,
caminha com boca perversa, 13 ele faz sinais
com os olhos, bate com o pé, fala com os de-
dos, 14 com depravado coração maquina o
mal, e em todo o tempo semeia distúrbios.
15 A este tal virá de repente a sua perdição,
e de improviso será quebrantado, e não terá
mais daí por diante remédio.

Sete abominações

16 Seis são as coisas que o Senhor aborre-
ce, e a sua alma detesta a sétima: 17 Olhos
altivos, língua mentirosa, mãos que derramam
sangue inocente, 18 coração que maquina
malvadíssimos projetos, pés prontos para
correr ao mal, 19 testemunha que profere
mentiras e o que semeia discórdias entre seus
irmãos.

Advertências paternais

20 Conserva, meu filho, preceitos de teu
pai, e não largues a lei de tua mãe. 21 Traze-
os incessantemente atados ao teu coração, e
põe-nos à roda da tua garganta.
22 Quando andares, eles te acompanhem:
quando dormires, eles te guardem, e em acor-
dando fala com eles: 23 porque o manda-
mento é uma candeia, e a lei uma luz e a
reepreensão da disciplina o caminho da vida:
24 para que te guardem da má mulher, e da
língua lisonjeira da estranha. 25 Não cobice
o teu coração a sua formosura, nem te deixes
prender dos seus acenos: 26 porque o preço
da meretriz apenas é de um pão: mas a mu-
lher cativa a alma do homem, a qual não tem
preço. 27 Acaso pode o homem esconder o
fogo no seu seio, sem que ardam os seus ves-
tidos? 28 Ou pode ele andar por cima das
brasas, sem que se queime a planta dos seus
pés? 29 Assim o que se chega à mulher de
seu próximo, não ficará limpo depois de a
tocar. 30 Não é grande culpa, quando algum
furtar: porque furta para saciar a sua esfai-
mada alma: 31 também depois de colhido às
mãos, pagará sete vezes em dobro, e entrega-
rá todos os bens da sua casa. 32 Porém o que
é adultero perderá a sua alma por causa da
loucura do seu coração: 33 ele ajunta para
si a infâmia e a ignomínia e não se apagará o
seu opróbrio: 34 porque o ciúme e o furor
do marido não lhe perdorá no dia da vingan-
ça, 35 nem ele se dobrará aos rogos de ne-
nhum, nem receberá em satisfação presentes,
ainda que sejam em mui grande número.

7 Meu filho, guarda as minhas expressões, e
esconde dentro de ti os meus preceitos.
Filho, 2 observa os meus mandamentos, e vi-
verás: e guarda a minha lei como a menina
do teu olho. 3 Traze-a atada aos teus dedos,
escreve-a nas tábuas do teu coração. 4 Dize à
sabedoria, tu és minha irmã: e chama à pru-
dência a tua amiga, 5 para que te guarde da
mulher estranha, e da alheia, que adoça as
suas palavras. 6 Porque desde a janela da mi-
nha casa me tenho posto a olhar por entre as
gelosias, 7 e vejo aos incautos, considero a
um mancebo insensato, 8 que passa pela rua
junto da esquina, e pelo pé da casa daquela,
anda, 9 sendo já escuro, quando o dia se vai
acabando nas trevas, e obscuridade da noite.
10 E eis aqui que lhe sai ao encontro esta
mulher ornada à moda das prostitutas, pre-
venida para caçar as almas: faladora e va-
gabunda, 11 não lhe sofrendo o coração estar
queda, nem podendo ter os pés dentro em
casa, 12 pondo-se de emboscada, umas vezes
fora outras nas praças, outras às esquinas.
13 E tendo mão num mancebo, o beija, e
com uma cara sem vergonha lhe faz carícias,
dizendo: 14 Pela tua saúde ofereci vítimas, e
hoje dei cumprimento aos meus votos: 15 por
isso te saí ao encontro, desejando ver-te, e
eis que te achei. 16 Fiz sobre cordões a mi-

nha cama, cobri-a com colchas bordadas do Egito: 17 perfumei a câmara de mirra, e de aloés, e de cinamomo. 18 Vem, embriaguemo-nos de amores, e gozemos abraços desejados, até que amanheça o dia. 19 Porque meu marido não está em sua casa, foi fazer uma jornada muito dilatada: 20 levou consigo um saco de dinheiro. Lá para o dia da lua cheia é que há de voltar à sua casa.

21 Meteu-o assim na rede com os seus longos discursos, e o arrastou com as lisonjas dos seus lábios. 22 Segue-a logo como boi que é levado ao sacrifício, e como cordeiro que vai saltando, e ignora o néscio que é arrastado para uma prisão. 23 Até que uma seta lhe traspassa o fígado: como ave que apressada corre ao laço, e não sabe que se trata do perigo da sua vida. 24 Ouve-me pois agora, meu filho, e está atento às palavras da minha boca: 25 Não se deixe arrastar o teu espírito a ir pelos caminhos desta mulher: nem tu te deixes enganar das suas veredas: 26 Porque a muitos derribou feridos, e os mais fortes por ela foram mortos. 27 Caminhos do inferno são a sua casa, que penetram até às entranhas da morte.

Discurso da sabedoria

8 Porventura a sabedoria não está repetidas vezes clamando, e a prudência não faz ouvir a sua voz? 2 No mais alto e elevado das eminências, ao longo do caminho, no meio das veredas posta em pé, 3 junto às portas da cidade, na mesma entrada, fala, dizendo: 4 A vós, ó homens, é que eu estou continuamente clamando, e aos filhos dos homens é que se dirige a minha voz. 5 Aprendei, ó pequeninos, a astúcia, e vós, insensatos, prestai-me atenção. 6 Ouvi, porque tenho de vos falar acerca de grandes coisas: e os meus lábios se abrirão para anunciarem o que é reto. 7 A minha garganta meditará a verdade, e os meus lábios detestarão ao ímpio. 8 Justos são todos os meus discursos, neles não há coisa má, nem depravada; 9 retos são para os inteligentes, e de eqüidade para os que acham ciência. 10 Recebei as minhas instruções com maior gosto, do que se recebêsseis dinheiro: escolhei antes a doutrina que o ouro. 11 Porque melhor é a sabedoria que todas as riquezas de mais subido valor: e tudo quando é apetecível com ela se não pode comparar.

A sabedoria faz seu próprio elogio

12 Eu, a sabedoria, habito no conselho, e me acho presente aos pensamentos judiciosos. 13 O temor do Senhor aborrece o mal: eu detesto a arrogância, e a soberba, e o caminho corrompido, e a boca de duas línguas. 14 Meu é o conselho, e a eqüidade, minha é a prudência, minha é a fortaleza. 15 Por mim reinam os reis, e por mim decretam os legisladores o que é justo. 16 Por mim imperam os príncipes, e os poderosos decretam a justiça. 17 Eu amo aos que me amam: e os que vigiam desde a manhã por me buscarem, achar-me-ão. 18 Comigo estão as riquezas, e a glória, a magnífica opulência, e a justiça. 19 Porque melhor é o meu fruto que o ouro, e que a pedra preciosa, e as minhas produções melhores que a prata escolhida. 20 Eu ando nos caminhos da justiça, no meio das veredas do juízo. 21 Para enriquecer aos que me amam, e para encher os seus tesouros.

22 O Senhor me possuiu no princípio de seus caminhos, desde o princípio antes que criasse coisa alguma. 23 Desde a eternidade fui constituída, e desde o princípio, antes da terra ser criada. 24 Ainda não havia os abismos, e eu estava já concebida: ainda as fontes das águas não tinham arrebentado: 25 ainda se não tinham assentado os montes sobre a sua pesada massa: antes de haver outeiros, era eu dada à luz: 26 ainda Ele não tinha feito a terra, nem os rios, nem tinha firmado o mundo sobre os seus pólos. 27 Quando Ele preparava os céus, eu me achava presente: quando com lei certa, e dentro do seu âmbito encerrava os abismos: 28 Quando firmava lá no alto a região etérea, e quando equilibrava as fontes das águas: 29 quando circunscrevia ao mar o seu termo, e punha lei às águas para que não passassem os seus limites: quando sustentava pendentes os fundamentos da terra. 30 Estava eu com Ele regulando todas as coisas: e cada dia me deleitava, brincando em todo o tempo diante dele: 31 brincando na redondeza da terra: e achando as minhas delícias em estar com os filhos dos homens.

32 Agora pois, filhos, ouvi-me: Bem-aventurados os que guardam os meus caminhos. 33 Ouvi a instrução e sede sábios, e não queirais rejeitá-la. 34 Bem-aventurado o homem que me ouve e que vela todos os dias à entrada da minha casa, e que está feito espia às umbreiras da minha porta. 35 Aquele que me achar, achará a vida, e haverá do Senhor a salvação: 36 aquele porém que pecar contra mim fará mal à sua alma. Todos os que me aborrecem, amam a morte.

O banquete da sabedoria

9 A sabedoria edificou para si uma casa, cortou sete colunas. 2 Imolou as suas vítimas, preparou o vinho, e dispôs a sua mesa.

3 Enviou as suas escravas a chamar à forta-
leza, e às muralhas da cidade: 4 Todo o que
é simples, venha a mim. E aos insensatos dis-
se: 5 Vinde, comei o pão que eu vos dou e
bebei o vinho que vos preparei. 6 Deixai a in-
fância, e vivei, e andai pelos caminhos da
prudência.

Conselhos

7 Aquele que instrui ao mofador a si mesmo
se faz injúria: e aquele que repreende ao
ímpio, a si mesmo se desonra. 8 Não repreen-
das ao mofador, para que ele te não aborreça.
Repreende ao sábio, ele te amará. 9 Dá oca-
sião ao sábio, e se lhe acrescentará sabedoria.
Ensina ao justo, e se apressará em aprender.
10 O princípio da sabedoria é o temor do
Senhor: e a ciência dos santos é a prudência.
11 Porque por mim se aumentará o número
dos teus dias, e acrescentados serão novos
anos à tua vida. 12 Se fores sábio, para ti
mesmo o serás: e se fores mofador, tu só
experimentarás o mal.

O banquete da insensatez

13 A mulher insensata e gritadeira, e cheia
de atrativos, e que de todo não sabe nada,
14 assentou-se à porta de sua casa sobre uma
cadeira, num lugar alto da cidade, 15 para
chamar aos que passavam pela estrada, e
que iam andando o seu caminho, dizendo:
16 O que é simples, decline para mim. E ao
insensato disse ela: 17 As águas furtivas são
mais doces, e o pão tomado às escondidas é
mais gostoso. 18 Mas ele ignorou que os gi-
gantes estão com ela, e que os seus convida-
dos se acham nas profundezas do inferno.

II. PARÁBOLAS DE SALOMÃO

(primeira série)

10 O filho sábio a seu pai dá alegria: porém o filho insensato é a tristeza de sua mãe.

2 Os tesouros da impiedade de nada servirão: mas a justiça livrará da morte.

3 O Senhor não afligirá com fome a alma do justo, e desfará as traições dos ímpios.

4 A mão remissa tem produzido indigência: mas a mão dos fortes adquire riqueza.

O que se estriba em mentiras, este se sustenta de ventos: e ele mesmo corre atrás dos pássaros que voam.

5 Aquele que ajunta no tempo da messe é filho sábio: mas o que dorme tranqüilo no estio é filho da confusão.

6 A bênção do Senhor é sobre a cabeça do justo: mas a iniqüidade dos ímpios cobre-lhes o rosto.

7 A memória do justo será acompanhada de louvores: e o nome dos ímpios apodrecerá.

8 O que é sábio de coração recebe os avisos: o insensato é ferido pelos lábios.

9 Aquele que anda em simplicidade, anda afoutamente: aquele porém que perverte os seus caminhos, será descoberto.

10 O que faz sinais com os olhos causará dor: e o insensato será estimulado pelos lábios.

11 A boca do justo é veia da vida: e a boca dos ímpios esconde a iniqüidade.

12 O ódio excita rixas: e a caridade cobre todos os delitos.

13 Nos lábios do sábio se acha a sabedoria: e a vara sobre as costas daquele que não tem senso.

14 Os sábios escondem a ciência: mas a boca do insensato está próxima à confusão.

15 O cabedal do rico é a cidade da sua fortaleza: a indigência dos pobre os enche de pavor.

16 A obra do justo conduz à vida: mas o fruto do ímpio tende ao pecado.

17 O que guarda a disciplina está no caminho da vida: o que porém não faz caso das repreensões, anda errado.

18 Os lábios mentirosos escondem o ódio: aquele que abertamente ultraja, é um insensato.

19 No muito falar não faltará pecado: mas o que modera os seus lábios é prudentíssimo.

20 A língua do justo é uma prata depurada: mas o coração dos ímpios é de nenhum preço.

21 Os lábios do justo ensinam a muitíssimos: mas os que são ignorantes morrerão na indigência de coração.

22 A bênção do Senhor faz os ricos, e não se achará com eles a aflição.

23 O insensato comete o crime como por galhofa: mas a sabedoria é para o homem prudência.

24 O que o ímpio teme, isso virá sobre ele: aos justos se lhes concederá o seu desejo.

25 O ímpio desaparecerá como uma tempestade que passa: mas o justo será como um fundamento eterno.

26 Qual o vinagre para os dentes, e o fumo para os olhos, tal é o preguiçoso para aqueles que o mandaram.

27 O temor do Senhor prolongará os dias: e os anos dos ímpios serão abreviados.

28 A expectação dos justos é alegria: mas a esperança dos ímpios perecerá.

29 O caminho do Senhor é a fortaleza do inocente: e pavor para os que obram mal.

30 O justo não será nunca abalado: porém os ímpios não habitarão sobre a terra.

31 A boca do justo frutificará sabedoria: a língua dos depravados perecerá.

32 Os lábios do justo consideram o que pode agradar: e a boca dos ímpios coisas perversas.

11 A balança enganosa é abominação diante do Senhor: e o peso justo é a sua vontade.

2 Onde houver soberba, aí haverá também ignomínia: onde porém há humildade, aí há igualmente sabedoria.

3 A simplicidade dos justos conduzi-los-á felizmente: e as sancadilhas dos perversos serão a sua ruína.

4 As riquezas não servirão de nada no dia da vingança: mas a justiça livrará da morte.

5 A justiça do simples fará feliz o seu caminho: e pela sua impiedade se precipitará o ímpio.

6 A justiça dos retos livrá-los-á: e em os seus mesmos laços serão apanhados os iníquos.

7 Morto o homem ímpio, não restará mais esperança alguma: e a expectação dos ambiciosos perecerá.

8 O justo foi livre da angústia: e o ímpio será entregue em lugar dele.

9 O fingidor com a boca engana ao seu amigo: mas os justos serão livres pela ciência.

10 Nos bens dos justos exultará a cidade: e na perdição dos ímpios haverá ação de graças.

11 A cidade será exaltada pela bênção dos justos: e destruída pela boca dos ímpios.

12 O que não tem senso, despreza ao seu amigo: mas o homem prudente calar-se-á.

13 O que anda com dobreza descobre os segredos: mas o que é de coração leal, cala o que o amigo lhe confiou.

14 Onde não há quem governe, perecerá o povo: onde porém há muitos conselhos, aí haverá salvação.

15 Aquele que se faz responsável por um estranho, cairá na desventura: mas o que evita os laços, estará em segurança.

16 A mulher de engraçada compostura alcançará glória: e os robustos terão riquezas.

17 O homem caritativo faz bem à sua alma: mas o que é cruel, repele até os seus mesmos propínquos.

18 O ímpio faz obra que não subsiste: mas para o que semeia justiça, há fiel recompensa.

19 A clemência abre o caminho para a vida: e o seguimento dos males conduz para a morte.

20 Abominável é para o Senhor o coração corrompido: e o seu afeto é para os que andam em simplicidade.

21 O mau não será inocente, ainda quando tiver uma mão sobre a outra: mas a linhagem dos justos será salva.

22 A mulher formosa e insensata é como um anel de ouro no focinho duma porca.

23 O desejo dos justos estende-se a todo o bem: a expectação dos ímpios é o furor.

24 Uns repartem o que é seu, e ficam mais ricos: outros arrebatam o que não é seu, e sempre estão em pobreza.

25 A alma que faz bem será engrossada, o que embriaga, também ele mesmo será embriagado.

26 O que esconde o trigo será amaldiçoado entre os povos: e a bênção virá sobre a cabeça dos que o vendem.

27 Aquele que anda vendo como fará bem, é ditoso em se levantar ao romper da manhã: aquele porém que anda buscando como fará mal, será por ele oprimido.

28 O que confia nas suas riquezas, cairá: mas os justos crescerão como a árvore, que tem a folha sempre verde.

29 O que traz a sua casa inquieta, não possuirá senão ventos: e o que é insensato servirá ao sábio.

30 O fruto do justo é árvore de vida e o que ampara as almas é sábio.

31 Se o justo é punido na terra, quanto mais o será o ímpio e o pecador?

12 Aquele que ama a disciplina, ama a ciência: mas o que aborrece as repreensões, é um insensato.

2 Aquele que é bom, terá do Senhor graça: mas o que põe a confiança nos seus próprios pensamentos, obra como ímpio.

3 O homem não se corroborará pela impiedade: e a raiz dos justos não será abalada.

4 A mulher diligente é a coroa de seu marido: e a que obra coisas dignas de confusão far-lhe-á apodrecer os ossos.

5 Os pensamentos dos justos são cheios de justiça: e os conselhos dos ímpios são cheios de fraudulência.

6 As palavras dos ímpios armam traições, a fim de verter sangue: a boca dos justos será a que os livres.

7 Transtorna aos ímpios, e não subsistirão: mas a casa dos justos permanecerá firme.

8 O homem será conhecido pela sua doutrina: mas o que é vão e não tem senso, estará exposto ao desprezo.

9 Mais vale o pobre, que ainda assim tem o que lhe basta para passar, do que o jactancioso e necessitado de pão.

10 O justo atende pela vida dos seus animais: mas as entranhas dos ímpios são cruéis.

11 Aquele que lavra a sua terra, será farto de pão: mas o que se entrega ao ócio, é quanto pode ser insensato.

Aquele que faz gosto de se demorar em beber vinho, deixa afronta nas suas fortificações.

12 O desejo do ímpio é apoiar-se na força dos que são os piores de todos: mas a raiz dos justos cada vez lançará mais garfos.

13 No pecado dos lábios há uma cilada funesta, mas o justo livra-se da angústia.

14 Cada um será cheio de bens conforme fôr o fruto da sua boca, e ser-lhe-á dada a retribuição conforme forem obras das suas mãos.

15 O caminho do insensato é direito aos seus olhos: o que porém é sábio ouve os conselhos.

16 O fátuo logo mostra a sua ira: mas o que dissimula a injúria é prudente.

17 Aquele que afirma o que bem sabe, é um auxiliar de justiça: mas o que mente é uma testemunha enganadora.

18 Há quem promete, e como ferido com uma espada, é pela consciência estimulado: mas a língua dos sábios é saúde.

19 O lábio de verdade será sempre constante: mas a testemunha que é inconsiderada, urde uma linguagem de mentira.

20 No coração dos que pensam males há engano: porém àqueles que têm conselhos de paz, segue o gozo.

21 Não entristecerá ao justo coisa alguma, qualquer que fôr a que lhe acontecer: mas os ímpios estarão cheios de mal.

22 Os lábios mentirosos são abominação para o Senhor: mas os que obram fielmente lhe agradam.

23 O homem sagaz encobre a ciência: e o coração dos insipientes apressa-se a manifestar a sua estultícia.

24 A mão dos fortes dominará: porém a que é remissa será sujeita a pagar tributos.

25 A melancolia no coração do homem o abaterá, e com boas palavras se alegrará.

26 Só aquele que por amor de seu amigo não faz caso de passar por alguma perda, é justo: mas o caminho dos ímpios seduzi-los-á.

27 O fraudulento não achará ganância: e o cabedal do homem será ouro precioso.

28 A vida está na vereda da justiça: mas o caminho que é descaminho, guia para a morte.

13 O filho sábio é a doutrina do pai: o que porém é mofador, não ouve quando é argüido.

2 O homem será farto de bens pelo fruto na sua boca: mas a alma dos prevaricadores é cheia de iniqüidade.

3 Aquele que guarda a sua boca, guarda a sua alma: mas o que é desconsiderado para falar, sentirá males.

4 O preguiçoso quer e não quer: mas a alma dos que trabalham engordará.

5 O justo detestará a palavra mentirosa: mas o ímpio confunde e será confundido.

6 A justiça guarda o caminho do inocente: mas a impiedade faz dar sancadilha ao pecador.

7 Há um que parece rico, não tendo nada: e há outro que parece pobre, achando-se no meio de muitas riquezas.

8 O resgate da vida do homem são as suas riquezas, mas o que é pobre não suporta a increpação.

9 A luz dos justos alegra: mas a candeia dos ímpios apagar-se-á.

10 Entre os soberbos sempre há contendas: mas os que tudo fazem com conselho, regem-se pela sabedoria.

11 Os bens que se ajuntam muito depressa, diminuir-se-ão: mas os que se colhem à mão pouco a pouco, multiplicar-se-ão.

12 A esperança, que se retarda, aflige a alma: o desejo que se cumpre é uma árvore de vida.

13 Aquele que detrai de alguma coisa, por si mesmo se obriga para o futuro: mas o que tema o preceito, andará em paz.

As almas dolosas erram nos pecados: mas os justos são compassivos, e usam de misericórdia.

14 A lei do sábio é uma fonte de vida, para evitar a ruína da morte.

15 A boa doutrina dará graça: no caminho dos desprezadores há voragem.

16 O homem prudente tudo faz com conselho; mas o que é insensato descobre a sua loucura.

17 O mensageiro do ímpio cairá no mal: mas o embaixador fiel é saúde.

18 Aquele que deixa a disciplina experimentará indigência e ignomínia: mas o que se sujeita a quem o repreende será glorificado.

19 O desejo no caso que se cumpra, deleita a alma: os insensatos detestam aos que fogem do mal.

20 Aquele que anda com sábios será sábio: o amigo dos insensatos far-se-á semelhante a eles.

21 O mal persegue aos pecadores: e os bens serão a recompensa dos justos.

22 O homem virtuoso deixa por herdeiros a seus filhos e seus netos: e os bens do pecador estão reservados para o justo.
23 Nos campos que se herdam dos pais, nascem abundantes frutos: e estes vêm a ajuntar-se para outros por falta de juízo.
24 Aquele que poupa a vara, aborrece seu filho: mas o que o ama, continuamente o corrige.
25 O justo come, e enche a sua alma: mas o ventre dos ímpios é insaciável.

14 A mulher prudente edifica a sua casa. A insipiente destruirá ainda com as suas mãos a que está já feita.
2 Aquele que anda pelo caminho direito, e que teme a Deus, é desprezado pelo outro, que anda pelo caminho infame.
3 Na boca do insensato está a vara da soberba: mas os lábios dos sábios são os que os conservam.
4 Onde não há bois despejada está a abegoria: mas onde há muitíssimas searas, aí está manifesta a força do boi.
5 A testemunha fiel não mente: mas a testemunha dolosa profere a mentira.
6 O mofador busca a sabedoria, e não a acha: a doutrina dos prudentes é fácil.
7 Caminho ao contrário do homem insensato, pois não sabe as palavras da prudência.
8 A sabedoria do homem sagaz é compreender bem o seu caminho: e a imprudência dos insensatos é errante.
9 O insensato zombará com o pecado, e entre os justos morará a graça.
10 Quando o coração conhece bem a amargura da sua alma, não se misturará o estranho na sua alegria.
11 A casa dos ímpios será destruída: Mas as tendas dos justos florescerão.
12 Há um caminho, que parece direito ao homem: e no cabo ele guia para a morte.
13 O riso será misturado com a dor, e aos fins do gosto sucede a tristeza.
14 O insensato será farto dos seus caminhos, e o homem virtuoso ficará superior a ele.
15 O inocente dá crédito a tudo o que se lhe diz: o sagaz considera os seus passos.
Ao filho que não é sincero, nada lhe sairá bem: mas o servo que tem juízo, será afortunado nas suas empresas, e ver-se-á bem dirigido no seu caminho.
16 O sábio teme, e desvia-se do mal: o insensato passa adiante, e dá-se por seguro.
17 O impaciente fará ações de loucura: e o homem dissimulado é odioso.
18 Os imprudentes possuirão a loucura: e os sagazes esperarão a ciência.
19 Estarão deitados por terra os maus diante dos bons: e os ímpios diante das portas dos justos.
20 O pobre será odioso até ao seu parente mais chegado: porém os amigos dos ricos serão muitos.
21 Aquele que despreza ao seu próximo, peca: mas o que se compadece do pobre será bem-aventurado. Aquele que crê no Senhor ama a misericórdia.
22 Os que obram mal erram: a misericórdia e a verdade são as que nos adquirem os bens.
23 Em todo o trabalho haverá abundância: mas onde há muitíssimas palavras, aí freqüentemente se acha a indigência.
24 As riquezas dos sábios são a sua coroa: a fatuidade dos insensatos é imprudência.
25 A testemunha fiel livra as almas: a que porém é pobre profere mentiras.
26 No temor do Senhor há confiança cheia de fortaleza, e seus filhos terão esperanças.
27 O temor do Senhor é uma fonte de vida, para que se desviem da ruína da morte.
28 Na multidão do povo está a dignidade do rei: e na pouquidade da plebe a ignomínia do príncipe.
29 O que é paciente, governa-se com muita prudência: o que porém é impaciente, assinala a sua loucura.
30 A saúde do coração é a vida da carne: a inveja é a podridão dos ossos.
31 O que calunia ao necessitado, insulta ao que o criou: mas honra-o aquele que se compadece do pobre.
32 O ímpio será expelido na sua malícia: mas o justo espera na sua morte.
33 A sabedoria descansa no coração do prudente, e ele instruirá todos os ignorantes.
34 A justiça exalta as nações: mas o pecado faz miseráveis os povos.
35 O ministro inteligente é aceito ao rei: o inútil sentirá a sua ira.

15 A resposta branda quebra a ira: a palavra dura suscita o furor.
2 A língua dos sábios orna a ciência: a boca dos insensatos toda se desfaz em dizer loucuras.
3 Os olhos do Senhor em todo o lugar contemplam aos bons e aos maus.
4 A língua pacífica é uma árvore de vida: mas a que é imoderada, quebrantará o espírito.
5 O insensato faz escárnio da correção de seu pai: mas o que toma para si as repreensões, far-se-á mais avisado.

Na abundante justiça há uma grandíssima
força, mas os pensamentos dos ímpios serão
desarraigados.
6 A casa do justo é mui grande fortaleza:
e nos frutos do ímpio não há senão turba-
ção.
7 Os lábios dos sábios difundirão a ciência:
o coração dos insensatos será dissemelhante.
8 As vítimas dos ímpios são abomináveis
ao Senhor: os votos dos justos o aplacam.
9 O caminho do ímpio é abominação para
o Senhor: o que segue a justiça é amado dele.
10 A doutrina é má para o que deixa o ca-
minho da vida: aquele que aborrece as re-
preensões, morrerá.
11 O inferno e a perdição estão diante do
Senhor: quanto mais o estarão os corações
dos filhos dos homens!
12 O homem pernicioso não ama a quem o
repreende: nem vai buscar aos sábios.
13 O coração contente alegra o semblante:
com a tristeza de alma se abate o espírito.
14 O coração do sábio busca a doutrina: e
a boca dos insensatos se apascenta de impe-
rícia.
15 Todo os dias do pobre são maus: a alma
tranqüila é como um banquete contínuo.
16 Com temor do Senhor mais vale o pouco
do que os grandes tesouros que nunca jamais
saciam.
17 Mais vale ser chamado com afeto a co-
mer umas ervas, do que comer um gordo no-
vilho com desamor.
18 O homem iracundo provoca rixas: o que
é paciente aplaca as que se tem já excitado.
19 O caminho dos preguiçosos é como uma
sebe de espinhos: o caminho dos justos é sem
tropeço.
20 O filho sábio alegra a seu pai: e o homem
insensato despreza a sua mãe.
21 A loucura é gosto para o insensato: e o
varão prudente mede os seus passos.
22 Os pensamentos dissipam-se onde não
há conselho: mas onde há muitos conselhei-
ros, se confirmam.
23 Alegra-se o homem na sentença da sua
boca: mas a palavra oportuna é a melhor.
24 A vereda da vida está acima do homem
instruído, para se desviar do mais profundo
do inferno.
25 O Senhor demolirá a casa dos soberbos,
e firmará os limites do campo da viúva.
26 Os maus pensamentos são a abominação
do Senhor: e a palavra pura como muito agra-
dável, será por ele aprovada.
27 Aquele que vai atrás da avareza, pertur-
ba a sua casa: o que porém aborrece as dá-
divas viverá.
Os pecados purificam-se pela misericórdia
e pela fé: e todo o homem evita o mal por
meio do temor do Senhor.
28 A alma do justo medita a obediência: a
boca dos ímpios trasborda em males.
29 O Senhor está longe dos ímpios: e ele
atenderá às orações dos justos.
30 A luz dos olhos alegra a alma: a boa
reputação engorda os ossos.
31 O ouvido que ouve as repreensões sa-
lutares terá a sua morada no meio dos sábios.
32 Aquele que rejeita disciplina, despreza
a sua alma: mas o que está pelas repreensões,
é possuidor do seu coração.
33 O temor do Senhor é a disciplina da
sabedoria: e a humildade precede a glória.

16 Da parte do homem está o preparar a
sua alma: e da parte do Senhor o go-
vernar-lhe a língua.
2 Todos os caminhos do homem estão pa-
tentes aos seus olhos: o Senhor pesa os es-
píritos.
3 Descobre ao Senhor as tuas obras, e se-
rão dirigidos os teus pensamentos.
4 Tudo fez o Senhor por causa de si mesmo:
até ao ímpio para o dia mau.
5 Todo o arrogante é a abominação do
Senhor: ainda quando estiver com uma mão
sobre outra, não é inocente.
O princípio do caminho bom é praticar a
justiça: e diante de Deus é mais aceita do
que imolar hóstias.
6 A iniqüidade redime-se pela misericórdia
e pela verdade: e o mal evita-se pelo temor
do Senhor.
7 Quando os caminhos do homem agrada-
rem ao Senhor, até reduzirá à paz os seus
inimigos.
8 Melhor é o pouco com justiça, do que
muitos frutos com iniqüidade.
9 O coração do homem dispõe o seu cami-
nho: mas da parte do Senhor está dirigir os
seus passos.
10 A adivinhação se acha nos lábios do rei,
a sua boca não errará no juízo.
11 Os juízos do Senhor são peso e balança:
e as suas obras são todas as pedras do saco.
12 Os que obram impiamente são abomi-
náveis ao rei: porque o trono se firma com
justiça.
13 A vontade dos reis são os lábios justos:
o que fala coisas retas, será amado.
14 A indignação do rei são uns correios da
morte: e o varão sábio a aplacará.
15 Na alegria do semblante do rei está a
vida: e a sua clemência é como a chuva se-
ródia.

16 Possui sabedoria, pois que ela é melhor do que o ouro: e adquire a prudência, pois que é mais preciosa do que a prata.

17 A vereda dos justos aparta os males: o que guarda a sua alma conserva o seu caminho.

18 A soberba precede a ruína: e o espírito eleva-se antes da queda.

19 Mais vale ser humilhado com os mansos, do que repartir despojos com os soberbos.

20 O que é hábil no empreendido negócio, achará bens: e o que espera no Senhor, é bem-aventurado.

21 O que é sábio do coração, será chamado prudente: e o que é doce no falar, receberá coisas maiores.

22 A erudição do que a possui é uma fonte da vida: a doutrina dos insensatos é fatuidade.

23 O coração do sábio instruirá a sua boca: e acrescentará graça aos seus lábios.

24 As palavras compostas são um favo de mel: a doçura da alma é a saúde dos ossos.

25 Há um caminho que parece ao homem que é direito: e contudo o seu fim guia para a morte.

26 A alma do que trabalha, para si trabalha, porque a sua boca o constrangeu a isso.

27 O varão ímpio cava o mal, e nos seus lábios se vai ateando o fogo.

28 O homem perverso move pleitos: e o verboso divide os príncipes.

29 O homem iníquo atrai ao seu amigo: e o conduz por um caminho não bom.

30 Aquele que cogita em malvados projetos com os olhos espantados, executa o mal mordendo os seus beiços.

31 Coroa de dignidade é a velhice, a qual se achará nos caminhos da justiça.

32 O homem paciente vale mais do que o valoroso: e o que domina o seu ânimo, do que o expugnador de cidades.

33 Os bilhetes da sorte lançam-se numa dobra do vestido, mas o Senhor é quem os tempera.

17 Um bocadinho de pão seco com alegria vale mais do que uma casa cheia de vítimas com pelejas.

2 O servo com juízo dominará os filhos insensatos, e repartirá a herança entre os irmãos.

3 Bem como a prata se prova no fogo, e o oiro no crisol: assim o Senhor prova os corações.

4 O mau obedece à língua iníqua, e o enganador dá ouvidos aos lábios mentirosos.

5 Aquele que despreza ao pobre, insulta ao seu Criador: e o que se alegra com a ruína de outrem, não ficará impune.

6 Os filhos dos filhos são a coroa dos velhos: e a glória dos filhos são os pais deles.

7 As palavras compostas não convêm ao insensato; nem a um príncipe o lábio mentiroso.

8 A expectação de quem espera é uma pérola belíssima: para qualquer parte que ele se volta, obra com prudência.

9 Aquele que encobre o delito, busca amizades: o que por outro teor o repete, separa os unidos.

10 Ao homem prudente serve-lhe mais uma repreensão, do que ao insensato um cento de golpes.

11 O mau sempre anda buscando distúrbios: mas o anjo cruel será enviado contra ele.

12 É melhor encontrar uma ursa, à qual foram roubados os seus filhinhos, do que a um insensato que se fia na sua loucura.

13 Não se apartará o mal da casa daquele que dá males por bens.

14 O que dá saída à água represada, é origem de contendas: e antes de padecer a afronta, desampara a justiça.

15 Aquele que justifica ao ímpio, e aquele que condena ao justo, ambos são abomináveis diante de Deus.

16 De que serve ao insensato o ter grandes riquezas, se ele não pode comprar com elas a sabedoria?

Aquele que levanta muito alto a sua casa busca a sua ruína: e o que evita aprender cairá nos males.

17 Aquele que é amigo, é-o em todo o tempo: e o irmão conhece-se nos transes apertados.

18 O homem insensato baterá com as mãos, quando se declarar fiador pelo seu amigo.

19 Aquele que medita discórdias, ama as rixas: e o que levanta a sua porta, busca a sua ruína.

20 O que é de coração perverso, não achará o bem: e o que tem a língua dobre, cairá no mal.

21 O insensato nasceu para a ignomínia sua; pois nem o pai se alegrará com o filho estulto.

22 O ânimo alegre faz idade florida: o espírito triste seca os ossos.

23 O ímpio recebe presentes do seio, para perverter as veredas da justiça.

24 A sabedoria reluz no rosto do prudente: os olhos dos insensatos nas extremidades da terra.

25 O filho insensato é a indignação do pai:
e a dor da mãe que o gerou.
26 Não é bom fazer dano ao justo: nem
ferir ao príncipe que julga segundo a jus-
tiça.
27 Aquele que é moderado nas suas pala-
vras, é douto e prudente: e o homem erudito
é de espírito precioso.
28 Até o insensato passará por sábio, se
estiver calado: e por inteligente, se cerrar os
seus lábios.

18 O que quer deixar-se do seu amigo,
busca-lhe as ocasiões: ele será coberto
de opróbrio em todo o tempo.
2 O insensato não recebe as palavras da
prudência: se tu lhe não falares em corres-
pondência das coisas, que passam dentro no
seu coração.
3 O ímpio, depois de haver chegado ao
profundo dos pecados, tudo despreza: mas a
ignomínia e o opróbrio o vão seguindo.
4 As palavras saem da boca do varão, co-
mo uma água profunda: e a fonte da sabe-
doria é como a torrente, que transborda.
5 Não é bom guardar respeito à pessoa
do ímpio, para te desviares da verdade do
juízo.
6 Os lábios do insensato metem-se em dispu-
tas: e a sua boca provoca a contendas.
7 A boca do insensato fere-o a ele mesmo:
e os seus lábios são a ruína da sua alma.
8 As palavras do homem de língua dobre
parecem singelas: mas elas penetram até o
íntimo das entranhas.
O temor abate o preguiçoso: mas as almas
dos efeminados terão fome.
9 Aquele que é mole e frouxo no seu tra-
balho, é irmão do que dissipa as suas obras.
10 O nome do Senhor é uma torre fortís-
sima: a Ele mesmo se acolhe o justo, e será
exaltado.
11 O cabedal do rico é a cidade da sua for-
taleza, e uma como grossa muralha que o
cerca.
12 O coração do homem eleva-se antes de
ser quebrantado: e humilha-se antes de ser
glorificado.
13 Aquele que responde antes de ouvir,
mostra ser um insensato, e digno de confusão.
14 O espírito do homem sustém a sua de-
bilidade: mas quem poderá suster a um es-
pírito que facilmente se deixa levar da ira?
15 O coração prudente possuirá a ciência:
e o ouvido dos sábios busca a doutrina.
16 O presente que um homem faz abre-lhe
um dilatado caminho, e dá-lhe lugar diante
dos príncipes.
17 O justo é o primeiro que a si mesmo
se acusa: vem depois o seu amigo, e ele o
sondará.
18 A sorte apazigua as diferenças, e decide
ainda entre os poderosos.
19 O irmão, que é ajudado por seu irmão,
é como uma cidade forte: e os seus juízos
são como os ferrolhos das cidades.
20 Do fruto da boca do homem se encherá
o seu ventre: e os renovos dos seus lábios o
fartarão.
21 A morte e a vida estão no poder da lín-
gua: os que a amam, comerão dos seus fru-
tos.
22 Aquele que achou a uma mulher boa,
achou o bem: e receberá do Senhor um ma-
nancial de alegria.
Aquele que expele a uma mulher virtuosa,
expele o bem: mas o que retém a adúltera
é um insensato e um ímpio.
23 O pobre falará com súplicas: e o rico
lhe responderá com aspereza.
24 O homem amável no trato será mais
amigo do que um irmão.

19 Melhor é o pobre, que anda na sua sim-
plicidade, do que o rico torcendo os seus
beiços, e sendo insensato.
2 Onde não há ciência da alma não há bem:
e o que pelo ardimento dos pés é apressado,
tropeçará.
3 A estultícia do homem arma sancadilha
aos seus passos: e ele ferve no seu coração
contra Deus.
4 As riquezas multiplicam muito os amigos:
mas do pobre ainda aqueles que teve se sepa-
ram.
5 A testemunha falsa não ficará impunida:
e o que fala mentiras não escapará.
6 São muitos os que honram a pessoa do
poderoso, e os que são amigos do que reparte
dádivas.
7 Os irmãos do homem pobre aborreceram-
-no: sobre isto ainda os seus amigos se reti-
raram longe dele.
8 Aquele que só busca palavras não terá
nada, mas o que é possuidor de entedimento,
arma a sua alma, e o conservador da prudência
achará bens.
9 A testemunha falsa não ficará impunida:
e o que fala mentiras perecerá.
10 Ao insensato não estão bem as delícias:
nem ao servo o dominar aos príncipes.
11 A doutrina do homem conhece-se pela
paciência: e a sua glória é passar por cima das
injúrias a ele feitas.
12 Assim como é terrível o bramido do leão,
assim também o é a ira do rei: e do mesmo

modo que o orvalho cai sobre a erva, assim anima igualmente o seu prazenteiro.

13 O filho insensato é a dor do pai: e a mulher amiga de litígios é como o telhado, que está revendo continuamente em goteiras.

14 Os pais dão casas e riquezas, porém o Senhor dá propriamente uma mulher de prudência.

15 A preguiça dá de si sono, e a alma frouxa terá fome.

16 Aquele que guarda o mandamento guarda a sua alma: o que porém não faz caso do seu caminho, padecerá a morte.

17 O que se compadece do pobre, dá o seu dinheiro a juro ao Senhor: e este lhe tornará com onzena o que ele tiver emprestado.

18 Castiga a teu filho enquanto há esperança da emenda: mas não chegue a tua severidade ao excesso de lhe dares a morte.

19 O que é impaciente suportará o dano: e quando o deixar, acrescentará outro.

20 Ouve o conselho, e recebe a correção, para que sejas sábio no fim da tua vida.

21 No coração do homem se forjam muitos pensamentos: mas a vontade do Senhor permanecerá.

22 O homem necessitado é compassivo: e melhor é o pobre do que o homem mentiroso.

23 O temor do Senhor conduz à vida: e na abundância nadará sem a visita péssima.

24 O preguiçoso esconde a sua mão debaixo do sovaco, e não quer ter o trabalho de a levar à boca.

25 Castigado o pernicioso, far-se-á mais sábio o insensato: mas se repreenderes ao sábio, ele entenderá o aviso.

26 Aquele que aflige a seu pai, e que faz fugir a sua mãe, é infame e desgraçado.

27 Não cesses, filho, de ouvir a doutrina, nem ignores as palavras da ciência.

28 A testemunha iníqua faz zombaria da justiça: e a boca dos ímpios devora a iniqüidade.

29 Prontos estão os juízos para os mofadores: e os martelos batentes para os corpos dos insensatos.

20 O vinho é uma coisa luxuriosa, e a embriaguez é cheia de desordens: todo aquele que nisto põe o seu gosto, não será sábio.

2 Assim como sobressalta o rugido do leão, assim também o terror que infunde o rei: aquele que o irrita, contra a sua alma peca.

3 O homem que separa de contendas, tem esta glória, mas todos os imprudentes se envolvem no que lhe traz a sua confusão.

4 O preguiçoso não quis lavrar por causa do frio: ele mendigará pois no verão, e não se lhe dará coisa alguma.

5 O conselho é no coração do homem como a água profunda: mas o homem sábio daí o trará.

6 Muitos homens se chamam compassivos: mas quem achará um homem fiel?

7 O justo, que anda na sua simplicidade, deixará depois de si bem-aventurados a seus filhos.

8 O rei, que está assentado no seu trono de justiça, dissipa todo o mal só com o olhar.

9 Quem pode dizer: O meu coração está puro, eu estou isento de pecado?

10 Um peso, e outro peso, uma medida e outra medida: são duas coisas abomináveis diante de Deus.

11 Pelas suas inclinações se conhece no menino se as suas obras haverão de ser puras e retas.

12 Ouvido que ouve, e o olho que vê, ambas estas coisas fez o Senhor.

13 Não queiras ser amigo do sono, para que a pobreza te não oprima: abre os teus olhos, e se farto de pão.

14 Isto não vale nada, isto não vale nada, diz todo o comprador: e depois de se retirar, ele então se gloriará.

15 Há ouro e grande quantidade de pedras preciosas: e os lábios da ciência são um vaso precioso.

16 Tira o vestido àquele que ficou por fiador dum desconhecido, e leva-lhe de casa o penhor, pois ele se obrigou por estranhos.

17 O pão da mentira é gostoso ao homem: porém ao depois a sua boca será cheia de areia.

18 Os pensamentos roboram-se pelos conselhos: e as guerras devem ser governadas com os lemes.

19 Não te familiarizes com aquele que revela os segredos, e que anda com fingimento, e que abre muito os seus lábios.

20 Aquele que amaldiçoa a seu pai, e a sua mãe, apagar-se-lhes-á a sua candeia no meio das trevas.

21 A herança, que um se apressa a adquirir no princípio, carecerá de bênção no fim.

22 Não digas: Darei mal por mal: espera pelo Senhor, e Ele te livrará.

23 Ter um peso e outro peso, é abominação diante de Deus: a balança enganosa não é boa.

24 Os passos do homem são dirigidos pelo Senhor: mas que homem pode compreender o seu mesmo caminho?

25 É uma ruína para o homem devorar os santos e depois retratar os votos.

26 O rei sábio dissipa os ímpios, curva sobre eles um arco de triunfo.
27 O sopro do homem é uma luz do Senhor, a qual perscruta todos os segredos do seu íntimo.
28 A misericórdia e a verdade guardam ao rei, e o seu trono se firma com a clemência.
29 A exultação dos mancebos é a força deles: e a dignidade dos velhos são as suas clãs.
30 Os males alimpar-se-ão pelo lívido das feridas: e pelas chagas no mais secreto do ventre.

21 Assim como se fazem os repartimentos das águas, assim o coração do rei se acha na mão do Senhor: Ele o inclinará para qualquer parte que quiser.
2 Todo o caminho do homem lhe parece a ele direito: mas o Senhor pesa os corações.
3 Fazer misedicórdia e justiça é mais agradável ao Senhor do que as vítimas.
4 A soberba do coração faz altivos os olhos: a candeia dos ímpios é o pecado.
5 Os pensamentos do homem robusto produzem sempre abundância: mas todo o preguiçoso está sempre em pobreza.
6 Aquele que ajunta tesouros com uma língua de mentira, é vão em juízo, e dará consigo nos laços da morte.
7 As rapinas dos ímpios levá-los-ão à sua ruína, porque não quiseram obrar segundo a justiça.
8 O caminho perverso do homem é um caminho estranho: mas quando o homem é puro, são retas as suas obras.
9 Melhor é estar assentado a um canto do terraço, do que habitar com uma mulher litigiosa, e numa casa comum.
10 A alma do ímpio deseja o mal, não se compadecerá do seu próximo.
11 Quando o homem pestilento for castigado, o simples ficará daí mais sábio: e se ele aderir ao homem sábio, adquirirá a ciência.
12 O justo considera com aplicação a casa do ímpio, para retrair os ímpios do mal.
13 Aquele que tapa os seus ouvidos ao clamor do pobre, esse mesmo também clamará, e não será ouvido.
14 O presente secreto extingue as iras: e a dádiva que se mete no seio de outrem, a maior indignação.
15 O justo acha a sua alegria na prática da justiça: mas os que cometem a iniqüidade estão em pavor.
16 O homem, que se extraviar do caminho da doutrina, terá por morada a assembléia dos gigantes.
17 Aquele que ama os banquetes, viverá na indigência: o que ama o vinho, e a mesa esplendida, não enriquecerá.
18 O ímpio é entregue em lugar do justo. É o iníquo em lugar dos retos.
19 Melhor é habitar numa terra erma, do que com uma mulher rixosa e iracunda.
20 Na casa do justo há um tesouro apetecível, e há azeite: mas o homem imprudente dissipará tudo.
21 Aquele que exercita a justiça e a misericórdia, achará vida, justiça e glória.
22 O sábio fez-se senhor da cidade dos valentes e destruiu a força em que ela confiava.
23 Aquele que guarda a sua boca, e a sua língua, guarda a sua alma de grandes apertos.
24 O soberbo, e o presumido é chamado ignorante, porque, estando irado, faz ações insolentes.
25 Os desejos matam ao preguiçoso: porque
as suas mãos não quiseram fazer nada. 26 Ele
passa todo o dia a cobiçar, e a desejar: mas o que é justo, dará e não cessará.
27 As vítimas dos ímpios são abomináveis, porque o que oferecem é dos seus crimes.
28 A testemunha mentirosa perecerá: o homem obedinete cantará a vitória.
29 O homem ímpio mostra no seu rosto uma segurança desavergonhada: mas o que é reto, emenda o seu caminho.
30 Não há sabedoria, não há prudência, não há conselho contra o Senhor.
31 O cavalo prepara-se para o dia da batalha: mas o Senhor é o que dá a vitória.

22 Mais vale o bom nome do que muitas riquezas: a amizade é mais estimável do que a prata e o ouro.
2 O rico e o pobre se encontraram: dum e doutro é criador o Senhor.
3 O homem sagaz viu o mal, e furtou-se a ele: o imprudente passou adiante, e recebeu o dano.
4 O fim da modéstia é o temor do Senhor, as riquezas, e a glória, e a vida.
5 As armas e as espadas acham-se no caminho do perverso: Aquele porém que guarda a sua alma, retira-se longe delas.
6 É provérbio: O homem segundo o caminho que tomou sendo mancebo, dele se não apartará, ainda quando for velho.
7 O rico manda aos pobres. E o que toma emprestado, servo é do que lhe empresta.
8 Aquele que semeia a iniqüidade, segará males e será ferido pela vara da sua ira.

9 Aquele que é propenso a fazer miseri-
córdia, será abençoado porque deu dos seus
pães ao pobre.
Aquele que faz presentes alcançará vitória e
honra: mas ele rouba a alma dos que os rece-
bem.
10 Lança fora o mofador, e com ele se irá
a disputa, e cessarão as querelas e as contu-
mélias.
11 Aquele que ama a candura do coração,
terá por amigo ao rei por causa da sincera
graça dos seus lábios.
12 Os olhos do Senhor guardam a ciência:
mas as palavras do iníquo são postas por terra.
13 O preguiçoso diz: O leão está lá fora,
serei morto no meio das ruas.
14 A boca da mulher alheia é uma cova
profunda: aquele contra quem o Senhor está
irado, cairá nela.
15 A loucura está atada ao coração do me-
nino, e a vara da disciplina a afungentará.
16 Aquele que calunia ao pobre para acres-
centar as suas riquezas, ele mesmo dará a outro
mais rico, e virá a ser necessitado.

III. SENTENÇAS DOS SÁBIOS

Introdução

17 Inclina o teu ouvido, e ouve as palavras
da sabedoria: e aplica o teu coração à minha
doutrina: 18 a qual terás tu por formosa,
quando a guardares dentro do teu ventre e ela
transbordará nos teus lábios: 19 para que po-
nhas no Senhor a tua confiança, por cuja causa
também eu ta mostrarei hoje. 20 Eis aqui estou
eu mesmo que ta descrevi em três maneiras,
com pensamentos e com ciência: 21 para te
mostrar a firmeza, e as expressões da verdade,
a fim de responderes com estas coisas àqueles
que te enviaram.

Primeira coleção de sentenças dos sábios

22 Não faças violência ao pobre, porque é
pobre, nem oprimas em juízo ao que não tem
nada: 23 porque o Senhor há de julgar a sua
causa, e há de traspassar aos que traspassaram
a sua alma.
24 Não queiras ser amigo do homem ira-
cundo, nem andes com o homem furioso: 25
por não suceder que aprendas as suas veredas
e dês à tua alma algum motivo de cair.
26 Não te ires com aqueles que se obrigam
apertando as mãos, e que se oferecem por
fiadores para responderem pelas dívidas de
outrem: 27 porque se tu não tens com que
pagar, que razão há para alguém te tire a
coberta da tua cama?
28 Não passes além dos antigos limites, que
puseram teus pais.
29 Viste a um homem, que faz as suas obras
com velocidade? Este terá cabimento com os
reis, e não ficará no andar da plebe.

23 Quando te assentares a comer com o
príncipe, considera com atenção o que
se te pôs diante: 2 e põe uma faca na tua gar-
ganta, se é todavia que estás senhor da tua
alma.
3 Não desejes comer dos manjares daquele,
onde se acha o pão da mentira.
4 Não te fatigues por ser rico: mas põe termo
à tua prudência.
5 Não ergas os teus olhos para umas ri-
quezas que tu não podes ter: porque elas toma-
ram asas como de águia, e voaram para o céu.
6 Não comas com o homem invejoso, e não
apeteças os seus manjares: 7 porque à seme-
lhança de adivinho e conjecturador, faz juízo
do que ignora. Come e bebe, te dirá ele: mas o
seu coração não está contigo. 8 Tu vomitarás
os manjares que tiveres comido: e perderás os
teus sábios discursos.
9 Não fales aos ouvidos dos insensatos, por-
que eles desprezarão a doutrina das tuas pa-
lavras.
10 Não toques nos limites dos pequeninos:
e não entres no campo dos pupilos: 11 porque
o seu próximo é poderoso: e ele mesmo se fará
contra ti o defensor da sua causa.
12 Entre o teu coração na doutrina: e os
teus ouvidos nas palavras da ciência.
13 Não queiras subtrair a correção ao me-
nino: porque se tu o fustigares com a vara, ele
não morrerá. 14 Tu fustigarás com a vara: e
livrarás a sua alma do inferno.
15 Meu filho, se o teu ânimo for sábio, ale-
grar-se-á contigo o meu coração: 16 e os meus
rins exultarão de prazer, quando os teus lábios
tiverem proferido o que é reto.
17 O teu coração não tenha inveja aos peca-
dores; mas conserva-se no temor do Senhor
todo o dia: 18 porque terás esperança, quando
chegar o teu último dia, e não te será roubada
a tua expectação.
19 Ouve, meu filho, e se sábio: e dirige a tua
alma pelo caminho direito.
20 Não te queiras achar nos banquetes dos
grandes bebedores, nem nas comezainas da-

queles que fazem vir os manjares para comerem de companhia: 21 porque passando o tempo em beber, e em contribuir com os seus escotes, eles se arruinarão e a sua dormente preguiça vestir-se-á de trapos.

22 Ouve a teu pai, que te gerou: e não desprezes a tua mãe, quando for velha.

23 Compra a verdade, e não queiras vender a sabedoria, nem a doutrina, nem a inteligência.

24 O pai do justo salta de prazer: o que gerou ao sábio terá nele a sua alegria. 25 Nesta alegria viva teu pai, e tua mãe, e a que te gerou, exulte.

26 Dá-me, meu filho, o teu coração: e os teus olhos guardem os meus caminhos. 27 Porque a mulher prostituta é uma cova profunda: e a alheia é um poço estreito. 28 Ela está de emboscada no caminho como um salteador, e ela matará aos que vir desapercebidos.

29 A quem se dirá: Desgraçado de ti? ao pai de quem se dirá: Desgraçado de ti? para quem serão as bulhas? para quem os precipícios? para quem as feridas sem causa? para quem a névoa dos olhos? 30 Para quem, senão para aqueles que levam o tempo a beber vinho, e têm o seu gosto em despejar os copos? 31 Não olhes para o vinho, quando te começa a parecer louro, quando brilhar no vidro a sua cor: ele entra suavemente; 32 mas no fim morderá como uma serpente, e difundirá o seu veneno como um basilisco. 33 Os teus olhos verão as alheias, e o teu coração falará palavras desregadas. 34 E tu serás como um homem dormente no meio do mar, e como um piloto sopito que perdeu o leme: 35 e dirás: Espancaram-me, mas a mim não me doeu: arrastaram-me, mas eu não senti: quando despertarei eu, e quando acharei mais vinho para beber?

24 Não tenhas inveja aos homens maus, nem desejes estar com eles: 2 porque o seu espírito medita rapinas, e os seus lábios falam enganos.

3 A casa fundar-se-á com a sabedoria, e fortificar-se-á com a prudência. 4 Pela doutrina encher-se-ão as despensas de toda a substância preciosa e formosíssima.

5 O varão sábio é forte: e o varão douto, robusto e valente. 6 Porque a guerra pela boa ordem se maneja: e a salvação achar-se-á onde há muitos conselhos.

7 Para o insensato é árdua a sabedoria; ele não abrirá na porta a sua boca.

8 Aquele que anda cuidando em fazer males, será chamado insensato. 9 O pensamento do insensato é o pecado: e o detrator é a abominação dos homens.

10 Se tu perderes a esperança descorçoado no dia da angústia: será minguada a tua fortaleza. 11 Tira do perigo aqueles que são levados à morte: e não cesses de livrar aos que são arrastados ao degoladouro. 12 Se tu disseres: As forças não me ajudam: o mesmo que é inspetor do coração, o conhece, e ao guardador da tua alma nada se esconde, e ele retribuirá ao homem segundo as suas obras.

13 Come, meu filho, do mel, porque é bom, e do favo docíssimo à tua garganta: 14 tal será também para a tua alma a doutrina da sabedoria: quando tu a achares, terás esperança na tua última hora, e a tua esperança não perecerá.

15 Não armes traições ao justo, e não andes buscando a impiedade na sua casa, nem perturbes o seu repouso. 16 Porque o justo cairá sete vezes, e tornar-se-á a levantar: porém os ímpios serão precipitados no mal.

17 Não te alegres, quando cair o teu inimigo nem o teu coração se regozije com a sua ruína. 18 Por não suceder que o Senhor o veja, e que isto lhe desagrade, e que tire de cima dele a sua ira.

19 Não andes em competência com os homens péssimos, nem invejes aos ímpios: 20 porque os maus não têm esperança alguma para o futuro, e a candeia dos ímpios apagar-se-á.

21 Teme, meu filho, ao Senhor, e ao rei: e não te mistures com os detratores: 22 porque de repente se levantará a sua perdição: e quem sabe a ruína de ambos?

Segunda coleção de provérbios dos sábios

23 O que vou a dizer, é também para os sábios: Não é bom fazer acepção de pessoas nos juízos.

24 Àqueles que dizem ao ímpio: Tu és justo: amaldiçoá-los-ão os povos, e detestá-los-ão as tribos. 25 Aqueles que o repreendem serão louvados: e virá sobre eles a bênção.

26 Aquele que dá uma resposta direita, beijará os seus lábios.

27 Prepara de fora a tua obra, e lavra cuidadosamente o teu campo: para que depois edifiques a tua casa.

28 Não sejas testemunha em vão contra o teu próximo: nem seduzas a ninguém com os teus lábios. 29 Não digas: Como ele me fez a mim, assim farei a ele: tornarei a cada um segundo as suas obras.

30 Passei pelo campo do homem preguiçoso, e pela vinha do homem insensato: 31 e eis que achei que tudo estava cheio de urtigas, e que os espinhos cobriam a sua superfície, e que o muro de pedra estava caído. 32 O que tendo eu visto, pu-lo no meu coração, e

deste exemplo aprendi a disciplina. 33 Um
pouco, disse eu comigo, dormirás, outro breve
espaço dormitarás, outro poucochinho cru-
zarás as mãos, para descansares: 34 e virá
sobre ti a indigência como um caminheiro, e
a mendiguez como homem armado.

IV. PARÁBOLAS DE SALOMÃO

(segunda série)

Introdução

25 Estas são também Parábolas de Salomão,
as quais transcreveram os servos de
Ezequias rei de Judá.
2 A glória de Deus é encobrir a palavra, e a
glória dos reis é investigar o discurso. 3 O
céu na sua altura, e a terra na sua profundi-
dade, e o coração dos reis é inescrutável.
4 Tira a ferrugem da prata, e sairá um vaso
puríssimo: 5 tira a impiedade da presença do
rei, e o seu trono se firmará na justiça.
6 Não apareças ufano diante do rei, e não
te ponhas no lugar dos grandes. 7 Porque
melhor é que te digam: Sobe para cá: do que
seres humilhado diante do príncipe.
8 Não descubras logo no princípio da con-
tenda, o que viram os teus próprios olhos: por
não te suceder que tendo tu tirado a honra ao
teu amigo, não possas depois tornar a repa-
rar-lha.
9 Trata o teu negócio com o teu amigo, e
não descubras o teu segredo a um estranho:
10 porque não suceda que te insulte, logo que
o ouvir, e não cesse de to lançar em rosto. A
graça e amizade livram: conserva-as para ti,
para que não caias em desprezo.
11 Aquele que profere a palavra a seu tempo,
é como uns pomos de ouro em leitos de prata.
12 Aquele que argúi ao sábio, e ao ouvido
obediente, é como umas arrecadas de ouro, e
uma brilhante pérola.
13 O embaixador fiel é para quem o enviou,
o que é a frieza da neve no tempo da ceifa:
ele dá descanso à alma do seu amo.
14 O homem que se gloria, e não cumpre
as promessas, é como o vento, e as nuvens que
não trazem chuva.
15 O príncipe mitigar-se-á pela paciência, e
a língua branda quebrantará a dureza.
16 Achaste mel, come o que te basta, para
que não suceda que depois de farto o vomi-
tes.
17 Retira o teu pé da casa do teu próximo,
para que não sucede que ele de enfastiado te
venha a aborrecer.
18 O homem que diz um falso testemunho
contra o seu próximo, é um dardo e uma
espada, e uma flecha penetrante.
19 Quem espera no desleal no dia da an-
gústia, procura fazer força num dente podre,
e num pé cansado, 20 e perde a capa num
dia de frio.
Aquele que canta canções a um coração
péssimo, é como o vinagre que se lança no
nitro. Assim como a traça come o vestido, e o
caruncho a madeira: do mesmo modo rói a
tristeza o coração do homem.
21 Se o teu inimigo tiver fome, dá-lhe de
comer: se tiver sede, dá-lhe água para beber:
22 porque assim amontoarás brasas vivas
sobre a sua cabeça, e o Senhor te dará a
paga.
23 O vento do Aquilão dissipa as chuvas:
e o rosto triste a língua maldizente.
24 É melhor estar assentado a um canto
do terraço, do que habitar com uma mulher
litigiosa, e numa casa comum.
25 Tão saborosa é a água fria à alma que
tem sede como é uma boa nova que vem de
um país remoto.
26 O justo que cai diante do ímpio, é como
uma fonte que turvaram com o pé, e como
uma veia de água que corromperam.
27 Assim como não é bom o mel para aquele
que o come em demasia: assim o que é esqua-
drinhador da majestade será oprimido da
glória.
28 Assim como é uma cidade toda aberta,
e que não está cercada de muros, assim é o
homem, que quando fala não pode conter o
seu espírito.

26 Assim como a neve é imprópria no estio,
e as chuvas no tempo da ceifa: assim a
glória está mal a um insensato.
2 Como um pássaro que voa de uma parte
para outra, e um pardal que vai para onde
quer: assim a maldição proferida sem motivo
cairá sobre o que a profere.
3 O açoite é para o cavalo, e o freio para
o asno, e a vara para as costas dos insensatos.
4 Não respondas ao louco segundo a sua
loucura, para não vires a ser seu semelhante.
5 Responde ao louco segundo a sua loucura,
para que ele não fique entendendo que é sábio.
6 Aquele que envia as suas palavras por
intervenção de um mensageiro insensato, fica
manco dos pés, e bebendo a iniqüidade.

7 Bem como ao coxo não serve de nada ter
as pernas bem feitas: assim não diz bem a
parábola na boca dos insensatos. 8 Assim como
obra o que lança uma pedra no montão de
Mercúrio: assim também se porta o que dá
honra ao insensato.
9 A parábola na boca dos insensatos é como
se nascesse um espinheiro na mão dum ho-
mem embriagado.
10 A sentença do juiz decide as causas: e
aquele que impõe silêncio a um insensato,
apazigua as contendas.
11 O imprudente, que repete a sua loucura,
é como o cão que torna outra vez ao que
tinha vomitado.
12 Tens visto a um homem, que crê de si
que é sábio? maior esperança terá do que ele
um ignorante.
13 O preguiçoso diz: O leão está no cami-
nho, e a leoa nas passagens. 14 Bem como
a porta volta sobre a sua couceira, assim se
revolve o preguiçoso no seu leito. 15 O pre-
guiçoso esconde a mão debaixo do seu sovaco,
e dá-lhe muito trabalho, quando a tiver de
levar à boca. 16 O preguiçoso parece-lhe que
é mais sábio do que sete homens que não di-
zem coisa que não seja acertada.
17 Assim como está em perigo aquele que
toma a um cão pelas orelhas, do mesmo modo
o que passando se impacienta, e se mete numa
bulha que é com outrem.
18 Assim como é culpável o que atira fre-
chadas, e lançadas para matar: 19 do mesmo
modo o é aquele homem, que usando de fraude
prejudica ao seu amigo: e depois de ter sido
apanhado, diz: Eu o fazia por brinco.
20 Quando não houver mais lenha apagar-
-se-á o fogo, e desterrado que seja o mexeri-
queiro, apaziguar-se-ão as contendas. 21 Assim
como os carvões são para as brasas, e a lenha
para o fogo, do mesmo modo é o homem ira-
cundo para excitar disputas. 22 As palavras
dos mexeriqueiros parecem singelas, mas elas
penetram até o íntimo das entranhas.
23 Os lábios inchados juntos a um coração
péssimo, são tanto monta como se quiseras
adornar com prata baixa um vaso de barro.
24 Pelos seus lábios se dá a conhecer o ini-
migo, quando no coração tramar enganos. 25
Quando ele te falar num tom humilde, não te
fies nele, porque tem sete malícias no seu
coração. 26 Aquele que oculta o seu ódio de-
baixo duma aparência fingida, será descoberta
a sua malícia na assembléia pública. 27 Aquele
que abre a cova, cairá nela: e a pedra virá
rolando sobre aquele que boliu nela. 28 A
língua enganadora não ama a verdade: e a
boca lúbrica é causa de ruínas.

27 Não te glories pelo dia de amanhã, não
sabendo que coisa dará de si o dia se-
guinte. 2 Seja outro o que te louve, e não a
tua boca: seja um estranho, e não os teus
próprios lábios.
3 A pedra é pesada, e a areia é carregada:
mas a ira do insensato pesa mais do que uma
e outra. 4 A ira não tem misericórdia, nem
o furor que rompe: mas quem poderá su-
portar o ímpeto dum homem arrebatado?
5 Melhor é a correção manifesta, do que o
amor escondido. 6 Melhores são as feridas
feitas pelo que ama, do que os ósculos frau-
dulentos do que quer mal.
7 A alma farta pisará o favo do mel: e a
alma faminta até o amargo tomará por doce.
8 Assim como periga a ave que passa do
seu ninho a outra parte, do mesmo modo o
homem que deixa o seu lugar.
9 Com o perfume e variedade de cheiros
se deleita o coração: e com os bons conselhos
do amigo se banha a alma em doçura.
10 Não largues o teu amigo, nem o amigo
de teu pai: e não entres na casa de teu irmão
no dia em que estiveres aflito.
Melhor é o vizinho ao pé, do que o irmão
ao longe.
11 Trabalha, meu filho, por adquirir a sabe-
doria, e alegra o meu coração, a fim de po-
deres responder ao que te impropera.
12 O astuto vendo o mal, se escondeu: os sím-
plices passando adiante suportaram os danos.
13 Tira o vestido àquele que ficou por fiador
dum estranho: e leva-lhe de casa os penhores,
que ele obrigou pelos outros.
14 Aquele que louva o seu vizinho a grandes
vozes, levantando-se de noite, será semelhante
ao que diz mal dele.
15 Os telhados que gotejam em tempo de
inverno, e a mulher litigiosa estão em igual
paralelo. 16 Aquele que a pretende reter, é
como se quisesse fazer parar o vento, e ele
trabalhará por que o azeite não escorra da sua
mão.
17 O ferro aguça-se com o ferro, e o homem
aguça a face do seu amigo.
18 Aquele que guarda a figueira, comerá de
seu fruto: e o que é guarda do seu Senhor, será
glorificado.
19 Assim como na água resplandece o rosto
dos que se estão vendo nela, assim os corações
dos homens são descobertos aos prudentes.
20 O inferno e a perdição nunca se enchem:
assim também os olhos dos homens são insa-
ciáveis.
21 Do modo que a prata é provada no vaso
de derreter e o ouro na fornalha: assim o
homem é provado pela boca do que o louva.

O coração do iníquo busca o mal: e o cora-
ção reto busca a ciência.

22 Se tu pisares o imprudente num gral,
como se pisam os grãos de cevada, ferindo-os
de cima a mão do mesmo gral, não se lhe
tirará a sua estultícia.

23 Conhece diligentemente de vista o teu
gado, e considera os teus rebanhos. 24 Porque
nem sempre terás poder sobre eles: mas ser-
-te-á dada uma coroa em geração e geração.
25 Abriram-se os prados e apareceram as ver-
des ervas, e recolheu-se o feno dos montes.
26 Os cordeiros são para te vestires: e os
cabritos para o preço do campo. 27 Baste-te
o leite das cabras para o teu sustento, e para
o que a tua casa houver mister: e para o
sustento de tuas escravas.

28 O ímpio foge, sem que ninguém o per-
siga: o justo porém, como leão afoito,
estará sem terror.

2 Por causa dos pecados da terra são muitos
os príncipes dela: e por causa da sabedoria
do homem, e pela ciência das coisas que se
dizem, será mais dilatada a vida do príncipe.

3 O homem pobre, que calunia aos outros
pobres, é semelhante a uma chuva impetuosa
na qual se aparelha a fome.

4 Aqueles que deixam a lei, louvam o ímpio:
os que a guardam irritam-se contra ele.

5 Os homens maus não cuidam no que é
justo: mas os que buscam o Senhor advertem
em tudo.

6 Melhor é o pobre que anda na sua sim-
plicidade, do que o rico que anda por caminhos
perversos.

7 Aquele que guarda a lei, é filho sábio:
mas o que sustenta comilões, confunde a seu
pai.

8 Aquele que amontoa riquezas por meio
de usuras, e interesses injustos, ajunta-as para
o que há de ser liberal com os pobres.

9 Daquele que desvia os seus ouvidos para
não ouvir a lei, a mesma oração será exe-
crável.

10 Aquele que seduz os justos, levando-os a
um mau caminho, cairá no fosso que ele
mesmo abriu: e os símplices possuirão os seus
bens.

11 O homem rico parece-lhe que é sábio:
mas o pobre que é prudente sondá-lo-á.

12 Na exultação dos justos há muita glória:
reinando os ímpios, acontecem as ruínas dos
homens.

13 Aquele que esconde as suas maldades não
será bem sucedido: aquele, porém, que as con-
fessar, e se retirar delas, alcançará miseri-
córdia.

14 Bem-aventurado o homem que sempre
está com temor: mas o que é de coração duro,
cairá no mal.

15 Um príncipe ímpio sobre um povo pobre
é um leão que ruge, e um urso que tem fome.

16 Um príncipe falto de prudência oprimirá
a muitos pelas suas calúnias: mas os dias do
que aborrece a avareza, serão prolongados.

17 Se o homem que por calúnia derrama
o sangue de qualquer pessoa, fugir até se
arremessar no fosso, ninguém o sustém.

18 Aquele que anda em simplicidade, será
salvo: o que anda por caminhos perversos,
cairá por uma vez.

19 Aquele que lavra a sua terra, terá fartura
de pão: mas o que ama a ociosidade, estará
cheio de indigência.

20 O homem fiel será muito louvado: mas
o que dá pressa a se enriquecer, não será
inocente.

21 Aquele que quando julga guarda respeito
à pessoa, não faz bem: um tal homem até
desampara a verdade por um bocado de pão.

22 O homem que se apressa por enriquecer,
e tem inveja aos outros, não sabe que há de
vir sobre ele a pobreza.

23 Aquele que repreende a um homem,
achará depois graça para com ele, muito mais
do que aquele outro que o engana com as
lisonjas da sua língua.

24 Aquele que tira alguma coisa a seu pai,
e a sua mãe, e diz que isto não é pecado, tem
parte no crime dos homicidas.

25 Aquele que se jacta, e que se incha de
soberba, excita contendas: mas o que espera
no Senhor, será curado.

26 Aquele que confia no seu coração é um
insensato: mas o que anda sabiamente, será
com efeito salvo.

27 Aquele que dá ao pobre, não terá neces-
sidade: aquele que o despreza quando lhe
pede, cairá em penúria.

28 Quando os ímpios forem elevados, escon-
der-se-ão os homens; quando eles perecerem,
multiplicar-se-ão os justos.

29 Sobre aquele homem, que despreza com
uma cerviz dura a quem o repreende, virá
de repente a sua total ruína: e não terá mais
remédio.

2 Na multiplicação dos justos se alegrará o
vulgo: quando os ímpios tomarem o governo,
gemerá o povo.

3 O homem, que ama a sabedoria, alegra a
seu pai: o que porém sustenta prostitutas, per-
derá os seus bens.

4 O rei justo faz florescer o seu estado: o
homem avarento destrui-lo-á.

5 O homem que, quando fala ao seu amigo, usa de uma linguagem lisonjeira, e fingida, arma uma rede aos seus passos.

6 Ao homem pecador iníquo envolverá o laço: e o justo louvará e se regozijará.

7 O justo toma conhecimento da causa dos pobres: o ímpio ignora a ciência.

8 Os homens pestilentes destroem a cidade: os sábios, porém, apartam o furor.

9 Se o homem sábio disputar com o insensato, ou ele se agaste, ou se ria, não achará descanso.

10 Os homens sangüinários aborrecem o simples: mas os justos procuram conservar-lhe a vida.

11 O homem produz logo tudo o que tem no seu espírito: o sábio não se apressa, mas reserva-se para o depois.

12 O príncipe, que ouve de boa mente as palavras da mentira, só os ímpios tem por ministros.

13 O pobre e o credor se encontraram: o Senhor é que alumia um e outro.

14 Quando o rei julga os pobres conforme a verdade, o seu trono será firmado para sempre.

15 A vara e a correção dão sabedoria: o menino porém, que é deixado à sua vontade, serve de confusão a sua mãe.

16 Com a multiplicação dos ímpios se multiplicarão as maldades e os justos verão a sua ruína.

17 Cria bem a teu filho, e consolar-te-á, e servirá de delícias à tua alma.

18 Quando faltar a profecia, dissipar-se-á o povo: aquele porém que guarda a lei, é bem-aventurado.

19 O escravo não pode ser ensinado por palavras: porque ele entende o que tu dizes, e despreza responder.

20 Viste um homem precipitado no falar? mais se devem dele esperar loucuras, do que emenda.

21 Aquele que cria delicadamente o seu escravo desde a infância, ao depois experimentá-lo-á contumaz.

22 O homem iracundo excita rixas: e o que facilmente se indigna será mais propenso a pecar.

23 Ao soberbo segue a humilhação: e o humilde de espírito receberá a glória.

24 Aquele que se associa com o ladrão, aborrece a sua própria alma: ouve ao que o toma para juramento, e nada denuncia.

25 Aquele que teme ao homem, depressa cairá: o que espera no Senhor será levantado.

26 São muitos os que buscam a face do príncipe: mas do Senhor sai o juízo de cada um.

27 Os justos abominam o homem ímpio: e os ímpios abominam aqueles que se acham no caminho direito.

O filho que guarda a palavra, será isento da perdição.

APENDICE I. PROVÉRBIOS DE AGUR

Introdução

30 Palavras do que congrega, filho do que
arrevesa sabedoria. Visão que expôs um
varão, com quem está Deus, e que tendo sido
confortado pela assistência de Deus que reside
nele, disse: 2 Eu sou o mais insensato dos
homens, e a sabedoria dos homens não está
comigo. 3 Eu não aprendi a sabedoria, e não
conheci a ciência dos santos. 4 Quem subiu
ao céu, e desceu dele? Quem reteve o vento
nas suas mãos? quem atou as águas como num
vestido? quem firmou toda a extensão da terra? qual é o seu nome, e qual é o nome de seu filho, se é que o sabes?

Primeira coleção de provérbios

5 Toda a palavra de Deus é purificada ao
fogo: Ele é um escudo para os que esperam
nele. 6 Não acrescentes nada às suas palavras,
para não seres por isso repreendido, e achado mentiroso.

7 Duas coisas são as que te pedi: não mas
negues antes que morra. 8 Alonga de mim a
vaidade, e as palavras de mentira: não me dês
nem a pobreza, nem as riquezas: dá-me somente o que for necessário para viver: 9 para
que não suceda que, estando farto, seja eu tentado a te renunciar, e dizer: Quem é o Senhor? Ou que, constrangido da indigência, me ponha a furtar, e viole por um juramento o nome de meu Deus.

10 Não acuses o servo diante do seu senhor, para que não suceda amaldiçoar-te ele, e caíres tu.

11 Há uma progênie, que amaldiçoa a seu
pai, e que não abençoa a sua mãe. 12 Há uma
progênie, que crê de si que é pura, e contudo
ela não está limpa das suas manchas. 13 Há
uma progênie, cujos olhos são altivos, e as
suas pálpebras levantadas para cima. 14 Há
uma progênie, que em lugar de dentes tem espadas, e mastiga com os seus queixais, para devorar os que não têm nada na terra, e que são pobres entre os homens.

Segunda coleção:
Provérbios numéricos

15 Duas são as filhas da sanguessuga, que dizem: Traze, traze. Há três coisas, que são insaciáveis, e uma quarta que nunca diz: Basta. 16 O inferno, e a boca da madre, e a terra, que se não farta de água: do mesmo modo o fogo nunca diz: Basta.

17 Quanto ao olho do que escarnece de seu pai, e do que despreza a paridura de sua mãe, arranquem-nos os corvos, que andam à borda das torrentes, e comam-no os filhos da águia.

18 Três coisas me são dificultosas de entender, e uma quarta eu a ignoro inteiramente: 19 O caminho da águia no ar, o caminho da cobra sobre a pedra, o caminho da nau no meio do mar, e o caminho do homem na sua mocidade.

20 Tal é também o caminho da mulher adúltera, a qual come, e alimpando a sua boca, diz: Eu não fiz mal nenhum.

21 A terra estremece com três coisas, e a quarta não a pôde ela suportar: 22 Com um escravo, quando este reinar: com um insensato, quando estiver farto de comer: 23 com uma mulher odiosa, quando um homem a receber: e com uma escrava, quando esta viver a ficar herdeira de sua senhora.

24 Quatro coisas há na terra, que são muito pequenas, e que são mais sábias do que os mesmos sábios. 25 As formigas, aquele fraco povo, que faz o seu provimento durante a messe: 26 os coelhos, aquela débil tropa, que faz a sua habitação nos rochedos: 27 os gafanhotos, que não têm rei, e que todavia saem todos ordenados em seus esquadrões: 28 o lagarto, que se sustém nas suas mãos, e que mora no palácio dos reis.

29 Há três coisas, que andam bem, e uma quarta que nada magnificamente: 30 O leão, o mais forte dos animais, de nada que encontre terá medo: 31 o galo, que anda mui senhor de si: e o carneiro: e um rei, a quem nada resiste.

32 Tal homem há que pareceu um insensato, depois que foi elevado a uma sublime ordem: porque se ele tivesse tido inteligência, teria posto a mão na sua boca. 33 Aquele que com força espreme a teta para tirar leite, faz sair dela um suco crasso: e aquele que excita a ira produz discórdias.

APENDICE II. PROVÉRBIOS DE LAMUEL

31 Palavras do rei Lamuel. Visão, pela qual o instruiu sua mãe.

2 Que te direi eu, meu amado filho, que te direi eu, amado fruto das minhas entranhas? que te direi eu, querido objeto dos meus desejos?

3 Não dês os teus bens a mulheres, nem empregues as tuas riquezas em destruir reis.

4 Não dês aos reis, ó Lamuel, não dês vinho aos reis: porque não há segredo onde reina a bebedice: 5 e para que não suceda que eles bebam, e se esqueçam da justiça, e transtornem a eqüidade na causa dos filhos do pobre. 6 Mas dá aos que estão aflitos um licor capaz de os embriagar, e vinho aos que estão em amargura de coração: 7 para que eles bebam, e se esqueçam da sua pobreza, e não se lembrem mais da sua dor.

8 Abre a tua boca a favor do mudo, e para defenderes as causas de todos os filhos que passam: 9 abre a tua boca, ordena o que é justo, e faze justiça ao necessitado e ao pobre.

APENDICE III. ELOGIO DA MULHER FORTE

10 Quem achará uma mulher forte? Seu preço excede a tudo que vem de remontadas distâncias, e dos últimos confins da Terra. 11 O coração de seu marido põe nela a sua confiança, e ele não necessitará de despojos. 12 Ela lhe tornará o bem, e não o mal, em todos os dias da sua vida. 13 Buscou lã e linho, e o trabalhou com a indústria de suas mãos. 14 Fez-se como a nau do negociante, que traz de longe o seu pão. 15 E levantou-se de noite, e repartiu a presa aos seus domésticos, e o sustento às suas escravas. 16 Considerou um campo, e comprou-o: plantou uma vinha do fruto das suas mãos. 17 Cingiu os seus rins de fortaleza e corroborou o seu braço. 18 Tomou-lhe o gosto, e viu que a sua negociação é boa: a sua candeia não se apagará de noite. 19 Ela meteu a sua mão a coisas fortes, e os seus dedos pegaram no fuso. 20 Abriu a sua mão para o necessitado, e estendeu os seus braços para o pobre. 21 Não temerá que venham sobre a sua família os rigores da neve: porque todos os seus domésticos trazem vestidos forrados. 22 Ela fez para si móveis de tapeçaria: ela se

vestiu de finíssimo linho, e de púrpura. 23 Seu
marido será ilustre na assembléia dos juízes,
quando estiver assentado com os senadores da
terra. 24 Ela fez delicados lenços, e vendeu-os e
entregou um cinto ao cananeu. 25 A fortaleza
e a formosura é o de que ela se reveste, e ela
rirá no último dia. 26 Ela abriu a sua boca à
sabedoria, e a lei da clemência está na sua lín-
gua. 27 Considerou as veredas da sua casa, e
não comeu o pão ociosa. 28 Levantaram-se seus
filhos, e aclamaram-na ditosíssima: levantou-se
seu marido, e louvou-a. 29 Muitas filhas ajunta-
ram riquezas: tu excedeste a todas. 30 A graça
é enganadora, e a formosura é vã: a mulher
que teme ao Senhor, essa é a que será lou-
vada. 31 Dai-lhe do fruto das suas mãos: e
as suas obras a louvem na assembléia dos
juízes.

ECLESIASTES

TÍTULO E TEMA GERAL

Vaidade das coisas humanas

1 Palavras do Eclesiastes, filho de Davi, rei de Jerusalém. 2 Vaidade de vaidades, disse o *Eclesiastes:* Vaidade de vaidades, e tudo vaidade. 3 Que tira pois o homem de todo o seu trabalho, com que se afadiga debaixo do sol?

Nada de novo no mundo

4 Uma geração passa, e outra geração lhe sucede: mas a terra premanece sempre firme. 5 O sol nasce, e se põe, e torna ao lugar de onde partiu: e renascendo aí, 6 faz o seu giro pelo meio-dia, e depois se dobra para o norte. O vento corre visitando tudo em roda, e volta sobre si mesmo em longos circuitos. 7 Todos os rios entram no mar, e o mar nem por isso transborda. Os rios tornam ao mesmo lugar de onde saem, para tornarem a correr. 8 Todas as coisas são difíceis: o homem não as pode explicar com palavras. O olho não se farta de ver, nem o ouvido se enche de escutar. 9 Que é o que foi? É o mesmo que o que há de ser: Que é o que se fez?É o mesmo que o que se há de fazer. 10 Não há nada que seja novo debaixo do sol, e ninguém pode dizer: Eis aqui está uma coisa nova. Porque ela já a houve nos séculos que passaram antes de nós. 11 Não há memória do que já foi, mas nem ainda haverá recordação das coisas que têm de suceder depois de nós, entre aqueles que hão de existir em tempo a elas muito posterior.

Vã é a ciência

12 Eu, o *Eclesiastes,* fui rei de Israel em Jerusalém, 13 e propus no meu coração inquirir e investigar sabiamente todas as coisas, que se fazem debaixo do sol. Esta péssima ocupação deu Deus aos filhos dos homens, para que se ocupassem nela.

14 Eu vi tudo o que se passa debaixo do sol, e eis que achei que tudo era vaidade, e aflição de espírito. 15 Os perversos dificultosamente se corrigem, e o número dos insensatos é infinito.

16 Eu falei no meu coração, dizendo: Eis-me aqui feito um homem grande, e que a todos os que antes de mim houve em Jerusalém, excedi em sabedoria: e o meu espírito contemplou muitas coisas com grande atenção e eu aprendi muito. 17 E apliquei o meu coração a saber a prudência e a doutrina: e os erros e a estultícia: e vim a conhecer que ainda nisto havia trabalho e aflição do espírito, 18 porquanto na muita sabedoria há muita indignação: e o que acrescenta a ciência, também acrescenta o trabalho.

Vão é o prazer

2 Eu disse no meu coração: Irei, e engolfar-me-ei em delícias, e gozarei de toda a casta de bens. Mas vi que também isto era vaidade. 2 Reputei o riso por um erro: e disse ao gosto: Por que te enganas tu assim vãmente?

3 Pensei dentro no meu coração apartar do vinho a minha carne, a fim de passar o meu ânimo à sabedoria, e evitar a estultícia, até ver que coisa fosse útil aos filhos dos homens: em que ocupação têm eles necessidade de se empregar debaixo do sol desfrutando o número dos dias de sua vida.

4 Tracei as minhas obras com toda a magnificência, edifiquei para mim casas, e plantei vinhas, 5 fiz jardins, e pomares, e pus neles árvores de toda a espécie, 6 e construí em minha utilidade depósitos de águas para regar o bosque de novo arvoredo, 7 possuí servos e servas, e tive muita família: também gados maiores, e grandes rebanhos de ovelhas mais do que todos os que houve antes de mim em Jerusalém, 8 amontoei para meu uso prata e ouro, e as riquezas dos reis e das províncias. Para me lisonjearem os ouvidos escolhi músicos, e cantores, e tudo o mais que faz as delícias dos filhos homens, taças, e jarros, de que se compõe uma copa para o serviço do vinho; 9 e venci em riquezas a todos os que foram antes de mim em Jerusalém. Perseverou também comigo a sabedoria. 10 E não neguei aos meus olhos coisa alguma de todas quantas eles dese-

jaram: nem proibi ao meu coração que gozasse de todo o prazer, e se deletiasse nas coisas que eu lhe tinha preparado: e assentei que seria esta a minha sorte, se eu desfrutasse o meu trabalho. 11 E tendo voltado os olhos a todas as obras, que haviam feito as minhas mãos, e aos trabalhos, em que eu debalte tinha suado, vi em tudo vaidade e aflição do ânimo, e que nada havia permanente debaixo do sol.

Vã é a sabedoria

12 Passei à contemplação da sabedoria, e dos erros, e da estultícia (que é homem, disse eu, para poder seguir ao rei seu Criador?)

13 E reconheci que a sabedoria levava tanta vantagem à estultícia quanto a luz difere das trevas. 14 Os olhos ddo sábio estão na sua cabeça: o insensato anda em trevas. E aprendi que era uma mesma a morte dum e de outro.

15 E disse dentro no meu coração: Se uma há de ser a morte assim do insensato como a minha, de que me serve ter-me eu aplicado com maior desvelo à sabedoria? E tendo conversado sobre isto com a minha alma, adverti que também isto era vaidade. 16 Porque a memória do sábio do mesmo modo que a do insensato não será para sempre, e os tempos futuros tudo sepultarão igualmente no esquecimento: Tanto morre o douto como o indouto.

17 E por isso a minha vida se me tornou fastidiosa, vendo que toda a sorte de males há debaixo do sol, e que tudo é vaidade e aflição de espírito. 18 Em conseqüência do que detestei toda a minha indústria, com que trabalhei diligentissimamente debaixo do sol, para haver de ter depois de mim um herdeiro, 19 que ignoro se há de ser sábio ou insensato, mas ele será senhor dos meus trabalhos, em que eu suei e me afadiguei. E há coisa que seja tão vã? 20 Por onde abri mão de todas estas coisas, e o meu coração renunciou tudo o que era dali por diante afadigar-se debaixo do sol. 21 Porque depois dum ter trabalhado com sabedoria, e doutrina, e diligência, vem a deixar tudo o que adquiriu a um homem ocioso. E isto é também vaidade, e um grande mal.

22 Porquanto que proveito tirará o homem de todo o seu trabalho, e da aflição de espírito, com que é atormentado debaixo do sol? 23 Todos os seus dias são cheios de dores, e de amarguras, nem de noite descansa com o pensamento. E acaso não é isto vaidade?

24 Não é melhor comer e beber, e fazer bem à sua alma do fruto de seus trabalhos? Mas isto vem da mão de Deus. 25 Quem se fartará, e nadará em delícias tanto como eu? 26 Deus ao homem bom na sua presença deu sabedoria, e ciência, e alegria: mas ao pecador deu aflição, e cuidado supérfluo, para que ele ajunte mais, e adquira bens sobre bens, e os deixe a um homem, que lhe agradou a Ele Deus. Mas ainda isto é vaidade, e um tormento de espírito bem inútil.

Tudo a seu tempo

3 Todas as coisas têm seu tempo, e todas elas passam debaixo do céu segundo o termo que a cada uma foi prescrito. 2 Há tempo de nascer, e tempo de morrer. Há tempo de plantar, e tempo de arrancar o que se plantou. 3 Há tempo de matar, e tempo de sarar. Há tempo de destruir, e tempo de edificar. 4 Há tempo de chorar, e tempo de rir. Há tempo de se afligir, e tempo de saltar de gosto. 5 Há tempo de espalhar pedras, e tempo de as ajuntar. Há tempo de dar abraços, e tempo de se pôr longe deles. 6 Há tempo de adquirir, e tempo de perder. Há tempo de aguardar, e tempo de lançar fora. 7 Há tempo de rasgar, e tempo de coser. Há tempo de calar, e tempo de falar. 8 Há tempo de amor, e tempo de ódio. Há tempo de guerra, e tempo de paz.

9 Que tem mais o homem de todo o seu trabalho? 10 Eu vi a aflição que Deus deu aos filhos dos homens, para que se encham dela. 11 Tudo o que Ele fez é bom em seu tempo, e entregou o mundo às suas disputas, sem que o homem possa conhecer as obras, que Deus fez desde o princípio até o fim. 12 E eu reconheci que não havia coisa melhor do que alegrar-se o homem, e fazer bem, enquanto lhe dura a vida. 13 Porque todo o homem, que come e bebe, e que tira o bem do seu trabalho, recebe isto por um dom de Deus. 14 Eu aprendi que todas as obras, que Deus fez, perseveram para sempre. Nós não podemos acrescentar, nem tirar nada ao que Deus fez a fim de que Ele seja temido. 15 O que foi feito, isso mesmo permanece. As coisas que hão de ser, já foram: e Deus renova aquilo que passou.

As injustiças do mundo

16 Eu vi debaixo do sol a impiedade no lugar do juízo, e a iniqüidade no lugar da justiça. 17 E eu disse no meu coração: Deus julgará o justo e o ímpio e então será o tempo de todas as coisas. 18 Eu disse no meu coração acerca dos filhos dos homens, que Deus os provara, e lhes mostrava que eram semelhantes aos brutos. 19 Por isso uma é a morte dos homens, e dos brutos, e de uns e outros é igual a condição: do mesmo modo que morre o homem, assim morrem também os brutos: todos respiram da mesma sorte, e o homem não tem nada de mais do que o bruto. Tudo está sujeito à vaidade. 20 E

todos eles caminham a um lugar: de terra foram feitos, e em terra se tornam do mesmo modo. 21 Quem sabe se o espírito dos filhos de Adão subirá para cima, e se o espírito dos brutos descerá pafa baixo? 22 E eu reconheci que nada havia melhor do que alegrar-se o homem nas suas obras, e que esta era a parte que lhe cabia. Porquanto quem o poderá pôr em estado de conhecer o que há de ser depois dele?

Os tormentos da vida humana

4 Eu me voltei para outras coisas, e vi as calúnias que se passam debaixo do sol, e as lágrimas dos inocentes e que ninguém os consolava: nem eles podiam resistir à violência dos que os vexavam, destituídos de todo o socorro. 2 E louvei mais os mortos do que os vivos: 3 e reputei mais venturoso do que uns e outros, ao que ainda não é nado, e que não tem visto os males que se fazem debaixo do sol. 4 Contemplei de novo todos os trabalhos dos homens, e fiz reparo em que as suas indústrias se achavam expostas à inveja do próximo. E nisto há também vaidade, e cuidado supérfluo. 5 O insensato cruza as suas mãos, e come as suas carnes, dizendo: 6 Mais vale um punhadinho com descanso, do que ambas as mãos cheias com trabalho e aflição do ânimo.

Vã é a vida do solitário

7 Tornando a considerar achei ainda outra vaidade debaixo do sol: 8 Há um tal que é só, e que não tem ninguém consigo, nem filho, nem irmão, e que todavia não cessa de trabalhar, nem os seus olhos se fartam riquezas: nem faz esta reflexão, dizendo: Para quem trabalho eu, e defraudo a minha alma dos bens da vida? nisto há também vaidade, e aflição miserabilíssima. 9 Melhor é pois estarem dois juntos, do que estar um só: porque têm a conveniência da sua sociedade. 10 Se um cair, o outro o susterá. Ai do que está só: porque quando cair, não tem quem o levante. 11 E se dormirem dois juntos, eles se aquentarão mutuamente: mas um só como se há de aquentar? 12 E se alguém prevalecer contra um, dois lhe resistem: o cordel triplicado dificultosamente se quebra.

Vão é o favor popular

13 Melhor é um moço pobre e sábio, do que um rei velho insensato, que não sabe prever nada para o futuro. 14 Porque às vezes sai um do cárcere, e dos ferros para ser rei: e outro que nasce rei, é consumido da pobreza. 15 Eu vi todos os viventes, que passeiam debaixo do sol com o moço, que tem o segundo lugar, e que depois há de ter o primeiro. 16 Todos os que foram antes dele são um povo infinito em número: e os que depois hão de existir não se hão de nele regozijar. Mas até isto é vaidade e aflição de espírito.

Deveres para com Deus

17 Vê onde pões o teu pé, quando entras na casa de Deus, e chega-te para ouvires. Porque muito melhor é a obediência do que as vítimas dos insensatos, que não conhecem o mal que fazem.

5 Não digas nada inconsideradamente, nem o teu coração se apresse a proferir palavras diante de Deus. Porque Deus está no céu, e tu sobre a terra: portanto sejam poucas as tuas razões. 2 Aos muitos cuidados seguem-se os sonhos, e no muito falar achar-se-á a estultícia. 3 Se fizeste algum voto a Deus, trata de o cumprir logo: porque lhe desagrada a promessa infiel e imprudente: mas cumpre tudo o que tiveres prometido. 4 E muito melhor é não fazer voto algum, do que depois de o fazer não cumprir o prometido. 5 Não dês com a leveza da tua língua ocasião à tua carne de cair em pecado: nem digas diante do anjo: Não há providência. Porque não suceda talvez que Deus, irado contra as tuas palavras, dissipe todas as obras das tuas mãos. 6 Onde há muitos sonhos, há muitas vaidades, e palavras sem número: mas tu, teme a Deus.

Injustiça humana

7 Se vires a opressão dos pobres, e a violência que reina nos juízes, e que se atropela inteiramente a justiça nalguma província, não te admires deste procedimento: porque o que está alto tem acima de si outro mais alto, e sobre estes há ainda outros mais elevados, 8 e há de mais a mais um rei que impera sobre toda a terra, que lhe está sujeita.

9 O avarento nunca jamais se fartará de dinheiro: e o que ama as riquezas não tirará fruto delas. Logo também isto é vaidade. 10 Onde há muitos bens, há também muitos que os comam. E de que servem eles a quem os possui, senão de ver com seus olhos muitas riquezas? 11 O sono é doce para o trabalhador, ou ele coma pouco, ou muito: porém a fartura do rico é a mesma que o não deixa dormir.

Trabalhos inúteis

12 Ainda há outra enfermidade bem má, que eu tenho visto debaixo do sol: As riquezas conservadas para mal do seu dono. 13 Porque

elas acabam com suma aflição: ele gerou um filho, que se há de ver reduzido à última pobreza.

14 Do modo que ele saiu nu do ventre de sua mãe, assim mesmo há de voltar e não há de levar nada consigo do seu trabalho. 15 Enfermidade é esta de todo o ponto miserável: do modo que veio, assim voltará. De que lhe serve logo ter trabalhado para o vento? 16 Ele todos os dias da sua vida comeu às escuras, e com muitos cuidados, e em miséria e tristeza.

O bom

17 Isto é pois o que me pareceu bem, que um coma e beba, e tire com alegria o fruto do seu trabalho, com que ele mesmo se afadigou debaixo do sol durante o prazo dos dias da sua vida, os quais Deus lhe deu, e esta é a sua parte. 18 E para todo o homem, a quem Deus tem dado riquezas, e fazenda, e lhe tem concedido faculdade para que coma delas, e desfrute a sua parte, e viva alegre do seu trabalho: isto para o tal, digo, é um dom de Deus. 19 Porque não se lembrará muito dos dias da sua vida, visto que Deus ocupa de delícias o seu coração.

Desejo que não se sacia

6 Há ainda outro mal, que eu tenho visto debaixo do sol, e ordinário por certo entre os homens: 2 Um homem, a quem Deus deu riquezas, e fazenda, e honra, e nada falta à sua alma de quantas coisas deseja: e Deus não lhe concedeu faculdade para comer daí, mas virá um homem estranho a devorar tudo. Isto é uma vaidade, e grande miséria. 3 Se alguém tiver gerado já um cento de filhos, e viver muitos anos e contar mais dias de idade, e a sua alma se não utilizar dos bens que possui, e carecer de sepultura: deste homem não duvido eu afirmar que um aborto é melhor do que ele. 4 Porque um tal veio ao mundo debalde, e caminha para as trevas, e o seu nome ficará sepultado no esquecimento. 5 Ele não viu o sol, nem conheceu a distância que vai do bem ao mal: 6 ainda que ele tivesse vivido dois mil anos, se ele não gozou dos seus bens: porventura não se apressa tudo a um mesmo lugar?

7 Todo o trabalho do homem é para a sua boca: mas a sua alma não se encherá com isso. 8 Que tem o sábio demais do que o insensato? E que tem demais o pobre, senão que ele caminha para o lugar onde está a vida? 9 Melhor é ver o que se deseja, do que desejar o que se ignora. Mas também isto é vaidade, e presunção do espírito. 10 Aquele que há de ser, é já chamado pelo seu nome: e sabe-se que ele é homem, e que não pode disputar em juízo contra quem é mais forte do que ele. 11 São em mui grande número as palavras e têm na disputa muita vaidade.

O melhor

7 Que necessidade tem o homem de buscar o que é acima dele, quando ele ignora o que lhe é conducente na sua vida, enquanto dura o prazo dos dias da sua peregrinação, e o tempo que passa como sombra? Ou quem lhe poderá mostrar que é o que está para suceder depois dele debaixo do sol?

2 Melhor é o bom nome, do que os bálsamos preciosos: e o dia da morte, do que o dia do nascimento. 3 Melhor é ir à casa que está de nojo, do que à casa onde se dá banquete: porque naquela é um advertido do fim de todos os homens, e o que está vivo considera no que um dia lhe há de acontecer.

4 Melhor é a ira do que o riso: porque pela tristeza que aparece no rosto, se corrige o ânimo do delinqüente. 5 O coração dos sábios está onde se acha a tristeza, e o coração dos insensatos onde se acha a alegria. 6 Melhor é ser repreendido pelo sábio, do que ser enganado pela adulação dos insensatos: 7 porque assim como se ouve ao longe a estalada que fazem os espinhos ardendo debaixo duma panela, do mesmo modo o riso do insensato. Mas também isto é vaidade. 8 A calúnia turba o sábio, e ela abaterá a firmeza do seu coração.

Sentenças sobre a paciência e a calma

9 Melhor é o fim do discurso, do que o princípio. Melhor é o homem paciente, do que o arrogante. 10 Não sejas veloz em te irares: porque a ira descansa no seio do insensato.

11 Não digas: De onde vem que os primeiros tempos foram melhores do que são agora? Porque semelhante pergunta é indiscreta. 12 A sabedoria é mais útil com as riquezas, e aproveita mais aos que vêem o sol. 13 Porque assim como a sabedoria protege, assim protege o dinheiro: mas a erudição e a sabedoria têm isto demais, que elas dão vida ao seu possuidor.

14 Considero as obras de Deus, porque ninguém pode corrigir a quem Ele desprezou. 15 Goza dos bens no dia bom, e precavê o mau dia, porque Deus assim como fez este, assim também fez aquele, sem que o homem ache contra Ele justificadas queixas.

Moderação em tudo

16 Eu também vi isto nos dias da minha vaidade: O justo perece na sua justiça, e o

ímpio vive muito tempo na sua malícia.
17 Não sejas muito justo: Nem sejas mais
sábio do que é necessário, para que não ve-
nhas a ser estúpido. 18 Não te obstines nas
ações criminosas: e não sejas insensato para
que não venhas a morrer no tempo que não
é teu. 19 Bom é que tu sustentes o justo, mas
também não retires a tua mão daquele que o
não é: porque o que teme a Deus, nada des-
preza.
20 A sabedoria fez o sábio mais forte do
que dez príncipes duma cidade.
21 Porque não há homem justo sobre a
terra, que faça o bem, e que não peque.
22 Mas também não inclines o teu coração
a ouvir todas as palavras que se dizem: para
que não ouças talvez a teu servo dizer mal
de ti: 23 porque sabes na tua consciência, que
também tu muitas vezes tens dito mal de
outros.

A sabedoria humana é incapaz de penetrar os desígnios de Deus

24 Tudo tentei por adquirir a sabedoria, eu
disse: Far-me-ei sábio. E ela se retirou para
longe de mim, 25 muito mais do que dantes
estava: e por certo que a sua profundidade é
grande, quem a poderá sondar?
26 Eu discorri dentro no meu espírito por
todas as coisas para saber, e considerar, e
buscar a sabedoria, e a razão de tudo: e para
conhecer a impiedade do insensato, e o erro
dos imprudentes: 27 e achei que é mais amar-
gosa do que a morte a mulher, a qual é laço
de caçadores, e o seu coração rede, as suas
mãos são cadeias. Aquele que agrada a Deus,
fugirá dela. O que porém é pecador, será dela
apanhado. 28 Eis aqui o que eu achei, disse o
Eclesiastes, depois de ter conferido uma coisa
com outra para achar uma razão, 29 que ainda
a minha alma busca, e não pude achar. Entre
mil homens achei eu um, de todas as mulhe-
res nem uma só achei. 30 O que eu unica-
mente achei foi que Deus criou o homem reto,
e que ele mesmo se meteu em infinitas ques-
tões. Quem é tal como o sábio? E quem co-
nheceu a solução desta palavra?

O homem de bem

8 A sabedoria do homem reluz no seu rosto,
e o Todo-Poderoso mudará a sua face.
2 Quanto a mim observo a boca do rei, e os
preceitos que Deus pôs com juramento. 3 Não
te apresses a sair de diante da sua face, e não
permaneças na obra má: porque ele fará tudo
o que quiser: 4 e a sua palavra é cheia de
poder: e ninguém lhe pode dizer: Por que fa-
zes isto assim?
5 Aquele que guarda o preceito, não expe-
rimentará mal algum. O coração do sábio co-
nhece o que deve responder e em que tempo.
6 Todas as coisas têm seu tempo e a sua opor-
tunidade, e é muita a aflição do homem: 7 por-
que ignora as coisas passadas e por nenhum
mensageiro pode saber as futuras. 8 Não está
na mão do homem impedir que o espírito
deixe o corpo, nem ele tem poder sobre o dia
da morte, nem se lhe dão tréguas na guerra
que o ameaça, nem ao ímpio salvará a sua
impiedade.

A virtude desconhecida

9 Todas estas coisas considerei eu, e apli-
quei o meu coração a discernir todas as obras,
que se fazem debaixo do sol. Algumas vezes
tem um homem domínio sobre outro homem
para desgraça sua. 10 Eu vi os ímpios sepul-
tados: os quais também ainda quando vi-
viam, estavam no lugar santo, e eram louva-
dos na cidade, como se as suas obras tivessem
sido justas. Mas também isto é vaidade. 11 Por-
quanto o não se proferir logo sentença contra
os maus, é causa de cometerem os filhos dos
homens crimes sem temor algum. 12 Contudo
por isso mesmo que o pecador comete cem
vezes o mal, e é tolerado com paciência, tenho
eu conhecido que serão bem sucedidos os te-
mentes a Deus, que respeitam a sua face.
13 Mal o haja o ímpio, nem sejam prolonga-
dos os dias da sua vida, mas como sombra
passem os que não temem a face do Senhor.
14 Ainda se acha outra vaidade, que sucede
sobre a terra: Há justos, aos quais provêm
males, como se eles tivessem feito obras de
ímpios, e há ímpios que vivem tão seguros
como se tivessem fetio ações de justos. Mas
eu creio que também isto é uma coisa mui vã.
15 Portanto louvei a alegria, visto não ter o
homem debaixo do sol outro bem, senão co-
mer, e beber, e folgar: e poder levar consigo
isto só do seu trabalho que aturou nos dias
da sua vida, os quais Deus lhe deu debaixo
do sol.

Incerteza da própria sorte

16 E apliquei o meu coração a conhecer a
sabedoria, e a notar a distração que vagueia
na terra: Homem há, que nem de dia, nem
de noite concilia sono a seus olhos, 17 E vim
a entender que o homem não podia achar ra-
zão alguma de todas aquelas obras de Deus,
que se fazem debaixo do sol: pois quanto mais

trabalhar pela descobrir, tanto menos a achará: ainda que o mesmo sábio diga que a conhece, ele a não poderá achar.

9 Eu revolvi todas estas coisas no meu coração, para diligentemente as entender: Há justos e sábios, e as suas obras estão na mão de Deus: e contudo não sabe o homem se é digno de amor, ou de ódio. 2 Mas tudo se reserva incerto para o futuro, visto acontecerem todas as coisas igualmente ao justo e ao ímpio, ao bom e ao mau, ao puro e ao impuro, ao que sacrifica vítimas, e ao que despreza os sacrifícios. Assim como é tratado o bom, assim também é o pecador: do modo que o é o perjuro, assim o é também aquele que jura a verdade.

Antes e depois da morte

3 Isto é o que há de pior entre tudo o que se passa debaixo do sol, o sucederem a todos as mesmas coisas. Daqui vem que não só os corações dos filhos dos homens se enchem de malícia, e de desprezo durante a sua vida, mas também que depois disto serão conduzidos aos infernos. 4 Não há ninguém que viva sempre, nem que tenha esperança disto: mais vale um cão vivo do que um leão morto. 5 Porque os que estão vivos sabem que hão de morrer; porém os mortos não sabem mais nada, nem dali opor diante eles têm alguma recompensa: porque a sua memória ficou entregue ao esquecimento. 6 Também o amor, e o ódio, e as invejas pereceram juntamente com os mesmos, e as invejas pereceram juntamente com os mesmos, nem eles têm parte neste século nem tampouco em obra alguma que se faz debaixo do sol.

7 Vai pois e come o teu pão com alegria e bebe com gosto o teu vinho: porque a Deus agradam as tuas obras. 8 Os teus vestidos sejam em todo o tempo brancos e não falte o óleo que unte a tua cabeça. 9 Goza da vida com a mulher que amas por todos os dias da tua vida instável, os quais te foram dados debaixo do sol por todo o tempo da tua vaidade: porque esta é a tua parte na vida, e no teu trabalho, com que te afadigas debaixo do sol. 10 Obra com presteza tudo quanto pode fazer a tua mão: porque na sepultura, para onde tu te apressas, não haverá nem obra, nem razão, nem sabedoria, nem ciência.

Incerteza da fortuna

11 Eu me voltei para outra coisa, e vi que debaixo do sol não é o prêmio para os que melhor correm, nem a guerra para os que são mais fortes, nem o pão para os que são mais sábios, nem as riquezas para os que são mais doutos, nem a boa aceitação para os que são mais hábeis artífices: mas que tudo se faz por encontro, e por casualidade. 12 O homem não sabe que fim será o seu: mas do modo que os peixes são apanhados no anzol, e assim como as aves caem no laço, assim os homens se acham presos no tempo mau, quando este der sobre eles de improviso.

13 Vi também debaixo do sol um efeito de sabedoria que já vou a dizer, e que eu aprovei por muito grande: 14 Havia uma pequena cidade, e nela se achavam poucos homens. Veio contra ela um grande rei, e em torno da mesma se entrincheirou, e fez ao redor as suas fortificações e ficou assim completo o assédio. 15 E achou-se nela um homem pobre e sábio, e livrou a cidade pela sua sabedoria, e nenhum depois disto se lembrou mais daquele homem pobre. 16 E dizia eu, que a sabedoria era melhor do que a fortaleza. Como foi logo desprezada a sabedoria do pobre, e como não foram ouvidas as suas palavras?

O sábio

17 As palavras dos sábios são ouvidas em silêncio, mais do que o clamor do príncipe entre os insensatos. 18 Melhor é a sabedoria do que as armas da gente de guerra: e aquele que pecar numa coisa, perderá muitos bens.

10 As moscas que morrem no bálsamo fazem-lhe perder a suavidade do cheiro. Uma loucura, ainda que pequena e de pouca dura, dá ocasião a não se fazer caso da sabedoria nem da glória.

2 O coração do sábio está na sua mão direita, e o coração do insensato na sua esquerda. 3 Mas até o insensato que vai pelo seu caminho, sendo ele um insipiente, a todos reputa por insensatos.

4 Se o espírito daquele que tem o poder, se elevar sobre ti, não largues o teu posto: porque este remédio te curará dos maiores pecados.

5 Há um mal, que eu vi debaixo do sol, saindo como por erro da presença do príncipe: 6 E vem a ser, o imprudente constituído numa sublime dignidade, e os ricos assentados em baixo. 7 Eu vi os escravos a cavalo, e os príncipes andando a pé sobre a terra como escravos.

8 Aquele que abriu uma cova, cairá nela: e o que desfaz a sebe, mordê-lo-á a cobra. 9 Aquele que transporta pedras, será maltratado delas: e o que racha lenha, ferdio das lascas.

10 Se o ferro estiver embotado, e ele não for a amolar para se pôr como dantes, mas se ainda em cima se fizer mais rombo, com muito trabalho se afiará, assim depois da indústria se seguirá a sabedoria.

11 Aquele que detrai ocultamente de outrem, não é menos do que uma serpente que morde à calada. 12 As palavras que saem da boca do sábio são cheias de graças: e os lábios do insensato precipitá-lo-ão. 13 As suas primeiras palavras são uma parvoice, e as últimas que lhe saem da boca, são um erro péssimo. 14 O insensato todo se espraia em falar.

O homem não sabe que é o que foi antes dele: e quem lhe poderá indicar que é o que será depois? 15 O trabalho dos insensatos afligirá aqueles que não sabem ir à cidade.

Temperança e prudência

16 Desgraçada de ti, terra, cujo rei é menino, e cujos príncipes comem de manhã. 17 Ditosa a terra, cujo rei é duma família ilustre, e cujos príncipes comem a seu tempo para refazerem as forças, e não para lisonjearem o apetite.

18 Pela preguiça se irá abatendo pouco a pouco o madeiramento do teto, e pela debilidade das mãos virá a chover em toda a casa.

19 Os homens empregam o pão e o vinho no seu prazer, vivendo para se banquetearem: e todas as coisas obedecem ao dinheiro.

20 Não digas mal do rei, ainda no teu pensamento e não fales mal do rico, ainda no retiro da tua câmara: porque até as aves do céu levarão a tua voz e o que tem penas dará notícia do teu sentimento.

11 Lança o teu pão sobre as águas que passam: porque depois de muito tempo o acharás. 2 Reparte dele com sete, e ainda com oito: porque não sabes que mal estará para vir sobre a terra.

3 Se as nuvens estiverem carregadas, elas derramarão chuva sobre a terra. Se a árvore cair para a parte do meio-dia ou para a do norte, em qualquer lugar onde cair, aí ficará.

4 O que observa o vento não semeia: e o que considera as nuvens, nunca segará.

5 Do modo que tu ignoras qual seja o caminho do espírito, e de que sorte se companginem os ossos no ventre da pejada, assim também não conheces as obras de Deus, que é o criador de todas as coisas.

6 Semeia de manhã a tua semente, e de tarde não cesse a tua mão de fazer o mesmo: porque não sabes qual das duas antes nascerá: se esta ou aquela: e se ambas nascerem a um tempo, melhor será.

Uso da vida

7 A luz é doce, e é coisa deleitável aos olhos o ver o sol. 8 Se o homem viver muitos anos, e em todos eles se alegrar, deve trazer à lembrança o tempo tenebroso, e os muitos dias: pois quando eles vierem, serão convencidas de vaidade as coisas passadas.

9 Regozija-te pois, ó mancebo, na tua mocidade, e viva em alegria o teu coração na flor de teus anos, e anda conforme os caminhos do teu coração e segundo os desejos em que põem a mira os teus olhos, mas sabe que Deus te fará ir a juízo para dar conta de todas estas coisas. 10 Lança fora do teu coração a ira e alonga da tua carne a malícia. Porque a mocidade e o deleite são umas coisas vãs.

A velhice

12 Lembra-te do teu criador nos dias da tua mocidade, antes que venha o tempo da aflição e cheguem os anos, de que tu digas: Esta idade não me agrada. 2 Antes que se escureça o sol, e a luz, e a lua, e as estrelas, e tornem a vir as nuvens depois da chuva: 3 quando os guardas de tua casa começarem a tremer e os homens mais fortes a vergar e estiverem ociosos em apoucado número os que moem e os que vêem pelos buracos principiarem a cobrir-se de trevas: 4 e quando se fecharem as portas na rua, pela voz baixa do que mói e se levantarem ao canto da ave e todas as filhas da harmonia ensurdecerem. 5 Eles terão medo também dos lugares altos e temerão no caminho. A amendoeira florescerá, o gafanhoto engordará, e a alcaparra se extinguirá: porque o homem irá para a casa da sua eternidade carpindo ao redor dele, o irão acompanhando pelas ruas. 6 Antes que se rompa o cordão de prata e se retire a fita de ouro e se quebre a cântara sobre a fonte e se desfaça a roda sobre a cisterna, 7 e o pó se torne na sua terra de onde era, e o espírito volte para Deus, que o deu. 8 Vaidade de vaidades, disse o *Eclesiastes*, e tudo vaidade.

Notícia sobre o autor e conclusão de sua obra

9 O *Eclesiastes* como era muito sábio ensinou o povo e contou o que tinha feito, e investigando compôs muitas parábolas. 10 Ele buscou palavras úteis, e escreveu discursos ajustadíssimos, e cheios de verdade. 11 As palavras dos sábios são como uns estímulos, e como uns cravos profundamente pregados, que por meio do conselho dos mestres nos foram comunicadas pelo único pastor. 12 Não

busques pois, meu filho, mais coisa alguma fora destas. Não se põe termo em multiplicar livros: e a meditação freqüente é aflição da carne. 13 Ouçamos todos juntos o fim deste discurso. TEME A DEUS, E OBSERVA OS SEUS MANDAMENTOS: PORQUE ISTO É O TUDO DO HOMEM: 14 E de tudo quanto se comete fará Deus dar conta no seu juízo em atenção de todo o erro, seja boa ou má essa coisa.

O CÂNTICO DOS CÂNTICOS DE SALOMÃO

I. INTRODUÇÃO

Fala a esposa

1 Beije-me, dando-me o ósculo da sua boca:
porque os teus peitos são melhores do que
o vinho.
2 Fragrantes como os mais preciosos bál-
samos. O teu nome é como o óleo derramado:
por isso as donzelinhas te amaram.
3 Leva-me contigo: nós correremos após de
ti ao cheiro dos teus bálsamos. O rei me
introduziu nos seus celeiros: nós nos rego-
zijaremos e nos alegraremos em ti, lembra-
das de que os teus peitos são melhores do
que vinho. Os homens de coração reto te
amam.

II. CANTO PRIMEIRO

A esposa

4 Eu sou trigueira, mas formosa, ó filhas
de Jerusalém, assim como as tendas de Cedar,
como os pavilhões de Salomão.
5 Não olheis para o eu ser morena, porque
o sol me mudou a cor: os filhos de minha
mãe se levantaram contra mim, eles me pu-
seram por guarda nas vinhas: eu não guardei
a minha vinha.
6 Amado da minha alma, aponta-me onde
é que tu apascentas o teu gado, onde te en-
costas pelo meio-dia, para que não entre eu
a andar feita uma vagabunda atrás dos re-
banhos de teus companheiros.

O coro das filhas de Jerusalém

7 Se tu te não conheces, ó formosíssima
entre as mulheres, sai, e vai em seguimento
das pisadas dos rebanhos, e apascenta os
teus cabritos ao pé das cabanas dos pasto-
res.

O esposo

8 À minha cavalaria nos carros de Faraó,
eu te assemelhei, amiga minha.
9 As tuas faces têm toda a lindeza assim
como a da rola: O teu pescoço a dos mais
ricos colares.
10 Nós te faremos umas cadeias de ouro,
marchetadas de pontinhos de prata.

A esposa

11 Quando o rei estava no seu repouso, deu
o meu nardo o seu cheiro.
12 O meu amado é para mim como um rama-
lhete de mirra, ele morará entre os meus peitos.
13 O meu amado é para mim como um cacho
de chipre, que se acha nas vinhas de Engadi.

Amoroso diálogo dos esposos

14 Vê como tu és formosa, amiga minha, vê
como tu és bela, os teus olhos são como os
das pombas.
15 Vê como tu és formoso, amado meu e
gentil. O nosso leito está alcatifado de flores.
16 As traves das nossas casas são de cedro,
os nossos tetos de cipreste.

O esposo

2 Eu sou a flor do campo, e a açucena dos
vales. 2 Bem como é a açucena entre os

espinhos; assim é a minha amiga entre as filhas.

A esposa

3 Bem como é a macieira entre as árvores dos bosques, assim é o meu amado entre os filhos. Eu me assentei debaixo da sombra daquele, a quem tanto tinha desejado: e o seu fruto é doce à minha garganta.
4 Ele me fez entrar na adega, onde mete o seu vinho, ordenou em mim a caridade.
5 Acudi-me com confortativos de flores, trazei-me pomos, que me alentem: porque desfaleço de amor.
6 A sua mão esquerda se pôs já debaixo da minha cabeça, e a sua mão direita me abraçará depois.

O esposo

7 Eu vos conjuro, filhas de Jerusalém, pelas cabras montesas, e veados do campo, que não perturbeis à minha amada o seu descanso nem a façais despertar, até que ela se queira erguer.

III. CANTO SEGUNDO

A esposa

8 Aquela é a voz do meu amado, ei-lo aí vem saltando sobre os montes, atravessando os outeiros.
9 O meu amado é semelhante a uma cabra montesa, e a um veadinho. Ei-lo aí está posto por detrás da nossa parede, olhando pelas janelas, estendendo a vista por entre as gelosias.
10 Eis aí o meu amado, que me diz: Levanta-te, apressa-te, amiga minha: pomba minha, formosa minha, e vem.
11 Porque já passou o inverno, já se foram, e cessaram de todo as chuvas.
12 Apareceram as flores na nossa terra, chegou o tempo da poda: ouviu-se na nossa terra a voz da rola:
13 A figueira começou a dar os seus primeiros figos: as vinhas estando em flor lançaram o seu cheiro. Levanta-te, amiga minha, formosa minha, e vem!
14 Pomba minha, tu nas aberturas da pedra, na caverna do muro cerrado, mostra-me a tua face, soe a tua voz dentro nos meus ouvidos: porque a tua voz é doce, e a tua face graciosa.
15 Apanhai-vos as raposas pequeninas, que destroem as vinhas: porque a nossa vinha está já em flor.
16 O meu amado é para mim, e eu para ele, que se apascenta entre as açucenas,
17 até que sopre o dia, e declinem as sombras. Volta! Sê semelhante, amado meu, à cabra montesa, e ao veadinho, que corre sobre os montes de Beter.

3 Eu busquei de noite no meu leito aquele a quem ama a minha alma: busquei-o: e não o achei
2 Levantar-me-ei, e rodearei a cidade: buscarei pelas ruas e praças públicas aquele a quem ama a minha alma. Busquei-o, e não o achei.
3 Os guardas, que rondam a cidade, me encontraram, e eu lhes disse: Vistes porventura aquele a quem ama a minha alma?
4 A poucos passos, que me tinha apartado deles, achei eu aquele a quem ama a minha alma. E agarrar-me-ei a ele: nem o largarei, até o não introduzir em casa de minha mãe, e levar à câmara daquela que me gerou.

O esposo

5 Eu vos conjuro, filhas de Jerusalém, pelas cabras montesas, e veados do campo, que não perturbeis à minha amada o descanso, nem a façais despertar, até que ela se queira erguer.

IV. CANTO TERCEIRO

O coro

6 Quem é esta, que sobe pelo deserto, como uma varinha de fumo composta de aromas de mirra, e de incenso, e de toda a casta de polvilhos edoríferos?
7 Eis aqui o leito de Salomão, ao qual rodeiam sessenta valentes dos mais fortes de Israel:
8 Armados todos de espadas, e mui peritos para a guerra: sobre a sua coxa está pendente a espada de cada um por causa dos temores noturnos.
9 O rei Salomão fez uma cadeirinha de madeira do Líbano.
10 Fez-lhe as colunas de prata, o reclinatório de ouro, a subida de púrpura: o meio de tudo

ornou-o do que há de mais precioso, em atenção às filhas de Jerusalém:

11 Saí, filhas de Sião, e vede ao rei Salomão com o diadema de que sua mãe o coroou no dia do seu casamento, e no dia do júbilo do seu coração.

O esposo

4 Ó como és formosa, amiga minha, como és bela! Os teus olhos são como os das pombas, sem falar no que está escondido dentro. Os teus cabelos são como os rebanhos das cabras, que subiram do monte de Galaad.

2 Os teus dentes são como os rebanhos das ovelhas tosquiadas, que subiram do lavatório, todas com dois cordeirinhos gêmeos, e nenhuma há estéril entre elas.

3 Os teus lábios são como uma fita de escarlate: e o teu falar, doce. Assim como é o vermelho da romã partida, assim é o nácar das tuas faces, sem falar no que está escondido dentro.

4 O teu pescoço é como a torre de Davi, que foi edificada com seus baluartes: dela estão pendentes mil escudos, toda a armadura dos esforçados.

5 Os teus dois peitos são como dois filhinhos gêmeos da cabra montesa, que se apascentam entre as açucenas,

6 até que sopre o dia, e declinem as sombras, eu irei ao monte de mirra, e ao outeiro do incenso.

7 Toda tu és formosa, amiga minha, e em ti não há mácula.

8 Vem do Líbano, esposa minha, vem do Líbano, vem! Serás coroada do alto de Amaná, do cume de Sanir e de Hermon, das cavernas dos leões, dos montes dos leopardos.

9 Tu feriste o meu coração, irmã minha esposa, tu feriste o meu coração, com um dos teus olhos, e com um cabelo do teu pescoço.

10 Que lindos são os teus peitos, irmã minha esposa! os teus peitos são mais formosos do que o vinho, e o cheiro dos teus bálsamos excede o de todos os aromas.

11 Os teus lábios, ó esposa, são como um favo, que distila doçura, o mel e o leite estão debaixo da tua língua: e o cheiro dos teus vestidos é como o cheiro do incenso.

12 Jardim fechado és, irmã minha esposa, jardim fechado, fonte selada.

13 As tuas produções são um jardim de romãs com frutos de macieiras. Chipres com o nardo,

14 o nardo e o açafrão, a cana aromática e o cinamomo com todas as árvores do Líbano, a mirra e o aloes com todos os bálsamos da primeira estimação.

15 A fonte dos jardins: o poço das águas vivas que com ímpeto correm do Líbano.

A esposa

16 Levanta-te, Aquilão, e vem tu, vento do meio-dia, assopra de todos os lados ao meu jardim e corram os seus aromas.

5 Venha o meu amado para o seu jardim, e coma o fruto das suas macieiras.

V. CANTO QUARTO

O esposo

Eu vim para o meu jardim, irmã minha esposa. Seguei a minha mirra com os meus aromas. Comi o favo com o meu mel; bebi o meu vinho com o meu leite. Comei amigos, e bebei, e embriagai-vos, caríssimos.

A esposa

2 Eu durmo, e o meu coração vela. Eis a voz do meu amado que bate, dizendo.

O esposo

Abre-me irmã minha, amiga minha, pomba minha, imaculada minha: porque a minha cabeça está cheia de orvalho, e me estão correndo pelos anéis do cabelo as gotas das noites.

A esposa

3 Eu me despojei da minha túnica, como a vestirei eu? lavei os meus pés, como os tornarei a sujar?

4 O meu amado meteu a sua mão pela fresta, e as minhas entranhas estremeceram ao estrondo que ele fez.

5 Eu me levantei para abrir ao meu amado: as minhas mãos distilaram mirra, e os meus dedos estavam cheios da mirra mais preciosa.

6 Eu abri a minha porta ao meu amado, tirando-lhe o ferrolho: mas ele já se tinha ido, e era já passado a outra parte. A minha alma se derreteu assim que ele falou. Busquei-o,

mas não o achei: chamei-o, e ele me não rsepondeu.

7 Acharam-me os guardas que rondam a cidade: deram-me e feriram-me: tiraram-me o meu manto os guardas das muralhas.

8 Eu vos conjuro, filhas de Jerusalém, que se encontrardes ao meu amado, lhe façais saber que estou enferma de amor.

O coro de donzelas

9 Qual é o que tu chamas amado entre todos os amados, ó mulher a mais formosa de todas? Qual é o teu amado entre todos os outros, por cuja contemplação nos conjurastes tu deste modo?

A esposa

10 O meu amado é cândido, e rubicundo escolhido entre milhares.

11 A sua cabeça é o ouro mais subido: os seus cabelos são como os ramos novos das palmeiras, negros como um corvo.

12 Os teus olhos são como as pombas, que, tendo os seus ninhos ao pé dos regatos das águas, estão lavadads em leite, e se acham de assento junto das mais largas correntes dos rios.

13 As suas faces são como uns canteiros de plantas aromáticas, plantadas pelos que confeccionam os cheiros. Os seus lábios são uns lírios, que distilam a mais preciosa mirra.

14 As suas mãos são de ouro feitas ao torno, cheias de jacintos. O seu ventre é de marfim, guarnecido de safiras.

15 As suas pernas são umas colunas de mármore, que estão sustentadas sobre bases de ouro. A sua figura é como a do Líbano, ele é escolhido como os cedros.

16 A sua garganta é suavíssima, e todo ele é para se desejar. Tal é o meu amado e ele é verdadeiramente meu amigo, filhas de Jerusalém.

O coro de donzelas

17 Para onde foi o teu amado, ó tu, que és a mais formosa de todas as mulheres? Para onde se retirou o teu amado? e nós os buscaremos contigo.

A esposa

6 O meu amado desceu ao seu jardim, ao canteiro das plantas aromáticas, para se apascentar nos jardins, e para colher açucenas.

2 Eu sou para o meu amado, e o meu amado é para mim, ele é tal, que se apascenta entre as açucenas.

VI. CANTO QUINTO

O esposo

3 Formosa és, amiga minha, suave, e engraçada como Jerusalém: terrível como um exército bem ordenado posto em campo.

4 Aparta os teus olhos de mim, porque eles são os que me fizeram partir. Os teus cabelos são como o rebanho das cabras, que apareceram de Galaad.

5 Os teus dentes são como um rebanho de ovelhas, que subiram do lavatório, tendo todas os seus dois cordeirinhos gêmeos, e nenhuma entre elas é estéril.

6 Assim como é a casca da romã assim são as tuas faces, não falando no que está escondido, dentro de ti.

7 São sessenta as rainhas, e oitenta as concubinas, e um número sem número de moças.

8 Uma só é a minha pomba, a minha perfeita, ela é a única para sua mãe, escolhida pela que lhe deu o ser. As filhas a viram, e elas a apregoaram pela mais bem-aventurada. Viram-na as rainhas, e as concubinas, e lhe deram muitos louvores.

Coro de mulheres

9 Quem é esta, que vai caminhando como a aurora quando se levanta, formosa como a lua, escolhida como o sol, terrível como um exército bem ordenado posto em campo?

A esposa

10 Eu desci ao jardim das nogueiras, para ver os pombos dos vales, e para examinar se a vinha tinha lançado flor, e se as romãs tinham brotado.

11 Eu não o soube: a minha alma toda me fez turbar por causa das quadrigas de Aminadab.

Coro geral

12 Volta, volta, ó sulamita! Volta, volta, para que nós te miremos.

O esposo

7 Que verás tu na sulamita, senão coros de música no campo dos exércitos?

Coro geral

Que airosos são os teus passos, ó filha do príncipe, no calçado que trazes! As juntas das tuas coxas são como uns colares, que foram fabricados por mão de mestre.
2 O teu umbigo é uma taça feita ao torno, que nunca está desprovida de licores. O teu ventre é como um monte de trigo cercado de açucenas.
3 Os teus dois peitos são como dois cabritinhos gêmeos, filhos da cabra montesa.
4 O teu pescoço é como uma torre de marfim. Os teus olhos são como as piscinas de Hesebon, que estão situadas à porta da filha da multidão. O teu nariz e como a torre do Líbano, que olha para Damasco.
5 A tua cabeça é como o monte Carmelo: e os cabelos da tua cabeça são como a púrpura do rei atada, e tinta duas vezes nos canais dos tintureiros.

O esposo

6 Quão formosa, e quão engraçada és, ó caríssima, nas delícias!
7 A tua estatura é assemelhada a uma palmeira, e os teus peitos a dois cachos de uvas.
8 Eu disse: Subirei à palmeira, e colherei os seus frutos: e os teus peitos serão como dois cachos de uvas: e o cheiro da tua boca como o dos pomos.
9 A tua garganta é como o melhor vinho, digno de ser bebido pelo meu amor, e ruminado entre os seus lábios, e os seus dentes.

A esposa

10 Eu sou para o meu amado, e ele para mim é que se volta.
11 Vem, amado meu, saiamos ao campo, moremos nas quintas.
12 Levantemo-nos de manhã para ir às vinhas, vejamos se a vinha tem lançado flor, se as flores produzem frutos, se as romãs estão já em flor. Ali te darei os meus peitos.
13 As mandrágoras deram o seu cheiro. Nós temos às nossas portas toda a casta de pomos. Eu tenho guardado para ti, amado meu, os novos e os velhos.

8 Quem me fará tão ditosa, que te tenha, a ti por irmão pendente já dos peitos de minha mãe, para que eu te ache de fora, e te dê o suspirado ósculo, e ninguém mais me despreze?
2 Eu te tomarei, e te levarei à casa de minha mãe: tu lá me ensinarás, e eu te darei a beber um vinho de confeição aromática, e um licor novo das minhas romãs.
3 A sua mão esquerda se pôs já debaixo da minha cabeça, e a sua mão direita me abraçará depois.

O esposo

4 Eu vos conjuro, filhas de Jerusalém, que não perturbeis à minha amada o seu descanso, nem a façais despertar, até que ela se queira erguer.

Coro geral

5 Quem é esta que sobe do deserto inundando delícias, e firmada sobre o seu amado?

O esposo

Eu te despertei debaixo da macieira: ali é que tua mãe foi corrompida, ali é que perdeu a sua pureza a que te gerou.
6 Põe-me a mim como um selo sobre o teu coração, como selo sobre o teu braço: porque o amor é valente como a morte, o zelo do amor é inflexível, como o inferno, as suas lâmpadas são umas lâmpadas de fogo e de chamas.
7 As muitas águas não puderam extinguir a caridade, nem os rios terão força para a afogar: Se um homem der todas as riquezas de sua casa pelo amor, ele as desprezará, como se não tivera dado nada.

VII. APÊNDICES

1.º *sobre Jerusalém (personificada)*

8 A nossa irmã é pequena, e não tem peitos. Que faremos nós à nossa irmã no dia em que se lhe há de falar?
9 Se ela é um muro, edifiquemos sobre ela baluartes de prata: se é uma porta, guarneçamo-la com tábuas de cedro.

Resposta altaneira de Jerusalém

10 Eu sou um muro: e os meus peitos são como uma torre, desde que me tenho na sua

presença tornado bem como uma que acha
paz.

2.° sobre a Palestina
(a noiva sob o simbolismo da vinha)

11 O Pacífico teve uma vinha naquela que
tem povos. Ele a entregou aos guardas: cada
homem dá mil siclos de prata pelo fruto que
dela tira.

12 A minha vinha está diante de mim. Tu,
ó Pacífico, tirarás da tua vinha mil siclos, e
os que a guardam, e lhe colhem os frutos,
duzentos.

13 Ó tu, a que habitas nos jardins, os teus
amigos estão atentos: faze-me ouvir a tua voz.

14 Foge, amado meu, e faze-te semelhante
a uma cabra montesa, e aos veadinhos sobre
os montes dos aromas.

LIVRO DA

SABEDORIA

I. NATUREZA DA SABEDORIA

Julgar retamente

1 Amai a justiça, vós os que julgais a terra.
Senti bem do Senhor, e buscai-o com sim-
plicidade de coração. 2 Porque ele é achado
pelos que o não tentam: e aparece aos que
nele têm fé. 3 Porque os pensamentos per-
versos apartam de Deus: e o seu provado poder
convence aos estultos. 4 Porque na alma ma-
ligna não entrará a sabedoria, nem habitará
no corpo sujeito a pecado. 5 Porque o Espí-
rito Santo mestre da disciplina, fugirá do
fingido e retirar-se-á dos pensamentos que são
sem entendimento, e será expulsado pela ini-
qüidade superveniente.

Onisciência divina

6 Porque o espírito da sabedoria é benigno,
e não livrará ao maldizente dos seus lábios:
porque Deus é testemunha dos seus rins, e é
verdadeiro esquadrinhador do seu coração, e
ouvidor da sua língua. 7 Porque o espírito do
Senhor encheu a redondeza da terra: e este,
que contêm todas as coisas, tem conhecimento
até duma voz. 8 Por isso aquele que profere
palavras de iniqüidade, não se lhe pode ocultar,
nem passará por ele de largo o juízo que cas-
tiga. 9 Porque sobre os pensamentos do ímpio
far-se-á interrogatório: e os seus discursos che-
garão aos ouvidos de Deus, para o castigo de
suas iniqüidades. 10 Porque o ouvido do zelo
ouve todas as coisas, e o tumulto das murmu-
rações não se lhe esconderá. 11 Guardai-vos
pois da murmuração, que nada aproveita, e
refrei a língua da detração: porque a palavra
secreta não passará em claro: e a boca que
mente mata a alma.

Pecado e morte

12 Não queirais buscar ansioso a morte no
descaminho da vossa vida, nem adquirais a
perdição com as obras das vossas mãos. 13 Por-
que Deus não fez a morte, nem se alegra na
perdição dos vivos. 14 Porquanto Ele criou as
coisas, para que todas subsistissem: e fez
saudáveis as criaturas do mundo: e não há
nelas veneno de extermínio, nem reino dos
infernos na terra. 15 Porque a justiça é per-
pétua, e imortal.

II. A SABEDORIA E O HOMEM

Falsa mentalidade dos ímpios

16 Mas os ímpios a chamaram para si com
mãos e palavras: e estimando-a amiga, se des-
vaneceram, e fizeram com ela tratados: por-
que são dignos de serem do partido dela.

2 Disseram pois discorrendo consigo não re-
tamente: Curto é, e com tédio se passa o
tempo da nossa vida, e não há refrigério no
fim do homem, como também não há quem
se haja conhecido, que tornasse a vir dos
infernos. 2 Porque do nada somos nascidos,
e depois disto saremos, como se nunca tivé-
ramos sido: porque a respiração nos nossos
narizes é um fumo: e a fala uma faísca para
mover o nosso coração. 3 Apagada a qual,
será o nosso corpo cinza, e o espírito se dis-
sipará como um ar subtil, e a nossa vida pas-
sará como um rasto de nuvem, e se desvane-
cerá bem como nevoeiro, que é afugentado
pelos raios do sol, e oprimido do seu calor:
4 e o nosso nome pelo decurso do tempo fi-
cará sepultado no esquecimento, e ninguém

terá memória das nossas obras. 5 Porque o
nosso tempo é uma passagem de sombra, e
não há regresso de nosso fim: porquanto se
lhe põe o selo, e ninguém torna.
6 Vinde pois e gozemos dos bens que exis-
tem, e façamos a toda a pressa uso da criatura
como na mocidade. 7 Enchamo-nos de vinho
precioso e de perfumes: e não se nos passe a
flor do tempo. 8 Coroemo-nos de rosas, antes
que se murchem: não haja prado algum, em
que a nossa intemperança não deixe pegada.
9 Nenhum de nós se dispense de tomar parte
nos nossos divertimentos: deixemos em toda
a parte sinais de alegria: porque esta é a parte
que nos toca, e esta é a nossa sorte.
10 Oprimamos o justo na sua pobreza, e
não perdoemos à viúva, nem respeitemos as
cãs do velho de muito tempo. 11 E seja a nos-
sa força a lei da justiça: porque aquilo que é
fraco, se reputa por inútil. 12 Façamos pois
cair o justo nos nossos laços, porquanto nos
é inútil, e é contrário às nossas obras, e nos
lança em rosto as transgressões da lei, e con-
tra a nossa reputação pública as faltas do
nosso procedimento. 13 Ele assegura que tem
a ciência de Deus, e se chama a si Filho de
Deus. 14 Tem-se-nos feito censor dos nossos
pensamentos. 15 Ainda só o vê-lo nos é insu-
portável: porque a sua vida é dissemelhante
à dos outros e seus caminhos são bem diferen-
tes. 16 Somos avaliados por ele como pessoas
vãs, e se abstém dos nossos caminhos como de
imundície, e prefere os novíssimos dos justos,
e se gloria de que tem a Deus por pai.
17 Vejamos pois se os seus discursos são
verdadeiros, e tentemos o que lhe há de vir,
e soberemos qual será o seu fim. 18 Porque
se é verdadeiro Filho de Deus, ele o ampará,
e o livrará das mãos dos contrários. 19 Faça-
mos-lhe perguntas por meio de ultrajes e tor-
mentos, para que saibamos o seu acatamento,
e provemos a sua paciência. 20 Condenemo-lo
a uma morte a mais infame: porque, segundo
as suas palavras, haverá dele consideração.
21 Estas coisas pensaram, e nelas erraram:
porque a sua malícia os cegou. 22 E não sou-
beram os segredos de Deus, nem esperaram
retribuição de justiça, nem fizeram conceito
da honra das almas santas. 23 Porquanto Deus
criou o homem inexterminável, e o fez à ima-
gem da sua semelhança. 24 Mas por inveja do
didabo entrou no mundo a morte: 25 e a ele
imitam os que são do seu partido.

Felicidade dos justos

3 Mas as almas dos justos estão na mão de
Deus, e não os tocará o tormento da mor-
te. 2 Pareceu aos olhos dos insensatos que
morriam: e o seu trânsito foi reputado por
aflição: 3 e a jornada que fazem separando-se
de nós, extermínio: mas eles estão em paz.
4 E se eles sofreram tormentos diante dos
homens, a sua esperança está cheia de imor-
talidade.
5 Vexados em poucas coisas, em muitas lhes
será bem retribuído: porque Deus os tentou,
e os achou dignos de si. 6 Ele os provou como
ouro na fornalha, e os reecbeu como uma
hóstia de holocausto, e a seu tempo haverá
deles consideração. 7 Os justos resplandece-
rão, e como faiscas por um canavial discor-
rerão. 8 Eles julgarão as nações, dominarão
os povos, e seu Senhor reinará para sempre.
9 Aqueles que confiam nele, terão inteligência
da verdade: e os que lhe são fiéis no seu amor,
descansarão unidos a ele: porque o dom e a
paz é para os seus escolhidos.

Comparação dos ímpios e dos virtuosos

10 Mas os ímpios terão o castigo à propor-
ção do que pensaram: os que não fizeram caso
do justo, e se apartaram do Senhor. 11 Porque
desgraçado é o que rejeita a sabedoria e a
instrução: e a esperança deles é vã, e os tra-
balhos sem fruto, e inúteis as suas obras.
12 As suas mulheres são insensatas, e os seus
filhos perversíssimos.
13 Maldita a raça deles, porque feliz é a
estéril: e a incontaminada, que não conheceu
tálamo com delito, terá o seu fruto, quando
se atender às almas santas. 14 E o eunuco, que
não obrou iniqüidade por suas mãos, nem
forjou pensamentos pervesíssimos contra Deus:
porque lhe será dado um dom escolhido de
fé, e uma sorte mui agradável no templo de
Deus. 15 Porque o fruto dos bons trabalhos
é glorioso, e a raiz da sabedoria é tal que se
não seca. 16 Porém os filhos dos adúlteros
serão por acabar, e a linhagem do tálamo
iníquo será exterminada. 17 E ainda quando
forem de larga vida, serão reputados como
coisa de nenhuma entidade, e a sua última
velhice será sem honra. 18 E se mais depres-
sa morrerem, não terão esperança, nem pala-
vras de consolação no dia do reconhecimento,
19 porque os fins da descendência iníqua são
cruéis.

4 Ó quão formosa é a geração casta e glorio-
sa: pois é imortal a sua memória, porquan-
to ela é conhecida assim diante de Deus, como
diante dos homens. 2 Quando ela está presen-
te, a imitam: e quando se tem retirado, a de-
sejam, e coroada para sempre triunfa levando
o prêmio nos certamens castos.

3 Mas a multidão variada dos ímpios não será útil, e os renovos bastardos não lançarão profundas raízes, nem sentarão firmeza estável. 4 E se com o tempo brotarem nos ramos, como se não acham firmes, serão abalados do vento, e desarraigados pela impetuosidade dos furacões. 5 Pelo que serão quebrados os seus ramos, antes que cheguem à devida perfeição, e os frutos deles inúteis, e ásperos para comer, e para nada bons. 6 Porque os filhos, que nascem de iníquos sonos, testemunhas são da maldade contra os pais, quando se lhes pergunta.

Vida e imortalidade verdadeira

7 Mas o justo, ainda que seja acometido pela morte repentina, estará em descanso. 8 Porque a velhice venerável não é a diuturna, nem a computada pelo número dos anos: pois as cãs do homem são os seus sentimentos, 9 e a idade da velhice é a vida imaculada. 10 Tendo-se feito agradável a Deus, foi por Ele amado, e vivendo entre os pecadores foi trasladado. 11 Foi arrebatado para que a malícia lhe não mudasse o entendimento, ou para que não seduzisse a sua alma o aparente. 12 Porque o feitiço das inépcias escurece o bem: e a inconstância da concupiscência transtorna o sentido sem malícia. 13 Tendo vivido pouco, encheu a carreira duma larga vida: 14 porque a sua alma era agradável a Deus: por isso Ele se apressou a tirá-lo do meio das iniqüidades: mas os povos estão vendo isto, e não entendem, nem depositam nos seus corações coisas tais, como estas: 15 Que a graça de Deus, e a sua misericórdia está sobre os seus santos, e que olha para os seus escolhidos.

16 Mas o justo morto condena aos ímpios vivos, e a mocidade consumada em breve, a larga vida do injusto. 17 Porque eles verão o fim do sábio, e não compreenderão que desígnio tenha Deus formado acerca dele, e porque o haja o Senhor posto em segurança. 18 Vê-lo-ão, e desprezarão: mas o Senhor zombará deles, 19 e depois disto morrerão sem honra, e ficarão com infâmia para sempre entre os mortos: porque os fará rebentar inchados sem voz, e os transtornará desde os fundamentos, e serão reduzidos à última desolação, e estarão gemendo, e a sua memória perecerá.

20 Virão medrosos com a lembrança dos seus pecados, e se apresentarão contra eles as suas iniqüidades.

Arrependimento tardio dos ímpios

5 Então se levantarão os justos com grande afouteza contra aqueles que os atribularam, e que lhes roubaram o fruto dos seus trabalhos. 2 Vendo-os assim, perturbar-se-ão com temor horrível, e ficarão assombrados pela novidade repentina da sua salvação, que eles não esperavam, 3 dizendo dentro de si, tocados do arrependimento, e com angústia do espírito gemendo: Estes são aqueles, de quem nós onutro tempo fazíamos zombaria, e a quem tínhamos por objeto de opróbrio.

4 Nós insensatos reputávamos a sua vida por uma loucura, e o seu fim sem honra; 5 ei-los aí como têm sido contados entre os filhos de Deus, e entre os santos está a sua sorte. 6 Logo nós nos extraviamos do caminho da verdade, e a luz da justiça não raiou para nós, e o sol da inteligência não nasceu sobre nós. 7 Nós nos cansamos no caminho da iniqüidade, e da perdição, e andamos por uns caminhos ásperos, e ignoramos o caminho do Senhor. 8 De que nos aproveitou a soberba? ou de que nos serviu a jactância das riquezas?

9 Todas aquelas coisas passaram como sombra, e como um correio que vai depressa. 10 E como uma nau, que vai cortando as agitadas ondas, da qual se não pode achar rasto depois que passou, nem a esteira da sua quilha nas ondas: 11 ou como ave que voa, atravessando pelo ar, de cujo caminho se não acha indício algum, senão só o ruído das asas, que cortam o leve vento, e fendendo o ar com a força do seu vôo, passou batendo as asas, e depois disto se não encontra sinal algum do seu caminho: 12 ou como seta despedida ao lugar destinado: o ar dividido logo se cerra em si mesmo, de maneira que se fica ignorando a passagem dela: 13 assim também nós, logo que nascemos deixamos de ser: e na verdade nenhum sinal de virtude podemos mostrar, mas fomos consumidos em nossa malícia. 14 Tais são as coisas, que disseram no inferno estes, que pecaram: 15 porque a esperança do ímpio é como a lanugem, que pelo vento é levada: e como a espuma tênue, que pela tempestade é espalhada: e como o fumo, que pelo vento é dissipado: e como a lembrança do hóspede de um dia, que passa.

Destino eterno dos justos e dos ímpios

16 Mas os justos viverão para sempre, e a sua recompensa está no Senhor, e o pensamento deles no Altíssimo. 17 Portanto receberão da mão do Senhor um reino de honra, e um diadema de formosura: porque os protegerá com a sua destra, e com o seu santo braço os defenderá. 18 O seu zelo se vestirá de todas as suas armas: e Ele armará as suas criaturas para se vingar de seus inimigos.

19 Tomará por couraça a justiça, e por capacete a inteireza do seu juízo: 20 embraçará a eqüidade como escudo inexpugnável: 21 afiará a sua ira inflexível, como uma lança, e todo o universo pelejará da parte dele contra os insensatos.

22 Irão com direita pontaria os tiros missivos dos raios e como dum arco bem encurvado das nuvens serão despedidos, e descarregarão sobre lugar certo. 23 A ira de Deus, semelhante a uma máquina de lançar pedras, fará chover uma grossa saraiva: embravecer-se-á contra eles a água do mar, e os rios correrão juntos com furiosa enchente. 24 O espírito de virtude se levantará contra eles, e como redemoinho de vento os espalhará: e a sua iniqüidade reduzirá a uma solidão toda a terra, e a malícia deitará abaixo os assentos dos poderosos.

III. DEFINIÇÃO DA SABEDORIA

Convite ao estudo da Sabedoria

6 A sabedoria é mais estimável do que as forças: e o varão prudente vale mais do que o valoroso. 2 Ouvi pois, ó reis, e entendei, tomai a instrução, ó juízes de toda a terra: 3 aplicai os ouvidos vós que governais os povos, e que vos gloriais de terdes debaixo de vós muitas nações. 4 Porque de Deus vos tem sido dado o poder, e do Altíssimo a força, o qual vos perguntará pelas vossas obras, e esquadrinhará os vossos pensamentos: 5 porque sendo ministros do seu reino, não julgastes com eqüidade, nem guardastes a lei da justiça, nem andastes conforme a vontade de Deus.

6 Ele se vos porá diante de um modo temeroso, e dentro de pouco tempo: porque sobre os que governam se fará um juízo rigorsíssimo. 7 Porque com os pequenos tem-se mais comiseração: mas os poderosos serão poderosamente atormentados. 8 Porque Deus não excetuará pessoa alguma, nem respeitará a grandeza de quem quer que for: porquanto Ele fez ao pequeno e ao grande, e tem igualmente cuidado de todos. 9 Mas aos mais fortes mais forte suplício ameaça. 10 A vós pois, ó reis, é que são dirigidos estes meus discursos, para que vós aprendais a sabedodria, e não caiais. 11 Porque aqueles que tiverem feito justamente as ações de justiça, serão tratados como justos: e os que tiverem aprendido o que ensino acharão que responder. 12 Tende pois um ardente desejo pelos meus discursos, amai-os e tereis instrução.

Acessibilidade da Sabedoria

13 Esclarecida é a sabedoria, e tal que nunca se murcha, e facilmente é vista por aqueles que a amam, e achada pelos que a buscam. 14 Ela se antecipa aos que a cobiçam, de tal sorte que se lhes patenteia primeiro. 15 Aquele que vigia desde manhã para a possuir, não terá trabalho: porque ele a achará sentada à sua porta. 16 Pelo que, ter o pensamento na sabedoria, esta é a consumada prudência: e aquele que velar pela adquirir, depressa estará seguro. 17 Porque ela mesma anda de roda, buscando aos que são dignos de a acharem, e alegremente se lhes mostra nos caminhos, e por meio de toda a providência se faz encontradiça com eles.

18 Porque o princípio dela é um desejo mui verdadeiro de instrução. 19 Mas o cuidado da instrução é o amor: e o amor é a guarda das suas leis: e a guarda das suas leis é a consumação da incorrupção: 20 e a incorrupção aproxima o homem de Deus. 21 E assim é que o desejo da sabedoria conduz ao reino eterno. 22 Se vós pois, ó reis dos povos, vos comprazeis nos tronos e nos ceptros, amai a sabedoria, para reinardes eternamente: 23 amai a luz da sabedoria todos vós os que presidis aos povos.

O que é a Sabedoria

24 E eu vos relatarei que coisa é a sabedoria, e qual foi a sua origem: e não vos encobrirei os segredos de Deus, mas investigá-los-ei desde o princípio do seu nascimento, e porei às claras a sua ciência, e não passarei por alto a verdade: 25 nem farei caminho com o que se desfaz de inveja: porque um tal homem não será participante da sabedoria. 26 Ora a multidão dos sábios é a saúde da redondeza da terra: e um rei sábio é a firmeza do povo. 27 Recebei pois a instrução por meio das minhas palavras, e ela vos será proveitosa.

Doutrina de Salomão sobre a Sabedoria

7 Também eu por certo sou um homem mortal, semelhante a todos, e da descendência daquele terreno que por primeiro foi feito, e no ventre da minha mãe fui formado carne, 2 dentro do espaço de dez meses fui coalhada em sangue, do sêmen do homem, e concorrendo o deleite do sono. 3 E eu tendo nascido respirei o ar comum, e caí na terra feita do

mesmo modo, e dei a primeira voz semelhan-
te a todos chorando: 4 envolto em faixas fui
criado, e isto com grandes cuidados, 5 porque
nenhum dos reis teve outro princípio de nas-
cimento. 6 Logo é para todos uma mesma a
entrada na vida, e semelhante a saída dela.

O valor da Sabedoria

7 Por amor disto desejei eu a inteligência,
e ela me foi dada: invoquei o Senhor, e veio
a mim o espírito da sabedoria: 8 e a preferi
aos reinos e aos tronos, e julguei que as rique-
zas nada valiam em sua comparação: 9 nem
pus em paralelo com ela as pedras preciosas:
porque todo o ouro em sua comparação é
uma pouca de areia, e a prata será reputada
como lodo à sua vista. 10 Eu a amei mais do
que a saúde, e do que a formosura, e me
resolvi a tê-lo por luz: porque a sua claridade
é inextinguível. 11 E todos os bens me vieram
juntamente com ela, e inumeráveis riquezas
por suas mãos, 12 e me regozijei em todas as
coisas: porque ia diante de mim esta sabedo-
ria, e eu ignorava que ela é mãe de todos estes
bens. 13 Eu a aprendi sem fingimento, e a
reparto com os outros sem inveja, e não es-
condo as riquezas que ela encerra. 14 Porque
ela é um tesouro infinito para os homens: do
qual os que usaram, têm sido feitos partici-
pantes da amizade de Deus, recomendáveis
pelos dons da doutrina.

Sabedoria é um dom do Senhor

15 Mas Deus me fez a graça de que eu fa-
lasse segundo o que sinto, e de quee presu-
misse coisas dignas destas, que me são dadas:
porquanto Ele é o guia da sabedoria, e o
emendador dos sábios: 16 porque na mão dele
estamos, assim nós, como os nossos discursos,
e toda a sabedoria, e a ciência de obrar, e a
disciplina. 17 Porque Ele me deu a verdadeira
ciência destas coisas, que existem: para que
saiba a disposição do orbe da terra, e as vir-
tudes dos elementos, 18 o princípio, e o fim,
o meio dos tempos, as mudanças das alterna-
tivas, e as vicissitudes das estações, 19 os
cursos do ano, e as disposições das estrelas,
20 as naturezas dos animais, e os instintos dos
brutos, a força dos ventos, e os pensamentos
dos homens, as diferenças das plantas, e as
virtudes das raízes, 21 e aprendi todas quan-
tas coisas há escondidas, e não descobertas:
porque a sabedoria, artífice de tudo, mo ensi-
nou: 22 porque há nela um espírito de inteli-
gência, santo, único, multíplice, subtil, discre-
to, ágil, imaculado, claro, suave, amigo do
bem, penetrante, a quem nada impede que
não obre benefício, 23 amante dos homens,
benigno, estável, constante, sossegado, que tem
todo o poder, que tudo vê, e que encerra em
si todos os espíritos: inteligível, puro, subtil.
24 Porque a sabedoria é mais ativa do que
todas as coisas atuosas: e ela toca em toda a
parte por causa da sua pureza. 25 Porque é
um vapor da virtude de Deus, e uma como
sincera emanação da claridade do Onipotente
Deus: e por isso nada manchado cai nela:
26 porque ela é o clarão da luz eterna, e o
espelho sem mácula da majestade de Deus, e
a imagem da sua bondade. 27 E sendo uma
só, pode tudo: e permanecendo em si mesma
renova todas as coisas, e pelas nações se trans-
funde nas almas santas, forma os amigos de
Deus e os profetas. 28 Porque Deus a ninguém
ama, senão ao que habita com a sabedoria.
29 Porque esta é mais formosa do que o sol,
e sobre toda a disposição das estrelas compa-
rada com a luz, ela se encontra primeiro.
30 Porque a ela sucede a noite, mas a malícia
não vence a sabedoria.

Utilidade da Sabedoria

8 A sabedoria pois toca desde uma extremi-
dade até à outra com fortaleza, e dispõe
todas as coisas com suavidade. 2 A esta eu
amei, e requestei desde a minha mocidade, e
procurei tomá-la para mim por esposa, e me
fiz amador da sua formosura. 3 Ela realça a
glória da sua nobreza, tendo com Deus estreita
união: e sobre isto a amou o Senhor de todas
as coisas. 4 Porque ela é a que ensina a ciên-
cia de Deus, a que dirige as suas obras. 5 E
se as riquezas se apetecem na vida, que coisa
há mais rica do que a sabedoria, que obra
todas as coisas? 6 E se é a indústria a que
obra: quem é melhor artífice do que ela des-
tas coisas, que existem? 7 E se alguém ama a
justiça: os trabalhos desta têm grandes vir-
tudes: porque ensina a temperança, e a pru-
dência, e a justiça, e a fortaleza, que é o mais
útil que há na vida para os homens. 8 E se
alguém deseja a profundidade da ciência, ela
é que sabe o passado, e que julga do futuro:
conhece as sutilezas dos discursos, e as solu-
ções dos argumentos: sabe os sinais, e os pro-
dígios, antes que eles apareçam, e o que tem
de acontecer no decurso dos tempos e dos
séculos.
9 Eu, pois, me resolvi a tomá-la comigo por
companheira da minha vida, sabendo que ela
repartirá comigo dos seus bens, e que será a
minha consolação nos meus cuidados e dissa-
bores. 10 Por meio desta entre os povos terei
glória, e, posto que moço, honra entre os ve-
lhos: 11 e serei achado agudo no juízo, e ad-

mirável na presença dos poderosos, e os semblantes dods príncipes me admirarão: 12 quando eu estiver calado, esperarão que eu fale, e quando falar, olharão para mim com atenção, e quando me alargar nos discursos, porão a mão na sua boca. 13 Terei de mais a mais por amor desta, a imortalidade: e deixarei eterna memória aos que hão de vir depois de mim. 14 Governarei os povos: e as nações me serão sujeitas. 15 Os reis formidáveis temerão, quando ouvirem falar de mim: no povo parecerei bom, e na guerra forte. 16 Entrando em minha casa, acharei o meu descanso com ela: porque a sua conversação não tem nada de desagradável, nem a sua companhia nada de fastidioso, mas o que nela se acha, é satisfação e prazer. 17 Considerando nestas coisas comigo mesmo, e meditando sobre elas dentro no meu coração: refletindo que a imortalidade se acha na união com a sabedoria, 18 e na sua amizade um santo prazer, e nas obras das suas mãos riquezas inexauríveis, e no exercício de sua conversação inteligência, e um grande lustre na comunicação dos seus discursos: dava voltas buscando-a, para a tomar por minha companheira.

A Sabedoria é um dom de Deus

19 Eu porém era um menino engenhoso, e coube-me por sorte uma boa alma. 20 Ou para melhor dizer, como eu era bom, vim a um corpo incontaminado. 21 E como eu sabia que de outra maneira não podia ter continência, se Deus ma não desse, e isto era já um efeito da sabedoria, saber eu de quem havia de receber este dom: encaminhei-me ao Senhor, e fiz-lhe a minha súplica, e disse-lhe de todo o meu coração.

Oração de Salomão

9 Deus de meus pais, e Senhor de misericórdia, que fizeste tudo pela tua palavra, 2 e que formaste o homem pela tua sabedoria, a fim de que ele tivesse o domínio sobre as criaturas, que por ti foram feitas, 3 a fim de que ele governasse o globo da terra com eqüidade e justiça, e proferisse o juízo com retidão de coração: 4 dá-me aquela sabedoria, que está ao pé de ti no teu trono, e não me queiras excluir do número dos teus servos: 5 porquanto eu sou servo teu, e filho da tua escrava, sou um homem fraco, e de pouca dura, e pouco suficiente para entender o juízo e as leis. 6 porque ainda que algum seja consumado entre os filhos dos homens, se estiver ausente dele a tua sabedoria, será reputado como nada. 7 Tu me escolheste para ser rei do teu povo, e para juiz dos teus filhos, e filhas: 8 e tu me mandaste fundar um templo sobre o teu santo monte, e um altar na cidade da tua habitação, conforme o modelo do teu santo tabernáculo, que tu preparaste desde o princípio: 9 e contigo a tua sabedoria, que conhece as tuas obras, a qual se achou também então presente, quando fazias a redondeza da terra, e sabia o que era agradável a teus olhos, e o que era reto em teus preceitos. 10 Envia-a dos teus santos céus, e do trono da tua grandeza, para que esteja comigo, e comigo trabalhe para que eu saiba o que te é aceito: 11 porque ela sabe todas as coisas, e as entende, e me guiará nas minhas obras com prudência, e me guardará com o seu poder. 12 E serão aceitas as minhas obras, e governarei ao teu povo com justiça, e serei digno do trono de meu pai. 13 Porquanto que homem poderá saber o conselho de Deus? ou quem poderá alcançar o querer de Deus? 14 Porque os pensamentos dos mortais são tímidos, incertas as nossas providências. 15 Porque o corpo, que se corrompe, faz pesada a alma, e esta morada terrestre abate o espírito que pensa muitas coisas. 16 E com dificuldade compreendemos o que há na terra: e descobrimos com trabalho o que temos diante dos olhos. Mas quanto às coisas que há nos céus, quem as investigará? 17 E quem saberá o teu conselho, se tu lhe não deres a sabedoria, e desde o mais alto dos céus não enviares o teu santo espírito: 18 e assim sejam corrigidas as veredas daqueles que estão na terra, e aprendam os homens as coisas que te agradam? 19 Porque pela sabedoria é que foram sarados todos quantos te agradaram, Senhor, desde o princípio.

IV. PAPEL DA SABEDORIA NA HISTÓRIA

A Sabedoria na vida dos patriarcas

10 Esta guardou aquele, que foi por Deus formado primeiro pai da redondeza da terra, tendo sido criado só, 2 e o tirou do seu pecado e lhe deu virtude de governar todas as coisas. 3 Tanto que desta se apartou, o injusto na sua ira pereceu pelo furor do homicídio fraterno. 4 Por causa do qual, ao tempo que o dilúvio inundava a terra, e saneou de novo a sabedoria, governando ao justo por meio dum lenho desprezível.

Abraão e Ló

5 Também esta, depois de se terem man-
comunado as nações em conspiração da mal-
dade, conheceu ao justo, e o conservou para
Deus sem culpa, e o manteve forte na com-
paixão do filho. 6 Esta livrou ao justo, que
fugia dos ímpios que pereciam, quando descia
o fogo sobre as cinco cidades: 7 em testemu-
nho da maldade dos quais permanece a terra,
que ainda fumega, deserta, e as árvores que
dão frutos em estação incerta, e a estátua de
sal ainda em pé, levantada em memória duma
alma incrédula. 8 Porque passando eles de
largo pela sabedoria, não só caíram em igno-
rarem os bens, mas deixaram ainda aos ho-
mens uma lembrança da sua estultícia, de tal
sorte que nem se puderam ocultar no meio
das ações, em que delinqüiram. 9 Mas a sa-
bedoria tem livrado de dores aos que a reve-
renciam.

Jacó

10 Esta é a que guiou por caminhos direitos
ao justo, quando fugia da ira de seu irmão e
lhe mostrou o reino de Deus, e lhe deu a ciên-
cia dos santos: a que o enriqueceu nos traba-
lhos, e recompensou as suas fadigas. 11 No
dolo dos que o violentavam, lhe assistiu, e o
fez rico. 12 Guardou-o dos inimigos, e o asse-
gurou dos enganadores, e o meteu num duro
combate, para que vencesse, e soubesse que
de todas as coisas a mais poderosa é a sabe-
doria.

José

13 Esta não desamparou ao justo vendido,
mas sim o livrou dos pecadores: e desceu com
ele ao fosso, 14 e o não largou nas cadeias,
até lhe depositar nas mãos o ceptro do reino,
e o poder contra aqueles que o deprimiam: e
convenceu de mentirosos aos que o deslustra-
ram, e lhe deu uma nomeada eterna.

A Sabedoria na libertação de Israel

15 Esta livrou ao povo justo, e a linha-
gem irrepreensível das nações, que o abatiam.
16 Entrou na alma do servo de Deus, e se
manteve com prodígios e sinais contra os reis
formidáveis. 17 E deu aos justos o galardão
dos seus trabalhos, e os conduziu por um
caminho admirável: e serviu-lhes de coberta
de dia, e de luz das estrelas de noite: 18 con-
duziu-os pelo mar Vermelho, e transportou-os
pela imensidade das águas. 19 Mas sepultou
no mar os seus inimigos, e tirou-os do pro-
fundo dos abismos. Por isso os justos levaram
os despojos dos ímpios, 20 e com os seus
cânticos engrandeceram, Senhor, o teu santo
nome, e todos uniformemente louvaram a tua
mão vitoriosa: 21 porque a sabedoria abriu
a boca dos mudos, e fez eloqüentes as línguas
dos infantes.

Através do deserto

11 Ela é a que dirigiu as suas obras por
mãos do santo profeta. 2 Eles fizeram
o seu caminho por desertos, que não eram
habitados: e em lugares ermos fixaram tendas.
3 Fizeram cara a seus inimigos, e se vingaram
de seus contrários. 4 Tiveram sede, e te invo-
caram, e foi-lhes dada água duma penha mui
alta, e refrigério de sede duma dura pedra.

Castigo dos egípcios

5 Pois, por meio daquela mesma coisa, com
que os seus inimigos se viram castigados, que
foi pela falta de água com que matar a sede,
com essa os filhos de Israel até se alegra-
ram, tendo-a em abundância: 6 por isso eles,
quando esta lhes faltava, foram bem tratados.
7 Porque na verdade em lugar da fonte dum
rio perene, deste aos injustos sangue humano.
8 Como estes fossem perecendo em castigo de
terem feito morrer aos infantes, deste àqueles
água abudante sem a esperarem, 9 mostrando
por esta sede, que então houve, de que modo
exaltavas tu aos teus, e fazias perecer aos teus
adversários. 10 Porque quando foram prova-
dos, e recebendo ainda assim um castigo com
misericórdia, reconheceram eles de que ma-
neira padeciam tormentos os ímpios julgados
com ira. 11 Àqueles provaste na verdade como
pai que admoesta: porém a estes condenas-
te, fazendo-lhes interrogatório, como rei duro.
12 Porque ausentes e presentes eram igual-
mente atormentados. 13 Porquanto se havia
deles apoderado uma dobrada mágoa, e des-
feito pranto com a memória das coisas pas-
sadas. 14 Pois quando ouviam dizer, que fora
bem para os outros os que para eles havia
sido tormento, logo se lembraram do Senhor,
admirando o fim do sucesso. 15 Porque ao
mesmo, de quem escarneceram abandonado
na cruel exposição dos meninos, vieram no
fim do sucesso a admirar: padecendo sede não
como os justos.

Clemência divina para com os egípcios

16 Mas pelos pensamentos loucos da sua
iniqüidade, porquanto alguns errando nesta
parte adoravam serpentes mudas, e animais
inúteis, enviaste contra eles multidão de ani-
mais mudos em vingança: 17 para que sou-
bessem, que pelas coisas em que alguém peca,
por essas é também atormentado.

18 Porque não estava impossibilitada a tua onipotente mão, que criou o globo da terra de uma nunca vista matéria, para mandar sobre eles uma multidão de ursos, ou ferozes leões, 19 ou animais duma nova espécie não conhecidos, cheios de furor, ou que respirassem rescaldo de incêndios, ou que exalassem cheiro de fumo, ou que despedissem dos olhos horrendas faíscas: 20 dos quais a malignidade não somente os pudesse exterminar, mas até a vista matá-los de pavor. 21 Mas ainda sem estas coisas podiam com um só assopro ser mortos, depois de terem padecido a perseguição pelas suas mesmas ações, e se acharem espalhados pelo espírito da tua virtude: mas todas as coisas dispuseste com medida, e conta, e peso. 22 Porque tu só tens sempre à mão o supremo poder: e quem poderá resistir à força do teu braço? 23 Pois todo o mundo diante de ti é como um pequeno grão de balança, e como uma gota de orvalho da madrugada, que cai sobre a terra.

24 Tu tens compaixão de todos, porque tudo podes, e dissimulas os pecados dos homens para que façam penitência. 25 Porque tu amas todas as coisas que existem, e não aborreces nada de quanto fizeste: pois nenhuma estabeleceste, ou fizeste aborrecendo-a. 26 E como poderia subsistir coisa alguma, se tu não quisesses? Ou de que modo se conservaria o que por ti não fosse chamado? 27 Porém tu perdoas a todas as criaturas: porque tuas são, Senhor, que amas as almas.

12 Ó quão bom e suave é, Senhor, em tudo o teu espírito! 2 E por isso é que tu castigas pouco a pouco aos que se desencaminham: e os advertes das faltas que cometem, e os instruis: para que, deixada a malícia, creiam em ti, Senhor.

Clemência divina ao castigar os cananeus

3 Porquanto àqueles antigos habitadores da tua terra santa, aos que tiveste em horror, 4 porque faziam obras, que te eram abomináveis pelos seus malefícios, e sacrifícios ímpios, 5 sendo até desapiedados matadores de seus próprios filhos, e chegando a comer as entranhas dos homens, e a lhes tragar o sangue, no meio da vossa terra sagrada, 6 e aos pais autores da morte de almas não socorridas tu quiseste destruir pelas mãos de nossos pais, 7 a fim de que esta terra, que é de ti a mais querida de todas, recebesse uma colônia digna de filhos de Deus.

8 Mas ainda a estes perdoaste como a homens, e lhes enviaste as vespas como uns batedores do teu exército, para que elas pouco a pouco os exterminassem. 9 Não porque tu não pudesses sujeitar pela guerra os ímpios aos justos, ou destrui-los duma vez pelos animais cruéis, ou com uma palavra desabrida: 10 mas exercitando sobre eles o teu juízo por degraus, tu lhes davas lugar de fazer penitência, ainda que não ignoravas que a sua nação é malvada, e que a malícia lhes é natural, e que o seu pensamento nunca jamais se podia mudar. 11 Porque a sua raça era maldita desde o princípio.

Razões desta clemência

Nem era por temor de alguém que tu lhes perdoavas assim os seus pecados. 12 Porquanto quem te dirá a ti: Que tens tu feito? ou quem se levantará contra o teu juízo? ou quem se porá na tua presença feito defensor de homens iníqüos? ou quem te fará cargo, se perecerem as nações, que tu fizeste? 13 Porque não há outro Deus senão tu, que de todas as coisas tens cuidado, para mostrares que não exercitas injustamente o teu juízo. 14 Nem rei, nem tirano pedirá na tua presença conta daqueles que destruiste.

15 Entretanto como tu és justo, todas as coisas governas justamente: e julgar por uma coisa alheia do teu poder, condenar ao que não merece ser punido. 16 Porque o teu poder é o princípio da justiça: e por isso mesmo que és Senhor de tudo, te fazes indulgente com todos. 17 Porque tu mostras o teu poder, quando se não crê que és absoluto no mesmo poder, e confundes a audácia dos que te não reconhecem. 18 E tu, Dominador poderoso, julga com tranqüilidade, e nos governas com grande reserva: porque tens debaixo da tua mão o poder, quando quiseres.

19 Ensinaste pois ao teu povo por meio de tais obras, que importa ser justo e humano, e fizeste conceber a teus filhos boa esperança: porque julgando tu, dás lugar nos pecados à penitência. 20 Porque se aos inimigos de teus servos, e réus de morte, puniste com tanta circunspecção, dando-lhes tempo e lugar, em que se pudessem apartar da malícia, 21 com quanto resguardo não julgaste tu a teus filhos, a cujos pais fizeste boas promessas com juramentos e alianças? 22 Quando, pois nos fazes padecer algum castigo, tu açoitas os nossos inimigos por diferentes maneiras, para que atentos pensemos na tua bondade: e quando somos julgados, esperemos na tua misericórdia.

Depois da clemência, Deus usa o rigor

23 Por onde até àqueles, que na sua vida se portaram como insensatos e injustos, fizes-

te sofrer os mais horríveis tormentos por meio
daquelas coisas, que adoraram. 24 Porque no
caminho do erro andaram largo tempo vaga-
bundos, tendo por deuses aqueles que entre
os animais são inúteis, vivendo à maneira de
meninos insensatos. 25 Por isso como a crian-
ças insensatas lhes deste um castigo por zom-
baria. 26 Mas os que se não emendaram com
estes ludíbrios e increpações, experimentaram
um juízo digno de Deus. 27 Porque vendo-se
exterminar pelas mesmas coisas de que se in-
dignavam, sofrendo-as por meio das que eles
tinham por deuses, reconheceram por verda-
deiro Deus aquele a quem noutro tempo afir-
mavam que não conheciam: por isso é que
veio sobre eles o remate da sua condenação.

Insensatez da idolatria

13 São porém vãos todos os homens, nos
quais se não acha a ciência de Deus: e
que pelas coisas boas que se vêem, não pude-
ram conhecer aquele que é, nem considerando
as suas obras reconheceram quem era o Artí-
fice: 2 mas reputaram por deuses governa-
dores do universo, ou ao fogo, ou ao espírito,
ou ao ar comovido, ou ao giro das estrelas, ou
à imensidade das águas, ou ao sol e à lua.
3 De cuja formosura se eles encantados os
julgaram deuses: reconheçam quanto é mais
formoso do que eles o que é seu Senhor: por-
que o Autor da formosura criou todas estas
coisas. 4 Ou se eles se maravilharam da sua
virtude e influências, entendam por elas, que
o que as fez é mais forte do que elas: 5 por-
que pela grandeza da formosura e da criatura
se poderá visivelmente chegar ao conhecimen-
to do criador delas: 6 mas ainda com tudo
isso não há contra estes tanta razão de queixa.
Porque se eles talvez erram é buscando a
Deus e desejando-o achar. 7 Porquanto eles
o buscam, vivendo no meio das suas obras:
e se capacitam de que são boas as coisas que
se vêem. 8 Mas por outra parte nem estes
merecem perdão. 9 Porque se eles puderam
ter luz bastante, para poderem conhecer a or-
dem do mundo: como não descobriram eles
mais facilmente ao Senhor dele?

Fabricação de ídolos

10 Porém são desgraçados, e entre os mor-
tos está a esperança daqueles outros, que cha-
maram deuses às obras das mãos dos homens,
ao ouro, e à prata, à invenção da arte, e às
semelhanças de animais, ou a uma pedra inú-
til, obra de mão antiga. 11 Como se algum
artífice hábil cortasse do mato algum tronco
direito, e destramente lhe tirasse toda a casca,
e, valendo-se da sua arte, fizesse com esmero
alguma peça útil para uso da vida, 12 e das
relíquias daquela obra se servisse para cozi-
nhar a comida: 13 e quanto ao resto de tudo
isto, que para nenhum uso é útil, por ser um
madeiro torto, e cheio de nós, ele cuidadosa-
mente muito de seu vagar o desbastasse, e
pela perícia da sua arte lhe desse figura, e o
afeiçoasse em forma de homem, 14 ou o pro-
porcionasse a alguns dos animais, dando-lhe
vermelhão, e pintando-o de uma cor encarna-
da contrafeita, e encobrindo-lhe toda a man-
cha, que nele há: 15 e lhe fizesse um corres-
pondente nicho, e pondo-o na parede, e segu-
rando-o com algum ferro, 16 usando com ele
desta precaução, para que talvez não caísse,
reconhecendo que se não pode ajudar a si
mesmo: porque é uma imagem, e tem neces-
sidade de socorro. 17 E fazendo-lhe votos, o
consultasse a respeito da sua fazenda, e de
seus filhos, e de suas bodas. Não se enver-
gonha de falar com aquele madeiro, que está
sem alma:

18 E pela saúde roga por certo a um invá-
lido, e pela vida pede a um morto, e invoca
em seu socorro a um inútil. 19 E para o bom
sucesso da jornada se vale do patrocínio da-
quele que não pode andar: e para o que há de
adquirir, e tem de traficar, e para o bom êxito
de todas as suas coisas, implora a quem para
tudo é inútil.

Os navegantes

14 Outro da mesma sorte, fazendo tenção
de se meter ao mar, e começando a dar
à vela sobre as feras ondas, invoca a um ma-
deiro mais frágil, do que o lenho que o leva.
2 Porque a cobiça de adquirir o inventou, e o
artífice pela sua habilidade o fabricou. 3 Mas
a tua providência, ó Pai, é a que o governa:
porque tu até no mar abriste caminho, e uma
derrota seguríssima por entre as ondas,
4 mostrando que és poderoso para salvar de
todos os perigos, ainda que alguém se meta
no mar sem arte. 5 Mas para que as obras da
sua sabedoria não fossem vãs: por esta causa
também os homens confiam até de um peque-
no lenho as suas vidas, e passando o mar se
têm salvado por meio de uma embarcação:
6 mas até do princípio, quando pereceram os
soberbos gigantes, acolhendo-se a esperança
de toda a terra a um vaso que era governado
por tua mão, este conservou ao mundo os fia-
dores da sua propagação.

7 Porque o madeiro, pelo qual se faz jus-
tiça, é bendito. 8 Mas o ídolo, que é feito por
indústria das mãos, tão maldito é ele mesmo,
com quem o fez: este porque de fato o fabri-

cou: e aquele porque, sendo uma coisa frágil, foi chamado Deus. 9 E Deus igualmente aborrece ao ímpio, e a sua impiedade. 10 Porquanto a obra que foi feita, com aquele que a fez padecerá tormento. 11 Por esta causa também se não terá respeito aos ídolos das nações: porque as criaturas de Deus se fizeram um objeto de abominação, e um motivo de tentação para as almas dos homens, e um laço para os pés dos insensatos.

Origem da idolatria

12 Porque o primeiro ensaio da formatura dos ídolos foi o princípio da fornicação: e o seu último descobrimento foi a corrupção da vida: 13 porque nem os havia do princípio, nem os há de haver para sempre. 14 Porquanto a vaidade dos homens foi a que os introduziu no mundo: e por isso em breve se tem de ver o seu fim.

15 Penetrado pois um pai de sensível mágoa fez a imagem de seu filho, que cedo lhe fora arrebatado: e àquele, que então havia falecido como homem, começa agora a adorar como a Deus, e lhe estabelece entre os seus servos cerimônias e sacrifícios. 16 Depois com o andar do tempo autorizando-se o mau costume, foi observado este erro como lei, e por mandado dos tiranos eram adorados os simulacros. 17 E quanto àqueles, a que os homens não podiam honrar em presença, por causa de se acharem longe, tendo feito trazer de remontada distância o seu retrato, fizeram manifesta a imagem do rei, a quem queriam honrar: para que chegassem com o seu empenho a reverenciar como se estivera presente aquele que estava ausnte. 18 Ora até aos que eram ignorantes foi levando ao culto deles a primorosa exação do artífice. 19 Porque desejando este encher as medidas ao que lançou mão dele, se esmerou com a sua arte para representar uma figura o melhor que fosse possível. 20 E o vulgo dos homens arrebatado da formosura da obra, tomou logo por Deus aquele que até ali fora honrado como homem. 21 E esta foi a ilusão da vida humana: porquanto os homens, ou por satisfazer ao seu particular afeto, ou por obsequiar aos reis, deram às pedras e ao pau um nome incomunicável.

Efeitos deploráveis: corrupção

22 E não tinha sido bastante aos homens terem eles errado acerca do conhecimento de Deus, mas ainda vivendo em grande guerra de ignorância, chamam paz a tantos e tão grandes males. 23 Porque ou sacrificando os seus próprios filhos, ou fazendo sacrifícios ocultos, ou celebrando vigílias cheios de fatuidade, 24 nem conservam já com pureza a sua vida, nem os seus matrimônios, mas um ao outro mata por inveja, ou o entristece adulterando: 25 e todos os crimes se acham de mistura, o sangue, o homicídio, o furto e o engano, a corrupção e a infidelidade, a turbação e o perjúrio, o tumulto dos bons, 26 o esquecimento de Deus, a contaminação das almas, a mudança do nascimento, a insconstância dos matrimônios, as desordens do adultério e da impudicícia. 27 Porque o culto dos ídolos abomináveis é a causa e o princípio e fim de todo o mal. 28 Porque ou fazem desatinos, enquanto se divertem: ou vaticinam por certo falsidades, ou vivem sem justiça, ou juram falso incontinenti. 29 Porque enquanto eles confiam nos ídolos, que não têm alma, esperam, fazendo tais perjúrios, não receber detrimento. 30 Porém sobre eles virá o merecido castigo de ambos estes crimes: porquanto sentiram mal de Deus, respeitando aos ídolos, e juraram injustamente, desprezando com dolo a justiça. 31 Porque não é o poder daqueles, por quem juraram, mas a pena dos que pecam, a que anda sempre no alcance da prevaricação dos injustos.

Benefícios da verdadeira religião

15 Mas tu, ó Deus nosso, és suave e verdadeiro, paciente e tudo governas com misericórdia. 2 Porquanto se pecarmos, não deixamos de ser teus, conhecendo a tua grandeza: e se nós não pecarmos, sabemos que tu nos contas no número daqueles que te pertencem. 3 Porque o conhecer-te é a consumada justiça: e o saber a tua justiça e o teu poder, é a raiz da imortalidade. 4 Pelo que não nos tem feito cair no erro a invenção da arte má dos homens, nem o sombreado duma pintura, trabalho sem fruto, nem uma efígie entalhada com várias cores, 5 cuja vista excita a concupiscência a um insensato, porque se afeiçoa ao fantasma duma imagem morta sem vida. 6 Aqueles que amam o mal, são dignos de por a sua esperança em semelhantes deuses, assim os que os fazem como os que os amam e os que os adoram.

Vaidade da idolatria

7 Também do mesmo modo um oleiro, apertando a terra mole, forma com o seu trabalho cada um dos vasos destinados para os nossos usos e do mesmo lodo faz vasos, que são para deles com asseio nos servirmos e outros igualmente que a estes são contrários: mas ele o

oleiro é o juiz que arbitra qual seja o uso que devem ter estes vasos. 8 E com vão trabalho forma um deus do mesmo lodo: aquele que pouco antes fora feito de terra e que dali a pouco se resolve naquilo mesmo de onde foi tomado, quando se lhe pedir o tributo da vida que ele tinha. 9 Mas todo este seu cuidado é, não por se haver de empregar no trabalho, nem porque a vida lhe é curta, mas porque se põe à competência com os artífices do ouro e da prata: e imita igualmente aos que trabalham em bronze e reputa ser esta a sua maior glória, por exprimir umas aparentes figuras. 10 Porque o seu coração é cinza e a sua esperança uma terra insubsistente e mais vil do que o lodo a sua vida: 11 porquanto não o conheceu ao que o formou e ao que lhe inspirou a alma, que obra e ao que pelo seu assopro infundiu nele o espírito de vida. 12 Mas até julgaram que a nossa vida era um divertimento e que a maneira de viver tinha sido destinada para o lucro e que importava por quaisquer meios ainda ilícitos adquirir cabedais. 13 Porque este, que forma de matéria de terra vasos quebradiços e simulacros, sabe que peca mais que todos.

Cultos egípcios

14 Porque os inimigos do teu povo e que o dominam, são todos insensatos e sobre toda a imaginação infelizes os soberbos: 15 porquanto eles reputaram por deuses a todos os ídolos das nações, os quais nem uso de olhos têm para ver, nem narizes para tomar a respiração, nem ouvidos para ouvir, nem dedos de mãos para palpar, e ainda seus pés são preguiçosos para andar: 16 porque um homem é quem os fez: e quem recebeu o espírito emprestado, esse os formou. Porquanto nenhum homem poderá fazer um deus semelhante a si. 17 Porque sendo mortal, forma com as suas mãos iníquas uma obra morta. Porquanto ele mesmo é melhor do que aqueles a quem adora, porque ele tem realmente vivido, sendo mortal, mas aqueles nunca. 18 Eles, porém, adoram até aos mais vis animais: porque as coisas insensíveis comparadas com estes, piores são do que eles. 19 Mas nem ainda pela vista pode qualquer ver daqueles animais alguma coisa boa. Eles porém fugiram do louvor de Deus: e da sua bênção.

Comparação entre israelitas e egípcios

16 Por amor destas coisas e por outras assim semelhantes merecidamente padeceram tormentos e foram exterminados por uma multidão de sevandijas. 2 Em lugar destas penas, trataste amigavelmente o teu povo, a quem deste a satisfação do apetite do seu gosto quanto a um novo sabor, aparelhando-lhe por iguaria crescidas codornizes: 3 para que estando aqueles por certo com vontade de comer, por causa das pragas, que se lhes mostraram e enviaram, ficassem com antojo até à comida necessária. Mas estes postos em necessidade por pouco tempo, gostaram um novo manjar. 4 Porque importava que sobreviesse uma ruína inevitável àqueles que exercitavam a tirania: e mostrar só a estes de que modo eram exterminados os seus inimigos.

5 Porque quando veio sobre eles a cruel ira dos animais, eram mortos pelas mordeduras de cobras astuciosas. 6 Porém a tua ira não durou para sempre, mas eles só por pouco tempo estiveram nesta turbação, para ela lhes servir de advertência, tendo um sinal de salvação para os fazeres lembrar dos mandamentos da tua lei. 7 Porque aquele que se voltava para o referido sinal, não era curado, porque o via, mas sim por ti que és o Salvador de todos os homens, 8 e nesta ocasião fizeste tu ver aos teus inimigos, que tu és o que livras de todo o mal.

9 Porquanto àqueles mataram as mordeduras dos gafanhotos, e das moscas, e não se achou saúde para a sua alma: porque eram dignos de serem assim exterminados. 10 Mas nem aos teus filhos venceram os dentes de dragões venenosos: porque sobrevindo a tua misericórdia os sarava. 11 Pois eram provados na memória dos teus preceitos, e logo ficavam salvos, para que não sucedesse que caindo eles num profundo esquecimento, não pudessem utilizar-se de teu ajutório. 12 Porquanto nem foi erva a que os sarou, nem algum lenitivo, mas sim a tua palavra, Senhor, que sara todas as coisas. 13 Porque tu, Senhor, és o que tens o poder da vida e da morte, e o que nos levas às portas da morte, e o que daí nos tiras. 14 E verdadeiramente pode um homem por malícia matar a outro, mas quando tiver saído o espírito não voltará nem fará tornar a alma que já foi recebida: 15 porém o escapar da tua mão é coisa impossível.

O fogo e o maná

16 Por isso dizendo os ímpios que te não conheciam, pela fortaleza do teu braço foram açoitados: tendo padecido perseguição por águas novas, e saraivas, e chuvas tempestuosas, e consumidos pelo fogo. 17 E o que nisto havia de admirável era que o fogo se ateava ainda mais na mesma água, que tudo extingue: porque o universo é vingador dos justos. 18 Pois em um tempo se amansava o fogo, para se não queimarem os animais, que ti-

nham sido enviados contra os ímpios: e isto
para que vendo eles uma tal maravilha, reco-
nhecessem que por um juízo de Deus é que
padeciam esta perseguição. 19 E noutro tem-
po ardia o fogo na água de todas as partes,
chegando a exceder o seu natural para acabar
de todo com as produções duma terra iníqua.

20 Em contraposição de tudo isto alimen-
taste o teu povo com o mantimento dos anjos,
e lhe deste pão vindo do céu, preparado sem
trabalho, que tinha em si toda a delícia, e a
suavidade de todo o sabor. 21 Porque este ali-
mento mostrava a doçura que tens para com
teus filhos: porque, acomodando-se à vontade
de cada um, ele se transmutava no que cada
um queria. 22 E a neve, e o gelo aturavam a
violência do fogo e não se derretiam: para que
soubessem que destruía os frutos dos inimigos
um fogo, que ardia no meio da saraiva e que
cintilava por entre a chuva. 23 Mas este fogo,
para que fossem sustentados os justos, como
que abandonou a sua própria força. 24 Porque
a criatura, servindo-te a ti seu Criador, se in-
flama para atormentar os injustos: e se torna
mais benigna para fazer bem a favor daqueles
que em ti confiam. 25 Por causa disto ela,
transformada de todas as formas, servia à tua
graça, que tudo sustenta, para satisfazer a
vontade daqueles que de ti a desejavam:
26 para que soubessem os teus filhos, a quem
amaste, Senhor, que não são os frutos, que a
terra produz, os que sustentam aos homens:
mas que a tua palavra é a que conserva aque-
les que em ti crerem.

27 Porque o que pelo fogo não podia ser
devorado, aquecido por um escasso raio do
sol imediatamente se desfazia: 28 para que a
todos fosse notório que importa prevenir o
nascer do sol para te bendizer, e que deve cada
um adorar-te logo ao raiar da manhã. 29 Por-
que a esperança do ingrato se derreterá como
o gelo do inverno, e se perderá como uma
água inútil.

Trevas no Egito

17 Grandes são pois, Senhor, os teus juízos,
e inefáveis as tuas palavras: por isso as
almas indisciplinadas se desgarraram. 2 Pois
enquanto os iníquos se persuadem que po-
diam dominar a uma santa nação ligados com
as prisões das trevas, e duma longa noite, en-
cerrados em suas casas, ficaram os fugitivos
da perpétua providência. 3 E quando eles cui-
dam estarem escondidos na obscuridade dos
seus pecados, foram dispersos com um véu te-
nebroso de esquecimento, horrendamente es-
pavoridos, e com assombro excessivo pertur-
bados. 4 Pois nem a cova, em que estavam, os
guardava sem temor: porquanto baixando so-
bre eles um certo estrondo os perturbava, e
aparecendo-lhes vários espectros medonhos de
pavor os combatiam. 5 E verdadeiramente ne-
nhuma atividade de fogo lhes podia dar luz,
nem as puras chamas das estrelas podiam es-
clarecer aquela horrorosa noite.

6 Mas de repente lhes aparecia fuzilando
um clarão de fogo, que infundia temor: e so-
bressaltados com o medo daquele objeto, que
mal se divisava, julgavam serem mais formi-
dáveis do que eram, as coisas que a seus olhos
se ofereciam. 7 Então é que todas as ilusões
da arte mágica ficaram com ludíbrio desacre-
ditadas, e a vanglória da sua sabedoria con-
vencida com ignomínia. 8 Porque os que pro-
metiam expelir os temores, e turbações da
alma desfalecida, esses eram os que estavam
ridiculamente lânguidos pelo espanto, que de
todo os ocupava. 9 Porquanto ainda que ne-
nhum dos espectros os turbava: assustados
com a passagem dos animais, e com os silvos
das serpentes, pereciam tremendo de medo: e
recusando ver o ar, que ninguém de modo al-
gum poderia evitar. 10 Porque sendo medro-
sa a maldade, ela dá testemunho da sua con-
denação: pois sempre uma consciência pertur-
bada presume coisas cruéis.

11 Pelo que o temor não é outra coisa mais
do que a turbação da alma que se crê desti-
tuída de todo o socorro. 12 E enquanto ela
dentro em si tem menos esperança de auxílio,
por mais formidável reputa aquela incógnita
causa, que a atormenta. 13 Aqueles pois que
numa noite verdadeiramente irresistível, e
vinda do mais baixo e profundo dos infernos,
dormiam um mesmo sono, 14 umas vezes
eram agitados pelo temor dos monstros, ou-
tras desmaiavam pelo desfalecimento do seu
espírito: porque os sobressaltava um repen-
tino e não esperado temor. 15 Depois disto se
algum deles tinha caído, ficava como preso em
um cárcere encerrado sem ferro. 16 Porque se
o que era camponês, ou pastor, ou que se
ocupava nos trabalhos do campo, tinha sido
apanhado, sofria uma necessidade inevitável.
17 Porque todos estavam ligados com uma
mesma cadeia de trevas. Ou fosse o vento
quando assoprava, ou o suave canto dos pas-
sarinhos entre os espessos ramos das árvores,
ou a violência da água correndo com ímpeto,
18 ou o grande ruído que faziam as pedras,
quando se precipitavam, ou a carreira dos
animais que retouçavam juntos, sem eles os
poderem ver, ou a forte vor das feras que bra-
mavam, ou o eco, que dos mais altos montes
retumbava: tudo isto lhes fazia ter mortais
delíquios de temor.

19 Porque todo o resto do mundo estava alumido com uma clara luz, e se ocupava nos seus trabalhos sem impedimento algum. 20 Mas sobre ele só estava posta uma carregada noite, imagem das trevas, que lhes havia de sobrevir. Por onde eles a si mesmos eram mais insuportáveis do que as próprias trevas.

Luz para o povo de Deus

18 Mas os teus santos tinham uma luz grandíssima, e ouviam a sua voz, porém não viam a sua figura. E porquanto eles não tinham padecido as mesmas coisas te engrandeciam: 2 e os que antes haviam sido maltratados, te davam as graças, porque já o não eram: e te pediam a mercê de que houvesse esta diferença. 3 Por isso tiveram por guia dum caminho, em que não eram práticos, uma coluna ardente de rofo, e lhes deste um sol sem dano de boa hospedagem. 4 Os outros eram por certo dignos de serem privados da luz, e de padecer um cárcere de trevas, pois tinham em prisões encerrados a teus filhos por meio dos quais se começava a dar ao mundo a luz incorruptível da tua lei.

Morte dos primogênitos egípcios

5 Quando eles entraram em pensamento de tirar a vida aos infantes dos justos: e exposto um filho, e libertado para castigo deles, tu lhes tiraste grande multidão de filhos, e juntos os destruíste no abismo das águas. 6 Porque aquela noite foi antes conhecida por nossos pais, para que sabendo eles com verdade a que juramentos deram crédito, ficassem os seus ânimos mais tranqüilos. 7 E foi na verdade alcançada pelo teu povo a conservação dos justos, e o extermínio dos injustos. 8 Porque assim como tu castigaste os nossos adversários: assim também, unindo-nos a ti, nos engrandeceste.

9 Porque os justos, filhos dos bons, te ofereciam em oculto sacrifício, e estabeleceram de comum acordo esta lei de justiça: Que os justos receberiam igualmente assim os bens, como os males cantando já os louvores de seus pais. 10 Mas ao mesmo tempo se estavam ouvindo as confusas vozes dos seus inimigos, e os lamentáveis prantos dos que choravam a morte dos infantes. 11 E com a mesma pena foi afligido o servo e o senhor, e o homem plebeu padeceu o mesmo que o rei. 12 Todos pois tinham do mesmo modo inumeráveis mortos com um só gênero de morte. Porque nem os vivos bastavam para os enterrar: porquanto em um momento foi exterminada a prole, que das suas famílias era a mais esclarecida.

13 Porque os que eram de todo o ponto incrédulos por causa dos encantos, logo que sucedeu o extermínio dos primogênitos, confessaram que aquele era o povo de Deus. 14 Porque quando tudo repousava num profundo silêncio, e a noite estava no meio do seu curso, 15 a tua palavra toda-poderosa baixando lá do céu desde os teus reais assentos, de improviso saltou no meio da terra do extermínio, como um inexorável conquistador, 16 tendo uma aguda espada, que levava o teu irrevogável decreto, e que, pondo-se diante deles, tudo encheu de mortes, e estando em pé sobre a terra chegava a tocar no céu. 17 Então os turbaram imediatamente visões de horríveis sonhos, e vieram sobre eles temores não esperados. 18 E um lançado de uma parte meio morto, outro da outra, mostravam a causa da morte, de que morriam. 19 Porque as visões, que os turbaram, lhes advertiam isto antes, por não suceder morrerem sem saber a causa dos males que padeciam.

Flagelo passageiro para os israelitas

20 É verdade que também tocou aos justos uma prova da morte, e que no deserto houve um levantamento da multidão: mas não durou muito tempo a tua ira, 21 porque apressando-se um homem irrepreensível a interceder pelo povo, lançando mão do escudo do seu ministério, presentando rogos e deprecações com o incenso, atalhou os progressos da ira, e pôs fim àquela necessidade, mostrando que é teu servo. 22 E não venceu as turbações com a força do corpo, nem com o poder das armas, mas sim com a sua palavra sujeitou aquele que a si mesmo se maltratava, representando-lhe os juramentos, e a aliança de seus pais. 23 Porque tendo caído já mortos a montões um sobre outros, ele se meteu de permeio, e rebateu o ímpeto, e separou aquele caminho que ia ter aos vivos.

24 Porque na vestidura talar, que tinha, estava todo o orbe da terra: e as grandezas dos padres se achavam esculpidas nas quatro ordens de pedras, e a tua soberania estava gravada no diadema de sua cabeça. 25 A estas coisas pois cedeu o exterminador, e temeu-as: porque bastava ter-se-lhes feito sentir esta prova da tua ira.

Passagem do Mar Vermelho

19 Mas sobre os ímpios até ao fim veio a ira de Deus sem misericórdia. Porque ele também sabia de antemão o que lhes tinha de acontecer: 2 porquanto eles mesmos, tendo permitido aos israelitas que se fossem, havendo-os já despedido com grande pressa, levados do arrependimento disto iam em seu alcance. 3 Pois quando eles tinham ainda entre

mãos o pranto, e estavam chorando junto aos
sepulcros dos mortos, para sua ruína tomaram
outro desígnio de ignorância: e aos que tinham
expulsado com rogos, perseguiam depois como
a fugitivos: 4 porque os levava a este fim uma
necessidade de que eles eram dignos: e perdiam
a lembrança do que lhes tinha acontecido, para
que os castigo enchesse o que faltava aos seus
tormentos: 5 e para que ao mesmo tempo ti-
vesse o teu povo um miraculoso trânsito, e eles
achassem um novo gênero de morte.

6 Porque todas as tuas criaturas tomavam
como no princípio cada uma no seu gênero
uma nova forma, obedecendo aos teus man-
dados, a fim de que os teus servos se conser-
vassem ilesos. 7 Porque uma nuvem fazia som-
bra ao seu arraial, e onde antes havia água
apareceu terra seca, e no Mar Vermelho uma
passagem sem embaraço, e um campo viçoso
no seu profundo abismo: 8 pelo qual passou
toda a nação hebréia, que era protegida da tua
mão, vendo as tuas maravilhas e os teus pro-
dígios. 9 Porque à maneira de cavalos que têm
bom pasto, eles tomaram a sua refeição, e co-
mo cordeiros saltaram de prazer, engrande-
cendo-te a ti, Senhor, que os livraste. 10 Por-
que estavam ainda lembrados daquelas coisas,
que aconteceram no tempo da sua vivenda em
terra estranha, como em vez de geração de
animais produziu a terra moscas, e em lugar
de peixes desentranhou o rio multidão de rãs.
11 E ultimamente viram uma nova casta de
aves, quando levados da apetência pediram
manjares para seu desfastio.

12 Porque para despacho da súplica do seu
desejo, lhes vieram da banda do mar crescidas
codornizes:

Castigo dos sodomitas

Mas sobre os pecadores ao contrário des-
carregaram vexações, não sem aqueles avisos,
que antecipadamente lhes tinham sido feitos
pela violência dos raios: pois justamente pa-
deciam segundo as suas maldades.

13 Porquanto eles usaram de uma inospi-
talidade a mais detestável: pois uns não da-
vam agasalho àqueles estrangeiros desconhe-
cidos, e outros a uns bons hóspedes reduziam
à escravidão. 14 E não só foram por isto cas-
tigados, mas ainda havia outro diverso motivo
para eles o serem: que era, o tratarem com
desumanidade e a uns estranhos. 15 Mas aque-
les que receberam com alegria os que tinham
já vivido com eles debaixo das mesmas leis,
foram os que os afligiram com mui cruéis tra-
balhos. 16 E foram feridos de cegueira: como
aqueles à porta do justo, quando, tendo sido
repentinamente cobertos de trevas, buscava
cada um a entrada da sua porta. 17 Porque
tudo isto sucede enquanto os elementos se
convertem uns em outros, do mesmo modo
que num instrumento músico se muda a qua-
lidade do som, e tudo guarda a sua harmonia:
do que se pode fazer ao certo um conceito
pelo mesmo sucesso que então se viu.

Louvor a Deus onipotente e Salvador

18 Porque os animais terrestres pareciam
mudados em aquáticos: e os que nadavam nas
águas, se passavam para a terra. 19 O fogo,
excedendo a sua virtude, se ateava no meio da
água, e esta se esquecia da natureza que tem
de o apagar. 20 As chamas pelo contrário não
ofenderam as carnes dos animais corruptíveis
que andavam entre elas, nem dissolviam aque-
le delicioso manjar, que se desfazia facilmente
como o gelo. Porque em todas as coisas en-
grandeceste, Senhor, ao teu povo, e o honras-
te, e não o desprezaste, assistindo-lhe em todo
o tempo, e em todo o lugar.

ECLESIÁSTICO

PRÓLOGO

Pela lei, e pelos profetas, e por outros que os seguiram, nos têm sido mostrados como sábia instrução muitas e grandes coisas: nas quais merecidamente convém louvar a Israel pela sua doutrina e sabedoria: porquanto não só deviam ser iluminados os mesmos que fizeram estes discursos, mas ainda por seu meio podem os estrangeiros fazer-se muito hábeis tanto para falar, como para escrever. Deste modo é que Jesus meu avô, depois de se ter aplicado com mais alguma diligência à lição da lei e dos profetas, e à dos outros livros, que de mão em mão nos foram entregues por nossos pais: quis também ele mesmo escrever alguma coisa das que pertencem à doutrina e à sabedoria: para que os que desejam aprendê-las, não só, depois de se acharem instruídos nelas, cada vez mais se apliquem à consideração do que devem obrar: mas também se firmem num modo de viver segundo a lei. Eu pois vos exorto a que chegueis com benévola disposição, e a que vos ponhais a ler este livro com um atento cuidado, e a que nos perdoeis naqueles lugares em que segundo a imagem da sabedoria parece que desfalecemos na contextura das palavras. Porque os termos hebreus perdem a sua energia, uma vez que forem vertidos noutra língua. E não só isto aqui sucede, mas ainda a lei, e os profetas, e as palavras dos outros livros, não têm pequena diferença, quando se exprimem na própria língua. No ano pois trinta e oito, em tempo do rei Ptolomeu Evergeto, depois que cheguei ao Egito, e tendo-me lá detido por muito tempo, achei ali uns livros que se tinham deixados, cheios de não pequena, nem desprezível doutrina. Assim que também eu julguei que era bom e necessário concorrer da minha parte com alguma diligência e trabalho para traduzir este livro: e naquele espaço de tempo com muito desvelo empreguei o meu estudo em pôr os meios conducentes para chegar ao fim de poder já divulgar a presente versão, e oferecê-la assim concluída também àqueles que querem vigiar sobre si, e aprender o modo com que devem regular os seus costumes, os que se tiverem proposto viver segundo a lei do Senhor.

I. NATUREZA DA SABEDORIA

Toda a sabedoria vem de Deus

1 Toda a sabedoria vem do Senhor Deus, e
com Ele esteve sempre, e está antes de to-
dos os séculos.
2 Quem contou a areia do mar e as gotas
da chuva, e os dias do século? Quem mediu a
altura do céu, e a largura da terra, e a pro-
fundidade do abismo?
3 Quem penetrou a sabedoria de Deus, a
qual precede todas as coisas?
4 A sabedoria foi criada primeiro que todas
as coisas, e o entendimento da prudência é
desde o princípio.
5 A fonte da sabedoria é o Verbo de Deus
nos céus, e a sua entrada são os mandamentos
eternos.
6 A quem foi descoberta a raiz da sabedo-
ria, e quem conheceu as suas astúcias?
7 A quem foi revelada e manifestada a dis-
ciplina da sabedoria? E quem compreendeu a
multiplicidade dos seus passos?
8 Um só, que é o altíssimo Criador onipo-
tente, e rei poderoso: e muito para ser temido,
que está assentado sobre o seu trono, e Deus
que domina.

O temor de Deus leva à Sabedoria

9 Ele mesmo é o que a criou no Espírito
Santo, e o que a viu, e o que a contou e o
que a mediu.

10 Ele a difundiu por todas as suas obras,
e por toda a carne, segundo a repartição que
fez dela, e Ele a deu aos que a amam.
11 O temor do Senhor é a glória, e o mo-
tivo de cada um se gloriar, e a alegria, e uma
coroa de regozijo.
12 O temor do Senhor deleitará o coração,
e dará alegria, e gosto, e longura de dias.
13 Aquele que teme ao Senhor será feliz no
fim e será abençoado no dia da sua morte.
14 O amor de Deus é uma sabedoria digna
de ser honrada.
15 E aqueles a quem ela se descobrir em
visão, amam-na logo que a vêem, e que reco-
nhecem as suas grandezas.
16 O temor do Senhor é o princípio da sa-
bedoria, e ele foi criado com os homens fiéis
desde o ventre de sua mãe; ele anda com as
mulheres escolhidas, e ele se dá a conhecer
nos justos e nos fiéis.
17 O temor do Senhor é a santificação da
ciência.
18 Esta santificação guardará e justificará
o coração, ela lhe dará prazer e gosto.

O momento do sábio

19 O que teme ao Senhor será ditoso, e
nos dias da sua consumação será abençoado.
20 O temor a Deus é plenitude da sabedo-
ria, é o que enche dos seus frutos aos que a
possuem.
21 O mesmo temor encherá toda a sua casa
dos bens que produz, e os seus celeiros dos
seus tesouros.
22 O temor do Senhor é a coroa da sabe-
doria, que enche de paz, e de fruto de sal-
vação: 23 e ele a viu, e a contou: e uma e ou-
tra coisa é dom de Deus.
24 A sabedoria repartirá a ciência, e a luz
da prudência: e ela exalta a glória dos que
lhes estão unidos.
25 A raiz da sabedoria é temer ao Senhor e
os seus ramos são de muita dura.
26 Nos tesouros da sabedoria acham-se a
inteligência e a ciência religiosa: mas para os
pecadores é a sabedoria uma coisa execrável.
27 O temor do Senhor lança fora o pecado:
28 Porque aquele que está sem temor, não
poderá ser justificado: porque o agastamento
da própria animosidade é a sua ruína.
29 O homem paciente sofrerá até o tempo
destinado, e depois tornar-se-lhe-á a dar a
alegria.
30 O homem de bom senso reterá em si
mesmo as suas palavras até um certo tempo,
e os lábios de muitos publicarão a sua pru-
dência.
31 As regras do bom comportamento estão
encerradas nos tesouros da sabedoria: 32 mas
para o pecador será o culto de Deus uma exe-
cração.
33 Filho, desejando tu com ardor a sabe-
doria, conserva a justiça, e Deus ta dará.
34 Porque o temor do Senhor é a sabedo-
ria, e a disciplina: e o que lhe agrada 35 é a
fé, e a mansidão, e ele encherá os tesouros
daqueles em que elas se acham.

Sinceridade

36 Não sejas incrédulo ao temor do Senhor:
e não te chegues a ele com um coração do-
bre.
37 Não sejas hipócrita diante dos homens,
e não te sejam os teus lábios motivo de
cair.
38 Tem sentido no que eles proferem para
que talvez não caias, e não tragas desonra à
tua alma, 39 e descubra Deus os teus segre-
dos, e no meio da assembléia te destrua:
40 Porque te chegaste ao Senhor com dis-
posição maligna, e o teu coração está cheio
de dolo e de engano.

Os primeiros passos

2 Meu filho, quando entrares no serviço de
Deus, tem-te firme na justiça, e no temor,
e prepara a tua alma para a tentação.
2 Humilha o teu coração, e sofre: inclina o
teu ouvido, e recebe as palavras de entendi-
mento: e não te apresses no tempo da es-
curidade.
3 Sofre as tardanças de Deus: conserva-te
unido a Deus, e espera, para que a tua vida
no fim se te prolongue.
4 Aceita de boamente tudo o que te suce-
der: e tem sofrimento na tua dor, e ao tempo
da humilhação tem paciência: 5 porque no
fogo se prova o ouro e a prata, e os homens
que Deus quer receber na fornalha da humi-
lhação. 6 Crê em Deus, e Ele te tirará de to-
dos estes males: e endireita o teu caminho, e
espera nele. Guarda o seu temor, e envelhece
nele.

Confiança em Deus

7 Vós os que temeis ao Senhor, esperai pela
sua misericórdia: e não vos desvieis dele, pa-
ra que vos não suceda cairdes.
8 Vós os que temeis ao Senhor, crede-o: e
não vos faltará a vossa recompensa.
9 Vós os que temeis ao Senhor, esperai nele:
e para vossa consolação virá sobre vós a sua
misericórdia.

10 Vós os que temeis ao Senhor, amai-o, e
os vossos corações serão alumiados.
11 Olhai, filhos, para quantos homens têm
havido nas nações: e sabei que nenhum espe-
rou no Senhor, que fosse confundido.

A coragem

12 Pois que homem permaneceu até agora
em seus mandamentos, e foi desamparado?
ou quem o invocou, e foi dele desprezado?
13 Porque Deus é pio, e misericordioso, e
Ele perdoará os pecados no dia da tribulação:
pois é o protetor de todos os que o buscam
em verdade.
14 Ai do coração dobre, e dos lábios cor-
rompidos, e das mãos que obram mal, e do
pecador que anda sobre a terra por dois ca-
minhos!
15 Ai dos dissolutos de coração, que não
se fiam de Deus: e que por isso não serão dele
protegidos!
16 Ai dos que perderam o sofrimento, e que
deixaram os caminhos retos, e se extraviaram
pelas veredas corrompidas!
17 E que farão eles, quando o Senhor co-
meçar a examinar todas as coisas?
18 Os que temem ao Senhor, não serão in-
crédulos à sua palavra: e os que o amam con-
servarão o seu caminho.
19 Os que temem ao Senhor, inquirirão o
que lhe é agradável: e os que o amam serão
cheios da sua lei.
20 Os que temem ao Senhor, prepararão os
seus corações, e santificarão as suas almas na
sua presença.
21 Os que temem ao Senhor, guardarão os
seus mandamentos, e terão paciência até que
Ele lance os olhos sobre eles, 22 dizendo: Se
nós não fizermos penitência, cairemos nas
mãos do Senhor, e não nas mãos dos homens.
23 Porque segundo é elevada a sua grande-
za, assim também com ele está a sua mise-
ricórdia.

Obrigações dos filhos

3 Os filhos da Sabedoria são uma congre-
gação de justos: e a nação deles toda é
obediência e amor.
2 Ouvi, filhos, os avisos do vosso pai, e se-
gui-os de sorte que sejais salvos.
3 Porque Deus honrou ao pai nos filhos: e
punidos pela autoridade da mãe sobre eles
mesmos a firmou.
4 O que ama a Deus alcançará pelas suas
orações o perdão de seus pecados, e se abs-
terá de tornar a cair neles, e será atendido
na oração de todos os dias.
5 E assim como obra o que ajunta um te-
souro, assim também se porta o que honra a
sua mãe.
6 O que honra a seu pai, achará a sua ale-
gria nos seus filhos, e será atendido no dia
da sua oração.
7 O que honra a seu pai, viverá uma vida
mais dilatada: e o que lhe obedece, dará re-
frigério a sua mãe.
8 O que teme ao Senhor honra a seus pais,
e servirá, como a seus senhores, aos que o
geraram.
9 Honra a teu pai em ações, e em palavras,
e em toda a sorte de paciência, 10 para que
venha sobre ti a benção lançada por ele, e
esta sua bênção permaneça contigo até ao
fim.
11 A bênção do pai fortifica as casas dos
filhos: e a maldição da mãe as destrói pelos
alicerces.
12 Não te glories na contumélia de teu pai:
porque não é glória para ti a sua confusão:
13 pois a glória do homem provém da honra
de seu pai, e o desdoiro do filho é um pai sem
honra.
14 Filho, ampara a velhice de teu pai, e não
lhe dês pesares em sua vida: 15 e se lhe fo-
rem faltando as forças, suporta-o, e não o des-
prezes por poderes mais do que ele: porque a
caridade que tu tiveres usado com teu pai, não
ficará posta em esquecimento.
16 Pois já quanto às faltas de tua mãe, pe-
las que tu lhe tiveres sofrido te será dada a
recompensa, 17 e no esteio desta justiça te
será edificada a tua casa, e no dia da tribula-
ção haverá lembrança de ti: e os teus pecados
se desfarão como o gelo num dia sereno.
18 Quão infame é o que desampara a seu
pai: e quão amaldiçoado é de Deus o que exas-
pera a sua mãe. 19 Filho, leva ao cabo as tuas
obras com mansidão, e conciliar-te-ás não só
a estima, senão também o amor dos homens.
20 Quanto maior és, humilha-te em todas as
coisas, e acharás graça diante de Deus: 21 por-
que só o poder de Deus é grande, e Ele é
honrado pelos humildes.
22 Não procures saber coisas mais dificul-
tosas do que as que cabem na tua capacidade,
e não especules as que são sobre as tuas for-
ças intelectuais, mas cuida sempre naquelas
em que Deus te mandou cuidar, e em muitas
das suas obras não sejas curioso.
23 Porque te não é necessário ver com os
teus olhos o que está escondido.
24 Não te apliques a esquadrinhar com
muita atenção coisas escusadas, e não exami-
nes com curiosidade as diversas obras de
Deus.

25 Porque muitas coisas em grande número
te têm sido patenteadas, que excedem o enten-
dimento dos homens.
26 Também a muitos enganou a sua sus-
peita, e na vaidade entreteve ela os seus sen-
tidos.
27 O coração duro será oprimido de males
no fim da vida: e o que ama o perigo perecerá
nele.
28 O coração que anda por dois caminhos
não será bem sucedido, e o depravado de co-
ração neles achará o seu tropeço.
29 O coração rebelde será oprimido de do-
res, e o pecador ajuntará pecados sobre pe-
cados.
30 A assembléia dos soberbos não terá cura:
porque o tronco do pecado se arraigará neles,
e não se conhecerá.
31 O coração do sábio se descobre na sabe-
doria, e o bom ouvido com toda a cobiça ou-
virá a sabedoria.
32 O coração sábio e inteligente abster-se-á
dos pecados, e será bem sucedido nas obras
de justiça.
33 A água apaga o fogo ardente, e a esmola
resiste aos pecados: 34 e Deus é o que põe os
olhos naquele que faz mais bem: lembra-se
dele para o futuro, e no tempo da sua queda
achará arrimo.

Piedade para com os infelizes

4 Filho, não defraudes a esmola do pobre,
e não apartes dele os teus olhos.
2 Não desprezes a alma esfaimada: e não
exasperes ao pobre na sua necessidade.
3 Não aflijas o coração do pobre, e não de-
firas dar ao que está em angústia.
4 Não rejeites a petição do atribulado: e
não voltes a tua cara ao pobre.
5 Não apartes os teus olhos do necessitado
por causa da ira: e não dês ocasião aos que te
pedem de te amaldiçoar por detrás: 6 porque
será atendida a deprecação do que te amaldi-
çoa na amargura da sua alma: e atendê-lo-á
aquele que o criou.
7 Faze-te afável ao ajuntamento dos pobres,
humilha a tua alma diante dos anciãos, e abai-
xa a tua cabeça diante dos grandes.
8 Aplica o teu ouvido ao pobre sem ar tris-
tonho, e paga-lhe a tua dívida, e responde-lhe
pacificamente com brandura.
9 Livra da mão do soberbo ao que padece
injúria: e não leves isto com amargura em tua
alma.
10 No julgar sê piedoso para com os ór-
fãos como pai, e faze as vezes de marido para
com a mãe deles: 11 e serás tu como um filho
obediente do Altíssimo, e Ele se compadecerá
de ti, mais do que uma mãe.

II. VANTAGENS DA SABEDORIA: PRUDÊNCIA E AMIZADE

Amor à Sabedoria

12 A sabedoria inspira vida a seus filhos, e
toma debaixo da sua proteção aos que a bus-
cam, e irá diante deles no caminho da justi-
ça: 13 e o que a ama, ama a vida: e os que
velarem para a achar, gozarão do seu pra-
zer.
14 Aqueles que a possuírem, terão a vida
por herança: e onde ela entrar, Deus aben-
çoará tudo.
15 Os que a servem, serão obedientes ao
santo: e Deus ama aos que a amam.
16 Aquele que a ouve, julgará as nações:
e o que olha para ela permanecerá seguro.
17 Se ele tiver confiança nela, herdá-la-á, e
ficarão seus filhos confirmados.
18 Porque ela na tentação anda com ele, e
o escolhe entre os primeiros.
19 Ela induzirá sobre ele o temor, e o me-
do, e a tentativa: e o exercitará nas penas, de
que as suas instruções andam acompanhadas,
até que o prove em seus pensamentos, e se fie
da sua alma.
20 E ela o porá firme, e se encaminhará di-
reitamente a ele, e o encherá de alegria, 21 e
lhe descobrirá os seus segredos, e meterá nele
um tesouro de ciência, e de inteligência da
justiça.
22 Porém se ele se extraviar, ela o deixará
e o entregará nas mãos do seu inimigo.

Prudência e justiça

23 Filho, aproveita o tempo, e guarda-te do
mal.
24 Não te envergonhes de dizer a verdade,
quando se trata da tua alma.
25 Porque há uma confusão que faz cair no
pecado, e há outra que traz consigo glória e
graça.
26 Não faças acepção de pessoas contra a
tua salvação, nem te deixes levar para a men-
tira à custa da tua alma.
27 Não respeites o teu próximo na sua que-
da: 28 e não retenhas a palavra quando ela
pode ser saudável. Não escondas a tua sabe-
doria na sua beleza.

29 Porque a sabedoria dá-se a conhecer pela
língua: e o bom senso, e a ciência, e a dou-
trina mostram-se na palavra do homem cor-
dato, e a sua firmeza consiste nas obras de
justiça.
30 Não contradigas de modo algum a pala-
vra da verdade, e confunde-te da mentira em
que tenhas caído por ignorância.
31 Não te envergonhes de confessar os teus
pecados, mas não te sujeites a todo o homem
para lhos descobrir.
32 Não resistas cara a cara ao homem po-
deroso, e não forcejes contra a corrente do
rio.
33 Toma a defensa da justiça para salvares
a tua alma, e peleja até à morte pela justiça,
e Deus pondo-se da tua parte derrotará os
teus inimigos.
34 Não sejas precipitado na tua língua: e
ao mesmo tempo inútil, e remisso nas tuas
obras.
35 Não sejas como o leão na tua casa, fa-
zendo-te terrível aos teus domésticos, e opri-
mindo aos que te estão sujeitos.
36 A tua mão não esteja aberta para rece-
ber, e fechada para dar.

Falsa segurança

5 Não te fies nas riquezas iníquas, e não di-
gas: Eu tenho bastante de que viver: por-
que de nada te aproveitará isto no dia da vin-
gança e da escuridade.
2 Não te deixes ir na tua fortaleza após os
maus desejos do teu coração:
3 E não digas: Que poder não tem sido o
meu? Ou quem poderá sujeitar-me a dar-lhe
contas das minhas ações? Porque Deus cer-
tamente se vingará delas.
4 Não digas: Eu pequei, e que mal me veio
daí? Porque o Altíssimo ainda que sofrido é
justiceiro.
5 Não estejas sem temor da ofensa que te
foi remetida, e não ajuntes pecados sobre pe-
cados.
6 E não digas: A misericórdia do Senhor é
grande, Ele se compadecerá da multidão de
meus pecados.
7 Porque a misericórdia e a ira estão na
sua essência muito perto uma da outra, e Ele
olha para os pecadores na sua ira.
8 Não tardes em te converter ao Senhor, e
não o defiras de dia em dia: 9 porque virá de
improviso a sua ira, e no tempo da vingança
te perderá.
10 Não te embaraces pelas riquezas injus-
tas: porque elas te não aproveitarão no dia
da escuridade e da vingança.

Moderação da língua

11 Não te voltes a todo o vento, e não andes
por todos os caminhos: porque assim é que
todo o pecador se dá a conhecer pela duplici-
dade da sua língua.
12 Sê firme no caminho do Senhor, e na
verdade dos teus sentimentos, e na tua ciên-
cia, e a palavra da paz e da justiça te acom-
panhe sempre.
13 Sê manso para ouvir a palavra de modo
que a entendas: e profiras com sabedoria uma
resposta verdadeira.
14 Se tens inteligência, responde ao teu pró-
ximo: e se não, põe a tua mão sobre a tua
boca, para que te não suceda seres apanhado
numa palavra indiscreta, e caíres em con-
fusão.
15 A honra e a glória acompanham os dis-
cursos do homem sensato, mas a língua do
imprudente é a sua ruína.
16 Foge de passares por mexeriqueiro, e não
te venha a tua língua a ser um laço, e um
motivo de confusão.
17 Porque sobre o ladrão está a confusão
e o arrependimento, mas sobre o que fala por
língua dobre, cai uma nota péssima de infâmia:
e o mexeriqueiro adquire ódio, e inimizade, e
afronta.
18 Faze igualmente justiça aos pequenos, e
aos grandes.

6 Não te faças de amigo inimigo do teu
próximo: porque o mau terá por sorte o
inpropério e a contumélia, como todo o peca-
dor invejoso, e de duas línguas.
2 Não te eleves como um touro no pensa-
mento do teu coração: por não suceder que
fique a tua força enervada pela tua estulícia,
3 e quê ela consuma as tuas folhas, e perca
os teus frutos, e que tu venhas a ficar como
uma árvore seca no deserto.
4 Porque a alma maligna perderá ao que a
tem, e o faz ser o gosto dos seus inimigos, e
o conduzirá à sorte dos ímpios.

A verdadeira amizade

5 A palavra doce multiplica os amigos, e
mitiga os inimigos: e a língua discreta no
homem bom produz abudantes frutos.
6 Sejam muitos os amigos, com quem tu
vivas em paz, e seja teu conselheiro um dentre
mil.
7 Se queres ter um amigo, toma-o depois
de o teres provado, e não te fies logo dele.
8 Porque tal amigo há que o não é, senão
enquanto nisso acha a sua conveniência, e ele
deixará de o ser no dia da tribulação.

9 E tal amigo há que se muda em inimigo: e tal amigo há que descobrirá o seu ódio e as suas rixas e injúrias.

10 E tal amigo há que só o é para a mesa, e que o não será no dia da tribulação.

11 Se o teu amigo perseverar firme, será
para ti como um igual: e nas tuas coisas
domésticas obrará com confiança: 12 se ele
se humilhar diante de ti, e se esconder da tua
presença, terás uma amizade boa e sincera.

13 Separa-te dos teus inimigos, e está alerta com os teus amigos.

14 O amigo fiel é uma forte proteção: e quem o achou, achou um tesouro.

15 Nada se pode comparar com um amigo fiel, e o ouro e a prata não merecem ser postos em balança com a sinceridade da sua fé.

16 O amigo fiel é um medicamento de vida, e de imortalidade: e os que temem o Senhor, acharão um tal amigo.

17 O que teme a Deus terá igualmente boa amizade: porque a ele será conforme o seu amigo.

III. VANTAGENS DA SABEDORIA: REGRAS DE CONDUTA – CONFIANÇA EM DEUS

Para aprender a sabedoria

18 Filho, desde a tua mocidade procura ser instruído e adquirirás uma sabedoria que te dure até à velhice.

19 Chega-te à sabedoria, como o que lavra,
e semeia, e espera em paz pelos seus excelen-
tes frutos: 20 porque na sua aquisição traba-
lharás pouco, mas depressa comerás dos seus
frutos. 21 Quão excessivamente áspera é a sa-
bedoria para as pessoas indisciplinadas, e não
permanecerá nela o insensato.

22 Ela será a seu respeito como as pedras de grande peso, que servem para provar a força dos homens, e não tardarão em se descarregarem delas.

23 Porque a sabedoria, que faz o homem inteligente, é segundo o nome que tem, e ela não é descoberta a muitos: mas naqueles a quem é descoberta, dura firme até os levar à presença de Deus.

24 Ouve, filho, e toma um conselho de entendimento, e não rejeites o meu conselho.

25 Mete os teus pés nos seus grilhões, e o teu pescoço nas suas cadeias:

26 Submete o teu ombro, e leva-a às costas, e não te enojes com as suas prisões.

27 Chega-te para ela de todo o teu coração, e guarda os seus caminhos com todas as tuas forças.

28 Busca-a pelo rasto, e ela te será manifesta, e tendo-te já abraçado com ela, não a deixes:

29 Porque nela acharás tu no fim do teu descanso, e ela se converterá para ti em gosto.

30 E os seus ferros serão para ti uma pro-
teção eficaz, e um firme apoio, e as suas ca-
deias uma estola de glória: 31 porque nela
está a beleza da vida, e os seus vínculos são
uma ligadura saudável.

32 Tu te vestirás dela como duma estola de glória, e a porás sobre ti como uma coroa de júbilo.

33 Filho, se tu me deres atenção, aprenderás: e se aplicares o teu espírito, serás sábio.

34 Se aplicares o teu ouvido, receberás doutrina: e se fores amigo de ouvir, serás sábio.

35 Acha-te na assembléia dos velhos sábios, e une-te de coração à sua sabedoria, a fim de poderes ouvir o que eles te disserem de Deus, e não te escapem os provérbios de louvor.

36 E se vires um homem sensato, madruga para ir ter com ele, e gastem os teus pés os degraus da sua porta.

37 Tem todo o teu pensamento nos preceitos de Deus, e sê muito assíduo nos seus mandamentos: e ele mesmo te dará coração, e te será dado o desejo da sabedoria.

Para evitar a presunção

7 Não faças mal, e o mal te não aprenderá.
2 Retira-te do iníquo, e os males se apar-
tarão de ti.

3 Filho, não semeies males nas veredas da injustiça, e não os segarás sete vezes em dobro.

4 Não peças ao Senhor que te dê o cargo de conduzir outros, nem ao rei, que te dê uma cadeira de honra.

5 Não te justifiques diante de Deus, porque Ele é quem conhece o fundo do coração: e não afetes parecer sábio diante do rei.

6 Não pretendas ser juiz, se não tens valor para romperes com esforço por entre as iniqüidades: para que não temas acaso a face do poderoso, e ponhas tropeço na tua eqüidade.

7 Não peques contra a multidão de uma
cidade, nem te metas entre a chusma do povo,
8 nem apertes duas vezes o nó do pecado:
porque nem ainda num só que tu cometas,
ficarás impunido.

9 Não sejas pusilânime no teu ânimo: 10 não
desprezes fazer oração, e dar esmola.
11 Não digas: Deus porá os olhos na mul-
tidão das minhas dádivas, e oferecendo-as eu
ao Deus altíssimo, Ele receberá as minhas
ofertas.
12 Não escarneças do homem posto na amar-
gura da sua alma: porque Deus, que tudo vê,
é quem humilha e exalta.
13 Não lavres a mentira contra teu irmão:
nem tampouco faças o mesmo contra o teu
amigo.
14 Não queiras mentir toda a mentira: por-
que a continuação dela não é boa.
15 Não sejas verboso na assembléia dos
anciãos, e não repitas a palavra na tua ro-
gativa.
16 Não aborreças as obras laboriosas, nem
o trabalho de cultivar o campo que foi criado
pelo Altíssimo.
17 Não te numeres entre a turba das pes-
soas indisciplinadas.
18 Lembra-te da ira, porque não tardará.
19 Humilha profundamente o teu espírito:
porque a vingança da carne do ímpio, será o
fogo e o bicho.

Bondade e atenção

20 Não quebres a fé que deves ao teu amigo
que difere dar-te o dinheiro, nem desprezes
pelo ouro a teu irmão muito amado.
21 Não te apartes da mulher sisuda e vir-
tuosa, que te coube por sorte no temor do
Senhor: porque a graça da sua modéstia é
mais preciosa do que o ouro.
22 Não trates mal ao servo que trabalha
com fidelidade, nem ao mercenário que todo
se dá a te servir.
23 O servo sensato seja querido de ti como
a tua alma, não lhe negues a liberdade que
ele merece, e não o deixes cair em pobreza.
24 Tens gados? cuida deles: e se eles te são
úteis fiquem sempre contigo.
25 Tens filhos? ensina-os bem, e acostu-
ma-os à sujeição desde a sua meninice.
26 Tens filhas? conserva a pureza dos seus
corpos, e não mostres para elas o teu rosto
risonho.
27 Casa a tua filha, e terás feito um grande
negócio, e dá-a a um homem de bom senso.
28 Se tens mulher que seja segundo o teu
coração, não a largues. E não te entregues à
que é odiosa. De todo o teu coração, 29 honra
a teu pai, e não te esqueças dos gemidos de
tua mãe.
30 Lembra-te que não terias nascido se não
fora a sua intervenção: e faze por eles em
recompensa aquilo mesmo que eles fizeram
por ti.

Respeito para com Deus

31 Teme ao Senhor com toda a tua alma,
e venera aos seus sacerdotes.
32 Ama com todas as tuas forças ao que te
criou: e não desampares os seus ministros.
33 Honra a Deus de toda a tua alma, e re-
verenceia os sacerdotes, e purifica-te pelo tra-
balho das tuas mãos.
34 Dá-lhes a sua parte das primícias, e das
vítimas de expiação, como te está mandado:
e purifica-te das tuas negligências com poucos.
35 Oferecerás ao Senhor as espáduas das
vítimas e o sacrifício da santificação, e as
primeiras das coisas santas:

Os pobres

36 e abre a tua mão para o pobre, a fim
de que o teu sacrifício de expiação, e a tua
oferta seja de todo perfeita.
37 A liberalidade é agradável a todo o vi-
vente, e não impidas que ela se estenda aos
mortos.
38 Não faltes a consolar os que se acham
em pranto, e anda com os que choram.
39 Não sejas preguiçoso em visitar os en-
fermos: porque assim é que tu te fortificarás
na caridade.
40 Em todas as tuas obras lembra-te dos
teus novíssimos, e nunca jamais pecarás.

Circunspeção

8 Não litigues com o homem poderoso: para
que não suceda caires-lhe nas mãos.
2 Não contendas com o homem rico, para
que não suceda armar-te ele alguma deman-
da: 3 porque o ouro e a prata têm perdido a
muitos, e até ao coração dos reis se estende
e faz trocar.
4 Não disputes com o homem muito fala-
dor, e não meterás mais lenha no seu fogo.
5 Não tenhas comércio com o homem mal
instruído para que não suceda falar mal da
tua geração.
6 Não desprezes o homem que se retira do
pecado, e não lho improperes: lembra-te que
todos nós estamos debaixo da correção.
7 Não desprezes o homem na sua velhice:
porque os que envelhecem foram como nós.
8 Não te alegres com a morte de teu ini-
migo: sabendo que todos nós morremos, e
que não queremos vir a ser motivo de gosto.
9 Não desprezes o que contarem os velhos
sábios, e acostuma-te a aprender os seus pro-

vérbios: 10 porque deles aprenderás tu a sa-
bedoria, e a doutrina da inteligência, e a arte
de servir os grandes de um modo irrepreen-
sível.
11 Não te passe por alto o que contam os
anciãos: porque eles o aprenderam de seus
pais: 12 porque deles aprenderás tu a inteli-
gência, e a dar resposta no tempo em que é
necessária.

Pessoas perigosas

13 Não acendas os carvões dos pecadores,
argüindo-os, e não sejas abrasado na chama
do fogo dos seus pecados.
14 Não resistas cara a cara a um homem
insolente, para que não suceda que ele se
ponha a armar laços às tuas palavras.
15 Não emprestes dinheiro a um homem
mais poderoso do que tu: porque se lho em-
prestares, tem-no por perdido.
16 Não fiques por fiador mais do que po-
dem as tuas forças: porque se o ficares, põe-te
logo em cuidado, como quem está já obrigado
a satisfazer.
17 Não arrazois em desabono do juiz: por-
que ele pronuncia segundo o que é justo.
18 Não te ponhas a caminho com o homem
atrevido, para que não suceda que ele faça
recair sobre ti os seus males: porque ele anda
segundo a sua vontade, e tu perecerás com
ele pela sua loucura.
19 Não tenhas rixas com o homem colérico,
e com o atrevido não vás a um lugar solitá-
rio: porque ele nenhum caso faz de derramar
sangue e como não tens quem te valha ele te
fará em migalhas.
20 Não deliberes sobre os teus negócios com
gente fátua: porque eles não poderão amar,
senão o que lhes apraz.
21 Não trates segredo algum com pessoa
estranha: porque não sabes o que ela dará
de si algum dia.
22 Não manifestes o teu coração a todo o
homem: para que não suceda que te corres-
ponda com uma falsa amizade, e que ao depois
diga mal de ti.

Atitude com respeito às mulheres

9 Não sejas cioso da mulher do teu seio,
para que não descubra contra ti a malícia
da tua má doutrina.
2 Não dês à mulher poder sobre a tua alma,
para que se não levante contra a tua auto-
ridade, e fiques envergonhado. 3 Não olhes
para a mulher de muitos quereres: para que
não suceda caíres nos seus laços.
4 Não sejas freqüente em te achar com a
mulher bailadeira: nem a ouças, para que não
suceda pereceres à força dos seus encantos.
5 Não detenhas os teus olhos em ver a don-
zela, para que não suceda que a sua beleza
te seja ocasião de queda.
6 Não entregues de modo algum a tua alma
às mulheres prostitutas: para que te não deites
a perder a ti, e a tua herança.
7 Não lances os olhos por toda a parte,
pelas ruas da cidade, nem andes vagueando
pelas suas praças.
8 Aparta os teus olhos da mulher enfeitada,
e não olhes com curiosidade para a formosura
alheia.
9 Por causa da formosura da mulher pere-
ceram muitos: porque daí é que se ascende a
concupiscência, como fogo.
10 Toda a mulher que é prostituta, será
pisada como esterco em o caminho.
11 Muitos tendo admirado a formosura da
mulher alheia se fizeram réprobos: porque a
sua conversação se ateia como fogo.
12 Não te assentes jamais com a mulher
alheia, nem te recostes com ela sobre o coto-
velo: 13 e não disputes com ela bebendo vinho,
para que não suceda que o teu coração se
converta para ela, e com o teu sangue caias
em perdição.

Relações sociais

14 Não deixes o amigo antigo: porque o
novo não será semelhante a ele.
15 O amigo novo é um vinho novo: ele se
fará velho, e tu regalar-te-ás de o beber.
16 Não invejes a glória, nem as riquezas
do pecador: porque não sabes qual haja de
ser a sua ruína.
17 Não aproves a violência dos injustos,
sabendo que até à sepultura não agradará o
ímpio.
18 Põe-te longe daquele homem que tem
poder de mandar matar, e assim ficarás em
estado de não temer a morte: 19 e se te che-
gares a ele, vê não cometas algum mal, de
onde possa resultar tirar-te ele a vida.
20 Sabe que comunicas com a morte: por-
que tu caminharás no meio dos laços, e anda-
rás sobre as armas de homens ressentidos.
21 Segundo as tuas forças acautela-te do teu
próximo, e trata com os sábios e prudentes.
22 Os teus convidados sejam os homens
justos, e no temor de Deus esteja posto o
motivo da tua glória, 23 e no teu sentido se
forje o pensamento de Deus, e toda a tua
conversação consista nos preceitos do Altís-
simo.

24 As obras serão louvadas pela industriosa
mão dos seus artífices, e o príncipe do povo
pela sabedoria dos seus discursos, e as pala-
vras dos velhos pelo siso com que são pro-
feridas.
25 É terrível na sua cidade o homem lin-
guaraz: e o temerário nas suas palavras será
aborrecido.

Sabedoria das autoridades

10 O juiz sábio fará justiça ao seu povo,
e o governo do homem sensato será
estável.
2 Qual é o juiz do povo, tais são também
os seus ministros: e qual é o governador da
cidade, tais são do mesmo modo os seus
habitantes.
3 O rei de pouco juízo perderá o seu povo:
e as cidades povoar-se-ão pelo bom senso dos
que a governam.
4 O poder soberano sobre uma terra está
na mão de Deus: e Ele é o que a seu tempo
suscitará um príncipe para governar utilmente.
5 A prosperidade do homem está na mão
de Deus, e Ele é o que porá sobre a pessoa do
doutor da lei os sinais da honra que lhe são
próprios.

Orgulho e avareza

6 Esquece-te de todas as injúrias que rece-
beste do teu próximo, e não faças nada por via
de violência.
7 A soberba é aborrecível a Deus e aos
homens: e toda a iniqüidade das nações é
execrável.
8 Um reino é transferido duma nação à ou-
tra por causa das injustiças, e das violências,
e dos ultrajes, e de diferentes enganos.
9 Não há coisa mais detestável do que o
avarento: por que se ensoberbece a terra e a
cinza?
10 Não há coisa mais injusta do que amar
o dinheiro: porque um tal homem vende até
a sua mesma alma: pois que ele se despojou
em sua vida das próprias entranhas.
11 A vida de todo o potentado é breve. A
doença prolongada fatiga o médico.
12 O médico atalha a doença de pouca dura:
assim também um é hoje rei e amanhã mor-
rerá.
13 Porque o homem quando morrer, terá
por herança as serpentes, e as sevandijas, e
os bichos.
14 O princípio da soberba do homem é
apostatar de Deus: 15 porque o seu coração
se apartou daquele que o criou, porquanto o
princípio de todo o pecado é a soberba: aque-
le que se der a ela, será cheio de maldições,
e lá para o fim o meterá em ruína. 16 Por
isso é que o Senhor cobriu de opróbrios os
congressos dos maus, e os destruiu para sem-
pre.
17 Deus destruiu os tronos dos príncipes
soberbos, e em seu lugar fez que se assentas-
sem neles os que eram mansos.
18 Deus fez secar as raízes das nações so-
berbas, e plantou dentre as mesmas nações
os que eram humildes.
19 O Senhor destruiu as terras das nações,
e as arruinou até aos alicerces: 20 Ele secou
dentre as mesmas nações os seus habitadores,
e os destruiu, e fez apagar de cima da terra a
sua memória.
21 Deus aboliu a memória dos soberbos, e
conservou a dos humildes de coração.
22 A soberba não foi criada com os ho-
mens: nem a ira com a raça das mulheres.

Felicidade dos que temem a Deus

23 Aquela descendência de homens, que te-
me a Deus, será tratada com honra: porém
aquela outra linhagem, que não faz caso dos
mandamentos do Senhor, será desonrada.
24 Entre os irmãos o que os governa é dis-
tinguido na honra: e os que temem ao Senhor,
andarão nas meninas dos seus olhos.
25 A glória dos ricos, dos nobres, e dos
pobres, é o temor de Deus. 26 Não queiras
desprezar o homem justo, ainda que pobre,
e não engrandecer ao homem pecador posto
que rico.
27 O grande, e o juiz, e o poderoso está
em honra: mas nenhum é tão grande como
aquele que teme a Deus.
28 Os homens livres sujeitar-se-ão a um
servo que tem juízo: e o varão prudente e
bem ensinado não murmurará quando for
repreendido, mas o ignorante não será hon-
rado.
29 Não queiras elevar-te, quando houveres
de fazer a tua obra, e não te deixes possuir
da preguiça no tempo do aperto.
30 O que trabalha, e que tudo tem em abun-
dância, vale mais do que o jactancioso, e
necessitado de pão.
31 Filho, conserva a tua alma na mansidão,
e dá-lhe honra, segundo o seu merecimento.
32 Quem justificará ao que peca contra a
sua alma? E quem honrará ao que desonra
a sua alma?
33 O pobre acha a sua glória por meio dos
seus costumes, e do seu temor: e há homem
que é honrado por causa de suas riquezas.

34 Ora o que é glorificado na pobreza, quan-
to mais o seria nas riquezas? Mas o que acha
a sua glória nas riquezas, tema a pobreza.

Juízos temerários

11 A sabedoria daquele que é de baixa con-
dição, o sublimará em honras, e o fará
assentar no meio dos grandes.
2 Não louves ao varão pela sua gentileza,
nem desprezes ao homem pelo seu exterior.
3 Pequena é a abelha entre os animais volá-
teis, e com tudo isso logra o seu fruto a
primazia da doçura.
4 Não te pavoneis jamais no vestido, nem
te desvaneças no dia da tua honra, porque
só as obras do Altíssmio, sim as suas obras,
e não as de outrem, são admiráveis, e glorio-
sas, e escondidas, e incógnitas.
5 Muitos tiranos se assentaram no trono e
outro, de quem tal se não pensava, levou o
diadema.
6 Muitos príncipes poderosos foram com
grande violência oprimidos, e os que estavam
ufanos vieram a ser entregues nas mãos de
outros.
7 Não vituperes ninguém antes de te have-
res informado: e quando já tiveres pergun-
tado, repreende-o com eqüidade.
8 Sem que primeiro ouças, não respondas
palavra: e no meio dos discursos não te metas
a falar.
9 Não disputes sobre coisas, que não têm
nada contigo: e não te assentes no juízo dos
pecadores.

Moderação

10 Filho, não tenhas empregadas as tuas
diligências em muitos negócios: e se fores
rico, de culpa não estarás isento: porque se
tu seguires a enchente deles, não poderás
abrangê-los: e se, aos mesmos dando evasão,
fores por diante, não escaparás de sempre
carregar sobre ti o seu peso.
11 Há homem que trabalha, e se dá pressa,
e se atormenta sem piedade, mas nem por
isso terá maior abundância de bens.
12 Há homem outrossim negligente que ne-
cessita de restauração, mas falto de vigor, e
abundante de pobreza: 13 e o olho de Deus
pôs a sua vista benignamente sobre ele e o
levantou da sua humilhação, e exaltou a sua
cabeça: e maravilharam-se dele muitos, e glo-
rificaram a Deus.

Deus, origem de todas as coisas

14 Os bens e os males, a vida e a morte, a
pobreza e as riquezas, tudo isto vem de Deus.
15 Em Deus é também que se acham a
sabedoria, e o regulamento da vida, e a ciência
da lei. A caridade e os caminhos das boas
obras nele mesmo têm a sua origem.
16 O erro e as trevas foram criadas com
os pecadores: e os que se regozijam com os
males que cometem, no mal envelhecem.
17 O dom de Deus permanece firme nos
justos, e o progresso que ele faz, terminar-se-á
numa eterna felicidade.
18 Há quem se enriquece vivendo com par-
cimônia, e toda a parte do seu galardão con-
siste 19 em poder dizer: Eu achei meio de
me pôr em descanso, e agora comerei só dos
meus bens: 20 e não sabe que tempo passará,
e se avizinha a morte, e que deixará tudo aos
outros, e morrerá.

Sob o olhar de Deus

21 Persiste no teu pacto, e sobre ele seja a
tua converção, e envelhece em praticar o que
te foi mandado.
22 Não te detenhas nas obras dos pecado-
res. Mas confia em Deus, e conserva-te firme
no teu lugar.
23 Porque a Deus é fácil o enriquecer de
repente ao pobre.
24 A benção de Deus se apressa a recom-
pensar o justo, e numa rápida hora o faz
crescer e frutificar.
25 Não digas: Que tenho eu já que fazer, e
que bens poderei esperar daqui em diante?
26 Não digas também: A mim basta-me o
que tenho: e que mal posso eu temer que
me suceda para o futuro?
27 No dia dos bens não te esqueças dos
males: e no dia dos males não te esqueças
dos bens:
28 Porque é fácil a Deus retribuir a cada
um no dia da morte, segundo os seus cami-
nhos.
29 O mal presente faz esquecer os maiores
prazeres, e na morte do homem serão desco-
bertas as suas obras.
30 Não louves homem algum antes da mor-
te, porque o varão conhece-se pelos filhos que
deixa.

Desconfiança com estranhos

31 Não introduzas em tua casa a todo o
homem: porque são muitas as traições do
doloso.
32 Porquanto assim como as entranhas dos
que nelas têm fétido, arrotam o seu mau
cheiro, e assim como a perdiz é metida na
gaiola, e como a corça vem a cair no laço:
assim é também o coração dos soberbos, e

do mesmo modo aquele que está como de
uma atalaia vendo a queda do seu próximo.
33 Porque ele arma ciladas, convertendo o
bem em mal, e porá mácula nas coisas mais
puras.
34 Por uma só faisca se ateia com grande
aumento o fogo, e por um doloso se aumenta
o sangue: e o homem pecador arma traições
para o derramar.
35 Guarda-te do homem pestífero, pois está
forjando males: para que não suceda que
faça cair sobre ti para sempre alguma in-
fâmia.
36 Dá entrada em tua casa ao estrangeiro,
e ele exercitará tal reboliço, que te arruíne e
te lançará fora da tua própria morada.

Discernir a quem fazer o bem

12 Se fizeres bem, sabe a quem o fazes, e
o bem que fizeres agradará muito.
2 Faze bem ao justo, e acharás uma gran-
de recompensa: porque ainda quando dele a
não recebas, vir-te-á certamente da mão do
Senhor.
3 Porque não tem que esperar ser bem su-
cedido aquele que sempre está aplicado a fazer
mal, e que não dá esmolas: porque tanto abor-
rece o Altíssimo aos pecadores como usa de
misericórdia com os penitentes.
4 Dá ao compassivo, e não protejas ao peca-
dor: porque aos ímpios e aos pecadores dará o
castigo, guardando-os para o dia da vingança.
5 Dá ao que é bom, e não remedeies o peca-
dor.
6 Faze bem ao humilde, e não dês ao ímpio.
Impede que se lhe dê pão, a fim de se não
fazer com ele mais poderoso do que tu: 7 por-
que em todos os bens, quaisquer que forem
os que tu lhe fizeres, acharás dobrados males:
porquanto o Altíssimo aborrece também aos
pecadores, e corresponderá aos ímpios com
a sua vingança.

Guarda-te dos inimigos

8 O amigo não se conhecerá nas prosperi-
dades e o inimigo não ficará encoberto nas
adversidades.
9 Quando um homem é feliz, estão tristes
os seus inimigos: e quando ele é desgraçado,
conhece-se quem é seu amigo.
10 Não te fies jamais do teu inimigo: por-
que sempre cria azevre, como vaso de cobre,
a sua malícia:
11 E se ele todo humilhado vier cabisbaixo,
põe-te alerta e guarda-te dele.
12 Não o ponhas ao pé de ti, nem ele se
assente à tua direita, para que não suceda
que, voltado para o teu lugar, pretenda a tua
cadeira: e conheças enfim as minhas palavras,
e sejas estimulado em conseqüência dos meus
discursos.
13 Quem se compadecerá do encantador fe-
rido da serpente, e de todos os que se chegam
às feras? Pois assim ninguém terá compaixão
daquele que acompanha com o homem iní-
quo, e se acha envolto em seus pecados.
14 Uma hora permanecerá contigo: mas se
fores em decadência, não terá perseverança.
15 O inimigo tem nos seus lábios a doçura:
mas no seu coração arma laços para te fazer
cair na cova.
16 O inimigo tem as lágrimas nos seus olhos,
mas se achar ocasião, não se fartará de san-
gue: 17 e se vierem sobre ti algumas calami-
dades, ali o acharás primeiro que nenhum
outro.
18 O inimigo tem as lágrimas no seus olhos,
e fingindo que te socorre, ele procurará fa-
zer-te cair.
19 Ele moverá a sua cabeça, e baterá com
as mãos, e falando muito entre dentes, mudará
de semblante.

Prudência com os poderosos

13 O que tocar o pêz, ficará contaminado
dele: e o que o tiver comércio com o
soberbo, se vestirá de soberba.
2 Tomará sobre si uma pesada carga o que
tem comunicação com outro mais poderoso
do que ele. E não entres em sociedade com
o que é mais rico do que tu.
3 Que fruto tirará do seu comércio uma
panela junto do caldeirão? Porque quando
estes vasos derem um no outro ela se que-
brará.
4 O rico fez uma injustiça, e bramará: o
pobre porém tendo sido maltratado, se calará.
5 Se lhes deres com largueza, ele te admi-
tirá à sua amizade: mas se não tiveres que
lhe dar, ele te deixará.
6 Se tens, fará convivência contigo e escor-
char-te-á a ele nenhuma pena terá de ti.
7 Se tu lhes fores necessário, ele te enganará
e sorrindo-se te dará boa esperança, falando-te
com boas palavras e te dirá: Necessitas de
alguma coisa?
8 E confundir-te-á com as suas cobertas,
até que te esgote com dois ou três jantares:
e por último zombará de ti. E vendo-te ao
depois te abandonará, e moverá para ti a sua
cabeça.
9 Humilha-te diante de Deus, e espera que
a sua mão obre.
10 Vê, não te humilhes indiscretamente dei-
xando-te seduzir.

11 Não te humilhes na tua sabedoria, para que não suceda que, sendo humilhado, te deixes seduzir para cometeres uma loucura.

12 Se fores chamado por algum grande retira-te: porque isso o incitará mais a chamar-te.

13 Não lhes seja importuno para que ele se não desgoste de ti: e não te alongues dele, para que não venhas a esquecer-lhe.

14 Não o detenhas em conversação, como se fosse seu igual: nem te fies na suas muitas palavras: porque ele te tentará, fazendo-te falar muito e sorrindo-se perguntar-te-á o que tu deves ter em segredo.

15 O seu coração desapiedado conservará todas as tuas palavras: e não te perdoará, nem os maus tratamentos, nem as prisões.

16 Tem cobro em ti, e ouve com atenção o que ele te disser: porque andas em risco de te perder.

17 Mas ouvindo tu as suas palavras, toma-as por um sonho, e vigiarás.

18 Ama a Deus em toda a tua vida, e invoca-o pela tua salvação.

Incompatibilidade entre o rico e o pobre

19 Todo o animal ama ao seu semelhante: assim também todo o homem ama ao seu próximo.

20 Toda a carne se ajunta à que se lhe assemelha, e todo o homem se unirá com o seu semelhante.

21 Se o lobo comunicar alguma vez com o cordeiro, assim o pecador com o justo.

22 Que correlação tem um homem santo com um cão? Ou que sociedade tem um homem rico com um pobre?

23 O asno montês é a presa do leão no deserto, assim também os pobres são o pasto dos ricos.

24 E assim como a humildade é a abominação do soberbo: assim também o pobre é a execração do rico.

25 O rico, tendo sido abalado, é sustido pelos seus amigos: mas o pobre, quando cair, será empurrado até pelos seus conhecidos.

26 Se o rico se engana, tem muitos defensores: falou com altiveza, e justificaram-no.

27 Enganou-se o pobre, e ainda em cima é arguído: falou avisadamente, e não se lhe dão ouvidos.

28 Falou o rico, e todos se puseram em silêncio, e exaltaram até às nuvens as suas palavras.

29 Falou o pobre, e dizem: Quem é este? E se puser um pé em falso, acabá-lo-ão de derrubar.

30 Boa é a riqueza para o que não tem pecado na sua consciência: e a pobreza é péssima na boca do ímpio.

31 O coração do homem muda-lhe o rosto, ou para bem, ou para mal.

32 Dificultosamente, e com trabalho acharás tu um rasto de bom coração, e com bom semblante.

14 Bem-aventurado o homem que não caiu pelas palavras da sua boca, e que não foi estimulado com a tristeza do delito.

2 Ditoso aquele que não teve tristeza na sua alma, e que não descaiu da sua esperança.

Inveja e mesquinhez

3 Os bens são inúteis ao varão cobiçoso e tenaz do dinheiro, e de que serve o ouro ao homem invejoso?

4 O que amontoa riquezas defraudando-se do necessário à própria vida com justiça, ajunta-as para outros, e outrem se regalará com os seus bens.

5 Para que outra pessoa será bom aquele que é mau para si, e que por isso não chegará a gozar dos seus bens?

6 Nada há pior do que aquele que a si mesmo inveja a sua própria subsistência, e esta mesma disposição é a recompensa da sua malícia:

7 E se fizer bem, só por inadvertência, e sem querer é que o faz: e por último descobre a sua malícia.

8 O olho do invejoso é mau: e ele vira a sua cara, e despreza a sua alma.

9 O olho do cobiçoso é insaciável na parte da iniqüidade: não se fartará, enquanto ele, secando-a, não consumir a sua alma.

10 O olho maligno estende a vista a coisas más: e não se fartará de pão, mas achar-se-á faminto e posto em tristeza à sua mesa.

A morte, remédio à avareza

11 Filho, se tens cabedais, faze com eles bem a ti mesmo, e oferece a Deus dignas oblações.

12 Lembra-te que a morte não tarda, e que te foi intimado o decreto dos infernos: porque é decreto deste mundo o haver infalivelmente de morrer.

13 Faze bem ao teu amigo antes da morte, e estendendo a mão dá esmola ao pobre, segundo as tuas possibilidades.

14 Não te defraudes dum bom dia, e não deixes passar uma partezinha do bem que te é concedido.

15 Não é assim que tu hás de deixar a outros o fruto das tuas penalidades, e dos teus trabalhos, para eles o repartirem entre si?

16 Dá, e toma, e santifica a tua alma.

17 Faze obras de justiça antes da tua morte: porque na sepultura não poderás achar alimento.

18 Toda a carne envelhecerá como o feno, e como a folha que frutifica na verde árvore.

19 Umas folhas nascem, e outras caem: assim é a geração de carne, e de sangue, uma fenece, e outra nasce.

20 Toda a obra corruptível virá enfim a perecer: e o seu artífice irá com ela.

21 E toda a obra escolhida será justificada: e o que a executa, nela será honrado.

IV. VANTAGENS DA SABEDORIA: PECADO E CASTIGO

Felicidade do sábio

22 Bem-aventurado o homem, que permanecer na sabedoria, e que meditar na sua justiça, e pensar com madureza na circunspecção de Deus: 23 que cogita no seu coração os caminhos da sabedoria, e que penetra com inteligência os seus segredos, indo atrás dela como quem lhe segue o rasto, e se põe de assento nos seus caminhos: 24 que olha pelas suas janelas, e que a ouve às suas portas: 25 que repousa junto da sua casa, e que pregando uma estaca nas suas paredes, assentar ao lado dela a sua pequena cabana, e nesta pequena cabana tiverem os seus bens descanso para sempre. 26 Ele porá seus filhos debaixo da sua sombra, e ele mesmo ficará assistindo debaixo dos seus ramos. 27 Ele à sua sombra será defendido do calor, e repousará na sua glória.

15 O que teme a Deus fará boas obras: e o que está bem firmado na justiça, lançará mão da sabedoria, 2 e ela lhe sairá ao encontro como uma mãe cheia de honra, e o receberá como uma esposa virgem recebe ao seu esposo.

3 Ela o sustentará do pão da vida e de inteligência, e lhe dará a beber da água da sabedoria, que dá saúde: e se firmará nele e ele ficará incontrastável: 4 e tê-lo-á da sua mão e não será confundido: e ela o exaltará entre os seus próximos, 5 e lhe abrirá a boca no meio da Igreja, e o encherá do espírito da sabedoria, e de inteligência, e o vestirá dum hábito de glória.

6 Ela entesourará sobre ele regozijo e exultação, e lhe dará por herança um nome eterno.

7 Os homens insensatos não a alcançarão, mas os homens de bom senso se encontrarão com ela; os insensatos não a verão: porque ela está longe da soberba e do engano. 8 Os homens mentirosos não se lembrarão dela: mas os homens de verdade achar-se-ão com ela, e caminharão felizmente, até chegarem à vista de Deus.

9 O louvor não tem beleza na boca do pecador: 10 pois que de Deus saiu a sabedoria. Porque o louvor de Deus estará ao lado da sabedoria, e abundará na boca fiel, e dá-lo-á a esta o Soberano Dominador.

Deus não é autor do pecado

11 Não digas: Deus é causa de estar longe de mim a sabedoria. Não faças tu pois o que Ele aborrece.

12 Não digas: Ele é o que me pôs fora do caminho. Porque não lhe são necessários os homens ímpios.

13 O Senhor aborrece toda a abominação do erro e esta não será amável aos que o temem.

14 Deus criou o homem desde o princípio, e o deixou na mão do seu conselho.

15 Ele lhe deu mais os seus mandamentos, e os seus preceitos; 16 se tu quiseres observar estes mandamentos, e guardar sempre com fidelidade o que é do agrado de Deus, eles te conservarão.

17 Ele pôs diante de ti a água e o fogo: lança a tua mão ao que quiseres.

18 Diante do homem estão a vida e a morte, o bem e o mal: o que lhe agradar, isso lhe será dado. 19 Porque a sabedoria de Deus é grande, e forte no seu poder, estando vendo a todos sem intermissão.

20 Os olhos do Senhor estão sobre os que o temem, e Ele mesmo conhece todas as obras do homem.

21 Ele a ninguém mandou obrar impiamente, e a ninguém deu espaço de pecar. 22 Porque Ele não faz gosto de ter uma multidão de filhos infiéis e inúteis.

Filhos ímpios

16 Não te regozijes com os filhos ímpios se se multiplicam: nem ponhas neles a tua complacência, se neles não há temor de Deus.

2 Não te confies na sua vida, nem olhes para os seus trabalhos.

3 Porque mais vale um temente a Deus do que mil filhos ímpios.

4 E mais útil é morrer sem filhos do que
deixar filhos ímpios.
5 Por um só homem de juízo será povoada
a pátria, uma tribo de ímpios virá a ficar
deserta.
6 Eu vi com os meus olhos muitos exem-
plos destes, e com os meus ouvidos ouvi outros
ainda maiores.

A justiça de Deus

7 O fogo acender-se-á no congresso dos peca-
dores, e a ira inflamar-se-á na gente incrédula.
8 Não obtiveram perdão dos seus pecados
os antigos gigantes, que foram destruídos por
confiarem na sua fortaleza: 9 e Deus não
perdoou à cidade, em que Ló morava como
estrangeiro, e teve em execração os seus habi-
tantes por causa da sua insolência.
10 Ele não teve compaixão deles, perdendo
toda esta nação, que até se elevava com van-
glória nos seus pecados.
11 Ele também da mesma sorte perdeu os
seiscentos mil homens de pé, que conspiraram
entre si na dureza do seu coração: e se um só
fora contumaz, seria grande maravilha, se ti-
vesse ficado sem castigo: 12 porque a mise-
ricórdia e a ira sempre o acompanham. Ele
é poderoso para perdoar, e também o é para
derramar a sua ira. 13 Os seus castigos igua-
lam a sua misericórdia, Ele julga o homem
segundo as suas obras.
14 Não escapará o pecador na sua rapina,
e a paciência do que usa de misericórdia não
tardará em ser recompensada.
15 Toda a ação de misericórdia fará colocar
a cada um no seu lugar, segundo o mereci-
mento das suas obras, e segundo a prudência
com que ele tiver vivido como peregrino na
terra.

Deus vê tudo

16 Não digas: Eu me furtarei aos olhos de
Deus. E quem se lembrará de mim lá dos altos
céus?
17 Eu não serei conhecido entre um grande
povo: pois que coisa é a minha alma entre o
número sem número de todas as criaturas?
18 Eis aí que o céu e o céu dos céus, o
abismo, e toda a extensão da terra, e tudo
o que neles se contém, tremerá à sua vista,
19 os montes igualmente, e os outeiros, e os
fundamentos da terra: quando Deus lhes pu-
ser os olhos todos de tremor serão abalados.
20 E no meio de tudo isto ainda está in-
sensato o coração do homem: porém todo o
coração é entendido por Deus. 21 E quem é
o que compreende os seus caminhos e a tem-
pestade, que o olho do homem nunca verá?
22 Porque um avultadíssimo número das suas
obras são escondidas: mas quem poderá ex-
primir as obras da sua justiça: ou quem as
poderá suportar? Porquanto os seus decretos
estão longe de alguns, e o exame de todas as
coisas é na consumação.
23 O imprudente tem pensamentos vãos: e
o homem indiscreto e extraviado pensa lou-
curas.

V. DEUS NA CRIAÇÃO – DEVERES DO HOMEM PARA COM ELE

A obra de Deus na criação

24 Ouve-me, filho, e aprende a disciplina
dos bons sentimentos, e está atento em teu
coração às minhas palavras, 25 e eu te darei
documentos de eqüidade, e manifestar-te-ei
os arcanos da sabedoria, e está atento às
minhas palavras em teu coração, e já daqui
te digo com retidão de espírito as virtudes,
que desde o princípio tem Deus feito reluzir
nas suas obras, e te declaro em verdade a
sua ciência.
26 Deus formou com sabedoria desde o prin-
cípio as suas obras e desde a sua mesma cria-
ção as distinguiu em partes, e as principais
delas segundo as suas classes.
27 Ele adornou para sempre as suas opera-
ções, nem elas têm desfalecido com fome, nem
com algum cansaço, e não têm cessado jamais
nos seus ofícios.
28 Nem uma só de todas elas porá jamais
a outra em aperto.
29 Não sejas incrédulo à palavra do Senhor.
30 Depois disto olhou Deus para a terra,
e a encheu dos seus bens.
31 Assim o tem declarado toda a alma vital
ante a face da terra, e para a mesma outra
vez será a sua tornada.

Criação do homem

17 Deus criou o homem de terra, e o formou
segundo a sua imagem.
2 E Ele o fez de novo converter depois na
mesma terra, e o revestiu de força segundo a
sua natureza.
3 Ele lhe constituiu o tempo, e o número
dos seus dias, e lhe deu poder sobre tudo o
que há na terra.

4 Ele o fez ser temido de toda a carne, e
lhe deu o império sobre os animais e sobre
as aves.
5 Ele criou da sua mesma substância uma
ajuda semelhante a ele: deu-lhes discernimen-
to, e língua, e olhos, e ouvidos, e espírito para
cogitar: e encheu-os da luz da inteligência.
6 Criou neles a ciência do espírito, encheu
de senso os seus corações, e mostrou-lhes os
males e os bens.
7 Pôs o seu olho sobre os seus corações:
para lhes fazer ver as maravilhas das suas
obras.
8 E isto a fim de que eles com os seus
louvores engrandecessem a santidade do seu
nome: e de que o glorificassem por causa das
suas maravilhas, de que publicassem a magni-
ficiência das suas obras.
9 Acrescentou-lhes a disciplina, e deu-lhes
em herança a lei da vida.
10 Fez com eles um pacto eterno, e lhes
mostrou a sua justiça e os seus juízos.
11 E com os seus próprios olhos viram eles
as grandezas da sua glória, e seus ouvidos
ouviram a majestade da sua voz, e Ele lhes
disse: Guardai-vos de toda a iniqüidade.
12 E lhes ordenou que cada um deles tives-
se cuidado no seu próximo.

Clarividência do divino Juiz

13 Os caminhos deles perante Ele estão sem-
pre, não foram nunca escondidos a seus olhos.
14 Ele estabeleceu a cada nação seu prín-
cipe, que a governasse: 15 mas Israel foi visi-
velmente a porção que Deus tomou para si.
16 E todas as suas obras apareceram tão
claramente diante de Deus como o sol: e os
seus olhos se aplicam sem intermissão a con-
siderar os seus caminhos.
17 A sua aliança não ficou escurecida pela
maldade deles, e à vista de Deus foram paten-
tes as suas iniqüidades.
18 A esmola do homem é diante do mesmo
Deus como um selo, e Ele conservará o bem-
-fazer do homem como a menina do olho: 19 e
levantar-se-á depois, e lhes dará a sua retri-
buição, conforme o próprio merecimento de
cada um, e precipitá-lo-á até às partes interio-
res da terra.
20 Aos penitentes porém concedeu Ele o
caminho da justiça, e confortou os pusilâni-
mes para vencerem a tentação, e lhes destinou
a sorte da verdade.

Exortação à conversão

21 Converte-te ao Senhor, e deixa os teus
pecados:
22 Faze as tuas deprecações ante a face do
Senhor, e diminue os tropeços.
23 Torna para o Senhor, e aparta-te da tua
injustiça, e aborrece no extremo a execração:
24 e conhece as justiças e os juízos de Deus
e persevera na sorte que te foi proposta, na
invocação do Deus Altíssimo.
25 Vai incorporar-te na porção do século
santo, com os vivos, e com os que dão louvor
a Deus.
26 Não te demores no erro dos ímpios, e
louva a Deus antes da morte. O louvor, depois
do homem estar morto, fenece, tornando-se
como num puro nada.
27 Confessá-lo-ás vivendo, vivo e são con-
fessarás e louvarás a Deus, e te gloriarás nas
suas misericórdias.
28 Quão grande é a misericórdia do Senhor,
e a sua piedade para com todos os que a Ele
se convertem!
29 Porque nos homens não se pode achar
tudo, visto que os filhos dos homens não são
imortais, e que eles põem a sua complacência
na vaidade da malícia.
30 Que coisa há mais luminosa do que o
sol? e contudo ele padecerá seus delíquios.
Ou que coisa pior do que tudo quanto exco-
gitou a carne e o sangue? e ainda assim esta
malignidade será punida.
31 O mesmo sol contempla o poder da ele-
vação do céu: mas os homens todos não são
mais do que terra e cinza.

Grandeza divina e pequenez do homem

18 Aquele que vive eternamente, criou todas
as coisas juntas. Só o Senhor será reco-
nhecido justo, e Ele é o rei invencível que
subsiste para sempre. 2 Quem é capaz de con-
tar miudamente as suas obras? 3 Porquanto
quem investigará as suas maravilhas? 4 E
quem declarará o poder da sua grandeza? ou
quem empreenderá explicar a sua misericór-
dia? 5 Não há que diminuir, nem que acres-
centar, nem é possível alcançar as maravilhas
de Deus.
6 Quando o homem tiver acabado, então
começará ele: e depois de se ter aplicado por
muito tempo, o que daí lhe ficará, será um
profundo espanto.

Misericórdia divina e fragilidade humana

7 Que é o homem, e para que presta ele?
E que bem, ou que mal pode ele fazer?
8 O número dos dias do homem quando
muito são cem anos: estes são reputados co-
mo uma gota de água do mar: e assim como
é um grão de areia, do mesmo modo são

poucos os anos no dia da eternidade. 9 Por
isso é que o Senhor se mostra paciente com
eles, e derrama sobre eles a sua misericórdia.
10 Ele viu a presunção do seu coração que
é má, e conheceu a ruína deles que é perversa.
11 Por isso é que sobre eles derramou as
fontes da sua propiciação, e lhes mostrou o
caminho da eqüidade.
12 A misericórdia do homem tem por ob-
jeto o seu próximo: mas a misericórdia de
Deus estende-se a toda a carne.
13 Ele como cheio que é de comiseração,
ensina, e castiga os homens como um pastor
faz ao seu rebanho.
14 Ele se compadece daquele que recebe a
doutrina da sua misericórdia, e do que se dá
pressa a se submeter aos seus mandamen-
tos.

Mansidão para com o próximo

15 Filho, no bem que fazes a outrem não
dês motivo de queixa, e em toda a tua dá-
diva não ocasiones tristeza com palavra má.
16 Porventura o orvalho não refrigerará o
ardor da calma? Assim também vale mais a
palavra doce do que a dádiva.
17 Acaso não vês que a palavra se remon-
ta sobre um bom dom? Mas uma e outra coi-
sa anda com o homem justificado.
18 O insensato improperará acremente, e
o dom do indisciplinado faz mirrar os olhos.

Conselhos de prudência

19 Trabalha por adquirir para ti a justiça
antes que julgues, e aprende antes que fa-
les.
20 Antes da enfermidade aplica a medicina,
e pergunta-te a ti mesmo antes do juízo, e
diante de Deus acharás propiciação.
21 Humilha-te antes de caíres na doença, e
mostra o teu bom modo de proceder no tem-
po da enfermidade.
22 Nenhuma coisa te embarace orar sempre,
e não te envergonhes de te justificar até à
morte: porque a recompensa de Deus dura
para sempre.
23 Prepara a tua alma antes da oração: e
não sejas como um homem que tenta a Deus.
24 Lembra-te da ira no dia da consuma-
ção, e do tempo da recompensa quando Deus
voltar o rosto.
25 Lembra-te da pobreza no tempo da
abundância, e das necessidades da pobreza
no dia das riquezas.
26 Da manhã até à tarde se mudará o tem-
po, e tudo isto se faz num momento aos olhos
de Deus.
27 O homem sábio andará com temor em
tudo, e nos dias dos delitos se guardará da
preguiça.
28 Todo o homem astuto conhece a sabe-
doria, e dará louvor ao que a acha.
29 Os homens sisudos nas palavras também
obrarão efetivamente com sabedoria: e enten-
derão a verdade e a justiça, e derramarão
como chuva provérbios e sentenças.

Domínio dos próprios desejos

30 Não te deixes ir atrás das tuas concupis-
sências, e aparta-te da tua própria vontade.
31 Se tu condescenderes com a tua alma
no que ela deseja, ela te fará ser o gosto dos
teus inimigos.
32 Não te comprazas de ir às assembléias
de grande tumulto, nem ainda às pequenas:
porque ali são freqüentes os pecados que se
cometem.
33 Não te reduzas à pobreza, pedindo di-
nheiros a juro para contribuíres como os ou-
tros para banquetes, quando tu não tens na-
da na bolsa: porque assim tirarás com inveja
a ti mesmo o meio de viver.

O vinho e as mulheres

19 O operário dado ao vinho não enrique-
cerá: e aquele que despreza as coisas
pequenas, pouco a pouco cairá.
2 O vinho e as mulheres fazem apostar os
mesmos sábios, e precipitarão em opróbrio
os homens sisudos: 3 e aquele que se mistura
com as mulheres mal procedidas, será mal-
vado: chegará a ser o pasto da podridão e
dos bichos, e ficará sendo proposto por um
grande escarmento, e será tirada do número
a sua alma.

O silêncio vale ouro

4 Aquele que crê de leve, é leviano de co-
ração, e ficará menoscabado: e o que peca
contra a sua alma, não será tido em conta.
5 Aquele que folga com a iniqüidade, será
vituperado: e ao que aborrece a correção, se
abreviará a vida: e o que aborrece a loqua-
cidade extingue a malícia.
6 Aquele que peca contra a sua alma, ar-
repender-se-á de o ter feito: e aquele que põe
a sua alegria na malícia, será desonrado.
7 Não repitas palavra má e ofensiva, e não
perderás nada.
8 Os teus pensamentos não os digas nem
ao amigo nem ao inimigo: e se tens algum
delito, não lho descubras: 9 porque te ouvi-

rá, e se guardará de ti, e mostrando na apa-
rência que desculpa o teu pecado, te abor-
recerá, e com esta disposição de ânimo es-
tará sempre a teu lado.
10 Ouviste alguma palavra contra o teu pró-
ximo? Morra dentro de ti, ficando seguro de
que ela te não fará arrebentar.
11 O insensato está como com dores de
parto para lançar de si a palavra que ouviu,
à semelhança da mulher que geme quando se
vê próxima a dar à luz um menino.
12 Como seta cravada no músculo carno-
so, assim é a palavra no coração do insensato.

Amigo tem direito ao crédito

13 Repreende ao teu amigo, para que não
suceda que ele não tenha ainda entendido o
que se diz dele, e te diga: Eu não fiz tal. Ou
se o fez, para que o não torne a fazer.
14 Repreende ao teu próximo, porque tal-
vez que ele o não tenha dito: e se o disse
para que o não torne a dizer. 15 Repreende
ao teu amigo: porque muitas vezes se diz o
que não é assim.
16 E não creias tudo o que se diz. Homem
há que peca pela língua, mas que não peca de
coração. 17 Pois quem há que não tenha pe-
cado com a sua língua? Repreende ao pró-
ximo antes que o ameaces.

Verdadeira e falsa sabedoria

18 E dá lugar ao temor do Altíssimo: por-
que toda a sabedoria consiste no temor de
Deus, e nela se ensina a temer a Deus, e em
toda a sabedoria se acha a disposição da lei.
19 E a sabedoria não é doutrina de maldade:
e não é pensamento de pecadores a prudên-
cia.
20 Há uma malícia, e é ela em si mesma
execração: e é incipiente o que está falto de
sabedoria.
21 Um homem, que tem pouca sabedoria,
e que é falto de senso, mas que tem o temor
de Deus, vale mais do que o que tem um
grande senso, mas que quebra a lei do Al-
tíssimo.
22 Há uma sagacidade que não erra o golpe,
mas ela é injusta.
23 E tal há que fala francamente, e não
diz senão a verdade. Tal há que se humilha
maliciosamente, e o seu interior está cheio de
dolo: 24 e tal há que se submete excessiva-
mente com uma profunda humilhação: e há
quem abaixa o seu rosto, e finge que não vê
o que é segredo: 25 e no caso que pela debi-
lidade das forças se ache impedido para pe-
car, se achar ocasião de fazer mal, fá-lo-á.
26 Pela vista se conhece uma pessoa, e pelo
ar do rosto se discerne o homem sensato.
27 O vestido do corpo e o riso dos dentes,
e o andar do homem, dão a conhecer qual
ele é.
28 Há uma falsa repreensão que nasce da
ira dum homem insolente: e há um juízo, que
se prova não ser justo: e há quem se cala, e
este é prudente.

Saber calar-se e saber falar

20 Quanto melhor é argüir a um homem, e
não atalhar no discurso ao que vai con-
fessando a própria falta, do que manter no
peito a sua ira!
2 A concupiscência do eunuco deflorará a
donzelinha: 3 assim o que exercita com vio-
lência um juízo iníquo.
4 Que boa coisa é que o corrigido manifes-
te o seu arrependimento! Porque assim evi-
tarás tu o pecado voluntário.
5 Há homem que, estando calado, é tido
por sábio: e há homem que se faz odioso por
ser descomedido no falar.
6 Há homem que se cala não tendo senso
para falar: e há homem que se cala sabendo
para isso o tempo oportuno.
7 O homem sábio estará em silêncio até um
certo tempo: mas o leviano, e o imprudente
não observarão o tempo.
8 Aquele que fala muito, ofenderá a sua
alma: e aquele que arroga a si o poder injus-
tamente, será aborrecido.

Arte de doar

9 As vezes sucede bem nos males ao homem
que vive sem regra, porém o que ele inventa
vem a ceder em sua própria ruína.
10 Há dom, que não é útil: e há dom, que
é dobradamente recompensado.
11 Muitas vezes há perda pelo alcance da
glória: e homem há que levantará cabeça pela
sua humilhação.
12 Há homem que comprará muitas coisas
por um baixo preço, mas tornando depois a
dar por elas sete vezes em dobro.
13 O sábio faz-se amável pelas suas pala-
vras: mas as graças dos insensatos entornar-
-se-ão.
14 O donativo do insensato não te será
útil: porque ele tem sete olhos com que te
mira:
15 Ele dará pouco, e lançá-lo-á muitas ve-
zes em rosto: e quando a sua boca se abre é
ela um ateado incêndio.
16 Um empresta hoje, e torna-o a pedir
amanhã: este tal homem faz-se odioso.

17 O insensato não terá amigo, e o bem que
ele faz não será agradecido: 18 porque os
que lhe comem o pão, o enganam com as suas
palavras. Quantas vezes não escarnecerão dele os homens, e em quão grande número?
19 Porque não soube distribuir com reto
discernimento o que havia de reter: e deu
semelhantemente o que não era para se
guardar.

Máximas diversas

20 Aquele que se vale da língua para enganar, é na sua queda como um homem que
cai sobre o pavimento: assim a ruína dos
maus virá de súbito.
21 O homem desengraçado será como um
conto vão, repetido na boca de gente mal
criada.
22 A parábola será mal recebida vindo da
boca do insensato: porque não a diz a seu
tempo.
23 Homem há que se acha com embaraço
para pecar em razão de lhe faltarem os meios,
sentir-se-á estimulado no seu descanso.
24 Há homem que perderá a sua alma por
um excesso de vergonha, e perdê-la em atenção de uma pessoa imprudente, mas a si mesmo se perderá pela acepção da tal pessoa.
25 Tal há que promete ao seu amigo por um
pejo indiscreto, mas vem-no gratuitamente a
lucrar por inimigo.
26 A mentira é no homem um opróbrio que
muito o deslustra, e ela se achará incessantemente na boca da gente sem criação.
27 Melhor é um ladrão do que um homem
que mente de contínuo, mas ambos terão por
herança a perdição.
28 Os costumes dos homens mentirosos
são sem honra, e a sua confusão anda com
eles sempre de companhia.
29 O sábio a si mesmo conciliará a estimação pelas suas palavras, e o homem prudente agradará aos grandes.
30 Aquele que cultiva a sua terra, fará um
alto monte dos seus frutos: e o que faz obras
de justiça, será em pessoa exaltado: e o que
agrada aos grandes, fugirá da iniqüidade.
31 Os presentes e as dádivas cegam os olhos
dos júízes, e na sua boca são como uma mordaça que os emudece, apartando as sentenças que deviam dar contra os culpados.
32 Suponha-se que a sabedoria se conserva
escondida, e que o tesouro não está visível,
que utilidade haverá em ambas estas coisas?
33 Melhor é aquele homem que encobre a
sua insipiência, do que aqueles que escondem
a sua sabedoria.

Fugir do pecado

21 Filho, pecaste? Não tornes a pecar: mas
ora ainda pelas tuas faltas passadas para que elas se te perdõem.
2 Foge dos pecados como da vista de uma
cobra: porque se te chegares para eles apoderar-se-ão de ti.
3 Os seus dentes são dentes de leão, que
matam as almas dos homens.
4 Todo o pecado é como uma espada de
dois fios, a sua ferida não tem cura.
5 A descompostura de palavras e as injúrias aniquilarão a fazenda: e a casa que se
acha num excessivo auge opulenta, será destruída pela soberba: do mesmo modo o cabedal do soberbo ficará arrancado pela raiz.
6 A deprecação do pobre chegará desde a
sua boca até aos ouvidos de Deus, e prontamente lhe virá a justiça.
7 Aquele que aborrece a repreensão, caminha por cima das pegadas do pecador: e
aquele que teme a Deus, converter-se-á do
íntimo do seu coração. 8 O homem poderoso
de longe é conhecido pela sua língua atrevida: e o sábio conhece o modo de se escapar
dele.

Procedimento do pecador e do sábio

9 Aquele que edifica a sua casa à custa
alheia, é como o que ajunta as suas pedras no
inverno.
10 A assembléia dos pecadores é como um
montão de estopa e seu fim será o serem consumidos pelo fogo.
11 O caminho dos pecadores é calçado de
pedras unidas entre si, mas no seu último remate não haverá para eles mais do que infernos, e trevas, e penas.
12 Aquele que guarda a justiça, penetrará
o espírito dela.
13 A sabedoria, e o bom senso é o fruto do
perfeito temor de Deus.
14 Aquele que não é sábio no bem, nunca
jamais será instruído.
15 Há porém uma sabedoria, que abunda
no mal: mas não há bom senso onde há amargura.
16 A ciência do sábio transbordará como
uma inundação, e o seu conselho permanece
como uma fonte de vida.
17 O coração do insensato é como um vaso
quebrado, e não reterá nada da sabedoria.
18 O sábio em ouvindo qualquer palavra judiciosa louvá-la-á, e lançará mão dela sobre
o mais que sabe para seu proveito: ouviu-a o
vicioso, porém não lhe agradará, e ele a deitará para trás das suas costas.

19 A conversação do insensato é como uma carga que pesa no caminho: mas nos lábios do sábio achar-se-á a graça.

20 A boca do homem prudente é buscada na assembléia, e os outros pensarão nas suas palavras dentro nos seus corações.

21 A sabedoria é para o imprudente como uma casa arruinada: e a ciência do insensato é uma confusão de palavras mal digestas.

22 A doutrina é para o imprudente como uns grilhões aos pés, e como umas cadeias, que lhe carregam a mão direita.

23 O insensato quando se ri levanta a sua voz: mas o varão sábio apenas se sorrirá em silêncio.

24 A doutrina é para o homem prudente um ornamento de ouro e como um bracelete no braço direito.

25 O pé do insensato é fácil em se meter em casa do vizinho: mas o homem de larga experiência ver-se-á acanhado para visitar a pessoa do poderoso.

26 O insensato olhará da janela para uma casa: mas o homem discreto estará posto de fora.

27 Indício é de homem insensato pôr-se a escutar pela porta: e ao prudente será insuportável esta baixeza.

28 Os lábios dos imprudentes dirão fatuidades: mas as palavras dos homens prudentes serão pesadas na balança.

29 Na boca dos insensatos está o seu coração: e no coração dos sábios se acha a sua boca.

30 Quando o ímpio amaldiçoa ao diabo, amaldiçoa ele mesmo a sua alma.

31 O mexeriqueiro contaminará a sua alma, e entre todos será aborrecido: e o que ficar com ele será odioso: o homem calado e prudente será honrado.

Preguiça e falta de educação

22 Com pedra enlodada foi apedrejado o preguiçoso, e todos falarão do vilipêndio dele.

2 Com bosta de bois foi apedrejado o preguiçoso: e todo o que tocar sacudirá as mãos.

3 O filho mal disciplinado é a vergonha do pai: e a filha será em mais baixa estimação reputada.

4 A filha prudente é uma herança para seu marido: mas aquela cujo procedimento envergonha, é talhada para a desonra de seu pai.

5 A mulher atrevida cobre de confusão a seu pai e a seu marido e não será inferior aos ímpios, e de um e de outro andará desestimada.

6 Um discurso fora de propósito é como a música no luto: o castigo e a doutrina em todo o tempo é sabedoria.

Triste sorte do insensato

7 Aquele que ensina ao insensato, é como o que quer tornar a unir os cacos de um vaso quebrado.

8 O homem que se põe a contar alguma coisa ao que o não ouve, é como o que desperta dum pesado sono a quem nele está agarrado.

9 Aquele que fala da sabedoria a um insensato, é como o que fala com um dormente: e no fim do discurso diz: Quem é este?

10 Chora sobre o morto, porque lhe faltou a luz: e chora sobre o insensato, porque lhe falta o sentido.

11 Chora pouco sobre o morto porque ele entrou no descanso.

12 Porque a muito malvada vida do homem malvadíssimo é pior do que a morte do insensato.

13 O choro sobre o morto é por sete dias: mas o que merece o insensato e ímpio estende-se a todos os dias da sua vida.

14 Não fales muito com o imprudente, e não caminhes com o insensato.

15 Guarda-te dele, para que não tenhas moléstia, e não serás contaminado com o seu pecado.

16 Desvia-te dele, e acharás descanso, e não te azedarás com ele pela sua estultícia.

17 Que coisa haverá mais pesada do que o chumbo? E que outro nome pode quadrar melhor do que este ao insensato?

18 É mais fácil de levar a areia, e o sal, e quaquer massa de ferro, do que o homem imprudente, e insensato, e ímpio.

A firmeza

19 A travação de madeira com firme engradamento disposta no alicerce do edifício, não se desunirá: assim também o coração firmado no sólido pensamento do conselho.

20 A resolução do homem sensato não se enfraquecerá com o medo, seja em que tempo for.

21 Bem como uma armação de paus posta
em lugares elevados, e como as paredes de
pedra em sosso não se conservarão em pé
contra a violência do vento: 22 assim também o coração do insensato tímido nos seus
pensamentos não resistirá contra o ímpeto do
temor.

23 Assim como o coração do insensato medroso nos seus pensamentos, não temerá em

tempo algum, assim também o que insiste sempre nos preceitos de Deus.

Respeito à amizade

24 Aquele que pica o olho, faz sair dele lágrimas: e o que pica o coração, excita sentimento.
25 Aquele que atira com uma pedra aos pássaros, fá-los-á tomar o vôo: assim também aquele que diz injúrias ao seu amigo desfaz a amizade.
26 Não obstante haveres tu arrancado a espada contra o teu amigo, não desesperes: porque ainda há regresso. Ao amigo, 27 se abrires a boca, proferindo palavras de desabrimento, não temas: porque ainda há reconciliação: exceto quando se chegou a romper em afrontas, e impropérios, e orgulhoso desdém, e revelação de segredo, e ferida à traição: em todo estes casos fugirá de ti o amigo.
28 Guarda fé ao teu amigo na sua pobreza, para que também te alegres com ele nas suas prosperidades.
29 Conserva-te sempre fiel a ele no tempo da sua tribulação, para que também sejas o co-herdeiro na sua herança.
30 Antes que apareça o fogo, sai o vapor da fornalha, e se eleva em alto fumo: assim também as injúrias, e ultrajes, e ameaças precedem a efusão de sangue.
31 Eu não me envergonharei de saudar ao meu amigo, não me esconderei da sua presença: e se me vierem males por amor dele, sofrê-los-ei.
32 Toda a pessoa que isto ouvir se acautelará dele.

Oração para ser preservado do pecado

33 Quem porá guarda à minha boca, e um selo inviolável sobre os meus lábios, para que eu não caia por sua causa e para que a minha língua me não perca?

23 Senhor, que és meu Pai, e Supremo Árbitro da minha vida, não me deixes à discrição dos lábios: nem permitas que eu caia por ocasião deles.
2 Quem porá sobre o meu pensamento o freio das correções, e no meu coração a doutrina da sabedoria, para que nas ignorâncias dos mesmos lábios elas me não perdoem, e não apareçam os seus delitos,
3 e para que não suceda que venham a crescer as minhas ignorâncias, e se multipliquem os meus delitos, e se aumente os meus pecados, e caia eu diante dos meus adversários, e folgue de me ver arruinado o meu inimigo?
4 Senhor, que és meu Pai, e Deus da minha vida, não me abandones ao arbítrio deles.
5 Não me dês a altiveza de meus olhos e afasta de mim toda a cobiça.
6 Tira de mim os apetites do ventre, e não se apoderem de mim as concupiscências do ato carnal, e não me entregues a uma alma sem vergonha e sem recato.

Disciplina da língua

7 Ouvi, filhos, a doutrina que vos dou sobre a moderação da língua: e aquele que a guardar, não perecerá pelos lábios, nem cairá em ações péssimas.
8 O pecador é colhido na sua vaidade, e o soberbo e o maléfico achará nela tropeços.
9 A tua boca não se acostume ao juramento, porque nele se dão quedas por muitos modos.
10 A nomeação pois do nome de Deus não seja freqüente na tua boca, e não te mistures com os nomes dos santos: porque nisto não serás isento de falta.
11 Porque bem como o escravo que continuamente é posto em tortura, não se acha com diminuição nas lívidas pisaduras do corpo: assim todo o homem que jura, e que a cada passo está tomando na boca o nome de Deus, não será de todo isento de pecado.
12 O homem que jura muito, será cheio de iniqüidade, e não se apartará de sua casa o flagelo.
13 E se não fizer o que prometeu com juramento, o seu pecado será sobre ele: e se faltar a isso por desprezo, peca em dobro.
14 E se jurar em vão, não será justificado: porque a sua casa será cheia de merecida recompensa.
15 Há também outra palavra que está em paralelo com a morte, ela se não ache nunca na herança de Jacó.
16 Porque tudo isto será retirado dos homens pios, e eles não serão envoltos em tais pecados.
17 A tua boca não se acostume a palavras indiscretas: porque nelas se acha com efeito o pecado.
18 Lembra-te do teu pai e tua mãe, pois estás no meio dos magnates: 19 para que Deus não se esqueça talvez de ti diante desses mesmos grandes, e para que enfatuado tu com o contínuo trato, que tens com eles, não padeças algum impropério, e não venhas a desejar antes não ter nascido, e amaldiçoes o dia do teu nascimento.

20 O homem acostumado a dizer palavras
de impropério, nunca em dias de sua vida se
corrigirá.

Luxúria e adultério

21 Duas sortes de pessoas abundam em pe-
cados: e a terceira chama para si a ira, e a
perdição.
22 A alma acesa como um fogo ardente não
se extinguirá, até não devorar alguma coisa:
23 e o homem mau no apetite da sua carne
não cessará até não acender o fogo.
24 Todo pão é doce para o homem forni-
cário, não cansará de pecar até o fim.
25 Todo o homem que viola a fé do pró-
prio tálamo conjugal, que despreza a sua al-
ma, e diz: Quem é que me vê?
26 As trevas me cercam, e as paredes me
cobrem, e ninguém de parte alguma olha para
mim: de quem tenho eu receio? O Altíssimo
não se lembrará dos meus pecados.
27 E não considera que o olho do Senhor
vê todas as coisas, porque semelhante temor
humano expele de si ao temor de Deus, e os
olhos dos homens são unicamente os que o
fazem temer:
28 E não chegou a alcançar que os olhos do
Senhor são mais luminosos do que o sol, que
em torno estão vendo todos os caminhos dos
homens, e que penetram o profundo do abis-
mo, e os corações dos mesmos homens até os
mais ocultos esconderijos.
29 Porque o Senhor Deus assim como co-
nhecia todas as coisas do mundo, antes de as
ter criado: assim também agora depois que
Ele as criou as vê todas.
30 Este tal será punido nas ruas públicas
e posto em fugida como um potro de égua: e
onde ele menos o espere, será apanhado.
31 E todos os terão por um objeto de de-
sonra, por isso mesmo que não compreendeu
o temor do Senhor.
32 Assim perecerá também toda a mulher
que deixa a seu marido, e que lhe dá por
herdeiro o fruto dum alheio matrimônio:
33 porque primeiramente ela foi desobedien-
te à lei do Altíssimo: secundariamente pecou
contra seu marido: em terceiro lugar no adul-
tério, que cometeu, violou a castidade conju-
gal, e se deu a si filhos de outro que não era
seu consorte.
34 Esta mulher será levada à junta do po-
vo, e ali se fará uma exata inquirição sobre
seus filhos.
35 Os seus filhos não lançarão raízes, e os
ramos dela não darão fruto.
36 Ela deixará ficar para maldição a sua
memória, e nunca jamais se apagará a sua
infâmia.
37 E os que ficarem depois dela conhecerão
que não há coisa melhor do que o temor de
Deus: e que nada há mais doce do que olhar
para os mandamentos do Senhor.
38 É grande glória seguir ao Senhor: por-
que Ele é o que há de dar dias sem fim.

VI. A SABEDORIA E AS RELAÇÕES SOCIAIS

Elogio da Sabedoria

24 A sabedoria louvará a sua alma, e se
honrará em Deus, e se gloriará no meio
do seu povo, 2 e abrirá a sua boca nas as-
sembléias do Altíssimo, e se gloriará à vista
do poder do Senhor, 3 e será exaltada no meio
do seu povo, e será admirada na plenitude dos
santos, 4 e na multidão dos escolhidos terá
louvor, e entre os benditos será bendita, di-
zendo: 5 Eu saí da boca do Altíssimo a pri-
mogênita antes de todas as criaturas. 6 Eu fiz
com que nascesse nos céus uma luz que nunca
falta e como névoa cobri toda a terra. 7 Eu
habitei nos lugares mais altos, e o meu trono
é sobre uma coluna de nuvem. 8 Eu só rodeei
o giro do céu, e penetrei a profundidade do
abismo, andei sobre as ondas do mar, 9 e es-
tive em toda a terra: e em todo o povo, 10 e
entre todas as nações tive a primazia: 11 e pi-
sei com o meu poder os corações de todos os
grandes e pequenos: e em todos estes busquei
o descanso, e assentarei a minha morada na
herança do Senhor.
12 Então o Criador do universo me deu os
seus preceitos, e me falou: e aquele que me
criou, descansou no meu tabernáculo, 13 e me
disse: Habita em Jacó, e possui a tua herança
em Israel, e lança raízes nos meus escolhidos.
14 Eu fui criada desde o princípio, e antes
dos séculos, e não deixarei de ser em toda a
sucessão das idades, e exercitei diante dele o
meu ministério na morada santa.
15 E fui assim firmada em Sião, e repousei
igualmente na cidade santificada, e em Jeru-
salém está o meu poder.
16 E me vim a arraigar num povo honrado,
e nesta porção do meu Deus que é a sua he-
rança, e na plenitude dos santos, onde se acha
a minha assistência.
17 Crescendo me elevei como cedro no Lí-
bano, e como cipreste no monte Sião: 18 eu

lancei em alto os meus ramos, como a pal-
meira em Cades, e como as plantas das rosas
em Jericó: 19 eu me elevei como uma formo-
sa oliveira nos campos, e como o plátamo nas
praças à borda d'água.
20 Difundi um cheiro como o cinamomo,
e o bálsamo aromático, espalhei como mirra
escolhida suavidade de cheiro.
21 E perfumei a minha habitação, com es-
toraque, e gálbamo, e ônix, e gota, e como in-
censo do Líbano que não é tirado por incisão,
e a minha fragrância é como a do bálsamo
sem mistura.
22 Eu estendi os meus ramos, como o te-
rebinto, e os meus ramos são ramos de honra
e de graça.
23 Eu como vide lancei flores dum agra-
dável cheiro: e as minhas flores são frutos
de honra e de honestidade.
24 Eu sou a mãe do amor formoso, e do
temor, e do conhecimento, e da santa espe-
rança.
25 Em mim há toda a graça do caminho e
da verdade, em mim toda a esperança da vida
e da virtude.
26 Passai-vos a mim todos os que me cobi-
çais, e enchei-vos dos meus frutos: 27 porque
o meu espírito é mais doce do que o mel, e a
minha herança vence em doçura o mel e o
favo.
28 A minha memória durará por todas as
gerações dos séculos.
29 Aqueles que me comem, terão ainda fo-
me: e os que me bebem, terão ainda sede.
30 Aquele que me ouve, não será confun-
dido: e os que obram por mim, não pecarão.
31 Aqueles que me esclarecem, terão a vida
eterna.

A Sabedoria e a Lei

32 Tudo isto é o livro da vida, e o testa-
mento do Altíssimo, e o conhecimento da ver-
dade.
33 Moisés entregou a lei nos preceitos da
justiça, e a herança para a casa de Jacó, e as
promessas para Israel.
34 O Senhor prometeu a Davi, seu servo,
que faria sair dele um rei fortíssimo, e que se
assentasse no trono de glória para sempre.
35 Ele que difunde a sabedoria como o Fi-
son as suas águas, e como o Tigre nos dias
dos novos frutos. 36 Que enche o entendi-
mento como o Eufrates: que transborda como
o Jordão no tempo da ceifa. 37 Que envia a
disciplina como luz, e que aumenta as suas
águas como o Geon na conjunção da vin-
dima.
38 Ele é o que tem a primazia no cabal co-
nhecimento da mesma sabedoria, e o mais
fraco não a poderá rastejar. 39 Porque os seus
pensamentos são mais vastos do que o mar,
e os seus conselhos mais profundos do que o
grande abismo.
40 Eu sou a sabedoria que de mim fiz cor-
rer os rios.
41 Eu como um regato de água imensa de-
rivada dum rio, eu como canal duma ribeira,
e como aqueduto saí do paraíso.
42 Eu disse: Regarei as plantas do meu
prado.
43 E eis aqui se fez o meu regato um cau-
daloso rio, e o meu rio veio a competir com
um grande mar: 44 porque a luz da doutrina
com que a todos ilustro é como a luz da ma-
drugada, e eu a manifestarei por toda a su-
cessão os séculos.
45 Penetrarei todas as partes inferiores da
terra, e lançarei os olhos por todos os que
dormem, e esclarecerei a todos os que espe-
ram no Senhor.
46 Eu espalharei ainda uma doutrina como
profecia, e deixá-la-ei aos que andam em bus-
ca da sabedoria, e não cessarei de a derramar
pela descendência deles até o século santo.
47 Vede que eu não trabalhei só para mim,
mas para todos os que buscam a verdade.

Coisas desejáveis e coisas detestáveis

25 De três coisas se dá por bem pago o meu
espírito, as quais têm a aprovação dian-
te de Deus, e dos homens.
2 A concórdia dos irmãos, e o amor dos
próximos, e o marido e a mulher que se dão
entre si.
3 Três sortes há de pessoas que a minha
alma aborrece, e cuja vida me é incomportá-
vel: 4 Um pobre soberbo: um rico mentiroso:
um velho fátuo e insensato.

Maturidade da velhice

5 Como acharás tu na tua velhice, que o
não ajuntaste na tua mocidade?
6 Quão belo é às cãs o juízo, e aos anciãos
o ter conhecimento do conselho!
7 Quão bem parece a sabedoria nos velhos,
e a inteligência, e o conselho nas pessoas de
alta jerarquia!
8 A experiência consumada é a coroa dos
velhos, e o temor de Deus é a sua glória.

As dez bem-aventuranças

9 Nove coisas tive por grandes que o cora-
ção humano está bem longe de suspeitar de

serem tais e quanto à décima esforçarei a minha língua para a dizer aos homens.

10 Um homem, que acha a sua alegria em seus filhos, o que vive e chega a ver a ruína de seus inimigos.

11 Ditoso aquele que habita com uma mulher de bom senso, e que não caiu pela sua língua, e que não serviu a pessoas indignas dele.

12 Ditoso o que acha um amigo verdadeiro, e o que fala da justiça a um ouvido que lhe dá atenção.

13 Que grande é aquele que acha a sabedoria, e a ciência! Porém com tudo isso não tem vantagem sobre aquele que teme ao Senhor.

14 O temor de Deus se elevou sobre tudo:
15 Bem-aventurado o homem, a quem foi conferido o dom de ter o temor de Deus: com quem se comparará aquele que o possui?

16 O temor de Deus é o princípio do seu amor: mas inseparavelmente se lhe deve ajuntar um princípio de fé.

Malícia da mulher

17 A tristeza do coração é uma praga universal: e a maldade da mulher é uma consumada malícia.

18 E sofrerá qualquer toda a chaga, porém
não a chaga do coração: 19 e toda a malícia,
porém não a malícia da mulher.

20 E toda a calamidade, porém não a cala-
midade dos que nos têm ódio: 21 e toda a
vingança, porém não a vingança que vem dos
inimigos.

22 Não há cabeça pior do que a cabeça da
cobra: 23 e não há ira sobre a ira da mulher.
Será melhor expediente viver com um leão e com um dragão, do que habitar com uma mulher má.

24 A malignidade da mulher a faz de todo
mudar de rosto: e a reveste dum ar ferozmen-
te sombrio como um urso: e a mostra tal co-
mo um cilício. No meio de seus vizinhos,
25 gemeu o seu marido, e ouvindo suspirou
um pouco.

26 Toda a malícia é leve em comparação da malícia da mulher: sobre ela caia a sorte dos pecadores.

27 Assim como é para os pés dum velho a subida por areia, do mesmo modo é para o homem quieto a mulher desbocada.

28 Não olhes para a formosura da mulher, e não desejes uma mulher pela sua formosura.

29 A ira da mulher, e a sua audácia, e a confusão que a segue é grande.

30 Se a mulher tem o primeiro lugar no mando, ela se levanta contra seu marido.

31 A mulher má é o abatimento do coração, e a tristeza do rosto, e a chaga do interior.

32 Mulher que não faz ditoso a seu marido, é o enfraquecimento das suas mãos, e a debilitação dos seus joelhos.

33 Da mulher nasceu o princípio do pecado, e por ela é que todos morremos.

34 Não dês saída à tua água, nem por uma imperceptível abertura: nem à mulher má liberdade de sair a público.

35 Se não andar sempre debaixo da tua mão, ela te cobrirá de confusão à vista de teus inimigos.

36 Separa-te dela quanto ao corpo, a fim de que não abuse sempre de ti.

Virtudes e maldades da mulher

26 Bem-aventurado o homem que tem uma virtuosa mulher: porque dobrado será o número dos seus anos.

2 A mulher forte é a alegria de seu marido, e ela lhe fará encher em paz a carreira dos anos da sua vida.

3 A mulher virtuosa é uma sorte excelente, ela, como em prêmio dos que temem a Deus, será dada ao homem pelas suas boas obras:

4 E estará satisfeito o coração dum e de outro, seja rico ou pobre: o seu rosto ver-se-á alegre em todo o tempo.

5 De três coisas se receou o meu coração,
e com a quarta esmoreceu o meu semblante:
6 Da delação duma cidade: e do levantamen-
to dum povo mancomunado: 7 da calúnia
mentirosa, coisas todas mais incomportáveis
do que a morte: 8 mas a mulher ciosa é a dor,
e o triste pranto do coração.

9 Na mulher ciosa se acha o flagelo da língua, o qual a todos se comunica.

10 Assim como é o jugo dos bois, que está largo, assim também é a mulher má: o que a toma, é como quem toma um escorpião.

11 A mulher dada ao vinho é uma grande irritação: e a sua ignomínia, e infâmia não será oculta.

12 A prostituição da mulher reconhecer-se-á na altiveza dos olhos, e nas suas pálpebras.

13 Dobra a tua vigilância a respeito da filha, que não tem recolhimento: para que não abuse de si, achada que seja a ocasião.

14 Vigia sobre todo o desavergonhamento dos seus olhos, e não estranhes se ela te desprezar.

15 Ela bem como o viandante sequioso abrirá a boca para se saciar na fonte, e beberá de

toda a água que tiver à mão, e sobre toda a
estaca se assentará, e a toda a seta abrirá a
aljava até mais não poder.
16 A graça duma mulher cuidadosa delei-
tará a seu marido, e lhe infundirá vigor até
aos ossos. 17 A boa criação dela é um dom de
Deus. 18 Sendo uma mulher sensata e amiga
do silêncio, não admite comutação a sua alma
instruída.
19 A mulher santa, e cheia de pudor, é uma
graça sobre outra graça. 20 Pois todo o pre-
ço é nada em comparação duma alma conti-
nente.
21 Tal qual é o sol para o mundo quando
nasce nas alturas de Deus, assim é a gentileza
duma mulher boa para ornamento da sua
casa.
22 Também a graciosidade do rosto numa
idade madura é como um resplandecente lu-
me sobre o candeeiro santo.
23 Do mesmo modo os pés que se firmam
sobre as plantas da mulher constante são co-
mo umas colunas de ouro sobre bases de
prata.
24 Os mandamentos de Deus são no cora-
ção da mulher santa, como uns fundamentos
eternos sobre a pedra sólida.

Três coisas irritantes

25 Com duas coisas se entristeceu o meu
coração, e pela terceira veio a atear-se em
mim a ira:
26 Um homem de guerra que perece à mín-
gua: e um homem sábio que é desprezado:
27 e aquele passa da justiça ao pecado, a este
último tem Deus reservado para os fios da
espada.

Perigos do comércio

28 Duas sortes de coisas me pareceram di-
fíceis, e perigosas: Dificultosamente se despe
da negligência o que negocia: e o estalajadeiro
não se isentará dos pecados de seus lábios.

27 Por causa da pobreza muitos delinqüi-
ram: e aquele que procura enriquecer-se,
aparta a sua mira. 2 Bem como se finca um
pau no meio da juntura de duas pedras, as-
sim também entre a venda e a compra me-
diará o pecado com uma união mui estreita.
3 O delito será esmigalhado com o delinqüen-
te.
4 Se te não mantiveres firmemente no te-
mor do Senhor, depressa a tua casa será ar-
ruinada.

Como provar os homens

5 Bem como na sacudidura do crivo ficará
o pó, assim a perplexidade do homem se acha
no seu pensamento.
6 O forno prova os vasos do oleiro, e aos
homens justos a tentativa da tribulação.
7 Bem como o cuidado que se tem da ár-
vore se dá a conhecer pelo seu fruto, assim
descobre ao homem a palavra nascida do mo-
do de pensar do seu coração.
8 Não louves ao homem antes dele falar:
porque esta é a prova dos homens.

Busca da justiça

9 Se seguires a justiça, apanhá-las-ás: e de-
la te revestirás como duma vestidura talar de
honra, e com ela habitarás, e ela te protegerá
para sempre, e no dia do reconhecimento
acharás firmeza.
10 As aves chegam-se para os seus seme-
lhantes: e a verdade tornará para aqueles que
prezam o trato dela.
11 O leão está sempre à espreita da preia:
assim os pecados aos que obram iniqüidades.

Conversão dos tolos

12 O homem santo permanece na sabedoria
como o sol: o insensato porém muda-se como
a lua.
13 No meio dos insensatos guarda a pala-
vra para seu tempo: mas acha-te de contínuo
entre os que pensam.
14 A conversão dos pecadores se faz odiosa,
e o seu riso é sobre as delícias do pecado.
15 A língua que muito jura fará arripiar os
cabelos da cabeça: e a sua irreverência fará
tapar os ouvidos.
16 Na bulha dos soberbos há efusão de san-
gue: e é coisa pesada ouvir as suas maldições.

A discrição, salvaguarda da amizade

17 Aquele que descobre os segredos do
amigo, perde o crédito, e não achará amigo
à sua satisfação.
18 Ama a teu próximo, e une-te a ele com
lealdade. 19 Mas se descobrires os seus se-
gredos, não vás após dele.
20 Porque assim como se porta o homem
que arruína ao seu amigo, assim também o
que destrói a amizade do seu próximo.
21 E assim como aquele, que deixa ir da
sua mão o pássaro, assim tu abandonaste ao
teu próximo, e não o conciliarás mais. 22 Não
o sigas, porque já estás muito distante: fugiu
pois do laço como uma cabra montesa: por-
quanto ficou ferida a sua alma: 23 não pode-

rás atar-lhe já daí por diante a ferida. E da
má palavra há reconciliação: 24 mas o reve-
lar os segredos do amigo, é desesperação du-
ma alma infeliz.

A hipocrisia

25 O que acena com o olho forja maus de-
sígnios, e ninguém o lançará de si. 26 À vista
de teus olhos adoçará a sua boca, e fará ad-
mirações sobre os teus discursos: ultimamen-
te porém mudará de linguagem, e nas tuas
palavras porá tropeço.
27 Muitas coisas aborreço, mas nenhuma
igualei na aversão a este tal, e o Senhor o
aborrecerá também.

Justiça imanente

28 Quando qualquer lança uma pedra ao
alto, ela cairá sobre a sua cabeça: e a ferida
à traição abrirá as feridas do traidor.
29 E o que abre a cova, cairá nela: e o que
põe uma pedra no caminho para tropeço do
próximo, tropeçará nela: e o que arma um
laço a outrem, nele perecerá.
30 O conselho malvadíssimo recairá sobre
o mesmo que o forja, e não reconhecerá de
onde lhe vem.
31 A irrisão, e o impropério é de soberbos,
e a vingança lhes sairá de emboscada, como
um leão.
32 Aqueles que se deleitam com a queda
dos justos perecerão no laço, e a dor os con-
sumirá antes que morram.
33 A ira e o furor são duas coisas execrá-
veis, e o homem pecador as terá em si mesmo.

A vingança

28 Aquele que quer vingar-se encontrará a
vingança do Senhor, e Ele lhe reserva-
rá para sempre os seus pecados.
2 Perdoa ao teu próximo o mal que te faz:
e então deprecando tu, ser-te-ão perdoados os
pecados.
3 O homem guarda a sua ira para outro
homem, e pede a Deus remédio?
4 Ele não tem compaixão dum homem seu
semelhante, e pede perdão dos seus pecados?
5 Ele sendo carne conserva rancor, e pede
propiciação a Deus? Quem lhe alcançará pe-
los seus delitos?
6 Lembra-te dos teus novíssimos, e deixa de
nutrir inimizades: 7 porque a corrupção e a
morte estão a cair sobre aqueles que quebran-
tam os mandamentos do Senhor.
8 Lembra-te do temor de Deus, e não te ires
contra o teu próximo.
9 Lembra-te da Aliança do Altíssimo, e não
faças caso da ignorância do próximo.

Desavenças

10 Abstém-te do litígio, e diminuirás os pe-
cados: 11 porque o homem iracundo acende
a pendência, e o homem pecador perturbará
aos amigos, e no meio dos que têm paz me-
terá inimizade.
12 Porque o fogo, à proporção da madeira
do bosque, assim se ateia: e conforme o po-
der do homem, assim será a sua iracúndia, e
segundo a sua riqueza aumentará a sua ira.
13 A contenda precipitada acende fogo: e
a demanda acelerada derrama sangue: e a
língua que testifica traz morte.
14 Se assoprares a faísca, ela como fogo se
inflamará, e se cuspires sobre ela, se apa-
gará: sendo que uma e outra coisa da boca
nasce.

Crimes da língua

15 O mexeriqueiro e o homem de duas lín-
guas é maldito: porque porá em perturbação
a muitos que têm paz.
16 A língua de um terceiro inquietou a
muitos e os espalhou de povoação em po-
voação.
17 Ela destruiu as cidades muradas cheias
de homens ricos, e fez derribar as casas dos
grandes.
18 Ela desbaratou as forças dos povos, e
desfez as nações fortes.
19 A língua de um terceiro fez expulsar as
mulheres varonis, e as privou do fruto de seus
trabalhos.
20 Aquele que a atende, não terá descanso,
nem terá amigo em quem repouse.
21 O golpe do flagelo faz nódoas roxas:
mas o golpe da língua esmigalhará os ossos.
22 Muitos morreram passados ao fio da es-
pada, porém não tantos como os que mor-
reram pela sua língua.
23 Bem-aventurado aquele que está seguro
da má língua, que não passou pela ira dela,
e que não atraiu para cima de si o seu jugo,
e não foi ligado nas suas cadeias: 24 porque
o seu jugo é um jugo de ferro: e as suas ca-
deias são umas cadeias de bronze.
25 A morte que ela causa, é uma morte des-
graçadíssima: e mais vantajosa é a sepultura
do que ela.
26 A sua perseverança não durará, mas ela
se ensenhoreará dos caminhos dos injustos: e
com a sua chama, não queimará aos justos.
27 Os que deixam a Deus, cairão nela e
arderá neles, e não se apagará, e se lançará

sobre eles como um leão, e como um leopar-
do os atassalhará.
28 Cerca os teus ouvidos com espinhos, não
queiras ouvir a língua danada, e põe na tua
boca portas, e fechaduras.
29 Funde o teu ouro e a tua prata, e faze
uma balança para pesares as tuas palavras, e
um justo freio para reprimires a tua boca:
30 e olha não escorregues acaso com a língua,
e caias diante dos teus inimigos, que te armam
ciladas, e venha a tua queda a ser incurável
e mortal.

Empréstimos

29 Aquele que usa de misericórdia, empres-
ta ao seu próximo: e aquele que é de
mãos liberais guarda os mandamentos.
2 Empresta a teu próximo no tempo da sua
necessidade, mas tu também restitui o seu ao
próximo no devido tempo.
3 Mantém a tua palavra, e trata fielmente
com ele: e em todo o tempo acharás o que te
é necessário.
4 Muitos olharam para o que se lhes em-
prestou, como para uma coisa que eles acha-
ram, e deram pena àqueles que os ajuda-
ram.
5 Eles beijam as mãos do que lhes empres-
ta o seu dinheiro, até que o tenham recebido,
e nas promessas que lhe fazem abaixam com
submissão a sua voz: 6 mas chegando o pra-
zo em que um destes deve pagar a dívida, pe-
dirá espera, e dirá palavras de enfado e de
murmuração, e escusar-se-á com o tempo: 7 e
se puder pagar, ele primeiramente repugnará
a isso, depois dará apenas a metade do capi-
tal, e a reputará como uma coisa achada: 8 e
senão, defraudará ao credor do seu didnheiro,
e sem causa alguma o ficará tendo por inimi-
go: 9 e lhe pagará com injúrias e más pala-
vras, e pela honra e benefício recebido lhe
corresponderá com ultrajes.
10 Muitos deixaram de emprestar não por
desumanidade, mas porque temeram ser de-
fraudados sem o merecerem.

Compaixão com os pobres

11 Apesar de tudo isto, sê tu mais generoso
no teu ânimo para com o humilde, e havendo
de lhe dar esmola não lha andes procrasti-
nando.
12 Por causa do mandamento acode ao po-
bre: e não o deixes ir com as mãos vazias em
atenção da sua indigência.
13 Perde o teu dinheiro por amor do teu ir-
mão e, do teu amigo: e não o escondas de-
baixo duma pedra para ficar perdido.
14 Põe o teu tesouro nos preceitos do Altís-
simo, e isto te aproveitará mais do que o ouro.
15 Encerra a esmola no coração do pobre,
e ela rogará por ti para te livrar de todo o
mal. 16 Ela pelejará contra teu inimigo 17 de-
fendendo-te mais do que o escudo, 18 e mais
do que a lança do esforçado.

A fiança

19 O homem de bem dá fiança pelo seu
próximo: e o que houver perdido a vergonha,
o abandonará para que lá se avenha.
20 Não te esqueças nunca da graça que te
fez o que ficou por teu fiador: porque ele ex-
pôs a sua alma por te valer.
21 O pecador e o impuro foge do fiador.
22 O pecador se apropria a si os bens do
que ficou por seu fiador: e sendo ele de cora-
ção ingrato desamparará ao seu libertador.
23 Um homem fica por fiador de seu pró-
ximo: e quando este tal tiver perdido a vergo-
nha, será dele desamparado.
24 O meter-se a afiançar com demasiada in-
consideração tem perdido a muitos que iam
bem nos seus negócios, e os deixou agitados
como ondas do mar.
25 Ela fez mudar de habitação a homens
poderosos trazendo-os num contínuo giro, e
assim andaram vagabundos entre nações es-
tranhas.
26 O pecador que viola o mandamento do
Senhor, se meterá a responder indiscreta-
mente por outro: e aquele que empreende
muitos negócios, cairá no rigor do juízo.
27 Assiste ao teu próximo conforme as pos-
ses que tiverem para isso, mas olha por ti,
não caias tu também.

Sobriedade e discrição

28 O essencial da vida do homem é a água
e pão, e vestido, e casa que cubra o que o
pejo quer que esteja escondido.
29 Aquilo que o pobre come debaixo de
qualquer coberta de paus é melhor do que o
esplêndido das iguarias em região estranha
sem domicílio próprio.
30 O pouco te contente como o muito, e
não ouvirás os impropérios que sofre o que
anda fora da sua terra.
31 Vida desgraçada é a daquele que se anda
hospedando de casa em casa: e em toda a
parte em que for hóspede, não obrará com
confiança, nem ousará abrir a boca.
32 Ele noutras ocasiões terá hospedado a
outros, e terá dado de comer, e de beber a
ingratos e depois disto ouvirá coisas que lhe
amarguem.

33 Anda, hóspede, e vai pôr a mesa: e dá de comer aos mais do que tens à mão.

34 Retira-te da presença de meus amigos a quem devo honrar: eu necessito indispensavelmente da minha casa para receber nela a meu irmão.

35 São pesadas estas duas coisas para um homem que tem bom senso: As batibarbas do que nos hospedou em sua casa e os insultos de um credor.

Educação dos filhos

30 Aquele que ama a seu filho, castiga-o com freqüência, para que ele se alegre com isso nos últimos tempos da sua vida, e não vá mendigar às portas dos outros.

2 Aquele que ensina a seu filho, nele será louvado, e nele mesmo se gloriará no meio dos seus domésticos.

3 Aquele que ensina a seu filho, excita à emulação a seu inimigo, e entre os seus amigos se gloriará nele.

4 Morreu o pai dele, e foi como se não morrera: porque deixou depois de si um seu semelhante.

5 Em sua vida o viu, e nele se alegrou: em sua morte não se entristeceu, nem se envergonhou diante dos seus inimigos.

6 Porque deixou um defensor da sua casa contra os inimigos dela, e quem fosse agradecendo aos amigos.

7 Pelas almas dos filhos atará as suas feridas, e sobre toda a voz se turbarão as suas entranhas.

8 Um cavalo indómito faz-se intratável, e um filho deixado à sua vontade sairá precipitado.

9 Anima a teu filho, e te fará andar assustado: brinca tu com ele, e ele te entristecerá.

10 Não te ponhas a rir com ele, para que lhe não sintas as dores, e não te desbotem no fim os dentes.

11 Não lhe dês largas na sua mocidade, e não desprezes as suas intenções.

12 Encurva-lhe a cerviz na mocidade, e zurze-lhe as suas ilhargas enquanto é menino, para que não suceda talvez endurecer-se e não te obedeça, e venha a ser pelo tempo adiante a dor da tua alma.

13 Ensina a teu filho, e trabalha pelo formar, para que não tropeces na sua afronta.

Saúde

14 Um pobre são, e alentado de forças, vale mais do que um rico fraco, e atormentado de doenças.

15 A saúde da alma em santidade de justiça é melhor do que todo o ouro e prata: e o corpo robusto vale mais do que imensos bens.

16 Não há riquezas maiores do que as da saúde do corpo: nem contentamento que seja igual a alegria do coração.

17 Melhor é a morte do que a vida amargurada: e o descanso eterno do que um achaque perseverante.

18 Os bens escondidos na boca cerrada são como as cobertas de um banquete postas em torno de um sepulcro.

19 De que servirá ao ídolo a oblação? Pois
que ele nem a comerá, nem lhe tomará o chei-
ro: 20 assim acontece ao que é perseguido pelo
Senhor, levando o pago da sua iniqüidade:
21 Vendo com seus olhos, e gemendo como
um enunuco que abraça a donzela e suspira.

A alegria do coração

22 Não dês tristeza à tua alma, e não te afligas a ti mesmo no teu conselho.

23 O júbilo do coração esse é a vida do homem, e um tesouro inexaurível de santidade: e o regozijo do homem é a longura da sua vida.

24 Tem piedade com a tua alma fazendo-te agradável a Deus, e contém-te: reúne o teu coração na santidade do mesmo Deus, e afugenta para longe a ti a tristeza.

25 Porque a tristeza tem morto a muitos, e não há utilidade nela.

26 A inveja e a ira abreviam os dias, e o cuidado fará chegar a velhice antes do tempo.

27 Um coração desassombrado, e bom, está em banquetes: porque as suas iguarias se lhe preparam com diligência.

Infelicidade do avarento

31 A vigília que se tem para ajudar bens definhará as carnes e a aplicação a isto tirará o sono.

2 O pensamento inquieto sobre o que há de suceder traz alienado o sentido, e a enfermidade grave faz a alma sóbria.

3 Trabalhou o rico por ajuntar fazenda, e no descanso do próprio tráfego será cheio dos seus bens.

4 Trabalhou o pobre defraudando-se do sustento, e no fim acha-se necessitado.

5 Aquele que ama o ouro, não será justificado: e aquele que vai no alcance da corrupção, será cheio dela.

6 Muitos deram quedas por causa do ouro, e na vista refulgente deste consistiu a perdição daqueles.

7 Lenho de tropeço é o ouro dos que lhe fazem sacrifícios: ai daqueles que vão após dele, e todo o imprudente perecerá por ele.

8 Bem-aventurado o rico, que foi achado sem mancha e que se não deixou ir após o

ouro, nem esperou no dinheiro, nem nos te-
souros.
9 Quem é este, e nós o louvaremos? Porque
fez coisas maravilhosas em sua vida.
10 Ao que foi provado no ouro, e se achou
ser perfeito, isto lhe servirá de glória eterna:
o que pode transgredir a lei de Deus, e não a
transgrediu: o que pode fazer mal e não o fez:
11 por isso os seus bens foram assegurados
no Senhor, e toda a igreja dos santos celebrará
as suas esmolas.

Refeições e banquetes

12 Sentaste-te a uma grande mesa? Não sejas
o primeiro que sobre ela abras a tua gargan-
ta.
13 Não digas assim: Muitas são as iguarias
que há sobre ela. 14 Lembra-te que é má coisa
um olho maligno: 15 que coisa há entre as
criaturas pior do que o olho? Por isso ele ba-
nhará de lágrimas todo o seu rosto: quando
olhar.
16 Não sejas o primeiro que estendas a tua
mão, e notado pela inveja te venhas a cobrir
de rubor.
17 Não te portes com desatenta sofreguidão
no banquete. 18 Por ti mesmo entende o que
convém a teu próximo: 19 usa como um ho-
mem temperado, do que se te puser diante:
não suceda que por comeres muito te faças
odioso.
20 Cessa de comer primeiro que todos em
sinal da tua boa criação: e não te desmandes,
para que não suceda vires a cair em falta.
21 E se te assentaste entre muitas pessoas
não estendas a tua mão antes delas, nem sejas
o primeiro que peças de beber.
22 Assaz bastante é para qualquer homem
regrado uma pequena porção de vinho, e quan-
do dormires não terás o sono inquieto, por
seu respeito, nem sentirás dor.
23 Vigília, cólera, e ânsias terá o homem
intemperante: 24 no homem parco se achará
um sono de saúde, dormirá até pela manhã e
a sua alma se deleitará com ele.
25 E se fores obrigado a comer muito levan-
ta-te do meio, vai despejar o teu estômago:
e esta descarga te aliviará, e não meterás no
teu corpo uma doença.
26 Ouve-me, filho, e não me desprezes: e
no fim reconhecerás a verdade das minhas
palavras.
27 Sê pronto em todas as tuas ações e não
te virá nenhuma enfermidade.
28 Os lábios de muitos bendirão àquele que
dá de comer liberalmente, e o testemunho da
sua verdade é fiel.
29 Contra o malvadíssimo em dar pão mur-
murará a cidade, e o testemunho da sua ma-
lignidade é verdadeiro.
30 Não provoques a beber àqueles que são
amigos do vinho: porque o vinho perdeu a
muitos. 31 O fogo prova o duro ferro: assim
o vinho bebido até embriagar dará a conhecer
os corações dos soberbos.
32 O vinho bebido com sobriedade é uma
segunda vida para os homens: se tu o beberes
moderadamente, serás sóbrio.
33 Que vida é a daquele que se deixa vencer
do vinho?
34 Que coisa é a que nos priva da vida? A
morte.
35 O vinho desde o princípio foi criado
para regozijo, e não para embriaguez.
36 O vinho bebido moderadamente é o jú-
bilo da alma e do coração.
37 A bebida sóbria é a saúde da alma e do
corpo.
38 O vinho bebido com excesso traz consigo
irritação e ira, e muitas ruínas.
39 O vinho bebido em demasia é a amar-
gura da alma.
40 A animosidade da embriaguez é o tropeço
do imprudente, diminui a força, e ocasiona
feridas.
41 Em um convite de vinho não argúas ao
próximo: e não o desprezes na força da sua
alegria. 42 Não lhe digas palavras de impro-
pério: e não o apertes desafiando-o com os
teus brindes.

32 Puseram-te à frente dos outros? não te
eleves por isso: Sê entre eles como um
deles mesmos.
2 Tem cuidado deles, e depois disto assen-
ta-te, e, cumpridas todas as tuas obrigações,
põe-te a comer: 3 a fim de que eles venham
a ser o motivo da tua alegria, e de que tu
recebas a coroa, como um ornamento de gra-
ça, e de que adquiras louvor da parte de todos
os convidados.
4 Fala primeiro, tu que és o mais velho:
pois em ti quadra bem 5 a primeira palavra
proferida com esquisita ciência, e não impe-
ças a música.
6 Não esperdices palavras, onde não há
quem dê ouvidos a elas, e não queiras elevar-te
fora de tempo na tua sabedoria.
7 Correm igual paralelo uma pedrinha de
carbúnculo em engaste de ouro, e um con-
certo de músicos em convite de vinho.
8 Assim como brilha mais um sinete de es-
meralda encastoado em ouro, assim a harmo-
nia da música melhor se logra entre um alegre
e moderado vinho.

9 Ouve em silêncio, e à proporção da tua
modéstia, ser-te-á conciliada a boa graça.
10 Tu, mancebo, fala com dificuldade no
que te toca.
11 Se fores perguntado duas vezes, tenha
concisão a tua resposta.
12 Porta-te em muitas coisas como se as
ignorasses, e ouve calando e também pergun-
tando.
13 No meio dos magnates não te iguales com
eles: e onde estão velhos não fales muito.
14 Antes da saraiva precederá o relâmpago:
e adiante da vergonha andará a graça, e à
proporção da modéstia ser-te-á conciliada a
boa graça.
15 E chegada que seja a hora de te levanta-
res, não te detenhas: mas corre primeiro que
todos para a tua casa, e desenfada-te nela, e
recreia ali o teu espírito, 16 e faze o que tive-
res resolvido no teu pensamento, mas todavia
sem intervirem pecados e sem mediar palavra
alguma soberba.
17 E por todas estas coisas bendize ao
Senhor que te criou, e que te inebria de todos
os seus bens.

A Lei, pedra de toque entre o sábio e o insensato

18 Aquele que teme ao Senhor, abraçará
a sua doutrina: e os que velarem para o buscar
acharão benção.
19 Aquele que busca a lei, será cheio dela:
e o que obra com hipocrisia, tropeçará nela.
20 Aqueles que temem ao Senhor, conhe-
cerão o que é justo, e farão luzir as suas boas
obras como farol.
21 O homem pecador evitará repreensão, e
achará escusa conforme ao seu desejo.
22 O varão de conselho não perderá de vista
o acerto dele, o alheio e soberbo não se lhe
dará do temor:
23 Ainda depois de ter obrado por si sem
conselho, mas será arguído pelos seus projetos.
24 Filho, não faças coisa alguma sem con-
selhos, e não te arrependerás depois dela
feita.
25 Não vás por um caminho de ruína, e
não tropeçarás nas pedras: nem te metas num
caminho trabalhoso, para que não dês à tua
alma ocasião de queda:
26 E guarda-te dos teus filhos, e acautela-te
dos teus domésticos.
27 Em toda a tua obra dá crédito segundo
a sua fé à tua alma: porque assim é que se
guardam os mandamentos.
28 Aquele que crê a Deus, atende aos seus
mandamentos: e o que nele confia, não será
danificado.

33 Aquele que teme ao Senhor não sobre-
virão males, porém Deus o guardará na
tentação, e o livrará dos males.
2 O sábio não aborrece os mandamentos,
nem as leis, e não se fará em pedaços como
o navio na tempestade.
3 O homem sensato crê na lei de Deus, e a
lei lhe será fiel.
4 Aquele que tem de satisfazer com clareza
a uma pergunta, premeditará a sua resposta,
e assim depois de ter orado, será atendido, e
conservará a disciplina, e então responderá.
5 As entranhas do isensato são como as
rodas de um carro: e o seu pensamento é como
um eixo que anda à roda.
6 O amigo zombador é como um cavalo de
lançamento, que rincha debaixo de todo aquele
que o monta.

Sábias disposições de Deus

7 De onde vem que um dia se prefere a
outro dia, e também um tempo a outro tempo,
e um ano a outro ano, quando o sol que os
forma sempre é o mesmo?
8 Pela ciência do Senhor foram distingui-
dos, depois que o sol foi criado, e desde que
guarda o seu preceito.
9 E variou as estações, e os dias de festa das
mesmas e nelas se celebraram as solenidades
à hora determinada.
10 Dos mesmos dias fez Deus a uns grandes
e sagrados, e a outros pôs no número de dias
comuns. E assim é que também todos os ho-
mens são feitos do pó e da terra, de que Adão
foi formado.
11 O Senhor pela grande compreensão da
sua sabedoria os distinguiu, e diversificou os
seus caminhos.
12 A muitos deles abençoou e exaltou: e
a uns dentre os mesmos santificou, e tomou
para si: e a outros amaldiçoou, e abateu, e os
transtornou depois da sua separação.
13 Bem como o barro que toma o oleiro,
está na mão do mesmo oficial para lhe dar a
forma e disposição que intenta, 14 saindo to-
dos os lavores da obra segundo o arbítrio dele:
assim o homem se acha na mão daquele que
o fez, e lhe dará a retribuição segundo o seu
juízo.
15 Contra o mal está o bem, e contra a
morte a vida: assim também contra o homem
justo o pecador. E desta maneira medita em
todas as obras do Altíssimo. Achá-las-ás a duas
e duas, e uma oposta à outra.

Objetivo do autor

16 E eu fui o último que despertei, como

o que ajunta os bagos da uva depois dos
vindimadores.
17 Eu também esperei na benção de Deus:
e enchi o lagar, como o que vindima.
18 Olhai que eu não trabalhei só para mim,
mas para todos os que buscam a disciplina.
19 Ouvi-me, ó magnates, e todos os povos,
e vós, regentes da Igreja, aplicai os ouvidos.

VII. RELAÇÕES SOCIAIS

Distribuição dos bens próprios

20 Não dês em tua vida poder sobre ti, nem
a teu filho, nem a tua mulher, nem a teu
irmão, nem a teu amigo: e não dês a outro
os bens que possuis: para que não suceda
arrependeres-te disso, e ficares reduzido a
pedir-lhos com deprecações.
21 Enquanto viveres e respirares, nenhuma
pessoa te faça mudar sobre este ponto.
22 Porque melhor é que teus filhos te ro-
guem, do que estares tu olhando para as mãos
de teus filhos.
23 Em todas as tuas obras conserva a tua
preeminência.
24 Não ponhas mácula na tua glória. No
dia da consumação do prazo da tua vida, e no
tempo do teu trânsito reparte a tua herança.

Comportamento com os escravos

25 Ao asno penso, e vara, e carga: ao es-
cravo pão, e ensino, e trabalho.
26 Ele trabalha quando o castigam, de outra
sorte não cuida senão em descansar: afrouxa-
-lhe tu as mãos, e verás como ele busca a
liberdade. 27 O jugo e as correias fazem cur-
var o pescoço duro, e ao escravo dobram as
tarefas contínuas.
28 Ao escravo malévolo tortura e ferros,
manda-o à tarefa, para que não esteja ocioso:
29 porque a ociosidade tem ensinado muita
malícia. 30 Põe-no aos trabalhos: porque as-
sim lhe convém. Mas se ele te não obedecer,
aperreia-o com grilhões, porém não excedas
nisto, seja a respeito de quem for: em con-
formidade do que não faças coisa alguma
grave sem juízo.
31 Se tens um escravo que te é fiel, estima-o
como a tua alma. Trata-o como a teu irmão:
porque o adquiriste com o sangue da tua alma.
32 Se o tratares mal sem razão, fugir-te-á:
33 e se ele tomando o fatinho se retirar: não
sabes a quem te chegues a perguntar, nem
por que caminho o hás de buscar.

Validade dos sonhos

34 O homem insensato sustenta-se de vãs
esperanças e da mentira: e os imprudén-
tes edificam sobre sonhos.
2 Bem como faz o que se abraça com a
sombra, e vai atrás do vento: assim também
se porta o que atende a enganosas visões.
3 Uma coisa parecida a outra é a visão dos
sonhos: como também a imagem de um homem
diante do homem.
4 Que coisa será limpada por um imundo?
E pelo mentiroso que verdade será dita?
5 A adivinhação do erro, e os agouros men-
tirosos, e os sonhos dos malfeitores, tudo é
vaidade.
6 E o teu coração, como o da mulher que
está de parto, padece imaginações. Se pelo
Altíssimo te não for enviada alguma destas
visitas, não ponhas nelas o teu coração: 7 por-
que os sonhos têm feito extraviar a muitos,
que caíram, por terem posto neles a sua con-
fiança.
8 A palavra da lei será cumprida sem men-
tira, e a sabedoria será clara na boca do fiel.

Experiência

9 Que sabe aquele que não foi tentado? O
homem experimentado em muitas coisas, ou-
tras muitas revolverá em seu pensamento: e
o que muito aprendeu, saberá dar às coisas
uma verdadeira inteligência.
10 Aquele que não tem experiência, pouco
sabe: mais o que se fez em muitas coisas
versado adquire multiplicada sagacidade.
11 Que ciência é a daquele que não foi ten-
tado? O que foi seduzido, far-se-á mui pre-
catado. 12 Muitas coisas tenho visto peregri-
nando, e muitos usos de palavras.
13 Algumas vezes tenho chegado a perigo
de morrer por causa destas coisas, mas delas
fui livre pela graça de Deus.

Proteção de Deus àqueles que o temem

14 O espírito dos que temem a Deus é bus-
cado por Ele, e com um seu olhar será aben-
çoado.
15 Porque a sua esperança está posta na-
quele que os salva, e os olhos de Deus estão
sobre os que o amam.
16 Aquele que teme ao Senhor de nada tre-
merá, e não terá pavor algum: porque Ele
mesmo é a sua esperança.

17 Bem-aventurada é a alma daquele que
teme ao Senhor.
18 Para quem olha ele, e quem é a sua
fortaleza? 19 Os olhos do Senhor estão sobre
os que o temem, e Ele é o seu protetor pode-
roso, o seu esteio forte, a sua coberta contra
o ardor, e o seu abrigo de sombra no meio-dia,
20 Ele é defensa contra o tropeço, e socorro
contra a queda. Ele o que levanta a alma, e
alumia os olhos, o que dá saúde, e vida, e
benção.

Os sacrifícios

21 A oblação daquele que sacrifica dos bens
havidos com injustiça é imunda, e não são
agradáveis os escárnios do injustos.
22 O Senhor é só para aqueles que o espe-
ram com firmeza no caminho da verdade e da
justiça.
23 O Altíssimo não aprova os dons dos iní-
quos, nem olha para as oblações dos maus:
nem pela multidão dos seus sacrifícios lhes
perdoará os seus pecados.
24 Aquele que oferece sacrifício da substân-
cia dos pobres, é como o que degola a um
filho na presença de seu pai.
25 A vida dos pobres é o pão de que neces-
sitam: aquele que lho defrauda, é um homem
de sangue. 26 Quem tira a um homem o pão
que ele ganhou com o seu suor, é como o que
mata a seu próximo. 27 Aquele que derrama
sangue, e o que defrauda o jornaleiro, são
irmãos.
28 Se um edifica, e outro destrói: que pro-
veito lhes resulta daqui senão trabalho?
29 Se um ora, e outro amaldiçoa, de qual
ouvirá Deus a voz?
30 Se alguém se lava depois de ter tocado
um morto, e o toca outra vez, de que lhe serve
o ter-se lavado?
31 Assim se porta o homem que jejua pelos
seus pecados: o qual se ainda de novo torna
a cometer os mesmos, que ganha ele humi-
lhando-se? Quem atenderá à sua oração?

35 Aquele que observa a lei multiplica as
oblações.
2 É um sacrifício saudável estar atento aos
mandamentos, e apartar-se de toda a iniqüi-
dade.
3 E o retirar-se da injustiça é como ofere-
cer propiciação de sacrifício pelas injustiças,
e fazer uma deprecação pelos pecados.
4 Aquele que oferece a flor da farinha, re-
compensará o benefício: e o que exercita a
misericórdia, oferece um sacrifício.
5 É mui agradável ao Senhor o retirar-se
da iniqüidade: e é uma deprecação pelos peca-
dos o retirar-se da injustiça.
6 Não aparecerás com as mãos vazias diante
do Senhor.
7 Porque todas estas coisas se fazem por
causa do mandamento de Deus.
8 A oblação do justo faz pingue o altar, e
é um cheiro de suavidade em presença do
Altíssimo.
9 O sacrifício do justo é aceito, e o Senhor
não perderá a memória dele.
10 De bom ânimo tributa glória a Deus: e
não diminuas as primícias de tuas mãos.
11 Em toda a oferta mostra o teu rosto
aprazível, e santifica os teus dízimos com
regozijo.
12 Dá ao Altíssimo segundo o que Ele te
tem dado, e oferece-lhe com bons olhos do
que tiver adquirido a indústria das tuas mãos:
13 porque o Senhor é remunerador, e te re-
compensará isso tudo sete vezes em dobro.

A justiça divina

14 Não queiras oferecer-lhe donativos de-
feituosos, porque os não receberá.
15 E não queiras pôr os olhos num sacrifí-
cio injusto, porque o Senhor é o Juiz, e não
há para com Ele respeito de pessoa. 16 O
Senhor não fará acepção de pessoa contra o
pobre, e Ele atenderá a deprecação do ofen-
dido.
17 Não desprezará os rogos do órfão: nem
a viúva, se derramar voz de gemido.
18 Acaso não correm as lágrimas em fio à
viúva pelas faces abaixo, e não clama ela con-
tra aquele que lhas faz derramar? 19 Porque
elas do rosto da viúva sobem até o céu, e o
Senhor que a auve não gostará de a ver chorar.
20 Aquele que adora a Deus com boa von-
tade, será dele amparado, e a sua deprecação
chegará até às nuvens.

Eficácia da oração

21 A oração do que se humilha, penetrará
as nuvens e não se consolará enquanto lá não
chegar: e não se retirará até que o Altíssimo
ponha nele os olhos.
22 E o Senhor não deferirá o despacho por
muito tempo, mas Ele tomará a defesa dos
justos, e lhes fará justiça: e o fortíssimo não
usará mais a respeito deles da sua longa pa-
ciência, para quebrantar o seu espinhaço:
23 E às nações corresponderá com a sua
vingança até desfazer a plenitude dos sober-
bos: e quebrar os ceptros dos iníquos:
24 Até retribuir aos homens segundo as suas
ações, e segundo as obras de Adão, e segundo
a presunção deles mesmo, 25 até fazer justiça
ao seu povo, e assim encherá de alegria os
justos com a sua misericórdia.

26 A misericórdia de Deus é recebida com
alegria no tempo da tribulação, como a nuvem
que se desfaz em chuva no tempo da seca.

Oração pelo povo oprimido

36 Tem piedade de nós, Deus de todas as
coisas, e volta para nós os teus olhos, e
mostra-nos a luz das tuas misericórdias: 2 e
espalha o teu temor sobre as nações, que te
não buscaram, para que elas se desenganem
que não há outro Deus senão tu, e publiquem
as tuas grandes maravilhas.
3 Levanta a tua mão sobre as nações estra-
nhas, para que experimentem o teu poder.
4 Porque assim como tu diante deles tens
sido santificado em nós, assim também diante
de nós serás engrandecido nele.
5 Para que tenham de ti o devido conheci-
mento, assim como também nós temos co-
nhecido que fora de ti, Senhor, não há outro
Deus.
6 Renova os teus prodígios, e faze novas
maravilhas.
7 Glorifica a tua mão, e o teu braço direito.
8 Excita o teu furor, e derrama a tua ira.
9 Destrói ao adversário, e aflige ao inimigo.
10 Apressa o tempo, lembra-te do fim, para
que os homens publiquem as tuas maravilhas.
11 Na voracidade das chamas consumido
seja o que fica salvo: e os que tiranizam o
teu povo, caiam na perdição.
12 Quebra a cabeça aos chefes dos inimigos,
que dizem: Não há outro fora de nós.
13 Ajunta todas as tribos de Jacó: para que
elas conheçam que não há outro Deus senão
tu, e contem a grandeza das tuas maravilhas:
e tu os herdarás, como desde o princípio.
14 Tem misericórdia do teu povo, que foi
apelidado do teu nome: e de Israel, a quem
tu tens tratado como a teu primogênito.
15 Tem compaixão de Jerusalém, cidade da
tua santificação, cidade do teu repouso.
16 Enche a Sião das tuas palavras inefáveis,
e ao teu povo da tua glória.
17 Dá testemunho àqueles que desde o prin-
cípio são tuas criaturas e verifica as predições,
que em teu nome proferiram os primeiros
profetas.
18 Dá o merecido galardão aos que te espe-
ram com paciência, para que os teus profetas
sejam achados fiéis: e atende às orações dos
teus servos, 19 segundo a benção de Aarão
sobre o teu povo, e encaminha-nos pela estra-
da da justiça, e saibam todos os que habitam
a terra que tu és o Deus inspetor dos sécu-
los.

VIII. A ESCOLHA DO MELHOR — TEMPERANÇA — CULTO DOS MORTOS

A mulher virtuosa

20 O estômago receberá toda a casta de
viandas, mas entre os alimentos um é melhor
do que outro.
21 O paladar discerne pelo gosto as carnes
da montaria, e o coração ilustrado, as pala-
vras mentirosas.
22 O coração depravado causará tristeza, e
o homem experimentado lhe resistirá.
23 A mulher tomará por esposo a qualquer
varão, mas entre as filhas uma é melhor que
outra.
24 A formosura da mulher alegra o rosto
de seu marido e lhe insinua um desejo supe-
rior a toda a concupiscência do homem.
25 Se a sua língua é de saúde, se é também
de brandura e de condolescência: o marido
dela não tem comparação alguma com os fi-
lhos dos homens.
26 O que possui uma mulher boa dá prin-
cípio a uma possessão: nela tem um ajutório
que lhe é semelhante, e uma coluna como firme
descanso. 27 Onde não há sebe, será roubada
a fazenda: e onde não há mulher suspira o
homem na indigência. 28 Quem é que se fia
daquele que não tem ninho e que faze noite
onde quer que ela o haja colhido, como sal-
teador escoteiro, que andando vagueia de cida-
de em cidade?

Verdadeiros e falsos amigos

37 Todo o amigo dirá: Eu também tenho
contraído amizade. Mas há um amigo
que só é amigo no nome. Acaso não é esta
uma tristeza que dura até à morte? 2 Ora um
companheiro e amigo se converterá em ini-
migo.
3 Ó perversíssima invenção! De onde tomas-
te tu a tua origem para vires cobrir a terra
de tal malícia, e da tua perfídia?
4 O companheiro alegra-se com o amigo nas
ocasiões de prazer, e no tempo da tribulação
será seu adversário.
5 Um companheiro se condói do seu amigo
por causa do ventre, e contra o inimigo em-
braçará o escudo.
6 Não apagues dentro do teu coração a
memória do teu amigo, e não te faças esque-
cido dele no meio das tuas riquezas.

7 Não queiras tomar conselho com aquele
que te arma traições, e esconde o teu desígnio
dos que te têm inveja.

Prudente escolha de um conselheiro

8 Todo homem consultado dá o seu conse-
lho, mas há conselheiro que só atende a si
mesmo.
9 Guarda a tua alma do conselheiro: infor-
ma-te primeiro sobre qual seja a sua necessi-
dade: porque até ele mesmo dentro no seu
coração estenderá o pensamento à própria
conveniência: 10 para que não suceda, talvez,
que finque na terra uma estaca, e te diga:
11 O teu caminho é bom. E ao mesmo tempo
se ponha da outra parte para ver o que te
acontece.
12 Vai tratar de santidade com um homem
sem religião, e com um injusto sobre a justiça,
e com uma mulher sobre outra de quem ela
tem ciúme: com o covarde a respeito da guer-
ra: com o negociante acerca do tráfico das
mercadorias, com o comprador sobre a venda,
com o homem invejoso sobre o mostrar-se
agradecido, 13 com o ímpio sobre a piedade,
com o desonesto sobre a honestidade, com o
operário do campo sobre qualquer trabalho,
14 com o jornaleiro por ano sobre a obra que
se há de concluir no tal ano, com o servo pre-
guiçoso a respeito da muita lida. Não atendas
a estes em nenhum dos mencionados conse-
lhos. 15 Mas acha-te contínuo com o varão
santo, qualquer que tu conheceres que observa
o temor de Deus, 16 cuja alma é segundo a
tua alma: e que se condoerá de ti, quando
andares titubeando em trevas.
17 Forma dentro de ti um coração de bom
conselho: pois não tens outra coisa de maior
preço do que ele.
18 A alma dum homem santo descobre al-
gumas vezes melhor a verdade, do que sete
sentinelas assentadas no alto para atalaiar o
que se passa.
19 Mas em todas estas coisas, pede ao Altís-
simo que dirija o teu caminho em verdade.

A verdadeira e a falsa sabedoria

20 Antes de todas as tuas obras vá adiante
de ti a palavra verídica, e antes de toda a ação
um conselho estável.
21 Uma palavra má transtornará o coração:
dele nascem quatro coisas, o bem e o mal, a
vida e a morte, e sobre elas quem domina de
contínuo é a língua. Há homem sagaz que
ensina a muitos, e para a sua alma é inútil.
22 Um homem perito instruiu a muitos, e
para a sua alma é suave.
23 Aquele que usa duma linguagem sosfítica,
é digno de que o aborreçam: este tal em toda
a coisa ficará defraudado.
24 Não lhe foi dada pelo Senhor a graça:
pois se acha destituído de toda a sabedoria.
25 É sábio o que sabe para a sua alma:
e o fruto da sua sabedoria é louvável. 26 O
homem sábio instrui o seu povo e os frutos
da sua sabedoria são fiéis. 27 O homem sábio
cheio será de bênçãos, e louvá-lo-ão os que o
virem.
28 A vida do homem se encerra num certo
número de dias: porém os dias de Israel são
inumeráveis.
29 O sábio adquirirá para si honra entre o
povo, e o seu nome viverá eternamente.

Temperança

30 Filho, prova a tua alma na tua vida: e
se ela for má, não lhe dês liberdade: 31 por-
que nem todas as coisas convêm a todos, nem
a toda a alma agrada o exercício das mesmas
coisas.
32 Não queiras ser glutão em banquete al-
gum, e não te lances a todos os pratos: 33 por-
que nas muitas viandas estará a doença, e a
glutoneria chegará até à cólera.
34 Por causa da intemperança morreram
muitos: porém o que é abstinente acrescenta-
rá a vida.

Médicos e medicina

38 Honra ao médico por causa da necessida-
de: porque o Altíssimo é quem o criou.
2 Porque toda a medicina vem de Deus, e
ela receberá do rei donativos.
3 A ciência do médico exaltará a sua cabe-
ça, e será louvado na presença dos magna-
tes.
4 O Altíssimo é o que produziu da terra to-
dos os medicamentos, e o homem prudente
não lhes terá oposição. 5 Porventura não foi
por meio dum lenho que se tornou doce a água
amargosa?
6 Ao conhecimento dos homens pertence a
virtude daqueles, e o Altíssimo deu aos men-
cionados homens ciência, para ser por eles
honrado nas suas maravilhas.
7 Curando com estes mitigará a dor, e o bo-
ticário fará perfumes suaves e comporá un-
güentos saudáveis, e não terão fim as suas
obras.
8 Porque a paz de Deus se estende sobre a
face da terra.
9 Filho, não te desprezes a ti mesmo na tua
enfermidade, mas faze oração ao Senhor e
ele te curará.

10 Aparta-te do pecado, e endireita as tuas
mãos, e purifica o teu coração de todo o de-
lito.
11 Oferece um cheiro suave, e a flor da fa-
rinha em memória, e faze pingue a tua obla-
ção, e dá lugar ao médico: 12 porque o Se-
nhor é quem o criou: e não se aparte de ti,
porque te é necessária a sua assistência.
13 Porque lá vem tempo em que te chegue a
ocasião de cair nas mãos deles:
14 E eles mesmos rogarão ao Senhor que
lhes disponha o seu alívio, e saúde, para a con-
vivência deles mesmos.
15 Aquele que peca na presença de quem o
criou, virá a cair nas mãos do médico.

Moderação no luto

16 Filho, derrama lágrimas sobre o morto,
e começa a chorar como quem recebeu um
grande golpe, e enterra o seu corpo segundo
o juízo, e não desprezes a sua sepultura.
17 Toma por ele um dia nojo apertado na
amargura da tua alma, para evitar a maledi-
cência, e admite consolação, atendendo aos
efeitos da tristeza, 18 e toma este nojo se-
gundo o merecimento da pessoa, um dia, ou
dois para não dares lugar à detração. 19 Por-
que da tristeza se vem apressando a morte, e
ela sufoca o vigor, e a melancolia do coração
faz dobrar a cerviz. 20 Enquanto o levam
permanece a tristeza: e a vida do pobre é se-
gundo o seu coração.
21 Não entregues o teu coração à tristeza,
mas lança-a fora de ti: e lembra-te dos no-
víssimos, 22 não te esqueças deles: porque
não há regresso algum, e nada aproveitarás a
ele, e a ti mesmo farás um grave dano.
23 Lembra-te do estreito juízo por onde já
passei: porque assim o será também o teu:
ontem por mim, e hoje por ti.
24 No repouso do morto faze tu repousar a
sua memória, e consola-te a respeito dele pelo
trânsito do seu espírito.

Paralelo entre o artífice e o escriba

25 A sabedoria dum doutor adquire-se no
tempo do ócio: e o que menos se distrai com
outra qualquer ocupação, alcançará a sabe-
doria. De que sabedoria será cheio 26 o que
pega no arado, e que faz timbre da aguilhada,
com o ferrão dela pica os bois, e se ocupa em
seus trabalhos, e cuja conversação é sobre
novilhos da raça de touros. 27 Ele aplicará o
seu coração a revolver os regos, e o seu des-
velo se empregará em engordar as vacas.
28 Assim todo o oficial e mestre, que passa
trabalhando a noite como o dia, o que grava
as figuras dos sinetes, e que todo se cansa em
as variar: aplicará o seu coração a imitar a
pintura, e à força do seu desvelo completará
a obra.
29 Assim o ferreiro assentado ao pé da
bigorna, e considerando a sua obra de ferro:
o vapor do fogo queimará as suas carnes e
ali está lutando com o calor da frágua: 30 de
contínuo fere os seus ouvidos o estrondo do
martelo, e os seus olhos ao modelo da obra
se põem atentos. 31 Ele aplicará o seu cora-
ção a completar as suas obras, e com o seu
desvelo as aformoseará dando-lhes a última
perfeição.
32 Assim o oleiro, que assentado junto da
sua obra, dá voltas à roda com seus pés, o
qual está num contínuo cuidado pela sua obra,
e tudo quanto faz é com muita conta. 33 Com
seu braço dará forma ao barro, e ante seus
pés domará a sua força.
34 Ele aplicará o seu coração a vidrar a
obra perfeitamente, e com o seu desvelo ma-
drugará para limpar o forno.
35 Todos estes puseram a esperança na in-
dústria das suas mãos, e cada um é sábio na
sua arte. 36 Sem todos estes não se edifica
uma cidade. 37 Mas eles não habitarão, nem
passearão, e não entrarão no ajuntamento.
38 Eles não se assentarão em cadeira de
juiz, e não entenderão as leis de justiça, nem
farão patentes as regras da moral, nem do
direito, e não se acharão ocupados na inteli-
gência das parábolas:
39 Mas só manterão as coisas que enfim
passam com o tempo, e a sua rogativa será
sobre a obra da própria arte, empregando
todavia a sua alma, e fazendo estudo na lei
do Altíssimo.

39 O sábio investigará a sabedoria de todos
os antigos e fará o seu estudo nos
profetas.
2 Ele conservará no seu coração os ditames
dos homens de grande nomeada, e ao mesmo
tempo entrará nas subtilezas das parábolas.
3 Indagará o recôndito dos provérbios, e
ocupar-se-á no mistério das parábolas.
4 Exercitará o seu ministério no meio dos
grandes, e aparecerá diante dos que presi-
dem.
5 Passará à terra de nações estranhas: por-
que assim fará tentativa dos bens e males que
há entre os homens.
6 Aplicará o seu coração a velar de madru-
gada ante o Senhor, que o criou, e na presença
do Altíssimo fará as suas deprecações.
7 Abrirá a sua boca para orar, e pedirá
perdão de seus pecados. 8 Porque se o Senhor

grande assim o quiser, enchê-lo-á do espírito
de inteligência:
9 E ele derramará as expressões da sua sa-
bedoria como chuveiros, e na oração louvará
ao Senhor.
10 E ele mesmo regulará o seu conselho, e
instruções, e consultará nas suas dúvidas.
11 Ele fará pública a doutrina que apren-
deu, e gloriar-se-á na lei da aliança do Se-
nhor.
12 Uniformemente louvarão muitos a sua
sabedoria, e nunca jamais ficará no esqueci-
mento.
13 Não se perderá a sua memória, e o seu
nome se repetirá de geração em geração.
14 As nações relatarão a sua sabedoria, e a
Igreja publicará o seu louvor. 15 Se continuar
a viver, deixará depois maior reputação do
que mil outros: e se repousar, aproveitar-lhe-á
isso mesmo.

IX. DEUS E A CRIAÇÃO

Exortação às boas obras

16 Ainda irei prosseguindo com a intimação
de outros avisos: porque estou cheio como de
um furor.
17 Em declarado tom ele me diz: Ouvi-me
vós, que sois uma prosápia divina, e como
rosal plantado sobre as correntes das águas,
frutificai.
18 Difundi um cheiro de suavidade como
o Líbano.
19 Dai viçosas flores, como lírio, e rescen-
dei fragrante cheiro, e vestidos de engraçados
ramos, e entoai cantos de louvor, e bendizei
ao Senhor nas suas obras.
20 Exaltai o seu nome com magníficos elo-
gios, e glorificai-o com a voz dos vossos lábios,
e com cânticos de lábios, e com cítaras, e eis
aqui como haveis de dizer nos vossos louvo-
res: 21 Todas as obras do Senhor são muito
boas.
22 Em virtude da sua palavra se susteve a
água como em montões: e pelo império da
voz da sua boca ficou este elemento contido
bem como em receptáculos de águas: 23 por-
que à vista da sua ordem, se executa o que
lhe apraz, e não há desfalque algum na saúde
que Ele dá.
24 Presentes lhes são as obras de toda a
carne, e não há nada escondido a seus olhos.
25 Com a vista Ele tudo alcança num século
a outro século, e nada é maravilhoso na sua
presença.
26 Não lhe é necessário dizer: Que é isto,
ou que é aquilo? Porque todas as coisas se
descobrirão a seu tempo.
27 A sua benção foi sempre como um rio
que inundou: 28 bem como o dilúvio embria-
gou a terra, assim a ira dele será a sorte das
gentes que o não buscaram. 29 Bem como Ele
converteu as águas em secura, e a terra ficou
enxuta: e os caminhos que Ele fez se dirigiram
à sua passagem: assim os pecadores têm mo-
tivos de queda na sua ira.
30 Como desde o princípio foram criados
os bens para os bons, assim os bens e males
para os malvadíssimos.
31 O essencial do que é necessário para a
vida dos homens, é a água, o fogo, e o ferro,
o sal, o leite, e o pão da flor da farinha, e o
mel e os cachos de uvas, e o azeite, e o ves-
tido.
32 Como todas estas coisas são um bem
para os santos, assim para os ímpios e peca-
dores elas igualmente se converterão em mal.
33 Há uns espíritos que foram criados para
a vingança, e que pelo furor em que ardem
tem assentado a sua pesada mão em atormen-
tar os maus:
34 No tempo da consumação eles emprega-
rão a sua denodada força: aplacarão o furor
daquele que os criou.
35 O fogo, a saraiva, a fome, e a morte,
todas estas coisas foram criadas para vingan-
ça: 36 como também os dentes das feras, e os
escorpiões, e as serpentes, e o montante que
toma vingança dos ímpios para seu extermí-
nio.
37 Elas se saborearão nas ordens dele, e
estarão prestes sobre a terra para as ocasiões
necessárias, e a seus tempos competentes não
passarão em claro uma só palavra. 38 Por isso
é que eu desde o princípio estou confirmado
nestes pensamentos, e os tenho meditado, e
considerado, e deixado por escrito.
39 Todas as obras do Senhor são boas, e
toda a criatura, chegada a sua hora, fará o
seu dever.
40 Não se pode dizer: Isto é pior que aqui-
lo: porque todas as coisas serão achadas boas
a seu tempo. 41 Assim que, já desde agora
de todo o coração e com a boca louvai todos
juntos, e bendizei o nome do Senhor.

A sombra da morte sobre a criação

40 Uma inquieta ocupação foi destinada logo
no princípio a todos os homens, e um

pesado jugo carrega sobre os filhos de Adão,
desde o dia em que eles saem do ventre de
sua mãe, até o dia da sua sepultura, em que
eles entram na mãe comum de todos.
2 Os seus cuidados, e os temores do coração,
a apreensão do que esperam, e o dia em que
tudo acaba: 3 desde o que está sentado sobre
um trono de glória, até o que se acha abatido
na terra e na cinza.
4 Desde aquele que está vestido de púr-
pura, e traz coroa, até ao que se cobre de li-
nho cru: o furor, os zelos, o tumulto, a per-
plexidade, e temor da morte, a ira reconcen-
trada, e as contendas, 5 até no tempo em
que repousa na cama o sono da noite lhe faz
perturbar o pensamento.
6 O espaço que toma no seu repouso, é co-
mo se nada fora, e depois disto ainda no seu
mesmo sono está feito uma como sentinela
de dia.
7 Ele se acha desassossegado com o fantas-
ma do seu coração, como quem escapou no
dia da batalha. Levantou-se quando já estava
em salvo, e à vista de seu aparente susto se
admira.
8 Toda a carne é sujeita a estes acidentes,
desde os homens até aos animais, e os peca-
dores ainda mais em dobro sete vezes do que
os outros.
9 Além disto, a morte, o sangue, a conten-
da, e o montante, as opressões, a fome, e a
ruína dos países, e os outros flagelos: 10 todas
estas coisas foram criadas para virem sobre
os maus, e por causa deles aconteceu o di-
lúvio.
11 Tudo o que é da terra, tornar-se-á em
terra, e todas as águas irão parar outra vez
no mar.

A sorte do ímpio

12 Toda a dádiva para corromper, e toda a
iniqüidade perecerá, mas a fé persistirá eter-
namente.
13 As riquezas dos injustos secar-se-ão, co-
mo uma torrente, e farão muito estrondo, co-
mo um grande trovão quando chove.
14 O injusto alegrar-se-á, quando abrir as
suas mãos: porém assim é que os prevarica-
dores enfim se definharão.
15 Os netos dos ímpios não multiplicarão
os ramos, e as raízes viciadas soam no alto
dum rochedo.
16 A verdura que cresce sobre as águas, e
à borda dum rio, primeiro que toda a outra
erva será arrancada.
17 A beneficência é como um paraíso abun-
dante em bênçãos, e a misericórdia perma-
nece para sempre.

De bem a melhor

18 A vida do operário que se contenta com
o que lhe basta, será cheia de doçura, e tu
acharás nela um tesouro.
19 Os filhos, e a fundação duma cidade, fa-
rão o nome dum homem célebre, e mais do que
isto, será estimada a mulher irrepreensível.
20 O vinho e a música alegram o coração:
mas o amor da sabedoria excede ambas estas
coisas.
21 O som da flauta, e do saltério fazem uma
suave melodia, mas a língua suave sobrepuja
ambas as coisas.
22 A graça do corpo, e a beleza do rosto
desejará o teu olho, mas a verdura dos cam-
pos semeados leva muita vantagem a ambas
as coisas.
23 O amigo e o companheiro se auxiliam
mutuamente na ocasião, mas com preferência
a ambos a mulher com seu marido.
24 Os irmãos servem de adjutório no tem-
po da tribulação, porém a misericórdia livra-
rá ainda mais do que eles.
25 O ouro e a prata são a firmeza dos pés:
mas um conselho bem aprovado excede am-
bas as coisas.
26 Os bens e as forças do corpo elevam o
coração, mas o temor do Senhor se avantaja
sobre estas coisas.
27 Nada falta ao que tem o temor do Se-
nhor, e com ele não há necessidade de buscar
outro socorro.
28 O temor do Senhor é como um paraíso
de benção, e ele se acha revestido de uma
glória sobre toda a glória.

Autonomia do sábio

29 Filho, em tempo nenhum da tua vida te
ponhas a mendicante: porque melhor é mor-
rer do que mendigar.
30 O homem que se atém à mesa alheia não
emprega a sua vida em cuidar do sustento:
porque alimenta a sua vida com os manjares
que outrem lhe dá.
31 Mas o varão bem educado, e instruído
se guardará. 32 Na boca do insensato será
doce a pobreza, mas em seu ventre arderá o
fogo.

O pensamento da morte

41 Ó morte, quão amargosa é a tua memó-
ria para um homem, que tem paz no
meio das suas riquezas: 2 para um homem,
que não tem nada que o perturbe, e cujos ca-
minhos lhe saem direitos em todas as coisas,
e que ainda está com vigor para tomar o ali-
mento.

3 Ó morte, que boa é a tua sentença para um homem necessitado, e que se acha falto de forças, 4 para o de idade já decrépita, e para o que está cheio de cuidados, e para o desconfiado, que se vê de todo falto de paciência!

5 Não temas o decreto da morte. Lembra-te de todos aqueles que foram antes de ti, e de todos os que virão depois de ti. Este é um decreto que o Senhor pronunciou contra toda a carne: 6 e que coisa te sobrevirá, senão o que for do beneplácito do Altíssimo? viva um homem ou dez, ou cem ou mil anos. 7 Porque no inferno se não faz cargo do que um viveu.

Castigo dos pecadores

8 Os filhos dos pecadores fazem-se filhos da abominação, e os que freqüentam as casas dos ímpios. 9 A herança dos filhos dos pecadores perecerá, e com a sua linhagem andará continuamente o opróbio.

10 De um pai, sendo ímpio, se queixam os próprios filhos, pois se acham por causa dele vivendo no opróbrio.

11 Desgraçados de vós, homens ímpios, que deixastes a lei do Senhor Altíssimo!

12 E quando vós nascerdes, nascereis já na maldição: e quando morrerdes, na maldição tereis posta a vossa herança.

13 Tudo o que é de terra tornar-se-á em terra: assim os ímpios cairão da maldição na perdição.

14 O pranto dos homens é sobre o seu cadáver, mas o nome dos ímpios será do mundo apagado.

15 Tem cuidado de te adquirires bom nome: porque este será para ti um bem mais estável, do que mil tesouros grandes, e preciosos.

16 A boa vida tem um certo número de dias: mas o bom nome permanecerá para sempre.

Verdadeira e falsa vergonha

17 Conservai, filhos, em paz a minha disciplina: porquanto se a sabedoria está escondida, e o tesouro se não vê, que utilidade pode haver em ambas estas coisas?

18 Melhor é o homem que esconde a sua estultícia, do que o homem que esconde a sua sabedoria.

19 Pelo que tende vergonha das coisas, que saem da minha boca. 20 Porque não é bom tê-la em tudo: e nem todas as coisas praticadas com fidelidade agradam a todos.

21 Envergonhai-vos da fornicação diante de vosso pai e de vossa mãe: e da mentira diante do que governa e do poderoso: 22 de qualquer falta diante do príncipe e do juiz: da iniqüidade diante da sinagoga e do povo. 23 da injustiça diante do companheiro e do amigo: e no lugar em que habitas, 24 de cometer algum furto, da verdade de Deus, e do pacto: de fincar o cotovelo nos pães, e da sonegação do que se dá e recebe: 25 de não responder aos que te saúdam: de deter os olhos na mulher prostituta: e de voltar o rosto ao parente.

26 Não voltes o rosto por não veres a teu próximo, e envergonha-te de lhe tirar a parte que lhe toca e de lha não restituíres.

27 Não olhes para a mulher de outro marido, e não te entretenhas com a sua criada, nem te ponhas ao pé da sua cama.

28 Envergonha-te de dizer palavras de impropério aos teus amigos: e quando tiveres dado alguma coisa, não na lances em rosto.

42 Não repitas a conversação que ouvires para descobrir palavras de segredo, e serás verdadeiramente isento de confusão, e acharás graças diante de todos os homens. Não te envergonhes de coisa alguma das que eu te vou dizer, e não tenhas de tal sorte respeito à qualidade das pessoas, que venhas por isso a delinqüir.

2 Da lei do Altíssimo, e do seu testamento nem de combater em juízo os votos declarados para justificar um ímpio, 3 do negócio de companheiros e peregrinos, nem da partilha da herança dos amigos, 4 da igualdade da balança e dos pesos, nem da aquisição do muito e do pouco, 5 de impedir a fraude da compra e dos negociantes, nem da severa criação dos filhos nem de fazer correr ao escravo péssimo o sangue pelas costas abaixo.

6 Sobre a mulher má, bom é estar posto o selo.

7 Onde há muitas mãos, guarda tudo fechado, e tudo quanto entregares, dá-o por conta, e por peso: e escreve tudo o que deres, e receberes.

8 Não te envergonhes de corrigir o insensato e o fatuo, nem de defender os velhos, que são julgados pelos mancebos: e serás então instruído em todas as coisas, e merecedor de aprovação diante de todos os vivos.

Cuidado sobre as filhas

9 A filha é um interior desvelo de seu pai, e o cuidado dela lhe tira o sono, receando não suceda talvez que do próprio verdor da adolescência passe depois a ser já adulta, e que tendo enfim coabitado com seu marido, se faça aborrecível: 10 não aconteça que na sua virgindade seja alguma vez corrompida, e se

ache pejada na casa de seu pai: não resulte
acaso que depois de coabitar com seu marido
falte à fé conjugal, ou pelo menos saia es-
téril.
11 Sobre a filha desenvolta vigia com do-
brado resguardo: para que te não faça vir a
ficar em alguma ocasião exposto ao opróbrio
de teus inimigos, e a ser o objeto de detração
numa cidade, e da exprobração da plebe, e
te faça envergonhar diante da multidão do
povo.
12 Não ponhas os olhos fitos em pessoa
alguma enlevado na sua formosura: e não
queiras fazer assento no meio de mulheres:
13 Porque dos vestidos sai a polilha, e da
mulher a maldade do homem.
14 De sorte que um homem que te faz mal
é melhor do que uma mulher que te faz bem,
e mulher que te deixa envergonhado para teu
opróbrio.

Hino ao Deus criador

15 Lembrar-me-ei pois das obras do Senhor,
e anunciarei o que tenho visto. Pelas palavras
do Senhor existem as suas obras.
16 O sol alumiando tem lançado a vista por
tudo, e da glória do Senhor estão cheias as
suas obras.
17 Porventura não fez o Senhor que os san-
tos publicassem todas as suas maravilhas, as
quais o mesmo Senhor Onipotente confirmou
para que fossem perpetuadas na sua gló-
ria?
18 Ele tem penetrado o abismo e o coração
dos homens: e discernido por entre a astúcia
deles. 19 Porque o Senhor conheceu sempre
toda a ciência e viu perfeitamente o sinal dos
tempos, anunciando as coisas que passaram,
as que estão para vir, descobrindo os rastos
das ocultas.
20 Não lhe passa por alto nenhum pensa-
mento, e não se esconde dele palavra alguma.
21 Formosas traçou as grandezas da sua
sabedoria: o que é antes do século, e até o
século, nem se lhe tem acrescentado, 22 nem
diminuído, nem necessita do conselho de
ninguém.
23 Quão desejáveis são todas as suas obras,
e o que delas se pode considerar, é como uma
faisca!
24 Todas estas coisas vivem, e permanecem
para sempre, e em toda a necessidade todos
lhe obedecem a ele.
25 Todas as coisas se acham a duas e duas,
e uma oposta à outra, e nada fez a que fal-
tasse coisa alguma.
26 De cada uma confirmou os bens. E quem
se fartará vendo a sua glória?

Os céus

43 O alto firmamento é a formosura dele,
a beleza do céu descobre-se na visão da
glória.
2 O sol ao sair anuncia com o seu aspecto,
que é um vaso admirável, uma obra do ex-
celso.
3 Ao meio-dia queima a terra, à vista do seu
ardor quem poderá suportá-lo? Como se por-
ta o que conserva o calor da fornalha para as
obras que requerem um fogo intenso: 4 do
mesmo modo faz o seu efeito o sol abrasando
com tresdobrada atividade os montes, despe-
dindo raios de fogo, e resplandecendo com os
seus mesmos raios cega os olhos.
5 Grande é o Senhor que o criou, e ele na
execução dos preceitos apressou a própria
carreira.
6 E a lua em todas as suas revoluções com
o seu período é a marca dos tempos e o sinal
das mudanças do ano.
7 A lua é a que determina os dias de festa,
sendo um planeta de luz que logo começa a
minguar em chegando ao mais pleno auge do
seu crescimento.
8 O mês vem a tomar dela o nome, a qual
por um modo admirável cresce, até ficar de
todo cheia.
9 Uma disposição de arraiais se divisa nas
alturas, a qual brilha gloriosamente no fir-
mamento do céu.
10 A refulgência das estrelas é a formosura
do céu, o Senhor é quem esclarece o mundo
desde as alturas.
11 As palavras do santo se apresentarão a
juízo, e não desfalecerão nas suas sentinelas.

Os fenômenos atmosféricos

12 Olha para o arco, e bendize aquele que
o fez: mui formoso é no seu resplendor.
13 Girou o céu com o círculo da sua glória,
as mãos do Excelso lhe deram toda a sua ex-
tensão.
14 Em virtude do seu império fez acelerar
a neve, e dá-se pressa em despedir os relâm-
pagos do seu juízo. 15 Por esta causa se abri-
ram os seus tesouros, e voaram as névoas co-
mo aves.
16 Pela grandeza do seu poder condensou
as nuvens, e se quebraram as pedras da sa-
raiva.
17 Só com o seu olhas se abalarão os mon-
tes, e pelo beneplácito da sua vontade asso-
prará o vento do meio-dia.
18 O estampido do seu trovão ferirá a ter-
ra, a tempestade do norte, e o redemoinho
dos ventos: 19 e como a ave que desce lá do

alto para pousar no chão espalha a neve, e a descida desta é como o gafanhoto que baixa sobre a terra.
20 Os olhos admirarão a beleza da sua brancura, e o coração espantar-se-á do seu chuveiro.
21 Derramará sobre a terra como sal e geada: e quando esta se congelar, tornar-se-á como em pontas de abrolhos.
22 Assoprou o vento frio do norte, e congelou a água ficando como um cristal, que repousará sobre todo o depósito de águas, e revestir-se-á das mesmas águas como de uma couraça.

O mar

23 E devorará os montes, e queimará os desertos, e secará o que houver de verdura, como se tudo abrasasse com fogo.
24 O remédio de todos estes males consiste na pressa que se dê em aparecer uma névoa: e um orvalho temperando o ardente calor que vem, o fará abater.
25 A uma palavra sua acalmou o vento, e com o aceno da sua vontade aplacou o abismo, e nele é que o Senhor plantou as ilhas.
26 Os que navegam o mar, contem os perigos dele: e nós escutando-os com os nossos ouvidos nos admiraremos.
27 Ali se encontram obras preclaras e maravilhosas: vários gêneros de alimárias, e de toda a sorte de gados, e criaturas monstruosas.
28 Por ele mesmo se acha estabelecido o fim do seu caminho, e pela sua palavra tudo está posto na melhor ordem.

Conclusão

29 Muitas coisas diremos nós, e ainda nos veremos alcançados em palavras, mas o resumo de tudo o que se pode dizer é que Ele mesmo está em todas as coisas.
30 Que poderemos nós dizer que exalte a sua glória? Porque o mesmo Todo-Poderoso é sobre todas as suas obras.
31 O Senhor é terrível, e soberanamente grande, e maravilhoso o seu poder.
32 Por mais que glorifiqueis ao Senhor quanto puderdes, nunca lhe dareis a competente glória, porque ainda ficará superior a toda ela e será admirável a sua magnificência.
33 Bendizendo vós ao Senhor, exaltai-o quanto podeis: porque Ele é maior que todo o louvor.
34 Exaltando-o vós, revesti-vos de toda a vossa fortaleza: não vos metais neste trabalho: porque não chegareis a lograr o vosso intento.
35 Quem o poderá ver, e celebrar? E quem engrandecerá assim como Ele é desde o princípio?
36 Muitas coisas maiores do que estas nos são escondidas: porque das suas obras vêm a ser umas poucas só as que temos visto.
37 Mas o Senhor fez todas as coisas e deu sabedoria aos que piamente vivem.

X. ELOGIO DOS ANTEPASSADOS

Introdução

44 Louvemos aos varões gloriosos, e aos nossos pais na sua geração.
2 Ações de muita glória obrou o Senhor com a magnificência do seu mundo.
3 Eles dominavam nos seus estados como grandes que eram em virtude, e adornados da sua prudência, anunciando como profetas
a dignidade dos profetas, 4 e governavam o
povo do seu tempo, e com a virtude da prudência davam avisos mui santos aos povos.
5 Com a sua habilidade acharam a arte das consonâncias da música, e expuseram os cânticos das escrituras.
6 Eram homens ricos em virtude, solícitos do decoro: pacíficos em suas casas.
7 Todos estes alcançaram glória das gerações da sua nação, e ainda hoje são louvados pelo que fizeram em sua vida.
8 Os que deles nasceram, deixaram depois da sua morte um grande nome, que renova os
louvores de seus pais. 9 E outros há, cuja
memória já não existe: eles pereceram, como se não tiveram sido, e nasceram, como se não tiveram nascido, e os filhos dos mesmos com
eles. 10 Mas aqueles são varões de misericór-
dia, cujas obras de piedade não faltaram.
11 Com a posteridade deles permanecem os
seus bens. 12 Os seus netos são uma santa he-
rança, e a sua posteridade se manteve constante nas alianças: 13 e os seus filhos em consideração deles é que permanecem para sempre: A sua prosápia e a sua glória não será abandonada.
14 Os seus corpos foram sepultados em paz, e o seu nome vive na sucessão de todos os séculos.
15 Os povos publiquem a sua sabedoria, e anuncie a Igreja o seu louvor.

Henoc, Noé, Abraão, Isaac

16 Henoc agradou a Deus, e foi trasladado
ao paraíso, para exortar as nações à penitência.
17 Noé foi achado perfeito, justo, e no
tempo da ira veio a ser a reconciliação dos
homens.
18 Por isso foram deixadas umas relíquias
deles sobre a terra, quando veio o dilúvio.
19 Com ele foi feito o pacto eterno, que
não pudesse ser destruída por outro dilúvio
toda a carne.
20 O grande Abraão foi o pai da multidão
das nações e não se achou outro semelhante
a ele em glória, o qual guardou a lei do Ex-
celso, e com ele se pôs em aliança. 21 Em
sua carne ratificou esta aliança, e ele na ten-
tação foi achado fiel.
22 Por isso jurou o Senhor que lhe havia
de dar glória em sua família, que ele cres-
ceria como o pó da terra, 23 e que exaltaria
a sua descendência como as estrelas, e que
eles teriam uma herança de mar a mar, e des-
de o rio até às extremidades da terra.
24 E com Isaac obrou do mesmo modo por
amor de Abraão seu pai.
25 O Senhor lhe deu a bênção de todas as
nações e confirmou o testamento sobre a ca-
beça de Jacó. 26 Reconheceu-o em suas bên-
çãos, e deu-lhe a herança, e lha repartiu, divi-
dindo-a entre as doze tribos.
27 E conservou-lhe homens de misericór-
dia, que achassem graça diante dos olhos de
toda a carne.

Moisés, Aarão e Finéias

45 Moisés foi amado de Deus, e dos ho-
mens: cuja memória está em bênção.
2 Fê-lo semelhante aos santos na glória, e
engrandeceu-o com o terror que infundia a
seus inimigos, e ele com as suas palavras apla-
cou os monstros.
3 Glorificou-o diante dos reis, e lhe pres-
creveu ordenações diante do seu povo, e lhe
fez ver a sua glória.
4 Pela sua fé e mansidão o santificou e o
escolheu dentre toda a carne.
5 Porque o ouviu a ele, e a sua voz, e o fez
entrar na nuvem.
6 E lhe deu os seus preceitos cara a cara, e
a lei da vida e da disciplina para ensinar o
seu testamento a Jacó, e os seus juízos a
Israel.
7 Sublimou a seu irmão Aarão, e semelhante
a ele da tribo de Levi:
8 Estabeleceu com ele um pacto eterno, e
lhe deu o sacerdócio da nação: e o fez bem-
-aventurado em glória, 9 e o cingiu duma fai-
xa de glória, e o revestiu duma vestidura tam-
bém de glória, e o coroou com adornos de
preciosidade.
10 Pôs-lhe a vestidura talar, e a túnica in-
terior, e o efod, e o cingiu ao redor dum
grande número de campainhas de ouro.
11 A fim de repetir o sonido delas quando
andasse, para fazer ouvir no templo este mes-
mo sonido por modo de advertência aos fi-
lhos da sua gente.
12 A vestidura santa, de ouro e de jacinto,
e de púrpura, obra tecida, dum varão sábio,
dotado de juízo e de verdade: 13 de fio de es-
carlate torcido, obra de grande artifício, de
pedras preciosas gravadas em engaste de ou-
ro, e entalhadas por indústria de lapidário
para avivar a memória do número das tribos
de Israel.
14 Havia sobre a sua mitra uma coroa de
ouro esculpida com selo de santidade, e com
glória de honra: obra de muito primor, e
adorno que levava após si os olhos de todos.
15 Trajos tão majestosamente airosos como
estes não houve antes dele desde o princípio
do mundo.
16 Dela se não vestiu pessoa alguma de ou-
tra família, mas só unicamente os seus filhos,
e os seus netos por todo o decurso das ida-
des.
17 Os seus sacrifícios foram todos os dias
consumidos pelo fogo.
18 Moisés lhe sagrou as mãos, e o ungiu
dum óleo santo.
19 Foi-lhe concedido a ele, e à sua descen-
dência por um pacto eterno como os dias do
céu, o exercer as funções do sacerdócio, e
cantar louvores, e bendizer ao seu povo em
seu nome.
20 Ele o escolheu dentre os viventes para
oferecer a Deus o sacrifício, o incenso e o bom
cheiro, a fim do mesmo Deus se lembrar do
seu povo fazendo-o assim propício.
21 E lhe deu poder acerca de seus precei-
tos, das alianças de seus juízos, para ensinar
as suas ordenações a Jacó, e para dar à luz a
Israel em ordem à inteligência da sua lei.
22 Porque contra ele se sublevaram os es-
tranhos, e por inveja o cercaram no deserto
homens, que eram do partido de Datan e Abi-
ron, e a facção de Coré toda acesa em ira.
23 Viu isto o Senhor Deus, e não lhe agra-
dou, e foram consumidos pela impetuosidade
de sua iracúndia.
24 Obrou neles monstruosos prodígios, e
consumiu-os com chamas de fogo.
25 E acrescentou a glória a Aarão, e lhe deu
uma herança, e lhe concedeu as primícias dos
frutos da terra.

26 Nas mesmas primícias lhe preparou pão
com fartura: porque até comerão dos sacri-
fícios do Senhor, os quais lhe deu a ele, e à
sua descendência.
27 Mas não herdará as gentes na terra, nem
ele tem porção entre os da sua nação: por-
que o mesmo Deus é a sua porção e heran-
ça.
28 Finéias, filho de Eleazar, é o terceiro na
glória, imitando aquele no temor do Senhor.
29 E estando firme na afronta da nação:
pela bondade e zelosa prontidão da sua alma
aplacou a Deus para bem de Israel.
30 Por isso é que Deus fez com ele aliança
de paz, constituindo-se o príncipe do santuá-
rio e do seu povo, para que tivesse ele e a sua
linhagem a dignidade de sacerdócio para
sempre.
31 Também fez outra aliança com o rei
Davi, filho de Jessé, da tribo de Judá, fazen-
do-o herdeiro a ele e à sua linhagem, a fim
de dar sabedoria ao nosso coração, de julgar
o seu povo em justiça, para que não pereces-
sem os bens dos mesmos, e fez eterna glória
deles em sua nação.

Josué, Caleb, os juízes, e Samuel

46 Jesus de Nave forte na guerra, sucessor
de Moisés entre os profetas, aquele que
segundo o seu nome foi grande, 2 muito maior
se ostentou em salvar aos escolhidos de Deus,
em derrotar os inimigos que contra ele se le-
vantavam, a fim de conseguir para Israel a
sua herança.
3 Que glória não alcançou ele em levantar
as suas mãos, e em menear contra as cidades
o seu montante?
4 Quem antes dele combateu assim? Porque
o mesmo Senhor lhe trouxe às mãos os seus
inimigos.
5 Não é assim que por impulso da sua ira
ficou o sol parado, e que um dia veio a ser
tão comprido como dois?
6 Ele invocou o Altíssimo Poderoso quando
atacava aos inimigos por todas as partes, e
ouviu-o o grande e santo Deus, enviando pe-
dras de saraiva de mui rija violência, 7 deu
com ímpeto sobre uma gente inimiga, e der-
rotou na descida aos contrários, 8 para que
as nações conhecessem o seu poder, pois não
é fácil pelejar contra Deus. E foi após do To-
do-Poderoso: 9 E nos dias de Moisés fez uma
ação de misericórdia ele, e Caleb, filho de
Jefone, contrastando com o inimigo, e indo à
mão ao povo para que não pecasse, e reba-
tendo a murmuração de malícia.
10 E sendo escolhidos estes dois, foram li-
vres do perigo dentre o número de seiscentos
mil homens de pé, a fim de os introduzir na
sua herança, numa terra que mana leite e mel.
11 E deu o Senhor ao mesmo Caleb forta-
leza, e lhe durou este vigor até à velhice, para
subir a um lugar elevado da terra, e a sua des-
cendência o possuiu por herança: 12 para que
todos os filhos de Israel vissem que é bom
obedecer ao santo Deus.
13 E os juízes apontados cada um por seu
nome cujo coração não foi pervertido: os quais
não se apartaram do Senhor, 14 para que a
sua memória esteja em bênção, e os seus os-
sos reverdeçam do seu lugar, 15 e dure per-
petuamente o seu nome, passando a seus pró-
prios filhos, com a glória daqueles santos
varões.
16 Samuel, profeta do Senhor, foi amado
do Senhor seu Deus, ele instituiu um governo
novo, e ungiu os príncipes na sua nação.
17 Julgou a sinagoga segundo a lei do Se-
nhor, e Deus olhou com olhos propícios para
Jacó, e foi pela sua fé aprovado por verda-
deiro profeta.
18 E foi reconhecido fiel nas suas palavras,
porque viu ao Deus de luz.
19 E invocou o Senhor Todo-Poderoso, com
a oferta dum cordeiro sem mácula quando
combatia contra os inimigos que o cercavam
de todos os lados.
20 E o Senhor trovejou do céu, e com um
grande estrondo fez ouvir a sua voz, 21 e des-
fez o poder dos príncipes de Tiro, e de todos
os chefes dos filisteus:
22 E antes do prazo do fim da sua vida
e século, deu testemunho na presença do
Senhor e de seu ungido, de que não tinha to-
mado de pessoa alguma dinheiro nem ainda
sapatos, e não se achou homem que o pudes-
se acusar.
23 E depois disto dormiu Samuel o sono
da morte, e apareceu ao rei, e lhe predisse o
fim da sua vida, e saindo da terra, levantou
a sua voz, profetizando o golpe, que estava
para se descarregar sobre a impiedade da
nação.

Natan, Davi, Salomão, divisão do reino

47 Depois disto se levantou o profeta Natan
em tempo de Davi.
2 E assim como a gordura fica separada da
carne, assim Davi foi apartado dos filhos de
Israel.
3 Brincou com os leões como com uns cor-
deiros: e tratou igualmente os ursos como
cordeiros de ovelhas na sua mocidade.
4 Porventura não foi ele o que matou o gi-
gante, e o que tirou o opróbrio da sua na-
ção?

5 Levantando a mão, com a pedra da fun-
da fez cair por terra o orgulho de Golias:
6 porque ele invocou o Senhor Todo-Podero-
so, o qual deu à sua destra força para derru-
bar um homem valente na guerra, e para
exaltar o poder da sua nação.
7 Assim o engrandeceu o Senhor com a gló-
ria de matar dez mil homens, e fez com que
o louvassem pelas suas bençãos, oferecendo-
-lhe a coroa de glória: 8 porque desbaratou os
inimigos de todas as partes, e exterminou os
filisteus seus contrários até o dia de hoje:
desfez o poder dos mesmos para sempre.
9 Em todas as suas obras deu graças ao
Santo e ao Excelso com palavras anunciado-
ras da sua glória.
10 De todo o seu coração louvou ao Senhor,
e amou a Deus, que o criou: o qual lhe deu
valor contra os inimigos: 11 e estabeleceu
cantores para estarem diante do altar, e acom-
panhou os seus cantos de suaves concertos de
música.
12 E prescreveu o decoro nas festividades,
e aformoseou os dias solenes até o fim da sua
vida, para que louvassem o santo nome do
Senhor, e engrandecessem desde manhã a
santidade de Deus.
13 O Senhor o purificou dos seus pecados,
e exaltou para sempre o seu poder: e lhe con-
firmou a aliança do reino, e o trono de glória
em Israel.
14 Depois dele se levantou seu filho sábio,
e por amor do mesmo destruiu todo o poder
de seus inimigos.
15 Salomão reinou em dias de paz, ao qual
sujeitou Deus todos os seus inimigos, para que
fundasse uma casa em seu nome, e lhe prepa-
rasse um santuário eterno. Que bens instruído
foste na tua mocidade, 16 e quão cheio te
achaste de sabedoria, como um rio, e quanto
não descobriu a toda a terra a tua alma.
17 Também encerraste enigmas em pará-
bolas! O teu nome se fez célebre até às ilhas
mais remotas, e foste amado na tua paz.
18 Admiraram-se as terras dos teus cânti-
cos, e provérbios, e parábolas, e interpreta-
ções, 19 e do nome do Senhor Deus, que tem
por sobrenome o Deus de Israel.
20 Ajuntaste o ouro como latão, e amon-
toaste a prata como chumbo, 21 e inclinaste
as tuas coxas às mulheres: tiveste quem do-
minasse sobre teu corpo, 22 puseste mácula
na tua glória, e profanaste a tua geração, fa-
zendo com que viesse a ira sobre teus filhos,
e com que se excitasse a tua loucura, 23 para
com efeito chegares a ser causa de ficar divi-
dido em dois bandos o reino, e de sair de
Efraim uma dominação rebelde.
24 Mas Deus não se esquecerá da sua mise-
ricórdia, e não destruirá, nem aniquilará as
suas obras, nem arrancará pela raiz os netos
do seu escolhido: e não destruirá a linhagem
daquele que ama ao Senhor.
25 Por isso deixou relíquias a Jacó, e a
Davi garfos da própria família.
26 E finalizou a vida Salomão com seus
pais.
27 E deixou depois de si a um de seus fi-
lhos, que foi a estultícia da sua nação, 28 e
um homem falto de prudência, por nome Ro-
boão, que alienou de si a nação com o seu
conselho:
29 E a Jeroboão, filho de Nabat, que fez
pecar a Israel, e abriu a Efraim caminho de
pecar, e assim é que inundaram os pecados
deles em mui crescido número.
30 Estes pecados vieram muitas vezes a
lançá-los fora da sua terra.
31 E buscou todo o gênero de maldades,
até que sobre eles veio a vingança e esta os
livrou de todos os pecados.

Elias e Eliseu

48 Também se levantou o profeta Elias,
como um fogo, e as suas palavras ar-
diam como um facho.
2 O qual fez vir sobre eles a fome, e os que
o irritavam pela sua inveja, foram reduzidos
a poucos. Porque não podiam suportar os
preceitos do Senhor.
3 Com a palavra do Senhor fechou o céu,
e fez cair fogo do mesmo céu por três vezes.
4 Assim foi engrandecido Elias pelos seus
milagres. E quem se pode igualmente gloriar
como tu?
5 Que pela palavra do Senhor fizeste sair
um morto dos infernos, arrancando-o do po-
der da morte.
6 Que precipitaste os reis na última desgra-
ça, e desfizeste sem trabalho o seu poder, e
achando-se eles sublimados no auge da glória
os reduziste do seu leito à sepultura.
7 Que ouves no Sinai o juízo do Senhor, e
no Horeb os decretos da sua vingança.
8 Que sagras reis para vingar crimes, e fa-
zes profetas para sucessores depois de ti.
9 Que foste arrebatado ao céu num rede-
moinho de fogo, numa carroça tirada por ca-
valos ardentes.
10 Que estás registrado nos decretos dos
tempos para abrandar a ira do Senhor: para
reunir os corações dos pais a seus filhos, e
para restabelecer as tribos de Jacó.
11 Bem-aventurados são os que te viram, e
que foram honrados na tua amizade. 12 Por-
que nós vivemos só durante esta vida, mas o

nosso nome não viverá assim depois da nossa
morte.
13 Elias foi por certo envolto num rede-
moinho, mas o seu espírito ficou todo em
Eliseu: este não temeu a príncipe algum em
seus dias, e em poder ninguém o venceu.
14 Nem o dobrou palavra alguma, e ainda
depois de morto profetizou o seu corpo.
15 Em sua vida fez prodígios, e na morte
obrou milagres.
16 Com todas estas maravilhas o povo não
fez penitência, nem eles se tiraram dos seus
pecados, até que foram enfim lançados da sua
terra, e espalhados por todo o mundo: 17 e
ficou mui pouca gente, e um príncipe na casa
de Davi.
18 Alguns deles fizeram o que era do agra-
do de Deus: mas outros cometeram muitos
pecados.

Ezequias e Isaías

19 Ezequias fortificou a sua cidade, e en-
canou água para o centro dela, e abriu com
ferro um rochedo, e fez um poço para con-
servar água.
20 Em tempo do seu reinado veio Senaque-
rib, e enviou a Rabsaces, e alçou a sua mão
contra eles, e levantou a sua mão contra Sião,
e se fez soberbo com o seu poder.
21 Então ficaram sobressaltados os seus
corações e as suas mãos: e sentiram-se cheios
de dores como as mulheres que estão no par-
to.
22 E invocaram o Senhor misericordioso,
e estendendo as mãos, levantaram-nas ao céu:
e o santo Senhor Deus ouviu depressa a sua
voz.
23 Não se lembrou dos pecados deles, nem
os entregou a seus inimigos, mas purificou-os
por mão do santo profeta Isaías.
24 Dissipou o campo dos assírios, e fê-los
em migalhas o anjo do Senhor. 25 Porque Eze-
quias obrou o que era do agrado de Deus, e
andou com fortaleza pelo caminho de Davi
seu pai, o qual caminho lhe recomendou Isaías,
profeta grande, e fiel diante de Deus.
26 Em seus dias tornou para trás o sol,
e ele prolongou a vida do rei.
27 Com o seu grande espírito viu os últi-
mos tempos, e consolou aos que choravam
em Sião. Até o fim dos séculos.
28 Mostrou as coisas futuras, e as escon-
didas antes que elas acontecessem.

Josias e Jeremias, Ezequiel e os doze profetas

49 A memória de Josias é como a fragrante
composição de vários aromas feita por
indústria dum perito oficial desta arte.
2 Em toda a boca será doce a sua lembran-
ça como o mel, e como um concerto de mú-
sica em banquete de vinhos.
3 Ele foi divinamente destinado para exci-
tar a nação à penitência, e o que exterminou
as abominações da impiedade.
4 E dirigiu o seu coração para o Senhor,
e nos dias dos pecadores fortificou a pieda-
de.
5 Exceto Davi, Ezequias, e Josias, todos co-
meteram pecado: 6 porque deixaram a lei do
Altíssimo os reis de Judá, e desprezaram o
temor de Deus.
7 Por isso largaram a outros o seu reino, e
a sua glória a uma nação estrangeira.
8 Incendiaram a escolhida cidade de san-
tidade, e fizeram um deserto das suas ruas
conforme a predição de Jeremias.
9 Porque eles maltrataram aquele que foi
consagrado profeta desde o ventre de sua
mãe, para transtornar, e arrancar, e destruir,
e depois reedificar, e renovar.
10 Quanto a Ezequiel, ele foi o que viu
aquela visão de glória, que lhe representou o
Senhor na carroça dos querubins.
11 Porque ele designou por uma chuva os
males, que estavam para vir aos inimigos, e
os bens reservados para aqueles que mostra-
ram com efeito andar por caminhos direi-
tos.
12 Também os ossos dos doze profetas re-
verdeçam do seu lugar: porque eles fortifi-
caram a Jacó, e se resgataram pela fé da sua
virtude.

Zorobabel, Jesus e Neemias

13 Como engrandecemos nós a Zorobabel?
porque ele também foi como um anel na mão
direita, 14 e do mesmo modo a Jesus, filho
de Josedec? os quais em seus dias edificaram
a casa, e levantaram ao Senhor o seu santo
templo, destinado para uma glória sempiter-
na.
15 Também Neemias viverá na memória de
largo tempo, o qual nos levantou os muros
derribados, e fez restabelecer as portas e fe-
chaduras, e levantou nossas casas.

Recapitulação

16 Nenhum nasceu sobre a terra como He-
noc: porque ele até foi trasladado da terra.
17 Nem como José, que já nasceu homem,
para ser o príncipe de seus irmãos, o esteio
da nação, o regente de seus mesmos irmãos,
o firme arrimo do povo: 18 e os seus ossos
foram visitados, e depois da sua morte profe-
tizaram.

19 Set, e Sem alcançaram glória entre os
homens: e sobre toda a alma com a singulari-
dade da sua origem Adão.

Simão, o sacerdote

50 Simão, filho de Onias, sumo pontífice,
foi o que em sua vida reparou a casa
do Senhor, e em seus dias fortificou o templo.
2 Por ele foi também fundada a altura do
templo, a dobrada fábrica e as altas paredes
do mesmo templo.
3 Em seus dias manaram os poços das
águas, e se encheram extraordinariamente,
como mar.
4 Ele teve um particular cuidado do seu
povo e o livrou da perdição.
5 Ele foi assaz possante para engrandecer
a cidade, ele pelo trato com a nação alcançou
glória: e alargou a entrada da casa e do átrio.
6 Brilha como o luzeiro da manhã no meio
da névoa, e como a lua cheia nos dias da sua
maior claridade.
7 E como o sol que resplandece, assim ele
resplandeceu no templo de Deus.
8 Como o arco-íris que reluz entre as nu-
vens de glória, e como flor de rosas nos dias
da primavera, e como lírios que estão à cor-
rente de água, e como incenso que exala fra-
grância na estação do estio.
9 Como chama refulgente, e incenso que
arde no fogo.
10 Como vaso de ouro maciço, ornado de
toda a casta de pedras preciosas.
11 Como oliveira que brota, e como cipres-
te que se eleva ao alto, ele se pareceu ao to-
mar a sua vestidura de glória, e ao revestir-se
completamente de todos os ricos ornamentos
da sua dignidade.
12 Subindo ao santo altar, deu glória à
vestidura de santidade.
13 E quando tomava as porções da mão
dos sacerdotes, estando ele também em pé
junto do altar. E no ato em que o cercava o
coro dos irmãos: em todas estas ocasiões ele
se ostentava como planta de cedro no monte
Líbano, 14 vindo a ficarem deste modo em
torno dele como ramos de palma também to-
dos os filhos de Aarão no meio da sua glória.
15 A oblação pois em honra do Senhor es-
tava nas mãos deles, na presença de todo o
congresso de Israel: e indo consumar o sacri-
fício sobre o altar, para o oferecer com a
majestade da cerimônia devida a uma obla-
ção do Rei excelso, 16 estendeu a sua mão
na libação, e derramou o licor da uva.
17 Derramou ao pé do altar o cheiro divi-
no ao Príncipe excelso.
18 Então exclamaram os filhos de Aarão,
tocaram as suas trombetas feitas a golpes de
martelo, e fizeram ressoar um grande concer-
to para renovarem a sua memória diante do
Senhor.
19 Então o povo todo apressado concorreu
em chusma, e cada um se prostrou sobre seu
rosto em terra, para adorar ao Senhor seu
Deus, e oferecer votos ao Onipotente Deus
excelso.
20 E os cantores levantaram as suas vozes,
e naquela grande casa se aumentou um som
cheio de suavidade.
21 E rogou o povo ao Senhor Excelso fa-
zendo-lhe as suas preces, até que ficou de todo
completo o sacrifício em honra do Senhor,
e eles acabaram as funções do seu ministé-
rio.
22 Então o sumo sacerdote descendo do
altar, alçou as suas mãos sobre todo o con-
gresso dos filhos de Israel, para dar glória a
Deus com seus lábios, e para se gloriar no seu
nome:
23 E repetiu a sua oração, querendo mos-
trar o poder de Deus.

Exortação

24 E agora rogai ao Deus de todos, que fez
grandes coisas em toda a terra, que aumen-
tou nossos dias desde o ventre de nossa mãe,
e obrou conosco segundo a sua misericór-
dia:
25 Que nos dê alegria de coração, e que se
faça paz em nossos dias em Israel por dias
sempiternos:
26 Que creia Israel que está conosco a mi-
sericórdia de Deus, para que nos livre em seus
dias.

Raças detestáveis

27 Dois povos aborrece a minha alma: e o
terceiro que eu aborreço, não é um povo:
28 Os que habitam no monte Seir, e os fi-
listeus, e o povo insensato, que mora em
Siquém.

Conclusão

29 Neste livro escreveu instruções de sabe-
doria e de disciplina Jesus, filho de Sirac, na-
tural de Jerusalém, o qual restaurou a sabe-
doria que derramou do seu coração,
30 Bem-aventurado o que se ocupa nestes
bens: o que os conserva em seu coração será
sempre sábio.
31 Porque se ele praticar estes documentos,
ficará com forças para se saber dirigir em
tudo: porque a luz de Deus é o seu rasto.

XI. APÊNDICE

Oração ao Senhor

51 Oração de Jesus, filho de Sirac: Glorificar-te-ei, soberano rei, louvar-te-ei Deus, salvador meu.

2 Glorificarei o teu nome: porque te fizeste o meu ajudador e protetor, e 3 livraste ao meu corpo da perdição, do laço da língua iníqua, e dos lábios dos forjadores da mentira, e à vista dos que estavam contra mim te declaraste meu ajudador. 4 E me livraste, segundo a grandeza da misericórdia do teu nome, dos que rugiam, preparados para me devorarem, 5 das mãos dos que procuravam tirar-me a vida, e das portas das tirbulações que me cercaram: 6 da violência da chama, que me cercou, e eu no meio do fogo não senti o calor: 7 das profundas entranhas do inferno, e da língua impura, e da palavra de mentira, dum rei iníquo, e da língua injusta. 8 A minha alma louvará o Senhor até à morte, 9 pois a minha vida perto estava de dar consigo nas profundezas do inferno.

10 Cercaram-me de todas as partes, e não havia quem me ajudasse. Estava olhando para o socorro dos homens, e não aparecia.

11 Lembrei-me da tua misericórdia, Senhor, e das tuas obras, que existem desde o princípio dos séculos: 12 porque livras aos que esperam em ti, Senhor, e os salvas das mãos das nações.

13 Tu me fizeste na terra uma elevada habitação e eu te roguei que me livrasses de ser arrebatado na torrente da morte.

14 Eu invoquei ao Senhor pai de meu Senhor, para que me não deixe sem socorro no dia da minha tribulação e durante o reino dos soberbos.

15 Louvarei incessantemente o teu nome, e celebrá-lo-ei na minha confissão, pois foi atendida a minha oração.

16 E livraste-me da perdição e tiraste-me do tempo de aperto.

17 Por isso eu te glorificarei, e cantarei os teus louvores, e bendirei o nome do Senhor.

Exortação à busca da sabedoria

18 Quando eu ainda era moço, antes de me retirar para longe, busquei abertamente a sabedoria na minha oração.

19 À face do Templo eu instava por ela, e buscá-la-ei até ao fim da minha vida. E assim floresceu como uva temporã, 20 o meu coração se alegrou nela. O meu pé andou caminho direito, desde a minha mocidade procurava seguir-lhe o rasto.

21 Inclinei um pouco o meu ouvido, e logo a percebi.

22 Muita sabedoria achei em mim mesmo, e muito aproveitei nela.

23 Ao que me dá sabedoria, dar-lhe-ei glória.

24 Resolvi-me pois a pô-la por obra: tive zêlo do bem, e não me envergonharei.

25 Lutou a minha alma por ela, e pondo-a por obra me fortifiquei.

26 Levantei as minhas mãos ao alto, e chorei a sua ignorância.

27 Dirigi a ela a minha alma, e no conhecimento de mim mesmo a achei.

28 Possuí com ela o meu coração desde o princípio: por isso não serei desamparado.

29 As minhas entranhas se comoveram, buscando-a: por cuja causa possuirei este grande bem.

30 O Senhor me deu em minha recompensa uma língua: e com ela mesma o louvarei.

31 Chegai-vos a mim, ó indoutos, e ajuntai-vos na casa da instrução.

32 Por que tardais vós ainda? E que dizeis à vista destas coisas? As vossas almas estão sequiosas em extremo.

33 Eu abri a minha boca, e disse: Comprai-a para vós sem dinheiro, 34 e submetei o vosso pescoço ao seu jugo, e receba a vossa alma a instrução: porque ela está muito à mão para se achar.

35 Vede com vossos olhos, que eu trabalhei pouco, e achei para mim muito descanso.

36 Recebei a instrução, como uma grande soma de dinheiro, e possuí com ela grande abundância de ouro.

37 Alegre-se a vossa alma na misericórdia do Senhor, e não vos envergonhareis quando o louvardes.

38 Fazei a vossa obra antes que se passe o tempo, e Ele vos dará o vosso galardão a seu tempo.

ISAÍAS

I. LIVRO DO PROFETA ISAÍAS

PRIMEIRAS POFECIAS SOBRE JUDÁ E JERUSALÉM

1 Visão de Isaías, filho de Amós, a qual ele
viu sobre Judá e Jerusalém no tempo de
Ozisa, de Joatan, de Acaz, e de Ezequias, reis
de Judá.

Corrupção do povo eleito

2 Ouvi, céus, e tu, ó terra, escuta, porque o
Senhor é quem falou. Criei uns filhos, e en-
grandeci-os: porém eles me desprezaram.
3 Conheceu o boi a seu possuidor, e o jumen-
to o presépio do seu dono: mas Israel não
me conheceu, e o meu povo não entendeu.
4 Ai da nação pecadora, do povo carregado
de iniqüidade, da ralé maligna, dos filhos mal-
vados! Abandonaram o Senhor, blasfemaram
o Santo de Israel, tornaram para trás aliena-
dos.
5 Que importará que eu vos fira de novo,
acumulando vós umas prevaricações sobre
outras? Toda a cabeça está enferma, e todo o
coração abatido. 6 Desde a planta do pé até
o alto da cabeça não há nele coisa sã: tudo é
uma ferida, e uma contusão, e uma chaga en-
tumecida, que não está ligada, nem se lhe
aplicou remédio para a sua cura, nem com
óleo foi suavizada.

Castigo

7 A vossa terra está deserta, as vossas ci-
dades abrasadas do fogo: os estranhos à vos-
sa vista devoram a vossa região, e ela será
devastada como numa assolação de inimigos.
8 E ficará desamparada a filha de Sião como
choupana em vinha, e como choça em pepi-
nal, e como cidade que é devastada. 9 Se o
Senhor dos exércitos nos não tivera conser-
vado alguns da nossa linhagem, teríamos sido
como Sodoma, e ter-nos-íamos tornado tais
como Gomorra.

Ritos exteriores e verdadeira santidade

10 Ouvi a palavra do Senhor, príncipes de
Sodoma, escutai a lei do nosso Deus, povo de
Gomorra. 11 De que me serve a mim a mul-
tidão das vossas vítimas, diz o Senhor? já
estou farto delas: não quero mais holocaustos
de carneiros, nem gordura de animais nédios,
nem sangue de bezerros, nem de cordeiros,
nem de bodes. 12 Quando vínheis à minha
presença quem requereu estas coisas de vos-
sas mãos, para que andásseis nos meus átrios?
13 Não ofereçais mais sacrifícios em vão: o
incenso é para mim abominação. Neomênia
e sábado e outras festividades não sofrerei,
os vossos ajuntamentos são iníqüos: 14 a mi-
nha alma aborrece as vossas calendas, e as
vossas solenidades: elas se me têm feito mo-
lestas, cansado estou de as sofrer. 15 E quan-
do estenderdes as vossas mãos, apartarei de
vós os meus olhos: e quando multiplicardes
as vossas orações, não as atenderei: porque
as vossas mãos estão cheias de sangue.
16 Lavai-vos, purificai-vos, tirai de diante de
meus olhos a malignidade de vossos pensa-
mentos: cessai de obrar perversamente,
17 aprendei a fazer bem: procurai o que é
justo, socorrei ao oprimido, fazei justiça ao
órfão, defendei a viúva.

Deus está pronto a perdoar

18 E vinde, e arguí-me, diz o Senhor: se os
vossos pecados forem como a escarlata, eles
se tornarão brancos como a neve: e se forem
roxos como o carmezim ficarão alvos como
a branca lã. 19 Se quiserdes, e me ouvirdes,
comereis os bens da terra. 20 Mas se não qui-
serdes, e me provocardes a ira: devorar-vos-á
a espada, porque a boca do Senhor falou.

Depravação de Jerusalém

21 Como se fez prostituta a cidade fiel, cheia
de retidão? Habitou nela a justiça, mas agora
os homicidas. 22 A tua prata se mudou em
escória: o teu vinho se misturou com água.
23 Os teus príncipes são infiéis, companhei-
ros de ladrões: todos amam as dádivas, an-
dam atrás das recompensas. Não fazem justi-
ça ao órfão: e a causa da viúva não tem aces-
so a eles.
24 Por este motivo diz o Senhor Deus dos
exércitos, o forte de Israel: Ai! que eu me
consolarei sobre os meus adversários, e me
vingarei de meus inimigos. 25 E voltarei a
minha mão sobre ti, e acrisolarei a tua escó-
ria até à última depuração, e tirarei de ti
todo o teu estanho. 26 E restituírei os teus
juízes como foram dantes, e os teus conse-
lheiros como antigamente: depois disto serás
chamada a cidade do justo, a cidade fiel.
27 Sião será resgatada em juízo, e será res-
tabelecida em justiça. 28 E quebrantará os
malvados, e juntamente os pecadores: e os
que desampararam ao Senhor serão consumi-
dos. 29 Porque eles serão confundidos pelos
ídolos, a quem sacrificaram: e vós vos enver-
gonhareis dos jardins que tínheis escolhido,
30 quando vos tornardes como um carvalho,
a que caem as folhas, e como uma horta sem
água. 31 E será a vossa fortaleza como tor-
cida de estopa, e a vossa obra como faisca: e
uma e outra se queimará ao mesmo tempo, e
não haverá quem a apague.

Jerusalém, centro do reino universal

2 Visão de Isaías, filho de Amós, sobre Judá
e Jerusalém. 2 E nos últimos dias estará
preparado o monte da casa do Senhor no
cume dos montes, e se elevará sobre os ou-
teiros, e concorrerão a eles todas as gentes.
3 E irão muitos povos, e dirão: Vinde, e su-
bamos ao monte do Senhor, e à casa do Deus
de Jacó, e ele nos ensinará os seus caminhos,
e nós andaremos pelas suas veredas: porque
de Sião sairá a lei, e de Jerusalém a palavra
do Senhor. 4 E julgará as nações, e argüirá
a muitos povos: e das suas espadas forjarão
relhas de arados, e das suas lanças foices. Não
levantará a espada uma nação contra outra
nação, nem daí por diante se adestrarão mais
para a guerra.

O orgulho e idolatria de Judá
castigados por Javé

5 Casa de Jacó, vinde e caminhemos na luz
do Senhor. 6 Pois tu arrojaste o teu povo, a
casa de Jacó: porquanto eles se têm enchido
como noutro tempo e tiveram agoureiros co-
mo os filisteus, e se uniram a mancebos es-
tranhos. 7 Cheia está a terra de prata e de
ouro: e não tem termos os seus tesouros: 8 e
cheia está a sua terra de cavalos: e são inu-
meráveis as suas quadrigas: e cheia está a sua
terra de ídolos: adoraram a obra de suas
mãos, a qual fizeram os seus dedos. 9 E se
encurvou o homem, e o varão se abateu: por-
tanto não lhes perdoes.
10 Entra na penha, e nas aberturas da ter-
ra esconde-te da espantosa presença do Se-
nhor, e da glória de sua majestade. 11 Os olhos
altivos do homem têm sido abaixados, e en-
curvada será a altiveza dos varões e só o Se-
nhor será exaltado naquele dia. 12 Porque o
dia do Senhor dos Exércitos será sobre todo
o soberbo, e altivo, e sobre todo o arrogante:
e ele será humilhado. 13 E sobre todos os ce-
dros do Líbano altos e levantados, e sobre
todos os carvalhos de Basan. 14 E sobre todos
os montes altos, e sobre todos os outeiros ele-
vados. 15 E sobre toda a torre eminente, e
sobre todo o muro fortificado, 16 e sobre
todas as náus de Társis, e sobre tudo o que é
belo à vista.
17 E será encurvada a arrogância dos ho-
mens, e abatida a altiveza dos varões, e só o
Senhor será sublimado naquele dia: 18 e os
ídolos serão de todo esmigalhados: 19 e en-
trarão nas carvernas das penhas e nas vora-
gens da terra por causa da presença formi-
dável do Senhor, e da glória de sua majestade,
quando se levantar para ferir a terra. 20 Na-
quele dia arrojará o homem os seus ídolos
de prata, e os seus simulacros de ouro, que
para si tinha feito a fim de os adorar não
sendo mais que toupeiras e morcegos. 21 E
entrará nas aberturas das pedras, e nas ca-
vernas dos rochedos por causa da presença
formidável do Senhor, e da glória de sua ma-
jestade, quando se levantar para ferir a ter-
ra. 22 Cessai pois de irritar este homem, cujo
folego respira no seu nariz, porquanto ele
mesmo é reputado pelo Excelso.

Ruína da sociedade judaica

3 Eis aqui pois que o soberano Senhor dos
Exércitos está para tirar de Jerusalém e
de Judá ao valente e ao forte, a toda a força
do pão, e a toda a força de água: 2 ao homem
forte, e ao guerreiro, ao juiz, e ao profeta, e
ao adivinho, e ao ancião: 3 ao capitão de cin-
qüenta, e ao respeitável pela sua presença, e
ao conselheiro, e ao perito entre os arquite-
tos e ao que conhece a linguagem mística.
4 E eu lhes darei meninos para príncipes, e
dominá-los-ão efeminados. 5 E investirá o po-

vo, homem a homem, e cada um a seu próxi-
mo: tumultuará o mancebo contra o velho e
o plebeu contra o nobre. 6 Porque tomará
cada um a seu próprio irmão doméstico de seu
pai: Tu tens melhor vestido, sê nosso prín-
cipe, e fique esta ruína atalhada debaixo da
tua mão. 7 Ele responderá naquele dia, di-
zendo: Não sou médico, e em minha casa não
há pão, nem vestido: não queirais constituir-
-me príncipe do povo.
8 Pois Jerusalém se vai arruinando, e Judá
caindo: porquanto a língua deles, e as inven-
ções da sua fantasia são contra o Senhor, para
provocarem os olhos de sua majestade. 9 A
mesma vista do seu semblante dá testemunho
contra eles: e os tais fizeram como os de So-
doma pública ostentação do seu pecado, e não
o encobriram. Ai da alma deles, porque se
lhes têm dado males em recompensa. 10 Dizei
ao justo que ele será bem sucedido, pois co-
merá o fruto dos seus conselhos. 11 Ai do ím-
pio que corre ao mal: porque lhe será dada a
retribuição de suas mãos. 12 Ao meu povo
despojaram os seus exatores, e os têm domi-
nado mulheres. Povo meu, os que te chamam
bem-aventurado, esses mesmos te enganam,
e destroem o caminho dos teus passos.
13 O Senhor está para julgar, e está para
julgar os povos. 14 O Senhor entrará em juí-
zo com os anciãos do seu povo, e com os seus
príncipes: porque vós tendes comido a minha
vinha, e a rapina feita ao pobre se acha em
vossa casa. 15 Por que razão meteis vós debai-
xo dos pés o meu povo, e moeis às pancadas
os rostos dos pobres, diz o Senhor Deus dos
Exércitos?

Luxo das mulheres

16 Ainda disse mais o Senhor: Pois que as
filhas de Sião se elevaram, e andaram com o
pescoço emproado, e iam fazendo acenos com
os olhos, e gestos de mãos, passeavam com os
seus ruidosos pés, e caminhavam a passo me-
surado: 17 O Senhor tornará calva a cabeça
das filhas de Sião, e despojá-las-á o mesmo
Senhor do seu cabelo. 18 Naquele dia lhes ti-
rará o Senhor o adorno dos calçados, e os
diademas, 19 e os colares, e as gargantilhas,
e os braceletes, e os garavins, 20 e as bar-
reiras, e as ligas de pernas, e as cadeias de
ouro, e os vassos de essências, e as arrecadas,
21 e os anéis, e os pingentes de pedras pre-
ciosas caídos sobre a fronte. 22 e os vestidos
de reserva, e as charpas, e os volantes, e as
agulhetas, 23 e so espelhos, e os delicados
lenços, e os listões, e as roupas de verão. 24 E
em lugar de suave cheiro terão hediondez, e
por cima corda, e por cabelo encrespado cal-
va, e por faixo do peito cilício.

Desolação de Jerusalém

25 Também os teus mais galhardos varões
cairão mortos à espada, e os teus valentes em
ação de peleja. 26 E se entristecerão e enlu-
tarão as portas dela e desolada se assentará
em terra.

4 E naquele dia lançarão mão de um só ho-
mem sete mulheres, dizendo: Nós do nosso
pão nos sustentaremos, e dos nossos vestidos
nos cobriremos: o nosso único intento é que
sejamos nós chamadas do teu nome, tira o
nosso opróbrio.

Lampejos messiânicos

2 Naquele dia se achará o gérmen do Se-
nhor em magnificência e glória, e o fruto da
terra elevado, e exultação para aqueles de
Israel, que forem salvos. 3 E eis aqui o que
há de acontecer: Todo o que for deixado em
Sião, e ficar em Jerusalém, santo será chama-
do, todo o que está escrito na vida em Jeru-
salém. 4 Quando o Senhor limpar as manchas
das filhas de Sião, e lavar o sangue do meio
de Jerusalém com espírito de justiça, e com
espírito de ardor. 5 E criará o Senhor sobre
todo o lugar do monte de Sião, e onde ele
foi invocado, uma nuvem de dia, e fumo e
resplendor de fogo chamejante de noite: por-
que sobre toda a glória será a proteção. 6 E
o tabernáculo será para fazer sombra de dia
contra a calma, e para segurança e guarida
contra o torvelinho, e a chuva.

Cântico do amado

5 Cantarei ao meu amado o cântico de meu
primo à sua vinha. O meu amado teve uma
vinha plantada num alto fertilíssimo. 2 E a
cercou de uma sebe e tirou do pé dela as pe-
dras, e a plantou de bacelo escolhido, e edifi-
cou uma torre no meio dela, e fez na mesma
torre um lagar: e esperava que desse uvas, e
veio a produzir labruscas.
3 Agora pois, habitadores de Jerusalém, e
varões de Judá, sede vós os juízes entre mim
e a minha vinha. 4 Que coisa há que eu de-
vesse ainda fazer à minha vinha, que não te-
nha feito? far-lhe-ia acaso injúria em esperar
que ela desse boas uvas em lugar das labrus-
cas que só produziu? 5 Pois agora vos mos-
trarei o que eu hei de fazer à minha vinha:
Arrancar-lhe-ei a sebe, e ficará exposta a ser
roubada: derrubar-lhe-ei o muro, e ficará su-
jeita a ser pisada. 6 E farei com que fique de-

serta: não será podada, nem cavada: e crescerão nela espinhos e abrolhos: e mandarei às nuvens que não derramem sobre ela chuva. 7 Porque a vinha do Senhor dos exércitos é a casa de Israel: e o varão de Judá o seu renovo deleitável: e esperei que fizesse juízo, e eis que há há iniqüidade: e que praticasse justiça, e eis que só há clamor.

Imprecações contra seis vícios

8 Ai de vós os que ajuntais casa a casa, e ides acrescentando campo a campo até chegar ao fim de todo o terreno! Acaso habitareis vós só no meio da terra? 9 Nos meus ouvidos estão estas coisas, diz o Senhor dos exércitos. Verdadeiramente que muitas casas grandes, e vistosas virão a ficar ermas sem habitador. 10 Porque dez geiras de vinhas darão apenas um barrilzinho, e trinta alqueires de trigo semeado não darão mais que três.

11 Ai de vós os que vos levantais pela manhã para seguir a embriaguez, e para beberdes até à tarde com tal excesso, que venhais a ficar de todo esquentados do vinho. 12 A cítara, e a lira, e o pandeiro, e a flauta, e o vinho se acham nos vossos banquetes: e vós não olhais para a obra do Senhor, nem considerais as obras das suas mãos. 13 Por isso é que o meu povo foi levado cativo, porque não teve inteligência, e as suas nobres personagens morreram de fome, e a sua multidão se mirrou de sede. 14 Por isso é que o inferno alargou o seu seio, e sem termo algum abriu a sua boca: e descerão a ele os seus fortes, e o seu povo, e os altos e jactanciosos dele. 15 E será incurvado o homem, e humilhado o varão, e os olhos dos altivos ficarão todos baixos. 16 E será exaltado o Senhor dos exércitos no seu juízo, e o santo Deus será santificado em justiça. 17 E serão apascentados os cordeiros segundo a sua ordem, e dos desertos convertidos em fertilidade comerão os estranhos.

18 Ai de vós os que arrastais a iniqüidade com cordas de vaidade, e o pecado como brocha de carro. 19 Os que dizeis: Avie já com isso, e sem demora venha essa sua obra, para que a vejamos: e chegue-se, e cumpra-se o conselho do Santo de Israel, e saberemos qual ele seja.

20 Ai de vós, os que ao mau chamais bom, e ao bom mau: pondo trevas por luz, e luz por trevas: pondo o amargo pelo doce, e o doce pelo amargo!

21 Ai de vós, os que sois sábios a vossos olhos, e diante de vós mesmos prudentes!

22 Ai de vós, os que sois poderosos para beber vinho, e varões fortes para beberdes a largos sorvos a ebriedade! 23 Os que justificais ao ímpio pelas dádivas, e ao justo lhe tirais o seu direito!

24 Por esta causa, assim como a língua do fogo devora a palha, e a abrasa o calor da chama: assim a raiz deles será como a faisca, e o seu renovo subirá como o pó. Porquanto eles arrojaram de si a lei do Senhor dos exércitos e blasfemaram da palavra do Santo de Israel. 25 Por isso o furor do Senhor se acendeu contra o seu povo e estendeu a sua mão sobre ele, e o feriu: e os montes se abalaram, e os seus corpos mortos foram lançados como esterco ao meio das praças. Com todos estes castigos não se tem aplacado o seu furor, mas ainda está alçada a sua mão.

A invasão assíria

26 E arvorará o seu estandarte em as nações de longe, e assobiará a ele desde os confins da terra: e eis que chegará velozmente apressado. 27 Não há nele quem sinta cansaço nem trabalho: não dormitará, nem dormirá, nem se lhe desatará o cinto dos seus rins, nem se lhe romperá a correia do seu sapato. 28 As suas setas são agudas, e todos os seus arcos estão entesados. As unhas dos seus cavalos são como pederneira, e as suas rodas são como o ímpeto da tempestade. 29 O seu rugido será como o do leão, rugirá como os cachorros dos leões: e rangerá com os dentes, e agarrará a presa: e se abraçará com ela, e não haverá quem lha saque. 30 E soará sobre ele naquele dia um como sonido de mar: e eis que tudo serão trevas de tribulação, e a luz se obscureceu com a cerração dela.

Visão e vocação

6 No ano em que o rei Ozias morreu: vi ao Senhor assentado sobre um alto e elevado sólido: e as coisas que estavam debaixo dele, enchiam o templo. 2 Os Serafins estavam sobre Ele: seis asas tinha um, e seis asas tinha outro: com duas cobriam a sua face, e com duas cobriam os seus pés, e com duas voavam: 3 e clamavam um para o outro, e diziam: Santo, Santo, Santo, Senhor Deus dos exércitos, cheia está toda a terra da sua glória. 4 E estremeceram os umbrais com as couceiras à voz do seu clamor, e a casa se encheu de fumo. 5 Então disse eu: Ai de mim porque me calei, porque eu sou um homem de lábios impuros, e eu mesmo habito no meio de um povo que tem os seus impuros, e vi com os meus olhos ao Rei Senhor dos exércitos. 6 E voou para mim um dos Serafins, o qual trazia na mão uma brasa viva, que ele havia tomado do altar

com uma tenaz. 7 E tocou a minha boca e disse: Eis aqui tocou esta brasa os teus lábios, e será tirada a tua iniqüidade, e lavado será o teu pecado.

8 E ouvi a voz do Senhor que dizia: Quem enviarei eu? E quem nos irá lá? Então disse eu: Aqui me tens a mim, envia-me. 9 E o Senhor me disse: Vai, e dirás a este povo: Ouvi, ouvintes, e não o entendais: e vede a visão, e não a conheçais. 10 Obceca o coração deste povo, e ensurdece-lhe os ouvidos: e fecha-lhes os olhos: para que não suceda que veja com seus olhos, e ouça com seus ouvidos, e entenda com seu coração, e se converta, e eu o sare. 11 E eu disse: Até quando, Senhor? Então disse Ele: Até que fiquem desoladas as cidades sem habitador, e as casas sem homem, e assim virá a ficar deserta a terra. 12 E o Senhor lançará os homens para longe do seu país, e multiplicar-se-á a porção que tinha sido deixada no meio da terra. 13 E ainda haverá nela dizimação, e converter-se-á, e servirá para mostrar como terebinto, e como carvalho, que estende os seus ramos: a linhagem que ficar nela será santa.

A dinastia de Davi em perigo

7 E aconteceu nos dias de Acaz, filho de Joatan, filho de Ozias, rei de Judá, que marchou Rasin, rei da Síria, e Facéias, filho de Romélia, rei de Israel, subindo a Jerusalém, para pelejar contra ela: e não a puderam conquistar. 2 E deram aviso à casa de Davi, dizendo: A Síria coligou-se com Efraim, e ficou agitado o seu coração e o coração do seu povo, como se movem as árvores das selvas à face do vento. 3 Então disse o Senhor a Isaías: Sai ao encontro de Acaz tu, e o teu filho Jasub, que ficou, ao fim do aqueduto da piscina superior no caminho do campo do lavandeiro. 4 E dir-lhe-ás: Trata de te aquietares: não temas, nem se desanime o teu coração à vista dos dois troços últimos desses tições fumegantes em ira de furor, Rasin, rei da Síria, e o filho de Romélia: 5 porquanto se têm confederado para mal contra ti a Síria, Efraim e o filho de Romélia, dizendo: 6 Vamos contra Judá, e despertemo-lo, e arranquemo-lo para nós, e ponhamos feito rei no meio dele ao filho de Tabeel. 7 Estas coisas diz o Senhor Deus: Não subsistirá, nem terá efeito este desígnio: 8 mas acabarão Damasco metrópole da Síria, Rasin, soberano de Damasco e ainda dentro de sessenta e cinco anos até Efraim deixará de ser povo: 9 e também Samaria, capital de Efraim, e o filho de Romélia, soberano de Samaria. Se o não crerdes não permanecereis.

O Emanuel

10 E continuou o Senhor a falar com Acaz, dizendo: 11 Pede para ti ao Senhor teu Deus algum sinal que chegue ao profundo do inferno, ou ao mais alto do céu. 12 E disse Acaz: Não pedirei tal, nem tentarei ao Senhor. 13 E disse: Ouvi pois casa de Davi: Porventura não vos basta ser molestos aos homens, senão que tendes ainda ânimo de também o serdes a meu Deus? 14 Pois por isso o mesmo Senhor vos dará este sinal. Eis que uma virgem conceberá e dará à luz um filho, e será chamado o seu nome Emanuel. 15 Ele comerá manteiga e mel, até que saiba rejeitar o mal, e escolher o bem. 16 Porque antes que o menino saiba rejeitar o mal, e escolher o bem, a terra que tu detestas será desamparada da presença dos seus dois reis.

Invasão de Judá pelos assírios

17 O Senhor por intervenção do rei dos assírios fará vir sobre ti, e sobre o teu povo, e sobre a casa de teu pai dias tais, quais não foram vistos desde os dias em que Efraim se separou de Judá. 18 E isto acontecerá naquele dia: O Senhor assobiará à mosca que está no extremo dos rios do Egito, e à abelha que está na terra de Assur, 19 e elas virão, e pousarão todas nas torrentes dos vales, e nas cavernas dos rochedos, e em todos os matos, e em todos os buracos.

20 Naquele dia o Senhor com uma navalha alugada por meio dos que estão da banda de além do rio, por intervenção do rei dos assírios, rapará a cabeça e os cabelos dos pés, e a barba toda. 21 E isto acontecerá também naquele dia: Um homem criará uma vaca de bois, e duas ovelhas, 22 e pela abundância do leite sustentar-se-á de manteiga: porque todo aquele que tiver ficado no meio da terra, comerá manteiga e mel.

23 E isto acontecerá outrossim naquele dia: Todo o lugar onde houver mil vides do valor de mil dinheiros de prata se cobrirá de espinhos e abrolhos. 24 Com setas e arco entrarão ali: porque os abrolhos e os espinhos estarão por toda a terra. 25 E a todos os montes, que com sacho forem sachados, não lhes chegará ali o terror dos espinhos e dos abrolhos, mas servirão para as pastagens dos bois, e para serem pisados dos gados.

O tufão sobre Damasco e a Samara

8 E o Senhor me disse: Toma um livro grande, e escreve nele em estilo de homem: Tira depressa os despojos, faze velozmente a presa. 2 E eu tomei duas testemunhas fiéis.

Urias sacerdote, e Zacarias, filho de Baraquias:
3 e cheguei-me à profetisa, e ela concebeu, e
deu à luz um filho. Então me disse o Senhor:
Põe-lhe por nome: Apressa-te a tirar os despo-
jos: Faze velozmente a presa. 4 Porque antes
que o menino saiba chamar por seu pai e por
sua mãe, tirar-se-á a fortaleza de Damasco, e
levar-se-ão os despojos de Samaria diante do
rei dos assírios.

A salvação por meio de Emanuel

5 E continuou o Senhor a falar-me ainda,
dizendo: 6 Por isso mesmo que este povo re-
jeitou as águas de Siloé, que correm em silên-
cio, e quis antes acostar-se ao partido de Rasin,
e ao do filho de Romélia: 7 por este motivo
eis que o Senhor fará sobre eles vir as águas
impetuosas e abundantes, ao rei dos assírios,
e todo o seu poder: e subirá sobre todos os
seus ribeiros, e correrá por cima de todas as
suas margens. 8 E se espraiará por Judá inun-
dando-a, e indo assim passando, lhe chegará
até o pescoço. E a extensão de suas asas en-
cherá a largura da tua terra, ó Emanuel.
9 Ajuntai-vos, povos, e sereis vencidos, e vós
todas as terras de longe ouvi: Incorporai as
vossas forças e sereis vencidos, tomai as vossas
armas e sereis vencidos: 10 formai qualquer
desígnio, e ele sairá frustrado: proferi alguma
palavra de mando, e ela não será executada:
porque Deus é conosco.

Oposição a Deus e ao seu profeta

11 Porque o Senhor me diz a mim estas
coisas: assim como Ele com a mão forte me
deu a instrução de que não fosse pelo caminho
deste povo, dizendo: 12 Não digais: Conspire-
mo-nos; porque tudo o que este povo diz é
uma conspiração: e não temais o que ele teme,
nem vos assusteis. 13 Dai glória à santidade
do mesmo Senhor dos exércitos: Ele seja o
vosso pavor, e Ele o vosso terror. 14 E Ele
será para vós um motivo de santificação. Mas
servirá de pedra de tropeço, e de pedra de
escândalo às duas casas de Israel: de laço e
de ruína aos habitantes de Jerusalém. 15 E
tropeçarão muitos dentre eles e cairão, e serão
quebrantados, e enredados, e presos.
16 Ata o testemunho, sela a lei entre os meus
discípulos.
17 E esperarei o Senhor, que esconde a sua
face à casa de Jacó, e aguardá-lo-ei. 18 Eis aqui
estou eu e os meus meninos, que o Senhor me
deu, para servirem de sinal, e de portento a
Israel da parte do Senhor dos exércitos, que
habita no monte Sião. 19 E enquanto vos dis-
serem: Consulta os pitões, e os adivinhos, que
murmuram em segredo nos seus encantamen-
tos: Acaso não consultará o povo ao seu Deus,
há de ir falar com os mortos acerca dos vivos?
20 Antes à lei e ao testemunho é que se deve
recorrer. Porém se eles não falarem na con-
formidade desta palavra, não raiará para eles
a luz da manhã.

Dias sombrios e raio de esperança

21 E passará por ela, cairá, e terá fome: e
quando padecer esta fome, se agastará, e amal-
diçoará ao seu rei, e ao seu Deus, e levantará
os olhos lá para cima. 22 E olhará para a terra,
e eis que tudo será tribulação e trevas, desmaio
e angústia, e obscuridade que a persiga, e não
poderá escapar do aperto em que se acha.

Luz e alegria

9 No primeiro tempo foi levemente combati-
da a terra de Zabulon, e a terra de Neftali:
e no último carregou-se a mão sobre o cami-
nho do mar no além-Jordão, a Galiléia dos
gentios. 2 Este povo, que andava em trevas viu
uma grande luz: aos que habitavam na região
da sombra da morte, lhes nasceu o dia. 3 Mul-
tiplicaste a gente, não aumentaste a alegria.
Eles se alegrarão quando tu lhes apareceres,
bem como os que se alegram no tempo da mes-
se, bem como exultam os vencedores com a
presa que tomaram, quando repartem os des-
pojos. 4 Porque tu quebraste o jugo do peso
que o oprimia, e a vara que lhe rasgava as es-
páduas, e o ceptro do seu exator, como o fizeste
na jornada de Madian. 5 Porque todo o violen-
to saque feito com tumulto e a vestidura man-
chada de sangue, será entregue à queima, e
ficará sendo o pasto do fogo.
6 Porquanto já UM PEQUENO se acha
NASCIDO para nós, e um filho nos foi dado
a nós, e foi posto o principado sobre o seu
ombro: e o nome com que se apelide será
admirável, conselheiro, Deus forte, pai do fu-
turo século, príncipe da paz. 7 O seu império
se estenderá cada vez mais, e a paz não terá
fim: assentar-se-á sobre o trono de Davi, e
sobre o seu reino: para o firmar e fortalecer
em juízo e justiça, desde então e para sempre.
Fará isto o zelo do Senhor dos exércitos.

Ameaça contra o reino de Israel

8 O Senhor dirigiu a sua palavra a Jacó, e
caiu em Israel. 9 E sabê-lo-á todo o povo de
Efraim, e os habitantes de Samaria que cheios
de soberba e arrogância de coração dizem:
10 Os ladrilhos caíram, mas nós edificaremos
de pedras de silharia: eles cortaram os sicô-

moros, porém nós substituiremos cedros em seu lugar. 11 E suscitará o Senhor os adversários de Rasin para virem sobre ele, e fará entrar em tumulto a seus inimigos: 12 aos sirios da parte do oriente, e aos filisteus da banda do ocidente: e eles devorarão a Israel com a boca toda. Com todos estes males não se apartou o seu furor, mas ainda está alçada a sua mão:

13 E este povo não se voltou para quem o feria, e não buscaram ao Senhor dos exércitos. 14 E destruirá o Senhor num mesmo dia a cabeça e a cauda a Israel, ao que governa e ao que perverte. 15 O ancião e o homem respeitável, esse é a cabeça: e o profeta que ensina mentira, esse é a cauda. 16 E os que chamam bem-aventurado a este povo, enganando-o: e aqueles que são chamados ditosos serão precipitados. 17 Por esta causa não se alegrará o Senhor sobre os mancebos dele: e não se compadecerá dos seus órfãos, nem das suas viúvas: porque todos eles são uns hipócritas e uns maus homens, e toda a boca proferiu loucuras. Com todo estes males não se apartou o seu furor, mas ainda está alçada a sua mão.

18 Porque a impiedade se acendeu como um fogo, ela devorará os abrolhos e os espinhos: e se ateará na espessura do bosque, e subirão ao alto nuvens de enovelado fumo. 19 Turbou-se a terra pela ira do Senhor dos exércitos e virá a ser o povo como pasto do fogo: o homem não perdoará a seu irmão. 20 E virará à direita, e terá fome: e comerá à esquerda, e não se fartará: cada um devorará a carne do seu braço: Manassés a Efraim, e Efraim a Manassés, os mesmos juntos se levantarão contra Judá. 21 Com todos estes males não se apartou o seu furor, mas ainda está alçada a sua mão.

10 Ai dos que estabelecem leis iníquas: e escrevendo, escreveram injustiça: 2 para oprimirem aos pobres em juízo, e fazerem violência à causa dos fracos do meu povo: para as viúvas serem a sua presa, e roubarem os bens dos pupilos. 3 Que fareis vós no dia da visita, e da calamidade que vem de longe? A quem tereis vós recurso? E onde deixareis a vossa glória, 4 para não ficardes encurvados debaixo do peso das cadeias, e para não cairdes com os mortos? Depois de todos estes males não se apartou o seu furor, mas ainda está alçada a sua mão.

Profecia da ruina de Assur

5 Ai de Assur, ele é a vara e o bastão do meu furor, na mão deles posta se acha a minha indignação. 6 Eu o enviarei a uma nação pérfida, e lhe ordenarei que marche contra um povo, que eu olho com furor, para que leve dele os despojos, e lhe dê saque, e o ponha para ser pisado aos pés como o lodo das ruas.

7 Mas ele não o julgará desta maneira, nem o seu coração o pensará assim: antes porém se aplicará o seu coração a quebrantar, e a exterminar não poucas nações. 8 Porque dirá:

9 Não é assim que os meus príncipes são juntamente reis? Acaso não me está no mesmo modo sujeita Cárcamos como Calano: E assim como o está Emat, não no está também Arfad? Porventura não corre igual paralelo tanto a Samaria, como Damasco? 10 Do modo que achou a minha mão os reinos dos ídolos, assim também destruirei os simulacros dos de Jerusalém e de Samaria. 11 Porventura assim como eu fiz a Samaria e aos seus ídolos, não o farei também a Jerusalém e aos seus simulacros?

12 Também acontecerá isto: Quando o Senhor tiver cumprido todas as suas obras no monte Sião, e em Jerusalém, farei exame sobre o fruto do orgulhoso coração do rei de Assur, e sobre a glória da altiveza de seus olhos. 13 Porquanto ele disse: Pelo esforço da minha mão fiz isto, e com a minha sabedoria o entendi: e tirei os termos dos povos, e despojei aos seus príncipes, e desentronizei como poderoso aos que residiam em altura. 14 E achou a minha mão como a um ninho a fortaleza dos povos: e assim como se recolhem os ovos, que foram deixados, assim ajuntei eu a toda a terra: e não houve quem movesse a asa, nem abrisse a boca, nem chilrasse.

15 Acaso gloriar-se-á o machado contra o que corta com ele? ou levantar-se-á a serra contra aquele por quem é posta em movimento? Tudo isto é como se a vara se alçasse contra o que a alça, e se levantasse o bastão, que enfim não é mais que um lenho.

16 Por isso o Dominador, Senhor dos exércitos, enviará fraqueza sobre os seus robustos: e ela arderá como queima de fogo ateada debaixo da sua glória.

Israel purificado e convertido

17 E o lume de Israel estará naquele fogo, e o seu Santo na chama: e serão abrasados, e devorados os espinhos dele, e os seus abrolhos em um só dia. 18 E a glória do seu bosque, e do seu carmelo desde a alma até à carne será consumida, e ele fugirá de puro medo. 19 E as árvores que ficarem do seu bosque serão contadas em conseqüência do seu pouco número, e um menino os escreverá.

20 Também acontecerá isto naquele dia: Os que tiverem ficado de Israel, e os da casa de Jacó que se tiverem salvado, não farão mais firmeza sobre aquele que os fere: mas estribar-se-ão sinceramente sobre o Senhor, o Santo de Israel. 21 Converter-se-ão as relíquias, as relíquias, digo, de Jacó ao Deus forte. 22 Porque se o teu povo, ó Israel, for tão numeroso como a areia do mar, só algumas relíquias deles se converterão, a consumação abreviada inundará justiça. 23 Porque o Senhor Deus dos exércitos fará uma consumação e abreviação no meio de toda a terra.

Confortos

24 Portanto, isso diz o Senhor Deus dos exércitos: Não queiras temer, povo meu, habitador de Sião, o mal que te vier de Assur: ele te ferirá com a sua vara, e levantará o seu bastão para o descarregar sobre ti no caminho do Egito. 25 Porquanto espera ainda um poucochinho e um breve espaço, e será consumada a minha indignação e o meu furor sobre a maldade deles. 26 E o Senhor dos exércitos levantará o flagelo sobre ele à proporção do estrago de Madian no penhasco de Oreb, e segundo a sua vara sobre o mar, e levantá-la-á no caminho do Egito. 27 Também acontecerá isto naquele dia: Será tirado o seu peso do teu ombro, e o seu jugo do teu pescoço, e apodrecerá o jugo por causa do azeite.

Avançada dos assírios; desbarato

28 Virá até Aiat, passará a Magron: em Macmas deixará depositada a sua bagagem. 29 Passaram de corrida, Gaba foi a nossa estada: Rama ficou cheia de espanto. Gabaat de Saul se lançou a fugir. 30 Brada com a tua voz, filha de Galim, atende Laisa, probrezinha Anatot. 31 Medemêna já passou para outra parte: vós, habitantes de Gabim, cobri alento. 32 Ainda há dia para se chegar a fazer alto em Nobe, ele moverá a sua mão contra o monte da filha de Sião, contra o outeiro de Jerusalém.

33 Eis que o dominador Senhor dos exércitos quebrará a quartinha com terror, os altos de estatura serão cortados, e os sublimes ficarão abatidos. 34 E as espessuras do bosque serão derribadas com ferro: e o Líbano cairá com os seus altos.

O rebento de Davi

11 E sairá uma vara do tronco de Jessé, e uma flor brotará da sua raiz. 2 E descansará sobre ele o espírito do Senhor: espírito de sabedoria e de entendimento, espírito de conselho e de fortaleza, espírito de ciência e de piedade, 3 e enchê-lo-á o espírito do temor do Senhor. Não julgará segundo a vista dos olhos, nem argüirá pelo fundamento dum ouvi dizer: 4 mas julgará os pobres com justiça: e argüirá com eqüidade em defesa dos mansos da terra: e ferirá a terra com a vara da sua boca, e matará o ímpio com o assopro dos seus lábios. 5 E a justiça será o cinto dos seus lombos: e a fé o talabarte dos seus rins.

Felicidade messiânica

6 O lobo habitará com o cordeiro: e o leopardo se deitará ao pé do cabrito: o novilho, e o leão, e a ovelha viverão juntos, e um menino pequenino os conduzirá. 7 O novilho e o urso irão comer às mesmas pastagens: as suas crias descansarão umas com as outras, e o leão comerá palha como o boi. 8 E divertir-se-á a criança de peito sobre a toca do áspide: e na caverna do basilisco meterá a sua mão a que estiver já desmamada. 9 Eles não farão dano algum, nem matarão em todo o meu santo monte: porque a terra está cheia da ciência do Senhor, assim como as águas do mar que a cobrem.

10 Naquele dia à raiz de Jessé, que está posta por estandarte dos povos, virão a ela mesma fazer-lhe suas rogativas as nações, e será glorioso o seu sepulcro.

Volta e reunião dos exilados

11 Também acontecerá isto naquele dia: Estenderá segunda vez o Senhor a sua mão para possuir os restos do seu povo, que tiverem escapado ao furor dos assírios e do Egito, e de Fetros, e da Etiópia, e de Elão, e de Senaar, e de Emat, e das Ilhas do mar. 12 E levantará o seu estandarte às nações, e ajuntará os fugitivos de Israel, e reunirá os dispersos de Judá feitos vir das quatro plagas da terra. 13 E desterrar-se-á a emulação de Efraim, e perecerão os inimigos de Judá: Efraim não invejará a Judá, e Judá não pelejará contra Efraim. 14 E voarão por mar a pôr-se em cima dos ombros dos filisteus, eles juntos saquearão aos filhos do Oriente: a Iduméia e Moab será a primeira conquista de suas mãos, e os filhos de Amon lhes serão obedientes. 15 E desolará o Senhor a língua do mar do Egito, e levantará a sua mão sobre o rio com a fortaleza do seu espírito: e feri-lo-á dividindo-o em sete canais, de sorte que por ele passem calçados. 16 E haverá caminho para o resto do meu povo, que escapar dos assírios: assim como o houve para Israel naquele dia, em que saiu da terra do Egito.

Hino dos resgatados

12 E dirás naquele dia: Eu te rendo, Senhor, as graças porque te iraste contra mim: o teu furor se aplacou, e tu me consolaste.

2 Eis aqui está Deus Salvador meu, resolutamente obrarei, e não temerei: porque o Senhor é a minha fortaleza, e a minha glória, e Ele se tornou para mim em salvação.

3 Vós tirareis com gosto águas das fontes do Salvador: 4 e direis naquele dia: Louvai ao Senhor, e invocai o seu nome: fazei notórios entre os povos os seus desígnios: lembrai-vos que o seu nome é excelso.

5 Cantai ao Senhor, porque Ele fez coisas magníficas: anunciai isto em toda a terra.

6 Exulta, e louva, morada de Sião: porque o grande, o Santo de Israel está no meio de ti.

ORÁCULOS CONTRA DIVERSOS POVOS

Queda de Babilônia

13 Desgraça de Babilônia, que viu Isaías, filho de Amós.

2 Levantai o estandarte sobre esse monte caliginoso, levantai a voz, levantai a mão, e entrem os capitães pelas suas portas. 3 Eu passei ordens aos meus santificados, e chamei os meus valentes na minha ira, os que exultam com a minha glória.

4 Já nos montes a grita da multidão, como se fora de numerosos povos, retumba: já a voz do sonido de reis, de gentes, congregadas retine: o Senhor dos exércitos tem dado as suas ordens para a militar disposição da guerra, 5 aos que vêm de remontado país, desde a extremidade do mundo: o Senhor, e os instrumentos do seu furor se apressam para destruir a toda a terra.

6 Uivai, porque perto está o dia do Senhor: virá do mesmo Senhor uma como tal assolação. 7 Por esta causa todas as mãos se debilitarão, e todo o coração do homem se desanimará, 8 e quebrantado ficará. Apoderar-se-ão deles torções e dores, como a mulher que está nas angústias do parto, se doerão: cada um ficará atônito olhando para o que tiver junto a si, tornar-se-ão os seus rostos umas caras tisnadas.

9 Eis aí virá o dia do Senhor, o dia cruel, e cheio de indignação, e de ira, e de furor, para pôr a terra numa solidão, e para fazer em migalhas os seus pecadores exterminados dela. 10 Porquanto as estrelas do céu, e o resplendor delas não espalharam a sua luz: tem-se coberto de trevas o sol em o seu nascimento, e a lua não resplandecerá com a sua luz. 11 E visitarei, vindo sobre ele, os males do mundo, e contra os ímpios a sua iniqüidade, e farei cessar a soberba dos infiéis, e humilharei a arrogância dos fortes. 12 O varão será mais precioso que o ouro, e o homem sê-lo-á mais que o ouro acrisolado. 13 Sobre isto eu turbarei o céu: e mover-se-á a terra do seu lugar por causa da indignação do Senhor dos exércitos, e pelo dia da ira do seu furor.

14 E será bem como a corçazinha que foge, e como a ovelha: e não haverá quem a recolha: cada um voltará para o seu povo, e em seguimento uns dos outros fugirão para a sua terra.

15 Todo o que for achado será morto: e todo o que sobreviver cairá em terra passado à espada. 16 Suas crianças de peito serão diante dos olhos deles machucadas: suas casas serão saqueadas, e suas mulheres violadas. 17 Eis que eu suscitarei contra eles aos medos, que não buscarão prata, nem cobiçarão ouro: 18 mas eles matarão as crianças com as suas setas, e não se compadecerão das mães em cujo ventre elas andarem, e a seus filhos não perdoará o olho deles.

19 E aquela Babilônia de tanta glória entre os reinos, a ínclita soberba dos caldeus, ficará destruída: como o Senhor destruiu a Sodoma e a Gomorra. 20 Jamais será habitada, nem reedificada de geração em geração: nem ali porá as suas tendas o árabe, nem repousarão nela os pastores. 21 Mas farão ali o seu covil as feras, e encher-se-ão as suas casas de dragões: e habitarão ali os avestruzes, e farão ali os peludos as suas danças: 22 e responder-se-ão ali os mochos uns aos outros em suas casas, e as sereias nos templos do deleite.

14 O seu tempo está próximo a vir, e os seus dias não se alongarão. Porque o Senhor se compadecerá de Jacó, e reservará ainda para si alguns escolhidos de Israel e fá-los-á descansar na sua terra: agregar-se-á a eles o estrangeiro, e se unirá à casa de Jacó. 2 E tomá-los-ão os povos, e os conduzirão para o seu país: e possui-los-á a casa de Israel sobre a terra do Senhor para servos e servas: e cativarão aqueles que os haviam cativado, e sujeitarão aos seus exatores.

A canção do rei de Babilônia

3 E acontecerá isto naquele dia: Quando o Senhor te tiver dado descanso depois do teu trabalho, e da tua opressão: e dura servidão em que antes serviste: 4 usarás desta pará-

bola contra o rei de Babilônia, e dirás: Como
cessou o exator, como se acabou o tributo?
5 O Senhor esmigalhou o bastão dos ím-
pios, a vara dos dominadores, 6 ao que na
sua indignação feria os povos com uma cha-
ga incurável, ao que sujeitava as nações no
seu furor, ao que cruelmente as perseguia.
7 Toda a terra ficou em descanso e em si-
lêncio, ela se encheu de prazer e exultou: 8 as
faias igualmente se alegraram sobre ti, e os
cedros do Líbano, desde que tu dormiste, não
subirá quem os corte.
9 O inferno se viu lá em baixo à tua che-
gada todo turbado para te sair ao encontro,
ele fez por teu respeito levantar os gigantes.
Todos os príncipes da terra, todos os prínci-
pes das nações se ergueram de seus sólios.
10 Todos universalmente responderão, e te
dirão: Também tu igualmente como nós foste
ferido, vieste a ser-nos semelhante.
11 Arrastada foi a tua soberba até aos in-
fernos, caiu por terra o teu cadáver: debaixo
de ti se estenderá por cama a polilha, e a tua
coberta serão os bichos.
12 Como caiste do céu, ó Lúcifer, tu que ao
ponto do dia parecias tão brilhante? Como
caiste por terra tu, que ferias as nações?
13 Que dizias no teu coração: Subirei ao
céu, exaltarei o meu trono acima dos astros
de Deus, assentar-me-ei no monte do testa-
mento, aos lados do aquilão.
14 Subirei acima da altura das nuvens, se-
rei semelhante ao Altíssimo.
15 E contudo no inferno serás precipitado
ao profundo do lago. 16 Os que te virem, se
inclinarão para ti, e te contemplarão dizendo:
Acaso é este aquele homem, que meteu em
confusão a terra, que fez estremecer os rei-
nos, 17 que pôs o mundo em solidão, e des-
truiu as suas cidades, o que não abriu o cár-
cere aos seus cativos?
18 Todos os reis das nações universalmente
dormiram no meio da sua glória, cada um foi
depositado no seu jazigo.
19 Mas tu foste arrojado longe do teu se-
pulcro, como um tronco inútil, manchado, e
confundido com aqueles que foram mortos à
espada, e desceram às funduras do lago, como
um podre cadáver.
20 Não terás consórcio com eles, nem ain-
da na sepultura: porque tu deitaste a perder
à tua terra, tu fizeste perecer o teu povo.
Nunca jamais será nomeada à ralé dos pés-
simos.
21 Preparei seus filhos para uma morte vio-
lenta, por causa da iniqüidade de seus pais:
eles não se levantarão, nem herdarão a terra,
nem encherão de cidades a face do mundo.
22 E levantar-me-ei contra eles, diz o Se-
nhor dos exércitos: e perderei o nome de Ba-
bilônia, e as suas relíquias, e o renovo, e a
progênie, diz o Senhor.
23 E reduzi-la-ei a uma possessão de ouri-
ços, e a lagoas de águas, e varrê-la-ei gastan-
do-a com a vassoura, diz o Senhor dos exér-
citos.

Derrota dos assírios

24 Jurou o Senhor dos exércitos dizendo:
Por certo que assim como eu pensei, assim
será: e do modo que o tracei na mente, 25 as-
sim acontecerá: que eu quebrante na minha
terra o assírio, e nos meus montes o pise aos
pés: e ser-lhes-á tirado o jugo dele, e o peso
dele se descarregará dos ombros deles. 26 Este
é o desígnio que eu formei sobre toda a terra,
e esta é a mão alçada sobre todas as nações.
27 Porque o Senhor dos exército é o que ful-
minou este decreto: e quem o poderá invali-
dar? Também a sua mão está alçada: e quem
na fará apartar?

A Filistéia

28 No ano em que morreu o rei Acaz, foi
este peso anunciado:
29 Não te alegres tu, Filistéia toda, por se
ter esmigalhado a vara do que te feria: por-
que da estirpe da cobra sairá o basilisco, e
o que dele nascer absorverá as aves.
30 E serão apascentados os primogênitos
dos pobres e os pobres repousarão com segu-
rança: e farei morrer de fome a tua raiz, e
acabarei duma vez com as tuas relíquias.
31 Dá os teus uivos, porta; grita, cidade!
Por terra se acha toda a Filistéia: porque do
aquilão virá o fumo, e não há quem escape
ao seu exército.
32 E que se responderá então aos mensa-
geiros das nações? Que o Senhor fundou a
Sião, e que nele mesmo esperarão os pobres
do seu povo.

Moab enlutada

15 Desgraça de Moab. Porque de noite foi
assolada Ar, Moab emudeceu: porque de
noite foi demolida a muralha, Moab também
emudeceu.
2 Subiu a casa, e Dibon aos altos para cho-
rar sobre Nabo, e sobre Medabá, Moab ui-
vou: em todas as suas cabeças haverá calva
e toda a barba será rapada. 3 Em suas en-
cruzilhadas se acharam eles vestidos de saco:
sobre os seus telhados, e nas suas praças to-
do o alarido se trocou em pranto. 4 Gritará
Hesebon e Eleale, até Jasa foi ouvida a voz

deles. Sobre isto uivarão os armados de Moab, a sua mesma alma dentro de si dará urros.

5 O meu coração clamará à vista de Moab, os seus ferrolhos irão fugindo até Segor, novilha de três anos: porque pelo outeiro Luit subirá chorando, e no caminho de Oronaim levantarão a voz em ais de contrição. 6 Porque as águas de Nemrim serão desamparadas, porquanto secou-se a erva, não vingaram as plantas, murchou-se toda a verdura. 7 Segundo a grandeza da obra assim será a sua visita: levá-los-ão para a torrente dos salgueiros.

Sião, abrigo seguro

8 Porque se fez ouvir o clamor em torno dos confins de Moab: chegaram até Galim os seus urros, e até ao poço de Elim se estendeu o seu clamor. 9 Porquanto cheias ficaram de sangue as águas de Dibon: pois enviarei sobre Dibon, uns acréscimos: leões contra aqueles de Moab, que escaparem, e contra as relíquias da terra.

16 Envia, Senhor, o cordeiro dominador da terra, mandado da pedra do deserto, ao monte da filha de Sião. 2 E acontecerá isto: Que assim como é a ave que foge, e os passarinhos que voam do ninho, assim serão os filhos de Moab na passagem do Arnon.

3 Toma conselho, convoca uma junta: põe como noite a tua sombra no meio-dia: esconde os que fogem, e não entregues os vagabundos. 4 Contigo habitarão os meus fugitivos: tu, ó Moab, serve-lhes de guarida em que se escondam da presença do devastador: porquanto feneceu o pó, consumido ficou o miserável.

Acabou já o que pisava a terra. 5 E será estabelecido um trono em misericórdia, e sobre ele se assentará em verdade no tabernáculo de Davi quem julgue e procure o juízo, e prontamente dê a cada um o que é justo.

Luto ainda por Moabe

6 Temos ouvido a soberba de Moab, ele é soberbo em extremo: a sua soberba e a sua arrogância, e a sua indignação são maiores que a sua fortaleza. 7 Por isso Moab uivará a Moab, todo ele universalmente dará urros: àqueles apóstolos que se jactam das suas muralhas de ladrilho cozido, anunciai as pragas que os ameaçam. 8 Porque os arredores de Hesebon estão desertos, e os príncipes das nações talaram a vinha de Sabamá: as suas varas chegaram até Jazer: elas andaram vagabundas pelo deserto: os seus arrebentos, que foram deixados, passaram à outra banda do mar.

9 Por esta causa chorarei com o pranto de Jazer a vinha de Sabamá: embriagar-te-ei com as minhas lágrimas, Hesebon, e Eleale: porque sobre a tua vindima, e sobre a tua messe arremeteu a voz dos pisadores. 10 E será tirada a alegria e a exultação do Carmelo, e nas vinhas ninguém exultará nem mostrará júbilo. Não pisará vinho no lagar o que tinha costume de o pisar: tirei já a voz dos pisadores. 11 Por isto soará o meu ventre a Moab como cítara, e as minhas entranhas à muralhas do ladrilho cozido. 12 E acontecerá isto: Quando se deixar ver o que Moab trabalhou sobre suas alturas, entrará nos seus santuários para orar, e nada alcançará.

13 Esta é a palavra, que o Senhor falou a Moab desde então: 14 E agora falou o Senhor, dizendo: Em três anos como se fossem anos de mercenário será tirada a glória de Moab com todo o seu numeroso povo, e ficará pequeno e diminuído, de nenhum modo grande.

Ruína de Damasco e de Israel

17 Desgraça de Damasco. Eis que Damasco deixará de ser cidade, e será como um montão de pedras numa ruína. 2 As cidades de Aroer serão abandonadas aos rebanhos, e estes repousarão ali, e não haverá quem os espante. 3 E cessará o adjutório da parte de Efraim e o reino depois da ruína de Damasco: e as relíquias da Síria serão como a glória dos filhos de Israel: diz o Senhor dos exércitos.

4 E acontecerá isto naquele dia: Ficará atenuada a glória de Jacó, e a gordura de sua carne emagrecerá. 5 E será como que na ceifa ajunta o que ficou por segar, e a sua mão colherá as espigas: e será como o que busca as mesmas espigas ao vale de Rafaim. 6 E ficará nele um como racimo de rabisco, e como quando no varejo da oliveira restam na ponta de um ramo duas ou três azeitonas, ou quatro ou cinco dos seus frutos no alto da árvore: diz o Senhor Deus de Israel.

7 Naquele dia se humilhará o homem ao seu Criador, e olharão os seus olhos para o Santo de Israel: 8 e não se inclinará diante dos altares, que fizeram as suas mãos: nem tornará a olhar para os bosques e templos, obras que fabricaram os seus dedos.

9 Naquele dia as cidades da sua fortaleza serão desamparadas como os arados, e as searas que foram abandonadas à vista dos filhos de Israel, e assim ficarás despovoada. 10 Por-

que te esqueceste de Deus teu salvador, e não
te lembraste do teu defensor: por isso plan-
tarás uma boa planta, e semearás um grão
estrangeiro. 11 No dia da produção do que
plantares sair-te-ão labruscas e de manhã flo-
rescerá a tua semente: a messe te foi tirada
no dia da herança, e doer-te-á isto gravemen-
te.

Derrota dos invasores

12 Ai da multidão de numerosos povos, se-
melhante ao estrondo do ressoante mar: e des-
graçado o tumulto das gentes, que é bem como
o sonido de muitas águas. 13 Os povos soarão
bem como o sonido das águas de inundação,
e increpá-lo-á e fugirá para longe: e será ar-
rebatado bem como a poeira dos montes pelo
impulso do vento, e como um redemoinho
diante da tempestade. 14 No tempo da tarde
eis que também haverá turbação: no da ma-
nhã, igualmente não subsistirá. Esta é a he-
rança daqueles que nos destruíram, e a sorte
dos que nos saqueiam.

Embaixada da Etiópia

18 Ai da terra címbalo de asas, que está
além dos rios da Etiópia, 2 do povo, que
manda embaixadores por mar, e em vasos de
junco sobre as águas! Ide, anjos velozes, a
uma gente arrancada, e despedaçada: a um
povo terrível, depois do qual não há outro: a
uma gente que está esperando, e é pisada dos
pés, a quem os rios lhe roubaram a sua terra.
3 Habitadores do orbe, que morais na terra,
quando for levantado o estandarte nos mon-
tes, vós todos o vereis e ouvireis o som da
trombeta.

4 Porque o Senhor me diz isto: Repousarei,
e considerarei no meu lugar, como é clara a
luz do meio-dia, e como a névoa de orvalho
no tempo da messe. 5 Porque antes da messe
todo ele floresceu, e a madureza temporã lan-
çará renovos, e os seus raminhos serão cor-
tados com foices: e o que for deixado, será
cortado, e sacudido. 6 E ficarão servindo ao
mesmo tempo de pasto às aves dos montes, e
às alimárias da terra: e estarão sobre ele os
pássaros em todo o estio, e sobre ele inver-
narão todas as alimárias da terra.

7 Naquele tempo serão levados presentes
ao Senhor dos exércitos pelo povo arrancado
e despedaçado: pelo povo terrível depois do
qual não houve outro, pela gente que está es-
perando, esperando e é pisada dos pés, a
quem os rios lhe roubaram a sua terra, ao lu-
gar do nome do Senhor dos exércitos, o monte
de Sião.

O Egito é punido e converte-se

19 Desgraça do Egito. Eis aí subirá o
Senhor sobre uma nuvem leve, e entra-
rá no Egito, e os simulacros do Egito se co-
moverão diante da sua face, e o coração do
Egito se mirrará no meio dele. 2 E farei com
que os egípcios se levantem contra os egípcios:
e pelejará cada um contra seu irmão, e cada
um contra seu amigo, uma cidade contra outra
cidade, um reino contra outro reino. 3 E re-
bentará o espírito do Egito nas suas entra-
nhas, e precipitarei o seu conselho, e eles
consultarão os seus simulacros, e os seus adi-
vinhos, e pitões, e agoureiros. 4 E entregarei
o Egito na mão de senhores cruéis, e um rei
forte os dominará, diz o Senhor Deus dos
exércitos.

5 E se irá extinguindo a água do mar, e o
rio minguará, e se secará. 6 E as ribeiras se
esgotarão: as levadas por entre marachões di-
minuirão e se secarão: as canas e os juncos
murcharão: 7 o álveo dos regatos ficará des-
coberto desde o seu olheiro, e toda a semen-
teira de regadio se secará, ir-se-á murchando,
e não vingará. 8 E entristecer-se-ão os pesca-
dores e chorarão todos os que lançam anzol
ao rio, e desmaiarão os que estendem redes
sobre a tona dágua. 9 Confundidos serão os
que trabalham em linho, frisando e tecendo
finas teias. 10 E ficarão as suas terras de re-
gadio assim fracas: todos os que faziam la-
goas para apanhar peixes.

11 Os príncipes de Tânis mostraram ser es-
tultos, os sábios conselheiros de Faraó deram
um conselho insipiente. Como direis vós a
Faraó: Eu sou filho dos sábios, filho de reis
antigos? 12 Onde estão agora os teus sábios?
eles te anunciem, e apontem o que o Senhor
dos exércitos tem resolvido sobre o Egito.
13 Loucos se tornaram os príncipes de Tânis,
desanimados ficaram os príncipes de Mênfis,
eganaram o Egito, ângulo dos povos dele. 14 O
Senhor difundiu no meio dele um espírito de
vertigem: e eles fizeram errar o Egito em to-
das as suas obras, como o que vai fazendo
cambetas, embriagado e vomitando. 15 E não
terá o Egito coisa que distinga a cabeça e a
cauda, ao que encurva e ao que refreia. 16 Na-
quele dia ficarão os egípcios como mulheres,
e pasmarão, e temerão diante do movimento
da mão do Senhor dos exércitos, a qual ele
mesmo estenderá sobre eles. 17 E servirá de
espanto ao Egito a terra de Judá: todo o que
se lembrar dela, encher-se-á de pavor à vista
do desígnio do Senhor dos exércitos, que ele
mesmo formou sobre ela. 18 Naquele dia ha-
verá cinco cidades na terra do Egito, que fa-
larão na língua de Canaã, e que jurarão pelo

Senhor dos exércitos: uma delas será chamada a cidade do sol.

19 Naquele dia o altar do Senhor estará no meio da terra do Egito e o título do Senhor junto do seu termo. 20 Servirá de sinal, e de testemunho ao Senhor dos exércitos na terra do Egito. Porquanto clamarão ao Senhor à vista daquele que os atribula, e Ele lhes enviará um salvador e um defensor que os livre.

21 E será conhecido o Senhor pelo Egito, e conhecerão os egípcios ao Senhor naquele dia, e honrá-lo-ão com hóstia e ofertas. E farão ao Senhor votos, e os cumprirão. 22 E ferirá o Senhor ao Egito com uma chaga, e a sarará, e voltar-se-ão para o Senhor, e Ele se lhes mostrará aplacado e os sarará.

23 Naquele dia haverá caminho do Egito para os assírios, e entrará o assírio no Egito e o egípcio na Assíria, e servirão os egípcios com Assur.

24 Naquele dia será Israel o terceiro para o egípcio e para o assírio: a bênção será no meio da terra, 25 a qual o Senhor dos exércitos abençoou, dizendo: Bem-aventurado é o meu povo do Egito, e ao assírio: obra és de minhas mãos. Porém a minha herança é Israel.

Anúncio de derrota do Egito pela Assíria

20 No ano em que Tartan entrou em Azot, depois de o ter enviado Sargon, rei dos assírios, e pelejado contra Azot, e havendo-a já tomado: 2 naquele tempo falou o Senhor por mão de Isaías, filho de Amós, dizendo: Vai, desata de teus lombos o saco, e tira o próprio calçado dos teus pés. E fê-lo assim indo nu, e descalço.

3 E disse o Senhor: Assim como meu servo Isaías andou nu, e descalço, para ser um sinal e um prognóstico de três anos sobre o Egito, e sobre a Etiópia, 4 assim levará diante de si o rei dos assírios o cativeiro do Egito a transmigração da Etiopía, de moços e velhos, nus, descalços e descompostos para ignomínia do Egito. 5 E temerão os israelitas, e se envergonharão de ter posto a sua esperança na Etiópia e a sua glória no Egito. 6 E dirá o habitador desta ilha naquele dia: Eis aqui tendes qual era a nossa esperança, a que recorremos nós implorando socorro, para nos livrarem da violência do rei dos assírios: e como poderemos nós escapar?

Ruína de Babilônia

21 Desgraça do deserto do mar. Como vêm os tufões da parte do Áfrico, assim a assolação vem do deserto, de uma terra horrível. 2 Anunciada me foi uma dura visão: O que é incrédulo, perfidamente obra: e o que é assolador, tudo devasta. Marcha Elam, sitia Medo: já fiz cessar todo o seu gemido. 3 Por esta causa se encheram de dor os meus lombos, a angústia se apoderou de mim como angústia de mulher na hora do parto: caí desfalecido quando tal ouvi, fiquei de todo perturbado quando o vi.

4 O meu coração se murchou, as trevas me fizeram pasmar: a minha amada Babilônia se tornou para mim em assombro. 5 Põe a mesa, contempla de uma guarita os que comem e bebem: levantai-vos, príncipes, arrebatai o escudo.

6 Porque o Senhor me disse estas coisas: Vai e põe uma sentinela: e a mesma te anuncie tudo quanto vir. 7 E viu um carro de dois homens a cavalo, um montado num asno, e outro montado num camelo: e pôs-se a contemplar atentamente isto com grande miramento. 8 E gritou o leão: Sobre a atalaia do Senhor eu me acho, estando em pé continuamente de dia: e sobre a minha guarda eu me acho, estando em pé noites inteiras. 9 Eis que chega um e outro assim montado, cada qual fazendo parelho com o seu carro, e respondeu, e disse: Caiu, caiu Babilônio, e todos os simulacros dos seus deuses se fizeram pedaços arremessados em terra.

10 Debulha minha, e filhos da minha eira, o que eu ouvi ao Senhor dos exércitos, ao Deus de Israel, isso mesmo vos tenho anunciado.

Oráculo sobre a Iduméia

11 O opróbrio de Duma me brada desde Seir: Guarda, que viste de noite? Guarda, que viste de noite? 12 O guarda respondeu: Chegou a manhã e a noite: Se buscais, buscais: Convertei-vos, vinde.

Oráculo sobre a Arábia

13 Desolação na Arábia. Vós dormireis à tarde no bosque, nas veredas do Dedanim. 14 Vós os que habitais a terra do meio-dia, saindo ao encontro do sequioso, trazei-lhe água, socorrei com pão ao que foge. 15 Porque eles fugiram de diante das espadas, de diante da espada iminente, de diante do arco armado, de diante da sanguinolenta refrega: 16 porque o Senhor me diz estas coisas: Ainda se conservará no espaço de um ano, como em ano de mercenário, e depois será tirada toda a glória de Cedar. 17 E estes restos do número dos fortes frecheiros dos filhos de Cedar se diminuirão: porque o Senhor Deus de Israel falou.

Oráculo sobre Jerusalém

22 Opróbrio do Vale da Visão. Que é o que tu também tens, pois ainda tu com todos os teus subiste aos telhados? 2 Vale cheio de clamor, cidade populosa, cidade triunfante de prazer: os teus mortos não foram mortos à espada, nem mortos em guerra. 3 Os teus príncipes fugiram todos juntos, e foram atados com duras cadeias: todos os que se acharam foram presos juntamente, sem embargo de terem fugido para longe.

4 Por isso disse eu: Apartai-vos de mim, eu amargamente chorarei: não tomeis a peito o consolar-me sobre a ruína da filha do meu povo. 5 Porque este é um dia de carnagem, e de pisadura debaixo dos pés, e de prantos, destinados ao Vale da Visão pelo Senhor Deus dos exércitos reconhecendo a muralha, e ostentando-se magnífico sobre o monte. 6 E Elam tomou a aljava, o carro para o soldado de cavalo, e deixou o escudo a parede toda despida.

7 E ficarão os teus vales escolhidos cheios de quadrigas, e a cavalaria porá os seus quartéis à tua porta.

8 E será descoberta a cobertura de Judá, e verás naquele dia o arsenal da casa do bosque. 9 E vereis as brechas da cidade de Davi, pois elas se multiplicaram: e juntastes as águas da piscina de baixo, 10 e contastes as casas de Jerusalém, e demolistes as casas para fortificar a muralha. 11 E fizestes um lago entre dois muros para a água da piscina velha: e não levantastes os olhos para aquele, que a tinha feito, e nem ainda de longe olhastes para o seu Opífice. 12 E convidar-vos-á o Senhor Deus dos exércitos naquele dia ao gemido, e ao pranto, à rapadura da cabeça, e ao cingidouro do saco: 13 e eis que se não verá mais que prazer e alegria, matar novilhos, e degolar carneiros, comer carnes, e beber vinho: Comamos e bebamos: porque amanhã morreremos. 14 E foi revelada esta voz do Senhor dos exércitos nos meus ouvidos. Não se vos perdoará por certo esta iniqüidade até que morrais, diz o Senhor Deus dos exércitos.

Profecia contra Sobna

15 Estas coisas diz o Senhor Deus dos exércitos: Vai, entra a falar com aquele que habita no tabernáculo, com Sobna, prefeito do Templo, dir-lhe-ás: 16 Que fazes tu aqui? Ou que figura és tu aqui? Pois que te lavraste aqui um sepulcro, lavraste com diligência em lugar elevado um monumento, um domicílio para ti em pedra. 17 Eis que te fará o Senhor transportar como se transporta um galo, e como ao vestido assim te levará suspenso. 18 Ele te coroará com uma coroa da tribulação, atirará contigo como péla a um campo largo e espaçoso: ali morrerás, e a isso se reduzirá o cargo da tua glória, desonra da casa de teu Senhor. 19 E te deitarei fora do teu posto e te deporei do teu ministério.

Escolha de Eliacim

20 E acontecerá isto naquele dia: Chamarei ao meu servo Eliacim, filho de Helcias, 21 e vesti-lo-ei da tua túnica, e confortá-lo-ei com o teu cinto e porei na sua mão o teu poder: e será como pai para os habitantes de Jerusalém, e para a casa de Judá. 22 E porei a chave da casa de Davi sobre os seus ombros: e ele abrirá e não haverá quem feche: e fechará e não haverá quem abra. 23 E fincá-lo-ei como estaca em lugar firme, e ele será como um trono de glória para a casa de seu pai. 24 E deixarão pendentes dele toda a glória da casa de seu pai, diversas castas de vasos, todo o vaso pequenino, desde os de beber até todo o instrumento músico. 25 Naquele dia diz o Senhor dos exércitos: Será tirada a estaca que tinha sido fincada num lugar firme: e será quebrada, e cairá e perecerá o que estava pendurado nela, porque o Senhor falou.

A Fenícia

23 Opróbrio de Tiro: Uivai, naus do mar: porque devastada foi a casa de onde tinham por costume vir: da terra de Cetim lhes foi isto revelado. 2 Calai-vos os que habitais na ilha: os negociantes de Sidônia, passando o mar, te encheram. 3 A sementeira que cresce pelas muitas águas do Nilo, a messe produção deste rio eram frutos dela: e assim se veio a fazer uma escala franca das nações.

4 Envergonha-te, Sidônia: porque isto diz o mar: A fortaleza do mar está dizendo: Não estive de parto, nem pari, nem criei mancebos, nem eduquei donzelas até a idade adulta. 5 Quando se ouvir esta notícia no Egito doer-se-ão os homens logo que ouvirem publicar de Tiro. 6 Atravessai os mares, uivai os que habitais na ilha. 7 Porventura não é esta aquela vossa cidade, que desde os primeiros dias se gloriava da sua antiguidade? Levá-la-ão os seus pés para longe andarem peregrinando.

8 Quem formou este desígnio sobre Tiro, noutro tempo coroada, cujos comerciantes eram príncipes, seus negociantes os ínclitos da terra? 9 O Senhor dos exércitos formou este desígnio para derribar a soberba de toda a

glória e para reduzir a ignomínia todos os ínclitos da terra.

10 Sai da tua terra como um rio, filha do mar, já daqui por diante não tens cinto. 11 O Senhor estendeu a sua mão sobre o mar, Ele abalou os reinos, o Senhor deu as suas ordens contra Canaã para esmigalhar os seus valentes, 12 e disse: Não continuarás a te gloriar daqui por diante, sofrendo violência, virgem filha de Sidônia: levantando-te, passa-te por mar a Cetim, aí também não terás descanso. 13 Eis aí está que não houve povo tal como a terra dos caldeus. Assur a fundou: levaram para o cativeiro os seus robustos, derrubaram as suas casas, deixaram-na posta em ruína. 14 Uivai, naus do mar, porque devastada foi a vossa fortaleza.

15 E acontecerá isto naquele dia: Ficarás em esquecimento, ó Tiro, setenta anos como os dias de um rei: mas depois dos tais setenta anos será Tiro como o cântico de uma meretriz. 16 Toma a cítara, corre em torno da cidade, meretriz entregue ao esquecimento: canta bem, repete a ária, para que haja memória de ti. 17 E acontecerá isto depois dos setenta anos: Visitará o Senhor a Tiro e reduzi-la-á às suas ganâncias: e comerciará de novo com todos os reinos da terra sobre a face da terra. 18 E serão as suas negociações e as suas ganâncias consagradas ao Senhor: não serão guardadas, nem entesouradas: porque a sua negociação será para aqueles que habitarem diante do Senhor, para que comam até se saciarem e se vistam até à velhice.

PROFECIAS APOCALÍPTICAS

Catástrofe

24 Eis aí dissipará o Senhor a terra e a porá nua e afligirá a sua face e espalhará os seus habitadores. 2 E assim como for o povo, assim será o sacerdote: e como o criado, assim o seu amo: como a serva, assim a sua senhora: como o que compra, assim é aquele que vende: como o que dá juro, assim o que toma emprestado: como o que torna a pedir a dívida, como o que deve. 3 A terra com total estrago será desolada e pela rapina saqueada. Porquanto o Senhor proferiu esta palavra. 4 Chorou, e descaiu a terra e ficou desfalecida: descaiu o orbe, ficou desfalecida a altura do povo da terra. 5 E ficou a terra inficionada pelos seus habitadores: porque transgrediram as leis, mudaram o direito, romperam a aliança sempiterna.

6 Por esta causa a maldição devorará a terra e pecarão os habitadores dela: e por isso enfatuar-se-ão os seus cultores e serão deixados poucos homens. 7 Chorou a vindima, enfraqueceu a vide, gemeram todos os que se alegravam de coração. 8 Cessou o regozijo dos tambores, acabou a algazarra dos que estavam em alegria, calou-se a doçura da cítara. 9 Não beberão vinho cantando árias: a bebida será amarga para os que a beberem. 10 A cidade da vaidade está demolida, fechadas se acham todas as suas casas, não entrando nelas pessoa alguma. 11 Nas ruas haverá clamor sobre o vinho. Toda a alegria ficou abandonada: desterrou-se o prazer da terra. 12 Ficou dentro na cidade uma solidão, e a calamidade oprimirá as suas portas.

Poucos se salvarão

13 Porque estas coisas verificar-se-ão no meio da terra, no meio dos povos: como se algumas poucas de azeitonas, que ficaram, se sacudirem da oliveira, e algum par de cachos do rabisco, depois de acabada a vindima. 14 Estes levantarão a sua voz, e cantarão louvores, darão rinchos desde o mar, quando o Senhor for glorificado. 15 Por esta causa com as verdadeiras máximas da doutrina glorificai ao Senhor: nas ilhas do mar ao nome do Senhor Deus de Israel.

Culpas e castigos

16 Desde as extremidades da terra nós ouvimos os louvores à glória do justo. E eu disse: O meu segredo para mim, o meu segredo para mim, ai de mim! Os prevaricadores têm prevaricado e com prevaricação de transgressores prevaricaram. 17 Para ti, que és habitador da terra, está aparelhado o susto e a cova e o laço.

18 E acontecerá: que o que fugir da voz do susto cairá na cova: e o que se desembaraçou da cova ficará preso no laço: porque as cataratas lá das alturas foram abertas e serão abalados os fundamentos da terra. 19 Com a ruptura de suas partes será a terra feita em pedaços, com o choque delas será a terra esmigalhada, com o seu abalo será a mesma terra desconjuntada, 20 pelo balanço será agitada a terra como um embriagado, e será tirada como a tenda duma noite: e carregará sobre ela a sua iniqüidade, e cairá, e não tornará a levantar-se.

21 E acontecerá: que naquele dia virá o
Senhor com a sua visita sobre a milícia do
céu lá no alto, e sobre os reis da terra que
estão sobre a terra. 22 E serão atados todos
juntos num feixe para serem lançados no lago
e ficarão ali encerrados no cárcere: e depois
de muitos dias serão visitados. 23 E a lua se
envergonhará e se confundirá o sol quando
reinar o Senhor dos exércitos no monte Sião
em Jerusalém e for glorificado na presença
dos seus anciãos.

Cântico de vitória

25 Senhor, tu és o meu Deus: eu te exaltarei
e apregoarei o teu nome: porque tu fizeste maravilhas, declaraste por fiéis os teus
antigos desígnios, amém.

2 Porque tu reduziste a cidade a um túmulo, a cidade forte, a ruína, a casa dos estranhos: para não ser cidade e para nunca
jamais se reedificar.

3 Por isso te louvará um povo forte, a ci-
dade das nações robustas te temerá: 4 porque
te fizeste fortaleza para o pobre, fortaleza
para o necessitado na sua tribulação: esperança contra o torvelhinho, sombra contra o calor. Porque o espírito dos robustos é como
um torvelhinho que impede uma parede.

5 Tu como o calor na sede humilharás a
insolência tumultuosa dos estranhos: e como
com um calor que abrasa por entre nuvens,
farás com que se vá murchando a descendência dos fortes.

Banquete divino e felicidade dos justos

6 E o Senhor dos exércitos fará neste mon-
te para todos os povos um banquete de man-
jares substanciais, um banquete de vinho de
substanciais tutanos, dum vinho sem fezes.
7 E neste monte quebrará a prisão do laço
atado sobre todos os povos e a teia que urdiu
sobre todas as nações. 8 Ele precipitará a
morte para sempre: e o Senhor Deus enxu-
gará as lágrimas de todas as faces e tirará de
cima de toda a terra o opróbrio do seu povo:
porque o Senhor falou.

9 E dirá naquele dia:
Eis aqui temos que este é o nosso Deus,
por ele esperamos e ele nos salvará: Este é
que é o Senhor, nós o esperamos longo tempo, nós exultaremos e alegrar-nos-emos com
a salvação que ele nos der .

Triunfo final

10 Porque neste monte repousará a mão do
Senhor: e Moab será trilhado debaixo dele,
assim como se trilham as palhas debaixo dum
carro.

11 E estenderá as suas mãos por baixo dele
assim como as estende o nadador para nadar:
e abaterá a sua glória com a esmigalhadura
das mãos dele.

12 E as fortificações das tuas altas muralhas cairão, e se abaterão, e virão a terra até
se reduzirem a pó.

26 Naquele dia se cantará este cântico em
a terra de Judá:
Sião, cidade da nossa fortaleza! O Salvador
será posto nela por mural e antemural.

2 Abri as portas, e entre uma gente justa,
que observa a verdade.

3 Foi-se o antigo erro: tu conservarás a paz:
a paz, porque em ti havemos esperado.

4 Vós esperastes no Senhor por séculos
eternos, no Senhor Deus forte para sempre.

5 Porque encurvará aos que habitam no
alto, humilhará a cidade altiva.
Humilhá-la-á até à terra, fá-la-á descer até
se tornar em pó.

6 Pisá-la-á o pé, os pés do pobre, os passos
dos necessitados.

Os juízos de Deus

7 A vereda do justo é direita, direito é o
atalho do justo para por ele se andar.

8 E nós te esperamos, Senhor, na vereda
dos teus juízos: o teu nome, e a tua memória
são a saudade da nossa alma.

9 A minha alma te desejou de noite: e até
com o meu espírito nas minhas entranhas despertarei desde o ponto do dia para te buscar.
Quando exercitares na terra os teus juízos,
aprenderão a justiça os habitadores da orbe.

10 Compadeçamo-nos do ímpio, e ele não
aprenderá a justiça: na terra dos santos obrou
iniqüidades, e não verá a glória do Senhor.
11 Senhor, exalte-se a tua mão, e eles não
vejam: vejam, e sejam confundidos os que
têm inveja do teu povo: e devore o fogo a
teus inimigos. 12 Senhor: tu nos hás de dar
paz: porque tu és o que fizeste em nós todas
as nossas obras. 13 Senhor Deus nosso, uns
amos sem ti nos possuiram, somente em ti nos
recordemos do teu nome. 14 Não vivam os mor-
tos, não ressuscitem os gigantes: por isso é que
tu os visitaste e fizeste em pó, e apagaste toda
a sua memória. 15 Tu favoreceste esta nação,
Senhor, tu a favoreceste: porventura foste tu
glorificado? Tu a alongaste para as mais remo-
tas partes da terra. 16 Senhor, eles te buscaram
na angústia, saudável lhes foi na tribulação do
seu murmúrio a tua doutrina.

17 Assim como a que concebe, quando estiver próxima ao parto, confrangendo-se dá gritos nas suas dores: do mesmo modo nos tornamos nós, Senhor, diante da tua face. 18 Nós concebemos, e como que estivemos com dores de parto, e o que parimos foi vento. Não produzimos na terra frutos de salvação, por isso é que não caíram os habitadores da terra. 19 Os teus mortos viverão, os meus a quem tiraram a vida ressuscitarão. Despertai, e cantai louvores, vós os que habitais no pó: porque o teu orvalho será um orvalho de luz, e tu reduzirás à última ruína a terra dos gigantes.

Tempo de espera

20 Vai, povo meu, entra nos teus quartos, fecha as tuas portas sobre ti, deixa-te estar escondido um pouco por um momento, até que passe a indignação. 21 Porque eis aí sairá o Senhor do seu lugar, para visitar a iniqüidade do habitador da terra contra ele: e a terra descobrirá o sangue de que está alagada, e não cobrirá mais de então por diante os seus violentamente mortos.

27 Naquele dia o Senhor armado com a sua espada dura, e grande, e forte, virá com a visita sobre Leviatã, essa serpente como uma alavanca, e sobre Leviatã serpente cheia de roscas, e matará a baleia, que está no mar.

Cântico da vinha

2 Naquele tempo a vinha que dá vinho puro lhe cantará louvores.

3 Eu, o Senhor, que a conservo, de repente lhe darei de beber: para que talvez se não execute algum dano contra ela, eu a guardo de noite e de dia.

4 Eu não tenho indignação. Quem me fará silva e espinho? Na peleja, marcharei contra ela, incendiá-la-ei igualmente.

5 Ou deterá ela antes a minha fortaleza, fará paz comigo, paz fará comigo?

O destino de Israel

6 Apesar dos que investem com ímpeto a Jacó, florescerá e lançará gérmens Israel, e encherão de fruto a face do orbe.

7 Porventura feriu-o Deus a ele à proporção da chaga do que o fere? Ou assim como matou aos seus violentamente mortos, assim foi ele morto? 8 Quando ela for rejeitada, tu a julgarás contrapondo uma medida a outra medida: meditou no seu espírito de rigor para o dia da calma. 9 Por isso a iniqüidade será deste modo perdoada à casa de Jacó: e todo este fruto se reduz a que seja tirado o seu pecado, quando puser todas as pedras do altar como pedras de cal esmigalhadas, não ficarão em pé os bosques e os templos.

Fim da capital inimiga e reunificação nacional

10 Porque a cidade forte será assolada, a a formosa será despovoada, e será deixada como um deserto: ali será apascentado o novilho, e ali se recostará, e consumirá as pontas da sua verdura. 11 As suas searas ficarão feitas em moinha pela secura, virão as mulheres e ensiná-la-ão: porque não é povo ajuizado, por cuja causa não se compadecerá dele o que o fez: e não lhe perdoará o que o formou.

12 E acontecerá que naquele dia ferirá o Senhor desde o álveo do rio até a torrente do Egito, e vós, filhos ds Israel, sereis congregados a um e um. 13 Também acontecerá que naquele dia soará uma grande trombeta, e os que tinham ficado perdidos virão da terra dos assírios, e os que se achavam desterrados na terra do Egito, e adorarão o Senhor no monte santo em Jerusalém.

PROFECIAS ACERCA DE JUDÁ E ISRAEL

O fim de Samaria

28 Ai da coroa de soberba, dos embriagados de Efraim, da flor caduca, glória da sua exultação, dos que estavam no cume do vale fertilíssimo, errantes por causa do vinho. 2 Eis aqui o Senhor valente e forte como o ímpeto duma chuva de pedra: torvelhinho que tudo quebra, como ímpeto de muitas águas que inundam, e se espraiam sobre uma espaçosa campina. 3 Aos pés será pisada a coroa de soberba dos embriagados de Efraim. 4 E a flor caduca da glória da sua exultação, que está sobre o cume do vale mui pingue, será como o fruto temporão, que chega a amadurecer antes do outono: o qual se algum pondo nele os olhos o vir, logo assim que o tomar na mão, o devorará.

5 Naquele dia o Senhor dos exércitos será a coroa de glória, e a grinalda de exultação, para o resto do seu povo: 6 e o espírito de justiça para o que está assentado para bem

julgar, e a fortaleza para os que voltarem da batalha para a porta.

O profeta encontra oposição em Israel

7 Mas também estes por causa do vinho não entenderam, e por causa da embriaguez andaram sem se poderem ter: o sacerdote e profeta não entenderam por causa da embriaguez, foram absorvidos pelo vinho, andaram cambaleando na embriagues, não conheceram o vidente, ignoraram a justiça. 8 Porque todas as mesas se encheram de vômito e de asquerosidades, tanto assim que não havia já lugar que estivesse limpo.

9 A quem ensinará a ciência? e a quem fará entender o que se ouviu? aos que já se lhes tirou o leite, aos que já foram desmamados. 10 Porque manda, torna a mandar, manda, torna a mandar, espera, torna a esperar, espera, torna a esperar, um pouco aí, um pouco aí. 11 Porquanto em outra linguagem de lábio, e em língua estranha Ele falará a este povo. 12 Ao qual disse: Este é o meu descanso, confortai ao cansado, e este é o meu refrigério: e eles não quiseram ouvir. 13 E ser-lhes-á repetida esta palavra do Senhor: Manda, torna a mandar, manda, torna a mandar, espera, torna a esperar, espera, torna a esperar, um pouco aí, um pouco aí: para que vão, e caiam para trás, e fiquem esmigalhados, e metidos no laço, e presos.

Refúgio enganador e verdadeiro sustentáculo

14 Por esta causa ouvi a palavra do Senhor, homens escarnecedores, que exerceis a vossa dominação sobre o meu povo, que está em Jerusalém. 15 Porque vós dissestes: Nós fizemos um concerto com a morte, e fizemos um pacto com o inferno. Quando passar o flagelo de inundação, não virá sobre nós: porque temos posto a mentira por base da vossa esperança, e pela mentira fomos protegidos.

16 Por isso estas coisas diz o Senhor Deus: Eis aqui estou eu que vou a lançar nos fundamentos de Sião uma pedra, uma pedra aprovada, angular, preciosa, fundada no fundamento: aquele que crer, não se apresse. 17 E farei juízo com peso, e justiça com medida: e a saraiva derribará a esperança da mentira: e as enchentes das águas deixarão alagada a proteção. 18 E será apagado o vosso concerto com a morte, e o vosso pacto com o inferno não subsistirá. Quando passar o flagelo de inundação, ele vos terá por emprego da sua pisadura. 19 Ao ponto que ele for passando, vos arrebatará: porque de manhã cedo passará sem acabar de dia nem de noite, e só unicamente a vexação vos fará entender o que se ouviu. 20 Porque estreita é a cama, de sorte que um dos dois há de cair: e um cobertor curto não pode cobrir a um e outro. 21 Porque o Senhor se levantará, como no Monte das Divisões: Ele se mostrará irado, como no vale, que está em Gabaon: para fazer a sua obra, uma obra alheia dele: para fabricar a sua obra, uma obra dele que lhe é estranha. 22 Cessai pois já de fazer zombaria, para que não suceda que se apertem mais as vossas cadeias: porque eu ouvi ao Senhor Deus dos exércitos que a consumação e abreviação de tudo isto mui cedo viria sobre toda a terra.

O divino agricultor

23 Percebei aplicando os ouvidos, e escutai a minha voz, atendei, e ouvi as minhas expressões. 24 Acaso o lavrador lavrará sempre a fim de semar, estará ele incessantemente estorroando e sachando a sua terra? 25 Porventura depois de igular a superfície dela não semeará a nigela, espalhará o cominho, e lançará o trigo a eito, e a cevada, e o milho, e alfarroba nos seus assinados lugares? 26 E instrui-lo-á para fazer isto com juízo: o seu Deus o ensinará. 27 Porque não será debulhada a nigela com trigo armado de dentes de ferro, nem rodará a roda de carro por cima dos cominhos: mas será com uma vara sacudida a nigela, e os cominhos com um pau. 28 E o trigo será esmiuçado: mas na verdade não no debulhará sempre o que o debulha, nem o apertará debaixo de si a roda do carro, nem com as suas unhas o esmiuçará. 29 E isto saiu do Senhor Deus dos exércitos, para fazer admirável o seu conselho, e engrandecer a sua justiça.

O destino de Jerusalém

29 Ai Ariel, Ariel cidade, que Davi expugnou! Ajuntou-se um ano a outro ano: correram as solenidades. 2 E cercarei de trincheiras a Ariel, e ela estará triste e desconsolada, e será para mim como Ariel. 3 E disporei bloqueio ao redor de ti, fazendo um como círculo fechado, e levantarei contra ti montanhas de terra, e porei baluartes para te assediar. 4 Tu serás humilhada, falarás desde a terra, e desde o chão será ouvida a tua fala: e será como de Pitão a tua voz saindo desde a terra, e desde o chão resmoninhará a tua fala.

5 E será como pó miúdo a multidão dos que te acossam: e como a palha volante a multidão daqueles que prevaleceram contra ti: 6 e isto acontecerá de repente num ins-

tante. Pelo Senhor será visitada com trovão, e abalo de terra, e com grande zoada de torvelhinho e de tempestade, e de chama de fogo devorante. 7 E será como o sonho duma visão noturna a multidão de todas as nações que pelejaram contra Ariel, e todos os que se lhe puseram em campo, e a sitiaram e prevaleceram contra ela. 8 E bem como sonha o faminto que come, e quando despertar se acha vazia a sua alma: e assim como sonha o sequioso que bebe, e depois que acordar, fatigado se sente ainda com sede, e a sua alma está vazia: assim será a multidão de todas as nações que pelejaram contra o monte Sião.

Cegueira e formalismo religioso

9 Pasmai, e admirai-vos, flutuai, e vacilai: embriagai-vos, mas não de vinho: cambaleai, mas não de embriaguez. 10 Porque o Senhor vos propinou um espírito de adormecimento, Ele fechará os vossos olhos, cobrirá os vossos profetas e príncipes, que vêem as visões. 11 E será para vós a visão de todos eles como as palavras dum livro selado que quando o derem ao que sabe ler, lhe dirão: Lê esse livro. Ele responderá: Não posso, porque está selado. 12 E dar-se-á o livro ao que não sabe ler, e se lhe dirá: Lê. E ele responderá: Não sei ler.

13 E disse o Senhor: Pois que este povo se chega para mim com a sua boca, e com os seus lábios me glorifica, mas o seu coração está contudo longe de mim, e eles me deram culto movidos de ordenanças e doutrinas de homens: 14 por isso eis aqui estou eu que acrescentarei uma coisa para excitar a admiração a este povo com um grande e estupendo milagre: porque perecerá a sabedoria dos seus lábios, e ficará escurecido o entendimento dos seus prudentes.

Desígnios humanos e providência divina

15 Ai dos que sois profundos de coração, para ocultardes ao Senhor os vossos desígnios: daqueles, cujas obras são feitas no meio das trevas, e dizem: Quem é que nos vê, e quem é o que nos conhece? 16 Perverso é este vosso pensamento: vem ele a ser como se o barro tivesse intentos de se levantar contra o oleiro, e disesse a obra ao seu artífice: Tu não és que me fizeste. E o vaso disse ao oficial que o fez: Tu disto não entendes nada. 17 Acaso dentro ainda de pouco tempo e em breve espaço não se converterá o Líbano em Carmelo, e o Carmelo não se reputará por um bosque? 18 E naquele dia os surdos ouvirão as palavras do livro, e dentre as trevas e a escuridade verão os olhos dos cegos. 19 E alegrar-se-ão cada vez mais os mansos no Senhor e exultarão os homens pobres no santo de Israel: 20 porque desfaleceu o que prevalecia, acabou o escarnecedor, e foram cortados todos os que vigiavam para fazer mal: 21 aqueles que faziam pecar os homens pelas suas palavras, e que armavam sancadilhas ao que os repreendia na porta, e os que sem causa se apartaram do justo. 22 Por esta causa o Senhor que resgatou a Abraão, diz isto à casa de Jacó: Agora não será confundido. 23 mas quando vir a seus filhos, obra das minhas mãos santificando no meio dele o meu nome, também eles santificarão ao santo de Jacó, e apregoarão o Deus de Israel, 24 e os que estavam em erro de espírito chegarão a ter claro entendimento, e os murmuradores aprenderão a lei.

Aliança com o Egito

30 Aí, filhos desertores, diz o Senhor, para que tomásseis um conselho, e não de mim: e urdísseis uma teia e não pelo meu espírito, para que assim acrescentásseis pecado sobre pecado: 2 que estais postos a caminho para descer ao Egito, e não tendes consultado o meu oráculo, esperando o auxílio na fortaleza de Faraó, e tendo confiança na sombra do Egito. 3 E tornar-se-á para vós a fortaleza de Faraó em confusão, e a confiança da sombra do Egito em ignomínia. 4 Porque os teus príncipes estavam em Tânis, e os embaixadores chegaram até Hanes. 5 Todos ficaram afrontados à vista dum povo que lhes não pode ser de proveito: não lhes serviram de auxílio nem de utilidade alguma senão de confusão e de opróbrio.

6 Opressão dos jumentos do meio-dia: Ei-los aí vão por uma terra de tribulação e angústia de onde saem a leoa, e o leão, a víbora e o basalisco volante levando sobre os ombros de jumentos as suas riquezas e sobre o espinhaço giboso de camelos os seus tesouros, a um povo que lhes não poderá prestar para coisa alguma. 7 Porque o Egito debalde e em vão dará socorro: por isso eu gritando sobre isto, disse: Ali só há soberba, descansa.

Oposição do povo

8 Agora pois tendo tu entrado, escreve isto sobre a tábua em sua presença, e registra-o com cuidado num livro, e no último dia servirá de um testemunho indelével para sempre: 9 porque é um povo que está provocando a ira, e são uns filhos mentirosos, uns filhos que não quererm ouvir a lei de Deus, 10 que

dizem aos que vêem: Não vejais. E aos que olham: Não olheis em proveito nosso para as coisas que são retas. Falai-nos coisas agradáveis, vede para nós enganadoras lisonjas. 11 Alongai de mim o caminho, apartai de mim a vereda, cesse de se repetir diante da nossa face o Santo de Israel.

Punição

12 Por cujo motivo diz isto o Santo de Israel: Porquanto vós rejeitastes esta palavra, e tendes esperado na calúnia e no tumulto, e aí fizestes a vossa firmeza: 13 por isso esta iniqüidade será para vós uma como abertura numa alta muralha que está para cair, e é procurada, porque subitamente, quando se não espera virá a sua ruína. 14 E será feita em pedaços como se quebra de uma fortíssima pancada uma quarta de barro: e não se achará das suas migalhas um caco, em que se leve uma brasinha num fogão, ou se tire uma pouca de água dum poço.

15 Porque o Senhor Deus, o Santo de Israel, diz assim: Se vós voltardes e vos deixardes estar em paz, sereis salvos: a vossa fortaleza estará no silêncio e na esperança. E vós o não quisestes: 16 antes dissestes: De nenhuma sorte, mas recorreremos aos cavalos: por isso mesmo é que vós fugireis. E montaremos em ligeiros: por isso serão mais ligeiros aqueles que vos hão de perseguir. 17 Mil homens fugirão da vista do terror de um só: e à vista do terror de cinco deitareis a fugir, até que fiqueis como mastro de navio no cume de um monte, e estandarte sobre um outeiro.

Bondade de Deus e conversão dos povos

18 Por isso o Senhor espera para ter misericórdia de vós: e por isso Ele será exaltado perdoando-vos: porque o Senhor é um Deus de eqüidade. Ditosos todos os que o esperam. 19 Porque o povo de Sião habitará em Jerusalém: tu de nenhuma sorte derramando lágrimas chorarás. Ele com muita comiseração se compadecerá de ti: logo que ouvir a voz do teu clamor, te responderá. 20 E o Senhor vos dará um pão apertado, e água pouca: e dali em diante não fará desaparecer para longe de ti o teu doutor: e os teus olhos estarão vendo o teu mestre. 21 E os teus ouvidos ouvirão a palavra dele, advertindo-te por detrás de ti: Este é o caminho, andai por ele: e não declineis nem para a direita nem para a esquerda. 22 E desprezarás como coisas contaminadas as lâminas dos ídolos feitos da tua prata, e a sua vestidura do teu ouro fundido, e arrojá-las-ás bem assim como a imundície duma menstruada. Sai daqui, lhe dirás tu. 23 E dar-se-á chuva para o teu grão, onde quer que o semeares na terra: e o pão dos frutos da terra será abundantíssimo e pingue: naquele dia será o cordeiro apascentado em espaçosa extensão na tua herdade. 24 E os teus tesouros, e jumentinhos, que lavram a terra, comerão toda a mistura de grãos como eles foram padejados na eira. 25 E sobre todo o monte alto, e sobre todo o outeiro elevado haverá arroios dáguas correntes no dia da mortandade de muitos, quando caírem as torres. 26 E a luz da lua será como a luz do sol, e a luz do sol será sete vezes maior, como seria a luz de sete dias juntos no dia em que o Senhor atar a ferida do seu povo, e curar o golpe da sua chaga.

Punição do assírio

27 Eis aí que o nome do Senhor vem de longe, o seu furor é ardente e grave de suportar: os seus lábios estão cheios de indignação, e a sua língua é como um fogo devorante. 28 O seu assopro é como uma torrente que inundando chega até o meio do pescoço para perder as nações com uma aniquilação, e o freio do erro, que estava nos queixos dos povos.

29 O vosso cântico será como na noite da santificada solenidade, e a alegria do coração como o que vai caminhando ao som da flauta, para entrar no monte do Senhor ao forte de Israel. 30 E o Senhor fará ouvir a glória da sua voz, e mostrará o terror do seu braço nas ameaças do seu furor, e com as chamadas dum fogo devorante: quebrará tudo com torvelhinho, e com pedra de saraiva.

31 Porque à voz do Senhor ficará cheio de pavor Assur, ferido com a sua vara. 32 E será perdurável a passagem da vara, que o Senhor fará descansar sobre ele com tambores e cítaras: e num assinalado combate os vencerá. 33 Porquanto aparelhado está o lugar de Tofet desde ontem, aparelhado pelo rei, profundo, e dilatado. As suas acendalhas são o fogo e muita lenha: o assopro do Senhor como uma torrente de enxofre é o que o acende.

Fraqueza do Egito

31 Ai dos que descem ao Egito a buscar socorro, esperando nos cavalos, e tendo confiança nas quadrigas, porque são muitas: e nos cavaleiros, porque são mui valentes em extremo: e não confiaram no santo de Israel, nem buscaram ao Senhor. 2 Ele mesmo porém sendo sábio fez vir o mal, e não deixou de cumprir as suas palavras: e levantar-se-á contra a casa dos péssimos, e contra o auxílio dos

que obram a iniqüidade. 3 O Egito é um homem, e não um deus: e os seus cavalos são carne e não espírito: e o Senhor estenderá a sua mão, e dará consigo em terra o auxiliador, e cairá aquele a quem se dá o auxílio, e todos juntamente serão consumidos.

O Senhor defenderá Jerusalém contra o assírio

4 Porque isto me diz o Senhor: Assim como o leão, e o cachorro do leão ruge sobre a sua presa, e quando se lhe puser diante um tropel de pastores, não se aterrará ao seu alarido, nem se espantará da sua multidão: assim descerá o Senhor dos exércitos para pelejar sobre o monte Sião, e sobre o seu outeiro. 5 Como as aves que voam, assim protegerá a Jerusalém o Senhor dos exércitos, protegendo e livrando, passando e salvando. 6 Convertei-vos, filhos de Israel, assim como até o profundo vos tínheis rebelado.

7 Porque naquele dia cada um lançará fora os seus ídolos de ouro, que vos fabricaram as vossas mãos para pecardes. 8 E Assur cairá morto à espada não de varão, e devorá-lo-á uma espada não de homem, e ele fugirá não do fio da espada: e os seus mancebos ficarão sendo tributários: 9 e esvaecer-se-á de terror a sua fortaleza, e os seus príncipes fugirão espavoridos: disse o Senhor: cujo fogo está em Sião, e a sua fornalha em Jerusalém.

O reino da justiça

32 Eis aí está que reinará um rei com justiça, e que presidirão os príncipes com retidão. 2 E será este varão com um refúgio para o que se abriga do vento, e da tempestade, como arroios de águas na sede, e sombra de pedra sobressaída em terra deserta. 3 Não se ofuscarão os olhos dos que vêem, e os ouvidos dos que ouvem atentamente escutarão. 4 E o coração dos insensatos entenderá a ciência, e a língua dos tartamudos se exprimirá com prontidão e clareza. 5 Não será mais chamado príncipe aquele que é insipiente: nem o fraudulento será intitulado maioral: 6 porque o insipiente dirá fatuidades, e o seu coração praticará a iniqüidade, para concluir a simulação, e falar ao Senhor com uma língua fraudulenta, e deixar vazia a alma do faminto, e tirar a bebida ao sequioso. 7 As armas do fraudulento são péssimas: porque sempre ele forjou pensamentos para perder os mansos com um discurso mentiroso, quando o pobre falava conforme a justiça. 8 Porém o príncipe cuidará naquelas coisas que são dignas de um príncipe, e ele mesmo estará vigilante sobre os chefes.

Admoestação às mulheres descuidadas

9 Mulheres opulentas, levantai-vos, e ouvi a minha voz: Filhas confiadas, percebei aplicando os ouvidos às minhas expressões. 10 Porque depois de dias e de ano vós as confiadas sereis postas em turbação: porque a vindima está consumada, não virá mais a colheita. 11 Pasmai, ó opulenta, ficai cheias de turbação, ó confiadas: despi-vos, e envergonhai-vos, cingi os vossos lombos. 12 Feri os vossos peitos, chorai sobre uma região apetecível, sobre uma vinha fértil. 13 Os espinhos e os abrolhos virão sobre a terra do meu povo: quanto mais sobre todas as casas de prazer duma cidade de exultação! 14 Porque a casa foi deixada, a multidão da cidade ficou desamparada, as trevas, e essas palpáveis se puseram sobre as cavernas para sempre. Ali serão a folga dos asnos monteses, os pastos dos rebanhos, 15 até que sobre nós se derrame o espírito lá do alto: e o deserto se tornará em Carmelo, e o Carmelo será reputado por um bosque.

Primavera

16 E habitará na solidão o juízo, e a justiça terá o seu assento no Carmelo. 17 E a paz será a obra da justiça, e a cultura da justiça o silêncio, e a segurança desde então para sempre. 18 E assentar-se-á o meu povo na formosura da paz, e nos tabernáculos da confiança, e num descanso opulento. 19 Mas a saraiva cairá na descida do bosque, e a cidade com profundo abatimento será humilhada. 20 Bem-aventurados vós, os que semeias sobre todas as águas, metendo nelas o pé do boi e do asno.

Angústia e libertação de Jerusalém

33 Ai de ti, que roubas, porventura não serás também tu roubado? E tu que desprezas, porventura não serás também tu desprezado? Quando acabares de despojar, serás despojado: quando já cansado deixares de desprezar, serás desprezado. 2 Senhor, tem misericórdia de nós: porque nós te esperamos: sê o nosso braço desde a manhã, e a nossa saúde no tempo da tribulação. 3 À voz do anjo fugiram os povos, e à tua exaltação foram dispersas as gentes. 4 E ajuntar-se-ão os vossos despojos como se apanham os gafanhotos, como quando as covas estiverem cheias deles. 5 O Senhor foi engrandecido, porque habitou no alto: Ele encheu a Sião de juízo e de justiça. 6 E a fé reinará nos teus tempos: a sabedoria e a ciência serão as riquezas da salvação: o temor do Senhor esse é o seu te-

souro. 7 Eis aí que os que estiverem vendo clamarão de fora, os anjos da paz chorarão amargamente. 8 Foram dissipados os caminhos, cessou o que passava pela vereda, ficou anulado o pacto, ele rejeitou as cidades, não teve em conta os homens. 9 A terra chorou, e desfaleceu: o Líbano foi posto em confusão e num estado de vilipêndio, e Saron se tornou como um deserto: e Basan e o Carmelo foram sacudidos.

10 Agora me levantarei eu, diz o Senhor: agora serei exaltado, agora serei posto em alto. 11 Vós concebereis ardor, parireis palhas: o nosso espírito como fogo vos devorará. 12 E serão os povos como a cinza, que fica dum incêndio, como espinhos atados num feixe arderão no fogo.

13 Vós os que estais longe, ouvi o que eu fiz, e os que estais vizinhos conhecei a minha fortaleza. 14 Os pecadores foram aterrados em Sião, o medo se ensenhoreou dos hipócritas. Qual de vós poderá habitar com o fogo devorante? Qual de vós habitará com os ardores sempiternos? 15 Aquele que anda em justiça, e fala verdade, o que arremesa longe de si a avareza enriquecida pela calúnia, e sacode as suas mãos de todo o presente, o que tapa os seus ouvidos para não ouvir sangue, e fecha os seus olhos para não ver o mal. 16 Este tal habitará nas alturas, virão a ser as fortificações dum castelo roqueiro a sua elevação: deu-se-lhe o pão, as suas águas são fiéis. 17 Os seus olhos verão o rei no seu esplendor, verão a terra de longe.

18 O teu coração meditará o temor. Onde está o letrado? onde o que pesa as palavras da lei? onde o mestre dos pequeninos? 19 Tu não verás um povo impudente, um povo de alta linguagem: de modo que não possa entender a delicadeza da língua dele, no qual não há sabedoria alguma. 20 Olha para Sião, cidade da nossa solenidade: os teus olhos verão a Jerusalém, aquela habitação opulenta, aquele tabernáculo, que não poderá de modo algum ser transportado: nem serão arrancadas as suas estacas por toda a eternidade, nem corda alguma das suas, se quebrará: 21 porque somente ali é que nosso Senhor se ostenta na sua magnificência: lugar de rios, canais larguíssimos e patentes: não passará por ele baixel a remo, nem galé grande de três ordens de remos o atravessará. 22 Porque o Senhor é o nosso juiz, o Senhor o nosso legislador, o Senhor o nosso rei: Ele mesmo nos salvará. 23 As tuas enxarcias afrouxaram, e não agüentarão: estará em tal estado o teu mastro, que não possa estender a bandeira. Então se repartirão os despojos de muitas presas: os coxos arrebatarão cada um sua parte daquele saco. 24 E o vizinho não dirá: Eu já cansei. Quanto ao povo que mora para aqueles arredores, será dele tirada a iniqüidade.

PERSPECTIVAS MESSIÂNICAS

Destruição de Edom

34 Chegai, gentes, e ouvi, e povos, atendei! Ouça a terra, e a sua plenitude, o orbe, e tudo o que ele produz. 2 Porque a indignação do Senhor está a cair sobre todas as nações, e o seu furor sobre toda a milícia delas, matou-as, e entregou-as a uma violenta morte. 3 Os seus desta maneira mortos serão arrojados: e levantar-se-á dos seus cadáveres um grande fétido: os montes serão inficionados no sangue deles. 4 E desfalecerá toda a milícia dos céus, e os céus se enrolarão como um livro: e toda a sua milícia cairá como cai a folha da vinha e da figueira.

5 Porque a minha espada se embriagou no céu: eis aí vai ela a descarregar sobre a Iduméia e sobre um povo, que eu destinei para o matadouro, para exercer a minha justiça. 6 A espada do Senhor está cheia de sangue, ela engrossou com a gordura, pelo sangue dos cordeiros, e dos bodes, pelo sangue dos carneiros de bons tutanos: porque a vítima do Senhor será em Bosra, e a grande matança na terra de Edom. 7 E descerão com eles os unicórnios, e os touros com os poderosos: a terra se embriagará com o seu sangue, e o chão com a gordura deles pingues: 8 porque é o dia da vingança do Senhor, o ano das retribuições de justiça acerca de Sião. 9 E converter-se-ão em pez as suas torrentes, e o seu chão em enxofre: e a sua terra se tornará num pez ardente. 10 De noite e de dia não se apagará, o seu fumo subirá para sempre: de geração em geração será assolada, pelos séculos dos séculos não haverá quem por ela passe.

11 E possui-la-ão o onocrótalo, e o ouriço: a íbis, e o corvo habitarão nela: e estender-se-á a medida, para se reduzir a nada, e o nível para se arrazar de todo. 12 Os seus nobres não ficarão aí: mas antes invocarão o rei, e todos os seus príncipes serão aniquilados. 13 E nascerão nas suas casas espinhos e urtigas, e nas

suas fortalezas o azevinho: e ela virá a ser covil de dragões, e pastagens de avestruzes. 14 E nela se encontrarão os demônios com os ono-centauros e os bodes clamarão uns para os outros: ali se deitou a lâmia, e achou para si descanso. 15 Ali teve o ouriço a sua cova, e criou os seus filhinhos, e a abriu em roda, e à sombra dela os abrigou: ali se juntaram os milhanos, uns ao pé dos outros.

16 Buscai diligentemente no livro do Senhor, e lede: Uma só coisa destas não faltou, uma não buscou a outra: porque o que sai da minha boca, Ele o mandou, e o seu mesmo espírito ajuntou estas coisas. 17 Ele mesmo lhes lançou a sorte, e a sua mão lha repartiu a elas por medida: desde então para sempre a possuirão, de geração em geração habitarão nela.

Felicidade dos tempos messiânicos

35 A terra deserta e sem caminho se alegrará, e a solidão exultará, e florescerá como a açucena. 2 Lançando gérmens, ela copiosamente brotará, e com intensa alegria e muitos louvores, de prazer saltará. A glória do Líbano lhe foi dada: a formosura do Carmelo, e de Saron, os seus mesmos habitantes verão a glória do Senhor, e a magnificência do nosso Deus. 3 Confortai as mãos fracas, e corroborai os joelhos débeis. 4 Dizei aos pusilânimes: Tomai ânimo, e não temais: eis aqui trará o vosso Deus a vingança da retribuição: o mesmo Deus virá, e ele vos salvará.

5 Então se abrirão os olhos dos cegos, e desimpedirão os ouvidos dos surdos. 6 Então saltará o coxo como o cervo, e desatar-se-á a língua dos mudos: porque da terra arrebentarão mananciais de águas no deserto, e torrentes na solidão. 7 E a terra que estava seca se tornará em tanque, e a que ardia de sede, em fontes de águas. Nas cavernas em que dantes habitavam os dragões, nascerá a verdura da cana e do junco. 8 E haverá ali uma vereda e um caminho, que se chamará o caminho santo, não passará por ele o impuro, e este será para vós um caminho direito, de sorte que por ele andem os loucos sem se perderem. 9 Não se achará aí o leão, e a má besta não subirá por ele, nem se achará ali: e pelo mesmo andarão os que forem salvos. 10 E os remidos pelo Senhor voltarão, e virão a Sião cantando os seus louvores: e uma alegria sempiterna fará assento sobre a sua cabeça: possuirão gozo e alegria, e deles fugirá a dor e o gemido.

APÊNDICE HISTÓRICO

Senaquerib na Judéia

36 E aconteceu no ano décimo quarto do rei Ezequias, que Senaquerib, rei dos assírios, foi sobre todas as cidades fortificadas de Judá, e as tomou. 2 E o rei dos assírios enviou a Rabsaces desde Láquias a Jerusalém, ao rei Ezequias com um formidável exército, e fez alto ao pé do aqueduto da piscina de cima no caminho do campo do lavandeiro. 3 E saiu para ir ter com ele Eliacim, filho de Helcias, que era mordomo-mor da casa do rei, e Sobna, secretário de estado, e Joaé, filho de Asaf, cronista-mor.

4 E Rabsaces lhes disse: Dizei a Ezequias: Eis aqui o que diz o grande rei, o rei dos assírios: Que confiança é essa, em que tu confias? 5 Ou com que desígnio ou forças pretendes tu rebelar-te? Sobre quem fundas tu a confiança, para te haveres apartado de mim? 6 Já vejo que tu confias sobre o Egito, sobre êsse bordão de cana rachada, na qual se se firmar um homem, ela se lhe meterá pela mão, e a traspassará: assim é Faraó, rei do Egito, para todos os que confiam nele. 7 E se me responderes: Nós confiamos no Senhor nosso Deus: Acaso não é este aquele mesmo, cujos altares destruiu Ezequias, e disse a Judá e a Jerusalém: Diante deste altar adorareis?

8 Agora pois rende-te ao rei dos assírios, meu amo, e eu te darei dois mil cavalos, e não poderá entre os teus achar homens para montar neles. 9 Pois como suportarás tu a face de qualquer dos menores servos de meu amo, sendo o tal governador num só lugar? E se confias no Egito, nas quadrigas, e nos cavaleiros: 10 porventura vim e também agora a esta terra sem ordem do Senhor para a perder? O Senhor é que me disse: Entra nessa terra, e destrói-a.

11 E disse Eliacim, e Sobna, e Joaé a Rabsaces: Fala aos teus servos em língua siríaca: porque nós a entendemos: não nos fales na judaica, estando-nos a escutar o povo, que está em cima do muro. 12 E Rabsaces lhe disse: Acaso é ao teu amo e a ti que meu amo me mandou, para dizer estas palavras: e não antes aos homens, que estão assentados no muro, para que comam os seus excrementos, e convosco bebam a urina dos seus pés? 13 E Rabsaces se pôs em pé, e gritou em alta voz

na língua judaica, e disse: Ouvi as palavras do grande rei, do rei dos assírios:

14 Eis aqui o que diz o rei: Não vos seduza Ezequias, porque ele vos não poderá livrar. 15 E não vos infunda Ezequias confiança no Senhor, dizendo: O Senhor indubitavelmente nos há de livrar, esta cidade não há de ser entregue na mão do rei dos assírios. 16 Não queirais ouvir a Ezequias: porque eis aqui o que diz o rei dos assírios: Fazei comigo aliança, e vinde para mim, e comei vós cada um da sua vinha, e cada um da sua figueira: e bebei cada um da água da sua cisterna, 17 até que eu venha e vos leve para uma terra, que é como a vossa terra, terra de grão e de vinho, terra de pães e de vinhas. 18 Nem vos inquiete Ezequias com dizer: O Senhor nos livrará. Porventura os deuses das gentes livraram cada um a sua terra da mão do rei dos assírios? 19 Onde está o deus de Emat, e de Arfad? Onde está o deus de Sefarvaim? Acaso livraram eles da minha mão a Samaria? 20 Qual é dentre todos os deuses dessas terras, o que tinha livrado o seu país da minha mão, para que o Senhor possa também livrar a Jerusalém da minha mão?

21 E eles se puseram em silêncio, e não lhe responderam uma só palavra: porquanto assim lho havia mandado o rei, dizendo: Não lhe respondais. 22 E entrou Eliacim, filho de Helcias, que era mordomo-mor da casa do rei, e Sobna, secretário de estado, e Joaé, filho de Asaf, chronista-mor, para falar a Ezequias, rasgados os vestidos, e todos lhe relataram as palavras de Rabsaces.

O profeta conforta o rei consternado

37 E aconteceu que tendo ouvido a tal notícia o rei Ezequias, rasgou os seus vestidos, e cobriu-se de saco, e entrou na casa do Senhor. 2 E mandou a Eliacim, que era mordomo-mor da sua casa, e a Sobna, secretário de estado, e aos mais anciãos de entre os sacerdotes, cobertos de sacos, ao profeta Isaías, filho de Amós 3 e lhe disseram: Eis aqui o que diz Ezequias: Dia de tribulação, e de corrupção, e de blasfêmia é este dia: porque chegaram os filhos até o ponto de nascer, porém não há força na mãe para que os faça vir à luz. 4 O Senhor teu Deus é certo que de algum modo terá ouvido as palavras de Rabsaces, que enviou o rei dos assírios seu amo para blasfemar o Deus vivente, e afrontá-lo com os discursos, que o Senhor teu Deus ouviu: eleva pois a tua oração por este resto, que ainda se acha.

5 E os servos do rei Ezequias foram ter com Isaías, 6 e Isaías lhes respondeu: Direis a vosso amo o seguinte: Eis aqui o que diz o Senhor: Não temas à vista das palavras que ouviste, com as quais os servos do rei dos assírios me blasfemaram. 7 Eis aqui estou eu que lhe darei um espírito, e ele ouvirá uma nova, e voltará para a sua terra, e fá-lo-ei cair morto à espada na sua terra.

8 Voltou pois Rabsaces, e achou ao rei dos assírios posto em campanha contra Lobna. Porque tinha ouvido dizer que ele se tinha retirado de Iáquis, 9 e a respeito de Taraca, rei da Etiópia, ouviu aos que assim diziam: Saiu para pelejar contra ti. O que tendo ele ouvido, enviou mensageiros a Ezequias dizendo: 10 Isto direis a Ezequias, rei de Judá, quando lhe falardes: Não te engane o teu Deus, em quem tu confias, dizendo: Não será entregue Jerusalém na mão do rei dos assírios. 11 Eis aí que tu tens ouvido todas as coisas, que fizeram os reis dos assírios a todas as terras, que destruíram, e tu poderás livrar-te? 12 Porventura os deuses das gentes livraram aqueles povos, que meus pais destruíram, Gozam, e Haram, e Resef, e os filhos de Éden, que estavam em Talassar? 13 Onde está o rei de Emat, e o rei de Arfad, e o rei da cidade de Sefarvaim, de Ana, e de Ava?

Oração de Ezequias e vaticínios de Isaías

14 E tomou Ezequias as cartas da mão dos mensageiros, e leu-as e subiu a casa do Senhor, e as estendeu Ezequias diante do Senhor. 15 E orou Ezequias ao Senhor, dizendo: 16 Senhor dos exércitos, Deus de Israel, que estás sentado sobre os querubins: tu só és o Deus de todos os reinos da terra, tu que fizeste o céu e a terra. 17 Inclina, Senhor, o teu ouvido, e houve: abre, Senhor, os teus olhos, e vê, e ouve todas as palavras de Senaquerib, as quais ele mandou dizer para blasfemar o Deus vivente. 18 Porquanto verdadeiramente, Senhor, que os reis dos assírios deixaram despovoadas as terras, e as suas regiões. 19 E entregaram ao fogo os deuses delas: porque eles não eram deuses, mas obras das mãos dos homens, pau e pedra: e os esmigalharam. 20 Agora pois, Senhor nosso Deus, salva-nos da sua mão: e conheçam todos os reinos da terra, que só tu és Senhor.

21 E mandou Isaías, filho de Amós, dizer a Ezequias: Eis aqui o que diz o Senhor Deus de Israel: Pelo que diz respeito às rogativas que me fizeste acerca de Senaqueirb, rei dos assírios: 22 esta é a palavra, que sobre ele falou o Senhor:

Ele te desprezou, e te insultou, ó virgem filha de Sião: ele por detrás de ti moveu a cabeça, ó filha de Jerusalém. 23 A quem afron-

taste, e a quem blasfemaste, e contra quem
levantaste a voz, e tens elevado a altiveza de
teus olhos? Contra o Santo de Israel.
24 Por mão de teus servos tens afrontado
ao Senhor: e disseste: Eu com a multidão das
minhas quadrigas subi ao alto dos montes,
aos cabeços do Líbano: e cortarei os elevados
cedros dele, e as suas faias escolhidas, e en-
trarei na altura do seu cume, no bosque do
seu Carmelo. 25 Eu cavei, e bebi a água, e
sequei com a planta de meus pés todos os
arroios em presas retidos. 26 Tu porventura
não ouviste dizer o que noutro tempo eu lhe
fiz? desde os dias antigos ou formei este pro-
jeto: e agora o executei: e assim se fez para
extirpação dos outeiros que pelejam todos jun-
tos e das cidades fortificadas. 27 Os habita-
dores delas tendo mãos curtas tremeram, e
ficaram confundidos: tornaram-se como o feno
dos campos, e a relva do pasto, e a erva dos
telhados, que se secou de amadurecer. 28 Eu
soube a tua habitação e a tua saída, e a tua
entrada, e o teu desatino contra mim. 29 Quan-
do tu te enfurecias contra mim, a tua soberba
subiu até os meus ouvidos: eu te porei pois
uma argola nos teus narizes, e um freio nos
teus lábios, e te farei voltar pelo caminho
por onde vieste.
30 E tu terás isto por sinal: Come neste ano
do que nasce espontaneamente, e no segundo
ano sustenta-te de frutas: mas no terceiro ano
semeai, e segai, e plantai vinhas e comei o
o fruto delas. 31 E isso que ficar salvo da casa
de Judá, e o que dela resta, lançará raízes
para baixo, e produzirá o seu fruto para cima:
32 porque de Jerusalém sairão as relíquias, e
do monte Sião a salvação. Isto fará o zelo do
Senhor dos exércitos.
33 Por cuja causa eis aqui o que diz o Senhor
a respeito do rei dos assírios: Ele não entrará
nesta cidade, nem atirará contra ela setas, nem
o escudo a investirá, nem levantará trincheiras
ao redor delas. 34 Pelo caminho por onde veio,
por esse voltará, e não entrará nesta cidade,
diz o Senhor: 35 e eu protegerei esta cidade,
para a salvar por amor de mim, e por amor
de Davi meu servo.
36 Saiu pois o anjo do Senhor, e feriu cento
e oitenta e cinco mil homens no campo dos
assírios. E levantaram-se pela manhã, e eis que
todos estavam reduzidos a cadáveres. 37 E se
retirou dali Senaquerib, rei dos assírios, e se
foi, e voltou, e habitou em Nínive. 38 E acon-
teceu que adorando ele no templo de Nesroc
seu deus, Adramelec, e Sarasar seus filhos, o
feriram com as suas espadas: e fugiram para
a terra de Ararat, e reinou Asaradon, seu filho,
em seu lugar.

Enfermidade e cura de Ezequias

38 Naqueles dias adoeceu Ezequias de uma
enfermidade mortal: e Isaías profeta, fi-
lho de Amós, entrou onde ele estava, e lhe
disse: Eis aqui o que diz o Senhor: Dispõe da
tua casa, porque tu morrerás, e não viverás.
2 E voltou Ezequias o seu rosto para a
parede. E orou ao Senhor, 3 e disse: Esta é
a rogativa que te faço, Senhor, lembra-te, eu
te peço, de como tenho andado diante de ti
em verdade, e um coração perfeito, e fiz o que
é bom aos teus olhos. E derramou Ezequias
grande cópia de lágrimas.
4 Então se dirigiu a palavra do Senhor a
Isaías, dizendo: 5 Vai, e dize a Ezequias: Eis
aqui o que diz o Senhor Deus de Davi teu pai:
Ouvi a tua oração, e vi as tuas lágrimas: eis
aqui estou eu que acrescentarei sobre os teus
dias quinze anos: 6 e livrar-te-ei da mão do rei
dos assírios, a ti, e a esta cidade, e a protege-
rei. 7 E ser-te-á dado este sinal pelo Senhor
que cumprirá esta palavra, que falou. 8 Eis
aqui estou eu que farei com que a sombra das
linhas, pelas quais ela tinha passado no relógio
de Acaz em razão do giro do sol, volte dez
linhas atrás. E retrocedeu o sol dez linhas pelos
graus, por onde tinha descido.

Cântico de Ezequias

9 Cântico de Ezequias, rei de Judá, depois
de ter estado doente, e havendo já convales-
cido da sua enfermidade.
10 Eu disse: Na metade de meus dias irei
para as portas do inferno.
Busquei o resto de meus anos:
11 Eu disse: Não verei ao Senhor Deus na
terra dos viventes. Não verei mais a homem
algum, nem a habitador do descanso.
12 Tirou-se a minha geração: e ela se me
enrolou como uma tenda de pastores. A minha
vida foi cortada como por um tecelão: quando
eu ainda a estava urdindo, ele ma cortou. Des-
de a manhã até à tarde tu me acabarás.
13 Eu esperava até à manhã, ele como um
leão assim esmigalhou todos os meus ossos.
Desde a manhã até a tarde, eu me acabarás.
14 Eu assim clamarei como o filhinho da
andorinha, gemerei como a pomba: os meus
olhos cansaram, olhando para o alto. Senhor,
eu padeço violência, responde tu por mim.
15 Que direi eu, ou que me responderá ele
a mim, quando ele mesmo é que o fez?
Repassei diante de ti pela memória todos
os meus anos com amargura da minha alma.
16 Senhor, se assim é que se vive, e se a
vida do meu espírito se passa em tais coisas,
tu me castigarás, e tu me farás viver.

17 Eis aqui na paz a minha amargura amargosíssima: tu porém livraste a minha alma para ela não parecer, lançaste para trás das tuas costas todos os meus pecados.

18 Porque o inferno te não bendirá, nem a morte te louvará. Os que descem ao lago, não esperarão a tua verdade.

19 O que vive, o que vive, esse é o que te bendirá, como eu também o faço hoje. O pai fará notória aos filhos a tua verdade.

20 Senhor, salva-me, e nós cantaremos todos os dias da nossa vida os nossos salmos na casa do Senhor.

21 Ora Isaías mandou que tomassem uma massa de figos, e que feita dela uma cataplasma lha pusessem sobre a chaga, e sararia. 22 E Ezequias disse: Que sinal terei eu de que ainda subirei à casa do Senhor?

Embaixada do rei de Babilônia

39 Naquele tempo enviou Merodac Baladan, filho de Baladan, rei de Babilônia, cartas e presentes a Ezequias: porque tinha ouvido dizer que havia estado doente e que já tinha convalescido. 2 E alegrou-se Ezequias com estes enviados, e lhes mostrou o repositório dos aromas, e da prata e do ouro, e dos perfumes e das melhores confeições, e todos os gabinetes das suas alfaias, e em geral tudo o que se achava nos seus tesouros. Não houve nada no seu palácio, e de quanto estava debaixo do seu poder, que Ezequias lhes não mostrasse.

3 Então entrou o profeta Isaías onde estava o rei Ezequias, e lhe disse: Que disseram estes homens? E de onde vieram eles para te falar? E respondeu Ezequias: Vieram ver-me dum país mui remoto, da Babilônia. 4 E disse: Que viram eles em tua casa? E respondeu Ezequias: Viram tudo o que há em minha casa: não houve nos meus tesouros coisa que eu deixasse de lhes mostrar.

5 E disse Isaías a Ezequias: Ouve a palavra do Senhor dos exércitos. 6 Eis aí está que virão dias, e todas as coisas, que há na tua casa, e que teus pais entesouraram até o dia de hoje, serão tiradas para se conduzirem a Babilônia. Não ficará coisa alguma, diz o Senhor. 7 E dos teus filhos, que saírem de ti, eles tomarão os que tiveres gerado, e servirão de eunucos em o palácio do rei de Babilônia. 8 E disse Ezequias a Isaías: Justa é a palavra do Senhor, a qual ele proferiu. E acrescentou: Haja somente paz, e verdade em meus dias.

II. LIVRO DA CONSOLAÇÃO

O aviso da libertação

40 Consolai-vos, consolai-vos, povo meu, diz o vosso Deus. 2 Falai ao coração de Jerusalém, e chamai-a: porque está acabada a sua malícia, está perdoada a sua iniqüidade: ela recebeu da mão do Senhor uma pena dobrada por todos os seus pecados.

3 Voz do que clama no deserto: Aparelhai o caminho do Senhor, endireitai na solidão as veredas do nosso Deus. 4 Todo o vale será alteado, e todo o monte e outeiro será rebaixado, e o que era torto se tornará em estrada direita, e o escabroso em caminhos planos. 5 E a glória do Senhor se manifestará, e toda a carne verá ao mesmo tempo o que a boca do Senhor falou.

6 Soou uma voz de quem me dizia: Clama. E eu disse: Que hei de clamar? Toda a carne é feno, e toda a sua glória é como a flor do campo.

7 Secou-se o feno, e caiu a flor, porque o hálito do Senhor assoprou nele. Verdadeiramente o povo é feno: 8 secou-se o feno, e caiu a flor: mas a palavra de Nosso Senhor permanece para sempre.

9 Sobe a um alto monte, tu, que anuncias o Evangelho a Sião: levanta com força a tua voz tu, que anuncias o Evangelho a Jerusalém: levanta-a, não temas. Dize às cidades de Judá: Eis aí o vosso Deus! 10 Eis aí virá o Senhor Deus com fortaleza, e o seu braço dominará: eis aí virá com ele a sua paga, e diante dele a sua obra. 11 Ele apascentará como pastor o seu rebanho: ajuntará pela força do seu braço os cordeiros, e os tomará no seu seio, ele mesmo levará sobre si as ovelhas que estiverem prenhes.

12 Quem é que mediu as águas com o seu punho, e pesou os céus com o seu palmo? quem sustentou em três dedos toda a massa da terra, e pôs em peso os montes, e em balança os outeiros? 13 Quem ajudou o Espírito do Senhor? ou quem foi o seu conselheiro, que o dirigiu? 14 Com quem tomou Ele conselho, que o instruiu, e lhe ensinou a vereda da justiça e o aperfeiçoou na ciência, e lhe mostrou o caminho da prudência? 15 Eis aí está que são reputadas as gentes como uma pinga de água que cai dum balde, e como um grão de peso na balança: eis aí estão as ilhas como pó miúdo. 16 E não bastará o Líbano para

queimar, e não bastarão os seus animais para um holocausto. 17 Assim são na sua presença todas as gentes como se não fossem, e por Ele sempre foram reputadas por um nada e como uma coisa vã.

18 A quem pois tendes vós assemelhado a Deus? ou que imagem fareis dele? 19 Porventura não foi o artífice o que fundiu a estátua? Ou o ourives do ouro não a formou de ouro, e o ourives da prata não a cobriu com chapas de prata? 20 O hábil artífice escolheu uma madeira forte e incorruptível: procura ver o como há de assentar a estátua de modo que não dê de si. 21 Acaso não o sabeis vós? acaso não o ouvistes? acaso não vos foi anunciado desde o princípio? acaso não tendes entendido os fundamentos da terra? 22 Ele é o que está assentado sobre a redondeza da terra, e os habitadores desta vêm a ser como gafanhotos: Ele o que estendeu os céus como um nada, e os desenrolou como tenda para habitar. 23 Ele o que reduz os esquadrinhadores dos segredos a ficarem como se não foram, tornou como em coisa vã os juízes da terra: 24 e na verdade o seu tronco nem foi plantado, nem semeado, nem arraigado na terra: Ele repentinamente assoprou neles, e se secaram, e levá-los-á como palha o torvelhinho. 25 E a quem me assemelhaste vós, e igualastes? diz o Santo. 26 Levantai vossos olhos ao alto, e vede quem criou esses corpos celestes: quem faz marchar em ordem o exército das estrelas, e as chama a todas pelos seus nomes: pela eficácia da sua fortaleza e força e poder, nem uma só faltou.

27 Porque dizes, ó Jacó, e falas, ó Israel: O meu caminho está escondido ao Senhor, e o meu juízo passou por alto ao meu Deus? 28 Porventura não o sabes, ou não o ouviste? Deus é o sempiterno Senhor, que criou os termos da terra: Ele não desfalecerá, nem se fatigará, nem há investigação que alcance a sua sabedoria. 29 Ele é o que dá força ao cansado: e o que multiplica a fortaleza e o vigor àqueles que não são fortes. 30 Desfalecerão os meninos, e fatigar-se-ão, e os mancebos cairão de fraqueza. 31 Porém os que esperam no Senhor, terão sempre novas forças, tomarão asas como de águia, correrão e não se fatigarão, andarão e não desfalecerão.

O autor das vitórias de Ciro

41 Calem-se diante de mim as ilhas, e tomem as gentes novas forças: cheguem-se e então falem, vamos juntos a juízo.

2 Quem suscitou do oriente o justo, e o chamou para que o seguisse? Ele humilhará as nações na sua presença, e o fará superior aos reis: entregá-los-á à sua espada como pó, ao seu arco bem como palha arrebatada do vento. 3 Ele os perseguirá, passará em paz, não aparecerá rasto em seus pés. 4 Quem obrou, e fez estas coisas, chamando as gerações desde o princípio? Eu que sou o Senhor, eu que sou o primeiro e o último. 5 As ilhas viram, e temeram, as extremidades da terra pasmaram, elas se aproximaram e se chegaram.

6 Cada um auxiliará o seu próximo, e dirá a seu irmão: Esforça-te. 7 O oficial latoeiro batendo com o martelo esforçou ao que batia ao mesmo tempo na bigorna, dizendo: Isto é bom para a soldadura. E segurou-o com pregos, para que não abalasse.

8 Porém, tu Israel, servo meu, tu, Jacó, a quem eu escolhi, tu linhagem de Abraão, meu amigo: 9 na pessoa do qual eu te tomei das extremidades da terra, e dos seus países remotos te chamei, e te disse: Tu és meu servo, eu te escolhi, e não te rejeitei. 10 Não temas porque eu sou contigo. Não te desencaminhes, porque eu sou o teu Deus. Eu te confortei, e auxiliei e a destra do meu justo te tomou.

Aniquilamento dos inimigos de Israel

11 Eis aí serão confundidos, e ficarão cobertos de pejo todos aqueles que pelejam contra ti: serão como se não fossem, e perecerão os homens que te contradizem. 12 Tu buscarás esses homens, que se levantam contra ti: e não os acharás. Eles serão como se não fossem, e reduzir-se-ão a uma como aniquilação os homens que fazem guerra contra ti. 13 Porque eu sou o Senhor teu Deus, que te tomo pela mão, e te digo: Não temas, eu sou o que te tenho ajudado. 14 Não temas, ó bichinho de Jacó, nem vós os que sois mortos de Israel. Eu te tenho auxiliado, diz o Senhor: e o teu redentor é o santo de Israel. 15 Eu te pus como carro novo que trilha, armado de dentes de ferro, que cortam à maneira de serra: tu virás a trilhar os montes, e os farás em migalhas: e reduzirás como a pó os outeiros. 16 Tu os sacudirás ao ar, e levá-los-á o vento, e o torvelhinho os espalhará: e tu exultarás no Senhor, alegrar-te-ás no Santo de Israel.

Conforto nas necessidades

17 Os necessitados e os pobres buscam água, e não a há: a língua deles secou-se de sede. Eu, o Senhor, os atenderei, eu, o Deus de Israel, não os desampararei. 18 Eu farei sair

rios nos empinados outeiros, e rebentar fon-
tes no meio dos campos. Reduzirei os desertos
a tanques de águas, e a terra sem caminhos
a arroios de águas. 19 Farei nascer na solidão
o cedro, e o espinheiro, e a murta, e a árvore
da azeitona. Porei no deserto juntamente a
faia, o olmeiro, e o buxo: 20 para que vejam,
e saibam, e considerem, entendam igualmente
que a mão do Senhor fez esta maravilha, e o
Santo de Israel é o autor dela.

Desafio aos falsos deuses

21 Chegai-vos a defender a vossa causa, diz
o Senhor: alegai as vossas razões, se acaso é
que tendes alguma, diz o rei de Jacó. 22 Ve-
nham, e anunciem-nos todas as coisas que es-
tão para vir: relatai as antigas que já pas-
saram, e pôr-nos-emos a escutá-las de todo o
nosso coração, e viremos a saber os últimos
fins delas, e mostrai-nos as que hão de vir.
23 Anunciai as coisas que têm de vir para o
futuro e ficaremos sabendo que vós sois deu-
ses: também fazei bem ou mal, se podeis: e
falemos, e vejamo-lo ao mesmo tempo. 24 Eis
aí está, que vós vindes do nada, e a vossa
obra daquilo que não é: a abominação é quem
vos escolheu.

O Único é Jesus

25 Eu o suscitei do aquilão, e ele virá de
onde nasce o sol: ele invocará o meu nome, e
tratará aos magistrados como lodo, e como
oleiro que pisa o barro calcando o chão.
26 Quem anunciou isto desde o princípio para
que nós o saibamos: e desde o princípio para
que digamos: Tu és justo? Não há nem quem
anuncie, nem quem prediga, nem quem ouça
os vossos discursos. 27 Ele será o primeiro
que diga a Sião: Ei-los aqui, e eu darei a Je-
rusalém um evangelista. 28 E olhei, e não ha-
via ali destes nenhum que entrasse em conse-
lho, e que perguntando respondesse palavra.
29 Eis aqui como todos eles são injustos, e
vãs as suas obras: vento e vaidade os seus
simulacros.

O Servo

42 Eis aqui o meu servo, eu o ampararei:
o meu escolhido, nele pôs a minha alma
a sua complacência. Sobre eles derramei o
meu espírito, ele promulgará a justiça às na-
ções. 2 Não clamará, nem fará acepção de
pessoas, nem a sua voz se ouvirá fora. 3 Não
quebrará a cana rachada, nem apagará a tor-
cida que ainda fumega: fará justiça conforme
a verdade. 4 Não será triste, nem turbulento,
até que estabeleça na terra a justiça. E as ilhas
esperarão a sua lei.

A chamada de Ciro

5 Eis aqui o que diz o Senhor Deus que
criou os céus, e que os estendeu: O que firma
a terra e as plantas que dela brotam: o que dá
o folego ao povo que está sobre ela, e o espí-
rito aos que a pisam. 6 Eu sou o Senhor, que
te chamou em justiça, e te tomei pela mão, e
te conservei. E te pus para ser a reconciliação
do povo, para luz das gentes: 7 para abrires
os olhos dos cegos, e para tirares da cadeia o
preso, da casa do cárcere os que estavam sen-
tados nas trevas. 8 Eu sou o Senhor, este é
o meu nome: eu não darei a outrem a minha
glória, nem consentirei que se tribute aos
ídolos o louvor que só a mim pertence. 9 Aque-
las predições que foram as primeiras que vos
fiz, vede como elas já se cumpriram: tam-
bém eu agora anuncio outras de novo: far-
vo-las-ei ouvir, antes que sucedam.

Cântico novo da libertação

10 Cantai ao Senhor um cântico novo, res-
soe o seu louvor desde as extremidades da
terra: vós os que desceis ao mar, e a sua ple-
nitude, vós, ilhas, e seus habitadores.

11 Levante-se o deserto, e as suas cidades:
Cedar habitarás em casas. Louvai-o, habitado-
res de Petra, eles clamarão desde o alto dos
montes.

12 Darão glória ao Senhor, e anunciarão
na ilha o seu louvor.

13 O Senhor, como valente que é, sairá a
campo; como varão guerreiro, suscitará o seu
zelo: vozeará, e gritará: sobre seus inimigos se
esforçará.

14 Tenho-me sempre calado, estive posto
em silêncio, fui sofrido, falarei como a que
está com dores de parto: destruirei, e devora-
rei tudo a um mesmo tempo.

15 Farei desertos os montes, e os outeiros,
e secarei toda a sua verdura: e tornarei os
rios em ilhas, e esgotarei os tanques.

16 E encaminharei os cegos para a estrada,
que não sabem, e fá-los-ei andar por veredas,
que sempre ignoraram: mudarei as trevas
diante deles em luz, e os caminhos torcidos
em direitos: Estas maravilhas fiz a favor de-
les, e não os desamparei.

O servo cego e mudo

17 Voltaram para trás: confundidos sejam
com extraordinária confusão os que põem a
sua confiança em imagens de escultura, os

que dizem às estátuas de fundição: Vós sois
os nossos deuses.
18 Surdos, ouvi, e vós, cegos, abri os olhos
para ver. 19 Quem é o cego, senão o meu
servo? E o surdo, senão aquele a quem eu
enviei os meus profetas? Quem é o cego, senão
o que foi vendido? E quem é o cego, senão o
servo do Senhor? 20 Tu que vês tantas coisas,
não as observarás? Tu que tens os ouvidos
abertos, não ouvirás? 21 E o Senhor lhe mos-
trou boa vontade para o santificar, e engran-
decer, e exaltar a sua lei. 22 E este mesmo
povo foi saqueado, e devastado: todos foram
o laço para os mancebos, que têm sido me-
tidos a bom recado nas casas dos cárceres:
eles foram postos em presa, sem haver quem
os livre: expostos ao saque, sem que ninguém
diga: Repõe para ali. 23 Quem há entre vós
que oiça isto, que atenda e escute as coisas
futuras? 24 Quem entregou Jacó, e Israel por
presa aos devastadores? Acaso não foi o mes-
mo Senhor, contra o qual pecamos? E eles
não quiseram andar nos seus caminhos, nem
obedeceram à sua lei. 25 E derramou sobre
ele a indignação do seu furor, e uma forte
guerra, e queimou-o em circuito, e ele não o
conheceu: e incendiou-o e ele não o entendeu.

Afagos divinos

43 E entretanto eis aqui o que diz o Senhor
que te criou, ó Jacó, e que te formou,
ó Israel: Não temas, porque eu te remi, e te
chamei pelo teu nome: tu és meu. 2 Quando
tu passares pelas águas, eu serei contigo, e os
rios não te submergirão: quando andares pelo
fogo, não serás queimado, e a chama não ar-
derá em ti: 3 porque eu sou o Senhor teu
Deus, o Santo de Israel teu Salvador, em teu
lugar entreguei o Egito, a Etiópia e Sabá para
tua propiciação. 4 Desde que te fizeste digno
de honra diante de meus olhos, e glorioso, eu
te amei, e entregarei os homens por ti, e os
povos pela tua vida.
5 Não temas porque eu sou contigo: eu tra-
rei do oriente a tua posteridade, e te congre-
garei do ocidente. 6 Eu direi ao aquilão: Dá-
-mos cá. E ao meio-dia: Não os tolhas: traze
meus filhos de climas remotos, e minhas fi-
lhas das extremidades da terra. 7 E a todo
aquele que invoca o meu nome, eu para mi-
nha glória o criei, o formei, e o fiz. 8 Tira para
fora um povo cego, e que tem olhos: surdo, e
que tem ouvidos.

Desafio aos idólatras

9 Todas as gentes se congregaram junta-
mente, e as tribos se reuniram. Qual dentre
vós anunciará isto, e quanto às coisas que são
as primeiras, quem no-las fará ouvir? Produ-
zam testemunhas delas, verifiquem-se as suas
predições, e oiçam, e digam: Essa é a verdade.
10 Vós sois as minhas testemunhas, diz o
Senhor, e o meu servo a quem escolhi: para
que saibais, e me acrediteis, que eu sou o
mesmo. Antes de mim não houve quem fos-
se formado Deus, nem haverá depois de
mim.
11 Eu é que sou, eu é que sou o Senhor, e
sem mim não há salvador. 12 Eu é que vos
anunciei, e eu é que vos salvei: eu vos fiz
ouvir, e não houve entre vós estranho. Vós
sois as minhas testemunhas, diz o Senhor, e
eu sou Deus. 13 E eu sou o mesmo desde
o princípio, e não há quem livre a outro
da minha mão. Obrarei, e que mo impedi-
rá?

O caminho de regresso

14 Eis aqui o que diz o Senhor vosso re-
dentor, o Santo de Israel: Por amor de vós
mandei eu contra Babilônia, e tirei todas as
trancas das suas portas, e destruí os caldeus,
que se gloriavam nas suas naus. 15 Eu sou o
Senhor, o vosso Santo, o Criador de Israel,
vosso rei.
16 Eis aqui o que diz o Senhor, que vos
abriu um caminho no meio do mar, e uma ve-
reda entre as torrentes das águas. 17 O que
fez sair carros e cavalos: tropas e esforçados
combatentes, todos eles juntos dormiram,
nem se levantaram: foram desfeitos como uma
torcida, e à semelhança dela ficaram apaga-
dos. 18 Não vos lembreis das coisas passadas,
e não olheis para as antigas. 19 Eis aqui estou
eu que faço novas maravilhas, e elas agora
sairão à luz, vós por certo as conhecereis:
abrirei no deserto um caminho, e farei arre-
bentar rios numa terra por onde se não podia
andar. 20 Glorificar-me-á a alimária montesi-
nha, os dragões e os avestruzes: porque de
águas no deserto, rios numa terra por onde
se não podia andar, para dar de beber ao meu
povo, ao meu escolhido.
21 Eu formei este povo para mim, ele pu-
blicará o meu louvor.

Queixa divina

22 Tu, Jacó, não me invocaste, nem tu, Is-
rael te aplicaste a me servir. 23 Não me ofe-
receste o carneiro do teu holocausto, nem me
glorificaste com as tuas vítimas. Não te fiz
render serviços com oblações, nem te dei tra-
balho com perfumes. 24 Tu não deste o teu

dinheiro para me comprares cana aromática, nem me embriagaste com a gordura das tuas vítimas. Antes porém me fizeste servir nos teus pecados: deste-me trabalho com as tuas iniqüidades.

25 Eu sou, eu mesmo sou o que apago as tuas iniqüidades por amor de mim, e não me lembrarei dos teus pecados. 26 Aviva-me a memória, e juntos advoguemos em juízo a nossa causa. Faze o teu arrazoado, se algum fundamento tens para te justificar. 27 Teu pai me ofendeu primeiro, e os teus intérpretes prevaricaram contra mim. 28 E por isso eu contaminei os príncipes do Santuário, entreguei Jacó ao matadouro, e Israel à blasfêmia.

Consolações para o porvir

44 Agora pois ouve-me tu, ó Jacó servo meu, e tu, ó Israel, a quem escolhi. 2 Eis aqui o que disse o Senhor que te criou e te formou, que desde o ventre de tua mãe foi teu auxiliador: Não temas, servo meu Jacó, e tu, ó retíssimo, a quem escolhi. 3 Porque eu derramarei águas sobre a terra sequiosa, e rios sobre a sêca: derramarei o meu espírito sobre a tua posteridade, e a minha benção sobre a tua descendência. 4 E eles lançarão os seus arrebentos entre as ervas, como os salgueiros plantados ao pé das águas correntes. 5 Este dirá: Eu sou o Senhor, e aquele se apelidará em nome de Jacó, e outro escreverá de seu punho: Ao Senhor. E assemelhar-se-á no nome a Israel.

6 Eis aqui o que diz do Senhor rei de Israel, e seu remidor, o Senhor dos exércitos: Eu sou o primeiro, e o último, e fora de mim não há Deus. 7 Quem há que seja semelhante a mim? Chame e anuncie: e explique-me por ordem desde que eu formei o antigo povo: anunciem-lhe a eles o que há de vir e as coisas que têm de suceder. 8 Não temais, nem vos perturbeis: eu to fiz ouvir desde então e to anunciei: Vós sois as minhas testemunhas. Porventura há outro Deus fora de mim, e outro Opífice, que eu não conheça?

Sátira dos adoradores de ídolos

9 Todos os artífices de ídolos são nada, e as suas imagens tão prezadas não lhes aproveitarão: eles mesmos são testemunhas para sua confusão, de que os seus ídolos não vêem nem entendem. 10 Quem formou um Deus, e fundiu uma estátua para nada útil? 11 Eis aí está que todos os que têm parte nesta obra, serão confundidos: porque estes artífices são uns puros homens: todos se ajuntarão, apresentar-se-ão e ficarão espavoridos, e serão confundidos.

12 O oficial de ferreiro trabalhou com a lima: com brasas, e martelos o formou: e o lavrou à força do seu braço: ele terá fome e desfalecerá, não beberá água, e enfraquecerá.

13 O escultor estendeu a sua régua sobre o pau, ele o formou com o cepilho: pô-lo em esquadria, e com o compasso lhe deu as devidas proporções: e fez dele uma imagem de varão como homem bem apessoado que habita numa casa. 14 Cortou cedros, tomou uma azinheiro, e um carvalho, que estivera entre as árvores de um bosque: plantou um pinheiro, que criou a chuva. 15 E esta árvore serviu aos homens para o fogão: ele mesmo tomou parte das mencionadas árvores, e com ela se aquentou, e a acendeu, e cozeu um par de pães: e do mais que ficou fez ele um Deus, e o adorou. 16 A metade deste pau queimou ele no fogo, e com a outra metade cozinhou as carnes que comeu: acabou de cozer as suas viandas, e fartou-se delas e aquentou-se, e disse: Bom, aquentei-me, já vi aceso o fogão. 17 E do que ficou do mesmo pau fez ele para si um ídolo: diante do qual se prostra, e o adora, e lhe roga, dizendo: Livra-me, porque tu és o meu Deus.

18 Eles não souberam nem entenderam: porque os seus olhos estão cobertos para que não vejam, nem entendam em seu coração. 19 Não refletem dentro no seu espírito, nem conhecem, nem entendem, para discorrer: eu acendi o lume com a metade desta madeira, e cozi esse par de pães sobre as suas brasas: cozi carnes e comi-as, e então do seu resto farei eu um ídolo? prostar-me-ei diante do tronco de uma árvore? 20 Uma parte deste pau está já feita em cinza: sem embargo disso, o seu coração insensato adorou a outra, e ele não livrará a sua alma, nem dirá: Esta obra feita pela minha destra é talvez uma mentira.

21 Lembra-te destas coisas Jacó, e Israel, porque tu és meu servo. Eu te formei, tu és meu servo, Israel, não te esqueças de mim. 22 Eu desfiz as tuas iniqüidades como uma nuvem, e os teus pecados como uma névoa: torna para mim, porque eu te resgatei. 23 Louvai-o, ó céus, porque o Senhor fez misericórdia! Saltai de júbilo, ó extremidades da terra, repeti em ecos os seus louvores: vós, montes, bosques e todas as suas árvores: porque o Senhor resgatou a Jacó, e Israel ficará sendo um povo glorioso.

CIRO UNGIDO POR DEUS PARA DERROTAR BABILÔNIA

Vocação de Ciro

24 Eis aqui o que diz o Senhor que te remiu, e que te formou no ventre de tua mãe: Eu sou o Senhor que faço todas as coisas, eu o que só estendi os céus, o que firmei a terra, sem que ninguém para isso me ajudasse. 25 Eu sou o que faço baldar o prognóstico dos adivinhos, e o que torno furiosos aos agoureiros. Eu o que faço tornar atrás aos sábios: e o que deixo infatuada a sua ciência. 26 Eu o que suscito a palavra dos meus profetas. O que digo a Jerusalém: Tu serás habitada: e às cidades de Judá: Vós sereis edificadas, e tornarei a povoar os seus desertos. 27 Eu o que digo ao abismo: Esgota-te, e secarei os teus rios. 28 Eu o que digo a Ciro: Tu és o pastor do meu rebanho, e tu cumprirás em tudo a minha vontade. O que digo a Jerusalém: Tu serás edificada: e ao templo: Tu serás fundado.

45 Eis aqui o que diz o Senhor a Ciro meu cristo, a quem eu tomei pela destra para lhe sujeitar ante a sua face as gentes, e fazer voltar as costas aos reis, e abrir diante dele as portas, e estas mesmas portas não se fecharão.

2 Eu irei diante de ti: e humilharei os jactanciosos da terra: e arrombarei as portas de bronze, e quebrarei as trancas de ferro. 3 E dar-te-ei os tesouros escondidos, e as riquezas aferrolhadas: a fim de que tu saibas, que eu sou o Senhor, o Deus de Israel, que te chamo pelo teu nome. 4 Por amor do meu servo Jacó, e de Israel meu escolhido, e te chamei pelo teu nome: eu te assemelhei e tu não me conheceste. 5 Eu sou o Senhor, e não há mais: fora de mim não há Deus: eu te meti as armas na mão, e tu não me conheceste: 6 para que saibam os que há desde o nascimento do sol, e os que habitam desde o seu ocaso, que o não há fora de mim: Eu sou o Senhor, e não há outro. 7 Eu o que formo a luz, e crio as trevas, o que faço a paz, e crio o mal: Eu sou o Senhor, que faço todas estas coisas.

8 Derramai, ó céus, lá dessas alturas o vosso orvalho, e as nuvens chovam ao Justo. Abra-se a terra, e brote o Salvador: e ao mesmo tempo nasça a justiça. Eu sou o Senhor que o criei. 9 Ai daquele que contradiz ao seu Criador, vasilha de terra de Samos! Porventura dirá o barro ao oficial que o maneja: Que fazes e a tua obra é sem mãos? 10 Ai do que diz ao pai: Por que me geraste? E à mãe: Por que me deste à luz?

11 Eis aqui o que diz o Senhor, o Santo de Israel, o que o criou: Perguntai-me as coisas futuras, demandai-me que é o que eu estou para fazer acerca de meus filhos, e acerca da obra de minhas mãos. 12 Eu é que fiz a terra e quem sobre ela criou o homem, fui eu: as minhas mãos estenderam os céus e a toda a milícia deles dei as minhas ordens. 13 Eu o suscitei para fazer justiça e dirigirei todos os meus caminhos: ele mesmo edificará a minha cidade e deixará ir livres os meus cativos, não por ajuste de dinheiro nem por presentes, diz o Senhor Deus dos exércitos.

A vitórias de Ciro revelarão ao mundo o verdadeiro Deus

14 Eis aqui o que diz o Senhor: O trabalho do Egito, e o tráfico da Etiópia e os de Sabaim varões de grande estatura, passarão para ti, e serão teus. Eles caminharão atrás de ti, irão com algemas nas mãos. E te adorarão, e far-te-ão as suas súplicas dizendo: Só em ti está Deus, e fora de ti não há Deus. 15 Tu verdadeiramente és um Deus escondido, o Deus de Israel, o Salvador. 16 Todos eles ficaram confusos e envergonhados: caíram juntamente na afronta os fabricadores dos erros. 17 Israel foi salvo no Senhor com uma salvação eterna: vós não sereis confundidos, nem se vos fará a face vermelha até o século do século.

18 Porque eis aqui o que diz o Senhor, que criou os céus, o mesmo Deus que formou a terra, e a fez, Ele é o seu Opífice: não foi em vão que a criou: para ser habitada a formou. Eu sou o Senhor e não há outro. 19 Não tenho falado em oculto nalgum lugar tenebroso da terra: Não disse à linhagem de Jacó: Buscai-me em vão: eu sou o Senhor, que falo a justiça, que anuncio o que é reto.

20 Congregai-vos, e vinde, e chegai-vos todos juntos, os que fostes salvos dentre as gentes: insensatos se têm mostrado os que levantam o lenho da sua escultura e fazem rogativas a um Deus que não salva. 21 Anunciai, e vinde, e tomai conselho todos juntos. Quem fez ouvir isto desde o princípio, desde então o predisse? Porventura não sou eu o Senhor, e não é assim que não há outro Deus senão eu? Deus justo, e Salvador não o há fora de mim. 22 Convertei-vos a mim, e sereis salvos todos os termos da terra: porque eu sou Deus, e não há outro.

23 Eu jurei por mim mesmo, da minha boca sairá esta palavra de justiça, e ela não voltará em vão: 24 porque todo o joelho se dobrará

diante de mim, e toda a língua jurará. 25 Logo no Senhor, dirá ela, são fundadas as minhas justiças e o império: a ele virão, e serão confundidos todos os que lhe repugnam. 26 No Senhor será justificada e louvada toda a descendência de Israel.

Fim dos deuses falsos e mentirosos

46 Bel foi quebrado, Nabo foi feito em pedaços: os seus simulacros foram repartidos pelas alimárias e jumentos, cargas que vós leváveis de grande peso até cansardes. 2 Apodreceram, e todos juntos se fizeram em migalhas: não puderam salvar ao que os levava, e a sua alma irá para o cativeiro.

3 Ouvi-me, casa de Jacó, e todo o resto da casa de Israel, vós com quem ando no meu seio, a quem trago nas minhas entranhas. 4 Eu mesmo vos trarei até à velhice e até me virem as cãs: eu vos criei, e eu vos susterei: eu vos trarei, e vos salvarei. 5 A quem me assemelhastes vós, e igualastes, e me comparastes, e fizestes parecido? 6 Vós que tirais o ouro do vosso saquitel, e pesais a prata na balança: que ajustais um ourives para que faça um Deus: e se prostram diante dele, e o adoram. 7 Põem-no às costas, carregando com ele, e colocando-o no seu lugar: e ali persistirá, e do seu posto se não moverá: e ainda quando clamarem a ele, não ouvirá: da tribulação ele os não salvará.

Realização das divinas promessas

8 Lembrai-vos disto, e confundi-vos: voltai, prevaricadores, para dentro do vosso coração. 9 Lembrai-vos do século antigo, porque eu sou Deus, e não há mais Deus, nem há outro semelhante a mim: 10 eu sou o que anuncio desde o princípio o que há de acontecer no fim, e muito tempo antes as coisas que ainda não têm sido feitas, dizendo: O meu conselho subsistirá, e toda a minha vontade se fará. 11 Eu o que chamo desde o oriente a uma ave, e duma remontada terra a um varão da minha vontade, e tenho-o dito, e eu o cumprirei: tenho-o intentado, e eu o executarei. 12 Ouvi-me, vós os de coração duro, que estais longe da justiça. 13 Tendo feito chegar já perto a minha justiça, ela se não alongará, e a minha salvação se não demorará. Eu estabelecerei em Sião a salvação, e em Israel a minha glória.

Humilhação de Babilônia

47 Desce, assenta-te no pó, Virgem filha de Babilônia, assenta-te na terra: não há já trono para a filha dos caldeus, porque daqui em diante não serás chamada mimosa e delicada. 2 Anda com a mó, e mói a farinha: mostra a tua torpeza, descobre o ombro, levanta o teu vestido, passa os rios. 3 A tua ignomínia será descoberta, e ver-se-á o teu opróbrio. Tomarei vingança, e não haverá homem que me resista. 4 Assim o fará o nosso Redentor, que tem por nome o Senhor dos exércitos, o Santo de Israel.

5 Assenta-te ficando em silêncio, e entra nas trevas, ó filha dos caldeus! Porque não serás daqui em diante chamada a Senhora dos reinos. 6 Eu me agastei contra o meu povo, arrojei de mim como proterva a minha herança, e entreguei-os na tua mão. Tu não usaste com eles de misericórdia: sobre o ancião fizeste muito pesado o teu jugo. 7 E disseste: Eu serei Senhora para sempre. Não puseste estas coisas sobre o teu coração, nem te lembraste do teu paradeiro.

8 Agora pois ouve estas coisas tu, ó delicada, e que habitas confiadamente, que dizes dentro do teu coração: Eu sou, e fora de mim não há mais: não me assentarei viúva, nem tampouco experimentarei a esterilidade. 9 Em um só dia virão subitamente sobre ti estes dois males, a esterilidade e a viuvez: todas estas desgraças vieram sobre ti por causa da multidão dos teus malefícios, e pela extrema dureza dos teus encantadores. 10 E tiveste confiança na tua malícia, e disseste: Não há quem me veja. Esta tua sabedoria, e esta tua ciência é a que te seduziu. E disseste dentro no teu coração: Eu sou e fora de mim não há outra. 11 Virá sobre ti o mal, e não saberás de onde ele nasce: e lançar-se-á com ímpeto sobre ti uma calamidade, que tu não poderás expiar: virá sobre ti repentinamente uma miséria, que tu não saberás.

12 Deixa-te estar com os teus encantadores, e com a multidão dos teus malefícios, em que tens trabalhado desde a tua mocidade, para ver se acaso te aproveita isso alguma coisa, ou se podes ficar mais forte. 13 Desfaleceste na multidão dos teus conselhos. Venham agora, e salvem-te os agoureiros do céu, que contemplavam os astros, e contavam os meses, para te anunciarem por eles as coisas futuras. 14 Ei-los aí que se têm tornado como em palha, o fogo os devorou: eles não livrarão a sua alma da mão da chama. Não há brasas a que se aquentem, nem fogão, para que a ele se assentem. 15 Assim te vieram nisto a parar todas e quaisquer daquelas coisas em que te tinhas afadigado: os teus negociantes desde a tua mocidade, cada um no seu caminho, erraram: não há quem te salve.

Antigas e novas predições

48 Ouvi estas coisas, casa de Jacó, vós os que vos chamais do nome de Israel, e saístes das águas de Judá, que jurais em nome do Senhor, e vos lembrais do Deus de Israel não em verdade, nem em justiça. 2 Porque eles tomaram o nome da cidade santa, e se firmaram sobre o Deus de Israel: o seu nome é o Senhor dos exércitos.

3 Eu vos anunciei desde então as primeiras coisas, da minha boca é que saíram, e eu vo-las fiz ouvir: de repente as pus por obra: e elas com efeito aconteceram. 4 Porque eu soube que tu és duro, e que a tua cerviz é um nervo de ferro, e a tua testa de bronze. 5 Desde então eu tas predisse: antes que elas chegassem eu tas apontei, para que talvez não dissesses: Os meus ídolos é que fizeram estas coisas, e as minhas estátuas de escultura e de fundição mandaram isto. 6 Vê todas estas coisas, que ouviste: acaso porém anunciaste-las vós? Desde então te fiz ouvir coisas novas, e tenho reservadas as que tu não sabes. 7 Agora foram criadas, e não desde então: e antes do dia, e não nas tens ouvido, para que talvez não digas: Eis aí está que já eu sabia isso. 8 Tu nem as ouviste, nem as soubeste, nem desde então está aberto o teu ouvido: porque sei que prevaricando prevaricarás com grande excesso, e te chamei transgressor desde o ventre.

9 Por amor do meu nome alongarei o meu furor: e enfrear-te-ei com o meu louvor, para que não pereças. 10 Eis aqui estou eu que te tenho acrisolado, mas não como a prata, tenho-te escolhido na fornalha da pobreza. 11 Por amor de mim, por amor de mim o farei, para que eu não seja blasfemado: e não direi a outrem a minha glória.

A missão de Ciro

12 Ouve-me, Jacó, e tu, Israel, a quem eu chamo: eu sou o mesmo, eu o primeiro, e eu o último. 13 A minha mão é também a que fundou a terra, e a minha destra a que mediu os céus: eu os chamarei, e eles se apresentarão todos juntos. 14 Ajuntai-vos todos vós, e ouvi: Qual deles anunciou estas coisas? O Senhor o amou, Ele fará a sua vontade em Babilônia, e moverá o seu braço entre os caldeus. 15 Eu, eu é que falei, e o chamei: eu o trouxe, e foi dirigido o seu caminho. 16 Chegai-vos a mim, e ouvi isto: Eu não falei desde o princípio às escondidas: já no tempo que decorreu antes que isto acontecesse, estava eu ali: e agora o Senhor Deus me enviou, e o seu Espírito.

17 Eis aqui o que diz o Senhor teu Remidor, o Santo de Israel: Eu sou o Senhor teu Deus, que te ensino o que é útil, que te governo no caminho em que andas. 18 Oxalá que tu tiveras atendido os meus mandamentos! A tua paz teria sido como um rio, e a tua justiça como os pegos do mar: 19 e teria sido a tua posteridade como a areia do mar, e os filhos do teu ventre como o burgalhau das suas praias. Não houvera sido abolido, nem fora apagado o seu nome diante da minha face.

20 Saí de Babilônia, fugi dos caldeus, anunciai com voz de exultação esta nova: Fazei ouvir isto, e levai-o até às extremidades da terra. Dizei: O Senhor resgatou o seu servo Jacó. 21 Não padeceram sede no deserto, quando o Senhor os tirava: Ele lhes fez arrebentar água duma penha, e rompeu a penha, e correram as águas. 22 Para os ímpios não há paz, diz o Senhor.

HUMILHAÇÃO E TRIUNFO DO SERVO

O Servo, luz das nações

49 Ouvi, ilhas, e atendei, povos de longe! O Senhor desde o ventre me chamou, desde o ventre de minha mãe se lembrou do meu nome. 2 E pôs a minha boca como uma espada aguda: Ele me protegeu debaixo da sombra da sua mão, e me pôs como uma seta escolhida: Ele me escondeu na sua aljava. 3 E me disse: Israel, tu és meu servo, porque eu me gloriarei em ti. 4 E eu disse: Em vão tenho trabalhado, sem fruto, e inutilmente consumi a minha fortaleza: portanto o meu juízo será com o Senhor, e a minha obra com o meu Deus.

5 E agora o Senhor que me formou desde o ventre materno para seu servo, me diz que eu hei de trazer Jacó a Ele, mas Israel se não congregará: e fui glorificado aos olhos do Senhor, e o meu Deus se fez a minha fortaleza. 6 E disse Ele: Pouco é que tu sejas meu servo para suscitar as tribos de Jacó, e converter as fezes de Israel. Eis aqui estou eu que te estabeleci para luz das gentes, a fim de seres tu a salvação que eu envio até à última extremidade da terra

Restauração de Israel

7 Eis aqui o que diz o Senhor redentor de Israel, o Santo dele, à alma desprezível, à

gente abominada, ao servo dos senhores: Os reis te verão, e os príncipes se levantarão, e eles te adorarão por causa do Senhor, pois é fiel, e por causa do Santo de Israel que te escolheu. 8 Eis aqui o que diz o Senhor: Eu te ouvi no tempo favorável, e te auxiliei no dia da salvação: e te conservei, e te constituí por aliança do povo, para repารares a terra, e possuíres as heranças dissipadas: 9 para dizeres aos que estão em cadeias: Saí! E aos que estão em trevas: Vede a claridade! Sobre os caminhos serão apascentados, e achar-se-ão em todas as planícies os pastos deles. 10 Não padecerão fome, nem terão sede, e não os molestará a calma, nem o sol: porque o que deles tem compaixão os governará, e os levará a beber às fontes das águas. 11 E reduzirei a caminho todos os meus montes, e as minhas veredas serão alteadas. 12 Eis aí está que estes virão de longe e eis aí aqueles que chegarão do Aquilão e do mar, e aqueles outros da terra do meio-dia. 13 Louvai, céus, e regozija-te, terra, fazei retinir, montes, festivais louvores: porque o Senhor consolou o seu povo, e Ele se compadecerá dos seus pobres.

Renovação de Jerusalém

14 Entretanto disse Sião: O Senhor me desamparou, e o Senhor se esqueceu de mim. 15 Acaso pode uma mulher esquecer-se do seu menino de peito, de sorte que não tenha compaixão do filho de suas entranhas? Mas se ela se esquecer dele, eu todavia não me esquecerei de ti. 16 Eis aí está que eu já te gravei nas minhas mãos: As tuas muralhas estão sempre diante de meus olhos. 17 Os que te hão de reedificar, são chegados: os que te destruíam, e te dissipavam, sairão para fora de ti. 18 Levanta os teus olhos em circunferência, e vê, como todos esses se têm congregado, eles se vieram render a ti. Eu juro pela minha vida, diz o Senhor, que de todos estes como dum ornamento serás revestida, e pô-los-ás por enfeite à roda de ti como esposa.

19 Porque os teus desertos, e as tuas solidões, e a terra da tua ruína, tudo isto será agora estreito para os teus habitadores, e serão afugentados para longe os que te devoravam. 20 Ainda dirão em teus ouvidos os filhos da tua esterilidade: É-me apertado este lugar, dá-me espaço para que eu habite. 21 E tu dirás no teu coração: Quem me gerou estes filhos? eu estéril, e sem parir, lançada da minha pátria, e cativa: e estes quem os criou? eu desamparada e só: e estes onde estavam?

22 Isto diz o Senhor Deus: Eis aqui estou eu que levantarei para as gentes a minha mão, e arvorarei para os povos o meu estandarte. E trarão a teus filhos nos braços e as tuas filhas levarão sobre os ombros. 23 E serão os reis que te alimentem, e as rainhas as tuas amas: com o rosto inclinado até à terra te adorarão, e com a boca tocarão no pó dos teus pés. E saberás que eu sou o Senhor, sobre o qual não serão confundidos os que o esperam. 24 Acaso tirar-se-á a presa ao forte? ou o que for tomado pelo valente poderá ser salvo? 25 Porque o Senhor diz isso: Por certo, que tanto o cativeiro será tirado ao forte: como o que tiver sido levado pelo valente, ficará salvo. Quanto porém àqueles, que te julgaram, eu os julgarei, e pelo que toca a teus filhos, eu os salvarei. 26 E alimentarei a teus inimigos com as suas carnes: e eles se embriagarão, como com mosto, do seu próprio sangue: e toda a carne saberá que eu sou o Senhor que te salva, e que o Redentor é o forte de Jacó.

50 Eis aqui o que diz o Senhor: Que libelo de divórcio é este de vossa mãe, pelo qual a repudiei? ou quem é o meu credor, a quem eu vos vendi? eis aí tendes que por causa das vossas iniqüidades é que fostes vendidos, e por vossos crimes repudiei a vossa mãe. 2 Porque eu vim, e não havia um homem: chamei, e não havia quem ouvisse. Abreviou-se por acaso e fez-se pequenina a minha mão, para que vos não possa eu resgatar? Ou não há poder em mim para vos livrar? Eis aí está que à minha ameaça farei deserto o mar, porei em seco os rios: apodrecerão os peixes sem água, e morrerão à sede. 3 Vestirei os céus de trevas, e pôr-lhes-ei um saco por cobertura.

O Servo, certo do triunfo, aceita o sofrimento

4 O Senhor me deu uma língua erudita, para eu saber sustentar com a palavra o que está cansado: Ele me levanta pela manhã, pela manhã me levanta o ouvido, para que eu o ouça como mestre. 5 O Senhor Deus me abriu o ouvido, e eu o não contradigo: não me retirei para trás. 6 Eu entreguei o meu corpo aos que me arrancavam os cabelos da barba: não virei a minha face aos que me afrontavam e cuspiam em mim. 7 O Senhor Deus é o meu auxiliador, por isso não foi confundido: por isso ofereci a minha face como uma pedra duríssima, e sei que me não hei de envergonhar. 8 Ao pé de mim está quem me justifica: quem me contradirá? Apresentemo-nos juntos, quem é o meu adversário? chegue-se para mim. 9 Eis aí está o Senhor Deus meu auxiliador: quem há que me condene? Eis-aí está o Senhor Deus meu auxiliador: quem

há que me condene? Eis-aí serão todos consumidos como um vestido, a polilha os comerá.

10 Qual de vós teme ao Senhor, qual ouve a voz do seu servo? O que andou em trevas, e não tem luz, espere no nome do Senhor, e firme-se sobre o seu Deus. 11 Eis aí está que todos vós acendendo o fogo vos achais rodeados de chamas, andai no lume do vosso fogo, e por entre as labaredas que ateastes. Da minha mão é que vos veio isto, vós dormireis nas dores.

A libertação está próxima e é certa

51 Ouvi-me todos os que seguis o que é justo, e buscais o Senhor! Atendei para a rocha de onde fostes cortados, e para a caverna do lago, da qual fostes tirados. 2 Lançai os olhos para Abraão vosso pai, e para Sara que vos deu à luz: porque eu o chamei a ele só, e o abeiçoei, e o multipliquei. 3 Consolará pois o Senhor a Sião, e consolará todas as suas ruínas: e mudará o seu deserto num como lugar de delícias, e a sua solidão num como jardim do Senhor. Nela se achará o gosto e a alegria, ação de graças e voz de louvor. 4 Atendei-me, povo meu, e ouvi-me, tribo minha: porque de mim sairá a lei, e a minha justiça descansará já estabelecida para luz dos povos. 5 O meu justo está perto, o meu Salvador já saiu, e os meus braços julgarão os povos: as ilhas estarão à espera de mim, e elas esperarão o meu braço.

6 Levantai os vossos olhos ao céu, e olhai cá para baixo para a terra: porque os céus se desfarão como o fumo, e a terra se gastará como um vestido, e os seus habitadores como estas coisas perecerão: mas a minha salvação será para sempre, e a minha justiça não faltará. 7 Ouvi-me vós os que sabeis o que é justo, povo meu, em cujo coração está a minha lei. Não temais o opróbrio dos homens, nem receeis as suas blasfêmias. 8 Porque assim como o bicho destrói um vestido, assim comerá a eles: e do mesmo modo que a polilha desfaz a lã, assim os devorará a eles: mas a minha salvação será para sempre, e a minha justiça por gerações e gerações.

O vigor de Deus dá toda segurança

9 Levanta-te, ó braço do Senhor, levanta-te, arma-te de fortaleza! Levanta-te como nos dias antigos, nas gerações dos séculos! Porventura não feriste tu ao soberbo, golpeaste ao dragão? 10 Acaso não secaste tu o mar, a água do impetuoso abismo: não és o que fizeste caminho no fundo do mar, para que passassem os libertados? 11 E agora os que foram resgatados pelo Senhor, tornarão, e virão para Sião cantando louvores, e uma alegria sempiterna descansará sobre suas cabeças, eles possuirão gozo e alegria, fugirá a dor e o gemido. 12 Eu, eu mesmo vos consolarei; quem és tu, para teres medo dum homem mortal, e do filho do homem, que assim como o feno se secará? 13 E te esqueceste do Senhor teu opífice, que estendeu os céus, e fundou a terra: e todo o dia tremeste continuamente à vista do furor daquele que te atribulava, e se tinha disposto para te perder. Onde está agora o furor do que te atribulava? 14 O que vem a abrir chegará cedo, e não matará sem deixar homem à vida, nem faltará o seu pão. 15 Eu porém sou o Senhor teu Deus, que revolto o mar, e logo se incham empoladas as suas ondas: Senhor dos exércitos é o meu nome. 16 Eu pus as minhas palavras na tua boca e te protegi com a sombra da minha mão, a fim de que tu plantes os céus e fundes a terra: e digas a Sião, tu és o meu povo.

Mudança da situação

17 Eleva-te, eleva-te, levanta-te, Jerusalém, que bebeste da mão do Senhor o cálice da sua ira: tu bebeste até o fundo deste cálice do adormecimento, esgotaste-o até às fezes. 18 De todos os filhos que ela gerou, não há nenhum que a sustenha: e de todos os filhos que ela criou, não há também nenhum que a tome pela mão. 19 Dois males são os que te sobrevieram: Quem se condoerá de ti? A desolação, e a esmigalhadura, e a fome, e a espada, quem te consolará? 20 Os teus filhos foram lançados por terra, dormiram no topo de todas as ruas, assim como o orige tomado no laço: cheios da indignação do Senhor, do castigo do seu Deus. 21 Portanto, ouve isto, pobrezinha, e embriagada sem ser de vinho. 22 Isto diz o dominador teu Senhor, e teu Deus, que pelejará pelo seu povo: Eis-aqui estou eu que tirei da tua mão o cálice de adormecimento, o fundo do cálice da minha indignação, tu não o tornarás mais daqui por diante a beber. 23 E pô-lo-ei na mão daqueles que te abateram, e disseram à tua alma: Abaixa-te, para nós passarmos: e puseste o teu corpo como chão, e como caminho aos viandantes.

52 Levanta-te, ó Sião, levanta-te, reveste-te da tua fortaleza, compõe-te com os vestidos da tua glória, Jerusalém cidade do Santo! Porque não tornará daqui em diante a passar por ti o incircuncidado nem o imundo. 2 Sacode-te do pó, levanta-te, assenta-te, Jerusalém: desata as cadeias do teu pescoço, cativa filha de Sião.

3 Porque eis aqui o que diz o Senhor: Vós fostes vendidos por nada, e sem prata sereis resgatados. 4 Porque eis aqui o que diz o Senhor Deus: O meu povo desceu no princípio ao Egito, para habitar ali como estrangeiro: e Assur sem causa alguma o oprimiu. 5 E agora que tenho eu que fazer aqui, diz o Senhor, visto ter sido levado sem nenhuma razão o meu povo? Os seus dominadores obram iniqüamente, diz o Senhor, e o meu nome é blasfemado incessantemente todo o dia. 6 Por esta causa o meu povo saberá o meu nome naquele dia: porque eu mesmo que falava, eis aqui estou presente.

7 Que formosos são sobre os montes os pés do que anuncia e prega a paz: do que anuncia o bem, do que prega a salvação, do que diz a Sião: O teu Deus está para reinar! 8 Ouvir-se-á a voz dos teus atalaias: eles levantarão a voz, juntamente darão louvor: porque olho a olho verão quando o Senhor voltar a Sião.

9 Folgai, e louvai de chusma, desertos de Jerusalém: porque o Senhor consolou o seu povo, remiu Jerusalém. 10 O Senhor preparou o seu santo braço aos olhos de todas as gentes: e todos os confins da terra verão o Salvador, que nosso Deus nos há de enviar.

11 Retirai-vos, retirai-vos, saí daí, não toqueis coisa manchada! Saí do meio dela, purificai-vos, os que levais os vasos do Senhor! 12 Porque vós não saireis em tumulto, nem vos apressareis com fugida; porque o Senhor irá diante de vós, e vos ajuntará o Deus de Israel.

Humilhações expiatórias e triunfo do Servo

13 Eis aí está que meu servo terá inteligência, ele será exaltado, e elevado, e ficará em alto grau sublimado. 14 Assim como pasmaram muitos à vista de ti, assim será sem glória o seu aspecto entre os varões, e a sua figura entre os filhos dos homens. 15 Este borrifará muitas gentes, diante dele mesmo taparão os reis a sua boca: porque o viram aqueles a quem se não anunciou coisa alguma a seu respeito: e os que o não ouviram, o contemplaram.

53 Quem deu crédito ao que nos ouviu? e a quem foi revelado o braço do Senhor? 2 E subirá como arbusto diante dele, e como raiz que sai duma terra sequiosa. Ele não tem beleza, nem formosura, e vimo-lo, e não tinha parecença do que era, e por isso nós o estranhamos. 3 Feito um objeto de desprezo, e o último dos homens, um varão de dores, e experimentado nos trabalhos: e o seu rosto se achava como encoberto, e parecia desprezível, por onde nenhum caso fizemos dele.

4 Verdadeiramente ele foi o que tomou sobre si as nossas fraquezas, e ele mesmo carregou com as nossas dores. E nós o reputamos como um leproso, e ferido por Deus e humilhado. 5 Mas ele foi ferido pelas nossas iniqüidades, foi quebrantado pelos nossos crimes. O castigo que nos devia trazer a paz, caiu sobre ele, e nós fomos sarados pelas suas pisaduras. 6 Todos nós andamos desgarrados como ovelhas, cada um se extraviou por seu caminho: e o Senhor carregou sobre ele a iniqüidade de todos nós.

7 Foi oferecido, porque ele mesmo quis, e não abriu a sua boca. Ele será levado como uma ovelha ao matadouro, e como um cordeiro diante do que o tosquia emudecerá, e não abrirá a sua boca. 8 Ele foi tirado da angústia, e do juízo. Quem contará a sua geração? Porque ele foi cortado da terra dos viventes: eu o feri por causa da maldade do meu povo. 9 E lhe dará os ímpios pela sepultura, e o rico pela sua morte: porque ele não cometeu iniqüidade, nem se achou nunca dolo na sua boca.

10 E o Senhor quis quebrantá-lo na sua enfermidade. Se ele tiver dado a sua alma pelo pecado, verá a sua descendência perdurável, e a vontade do Senhor será por sua mão prosperada. 11 Verá o fruto do que a sua alma trabalhou e se fartará. Aquele mesmo justo meu servo justificará a muitos com a sua ciência, e ele tomará sobre si as suas iniqüidades. 12 Por isso eu lhe darei por sorte uma grande multidão de pessoas: e ele distribuirá os despojos dos fortes, porque entregou a sua alma à morte, e foi posto no número dos malfeitores: e ele carregou com os pecados de muitos, e rogou pelos transgressores da lei.

Felicidade da nova Jerusalém

54 Alegra-te, estéril, que não pares: entoa cânticos de louvor, e rincha, tu que não parias: porque os filhos da desamparada são muitos mais do que os daquela que tem marido, diz o Senhor. 2 Alarga o sítio da tua tenda, e estende as peles dos teus pavilhões, não te poupes a nada: faze compridas as tuas cordas, e seguras as tuas estacas. 3 Porque tu te alegrarás para a direita, e para a esquerda: e a tua posteridade terá por herança as gentes, e povoará as cidades desertas. 4 Não temas, porque não serás confundida, nem envergonhada: porquanto não terás de que te afrontar, pois te esquecerás da confusão da tua mocidade, e não te lembrarás mais do opróbrio da tua viuvez. 5 Porque dominará em ti o que te criou, o seu nome é Senhor dos exércitos: e o teu Redentor, o Santo de Is-

rael, será chamado o Deus de toda a terra.
6 Porque o Senhor te chamou, como a mu-
lher desamparada, e de espírito angustiada,
e como a mulher repudiada desde a mocidade,
disse o teu Deus. 7 Por um momento num
breve espaço te direi: mas eu te congregarei
com grandes misericórdias.

8 No momento da minha indignação escon-
di de ti por um pouco a minha face, mas com
sempiterna misericórdia me compadeci de ti:
disse o Senhor teu Redentor.

9 Eu tenho por tão firme este pacto como
o que fiz nos dias de Noé, a quem jurei que
não derramaria dali por dinate as águas de
Noé sobre a terra: de tal sorte eu tenho ju-
rado, que não me agastarei contigo, nem te
repreenderei. 10 Porque os montes serão aba-
lados, e os outeiros tremerão: porém a minha
misericórdia não se apartará de ti, e a aliança
da minha paz se não mudará: disse o Senhor
compassivo de ti.

11 Pobrezinha combatida da tempestade,
sem consolação alguma. Eis aqui estou eu que
porei por ordem as tuas pedras, e te fundarei
sobre safiras, 12 e farei os teus baluartes de
jaspe, as tuas portas de pedras lavradas, e
todos os teus termos de pedras apetecíveis.
13 Que todos os teus filhos universalmente
fiquem ensinados pelo Senhor: e que tenham
uma abundância de paz os mencionados teus
filhos.

14 E serás fundada em justiça. Põe-te lon-
ge da opressão, pois não temerás: e do pavor,
porque não chegará a ti. 15 Eis aí virá o mo-
rador, que não estava comigo; o que para ti
noutro tempo era estrangeiro, ajuntar-se-á a
ti. 16 Eis aqui estou eu que criei o oficial que
assopra as brasas no fogo, e que tira a fer-
ramenta para a sua obra, e eu o que criei o
matador para destruir. 17 Todo o instrumen-
to, que tem sido fabricado contra ti, não terá
préstimo: e tu julgarás em juízo toda a lín-
gua que resista contra ti. Esta é a herança
dos servos do Senhor: e a justiça deles está
e mim, diz o Senhor.

Convite à salvação messiânica

55 Todos vós os que tendes sede, vinde às
águas: e os que não tendes prata, pres-
sai-vos, comprai, e comei: vinde, comprai sem
prata, e sem comutação alguma, vinho e leite.
2 Por que motivo empregais o dinheiro não
em pães, e o vosso trabalho não em fartura?
Ouvi-me com atenção e comei do bom alimen-
to, e a vossa alma se deleitará com o suco
nutritivo dele.

3 Inclinai o vosso ouvido, e vinde a mim:
ouvi: e a vossa alma viverá, e farei convosco
um pacto sempiterno, que consiste nas fiéis
misericórdias que eu prometi a Davi. 4 Eis aí
o dei por testemunha aos povos, por capitão
e por mestre às gentes. 5 Eis aí chamarás tu
a um povo, que não conhecias? E as gentes
que te não conheceram, correrão a ti por amor
do Senhor teu Deus, e do Santo de Israel,
pois Ele te glorificou.

Exortação moral

6 Buscai o Senhor, enquanto se pode achar:
invocai-o, enquanto está perto. 7 Deixe o ím-
pio o seu caminho, e o homem iníquo os seus
pensamentos, e volte-se para o Senhor, e ha-
verá dele misericórdia, e para o nosso Deus,
porque Ele é de muita bondade para perdoar.
8 Porque os meus pensamentos não são os
vossos pensamentos: nem os vossos caminhos
são os meus caminhos, diz o Senhor. 9 Por-
que assim como os céus se levantam sobre a
terra, assim se acham levantados os meus
caminhos sobre os vossos caminhos e os meus
pensamentos sobre os vossos pensamentos.

10 E bem assim como desce do céu a chu-
va, e a neve, e não torna lá daí por diante,
mas embriaga a terra, e a banha e a faz bro-
tar, e dá semente ao que semeia, e pão ao que
come: 11 assim será a minha palavra, que sair
da minha boca: não tornará para mim vazia,
mas ela fará tudo que eu tenho querido, e sur-
tirá o seu efeito naquelas coisas, para as quais
eu a enviei. 12 Porque vós saireis em alegria,
e sereis conduzidos em paz. Os montes e os
outeiros cantarão diante de vós cânticos de
louvor, e todas as árvores do país baterão
com as mãos dando aplausos. 13 Em lugar do
espigue subirá a faia, e em vez da urtiga cres-
cerá a murta: e o Senhor será nomeado para
ser um sinal eterno, que não será tirado.

III. COLEÇÃO DE PROFECIAS RELATIVAS AO EXÍLIO E À RESTAURAÇÃO

Os membros da nova comunidade

56 Eis aqui o que diz o Senhor: Guardai o
direito, e fazei justiça: porque perto está
a minha salvação para vir, e minha justiça para
se manifestar. 2 Bem-aventurado o homem, que
assim o faz, e o filho do homem, que lançar
mão disto, que guarda o sábado para que o

não profane, que guarda as suas mãos para não obrar mal nenhum. 3 E não diga o filho do estrangeiro, o qual se une ao Senhor, proferindo: O Senhor com uma divisão me separará de um povo: e não diga o eunuco: Eis-me aqui um lenho seco.

4 Porque eis aqui o que diz o Senhor aos eunucos: Os que guardarem os meus sábados, e elegerem o que eu quis, e abraçaram a minha aliança: 5 dar-se-lhes-ei na minha casa, e das minhas muralhas a dentro, um lugar, e um nome ainda melhor do que o que dão os filhos e as filhas: Dar-lhes-ei um nome sempiterno, que não perecerá jamais.

6 E aos filhos do estrangeiro, que se unem ao Senhor para que o honrem, e amem o seu nome, para serem seus servos: a todo o que guarda o sábado para que o não profane, e ao que abraça a minha aliança: 7 eu os trarei ao meu santo monte, e os alegrarei na casa da minha oração: os seus holocaustos, e as suas vítimas ser-me-ão agradáveis sobre o meu altar: porque a minha casa será chamada casa de oração para todos os povos. 8 O Senhor Deus, que congrega os dispersos de Israel, diz: Ainda congregarei a ele os seus congregados.

Maus pastores

9 Vós, todas as alimárias do campo, todas as alimárias do bosque, vinde a devorar. 10 Os seus sentinelas todos são cegos, todos universalmente se mostraram ignorantes: são uns cães mudos que não podem ladrar, que vêem coisas vãs, que dormem, e que amam os sonhos. 11 E estes cães tão sem vergonha não conheceram a fartura: os mesmos pastores ignoraram o que é inteligência: todos declinaram para o seu caminho, cada um para a sua avareza desde o mais alto até o mais baixo. 12 Vinde, tomemos vinho, e enchamo-nos de embriaguez: e será como hoje, assim também amanhã, e ainda muito mais.

57 O justo perece, e não há quem considere no seu coração: e os homens compassivos são recolhidos, porque não há quem tenha inteligência, pois foi recolhido o justo à vista da malícia. 2 Venha a paz, descanse do seu leito aquele que andou na sua retidão.

Tendências idolátricas das massas

3 Vós porém vinde cá, filhos duma agoureira: linhagem dum adúltero, e duma prostituta 4 De quem fizestes vós escárnio? Contra quem abristes a boca, e deitastes a língua fora? Porventura não sois vós uns filhos malvados, uma geração bastarda? 5 Vós que buscais a vossa consolação nos deuses, debaixo de todo o arvoredo frondoso, sacrificando-lhes os vossos tenros filhinhos nas torrentes, debaixo dos rochedos sobranceiros? 6 Nas partes da torrente está a tua parte, esta é a tua sorte: e em honra desses mesmos ídolos derramaste a tua libação, ofereceste o teu sacrifício. Não me hei de eu então indignar à vista destas coisas? 7 Tu puseste o teu leito sobre um alto e elevado monte, e lá subiste para imolares hóstias. 8 E detrás da porta, e atrás da umbreira puseste o teu monumento: porque ao pé de mim te descobriste, e recebeste ao adúltero: alargaste o teu leito, e com ele fizeste concerto: amaste o estrado deles com a mão aberta.

9 E te adornaste para o rei com ungüentos, e multiplicaste as tuas confeições cheirosas. Enviaste os teus embaixadores longe, e foste abatida até os infernos. 10 Tu te fatigaste na multidão dos teus caminhos: não disseste: Cessarei. Achaste de que viver pelo trabalho das tuas mãos, por isso não me fizeste rogativas. 11 Por que princípio temeste tu cuidadosa, pois me faltaste à fé devida, e não te lembraste de mim, nem pensaste no teu coração? Porque eu estava calado, e como quem não via, por isso te esqueceste de mim. 12 Eu publicarei a tua justiça, e não te aproveitarão as tuas obras. 13 Quando tu clamares, livrem-te os que tu tens ajuntado, e a todos eles levará o vento, arrebatá-los-á a viração: mas o que tem confiança em mim, herdará a terra, e possuirá o meu santo monte.

Consolação dos fiéis aflitos

14 E direi: Fazei caminho, dai lugar, desviai-vos da vereda, tirai os tropeços do caminho do meu povo. 15 Porque isto diz o excelso, e o sublime que habita na eternidade: e o seu santo nome habita nas alturas e no santuário, e com o contrito e humilde de espírito: para que dê vida ao espírito dos humildes, e vivifique o coração dos contritos. 16 Porque eu não pleitearei eternamente nem me agastarei até o fim: porque sairá da minha face o espírito, e eu farei os assopros. 17 Eu me agastei por causa da iniqüidade da sua avareza, e o feri: escondi de ti a minha face, e me indignei: e ele se foi andando vagabundo no caminho do seu coração. 18 Eu vi os seus caminhos, e o sarei, e o reduzi, e lhe dei consolações a ele mesmo, e aos que o choravam. 19 Criei a paz fruto dos lábios, a paz para aquele que está longe, e para o que está perto, disse o Senhor, e o sarei. 20 Os ímpios porém são como um mar agitado, que não pode acalmar, e com o próprio rolo vem as suas ondas a quebrar

na praia e fazer lodo. 21 Não há paz para os
ímpios, diz o Senhor Deus.

A verdadeira prática da religião

58 Clama, não cesses, levanta como trom-
beta a tua voz, e anuncia ao meu povo
as suas maldades, e à casa de Jacó os seus
pecados. 2 Porque eles cada dia me buscam,
e querem saber os meus caminhos: como se
fora gente que tivesse praticado a justiça, e
não houvesse abandonado a lei do seu Deus.
Eles me fazem as suas perguntas sobre os juí-
zos da minha justiça: querem chegar-se a Deus.

3 Por que jejuamos nós, e tu não olhaste
para nós: humilhamos as nossas almas, e tu
te não deste por achado disso?

É porque no dia do vosso jejum se acha a
vossa vontade, e porque vós demandais a todos
os vossos devedores. 4 Eis aí está que jejuais
para prosseguirdes demandas e contendas, e
feris com o punho sem piedade. Não jejueis
daqui por diante, como tendes feito até o dia
de hoje, para que seja ouvido no alto o vosso
clamor. 5 Acaso o jejum, que eu escolhi, con-
siste em afligir um homem a sua alma por um
dia? Está porventura em retorcer a sua cabeça
como um círculo, e em fazer cama de saco e
de cinza? Porventura chamarás tu a isto jejum
e dia aceitável ao Senhor?

6 Acaso não é antes este o jejum que eu
escolhi? Rompe as ligaduras da impiedade,
desata os feixinhos que deprimem, deixa ir
livres aqueles que estão quebrantados, e rompe
toda a carga. 7 Parte o teu pão ao que tem
fome, e introduze em tua casa os pobres, e os
peregrinos: quando vires o nu cobre-o, e não
desprezes a tua carne.

8 Então romperá a tua luz como a aurora,
e a tua saúde mais depressa nascerá, e a tua
justiça irá diante da tua face, e a glória do
Senhor te recolherá. 9 Então invocarás tu o
Senhor, e Ele te atenderá: tu clamarás a Ele,
e Ele te dirá: Eis-me aqui: se tirares do meio
de ti a cadeia, e deixares de estender o dedo,
e de falar o que não aproveita: 10 quando tu
desentranhares a tua alma para com o famin-
to, encheres a sua alma aflita, nascerá nas tre-
vas a tua luz, e as tuas trevas tornar-se-ão
como a meio-dia. 11 E o Senhor te dará sempre
descanso, e encherá a tua alma de resplendo-
res, e livrará os teus ossos, e será como um
jardim de regadio, e como uma fonte de águas,
cujas águas nunca faltarão. 12 E serão por ti
edificados os desertos de muitos séculos: tu
levantarás os fundamentos de geração e de
geração: e serás chamado edificador das sebes
desviando as suas avenidas para segurança.

Observância do sábado

13 Se apartares do sábado o teu pé, o fazer
a tua vontade no meu santo dia, e chamares ao
sábado delicado, e santo para glória do Senhor
e o glorificares enquanto não fazes os teus
caminhos, e se não acha a tua vontade para
falares palavras: 14 então te deleitarás tu no
Senhor, e te levantarei sobre as alturas da ter-
ra, e alimentar-te-ei com a herança de Jacó
teu pai: porque a boca do Senhor falou.

Os pecados do povo fazem obstáculos à sua felicidade

59 Eis aí está que a mão do Senhor não é
abreviada para não poder salvar, nem o
seu ouvido ensurdeceu para não ouvir dando
atenção. 2 Mas as vossas iniqüidades são as
que fizeram uma separação entre vós e o vos-
so Deus, e os vossos pecados são os que lhe
fizeram esconder de vós a sua face, para que
não ouvisse com atenção.

3 Porque as vossas mãos manchadas de san-
gue, e os vossos dedos de iniqüidade; os vossos
lábios falaram a mentira, e a vossa língua pro-
fere a iniqüidade. 4 Não há quem invoque a
justiça, nem há quem julgue em verdade: mas
confiam no nada, e falam vaidades: eles con-
ceberam o trabalho, e pariram a iniqüidade.
5 Eles romperam ovos de áspides, e teceram
teias de aranha: o que comer dos ovos deles,
morrerá: e do que se fomentou sairá um basi-
lisco. 6 As suas teias não servirão para vestido,
nem eles se cobrirão das suas obras. As suas
obras são umas obras inúteis, e nas mãos deles
se achou sempre obra de iniqüidade. 7 Os seus
pés correm para fazer o mal, e eles se apres-
sam para derramar o sangue inocente. Os seus
pensamentos são uns pensamentos inúteis: a
desolação e o quebrantamento se acha nos
caminhos deles. 8 Eles não conheceram o ca-
minho da paz, nem há juízo nos passos deles.
As suas veredas se lhes fizeram tortas: todo o
que anda por elas, ignora a paz.

Confissão e lamento do povo

9 Por esta causa se alongou de nós o juízo,
e não nos abraçará a justiça: esperamos a
luz, e eis que não houve mais que trevas: o
resplendor, e andamos em trevas. 10 Andamos
como cegos apalpando as paredes, e como se
não tivéssemos olhos fomos pelo tacto. Tro-
peçamos no pino do meio-dia como em trevas,
em lugares cobertos de escuridão como os
mortos. 11 Todos nós rugiremos como ursos,
meditando rolaremos como pombas. Espera-

mos o juízo, e não o há: a salvação, e ela se alongou de nós.

12 Porque as nossas iniqüidades se multiplicaram diante de ti, e os nossos pecados deram testemunho contra nós: porque as nossas maldades nos são presentes, e bem conhecemos as nossas iniqüidades, 13 que pecamos e que mentimos contra o Senhor: e nós voltamos as costas para não irmos após o nosso Deus, para proferirmos a calúnia, e pormos por obra a transgressão: nós concebemos, e falamos de dentro do coração palavras de mentira. 14 E voltou para trás o juízo, e se pôs longe a justiça: porque na praça caiu por terra a verdade, e não pode ali entrar a eqüidade.

Intervenção divina

15 E a verdade foi posta em esquecimento: e o que se retirou do mal, ficou exposto à presa: e o Senhor o viu, e ante os seus olhos apareceu o mal, porque não há juízo. 16 E viu que não há varão: e tem ficado perplexo, por não haver quem se oponha: mas ele salvou para si o seu braço, e a sua própria justiça o susteve.

17 Vestiu-se desta sua justiça como duma couraça, e o capacete de salvação assentou na sua cabeça: pôs sobre si vestidos de vingança, e cobriu-se de zelo como de um manto. 18 Assim como quem se prepara para tomar vingança, como para retribuir com indignação a seus contrários, e corresponder a seus inimigos. Ele pagará às ilhas na mesma moeda. 19 E os que demoram da parte do Ocidente, temerão o nome do Senhor: e os que ficam da banda de onde nasce o sol respeitarão a sua glória: Quando ele vier como um rei impetuoso, a quem o espírito do Senhor impele, 20 e quando vier um Redentor a Sião, e àqueles que voltam da iniqüidade para Jacó, diz o Senhor.

21 Esta será com eles a minha aliança, diz o Senhor; o meu espírito que está em ti, e as minhas palavras, que pus na tua boca, não se apartarão da tua boca, nem da boca de teus filhos, nem da boca dos filhos de teus filhos, diz o Senhor, desde agora e até para toda a eternidade.

Glória da nova Jerusalém

60 Levanta-te, esclarece-te, Jerusalém: porque chegou a tua luz, e a glória do Senhor nasceu sobre ti. 2 Porquanto eis aí cobrirão as trevas a terra, e a escuridade os povos: mas sobre ti nascerá o Senhor, e a sua glória se verá em ti. 3 E andarão as gentes na tua luz, e os reis no esplendor do teu nascimento.

4 Levanta em roda os teus olhos, e vê: todos estes se têm congregado, eles vieram a ti, teus filhos virão de longe e tuas filhas se levantarão de todos os lados. 5 Então verás tu, e estarás em afluência, e o teu coração se espantará, e se dilatará fora de si mesmo, quando se converter a ti a multidão do mar, vier a ti a fortaleza das nações: 6 uma inundação de récuas de camelos te cobrirá, de dromedários de Madian e de Efa; todos virão de Sabá, trazendo-te ouro e incenso, e anunciando o louvor ao Senhor. 7 Todo o gado de Cedar se ajuntará em ti, os carneiros de Nabaiot se empregarão em te servir: eles me serão oferecidos sobre o meu altar de propiciação, e eu encherei de glória a casa da minha majestade. 8 Quem são estes que voam como nuvens, e como pombas para as suas janelas? 9 Porque as ilhas me estão esperando, e as naus do mar desde o princípio para eu trazer de longe os teus filhos; com eles a sua prata, e o seu ouro para ser consagrado ao nome do Senhor teu Deus, e ao Santo de Israel que te glorificou.

Homenagens do povo

10 E os filhos dos estrangeiros edificarão os teus muros, e os seus reis te servirão: porque eu te feri na minha indignação: porém na minha reconciliação tive misericórdia de ti. 11 E abrir-se-ão de contínuo as tuas portas: elas se não fecharão nem de dia nem de noite, a fim de que te seja trazida a fortaleza das nações, e te sejam conduzidos os seus reis. 12 Porque a gente e o reino, que te não servir, perecerá: e as gentes serão devastadas até ficarem numa solidão. 13 A glória do Líbano virá a ti, a faia e o buxo, e juntamente o pinheiro servirão para adornar o lugar da minha santificação, e eu glorificarei o lugar de meus pés. 14 E virão a ti encurvados os filhos daqueles que te abateram, e adorarão os rastos dos teus pés todos os que detraíam de ti, e chamar-te-ão a cidade do Senhor, a Sião do Santo de Israel.

15 Porque tu foste abandonada, e aborrecida, e não havia quem por ti passasse, eu te elevarei a ser a glória imortal dos séculos, a um gozo em geração e geração: 16 e sugarás o leite das gentes, e serás criada ao peito dos reis: e saberás que eu sou o Senhor que te salvo, e o teu Redentor, o Forte de Jacó. 17 Em lugar de cobre trarei ouro, e em vez de ferro, trarei prata: e por madeira cobre, e por pedras ferro: e porei no teu governo a paz, e nos teus presidentes a justiça. 18 Não se ouvirá mais falar de iniqüidade na tua terra, nem haverá assolação nem quebrantamento

nos teus termos, e ocupará a salvação os teus muros, e o louvor as tuas portas.

19 Tu não terás mais o sol para luzir de dia, nem o resplendor da lua te alumiará: porém o Senhor te servirá de luz sempiterna, e o teu Deus será a tua glória. 20 Não se porá o teu sol dali em diante e a tua lua não minguará: porque o Senhor te servirá de luz sempiterna, e completar-se-ão os dias do teu pranto. 21 O teu povo porém serão todos os justos, eles herdarão a terra para sempre, como vergônteas que eu plantei, e como obras que a minha mão fez para me glorificarem. 22 O mínimo deles será sobre mil, e o mais pequeno sobre a nação mais forte. Eu o Senhor a seu tempo farei isto subitamente.

O pregador da boa-nova

61 O Espírito do Senhor repousou sobre mim, porque o Senhor me encheu da sua unção: Ele me enviou para evangelizar aos mansos, para curar os contritos do coração, e pregar remissão aos cativos e soltura aos encarcerados: 2 para publicar o ano da reconciliação do Senhor, e o dia da vingança do nosso Deus: para consolar todos os que choram: 3 para pôr aos que choram de Sião: e dar-lhes coroa por cinza, óleo de gozo por pranto, em lugar de espírito de tristeza manto de louvor: e os que estão nela serão chamados os fortes de justiça, plantas do Senhor para lhe darem glória.

4 E edificarão os desertos desde o século, e levantarão as antigas ruínas, e restaurarão as cidades abandonadas, desbaratadas em geração e geração.

Primazia entre os povos

5 E farão assento os estranhos, e apascentarão os vossos gados: e os filhos dos estrangeiros serão vossos lavradores e vinheiros. 6 Vós sereis chamados sacerdotes do Senhor: ministros do nosso Deus, se vos dirá: Vós comereis a fortaleza das gentes, e com glória delas ficareis ufanos.

7 Em lugar da vossa dobrada confusão e rubor, louvarão a sua parte: por amor disto eles possuirão na sua terra dobrados prêmios, terão uma glória sempiterna. 8 Porque eu sou o Senhor que amo a justiça, e que aborreço os holocaustos que vêm de rapinas: e eu estabelecerei as suas obras em verdade, e farei com eles uma perpétua aliança. 9 E a sua posteridade será conhecida das gentes, e celebrado o renovo deles no meio dos povos. Todos os que os virem, os conhecerão, por serem estes a linhagem, a qual o Senhor abençoou.

Hino de ação de graças

10 Eu me regozijarei sobremaneira no Senhor, e a minha alma exultará no meu Deus: porque ele me cobriu com vestiduras de salvação: e me rodeou com manto de justiça, como a esposo aformoseado com sua coroa, e como a esposa ornada dos seus colares. 11 Porque bem como a terra lança o seu gérmen, e assim como o jardim brota a semente que lhe lançaram, assim o Senhor Deus fará brotar a justiça, e florescer o louvor diante de todas as gentes.

A nova Sião

62 Por amor de Sião eu me não calarei, e por amor de Jerusalém eu não descansarei, até que saia o seu justo como um resplendor, e se acenda como lâmpada o seu Salvador. 2 E as gentes verão o teu justo, e todos os reis o teu ínclito: e chamar-te-ão por um nome novo, que o Senhor nomeará pela sua boca. 3 E serás uma coroa de glória na mão do Senhor, e um diadema real na mão do teu Deus. 4 Não serás chamada dali em diante a Desamaparada: e a tua terra não será mais chamada a Deserta: mas serás chamada a Minha Vontade Nela, e a tua terra a Habitada: porque o Senhor pôs em ti a sua complacência: e a tua terra será habitada. 5 Porquanto habitará o mancebo com a donzela, e habitarão em ti os teus filhos. E folgará o esposo com a esposa, e o teu Deus folgará contigo.

Vigilância do alto

6 Sobre os teus muros, ó Jerusalém, pus guardas, eles se não calarão jamais nem em todo o dia, nem em toda a noite. Vós, os que vos lembrais do Senhor, não vos caleis, 7 e não estejais em silêncio diante dele, até que estabeleça, e ponha a Jerusalém por objeto de louvor na terra. 8 O Senhor jurou pela sua destra, e pelo braço da sua fortaleza: Se eu der o teu trigo daqui em diante por comida a teus inimigos: e se os filhos alheios beberem o teu vinho, em que trabalhaste. 9 Porque os que o recolhem, o comerão, e louvarão o Senhor: e os que o acarretam, bebê-lo-ão nos meus santos átrios.

Exortação a volta à pátria

10 Passai, passai pelas portas, preparai a estrada ao povo, fazei plano o caminho, es-

colhei as pedras, e arvorai o estandarte aos
povos. 11 Eis aí está que o Senhor fez ouvir
nas extremidades da terra, dizei à filha de
Sião: Eis ai vem o teu Salvador: eis aí a sua
recompensa com ele, e a sua obra diante dele.
12 E chamá-los-ão o povo santo, os remidos
pelo Senhor. Mas tu serás chamada: a cidade
Buscada, e não a Desamparada.

O lugar da divina justiça

63 Quem é este, que vem de Edom, de
Bosra, com as vestiduras tingidas? este
formoso em seu trajo, que caminha na multi-
dão da sua fortaleza? Eu, que falo a justiça, e
que sou o combatente para salvar. 2 Por que
é logo vermelho o teu vestido, e as tuas rou-
pas como a dos que pisam num lugar?
3 Eu calquei o lagar sozinho, e das gentes
não se acha homem algum comigo: eu os pisei
no meu furor, e os pisei aos pés na minha
ira: e o seu sangue veio salpicar os meus ves-
tidos, e eu manchei todas as minhas roupas.
4 Porque o dia da vingança está no meu co-
ração, é chegado o ano da minha redenção.
5 Eu olhei em roda, e não havia auxiliador:
busquei e não houve quem me ajudasse: mas
o meu braço me salvou, e a minha mesma
indignação me auxiliou. 6 E pisei aos pés os
povos no meu furor, e os embriaguei na mi-
nha indignação, e derribei por terra o seu
esforço.

Recordações

7 Eu me lembrarei das misericórdias do
Senhor, cantarei o louvor do Senhor por to-
dos os bens, que o mesmo Senhor nos deu, e
pela multidão dos seus benefícios à casa de
Israel, que Ele lhes fez segundo a sua cle-
mência e segundo a multidão das suas mise-
ricórdias. 8 E disse Ele: Ainda assim este é
o meu povo, são uns filhos que me não hão
de tornar a negar: e para eles se fez Salvador.
9 Em toda a tribulação deles não foi angus-
tiado, e o anjo da sua face os salvou. Com o
seu amor, e com a sua clemência Ele mesmo
os remiu, e os levou sobre si, e os exaltou em
todos os dias do século.
10 Mas eles o provocaram à ira, e afligi-
ram o espírito do seu Santo: e se converteu
para eles em inimigo, e Ele mesmo os debelou.
11 Porém Ele se lembrou dos dias do século
de Moisés, e do seu povo: Onde está o que
os tirou do mar com os pastores do seu re-
banho? Onde está o que pôs no meio dele o
espírito do seu Santo? 12 Que tirou pela di-
reita a Moisés com o braço da sua majestade,
que rasgou as águas diante deles, para adqui-
rir para si um nome sempre eterno: 13 que os
conduziu pelos abismos, como a um cavalo
que não tropeça por um descampado. 14 Como
a um animal que vai descendo por uma cam-
pina, o espírito do Senhor foi o seu condutor.
Desta maneira guiaste ao teu povo, para gran-
geares para ti um nome glorioso.

Invocação ao Pai celeste

15 Atende-nos lá do céu, e põe os olhos em
nós lá do teu santo domicílio, e do da tua
glória! Onde está o teu zelo, e a tua fortaleza,
a multidão das tuas entranhas, e das tuas
misericórdias? Estancaram para mim. 16 Por-
que tu é que és nosso pai, e Abraão não nos
conheceu, e Israel não soube de nós. Tu,
Senhor, és nosso pai, nosso redentor, o teu
nome subsiste desde o século. 17 Por que nos
fizeste, Senhor, extraviar dos teus caminhos:
endureceste o nosso coração para te não te-
mermos? Volve-te a nós por amor dos teus
servos, das tribos da tua herança. 18 Nossos
inimigos se fizeram senhores do teu povo
santo, como se ele não fosse nada: pisaram
aos pés o teu santuário. 19 Nós ficamos como
no princípio, quando ainda nos não domina-
vas, nem o teu nome se invocava sobre nós.

Nova súplica

64 Oxalá romperas tu os céus e desceras de
lá! Os montes se derreteriam diante da
tua face. 2 Desfazer-se-iam como se neles hou-
vesse um abrasamento de fogo, as águas ar-
deriam em fogo, para que o teu nome se fi-
zesse notório a teus inimigos: ficassem tur-
badas as nações diante da tua face. 3 Quando
tu fizeres as tuas maravilhas, nós não pode-
remos suportá-las. Tu desceste, e os montes
se derreteram diante da tua face. 4 Desde o
século os homens não ouviram, nem com os
ouvidos perceberam: o olho não viu, exceto
tu, ó Deus, o que tens preparado para os que
te esperam. 5 Saíste ao encontro àquele que
se alegrava, e praticava a justiça. Eles se lem-
brarão de ti nos teus caminhos.
Eis aí está que tu te iraste, porque nós pe-
camos. Em pecados estivemos sempre e sere-
mos salvos. 6 E todos nós viemos a ser como
um homem imundo, e todas as nossas justi-
ças são como o pano manchado e caímos to-
dos como a folha, e as nossas iniqüidades
como um vento nos arrebataram. 7 Não há
quem invoque o teu nome: quem se levante e
te detenha. Escondeste de nós a tua face, e
nos esmigalhaste entre as mãos da nossa ini-
qüidade.

8 E agora, Senhor, tu és nosso pai e nós
não somos senão barro: e tu és o nosso opí-
fice, e todos nós somos obras das tuas mãos.
9 Não te agastes muito, Senhor, e não te lem-
bres mais da nossa iniqüidade, eis nos aqui,
olha para nós, todos nós somos o teu povo.
10 A cidade do teu santo se fez deserta, Sião
ficou erma, Jerusalém está desolada. 11 A casa
da nossa santificação, e da nossa glória onde
nossos pais te louvaram, reduziu-se a um
abrasamento de fogo, e todas as nossas coisas
apetecíveis vieram a converter-se em ruínas.
12 Acaso conter-te-ás ainda, Senhor, à vista
destas desgraças, ficarás calado, e afligir-nos-
-ás até às últimas?

Castigo dos maus

65 Buscaram-me os que antes não pergun-
tavam por mim, acharam-me os que me
não buscaram. Eu disse: Eis aqui fui eu, eis
aqui fui eu para uma gente, que não invocava
o meu nome. 2 Estendi as minhas mãos todo
o dia a um povo incrédulo, que anda por um
caminho não bom após dos seus pensamentos.
3 É este um povo que sempre me está para
diante da minha face provocando a ira: que
imolam vítimas nos jardins, e sacrificam so-
bre ladrilhos: 4 que habitam nos sepulcros, e
dormem nos tempos dos ídolos: que comem
carnes de porco, e um caldo profano, em suas
taças. 5 Os quais dizem: Afasta-te de mim,
não te avizinhes para mim, porque estás
imundo. Estes serão um fumo no meu furor,
um fogo que arderá todo o dia. 6 Eis aí está
que o seu pecado se acha escrito diante de
mim: eu não me calarei, mas eu os recom-
pensarei, e lhes retribuirei dentro do seio
deles. 7 As vossas iniqüidades, e juntamente
as iniqüidades de vossos pais, diz o Senhor,
os quais sacrificaram sobre os montes, e so-
bre os outeiros me afrontaram em rosto, e
remunerarei a sua primeira obra no seio deles.

Sorte oposta dos bons e dos maus

8 Eis aqui o que diz o Senhor: Como quan-
do se acha um formoso bago num cacho de
uvas, e se diz: Não desperdices, porque é ben-
ção: assim farei eu por amor de meus servos,
de sorte que o não destrua de todo. 9 E farei
sair de Jacó uma posteridade, e de Judá um
descendente, que possua os meus montes: e
os meus escolhidos herdarão esta terra, e os
meus servos habitarão nela. 10 E as campi-
nas servirão de tapada de rebanhos, e o vale
de Acor de colheita de gados para os de meu
povo, que me buscaram.

11 E quanto a vós, que deixastes o Senhor,
que vos esquecestes do meu santo monte, que
pondes mesa à Fortuna, e derramais libações
sobre ela: 12 eu vos farei passar por conta ao
fio da espada e todos caireis nessa matança:
porque eu chamei e vós não respondestes:
falei, e vós não ouvistes: e fazíeis o mal diante
de meus olhos, e escolhestes o que eu não
quis.

13 Por esta causa o Senhor Deus diz isto:
Eis aí está que os meus servos comerão, e vós
tereis fome: eis aí está que os meus servos
beberão, e vós tereis sede: 14 eis aí está que os
meus servos se alegrarão, e vós sereis confun-
didos: eis aí está que os meus servos canta-
rão louvores pela exaltação do seu coração, e
vós dareis gritos pela dor do vosso mesmo
coração, e pelo quebrantamento do vosso es-
pírito uivareis. 15 E deixareis os vosso nome
para juramento aos meus escolhidos: e o
Senhor Deus te matará, e a seus servos cha-
mará por outro nome. 16 No qual o que é
abençoado sobre a terra, será abençoado do
Deus da verdade: e o que jura sobre a terra,
jurará no Deus da verdade: porque foram en-
tregues ao esquecimento as primeiras angús-
tias, e porque ficaram escondidas de meus
olhos.

17 Porque eis aqui estou eu que crio uns
céus novos, e uma terra nova: e não persis-
tirão na memória as primeiras calamidades,
nem subirão sobre o coração. 18 Mas vós fol-
gareis, e exultarei para sempre naquelas coisas
que eu crio: porque eis aqui estou eu que crio
a Jerusalém para exultação, e ao seu povo
para gozo. 19 E exultarei em Jerusalém, e
folgarei no meu povo: e não se ouvirá dali por
diante nele voz de choro, nem voz de lamento.

20 Não haverá ali mais menino de dias nem
velho que não encha os seus dias: porque o
menino morrerá de cem anos, e o pecador de
cem anos será amaldiçoado. 21 E edificarão
casas e habitarão nelas: e plantarão vinhas
e comerão o seu fruto. 22 Não lhes sucederá
edificarem eles casas, ser outro quem as ha-
bite: nem plantarem eles vinhas e vir outro
que as desfrute: porque os dias do meu povo
serão segundo os dias da árvore: e as obras
das suas mãos envelhecerão. 23 Os meus es-
colhidos não trabalharão debalde, nem eles
gerarão filhos para turbação: porque é esta
uma estirpe de benditos do Senhor, e seus
netos com eles. 24 E acontecerá que antes que
eles bradem, eu os escutarei: estando eles
ainda falando, eu os ouvirei.

25 O lobo e o cordeiro se apascentarão
juntos, o leão e o boi comerão a palha: e o
pó será para a serpente o seu pão: eles não

farão mal, nem matarão em todo o meu santo monte, diz o Senhor.

O culto sincero

66 Eis aqui o que diz o Senhor: O céu é o meu trono e a terra é o escabelo de meus pés. Que casa é essa que vós me haveis de edificar para mim? e que lugar é esse do meu descanso? 2 Todas estas coisas fez a minha mão e todas elas geralmente foram feitas, diz o Senhor. Para quem olharei eu pois senão para o pobrezinho, e quebrantado de espírito e que treme dos meus discursos?

3 O que imola um boi é como o que mata a um homem: o que sacrifica uma rez é como o que deita os miolos fora a um cão; o que oferece oblação é como o que oferece sangue de porco: o que se lembra de queimar incenso, é como o que bendiz a um ídolo. Todas estas coisas gostaram eles de fazer andando nos seus caminhos e a sua alma se deleitou nas suas abominações. 4 Por onde também eu farei gosto de zombar deles, e farei vir sobre eles o que temiam, porque eu chamei, e não havia quem me respondesse: falei e não me deram ouvidos: e fizeram o mal diante de meus olhos, e escolheram o que eu não quis.

5 Ouvi a palavra do Senhor, os que tremeis à sua palavra: Os vossos irmãos, que vos aborrecem, e que vos rejeitam por causa do meu nome, vos disseram: Seja glorificado o Senhor, e nós o reconheceremos na vossa alegria. Mas estes tais serão confundidos. 6 Voz do povo vinda da cidade, voz vinda do templo, voz do Senhor, que dá o pago a seus inimigos.

Renasce um povo

7 Antes que tivesse dor de parto, deu à luz: Antes que chegasse o seu parto, deu à luz um filho varão. 8 Quem jamais ouviu tal? e quem viu coisa semelhante a esta? produzirá acaso a terra o seu fruto num dia? ou parir-se-á dum jacto uma nação inteira, porque Sião esteve de parto e deu à luz os seus filhos? 9 Eu pois que faço parir os outros, não parirei eu mesmo? diz o Senhor; eu que dou aos outros a fecundidade, ficarei acaso estéril? diz o Senhor teu Deus.

10 Alegrai-vos como Jerusalém, e exultai nela todos vós os que a amais! Regozijai-vos com ela de prazer todos universalmente os que chorais sobre ela, 11 para que mameis e vos vejais fartos ao peito da sua consolação: para que chupeis, e nadeis nas delícias de toda a sua multiplicada glória! 12 Porque o Senhor diz isto: Eis aqui estou eu que derivarei sobre ela um como rio de paz, e uma como torrente que inunde a glória das gentes, a qual vós chupareis, aos peitos sereis levados, e sobre os joelhos vos acariciarão. 13 Do modo que uma mãe acaricia o seu filhinho, assim vos consolarei eu, e em Jerusalém sereis consolados. 14 Vós o vereis e folgará o vosso coração, e os vossos ossos como erva brotarão, e conhecer-se-á a mão do Senhor, a favor de seus servos, e Ele se indignará contra seus inimigos.

15 Porque eis aí virá o Senhor no fogo, e as suas quadrigas como um torvelinho: para desafogar em recompensa com indignação o seu furor, e a sua increpação com labaredas de fogo. 16 Porque o Senhor com fogo e armado da sua espada, julgará discernindo toda a carne e serão muitos os que ficarão mortos pelo mesmo Senhor, 17 aqueles que se santificavam e se tinham por limpos nos jardins detrás da porta no interior da casa, os que comiam carne de porco, e abominação, e ratos: serão todos juntos consumidos, diz o Senhor.

Castigo dos infiéis e triunfo de Israel

18 Mas eu venho a recolher as obras deles, e os seus pensamentos: com todas as gentes e línguas: e eles comparecerão todos e verão a minha glória. 19 E porei neles um sinal, e os que dentre eles forem salvos, eu os enviarei às gentes de além mar, à África, e à Lídia, cujos povos atiram com setas; à Itália e à Grécia, às ilhas que demoram em distância longíqua, àqueles que não ouviram falar de mim, nem viram a minha glória. E eles anunciarão a minha glória às gentes, 20 e farão vir todos os vossos irmãos convocados de todas as nações como um presente para o Senhor, trazidos em cavalos, e em quadrigas, e em liteiras, e em machos, e em carretas, ao meu santo monte de Jerusalém, diz o Senhor, como se os filhos de Israel trouxessem um presente num asseado vaso à casa do Senhor. 21 E eu escolherei dentre eles para sacerdotes, e levitas, diz o Senhor. 22 Porque bem como durarão os novos céus, e a nova terra, que eu faço subsistir diante de mim, diz o Senhor: assim subsistirá a vossa posteridade, e o vosso nome. 23 E as festas dos primeiros dias dos meses se mudarão noutras festas de cada mês, e o sábado noutro sábado: toda a carne virá para fazer as suas adorações diante da minha face, diz o Senhor.

24 E eles sairão, e verão os cadáveres dos homens, que prevaricaram contra mim: o seu verme não morrerá, e o seu fogo não se extinguirá: e servirão de espetáculo a toda a carne até ela se fartar de ver semelhante objeto.

JEREMIAS

INTRODUÇÃO

1 Palavras de Jeremias, filho de Helcias: um dos sacerdotes, que viviam em Anatot, na terra de Benjamin. 2 É esta a palavra do Senhor que lhe foi revelada a ele nos dias de Josias, filho de Amon, rei de Judá, aos treze anos do seu reinado. 3 Também foi inspirada nos dias de Joaquim, filho de Josias, rei de Judá, continuando até o fim do ano undécimo de Sedecias, filho de Josias, rei de Judá, até o tempo da transmigração de Jerusalém, no quinto mês.

Vocação de Jeremias

4 E me foi dirigida a palavra do Senhor, a qual dizia: 5 Antes que eu te formasse no ventre de tua mãe, te conheci: e antes que tu saísses da clausura do ventre materno, te santifiquei, e te estabeleci profeta entre as gentes. 6 E eu lhe disse: Ah, ah, Senhor Deus! Tu bens vês que eu não sei falar, porque eu sou um menino. 7 E o Senhor me disse: Não digas: Sou um menino, porquanto a tudo que te enviar irás: e tudo quanto eu te mandar, falarás. 8 Não temas diante deles: porque eu sou contigo para te livrar, diz o Senhor. 9 E estendeu o Senhor a sua mão, e me tocou na boca: e me disse a mim o Senhor: Eis aí te pus na tua boca as minhas palavras. 10 Eis aí te constituí eu hoje sobre as gentes, e sobre os reinos, para arrancares, e destruíres, e para arruinares, e dissipares, e para edificares, e plantares.

11 E me foi inspirada a palavra do Senhor, a qual dizia: Que vês tu, Jeremias? E lhe respondi: Eu vejo uma vara vigilante. 12 E o Senhor me disse: Viste bem, porque eu vigiarei sobre a minha palavra para a cumprir. 13 E segunda vez me foi dirigida a palavra do Senhor, a qual dizia: Que vês tu? E lhe respondi: Eu vejo uma marmita incendiada, que vem ela do lado do aquilão. 14 E o Senhor me disse: Do aquilão se estenderá o mal sobre todos os habitadores da terra. 15 Porque eis aqui estou eu que convocarei todas as famílias dos reinos do aquilão, diz o Senhor: virão e porão cada um o seu trono à entrada das portas de Jerusalém e sobre todos os seus muros em roda, e sobre todas as cidades de Judá. 16 E eu pronunciarei com eles os meus juízos contra toda a malícia daqueles que me deixaram e que ofereceram libações aos deuses estranhos, e adoraram as obras de suas mãos.

17 Tu pois cinge os teus rins, e levanta-te, e dize-lhes tudo o que eu te mando. Não temas diante deles: porque eu farei que tu não temas a sua presença. 18 Porquanto eu te pus hoje como uma cidade fortificada, e como uma coluna de ferro, e como um muro de bronze, sobre toda a terra, a respeito dos reis de Judá, dos seus príncipes, e sacerdotes, e do seu povo. 19 E pelejarão contra ti, mas não prevalecerão: porque eu sou contigo para te livrar, diz o Senhor.

I. ORÁCULOS CONTRA JUDÁ

Infidelidade de Israel

2 E me foi dirigida a palavra do Senhor, a qual dizia: 2 Vai, e grita aos ouvidos de Jerusalém, dizendo: Isto diz o Senhor: Eu me lembrei de ti, compadecendo-me da tua mocidade, e me lembrei do amor dos teus desposórios, quando tu me seguiste no deserto, numa terra, que se não semeia. 3 Israel consagrado ao Senhor, é como as primícias dos seus frutos: todos os que o devoram, delinqüem: sobre eles virão males, diz o Senhor.

4 Ouvi a palavra do Senhor, casa de Jacó, e todas as famílias da casa de Israel. 5 Isto diz o Senhor: Que injustiça acharam em mim vossos pais, quando se afastaram de mim, e foram após a vaidade, e se tornaram vãos? 6 E não disseram: Onde está o Senhor, que nos

fez sair da terra do Egito: que nos conduziu pelo deserto por uma terra despovoada e sem caminho, por terra de sede, e imagem da morte, por terra, na qual não andou varão, nem habitou homem? 7 E eu vos introduzi em uma terra que é um carmelo, para que comêsseis seus frutos, e o melhor dela: e depois de terdes assim entrado profanaste a minha terra e pusestes a minha herança em abominação.

8 Os sacerdotes não disseram: Onde está o Senhor? E os depositários da lei não me conheceram, e os pastores prevaricaram contra mim: e os profetas profetaram em nome de Baal, e seguiram os ídolos. 9 Portanto ainda disputarei em juízo convosco, diz o Senhor, e argumentarei com vossos filhos.

10 Passai às ilhas de Cetim, e vede: e mandai a Cedar, e considerai bem: e vede se tem acontecido coisa semelhante. 11 Se trocou alguma gente a seus deuses, que certamente não são deuses: mas o meu povo trocou a sua glória por um ídolo. 12 Pasmai, céus, sobre isto: e ficai em total desolação, portas dele, diz o Senhor. 13 Porque dois males fez o meu povo: Deixaram-me a mim, fonte de água viva, e cavaram para si cisternas, cisternas rotas, que não podem reter as águas.

Punição

14 Acaso é Israel algum escravo, ou filho de escrava? Por que razão logo foi ele exposto à presa? 15 Sobre ele rugiram os leões, e levantaram a sua voz, reduziram a sua terra a um deserto. As suas cidades foram queimadas, e não há quem habite nelas.

16 Também os filhos de Mênfis e de Tafnes te afrontaram até ao alto da cabeça. 17 Porventura não te tem acontecido isto, porque abandonaste ao Senhor teu Deus naquele tempo, em que te conduzia pelo teu caminho? 18 E agora que vais tu buscar no caminho do Egito, para beberes uma água turva? E que tens tu com o caminho dos assírios, para beberes a água do rio? 19 E tua malícia te argüirá, e a tua apostasia te increpará. Sabe, e vê que má e amarga coisa é o haveres tu deixado ao Senhor teu Deus, e o não haver em ti temor de mim, diz o Senhor Deus dos exércitos.

Idolatria obstinada

20 Tu desde o princípio quebraste o meu jugo, rompeste os meus laços, e disseste: Não servirei. Porque semelhante a uma mulher impudica, te prostituías em todo o outeiro elevado, e debaixo de toda a árvore frondosa. 21 Quanto a mim porém eu te plantei como vinha escolhida, toda a semente da verdade. Como pois te me hás tornado em mal, vinha estrangeira?

22 Ainda que tu te laves em água de nitro, e amontoes erva de borit sobre ti, maculada estás na tua iniqüidade diante de mim, diz o Senhor Deus. 23 Como dizes tu: Eu não estou manchada, eu não andei após de Baalim? Vê os rastos de teus pés no vale, considera o que ali fizeste: Eras como dromedária ligeira, que freqüenta os seus caminhos. 24 Como asna silvestre acostumada ao deserto, que, abrasada no seu apetite, correu sempre ao cheiro do que ama. Ninguém a apartará! Todos os que a buscam não se fatigarão. Achá-la-ão nos seus mênstruos. 25 Guarda o teu pé da desnudez, e a tua garganta da sede. E disseste: Não me fica esperança de nenhuma maneira o farei: porque amei os estranhos, e após deles andarei.

Desilusão

26 Como fica confundido o ladrão quando o apanham, assim tem sido confundidos os da casa de Israel, eles e os seus reis, os príncipes, e sacerdotes, e os seus profetas, 27 os quais dizem a um pau: Tu és meu pai. E a uma pedra: Tu me geraste. Voltaram-me as costas, e não a cara, e dirão no tempo da sua aflição: Levanta-te, e livra-nos. 28 Onde estão os teus deuses, que fabricaste para ti? Levantem-se e livrem-te no tempo da tua aflição: porque os teus deuses, ó Judá, eram tantos em número como as tuas cidades.

Admoestações divinas

29 Por que quereis vós logo contender comigo em juízo? Todos vós me abandonastes, diz o Senhor. 30 Em vão castiguei os vossos filhos, eles não receberam a correção. A vossa espada devorou os vossos profetas; como um leão destruidor 31 é a vossa geração. Atendei à palavra do Senhor. Porventura tenho eu sido para Israel um deserto ou terra tardia? Pois porque tem dito o meu povo: Nós nos temos retirado, não tornaremos mais para ti? 32 Porventura esquecer-se-á a donzela do seu ornato, ou a esposa da faixa que lhe cinge o peito? Mas o meu povo esqueceu-se de mim por dias que não tem número.

33 Por que forcejas tu por justificar o teu procedimento, a fim de eu me pôr bem contigo, se em cima de fazeres o mal, o ensinaste também aos outros, 34 e nas orlas dos teus vestidos se achou o sangue das almas pobres e inocentes? Eu os achei não em algumas covas, mas em todos os lugares, de que acima falei. 35 E disseste: Eu estou sem pecado, e

inocente: e por esta causa aparte-se de mim o teu furor. Eis aí pois entrarei eu em juízo contigo, por teres dito: Eu não pequei. 36 Que desprezível te fizeste com tanto excesso, recaindo nos teus primeiros extravios! E assim serás confundida pelo Egito, bem como o foste já por Assur. 37 Porque não só daquele sairás, mas também as tuas mãos serão postas sobre a tua cabeça, e porque o Senhor quebrantou a tua confiança, nada favorável acharás nele.

3 Vulgarmente se diz: Se um esposo repudiar a sua esposa, e separando-se ela dele, tomar outro marido: porventura tornará mais este a ela? Acaso não será considerada aquela mulher por ele como contaminada, e impura? Tu porém te tens prostituído a muitos amantes: ainda assim torna para mim, diz o Senhor, e eu te receberei. 2 Levanta os teus olhos ao alto, e vê onde não te prostituíste. Tu estavas assentada nos caminhos, esperando-os como um ladrão em lugar solitário: e manchaste a terra com as tuas maldades. 3 Esta é a causa por que a água do céu foi retida, e por que as chuvas da tarde não caíram. O descaramento duma mulher meretriz se apoderou de ti, não quiseste ter vergonha. 4 Logo ao menos chama-me agora dizendo: Tu és meu pai, tu o guia da minha virgindade. 5 Porventura, anojar-te-ás para sempre, ou perserverás até ao fim? Eis aí está que falaste, e fizeste males, e saíste com a tua.

Judá pior do que Israel

6 E o Senhor me disse nos dias do rei Josias: Acaso não viste tu o que fez a rebelde Israel? Ela se foi para seu próprio mal acima de todos os altos montes, e por baixo de todas as árvores frondosas, e ali se deu às suas infames devassidões. 7 E eu depois que ela fez todas estas coisas, lhe disse: Volta para mim. E não voltou. E viu a prevaricadora Judá sua irmã, 8 que porque havia adulterado a pérfida Israel, a tinha eu desamparado, e lhe havia dado libelo de divórcio: e não teve temor a prevaricadora Judá sua irmã, mas foi-se, e ela também se prostituiu. 9 E pela facilidade da sua prostituição contaminou ela toda a terra, e adulterou com a pedra e com o pau. 10 E com todas estas coisas não se voltou a mim sua irmã a prevaricadora Judá de todo o seu coração, mas só fingidamente, diz o Senhor.

Convite ao arrependimento e promessas

11 E o Senhor me disse: Justificou a sua alma a pérfida Israel em comparação de Judá a prevaricadora. 12 Vai e profere a vozes estas palavras contra o aquilão, e dirás: Torna, pérfida Israel, diz o Senhor, e não apartarei a minha face de vós: porque eu sou santo, diz o Senhor, e a minha ira não durará eternamente. 13 Mas contudo reconhece a tua maldade, porque contra o Senhor teu Deus prevaricaste: e tens prevertido os teus caminhos, aos estranhos, debaixo de todas as árvores frondosas, e não ouviste a minha voz, diz o Senhor.

14 Convertei-vos a mim, filhos apóstatas, diz o Senhor: porque eu sou vosso esposo: e eu vos tomarei um de cada cidade, e dois de cada família, e vos introduzirei em Sião. 15 E vos darei pastores segundo o meu coração, os quais vos apascentarão com a ciência e com a doutrina. 16 E depois que vos multiplicardes, e crescerdes na terra naqueles dias, diz o Sehor: não dirão mais: A arca do testamento do Senhor: nem lhes virá ao pensamento, nem se lembrarão dela: nem será visitada, nem mais se restabelecerá. 17 Naquele tempo chamarão a Jerusalém trono do Senhor: e se reunirão nela todas as gentes em nome do Senhor em Jerusalém, e não andarão após da maldade do seu péssimo coração.

18 Naqueles dias a casa de Judá irá à casa de Israel, e virão juntamente da terra do aquilão para a terra, que eu dei a vossos pais. 19 E eu disse: Como te contarei entre os filhos, e te darei a terra desejável, a excelente herança dos exércitos dos agentes? E disse: Chamar-me-ás pai, e não cessarás de ir após de mim. 20 Mas do modo que uma mulher despreza ao seu amante, assim me desprezou a mim a casa de Israel, diz o Senhor. 21 Uma voz se ouviu nos caminhos, um pranto e alarido dos filhos de Israel: porque fizeram mau o seu caminho, esqueceram-se do Senhor seu Deus. 22 Convertei-vos, filhos apóstatas, e eu sararei os vossos extravios.

Aqui estamos que vimos a ti: porque tu és o Senhor nosso Deus. 23 Na verdade eram mentira os outeiros, e a multidão dos montes: em verdade no Senhor nosso Deus está a salvação de Israel. 24 A confusão consumiu o trabalho de nossos pais desde a nossa mocidade, os seus rebanhos e as suas vacadas, os seu filho, e a ua filhas. 25 Dormiremos na nossa ignomínia: porque pecamos contra o Senhor nosso Deus, nós e nossos pais desde a nossa mocidade até este dia: e porque não ouvimos a voz do Senhor nosso Deus.

4 Se tu, Israel, voltares, diz o Senhor, converter-te-ás a mim. Se tu tirares de diante da minha face os teus tropeços, não experimentarás abalo. 2 E jurarás: Vive o Senhor, em verdade, e em juízo, e em justiça.

Edouard Ihlee
O ENCONTRO DE MOISÉS.

Com esperança de salvar o seu filho da morte, uma mulher hebréia colocou o seu menino dentro de um cesto, na margem do Rio Nilo. A filha do Faraó descobriu o menino e resolveu cuidar dele. Mais tarde, adotou-o por filho e pôs-lhe o nome de Moisés. *Êxodo, 2:10.*

Armand Roger
A PRAGA DAS TREVAS.

Quando o Faraó negou a Moisés licença para deixar sair do Egito os israelitas, Deus fez cair sobre a terra dez pragas terríveis. A nona destas pragas produziu trevas horrorosas sobre toda a terra do Egito por espaço de três dias. *Êxodo, 10:22.*

Armand Roger *MORTE DO PRIMOGÊNITO.*

Moisés e Aarão mandaram os israelitas tingir com o sangue dum cordeiro as duas colunas e o dintel das suas casa Deste modo, escapariam à destruição da décima praga. Os Egípcios, porém, não escaparam. À meia noite, Senhor feriu todos os primogênitos da terra do Egito. *Êxodo, 12:19.*

Nicholas Poussin
UVAS DA TERRA PROMETIDA

Depois de muitos anos no deserto, os israelitas aproximaram-se da Terra prometida e mandaram à frente doze exploradores. Quando estes regressaram traziam amostras das boas frutas da terra, um ramo e uvas, romãs e figos. *Números, 13:23.*

Pierre Subleyras *A SERPENTE DE BRONZE.*

Tendo murmurado os israelitas contra Moisés, Deus enviou-lhes uma praga de serpentes que mordiam e provocavam a morte entre eles. Ao arrependerem-se, Moisés fez-lhes uma serpente de bronze e levantou-a com sinal. Os que stavam mordidos, ao fixa-la, ficavam curados. *Números, 21:9.*

Giovanni Battista Piazzetta *ELIAS LEVADO AO CÉU.*

'o Vale do Jordão, perto de Jericó, enquanto Elias andava com Eliseu, eis que um carro de fogo com cavalos de ›go separou um do outro e Elias subiu ao céu num torvelinho. *II Crônicas, 2:11.*

Giambattista Pittoni *SACRIFÍCIO DE SALOMÃO.*

Partiu Salomão para Gabaão a fim de oferecer sacrifícios ali. Quando o Senhor lhe apareceu num sonho, o novo rei suplicou-lhe que dotasse o seu reinado com sabedoria. Tendo agradado a Deus este pedido, o Senhor assegurou-lhe que ouviu a sua súplica e lhe deu um coração sábio. *I Crônicas, 3:12.*

Giambattista Pittoni
JOSÉ VENDIDO PELOS SEUS IRMÃOS.

Invejosos de José, porque era favorito de seu pai, os irmãos tinham planejado mata-lo. Porém, Ruben, o mais velho, com esperança de vir a liberta-lo, convenceu-os que, em vez de matar, seria melhor lança-lo numa cisterna. Todavia, enquanto Ruben estava ausente, os outros venderam-no aos Ismaelitas por vinte ciclos de prata. *Gênesis, 37:28.*

Giambattista Pittoni *A TAÇA DE JOSÉ APARECEU NO SACO DE* BENJAMIN

Quando os irmãos chegaram ao Egito à procura de trigo, não reconheceram José. Sujeitando-os à prova, José tinha escondido a sua taça no costal do seu irmão mais novo. Pouco depois, quando os irmãos foram chamados ficaram atônitos e desanimados ao ver que a taça apareceu no costal de Benjamin. *Gênesis, 44:12.*

Peter Paul Rubens *ABIGAIL ACALMA DAVID.*

Abigail, a esposa encantadora de Nabal, acalmou a ira de David quando ele tinha jurado matar seu marido. Mais tarde, depois da morte de Nabal, David enviou mensageiros a Abigail a tratar de seu casamento com ela. E Abigail seguiu os enviados de David com quem se desposou. *I Reis, 25:42.*

E o bendirão as gentes, e lhe darão louvor. 3 Porque isto diz o Senhor, ao varão de Judá e de Jerusalém: Arroteai para vós o pousio, e não semeeis sobre espinhos. 4 Circuncidai-vos ao Senhor, e tirai os prepúcios de vossos corações, varões de Judá e habitadores de Jerusalém: para que não suceda que de repente saia como fogo a minha indignação, e se acenda e não haja quem a apague, tudo por causa da malignidade dos vossos pensamentos.

Invasão da Palestina

5 Anunciai em Judá e fazei ouvir em Jerusalém: falai e publicai aos om da trombeta na terra, gritai em alta voz e dizei: Ajuntai-vos todos e entremos nas cidades fortificadas, 6 levantai o estandarte em Sião. Esforçai-vos, não estejais parados, porque eu faço vir do aquilão um mal e uma grande assolação. 7 Saiu o leão do seu covil, e levantou-se o roubador das gentes: saiu do seu país, para reduzir a tua terra a um deserto: as tuas cidades serão destruídas, sem que nelas fique algum habitador. 8 Pelo que cobri-vos de cilícios, chorai, e pranteai: porque se não apartou de nós a ira do furor do Senhor.

9 E acontecerá isto naquele dia, diz o Senhor: Desfalecerá o coração do rei e o coração dos princípes: e pasmarão os sacerdotes e os profetas serão consternados. 10 E eu disse: Ai, ai, ai, Senhor Deus. É possível que enganastes a este povo e a Jerusalém, dizendo-lhes: Vós tereis paz. E eis agora lhes chega a espada até à alma.

11 Naquele tempo dir-se-á a este povo e a Jerusalém: Um vento abrasador assopra nos caminhos que do deserto conduzem à filha do meu povo, não para aventar, nem para limpar. 12 Destes me virá um vento impetuoso: e eu agora falarei os meus juízos com eles. 13 Eis aí subirá como uma nuvem e como tempestade o seu carro: mais velozes que águias os seus cavalos: ai de nós porque somos destruídos. 14 Lava, ó Jerusalém, o teu coração de toda a maldade para que sejas salva. Até quando permanecerão em ti pensamentos pecaminosos? 15 Porque uma voz vinda de Dan nos anuncia e faz saber que é chegado o ídolo, que vem do monte de Efraim. 16 Dizei às nações: Eis aí se ouviu dizer em Jerusalém, virem gentes de guerra duma terra remota e darem o seu brado sobre as cidades de Judá. 17 Puseram-se sobre ela ao redor, como guardas de campo: porquanto ela me provocou a ira, diz o Senhor. 18 Os teus caminhos e os teus pensamentos te trouxeram estas coisas: essa tua malícia, porque é amarga, pois chegou até o teu coração.

19 Em minhas entranhas, em minhas entranhas sinto dor, os afetos do meu coração se têm turbado em mim. Não me calarei porque a minha alma ouviu a voz da trombeta, um alarido de batalha. 20 Tormento sobre tormento foi chamado e assolada foi toda a terra: de improviso têm sido destruídas as minhas tendas, subitamente as minhas peles. 21 Até quando o verei fugir, ouvirei a voz da buzina?

22 Porque o meu néscio não me conheceu: filhos insensatos são, e sem prudência: sábios são para fazer o mal: mas não souberam fazer o bem. 23 Olhei para a terra, e eis que estava vazia, e era nada: e para os céus, e não havia neles luz. 24 Vi os montes, e eis que se moviam: e todos os outeiros tremiam. 25 Olhei, e não havia homem: e todas as aves do céu se haviam retirado. 26 Olhei, e eis que estava deserto o Carmelo: e todas as suas cidades foram destruídas na presença do Senhor, e na presença da ira do seu furor.

27 Porque isto diz o Senhor: Deserta ficará toda a terra, porém contudo eu a não destruirei de todo. 28 Chorará a terra, e entristecer-se-ão os céus de cima: porque falei, considerei e não me arrependi nem desisti disso.

29 À voz do cavaleiro e do que despede a seta fugiu toda a cidade: entraram pelas asperezas e subiram pelos rochedos. Todas as cidades foram geralmente desamparadas e nelas não habita nem um homem. 30 E tu devastada que farás? Quando te vestires de púrpura, quando te adornares de colares de ouro e pintares os teus olhos com o antimônio, em vão te enfeitarás: Desprezaram-te os teus amantes, buscaram a tua morte. 31 Porque ouvi uma como voz de mulher que está de parto, angústias como de puérpera: voz da filha de Sião que está moribunda, estendendo as suas mãos: Ai de mim que desmaiou a minha alma por causa dos mortos.

Enormidade dos crimes de Judá

5 Dai volta às ruas de Jerusalém, e vede, e considerai, e andai procurando nas suas praças, a ver se achais um homem, que faça justiça, e busque a verdade: e eu lhe perdoarei a ela. 2 E se até disserem: Vive o Senhor! Ainda assim jurarão falso. 3 Senhor, os teus olhos olham para a fidelidade. Tu os feriste, e eles o não sentiram: moeste-os a golpes, e eles recusaram aceitar a correção: endureceram as suas faces mais que uma pedra, e não quiseram voltar. 4 Mas eu disse: Talvez são os pobres e insensatos os que ignoram o caminho do Senhor, o juízo do seu Deus. 5 Irei ter pois com os grandes, e falar-lhes-ei: por-

que estes conheceram o caminho do Senhor, o juízo do seu Deus. E eis aqui está que estes juntos quebraram mais o jugo, romperam as prisões. 6 Por isso o leão do bosque os feriu, o lobo de noite os destruiu, o leopardo andou vigilante sobre as suas cidades: todo aquele, que deles sair, será preso: porque se têm multiplicado as suas prevaricações, têm-se endurecido as suas apostasias.

7 Sobre que te poderei eu ser propício? teus filhos me abandonaram, e juram por aqueles que não são deuses. Fartei-os, e adulteraram, e satisfaziam a sua paixão em casa de meretriz. 8 Tornaram-se cavalos de lançamento, quando estão no maior ardor: cada um rinchava à mulher do seu próximo. 9 Pois não hei de castigar eu estas coisas? diz o Senhor, e numa gente como esta não se há de vingar a minha alma?

10 Escalai os seus muros e derribai-os, mas não a acabeis de todo. Extingui-lhes os troncos das suas famílias, porque não são do Senhor. 11 Porque tem com prevaricação prevaricado contra mim a casa de Israel, e a casa de Judá, diz o Senhor. 12 Negaram ao Senhor, e disseram: Não é ele: nem virá mal sobre nós. Não veremos a espada, nem a fome. 13 Os profetas falaram ao vento, e não lhes foi dada resposta: estas coisas pois lhes virão.

14 Isto diz o Senhor Deus dos exércitos: Porque haveis proferido esta palavra: Eis aqui dou eu as minhas palavras na tua boca por fogo, e a este povo por lenha, e aquele os devorará. 15 Eis aqui está que eu trarei sobre vós uma gente de longe, casa de Israel, diz o Senhor: Uma gente robusta, uma gente antiga, uma gente, cuja língua não saberás, nem entenderás o que ela fala. 16 A sua aljava será como um sepulcro aberto, todos eles geralmente serão fortes. 17 E ela comerá as tuas searas, e o teu pão devorará os teus filhos, e as tuas filhas: nutrir-se-á dos teus rebanhos, e das tuas vacadas: comerá as tuas vinhas e as tuas figueiras: e destruirá com o ferro as tuas cidades fortificadas, nas quais tu tens a confiança. 18 Com tudo isso, naqueles dias, diz o Senhor, não acabarei duma vez convosco.

19 E se disserdes: Por que nos fez o Senhor nosso Deus todas estas coisas? lhes dirás a eles: Asim como me haveis abandonado e haveis servido a um Deus estranho na vossa terra, assim servireis aos estrangeiros em terra não vossa.

Castigo inevitável

20 Anunciai isto à casa de Jacó, e fazei-o ouvir em Judá, dizendo: 21 Ouve, povo insensato, que não tens coração: vós, que tendes olhos não vedes: e que tendes ouvidos, e não escutais.

22 Pois que, não me temereis a mim, diz o Senhor: e na minha presença não vos arrependereis? Eu que pus a areia por limite do mar, mandamento perdurável, que não acabará: e levantar-se-ão as suas ondas, e não prevalecerão: e empolar-se-ão e não passarão fora das suas balizas: 23 mas a este povo se lhe tem feito o seu coração incrédulo e rebelde, eles se apartaram e apostataram.

24 E não disseram no seu coração: Temamos o Senhor nosso Deus, que nos dá a seus tempos a chuva do cedo e do tarde: conservando-nos a fértil abundância duma anual colheita. 25 As vossas iniqüidades desviaram estas coisas: e os vossos pecados apartaram de vós o bem: 26 porque no meu povo se acharam ímpios, que armavam ciladas, como os caçadores de aves, pondo laços e redes, para apanhar os homens.

27 Como gaiola cheia de aves, assim são as suas casas cheias de dolo: por isso se têm engrandecido e enriquecido. 28 Engordaram engrossaram: e transgrediram as minhas palavras perversissimamente. Não julgaram a causa da viúva, não encaminharam a causa do órfão, nem fizeram justiça aos pobres.

29 Acaso não punirei eu estes excessos? diz o Senhor, ou duma gente como esta não se vingará a minha alma? 30 Coisas espantosas e estranhas se têm feito na terra: 31 Os profetas profetizavam a mentira, e os sacerdotes os aplaudiam com as suas mãos: e o meu povo amou essas coisas. Que castigo não virá pois sobre esta gente no seu último fim?

Visão do sítio de Jerusalém

6 Armai-vos de fortaleza, filhos de Benjamim, no meio de Jerusalém, e fazei soar a trombeta em Técua, e levantai o estandarte sobre Betacarém: porque da banda do aquilão apareceu um mal, e umag rande ruína. 2 A uma formosa e delicada assemelhei a filha de Sião. 3 A ela virão os pastores, e os seus rebanhos, puseram nela ao redor as suas tendas: cada um apascentará aqueles que estão debaixo da sua mão. 4 Preparai-vos a lhe declarar a guerra: levantai-vos, e subamos ao meio-dia. Ai de nós, que declinou o dia, porque as sombras se fizeram mais compridas pela tarde. 5 Levantai-vos e subamos de noite e deitemos abaixo todas as suas casas.

6 Porque isto diz o Senhor dos exércitos: Cortai as árvores do contorno, e fazei um marachão à roda de Jerusalém. Esta é a cidade destinada à minha vingança, porque todo o gênero de calúnia reina no meio dela. 7 Como

a cisterna tornou fria a água que em si recebeu, assim esta cidade tornou fria a sua malícia: a iniqüidade e a desolação se ouvirá nela; diante de mim estão sem cessar a miséria e o açoite. 8 Escarmenta, Jerusalém, para que não suceda que a minha alma se aparte de ti, não suceda que eu te torne em terra deserta e despovoada.

9 Eis aqui o que diz o Senhor dos exércitos: Até ao último cacho, como em vindima, se rabiscarão os restos de Israel. Volta a tua mão como o vindimador ao cesto. 10 A quem falarei eu? E a quem admoestarei que me ouça? Eis que os seus ouvidos estão incircuncidados, e não podem ouvir: eis que a palavra do Senhor foi para eles um motivo de opróbrio: e não a receberão.

11 Por isso é que eu estou cheio de furor do Senhor: cansado estou de sofrer. Derrama a indignação sobre o menino que anda pela rua, e juntamente sobre o congresso dos mancebos: porque o marido será preso com a mulher, o velho com o decrépito. 12 E as suas casas passarão a estranhos, os campos e igualmente as mulheres: porque eu estenderei a minha mão sobre os habitantes da terra, diz o Senhor.

Corrupção geral

13 Porquanto desde o mais pequeno até o maior todos estão entregues à avareza: e desde o profeta até o sacerdote todos procedem com dolo. 14 E curam as chagas da filha do meu povo com ignomínia dizendo: Paz, paz! Quando não havia paz. 15 Confundiram-se porque fizeram abominação: ou por melhor dizer, nem a mesma confusão os pode confundir, nem souberam que coisa era envergonhar-se. Por isso cairão entre a turba dos mortos: no tempo da sua visitação cairão, diz o Senhor.

16 Eis aqui o que diz o Senhor: Tende-vos sobre os caminhos, e vede, e perguntai, quais são as antigas veredas, para conhecerdes o bom caminho, e andai por ele: e achareis refrigério para as vossas almas, e eles responderam: Não andaremos por certo. 17 E constituí umas sentinelas sobre vós. Ouvi a voz da trombeta. E eles responderam: Não ouviremos por certo. 18 Portanto ouvi, ó gentes, e tu, ó congregação, vê com quanto rigor os tratarei eu a eles. 19 Ouve terra: Eis aí farei eu vir calamidades sobre este povo, fruto dos seus pensamentos: porque não ouviram as minhas palavras, e rejeitaram a minha lei.

20 Para que me trazeis vós incenso de Sabá, e cana de suave cheiro de terra longínqüa? os vossos holocaustos não me são aceitos, nem as vossas vítimas me agradaram. 21 Portanto isto diz o Senhor: Eis aqui estou eu que trarei a ruína sobre este povo, e cairão entre eles juntamente os pais e os filhos, o vizinho, e o próximo perecerão.

O inimigo invasor

22 Isto diz o Senhor: Eis aqui vem um povo da terra do aquilão, e uma nação grande se levantará dos fins da terra. 23 Tomará seta e escudo: ela é cruel, e não terá piedade: a sua voz soará como o mar: e montarão em cavalos, dispostos como um homem valente, a pelejar contra ti, filha de Sião. 24 Ouvimos a sua fama, afrouxaram-se as nossas mãos: alcançou-nos a tribulação, as dores como a que está de parto. 25 Não saiais aos campos, e não andeis pelo caminho: porque a espada do inimigo é o espanto ao redor. 26 Filho do meu povo, veste-te de cilício, e revolve-te na cinza: toma luto como por um filho único, pranto amargo, porque de repente virá sobre nós o destruidor.

Obstinação irremediável

27 Por averiguador forte te tenho posto sobre o meu povo: e saberás, e examinarás o caminho deles. 28 Todos estes príncipes que estão fora de caminho, que andam com engano, são cobre e ferro: todos se têm corrompido. 29 Faltou o fole, o chumbo foi consumido no fogo, debalde o meteu o fundidor na forja: porque as suas malícias não se consumiram. 30 Chamai-os uma prata falsa, porque o Senhor os rejeitou.

Exortação à porta do templo

7 Palavra que pelo Senhor foi dirigida a Jeremias, a qual dizia: 2 Põe-te em pé à porta da casa do Senhor, e prega aí estas palavras e dize: Ouvi a palavra do Senhor todo Judá, que entrais por estas portas, para adorardes ao Senhor.

3 Eis aqui o que diz o Senhor dos exércitos, o Deus de Israel: Fazei bons os vossos caminhos, e os vossos afetos: e eu habitarei convosco neste lugar. 4 Não ponhais a vossa confiança em palavras de mentira, dizendo: Templo do Senhor, Templo do Senhor, este Templo é do Senhor.

5 Porque se dirigirdes bem os vossos caminhos e os vossos afetos: se fizerdes justiça aos que pleiteiam entre si, 6 se não oprimirdes o estrangeiro, e o pupilo, e a viúva, nem derramardes o sangue inocente neste lugar, e se não andardes após dos deuses alheios para

vossa própria desgraça: 7 habitarei convosco neste lugar: na terra que dei a vossos pais desde o século e até o século.

8 Eis aí está que vós confiais para vosso mal em palavras de mentira, que vos não servirão para nada: 9 para furtar, matar, adulterar, jurar falso, sacrificar aos ídolos, e ir após dos deuses estranhos, que não conheceis. 10 E viestes e vos presentastes diante de mim nesta casa, onde o meu nome foi invocado, e dissestes: Estamos livres ainda que tenhamos cometido todas estas abominações. 11 Logo esta minha casa, onde foi invocado o meu nome diante de vossos olhos, não é assim que está feita um covil de ladrões? Eu, eu sou: eu o vi, diz o Senhor.

O lugar não salva

12 Ide ao meu lugar em Silo, onde habitou o meu nome desde o princípio: e vede o que lhe eu fiz por causa da malícia do meu povo de Israel. 13 E agora porque tendes feito todas estas obras, diz o Senhor: eu vos falei levantando-me de manhã e falando eu, ainda assim me não ouvistes: e vos chamei, e não respondestes: 14 Farei eu a esta casa onde o meu nome foi invocado e na qual vós pondes a vossa confiança: e este lugar que eu vos dei a vós e a vossos pais assim como fiz a Silo. 15 E eu vos lançarei bem longe da minha face como lancei a todos os vossos irmãos, a toda a linhagem de Efraim.

Castigo irrevogável

16 Tu pois não rogues por este povo, nem empreendas por ele louvor nem oração, e não te me oponhas: porque te não escutarei. 17 Acaso não vês tu o que estes fazem nas cidades de Judá e nas praças de Jerusalém? 18 Os filhos ajuntam a lenha e os pais acendem o fogo, e as mulheres misturam a manteiga com os mais adjuntos necessários para fazerem tortas à rainha do céu, e para sacrificarem a deuses estranhos, e para me provocarem a ira. 19 Acaso eles a mim é que me provocam a ira? diz o Senhor, ou não é antes a si mesmos que fazem mal para confusão do seu rosto? 20 Portanto isto diz o Senhor Deus: Eis aí está que o meu furor, e a minha indignação se anda forjando sobre este lugar, sobre os homens, e sobre os animais, e sobre as árvores do campo, e sobre os frutos da terra, e se acenderá, e não se apagará.

Valor dos sacrifícios

21 Isto diz o Senhor dos exércitos, o Deus de Israel: Ajuntai os vossos holocaustos às vossas vítimas, e comei dessas carnes. 22 Porque eu não falei com vossos pais, nem lhes mandei, no dia em que os tirei da terra do Egito, coisa alguma acerca dos holocaustos e das vítimas. 23 Mas eis aqui o que lhes mandei, dizendo: Ouvi a minha voz, e eu serei o vosso Deus, e vós sereis o meu povo: e andai por todo o caminho que eu vos prescrevi, para serdes bem sucedidos. 24 E não me ouviram, nem me aplicaram os seus ouvidos: mas foram-se após os seus apetites, e da pravidade do seu malvado coração; e tornaram para trás, em vez de irem para diante, 25 desde o dia em que seus pais saíram da terra do Egito, até ao dia de hoje. E eu vos enviarei a vós todos os meus servos os profetas, levantando-me cada dia, muito cedo, e prevenindo-vos em vo-los mandar. 26 E não me ouviram, nem me aplicaram os seus ouvidos: mas endureceram a sua cerviz: e obraram pior que seus pais. 27 E tu lhes dirás a eles todas estas palavras, e não te escutarão: e chamá-los-ás e não te responderão 28 e tu lhes dirás a eles: Esta é uma gente, que não ouviu a voz do Senhor seu Deus, nem recebeu as suas instruções. Acabou-se a fé, e ela se exterminou da boca deles.

Punição também nos mortos

29 Corta os teus cabelos, e lança-os fora e levanta o teu pranto ao alto: porque o Senhor arrojou de si, e abandonou a geração do seu furor. 30 Porque os filhos de Judá cometeram o mal diante dos meus olhos, diz o Senhor. Eles puseram os seus tropeços na casa em que foi invocado o meu nome, para a profanarem: 31 e edificaram os altos de Tofet, que está no vale do filho de Enon: para queimarem no fogo a seus filhos, e a suas filhas, o que eu não mandei, nem pensei no meu coração. 32 Portanto eis aí virão dias, diz o Senhor, e não se dirá mais Tofet, nem vale do filho de Enon: senão Vale da matança: e enterrarão em Tofet, porque não haverá mais lugar. 33 E os corpos mortos deste povo servirão de pasto às aves do céu, e às alimárias da terra, e não haverá quem dali ase nxote. 34 E farei que se não ouça nas cidades de Judá, e nas praças de Jerusalém voz de gozo, e voz de alegria, voz de esposo, e voz de esposa: porque a terra será posta em desolação.

8 Naquele tempo, disse o Senhor: Lançarão fora das suas sepulturas os ossos dos reis de Judá, e os ossos dos seus príncipes, e os ossos dos sacerdotes, e os ossos dos profetas, e os ossos daqueles que em Jerualém têm habitado: 2 e expô-los-ão ao sol, e à lua e a

toda a milícia do céu, que eles amaram, e a
quem serviram, e após de quem andaram, e
a quem buscaram, e adoraram: não serão re-
colhidos, nem sepultados: ficarão sobre a face
da terra como um muladar. 3 E escolherão
antes a morte que a vida todos os que ficarem
desta ralé repravadíssima em todos os lugares
que foram desamparados, onde eu os arrojei,
diz o Senhor dos exércitos.

Endurecimento obstinado

4 E tu lhes dirás a eles: Isto diz o Senhor:
Porventura o que cai não se levantará? e o
que se desviou não tornará? 5 Pois por que
se tem desviado este povo em Jerusalém com
uma obstinada apostasia? Tem abraçado a
mentira, e não quiseram voltar. 6 Atendi, e
escutei: Ninguém fala o que é bom, nenhum
há que faça penitência do seu pecado, dizendo:
Que fiz eu? todos voltam para onde a sua
paixão os leva, como cavalo que corre a toda
a brida para o combate. 7 O milhafre no céu
conheceu a sua estação: a rola e andorinha,
e a cegonha observaram a conjuntura da sua
arribação: mas o meu povo não conheceu o
juízo do Senhor.

8 Como assim dizeis: Sábios somos nós, e
a lei do Senhor está conosco? Verdadeiramente
o ponteiro mentiroso dos escribas gravou a
mentira. 9 Confundidos foram os sábios, ater-
rados têm sido e presos: porque desprezaram
a palavra do Senhor, e nenhum sabedoria há
neles.

Castigo dos sacerdotes e dos profetas

10 Pelo que darei suas mulheres a estra-
nhos, seus campos a outros herdeiros: porque
desde o mais pequeno até ao maior todos se-
guem a avareza: desde o profeta até ao sacer-
dote todos forjam a mantira. 11 E curavam
as chagas da filha do meu povo, para sua
ignomínia, dizendo: Paz, paz! Quando não ha-
via paz. 12 Ficaram confundidos porque co-
meteram a abominação: Ou antes não foram
confundidos pela confusão nem souberam
que era envergonhar-se: portanto cairão entre
os que perecerem, no tempo da sua vingança
cairão, diz o Senhor.

Salvai-nos do invasor

13 Eu os congregarei juntos, diz o Senhor:
não há uva nas vides, nem há figos na figuei-
ra, a folha caiu: e eu lhes dei o que lhes
escapou.

14 Por que estamos nós quietos? ajuntai-vos,
e entremos na cidade fortificada, e guardemos
aí silêncio: porque o Senhor nosso Deus nos
fez calar, e nos deu a beber água de fel: por-
que pecamos contra o Senhor. 15 Esperamos
a paz, e este bem não chegava: o tempo da
medicina, e eis que hó havia temor. 16 O estré-
pito da cavalaria inimiga se percebeu já desde
Dan, à voz dos rinchos dos guerreiros dele
estremeu toda a terra: e vieram e devoraram
a terra, e quanto havia nela: a cidade e os seus
habitadores.

17 Porque eis vos enviarei eu uns serpentes
régulos, contra os quais não podem nada os
encantamentos: e vos morderão, diz o Senhor.
18 A minha dor é sobre toda a dor, o meu
coração está melancolizado dentro de mim.
19 Eis aí a voz do clamor da filha do meu
povo desde uma terra longínqua. Porventura
não está o Senhor em Sião, ou não está o seu
rei no meio dela? Por que razão logo me pro-
vocaram eles a ira com os seus ídolos, e com
estranhas vaidades? 20 O tempo da ceifa é
passado, o estio findou-se, e nós não fomos
salvos. 21 Quebrantado estou, e entristecido
pela dor da filha do meu povo; o espanto se
apoderou de mim. 22 caso não há resina em
Galaad? ou não se acha lá médico? Por que
razão logo não tem encourado a cicatriz da
filha do meu povo?

Corrupção profunda

9 Quem dará água à minha cabeça, e uma
fonte de lágrimas a meus olhos? e eu cho-
rarei de dia e de noite os mortos da filha do
meu povo. 2 Quem me dará no deserto um
albergue de passageiros, e eu deixarei o meu
povo, e me apartarei deles? Porque todos são
uns adúlteros, um congresso de prevaricado-
res. 3 Estenderam a sua língua como arco de
mentira e não de verdade: fortificaram-se na
terra, porque passaram de maldade em mal-
dade, e não me conheceram, diz o Senhor.
4 Cada um se guarde do seu próximo, e não
se fie de nenhum de seus irmãos: porque todo
o irmão armando cambapé dará sancadilha,
e todo o amigo andará com falsidade. 5 E
cada um deles se rirá de seu irmão, e não fa-
larão a verdade: porque ensinaram a sua
língua a proferir a mentira: estudaram como
haviam de fazer injustiças. 6 A tua habitação
é no meio do engano: por amor do engano
recusaram conhecer-me, diz o Senhor.

7 Portanto isto diz o Senhor dos exércitos:
Eis aqui estou eu que os fundirei, e ensaiarei
ao fogo: porque que outra coisa farei eu à
vista da filha do meu povo? 8 A língua deles
é uma seta que fere, ela falou o engano: na

sua boca fala paz com o seu amigo, e ocultamente lhe arma ciladas.

Devastação do país

9 Acaso não punirei eu estes excessos? diz o Senhor, ou numa gente como esta não se vingará a minha alma?

10 Sobre os montes romperei em choro e lamento, e sobre os lugares amenos do deserto desafogarei em pranto: porque têm sido incendiados de maneira que não há homem que passe por ali: e não ouviram a voz de quem os possuía: desde a ave do céu até aos animais mudaram de sítio e se retiraram. 11 E reduzirei Jerusalém a montões de areia, e a covís de dragões: e entregarei as cidades de Judá à desolação, sem que fique ali morador.

12 Quem é o varão sábio que entenda isto, e a quem se dirija a palavra da boca do Senhor, para que publique isto, por que causa tem perecido a terra, e tem sido abrasada como um deserto, de maneira que não há quem passe por ela? 13 E disse o Senhor: Porque eles abandonaram a minha lei, que eu lhes dei, e não ouviram a minha voz, e não andaram nela: 14 e se foram atrás da pravidade do seu coração, e após de Baal: como eles aprenderam de seus pais. 15 Portanto isto diz o Senhor dos exércitos, o Deus de Israel: Eis aqui estou eu que alimentarei a este povo com losna, e dar-lhes-ei por bebida água de fel.

Pesar

16 E enviá-los-ei dispersos para entre umas gentes, que eles e seus pais não conheceram: e enviarei após eles a espada, até serem consumidos.

17 Isto diz o Senhor dos exércitos, o Deus de Israel: Considerai atentamente, e chamai carpideiras e venham: e enviai por aquelas que são hábeis, e se apressem: 18 dêem-se pressa, principiem o lamento sobre nós, distilem lágrimas os nossos olhos, e as nossas pálpebras se alaguem de rios de águas. 19 Porque esta voz de lamentação se ouviu em Sião: Como havemos sido destruídos e cheios de tão grande confusão? Porque abandonamos a terra, por haverem sido derribadas as nossas casas.

20 Ouvi pois, mulheres, a palavra do Senhor, e recebam os vossos ouvidos o discurso da sua boca: e ensinai a vossas filhas o lamento: e cada uma à sua vizinha o pranto: 21 porque a morte subiu pelas nossas janelas, ela entrou nas nossas casas para perder as nossas crianças na ruas, os nossos mancebos nas praças.

A verdadeira glória

22 Fala: Isto diz o Senhor: E cairão os cadáveres dos homens como esterco sobre a face de um campo, e como feno para detrás do segador, e não há quem os recolha.

23 Isto diz o Senhor: Não se glorie o sábio no seu saber, nem se glorie o forte na sua força, e não se glorie o rico nas suas riquezas: 24 porém nisto se glorie aquele que se gloria, em conhecer-me e em saber que eu sou o Senhor que faço misericórdia, e juízo e justiça sobre a terra: porque estas coisas me agradam, diz o Senhor.

O povo incircunciso

25 Eis aí vêm dias, diz o Senhor, e visitarei todo aquele que é circuncidado, 26 sobre o Egito, e sobre Judá, e sobre Edom, e sobre os filhos de Amon, e sobre Moab, e sobre todos os que se acham com o cabelo cortado em redondo, que moram no deserto: porque todas as gentes têm prepúcio, mas toda a casa de Israel vem a ser uns incircuncisos de coração.

Nulidade dos ídolos

10 Ouvi a palavra que falou o Senhor acerca de vós, casa de Israel. 2 Isto diz o Senhor: Não aprendais segundo os caminhos das gentes: E não temais os sinais do céu, como temem as gentes: 3 porque as leis dos povos são vãs: porque o artífice cortou um madeiro do bosque trabalhando-o com o machado. 4 Adornou-o com prata, e com ouro: com pregos e a marteladas, o uniu para se não desconjuntar. 5 À semelhança de palmeira foram feitas, e não falarão: andarão com elas de uma parte para outra, porque não podem dar passo: não as temais pois, porque nem podem fazer mal nem bem.

6 Ninguém há semelhante a ti, Senhor! Grande és tu, e grande o teu nome em fortaleza. 7 Quem te não temerá, ó rei das gentes? Porque tua é a honra. Entre todos os sábios das gentes, e em todos os seus reinos nenhum há semelhante a ti. 8 Eles serão igualmente convencidos por uns insipientes e fátuos: doutrina é de vaidade o madeiro deles. 9 A prata enrolada se traz de Társis, e o ouro de Ofaz, obra de mestre, e mão de fundidor: de jacinto e de púrpura é a vestidura deles: obras de mestres são todas estas coisas. 10 Mas o Senhor esse é o Deus verdadeiro: Ele o Deus vivo, e o rei sempiterno. À sua indignação se abalará a terra: e as gentes não suportarão as suas ameaças. 11 Vós pois lhes direis as-

sim: Os deuses que não fizeram os céus e a terra, pereçam da terra, e do que está debaixo do céu.

12 O que fez a terra com o seu poder, pôs em ordem o mundo com a sua sabedoria, e estendeu os céus com a sua prudência. 13 À sua voz dá Ele uma multidão de águas no céu, e eleva as nuvens dos extremos da terra: resolve em chuva os relâmpagos, e faz sair o vento dos seus tesouros. 14 Todos estes homens se tornaram néscios pela sua ciência, confundido ficou todo o artífice no seu simulacro: porque coisa falsa é a que fundiu, e não há espírito neles. 15 Elas são coisas vãs, e obra digna de riso: no tempo da sua visitação perecerão. 16 Não é semelhante a estes o que é a porção de Jacó: pois Ele é o que formou todas as coisas: e Israel é vara da sua herança: o Senhor dos exércitos é o seu nome.

O degredo de Jerusalém

17 Ajunta da terra a tua confusão, tu que moras em lugar cercado: 18 porque isto diz o Senhor: Eis aqui estou eu que atirarei desta vez para bem longe com os habitadores desta terra, e eu os atribularei de modo que todos sejam achados. 19 Ai de mim pela minha dilacerante dor, a minha chaga é muito maligna. Mas eu disse: Certamente enferrmidade minha é esta, e eu a suportarei. 20 A minha tenda foi destruída, todas as minhas cordas se romperam, os meus filhos saíram de mim e não subsistem. Daqui em diante não há quem estenda o meu pavilhão, e levante as minhas peles. 21 Porque os pastores obraram loucamente, e não buscaram o Senhor: por isso não entenderam, e todo o seu rebanho se dessarranjou. 22 Eis aí vem uma voz perceptível, e um grande tumulto da terra do aquilão: para reduzir as cidades de Judá a um deserto, e a morada de dragões. 23 Eu sei, Senhor, que não é do homem o seu caminho; nem é do varão o andar, e o dirigir os seus passos.

24 Castiga-me, Senhor, porém seja isto segundo o teu juízo: e não no teu furor, para que não suceda que tu me reduzas a um nada. 25 Derrama a tua indignação sobre as gentes que te não conheceram, e sobre as províncias, que não invocaram o teu nome, porque tragaram a Jacó, e o devoraram, e o consumiram, e dissiparam a sua glória.

A observância da lei

11 Palavra que foi dirigida pelo Senhor a Jerusalém, a qual dizia:

2 Ouvi as palavras desta aliança, e falai aos varões de Judá, e aos moradores de Jerusalém, 3 e lhes dirás a eles: Isto diz o Senhor Deus de Israel: Maldito o varão que não ouvir as palavras desta aliança, 4 a qual eu fiz com vossos pais no dia em que os tirei da terra do Egito, da fornalha de ferro, dizendo: Ouvi a minha voz, e fazei todas as coisas que vos mando, e vós sereis o meu povo, e eu serei o vosso Deus: 5 para que eu renove o juramento, que jurei a vossos pais, que eu lhes daria uma terra que manasse leite, e mel, assim como é o dia de hoje. E respondi, e disse: Amém, Senhor.

6 E o Senhor me disse: Dize a vozes todas estas palavras nas cidades de Judá, e fora de Jerusalém, dizendo: Ouvi as palavras desta aliança, e observai-as: 7 porque eu conjurei com instância a vossos pais no dia em que os tirei da terra do Egito até hoje em dia. Levantando-me de manhã os conjurei e disse: Ouvi a minha voz. 8 E não ouviram, nem inclinaram o seu ouvido: mas seguiu cada um a pravidade do seu coração maligno. E fiz vir sobre eles todas as palavras desta aliança, que lhes mandei observar, e não as observaram.

9 E o Senhor me disse: Uma conjuração se achou nos varões de Judá, e nos moradores de Jerusalém. 10 Tornaram às primeiras maldades de seus pais, que não quiseram ouvir as minhas palavras: e estes também foram após de deuses estranhos para os servir. A casa de Israel, e a casa de Judá romperam a minha aliança, que eu fiz com seus pais.

11 Pelo que isto diz o Senhor: Eis aqui estou eu que farei vir sobre eles calamidades, das quais não poderão sair: e clamarão a mim, e eu os não ouvirei. 12 E irão as cidades de Judá, e os moradores de Jerusalém, e clamarão aos deuses a quem oferecem libações, e não os livrarão no tempo da sua aflição. 13 Porque os teus deuses, ó Judá, eram segundo o número das tuas cidades: e segundo o número das tuas ruas, ó Jerusalém, puseste aras de confusão, aras para ofereceres libações a Baal.

14 Tu pois não queiras orar por este povo, e não empreendas por ele louvor algum nem oração: porque eu os não ouvirei no tempo em que eles clamarem a mim, no tempo da sua aflição. 15 De onde vem, que aquele que eu amo cometeu tantas maldades na minha casa? acaso as carnes santas apartarão de ti as tuas malícias em que te gloriaste? 16 O Senhor te pôs o nome de oliveira fecunda, formosa, fértil, vistosa: à voz da sua palavra se acendeu nela um grande fogo, e se queimaram as suas ramas. 17 E o Senhor dos exércitos que te plantou, pronunciou calamidades contra ti: por causa dos males da casa de

Israel, e da casa de Judá, que eles fizeram em
seu dano para me irritar, oferecendo libações
a Baal.

Conjuração contra Jeremias

18 Mas tu, Senhor assim mo mostraste, e eu
o conheci: tu então me descobriste os inten-
tos deles.
19 E eu era como um manso cordeiro, que
é levado as er vítima: e não soube que eles
formaram desígnios contra mim, dizendo:
Ponhamos o pau no seu pão, e exterminemo-
lo da terra dos viventes, e não haja mais
memória do seu nome.
20 Mas tu, Senhor dos exércitos, que julgas
segundo a eqüidade, e que sondas os afetos e
os corações, faze que eu veja as vinganças que
tomarás deles: pois a ti descobri a minha
causa. 21 Portanto isto diz o Senhor, aos va-
rões de Anatot, que buscam a tua alma, e
dizem: Não profetarás em nome do Senhor, e
não morrerás às nossas mãos. 22 Portanto
isto diz o Senhor dos exércitos: Eis aqui estou
eu que irei com a minha visita sobre eles: os
mancebos morrerão à espada, os filhos deles,
e as suas filhas morrerão de fome. 23 E não
ficarão relíquias deles: porque enviarei cas-
tigo sobre os varões de Anatot, ano de visi-
tação para eles.

O grande problema

12 Justo na verdade és tu, Senhor, se eu
disputar contigo: portanto coisas justas
te falarei a ti: Por que motivo é prosperado o
caminho dos ímpios? Sucede bem a todos os
que prevaricam, e fazem mal? 2 Plantaste-os,
e lançaram raízes, medram e fazem fruto:
perto estás tu da boca deles, e longe das tuas
entranhas. 3 E tu, Senhor, tens-me conhecido,
tens-me visto, e tens provado o meu coração
contigo: ajunta-os como rebanho para o de-
goladouro, e destina-os para o dia da matança.
4 Até quando chorará a terra, e se secará
a erva de todo o campo pela maldade dos que
moram nela? Consumidos têm sido os ani-
mais, e as aves, porque disseram: Não verá
ele os nossos novíssimos.
5 Se te fatigaste em seguir correndo aos
que iam a pé: Como poderás competir com
os que vão a cavalo? e se tiveres estado quieto
em terra de paz, que farás na soberba do Jor-
dão? 6 Porque assim os teus irmãos, como
os da casa de teu pai, ainda esses mesmos
pelejaram contra ti, e clamaram após de ti a
grandes vozes: Não te fies deles quando te
falarem com agrado.

País desolado

7 Deixei a minha casa, e abandonei a mi-
nha herança. Dei a minha alma em mãos de
seus inimigos. 8 Tal se me tem tornado a
minha herança como leão em selva: tem dado
voz contra mim, por isso eu a aborreci. 9 Aca-
so é para mim a minha herança como uma
ave de várias cores? acaso é como a ave pin-
tada por todo o corpo? vinde, congregai-vos
todas as alimárias da terra, apressai-vos a
devorá-la. 10 Muitos pastores destruíram a
minha vinha, pisaram a minha porção: tro-
caram a minha apetecível herança em deserto
de solidão. 11 Tornaram-na em desolação, e
chorou sobre mim: tem sido inteiramente de-
solada toda a terra. Porque não há nenhum
que considere no seu coração. 12 Por todos
os caminhos do deserto vieram destruídores,
porque a espada do Senhor devorará desde
um extremo da terra até outro extremo. Não
há paz para nenhum vivente.
13 Semearam trigo, e segaram espinhos: re-
ceberam a herança mas não lhes aproveitará:
envergonhados sereis de vossos frutos pela
ira do furor do Senhor.

Ameaças e promessas aos gentios confiantes

14 Isto diz o Senhor contra todos os meus
vizinhos péssimos que tocam a herança, que
reparti pelo meu povo de Israel: Eis aqui es-
tou eu que os arrancarei a eles da sua terra,
e arrancarei a casa de Judá do meio deles.
15 E quando os houver arrancado, voltar-me-
-ei, e haverei piedade deles: e os farei voltar
cada um à sua herança e cada um à sua terra.
16 E acontecerá isto: Se escarmentados apren-
derem os caminhos do meu povo, de maneira
que jurem no meu nome: Vive o Senhor, assim
como ensinaram o meu povo a jurar por Baal:
serão edificados no meio do meu povo. 17 Po-
rém se não ouvirem, arrancarei pela raiz e
com extermínio aquela gente, diz o Senhor.

O símbolo do cinto

13 Isto me disse a mim o Senhor: Vai, e
compra para ti um cinto de linho, e
pô-lo-ás sobre os teus lombos, e não o metas
na água. 2 E comprei um cinto conforme a
palavra do Senhor e o pus à roda dos meus
lombos.
3 E foi dirigida a mim segunda vez a palavra
do Senhor, a qual dizia: 4 Toma o cinto que
compraste, que tens à roda dos teus lombos,
e levantando-te vai ao Eufrates e esconde-o
ali no buraco de uma pedra. 5 E fui, e escon-

di-o no Eufrates, como o Senhor mo havia mandado.

6 E sucedeu que passados muitos dias me disse o Senhor: Levanta-te, vai ao Eufrates: e toma dali o cinto, que te mandei que o escondesses ali. 7 E fui ao Eufrates e cavei, e tomei o cinto do lugar onde o havia escondido: e eis que já tinha apodrecido o cinto, de tal sorte que não servia para uso algum. 8 E me foi dirigida a palavra do Senhor, a qual dizia:

9 Isto diz o Senhor: Assim farei apodrecer a soberba de Judá, e a muita soberba de Jerusalém. 10 A estes povos perversíssimos que não querem ouvir as minhas palavras, e andam na pravidade do seu coração: e foram após dos deuses estranhos, para os servir e os adorar: e serão como esse cinto, que para nenhum uso é bom. 11 Porque assim como se une o cinto aos lombos de um homem, assim eu uni estreitamente comigo toda a casa de Israel, e toda a casa de Judá, diz o Senhor: para que fossem o meu povo, e do meu nome, e para meu louvor, e para minha glória: e não ouviram.

As vasilhas

12 Pelo que lhes dirás a eles estas palavras: Isto diz o Senhor Deus de Israel: Toda a vasilha se encherá de vinho. E eles te dirão a ti: Acaso ignoramos que toda a vasilha se encherá de vinho? 13 E tu lhes dirás a eles: Isto diz o Senhor: Eis aqui estou eu que encherei de embriaguez a todos os moradores desta terra, e reis da estirpe de Davi aos que se assentam sobre o seu trono, e aos sacerdotes, e aos profetas, e a todos os moradores de Jerusalém: 14 e pô-los-ei a cada um dispersos de seu irmão, e igualmente aos pais e aos filhos, diz o Senhor. Não perdoarei, e não me aplacarei: nem usarei de clemência para que os não destrua.

Emendai-vos em tempo

15 Ouvi, e percebei nos vossos ouvidos: não vos ensoberbeçais, porque o Senhor falou. 16 Dai glória ao Senhor vosso Deus, antes que sobrevenham as trevas, e antes que tropecem vossos pés nos montes tenebrosos. Esperareis luz, e mudá-la-á em sombra de morte, e em escuridão. 17 Porque se isto não ouvirdes, chorarás a minha alma em segredo à vista da vossa soberba: pranteando chorará, e os meus olhos verterão lágrimas, porque foi cativo o rebanho do Senhor.

18 Dize ao rei, e à rainha: Humilhai-vos, assentai-vos no chão, porque a coroa da vossa glória caiu da vossa cabeça. 19 As cidades do meio-dia estão fechadas, e não há quem as abra: todo Judá foi transferido na transmigração geral.

Castigo de Jerusalém

20 Levantai os vossos olhos, e vede os que vêm do aquilão. Onde está o rebanho, que te foi confiado, esse teu gado famoso? 21 Que dirás quando Deus te visitar? porque tu os ensinaste contra ti, e os instruíste para tua ruína. Acaso não te tomarão dores, como a mulher que está de parto? 22 E se disseres no teu coração: Por que me vieram estes males? Pela multidão das tuas iniqüidades tem sido descoberto o mais vergonhoso que em ti há: têm-se contaminado as tuas plantas.

Incorrigível

23 Se um etíope pode mudar a sua pele, ou um leopardo as suas malhas: podereis vós também fazer o bem, vós que não aprendestes senão a fazer o mal. 24 E eu os espalharei como a moinha, que pelo vento é arrebatada no deserto. 25 Esta é a tua sorte, e a parte da tua medida que terás de mim, diz o Senhor, porque te esqueceste de mim, e tens confiado na mentida. 26 Por isso eu também descobri as tuas coxas das pernas contra a tua face, e apareceu ignomínia, 27 os teus adultérios, e os teus rinchos, a maldade da tua fornicação. E eu vi as abominações que tu fizeste sobre os outeiros no meio do campo. Ai de ti, Jerusalém, não serás tu jamais limpa, resolvendo-te a me seguirem: até quando ainda?

Seca e fome em Judá

14 Palavra do Senhor, que foi dirigida a Jeremias, pelo que diz respeito a uma seca. 2 Chorou a Judéia, e caíram as suas portas, e ficaram obscurecidas por terra, e subiu o clamor de Jerusalém. 3 Os magnates enviaram os seus inferiores por água: foram a tirá-la, não acharam água, voltaram com os seus cântaros vazios: confundiram-se e afligiram-se e cobriram as suas cabeças. 4 Pela desolação da terra, porque não veio chuva sobre a terra, se confundiram os lavradores, cobriram as suas cabeças. 5 Porquanto a cerva também pariu no campo a sua cria, e a abandonou: porque não havia erva. 6 E os asnos monteses puseram-se nos rochedos, enguliram vento como os dragões, desfaleceram os seus olhos, porque não havia erva.

7 Se nossas iniqüidades houverem dado testemunho contra nós: tu, Senhor, usa conosco de clemência por amor do teu nome,

porque muitas são as nossas rebeldias, contra ti temos pecado. 8 Ó esperança de Israel, Salvador seu no - tempo da tribulação: por que hás de ser nesta terra como um estranho, e como um viandante que toma o seu caminho para albergar na estalagem por pouco tempo? 9 Por que hás de ser como um homem vagabundo, como um homem forte que não pode salvar? mas tu, Senhor, entre nós estás, e o teu nome tem sido invocado sobre nós, não nos desampares.

10 Isto diz o Senhor a este povo, que gostou de mover os seus pés, e não repousou, nem agradou ao Senhor: Agora se lembrará das maldades deles, e visitará os seus pecados. 11 Outrossim me disse o Senhor: Não me peças que eu perdoe a este povo. 12 Quando eles jejuarem, eu não escutarei as suas rogativas: e se eles me oferecerem holocaustos, ou vítimas, eu os não aceitarei: porque os consumirei pela espada, e pela fome, e pela peste.

13 E disse eu: A, a, a, Senhor Deus! os profetas lhes dizem: Não vereis espada, e não haverá fome entre vós, mas Ele vos dará paz verdadeira neste lugar. 14 E me disse o Senhor: Os profetas falsamente vaticinam em meu nome: não os enviei, nem lho mandei, nem lhes falei: tudo o que vos profetizam é uma visão mentirosa, e uma adivinhação, e impostura, e engano do seu coração. 15 Portanto isto diz o Senhor: Acerca dos profetas, que profetizam em meu nome, ainda que eu os não tenha enviado, dizendo: A espada, e a fome não afligirão esta terra: estes mesmos profetas hão de ser consumidos à espada e à fome. 16 E os povos, a quem profetizam, serão lançados nas ruas de Jerusalém com a fome e a espada, e não haverá quem os sepulte, eles mesmos, e suas mulheres, seus filhos e filhas, e derramarei o seu mal sobre eles.

17 E lhes dirás a eles esta palavra: Derramem os meus olhos lágrimas de noite e de dia, e não cessem: porque de grande ruína ficou maltratada a virgem filha do meu povo, de chaga muito maligna em extremo. 18 Se eu sair aos campos, eis ali se vêem mortos à espada: e se entrar na cidade, eis ali se acham extenuados de fome. Até o profeta, e o sacerdote foram a uma terra, que não conheciam.

19 Porventura rejeitaste de todo a Judá? ou aborreceu a tua alma a Sião? logo por que nos tens ferido, sem que nos reste melhora alguma? esperamos a paz, e não há bem: e o tempo da cura, e eis nós todos em perturbação.

20 Nós reconhecemos, Senhor, as nossas impiedades, as iniqüidades de nossos pais, porque pecamos contra ti. 21 Não nos entregues ao opróbrio por amor do teu nome, nem permitas que sejamos a afronta do sólio da tua glória. Lembra-te, não anules a tua aliança conosco. 22 Acaso há entre os simulacros das gentes alguns que façam chover? ou podem os céus dar chuvas? não és tu o Senhor nosso Deus, a quem esperamos? pois tu tens feito todas essas coisas.

15 E o Senhor me disse: Ainda que Moisés, e Samuel se puserem diante de mim, não está a minha alma com este povo: tira-os diante da minha face, e saiam. 2 E se te disserem a ti: Para onde sairemos? lhes dirás a eles: Isto diz o Senhor: O que para a morte, para a morte: e o que para a espada, para a espada: e o que para a fome, para a fome: e o que para o cativeiro, para o cativeiro.

3 E eu enviarei sobre eles quatro sortes de castigo, diz o Senhor: A espada para os matar, e os cães para os despedaçarem, e as aves do céu e alimárias da terra para os devorarem e fazerem em pedaços. 4 E eu os porei à furiosa perseguição de todos os reinos da terra: por causa de Manassés, filho de Ezequias, rei de Judá, por tudo o que fez em Jerusalém.

A sentença é sancionada

5 Quem se compadecerá logo de ti, ó Jerusalém? Ou quem se entristecerá por ti? Ou quem irá a rogar pela tua paz? 6 Tu me deixaste, diz o Senhor, tu voltaste para trás: por isso eu estenderei a minha mão sobre ti, e te matarei: porque estou cansado de rogar. 7 E espalhá-los-ei com a pá nas portas da terra. Matei e destruí o meu povo, e ainda com tudo isso não se tem deixado dos seus caminhos. 8 Multiplicadas foram por mim as suas viúvas, mais que as areias do mar: enviei contra eles um exterminador que ao meio-dia matasse o menino nos braços da mãe: espalhei pelas cidades um repentino terror. 9 A que pariu sete enfraqueceu, a sua alma caiu em desfalecimento. O sol se pôs para ela, quando ainda era dia: ela ficou coberta de confusão, e de vergonha: e os que ficarem dela, dá-los-ei à espada à vista de seus inimigos, diz o Senhor.

Lamentação do profeta

10 Ai de mim! minha mãe: porque me geraste varão de contenda, varão de discórdia em toda a terra? Nunca lhes dei dinheiro a usura, nem a mim mo deu ninguém: todos me amaldiçoam.

11 O Senhor diz: O teu fim irá em bem, que eu te assisti no tempo da aflição, e no tempo da tribulação contra o inimigo. 12 Aca-

so ligar-se-á o ferro com o ferro da parte do
aquilão, e o bronze? 13 Eu darei sem preço
ao saque as tuas riquezas e os teus tesouros
por todos os teus limites. 14 E trarei os teus
inimigos duma terra, que não sabes: porque
o fogo se tem ateado no meu furor, sobre vós
arderá.
15 Tu o sabes, Senhor, lembra-te de mim,
e visita-me, e defende-me daqueles que me
perseguem, não tardes em amparar-me. Sabe
que por amor de ti tenho sofrido afronta.
16 Acharam-se os teus discursos, e eu os comi,
e a tua palavra foi para mim o prazer e a
alegria do meu coração: porque invocado foi
o teu nome sobre mim, Senhor Deus dos
exércitos. 17 Não me assentei no congresso
dos escarnecedores, nem me gloriei à face da
tua mão: eu estava sentado só, porquanto me
encheste de ameaças. 18 Por que se tem feito
perpétua a minha dor, e a minha chaga malig-
na recusou ser curada? Tem-se tornado para
mim como engano de águas que não são fiéis.

Resposta do Senhor

19 Por esta causa o Senhor diz isto: Se te
converteres, eu te converterei, e estarás diante
da minha face: e se apartares o precioso do
vil, serás como a minha boca. Voltar-se-ão
eles para ti, e tu não voltarás para eles. 20 E
dar-te-ei eu a este povo por um muro de bron-
ze, por um muro forte. E pelejarão contra ti,
e não poderão mais do que tu: porque eu con-
tigo sou para te salvar, e te livrar, diz o
Senhor. 21 E livrar-te-ei da mão dos malva-
díssimos, e redimir-te-ei da mão dos fortes.

Luto nas famílias

16 E me foi dirigida a palavra do Senhor,
a qual dizia: 2 Tu não tomarás mulher,
nem terás filhos, nem filhas neste lugar.
3 Porque isto diz o Senhor acerca dos filhos
e das filhas, que são gerados neste lugar, e
acerca de suas mães, que os conceberam: e
acerca de seus pais, de cuja estirpe nasceram
nesta terra: 4 De mortes causadas de enfer-
midades morrerão: não serão chorados, nem
enterrados, em um muladar sobre a face da
terra estarão: e a cutelo, e de fome serão con-
sumidos: e o cadáver deles servirá de pasto às
aves do céu, e às alimárias da terra.
5 Porque isto diz o Senhor: Não entres na
casa do convite, nem vás à casa onde se chora,
nem os consoles: porque eu retirei deste povo
a minha paz, diz o Senhor, a minha miseri-
córdia, e as minhas comiserações. 6 E mor-
rerão grandes e pequenos nesta terra: não
serão sepultados nem chorados, e não se fa-
rão por eles incisões, nem por eles se raparão
os cabelos. 7 E não partirão entre eles pão
para consolar ao que chora sobre um morto:
e não lhes darão a beber um vaso dágua para
os consolar sobre seu pai e mãe.
8 E não entres na casa do banquete, para
te assentares tanto a comer como a beber
com eles: 9 porque isto diz o Senhor dos exér-
citos, o Deus de Israel: Eis aqui estou eu que
desterrarei deste lugar a vossos olhos, e em
vossos dias a voz de júbilo, e a voz de alegria,
a voz de esposo, a voz de esposa.

A culpa de Israel

10 E quando anunciares a este povo todas
estas coisas, e te disserem: Por que falou o
Senhor sobre nós todo este grande mal? Que
iniqüidade é a nossa? E que pecado é o nosso
que nós cometemos contra o Senhor nosso
Deus? 11 Tu lhe dirás: É porque vossos pais
me abandonaram, diz o Senhor: e foram após
dos deuses estranhos, e os serviram, e os ado-
raram: e a mim me abandonaram, e não
guardaram a minha lei. 12 E vós mesmos
ainda fizestes pior do que vossos pais: porque
eis aí está que cada um vai atrás da pravi-
dade do seu mau coração, para me não dar
ouvidos. 13 E lançar-vos-ei desta terra para
uma terra, que não conheceis vós, nem vossos
pais. E servireis ali a deuses estranhos de dia
e de noite, os quais vos não darão descanso.
14 Portanto eis aí vêm os dias, diz o Senhor,
e não se dirá daqui em diante: Vive o Senhor,
que tirou aos filhos de Israel da terra do
Egito, 15 mas sim, vive o Senhor, que tirou
os filhos de Israel da terra do aquilão, e de
todas as terras, para onde os lancei: e fá-los-ei
voltar a esta sua terra que eu dei a seus pais.
16 Eis aí mandarei eu muitos pescadores,
diz o Senhor, e eles os pescarão. E depois disto
lhes enviarei muitos caçadores, e caçá-lo-ão
de todo o monte, e de todo o outeiro, e das
cavernas dos penhascos. 17 Porque os meus
olhos estão postos sobre todos os caminhos
deles: não se me tem escondido da minha
presença, e não se encobriu aos meus olhos a
sua iniqüidade. 18 E primeiramente pagarei
em dobro as suas maldades e pecados: porque
contaminaram a minha terra com os corpos
mortos sacrificados aos seus ídolos, e enche-
ram das suas abominações a minha herança.

Também os gentios se convertem ao Senhor

19 Senhor, fortaleza minha, e amparo meu,
e o meu refúgio no dia da tribulação! A ti
virão as gentes desde as extremidades da
terra, e dirão: Verdadeiramente possuíram

nossos pais a mentira, a vaidade, que lhes não aproveitou. 20 Acaso fará um homem deuses para si, quando eles não são deuses? 21 Pelo que eis aqui estou eu que lhes mostrarei por esta vez, mostrar-lhes-ei a minha mão, e o meu poder. E saberão que o meu nome é o do Senhor.

Culpas e Castigo

17 O pecado de Judá está escrito com um ponteiro de ferro numa unha de diamante, e nos ângulos das suas aras. 2 Quando os seus filhos se lembrarem das suas aras, e dos seus bosques, e das árvores frondosas nos montes altos, 3 sacrificando no campo: parei a saque a tua fortaleza, e todos os teus tesouros, as tuas alturas, por causa dos pecados cometidos em todas as tuas terras. 4 E ficarás só despojada da tua herança, que te dei. E te farei servir aos teus inimigos na terra, que não conheces: porquanto ateaste um fogo na minha sanha, que para sempre arderá.

A fé que não engana

5 Isto diz o Senhor: Maldito o homem que confia no homem e põe a carne por seu arrimo, e cujo coração se retira do Senhor. 6 Porque será como as tamargueiras no deserto, e não verá quando vier o bem: mas habitará em secura no deserto, numa terra de salsugem e despovoada.

7 Bem-aventurado o varão, que confia no Senhor, e de quem o Senhor for a esperança. 8 E será como a árvore, que é transplantada sobre as águas, que estende as suas raízes para a umidade: e não temerá quando vier o calor. E será verde a sua folha, e em tempo de seca não terá míngua, nem jamais deixará de fazer fruto.

Máxima sabedoria

9 Depravado é o coração de todos, e impenetrável! Quem o conhecerá? 10 Eu sou o Senhor que esquadrinho o coração, e que sondo os afetos: que dou a cada um segundo o seu caminho, e segundo fruto das invenções do seu capricho.

11 A perdiz chocou os ovos que não pôs: assim o injusto ajuntou riquezas, e não com direito. No meio de seus dias as deixará, e no seu fim será insipiente.

12 O trono da glória do Altíssimo é desde o princípio, lugar da nossa santificação. 13 Senhor, tu és a esperança de Israel! Todos os que te deixam, serão confundidos: os que se apartam de ti, serão escritos sobre a terra: porque deixaram o Senhor, que é a fonte das águas vivas.

O profeta e seus adversários

14 Cura-me, Senhor, e eu serei curado! Salva-me, e serei salvo: porque tu és o meu louvor. 15 Eis aí me estão eles dizendo: Onde está a palavra do Senhor? Venha. 16 Mas eu não me turbei, seguindo-te como meu pastor: nem desejei o dia do homem. Tu bem o sabes. O que saiu dos meus lábios, foi reto na tua presença. 17 Não me sejas tu motivo de medo, tu, esperança minha no dia da aflição. 18 Sejam confundidos os que me perseguem, e não seja eu confundido. Assombrem-se eles, e não me assombre eu. Faze vir sobre eles o dia da aflição, e com dobrada esmigalhadura os esmigalha.

Observância do sábado

19 Isto me disse a mim o Senhor: Vai, e põe-te à porta dos filhos do povo, pela qual entram e saem os reis de Judá, e vai a todas as portas de Jerusalém: 20 e dir-lhes-ás: Ouvi a palavra do Senhor, reis de Judá, e toda Judá, e todos os moradores de Jerusalém, que entrais por estas portas.

21 Isto diz o Senhor: Guardai as vossas almas, e não queirais trazer cargas no dia do sábado: nem as introduzais pelas portas de Jerusalém. 22 E não façais tirar cargas de vossas casas no dia do sábado: nem façais obra servil alguma. Santificai o dia do sábado, como eu ordenei a vossos pais. 23 E não o ouviram, nem inclinaram o seu ouvido: mas endureceram a sua cerviz para me não ouvirem, nem receberam a correção.

24 E acontecerá isto: Se me escutardes, diz o Senhor, de sorte que não metais cargas pelas portas desta cidade no dia do sábado: e se santificardes o dia do sábado: e sem fazer nele obra alguma servil: 25 entrarão pelas portas desta cidade reis e príncipes, que se assentarão sobre o trono de Davi, e subirão sobre coches e cavalos, eles e os seus príncipes, os varões de Judá, e os moradores de Jerusalém: e será para sempre povoada esta cidade. 26 E virão das cidades de Judá, e dos contornos de Jerusalém, e da terra de Benjamim, e das planícies, e dos montes, e do meio-dia, trazendo holocaustos, e vítimas, e sacrifícios, e incenso, e meterão oferendas na casa do Senhor. 27 Mas se vós me não escutardes de sorte que santifiqueis o dia do sábado, e não tragais cargas, nem as metais pelas portas de Jerusalém no dia do sábado, acenderei fogo nas portas dela,

e devorará as casas de Jerusalém e não se apagará.

O oleiro e o Criador

18 Palavra, que foi dirigida pelo Senhor a Jeremias, a qual dizia: 2 Levanta-te, e vai à casa do oleiro, e lá ouvirás as minhas palavras. 3 E fui à casa do oleiro, e eis que ele estava fazendo a sua obra sobre a roda. 4 E quebrou-se a vasilha que ele estava fazendo do barro com as suas mãos: e tornando de novo, fez dele outra vasilha, como bem lhe tinha parecido em seus olhos fazê-la.

5 E me foi dirigida a palavra do Senhor, a qual dizia: 6 Acaso não poderei eu fazer de vós, casa de Israel, como este oleiro? diz o Senhor. Vede que como o barro está na mão do oleiro, assim vós estais na minha mão, casa de Israel. 7 De repente falarei contra uma gente e contra um reino, para desarraigá-lo, e destruí-lo, e arruiná-lo. 8 Se aquela gente se arrepender do seu mal, de que eu a tenho repreendido: também eu me arrependerei do mal, que tenho pensado fazer contra ela. 9 E subitamente falarei da gente e do reino, para estabelecê-lo e plantá-lo. 10 Se fizer o mal ante os meus olhos, de maneira que não escute a minha voz: arrepender-me-ei do bem, que disse lhe faria. 11 Pois agora fala ao varão de Judá, e aos moradores de Jerusalém, dizendo: Isto diz o Senhor: Eis aqui estou eu forjando mal contra vós, e concebendo contra vós certo pensamento. Volte cada um do seu mau caminho, e dirigi vós os vossos caminhos, e os vossos afetos.

12 Os quais disseram: Já disso temos perdido a esperança: e assim iremos após de nossos pensamentos, e seguiremos cada um de nós a pravidade do seu mau coração.

Pecado e castigo

13 Portanto isto diz o Senhor: Perguntai às nações: Quem ouviu o excesso de coisas tão horríveis, como fez a virgem de Israel? 14 Acaso abandonará o rochedo altaneiro a neve do Líbano? Ou podem ser esgotadas as águas que saem frias, e que correm? 15 Porque o meu povo se tem esquecido de mim, oferecendo vãs libações, e tropeçando nos seus caminhos, e nas veredas do século, para andarem por elas em caminho não trilhado: 16 para que a terra deles se tornasse em desolação, e numa vaia perpétua. Todo o que passar por ela ficará espantado, e meneará a sua cabeça. 17 Porque eu os espalharei diante do seu inimigo, como um vento abrasador. Mostrar-lhes-ei as costas, e não a face no dia do seu estrago.

Conspiração contra Jeremias

18 E disseram: Vinde, e formemos pensamentos contra Jeremias: porque não perecerá a lei por falta do sacerdote, nem o conselho de sábio, nem a palavra de profeta. Vinde, e firamo-lo com a língua, e não atendamos a nenhum dos seus discursos. 19 Põe, Senhor, os teus olhos em mim, e ouve a voz dos meus adversários. 20 Acaso assim se torna mal por bem, pois que já tem aberto cova à minha alma? Lembra-te que eu me apresentei na tua presença para falar bem por eles, e para apartar deles a tua indignação. 21 Por isso entrega tu seus filhos à fome, e faze-os passar pelo fio da espada: as suas mulheres fiquem sem filhos, e viúvas: e os maridos delas sejam emprego de feridas de morte: os mancebos deles sejam atravessados com a espada na peleja. 22 Seja ouvido o clamor vindo das casas deles: porque trarás de repente sobre eles o ladrão: porquanto abriram uma cova para me prenderem, e esconderam laços aos meus pés. 23 Mas tu, Senhor, sabes todo o desígnio deles contra mim para matar-me. Não lhes perdoes a sua maldade, e o seu pecado não se apague de diante da tua face. Caiam de repente na tua presença, trata-os com severidade no tempo do teu furor.

Símbolo da assolação de Judá

19 Isto diz o Senhor: Vai, e toma uma botija de barro de oleiro, à vista dos anciãos do povo, e dos anciãos dos sacerdotes: 2 e sai do vale do filho de Enon, que está junto à entrada da porta das olarias: e publicarás ali as palavras que eu te vou a dizer. 3 E dirás: Ouvi a palavra do Senhor, reis de Judá, e moradores de Jerusalém. Isto diz o Senhor dos exércitos, o Deus de Israel: Eis aqui estou eu que enviarei aflição sobre este lugar, de modo que todo aquele que a ouvir lhe fiquem retinindo os ouvidos: 4 porque me abandonaram a mim, e profanaram este lugar: e nele ofereceram libações a deuses estranhos, que não conheceram eles, nem seus pais, nem os reis de Judá: e encheram este lugar de sangue de inocentes. 5 E edificaram altos a Baal, para queimarem seus filhos no fogo em holocausto a Baal: o que eu não mandei jamais, nem falei, nem subiu ao meu coração.

6 Por isso eis aí vem os dias, diz o Senhor: E não será chamado este lugar daqui em diante Tofet, nem o vale do filho de Enon: mas o vale da matança. 7 E dissiparei o conselho de Judá e de Jerusalém neste lugar: e os exterminarei com espada à vista de seus inimigos, e pela mão dos que procuram as almas

deles: e darei os seus cadáveres para pasto às aves do céu, e às alimárias da terra. 8 E porei esta cidade em espanto e em ludíbrio. Todo o que passar por ela, ficará pasmado, e dará uma vaia sobre todos os seus castigos. 9 E dar-lhes-ei a comer as carnes de seus filhos, e as carnes de suas filhas: e cada um comerá a carne do seu amigo no cerco, e no aperto, em que os terão encerrados os seus inimigos e os que buscam as almas deles.

10 E quebrarás a botija de barro aos olhos dos varões que forem contigo. 11 E lhes dirá: Isto diz o Senhor dos exércitos. Assim quebrarei eu a este povo, e a esta cidade como se quebra uma vasilha de barro, que não pode mais refazer-se. E em Tofet serão enterrados, porque não haverá outro lugar para enterrar. 12 Assim farei a este lugar, e aos seus habitadores, diz o Senhor. E porei esta cidade assim como Tofet. 13 E as casas de Jerusalém, e as casas do rei de Judá serão imundas, como o lugar de Tofet: todas as casas, em cujos terraços sacrificaram toda a milícia do céu, e ofereceram libações aos deuses estranhos.

14 Voltou pois Jeremias de Tofet, aonde o tinha enviado o Senhor a profetizar e se pôs em pé no átrio da casa do Senhor, e disse a todo o povo: 15 Isto diz o Senhor dos exércitos, o Deus de Israel: Eis aqui estou eu que farei vir sobre esta cidade, e sobre todas as cidades dela todos os males, que tenho falado contra ela: porquanto endureceram a sua cerviz, para não ouvirem os meus discursos.

Prisão do profeta

20 E Fassur, filho de Emer, sacerdote, que havia sido nomeado prefeito da casa do Senhor, ouviu a Jeremias profetizando estas palavras. 2 E feriu Fassur ao profeta Jeremias, e o meteu no cepo, que estava na porta de Benjamim, a de cima, na casa do Senhor.

3 E ao outro dia logo que amanheceu, tirou Fassur a Jeremias do cepo: e Jeremias lhe disse: O Senhor não chamou o teu nome Fassur, mas Pavor de toda a parte. 4 Porque isto diz o Senhor: Eis aí te encherei eu de espanto, a ti, e a todos os teus amigos: e cairão à espada de seus inimigos, e os teus olhos o verão: e a todo o Judá porei na mão do rei de Babilônia: e os passará a Babilônia, e mata-los-á à espada. 5 E entregarei todo o cabedal desta cidade, e todo o seu trabalho e todo o precioso, e todos os tesouros dos reis de Judá, tudo porei nas mãos de seus inimigos: e os saquearão, e tomarão, e levá-los-ão a Babilônia. 6 E tu, Fassur, e todos os moradores da tua casa ireis para o cativeiro. E irás a Babilônia, e ali morrerás, e ali serás enterrado tu, e todos os teus amigos, a quem profetizaste a mentira.

A força da vocação

7 Tu me seduziste, Senhor, e eu fui seduzido: foste mais forte do que eu, e pudeste mais. Fiquei sendo um objeto de escárnio todo o dia, todos me insultam. 8 Porque há já muito tempo que falo, gritando contra a iniqüidade, e anunciando com repetidos clamores a ruína. E tornou-se-me a palavra do Senhor em opróbrio, e em ludíbrio todo o dia. 9 E disse eu: Não me lembrarei dele, nem falarei mais em seu nome. E se ateou no meu coração um como fogo abrasador, e reconcentrado nos meus ossos: e desfaleci, não o podendo suportar. 10 Porque ouvi as afrontas de muitos, e ameaças ao redor: Persegui-o, e persigamo-lo. Esta voz saía dentre todos os varões que viviam em paz comigo, e que guardavam o meu lado: a ver se de algum modo se pode surpreender, e prevaleçamos contra ele, e cheguemo-nos a vingar dele.

11 Mas o Senhor está comigo como um forte guerreiro. Por isso os que me perseguem, cairão e ficarão desfalecidos: Eles em grande maneira serão confundidos porque não compreenderam o opróbrio eterno que nunca se apagará. 12 E tu, Senhor dos exércitos, que provas o justo, que penetras os afetos e o coração: rogo-te que veja eu a tua vingança contra eles: pois eu te descobri a minha causa.

13 Cantai cânticos ao Senhor, louvai ao Senhor: porque livrou a alma do pobre da mão dos malvados.

14 Maldito seja o dia em que nasci: o dia em que minha mãe me deu à luz não seja bendito. 15 Maldito seja o homem que levou a nova a meu pai, dizendo: Nasceu-te um filho macho. E que julgou que com isto lhe dava motivo de se alegrar. 16 Seja este homem como são as cidades, que o Senhor destruiu, e não se arrependeu: ouça gritos de manhã, e uivos no tempo do meio-dia: 17 porque Ele me não matou antes de sair do ventre materno: a fim de que minha mãe fosse o meu sepulcro, e nunca houvesse saído do seu ventre. 18 Por que saí eu do seio materno, para ver trabalho e dor, e consumirem-se os meus dias na confusão?

Castigo da cidade e cerco

21 Palavra, que foi dirigida pelo Senhor a Jeremias, quando o rei Sedecias lhe enviou a Fassur, filho de Melquias e a Sofonias, filho de Maasias sacerdote, a qual dizia: 2 Con-

sulta ao Senhor por nós, porque Nabucodonosor, rei de Babilônia, faz guerra contra nós. Se porventura obrará o Senhor conosco segundo todas as suas maravilhas, e se aquele inimigo se retirará de nós.

3 E respondeu-lhes Jeremias: Assim direis a Sedecias: 4 Isto diz o Senhor Deus de Israel: Eis aqui estou eu que voltarei os instrumentos de guerra, que tendes nas vossas mãos, e com os quais combateis contra o rei de Babilônia, e contra os caldeus, que vos têm cercados ao redor dos muros: e ajuntá-los-ei no meio desta cidade. 5 E eu vos debelarei com mão alçada, e com braço forte, e com furor, e com indignação, e com grande ira. 6 E ferirei aos moradores desta cidade, os homens, e os animais morrerão de uma grande peste.

7 E depois disto disse o Senhor: Darei Sedecias, rei de Judá, e seus servos, e seu povo, e quantos nesta cidade têm escapado da peste, e da espada, e da fome, na mão de Nabucodonosor, rei de Babilônia, e na mão de seus inimigos, na mão dos que procuram a alma deles, e passá-los-á ao fio da espada, e não se dobrará, nem perdoará, nem se compadecerá.

8 E dirás a este povo: Isto diz o Senhor: Eis aqui estou eu que ponho diante de vós o caminho da vida, e o caminho da morte. 9 O que ficar nesta cidade morrerá à espada, e de fome, e de peste: e o que sair dela, e for para os caldeus, que vos cercam, viverá, e a sua alma será para ele como um despojo. 10 Porque eu encarei para esta cidade para mal, e não para bem, diz o Senhor. Ela será entregue nas mãos do rei de Babilônia, e este a consumirá pelo fogo.

11 Dirás também à casa do rei de Judá: Ouvi a palavra do Senhor. 12 Casa de Davi: eis aqui o que diz o Senhor: Fazei justiça desde a manhã, e livrai das mãos do caluniador aquele que está oprimido pela violência: para que não suceda sair a minha indignação como um fogo, e acender-se, e não haja quem o apague por causa da malignidade dos vossos desígnios.

13 Eis-me aqui contra ti, moradora do vale forte e de campinas, diz o Senhor: contra os que dizeis: Quem nos ferirá? e quem entrará em nossas casas? 14 E irei com a minha visita sobre vós segundo o fruto dos vossos desígnios, diz o Senhor: e acenderei fogo no bosque dela: e tudo devorará em roda dela.

A justiça, sustentáculo do trono

22 Isto diz o Senhor: Vai à casa do rei de Judá, e lhe falarás aí por estes termos, 2 e dirás: Ouve a palavra do Senhor, ó rei de Judá, que te assentas sobre o trono de Davi tu, e os teus servos, e o teu povo, que entrais por estas portas.

3 Isto diz o Senhor: Julgai com retidão e justiça, e livrai da mão do caluniador ao oprimido violentamente: e não contristeis ao estrangeiro, nem ao órfão nem à viúva, nem os aperteis injustamente: nem derrameis sangue inocente neste lugar. 4 Porque se verdadeiramente obrardes conforme a isto que vos digo: entrarão pelas portas desta casa reis da linhagem de Davi, que se assentarão sobre o seu trono, e montarão em carros e em cavalos, eles e os seus servos, e o povo deles.

5 Mas se não ouvirdes estas palavras, por mim mesmo tenho jurado, diz o Senhor, que em ermo será tornada esta casa. 6 Porque isto diz o Senhor sobre a casa do rei de Judá: Galaad, tu és para mim a cabeça do Líbano. Juro que te reduzirei a ermo, e a cidades inabitáveis. 7 E consagrarei sobre ti ao varão matador, e as suas armas: e cortarão os teus cedros escolhidos, e os arrojarão ao fogo, 8 E passarão muitas gentes por esta cidade: e dirá cada um ao seu vizinho: Por que se houve Deus assim com esta grande cidade? 9 E responderão: É porque abandonaram a aliança do Senhor seu Deus, e adoraram a deuses estranhos, e os serviram.

10 Não choreis ao morto, nem tomeis dó por ele: Chorai aquele que sai, porque não voltará mais, nem verá a terra onde nasceu. 11 Porque isto diz o Senhor a Selum, filho de Josias, rei de Judá, que reinou por seu pai Josias, que saiu deste lugar. Não tornará cá mais: 12 porém no lugar, para onde o transferi, ali morrerá, e não verá esta terra jamais.

13 Ai daquele que edifica a sua casa na injustiça: e as suas grandes salas não em eqüidade: ao seu amigo oprimirá sem causa, e não lhe pagará o seu salário. 14 Que diz: Edificarei para mim uma casa espaçosa, e magníficos salões: o que se abre janelas, e faz tetos de cedros, e os pinta de sinopla. 15 Porventura reinarás tu, pois que te comparas ao cedro? Acaso teu pai não comeu e bebeu, e praticou a eqüidade e justiça então quando tudo lhe sucedia bem? 16 Julgou a causa do pobre e do indigente para bem seu. E não foi isto por que ele me conheceu? diz o Senhor. 17 Mas os teus olhos e coração se dirigem à avareza, e a derramar sangue inocente, e à calúnia, e à carreira da obra má.

18 Porquanto isto diz o Senhor a Joaquim, filho de Josias, rei de Judá: Não o lamentarão: Ai irmão! e ai irmã! Não farão retinir a seu respeito estas vozes: Ai, Senhor! e ai esclarecido! 19 A sua sepultura será como a

do asno, apodrecerá e será lançado fora das portas de Jerusalém.

A nação desobediente

20 Sobe ao Líbano, e clama: e em Basan levanta a tua voz, e grita aos que passam, porque todos os teus amadores estão despedaçados. 21 Na tua abundância te tenho falado: e disseste: Não ouvirei. Este é o teu caminho desde a tua mocidade, porque não ouviste a minha voz. 22 A todos os teus pastores alimentará o vento, e os teus amadores irão para o cativeiro: e então serás confundida, e te envergonharás de toda a tua malícia. 23 Tu que tens o teu assento no Líbano, e fazes o teu ninho nos seus cedros, como gemeste quando te vieram as dores, como dores da que está de parto?

24 Vivo eu, diz o Senhor: que ainda que Jeconias, filho de Joaquim, rei de Judá, fosse um anel na minha mão direita, eu o arrancaria dela. 25 E te entregarei na mão dos que procuram a tua alma, e na mão daqueles, cuja vista te causa espanto, e na mão de Nabucodonosor, rei de Babilônia, e na mão dos caldeus. 26 E enviar-te-ei a ti, e a tua mãe que te gerou, a uma terra estranha, em que não haveis nascido, e ali morrereis: 27 e à terra, à qual eles levantam o seu coração para tornarem lá: não tornarão.

28 Acaso Jeconias, este homem tão distinto, é algum vaso de terra já quebrado? Acaso é ele um vaso que a ninguém agrada? Por que têm sido lançados, ele e sua linhagem, e arrojados para uma terra que não conheceram? 29 Terra, terra, terra, ouve as palavras do Senhor. 30 Isto diz o Senhor: Escreve, que este homem será estéril, homem a quem nos seus dias nada lhe sucederá bem: pois não sairá da sua linhagem varão que se assente sobre o trono de Davi, e que daqui em diante tenha poder soberano em Judá.

Os pastores do povo eleito

23 Ai dos pastores, que perdem e que despedaçam a grei da minha pastagem, diz o Senhor. 2 Portanto isto diz o Senhor Deus de Israel aos pastores que apascentam o meu povo: Vós desarranjastes a minha grei, e os afugentastes, e não os visitastes. Eis aqui estou eu que irei com a minha visita sobre vós, para castigar a malícia de vossos desígnios, diz o Senhor. 3 E eu ajuntarei as relíquias da minha grei de todas as terras, aonde eu para ali os tiver lançado: e os farei voltar aos seus campos: e elas crescerão e se multiplicarão. 4 E levantarei sobre eles pastores, que os apascentarão. Dali em diante não terão medo, nem se atemorizarão: e do seu número não faltará nenhum, diz o Senhor.

O reino do Messias

5 Eis aí vêm os dias, diz o Senhor: e eu suscitarei a Davi, um germe justo. E reinará um rei, que será sábio: e obrará segundo a eqüidade e justiça na terra. 6 Naqueles dias será salvo Judá, e Israel habitará sem temor. E este é o nome que lhe chamarão, o Senhor nosso justo.

7 Pos esta causa eis aí vêm os dias, diz o Senhor, e não dirão jamais: Vive o Senhor que tirou os filhos de Israel da terra do Egito. 8 Mas sim: Vive o Senhor, que tirou e trouxe a linhagem da casa de Israel da terra do aquilão, e de todas as terras, onde eu para ali os tinha lançado. E habitarão na sua terra.

Obras más dos profetas

9 Aos profetas: O meu coração está feito em pedaços dentro de mim mesmo, todos os meus ossos se abalaram. Eu estou feito como um homem ébrio, e como um homem cheio de vinho, contemplando a face do Senhor, e à vista das suas santas palavras. 10 Porque a terra está cheia de adúlteros, porque a terra chorou à vista da maldição, secaram-se os campos do deserto. A carreira deles se tem feito má, e a fortaleza deles dissemelhante. 11 Porque o profeta, e o sacerdote se corromperam: e na minha casa achei os males que eles lá cometeram, diz o Senhor. 12 Por isso o seu caminho será como um caminho escorregadio nas trevas: porque serão impelidos, e cairão nele: porque farei vir sobre eles males o ano da sua visitação, diz o Senhor.

13 E nos profetas de Samaria vi extravagância. Profetizavam em nome de Baal, e seduziam o meu povo de Israel. 14 E nos profetas de Jerusalém vi semelhança de adúlteros, e caminho de mentira: e fortificaram as mãos dos malvadíssimos, para que se não convertesse cada um da sua malícia. Têm-se tornado todos para mim como Sodoma, e os moradores dela como Gomorra. 15 Portanto isto diz o Senhor dos exércitos aos profetas: Eis aqui estou eu que os alimentarei com losna, e lhes darei a beber fel: porque dos profetas de Jerusalém se derramou a contaminação sobre toda a terra.

16 Isto diz o Senhor dos exércitos: Não queirais ouvir as palavras dos profetas, que vos profetizam, e vos enganam: falam as visões do seu coração, não da boca do Senhor. 17 Dizem àqueles que me blasfemam: O Se-

nhor o disse: Vós tereis a paz. E a todos
aqueles que andam na pravidade do seu cora-
ção, disseram: Não virá sobre vós mal. 18 Mas
qual deles assistiu ao conselho do Senhor, e
viu e ouviu a sua palavra? Quem considerou
a sua palavra e a ouviu?

19 Eis aí sairá fora o redemoinho da indig-
nação do Senhor, e a tempestade que descar-
rega. Tudo virá sobre a cabeça dos ímpios.
20 Não retrocederá o furor do Senhor até que
efetue, e até que cumpra o desígnio do seu
coração. Nos últimos dias entendereis o seu
conselho. 21 Eu não enviava estes profetas, e
eles corriam: não lhes falava nada, e eles pro-
fetizavam. 22 Se tivessem assistido ao meu
conselho, e tivessem feito saber as minhas
palavras ao meu povo: eu os tivera certamente
desviado do seu mau caminho, e dos seus tão
depravados pensamentos.

23 Acaso cuidas que sou eu Deus de perto?
diz o Senhor. E não Deus de longe? 24 Poderá
acaso ocultar-se algum em lugares retirados:
e não no verei eu? diz o Senhor. Porventura
não encho eu o céu e a terra? diz o Senhor.

25 Tenho ouvido o que disseram os profe-
tas, que em meu nome profetizam a mentira,
e dizem: Sonhei, tenho sonhado. 26 Até quando
se achará isto no coração dos profetas que
vaticinam a mentira, e que profetizam as se-
duções do seu coração? 27 Os quais querem
fazer que o meu povo se esqueça do meu
nome pelos sonhos deles, que cada um conta
ao seu vizinho: assim como os pais deles se
esqueceram do meu nome por causa de Baal.
28 O profeta, que tem um sonho, conte o seu
sonho: e o que tem a minha palavra, anuncie
a minha palavra verdadeiramente. Que com-
paração há entre a palha e o trigo? diz o
Senhor. 29 Acaso não são as minhas palavras
como um fogo, diz o Senhor: e como um mar-
telo que quebra a pedra?

30 Por esta causa eis aqui venho eu aos
profetas, diz o Senhor: que furtam as minhas
palavras cada um ao seu vizinho. 31 Eis-me
aqui contra os profetas, diz o Senhor: que
forjam sua linguagem, e pronunciam, diz o
Senhor. 32 Eis-me aqui contra os profetas que
sonham a mentira, diz o Senhor: que as refe-
riram, e enganaram ao meu povo com a sua
mentira, e com os seus milagres: não os ha-
vendo eu enviado, nem dado ordem alguma
a esses que nada aproveitaram a este povo,
diz o Senhor.

33 Pois se te perguntar este povo, ou o
profeta, ou o sacerdote, dizendo: Qual é o
peso do Senhor? lhes dirás: Vós sois o peso:
porque eu vos hei de arrojar, diz o Senhor.
34 E o profeta, e o sacerdote, e o povo que
diz: Peso do Senhor. Eu farei visita sobre
aquele varão e sobre a sua casa. 35 Isto direis
cada um a seu vizinho, e a seu irmão: Que
respondeu o Senhor? E que falou o Senhor?
36 E não se mencionará mais o peso do Se-
nhor: porquanto a cada um será peso a sua
palavra: porque transtornastes as palavras do
Deus vivente, do Senhor dos exércitos nosso
Deus.

37 Isso dirás ao profeta: Que te respondeu
o Senhor? E que falou o Senhor? 38 E se dis-
serdes: Peso do Senhor. Por isso assim diz o
Senhor: Porque dissestes esta palavra: Peso
do Senhor. E vos enviei a dizer: Não digais:
Peso do Senhor. 39 Portanto eis aí vos toma-
rei eu para levar-vos, e vos abandonarei longe
da minha presença a vós, e à cidade que vos
dei, e a vossos pais. 40 Entregar-vos-ei a um
opróbrio sempiterno e a uma eterna ignomí-
nia, que nunca se apagará da memória.

As duas qualidades de figos

24 Mostrou-me o Senhor a seguinte visão:
E eis que estavam ali dois cabazes cheios
de figos postos diante do Templo do Senhor,
depois que transportou Nabucodonosor, rei de
Babilônia, a Jeconias, filho de Joaquim, rei
de Judá, e os seus príncipes, e os artífices, e
os lapidários de Jerusalém, e os levou a Ba-
bilônia. 2 Um dos cabazes tinha uns figos
excelentes em extremo, quais são de ordinário
os figos da primeira sazão. E o outro cabaz
tinha uns figos muito maus, que se não po-
diam comer, de maus que eram. 3 E me disse
a mim o Senhor: Que vês tu, Jeremias? E eu
disse: Figos, figos bons, mui bons: e maus,
muito maus: que não se podem comer, por-
que são maus.

4 E me foi dirigida a palavra do Senhor, a
qual dizia: 5 Isto diz o Senhor Deus de Israel:
Assim como estes figos são bons: assim co-
nhecerei eu para bem aos desterrados de Ju-
dá, que eu mandei para fora deste lugar para
a terra dos caldeus. 6 E porei sobre eles favo-
ravelmente os meus olhos, e restitui-los-ei a
este país. Eu os edificarei, e não os destruirei,
e plantá-los-ei, e não os arrancarei. 7 E dar-
lhes-ei coração para que me conheçam, saben-
do que eu sou o Senhor. E serão para mim
o meu povo, e eu serei para eles o seu Deus:
porque se converterão a mim de todo o seu
coração.

8 E assim como se rejeitam os figos muito
maus, que se não podem comer, porque são
maus: isto diz o Senhor: Assim desprezarei
eu a Sedecias, rei de Judá, e a seus príncipes,
e aos restantes de Jerusalém, que ficaram nes-

ta cidade, e aos que moram na terra do Egito. 9 E entregá-los-ei à vexação, e à aflição em todos os reinos da terra: em opróbrio, e para exemplo, e provérbio, e maldição em todos os lugares, para onde ou os arrojei. 10 E enviarei sobre eles a espada, e a fome, e a peste: até que sejam consumidos da terra, que lhes dei a eles, e a seus pais.

Os setenta anos de desterro

25 Palavra, que foi dirigida a Jeremias sobre todo o povo de Judá, no quarto ano de Joaquim, filho de Josias, rei de Judá, que é o primeiro ano de Nabucodonosor, rei de Babilônia, 2 a qual o profeta Jeremias anunciou a todo o povo de Judá, e a todos os habitantes de Jerusalém, dizendo:

3 Desde o ano treze de Josias, filho de Amon, rei de Judá, até o dia de hoje, que é o ano vinte e três, foi-me dirigida a palavra do Senhor, e eu vos falei levantando-me de noite, e falando-vos: e não ouvistes.

4 E o Senhor madrugou para enviar-vos todos os profetas seus servos, e com efeito os enviou: e vós não o escutastes, nem inclinastes os vossos ouvidos para ouvirdes 5 quando dizia: Retirai-vos, cada um do seu mau caminho, e dos vossos péssimos desígnios: e habitareis na terra que vos deu o Senhor a vós, e a vossos pais, desde o século em século. 6 E não queirais ir após uns deuses estrangeiros, para os servirdes, e os adorardes: nem me provoqueis a ira com as obras de vossas mãos, e eu vos não afligirei. 7 E não me ouvistes, diz o Senhor, de modo que me haveis provocado a ira com as obras de vossas mãos para vosso mal.

8 Pelo que isto diz o Senhor dos exércitos: Porque não ouvistes as minhas palavras: 9 eis aqui estou eu que enviarei, e tomarei todas as famílias do aquilão, diz o Senhor, e ao meu servo Nabucodonosor, rei de Babilônia: e os trarei sobre esta terra e sobre os seus moradores, e sobre todas as nações, que estão em roda dela: e os matarei, e pô-los-ei em espanto e em ludíbrio, e em solidões perduráveis. 10 E farei cessar entre eles a voz de gosto e a voz de alegria, a voz do esposo, e a voz da esposa, a voz da mó, e a luz da candeia. 11 E toda esta terra virá a ser um medonho deserto, e um espanto: e todas estas gentes servirão ao rei de Babilônia setenta anos.

12 E completos que forem os setenta anos, irei com a minha visita sobre o rei de Babilônia, e sobre aquela gente, diz o Senhor, para castigar a sua iniqüidade, e sobre a terra dos caldeus: e reduzi-la-ei a umas eternas solidões. 13 E trarei sobre aquela terra todas as minhas palavras, que tenho falado contra ela, tudo o que está escrito neste livro, quando profetizou Jeremias contra todas as gentes: 14 porque estas os serviram a eles, não obstante serem muitas as gentes, e reis grandes: e eu lhes tornarei segundo as suas obras, e segundo os feitos das suas mãos.

A taça da ira de Deus

15 Porque o Senhor dos exércitos, o Deus de Israel, diz assim: Toma da minha mão o cálice do vinho deste furor: e darás a beber dele a todas as gentes, as quais eu te enviarei. 16 E eles beberão, e ficarão turbados, e sairão fora de si à vista da espada, que eu enviarei entre eles.

17 E tomei o cálice da mão do Senhor, e dei a beber a todas as gentes, as quais o Senhor me enviou: 18 a Jerusalém, e às cidades de Judá, e aos seus reis, e aos seus príncipes: para os reduzir à solidão, e ao espanto, e ao ludíbrio, e à maldição, como já é este o dia: 19 a Faraó, rei do Egito, e aos seus servos: e aos seus príncipes e a todo o seu povo. 20 E geralmente a todos: a todos os reis da terra de Ausítide, e a todos os reis da terra dos filisteus, e a Ascalona, e a Gaza, e a Acaron, e ao que resta de Azot, 21 e à Iduméia, e a Moab, e aos filhos de Amon: 22 e a todos os reis de Tiro, e a todos os reis de Sidônia: e aos reis da terra das ilhas, que estão da banda de além do mar: 23 e a Dedan, e a Tema, e a Buz, e a todos os que se fazem cortar os cabelos em redondo, 24 e a todos os reis da Arábia, e a todos os reis do ocidente, que habitam no deserto, 25 e a todos os reis de Zambri, e a todos os reis de Elam, e a todos os reis dos medos: 26 também a todos os reis do aquilão, aos de perto e aos de longe, a cada um contra seu irmão: e a todos os reinos da terra, que estão sobre a sua face: e o rei de Sesac beberá depois deles.

27 E lhes dirás: Isto diz o Senhor dos exércitos, o Deus de Israel: Bebei, e embriagai-vos, e vomitai: e caí, e não vos levanteis à vista da espada, que eu enviarei entre vós. 28 E se não quiserem receber o cálice da tua mão, para que bebam, lhes dirás: Isto diz o Senhor dos exércitos: Certamente o bebereis: 29 porque eis aí está que se na cidade, onde o meu nome tem sido invocado, ali começarei eu a trazer aflição, à vista disto ficareis vós sem castigo, como se fôsseis inocentes? Não escapareis: porque eu envio já a espada sobre todos os habitadores da terra, diz o Senhor dos exércitos.

30 E tu lhes profetizarás a eles todas estas palavras, e lhes dirás: O Senhor rugirá desde

o alto e desde a sua santa morada para ouvir a sua voz. Rugirá fortemente contra o lugar mesmo da sua glória. O celeuma será cantado como de pisadores de uvas contra todos os habitadores da terra. 31 Chegou o estrondo até às extremidades da terra: porque o Senhor entra em juízo com as gentes: Ele mesmo é o que julga a toda a carne; à espada entreguei os ímpios, diz o Senhor.

32 Isto diz o Senhor dos exércitos: Eis aí passará a aflição de gente em gente: e um grande redemoinho sairá das extremidades da terra. 33 E os que o Senhor entregar à morte naquele dia ficarão estendidos desde um pólo da terra até outro pólo: não serão chorados, nem recolhidos, nem enterrados: como uma esterqueira jazerão sobre a face da terra.

34 Uivai, pastores, e gritai: e cobri-vos de cinza, vós que sois os maiorais do rebanho: porque estão cumpridos os vossos dias, em que haveis de ser mortos: e vós ficareis dispersos, e caireis como vasos preciosos. 35 E os pastores não terão escapula, nem salvamento os maiorais da grei. 36 Ouvir-se-ão as vozes dos pastores, e os uivos dos maiorais do rebanho: porque o Senhor destruiu os pastos deles. 37 E os campos da paz ficarão em silêncio, à vista da ira do furor do Senhor. 38 Deixou como leão o seu retiro, porque em ermo foi tornada a terra deles, à vista da ira da pomba, e à vista da ira do furor do Senhor.

Jeremias, em perigo de morte

26 No princípio do reinado de Joaquim, filho de Josias, rei de Judá, me foi dirigida pelo Senhor esta palavra, a qual dizia: 2 Isto diz o Senhor: Põe-te no átrio da casa do Senhor, e falarás a todas as cidades de Judá, de onde vem a gente a adorar na casa do Senhor, todas as palavras, que eu te tenho mandado que lhes fales a eles. Não omitas uma só palavra, 3 para ver se acaso eles te ouvem e se convertem cada um do seu mau caminho: e a fim de que eu me arrependa do mal que faço tenção de lhes fazer por causa da malícia das suas paixões. 4 E lhes dirás: Isto diz o Senhor: Se me não ouvirdes para andardes na minha lei, que eu vos tenho dado, 5 para ouvirdes as palavras dos profetas meus servos, que eu vos tenho enviado, cuidando com tempo nisso, e dirigindo a sua missão, e vós não os ouvistes: 6 eu farei que esta casa seja como Silo, e farei que esta cidade seja objeto de maldição a todas as nações da terra.

7 E os sacerdotes, e os profetas, e todo o povo ouviram a Jeremias proferindo estas palavras na casa do Senhor. 8 E tendo Jeremias acabado de dizer tudo o que o Senhor lhe havia ordenado que dissesse a todo o povo, os sacerdotes, e os profetas, e todo o povo pegaram nele, dizendo: É necessário que morra. 9 Porque profetizou ele em nome do Senhor, dizendo: Esta casa será tratada como Silo: e esta cidade será destruída, sem que fique ninguém que a habite? E todo o povo se ajuntou contra Jeremias na casa do Senhor. 10 E ouviram os príncipes de Judá estas palavras: e subiram da casa do rei à casa do Senhor, e se assentaram à entrada da porta nova da casa do Senhor. 11 Então falaram os sacerdotes e os profetas aos príncipes, e a todo o povo, dizendo: Este homem é réu de morte: porque profetizou contra esta cidade, como vós o ouvistes com os vossos ouvidos.

12 E falou Jeremias a todos os príncipes, e a todo o povo, dizendo: O Senhor me enviou, para que profetizasse contra esta casa, e contra esta cidade todas as palavras, que me tendes ouvido. 13 Agora pois fazei bons os vossos caminhos, e os vossos afetos, e ouvi a voz do Senhor vosso Deus: e o Senhor se arrependerá do mal que resolveu fazer contra vós. 14 E quanto a mim, eis aqui estou nas vossas mãos. Fazei de mim o que tiverdes por bom e reto nos vossos olhos. 15 Porém sabei, e tende entendido, que se me matardes, fareis traição a um sangue inocente contra vós mesmos, e contra esta cidade, e seus moradores: porque na verdade o Senhor me enviou a vós para que falasse aos vossos ouvidos todas estas palavras.

16 Então disseram os príncipes, e todo o povo aos sacerdotes e aos profetas: Este homem não merece a morte: porque nos falou em nome do Senhor nosso Deus. 17 Ao mesmo tempo se levantaram alguns dos mais anciãos da terra: e disseram a todo o ajuntamento do povo as palavras seguintes: 18 Miquéias de Morasti foi profeta nos dias de Ezequias, rei de Judá, e falou a todo o povo de Judá desta maneira: Isto diz o Senhor dos exércitos: Sião será lavrado como um campo: e Jerusalém será reduzida a um montão de pedras: e o monte da casa será um bosque mui alto. 19 Porventura condenou-o à morte Ezequias, rei de Judá, e todo o Judá? Porventura não temeram eles ao Senhor, e fizeram as suas deprecações na presença do Senhor: e o Senhor não se arrependeu do mal, que havia anunciado contra eles? Assim nós fazemos um grande mal contra as nossas almas. 20 Houve também um homem chamado Urias, filho de Semei de Cariatiarim,, que profetizava em nome do Senhor: e que tinha predito contra esta cidade, e contra esta terra, todas as mes-

mas palavras que Jeremias. 21 E ouviu o rei Joaquim, e todos os magnates, e príncipes dele estas palavras: e o rei o procurou matar. E ouviu Urias, e temeu, e fugiu, e se meteu no Egito. 22 E enviou o rei Joaquim certos homens ao Egito a Elnatan, filho de Acobor, e outros com ele ao Egito. 23 E tiraram a Urias do Egito: e o trouxeram ante o rei Joaquim, e o fez morrer à espada: e lançou o seu cadáver nas sepulturas do vulgo ignóbil.

24 A mão depois de Aicam, filho de Safan, foi com Jeremias, para que não fosse entregue nas mãos do povo, e o matassem.

O jugo babilônico

27 No princípio do reinado de Joaquim, filho de Josias, rei de Judá, foi dirigida pelo Senhor esta palavra a Jeremias, a qual dizia: 2 Isto me diz a mim o Senhor: Faze-te umas prisões, e umas cadeias: e pô-las-ás ao teu pescoço, 3 e as mandarás ao rei de Edom, e ao rei de Moab, e ao rei dos filhos de Amon, e ao rei de Tiro, e ao rei de Sidônia, por mão dos embaixadores que vieram a Jerusalém a Sedecias, rei de Judá. 4 E ordenar-lhes-ás que falem assim a seus amos: Isto diz o Senhor dos exércitos, o Deus de Israel: Direis isto a vossos amos:

5 Eu fiz a terra, e os homens, e os animais, que estão sobre a face da terra, com o meu grande poder, e com o meu braço estendido: e a dei àquele que me agradou aos meus olhos. 6 E eu agora entreguei finalmente todas estas terras, nas mãos de Nabucodonosor, rei de Babilônia, meu servo. Além disto dei-lhe também as alimárias do campo, para que o sirvam. 7 E o servirão todas as gentes a ele e a seu filho, e ao filho de seu filho, até que venha o tempo da sua terra, e dele mesmo. E servi-lo-ão muitas gentes, e grandes reis. 8 Mas quanto à gente e ao reino, que não servir a Nabucodonosor, rei de Babilônia, e qualquer que não encurvar o seu pescoço debaixo do jugo do rei de Babilônia, eu virei com a minha visita sobre aquela gente, com espada, e com peste, diz o Senhor: até que eu os consuma pela sua mão.

9 Vós pois não deis ouvidos aos vossos profetas, nem aos adivinhos, nem aos sonhadores, e agoureiros, e mágicos, que vos dizem: Não servireis ao rei de Babilônia. 10 Porque eles vos profetizaram a mentira: para vos mandarem para longe da vossa terra, e vos lançarem dela, e para que assim venhais a perecer. 11 Mas aquela gente que submeter a sua cerviz ao jugo do rei de Babilônia, e o servir: eu a deixarei na sua terra, diz o Senhor: e a cultivará, e habitará nela.

12 E a Sedecias, rei de Judá, tenho falado conforme a todas estas palavras, dizendo: Submetei os vossos pescoços ao jugo do rei de Babilônia, e servi-o a ele, e ao seu povo, e vivereis. 13 Por que causa morrereis tu, e o teu povo à espada e de fome, e de peste, como tem dito o Senhor à gente, que não quiser servir ao rei de Babilônia?

14 Não queirais dar ouvidos às palavras dos profetas que vos dizem: Não servireis ao rei de Babilônia: porque eles falam a mentira. 15 Porque eu não os enviei, diz o Senhor: e eles profetizam falsamente em meu nome: para que vos lancem fora, e para que venhais a perecer tanto vós, como os profetas, que vos predizem o futuro.

16 Também falei aos sacerdotes, e a este povo, dizendo-lhes: Isto diz o Senhor: Não queirais dar ouvido às palavras dos vossos profetas, que vos profetizam, dizendo: Eis aí os vasos do Senhor agora cedo voltarão de Babilônia, porque vos profetizaram a mentira. 17 Não queirais pois dar-lhe ouvidos, mas servi ao rei de Babilônia, para que vivais. Por que há de ficar esta cidade reduzida a uma solidão? 18 E se são profetas e está neles a palavra do Senhor: intercedam para com o Senhor dos exércitos, para com os vasos, que ficaram na casa do Senhor, e na casa do rei de Judá, e em Jerusalém, não sejam transferidos a Babilônia.

19 Porque isto diz o Senhor dos exércitos às colunas, e ao mar, e às bases, e aos outros vasos, que ficaram nesta cidade: 20 Que Nabucodonosor, rei de Babilônia, não levou de Jerusalém para Babilônia, quando transportou a Jeconias, filho de Joaquim, rei de Judá, e a todos os magnates de Judá e de Jerusalém. 21 Porque isto diz o Senhor dos exércitos, o Deus de Israel, aos vasos que se deixaram ficar na casa do Senhor, e na casa do rei de Judá, e em Jerusalém: 22 À Babilônia serão transportados, e ali estarão até o dia da sua visita, diz o Senhor, e os farei trazer, e restituir a este lugar.

Jeremias contra o falso profeta Hananias

28 E naquele ano no princípio do reinado de Sedecias, rei de Judá, no quinto mês do seu quarto ano, sucedeu que Hananias, filho de Azur, profeta que era de Gabaon, me disse na casa do Senhor em presença dos sacerdotes, e de todo o povo, as palavras seguintes: 2 Isto diz o Senhor dos exércitos, o Deus de Israel: Eu quebrei o jugo do rei de Babilônia. 3 Depois de passados ainda dois anos completos, também eu farei restituir a

este lugar, todos os vasos da casa do Senhor, que Nabucodonosor, rei de Babilônia, levou deste lugar, e os transferiu a Babilônia. 4 E eu farei que tornem para este mesmo lugar Jeconias, filho de Joaquim, rei de Judá, e todos os cativos de Judá, que passaram a Babilônia, diz o Senhor: porque hei de quebrar o jugo do rei de Babilônia.

5 E o profeta Jeremias respondeu ao profeta Hananias aos olhos dos sacerdotes e aos olhos de todo o povo, que estava na casa do Senhor. 6 E disse o profeta Jeremias: Amém, assim o faça o Senhor! Vivifique o Senhor as tuas palavras, que profetizaste! Que sejam restituídos os vasos à casa do Senhor, e todo o cativeiro de Babilônia a este lugar. 7 Porém ouve tu esta palavra, que eu falo aos teus ouvidos, e aos ouvidos de todo o povo. 8 Os profetas, que foram primeiro que eu, e antes que tu desde o princípio, profetizaram também eles a muitas terras, e a grandes reinos, acerca de guerra, e de desolação, e de fome. 9 O profeta que profetizou paz: quando se cumprir a sua palavra, se saberá que é profeta, que na verdade enviou o Senhor. 10 E tirou o profeta Hananias a cadeia do pescoço do profeta Jeremias, e a quebrou. 11 E falou Hananias em presença de todo o povo, dizendo: Isto diz o Senhor: Assim quebrarei eu o jugo de Nabucodonosor, rei de Babilônia, depois de dois anos de dias, tirando-o de cima da cerviz de todas as gentes. 12 E o profeta Jeremias se foi seu caminho. E foi dirigida a palavra do Senhor a Jeremias, depois que Hananias profeta quebrou a cadeia do pescoço do profeta Jeremias, a qual dizia: 13 Vai, e dirás a Hananias: Isto diz o Senhor: Quebraste umas cadeias de madeira: mas em vez delas farás cadeias de ferro. 14 Por que isto diz o Senhor dos exércitos, o Deus de Israel: Eu tenho posto um jugo de ferro sobre o pescoço de todas estas gentes, para que sirvam a Nabucodonosor, rei de Babilônia, e na realidade o servirão. Além disto tenho dado até as alimárias do campo. 15 E o profeta Jeremias disse ao profeta Hananias: Ouve, Hananias: O Senhor não te enviou, e tu tens feito que este povo tenha posto a sua confiança numa mentira. 16 Portanto isto diz o Senhor: Eis aqui estou eu que te exterminarei da face da terra. Este ano morrerás: porque falaste contra o Senhor. 17 E o profeta Hananias morreu àquele ano, no sétimo mês.

Carta de Jeremias aos exilados

29 E estas são as palavras da carta, que o profeta Jeremias enviou de Jerusalém aos que ficaram dos anciãos do cativeiro, e aos sacerdotes, e aos profetas, e a todo o povo, que Nabucodonosor havia feito passar de Jerusalém a Babilônia: 2 depois que o rei Jeconias, e a senhora, e os eunucos, e os príncipes de Judá, e os de Jerusalém, e os artífices, e os cravadores saíram de Jerusalém: 3 por mão de Elasa, filho de Safan, e de Gamarias, filho de Helcias, os quais enviou Sedecias, rei de Judá, a Babilônia, a Nabucodonosor, rei de Babilônia, dizendo:

4 Isto diz o Senhor dos exércitos, o Deus de Israel, a todos os do cativeiro que fiz transportar de Jerusalém a Babilônia: 5 Edificai casas, e habitai-as: e plantai enxidos, e comei os seus frutos. 6 Tomai mulheres, e gerai filhos e filhas: e dai a vossos filhos mulheres, e dai maridos a vossas filhas, e criem filhos e filhas: e multiplicai-vos aí e não queirais ser poucos em número. 7 E buscai a paz da cidade, para a qual vos fiz transferir. E orai por ela ao Senhor: porque na sua paz tereis vós a vossa.

8 Porque isto diz o Senhor dos exércitos, o Deus de Israel: Não vos seduzam os vossos profetas, que estão no meio de vós, nem os vossos adivinhos: e não façais caso dos vossos sonhos, que vós sonhais: 9 porque eles vos profetizam falsamente em meu nome: e eu não os enviei, diz o Senhor.

10 Porque isto diz o Senhor: Quando se começarem a cumprir os setenta anos em Babilônia, eu vos visitarei: e renovarei a minha palavra favorável sobre vós, para vos fazer voltar a este lugar. 11 Porque eu sei os pensamentos, que eu tenho acerca de vós, diz o Senhor, pensamentos de paz, e não de aflição, para vos dar o fim e a paciência.

12 E me invocareis a mim, e ireis: e me rogareis a mim, e eu vos atenderei. 13 Vós me buscareis, e vós me achareis: quando me buscardes de todo o vosso coração. 14 E serei achado de vós, diz o Senhor: e farei voltar os vossos cativos, e recolher-vos-ei de todas as gentes, e de todos os lugares, para onde vos lancei, diz o Senhor: e far-vos-ei voltar do lugar para onde voz fiz transmigrar.

15 Porque vós dissestes. O Senhor nos suscitou profetas em Babilônia. 16 Porque isto diz o Senhor ao rei, que está assentado sobre o trono de Davi, e a todo o povo que habita nesta cidade, aos vossos irmãos, que não saíram convosco para o cativeiro.

17 Isto diz o Senhor dos exércitos: Eis aqui estou eu que enviarei contra eles a espada, e a fome, e a peste, e os tratarei como figos maus, que se não podem comer, porque são

muito maus. 18 E persegui-los-ei com a espada, e com a fome, e com a peste: e os entregarei para a vexação a todos os reinos da terra para maldição, e para espanto, e para escárnio, e para opróbrio a todas as gentes, para as quais eu os tiver lançado: 19 pelo motivo de que não escutaram as minhas palavras, diz o Senhor: as quais eu lhes dirigi a eles pelos profetas meus servos, levantando-me de noite, e enviando-lhos. E vós não ouvistes, diz o Senhor. 20 Vós, pois, ouvi a palavra do Senhor, todos os do cativeiro, que enviei de Jerusalém a Babilônia.

21 Isto diz o Senhor dos exércitos, o Deus de Israel, a Acab, filho de Golias, e a Sedecias filho de Maasias, que vos profetizam falsamente em meu nome: Eis aqui estou eu que os entregarei nas mãos de Nabucodonosor, rei de Babilônia: e ele os fará matar diante dos vossos olhos. 22 E em todo o cativeiro de Judá em Babilônia, tomará deles certa maneira de maldição, dizendo: O Senhor se haja contigo, como ele se houve com Sedecias, e com Acab, que o rei de Babilônia fez frigir no fogo: 23 por causa de terem feito loucuras em Israel, e adulteraram com as mulheres de teus amigos, e falaram falsamente em meu nome, palavras que eu lhes não tinha mandado dizer. Eu mesmo sou o juiz e a testemunha, diz o Senhor.

Mau fim do falso profeta

24 E a Semeias Neelamites dirás: 25 Isto diz o Senhor dos exércitos, o Deus de Israel: Porquanto enviaste cartas em teu nome a todo o povo, que está em Jerusalém, e a Sofonias, filho de Maasias, sacerdote, e a todos os sacerdotes, dizendo: 26 O Senhor te constituiu sacerdote em lugar de Jojada sacerdote, a fim de que tu sejas chefe na casa do Senhor, para reprimir a todo o varão fanático e que profetiza, para que o metas em um cepo e no cárcere. 27 Por que não repreendeste tu pois agora a Jeremias de Anatot, que vos profetiza? 28 Porque acerca disto nos enviou a nós a Babilônia, dizendo: Coisa dilatada é. Edificai casas, e habitai-as: e plantai enxidos, e comei os seus frutos. 29 Leu pois o sacerdote Sofonias esta carta aos ouvidos do profeta Jeremias. 30 E foi dirigida a palavra do Senhor a Jeremias, a qual dizia: 31 Envia a dizer a todos os do cativeiro: Isto diz o Senhor a Semeias Neelamites: Porquanto vos profetizou Semeias, e eu o não enviei: e ele fez que vós confiásseis na mentira. 32 Portanto diz o Senhor: Eis aqui estou eu que irei com a minha visita sobre Semeias Neelamites, e sobre a sua geração. Não haverá dele varão, que se assente no meio deste povo, e não verá ele bem que eu faça ao meu povo, diz o Senhor: porque falou a prevaricação contra o Senhor.

II. ORÁCULOS CONCERNENTES À RESTAURAÇÃO

Assédio de Jerusalém e sua salvação

30 Esta é a palavra, que foi dirigida pelo Senhor a Jeremias, a qual dizia: 2 Isto profere o Senhor Deus de Israel, dizendo: Escreve tu em um livro todas as palavras que eu te tenho dito. 3 Porque eis aí vêm os dias, diz o Senhor: e farei que voltem os que hão de voltar do meu povo de Israel e de Judá, diz o Senhor: e fá-los-ei voltar à terra, que dei a seus pais: e eles a possuirão.

4 E estas são as palavras que o Senhor disse a Israel e a Judá: 5 Porquanto isto diz o Senhor: Nós ouvimos uma voz de terror. Tudo é espanto, e não há paz. 6 Perguntai, e vede se pare o varão: pois por que tenho eu visto a mão de todo o varão sobre o seu lombo, como a que está de parto, e se lhe têm tornado as caras de todos eles em amarelidão? 7 Ai, que é grande aquele dia, nem ele tem semelhante: e tempo é de tribulação para Jacó, mas dele será livre.

8 E acontecerá isto naquele dia, diz o Senhor dos exércitos: Quebrarei o jugo dele do teu pescoço, e romperei as suas prisões, e não o dominarão mais os estranhos: 9 mas servirão ao Senhor seu Deus, e a Davi seu rei, que eu lhes suscitarei.

10 Tu pois, servo meu Jacó, não temas, diz o Senhor, nem te espantes Israel. Porque eis aí está que eu te salvarei desta terra longínqua, e tirarei aos teus descendentes da terra do seu cativeiro. E voltará Jacó, e repousará, e abundará em todos os bens, e não haverá de quem se tema. 11 Porque eu sou contigo para te salvar, diz o Senhor. Eu destruirei pois todas as gentes, para entre as quais eu te arrojei disperso: a ti porém eu te não perderei inteiramente: mas castigar-te-ei com eqüidade, para que tu te não tenhas por inocente.

Enfermidade e restabelecimento

12 Porque isto diz o Senhor: Incurável é a tua fratura, maligníssima a tua chaga. 13 Não há quem faça juízo dela para ligá-la: os remédios são inúteis para ti. 14 Todos os que te amavam, se esqueceram de ti, e não te bus-

carão: porque te tenho ferido de ferida de inimigo com cruel castigo. Pela multidão das tuas maldades se têm endurecido os teus pecados. 15 Por que gritas sobre o teu tormento? Incurável é a tua dor. Pela multidão das tuas maldades, e pela obstinação dos teus pecados te fiz isto.

16 Por cuja causa todos aqueles que te comem, serão devorados: e todos os teus inimigos serão levados para o cativeiro: e os que destroem, serão destruídos, e eu entregarei ao saque todos os que te saqueiam. 17 Porque eu fecharei a cicatriz da tua chaga, e te curarei das tuas feridas, diz o Senhor. Porquanto eles te chamaram, ó Sião, a repudiada: esta é a que não tinha quem a buscasse.

18 Isto diz o Senhor: Eis aí farei eu voltar os cativos que habitavam nas tendas de Jacó, e terei compaixão das suas casas, e a cidade será edificada na sua altura, e o tempo será fundado, segundo a sua dignidade. 19 E sairá deles o louvor, e a voz de júbilo: e os multiplicarei, e não serão diminuídos: e os glorificarei, e não serão atenuados. 20 E os seus filhos serão como eram desde o princípio, e a sua congregação permanecerá diante de mim: e irei com a minha visita contra todos os que o atribulam.

21 E dele será o seu chefe: e o seu príncipe sairá do meio dele: e o aplacarei, e ele se chegará a mim. Quem é pois aquele que aplique o seu coração para chegar-se a mim? diz o Senhor. 22 E vós sereis o meu povo, e eu serei o vosso Deus.

23 Eis aí o redemoinho do Senhor, e seu furor impetuoso, a sua tempestade a ponto de romper, vai a descansar sobre a cabeça dos ímpios. 24 O Senhor não apartará a ira da sua indignação, menos que Ele não tenha executado, e cumprido todos os desígnios de seu coração. No último dos dias entendereis estas coisas.

31 Naquele tempo, diz o Senhor: Eu serei o Deus de todas as famílias de Israel, e eles mesmos serão o meu povo.

Retorno e renascimento

2 Isto diz o Senhor: O povo, que tinha escapado da espada, achou graça no deserto: Israel irá para o seu descanso. 3 De longe se me deixou ver o Senhor. E com amor eterno te amei, por isso compadecido de ti, te atraí a mim.

4 E de novo te edificarei, e serás edificada, virgem de Israel. Ainda serás adornada dos teus atabales, e sairás acompanhada dos coros dos que dançam. 5 Ainda plantarás vinhas nos montes de Samaria. Plantarão os plantadores, e enquanto não chegar o tempo, não vindimarão. 6 Porque virá um dia, em que os guardas gritarão no monte de Efraim: Levantai-vos e subamos a Sião ao Senhor nosso Deus.

7 Porque isto diz o Senhor: Regozijai-vos com júbilo por amor de Jacó, e dai relinchos à frente das gentes. Fazei ressoar tudo, e cantai, e dizei: Salva, Senhor, ao teu povo, as relíquias de Israel. 8 Eis aqui estou eu que os trarei da terra do aquilão, e os congregarei das extremidades da terra; o cego e o coxo, a mulher prenhe e a de parto estarão entre eles de companhia, sendo este um grande tropel dos que tornarem para aqui. 9 Com choro virão: mas com misericórdia os tornarei a trazer: e os trarei por arroios de águas em caminho direito, e não tropeçarão nele: porque eu estou feito pai de Israel, e Efraim é o meu primogênito.

10 Ouvi, gentes, a palavra do Senhor, e anunciai-a às ilhas, que estão ao longe, e dizei: O que espalhou a Israel o congregará: e guardá-lo-á como pastor ao seu rebanho. 11 Porque o Senhor remiu a Jacó, e o livrou da mão do mais poderoso. 12 E virão, e darão louvor no monte de Sião: e correrão aos bens do Senhor, ao trigo, e ao vinho, e ao azeite, e às crias das ovelhas e das vacas. E será a alma deles como enxido de regadio e não terão mais fome. 13 Então se alegrará a virgem na dança, os mancebos e os velhos juntamente. E trocarei o seu pranto em gozo, e os consolarei, e regozijarei passada a sua dor. 14 E embriagarei de gordura a alma dos sacerdotes: e o meu povo será cheio dos meus bens, diz o Senhor.

Repatriação

15 Isto diz o Senhor: Foi ouvida no alto uma voz da lamentação, do pranto, e do choro de Raquel, que chorava seus filhos, e não queria ser consolada acerca deles, porque não existiam. 16 Isto diz o Senhor: Cesse já do choro a tua voz, e de verterem lágrimas os teus olhos: porque recompensa há para a tua obra, diz o Senhor: e eles voltarão da terra do inimigo. 17 As tuas esperanças enfim serão cumpridas, diz o Senhor: e voltarão teus filhos para os seus limites.

18 Tenho ouvido atentamente a Efraim, quando ia para o cativeiro, dizendo: Castigaste-me, e tenho sido ensinado, como novilho ainda não domado. Converte-me, e converter-me-ei. Porque tu és o Senhor meu Deus.

19 Porque depois que me converteste, fiz penitência: e depois que me abriste os olhos, feri a minha coxa. Eu fiquei confuso, e me envergonhei, porque suportei o opróbrio da minha mocidade. 20 Efraim verdadeiramente é para mim filho honrado, sim filho da minha ternura: pois desde que falei dele, ainda me lembrarei dele. Por isso se comoveram as minhas entranhas por ele. Compadecido eu terei misericórdia dele, diz o Senhor.

A caminho do retorno

21 Faze-te uma atalaia, põe diante de ti amarguras. Dirige o teu coração ao caminho direito, em que andaste. Volta, virgem de Israel, volta a essas tuas cidades. 22 Até quando se debilitarão as delícias, filha vagabunda? porque o Senhor criou um novo prodígio sobre a terra: Uma mulher cercará a um varão.

Repovoamento

23 Isto diz o Senhor dos exércitos, o Deus de Israel: Ainda dirão esta palavra na terra de Judá, e nas suas cidades, quando eu tiver feito voltar os cativos deles: O Senhor te abençoe, ó formosura da justiça, ó monte santo! 24 E habitarão nele Judá, e todas as suas cidades juntamente: os lavradores e os que pastoreiam os rebanhos. 25 Porque eu embriaguei a alma frouxa, e fartei a toda a alma faminta. 26 Por isso eu despertei como dum sono: e vi, e o meu sono foi doce para mim.

27 Eis aí vêm os dias, diz o Senhor: E eu semearei a casa de Israel e a casa de Judá de semente de homens, e de semente de animais. 28 E assim como vigiei sobre eles para desarraigar, e demolir, e dissipar, e arruinar, e afligir: do mesmo modo vigiarei sobre eles para edificar e plantar, diz o Senhor. 29 Naqueles dias não dirão mais: Os pais comeram as uvas em agraço, e os dentes dos filhos são os que ficaram botos. 30 Mas cada um morrerá na sua iniqüidade: todo o homem, que comer uvas em agraço, a esse é que lhe ficarão botos os dentes.

Nova época religiosa

31 Eis aí, virão os dias, diz o Senhor: E farei nova aliança com a casa de Israel, e com a casa de Judá. 32 Não segundo o pacto, que eu fiz com seus pais no dia em que eu os tomei pela mão, para os tirar da terra do Egito: pacto, que eles invalidaram, e eu mostrei o meu poder sobre eles, diz o Senhor. 33 Mas esta será a aliança, que farei com a casa de Israel: Depois daqueles dias, diz o Senhor: imprimirei a minha lei nas suas entranhas, e a escreverei nos seus corações. E eu lhes serei o seu Deus, e eles me serão o meu povo. 34 E não ensinará daí em diante varão ao seu próximo, nem varão ao seu irmão, dizendo: Conhece ao Senhor. Porque todos me conhecerão desde o mais pequeno deles até ao maior, diz o Senhor: porque perdoarei a maldade deles, e não me lembrarei mais do seu pecado.

Perpetuidade de Israel

35 Isto diz o Senhor, que dá o sol para a luz do dia, a ordem da lua e das estrelas para a luz da noite: o que turba o mar, e logo soam as suas ondas: Senhor dos exércitos é o seu nome. 36 Se faltarem estas leis diante de mim, diz o Senhor: então faltará também a linhagem de Israel, para que não haja gente diante de mim todos os dias. 37 Isto diz o Senhor: Se puderem ser medidos os céus para cima, e sondarem-se os fundamentos da terra para baixo: eu também abandonarei a toda a linhagem de Israel por todas as coisas que fizeram, diz o Senhor:

38 Eis aí vêm os dias, diz o Senhor: e será edificada pelo Senhor a cidade desde a torre de Hanameel até à porta do ângulo. 39 E estender-se-á mais adiante o cordel da medida à sua vista sobre o outeiro de Gareb: e dará volta a Goata, 40 e a todo o vale dos cadáveres, e da cinza, e a toda a região da morte, até à torrente de Cedron, e até ao ângulo da porta dos cavalos, que está ao oriente, o santuário do Senhor: não será arrancado ele, nem destruído dali por diante para sempre.

A compra do campo

32 Palavra que pelo Senhor foi dirigida a Jeremias no décimo ano de Sedecias, rei de Judá. Este é o ano décimo oitavo de Nabucodonosor.

2 Cercava então o exército do rei de Babilônia a Jerusalém: e o profeta Jeremias estava recluso no átrio do cárcere, que havia na casa do rei de Judá. 3 Porque Sedecias, rei de Judá, o havia encerrado, dizendo: Por que vaticinas, dizendo: Isto diz o Senhor: Eis aqui estou eu que entregarei esta cidade nas mãos do rei de Babilônia, e ele a tomará? 4 E Sedecias, rei de Judá, não escapará da mão dos caldeus: mas será entregue nas mãos do rei de Babilônia: e falará com ele boca a boca, e os seus olhos verão os olhos dele. 5 E levará a Sedecias para Babilônia: e ali estará até que eu o

visite, diz o Senhor: e se pelejardes contra os caldeus, não tereis bom sucesso.

6 E disse Jeremias: Foi-me dirigida a palavra do Senhor, a qual dizia: 7 Eis aí está que eu primo Hanameel, filho de Selum, virá a ti, dizendo: Compra para ti o meu campo, que está em Anatot: porque te compete a ti o comprá-lo por seres o mais próximo parente.

8 E veio ter comigo Hanameel, filho de meu tio paterno, conforme a palavra do Senhor, ao pátio do cárcere, e me disse: Apossa-te do meu campo, que está em Anatot, em terra de Benjamim: porque a ti te compete a herança, e tu és o parente mais chegado para possuí-la. E eu entendi que era palavra do Senhor. 9 E comprei o campo a Hanameel, filho de meu tio paterno, que está em Anatot: e lhe pesei por ele em prata sete estateres, e dez siclos também de prata. 10 E fiz uma escritura, e assinei-a, e chamei testemunhas: e pus o dinheiro em uma balança.

11 E tomei a escritura de aquisição, firmada, e as estipulações do contrato, e a ratificação dele, com os selos por fora. 12 E dei a escritura de aquisição a Baruc, filho de Neri, filho de Maasias, à vista de Hanameel, meu primo, à vista das testemunhas, que se haviam assinado na escritura de compra, e à vista de todos os judeus, que estavam assentados no átrio do cárcere.

13 E dei ordem a Baruc diante deles, dizendo: 14 Isto diz o Senhor dos Exércitos, o Deus de Israel: Toma estas escrituras, esta escritura de compra cerrada, e esta outra escritura, que está aberta: e mete-as numa vasilha de barro, para que se possam conservar muitos dias. 15 Porque eis aqui o que diz o Senhor dos exércitos, o Deus de Israel: Ainda se comprarão casas e campos, e vinhas nesta terra.

Oração de Jeremias

16 E roguei ao Senhor, depois que entreguei a escritura de aquisição a Baruc, filho de Neri, dizendo: 17 Ah! ah! ah! Senhor Deus! Eis aí está que tu fizeste o céu e a terra com o teu grande poder, e com o teu braço estendido! Não haverá coisa alguma que seja difícil para ti: 18 que fazes misericórdia em milhares, e tornas a iniqüidade dos pais ao seio de seus filhos depois deles! Ó fortíssimo, grande e poderoso, Senhor dos exércitos é o teu nome. 19 Grande em conselho, e incompreensível no pensamento, cujos olhos estão abertos sobre todos os caminhos dos filhos de Adão, para retribuíres a cada um segundo os seus caminhos, e segundo o fruto das invenções do seu capricho, 20 que fizeste sinais e portentos na terra do Egito até o dia de hoje, e em Israel, e entre os homens, e te fizeste um nome qual tu tens neste dia. 21 E tiraste o teu povo de Israel da terra do Egito com sinais e com portentos, e com uma mão forte, e com um braço estendido e com terror. 22 E lhes deste esta terra, como o juraste aos pais deles, que lhes darias uma terra, que manasse leite e mel. 23 E entraram, e tomaram posse dela. E não obedeceram à tua voz, nem andaram na tua lei, e não cumpriram nada de quanto lhes mandaste que fizessem: e lhes aconteceram todos estes males.

24 Eis aí levantadas estão as máquinas contra a cidade para ser tomada: e a cidade tem sido entregue nas mãos dos caldeus, que combatem contra ela à vista da espada, e da fome, e da peste. E quanto falaste tudo aconteceu, como tu mesmo o estás presenciando. 25 E tu, Senhor Deus, me dizes: Compra o campo por dinheiro, e toma testemunhas: havendo sido a cidade entregue nas mãos dos caldeus.

Resposta do Senhor

26 E foi dirigida a palavra do Senhor a Jeremias, a qual dizia: 27 Eis aqui estou eu que sou o Senhor Deus de toda a carne. Haverá pois alguma coisa que seja difícil para mim? 28 Portanto, isto diz o Senhor: Eis aqui estou eu que entregarei esta cidade nas mãos dos caldeus, e nas mãos do rei de Babilônia, e eles a tomarão. 29 E virão os caldeus a pelejar contra esta cidade, e lhe porão fogo, e a queimarão, e as casas, em cujos terraços sacrificavam a Baal, e ofereciam a deuses estranhos libações para me irritarem: 30 porque os filhos de Israel, e os filhos de Judá estavam fazendo incessantemente o mal diante dos meus olhos desde a sua mocidade: os filhos de Israel que até agora me irritam com as obras das suas mãos, diz o Senhor. 31 Porque esta cidade se me tem feito objeto do meu furor e da minha indignação, desde o dia em que a edificaram, até este dia em que será tirada da minha presença. 32 Pela maldade dos filhos de Israel, e dos filhos de Judá, que fizeram, provocando-me a ira, eles mesmos e os seus reis, e os seus príncipes, e os seus sacerdotes, e os seus profetas, os varões de Judá e os moradores de Jerusalém.

33 E voltaram-me as costas e não o rosto: quando os ensinava de madrugada, e os corrigia, e não queriam ouvir para receberem a admoestação. 34 E puseram os seus ídolos na casa em que o meu nome foi invocado, para o profanarem. 35 E edificaram a Baal os altares que estão no vale do filho de Enom

para fazerem sacrifícios de seus filhos e de
suas filhas a Moloc: o que eu lhes não man-
dei, nem subiu ao meu coração que fizessem
esta abominação, nem induzissem o pecado
a Judá. 36 E agora por amor disto, assim diz
o Senhor Deus de Israel a esta cidade, da
qual vós dizeis que será entregue nas mãos
do rei de Babilônia à espada, e à fome, e à
peste. 37 Eis aqui estou eu que os congrega-
rei de todas as terras, para onde os lancei no
meu furor, e na minha ira, e na minha grande
indignação: e os trarei a este lugar, e farei
que habitem nele sem temor. 38 E serão para
mim o meu povo, e eu serei para eles o seu
Deus. 39 E dar-lhes-ei um coração, e um ca-
minho, para que me temam todos os dias: e
lhes vá bem a eles, e a seus filhos depois deles.
40 E farei com eles uma aliança sempiterna,
e não deixarei de fazer-lhes bem: e porei o
meu temor no coração deles, para que se não
apartem de mim. 41 E alegrar-me-ei sobre
eles, quando lhes fizer bem a eles: e plantá-
-los-ei nesta terra em verdade, com todo o
meu coração, e com toda a minha alma.

42 Porque isto diz o Senhor: Assim como
fiz vir sobre este povo todo este grande mal,
assim farei vir sobre eles todo o bem, que eu
lhes anuncio. 43 E serão possuídos os campos
nesta terra: da qual vós dizeis que está toda
deserta, por não ter ficado nela nem homem,
nem animal, e porque ela foi entregue nas
mãos dos caldeus. 44 Os campos serão com-
prados por dinheiro, e registrados em escri-
tura, e pôr-se-lhes-á o selo, e tomar-se-ão tes-
temunhas: na terra de Benjamim, e nos con-
tornos de Jerusalém, nas cidades de Judá, e
nas cidades das montanhas, e nas cidades das
planícies, nas cidades que estão ao meio-dia:
porque farei voltar os cativos deles, diz o
Senhor.

A restauração

33 E foi dirigida a palavra do Senhor a
Jeremias segunda vez, quando ainda es-
tava recluso no átrio do cárcere, a qual dizia:
2 Isto diz o Senhor, o qual há de fazer, e há
de formar, e dispor aquilo que disse; Senhor
é o seu nome. 3 Clama a mim, e eu te aten-
derei, e te anunciarei coisas grandes, e firmes
que tu não sabes.

4 Porque isto diz o Senhor Deus de Israel
às casas desta cidade, e às casas do rei de
Judá, que foram destruídas, e às fortificações,
e à espada 5 dos que vêm a pelejar contra os
caldeus, e a enchê-las de cadáveres de homens,
que eu feri no meu furor e na minha indigna-
ção, escondendo a minha face desta cidade
por causa de toda a maldade deles.

6 Eis aqui estou eu que fecharei a sua cha-
ga, e lhes darei saúde, os curarei: e lhes mos-
trarei a paz e a verdade que eles procuram.
7 E farei que voltem os cativos de Judá, e os
cativos de Jerusalém: e os restabelecerei, co-
mo desde o princípio.

8 E os purificarei de toda a sua iniqüidade,
em que pecaram contra mim: e perdoarei
todas as suas maldades, com que delinqüiram
contra mim, e me desprezaram. 9 E me ser-
virá de crédito do meu nome, e de gozo, e de
louvor, e de regozijo para com todas as gentes
da terra, que ouvirem todos os bens, que eu
lhes hei de fazer: e ficarão pasmados, e se
assombrarão de todos os bens, e toda a paz,
que lhes farei a eles.

10 Isto diz o Senhor: Neste lugar (que vós
dizeis que está deserto, porque não há nem
homem, nem animal: nas cidades de Judá, e
nas praças de Jerusalém, que estão desampa-
radas sem homens, e sem habitantes, e sem
gado) se ouvirá ainda 11 voz de gozo e voz
de alegria, voz de esposo e voz de esposa, voz
dos que digam: Louvai o Senhor dos exércitos,
porque bom é o Senhor, porque para sempre
é a sua misericórdia: e voz dos que tragam
suas oferendas à casa do Senhor: pois eu
farei que torne a vir o cativeiro da terra como
ao princípio, diz o Senhor.

12 Isto diz o Senhor dos exércitos: Neste
lugar, que está deserto, sem homens, e sem
animais, e em todas as suas cidades, haverá
ainda choupanas de pastores que façam re-
pousar os seus rebanhos. 13 Nas cidades das
montanhas, e nas cidades das planícies, e nas
cidades, que estão ao meio-dia: e na terra de
Benjamim, e nos contornos de Jerusalém, e
nas cidades de Judá ainda passarão os reba-
nhos pela mão do que os conte, diz o Senhor.

14 Eis aí vêm os dias, diz o Senhor: e
cumprirei a palavra favorável, que falei à
casa de Israel e à casa de Judá. 15 Naqueles
dias, e naquele tempo, farei que saia de Davi
um gérmen de justiça: e ele fará juízo e jus-
tiça na terra. 16 Naqueles dias Judá será
salvo, e Jerusalém habitará sem temor: e este
é o nome, que lhe chamarão a ele, o Senhor
nosso justo. 17 Porque isto diz o Senhor: Não
faltará de Davi varão, que se assente sobre o
trono da casa de Israel. 18 E dos sacerdotes
e dos levitas não faltará varão de diante de
minha face, que ofereça holocaustos, e acenda
o fogo do sacrifício e degole vítimas todos os
dias.

19 E foi dirigida a palavra do Senhor a Je-
remias, a qual dizia: 20 Isto diz o Senhor: Se
pode ser invalidado o meu concerto com o
dia, e o meu concerto com a noite, de sorte

que não haja dia nem noite a seu tempo:
21 também poderá ser invalidada a minha
aliança com Davi meu servo, de sorte que não
haja dele um filho que reine no seu trono, e
levitas, e sacerdotes ministros meus. 22 As-
sim como as estrelas do céu não podem ser
contadas, nem ser medida a areia do mar:
assim multiplicarei a linhagem de Davi meu
servo, e os levitas meus ministros.

23 E foi dirigida a palavra do Senhor a Je-
remias, a qual dizia: 24 Não tens visto por-
ventura o que este povo tem falado, dizendo:
Duas famílias, que o Senhor havia escolhido,
foram rejeitadas: e têm desprezado ao meu
povo, porquanto daqui em diante eles o não
terão por uma nação? 25 Isto diz o Senhor:
Se não tenho feito o meu concerto com o dia
e com a noite, e não tenho estabelecido leis
ao céu e à terra: 26 tão pouco rejeitarei eu
também a linhagem de Jacó e de Davi meu
servo, para não tomar da sua geração prín-
cipes da estirpe de Abraão, de Isaac, e de Jacó:
porque farei voltar o cativeiro e me compa-
decerei deles.

III. NARRATIVAS BIOGRÁFICAS

O destino de Sedecias

34 Palavra que foi dirigida pelo Senhor a
Jeremias, quando Nabucodonosor, rei
de Babilônia, e todo o exército, e todos os
reinos da terra, que estavam debaixo do do-
mínio da sua mão, e todos os povos peleja-
vam contra Jerusalém, e contra todas as ci-
dades, a qual dizia:

2 Isto diz o Senhor Deus de Israel: Vai, e
fala a Sedecias, rei de Judá: e lhe dirás: Isto
diz o Senhor: Eis aqui estou eu que entre-
garei esta cidade nas mãos do rei de Babi-
lônia, e ele lhe lançará o fogo. 3 E tu não
escaparás da sua mão: porém serás infalivel-
mente preso, e entregue na sua mão: e os teus
verão os olhos do rei de Babilônia, e lhe fa-
larás boca a boca, e entrarás em Babilônia.

4 Isto não obstante ouve a palavra do
Senhor, ó Sedecias, rei de Judá: Isto te diz a
ti o Senhor: Não morrerás à espada, 5 mas
morrerás em paz, e conforme as combustões
dos reis passados, teus pais, que foram antes
que tu, assim te queimarão a ti: e te chorarão,
dizendo: Ai! Senhor. Porque tal é a palavra
que eu tenho proferido, diz o Senhor.

6 E o profeta Jeremias falou todas estas
palavras a Sedecias, rei de Judá, em Jerusa-
lém. 7 E o exército do rei de Babilônia com-
batia a Jerusalém, e a todas as cidades de
Judá, que restavam, a Láquis, e a Azeca: por-
que estas eram as cidades fortificadas, que
haviam ficado das de Judá.

Alforria dos escravos

8 Palavra que foi dirigida pelo Senhor a
Jeremias, depois que o rei Sedecias fez um
pacto com todo o povo em Jerusalém, fazendo
publicar: 9 que cada um deixasse livre ao seu
servo hebreu, e cada um a sua serva hebréia:
e que de nenhum modo tivessem domínio
neles, como judeus que eram e seus irmãos.
10 Pelo que deram ouvidos todos os príncipes
e todo o povo, que haviam aceitado o pacto,
de deixar livres cada um a seu servo, e cada
um a sua serva, e que daí em diante não te-
riam domínio sobre eles: por isso obedeceram,
e lhes deram liberdade. 11 Mas depois se ar-
rependeram: e de novo tomaram seus servos
e suas servas, que haviam deixado livres, e
sujeitaram-nos como a servos e como a servas.

12 E foi dirigida pelo Senhor a palavra do
Senhor a Jeremias, a qual dizia: 13 Isto diz o
Senhor Deus de Israel: Eu fiz um pacto com
vossos pais no dia em que os tirei da terra do
Egito, da casa da escravidão, dizendo:

14 Quando se tiverem cumprido sete anos,
deixe cada um em liberdade a seu irmão he-
breu, que se lhe vendeu, e ele te servirá por
seis anos: e tu da tua parte o enviarás livre.
E não me ouviram vossos pais, nem inclina-
ram o seu ouvido. 15 E vós hoje vos haveis
convertido, e fizestes o que é reto nos meus
olhos, intimando liberdade cada um a seu
amigo: e haveis aceitado o pacto em minha
presença na casa em que foi invocado o meu
nome sobre ela. 16 Mas vós vos tendes retra-
tado, e maculastes o meu nome: e tornastes
a tomar cada um o seu servo, e cada um a sua
serva, que havíeis deixado, para que fossem
livres e senhores de si: e os haveis sujeitado
para que sejam vossos servos e servas.

17 Por cuja causa, isto diz o Senhor: Vós
não me ouvistes, para intimardes a liberdade
cada um a seu irmão e cada um a seu amigo.
Eis aqui vos intimo eu a liberdade, diz o
Senhor, para ir à espada, à peste, e à fome: e
vos farei andar errantes por todos os reinos
da terra. 18 E estes homens, que são preva-
ricadores da minha aliança, e não guardaram
as palavras do concerto, com as quais concor-
daram na minha presença, eu os farei como o

bezerro, que dividiram em duas partes, e passaram pelo meio das suas porções: 19 os príncipes de Judá, e os príncipes de Jerusalém, os eunucos e os sacerdotes, e todo o povo da terra, os que passaram pelo meio das porções do bezerro. 20 E os entregarei nas mãos de seus inimigos, e nas mãos dos que procuram tirar-lhes a vida: e os seus cadáveres servirão de pasto às aves do céu, e às alimárias da terra. 21 E entregarei a Sedecias, rei de Judá, e aos seus príncipes nas mãos dos seus inimigos, e nas mãos dos que procuram tirar-lhes a vida, e nas mãos dos exércitos do rei de Babilônia, que se retiraram de vós. 22 Eis aqui eu o ordeno, diz o Senhor, e os farei voltar a esta cidade, e a combaterão, e a tomarão, e lhe lançarão o fogo. E tornarei em deserto as cidades de Judá, de maneira que não haja habitador.

Fidelidade dos recabitas

35 Palavra que foi dirigida pelo Senhor a Jeremias, em tempo de Joaquim, filho de Josias, rei de Judá, a qual dizia: 2 Vai à casa dos recabitas: e fala-lhes, e introduzi-los-ás na casa do Senhor, em um dos quartos do tesouro, e lá lhes darás vinho a beber.

3 Então tomei eu a Jezonias, filho de Jeremias, filho de Habsanias, e a seus irmãos, e a todos os seus filhos, e a toda a casa dos recabitas: 4 e os introduzi na casa do Senhor, no tesouro dos filhos de Hanan, filho de Jegedelias, homem de Deus, que estava junto à câmara dos príncipes, sobre o tesouro de Maasias, filho de Selum, que era o guarda do vestíbulo. 5 E pus diante dos filhos da casa dos recabitas taças cheias de vinho, e copos: e disse-lhes: Bebei vinho.

6 Eles responderam: Não beberemos vinho: porque Jonadab, filho de Recab, nosso pai, nos mandou, dizendo: Não bebereis vinho vós, nem vossos filhos, nunca jamais. 7 E não edificareis casa, nem semeareis sementeiras, e vinhas não plantareis, nem as possuireis: mas habitareis em cabanas todos os dias de vossa vida, para que vivais muitos dias sobre a face da terra, na qual vós viveis peregrinando. 8 Temos pois obedecido à voz de Jonadab, filho de Recab, nosso pai, em todas as coisas que nos mandou, de não beber vinho em todos os nossos dias, nós e nossas mulheres, nossos filhos e filhas: 9 e de não edificarmos casas para nossa morada: e não havemos tido vinha, nem campo, nem sementeira: 10 mas temos habitado em barracas, e temos obedecido em tudo conforme ao que nos mandou Jonadab nosso pai. 11 E quando subiu Nabucodonosor, rei de Babilônia, à nossa terra, dissemos: Vinde, e entremos em Jerusalém por fugir do exército dos caldeus, e por escapar do exército da Síria. E ficamos em Jerusalém.

Lição para os judeus

12 E foi dirigida a palavra do Senhor a Jeremias, a qual dizia: 13 Isto diz o Senhor dos exércitos, o Deus de Israel: Vai, e dize aos varões de Judá, e aos moradores de Jerusalém: Acaso não recebereis vós a minha admoestação, de modo que obedeçais às minhas palavras? diz o Senhor. 14 Firmes têm sido os discursos de Jonadab, filho de Recab, pelos quais mandou a seus filhos, que não bebessem vinho: e não o têm bebido até o dia de hoje, porque obedeceram ao preceito de seu pai: mas eu vos tenho falado a vós, madrugando muito para vos falar, e não me obedecestes. 15 E vos enviei todos os meus servos, os profetas, levantando-me de madrugada para enviá-los, e dizer-vos: Convertei-vos cada um do seu caminho péssimo, e retificai os vossos afetos: e não andeis após dos deuses estranhos, nem os adorei: e habitareis na terra que vos dei a vós, e a vossos pais: e não inclinastes o vosso ouvido, nem me ouvistes.

16 Assim os filhos de Jonadab, filho de Recab, guardaram com firmeza o preceito de seu pai, que lhes tinha ordenado: mas este povo não me tem obedecido. 17 Pelo, que, isto diz o Senhor dos exércitos, o Deus de Israel: Eis aqui estou eu que farei vir sobre Judá, e sobre todos os moradores de Jerusalém toda a calamidade, com que os tenho ameaçado, porque lhes tenho falado, e não ouviram: tenho-os chamado, e não me responderam.

18 E disse Jeremias à casa dos recabitas: Isto diz o Senhor dos exércitos, o Deus de Israel: Porque haveis obedecido ao mandamento de Jonadab, vosso pai, e guardastes todos os seus preceitos, e tendes feito todas as coisas que vos mandou: 19 portanto, isto diz o Senhor dos exércitos, o Deus de Israel: Não faltará varão da estirpe de Jonadab, filho de Recab, que esteja sempre na minha presença todos os dias.

O livro queimado e refeito

36 E aconteceu isto no quarto ano de Joaquim, filho de Josias, rei de Judá: Foi dirigida esta palavra pelo Senhor a Jeremias, a qual dizia: 2 Toma o rolo dum livro, e nele escreverás todas as palavras, que te tenho falado contra Israel e Judá, e contra todas as nações: desde o dia em que eu te falei, desde os dias de Josias até o dia de hoje. 3 A ver se ouvindo os da casa de Judá todos os males, que estou resoluto a fazer-lhes, volta cada um do seu péssimo caminho: e eu perdoarei a maldade, e o pecado deles.

4 Chamou pois Jeremias a Baruc, filho de Nerias: e escreveu Baruc da boca de Jeremias no rolo do livro todas as palavras, que o Senhor lhe tinha dito a ele. 5 E mandou Jeremias a Baruc, dizendo: Eu estou recluso, e não posso entrar na casa do Senhor. 6 Entra pois tu, e lê pelo livro, em que tens escrito da minha boca as palavras do Senhor, ouvindo-o o povo na casa do Senhor no dia de jejum. Além disto ouvindo-o também todo Judá, lê-lo-ás àqueles que vêm das suas cidades: 7 a ver se acaso eles se prostram, orando diante do Senhor, e se converte cada um do seu caminho péssimo. Porquanto grande é o furor e a indignação que o Senhor tem manifestado contra este povo. 8 E Baruc, filho de Nerias, obrou conforme a tudo o que o profeta Jeremias lhe havia mandado, lendo no livro as palavras do Senhor, na casa do Senhor.

9 E aconteceu isto no quinto ano de Joaquim, filho de Josias, rei de Judá, no nono mês. Publicaram um jejum diante do Senhor a todo o povo em Jerusalém, e a toda a multidão, que havia concorrido das cidades de Judá a Jerusalém. 10 E leu Baruc do livro as palavras de Jeremias na casa do Senhor, na câmara de Gamarias, filho de Safan o escriba, no vestíbulo de cima, à entrada da porta nova da casa do Senhor, ouvindo-o todo o povo.

11 E quando ouviu Miquéias, filho de Gamarias, filho de Safan, todas as palavras do Senhor lidas pelo livro: 12 desceu à casa do rei, à câmara do secretário: e eis que estavam ali assentados todos os príncipes: Elisama, secretário, e Dalaias, filho de Semeias, Elnatan, filho de Acobor, e Gamarias, filho de Safan, e Sedecias, filho de Hananias, e todos os príncipes.

13 E Miquéias lhe referiu todas as palavras, que ouvira, lendo-as Baruc pelo livro aos ouvidos do povo.

14 Com isto enviaram todos os príncipes a Baruc, Judi, filho de Natanias, filho de Selemias, filho de Cusi, para lhe dizer: Toma na tua mão o livro, por que leste diante do povo, e vem cá. Tomou pois Baruc, filho de Nerias, o livro na sua mão, e veio ter com eles.

15 E disseram-lhe: Assenta-te, e lê estas coisas de modo que as ouçamos nós. E leu Baruc, ouvindo-o eles. 16 E quando ouviram todas as palavras, se voltaram espantados cada um para o que tinha ao seu lado, e disseram a Baruc: Devemos manifestar ao rei todos esses discursos. 17 E perguntaram-lhe, dizendo: Declara-nos como escreveste tu todos esses discursos da sua boca. 18 E disse-lhes Baruc: Pela sua boca me ditava como se eu fora lendo todos estes discursos. E eu os escrevia no livro com tinta. 19 Então disseram os príncipes a Baruc: Vai-te, e esconde-te tu e Jeremias, e ninguém saiba onde estais.

20 E entrando foram ter com o rei ao átrio do seu palácio, mas deixaram guardado o livro na câmara de Elisama secretário. E anunciaram, ouvindo-o o rei, todos estes discursos. 21 E enviou o rei a Judi a tomar o livro. Tomando-o ele da câmara de Elisama secretário, o leu diante do rei e de todos os príncipes que estavam em torno do rei.

22 E o rei estava assentado no seu quarto de inverno, pelo nono mês: e diante dele estava posto um braseiro cheio de brasas. 23 E tendo Judi lido três ou quatro páginas, o rei o cortou com o canivete do escriba, e o lançou no fogo, que estava sobre o braseiro, até que se queimou todo o livro no fogo, que havia no braseiro. 24 E não temeram nem rasgaram os seus vestidos o rei, e todos os seus servos, que ouviram todas estas palavras.

25 Todavia Elnatan, e Dalaias, e Gamarias se opuseram ao rei, para que não queimasse o livro: mas ele não lhes deu ouvidos. 26 E mandou o rei a Jeremias, filho de Amelec, e a Sarais, filho de Ezriel, e a Selemias, filho de Abdeel, que prendessem a Baruc o amanuense, e ao profeta Jeremias: mas o Senhor os escondeu.

27 E foi dirigida a palavra do Senhor ao profeta Jeremias, depois que o rei queimara o livro, e as palavras que Baruc escrevera, recebendo-as da boca de Jeremias, a qual dizia: 28 Toma de novo outro livro: e escreve nele todas as palavras primeiras, que havia no primeiro livro, que queimou Joaquim, rei de Judá.

29 E dirás a Joaquim, rei de Judá: Isto diz o Senhor: Tu queimaste aquele livro, dizendo: Porque escreveste nele anunciando: Apressado virá o rei de Babilônia, e destruirá esta terra e fará que não fiquem nela homens, nem animais? 30 Portanto, isto diz o Senhor contra Joaquim, rei de Judá: Não sairá dele quem se assente sobre o trono de Davi: e o seu cadáver será exposto ao ardor de dia, e à geada de noite. 31 E visitarei contra ele, e contra a sua linhagem, e contra os seus servos as suas maldades, e farei cair sobre eles e sobre os moradores de Jerusalém, e sobre os varões de Judá todo o mal com que os tenho ameaçado, e eles não deram ouvidos.

32 Tomou pois Jeremias outro livro, e o deu
a Baruc, filho de Nerias secretário: o qual
escreveu nele da boca de Jeremias todas as
palavras do livro, que havia lançado no fogo
Joaquim, rei de Judá: e ainda foram acres-
centadas muitas mais palavras, que as que
tinha havido no primeiro.

Vãs ilusões

37 E reinou o rei Sedecias, filho de Josias,
em lugar de Jeconias, filho de Joaquim:
a quem Nabucodonosor, rei de Babilônia, es-
tabeleceu rei na terra de Judá. 2 E não obe-
deceu ele, nem os seus servos nem o povo da
terra às palavras do Senhor, que falou por
mão do profeta Jeremias.
3 E o rei Sedecias enviou a Jucal, filho de
Selemias, e a Sofonias, filho de Maasias sa-
cerdote, ao profeta Jeremias, para que lhe
dissesse: Faze oração por nós ao Senhor nosso
Deus. 4 E Jeremias andava livremente pelo
meio do povo: porque ainda o não tinham
preso na custódia do cárcere. Entretanto o
exército de Faraó saiu do Egito: e ouvindo os
caldeus, que tinham em sítio a Jerusalém, esta
nova, se retiraram de Jerusalém.
5 E a palavra do Senhor foi dirigida ao pro-
feta Jeremias, a qual dizia: 6 Isto diz o
Senhor Deus de Israel: Assim direis ao rei de
Judá, que vos enviou a perguntar-me a mim:
Eis aqui o exército de Faraó, que saiu para
dar-vos socorro, ele voltará para a sua terra
no Egito, 7 e voltarão os caldeus, e combaterão
contra esta cidade: tomá-la-ão, e lhe lançarão
fogo.
8 Isto diz o Senhor: Não queirais enganar
as vossas almas, dizendo: De certo se irão os
caldeus, e se retirarão de nós, porque eles se
não irão. 9 Mas ainda quando derrotardes
todo o exército dos caldeus, que pelejam con-
tra vós, e ficarem deles alguns feridos: levan-
tar-se-á cada um da sua tenda, e queimarão
esta cidade, pondo-lhe fogo.

Jeremias é encarcerado

10 Tendo-se pois retirado o exército dos
caldeus de Jerusalém, por causa do exército
de Faraó, 11 saiu Jeremias de Jerusalém para
ir à terra de Benjamim e repartir ali uma
possessão na presença dos cidadãos.
12 E quando chegou à porta de Benjamim,
estava ali um dos que por turnos guardavam
a porta, que se chamava Jerias, filho de Sele-
mias, filho de Hananias, e prendeu ao pro-
feta Jeremias, dizendo: Tu foges para os
caldeus. 13 E respondeu Jeremias: Isto é falso,
eu não fujo para os caldeus. E não lhe deu
ouvidos: mas Jerias prendeu a Jeremias e o
levou aos príncipes.
14 Pelo que, irados os príncipes contra Je-
remias, depois de o açoitarem o meteram no
cárcere, que havia na casa de Jonatan escriba:
porque ele era o prefeito do cárcere: 15 E as-
sim entrou Jeremias na casa do fosso, e em
um calabouço: e esteve ali emparedado Jere-
mias muitos dias.
16 Mas o rei Sedecias enviou a tirá-lo: e lhe
perguntou em sua casa secretamente, e disse:
Crês porventura que tens alguma palavra da
parte do Senhor? E disse Jeremias: Sim tenho.
E acrescentou: Nas mãos do rei de Babilônia
serás entregue.

Jeremias com o rei Sedecias

17 E disse Jeremias ao rei Sedecias: Em que
tenho pecado contra ti, e contra os teus ser-
vos, e contra o teu povo, para me mandares
meter na casa do cárcere? 18 Onde estão os
vossos profetas, que vos profetizavam e di-
ziam: Não virá o rei de Babilônia sobre vós,
e sobre esta terra? 19 Agora pois ouve, eu te
rogo, Senhor rei meu. Valha a minha súplica
na tua presença: e não me remetas à casa de
Jonatan secretário, para que não morra eu
ali.
20 Ordenou pois o rei Sedecias que Jere-
mias fosse posto no vestíbulo do cárcere: e
que se lhe desse uma fogaça de pão cada
dia, além da vianda ordinária, até que todo o
pão da cidade se consumisse. E ficou Jere-
mias no vestíbulo do cárcere.

Jeremias na cisterna

38 E ouviu Safacias, filho de Matan, e Ge-
delias, filho de Fassur, e Jucal, filho de
Selemias, e Fassur, filho de Melquias, as pa-
lavras que Jeremias falava a todo o povo,
dizendo: 2 Isto diz o Senhor: Todo aquele
que ficar nesta cidade, morrerá à espada, e de
fome e de peste: mas o que passar aos cal-
deus, viverá, e ficará salva a sua alma e com
vida. 3 Isto diz o Senhor: Certamente será
entregue esta cidade na mão do exército do
rei de Babilônia, e ele a tomará.
4 E disseram os príncipes ao rei: Suplica-
mos-te que mandes matar este homem: por-
que de propósito enerva as forças aos homens
de guerra, que ficaram nesta cidade, e as mãos
de todo o povo, falando-lhes conforme estas
palavras: porquanto este homem não busca a
paz para este povo senão o mal. 5 E disse o
rei Sedecias: Ei-lo-aí está nas vossas mãos:
pois não é justo que o rei vos negue coisa al-
guma.

6 Tomaram pois a Jeremias, e o lançaram
no calabouço de Melquias, filho de Amelec,
que estava no vestíbulo do cárcere: E desce-
ram a Jeremias com cordas ao lago onde não
havia água, senão lodo: e assim se atolou
Jeremias no lodo.

Piedoso socorro proporcionado por um estrangeiro

7 E ouviu Abdemelec, homem etíope eu-
nuco, que estava na casa do rei, que haviam
metido a Jeremias no lago. O rei ao mesmo
tempo estava assentado à porta de Benjamim.
8 E saiu Abdemelec da casa do rei, e falou
ao rei, dizendo: 9 Rei meu senhor, estes ho-
mens obraram mal em tudo quanto fizeram
contra o profeta Jeremias, metendo-o no lago,
para que ali morra de fome, porque já não
há mais pão na cidade.
10 Mandou pois o rei ao etíope Abdemelec,
dizendo: Toma daqui contigo trinta homens,
e tira do lago ao profeta Jeremias antes que
morra. 11 Assim Abdemelec tomando consi-
go os homens, entrou no quarto do rei, que
estava debaixo do guarda-roupa: e tomou dali
uns panos velhos, e roupas antigas, que ti-
nham apodrecido, e por umas cordas os deitou
abaixo no lago a Jeremias. 12 E o etíope
Abdemelec disse a Jeremias: Mete esses peda-
ços de pano velho, e esses andrajos rasgados
e pobres debaixo dos teus sovacos, entre os
braços e as cordas. E Jeremias o fez assim.
13 E tiraram a Jeremias com as tais cordas,
e o extraíram do lago. E ficou Jeremias no
vestíbulo do cárcere.
14 E enviou o rei Sedecias, e fez trazer a
si ao profeta Jeremias à terceira porta, que
estava na casa do Senhor: e disse o rei a
Jeremias: Eu tenho uma coisa que te per-
guntar, não me encubras nada. 15 E disse
Jeremias a Sedecias: Se eu ta anunciar, acaso
tu me matarás? E se eu te der um conselho,
não me ouvirás? 16 Jurou pois o rei Sedecias
a Jeremias em segredo: dizendo: Viva o
Senhor, que nos fez esta alma, que não te ma-
tarei, nem te entregarei nas mãos desses ho-
mens, que buscam a tua vida.
17 E disse Jeremias a Sedecias: Isto diz o
Senhor dos exércitos, o Deus de Israel: Se
saindo fores aos príncipes do rei de Babilônia,
viverá a tua alma, não arderá em fogo esta
cidade: e serás salvo tu, e a tua casa. 18 Mas
se tu não saíres aos príncipes do rei de Babi-
lônia, será entregue esta cidade nas mãos dos
caldeus, e a farão arder no fogo: e tu não
escaparás da mão deles.
19 E disse o rei Sedecias a Jeremias: Re-
ceio-me dos judeus, que se passaram aos
caldeus: Não suceda que eu seja entregue nas
mãos deles, e me tratem indignamente. 20 E
respondeu Jeremias: Não te entregarão. Ro-
go-te que ouças a voz do Senhor, que eu te
anuncio, e será bem para ti, e viverá a tua
alma. 21 Mas se não quiseres sair esta é a pa-
lavra que me mostrou o Senhor: 22 Eis aí
todas as mulheres, que ficaram na casa do
rei de Judá, serão conduzidas aos príncipes
do rei de Babilônia: E elas dirão: Engana-
ram-te, e puderam mais do que tu os homens
da tua paz, atolaram-te no lamaçal, e mete-
ram os teus pés no escorregadouro, e se
apartaram de ti. 23 E todas as tuas mulhe-
res, e teus filhos serão levados aos caldeus:
e não escaparás das suas mãos, senão por
mão do rei de Babilônia serás preso: e ele
fará arder em fogo esta cidade.
24 Disse pois Sedecias a Jeremias: Ninguém
saiba estas palavras, e não morrerá. 25 E se
ouvirem os príncipes que tenho falado con-
tigo, e vierem a ti, e te disserem: Dize-nos o
que falaste com o rei, e não no-lo encubras,
e nós te não mataremos: e que falou o rei
contigo? 26 Tu lhes dirás: Eu fiz ao rei mi-
nhas humildes deprecações, para que me
não mandasse novamente levar à casa de
Jonatan, para eu ali não morrer.
27 Vieram pois todos os príncipes, a Jere-
mias, e lhe fizeram as sobreditas perguntas.
E ele lhes respondeu conforme a tudo o que
o rei lhe havia mandado, e não o inquieta-
ram mais: porque se não havia divulgado
nada. 28 Mas Jeremias permaneceu no vestí-
bulo do cárcere até o dia em que foi tomada
Jerusalém. E de fato foi tomada Jerusalém.

Libertação de Jeremias

39 O nono ano de Sedecias, rei de Judá, no
décimo mês, veio Nabucodonosor, rei de
Babilônia, e todo o seu exército a Jerusalém,
e a sitiaram. 2 O undécimo ano porém de
Sedecias, ao quinto dia do quarto mês, se fez
a brecha na cidade.
3 E todos os príncipes do rei de Babilônia
entraram e se alojaram junto à porta do
meio: a saber, Neregel, Sereser, Semegárnabu,
Sarsaquim, Rabsares, Neregel, Sereser, Reb-
mag, e todos os outros príncipes do rei de
Babilônia. 4 Sedecias, rei de Judá, e toda a
gente de guerra tendo-o visto, fugiram: e de
noite saíram da cidade pelo caminho do jar-
dim do rei, e pela porta, que estava entre
dois muros, e foram buscar o caminho do
deserto. 5 Mas foi em seu alcance o exército
dos caldeus: e apanharam a Sedecias no
campo da solidão de Jericó, e o levaram ca-
tivo a Nabucodonosor, rei de Babilônia, a

Reblata, que está na terra de Emat: e este lhe pronunciou a sua sentença.

6 E o rei de Babilônia matou em Reblata aos filhos de Sedecias diante de seus olhos: e a todos os nobres de Judá fez matar o rei de Babilônia. 7 Mandou também arrancar os olhos a Sedecias: e fê-lo carregar de ferros para ser levado a Babilônia. 8 Queimaram outrossim os caldeus o palácio do rei, e a casa do povo, lançando-lhe fogo, e derribaram o muro de Jerusalém.

9 E os restos do povo, que haviam ficado na cidade, e os desertores, que se tinham ido entregar a ele, e o resto inútil dos do vulgo, que haviam ficado, os levou a Babilônia Nabuzardan, general do exército. 10 E aos mais pobres da plebe, que não tinham absolutamente coisa alguma, Nabuzardan, general do exército, os deixou ficar na terra de Judá: e lhes deu vinhas e cisternas naquele dia.

11 Mas Nabucodonosor, rei de Babilônia, tinha dado esta ordem a Nabuzardan, general do exército, acerca de Jeremias, dizendo: 12 Toma-o, e põe sobre ele os teus olhos, e não lhe faças mal nenhum, mas concede-lhe tudo o que ele quiser. 13 Enviou pois Nabuzardan, general do exército, e Nabusezban, e Rabsares, e Neregel, e Sereser, e Rebmag, e todos os magnates do rei de Babilônia, 14 enviaram, e tomaram a Jeremias do vestíbulo do cárcere, e o entregaram a Godolias, filho de Aicão, filho de Safan, para que ele habitasse em sua casa, e vivesse entre o povo.

Oráculo sobre Abdemelec

15 E tinha sido dirigida a palavra do Senhor a Jeremias, quando este estava preso no vestíbulo do cárcere, a qual dizia: 16 Vai e fala a Abdemelec etíope, dizendo: Isto diz o Senhor dos exércitos, o Deus de Israel: Eis aqui estou eu que farei cumprir as minhas palavras sobre esta cidade em dano seu, e não em bem: e verificar-se-ão naquele dia à tua vista. 17 Mas eu te livrarei nesse dia, diz o Senhor: e não serás entregue nas mãos dos homens, que tu temes: 18 Mas eu tirando-te delas te livrarei, e não cairás morto à espada: e salvarás a tua vida, porque tiveste confiança em mim, diz o Senhor.

Jeremias em casa de Godolias

40 Palavra que foi dirigida pelo Senhor a Jeremias, depois que Nabuzardan, general do exército, o enviou livre desde Rama, quando o tomou atado com cadeias no meio de todos os transmigrados de Jerusalém e de Judá, que eram levados a Babilônia. 2 Tomando pois de parte o general do exército a Jeremias, lhe disse: O Senhor teu Deus pronunciou este mal contra este lugar, 3 e lho trouxe: e fez o Senhor como o havia dito, porque vós pecastes contra o Senhor e não ouvistes a sua voz, e se executou em vós esta palavra.

4 E agora eis aqui te tenho tirado hoje as cadeias, que tens nas tuas mãos. Se queres vir comigo a Babilônia, vem. E porei os meus olhos em ti. Mas se te desagrada vir comigo a Babilônia, fica. Eis-aí está toda a terra à tua vista: Para o lugar que escolheres, e para o qual tu quiseres ir, para esse vai. 5 E não queiras vir comigo: mas podes viver com Godolias, filho de Aicão, filho de Safan, a quem o rei de Babilônia tem posto por governador das cidades de Judá: pois vive com ele no meio do povo: ou para qualquer parte que mais te agradar o ir, vai. Deu-lhe também o general do exército mantimentos, e presentes, e o deixou ir.

6 E assim Jeremias veio à casa de Godolias, filho de Aicão, a Masfat, e assistiu com ele no meio do povo, que havia ficado na terra. 7 E quando ouviram todos os príncipes do exército, que estavam dispersos pelas províncias, eles e os seus companheiros, que o rei de Babilônia tinha posto por governador da terra a Godolias, filho de Aicão, e que lhe havia encarregado os homens e as mulheres, e os meninos, e os pobres da terra, que não haviam sido levados a Babilônia: 8 vieram ter com Godolias a Masfat: a saber, Ismael, filho de Natanias, e Joanan, e Jonatan, filhos de Carée, e Saréias, filho de Taneumet, e os filhos de Ofi, que eram de Netofati, e Jezonias, filho de Maacati, eles e as suas gentes.

9 E Godolias, filho de Aicão, filho de Safan, lhes jurou a eles, e a seus companheiros, dizendo: Não temais servir aos caldeus, habitai na terra, e servi ao rei de Babilônia, e passareis felizmente. 10 Vede que eu assisto em Masfat para executar as ordens dos caldeus, que nos são enviados: e assim vós recolhei a vindima, e a seara, e o azeite, e envazinhai-o nos vossos vasos, e conservai-vos quietos nas vossas cidades, que ocupais.

11 E do mesmo modo todos os judeus que estavam em Moab, e entre os filhos de Amon, e na Iduméia, e em todas as demais regiões, quando ouviram que o rei de Babilônia havia deixado os restantes na Judéia, e que havia posto por governador deles a Godolias, filho de Aicão, filho de Safan: 12 tornaram, digo, todos os judeus de todos os lugares, para onde se haviam refugiado, e vieram à terra de

Judá ter com Godolias a Masfat: e recolheram o vinho e o trigo em mui grande quantidade.

13 E Joanan, filho de Carée, e todos os príncipes do exército, que haviam sido dispersos pelas províncias, vieram ter com Godolias a Masfat. 14 E lhe disseram: Sabe tu que Baalis, rei dos filhos de Amon, mandou a Ismael, filho de Natanias, para te tirar a vida. E Godolias, filho de Aicão, lhes não deu crédito. 15 E Joanan, filho de Carée, falou em segredo com Godolias em Masfat, dizendo: Irei, e matarei a Ismael, filho de Natanias, sem que ninguém o saiba, para que ele te não tire a vida, e sejam dispersos todos os judeus, que se tem congregado a ti, e pereçam as relíquias de Judá. 16 E disse Godolias, filho de Aicão, a Joanan, filho de Carée: Guarda-te, não faças tal: porque o que tu dizes de Ismael é falso.

Assassínio político

41 E aconteceu no mês sétimo, que veio Ismael, filho de Natanias, filho de Elisama, de linhagem real, e os grandes reis, e dez homens com ele, ter com Godolias, filho de Aicão, a Masfat: e comeram ali pão juntos em Masfat. 2 E levantou-se Ismael, filho de Natanias, e os dez homens, que com ele estavam, e feriram a Godolias, filho de Aicão, filho de Safan, às cutiladas, e mataram aquele que o rei de Babilônia havia posto por governador da terra.

3 Matou também Ismael a todos os judeus, que estavam com Godolias em Masfat e aos caldeus que foram ali achados, e aos homens de guerra.

Outros delitos

4 E ao outro dia depois que matara a Godolias, sem ninguém ainda o saber, 5 vieram uns homens de Siquém, e de Silo, e de Samaria oitenta homens: com a barba rapada, e rasgados os vestidos, e o rosto todo desfigurado: e traziam nas mãos incenso, e ofertas, para as presentar na casa do Senhor. 6 Saindo pois de Masfat a recebê-las Ismael, filho de Natanias, ia andando e chorando: e quando chegou a eles, lhes disse: Vinde a Godolias filho de Aicão. 7 Quando eles chegaram ao meio da cidade, Ismael, filho de Natanias, ele mesmo e os homens, que estavam com ele, os mataram no meio do lago.

8 Mas entre eles se acharam dez homens, que disseram a Ismael: Não nos mates: porque temos no campo tesouros de trigo, e de cevada, e de azeite, e de mel. E os deixou: E não matou a estes, como a seus irmãos. 9 O lago pois, em que lançara Ismael todos os cadáveres dos homens, que matou por causa de Godolias, é o mesmo que fez o rei Asa por causa de Baasa, rei de Israel: a este mesmo encheu de mortos Ismael, filho de Natanias. 10 E a todos os que do povo haviam ficado em Masfat, levou presos Ismael: As filhas do rei, e todo o povo, que havia ficado em Masfat: os que Nabuzardan, general do exército, havia deixado encarregados a Godolias, filho de Aicão. E tomou-os Ismael, filho de Natanias, e se foi para passar aos filhos de Amon.

Lutas internas

11 E ouviu Joanan, filho de Carée, e todos os oficiais de guerra, que estavam com ele, todo o mal que havia feito Ismael, filho de Natanias. 12 E tomando consigo toda a sua gente, saíram a pelejar contra Ismael, filho de Natanias, e acharam-no perto das muitas águas, que há em Gabaon.

13 E quando todo o povo, que estava com Ismael, viu a Joanan, filho de Carée, e a todos os oficiais de guerra, que estavam com ele, se alegraram. 14 E todo o povo, que Ismael havia feito prisioneiro, voltou a Masfat: e tendo dado volta, se foi para Joanan, filho de Carée.

15 Mas Ismael, filho de Natanias, escapou com oito homens do encontro de Joanan, e se passou aos filhos de Amon. 16 Por onde Joanan, filho de Carée, e todos os oficiais de guerra, que estavam com ele, tomaram em Masfat todos os que restavam da plebe, que ele havia recobrado de Ismael, filho de Natanias, depois que matou a Godolias, filho de Aicão: aos homens de valor para a guerra, e as mulheres, e os meninos, e os eunucos, que havia feito voltar de Gabaon.

17 E foram-se dali, e estiveram de passagem em Camaão, que está ao pé de Belém, com o fim de passarem adiante, e entrarem no Egito, 18 por medo dos caldeus: porque os temiam por causa de haver assassinado Ismael, filho de Natanias, a Godolias, filho de Aicão, que o rei de Babilônia havia posto por governador na terra de Judá.

Desorientados

42 E vieram todos os oficiais de guerra, e Joanan, filho de Carée, e Jezonias, filho de Osaías, e o resto do povo, desde o pequeno até o grande: 2 e disseram ao profeta Jeremias: Seja aceita a nossa súplica na tua presença: e faze oração por nós ao Senhor teu Deus, por todo este resto do povo, porque de muitos temos ficado poucos, assim como nos vêem teus olhos: 3 e para que nos declare o Senhor

teu Deus o caminho por onde havemos de ir,
e a palavra que havemos de executar.
4 Disse-lhes pois a eles o profeta Jeremias:
Tenho ouvido. Vede que eu vou a fazer oração
ao Senhor vosso Deus, conforme vós dizeis.
Qualquer palavra que me responder, eu vo-la
referirei: e não vos encobrirei coisa alguma.
5 E eles disseram a Jeremias: Seja o Senhor
entre nós testemunha da nossa verdade e fé,
se assim o não fizermos conforme toda a pala-
vra, em que te enviar a nós o Senhor teu Deus.
6 Seja em bem, ou seja em mal, obedeceremos
à voz do Senhor nosso Deus, a quem te envia-
mos: para que sejamos bem sucedidos depois
que tivermos escutado a voz do Senhor nosso
Deus.

Predição de Jeremias

7 E havendo-se cumprido dez dias, foi diri-
gida a palavra do Senhor a Jeremias. 8 E cha-
mou a Joanan, filho de Carée, e a todos os
oficiais de guerra, que estavam com ele, e a
todo o povo, desde o mais pequeno até o maior.
9 E lhes disse: Isto diz o Senhor Deus de Israel,
a quem me haveis enviado, para que eu expu-
sesse os vossos humildes rogos na sua presen-
ça: 10 Se permanecerdes quietos nesta terra,
eu vos edificarei, e não vos destruirei, plantar-
vos-ei, e não vos arrancarei: porque já estou
aplacado sobre o mal que vos fiz.
11 Não temais a presença do rei de Babi-
lônia, de quem vós espantados tendes medo.
Não o temais, diz o Senhor: porque eu sou
convosco, para vos pôr a salvo, e livrar da
sua mão. 12 E vos encherei de misericórdias,
e terei piedade de vós, e far-vos-ei habitar na
vossa terra:
13 Mas se vós disserdes: Não moraremos
nesta terra, nem escutaremos a voz do Senhor
nosso Deus, 14 dizendo: De nenhuma maneira,
mas caminharemos para a terra do Egito: onde
não veremos guerra, nem ouviremos estrondo
de trombetas, nem padeceremos fome: e ali
habitaremos.
15 Portanto ouvi agora a palavra do Senhor,
relíquias de Judá: Isto diz o Senhor dos exér-
citos, o Deus de Israel: Se vós com ânimo
resoluto vos dispuserdes para entrardes no
Egito, e entrardes com o fim de lá habitar:
16 a espada, que vós temeis, ali vos alcançará
na terra do Egito: e a fome que vós receais,
no Egito, vos pegará, e ali morrereis. 17 E
todos os varões que se obstinaram em entrar
no Egito com o fim de habitar ali, morrerão
à espada, e de fome e de peste. Não ficará
nenhum deles, nem escapará da violência do
mal que eu farei vir sobre eles.
18 Porque isto diz o Senhor dos exércitos,
o Deus de Israel: Assim como meu furor, e a
minha indignação se acendeu contra os habi-
tantes de Jerusalém: assim se acenderá a mi-
nha indignação contra vós quando tiverdes
entrado no Egito, e vós vireis a ser o objeto
de execração, e de espanto, e de maldição, e
de opróbrio: e não tornareis mais a ver este
lugar
19 Esta é a palavra do Senhor sobre vós,
relíquias de Judá: Não entreis no Egito. Tereis
bem entendido, que eu vos tenho protestado
hoje, 20 que haveis enganado as vossas almas:
porque vós me enviastes ao Senhor nosso Deus,
dizendo: Roga por nós ao Senhor nosso Deus,
e conforme a tudo o que te disser o Senhor
nosso Deus, anuncia-no-lo assim, e nós o fare-
mos. 21 E hoje vo-lo tenho declarado, e não
ouvistes a voz do Senhor vosso Deus acerca
de todas as coisas pelas quais me enviou a
vós. 22 Agora pois tereis entendido, que à
espada, e de fome, e de peste morrereis no
lugar aonde quisestes entrar para ali viver.

Jeremias acusado de mentiroso

43 E aconteceu que, tendo Jeremias acaba-
do de falar ao povo todas as palavras
do Senhor Deus deles, conforme o Senhor
Deus deles lho havia enviado a eles, para que
lhes dissesse todas estas palavras: 2 falou
Azarias, filho de Osaías, e Joanan, filho de
Carée, e todos os homens soberbos, dizendo
a Jeremias: Tu dizes mentiras. O Senhor nosso
Deus não te enviou a dizer: Não entrareis no
Egito para habitardes ali. 3 Mas Baruc, filho
de Nerias, te incita contra nós, para nos entre-
gar nas mãos dos caldeus, para nos matar e
nos fazer levar a Babilônia.
4 E não escutou Joanan, filho de Carée, e
todos os oficiais de guerra, e todo o povo a
voz do Senhor, para ficarem na terra de Judá.
5 Mas Joanan, filho de Carée, e todos os ofi-
ciais de guerra tomaram a todos os restos dos
de Judá que haviam voltado de todas as nações
para onde haviam sido dispersos para habita-
rem na terra de Judá, 6 homens, e mulheres,
e crianças, e as filhas do rei, e toda a alma
que Nabuzardan, general do exército dos cal-
deus, tinha deixado com Godolias, filho de
Aicão, filho de Safan, e ao profeta Jeremias,
e a Baruc, filho de Nerias. 7 E entraram na
terra do Egito, porque não obedeceram à voz
do Senhor: e vieram até Táfnis.
8 E foi dirigida a palavra do Senhor a Jere-
mias em Táfnis, a qual dizia: 9 Toma na tua
mão pedras grandes, e esconde-as na abóbada,
que está debaixo do muro de ladrilho à porta

da casa de Faraó em Táfnis, à vista de homens
judeus. 10 E lhes dirás: Isto diz o Senhor dos
exércitos, o Deus de Israel: Eis aqui estou eu
que enviarei, e tomarei a Nabucodonosor, rei
de Babilônia, meu servo: e porei o trono sobre
estas pedras que escondi, e ele estabelecerá o
seu sólio sobre elas. 11 E vindo ferirá a terra
do Egito. Os que eu destinei para a morte:
entregará ele à morte: e os que para o cati-
veiro, ao cativeiro: e os que para a espada, à
espada. 12 E fará pegar fogo nos templos dos
deuses do Egito, e os queimará, levá-los-á cati-
vos. E revestir-se-á da terra do Egito, como se
veste o pastor com a sua roupa. E sairá dali
em paz. 13 E quebrará as estátuas da casa do
sol, que há na terra do Egito. E abrasará com
o fogo os templos dos deuses do Egito.

Idolatria e castigo no Egito

44 Palavra que foi dirigida por Jeremias a
todos os judeus, que habitavam na terra
do Egito, aos que moravam em Magdalo, e
em Táfnis, e em Mênfis, na terra, de Faturés,
dizendo: 2 Isto diz o Senhor dos exércitos, o
Deus de Israel: Vós tendes visto todo esse
mal, que fiz vir sobre Jerusalém, e sobre todas
as cidades de Judá. E vede que estão hoje
despovoadas, e não há nelas morador: 3 pela
maldade, que fizeram para me provocarem a
ira, e indo a sacrificar, e adorar a deuses es-
tranhos a quem não conheciam nem eles, nem
vós, nem vossos pais.

4 E vos enviei todos os meus servos os
profetas, levantando-me de noite, e enviando-
os com efeito e dizendo: Não façais coisa de
tanta abominação, como esta que detesto. 5 E
não ouviram, nem inclinaram o seu ouvido
para se converterem das suas maldades, e para
não sacrificarem a deuses estranhos. 6 E acen-
deu-se a minha indignação e o meu furor, e
ateou-se nas cidades de Judá, e nas praças de
Jerusalém: e trocaram-se em deserto, e deso-
lação, como hoje se estão vendo. 7 E agora isto
diz o Senhor dos exércitos, o Deus de Israel:
Por que vós fazeis esse grande mal contra as
vossas almas, para que do meio de Judá pereça
dentre vós o varão e a mulher, o pequenino e
o que mama, e que não fique resto algum de
vós: 8 provocando-me com as obras de vossas
mãos, sacrificando a deuses estranhos na terra
do Egito, na qual haveis entrado para nela
habitar: e pereçais, e sejais um objeto de
maldição, e de opróbrio a todas as gentes da
terra?

9 Acaso estais esquecidos das maldades de
vossos pais, e das maldades dos reis de Judá,
e das maldades das mulheres de cada um, e
de vossas maldades, e das maldades de vossas
mulheres, que fizeram na terra de Judá, e nos
bairros de Jerusalém? 10 Não se purificaram
até o dia de hoje: e não tiveram temor, nem
andaram na lei do Senhor, e nos meus manda-
mentos, que dei na vossa presença, e na de
vossos pais.

11 Portanto, isto diz o Senhor dos exércitos,
o Deus de Israel: Eis aqui estou eu que porei
o meu rosto sobre vós para mal: e destruirei a
todo o Judá. 12 E tomarei os que restaram
de Judá, que se obstinaram a entrar na terra
do Egito, e habitarem nela: e serão todos con-
sumidos na terra do Egito. Cairão mortos à
espada, e de fome: e serão consumidos desde
o mais pequeno até ao maior à espada, e mor-
rerão de fome: e ficarão sendo um objeto de
execração, e de espanto, e de maldição, e de
opróbrio.

13 E virei com a minha visita sobre os mo-
radores da terra do Egito, como fui sobre
Jerusalém com espada, e fome, e peste. 14 E
das relíquias dos judeus, que vão a habitar
na terra do Egito, não haverá quem escape, e
seja reservado: e que torne à terra de Judá,
à qual eles levantam as suas almas para tor-
narem, e morarem ali. Não tornarão senão os
que fugirem.

15 E responderam a Jeremias todos os va-
rões, que sabiam que sacrificavam suas mu-
lheres a deuses estranhos: e todas as mulheres,
de que havia ali grande multidão, e todo o
povo dos que moravam na terra do Egito em
Faturés, dizendo: 16 Não escutaremos de ti a
palavra que nos disseste em nome do Senhor.
17 Mas pontualmente cumpriremos toda a
palavra, que sair da nossa boca, de sacrificar-
mos à Rainha do céu, e de lhe oferecermos
libações, como nós o temos feito, e nossos
pais, nossos reis, e nossos príncipes nas cida-
des de Judá, e nas praças de Jerusalém: e
tivemos fartura de pão, e nos ia bem, e não
vimos mal algum. 18 Porém desde aquele
tempo em que nós cessamos de sacrificar à
Rainha do céu, e de lhe oferecer libações,
estamos necessitados de tudo, e temos sido
consumidos pela espada, e pela fome. 19 Assim
é que nós sacrificamos à Rainha do céu, e lhe
oferecemos libações. Mas acaso fizemos-lhe nós
as tortas para a honrar, e oferecemos-lhe as
libações sem os nossos maridos?

20 E falou Jeremias a todo o povo contra
os maridos, e contra as mulheres, e contra toda
a plebe, que lhe haviam dado esta resposta,
dizendo: 21 Acaso não se lembrou o Senhor
dos sacrifícios, que lhe oferecestes nas cidades
de Judá, e nas praças de Jerusalém, vós e vos-
sos pais, vossos reis, e vossos príncipes, e o

povo da terra, e não chegou isto ao seu coração? 22 E não podia já sofrer mais o Senhor pela malícia dos vossos desígnios, e pelas abominações que fizestes, e a vossa terra se tem convertido em desolação, e em espanto, e em maldição, até não haver morador, como se acha neste dia. 23 Pelo motivo de que sacrificastes aos ídolos, e pecastes contra o Senhor: e não ouvistes a voz do Senhor, e não andastes na sua lei, e nos seus mandamentos, e testemunhos. Por isso vos vieram estes males, como se vêem neste dia.

24 E disse Jeremias a todo o povo, e a todas as mulheres: Ouvi a palavra do Senhor todos os de Judá, que estais na terra do Egito: 25 Isto fala o Senhor dos exércitos, o Deus de Israel, dizendo: Vós, e vossas mulheres falastes por vossa boca, e cumpristes com vossas mãos, dizendo: Cumpramos os nossos votos, que fizemos, de sacrificar à Rainha do céu, e de lhe oferecer libações. Cumpristes os vossos votos, e os pusestes por obra.

26 Portanto ouvi a palavra do Senhor todos os de Judá, que habitais na terra do Egito: Eis aqui estou eu que jurei pelo meu grande nome, diz o Senhor: que de nenhum modo será pronunciado mais o meu nome por boca de nenhum homem judeu, dizendo: Vive o Senhor Deus em toda a terra do Egito. 27 Eis aqui eu que vigiarei sobre vós para mal, e não para bem: todos os varões de Judá, que há na terra do Egito, perecerão à espada, e de fome, até que de todo sejam consumidos. 28 E os homens, que escaparem da espada, saindo da terra do Egito, voltarão à terra de Judá em curto número. E todas as relíquias de Judá dos que entram na terra do Egito para morarem nela, saberão que palavra será cumprida, se a minha, ou a deles.

29 E isto vos servirá de sinal, diz o Senhor, de que eu hei de vir com a minha visita sobre vós neste lugar: para que saibas que verdadeiramente se cumprirão contra vós as minhas palavras em dano vosso. 30 Isto diz o Senhor: Eis aqui estou eu que entregarei a Faraó Efreo, rei do Egito, na mão de seus inimigos, e na mão dos que demandam a sua alma: assim como entreguei a Sedecias, rei de Judá, na mão de Nabucodonosor, rei de Babilônia, seu inimigo, e que procurava a sua alma.

Promessas de Baruc

45 Palavra que falou Jeremias profeta a Baruc, filho de Nerias, quando escreveu no livro estas palavras da boca de Jeremias, no ano quarto de Joaquim, filho de Josias, rei de Judá, a qual dizia: 2 Isto te diz o Senhor Deus de Israel, a ti, ó Baruc: 3 Disseste: Ai de mim, infeliz, porque o Senhor acrescentou dor à minha dor. Trabalhei no meu gemido, e não achei descanso.

4 Isto diz o Senhor: Assim lhe dirás a ele: Eis aqui os que edifiquei, eu os destruo: e os que plantei, eu os arranco, e a toda esta terra.

5 E tu busca para ti coisas grandes? não nas busques: porque eis aqui estou eu que trarei mal sobre toda a carne, diz o Senhor: e te darei a tua alma em salvação em qualquer dos lugares, para onde tu fores.

IV. ORÁCULOS CONTRA AS NAÇÕES

Profecia contra o Egito

46 Palavra do Senhor, que foi dirigida ao profeta Jeremias contra as gentes:

2 Para o Egito contra o exército de Faraó Necao, rei do Egito, que estava junto ao rio Eufrates em Cárcamis, a quem derrotou Nabucodonosor, rei de Babilônia, no ano IV de Joaquim, filho de Josias, rei de Judá.

3 Preparei o escudo, e o pavez, e saí à campanha. 4 Uni os cavalos e montai, cavaleiros. Apresentai-vos com elmos, açalai as lanças, vesti-vos de couraças. 5 Mas que? eu os vi medrosos, e voltar as costas, os seus valentes derrotados. Fugiram precipitados, nem para trás olharam. O espanto os cerca de todas as partes, diz o Senhor. 6 Não fuja o ligeiro, nem espere salvar-se o valente. Para a parte do aquilão junto ao rio Eufrates foram vencidos, e caíram por terra.

7 Quem é este que sobe como rio e se incham as suas ondas como as dos rios? 8 O Egito sobe à maneira de rio, e as suas ondas se moverão como rios, e dirá: Subindo, cobrirei a terra. Destruirei a cidade, e os seus moradores. 9 Montai em cavalos, e fazei alarde dos carros, e vão adiante os valentes, a Etiópia, e os de Líbia armados de escudos, e os lídios lançando mão das setas, e despedindo-as.

10 E aquele dia do Senhor Deus dos exércitos, dia será de vingança, para vingar-se de seus inimigos. Devorará a espada, e fartar-se-á, e embriagar-se-á com o sangue deles: porque esta é a vítima do Senhor Deus dos exércitos na terra do aquilão, junto ao rio Eufrates. 11 Sobe a Galaad, e toma resina, ó virgem

filha do Egito. Em vão multiplicas os remédios, não haverá cura para ti. 12 Ouviram as gentes a tua ignomínia, e o teu alarido encheu a terra: porque o forte chocou com o forte, e ambos juntos vieram à terra.

13 Palavra que falou o Senhor ao profeta Jeremias, sobre o haver de vir Nabucodonosor, rei de Babilônia, e haver de assolar a terra do Egito.

14 Anunciai no Egito, e fazei ouvir isto em Magdalo, e ressoe em Menfis, e em Táfnis, dizei: Pára, e prepara-te: porque devorará a espada aquelas coisas que estão ao redor de ti. 15 Por que apodreceu o teu valente? não se pode ter em pé: porque o Senhor o derribou. 16 Multiplicou os que caíam, e caiu cada um sobre o do seu lado. E dirão: Levanta-te e voltemos ao nosso povo, e à terra onde nascemos, fugindo da espada da pomba. 17 Chamai daqui em diante a Faraó, rei do Egito: O tempo trouxe o tumulto. 18 Vivo eu (disse o rei cujo nome é Senhor dos exércitos) que assim como o Tabor entre os montes, e como o Carmelo sobre o mar, assim virá. 19 Prepara o trem da tua transmigração, moradora filha do Egito: porque Menfis será tornada em solidão, e ficará deserta, e despovoada.

20 O Egito é uma novilha louçã e formosa! Do aquilão virá quem na aguilhoe. 21 E ainda os que recebiam as suas soldadas e moravam no meio dela, se tornaram como bezerros cevados, e fugiram juntos, nem puderam parar: porque veio sobre eles o dia do seu estrago, o tempo da visitação deles. 22 A sua voz será sonora como a do metal: porque eles marcharão depressa com o exército, e virão a ela com machados, como os que cortam lenha. 23 Cortaram as árvores do seu bosque, diz o Senhor, que não podem contar-se. Multiplicaram-se como gafanhotos, que não têm número. 24 Confundida está a filha do Egito, e entregue nas mãos do povo do aquilão.

25 O Senhor dos exércitos, o Deus de Israel, disse: Eis aqui estou eu que irei com a minha visita sobre o tumulto de Alexandria, e sobre Faraó, e sobre o Egito, e sobre os seus deuses, e sobre os seus reis, e sobre Faraó, e sobre aqueles que confiam nele. 26 E os entregarei nas mãos dos que procuram a sua alma, e nas mãos de Nabucodonosor, rei de Babilônia, e nas mãos dos seus servos. E depois disto será povoada, como nos dias antigos, diz o Senhor.

27 E tu não temas, servo meu Jacó, e não te enchas de pavor, Israel: porque eis aqui estou eu que te livrarei a ti, e tua linhagem da terra remota do teu cativeiro. E voltará Jacó, e repousará, e será prosperado: e não haverá quem o amedronte. 28 E tu não temas, servo meu Jacó, diz o Senhor: porque eu sou contigo, pois que eu hei de consumir todas as gentes, para as quais te desterrei: a ti, porém, não te consumirei, mas castigar-te-ei com eqüidade, e não te perdoarei como a inocente.

Profecia contra os filisteus

47 Palavra do Senhor, que foi dirigida ao profeta Jeremias contra os palestinos, antes que Faraó tomasse Gaza. 2 Isto diz o Senhor: Olha que se levantam as águas do aquilão, e serão como uma torrente que inunda, e cobrirão a terra, e quanto há nela, a cidade e os seus moradores. Darão brados os homens, e uivarão todos os habitadores da terra. 3 Por causa do estrondo pasmoso das armas, e dos seus combatentes, por causa do movimento de seus carros, e da multidão das suas rodas. Os pais não atenderam aos filhos, perdido o vigor das mãos, 4 pela chegada do dia em que serão destruídos todos os filisteus, e será arruinada Tiro, e Sidônia, com todo o resto dos seus socorros: porque o Senhor entregou ao saque os palestinos, as relíquias da ilha de Capadócia.

5 A rapadura veio sobre Gaza. Calou-se Ascalon, e as relíquias dos seus vales: até quando te maltratarás? 6 Ó espada do Senhor, até quando deixarás de repousar? Entra na bainha, refresca-te, e põe-te em silêncio. 7 Como descansará ela, se o Senhor lhe tem dado as suas ordens contra Ascalon, e contra as suas províncias marítimas, e ali lho tem prescrito?

Profecia contra Moab

48 Isto diz a Moab o Senhor dos exércitos, o Deus de Israel: Ai de Nabo, porque foi devastada, e confundida. Cariataim foi tomada. A forte se confundiu e tremeu. 2 Não há mais alegria em Moab contra Hesebon: pensaram mal. Vinde, e acabemos com ela dentre as gentes: pois calando emudecerás, e a espada te irá seguindo. 3 Uma voz de tumulto se levantou de Oronaim: Um estrago, e ruína grande. 4 Arruinada ficou Moab. Ensinai lamentos aos seus pequeninos. 5 Porque pela subida de Luit chorando subirá com gemidos: e na descida de Oronaim ouviram os inimigos um alarido de estrago. 6 Fugi, salvai as vossas almas: e sereis como tamargueiras no deserto.

7 Pelo motivo pois de haveres posto a confiança nas tuas fortificações, e nos teus tesouros, também tu serás tomada. E irá Camos para o cativeiro, juntamente os seus sacerdotes, e os seus príncipes. 8 E virá o roubador a todas as cidades, e nenhuma cidade escapará. E perecerão os vales, e serão taladas as campinas: porque o Senhor o disse: 9 Dai

flores a Moab, porque florescente será trans-
portado: e as suas cidades ficarão desertas, e
despovoadas. 10 Maldito o que faz a obra do
Senhor com dolo: e maldito o que veda a sua
espada do sangue.

11 Em abundância esteve Moab desde a sua
mocidade, e repousou nas suas fezes: nem foi
trasfegado de vasilha em vasilha, nem foi para
o cativeiro. Por isso permaneceu o seu sabor
nele, e o seu cheiro não se mudou. 12 Por esta
causa eis aí vêm os dias, diz o Senhor: e en-
viar-lhe-ei trasfegadores, e que ponham em
ordem as suas tinas, e o trasfegarão, e despe-
jarão as suas vasilhas, e quebrarão as suas
tinas. 13 E será afrontado Moab por causa de
Camos, como foi afrontada a casa de Israel
por Betel, na qual tinha a sua confiança.

14 Como dizeis: Valentes somos, e homens
fortes para pelejar? 15 Destruído ficou Moab,
e talaram as suas cidades. E os seus mance-
bos escolhidos desceram ao degoladouro. Diz
o rei, cujo nome é Senhor dos exércitos. 16 A
ponto está de chegar a destruição de Moab:
e o seu mal virá correndo com grandíssima
velocidade. 17 Consolai-o todos os que estais
na sua comarca, e todos os que sabeis o seu
nome, dizei: Como se fez em pedaços a vara
forte, o báculo glorioso? 18 Desce da glória,
assenta-te em seco, morada da filha de Dibon.
Porque o devastador de Moab subiu a ti, des-
truiu as tuas fortificações. 19 Pára no cami-
nho, e olha, morada de Aroer. Pergunta ao
que foge: e dize ao que escapou: Que aconte-
ceu? 20 Confundido foi Moab, porque ficou
vencido. Uivai e gritai, publicai em Arnon, que
Moab foi destruída. 21 E a vingança veio sobre
a terra campestre: sobre Helon e sobre Jasa,
e sobre Mefaat, 22 e sobre Dibon, e sobre Nabo,
e sobre a casa de Deblataim, 23 e sobre Caria-
taim, e sobre Betgamul, e sobre Betmaon, 24 e
sobre Cariot, e sobre Bosra: e sobre todas as
cidades da terra de Moab, as que demoram ao
longe, e as que perto.

25 Cortado foi o poder de Moab, e o seu
braço tem sido quebrantado, diz o Senhor.
26 Embriagai-o, porque se levantou contra o
Senhor. E lastimará Moab a sua mão no seu
vômito, e ele será também objeto de ludíbrio.
27 Porque tu escarneceste a Israel: como se
o tiveras achado entre ladrões: e assim tu se-
rás levado cativo pelas tuas palavras, que tens
falado contra ele. 28 Desamparai as cidades,
moradores de Moab, vivei nos penhascos: e
sede como a pomba, que faz o ninho no mais
alto da boca da gruta.

29 Ouvimos a soberba de Moab, que é so-
berbo em extremo: a sua inchação, e a arro-
gância, e soberba, e altivez do seu coração.
30 Eu sei, diz o Senhor, a sua jactância: e
que não é conforme a ela o seu valor, nem
os seus esforços tem sido conforme ao que
podia fazer.

31 Portanto gemerei sobre Moab, e darei
gritos por toda Moab, aos varões do Muro
de Ladrilho, que se estão lamentando. 32 Com
o pranto de Jazer chorarei por ti, vinha de
Sabama! As tuas vides passaram o mar, até
ao mar de Jazer chegaram. O roubador se
lançou sobre as tuas searas, e a tua vindima.
33 A alegria e o regozijo se tem desterrado do
Carmelo e da terra de Moab, e eu tirei o vinho
dos lagares. O pisador da uva não cantará já
o seu costumado celeuma. 34 Com o clamor
de Hesebon até Eleale, e Jasa, levantaram a
sua voz: desde Segor até Oronaim, como be-
zerra de três anos: as mesmas águas de Nem-
rim serão mui nocivas. 35 E tirarei de Moab,
diz o Senhor, ao que faz oferendas nos altos,
e sacrifica aos seus deuses. 36 Portanto o meu
coração por causa de Moab ressoará como
frauta: e o meu coração dará um sonido de
frautas sobre os varões do Muro de Ladrilho:
porque fez mais do que pode, por isso pere-
ceram: 37 Porque toda a cabeça ficará calva,
e toda a barba será rapada. Em todas as mãos
se acharão algemas, e sobre todo o espinhaço
cilício. 38 Sobre todas as casas de Moab, e
nas suas praças ouvir-se-á todo o pranto: por-
quanto fiz a Moab em pedaços, como o vaso
inútil, diz o Senhor. 39 Como foi vencida, e
deram uivos? Como abaixou Moab a cerviz,
e ficou envergonhado? E será Moab objeto de
ludíbrio, e de escarmento a todos os da sua
comarca.

40 Isto diz o Senhor: Eis aqui o que como
águia voará, estenderá as suas asas a Moab.
41 Tomada foi Cariot, e os inimigos se têm
apoderado dos seus baluartes. E será o cora-
ção dos fortes de Moab naquele dia, como o
coração da mulher que está com dores de
parto. 42 E deixará Moab de ser povo: porque
se gloriou contra o Senhor. 43 O espanto, e o
fosso, e o laço está sobre ti, ó morador de
Moab, diz o Senhor. 44 O que fugir da face do
espanto, cairá no fosso: e o que sair do fosso,
será apanhado no laço: porque trarei sobre
Moab o ano da visitação deles, diz o Senhor.
45 À sombra de Hesebon fizeram alto os que
fugiam do laço: porque o fogo saiu de Hese-
bon, e a labareda do meio de Seon, e devorará
parte de Moab e a altura dos filhos do tumulto.
46 Ai de ti, Moab, pereceste, ó povo de Camos:
porque presos foram teus filhos, e tuas filhas
para o cativeiro. 47 E farei voltar os cativos
de Moab, nos últimos dias, diz o Senhor. Até
aqui os juízos contra Moab.

Profecia contra Amon

49 Para os filhos de Amon. Isto diz o Senhor: Acaso não tem filhos Israel? Ou ele não tem herdeiro? Por que razão logo se apoderou Melcom de Gad, como por herança: e o seu povo morou nas cidades desta? 2 Portanto eis aí vêm os dias, diz o Senhor: e farei ouvir sobre Rabat, capital dos filhos de Amon, o estrondo da batalha, e será reduzida pela sua ruína a um montão de pedras, e as suas filhas arderão em fogo, e Israel se fará senhor dos que o possuem, diz o Senhor. 3 Dá uivos, Hesebon, porque Hai foi assolada: gritai, filhos de Rabat, cingi-vos de cilícios: chorai e dai voltas pelos valados: porque Melcom será levado ao cativeiro, juntamente os seus sacerdotes e os seus príncipes.

4 Por que te glorias tu nos vales? Dissipou-se o teu vale, filha delicada, que confiavas nos teus tesouros, e dizias: Quem virá contra mim? 5 Eis aqui estou eu que farei vir sobre ti o espanto, diz o Senhor Deus dos exércitos, por meio de todos os que estão à roda de ti. E sereis dispersos cada um da vista do outro, e não haverá quem vos recolha na vossa fugida. 6 E depois disto farei voltar os cativos dos filhos de Amon, diz o Senhor.

Contra a Iduméia

7 Para a Iduméia. Isto diz o Senhor dos exércitos: Pois que não há jamais sabedoria em Teman? Perdeu-se o conselho de seus filhos, o saber deles se tornou inútil. 8 Fugi e voltai as costas, descei às mais profundas cavernas da terra, habitantes de Dedan: porque eu fiz vir sobre ele a ruína de Esaú, o tempo da sua visitação. 9 Se tivessem vindo sobre ti vindimadores, não haveriam deixado cachos: se ladrões de noite, teriam roubado quanto lhes bastasse. 10 Eu porém patenteei a Esaú, pus às claras o que ele tinha escondido, e não poderá ocultar-se. Destruída foi a sua linhagem, e os seus irmãos, e os seus vizinhos, e não subsistirá mais. 11 Deixa os teus pupilos: eu lhes salvarei a vida: e as tuas viúvas esperarão em mim.

12 Porque isto diz o Senhor: Eis aqui aqueles que não estavam julgados para beberem o cálice, de certo o beberão. E tu serás deixada como inocente? Não serás inocente, mas de certo o beberás. 13 Porque por mim mesmo tenho jurado, diz o Senhor, que Bosra existirá para desolação, e para opróbrio, e para deserto, e para maldição: e todas as suas cidades ficarão despovoadas para sempre.

14 Esta coisa ouvi do Senhor, e um embaixador foi enviado às gentes para lhes dizer: Ajuntai-vos, e vinde contra ela, e levantemo-nos para a batalha. 15 Porque eis aí te pus pequenino entre as gentes, desprezíveis entre os homens. 16 A tua arrogância te enganou, e a soberba do teu coração: tu que habitas nas concavidades dos rochedos, e forcejas por subir até ao cume do outeiro. Ainda que tenhas posto no alto como águia o teu ninho, dali te arrancarei, diz o Senhor. 17 E ficará a Iduméia deserta: todo o que atravessar pelas suas terras, pasmará, e dará muita vaia a todas as suas perdas. 18 Assim como foi destruída Sodoma, e Gomorra, e as suas vizinhas, diz o Senhor: não morará ali varão, nem o povoará filho de homem.

19 Aqui está aquele que como leão subirá da soberba do Jordão à grande formosura: porque eu farei correr subitamente a ela: e quem será o escolhido que porei sobre ela? Porquanto quem há semelhante a mim? E quem me poderá suster? E quem é este pastor, que ousará resistir à minha face? 20 Portanto ouvi o conselho do Senhor, que tomou acerca de Edon: e os desígnios que ele teve sobre os moradores de Temam. De certo os arrastarão os zagais da grei, de certo destruirão com eles a sua morada. 21 Ao estrondo da sua ruína se comoveu a terra. No mar Roxo foi ouvido o clamor da sua voz. 22 Eis aí subirá como águia, e voará: e estenderá as suas asas sobre Bosra e o coração dos valentes de Iduméia será, naquele dia, como o coração duma mulher, que está com dores de parto.

Contra Damasco

23 Para Damasco. Envergonhada tem sido Emat, e Arfad: porque muito má coisa ouviram, perturbados foram no mar: de inquietação não pode sossegar. 24 Desmaiou Damasco, lançou-se a fugir, o tremor a ocupou. A angústia e as dores a tomaram como à que está com dores de parto. 25 Como desampararam a cidade louvável, a cidade da alegria? 26 Por isso cairão os seus mancebos nas suas ruas: e todos os homens de armas emudecerão naquele dia, diz o Senhor dos exércitos. 27 E acenderei fogo no muro de Damarco, e devorará as muralhas de Benadad.

Contra os árabes

28 Para Cedar, e para os reinos de Asor, que destruiu Nabucodonosor, rei de Babilônia. Isto diz o Senhor: Levantai-vos, e saí a Cedar, e devastai os filhos do Oriente. 29 Tomarão as suas tendas, e os seus rebanhos. Tomarão para si as suas peles, e todos os seus móveis, e os seus camelos. E chamarão sobre eles o terror

de todas as partes. 30 Fugi, ide-vos a toda a pressa, escondei-vos nas grutas da terra os que morais em Asor, diz o Senhor: porque Nabucodonosor, rei de Babilônia, tomou conselho contra vós, e formou os desígnios contrários a vós.

31 Levantai-vos, e subi à gente pacífica, e que mora sem receio, diz o Senhor, eles não têm portas, nem ferrolhos. Habitam sós. 32 E os seus camelos serão metidos a saque, e a multidão dos seus animais servirá para despojo. E espalharei a todo o vento os que cortam o cabelo em redondo: e de todos os seus confins trarei mortandade sobre eles, diz o Senhor. 33 E Asor ficará para morada de dragões, deserta para sempre. Não permanecerá ali varão, nem a povoará filho de homem.

Contra Elam

34 Palavra do Senhor, que foi dirigida ao profeta Jeremias contra Elam no princípio do reinado de Sedecias, rei de Judá, a qual dizia: 35 Isto diz o Senhor dos exércitos: Eis aí quebrarei eu o arco de Elam, e o seu grandíssimo poder. 36 E farei vir sobre Elam os quatro ventos das quatro plagas do céu: e os espalharei para todos estes ventos: e não haverá nação, onde não cheguem os fugitivos de Elam. 37 E farei tremer a Elam diante de seus inimigos, e na presença dos que procuram a sua alma: e farei cair sobre eles o mal, a ira do meu furor, diz o Senhor: e enviarei a sua espada após eles até que eu os consuma. 38 E porei o meu trono em Elam e exterminarei dali os reis e os príncipes, diz o Senhor. 39 Nos últimos dias porém farei voltar os cativos de Elam, diz o Senhor.

Profecia contra Babilônia

50 Palavra que o Senhor falou acerca de Babilônia, e da terra dos caldeus por mão do profeta Jeremias.

2 Anunciai entre as gentes, e fazei-lho ouvir. Levantai bandeira, publicai-o, e não lho encubrais. Dizei: Babilônia foi tomada, Bel ficou confundido, Merodac foi destroçado, confundidos têm sido os seus simulacros, derrotados ficaram os ídolos deles. 3 Porque subiu contra ela gente do aquilão, que tornará a sua terra em solidão: e não haverá quem na povoe, desde o homem até ao animal. E eles se têm comovido, e se foram.

4 Naqueles dias, e naquele tempo, diz o Senhor. Virão os filhos de Israel, eles, e juntamente os filhos de Judá: marchando, e chorando se apressarão, e buscarão ao Senhor seu Deus. 5 Perguntarão o caminho para Sião, aonde fixarão o seu rosto. Virão, e se unirão ao Senhor com uma eterna aliança, a qual jamais se apagará da sua memória.

6 O meu povo veio a ser um rebanho perdido: Os pastores deles os enganaram, e os fizeram andar desgarrados pelos montes. Do monte passarão ao outeiro, esqueceram-se do lugar do seu repouso. 7 Todos os que os acharam, os devoraram. E os inimigos deles disseram: Não temos delinqüido: pelo motivo de que eles pecaram contra o Senhor, que é formosura de justiça, e contra o Senhor, que foi a esperança de seus pais.

8 Apartai-vos do meio de Babilônia, e saí da terra dos caldeus: e sede como os cabritos que vão adiante do rebanho. 9 Porque eis aqui estou eu que suscito, e trarei contra Babilônia grandes exércitos das gentes da terra do aquilão. E armar-se-ão contra ela, e depois será tomada. A sua seta como a de varão forte matador, não tornará sem efeito. 10 E a Caldéia servirá para presa. Todos os que a saquearam se fartarão, diz o Senhor. 11 Porquanto vos ensoberbeceis, e falais com isolência, saqueando a minha herança: porque estais soltos como bezerros sobre a erva, e bramastes como touros. 12 Tem sido mui confundida a vossa mãe, e igualada ao pó a que vos gerou. Eis aí será a última entre as gentes, despovoada, sem caminho, e sem água. 13 Pela ira do Senhor ficará despovoada, e será tornada toda em uma solidão. Todo o que passar por Babilônia, se espantará, e dará uma vaia sobre todas as suas ruínas.

14 Atacai a Babilônia de todas as partes, todos vós os que sabeis manejar o arco. Debelai-a, não poupeis as flechas: porque ela pecou contra o Senhor. 15 Gritai contra ela, em todas as partes deu as mãos, caíram os fundamentos dela, destruídos ficaram os seus muros, porque é vingança do Senhor. Tomai vingança dela, fazei-lhe o mesmo que ela fez. 16 Exterminai de Babilônia ao que a semeia, e ao que tem a foice no tempo da ceifa. Ante o fio da espada da pomba cada um tornará ao seu povo, e cada um fugirá para a sua terra.

17 Israel é um rebanho desgarrado, os leões o lançaram fora. O rei de Assur o devorou primeiro: este Nabucodonosor, rei de Babilônia, lhe quebrou os ossos em último lugar. 18 Por cuja causa, isto diz o Senhor dos exércitos, o Deus de Israel: Eis aí visitarei eu ao rei de Babilônia, e a sua terra, assim como visitarei ao rei de Assur: 19 e farei tornar Israel para o lugar da sua habitação: e ele entrará outra vez nas pastagens do Carmelo, e de Basan, e a sua alma se fartará nos montes de Efraim, e de Galaad. 20 Naqueles dias, e naquele tempo, diz o Senhor: Buscar-se-á a

iniqüidade de Israel e não a haverá mais. E
buscar-se-á o pecado de Judá, e ele se não
achará: porque eu me mostrarei propício ao
que tiver reservado.
21 Sobe à terra dos dominadores, e vai com
a tua visita sobre os moradores dela, destrói,
e mata aos que vão após eles, diz o Senhor: e
faze conforme a tudo o que te mandei. 22 Ou-
viu-se uma voz de guerra na terra, e um gran-
de destroço.
23 Como se quebrou, e se fez em migalhas
o martelo de toda a terra? como se mudou
num deserto esta Babilônia tão formosa entre
as gentes? 24 Eu te enredei, ó Babilônia, e tu
foste tomada, e sem o saberes: foste surpreen-
dida e apanhada: porque provocaste o Senhor.
25 O Senhor abriu o seu tesouro e dele tirou
as armas da sua ira: porque o Senhor Deus
dos exércitos as há mister contra o país dos
caldeus.
26 Vinde a ela dos últimos confins, abri para
que saiam os que a hão de pisar. Tirai do
caminho as pedras, e ponde-as em montes, e
matai-a. E não fique resto algum. 27 Matai a
todos os seus valentes, venham ao degoladou-
ro. Ai deles, porque veio o seu dia, o tempo
da sua visitação. 28 Ouviu-se uma voz dos
fugitivos, e daqueles que escaparam da terra
de Babilônia, para publicar em Sião a vin-
gança do Senhor nosso Deus, a vingança do
seu templo.
29 Anunciai a todos os que estendem o arco,
que venham em bandos contra Babilônia. Cer-
cai-a de todas as partes, e não escape nenhum.
Tornai-lhe segundo a sua obra: segundo todas
as coisas que fez, assim lhe fazei a ela: por-
que se levantou contra o Senhor, contra o
Santo de Israel.
30 Por isso os seus mancebos cairão nas
suas praças: e todas as suas gentes de guerra
emudecerão naquele dia, diz o Senhor.
31 Eis-me aí sou eu contigo, ó soberbo, diz
o Senhor Deus dos exércitos: porque é chega-
do o teu dia, o tempo da tua visitação. 32 E
cairá o soberbo, e dará consigo em terra, e
não haverá quem o levante. E acenderei fogo
nas suas cidades, e devorará tudo o que esti-
ver em seu circuito.
33 Isto diz o Senhor dos exércitos: Os filhos
de Israel e juntamente os filhos de Judá so-
frem opressão. Todos os que os cativaram, os
retêm, não os querem deixar ir. 34 O redentor
deles é forte. Senhor dos exércitos é o seu
nome, defenderá em juízo a causa deles, para
assombrar a terra, e fazer tremer os morado-
res de Babilônia.
35 A espada está desembainhada contra os
caldeus, diz o Senhor, e contra os moradores
de Babilônia, e contra os seus príncipes, e
sábios. 36 A espada está desembainhada con-
tra os seus adivinhos, que ficarão insensatos.
A espada está tirada contra os seus valentes,
que temerão. 37 A espada está desembainhada
contra os seus cavalos, e contra os seus car-
ros, e contra todo o seu povo, que está no
meio dela: e serão como mulheres. A espada
está tirada contra os tesouros dela, que serão
saqueados.
38 Cairá a seca sobre as suas águas e elas
secarão: porque é terra de ídolos, que nos
seus monstros se gloria. 39 Por isso os dragões
virão morar nela com os faunos, que vivem
de figos bravos: e morarão nela avestruzes,
nem será edificada até à geração e geração.
40 Assim como o Senhor destruiu a Sodoma
e a Gomorra, e as outras cidades suas vizi-
nhas, diz o Senhor: não morará ali varão, nem
a povoará filho de homem.
41 Eis aí vem um povo do aquilão, e uma
gente grande, e muitos reis se levantarão dos
confins da terra. 42 Armar-se-ão de arco e de
escudo. Eles são cruéis e desapiedados. A voz
deles soará como o mar, e montarão em cava-
los: como um varão apercebido para a batalha
contra ti, filha de Babilônia. 43 Ouviu o rei
de Babilônia a fama deles, e desfaleceram as
suas mãos. Tomou-o a angústia, a dor, como
a daquela que está com dores de parto. 44 Eis
aí subirá da inchação do Jordão um como leão
à formosura forte: porque subitamente o farei
correr a ela: e qual será o escolhido, que eu
hei de pôr à sua frente? quem há pois seme-
lhante a mim? E quem me susterá? e quem é
aquele pastor que se atreva a resistir à minha
face? 45 Portanto ouvi o conselho do Senhor,
que formou na sua mente contra Babilônia: e
os seus desígnios, que dispôs sobre a terra dos
caldeus. Eu juro que os zagais das manadas
os arrastarão, juro que será derribada com
eles a sua morada. 46 À voz da tomada de
Babilônia se comoveu a terra, e o seu clamor
foi ouvido entre as gentes.

51 Isto diz o Senhor: Eis aí levantarei eu
um como vento pestilento contra Babilô-
nia, e contra os seus moradores, que elevaram
o seu coração contra mim. 2 Enviarei contra
Babilônia padejadores, e a padejarão, e de-
molirão a sua terra: porque vieram sobre ela
de todas as partes, no dia da sua aflição. 3 O
que estende o seu arco não no estenda, nem
suba armado de couraça, não perdoeis aos
mancebos dela, passai à espada toda a sua
gente de guerra. 4 E cairão mortos na terra
dos caldeus, e feridos nas suas regiões. 5 Por-

que Israel e Judá não enviuvaram do seu Deus o Senhor dos exércitos: e a terra deles cheia está de delitos contra o Santo de Israel.

6 Fugi do meio de Babilônia, e salve cada um a sua alma. Não caleis a sua iniqüidade: porque tempo é da vingança do Senhor; Ele mesmo lhe dará o pago. 7 Na mão do Senhor é Babilônia um copo de ouro, que embriaga toda a terra. Beberam as gentes do seu vinho, e ficaram por isso agitadas. 8 Babilônia caiu num momento, e ficou arruinada. Uivai sobre ela, tomai resina para a aplicardes à sua dor, a ver se acaso sara. 9 Cuidamos de Babilônia, e ela não sarou. Deixemo-la, e vamos cada qual para a sua terra: porque a condenação que ela merece chegou até os céus, e se elevou até às nuvens. 10 O Senhor manifestou as nossas justiças. Vinde, e contemos em Sião a obra do Senhor nosso Deus.

11 Aguçai as setas, enchei as aljavas. O Senhor despertou o espírito dos reis dos medos: e contra Babilônia o seu conselho é para a destruir: porque é vingança do Senhor, vingança do seu templo. 12 Sobre os muros de Babilônia levantai bandeira, multiplicai as sentinelas. Colocai guardas, dispondo emboscadas: porque pensou o Senhor, e fez tudo quanto falou contra os moradores de Babilônia. 13 Tu, que habitas sobre grandes águas, abundas em tesouros: está chegado o teu fim, a tua inteira destruição. 14 O Senhor dos exércitos jurou pela sua alma. Eu pois te encherei de homens como de bruxos, e será cantada sobre ti a canção da vindima.

15 O que fez a terra com a sua fortaleza, ordenou o mundo com a tua sabedoria, e estendeu os céus com a sua prudência. 16 Dando Ele uma voz, se multiplicam as águas no céu. O que levanta as nuvens da extremidade da terra, resolveu os relâmpagos em chuva, e tirou o vento dos seus tesouros. 17 Embotou-se todo o homem no seu saber: todo o fundidor se confundiu nos seus simulacros: porque é coisa enganosa a sua fundição, nem há espírito neles. 18 Vãs são estas obras e dignas de riso, elas perecerão no tempo da sua visitação. 19 Não como isto aquele que é a porção de Jacó: porque Ele mesmo é o que fez tudo, e Israel o reino da sua herança. Senhor dos exércitos é o seu nome.

20 Tu me estragas os que são para mim instrumentos de guerra, e eu por ti arruinarei nações, e por ti destruirei reinos: 21 e quebrantarei por ti ao cavalo, e ao cavaleiro: e quebrantarei por ti ao carro e ao que vai nele: 22 e quebrantarei por ti ao homem e à mulher: e quebrantarei por ti ao velho e ao moço: e quebrantarei por ti ao mancebo e à virgem: 23 e por ti quebrantarei ao pastor e ao seu rebanho: e por ti quebrantarei ao lavrador e as suas juntas: e por ti quebrantarei os capitães e os magistrados. 24 E pagarei a Babilônia, e a todos os moradores da Caldéia todo o seu mal, que fizeram em Sião, ante os vossos olhos, diz o Senhor.

25 Eis-me aqui contra ti, diz o Senhor, ó monte pestífero, que infeccionas toda a terra. E estenderei a minha mão sobre ti, e te farei rodar dentre as rochas, e te tornarei em um monte do incêndio. 26 E de ti não tomarão pedra para um ângulo, nem pedra para fundamentos, mas destruído ficarás para sempre, diz o Senhor.

27 Levantai o estandarte na terra. Tocai a buzina entre as gentes, santificai sobre ela as nações. Convocai contra ela aos reis de Ararat, de Meni, e Ascenez. Ponde em conta contra ela a Tafsar, trazei cavalos como gafanhotos armados de aguilhões. 28 Santificai contra ela as gentes, os reis da Média, os seus capitães, e todos os seus magistrados, e toda a terra dos seus domínios.

29 E comover-se-á a terra, e se turbará: porque estará em vigia contra Babilônia o pensamento do Senhor, para deixar deserta e sem morador a terra de Babilônia. 30 Deixaram de pelejar os fortes de Babilônia, habitaram nos presídios. Consumida foi a sua força, e se tornaram como mulheres: incendiadas foram as tendas dela, quebrados foram os seus ferrolhos. 31 O correio se encontrará com o correio: e o mensageiro alcançará ao mensageiro: para dar aviso ao rei de Babilônia, que a sua cidade está tomada desde um cabo até outro cabo: 32 e que os vaus estão tomados, e os juncais ardendo em fogo, e que os homens de guerra ficaram amedrontados.

33 Porque isto diz o Senhor dos exércitos, o Deus de Israel: A filha de Babilônia é como eira, tempo é de se debulhar. Ainda mediará um pouco e virá o tempo da sua ceifa. 34 Nabucodonosor, rei de Babilônia, me tragou, me devorou: ele me deixou como um vaso despejado, enguliu-me como um dragão, encheu o seu ventre de tudo o que eu tinha de mais delicioso, e deitou-me fora. 35 A sua injustiça contra mim, e a minha carne está sobre Babilônia, diz a morada de Sião: e o meu sangue sobre os moradores da Caldéia, diz Jerusalém.

36 Por cuja causa, isto diz o Senhor: Eis aqui estou eu que julgarei a tua causa, e vingarei a tua vingança, e despovoarei o seu mar, e secarei o seu manancial. 37 E será Babilônia reduzida a montões, virá a ser a habitação de dragões, o assombro, e o silvo, porque não haverá morador.

38 Rugirão assim mesmo como leões, sacudirão as suas guedelhas, como cachorros de leões. 39 No seu calor lhes darei de beber, e os embriagarei, para que adormeçam, e durmam um sono sem fim, e não se levantem, diz o Senhor. 40 Eu os conduzirei como cordeiros que vão a degolar, e como carneiros que são levados com os cabritos.

41 Como foi tomada Sesac, e presa a esclarecida de toda a terra? Como tem sido tornada Babilônia em espanto entre as gentes? 42 O mar subiu sobre Babilônia, coberta foi da multidão das suas ondas. 43 As suas cidades se têm tornado em espanto, terra despovoada, e deserta, terra em que ninguém pode habitar, nem passar por ela filho algum de homem. 44 E irei com a minha visita sobre Bel em Babilônia, e lhe farei lançar da sua boca o que havia absorvido, e dali em diante não concorrerão a ele as gentes ,pois que até o muro de Babilônia cairá.

45 Saí do meio dela, povo meu: para que salve cada um a sua vida da ira do furor do Senhor. 46 E porque talvez não se enterneça o vosso coração, e temais o rumor que se há de ouvir na terra: e virá num ano um boato, e depois deste ano outro boato: e a maldade na terra, e dominador sobre dominador.

47 Por cuja causa eis aí vêm os dias, e virei com a minha visita sobre os simulacros de Babilônia: e toda a terra dela será confundida, e todos os seus mortos cairão no meio dela. 48 E os céus e a terra, e todas as coisas que neles há, darão louvor pelo excídio de Babilônia: porque do aquilão lhe virão os roubadores, diz o Senhor. 49 E como fez Babilônia que caíssem mortos em Israel: assim cairão de Babilônia mortos em toda a terra. 50 Os que escapastes da espada, vinde, não fiqueis parados: de longe lembrai-vos do Senhor, e Jerusalém suba sobre o vosso coração. 51 Confusos estamos, porque ouvimos a afronta. Cobriram-se de vergonha os nossos rostos: porque vieram os estranhos contra o santuário da casa do Senhor.

52 Por cuja causa eis aí vêm os dias, diz o Senhor: e irei com a minha visita sobre os seus simulacros, e em toda a sua terra bramará o ferido. 53 Ainda que suba Babilônia ao céu, e firme no alto a sua força: de mim virão os destruidores dela, diz o Senhor. 54 Ouviu-se uma voz de clamor de Babilônia, e uma grande ruína da terra dos caldeus: 55 porque o Senhor assolou a Babilônia, e fez cessar dela a sua grande voz: e soarão as ondas deles, como o estrondo de muitas águas: deu soada a voz deles: 56 porque o exterminador veio sobre ela, isto é, sobre Babilônia, e foram presos os seus valentes, e afrouxou o seu arco, porque o Senhor vingador forte lhes dará a merecida recompensa.

57 E embriagarei os seus príncipes, e os seus sábios, e os seus capitães, e os seus magistrados, e os seus valentes: e dormirão um sono eterno, e não despertarão jamais, diz o rei; Senhor dos exércitos é o seu nome. 58 Isto diz o Senhor dos exércitos: Aquele muro larguíssimo de Babilônia será arruinado de alto a baixo, e as suas portas excelsas serão abrasadas pelo fogo, e os trabalhos dos povos e das nações reduzidos a nada, e entregues ao fogo, e assim perecerão.

Vaticínio levado a Babilônia

59 Palavra que mandou o profeta Jeremias a Saraias, filho de Nerias, filho de Maasias, quando ia com o rei Sedecias para Babilônia, no quarto ano do seu reinado: este Saraias pois era o príncipe da profecia. 60 E escreveu Jeremias em um livro todo o mal que estava para vir sobre Babilônia: todas estas palavras que ficam escritas contra Babilônia. 61 E disse Jeremias a Saraias: Quando chegares a Babilônia, e vires, e leres todas estas palavras, 62 dirás: Senhor, tu tens pronunciado contra este lugar, que o destruirias. Que não haja quem nele habite desde o homem até ao gado, e que fique sendo uma perpétua solidão. 63 E quando acabares de ler este livro, atar-lhe-ás uma pedra, e o lançarás no meio do Eufrates. 64 E dirás: Assim será submergida Babilônia, e não se levantará mais à vista da aflição, que eu vou a descarregar sobre ela, e ficará destruída. Até aqui as palavras de Jeremias.

APÊNDICE HISTÓRICO

Tomada de Jerusalém e fim de Sedecias

52 Filho de vinte e um anos era Sedecias, quando entrou a reinar. Reinou onze anos em Jerusalém, e sua mãe se chamava Amital, filha de Jeremias de Lobna. 2 E fez o mal nos olhos do Senhor, conforme em tudo ao que havia feito Joaquim. 3 Porque o furor do Senhor estava sobre Jerusalém e sobre Judá, até os haver lançado da sua face. E Sedecias se rebelou contra o rei da Babilônia.

4 No ano nono porém do seu reinado ao décimo dia do décimo mês, aconteceu isto: Marchou Nabucodonosor, rei de Babilônia, e ele e todo o seu exército contra Jerusalém, e lhe puseram sítio, e levantaram contra ela fortificações em seu circuito. 5 E esteve cercada a cidade até o undécimo ano do reinado de Sedecias. 6 Mas no mês quarto, aos nove do mês, se apoderou a fome da cidade: e não havia víveres para o povo da terra.

7 E se abriu brecha na cidade, e todos os seus homens de armas fugiram, e saíram da cidade, de noite, pelo caminho da porta, que está entre os dois muros, e vai ter ao jardim do rei, (cercando os caldeus a cidade ao redor) e foram-se pelo caminho, que vai ter ao deserto.

8 Mas o exército dos caldeus foi em alcance do rei: e fizeram prisioneiro a Sedecias no deserto, que está perto de Jericó: e todos os que o acompanhavam, fugiram dele. 9 E logo que prenderam ao rei o levaram ao rei de Babilônia a Reblata, que está na terra de Emat: e pronunciou contra ele a sua sentença.

10 E degolou o rei de Babilônia aos filhos de Sedecias ante seus olhos: e matou também a todos os príncipes de Judá em Reblata. 11 E tirou os olhos a Sedecias, e o carregou de ferros e o rei de Babilônia o conduziu a Babilônia, e o pôs na casa do cárcere até ao dia da sua morte.

Incêndio e depredação do templo

12 E no mês quinto aos dez do mês que é o ano décimo nono de Nabucodonosor, rei de Babilônia, veio Nabuzardan, general do exército, que mandava pelo rei de Babilônia em Jerusalém. 13 E pôs fogo à casa do Senhor, e à casa do rei, e a todas as casas de Jerusalém, e a toda a casa grande abrasou com fogo.

14 E todo o exército dos caldeus, que estava com o general da tropa, deitou abaixo todas as muralhas, que cercavam a cidade de Jerusalém. 15 E no tocante aos pobres do povo, e à demais plebe que havia ficado na cidade, e aos desertores, que se haviam passado ao rei de Babilônia, e os restantes da multidão, a todos fez transportar Nabuzardan, general do exército. 16 E de entre os pobres da terra deixou Nabuzardan, general da tropa, ficar os vinhateiros, e lavradores.

17 Quebraram outrossim os caldeus as colunas de bronze, que estavam na casa do Senhor, juntamente com os seus pedestais, e o mar de bronze que estava na casa do Senhor, e todo o seu cobre levaram para Babilônia. 18 Levaram também os caldeirões, e os garfos, e os saltérios, e as redomas, e os grais, e todos os vasos de cobre que haviam servido no ministério: e 19 os cântaros, e os incensadores, e os jarros, e as bacias, e os candeeiros e os grais, e as taças: o que de ouro, de ouro: e o que de prata, de prata; tudo levou o general do exército: 20 e duas colunas, e um mar, e doze bezerros de bronze, que estavam debaixo das bases, que havia feito o rei Salomão na casa do Senhor. Não havia peso para o metal de todos estes vasos.

21 E quanto às colunas, cada uma delas tinha dezoito côvados de alto, e a cercava um cordão de doze côvados. Ora a sua grossura era de quatro dedos, e era oca por dentro. 22 E os capitéis sobre uma e outra eram de bronze: a altura de cada capitel de cinco côvados: e as redes e as romãs sobre a coroa ao redor, tudo de bronze. Semelhantemente da coluna segunda e romãs. 23 E as romãs que se viam pendentes eram noventa e seis: e estas, por todas cem romãs, estavam cobertas de suas redes.

Deportação

24 Levou outrossim o general do exército a Saraias, que era o primeiro sacerdote, e a Sofonias, que era o segundo: e os três guardas do vestíbulo. 25 Levou mais da cidade a um eunuco, que era o inspetor dos homens de armas: e a sete pessoas das que estavam sempre diante do rei, as quais se achavam na cidade: e ao secretário intendente do exército, que tinha à sua conta formar os soldados bisonhos: e a sessenta homens do povo da terra que se acharam no meio da cidade. 26 E pegou em todos o general da tropa Nabuzardan, e os levou a Reblata ao rei de Babilônia. 27 E o rei de Babilônia os feriu, e fez matar a todos em Reblata, no país de Emat. E Judá foi transferido para fora da sua terra.

28 Esta é a gente que transferiu Nabucodonosor: No sétimo ano do seu reinado, transferiu ele três mil e vinte e três judeus. 29 No ano décimo oitavo de seu reinado, transferiu ele de Jerusalém oitocentas e trinta e duas almas. 30 No ano vigésimo terceiro do reinado de Nabucodonosor, transferiu Nabuzardan, general do seu exército, setecentos e quarenta e cinco judeus. Assim o número de todos os que foram transferidos, foi de quatro mil e seiscentos.

Joaquim na corte de Babilônia

31 E aconteceu no ano trigésimo sétimo da transmigração de Joaquim, rei de Judá, no dia vinte e cinco do duodécimo mês, que Evilmerodac, rei de Babilônia, no mesmo ano do seu reinado, aliviou a pessoa de Joaquim, rei de

Judá, e o tirou da casa do cárcere. 32 E lhe
falou com muita afabilidade, e mandou pôr o
trono do mesmo Joaquim acima dos tronos
dos reis, que eram abaixo dele em Babilônia.
33 Fez-lhe também mudar os vestidos que ti-
nha no cárcere, e comia pão na sua mesa sem-
pre todos os dias da sua vida: 34 e lhe era
dada a ração pelo rei de Babilônia, ração per-
pétua, assinada para cada dia, até ao da sua
morte, para todos os dias da sua vida.

LAMENTAÇÕES DE
JEREMIAS

INTRODUÇÃO

E aconteceu que depois que Israel foi levado ao cativeiro, e Jerusalém ficou despovoada, se assentou o profeta Jeremias a chorar, e rompeu em endechas sobre Jerusalém com estas lamentações, e suspirando, e gemendo com amarguras do seu espírito, disse:

PRIMEIRA ELEGIA

A cidade desolada

1 Aleph: Como assim solitária está assentada uma cidade cheia de povo! Chegou a ser como viúva a Senhora das Gentes: a princesa das províncias ficou sujeita ao tributo.

2 Beth: Chorou sem cessar durante a noite, e as suas lágrimas correm pelas faces. Não há quem a console entre todos os seus amados: todos os seus amigos a desprezaram, e se lhe tornaram inimigos.

3 Ghimel: A filha de Judá passou a outro país por causa da aflição, e grandeza da servidão: ela habitou entre as gentes, e não achou repouso: todos os seus perseguidores se apoderaram dela no meio das suas angústias.

4 Daleth: As ruas de Sião choram, porque não há quem venha às solenidades: todas as suas portas se acham destruídas: os seus sacerdotes gemendo: as suas virgens esquálidas, e ela oprimida de amargura.

5 He: Os seus adversários se assenhorearam dela, enriqueceram-se seus inimigos: porque o Senhor falou contra ela pela multidão das suas iniqüidades: os seus filhinhos foram levados para o cativeiro ante a face do que os atribulava.

6 Vau: E desterrou-se da filha de Sião toda a sua formosura: os seus príncipes ficaram sendo como carneiros, que não acham pastagens: e foram caminhando todos fracos diante do inimigo que os perseguia.

7 Zain: Jerusalém se recordou dos dias da sua aflição, e da prevaricação de todas as suas coisas apetecíveis, que tivera desde os dias antigos, quando o seu povo caía debaixo da mão inimiga, e não havia quem lhe acudisse: os seus inimigos a viram, e fizeram escárnio dos seus sábados.

8 Heth: Jerusalém cometeu um grande pecado, por isso ela se tornou errante: todos os que a honravam a desprezaram, porque viram a sua ignomínia: e ela gemendo voltou o rosto para trás.

9 Theth: As suas impuridades apareceram nos seus pés, e ela se não recordou do seu fim: ela foi pasmosamente abatida sem ter consolador. Vê, Senhor, a minha aflição, porque o inimigo se elevou.

10 Iod: Lançou o inimigo a sua mão a todas as coisas mais preciosas dela: porque viu entrar no seu santuário as gentes, acerca das quais tu havias mandado que não entrassem na tua Igreja.

11 Caph: Todo seu povo está gemendo, e mendigando pão: eles deram tudo o que tinham de precioso a troco de alimento para sustentar a vida. Vê, Senhor, e considera o vilipêndio, a que estou reduzida.

As lamentações de Jeremias

12 Lamed: Ó vós todos os que passais pelo caminho, atendei, e vede, se há dor semelhante à minha dor: porque me vindimou como falou o Senhor no dia da ira do seu furor.

13 Mem: Ele enviou lá do alto um fogo sobre meus ossos, e me ensinou: estenderei uma rede aos meus pés, fez-me cair para trás: pôs-me em desolação, afogada em tristeza todo o dia.

14 Nun: Esteve em vigia o jugo das minhas maldades: com a sua mão foram elas encadeadas, e postas sobre o meu pescoço: enfraqueceu-se a minha força: entregou-me o Senhor em uma mão, pelo peso da qual não poderei jamais levantar-me.
15 Samech: Tirou o Senhor todos os meus magnates do meio de mim: chamou contra mim o tempo, para quebrantar os meus escolhidos. O Senhor calcou o lagar à virgem filha de Judá.
16 Ain: Por isso eu choro, e os meus olhos derramam rios de lágrimas: porque se alongou de mim o consolador, que podia tornar-me a vida: os meus filhos se perderam, porque prevaleceu o inimigo.
17 Phe: Estendeu Sião as suas mãos, não há quem a console. Enviou o Senhor contra Jacó os seus inimigos em roda dele. Tornou-se Jerusalém entre eles como uma mulher, que está imunda com as purgações mênstruas.
18 Sade: Justo é o Senhor, porque eu rebelde aos seus preceitos o provoquei à ira. Ouvi, eu vos rogo, todos os povos, e vede a minha dor: as minhas virgens, e os meus mancebos foram para o cativeiro.
19 Coph: Chamei os meus amigos, e eles me enganaram: os meus sacerdotes, e os meus anciãos foram consumidos na cidade: quando eles queriam buscar algum mantimento com que sustentassem a vida.
20 Res: Olha, Senhor, que estou atribulada, turbadas estão as minhas entranhas: conturbado está o meu coração dentro de mim mesma, porque estou cheia de amargura: de fora me mata a espada, e de dentro há uma imagem da morte.
21 Sin: Ouviram que eu suspiro, e não há quem me console. Todos os meus inimigos souberam a minha desventura, alegraram-se porque tu o fizeste. Trouxeste o dia da consolação, e tornar-se-ão semelhantes a mim.
22 Thau: Entre todo o mal deles diante de ti: e vindima-os, como a mim me vindimaste, por causa de todas as minhas iniqüidades: porque muitos são os meus gemidos, e o meu coração está magoado.

SEGUNDA ELEGIA

Furor divino contra Jerusalém

2 Aleph: Como cobriu o Senhor de escuridade no seu furor a filha de Sião! Derribou do céu à terra a ínclita de Israel, e não se lembrou do estrado de seus pés no dia do seu furor.
2 Beth: O Senhor precipitou tudo o que havia de especioso em Jacó, e não perdoou a nada: Ele destruiu no seu furor as fortificações das virgens de Judá, e as lançou por terra: tratou como profanos ao reino, e aos seus príncipes.
3 Ghimel: Quebrantou na ira do seu furor todo o poder de Israel. Retirou para trás a sua direita da face do inimigo: e acendeu em Jacó um como fogo que tudo devora com a sua chama em giro.
4 Daleth: Estendeu o seu arco como inimigo, firmou a sua direita como adversário: e matou tudo o que era formoso à vista na tenda da filha de Sião, derramou como fogo a sua indignação.
5 He: O Senhor se tornou como inimigo: derribou a Israel, derribou todas as suas muralhas, destruiu as suas fortificações, e encheu de humilhação aos homens, e mulheres da filha de Judá.
6 Vau: E destruiu como um enxido a sua tenda, demoliu o seu tabernáculo. Ao esquecimento entregou o Senhor em Sião as festas, e o sábado: e ao opróbrio e à indignação do seu furor o rei, e sacerdote.
7 Zain: O Senhor rejeitou o seu Altar, amaldiçoou o seu santo lugar. Entregou na mão do inimigo os muros das suas torres. Deram gritos na casa do Senhor, como em dia de solenidade.
8 Heth: O Senhor resolveu abater o muro da filha de Sião: estendeu o seu cordel, e não retirou a sua mão, sem que ficasse tudo arruinado: e o antemural gemeu, e o muro foi da mesma sorte destruído.
9 Teth: As suas portas estão encravadas na terra: Ele quebrou e fez pedaços as suas trancas: baniu o seu rei, e os seus príncipes para entre as nações: não há lei, nem os seus profetas receberem visões do Senhor.

Estado lamentável da cidade

10 Iod: Os velhos da filha de Sião se assentaram em terra, ficaram em silêncio. Cobriram as suas cabeças de cinza, vestiram-se de cilícios, as virgens de Jerusalém abaixaram as suas cabeças até à terra.
11 Caph: Os meus olhos enfraqueceram à força de chorar, as minhas entranhas se turbaram. O meu fígado se derramou pela terra vendo a ruína da filha do meu povo, quando

caíram mortos os meninos e as crianças de mama nas praças da cidade.

12 Lamed: Eles diziam a suas mães: Onde está o trigo e o vinho? Quando, como se fossem feridos, desfaleciam nas praças da cidade: quando exaltavam as suas almas no seio de suas mães.

13 Mem: A quem te comparei? Ou a quem te assemelharei, filha de Jerusalém? A quem te igualarei, e como te consolarei, ó virgem filha de Sião? Porque grande é como o mar o teu desfalecimento. Quem te remediará?

14 Nun: Os teus profetas viram para ti coisas falsas, e fátuas, e não te manifestavam a tua iniqüidade, para te excitarem à penitência: e viram para ti profecias falsas de desgraça, e para os teus inimigos a expulsão da Judéia.

15 Samech: Todos os que passavam pelo caminho, batiam com as mãos, vendo-te. Eles assobiaram e menearam a sua cabeça à filha de Jerusalém. Esta é aquela cidade, diziam eles, duma extremada formosura, as delícias de toda a terra?

16 Phe: Todos os teus inimigos abriram contra ti a sua boca: assobiaram, e rangeram com os dentes, e disseram: Devorá-la-emos. Eis aqui está o dia que nós esperávamos: nós os achamos, nós o vemos.

17 Ain: Fez o Senhor o que tinha determinado, cumpriu a sua palavra, que mandando pronunciara desde os dias antigos. Destruiu, e não perdoou, e alegrou ao inimigo sobre ti, e exaltou o poder dos teus adversários.

O grito de Jerusalém

18 Sade: O seu coração clamou ao Senhor sobre os muros da filha de Sião: Faze correr uma como torrente de lágrimas de dia, e de noite! Não te dês descanso algum, nem a menina do teu olho se cale.

19 Coph: Levanta-te, louva de noite no princípio das vigílias. Derrama o teu coração como água diante do acatamento do Senhor: levanta as tuas mãos a ele pela alma de teus filhinhos, que caíram mortos de fome a todos os cantos das ruas.

20 Res: Vê, Senhor, e considera a quem assim vindimaste: é possível que as mulheres hão de comer os frutos das suas entranhas, as crianças que não excedem o tamanho da palma da mão? Que há de ser morto no santuário do Senhor o sacerdote, e o profeta?

21 Sin: Ficaram nas ruas estendidos por terra o moço, e o velho: as minhas virgens, e os meus mancebos caíram mortos à espada. Tu os mataste no dia do teu furor. Feriste-os, e não tiveste compaixão alguma.

22 Thau: Chamaste como a um dia de solenidade aos que me aterrassem de todas as partes, e não houve no dia do furor do Senhor quem escapasse, nem ficasse com vida. Aos que criei, e alimentei, o meu inimigo os acabou.

TERCEIRA ELEGIA

Num mar de aflições

3 Aleph: Homem sou eu que vejo a minha pobreza de baixo da vara da sua indignação.

2 Aleph: Conduziu-me, e levou-me às trevas, e não à luz.

3 Aleph: Não fez senão virar e revirar contra mim a sua mão todo o dia.

4 Beth: Fez envelhecer a minha pele, e a minha carne, quebrantou os meus ossos.

5 Beth: Edificou ao redor de mim, e me cercou de fel, e de trabalho.

6 Beth: Pôs-me em lugares tenebrosos, como os que estão mortos para sempre.

7 Ghimel: Edificou à roda contra mim, para que eu não saia. Agravou os meus grilhões.

8 Ghimel: E ainda quando eu clamar, e rogar, Ele excluiu a minha oração.

9 Ghimel: Fechou os meus caminhos com pedras de silharia, soverteu as minhas veredas.

10 Daleth: Fez-se-me como urso de emboscada: um leão em esconderijo.

11 Daleth: Soverteu as minhas veredas, e quebrantou-me. Pôs-me em desolação.

12 Daleth: Armou o seu arco, e me pôs como alvo à seta.

13 He: Meteu nos meus rins as setas da sua aljava.

14 He: Estou feito um objeto de escárnio para todo o meu povo, o assunto da sua cantilena todo o dia.

15 He: Encheu-me de amargura, embriagou-me de absíntio.

16 Vau: E quebrou os meus dentes a um e um, deu-me a comer cinza.

Entre os desconfortos e a esperança

17 Vau: E está desterrada da minha alma a paz, perdi a memória de todo o bem.

18 Vau: E eu disse: Pereceu o meu fim, e a esperança que eu tinha no Senhor.

19 Zain: Lembra-te da minha pobreza, e do
excesso dela, do absíntio, e do fel.
20 Zain: Eu me lembrarei miuto bem dis-
to, e a minha alma se definhará dentro de
mim.
21 Zain: Por eu recordar estas coisas no
meu coração, por isso esperarei.
22 Heth: Misericórdia são do Senhor o não
termos sido consumidos: porque as suas co-
miserações nunca faltaram.
23 Heth: Elas se renovam cada manhã, gran-
de é a tua fidelidade.
24 Heth: A minha porção é o Senhor, dis-
se a minha alma: portanto eu o esperarei a
ele.
25 Teth: Bom é o Senhor para os que nele
esperam, para a alma que o busca.
26 Teth: Boa coisa é esperar em silêncio a
salvação de Deus.
27 Teth: Bom é para o varão o ter levado
o jugo desde a sua mocidade.
28 Iod: Assentar-se-á solitário, e ficará em
silêncio: porque levou este jugo sobre si.
29 Iod: Porá a sua boca no pó, a ver se aca-
so há esperança.
30 Iod: Oferecerá a face ao que o ferir,
fartar-se-á de opróbrios.

Bondade divina

31 Caph: Porque o Senhor não nos rejeitará
para sempre.
32 Caph: Porque se Ele nos rejeitou, Ele
também se compadecerá, segundo a multidão
das suas misericórdias.
33 Caph: Porque Ele não humilhou, nem
rejeitou por seu gosto os filhos dos ho-
mens.
34 Lamed: Para pisar aos seus pés todos os
cativos da terra.
35 Lamed: Para desviar o juízo do varão
ante a presença do Altíssimo.
36 Lamed: Para perverter ao homem no seu
juízo, o Senhor nunca tal soube fazer.
37 Mem: Quem é o que disse, que se fizesse
uma coisa, sem que o Senhor mandasse?
38 Mem: Não sairão da boca do Altíssimo
nem os males, nem os bens?
39 Mem: Por que murmurou sempre o ho-
mem vivendo, o varão pelo castigo de seus
pecados?

Arrependimento e oração

40 Nun: Esquadrinhemos os nossos cami-
nhos, e investiguemo-los, e voltemos ao Se-
nhor.
41 Nun: Levantemos ao Senhor os nossos
corações com as mãos para os céus.
42 Nun: Nós obramos injustamente, e te
provocamos a ira: por isso tu te mostras
inexorável.
43 Samech: Tu te encobriste no teu furor e
nos feriste: mataste-nos, e não nos perdoaste.
44 Samech: Tens posto uma nuvem diante
de ti, para que a nossa oração não passe.
45 Samech: Como planta desarraigada, e
abjeta me puseste no meio dos povos.
46 Phe: Todos os inimigos abriram contra
nós a sua boca.
47 Phe: A profecia veio a ser o nosso medo
e o nosso laço, e a nossa ruína.
48 Phe: O meu olho derramou rios de lá-
grimas, vendo o quebrantamento da filha do
meu povo.
49 Ain: O meu olho se afligiu, e não se ca-
lou, porque não havia descanso.
50 Ain: Até que olhasse e visse o Senhor
desde os céus.
51 Ain: O meu olho quase me roubou a
vida, chorando sobre todas as filhas da minha
cidade.
52 Sade: Como ave na caça me prenderam
os meus inimigos sem causa.
53 Sade: A minha alma caiu no lago, e eles
puseram sobre mim uma pedra.
54 Sade: Um dilúvio de águas veio sobre a
minha cabeça. Eu disse: Pereci.
55 Coph: Invoquei, Senhor, o teu nome des-
de o profundo do lago.
56 Coph: Tu ouviste a minha voz. Não apar-
tes o teu ouvido dos meus soluços, e dos meus
clamores.
57 Coph: Tu te chegaste no dia em que eu
te invoquei. Disseste: Não temas.
58 Res: Tu, Senhor, julgaste a causa da mi-
nha alma, Redentor da minha vida.
59 Res: Viste, Senhor, a iniqüidade deles
contra mim, julga tu a minha causa.
60 Res: Viste todo o seu furor, todos os
pensamentos deles contra mim.
61 Sin: Ouviste, Senhor, os vitupérios que
me dizem, todos os desígnios que eles formam
contra mim.
62 Sin: As palavras daqueles que me fazem
guerra: e que maquinam contra mim todo o
dia.
63 Sin: Observa-os a eles ao assentarem-se,
e ao levantarem-se: eu sou a sua canção.
64 Thau: Tu, Senhor, lhes darás o pago,
como merecem as obras das suas mãos.
65 Thau: Dar-lhes-ás por escudo do seu co-
ração o trabalho que lhes hás de enviar.
66 Thau: Tu o perseguirás no teu furor, e
tu os farás em pó, Senhor, debaixo dos céus.

QUARTA ELEGIA

Miséria e fome

4 Aleph: Como assim se escureceu o ouro,
se mudou a sua cor tão bela, foram espa-
lhadas as pedras do Santuário pelos ângulos
de todas as praças?
2 Beth: Os filhos de Sião esclarecidos, e
vestidos de fino ouro: como assim têm sido
reputados como vasos de terra obra de mãos
de oleiro?
3 Ghimel: Mas até as lâmias descobriram
os seus peitos, deram leite às suas crias: a
filha do meu povo fez-se cruel, como a aves-
truz no deserto.
4 Daleth: A língua do que mama pela sede
ficou pegada ao seu paladar. Os pequeninos
pediram pão, e não havia quem lho partisse.
5 He: Os que comiam delicadamente mor-
reram nos caminhos. Os que se nutriam entre
púrpuras, abraçaram o esterco.
6 Vau: E a iniqüidade da filha do meu povo
se fez maior que o pecado de Sodoma, a qual
foi sovertida num momento, sem que mãos
algumas se apoderassem dela.
7 Zain: Os seus nazarenos eram mais alvos
que a neve, mais nítidos que o leite, mais ver-
melhos que o antigo marfim, mais formosos
que a safira.
8 Heth: Denegrida está a face deles mais
do que os carvões: e não são conhecidos nas
praças. A sua pele se pegou aos ossos: Secou-
se, e tornou-se como um pau.
9 Teth: Melhor lhes foi aos mortos à espa-
da, que aos mortos de fome: pois estes pade-
ceram uma morte lenta pela esterilidade da
terra.
10 Iod: As mãos das mulheres compassivas
cozeram seus filhos: serviram-lhes de manti-
mento na ruína da filha do meu povo.
11 Caph: Deu o Senhor cumprimento ao seu
furor, derramou a ira da sua indignação: e
ateou fogo em Sião, o qual devorou os funda-
mentos dela.
12 Lamed: Nunca tal creram os reis da ter-
ra, nem todos os moradores do mundo, que
entraria o inimigo, e o adversário pelas portas
de Jerusalém.

Culpas e castigos dos chefes

13 Mem: Pelos pecados dos seus profetas,
e pelas iniqüidades dos seus sacerdotes, que
derramaram no meio dela o sangue dos justos.
14 Nun: Erraram cegos nas praças, conta-
minaram-se de sangue: e não podendo, levan-
tavam as extremidades das suas roupas.
15 Samech: Apartai-vos, imundos, lhes gri-
taram. Retirai-vos, ide-vos, não nos toqueis.
Porque altercaram, e os que foram comovidos
disseram entre as gentes: Não continuará da-
qui em diante a habitar entre eles.
16 Phe: A face do Senhor os apartou de si,
não tornará a olhar para eles. Não respeitaram
os rostos dos sacerdotes, nem se compadece-
ram os anciãos.
17 Ain: Quando nós ainda subsistíamos, can-
saram os nossos olhos de esperar para nós um
vão socorro, olhando nós atentos para uma
gente que nos não podia salvar.
18 Sade: Os nossos passos escorregaram,
andando pelas nossas ruas; está chegando o
nosso fim. Os nossos dias estão cumpridos,
porque chegou o nosso termo.
19 Coph: Os nossos perseguidores foram
mais velozes que as águias do céu: eles nos
perseguiram sobre os montes, armaram-nos
ciladas no deserto.
20 Res: O espírito da nossa boca, o cristo
senhor foi preso por nossos pecados: a quem
dissemos: À tua sombra viveremos entre as
gentes.
21 Sin: Alegra-te, e regozijai-te, ó filha de
Edom, que habitas na terra de Hus! A ti tam-
bém chegará o cálice, tu serás dele embriaga-
da, e serás despida.
22 Thau: Chegou ao seu termo a tua mal-
dade, ó filha de Sião, não te tornará mais a
transportar: Ele visitou a tua maldade, ó filha
de Edom, descobriu os teus pecados.

QUINTA ELEGIA

Oração de Jeremias

5 Lembra-te, Senhor, do que nos tem acon-
tecido. Considera, e olha para o nosso
opróbrio.
2 A nossa herança passou a forasteiros: as
nossas casas a estranhos.
3 Estamos feitos órfãos sem pai, as nossas
mães se acham como viúvas.
4 A nossa água por dinheiro a temos bebi-
do: a nossa lenha por preço a temos com-
prado.
5 Pelos nossos pescoços éramos levados, aos
cansados não se dava descanso.

6 Ao Egito demos a mão, e aos assírios para
sermos fartos de pão.
7 Nossos pais pecaram, e não existem: e nós
temos levado as iniqüidades deles.
8 Os escravos nos dominaram: não houve
quem nos resgatasse da mão deles.
9 Com perigo das nossas vidas íamos a bus-
car o pão que havíamos mister ao deserto,
por baixo do fio da espada.
10 A nossa pele se queimou como um forno,
pela violência dos ardores da fome.
11 Humilharam as mulheres em Sião, e as
virgens nas cidades de Judá.
12 Foram pendurados pelas mãos os prín-
cipes: não respeitaram o rosto dos velhos.
13 Abusaram dos mancebos com impudicí-
cia nefanda: e os meninos morreram oprimi-
dos debaixo dos madeiros.
14 Os anciãos se retiraram das portas: os
mancebos do coro dos cantores.
15 Desvaneceu-se o gosto do nosso cora-
ção: converteu-se em lamentação o nosso can-
to.
16 Caiu a coroa da nossa cabeça: ai de nós,
porque pecamos.
17 Por isso o nosso coração se fez triste,
por isso se escureceram os nossos olhos.
18 Por causa do monte de Sião que foi asso-
lado, as raposas andaram nele.
19 Mas tu, Senhor, eternamente permane-
cerás, o teu trono subsistirá de geração em
geração.
20 Por que razão te esquecerás tu de nós
para sempre? nos desampararás tu pela lon-
gura de dias?
21 Converte-nos, Senhor, a ti, e nós nos con-
verteremos: renova os nossos dias, bem como
no princípio.
22 Mas tu de todo o ponto nos rejeitaste,
tu te iraste contra nós asperamente.

BARUC

INTRODUÇÃO

1 E estas são as palavras do livro que escre-
veu Baruc, filho de Nerias, filho de Maasias,
filho de Sedecias, filho de Helcias, em Babilô-
nia, 2 no ano quinto, aos sete dias do mês, no
tempo em que os caldeus tomaram Jerusalém
e lhes lançaram o fogo. 3 E leu Baruc as pala-
vras deste livro aos ouvidos de Jeconias, filho
de Joaquim, rei de Judá, e aos ouvidos de todo
o povo, que vinha a ouvir este livro, 4 e aos
ouvidos dos poderosos filhos dos reis, e aos
ouvidos dos anciãos, e aos ouvidos do povo,
desde o mais pequeno até ao maior de todos
aqueles que moravam em Babilônia, junto ao
rio Sodi.

5 Os quais, ouvindo-o, choravam, e jejua-
vam, e oravam na presença do Senhor. 6 E
ajuntaram dinheiro, conforme pode a mão de
cada um 7 e o enviaram a Jerusalém a Joa-
quim, filho de Helcias, filho de Salom o sa-
cerdote, e aos sacerdotes, e a todos os do povo,
que se acharam com ele em Jerusalém. 8 De-
pois que ele recebeu os vasos do Templo do
Senhor, que haviam sido levados do Templo,
para os restituir à terra de Judá aos dez dias
do mês de Sivan, vasos de prata, que fez Se-
decias, filho de Josias, rei de Judá, 9 depois
que Nabucodonosor, rei de Babilônia, aprisio-
nou a Jeconias, e aos príncipes, e a todos os
magnates, e ao povo da terra, e os levou presos
desde Jerusalém a Babilônia. 10 E disseram:

Aí vos mandamos dinheiro, comprai com
ele holocaustos, e incenso, e fazei oferendas,
e hóstias pelo pecado no altar do Senhor nosso
Deus: 11 e rogai-lhe pela vida de Nabucodo-
nosor, rei de Babilônia, e pela vida de Balta-
zar seu filho, para que os seus dias sejam
como os dias do céu sobre a terra, 12 e para
que o Senhor nos dê fortaleza, e alumie os
nossos olhos, para que vivamos debaixo da
sombra de Nabucodonosor, rei de Babilônia,
e debaixo da sombra de Baltazar seu filho, e
os sirvamos a eles muitos dias, e achemos
graça na presença deles.

13 Orai também ao Senhor nosso Deus por
nós mesmos: porque nós pecamos contra o
Senhor nosso Deus, e o seu furor se não apar-
tou de nós até este dia. 14 E lede este livro,
que nós vos mandamos, para ser lido em alta
voz no Templo do Senhor, em dia solene, e
em dia oportuno.

I. ORAÇÃO DOS EXILADOS

Confissão dos pecados

15 E direis: Ao Senhor nosso Deus seja
atribuída a justiça, mas a nós a confusão do
nosso rosto: como se vê neste dia a todo Judá,
e aos que moram em Jerusalém, 16 aos nossos
reis, e aos nossos príncipes, e aos sacerdotes,
e aos profetas, e aos nossos pais. 17 Nós peca-
mo diante do Senhor nosso Deus, e não cre-
mos, desconfiando dele: 18 e não lhe quise-
mos estar sujeitos, e não ouvimos a voz do
Senhor nosso Deus, para andarmos segundo
os seus preceitos, que Ele nos deu. 19 Desde o
dia em que Ele tirou nossos pais da terra do
Egito até este dia, temos sido rebeldes ao
Senhor nosso Deus: e dissipados nos apar-
tamos dele, por não ouvirmos a sua voz. 20 E
se nos têm pegado muitos males, e maldições,
que o Senhor intimou a Moisés seu servo: o
qual tirou a nossos pais da terra do Egito,
para nos dar a terra que manava leite e mel,
como se vê no dia de hoje. 21 E não ouvimos
a voz do Senhor nosso Deus.

2 Por isso verificou o Senhor nosso Deus a
sua palavra, que falou contra nós, e con-
tra os nossos juízes, que julgaram a Israel e
contra os nossos reis, e contra os nossos prín-
cipes, e contra todo Israel e Judá. 2 Que traria
o Senhor sobre nós grandes males, quais nun-

ca se tivessem visto debaixo do céu, como os que vieram sobre Jerusalém, conforme ao que está escrito na lei de Moisés, 3 que comeria o homem as carnes de seu filho, e as carnes de sua filha. 4 E os entregou o Senhor debaixo da mão de todos os reis, que estão no nosso contorno para serem o ludíbrio e a desolação entre todos os povos em que o Senhor nos pôs dispersos. 5 E temos ficado por baixo, e não por cima: porque pecamos contra o Senhor nosso Deus, não obedecendo à sua voz.

6 Ao Senhor nosso Deus seja atribuída a justiça: mas a nós, e a nossos pais a confusão de rosto, como se está vendo neste dia. 7 Porque o Senhor predisse contra nós todos estes males, que vieram sobre nós: 8 e não temos feito súplicas diante da face do Senhor nosso Deus, para nos retirarmos cada um de nós dos nossos péssimos caminhos. 9 E velou o Senhor os males, e os fez vir sobre nós: porque o Senhor é justo em todas as suas obras, que nos mandou: 10 e não ouvimos a sua voz para caminharmos nos mandamentos do Senhor, que Ele nos pôs diante da nossa face.

Súplica

11 E agora, Senhor Deus de Israel, que tiraste o teu povo da terra do Egito com mão forte, e com sinais, e com prodígios, e com o teu grande poder e com braço levantado, e adquiriste para ti nome, assim como se está vendo neste dia: 12 nós pecamos, temos obrado com impiedade, temos vivido mal, ó Senhor nosso Deus, contra todos os teus mandamentos. 13 Aparte-se de nós a tua ira: porque temos ficado poucos entre as gentes, onde nos puseste dispersos.

14 Escuta, Senhor, as nossas preces, e as nossas orações, e livra-nos por amor de ti mesmo: e concede-nos achar graça diante da face daqueles que nos trouxeram fora do nosso país: 15 para que toda a terra saiba que tu és o Senhor nosso Deus, e que o teu nome tem sido invocado sobre Israel, e sobre a sua geração. 16 Olha, Senhor, para nós da tua santa casa, e inclina o teu ouvido, e escuta-nos. 17 Abre os teus olhos, e vê: porque os mortos que estão no inferno, cujo espírito foi separado das suas entranhas, não darão honra, nem justificação ao Senhor: 18 mas a alma, que está triste por causa da grandeza do mal, e anda encurvada, e abatida, e tem os olhos enfraquecidos, e a alma faminta, te dá a ti, ó Senhor, glória, e o louvor da tua justiça. 19 Porque não é segundo as justiças de nossos pais, que nós derramamos os nossos rogos, e imploramos misericórdia diante da tua presença, ó Senhor nosso Deus: 20 mas porque enviaste a tua ira, e o teu furor sobre nós, como o proferiste pela boca dos teus servos os profetas, dizendo: 21 Assim diz o Senhor: Abaixai o vosso ombro, e vosso pescoço, e servi ao rei de Babilônia: estareis de assento na terra, que eu dei a vossos pais. 22 Se porém não ouvirdes a voz do Senhor vosso Deus, para vos sujeitardes ao rei de Babilônia: eu vos farei sair das cidade de Judá, e para fora de Jerusalém. 23 E tirarei de vós toda a voz de regozioj, e voz de alegria, e voz de esposo, e voz de esposa, e ficará toda a terra sem rasto de quem a habitasse.

24 E não ouviram a tua voz para servirem ao rei de Babilônia: e cumpriste as tuas palavras, que pronunciaste pela boca de teus servos os profetas, para que fossem trasladados do seu lugar os ossos dos nossos reis: e os ossos de nossos pais. 25 E eis aí têm sido lançados ao calor do sol, e à geada da noite. E morreram entre cruelíssimas dores, pela fome e pela espada, e em dispersão. 26 E puseste este mesmo templo, em que tem sido invocado o teu nome, assim como se vê neste dia, pela maldade da casa de Israel, e da casa de Judá.

27 E obraste conosco, Senhor nosso Deus, segundo toda a tua bondade, e conforme toda aquela tua grande misericórdia: 28 assim como o proferiste pela boca do teu servo Moisés no dia em que lhe mandaste escrever a tua lei diante dos filhos de Israel, 29 dizendo: Se não escutardes a minha voz, esta grande multidão será reduzida a mui pouca entre as gentes, para onde eu os lançarei dispersos: 30 porque eu sei que este povo me não há de ouvir: pois é um povo de dura cerviz. Mas ele se converterá de coração na terra do seu cativeiro: 31 e saberão que eu sou o Senhor Deus deles, e dar-lhes-ei coração, e entenderão: ouvidos, e ouvirão.

32 E eles me louvarão na terra do seu cativeiro, e se lembrarão do meu nome. 33 E apartar-se-ão do seu espinhaço duro, e das suas malignidades: porque se lembrarão do caminho de seus pais que pecaram contra mim. 34 E os trarei outra vez para a terra, que jurei aos pais deles Abraão, Isaac, e Jacó, e serão senhores dela: e multiplicá-los-ei, e eles se não diminuirão. 35 E farei com eles outra aliança, que será eterna, para que eu lhes seja a eles Deus, e eles a mim me sejam povo. E não removerei jamais ao meu povo, aos filhos de Israel, da terra que lhes dei.

3 E agora, Senhor Todo-poderoso, Deus de Israel, a alma entre angústias, e o espírito aflito clama a ti. 2 Ouve, Senhor, tem com-

paixão, porque és um Deus misericordioso, e compadeçe-te de nós: porque pecamos na tua presença. 3 Porque tu permaneces eternamente, nós então havemos de perecer para sempre? 4 Senhor Todo-poderoso, Deus de Israel, ouve presentemente a oração dos mortos de Israel e a dos filhos daqueles que pecaram diante de ti, e não ouviram a voz do Senhor seu Deus, e se nos têm pegado estes males. 5 Não queiras lembrar-te das iniqüidades de nossos pais, mas lembra-te do teu poder, e do teu nome neste tempo: 6 porque tu és o Senhor nosso Deus, e nós, Senhor, te louvaremos. 7 Porque por isto puseste o teu temor em nossos corações, e a fim de que invoquemos o teu Nome, e te louvemos no nosso cativeiro, porquanto nos apartamos da maldade de nossos pais, que pecaram diante de ti. 8 E eis aqui estamos nós hoje no nosso cativeiro, em que nos puseste dispersos para sermos um objeto de afronta, e de maldição, e para sentirmos a pena do pecado, segundo todas as maldades de nossos pais, que se apartaram de ti, Senhor nosso Deus.

II. DISCURSOS DE BARUC

Exortação à sabedoria

9 Ouve, ó Israel, os mandamentos da vida! Aplica os teus ouvidos, para aprenderes a prudência. 10 De onde vem, ó Israel, estares tu ao presente na terra de teus inimigos? 11 Tens envelhecido em terra estranha, contaminaste-te com os mortos: estás confundido com os que descem ao inferno. 12 Deixaste a fonte da sabedoria. 13 Porque se tu tivesses andado pelo caminho de Deus, tu seguramente perseverarias numa paz eterna. 14 Aprende onde está a prudência, onde está a virtude, onde está a inteligência: para saberes ao mesmo tempo onde está a estabilidade da vida e do sustento, onde está o lume dos olhos, e a paz.

15 Quem achou o lugar dela? e quem entrou nos tesouros dela? 16 Onde estão os príncipes das gentes, e os que dominam sobre as alimárias, que estão sobre a terra? 17 Os que brincam com as aves do céu? 18 Os que entesouram prata, e ouro, em que confiam os homens, e não têm fim os seus esforços de adquirir? os que lavram a prata e andam afadigados, e não têm termo as invenções das obras deles? 19 Exterminados foram, e desceram aos infernos, e outros se levantaram em lugar deles. 20 Estes mancebos viram a luz, e habitaram sobre a terra: mas ignoraram o caminho da sabedoria. 21 nem entenderam as suas veredas, nem seus filhos a receberam: ela se retirou para longe da face deles. 22 Não foi ouvida na terra de Canaã, nem foi vista em Temam. 23 Também os filhos de Agar, que buscam uma prudência, que vem da terra, esses negociantes de Merra, e de Teman, e os fabulistas, e os esquadrinhadores da prudência e da inteligência: mas eles não conheceram o caminho da sabedoria, nem fizeram menção das suas veredas.

24 Ó Israel, quão grande é a casa de Deus, e espaçoso o lugar da sua possessão! 25 Ele é vasto, e não tem limites: é elevado e imenso. 26 Ali estiveram aqueles gigantes famosos, que houve desde o princípio, de grande estatura, destros na guerra. 27 Não escolheu o Senhor a estes, nem eles acharam o caminho da disciplina: por isso pereceram. 28 E porque não tiveram a sabedoria, pereceram pela sua imprudência. 29 Quem subiu ao céu, e a recebeu a ela, e a tirou das nuvens? 30 Quem atravessou o mar, e a achou? e a trouxe antes que o ouro escolhido? 31 Não há ninguém que possa conhecer os seus caminhos, nem que busque com cuidado as suas veredas: 32 mas aquele que sabe todas as coisas, a conhece, e a descobriu pela sua prudência: o que aparelhou a terra por uma eternidade, e a encheu de gados, e de quadrúpedes: 33 o que envia luz, e ela vai: e a chamou, e lhe obedece tremendo. 34 E as estrelas deram luz nas suas estâncias, e se alegraram: 35 foram chamadas, e disseram: Aqui estamos: e deram luz com alegria àquele que as fez.

36 Este é o nosso Deus, e não será reputado outro diante dele. 37 Este achou todo o caminho de ciência, e a deu a Jacó seu servo, e a Israel seu amado. 38 Depois disto foi Ele visto na terra, e conversou com os homens.

4 Este é o livro dos mandamentos de Deus, e a lei que subsiste eternamente: todos os que a guardam, chegarão à vida: e os que a deixaram, cairão na morte. 2 Converte-te, ó Jacó, e abraça esta lei, anda pelo caminho ao seu clarão em direitura do lume dela. 3 Não entregues a outro a glória, nem a uma gente estranha a tua dignidade. 4 Ditosos somos, ó Israel: porque as coisas, que agradam a Deus, não são manifestas.

Exortação à confiança

5 Tem melhor ânimo, ó povo de Deus, memória de Israel! 6 Vendidos haveis sido às

gentes não para perdição: senão pelo motivo de que em ira provocaste a Deus a iracúndia, fostes entregues aos adversários. 7 Porque tendes irritado aquele que vos fez, ao Deus eterno, sacrificando aos demônios e não a Deus. 8 Porque vos esquecestes de Deus, que vos sustentou, e contristastes a Jerusalém vossa nutrice.

9 Porque ela viu que vinha a ira de Deus sobre vós, e disse: Ouvi, confinantes de Sião, porque Deus me enviou uma grande aflição: 10 porque vi o cativeiro de meu povo, de meus filhos, e filhas, que lhes lançou em cima o Eterno. 11 Pois eu os sustentei com alegria: e os despedi com dor e mágoa. 12 Ninguém se alegre sobre mim, estando viúva, e solitária: por muitos tenho sido desamparada por causa dos pecados de meus filhos, porque se desviaram da lei de Deus. 13 E não souberam os seus preceitos, nem andaram pelos caminhos dos mandamentos de Deus, nem entraram com justiça pelas veredas da sua verdade. 14 Venham os confinantes de Sião e façam menção do cativeiro de meus filhos, e filhas, que lhes lançou em cima o Eterno. 15 Porque fez vir sobre eles uma gente de longe, uma gente perversa, e de outra língua: 16 os quais não respeitaram ao ancião, nem tiveram piedade dos pequeninos, e arrancaram os amados à viúva, e tirando-lhe os filhos a deixaram só.

17 Eu pois em que vos posso ajudar? 18 Porque aquele que fez vir sobre vós os males, esse mesmo vos livrará das mãos de vossos inimigos. 19 Andai, filhos, andai: porque eu fui deixada só. 20 Despi-me do manto da paz, e vesti-me de saco de rogativa, e clamarei ao Altíssimo nos meus dias.

21 Tende melhor ânimo, filhos, clamai ao Senhor, e livrar-vos-á da mão dos príncipes inimigos. 22 Porque eu esperei no Eterno a vossa salvação. E veio-me um gozo do santo pela misericórdia, que vos virá do Eterno nosso Salvador. 23 Porque com choro, e pranto vos vi partir: mas o Senhor vos fará voltar a mim com gozo, e alegria para sempre. 24 Porque assim como as vizinhas de Sião viram vir de Deus o vosso cativeiro, assim verão também prontamente abaixar da parte de Deus a vossa salvação, que vos sobrevirá com grande honra, e eterno esplendor. 25 Filhos, suportai com paciência a ira, que veio sobre vós: porque o teu inimigo te perseguiu, mas em breve verás a sua perdição: e subirás sobre as suas cervizes.

26 Os meus mimosos andaram por ásperos caminhos: porque foram levados como um rebanho roubado por inimigos. 27 Tende melhor ânimo, ó filhos, e clamai ao Senhor: porque memória terá de vós aquele que vos conduziu. 28 Porque assim como a vossa mente se dirigiu a que vos desviásseis de Deus: com um ardor dez vezes maior o buscareis, quando de novo vos converterdes. 29 Porque aquele que vos enviou os males, esse mesmo vos trará de novo uma alegria perdurável junta com a vossa salvação.

A esperança de Jerusalém

30 Tem melhor ânimo, ó Jerusalém, porque a ti te exorta o que te deu o nome. 31 Os malvados que te vexavam pereceram: e os que se congratularam na tua ruína, serão punidos. 32 As cidades em que serviram teus filhos, serão castigadas: e a que deteve teus filhos. 33 Porque assim como ela se regozijou na tua ruína, e se alegrou na tua queda, assim se contristará na sua desolação. 34 E será cortada a algazarra da sua multidão, e a sua jactância se converterá em pranto. 35 Porque o fogo lhes sobrevirá da parte do Eterno por largos dias, e pelos demônios será habitada por muito tempo.

36 Olha, ó Jerusalém, para o oriente, e vê o regozijo que te vem de Deus. 37 Pois eis aí vêm os teus filhos, os que enviaste dispersos, vêm congregados do oriente até ao ocidente, regozijando-se na palavra do santo para honra de Deus.

5 Larga, ó Jerusalém, os vestidos do teu luto, e da tua vexação: e enfeita-te de gala, e da majestade daquela glória sempiterna, que te vem de Deus. 2 Revestir-te-á Deus do forrado manto da justiça, e porá sobre a tua cabeça uma mitra de eterna honra. 3 Porque Deus te mostrará em ti o seu resplendor a todo aquele que está debaixo do céu. 4 Porque o nome que por Deus te será posto para sempre, virá a ser: Paz da justiça, e honra da piedade.

5 Levanta-te, ó Jerusalém, e põe-te no alto: e olha para o oriente, e vê teus filhos congregados, desde o sol oriente até o ocidente, regozijando-se na palavra do santo com a lembrança de Deus. 6 Porque saíram de ti a pé levados pelos inimigos: mas o Senhor os trará a ti conduzidos com honra como filhos do reino. 7 Porque Deus tem determinado aplanar todos os montes altos, e os rochedos imóveis, e encher os vales para igualarem com a terra: a fim de que Israel ande com diligência para honra de Deus. 8 Assim os bosques, como todas as árvores de suave fragrância fizeram uma sombra agradável a Israel por ordem de Deus. 9 Porque trará Deus a Israel com júbilo na luz da sua majestade, com a misericórdia, e justiça que dele vem.

APÊNDICE

CARTA DE JEREMIAS AOS EXILADOS

Título e introdução

6 Cópia da carta que Jeremias mandou aos cativos, que pelo rei dos babilônios estavam para ser levados a Babilônia, a fim de que lhes anunciasse tudo conforme o que lhe foi por Deus mandado.

1 Por causa dos pecados, que cometestes diante de Deus, vós sereis levados cativos a Babilônia por Nabucodonosor, rei dos babilônios. 2 Nestes termos, depois de haverdes entrado em Babilônia, estareis ali muitos anos, e largos tempos, até sete gerações: e depois disto vos tirarei dali em paz. 3 Mas agora vereis em Babilônia, que são levados aos ombros deuses de ouro, e de prata, e de pedra, e de madeira, metendo medo às gentes. 4 Vede pois não suceda que também vos torneis semelhantes no procedimento aos estrangeiros, e que temais estes deuses e vos deixeis possuir do seu temor. 5 Quando virdes pois por detrás, e diante deles a turba, que os adora, dizei em vossos corações: Tu, Senhor, é que deves ser adorado. 6 Porque o meu anjo está convosco: e eu mesmo terei cuidado das vossas almas.

Nulidade dos ídolos: não têm vida

7 Porque a língua deles polida pelo escultor, e eles dourados, e prateados são uns falsos representativos, que não podem falar. 8 E assim como se fazem adornos a uma donzela apaixonada por enfeites: assim depois de fabricados eles se revestem com o ouro, que recebem. 9 Os deuses deles têm por certo coroas de ouro sobre as suas cabeças: mas os sacerdotes os despojam do ouro, e da prata, e o gastam em seus próprios usos. 10 E ainda dão deste ouro às prostitutas e enfeitam as meretrizes: e depois de haverem tomado outra vez das meretrizes, adornam com ele os seus deuses. 11 Mas estes não se livram da ferrugem, nem da traça. 12 E depois de os trajarem de um vestido de púrpura, lhes limpam os rostos, por causa do pó que se levanta no lugar onde estão, que entre eles é muito. 13 Tem também um cetro na mão como homem, à maneira de um juiz de província, mas ele não mata a quem o ofende. 14 Tem também na mão espada, e cutelo, mas não se pode livrar a si mesmo da guerra, nem dos ladrões. Por onde seja-vos este um manifesto argumento de que não são deuses.

São inúteis e insensíveis

15 Portanto não os temais. Porque assim como uma vasilha, se se quebra, fica inútil ao homem, tais são também os deuses deles. 16 Postos eles numa casa, os seus olhos se enchem de pó feito levantar pelo pés dos que entram. 17 E assim como a algum que ofendeu ao rei se lhe fecham as portas: ou como a um morto que foi levado ao sepulcro: do mesmo modo seguram os sacerdotes as portas com fechaduras, e ferrolhos, para que não sejam despojados pelos ladrões. 18 Acendem-lhes lâmpadas, e na verdade muitas, das quais não podem ver nenhuma: porque são como as vigas nas casas. 19 E dizem que as serpentes que saem na terra lhes lambem os corações, quando os róem a eles, e aos seus vestido, e não no sentem. 20 Negras se tornam as suas caras com o fumo, que se faz na casa. 21 Sobre o seu corpo, e sobre a sua cabeça voam os mochos, e as andorinhas, e outras aves ainda do mesmo modo, até as gatas. 22 Daqui sabei que não são deuses: e assim não os temais. 23 Também o ouro que eles têm, é para o adorno. Se alguém lhes não limpar a ferrugem, não reluzirão: pois nem ainda quando os fundiam, o sentiam. 24 A todo o preço são comprados, e não há espírito algum neles. 25 Sem pés são levados sobre os ombros, mostrando aos homens a sua vileza. Sejam também confundidos os que os adoram. 26 Por cuja causa se eles caírem em terra, não se levantam por si mesmos: e se algum os puser direitos, não se terão por si mesmos, mas pôr-lhes-ão diante, como mortos, os donativos que lhes oferecerem. 27 Os seus sacerdotes vendem as oferendas deles, e fazem delas um mau uso: e assim mesmo as mulheres deles encetando-as, não dão disso coisa alguma nem ao enfermo, nem ao mendigo, 28 elas prenhes, e no seu estado de impureza tocam os sacrifícios deles. Assim que sabendo vós por estes princípios que não são deuses, não os temais.

São impotentes e pobres

29 Pois por que lhes chamam deuses? Porque as mulheres fazem oferendas a deuses de prata, e de ouro, e de madeira: 30 e nas suas casas estão assentados os sacerdotes, tendo as túnicas rasgadas, e as cabeças, e a barba rapada e as suas mesmas cabeças descobertas, 31 e rugem, fazendo alaridos diante dos seus deuses como na ceia de um morto. 32 Os sacerdo-

tes lhes tiram os seus vestidos, e com eles ves-
tem as suas mulheres, e a seus filhos. 33 Nem,
se eles experimentam algum mau tratamento
da parte de qualquer, ou algum obséquio, lhe
poderão dar o pago: nem podem pôr um rei,
nem tirá-lo. 34 Nem tão pouco podem dar ri-
quezas, nem retribuir o mal. Se algum lhes fi-
zer um voto, e o não cumprir: nem isto eles
requerem. 35 Não livram a um homem da mor-
te, nem defendem ao fraco do mais poderoso.
36 Não restituem a vista a um homem cego,
não livrarão ao homem da sua necessidade.
37 Não se compadecerão da viúva, nem farão
bem aos órfãos. 38 Os deuses deles são seme-
lhantes às pedras do monte, sendo feitos de
madeira, e de pedra, e de ouro, e de prata: mas
os que os adoram serão confundidos. 39 Como
se pode pois ajuizar, ou dizer, que eles são
deuses?

40 Porque ainda os mesmos caldeus os de-
sonram: os quais depois de terem ouvido que
um mudo não pode falar, apresentam-no a Bel,
pedindo-lhe que lhe dê fala: 41 como se pudes-
sem sentir os que não têm movimento, ainda
eles mesmos, quando se desenganarem, os de-
sampararão: visto não terem os mesmos deu-
ses dele sentimento algum. 42 Também se
vêem umas mulheres cingidas de cordas, que
estão assentadas nos caminhos, queimando ca-
roços de azeitona. 43 E quando alguma delas,
atraída por algum passageiro, dormir com ele,
lança em rosto à sua vizinha que ela não
fora julgada digna de honra como ela, nem
a sua corda se quebrara. 44 E todas as coi-
sas que se fazem para eles, são falsas. Como
se pode logo ajuizar, ou dizer que eles são
deuses?

45 Por estatuários pois, e ourives do ouro
foram eles feitos. Nenhuma outra coisa serão,
senão aquilo que querem que sejam os sacer-
dotes. 46 Também os mesmos artífices que as
fazem, não são de muita duração. Pois como
podem ser deuses aquelas coisas, que por eles
mesmos foram fabricadas? 47 E não deixaram
outra coisa que engano, e opróbrio aos que hão
de vir depois. 48 Porque depois de lhes sobre-
vir alguma guerra, e quaisquer males: consul-
tam os sacerdotes entre si, onde se hão de es-
conder com eles. 49 Como deve logo crer-se que
são deuses os que nem se podem livrar da
guerra, nem defender-se das calamidades?
50 Porque como eles sejam de madeiros dou-
rados, e prateados, vir-se-á a saber algum dia
por todas as nações e reis, que são falsos: o
que faz ver claramente que não são deuses, se-
não obras de mãos de homens, e não há neles
operação alguma de Deus. 51 De onde se pode
saber logo que não são deuses, senão obras de
mãos de homens, e que não há virtude alguma
de Deus neles?

Os homens são mais fortes do que os ídolos

52 Não põem rei a província alguma, nem
darão chuva aos homens. 53 Assim mesmo não
decidirão pleito, nem livrarão as províncias da
injúria: porque nada podem, como as gralhas
que voam entre o céu e a terra. 54 Pois se se
atear fogo na casa dos deuses de madeira, de
prata, e de ouro, os seus sacerdotes por certo
fugirão, e se livrarão: mas eles, como as vigas
no meio das chamas, se queimarão. 55 Mas
nem a um rei, nem numa guerra farão resis-
tência. Como se pode logo ajuizar, ou admitir
que são deuses?

56 Não se poderão defender dos ladrões,
nem dos salteadores uns deuses de madeira, e
de pedra, e dourados, e prateados, quando os
tais que podem mais do que eles, 57 os despo-
jarão do ouro, e da prata, e dos vestidos de que
estão cobertos, e se irão com ele, e não se po-
derão valer a si mesmos. 58 De tal sorte que
melhor é ser um rei, que ostenta as suas for-
ças: ou uma vasilha útil em uma casa, com a
qual se contente o que a possui ou uma porta
em qualquer casa, que guarda o que há dentro
dela, que ser um destes falsos deuses. 59 O sol
por certo, e a lua, e as estrelas, sendo resplan-
decentes, e destinadas para vários usos, obe-
decem. 60 Da mesma sorte o relâmpago tam-
bém quando fuzilar, se deixa ver: e da mesma
maneira até o vento que assopra por toda a re-
gião. 61 E as nuvens, quando por Deus lhes for
mandado que corram todo o mundo, cumprem
o que lhes é mandado. 62 O fogo também que
é enviado de cima, para que consuma os mon-
tes, e os bosques, faz o que se lhe tem ordena-
do. Mas estes não se assemelham a nenhuma
coisa daquelas, nem em parecer, nem em po-
der. 63 Por onde não se deve ajuizar, nem di-
zer, que eles são deuses, quando não podem
nem fazer justiça, nem valer em coisa alguma
aos homens. 64 Assim que sabendo vós que
não são deuses, em conseqüência disto não os
temais.

65 Porque eles não amaldiçoarão, nem aben-
çoarão os reis. 66 Nem tão pouco mostram no
céu às gentes os sinais dos tempos, nem luzi-
rão como o sol, nem alumiarão como a lua.
67 Melhores do que eles são os animais, que
podem refugiar-se debaixo de coberta, e servir
a si de proveito. 68 Assim que é para nós ma-
nifesto, que de nenhuma maneira são deuses:
por cujo motivo não os temais.

69 Porque assim como o espantalho em um
meloal o não guarda: por este modo são os
deuses deles de madeira, e de prata, e doura-

dos. 70 Do mesmo modo são também como o
espinheiro branco em um jardim, sobre o qual
vêm pousar todas as aves. Da mesma sorte se
assemelham até a um morto lançado em tre-
vas os deuses deles de madeira, e dourados, e
prateados: 71 também pela púrpura e escarla-
ta, que a traça rói em cima deles, sabereis fi-
nalmente que não são deuses. Eles mesmos
nesta conformidade vêm por último a ser co-
midos, e serão o opróbrio em toda uma região.
72 Melhor é o homem justo, que não tem ído-
los: porque estará longe de opróbrios.

EZEQUIEL

I. INTRODUÇÃO

Aparição divina

1 E aconteceu aos trinta anos, em que o quar-
to mês, a cinco dias do mesmo, que estan-
do eu no meio dos cativos junto ao rio Cobar,
se abriram os céus, e tive visões de Deus. 2 Aos
cinco dias do dito mês, é pontualmente o ano
quinto da transmigração do rei Joaquim, 3 foi
dirigida a palavra do Senhor a Ezequiel sacer-
dote, filho de Buzi, na terra dos caldeus, junto
ao rio Cobar: e lá obrou a mão do Senhor so-
bre ele.
4 E vi, e eis que vinha da banda do aquilão
um vento de torvelinho: e uma grande nuvem,
e um fogo que se envolvia, e à roda dela um
resplendor: e do meio dele, isto é, do meio do
fogo, aparecia uma como espécie de electro.
5 E no meio do fogo se via a semelhança de
quatro animais. E este era o seu aspecto, havia
neles a semelhança de um homem. 6 Cada um
tinha quatro rostos, e cada um quatro asas.
7 Os seus pés eram pés direitos, e a planta do
pé deles era como a planta do pé de um no-
vilho, e deles saíam umas faíscas, de que resul-
tava uma como representação de cobre abra-
seado. 8 E tinham mãos de homem debaixo
das suas asas aos quatro lados. E também ti-
nham rostos, e asas pelos quatro lados. 9 E
quanto a estas asas, estavam a de um juntas a
outro. Não se voltavam quando iam cami-
nhando: mas cada qual andava diante da sua
face.
10 E a semelhança do semblante deles era:
rosto de homem, e rosto de leão à direita dos
mesmos quatro: e o rosto de boi à esquerda
dos mesmos quatro. 11 Os seus rostos, e as
suas asas se estendiam ao alto: duas asas de
cada um se ajuntavam, e duas cobriam os cor-
pos deles. 12 E cada um deles andava diante da
sua face: onde estava o ímpeto do espírito, pa-
ra ali caminhavam, nem se voltavam quando
iam andando.
13 E a semelhança dos animais era que o seu
aspecto vinha a ser como um fogo de brasas
ardentes, e como uma aparência de lâmpadas.
Esta era a visão que discorria no meio dos ani-
mais, resplendor de fogo, e relâmpago que saía
do fogo. 14 E os animais iam, e voltavam à
semelhança de relâmpagos coruscantes.
15 E ao tempo que eu estava olhando para
estes animais, apareceu ao pé dos tais animais
uma roda sobre a terra, a qual tinha quatro
faces. 16 E o aspecto das rodas, e a obra delas
era como a vista do mar: e uma só a semelhan-
ça das mesmas quatro: e o aspecto delas e
obras eram como se estivera uma roda no meio
de outra roda.
17 Elas iam igualmente pelos seus quatro
lados: e não se voltavam quando iam rodando.
18 Tinham também estas rodas uma grandeza,
e uma altura e um aspecto horrível: e todo o
orpo das mesmas quatro rodas estava cheio de
olhos ao redor.
19 E quando os animais andavam, andavam
também ao mesmo passo as rodas ao pé deles:
e quando os animais se elevavam da terra,
também as rodas juntamente se elevavam.
20 Para qualquer parte que o espírito ia, indo
para lá o espírito, as rodas, seguindo-o, tam-
bém igualmente se elevavam. Porque o espírito
de vida estava nas rodas. 21 Andando os ani-
mais andavam as rodas e parando eles para-
vam elas: e quando eles se tinham elevado da
terra, também as rodas seguindo-os juntamen-
te se elevavam: porque o espírito de vida es-
tava nas rodas. 22 E por cima das cabeças dos
animais via-se uma semelhança de firmamento,
como um aspecto de cristal horrível, e esten-
dido pela parte superior por cima de suas ca-
beças. 23 E debaixo deste firmamento as asas
deles estavam direitas, as de um para o outro:
cada um com duas asas cobria o seu corpo, e
o outro do mesmo modo estava coberto. 24 E
eu ouvia o sonido das suas asas, como o soni-
do de muitas águas, como a voz do alto Deus.
Quando andavam, o tropel era como de uma
multidão, como um estrondo de arraiais: e
quando paravam, se abaixavam as suas asas.
25 Porque quando se formava a voz sobre o

firmamente, que ficava por cima das suas cabeças, paravam, e abaixavam as suas asas.

26 E sobre este firmamento, que ficava iminente às suas cabeças, havia uma semelhança de trono como aspecto de pedra de safira: e sobre a semelhança do trono havia em cima dele uma semelhança, como aspecto de homem. 27 E vi uma como representação de electro, um como aspecto de fogo pelo interior dele em circunferência: desde a cintura, e daí para cima, e desde a sua cintura até abaixo vi uma como aparência de fogo resplandecente ao redor. 28 Como o aspecto do arco ao tempo que estiver na nuvem num dia de chuva: este era o aspecto do resplendor em roda.

Missão de Ezequiel

2 Esta foi a visão da semelhança da glória do Senhor: e vi, e caí com o meu rosto em terra, e ouvi uma voz de quem falava. E me disse: Filho do homem, põe-te sobre os teus pés, e eu falarei contigo. 2 E entrou em mim o espírito depois que me falou, e me firmou sobre os meus pés. E ouvi ao que me falava. 3 E dizia: Filho do homem, eu te envio aos filhos de Israel, às gentes apóstatas, que se apartaram de mim: eles e seus pais têm prevaricado violado o meu pacto até o dia de hoje. 4 E aqueles a quem eu te envio são uns filhos de semblante duro, e de coração indomável: e tu lhes dirás: Isto diz o Senhor Deus: 5 A ver se acaso eles duma vez ouvem, e se acaso cessam, porque é uma casa que me exaspera: e saberão que esteve no meio deles um profeta.

6 Tu pois, filho do homem, não tenhas medo deles, nem temas as suas palavras: porque os que estão contigo, são uns incrédulos e pervertedores, e tu habitas com escorpiões. Não temas as suas palavras, nem te assustes com os seus semblantes, porque é uma casa que me exaspera. 7 Tu pois lhes intimarás as minhas palavras, a ver se acaso eles ouvem, e cessam: porque são irritadores. 8 Mas tu, filho do homem, ouve tudo quanto eu te falo: e não queiras ser homem, que me exaspere, como esta casa é provocadora. Abre a tua boca, e come tudo quanto eu te dou.

9 E vi, e eis que uma mão foi enviada a mim, na qual se achava um livro enrolado: e o abriu diante de mim, o qual estava escrito por dentro e por fora: e nele se viam escritas lamentações, e cânticos, e desgraças.

O rolo ingerido

3 E ele me disse: Filho do homem, come tudo quanto achares. Come esse volume, e pondo-te a caminho vai falar aos filhos de Israel. 2 E eu abri a minha boca, e ele me deu a comer aquele volume: 3 e me disse: Filho do homem, o teu ventre comerá, e encher-se-ão as tuas entranhas deste volume, que eu te dou. E eu comi: e ele na minha boca se fez doce como o mel.

4 E ele me disse: Filho do homem, vai à casa de Israel, e tu lhe anunciarás as minhas palavras. 5 Porque tu não és enviado a nenhum povo de profunda linguagem, nem de língua desconhecida, senão à casa de Israel: 6 nem a diversos povos de profunda linguagem, e de língua desconhecida, cujas palavras não possas entender: e se aos tais foras enviado, eles te ouviriam.

7 Mas os da casa de Israel não te querem ouvir a ti: porque me não querem ouvir a mim: porquanto toda a casa de Israel é de uma fronte desavergonhada, e de um coração endurecido. 8 Eis aí que tornei tua face mais firme que suas faces, e tua fronte mais firme que suas frontes. 9 Como de diamante, e como de pedra tornei a tua face. Não os temas, nem tenhas medo diante deles: porque é uma casa que me exaspera. 10 E ele me disse: Filho do homem, mete no teu coração todas as minhas palavras, que eu te falo, e ouve-as com os teus ouvidos: 11 e vai, entra para ir ter com os da transmigração, com os filhos do teu povo, e falar-lhes-ás, e lhes dirás: Eis aqui o que diz o Senhor Deus: A ver se acaso eles ouvem e cessam.

12 E me tomou o espírito, e ouvi por detrás de mim esta voz de grande comoção: Bendita seja a glória do Senhor, que se vai do seu lugar. 13 E ouvi outrossim o estrondo das asas dos animais, que batiam uma contra a outra, e o estrondo das rodas que seguiam aos animais, e um sonido de grande estrépito. 14 Também o espírito me levantou, e me levou consigo: e eu me fui cheio de amargura na indignação de meu espírito: porém a mão do Senhor estava comigo, confortando-me. 15 E fui ter com os cativos junto ao montão dos trigos novos, ajuntando-me com aqueles que moravam junto do rio Cobar, e assentei-me onde eles estavam assentados: e fiquei ali sete dias no meio deles, todo melancolizado.

O profeta é sentinela para Israel

16 E passados que foram os sete dias, foi dirigida a mim a palavra do Senhor, a qual dizia: 17 Filho do homem, eu te dei por atalaia à casa de Israel: e tu ouvirás da minha boca a palavra, e lha anunciarás a eles da minha parte. 18 Se dizendo-te eu que digas ao ímpio: In-

falivelmente morrerás: tu lho não anunciares, e não lhe falares, para que ele se tire do seu caminho ímpio, e viva: morrerá o mesmo na sua iniqüidade, mas eu requererei da tua mão o seu sangue. 19 Se pelo contrário anunciares tu isso ao ímpio, e ele se não converter da sua impiedade, e do seu ímpio caminho: morrerá ele por certo na sua iniqüidade, e tu livraste a tua alma.

20 Mas também se o justo deixar a sua justiça, e cometer a iniqüidade: eu porei diante dele uma pedra de tropeço, ele morrerá, porque tu lho advertiste: morrerá no seu pecado, e não ficarão postas em lembrança as suas ações de justiça, que obrou: mas eu requererei da tua mão o seu sangue. 21 Se pelo contrário advertires tu ao justo, para que o tal justo não peque, e ele não pecar: viverá a verdadeira vida, porque tu o advertiste e assim livraste a tua alma.

O profeta é aguilhoado e emudecido

22 Então se apoderou de mim a mão do Senhor, e ele me disse: Levantando-te, sai ao campo, e lá falarei contigo. 23 Eu pois levantando-me saí ao campo: e eis que estava ali a glória do Senhor, como a glória que vi junto ao rio Cobar: e me prostrei com o rosto em terra. 24 E o espírito entrou em mim, e me firmou sobre os meus pés: e me falou, e me disse: Entra, e encerra-te no meio da tua casa. 25 E tu, filho do homem, sabe que eles te têm deitado sobre ti cadeias, e te ligarão com elas: e tu não sairás do meio deles. 26 E eu farei que a tua língua se pegue ao teu paladar e ficarás mudo, e não como varão que repreende: porque é casa que exaspera. 27 Mas depois que eu te tiver falado, abrirei a tua boca, e tu lhes dirás: Isto diz o Senhor Deus: O que ouve, ouça: e o que descansa, descanse: porque é casa que exaspera.

II. PROFECIAS RELATIVAS À QUEDA DE JERUSALÉM

O assédio da cidade

4 Tu pois, filho do homem, pega num ladrilho, e pô-lo-ás diante de ti: e desenharás nele a cidade de Jerusalém. 2 E disporás contra ela um assédio, e levantarás fortificações, e farás trincheiras, e alojarás um exército contra ela, e pôr-lhe-ás aríetes ao redor. 3 Toma também tu uma frigideira de ferro, e pô-la-ás como um muro de ferro entre ti, e entre a cidade. Depois olharás para ela com o teu semblante bem carregado, e ela será posta de sítio, e tu a sitiarás: o que é um sinal para a casa de Israel.

Penitência por Israel e Judá

4 E tu dormirás sobre o teu lado esquerdo, e porás sobre ele as iniqüidades da casa de Israel no espaço dos dias, em que dormirás sobre ele, e tomarás sobre ti a iniqüidade deles. 5 Eu te dei pois em conta de dias trezentos e noventa dias, pelos anos da iniqüidade deles: e assim trarás sobre ti a iniqüidade da casa de Israel.

6 E depois que tiveres cumprido isto, dormirás segunda vez sobre o teu lado direito: e tomarás sobre ti a iniqüidade da casa de Judá por quarenta dias: é um dia que eu te dei por cada ano, um dia, digo, por cada ano. 7 E voltarás o teu rosto para o cerco de Jerusalém, e o teu braço estará estendido: e assim profetarás contra ela. 8 Tu bem vês como eu te cingi de cadeias todo em roda: assim tu não te voltarás de um lado para outro lado, enquanto não cumpras os dias do teu assédio.

Alimentação durante o cerco

9 Toma também tu trigo, e cevada, e favas, e lentilhas, e milho, e aveia: e meterás tudo isso dentro de um vaso, e farás para ti uns pães conforme o número dos dias, que hás de dormir sobre o teu lado. Tu os comerás em trezentos e noventa dias. 10 E a tua comida de que te hás de sustentar, será o peso de vinte siclos por dia: de um tempo até outro tempo a comerás. 11 Hás de beber também a água por medida, e esta será a sexta parte de um hin: tu a beberás de um tempo até outro tempo. 12 E o que tu hás de comer, será como um pão de cevada, que se cozeu debaixo da cinza: e tu diante deles o cobrirás do esterco, que sai do homem. 13 E disse o Senhor: Assim comerão os filhos de Israel o seu pão imundo entre as gentes, para onde eu os lançarei.

14 Então disse eu: Ah, ah, ah, Senhor Deus, vede que a minha alma não está manchada, nem eu desde a minha infância até agora tenho comido coisa morta, nem despedaçada pelas alimárias, nem ainda na minha boca entrou carne alguma imunda. 15 E ele me disse: Eis aí te dei esterco de bois em lugar de esterco humano: e farás cozer com ele o teu pão. 16 Depois me disse: Filho do homem: eis aí quebrarei eu o báculo do pão em Jerusa-

lém: e comerão o pão por peso e com sobres-
salto: e beberão a água por medida e com
angústia: 17 para que, faltando-lhes o pão e
a água, caia cada um junto a seu irmão: e se
mirrem de fome nas suas iniqüidades.

Punição de Jerusalém

5 E tu, filho do homem, pega numa navalha
afiada, que corte os cabelos: e tomá-la-ás,
e a passarás por cima da tua cabeça e da tua
barba: e tomarás uma balança de peso, e re-
parti-los-ás. 2 Uma terça parte lançá-la-ás ao
fogo no meio da cidade, à medida que os dias
do cerco se forem cumprindo: e tomarás a
outra terça parte, e cortá-la-ás com uma espa-
da ao redor da mesma cidade: deitarás porém
ao vento a outra terça parte que restar e eu
irei atrás dele com a espada nua. 3 Desta terça
parte porém tirarás tu um pequeno número:
e atá-los-ás numa ponta da tua capa. 4 E ainda
destes tirarás tu alguns poucos, e lançá-los-ás
no meio do fogo, e queimá-los-ás com as cha-
mas: e daqui sairá uma labareda por toda a
casa de Israel.
5 Isto diz o Senhor Deus: Esta é Jerusalém,
no meio das gentes eu a pus, e em contorno
dela as suas terras. 6 E desprezou os meus
juízos, até o ponto de se tornar mais ímpia
que as gentes: e os meus preceitos ainda mais
que todas as terras, que estão ao redor dela:
porque eles arrojaram de si os meus juízos,
e não andaram nos meus preceitos.
7 Portanto isto diz o Senhor Deus: Porque
vencestes em impiedade as gentes que estão
ao redor de vós, e não andastes nos meus pre-
ceitos, e não observastes os meus juízos, nem
ainda obrastes segundo as leis das gentes, que
estão à roda de vós: 8 portanto isto diz o
Senhor Deus: Aqui estou eu contra ti, e eu
mesmo exercerei no meio de ti os meus juízos
aos olhos das gentes. 9 E farei contra ti o que
ainda não tenho feito, e coisas que nunca mais
as farei semelhantes por causa de todas as
tuas abominações.
10 Por isso os pais comerão a seus filhos
no meio de ti, e os filhos comerão a seus pais,
e eu exercerei em ti os meus juízos: e a to-
do o vento padejarei todas as tuas relíquias.
11 Portanto vivo eu, diz o Senhor Deus: se
pelo motivo de teres violado o meu santuário
com todas as tuas ofensas, e com todas as
tuas abominações, eu também te não quebran-
tar, e o meu olho te não perdoar, nem eu tiver
a menor compaixão de ti.
12 Um terço dos teus morrerá de peste, e
será consumido de fome no meio de ti: e ou-
tro terço dos teus cairá morto ao fio da espada
em teu circuito: quanto porém ao outro terço
que te restar, eu o espalharei a todo o vento,
e irei atrás deles com a espada nua. 13 E sa-
tisfarei o meu furor, e neles farei descansar
a minha indignação, e eu me consolarei. E eles
saberão que eu, o Senhor, falei no meu ciúme,
depois que eu tiver satisfeito neles a minha
indignação.
14 E eu te reduzirei a um deserto, e a ser o
opróbrio das gentes, que estão ao redor de ti,
à vista de todo o que for passando. 15 E serás
o opróbrio, e a blasfêmia, e o escarmento, e o
assombro entre as gentes que estão em teu
contorno: quando eu tiver exercido contra ti
os meus juízos com furor, e com indignação,
e com increpações de ira.
16 Eu o Senhor o disse: Quando eu despe-
dir as mais que penetrantes setas da fome
contra eles: as quais serão mortais, e que eu
despedirei para vos perder: e ajuntarei a fome
sobre vós, e quebrarei entre vós o báculo do
pão. 17 E enviarei contra vós a fome, e as
mais cruéis alimárias até vos reduzirem a ex-
termínio: e a peste, e o sangue passarão por
ti, e farei vir a espada sobre ti. Eu, o Senhor,
o disse.

Profecia contra os montes de Israel

6 E foi-me dirigida a palavra do Senhor, a
qual dizia: 2 Filho do homem, vira o teu
rosto para os montes de Israel, e profetizarás
contra eles. 3 E dirás: Montes de Israel, ouvi
a palavra do Senhor Deus! Isto diz o Senhor
Deus aos montes, e aos outeiros, aos rochedos,
e aos vales: Eis aí mandarei eu sobre vós a
espada, e destruirei os vossos altos: 4 e de-
molirei os vossos altares, e serão quebrados
os vossos simulacros, e arrojarei os vossos
mortos entre os vossos ídolos: 5 E estenderei
os cadáveres dos filhos de Israel por diante
dos vossos simulacros: e espalharei os vossos
ossos ao redor dos vossos altares, 6 em todas
as vossas habitações. As cidades serão deser-
tas, e os altos serão demolidos, e desfeitos: e
os vossos altares cairão, e serão quebrados.
E cessarão os vossos ídolos, e os vossos tem-
plos serão derribados, e ficarão extintas as
vossas obras. 7 E cairão os mortos no meio
de vós: e sabereis que eu sou o Senhor.
8 E deixarei no meio de vós os que tiverem
fugido da espada entre as gentes, quando vos
espalhar pelas terras. 9 E aqueles dentre vós
que tiverem sido livrados, se lembrarão de
mim entre as gentes, para onde foram levados
cativos: porque eu quebrantei o seu coração
fornicário, e que se apartava de mim: e os
olhos deles prostituídos pela fornicação após
dos seus ídolos: e eles se desagradarão de si
mesmos por causa dos males que fizeram em

todas as suas abominações. 10 E saberão que eu o Senhor não disse debalde que lhes havia de fazer este mal.

A punição da idolatria

11 Isto diz o Senhor Deus: Fere a tua mão, e dá uma pancada no teu pé, e dize: Ai sobre todas as abominações dos males da casa de Israel porque eles hão de perecer pela espada, pela fome e pela peste. 12 Aquele que está longe morrerá de peste: e o que está perto cairá aos golpes da espada: e o que for deixado, e sitiado, morrerá de fome: e fartarei neles a minha indignação. 13 E sabereis que eu sou o Senhor quando os vossos mortos estiverem estendidos no meio dos vossos ídolos, à roda dos vossos altares, em todos os outeiros elevados, e em todos os cumes dos montes, debaixo de toda a árvore dos bosques, debaixo de todo o carvalho frondoso, lugares onde queimaram fragrantes incensos a todos os seus ídolos. 14 E estenderei a minha mão sobre eles. Deixarei desolada e desamparada a terra, desde o deserto de Deblata, em todas as suas habitações. E saberão que eu sou o Senhor.

Fim de Israel

7 E foi-me dirigida a palavra do Senhor, a qual dizia: 2 E tu, filho do homem, dize: Isto diz o Senhor Deus à terra de Israel: O fim vem, vem o fim sobre as quatro plagas desta terra. 3 Agora é que vem o fim sobre ti, e eu desafogarei o meu furor contra ti: e te julgarei conforme os teus caminhos: e te porei diante dos olhos todas as tuas abominações. 4 E o meu olho te verá sem se magoar, nem me compadecerei de ti: mas porei sobre ti os teus caminhos, e as tuas abominações estarão no meio de ti. E vós sabereis que eu sou o Senhor.

5 Isto diz o Senhor Deus: Eis uma aflição, eis que logo vem outra aflição! 6 O fim vem, vem o fim, ele despertou contra ti. Ei-lo aí vem. 7 Ó tu, que habitas na terra, uma total ruína vem sobre ti: é chegado o tempo, está perto o dia da mortandade, e não da glória dos montes. 8 Agora derramarei eu de perto a minha ira sobre ti, e satisfarei em ti o meu furor: e te julgarei conforme os teus caminhos, e porei sobre ti todas as tuas maldades. 9 E o meu olho te verá sem se magoar, nem eu me compadecerei de ti, mas pôr-te-ei às costas os teus caminhos, e as tuas abominações estarão no meio de ti. E vós sabereis que eu sou o Senhor que firo.

10 Eis aqui o dia, ei-lo aí vem! Saiu a total destruição, floresceu a vara, brotou a soberba. 11 A iniqüidade se levantou sobre a vara da impiedade. Não restará nada deles, nem do povo, nem do seu estrondo: e não haverá neles descanso. 12 Chegou o tempo, está próximo o dia: o que compra não se alegre: e o que vende, não chore: porque a ira está sobre todo o seu povo. 13 Porque o que vende, não tornará a possuir o que vendeu, e ainda estará a sua vida entre os viventes: porque a visão concernente a toda a sua multidão não tornará atrás: e nenhum será reforçado por causa da iniqüidade da sua vida. 14 Tocai a trombeta, preparem-se todos, mas não há ninguém que vá à batalha: porque a minha ira está sobre todo o seu povo.

15 Fora a espada, e dentro a peste e a fome: o que está no campo, morrerá à espada: e os que estão na cidade, serão devorados pela peste e pela fome. 16 E os que dentre eles fugirem, salvar-se-ão: mas eles estarão sobre os montes como pombas dos vales, todos tremendo, cada um por causa da sua iniqüidade. 17 Todas as mãos se enfraquecerão, e todos os ojelhos destilarão águas. 18 E cingir-se-ão de cilícios, e o medo os cobrirá, e em todo o rosto haverá confusão, e em todas as suas cabeças calva. 19 A sua prata será lançada fora, e o seu ouro será reputado como um monturo. A sua prata e o seu ouro não os poderão livrar no dia do furor do Senhor. Eles não fartarão a sua alma, e os seus ventres se não encherão: porque lhe têm servido de tropeço para a sua iniqüidade.

20 E converteram em soberba o adorno de seus colares, e dele fizeram representativos das suas abominações e simulacros: por isso fiz que fosse para eles uma imundície. 21 E pô-lo-ei nas mãos dos estranhos para ser saqueado, e aos ímpios da terra servirá de presa, e eles o contaminarão. 22 E apartarei deles a minha face, e violarão o secreto do meu santuário: e entrarão nele saqueadores e o profanarão.

23 Acaba com a tua conclusão: porque a terra está, cheia de juízo de sangues, e a cidade cheia de iniqüidade. 24 E farei vir os péssimos dentre as gentes, e eles se apoderarão das suas casas: e farei cessar a soberba dos poderosos, e aqueles péssimos possuirão os santuários deles. 25 Ao sobrevir-lhes de repente a angústia, eles buscarão a paz, e não a haverá. 26 A um susto sucederá outro susto, e a um estrondo outro estrondo: e buscarão alguma visão de algum profeta, e a lei perecerá na boca do sacerdote, e o conselho na boca dos anciãos. 27 O rei chorará e o príncipe cobrir-se-á de tristeza e as mãos do povo da terra tremerão de medo. Eu os tratarei conforme o seu caminho, e os julgarei con-

forme eles julgaram os outros. E saberão que eu sou o Senhor.

Cultos idolátricos no santuário de Jerusalém

8 E aconteceu no ano sexto, no sexto mês, a cinco do mês: quando estava assentado em minha casa, e estavam assentados diante de mim os anciãos de Judá, que neste mesmo lugar caiu sobre mim a mão do Senhor Deus. 2 E tive uma visão, e eis que havia ali uma como semelhança de um homem de aspecto de fogo: desde o aspecto dos seus rins para baixo, era tudo fogo: e desde os seus rins, e daí para cima, tudo era um como aspecto de resplendor, uma como vista de eletro.

3 E tendo dali saído uma semelhança de mão, me tomou por uma gadelha da minha cabeça: e o espírito me levantou entre a terra e o céu: e me levou a Jerusalém em visão de Deus, pondo-me ao pé da porta interior, que olhava para a banda do aquilão, onde se tinha colocado o ídolo do ciúme para provocar a emulação. 4 E eis que aparecia ali a glória do Deus de Israel, conforme a visão que eu tinha tido no campo. 5 E ele me disse: Filho do homem, levanta os teus olhos para o caminho do aquilão. E levantei os meus olhos para o caminho do aquilão: E eis que vi da banda do aquilão da porta do altar aquele ídolo do ciúme, posto bem à entrada.

6 E ele me disse: Filho do homem, acaso pensas que vês tu o que fazem estes, as grandes abominações que a casa de Israel faz aqui, para que me retire longe do meu Santuário? pois quando te voltares para outra parte, verás abominações ainda maiores. 7 E me introduziu a uma porta do átrio: e vi, e eis que havia ali um buraco na parede. 8 E ele me disse: Filho do homem, escava a parede. E como eu tivesse escavado a parede, apareceu uma porta. 9 E ele me disse: Entra, e vê as vergonhosíssimas abominações, que estes aqui fazem.

10 E depois de ter entrado olhei, e eis que havia ali toda a semelhança de reptis, e de animais, a abominação, e todos os ídolos da casa de Israel estavam pintados na parede por toda a roda. 11 E setenta homens dos anciãos da casa de Israel estavam em pé diante destas pinturas, e Jezonias, filho de Safan, também em pé no meio deles: e cada um tinha na sua mão um turíbulo: e o fumo do incenso que dele saía como uma névoa, se elevava ao alto. 12 E ele me disse: Por certo, filho do homem, que tu vês o que os anciãos da casa de Israel fazem nas trevas, o que cada um deles pratica no secreto da sua câmara. Porque eles dizem: O Senhor não nos vê, o Senhor deixou a terra.

13 Então me disse ele: Quando te voltares para outra parte, verás abominações ainda maiores que as que estes fazem. 14 E me introduziu pela entrada da porta da casa do Senhor, que olhava para a banda do aquilão: e eis que estavam ali umas mulheres assentadas, chorando a Adonis. 15 E ele me disse: Por certo, filho do homem, que tu viste! Quando te voltares ainda para outra parte, verás maiores abominações do que estas. 16 E me introduziu no átrio interior da casa do Senhor: e eis que se achavam à porta do Templo do Senhor, entre o vestíbulo e o altar, alguns vinte e cinco homens, que tinham as costas voltadas para o Templo do Senhor, e as caras viradas para o oriente: e adoravam o sol nascendo.

17 E ele me disse: Por certo, filho do homem, que tu viste! Acaso é isto coisa de pouco momento para a casa de Judá, o fazerem eles estas abominações que têm feito aqui: pois tendo enchido a terra de iniqüidade se voltaram a me irritar? Bem vês também como eles chegam aos seus narizes o ramo. 18 Logo também eu os tratarei no meu furor: o meu olho os verá sem se magoar, nem eu me compadecerei deles. E quando eles me gritarem aos ouvidos em alta voz, eu não os atenderei.

Massacre dos culpados

9 E com uma grande voz gritou ele aos meus ouvidos, dizendo: Os visitadores da cidade estão a chegar, e cada um tem na sua mão um instrumento de morte. 2 E eis que vinham seis homens pelo caminho da porta superior, que olha para o aquilão: e cada um trazia na sua mão um instrumento de morte. Via-se também no meio deles um homem vestido de roupas de linho, e um tinteiro de escrevente aos seus rins. E entraram, e se puseram junto ao altar de bronze. 3 E a glória do Senhor de Israel desde o querubim, sobre o qual estava, se elevou, indo-se pôr à entrada da casa: e chamou ao homem, que estava vestido de roupas de linho, e que tinha o tinteiro de escrevente em seus rins.

4 E o Senhor lhe disse: Passa ao través da cidade pelo meio de Jerusalém: e com um tau marca as testas dos homens que gemem, e que se doem de todas as abominações que se fazem no meio dela. 5 E aos outros disse, ouvindo-o eu: Passai ao través da cidade, seguindo-o e feri. Não se magoe o vosso olho, nem vós tenhais compaixão alguma. 6 O velho, o moço, e a donzela, o menino e as mulheres, todos matai, sem que nenhum escape: mas não mateis nenhum daqueles, sobre quem virdes o tau, e começai pelo meu santuário. Começaram

pois a matança pelos homens maís anciãos,
que estavam diante da casa. 7 E ele lhes disse:
Profanai a casa, e enchei os átrios de mortos.
Saí. E eles saíram e iam matando os que esta-
vam na cidade.
8 E acabada que foi a matança, fiquei eu
ali: e me lancei prostrado com o rosto por
terra, e digo gritando: Ai, ai, ai, Senhor Deus!
Dar-se-á caso que destruas tu assim todas as
relíquias de Israel, derramando o teu furor
sobre Jerusalém? 9 E ele me disse: A iniqüi-
dade da casa de Israel, e da casa de Judá é
grande no último excesso, e a terra está toda
coberta de sangue, e a cidade está cheia de
gente que me deu as costas: porque eles dis-
seram: O Senhor deixou a terra, e o Senhor
não vê. 10 Pois também o meu olho se não
magoará, nem eu terei compaixão alguma.
Sobre a cabeça deles farei recair o seu ca-
minho.
11 E eis que o homem, que estava vestido
de roupas de linho, que tinha o tinteiro pen-
dente das costas, deu a sua resposta, dizendo:
Tenho executado a ordem do modo que tu
ma deste.

O carro do Senhor com os querubins

10 E olhei, e eis que no firmamento, que
estava sobre a cabeça dos querubins,
apareceu sobre eles uma como pedra de safira,
uma como aparência da semelhança de um
trono. 2 E falou ao homem, que estava vestido
de roupas de linho, e disse: Entra no meio das
rodas que estão debaixo dos querubins, e toma
uma mão cheia de brasas de fogo, que estão
entre os querubins, e espalha-as sobre a cida-
de. E ele entrou à minha vista. 3 Os querubins
porém estavam ao lado direito da casa quando
lá entrou aquele homem, e uma nuvem encheu
o átrio interior. 4 E a glória do Senhor se
elevou de cima dos querubins, indo-se pôr à
entrada da casa: e a casa ficou coberta com
a nuvem, e o átrio se encheu do esplendor da
glória do Senhor. 5 E o sonido das asas dos
querubins se ouvia até o átrio de fora, pare-
cendo-se com a voz de Deus Todo-poderoso
que falava.
6 Tendo pois o Senhor dado esta ordem ao
homem, que estava vestido de roupas de linho,
dizendo: Toma do fogo do meio das rodas, que
estão entre os querubins: depois de haver en-
trado, ele se pôs em pé junto a uma das rodas.
7 Então um dos querubins estendeu a mão do
meio dos querubins para o fogo, que estava
entre os querubins: e o tomou, e pôs nas mãos
daquele que estava vestido de roupas de linho:
o qual, tomando-o, se saiu.
8 E apareceu nos querubins uma semelhan-
ça de mão de homem debaixo das suas asas.
9 E vi e eis que eram quatro rodas ao pé dos
querubins: uma roda ao pé de um querubim:
e outra roda ao pé de outro querubim: e a
aparência destas rodas tinha uns como visos
de pedras de crisólita. 10 E o aspecto delas
era uma mesma semelhança das quatro, como
se estivera uma roda no meio de outra roda.
11 E quando elas andavam iam para as quatro
partes: e não tornavam para as três quando
andavam: mas para aquela parte, para onde
a que estava primeiro dirigia o seu caminho,
para essa também as outras a seguiam, e não
se voltavam para nenhum outro lado. 12 E
todo o corpo delas, e os seus colos, e mãos,
e asas, e círculos, estavam cheios de olhos,
ao redor das quatro rodas. 13 E ele a estas
rodas, ouvindo-o eu, chamou volúveis.
14 E cada um destes animais tinha quatro
faces: uma face era face de querubim: e a
segunda face era face de homem: e no terceiro
havia face de leão: e no quarto face de águia.
15 E os querubins se elevaram ao alto. Estes
são os mesmos animais, que eu tinha visto
junto ao rio Cobar.
16 E quando os querubins andavam, tam-
bém as rodas andavam igualmente ao pé deles:
e quando os querubins estendiam as suas asas
para se elevarem da terra, não ficavam as
rodas, mas também elas se achavam aos pés
deles. 17 Quando eles paravam, paravam elas:
e as mesmas se elevavam, quando eles se ele-
vavam: porque o espírito de vida estava nelas.
18 Depois saiu a glória do Senhor da en-
trada do Templo: e se pôs sobre os querubins.
19 E os querubins estendendo as suas asas se
elevaram da terra diante de mim: e quando
eles partiram, os seguiram também as rodas.
E os querubins pararam à entrada da porta
da casa do Senhor da banda do oriente: e a
glória do Deus de Israel estava sobre eles.
20 Eles são os mesmos animais, que eu vi
debaixo do Deus de Israel junto ao rio Cobar:
e conheci que eram querubins. 21 Cada um
deles tinha quatro caras, e quatro asas cada
um: e debaixo das suas asas aparecia uma
semelhança de mão de homem. 22 E a seme-
lhança das caras deles, eram as mesmas caras
que eu tinha visto junto ao rio Cobar, e o
olhar deles, e o ímpeto com que cada um
caminhava com a mira posta adiante.

Coração de carne e coração de pedra

11 Ao depois me elevou o espírito, e me
introduzi na porta oriental da casa do
Senhor, que olha para o nascente: e eis que
se achavam à entrada da porta vinte e cinco

homens. E conheci no meio deles a Jezonias, filho de Azur, e a Feltias, filho de Banaias, príncipes do povo. 2 E me disse: Filho do homem, estes são os varões que pensam na iniqüidade, e formam um desígnio péssimo nesta cidade. 3 Dizendo: Acaso não estão essas casas edificadas desde muito tempo? esta cidade é o caldeirão e nós somos a carne. 4 Por isso vaticina acerca deles, vaticina, filho do homem.

5 No mesmo ponto saltou em mim o espírito do Senhor, e me disse: Fala: Isto diz o Senhor: Assim é que vós discorrestes, casa de Israel, e eu conheço os pensamentos do vosso coração. 6 Vós matastes um grande número de pessoas nesta cidade, e enchestes as suas ruas de corpos mortos. 7 Por cuja causa isto diz o Senhor Deus: Os que vós matastes, os que estendestes mortos no meio da cidade, estes são a carne, e ela é o caldeirão: mas eu vos tirarei do meio dela. 8 Vós temestes a espada, e eu farei cair sobre vós a espada, diz o Senhor Deus. 9 E lançar-vos-ei fora do meio desta cidade, e vos entregarei nas mãos de vossos inimigos, e exercerei sobre vós os meus juízos. 10 Vós perecereis aos golpes da espada: eu vos julgarei nos confins de Israel, e vós sabereis que eu sou o Senhor. 11 Esta cidade não será a vosso respeito um caldeirão, nem vós sereis a carne no meio dela: eu vos julgarei nos confins de Israel. 12 E sabereis que eu sou o Senhor: porque vós não andastes nos meus preceitos, nem observastes as minhas ordenanças, mas vós vos conduzistes segundo os costumes das gentes, que estão à roda de vós.

13 E aconteceu que ao tempo que eu profetava, morreu Feltias, filho de Banaias. E me prostrei com o rosto em terra, gritando em alta voz, e disse: Ai, ai, ai, Senhor Deus! Logo acabas tu de perder as relíquias de Israel?

14 E me foi dirigida a palavra do Senhor, a qual dizia: 15 Filho do homem, as relíquias de Israel que serão salvas são os teus irmãos, os teus irmãos, digo, as pessoas do teu parentesco, e toda a casa de Israel, todos aqueles a quem os habitadores de Jerusalém disseram: Apartai-vos bem longe do Senhor, a nós é que a terra foi dada para a possuirmos. 16 Por cuja causa isto diz o Senhor Deus, porque os pus longe entre as gentes e porque os lancei dispersos por vários países: eu serei para eles uma pequena santificação nos países para onde foram.

17 Dize-lhes pois: Isto diz o Senhor Deus: Eu vos ajuntarei do meio dos povos, e vos reunirei dos países, para onde fostes espalhados, e vos darei a terra de Israel. 18 E eles entrarão nela, e tirarão do meio dela todos os tropeços, e todas as suas abominações. 19 Eu lhes darei um mesmo coração, e derramarei nas suas entranhas um novo espírito: e tirarei da sua carne o coração de pedra, e dar-lhes-ei um coração de carne: 20 para que andem nos meus preceitos e guardem as minhas ordenanças, e as cumpram: e para que sejam para mim o meu povo, e eu seja para eles o seu Deus. 21 Quanto àqueles, cujo coração anda após dos tropeços, e das suas abominações, eu lhes porei nas suas cabeças o seu caminho, diz o Senhor Deus.

22 Então elevaram os querubins ao alto as suas asas, e com elas se elevaram as rodas: e a glória de Deus de Israel estava sobre eles. 23 E a glória do Senhor subiu do meio da cidade, e se foi por sobre o monte, que está no oriente da cidade. 24 Depois disto me elevou o espírito, e me restituiu em visão à Caldéia no espírito de Deus, para onde estava o povo cativo. E me foi tirada a visão, que eu tivera. 25 E contei ao povo cativo tudo o que o Senhor me tinha mostrado.

Um símbolo da deportação

12 E foi-me dirigida a palavra do Senhor, a qual dizia: 2 Filho do homem, tu moras no meio de uma casa exasperante: no meio de uns homens que têm olhos para ver, e não vêem: e ouvidos para ouvir, e não ouvem: porque é uma casa que me exaspera.

3 Tu pois, filho do homem, refaz-te de trastes para mudar de país, e de dia te transportarás diante deles: e passarás do teu lugar a outro lugar à vista deles, a ver se acaso eles reparam nisso: porque é uma casa exasperante. 4 E à vista deles tirarás para fora de dia os teus trastes, como trastes de quem se muda: e tu sairás de tarde diante deles, como quem sai mudando já de domicílio. 5 Fende para ti à vista deles a parede: e sairás pela abertura dela. 6 À vista deles serás levado aos ombros, na escuridade serás conduzido: cobrirás com um véu a tua cara, e não verás a terra: porque eu te escolhi para seres um portento à casa de Israel.

7 Fiz eu pois como o Senhor me tinha ordenado: Tirei para fora os meus trastes, como trastes de quem se muda de dia: e à tarde escavei para mim a parede pela minha mão: e saí na escuridade levado às costas na presença deles.

8 E pela manhã me foi dirigida a palavra do Senhor, a qual dizia: 9 Filho do homem, porventura os da casa de Israel, casa exasperante, não te disseram: Que fazes tu? 10 Dize-lhes: Isto diz o Senhor Deus: Este é o peso

que há de cair sobre o chefe, que está em Jerusalém, e sobre toda a casa de Israel, que está no meio deles. 11 Dize-lhes mais: Eu sou o vosso portento: assim como eu fiz, assim lhes sucederá a eles: passarão de um país a outro, e irão para o cativeiro.

12 E o chefe, que está no meio deles, será levado às costas, sairá na escuridade: eles escavarão a parede, para o fazerem sair: a sua cara será coberta de um véu para com os seus olhos não ver a terra. 13 E estenderei sobre ele a minha rede, e ele será tomado na minha massa: e o levarei a Babilônia para a terra dos caldeus: e ele a não verá, e lá morrerá.

14 E a todo o vento espalharei todos aqueles que estão em redor deles, a sua guarda, e as suas tropas: e irei com a espada desembainhada atrás deles. 15 E eles saberão que eu sou o Senhor, quando eu os tiver espalhado entre as gentes, e os lançar dispersos por vários países. 16 E reservarei dentre eles um pequeno número de homens, que escaparão da espada, e da fome, e da peste: para que eles publiquem todas as suas maldades entre as gentes, para onde forem. E saberão que eu sou o Senhor.

A angústia do cerco

17 E me foi dirigida a palavra do Senhor, a qual dizia: 18 Filho do homem, come o teu pão com susto: e bebe também a tua água à pressa e com tristeza. 19 E dirás ao povo da terra: Isto diz o Senhor Deus aos que habitam em Jerusalém na terra de Israel: Eles comerão o seu pão com susto, e beberão a sua água em desolação: porque esta terra exaurida da multidão da sua gente será desolada por causa da iniqüidade de todos os que habitam nela. 20 E as cidades, que agora estão habitadas, ficarão desoladas, e a terra deserta. E vós sabereis que eu sou o Senhor.

Falou e respondeu

21 E foi-me dirigida a palavra do Senhor, a qual dizia: 22 Filho do homem, que provérbio é esse que vós tendes na terra de Israel? dos que dizem: Os dias serão diferidos por longo tempo e perecerá toda a visão. 23 Por isso dize-lhes: Isto diz o Senhor Deus: Eu farei cessar este provérbio, e ele se não tornará mais a dizer pelo vulgo em Israel, e assegura-lhes que se têm aproximado os dias, e o cumprimento de toda a visão. 24 Porque não será vã daqui em diante visão alguma, nem haverá adivinhação ambígua no meio dos filhos de Israel. 25 Porque eu mesmo, que sou o Senhor, falarei: e toda a palavra que eu proferir, será cumprida, e não terá mais tardança: mas em vossos dias, ó casa exasperante, falarei a palavra, e a cumprirei, diz o Senhor Deus.

26 E me foi dirigida a palavra do Senhor, a qual dizia: 27 Filho do homem, eis aqui os da casa de Israel que dizem: A visão, que este vê, é para muitos dias: e para largos tempos é que ele profetiza. 28 Por isso dize-lhes: Isto diz o Senhor Deus: Não será daqui em diante diferida palavra alguma minha. A palavra, que eu proferir, se cumprirá, diz o Senhor Deus.

Contra os falsos profetas

13 Foi-me dirigida a palavra do Senhor, a qual dizia: 2 Filho do homem, dirige as tuas profecias aos profetas de Israel, que se metem a profetizar. E dirás a estes que profetizam de sua cabeça: Ouvi a palavra do Senhor: 3 Isto diz o Senhor Deus: Ai dos profetas insensatos, que seguem o seu próprio espírito, e não vêem nada! 4 Os teus profetas, ó Israel, eram como raposas nos desertos. 5 Vós não subistes a encontrar o inimigo, nem vos opusestes como um muro em defensa da casa de Israel, para que vos tivésseis firmes no combate no dia do Senhor. 6 Eles vêem coisas vãs, e adivinham a mentira, dizendo: O Senhor assim o disse: sendo que o Senhor os não enviou. E eles perseveram em afirmar o que uma vez disseram. 7 Porventura não é vã a visão que tivestes, e mentirosa a adivinhação que proferistes? e depois dizeis vós, assim o disse o Senhor: sendo que eu tal não falei.

8 Por cuja causa isto diz o Senhor Deus: Porquanto haveis falado coisas vãs, e visto a mentira: por isso eu sou contra vós, diz o Senhor Deus. 9 E a minha mão descarregará pesada sobre os profetas, que têm visões vãs, que adivinham a mentira. Eles se não acharão no conselho do meu povo, e não serão escritos na matrícula da casa de Israel, nem entrarão na terra de Israel. E vós sabereis que eu sou o Senhor Deus. 10 Porque eles enganaram o meu povo, dizendo: Paz. E tal paz não havia! E o mesmo levantava uma parede, e eles a rebocavam de barro sem palha. 11 Dize aos que rebocam a parede sem misturar nada, que ela cairá porque haverá uma chuva de inundação, e enviarei pedras mui grandes que cairão de cima, e vento tempestuoso que tudo destrua. 12 Porquanto eis aí caiu a parede. Não é assim que se vos dirá então: Onde está o reboco, que fizestes? 13 Por cuja causa isto

diz o Senhor Deus: E farei sair impetuosamente um vento de tempestades da minha indignação, e haverá uma chuva que tudo inunde no meu furor: e pedras grandes com ira para total perdição.

14 E destruirei a parede, que vós rebocastes sem misturardes nada com barro: E eu a igualarei com terra, e se descobrirá o seu fundamento: e ela cairá e o que a rebocou será consumido no meio dela. E vós sabereis que eu sou o Senhor. 15 E satisfarei a minha indignação na ruína da parede, e na perda dos que a rebocam sem lhe misturar o que a teria firmado, e vos direi então: Já não há parede, nem já existem os que rebocaram. 16 Já não existem os profetas de Israel que se metiam a profetizar a Jerusalém, e que tinham acerca dela visões de paz: e tal paz não havia, diz o Senhor Deus.

As falsas profetizas

17 E tu, filho do homem, volta o teu rosto contra as filhas do teu povo, que se metem a profetizar o seu próprio coração: e profetiza contra elas. 18 E dize-lhes: Isto diz o Senhor Deus: Ai daquelas que cosem almofadinhas para as meterem por baixo de todos os cotovelos: e que fazem travesseiros para debaixo das cabeças de pessoas de toda a idade, a fim de lhe apanharem as almas. E estas depois de terem apanhado as almas do meu povo, pretendiam dar-lhes vida. 19 E elas me desautorizavam para com o meu povo por um punhado de cevada, e por um pedaço de pão, ameaçando de morte as almas, que não deviam morrer, e prometendo a vida às que não deviam viver, mentindo ao meu povo acreditador de mentiras.

20 Por cuja causa isto diz o Senhor Deus: Eis aí vou eu contra as vossas almofadinhas, com que vós apanhais as almas, como a pássaros no seu vôo: e romperei essas almofadinhas entre os vossos braços: e deixarei fugir as almas, que vós apanhais, essas almas para que voem. 21 E romperei os vossos travesseiros, e livrarei o meu povo do vosso poder, e eles não serão mais expostos à presa entre as vossas mãos. E vós sabereis que eu sou o Senhor. 22 Pelo motivo de que vós fizestes entristecer o coração do justo com falsas suposições, quando eu mesmo o não entristeci: e fortificastes as mãos do ímpio, para que ele não voltasse do seu mau caminho, e vivesse: 23 por isso vós não tornareis mais a ter visões vãs, nem a vender adivinhações, porque eu livrarei o meu povo das vossas mãos. E vós sabereis que eu sou o Senhor.

Palavras aos anciãos

14 E vieram ter comigo alguns dos anciãos de Israel, e se assentaram diante de mim. 2 E foi-me dirigida a palavra do Senhor, a qual dizia: 3 Filho do homem, esses varões colocaram as suas imundícies nos seus corações, e puseram o escândalo da sua iniqüidade diante da sua face. Porventura responder-lhes-ei ainda sendo perguntado? 4 Por isso fala-lhes, e lhes dirás assim: Isto diz o Senhor Deus: O homem da casa de Israel, que puser as suas imundícies no seu coração, e colocar o escândalo da sua iniqüidade diante de seus olhos, e vier ter com algum profeta, fazendo-me alguma pergunta por meio dele: eu o Senhor lhe responderei segundo a multidão das suas imundícies: 5 a fim de que a casa de Israel seja apanhada no seu coração, no qual eles se retiraram de mim para seguirem a todos os seus ídolos.

6 Por isto dize tu à casa de Israel: Isto diz o Senhor Deus: Convertei-vos, e retirai-vos dos vossos ídolos, e apartai os vossos rostos de todas as vossas contaminações. 7 Porque se um homem da casa de Israel, e um estrangeiro dentre prosélitos que estiver em Israel, se alienar de mim, e puser os seus ídolos no seu coração, e colocar o escândalo da sua iniqüidade diante dos seus olhos, e vier buscar a algum profeta para saber por ele a minha resposta: eu o Senhor lhe responderei a ele por mim mesmo. 8 E porei o meu rosto sobre o tal homem, e fá-lo-ei ser escarmento, e provérbio, e o exterminarei do meio do meu povo. E vós sabereis que eu sou o Senhor.

9 E quando algum profeta errar, e falar qualquer palavra: eu, o Senhor, sou o que enganei este profeta: mas eu estenderei a minha mão sobre ele, e o exterminarei do meio do meu povo de Israel. 10 E levarão sobre si a sua iniqüidade: à proporção da iniqüidade do que perguntar, assim será a iniqüidade do profeta que responder: 11 para que a casa de Israel se não torne mais a extraviar retirando-se de mim, e para que ela se não corrompa, por todas as suas prevaricações: mas sejam todos eles o meu povo, e seja eu o seu Deus, diz o Senhor dos exércitos.

Um resto para Israel

12 E foi-me dirigida a palavra do Senhor, a qual dizia: 13 Filho do homem, se alguma terra pecar contra mim de maneira que venha com excesso a prevaricar, estenderei a minha mão sobre ela, esmigalharei a vara do seu pão: e enviarei contra ela fome, e tudo o que for homem e animal lhe matarei. 14 E se no meio

deste povo se acharem estes três homens, Noé, Daniel e Jó: eles livrarão as suas almas pela sua própria justiça, diz o Senhor dos exércitos. 15 E se eu mandar também a essa terra alimárias ferocíssimas para a destruírem: e ela se tornar inacessível sem que ninguém possa passar por ela por causa das feras. 16 Se estes três homens estiverem nela, por minha vida, diz o Senhor Deus, que eles não livrarão nem a seus filhos nem a suas filhas: mas só eles serão livrados, e a terra será destruída, 17 Ou se eu fizer vir a espada sobre esta terra, e disser à espada: Passa pelo meio desta terra: e eu lhe matar os homens, e os animais: 18 e estes três homens se acharem no meio dela: por minha vida, diz o Senhor Deus, que eles não livrarão nem a seus filhos, nem a suas filhas: mas só eles serão livrados.

19 E se eu enviar também a peste contra essa terra, e derramar a minha indignação sobre ela por um decreto de sangue, para exterminar dela os homens, e os animais: 20 e Noé, e Daniel, e Jó se acharem no meio dela: por minha vida, diz o Senhor Deus, que não livrarão nem a seus filhos, nem a suas filhas: mas eles livrarão as suas almas pela sua própria justiça.

21 Porquanto isto diz o Senhor Deus: E se eu enviar ainda contra Jerusalém os meus quatro flagelos perniciosíssimos, a espada e a fome, como também as alimárias ferozes, e a peste, para lhe matar os homens e o gado: 22 todavia nela restará a salvação dos que cheguem a tirar a seus filhos e filhas. Eis aí entrarão eles para ir ter convosco, e vós vereis o seu caminho, e o capricho das suas invenções, e consolar-vos-eis do mal que fiz vir sobre Jerusalém em todas as calamidades, que sobre ela descarreguei. 23 E eles vos consolarão, quando virdes o seu caminho, e o capricho das suas invenções. E vós conhecereis que não foi sem um justo motivo, que eu fiz nela tudo o que fiz, diz o Senhor Deus.

Alegorias da videira cortada

15 E foi-me dirigida a palavra do Senhor, a qual dizia: 2 Filho do homem, que se há de fazer do pau da vide, com referência a todas as árvores dos bosques, que há entre as árvores das selvas? 3 Acaso tomar-se-á dela um pau, que sirva para se fazer alguma obra, ou fabricar-se-á dela uma estaca, para que se lhe pendure algum traste? 4 Eis aí foi lançado no fogo para lhe servir de pasto: ambas as suas extremidades consumiu a chama, e o meio dele se reduziu em cinza. Acaso prestará ele para alguma obra? 5 Ainda mesmo quando estava inteiro, não servia ele para obra alguma: Quanto mais depois que o fogo o devorar, e queimar, nenhuma casta de obra se fará dele.

6 Por cuja causa isto diz o Senhor Deus: Bem como entre as árvores das selvas, é o pau da vide aquele que eu particularmente destinei para ser consumido pelo fogo, assim entregarei eu os habitadores de Jerusalém. 7 E encararei bem neles: sairão de um fogo, e outro fogo os consumirá. E vós sabereis que eu sou o Senhor depois que eu tiver encarado neles, 8 e tiver tornado a sua terra inacessível, e desolada: por eles terem sido prevaricadores, diz o Senhor Deus.

Jerusalém, esposa adúltera

16 E foi-me dirigida a palavra do Senhor, a qual dizia: 2 Filho do homem, faze conhecer a Jerusalém as suas abominações. 3 E dir-lhe-ás: Isto diz o Senhor Deus a Jerusalém: A tua raiz, e a tua geração vem da terra de Canaã: teu pai era amorreu, e tua mãe cetéia. 4 E quando tu vieste ao mundo, no dia do teu nascimento, não te foi cortado o umbigo, nem tu foste lavada na água saudável, nem salgada com o sal, nem envolta em mantilhas. 5 Não houve olho que olhasse para ti, com o intuito de te fazer alguma destas diligências, compadecido de ti: mas foste arrojada sobre a face da terra com abatimento da tua alma, no dia em que nasceste.

6 E passando eu pelo pé de ti, te vi pisada no teu sangue: e te disse, estando tu coberta do teu sangue: Vive. Eu, digo, te repeti: Ainda que coberta do teu sangue, vive. 7 Eu te fiz multiplicar como a erva do campo: e foste multiplicada, e fizeste-te grande, e entraste, e chegaste ao mundo mulheril: avultaram-te os peitos, mostrou-se a puberdade: e tu estavas nua, e cheia de confusão. 8 Mas eu passei pelo pé de ti, e eu te olhei. E eis que vi que o tempo em que estavas, era o tempo dos amantes: e estendi sobre ti o meu vestido, e cobri a tua ignomínia. E dei-te juramento, e entrei em pacto contigo, diz o Senhor Deus: e tu ficaste sendo minha.

9 E lavei-te na água, e limpei-te do teu sangue: e te ungi com um óleo. 10 E vesti-te de roupas bordadas de diversas cores, e calcei-te de jacinto: e cingi-te de holanda, e compus-te com finas telas. 11 E ornei-te com os mais preciosos enfeites, e pus-te braceletes nas mãos, e um colar à roda do teu pescoço. 12 E pus um anel sobre a tua boca, e umas argolinhas para as tuas orelhas, e uma coroa de formo-

sura para a tua cabeça. 13 E foste enfeitada de ouro, e prata, e vestida de holanda, e de roupas bordadas, e de diversas cores. Nutriste-te da flor da farinha, e de mel, e azeite, e foste muito aformoseada em extremo. E chegaste a ser rainha. 14 E se difundiu o teu nome por entre as gentes em razão da tua formosura: porque tu eras perfeita pela minha beleza, que eu tinha posto em ti, diz o Senhor Deus.

15 E pondo a tua confiança na tua beleza, entregaste-te à devassidão em teu nome: e prostituíste-te a todo o que passava para seres dele. 16 E tomando dos teus vestidos ornaste com eles lugares elevados, e aí, sobre eles, te entregaste à crápula, como nunca sucedeu nem sucederá. 17 E pegaste nos vasos da tua glória, que eram feitos do meu ouro, e da minha prata, que eu tinha dado: e fizeste deles para ti imagens de homens, e com elas te prostituíste. 18 E pegaste nos teus vestidos bordados de diversas cores, e cobriste com eles os teus ídolos: e puseste diante deles o meu azeite, e os meus perfumes. 19 E puseste na presença deles em cheiro de suavidade o meu pão, que eu te dei, a flor da farinha, e o azeite, e o mel com que te nutri, e isto de fato se executou, diz o Senhor Deus.

20 E pegaste nos teus filhos, e nas tuas filhas, que me tinhas gerado: e sacrificaste-os a esses ídolos, para serem devorados pelas chamas. Acaso é pequena a tua devassidão? 21 Imolaste os meus filhos, e consagrando-os aos teus ídolos, lhos deste. 22 E depois de todas as tuas abominações, e prostituições, não te lembraste dos dias da tua mocidade, quando estavas nua, e cheia de confusão, pisada aos pés no teu sangue.

23 E isto aconteceu depois de toda a tua malícia, (ai, ai de ti, diz o Senhor Deus). 24 E edificaste para ti uma casa de prostituição, e fizeste para ti em todas as praças públicas uma estância de impudicícia. 25 Puseste no cimo de todas as ruas o sinal público da tua prostituição: e tornaste abominável a tua formosura: e entregaste-te a todo o que passava, e multiplicaste as tuas orgias. 26 E prostituíste-te aos fihos do Egito, teus vizinhos de elevada estatura: e multiplicaste a tua prostituição para me irritares.

27 Mas eis aí vou eu estender a minha mão sobre ti, e te tirarei a tua justificação: e te entregarei às almas das filhas da Palestina, que te aborrecem, que se envergonham do teu infame procedimento. 28 E não te dando ainda por satisfeita, te prostituíste aos filhos dos assírios. E depois desta prostituição, nem ainda assim ficaste farta. 29 E multiplicaste o teu desregramento na terra de Canaã com os caldeus: e nem ainda assim ficaste farta.

30 Com que hei de eu purificar o teu coração, diz o Senhor Deus: fazendo tu todas estas obras de mulher meretriz, e descarada? 31 Porque tu edificaste a casa da tua prostituição no cimo de todas as ruas, e fizeste o teu alto lugar em todas as praças públicas: nem foste como uma meretriz que com o seu desdém aumenta o preço. 32 Mas sim como uma mulher adúltera, que, além de seu marido, dá entrada aos estranhos. 33 A todas as prostitutas se dá sua paga: mas tu és a que pagaste a todos os teus amantes, e tu lhes fazias presentes, para de todas as partes virem a tua casa para saciarem a tua sensualidade. 34 Assim nas tuas prostituições te sucedeu tudo ao contrário do costume das mulheres deste trato, e não haverá luxúria semelhante à tua: porque sendo tu a que deste a paga, em vez de a receberes, fizeste tudo pelo contrário do que as outras fazem.

35 Por isso, ó meretriz, ouve a palavra do Senhor. 36 Isto diz o Senhor Deus: Porque foi derramado o teu cobre, e descoberta a tua ignomínia nas tuas prostituições por teus amantes e pelos ídolos das tuas abominações no sangue de teus filhos, que lhes tens sacrificado: 37 eis aí vou eu ajuntar todos os teus amantes, com quem tu te misturaste, e todos os que amaste, com todos os que tu aborrecias. E eu os ajuntarei de todas as partes sobre ti, e descobrirei a tua ignomínia diante deles, e verão toda a tua torpeza. 38 E te julgarei segundo as sentenças das adúlteras, e das que derramam sangue. E farei derramar o teu sangue em furor e ciúme.

39 E te entregarei nas mãos de teus inimigos, e eles destruirão o lugar da tua prostituição: e demolirão a tua estância de impudicícia e te despirão os teus vestidos, e roubarão os vasos da tua formosura: e deixarte-ão nua, e cheia de ignomínia. 40 E conduzirão contra ti uma multidão de gente, e com pedras te apedrejarão, e te matarão a golpes das suas espadas. 41 E queimarão as tuas casas pondo-lhes fogo, e exercitarão contra ti severos juízos aos olhos de um grande número de mulheres. E tu cessarás de fornicar, e não tornarás mais a dar recompensas. 42 E cessará a minha indignação contra ti: e o meu zelo se retirará de ti, e eu me deixarei estar em paz, e não tornarei mais a irar. 43 Porque tu te não lembraste dos dias da tua mocidade, e me irritaste por todos estes excessos. Por isso também eu fiz que recaíssem sobre a tua cabeça as desordens da tua vida, diz o Senhor Deus, e eu te não tratei segundo as maldades que tu cometeste em todas as abominações que fizeste.

Jerusalém, pior do que Sodoma e Samaria

44 Eis aí está que todo o que profere vulgarmente este provérbio, to aplicará, dizendo: Tal mãe, tal filha. 45 Tu és filha de tua mãe, a qual abandonou a seu esposo, e a seus filhos: e tu és a irmã de tuas irmãs, que abandonaram a seus esposos, e a seus filhos: vossa mãe é cetéia, e vosso pai é amorreu. 46 E tua irmã maior é Samaria, ela, e suas filhas, que habitam à tua mão esquerda: e tua irmã menor que tu, que habita à tua mão direita, é Sodoma, e suas filhas.

47 Mas nem ainda te deixaste um pouco atrás em seguir os seus caminhos, e em obrar segundo as suas maldades: mas quase que as cometeste mais criminosas que aquelas em todos os teus caminhos. 48 Por minha vida, diz o Senhor Deus, que o que fez Sodoma tua irmã, ela e suas filhas, não é tão mau, como o que tu e tuas filhas fizestes. 49 Eis aqui qual foi a iniqüidade de Sodoma, tua irmã, a soberba, a fartura de pão, a abundância, e a ociosidade dela, e de suas filhas: e não estendiam a mão para o pobre, e indigente. 50 E elevaram-se, e cometeram abominações diante de mim, e eu as destruí, como tu viste. 51 Samaria também não cometeu a metade dos teus pecados! Mas tu venceste a uma e a outra nas tuas maldades, e justificaste as tuas irmãs por todas as tuas abominações, que obraste. 52 Logo também leva a tua confusão, tu, que venceste a tuas irmãs pelos teus pecados, obrando mais culpavelmente que elas: porque tu assim as fizeste boas. Por isso confunde-se tu também, e leva a tua ignomínia, tu que justificaste a tuas irmãs.

53 E eu as restabelecerei a ambas, fazendo que voltem os cativos de Sodoma com suas filhas, como também os cativos de Samaria, e suas filhas: e eu te restabelecerei, fazendo-te voltar no meio delas, 54 para que leves a tua ignomínia, e te confundas de tudo quanto tens feito, consolando-as. 55 E tua irmã Sodoma, e suas filhas tornarão ao seu antigo estado: e Samaria, e suas filhas tornarão também ao seu estado antigo: e tu, e tuas filhas tornareis também ao vosso primeiro estado. 56 E o nome de tua irmã Sodoma não foi ouvido na tua boca, no dia da tua soberba, 57 antes que a tua malícia fosse descoberta: como ela foi neste tempo, no qual tu estás feita um opróbrio para as filhas da Síria, e para todas as filhas da Palestina em teu contorno, as quais te cercam ao redor. 58 Tu levaste sobre ti o peso das tuas maldades, e da tua própria ignomínia, diz o Senhor Deus.

59 Porque isto diz o Senhor Deus: E tratar-te-ei, como tu desprezaste o juramento, para invalidares a aliança. 60 E eu me lembrarei do meu pacto que tinha feito contigo nos dias da tua mocidade: e renovarei contigo um pacto eterno. 61 E te recordarás dos teus caminhos, e te confundirás: quando tu receberes tuas irmãs mais velhas que tu, com tuas irmãs mais moças: e eu tas darei por filhas, mas isto não em virtude de algum pacto teu. 62 E eu estabelecerei o meu pacto contigo: e saberás que eu sou o Senhor. 63 Para que tu te recordes, e te confundas, e não possas tu abrir mais a boca por causa da tua mesma confusão, quando me houver aplacado contigo sobre todas as coisas, que fizeste, diz o Senhor Deus.

Parábola das duas águias

17 E foi-me dirigida a palavra do Senhor, a qual dizia: 2 Filho do homem, propõe este enigma, e refere esta parábola à casa de Israel, 3 e dir-lhe-ás: Isto diz o Senhor Deus: Uma águia corpulenta de grandes asas, de longa extensão de membros, cheia de penas, e de variedade de cores, veio ao Líbano, e levou a medula de um cedro. 4 Arrancou as últimas pontas dos seus ramos: e levou-as para a terra de Canaã, e pô-las numa cidade de negociantes.

5 E tomou da semente da terra, e pô-la na terra por semente, para que lançasse firme raiz sobre muitas águas: pô-la à superfície. 6 E depois de ter brotado, cresceu em uma vinha mui larga de pouca altura, cujos ramos olhavam para a tal águia: e as suas raízes estavam debaixo dela. Fez-se pois uma vinha, e fortificou em lançamentos, e produziu renovos.

7 E veio outra águia corpulenta de grandes asas e de muitas penas: e eis que esta vinha, como que encaminhando para a tal águia as suas raízes, estendeu para ela os seus lançamentos, para que a regasse com as águas das aréolas da sua fecundidade. 8 Foi esta vinha plantada numa boa terra à borda de copiosas águas: para lançar folhas, e dar fruto, até vir a fazer-se uma grande vinha.

9 Dize: Isto diz o Senhor Deus: Será possível que venha ela a ser bem sucedida? não lhe arrancará antes as suas raízes, e deitará abaixo os seus frutos, e secará todos os lançamentos que houver brotado, e não ficará árida? E isto não com forte abraço, nem com muito povo, para a arrancar de raiz? 10 Ei-la aí está plantada. E acaso irá ela avante ou quando a tocar um vento abrasador não se secará ela, e ficará árida nos canais da sua fecundidade?

11 E foi-me dirigida a palavra do Senhor, a qual dizia: 12 Dize a esta casa exasperadora: Não sabeis que significam estas coisas? Dize:

Eis aí vem o rei de Babilônia sobre Jerusalém.
E tomará o rei, e os seus príncipes, e os levará
ao seu reino a Babilônia. 13 E tomará um da
estirpe real, e fará aliança com ele. E receberá
dele juramento: mas até os fortes do país ele
tirará, 14 para que o reino fique abatido, e não
se levante, mas guarde o seu pacto, e o ob-
serve.

15 O qual, apartando-se dele, enviou mensa-
geiros ao Egito, para que lhe desse cavalos e
muita gente. Acaso será prosperado, ou conse-
guirá a segurança que deseja quem isto prati-
cou? e o que desfez o pacto, acaso escapará?
16 Por minha vida, diz o Senhor Deus: que no
país do rei que o fez rei, cujo juramento que-
brantou, e cujo pacto, que tinha com ele, vio-
lou, no meio de Babilônia morrerá. 17 E Faraó
nem com grande exército, nem com muito po-
vo dará batalha contra ele: com ereção de ter-
raplenos, e com fábrica de trincheiras, para
que mate muitas pessoas. 18 Porque tinha des-
prezado o juramento para romper a aliança, e
eis aí deu a sua mão: e tendo feito todas estas
coisas, não escapará.

19 Por cuja causa isto diz o Senhor Deus:
Por minha vida, que farei recair sobre a cabe-
ça dele o juramento que desprezou, e a alian-
ça, em cuja ruptura prevaricou. 20 E estende-
rei a minha rede sobre ele e será apanhado na
minha rede varredoura: e levá-lo-ei a Babilô-
nia, e lá o julgarei pela prevaricação com que
me desprezou. 21 E todos os seus desertores
com todo o seu esquadrão, cairão mortos à
espada: e os que ficarem serão espalhados a
todo o vento. E sabereis que eu e o Senhor é
que falei.

Visão messiânica

22 Isto diz o Senhor Deus: E eu tomarei da
medula do elevado cedro, e a porei à parte.
Cortarei do mais alto de seus ramos um tenro
garfo e plantá-lo-ei sobre um alto e elevado
monte. 23 Eu o plantarei no alto monte de
Israel, e ele deitará arrebentos, e dará fruto,
e far-se-á um grande cedro: e todas as aves ha-
bitarão debaixo dele, e toda a espécie de vo-
láteis fará o seu ninho debaixo da sombra das
suas folhas. 24 E saberão todas as árvores des-
ta região, que eu o Senhor é que humilhei a
árvore alta, e exaltei a árvore humilde: e se-
quei aárvore verde, e fiz reverdecer a árvore
seca. Eu o Senhor o disse e o fiz.

Justiça de Deus

18 E foi-me dirigida a palavra do Senhor, a
qual dizia: 2 Que motivo há para terdes
entre vós convertido em provérbio esta pará-
bola na terra de Israel, dizendo: Os pais come-
ram as uvas em agraço, e os dentes dos filhos
é que se acham botos? 3 Por minha vida, diz o
Senhor Deus, que esta parábola não passará
mais entre vós por um provérbio em Israel.

4 Eis aí está que todas as almas são minhas,
como o é a alma do pai, assim também a alma
do filho é minha: alma que pecar, essa mor-
rerá. 5 E se um homem for justo, e obrar con-
forme a eqüidade, e a justiça: 6 se não comer
nos montes, e não levantar os seus olhos para
os ídolos da casa de Israel: e se não ofender
a mulher do seu próximo, e não se ajuntar
com a menstruada: 7 e se não entristecer a
ninguém: se tornar o penhor ao seu devedor,
se não tirar nada do alheio por violência: se
der do seu pão ao que tem fome, e ao nu co-
brir com vestido: 8 se não emprestar a juro, e
não receber mais do que o que emprestou: se
apartar a sua mão da iniqüidade, e fizer um
verdadeiro juízo entre homem e homem: 9 se
andar nos meus preceitos, e guardar os meus
mandamentos, para obrar segundo a verdade:
este tal é justo, certissimamente viverá, diz o
Senhor Deus.

10 Porém se gerar algum filho ladrão, que
derrame o sangue, e que cometer qualquer des-
tas faltas: 11 ainda quando não cometa todas
estas, que coma sobre os montões, e que man-
che a mulher do seu próximo: 12 que entriste-
ça ao necessitado, e ao pobre, que tire por vio-
lência os bens de outro, que não torne penhor
ao seu devedor, e que levante os seus olhos
para os ídolos, que cometa abominações:
13 que empreste a juro, e receba mais do que
o que emprestou: acaso viverá ele? Não viverá.
Antes, depois de ter executado todas estas
ações detestáveis, infalivelmente morrerá, o
seu sangue será contra ele mesmo.

14 Porém se ele tiver um filho, que vendo
todos os pecados que seu pai cometeu, temer,
e não fizer coisa semelhante às que ele obrou:
15 que não comer sobre os montes, e não le-
vantar os seus olhos para os ídolos da casa de
Israel, e não violar a mulher do seu próximo:
16 e que não entristecer a pessoa alguma, que
não retiver penhor, nem tirar nada por violên-
cia, que der do seu pão ao faminto, e ao nu
cobrir com vestido: 17 que apartar a sua mão
da injúria do pobre, que não receber usura
nem mais do que emprestou, que observar as
minhas ordenanças, que andar nos meus pre-
ceitos: este não morrerá por causa da iniqüi-
dade de seu pai, mas certissimamente viverá.

18 Seu pai porque caluniou, e fez violência
a seu irmão, e obrou o mal no meio do seu
povo, ei-lo aí morreu pela iniqüidade.

A justiça alcança o indivíduo

19 E vós dizeis: Por que razão não carregou
o filho com a iniqüidade de seu pai? Já se vê,
porque o filho obrou conforme a eqüidade e
conforme a justiça, porque guardou todos os
meus preceitos, e os praticou, por isso viverá
certissimamente. 20 A alma que pecar, essa
morrerá: o filho não carregará com a iniqüi-
dade do pai, e o pai não carregará com a ini-
qüidade do filho. A justiça do justo será sobre
ele, e a impiedade do ímpio será sobre ele.
21 Mas se o ímpio fizer penitência de todos
os seus pecados que cometeu, e se guardar to-
dos os meus preceitos e obrar conforme a
eqüidade, e a justiça: ele certissimamente vi-
verá e não morrerá. 22 E eu me não lembrarei
de nenhuma das suas iniqüidades, que obrou.
Ele viverá pela sua justiça, que praticou.
23 Acaso é da minha vontade a morte do ím-
pio, diz o Senhor Deus, e não quero eu antes
que ele se converta dos seus caminhos, e viva?
24 Mas se o justo se apartar da sua justiça,
e vier a cometer a iniqüidade, segundo todas
as abominações que o ímpio costuma obrar,
acaso viverá ele? De nenhuma das obras de
justiça que tiver feito se fará memória: na pre-
varicação com que prevaricou, e no seu pe-
cado que cometeu nestas mesmas circunstân-
cias morrerá.
25 Depois disto dissestes vós: O caminho do
Senhor não é justo. Ouvi pois, casa de Israel:
Acaso o meu caminho não é justo, e não são
antes os vossos os que são corrompidos?
26 Porque quando o justo se apartar da sua
justiça, e cometer a iniqüidade, morrerá neste
estado. Ele morrerá nas obras injustas, que
cometeu. 27 E quando o ímpio se apartar da
sua impiedade, que cometeu, e obrar confor-
me a eqüidade, e a justiça: ele assim dará a
vida à sua alma. 28 Porque considerando o es-
tado em que se acha, e apartando-se de todas
as suas iniqüidades, que obrou, ele certamente
viverá, e não morrerá. 29 Depois disto dizem
ainda os filhos de Israel: O caminho do Se-
nhor não é justo. Acaso os meus caminhos não
são justos, casa de Israel, e não são antes os
vossos os que são corrompidos?
30 Por isso, casa de Israel, eu julgarei a cada
um conforme os meus caminhos, diz o Senhor
Deus. Assim convertei-vos, e fazei penitência
de todas as vossas iniqüidades: e a iniqüidade
vos não trará ruína. 31 Lançai para muito lon-
ge de vós todas as vossas prevaricações, de que
vos fizestes culpáveis: e fazei-vos um coração
novo, e um espírito novo. E por que morrereis
vós, casa de Israel? 32 Porque eu não quero a
morte do que morre, diz o Senhor Deus, con-
vertei-vos, e vivei.

Elegia sobre o príncipe de Israel

19 E tu desfaze-te em pranto, sobre os prín-
cipes de Israel. 2 E dirás: Por que razão
a leoa tua mãe repousou entre os leões, criou
ela os teus cachorros no meio dos leõezinhos?
3 E produziu um dos seus leõezinhos, e ele se
fez leão: e aprendeu a apanhar a presa, e a tra-
gar os homens. 4 E as gentes ouviram falar
dele, e o tomaram, não sem receber dele mui-
tas feridas: e o levaram preso em cadeias para
a terra do Egito.
5 Porém a mãe, vendo que estava sem for-
ça, e que as suas esperanças se tinham malo-
grado, pegou noutro dos seus leõezinhos, ela o
constituiu leão. 6 Ele andava entre os leões, e
fez-se leão: e aprendeu a apanhar a presa, e a
devorar os homens. 7 Aprendeu a fazer viúvas,
e a tornar em deserto as cidades deles. E ficou
desolada a terra, e quanto nela havia ao ouvir
o seu rugido. 8 E se ajuntaram contra eles as
gentes de todas as partes das províncias, e
estenderam sobre ele a sua rede; foi apanha-
do ficando elas com feridas. 9 E meteram-no
numa gaiola, levaram-no ao rei de Babilônia
carregado de cadeias: e fecharam-no num cár-
cere, para que mais se não tornasse a ouvir o
seu rugido sobre os montes de Israel.
10 Tua mãe, sendo como uma vinha, foi
plantada no teu sangue à borda das águas: os
seus frutos, e as suas folhas cresceram pelas
muitas águas. 11 E se lhe vieram a fazer só-
lidas as suas varas para ceptros de soberanos,
e foi exaltada a sua estatura entre as suas fo-
lhas: e viu a sua altura na multidão dos seus
lançamentos. 12 Mas ao depois ela foi arran-
cada com ira, e lançada por terra, e um vento
abrasador secou o seu fruto: murcharam-se, e
secaram-se as varas da sua fortaleza: o fogo a
devorou. 13 E agora ela se acha transplantada
num deserto, numa terra sem caminho, e sem
água. 14 E da vara dos seus ramos saiu uma
chama, que devorou o seu fruto: e não houve
nela vara forte, ceptro de soberanos. Tudo isto
é digno de lágrimas, e será para o futuro um
motivo de pranto.

Fidelidade de Deus e infidelidade de Israel

20 E aconteceu no ano sétimo, no quinto
mês, aos dez dias do mês, que vieram al-
guns dos anciãos de Israel a consultar ao
Senhor, e se assentaram diante de mim. 2 E
foi-me dirigida a palavra do Senhor, a qual
dizia: 3 Filho do homem, fala aos anciãos de
Israel e lhes dirás: Isto diz o Senhor Deus:
Acaso viestes vós a consultar-me? Por minha
vida, que eu vos não responderei, diz o Senhor
Deus. 4 Se tu os julgas, filho do homem, se tu

os julgas, põe-lhes diante dos olhos as abominações de seus pais.

5 E lhes dirás: Isto diz o Senhor Deus, no dia em que eu escolhi a Israel, e levantei a minha mão pela estirpe da casa de Jacó, e lhes apareci na terra do Egito, e levantei a minha mão a favor deles, dizendo: Eu sou o Senhor vosso Deus. 6 Naquele dia levantei a minha mão a favor deles, para os tirar da terra do Egito, para a terra que eu lhes tinha aparelhado, que mana leite, e mel: a qual é excelente entre todas as terras. 7 Eu lhes disse então: Cada um lance de si os tropeços dos seus olhos, e não vos mancheis com os ídolos do Egito. Eu sou o Senhor vosso Deus.

8 Mas eles me irritaram, e não me quiseram ouvir. Cada um não lançou fora as abominações dos seus olhos, nem abandonaram os ídolos do Egito. E eu disse que derramaria a minha indignação sobre eles, e que saciaria neles a minha ira, no meio da terra do Egito. 9 E eu o fiz por glória do meu nome, para que ele não ficasse desacreditado diante das gentes, no meio das quais estavam, e entre as quais eu lhes apareci para os tirar da terra do Egito.

10 Eu os tirei pois da terra do Egito, e os conduzi ao deserto. 11 E lhes dei os meus preceitos, e lhes mostrei os meus juízos, observando os quais viverá o homem por eles. 12 Além disto eu lhes prescrevi também os meus sábados, para que estes fossem um sinal entre mim e eles: e para que soubessem que eu sou o Senhor que os santifico. 13 Mas depois de tudo isto, os filhos da casa de Israel me irritaram no deserto, eles não andaram nos meus preceitos, e rejeitaram os meus juízos, observando os quais viverá o homem por eles: e violaram inteiramente os meus sábados. Disse eu pois que derramaria o meu furor sobre eles no deserto, e que os consumiria. 14 E eu o fiz por glória do meu nome, para que ele não ficasse desacreditado diante das gentes, das quais eu os fiz sair à vista delas.

15 Eu pois levantei a minha mão sobre eles no deserto, para os não introduzir na terra que lhes dei, a qual mana leite, e mel, sendo a melhor de todas as terras: 16 porque eles rejeitaram os meus juízos, e não andaram nos meus preceitos, violaram os meus sábados porquanto o seu coração ia após dos ídolos. 17 E olhei para eles com olhos de misericórdia para não os matar, nem os consumi no deserto.

18 Depois disse eu a seus filhos no deserto: Não andeis nos preceitos de vossos pais, nem guardeis os seus costumes, nem vos mancheis no culto dos seus ídolos. 19 Eu sou o Senhor vosso Deus. Andai nos meus preceitos, guardai os meus juízos, e praticai-os: 20 e santificai os meus sábados, para que eles sejam um sinal entre mim e vós, e para que saibais que eu sou o Senhor vosso Deus.

21 Porém seus filhos me azedaram contra si mesmos, eles não andaram nos meus preceitos, e não guardaram os meus juízos para os cumprir, quando o homem que os observar, viverá por eles: e violaram os meus sábados: e eu os ameacei que derramaria o meu furor sobre eles, e que satisfaria a minha ira contra eles no deserto. 22 Mas desviei a minha mão, e o fiz por glória do meu nome, para que ele não fosse violado diante das gentes, do meio das quais eu os lancei fora aos olhos delas. 23 Tornei outra vez a levantar a minha mão contra eles no deserto, para os espalhar por entre as nações, e padejá-los para diversos climas: 24 visto não terem eles observado as minhas ordenanças, e terem rejeitado os meus preceitos e violado os meus sábados, e terem-se-lhes ido os olhos após os ídolos de seus pais. 25 Por isso também eu lhes dei uns preceitos não bons, e umas ordenanças, nas quais eles não acharão a vida. 26 E permiti que eles se manchassem nos seus dons, quando para expiação dos seus pecados ofereciam todo o que rompe o claustro materno. E eles saberão que eu sou o Senhor.

27 Portanto fala à casa de Israel, filho do homem. E lhes dirás a eles: Isto diz o Senhor Deus: Ainda até neste particular me blasfemaram os vossos pais, quando me desprezaram vilipendiando-me: 28 e tendo-os eu introduzido na terra, sobre a qual eu levantei a minha mão jurando que lha daria a eles: olharam para todos os outeiros elevados, e para todas as árvores frondosas, e ali imolaram as suas vítimas: e ali me provocaram a ira com as suas oblações, e ali puseram o cheiro da suavidade, e ofereceram as suas libações. 29 Eu lhes disse então: Que alto é este, onde vós entrais? e até ao dia de hoje se lhe ficou conservando este nome de alto.

Castigo

30 Portanto dize à casa de Israel: Isto diz o Senhor Deus: Vós certamente vos contaminais nos caminhos de vossos pais, e vos tornais impuros indo após os tropeços deles: 31 e na oblação dos vossos dons, quando fazeis passar a vossos filhos pelo fogo, vós vos contaminais em todos os vossos ídolos até hoje: e responder-vos-ei eu ainda, casa de Israel? Por minha vida, diz o Senhor Deus, que eu vos não responderei.

32 Nem vós chegareis ao fim que vos propondes no vosso pensamento, quando dizeis: Nós seremos como as gentes, e como os povos da

terra, para que adoremos os paus e as pedras. 33 Por minha vida, diz o Senhor Deus, que eu reinarei sobre vós com uma mão forte, e com um braço estendido e com toda a efusão do meu furor. 34 E vos tirarei do meio dos povos: e vos ajuntarei dos países para onde vós tínheis sido dispersos; eu reinarei sobre vós com uma mão forte e com um braço estendido, e com toda a efusão do meu furor. 35 E vos levarei para um deserto sem povos, e lá posto um diante do outro, entrarei em juízo convosco. 36 Bem como eu entrei em juízo com vossos pais no deserto da terra do Egito, assim vos julgarei eu a vós, diz o Senhor Deus. 37 E vos sujeitarei ao meu ceptro e vos farei entrar nos vínculos do meu concerto. 38 E separarei dentre vós os transgressores da minha lei, e os ímpios, e os farei sair da terra da sua morada, e eles não entrarão na terra de Israel. E vós sabereis que eu é que sou o Senhor.

39 E vós, casa de Israel, isto diz o Senhor Deus: cada um de vós ide após dos vossos ídolos, e servi-os. Porém se ainda nisto me não ouvirdes, e profanardes mais o meu santo nome com as vossas oferendas e com os vossos ídolos: 40 no meu santo monte, no alto monte de Israel, diz o Senhor Deus, ali me servirá toda a casa de Israel: todos, digo, na terra, em em que me agradarão, e ali requererei as vossas primícias, e o princípio dos vossos dízimos em todas as vossas santificações.

41 Então vos receberei eu como uma oblação de excelente cheiro, quando eu vos tiver tirado dentre os povos, e vos tiver ajuntado dos países, para onde vós tínheis sido espalhados, e eu serei santificado entre vós aos olhos das nações. 42 E vós sabereis que eu é que sou o Senhor, quando eu vos tiver introduzido na terra de Israel, na terra pela qual eu levantei a minha mão, para a dar a vossos pais. 43 E vós ali vos lembrareis dos vossos caminhos, e de todas as vossas maldades, com as quais vos manchastes neles: e vós vos desagradareis de vós mesmos, representando diante dos olhos todas as nossas malícias, que tendes cometido. 44 E vós sabereis, casa de Israel, que eu é que sou o Senhor, quando eu vos tiver enchido de bens por amor do meu nome, em vez de vos tratar conforme os vossos maus caminhos, e conforme os vossos tão detestáveis pecados, diz o Senhor Deus.

45 E foi-me dirigida a palavra do Senhor, a qual dizia: 46 Filho do homem, encara bem para o caminho do meio-dia, e fala para a banda do áfrico, e profetiza à mata do campo do meio-dia. 47 E dirás à mata do meio-dia: Ouve a palavra do Senhor: Isto diz o Senhor Deus: Eis aí vou eu a acender em ti um fogo, e queimarei em ti todo o lenho verde, e todo o lenho seco. Não se apagará a chama deste incêndio: e queimar-se-á nela todo o rosto desde o meio-dia até o aquilão. 48 E toda a carne verá que eu o Senhor lancei o fogo a esta mata, o qual se não apagará. 49 Então disse eu: Ai, ai, ai, Senhor Deus! Eles dizem de mim: Não é assim que este nos fala, senão por parábolas?

Enigma contra Judá

21 E foi-me dirigida a palavra do Senhor, a qual dizia: 2 Filho do homem, põe o teu rosto em Jerusalém, e fala para o santuário, e profetiza contra a terra de Israel. 3 Dirás pois à terra de Israel: Isto diz o Senhor Deus: Eis-me aqui contra ti, e tirarei a minha espada da sua bainha, e matarei do meio de ti o justo, e o ímpio. 4 E porque eu devo exterminar do meio de ti o justo, e o ímpio, por isso a minha espada sairá da sua bainha para atacar toda a carne, desde o meio-dia até o aquilão: 5 a fim de que toda a carne saiba que eu o Senhor tirei a minha espada da sua bainha, para a não tornar a meter nela.

6 Tu pois, filho do homem, dá gemidos até te arrebentarem os rins, e geme na presença deles com amargura do teu coração. 7 E quando eles te disserem Por que gemes tu? tu lhes dirás: Pelo que ouço: porque o inimigo vem, e todos os corações se mirrarão de medo, e todas as mãos ficarão sem forças, e todos os espíritos se abaterão, e as águas correrão por todos os joelhos. Ei-lo aí vem, e assim sucederá, diz o Senhor Deus.

8 E foi-me dirigida a palavra do Senhor, a qual dizia: 9 Filho do homem, profetiza, e dirás: Isto diz o Senhor Deus: Fala: A espada, sim, a espada está aguçada e polida. 10 Ela está aguçada para matar as vítimas: está polida para reluzir. Tu, espada, que abates o ceptro de meu filho, cortaste pelo pé todas as árvores.

O gemido do profeta

11 E eu a dei a polir, para a ter na mão. Esta espada está aguçada, e ela está polida, para estar na mão do que deve fazer a matança. 12 Grita, e uiva, filho do homem, porque esta espada está desembainhada contra o meu povo, ela o está contra todos os príncipes de Israel, que tinham fugido dela: eles foram entregues a esta espada com o meu povo, tu pois dá pancadas na tua coxa.

A espada afiada

13 Porque esta espada foi aprovada por mim: e isto ainda quando ela destruir o cep-

tro, para mais não subsistir, diz o Senhor Deus.

14 Tu pois, filho do homem, profetiza, e bate com as mãos uma na outra, e dobrem-se os golpes desta espada, e tresdobrem-se os golpes desta mesma espada matadora: esta é a espada da grande matança, que os faz pasmar, 15 e que lhes faz mirrar os corações, e multiplica as ruínas. E pus a turbação em todas as suas portas, à vista desta espada penetrante, e polida para reluzir, afiada para matar. 16 Aguça, ó espada, a tua ponta, vai para a direita ou para a esquerda, para onde quer que o apetite de mortes te chamar. 17 E ainda eu mesmo te aplaudirei, batendo com as mãos uma na outra, e satisfarei a minha indignação, eu o Senhor é que falei.

18 E foi-me dirigida a palavra do Senhor, a qual dizia: 19 E tu, filho do homem, representa-te dois caminhos, por onde a espada do rei de Babilônia pode vir: de uma mesma terra sairão ambos: e com a mão deitará sortes, no topo do caminho da cidade as deitará. 20 Figurarás um caminho, por onde esta espada vá atacar a Rabat dos filhos de Amon, e outro por onde vá para Judá, a atacar a fortíssima cidade de Jerusalém.

21 Porque o rei de Babilônia parou na encruzilhada, no topo dos dois caminhos, procurando adivinhação, misturando as setas: perguntou aos seus ídolos, consultou as entranhas. 22 Caiu a sorte sobre Jerusalém, fazendo-o tomar à direita, para dispor os aríetes, para intimar por sua boca mortandade, para levantar a voz com alarido, para pôr os aríetes contra as portas, para levantar marachões, e edificar fortins. 23 E será isto aos olhos deles como quem consulta em vão um oráculo, e como quem imita o descanso dos seus sábados: mas ele se lembrará da iniqüidade para os cativar.

24 Portanto isto diz o Senhor Deus: Pelo motivo de que vos tendes jactado da vossa iniqüidade, e haveis descoberto as vossas prevaricações, e se patentearam os vossos pecados em todos os vossos pensamentos: pelo motivo, digo, de vos terdes jactado disso, vós ficareis à força de armas prisioneiros. 25 Tu porém, ó profano, tu, ó ímpio príncipe de Israel, a quem chegou o dia assinado no tempo da tua iniqüidade: 26 isto diz o Senhor Deus: Tira a tiara, depõe a coroa. Não é esta a que levantou ao humilde, e humilhou ao soberbo? 27 Eu farei ver a injustiça, a injustiça, a injustiça dela: mas isto não se fez, menos que não viesse aquele a quem pertence o juízo e eu lhes entregarei uma e outra.

28 E tu, filho do homem, profetiza, e dize: Isto diz o Senhor Deus aos filhos de Amon, e ao opróbrio deles, e lhes dirás: Espada, espada, desembainha-te,, para matares, pule-te, para matares, e para luzires. 29 Ao tempo que para ti se viam coisas vãs, e se adivinhavam mentiras: para que fosses descarregada sobre os pescoços dos ímpios feridos, cujo dia predefinido chegou no tempo da sua iniqüidade.

30 Torna a recolher-te à tua bainha no lugar em que foste criada, eu te julgarei na terra da tua nascença. 31 E derramarei sobre ti a minha indignação. Assoprarei contra ti no fogo do meu furor, e te entregarei às mãos de uns homens insensatos, e que fabricam a morte. 32 Servirás de pasto ao fogo, derramado será o teu sangue no meio da terra, ficarás entregue ao esquecimento: porque eu, o Senhor, é que falei.

A cidade sanguinária

22 Foi-me dirigida a palavra do Senhor, a qual dizia: 2 E tu, filho do homem, não julgas, não julgas a cidade dos sangues? 3 Mostrar-lhe-ás pois todas as suas abominações, e dirás: Isto diz o Senhor Deus: Esta é a cidade que derrama o sangue no meio dela, para que depressa chegue o dia da sua destruição: e a que formou ídolos contra si mesma, para se manchar. 4 Tu te fizeste culpável pelo sangue, que por ti foi derramado: e te manchaste pelos teus ídolos, que fabricaste: e fizeste avizinhar os teus dias, e abreviaste o espaço dos teus anos: por isso eu te fiz o opróbrio das nações, e o ludíbrio de toda a terra. 5 Os povos vizinhos, e os povos distantes triunfarão de ti: Imunda, famosa, grande pela tua ruína.

6 Eis aí está que os príncipes de Israel se firmaram cada um na força do seu braço, para derramarem o sangue no meio de ti. 7 Eles trataram com afrontas no meio de ti a seu pai, e a sua mãe, caluniaram o estrangeiro no meio de ti, e entristeceram em tua casa o pupilo e a viúva.

8 Desprezaste o meu santuário, e profanaste os meus sábados. 9 No meio de ti houve homens caluniadores para derramarem o sangue, e entre ti comeram sobre os montes, cometeram a maldade no meio de ti. 10 Descobriram as mais recatadas partes de seu pai no meio de ti, humilharam no meio de ti a mulher na ocasião do seu mênstruo: 11 e cada um desonrou a mulher do seu próximo com abomináveis atos, e o sogro corrompeu com um horrível incesto a sua nora, o irmão fez violência à própria irmã, à filha de seu pai, no meio de ti. 12 Eles receberam presentes no meio de ti para derramarem o sangue. Tu recebeste ganhos e interesses ilegítimos, e levado da ava-

reza caluniavas a teus próximos: e tu te esqueceste de mim, diz o Senhor Deus.

13 Por isso eu bati com as mãos uma na outra, declarando-me contra a tua avareza, que exercitaste, e contra o sangue que se derramou no meio de ti. 14 Porventura estará firme o teu coração, ou prevalecerão as tuas mãos contra mim nos calamitosos dias que eu farei vir sobre ti? Eu o Senhor o disse, e o farei. 15 E te espalharei por entre as nações, e te deitarei ao vento para diversas terras, e farei cessar em ti a tua impureza. 16 E te possuirei à vista das gentes: e tu saberás que eu sou o Senhor. 17 E foi-me dirigida a palavra do Senhor, a qual dizia: 18 Filho do homem, a casa de Israel se tornou para mim em escória: todos eles são como o cobre, e o estanho, e o ferro, e o chumbo no meio da fornalha: eles se fizeram como a escória da prata. 19 Por cuja causa isto diz o Senhor Deus: Pelo motivo de que vos tornastes todos em escória, por isso eis aí vou eu a congregar-vos no meio de Jerusalém, 20 como quando se lançam de mistura a prata, e o cobre, e o estanho, e o ferro, e o chumbo no meio da fornalha: de sorte que acenderei nela o fogo para vos fundir. Assim é que eu vos ajuntarei no meu furor, e na minha ira, e eu me satisfarei: e vos fundirei. 21 E eu vos ajuntarei, e vos abrasarei nas chamas do meu furor, e vós sereis fundidos no meio de Jerusalém. 22 Assim como a prata se funde no meio da fornalha, assim o sereis vós no meio desta cidade. E sabereis que eu sou o Senhor, quando eu tiver derramado a minha indignação sobre vós.

Crimes dos sacerdotes, reis e profetas

23 E foi-me dirigida a palavra do Senhor, a qual dizia: 24 Filho do homem, dize a Jerusalém: Tu és uma terra imunda, que não foi regada das chuvas no dia do furor. 25 Os profetas se conjuraram no meio dela, eles devoraram as almas, como um leão que ruge, e que arrebata a sua presa, receberam grandes bens e grandes recompensas, multiplicaram as suas viúvas no meio dela. 26 Os seus sacerdotes desprezaram a minha lei, e mancharam o meu santuário: não distinguiram entre o santo e o profano: e não fizeram diferença entre o limpo e o sujo: e apartaram os seus olhos dos meus sábados, e eu era profanado no meio deles. 27 Os seus príncipes eram no meio dela como uns lobos, que arrebatam a sua presa, para derramar o sangue, e para perder as almas, e para correr atrás do ganho por satisfazer a sua avareza. 28 E os seus profetas lhes punham o reboco nas paredes, sem lhe misturar nada que o segurasse, quando tinham visões falsas, e lhes profetizavam a mentira, dizendo: Isto diz o Senhor Deus, sendo que o Senhor lhes não tinha falado. 29 Os povos da terra intentavam calúnias, e roubavam por violência, afligiam o pobre e o necessitado, e oprimiam com calúnias o estrangeiro, sem alguma forma de juízo.

30 E busquei entre eles um homem que se entrepusesse como uma sebe, e que posto em campo contra mim acudisse por esta terra, para eu a não destruir: e não o achei. 31 Por isso eu derramei a minha indignação sobre eles, eu os consumi no fogo da minha ira: fiz que o seu caminho recaísse sobre as cabeças deles, diz o Senhor Deus.

As duas irmãs dissolutas

23 E foi-me dirigida a palavra do Senhor, a qual dizia: 2 Filho do homem, houve duas mulheres, filhas de uma mesma mãe, 3 as quais se deram à impureza no Egito, prostituíram-se na sua mocidade: lá é que seus peitos foram sovados, e que as mamas da sua puberdade ficaram desfloradas. 4 Ora os nomes delas eram estes: a mais velha se chamava Oolá: e a sua irmã mais moça Oolibá: e eu as tive, elas me pariram filhos e filhas. No tocante a seus nomes, Samaria é Oolá, e Jerusalém é Oolibá.

5 Oolá pois se levantou contra mim pela sua fornicação, e loucamente se apaixonou pelos seus amantes, pelos assírios seus vizinhos, 6 vestidos de jacinto, príncipes e magistrados, mancebos de apetite, todos cavaleiros, montados a cavalo. 7 Ela se entregou na sua fornicação a estes homens escolhidos, filhos todos dos assírios: e se manchou pelas suas infâmias com todos aqueles, de quem loucamente estava namorada.

8 Além disto não deixou ainda as suas prostituições, que exercitara no Egito: pois eles dormiram também com ela na sua adolescência, eles igualmente desfloraram os peitos da sua puberdade, e sobre ela derramaram a sua impureza. 9 Por isso eu a entreguei nas mãos dos seus amantes, nas mãos dos filhos de Assur, de cuja paixão ela ficou loucamente possuída. 10 Eles descobriram a sua ignomínia, levaram seus filhos, e suas filhas, e mataram-na a ela mesma com a espada: e se fizeram mulheres famosas, e nela exerceram os juízos.

11 O que tendo visto a sua irmã Oolibá, enlouqueceu de paixão mais do que ela: e aumentando a sua fornicação sobre a fornicação de sua irmã, 12 descaradamente se prostituiu aos filhos dos assírios, aos capitães e magistrados, que concorriam a ela trajados com vestidos de várias cores, aos cavaleiros que vinham montados nos seus cavalos, e a todos os mancebos de lindo parecer. 13 E vi que, sendo

o mesmo, o caminho de ambas, estava manchado. 14 Mas Oolibá aumentou a sua fornicação: porque tendo visto uns homens pintados na parede, umas imagens dos caldeus delineadas com cores, 15 e os seus rins cingidos de talabartes, e tiaras de várias cores em suas cabeças, parecendo todos oficiais de guerra, dando ares de filhos de Babilônia e do país dos caldeus, onde eles tinham nascido, 16 pela concupiscência dos seus olhos concebeu por eles uma paixão louca, e lhes mandou embaixadores à Caldéia.

17 E tendo vindo a ela os filhos de Babilônia, para entrarem no camarim das suas prostituições, a mancharam com os seus estupros, e ela foi por eles corrompida, e a sua alma ficou farta deles. 18 Ela lhes patenteou as suas fornicações, e lhes descobriu a sua ignomínia: e a minha alma se retirou dela, assim como se tinha retirado a minha alma de sua irmã. 19 Porque ela multiplicou as suas fornicações, lembrando-se dos dias da sua mocidade, durante os quais se tinha prostituído na terra do Egito. 20 E loucamente se apaixonou com o libidinoso apetite de dormir com aqueles, cujas carnes são como as carnes dos jumentos: e a sua destilação como a destilação dos cavalos. 21 E tu renovaste as maldades da tua mocidade, quando no Egito foram os teus peitos sovados, e ficaram desfloradas as mamas da tua puberdade.

22 Por isso, ó Oolibá, isto diz o Senhor Deus: Eis aí vou eu a suscitar contra ti todos os teus amantes, de que a tua alma se fartou: e eu os congregarei contra ti de todas as partes ao redor. 23 Os filhos de Babilônia, e todos os caldeus, nobres, e soberanos, e príncipes, todos os filhos dos assírios, os mancebos de lindo parecer, todos os capitães, e magistrados, os príncipes dos príncipes, e os ginetes de grande nomeada. 24 E virão sobre ti petrechados de carros, e de rodas, encerrando todos uma multidão de povos. Eles se armarão de todas as partes contra ti, de couraças, e de escudos, e de capacetes: e lhes darei o poder de te julgar, e eles te julgarão segundo as suas leis.

25 E desafogarei contra ti o meu zelo, que eles exercerão em ti com furor: cortar-te-ão cérceo o teu nariz, e as tuas orelhas: e o que restar, o retalharão à espada. Eles mesmos cativarão os teus filhos, e as tuas filhas, e o que por último de ti ficar, será devorado pelo fogo. 26 E eles te despojarão dos teus vestidos, e te levarão os adornos da tua vaidade. 27 E farei cessar as tuas maldades em ti, e as fornicações, que tu tinhas aprendido na terra do Egito. Tu não levantarás os olhos para eles, nem te lembrarás mais do Egito.

28 Porque isto diz o Senhor Deus: Eis aí vou eu a entregar-te nas mãos daqueles que tu aborreces, nas mãos daqueles de que a tua alma ficou farta. 29 E eles te tratarão com ódio, e te levarão todos os teus trabalhos, e te deixarão nua, e cheia de ignomínia das tuas fornicações, os teus desaforos, e as tuas infâmias. 30 Eles te trataram assim, porque tu te prostituíste às nações, entre as quais te manchaste pelo culto dos seus ídolos. 31 Tu andaste pelo mesmo caminho de tua irmã, e eu te meterei na mão o cálice que ela bebeu.

O cálice de Jerusalém

32 Isto diz o Senhor Deus: Tu beberás o fundo e largo cálice de tua irmã. Serás o objeto dos insultos, e das irrisões, bebendo por esse cálice de uma vastíssima capacidade. 33 Tu serás cheia de embriaguez, e de dor: com este cálice de aflição e de tristeza, com este cálice de tua irmã Samaria. 34 E tu o beberás, e o esgotarás até às fezes, e lhe devorarás os mesmos pedaços, e te rasgarás os próprios peitos: porque eu sou o que falei, diz o Senhor Deus. 35 Por cuja causa isto diz o Senhor Deus: Pois que tu te esqueceste de mim, e me lançaste para trás do teu corpo, carrega tu também com a tua maldade, e com as tuas fornicações.

Ainda as duas mulheres dissolutas

36 E o Senhor me falou, dizendo: Filho do homem, não julgarás tu a Oolá, e a Oolibá: e não lhes declararás tu as suas maldades? 37 Porque adulteraram, e se acha sangue nas suas mãos, e se prostituíram aos ídolos: além disto elas lhes ofereceram, para serem devorados, até os seus filhos, que para mim geraram. 38 E ainda isto me fizeram: mancharam o meu santuário naquele dia, e profanaram os meus sábados. 39 E quando sacrificavam seus filhos aos seus ídolos, e entravam no meu santuário nesse dia para o profanarem: elas ainda me fizeram esta injúria no meio da minha casa.

40 Fizeram buscar homens, que vinham de longe, a quem tinham mandado embaixadores: eis que enfim chegaram: para receber os quais te lavaste, e untaste à roda os teus olhos com antimônio, e te adornaste com as tuas galas. 41 Tu te assentaste num leito especiosíssimo, e diante de ti se preparou uma mesa magnificamente ornada: tu puseste em cima dela o meu incenso, e o meu perfume. 42 E à roda dela se ouvia a voz de muita gente que folgava e quanto àqueles varões, que dentre a multidão dos homens eram conduzidos, e vinham do deserto, puseram elas nas mãos deles as

suas manilhas, e formosas coroas nas suas cabeças. 43 Então disse eu àquela que estava cansada e gastada de adulterar: Agora mesmo continuará esta prostituta em se dar às suas impurezas. 44 E eles entraram em sua casa, como em casa de uma mulher pública. Assim é que eles entravam em casa destas perdidas mulheres, Oolá, e Oolibá.

45 Estes homens pois são uns justos. Eles as julgarão como se julgam as adúlteras, e como se julgam as que derramam o sangue: porque elas com efeito são umas adúlteras, e nas suas mãos se acha sangue. 46 Porque isto diz o Senhor Deus: Faze vir contra estas duas prostitutas uma multidão de homens, e entrega-as ao tumulto, e ao saque da guerra. 47 E elas sejam apedrejadas com as pedras dos povos, e traspassadas com as suas espadas: estes lhes matarão os seus filhos, e filhas, e porão fogo às suas casas. 48 Assim é que eu abolirei de cima da terra os desaforos, e todas as mulheres aprenderão a não imitar a maldade destas. 49 Porque os vossos inimigos farão recair sobre vós os vossos crimes, e vós carregareis com os pecados dos vossos ídolos. E sabereis que eu sou o Senhor Deus.

Parábola da caldeira

24 E no ano nono, no décimo mês, a dez dias do mês, foi-me dirigida a palavra do Senhor, a qual dizia: 2 Filho do homem, escreve com pontualidade este dia, em que o rei de Babilônia se postou contra Jerusalém hoje mesmo. 3 E dirás por modo de provérbio à casa irritadora esta parábola, e assim lhes falarás: Isto diz o Senhor Deus: Põe uma marmita ao lume. Põe-na, digo, e deita-lhe água dentro. 4 Mete nela pedaços de carne, todas as boas porções, a coxa e a espádua, o escolhido e cheio de ossos. 5 Pega na carne das rezes mais gordas, põe-lhe também por baixo a ruma dos ossos. Ferveu o que se cozia nela, e ficaram cozidos os seus ossos no meio dela.

6 Por cuja causa isto diz o Senhor Deus: Ai da cidade dos sangues, que é como uma marmita, que está cheia de ferrugem e a sua ferrugem não saiu dela. Lança fora as viandas que tem dentro por partes, e uma depois das outras; não caiu sorte sobre ela. 7 Porque o seu sangue está no meio dela, sobre pedras mui limpas o derramou. Não o derramou sobre a terra, de sorte que se possa cobrir com o pó. 8 Assim para fazer cair sobre ela a minha indignação, e para me vingar como ela merece espalhei eu o seu sangue sobre as pedras mais limpas, para que não fosse coberto.

9 Por cuja causa isto diz o Senhor Deus: Ai da cidade dos sangues, da qual eu farei uma grande fogueira. 10 Põe os ossos uns sobre os outros, para que eu os faça queimar no fogo: as carnes consumir-se-ão, e toda esta composição ficará cozida, e os ossos reduzidos a nada. 11 Põe também a marmita vazia sobre as brasas, para que ela aqueça, e o seu cobre se derreta: e se funda no meio dela a sua imundície, e se consuma a sua ferrugem. 12 Trabalhou-se com muito suor por limpá-la, e não saiu dela a sua demasiada ferrugem, nem por meio do fogo. 13 A tua imundície é execrável: porque eu quis limpar-te, e não te limpaste das tuas impurezas: mas nem tu ficarás limpa, menos que eu não faça repousar sobre ti a minha indignação. 14 Eu o Senhor falei: Virá o tempo, e eu o farei. Não passarei, nem perdoarei, nem me aplacarei. Segundo os teus caminhos, e segundo o capricho das tuas invenções eu te julgarei, diz o Senhor.

Morte da esposa

15 E foi-me dirigida a palavra do Senhor, a qual dizia: 16 Filho do homem, eis aqui estou eu que te tiro de um golpe o objeto mais agradável de teus olhos: mas tu não te lamentarás nem chorarás, nem te correrão as lágrimas pelo rosto. 17 Geme lá para ti, não tomarás luto, como se faz pelos mortos. Fique-te atada na cabeça a tua coroa, e tu terás metidos nos pés os teus sapatos; não te cobrirás o rosto com véu, nem comerás dos manjares que se dão aos que estão de nojo.

18 Eu pois falei de manhã ao povo, e à tarde morreu minha mulher: e ao outro dia pela manhã fiz o que o Senhor me tinha ordenado. 19 Então me disse o povo: Por que nos não descobres tu que é o que significam estas coisas que tu fazes? 20 E eu lhes disse: Foi-me dirigida a palavra do Senhor, a qual dizia: 21 Fala à casa de Israel: Isto diz o Senhor Deus: Eis aí vou eu profanar o meu santuário, ornamento soberbo do vosso império, e objeto mais agradável de vossos olhos, e sobre cuja ruína está em susto a vossa alma. Os vossos filhos e as vossas filhas, que deixastes, cairão aos golpes da espada. 22 E vós fareis como eu fiz: não vos cobrireis o rosto com véu, nem comereis dos manjares que se dão aos que estão de nojo. 23 Tereis coroas nas vossas cabeças, e calçados nos pés. Não vos lamentareis nem chorareis, mas definhar-vos-eis nas vossas iniqüidades, e cada um afogará os gemidos, olhando para seu irmão. 24 E Ezequiel será para vós um portento do futuro: tudo o que ele fez, fareis vós igualmente quando chegar este tempo. E vós sabereis que eu sou o Senhor Deus.

25 E tu, filho do homem, nota que no dia em que eu tirar deles a sua fortaleza, e o gozo

da sua dignidade, e o cobiçoso emprego de seus olhos, sobre que descansam as suas almas, a saber, seus filhos e filhas: 26 naquele dia, quando vier ter contigo algum que escapar, para te dar novas: 27 quando aquele dia, digo, tiver chegado abrir-se-á a tua boca para falares com aquele que escapou fugindo. E tu falarás, e não ficarás mais em silêncio: e tu lhes serás um portento do futuro, e vós sabereis que eu sou o Senhor.

III. ORÁCULOS CONTRA AS NAÇÕES

Contra os amonitas

25 E foi-me dirigida a palavra do Senhor, a qual dizia: 2 Filho do homem, encara tu bem para os filhos de Amon, e assim profetizarás sobre eles.

3 E dirás aos filhos de Amon: Ouvi a palavra do Senhor Deus: Isto diz o Senhor Deus: Pelo motivo de haveres proferido: É bem feito, é bem feito sobre o meu santuário, por ter sido profanado: e sobre a terra de Israel, porque foi desolada: E sobre a casa de Judá, porque foram levados para o cativeiro. 4 Por isso eu te entregarei aos filhos do oriente, para vires a ser a sua herança, e eles estabelecerão em ti os seus apriscos, e porão em ti as suas tendas. Eles te comerão os teus frutos: e eles te beberão o teu leite. 5 E reduzirei Rabat a ser habitação de camelos, e a morada dos filhos de Amon a ser colheita de gados. E vós sabereis que eu sou o Senhor.

6 Porque isto diz o Senhor Deus: Pelo motivo de teres aplaudido com as mãos, e batido com os pés, e de te haveres alegrado de todo o teu coração à vista dos males da terra de Israel: 7 por isso eis aí vou eu a estender sobre ti a minhã mão, e te entregarei ao saque das gentes, e tirar-te-ei dentre os povos, e te exterminarei da face da terra, e te reduzirei em pó. E tu saberás que eu sou o Senhor.

Contra os moabitas

8 Isto diz o Senhor Deus: Pelo motivo de que Moab e Seir disseram: Eis aí está que assim como são todas as gentes, assim é a casa de Judá: 9 por isso eis aí vou eu a abrir o ombro de Moab pela parte das cidades, das cidades, digo, dela, e pela banda das suas fronteiras, as nobres da terra, Betiesimot, e Beelmeon, e Cariataim, 10 eu o abrirei aos filhos do oriente, tratando os filhos de Moab como tratei dos filhos de Amon, e eu lhes entregarei Moab para vir a ser a sua herança: a fim de que não haja mais memória dos filhos de Amon entre as gentes. 11 E sobre Moab excitarei os meus juízos. E eles saberão que eu sou o Senhor.

Contra os idumeus

12 Isto diz o Senhor Deus: Pelo motivo de que a Iduméia fomentou sempre a sua vingança para a desafogar contra os filhos de Judá, e pecou delinqüindo, e desejou ansiosamente vingar-se deles: 13 por essa causa isto diz o Senhor Deus: Eu estenderei a minha mão sobre a Iduméia, e tirarei dela os homens, e as alimárias, e a porei deserta desde o meio-dia: e os que estão em Dedan, cairão mortos à espada. 14 E exercitarei a minha vingança sobre a Iduméia, pela mão do meu povo de Israel: e eles tratarão a Edom segundo a minha ira, e o meu furor. E os idumeus saberão que eu sei vingar-me, diz o Senhor Deus.

Contra os filisteus

15 Isto diz o Senhor Deus: Porque os príncipes da Palestina executaram os intentos da sua vingança, e se vingaram de todo o seu coração, matando, e satisfazendo às suas antigas inimizades: 16 por essa causa isto diz o Senhor Deus: Eis aí vou eu a estender a minha mão sobre os povos da Palestina, e matarei estes matadores, e perderei as relíquias da costa do mar: 17 e deles tomarei grandes vinganças, argüindo-os no meu furor. E eles saberão que eu sou o Senhor, quando eu tiver exercitado a minha vingança sobre eles.

Contra Tiro

26 E aconteceu no ano undécimo ao primeiro do mês que me foi dirigida a palavra do Senhor, a qual dizia: 2 Filho do homem, pelo motivo de que Tiro disse falando de Jerusalém: É bem feito que foram quebradas as portas desta populosa cidade, os seus povos vieram a mim: eu me engrandecerei com o que ela perdeu, agora que ela está deserta. 3 Portanto isto diz o Senhor Deus: Eis aí vou eu contra ti, ó Tiro, e farei subir contra ti muitas nações, como o mar faz subir as suas ondas quando se incha. 4 E elas destruirão os muros de Tiro, e deitarão abaixo as suas torres: e lhe rasparei até o pó, e eu a tornarei como uma pedra muito lisa. 5 Ela virá a ser no meio do mar como

um enxugadouro das redes, porque eu sou o que falei, diz o Senhor Deus: e ela será entregue por presa às nações. 6 As suas filhas, que estão no campo, serão também passadas ao fio da espada. E eles saberão que eu sou o Senhor.

7 Porque isto diz o Senhor Deus: Eis aí vou eu a fazer vir das partes do setentrião para Tiro a Nabucodonosor, rei de Babilônia, esse rei dos reis, com cavalos, e carroças de guerra, e cavalaria, e com grandes tropas, e diversos povos. 8 Ele fará cair a golpes de espada as tuas filhas, que estão no campo: e te cercará de fortins, e fará trincheiras ao redor: e levantará o escudo contra ti.

9 E disporá contra os teus muros as suas mantas de guerra, e os seus vaivéns, e destruirá à força das suas máquinas as tuas torres. 10 Pela inundação dos cavalos dele te cobrirá o pó das suas tropas: ao estrondo da sua cavalaria, e das rodas e das carroças tremerão as tuas muralhas, quando ele entrar pelas tuas portas, como quem entra pela brecha de uma cidade demolida. 11 Com as unhas dos seus cavalos pisará todas as tuas ruas. Ele fará passar o teu povo pelo gume de espada, e cairão por terra as tuas famosas estátuas.

12 Eles farão o seu despojo das tuas riquezas, saquearão as tuas mercancias: e destruirão as tuas muralhas, e arruinarão as tuas magníficas casas: e deitarão no meio das águas as tuas pedras, as tuas madeiras e o teu pó. 13 E farei cessar a variedade dos teus concertos músicos, e não se ouvirá mais em ti o som das tuas cítaras: 14 e te tornarei como uma pedra muito lisa, tu virás a ser um enxugadouro de redes, e não tornarás a ser edificada. Porque eu sou o que falei, diz o Senhor Deus.

15 Isto diz o Senhor Deus a Tiro: Acaso não tremerão as ilhas ao estampido da tua ruína, e ao gemido dos teus mortos quando no meio de ti forem degolados? 16 E todos os príncipes do mar descerão dos seus tronos: e largarão as insígnias da sua grandeza, e arrojarão de si os seus vestidos bordados, e ficarão cheios de espanto. Eles se assentarão na terra, e atônitos com a tua repentina queda, pasmarão. 17 E fazendo uma lamentação sobre ti, te dirão: Como pereceste tu, que habitas no mar, ó cidade ínclita, que tens sido poderosa no mar com os teus habitadores a quem todos temiam? 18 Agora pasmarão as naus no dia da tua espantosa ruína: e ficarão turbadas as ilhas no mar, vendo que ninguém sai dos teus portos.

19 Porque isto diz o Senhor Deus: Quando eu te tiver reduzido a uma cidade deserta, como as cidades que não são habitadas: e quando tiver feito vir sobre ti um abismo, e te tiver coberto um dilúvio de águas: 20 e quando te tiver precipitado com aqueles que descem ao fosso, para te ajuntar à multidão dos mortos eternos, e te tiver colocado no fundo da terra com os que são levados ao lago para ficares sempre desabitada, como as solidões antigas: quando eu já tiver estabelecido a minha glória na terra dos viventes. 21 Eu te reduzirei a nada, e tu mais não existirás, e ainda que te busquem, não te acharão mais para sempre, diz o Senhor Deus.

Ainda contra Tiro

27 E foi-me dirigida a palavra do Senhor, a qual dizia: 2 Tu pois, filho do homem, faze uma lamentação sobre Tiro. 3 E dirás à mesma Tiro, que habita na entrada do mar a este empório do comércio dos povos de tantas ilhas: Isto diz o Senhor Deus: Ó Tiro, tu disseste: Eu sou de uma formosura perfeita, 4 e situada no coração do mar. Os teus vizinhos, que te edificaram, completaram a tua formosura. 5 De faia de Sanir te fabricaram com todas as cobertas dos teus vasos do mar. Eles tomaram um cedro do Líbano para te fazer um mastro. 6 Eles aplainaram os carvalhos de Basan para os teus remos. De marfim da Índia te fizeram os teus bancos, e de madeira das ilhas da Itália as tuas câmaras de popa. 7 O fino linho do Egito tecido em bordadura te compôs a vela para se pôr no mastro: o jacinto e a púrpura das ilhas de Elisa fizeram o teu pavilhão.

8 Os habitantes de Sidônia e de Arada foram os teus remeiros. Os teus sábios, ó Tiro, foram os teus pilotos. 9 Os velhos de Gebal, e os mais hábeis dentre eles, deram os seus marinheiros, para te servirem em toda a equipagem dos teus baixéis. Todos os navios do mar, e os seus marinheiros estiveram entre o povo da tua negociação. 10 Os persas e os da Lídia, e os da Líbia eram as tuas gentes de guerra no teu exército. Eles suspenderam em ti os seus escudos e capacetes para te servirem de ornamento. 11 Os filhos de Arada com o teu exército estavam sobre as tuas muralhas em circuito: e até os pigmeus que estavam nas tuas torres, penduraram as suas aljavas à roda dos teus muros. Eles completaram a tua formosura.

12 Os cartagineses, que traficavam contigo, trazendo-te toda a casta de riquezas, encheram os teus mercados de prata, de ferro, de estanho, e de chumbo. 13 A Grécia, Tubal e Mosoc, também estes sustentavam o teu comércio: trouxeram ao teu povo escravos, e vasos de metal. 14 Da casa de Togorma trouxeram à tua praça cavalos, e cavaleiros, e machos. 15 Os filhos de Dedan negociaram contigo. O comér-

cio das tuas manufaturas se estendeu a muitas ilhas. Eles em troca das tuas mercadorias te deram dentes de marfim, e de pau de ébano. 16 Os sírios se meteram no teu tráfico por causa da multidão das tuas obras, expuseram à venda nos teus mercados pérolas, e púrpura, e estofos bordados de pequenos escudos, e linhos finos, e sedas, e toda a casta de mercadorias preciosas. 17 Os povos de Judá, e da terra de Israel foram os mesmos que comerciaram contigo no melhor trigo; eles puseram de venda nas tuas feiras o bálsamo, e o mel, e o azeite, e a resina. 18 O de Damasco traficava contigo pela abundante variedade dos teus gêneros, pela multidão de várias riquezas, em vinho generoso, em lãs da mais alva cor. 19 Os da tribo de Dan, e os da Grécia, e os de Mosel, expuseram à venda nos teus mercados obras de ferro polido e mirra destilada, e a cana aromática entravam no teu comércio. 20 Os de Dedan traficavam contigo pelos teus magníficos tapetes para assento.

21 A Arábia, e todos os príncipes de Cedar, estavam também metidos na dependência do teu comércio: com cordeiros, e carneiros, e cabritos vinham a ti para comerciar contigo. 22 Os vendedores de Sabá e de Reema comerciavam também contigo: com todos os mais subidos aromas, e pedras preciosas, e ouro que expuseram à venda nos teus mercados. 23 Haran, e Quéne, e Éden entravam igualmente no teu negócio: Sabá, Assur, e Quelmad vinham vender-te as suas mercadorias. 24 Eles tinham contigo um tráfico de diversos gêneros, trazendo-te fardos de jacinto, e de bordados de várias cores e de ricas preciosidades, que vinham embrulhadas, e atadas com cordas: também ajuntavam a isto madeira de cedro para negociar contigo. 25 Os teus vasos faziam o teu comércio principal: e tu foste cheia de bens, e elevada à mais sublime glória no coração do mar.

26 Os teus remeiros te conduziram sobre grandes águas: o vento do meio-dia te quebrou no coração do mar. 27 As tuas riquezas, e os teus tesouros, e a tua equipagem tão grande, os teus marinheiros, e os teus pilotos, que dispunham de tudo o que servia à tua grandeza, e que governavam a tua tripulação: também as tuas gentes de guerra, que pelejavam por ti, com toda a multidão do povo, que estava no meio de ti: cairão todos juntos no fundo do mar no dia da tua ruína.

28 Ao estrondo da gritaria dos teus pilotos se turbarão as frotas: 29 e todos os que tinham o remo descerão dos seus vasos: os marinheiros, e todos os pilotos do mar pararão em terra: 30 e farão sobre ti um grande pranto em altas vozes, e gritarão com amargura: e deitarão pó sobre as suas cabeças, e se cobrirão de cinza. 31 E se raparão por tua causa os cabelos, e se vestirão de cilícios: e na amargura do seu coração eles derramarão lágrimas sobre ti, com um pranto amargosíssimo.

32 E farão sobre ti lúgubres cânticos, e chorarão a tua desgraça, dizendo: Que cidade há como Tiro, que emudeceu no meio do mar? 33 Tu, ó Tiro, que pela exportação das tuas mercadorias por mar encheste de bens a tantos povos: pela multidão das tuas riquezas, e das tuas nações enriqueceste os reis da terra, 34 Agora foste tu quebrada pelo mar, as tuas riquezas estão no fundo das suas águas, e essa tua multidão de gente, que vivia no meio de ti, toda pereceu. 35 Todos os habitantes das ilhas estão a teu respeito cheios de espanto: e todos os seus reis feridos desta tempestade mudaram de rosto. 36 Os negociantes de todos os povos te deram muitas vaias. Tu foste reduzida a nada, e tu não serás jamais restabelecida.

Contra o príncipe de Tiro

28 E foi-me dirigida a palavra do Senhor, a qual dizia: 2 Filho do homem, dize ao príncipe de Tiro: Isto diz o Senhor Deus: Pelo motivo de que o teu coração se elevou, e tu disseste: Eu sou Deus, e estou assentado sobre a cadeira de Deus no meio do mar: sendo homem, e não Deus, e avaliaste o teu coração como o coração de um Deus. 3 Eis aí está que tu és mais sábio que Daniel: nenhum segredo há oculto a ti. 4 Tu te fizeste poderoso pela tua sabedoria, e pela tua prudência: e ajuntaste ouro, e prata nos tesouros. 5 Tu acrescentaste o teu poder pela extensão da tua sabedoria, e pela multiplicação do teu comércio: e o teu coração se elevou na tua fortaleza.

6 Por cuja causa isto diz o Senhor Deus: Pelo motivo de que o teu coração se elevou, como se fosse o coração de um Deus: 7 por isso eis aí vou eu a fazer vir sobre ti uns estrangeiros, os mais poderosos dentre as gentes: e desembainharão as suas espadas contra a formosura da tua sabedoria, e afearão a tua beleza. 8 Eles te matarão, e te precipitarão do trono: e tu morrerás na perda dos que serão mortos no coração do mar. 9 Acaso falarás tu diante dos teus matadores, dizendo: Eu sou Deus: sendo tu um homem sujeito ao poder dos que te matam, e não um Deus? 10 Tu morrerás da morte dos incircuncidados, à mão de estrangeiros. Porque eu sou o que falei, diz o Senhor Deus.

11 E foi-me dirigida a palavra do Senhor, a qual dizia: Filho do homem, levanta um

grande pranto sobre o rei de Tiro: 12 E dir-lhe-ás: Isto diz o Senhor Deus: Tu eras o selo da semelhança, cheio de sabedoria, e perfeito na beleza. 13 Tu estiveste nas delícias do paraíso de Deus. O teu vestido estava ornado de toda a casta de pedras preciosas: O sárdio, o topázio, e o jaspe, a crisólita, e a cornalina, e o berilo, a safira, e o carbúnculo, e a esmeralda, e o ouro, tudo foi empregado em realçar a tua formosura. E os teus instrumentos foram preparados no dia em que foste criado. 14 Tu eras um querubim, que estendia as suas asas e protegia a arca, e o propiciatório, e eu te pus sobre o monte santo de Deus, tu andaste no meio das pedras brilhantes como o fogo. 15 Tu eras perfeito nos teus caminhos desde o dia da tua criação, até que a iniqüidade se achou em ti.

16 Na multiplicação do teu comércio se encheram as tuas entranhas de iniqüidade, e caíste no pecado: e eu te lancei fora do monte de Deus, e te exterminei, ó querubim protegente, do meio das pedras incendiadas. 17 E o teu coração se elevou no teu esplendor. Tu perdeste a tua sabedoria na tua formosura, eu te lancei por terra. Eu te expus diante da face dos reis, para que eles te vissem. 18 Tu violaste a tua santidade pela multidão das tuas iniqüidades, e pelas injustiças do teu comércio. Eu pois farei sair do meio de ti um fogo que te devore, e te reduzirei em cinza sobre a terra, aos olhos de todos os que te virem. 19 Todos os que te virem entre as nações ficarão espantados de ti: tu foste aniquilado, e não tornarás mais a ser.

Contra Sidônia

20 E foi-me dirigida a palavra do Senhor, a qual dizia: 21 Filho do homem, vira o teu rosto para Sidônia: e profetizarás sobre ela. 22 E dirás: Isto diz o Senhor Deus: Eis aqui venho eu a ti, ó Sidônia, e eu serei glorificado no meio de ti. E saberão que eu sou o Senhor quando tiver nela excitado os meus juízos, e nela for santificado. 23 E farei atear nela peste, e correr o sangue pelas suas ruas: e cairão no meio dela mortos à espada por todos os seus contornos. E saberão que eu sou o Senhor. 24 E Sidônia não será mais para a casa de Israel um tropeço de amargura, e uma espinha que cause dor de todas as partes ao redor daqueles que lhe são contrários. E saberão que eu sou o Senhor Deus.

25 Isto diz o Senhor Deus: Quando eu tiver ajuntado a casa de Israel de entre os povos, em que tem andado dispersos, serei eu santificado neles aos olhos das gentes: e eles habitarão na sua terra, que eu dei a meu servo Jacó. 26 E habitarão nela sem temor algum: e edificarão casas e plantarão vinhas, e viverão numa inteira segurança, quando eu tiver exercitado os meus juízos sobre todos os que são seus adversários em contorno. E saberão que eu sou o Senhor Deus deles.

Primeiro oráculo contra o Egito

29 No dia onze do décimo mês do ano décimo, me foi dirigida a palavra do Senhor, a qual dizia: 2 Filho do homem, põe o teu rosto contra Faraó, rei do Egito, e profetizar-lhes-á tudo o que está para acontecer a ele, e ao Egito. 3 Fala-lhe, e dize-lhe: Isto diz o Senhor Deus: Eis aqui venho eu a ti, ó Faraó, rei do Egito, dragão enorme, que te deitas no meio dos teus rios, e dizes: O rio é meu, e eu sou o que a mim mesmo me criei. 4 E te porei nos queixos um freio: e prenderei os peixes dos teus rios às tuas escamas: e eu te tirarei para fora do meio dos teus rios, e todos os teus peixes estarão pegados às tuas escamas. 5 E te lançarei para o deserto, e a todos os peixes do teu rio. Tu cairás sobre a face da terra, não te levantarão nem te sepultarão. Eu te dei por pasto às alimárias da terra, e às aves do céu. 6 E todos os habitantes do Egito saberão que eu sou o Senhor: pois que tu foste para a casa de Israel um bordão de cana. 7 Quando eles te tomaram na mão, e tu te quebraste, e lhes rasgaste todo o ombro, e quando eles cuidavam que se seguravam em ti, tu te fizeste em pedaços, e lhes fizeste arrebentar todos os seus rins.

8 Por esta causa isto diz o Senhor Deus: Eis aí vou eu a fazer cair a espada sobre ti: e eu matarei dentre vós os homens e as alimárias. 9 E a terra do Egito será reduzida a um deserto, e uma solidão: e eles saberão que eu sou o Senhor. Porque tu disseste: O rio é meu, e eu é que o fiz.

10 Por isso eis-me aqui contra ti, e contra os teus rios. E mudarei a terra do Egito numas solidões, depois que a guerra a tiver assolado, desde a torre de Siene até os confins da Etiópia. 11 Não passará por ela pé de homem, nem andará nela pé de alimária: e não será habitada quarenta anos. 12 E porei a terra do Egito já deserta na classe dos países desertos, e as suas cidades na classe das cidades destruídas, e elas estarão desoladas quarenta anos. E espalharei para diversas nações aos egípcios, e os deitarei ao vento para várias terras.

13 Porque isto diz o Senhor Deus: Depois de findos quarenta anos, eu tornarei a ajuntar os egípcios do meio dos povos, para onde eles tinham sido espalhados. 14 E tornarei a trazer os cativos do Egito, e os estabelecerei na terra

de Fatures, na terra da sua nascença: e eles ficarão sendo ali um reino humilde. 15 O Egito será o mais humilde de todos os reinos, e se não tornará mais a levantar por cima das nações, e eu os diminuirei, para que não dominem sobre as gentes. 16 E não serão mais a confiança da casa de Israel, ensinando-lhes a iniqüidade, para que fujam de mim, e os sigam. E saberão que eu sou o Senhor Deus.

Segundo oráculo contra o Egito

17 E no ano vinte e sete, no primeiro dia do primeiro mês, aconteceu isto: Foi-me dirigida a palavra do Senhor, a qual dizia: 18 Filho do homem, Nabucodonosor, rei de Babilônia, me rendeu com o seu exército um grande serviço no cerco de Tiro: todas as cabeças ficaram calvas, e todos os ombros ficaram pelados: e contudo nem a ele, nem ao seu exército se deu alguma recompensa em atenção de Tiro, pelo serviço que me fez na tomada dela.

19 Por cuja causa isto diz o Senhor Deus: Eis aí vou eu pôr a Nabucodonosor, rei de Babilônia, na terra do Egito: e lhe tomará todo o povo, e fará dele a sua presa, e repartirá os seus despojos: e esta será a recompensa que terá o seu exército. 20 E assim será pago do serviço que me fez no cerco desta cidade: e eu lhe entregarei a terra do Egito, porque ele trabalhou para mim, diz o Senhor Deus. 21 Naquele dia reflorescerá o poder da casa de Israel, e eu te abrirei a boca no meio deles. E saberão que eu sou o Senhor.

Terceiro oráculo contra o Egito

30 E foi-me dirigida a palavra do Senhor, a qual dizia: 2 Filho do homem, profetiza e dize: Isto diz o Senhor Deus: Dai urros, ai, ai do dia: 3 porque o dia está perto, e se apropinqua o dia do Senhor: esse dia de nublado, que será o tempo das nações. 4 E a espada virá ao Egito: e o pavor se apossará da Etiópia, quando eles caírem feridos no Egito, e for tirada a sua multidão, e destruídos os seus fundamentos. 5 A Etiópia, e a Líbia, e os lídios, e todos os outros povos, e Cub, e os filhos da terra do concerto, cairão com eles debaixo do gume da espada.

6 Isto diz o Senhor Deus: E os que sustinham o Egito cairão e a soberba do seu império será destruída. Eles cairão aos golpes da espada no Egito desde Siene, diz o Senhor Deus dos exércitos. 7 E ficarão dispersos no meio de terras desoladas, e as suas cidades serão postas na classe das cidades desertas. 8 E eles saberão que eu sou o Senhor: quando eu tiver posto fogo ao Egito, e forem desfeitos todos os que lhe davam auxílio. 9 Naquele dia sairão de diante da minha face mensageiros embarcados em galés para quebrar a ousadia da Etiópia, e haverá espanto entre eles no dia do Egito, porque este dia chegará sem dúvida.

10 Isto diz o Senhor Deus: Eu farei cessar a multidão do Egito pela mão de Nabucodonosor, rei de Babilônia. 11 Ele mesmo, e o seu povo com ele, os mais fortes das gentes serão levados para perderem a terra: e desembainharão as suas espadas sobre o Egito: e encherão a terra de mortos. 12 E secarei as madres dos rios, e entregarei a terra nas mãos dos péssimos: e destruirei esta terra, e tudo o que ela contém pela mão dos estrangeiros, eu, o Senhor, é que falei.

13 Isto diz o Senhor Deus: E exterminarei as estátuas, e farei cessar os ídolos de Mênfis: e não tornará mais a haver príncipe da terra do Egito: e eu espalharei o terror pela terra do Egito. 14 E arruinarei o país de Fatures, e meterei fogo em Táfnis, e exercitarei os meus juízos em Alexandria. 15 E derramarei a minha indignação sobre Pelúsio, que é a força do Egito, e farei morrer essa multidão de Alexandria. 16 E meterei fogo no Egito: Pelúsio sentirá dores como a mulher que está para parir, e Alexandria será destruída, e em Mênfis haverá quotidianos apertos: 17 Os mancebos de Heliópole e de Bubasto cairão mortos ao fio de espada, e as mulheres serão levadas cativas. 18 E o dia se fará negro em Táfnis, quando eu quebrar ali os ceptros do Egito, e faltar nele a soberba do seu poder: cobri-lo-á um nublado: e as suas filhas serão levadas para o cativeiro. 19 E exercitarei no Egito os meus juízos. E eles saberão que eu sou o Senhor.

Quarto oráculo contra o Egito

20 E aconteceu no ano undécimo, no primeiro mês, aos sete dias do mês, que me foi dirigida a palavra do Senhor, a qual dizia: 21 Filho do homem, eu quebrei o braço de Faraó, rei do Egito. E eis aí está que ele não foi envolvido, para se lhe restituir a saúde, para se atar com tiras, e se embrulhar em toalhas, para que, tendo recobrado a força, pudesse menear a espada. 22 Portanto isto diz o Senhor Deus: Eis-me aqui contra Faraó, rei do Egito, e esmigalharei o seu braço forte, mas quebrado: e farei cair a espada da sua mão: 23 e porei dispersos aos do Egito entre as gentes, e os lançarei ao vento por diversas terras.

24 Ao mesmo tempo eu fortificarei os braços do rei de Babilônia, e meter-lhe-ei a minha espada na sua mão: e quebrarei os braços de Faraó, e darão grandes gemidos os que forem

mortos diante de seus olhos. 25 E fortificarei os braços do rei de Babilônia, e os braços de Faraó ficarão sem força alguma: e eles saberão que eu sou o Senhor, quando eu meter a minha espada na mão do rei de Babilônia, e ele a estender sobre a terra do Egito. 26 E porei dispersos aos do Egito entre as nações, e lançá-los-ei ao vento para diversas terras, e eles saberão que eu sou o Senhor.

Quinto oráculo contra o Egito

31 E aconteceu no ano undécimo, no terceiro mês, ao primeiro do mês, que me foi dirigida a palavra do Senhor, a qual dizia: 2 Filho do homem, dize a Faraó, rei do Egito, e ao seu povo: A quem te tens tu assemelhado na tua grandeza? 3 Eis aí tens a Assur como um cedro no Líbano, formoso nos ramos, e frondoso nas folhas, e levantado na altura, e dentre a sua densa ramada se elevou a sua copa. 4 As chuvas o criaram, um grande conjunto de águas o fez levantar-se muito alto: os seus rios corriam em torno das suas raízes, e ele mandou os seus regatos a todas as árvores da circunvizinhança. 5 Por isso a sua altura se elevou sobre todas as árvores do país: e se multiplicaram os seus braços, e se elevaram os seus ramos por causa das muitas águas.

6 E como ele atirava com a sua sombra a muito longe, todas as aves do céu fizeram os seus ninhos sobre os seus ramos, e todas as alimárias dos bosques fizeram criação debaixo da sua copa, e um grande número de gentes habitava debaixo da sombra de suas folhas.

7 E era ele formosíssimo pela sua grandeza, e pela dilatada extensão de seus braços: porque a sua raiz estava perto de grandes águas. 8 No jardim de Deus não havia cedros alguns mais altos do que ele: as faias não igualavam a sua altura, nem os plátanos lhe eram iguais na sua ramagem. Nenhuma árvore do jardim de Deus se assemelhou a ele, nem à sua formosura. 9 Porquanto eu o fiz vistoso, e de muitos, e espessos ramos: e tiveram dele emulação todas as árvores deliciosas, que havia no jardim de Deus.

10 Por essa causa isto diz o Senhor Deus: Porque este cedro se elevou na sua altura, e lançou tão alta a ponta dos seus verdes e copados ramos, e porque o seu coração se elevou na sua grandeza: 11 eu o entreguei nas mãos do mais forte das gentes, ele o tratará como me der na vontade. Eu o rejeitei, como a sua impiedade o merecia.

12 E uns estrangeiros, e os mais cruéis de todos os povos o cortarão pelo pé, e o lançarão sobre os montes, e os seus ramos cairão de todas as partes ao longo dos vales, e os seus braços serão quebrados sobre todos os rochedos da terra: e todos os povos do mundo se retirarão de estar debaixo da sua sombra, e o deixarão. 13 Todas as aves do céu habitaram nas suas ruínas, e todas as alimárias da terra se acolheram para debaixo da sua ramada. 14 Por isso todas as árvores plantadas sobre as águas, não se elevarão na sua altura, nem estenderão o seu cume por entre a reboleira dos bosques e suas ramadas, nem essas árvores todas, que têm o regadio das águas, se susterão na sua elevação: porque todos foram entregues à morte, lançados no fundo da terra, no meio dos filhos dos homens, entre aqueles que descem ao lago.

15 Isto diz o Senhor Deus: No dia em que ele desceu aos infernos, fiz eu que houvesse um grande luto, eu o cobri do abismo: e detive os rios que o regavam, e coibi as grandes águas. O Líbano se entristeceu com a sua caída, e todas as árvores do campo estremeceram. 16 Eu comovi as gentes ao estampido da sua ruína, quando eu o conduzia ao inferno, com os que desciam ao lago: e se consolaram no fundo da terra todas as árvores de deleite, egrégias, e preclaras do Líbano, todas as que eram regadas com as águas. 17 Porque também esses mesmos com ele descerão ao inferno entre os que foram mortos pela espada: e o braço de cada um se assentará à sua sombra no meio das nações.

18 A quem te assemelhaste tu, ó ínclito e sublime entre as árvores das delícias? Eis aí foste precipitado com todas essas árvores deliciosas no fundo da terra! Tu dormirás no meio dos incircuncidados, com os que foram mortos pela espada. Tal é a sorte de Faraó, e de todo o seu povo, diz o Senhor Deus.

Sexto oráculo contra o Egito

32 E aconteceu que, no ano duodécimo, no mês duodécimo, ao primeiro do mês, me foi dirigida a palavra do Senhor, a qual dizia: 2 Filho do homem, faze pranto sobre Faraó, rei do Egito, e dir-lhe-ás: Tu te assemelhaste ao leão das gentes, e ao dragão, que está no mar: e tu ferias com as pontas tudo o que estava nos teus rios, e turbavas as águas com os teus pés, e pisavas as correntes delas.

3 Por cuja causa isto diz o Senhor Deus: Eu estenderei sobre ti a minha rede na multidão de muitos povos, e eu te tirarei para fora na minha rede. 4 E te arrojarei em terra, lançar-te-ei sobre a face do campo: e farei pousar sobre ti todas as aves do céu, e fartarei do teu corpo as alimárias de toda a terra. 5 E espa-

lharei as tuas carnes por cima dos montes e encherei os teus outeiros do teu sangue podre. 6 E regarei a terra por cima dos montes com o cheiro insuportável do teu sangue, e os vales ficarão cheios do que tiver saído de ti.

7 E enlutarei o céu, quando fores morto, e farei enegrecer as suas estrelas: encobrirei o sol com uma nuvem, e a lua não dará a sua luz. 8 Eu farei que todos os luminares do céu se entristeçam sobre a tua perda: e espalharei as trevas sobre a tua terra, diz o Senhor Deus, quando os teus feridos caírem no meio da terra, diz o Senhor Deus. 9 E farei bramir o coração de muitos povos, quando tiver espalhado a nova da tua ruína entre as gentes sobre uns países que tu não conheces.

10 E farei com que muitos povos fiquem atônitos à vista da tua perda: e deixar-se-ão por causa dela os seus reis possuir em extremo de um formidável horror, quando a minha espada começar a voar sobre os rostos deles: e se espantará repentinamente cada um, desconfiando da sua própria vida no dia da tua ruína.

11 Porque isto diz o Senhor Deus: A espada do rei de Babilônia virá sobre ti. 12 Eu pelas espadas dos fortes desfarei as tuas numerosas tropas: todos estes povos são inexpugnáveis: e eles destruirão a soberba do Egito e toda a sua multidão será dissipada.

13 E farei perecer todas as suas alimárias, que se criavam ao longo de suas águas: e não nas turvará jamais pé de homem, nem unha de alimárias as enlodará. 14 Então tornarei eu puríssimas as suas águas, e farei correr os seus rios como o azeite, diz o Senhor Deus: 15 quando eu tiver desolado a terra do Egito: será porém despojada a terra de quanto nela há, quando eu ferir a todos os seus habitadores. E eles saberão que eu sou o Senhor.

16 Este é o pranto que tu deves fazer, e desta sorte é que hão de chorar a Faraó: As filhas das gentes os lamentarão: sobre o Egito e sobre a sua multidão, o chorarão, diz o Senhor Deus.

Sétimo oráculo contra o Egito

17 E aconteceu que no ano duodécimo, aos quinze do mês, me foi dirigida a palavra do Senhor, a qual dizia: 18 Filho do homem, canta um cântico lúgubre sobre todo o povo do Egito: e precipita-o a ele mesmo, e as filhas das gentes fortes na terra mais baixa com aqueles que descem ao lago.

19 Em que és mais estimável? Desce, e dorme com os incircuncidados. 20 Eles cairão todos no meio daqueles que foram mortos à espada: foi dada a espada, precipitaram-no a ele, e a todos os seus povos. 21 Do meio do inferno virão falar-lhes os mais poderosos dentre os fortes, que lá desceram com os que tinham vindo em seu socorro, e que, tendo passado pelo fio da espada, morreram incircuncidados.

22 Ali está Assur, e toda a sua multidão de povo: os seus sepulcros estão ao redor dele: todos eles foram mortos, e os mesmos que caíram a golpes da espada, 23 cujos sepulcros foram postos no mais profundo do largo: e todo o seu povo foi sepultado ao redor do seu sepulcro, toda esta turbamulta de mortos, e que pereceram à espada, os quais noutro tempo tinham causado terror na terra dos viventes.

24 Ali está Elam, e todo o seu povo ao redor do seu sepulcro: todos estes são os que foram mortos, e passados ao fio da espada: os que desceram incircuncidados aos mais baixos lugares da terra: os que difundiram o seu terror na terra dos viventes, e que levaram sobre si a ignomínia com os que descem ao lago. 25 Eles puseram o leito dele entre todos os seus povos no meio dos quais foram mortos: os seus sepulcros estão ao redor dele: todos estes são uns incircuncidados e foram passados ao fio da espada: porque infundiram o seu terror na terra dos viventes, e levaram sobre si a ignomínia com os que descem ao lago: eles foram postos no meio dos que tinham sido mortos.

26 Ali se acha Mosoc e Tubal, e todo o seu povo: os seus sepulcros estão ao redor dele: todos estes são uns incircuncidados e foram mortos, e caíram debaixo da espada: porque difundiram o seu terror na terra dos viventes. 27 E não dormiram com os valentes, e que caíram mortos, e com os incircuncidados, que desceram ao inferno com as suas armas, e que puseram as suas espadas debaixo das suas cabeças, e as suas iniqüidades penetraram até os seus ossos: porque eles se fizeram o terror dos fortes na terra dos viventes. 28 Tu pois serás também reduzido em pó no meio dos incircuncidados, e dormirás com os que foram passados ao fio da espada.

29 Ali a Iduméia, e os seus reis, e todos os seus capitães, que com o seu exército foram postos entre aqueles que foram mortos à espada: e que dormiram com os incircuncidados, e com os que descem ao lago.

30 Ali todos os príncipes do aquilão, e todos os caçadores: que foram conduzidos com os que tinham sido mortos, todos tremendo, e todos confusos, apesar da sua ferocidade: que morreram incircuncidados, com os que tinham perecido a golpes da espada, também eles levaram sobre si a sua confusão com os que descem ao lago.

31 Faraó os viu, e ele se consolou sobre toda a sua multidão, que foi morta pelo gume da espada, Faraó os viu, e todo o seu exército, diz o Senhor Deus: 32 porque eu espalhei o meu terror pela terra dos viventes, e dormi no meio dos incircuncidados, com os que tinham sido mortos pela espada: Faraó, e todo o seu povo, diz o Senhor Deus.

IV. RESTAURAÇÃO DE ISRAEL

Retidão do Senhor

33 Foi-me dirigida a palavra do Senhor, a qual dizia: 2 Filho do homem, fala aos filhos do teu povo, e tu lhes dirás: Quando eu tiver feito vir a espada sobre uma terra, e o povo desta terra tomar um homem dos ínfimos dentre eles, e o constituir por atalaia para vigiar sobre ele. 3 E ele vir que vem a espada sobre esta terra, e tocar a trombeta, e avisar disto ao povo: 4 e se ouvindo algum, seja ele quem quer que for, o som da trombeta, e não se guardar, e sobrevier a espada, e o matar: o seu sangue cairá sobre a sua cabeça. 5 Ele ouviu o som da trombeta, e não se guardou, cairá sobre ele o seu sangue: mas se ele se guardar, salvará a sua alma. 6 Se ao contrário o atalaia vir que vem a espada, e não tocar a trombeta: e o povo se não guardar, e vier a espada, e levar uma alma dentre eles: este tal foi por certo apanhado na sua iniqüidade, mas eu demandarei o seu sangue da mão do atalaia.

7 Ora tu, filho do homem, tu és aquele a quem eu constituí por atalaia à casa de Israel. Tu pois, ouvindo as palavras da minha boca, lhas anunciarás a eles da minha parte. 8 Se dizendo eu ao ímpio: Ímpio, tu infalivelmente morrerás: não falares tu ao ímpio, para ele se guardar do seu caminho: morrerá esse ímpio na sua iniqüidade, mas eu requererei da tua mão o seu sangue. 9 Se advertindo tu porém o ímpio que se converta dos seus caminhos, ele se não converter do seu caminho: morrerá ele na sua iniqüidade: porém tu livraste a tua alma.

10 Tu pois, filho do homem, dize à casa de Israel: Assim falastes vós, dizendo: As nossas iniqüidades, e os nossos pecados estão sobre nós, e nós apodrecemos neles. Como poderemos nós logo viver? 11 Responde-lhes assim: Eu juro por minha vida, diz o Senhor Deus: que eu não quero a morte do ímpio, mas sim que o ímpio se converta do seu caminho, e viva. Convertei-vos, convertei-vos, deixando os vossos péssimos caminhos! E por que haveis vós de morrer, casa de Israel?

12 Tu pois, filho do homem, dize aos filhos do teu povo: Em qualquer dia que o justo pecar, a sua justiça não no livrará: e em qualquer dia que o ímpio se converter da sua impiedade, a impiedade lhe não fará mal: e em qualquer dia que o justo venha a pecar, ele não poderá viver na sua justiça. 13 Ainda quando eu disser ao justo que terá vida, e ele confiado na sua justiça cometer a iniqüidade: todas as suas obras de justiça serão entregues ao esquecimento, e ele, na sua iniqüidade que cometeu, nessa mesma morrerá. 14 Se porém depois que eu tiver dito ao ímpio: Tu certissimamente morrerás: e ele fizer penitência do seu pecado, e obrar conforme a retidão e a justiça: 15 e se esse ímpio restituir o penhor que lhe foi confiado, e se tornar a seu dono os bens que furtou, se andar nos mandamentos da vida, e não fizer nada de injusto: ele viverá certissimamente, e não morrerá. 16 Nenhum dos pecados que cometeu lhe será imputado. Ele fez o que era reto e justo, assim certissimamente viverá.

17 Depois disto replicaram os filhos do teu povo: O caminho do Senhor não é justo, e o caminho deles é injusto. 18 Porque quando o justo se apartar da sua justiça, e cometer obras de iniqüidade, ele morrerá nelas. 19 Pelo contrário, quando o ímpio deixar a sua impiedade, e fizer obras de retidão e justiça, ele viverá por elas. 20 Ainda assim dizeis vós: O caminho do Senhor não é reto. Casa de Israel, eu hei de julgar a cada um de vós segundo os seus próprios caminhos.

Anúncio da queda de Jerusalém

21 E aconteceu no ano duodécimo, no décimo mês, aos cinco do mês da nossa transmigração, que um homem que tinha fugido de Jerusalém, me veio buscar, dizendo: A cidade foi devastada. 22 Ora a mão do Senhor se me tinha dado a sentir na tarde do dia antecedente ao em que tinha chegado o homem que fugira: e abriu a minha boca antes que o tal homem viesse ter comigo pela manhã, e tendo-me sido aberta a boca, não fiquei mais em silêncio.

Ameaças contra os que lograram salvar-se em Jerusalém

23 E foi-me dirigida a palavra do Senhor, a qual dizia: 24 Filho do homem, os que habitam nessas casas arruinadas sobre a terra de

Israel, falando assim dizem: Abraão era um só homem, e ele possuiu esta terra por herança: nós outros, porém, somos muitos, a nós é que foi dada esta terra para a possuirmos.

25 Dir-lhes-ás portanto: Isto diz o Senhor Deus: Vós que comeis as vossas viandas com sangue, e levantais os vossos olhos para as vossas imundícies, e que derramais o sangue alheio: Porventura possuireis esta terra como vossa herança? 26 Vós sempre estivestes prontos para puxar pela espada, vós cometestes abominações, e cada um de vós tem violado a mulher de seu próximo: e então possuireis vós esta terra como herança?

27 Tu lhes dirás isto: Assim diz o Senhor Deus: Eu juro por minha vida, que os que habitam nesses lugares arruinados, perecerão à espada: e os que estão nos campos, serão entregues às feras para que os devorem: e os que se acolheram aos lugares fortes, e às cavernas, morrerão de peste. 28 E reduzirei esta terra a uma solidão, e a um deserto, e desfalecerá a sua altiva fortaleza: e os montes de Israel serão desolados, sem que haja pessoa alguma que por eles passe. 29 E eles saberão que eu sou o Senhor, quando eu tiver assim tornado desolada e deserta a terra deles por causa de todas as suas abominações, que eles têm cometido.

30 Quanto a ti, filho do homem: Os filhos do teu povo, que falam de ti junto dos muros, e às portas de suas casas, e dizem uns para os outros, cada um falando com o seu vizinho: Vinde, e ouçamos qual seja a palavra que sai da boca do Senhor. 31 Pelo que eles vêm a ti, como um povo que se ajunta em bandos, e eles se assentam diante de ti como sendo meu povo: mas eles ouvem as tuas palavras, e não fazem nada do que lhes dizes: porque eles as mudam em cânticos que repassam pela sua boca, entretanto que o seu coração segue a sua avareza. 32 E tu a seu respeito és como uma ária de música, que se canta por um modo doce e agradável. Assim é que eles ouvem as tuas palavras com gosto, sem contudo fazerem o que tu lhes dizes. 33 Mas quando vier o que foi predito (como está a ponto de vir), então é que eles saberão que houve um profeta entre eles.

Contra os pastores de Israel

34 E foi-me dirigida a palavra do Senhor, a qual dizia: 2 Filho do homem, profetiza sobre os pastores de Israel: profetiza e dirás aos tais pastores: Isto diz o Senhor Deus: Ai dos pastores de Israel que se apascentavam a si mesmos! Não são os rebanhos os que são apascentados pelos pastores? 3 Vós lhes comíeis o leite, e vós vos cobríeis das suas lãs, e matáveis as ovelhas que eram mais gordas: mas não apascentáveis o meu rebanho. 4 Vós não fortalecestes as que estavam fracas, e não curastes as que estavam enfermas, não ligastes os membros às que tinham algum quebrado, e não fizestes voltar as que andavam desgarradas, nem buscastes as que se tinham perdido: mas vós domináveis sobre elas com aspereza, e com império.

5 Assim as minhas ovelhas se espalharam, por não terem pastor: e elas se tornaram em presa de todas as alimárias do campo e se desgarraram. 6 Os meus rebanhos andaram erradios por todos os montes, e por todos os outeiros elevados: e os meus rebanhos se espalharam por toda a face da terra, e sem haver ninguém que os buscasse, sem haver ninguém, digo, que tomasse o trabalho de os buscar.

7 Por isso, ó pastores, ouvi a palavra do Senhor: 8 Eu juro por minha vida, diz o Senhor Deus: que porque os meus rebanhos foram entregues à rapina, e as minhas ovelhas expostas a serem devoradas por todas as alimárias do campo, como quem não tinha pastor: pois que os meus pastores não buscaram o meu rebanho, mas só cuidavam esses pastores em se apascentarem a si mesmos e não davam pasto aos meus rebanhos.

9 Ouvi portanto, ó pastores, a palavra do Senhor: 10 Isto diz o Senhor Deus: Eis aí vou eu mesmo sobre estes pastores a demandar o meu rebanho das mãos deles, e fá-los-ei cessar, para que nunca mais apascentem rebanho, nem os tais pastores se apascentem jamais a si mesmos: e livrarei o meu rebanho da sua boca, e ele lhes não servirá mais para sua comida.

Aos pastores de Israel

11 Porque isto diz o Senhor Deus: Eis aí eu mesmo irei a buscar as minhas ovelhas, e eu as visitarei. 12 Bem assim como um pastor visita o seu rebanho, no dia em que se acha no meio das suas ovelhas dispersas: assim visitarei eu as minhas ovelhas, e eu as livrarei de todos os lugares por onde elas tinham andado dispersas no dia de nublado e de escuridade. 13 E eu as tirarei para fora dos povos, e as ajuntarei de diversos países, e as introduzirei na sua terra: e apascentá-las-ei sobre os montes de Israel, ao longo das ribeiras, e em todos os lugares habitáveis do país. 14 Eu as levarei a pastar nas pastagens as mais férteis, e nos altos montes de Israel será o lugar da sua pastagem. Elas lá repousarão sobre as verdes relvas, e pastarão sobre os montes de Israel em pingues pastagens.

15 Eu apascentarei as minhas ovelhas: e eu as farei repousar, diz o Senhor Deus. 16 Eu irei buscar as que se tinham perdido, e farei voltar as que andavam desgarradas, e ligarei os membros às que tinham algum quebrado, e fortalecerei as que estavam fracas, e conservarei as que estavam gordas e fortes: e eu as apascentarei em justiça.

17 Mas vós, rebanhos meus, isto diz o Senhor Deus: eis aí julgo eu entre rez e rez, entre os carneiros e os bodes. 18 Acaso não vos bastava a vós nutrir-vos numas pastagens excelentes? Senão que sobre isto ainda pisastes aos vossos pés o resto dos vossos pastos: e depois de terdes bebido uma água muita clara, turváveis com os vossos pés o resto. 19 Assim as minhas ovelhas vinham a apascentar-se do que tinha sido pisado com os vossos pés: e vinham a beber do que os vossos pés tinham turvado.

20 Por cuja causa isto diz o Senhor Deus a vós outros: Eis que venho eu mesmo a julgar entre as rezes gordas, e as rezes magras: 21 pelo motivo de que vós com os vossos costados e ombros lhes dáveis encontrões, e com os jactos das vossas pontas lançáveis por esses ares a todas as ovelhas magras, até serem com dispersão expulsadas fora. 22 Eu salvarei o meu rebanho, e ele não servirá mais de presa, e eu julgarei entre ovelhas e ovelhas.

23 E suscitarei sobre elas um único pastor, que as apascente, meu servo Davi. Ele mesmo as apascentará, e este mesmo terá o lugar de seu pastor. 24 Eu porém, o Senhor, serei para elas só seu Deus: e meu servo Davi será no meio delas como o seu príncipe, eu o Senhor é que falei.

25 E farei com as minhas ovelhas um pacto de paz, e farei exterminar da terra as alimárias mais cruéis: e os que habitam no deserto, dormirão seguros no meio dos bosques. 26 E pô-los-ei ao redor do meu outeiro para benção: e farei cair as chuvas a seu tempo: elas serão umas chuvas de benção. 27 E as árvores do campo darão o seu fruto, e a terra dará o seu gérmen, e as minhas ovelhas habitarão sem temor no seu país: e elas saberão que eu sou o Senhor, quando eu tiver quebrado as cadeias de seu jugo, e as tiver arrancado dentre as mãos dos que as dominavam com império.

28 E elas não serão mais a rapina das nações, nem as alimárias da terra as devorarão: mas elas habitarão com toda a segurança, sem terem nada que temer. 29 E eu lhes suscitarei um gérmen de grande nomeada: e eles não tornarão a ser consumidos pela fome sobre a terra, nem trarão sobre si mais o opróbrio das gentes.

30 E saberão que eu, o Senhor seu Deus, serei com eles, e eles, casa de Israel, serão o meu povo, diz o Senhor Deus. 31 Vós porém, rebanhos meus, vós rebanhos da minha pastagem, sois homens: e eu sou o Senhor vosso Deus, diz o Senhor Deus.

Contra as montanhas de Seir

35 E foi-me dirigida a palavra do Senhor, a qual dizia: 2 Filho do homem, põe a tua face contra o monte de Seir, e profetizarás acerca dele, e lhe dirás: 3 Isto diz o Senhor Deus: Eis aqui venho eu a ti, ó monte de Seir, e estenderei a minha mão sobre ti, e tornar-te-ei desolado e deserto. 4 Eu demolirei as tuas cidades, e tu ficarás deserto: e saberás que eu sou o Senhor.

5 Porque tu foste um inimigo eterno dos filhos de Israel, e os entregaste ao poder da espada no tempo da sua aflição quando a sua iniqüidade tinha chegado ao sumo. 6 Por isso eu juro por minha vida, diz o Senhor Deus: que eu te entregarei ao sangue, e o sangue te perseguirá: e porque tu aborreceste o sangue, perseguir-te-á o sangue. 7 E eu tornarei o monte de Seir desolado e deserto: e desviarei dele a todos os que por ele passarem, e tornarem a passar. 8 E encherei os seus cabeços dos seus mortos. Eles cairão passados a golpes de espada ao longo dos teus outeiros, e dos teus vales, e das tuas torrentes. 9 Eu te reduzirei a umas solidões eternas, e as tuas cidades não serão mais habitadas. E vós sabereis que eu sou o Senhor Deus.

10 Porque tu disseste: Duas nações, e dois países serão meus, e eu os possuirei como minha herança: sendo que o Senhor estava presente em Israel: 11 por essa razão, eu juro por minha vida, diz o Senhor Deus, que eu te tratarei conforme a tua ira, e conforme o teu ciúme, que tu sempre mostraste cheio de ódio contra os israelitas: e que eu me farei conhecer por meio deles, quando eu te julgar. 12 E saberás que eu, o Senhor, ouvi todos os teus opróbrios, que tu proferiste contra os montes de Israel dizendo: Estes são uns montes desertos, que nos foram dados para nós os devorarmos. 13 E contra mim vos levantastes com a vossa boca, e vibrastes contra mim as vossas palavras. Eu as ouvi.

14 Isto diz o Senhor Deus: Quando toda a terra se alegrar, eu te reduzirei a uma solidão. 15 Bem como tu folgaste acerca da herança da casa de Israel, porque foi destruída, assim me haverei eu contigo. Tu serás arruinado, monte de Seir, e toda a Iduméia. E eles saberão que eu sou o Senhor.

Esperanças para os montes de Israel

36 Tu porém, filho do homem, profetiza aos montes de Israel, e dir-lhes-ás: Montes de Israel, ouvi a palavra do Senhor! 2 Isto diz o Senhor Deus: Porque o inimigo disse de vós: Bem feito, estas alturas eternas nos foram dadas para nossa herança. 3 Por isso profetiza, e dize: Isto diz o Senhor Deus: Pelo motivo de que tendes sido desolados, e pisados aos pés por todos os povos em circuito e ficastes feitos a herança das outras gentes, e chegastes a ser a fábula de todos, e um objeto dos opróbrios do povo: 4 por esta causa ouvi, montes de Israel, a palavra do Senhor Deus: Isto diz o Senhor Deus aos montes, e aos outeiros, às torrentes, e aos vales, e aos desertos, aos pardieiros, e às cidades desamparadas, que foram despovoadas e insultadas pelas outras gentes ao redor. 5 Por cuja causa isto diz o Senhor Deus: Porquanto eu tenho falado no ardor do meu zelo contra as outras gentes, e contra toda a Iduméia, que se apropriaram a si a minha terra por herança com gozo, e de todo o coração, e vontade: e lançaram fora dela os habitantes para a saquearem: 6 portanto profetiza sobre a terra de Israel, e dirás aos montes e outeiros, aos cabeços e aos vales: Isto diz o Senhor Deus: Eis aí falei eu no meu zelo, e no meu furor, pelo motivo de terdes sofrido os opróbrios das gentes. 7 Pelo que isto diz o Senhor Deus: Eu levantei a minha mão, para que as gentes, que estão em torno de vós, essas mesmas tragam sobre si a sua confusão.

8 E vós, montes de Israel, produzi os vossos ramos, e dai o vosso fruto ao meu povo de Israel: porque o tempo dele vir está perto. 9 Eis aí que eu mesmo venho a vós, e eu me voltarei para vós, e vós sereis lavrados, e recebereis a semente. 10 E multiplicarei aos homens e em vós e a toda a casa de Israel: e as cidades serão habitadas, e os lugares arruinados serão restabelecidos. 11 E vos encherei de homens, e de alimárias: e eles se multiplicarão, e crescerão: e eu vos farei habitar como dantes, e vos darei uns bens ainda maiores, que os que vós tivestes desde o princípio. E vós sabereis que eu sou o Senhor. 12 E conduzirei sobre vós uns homens, o meu povo de Israel, e eles te possuirão como sua herança: e tu serás a sua herança, e para o futuro te não acharás mais sem eles.

13 Isto diz o Senhor Deus: Já que dizem de vós outros: Tu és uma terra devoradora de homens, e sufocadora da tua gente: 14 por isso tu não comerás mais os homens, nem matarás mais a tua gente, diz o Senhor Deus. 15 Eu farei que se não ouça mais em ti a confusão das gentes e tu não trarás mais sobre ti o opróbrio dos povos e nem perderás mais a tua gente, isto diz o Senhor Deus.

Haverá ampla renovação espiritual em Israel

16 E foi-me dirigida a palavra do Senhor, a qual dizia: 17 Filho do homem, os da casa de Israel habitaram na sua terra, e eles a contaminaram com as suas obras, e com os seus afetos o caminho deles se tornou diante de mim numa tal imundícia, como a da mulher menstruada. 18 E eu derramei a minha indignação sobre eles por causa do sangue, que eles derramaram sobre a terra, e dos seus ídolos com que a desonraram. 19 E eu os espalhei por diversas gentes, e eles foram enxotados para várias terras. Eu os julguei segundo os seus caminhos, e segundo as invenções do seu capricho. 20 E entraram no país das gentes, para onde foram, e lá desonraram o meu santo nome, quando se dizia deles: Este é o povo do Senhor e estes os que saíram da sua terra. 21 E eu lhes perdoei por amor do meu santo nome, ao qual a casa de Israel tinha desonrado entre as gentes, para onde foram.

22 Por isso tu dirás à casa de Israel: Isto diz o Senhor Deus: Não é por amor de vós, casa de Israel, que eu farei o que estou para fazer, mas é por atenção ao meu santo nome, que vós tendes desonrado entre as gentes, para onde fostes. 23 E eu santificarei o meu grande nome, que foi manchado entre as gentes, o qual vós desonrastes no meio delas: a fim de que as gentes saibam que eu sou o Senhor, diz o Senhor dos exércitos, quando eu tiver sido santificado a seus olhos no meio de vós.

24 Porque eu vos tirarei dentre as gentes, e vos congregarei de todos os países, e vos trarei para a vossa terra. 25 E derramarei sobre vós uma água pura, e vós sereis purificados de todas as vossas imundícias, e eu vos purificarei de todos os vossos ídolos. 26 E dar-vos-ei um coração novo, e porei um novo espírito no meio de vós: E tirarei da vossa carne o coração de pedra, e dar-vos-ei um coração de carne. 27 E porei o meu espírito no meio de vós: e farei que vós andeis nos meus preceitos, e que guardeis as minhas ordenanças, e que as pratiqueis. 28 E vós habitareis na terra que eu dei a vossos pais: e vós sereis para mim o meu povo, e eu serei para vós o vosso Deus.

29 E eu vos salvarei de todas as vossas impuridades: e chamarei o trigo, e o multiplicarei, e não trarei fome sobre vós. 30 E multiplicarei o fruto das árvores, e as produções dos campos, para que não tragais mais sobre vós o opróbrio da fome entre as gentes.

31 E vós vos recordareis dos vossos péssimos caminhos, e dos vossos afetos não bons:

e as vossas iniqüidades e os vossos crimes vos desagradarão. 32 Não é por amor de vós que eu farei isto, diz o Senhor Deus, tende-o assim entendido. Confundi-vos, e envergonhai-vos sobre os excessos da vossa vida, casa de Israel.

33 Isto diz o Senhor Deus: No dia em que eu vos tiver purificado de todas as vossas iniqüidades, e tiver feito povoar as vossas cidades, e restabelecer os lugares arruinados. 34 E quando a terra deserta, que noutro tempo estava desolada aos olhos de todo o viandante, for cultivada, 35 dirão: Esta terra, que estava inculta, tornou-se um como jardim de delícias: e as cidades que estavam desertas, e abandonadas, e arruinadas, ficaram com toda a segurança fortificada. 36 E todas as gentes, que tiverem ficado à roda de vós, saberão que eu, o Senhor, restabeleci os lugares arruinados, e cultivei os incultos, que eu o Senhor o tenho falado, e executado.

37 Isto diz o Senhor Deus: Ainda nisto me acharão favorável os da casa de Israel, para que eu lhes faça esta mercê: Eu os multiplicarei como um rebanho de homens. 38 Como um rebanho santo, como o rebanho de Jerusalém nas suas festas. Assim é que as cidades que estavam desertas, serão cheias de rebanhos de homens, e eles saberão que eu sou o Senhor.

Visão da morte e ressurreição de Jerusalém

37 A mão do Senhor veio sobre mim, e me tirou para fora pelo espírito do Senhor: e ela me deixou no meio de um campo, que estava cheio de ossos. 2 E ela me levou por toda a roda deles. Eram porém muitos em grande número os que se viam sobre a face do campo, e todos sobremaneira secos. 3 Então me disse o Senhor: Filho do homem, acaso julgas tu que estes ossos possam reviver? E eu lhe respondi: Senhor Deus, tu o sabes. 4 E Ele me disse: Vaticina acerca destes ossos: e dir-lhes-ás: Ossos secos, ouvi a palavra do Senhor: 5 Isto diz o Senhor Deus a estes ossos: Eis aí vou eu a introduzir em vós o espírito, e vós vivereis. 6 E porei sobre vós nervos, e farei crescer carnes sobre vós, e sobre vós estenderei pele, e dar-vos-ei o espírito, e vós vivereis e sabereis que eu sou o Senhor.

7 Eu pois vaticinei, como o Senhor me tinha mandado: e ao tempo que eu vaticinava, se ouviu um estrondo, e eis aqui se fez um reboliço: e os ossos se chegaram uns para os outros, pondo-se cada um na sua juntura. 8 E olhei, e eis que vieram sobre tais ossos, nervos, e carnes para os revestir: e neles foi estendida a pele por cima, mas eles ainda não tinham o espírito. 9 Então me disse o Senhor: Vaticina ao espírito, vaticina, filho do homem, e dirás ao espírito: Isto diz o Senhor Deus: Espírito, vem dos quatro ventos, e assopra sobre estes mortos, e revivam. 10 Eu profetizei pois, como o Senhor me tinha ordenado: e entrou o espírito naqueles ossos, e viveram: e se levantaram sobre seus pés feitos um exército numeroso em grande extremo.

11 Então me disse o Senhor: Filho do homem, todos estes ossos são a casa de Israel: eles dizem: Os nossos ossos se tornaram secos, e a nossa esperança se perdeu, e nós fomos cortados.

12 Por cuja causa vaticina, e dir-lhes-ás: Isto diz o Senhor Deus: Povo meu, eis aí vou eu a abrir os vossos túmulos, tirar-vos-ei dos vossos sepulcros: e eu vos introduzirei na terra de Israel. 13 E vós sabereis, povo meu, que eu sou o Senhor, quando eu tiver aberto os vossos sepulcros, e vos tiver tirado dos vossos túmulos: 14 e tiver infundido o meu espírito em vós e vós tiverdes recobrado a vida, e eu vos farei repousar sobre a vossa terra. E vós sabereis que eu sou o Senhor que falei, e o fiz, diz o Senhor Deus.

As tribos de Judá e de Israel reunidas

15 E foi-me dirigida a palavra do Senhor, a qual dizia: 16 Filho do homem, toma também tu um pedaço de tábua: e escreve sobre ele: A favor de Judá, e a favor dos filhos de Israel seus sócios. E toma outro pedaço de tábua, e escreve nela: Por José lenho de Efraim, e por toda a casa de Israel, e de seus sócios. 17 Depois ajunta estes dois pedaços de tábua um ao outro para os unir: e eles ficarão sendo na tua mão um só pedaço de tábua.

18 E quando os filhos do teu povo te falarem, dizendo: Não nos descobrirás que é o que tu nos queres significar nisto? 19 Tu lhes responderás: Isto diz o Senhor Deus: Eis aí vou eu a tomar o lenho de José que está na mão de Efraim, e as tribos de Israel, que lhe são unidas: pô-las-ei juntas com o lenho de Judá, e fá-las-ei ajuntar num só lenho: e eles serão um só na sua mão.

20 E terás na tua mão diante de seus olhos estes dois pedaços de tábua, sobre que escreveres. 21 E lhes dirás: Isto diz o Senhor Deus: Eis aí vou eu a tomar os filhos de Israel do meio das nações, para onde eles foram, e eu os ajuntarei de todas as partes e os tornarei a trazer para a sua terra. 22 E não farei deles mais que um só povo na terra sobre os montes de Israel, e será um só o rei, que os comande a todos, e nunca mais serão duas nações, nem se dividirão para o futuro em dois reinos.

23 Eles se não mancharão mais nos seus ídolos nem nas suas abominações, nem em todas as suas iniqüidades, e eu os tirarei salvos de todos os lugares, em que pecaram, e os purificarei: e eles serão para mim o meu povo, e eu serei para eles o seu Deus. 24 E meu servo Davi reinará sobre eles, e de todos eles será um só o pastor: eles andarão nas minhas ordenanças, e guardarão os meus preceitos, e praticá-los-ão. 25 E habitarão sobre a terra que eu dei a meu servo Jacó, na qual vossos pais habitaram, e eles mesmos habitarão nela, eles e seus filhos, e os filhos de seus filhos para sempre: e meu servo Davi será para sempre o seu príncipe.

26 E farei com eles um concerto de paz, o meu pacto com eles será eterno: e eu os estabelecerei sobre um firme fundamento, e os multiplicarei, e porei para sempre o meu santuário no meio deles. 27 E o meu tabernáculo estará entre eles: e eu serei o seu Deus, eles serão o meu povo. 28 E as nações saberão que eu sou o Senhor, o Santificador de Israel, quando o meu santuário se conservar para sempre no meio deles.

A grande batalha de Gog

38 E foi-me dirigida a palavra do Senhor, a qual dizia: 2 Filho do homem, firma bem a tua face contra Gog, contra a terra de Magog, e contra esse príncipe, e chefe de Mosoc, e de Tubal: e vaticina acerca dele. 3 E tu lhe dirás: Isto diz o Senhor Deus: Eis aqui venho eu a ti, Gog, príncipe e chefe de Mosoc e de Tubal. 4 E eu te farei andar à roda de uma para outra parte, e te porei um freio nos queixos: e te tirarei para fora a ti, e a todo o teu exército, aos cavalos e aos cavaleiros todos cobertos de couraças, um grande golpe de tropas brandindo lanças, e embaraçando escudos, e empunhando espadas. 5 Os persas, os etíopes, e os da Líbia serão com eles, cobertos todos de escudos e de capacetes. 6 Gomer, e todas as suas tropas, a casa de Togorma, que fica para o aquilão, e todas as suas forças, e muitos outros povos serão contigo.

Os preparativos

7 Prepara-te, e dispõe-te com toda essa numerosa multidão, que se ajuntou ao pé de ti: e sê-lhes o chefe de quem eles recebam as ordens. 8 Tu depois de um longo tempo serás visitado: no fim dos anos virás a esta terra, que foi salva da espada, e que sendo tirada de entre muitos povos, foi congregada para os montes de Israel, que tem perenemente estado desertos: terra cujos habitantes foram tirados de entre os povos, e todos habitarão nela sem receio. 9 E avançando-te virás a ela como uma tempestade, e como uma nuvem, para cobrir a terra, tu, e todos os teus esquadrões, e muitos povos contigo.

10 Isto diz o Senhor Deus: Naquele dia subirão sobre o teu coração certos projetos, e maquinarás péssimos desígnios. 11 E dirás: Eu virei sobre uma terra, que está sem muros. Atacarei umas gentes que estão em paz, e se acham estabelecidas com segurança: todas estas habitam numas cidades sem muros, não têm ferrolhos nem portas. 12 Para saqueares os despojos, e te lançares sobre a presa, para carregares a tua mão sobre aqueles que tinham sido abandonados, e ao depois restabelecidos, e sobre um povo que foi congregado do meio das gentes, que começou a estar de posse, e a ser habitador da eminência da terra. 13 Sabá, e Dedan, e os negociantes de Társis, e todos os seus leões te dirão: Acaso vens tu a tomar os despojos? Eis aí ajuntaste tu essa tua multidão para arrebatar a presa, para levares a prata, e o ouro, e para tirares os móveis, e fazenda, e para furtares despojos infinitos.

O assalto

14 Por isso tu, filho do homem, vaticina, e dirás a Gog, isto diz o Senhor Deus: Acaso naquele dia, quando o meu povo de Israel habitar toda a segurança, não o saberás tu? 15 Virás pois do teu país, lá dos climas do aquilão, tu, e muitos povos contigo, montados todos a cavalo, formados em grandes tropas, e num pujante exército. 16 E virás dar em cima do meu povo de Israel, como uma nuvem, de sorte que cubras a terra. Tu serás sobre ele nos últimos dias, e eu te farei vir sobre a minha terra: para que as gentes me conheçam, quando eu for santificado em ti a seus olhos, ó Gog.

A derrota

17 Isto diz o Senhor Deus: Tu pois és aquele de quem eu falei nos séculos passados, por mão de meus servos os profetas de Israel, que profetaram nos dias daqueles tempos, que eu te faria vir sobre eles. 18 E acontecerá naquele dia, no dia da chegada de Gog sobre a terra de Israel, diz o Senhor Deus, que a minha indignação passará a ser o meu furor. 19 E falei no meu zelo, no fogo da minha ira. Porque naquele dia haverá uma grande comoção sobre a terra de Israel. 20 E os peixes do mar, e as aves do céu, e as alimárias do campo, e todos os reptis, que se movem sobre a terra, e todos os homens, que há sobre a face da terra, tre-

merão diante da minha face. E os montes serão
deitados abaixo, e cairão as sebes, e todos os
muros virão à terra.
21 E chamarei contra ele a espada para cima
de todos os meus montes, diz o Senhor Deus:
A espada de cada um se voltará contra seu
irmão. 22 E exercitarei os meus juízos sobre
ele pela peste e pelo sangue, e pelas chuvas
veementes, e pelas pedras de extraordinária
grossura. Eu derramarei chuvas de fogo, e de
enxofre sobre ele, e sobre o seu exército, e so-
bre os muitos povos, que estão com ele. 23 E
serei engrandecido e santificado: e serei co-
nhecido aos olhos de muitas nações e saberão
que eu sou o Senhor.

Prosseguimento

39 Tu pois, filho do homem, vaticina contra
Gorg, e dir-lhe-ás: Isto diz o Senhor
Deus: Eis-me aqui sobre ti, Gorg, príncipe e
chefe de Mosoc e de Tubal: 2 e eu te farei an-
dar à roda de uma parte para a outra, e te ti-
rarei para fora, e te farei vir das bandas do
aquilão: e eu te levarei para sobre os montes
de Israel. 3 E quebrarei o teu arco na tua
mão esquerda, e farei que te caiam da tua mão
direita as tuas flechas. 4 Cairás sobre os mon-
tes de Israel tu, e todos os teus esquadrões, e
os teus povos, que são contigo. Eu te entrega-
rei às feras, às aves, e a todo o animal volátil,
e às alimárias da terra, para que te devorem.
5 Tu cairás sobre a face do campo: porque eu
sou o que falei, diz o Senhor Deus.
6 E meterei o fogo em Magog, e nos que ha-
bitam confiadamente nas ilhas. E eles saberão
que eu sou o Senhor. 7 E farei conhecido o
meu santo nome no meio do meu povo de
Israel, e não deixarei profanar mais o meu san-
to nome. E eles saberão que eu sou o Senhor,
o Santo de Israel. 8 Eis aí veio o tempo, e as-
sim sucedeu diz o Senhor Deus: este é o dia de
que falei.
9 E os habitantes das cidades de Israel sai-
rão delas, e queimarão, e reduzirão em cinzas
as armas, os escudos, e as lanças, os arcos, e
as flechas, e os bordões que traziam nas mãos,
e os piques: e eles as consumirão no fogo sete
anos. 10 E não trarão lenha dos campos, nem
a cortarão das matas: porque eles farão fogo
das suas armas, e farão presa daqueles de
quem tinham sido presa, e roubarão aqueles
que o tinham roubado, diz o Senhor Deus.

A sepultura

11 E acontecerá isto naquele dia: Eu darei a
Gog em Israel um lugar célebre por sepulcro:
o vale dos passageiros ao oriente do mar, que
fará pasmar os que por ele passarem. E lá se-
pultarão a Gog, e a todas as suas tropas, e
este vale se chamará o vale das tropas de Gog.
12 E os da casa de Israel os sepultarão por se-
te meses, para purgarem a terra. 13 E todo o
povo da terra o sepultará, e será para eles cé-
lebre o dia em que eu fui glorificado, diz o
Senhor Deus. 14 E eles constituirão homens,
que incessantemente visitem a terra, para se-
pultarem e buscarem aqueles que tinham fica-
do sobre a face da terra, a fim de a purifica-
rem: eles porém começarão a fazer esta busca
depois de sete meses. 15 E girando correrão
toda a terra, e quando tiverem achado o osso
de um homem, pôr-lhe-ão ao pé um sinal, até
que os enterradores dos mortos o sepultem no
vale das tropas de Gog. 16 E o nome da cidade
será Amona e eles purificarão a terra.

O repasto escatológico

17 Quanto a ti, filho do homem, isto diz o
Senhor Deus: Dize a todo o animal volátil, e a
todas as aves, e a todas as alimárias do campo:
Vinde todas juntas, apressai-vos, concorrei de
todas as partes à minha vítima, que eu vos
sacrifico, a esta grande vítima degolada sobre
os montes de Israel, para que vós lhe comais
a carne, e bebais o sangue. 18 Vós comereis as
carnes dos fortes, e bebereis o sangue dos prín-
cipes da terra: dos carneiros, e dos cordeiros,
e dos bodes, e dos touros, e das aves domésti-
cas, e de tudo quanto é pingue. 19 E comereis
a grossura até vos fartardes, e bebereis o san-
gue até que fiqueis embriagados, da vítima que
eu vos sacrificarei. 20 E vós vos fartareis sobre
minha mesa da carne dos cavalos, e da carne
dos cavaleiros valentes, e de todos os homens
de guerra, diz o Senhor Deus.

Futuro pacífico e glorioso

21 E eu estabelecerei a minha glória entre as
gentes: e todas as gentes verão o juízo, que eu
tiver exercitado, e a minha mão, que eu sobre
eles tiver descarregado. 22 E os da casa de
Israel saberão que eu sou o Senhor seu Deus,
desde aquele dia e dali em diante. 23 E saberão
as gentes que a casa de Israel veio a ser cativa,
por causa da sua iniqüidade, porque eles me
abandonaram, e eu escondi deles a minha fa-
ce: e os entreguei nas mãos de seus inimigos,
e todos eles caíram mortos ao fio da espada.
24 Eu me houve com eles segundo a sua impu-
reza, e maldade, e escondi deles a minha face.
25 Por cuja causa isto diz o Senhor Deus:
Agora tornarei eu a trazer os cativos de Jacó, e
me compadecerei de toda a casa de Israel: e
me revestirei de zelo pela honra do meu santo
nome. 26 E trarão sobre si a sua confusão e

toda a prevaricação, com que prevaricaram contra mim, quando habitarem na sua terra com grande confiança, sem ter medo de ninguém: 27 e quando eu os tiver trazido de entre povos, e os tiver ajuntado das terras de seus inimigos, e tiver sido santificado no meio deles aos olhos de muitíssimas nações.

28 E saberão que eu sou o Senhor seu Deus vendo que eu os transportei para entre as nações: e os fiz tornar todos juntos para a sua terra, e que não deixei lá nenhum deles. 29 E eu lhes não esconderei mais a minha face, porque tenho derramado o meu espírito sobre toda a casa de Israel, diz o Senhor Deus.

V. LEI DO NOVO ISRAEL

O futuro templo

40 No ano vinte e cinco da nossa transmigração, no princípio do ano, no décimo dia do mês, no ano catorze depois que a cidade foi ferida: neste mesmo dia veio a mão do Senhor sobre mim, e me levou lá. 2 Em visões de Deus me levou à terra de Israel, e me deixou sobre um monte muito alto: sobre o qual estava um como edifício de cidade que vergava para o meio-dia.

3 E ele me introduziu lá: e eis um homem, cuja vista era como a vista de arame, e ele tinha numa mão um cordel de linho, e na outra uma cana de medir: e ele estava à porta. 4 Este homem pois me disse: Filho do homem, vê com os teus olhos, e ouve com os teus ouvidos, e põe no teu coração todas as coisas que eu vou mostrar-te: porque para elas te serem mostradas, foste tu aqui trazido. Anuncia à casa de Israel todas as coisas que tu estás presenciando.

5 Ao mesmo tempo eis que vi um muro por fora, que de todas as partes rodeava a casa, e achava-se na mão daquele homem uma cana de medir, que tinha seis côvados e um palmo. E ele mediu a largura do muro, que era de uma cana, e a altura que era também de uma cana.

6 Depois veio à porta, que olhava para o caminho oriental, e subiu pelos seus degraus: e mediu o limiar da porta, que tinha uma cana de largo, isto é, que o limiar tinha de largura uma cana: 7 e mediu as câmaras, as quais tinham uma cana de comprido, e uma cana de largo: e entre as câmaras havia cinco côvados: 8 e o limiar da porta, ao pé do vestíbulo da porta por dentro, tinha uma cana. 9 E mediu o vestíbulo da porta, o qual tinha oito côvados, e a sua fachada que tinha dois: o vestíbulo da porta porém estava da parte de dentro.

10 Ora as câmaras da porta que olhava para o caminho oriental, eram três de uma parte, e três de outra: uma mesma medida era a das três câmaras, e uma mesma medida era a das três fachadas de ambas as partes. 11 E mediu a largura do limiar da porta, dez côvados: e o comprimento da porta, treze côvados. 12 E a margem que havia diante das câmaras, que era de um côvado: e um côvado rematava estas margens, que se correspondiam: e as câmaras de uma parte e da outra eram de seis côvados. 13 E mediu a porta deste o reto de uma câmara até o teto da outra, largura de vinte e cinco côvados. As portas estavam defronte uma da outra.

14 E fez os frontispícios de sessenta côvados: e ajuntou aos frontispícios o átrio da porta, que dominava tudo em roda. 15 E diante da face da porta, a qual se estendia até à face do vestíbulo da porta interior, havia cinqüenta côvados. 16 Também fez janelas oblíqüas nas câmaras, e nos seus frontispícios, que estavam dentro da porta ao redor de uma e outra banda. E da mesma sorte havia tanto nos vestíbulos umas janelas à roda pela parte de dentro, como diante das fachadas uma pintura de palmas.

O átrio

17 E ele me levou ao átrio de fora, e vi ali diversos gazofilácios, e o pavimento do átrio de todas as partes estava calçado de pedra: ao redor do pavimento havia trinta gazofilácios. 18 E o pavimento no frontispício das portas era mais baixo, segundo o comprimento das portas. 19 E ele mediu a largura desde a face da porta debaixo até o frontispício do átrio interior por fora, cem côvados para o oriente, e para o aquilão.

20 Mediu também a porta que olhava para o caminho do aquilão do átrio exterior, tanto no comprimento como na largura. 21 E as suas câmaras, que eram três de uma parte, e três da outra: e o seu frontispício, e o seu vestíbulo, que eram, segundo a medida da primeira porta, cinqüenta côvados o seu comprimento, e vinte e cinco a sua largura. 22 E as suas janelas, e o vestíbulo, e as esculturas, eram da mesma medida que a da porta que olhava para o oriente: e a de sete degraus a sua subida, e diante dela estava um vestíbulo.

23 E a porta do átrio interior estava defronte da porta do aquilão, e da oriental: e mediu

de uma porta à outra porta cem côvados. 24 E
ele me levou daqui ao caminho do meio-dia, e
eis uma porta, que olhava para meio-dia: e ele
mediu o seus frontispício e o seu vestíbulo,
que eram conforme as medidas acima. 25 E as
suas janelas, e os vestíbulos ao redor, assim
como as outras janelas: cinqüenta côvados de
comprido, e vinte e cinco côvados de largo.
26 E subia-se a ela por sete degraus: e diante
da sua porta estava um vestíbulo: e no seu
frontispício havia umas palmas de escultura,
uma duma parte e outra da outra. 27 E a porta
do átrio interior estava no caminho do meio-
-dia: e mediu de uma porta até à outra porta
do caminho do meio-dia, cem côvados.

O átrio inteiro

28 E ele me introduziu no átrio interior, que
estava junto da porta do meio-dia: e mediu a
porta, que era da medida das outras. 29 A sua
câmara, e a sua fachada, e o seu vestíbulo com
as mesmas medidas: e as suas janelas, e o seu
vestíbulo ao redor, cinqüenta côvados de com-
primento, e vinte e cinco côvados de largura.
30 E o vestíbulo que dominava tudo em roda,
tinha vinte e cinco côvados de comprido, e
cinco côvados de largo.

31 E o seu vestíbulo chegava ao átrio exte-
rior, e viam-se as suas palmas no frontispício:
e havia oito degraus, por onde se subia pa-
ra ele.

32 Depois me introduziu ele no átrio inte-
rior pelo caminho que olha para o oriente: e
mediu a porta conforme as medidas acima.
33 Mediu também a sua câmara, e o seu fron-
tispício, e o seu vestíbulo, como acima: e as
suas janelas, e os seus vestíbulos em roda, cin-
qüenta côvados de comprido, e vinte e cinco
côvados de largo. 34 E mediu o seu vestíbulo,
isto é, o do átrio exterior: e no seu frontispício
havia umas palmas entalhadas de uma e de ou-
tra parte: e a sua subida era por oito degraus.

35 E daqui me conduziu à porta que olhava
para o aquilão: e ele a mediu segundo as mes-
mas medidas que as precedentes. 36 Mediu ou-
trossim a sua câmara, e o seu frontispício, e o
seu vestíbulo, e as suas janelas em roda, cin-
qüenta côvados de comprido, e cinte e cinco
côvados de largo. 37 E o seu vestíbulo olhava
para o átrio exterior: e no seu frontispício ha-
via umas palmas entalhadas de uma e outra
parte: e subia-se a ele por oito degraus.

38 E em cada gazofilácio havia um postigo
nos frontispícios das portas: ali lavavam eles
o holocausto. 39 E no vestíbulo da porta havia
duas mesas de uma parte, e duas mesas da ou-
tra: para nelas se imolarem os holocaustos,
assim pelo pecado, como pelo delito. 40 E no
lado de fora, que sobe ao postigo da porta,
que vai ao aquilão, havia duas mesas: e do ou-
tro lado diante do vestíbulo da porta, havia
também duas mesas. 41 Quatro mesas de uma
parte, e quatro mesas da outra: aos lados da
porta havia oito mesas, sobre as quais imo-
lavam.

42 E as quatro mesas para o holocausto
eram feitas de pedras de silharia: de um cô-
vado e meio de comprido: e de um côvado e
meio de largo: e de um côvado de altura: para
porem sobre elas os vasos de que se usava na
imolação do holocausto, e da vítima. 43 E elas
tinham umas bordas de um palmo, reviradas
para dentro por toda a roda: e sobre as três
mesas se punham as carnes da oblação.

44 E fora da porta interior estavam as câ-
maras dos cantores no átrio interior, que era
ao lado da porta que olhava para o aquilão: e
as suas faces estavam voltadas para a parte do
meio-dia; uma delas estava ao lado da porta
oriental, que olhava para o caminho do aqui-
lão. 45 E o homem me disse: Esta é a câmara
que olha para a parte do meio-dia; ela será
para os sacerdotes que vigiam sobre a guarda
do templo. 46 E esta outra câmara, que olha
para o caminho do aquilão, será para os sa-
cerdotes que vigiam sobre o ministério do al-
tar: estes são os filhos de Sadoc, que se che-
gam ao Senhor dentre os filhos de Levi para
ministrarem diante dele. 47 E mediu o átrio,
que tinha cem côvados de comprido, e cem cô-
vados de largo em quadro: e o altar que está
diante da face do templo.

O templo

48 E me fez entrar no vestíbulo do templo:
e lhe mediu a entrada, que tinha cinco côva-
dos de uma parte, e cinco côvados da outra:
e a largura da porta, que tinha três covados de
uma parte, e três côvados da outra. 49 E o
comprimento do vestíbulo que tinha vinte cô-
vados, e a largura que era de onze côvados, e
subia-se a ele por oito degraus. E nos frontis-
pícios havia duas colunas: uma de uma parte,
e outra da outra.

41 Depois me introduziu ele no templo, e
mediu os postes, seis côvados de largura
de uma parte, e seis da outra, segundo a lar-
gura do tabernáculo. 2 E a largura da porta
era de dez côvados: e os lados da porta, cinco
côvados de uma parte, e cinco côvados da ou-
tra. Mediu também o comprimento do templo,
que era de quarenta côvados, e a sua largura
de vinte côvados. 3 Depois, tendo entrado no
mais interior, mediu um poste da porta, que
era de dois côvados: e a porta, que era de seis

côvados: e a largura da porta, que era de sete côvados. 4 Depois mediu diante da face do templo um comprimento de vinte côvados, e uma largura também de vinte côvados: e me disse: Este é o Santo dos Santos. 5 Depois mediu a parede do templo, que era de seis côvados: e a largura das câmaras que era de quatro côvados, postas as partes à roda do templo.

6 E estas câmaras eram câmara sobre câmara, trinta e três em cada andar: e havia uns cachorros que entravam na parede da casa, pelos lados ao redor, para a susterem firme, e para que não tocassem na parede do templo. 7 Havia também um espaço feito em redondo, que subia acima por um caracol, e levava à câmara mais alta do templo, indo sempre rodeando: por isso o templo era mais largo em cima: e assim do andar mais baixo se subia do meio até o mais alto.

8 E vi neste edifício a altura que estava ao redor dele, as câmaras que tinham por fundamento a medida de uma cana de seis côvados de espaço. 9 E a grossura da parede do lado de fora de cinco côvados: e a casa interior estava contida nos lados do edifício. 10 E entre as câmaras vinte côvados de largo ao redor do edifício por todas as partes. 11 E as portas de todas estas câmaras estavam voltadas para o lugar da oração: uma porta para a banda do aquilão, e outra porta para a banda do meio-dia: e a largura do lugar para a oração, que era de cinco côvados em circuito.

12 E o edifício que estava separado, e voltado para o caminho que olha para o mar, tinha setenta côvados de largura: mas a parede que incluía todo o edifício, tinha cinco côvados de grossura ao redor, e o seu comprimento era de noventa côvados. 13 E mediu o comprimento da casa, que achou ser de cem côvados: e o edifício que estava dela separado, e as suas paredes, que eram de cem côvados de comprido. 14 E a praça que estava diante da face do templo, e do edifício que estava separado dele para o oriente, era de cem côvados. 15 Mediu outrossim o comprimento do edifício que se achava defronte do templo, que dele estava separado por detrás: as galerias de uma e de outra parte que tinham cem côvados: e o templo interior, e os vestíbulos do átrio. 16 Mediu mais as portas, e as janelas oblíquas, e os pórticos que estavam ao redor por três partes, defronte do limiar de cada porta, e o assoalhado de madeira por todo o chão em circuito: a terra porém chegava até às janelas, e as janelas estavam fechadas por cima das portas. 17 E havia-as até à casa interior, e pela parte de fora, por toda a parede em roda, por dentro e por fora, tudo com proporção.

18 Havia também uns querubins feitos de escultura, e umas palmeiras: e entre querubim e querubim estava uma palmeira, e cada querubim tinha duas faces. 19 A face de homem ao pé de uma palmeira de uma parte, e a face de leão ao pé de outra palmeira da outra parte: feito de relevo por toda a casa ao redor. 20 Estes querubins e estas palmeiras de escultura viam-se sobre a parede do templo, desde o chão até ao cimo da porta. 21 A porta do templo era quadrada, e a face do santuário correspondia à do templo, olhando uma para outra.

22 A altura do altar de madeira era de três côvados: e os seus cantos, e o seu comprimento, e as suas paredes eram de madeira. E o homem me disse: Esta é a mesa que deve estar diante do Senhor.

23 Tanto o templo, como o santuário, tinham sua porta dobrada. 24 E nestas duas batentes, de uma e de outra parte havia ainda sua portinha de dois batentes, que se fechavam um sobre o outro: porque eram duas as folhas de uma e de outra parte das portas. 25 E nas portas mesmas do templo havia uns querubins entalhados, e umas esculturas de palmas, assim como se viam também de relevo nas suas paredes: pela qual razão havia também grossos madeiros no frontispício do vestíbulo por fora. 26 Sobre os quais estavam janelas oblíquas, e figuras de palmas de uma e outra banda nos capitéis do vestíbulo: segundo os lados da casa, e a largura das paredes.

Os aposentos dos sacerdotes

42 Depois me tirou o homem para fora ao átrio exterior, pelo caminho que guia para o aquilão, e me introduziu nas câmaras do tesouro, que estavam ao oposto do edifício separado, e defronte da casa que olhava para o norte. 2 Sendo este edifício na fachada de cem côvados de comprimento desde a porta setentrional: e de largura de cinqüenta côvados. 3 Tinha vista para o átrio interior de vinte côvados, e para o pavimento calçado de pedra do átrio exterior, onde estava a galeria junta a outras três. 4 E diante das câmaras do tesouro havia um passeio de dez côvados de largo, que olhava para os interiores de uma veredazinha de um côvado. E as suas portas estavam ao aquilão: 5 onde estas câmaras do tesouro eram mais baixas no plano superior: porque estavam sustentadas sobre as galerias, que delas saíam fora, na parte ínfima e média do edifício. 6 Porque havia três andares, e as colunas que tinham não eram como as colunas dos átrios: porque elas se elevavam desde a terra

cinqüenta côvados, passando pelo andar debaixo, e pelo meio do edifício.

7 E o âmbito exterior ao largo das câmaras do tesouro, as quais ficavam no caminho do átrio exterior, por diante das outras câmaras: tinha cinqüenta côvados de comprido. 8 Porque o comprimento das câmaras do átrio exterior era de cinqüenta côvados: e a largura defronte da face do templo era de cem côvados. 9 E por baixo destas câmaras do tesouro havia uma entrada da banda do oriente para os que vinham a elas do átrio exterior.

10 Na largura do âmbito do átrio, que estava defronte da parte oriental da fachada do edifício separado, havia ainda suas câmaras defronte deste edifício. 11 Havia também um passadiço diante da sua fachada segundo a forma das câmaras, que estavam na banda do norte: segundo era o seu comprimento, assim também era a sua largura: e toda a entrada delas, e as suas figuras, e as suas portas. 12 Tais como eram as portas das câmaras do tesouro, que estavam situadas no lado que olhava para o meio-dia: tal era também a porta que se via no topo do passadiço: o qual passadiço estava diante do vestíbulo separado, para servir aos que entravam pela parte do oriente.

13 E o homem me disse: Estas câmaras do tesouro, que ficam ao setentrião, e as que ficam ao meio-dia, que estão diante do edifício separado, são umas câmaras santas: aqui é onde comem os sacerdotes, que se aproximam ao Senhor no santuário: aqui é que eles porão o Santo dos Santos, e a oblação que se faz pelo pecado, e pelo delito: porque este lugar é santo. 14 Quando os sacerdotes porém tiverem entrado, não sairão do lugar santo para o átrio exterior: e deixarão ali as suas vestimentas, com que exercem o seu ministério, porque são santas: e vestir-se-ão de outras vestimentas, e assim irão ter com o povo.

15 E tendo o homem acabado de tomar as medidas da casa interior, ele me fez sair pelo caminho da porta, que olhava para o oriente: e a mediu por todos os lados em circuito. 16 Mediu pois pela banda do oriente com a cana de medir, que tinha quinhentas medidas desta cana por todo o arredor. 17 E mediu pela banda do setentrião, quinhentas medidas da mesma cana por todo o arredor. 18 E mediu pela banda do meio dia, quinhentas medidas da mesma cana por todo o arredor. 19 E mediu pela banda do ocidente, quinhentas medidas da mesma cana. 20 Mediu o seu muro de todas as partes, segundo os quatro ventos, andando à roda, achando ter o comprimento de quinhentos côvados, e a largura de quinhentos côvados que era o espaço que havia entre o santuário e o lugar do povo.

O Senhor regressa ao novo templo

43 Depois me levou ele à porta, que olhava para o caminho do oriente. 2 E eis que entrava a glória do Deus de Israel pela banda do oriente: e o ruído que ela fazia era semelhante ao ruído das grandes águas, e a terra estava resplandecente pela presença da sua majestade. 3 E visão que eu então tive, era semelhante à que eu tinha tido, quando ele veio para perder a cidade: e ele me apareceu na mesma forma em que eu o tinha visto junto ao rio Cobar: e eu caí sobre o meu rosto.

4 E a majestade do Senhor entrou no templo pela banda da porta, que olhava para o oriente. 5 E o espírito me levantou, e ele me introduziu no átrio interior: e eis que a casa estava cheia da glória do Senhor. 6 Então o ouvi eu falando-me de dentro da casa, e o homem que estava ao pé de mim, 7 me disse: Filho do homem, este é o lugar do meu trono, e o lugar das plantas dos meus pés, onde eu habito para sempre no meio dos filhos de Israel: e os da casa de Israel não profanarão mais para o futuro o meu santo nome, nem eles, nem os seus reis, pelas suas fornicações, e pelos sepulcros dos seus reis, e pelos seus altos. 8 Eles fizeram a sua porta ao pé da minha porta, e os postes: e havia um muro entre mim e eles: e profanaram o meu santo nome pelas abominações que cometeram. Por isso eu os consumi na minha ira. 9 Agora pois deitem eles para longe de si a sua fornicação, e para longe de mim os sepulcros dos seus reis: e eu habitarei sempre no meio deles.

O altar dos holocaustos

10 Tu porém, filho do homem, mostra o templo à casa de Israel, para que eles se confundam das suas iniqüidades, e meçam toda a sua fábrica: 11 e se envergonhem de tudo o que fizeram. Mostra-lhes a figura da casa, e as saídas, e entradas da sua fábrica, e toda a sua traça, e todos os preceitos acerca dela, e toda a sua ordem, e todas as suas leis, e tudo isto escreverás diante de seus olhos: para que guardem todos os seus desenhos, e os seus preceitos, e os cumpram. 12 Esta é a lei que se deve guardar no edificar da casa sobre o cume do monte: todo o seu termo em roda é santíssimo: esta é pois a lei que se deve observar no edificar desta casa. 13 Ora estas são as medidas do altar medindo-o com um verdadeiríssimo côvado, que tinha um côvado e um palmo: o seu seio era de um côvado, e de um cô-

vado era também a sua largura, e o seu remate até à borda, e por todo o circuito, era de um palmo: esta era também a cova do altar 14 E do seio da terra até à última margem havia dois côvados de altura, e a largura era de um côvado. E desta margem que era a mais pequena, até à outra margem que era a maior, havia quatro côvados, e a sua largura era também de um côvado.

15 O ariel mesmo porém tinha quatro côvados: e do ariel até acima se levantavam quatro cornos. 16 E o ariel tinha doze côvados de comprido, e doze côvados de largo: assim ele era quadrangular, tendo os seus lados iguais. 17 E a sua margem era de catorze côvados de comprido, e de catorze côvados de largo, medindo os seus quatro lados de um ângulo a outro: e a coroa que dominava tudo em roda dele, saía fora meio côvado, e o seu seio era de um côvado em roda: os seus degraus porém estavam virados para o oriente.

Inauguração do novo templo

18 E o homem me disse: Filho do homem, isto diz o Senhor Deus: Estas são as cerimônias que se devem observar a respeito do altar sempre que ele for edificado: para que sobre ele se ofereça o holocausto, e se derrame o sangue. 19 E tu darás as vítimas aos sacerdotes, e aos levitas, que são da linhagem de Sadoc, que se chegam ao meu altar, diz o Senhor Deus, para que eles me sacrifiquem um novilho da manada pelo pecado. 20 E tomando do sangue desse novilho, pô-lo-ás sobre os quatro cornos do altar, e sobre os quatro cantos da sua margem, e sobre a coroa por toda a roda: e purificá-lo-ás e expiarás. 21 Depois tomarás o novilho, que tiver sido oferecido pelo pecado: e queimá-lo-ás num lugar da casa todo separado, fora do santuário.

22 E no segundo dia oferecerás pelo pecado um bode novo que não tenha mancha: e purificarão o altar, como já o purificaram com o novilho. 23 E depois que tiveres acabado de o purificar, oferecerás um novilho da manada que não tenha mancha, e um carneiro do rebanho que também não tenha mancha. 24 E oferecê-los-ás na presença do Senhor: e os sacerdotes deitarão sal sobre eles, e os oferecerão em holocausto ao Senhor.

25 Sete dias a fio oferecerás cada dia um bode pelo pecado: e da mesma sorte oferecerão um novilho da manada, e um carneiro dos rebanhos que não tenham mancha. 26 Por sete dias expiarão o altar, e o purificarão: e encherão as suas mãos. 27 E cumpridos que forem os sete dias, ao oitavo dia e nos seguintes, oferecerão os sacerdotes os vossos holocaustos sobre o altar, e as hóstias que oferecem pela paz. E eu me reconciliarei convosco, diz o Senhor Deus.

A porta do Senhor

44 O homem me fez voltar depois para o caminho da porta do santuário exterior, que olhava para o oriente: e que estava fechada. 2 E o Senhor me disse: Esta porta estará fechada: ela se não abrirá, e nenhum homem passará por ela: porque o Senhor Deus de Israel entrou por esta porta, e ela estará fechada. 3 para o príncipe. O príncipe mesmo se assentará nela, para comer o pão diante do Senhor. Ele pelo caminho da porta do vestíbulo entrará, e pelo caminho da mesma sairá.

4 E o homem me levou pelo caminho da porta do setentrião à vista do templo: e olhei, e eis que a glória do Senhor encheu a casa do Senhor: e eu caí sobre o meu rosto. 5 E o Senhor me disse: Filho do homem, põe bem no teu coração, e olha com os teus olhos, e ouve com os teus ouvidos todas as coisas que eu te digo, as quais respeitam todas as cerimônias da casa do Senhor, e todos os seus diversos regulamentos: e porás o teu coração nos caminhos do templo por todas as saídas do santuário. 6 E dirás à casa de Israel, que me exaspera: Isto diz o Senhor Deus: Bastem-vos já, casa de Israel, todas as vossas maldades: 7 pois que ainda introduzis filhos estrangeiros incircuncidados de coração, incircuncidados de carne, para que estejam no meu santuário, e profanem a minha casa: e ofereceis os meus pães, a gordura, e o sangue: e quebrais o meu pacto com todos os vossos crimes. 8 E não observastes as minhas ordenanças tocantes ao meu santuário: e constituístes para guardarem o que eu prescrevi a respeito deste santuário, que me pertence, os ministros que vos deu na vontade.

9 Isto diz o Senhor Deus: Todo o estrangeiro incircuncidado de coração e incircuncidado de carne, não entrará no meu santuário, nem todo o filho estrangeiro que vive no meio dos filhos de Israel. 10 Mas até os levitas, que se apartaram longe de mim entregando-se ao erro dos filhos de Israel, e que se desencaminharam, deixando-me a mim por irem atrás dos seus ídolos e que já carregaram com as suas iniqüidades. 11 Farão simplesmente a função de sacristães do meu santuário, e de porteiros da casa, e de oficiais da mesma. Eles matarão os holocaustos, e as vítimas do povo: e os mesmos estarão na sua presença prontos a servi-los. 12 Porque eles lhes prestaram o seu ministério na presença dos seus ídolos, e se fizeram para a casa de Israel uma ocasião

de tropeço de iniqüidade: por isso é que eu levantarei a minha mão sobre eles, diz o Senhor Deus, e eles levarão sobre si a sua iniqüidade: 13 e eles se não chegarão a mim para fazerem as funções do sacerdócio na minha presença, nem se chegarão a algum dos meus santuários, que estão perto do Santo dos Santos: mas carregarão com a sua confusão, e com as suas maldades que cometeram. 14 E constituí-los-ei porteiros da casa em todo o ministério dela, e em todos os ofícios, que nela se fizerem.

15 Mas os sacerdotes e levitas filhos de Sadoc, que guardaram as cerimônias do meu santuário, quando os filhos de Israel se desencaminharam de mim, eles se chegarão a mim para me servirem de ministros: e estarão na minha presença para me oferecerem a gordura, e o sangue, diz o Senhor Deus. 16 Eles mesmos entrarão no meu santuário, e eles se chegarão à minha mesa para me servirem, e guardarem as minhas cerimônias.

17 E quando eles entrarem nas portas do átrio interior, estarão vestidos de roupas de linho: e não terão nada sobre si que seja de lã, quando fazem as funções do seu ministério nas portas do átrio interior e dentro. 18 Eles terão tiras de linho nas suas cabeças, e calções de linho sobre os seus rins, e não se cingirão de modo que lhes venha suor.

19 E quando saírem ao átrio de fora ao povo, tirarão os hábitos de que estavam vestidos, quando ministravam, e pô-los-ão na câmara do santuário, e se vestirão de outros hábitos: e tomarão sentido não santifiquem o povo, estando com os seus vestidos.

20 E eles não raparão a sua cabeça, nem também deixarão crescer o seu cabelo: mas terão cuidado de o cortar, para o terem curto. 21 E nenhum sacerdote beberá vinho, quando houver de entrar no átrio interior. 22 E eles se não casarão nem com viúva, nem com repudiada, mas com donzelas da linhagem da casa de Israel. Poderão todavia casar também com uma viúva, que tenha ficado de outro sacerdote.

23 E eles ensinarão ao meu povo a diferença que há entre o santo e o profano, e lhes mostrarão o que há entre o limpo e o imundo. 24 E quando se levantar alguma controvérsia, eles se prestarão a decidi-la atidos aos meus juízos, e de fato a julgarão. Observarão as minhas leis e os meus preceitos em todas as minhas solenidades, e santificarão os meus sábados.

25 E eles não entrarão aonde estiver homem morto, para que se não manchem, exceto se for pai ou mãe, e filho ou filha, e irmão ou irmã, que não tivesse tido segundo marido: porque de outra sorte eles ficarão manchados. 26 E depois que qualquer deles tiver sido purificado, contar-se-lhe-ão ainda sete dias. 27 E no dia da sua entrada no santuário ao átrio interior para me ministrar no santuário, fará uma oblação pelo seu pecado, diz o Senhor Deus.

28 E para eles não haverá herança, porque eu é que sou a sua herança: e vós não lhes dareis quinhão em Israel, porque eu é que sou o seu quinhão. 29 Eles comerão as vítimas, que forem oferecidas tanto pelo pecado como pelo delito: e todo o voto que Israel oferecer, será deles. 30 E as primícias de todos os primogênitos, e todas as libações de tudo quanto se oferece, pertencerão aos sacerdotes. Dareis também ao sacerdote as primícias do que serve para vosso sustento, para que ele faça vir a bênção sobre a tua casa. 31 Os sacerdotes não comerão nem de alguma ave, nem de alguma rez, que de si mesma haja morrido, ou que tenha sido apanhada por qualquer alimária.

Território do templo e do príncipe na nova terra prometida

45 E quando vós começardes a dividir a terra por sortes, separai as primícias para o Senhor, escolhendo um lugar santificado da terra, que tenha vinte e cinco mil medidas de comprimento, e dez mil de largura: ele será santificado em toda a sua extensão ao redor. 2 E de todo este espaço separareis vós para o lugar santificado um lugar quadrado, que tenha quinhentas medidas de cada banda ao redor: e cinqüenta côvados em roda para os seus arrabaldes. 3 E com esta medida medirás tu uma praça de vinte e cinco mil de comprimento, e dez mil de largura: e nesta praça será o Templo, e o Santo dos Santos. 4 Este espaço santificado da terra será para os sacerdotes ministros do santuário, que se aproximam ao ministério do Senhor. E este lugar lhes será destinado para suas casas, e para o santuário da santidade.

5 Haverá também outras vinte e cinco mil medidas de comprimento, e dez mil de largura para os levitas, que servem na casa. Esses mesmos terão vinte câmaras no tesouro.

6 E dareis cinco mil medidas de largura, e vinte e cinco mil de comprimento, segundo a separação do santuário para possessão da cidade, a todo a casa de Israel.

7 Darás também ao príncipe de uma e outra parte junto ao que foi separado para o santuário, e junto à possessão da cidade, defronte da face do que foi apartado para o santuário, e defronte da face da possessão da cidade: desde uma banda do mar até à outra. E o comprimento do que lhe há de pertencer, será

igual a estas outras duas porções, desde o termo ocidental até o termo oriental. 8 Ele terá o seu quinhão da terra em Israel. E os príncipes não tornarão mais a roubar o meu povo: mas distribuirão a terra pela casa de Israel, segundo cada tribo o pedir.

9 Isto diz o Senhor Deus: Baste-vos, ó príncipes de Israel, o que tendes feito. Cessai de cometer mais iniqüidades e rapinas, e obrai conforme a eqüidade, e a justiça, separai os vossos termos dos de meu povo, diz o Senhor Deus. 10 Será justa a vossa balança, e justo o efi, e justo o bato. 11 O efi, e o bato serão iguais, e de uma mesma medida: de sorte que o bato tenha a décima parte do coro e o efi tenha a mesma décima parte do coro. O seu peso será igual, por ordem, à medida do coro. 12 E o siclo tem vinte óbolos. Ora vinte siclos, e vinte e cinco siclos, e quinze siclos fazem uma mina.

Dízimos e oferendas para o culto

13 E estas são as primícias que vós tirareis: a sexta parte do efi tomada sobre um coro de trigo, e a sexta parte do efi tomada sobre um coro de cevada. 14 Quanto porém à medida do azeite, um bato de azeite é a décima parte do coro: e dez batos fazem um coro: porque dez batos enchem um coro. 15 E oferecereis um carneiro do rebanho de duzentas cabeças, daqueles que os israelitas criam para os sacrifícios, e para os holocaustos, e para as oblações pacíficas, a fim de os expiar, diz o Senhor Deus. 16 Todo o povo da terra será obrigado a pagar estas primícias ao que for príncipe em Israel.

17 E estarão a cargo do príncipe os holocaustos, e os sacrifícios, e as libações nos dias solenes, e nos primeiros dias de cada mês, e nos dias de sábado, em todas as solenidades da casa de Israel: ele oferecerá pelo pecado o sacrifício, e holocausto, e as vítimas pacíficas, para expiação da casa de Israel.

Solenidades

18 Isto diz o Senhor Deus: No primeiro mês, no primeiro dia do mês, tomarás tu um novilho da manada, que não tenha mancha, e expiarás com ele o santuário. 19 E o sacerdote tomará do sangue da vítima, que se oferecer pelo pecado: e o porá nos postes do templo, e nos quatro cantos da margem do altar, e nos postes da porta do átrio interior. 20 E o mesmo farás no sétimo dia do mês, por cada um que pecou por ignorância, e foi enganado por algum erro, e farás a expiação pelo templo.

21 No primeiro mês, no dia catorze desse mês, solenizareis vós a festa da Páscoa: comer-se-ão os pães asmos sete dias. 22 E o príncipe oferecerá neste dia por si, e por todo o povo da terra, um novilho pelo pecado. 23 E oferecerá em holocausto ao Senhor durante a solenidade dos sete dias, sete novilhos, e sete carneiros sem mancha cada dia, durante os sete dias. E oferecerá cada dia um bode novo pelo pecado.

24 E ajuntará no seu sacrifício um efi de farinha a cada novilho, e um efi da mesma a cada carneiro. E ajuntará um hin de azeite a cada efi. 25 No sétimo mês, no dia quinze desse mês, fará ele nesta solenidade por sete dias contínuos as mesmas coisas que se disseram acima: tanto pela expiação do pecado, como pelo holocausto, e no sacrifício, e no azeite.

Sábados e novilúnios

46 Isto diz o Senhor Deus: A porta do átrio interior, que olha para o oriente, estará fechada os seis dias, que são de trabalho: mas ela se abrirá no dia de sábado, e também se abrirá no primeiro dia de cada mês. 2 E o príncipe entrará pelo caminho do vestíbulo da porta por fora, e parará no limiar da porta: e os sacerdotes oferecerão por ele o holocausto, e o sacrifício de paz: e ele adorará sobre o limiar desta porta, e depois sairá: e a porta não se fechará até à tarde. 3 E o povo da terra fará a sua adoração à entrada daquela porta nos dias de sábado, e nos primeiros dias de cada mês, diante do Senhor. 4 O príncipe porém oferecerá ao Senhor este holocausto, a saber: No dia de sábado seis cordeiros sem mancha, e um carneiro também sem mancha. 5 E a oblação de um efi de farinha por um carneiro, e o que a sua mão oferecer em sacrifício pelos cordeiros: e um hin de azeite por cada efi. 6 E no primeiro de cada mês um novilho da manada sem mancha: e seis cordeiros, e seis carneiros serão sem mancha. 7 E ele oferecerá em sacrifício um efi de farinha por cada novilho, também outro efi por cada carneiro: e dará por cada cordeiro o que a sua mão puder achar: e um hin de azeite por cada efi.

8 E quando o príncipe houver de entrar, entre pelo caminho do vestíbulo da porta oriental, e saia pelo mesmo caminho. 9 E quando o povo da terra entrar para se pôr na presença do Senhor nos dias solenes: aquele que entra pela porta do aquilão para adorar, saia pelo caminho da porta do meio-dia: e aquele que entra pelo caminho da porta do meio-dia, saia pelo caminho da porta do aquilão: ele não voltará pelo caminho da porta por que entrou, mas sairá pela outra que lhe é oposta. 10 O príncipe porém estando no meio deles todos,

entrará com os que entram e sairá com os que saem.

11 E nos dias de feira, e nas solenidades, oferecer-se-á em sacrifício um efi de farinha por um novilho, e um efi de farinha por um carneiro: pelos cordeiros porém oferecerá cada um o que achar à sua mão: e ajuntará um hin de azeite a cada efi.

Direitos e deveres do príncipe

12 Ora quando o príncipe oferecer espontaneamente ao Senhor um holocausto, ou alguns sacrifícios pacíficos de sua própria vontade: abrir-se-lhe-á a porta que olha para o oriente, e ele oferecerá o seu holocausto, e as suas vítimas pacíficas, como se costuma fazer no dia de sábado. E sairá e se fechará a porta depois que sair.

13 E ele oferecerá todos os dias em holocausto ao Senhor um cordeiro do mesmo ano, que não tenha mancha; oferecê-lo-á sempre de manhã. 14 E oferecerá todas as manhãs em sacrifício por este cordeiro a sexta parte de um efi de farinha, e a terça parte de um hin de azeite, para se misturar com a farinha: este é o sacrifício que ele está obrigado, segundo a lei, a oferecer ao Senhor, que deve ser perpétuo, e de cada dia. 15 Ele pois imolará o cordeiro, e oferecerá o sacrifício, e o azeite todas as manhãs. Este holocausto será eterno.

16 Isto diz o Senhor Deus: Se o príncipe fizer qualquer doação a algum de seus filhos: a herança deste será de seus filhos; eles a possuirão hereditariamente. 17 Porém se ele fizer um legado da sua própria fazenda a um dos seus servos, ele lhe pertencerá até o ano do jubileu, e então ele tornará para o príncipe: e a sua herança pertencerá a seus filhos. 18 E o príncipe não tomará nada por violência da herança do povo, nem dos seus bens: mas dará da sua própria fazenda uma herança a seus filhos: para que o meu povo não seja esbulhado do que cada um legitimamente possui.

As cozinhas

19 Ora o homem me fez passar por uma entrada, que estava ao lado da porta, às câmaras do santuário, onde moravam os sacerdotes, as quais olhavam para o aquilão: e ali havia um lugar particular, que vergava para o ocidente. 20 Então me disse ele: Este é o lugar em que os sacerdotes cozerão as vítimas pelo pecado, e pelo delito: onde cozerão as oblações do sacrifício, a fim de que eles as não levem ao átrio exterior, e se santifique o povo. 21 E me tirou ao átrio exterior, e me levou à roda pelos quatro cantos do átrio: e eis que em cada um dos quatro cantos deste átrio havia um pequeno terreiro. 22 Estes pequenos terreiros assim dispostos pelos quatro cantos do átrio, tinham quarenta côvados de comprido, e trinta de largo. Todos os quatro eram de uma mesma medida. 23 E uma parede ao redor incluía estes quatro pequenos terreiros: e viam-se também as cozinhas edificadas por baixo dos pórticos à roda. 24 E ele me disse: Esta é a casa das cozinhas, na qual os ministros da casa do Senhor cozerão as vítimas destinadas para o povo.

A fonte do novo templo

47 Depois ele me fez tornar para a porta da casa, e eis que saíam umas águas debaixo do limiar da porta, para a banda do oriente: porque a face da casa olhava para o oriente: as águas porém desciam ao lado direito do templo para o meio-dia do altar. 2 E ele me tirou pelo caminho da porta do aquilão e me fez voltar pelo caminho de fora da porta exterior, para o caminho que olhava para o oriente: e eis que vi que as águas vinham em redundância do lado direito. 3 Saindo para a banda do oriente o homem, que tinha na sua mão um cordel, mediu ainda mil côvados: e me fez passar pela água, que me dava pelos tornozelos. 4 Mediu outros mil côvados, e me fez passar pela água, que me dava pelos joelhos. 5 E mediu outros mil côvados, e me fez passar pela água, que me dava pelos rins. E mediu outros mil côvados, era já uma torrente, que eu não pude passar: porque se tinham empolado as águas daquela profunda torrente, que se não podia passar a vau.

6 Então me disse o homem: Certo que tu o tens visto, filho do homem: e ele me tirou logo, e me trouxe à ribanceira da torrente. 7 Tendo eu pois tornado para trás, eis que se viam na ribanceira da torrente muitas árvores de uma e outra banda em número excessivo.

8 E o homem me disse: Estas águas que saem para os montões de saibro do oriente, e que descem às planícies do deserto, entrarão no mar, e sairão dele, e as águas do mar ficarão saudáveis. 9 E todo o animal vivente, que anda a rasto, viverá por toda a parte, aonde chegar a torrente: e haverá ali muitos peixes em abundância depois que lá chegarem estas águas; e ficará curado, e viverá tudo aonde chegar esta torrente.

10 E os pescadores estarão sobre estas águas; desde Engadi até Engalim será o enxugadouro das suas redes: serão muitíssimas as espécies de seus peixes, em multidão excessiva, como são os peixes do mar grande. 11 Nas suas praias porém, e nos seus alagadiços não serão adoçadas as águas, porque serão destinadas para as marinhas de sal.

12 E sobre a torrente nascerá nas suas ribanceiras de uma e outra banda toda a árvore frutífera. Não cairá dela a folha, nem faltará o seu fruto. Dá-los-á novos todos os meses, porque as suas águas sairão do santuário: e os seus frutos servirão de sustento, e as suas folhas de medicina.

Nova divisão da terra prometida

13 Isto diz o Senhor Deus: Estes são os limites, segundo os quais vós possuireis a terra, que se há de repartir pelas doze tribos de Israel: porque José tem para si um quinhão dobrado. 14 Vós porém a possuireis todos igualmente, cada um tanto como seu irmão: terra, sobre a qual eu levantei a minha mão, para a dar a vossos pais: e esta terra vos caberá em herança.

15 Ora estes são os limites da terra: Da banda setentrional desde o mar grande, pelo caminho de Hetalon, vindo a Sedada, 16 a Emat, a Berota, a Sabarim, que está entre os confins de Damasco, e os confins de Emat, à casa de Ticon, que está sobre os confins de Auran. 17 E estes limites serão desde o mar até o átrio de Enon, que faz o termo de Damasco, e desde uma banda do setentrião à outra banda: Emat fará o seu termo da banda setentrional.

18 Ora a sua região oriental se tomará do meio de Auran, e do meio de Damasco, e do meio de Galaad, e do meio da terra de Israel, limitando-a o Jordão, até ao mar oriental. Medireis também o lado do oriente.

19 E o lado austral do meio-dia deste Tamar até às águas da contradição, junto a Cades: e a torrente até o mar grande: e este é o lado austral para meio-dia.

20 E o lado do mar será o mar grande, desde um cabo em direitura, até chegar a Emat: este é o lado do mar.

21 E dividireis esta terra entre vós, pelas tribos de Israel: 22 e vós a sorteareis para vossa herança, juntamente com os estrangeiros, que vierem ajuntar-se convosco, que tiverem filhos no meio de vós: e vós os tereis como naturais entre os filhos de Israel: repartirão convosco a herança no meio das tribos de Israel. 23 E em qualquer tribo em que se achar um estrangeiro, vós lhe dareis ali o seu quinhão, diz o Senhor Deus.

48 E estes são os nomes das tribos, desde a extremidade do aquilão ao longo do caminho de Hetalon, quando se vai a Emat; o átrio de Enan será o limite da banda de Damasco para o aquilão, ao longo do caminho de Emat. E a região oriental e o mar terminarão a porção de Dan.

2 E próximo aos termos de Dan, terá Aser a sua porção, desde a região oriental até à região do mar. 3 E próximo aos termos de Aser, terá Neftali a sua porção, desde a região oriental até à região do mar. 4 E próximo aos termos de Neftali terá Manassés a sua porção, desde a região oriental até à região do mar. 5 E próximo aos termos de Manassés terá Efraim a sua porção, desde a região oriental até à região do mar. 6 E próximo aos termos de Efraim, terá Rúben a sua porção, desde a região oriental até à região do mar. 7 E próximo aos termos de Rúben, terá Judá a sua porção, desde a região oriental até à região do mar.

8 E próximo aos termos de Judá, desde a região oriental até à região do mar, serão as primícias, que vós separareis, as quais terão vinte e cinco mil medidas de largura, e de comprimento, assim como é a extensão que tem cada um dos outros quinhões, desde a região oriental até à região do mar: e o santuário ficará no meio desta partilha.

9 Quanto às primícias, que vós separareis para o Senhor: terão vinte e cinco mil medidas de comprido, e dez mil de largo. 10 Estas primícias porém serão do santuário dos sacerdotes: elas terão vinte e cinco mil medidas de comprimento para o aquilão, e dez mil medidas de largura para o mar, e dez mil medidas também de largura para o oriente, e vinte e cinco mil medidas de comprimento para o meio-dia: e o santuário do Senhor ficará no meio desta porção. 11 O santuário será para os sacerdotes, que são filhos de Sadoc, que guardaram as minhas cerimônias, e que se não desencaminharam, quando os filhos de Israel estavam no descaminho, como também se desencaminharam os levitas. 12 E eles terão por primícias no meio das primícias da terra o Santo dos Santos, junto aos termos dos levitas.

13 E os levitas terão também igualmente junto aos termos dos sacerdotes, vinte e cinco mil medidas de comprimento, e dez mil de largura. Todo o comprimento será de vinte e cinco mil medidas, e a largura de dez mil. 14 E eles não poderão vender, nem trocar nada delas, nem estas primícias da terra serão transferidas a outras, porque são consagradas ao Senhor.

A cidade de Deus

15 E as cinco mil medidas que restam de largura sobre as vinte e cinco mil, serão havidas como profanas, ficando destinadas para os edifícios da cidade, e para os seus arrabal-

des: e a cidade ficará no meio deste espaço.
16 E estas serão as suas medidas: para a re-
gião setentrional, terá ela quatro mil e qui-
nhentas medidas: e para a região meridional,
quatro mil e quinhentas: e para a região orien-
tal, quatro mil e quinhentas; e para a região
ocidental, outras quatro mil e quinhentas. 17 E
os arrabaldes da cidade terão da banda do
aquilão duzentas e cinqüenta medidas, e da
banda do meio-dia, outras duzentas e cinqüen-
ta, e da banda do oriente, duzentas e cinqüen-
ta, e da banda do mar, outras duzentas e cin-
qüenta.

18 Quanto porém ao que ficar sobre o com-
primento, junto às primícias do santuário, a
saber, dez mil medidas para a banda do orien-
te, e dez mil para a banda do ocidente, elas
serão como as primícias do santuário: e os
frutos que daí se colherem, serão destinados
para dar pão àqueles que servem a cidade. 19 E
os que trabalharem em serviço da cidade, se-
rão de todas as tribos de Israel. 20 Todas as
primícias, que tiverem de todos os lados vinte
e cinco mil medidas, vindo a formar em qua-
dro as tais vinte e cinco mil medidas, serão
separadas, para serem as primícias do santuá-
rio e para possessão da cidade.

21 E o que restar, será para o quinhão do
príncipe, por toda a roda das primícias do
santuário, e do quinhão da cidade, defronte
das vinte e cinco mil medidas das primícias
até os termos do oriente: e da mesma sorte da
banda do mar, defronte das vinte e cinco mil
medidas até os termos do mar, será também
do quinhão do príncipe: e as primícias do san-
tuário e o Santuário do templo ficarão no meio
deste espaço.

22 O que restar porém da porção dos levi-
tas, e da porção da cidade, no meio das outras
porções do príncipe: será entre os termos de
Judá, e entre os termos de Benjamim, e per-
tencerá ao príncipe.

23 E pelo que toca às outras tribos: a por-
ção de Benjamim será desde a região oriental
até à região ocidental. 24 E defronte dos ter-
mos de Benjamim, terá Simeão a sua porção,
desde a região oriental até à região ocidental.
25 E próximo aos termos de Simeão, terá Is-
sacar a sua porção, desde a região oriental até
à região ocidental. 26 E próximo aos termos de
Issacar, terá Zabulon a sua porção, desde a
região oriental até à região ocidental. 27 E pró-
ximo aos termos de Zabulon, terá Gad a sua
porção, desde a região oriental até à região do
mar. 28 E para a banda dos termos de Gad,
ficará a região austral, ao meio-dia: e seus ter-
mos serão desde Tamar até às águas da con-
tradição junto a Cades; a sua herança se es-
tenderá até parar defronte do mar grande.
29 Esta é a terra, que vós distribuireis por sor-
tes entre as tribos de Israel: e tais serão as
suas partições, diz o Senhor Deus. 30 E estas
são as saídas da cidade: medirás da banda do
setentrião quatro mil e quinhentas medidas.
31 E as portas da cidade tomarão os nomes
das tribos de Israel, haverá três portas ao se-
tentrião: a porta de Rúben uma, a porta de
Judá outra, a porta de Levi outra. 32 E medi-
rás da mesma sorte para a banda do oriente
quatro mil e quinhentas medidas: e desta ban-
da haverá também três portas: a porta de José
uma, a porta de Benjamim outra, e a porta de
Dan outra. 33 Medirás outrossim quatro mil e
quinhentas medidas para a banda do meio-dia,
e da mesma sorte haverá aqui três portas: a
porta de Simeão uma, a porta de Issacar ou-
tra, a porta de Zabulon outra. 34 Medirás en-
fim quatro mil e quinhentas medidas para a
banda do ocidente; haverá aqui também três
portas: a porta de Gad uma, a porta de Aser
outra, a porta de Neftali outra. 35 O seu cir-
cuito será de dezoito mil medidas: e desde
aquele dia o nome da cidade será: O Senhor
nela mesma.

DANIEL

I. NARRAÇÕES RELATIVAS A DANIEL

Daniel na corte de Babilônia

1 No ano terceiro do reinado de Joaquim, rei
de Judá, veio Nabucodonosor, rei de Babi-
lônia, a Jerusalém, e a sitiou.
2 E o Senhor entregou nas suas mãos a
Joaquim, rei de Judá, e uma parte dos vasos
da casa de Deus: e os levou para a terra de
Senaar, para a casa do seu Deus, e pôs os va-
sos na casa do tesouro do seu deus.
3 Então disse o rei a Asfenez, seu eunuco-
-mor, que lhes destinasse dentre os filhos de
Israel, e da linhagem dos reis e dos príncipes,
4 alguns meninos, em que não houvesse defei-
to algum, de gentil presença, e instruídos em
tudo o que diz respeito à sabedoria, hábeis nas
ciências, e bem disciplinados, e que pudessem
estar no palácio do rei, e para que ele os en-
sinasse a escrever, e a falar a língua dos cal-
deus. 5 E ordenou o rei, que se lhes desse cada
dia de comer das suas iguarias, e de beber do
vinho que ele mesmo bebia, a fim de que, man-
tidos desta sorte por três anos, pudessem de-
pois andar a servir na presença do rei.
6 E entre estes se acharam no número dos
filhos de Judá, Daniel, Hananias, Misael, e
Azarias. 7 E o eunuco-mor lhes pôs por nome:
A Daniel, o de Baltasar, a Hananias, o de
Sidrac, a Misael, o de Misac, e a Azarias, o de
Abdénago.

Observância da lei e recompensa

8 Ora Daniel assentou firmemente no seu co-
ração, não se sujar com os comeres que vies-
sem da mesa do rei, nem com o vinho que ele
bebesse: e pediu ao eunuco-mor que lhe permi-
tisse não comer de umas iguarias, que o tor-
nariam impuro. 9 E deu Deus a Daniel achar
graça e misericórdia diante do eunuco-mor.
10 Então disse o eunuco-mor a Daniel: Eu te-
nho medo do rei meu amo, o qual ordenou que
se vos desse de comer e de beber: se ele vir os
vossos rostos mais macilentos que os dos ou-
tros moços da vossa idade, sereis vós a causa
de que o rei me mande cortar a cabeça. 11 E
respondeu Daniel a Malasar, a quem o eunuco-
-mor tinha ordenado que tivesse cuidado de
Daniel, de Hananias, de Misael, e de Azarias:
12 Peço-te que nos experimentes a nós teus
servos dez dias, e que se nos dê só legumes
a comer, e água a beber: 13 e depois disto,
olha para os nossos rostos, e para os rostos
dos meninos que comem da mesa do rei: e
conforme vires, assim te haverás com os teus
servos.
14 E ele, tendo ouvido estas palavras, fez
neles experiência dez dias. 15 E depois dos
dez dias, apareceram os seus rostos melhores,
e mais gordos, do que os de todos os meninos
que comiam da mesa do rei. 16 Malasar, pois,
tomava para si os manjares, e o vinho que se
lhes dava para beber: e a eles dava-lhes le-
gumes.
17 Ora Deus deu a estes meninos a ciência,
e o conhecimento de todos os livros, e de toda
a sabedoria: e a Daniel a inteligência de todas
as visões e sonhos.
18 Findos pois os dias, depois dos quais o
rei tinha dito que lhe fossem apresentados: o
eunuco-mor os introduziu à presença de Nabu-
codonosor. 19 E tendo-se o rei entretido em
conversação com eles, entre todos eles não fo-
ram achados outros tais, como Daniel, Hana-
nias, Misael e Azarias: e eles ficaram servindo
na câmara do rei. 20 E em toda a questão que
o rei lhes propôs em matéria de sabedoria e
de inteligência, achou que eles excediam dez
vezes todos os adivinhos e mágicos, que havia
em todo o seu reino.
21 Daniel, porém, viveu até o primeiro ano
do rei Ciro.

Sonho de Nabucodonosor

2 No segundo ano do reinado de Nabucodo-
nosor, teve o mesmo Nabucodonosor um
sonho, e o seu espírito ficou em extremo ate-
morizado, e depois lhe esqueceu este sonho in-
teiramente. 2 Mandou pois o rei que se convo-
cassem os adivinhos, e os mágicos, e os encan-

tadores, e os caldeus: para que lhe declaras-
sem a ele rei qual havia sido o seu sonho.
Eles chegados que foram, se apresentaram
diante do rei. 3 E o rei lhes disse: Eu tive um
sonho: e confuso na minha idéia não sei o que
vi. 4 E os caldeus responderam ao rei em si-
ríaco: Ó rei, vive eternamente! Dize a teus ser-
vos o sonho que tiveste, e nós to interpreta-
remos.
5 E respondendo o rei disse aos caldeus: O
meu sonho me fugiu da memória. Se vós me
não declarardes o tal sonho, e a sua significa-
ção, todos vós perecereis, e as vossas casas se-
rão confiscadas. 6 Se vós porém me disserdes
o meu sonho, e que é o que ele significa, re-
cebereis de mim prêmios e dons, e sereis gran-
des homens. Dizei-me pois o sonho, e a sua
interpretação. 7 Eles segunda vez lhe respon-
deram, e disseram: Diga o rei a seus servos o
sonho que teve, e nós lhe daremos a sua in-
terpretação.
8 Respondeu o rei, e disse: Conheço certa-
mente que assim ides ganhando tempo, por-
que sabeis que me esqueceu o sonho. 9 Se vós
pois me não disserdes o que eu sonhei, o con-
ceito, que unicamente formarei de vós, é que
também inventastes uma interpretação enga-
nosa, e cheia de ilusão, para me entreterdes
com palavras, até que haja passado o tempo.
Dizei pois qual foi o meu sonho, para que eu
também saiba que a interpretação que lhe
derdes é verdadeira.
10 Dando pois a sua resposta os caldeus, na
presença do rei, disseram: Não há homem, ó
rei, sobre a terra, que possa cumprir o teu pre-
ceito: e nenhum rei há por grande, e poderoso
que seja, que pergunte semelhante coisa a
adivinho algum, nem a mágico, nem a caldeu.
11 Porque o que tu perguntas, ó rei, é difícil:
nem se achará pessoa alguma, que declare isto
diante do rei: exceto os deuses, que não têm
comércio com os homens.
12 Ouvido isto, o rei todo enfurecido, e
cheio de uma grande ira, mandou que pere-
cessem todos os sábios de Babilônia. 13 E pu-
blicada que foi esta sentença, ia-se já fazendo
matança nos sábios: e andava-se em busca de
Daniel, e de seus companheiros para também
perecerem.

Daniel apresenta-se ao rei

14 Então Daniel se informou de Arioc, ge-
neral dos exércitos do rei, que tinha saído pa-
ra fazer matar os sábios de Babilônia, sobre
que lei e sentença era esta. 15 E perguntou ao
que tinha recebido a ordem do rei, por que
causa havia saído o rei com uma sentença tão
cruel. E como Arioc tivesse declarado a Daniel
todo o negócio, 16 entrando Daniel ao rei, lhe
suplicou que lhe concedesse algum tempo,
para lhe dar solução ao que ele rei desejava.
17 E Daniel foi para a sua casa, e deu no-
tícia do caso a seus companheiros Hananias, e
Misael, e Azarias: 18 a fim de que eles implo-
rassem misericórdia, postos na presença do
Deus do céu, para a revelação deste segredo,
e para que ele Daniel e seus companheiros não
perecessem com os outros sábios de Babilônia.
19 Então foi descoberto este mistério a
Daniel numa visão de noite: e Daniel bendisse
ao Deus do céu. 20 E falou dizendo: O nome
do Senhor seja bendito desde o século e até
ao século: porque dele são a sabedoria, e a
fortaleza. 21 E ele mesmo é o que muda os
tempos, e os séculos: o que transfere e estabe-
lece os reinos: o que dá a sabedoria aos sábios,
e a ciência aos que entendem da disciplina:
22 Ele é o que revela as coisas profundas, e
escondidas, e o que conhece o que está nas
trevas: e com quem está a luz. 23 A ti, ó Deus
de nossos pais, é que eu dou as graças, e te
louvo: porque tu me deste a sabedoria, e a
fortaleza: E agora me mostraste o que nós te
tínhamos pedido, porque nos descobriste o que
o rei desejava saber.
24 Depois disto entrando Daniel a Arioc, a
quem o rei tinha ordenado que fizesse matar
os sábios de Babilônia, lhe falou desta manei-
ra: Não mates os sábios de Babilônia. Leva-me
à presença do rei, e eu exporei ao rei a solu-
ção que deseja. 25 Então Arioc a toda a pressa
presentou Daniel ao rei, e lhe disse: Eu achei
um homem dentre os filhos da transmigração
de Judá, que declarará ao rei o que sonhou.
26 Respondeu o rei, e disse a Daniel, que
tinha por nome Baltasar: Cuidas tu que me
poderás dizer verdadeiramente o que eu vi em
sonho, e dar-me dele a interpretação?

Explicação do sonho

27 E respondendo Daniel perante o rei,
disse: Os sábios, os mágicos, os adivinhos, e
os agoureiros não podem descobrir ao rei o
mistério que o rei pergunta. 28 Mas no céu há
um Deus, que revela os mistérios, o qual te
mostrou, ó rei Nabucodonosor, as coisas que
há de acontecer nos últimos tempos. O teu so-
nho, e as visões da tua cabeça, que tiveste no
teu leito, passam desta maneira:
29 Tu, ó rei, começaste a pensar estando na
tua cama, no que havia de acontecer depois
destes tempos: e aquele que revela os misté-
rios, te descobriu as coisas que hão de vir.
30 A mim também me foi revelado este mistté-
rio, não porque a sabedoria que há em mim
seja maior que a que se acha em todos os ou-

tros viventes: mas para que ficasse manifesta
ao rei a interpretação do seu sonho, e para que
soubesses tu os pensamentos do teu espírito.
31 Tu, ó rei, estavas olhando, e parecia-te
que vias uma como grande estátua: a tal está-
tua, de uma grandeza e altura extraordinária,
se tinha em pé diante de ti, e a sua vista era
espantosa. 32 A cabeça desta estátua era de
um ouro finíssimo, porém o peito e os braços
eram de cobre: 33 e as pernas eram de ferro,
uma parte dos pés era de ferro, e outra de
barro. 34 Tu a estavas vendo atentamente, até
que uma pedra foi arrancada de um monte
sem intervirem mãos de homens: a qual feriu
a estátua nos seus pés de ferro, e de barro, e
os fez em pedaços. 35 Então se quebraram,
tudo a um tempo, o ferro e o barro, o cobre, a
prata, e o ouro, e ficaram reduzidos como
a miúda palha, que o vento leva fora da eira
em tempo do estio: e eles desapareceram de
todo o lugar; mas a pedra que tinha dado na
estátua, fez-se um grande monte, que encheu
toda a terra. 36 Este é o sonho. Diremos tam-
bém, na tua presença, ó rei, a sua interpre-
tação.
37 Tu és o rei dos reis: e o Deus do céu te
deu o reino, e a força, e o império, e a glória:
38 e todos os lugares em que habitam os filhos
dos homens, e as alimárias do campo: entre-
gou também nas tuas mãos as aves do céu, e
todas as coisas pôs debaixo do teu domínio:
tu pois és a cabeça de ouro.
39 E depois de ti se levantará outro reino
menor que o teu, que será de prata: e outro
terceiro reino que será de cobre, o qual man-
dará em toda a terra. 40 E o quarto reino será
como ferro: assim como o ferro quebra, e
doma todas as coisas, assim ele quebrará, e
fará todos estes em migalhas. 41 E quanto ao
que viste dos pés, e dos dedos serem uma
parte de barro de oleiro, e outra parte de
ferro: esse reino, que terá contudo isso a sua
origem da veia do ferro, será dividido, segun-
do tu viste que o ferro estava misturado com
a terra e barro. 42 E os dedos dos pés em
parte de ferro, e em parte de barro: dão a
entender que esse mesmo reino será em parte
firme, e em parte frágil. 43 E como tu viste
que o ferro estava misturado com a terra e o
barro, também eles se misturarão pelas ra-
zões de contraídos parentescos, mas não se
unirão entre si, bem como o ferro se não pode
ligar com o barro.
44 Nos dias, porém, daqueles reinos susci-
tará o Deus do céu um reino que não será ja-
mais dissipado, e este seu reino não passará
a outro povo: antes esmigalhará, e consumirá
a todos estes reinos: e ele mesmo subsistirá
para sempre. 45 Segundo o que viste que uma
pedra foi arrancada do monte sem intervir
mão de homem, e esmigalhou o barro, e o fer-
ro, e o cobre, e a prata, e o ouro, com isto
mostrou o grande Deus ao rei o que está para
vir nos tempos futuros: e assim é verdadeiro
o sonho e fiel esta sua interpretação.

Nabucodonosor recompensa Daniel

46 Então o rei Nabucodonosor se prostrou
com o rosto em terra, e adorou a Daniel, e
mandou que lhe fizessem sacrifícios de víti-
mas, e de incenso. 47 O rei pois, falando a
Daniel, lhe disse: Verdadeiramente o vosso
Deus é o Deus dos deuses, e o Senhor dos
reis, e o que revela os mistérios: pois que tu
pudeste descobrir este segredo. 48 Então o rei
elevou em honra a Daniel, e lhe deu muitos e
magníficos presentes: e constituiu-o governa-
dor de todas as províncias de Babilônia: e
prefeito dos magistrados acima de todos os
sábios de Babilônia. 49 E fez Daniel uma pe-
tição ao rei: e este constituiu superintendentes
nos negócios da província de Babilônia a
Sidrac, e Misac e Abdénago: o mesmo Daniel
porém estava às portas do rei.

A estátua de ouro de Nabucodonosor

3 Fez o rei Nabucodonosor uma estátua de
ouro, que tinha setenta côvados de alto, e
seis de largo, pô-la no campo de Dura, que era
na província de Babilônia. 2 Nestes termos
despachou Nabucodonosor correios para que
se ajuntassem os sátrapas, os magistrados, e
os juízes, os capitães, e os tiranos, e os prefei-
tos, e todos os príncipes das províncias, para
se acharem presentes no dia da dedicação da
estátua, que o rei Nabucodonosor tinha levan-
tado.
3 Então se ajuntaram os sátrapas, os ma-
gistrados, e os juízes, os capitães, e os tiranos,
e os senhores, que estavam constituídos nas
primeiras dignidades, e todos os príncipes das
províncias para concorrerem à dedicação da
estátua, que o rei Nabucodonosor tinha levan-
tado, e estavam em pé diante da estátua, que
o rei Nabucodonosor tinha colocado: 4 e o
pregoeiro clamava em alta voz: A vós outros,
povos, tribos, e gentes de todas as línguas, se
vos ordena: 5 Que no ponto em que ouvirdes
o som da trombeta, e da flauta, e da cítara, da
harpa, e do saltério, e da viola, e de todo o
gênero de concertos músicos, prostrando-vos
em terra, adoreis a estátua de ouro, que o rei
Nabucodonosor levantou. 6 Se algum porém
não a adorar prostrado, será na mesma hora
lançado numa fornalha de fogo ardente.

7 E depois disto assim que os povos todos ouviram o som da trombeta, da flauta, e da cítara, da harpa, e do saltério, e da viola, e de todo o gênero de concertos músicos: prostrando-se em terra todos os povos, tribos, e gentes de todas as línguas adoraram a estátua de ouro que o rei Nabucodonosor tinha levantado.

Denúncia e condenação dos três jovens

8 E logo no mesmo tempo chegando uns homens caldeus: acusaram aos judeus: 9 e disseram ao rei Nabucodonosor: Ó rei, vive eternamente! 10 Tu, ó rei, passaste um decreto para que todo o homem, que ouvisse o som da trombeta, da flauta, e da cítara, da harpa, e do saltério, e da viola, e de todo o gênero de concertos músicos, se prostrasse em terra e adorasse a estátua de ouro: 11 e que se algum não a adorasse prostrado, seria lançado numa fornalha de fogo ardente. 12 Isto não obstante, há uns homens judeus, que tu constituíste superintendentes dos negócios da província de Babilônia, Sidrac, Misac, e Abdénago: estes homens desprezaram, ó rei, o teu decreto: eles não honram os teus deuses, nem adoram a estátua de ouro, que tu levantaste.

13 Então Nabucodonosor, cheio de furor e de ira, mandou que lhe trouxessem à sua presença a Sidrac, Misac, e Abdénago: os quais foram logo trazidos diante do rei. 14 E o rei Nabucodonosor, pronunciando estas palavras, lhes disse: É verdade, Sidrac, Misac, e Abdénago, que vós não honrais os meus deuses, e não adorais a estátua de ouro, que eu erigi? 15 Agora pois, se vós estais prontos para me obedecerdes, em todo o momento em que ouvirdes o som da trombeta, da flauta, da cítara, da harpa, e do saltério, e da viola, e de todo o gênero de concertos músicos, prostrai-vos em terra, e adorai a estátua que eu fiz: se porém a não adorardes, na mesma hora sereis lançados numa fornalha de fogo ardente: e quem é o Deus que vos poderá livrar da minha mão?

Os três jovens na fornalha

16 Respondendo Sidrac, Misac, e Abdénago, disseram ao rei Nabucodonosor: Não há necessidade alguma que nós te respondamos neste particular, 17 porque deves saber que o nosso Deus, a quem nós adoramos, pode tirar-nos da fornalha do fogo ardente, e livrar-nos, ó rei, das tuas mãos. 18 E se Ele o não quiser fazer assim, fica tu entendo, ó rei, que nós não honramos os teus deuses, nem adoramos a estátua de ouro, que erigiste.

19 Então se encheu Nabucodonosor de furor: e se mudou o aspecto do seu semblante contra Sidrac, Misac, e Abdénago, e mandou que se acendesse a fornalha com um fogo sete vezes mais ardente, do que se costumava acender. 20 E deu ordem aos mais valentes soldados do seu exército que, ligados os pés a Sidrac, Misac, e Abdénago, os lançassem na fornalha de fogo ardente.

21 E no mesmo ponto foram estes três homens ligados, e lançados no meio da fornalha de fogo ardente, com as suas roupas e mitras, e sapatos, e vestidos: 22 porque o mandado do rei apertava. A fornalha porém estava sobremaneira acesa, e as chamas do fogo mataram aqueles homens que tinham lançado nelas a Sidrac, Misac, e Abdénago. 23 Entretanto estes três homens, convém a saber, Sidrac, Misac, e Abdénago, caíram ligados no meio da fornalha de fogo ardente.

Cântico de Azarias

(O que segue não se encontra nos exemplares hebreus)

24 Mas eles passeavam pelo meio das chamas, louvando a Deus, e bendizendo ao Senhor. 25 Azarias porém posto em pé fez esta oração, e abrindo a sua boca no meio do fogo disse:

26 Bendito és Senhor Deus de nossos pais: e o teu nome seja louvado, e glorificado por todos os séculos: 27 porque tu és justo em todas as coisas que nos fizeste, e todas as tuas obras são verdadeiras, e os teus caminhos retos, e todos os teus juízos verdadeiros. 28 Porque tens excitado justos juízos em todos os males, que fizeste vir sobre nós e sobre Jerusalém, cidade santa de nossos pais: porque tu nos mandaste todos estes castigos em verdade, e justiça, por causa de nossos pecados.

29 Porque nós pecamos, e temos obrado iniquamente retirando-nos de ti: e nós delinqüimos em todas as coisas: 30 e não ouvimos os teus preceitos, nem os observamos, nem guardamos, como tu no-lo tinhas ordenado, para que fôssemos bem sucedidos. 31 Assim todos os castigos, que fizeste vir sobre nós, e todos os males, que nos tens feito padecer, tudo com verdadeira justiça o tens feito: 32 e nos entregaste nas mãos de nossos inimigos iníquos, e malvadíssimos, e prevaricadores, e a um rei injusto, e o pior que há em toda a terra.

33 E agora não podemos abrir a boca: estamos feitos um motivo de confusão, e de opróbrio para os teus servos, e para os que te adoram. 34 Não nos entregues para sempre, assim to pedimos, por amor do teu nome, e não

destruas o teu testamento: 35 nem retires de
nós a tua misericórdia, por amor de Abraão
teu amado, e de Isaac teu servo, e de Israel
teu santo: 36 aos quais disseste prometendo
que multiplicarias a sua descendência como
as estrelas do céu, e como a areia, que está nas
praias do mar. 37 Porque nós, Senhor, estamos
reduzidos a mais pequeno número, que todas
as outras nações, e estamos hoje humilhados
em toda a terra, por causa de nossos pecados.
38 E já entre nós não há príncipe, nem capi-
tão, nem profeta, nem holocausto, nem sacri-
fício, nem oblação, nem incenso, nem lugar
em que te ofereçamos as nossas primícias,
39 para podermos achar a tua misericórdia:
mas permite que sejamos por ti recebidos nes-
te coração contrito, e neste espírito humilhado
em que estamos. 40 Assim se consome hoje na
tua presença o nosso sacrifício, que te seja
agradável, como fora um holocausto de car-
neiros, e de touros, e como se te oferecêramos
mil cordeiros gordos: porque não há confusão
para os que em ti confiam.

41 E agora nós te seguimos de todo o cora-
ção, e nós te tememos, e buscamos a tua face.
42 Não nos confundas: mas obra conosco se-
gundo a tua mansidão e segundo a multidão
das tuas misericórdias. 43 E livra-nos por meio
das maravilhas do teu poder, e dá glória,
Senhor, ao teu nome: 44 e sejam confundidos
todos aqueles que fazem padecer males aos
teus servos; eles sejam confundidos pela tua
onipotência, e a sua força se faça em migalhas:
45 e saibam que só tu és o Senhor Deus, e
glorioso sobre a redondeza da terra.

Intervenção divina

46 Entretanto os servos do rei, que os ti-
nham lançado no fogo, não cessavam de acen-
der a fornalha com betume, e estopa, e pez,
e molhinhos de vides. 47 E a labareda se le-
vantava quarenta e nove côvados acima da
fornalha: 48 e arrebentou ela por fora e abra-
sou os caldeus, que achou próximos à forna-
lha. 49 O anjo do Senhor, porém, desceu com
Azarias e seus companheiros à fornalha e des-
viou da fornalha a chama do fogo. 50 E fez
que soprasse no meio da fornalha uma como
fresca viração acompanhada de orvalho, e o
fogo os não tocou de modo algum, nem inco-
modou, nem lhes causou a menor moléstia.

Cântico dos três jovens

51 Então aqueles três como a uma mesma
boca louvavam a Deus na fornalha, e o glori-
ficavam, e o bendiziam, dizendo:

52 Tu és bendito, Senhor Deus de nossos
pais: e digno de todo o louvor, e cheio de
glória, e elevado por cima de tudo em todos
os séculos: e bendito o santo nome da tua
glória: e digno de todo o louvor, e levantado
por cima de tudo em todos os séculos.

53 Tu és bendito no santo templo da tua
glória: e levantado por cima de todo o louvor,
e de toda a glória em todos os séculos.

54 Tu és bendito no trono do teu reino: e
elevado por cima de todo o louvor, e por cima
de toda a glória em todos os séculos.

55 Tu és bendito, tu que vês o fundo dos
abismos, e estás assentado sobre os querubins:
e tu és digno de todo o louvor, e elevado por
cima de toda a glória em todos os séculos.

56 Tu és bendito no firmamento do céu: e
digno de todo o louvor, e de toda a glória em
todos os séculos.

57 Obras do Senhor, bendizei todas ao Se-
nhor: louvai-o e sobreexaltai-o por todos os
séculos.

58 Anjos do Senhor, bendizei ao Senhor:
louvai-o e sobreexaltai-o por todos os séculos.

59 Céus, bendizei ao Senhor: louvai-o e so-
breexaltai-o por todos os séculos.

60 Águas que estais por cima dos céus, ben-
dizei todas ao Senhor: louvai-o e sobreexaltai-o
por todos os séculos.

61 Exércitos do Senhor, bendizei todos ao
Senhor: louvai-o e sobreexaltai-o por todos os
séculos.

62 Sol, e lua, bendizei ao Senhor: louvai-o
e sobreexaltai-o por todos os séculos.

63 Estrelas do céu, bendizei ao Senhor: lou-
vai-o e sobreexaltai-o por todos os séculos.

64 Chuvas, e orvalhos, bendizei todos ao
Senhor: louvai-o e sobreexaltai-o por todos os
séculos.

65 Espíritos de Deus, bendizei todos ao Se-
nhor: louvai-o e sobreexaltai-o por todos os
séculos.

66 Fogos, e calores do estio, bendizei ao
Senhor: louvai-o e sobreexaltai-o por todos os
séculos.

67 Frios, e rigores do inverno, bendizei ao
Senhor: louvai-o e sobreexaltai-o por todos os
séculos.

68 Orvalhos, e geadas, bendizei ao Senhor:
louvai-o e sobreexaltai-o por todos os séculos.

69 Gelos, e frialdades, bendizei ao Senhor:
louvai-o e sobreexaltai-o por todos os séculos.

70 Caramelos, e neves, bendizei ao Senhor:
louvai-o e sobreexaltai-o por todos os séculos.

71 Noites, e dias, bendizei ao Senhor: lou-
vai-o e sobreexaltai-o por todos os séculos.

72 Luz, e trevas, bendizei ao Senhor: lou-
vai-o e sobreexaltai-o por todos os séculos.

73 Relâmpagos, e nuvens, bendizei ao Senhor: louvai-o e sobreexaltai-o por todos os séculos.

74 A terra bendiga ao Senhor: ela o louve, e sobreexalte por todos os séculos.

75 Montes, e outeiros, bendizei ao Senhor: louvai-o e sobreexaltai-o por todos os séculos.

76 Plantas que brotais da terra, bendizei todas ao Senhor: louvai-o e sobreexaltai-o por todos os séculos.

77 Fontes, bendizei ao Senhor: louvai-o e sobreexaltai-o por todos os séculos.

78 Mares, e rios, bendizei ao Senhor: louvai-o e sobreexaltai-o por todos os séculos.

79 Baleias, e peixes, todos os que se movem nas águas, bendizei ao Senhor: louvai-o e sobreexaltai-o por todos os séculos.

80 Aves do céu, bendizei todas ao Senhor: louvai-o e sobreexaltai-o por todos os séculos.

81 Alimárias selvagens, e mansas, bendizei ao Senhor: louvai-o e sobreexaltai-o por todos os séculos.

82 Filhos dos homens, bendizei ao Senhor: louvai-o e sobreexaltai-o por todos os séculos.

83 Bendiga Israel ao Senhor: ele o louve e sobreexalte por todos os séculos.

84 Sacerdotes do Senhor, bendizei ao Senhor: louvai-o e sobreexaltai-o por todos os séculos.

85 Servos do Senhor, bendizei ao Senhor: louvai-o e sobreexaltai-o por todos os séculos.

86 Espíritos e almas dos justos, bendizei ao Senhor: louvai-o e sobreexaltai-o por todos os séculos.

87 Santos e humildes do coração, bendizei ao Senhor: louvai-o e sobreexaltai-o por todos os séculos.

88 Hananias, Azarias, Misael, bendizei ao Senhor: louvai-o e sobreexaltai-o por todos os séculos, porque Ele nos tirou do inferno, e nos salvou da mão da morte, e nos livrou do meio das chamas ardentes, e nos tirou do meio do fogo.

89 Dai graças ao Senhor, porque Ele é bom: porque a sua misericórdia abrange o decurso de todos os séculos.

90 Vós, homens religiosos, bendizei todos ao Senhor Deus dos deuses: louvai-o e rendei-lhe ações de graças, porque a sua misericórdia abrange o decurso de todos os séculos.

(O que se disse até aqui, não se acha no hebreu: e o que pusemos, foi tomado da edição de Teodocião.)

Reconhecimento do milagre

91 Então o rei Nabucodonosor ficou todo espantado, e levantou-se de repente, e disse para os grandes da sua corte: Não lançamos
nós no meio do fogo três homens atados? Eles,
respondendo ao rei, disseram: Assim é, ó rei.
92 Ao que ele respondeu, e disse: Contudo eis
aí estou eu vendo quatro homens soltos, e
passeando no meio do fogo, e nada há de lesão
neles, e o aspecto do quarto é semelhante ao
filho de Deus. 93 Então se chegou Nabucodo-
nosor à porta da fornalha de fogo ardente, e
disse: Sidrac, Misac, e Abdénago, servos de
Deus excelso, saí, e vinde. E logo Sidrac, Misac,
e Abdénago saíram do meio do fogo.

94 E tendo-se ajuntado os sátrapas, e os magistrados, e os juízes, e os grandes da corte do rei, olhavam atentamente para aqueles homens, vendo que o fogo não tinha tido poder algum sobre os seus corpos, e que nem um só cabelo da sua cabeça se tinha queimado, e que não aparecia sinal algum nas suas roupas e que nem por eles o cheiro de chamusco tinha passado.

Nabucodonosor glorifica ao Senhor

95 Então Nabucodonosor, rompendo nesta exclamação, disse: Bendito seja o Deus deles, sim o de Sidrac, Misac, e Abdénago, que enviou o seu anjo, e livrou os seus servos, que creram nele: e que resistiram ao mandamento do rei, e que entregaram os seus corpos, para não servirem, e para não adorarem a outro algum deus, que o Deus que eles adoram.

96 Este é pois o decreto que eu passo, que
todo o homem de qualquer povo, tribo e língua
que seja, o qual tiver proferido alguma blas-
fêmia contra o Deus de Sidrac, de Misac, e de
Abdénago, pereça, e a sua casa seja destruída:
porque não há outro Deus, que assim possa
salvar, senão este. 97 Então promoveu o rei
em dignidade a Sidrac, Misac, e Abdénago, na
província de Babilônia. 98 O rei Nabucodonosor
a todos os povos, a todas as gentes, e nações,
de qualquer língua, que habitam em toda a
terra, a paz seja em vós outros multiplicada.
99 O Deus excelso fez prodígios, e maravilhas
na minha presença. A mim pois me aprouve
publicar 100 os seus prodígios, porque são
grandes: e as suas maravilhas, porque são
estupendas: porque o seu reino é um reino
eterno, e o seu poder se estende de geração
em geração.

Explica Daniel o sonho da árvore

4 Eu, Nabucodonosor, estava sossegado em
minha casa, e florescente no meu palácio.
2 Tive um sonho, que me atemorizou: e estan-
do na minha cama, os meus pensamentos, e
as visões da minha cabeça me deixaram todo
assustado. 3 Por esta causa publiquei eu um

decreto pelo qual mandava que viessem à minha presença todos os sábios de Babilônia, e isto a fim de me darem a explicação do meu sonho.

4 Então vieram à minha presença os adivinhos, os mágicos, os caldeus, e os agoureiros e eu contei o meu sonho na sua presença: mas eles me não deram a sua solução: 5 até que chegou à minha presença o colega Daniel, que tem por nome Baltasar segundo o nome do meu Deus, o qual Daniel tem em si mesmo o espírito dos deuses santos: e diante dele expus assim o meu sonho.

6 Baltasar, príncipe dos adivinhos, como eu sei que tu tens em ti o espírito dos deuses santos, e que não há segredo que tu não possas deslindar: expõe-me as visões dos meus sonhos que tive, e dá-me a explicação delas.

7 A visão da minha cabeça, estando eu na minha cama, é esta: Parecia-me que via no meio da terra uma árvore, e era a sua altura desmarcada. 8 Era uma árvore grande e forte: e cuja altura chegava até ao céu: a sua vista se estendia até às extremidades de toda a terra. 9 As suas folhas eram formosíssimas, e o seu fruto copioso em extremo: e dela se podiam sustentar todas as castas de animais domésticos e selvagens, que habitavam debaixo dela, e as aves do céu pousavam sobre os seus ramos: e dela se sustentava toda a carne.

10 Eu estava vendo isto na visão da minha cabeça sobre o meu leito, e eis que o vigia e o santo desceu do céu. 11 Ele clamou com uma voz forte, e disse assim: Deitai abaixo pelo pé esta árvore, e cortai-lhe os ramos: fazei-lhe cair as folhas, e desperdiçai-lhe os pomos: afugentem-se as alimárias, que estão debaixo dela, e enxotem-se as aves de cima dos seus ramos. 12 Deixai todavia na terra o tronco com as suas raízes, e ele fique ligado com umas cadeias de ferro e de bronze entre as ervas que estão fora no campo, e seja molhado do orvalho do céu, e a sua sorte seja com as feras na erva da terra. 13 Mude-se-lhe o seu coração de homem, e dê-se-lhe um coração de fera: e passem sete tempos por cima dele. 14 Por sentença dos vigias foi assim decretado, e esta a palavra e a petição dos santos: até que conheçam os viventes, que o Excelso é o que tem a dominação sobre os reinos dos homens, e dá-los-á a quem quiser, e porá nele ao mais abatido dos homens.

15 Este é o sonho que eu, rei Nabucodonosor, vi: tu pois, Baltasar, dá-te pressa a mo interpretar: porque nenhum dos sábios do meu reino me pode dizer o que significa: tu, porém, sim, porque o espírito dos deuses santos está em ti.

16 Então Daniel, por outro nome Baltasar, começou a pensar consigo mesmo em silêncio quase uma hora: e os pensamentos que lhe vinham o perturbavam. Mas respondendo, o rei lhe disse: Baltasar, não te turbe o sonho, nem a sua interpretação: Baltasar lhe respondeu, e disse: Meu Senhor, o sonho seja contra os que te têm ódio, e a sua interpretação seja contra os teus inimigos.

17 A árvore que tu viste alta e robusta, cuja altura chegava até o céu e cuja vista parecia estender-se por toda a terra: 18 e os seus ramos eram formosíssimos, e os seus frutos em extremo copiosos, e todos achavam nela de que se sustentar, alimárias do campo habitavam debaixo dela e as aves do céu pousavam sobre os seus ramos: 19 esta árvore, digo, és tu, ó rei, que tens sido engrandecido, e que te fizeste poderoso: e cresceu a tua grandeza e chegou até o céu, e o teu poder até os termos de toda a terra.

20 E quanto ao ter visto o rei ao vigia e ao santo baixar do céu e dizer: Deitai abaixo esta árvore, e cortai-lhe os ramos, deixai todavia na terra o tronco com as suas raízes, e ele fique ligado com umas cadeias de ferro e de bronze entre as ervas que estão fora no campo, e seja molhado do orvalho do céu, e o seu pasto seja com as feras, até se terem passado sete tempos por cima dele: 21 eis aqui a interpretação desta sentença do Altíssimo, que foi pronunciada contra o rei meu senhor: 22 Lançar-te-ão fora da companhia dos homens, e a tua habitação será com as alimárias e feras, e comerás feno como o boi, e serás molhado do orvalho do céu: passar-se-ão também sete tempos por cima de ti, até que tu reconheças que o Excelso tem debaixo da sua dominação os reinos dos homens e os dá a quem lhe apraz. 23 Quanto porém ao que mandou, que se conservasse o gérmen das suas raízes, isto é, da árvore: quer dizer, que o teu reino se ficará conservando para se te tornar a dar depois que tu tiveres reconhecido, que todo o poder vem do céu.

24 Portanto segue, ó rei, o conselho que te dou, e resgata os teus pecados com esmolas, e as tuas iniqüidades com obras de misericórdia para com os pobres: talvez que o Senhor te perdoe os teus delitos.

Loucura de Nabucodonosor

25 Todas estas coisas vieram sobre o rei Nabucodonosor. 26 Depois, ao cabo de doze meses, passeava ele no palácio de Babilônia. 27 E respondeu o rei e disse: Não é esta aquela grande Babilônia, que eu edifiquei para corte do meu reino, com a força do meu poder, e

com a glória da minha majestade? 28 E como
não tivesse o rei acabado ainda de proferir
estas palavras, veio do céu retinindo esta voz:
Isto é o que a ti, ó rei Nabucodonosor, se
intima: O teu reino passará de ti a outro pos-
suidor, 29 e lançar-te-ão da companhia dos
homens, e a tua habitação será com as alimá-
rias e feras: comerás feno como o boi, e sete
tempos passarão por cima de ti, até que reco-
nheças que o Excelso tem um poder absoluto
sobre os reinos dos homens, e que os dá a
quem lhe apraz.
30 Na mesma hora se cumpriu esta palavra
na pessoa de Nabucodonosor, e ele foi lançado
da companhia dos homens, e comeu feno co-
mo o boi e o seu corpo foi molhado do orvalho
do céu: de sorte que lhe cresceram os cabelos
e o pêlo, como as plumas das águias, e as suas
unhas se fizeram como as garras das aves.

Cura de Nabucodonosor e glorificação do verdadeiro Deus

31 Portanto depois que se cumpriu o tempo,
levantei eu, Nabucodonosor, os meus olhos ao
céu, e tornou-me a vir o sentido: e eu bendisse
ao Altíssimo e louvei, e glorifiquei ao que vive
eternamente: porque o seu poder é um poder
eterno, e o seu reino se estende de geração em
geração. 32 E todos os habitantes da terra são
reputados diante dele como um nada: porque
Ele faz tudo o que quer, tanto nas virtudes do
céu, como nos habitadores da terra: e não há
quem resista à sua mão, e lhe diga: Por que
fizeste tu assim?
33 Ao mesmo tempo me tornou a vir o meu
juízo, e eu recobrei o esplendor, e toda a gló-
ria do meu reino: e foi-me restituída a minha
primeira figura, e os grandes da minha corte,
e os meus magistrados me vieram buscar, e
fui restabelecido no meu reino: e fiquei sendo
maior do que nunca. 34 Agora pois, eu Nabu-
codonosor louvo, e engrandeço, e glorifico ao
rei do céu: porque todas as suas obras são
verdadeiras, e os seus caminhos cheios de jus-
tiça, e Ele pode humilhar os que andam na
soberba.

O festim do rei Baltasar

5 O rei Baltasar deu um grande banquete a
mais de mil grandes da sua corte: e cada
um bebia nele conforme a sua idade. 2 Estan-
do pois já bem cheio de vinho, mandou que
lhe trouxessem os vasos de ouro e de prata,
que Nabucodonosor, seu pai, tinha transporta-
do do templo de Jerusalém, para beberem por
eles o rei, e os grandes da sua corte, e as mu-
lheres dele e concubinas. 3 No mesmo ponto
foram trazidos os vasos de ouro e de prata,
que tinham transportado do templo de Jeru-
salém: e por eles beberam o rei, e os grandes
da sua corte, as mulheres dele, e concubinas.
4 Eles bebiam do vinho, e louvavam os seus
deuses de ouro, e de prata, e de metal, de
ferro, e de pau, e de pedra.

A inscrição misteriosa e os adivinhos

5 Na mesma hora apareceram uns dedos,
como de mão de homem, que escrevia defronte
do candeeiro na superfície da parede da sala
do rei: e o rei via os movimentos das juntas
dos dedos da mão que escrevia. 6 Então o
semblante do rei se mudou, e os seus pensa-
mentos o perturbavam: e as juntas dos seus
rins se relaxaram, e os seus joelhos batiam
um no outro. 7 O rei pois deu um grande grito,
ordenando que fizessem entrar os mágicos, os
caldeus, e os agoureiros. E falando o rei disse
aos sábios de Babilônia: Todo o que ler esta
escritura, e me fizer manifesta a sua interpre-
tação, será vestido de púrpura, e trará um
colar de ouro ao pescoço e será o terceiro no
meu reino. 8 Então depois de terem entrado
todos os sábios do rei à sua presença, não
puderam nem ler esta escritura, nem dar ao
rei a sua interpretação. 9 Por cujo motivo fi-
cou o rei Baltasar em grande maneira pertur-
bado, e o seu rosto se mudou: e os grandes
da sua corte se achavam também sobressal-
tados.

Intervenção de Daniel

10 Mas a rainha, movida do que tinha acon-
tecido ao rei, e aos grandes que estavam ao pé
dele, entrou na sala do banquete: e falando-lhe
disse: Ó rei, vive eternamente! Não te turbem
os teus pensamentos, nem se mude o teu rosto.
11 No teu reino há um homem que tem em si
o espírito dos deuses santos: e nos dias de
teu pai se acharam nele a ciência e a sabedo-
ria: por isso até o rei Nabucodonosor, teu pai,
o constituiu príncipe dos mágicos, dos encan-
tadores, dos caldeus, e dos agoureiros, teu pai,
digo, ó rei, o constituiu acima de todos eles:
12 porque um espírito superior ao dos outros,
e prudência, e inteligência e interpretação de
sonhos, e declaração de segredos, e solução de
dificuldades, tudo se achou nele, isto é, em
Daniel, a quem o rei pôs o nome de Baltasar:
agora pois chama-se Daniel, e ele interpretará
esta escritura.
13 Logo à presença do rei foi introduzido
Daniel: ao qual falando em primeiro lugar o
rei disse: És tu Daniel, um dos cativos dos
filhos de Judá, que o rei meu pai trouxe da
Judéia? 14 Ouvi dizer de ti, que tens o espí-

rito dos deuses, e que em ti se achou mais ciência, e inteligência, e sabedoria, do que em algum outro. 15 E ainda agora entraram à minha presença mágicos, sábios, para lerem esta escritura, e me darem a interpretação dela, e não puderam decifrar o sentido daquelas palavras. 16 Mas de ti ouvi eu dizer, que tu podes interpretar as coisas escuras, e desembrulhar as implicadas: se tu logo podes ler esta escritura, e dar-me a sua interpretação, tu serás vestido de púrpura, e trarás um colar de ouro à roda do teu pescoço, e serás o terceiro dentre os príncipes no meu reino.

17 Daniel respondendo a isto, disse ao rei em sua presença: As tuas dádivas sejam para ti, e dá as honras da tua casa a outro: eu pois te lerei, ó rei, esta escritura e te farei patente a sua significação. 18 O Deus altíssimo, ó rei, deu a Nabucodonosor teu pai, o reino, e a grandeza, a glória e a honra. 19 E por causa deste grande poder que lhe tinha dado, todos os povos, todas as tribos, e todas as nações de qualquer língua o respeitavam, e tremiam diante dele: aos que queria, matava: e aos que queria, feria com o castigo: e aos que queria, exaltava: e aos que queria, os abatia. 20 Porém depois que o seu coração se elevou, e o seu espírito se confirmou na soberba, ele foi deposto do trono do seu reino, e lhe foi tirada a sua glória: 21 e foi lançado da sociedade dos filhos dos homens, e até o seu coração ficou sendo como o dos brutos, e a sua habitação era com os asnos montezinhos: comia também feno como boi, e o seu corpo foi molhado do orvalho do céu, até que reconheceu que o Altíssimo tem um poder soberano sobre os reinos dos homens: e que levantará sobre o trono a quem muito quiser.

22 E tu Baltasar, que és seu filho, também não humilhaste o teu coração, sendo que sabias todas estas coisas. 23 Antes pelo contrário te elevaste contra o Dominador do céu: e tu fizeste vir para diante de ti os vasos de sua casa: E bebeste por eles do vinho, tu, e os grandes da tua corte, e as tuas mulheres, e as tuas concubinas: ao mesmo tempo louvaste os teus deuses de prata, e de ouro, e de metal, de ferro, e de pau, e de pedra, que não vêem, nem ouvem, nem sentem: e não deste glória ao Deus, que tem na sua mão o teu alento, e todos os teus caminhos.

24 Por isso é que Ele mandou os dedos desta mão que escreveu o que está assinalado na parede.

Leitura e interpretação da inscrição

25 Esta é pois a escritura, que ali está disposta: *MANE, TECEL, FARES.* 26 E esta é a interpretação das palavras. *MANE:* Deus contou os dias do teu reinado, e lhe pôs termo. 27 *TECEL:* Tu foste pesado na balança, e achou-se que tinhas menos do peso. 28 *FARES:* O teu reinado se dividiu, e foi dado aos medos, e aos persas. 29 Então por mandado do rei, foi Daniel vestido de púrpura, e cingiu-se-lhe ao pescoço um colar de ouro, e deitou-se bando, que ele teria poder no seu reino, como a terceira pessoa dele. 30 Naquela mesma noite foi morto Baltasar, rei dos caldeus. 31 E Dario medo lhe sucedeu no reino, tendo sessenta e dois anos de idade.

Daniel entre os leões

6 Foi do agrado de Dario, e por este seu beneplácito constituiu cento e vinte sátrapas com intendência sobre o público expediente, para que governassem em todo o seu reino. 2 Porém pôr por cima deles a três príncipes, dos quais Daniel era um: a fim de que estes sátrapas lhes dessem conta dos negócios, e o rei não padecesse moléstia. 3 Daniel pois se avantajava a todos os príncipes e sátrapas: porque era nele mais abudante o espírito de Deus.

4 Ora o rei cuidava em o estabelecer sobre todo o reino: motivo por que os príncipes, e os sátrapas buscavam ocasião de o acusar em coisa que tocasse com o rei: mas não puderam achar pretexto algum, ou razão por onde o fizessem suspeito, porque ele era fiel, e não se achava nele culpa alguma, nem suspeita dela. 5 Disseram pois aqueles homens entre si: Nós não acharemos ocasião alguma de acusar a este Daniel, senão talvez pelo que diz respeito à lei do seu Deus.

6 Então os príncipes, e os sátrapas surpreenderam o rei, e lhe falaram assim: Ó rei Dario, vive eternamente! 7 Todos os príncipes do teu reino, os magistrados, e os sátrapas, os senadores, e os juízes, são de parecer que se promulgue um decreto imperial, e um edito ordenando que todo o homem, que por espaço de trinta dias pedir o que quer que for a qualquer deus, ou a qualquer homem que não fores tu, ó rei, que seja lançado no lago dos leões. 8 Agora pois, ó rei, confirma esta sentença, e passa este decreto, para que se não altere o que se acha estabelecido pelos medos, e pelos persas, sem que seja permitido a ninguém violá-lo. 9 O rei Dario pois fez publicar este edito, e assim o mandou.

10 O que tendo sabido Daniel: isto é, que se fizera esta lei, entrou na sua casa: e abrindo as janelas da sua câmara que ficavam contra Jerusalém, cada dia em três diferentes horas

se punha de joelhos, e adorava o seu Deus, e
lhe rendia ações de graças, como também an-
tes costumava fazer.
11 Nestes termos aqueles homens, espian-
do-o com o maior cuidado, acharam a Daniel
orando, e fazendo rogativas ao seu Deus. 12 E
chegando-se eles ao rei lhe falaram acerca do
edito, dizendo: Ó rei, não ordenaste tu que,
durante o espaço de trinta dias, todo o homem,
que fizesse oração a qualquer dos deuses, ou
dos homens, que não fosses tu, ó rei, fosse
lançado no lago dos leões? O rei respondeu-
-lhes, disse: O que vós dizeis é verdade, con-
forme a ordem dos medos, e dos persas, que
a ninguém é permitido violar. 13 Então respon-
dendo eles disseram diante do rei: Pois Daniel,
um dos cativos dentre os filhos de Judá, não
se lhe deu a tua lei, nem do edito, que pro-
mulgaste: antes cada dia em três horas dife-
rentes ele se põe a orar fazendo as suas ro-
gativas.
14 Tendo ouvido o rei estas palavras, ficou
bastantemente entristecido: e a favor de Daniel
propôs dentro no seu coração livrá-lo, e até ao
pôr do sol trabalhou pelo salvar. 15 Mas aque-
les homens, reconhecendo a tenção do rei, lhe
disseram: Sabe, ó rei, que é uma lei dos me-
dos, e dos persas, que todo o decreto que o
rei passar, não é permitido mudar nada dele.
16 Então passou o rei as ordens: e eles trou-
xeram a Daniel, e o deitaram no lago dos leões.
E o rei disse a Daniel: O teu Deus, que inces-
santemente adoras, Ele te livrará. 17 Ao mes-
mo tempo trouxeram uma pedra, e a puseram
sobre a boca do lago: a qual o rei selou com
o seu anel, e com o anel dos grandes da sua
corte, para que se não fizesse coisa alguma
contra Daniel.
18 E o rei se foi para o seu palácio, e se
meteu na cama sem ter ceado, e não se lhe
puseram diante manjares alguns, até de mais
a mais fugiu dele o sono. 19 Ao outro dia,
levantando-se o rei logo ao romper da manhã,
com grande pressa foi ao lago dos leões: 20 e
apropinquando-se, ao lago, chamou por Daniel
com uma voz lacrimosa, e lhe disse: Daniel,
servo do Deus vivente, dar-se-ia caso que o
teu Deus, a quem tu incessantemente serves,
te pudesse livrar dos leões? 21 E Daniel res-
pondendo ao rei disse: Ó rei, vive eternamen-
te! 22 O meu Deus enviou o seu anjo, e fechou
as bocas aos leões, e eles me não fizeram mal
algum: porque foi achada em mim justiça
diante dele: como também eu diante de ti, ó
rei, não cometi delito algum.
23 Então ficou o rei sobremaneira cheio de
prazer a seu respeito, e mandou que Daniel
fosse tirado do lago: e Daniel foi tirado do
lago, e nele se não achou lesão alguma, por-
que ele creu no seu Deus. 24 E por mandado
do rei foram trazidos aqueles homens, que ti-
nham acusado a Daniel: e foram lançados no
lago dos leões, eles, e seus filhos, e as suas
mulheres: e não tinham bem chegado ao pa-
vimento do lago, quando os leões os apanha-
ram entre os dentes, e lhes fizeram em miga-
lhas todos os ossos.

Glorificação do verdadeiro Deus

25 Então o rei Dario escreveu a todos os
povos, a todas as tribos, e nações de qualquer
língua, que habitavam em toda a terra: A paz
se multiplique entre vós. 26 Eu tenho passado
um decreto, para que em todo o meu império
e reino adorem os homens com tremor e temor
ao Deus de Daniel. Porque Ele mesmo é o
Deus vivente, e eterno por todos os séculos:
e o seu reino não será dissipado, e o seu poder
passará até à eternidade. 27 Ele é que é o li-
bertador e o salvador, que faz prodígios e ma-
ravilhas no céu e na terra: Ele o que livrou
Daniel do lago dos leões.
28 Ora Daniel perseverou sempre em digni-
dade até o reinado de Dario, e o reinado de
Ciro persa.

II. VISÕES PROFÉTICAS

Visão das quatro bestas

7 No primeiro ano de Baltasar, rei de Babi-
lônia, teve Daniel um sonho: e esta visão
da sua cabeça foi estando na sua cama: e es-
crevendo o seu sonho, o recopilou em poucas
palavras: e apontando-o em suma disse:
2 Eu estava vendo na minha visão de noite,
e eis que os quatro ventos do céu pelejavam
uns contra os outros num grande mar. 3 E qua-
tro grandes animais diferentes uns dos outros,
subiam do mar. 4 O primeiro era como uma
leoa, e tinha asas de águia: quando eu estava
olhando para ela, foram-lhe arrancadas as
asas, e ela foi levantada da terra, e se pôs nos
seus pés como um homem, e foi-lhe dado um
coração de homem.
5 Depois disto apareceu em pé a um lado
outro animal, que se assemelhava a um urso:
e tinha três ordens de dentes na sua boca, e
diziam-lhe assim: Levanta-te, farta-te de car-
nagem.

6 Depois disto, estava eu olhando, e vi outro, que era como um leopardo, e tinha em cima de si quatro asas, como asas de um pássaro, e a mesma alimária tinha quatro cabeças, e foi-lhe dado o poder.

7 Depois disto olhava eu nesta visão que tinha de noite: e eis que vi outro quarto animal, que era terrível, e espantoso, e sobremaneira forte; ele tinha uns grandes dentes de ferro, comendo com eles, e fazendo tudo em miúdos pedaços, e pisando aos seus pés o que sobejava: e era ele diferente das outras alimárias que eu tinha visto antes dele e tinha dez cornos. 8 Eu considerava os seus cornos e eis que vi outro pequenino corno, que nascia do meio deles: e três dos primeiros cornos foram arrancados de diante dele: e reparei que neste corno havia uns olhos como olhos de homem, e uma boca, que falava com insolência.

O Antigo dos dias e o Filho do homem

9 Eu estava atento ao que via, até que foram postos uns tronos, e o Antigo dos dias se assentou: o seu vestido era branco como a neve, e os cabelos da sua cabeça como a limpa lã: o seu trono era de chamas de fogo: as rodas deste trono um fogo aceso. 10 De diante dele saía um rio de fogo, e arrebatado: um milhão de ministros o serviam, e mil milhões assistiam diante dele: assentou-se o juízo, e abriram-se os livros.

11 Eu olhava atentamente, por causa do estrépito das arrogantes palavras, que este corno proferia: e vi que a alimária fora morta, e que o seu corpo perecera, e fora entregue ao fogo para ser queimado. 12 Vi também que se tinha tirado o poder às outras alimárias e que a duração da sua vida lhe tinha sido assinalada até um tempo, e um tempo.

13 Eu considerava pois estas coisas numa visão de noite, e eis que vi um como o Filho do homem, que vinha com as nuvens do céu, e que chegou até o Antigo dos dias: e eles o apresentaram diante dele. 14 E ele lhes deu o poder, e a honra, e o reino: e todos os povos, todas as tribos, e todas as línguas o servirão: o seu poder é um poder eterno, que lhe não será tirado: e o seu reino tal, que não será jamais corrompido.

15 O meu espírito se encheu de horror, eu Daniel fiquei atemorizado destas coisas, e as visões da minha cabeça me turbaram. 16 Eu me cheguei a um dos assistentes, e eu lhe perguntava a verdade de todas estas coisas. Ele me disse a interpretação destas visões, e me ensinou. 17 Estas quatro grandes alimárias são quatro reinos, que se levantarão da terra. 18 Mas os santos do Deus altíssimo receberão o reino: e entrarão na posse do mesmo reino até o fim dos séculos.

19 Depois disto quis eu diligentemente informar-me da quarta alimária, que era muito diferente de todas as outras, e sobremaneira temerosa: os seus dentes, e unhas eram de ferro: ela devorava, e ela fazia as coisas em miúdos pedaços, e pisava aos seus pés o que sobejava: 20 e quis também informar-me dos dez cornos, que ela tinha na cabeça: e do outro, que lhe viera de novo, na presença do qual tinham caído três dos outros cornos: e deste corno, que tinha olhos, e tinha uma boca, que falava com insolência, e se tinha feito maior do que os outros. 21 Eu olhava atento, e eis que vi que aquele corno fazia guerra contra os santos, e podia mais do que eles. 22 Até que veio o Antigo dos dias, e deu sentença a favor dos santos do Excelso, e chegou o tempo, e entraram os santos de posse do reino.

Quarta alimária, ou quarto reino

23 E ele disse assim: A quarta alimária será na terra o quarto reino, que será maior do que todos os outros reinos, e devorará toda a terra, e a pisará aos pés, e a fará em miúdos pedaços. 24 Ora os dez cornos deste mesmo reino serão dez reis: e depois deles se levantará outro, e será ele mais poderoso do que os primeiros, e humilhará a três reis. 25 E falará insolentemente contra o Exelso, e atropelará os santos do Altíssimo: e imaginará de si, que pode mudar os tempos, e as leis, e os santos lhe serão entregues nas suas mãos até um tempo, e dois tempos, e metade de um tempo. 26 Mas depois se assentará o juízo, a fim de que lhe seja tirado o poder, e ele seja inteiramente desfeito, e pereça para sempre. 27 E ao mesmo tempo se dê o reino, e o poder, e a grandeza do reino, que está debaixo de todo o céu, ao povo dos santos do Altíssimo: cujo reino é um reino eterno, e ao qual servirão e obedecerão todos os reis.

28 Até aqui chegou o remate do que me foi dito. Eu, Daniel, estava ao depois muito turbado pelos meus pensamentos, e todo o meu semblante se me mudou: e eu conservei estes pensamentos no meu coração.

A luta do carneiro e do bode

8 No terceiro ano do reinado do rei Baltasar, tive eu uma visão. Eu Daniel, depois do que tinha visto no princípio: 2 vi uma visão que tive, estando no castelo de Susa, que é no país

de Elam: vi pois nesta visão que eu estava
sobre a porta de Ulai.
3 E levantei os meus olhos, e olhei: e eis
que estava em pé diante de uma lagoa um
carneiro, que tinha uns cornos levantados, e
um o era mais do que o outro, e crescia pouco
a pouco: Depois 4 vi que o carneiro dava cor-
nadas contra o ocidente, e contra o aquilão,
e contra o meio-dia, e nenhum animal lhe
podia resistir, nem livrar-se da sua força: e
ele fez quanto quis e veio a fazer-se em extre-
mo poderoso.
5 E eu estava atento ao que via: e eis que
um bode vinha do ocidente sobre a face de
toda a terra, e não tocava na terra: e este bode
tinha com corno insigne entre os seus dois
olhos. 6 E veio até àquele carneiro que tinha
cornos, ao qual eu tinha visto em pé diante
da porta, e correu para ele com todo o ímpeto
da sua força. 7 E tendo chegado perto do car-
neiro, arremeteu a ele com fúria, e feriu o tal
carneiro: e lhe quebrou os seus dois cornos,
sem que o carneiro lhe pudesse resistir: e ten-
do-o lançado por terra, o pisou aos pés, e não
houve quem pudesse livrar o carneiro do seu
poder. 8 Ao depois se fez o bode extraordina-
riamente grande: e tendo crescido quebrou-se
o seu grande corno, e formaram-se por baixo
dele quatro cornos, para os quatro ventos do
mundo.
9 Porém de um destes cornos saiu um pe-
queno: e ele se fez grande contra o meio-dia,
e contra o oriente, e contra a fortaleza. 10 E
se elevou até contra a fortaleza do céu: e dei-
tou abaixo muitos dos mais fortes, e muitas
das estrelas, e as pisou aos pés. 11 E se en-
grandeceu até contra o príncipe da força e
tirou dele o sacrifício perpétuo, e desonrou o
lugar da sua santificação. 12 Foi-lhe porém
dado o poder contra o sacrifício perpétuo,
por causa dos pecados: e a verdade será pros-
trada na terra, e ele empreenderá tudo, e tudo
lhe sucederá conforme o seu desejo.
13 Então ouvi eu um dos santos que falava:
e um santo perguntou a outro, não sei a quem,
que lhe falava: Até quando durará a visão, e
o sacrifício perpétuo, e o pecado da desolação
que foi feita: e até quando será pisado aos
pés o santuário, e a fortaleza? 14 E ele lhe
respondeu: Até dois mil e trezentos dias, com-
postos da tarde e da manhã: e o santuário será
purificado.

Explicação do anjo Gabriel

15 Sucedeu porém que quando eu Daniel
tinha esta visão, e procurava a sua inteligên-
cia: eis que se me apresentou diante uma co-
mo figura de homem. 16 E eu ouvi a voz de
um homem entre Ulai, o qual gritou, e disse:
Gabriel, faze-lhe entender esta visão. 17 No
mesmo ponto veio ele, e parou junto do lugar
onde eu estava: e quando ele veio a mim, caí
em espavorido com o rosto em terra e ele me
disse: Entende, filho do homem, porque esta
visão se cumprirá no fim a seu tempo. 18 E
quando ele ainda me estava falando, tornei eu
a cair com o rosto em terra: e ele então me
tocou, e me fez pôr em pé. 19 E me disse:
Eu te mostrarei o que há de suceder no último
dia da maldição: porque o tempo tem o seu
fim.
20 O carneiro, que tu viste que tinha cornos,
é o rei dos medos e dos persas.
21 O bode porém é o rei dos gregos: e o
grande corno, que ele tinha entre os seus dois
olhos, é o primeiro dos seus reis. 22 E quanto
aos quatro cornos, que, depois de quebrado
aquele primeiro, se levantaram em seu lugar,
são os quatro reis, que se levantarão da sua
gente, mas não com a sua força. 23 e depois
do seu reinado, quando tiverem crescido as
iniqüidades, se levantará um rei de uma cara
sem-vergonha, e inteligente de enigmas: 24 e o
seu poder se confirmará, mas não pelas suas
forças: e devastará tudo, sobre quanto se pode
crer, e será prosperado, e fará tudo o que
quiser. E matará os robustos, e o povo dos
santos. 25 Segundo a sua vontade, e todo o
engano será tramado com bom sucesso pela
sua mão: e elevará o seu coração, e vendo-se
na abundância de todas as coisas matará a
muitíssimos: e levantar-se-á contra o príncipe
dos príncipes, e será em pó reduzido sem in-
tervir mão de homem. 26 E aquela visão da
tarde e da manhã que te foi representada, é
verdadeira. Põe tu logo o selo a esta visão,
porque ela não sucederá senão depois de mui-
tos dias.
27 Depois disto, caí eu Daniel em desfale-
cimento, e fiquei doente por alguns dias: e
tendo-me levantado, trabalhava eu nos negó-
cios do rei, e estava pasmado considerando
nesta visão, sem haver ninguém que ma pu-
desse interpretar.

Leitura profética e oração de Daniel

9 No ano primeiro de Dario, filho de Assuero,
da prosápia dos medos, que reinou no im-
pério dos caldeus: 2 no primeiro ano, digo,
do seu reinado, eu Daniel pela lição dos livros
entendi o número dos anos, do qual o Senhor
falou ao profeta Jeremias, em que se haviam
de completar os setenta anos da desolação de
Jerusalém. 3 E eu voltei o meu rosto para o
Senhor meu Deus, para o rogar e o conjurar

em jejuns, saco e cinza. 4 E orei ao Senhor meu Deus, e confessei, as minhas faltas, e lhe disse:

Ouve a minha oração, ó Senhor Deus grande e terrível, que guardas o teu pacto e a tua misericórdia para com os que te amam e que observam os teus mandamentos. 5 Nós pecamos, nós cometemos a iniqüidade, nós obramos impiamente e nós nos retiramos de ti: e nós nos apartamos dos teus preceitos e das tuas ordenanças. 6 Nós não obedecemos aos profetas teus servos, que falaram em teu nome aos nossos reis, aos nossos príncipes, a nossos pais e a todo o povo da terra. 7 A justiça é tua, ó Senhor: a nós porém não nos resta senão a confusão do nosso rosto, como sucede hoje a todo o homem de Judá, e aos habitantes de Jerusalém, e a todo o Israel, aos que estão perto e aos que estão longe, em todos os países para onde tu os lançaste por causa das suas iniqüidades, que cometeram contra ti. 8 Não nos resta, Senhor, senão a confusão do nosso rosto, a nós, aos nossos reis, aos nossos príncipes e aos nossos pais que pecaram.

9 Mas a ti, que és o Senhor nosso Deus, pertence a misericórdia e a propiciação, porque nós nos retiramos de ti. 10 E não ouvimos a voz do Senhor nosso Deus para andarmos na sua lei, que Ele nos pôs por seus servos os profetas. 11 E todos os de Israel violaram a tua lei e se desencaminharam para não ouvirem a tua voz, e choveu sobre nós a maldição e a execração, que está escrita no livro de Moisés servo de Deus, porque pecamos contra Ele. 12 E cumpriu as suas palavras, que proferiu contra nós e contra os nossos príncipes, que nos julgaram, para fazer vir sobre nós este grande mal, qual nunca se viu debaixo de todo o céu, como o que aconteceu a Jerusalém. 13 Todo este mal caiu sobre nós, segundo está escrito na lei de Moisés: e nós nos não temos apresentado diante da tua face, para te pedirmos, ó Senhor nosso Deus, que nos apartássemos das nossas iniqüidades e nos aplicássemos ao conhecimento da tua verdade. 14 Assim o Senhor vigiou sobre a malícia, e fez cair sobre nós o castigo dela: o Senhor nosso Deus é justo em todas as suas obras que fez: porque nós não ouvimos a sua voz.

15 E agora Senhor nosso Deus, que tiraste o teu povo da terra do Egito com uma mão poderosa, e que adquiriste então um nome que dura até o dia de hoje: nós pecamos, nós cometemos a iniqüidade. 16 Senhor, nós pecamos contra toda a tua justiça: aparte-se, eu to peço, a tua ira, e o teu furor da tua cidade de Jerusalém e do teu santo monte, porque Jerusalém e o teu povo estão hoje em opróbrio para com todas as nações, que nos cercam. por causa dos nossos pecados e pelas iniqüidades de nossos pais. 17 Atende pois agora, Deus nosso, à oração do teu servo e às suas preces: e sobre o teu santuário, que está deserto, faze reluzir a tua face por amor de ti mesmo. 18 Inclina, Deus meu, o teu ouvido e ouve: abre os teus olhos, e vê a nossa desolação e a ruína daquela cidade, que teve a glória de se chamar do teu nome: porque nós, prostrando-nos em terra diante da tua face, não fazemos estas deprecações fundados em alguns merecimentos da nossa justiça, mas sim na multidão das tuas misericórdias. 19 Escuta, Senhor, aplaca-te, Senhor: atende-nos e põe mãos à obra: não te dilates mais, Deus meu, por amor de ti mesmo: porque esta cidade, e este teu povo têm a glória de se chamarem do teu nome.

As setenta semanas

20 E quando eu ainda falava e orava, e confessava os meus pecados e os pecados do meu povo de Israel, e quando, prostrado, oferecia as minhas rogativas na presença do meu Deus, pelo santo monte do meu Deus. 21 Quando eu, digo, ainda não tinha bem acabado as palavras da minha súplica, eis que o varão Gabriel, que eu tinha visto ao princípio na visão, voando rapidamente me tocou ao tempo do sacrifício da tarde. 22 E instruiu-me e falou-me e disse-me: Daniel, eu saí agora para te ensinar e para que tu entendesses. 23 Desde o começo das tuas preces, saiu da boca de Deus um oráculo, e eu vim para te descobrir todas as coisas, porque tu és um varão de desejos: tu, pois, toma bem sentido no que vou a dizer-te, e compreende a visão.

24 Setenta semanas foram fixadas a respeito do teu povo e da tua santa cidade, a fim de abolir a prevaricação e pôr fim ao pecado, expiar a iniqüidade e trazer a justiça eterna e para que as visões e profecias se cumpram e o santo dos santos será ungido. 25 Sabe pois isto, e adverte-o bem: Desde a ordem para Jerusalém ser segunda vez edificada, até o Cristo capitão, passarão sete semanas e sessenta e duas semanas: e segunda vez serão edificadas as ruas, e os muros na angústia dos tempos. 26 E depois de sessenta e duas semanas, será morto o Cristo: e o povo, que o há de negar, não será mais seu povo. E um povo com o seu capitão, que há de vir, destruirá a cidade e o santuário: e o seu fim será uma ruína total e a desolação, a que ela foi condenada, lhe virá depois no fim da guerra. 27 Esse Cristo porém confirmará para muitos

o seu pacto numa semana: no meio da semana
faltará a hóstia e o sacrifício: e ver-se-á no
Templo a abominação da desolação: e a de-
solação perseverará até a consumação e até
o fim.

Aparições e lutas de anjos

10 No terceiro ano de Ciro, rei dos persas,
foi revelada a Daniel chamado Baltasar
uma palavra verdadeira, e uma grande forta-
leza: e ele entendeu o que lhe foi dito: por-
que é necessário haver inteligência nas visões.
2 Nestes dias, eu Daniel chorava todos os dias
por três semanas. 3 Não comi neles pão algum
agradável ao gosto e nem carne nem vinho
entraram na minha boca, nem ainda me untei
de algum óleo: menos que se não cumprissem
os dias destas três semanas.
4 No dia vinte e quatro, porém, do primeiro
mês estava eu ao pé do grande rio, que é o
Tigre. 5 E levantei os meus olhos e olhei: e
eis que vi um homem vestido de roupas de
linho, e cingido pelos rins com um cinto de
puríssimo ouro: 6 e o seu corpo era como uma
pedra crisólita e o seu rosto como uma apa-
rência de relâmpagos e os seus olhos pareciam
uma lâmpada ardente: e os seus braços e todo
o resto do corpo até aos pés, eram como uma
semelhança de arame luzente: e o som das
suas palavras era como o estrondo de uma
multidão de homens. 7 E eu, Daniel, vi só
esta visão: e os varões, que estavam comigo,
não a viram: mas sobre eles caiu um extraor-
dinário terror e fugiram para uns lugares es-
curos.
8 Tendo eu, pois, ficado sozinho, vi esta
grande visão: e não ficou vigor em mim, an-
tes se mudou até o meu semblante, e fiquei
murcho e não me assistiram forças algumas.
9 E ouvi o sim das suas palavras: e ouvin-
do-o jazia deitado sobre o meu rosto, todo
espavorido e o meu rosto estava rente da
terra.
10 Então, eis que uma mão me tocou e me
levantou até ficar sobre os meus joelhos, e
sobre as juntas das minhas mãos. 11 E a mes-
ma voz me disse: Daniel, varão de desejos,
entende as palavras que eu te venho dizer e
levanta-te em pé: porque eu fui agora enviado
a ti. E depois que ele me disse isto, me pus
eu em pé todo tremente. 12 E ele me disse:
Não tenhas medo Daniel, porque desde o pri-
meiro dia em que tu aplicaste o teu coração
à inteligência, para te afligires pela mortifica-
ção na presença do teu Deus, foram escutadas
as tuas palavras: e eu vim por teus rogos.
13 E príncipe do reino dos persas me resistiu
por vinte e um dias: e eis que veio em meu
socorro Miguel, um dos primeiros príncipes,
e eu fiquei lá junto ao rei dos persas. 14 E eu
vim para te ensinar as coisas que estão para
suceder ao teu povo nos últimos dias, porque
o cumprimento desta visão ainda está para
dias.
15 E ao tempo que ele me dizia estas pala-
vras, abaixei eu o rosto para a terra e fiquei
calado. 16 E eis que aquele que tinha a seme-
lhança de um filho de homem, me tocou os
lábios: e eu, abrindo a minha boca, falei e
disse ao que estava em pé diante de mim: Meu
Senhor, com a tua vista se relaxaram as mi-
nhas juntas, e não me ficou força alguma.
17 E como poderá o servo de meu Senhor
falar com o meu Senhor? Porque em mim
não ficou força alguma, até se me tapa a res-
piração.
18 Aquele pois que eu via debaixo da apa-
rência de um homem, me tornou a tocar e me
confortou, 19 e disse: Não temas, varão de
desejos: a paz seja contigo: tem vigor e sê
robusto. E quando ele ainda me falava, reco-
brei eu as forças e disse: Fala, meu Senhor,
porque tu me fortaleceste.
20 Então me disse ele: Acaso, sabes tu por
que eu vim a ti? E agora voltarei eu a pelejar
contra o príncipe dos persas: quando eu saía,
apareceu o príncipe dos gregos, que entrava.
21 Mas eu te anunciarei presentemente o que
está expresso na escritura da verdade: e em
todas estas coisas ninguém me ajuda, senão
Miguel, que é o vosso príncipe.

Predição das lutas entre a Síria e o Egito

11 Eu porém desde o primeiro ano de Dario
medo, trabalhava pelo ajudar a se esta-
belecer e a se fortificar. 2 Mas agora eu te
anunciarei a verdade. Eis aí haverá ainda três
reis na Pérsia, e o quarto se enriquecerá de
excessivas riquezas mais que todos: e depois
que se tiver feito com estas riquezas pode-
roso, concitará a todos contra o reino da
Grécia.
3 Mas enfim se levantará um rei forte, que
dominará com grande poder: e que fará o que
lhe aprouver. 4 E quando se achar no auge
mais florente, o seu reino será destruído, e se
repartirá pelos quatro ventos do céu: mas isto
não será entre os seus descendentes, nem se-
gundo o poder com que ele dominou: porque
o seu reino será dilacerado, passando ainda a
estranhos, não falando naqueles quatro.
5 E o rei do meio-dia se fortificará: mas
um dos príncipes daquele primeiro rei será
mais poderoso do que ele, e dominará sobre

muitos países: porque o seu senhorio será grande. 6 E alguns anos depois eles se aliarão um com o outro, e a filha do rei do meio-dia passará ao rei do aquilão, para travarem ambos amizade, mas esta princesa não se estabelecerá por um braço forte, nem a sua descendência subsistirá: e será entregue ela mesma, e os seus mancebos, que a conduziram, e que a tinham sustentado em diversos tempos.

7 Mas do seu mesmo tronco sairá um arrebento: que virá com um exército, e entrará na província do rei do aquilão: e ele os vexará, e far-se-á senhor deles. 8 E de mais a mais levará cativos para o Egito os seus deuses, e as suas estátuas, e os seus vasos preciosos de prata, e ouro: ele mesmo prevalecerá contra o rei do aquilão. 9 E o rei do meio-dia entrará no seu reino, e voltará depois para a sua terra.

10 Seus filhos porém se estimularão com isto, e congregarão uma grande multidão de tropas: e um deles marchará com grande presteza, e à maneira de inundação: e voltará, e encher-se-á de ardor, e pelejará contra as forças daquele. 11 Mas o rei do meio-dia, vendo-se assim atacado, sairá em campanha, e pelejará contra o rei do aquilão, e preparará um exército imenso, e lhe será entregue entre as mãos uma grande multidão de inimigos. 12 E ele tomará uma grande multidão desta gente, e o seu coração se elevará, e ele fará passar muitos milhares ao fio da espada, mas deixará a sua vitória imperfeita.

13 Porque o rei do aquilão tornará a vir, e ajuntará uma multidão de tropas muito maior do que antes e depois de certos tempos e anos virá com muita pressa com um numeroso exército, e mui grandes forças. 14 E naqueles tempos se levantarão muitos contra o rei do meio-dia: os filhos também dos prevaricadores do teu povo se elevarão, para cumprirem a profecia, e eles cairão. 15 E virá o rei do aquilão, e levantará um baluarte, e tomará cidades fortificadíssimas: e os braços do meio-dia não poderão aturar o esforço, e os mais valentes dentre eles se levantarão para lhe resistir, e eles se acharão sem vigor.

16 E vindo sobre ele fará o que bem lhe aprouver, e não haverá quem possa subsistir diante da sua face: e ele entrará numa terra famosa, e esta será consumida debaixo da sua mão. 17 E ele se confirmará no desígnio de vir apoderar-se de todo o reino dele, e fingirá que quer obrar de boa fé com ele: e dar-lhe-á em casamento sua filha, princesa de extremada formosura em comparação das outras mulheres, a fim de o perder: mas não lhe sairá a coisa conforme o seu intento, e ela não será por ele. 18 E ele encarará contra as ilhas, e tomará muitas delas: e fará deter o autor do seu opróbrio, e o seu opróbrio virá a cair sobre ele.

19 E voltará o seu rosto para o império da sua terra, e tropeçará e cairá, e não será achado.

Perseguição contra o povo de Judá

20 E um homem vilíssimo, e indigno da honra de rei, ocupará o seu lugar: e ele se consumirá em poucos dias, não no furor de alguma briga, nem em alguma batalha.

21 E pôr-se-á no lugar deste um homem desprezível e não lhe será dada a honra de rei: e virá secretamente, e se apoderará do reino com engano. 22 E os braços do combatente serão vencidos diante dele, e ficarão esmigalhados: de mais a mais até o chefe da liga. 23 E depois de feita esta amizade, usará com ele de engano: e subirá, e vence-lo-á com pouca gente. 24 E entrará nas cidades abundantes e ricas: e lhes fará o que nunca fizeram seus pais nem os pais de seus pais: ele destruirá as rapinas e a presa, e as riquezas deles, e formará projetos contra as mais fortes cidades: e isto até certos tempos.

25 E será instigado o seu poder, e o seu coração contra o rei do meio-dia para o atacar com um grande exército: e o rei do meio-dia será provocado a sair à batalha com muitas tropas auxiliares, e sobremaneira fortes: mas elas não perseverarão firmes, porque maquinarão desígnios contra ele. 26 E os que comerem o pão com ele, o arruinarão, e o seu exército será oprimido: e um grande número dos seus cairão mortos. 27 Também esses dois reis terão o coração atento, a fazerem o mal um ao outro, e assentados à mesma mesa dirão palavras de mentira, mas eles não sairão com a sua: porque ainda o fim se difere para outro tempo. 28 E voltará para o seu país com muitas riquezas: o seu coração se declarará contra o santo testamento, e fará muitos males, e voltará para o seu país. 29 No tempo determinado, ele voltará, e tornará a vir para o meio-dia: mas esta última expedição não será semelhante à primeira. 30 Porque os romanos virão contra ele em trirremes: e ele será ferido vivamente no seu pundonor e assim voltará, e conceberá uma grande indignação contra o testamento do santuário, e conforme ela assim fará: depois tornará a vir, e empreenderá muitas coisas contra aqueles que tinham deixado o testamento do santuário. 31 E estarão da sua parte os braços de homens poderosos que violarão o santuário da fortaleza, e farão cessar o sacrifício perpétuo:

e porão no Templo a abominação para deso-
lação.
32 E os ímpios prevaricadores do testamen-
to usarão de disfarces com rebuçado engano:
mas o povo, que conhecerá ao seu Deus, per-
severará constante, e fará o que deve. 33 E os
que forem doutos entre o povo, ensinarão a
muitos: e eles padecerão os tormentos da es-
pada, e da chama, e do cativeiro, e das rapinas
que durarão muitos dias. 34 E quando caírem
arruinados, serão sustidos com o alívio de um
pequenino auxílio: e muitos se ajuntarão a
eles fingidamente. 35 E dos sábios cairão al-
guns, para que sejam acrisolados, e purifica-
dos, e branqueados até o prazo assinalado:
porque ainda haverá outro tempo.
36 E o rei fará como lhe der na vontade, e
se elevará, e engrandecerá contra todo o deus;
e falará insolentemente contra o Deus dos deu-
ses, e sair-lhe-ão bem as coisas, até que a
ira seja cumprida: porque assim é que foi la-
vrado o decreto. 37 E não terá respeito algum
ao Deus de seus pais: e se mostrará apaixo-
nado por mulheres, ele não curará de deus
algum, qualquer que ele seja: porque se le-
vantará contra todas as coisas. 38 Mas vene-
rará o deus Maozim no lugar que lhe terá
escolhido: e enfeitará com ouro, e prata, e
pedras preciosas, e com tudo o que há de
custo, a este deus que seus pais ignoraram.
39 E fortificará as suas praças com um deus
estranho, pondo nelas a Maozim, que foi quem
ele reconheceu, e levará a uma grande glória
os seus adoradores, e lhes dará poder em mui-
tas coisas, e lhes repartirá a terra gratuita-
mente.
40 E o rei do meio-dia pelejará contra ele no
tempo assinalado, e o rei do aquilão marchará
também contra ele como uma tempestade, com
grande multidão de carroças, e de gentes a ca-
valo, e com uma grande armada, e entrará nas
suas terras, assolá-las-á e passará. 41 Depois
ele entrará na terra gloriosa, e serão taladas
muitas províncias: e só se salvarão das suas
mãos estas: Edom e Moab, e as primeiras ter-
ras dos filhos de Amon. 42 E estenderá a sua
mão contra as outras províncias, e a terra do
Egito não escapará. 43 E ele se fará senhor
dos tesouros de ouro e de prata, e de tudo o
que há de precioso no Egito: passará também
ao través da Líbia e da Etiópia.
44 E turbá-lo-á um rumor que virá do orien-
te e do aquilão: e ele tornará a vir com gran-
des tropas, para destruir e matar a muitos.
45 E fixará a sua tenda em Apadno entre os
mares sobre o ínclito e santo monte; e ele
virá até à sumidade deste monte, e ninguém
lhe dará auxílio.

Os tempos messiânicos

12 Naquele tempo porém se levantará o
grande príncipe Miguel, que é o protetor
dos filhos do teu povo: e virá um tempo, qual
não houve desde que as gentes começaram a
existir até àquele tempo. E salvar-se-á naquele
tempo dentre o teu povo todo aquele que for
achado escrito no livro. 2 E toda esta multi-
dão dos que dormem no pó da terra, acordará:
uns para a vida eterna, e outros para um opró-
brio, que eles terão sempre diante dos olhos.
3 Ora aqueles que tiverem sido doutos, esses
resplandecerão como os fogos do firmamento:
e os que tiverem ensinado a muitos o caminho
da justiça, esses luzirão como as estrelas por
toda a eternidade.
4 Tu, porém, Daniel, tem fechadas estas pa-
lavras, e põe o selo no livro até o tempo de-
terminado: muitos o passarão pelos olhos, e a
ciência se multiplicará.
5 Então vi eu, Daniel, e eis que estavam em
pé como outros dois homens: um de uma par-
te sobre a ribanceira do rio, e outro da outra
parte sobre a outra ribanceira do mesmo rio.
6 E eu disse ao homem que estava vestido de
roupas de linho, o qual se sustinha em pé so-
bre as águas do rio: Quando se cumprirão es-
tas maravilhas? 7 E eu ouvi que este homem
que estava vestido de roupas de linho, o qual
se sustinha em pé sobre as águas do rio, ten-
do levantado ao céu a sua mão direita, e a
mão esquerda, jurou nesta ação por aquele
que vive eternamente, que isso seria depois de
um tempo, e de dois tempos, e metade de um
tempo. E todas estas coisas se cumprirão,
quando se acabar a dispersão do ajuntamento
do povo santo.
8 E eu ouvi o que ele dizia, mas não o en-
tendi. E eu lhe disse: Meu Senhor, que suce-
derá depois disto? 9 E ele me respondeu: Vai
Daniel, porque estas palavras estão fechadas e
seladas até o tempo predefinido. 10 Muitos se-
rão escolhidos, e serão branqueados, e serão
provados como pelo fogo: e os ímpios obrarão
como ímpios, e nenhum ímpio terá inteligên-
cia, mas te-la-ão os doutos. 11 E desde o tempo
em que o sacrifício perpétuo for abolido, e a
abominação para a desolação for posta, pas-
sarão mil e duzentos e noventa dias. 12 Bem-
-aventurado o que espera e que chega até mil
e trezentos e trinta e cinco dias. 13 Tu, porém,
vai até o tempo predefinido: e descansarás, e
descansarás, e ficarás na tua sorte até o fim
dos dias.

(Até aqui lemo-lo nós do texto hebreu de
Daniel. O que se segue até o fim deste livro, foi
traduzido da edição de Teodocião.)

III. APÊNDICES

História de Susana

13 Havia também um homem que habitava
em Babilônia, e o seu nome era Joaquim.
2 Este casou pois com uma mulher chamada
Susana, filha de Helcias, formosíssima e te-
mente a Deus: 3 porque seus pais, como eram
justos, instruíram a sua filha segundo a lei de
Moisés. 4 Ora Joaquim era muito rico, e tinha
uma horta ajardinada junto a sua casa: e os
judeus concorriam a ele, porque era o mais
respeitável de todos.
5 Naquele ano porém tinham sido constituí-
dos juízes dois velhos dentre o povo, dos quais
falou o Senhor quando disse: que a iniqüidade
saiu de Babilônia por uns velhos que eram
juízes, os quais pareciam governar o povo.
6 Estes freqüentavam a casa de Joaquim, e a
eles vinham todos os que tinham negócios para
julgar. 7 E ao meio-dia, quando o povo se ti-
nha ido, entrava Susana, e passeava no pomar
de seu marido.
8 E estes velhos a viam entrar, e passear to-
dos os dias: e conceberam uma ardente paixão
por ela: 9 e assim perverteram o seu sentido, e
voltaram os seus olhos para não verem o céu,
nem se lembrarem dos justos juízos. 10 Eles
pois estavam ambos feridos do amor de Susa-
na, e todavia não declararam um ao outro o
motivo da sua dor: 11 porque se envergonha-
vam de descobrir um ao outro o seu libidinoso
apetite, tendo cada um tenção de corromper a
Susana. 12 Assim eles observavam todos os
dias com grande cuidado o tempo em que a
poderiam ver. Um dia pois disse um ao outro:
13 Vamos para casa, porque são horas de jan-
tar. E tendo saído, se separaram um do outro.
14 Mas tornando logo a vir, se encontraram
de novo no mesmo lugar: e depois de se terem
perguntado de parte a causa, confessaram am-
bos a sua paixão, e então de comum acor-
do ajustaram tempo, em que a pudessem
achar só.
15 Aconteceu pois que aguardando eles uma
ocasião oportuna, entrou ela enfim como tinha
de costume, acompanhada somente de duas
donzelas, e quis lavar-se no pomar: porque fa-
zia calma: 16 e não estava então ali ninguém,
senão os dois velhos, que estavam escondidos
e a estavam contemplando. 17 Disse pois Su-
sana às donzelas: Trazei-me cá os óleos, e as
pomadas, e fechai as portas do jardim, para
me lavar. 18 E fizeram as donzelas o que ela
lhes tinha mandado: e fecharam as portas do
jardim, e saíram pela porta travessa para tra-
zerem o que lhes tinha mandado: elas não sa-
biam que os velhos estavam dentro escon-
didos.
19 E tanto que as donzelas saíram, levanta-
ram-se os dois velhos, e correram a ela, e lhe
disseram: 20 Eis aí estão fechadas as portas do
jardim, e ninguém nos vê, e nós ardemos em
paixão por ti: rende-te pois ao nosso desejo, e
entrega-te a nós: 21 porque se tu não quiseres,
daremos testemunho contra ti, dizendo que es-
tava contigo um mancebo, e que por isso des-
pediste de ti as donzelas.
22 Ao ouvir isto, deu Susana um grande ge-
mido, e disse: De todas as partes me vejo cer-
cada de angústias: porque se eu fizer o que
vós desejais, incorro na morte: e se o não fizer
não escaparei das vossas mãos. 23 Porém me-
lhor me é a mim cair entre as vossas mãos sem
cometer o mal, do que pecar na presença do
Senhor.
24 E imediatamente deu Susana um grande
grito: e os velhos também gritaram contra ela.
25 E um deles correu à porta do jardim e a
abriu. 26 Os criados da casa tendo pois ouvido
gritar no jardim, correram lá pela outra tra-
vessa com ímpeto para verem o que era. 27 E
depois que lhos disseram os velhos, ficaram os
criados sumamente envergonhados, porque
nunca tal coisa se tinha dito de Susana. E
amanheceu o dia seguinte.
28 E tendo vindo o povo à casa de Joaquim,
seu marido, vieram também os dois velhos,
cheios do iníqüo pensamento que tinham for-
mado contra Susana, para lhe fazerem perder
a vida. 29 E eles disseram diante do povo:
Mandai buscar a Susana, filha de Helcias, mu-
lher de Joaquim. E logo a mandaram buscar.
30 E ela veio acompanhada de seus pais e de
seus filhos e de todos os seus parentes. 31 Ora
Susana era por extremo delicada, e de uma
formosura extraordinária. 32 Então aqueles
iníqüos lhe mandaram descobrir o rosto (por-
que o tinha coberto com um véu) para se far-
tarem ao menos assim com a vista da sua be-
leza. 33 À vista pois deste caso choravam os
seus, e todos os que a conheciam.
34 Então aqueles dois velhos levantando-se
no meio do povo, puseram as suas mãos sobre
a cabeça de Susana. 35 A qual chorando levan-
tou os olhos ao céu: porque o seu coração ti-
nha uma firme confiança no Senhor. 36 E os
velhos disseram: Quando nós passeávamos sós
no jardim, entrou esta mulher com duas don-
zelas: e fechou as portas do jardim, e despe-
diu de si as donzelas. 37 E um mancebo, que
estava escondido, veio-lhe ao encontro, e pe-
cou com ela. 38 Ora nós, que estávamos então

a um canto do jardim, vendo esta maldade, corremos a eles, e os vimos estar a ambos neste ato. 39 E nós não pudemos na verdade apanhar o mancebo, porque era mais forte do que nós e tendo aberto a porta se salvou correndo: 40 mas tendo nós apanhado a esta, lhe perguntamos que mancebo era aquele, e ela não no-lo quis dizer. Deste sucesso somos nós testemunhas.

41 Todo o ajuntamento lhes deu crédito, como a velhos e a juízes do povo, e eles a condenaram à morte. 42 Então exclamou Susana mui de rijo, e disse: Deus eterno, que penetras as coisas escondidas, que conheces todas as coisas ainda antes que elas sejam feitas. 43 Tu sabes que eles deram contra mim um falso testemunho: e eis aqui morro, sendo que eu não fiz nada do que eles inventaram maliciosamente contra mim.

44 E escutou o Senhor a sua oração. 45 E quando a conduziam à morte, suscitou o Senhor o santo espírito de um moço ainda menino, cujo nome era Daniel. 46 e gritou em alta voz dizendo: Eu estou inocente do sangue desta mulher. 47 E tendo-se voltado para ele todo o povo, lhe disse: Que quer dizer essa palavra que tu acabas de proferir? 48 Daniel, pondo-se em pé no meio deles, disse: É possível, filhos de Israel, que sejais vós tão fátuos que sem forma de juízo, e sem mais informação da verdade, condenastes a uma filha de Israel? 49 Tornai a julgá-la de novo, porque eles disseram um falso testemunho contra ela.

50 Voltou pois o povo apressadamente, e os velhos disseram a Daniel: Vem, e assenta-te no meio de nós, e instrui-nos: porque Deus te deu a honra da velhice. 51 E Daniel disse aos do povo: Separai-os longe um do outro, e eu os julgarei.

52 Tendo sido pois separados um do outro, chamou Daniel um deles, e lhe disse: Homem inveterado no mal, os pecados que tu cometias noutro tempo, caíram agora sobre ti, 53 sobre ti que pronunciavas juízos injustos, que oprimias os inocentes, e que absolvias os culpados, apesar de dizer o Senhor: Tu não farás morrer o inocente e o justo. 54 Agora pois, se tu apanhaste esta mulher, dize debaixo de que árvore os viste tu falar um com o outro. Ele respondeu: Debaixo de um lentisco. 55 E Daniel lhe disse: Justamente é que a tua mentira vai a recair sobre a tua cabeça: porque eis aí o anjo de Deus, que tendo recebido dele o poder de executar a sentença contra ti proferida, te partirá pelo meio.

56 E feito retirar este, mandou que viesse o outro: e lhe disse: Raça de Canaã, e não de Judá, a formosura te seduziu, e a concupiscência te perverteu o coração. 57 Assim é que tu fazias às filhas de Israel, e elas por medo falavam convosco: mas a filha de Judá não sofreu a vossa iniqüidade. 58 Dize-me pois agora, debaixo de que árvore os apanhaste tu, quando se estavam falando. Respondeu ele: Debaixo de um carvalho. 59 E Daniel lhe disse: Justamente é também que a tua mentira vai a recair sobre a tua cabeça: porque o anjo do Senhor está esperando com a espada na mão, para te cortar pelo meio, e para vos matar a ambos.

60 Logo todo o povo gritou em altas vozes e bendisseram a Deus, que salva aos que esperam nele. 61 E eles se levantaram contra os dois velhos (porque Daniel os tinha convencido por sua própria boca de terem dado um testemunho falso) e lhes fizeram sofrer o mesmo mal que os dois tinham querido fazer a seu próximo, 62 para cumprirem a lei de Moisés: assim eles os mataram e o sangue inocente foi salvo naquele dia.

63 Então Helcias e sua mulher louvaram a Deus por Susana, sua filha, com Joaquim, seu marido, e com todos os parentes, por se não ter nela achado coisa que ofendesse a honestidade. 64 E Daniel desde este dia, e pelo decurso do tempo, se fez grande diante do povo.

65 E o rei Astyages foi posto junto a seus pais e recebeu Ciro persa o seu reino dele.

História de Bel

14 Daniel pois comia à mesa do rei, que o tinha elevado em honra sobre todos os seus amigos. 2 Ora entre os babilônios havia um ídolo chamado Bel: e com ele se gastavam todos os dias doze artabas da flor da farinha e quarenta ovelhas e seis ânforas de vinho. 3 O rei também adorava este ídolo e todos os dias o ia adorar: Daniel porém adorava o seu Deus. E o rei lhe disse: Por que não adoras tu a Bel?

4 Daniel lhe respondeu, dizendo: Porque eu não adoro os ídolos, que são feitos por mãos dos homens, mas sim o Deus vivo, que criou o céu e a terra e que tem debaixo do seu poder tudo o que tem vida. 5 E o rei lhe disse: Não te parece a ti que Bel é um deus vivente? Tu não vês como ele come e como bebe cada dia? 6 E Daniel lhe respondeu sorrindo-se: Ó rei, não te enganes: porque esse ídolo é de lodo por dentro e de metal por fora, e ele nunca comeu.

7 Então o rei todo irado chamou os sacerdotes de Bel, e lhes disse: Se vós me não disserdes quem é o que come tudo o que se gasta com Bel, morrereis. 8 Mas se vós mostrardes que Bel é quem come estas viandas, morrerá Daniel, porque blasfemou contra Bel. E Daniel disse ao rei: Faça-se segundo a tua palavra.

9 Ora os sacerdotes de Bel eram setenta, sem falar em suas mulheres, nas suas crianças, e em seus filhos. O rei, pois, foi com Daniel ao templo de Bel. 10 E os sacerdotes de Bel lhe disseram: Olha que nós saímos para fora: e tu, ó rei, faze pôr as viandas e dar o vinho e fecha a porta do templo e sela-a com o teu anel: 11 e quando entrares pela manhã, se não achares que Bel tem comido tudo, sem recurso algum morreremos, ou morrerá Daniel que mentiu contra nós. 12 Eles porém nada se lhes dava disto, porque tinham feito debaixo da mesa do altar uma entrada secreta, e sempre entravam por ali, e comiam tudo.

13 Logo pois que os sacerdotes saíram, fez o rei pôr as viandas diante de Bel, Daniel mandou aos seus criados que lhe trouxessem cinza, e ele a espalhou por todo o templo diante do rei, fazendo-a passar por um crivo: e ao sair fecharam a porta do templo: e tendo-a selado com o anel do rei se foram. 14 Mas os sacerdotes entraram de noite, segundo o seu costume, e suas mulheres, e filhos: e comeram e beberam tudo.

15 E o rei se levantou ao romper da manhã, e Daniel com ele. 16 E o rei lhe disse: Está inteiro o selo? Ele respondeu: Está inteiro, ó rei. 17 E logo o rei tendo aberto a porta, vendo a mesa sem nada, exclamou em alta voz dizendo: Tu és grande, ó Bel, e não há em ti engano algum. 18 E Daniel começou a rir: e deteve o rei para não passar mais adiante: e lhe disse: Vê este pavimento, considera de quem são estas pegadas. 19 E disse o rei: Eu vejo pegada de homens, e de mulheres, e de crianças. E se encheu de ira o rei.

20 Então mandou prender os sacerdotes, e suas mulheres, e filhos: e eles lhe mostraram as portinhas secretas, por onde entravam, e vinham comer tudo o que estava sobre a mesa. 21 O rei pois os mandou matar, e entregou o ídolo de Bel ao arbítrio de Daniel: que o destruiu a ele, e ao seu templo.

Daniel mata a serpente

22 Havia também naquele lugar um grande dragão, e os babilônios o adoravam. 23 E o rei disse a Daniel: Eis aí está que tu não podes dizer agora que este não seja um deus vivente: pois adora-o. 24 E Daniel lhe respondeu: Eu adoro o Senhor meu Deus: porque Ele é que é o Deus vivente: este porém não é deus vivente. 25 E tu, ó rei, dá-me licença, e eu matarei este dragão, sem espada, nem vara. E o rei lhe disse: Eu ta dou. 26 Daniel pois tomou um tanto de pez, e de gordura, e uns pêlos, cozeu tudo junto: e fez umas pelotas, e as meteu pela boca ao dragão, e o dragão arrebentou. E Daniel disse: Eis aí a quem vós adoráveis.

Daniel novamente no lago dos leões

27 Os babilônios, tendo sabido isto, se indignaram fortemente: e tendo-se ajuntado contra o rei, disseram: o rei está feito judeu: ele destruiu a Bel, ele matou o dragão, e fez tirar a vida aos sacerdotes. 28 Eles pois, tendo vindo ao palácio do rei, lhe disseram: Entrega-nos Daniel, se não nós te mataremos a ti, e a toda a tua casa. 29 Viu pois o rei que apertavam com ele fortemente: e constrangido da necessidade, lhes entregou Daniel. 30 Eles o lançaram no lago dos leões, e esteve ali seis dias. 31 Havia porém no lago sete leões, e cada dia se lhes davam dois corpos, e duas ovelhas: mas por então não lhos deram, a fim de que eles devorassem a Daniel.

32 Neste mesmo tempo estava o profeta Habacuc em Judéia, e este tinha feito um molho, e migado nele uns pães dentro de um caldeirãozinho: e ia levá-los ao campo aos ceifeiros que lá trazia. 33 Então disse o anjo do Senhor a Hababuc: Leva a Babilônia esse jantar que tens, para o dares a Daniel, que lá está no lago dos leões. 34 E Habacuc respondeu: Senhor, eu nunca vi Babilônia, e não sei onde é o lago.

35 Então o anjo do Senhor o tomou pelo alto da cabeça, e tendo-o pelos cabelos dela, o levou com apressada atividade do seu espírito até Babilônia, e o pôs sobre o lago. 36 E Habacuc gritou mui de rijo, dizendo: Servo de Deus, toma o jantar que Deus te mandou. 37 E Daniel respondeu: Ó Deus, tu te lembraste de mim, e não desamparaste os que te amam. 38 E levantando-se comeu Daniel. O anjo do Senhor, porém, restituiu logo Habacuc ao seu lugar.

O rei dá glória ao Senhor

39 Ao sétimo dia veio pois o rei para chorar a Daniel: E chegou-se ao lago, e olhou para dentro, e eis que vê a Daniel assentado no meio dos leões. 40 Então deu um grande grito o rei, dizendo: Tu és grande, ó Senhor Deus de Daniel. E fê-lo tirar do lago dos leões. 41 Ao mesmo tempo fez lançar no mesmo lago aos que tinham maquinado a sua perdição, e foram devorados diante dele num momento. 42 Então disse o rei: Todos os que habitam em toda a terra, reverenciem com temor o Deus de Daniel: porque esse é o Salvador, que faz prodígios, e maravilhas sobre a terra: o que livrou a Daniel do lago dos leões.

OSÉIAS

Título

1 Palavra do Senhor, que foi dirigida a Oséias, filho de Beeri, nos dias de Oséias, de Joatan, de Acaz, de Ezequias, rei de Judá, e nos dias de Jeroboão, filho de Joás, rei de Israel.

I. ISRAEL, ESPOSA INFIEL DE DEUS

Casamento de Oséias

2 Principiou o Senhor a falar em Oséias: e disse o Senhor a Oséias: Vai, toma por tua mulher a uma pública meretriz, e tem dela filhos, que te nasçam de uma mulher que foi meretriz: porque a terra deixará o Senhor, entregando-se com excesso à impureza. 3 E foi, e tomou Oséias por sua mulher a Gomer, filha de Debelaim: e ela concebeu, e lhe pariu um filho. 4 E o Senhor disse a Oséias: Chama-o pelo nome de Jezrael: porque ainda há de passar um pouco de tempo, e eu visitarei o sangue de Jezrael sobre a casa de Jéu, e farei cessar o reino da casa de Israel, 5 e naquele dia quebrarei eu o arco de Israel no vale de Jezrael.

6 E concebeu outra vez Gomer, e deu à luz uma filha. E o Senhor disse a Oséias: Chama-lhe pelo seu nome Sem-Misericórdia: porque eu me não tornarei mais a compadecer da casa de Israel, antes apagá-los-ei inteiramente da minha memória. 7 Pelo contrário, eu me compadecerei da casa de Judá, e eu os salvarei no Senhor seu Deus: e salvá-los-ei não pelo arco, nem pela espada, nem pela guerra, nem pelos cavalos, nem pelos cavaleiros.

8 E desmamou Gomer a sua filha, que se chamava Sem-Misericórdia. E concebeu terceira vez e pariu um filho. 9 E o Senhor disse a Oséias: Chama-lhe pelo seu nome Não-Meu-Povo: porque vós não sois já meu povo e eu não serei mais vosso.

10 O número dos filhos de Israel contudo será como a areia do mar, que é sem medida, nem terá conto. E acontecerá que no lugar onde se lhes disse: Vós não sois já meu povo, se lhes dirá: Vós sois os filhos do Deus vivente. 11 Então os filhos de Judá, e os filhos de Israel se ajuntarão num corpo: e constituirão sobre si um mesmo chefe, e eles se elevarão da terra: porque grande é o dia de Jezrael.

2 Dizei a vossos irmãos: Vós sois o meu povo; e a vossa irmã: Tu alcançaste misericórdia. 2 Julgai a vossa mãe, julgai-a: porque ela não é mais minha esposa, nem eu seu esposo; tire ela as suas fornicações da sua face, e os seus adultérios do meio de seus peitos. 3 Para que não suceda que eu a despoje ficando ela nua, e a torne ao mesmo estado em que ela se viu no dia do seu nascimento: e a reduza como a uma solidão, e a mude numa como terra sem caminho, e a mate à sede.

Castigo da esposa infiel

4 E eu me não compadecerei de seus filhos: porque são uns filhos de prostituição: 5 porque sua mãe se prostituiu, aquela que os concebeu foi desonrada: porque disse: Eu irei após os meus amantes que me dão pães, e as minhas águas, a minha lã, e o meu linho, o meu azeite, e a minha bebida. 6 Por isso eis aqui estou eu em termos de te fechar o caminho com uma sebe de espinhos, e fechá-lo-ei com um montão de pedras, e ela não achará as suas veredas. 7 E irá em seguimento de seus amantes, e lhes não poderá chegar: e ela os buscará, e os não achará, e dirá: Irei, e voltarei para meu primeiro marido: porque então passava eu melhor do que agora.

8 E ela não soube que eu fui o que lhe dei o trigo, e o vinho, e o azeite, e o que lhe multipliquei a prata, e o ouro, que ofereceram a Baal. 9 Por isso mudarei eu agora de procedimento a seu respeito, e tomarei o meu trigo a seu tempo, e o meu vinho a seu tempo, e livrarei a minha lã e o meu linho, que cobriam a sua ignomínia.

10 E eu descobrirei agora a sua loucura aos olhos de seus amantes: e não haverá homem que a possa tirar da minha mão: 11 e farei cessar todos os seus cânticos de alegria, os

seus dias solenes, as suas luas nova, o seu sábado, e todas as suas festas do ano. 12 E destruirei as suas vinhas, e as suas figueiras, de que ela disse: Estas sãos as minhas recompensas, que me deram meus amantes: e eu a reduzirei a um matagal, e devorá-la-á a alimária do campo. 13 E eu virei sobre ela com a minha visita para a castigar pelos dias de Baalim, nos quais ela lhe queimava incenso, e se enfeitava com as suas arrecadas, e com os seus colares, e ia após os seus amantes, e se esquecia de mim, diz o Senhor.

14 Portanto, eis aqui estou eu que a atrairei docemente a mim, e levarei à soledade: e lhe falarei ao coração. 15 E eu lhe darei seus vinhateiros do mesmo lugar, e o vale de Acor, para entrar em esperança: e ali cantará ela cânticos, como nos dias da sua juventude, e como nos dias em que fez a sua saída da terra do Egito.

Conversão da esposa

16 E acontecerá isto naquele dia, diz o Senhor: Ela me chamará: Meu homem: e não me chamará mais, Baali. 17 E eu tirarei da sua boca os nomes de Baal, e ela se não lembrará mais dos nomes deles. 18 E farei aliança entre eles naquele dia, com as alimárias do campo, e com as aves do céu, e com os reptis da terra: e tirarei o arco, e a espada, e a guerra de cima da terra: e eu os farei dormir com toda a segurança. 19 Então me desposarei eu contigo para sempre: e me desposarei contigo em justiça, e juízo, e em misericórdia, e em comiserações. 20 E me desposarei contigo com uma inviolável fidelidade: e saberás que eu sou o Senhor.

21 E acontecerá isto naquele dia: Eu escutarei, diz o Senhor, eu escutarei os céus, e eles escutarão a terra. 22 E a terra escutará ao trigo, e ao vinho, e ao azeite: e estas coisas escutarão a Jezrael. 23 E semeá-la-ei para mim na terra, e eu me compadecerei daquela que se chamava Sem-Misericórdia. 24 E direi ao que se chamava Não-Meu-Povo: Tu és o meu povo: e ele me dirá: Tu és o meu Deus.

Amor à esposa infiel

3 E o Senhor me disse: Vai ainda, e ama a uma mulher amada de seu amigo e adúltera: assim como o Senhor ama os filhos de Israel, ainda quando eles põem os olhos nuns deuses estrangeiros, e gostam do bagaço das uvas. 2 Eu pois comprei esta mulher por quinze siclos de prata, e por coro e meio de cevada. 3 Então lhe disse eu: Tu me esperarás largos dias: durante os quais não fornicarás, nem serás para homem algum: e também eu te esperarei a ti: 4 porque os filhos de Israel estarão por muitos dias sem rei, e sem príncipe, e sem sacrifício, e sem altar, e sem efod, e sem terafins: 5 e depois disto tornarão os filhos de Israel, e buscarão ao Senhor seu Deus, e a Davi seu rei: e no fim dos dias olharão eles com respeitoso temor para o Senhor, e para os bens que Ele lhes terá feito.

II. CENSURAS E AMEAÇAS

Corrupção, por culpa dos chefes espirituais

4 Ouvi a palavra do Senhor, filhos de Israel, porque o Senhor vai a entrar em juízo com os habitantes da terra: porque na terra não há verdade, nem há misericórdia, nem há conhecimento de Deus. 2 A maldição, e a mentira, e o homicídio, e o furto, e o adultério inundaram, e eles têm cometido mortes sobre mortes. 3 Por isso a terra chorará, e todo o que nela habita cairá em desfalecimento, com a alimária do campo, e com as aves do céu: e até os peixes do mar serão compreendidos nesta ruína.

4 Todavia, ninguém se meta a ser juiz neste particular: nem pessoa alguma se repreenda: porque o teu povo é como aqueles que contradizem ao sacerdote. 5 Por isso tu perecerás hoje, e também perecerá contigo o profeta: eu uma noite reduzi tua mãe a ficar em silêncio. 6 O meu povo se calou, porque não teve ciência: porque tu rejeitaste a ciência, também eu rejeitarei a ti, para não exercer as funções do meu sacerdócio: e pois tu te esqueceste da lei do teu Deus, também eu me esquecerei de teus filhos.

7 À proporção do número que deles se multiplicou, assim multiplicaram os seus pecados contra mim: eu mudarei a sua glória em ignomínia. 8 Eles comerão dos pecados do meu povo, e levantarão as suas almas a imitar a iniqüidade deles. 9 Portanto o sacerdote será tratado do mesmo modo como o povo: e irei sobre ele com a minha visita para castigar os seus caminhos, e dar-lhe-ei a recompensa dos seus pensamentos. 10 E eles comerão, e não ficarão fartos: eles se entregaram à devassidão, e não cuidaram de se retirar dela: porque eles deixaram o Senhor, não guardando a sua lei.

11 A fornicação, e o vinho, e a embriaguez lhes fazem perder o sentido. 12 O meu povo consultou um pedaço de pau, e o seu bordão lhe predisse as coisas: porque o espírito da fornicação os enganou, e eles se prostituíram

deixando ao seu Deus. 13 Eles sacrificavam
sobre os cumes dos montes, e queimavam os
perfumes sobre os outeiros: como também debaixo dos carvalhos, e debaixo dos choupos,
e debaixo dos terebintos, porque lhes era agradável a sua sombra: por isso vossas filhas se
darão à fornicação, e vossas esposas serão
adúlteras. 14 Eu não irei com a minha visita
sobre as vossas filhas, quando se prostituírem,
nem sobre as vossas esposas, quando adulterarem, porque eles tinham trato com as meretrizes, e sacrificavam com os afeminados, e o
povo sem entendimento será castigado.

15 Se tu, ó Israel, te entregas à prostituição,
ao menos não peque Judá: e não vades a Galgada, e não subais a Betavan, nem jureis dizendo: Vive o Senhor. 16 Porque Israel se
desencaminhou, como uma vaca que não pode
sofrer o jugo: agora os apascentará o Senhor,
como a um cordeiro numa dilatada campina.

17 Efraim participante dos ídolos, larga-o.
18 Os seus banquetes são separados dos vossos, eles se engolfaram na fornicação: os que
o deviam proteger, foram os que se deram por
bem pagos em o cobrir de ignomínia. 19 O vento o levou atado sobre as suas asas, e eles
serão confundidos pelos seus sacrifícios.

Contra os príncipes e sacerdotes

5 Ouvi isto, ó sacerdotes, e atendei, ó casa de
Israel e escutai, ó casa do rei: porque sobre
vós se vai a exercer o juízo, porque antes vós
vos viestes a fazer para aqueles sobre que devíeis vigiar um laço, e uma rede estendida
sobre o Tabor. 2 E vós fizestes que as vítimas
caíssem no profundo: eu porém sou o mestre
de todos eles.

3 Eu conheço a Efraim, e Israel não me foi
encoberto: porque agora fornicou Efraim,
contaminou-se Israel. 4 Eles não aplicarão os
seus cuidados a voltar para o seu Deus: porque o espírito das fornicações está no meio
deles, e porque não conheceram o Senhor. 5 E
a arrogância de Israel se verá pintada na sua
face: Assim Israel, como Efraim, precipitar-se-ão pela sua iniqüidade, Judá cairá por
terra também com eles. 6 Eles andarão em
busca do Senhor pelos sacrifícios dos seus rebanhos, e das suas manadas, e eles o não acharão: Ele se retirou deles. 7 Eles prevaricaram
contra o Senhor, porque geraram os filhos
bastardos: agora serão consumidos dentro de
um mês, eles e tudo o que possuem.

8 Soai com a buzina em Gabaa, fazei retinir
a trombeta em Rama: dai berros em Betaven,
tu, Benjamim, faze ouvir os teus por detrás de
ti. 9 Efraim será em desolação no dia do castigo: eu mostrei nas tribos de Israel a fidelidade da minha palavra. 10 Os príncipes de
Judá obraram como uma gente que não cuida
senão em estender as suas terras: eu derramarei sobre eles a minha ira como uma torrente.

11 Efraim padece calúnia, oprimido de juízos: porque ele começou a se deixar ir após as
suas imundícies. 12 E eu me fiz para Efraim
como a traça: e para a casa de Judá como a
podridão. 13 E viu Efraim a sua fraqueza,
e Judá as suas cadeias: e Efraim recorreu a
Assur, e Judá buscou um rei que fosse o seu
vingador: mas ele não poderá curar-vos, nem
poderá desatar as vossas cadeias. 14 Porque
eu serei para Efraim como uma leoa, e para a
casa de Judá como um leãozinho: eu, eu mesmo irei tomar a minha presa, e abalarei com
ela: eu a levarei, e não há quem ma arranque
das mãos. 15 Partindo depois voltarei para o
lugar onde habito: até que vós caiais na última miséria, e busqueis a minha face.

Arrependimento efêmero e superficial

6 Eles, vendo-se na sua tribulação, dar-se-ão
pressa a recorrer a mim: Vinde, e tornemo-nos para o Senhor: 2 porque Ele é o que nos
cativou, e o que nos sarará: Ele o que nos
feriu, e o que nos curará. 3 Ele nos dará a vida
em dois dias: ao terceiro dia ele nos ressuscitará, e nós viveremos na sua presença. Nós
entraremos na ciência do Senhor, e o seguiremos, a fim de o conhecermos: a sua saída está
aparelhada como a da aurora, e Ele descerá
sobre nós como a chuva temporã e seródia costuma vir sobre a terra.

4 Que te farei eu, ó Efraim? Que te farei, ó
Judá? A vossa misericórdia não teve mais duração que as nuvens da manhã, e que o orvalho transitório da madrugada. 5 Por isso é que
os tratei duramente pelos meus profetas, eu os
matei pelas palavras da minha boca: e os juízos que eu exercitarei sobre ti, sairão tão claros como a mesma luz. 6 Porque o que eu
quero é a misericórdia e não o sacrifício, e a
ciência de Deus mais que os holocaustos.
7 Mas eles como Adão quebraram o pacto, que
tinham feito comigo; no mesmo culto que me
davam prevaricaram contra mim. 8 Galaad é
uma cidade dos artífices dos ídolos, toda inundada de sangue. 9 E como as faces dos homens
ladrões, ela se acha cúmplice com os sacerdotes, que matam no caminho aos que vão de
Siquém: pois obraram a maldade.

10 Eu vi na casa de Israel uma coisa horrenda: Ali se acham as fornicações de Efraim:
Israel se vê contaminado. 11 Mas tu também,
ó Judá, prepara-te para seres ceifado, até que
eu torne a trazer o meu povo do cativeiro.

Corrupção dos reis e dos grandes

7 Quando eu queria curar a Israel, se fez pa-
tente a iniqüidade de Efraim, e a malícia
de Samaria, pelas obras de mentira que fize-
ram: por isso o roubador veio para os des-
pojar por dentro, e o ladrão formigueiro por
fora. 2 E porque talvez não digam nos seus
corações que eu me lembrei de toda a malícia
deles: agora os cercaram para castigo outras
invenções do seu capricho, as que têm sido
cometidas diante da minha face.
3 Eles alegraram ao rei com a sua malícia:
e aos príncipes com as suas mentiras. 4 Todos
eles são uns adúlteros, semelhantes a um for-
no aceso pelo forneiro: cessou um poucochi-
nho a cidade da mistura do fermento, até que
a massa se levedou toda. 5 Este é o dia do
nosso rei: os príncipes começaram a enfure-
cer-se com o vinho: o rei estendeu a sua mão
com os ilusores. 6 Quando eles pois lhe armava
um laço, lhe descobriram eles o seu coração,
como um forno: toda a noite dormiu o que os
cozia, pela manhã ele mesmo apareceu todo
esbraseado como fogo de chama. 7 Todos eles
aqueceram como um forno, e devoraram os
seus juízes juntamente com eles: todos os seus
reis caíram: não há entre eles um só que cla-
me a mim.

Alianças funestas

8 Efraim se misturava em pessoa com os
povos: Efraim se fez como um pão que se
coze debaixo da cinza, que não se volta de uma
para outra parte. 9 Os estrangeiros comeram-
-lhe a força, e ele o não sentiu: os seus ca-
belos também se fizeram ainda todos brancos,
e ele o não percebeu. 10 E a soberba de Israel
à vista dele mesmo será humilhada: e eles não
se voltaram para o Senhor seu Deus, nem o
buscaram em todos estes males. 11 E se tor-
nou Efraim como uma pomba enganada sem
ter inteligência: eles chamavam o Egito, eles
foram buscar os assírios. 12 Mas depois que
forem, eu estenderei sobre eles a minha rede:
eu os farei cair como uma ave do céu, eu os
ferirei na conformidade do que eles têm ouvi-
do nos seus congressos.
13 Ai deles, porque se retiraram de mim!
Eles serão a presa de seus inimigos, porque
prevaricaram contra mim: e eu os resgatei: e
eles publicaram mentiras contra mim. 14 E
não clamaram a mim do fundo do seu coração,
mas uivavam nos seus leitos. Eles não medi-
tavam senão como haviam de ter muito trigo
e vinho, eles se retiraram de mim. 15 E eu os
instruí, e lhes reforcei os braços: mas eles pen-
saram contra mim a malícia. 16 Eles quiseram
de novo sacudir o jugo: fizeram-se como um
arco doloso. Cairão mortos à espada os prín-
cipes deles pelo furor da sua língua. Isto os
tornará objeto de mofa na terra do Egito.

Castigos

8 Soe na tua garganta uma trombeta estri-
dente como o grito da águia sobre a casa
do Senhor: pelo motivo de que transgrediram
o meu pacto, e quebrantaram a minha lei.
2 Eles me invocarão dizendo: Meu Deus, nós o
povo de Israel te conhecemos.
3 Israel rejeitou o bem, o inimigo o perse-
guirá. 4 Eles reinaram por si mesmos e não
por mim: eles foram príncipes e eu não os
conheci: eles fabricaram para si ídolos da
sua prata e do seu ouro, para se perderem.
5 O novilho que tu adoravas, ó Samaria, foi
lançado por terra, o meu furor se acendeu
contra eles: até quando se não poderão eles
purificar? 6 Porque de Israel é que veio este
ídolo: um artífice o fabricou, e ele não é Deus:
porque o novilho de Samaria se tornará tão
frágil como as teias das aranhas.
7 Porque eles semearão vento e segarão tor-
velinho: não há nele espiga direita, o seu grão
não dará farinha: e se der alguma, comê-la-ão
os estrangeiros. 8 Israel foi devorado: agora é
ele tratado entre as nações como um vaso
imundo. 9 Porque eles recorreram a Assur,
que é como um asno silvestre que anda pela
solidão senhor de si: os de Efraim deram pre-
sentes aos seus amantes. 10 Mas ainda depois
que eles tiverem comprado bem caro o so-
corro das nações, eu os levarei então todos
juntos: e eles serão descarregados por algum
tempo dos tributos que pagavam ao rei e aos
príncipes.
11 Porque Efraim multiplicou os altares
para pecar: as aras se tornaram para ele em
delito. 12 Eu lhe tinha prescrito um grande
número de leis minhas, que foram reputadas
como estranhas. 13 Eles me oferecerão hós-
tias, eles me imolarão vítimas e lhes comerão
a carne e o Senhor não as receberá: então se
lembrará da sua iniqüidade e visitará os seus
pecados: eles se voltarão para o Egito. 14 E
Israel se esqueceu do seu Criador, e edificou
novos templos: Judá também multiplicou as
suas cidades fortificadas: mas eu enviarei um
fogo sobre as suas cidades e este devorará os
seus palácios.

Deportação de Israel

9 Não te alegres, Israel, não exultes como os
povos: porque tu abandonaste a teu Deus,
amaste a recompensa sobre todas as eiras de
trigo. 2 A eira e o lagar os não sustentará,

nem o vinho corresponderá à sua esperança. 3 Eles não habitarão na terra do Senhor: Efraim se tornou para o Egito e ele comeu viandas imundas entre os assírios. 4 Eles não farão libações de vinho ao Senhor, nem elas lhe serão agradáveis: os seus sacrifícios serão como o pão que se come nos funerais: todos os que comerem dele, ficarão contaminados: porque sendo o seu pão para a vida deles mesmos, não terá entrada na casa do Senhor. 5 Que fareis vós no dia solene, no dia da festa do Senhor? 6 Porque eis aí escaparam eles da desolação: o Egito os congregará. Mênfis os sepultará: quanto à prata que eles cobiçaram a urtiga a herdará, crescerão os espinhos nas suas casas.

7 Chegaram os dias da visita, chegaram os dias de retribuição: sabe, Israel, que os teus profetas são uns loucos, que os teus espirituais são uns homens insensatos, por causa da multidão da tua iniqüidade e do excesso da tua amência: 8 O sentinela de Efraim para com o meu Deus: o profeta se tornou em laço para ruína sobre todos os seus caminhos, em loucura na casa de seu Deus. 9 Eles pecaram profundamente, como nos dias de Gabaa: o Senhor se lembrará da sua iniqüidade: e visitará os seus pecados.

10 Eu achei a Israel, como uns cachos de uvas, que se acham no deserto: eu vi a seus pais, como os primeiros frutos da figueira que aparecem no cimo dela: mas eles entraram em Beelfegor, e se alienaram de mim, para se cobrirem de confusão, e se tornaram abomináveis, como as coisas que amaram. 11 A glória de Efraim voou como uma ave, seus filhos morreram à nascença, ou no ventre de suas mães, ou no momento em que foram concebidos. 12 Mas ainda quando eles tenham criado alguns filhos, eu farei com que fiquem sem filhos entre os homens: e também ai deles quando eu me apartar deles.

13 Efraim, pelo que vi, era outra Tiro fundada em formosura: mas Efraim levará seus filhos ao que lhes há de tirar a vida. 14 Dá-lhes, Senhor. Que lhes darás? Dá-lhes um ventre estéril, e uns peitos secos.

15 Toda a sua malícia apareceu em Galgal, porque ali é que lhes concebi aversão: eu os lançarei fora da minha casa por causa da malícia das invenções do seu capricho: eu não lhes tornarei mais a ter amor, todos os seus príncipes são apóstatas. 16 Efraim foi ferido, a raiz deles se secou: eles não darão mais fruto. E se ainda eles tiverem filhos, matarei aos mais queridos de suas entranhas. 17 O meu Deus os rejeitará, porque eles o não ouviram: e eles andarão errantes entre as nações.

Destruição do culto idolátrico

10 Israel era uma vide frondosa, o fruto lhe correspondeu à medida; segundo a multidão do seu fruto multiplicou os seus altares; à proporção da fertilidade da sua terra abundou em simulacros. 2 Dividiu-se o seu coração, agora perecerão: o Senhor vai a quebrar os seus simulacros, a deitar abaixo os seus altares. 3 Agora pois dirão eles: Nós não temos rei: porque não tememos o Senhor: e que nos fará o rei? 4 Falai palavras de visão inútil, e fazei aliança: e o juízo como erva amarga brotará sobre os regos do campo.

5 Os habitantes de Samaria adoraram as vacas de Betaven: porque o povo que adorava este ídolo chorou sobre ele, como também os guardas do seu templo a seu respeito exultaram na sua glória, porque esta lhes foi transferida para fora do seu país. 6 Porquanto ele também foi levado a Assur, como um presente ao rei vingador: a confusão se apoderará de Efraim, e ficará envergonhado Israel por haver seguido o seu capricho. 7 Samaria fez desaparecer o seu rei, como uma escuma, que se levanta sobre a superfície da água. 8 E os altos consagrados ao ídolo, que fazem o pecado de Israel, serão desfeitos: sobre os seus altares crescerão espinhos e abrolhos: e os filhos de Israel dirão aos montes: Cobri-nos: e aos outeiros: Caí sobre nós.

Devastação

9 Desde os dias de Gabaa não fez Israel mais que pecar, nisso têm eles perseverado: não os apanhará a peleja como quando eles combateram em Gabaa contra os filhos da iniqüidade. 10 Eu os castigarei à medida do meu desejo: quando eles assim forem punidos por causa das suas duas iniqüidades, se ajuntarão contra eles os povos. 11 Efraim é como uma novilha acostumada a gostar da debulha, mas eu passei por cima da formosura do seu pescoço: montarei sobre Efraim, Judá lavrará, Jacó abrirá os seus regos.

12 Semeai para vós na justiça, e segai na boca da misericórdia, alqueivai os vossos pousios: o tempo porém de buscar o Senhor, será quando tiver vindo aquele que vos há de ensinar a justiça. 13 Vós arastes a impiedade, segastes e iniqüidade, comestes o fruto da mentira: porque tu confiaste nos teus caminhos, na multidão dos teus valentes. 14 Levantar-se-á tumulto no teu povo: e todas as tuas fortificações serão destruídas, como foi destruído Salmana pela casa do que julgou a Baal no dia da peleja, esmagada a mãe sobre os filhos. 15 Assim vos fez Betel à vista da malícia das vossas perversidades.

O amor incansável de Deus prevalecerá

11 O rei de Israel passou, como passou sempre uma manhã. Portanto Israel era menino, e eu o amei, e chamei do Egito a meu filho. 2 Mas quanto mais os meus profetas os chamaram, tanto mais eles se retiraram da sua presença: eles imolavam a Baal, e sacrificavam aos ídolos. 3 Entretanto eu, como o aio de Efraim, os trazia nos meus braços: e eles não conheceram que eu era o que cuidava deles. 4 Eu os atraí com as cordas com que se atraem os homens, com as prisões da caridade: e serei para eles como quem tira o jugo de cima dos seus queixos: e eu lhes fiz baixar o mantimento, para que comessem.

5 Ele não voltará para a terra do Egito, antes o mesmo Assur será seu rei: porquanto eles não quiseram converter-se. 6 A espada começou a desembainhar-se nas suas cidades e ela consumirá os seus escolhidos e devorará os seus cabeças. 7 E o meu povo estará suspenso esperando que eu torne: mas ser-lhes-á imposto ao mesmo tempo um jugo, que lhes não será tirado.

8 Como te tratarei eu, ó Efraim? tomar-te-ei debaixo da minha proteção, ó Israel? Pois abandonar-te-ei eu, como a Adama? Exterminar-te-ei eu, como a Seboim? O meu coração está comovido dentro de mim mesmo, acha-se abalado juntamente o meu arrependimento. 9 Eu não desafogarei todo o furor da minha ira: não me voltarei para acabar de uma vez com Efraim: porque eu sou seu Deus, e não um homem: eu sou o santo no meio de ti e não entrarei nas tuas cidades.

10 Eles andarão após o Senhor, que rugirá como um leão: porquanto Ele mesmo rugirá e os filhos do mar tremerão de medo. 11 E voarão do Egito como uma ave e da terra dos assírios como uma pomba: e eu os estabelecerei em suas casas, diz o Senhor.

12 Efraim me cercou na mentira, e a casa de Israel no engano: Judá porém se conduziu com Deus e com os santos, como uma testemunha fiel.

Culpabilidade dos filhos de Jacó

12 Efraim apascenta o vento e segue a calma: ele todos os dias ajunta mentira sobre mentira e destruição sobre destruição: e fez liga com os assírios e levava o seu azeite ao Egito.

2 O juízo pois do Senhor será com Judá e a sua visita virá sobre Jacó: Ele tornará conforme os seus caminhos e conforme as invenções do seu capricho. 3 Jacó deu sancadilha no ventre de sua mãe a seu irmão: e na sua fortaleza lutou com um anjo. 4 E prevaleceu contra o anjo e foi esforçado: ele chorou, e lhe fez suas rogativas: ele achou a Deus em Betel e ali falou conosco. 5 Portanto o Senhor Deus dos exércitos, este Senhor ficou sempre na sua memória. 6 E tu converter-te-ás ao teu Deus: guarda a misericórdia e a justiça e espera sempre no teu Deus.

7 Canaã, em cuja mão está uma balança enganosa, amou a calúnia. 8 Efraim disse: Eu todavia cheguei a ser rico, tenho adquirido para mim um ídolo: todas as minhas fadigas me não poderão lançar em rosto iniqüidade alguma, que eu haja cometido.

9 E eu, o Senhor teu Deus, que te tirei da terra do Egito, deixar-te-ei repousar ainda nas tuas tendas, como nos dias de festa. 10 Também sou o que te falei pelos profetas e eu lhes multipliquei as visões: e pela mão dos mesmos profetas fui representado debaixo de diferentes figuras. 11 Se há ídolo em Galaad, logo debalde havia quem sacrificasse aos bois em Galgal: porque até os seus altares se acham como os montões de pedras sobre os regos do campo.

12 Jacó fugiu para a região da Síria e serviu Israel para ter mulher e para ter mulher guardou o gado. 13 E o Senhor fez sair a Israel do Egito pelo profeta: e Ele o conservou pelo profeta. 14 Efraim me provocou a ira dando-me os seus motivos de amargura, mas o seu sangue virá sobre ele e o seu Senhor lhe tornará o seu opróbrio.

Extermínio dos culpados

13 Ao falar Efraim, ficou Israel tomado de horror, mas ele delinqüiu adorando a Baal e morreu. 2 E agora tem eles acumulado pecados sobre pecados: e fizeram para si estátuas da sua prata como à semelhança dos ídolos, o que tudo é obra de artífices: a estes dizem eles: Homens que adorais os bezerros, vinde sacrificar-lhes. 3 Por isso eles serão como a nuvem da manhã e como o orvalho da manhã que logo passa, como o pó arrebatado da eira pelo torvelinho e como o fumo de uma chaminé.

4 Eu porém sou o Senhor teu Deus, que te tirei da terra do Egito: e tu não conhecerás outro Deus fora de mim e não há salvador senão eu. 5 Eu tive cuidado de ti no deserto, numa terra de esterilidade. 6 Eles se encheram e se fartaram à proporção das suas pastagens: e levantaram o seu coração e se esqueceram de mim.

7 E eu serei para eles como uma leoa, como
um leopardo no caminho da Assíria. 8 Eu lhes
sairei ao encontro, como uma ursa a quem
roubaram os seus cachorros, e eu lhes rasga-
rei as entranhas até lhes chegar ao fígado: e
os consumirei ali como um leão, as alimárias
do campo os atassalharão.
9 A tua perdição, ó Israel, toda vem de ti:
só em mim está o teu auxílio. 10 Onde está o
teu rei? Ele te salve agora mais que nunca em
todas as tuas cidades: e salvem-te os teus go-
vernadores, de quem tu disseste: Dá-me rei, e
príncipes. 11 Eu te dei um rei no meu furor
e eu to tirarei na minha indignação.
12 Todas as iniqüidades de Efraim estão ata-
das juntas, o seu pecado está guardado em
segredo. 13 Sobre ele virão as dores, como de
uma mulher que está para parir: ele é um
filho insensato: pois não prevalecerá agora no
desbarato de seus filhos.
14 Eu os livrarei do poder da morte! Eu os
resgatarei da morte! Ó morte, eu serei a tua
morte! Ó inferno, eu serei a tua mordedura!
A consolação está escondida de meus olhos.
15 Porque ele separará os irmãos uns dos
outros: o Senhor fará vir um vento abrasador,
que se levantará do deserto: e secará os rega-
tos dele, e fará estancar as suas matrizes, e
ele roubará o tesouro de todos os seus vasos
apetecíveis.

14 Pereça Samaria, porque concitou seu
Deus e amargurar-se: pereçam aos fios
da espada, sejam machucados seus tenros
infantes, e sejam fendidas pelo ventre as suas
prenhadas.

Conversão sincera de Israel e promessa de salvação

2 Converte-te, ó Israel, ao Senhor teu Deus:
porque pela tua iniqüidade é que caíste. 3 To-
mai convosco humildes palavras, e convertei-
-vos ao Senhor: e dizei-me: Tira-nos todas as
nossas iniqüidades, recebe este bem: e nós
te ofereceremos novilhos em sacrifício com os
louvores dos nossos lábios. 4 Assur não nos
salvará, nós não montaremos em cavalos, nem
diremos jamais: Os nossos deuses são as obras
das nossas mãos: porque tu te compadecerás
daquele pupilo que descansa em ti.
5 Eu curarei as suas chagas, amá-los-ei por
um puro efeito do meu beneplácito: porque o
meu furor se tem apartado deles. 6 Eu serei
como um orvalho, Israel brotará como a açu-
cena, e a sua raiz romperá em lançamento,
como as plantas do Líbano. 7 Estender-se-ão
os seus ramos, e a sua glória será como a
oliveira: e o seu cheiro, como o do Líbano.
8 Eles virão repousar debaixo da sua sombra:
viverão de trigo, e deitarão os seus renovos,
como uma vinha: a sua nomeada rescenderá
como o vinho do Líbano. 9 Depois disto dirá
Efraim: Que tenho eu mais com os ídolos?
Eu o escutarei e eu o farei crescer para cima
como a uma viçosa faia: de mim virá o achar-
-se em ti o teu fruto.

Epílogo

10 Quem é o sábio, e o que entenderá estas
maravilhas? Quem o inteligente, e o que sabe-
rá estas coisas? Porque os caminhos do Senhor
são direitos, e neles andarão os justos: os pre-
varicadores porém cairão neles.

JOEL

Título

1 Palavra do Senhor que foi dirigida a Joel,
filho de Fatuel.

I. LITURGIA PARA TEMPOS DE CALAMIDADE

Praga de gafanhotos

2 Ouvi isto, velhos, e vós todos os habitan-
tes da terra, aplicai os vossos ouvidos: Se
aconteceu coisa como esta em vossos dias, ou
nos dias de vossos filhos, e vossos filhos a
seus filhos, e os filhos destes à outra geração.
4 O gafanhoto comeu o que tinha ficado da
lagarta, e o brugo comeu o que tinha ficado
do gafanhoto, e a ferrugem comeu o que tinha
ficado do brugo.

5 Espertai-vos, embriagados, e chorai, e ui-
vai, todos os que pondes as vossas delícias em
beber do vinho: porque ele foi tirado da vossa
boca. 6 Porque um povo forte e inumerável
veio sobre a minha terra: os seus dentes são
como os dentes de um leão: e os seus queixais
como os de cachorro de leão. 7 Este povo re-
duziu a minha vida a um deserto, e tirou a
casca à minha figueira: ele a despojou des-
pindo-a toda, e a lançou por terra: os seus
ramos se fizeram brancos.

8 Chora como uma mulher moça vestida de
saco para chorar a morte do marido, com quem
se tinha desposado na sua puberdade. 9 Pere-
ceu da casa do Senhor o sacrifício e a libação;
os sacerdotes ministros do Senhor choraram.
10 Todo o país está devastado, chorou a terra:
porque o trigo se perdeu, o vinho se turvou, o
azeite faltou. 11 Os lavradores estão confusos,
os vinhateiros uivaram sobre o trigo, e a ceva-
da, porque se perdeu a messe do campo. 12 A
vinha não vingou, e a figueira se secou: as ro-
meiras, e as palmeiras, e as macieiras, e todas
as árvores do campo secaram: por cujo motivo
esmoreceu a alegria dos filhos dos homens.

Luto e penitência

13 Cingi-vos, sacerdotes, e chorai, dai uivos,
ministros do altar! Entrai, deitai-vos no saco,
ministros do meu Deus: porque da casa do
vosso Deus faltou o sacrifício, e a libação.
14 Santificai um jejum, convocai a assembléia,
congregai os anciãos, todos os habitantes do
país para a casa do vosso Deus: e clamai ao
Senhor. 14 Ai, ai, ai, que dia! Porque o dia
do Senhor está perto, e virá uma como asso-
lação da parte do Poderoso. 16 Acaso não têm
diante de vossos olhos faltado da casa do nos-
so Deus os alimentos, a alegria, e o regozijo?
17 Os animais apodreceram entre os seus es-
tercos, os celeiros foram destruídos, os arma-
zéns arruinados: porque se perdeu o trigo.

18 Por que gemeu o animal, berraram os
bois da manada? Porque não têm pastos: e
até os rebanhos das ovelhas pereceram. 19 Eu
clamarei a ti, Senhor: porque o fogo devorou
tudo o que havia de belo no deserto, e a chama
queimou todas as árvores do campo. 20 Mas
ainda as mesmas alimárias do campo levanta-
ram as cabeças para ti, como a terra sequiosa
pede a chuva: porque as nascenças das águas
se secaram, e o fogo devorou tudo o que havia
de belo no deserto.

Mais uma invasão de gafanhotos

2 Fazei retumbar a trombeta em Sião, dai
uivos no meu santo monte, todos os habi-
tantes da terra se perturbem: porque é chega-
do o dia do Senhor, pois está perto. 2 Este
dia de trevas, e de escuridade, este dia de
nublado, e de torvelhinho: bem como a luz da
manhã se espalha sobre os montes, assim um
povo numeroso e possante se difundirá por
toda a vossa terra de Israel: semelhante a ele
não houve desde o princípio, nem depois dele
haverá outro em todos os anos de geração e
de geração.

3 Diante da sua face virá um fogo devorante,
e atrás dele a chama abrasadora: a terra que
diante dele era um jardim de delícias, depois
dele ficará também sendo a solidão de um
deserto, nem há quem escape dele. 4 Quem os
vir, tomá-los-á por uns cavalos: e eles, como
uma tropa de cavalaria, assim correrão. 5 Eles

saltarão sobre os cumes dos montes, com um estrondo semelhante ao das carroças, com um sonido semelhante ao da chama de fogo que queima a palha seca, bem como um poderoso exército apercebido para o combate. 6 À sua vista ficarão atormentados os povos: todos os semblantes tomarão a cor do chumbo.

7 Eles correrão como valentes que são: escalarão as muralhas, como homens de guerra: eles marcharão unidos cada um no seu posto, e não se desviarão da sua fileira. 8 Nenhum deles apertará a seu irmão, cada um andará pelo seu carreiro: e ainda saltarão pelas janelas, e não se estropiarão. 9 Eles entrarão nas cidades, correrão por cima dos muros: subirão às casas, entrarão pelas janelas como um ladrão.

10 A terra tremeu diante deles, os céus se abalaram: o sol e a lua se escureceram, e as estrelas retiraram o seu resplendor. 11 Mas o Senhor fez ouvir a sua voz ante a face do seu exército: porque os seus arraiais são muitos em extremo, porque são fortes e executam as suas ordens: porque o dia do Senhor é grande, e sobremaneira terrível: e quem o poderá sofrer?

Convite à penitência

12 Agora, pois, diz o Senhor: Convertei-vos a mim de todo o vosso coração em jejum, e em lágrimas, e em gemidos. 13 E rasgai os vossos corações, e não os vossos vestidos, e convertei-vos ao Senhor vosso Deus: porque Ele é benigno, e mavioso, paciente e de muita misericórdia, e pode arrepender-se do mal com que vos tinha ameaçado. 14 Quem sabe se quererá Ele volver-se para vós, e perdoar-vos, e deixar após si alguma benção, algum sacrifício, e libação para o Senhor vosso Deus?

15 Fazei soar a trombeta em Sião, santificai um jejum, convocai uma assembléia. 16 Fazei vir todo o povo, adverti a todos em geral que se purifiquem, ajuntai os velhos, congregai os pequeninos, e os meninos de peito: saia o esposo de sua câmara, e a esposa do seu leito.

17 Os sacerdotes, ministros do Senhor, postos entre o vestíbulo e o altar, chorarão, e dirão: Perdoa, Senhor, perdoa ao teu povo: e não deixes cair a tua herança em opróbrio, de sorte que as nações os dominem! Porque dizem entre os povos: Onde está o Deus deles?

18 O Senhor zelou a sua terra e perdoou ao seu povo.

Deus concede graças

19 E respondeu o Senhor, e disse ao seu povo: Eis aí vou eu a enviar-vos trigo, e vinho, e azeite, e vós ficareis cheios destes gêneros: e eu vos não entregarei mais ao insulto das gentes. 20 E eu porei longe de vós aquele que é das partes do aquilão: e lançá-lo-ei para uma terra sem caminho, e deserta, a sua face para a banda do mar oriental, e a sua extremidade para o mar mais remoto: e subirá o seu fedor, e subirá a sua podridão, porque obrou com soberba.

21 Não temas, terra, exulta, e alegra-te: porque o Senhor vai a fazer grandes coisas. 22 Não temais, animais do campo: porque os amenos campos do deserto brotaram, porque toda a árvore deu o seu fruto, a figueira e a vinha brotaram com todo o seu vigor.

Exultação pública

23 E vós, filhos de Sião, exultai, e alegrai-vos no Senhor vosso Deus: porque Ele vos deu um doutor, que vos ensinará a justiça, e fará descer sobre vós, como no princípio, uma chuva temporã e tardia. 24 E as vossas eiras se encherão de trigo, e os vossos lagares trasbordarão de vinho, e de azeite. 25 E eu vos recompensarei os anos, cujos frutos comeu o gafanhoto, o brugo, e a ferrugem, e lagarta, este meu poderoso exército, que eu mandei contra vós. 26 Vós porém vos sustentareis desta abundância, e vos fartareis destes bens: e louvareis o nome do Senhor vosso Deus, que obrou a vosso favor tantas maravilhas: e o meu povo nunca jamais tornará a cair em confusão.

27 Vós sabereis então que eu estou no meio de Israel: e que eu sou o Senhor vosso Deus e que não há outro senão eu: e o meu povo nunca jamais tornará a cair em confusão.

Benções espirituais

28 Depois disto acontecerá também o que vou a dizer: Eu derramarei o meu espírito sobre toda a carne: E os vossos filhos, e as vossas filhas profetizarão: os vossos velhos serão instruídos por sonhos, e os vossos mancebos terão visões. 29 E derramarei também naqueles dias o meu espírito sobre os meus servos, e sobre as minhas servas.

30 E darei a ver prodígios no céu, e na terra, prodígios de sangue, e de fogo, e de vapor de fumo. 31 O sol converter-se-á em trevas, e a lua em sangue, antes que venha o grande, e terrível dia do Senhor. 32 E acontecerá isto: Todo o que invocar o nome do Senhor, será salvo: porque a salvação se achará, como o Senhor disse, no monte Sião, e em Jerusalém, e nos restos que o Senhor tiver chamado.

II. O DIA DO SENHOR

Julgamento das nações

3 Porquanto eis aí está que naqueles dias, e naquele tempo, em que eu levantar o cativeiro de Judá e de Jerusalém: 2 ajuntarei todas as gentes, e levá-las-ei ao vale de Josafat: e ali entrarei com elas em juízo no tocante a Israel meu povo, e minha herança, a quem eles espalharam por entre as nações, e no tocante à minha terra, que eles dividiram entre si. 3 E lançaram sortes na repartição do meu povo: e expuseram os meninos nos lugares de prostituição, e venderam as donzelas por vinho para beberem.

4 Mas que há que disputar entre mim e vós, ó Tiro e Sidônia, e todo o termo dos palestinos? Acaso tomareis vós vingança de mim? E se desafogais esta vossa vingança contra mim, eu logo vos corresponderei com toda a presteza, fazendo recair sobre a vossa cabeça o mal que me quereis fazer. 5 Porque vós levastes a minha prata, e o meu ouro: e metestes nos vossos templos o que eu tinha de mais precioso, e de mais belo. 6 E vós vendestes os filhos de Judá, e os filhos de Jerusalém aos filhos dos gregos, para os pordes longe dos seus confins.

7 Eis aqui estou eu que os recordarei do lugar em que vós os vendestes: e farei recair sobre a vossa cabeça a paga que mereceis. 8 E venderei vossos filhos, e vossas filhas, por mãos dos filhos de Judá, e eles o venderão aos sabeus, povo remoto, porque o Senhor é quem o disse.

9 Publicai isto entre as gentes, santificai-vos para a guerra, animai os valentes: cheguem-se, marchem todos os homens de guerra. 10 Forjai espadas das relhas dos vossos arados, e lanças de ferro dos vossos enxadões. Diga o fraco: Eu pois sou forte. 11 Saí de tropel, e vinde todas as gentes dos contornos, e ajuntai-vos: aí fará o Senhor perecer os teus valentes. 12 Levantem-se, e vão as gentes ao vale de Josafat: porque ali me assentarei para julgar todas as gentes em circuito. 13 Metei as foices ao trigo, porque já está madura a messe: vinde, e descei, porque o lagar está cheio, as cubas deitam por fora: porque se multiplicou a sua malícia.

14 Acudi, povos, povos, ao vale da matança! Porque o dia do Senhor está perto no vale da matança. 15 O sol e a lua se cobriram de trevas, e as estrelas retiraram o seu resplendor. 16 E o Senhor rugirá de Sião, e de Jerusalém fará retinir a sua voz. Também os céus e a terra tremerão: e o Senhor será a esperança do seu povo, e a fortaleza dos filhos de Israel.

17 Vós sabereis então que eu sou o Senhor vosso Deus, que habito no meu santo monte de Sião: e Jerusalém será santa, e os estrangeiros não tornarão mais a passar pelo meio dela.

A salvação definitiva

18 E acontecerá isto naquele dia: Os montes destilarão doçura, e os outeiros manarão leite: e as águas se espalharão por todos os regatos de Judá: e da casa do Senhor sairá uma fonte, que regará a torrente dos espinhos. 19 O Egito será todo assolado, e a Iduméia ficará sendo um deserto de perdição: por isso que eles oprimiram injustamente os filhos de Judá, e derramaram na sua terra o sangue inocente. 20 Pelo contrário, a Judéia será habitada eternamente, e Jerusalém subsistirá em geração e geração. 21 E eu purificarei o seu sangue, que eu não tinha purificado: e o Senhor morará para sempre em Sião.

AMÓS

Título

1 Palavras de Amós, que foi um dos pastores
de Técua: do que viu tocante a Israel, nos
dias de Ozias, rei de Judá, e nos dias de Jero-
boão, filho de Joás, rei de Israel, dois anos
antes do terremoto.

Introdução

2 E disse: O Senhor rugirá de Sião e de
Jerusalém fará ouvir a sua voz: e os deliciosos
prados dos pastores choraram, e o cume do
Carmelo se secou.

I. JULGAMENTO DOS PAGÃOS E DE ISRAEL

Síria

3 Isto diz o Senhor: Depois das maldades
que o povo de Damasco cometeu três e quatro
vezes, eu não o converterei: pois que estes
homens fizeram passar carros armados de fer-
ro por cima dos habitantes de Galaad. 4 Por-
tanto eu porei fogo à casa de Azael, e esse fogo
devorará os palácios de Benadad. 5 E farei
em migalhas a tranca de Damasco: e extermi-
narei do campo do ídolo os que lá habitam, e
da casa de deleite o que tem na mão o ceptro:
e o povo da Síria será transferido a Cyrene,
diz o Senhor.

Filistéia

6 Isto diz o Senhor: Depois das maldades
que o povo de Gaza cometeu três e quatro
vezes, eu não o converterei: pois que estes
homens levaram cativa toda a gente, para a
encerrarem na Iduméia. 7 Por isso eu porei
fogo aos muros de Gaza, e ele reduzirá em
cinza os seus edifícios. 8 E exterminarei de
Azot os que a habitam, e de Ascalona os que
trazem o ceptro: e carregarei bem a minha
mão sobre Acaron, e perecerão os restos dos
filisteus, diz o Senhor Deus.

Tiro

9 Isto diz o Senhor: Depois das maldades
que o povo de Tiro cometeu três e quatro ve-
zes, eu não o converterei: pois que estes ho-
mens encerraram toda a gente do cativeiro na
Iduméia e não se lembraram da aliança que
tinham com seus irmãos. 10 Portanto eu porei
fogo aos muros de Tiro, e ele consumirá as
suas casas.

Edom

11 Isto diz o Senhor: Depois das maldades
que o povo de Edom cometeu três e quatro
vezes, eu não o converterei: pois que ele per-
seguiu a seu irmão com a espada, e faltou à
compaixão que lhe devia, e não pôs limites
ao seu furor, e conservou até o fim o ressen-
timento da sua indignação. 12 Eu porei fogo
a Teman: e ele reduzirá a cinza as casas de
Bosra.

Amon

13 Isto diz o Senhor: Depois das maldades
que os filhos de Amon cometeram três e quatro
vezes, eu não o converterei: pois que ele fen-
deu o ventre às pejadas de Galaad, para, por
este meio, dilatar os limites do seu país. 14 Por
isso eu porei fogo aos muros de Raba: e ele
lhe consumirá as casas com alaridos no dia
do combate e com torvelhinho no dia da co-
moção. 15 E Melcom irá para o cativeiro, ele,
e juntamente os seus príncipes, diz o Senhor.

Moab

2 Isto diz o Senhor: Depois das maldades
que Moab cometeu três e quatro vezes, eu
não o converterei: pois que ele queimou os
ossos do rei da Iduméia até os reduzir em cin-
zas. 2 Assim eu acenderei um fogo em Moab,
que consumirá as casas de Cariot: e Moab pe-
recerá entre o estrondo, entre o sonido das
trombetas: 3 e perderei ao juiz do meio dele,
e farei morrer com ele todos os seus príncipes,
diz o Senhor.

Judá

4 Isto diz o Senhor: Depois das maldades que Judá cometeu três e quatro vezes, eu não o converterei: porque ele rejeitou a lei do Senhor, e não guardou os seus mandamentos: porque os seus ídolos os enganaram, após os quais tinham corrido seus pais. 5 Por isso eu porei fogo a Judá, e ele devorará as casas de Jerusalém.

Israel

6 Isto diz o Senhor: Depois das maldades que Israel cometeu três e quatro vezes, eu o não converterei: pois que ele vendeu o justo pela prata, e o pobre por um par de sapatos. 7 Eles machucam sobre o pó da terra as cabeças dos pobres, e se atravessam contra tudo o que os fracos empreendem: também o filho e seu pai se foram a uma mesma moça, para violarem o meu santo nome. 8 E sobre as roupas que se lhes tinham dado em penhor se assentaram a banquetear-se ao pé de toda a casta de altares: e bebiam na casa do seu Deus o vinho dos a quem tinham condenado. 9 Eu pois exterminei diante deles os amorreus: cuja altura era como a altura dos cedros, e eles mesmos fortes como os carvalhos: e esmigalhei o seu fruto por cima e as suas raízes por baixo. 10 Eu sou o que vos fiz sair da terra do Egito, e vos conduzi no deserto quarenta anos, a fim de que vós possuísseis a terra dos amorreus. 11 E de vossos filhos suscitei profetas, e de vossos mancebos suscitei nazireus. Pois não é assim, filhos de Israel? diz o Senhor. 12 E depois disto vós brindastes com vinho aos nazireus: e mandastes aos profetas, dizendo: Não profetizeis.

13 Eis aí rangerei eu debaixo de vós, como range um carro carregado de feno. 14 E nada aproveitará a fugida ao veloz, e o forte debalde fará os seus esforços, e o valente não salvará a sua vida: 15 e o que maneja o arco não se terá firme, nem o veloz se salvará pelos seus pés, nem o cavaleiro salvará a sua vida: 16 e o mais ousado entre os valentes fugirá nu naquele dia, diz o Senhor.

II. ORÁCULOS CONTRA ISRAEL

Responsabilidade de Israel

3 Ouvi a palavra que proferiu o Senhor a respeito de vós, filhos de Israel: a respeito de toda a linhagem, que eu tirei da terra do Egito dizendo: 2 De todas as linhagens da terra só a vós vos conheci: por isso virei com a minha visita sobre vós para castigar todas as vossas iniqüidades.

A missão do profeta

3 Acaso andarão dois juntos, se eles se não ajustarem entre si? 4 Acaso rugirá o leão no bosque sem que ele tenha achado alguma presa? Acaso fará o leãozinho soar a sua voz do seu covil, sem que esteja em termos de lançar a garra a alguma coisa? 5 Acaso cairá uma ave no laço posto na terra, sem que haja quem lho arme? Acaso tirar-se-á da terra o laço, antes que tenha apanhado alguma coisa?

6 Soará a trombeta na cidade, sem que o povo se não assuste? E acontecerá algum mal na cidade, que o Senhor não fizesse? 7 Porque o Senhor Deus não faz nada, sem ter revelado antes o seu segredo aos profetas seus servos. 8 O leão rugirá, quem não temerá? O Senhor Deus falou, quem não profetizará? 9 Fazei ouvir isto nas casas de Azot, e nos palácios da terra do Egito: e dizei: Ajuntai-vos sobre os montes de Samaria, e vede as loucuras sem número que se fazem no meio dela, os que no seu mais interior centro padecem calúnias. 10 E eles não souberam que coisa era fazer justiça, diz o Senhor, ajuntando em suas casas um tesouro de iniqüidades, e de rapinas.

Ameaça

11 Por cuja causa isto diz o Senhor Deus: A terra será atribulada e cercada: e a tua força se te tirará, e as tuas casas serão saqueadas. 12 Isto diz o Senhor: Como acontece quando um pastor chega a arrancar da boca do leão as duas pernas, ou a ponta de uma orelha: assim serão livrados os filhos de Israel, que habitam em Samaria descansados no ângulo do seu leito, e na cama de Damasco. 13 Ouvi isto, e declarai-o publicamente à casa de Jacó, diz o Senhor Deus dos exércitos: 14 Que no dia em que eu começar a punir as prevaricações de Israel, virei com a minha visita sobre ele, e sobre os altares de Betel: e os ângulos do altar serão cortados, e cairão por terra. 15 E deitarei abaixo o palácio de inverno com o palácio de verão: e as casas ornadas de marfim perecerão, e uma grande multidão de edifícios serão destruídos, diz o Senhor

Luxo das mulheres e falsa religião de Israel

4 Ouvi esta palavra, vacas gordas que estais no monte de Samaria: vós que fazeis agravos aos necessitados, e vexais os pobres: que dizeis a vossos senhores: Dai cá, e beberemos. 2 O Senhor Deus jurou pelo seu santo: que

brevemente virão uns dias infelizes para vós, e eles vos levantarão nas lanças, e meterão as vossas relíquias em caldeiras fervendo. 3 E vós saireis pelas brechas uma defronte da outra, e sereis lançadas para Armon, diz o Senhor.

4 Ide a Betel, e cometei impiedades: ide a Galgala, e amontoai prevaricações: e levai lá as vossas vítimas desde a manhã, os vossos dízimos por três dias. 5 E oferecei de pão lêvedo sacrifícios de ação de graças: e chamai-lhes oblações voluntárias, e fazei-as bem públicas: porque assim o quisestes, filhos de Israel, diz o Senhor Deus.

6 Por esta causa até eu vos dei um desbotamento de dentes em todas as vossas cidades, e uma indigência de pão em todos os vossos lugares: e não vos tendes voltado para mim, diz o Senhor. 7 Também eu vos suspendi a chuva, quando ainda faltavam três meses até à colheita: e fiz que chovesse sobre uma cidade, e sobre outra cidade não chovesse: uma parte ficou regada com chuva, e outra parte, sobre a qual não dei chuva, secou-se. 8 E vieram duas e três cidades a uma cidade para beberem água, e não se saciaram: e vós não voltastes para mim, diz o Senhor. 9 Eu vos feri com um vento abrasador, e com ferrugem a multidão das vossas hortas, e das vossas vinhas. Aos vossos olivais, e aos vossos figueirais comeu a lagarta: e vós não voltastes para mim, diz o Senhor. 10 Eu vos enviei mortandade na jornada do Egito, eu feri com a espada os vossos mancebos até chegarem a ser tomados os vossos cavalos: e fiz chegar aos vossos narizes a infecção dos cadáveres do vosso exército: e vós não voltastes para mim, diz o Senhor. 11 Eu vos destruí, como Deus destruiu a Sodoma, e a Gomorra, e vós ficastes parecendo-vos como um tição, que se tira apenas de um incêndio: e vos não voltastes para mim, diz o Senhor. 12 Eu portanto continuarei em te ferir, ó Israel, com todas as outras pragas, de que te tenho ameaçado: e depois que eu assim te tiver tratado, prepara-te, ó Israel, a saíres ao encontro do teu Deus. 13 Porque eis aí quem forma os montes, e quem cria o vento, e quem anuncia a sua palavra ao homem, quem produz a névoa da manhã, e quem anda por cima do que há elevado na terra: o seu nome é o Senhor Deus dos exércitos.

Exortação à conversão sincera

5 Ouvi esta palavra, lúgubre canto com que eu entôo sobre vós: A casa de Israel caiu e ela não tornará mais a restabelecer-se. 2 A virgem de Israel foi deitada sobre a sua terra, não há quem a levante.

3 Porque isto diz o Senhor Deus: Na cidade, de onde saíam mil, ficarão nela cento: e da que saíam cento, ficarão nela dez na casa de Israel. 4 Porquanto isto diz o Senhor à casa de Israel: Buscai-me, e vivereis. 5 E não busqueis a Betel, nem entreis em Galgala, nem passeis a Bersabé: porque Galgala será levada cativa, e Betel ficará reduzida a nada. 6 Buscai o Senhor, e vive: não suceda que arda a casa de José como um fogo, e que abrase a Betel, e não haja quem o apague.

7 Vós que converteis em absíntio os juízos, e abandonais a justiça sobre a terra: 8 Buscai aquele que criou a estrela da Ursa, e a estrela do Orião, e o que troca em manhã as trevas, e muda em noite o dia: o que chama as águas do mar, e as derrama sobre a face da terra. Seu nome é o Senhor. 9 O que sorrindo-se derriba ao robusto, e entrega ao saque o poderoso.

10 Eles aborreceram ao que os repreendia na porta: e abominaram ao que falava com perfeição. 11 Por isso pelo motivo de que vós despojáveis ao pobre e lhe tiráveis o melhor que tinha: edificareis casas de pedra de silharia, porém não habitareis nelas: plantareis vinhas as mais excelentes, porém não bebereis do vinho delas. 12 Porque eu conheço as vossas muitas maldades, e os vossos fortes pecados: inimigos do justo, que aceitais dádivas, e oprimis os pobres na porta. 13 Por isso o prudente se calará naquele tempo, porque é tempo mau.

14 Buscai o bem, e não o mal, para que vivais, e o Senhor Deus dos exércitos será convosco, como vós dissestes. 15 Aborrecei o mal, e amai o bem, e restabelecei na porta a justiça: a ver se acaso o Senhor Deus dos exércitos se compadece das relíquias de José.

16 Por cuja causa isto diz o Senhor Deus dos exércitos, o Soberano Dominador: Por todas as ruas soarão gritos: e em todos os lugares de fora se ouvirá dizer ai! ai! E eles chamarão para este luto os lavradores, para este pranto os que sabem carpir. 17 E em todas as vinhas haverá pranto: porque eu hei de passar pelo meio de ti, diz o Senhor.

18 Ai dos que desejam o dia do Senhor! Para que o desejais vós? Este dia do Senhor será para vós um dia de trevas, e não de luz. 19 Como se um homem fugisse de diante de um leão e lhe saísse ao encontro um urso: ou como se tendo entrado em casa, e segurando-se com a sua mão à parede, o mordesse então uma cobra. 20 Que será pois o dia do Senhor, senão um dia de trevas, e não de claridade?

E que haverá nele senão escuridade, e não luz?

21 Eu aborreço, e tenho rejeitado as vossas festas: e não receberei o cheiro dos vossos ajuntamentos. 22 Porque se vós me oferecerdes os vossos holocaustos, e os vossos presentes, eu os não aceitarei: e não porei os olhos nos sacrifícios das hóstias pingues, que me oferecerdes em cumprimento dos vossos votos. 23 Aparta de mim o estrépito dos teus cânticos: nem eu ouvirei as árias que cantares ao som da tua lira. 24 E os meus juízos se darão a ver contra vós, como uma água que transborda, e a minha justiça, como uma impetuosa torrente.

25 Porventura, ó casa de Israel, oferecestes-me vós algumas hóstias e sacrifícios no deserto, onde estivestes quarenta anos? 26 Vós sim levastes o tabernáculo ao vosso Moloc, e a imagem dos vossos ídolos, o astro do vosso Deus, coisas que vós fizestes por vossas mãos. 27 Eu pois vos farei transportar para além de Damasco, diz o Senhor, cujo nome é o Deus dos exércitos.

Contra a falsa segurança dos gozadores

6 Ai de vós, os que viveis em Sião na afluência de todas as coisas, e que pondes a vossa confiança no monte de Samaria, grandes, que sois os chefes dos povos, que entrais pomposamente na casa de Israel. 2 Passai a Calane, e contemplai-a e íde daí à grande Emat: e descei a Get na terra dos palestinos, e aos mais formosos reinos que dependem destas cidades: vede se os seus termos são mais largos que os vossos termos. 3 Vós que estais reservados para o dia mau: e que estais a chegar ao sólio da iniqüidade, 4 que dormis em leitos de marfim e vos divertis nos vossos leitos: que comeis o melhor cordeiro do rebanho, e os melhores novilhos do meio da manada, 5 que cantais ao som do saltério: creram ter instrumentos de música assim como Davi; 6 os que bebiam vinho a copos cheios, e se untavam com o óleo mais precioso: e nada se doíam da aflição de José. 7 Por isso estes homens sairão agora na frente dos que forem cativos: e cessará a mancomunação dos folgazões.

8 O Senhor Deus jurou por sua vida, o Senhor Deus dos exércitos diz: Eu detesto a soberba de Jacó, e aborreço as suas casas, e entregarei a cidade com os seus habitadores. 9. Porque se numa casa ficarem dez homens, também esses mesmos morrerão. 10 E o seu mais próximo parente o tomará, e queimá-lo-á para levar de casa os ossos: e dirá ao que está no mais interior da casa: Porventura está ainda algum contigo? 11 E responderá: Não está nenhum. Então lhe dirá ele: Cala-te, e não te lembres do nome do Senhor. 12 Porque eis aí o Senhor dará as suas ordens, e ferirá com ruínas a casa maior, e com rasgaduras a casa menor.

13 Acaso podem os cavalos correr através dos rochedos, ou pode-se lavrar a terra com búfalos, *o que vós mesmos fizestes,* porque convertestes em amargura os juízos, e em absíntio o fruto da justiça? 14 Vós que pondes a vossa alegria no nada: que dizeis: Não é assim que por nossa própria fortaleza nos temos nós feito formidáveis? 15 Pois sabei, casa de Israel, diz o Senhor Deus dos exércitos, que eu vou a suscitar sobre vós uma gente: e ela vos reduzirá em pó desde a entrada de Emat até a torrente do deserto.

III. CINCO VISÕES

Primeira visão

7 Isto me mostrou o Senhor Deus: e eis aqui apareceu uma nuvem de gafanhotos, que o Criador formou, quando a chuva seródia da primavera começava a fazer brotar a erva, e eis que esta chuva tardia fazia arrebentar segunda, depois da primeira ter sido segada pelo rei. 2 E aconteceu isto: quando o gafanhoto tinha acabado de comer a erva da terra, disse eu: Senhor Deus, tem misericórdia, te peço: quem poderá restabelecer a Jacó, depois dele estar reduzido a tão pouco? 3 Teve o Senhor compaixão disto. Não há de acontecer tal, disse o Senhor.

Segunda visão

4 Isto me mostrou ainda o Senhor Deus: e eis que o Senhor Deus chamava um fogo para exercer as suas vinganças: e este fogo devorou um grande abismo, e consumiu ao mesmo tempo uma parte da terra. 5 Então disse eu: Senhor Deus, aplaca-te, eu to rogo: quem poderá restabelecer a Jacó, depois dele estar reduzido a tão pouco? O Senhor se compadeceu disto. Pois também isto não há de acontecer, disse o Senhor Deus.

Terceira visão

7 O Senhor me mostrou ainda outra visão: e vi que o Senhor estava em cima de um muro rebocado, e tinha na sua mão uma trolha de pedreiro. 8 E o Senhor me disse: Que vês tu, Amós? E eu lhe respondi: Uma trolha de pedreiro. Então disse o Senhor: Eis aqui estou eu que me não servirei mais da trolha no

meio do meu povo de Israel: nem lhe rebocarei mais os muros. 9 Porém os altos consagrados ao ídolo serão destruídos, e esses altos que Israel pretende serem santos, serão derrubados: e eu marcharei com a espada feita contra a casa de Jeroboão.

Expulsão de Amós por Amasias

10 Então Amasias, sacerdote de Betel, enviou mensageiros a eJroboão, rei de Israel, dizendo: Amós se rebelou contra ti no meio da casa de Israel: a terra não poderá sofrer todos os seus discursos. 11 Porque isto diz Amós: Jeroboão morrerá à espada, e Israel será levado cativo para fora de seu país. 12 Depois disse Amasias a Amós: Sai daqui, homem de visões, foge para a terra de Judá: e come lá o teu pão, e ali profetizarás. 13 Mas não te aconteça mais profetizar em Betel: porque aqui é a religião do rei, e o assento do seu estado.

14 E respondeu Amós, e disse a Amasias: Eu não sou profeta, nem sou filho de profeta: mas eu sou um pastor de gado, que colho as bagas dos sicômoros para me sustentar delas. 15 E o Senhor pegou de mim, quando eu andava atrás de meu rebanho: e o Senhor me disse: Vai, profetiza ao meu povo de Israel:

16 Ouve pois agora a palavra do Senhor: Tu me dizes: Não te metas a profetizar em Israel, nem a predizer infortúnios à casa do ídolo. 17 Por esta causa isto diz o Senhor: Tua mulher se prostituirá na cidade: e teus filhos e tuas filhas cairão mortos à espada, e a tua terra será repartida a cordel: e tu morrerás numa terra poluta, e Israel será levado cativo fora do seu país.

Quarta visão

8 O Senhor Deus me mostrou ainda outra visão: E eis que era um cãibo de alcançar as frutas árvores. 2 E o Senhor me disse: Que vês tu, Amós? E eu respondi: Um cãibo de alcançar as frutas das árvores. E o Senhor me disse: Acabou de chegar o tempo da ruína do meu povo de Israel: assim eu lhe não passarei mais pelas suas faltas. 3 Naquele dia, diz o Senhor Deus, rangerão também as couceiras do Templo: muitos morrerão, em toda a parte reinará um horroroso silêncio.

4 Ouvi isto, vós que pisais os pobres, e fazeis perecer os indigentes da terra, 5 dizendo: Quando passará o mês, e venderemos nós as nossas mercadorias: e o sábado para abrirmos os celeiros: para diminuirmos a medida e aumentarmos o siclo, e servimo-nos de balanças falsas: 6 para nos fazermos senhores dos necessitados com a nossa prata, e dos pobres com um par de sandálias, e para lhes vendermos até as cascas do nosso trigo?

7 O Senhor pronunciou este juramento contra a soberba de Jacó: Eu juro que me não esquecerei jamais de todas as obras deles. 8 Acaso depois disto não se comoverá a terra, e não chorará todo o seu habitante: e sairão todos como um rio grande, e serão arrojados, e correrão como o rio do Egito? 9 E acontecerá isto naquele dia, diz o Senhor Deus, o sol se porá ao meio-dia, e farei cobrir a terra de trevas no dia da luz: 10 e converterei as vossas festas em luto, e todos os vossos cânticos em pranto, e porei sobre todas as vossas costas saco, e sobre todas as vossas cabeças rapadura: e reduzi-la-ei a romper num pranto desfeito como o que se faz por um filho único, e o seu fim a ser como um dia de amargura.

11 Eis aqui vêm os dias, diz o Senhor: e enviarei fome sobre a terra: não fome de pão, nem sede de água, mas de ouvir a palavra do Senhor. 12 Eles se comoverão desde um mar até outro mar, e desde o aquilão até ao oriente: eles andarão por toda a parte buscando a palavra do Senhor, e não a acharão.

13 Naquele dia desfalecerão à sede as virgens formosas, e também os mancebos. 14 Os que juram pelo delito de Samaria, e que dizem: Ó Dan, viva o teu Deus! e viva o caminho de Bersabé! E eles cairão, e nunca mais se levantarão.

Quinta visão

9 Eu vi o Senhor que estava em pé sobre o altar: e que disse: Fere a couceira, e abale-se a verga da porta: porque a avareza se acha na cabeça de todos, e eu matarei à espada até o último deles: nenhum escapará. Eles fugirão, e nenhum dos que fugir se salvará. 2 Se eles descerem até o inferno, a minha mão os tirará de lá: ese subirem até o céu, eu os arrancarei de lá. 3 E se eles se esconderem no cume do Carmelo, eu os irei buscar, e de lá os tirarei: e se eles se esconderem de meus olhos no profundo do mar, eu passarei ali ordem a uma serpente, e ela os morderá. 4 E se eles forem para o cativeiro diante de seus inimigos, aí passarei ordem à espada, e ela os matará: e eu porei os meus olhos sobre eles para mal, e não para bem.

Doxologia

5 E assim o disse o Senhor Deus dos exércitos o que toca a terra, e ela se vai secando: e todos os habitantes dela chorarão: e ela mesma subirá como todo o rio, e escorrerá como

o rio do Egito. 6 O que fabrica no céu a sua
subida, e o que fundou sobre a terra o seu
feixinho: o que chama as águas do mar, e as
derrama sobre a face da terra, seu nome é o
Senhor.

Israel aos olhos de Deus

7 Acaso vós, ó filhos de Israel, diz o Senhor,
não sois tais para comigo, como os filhos dos
etíopes? Acaso não fiz eu sair de Israel da ter-
ra do Egito: e aos palestinos da Capadócia, e
aos sírios de Cirene? 8 Eis aí que os olhos do
Senhor Deus estão abertos sobre o reino que
peca, e eu o exterminarei da face da terra.
Todavia eu não destruirei inteiramente a casa
de Jacó, diz o Senhor. 9 Porque eu vou dar as
minhas ordens, e eu farei que a casa de Israel
seja agitada entre todas as nações, como o
trigo se sacode no crivo: e não cairá na terra
uma só pedrinha. 10 Todos os pecadores do
meu povo morrerão à espada: os que dizem:
Não se avizinhará, nem virá sobre nós o mal.

Promessa de restauração

11 Naquele dia levantarei eu o tabernáculo
de Davi, que caiu: e repararei as aberturas
dos seus muros, e restaurarei o que se tinha
arruinado: e reedificarei tudo isso como nos
dias antigos. 12 Para que eles possuam os
restos da Iduméia, e todas as nações, pois que
eles foram chamados no meu nome: diz o
Senhor, que é o que faz estas coisas.

13 Eis aqui vêm os dias, diz o Senhor, e o
que lavra alcançará ao que sega, e o que pisa
as uvas ao que semeia o grão: e os montes
estilarão doçura, e todos os outeiros serão
cultivados. 14 E levantarei o cativeiro do meu
povo de Israel: e eles reedificarão as cidades
desertas, e as habitarão: e plantarão vinhas,
e lhes beberão o vinho: e farão jardins, e co-
mer-lhes-ão o fruto. 15 E plantá-los-ei no seu
país: e eu os não tornarei mais a arrancar da
sua terra, que lhes dei, diz o Senhor teu
Deus.

ABDIAS

VATICÍNIO SOBRE A RUÍNA DE EDOM E REESTABELECIMENTO DE ISRAEL

Crimes dos idumeus

1 Visão de Abdias. Isto diz o Senhor Deus a Edom: Nós o ouvimos do Senhor, e Ele já mandou o seu legado às gentes: Levantai-vos, e conspiremos todos contra Edom, para lhe apresentarmos batalha. 2 Olha que te fiz pequenino entre as gentes: tu és desprezível em extremo. 3 A soberba do teu coração te elevou a ti, que habitas nas fendas dos rochedos, que elevas o teu trono: que dizes dentro no teu coração: Quem me derribará em terra?

4 Se te remontares como águia, e se puseres o teu ninho entre os astros, eu te arrancarei de lá, diz o Senhor. 5 Se uns ladrões, se uns salteadores entrassem de noite em tua casa, como te não deixarias tu estar em silêncio? Não se contentariam eles de te levar o que lhes bastasse? Se entrassem outros a vindimar-te a tua vinha, não te deixariam eles ao menos um cacho? 6 Como esquadrinharam eles a Esaú, investigaram os seus esconderijos?

7 Eles te perseguiram até o ponto de te lançarem fora dos teus confins: todos os varões teus aliados zombaram de ti: os varões de paz que se diziam teus amigos, se levantaram contra ti: os que comem contigo, te armarão traições à falsa fé. Em Edom não há prudência. 8 Acaso não é naquele dia que eu hei de perder os sábios da Iduméia, diz o Senhor, e que eu hei de expulsar prudência do monte de Esaú? 9 E os teus valentes do meio-dia serão tomados de medo de maneira que morrerá todo o varão no monte de Esaú.

10 Por causa da mortandade, e pelo agravo que fizeste a teu irmão Jacó, cobrir-te-á a confusão, e perecerás para sempre. 11 No dia em que saíste contra ele, quando os estrangeiros levavam cativo o seu exército, e os estranhos entravam pelas suas portas, e deitavam sortes sobre Jerusalém: tu também eras como um deles.

12 Mas tu não zombarás mais de teu irmão no dia do seu trabalho, no dia em que ele for levado para fora do seu país, nem te tornarás a alegrar sobre os filhos de Judá no dia da sua perdição, nem se gloriará a tua boca no dia da angústia. 13 Nem entrarás pela porta do meu povo no dia da sua ruína, nem tampouco zombarás tu dos seus males no dia da sua desolação, nem serás enviado contra o seu exército no dia do seu desbarato. 14 Nem te postarás nas saídas para matares aos que fugirem, e não encerrarás aos restos dos seus habitantes no dia da sua tribulação.

O dia do Senhor e o triunfo de Israel

15 Porque o dia do Senhor está perto sobre todas as gentes! Far-se-á contigo, como tu fizeste aos outros! Ele fará cair sobre a tua cabeça a pena que tens merecido. 16 Porque assim como vós bebestes sobre o meu santo monte, assim também beberão de contínuo todas as gentes: e elas beberão, e sorverão, e virão a ser como se nunca fossem.

17 Mas a salvação achar-se-á no monte de Sião, e ele será santo: e a casa de Jacó possuirá aos que a tinham possuído. 18 Porque a casa de Jacó será um fogo, e a casa de José uma chama, e a casa de Esaú uma palha seca; que serão abrasados por eles, e eles os devorarão: e não ficarão relíquias da casa de Esaú, porque o Senhor é o que falou. 19 E os que estão ao meio-dia, e os que habitam nas planícies dos filisteus, herdarão o monte de Esaú: e eles serão senhores do país de Efraim, e do território de Samaria: e Benjamim possuirá a Galaad. 20 E o cativeiro deste exército dos filhos de Israel, todos os lugares dos cananeus até Serepta: e o cativeiro de Jerusalém, que está no Bósforo, possuirá as cidades do meio-dia. 21 E os salvadores subirão ao monte de Sião, para julgarem o monte de Esaú: e ficará o reino ao Senhor.

JONAS

Desobediência do profeta

1 E foi dirigida a palavra do Senhor a Jonas,
filho de Amati, a qual dizia:
2 Levanta-te, e vai à grande cidade de Ní-
nive, e prega nela: porque a sua malícia subiu
até à minha presença. 3 Jonas pois se pôs a
caminho, resoluto a ir para Társis, para fugir
da face do Senhor, e desceu a Jope, e achou
um navio que ia para Társis: e deu o seu frete
e entrou nele para ir com os seus passageiros
a Társis fugindo da face do Senhor.
4 Porém o Senhor enviou sobre o mar um
vento furioso: e levantou-se no mar uma gran-
de tempestade, e estava o navio em perigo de
se fazer em pedaços. 5 Então temeram os ma-
rinheiros, e invocaram cada um o seu deus a
grandes gritos: e alijaram no mar toda a car-
ga, que traziam no navio, para aliviarem do
seu peso. Entretanto Jonas desceu ao porão
do navio, e lá dormiu um profundo sono.
6 E chegou-se a ele o piloto, e lhe disse:
Como te deixas tu estar agarrado neste sono?
Levanta-te, invoca o teu Deus, a ver se acaso
de lembra de nós, e não permite que pereça-
mos. 7 Então disse cada um para o seu com-
panheiro: Vinde, e deitemos sortes, para sa-
bermos porque nos acontece este mal. E lan-
çaram sortes: e caiu a sorte sobre Jonas. 8 Eles
depois lhe disseram: Declara-nos, qual é a
causa deste perigo em que nós estamos: em
que te ocupas tu? Onde é a tua terra, e para
onde vais? Ou de que povo és tu?
9 Jonas lhes respondeu: Eu sou hebreu, eu
temo o Senhor Deus do céu, que fez o mar e
a terra. 10 Então os homens ficaram tomados
de grande medo, e lhe disseram: Por que fizes-
te tu isto? (Porque os tais homens vieram a
saber que ele ia fugindo da face do Senhor,
pois já lho havia declarado). 11 Eles pois lhe
disseram: Que te faremos nós, para que o mar
cesse de se levantar contra nós? Porque o mar
se elevava, e engrossava cada vez mais. 12 E
Jonas lhes respondeu: Pegai em mim, e lançai-
-me no mar, e o mar se vos aplacará: porque
eu sei que por minha causa é que vos sobre-
veio esta grande tempestade.
13 Entretanto trabalhavam à força de remo
os marinheiros por tornar a ganhar a terra,
mas não podiam: porque o mar cada vez se
empolava mais, e se embravecia contra eles.
14 Assim eles clamaram ao Senhor, e lhe dis-
seram: Rogamos-te, Senhor, que a morte deste
homem não seja causa da nossa perdição, e
que não faças cair sobre nós um sangue ino-
cente: porque tu és, Senhor, o que isto fizeste,
como quiseste. 15 Depois pegaram em Jonas,
e o lançaram no mar: e no mesmo ponto ces-
sou o mar da sua fúria. 16 Então conceberam
estes homens um grande temor ao Senhor, e
imolaram hóstias ao mesmo Senhor, e lhe fi-
zeram votos.

Jonas no ventre do peixe

2 Ao mesmo tempo preparou o Senhor um
grande peixe, que engoliu a Jonas: e Jonas
estava no ventre do peixe três dias e três
noites. 2 E fez Jonas oração ao Senhor seu
Deus lá do ventre do peixe.
3 E disse: Eu clamei ao Senhor no meio
da minha tribulação e Ele me escutou: clamei
desde o ventre do inferno e tu escutaste a
minha voz.
4 E tu me lançaste no profundo até o cora-
ção do mar e a corrente das águas me cercou:
todos os teus pegos e todas as tuas ondas pas-
saram por cima de mim. 5 E eu disse: Eu fui
rejeitado de diante dos teus olhos: eu contudo
verei ainda o teu santo Templo.
6 As águas me cercaram até à alma: o abis-
mo me encerrou em si, as ondas do mar me
cobriram a cabeça. 7 Eu desci até as extremi-
dades dos montes; os ferrolhos da terra me
encerraram para sempre! Tu contudo, Senhor
Deus meu, preservarás a minha vida da cor-
rupção.
8 Quando em mim se angustiava a minha
alma, eu me lembrei do Senhor: para que a
minha oração chegue a ti subindo até o teu
santo Templo. 9 Os que se entregam inutil-
mente às vaidades, deixam a misericórdia da-
quele que os teria livrado. 10 Eu porém te
oferecerei sacrifícios com cânticos de louvor:

eu cumprirei todos os votos que fiz ao Senhor
pela minha salvação.
11 Então mandou o Senhor ao peixe: E o
peixe vomitou a Jonas na praia.

Pregação de Jonas em Nínive

3 E foi dirigida segunda vez a Jonas a pala-
vra do Senhor, a qual dizia: 2 Levanta-te,
e vai à grande cidade de Nínive: e prega nela o
anúncio que eu te digo. 3 Jonas se levantou
e foi a Nínive segundo a ordem do Senhor: e
Nínive era uma cidade grande, que eram ne-
cessários para se andar três dias de caminho.
4 E Jonas começou a entrar na cidade andan-
do por ela um dia: e clamou e disse: Daqui a
quarenta dias será Nínive subvertida. 5 E cre-
ram os ninivitas em Deus: e ordenaram um
público jejum e vestiram-se de saco desde o
maior até ao menor.

Penitência dos ninivitas

6 E chegou esta nova ao rei de Nínive: e ele
se levantou do seu trono, e tirou de si os seus
vestidos e cobriu-se de saco e assentou-se so-
bre a cinza. 7 Depois fez clamar por toda a
parte, a publicar em Nínive esta ordem, como
vindna da boca dele rei, e da de seus príncipes
dizendo: Os homens, e as alimárias, e os bois,
e as ovelhas, não comam nada: e eles não se-
jam levados a pastar, nem se lhes dê a beber
água. 8 E os homens e as alimárias, cubram-se
de saco, e clamem ao Senhor com toda a sua
força e cada um se converta do seu mau cami-
nho, e da iniqüidade que há nas suas mãos.
9 Quem sabe se voltará Deus para nos per-
doar: e se aplacará Ele o furor da sua ira, de
sorte que nós não pereçamos?

Perdão

10 E viu Deus as obras que eles fizeram co-
mo se converteram do seu mau caminho: e
compadeceu-se deles, para lhes não fazer o
mal que tinha resolvido fazer-lhes, e com efei-
to lho não fez.

Descontentamento de Jonas

4 E Jonas se angustiou com uma grande afli-
ção e ficou todo apaixonado. 2 E orou ao
Senhor e disse: Rogo-te, Senhor, se porventura
não é isto o de que eu me receava, quando
ainda estava na minha terra? Por isto é que eu
me preveni com o expediente de fugir para
Társis: porque eu sei que tu és um Deus cle-
mente e misericordioso, paciente de muita co-
miseração e que perdoas os pecados. 3 Eu pois
te rogo, Senhor, que tires agora a minha alma
do meu corpo: porque me é melhor a morte
do que a vida. 4 E o Senhor lhe disse: Julgas
tu que tens razão para te apaixonares?
5 Ao depois saiu Jonas da cidade e se assen-
tou contra o oriente da mesma cidade. E ali
fez para si uma pequena coberta, e debaixo
dela repousava à sombra, até ver que era o
que acontecia à cidade. 6 Então fez nascer o
Senhor Deus uma hera, que se levantou por
cima da cabeça de Jonas, para fazer sombra
à sua cabeça e para o defender: porque estava
muito incomodado: e se encheu Jonas por
aquela hera de grande alegria.
7 Ao outro dia porém ao romper da manhã
enviou Deus um bicho: e roeu as raízes à hera
e ela se secou. 8 Depois como apareceu o sol:
mandou o Senhor um vento quente e abrasa-
dor: e deram os raios do sol na cabeça a Jonas,
e se abrasava: e desejou com toda a sua alma
a morte, e disse: Melhor me é morrer do que
viver. 9 Então disse o Senhor a Jonas: Julgas
tu que tens razão para te enfadares por amor
desta hera? E Jonas lhe respondeu: Tenho ra-
zão de me enfadar até o ponto de desejar a
morte. 10 Disse pois o Senhor: Tu enfadas-te
por amor de uma hera, que te não custou tra-
balho algum, nem a fizeste crescer: que nas-
ceu numa noite, e numa noite feneceu. 11 E
então eu não perdoarei à grande cidade de Ní-
nive, onde há mais de cento e vinte mil ho-
mens, que não sabem discernir entre a sua
mão direita e a sua mão esquerda, e um gran-
de número de animais?

MIQUÉIAS

Título

1 Palavra do Senhor, que foi dirigida a Miquéias de Morasti, nos dias de Joatan, de Acaz e de Ezequias, reis de Judá: a qual ele viu sobre Samaria e Jerusalém.

I. CENSURAS E AMEAÇAS

Deus vem para castigar

2 Povos, ouvi todos vós e a terra, e toda a sua plenitude esteja atenta! E o mesmo Senhor Deus seja testemunha contra vós, o Senhor que tudo vê do seu santo Templo. 3 Porque o Senhor está a sair do seu lugar onde reside: e Ele descerá, e pisará aos pés tudo o que há de grande na terra. 4 E debaixo dele, os montes desaparecerão: e os vales se rasgarão como a cera, diante do fogo, e como as águas, que se precipitam num abismo. 5 E tudo isto por causa da maldade de Jacó, e dos pecados da casa de Israel. Qual é a maldade de Jacó? Não é a Samaria? E quais os altos de Judá? Não é Jerusalém?

6 Eu pois tornarei Samaria como um montão de pedras no campo quando se planta uma vinha: e farei rebolar as suas pedras para um vale e descobrirei os seus fundamentos. 7 E todas as suas estátuas serão quebradas e tudo o que ela tem ganhado será queimado pelo fogo, e reduzirei em pó todos os seus ídolos. Porque as suas riquezas foram ajuntadas do preço da sua prostituição, elas virão a ser também a recompensa das prostitutas.

Luto por todo o país

8 Sobre isto eu prantearei e uivarei: andarei despojado, e todo nu: darei berros como de dragões e farei lamentos como de avestruzes. 9 Porque a chaga de Samaria é desesperada, porque chegou até Judá, penetrou a porta do meu povo até Jerusalém.

10 Não o deis a saber a Get, nem derrameis lágrimas, na casa do Pó cobri-vos também de pó. 11 Passai pois cobertos de ignomínia, os que habitais na vivenda Bela: a que habita nos vossos confins não saiu: a casa vizinha tomará de vós as lamentações, aquela que se susteve fiada em si mesma. 12 Porque debilitada se acha para o bem a que habita no meio de amarguras: porquanto desceu já do Senhor o mal contra a porta de Jerusalém.

O inimigo invasor

13 O estrondo das quadrigas serviu de espanto aos habitantes de Láquis: o princípio do pecado da filha de Sião é que em ti se acharam as maldades de Israel. 14 Por isso enviará Ele os seus emissários sobre a herança de Get: casa de mentira para enganar aos reis de Israel. 15 Eu te mandarei ainda um herdeiro a ti, que habitas em Maresa: a glória de Israel se estenderá até Odolão.

Injustiças sociais

2 Ai dos que pensais coisas inúteis e que maquinais o mal em vossos leitos! Eles as executam desde o ponto que amanhece, porque contra Deus mesmo é que se levanta a sua mão. 2 E cobiçaram as terras de seus próximos, e violentamente lhas tomaram e lhes roubaram as suas casas por força: e eles oprimiam a um, com o sentido na sua casa: a outro, com o sentido nos seus bens. 3 Por cuja causa isto diz o Senhor: Eis aí faço eu tenção de enviar sobre este povo um mal: de onde vós não livrareis as vossas cervizes e não andareis mais de passo soberbo, porque o tempo é péssimo. 4 Naquele dia se tomará por assunto falar de vós e cantar-se-á com prazer uma cantiga por boca dos que vos fizerem dizer: Nós estamos de todo o ponto desolados: a sorte do meu povo se trocou. Como se retirará de mim, quando torna o que há de repartir os nossos campos? 5 Por isso não terás tu quem meça com cordel as porções na assembléia do Senhor.

Oposição aos profetas

6 Não digais incessantemente: Não destilará sobre estes, não os alcançará a confusão. 7 A casa de Jacó diz: Porventura fez-se menos dilatado o espírito do Senhor, ou pode Ele ter tais pensamentos? Não são as minhas palavras cheias de bondade para com aquele que caminha com retidão? 8 E o meu povo pelo contrário se levantou contra mim como se eu fora inimigo: depois da túnica tirastes a capa: e àqueles que passavam em boa paz, obrigastes a andar em guerra. 9 Vós lançastes fora da casa, onde viviam mimosas, as mulheres do meu povo: sufocastes para sempre o meu louvor na boca de seus tenros filhinhos.

10 Levantai-vos e ide-vos daqui, porque vós não tendes aqui descanso: por causa da sua imundície se corromperá a vossa terra de uma podridão péssima. 11 Prouvera a Deus, que fora eu um homem que não tivesse o espírito, mas antes dissesse mentiras! Eu distilarei sobre ti vinho e embriaguez: e este povo será o sobre quem se distila.

Reunião dos dispersos

12 Eu te congregarei, ó Jacó, todo inteiro: eu reunirei as relíquias de Israel, eu o porei todo junto, como um rebanho no aprisco; como gado no meio dos currais, farão grande tumulto pela turbamulta dos homens. 13 Porque aquele que lhes há de abrir o caminho, irá adiante deles: romperão e passarão em turmas a porta, e entrarão por ela: e os eu rei será o Senhor que marchará à testa deles.

Contra os prepotentes e profetas interesseiros

3 Eu disse outrossim: Ouvi, príncipes de Jacó, e chefes da casa de Israel! Porventura não é a vós que pertence saber o que é justo, 2 os que aborreceis o bem, e amais o mal: os que arrancais com violência as suas peles de cima deles, e a sua carne de cima de seus ossos? 3 Eles comeram a carne do meu povo, e lhes arrancaram de cima a pele: e lhes quebraram os ossos, e os partiram como para os fazer cozer num caldeirão, e como carne que se quer fazer ferver dentro de uma panela. 4 Então clamarão ao Senhor e Ele os não escutará: e esconderá deles a sua face naquele tempo, visto que eles obraram perversamente segundo as invenções do seu capricho.

5 Isto diz o Senhor acerca dos profetas que seduzem o meu povo, que mordem com os seus dentes e que pregam a paz, e se algum lhes não der para meterem na sua boca alguma coisa, põe a sua piedade em lhe declarar a guerra: 6 Por isso em lugar de visão tereis vós a noite e as trevas em vez de revelação: e pôr-se-á o sol sobre os profetas e sobre eles se obscurecerá o dia. 7 E confundir-se-ão os que têm visões e cobrir-se-ão de vergonha os que se metem a adivinhar: e todos eles esconderão os seus rostos, quando se vir que Deus está mudo para eles. 8 Mas pelo que toca a mim, eu estou cheio da fortaleza, da justiça, e da virtude do espírito do Senhor: para anunciar a Jacó a sua maldade e a Israel o seu pecado.

9 Ouvi isto, príncipes da casa de Jacó, e juízes da casa de Israel: porque abominais a eqüidade, e perverteis tudo o que é reto. 10 Vós que edificais a Sião do sangue, e a Jerusalém da iniqüidade. 11 Os seus príncipes davam as sentenças por presentes, e os seus sacerdotes ensinavam por interesse, e os seus profetas adivinhavam por dinheiro: e depois disto, repousavam eles sobre o Senhor, dizendo: Não é assim que o Senhor está no meio de nós? Não virão logo sobre nós males alguns.

12 Em conseqüência disto, por vossa causa, será lavrada Sião como um campo, e Jerusalém será reduzida a um como montão de pedras, e o monte do Templo a umas altas reboleiras de bosques.

II. ESPERANÇAS E PROMESSAS

O centro religioso dos tempos messiânicos

4 E acontecerá isto: No último dos dias o monte da casa do Senhor será preparado no alto dos montes, e se elevará sobre os outeiros: e os povos concorrerão a ele. 2 E as nações em turmas se darão pressa por lá chegar, e dirão: Vinde, subamos ao monte do Senhor, e à casa do Deus de Jacó: e Ele nos ensinará os seus caminhos, e nós andaremos pelas suas veredas: porque a lei sairá de Sião, e a palavra do Senhor de Jerusalém. 3 E Ele excitará o seu juízo sobre muitos povos, e castigará poderosas nações até os lugares mais remotos: e eles converterão as suas espadas em relhas de arrados, e as suas lanças em enxadões: um povo não tirará mais da espada contra outro povo: e eles não aprenderão mais a pelejar.

4 E cada um estará assentado debaixo da sua parreira, e debaixo da sua figueira, e não haverá quem os intimide: porque assim o disse pela sua boca o Senhor dos exércitos. 5 Porque todos os povos andarão cada um em nome do seu deus: nós porém andaremos em nome do

Senhor nosso Deus, até à eternidade e além
dela.

Reunião e restabelecimento

6 Naquele dia, diz o Senhor, congregarei eu
a que coxeava: e recolherei a que eu tinha ex-
pulsado: e a que eu tinha afligido: 7 e reser-
varei para relíquias a que era coxa: e para
um povo possante a que tinha sido afligida.
E o Senhor reinará sobre eles no monte de
Sião, desde então, e daí para sempre.
8 E tu, enevoada torre do rebanho da filha
de Sião, o Senhor virá até a ti: e virá o pri-
meiro poder, o reino da filha de Jerusalém.

Superada a conjuração dos povos

9 Por que te consomes tu agora de tristeza?
Acaso não tens rei, ou pereceu o teu conse-
lheiro, pois se apoderou de ti a dor como da
que está com dores de parto? 10 Aflige-te, e
põe-te em desassossego, filha de Sião, como
uma mulher que está a parir! Porque agora
sairás tu da cidade, e habitarás numa região
estranha, e virás até Babilônia: lá é que tu
serás livrada, lá te resgatará o Senhor da mão
de teus inimigos. 11 E agora se congregaram
contra ti muitos povos, os quais dizem: Ela
seja apedrejada: e os nossos olhos vejam a
ruína de Sião. 12 Porém eles não conheceram
quais eram os pensamentos do Senhor, e não
entenderam o seu desígnio: porque os ajuntou
como a palha numa eira. 13 Levanta-te, filha
de Sião, e trilha a palha! Porque eu te darei
um corno de ferro, e te darei umas unhas de
bronze: e tu quebrarás a muitos povos, e imo-
larás ao Senhor o que eles roubaram aos ou-
tros, e consagrarás ao Senhor de toda a terra,
o que eles ganharam pela fortaleza do seu
braço.

5 Agora serás tu devastada, ó filha do la-
drão: Eles puseram o cerco sobre nós, eles
ferirão com a vara a face ao juiz de Israel.

O rei Messias virá de Belém

2 E tu Belém Efrata, tu és pequenina entre
os milhares de Judá! Mas de ti é que me há
de sair aquele que há de reinar em Israel, e
cuja geração é desde o princípio, desde os
dias da eternridade. 3 Por isso Deus os aban-
donará até o tempo em que parirá aquela que
há de parir: e então as relíquias de seus ir-
mãos se ajuntarão aos filhos de Israel. 4 E ele
estará firme, e apascentará o seu rebanho na
fortaleza do Senhor, na sublimidade do nome
do Senhor seu Deus: e eles se converterão,
porque agora se engrandecerá ele até às extre-
midades da terra. 5 E ele será a paz: depois
que os assírios tiverem vindo à nossa terra, e
quando tiverem calcado as nossas casas: sus-
citaremos nós também contra ele sete pasto-
res, e oito homens principais. 6 E apascenta-
rão com a espada a terra de Assur, e com as
suas lanças a terra de Nemrod: e ele nos li-
vrará Assur, depois que tiver vindo à nossa
terra, e quando puser os pés na nossa raia.

Fim das guerras e da idolatria

7 Então as relíquias de Jacó estarão no meio
de muitos povos, como um orvalho que vem
do Senhor, e como umas gotas de água que
caem sobre a erva, sem dependerem de nin-
guém, e sem esperarem nada dos filhos dos
homens. 8 E as relíquias de Jacó estarão entre
as gentes no meio de muitos povos, como um
leão no meio das outras alimários dos bosques,
e como um cachorro de leão entre os reba-
nhos das ovelhas: o qual depois que passar, e
pisar aos pés, e fizer a tua presa, não há quem
lha tire. 9 A tua mão se elevará sobre os teus
inimigos, e todos os teus inimigos perecerão.
10 E acontecerá isto naquele dia, diz o
Senhor, eu tirarei os teus cavalos do meio de
ti, e destroçarei as tuas quadrigas. 11 E arrui-
narei as cidades da tua terra e destruirei todas
as tuas fortificações, e te arrancarei das mãos
tudo o que servia aos teus sortilégios, e não
haverá mais adivinhações em ti. 12 E farei pe-
recer os teus simulacros, e as tuas estátuas do
meio de ti: e nunca mais adorarás as obras
das tuas mãos. 13 E arrancarei os teus bos-
ques do meio de ti :e reduzirei em pó as tuas
cidades, 14 e tomarei, com furor e indigna-
ção, vingança de todas as gentes que me não
ouviram.

III. REFORMAS MORAIS

Queixa do Senhor ao povo

6 Ouvi o que diz o Senhor: Levanta-te, de-
fende a tua casa em juízo contra os mon-
tes, e ouçam os outeiros a tua voz. 2 Ouçam
os montes o juízo do Senhor, e ouçam-no os
fortes fundamentos da terra: porque o Senhor
quer entrar em juízo com o seu povo, e justi-
ficar-se-á com Israel. 3 Povo meu, que é o que
eu te fiz, ou em que te fui eu molesto? Res-
ponde-me. 4 Será porque eu te tirei da terra
do Egito, e porque te livrei de uma casa de
escravidão: e porque enviei diante de ti a
Moisés, e a Aarão, e a Maria? 5 Povo meu, eu
te rogo que te lembres do desígnio de Balac,

rei de Moab, e do que lhe respondeu Balaão,
filho de Beor, desde Cetim até Galgala, para
reconheceres as justiças do Senhor.

Resposta do povo

6 Que oferecerei eu ao Senhor, que seja dig-
no dele? Encurvarei eu o joelho diante de
Deus excelso? Oferecer-lhe-ei porventura ho-
locaustos e novilhos de um ano? 7 Pode-se
acaso aplacar o Senhor sacrificando-se-lhe mil
carneiros, ou muitos milhares de bodes gor-
dos Porventura sacrificar-lhe-ei pela minha
maldade meu filho primogênito, o fruto do
meu ventre pelo pecado da minha alma? 8 Eu
te mostrarei, ó homem, o que te é bom, e o que
o Senhor requer de ti: é, sem dúvida, que tu
obres segundo a justiça, e que ames a miseri-
córdia, e que andes solícito com o teu Deus.

Injustiças e castigos

9 A voz do Senhor clama à cidade, e terão a
salvação os que temem o teu nome: Ouvi, ó
tribos! Mas quem aprovará isto? 10 Os tesou-
ros da iniqüidade ainda estão na casa do ím-
pio, como um fogo, e a desfalcada medida está
cheia da ira. 11 Acaso poderei eu não condenar
a balança injusta, e os pesos enganosos do sa-
quitel? 12 Pelos quais meios é que os ricos da
cidade estão cheios de iniqüidade, e os que
habitam nela falavam a mentira, e a língua
deles é enganadora na boca deles.
13 Por isso é, pois, que eu comecei a ferir-te
de um golpe mortal por causa dos teus peca-
dos. 14 Tu comerás, e não te fartarás: e achar-
-se-á a tua humildade no meio de ti: e tu
tomarás nos braços a teus filhos, e não os
salvarás: e os que salvares, eu os entregarei
ao gume da espada. 15 Tu semearás, e não
segarás: tu espremerás a azeitona, e não terás
azeite com que te ungir: e tu pisarás os cachos,
e não lhes beberás o vinho. 16 E tu guardaste
os preceitos de Amri, e todos os estilos da
casa de Acab: e andaste pelos rastos da von-
tade deles, para que eu te entregasse a ti à
perdição, e às vaias dos outros, aos que habi-
tam nela, e vós trareis sobre vós o opróbrio do
meu povo.

Corrupção geral

7 Ai de mim, porque estou feito como um
que anda ao rabisco de algum cacho no fim
do outono depois de feita a vindima! Eu não
achei nem sequer um cacho para comer; em
vão desejou a minha alma alguns figos tempo-
rãos. 2 Faltou o santo da terra, e entre os ho-
mens não há um que seja reto! Todos armam
traições para derramarem o sangue, cada um
anda à caça de seu irmão para lhe dar a morte.
3 Eles chamam bem ao mal que obram as suas
mãos: o príncipe pede obrigando, e o juiz tor-
na como lhe fazem: e o grande manifestou o
desejo da sua alma, e eles lha perturbaram.
4 O ótimo dentre eles é como um tojo: e o
reto é como o espinho de uma sebe. É chegado
o dia dos seus atalaias, veio a tua visita: agora
será a destruição deles. 5 Não creiais no ami-
go: e não confieis no governador: fecha as
portas da tua boca ainda àquela que dorme
no teu seio! 6 Porque o filho faz afronta a seu
pai, e a filha se levanta contra sua mãe, a nora
contra a sua sogra: e os inimigos do homem
são os seus mesmos domésticos.
7 Eu porém olharei para o Senhor, eu espe-
rarei a Deus meu salvador; o meu Deus me
ouvirá.

Ressurreição

8 Não te alegres, inimiga minha, a meu res-
peito, por eu ter caído: eu me tornarei a le-
vantar, depois de ter estado assentada nas
trevas; o Senhor é a minha luz. 9 Eu trarei
sobre mim a ira do Senhor, porque tenho pe-
cado contra Ele, até que Ele julgue a minha
causa, e me faça justiça: Ele me tirará para a
luz, eu verei a sua justiça. 10 Então olhará a
minha inimiga, e se cobrirá de confusão aque-
la que me diz agora: Onde está o Senhor teu
Deus? Os meus olhos olharão para ela: agora
será pisada aos pés, como a lama das ruas.

Retorno à pátria e reconstrução

11 Chegará o dia em que os teus pardieiros
se mudarão em edifícios: naquele dia ficarás
tu fora da lei. 12 Naquele dia também se virá
da Assíria até a ti, e até às tuas cidades for-
tificadas, e das tuas cidades fortificadas até
o rio, e de um mar até a outro mar, e de um
monte até outro monte. 13 E a terra será posta
em desolação por causa dos seus habitantes;
e por causa do fruto das suas cogitações.

Oração

14 Apascenta com a tua vara o teu povo, o
rebanho da tua herança, os que habitam sós
no bosque, no meio do Carmelo: Basan e Ga-
laad serão apascentados, ao modo que eram
nos dias antigos.
15 À proporção do que eu obrei nos dias da
tua saída da terra do Egito, eu lhe farei ver as
minhas maravilhas. 16 As gentes as verão, e
elas serão confundidas com toda a sua forta-
leza: os povos porão a mão sobre a sua boca,
os seus ouvidos ficarão surdos. 17 Eles lam-

berão o pó como as serpentes, eles se espan-
tarão nas suas casas, como os reptis da terra:
eles tremerão diante do Senhor nosso Deus, e
terão medo de ti.

Hino final

18 Ó Deus, quem é semelhante a ti, que apa-
gas a iniqüidade, et e esqueces dos pecados
das relíquias da tua herança? Ele não derra-
mará mais o seu furor contra os seus, porque
lhe apraz fazer misericórdia. 19 Ele voltará, e
terá compaixão de nós: Ele sepultará as nos-
sas iniqüidades, e lançará todos os nossos pe-
cados no fundo do mar. 20 Tu mostrarás a
verdade da tua promessa a Jacó, farás miseri-
córdia a Abraão: que é o que tu juraste a
nossos pais desde os dias antigos.

NAUM

Título

1 Desgraça de Nínive. Livro da visão de Naum de Elcese.

Javé aniquilará Nínive e soerguerá Judá

2 O Senhor é um Deus zeloso, e vingador: o Senhor é vingador e se arma de furor: o Senhor toma vingança contra os seus adversários, e Ele mesmo se ira contra seus inimigos. 3 O Senhor é paciente, e ao mesmo tempo grande em fortaleza, e não tratará como a inocente o pecador, tendo-o por isento de culpa. O Senhor anda entre a tempestade e o torvelhinho, e debaixo dos seus pés se levantam nuvens de poeira. 4 Ele ameaça o mar, e Ele o seca: e muda todos os rios num deserto. Basan e o Carmelo perderam a força: e a flor do Líbano amorteceu. 5 Os montes foram por Ele abalados, e os outeiros ficaram desolados: e a terra, e o orbe, e todos os que nele habitavam, tremeram diante dele. 6 Diante da face da sua indignação quem é que poderá subsistir? E quem resistirá contra a ira do seu furor? A sua indignação se derramou como um fogo: e ela fez que se derretessem as mesmas pedras.

7 O Senhor é bom, e Ele conforta no dia da tribulação: e conhece aos que esperam nele: 8 E com uma inundação impetuosa acabará de uma vez com o lugar dela: e as trevas perseguirão aos seus inimigos.

9 Por que formais vós projetos contra o Senhor? Ele mesmo vos consumirá de todo: não se levantará por duas vezes a tribulação. 10 Porque bem como os espinhos se entrelaçam uns com os outros, assim se unirão eles quando beberem juntos nos seus banquetes: eles serão consumidos como uma palha cheia de secura. 11 De ti sairá quem forme contra o Senhor negros desígnios: quem nutra no seu coração pensamentos de prevaricação.

12 Isto diz o Senhor: Por mais fortes que eles forem, e por mais numerosos que sejam, ainda assim serão todos tosqueados, e ele passará. Eu te afligi mas não te afligirei mais. 13 E agora esmigalharei eu a sua vara de cima do teu espinhaço e desfarei as tuas cadeias. 14 E o Senhor pronunciará a sua sentença contra ti, não haverá mais semente do teu nome. Eu exterminarei os ídolos e as estátuas da casa do teu deus; eu porei o teu sepulcro, porque tu caíste no desprezo. 15 Eis vejo eu sobre os montes os pés do que traz a boa nova e anuncia a paz. Celebra, ó Judá, as tuas festividades e cumpre os teus votos: porque Belial não passará mais por ti: ele inteiramente pereceu.

Ruína de Nínive

2 Eis aí vem aquele que te há de destruir tudo à tua vista, o que te há de pôr em apertado sítio! Reconhece o caminho, conforta os lombos, acrescenta mui alentados brios ao teu valor! 2 Porque o Senhor vai castigar a soberba que se ousou com Jacó, bem como a soberba que se ousou com Israel: quando os seus inimigos os saquearam e lhes deitaram a perder os seus arrebentos. 3 O escudo dos seus valentes lança chamas de fogo, os combatentes do exército estão vestidos de púrpura: as rédeas das suas carroças de guerra despedem resplendores no dia do seu apercebimento para a guerra, e os seus condutores se acham adormecidos. 4 Nas marchas se desordenaram: as carroças se colidiram umas com as outras nas ruas. A vista deles é como lâmpadas ardentes, como relâmpagos que discorrem de uma parte para a outra.

5 Ele se lembrará dos seus valentes, eles cairão de tropel nos seus caminhos. Denodadamente escalarão os seus muros, e se aparelhará a coberta. 6 Enfim as portas se abriram pela inundação dos rios, e o templo foi destruído até ficar por terra. 7 E os soldados da guarda foram levados prisioneiros: e as suas escravas eram levadas catigas, gemendo como pombas, rosnando nos seus corações.

8 E Nínive ficou toda coberta de água, como um tanque: mas os seus cidadãos fugiram! Parai, parai! Mas nenhum há que volte.

9 Saqueai a prata, saqueai o ouro! E não há fim das riquezas de todo o gênero de móveis apetecíveis. 10 Nínive está destruída, rasgada,

e dilacerada! E nela se encontram corações
desmaiados, e desconjuntamento de joelhos, e
desfalecimento em todos os rins: e o rosto de
todos eles é como a tisnadura da panela.
11 Onde está agora a habitação dos leões, e as
pastagens dos leõezinhos, para onde se iam
ali recolher o leão, e o cachorro do leão, sem
haver ninguém que os espantasse? 12 O leão
tomou o que bastava para os seus cachorros,
e matou caça para as suas leoas: e encheu as
suas covas de presas, e a sua caverna de ra-
pinas. 13 Eis aí venho eu a ti, diz o Senhor
dos exércitos, e porei fogo às tuas carroças até
as reduzir a fumo, e a espada devorará os teus
leõezinhos: e arrancarei da terra a tua presa,
e não se ouvirá mais a voz dos teus embaixa-
dores.

Ameaças a Nínive por seus crimes

3 Ai de ti, cidade de sangues, toda cheia de
mentiras, e de estragos! Não se apartará de
ti a rapina. 2 Ouvir-se-á em ti o sonido dos
azorragues, e o estrépito do ímpeto das rodas,
e dos cavalos que relincham, e das carroças
ferventes pela agitação, e da cavalaria que
avança: 3 e das reluzentes espadas, e das fuzi-
lantes lanças, e da multidão de mortos, e do
grande estrago! Não têm fim os cadáveres, e
cairão os corpos uns sobre os outros.
4 Tudo isto pela multidão das fornicações
de uma meretriz formosa, e engraçada, e que
tem encantamentos, que vendeu as gentes pe-
las suas fornicações, e as famílias pelos seus
malefícios. 5 Eis-me aqui contra ti, diz o
Senhor dos exércitos, e eu descobrirei na tua
face o que em ti deve estar escondido, e ex-
porei a tua nudez às gentes, e aos reinos a tua
ignomínia. 6 E lançarei sobre ti as tuas abo-
minações, e te cobrirei de afrontas, e te porei
por escarmento. 7 E acontecerá: todo o que
te vir, saltará para trás retirando-se de ti, e
dirá: Nínive está destruída! Quem moverá a
cabeça sobre ti? Aonde te irei buscar um con-
solador?

O exemplo de Tebas

8 Porventura és tu mais considerável do que
Alexandria, tão cheia de povos, que tem o seu
assento entre os rios? Correm as águas em
torno dela: cujas riquezas são o mar: as águas
as suas muralhas. 9 A Etiópia era a sua força,
como também o Egito, que não tem fim: a
África e a Líbia te foram de socorro. 10 Isto
não obstante, essa mesma foi levada cativa
para uma terra estranha: os seus pequeninos
foram machucados no topo de todas as ruas, e
sobre os nobres dela deitaram sortes, e todos
os seus grandes senhores foram carregados de
ferros. 11 Também tu pois serás embriagada,
e cairás em vilipêndio: e tu pedirás socorro
ao teu inimigo.

Inutilidade das defesas de Nínive

12 Todas as tuas fortificações serão como a
figueira com os seus primeiros figos: se se
sacudirem, cairão na boca do que os come.
13 Eis aí que o teu povo é como mulheres no
meio de ti: as portas da tua terra se abrirão
de par em par aos teus inimigos, e o fogo
devorará as tuas trancas.
14 Tira água, para te preparares para o
cerco, repara as tuas fortificações: mete-te no
barro, e pisa-o aos pés, amassa-o para fazeres
ladrilhos. 15 Ali te consumirá o fogo: tu pere-
cerás à espada, ela te devorará como o brugo:
ajunta-te como uma nuvem de brugos: multi-
plica-te em enxames como gafanhotos.
16 Tu fizeste as tuas negociações em maior
número do que são as estrelas do céu: o brugo
espalhou-se, e depois se foi voando. 17 Os teus
guardas são como gafanhotos, e os teus peque-
ninos são como os gafanhotinhos, que param
sobre as sebes em tempo de frio: assim que o
sol nasceu logo voaram, e não se achou mais
o lugar onde eles tenham estado.
18 Os teus pastores, ó rei Assur, dormita-
ram: os príncipes serão sepultados: o teu povo
foi-se esconder nos montes, e não há quem o
ajunte. 19 A tua destruição não está oculta, a
tua chaga é muito maligna: todos os que ou-
viram a tua fama bateram as palmas sobre ti:
porque sobre quem não passou sempre a tua
malícia?

HABACUC

Título

1 Desgraça que viu o profeta Habacuc.

1.ª queixa: não há mais justiça

2 Até quando, Senhor, clamarei eu, e tu me não escutarás? Até quando levantarei a minha voz a ti, padecendo força, e tu me não salvarás? 3 Porque me mostraste tu iniqüidades, e trabalhos, reduzindo-me a ver eu diante de mim roubos e injustiças? E decidiu-se uma causa em juízo e a contradição é que prevaleceu. 4 Por esta causa é quebrantada a lei, e o juízo não chega até o fim: porque o ímpio prevalece contra o justo, por isso sai o juízo transtornado.

1.ª resposta: os caldeus serão o flagelo de Deus

5 Ponde os olhos nas gentes, e vede: admirai-vos e pasmai: porque se fez uma coisa em vossos dias, que ninguém acreditará, quando lhe for contada. 6 Porque eis aí vou eu a suscitar os caldeus, essa nação cruel e veloz, que anda sobre a largura da terra, para se apoderar das tendas que não são suas. 7 Ela é horrível e espantosa: dela mesma sairá o juízo, e o seu peso. 8 Os seus cavalos são mais ligeiros que os leopardos e mais velozes que os lobos à tarde: e a sua cavalaria se difundirá por toda a parte: porque os seus cavaleiros virão de longe, eles voarão como uma águia que se apressa a empolgar a presa. 9 Eles todos virão à presa, o seu rosto é como um vento abrasador: e ele ajuntará tropas de cativos, como montões de areia.

10 O mesmo triunfará também dos reis, e se rirá dos tiranos: ele zombará de todas as fortificações e lhes oporá os seus marachões, e as tomará. 11 Então se mudará o seu espírito, e ele passará e cairá: esta é a fortaleza daquele seu deus.

2.ª queixa: os excessos dos caldeus são injustiça

12 Porém, não és tu, Senhor, o que és desde o princípio o meu Deus, ó santo meu, tanto assim que por tua intervenção não morreremos? Tu, Senhor, estabeleceste este príncipe, para ele exercer os teus juízos: e tu o fizeste forte para nos castigares. 13 Os teus olhos são limpos, para não veres o mal, e tu não poderás olhar para a iniqüidade. Por que razão olhas tu para os que cometem injustiças, e te conservas em silêncio, entretanto que o ímpio devora os que são mais justos que ele? 14 E farás que os homens sejam como uns peixes do mar, e como uns reptis que não têm príncipe. 15 Tudo levantou com o anzol, arrastou isso na sua varredoura e o ajuntou na sua rede. Por isso ele se alegrará e exultará. 16 Por isso ele oferecerá hóstias à sua varredoura e sacrificará à sua rede: porque por elas é que foi engrossada a sua porção e o seu manjar é escolhido. 17 Por isto é que ele tem pois estendida a sua rede varredoura e não cessará de derramar sempre o sangue das gentes.

2 Eu estarei posto no lugar da minha sentinela e firmarei o pé sobre as fortificações. E pôr-me-ei alerta para ver o que se me diga e o que hei de responder ao que me repreenda.

2.ª resposta: os caldeus serão punidos por seus excessos

2 Então me respondeu o Senhor e me disse: Escreve o que vês e expõe-no com toda a clareza: para que se possa ler correntemente. 3 Porque a visão ainda está longe, mas enfim ela aparecerá e não faltará. Se se demorar, espera-o: porque infalivelmente virá e não tardará. 4 Eis aí está que o que é incrédulo, não terá a alma reta em si mesmo: mas o justo viverá na sua fé.

Oráculo contra os caldeus opressores

5 E assim como o vinho engana a quem o bebe com excesso: assim será o homem soberbo, que ficará sem honra: o qual dilatou como o inferno a sua alma: e ele é como a morte, que se não farta: e congregará para si todas as gentes e amontoará a si todos os povos. 6 Mas acaso não virá ele a ser a fábula de

todos estes e a conversação dos seus enigmas?
E se dirá:
Ai daquele que acrescenta o que não é seu;
até quando amontoa ele também contra si o
denso lodo? 7 Acaso não se levantarão de re-
pente os que te mordam: e não despertarão os
que te despedacem: e não serás a presa deles?
8 Porquanto tu despojaste a muitas gentes,
despojar-te-ão todos os que restarem dos po-
vos por causa do sangue dos homens, e pelo
agravo da terra da cidade, e de todos os que
habitam nela.
9 Ai daquele que ajunta bens por uma ava-
reza criminosa, para estabelecer a sua casa, a
fim de que esteja em lugar alto o seu ninho, e
que julga livrar-se da mão do mal. 10 Tu pen-
saste confusão para a tua casa, tu arruinaste
a muitos povos, e a tua alma caiu no pecado.
11 Porque a pedra clamará da parede contra
ti: e o madeiramento que serve de travessão
ao edifício, responderá.
12 Ai daquele que edifica uma cidade em
sangue de muitos, e funda as suas muralhas
na iniqüidade. 13 Acaso não vêm estas coisas
do Senhor dos exércitos? Porque os povos tra-
balharão com muito fogo: e as gentes em vão,
e assim se fatigarão. 14 Porque a terra se en-
cherá, como o mar está coberto das suas
águas, a fim de que eles conheçam a glória do
Senhor.
15 Ai daquele que dá a beber a seu amigo
misturando ali o seu fel, e que o embebeda
para ver a sua nudeza. 16 Tu foste cheio de
ignomínia, em lugar de glória! Bebe tu tam-
bém: e fica sopito! Cercer-te-á o cálice da di-
reita do Senhor, e um vômito de ignomínia
cairá sobre tua glória. 17 Porque a iniqüidade
executada contra o Líbano recairá sobre ti, e
os estragos dos animais espantarão os teus
povos por causa do sangue dos homens, e das
injustiças cometidas na terra, e na cidade, e
contra todos os que habitavam nela. 18 De que
serve a estátua, quando o seu privativo artí-
fice é que a fabricou, sendo ela um simulacro,
e uma imagem falsa? Ainda assim o seu opífi-
ce esperou na sua obra, nos ídolos mudos que
formou.
19 Ai daquele que diz ao pau: Esperta! À pe-
dra muda: Levanta-te! Porventura poder-lhe-á
ela ensinar alguma coisa? Vê que ela está co-
berta de ouro e de prata, e nas suas entranhas
não há espírito algum. 20 Porém o Senhor está
no seu santo Templo: cale-se toda a terra
diante dele.

CÂNTICO DE HABACUC

Título

3 ORAÇÃO DO PROFETA HABACUC, PELAS
IGNORÂNCIAS.

Prece do profeta

2 Senhor, eu ouvi a tua palavra e temi.
Senhor, pelo que toca à tua obra, vivifica-a
cumprindo-a no meio dos anos. No meio dos
anos, tu a farás notória. Quando estiveres ira-
do, tu te lembrarás da tua misericórdia.

A chegada de Javé

3 Deus virá do meio-dia, e o Santo aparecerá
do monte de Faran: a sua glória cobriu os
céus: e do seu louvor está cheia a terra.
4 O seu resplendor será como a luz: das
suas mãos sairão raios de glória. 5 Aí é que a
sua fortaleza está escondida: a morte irá dian-
te da sua face, e o diabo sairá diante dos seus
pés.
6 Ele parou, e mediu a terra. Olhou, e cor-
rompeu as gentes: e foram reduzidos em pó
os montes do século. Os outeiros do mundo se
encurvaram pelos caminhos da sua eternidade.
7 Eu vi as tendas da Etiópia destruídas por
causa da iniqüidade, os pavilhões da terra de
Madian se verão turbados.

O combate de Javé

8 Acaso é contra os rios, Senhor, que tu es-
tás irado? Ou é contra os rios o teu furor?
Ou é contra o mar a tua indignação? Tu que
montarás sobre os teus cavalos: e as tuas car-
roças são a nossa salvação.
9 Tu infalivelmente suscitarás o teu arco. Tu
cumprirás as promessas com juramento que
fizeste às tribos. Tu dividirás os rios da terra!
10 Os montes te viram, e ficaram transpas-
sados de dor: o tragadoiro das águas passou.
O abismo fez ouvir a sua voz: levantou para o
alto as suas mãos.
11 O sol e a lua pararam no seu curso, eles
marcharão à luz das tuas setas, ao resplendor
da tua fulgurante lança.
12 Tu no teu bramir pisarás aos pés a terra:
no teu furor espantarás as gentes.
13 Tu saíste para salvação do teu povo: para
o salvar com o teu Cristo.
Tu feriste o chefe da família do ímpio. Tu
fizeste aparecer os fundamentos da sua casa
até o pescoço.

14 Tu amaldiçoaste os seus ceptros, o chefe dos seus guerreiros, que vinham como um torvelhinho para me destruírem. A exultação daqueles é como a do que devora o pobre em segredo.
15 Tu abriste um caminho aos teus cavalos no mar, ao través do lodo que se acha no fundo das grandes águas.

Conclusão: alegre confiança em Deus

16 Eu ouvi, e as minhas entranhas se comoveram: os meus lábios tremeram à tua voz. Entre a podridão até os meus ossos, e ela me consuma por dentro, para que eu descanse no dia da tribulação: para que eu suba ao nosso povo apercebido.
17 Porque a figueira não florescerá: e as vinhas não deitarão os seus gomos. Faltará o fruto da oliveira: e os campos não darão de comer. As ovelhas serão apartadas do aprisco: e não haverá bois nos presépios.
18 Eu porém me gozarei no Senhor: e exultarei no Deus meu salvador.
19 O Senhor Deus é a minha fortaleza: e Ele fará os meus pés como os dos veados: e Ele vencedor me conduzirá sobre os meus altos, cantando eu salmos em seu obséquio.

SOFONIAS

Título

1 Palavra do Senhor que foi dirigida a Sofonias, filho de Cusi, filho de Godolias, filho de Amarias, filho de Ezecias, em tempo de Josias, filho de Amon, rei de Judá.

Castigo de Judá

2 Eu infalivelmente congregarei tudo o que se achar sobre a face da terra, diz o Senhor: 3 congregando os homens e o gado, congregando as aves do céu, e os peixes do mar: e sobrevirão as ruínas dos ímpios: e exterminarei os homens de cima da terra, diz o Senhor.

4 E estenderei a mão sobre Judá e sobre todos os habitantes de Jerusalém: e exterminarei deste lugar as relíquias de Baal, e os nomes dos seus sacristães com os sacerdotes: 5 e os que adoram a milícia do céu sobre os telhados, e os que adoram o Senhor e juram pelo seu nome, e ao mesmo tempo juram pelo nome de Melcom. 6 E os que se desviam de andar em seguimento do Senhor, e os que não buscaram ao Senhor, nem trabalharam pelo achar.

Jerusalém em particular

7 Estai em silêncio diante da face do Senhor Deus: porque o dia do Senhor está perto, porque o Senhor preparou a vítima, Ele santificou os seus chamados. 8 E acontecerá isto: No dia da vítima do Senhor virei eu com a minha visita sobre os príncipes, e sobre os filhos dos reis, e sobre todos os que se vestem de trajes estrangeiros. 9 E virei com a minha visita naquele dia sobre todo o que entra com arrogância por cima do limiar: sobre os que enchem de iniqüidade e dolo, a casa do Senhor seu Deus.

10 E haverá naquele dia, diz o Senhor, uma algazarra de alaridos desde a porta dos peixes, e uivos desde a segunda, e grande quebrantamento desde os outeiros. 11 Uivai, habitantes de Pila! Todo o povo de Canaã foi reduzido a silêncio, todos os que estavam envolvidos na prata, pereceram. 12 E naquele tempo acontecerá isto: Eu esquadrinharei a Jerusalém com muitas luzes: e virei com a minha visita sobre os homens que estão encravados nas suas fezes: que dizem nos seus corações: O Senhor não nos há de fazem nem bem, nem fará mal. 13 E toda a fortaleza deles será roubada, e as suas casas se tornarão num deserto: e eles edificarão casas, e não as habitarão: e plantarão vinhas e não lhes beberão o vinho.

O grande dia da ira

14 O dia grande do Senhor está próximo, está próximo e ele se vem chegando a grandes passos! Amarga é a voz do dia do Senhor, o forte se verá nele em grande aperto. 15 Esse dia será um dia de ira, um dia de tribulação e angústia, um dia de calamidade e miséria, um dia de névoas e remoinhos. 16 Um dia em que soará a trombeta e a algazarra sobre as cidades fortificadas e sobre as altas torres. 17 E eu atribularei os homens, e eles andarão como cegos, porque pecaram contra o Senhor: e o seu sangue será derramado como a poeira, e os seus corpos pisados como o esterco.

18 Mas nem ainda a sua prata e o seu ouro os não poderá livrar no dia da ira do Senhor! No fogo do seu zelo será devorada toda a terra, porque Ele se dará pressa por exterminar todos os habitantes da mesma terra.

Punição de outros povos

2 Vinde todos, ajuntai-vos, povos indignos de ser amados: 2 antes que a ordem traga este dia como o pó que arrebatado passa, antes que venha sobre vós a ira do furor do Senhor, antes que venha sobre vós o dia da indignação do Senhor. 3 Buscai o Senhor, todos vós os que sois mansos na terra, vós os que obrastes segundo os seus preceitos! Buscai a justiça, buscai a mansidão: para ver se podeis achar algum asilo no dia do furor do Senhor.

A respeito dos filisteus

4 Porque Gaza será destruída, e Ascalon virá a ser um deserto; a Azot arruinarão ao ponto do meio-dia, e Acaron será arrancada pela raiz.

5 Ai de vós, os que habitais o cordel do mar, povo de homens perdidos! Canaã, terra dos filisteus, a palavra do Senhor está a cair sobre vós, e eu te exterminarei, sem que fique um só dos teus habitantes. 6 E o cordel do mar servirá de lugar de repouso para os pastores, e de um aprisco para as ovelhas. 7 e aquele cordel será uma colheita para os que tiverem ficado da casa de Judá: eles acharão lá pastagens, eles descansarão de tarde nas casas de Ascalon: porque o Senhor seu Deus os visitará, e os fará tornar do lugar do seu cativeiro.

A respeito de Moab e Amon

8 Eu ouvi os opróbrios de Moab, e as blasfêmias dos filhos de Amon: com que eles insultaram ao meu povo, e engrandeceram seu próprio reino apoderando-se das suas terras. 9 Por isso eu juro por vida minha, diz o Senhor dos exércitos, o Deus de Israel, que Moab virá a ser como Sodoma, e os filhos de Amon como Gomorra; a sua terra tornar-se-á numa meda de espinhos secos, e num montão de sal, e numa solidão para sempre. As relíquias do meu povo os saquearão, e os que restarem da minha gente serão os donos da sua terra. 10 Isto é o que lhes há de acontecer por causa da sua soberba: porque eles blasfemaram, e se engrandeceram sobre o povo do Senhor dos exércitos. 11 O Senhor se mostrará terrível contra eles, e aniquilará a todos os deuses da terra: e adorá-lo-ão todos, cada um desde o seu país, todas as ilhas das gentes.

A respeito dos etíopes e assírios

12 Mas também vós, ó etíopes, sereis mortos pela minha espada. 13 E o Senhor estenderá a sua mão contra o aquilão, e perderá a Assur: e reduzirá a formosa a uma solidão, e a um despovoado, e como a um ermo. 14 E os rebanhos descansarão no meio desta cidade, todas as alimárias das gentes se retirarão a ela: e o onocrótalo, e o ouriço terão por morada os seus vestíbulos. Ouvir-se-á o canto das aves por cima das janelas, o corvo por cima das portas, porque eu debilitarei toda a sua força. 15 Esta é a cidade gloriosa que habitava cheia de confiança: que dizia no seu coração: Eu sou a única, e depois de mim não há outra. Como se mudou elan um deserto, num covil de feras? Todo o que passar por ela, insultá-la-á com assobiadas, e com gestos de mãos a desprezará.

Oráculo sobre Jerusalém

3 Ai da cidade provocadora, e que depois de ter sido resgatada, fica estúpida como uma pomba! 2 Ela não ouviu a voz, nem tomou o ensino: ela não confiou no Senhor, nem se aproximou ao seu Deus. 3 Os seus príncipes são no meio dela como uns leões rugindo: os seus juízes como uns lobos que devoram a sua presa à tarde, sem deixarem nada dela para o outro dia. 4 Os seus profetas são uns loucos, uns homens sem fé: os seus sacerdotes mancharam o santo, obraram injustamente contra a lei. 5 O Senhor como justo que é no meio dela não fará injustiça: Ele desde a manhã, desde o ponto do dia, produzirá à luz o seu juízo e não se esconderá: o ímpio porém não soube que coisa era ter vergonha.

6 Eu destruí as gentes, e as suas torres foram deitadas abaixo. Eu tornei os seus caminhos desertos, sem haver mais quem por eles passe: as suas cidades estão desoladas, não havendo já um homem nelas, nem pessoa alguma que as habite. 7 Eu te disse: Ao menos depois disto temer-me-ás tu, aproveitar-te-ás dos meus avisos; e a sua cidade evitará a ruína, que a ameaça por causa de todos os crimes, pelos quais eu já a visitei. Eles porém levantando-se ao contrário de madrugada corromperam todos os seus pensamentos. 8 Portanto espera-me, diz o Senhor, para o dia vindoiro da minha ressurreição, porque o meu intento é congregar eu as gentes, e unir os reinos: e derramarei sobre eles a minha indignação, toda a ira do meu furor: porque toda a terra será devorada pelo fogo do meu zelo.

Promessas: conversão dos gentios e restauração

9 Então é que eu darei aos povos uns lábios escolhidos, para que todos invoquem o nome do Senhor, e se submetam todos ao seu jugo num mesmo espírito.

10 Os que habitam da outra banda dos rios da Etiópia, me virão de lá oferecer as suas orações, os filhos do meu povo dispersos me trarão os seus presentes. 11 Naquele dia tu não serás confundida por todas as invenções do teu capricho, com que prevaricaste contra mim: porque então exterminarei eu do meio de ti aqueles que, pelas suas palavras cheia de fasto, te entretinham na tua soberba, e tu para o diante não tornarás mais a elevar-te por possuíres o meu santo monte. 12 E deixarei no meio de ti um povo pobre, e necessitado: e eles esperarão no nome do Senhor. 13 As relíquias de Israel não cometerão iniqüidades, nem proferirão a mentira, e não se achará na boca deles língua enganosa: porquanto eles mesmos serão apascentados, e repousarão, e não haverá que os espante.

Cântico de louvor

14 Entoa cânticos de louvor, filha de Sião!
Enche-te, Israel, de júbilo! Alegra-te e exulta
de todo o coração, filha de Jerusalém! 15 O
Senhor apagou a sentença da tua condenação,
Ele alongou de ti os teus inimigos. O Senhor,
que é o rei de Israel, está no meio de ti; tu
não temerás mais para o diante mal algum.
16 Naquele dia dir-se-á a Jerusalém: Não te-
mas. Não se esfraqueçam as tuas mãos, ó
Sião. 17 O Senhor teu Deus, o forte, está no
meio de ti, Ele mesmo te salvará: Ele se rego-
zijará em ti com alegria, calar-se-á por seu
amor, exultará por teu respeito com louvor.
18 Eu congregarei esses homens vãos, que
se tinham apartado da lei, visto que eles te
pertenciam: a fim de que tu não tenhas mais
vergonha por causa deles. 19 Eis aqui estou
eu que naquele tempo matarei a todos os que
te afligiram: e salvarei o que coxeava: e farei
voltar aquela que tinha sido desterrada: e
fá-los-ei célebres com louvor, e nomeada em
todas as partes em que eles se viram cheios de
confusão. 20 Naquele tempo em que eu vos fa-
rei tornar: e no tempo em que eu vos ajuntarei
todos: porque eu vos farei célebres pela no-
meada, e louvor, diante de todos os povos da
terra, quando eu tiver feito vir diante de vos-
sos olhos toda a multidão dos vossos cativos,
diz o Senhor.

AGEU

PRIMEIRO DISCURSO

Sobre o desinteresse geral na reconstrução do Templo

1 No segundo ano do reinado de Dario, no sexto mês, no primeiro dia do mês, foi dirigida a palavra do Senhor, por mão do profeta Ageu, a Zorobabel, filho de Salatiel, chefe de Judá, e a Jesus, sumo sacerdote, filho de Josedec, a qual dizia:

2 Isto profere o Senhor dos exércitos, dizendo: Este povo diz: Ainda não é chegado o tempo de reedificar a casa do Senhor. 3 E foi dirigida a palavra do Senhor por mão do profeta Ageu, a qual dizia: 4 Não é assim que tendes vós tempo oportuno para habitardes em casas forradas de laçaria, e esta casa será deserta? 5 E isto diz agora o Senhor dos exércitos: Aplicai os vossos corações a considerar os vossos caminhos. 6 Vós semeastes muito, e recolhestes pouco: comestes e não ficastes fartos: bebestes e não matastes a sede: cobristes-vos e não ficastes quentes: e o que ajuntou muitos ganhos, meteu-os num saco roto.

7 Isto diz o Senhor dos exércitos: Aplicai os vossos corações a considerar os vossos caminhos. 8 Subi ao monte, levai madeira, e edificai uma casa: e ela me será agradável, e eu serei nela glorificado, diz o Senhor. 9 Vós esperastes o mais, e eis que vos veio o menos: e os metestes em vossa casa e eu o dissipei com um assopro. Por que causa? diz o Senhor dos exércitos; porque a minha casa está deserta, e vós vos apressais cada um em cuidar da sua casa.

10 Por isso é que foram proibidos os céus de darem orvalho sobre vós, e a terra foi proibida de dar o seu gérmen: 11 e chamei a seca sobre a terra, e sobre os montes, e sobre o trigo, e sobre o vinho, e sobre o azeite, sobre tudo o que a terra produz, e sobre os homens, e sobre os animais e sobre todo o trabalho das vossas mãos.

12 Então Zorobabel, filho de Salatiel, e Jesus, sumo sacerdote, filho de Josedec, e todos os que tinham restado do povo, ouviram a voz do Senhor seu Deus, e as palavras do profeta Ageu, assim como o Senhor seu Deus o enviou a eles: e o povo temeu diante da face do Senhor. 13 E Ageu, um dos enviados do Senhor, falou, dizendo ao povo: Eu sou convosco, diz o Senhor. 14 Ao mesmo tempo suscitou o Senhor o espírito de Zorobabel, filho de Salatiel, chefe de Judá, e o espírito de Jesus, sumo sacerdote, filho de Josedec, e o espírito do resto de todo o povo: e vieram, e se puseram ao trabalho na casa do Senhor dos exércitos, seu Deus.

2 Aos vinte e quatro dias do mês, no sexto mês, no ano segundo do reinado de Dario.

SEGUNDO DISCURSO

Glória do novo templo

2 No sétimo mês, aos vinte e um dias do mês, foi revelada a palavra do Senhor por mão do profeta Ageu, a qual dizia:

3 Fala a Zorobabel, filho de Salatiel, chefe de Judá, e a Jesus, sumo sacerdote, filho de Josedec, e ao resto do povo dizendo: 4 Quem há dentre os que ficaram de vós, que visse esta casa na sua primeira glória? E em que estado a vedes agora? Acaso não parece ela a vossos olhos, assim como uma coisa de nada, comparada com o que foi? 5 Mas agora, ó Zorobabel, cobra força, diz o Senhor: e cobra força, ó Jesus, sumo sacerdote, filho de Josedec, e cobra força todo o povo da terra, diz o Senhor dos exércitos, e cumpri (porque eu sou convosco, diz o Senhor dos exércitos) 6 a

palavra que destes na aliança que fiz convosco, quando saíeis da terra do Egito: e o meu espírito estará no meio de vós, não temais!

7 Porque isto diz o Senhor dos exércitos: Ainda falta um pouco, e eu comoverei o céu, e a terra e o mar, e todo o universo. 8 E moverei todas as gentes: e virá o Desejado de todas as gentes: e encherei de glória esta casa, diz o Senhor dos exércitos. 9 Minha é a prata, e meu é o ouro, diz o Senhor dos exércitos. 10 A glória desta última casa será maior do que a da primeira, diz o Senhor dos exércitos, e eu darei a paz neste lugar, diz o Senhor dos exércitos.

TERCEIRO DISCURSO

Sobre as causas das calamidades

11 Aos vinte e quatro dias do nono mês, no segundo ano do reinado de Dario, foi dirigida ao profeta Ageu a palavra do Senhor, a qual dizia: 12 Isto diz o Senhor dos exércitos: Propõe aos sacerdotes esta questão sobre a lei, dizendo: 13 Se um homem trouxer na orla do seu vestido um pedaço de carne, que tivesse sido santificada, e tocar com a aba dele no pão, ou na iguaria, ou no vinho, ou no azeite, ou em qualquer outra coisa de comer: acaso ficará ela santificada? E respondendo os sacerdotes, disseram: Não. 14 E prosseguiu Ageu dizendo: Se um homem poluto por ter tocado num corpo morto, tocar qualquer de todas estas coisas, acaso ficará ela por isso contaminada? E responderam os sacerdotes, e disseram: Ficará contaminada. 15 E respondeu Ageu, e disse: Assim é que este povo, e assim é que esta gente está diante da minha face, diz o Senhor, e assim o está também toda a obra das mãos deles: e todas as coisas que ali ofereceram serão contaminadas.

16 E agora refleti nos vossos corações desde este dia, e de tempos passados, antes que se lançasse pedra sobre pedra no Templo do Senhor. 17 Quando vínheis a um montão de trigo esperando tirar vinte alqueires, e se reduziam a dez: e entráveis no lagar para tirardes cinqüenta talhas, e elas se tornavam em vinte. 18 Eu vos feri com um vento abrasador, e com ferrugem, e saraiva todas as obras das vossas mãos: e não houve entre vós quem se voltasse para mim, diz o Senhor.

19 Gravai nos vossos corações o que tem de suceder desde o presente dia, e para o diante, desde este dia vinte e quatro do nono mês: desde este dia em que foram lançados os alicerces do Templo do Senhor, gravai-o no vosso coração. 20 Não vedes vós que a semente ainda não brotou: e que a vinha, e a figueira, e a romeira, e a árvore da azeitona ainda não floresceram? Deste dia em diante eu abençoarei tudo.

QUARTO DISCURSO

Sobre a proteção a Zorobabel

21 E aos vinte e quatro do mês foi dirigida segunda vez a Ageu a palavra do Senhor, a qual dizia: 22 Fala a Zorobabel, chefe de Judá, dizendo-lhe: Eu abalarei juntamente o céu e a terra. 23 E farei cair o trono dos reinos, e quebrarei a fortaleza do reino das gentes: e destruirei as quadrigas, e os que montam nelas: e os cavalos e os seus cavaleiros cairão uns sobre os outros: cada um será passado pela espada do seu irmão. 24 Naquele dia, diz o Senhor dos exércitos, eu te tomarei debaixo da minha proteção, ó Zorobabel, meu servo, filho de Salatiel, diz o Senhor: e eu te guardarei como um selo, porque te escolhi, diz o Senhor dos exércitos.

ZACARIAS

I. VISÕES

Exortação à penitência

1 No segundo ano do reinado de Dario, no oitavo mês, foi dirigida ao profeta Zacarias, filho de Baraquias, filho de Ado, a palavra do Senhor, a qual dizia: 2 O Senhor se irou por extremo contra vossos pais.

3 Tu pois lhe dirás: Isto diz o Senhor dos exércitos: Convertei-vos a mim, diz o Senhor dos exércitos, e eu me converterei a vós, diz o Senhor dos exércitos. 4 Não sejais como vossos pais, aos quais gritavam os profetas que vos precederam dizendo: Isto diz o Senhor dos exércitos: Convertei-vos dos vossos maus caminhos e dos vossos péssimos pensamentos; e eles não ouviram nem me deram atenção, diz o Senhor. 5 Onde estão vossos pais? E porventura viverão os profetas eternamente? 6 Já no tocante às minhas palavras, e às minhas ameaças feitas contra os transgressores da lei, as quais eu lhes tinha mandado intimar pelos profetas meus servos, porventura não recaíram elas em vossos pais, e estes se converteram e disseram: Assim como o Senhor dos exércitos fez tenção de nos tratar segundo os nossos caminhos, e segundo as invenções do nosso capricho, assim o executou conosco?

Visão dos cavaleiros

7 No segundo ano do reinado de Dario, aos vinte e quatro dias do mês undécimo chamado Sabat, foi dirigida ao profeta Zacarias, filho de Baraquias, filho de Ado, a palavra do Senhor, a qual dizia: 8 Tive de noite uma visão, e eis que se me representou um homem montado num cavalo vermelho, e estava ele parado entre umas murteiras, que havia num profundo vale: e depois dele estavam mais cavalos, uns vermelhos, outros malhados, e outros brancos.

9 Então disse eu: Quem são estes, Senhor meu? E o anjo, que falava em mim, me disse: Eu te mostrarei que é o que significa esta visão. 10 Então o homem, que estava parado entre as murteiras, respondeu, e disse: Estes são os que o Senhor enviou a correr a terra. 11 E estes responderam ao anjo do Senhor, que estava entre as murteiras, e lhe disseram: Nós temos corrido a terra, e eis que a terra está agora toda habitada, e em descanso. 12 E respondeu o anjo do Senhor, e disse: Senhor dos exércitos, até quando diferirás tu o compadecer-te de Jerusalém, e das cidades de Judá, contra as quais te iraste? Este é já o ano septuagésimo. 13 Então o Senhor, dirigindo-se ao anjo que falava em mim, lhe disse boas palavras, palavras de consolação.

14 E o anjo, que falava em mim, me disse: Clama, dizendo: Isto diz o Senhor dos exércitos: Eu zelei a Jerusalém, e a Sião com grande zelo: 15 E eu com grande ira estou indignado contra as gentes poderosas: porque eu estava contra ela um pouco agastado, mas eles se têm esforçado a lhes fazer mal. 16 Por cuja causa isto diz o Senhor: Eu tornarei para Jerusalém com entranhas de misericórdia: e a minha casa será nela edificada de novo, diz o Senhor dos exércitos: e ainda se estenderá o prumo sobre Jerusalém. 17 Clama ainda, dizendo: Isto diz o Senhor dos exércitos: As minhas cidades ainda serão cheias de bens: e o Senhor ainda consolará a Sião, e ainda escolherá a Jerusalém.

Os quatro chifres e os quatro artífices

18 Ao depois levantei eu os meus olhos, e pus-me a olhar: e eis que vi quatro cornos. 19 E eu disse ao anjo, que falava em mim: Que é isto? E ele me respondeu: Estes são os cornos, que às marradas fizeram ir pelos ares a Judá, e a Israel, e a Jerusalém. 20 Depois me mostrou o Senhor quatro oficiais. 21 E eu lhe disse: Que vêm estes fazer? Ele me respondeu, dizendo: Estes são os cornos, que escornaram aos varões de Judá um por um, e nenhum deles levantou a sua cabeça: mas estes vieram para lhes meter medo, para abaterem os cornos das gentes, que se levantaram com toda

a sua força contra o país de Judá a fim de o arruinar.

O varão que mede Jerusalém

2 Levantei os meus olhos, e me pus a olhar: e eis que vi um varão, que tinha na sua mão um cordel de medidores. 2 E disse-lhe eu: Para ondes vais tu? E ele me respondeu: Vou a medir Jerusalém, e a ver qual é a sua largura, e qual o seu comprimento.

3 E eis que o anjo, que falava em mim, saía para fora, e outro anjo lhe saía ao encontro. 4 E lhe disse: Corre, fala a este moço, dizendo-lhe: Jerusalém será habitada sem muros, por causa da multidão de homens, e de alimárias que haverá no meio dela. 5 E eu mesmo, diz o Senhor, serei para ela um muro de fogo, que a cerque: e eu estabelecerei no meio dela a minha glória.

6 Ó, ó, fugi da terra do aquilão, diz o Senhor: porque eu vos espalharei para os quatro ventos do céu, diz o Senhor. 7 Foge, ó Sião, tu que habitas na cidade de Babilônia. 8 Porque isto diz o Senhor dos exércitos. Depois da glória me enviou o Senhor contra as gentes, que vos despojaram: porque aquele que tocar em vós, toca na menina do meu olho: 9 porque eis aí levanto eu a minha mão sobre estes povos, e eles virão a ser a presa daqueles que eram seus escravos: e vós conhecereis que o Senhor dos exércitos é que me enviou.

10 Filha de Sião, entoa cânticos de louvor, e alegra-te: porque eis aí vou eu mesmo, e habitarei no meio de ti, diz o Senhor. 11 E naquele dia se chegarão muitas gentes ao Senhor, e serão o meu povo, e eu habitarei no meio de ti: e tu saberás que o Senhor dos exércitos é que a ti me enviou. 12 E o Senhor possuirá a Judá, como sua porção na terra que lhe foi consagrada: e ele escolherá ainda a Jerusalém. 13 Toda a carne esteja em silêncio diante da face do Senhor: porque Ele se levantou da sua santa habitação.

O sumo sacerdote Jesus e o adversário

3 Depois me mostrou o Senhor o sumo sacerdote Jesus, que estava diante do anjo do Senhor: e Satanás estava à sua direita para se lhe opor. 2 E o anjo do Senhor disse a Satanás: O Senhor te reprima, ó Satanás! E reprima-te o Senhor, que elegeu a Jerusalém! Acaso não és este um tição que foi tirado do fogo?

3 E Jesus estava revestido de uns hábitos sujos: e posto em pé diante do anjo. 4 O qual respondeu, e falou àqueles que estavam em pé diante dele, dizendo: Tirai-lhe esses hábitos sujos. Depois disse a Jesus: Eis aí tirei eu de ti a tua iniqüidade, e te revesti de uns hábitos preciosos. 5 Ao mesmo tempo ajuntou ele: Ponde-lhe na cabeça uma tiara limpa. E eles lhe puseram na cabeça uma tiara limpa, e o revestiram de preciosos hábitos: entretanto o anjo do Senhor estava em pé.

6 E o mesmo anjo do Senhor fazia esta declaração a Jesus, dizendo: 7 Isto diz o Senhor dos exércitos: Se tu andares nos meus caminhos, e observares tudo o que tenho mandado que se observe: tu governarás também a minha casa, e guardarás os meus átrios, e eu te darei alguns dos que aqui atualmente assistem, para que sempre andem contigo.

8 Ouve, ó Jesus, sumo sacerdote, tu e teus amigos, que habitam diante de ti, porque são varões de presságio: porquanto eis aqui estou eu que farei vir o oriente meu servo.

9 Porque eis aí a pedra que eu pus diante de Jesus: sobre esta pedra única estão sete olhos: eis aqui estou eu que a lavrarei com o cinzel, diz o Senhor dos exércitos: e eu apagarei num dia a iniqüidade desta terra. 10 Naquele dia, diz o Senhor dos exércitos, cada um chamará a seu amigo para debaixo da sua parreira, e para debaixo da sua figueira.

O candelabro de ouro e as duas oliveiras

4 E o anjo, que falava em mim, voltou, e me despertou, como a um homem a quem despertam do seu sono. 2 E ele me disse: Que vês tu? E respondi eu: Olhei e eis que vi um candeeiro todo de ouro, que tinha uma lâmpada no alto do seu tronco principal, e sete lâmpadas sobre os seus braços: e sete canudos para fazer correr o azeite nas lâmpadas, que estavam no alto do candeeiro. 3 Havia também por cima dele duas oliveiras: uma à direita da lâmpada, outra à sua esquerda.

4 Então respondi eu, e digo ao anjo que falava em mim, dizendo: Meu Senhor, que é o que quer dizer isto? 5 E o anjo que falava em mim, me respondeu, e disse: Não sabes o que isto é? E eu respondi: Não, meu Senhor. 6 E ele respondeu, e me falou dizendo: Esta é a palavra do Senhor a Zorobabel, a qual diz: Nem em algum exército, nem em alguma força, mas sim no meu espírito, diz o Senhor dos exércitos. 7 Quem és tu, ó grande monte, diante de Zorobabel? Tu serás arrazado: e ele porá a primeira pedra, e igualará a graça deste segundo à graça do primeiro.

8 E foi-me dirigida a palavra do Senhor, a qual dizia: 9 As mãos de Zorobabel fundaram esta casa, e as suas mãos a hão de acabar: e vós sabereis que o Senhor dos exércitos é quem me enviou a vós. 10 Porque quem desprezou

os dias pequenos? Pois eles se alegrarão, e verão a pedra de estanho na mão de Zorobabel. Estas sete lâmpadas são os sete olhos do Senhor, que discorrem por toda a terra.

11 Então respondi eu, e lhe disse: Que significam estas duas oliveiras, uma à direita do candeeiro, e outra à sua esquerda? 12 E falei segunda vez, e lhe disse: Que significam estas duas espigas das oliveiras, que estão ao pé dos dois bicos de ouro, nos quais estão os canudos de ouro por onde corre o azeite? 13 E ele me respondeu, dizendo: Tu não sabes o que isto significa? E eu lhe respondi: Não, meu Senhor. 14 E ele me disse: Estas duas oliveiras são os dois filhos do óleo, que assistem diante do Dominador de toda a terra.

O rolo das maldições

5 E eu me voltei depois, e levantei os meus olhos: e me pus a olhar, e eis que vi um livro que voava. 2 E o anjo me disse: Que é o que tu vês? E eu lhe disse: Eu vejo um livro volante: que tem vinte côvados de comprido, e dez côvados de largo.

3 Então me disse o anjo: Esta é a maldição, que vai difundir-se pela face de toda a terra: Porque todo o ladrão será julgado pelo que está escrito nesse livro: e todo o que jura será da mesma sorte julgado pelo que nesse livro se contém. 4 Eu o tirarei para fora, diz o Senhor dos exércitos: e ele irá à casa do ladrão, e à casa do que jura falsamente no meu nome: e ficará no meio dessa casa, e a consumirá a ela, e a sua madeira, e as suas pedras.

A talha e as mulheres

5 Então saiu para fora o anjo que falava em mim: e me disse: Levanta teus olhos, e vê que é o que sai. 6 E eu lhe disse: Que é isso? E ele me respondeu: Esta é uma talha que sai. E acrescentou: Esta é o olho deles em toda a terra. 7 Depois vi eu que se levava uma pasta de chumbo, que pesava um talento, e reparei que uma mulher estava assentada no meio da talha. 8 Então me disse o anjo: Esta é a impiedade. E ele precipitou esta mulher no fundo da talha, e tapou a boca da talha com a pasta de chumbo.

9 Depois levantei eu os meus olhos, e tive esta outra visão, e vi que saíam duas mulheres, e o vento zunia nas suas asas, e tinham asas como asas de milhano: e elas arrebataram a talha entre a terra e o céu. 10 E eu disse ao anjo que falava em mim: Para onde levam elas a talha? 11 E o anjo me respondeu: Para Babilônia a fim de que lhe seja ali de assento, e posta sobre a sua base.

Os quatro carros

6 E eu me voltei, e levantei os meus olhos, e olhei: e eis que vi quatro carroças, que saíam dentre dois montes: e eram estes montes uns montes de metal. 2 Na primeira carroça eram os cavalos vermelhos, e na segunda carroça eram os cavalos negros. 3 E na terceira carroça eram os cavalos brancos, e na quarta carroça eram os cavalos malhados, e fortes.

4 E eu respondi, e disse então ao anjo, que falava em mim: Que coisas são estas, meu Senhor? 5 E o anjo me respondeu, e disse: Estes são os quatro ventos do céu, que saem, para estar diante do Dominador de toda a terra. 6 Os cavalos negros que estavam na segunda carroça, iam para a terra do aquilão: e os brancos saíram em seguimento deles: e os malhados foram para a terra do meio-dia. 7 Os que porém eram os mais possantes, saíram e procuravam ir, e discorrer por toda a terra. E o Senhor lhes disse: Ide, correi a terra. E eles correram a terra. 8 Depois me chamou ele, e me falou, dizendo: Eis aí que os que saem para a terra do aquilão, fizeram repousar o meu espírito na terra do aquilão.

Coroação do sumo sacerdote

9 E foi-me dirigida a palavra do Senhor, a qual dizia: 10 Receba da mão dos do cativeiro, da de Holdai, e da de Tobias, e da de Idaia, e tu irás naquele dia, e entrarás em casa de Josias, filho de Sofonias, todos os quais vieram de Babilônia, 11 e tu receberás ouro e prata: e farás deles umas coroas, e as porás na cabeça do sumo sacerdote Jesus, filho de Josedec.

12 E tu lhe falarás dizendo. Isto profere o Senhor dos exércitos, dizendo: Eis aqui o homem que tem por nome o oriente: e este será um renovo, que brotará de si mesmo, e edificará um templo ao Senhor. 13 E ele edificará um templo ao Senhor: e ele será coberto de glória, e se assentará, e dominará sobre o seu trono: e será sacerdote sobre o seu trono, e haverá entre os dois uma conformidade de paz. 14 E estas coroas serão consagradas em nome de Helem, e de Tobias, e de Idaia, e de Hem, filho de Sofonias, como um monumento no Templo do Senhor. 15 E aqueles que estão longe, virão, e trabalharão no edifício do Templo do Senhor: e vós sabereis que o Senhor dos exércitos é que me enviou a vós. E isto será assim, se vós ouvirdes com submissão a voz do Senhor vosso Deus.

O jejum e o verdadeiro espírito de penitência

7 E aconteceu que no ano quarto do reinado de Dario, foi dirigida a palavra do Senhor

a Zacarias, no dia quarto do nono mês, que é o de Casleu. 2 E, Sarasar, e Rogomelec, e os varões que estavam com eles, enviaram à casa de Deus quem apresentasse as suas orações diante do Senhor: 3 para fazerem aos sacerdotes da casa do Senhor dos exércitos, e aos profetas esta pergunta, dizendo: Porventura devo eu chorar ainda no quinto mês, ou devo eu purificar-me, como já o tenho feito por muitos anos?

4 E foi-me dirigida a palavra do Senhor dos exércitos, a qual dizia: 5 Fala a todo o povo da terra, e aos sacerdotes, dizendo: Quando vós jejuáveis, e choráveis no quinto e sétimo mês, durando estes setenta anos, acaso foi para mim que vós jejuastes? 6 E quando vós comestes, e bebestes, acaso não foi para vós que comestes e para vós mesmos que bebestes? 7 Porventura não são estas as palavras que falou o Senhor por mão dos profetas, que nos precederam, quando Jerusalém era ainda habitada, e estava cheia de riquezas, ela e as cidades circunvizinhas, e se via povoada até ao meio-dia, e em toda a extensão dos seus campos?

8 E foi dirigida a Zacarias a palavra do Senhor, a qual dizia: 9 Isto profere o Senhor dos exércitos, dizendo: Julgai segundo a verdadeira justiça, e cada um de vós exercite com seu irmão obras de misericórdia e piedade. 10 E não oprimais a viúva, nem o pupilo, nem o estrangeiro, nem o pobre: e nenhum forme no seu coração maus intentos contra seu irmão. 11 Porém eles não quiseram atender à minha voz, antes se retiraram, voltando-me as costas, e ensurdeceram os seus ouvidos, para me não ouvirem. 12 E puseram o seu coração como um diamante, para não ouvirem a lei, nem as palavras que o Senhor dos exércitos lhes dirigiu em seu espírito por mão dos profetas que nos precederam. Por isso se acendeu contra eles uma grande indignação do Senhor dos exércitos.

13 E assim como Ele o disse, se cumpriu, e eles o não ouviram: assim eles gritarão, e eu os não escutarei, diz o Senhor dos exércitos. 14 E eu os pus dispersos por todos os reinos, que lhes são desconhecidos: e por causa deles ficou o seu país desolado, pelo motivo de que não havia quem por ele passasse nem voltasse: e eles têm mudado num deserto esta terra apetecível.

A vida nova do reino messiânico

8 E a palavra do Senhor dos exércitos se manifestou, dizendo:

2 Isto diz o Senhor dos exércitos: Eu tenho zelado a Sião com grande zelo, e tenho-a zelado com grande indignação.

3 Isto diz o Senhor dos exércitos: Eu voltei para Sião, e habitarei no meio de Jerusalém: e Jerusalém chamar-se-á a cidade da verdade, e o monte do Senhor dos exércitos será um monte santificado. 4 Isto diz o Senhor dos exércitos: Ainda nas praças de Jerusalém habitarão velhos e velhas: e homens que trarão na mão seu cajado por causa da sua muita idade.

5 E as ruas da cidade serão cheias de meninos e meninas, que brincarão nas suas praças. 6 Isto diz o Senhor dos exércitos: Se o que eu predigo desse tempo, parecer dificultoso aos olhos dos que restaram deste povo, acaso será isso difícil a meus olhos? diz o Senhor dos exércitos. 7 Isto diz o Senhor dos exércitos: Eis aí vou eu a salvar o meu povo da terra do oriente e da terra do ocidente.

8 E eu os trarei, e eles habitarão no meio de Jerusalém: e serão o meu povo, e eu serei o seu Deus em verdade e em justiça.

9 Isto diz o Senhor dos exércitos: Confortem-se as vossas mãos, ó vós que nestes dias ouvis estas palavras da boca dos profetas, nesta conjuntura em que foi fundada a casa do Senhor dos exércitos, para se edificar este Templo. 10 Porque antes daqueles dias não tinham jornal os homens, nem tinham paga os animais, nem havia paz para o que entrava nem para o que saía por causa da tribulação: e eu tenho deixado todos os homens, cada um contra o seu próximo.

11 Agora, porém, não tratarei eu os restos deste povo, como nos primeiros dias, diz o Senhor dos exércitos, 12 mas entre eles haverá uma semente de paz: a vinha dará o seu fruto, e a terra produzirá os seus grãos, e os céus deitarão o seu orvalho: e eu farei que os restos deste povo possuam todos estes bens. 13 E acontecerá isto: Assim como vós éreis a maldição entre as gentes, ó casa de Judá, e ó casa de Israel, assim eu vos salvarei, e vós sereis a benção! Não temais, armem-se as vossas mãos de fortaleza. 14 Porque isto diz o Senhor dos exércitos: Assim como eu resolvi afligir-vos, quando vossos pais me provocaram a ira, diz o Senhor, 15 e eu me não compadeci, assim resolvi eu, pelo contrário, nestes dias fazer bem à casa de Judá e a Jerusalém. Não temais. 16 Portanto estas são as coisas que fareis: Falai verdade, cada um com o seu próximo. Julgai nas vossas portas verdade, e juízo de paz. 17 E nenhum de vós forme nos seus corações maus intentos contra o seu amigo, nem gosteis de dar juramentos falsos: porque todas estas são

coisas que eu aborreço, diz o Senhor. 18 E foi-me dirigida a palavra do Senhor dos exércitos, a qual dizia: 19 Isto diz o Senhor dos exércitos: O jejum do quarto, o jejum do quinto e o jejum do sétimo, e o jejum do décimo mês se tornará para a casa de Judá em gozo e alegria, e em festivas solenidades. Amai somente a verdade, e a paz. 20 Isto diz o Senhor dos exércitos: Tanto assim que haverá um tempo em que os povos venham, e habitem em muitas das vossas cidades. 21 E vão os seus habitantes, um dizendo ao outro: Vamos, e presentemos as nossas deprecações na presença do Senhor, e busquemos o Senhor dos exércitos. Eu também irei. 22 Então virão muitos povos e poderosas gentes a buscar o Senhor dos exércitos em Jerusalém, e a fazer as suas deprecações na presença do Senhor. 23 Isto diz o Senhor dos exércitos: Naqueles dias em que dez homens de todas as línguas das gentes lançarem mão de um judeu, e aferrarem da fímbria do seu vestido, dizendo: Nós iremos convosco: porque ouvimos que Deus é convosco.

II. PERSPECTIVAS PARA O FUTURO

Avançada vitoriosa

9 Peso da palavra do Senhor contra a terra de Hadrac, e contra Damasco, que é o seu descanso: porque os olhos do homem e os de todas as tribos de Israel estão voltados para o Senhor. 2 Emat também se compreende nos seus termos, assim como Tiro, e Sidônia: porque elas presumiram muito da sua sabedoria.

3 E Tiro levantou as suas fortificações, e amontoou prata como terra, e ouro como lama das ruas. 4 Eis aí está que o Senhor se apoderará dela, e destruirá a força que Tiro tirava do mar, e esta será devorada pelo fogo. 5 Ascalon o verá, e ficará tremendo: e vê-lo-á Gaza, e ficará passada de intensa dor: e Acaron se afligirá, porque foi enganada a sua esperança. E de Gaza perecerá o rei, e Ascalon ficará despovoada. 6 E o estrangeiro terá o seu assento em Azot, e eu destruirei a soberba dos filisteus. 7 E tirarei da boca deste povo o seu sangue, e as suas abominações dentre os seus dentes, e ele também se submeterá ao nosso Deus, e será como chefe em Judá, e o povo de Acaron será tratado como um jebuseu.

8 Então cercarei eu a minha casa daqueles que militam em meu serviço indo e vindo, e não passará mais sobre eles o exator: porque eu olhei agora para ele com olhos favoráveis.

O Messias, rei justo e vitorioso

9 Salta de extremado prazer, ó filha de Sião, enche-te de júbilo, ó filha de Jerusalém! Eis aí, o teu rei virá a ti, justo e salvador! Ele é pobre, e vem montado sobre uma jumenta, e sobre o potrinho da jumenta. 10 E eu exterminarei as carroças de Efraim, e os cavalos de Jerusalém, e os arcos que servem na guerra serão quebrados. E ele anunciará a paz às gentes, e o seu poder se estenderá de um mar até o outro mar, e desde os rios até às extremidades da terra.

Libertação e triunfo

11 Tu também pelo sangue do teu testamento fizeste sair os teus presos do lago em que não há água. 12 Tornai para as vossas praças fortes, ó presos, que não perdestes a esperança; hoje também te anuncio que te darei dobrados bens. 13 Porque eu estendi para mim a Judá como um arco, eu enchi a Efraim de setas: e suscitarei a teus filhos, ó Sião, sobre os teus filhos, ó Grécia: e eu te farei ser como a espada dos valentes. 14 E o Senhor Deus se verá por cima deles, e despedirá os seus dardos, como relâmpagos: e o Senhor Deus os animará pelo som da trombeta, e marchará entre os redemoinhos do meio- dia. 15 O Senhor dos exércitos os protegerá: e eles devorarão a seus inimigos, e os sujeitarão com as pedras das suas fundas: e eles, bebendo-lhes o sangue, se embriagarão com ele, como com vinho, e ficarão cheios como os copos, e como os cornos do altar. 16 E o Senhor Deus deles os salvará naquele dia, como rebanho do seu povo: porque as pedras santas serão elevadas sobre a sua terra. 17 Porque qual é o bem dela, e qual é a sua formosura, senão o pão dos escolhidos, e o vinho que gera virgens?

Só a Javé é que se deve invocar

10 Pedi ao Senhor chuvas na estação serôdia, e o Senhor fará cair a neve, e lhes dará chuvas em abundância, a cada um erva no campo. 2 Porque os ídolos deram respostas vãs, e os adivinhos tiveram visões mentirosas, e os sonhadores falaram no ar: davam consolações falsas: por isso eles foram levados como um rebanho: serão afligidos, porque eles não têm pastor.

3 O meu furor se acendeu contra os pastores, e eu irei com a minha visita sobre os bodes: porque o Senhor dos exércitos visitou o seu rebanho, a casa de Judá, e Ele os pôs como o cavalo da sua glória na guerra. 4 De Judá sairá o ângulo dele, a estaca, dele o arco da guerra, dele todos os exatores juntos. 5 E eles serão como uns valentes soldados, que nas refregas pisarão aos pés o inimigo, como a lama das ruas: e pelejarão valorosamente, porque o Senhor está com eles: e por eles será posta em desordem a cavalaria de seus adversários.

6 E eu fortalecerei a casa de Judá, e salvarei a casa de José: e fá-los-ei tornar, porque me compadecerei deles: e eles serão como eram, antes que eu o rejeitasse: porque eu sou o Senhor seu Deus, e eu os escutarei. 7 E eles serão como os valentes de Efraim, e o seu coração se alegrará como com o vinho: e seus filhos os verão e se alegrarão com o seu coração exultará no Senhor. 8 Eu lhes darei um assobio, e os congregarei, porque os remi: e multiplicá-los-ei assim como antes se tinham multiplicado.

9 E eu os semearei por entre os povos, e eles de longe se recordarão de mim: e viverão com seus filhos, e tornarão a vir. 10 E eu os farei tornar da terra do Egito, e os congregarei da Assíria, e os trarei para a terra de Galaad e do Líbano, e não se achará lá lugar para eles: 11 e Israel passará o estreito do mar, e o Senhor lhe ferirá as ondas do mar, e todas as profundidades do rio serão confundidas, e a soberba de Assur será humilhada, e o ceptro do Egito se retirará. 12 Eu os fortificarei no Senhor, e eles andarão no seu nome, diz o Senhor.

11 Abre, ó Líbano, as tuas portas, e coma o fogo os teus cedros! 2 Uiva, ó faia, porque os cedros caíram, porque os mais elevados foram destruídos! Uivai, ó carvalhos de Basan, porque o forte bosque foi cortado! 3 Parece-me que estou ouvindo a voz dos uivos dos pastores, porque toda a sua grandeza foi destruída: a voz dos rugidos dos leões, porque a soberba do Jordão foi aniquilada.

O bom pastor

4 Isto diz o Senhor meu Deus: Apascenta estas rezes destinadas para o matadouro. 5 As quais matavam os que as possuíam, e disso se não magoavam, e as vendiam dizendo: Bendito o Senhor, nós nos fizemos ricos. E assim os seus próprios pastores lhes não perdoavam. 6 Eu pois não perdoarei mais aos habitantes desta terra, diz o Senhor, eis aqui estou eu que entregarei os homens, cada um nas mãos do seu vizinho, e nas mãos do seu rei: e arruinarão a terra, e eu os não livrarei da mão deles.

7 E por isso, ó pobres do rebanho, eu apascentarei as rezes destinadas para o matadouro. Então tomei eu dois cajados, a um dos quais chamei a Formosura, e a outro chamei o Cordel: e levei a pascer o rebanho. 8 E cortei três pastores num mês, e a mim se me apertou a alma a respeito deles: porque também a sua alma me foi inconstante. 9 E eu disse: Eu vos não apascentarei: o que morre, morra: e o que se corta, corte-se: e os que escaparam da matança, devorem cada um a carne do seu vizinho.

10 Eu então tomei o meu cajado, que se chamava a Formosura, e quebrei-o para assim desfazer o meu concerto, que tinha feito com todos os povos. 11 Naquele dia pois foi anulado esse concerto: e os pobres do rebanho que me guardam fidelidade, reconheceram que isto é palavra do Senhor.

12 E eu lhes disse: Se parece bem aos vossos olhos, dai-me a recompensa que me é devida: e senão, deixai-vos disso. Então me pagaram eles pelo meu salário trinta moedas de prata. 13 E o Senhor me disse: Arroja ao estatuário esse dinheiro, essa bela soma, que eles creram que eu valia, quando me puseram em preço. E tomei as trinta moedas de prata: e as lancei na casa do Senhor para o estatuário. 14 Então quebrei eu o meu segundo cajado, que se chamava o Cordel, para dissolver a fraternidade entre Judá e Israel.

O pastor mau

15 E o Senhor me disse: Toma ainda os sinais de um pastor insensato. 16 Porque eis aí vou eu a suscitar na terra um pastor que não visitará as ovelhas abandonadas, que não buscará as que se desgarrarem, e que não curará as doentes, e que não sustentará as que estão sãs, mas que comerá a carne das gordas, e quebrará as unhas delas.

17 Ó pastor, e ó ídolo, que abandona o rebanho! A espada cairá sobre o seu braço, e sobre o seu olho direito! O seu braço se mirrará da secura, e o seu olho direito coberto de trevas se escurecerá.

Milagrosa libertação de Jerusalém

12 Opressão da palavra do Senhor sobre Israel. O Senhor que estendeu o céu, e que fundou a terra, e que formou o espírito do homem dentro nele, diz: 2 Eis aí porei eu a Jerusalém como a verga de uma porta de

embriaguez para todos os povos dos arredores:
e até Judá se achará no cerco contra Jerusa-
lém.
3 E acontecerá isto: Naquele dia porei eu
a Jerusalém por pedra de carga a todos os
povos: todos aqueles que a levantarem, ficarão
escalavrados com esmagaduras: e coligar-se-ão
contra ela todos os reinos da terra.
4 Naquele dia, diz o Senhor, ferirei de pas-
mo todos os cavalos, e de frenesi os que mon-
tam neles: e abrirei os meus olhos sobre a casa
de Judá, e ferirei de cegueira os cavalos de
todos os povos. 5 Então dirão os chefes de
Judá no seu coração: Achem os habitantes de
Jerusalém as suas forças no Senhor dos exér-
citos, que é o seu Deus.
6 Naquele dia porei eu os chefes de Judá
como um tição de fogo, que se mete debaixo
da lenha, e como um facho aceso entre a palha:
e deles devorarão pela direita, e pela esquerda
todos os povos que os cercavam: e Jerusalém
será outra vez habitada no seu mesmo lugar
em que foi fundada Jerusalém. 7 E o Senhor
salvará as tendas de Judá, como o fez no princí-
pio: para que a casa de Davi se não glorie com
soberba em si mesma, e para que os habitantes
de Jerusalém não se elevem contra Judá.
8 Naquele dia protegerá o Senhor os habi-
tantes de Jerusalém, e o que dentre eles tro-
peçar naquele dia será como Davi: e a casa
de Davi parecerá aos olhos deles como a de
Deus, como um anjo do Senhor. 9 E aconte-
cerá isto naquele dia: Eu procurarei fazer em
migalhas todas as gentes, que vierem contra
Jerusalém.
10 E eu derramarei sobre a casa de Davi,
e sobre os habitantes de Jerusalém, um espí-
rito de graça e de preces: e eles porão os olhos
em mim, a quem traspassaram: e chorá-lo-ão
com pranto como se chora um filho único, e
terão dele um sentimento como se costuma
ter na morte de um primogênito.
11 Naquele dia haverá um grande pranto em
Jerusalém, assim como o pranto da cidade de
Adadremon no campo de Magedon. 12 E a ter-
ra chorará: umas famílias e outras famílias à
parte: as famílias da casa de Davi à parte, e
suas mulheres à parte: 13 as famílias da casa
de Natan à parte, e suas mulheres à parte: as
famílias da casa de Levi à parte, e suas mulhe-
res à parte: as famílias de Semei à parte e suas
mulheres à parte, 14 todas as outras famílias,
famílias e famílias, à parte, e suas mulheres
à parte.

A fonte que lava os pecados

13 Naquele dia haverá uma fonte patente
para a casa de Davi, e para os habitantes
de Jerusalém, para se lavarem nelas as imun-
dícies do pecador, e da mulher menstruada.
2 E naquele dia, diz o Senhor dos exércitos,
acontecerá isto: Eu abolirei da terra os nomes
dos ídolos, e deles não haverá mais memória:
e exterminarei da terra os falsos profetas, e os
espírito imundo.
3 Também acontecerá que se algum intentar
ainda inculcar-se por profeta, seu pai, e sua
mãe, que os geraram lhe dirão: Tu não viverás:
pois que disseste mentira em nome do Senhor.
E seu pai mesmo, e sua mãe, que o geraram,
o traspassarão com um ferro, quando se tiver
metido a profetizar.
4 E acontecerá isto: Naquele dia serão con-
fundidos os profetas, cada um pela sua visão
quando profetizar: nem eles se cobrirão de
manto de penitência para mentirem: 5 mas ca-
da um deles dirá: Eu não sou profeta, eu sou
um homem que lavra a terra: emprego em que
me ocupo desde a minha mocidade, a exemplo
de Adão. 6 Então se lhe fará esta pergunta:
Que chagas são essas no meio das tuas mãos?
E ele responderá: Com estas fui eu ferido em
casa daqueles que me amavam.

Depuração

7 Ó lança, levanta-te contra o meu pastor,
e contra o homem que sempre anda adito a
mim, diz o Senhor dos exércitos. Fere ao pas-
tor, e desarranjar-se-ão as ovelhas: e eu volta-
rei a minha mão para os pequeninos. 8 E es-
tarão em toda a terra, diz o Senhor. Duas
partes nela serão dispersas, e perecerão: e a
terceira parte ficará nela. 9 E eu farei passar
esta terceira parte pelo fogo, e eu os queima-
rei como se queima a prata: e os provarei como
se prova o ouro. Ele me chamará pelo meu
nome e eu o escutarei. Eu lhe direi: Tu és o
meu povo. E ele me dirá: Tu és o Senhor meu
Deus.

Chegará o dia do Senhor

14 Eis aí estão a vir os dias do Senhor, e os
teus despojos serão divididos no meio
de ti. 2 E ajuntarei todas as gentes para darem
batalha contra Jerusalém, e a cidade será to-
mada, e as casas ficarão destruídas, e as mu-
lheres violadas: e a metade da cidade sairá
para o cativeiro, e o resto do povo não será
lançado fora da cidade. 3 Depois sairá o Se-
nhor, e pelejará contra aquelas gentes, como
Ele pelejou no dia do combate. 4 E àquele dia
estarão os seus pés sob o monte Olivete, que
está defronte de Jerusalém para o oriente: e
o monte Olivete dividir-se-á em dois pelo meio
da banda do oriente, e da banda do ocidente,
deixando uma muito grande abertura, e uma

metade do monte se separará para o setentrião,
e a outra metade dele para o meio-dia. 5 E vós
fugireis para o vale daqueles montes, porque
o vale daqueles montes estará contíguo ao
monte vizinho: e vós fugireis assim como fu-
gistes por medo do terremoto nos dias de
Ozias, rei de Judá. E virá o Senhor meu Deus,
e todos os santos com ele.

6 E acontecerá isto naquele dia: Não haverá
luz, mas sim frio e gelo. 7 E haverá um dia
conhecido do Senhor que não será nem dia,
nem noite: e na tarde desse dia aparecerá a
luz. 8 E acontecerá isto naquele dia: Sairão de
Jerusalém umas águas vivas: a metade das
quais correrá para o mar do oriente, e a outra
metade delas para o mar do ocidente: elas
correrão pelo estio e pelo inverno.

9 E o Senhor será o rei de toda a terra.
Naquele dia um só será o Senhor, e um só
será o seu nome. 10 E tornará toda a terra
até ao deserto, desde o outeiro Remon até ao
meio-dia de Jerusalém: e será exaltada, e ha-
bitará no seu sítio desde a porta de Benjamim
até ao lugar da primeira porta, e até à porta
dos ângulos: e desde a torre de Hananeel até
os lugares do rei. 11 E habitarão nela, e não
tornará mais a ser ferida de anátema: mas
descansará Jerusalém segura.

12 E esta será a praga com que o Senhor
ferirá todas as gentes, que combateram contra
Jerusalém: Apodrecerá a carne de cada um
andando sobre os seus pés, e apodrecer-lhe-ão
os seus olhos dentro das suas covas, e apodre-
cer-lhe-á a sua língua dentro da sua boca.
13 Naquele dia haverá grande tumulto entre
eles, excitado pelo Senhor, e cada um pegará
na mão do seu próximo, e apertará a sua mão
a mão do seu próximo. 14 Mas também Judá
pelejará contra Jerusalém: ajuntar-se-ão as ri-
quezas de todas as gentes dos arredores, o
ouro, e a prata, e toda a casta de vestidos em
grande número. 15 E a ruína dos cavalos, e
dos mus e dos camelos, e dos asnos, e de todas
as alimárias que se acharem naqueles arraiais,
será tal como esta mesma ruína.

16 E todos os que restarem de todas as
gentes que vieram contra Jerusalém, virão a
ela de ano a ano, a adorarem o rei, o Senhor
dos exércitos, e a celebrarem a festa dos ta-
bernáculos. 17 E acontecerá isto: Se algum
sendo das famílias da terra não for a Jerusa-
lém a adorar o rei, o Senhor dos exércitos,
não cairá sobre eles a chuva do céu.

18 Se ainda porém alguma família do Egito
não subir, nem vier: não cairá sobre eles a
chuva, mas virá uma ruína, com que o Senhor
ferirá a todas as gentes, que não subirem a
celebrar a festa dos tabernáculos. 19 Este será
o pecado do Egito, e este o pecado de todas
as gentes, que não subirem a celebrar a festa
dos tabernáculos. 20 Naquele dia, o que está
sobre os freios dos cavalos, será consagrado
ao Senhor: e os caldeirões na casa do Senhor
serão como os copos diante do altar. 21 E to-
dos os caldeirões que houver em Jerusalém,
e em Judá, serão consagrados ao Senhor dos
exércitos: e virão todos os sacrificadores, e
tomarão quaisquer deles e neles cozerão: e
naquele dia não tornará mais a haver merca-
dor na casa do Senhor dos exércitos.

MALAQUIAS

Título

1 Desgraça opressora da palavra do Senhor
sobre Israel, por ministério de Malaquias.

Deus e seu povo

2 Eu vos amei, diz o Senhor e vós dissestes:
Em que nos amaste tu? Acaso não eras Esaú
irmão de Jacó, diz o Senhor, e contudo eu
amei a Jacó, 3 e aborreci a Esaú? E reduzi os
seus montes a uma solidão, e deixei a sua
herança aos dragões do deserto. 4 E se a Idu-
méia disser: Nós fomos destruídos, mas nós
tornaremos para edificar o que foi destruído,
isto diz o Senhor dos exércitos: Estes edifica-
rão e eu destruirei, e chamar-se-ão umas re-
giões de impiedade, e um povo contra o qual
se irou o Senhor eternamente. 5 E os vossos
olhos o verão, e vós direis: Engrandecido seja
o Senhor sobre a terra de Israel.

As culpas dos sacerdotes

6 O filho honra a seu pai, e o servo reveren-
cia a seu Senhor. Se eu pois sou vosso Senhor,
onde está o temor que se me deve? diz o Se-
nhor dos exércitos. Convosco falo, ó sacerdo-
tes, que desprezais o meu nome, e dissestes:
Em que desprezamos nós o teu nome?
7 Vós ofereceis sobre o meu altar um pão
imundo, e dizeis: Em que te profanamos nós?
Nisso que dizeis: A mesa do Senhor está des-
prezada. 8 Se vós ofereceis uma hóstia cega
para ser imolada, não é isto mau? E se ofere-
ceis uma que é coxa, e doente, não é isto mau?
Oferece estes animais ao teu governador, a ver
se eles lhe agradarão, ou se ele te receberá com
agrado, diz o Senhor dos exércitos. 9 Agora
pois fazei as vossas deprecações ante o acata-
mento de Deus, para que Ele se compadeça
de vós (porque tudo isto foi feito por vossas
mãos) a ver se vos recebe de um modo mais
favorável, diz o Senhor dos exércitos.
10 Quem há entre vós, que feche as portas,
e acenda o lume do meu altar gratuitamente?
O meu afeto não está em vós, diz o Senhor
dos exércitos, nem eu receberei algum donati-
vo da vossa mão. 11 Porque desde o nascente
do sol até o poente, é o meu nome grande
entre as gentes, e em todo o lugar se sacrifica,
e se oferece ao meu nome uma oblação pura:
porque meu nome é grande entre as gentes,
diz o Senhor dos exércitos.
12 E vós o tendes profanado nisto que di-
zeis: A mesa do Senhor está contaminada: e
aquilo que se oferece em cima dela, é despre-
zível, com o fogo que o devora. 13 Outrossim
dissestes vós: Eis aqui te oferecemos nós o
melhor do nosso trabalho e com isto fizestes
desprezível o que oferecestes, diz o Senhor dos
exércitos; e vós me trouxestes umas rezes man-
cas, e doentes que eram o fruto das vossas
rapinas, e mas oferecestes de presente. Cuidais
vós pois que receberei eu um tal presente da
vossa mão? diz o Senhor. 14 Maldito seja o
homem enganador, que tem no seu rebanho
um animal são, e tendo feito voto dele ao
Senhor, lhe sacrifica um doente: porque eu
sou o grande Rei, diz o Senhor dos exércitos,
e o meu nome é reverenciado com horror en-
tre as gentes.

Castigo dos sacerdotes infiéis

2 E agora, esta é, ó sacerdotes, a ordem que
se vos intima. 2 Se vós me não quiserdes
ouvir, e se não quiserdes aplicar o vosso cora-
ção a dar glória ao meu nome, diz o Senhor
dos exércitos, eu vos mandarei a indigência,
e amaldiçoarei as vossas bençãos; e eu as amal-
diçoarei, porque vós não pusestes as minhas
palavras sobre o vosso coração. 3 Eis aqui
estou eu que vos arrojarei com a espádua, e
atirar-vos-ei à cara com o esterco das vossas
solenidades, e ele se pegará a vós. 4 Então
sabereis que eu era o que tinha mandado que
se vos dissessem estas palavras, para que o
pacto que eu tinha feito com Levi ficasse fir-
me, diz o Senhor dos exércitos.
5 O meu pacto com ele foi de vida e de paz,
e eu lhe dei o meu temor, e ele me temeu, e
tremia de medo diante da face do meu nome.
6 A lei da verdade esteve na sua boca, e a
iniqüidade não se achou nos seus lábios. Ele
andou comigo em paz, e em eqüidade, e apar-
tou da iniqüidade a muitos. 7 Porque os lábios

dos sacerdotes serão os guardas da ciência, e da sua boca é que os mais buscarão a inteligência da lei: porque ele é o anjo do Senhor dos exércitos.

8 Mas vós vos desviastes do caminho, e escandalizastes a muitos na lei, vós fizestes nulo o pacto que eu tinha feito com Levi, diz o Senhor dos exércitos. 9 Por isso como vós não guardastes os meus caminhos, e quando se tratava de sentenciar segundo a minha lei, fizestes acepção de pessoas, também eu vos tornei desprezíveis, e vis aos olhos de todos os povos.

As culpas do povo

10 Porventura não é um mesmo o pai de todos nós? Acaso não foi um mesmo Deus o que nos criou? Por que razão logo despreza cada um de nós a seu irmão, violando o pacto de nossos pais? 11 Judá transgrediu a lei, e a abominação se cometeu em Israel, e em Jerusalém: porque Judá contaminou a santificação do Senhor, a qual Ele amou, e se casou com uma filha de um deus estranho. 12 O Senhor exterminará das tendas de Jacó ao homem que isto fizer, ou seja mestre, ou discípulo, e ao que oferece qualquer dom ao Senhor dos exércitos.

13 Ainda fizestes mais isto: Vós cobríeis de lágrimas, de choro, e de gemido o altar do Senhor, em tanto grau que eu não olharei mais para os vossos sacrifícios, nem receberei da vossa mão coisa que me possa aplacar. 14 E dissestes: Por que causa? Porque o Senhor deu testemunho entre ti e a mulher da tua puberdade, a qual tu desprezastes: sendo que esta era a tua companheira, e a mulher da tua aliança. 15 Acaso não a fez o que é um, e não é ela uma como partícula do seu assopro com que ficou animada? E que pede este único autor, senão que saia de vós uma linhagem de Deus? Guardai pois o vosso espírito, e não desprezeis a mulher que recebestes na vossa mocidade.

16 Quando tu lhe vieres a cobrar aversão, despede-a, diz o Senhor Deus de Israel, mas a iniqüidade de quem tal fizer, lhe cobrirá o seu vestido, diz o Senhor dos exércitos. Guardai o vosso espírito, e não as desprezeis.

O dia do Senhor

17 Vós causastes moléstias ao Senhor com os vossos discursos, e dissestes: Em que lhe temos nós causado moléstia? Nisso que dizeis: Todo o que faz o mal, passa por bom aos olhos do Senhor, e estes tais lhe são agradáveis! Ou se assim não é: Onde está logo esse Deus de justiça?

3 Eis aí mando eu o meu anjo, e ele preparará o caminho diante da minha face. E logo o Dominador que vós buscais, e o anjo do testamento, que vós desejais, virá ao seu templo. Ei-lo-aí vem, diz o Senhor dos exércitos. 2 E quem poderá ainda somente considerar no dia da sua vinda, e quem poderá ter-se à sua vista? Porque ele será como o fogo que derrete os metais, e como a erva dos lavandeiros.

3 E será como um homem que se assenta a fundir, e a refinar a prata, e ele purificará os filhos de Levi, e os refinará como o ouro, e como a prata, e eles oferecerão sacrifícios ao Senhor em Justiça; 4 e o sacrifício de Judá e de Jerusalém será agradável ao Senhor, como o foram os dos séculos passados, e os dos primeiros anos. 5 Então chegar-me-ei eu a vós a exercer o meu juízo e eu serei uma testemunha veloz contra os feiticeiros, e contra os adúlteros, e contra os perjuros, e contra os que defraudam o jornal do trabalhador, as viúvas e os órfãos, e oprimem os estrangeiros, e não me temeram, diz o Senhor dos exércitos.

6 Porque eu sou o Senhor, e não me mudo: por isso é que vós, ó filhos de Jacó, não tendes sido ainda consumidos.

7 Porquanto desde os dias de vossos pais vos apartastes das minhas leis, e não as guardastes. Tornai para mim, e eu me tornarei para vós, diz o Senhor dos exércitos. E dissestes: Como nos tornaremos nós?

8 Será bem que um homem crave a Deus, porque vós outros me cravais? E dissestes: Em que te cravamos nós? Nos dízimos, e nas primícias. 9 Portanto vós fostes amaldiçoados com a penúria e vós, toda a nação, me cravais. 10 Levai todos os vossos dízimos ao meu celeiro, e haja mantimento na minha casa, e depois disto fazei prova de mim, diz o Senhor. Se não vos abrir eu as cataratas do céu, e se não derramar eu a minha benção sobre vós em abundância. 11 E para vos fazer benefício increparei aos insetos devoradores das novidades, e eles não estragarão o fruto da vossa terra nem haverá nos campos vinhas estéreis, diz o Senhor dos exércitos. 12 E todas as gentes vos chamarão ditosos: porque vós sereis uma terra de delícias, diz o Senhor dos exércitos.

Triunfo dos justos no dia de Javé

13 As palavras que vós tendes dito contra mim têm-se multiplicado cada vez mais, diz o Senhor. 14 E dissestes: Que temos nós falado contra ti? Dissestes: Vão é o que serve a Deus. E que proveito é para nós o termos guardado os seus preceitos, e o havermos andado tristes diante do Senhor dos exércitos? 15 Por isso nós chamamos agora ditosos aos homens arro-

gantes: pois que eles são os que se estabelecem vivendo na impiedade e os que tentaram a Deus e se tiraram de todos os perigos.

16 Então falaram os que temem ao Senhor, cada um com o seu próximo: e o Senhor se pôs atento, e os ouviu: e na sua presença foi escrito um livro de memória, a favor dos que temem o Senhor, e consideram no seu nome.

17 E no dia em que eu hei de obrar, serão eles, diz o Senhor dos exércitos, o meu pecúlio: e eu os tratarei benignamente, como um pai trata a seu filho que o serve. 18 E vós mudareis então de sentimento, e vereis que diferença há entre o justo, e o ímpio: e entre o que serve a Deus, e o que não o serve.

4 Porque eis aí virá um dia semelhante a uma fornalha acesa: e todos os soberbos, e todos os que cometem a impiedade, serão como a palha: e este dia que está para vir os abrasará, diz o Senhor dos exércitos, sem lhes deixar nem raiz, nem gérmen. 2 Mas para vós que temeis o meu nome ,nascerá o sol da justiça, e estará a salvação nas suas asas: vós saireis então, e saltareis, como os novilhos de uma manada. 3 E vós pisareis aos pés os ímpios quando estes estiverem feitos como cinza debaixo da planta de vossos pés, nesse dia em que eu hei de obrar, diz o Senhor dos exércitos.

Volta de Elias

4 Lembrai-vos da lei de Moisés meu servo, a qual eu lhe dei em Horeb, para levar a todo o Israel os meus preceitos, e as minhas ordenanças. 5 Eis aí vos enviarei eu o profeta Elias, antes que venha o dia grande, e horrível do Senhor. 6 E ele converterá o coração dos pais aos filhos, e o coração dos filhos a seus pais: para não suceder que eu venha, e que fira a terra com anátema.

NOVO TESTAMENTO

O Santo Evangelho de Jesus Cristo segundo São Mateus

I. INFÂNCIA DE JESUS

Genealogia de Jesus

1 Livro da genealogia de Jesus Cristo, filho de Davi, filho de Abraão.

2 Abraão gerou a Isaac. Isaac gerou a Jacó. Jacó gerou a Judas e a seus irmãos. 3 Judas gerou de Tamar a Farés, e a Zarão. Farés gerou a Esron. Esron gerou a Arão. 4 E Arão gerou a Aminadab. Aminadab gerou a Naasson. Naasson gerou a Salmon. 5 E Salmon gerou de Raab a Booz. Booz gerou de Rute a Obed. Obed gerou a Jessé. Jessé gerou ao rei Davi.

6 O rei Davi gerou a Salomão, daquela que foi de Urias. 7 E Salomão gerou a Roboão. Roboão gerou a Abias. Abias gerou a Asá. 8 Asá gerou a Josafat. Josafat gerou a Jorão. Jorão gerou a Ozias. 9 Ozias gerou a Joatão. Joatão gerou a Acaz. E Acaz gerou a Ezequias. 10 Ezequias gerou a Manassés. Manassés gerou a Amon. Amon gerou a Josias. 11 Josias gerou a Jeconias, e a seus irmãos na transmigração de Babilônia.

12 E depois da transmigração de Babilônia: Jeconias gerou a Salatiel. Salatiel gerou a Zorobabel. 13 Zorobabel gerou a Abiúd. Abiúd gerou a Eliacim. Eliacim gerou a Azor. 14 E Azor gerou a Sadoc. Sadoc gerou a Achim. Achim gerou a Eliúd. 15 Eliúd gerou a Eleazar. Eleazar gerou a Matan. Matan gerou a Jacó. 16 E Jacó gerou a José, esposo de Maria, da qual nasceu Jesus, que chama o Cristo.

17 De maneira que todas as gerações, desde Abraão até Davi, são catorze gerações: e desde Davi até a transmigração de Babilônia, catorze gerações: e desde a transmigração de Babilônia até Cristo catorze gerações.

Nascimento virginal de Jesus

18 Ora a Conceição de Jesus Cristo foi desta maneira: Estando já Maria, sua mãe, desposada com José antes de coabitarem, se achou ter ela concebido por obra do Espírito Santo. 19 E José, seu esposo, como era justo, e não queria infamá-la, resolveu deixá-la secretamente.

20 Mas andando ele com isto no pensamento, eis que lhe apareceu em sonhos um anjo do Senhor dizendo: José, filho de Davi, não temas receber a Maria tua mulher: porque o que nela se gerou, é obra do Espírito Santo: 21 e ela dará à luz um filho: e lhe chamarás por nome JESUS: porque ele salvará o seu povo dos pecados deles.

22 Mas tudo isto aconteceu para que se cumprisse o que falou o Senhor pelo profeta, que diz: 23 Eis uma virgem conceberá e dará à luz um filho: e apelidá-lo-ão pelo nome de Emanuel, que quer dizer, Deus conosco.

24 E despertando José do sono, fez como o anjo do Senhor lhe havia mandado, e recebeu a sua mulher. 25 E ele não a conheceu, enquanto ela não deu à luz ao seu primogênito: e lhe pôs por nome Jesus.

Adoração dos magos

2 Tendo pois nascido Jesus em Belém de Judá, em tempo do rei Herodes, eis que vieram do Oriente uns magos a Jerusalém, 2 dizendo: Onde está o rei dos judeus, que é nascido? Porque nós vimos no Oriente a sua estrela: e viemos a adorá-lo.

3 E o rei Herodes ouvindo isto se turbou e toda a Jerusalém com ele. 4 E convocando todos os príncipes dos sacerdotes e os escribas do povo, lhes perguntava onde havia de nascer o Cristo. 5 E eles lhe disseram: Em Belém de Judá: porque assim está escrito pelo profeta: 6 E tu Belém, terra de Judá, não és a de menos consideração entre as principais de Judá: porque de ti sairá o condutor que há de comandar o meu povo de Israel.

7 Então Herodes tendo chamado secretamente os magos, inquiriu deles com todo o cuidado que tempo havia que lhes aparecera a estrela. 8 E enviando-os a Belém, disse-lhes: Ide, e informai-vos bem que menino é esse: e depois que o houverdes achado, vinde-me dizer, para eu ir também adorá-lo.

9 Eles, tendo ouvido as palavras do rei, partiram; e logo a estrela, que tinham visto no Oriente, lhes apareceu, indo adiante deles, até que, chegando, parou sobre onde estava o menino. 10 E quando eles viram a estrela, foi sobremaneira grande o júbilo que sentiram. 11 E entrando na casa, acharam o menino com Maria sua mãe, e prostrando-se, o adoraram: e abrindo os seus cofres, lhe fizeram suas ofertas de ouro, incenso, e mirra. 12 E havia resposta em sonhos, que não tornassem a Herodes, voltaram por outro caminho para a sua terra.

Fuga para o Egito

13 Partidos que eles foram, eis-que apareceu um anjo do Senhor em sonhos a José e lhe disse: Levanta-te, e toma o menino, e sua mãe, e foge para o Egito, e fica-te lá até que eu te avise, porque Herodes tem de buscar o menino para o matar.

14 José, levantando-se, tomou de noite o menino, e sua mãe, e retirou-se para o Egito: 15 E ali esteve até à morte de Herodes: para se cumprir o que proferira o Senhor pelo profeta, que diz: Do Egito chamei a meu filho.

16 Herodes então, vendo que tinha sido iludido dos magos, ficou muito irado por isso, e mandou matar todos os meninos que havia em Belém, e em todo o seu termo que tivessem dois anos, e daí para baixo, regulando-se nisto pelo tempo que tinha exatamente averiguado dos magos. 17 Então se cumpriu o que estava anunciado pelo profeta Jeremias que diz: 18 Em Ramá se ouviu um clamor, um choro, e um grande lamento: vinha a ser Raquel chorando a seus filhos, sem admitir consolação pela falta deles.

Volta para Nazaré

19 E sendo morto Herodes, eis que o anjo do Senhor apareceu em sonhos a José no Egito, 20 dizendo: Levanta-te, e toma o menino e sua mãe, e vai para a terra de Israel: porque são mortos os que buscavam o menino para o matar. 21 José, levantando-se, tomou o menino e sua mãe, e veio para a terra de Israel. 22 Mas ouvindo que Arquelau reinava na Judéia em lugar de seu pai Herodes, temeu ir para lá. E avisado em sonhos, se retirou para as partes da Galiléia. 23 E veio morar em sua cidade que se chama Nazaré: para se cumprir o que fora dito pelos profetas: Que será chamado Nazareno.

II. PRINCÍPIO DA MISSÃO DE JESUS

Pregação de João Batista

3 Naqueles dias pois veio João Batista pregando no deserto da Judéia, 2 e dizendo: Fazei penitência: porque está próximo o reino dos céus. 3 Porque este é de quem falou o profeta Isaías, dizendo: Voz do que clama no deserto: preparai o caminho do Senhor! Endireitai as suas veredas.

4 Ora o mesmo João tinha um vestido de peles de camelo, e uma cinta de couro em roda dos seus rins: e a sua comida eram gafanhotos, e mel silvestre. 5 Então vinha a ele Jerusalém, e toda a Judéia, e toda a terra da comarca do Jordão. 6 E confessando os seus pecados, eram por ele batizados no Jordão.

7 Mas vendo que muitos dos fariseus, e dos saduceus vinham ao seu batismo, lhes disse: Raça de víboras, quem vos ensinou a fugir da ira vindoura? 8 Fazei pois dignos frutos de penitência. 9 E não queirais dizer dentro de vós mesmos: Nós temos por pai a Abraão: porque eu vos digo que poderoso é Deus para fazer que nasçam destas pedras filhos a Abraão. 10 Porque já o machado está posto à raiz das árvores. Toda a árvore pois que não dá bom fruto, será cortada, e lançada no fogo. 11 Eu na verdade vos batizo em água para vos trazer à penitência: porém o que há de vir depois de mim, é mais poderoso do que eu, e eu não sou digno de lhe ministrar o calçado. Ele vos batizará no Espírito Santo, e em fogo. 12 A sua pá na sua mão se acha: e ele limpará muito bem a sua eira: e recolherá o seu trigo no celeiro, mas queimará as palhas num fogo, que jamais se apagará.

Batismo de Jesus

13 Então veio Jesus da Galiléia ao Jordão ter com João, para ser batizado por ele. 14 Porém João o impedia, dizendo: Eu sou o que devo ser batizado por ti, e tu vens a mim? 15 E respondendo Jesus, lhe disse: Deixa por ora:

porque assim nos convém cumprir toda a jus-
tiça. Ele então o deixou.
16 E depois que Jesus foi batizado, saiu
logo para fora da água: e eis que se lhe abri-
ram os céus: e viu ao Espírito de Deus, que
descia como pomba, e que vinha sobre ele.
17 E eis uma voz dos céus, que dizia: Este
é meu filho amado, no qual tenho posto toda
a minha complacência.

Tentações de Jesus

4 Então foi levado Jesus pelo espírito ao
deserto, para ser tentado pelo diabo. 2 E
tendo jejuado quarenta dias, e quarenta noi-
tes, depois teve fome.
3 E chegando-se a ele o tentador, lhe disse:
Se és filho de Deus, dize que estas pedras se
convertam em pães. 4 Jesus respondendo lhe
disse: Escrito está: Não só de pão vive o ho-
mem, mas de toda a palavra que sai da boca
de Deus.
5 Então tomando-o o diabo o levou à cida-
de santa, e o pôs sobre o pináculo do Templo.
6 E lhe disse: Se és filho de Deus, lança-te
daqui abaixo. Porque escrito está: Que man-
dou aos seus anjos que cuidem de ti, e eles
te tomarão nas palmas, para que não suceda
tropeçares em pedra com o teu pé. 7 Jesus
lhe disse: Também está escrito: Não tentarás
ao Senhor teu Deus.
8 De novo o subiu o diabo a um monte
muito alto: e lhe mostrou todos os reinos do
mundo, e a glória deles. 9 E lhe disse: Tudo
isto te darei, se prostrado me adorares. 10 En-
tão lhe disse Jesus: Vai-te, satanás. Porque
escrito está: Ao Senhor teu Deus adorarás, e
a Ele só servirás.
11 Então o deixou o diabo: e eis que chega-
ram os anjos, e o serviram.

Jesus em Cafarnaum

12 E quando ouviu Jesus que João fora
preso, retirou-se para a Galiléia. 13 E, deixada
a cidade de Nazaré, veio habitar em Cafar-
naum, cidade marítima nos confins de Zabu-
lon, e Neftalim: 14 para se cumprir o que
tinha dito o profeta Isaías: 15 A terra de
Zabulon, e a terra de Neftalim, a estrada que
vai dar no mar além do Jordão, a Galiléia dos
gentios, 16 povo, que estava de assento nas
trevas, viu uma grande luz. E aos que estavam
de assento na região da sombra da morte, a
estes apareceu a luz.
17 Desde então começou Jesus a pregar, e
a dizer: Fazei penitência; porque está próximo
o reino dos céus.

Vocação dos primeiros discípulos

18 E caminhando Jesus ao longo do mar da
Galiléia, viu dois irmãos, Simão, que se chama
Pedro, e seu irmão André, que lançavam a
rede ao mar (porque eram pescadores). 19 E
disse-lhes: Vinde após mim, e farei que vós
sejais pescadores de homens. 20 E eles sem
mais detença, deixadas as redes, o segui-
ram.
21 E passando dali, viu outros dois irmãos,
Tiago, filho de Zebedeu, e João seu irmão, em
uma barca com seu pai Zebedeu, que conser-
tavam as suas redes: e os chamou. 22 E eles
no mesmo ponto, deixando as redes, e o pai,
foram em seu seguimento.
23 E Jesus rodeava toda a Galiléia, ensinan-
do nas suas Sinagogas, e pregando o Evange-
lho do reino: e curando toda a casta de doen-
ças, e toda a casta de enfermidades no povo.
24 E correu a sua fama por toda a Síria e
lhe trouxeram todos os que se achavam en-
fermos, possuídos de vários achaques, e dores,
e os possessos, e os lunáticos, e os paralíticos,
e os curou. 25 E uma grande multidão de
povo o foi seguindo de Galiléia, e de Decápole,
e de Jerusalém, e da Judéia, e de além do
Jordão.

III. SERMÃO DA MONTANHA

5 E vendo Jesus a grande multidão do povo,
subiu a um monte, e depois de se ter sen-
tado, se chegaram para o pé dele os seus dis-
cípulos.
2 E ele abrindo a sua boca os ensinava di-
zendo:

As bem-aventuranças

3 Bem-aventurados os pobres de espírito:
porque deles é o reino dos céus.
4 Bem-aventurados os mansos: porque eles
possuirão a terra.
5 Bem-aventurados os que choram: porque
eles serão consolados.
6 Bem-aventurados os que têm fome, e sede
de justiça: porque eles serão fartos.
7 Bem-aventurados os misericordiosos: por-
que eles alcançarão misericórdia.
8 Bem-aventurados os limpos de coração:
porque eles verão a Deus.

9 Bem-aventurados os pacíficos: porque eles
serão chamados filhos de Deus.
10 Bem-aventurados os que padecem perse-
guição por amor da justiça: porque deles é o
reino dos céus.
11 Bem-aventurados sois, quando vos inju-
riarem, e vos perseguirem, e disserem todo o
mal contra vós, mentindo, por meu respeito.
12 Folgai, e exultai, porque o vosso galardão
é copioso nos céus: pois assim também per-
seguiram os profetas que foram antes de
vós.

Sal da terra e luz do mundo

13 Vós sois o sal da terra. E se o sal perder
a sua força, com que outra coisa se há de
salgar? para nenhuma coisa mais fica servin-
do, senão para se lançar fora e ser pisado
dos homens.
14 Vós sois a luz do mundo. Não pode es-
conder-se uma cidade que está situada sobre
um monte. 15 Nem os que acendem uma luzer-
na a metem debaixo do alqueire, mas põem-na
sobre o candeeiro, a fim de que ela dê luz a
todos os que estão na casa. 16 Assim luza a
vossa luz diante dos homens. Que eles vejam
as vossas boas obras, e glorifiquem a vosso
pai, que está nos céus.

A nova e a antiga lei

17 Não julgueis que vim destruir a lei, ou
os profetas. Não vim a destruí-los, mas sim a
dar-lhes cumprimento.
18 Porque em verdade vos afirmo, que en-
quanto não passar o céu e a terra, não pas-
sará da lei um só i, ou um til, sem que tudo
seja cumprido.
19 Aquele pois que quebrar um destes mí-
nimos mandamentos, e que ensinar assim aos
homens, será chamado mui pequeno no reino
dos céus: mas o que os guardar, e ensinar a
guardá-los, esse será reputado grande no reino
dos céus. 20 Porque eu vos digo, que se a
vossa justiça não for maior e mais perfeita do
que a dos escribas, e a dos fariseus, não en-
trareis no reino dos céus.

Aperfeiçoamentos à lei antiga

21 Ouvistes que foi dito aos antigos: Não
matarás: e quem matar será réu no juízo.
22 Pois eu digo-vos: que todo o que se ira
contra seu irmão, será réu no juízo. E o que
disser a seu irmão: Raca, será réu no conse-
lho: e o que lhe disser: És um tolo, será réu
do fogo do inferno.
23 Portanto, se tu estás fazendo a tua oferta
diante do altar, e te lembrar aí que teu irmão
tem contra ti alguma coisa: 24 deixa ali a tua
oferta diante do altar e vai-te reconciliar pri-
meiro com teu irmão: e depois virás fazer a
tua oferta.
25 Concerta-te sem demora com o teu ad-
versário, enquanto estás posto a caminho com
ele: para que não suceda que ele adversário
te entregue ao juiz, e que o juiz te entregue
ao seu ministro: e sejas mandado para a ca-
deia. 26 Em verdade te digo, que não sairás
de lá, até não pagares o último ceitil. 27 Ou-
vistes que foi dito aos antigos: Não adultera-
rás. 28 Eu porém digo-vos: que todo o que
olhar para uma mulher cobiçando-a, já no seu
coração adulterou com ela.
29 E se o teu olho direito te serve de escân-
dalo, arranca-o, e lança-o fora de ti: porque
melhor te é que se perca um de teus membros,
do que todo o teu corpo seja lançado no in-
ferno. 30 E se a tua mão direita te serve de
escândalo, corta-a e lança-a fora de ti: porque
melhor te é que se perca um de teus membros,
do que todo o teu corpo vá para o inferno.
31 Também foi dito: Qualquer que se des-
quitar de sua mulher, dê-lhe carta de repúdio.
32 Mas eu vos digo: que todo o que repudiar
a sua mulher, a não ser por causa de fornica-
ção, a faz ser adúltera: e o que tomar a repu-
diada, comete adultério.
33 Igualmente ouvistes que foi dito aos an-
tigos: Não jurarás falso: mas cumprirás ao
Senhor os teus juramentos. 34 Eu porém vos
digo, que absolutamente não jureis, nem pelo
céu, porque é o trono de Deus: 35 nem pela
terra, porque é o assento de seus pés: nem
por Jerusalém, porque é a cidade do grande
rei: 36 nem jurarás pela tua cabeça, pois não
podes fazer que um cabelo teu seja branco
ou negro. 37 Mas seja o vosso falar, sim, sim:
não, não: porque tudo o que daqui passa,
procede do mal.
38 Vós tendes ouvido o que se disse: Olho
por olho, e dente por dente. 39 Eu porém di-
go-vos, que não resistais ao que vos fizer mal:
mas se alguém te ferir na tua face direita,
oferece-lhe também a outra. 40 E ao que quer
demandar-te em juízo, e tirar-te a tua túnica,
larga-lhe também a capa. 41 E se qualquer te
obrigar a ir carregado mil passos, vai com ele
ainda mais outros dois mil. 42 Dá a quem te
pede, e não voltes as costas ao que deseja que
lhe emprestes.
43 Tendes ouvido que foi dito: Amarás ao
teu próximo, e aborrecerás a teu inimigo.
44 Mas eu vos digo: Amai a vossos inimigos,
fazei bem aos que vos têm ódio: e orai pelos
que vos perseguem e caluniam: 45 para serdes
filhos de vosso Pai, que está nos céus, o qual

faz nascer o seu sol sobre bons e maus: e vir chuva sobre justos e injustos. 46 Porque se vós não amais senão os que vos amam, que recompensa haveis de ter? Não fazem os publicanos também o mesmo? 47 E se vós saudardes somente aos vossos irmãos, que fazeis nisso de especial? não fazem também assim os gentios? 48 Sede vós logo perfeitos, como também vosso Pai celestial é perfeito.

Esmola

6 Guardai-vos não façais as vossas boas obras diante dos homens, com o fim de serdes vistos por eles: doutra sorte não tereis a recompensa da mão de vosso Pai, que está nos céus.

2 Quando pois dás a esmola, não faças tocar a trombeta diante de ti, como praticam os hipócritas nas sinagogas, e nas ruas, para serem honrados dos homens. Em verdade vos digo, que eles já receberam a sua recompensa. 3 Mas quando dás a esmola, não saiba a tua esquerda o que faz a tua direita: 4 para que a tua esmola fique escondida, e teu Pai, que vê o que tu fazes em secreto, ta pagará.

A oração

5 E quando orais, não haveis de ser como os hipócritas, que gostam de orar em pé nas sinagogas, e nos cantos das ruas, para serem vistos dos homens. Em verdade vos digo, que eles já receberam a sua recompensa.

6 Mas tu quando orares, entra no teu aposento, e, fechada a porta, ora a teu Pai em secreto. E teu Pai, que vê o que se passa em secreto, te dará a paga.

7 E quando orais não faleis muito, como os gentios: pois cuidam que pelo seu muito falar serão ouvidos. 8 Não queirais portanto parecer-vos com eles: porque vosso Pai sabe o que vos é necessário, primeiro que vós lh'o peçais.

9 Assim pois é que vós haveis de orar:

Pai nosso que estais nos céus: santificado seja o vosso nome.

10 *Venha a nós o vosso reino. Seja feita a vossa vontade, assim na terra, como no céu.*

11 *O pão nosso, necessário à nossa subsistência, nos dai hoje.*

12 *E perdoai as nossas dívidas, assim como nós também perdoamos aos nossos devedores.*

13 *E não nos deixeis cair em tentação. Mas livrai-nos do mal, amém.*

14 Porque se vós perdoardes aos homens as ofensas que tendes deles: também vosso Pai celestial vos perdoará os vossos pecados. 15 Mas se não perdoardes aos homens: tampouco vosso Pai vos perdoará os vossos pecados.

Jejum

16 E quando jejuais, não vos ponhais tristes como os hipócritas: porque eles desfiguram os seus rostos, para fazer ver aos homens, que jejuam. Na verdade vos digo, que já receberam a sua recompensa.

17 Mas tu, quando jejuas, unge a tua cabeça, e lava o teu rosto. 18 A fim de que não pareças aos homens que jejuas, mas somente a teu Pai está presente a tudo o que há de mais secreto; e teu Pai que vê o que se passa em secreto te dará a paga.

Tesouro no céu

19 Não queirais entesourar para vós tesouros na terra: onde a ferrugem, e a traça os consome: e onde os ladrões os desenterram, e roubam. 20 Mas entesourai para vós tesouros no céu: onde não os consome a ferrugem, nem a traça, e onde os ladrões não os desenterram, nem roubam. 21 Porque onde está o teu tesouro, aí está também o teu coração.

Olhos e coração puros

22 O teu olho é a luz do teu corpo. Se o teu olho for simples: todo o teu corpo será luminoso. 23 Mas se o teu olho for mau: todo o teu corpo estará em trevas. Se pois a luz, que em ti há, são trevas: quão grandes não serão essas mesmas trevas? 24 Ninguém pode servir a dois senhores: porque ou há de aborrecer um, e amar outro: ou há de acomodar-se a este, e desprezar aquele. Não podeis servir a Deus, e às riquezas.

Abandono às mãos da Providência

25 Portanto vos digo, não andeis cuidadosos da vossa vida, que comereis, nem para o vosso corpo, que vestireis. Não é mais a alma que a comida? E o corpo mais que o vestido? 26 Olhai para as aves do céu, que não semeiam, nem segam, nem fazem provimentos nos celeiros: e contudo vosso Pai celestial as sustenta. Porventura não sois vós muito mais do que elas? 27 E qual de vós discorrendo pode acrescentar um côvado à sua estatura? 28 E por que andais vós solícitos pelo vestido? Considerai como crescem os lírios do campo: eles não trabalham, nem fiam. 29 Digo-vos mais, que nem Salomão em toda a sua glória se cobriu jamais como um destes. 30 Pois se ao feno do campo, que hoje, é e amanhã é lançado no forno, Deus veste assim: quanto mais

a vós, homens de pouca fé? 31 Não vos afli-
jais pois, dizendo: Que comeremos, ou que
beberemos, ou com que nos cobriremos?
32 Porque os gentios é que se cansam por es-
tas coisas. Porquanto vosso Pai sabe que ten-
des necessidade de todas elas. 33 Buscai pois
primeiramente o reino de Deus, e a sua jus-
tiça: e todas estas coisas se vos acrescentarão.
34 E assim não andeis inquietos pelo dia de
amanhã. Porque o dia de amanhã a si mesmo
trará seu cuidado. Ao dia basta a sua pró-
pria aflição.

Contra juízos temerários e profanações

7 Não queirais julgar, para que não sejais
julgados. 2 Pois com o juízo com que jul-
gardes, sereis julgados: e com a medida com
que medirdes, vos medirão também a vós.
3 Por que vês tu pois a aresta no olho de teu
irmão: e não vês a trave no teu olho? 4 Ou
como dizes a teu irmão: Deixa-me tirar-te do
olho uma aresta. Quando tu tens no teu uma
trave? 5 Hipócrita, tira primeiro a trave do
teu olho, e então verás como hás de tirar a
aresta do olho de teu irmão. 6 Não deis aos
cães o que é santo: nem lanceis aos porcos
as vossas pérolas, para que não suceda que
eles lhes ponham os pés em cima, e tornan-
do-se contra vós, vos despedacem.

Eficácia da oração

7 Pedi, e dar-se-vos-á: buscai, e achareis:
batei, e abrir-se-vos-á. 8 Porque todo o que
pede, recebe: e o que busca, acha: e a quem
bate, abrir-se-á. 9 Ou qual de vós porventura
é o homem que se seu filho lhe pedir pão,
lhe dará uma pedra? 10 Ou porventura, se
lhe pedir um peixe, lhe dará uma serpente?
11 Pois se vós outros sendo maus, sabeis dar
boas dádivas a vossos filhos: quanto mais
vosso pai, que está nos céus, dará bens aos que
lhos pedirem?

A lei da caridade e outros preceitos

12 E assim tudo o que vós quereis que vos
façam os homens, fazei-o também vós a eles.
Porque esta é a lei, e os profetas. 13 Entrai
pela porta estreita: porque larga é a porta, e
espaçoso o caminho que guia para a perdição,
e muitos são os que entram por ela. 14 Que
estreita é a porta, e que apertado o caminho,
que guia para a vida! E que poucos são os
que acertam com ele! 15 Guardai-vos dos fal-
sos profetas, que vêm a vós com vestidos de
ovelhas, e dentro são lobos roubadores! 16 Pe-
los seus frutos os conhecereis. Porventura os
homens colhem uvas dos espinhos, ou figos
dos abrolhos? 17 Assim toda a árvore boa dá
fruto: e a má árvore dá maus frutos. 18 Não
pode a árvore boa dar maus frutos: nem a ár-
vore má dar bons frutos. 19 Toda a árvore,
que não dá bom fruto, será cortada e metida
no fogo. 20 Assim pois pelos frutos deles os
conhecereis.

Conclusão: a verdadeira sabedoria

21 Nem todo o que me diz: Senhor, Senhor,
entrará no reino dos céus: mas sim o que faz
a vontade de meu Pai, que está nos céus, esse
entrará no reino dos céus. 22 Muitos me dirão
naquele dia: Senhor, Senhor, não é assim que
profetizamos em teu nome, e em teu nome
expelimos os demônios, e em teu nome obra-
mos muitos prodígios? 23 E eu então lhes di-
rei em voz bem inteligível: Pois eu nunca vos
conheci. Apartai-vos de mim, os que obrais a
iniqüidade. 24 Todo aquele pois que ouve es-
tas minhas palavras, e as observa, será com-
parado ao homem sábio, que edificou a sua
casa sobre rocha. 25 E veio a chuva, e trans-
bordaram os rios, e assopraram os ventos, e
combateram aquela casa, e ela não caiu: por-
que estava fundada sobre a rocha. 26 E todo
o que ouve estas minhas palavras, e as não
observa, será comparado ao homem sem con-
sideração, que edificou a sua casa sobre areia.
27 E veio a chuva, e transbordaram os rios,
e assopraram os ventos, e combateram aquela
casa e ela caiu, e foi grande a sua ruína.

Admiração do povo

28 E aconteceu que, tendo acabado Jesus
este discurso, estava o povo admirado da sua
doutrina. 29 Porque ele os ensinava como
quem tinha autoridade, e não como os escri-
bas deles, e os fariseus.

IV. MINISTÉRIO DE JESUS NA GALILÉIA

A cura do leproso

8 E depois que Jesus desceu do monte, foi
muita a gente do povo que o seguiu. 2 E
eis que vindo um leproso, o adorava, dizendo:
Se tu queres, Senhor, bem me podes limpar.
3 E Jesus estendendo a mão, tocou-o, dizen-
do: Pois eu quero. Fica limpo. E logo ficou

limpa toda a sua lepra. 4 Então lhe disse Jesus: Vê não o digas a alguém: mas vai, mostra-te ao sacerdote, e faze a oferta que ordenou Moisés, para lhes servir de testemunho a eles.

A fé do centurião

5 Tendo porém entrado em Cafarnaum, chegou-se a ele um centurião, fazendo-lhe esta súplica, 6 e dizendo: Senhor, o meu criado jaz em casa doente de uma paralisia, e padece muito com ela. 7 Respondeu-lhe então Jesus: Eu irei, e o curarei. 8 E respondendo o centurião, disse: Senhor, eu não sou digno de que entres na minha casa: porém manda-o só com a tua palavra, e o meu criado será salvo. 9 Pois também eu sou homem sujeito a outro, que tenho soldados às minhas ordens e digo a um: Vai acolá, e ele vai: e a outro: Vem cá, e ele vem: e ao meu servo: Faze isto, e ele o faz. 10 E Jesus, ouvindo-o assim falar, admirou-se, e disse para os que o seguiam: Em verdade vos afirmo, que não achei tamanha fé em Israel. 11 Digo-vos, porém, que virão muitos do Oriente, e do Ocidente, e que terão lugar com Abraão, e Isaac e Jacó no reino dos céus. 12 Mas que os filhos do reino serão lançados nas trevas exteriores. Ali haverá choro, e ranger de dentes. 13 Então disse Jesus ao centurião: Vai, e faça-te segundo tu creste. E naquela mesma hora ficou são o criado.

Outras curas

14 E tendo chegado Jesus à casa de Pedro, viu que a sogra dele estava de cama, e com febre. 15 E tocou-lhe na mão, e a febre a deixou, e ela se levantou, e se pôs a servi-los. 16 Sobre a tarde porém lhe puseram diante muitos endemoninhados: e ele com a sua palavra expelia os espíritos: e curou todos os enfermos: 17 para se cumprir o que estava anunciado pelo profeta Isaías, que diz: Ele mesmo tomou as nossas enfermidades: e carregou com as nossas doenças.

Condições para seguir Jesus

18 Ora vendo-se Jesus rodeado de muito povo, mandou-lhes que passassem para a banda dalém do lago. 19 Então chegando-se a ele um escriba, lhe disse: Mestre, eu seguir-te-ei para onde quer que fores. 20 Ao que Jesus lhe respondeu: As raposas têm covas, e as aves do céu, ninhos: porém o Filho do homem não tem onde reclinar a cabeça.

21 E outro de seus discípulos lhe disse: Senhor, deixa-me ir primeiro a enterrar meu pai. 22 Mas Jesus lhe respondeu: Segue-me e deixa que os mortos sepultem os seus mortos. 23 E entrando ele numa barca, o seguiram seus discípulos.

A tempestade acalmada

24 E eis que sobreveio do mar uma grande tempestade, de modo que a barca se cobria das ondas, e entretanto ele dormia. 25 Então se chegaram a ele seus discípulos, e o acordaram, dizendo: Senhor, salva-nos, que perecemos.

26 E Jesus lhes disse: Por que temeis, homens de pouca fé? E levantando-se, pôs preceito ao mar, e aos ventos, e logo se seguiu uma grande bonança. 27 E os homens se admiraram, dizendo: Quem é este que os ventos e o mar lhe obedecem?

Os endemoninhados de Gerasa

28 E quando Jesus passou à outra parte do lago, ao país dos gerasenos, vieram-lhe ao encontro dois endemoninhados, que saíam dos sepulcros, em extremo furiosos, de tal maneira que ninguém ousava passar por aqueles caminhos. 29 E gritaram logo ambos, dizendo: Que temos nós contigo, Jesus, Filho de Deus? Vieste aqui atormentar-nos antes de tempo? 30 Ora em alguma distância deles andava uma manada de muitos porcos pastando. 31 E os demônios o rogavam, dizendo: Se nos lanças daqui, manda-nos para a manada dos porcos. 32 E ele lhes disse: Ide. E saindo eles se foram aos porcos, e no mesmo ponto toda a manada correu impetuosamente por um despenhadeiro a precipitar-se no mar: e morreram afogados nas águas. 33 E os pastores fugiram: e vindo à cidade, contaram tudo, e o sucesso dos que tinham sido endemoninhados. 34 E logo toda a cidade saiu a encontrar-se com Jesus: e quando o viram, pediram-lhe que se retirasse do seu termo.

Cura dum paralítico

9 Entrando em uma barca, passou à outra banda, e foi à sua cidade. 2 E eis que lhe apresentaram um paralítico, que jazia em um leito. E vendo Jesus a fé deles, disse ao paralítico: Filho, tem confiança, perdoados te são teus pecados. 3 E logo alguns dos escribas disseram dentro de si: Este blasfema. 4 E como visse Jesus os pensamentos deles, disse: Por que cogitais mal nos vosso corações? 5 Que coisa é mais fácil dizer: Perdoados te são teus pecados, ou dizer: Levanta-te, e anda? 6 Pois para que saibais que o Filho do homem tem poder sobre a terra de perdoar pecados, disse ele então ao paralítico: Levan-

ta-te, toma o teu leito, e vai para tua casa. 7 E ele se levantou, e foi para sua casa. 8 E vendo isto as gentes, temeram, e glorificaram a Deus, que deu tal poder aos homens.

Vocação de Mateus

9 E passando Jesus dali, viu um homem que estava sentado no telônio, chamado Mateus. E lhe disse: Segue-me. E levantando-se ele, o seguiu. 10 E aconteceu que estando Jesus sentado à mesa numa casa, eis que vindo muitos publicanos, e pecadores, se sentaram a comer com ele, e com os seus discípulos. 11 E vendo isto os fariseus diziam aos seus discípulos: Por que come o vosso mestre com os publicanos, e pecadores? 12 Mas ouvindo-os Jesus, disse: Os sãos não têm necessidade de médico, mas sim os enfermos. 13 Ide pois e aprendei o que quer dizer: Misericórdia quero, e não sacrifício. Porquanto eu não vim a chamar os justos, mas os pecadores. 14 Então vieram ter com ele os discípulos de João, dizendo: Qual é a razão por que nós, e os fariseus jejuamos com freqüência, e os teus discípulos não jejuam? 15 E Jesus lhes disse: Porventura podem estar tristes os filhos do esposo, enquanto está com eles o esposo? mas virão dias em que lhes será tirado o esposo: e então eles jejuarão. 16 E ninguém deita remendo de pano novo em vestido velho: porque leva quanto alcança do vestido: e se faz maior a ruptura. 17 Nem deitam vinho novo em odres velhos: de outra maneira rebentam os odres, e se vai o vinho, e se perdem os odres: mas deitam vinho novo em odres novos: e assim ambas as coisas se conservam.

Cura da hemorroíssa

18 Dizendo-lhes ele estas coisas, eis que um príncipe se chegou a ele, e o adorou, dizendo: Senhor, agora acaba de expirar minha filha. Mas vem tu, põe a tua mão sobre ela, e viverá. 19 E Jesus levantando-se o foi seguindo com seus discípulos. 20 E eis que uma mulher, que havia doze anos padecia um fluxo de sangue, se chegou por detrás dele, e lhe tocou a ourela do vestido. 21 Porque ia dizendo dentro de si: Se eu tocar, ainda que seja somente o seu vestido, serei curada. 22 E voltando-se Jesus, e vendo-a, disse: Tem confiança, filha, a tua fé te sarou. E ficou sã a mulher, desde aquela hora. 23 E depois que Jesus chegou à casa daquele príncipe, e viu os tocadores de flautas, e uma multidão de gente, que fazia reboliço, disse: 24 Retirai-vos: porque a menina não está morta, mas dorme. E eles o escarneciam. 25 E tendo saído a gente, entrou Jesus: e a tomou pela mão. E a menina se levantou. 26 E correu esta fama por toda aquela terra.

Dá a vista a dois cegos

27 Passando Jesus daquele lugar, o seguiram dois cegos, gritando, e dizendo: Tem misericórdia de nós, filho de Davi. 28 E chegando à casa vieram a ele os cegos. E Jesus lhes disse: Credes que vos posso fazer isto a vós outros? Disseram eles: Sim, Senhor. 29 Então lhes tocou os olhos, dizendo: Faça-se-vos segundo a vossa fé. 30 Imediatamente foram abertos os seus olhos. E Jesus os ameaçou, dizendo: Vede lá que o não saiba alguém. 31 Mas eles, saindo dali, divulgaram por toda aquela terra o seu nome.

Cura do mudo possesso e compaixão das turbas

32 Depois que sairam, lhe apresentaram um homem mudo, possuído do demônio. 33 E depois que foi expelido o demônio, falou o mudo, e se admiraram as gentes, dizendo: Nunca tal se viu em Israel. 34 Porém os fariseus diziam: Ele em virtude do príncipe dos demônios lança fora os demônios. 35 Entretanto ia Jesus dando volta por todas as cidades, e aldeias, ensinando nas sinagogas deles, e pregando o evangelho do reino, e curando toda a doença, e toda a enfermidade. 36 E olhando para aquelas gentes, se compadeceu delas: porque estavam fatigadas, e quebrantadas como ovelhas que não têm pastor. 37 Então disse a seus discípulos: A seara verdadeiramente é grande, mas os obreiros poucos. 38 Rogai pois ao Senhor da seara, que envie obreiros à sua seara.

Missão dos doze Apóstolos

10 Então, convocados os seus doze discípulos, deu-lhes Jesus poder sobre os espíritos imundos, para os expelirem, e para curarem todas as doenças, e todas as enfermidades. 2 Ora os nomes dos doze Apóstolos são estes: o primeiro, Simão, que se achama Pedro, e André seu irmão, 3 Tiago, filho de Zebedeu, e João seu irmão, Filipe, e Bartolomeu, Tomé, e Mateus, o Publicano, Tiago, filho de Alfeu e Tadeu, 4 Simão Cananeu e Judas Iscariotes, que foi o que o entregou. 5 A estes doze enviou Jesus, dando-lhes estas instruções, dizendo: Não ireis caminho de gentios, nem entreis nas cidades dos samaritanos. 6 Mas ide antes às ovelhas, que pereceram da casa de Israel. 7 E pondo-vos a caminho pregai, dizendo: que está próximo o reino dos céus. 8 Curai os enfermos, ressuscitai os mor-

tos, limpai os leprosos, expeli os demônios. Dai de graça o que de graça recebestes. 9 Não possuais ouro, nem prata, nem tragais dinheiro nas vossas cintas: 10 nem alforje para o caminho, nem duas túnicas, nem calçado, nem bordão; porque digno é o trabalhador do seu alimento.

11 E em qualquer cidade, ou aldeia, em que entrardes, informai-vos de quem há nela digno: e fica aí até que vos reireis. 12 E ao entrardes na casa, saudai-a dizendo: Paz seja nesta casa. 13 E se aquela casa na realidade o merecer, virá sobre ela vossa paz: e se o não merecer, tornará para vós a vossa paz. 14 Sucedendo não vos querer alguém em casa, nem ouvir o que dizeis: ao sair para fora de casa, ou da cidade, sacudi o pó de vossos pés. 15 Em verdade vos afirmo isto: Menos rigor experimentará no dia do Juízo a terra de Sodoma, e de Gomorra, do que aquela cidade.

16 Vede que eu vos mando como ovelhas no meio de lobos. Sede logo prudentes como as serpentes, e simples como as pombas. 17 Mas guardai-vos dos homens. Porque eles vos farão comparecer nos seus juízos, e vos farão açoutar nas suas sinagogas. 18 E vós sereis levados por meu respeito à presença dos governadores, e dos reis, para lhes servirdes a eles, e aos gentios de testemunho. 19 E quando vos levarem, não cuideis como ou o que haveis de falar: porque naquela hora vos será inspirado o que haveis de dizer. 20 Porque não sois vós os que falais, mas o espírito de vosso Pai é o que falará em vós.

21 E um irmão entregará à morte a outro irmão, e o pai ao filho. E os filhos se levantarão contra os pais, e lhes darão a morte. 22 E vós por causa do meu nome sereis o ódio de todos. Aquele porém que perserverar até ao fim, esse é o que será salvo. 23 Quando porém vos perseguirem numa cidade, fugi para outra. Em verdade vos afirmo, que não acabareis de correr as cidades de Israel, sem que venha o Filho do homem.

24 Não é o discípulo mais que seu mestre, nem o servo mais que seu senhor. 25 Basta ao discípulos ser como seu mestre: e ao servo como seu senhor. Se eles chamaram Belzebu ao pai de família: quanto mais aos seus domésticos? 26 Pois não os temais: porque nada há encoberto, que se não venha a descobrir: nem oculto, que se não venha a saber. 27 O que eu vos digo às escuras, dizei-o às claras: e o que se vos diz ao ouvido, publicai-o dos telhados.

28 E não temais aos que matam o corpo, e não podem matar a alma. Temei antes porém ao que pode lançar no inferno tanto a alma como o corpo. 29 Porventura não se vendem dois passarinhos por um asse: e um deles não cairá sobre a terra sem vosso Pai? 30 E até os mesmos cabelos da vossa cabeça todos eles estão contados. 31 Não temais pois: que mais valeis vós que muitos pássaros. 32 Todo aquele pois que me confessar diante dos homens, também eu o confessarei diante do meu Pai que está nos céus: 33 E o que me negar diante dos homens, também eu o negarei diante do meu Pai que está nos céus.

34 Não julgueis que vim trazer paz à terra. Não vim trazer-lhe paz mas espada. 35 Porque vim a separar ao homem contra o seu pai, e a filha contra sua mãe, e a nora contra sua sogra: 36 e os inimigos do homem serão os seus mesmos domésticos. 37 O que ama o pai, ou a mãe mais do que a mim, não é digno de mim. E o que ama o filho ou a filha mais do que a mim, não é digno de mim. 38 E o que não toma a sua cruz, e não me segue, não é digno de mim. 39 O que acha a sua alma, perdê-la-á: e o que perder a sua alma por mim, achá-la-á.

40 O que a vós vos recebe, a mim me recebe: e o que a mim me recebe, recebe aquele que me enviou. 41 O que recebe um profeta na qualidade de profeta, receberá a recompensa de profeta: e o que recebe um justo na qualidade de justo, receberá a recompensa de justo. 42 E todo o que der a beber a um daqueles pequeninos um copo dágua fria, só pela razão de ser meu discípulo, na verdade vos digo, que não perderá a sua recompensa.

11 E aconteceu que quando Jesus acabou de dar estas instruções aos seus doze discípulos, passou dali a ensinar e pregar nas cidades deles.

Missão do Batista

2 E como João, estando no cárcere, tivesse ouvido as obras de Cristo, enviando dois de seus discípulos, 3 lhe fez esta pergunta: Tu és o que hás de vir, ou é outro o que esperamos? 4 E respondendo Jesus, lhes disse: Ide contar a João o que ouvistes, e vistes. 5 Os cegos vêem, os coxos andam, os leprosos limpam-se, os surdos ouvem, os mortos ressuscitam, aos pobres anuncia-se-lhes o Evangelho: 6 e bem-aventurado aquele que não for escandalizado em mim.

Elogio do Batista

7 E logo que eles se foram, começou Jesus a falar de João às gentes: Que saistes vós a ver no deserto? Uma cana agitada do vento? 8 Mas que saistes a ver? Um homem vestido

de roupas delicadas? Bem vedes que os que vestem roupas delicadas, são os que assistem nos palácios dos reis 9 Mas que saistes a ver? Um profeta? Certamente vo digo, e ainda mais do que profeta. 10 Porque este é de quem está escrito: Eis aí envio eu o meu anjo ante a tua face, que preparará o teu caminho diante de ti. 11 Na verdade vos digo, que entre os nascidos de mulheres não se levantou outro maior que João Batista. Mas o que é menor no reino dos céus, e maior do que ele. 12 E desde os dias de João Batista até agora, o reino dos céus sofre violência, e os que fazem violência são os que o arrebatam. 13 Porque todos os profetas, e a lei até João profetizaram: 14 e se vós o quereis bem compreender, ele mesmo é o Elias, que há de vir. 15 O que tem ouvidos de ouvir, ouça.

Incoerência do povo

16 Mas a quem direi eu que é semelhante esta geração? É semelhante aos meninos, que estão sentados na praça: que gritando aos seus iguais, 17 dizem: Nós cantamos para vós, e vós não bailastes: choramos-vos, e não chorastes.

18 Porque veio João, que não comia, nem bebia, e dizem: Ele tem demônio. 19 Veio o Filho do homem, que come, e bebe, e dizem: Eis aqui um homem glutão, e bebedor do vinho, amigo de publicanos, e de pecadores. Mas a sabedoria foi justificada por seus filhos.

20 Então começou a lançar em rosto às cidades, em que foram obradas tantas das suas maravilhas, que não haviam feito penitência. 21 Ai de ti, Corozain, ai de ti, Betsaida! Que se em Tiro, e em Sidônia se tivessem obrado as maravilhas que se obraram em vós, muito tempo há que elas teriam feito penitência em cilício, e em cinza. 22 Eu vos digo contudo: que haverá menos rigor para Tiro, e Sidônia, que para vós outros no dia do Juízo. 23 E tu, Cafarnaum, elevar-te-ás porventura até o céu? Hás de ser abatida até o inferno: porque se em Sodoma se tivessem feito os milagres que se fizeram em ti, talvez que ela tivesse permanecido até ao dia de hoje. 24 Eu vos digo, contudo, que no dia do Juízo haverá menos rigor para a terra de Sodoma, que para ti.

Manancial de descanso e de repouso

25 Naquele tempo respondendo Jesus, disse: Graças te dou a ti, Pai, Senhor do céu, e da terra, porque escondeste estas coisas aos sábios, e entendidos, e as revelaste aos pequeninos. 26 Assim é, Pai: porque assim foi do teu agrado. 27 Todas as coisas me foram entregues por meu Pai. E ninguém conhece o Filho senão o Pai. Nem alguém conhece o Pai senão o Filho, e a quem o filho o quiser revelar. 28 Vinde a mim todos os que andais em trabalho, e vos achais carregados, e eu vos aliviarei. 29 Tomai sobre vós o meu jugo, e aprendei de mim que sou manso, e humilde de coração: e achareis descanso para as vossas almas. 30 Porque o meu jugo é suave, e o meu ônus é leve.

Jesus, senhor do sábado

12 Naquele tempo, num dia de sábado, saiu Jesus caminhando ao longo dos pães. E seus discípulos, que tinham fome, começaram a colher espigas, e a comer delas. 2 E vendo isto os fariseus, lhe disseram: Eis aí estão fazendo os teus discípulos o que não é permitido fazer nos sábados. 3 Porém ele lhes disse: Não tendes lido o que fez Davi, quando ele teve fome, e os que com ele estavam: 4 como entrou na casa de Deus, e comeu os pães da proposição, os quais não era lícito comer, nem a ele nem aos que com ele estavam, mas unicamente aos sacerdotes? 5 Ou não tendes lido na lei, que os sacerdotes nos sábados no Templo quebrantam o sábado, e ficam sem pecado? 6 Pois digo-vos, que aqui está o que é maior que o Templo. 7 E se vós soubésseis o que é: Misericórdia quero, é não sacrifício, jamais condenarieis aos inocentes: 8 porque o Filho do homem é Senhor até do sábado mesmo.

O homem da mão ressequida

9 E depois de partir dali, veio à sinagoga deles. 10 E eis que aparece um homem, que tinha ressecada uma das mãos, e eles, para terem de que o argüir, lhe fizeram esta pergunta, dizendo: É porventura lícito curar nos sábados? 11 E ele lhes disse: Que homem haverá por acaso entre vós, que tenha uma ovelha, e que se esta lhe cair no sábado em uma cosa, não lhe lance a mão para dali a tirar? 12 Ora quanto mais excelente é um homem, do que uma ovelha? Logo é lícito fazer bem nos dias de sábado. 13 Então disse para o homem: Estende a tua mão. E ele a estendeu, e lhe foi restituída sã como a outra. 14 Mas os fariseus saindo dali, consultavam contra ele, como o fariam morrer.

Mansidão de Jesus

15 E Jesus sabendo-o, se retirou daquele lugar, e foram muitos após ele, e os curou a todos.

16 E lhes pôs preceito, que não descobris-
sem quem ele era. 17 Para que se cumprisse
o que foi anunciado pelo profeita Isaías, que
diz: 18 Eis aqui o meu servo, que eu escolhi,
o meu amado, em quem a minha alma tem
posto a sua complacência. Porei o meu espí-
rito sobre ele, e ele anunciará às gentes a jus-
tiça. 19 Não contenderá, nem clamará, nem
ouvirá algum a sua voz nas praças. 20 Não
quebrará a cana, que está deprimida, nem
apagará a torcida que fumega, até que saia
vitoriosa a sua justiça. 21 E as gentes espe-
rarão no seu nome.

Malícia dos fariseus

22 Então lhe trouxeram um endemoninha-
do cego, e mudo, e ele o curou, de sorte que
falava, e via. 23 E ficaram pasmadas todas as
gentes, e diziam: Porventura é este o filho de
Davi? 24 Mas os fariseus ouvindo isto diziam:
Este não lança fora os demônios, senão em
virtude de Belzebu, príncipe dos demônios.
25 E Jesus sabendo os pensamentos deles,
lhes disse: Todo o reino dividido contra si
mesmo, será desolado: e toda a cidade, ou ca-
sa dividida contra si mesma, não subsistirá.
26 Ora se Satanás lança fora a Satanás, está
ele dividido contra si mesmo: como persistirá
logo o seu reino? 27 E se eu lanço fora os
demônios em virtude de Belzebu, em virtude
de quem os expelem vossos filhos? Por isso
é que eles serão os vossos juízes. 28 Se eu po-
rém lanço fora os demônios pela virtude do
espírito de Deus, logo é chegado a vós o Rei-
no de Deus. 29 Ou como pode alguém entrar
na casa do valente e saquear os seus móveis,
se antes não prender o valente? E então lhe
saqueará a casa. 30 O que não é comigo, é
contra mim: e o que não ajunta comigo, dis-
persa.

Blasfêmia contra o Espírito Santo

31 Portanto vos digo: Todo o pecado e blas-
fêmia serão perdoados aos homens, porém a
blasfêmia contra o Espírito Santo não lhes
será perdoada. 32 E todo o que disser alguma
palavra contra o Filho do homem, perdoar-
-se-lhe-á. Porém o que a disser contra o Espí-
rito Santo, não se lhe perdoará, nem neste
mundo, nem no outro. 33 Ou fazei a árvore
boa, e o seu fruto bom: ou fazei a árvore má
e o seu fruto mau: pois que pelo fruto é que
a árvore se conhece. 34 Raça de víboras, co-
mo podeis falar coisas boas, sendo maus?
Porque a boca fala o de que está cheio o co-
ração. 35 O homem bom do bom tesouro tira
boas coisas: mas o homem mau do mau te-
souro tira más coisas. 36 E digo-vos, que toda
a palavra ociosa, que falarem os homens, da-
rão conta dela no dia do Juízo. 37 Porque
pelas tuas palavras serás justificado, e pelas
tuas palavras serás condenado.

O sinal do profeta Jonas

38 Então lhe tornaram alguns dos escribas,
e fariseus, dizendo: Mestre, nós quiséramos
ver-te fazer algum prodígio. 39 Ele lhes res-
pondeu, dizendo: Esta geração má, e adúlte-
ra, pede um prodígio: mas não lhe será dado
outro prodígio, senão o prodígio do profeta
Jonas. 40 Porque assim como Jonas esteve no
ventre da baleia três dias, e três noites; as-
sim estará o Filho do homem três dias, e três
noites no coração da terra. 41 Os habitantes
de Nínive se levantarão no dia do Juízo com
esta geração, e a condenarão: porque fizeram
penitência com a pregação de Jonas. E eis
aqui está neste lugar quem é mais do que
èonas. 42 A rainha do meio-dia se levantará
no dia do Juízo com esta geração, e a conde-
nará: porque veio lá das extremidades da
terra a ouvir a sabedoria de Salomão e eis
aqui está neste lugar quem é mais do que Sa-
lomão. 43 E quando o espírito imundo tem
saído de um homem, anda por lugares secos,
buscando repouso, e não o acha. 44 E então
diz: Voltarei para minha casa, donde saí. E
quando vem, a acha desocupada, varrida e
ornada. 45 Então vai e ajunta a si outros sete
espíritos piores do que ele, e entrando habi-
tam ali. E o último estado daquele homem
fica sendo pior que o primeiro. Assim também
acontecerá a esta geração péssima.

Parentes de Jesus

46 Estando ele ainda falando ao povo, eis
que se achava da parte de fora sua mãe, e
seus irmãos, que procuravam falar-lhe. 47 E
um lhe disse: Olha que tua mãe, e teus irmãos
estão ali fora, e te buscam. 48 E ele respon-
dendo ao que lhe falava, lhe disse: Quem é
minha mãe, e quem são os meus irmãos? 49 E
estendendo a mão para seus discípulos, disse:
Eis ali minha mãe, e meus irmãos. 50 Porque
todo aquele que fizer a vontade de meu Pai,
que está nos céus: esse é meu irmão, e irmã
e mãe.

Parábola do semeador

13 Naquele dia saindo Jesus de casa, sen-
tou-se à borda do mar. 2 E vieram para
ele muitas gentes, de tal sorte que entrando
em uma barca se assentou: e toda a gente es-
tava de pé na ribeira.

3 E lhe falou muitas coisas por parábolas,
dizendo:
Eis aí que saíu o que semeia, a semear. 4 E
quando semeava, uma parte da semente caiu
junto da estrada, e vieram as aves do céu, e
comeram-na. 5 Outra porém caiu em pedre-
gulho, onde não tinha muita terra: e logo
nasceu, porque não tinha altura de terra:
6 mas saindo o sol se queimou: e porque não
tinha raiz se secou. 7 Outra igualmente caiu
sobre os espinhos: e crésceram os espinhos, e
estes a afogaram. 8 Outra, enfim, caiu em boa
terra: e dava fruto, havendo grãos que rendiam
a cento por um, outros a sessenta, outros a
trinta. 9 O que tem ouvidos de ouvir ouça.

10 E chegando-se a ele os discípulos, lhe
disseram: Por que razão lhes falas tu por pa-
rábolas? 11 Ele respondendo, lhes disse: Por-
que a vós outros vos é dado saber os mistê-
rios do reino dos céus: mas a eles não lhes é
concedido. 12 Porque ao que tem, se lhe dará,
e terá em abundância: mas ao que não tem,
até o que tem lhe será tirado. 13 Por isso é
que eu lhes falo em parábolas: porque eles
vendo não vêem, e ouvindo não ouvem, nem
entendem. 14 De sorte que neles se cumpre a
profecia de Isaías, que diz: Vós ouvireis com
os ouvidos, e não vereis. 15 Porque o coração
deste povo se fez pesado, e os seus ouvidos
se fizeram tardos, e eles fecharam os seus
olhos: para não suceder que vejam com os
olhos, e ouçam com os ouvidos, e entendam
no coração, e se convertam, e eu os sare.

16 Mas por vós, ditosos os vossos olhos,
pelo que vêem, e ditosos os vossos ouvidos,
pelo que ouvem. 17 Porque em verdade vos
digo, que muitos profetas, e justos deseja-
ram ver o que vedes, e não o viram: e ouvir
o que ouvis, e não o ouviram. 18 Ouvi pois,
vós outros, a parábola do semeador. 19 Todo
aquele que ouve a palavra do reino, e não a
entende, vem o mau, e arrebata o que se se-
meou no seu coração: este é o que recebeu a
semente junto da estrada. 20 Mas o que rece-
beu a semente no pedregulho, este é o que
ouve a palavra, e logo a recebe com gosto:
21 porém ele não tem em si raiz, antes é de
pouca duração: e quando lhe sobrevém tri-
bulação e perseguição por amor da palavra,
logo se escandaliza. 22 E o que recebeu a se-
mente entre espinhos, este é o que ouve a
palavra, porém os cuidados deste mundo, e
o engano das riquezas sufocam a palavra
e fica infrutuosa. 23 E o que recebeu a se-
mente em boa terra, este é o que ouve a pala-
vra, e a entende, e dá fruto, e assim um dá
a cento, e outro a sessenta, e outro a trinta
por um.

Parábola da cizânia

24 Outra parábola lhes propôs, dizendo: O
reino dos céus é semelhante a um homem,
que semeou boa semente nos eu campo. 25 E
enquanto dormiam os homens, veio o seu
inimigo, e semeou depois cizânia no meio do
trigo, e foi-se. 26 E tendo crescido a erva e
dado fruto, apareceu também então a cizânia.
27 E chegando os servos do pai de família,
lhe disseram: Senhor, porventura não semeas-
te tu boa semente no teu campo? Pois donde
lhe veio a cizânia? 28 E ele lhes disse: O ho-
mem inimigo é que fez isto. E os servos lhe
tornaram: Queres tu que nós vamos e a ar-
ranquemos? 29 E respondeu-lhes: Não: para
que talvez não suceda que, arrancando a ci-
zânia, arranqueis juntamente com ela tam-
bém o trigo. 30 Deixai crescer uma, e outra
coisa até à ceifa, e no tempo da ceifa, direi
aos segadores: Colhei primeiramente a cizâ-
nia, e atai-a em molhos para a queimar, mas
o trigo recolhei-o no meu celeiro.

Parábola do grão de mostarda

31 Propôs-lhes mais outra parábola dizen-
do: O reino dos céus é semelhante a um grão
de mostarda, que um homem tomou, e semeou
no seu campo. 32 O qual grão é na verdade
o mais pequeno de todas as sementes: mas
depois de ter crescido, é a maior de todas as
plantas e se faz árvore, de sorte que as aves
do céu vêm a fazer ninhos nos seus ramos.

Parábola do fermento

33 Disse-lhes ainda outra parábola: O reino
dos céus é semelhante ao fermento, que uma
mulher toma, e o esconde em três medidas
de farinha, até que todo ele fica levedado.
34 Todas estas coisas disse Jesus ao povo em
parábolas: e não lhes falava sem parábolas:
35 a fim de que se cumprisse o que estava
anunciado pelo profeta, que diz: Abrirei em
parábolas a minha boca, farei dela sair com
ímpeto coisas escondidas desde a criação do
mundo.

36 Então, despedidas as gentes, veio à casa.
E chegaram-se a ele os seus discípulos, di-
zendo: Explica-nos a parábola da cizânia do
campo.

Explicação das parábolas

37 Ele lhes respondeu, dizendo: O que se-
meia a boa semente, é o Filho do homem.
38 E o campo é o mundo. A boa semente po-
rém são os filhos do reino dos céus. E a ci-
zânia são os maus filhos. 39 E o inimigo que

a semeou, é o diabo. E o tempo da ceifa é o fim do mundo. E os segadores são os anjos. 40 De maneira que assim como é colhida a cizânia, e queimada no fogo: assim acontecerá no fim do mundo. 41 Enviará o Filho do homem os seus anjos, e tirarão do seu reino todos os escândalos, e os que obram a iniqüidade: 42 e lançá-los-ão na fornalha do fogo. Ali será o choro, e o ranger com os dentes. 43 Então resplandecerão os justos, como o sol, no reino de seu pai. O que tem ouvidos de ouvir, ouça.

O tesouro escondido

44 O reino dos céus é semelhante a um tesouro escondido no campo: que quando um homem o acha, o esconde, e pelo gosto que sente de o achar, vai, e vende tudo o que tem, e compra aquele campo. 45 Assim mesmo é semelhante o reino dos céus a um homem negociante, que busca boas pérolas. 46 E tendo achado uma de grande preço, vai vender tudo o que tem, e a compra.

A rede

47 Finalmente o reino dos céus é semelhante a uma rede lançada ao mar, que toda a casta de peixes colhe. 48 E depois de estar cheia, a tiram os homens para fora, e sentados na praia escolhem os bons para os vasos e deitam fora os maus. 49 Assim será no fim do mundo: Sairão os anjos, e separarão os maus dentre os justos. 50 E lançá-los-ão na fornalha do fogo: ali será o choro, e o ranger com os dentes. 51 Tendes vós compreendido bem tudo isto? Responderam eles: Sim. 52 Ele lhes disse: Por isso todo o escriba instruido no reino dos céus, é semelhante a um pai de família, que tira do seu tesouro coisas novas e velhas.

Jesus é desprezado pelos seus conterrâneos

53 E depois que acabou de dizer estas parábolas, aconteceu partir Jesus dali. 54 E vindo para a sua pátria, ele os ensinava nas suas sinagogas de modo que se admiravam, e diziam: Donde lhe vem a este uma sabedoria como esta, e tais maravilhas? 55 Porventura não é este o filho do carpinteiro? Não se chamava sua mãe Maria, e seus irmãos Tiago, e José, e Simão, e Judas: 56 e suas irmãs não vivem elas todas entre nós? Donde vêm logo a este todas estas coisas? 57 E dele tomavam ocasião para se escandalizarem. Mas Jesus lhes disse: Não há profeta sem honra senão na sua pátria e na sua casa. 58 E não fez ali muitos milagres, por causa da incredulidade de seus naturais.

Martírio do Batista

14 Naquele tempo Herodes tetrarca ouviu a fama de Jesus. 2 E disse aos seus criados: Este é João Batista. Ele ressuscitou dentre os mortos, e por isso obram nele tantos milagres.

3 Porque Herodes tinha feito prender a João, e ligar com cadeias: e assim o meteu no cárcere, por causa de Herodíades, mulher de seu irmão. 4 Porque João lhe dizia: Não te é lícito tê-la por mulher. 5 E querendo matá-lo, temia ao povo: porque o reputavam como um profeta.

6 Mas no dia em que Herodes fazia anos, bailou a filha de Herodíades diante de todos e agradou a Herodes. 7 Por onde ele lhe prometeu com juramento, que lhe daria tudo o que lhe pedisse. 8 Mas ela, prevenida por sua mãe: Dá-me, disse, aqui em um prato a cabeça de João Batista. 9 E o rei se entristeceu: mas pelo juramento e pelos que estavam com ele à mesa, lha mandou dar. 10 E deu ordem para que fossem degolar a João no cárcere. 11 E foi trazida a sua cabeça num prato, e dada à moça, e ela a levou a sua mãe. 12 E chegando os seus discípulos, levaram o seu corpo, e o sepultaram: e foram dar a notícia a Jesus.

Primeira multiplicação dos pães

13 E quando Jesus a ouviu, se retirou dali em uma barca a um lugar deserto. E tendo ouvido isto, as gentes foram saindo das cidades a pé em seu seguimento. 14 E ao saltar em terra viu Jesus uma grande multidão de gente, e teve deles compaixão, e curou os seus enfermos. 15 E vindo a tarde, se chegaram a ele os seus discípulos, dizendo: Deserto é este lugar, e a hora é já passada. Deixa ir essa gente, para que, passando às aldeias, compre de comer. 16 E Jesus lhes disse: Não têm necessidade de se ir. Dai-lhes vós outros de comer. 17 Responderam-lhe: Não temos aqui senão cinco pães e dois peixes. 18 Jesus lhes disse: Traezi-mos cá. 19 E tendo mandado à gente que se recostasse sobre o feno, tomando os cinco pães e os dois peixes, com os olhos no céu abençoou e partiu os pães, e os deu aos discípulos, e os discípulos ao povo. 20 E comeram todos, e se saciaram. E levantaram, do que sobejou, doze cestos cheios daqueles fragmentos. 21 E o número dos que comeram foi de cinco mil homens, sem falar em mulheres e meninos.

Jesus caminha sobre as águas

22E obrigou logo Jesus a seus discípulos a que se embarcassem, e que passassem primeiro que ele à outra ribeira do lago, enquanto ele despedia a gente. 23 E logo que a despediu, subiu só a um monte a orar. E quando veio a noite, achava-se ali só. 24 E a barca no meio do mar era combatida das ondas: porque o vento era contrário. 25 Porém na quarta vigília da noite, veio Jesus ter com eles, andando sobre o mar. 26 E quando o viram andar sobre o mar, se turbaram dizendo: É pois um fantasma. E de medo começaram a gritar. 27 Mas Jesus lhes falou imediatamente, dizendo: Tende confiança, sou eu, não temais. 28 E respondendo Pedro, lhe disse: Senhor, se tu és, manda-me que vá até onde tu estás por cima das águas. 29 E ele lhe disse: Vem. E descendo Pedro a barca, ia caminhando sobre a água para chegar a Jesus. 30 Vendo, porém, que o vento era rijo, temeu, e quando se ia submergindo, gritou dizendo: Senhor, põe-me a salvo. 31 E no mesmo ponto Jesus estendendo a mão, o tomou por ela e lhe disse: Homem de pouca fé, por que duvidaste? 32 E depois que subiram à barca, cessou o vento. 33 Então vieram os que estavam na barca, e o adoraram, dizendo: Verdadeiramente tu és Filho de Deus.

Milagres em Genesar

34 E tendo passado à outra banda, vieram para a terra de Genesar. 35 E depois de o terem reconhecido os naturais daquele lugar, mandaram por todo aquele país circunvizinho, e lhe apresentaram todos quantos padeciam algum mal: 36 e lhe rogavam que os deixasse tocar sequer a orla do seu vestido. E todos os que o tocaram, ficaram sãos.

A tradição dos antigos

15 Então chegaram a ele uns escribas, e fariseus de Jerusalém, dizendo: 2 Por que violam os teus discípulos a tradição dos antigos? pois não lavam as suas mãos, quando comem pão. 3 E ele, respondendo, lhes disse: E vós também por que transgredis o mandamento de Deus pela vossa tradição? Porque Deus disse: 4 Honra a teu pai, e a tua mãe: e o que amaldiçoar a seu pai, ou a sua mãe, morra de morte. 5 Porém vós outros dizeis: Qualquer que disser a seu pai, ou a sua mãe, toda a oferta que eu faça a Deus, te aproveitará a ti. 6 Pois é certo que o tal não honrará a seu pai, ou a sua mãe. Assim é que vós tendes feito vão o mandamento de Deus pela vossa tradição. 7 Hipócritas, bem profetizou de vós outros Isaías, quando diz: 8 Este povo honra-me com os lábios: mas o seu coração está longe de mim. 9 Em vão pois me honram, ensinando doutrinas e mandamentos, que vêm dos homens.

10 E chamando a si as turbas, lhes disse: Ouvi, e entendei. 11 Não é o que entra pela boca, o que faz imundo o homem: mas o que sai da boca, isso é o que faz imundo o homem. 12 Então chegando-se a ele seus discípulos, lhe disseram: Sabes que os fariseus, depois que ouviram o que disseste, ficaram escandalizados? 13 Mas ele, respondendo, lhes disse: Toda a planta que meu Pai celestial não plantou, será arrancada pela raiz. 14 Deixai-os! Cegos são e condutores de cegos: e se um cego guia a outro cego, ambos vêm a cair no barranco. 15 E respondendo, Pedro lhe disse: Explica-nos essa parábola. 16 E respondeu Jesus: Também vós outros estais ainda sem inteligência? 17 Não compreendeis que tudo o que entra pela boca, desce ao ventre, e se lança depois num lugar escuso? 18 Mas as coisas que saem da boca vêm do coração, e essas são as que fazem o homem imundo: 19 porque do coração é que saem os maus pensamentos, os homicídios, os adultérios, as fornicações, os furtos, e os falsos testemunhos, as blasfêmias. 20 Estas coisas são as que fazem imundo o homem. O comer porém com as mãos por lavar, isto não faz imundo o homem.

A cananéia

21 E tendo saido daquele lugar, retirou-se Jesus para as partes de Tiro, e de Sidônia. 22 E eis que uma mulher cananéia, que tinha saido daqueles confins, gritou, dizendo-lhe: Senhor, filho de Davi, tem compaixão de mim: que está minha filha miseravelmente atormentada do demônio. 23 Mas ele não lhe respondeu palavra. E chegando-se seus discípulos, lhe pediam, dizendo: Despede-a: porque vem gritando atrás de nós. 24 E ele respondendo lhes disse: Eu não fui enviado senão às ovelhas que pereceram da casa de Israel. 25 Mas ela veio, e o adorou, dizendo: Senhor, valei-me. 26 Ele respondendo lhe disse: Não é bom tomar o pão dos filhos, e lançá-lo aos cães. 27 E ela replicou: Assim é, Senhor. Mas também os cachorrinhos comem das migalhas, que caem da mesa dos seus donos. 28 Então respondendo Jesus, lhe disse: Ó mulher, grande é a tua fé. Faça-se contigo como queres. E desde aquela hora ficou sã a sua filha.

Segunda multiplicação dos pães

29 E tendo Jesus saído dali, veio ao longo do mar de Galiléia: e subindo a um monte se

assentou ali. 30 Então concorreu a ele uma
grande multidão de povo que trazia consigo
mudos, cegos, coxos, enfermos e outros mui-
tos: e lançaram-se a seus pés, e ele os sarou.
31 De sorte que se admiravam as gentes, ven-
do falar os mudos, andar os coxos, ver os ce-
gos. E engrandeciam por isso ao Deus de
Israel.

32 Mas Jesus chamando a seus discípulos,
disse: Tenho compaixão destas gentes, porque
há já três dias que perseveram comigo, e não
têm que comer: e não quero despedí-los em
jejum, por que não desfaleçam no caminho.
33 E os discípulos lhe disseram: Como pode-
remos nós pois achar neste deserto tantos
pães, que fartemos tão grande multidão de
gente? 34 E jesus lhes perguntou: Quantos
pães tendes vós? E eles responderam: Sete, e
uns poucos de peixinhos. 35 Mandou ele en-
tão à gente que se recostasse sobre a terra.
36 E tomando os sete pães e os peixes, e dan-
do graças, os partiu, e deu aos seus discípulos,
e os discípulos os deram ao povo. 37 E come-
ram todos e se fartaram. E dos fragmentos
que sobejaram, levantaram sete alcofas cheias.
38 E os que comeram foram quatro mil ho-
mens, fora meninos e mulheres. 39 E despe-
dida a gente entrou Jesus em uma barca, e
passou os limites de Magedan.

O fermento dos fariseus e dos saduceus

16 Então se chegaram a Jesus os fariseus e
saduceus para o tentarem: e pediram-lhe
que lhes fizesse ver algum prodígio do céu.
2 Mas ele, respondendo, lhes disse: Vós, quan-
do vai chegando a noite, dizeis: Haverá tem-
po sereno, porque está o céu rubicundo. 3 E
quando é de manhã: Hoje haverá tormenta,
porque o céu mostra um avermelhado triste.
4 Sabeis logo conhecer que coisa prognostica
o aspecto do céu: e não podeis conhecer os
sinais dos tempos? Esta geração perversa e
adúltera pede um prodígio: e não se lhe dará
outro prodígio, senão o prodígio do profeta
Jonas. E deixando-os ali, se retirou.

5 Ora, seus discípulos, tendo passado à ban-
da dalém do estreito, esqueceu-lhes trazer pão.
6 Jesus lhes disse: Vede, e guardai-vos do fer-
mento dos fariseus e dos saduceus. 7 Mas eles
discorriam lá entre si, dizendo: É que não
trouxemos pão. 8 E entendendo-os Jesus, dis-
se-lhes: Homens de pouca fé, por que estais
considerando lá convosco, que não tendes
pão? 9 Ainda não compreendeis, nem vos lem-
brais dos cinco pães para cinco mil homens,
e quantos foram os cestos que tomastes?
10 Nem dos sete pães para quatro mil homens,
e quantas alcofas recolhestes? 11 Por que não
compreendeis que não é pelo pão que eu vos
disse: Guardai-vos do fermento dos fariseus,
e dos saduceus? 12 Então entenderam que
não havia dito que se guardassem do fermen-
to dos pães, senão da doutrina dos fariseus, e
dos saduceus.

Confissão de Pedro

13 E veio Jesus para as partes de Cesaréia
de Filipe: e fez a seus discípulos esta pergun-
ta, dizendo: Quem dizem os homens que é o
Filho do homem? 14 E eles responderam:
Uns dizem que João Batista, mas outros que
Elias, e outros que Jeremias, ou algum dos
profetas. 15 Disse-lhes Jesus: E vós quem di-
zeis que sou eu? 16 Respondendo Simão Pe-
dro, disse: Tu és o Cristo, o Filho de Deus
vivo. 17 E respondendo Jesus, lhe disse: Bem-
-aventurado és Simão, filho de João: porque
não foi a carne e sangue quem to revelou, mas
sim meu Pai que está nos céus. 18 Também
eu te digo que tu és Pedro, e sobre esta pedra
edificarei a minha igreja, e as portas do in-
ferno não prevalecerão contra ela. 19 E eu te
darei as chaves do reino dos céus. E tudo o
que ligares sobre a terra, será ligado também
nos céus; e tudo o que desatares sobre a terra,
será desatado também nos céus. 20 Então
mandou a seus discípulos que a ninguém dis-
sessem que ele era Jesus Cristo.

Primeiro anúncio da Paixão

21 Desde então começou Jesus a declarar a
seus discípulos que convinha ir ele a Jerusa-
lém, e padecer muitas coisas dos anciãos, dos
escribas, e dos príncipes dos sacerdote, e ser
morto e ressuscitar ao terceiro dia. 22 E to-
mando-o Pedro de parte, começou a increpá-
-lo, dizendo: Deus tal não permita, Senhor;
não sucederá isto contigo. 23 Ele voltando-se
para Pedro lhe disse: Tira-te de diante de
mim, Satanás, que me serves de escândalo!
Porque não tens gosto das coisas que são de
Deus, mas das que são dos homens.

Abnegação cristã

24 Então disse Jesus aos seus discípulos:
Se algum quer vir após de mim, negue-se a si
mesmo, e tome a sua cruz, e siga-me. 25 Por-
que o que quiser salvar a sua alma, perdê-la-á,
e o que perder a sua alma por amor de mim,
achá-la-á. 26 Porque, de que aproveita ao ho-
mem ganhar todo o mundo, se vier a perder a
sua alma? Ou que comutação fará o homem

para recobrar a sua alma? 27 Porque o Filho
do homem há de vir na glória de seu pai com
os seus anjos: e então dará a cada um apaga,
segundo as suas obras. 28 Em verdade vos
afirmo, que dos que aqui estão, há alguns que
não hão de gostar a morte, antes que vejam
vir o Filho do homem na glória do seu reino.

A Transfiguração

17 E seis dias depois toma Jesus consigo a
Pedro, e a Tiago, e a João, seu irmão, e
os leva à parte a um alto monte. 2 E transfi-
gurou-se diante deles. E o seu rosto ficou re-
fulgente como o sol: e as suas vestiduras se
fizeram brancas como a neve. 3 E eis que lhes
apareceram Moisés e Elias, falando com ele.
4 E começando a falar Pedro, disse a Jesus:
Senhor, bom é que nós estejamos aqui. Se
queres, façamos aqui três tabernáculos, um
para ti, outro para Moisés, e outro para Elias.
5 Estando ele ainda falando, eis que uma lú-
dica nuvem os cobriu. E eis que saiu uma voz
da nuvem que dizia: Este é aquele meu queri-
do Filho, em quem tenho posto toda a minha
complacência. Ouvi-o. 6 E ouvindo isto os dis-
cípulos cairam de bruços e tiveram grande
medo. 7 Porém Jesus se chegou a eles, e to-
cou-os, e disse-lhes: Levantai-vos e não temais.
8 Eles então levantando os seus olhos, não vi-
ram mais do que tão somente a Jesus. 9 E
quando eles desciam do monte, lhes pôs Jesus
preceito, dizendo: Não digais a pessoa algu-
ma o que vistes, enquanto o Filho do homem
não ressurgir dos mortos. 10 E os seus discí-
pulos lhe perguntaram, dizendo: Pois por que
dizem os escribas que importava vir Elias pri-
meiro? 11 Mas ele, respondendo, lhes disse:
Elias certamente há de vir, e restabelecerá to-
das as coisas. 12 Digo-vos porém que Elias já
veio, e eles não o conheceram, antes fizeram
dele quanto quiseram. Assim também o Filho
do homem há de parecer às suas mãos. 13 En-
tão conheceram os discípulos, que de João Ba-
tista é que ele lhes falara.

O lunático

14 E depois que veio para onde estava a
gente, chegou a ele um homem, que, posto de
joelhos diante dele, lhe dizia: Senhor, tem
compaixão de meu filho, que é lunático e pa-
dece muito, porque muitas vezes cai no fogo,
e muitas vezes na água. 15 E tenho-o apre-
sentado a teus discípulos e eles o não pude-
ram curar. 16 E respondendo Jesus, disse: Ó
geração incrédula e perversa, até quando hei
de estar convosco? Até quando vos hei de so-
frer? Trazei-mo cá. 17 E Jesus o ameaçou, e
saiu dele o demônio, e desde aquela hora fi-
cou o moço curado. 18 Então se chegaram os
discípulos a Jesus em particular, e lhe dis-
seram: Por que não pudemos nós lançá-lo fo-
ra? 19 Jesus lhes disse: Por causa da vossa
pouca fé. Porque na verdade vos digo, que se
tiverdes fé, como um grão de mostarda, direis
a este monte, passa daqui para acolá, e ele
há de passar, e nada vos será impossível.
20 Mas esta casta de demônios não se lança
fora, senão à força de oração e de jejum.

Segundo anúncio da Paixão

21 E achando-se eles juntos em Galiléia, dis-
se-lhes Jesus: O Filho do homem será entregue
à mãos dos homens. 22 E estes lhe darão a
morte, e ressuscitará ao terceiro dia. E eles
se entristeceram em extremo. 23 E tendo vin-
do para Cafarnaum, chegaram-se a Pedro os
que cobravam o tributo das duas dracmas e
disseram-lhe: Vosso mestre não paga as duas
dracmas?

Jesus paga o tributo do templo

24 Ele lhes respondeu: Paga. E depois que
entrou em casa, Jesus o preveniu, dizendo:
Que te parece, Simão? De quem recebem os
reis da terra o tributo, ou censo? de seus fi-
lhos, ou dos estranhos? 25 E Pedro lhe res-
pondeu. Dos estranhos. Disse-lhe Jesus: Logo
são isentos os filhos. 26 Mas para que os não
escandalizemos, vai ao mar, e lança o anzol:
e o primeiro peixe que subir, toma-o: e abrin-
do-lhe a boca, acharás dentro um estáter. Ti-
ra-o, e dá-lho por mim e por ti.

O maior no reino dos céus

18 Naquela hora chegaram-se a Jesus os dis-
cípulos, dizendo: Quem julgas tu que é
maior no reino dos céus? 2 E chamando Jesus
a um menino, a pôs no meio deles, 3 e disse:
Na verdade vos digo que se vos não conver-
terdes, e vos não fizerdes como meninos, não
haveis de entrar no reino dos céus. 4 Todo
aquele pois que se fizer pequeno, como este
menino, esse será o maior no reino dos céus.
5 E o que receber em meu nome um menino
tal como este, a mim é que recebe.

Escândalo

6 O que escandalizar porém a um destes pe-
queninos, que crêem em mim, melhor lhe fo-
ra que se lhe pendurasse ao pescoço uma mó
de moinho, e que o lançassem no fundo do

mar. 7 Ai do mundo por causa dos escândalos! Porque é necessário que sucedam escândalos: mas ai daquele homem, por quem vem o escândalo! 8 Ora se a tua mão, ou o teu pé te escandaliza: corta-o, e lança-o fora de ti: melhor te é entrar na vida manco, ou aleijado, do que tendo duas mãos, ou dois pés, ser lançado no fogo eterno. 9 E se o teu olho te escandaliza, tira-o, e lança-o fora de ti: melhor te é entrar na vida com um só olho, do que tendo dois, ser lançado no fogo do inferno. 10 Vede não desprezeis algum destes pequeninos: porque eu vos declaro que os seus anjos nos céus incessantemente estão vendo a face de meu Pai que está nos céus.

Ovelha desgarrada

11 Porque o Filho do homem veio a salvar o que havia perecido. 12 Que vos parece? Se tiver alguém cem ovelhas, e se desgarrar uma delas: porventura não deixa as noventa e nove nos montes, e vai a buscar aquela que se extraviou? 13 E se acontecer achá-la: digo-vos em verdade, que maior contentamento recebe ele por esta, do que pelas noventa e nove, que não se extraviaram. 14 Assim não é a vontade do vosso Pai, que está nos céus, que pereça um destes pequeninos.

Correção fraterna

15 Portanto se teu irmão pecar contra ti, vai e corrige-o entre ti e ele só; se te ouvir, ganhado terás a teu irmão: 16 mas se te não ouvir, toma ainda contigo uma ou duas pessoas, para que por boca de duas ou três testemunhas fique tudo confirmado. 17 E se os não ouvir, dize-o à Igreja, e se não ouvir a Igreja, tem-no por um gentio, ou um publicano. 18 Em verdade vos digo, que tudo o que vós ligardes sobre a terra, será ligado também no céu: e tudo o que vós desatardes sobre a terra, será desatado também no céu. 19 Ainda vos digo mais, que se dois de vós se unirem entre si sobre a terra, seja qual for a coisa que eles pedirem, meu Pai, que está nos céus, lha fará. 20 Porque onde se acham dois ou três congregados em meu nome, aí estou eu no meio deles.

Perdão das injúrias

21 Então chegando-se Pedro a ele, perguntou: Senhor, quantas vezes poderá pecar meu irmão contra mim, que eu lhe perdoe? será até sete vezes? 22 Respondeu-lhe Jesus: Não te digo que até sete vezes, mas que até setenta vezes sete vezes. 23 Por isso o reino dos céus é comparado a um homem rei, que quis tomar contas aos seus servos. 24 E tendo começado a tomar as contas, apresentou-se-lhes um, que lhe devia dez mil talentos. 25 E como não tivesse com que pagar, mandou o seu senhor que o vendessem a ele, e a sua mulher, e a seus filhos, e tudo o que tinha, para ficar pago da dívida. 26 Porém o tal servo lançando-se-lhe aos pés, lhe fazia esta súplica, dizendo: Tem paciência comigo, que eu te pagarei tudo. 27 Então o senhor compadecido daquele servo, deixou-o ir livre, e perdoou-lhe a dívida. 28 E tendo saído este servo, encontrou um de seus companheiros, que lhe devia cem dinheiros: e lançando-lhe a mão o afogava, dizendo: Paga-me o que me deves. 29 E o companheiro lançando-se-lhe aos pés o rogava, dizendo: Tem paciência comigo que eu te satisfarei tudo. 30 Porém ele não quis: mas retirou-se, e fez que o metessem na cadeia, até pagar a dívida. 31 Porém os outros servos seus companheiros, vendo o que se passava, sentiram-no tão fortemente, e foram dar parte a seu senhor de tudo o que tinha acontecido. 32 Então o chamou o seu senhor, e lhe disse: Servo mau, eu perdoei-te a dívida toda porque me vieste rogar para isso. 33 Não devias tu logo compadecer-te igualmente do teu companheiro, assim como também eu me compadeci de ti? 34 E cheio de cólera mandou seu senhor que o entregassem aos algozes, até pagar toda a dívida. 35 Assim também vos há de fazer meu Pai celestial, se não perdoades do íntimo de vossos corações, cada um a seu irmão.

V. MINISTÉRIO DE JESUS NA JUDÉIA

A caminho da Judéia

19 E aconteceu que tendo Jesus acabado estes discursos, partiu de Galiléia, e veio para os confins da Judéia, além do Jordão. 2 E seguiram-no muitas gentes, e curou ali os enfermos.

Indissolubilidade do matrimônio e celibato

3 E chegaram-se a ele os fariseus tentando-o, e dizendo: É porventura lícito a um homem repudiar a sua mulher, por qualquer coisa? 4 Ele respondendo, lhes disse: Não tendes lido que quem criou o homem desde o prín-

cipio, fê-los macho, e femea, e disse: 5 Por
isso deixará o homem pai e mãe, e ajuntar-
-se-á com sua mulher, e serão dois numa só
carne? 6 Assim que já não são dois, mas uma
só carne. Não separe logo o homem o que
Deus ajuntou.

7 Replicaram-lhe eles: Pois por que mandou
Moisés dar o homem a sua mulher carta de
desquite, e repudiá-la? 8 Respondeu-lhes: Por-
que Moisés, pela dureza de vossos corações,
vos permitiu repudiar a vossas mulheres: mas
ao princípio não foi assim. 9 Eu pois vos de-
claro que todo aquele que repudiar sua mu-
lher, se não é por causa de adultério, e casar
com outra, comete adultério: e o que se casar
com a que outro repudiou, comete adultério.

10 Disseram-lhe seus discípulos: Se tal é a
condição de um homem a respeito de sua mu-
lher, não convém casar-se. 11 Ao que ele res-
pondeu: Nem todos são capazes desta resolu-
ção, mas somente aqueles a quem isto foi
dado. 12 Porque há uns castrados, que nas-
ceram assim do ventre de sua mãe; e há ou-
tros castrados, a quem outros homens fize-
ram tais: e há outros castrados que a si mes-
mos se castraram por amor do reino dos céus.
O que é capaz de compreender isto, compre-
enda-o.

Jesus abençoa as crianças

13 Então lhe foram apresentados vários me-
ninos, para lhes impor as mãos e fazer ora-
ção por eles. E os discípulos os repeliam com
palavras ásperas. 14 Mas Jesus lhes disse:
Deixai os meninos e não embaraceis que eles
venham a mim, porque destes tais é o reino
dos céus. 15 E depois que lhes impôs as mãos,
partiu dali.

O jovem rico

16 E eis que chegando-se a ele um, lhe dis-
se: Bom Mestre, que obras boas devo eu fa-
zer para alcançar a vida eterna? 17 Jesus lhe
respondeu: Porque me perguntas tu o que é
bom? Bom só Deus o é. Porém se tu queres
entrar na vida, guarda os mandamentos.
18 Ele lhe perguntou: Quais? e Jesus lhe dis-
se: Não cometerás homicídio. Não adultera-
rás. Não cometerás furto. Não dirás falso tes-
temunho. 19 Honra teu pai e a tua mãe, e
amarás ao teu próximo como a ti mesmo.
20 O mancebo lhe disse: Eu tenho guardado
tudo isso desde a minha mocidade; que é o
que me falta ainda? 21 Jesus lhe respondeu:
Se queres ser perfeito, vai, vende o que tens,
e dá-o aos pobres, e terás um tesouro no céu:
depois vem, e segue-me. 22 O mancebo po-
rém, como ouviu esta palavra, retirou-se tris-
te, porque tinha muitos bens. 23 E Jesus disse
a seus discípulos: Em verdade vos digo, que
um rico dificultosamente entrará no reino dos
céus. 24 Ainda vos digo mais: Que mais fácil
é passar um camelo pelo fundo duma agulha,
do que entrar um rico no reino dos céus.
25 Ora, os discípulos, ouvidas estas palavras,
conceberam grande espanto, dizendo: Quem
poderá logo salvar-se? 26 Porém Jesus olhan-
do para eles, disse: Aos homens é isto impos-
sível: mas a Deus tudo é possível.

Prêmios dos que tudo deixam por Cristo

27 Então respondendo Pedro, lhe disse: Eis
aqui estamos nós que deixamos tudo e te se-
guimos. Que galardão pois será o nosso? 28 E
Jesus lhes disse: Em verdade vos afirmo que
vós, quando no dia da regeneração estiver o
Filho do homem sentado no trono da sua gló-
ria, vós, torno a dizer, que me seguistes, tam-
bém estareis sentados sobre doze tronos, e
julgareis as doze tribos de Israel. 29 E todo o
que deixar por amor do meu nome a casa, ou
os irmãos, ou as irmãs, ou o pai, ou a mãe,
ou a mulher, ou os filhos, ou as fazendas,
receberá cento por um, e possuirá a vida eter-
na. 30 Porém muitos primeiros virão a ser os
últimos, e muitos últimos virão a ser os pri-
meiros.

Os trabalhadores da vinha

20 O reino dos céus é semelhante a um ho-
mem pai de família, que ao romper da
manhã saiu a assalariar trabalhadores para a
sua vinha. 2 E feito com os trabalhadores o
ajuste de um dinheiro por dia, mandou-os
para a sua vinha. 3 E tendo saido junto da
terceira hora, viu estarem outros na praça,
ociosos. 4 E disse-lhes: Ide vós também para
a minha vinha, e dar-vos-ei o que for justo.
5 E eles foram. Saiu portanto outra vez junto
da hora sexta, e junto da nona: e fez o mes-
mo. 6 E junto da undécima tornou a sair, e
achou outros que já estavam, e lhes disse:
Por que estais vós aqui todo o dia ociosos?
7 Responderam-lhe eles: Porque ninguém nos
assalariou. Ele lhes disse: Ide vós também pa-
ra a minha vinha.

8 Porém lá no fim da tarde disse o senhor
da vinha ao seu mordomo: Chama os traba-
lhadores, e paga-lhes o jornal, começando pe-
los últimos, e acabando nos primeiros. 9 Ten-
do chegado pois os que foram junto da hora
undécima, recebeu cada um seu dinheiro. 10 E
chegando também os que tinham ido primei-
ros, julgaram que haviam de receber mais:
porém estes também não receberam mais do

que um dinheiro cada um. 11 E ao recebê-lo, murmuravam contra o pai de família, 12 dizendo: Estes que vieram últimos, não trabalharam senão uma hora, e tudo os igualaste conosco, que aturamos o peso do dia, e da calma. 13 Porém ele respondendo a um deles, lhe disse: Amigo, eu não te faço agravo; não convieste tu comigo num dinheiro? 14 Toma o que te pertence, e vai-te: que eu de mim quero dar também a este último tanto como a ti. 15 Visto isso não me é lícito fazer o que quero? Acaso o teu olho é mau, porque eu sou bom? 16 Assim serão últimos os primeiros, e primeiros os últimos. Porque são muitos os chamados, e poucos os escolhidos.

Terceiro anúncio da paixão

17 E subindo Jesus a Jerusalém, tomou de parte os seus doze discípulos, e disse-lhes: 18 Eis aqui vamos para Jerusalém, e o Filho do homem será entregue aos príncipes dos sacerdotes, e aos escribas, que o condenarão à morte. 19 E entregá-lo-ão aos gentios para ser escarnecido, e crucificado, mas ao terceiro dia ressurgirá.

Os filhos de Zebedeu

20 Então se chegou a ele a mãe dos filhos de Zebedeu com seus filhos, adorando-o e pedindo-lhe alguma cousa. 21 Ele lhe disse: Que queres? Respondeu ela: Dize que estes meus dois filhos se assentem no teu reino, um à tua direita, e outro à tua esquerda. 22 E respondendo Jesus, disse: Não sabeis o que pedis. Podeis vós beber o cálice que eu hei de beber? Disseram-lhe eles: Podemos. 23 Ele lhes disse: É verdade que vós haveis de beber o meu cálice. Mas pelo que toca a terdes assento à minha mão direita, ou à esquerda, não me pertence a mim o dar-vo-lo, mas isso é para aqueles para quem está preparado por meu Pai. 24 E quando os dez ouviram isto, indignaram-se contra os dois irmãos. 25 Mas Jesus os chamou a si, e lhes disse: Sabeis que os prínicipes das gentes dominam os seus vasalos: e que os que são maiores exercitam o seu poder sobre eles. 26 Não será assim entre vós outros. Mas entre vós todo o que quiser ser o maior, esse seja o que vos sirva: 27 e o que entre vós quiser ser o primeiro, esse seja o vosso servo. 28 Assim como o Filho do homem não veio para ser servido, mas para servir, e para dar sua vida em redenção por muitos.

Os cegos de Jericó

29 E saindo eles de Jericó, seguiu a Jesus muita gente. 30 E eis que dois cegos que estavam sentados junto à estrada, ouviram que Jesus passava: e gritaram, dizendo: Senhor, filho de Davi, tem compaixão de nós. 31 E repreendia-os a gente que se calassem. Porém eles cada vez gritavam mais, dizendo: Senhor, filho de Davi, tem compaixão de nós. 32 Então parou Jesus, e chamou-os, e disse: Que quereis que vos faça? 33 Responderam eles: Que se nos abram, Senhor, os nossos olhos. 34 E Jesus compadecido deles, lhes tocou os olhos. E no mesmo instante viram, e o foram seguindo.

Entrada do Messias em Jerusalém

21 Como eles pois se avizinharam a Jerusalém, e chegaram a Betfagé, ao monte das Oliveiras, enviou então Jesus dois de seus discípulos, 2 dizendo-lhes: Ide a essa aldeia, que está defronte de vós e logo achareis presa uma jumenta e um jumentinho com ela: Desprendei-a, trazei-mos. 3 E se alguém vos disser alguma coisa, respondei-lhe que o Senhor os há de mister: e logo vo-los deixará trazer. 4 E isto tudo sucedeu para que se cumprisse o que tinha sido anunciado pelo profeta, que diz: 5 Dizei à filha de Sião: Eis aí o teu rei, que vem a ti cheio de doçura, montado sobre uma jumenta, e sobre um jumentinho, filho do que está debaixo do jugo. 6 E indo os discípulos, fizeram como Jesus lhes ordenara. 7 E trouxeram a jumenta e o jumentinho, e cobriram-nos com os seus vestidos, e fizeram-no montar em cima. 8 Então da gente do povo, que era muita, uns estendiam no caminho os seus vestidos, e outros cortavam ramos de árvores, e juncavam com eles a passagem. 9 E tanto as gentes que iam adiante, como as que iam atrás, gritavam, dizendo: Hosana ao filho de Davi! Bendito o que vem em nome do Senhor! Hosana nas maiores alturas!

10 E quando entrou em Jerusalém, se alterou toda a cidade dizendo: Quem é este? 11 E os povos diziam: Este é Jesus o profeta de Nazaré de Galiléia.

Expulsão dos vendilhões no Templo

12 E entrou Jesus no Templo de Deus, e lançava fora todos os que vendiam e compravam no Templo; e pôs por terra as mesas dos banqueiros, e as cadeiras dos que vendiam pombas: 13 e lhes disse: Escrito está: A minha casa será chamada casa de oração: mas vós a tendes feito covil de ladrões. 14 E chegaram-se a ele cegos, e coxos no Templo: e os sarou. 15 E quando os príncipes dos sacerdotes, e os escribas viram as maravilhas que ele tinha feito e os meninos no Templo gritando e di-

zendo: Hosana ao filho de Davi, se indignaram. 16 E lhe disseram: Ouves o que dizem estes? E Jesus lhes respondeu: Sim. Nunca lestes: que da boca dos meninos, e dos que mamam, tiraste o perfeito louvor? 17 E tendo-os deixado, retirou-se Jesus para fora da cidade passando a Betânia, e ali ficou.

Maldição da figueira

18 Màs pela manhã quando voltava para a cidade teve fome. 19 E vendo uma figueira junto do caminho, se chegou a ela: e não achou nela senão unicamente folhas, e lhe disse: Nunca jamais nasça fruto de ti. E no mesmo ponto se secou a figueira. 20 E vendo isto os discípulos, se admiraram, dizendo: Como se secou para logo? 21 E respondendo Jesus, lhes disse: Na verdade vos digo que, se tiverdes fé, e não duvidardes, não só fareis o que eu acabo de fazer à figueira, mas ainda se disserdes a este monte, tira-te, e lança-te no mar, assim se fará. 22 E todas as coisas que pedirdes, fazendo oração com fé, haveis de conseguir.

Autoridade do Messias

23 E tendo ido ao Templo, os príncipes dos sacerdotes, e os anciãos do povo se chegaram a ele quando estava ensinando, e lhe disseram: Com que autoridade fazes estas coisas? E quem te deu este poder?

24 Respondendo Jesus, lhes disse: Também eu tenho que vos fazer uma pergunta; se me responderdes a ela, então eu vos direi com que autoridade faço estas coisas. 25 Donde era o batismo de João? Do céu, ou dos homens? Mas eles faziam entre si este discurso, dizendo: 26 Se nós lhe dissermos que do céu, dir-nos-á ele: Pois por que não crestes nele? E se lhe dissermos que dos homens, tememos as gentes, porque todos tinham a João na conta dum profeta. 27 E respondendo a Jesus, disseram: Não o sabemos. Disse-lhes também ele: Pois nem eu vos digo com que poder faço estas coisas.

Os dois filhos

28 Mas que vos parece? Um homem tinha dois filhos e chegando ao primeiro lhe disse: Filho, vai hoje, trabalha na minha vinha. 29 E respondendo ele, lhe disse: Não quero. Mas depois tocado de arrependimento, foi. 30 E chegando ao outro, lhe disse do mesmo modo. E respondendo, ele disse: Eu vou, Senhor, e não foi. 31 Qual dos dois fez a vontade do pai? Responderam eles: O primeiro. Jesus lhes disse: Na verdade vos digo, que os publicanos e as meretrizes vos levarão a dianteira para o reino de Deus. 32 Porque veio João a vós no caminho da justiça, e não o crestes, e os publicanos, e as prostitutas o creram, e vós outros, vendo isto, nem ainda fizestes penitência depois, para o crerdes.

Os vinhateiros homicidas

33 Ouvi outra parábola: Era um homem pai de família, que plantou uma vinha, e a cercou com uma sebe, e cavando fez nela um lagar, e edificou uma torre e depois a arrendou a uns lavradores, e ausentou-se para longe. 34 E estando próximo o tempo dos frutos, enviou os seus servos aos lavradores, para receberem os seus frutos. 35 Mas os lavradores, lançando a mão aos servo dele, feriram um, mataram outro, e a outro apedrejaram. 36 Enviou ainda outro servos em maior número, do que os primeiros, e fizeram-lhes o mesmo. 37 E por último enviou-lhes seu filho, dizendo: Hão de ter respeito a meu filho. 38 Porém os lavradores vendo o filho, disseram entre si: Este é o herdeiro, vinde, matemo-lo, e ficaremos senhores da sua herança. 39 E lançando-lhe as mãos, puseram-no fora da vinha e mataram-no. 40 Quando pois vier o senhor da vinha, que fará ele àqueles lavradores? 41 Responderam-lhe: Aos maus destruirá rigorosamente: e arrendará a sua vinha a outros lavradores que lhe paguem o fruto a seus tempos devidos. 42 Jesus lhes disse: Nunca lestes nas Escrituras: A pedra que fora rejeitada pelos que edificavam, essa tornou-se o vértice do ângulo? Pelo Senhor foi feito isto, e é coisa maravilhosa nos nossos olhos.

43 Por isso é que eu vos declaro, que tirado vos será o reino de Deus, e será dado a um povo que faça os frutos dele. 44 O que cair sobre esta pedra far-se-á em pedaços: e aquele sobre que esta pedra cair, ficará esmagado. 45 E os príncipes dos sacerdotes, e os fariseus, depois de ouvirem as suas parábolas, conheceram que deles é que falava Jesus. 46 E quando procuravam prendê-lo, tiveram medo do povo, porque este o tinha na estimação de um profeta.

Parábola do banquete nupcial

22 E respondendo Jesus, lhes tornou a falar segunda vez em parábolas, dizendo: 2 O reino dos céus é semelhante a um homem rei, que fez as bodas a seu filho. 3 E mandou os seus servos a chamar os convidados para as bodas, mas eles recusaram ir. 4 Enviou de novo outros servos, com este recado: Dizei aos convidados: Eis aqui tenho preparadó o meu

banquete, os meus touros, e os animais cevados estão já mortos, e tudo pronto, vinde às bodas. 5 Mas eles desprezaram o convite: e se foram, um para a sua casa de campo, e outro para o seu tráfico. 6 Outros porém lançaram mão dos servos que ele enviara, e depois de os haverem ultrajado, os mataram. 7 Mas o rei tendo ouvido isto, se irou: e tendo feito marchar os seus exércitos, acabou com aqueles homicidas, e pôs fogo à sua cidade. 8 Então disse aos seus servos: Às bodas com efeito estão preparadas, mas os que estavam convidados não foram dignos de se acharem no banquete. 9 Ide pois às saídas das ruas, e a quantos achardes, convidai-os para as bodas. 10 E tendo saido os seus servos pelas ruas, congregaram todos os que acharam, maus e bons: e ficou cheia de convidados a sala do banquete das bodas. 11 Entrou depois o rei para ver os que estavam à mesa, e viu ali um homem que não estava vestido com veste nupcial. 12 E disse-lhe: Amigo, como entraste aqui, não tendo vestido nupcial? Mas ele emudeceu. 13 Então disse o rei aos seus ministros: Atai-o de pés e mãos, e lançai-o nas trevas exteriores. Aí haverá choro e ranger dos dentes. 14 Porque são muitos os chamados e poucos os escolhidos.

O tributo devido a César

15 Então retirando-se os fariseus, consultaram entre si como o surpreenderiam no que falasse. 16 E enviaram-lhe seus discípulos juntamente com os herodianos, que lhe disseram: Mestre, nós sabemos que és verdadeiro, e que ensinas o caminho de Deus pela verdade, e não se te dá de ninguém: porque não fazes acepção de pessoas. 17 Dize-nos pois qual é o teu sentimento: É lícito dar o tributo a Cesar, ou não? 18 Porém Jesus conhecendo a sua malícia, disse-lhes: Por que me tentais, hipócritas? 19 Mostrai-me cá a moeda do censo. E eles lhe apresentaram um dinheiro. 20 E Jesus lhes disse: De quem é esta imagem e inscrição? 21 Responderam-lhe eles: De Cesar. Então lhes disse Jesus: Pois dai a Cesar o que é de Cesar, e a Deus o que é de Deus. 22 E quando isto ouviram se admiraram, e deixando-o se retiraram.

Os saduceus e a ressurreição

23 Naquele dia vieram a ele os saduceus, que dizem não haver ressurreição: e lhe fizeram esta pergunta, 24 dizendo: Mestre, Moisés disse: que se morrer algum que não tenha filho, seu irmão se case com sua mulher, e dê sucessão a seu irmão. 25 Ora entre nós havia sete irmãos. Depois de casado faleceu o primeiro: e porque não teve filho, deixou sua mulher a seu irmão. 26 O mesmo sucedeu ao segundo, ao terceiro, até ao sétimo. 27 E ultimamente, depois de todos, faleceu também a mulher. 28 A qual dos sete logo pertencerá a mulher na ressurreição? Porque todos foram casados com ela. 29 E respondendo Jesus, lhes disse: Errais não sabendo as Escrituras, nem o poder de Deus. 30 Porque depois da ressureição, nem as mulheres terão maridos, nem os maridos mulheres: mas serão como os anjos de Deus no céu. 31 E sobre a ressureição dos mortos, vós não tendes lido o que Deus disse, falando convosco: 32 Eu sou o Deus de Abraão, e o Deus de Isaac, e o Deus de Jacó? Ora Deus não o é de mortos, mas de vivos. 33 E a gente do povo ouvindo isto, estava admirada da sua doutrina.

O mandamento máximo

34 Mas os fariseus, quando ouviram que Jesus tinha feito calar a boca aos saduceus, se ajuntaram em conselho: 35 e um deles, que era doutor da lei, tentando-o, lhe perguntou: 36 Mestre, qual é o grande mandamento da lei? 37 Jesus lhe disse: *Amarás ao Senhor teu Deus de todo o teu coração, e de toda a tua alma, e de todo o teu entendimento,* 38 este é o máximo, e o primeiro mandamento. 39 E o segundo semelhante a este é: *Amarás a teu próximo, como a ti mesmo.* 40 Destes dois mandamento depende toda a lei e os profetas.

Questão da origem do Messias

41 E estando juntos os fariseus, lhes fez Jesus esta pergunta, 42 dizendo: Que vos parece a vós do Cristo? De quem é ele filho? Responderam-lhe: De Davi. 43 Jesus lhes replicou: Pois como lhe chama Davi em espírito, Senhor, dizendo: 44 Disse o Senhor ao meu Senhor, senta-te à minha mão direita até que eu reduza os teus inimigos a servirem de escabelo a teus pés? 45 Se pois Davi o chama o seu Senhor, como é ele seu filho? 46 E não houve quem lhe pudesse responder uma só palavra. E daquele dia em diante ninguém mais ousou fazer-lhe perguntas.

Hipocrisia dos fariseus

23 Então falou Jesus às turbas, e aos seus discípulos, 2 dizendo: Sobre a cadeira de Moisés se assentaram os escribas, e os fariseus. 3 Observai pois, e fazei tudo quanto eles vos disserem: porém não obreis segundo a

prática das suas ações: porque dizem, e não fazem. 4 Porque atam cargas pesadas, e incomportáveis, e as põem sobre os ombros dos homens: mas nem com seu dedo as querem mover. 5 E fazem todas as suas obras, para serem vistos dos homens: por isso trazem as suas largas tiras de pergaminho, e grandes franjas. 6 E gostam de ter nos banquetes os primeiros lugares, e nas sinagogas as primeiras cadeiras. 7 E que os saúdem na praça, e que os homens os chamam mestres. 8 Mas vós não queirais ser chamados mestres: porque um só é vosso Mestre, e vós todos sois irmãos. 9 E a ninguém chameis pai vosso sobre a terra: porque um só é o vosso Pai, que está nos céus. 10 Nem vos intituleis mestres: porque um só é vosso Mestre, o Cristo. 11 O que de entre vós é o maior, será o vosso servo. 12 Porque aquele que se exaltar, será humilhado: e o que se humilhar, será exaltado.

13 Mas ai de vós, escribas, e fariseus hipócritas: que fechais o reino dos céus diante dos homens! Pois nem vós entrais, nem aos que entrariam deixais entrar.

14 Ai de vós, escribas, e fariseus hipócritas: porque devorais as casas das viúvas, fazendo largas orações! Por isto levareis um juízo mais rigoroso.

15 Ai de vós, escribas, e fariseus hipócritas: porque rodeais o mar e a terra por fazerdes um prosélito! E depois de o terdes feito, o fazeis em dobro mais digno do inferno do que vós. 16 Ai de vós, condutores cegos, que dizeis: Todo o que jurar pelo Templo, isso não é nada: mas o que jurar pelo ouro do Templo, fica obrigado ao que jurou! 17 Estultos, e cegos: pois qual é mais: o ouro ou o Templo que santifica o ouro? 18 E todo o que jurar pelo Altar, isso não é nada; mas qualquer que jurar pela oferenda, que está sobre ele, está obrigado ao que jurou. 19 Cegos: pois qual é mais, a oferenda ou o Altar, que santifica a oferenda? 20 Aquele pois que jura pelo Altar, jura por ele, e por tudo quanto sobre ele está: 21 e todo o que jurar pelo Templo, jura por ele, e pelo que habita nele: 22 e o que jura pelo céu, jura pelo trono de Deus e por aquele que está sentado nele.

23 Ai de vós, escribas, e fariseus hipócritas, que pagais o dízimo da hortelã, e do endro, e do cominho, e haveis deixado as coisas, que são mais importantes da lei, a justiça, e a misericórdia, e a fé! Estas coisas eram as que vós devieis praticar, sem que entretanto omitísseis aquelas outras. 24 Condutores cegos, que coais um mosquito, e engulis um camelo!

25 Ai de vós, escribas e fariseus hipócritas, porque limpais o que está por fora do copo, e do prato, e por dentro estais cheios de rapinas e imundícies! 26 Fariseu cego, purifica primeiro o interior do copo e do prato, para que também e exterior fique limpo.

27 Ai de vós, escribas, e fariseus hipócritas: porque sois semelhantes aos sepulcros branqueados, que parecem por fora formosos aos homens, e por dentro estão cheios de ossos de mortos, e de toda a asquerosidade! 28 Assim também vós outros por fora vos mostrais na verdade justos aos homens: mas por dentro estais cheios de hipocrisia, e iniqüidade.

29 Ai de vós, escribas, e fariseus hipócritas, que edificais os sepulcros dos profetas, e adornais os monumentos dos justos, 30 e dizeis: Se nós houvéramos vivido nos dias de nossos pais, não teríamos sido seus companheiros no sangue dos profetas. 31 E assim dais testemunho contra vós mesmos, de que sois filhos daqueles que mataram os profetas. 32 Acabai vós pois de encher a medida de vossos pais. 33 Serpentes, raça de víboras, como escapareis vós de serdes condenados ao inferno? 34 Por isso eis aqui estou eu que vos envio profetas, e sábios, e escribas, e deles matareis, e crucificareis a uns, e deles açoutareis a outros nas vossas sinagogas, e os perseguireis de cidade em cidade. 35 Para que venha sobre vós todo o sangue dos justos, que se tem derramado sobre a terra, desde o sangue do justo Abel, até o sangue de Zacarias, filho de Baraquias, a quem vós destes a morte entre o Templo e o Altar. 36 Em verdade vos digo, que todas estas coisas virão a cair sobre esta geração.

Apóstrofe a Jerusalém

37 Jerusalém, Jerusalém, que matas os profetas, e apedrejas os que te são enviados, quantas vezes quis eu ajuntar teus filhos, do modo que uma galinha recolhe debaixo das asas os seus pintos, e tu o não quiseste? 38 Eis aí vos ficará deserta a vossa casa. 39 Porque eu vos declaro que desde agora não me tornareis a ver até que digais: Bendito seja o que vem em nome do Senhor.

Destruição do templo e de Jerusalém

24 E tendo saído Jesus do Templo, se ia retirando. E chegaram a ele os seus discípulos, para lhe mostrarem a fábrica do Templo. 2 Mas ele respondendo, lhes disse: Vedes tudo isto? Na verdade vos digo, que não ficará aqui pedra sobre pedra, que não seja derribada. 3 E estando ele assentado no monte das Oliveiras, se chegaram a ele seus discípulos à puridade, perguntando-lhe: Dize-

A VIDA DE CRISTO

ʌ.Helsted
) NASCIMENTO DE JESUS.

)bedecendo a um edito Romano ue mandava recensear toda a ente, Maria e José foram a Belém, nde um estábulo era o único lbergue disponível para eles. E eve o seu filho primogênito, que nvolveu em panos e recostou uma manjedoura. *Lucas*, *2:7*.

Rembrandt
A ADORAÇÃO DOS MAGOS.

Tendo Jesus nascido em Belém de Judá, no tempo do rei Herodes, eis que magos vieram do oriente a Jerusalém. Perguntaram eles: "Onde está o rei dos Judeus que acaba de nascer? Vimos a sua estrela no oriente e viemos adorá-lo". Entretanto na sua casa onde estava o menino com Maria, sua mãe, prostraram-se diante dele, e o adoraram. *Mateus, 2:1-11.*

Carl Bloch
A ADORAÇÃO DOS PASTORES.

Um exército de anjos apareceu a um grupo de pastores, que guardavam seus rebanhos naquelas redondezas, e anunciou-lhes o nascimento do divino Menino o que os fez ir apressadamante à procura de Maria, José e o Menino que estava deitado numa manjedoura. *Lucas*, *2:16.*

ilipe de Champaigne *SIMEÃO RECONHECE O SALVADOR..*

uarenta dias depois do nascimento do menino, Maria e José levaram-no ao templo e Simeão reconheceu-O como Salvador. Tomando-O nos braços, Simeão disse ao Senhor que agora o podia deixar partir em paz...porque já eus olhos tinham visto a Salvação. *Lucas, 2:29-30.*

Rembrandt *FUGA PARA O EGITO.*

Ao ter conhecimento do verdadeiro rei dos Judeus, o tirano Herodes decidiu matar Jesus. Avisado em sonhos deste plano, José levantou-se, de noite, tomou o Menino e Sua mãe e partiu para o Egito, permanecendo ali até a morte de Herodes. *Mateus, 2:14-15.*

Le Perugin *BATISMO DE CRISTO.*

Quando todo o povo ia sendo batizado, também Jesus o foi. E estando ele a orar, o céu se abriu e o Espírito Santo desceu sobre ele em forma corpórea, como uma pomba; e veio do céu uma voz: "Tu és o meu Filho bem-amado; em ti ponho minha afeição". *Lucas*, *3:21-22*.

Carl Bloch
LÁZARO RESSUSCITADO.

Jesus recebeu um aviso em Betânia d que Lázaro, seu amigo, estav enfermo. Ao entrar em Betânia informando-se que Lázaro já tinh morrido havia quatro dias, foi a túmulo e chamou por Lázaro imediatamente ele saiu do túmul cheio de vida. *João, 11:43-44.*

Frederick Christian Lund
O FILHO DA VIÚVA.

Quando Jesus entrava na cidade d Naím, iam enterrar um jovem, filh único de sua mãe, que era viúva. Chei de profunda compaixão pela viúv Jesus ressuscitou o filho e entregou-o sua mãe. *Lucas*, 7:15.

Carl Bloch *JESUS E AS CRIANCINHAS.*

Com um menino nos joelhos, Jesus ensinou os Apóstolos a cultivar a inocência infantil. Noutra ocasião os repreendeu por não quererem que um grupo de crianças se aproximasse Dele, dizendo-lhe que o reino do Céu era dos que se parecem com as criancinhas, portanto que as deixassem vir a Ele. *Marcos, 10:14.*

Bernhard Plockhorst
A ENTRADA TRIUNFAL EM JERUSALÉM.

Enquanto Jesus entrava em Jerusalém montado num burrinho, uma multidão saiu da cidade a recebê-lo apoteoticamente. Estenderam no caminho as capas e ramos de árvores, e aclamaram-no com Hosanas, porque vinha em nome do Senhor. *Marcos, 11:10.*

Carl Bloch O *SERMÃO DA MONTANHA*.

Naquele tempo, num monte perto de Cafarnaúm, Jesus deu um resumo magistral da sua doutrina que chamamo o Sermão da Montanha. Pregando o amor de Deus e do próximo, instituiu que todos fossem perfeitos como o Pa celeste era perfeito. *Mateus, 5:48.*

Carl Bloch *A SANTA CEIA DE JESUS COM SEUS APÓSTOLOS.*

A instituição da Eucaristia deu-se no cenáculo de Jerusalém, quando Jesus reuniu-se com seus apóstolos para a ceia pascal. "Tomou Jesus o pão, abençoou-o, partiu-o e deu-o aos seus discípulos, dizendo: Tomai e comei; isto é o meu corpo. E, tomando o cálice, deu graças dizendo: Bebei todos dele porque este é o meu sangue do Novo Testamento, o qual derramado por muitos para remissão dos pecados" *Mateus*, *26:27*.

Heinrich Hofman *A AGONIA NO JARDIM DAS OLIVEIRAS.*

Depois da última ceia, Jesus levou os Apóstolos ao Getsémani, tendo pedido a Pedro, Tiago e João que velassem enquanto Ele orava. Apesar de suar sangue, ao pensar na Sua Paixão, Jesus submeteu-se à vontade do Pai dizendo que não se fizesse a Sua vontade, mas a do Pai. *Mateus*, *26:39.*

El Greco *JESUS COM A CRUZ NAS COSTAS.*

Enfraquecido por ter perdido muito sangue, Jesus caiu por terra, sob o peso cruel da cruz. Simão, natural de Cirene, foi obrigado a ajudá-lo a carregar a madeira e a trágica procissão avançava. Até que chegaram ao lugar do Gólgota, que quer dizer Calvário. *Mateus*, *27:33.*

Carl Bloch *JESUS SEPULTADO.*

José de Arimateia, valendo-se de sua influência com Pilatos, conseguiu licença para tirar da cruz o corpo do Senhor. Ajudado por Nicodemos, amortalharam-no em lençóis e depuseram-no num sepulcro pertencente a José. A entrada do túmulo foi encerrada com uma pedra. *Marcos, 15:46.*

Carl Bloch *RESSUREIÇÃO.*

Domingo, de manhã, muito cedo, algumas mulheres correram ao sepulcro e ficaram espantadas ao ver a pedra removida e ao ouvir um anjo a dizer-lhes que Jesus Nazareno que tinha sido crucificado, já lá não estava, porque tinha ressuscitado. *Marcos, 16:6.*

Andreas Herman Hunnaeus *ASCENSÃO.*

Quarenta dias depois de Sua Ressurreição, Jesus abençoou sua Mãe, os Apóstolos e os outros discípulos no Mont das Oliveiras. E foi enquanto os abençoava que Jesus se foi afastando, elevando-se ao Céu. E depois de o adorarem regressaram a Jerusalém cheios de alegria. *Lucas, 24:51-52.*

-nos, quando sucederão estas coisas? E que sinal haverá da tua vinda, e da consumação do século?

4 E respondendo Jesus, lhes disse: Vede, não vos engane alguém. 5 Porque virão muitos em meu nome, dizendo: Eu sou Cristo. E enganarão a muitos. 6 Haveis pois de ouvir guerras, e rumores de guerras. Olhai não vos turbeis: porque importa que assim aconteça, mas não é este ainda o fim: 7 porque se levantará nação contra nação, e reino contra reino, e haverá pestilência, e fomes, e terremotos em diversos lugares. 8 E todas estas coisas são princípios das dores.

9 Então vos entregarão à tribulação, e vos matarão: e sereis aborrecidos de todas as gentes por causa do meu nome. 10 E muitos então serão escandalizados, e se entregarão de parte a parte, e se aborrecerão uns aos outros. 11 E levantar-se-ão muitos falsos profetas, e enganarão a muitos. 12 E porquanto multiplicar-se-á a iniqüidade, e se resfriará a caridade de muitos: 13 mas o que perseverar até o fim, esse será salvo. 14 E será pregado este Evangelho do reino por todo o mundo, em testemunho a todas as gentes. E então chegará o fim.

15 Quando vós pois virdes que a abominação da desolação, que foi predita pelo profeta Daniel, reinando no lugar santo: (o que lê, entenda). 16 Então os que se acham em Judéia, fujam para os montes: 17 e o que se acha no telhado, não desça a levar coisa alguma de sua casa: 18 e o que se acha no campo, não volte a tomar a sua túnica. 19 Mas ai das que estiverem pejadas, e das que criarem naqueles dias! 20 Rogai pois que não seja a vossa fuga em tempo de inverno, ou em dia de sábado.

21 Porque será então a aflição tão grande que, desde que há mundo até agora, não houve nem haverá outra semelhante. 22 E se não se abreviassem aqueles dias, não se salvaria pessoa alguma: porém abreviar-se-ão aqueles dias em atenção aos escolhidos.

23 Então se alguém vos disser: Olhai, aqui está o Cristo, eu ei-lo acolá! Não lhes deis crédito. 24 Porque se levantarão falsos cristos, e falsos profetas: que farão grandes prodígios, e maravilhas tais, que (se fora possível) até os escolhidos se enganariam. 25 Vede que eu vo-lo adverti antes. 26 Se pois vós disserem: Ei-lo lá está no deserto, não saiais. Ei-lo cá mais retirado da casa, não lhes deis crédito. 27 Porque do modo que um relâmpago sai do Oriente, e se mostra até o Ocidente: assim há de ser também a vinda do Filho do homem. 28 Em qualquer lugar em que estiver o corpo, aí se hão de ajuntar também as águias.

Fim do mundo e vinda do Filho do homem

29 E logo depois da aflição daqueles dias, escurecer-se-á o sol, e a lua não dará a sua claridade, e as estrelas cairão do céu, e as virtudes dos céus se comoverão: 30 e então aparecerá o sinal do Filho do homem no céu: e então todos os povos da terra chorarão: e verão ao Filho do homem, que virá sobre as nuvens do céu com grande poder, e majestade. 31 E enviará os seus anjos com trombetas, e com grande voz: e ajuntarão os seus escolhidos desde os quatro ventos, do mais remontado dos Céus até às extremidades deles.

Sinais dos tempos

32 Aprendei pois o que vos digo, por uma comparação tirada da figueira. Quando os seus ramos estão já tenros, e as folhas têm brotado, sabeis que está perto o estio. 33 Assim também quando vós virdes tudo isto, sabei que está perto, às portas. 34 Na verdade vos digo, que não passará está geração sem que se cumpram todas estas coisas. 35 Passará o céu, e a terra, mas não passarão as minhas palavras.

36 Mas daquele dia, nem daquela hora, ninguém sabe, nem os anjos dos céus, senão só o Pai. 37 E assim como foi nos dias de Noé, assim será também a vinda do Filho do homem. 38 Porque assim como nos dias antes do dilúvio estavam comendo e bebendo, casando-se e dando-se em casamento, até o dia que Noé entrou na arca, 39 e não o entenderam enquanto não veio o dilúvio e os levou a todos: assim será também a vinda do Filho do homem. 40 Então de dois que estiverem no campo: um será tomado, e outro será deixado. 41 De duas mulheres que estiverem moendo em um moinho: uma será tomada, e outra será deixada.

Necessidade da vigilância

42 Velai pois, porque não sabeis a que hora há de vir vosso Senhor. 43 Mas sabeis que se o pai de família soubesse a que hora havia de vir o ladrão, vigiaria sem dúvida, e não deixaria minar a sua casa. 44 Por isso estai vós também preparados: porque não sabeis em que hora tem de vir o Filho do homem.

45 Quem crês que é o servo fiel, e prudente, a quem seu Senhor pôs sobre a sua família, para que lhes dê de comer a tempo? 46 Bem-aventurado aquele servo, a quem seu Senhor achar nisso ocupado quado vier. 47 Na verdade vos digo, que ele o constituirá administrador de todos os seus bens. 48 Mas se aquele servo sendo mau disser no seu coração: Meu Senhor tarda em vir. 49 E começar a maltra-

tar aos seus companheiros, a comer, e beber com os que se embriagam: 50 virá o Senhor daquele servo no dia em que ele o não espera, e na hora em que ele não sabe: 51 e removê-lo-á, e porá a sua parte com os hipócritas. Ali haverá choro, e ranger de dentes.

Parábola das dez virgens

25 Então será semelhante o reino dos céus a dez virgens: que tomando as suas lâmpadas, saíram a receber o esposo e a esposa. 2 Mas cinco de entre elas eram loucas, e cinco prudentes. 3 As cinco porém que eram loucas, tomando as suas lâmpadas, não levaram azeite consigo: 4 mas as prudentes levaram azeite nas suas vasilhas juntamente com as lâmpadas. 5 E tardando o esposo, começaram a tosquenejar todas, e assim vieram a dormir. 6 Quando à meia-noite se ouviu gritar: Eis aí vem o esposo, saí a recebê-lo. 7 Então se levantaram todas aquelas virgens, e prepararam as suas lâmpadas. 8 E disseram as fátuas às prudentes: Dai-nos do vosso azeite, porque as nossas lâmpadas se apagaram. 9 Responderam as prudentes, dizendo: Para que não suceda talvez faltar-nos ele a nós, e a vós, ides antes aos que o vendem, e comprai o que haveis mister. 10 E enquanto elas foram a comprá-lo, veio o esposo, e as que estavam apercebidas, entraram com ele a celebrar as bodas, e fechou-se a porta. 11 E por fim vieram também as outras virgens, dizendo: Senhor, Senhor, abre-nos. 12 Mas ele respondendo, lhes disse: Na verdade vos digo, que vos não conheço. 13 Vigiai pois, porque não sabeis o dia, nem a hora.

Parábola dos talentos

14 Porque assim é como um homem que, ao ausentar-se para longe, chamou aos seus servos, e lhes entregou os seus bens. 15 E deu a um cinco talentos, e a outro dois, e a outro deu um, a cada um segundo a sua capacidade, e partiu logo. 16 O que recebera pois cinco talentos, foi-se e entrou a negociar com eles, e ganhou outros cinco. 17 Da mesma sorte também o que recebera dois, ganhou outros dois. 18 Mas o que havia recebido um, indo-se com ele cavou na terra, e escondeu ali o dinheiro de seu senhor. 19 E passando muito tempo veio o senhor daqueles servos, e chamou-os a contas. 20 E chegando-se a ele o que havia recebido os cinco talentos, apresentou-lhe outros cinco talentos, dizendo: Senhor, tu me entregaste cinco talentos, eis aqui tens outros cinco mais que lucrei. 21 Seu senhor lhe disse: Muito bem, servo bom, e fiel, já que fostes fiel nas cousas pequenas, dar-te-ei a intendência das grandes; entra no gozo de teu senhor. 22 Da mesma sorte apresentou-se também o que havia recebido dois talentos, e disse: Senhor, tu me entregaste dois talentos, eis aqui outros dois, que ganhei com eles. 23 Seu senhor lhe disse: Bem está, servo bom, e fiel, já que foste fiel nas cousas pequenas, dar-te-ei a intendência das grandes: entra no gozo de teu senhor. 24 E chegando também o que havia recebido um talento, disse: Senhor, sei que és um homem de rija condição, segas onde não semeaste, e recolhes onde não espalhaste: 25 e temendo me fui, e escondi o teu talento na terra. Eis aqui tens o que é teu. 26 E respondendo seu senhor, lhe disse: Servo mau, e preguiçoso, sabias que sego onde não semeio, e que recolho onde não tenho espalhado. 27 Devias logo dar o meu dinheiro aos banqueiros, e vindo eu teria recebido certamente com juro o que era meu. 28 Tirai-lhe pois o talento, e dai-o ao que tem dez talentos. 29 Porque a todo o que já tem, dar-se-lhe-á, e terá em abundância: e ao que não tem, tirar-se-lhe-á até o que parece que tem. 30 E ao servo inútil lançai-o nas trevas exteriores. Ali haverá choro, e ranger de dentes.

O Juízo Final

31 Mas quando vier o Filho do homem na sua majestade, e todos os anjos com ele, então se assentará sobre o trono da sua majestade: 32 e serão todas as gentes congregadas diante dele, e separará uns dos outros, como o pastor aparta dos cabritos as ovelhas: 33 e assim porá as ovelhas à direita, e os cabritos à esquerda. 34 Então dirá o rei aos que hão de estar à tua direita: Vinde, benditos de meu Pai, possuí o reino que vos está preparado desde o princípio do mundo. 35 Porque tive fome, e destes-me de comer: tive sede, e destes-me de beber: era hóspede, e recolhestes-me: 36 estava nu, e cobristes-me: estava enfermo, e visitastes-me: estava no cárcere, e viestes ver-me. 37 Então lhe responderão os justos, dizendo: Senhor, quando é que nós te vimos faminto, e te demos de comer: ou sequioso, e te demos de beber? 38 E quando te vimos hóspede, e te recolhemos: ou nu, e te vestimos? 39 Ou quando te vimos enfermo: ou no cárcere, e te fomos ver? 40 E respondendo o rei, lhes dirá: Na verdade vos digo, que quantas vezes vós fizestes isto a um destes meus irmãos mais pequeninos, a mim é que o fizestes.

41 Então dirá também aos que hão de estar à esquerda: Apartai-vos de mim, malditos, para o fogo eterno, que está preparado para o diabo, e para os seus anjos. 42 Porque tive fome, e não me destes de comer: tive sede, e não me

destes de beber: 43 era hóspede, e não me recolhestes; estava nu, e não me cobristes: estava enfermo, e no cárcere, e não me visitastes. 44 Então eles também lhe responderão, dizendo: Senhor, quando é que nós te vimos faminto, ou sequioso, ou hóspede, ou nu, ou enfermo, ou no cárcere, e deixamos de te assistir? 45 Então lhes responderá ele, dizendo: Na verdade vos digo: que quantas vezes o deixastes de fazer a um destes pequeninos, a mim o deixastes de fazer. 46 E irão estes para o suplício eterno, e os justos para a vida eterna.

VI. PAIXÃO E RESSURREIÇÃO DE JESUS

A conjuração

26 E aconteceu isto: que tendo Jesus acabado todos estes discursos, disse a seus discípulos: 2 Vós sabeis que daqui a dois dias se há de celebrar a Páscoa, e o Filho do homem será entregue para ser crucificado. 3 Então se ajuntaram os príncipes dos sacerdotes, e os magistrados do povo no átrio do príncipe dos sacerdotes, que se chamava Caifás: 4 e tiveram conselho para prenderem a Jesus com engano, e fazerem-no morrer. 5 Mas diziam eles: Não se execute isto no dia da festa, para que não suceda levantar-se algum motim no povo.

O ungüento perfumado

6 Ora estando Jesus em Betânia, em casa de Simão o Leproso, 7 chegou-se a ele uma mulher, que trazia uma redoma de alabastro cheia de precioso bálsamo, e o derramou sobre a cabeça de Jesus estando recostado à mesa. 8 E vendo isto os seus discípulos, se indignaram dizendo: Para que foi este desperdício? 9 Porque podia isto vender-se por bom preço, e dar-se este aos pobres. 10 Mas, Jesus sabendo isto, disse-lhes: Por que molestais vós esta mulher? Que, no que fez, me fez uma boa obra. 11 Porque vós outros sempre tendes convosco os pobres: mas a mim nem sempre me tereis. 12 Porquanto derramar ela este bálsamo sobre o meu corpo, foi ungir-me para ser enterrado. 13 Em verdade vos digo, que onde quer que for pregado este Evangelho, que será em todo o mundo, publicar-se-á também, para memória sua, a ação que esta mulher fez.

A traição de Judas Iscariotes

14 Então se foi ter um dos doze, que se chamava Judas Iscariotes, com os príncipes dos sacerdotes: 15 e lhes disse: Que me quereis vós dar, e eu vo-lo entregarei? E eles lhe assinaram trinta moedas de prata. 16 E desde então buscava oportunidade para o entregar.

A última ceia

17 E no primeiro dos dias em que se comiam os pães asmos, vieram ter com Jesus seus discípulos, dizendo: Onde queres tu que te preparemos o que se há de comer na Páscoa? 18 E disse Jesus: Ide à cidade à casa de um tal, e dizei-lhe: O Mestre diz: O meu tempo está próximo, em tua casa quero celebrar a Páscoa com meus discípulos. 19 E fizeram os discípulos como Jesus lhes havia ordenado, e prepararam a Páscoa.

Instituição da Eucaristia

20 Chegada pois a tarde, pôs-se Jesus à mesa com os seus doze discípulos. 21 E estando eles comendo, disse-lhes: Em verdade vos afirmo, que um de vós me há de entregar. 22 E eles mui cheios de tristeza, cada um começou a dizer: Porventura sou eu, Senhor? 23 E ele respondendo, lhes disse: O que mete comigo a mão no prato, esse é o que me há de entregar. 24 O Filho do homem vai certamente como está escrito dele: mas ai daquele homem, por cuja intervenção há de ser entregue o Filho do homem e melhor fora ao tal homem não haver nascido. 25 E respondendo Judas, o que o entregou, disse: Sou eu porventura, Mestre? Disse-lhe Jesus: Tu o disseste. 26 Estando eles, porém, ceando, tomou Jesus o pão e benzeu-o e partiu-o e deu-o a seus discípulos, e disse: Tomai, e comei, *este é o meu corpo*. 27 E tomando o cálice, deu graças: e deu-lho, dizendo: Bebei dele todos. 28 Porque este *é o meu sangue* do novo testamento, que será derramado por muitos para remissão de pecados. 29 Mas digo-vos: que desta hora em diante não beberei mais deste fruto da vide até aquele dia em que o beberei de novo convosco no reino de meu Pai.

Prediz a fuga de todos e a negação de Pedro

30 E cantado o hino, saíram para o monte das Oliveiras. 31 Então lhes disse Jesus: A todos vós serei esta noite uma ocasião de escândalo. Está pois escrito: Ferirei o pastor, e as ovelhas do rebanho se porão em desarranjo. 32 Porém depois que eu ressurgir, irei adiante de vós para a Galiléia. 33 E respondendo Pedro, lhe disse: Ainda quando todos

se escandalizarem a teu respeito, eu nunca me escandalizarei. 34 Jesus lhe replicou: Em verdade te digo, que nesta mesma noite, antes que o galo cante, me hás de negar três vezes. 35 Pedro lhe disse: Ainda que seja necessário morrer eu contigo, não te negarei. E todos os mais discípulos disseram o mesmo.

No jardim das Oliveiras

36 Então foi Jesus com eles a uma granja, chamada Getsêmani, e disse a seus discípulos: Assentai-vos aqui, enquanto eu vou acolá, e faço oração. 37 E tendo tomado consigo a Pedro, e aos dois filhos de Zebedeu, começou a entristecer-se e angustiar-se. 38 Disse-lhes então: A minha alma está numa tristeza mortal. Demorai-vos aqui, e vigiai comigo. 39 E adiantando-se uns poucos de passos se prostrou com o rosto em terra, fazendo oração, e dizendo: Pai meu, se é possível, passe de mim este cálice! Todavia não se faça nisto a minha vontade, mas sim a tua. 40 Depois veio ter com seus discípulos, e os achou dormindo, e disse a Pedro: Visto isso não pudeste uma hora vigiar comigo? 41 Vigiai, e orai para que não entreis em tentação. O espírito na verdade está pronto, mas a carne é fraca. 42 De novo se retirou segunda vez, e orou, dizendo: Pai meu, se este cálice não pode passar sem que eu o beba, faça-se a tua vontade. 43 E veio outra vez, e também os achou dormindo: porque estavam carregados os olhos deles. 44 E deixando-os, de novo foi orar terceira vez, dizendo as mesmas palavras. 45 Então veio ter com os seus discípulos, e lhes disse: Dormi já, e descansai; eis aqui está chegada a hora em que o Filho do homem será entregue nas mãos dos pecadores. 46 Levantai-vos, vamos. Eis aí se vem chegando o que me há de entregar.

A prisão do Messias

47 Estando ele ainda falando, eis que chega Judas, um dos doze, e com ele uma grande multidão de gente com espadas, e varapaus, que eram os ministros enviados pelos príncipes dos sacerdotes, e pelos anciãos do povo. 48 Ora o traidor tinha-lhes dado este sinal, dizendo: Aquele a quem eu der um ósculo, esse é que é, prendei-o. 49 E chegando-se logo a Jesus lhe disse: Deus te salve, Mestre. E deu-lhe um ósculo. 50 E Jesus lhe disse: Amigo, a que vieste? Ao mesmo tempo se chegaram os outros a ele, e lançaram mão de Jesus, e o prenderam. 51 E senão quando um dos que estavam com Jesus, metendo mão à espada que trazia, a desembainhou e ferindo a um servo do sumo pontífice, lhe cortou uma orelha. 52 Então lhe disse Jesus: Mete a tua espada no seu lugar: porque todos os que tomarem espada, morrerão à espada. 53 Acaso cuidas tu que eu não posso rogar a meu Pai, e que Ele me não porá aqui logo prontas mais de doze legiões de anjos? 54 Como se poderão logo cumprir as Escrituras, que declaram que assim deve suceder? 55 Na mesma hora disse Jesus àquele tropel de gente: Vós viestes armados de espadas, e de varapaus, para me prender, como se eu fora um ladrão. Todos os dias assentado entre vós, estava eu ensinando no Templo, e não me prendestes. 56 Mas tudo isto assim aconteceu, para que se cumprissem as Escrituras dos profetas. Então todos os discípulos o deixaram, e fugiram.

Perante o sinédrio

57 Mas os que tinham preso a Jesus, o levaram à casa de Caifás, príncipe dos sacerdotes, onde se haviam congregado os escribas, e os anciãos. 58 E Pedro o ia seguindo de longe, até ao pátio do príncipe dos sacerdotes. E tendo entrado para dentro, estava assentado com os oficiais de justiça, para ver em que parava o caso. 59 Entretanto os príncipes dos sacerdotes, e todo o conselho, andavam buscando quem jurasse algum falso testemunho contra Jesus, a fim de o entregarem à morte: 60 mas não o acharam, sendo assim que foram muitos os que se apresentaram para jurar falso. Mas por último chegaram duas testemunhas falsas. 61 E depuseram: Este disse: Posso destruir o Templo de Deus e reedificá-lo em três dias. 62 Então levantando-se o príncipe dos sacerdotes, lhe disse: Não respondes nada ao que este depõe contra ti? 63 Porém Jesus estava calado. Este, o príncipe dos sacerdotes, lhe disse: Eu te conjuro pelo Deus vivo, que nos digas, se tu és o Cristo, filho de Deus. 64 Respondeu-lhe Jesus: Tu o disseste. Mas eu vos declaro que vereis daqui a pouco o Filho do homem assentado à direita do poder de Deus, e vir sobre as nuvens do céu. 65 Então o príncipe dos sacerdotes rasgou as suas vestiduras, dizendo: Blasfemou! Que necessidade temos já de testemunhas? Eis aí acabas de ouvir agora uma blasfêmia. 66 Que vos parece? Eles respondendo disseram: É réu de morte. 67 Então uns lhe cuspiram no rosto, e o feriram a punhadas, e outros lhe deram bofetadas no rosto, 68 dizendo: Adivinha-nos, Cristo, quem é o que te deu?

Negação de Pedro

69 Pedro entretanto estava assentado fora no átrio: e chegou a ele uma criada, dizendo: Tu também estavas com Jesus, o Galileu.

70 Mas ele o negou diante de todos, dizendo:
Não sei o que dizes. 71 E saindo ele à porta,
viu-o outra criada, e disse para os que ali se
achavam: Este também estava com Jesus Na-
zareno. 72 E segunda vez negou com juramen-
to, dizendo: Juro que tal homem não conheço.
73 E daí a pouco chegaram-se uns que ali es-
tavam, e disseram a Pedro: Tu certamente és
também dos tais: porque até a tua linguagem
te dá bem a conhecer. 74 Então começou a
fazer imprecações, e a jurar que não conhecia
tal homem. E imediatamente cantou o galo.
75 E Pedro se lembrou da palavra que lhe
havia dito Jesus: Antes de cantar o galo, três
vezes me negarás. E tendo saído para fora,
chorou amargamente.

Jesus é levado a Pilatos

27 E chegada que foi a manhã, todos os
príncipes dos sacerdotes, e os anciãos do
povo entraram em conselho contra Jesus, para
o entregarem à morte. 2 E preso o levaram, e
entregaram ao governador Pôncio Pilatos.

Suicídio de Judas Iscariotes

3 Então Judas, que havia sido o traidor,
vendo que fora condenado Jesus, tocado de
arrependimento, tornou a levar as trinta moe-
das de prata aos príncipes dos sacerdotes, e
anciãos, 4 dizendo: Pequei, entregando o san-
gue inocente. Mas eles lhe responderam: A
nós que se nos dá? Viras tu lá o que fazias.
5 E depois de lançar as moedas no Templo
retirou-se: e foi-se pendurar de um laço.

Escrúpulos dos hipócritas

6 Mas os príncipes dos sacerdotes, tomando
o dinheiro, disseram: Não é lícito deitá-lo na
arca das esmolas: porque é preço de sangue.
7 Tendo, pois, deliberado em conselho sobre
a matéria, compraram com ele o campo de
um oleiro, e para servir de cemitério aos fo-
rasteiros. 8 Por esta razão se ficou chamando
aquele campo até o dia de hoje, Haceldamá,
isto é, campo de sangue. 9 Então se cumpriu
o que foi anunciado ao profeta Jeremias, que
diz: E tomaram as trinta moedas de prata,
preço do que foi apreçado, a quem puseram
em preço com os filhos de Israel: 10 e deram-
-nas pelo campo de um oleiro, assim como me
ordenou o Senhor.

O julgamento

11 Foi apresentado, pois, Jesus ao governa-
dor e o governador lhe fez esta pergunta, di-
zendo: Tu és o rei dos judeus? Respondeu-lhe
Jesus: Tu o dizes. 12 E sendo acusado pelos
príncipes dos sacerdotes, e pelos anciãos, não
respondeu coisa alguma. 13 Então lhe disse
Pilatos: Tu não ouves de quantos crimes te
fazem cargo? 14 E não lhe respondeu a pala-
vra alguma, de modo que se admirou o gover-
nador em grande maneira. 15 Ora o governa-
dor tinha por costume, no dia da festa, soltar
aquele preso que os do povo quisessem; 16 e
naquela ocasião tinha ele um preso afamado,
que se chamava Barrabás. 17 Estando pois
eles todos juntos, disse-lhes Pilatos: Qual que-
reis vós que eu vos solte? Barrabás, ou Jesus,
que se chama o Cristo? 18 Porque sabia que
por inveja é que lho haviam entregado. 19 En-
tretanto, estando ele assentado no seu tribu-
nal, mandou-lhe dizer sua mulher: Não te em-
baraces com a causa desse justo: porque hoje
em sonhos foi muito o que padeci por seu
respeito. 20 Mas os príncipes dos sacerdotes,
e os anciãos persuadiram aos do povo que
pedissem a Barrabás, e que fizessem morrer
a Jesus. 21 E fazendo o governador esta per-
gunta, lhes disse: Qual dos dois quereis vós
que eu vos solte? E responderam eles: Barra-
bás. 22 Disse-lhes Pilatos: Pois que hei de
fazer de Jesus, que se chama o Cristo? 23 Res-
ponderam todos: Seja crucificado. O governa-
dor lhes disse: Pois que mal tem ele feito? E
eles levantaram mais o grito dizendo: Seja
crucificado. 24 Então Pilatos vendo que nada
aproveitava, mas que cada vez era maior o
tumulto: mandando vir água, lavou a mãos à
vista do povo, dizendo: Eu sou inocente do
sangue deste justo. Vós lá vos avinde. 25 E
respondendo todo o povo, disse: O seu sangue
caia sobre nós, e sobre nossos filhos. 26 Então
lhes soltou a Barrabás.

O Salvador flagelado e escarnecido

E depois de fazer açoitar a Jesus entregou-
-lho para ser crucificado.
27 Então os soldados do governador, toman-
do a Jesus para o levarem ao pretório, fizeram
formar à roda dele toda a coorte: 28 e despin-
do-o, lhe vestiram um manto carmezim. 29 E
tecendo uma coroa de espinhos, lha puseram
sobre a cabeça, e na sua mão direita uma
cana. E ajoelhando diante dele, o escarneciam,
dizendo: Deus te salve, rei dos judeus. 30 E
cuspindo nele, tomaram uma cana, e lhe da-
vam com ela na cabeça. 31 E depois que o
escarneceram, despiram-no do manto, e ves-
tiram-lhe os seus hábitos, e assim o levaram
para o crucificarem.
32 E ao sair da cidade acharam um homem
de Cirene, por nome Simão: A este constran-
geram a que levasse a cruz dele padecente.

Crucifixão e irrisão

33 E vieram a um lugar que se chama Gól-
gota, que é o lugar do Calvário. 34 E lhe de-
ram a beber vinho misturado com fel. E ten-
do-o provado não o quis beber.
35 E depois que o crucificaram, repartiram
as suas vestiduras, lançando sortes: por que
se cumprisse o que tinha sido anunciado pelo
profeta, que diz: Repartiram entre si as mi-
nhas vestiduras, e sobre a minha túnica lança-
ram sortes. 36 E assentados o guardavam.
37 Puseram-lhe também sobre a cabeça esta
inscrição, que declarava a causa da sua mor-
te: ESTE É JESUS, REI DOS JUDEUS. 38 Ao
mesmo tempo foram crucificados com ele dois
ladrões: um da parte direita, e outro da parte
esquerda. 39 E os que iam passando blasfema-
vam dele, movendo as suas cabeças, 40 e di-
zendo: Ah, tu o que destróis o Templo de
Deus, e o reedificas em três dias, salva-te a
ti mesmo! Se és filho de Deus, desce da cruz.
41 Da mesma sorte insultando-o também os
príncipes dos sacerdotes com os escribas, e
anciãos, diziam: 42 Ele salvou a outros, a si
mesmo não se pode salvar! Se é rei de Israel,
desça agora da cruz, e creremos nele! 43 Con-
fiou em Deus; livre-o lá agora, se é seu amigo,
porque ele disse: Eu, pois, sou Filho de Deus.
44 E os mesmos impropérios lhe diziam tam-
bém os ladrões, que haviam sido crucificados
com ele.

Morte do Messias

45 Mas desde a hora sexta até à hora nona
se difundiram trevas sobre toda a terra. 46 E
perto, da hora nona deu Jesus um grande
brado, dizendo: Eli, Eli, lamma sabachthani?
isto é: Deus meu, Deus meu, por que me
desamparaste? 47 Alguns porém dos que ali
estavam, e que ouviram isto, diziam: Este
chama por Elias. 48 E logo correndo um de-
les, tendo tomado uma esponja, a ensopou em
vinagre, e a pôs sobre uma cana e lha dava
a beber. 49 Porém os mais diziam: Deixa,
vejamos se vem Elias a livrá-lo. 50 E Jesus
tornando a dar outro grande brado, rendeu
o espírito.

Prodígios após a morte de Jesus

51 E eis que se rasgou o véu do Templo
em duas partes dalto abaixo: e tremeu a terra,
e partiram-se as pedras. 52 E abriram-se as
sepulturas: e muitos corpos de santos, que
eram mortos, ressurgiram. 53 E saindo das
sepulturas depois da ressurreição de Jesus,
vieram à cidade santa, e apareceram a muitos.
54 Mas o centurião, e os que com ele estavam
de guarda a Jesus, tendo presenciado o terre-
moto, e os sucessos que aconteciam, tiveram
grande medo, e diziam: Na verdade, este ho-
mem era Filho de Deus. 55 Achavam-se tam-
bém ali, vindo de longe, muitas mulheres, que
desde a Galiléia tinham seguido a Jesus, sub-
ministrando-lhe o necessário: 56 Entre as quais
estavam Maria Madalena, e Maria, mãe de
Tiago, e de José, e a mãe dos filhos de Ze-
bedeu.

Sepultura de Jesus

57 E quando foi lá pela tarde, veio um ho-
mem rico de Arimatéia, por nome de José, que
também era discípulo de Jesus. 58 Este chegou
a Pilatos, e lhe pediu o corpo de Jesus. Pilatos
mandou então que se lhe desse o corpo. 59 To-
mando, pois, o corpo, amortalhou-o José num
asseado lençol. 60 E depositou-o no seu sepul-
cro, que ainda não tinha servido, o qual ele
tinha aberto numa rocha. E tapou a boca do
sepulcro com uma grande pedra que para ali
revolveu, e retirou-se. 61 E Maria Madalena,
e outra Maria estavam ali sentadas defronte
do sepulcro.

Sentinelas em guarda do túmulo

62 E no outro dia, que é o seguinte ao Pa-
rasceve, os príncipes dos sacerdotes, e os fari-
seus acudiram juntos à casa de Pilatos, 63 di-
zendo: Senhor, lembramo-nos de que aquele
embusteiro, vivendo ainda, disse: Eu hei de
ressurgir depois de três dias. 64 Dá logo or-
dem que se guarde o sepulcro até o dia tercei-
ro: por não suceder que venham seus discí-
pulos, e o furtem, e digam à plebe: Ressurgiu
dos mortos. E desta sorte virá o último em-
buste a ser pior do que o primeiro. 65 Pilatos
lhes respondeu: Vós aí tendes guardas; ide,
guardai-o como entendeis. 66 Eles, porém,
retirando-se, trabalharam por ficar seguro o
sepulcro, selando a campa, e pondo-lhe guar-
das.

A ressurreição

28 Mas na tarde do sábado, ao amanhecer
o primeiro dia da semana, veio Maria
Madalena, e outra Maria a ver o sepulcro. 2 E
eis que tinha havido um grande terremoto,
porque um anjo do Senhor desceu do céu: e
chegando revoltou a pedra, e estava assentado
sobre ela. 3 E o seu aspecto era como um
relâmpago: e a sua vestidura como a neve. 4 E
de temor dele se assombraram os guardas, e
ficaram como mortos. 5 Mas o anjo falando
primeiro, disse às mulheres: Vós outras não

tenhais medo: porque sei que vindes buscar a
Jesus, que foi crucificado. 6 Ele já aqui não
está, porque ressuscitou como tinha dito. Vin-
de, e vede o lugar onde o Senhor estava posto.
7 E ide logo, e dizei aos seus discípulos que
ele ressuscitou: e ei-lo aí vai adiante de vós
para Galiléia. Lá o vereis. Olhai, que eu vo-lo
disse antes. 8 E saíram logo do sepulcro com
medo, e ao mesmo tempo com grande gozo,
e foram correndo a dar a nova aos seus dis-
cípulos.

Aparição às piedosas mulheres

9 E eis que lhes saiu Jesus ao encontro,
dizendo: Deus vos salve. E elas se chegaram
a ele, e se abraçaram com os seus pés, e o
adoraram. 10 E então lhes disse Jesus: Não
temais, ide, dai as novas a meus irmãos para
que vão a Galiléia, que lá me verão.

Os guardas subornados

11 Ao tempo que elas iam, eis que vieram
à cidade alguns dos guardas, e noticiaram aos
príncipes dos sacerdotes tudo o que havia
sucedido. 12 E tendo-se congregado com os
anciãos, depois de tomarem conselho, deram
uma grande soma de dinheiro aos soldados,
13 intimando-lhes esta ordem: Dizei que vie-
ram de noite os seus discípulos, e o levaram
furtado enquanto nós estávamos dormindo.
14 E se chegar isto aos ouvidos do governa-
dor, nós lho faremos crer, e atenderemos à
vossa segurança. 15 Eles porém depois de
receberem o dinheiro, o fizeram conforme
as instruções que tinham. E esta voz que se
divulgou entre os judeus, dura até o dia de
hoje.

Aparição de Jesus aos onze apóstolos

16 Partiram pois os onze discípulos para
Galiléia, para cima de um monte, onde Jesus
lhes havia ordenado que se achassem. 17 E
vendo-o adoraram: ainda que alguns tiveram
sua dúvida.

A missão universal

18 E chegando Jesus lhes falou, dizendo:
Tem-se-me dado todo o poder no céu e na
terra. 19 Ide pois e ensinai todas as gentes:
batizando-as em nome do Pai, e do Filho, e do
Espírito Santo. 20 Ensinando-as a observar
todas as coisas que vos tenho mandado, e
estai certos de que eu estou convosco todos
os dias, até à consumação do século.

O Santo Evangelho de Jesus Cristo segundo São Marcos

I. PREPARAÇÃO PARA O MINISTÉRIO

Missão do Batista

1 Princípio do Evangelho de Jesus Cristo,
Filho de Deus. 2 Conforme está escrito no
profeta Isaías: Eis aí envio o meu anjo ante
a tua face, o qual irá adiante de ti preparar-te
o caminho. 3 Voz do que clama no deserto:
preparai o caminho do Senhor, endireitai as
suas veredas. 4 Estava João batizando no de-
serto, e pregando o batismo de penitência, para
remissão de pecados. 5 E saía concorrendo a
ele toda a terra de Judéia, e todos os de
Jerusalém, e eram batizados por ele no rio
Jordão, confessando os seus pecados. 6 E João
andava vestido de peles de camelo, e trazia
uma cinta de couro à roda de seus lombos,
e comia gafanhotos, e mel silvestre. E pregava
dizendo: 7 Após de mim vem outro mais forte
do que eu: ante o qual não sou digno de me
prostrar para lhe desatar a correia dos sapa-
tos. 8 Eu tenho-vos batizado em água, porém
ele batizar-vos-á no Espírito Santo.

Batismo de Jesus

9 E aconteceu isto: Naqueles dias veio Jesus
de Nazaré, cidade de Galiléia: e foi batizado
por João no Jordão. 10 E logo que saiu da
água, viu Jesus os céus abertos, e que o Es-
pírito Santo descia, e pousava sobre ele em
figura de pomba. 11 E ouviu-se dos céus esta
voz: Tu és aquele meu filho singularmente
amado, em ti tenho posto toda a minha com-
placência.

Tentação de Jesus

12 E logo o Espírito o lançou para o deser-
to. 13 E esteve no deserto quarenta dias e
quarenta noites: e ali foi tentado por Satanás:
e habitava com as feras, e os anjos o serviam.

II. MINISTÉRIO DE JESUS NA GALILÉIA

Início do Ministério Público

14 Mas depois que João foi entregue à pri-
são, veio Jesus para Galiléia, pregando o Evan-
gelho do reino de Deus, 15 e dizendo: Pois que
o tempo está cumprido, e se aproximou o reino
de Deus: fazei penitência, e crede no Evange-
lho.

Os primeiros discípulos

16 E passando ao longo do mar de Galiléia,
viu a Simão, e a André seu irmão, que lança-
vam suas redes ao mar (porque eram pesca-
dores). 17 E disse-lhes Jesus: Vinde após mim,
e eu vos farei pescadores de homens. 18 E no
mesmo ponto, deixadas as redes, o seguiram.
19 E dali tendo passado um pouco mais adian-
te, viu a Tiago, filho de Zebedeu, e a João seu
irmão, que também numa barca estavam con-
sertando as redes: 20 e chamou-os logo. E eles,
tendo deixado na barca a seu pai Zebedeu
com os jornaleiros, foram-no seguindo.

Pregação e milagres em Cafarnaum

21 Entraram depois em Cafarnaum. E Jesus
vindo logo nos dias de sábado para a sinago-
ga, ensinava o povo. 22 E os que ouviam a sua
doutrina, estavam pasmados: porque ele os
ensinava, como quem tinha autoridade, e não
como os escribas. 23 Ora na sinagoga deles
achava-se um homem possesso do espírito
imundo, que gritou, 24 dizendo: Que tens tu
conosco, Jesus Nazareno? Viestes a perder-

-nos? bem sei quem és, que és o Santo Deus.
25 Mas Jesus o ameaçou, dizendo: Cala-te e
sai desse homem. 26 Então o espírito imundo
agitando-o com violentas convulsões, e dando
um grande grito, saiu dele. 27 E ficaram todos
tão espantados, que uns a outros se pergunta-
vam, dizendo: Que é isto? Que nova doutrina
é esta? Porque ele põe preceito com império
até aos espíritos imundos, e obedecem-lhe.
28 E correu logo sua fama por toda a terra
de Galiléia. 29 E eles saindo logo da sinagoga,
foram à casa de Simão, e de André, juntamen-
te com Tiago, e João. 30 E a sogra de Simão
estava de cama com febre: e lhe falaram logo
a respeito dela. 31 E chegando-se Jesus ao
pé dela, depois de a tomar pela mão, e fez
levantar: e imediatamente a deixou a febre,
e ela se pôs a servi-los. 32 E de tarde, sendo
já sol posto, trouxeram-lhe todos os enfermos
e possessos: 33 e toda a cidade se tinha ajun-
tado à porta. 34 E curou a muitos, que se
achavam oprimidos de diversas doenças, e
expeliu muitos demônios, aos quais não per-
mitia que dissessem que o conheciam. 35 E
levantando-se muito de madrugada, saiu, e foi
a um lugar deserto, e fazia ali oração. 36 E
foram-no seguindo Simão, e os que com ele
estavam. 37 E depois de darem com ele dis-
seram-lhe: Todos andam em busca de ti. 38 E
respondeu-lhe Jesus: Vamos para as aldeias,
e cidades circunvizinhas, porque também que-
ro lá pregar, que a isso é que vim.

Pregação e milagres por toda Galiléia

39 Pregava pois nas suas sinagogas, e em
toda a Galiléia, e expelia os demônios. 40 E
veio a ele um leproso, fazendo-lhe suas roga-
tivas. E pondo-se de joelhos, lhe disse: Se
queres, podes limpar-me. 41 E Jesus, compa-
decido dele, estendeu a sua mão: e tocando-
-lhe, disse-lhe: Quero. Sê limpo. 42 E tendo
dito estas palavras, em um momento desapa-
receu dele a lepra, e ficou limpo. 43 E Jesus
o ameaçou, e logo o fez retirar: 44 e lhe disse:
Guarde-te, não o contes a alguém. Mas vai,
mostra-te ao príncipe dos sacerdotes, e oferece
pela tua purificação o que Moisés ordenou,
para lhes servir de testemunho. 45 Porém o
homem tanto que saiu, começou a contar, e
a publicar o sucedido, de sorte que Jesus não
podia já entrar descobertamente numa cida-
de, mas ficava fora nos lugares desertos, e de
todas as partes vinham ter com ele.

Cura do paralítico

2 E entrou Jesus outra vez em Cafarnaum,
depois de alguns dias. 2 E tanto que soou
que estava ali em uma casa, acudiu logo um
tão crescido número de gente, que não cabia,
nem ainda à porta, e ele lhes pregava a pala-
vra. 3 E vieram a ele trazendo um paralítico,
que o conduziam quatro às costas. 4 E como
não pudessem pôr-lho diante, por causa do
tropel da gente, patentearam o telhado da casa
onde estava: e tendo feito uma abertura, ar-
riaram o leito em que jazia o paralítico. 5 E
quando Jesus viu a fé deles, disse ao paralíti-
co: Filho, perdoados te são os teus pecados.
6 E estavam ali assentados alguns dos escri-
bas, que lá nos seus corações estavam dizen-
do: 7 Como fala assim este homem? Ele diz
uma blasfêmia. Quem pode perdoar pecados,
senão só Deus? 8 Jesus conhecendo logo no
seu espírito que eles pensavam desta maneira
dentro de si, lhes disse: Por que estais vós
pensando isso dentro de vossos corações?
9 Qual é mais fácil, dizer ao paralítico: Os
teus pecados te são perdoados, ou dizer: Le-
vanta-te, toma o teu leito e anda? 10 Ora para
que saibais que o Filho do homem tem na
terra poder de perdoar pecados (disse ao pa-
ralítico): 11 A ti te digo: Levanta-te, toma o
teu leito, e vai para tua casa. 12 E no mesmo
ponto ele se levantou, e tomando o seu leito,
se foi à vista de todos, de maneira que se
admiraram todos, e louvaram a Deus, dizendo:
Nunca tal vimos.

Vocação de Levi e oposição dos judeus

13 E saiu outra vez para a parte do mar,
e vinha a ele toda a gente, e ele os ensinava.
14 E indo passando, viu a Levi, filho de Alfeu,
assentado no telônio, e lhe disse: Segue-me. E
ele, levantando-se, o foi seguindo. 15 E acon-
teceu que, estando Jesus assentado à mesa em
casa dele, estavam também à mesa com Jesus,
e com os seus discípulos, muitos publicanos,
e pecadores, porque havia muitos que tam-
bém o seguiam. 16 E vendo os escribas, e os
fariseus, que Jesus comia com os publicanos
e pecadores, diziam a seus discípulos: Por que
come e bebe vosso Mestre com os publicanos
e pecadores? 17 Quando isto ouviu Jesus, lhes
disse: Os sãos não têm necessidade de médico,
senão os que estão enfermos: porque eu não
vim a chamar justos senão pecadores.

18 Ora, os discípulos de João, e os fariseus
jejuavam, e eles vão buscar a Jesus, e lhe di-
zem: Por que jejuam os discípulos de João,
e os dos fariseus, e não jejuam os teus dis-
cípulos?

19 E Jesus lhes disse: Podem porventura
jejuar os filhos das bodas, enquanto está com
eles o esposo? Todo o tempo que tem consigo
ao esposo, não podem jejuar. 20 Mas lá virão

os dias em que lhes será tirado o esposo: e então naqueles dias eles jejuarão. 21 Ninguém cose um remendo de pano novo num vestido velho; doutra sorte o mesmo remendo novo leva parte do velho, e fica maior a ruptura. 22 E ninguém lança vinho novo em odres velhos: doutra sorte fará o vinho arrebentar os odres, e entornar-se-á o vinho, e perder-se-ão os odres: mas o vinho novo deve-se lançar em odres novos.

Primeira disputa a respeito do sábado

23 E sucedeu outra vez que caminhando o Senhor por entre os pães, num dia de sábado, começaram então os seus discípulos a ir-se adiantando, e a apanhar espigas. 24 E os fariseus lhe diziam: Olha, como fazem no sábado o que não é lícito? 25 E ele lhes respondeu: Nunca lestes o que fez Davi, quando se achou em necessidade, e teve fome ele e os que com ele estavam? 26 Como entrou na casa de Deus em templo de Abiatar, príncipe dos sacerdotes, e comeu os pães da proposição, dos quais não era lícito comer, senão aos sacerdotes, e ainda deu aos que com ele estavam? 27 E lhes dizia: O sábado foi feito em contemplação do homem, e não o homem em contemplação do sábado. 28 Assim que o Filho do homem é senhor também do sábado.

Cura do homem da mão ressecada

3 E entrou Jesus outra ocasião na Sinagoga: e achava-se ali um homem que tinha ressecada uma das mãos. 2 E os judeus o estavam observando, se curaria em dia de sábado, para o acusarem. 3 E disse ao homem que tinha a mão ressecada: Levanta-te para o meio. 4 E lhes disse: É lícito em dia de sábado fazer bem, ou mal? salvar a vida, ou tirá-la? Mas eles ficaram em silêncio. 5 E olhando-os em roda com indignação, condoído da cegueira de seus corações, disse ao homem: Estende a tua mão. E ele a estendeu, e foi-lhe restabelecida a mão. 6 Mas os fariseus saindo dali, entraram logo em conselho contra ele com os herodianos, para ver como o haviam de arruinar.

Entusiasmo das turbas para com Jesus

7 Mas Jesus se retirou com os seus discípulos para a parte do mar: e o foi seguindo uma grande multidão de povo da Galiléia, e da Judéia, 8 e de Jerusalém, e da Iduméia, e do Além-Jordão: e da comarca de Tiro, e de Sidônia vieram em grande número ter com ele, quando ouviram as coisas que fazia. 9 E mandou aos seus discípulos que lhe aprontassem uma barca em que pudesse entrar, para que o tropel da gente o não oprimisse: 10 porque curava a muitos, de tal maneira que todos os que padeciam algum mal, se arrojavam sobre ele para o tocarem. 11 E quando os espíritos imundos o viam, se prostravam diante dele: e gritavam, dizendo: 12 Tu és o Filho de Deus. Mas ele fazia-lhes grandes ameaças, que o não dessem a conhecer.

Vocação dos Doze

13 Depois, tendo subido a um monte, chamou Jesus para si os que quis: e vieram a ele. 14 E escolheu doze para que andassem com ele: e para os enviar a pregar. 15 E lhes deu o poder de curar enfermidades e de expelir demônios. 16 A saber, a Simão, a quem pôs o nome de Pedro: 17 e a Tiago, filho de Zebedeu, e a João, irmão de Tiago, aos quais ele deu o nome de Boanerges, que quer dizer, filhos do trovão: 18 e a André, e a Filipe, e a Bartolomeu, e a Mateus, e a Tomé, e a Tiago, filho de Alfeu, e a Tadeu, e a Simão Cananeu: 19 e a Judas Iscariotes, que foi o mesmo que o entregou.

Diversas atitudes respeito a Jesus

20 E vieram à casa. E concorreu de novo tanta gente, que nem ainda podiam tomar o alimento. 21 E quando isto ouviram os seus, saíram para o prender: porque diziam: Ele está furioso. 22 E os escribas, que haviam baixado de Jerusalém, diziam: Ele está possesso de Belzebu, e em virtude do príncipe dos demônios, é que expele os demônios.

23 E havendo-os convocado, lhes dizia em parábolas: Como pode Satanás lançar fora a Satanás? 24 E se um reino está dividido contra si mesmo, não pode durar aquele reino. 25 E se uma casa está dividida contra si mesma, não pode permanecer aquela casa. 26 E se Satanás se levantar contra si mesmo, dividido está, e não poderá subsistir; antes está para acabar. 27 Ninguém pode entrar na casa do valente a roubar as suas alfaias, se primeiro não ata ao valente, para poder depois saquear a sua casa.

Blasfêmia contra o Espírito Santo

28 Na verdade vos digo, que aos filhos dos homens perdoados lhe serão todos os pecados, e as blesfêmias que proferirem. 29 Mas o que blasfemar contra o Espírito Santo, nunca jamais terá perdão, mas será réu de eterno delito. 30 Porquanto diziam: Está possesso do espírito imundo.

Parentes de Jesus

31 E chegaram sua mãe e seus irmãos: e
ficando da parte de fora, o mandaram chamar.
32 E estava sentado à roda dele um crescido
número de gente, e lhe disseram: Olha que
tua mãe e teus irmãos te buscam ali fora. 33 E
ele lhes respondeu, dizendo: Quem é minha
mãe, e meus irmãos? 34 E olhando para os
que estavam sentados à roda de si, lhes disse:
Eis aqui minha mãe e meus irmãos. 35 Por-
que o que fizer a vontade de Deus, esse é meu
irmão, e minha irmã, e minha mãe.

Parábola do semeador

4 E de novo se pôs a ensinar à beira do
mar. E se ajuntaram à roda dele tantas
gentes que, entrando em uma barca, se assen-
tou dentro no mar, e toda a gente estava em
terra na ribeira. 2 E lhes ensinava muitas
coisas por parábolas, e lhes dizia segundo o
seu modo de pregar: 3 Ouvi: Eis saiu o semea-
dor a semear. 4 E ao tempo de semear, uma
parte caiu junto do caminho, e vieram as aves
do céu, e a comeram. 5 E outra caiu sobre
pedregulho, onde não tinha muita terra: e nas-
ceu logo, porque não havia profundidade de
terra: 6 mas logo que saiu o sol, se entrou a
queimar: e como não tinha raiz se secou: 7 e
outra caiu entre espinhos: e cresceram os es-
pinhos, e a afogaram, e não deu fruto. 8 E
outra caiu em boa terra: e deu fruto, que vin-
gou, e cresceu, e um grão deu a trinta, outro
a sessenta, e outro a cento. 9 E dizia: Quem
tem ouvidos de ouvir, ouça. 10 E quando se
achou só, lhe perguntaram os doze, que esta-
vam com ele, qual era o sentido da parábola.
11 E lhes disse: A vós outros é concedido
saber o mistério do reino de Deus: mas aos
que são de fora tudo se lhes propõe em pará-
bolas:

12 Para que vendo vejam, e não vejam: e
ouvindo oiçam e não entendam: para que não
suceda que alguma vez se convertam, e lhes
sejam perdoados os pecados.

13 E lhes disse: Não entendeis esta pará-
bola? Pois como entendereis todas as parábo-
las? 14 O que semeia, semeia a palavra. 15 E
estes são os que estão junto do caminho, nos
quais a palavra é semeada, mas quando a têm
ouvido, vem logo Satanás e tira a palavra que
foi semeada nos seus corações. 16 E assim
mesmo são aqueles que recebem a semente
em pedregulho: os quais, quando têm ouvido
a palavra, logo a recebem com gosto. 17 Mas
não têm raiz em si, porquanto perseveram até
certo tempo: depois em que levantando a tri-
bulação e a perseguição por amor da palavra,
logo se escandalizam. 18 E os outros são os
que recebem a semente entre espinhos; estes
são os que ouvem a palavra. 19 Mas as fadigas
do século, e a ilusão das riquezas, e as outras
paixões a que dão entrada, afogam a palavra
e assim fica infrutuosa. 20 E os que recebem
a semente em boa terra, são os que ouvem a
palavra, e a recebem, e dão fruto, um a trinta,
outro a sessenta, e outro a cento.

Parábolas da lâmpada e da medida

21 Dizia-lhes mais: Porventura vem a luzer-
na para a meterem debaixo do alqueire, ou
debaixo da cama? Não é assim que a trazem
para a porem sobre o candeeiro? 22 Porque
não há coisa alguma escondida, que não ve-
nha a ser manifesta: nem coisa alguma feita
em oculto, que não venha a ser pública. 23 Se
algum tem ouvidos de ouvir, oiça. 24 Também
lhes dizia: Atendei ao que ides agora a ouvir.
Com a medida com que medirdes aos mais,
vos medirão a vós, e ainda se vos acrescenta-
rá. 25 Porque ao que já tem, dar-se-lhe-á: e ao
que não tem, ainda o que tem se lhe tirará.

Parábola da semente

26 Dizia também: Tal é o reino de Deus,
como um homem que lança a semente sobre
a terra. 27 E que dorme, e se levanta de noite
e de dia, e a semente brota, e cresce sem ele
saber como. 28 Porque a terra por si mesma
produz, primeiramente a erva, depois a espiga,
e por último o grão grado na espiga. 29 E
quando produzir os frutos, mete logo a foice,
porque está chegado o tempo da ceifa.

Parábola do grão de mostarda

30 Ainda dizia: A que coisa assemelharemos
nós o reino de Deus? Ou com que parábola
o comparecemos? 31 É como um grão de mos-
tarda, que quando se semeia na terra, é a me-
nor de todas as sementes que há na terra:
32 mas depois de semeado, cresce, e faz-se
mais alto que todas as hortaliças, e cria gran-
des ramos, de modo que as aves do céu podem
vir pousar debaixo da sua sombra. 33 E assim
lhes propunha a palavra com muitas parábo-
las, tais como estas, conforme o permitia a
capacidade dos ouvintes. 34 E não lhes falava
sem usar de parábolas: mas tudo explicava
depois em particular a seus discípulos.

Tempestade acalmada

35 E naquele dia, já sobre a tarde, lhes
disse: Passemos à banda dalém. 36 E despe-
dindo a gente, o levaram consigo assim mes-
mo como estava na barca: e outras embarca-

ções, que com ele estavam, o seguiram. 37 Então se levantou uma grande tormenta de vento que metia as ondas na barca, de sorte que ela se encheu dágua. 38 Entretanto estava Jesus dormindo na popa sobre um travesseiro. Então eles o acordam, e lhe dizem: Mestre, a ti não se te dá que pereçamos? 39 E levantando-se ameaçou o vento, e disse para o mar: Cala-te, emudece. E cessou o vento, e seguiu-se uma grande bonança. 40 Então lhes disse Jesus: Por que sois vós assim tímidos? Ainda não tendes fé? Ficaram eles sobremaneira penetrados de temor, e uns para os outros diziam: Quem julgas que é este, que até o vento, e o mar lhe obedecem?

Cura dum endemoninhado

5 E passaram à outra banda do mar ao território dos gerasenos. 2 E ao sair Jesus da barca, veio logo a eles dos sepulcros um homem possesso do espírito imundo. 3 O qual tinha nos sepulcros o seu domicílio, e nem com cadeias o podia já alguém suster preso: 4 porque tendo sido atado muitas vezes com grilhões, e com cadeias, tinha quebrado as cadeias, e despedaçado os grilhões e ninguém o podia domar. 5 E sempre de dia e de noite andava pelos sepulcros, e pelos montes, gritando, e ferindo-se com pedras. 6 Vendo pois a Jesus de longe, veio correndo e adorou-o. 7 E dando um grande grito, disse: Que tens tu comigo, Jesus, Filho de Deus Altíssimo? Eu te esconjuro por Deus que me não atormentes. 8 Porque Jesus lhe dizia: Espírito imundo, sai desse homem. 9 E perguntou-lhe: Que nome é o teu? Ao que ele respondeu: Legião é o meu nome, porque somos muitos. 10 E pedia-lhe instantemente que o não lançasse fora do país. 11 Andava pois ali pastando ao redor do monte uma grande manada de porcos. 12 E os imundos espíritos suplicavam a Jesus dizendo: Manda-nos para os porcos, para nos metermos neles. 13 Deu-lhes Jesus logo esta permissão. E saindo os espíritos imundos, entraram nos porcos; e a manada que era de alguns dois mil, foi precipitar-se com grande violência no mar, e ali todos se afogaram. 14 E os que os andavam apascentando, fugiram e foram dar a notícia à cidade, e pelos campos. Então saíram muitos a ver o que tinha sucedido: 15 e vão ter com Jesus: e vêem ao que tinha sido vexado do demônio, sentado, vestido, e em seu perfeito juízo. E tiveram medo. 16 E os que se tinham achado presentes lhes contaram todo o fato, como havia acontecido ao endemoninhado, e o dos porcos. 17 E começaram a rogar a Jesus que se retirasse dos confins deles. 18 E ao tempo que ele ia para entrar na barca, então começou o que fora vexado do demônio a pedir-lhe que o deixasse ir com ele. 19 E Jesus o não admitiu, mas disse-lhe: Vai para a tua casa, para os teus, e anuncia-lhes quão grandes coisas o Senhor te fez, e a misericórdia que usou contigo. 20 E foi-se, e começou a publicar em Decápolis quão grandes coisas lhe havia feito Jesus. E todos se admiravam.

A filha de Jairo e a hemorroíssa

21 E tendo passado Jesus segunda vez à banda dalém, numa barca, concorreu a ele muita gente do povo, que se achava junto na ribeira. 22 E chegou um dos príncipes da sinagoga, por nome Jairo: e vendo a Jesus, lançou-se a seus pés. 23 E pediu-lhe com instância, dizendo: Eu tenho uma filha que está nas últimas; vem impor-lhe a mão para a curares, e para lhe dares vida. 24 E foi Jesus com ele, e era tanto o povo que o seguia, que o apertavam. 25 Então uma mulher, que havia doze anos que padecia um fluxo de sangue: 26 e que tinha sofrido muito às mãos de vários médicos: e que havia gastado tudo quanto tinha, nem por isso aproveitara coisa alguma, antes cada vez se achava pior: 27 tendo ouvido falar de Jesus, veio por detrás entre a chusma, e tocou-lhe o vestido: 28 porque dizia: Se eu tocar ainda que seja só o seu vestido, ficarei sã. 29 E no mesmo instante se lhe secou a fonte do seu sangue e ela sentiu no seu corpo estar curada do mal. 30 Mas Jesus, conhecendo logo em si mesmo a virtude que saíra dele, voltando para a gente, disse: Quem tocou meus vestidos? 31 E responderam-lhe seus discípulos: Tu vês que a chusma te vai comprimindo de todas as partes, e então perguntas: Quem me tocou? 32 E Jesus olhava em roda para ver a que isto fizera. 33 A mulher, porém, que sabia o que se tinha passado nela, cheia de medo, e toda tremendo, veio lançar-se a seus pés, e declarou-lhe toda a verdade. 34 E Jesus lhe disse: Filha, a tua fé te salvou. Vai-te em paz, e fica curada do teu mal. 35 Ainda ele não tinha acabado de falar quando chegam alguns da casa do príncipe da sinagoga, dizendo: É morta tua filha. Por que queres tu dar ao Mestre o trabalho de ir mais longe? 36 Mas Jesus tendo ouvido o que eles falavam, disse ao príncipe da sinagoga: Não tenhas medo. Crê somente. 37 E não permitiu que o acompanhasse nenhum senão Pedro e Tiago, e João, irmão de Tiago. 38 Depois que chegaram à casa do príncipe da sinagoga, viu logo Jesus o reboliço e os que estavam chorando, e fazendo grandes prantos. 39 E tendo entrado, lhes disse: Para que é esta turbação e este

choro que fazeis? A menina não está morta,
mas dorme. 40 E zombavam dele. Mas Jesus,
tendo feito sair todos para fora, tomou o pai
e a mãe da menina, e os que consigo trazia,
e entrou onde a menina estava deitada. 41 E
tomando a mão da menina, lhe disse: *Talitha,
cumi*, que quer dizer: Menina (eu te mando)
levanta-te. 42 E no mesmo ponto se levantou
a menina, e começou a andar: porque era já
de doze anos. E eles ficaram assombrados com
grande espanto. 43 Mas Jesus lhes mandou,
com preceito expresso, que ninguém o soubes-
se: e disse que dessem de comer à menina.

Jesus em Nazaré

6 Tendo Jesus saído dali foi para a sua pá-
tria: e o seguiam os seus discípulos: 2 E
chegando o dia de sábado começou a ensinar
na sinagoga: e muitos dos que o ouviam, se
admiravam da sua doutrina, dizendo: Donde
vêm a este todas estas coisas? E que sabedo-
ria é esta que lhe foi dada? E donde tais ma-
ravilhas que pelas suas mãos são obradas?
3 Não é este o oficial, filho de Maria, irmão
de Tiago, e de José, e de Judas, e de Simão?
Não vivem aqui entre nós também suas irmãs?
E daqui tomavam motivo para se escandaliza-
rem. 4 Mas Jesus lhes dizia: Um profeta só
deixa de ser honrado na sua pátria, e na
sua casa, e entre os seus parentes. 5 E não
podia fazer ali milagre algum, senão foi que
curou alguns poucos enfermos, impondo-lhes
as mãos. 6 E Jesus se admirava da increduli-
dade deles.

Missão dos Doze

E andava pregando por todas as aldeias
circunvizinhas. 7 E chamou os doze: e come-
çou a enviá-los a dois e dois, e lhes dava poder
contra os espíritos imundos. 8 E ordenou-lhes
que não levassem nada nas jornadas, senão
somente um bordão; nem levassem alforge,
nem pão, nem dinheiro na cinta. 9 Mas que
fossem calçados de sandálias, e que não se
provessem de duas túnicas. 10 E dizia-lhes:
Em qualquer casa onde entrardes, ficai nela,
até sairdes do lugar: 11 e quando alguns vos
não receberem, nem vos escutarem, saindo
dali, sacudi o pó dos vossos pés, em teste-
munho contra eles. 12 E saindo eles pregavam
aos povos, que fizessem penitência: 13 e ex-
peliam muitos demônios, e ungiam com óleo
a muitos enfermos, e os curavam.

Opinião de Herodes a respeito de Jesus

14 E ouviu isto o rei Herodes, (porque o
seu nome se tinha feito célebre) e dizia: É
que João Batista ressurgiu dentre os mortos:
e por isso os prodígios obram nele. 15 Outros
porém diziam: É Elias. E diziam outros: É
profeta como um dos profetas. 16 Herodes,
que ouvia estes rumores, disse: Este é João
a quem eu mandei degolar e que ressurgiu
dos mortos.

Martírio do Batista

17 Porque é de saber que o mesmo Hero-
des, como tinha casado com Herodíades, sen-
do esta mulher de seu irmão Filipe, mandou
prender, e meter em ferros a João, por causa
desta mulher. 18 Porque dizia João a Hero-
des: Não te é lícito ter a mulher de teu ir-
mão. 19 E Herodíades lhe andava espreitando
alguma ocasião: e o queria fazer morrer, po-
rém não podia. 20 Porque Herodes temia a
João, sabendo que ele era varão justo e santo:
e o protegia e pelo conselho fazia muitas coi-
sas, e o ouvia de boa vontade. 21 Até que ulti-
mamente chegou um dia favorável, em que
Herodes celebrava o dia do seu nascimento,
dando um banquete aos grandes da sua corte,
aos tribunos, e aos principais da Galiléia. 22 E
havendo entrado no festim a filha da mesma
Herodíades, e dançado, e dado gosto a Hero-
des, e aos que com ele estavam à mesa, disse
o rei à moça: Pede-me o que quiseres que eu
to darei. 23 E lhe jurou: Tudo o que me pedi-
res te darei, ainda que seja metade do meu
reino. 24 Tendo ela saido, disse a sua mãe:
Que hei de eu pedir? E ela respondeu: A ca-
beça de João Batista. 25 E tornando logo a
entrar a grã pressa onde estava o rei, pediu,
dizendo: Quero que sem mais demora me dês
num prato a cabeça de João Batista. 26 E o
rei se entristeceu, mas por causa do juramen-
to, e pelos que com ele estavam ali à mesa,
não quis desgostá-la. 27 Mas enviando um dos
da sua guarda, lhe mandou trazer a cabeça de
João num prato, e ele indo o degolou no
cárcere. 28 E trouxe a sua cabeça num prato,
e a deu à moça, e a moça a deu a sua mãe.
29 O que ouvindo seus discípulos, vieram e
levaram o seu corpo, e o puseram no sepulcro.

Volta dos Doze e primeira multiplicação dos pães

30 Ora, os apóstolos ajuntando-se onde
Jesus estava, contaram-lhe tudo o que haviam
feito, e ensinado. 31 E ele lhes disse: Vinde,
retirai-vos a algum lugar deserto, e descansai
um pouco. Porque eram muitos os que entra-
vam e saiam: e não tinham tempo para co-
mer. 32 Entrando pois numa barca, retiraram-
-se a um lugar deserto, por estarem sós. 33 E

muitos os viram partir, e outros tiveram disso notícia, e concorreram lá a pé de todas as cidades, e chegaram primeiro que eles. 34 E ao desembarcar viu Jesus uma grande multidão de povo, e teve compaixão deles, porque eram como ovelhas que não têm pastor, e começou a ensinar-lhes muitas coisas. 35 E como fosse já mui tarde, chegaram-se a ele seus discípulos, dizendo: Este lugar é deserto, e a hora é já passada. 36 Despede-os, que vão por esses casais e aldeias da comarca, a comprar alguma coisa que comam. 37 E ele respondendo lhes disse: Dai-lhes vós outros de comer. E eles lhe tornaram: Será logo preciso que vamos com duzentos dinheiros comprar pão, para haver de lhes darmos de comer. 38 E Jesus lhes disse: Quantos pães tendes vós? Ide, e vede lá isso. E depois de o terem examinado, lhe vêm dizer: Temos cinco e dois peixes. 39 Então lhes mandou que os fizessem recostar a todos em ranchos sobre a verde relva. 40 E se recostaram em ranchos, de cento em cento, e de cinqüenta em cinquenta. 41 E Jesus tomando os cinco pães, e os dois peixes, com os olhos no céu, abençoou e partiu os pães, e os deu a seus discípulos, para que lhos pusessem diante: e repartiu por todos os dois peixes. 42 E todos comeram, e ficaram fartos. 43 E levantaram doze cestos cheios de pedaços, que sobejaram dos pães, e dos peixes. 44 Ora os que comeram, eram cinco mil homens.

Jesus caminha sobre as ondas

45 E imediatamente obrigou Jesus a seus discípulos a se embarcarem, para chegarem primeiro que ele à banda dalém a Betsaida, enquanto ele despedia o povo. 46 E depois que os despediu, retirou-se a um monte a fazer oração. 47 E chegada a tarde achava-se a barca no meio do mar e ele só em terra. 48 E vendo o trabalho que eles tinham em remar (porque o vento lhes era contrário), lá junto da quarta vigília da noite foi ter com eles, andando por cima das águas: e queria passar-lhes adiante. 49 Quando eles porém o viram caminhar sobre as águas, cuidaram que era algum fantasma, e puseram-se a gritar. 50 Porque todos o viram, e se turbaram. Mas ele logo falou com eles, e lhes disse: Tende ânimo, sou eu, não temais. 51 E meteu-se na barca para ir ter com eles, e cessou o vento. E eles ainda mais se espantavam no seu interior do que viam: 52 pois ainda não tinham conhecido o milagre dos pães: porque estava obcecado o seu coração. 53 E tendo passado à outra banda, vieram aos país de Genesaré, e tomaram ali porto. 54 E como sairam da barca, logo o conheceram. 55 E correndo por todo aquele país, começaram onde quer que sabiam que Jesus estava, a trazerem-lhe de todas as partes, nos leitos, os que padeciam algum mal. 56 E onde quer que ele entrava, fosse nas aldeias, ou nos casais, ou nas cidades, punham os enfermos no meio das praças, e pediam-lhe que os deixasse tocar ao menos a orla do seu vestido, e todos os que o tocavam, ficavam sãos.

Controvérsia sobre a tradição rabínica

7 E vieram ter com Jesus os fariseus, e alguns dos escribas, que eram chegados de Jerusalém. 2 E quando viram tomar a refeição a alguns dos seus discípulos com as mãos imundas, isto é, por lavar, os vituperaram por isso. 3 Porque os fariseus, e todos os judeus em observância da tradição dos antigos, não comem sem lavarem as mãos muitas vezes: 4 e quando vêm do mercado, não comem sem se purificarem: e assim observam outros muitos costumes, que lhes ficaram por tradição, como lavar os copos, e os jarros, e os vasos de metal, e os leitos. 5 E lhe perguntaram os fariseus e os escribas: Por que não andam os teus discípulos conformes com a tradição dos antigos, mas comem as viandas com as mãos por lavar? 6 E ele respondendo, lhes disse: Com muita razão profetou de vós, hipócritas, Isaías, como está escrito: Este povo honra-me com a boca, mas o seu coração está longe de mim: 7 e em vão me adoram eles, quando ensinam máximas e preceitos dos homens. 8 Porque deixando o mandamento de Deus, observais cuidadosamente a tradição dos homens, lavando os jarros e os copos: e fazeis muitas outras coisas semelhantes a estas. 9 E dizia-lhes: Vós bem fazeis por invalidar o mandamento de Deus, para guardardes a vossa tradição. 10 Porque Moisés disse: Honra a teu pai e a tua mãe. Item: Todo o que tratar mal de palavra a seu pai, ou a sua mãe, morra de morte. 11 Mas vós outros dizeis: Para cumprir com a lei, basta que um homem diga a seu pai, ou a sua mãe: Toda a Corban (que é toda a oferta), que eu faço a Deus, será em teu proveito. 12 E não lhe deixais fazer mais coisa alguma a favor de seu pai, ou de sua mãe. 13 Vindo assim a rescindir a palavra de Deus por uma tradição de que vós mesmos fostes os autores: e fazeis ainda muitas mais coisas que se parecem com esta.

Verdadeira pureza

14 E convocando de novo ao povo, lhes dizia: Ouvi-me todos, e entendei. 15 Não há coi-

sa fora do homem que entrando nele o possa
manchar, mas as que saem do homem, essas
são as que fazem imundo ao homem. 16 Se
algum há que tenha ouvidos de ouvir, oiça.
17 E depois que, deixada a plebe, entrou em
casa, perguntaram-lhe seus discípulos qual era
o sentido desta parábola. 18 E ele lhes disse:
Que! também vós sois ignorantes? Não com-
preendeis que tudo o que de fora entra no
homem, nada o que contaminar: 19 porque
isso não lhe entra no coração mas vai ter ao
ventre, e depois lança-se num lugar escuso,
levando consigo todas as fezes do alimento?
20 E lhes dizia que as coisas que saem do ho-
mem, essas são as que contaminam ao ho-
mem. 21 Porque do interior do coração dos
homens é que saem os maus pensamentos, os
adultérios, as fornicações, os homicípios:
22 os furtos, as avarezas, as malícias, as frau-
des, as desonestidades, a inveja, a blasfêmia,
a soberba, a loucura. 23 Todos estes males
vêm de dentro, e são os que contaminam ao
homem.

A cananéia

24 E levantando-se dali, foi Jesus para os
confins de Tiro e de Sidônia: e tendo entrado
numa casa, quis que ninguém o soubesse mas
não pôde ocultar-se. 25 Porque uma mulher,
cuja filha estava possessa do espírito imundo,
tanto que ouviu quee le lá estava, entrou, e
lançou-se-lhe aos pés. 26 Era pois uma mu-
lher gentia, de nação siro-fenícia, e rogava-lhe
expelisse de sua filha o demônio. 27 Disse-lhe
Jesus: Deixa que primeiro sejam fartos os fi-
lhos, porque não é bom tomar o pão dos
filhos, e lançá-lo aos cães. 28 Mas ela respon-
deu, e disse-lhe: Assim é, Senhor, mas também
os cachorrinhos comem debaixo da mesa, das
migalhas que caem dos meninos. 29 Então lhe
disse Jesus: Por esta palavra que disseste, vai,
que já o demônio saiu de tua filha. 30 E tendo
vindo para sua casa, achou que a menina es-
tava deitada sobre a cama, e que o demônio a
deixara.

Cura do surdo-mudo

31 E Jesus, tornando a sair do termo de
Tiro, veio por Sidônia ao mar de Galiléia, pas-
sando pelo meio do território de Decápolis.
32 E lhe trouxeram um surdo e mudo, e lhe
rogavam que pusesse a mão sobre ele. 33 En-
tão Jesus, tirando-o de entre o povo e toman-
do-o de parte, meteu-lhe os seus dedos nos ou-
vidos: e cuspindo, pôs-lhe da sua saliva sobre
a língua. 34 E levantando os olhos ao céu, deu
um suspiro, e disse-lhe: *Ephphetha*, que quer
dizer, abre-te. 35 E no mesmo instante se lhe
abriram os ouvidos, e se lhe soltou a prisão
da língua, de sorte que entrou a falar expe-
ditamente. 36 E mandou-lhes que a ninguém
o dissessem. Porém quanto mais Jesus lho de-
fendia, tanto mais eles o publicavam. 37 E
tanto mais se admiravam, dizendo: Ele tudo
tem feito bem: fez não só que ouvissem os
surdos, mas que falassem os mudos.

Segunda multiplicação dos pães

8 Naqueles dias, como o povo houvesse con-
corrido outra vez em grande número, e
não tivessem que comer, tendo chamado Jesus
aos seus discípulos, lhes disse: 2 Tenho com-
paixão deste povo, porque, olhai, há já três
dias que andam aturadamente comigo, e não
têm que comer. 3 E se os despedir em jejum
para as suas casas, virão a desfalecer no ca-
minho: porque alguns deles vieram de longe.
4 E seus discípulos lhe responderam: De onde
poderá alguém fartá-los de pão aqui nesta so-
lidão? 5 E Jesus lhes perguntou: Quantos
pães tendes vós? Responderam eles: Sete. 6 E
mandou à gente que se recostasse sobre a
terra. E tomando os sete pães, dando graças,
os partiu, e deu a seus discípulos, para que
os distribuísse, e eles os distribuíram pelo po-
vo. 7 Tinham também uns poucos de peixi-
nhos, e ele os abençoou, e mandou que lhos
pusessem. 8 Comeram pois, e ficaram fartos,
e dos pedaços que tinham sobejado, levanta-
ram sete cestos. 9 Eram porém os que come-
ram perto de quatro mil, e Jesus os despe-
diu.

Os fariseus pedem um sinal dos céus

10 E entrando logo na barca em companhia
de seus discípulos, passou ao território de
Dalmanuta. 11 E saíram os fariseus, e se pu-
seram a disputar com ele, pedindo-lhe que
lhes fizesse ver algum prodígio do céu, tudo
para o tentarem. 12 Porém Jesus arrancando
do íntimo do coração um suspiro, disse: Por
que pede esta geração um prodígio? Em ver-
dade vos digo, que a esta geração se não con-
cederá prodígio. 13 E deixando-os, tornou ou-
tra vez a embarcar, e passou à outra ban-
da.

O fermento dos fariseus e Herodes

14 Ora, os discípulos esqueceram-se de to-
mar pão, e não tinham consigo na barca se-
não um único. 15 E pôs-lhes Jesus um precei-
to, em que dizia: Vede bem, e acautelai-vos do
fermento dos fariseus, e do fermento de He-

rodes. 16 E discorriam entre si, dizendo: É porque não temos pão. 17 O que conhecendo Jesus, disse-lhes: Que estais vós considerando que não tendes pão? é possível que ainda não no conheçais nem compreendais? ainda tendes cego o vosso coração? 18 Tendo olhos não vedes? e tendo ouvidos não ouvis? e não vos lembrais, 19 quando parti cinco pães para cinco mil, quantos cestos levantastes cheios de pedaços? Responderam eles: Doze. 20 E quando eu parti sete pães para quatro mil, quantos cestos levantastes de pedaços? E eles lhe responderam: Sete. 21 E Jesus lhes dizia: Pois como não entendeis ainda?

Cura do cego

22 E vieram a Betsaida, e lhe trouxeram um cego, e lhe rogavam que o tocasse. 23 E tomando ao cego pela mão, o tirou para fora da aldeia, e cuspindo-lhe nos olhos, tendo-lhe imposto as suas mãos, lhe perguntou se via alguma coisa. 24 E levantando ele os olhos, disse: Vejo os homens como árvores que andam. 25 Depois tornou-lhe Jesus a pôr as mãos sobre os olhos, e começou ele a ver, e ficou de todo curado, de sorte que via distintamente todos os objetos. 26 E Jesus o despediu para sua casa, dizendo-lhe: Vai para tua casa: e se entrares na aldeia não o digas a pessoa alguma.

Confissão de Pedro

27 E saiu Jesus com os seus discípulos pelas aldeias de Cesaréia de Filipe: e perguntava pelo caminho a seus discípulos, dizendo-lhes: Quem dizem os homens que sou eu? 28 Eles lhe responderam, dizendo: Uns dizem que João Batista, outros que Elias, e outros como um dos profetas. 29 Então lhes disse Jesus: E vós outros quem dizeis que sou eu? Respondendo Pedro, lhe disse: Tu és o Cristo. 30 E Jesus lhes proibiu com ameaças, que a ninguém dissessem isto dele. 31 E começou a declarar-lhes que importava que o Filho do homem padecesse muito, e que fosse rejeitado pelos anciãos, e pelos príncipes dos sacerdotes, e pelos escribas, e que fosse entregue à morte: e que ressuscitasse depois de três dias. 32 E tudo isto lhes declarava ele abertamente. Sobre o que Pedro, tomando-o de parte, começou a repreendê-lo. 33 Mas Jesus, virando-se, e olhando para seus discípulos, ameaçou a Pedro, dizendo: Tira-te de diante de mim, Satanás, que não tens gosto das coisas de Deus, mas sim das dos homens.

A cruz que dulcifica a vida

34 E chamando assim o povo com seus discípulos, disse-lhes: Se alguém me quer seguir, negue-se a si mesmo: e tome a sua cruz, e siga-me. 35 Porque o que quiser salvar a sua vida, perdê-la-á: Mas o que perder a sua vida por amor de mim, e do Evangelho, salva-la-á. 36 Pois de que aproveitará ao homem, se ganhar o mundo inteiro e perder a sua alma? 37 Ou que dará o homem em troco pela sua alma? 38 Porque se nesta geração adúltera, e pecadora, se envergonhar alguém de mim, e das minhas palavras: também o filho do homem se envergonhará dele, quando vier na glória de seu Pai acompanhado dos santos anjos. 39 Dizia-lhes mais: Em verdade vos afirmo que dos que aqui se acham, alguns há que não hão de gostar a morte, enquanto não virem chegar o reino de Deus no seu poder.

A Transfiguração e a volta de Elias

9 E seis dias depois tomou Jesus consigo a Pedro, e a Tiago, e a João: e os levou sós a um alto monte em lugar apartado, e transfigurou-se ante eles. 2 E os seus vestidos se tornaram resplandecentes, e em extremo brancos como a neve, tanto que nenhum lavandeiro sobre a terra os poderia fazer tão brancos. 3 E lhes aparceeu Elias com Moisés e estavam falando com Jesus. 4 E respondendo Pedro, disse a Jesus: Mestre, bom será que nós estejamos aqui: e façamos três tendas, para ti uma, e para Moisés outra, e para Elias outra. 5 Porque não sabia o que diziam: pois estavam atônitos de medo. 6 E formou-se uma nuvem que lhes fez sombra: e saiu uma voz da nuvem, que lhes dizia. Este é meu filho diletíssimo: Ouvi-o. 7 E olhando logo em roda, não viram ali mais ninguém, senão somente a Jesus que estava com eles. 8 E ao descerem eles do monte, mandou-lhes que a ninguém contassem o que tinham visto: até que o Filho do homem houvesse ressurgido dos mortos. 9 E eles guardaram segredo, disputando entre si, sobre que queria dizer aquela palavra: Até que houvesse ressurgido dos mortos. 10 E lhe perguntaram, dizendo: Pois como dizem os fariseus, e os escribas, que Elias deve vir primeiro? 11 Ele respondendo, lhes disse: Elias quando vier primeiro, reformará todas as coisas: e como está escrito acerca do Filho do homem, deve padecer muito, e ser desprezado. 12 Mas digo-vos que Elias já veio (e fizeram dele quanto quiseram) como está escrito dele.

Cura dum epiléptico

13 E vindo a seus discípulos, viu perto deles uma grande multidão de gente, e que os escribas estavam disputando com eles. 14 E logo todo o povo vendo a Jesus, ficou espantado, e todos se encheram de temor, e correndo a ele o saudavam. 15 E ele perguntou-lhes: Que é o que estais disputando entre vós outros? 16 E respondendo um dentre a gente, disse: Mestre, eu te trouxe meu filho, possuído de um espírito mudo: 17 o qual onde quer que o apanha, o lança por terra, e o moço deita escuma pela boca e range os dentes, e vai-se mirrando. E roguei a teus discípulos que o expelissem, e eles não puderam. 18 Respondendo-lhes Jesus, disse: Ó geração incrédula, até quando hei de eu estar convosco? Até quando vos hei de sofrer? Trazei-mo cá. 19 Trouxeram-lho então. E ainda bem ele não tinha visto a Jesus, quando logo o espírito imundo o começou a agitar com violência: até que caiu por terra, onde se revolvia babando-se todo. 20 E perguntou Jesus ao pai dele: Quanto tempo há que lhe sucede isto? E ele disse: Desde a infância: 21 e o demônio o tem lançado muitas vezes no fogo, e muitas na água, para o matar: porém se tu podes alguma coisa, ajuda-nos, tem compaixão de nós. 22 Disse-lhe pois Jesus: Se tu podes crer, tudo é possível ao que crê. 23 E imediatamente o pai do moço gritando, dizia com lágrimas: Sim, Senhor, eu creio! Ajuda tu a minha incredulidade. 24 E Jesus vendo que o povo concorria, ameaçou o espírito imundo, dizendo-lhe: Espírito surdo, e mudo, eu te mando, sai desse moço. E não tornes a entrar nele. 25 Então dando grandes gritos, e maltratando-o muito, saiu dele, e ficou como morto, de sorte que muitos diziam: Está morto. 26 Porém tomando-o Jesus pela mão, o levantou, e ele se ergueu. 27 E depois que entrou em casa, perguntaram-lhe seus discípulos particularmente: Por que o não pudemos nós expelir? 28 E ele lhes disse: Esta casta de demônios não se pode fazer sair, senão à força de oração, e de jejum.

Segundo anúncio da Paixão

29 E tendo partido dali, caminharam mais além de Galiléia: e não queria que ninguém o soubesse. 30 Entretanto ensinava a seus discípulos, e dizia-lhes: O Filho do homem será entregue às mãos dos homens, que lhe tirarão a vida, e ele ressurgirá ao terceiro dia, depois da sua morte. 31 Mas eles não entendiam o discurso: e tinham medo de lho perguntar. 32 Vieram depois a Cafarnaum. Quando eles estavam já em casa, lhes perguntou Jesus: De que vínheis vós tratando pelo caminho?

O maior no reino dos céus

33 Mas eles calaram-se: Porque no caminho haviam disputado entre si qual deles era o maior. 34 E sentando-se chamou aos doze, e lhes disse: Se algum quer ser o primeiro, será o último de todos, e o servo de todos. 35 E tomando a si um menino, pô-lo no meio deles: depois de o abraçar, disse-lhes: 36 Todo que receber um destes meninos em meu nome a mim me recebe. E todo o que me receber a mim, não me recebe a mim, mas recebe àquele que me enviou.

A tolerância

37 Respondeu-lhe João, dizendo: Mestre, vimos a um que lançava fora demônios em teu nome, que nos não segue, e lho proibimos. 38 E disse Jesus: Não lho proibais: porque não há nenhum que faça milagre em meu nome, e que possa logo dizer mal de mim: 39 porque quem não é contra vós, é por vós.

Escândalo

40 E qualquer que vos der a beber um copo dágua em meu nome, em atenção a que sois coisa de Cristo: digo-vos em verdade que não perderá a sua recompensa. 41 E todo o que escandalizar a um destes pequenos que crêem em mim: melhor lhe fora que lhe atassem à roda do pescoço uma mó de atafona, e que o lançassem no mar. 42 E se a tua mão te escandalizar, corta-a: melhor te é entrar na vida eterna manco, do que tendo duas mãos, ir para o inferno, para o fogo que nunca jamais se apaga: 43 onde o bicho que os rói nunca morre, e onde o fogo nunca se apaga. 44 E se o teu pé te escandaliza, corta-o: melhor te é entrar na vida eterna coxo, do que tendo dois pés ser lançado no fogo do inferno, que nunca morre, e onde o fogo nunca se apaga: 45 onde o bicho que os rói nunca morre, e onde o fogo nunca se apaga. 46 E se o teu olho te escandaliza, lança-o fora: melhor te é entrar no reino de Deus sem um olho, do que tendo dois ser lançado no fogo do inferno: 47 onde o bicho que os rói nunca morre, e onde o fogo nunca se apaga. 48 Porque todos eles serão salgados no fogo, e toda a vítima será salgada com sal. 49 O sal é bom: porém se ele se fizer insípido, com o que o haveis de temperar? Tende sal em vós, e guardai paz entre vós.

III. MINISTÉRIO DE JESUS NA JUDÉIA E EM JERUSALÉM

Divórcio

10 E saindo dali, foi Jesus para os confins da Judéia, na banda dalém do Jordão: e voltaram as gentes a ajuntar-se com ele: e de novo os ensinava, como sempre costumara.

2 E chegando os fariseus, lhe perguntavam: É lícito ao marido repudiar a sua mulher? O que eles diziam para o tentarem. 3 Mas ele respondendo, lhes disse: Que é o que vos mandou Moisés? 4 Responderam eles: Moisés permitiu escrever libelo de repúdio e reenviá-la. 5 Aos quais respondendo Jesus, disse: Pela dureza de vosso coração é que ele vos deixou escrito esse mandamento: 6 porém ao princípio da criação, fê-los Deus macho e femea. 7 Por isto deixará o homem a seu pai, e a sua mãe, e se ajuntará a sua mulher. 8 E serão dois numa só carne. 9 O que Deus pois ajuntou, não o separe o homem. 10 E tornaram a fazer-lhe seus discípulos em casa perguntas sobre a mesma matéria. 11 E ele lhes disse: Qualquer que repudiar a sua mulher, e se casar com outra, comete adultério contra a sua primeira mulher. 12 E se a mulher repudiar a seu marido, e se casar com outro, comete adultério.

Jesus abençoa os meninos

13 Então lhe apresentavam uns meninos para que os tocasse. Mas os discípulos ameaçavam aos que lhos apresentavam. 14 O que vendo Jesus, levou-o muito a mal e disse-lhes: Deixai vir a mim os pequeninos, e não os embaraceis: porque dos tais é o reino de Deus. 15 Em verdade vos digo: que todo o que não receber o reino de Deus como pequenino não entrará nele. 16 E abraçando-os, e pondo sobre eles as mãos, os abençoava.

O jovem rico

17 E tendo saído Jesus para se pôr a caminho, veio correndo um homem, e com o joelho em terra diante dele, lhe fez esta súplica: Bom Mestre, que devo eu fazer para alcançar a vida eterna? 18 E Jesus lhe disse: Por que me chamas tu bom? Ninguém é bom senão só Deus. 19 Tu sabes os mandamentos: Não cometas adultério, não mates, não furtes, não digas falso testemunho, não cometas fraudes, honra a teu pai e a tua mãe. 20 Então ele respondendo, lhe disse: Mestre, todos estes mandamentos tenho eu observado desde a minha mocidade. 21 E Jesus, pondo nele os olhos, lhe mostrou agrado, e lhe disse: Uma coisa só te falta: vai, vende quanto tens, dá-o aos pobres, e terás um tesouro no céu: e vem, segue-me. 22 O homem desgostoso das palavras que ouvira, foi-se todo triste: porque era muito afazendado.

Perigo das riquezas

23 E Jesus, olhando em roda, disse a seus discípulos: Com quanta dificuldade entrarão no reino de Deus os que têm riquezas! 24 E os discípulos se assombravam das suas palavras. Mas Jesus continuando por diante lhes disse: Filhinhos, quão difícil coisa é entrarem no reino de Deus os que confiam nas riquezas! 25 Mais fácil é passar um camelo pelo fundo duma agulha, do que entrar no reino de Deus um rico. 26 Eles ainda ficaram muito mais cheios de espanto, e diziam uns para os outros: Quem pode logo salvar-se? 27 Então Jesus olhando para eles, disse: Para os homens coisa é esta que não pode ser, mas não para Deus: porque para Deus todas as coisas são possíveis.

Recompensa da renúncia evangélica

28 E começou Pedro a dizer-lhes: Eis aqui estamos nós que largamos tudo, e te seguimos. 29 Respondendo Jesus, disse: Na verdade vos digo: que não há nenhum que haja deixado casa, ou irmãos, ou irmãs, ou pai, ou mãe, ou filhos, ou terras por amor de mim, e por amor do Evangelho, 30 que não venha a receber, já de presente neste mesmo século, a cento por um: das casas, e dos irmãos, e das irmãs, e das mães, e dos filhos, e das terra, com as perseguições, e no século futuro a vida eterna. 31 Porém haverá muitos que, sendo os primeiros, serão os últimos, e muitos que, sendo os últimos, serão os primeiros.

Terceiro anúncio da Paixão

32 E estavam no caminho para subir a Jerusalém: e Jesus ia adiante deles, do que os mesmos se espantavam: e o seguiam com medo. E tornando a tomar de parte aos doze, começou a declarar-lhes as coisas que tinham de lhe acontecer. 33 Eis aqui está que nós subimos a Jerusalém, e o Filho do homem será entregue aos príncipes dos sacerdotes, e aos escribas, e aos anciãos, e sentenciá-lo-ão à morte, e o entregarão aos gentios: 34 e o es-

carnecerão, e lhe cuspirão no rosto, e o açoutarão, e lhe tirarão a vida: e ao terceiro dia ressurgirá:

Os filhos de Zebedeu

35 Então se chegaram a ele Tiago e João, filhos de Zebedeu, dizendo-lhe: Mestre, queremos que nos concedas tudo o que te pedirmos. 36 E ele lhes disse: Que quereis vós que eu vos faça? 37 E eles responderam: Concede-nos que nos sentemos na tua glória, um à tua direita e outro à tua esquerda. 38 Mas Jesus lhes disse: Não sabeis o que pedis: podeis vós beber o cálice que eu estou para beber? Ou ser batizados no batismo em que eu estou para ser batizado? 39 E eles lhe disseram: Podemos. E Jesus lhes disse: Vós com efeito haveis de beber o cálice que eu estou para beber: e haveis de ser batizados no batismo em que eu estou para ser batizado. 40 Mas pelo que toca a terdes assento à minha destra, ou à minha esquerda, não me pertence a mim o conveder-vo-lo, porém, essa honra é para aqueles para quem ela está preparada. 41 E ouvindo isto os outros dez começaram a indignar-se contra Tiago e João. 42 Mas Jesus, chamando-os, lhes disse: Vós sabeis que os que têm autoridade entre os povos, esses são os que os dominam, e que os seus príncipes têm poder sobre eles. 43 Porém entre vós não deve ser assim, mas todo o que quiser ser o maior, esse deve ser o que vos ministre: 44 e todo o que entre vós quiser ser o primeiro, esse deve fazer-se servo de todos. 45 Porque o mesmo Filho do homem não veio a ser servido, mas a servir, e a dar a sua vida para redenção de muitos.

Cura de Bartimeu, o cego

46 Depois foram a Jericó; e ao sair de Jericó ele, e os seus discípulos, e muitissimo povo com eles, Bartimeu, que era cego, filho de Timeu, estava assentado junto ao caminho pedindo esmola. 47 O qual, como ouviu que passava Jesus Nazareno, começou a gritar, e a dizer: Jesus, filho de Davi, tem misericórdia de mim. 48 E ameaçavam-no muitos, para que se calasse. Mas ele cada vez gritava muito mais: Filho de Davi, tem misericórdia de mim. 49 Parando então Jesus mandou que lho chamassem. E chamaram o cego, dizendo-lhe: Tem boas esperanças, levanta-te, que ele te chama. 50 Ele, deitando fora de si a capa, saltando, veio ter com ele. 51 E falando Jesus, lhe disse: Que queres tu que eu te faça? O cego pois lhe respondeu: Mestre, que eu tenha vista. 52 Então lhe disse Jesus: Vai, a tua fé te sarou. E no mesmo ponto viu, e o foi seguindo pelo caminho.

Entrada triunfante em Jerusalém

11 E quando eles se iam aproximando a Jerusalém, e a Betânia, perto do monte das Oliveiras, enviou dois dos seus discípulos, 2 e lhes disse: Ide a essa aldeia que está defronte de vós, e logo que entrardes nela, achareis preso um asninho, em que ainda não montou homem algum: soltai-o e trazei-o. 3 E se alguém vos perguntar: Que é o que vós fazeis? dizei-lhe que o Senhor tem necessidade dele: e logo o deixará vir aqui. 4 E saindo eles acharam o jumentinho atado de fora da porta na encruzilhada, e desprenderam-no. 5 E alguns dos que estavam ali lhes diziam: Que fazeis, desprendendo o jumentinho? 6 Eles responderam como Jesus lhes havia mandado, e os homens lho deixaram levar. 7 E trouxeram o jumentinho a Jesus, e acobertaram-no com os seus vestidos, e Jesus montou em cima dele. 8 E muitos estenderam os seus vestidos pelo caminho: e outros cortavam ramos das árvores e juncavam com eles o caminho. 9 E tanto os que iam adiante, como os que o seguiam atrás davam os vivas a Jesus, dizendo: Hosana. 10 Bendito seja o que vem em nome do Senhor, bendito seja o reino que vemos chegar do nosso pai Davi! Hosana nas alturas. 11 E entrou em Jerusalém no Templo: e depois de ter observado tudo quanto nele havia, como fosse já tarde, saiu a Betânia com os doze.

Maldição da figueira

12 E ao outro dia como saissem de Betânia teve fome. 13 E tendo visto ao longe uma figueira que tinha folhas, foi lá a ver se acharia nela alguma coisa: e quando chegou a ela, nada achou senão folhas: porque não era tempo de figos. 14 E falando lhe disse: Nunca jamais coma alguém fruto de ti para sempre. E ouviram-no os seus discípulos.

Expulsão dos vendilhões do Templo

15 Chegaram pois a Jerusalém. E havendo entrado no Templo, começou a lançar fora os que vendiam e compravam no Templo, e derribou as mesas dos banqueiros, e as cadeiras dos que vendiam pombas. 16 E não consentia que qualquer transportasse móvel algum pelo Templo. 17 E ele os ensinava, dizendo-lhes: Porventura não está escrito: que a minha Casa será chamada Casa de Oração entre todas as gentes? E vós tendes feito dela um covil de ladrões. 18 O que ouvindo os prínci-

pes dos sacerdotes e os escribas, andavam excogitando de que modo o haviam de perder, porque como todo o povo admirava a sua doutrina, tinham medo dele. 19 Quando era já pela tarde, saiu da cidade.

Fé e oração

20 E no outro dia pela manhã, ao passarem pela figueira, viram que ela estava seca até às raízes. 21 Então lembrado Pedro, disse para Jesus: Olha, Mestre, como se secou a figueira que tu amaldiçoaste. 22 E respondendo, Jesus lhe disse: Tende a fé de Deus. 23 Em verdade vos afirmo, que todo o que disser a este monte: Tira-te, e lança-te no mar, e isto sem hesitar no seu coração, mas tendo fé de que tudo o que disser sucederá, ele o verá cumprir assim. 24 Por isso vos digo, todas as coisas que vós pedirdes orando, crede que as haveis de haver, e que assim vos sucederão. 25 Mas quando vos puserdes em oração, se tendes alguma coisa contra alguém, perdoai-lha, para que também vosso Pai, que está nos céus, vos perdoe vossos pecados. 26 Porque se vós não perdoardes, também vosso Pai, que está nos céus, vos não há de perdoar vossos pecados.

Autoridade do Messias

27 E voltaram outra vez a Jerusalém. E andando Jesus pelo Templo, se chegaram a ele os príncipes dos sacerdotes, e os escribas, e os anciãos: 28 e lhe disseram: Com que autoridade fazes tu essas coisas? e quem te deu este poder de fazer essas coisas? 29 E respondendo, Jesus lhes disse: Eu também vos farei uma pergunta, e respondei-me a ela: e eu então vos direi com que autoridade faço estas coisas. 30 O batismo de João era do céu, ou dos homens? Respondei-me. 31 Mas eles faziam lá consigo este juízo, discorrendo: Se nós dissermos que era do céu dir-nos-á ele: Por que razão logo não crestes nele? 32 Se dissermos que dos homens, temos medo do povo: porque todos tinham a João em conta de um profeta. 33 E respondendo, disseram a Jesus: Não sabemos. E respondendo Jesus, lhes disse: Pois nem eu tampouco vos direi com que autoridade vos faço estas coisas.

Parábola dos maus lavradores

12 Começou depois Jesus a falar-lhes por parábolas: Um homem plantou uma vinha e cercou-a com uma sebe, e cavando fez um lagar, e edificou uma torre, e arrendou-a a uns lavradores; depois ausentou-se para longe. 2 E chegado o tempo enviou aos lavradores um servo, que fosse receber dos mesmos lavradores o que lhe deviam do fruto da sua vinha. 3 Eles apanhando-o às mãos o feriram e o remeteram com as mãos vazias. 4 E enviou-lhes de novo outro servo: e também a este o feriram na cabeça, e o carregaram de afrontas. 5 E de novo enviou outro, e o mataram: e outros muitos: dos quais feriram a uns, e mataram a outros. 6 Mas como tivesse ainda um filho, a quem ele muito amava: também lho enviou por último, dizendo: Terão respeito a meu filho. 7 Porém os lavradores disseram uns para os outros: Este é o herdeiro. Vinde, matemo-lo: e será nossa a herança. 8 E pegando nele mataram-no: e lançaram-no fora da vinha. 9 Que fará pois o Senhor da vinha? Virá, e acabará de todo com estes lavradores: e dará a sua vinha a outros. 10 Vós nunca lestes este lugar da Escritura: A pedra, que fora rejeitada pelos que edificavam, essa veio a ser a principal da esquina. 11 Pelo Senhor é que foi feito isto, e é coisa maravilhosa nos nossos olhos? 12 E buscavam meios para o prenderem: mas temeram o povo: porque entenderam que contra eles havia dito esta parábola. E deixando-o se retiraram.

Tributo a César

13 E lhe enviaram alguns dos fariseus, e dos herodianos, para que o apanhassem no que falasse. 14 Eles vindo lhe dizem: Mestre, sabemos que és homem verdadeiro, e que não atendes a respeitos humanos: porque não olhas os homens pela aparência, mas ensinas o caminho de Deus segundo a verdade. É-nos permitido dar o tributo a César, ou não lho devemos dar? 15 Jesus, conhecendo a sua hipocrisia, respondeu-lhes: Porque me tentais? Dai-me cá um dinheiro para o ver. 16 E eles lho trouxeram. Então lhes perguntou Jesus: De quem é esta imagem e inscrição? Responderam-lhe eles: De César. 17 E, respondendo, Jesus lhes disse: Pois dai a César o que é de César: e a Deus o que é de Deus. E desta resposta ficaram admirados.

Ressurreição dos mortos

18 E vieram a eles os saduceus, que negam a ressurreição: e lhe perguntavam, dizendo: 19 Mestre, Moisés nos deixou escrito que, se morrer o irmão de algum, e deixar mulher, e não tiver filhos, que tome seu irmão a mulher dele, e que dê sucessão a seu irmão. 20 Eram pois sete irmãos: e o maior tomou mulher, e morreu sem deixar sucessão. 21 E o segundo a tomou, e morreu: e nem este deixou filhos. E da mesma sorte o terceiro. 22 E assim mes-

mo a tomaram os sete: e não deixaram filhos.
E sendo já a última de todos, morreu também
a mulher. 23 Ao tempo pois da ressurreição,
quando tornarem a viver, de qual destes será
a mulher? Porque todos sete a tiveram por
mulher. 24 E, respondendo, Jesus lhes disse:
Não vedes que por isso errais, porque não
compreendeis as Escrituras, nem o poder de
Deus? 25 Porque quando ressuscitarem dentre
os mortos, não hão de os homens ter mulhe-
res, nem as mulheres homens, mas todos se-
rão como os anjos nos céus. 26 E dos mortos
que têm de ressuscitar, não haveis lido no
livro de Moisés, como Deus lhe falou sobre a
sarça, dizendo: Eu sou o Deus de Abraão, e o
Deus de Isaac, e o Deus de Jacó? 27 Ele não
é Deus de mortos, senão de vivos, logo estais
vós num grande erro.

O mandamento máximo

28 Então se chegou um dos escribas, que os
tinha ouvido disputar, e vendo que Jesus lhes
havia respondido bem, lhe perguntou qual era
o primeiro de todos os mandamentos. 29 E
Jesus lhe respondeu: que de todos o primeiro
mandamento era este: Ouve, Israel, o Senhor
teu Deus é só o que é Deus: 30 e amarás o
Senhor teu Deus de todo o teu coração, e de
toda a tua alma, e de todo o teu entendimen-
to, e de todas as tuas forças. Este é o primeiro
mandamento. 31 E o segundo semelhante ao
primeiro é: Amarás ao teu próximo como a ti
mesmo. Nenhum outro mandamento há que
seja maior do que estes. 32 Disse-lhe então o
escriba: Mestre, na verdade disseste bem, que
Deus é um só e que não há outro fora ele.
33 E que o amá-lo cada um de todo o seu co-
ração, e de todo o seu entendimento, e de toda
a sua alma, e de todas as suas forças: e o
amar ao próximo como a si mesmo, é uma
coisa que excede todos os holacoustos, e sa-
crifícios. 34 E vendo Jesus que o escriba tinha
respondido sabiamente, lhe disse: Não estás
longe do reino de Deus. E desde então nin-
guém mais se atreveu a fazer-lhe perguntas.

Origem do Messias. Cautela quanto aos escribas

35 E falando Jesus dizia ensinando no Tem-
plo: Como dizem os escribas que o Cristo é
Filho de Davi? 36 Porque o mesmo Davi por
boca do Espírito Santo diz: Disse o Senhor ao
meu Senhor, senta-te à minha direita, até que
eu ponha os teus inimigos por estrado de teus
pés. 37 Pois se o mesmo Davi lhe chama
Senhor, como é ele logo seu Filho? E uma
grande multidão de povo o ouvia com gosto.
38 E ele lhes dizia segundo o seu modo de
ensinar: Guardai-vos dos escribas, que gostam
de andar com roupas largas, e de que os cum-
primentem nas praças, 39 e de ocupar nas si-
nagogas as primeiras cadeiras, e nos banque-
tes os primeiros lugares. 40 Que devoram as
casas das viúvas debaixo do pretexto de lon-
gas orações: estes serão julgados com maior
rigor.

O óbolo da viúva

41 E estando Jesus assentado defronte don-
de era o gazofilácio, observava ele de que mo-
do deitava o povo ali o dinheiro, e muitos
que eram ricos deitavam com mão larga. 42 E
tendo chegado uma pobre viúva, lançou duas
pequenas moedas, que importavam um real.
43 E convocando a seus discípulos, lhes disse:
Na verdade vos digo, que mais deitou esta
pobre viúva, que todos os outros que lança-
ram no gazofilácio. 44 Porque todos os outros
deitaram do que tinham na sua abundância:
porém esta deitou da sua mesma indigência
tudo o que tinha, e tudo o que lhe restava
para seu sustento.

Magnificência do Templo

13 E ao sair Jesus do Templo, disse-lhe um
de seus discípulos: Olha, Mestre, que
pedras, e que fábricas. 2 E respondendo Jesus,
lhe disse: Vês todos estes grandes edifícios?
Não ficará pedra sobre pedra, que não seja
derribada. 3 E estando assentado no Monte
das Oliveiras, defronte do Templo, pergunta-
ram-lhe em particular Pedro, e Tiago, e João,
e André: 4 Dize-nos, quando há de suceder es-
tas coisas? e que sinal haverá de quando to-
das elas se começarem a cumprir?

Tempos de angústia

5 Então em resposta a isto começou Jesus
a dizer-lhes: Guardai-vos, não vos engane al-
guém: 6 porque muitos virão em meu no-
me dizendo: Sou eu: e enganarão a muitos.
7 Quando vós porém ouvirdes falar de guer-
ras, e de rumores de guerras, não temais; por-
que importa que estas coisas sucedam: mas
este não será ainda o fim. 8 Porque se levan-
tará nação contra nação e reino contra reino,
e haverá terremotos por diversas partes, e
fomes. Estas cousas não serão mais do que o
princípio das dores.

Perseguições

9 Tende pois sentido convosco. Porque vos
há de entregar nos juízos, e vos hão de açou-
tar nas sinagogas e fazer comparecer por meu

respeito diante dos governadores, e dos reis, a fim de que perante eles deis testemunho de mim. 10 Mas primeiro importa que o Evangelho seja pregado a todas as nações. 11Quando pois vos levarem para vos entregarem, não premediteis no que haveis de dizer: mas dizei o que vos for inspirado naquela hora: porque não sois vós os que falais, mas sim o Espírito Santo. 12 Então um irmão entregará à morte outro irmão, e o pai ao filho: e os filhos se levantarão contra os pais, e lhes darão a morte. 13 E vós sereis aborrecidos de todos por amor do meu nome. Mas o que perseverar até o fim, esse será salvo.

Desolação da Judéia

14 Quando porém vós virdes estar a abominação da desolação, onde não deve estar, o que lê, entenda: então os que estiverem em Judéia, fujam para os montes: 15 e o que estiver sobre o telhado, não desça à casa nem entre para levar dela coisa alguma. 16 E o que se achar no campo, não volte atrás a buscar o seu vestido. 17 Mas ai das que naquele tempo estiverem pejadas, e criarem. 18 Rogai pois que não sucedam estas coisas no inverno. 19 Porque naqueles dias haverá tribulações tais, quais não houve desde o princípio das criaturas, que Deus fez até agora, nem haverá. 20 De sorte que se o Senhor não abreviasse aqueles dias, nenhuma pessoa se salvaria: mas Ele os abreviou em atenção aos escolhidos, de que fez escolha. 21 E se então vos disser alguém: Reparai, aqui está o Cristo, ou, ei-lo acolá está, não lhe deis crédito. 22 Porque se levantarão falsos Cristos, e falsos profetas, que farão prodígios, e portentos para enganarem, se possível fora, até os mesmos escolhidos. 23 Estai vós pois de sobreaviso; olhai que eu vos preveni de tudo.

Vinda do Filho do homem

24 Mas naqueles dias, depois daquela tribulação, o sol se escurecerá, e a lua não dará o seu resplendor: 25 e cairão as estrelas do céu, e se comoverão as virtudes que estão nos céus. 26 E então verão o Filho do homem que virá sobre as nuvens, com grande poder e majestade. 27 E então enviará os seus anjos, e ajuntará os seus escolhidos de todos os quatro ventos, desde a extremidade da terra até à extremidade do céu. 28 Aprendei pois o que vos digo, de uma comparação tirada da figueira. Quando os seus ramos estão já tenros, e nascidas as folhas, conheceis que está perto o estio: 29 assim também quando vós virdes que acontecem estas coisas, sabei que está perto e já à porta. 30 Na verdade vos digo, que não passará esta geração sem que tudo isto seja cumprido. 31 Passará o céu e a terra, mas não passarão as minhas palavras. 32 A respeito porém deste dia, ou desta hora, ninguém sabe quando há de ser, nem os anjos no céu, nem o Filho, mas só o Pai. 33 Estai de sobreaviso, vigiai, e orai: porque não sabeis quando chegará esse tempo. 34 Assim como um homem que, ausentando-se para longe, deixou a sua casa, e designou a cada um de seus servos a obra que devia fazer, e mandou ao porteiro que estivesse de vigia. 35 Vigiai pois, (visto que não sabeis quando virá o Senhor da casa: se de tarde, se à meia-noite, se ao cantar do galo, se pela manhã), 36 para que não suceda que quando vier de repente, vos ache dormindo. 37 O que eu porém vos digo a vós, isto digo a todos: Vigiai.

IV. PAIXÃO E RESSURREIÇÃO DE JESUS

Conspiração dos sacerdotes judeus

14 Faltavam pois dois dias para chegar a Páscoa, em que se começava a comer os pães asmos: e os príncipes dos sacerdotes, e os escribas adavam buscando modo como prenderiam por traição a Jesus, para o matarem. 2 Mas eles diziam: Não convém que isto se faça no dia da festa, por não suceder que no povo se excite algum motim.

A unção de Betânia

3 E estando Jesus em Betânia, em casa de Simão o leproso, e sentado à mesa: chegou uma mulher que trazia uma redoma de alabastro cheia de precioso bálsamo feito de espigas de nardo, e quebrada a redoma, lho derramou sobre a sua cabeça: 4 e alguns dos que estavam presentes indignaram-se lá entre si do que viam e disseram: Para que foi este desperdício de bálsamo? 5 Pois podia ele vender-se por mais de trezentos dinheiros, e dar-se este produto aos pobres. E murmuravam fortemente contra ela. 6 Mas Jesus lhes disse: Deixai-a; por que a molestais? ela fez-me uma boa obra. 7 Porque vós sempre tendes convosco os pobres: para que quando lhes queirais fazer bem, lho possais fazer: porém a mim não me tendes sempre. 8 Ela fez o que cabia nas suas forças: foi isto embalsamar-me ante-

cipadamente o corpo para a sepultura. 9 Em verdade vos digo: Onde quer que for pregado este Evangelho, que será em todo o mundo, será também contado para sua memória, o que esta obrou.

Traição de Judas

10 Então se retirou Judas Iscariotes, que era um dos doze, a buscar os príncipes dos sacerdotes, para lhes entregar a Jesus. 11 Eles ouvindo isto se alegraram, e prometeram dar-lhe dinheiro. E buscava Judas ocasião oportuna para o entregar.

Preparação para a Última Ceia

12 E no primeiro dia em que se comiam os pães asmos, quando se imolava o cordeiro pascal, disseram-lhe seus discípulos: Onde queres tu que nós vamos preparar-te o que é necessário para comeres a Páscoa? 13 Enviou ele pois a dois de seus discípulos, e disse-lhes: Ide à cidade, e lá vos sairá ao encontro um homem que levará uma bilha de água; ide atrás dele: 14 e onde quer que ele entrar: dizei ao dono da casa que o Mestre diz: Onde é o aposento em que eu poderei comer a Páscoa com meus discípulos? 15 E ele vos mostrará um cenáculo, todo mobilado, e preparai-nos lá o que é necessário. 16 E partiram seus discípulos, e chegaram à cidade, e acharam tudo como ele lhes havia dito, e prepararam a Páscoa.

Anúncio da traição

17 E chegada a tarde, foi Jesus com os doze. 18 E quando eles estavam à mesa e ceavam, disse-lhes Jesus: Em verdade vos digo, que um de vós que comigo come, me há de entregar. 19 Então se começaram eles a entristecer, e cada um de per si lhe perguntava: Sou eu? 20 Respondeu-lhes Jesus: É um dos doze que mete comigo a mão no prato. 21 E quanto ao Filho do homem, ele vai segundo o que dele está escrito: mas ai daquele homem, por meio do qual será entregue o Filho do homem! Melhor lhe fora, se esse homem não houvera nascido.

Instituição da Eucaristia

22 E quando eles estavam comendo, tomou Jesus o pão, e depois de o benzer, partiu-o e deu-lho, e disse: Tomai, este é o meu corpo. 23 E tendo tomado o cálice, depois que deu graças, lho deu: e todos beberam dele. 24 E Jesus lhes disse: Este é o meu sangue do Novo Testamento, que será derramado por muitos. 25 Em verdade vos digo, que eu não beberei jamais deste fruto da vida até chegar aquele dia em que o beba de novo no reino de Deus.

Prediz a fuga e a negação

26 E depois de cantado o hino, sairam para o Monte das Oliveiras. 27 Então lhes disse Jesus: A todos vós serei eu esta noite uma ocasião de escândalo: pois está escrito: Eu ferirei o pastor, e as ovelhas se porão em dessarranjo. 28 Mas depois que eu ressurgir, ir-vos-ei esperar na Galiléia.

29 Disse-lhe então Pedro: Ainda quando todos se escandalizarem a teu respeito, eu contudo me não hei de escandalizar. 30 E Jesus lhe respondeu: Em verdade te digo, que hoje, nesta mesma noite, antes que o galo cante a segunda vez, me hás de tu negar três vezes. 31 Mas Pedro, insistindo no mesmo, acrescentava: Ainda no caso de eu me ver precisado a morrer contigo, não te hei eu de negar. E o mesmo disseram também todos os mais.

No Getsêmani

32 Vieram depois para uma herdade chamada Getsêmani. Então Jesus disse a seus discípulos: Assentai-vos aqui, enquanto eu oro. 33 e levou consigo a Pedro, e a Tiago, e a João: e começou a ter pavor, e angustiar-se em extremo. 34 Então lhes disse: A minha alma se acha numa tristeza mortal: detende-vos aqui, e vigiai. 35 E tendo-se adiantado alguns passos, prostrou-se em terra: e orava que, se era possível, passasse dele aquela hora: 36 e disse: Abba, Pai, todas as coisas te são possíveis; traspassa de mim este cálice, porém não se faça o que eu quero senão o que tu queres. 37 Depois veio, e achou-os dormindo. Então disse a Pedro: Simão, dormes? não pudeste vigiar uma hora? 38 Vigiai, e orai, para que não entreis em tentação. O espírito na verdade está pronto, mas a carne é fraca. 39 E foi outra vez a orar, dizendo as mesmas palavras. 40 E tornando a vir, achou-os outra vez dormindo, (porque tinham carregados os olhos) e não sabiam que lhe respondessem. 41 E veio terceira vez, e disse-lhes: Dormi agora, e descansai. Basta: é chegada a hora: eis aqui vai o Filho do homem a ser entregue em mãos de pecadores. 42 Levantai-vos, vamos! Eis aí vem chegando quem me há de entregar.

A prisão do Messias

43 Ainda bem Jesus não tinha acabado de falar, quando chega Judas Iscariotes, um dos

doze, e com ele uma grande tropa de gente armada de espadas e de varapaus, da parte dos príncipes dos sacerdotes, e dos escribas, e dos anciãos. 44 Ora, o traidor tinha-lhes dado uma senha, dizendo: Àquele a quem eu der um ósculo, esse é que é, prendei-o e levai-o com cuidado. 45 E tanto que chegou, indo logo ter com Jesus, lhe disse: Deus te salve, Mestre. E deu-lhe um ósculo. 46 Então eles lhe lançaram as mãos, e o prenderam. 47 E um certo dos circunstantes, tirando da espada, feriu a um servo do sumo sacerdote, e lhe cortou uma orelha. 48 E respondendo Jesus lhes disse: Como se eu fora algum ladrão viestes com espadas, e varapaus a prender-me? 49 Todos os dias estava eu convosco ensinando no Templo e não me prendestes. Mas isto acontece para que se cumpram as Escrituras. 50 Então desamparando-o os seus discípulos, fugiram todos. 51 Ia-o, porém, seguindo um mancebo, coberto com um lençol sobre o corpo nu: e o prenderam. 52 Mas ele, largando o lençol, lhes escapou nu.

O Messias diante do Sanedrim

53 E levaram Jesus à casa do sumo sacerdote. E se ajuntaram todos os sacerdotes, e os escribas, e os anciãos. 54 Mas Pedro o foi seguindo de longe até dentro do pátio do sumo sacerdote: e estava assentado ao fogo com os oficiais, e ali se aquentava. 55 E os príncipes dos sacerdotes, e todo o conselho buscavam algum testemunho contra Jesus, para o fazerem morrer, e não o achavam. 56 Porque muitos, sim, depunham falsamente contra ele: mas não concordavam os seus depoimentos. 57 E levantando-se uns, atestavam falsamente contra ele, dizendo: 58 Nós outros lhe ouvimos dizer: Eu destruirei este Templo, obra de mãos, e em três dias edificarei outro, que não será obra de mãos. 59 Mas esta sua mesma deposição não era coerente.

60 Então levantando-se no meio do conselho o sumos acerdote, perguntou a Jesus, dizendo: Não respondes alguma coisa ao que estes atestam contra ti? 61 Mas ele estava em silêncio, e nada respondeu. Tornou a perguntar-lhe o sumo sacerdote, e lhe disse: És tu o Cristo, Filho de Deus bendito? 62 E Jesus lhe disse: Eu o sou: e vós vereis o Filho do homem assentado à destra do poder de Deus, e vir sobre as nuvens do céu. 63 Então o sumo sacerdote, rasgando as suas vestiduras, disse: Para que desejamos nós ainda mais testemunhas? 64 Vós acabais de ouvir a blasfêmia! Que vos parece? A sentença que todos eles deram foi que era réu de morte. 65 Então começaram alguns a cuspir nele e a tapar-lhe o rosto, e dar-lhe punhadas, e a dizer-lhe: Adivinha! E os oficiais lhe davam bofetadas.

Negação de Pedro

66 E estando Pedro em baixo no pátio, chegou uma das criadas do sumo sacerdote: 67 e quando viu a Pedro, que se aquentava, encarando nele, disse-lhe: Tu tambés estavas com Jesus Nazareno. 68 Mas ele o negou, dizendo: Nem o conheço, nem sei o que dizes. E saiu fora onde era a entrada do pátio, e neste tempo cantou o galo. 69 E tendo-o visto outra vez a criada, começou a dizer aos que estavam presentes: Este é lá daqueles. 70 Mas ele o negou segunda vez. E pouco depois ainda os que ali estavam, diziam a Pedro: Verdadeiramente tu és daqueles; porque és também galileu. 71 E ele começou a praguejar, e a jurar: Não conheço esse homem de quem falais. 72 E no mesmo ponto cantou o galo a segunda vez. E então se lembrou Pedro da palavra que Jesus lhe havia dito: Antes que o galo cante duas vezes, me negarás três vezes. E começou a chorar.

O Messias diante do governador

15 E logo pela manhã, tendo conselho os príncipes dos sacerdotes com os anciãos, e os escribas, e com todo o conselho, fazendo amarrar a Jesus, o levaram e entregaram a Pilatos. 2 E Pilatos lhe perguntou: Tu és o rei dos judeus? E ele, respondendo, lhe disse: Tu o dizes. 3 E o príncipe dos sacerdotes o acusava de muitas coisas. 4 E Pilatos lhe perguntou outra vez, dizendo: Tu não respondes coisa alguma? Vê de quantos crimes te acusam. 5 Mas Jesus não respondeu mais palavra, de sorte que Pilatos estava admirado. 6 Ora, Pilatos costumava no dia da festa soltar-lhes um dos presos, qualquer que eles pedissem. 7 E havia um chamado Barrabás, que estava preso com outros sediciosos, porque em certo motim havia feito uma morte. 8 E como concorrese o povo, começou a pedir-lhe a graça que sempre lhes fazia. 9 E Pilatos lhes respondeu, e disse: Quereis que vos solte ao rei dos judeus? 10 Porque ele sabia que os príncipes dos sacerdotes lho haviam entregado por inveja. 11 Mas os pontífices concitaram o povo, para que lhes soltasse antes a Barrabás. 12 E Pilatos, falando outra vez, lhes disse: Pois que quereis que eu faça ao rei dos judeus? 13 E eles tornaram a gritar: Crucifica-o. 14 E Pilatos lhes replicava: Pois que mal fez ele? E eles cada vez gritavam mais: Crucifica-o. 15 Então Pilatos, querendo satisfazer ao povo, soltou-lhes Barrabás.

Flagelação e coroação de espinhos

E depois de fazer açoutar a Jesus, o entre-
gou para que o crucificassem.
16 E os soldados o levaram ao pátio do pre-
tório, e ali convocam toda a coorte. 17 E o
vestem de púrpura, e, tecendo uma coroa de
espinhos, lha põem na cabeça. 18 E começa-
ram a saudá-lo: Deus te salve, rei dos judeus.
19 E lhe davam na cabeça com uma cana: e
lhe cuspiam no rosto, e pondo-se de joelhos,
o adoravam. 20 E depois de o terem assim es-
carnecido o despiram da púrpura, e lhe vesti-
ram os seus vestidos.

A Crucificação

E então o tiram para fora, para o crucifica-
rem. 21 E acertando de passar por ali certo
homem de Cirene, por nome Simão, que vinha
duma herdade, pais de Alexandre, e de Rufo,
o obrigaram a levar-lhe a cruz. 22 E o levam
a um lugar chamado Gólgota: que quer dizer
lugar do Calvário.
23 E davam-lhe a beber vinho misturado
com mirra: e não o tomou. 24 E depois de o
crucificarem, repartiram os seus vestidos, lan-
çando sortes sobre eles, para ver a parte que
cada um levaria. 25 Era pois a hora de terça:
tempo em que eles o crucificaram. 26 E a
causa da sua condenação estava escrita neste
título: O REI DOS JUDEUS. 27 Crucificaram
também com ele a dois ladrões: um à sua di-
reita, e outro à esquerda. 28 E se cumpriu a
Escritura, que diz: E foi contado com os
maus. 29 E os que iam passando blasfemavam
dele, movendo as suas cabeças, e dizendo: Ó
lá, tu que destróis o Templo de Deus e que o
reedificas em três dias, 30 livra-te a ti mesmo,
descendo da cruz. 31 Desta maneira escar-
necendo-o também os príncipes dos sacerdo-
tes com os escribas, diziam uns para os ou-
tros: Ele salvou aos outros, a si mesmo não
se pode salvar. 32 Esse Cristo, rei de Israel,
desça agora da cruz, para que o vejamos, e
creiamos. Também os que haviam sido cruci-
ficados com ele, o afrontavam de palavras.
33 E chegada a hora de sexta, se cobriu toda
a terra de trevas até à hora de noa. 34 E à
hora de noa deu Jesus um grande brado, di-
zendo: Eli, Eli, lamma sabacthani? que quer
dizer: Deus meu, Deus meu, por que me de-
samparaste? 35 E ouvindo isto alguns dos cir-
cunstantes, diziam: Vede que ele chama por
Elias. 36 E correndo um, e ensopando uma
esponja em vinagre, e atando-a numa cana,
dava-lhe a beber, dizendo: Deixai, vejamos se
Elias vem tirá-lo.

Morte do Messias

37 Então Jesus dando um grande brado, ex-
pirou. 38 E o véu do Templo se rasgou em
duas partes, de alto a baixo. 39 E o centu-
rião, que estava bem defronte, vendo que
Jesus expirara, dando este brado, disse: Ver-
dadeiramente este homem era Filho de Deus.
40 E achavam-se também ali algumas mulhe-
res vendo de longe: entre as quais estava Ma-
ria Madalena, e Maria, mãe de Tiago Menor, e
de José, e Salomé: 41 E quando Jesus estava
na Galiléia, elas o seguiam, e lhe assistiam
com o necessário, e assim muitas outras, que
juntamente com ele haviam subido a Jeru-
salém.

Enterramento do Messias

42 E quando era já tarde (pois era a Paras-
ceve, que vem a ser a vigília do sábado),
43 veio José de Arimatéia, ilustre senador, que
também ele esperava o reino de Deus, e foi
com toda a resolução à casa de Pilatos, e pe-
diu-lhe o corpo de Jesus. 44 E Pilatos se ad-
mirava de que Jesus morresse tão depressa.
E chamando ao centurião, lhe perguntou se
era já morto. 45 E depois que o soube do cen-
turião, deu o corpo a José. 46 E José tendo
comprado um lençol, tirando-o da cruz, o
amortalhou no lençol, e depositou-o num se-
pulcro, que estava aberto em rocha, e arrimou
uma pedra à boca do sepulcro.
47 Entretanto Maria Madalena, e Maria,
mãe de José, estavam observando onde ele era
depositava.

A Ressurreição de Jesus Cristo

16 E como tivesse passado o dia de sábado,
Maria Madalena, e Maria, mãe de Tiago, e
Salomé, compraram aromas para irem embal-
samar a Jesus. 2 E no primeiro dia da sema-
na, partindo muito cedo, chegaram ao sepul-
cro, quando já o sol era nascido. 3 E diziam
elas entre si: Quem nos há de revolver a pe-
dra da boca do sepulcro? 4 Mas olhando vi-
ram revolvida a pedra, e era ela muito grande.
5 E entrando no sepulcro viram assentado da
parte direita um mancebo, vestido de roupas
brancas, do que elas ficaram muito pasmadas.
6 Ele lhes dize: Não tenhais pavor, vós bus-
cais a Jesus Nazareno, que foi crucificado. Ele
ressurgiu, já não está aqui; eis o lugar onde o
depositaram. 7 Mas ide, dizei a seus discípu-
los, e a Pedro, que ele vai adiante de vós es-
perar-vos na Galiléia. Lá o vereis como ele vos
disse. 8 E elas saindo logo fugiram do sepul-
cro, porque as tinha assaltado o sobressalto.

e o pavor, e a ninguém disseram coisa alguma, porque estavam possuidas de medo.

Aparição a Maria Madalena

9 E Jesus tendo ressurgido de manhã no primeiro dia da semana, apareceu primeiramente a Maria Madalena, da qual ele tinha expulsado sete demônios. 10 Foi ela noticiá-lo aos que haviam andado com ele, os quais estavam aflitos, e chorosos. 11 Mas eles, ouvindo dizer que Jesus estava vivo e que fora visto por ela, não o creram.

Aparição a dois discípulos

12 E depois disto se mostrou em outra forma a dois deles que iam caminhando para uma aldeia: 13 e estes o forma dizer aos outros, que também lhe não deram crédito.

Aparição aos onze

14 Finalmente apareceu Jesus aos onze, a tempo que eles estavam à mesa, e lançou-lhes em rosto a sua incredulidade, e dureza aos que o viram ressuscitado. 15 E disse-lhes: Ide por todo o mundo, pregai o Evangelho a toda a criatura. 16 O que crer e fôr batizado, será salvo; o que porém não crer será condenado. 17 E estes sinais seguirão aos que crerem: Expulsarão os demônios em meu nome, falarão novas línguas. 18 Manusearão as serpentes: e se beberem alguma potagem mortífera, não lhes fará mal: porão as mãos sobre os enfermos, e sararão.

Ascenção do Senhor

19 E na realidade o Senhor Jesus, depois de assim lhes haver falado, foi assunto ao céu, onde está assentado à mão direita de Deus.

Conclusão

20 E eles tendo partido, pregaram em toda a parte, cooperando com eles o Senhor, e confirmando a sua pregação com os milagres que a acompanhavam.

O Santo Evangelho de Jesus Cristo segundo São Lucas

PRÓLOGO

1 Pois que foram na verdade muitos os que
empreenderam pôr em ordem a narração
das coisas, que entre nós se viram cumpridas:
2 como no-las referiram os que desde o prin-
cípio as viram com seus próprios olhos, e que
foram ministros da palavra: 3 pareceu-me
também a mim, excelentíssimo Teófilo, depois
de me haver diligentemente informado de co-
mo todas elas passaram-se desde o princípio,
dar-te por escrito a série delas, 4 para que co-
nheças a verdade daquelas coisas, em que tens
sido instruido.

I. NASCIMENTO E VIDA OCULTA DE JOÃO BATISTA E JESUS

Anunciação do Batista

5 Houve, em tempos de Herodes, rei de Ju-
déia, um sacerdote por nome Zacarias, da tur-
ma de Abias, e sua mulher era da família de
Aarão, e tinha por nome Isabel. 6 E ambos
eram justos diante de Deus, caminhando
irrepreensivelmente em todos os mandamen-
tos e preceitos do Senhor. 7 E não tinham
filhos, porque Isabel era estéril, e ambos se
achavam em idade avançada.
8 Sucedeu pois que exercendo Zacarias
diante de Deus o cargo do sacerdócio na or-
dem da sua turma, 9 caíu-lhe por sorte, se-
gundo o costume que havia entre os sacerdo-
tes, entrar no Templo do Senhor a oferecer o
incenso. 10 E estava toda a multidão do povo
fazendo oração da parte de fora, a tempo que
se oferecia o incenso. 11 E apareceu a Zaca-
rias um anjo do Senhor, posto em pé da parte
direita do altar do incenso. 12 O que vendo
Zacarias, ficou todo turbado, e foi grande o
temor que o assaltou. 13 Mas o anjo lhe disse:
Não temas Zacarias, porque foi ouvida a tua
oração: e Isabel, tua mulher, te parirá um fi-
lho, e pôr-lhe-ás o nome João: 14 e te encherás
de gosto, e de alegria, e muitos se alegrarão
no seu nascimento: 15 porque ele será grande
diante do Senhor: e não beberá vinho nem
outra alguma bebida que possa embriagar, e
já desde o ventre de sua mãe será cheio do
Espírito Santo: 16 e converterá muitos dos
filhos de Israel ao Senhor seu Deus. 17 E o
mesmo irá adiante dele no espírito e virtude
de Elias: para reunir os corações dos pais aos
filhos e reduzir os incrédulos à prudência dos
justos, para preparar ao Senhor um povo per-
feito.
18 E disse Zacarias ao anjo: Por donde co-
nhecerei eu a verdade dessas coisas? Porque
eu sou velho, e a minha mulher está avança-
da em anos. 19 E respondendo, o anjo lhe dis-
se: Eu sou Gabriel, que assisto diante de
Deus: e que fui enviado para te falar, e te dar
esta boa nova. 20 E desde agora ficarás mudo
e não poderás falar até o dia que estas coisas
sucedam, visto que não deste crédito às mi-
nhas palavras, que se hão de cumprir a seu
tempo.
21 E o povo estava esperando a Zacarias:
e maravilhava-se de ver que ele se demorava
no Templo. 22 E quando saíu não lhes podia
falar, e entenderam que havia tido no templo
alguma visão. E ele lho significava por ace-
nos e ficou mudo. 23 E aconteceu que depois
de se terem acabado os dias do seu minis-
tério, retirou-se Zacarias para sua casa. 24 E
algum tempo depois concebeu Isabel, sua mu-
lher, que por cinco meses se deixou estar es-
condida, dizendo: 25 Isto é a graça que o
Senhor me fez nos dias em que atendeu a
tirar o meu opróbrio dentre os homens.

Anunciação do Messias

26 E estando Isabel no sexto mês, foi enviado por Deus o anjo Gabriel a uma cidade da Galiléia, chamada Nazaré, 27 a uma virgem desposada com um varão que se chamava José, da casa de Davi, e o nome da virgem era Maria. 28 Entrando pois o anjo onde ela estava, disse-lhe: Deus te salve, cheia de graça! O Senhor é contigo! Bendita és tu entre as mulheres. 29 Ela quando o ouviu, turbou-se do seu falar, e discorria pensativa que saudação seria esta. 30 Então o anjo lhe disse: Não temas, Maria, pois achaste graça diante de Deus. 31 Eis conceberás no teu ventre, e darás à luz um filho, e pôr-lhe-ás o nome de JESUS. 32 Este será grande e será chamado Filho do Altíssimo, e o Senhor Deus lhe dará o trono de seu pai Davi: e reinará eternamente na casa de Jacó, 33 e seu reino não terá fim.

34 E disse Maria ao anjo: Como se fará isso, pois eu não conheço varão? 35 E respondendo, o anjo lhe disse: O Espírito Santo descerá sobre ti, e a virtude do Altíssimo te cobrirá da sua sombra. E por isso mesmo o Santo, que há de nascer de ti, será chamado Filho de Deus. 36 Que aí tens tu a Isabel, tua parenta, que até concebeu um filho na sua velhice: e este é o sexto mês da que se diz estéril. 37 Porque a Deus nada é impossível. 38 Então disse Maria: Eis aqui a escrava do Senhor, faça-se em mim segundo a tua palavra. E o anjo se apartou dela.

As duas mães se encontram

39 E naqueles dias, levantando-se Maria, foi com pressa às montanhas a uma cidade de Judá. 40 E entrou na casa de Zacarias, e saudou a Isabel. 41 E aconteceu que tanto que Isabel ouviu a saudação de Maria, deu o menino saltos no seu ventre: e Isabel ficou cheia do Espírito Santo. 42 E bradou em alta voz, e disse: Bendita és tu entre as mulheres, e bendito é o fruto do teu ventre. 43 E donde a mim esta dita, que venha visitar-me a que é mãe de meu Senhor? 44 Porque assim que chegou a voz da tua saudação aos meus ouvidos, logo o menino deu saltos de prazer no meu ventre. 45 E bem-aventurada tu, que crêste, porque se hão de cumprir as coisas, que da parte do Senhor te foram ditas. 46 Então disse Maria:

A minha alma glorifica o Senhor.

47 E o meu espírito se alegrou por extremo em Deus, meu Salvador.

48 Por Ele ter posto os olhos na baixeza da sua escrava: porque eis aí de hoje em diante me chamarão bem-aventurada todas as gerações.

49 Porque me fez grandes coisas o que é poderoso: e santo o seu nome.

50 E a sua misericórdia se estende de geração a geração sobre os que o temem.

51 Ele manifestou o poder do seu braço: dissipou os que no fundo do seu coração formavam altivos pensamentos.

52 Depôs no trono os poderosos, e elevou os humildes.

53 Encheu de bens os que tinham fome: e despediu vazios os que eram ricos.

54 Tomou debaixo da sua proteção a Israel, seu servo, lembrado da sua misericórdia.

55 Assim como o tinha prometido a nossos pais, a Abraão, e à sua posteridade para sempre.

56 E ficou Maria com Isabel perto de três meses. Depois dos quais voltou para sua casa.

Nascimento de João Batista

57 Mas a Isabel se lhe chegou o tempo de dar à luz e teve um filho. 58 E ouviram os seus vizinhos, e parentes, que o Senhor havia assinalado com ela a sua misericórdia, e se congratulavam com ela. 59 E aconteceu que ao oitavo dia vieram circuncidar ao menino, e lhe queriam pôr o nome de seu pai Zacarias. 60 E respondendo sua mãe, disse: De nenhuma sorte, mas será chamado João. 61 E responderam-lhe: Ninguém há na tua geração que tenha este nome. 62 E perguntavam por acenos ao pai do menino, como queria que se chamasse. 63 A pedindo uma tabuinha escreveu, dizendo: João é o seu nome. E todos se encheram de assombro. 64 E logo foi aberta a sua boca, e a sua língua, e falava bendizendo a Deus.

65 E o temor se apoderou de todos os vizinhos deles: e se divulgaram todas estas maravilhas por todas as montanhas da Judéia: 66 e todos os que as ouviam as conservavam no seu coração, dizendo: Quem julgais vós que virá a ser este menino? Porque a mão do Senhor era com ele. 67 E Zacarias, seu pai, foi cheio do Espírito Santo: e profetizou, dizendo:

68 Bendito seja o Senhor Deus de Israel, porque visitou e fez a redenção do seu povo! 69 E porque nos suscitou um salvador poderoso: na casa de seu servo Davi, 70 segundo o que Ele tinha prometido por boca dos seus santos profetas, que viveram nos séculos passados: 71 que nos havia de livrar de nossos inimigos, e das mãos de todos os que nos tivessem ódio: 72 para exercitar a sua misericórdia a favor de nossos pais: e lembrar-se do seu santo pacto.

73 Segundo o juramento, que Ele fez a nosso pai Abraão, de que Ele nos faria esta graça:

74 para que livres das mãos de nossos inimigos, o sirvamos sem temor: 75 em santidade e justiça diante dele, por todos os dias da nossa vida.

76 E tu, ó menino, tu serás chamado profeta do Altíssimo: porque irás ante a face do Senhor a preparar os seus caminhos.

77 Para se dar ao seu povo o conhecimento da salvação: a fim de que ele receba o perdão dos seus pecados: 78 pelas entranhas de misericórdia do nosso Deus, com que lá do alto nos visitou este sol no Oriente: 79 para alumiar os que vivem de assento nas trevas, e na sombra da morte: para dirigir os nossos pés no caminho da paz.

80 Ora o menino crescia, e se fortificava no espírito: e habitava nos desertos até o dia em que se manifestou a Israel.

Nascimento de Jesus Cristo

2 E aconteceu naqueles dias que saíu um edito emanado de César Augusto para que fosse alistado todo o mundo. 2 Este primeiro recenseamento foi feito por Cirino, governador da Síria. 3 E iam todos a alistar-se cada um à sua cidade. 4 E subiu também José da Galiléia, da cidade de Nazaré à Judéia, à cidade de Davi, que se chamava Belém: porque era da casa e família de Davi, 5 para se alistar com a sua esposa Maria, que estava pejada. 6 E estando ali aconteceu completarem-se os dias em que havia de dar à luz. 7 E deu à luz a seu filho primogênito, e o enfaixou e o reclinou em uma mangedoura: porque não havia lugar para eles na estalagem.

8 Ora, naquela mesma comarca havia uns pastores que vigiavam e revezavam entre si as vigílias da noite para guardarem o seu rebanho. 9 E eis que se apresentou junto deles um anjo do Senhor, e com uma luz divina os cercou de refulgente luz, e tiveram grande temor. 10 Porém o anjo lhes disse: Não temais: porque eis aqui vos venho anunciar um grande gozo, que o será para todo o povo! 11 E é que hoje vos nasceu na cidade de Davi o Salvador, que é o Cristo Senhor. 12 E este é o sinal que vo-lo fará conhecer: Achareis um menino envolto em panos, e posto em uma mangedoura. 13 E subitamente apareceu com o anjo uma multidão numerosa da milícia celestial, que louvavam a Deus, e diziam: 14 Glória a Deus no mais alto dos céus, e paz na terra aos homens de boa vontade.

15 E aconteceu que depois que os anjos se retiraram deles para o céu: falavam entre si os pastores, dizendo: Passemos até Belém, e vejamos que é isto que sucedeu, que é o que o Senhor nos mostrou. 16 E foram com grande pressa: e acharam a Maria, e a José, e ao menino posto em uma mangedoura. 17 E vendo isto conheceram a verdade do que se lhes havia dito acerca deste menino. 18 E todos os que o ouviram se admiravam: e também o que lhes haviam referido os pastores. 19 Entretanto Maria conservava todas estas coisas, conferindo lá no fundo do seu coração umas com outras. 20 E os pastores voltaram glorificando, e louvando a Deus, por tudo o que tinham ouvido e visto, que era conforme ao que se lhes tinha dito.

Circuncisão de Jesus

21 E depois que foram cumpridos os oito dias para ser circuncidado o menino: foi-lhe posto o nome de Jesus, como lhe tinha chamado o anjo, antes que fosse concebido no ventre de sua mãe.

Apresentação ao Templo

22 E depois que foram concluídos os dias da purificação de Maria, segundo a lei de Moisés, o levaram a Jerusalém, para o apresentarem ao Senhor, 23 segundo o que está escrito na lei do Senhor: Todo o filho macho, que for primogênito, será consagrado ao Senhor. 24 E para oferecerem em sacrifício, conforme ao que está mandado na lei do Senhor: Um par de rolas ou dois pombinhos.

25 E havia então em Jerusalém um homem chamado Simeão, e este homem justo e timorato esperava a consolação de Israel, e o Espírito Santo estava nele. 26 E havia recebido resposta do Espírito Santo, que ele não veria a morte sem ver primeiro ao Cristo do Senhor. 27 E veio por espírito ao Templo. E trazendo os pais ao menino Jesus, para cumprirem com o preceito, segundo o costume da lei por ele. 28 Então o tomou em seus braços Simeão, e louvou a Deus, e disse:

29 Agora, Senhor, tu podes despedir ao teu servo em paz, segundo a tua palavra: 30 porque já os meus olhos viram o Salvador que tu nos deste.

31 O qual aparelhaste ante a face de todos os povos: 32 como lume para ser revelado aos gentios, e para glória do teu povo de Israel.

33 E seu pai, e mãe estavam admirados daquelas coisas que dele diziam.

34 E Simeão os abençoou, e disse para Maria sua mãe: Eis aqui está posto este menino para ruína, e para salvação de muitos em Israel: e para ser o alvo, a que atire a contradição: 35 e será esta uma espada que traspassará a tua mesma alma, a fim de se descobrirem os

pensamentos que muitos terão escondidos nos
corações.
36 E havia uma profetisa chamada Ana, fi-
lha de Fanuel, da tribo de Aser. Esta havia
já chegado a uma idade muito avançada, e
tinha vivido sete anos com seu marido, desde
a sua virgindade. 37 Achava-se esta então viúva,
de idade de oitenta e quatro anos: ela não se
apartava do Templo, onde servia a Deus de
dia, e de noite, em jejuns, e orações.

Volta para Nazaré

38 Ela pois sobrevindo nesta mesma oca-
sião, dava graças a Deus: e falava dele a todos
os que esperavam a redenção de Israel. 39 E
depois que eles deram fim a tudo, segundo o
que mandava a Lei do Senhor, voltaram à
Galiléia para a sua cidade de Nazaré. 40 En-
tretanto o menino crescia, e se fortificava,
estando cheio de sabedoria: e a graça de Deus
era com ele.

Jesus aos doze anos

41 E seus pais iam todos os anos a Jerusa-
lém no dia solene da Páscoa. 42 E quando teve
doze anos, subindo eles a Jerusalém, segundo
o costume do dia da festa, 43 e acabados os
dias que ela durava, quando voltaram para
casa, ficou o menino Jesus em Jerusalém, sem
que seus pais o advertissem. 44 E crendo que
ele viria com os da comitiva, andaram cami-
nho de um dia, e o buscavam entre os paren-
tes, e conhecidos. 45 E como o não achassem,
voltaram a Jerusalém em busca dele. 46 E
aconteceu que três dias depois o acharam no
Templo, assentado no meio dos doutores, ou-
vindo-os, e fazendo-lhes perguntas. 47 E todos
os que o ouviam, estavam pasmados da sua
inteligência, e das suas respostas. 48 E quando
o viram se admiraram. E sua mãe lhe disse:
Filho, por que usaste assim conosco? Sabe
que teu pai e eu te andávamos buscando cheios
de aflição. 49 E ele lhes respondeu: Para que
me buscáveis? não sabíeis que importa ocupar-
-me nas coisas que são do serviço de meu Pai?
50 Mas eles não entenderam a palavra que lhes
disse. 51 E desceu com eles, e veio a Nazaré,
e obedecia-lhes. E sua mãe conservava todas
estas palavras no seu coração. 52 E Jesus cres-
cia em sabedoria, e em idade, e em graça
diante de Deus e dos homens.

II. PREPARAÇÃO PARA A VIDA PÚBLICA DE JESUS

Pregação de João Batista

3 E no ano décimo quinto do império de
Tibério César, sendo Pôncio Pilatos gover-
nador da Judéia, e Herodes tetrarca da Galiléia,
e seu irmão Filipe tetrarca da Ituréia, e da
província de Traconítida, e Lisânias, tetrarca
da Abilina, 2 sendo príncipes dos sacerdotes
Anás e Caifás, veio a palavra do Senhor sobre
João, filho de Zacarias, no deserto. 3 E ele foi
discorrendo por toda a terra do Jordão, pre-
gando o batismo de penitência para remissão
de pecados. 4 Como está escrito no livro das
palavras do profeta Isaías:
Voz do que clama no deserto: aparelhai o
caminho do Senhor: fazei direitas as suas ve-
redas.
5 Todo o vale será cheio: e todo o monte
e cabeço será arrazado, e os maus caminhos
tornar-se-ão direitos, e os escabrosos planos.
6 E todo o homem verá o Salvador enviado
por Deus.
7 Dizia pois João ao povo, que vinha para
ser por ele batizado: Raça de víboras, quem
vos advertiu que fugísseis da ira que vos está
ameaçada? 8 Fazei portanto frutos dignos de
penitência, e não comeceis a dizer: Nós temos
por pai a Abraão. Porque eu vos declaro que
poderoso é Deus para fazer que destas pedras
nasçam filhos a Abraão. 9 Porque já o macha-
do está posto à raiz das árvores. E assim toda
a árvore que não dá bom fruto, será cortada
e lançada no fogo.
10 E lhe perguntavam as gentes, dizendo:
Pois que faremos? 11 E respondendo, lhes di-
zia: O que tem duas túnicas dê uma ao que a
não tem, e o que tem que comer, faça o mes-
mo. 12 E vieram também a ele publicanos,
para que os batizasse, e lhe disseram: Mestre,
que faremos nós? 13 E ele lhes respondeu:
Não façais mais que o que vos foi ordenado.
14 Da mesma sorte perguntavam-lhe tam-
bém os soldados, dizendo: E nós outros que
faremos? E João lhes respondeu: Não trateis
mal, nem oprimais com calúnias pessoa algu-
ma: e dai-vos por contentes com o vosso sol-
do.
15 E como o povo entendesse, e todos as-
sentassem nos seus corações, que talvez João
seria o Cristo, 16 respondeu João, dizendo a
todos: Eu na verdade vos batizo em água, mas
virá outro mais forte do que eu, a quem eu
não sou digno de desatar a correia dos seus
sapatos; ele vos batizará em virtude do Espí-
rito Santo, e no fogo: 17 cuja pá está na sua
mão, e ele limpará a sua eira, e recolherá o

trigo no seu celeiro, e queimará as palhas em um fogo, que nunca se apaga.

18 E assim anunciava outras muitas coisas ao povo nas suas exortações. 19 Mas Herodes tetrarca, sendo por ele repreendido por causa de Herodíades, mulher de seu irmão, e de todos os males que Herodes havia feito, 20 acrescentou sobre todos os mais crimes também este, de mandar meter em um cárcere a João.

Batismo de Jesus

21 E aconteceu que, como recebesse o batismo todo o povo, depois de batizado também Jesus e estando em oração, abriu-se o céu. 22 E desceu sobre ele o Espírito Santo em forma corpórea como uma pomba, e soou do céu uma voz que dizia: Tu és aquele meu Filho especialmente amado; em ti é que tenho posto toda a minha complacência.

Genealogia do Messias

23 E o mesmo Jesus começava a ser, quase de trinta anos, filho, como se julgava, de José, que o foi de Heli, que o foi de Matat. 24 Que o foi de Levi, que o foi de Melqui, que o foi de Jane, que o foi de José. 25 Que o foi de Matatias, que o foi de Amós, que o foi de Naum, que o foi de Hesli, que o foi de Nage. 26 Que o foi de Maat, que o foi de Matatias, que o foi de Semei, que o foi de José, que o foi de Judá. 27 Que o foi de Joana, que o foi de Resa, que o foi de Zorobabel, que o foi de Salatiel, que o foi de Neri. 28 Que o foi de Melqui, que o foi de Adi, que o foi de Cosan, que o foi de Elmadan, que o foi de Her. 29 Que o foi de Jesus, que o foi de Eliezer, que o foi de Jorim, que o foi de Matat, que o foi de Levi. 30 Que o foi de Simeon, que o foi de Juda, que o foi de José, que o foi de Jona, que o foi de Eliaquim. 31 Que o foi de Meléia, que o foi de Mena, que o foi de Matata, que o foi de Natã, que o foi de Davi. 32 Que o foi de Jessé, que o foi de Obed, que o foi de Booz, que o foi de Salmon, que o foi de Naasson. 33 Que o foi de Aminadab, que o foi de Arão, que o foi de Esron, que o foi de Farés, que o foi de Judas. 34 Que o foi de Jacó, que o foi de Isaac, que o foi de Abraão, que o foi de Tare, que o foi de Nacor. 35 Que o foi de Sarug, que o foi de Ragau, que o foi de Fale, que o foi de Héber, que o foi de Sale. 36 Que o foi de Cainan, que o foi de Arfaxade, que o foi de Sem, que o foi de Noé, que o foi de Lamec. 37 Que o foi de Matusalém, que o foi de Henoc, que o foi de Jared, que o foi de Malaleel, que o foi de Cainan: 38 que o foi de Henos, que o foi de Set, que o foi de Adão, que foi criado por Deus.

Tentação de Jesus

4 Cheio pois do Espírito Santo voltou Jesus do Jordão, e foi levado pelo Espírito Santo ao deserto. 2 Onde esteve quarenta dias, e foi tentado pelo diabo. E não comeu nada nestes dias, e passados eles teve fome. 3 Disse-lhe então o demônio: Se és Filho de Deus, dize a esta pedra que se converta em pão. 4 E Jesus lhe respondeu: Está escrito que o homem não vive somente de pão, mas de toda a palavra de Deus.

5 E o demônio o levou a um alto monte, e lhe mostrou todos os reinos da redondeza da terra em um momento de tempo. 6 E lhe disse: Dar-te-ei todo este poder, e a glória destes reinos, porque eles me foram dados, e eu os dou a quem bem me parece. 7 Portanto, se tu na minha presença postrado me adores, todos eles serão teus. 8 E respondendo Jesus, lhe disse: Escrito está: Ao Senhor teu Deus adorarás, e a Ele só servirás. 9 Levou-o ainda a Jerusalém, e pô-lo sobre o pináculo do Templo, e disse-lhe: Se és Filho de Deus lança-te daqui abaixo. 10 Porque está escrito que Deus mandou aos seus anjos que tivessem cuidado de ti, e que te guardassem. 11 E que te sustivessem em seus braços, para não maguares talvez o teu pé em alguma pedra. 12 E respondendo Jesus, lhe disse: Dito está: Não tentarás ao Senhor teu Deus. 13 E, acabada toda a tentação, se retirou dele o demônio, até certo tempo.

III. MINISTÉRIO DE JESUS NA GALILÉIA

Jesus retorna à Galiléia

14 E voltou Jesus em virtude do Espírito para Galiléia, e a fama dele se divulgou por todo aquele país. 15 E ele ensinava nas Sinagogas deles, e era aclamado grande por todos.

16 E veio a Nazaré, onde se havia criado, e entrou na Sinagoga segundo o seu costume em dia de sábado, e levantou-se para ler. 17 E foi-lhe dado o livro do profeta Isaías. E quando desenrolou o livro, achou o lugar onde estava escrito: 18 O Espírito do Senhor repousou sobre mim, pelo que Ele me consagrou com a sua unção, e enviou-me a pregar o Evangelho aos pobres, a sarar aos quebrantados de coração. 19 A anunciar aos cativos redenção, e ao

cegos vistas, a pôr em liberdade aos quebrantados para seu resgate, a publicar o ano favorável do Senhor, e o dia da retribuição.

20 E havendo enrolado o livro, o deu ao ministro, e se assentou. E quantos havia na Sinagoga tinham os olhos fixos nele. 21 E começou ele a dizer-lhes: Hoje se cumpriu esta Escritura nos vossos ouvidos. 22 E todos lhe davam testemunho, e se admiravam da graça das palavras que saíam da sua boca, e diziam: Não é este o filho de José? 23 Então lhes disse Jesus: Sem dúvida que vós me aplicareis este provérbio: Médico, cura-te a ti mesmo: todas aquelas grandes coisas que ouvimos dizer, que fizeste em Cafarnaum, faze-as também aqui na tua pátria. 24 E prosseguiu: Na verdade vos digo, que nenhum profeta é bem aceito na sua pátria. 25 Na verdade vos digo, que muitas viúvas havia em Israel nos dias de Elias, quando foi fechado o céu por três anos e seis meses, quando houve uma grande fome por toda a terra: 26 e a nenhuma delas foi mandado Elias, senão a uma mulher viúva de Sarepta de Sidônia. 27 E muitos leprosos havia em Israel em tempo do profeta Eliseu, mas nenhum deles foi limpo senão Naaman, da Síria.

28 E todos os que estavam na Sinagoga, ouvindo isto, se lançaram de ira. 29 E levantaram-se, e o lançaram fora da cidade: e o conduziram até ao cume do monte, sobre o qual a sua cidade estava fundada, para o precipitarem. 30 Mas ele, passando pelo meio deles, se retirou.

Jesus ensina em Cafarnaum e cura um leproso

31 E desceu a Cafarnaum, cidade de Galiléia, e ali os ensinava nos sábados. 32 E eles se espantavam da sua doutrina, porque a sua palavra era com autoridade. 33 E estava na Sinagoga um homem possesso do espírito imundo, e exclamou em voz alta, 34 dizendo: Deixa-nos, que tens tu conosco, Jesus Nazareno? Vieste a perder-nos? Bem sei quem és: és o Santo Deus. 35 Mas Jesus o repreendeu, dizendo: Cala-te, e sai desse homem. E o demônio depois de o ter lançado em terra no meio de todos saiu dele, sem lhe fazer algum mal. 36 E ficaram todos cheios de pavor, e falavam uns com os outros, dizendo: Que coisa é esta, porque ele com poder, e com virtude manda aos espíritos imundos, e estes saem? 37 E por todos os lugares do país corria a fama do seu nome.

Cura da sogra de Pedro

38 E saindo Jesus da Sinagoga, entrou em casa de Simão. Ora a sogra de Simão padecia grandes febres: e pediram-lhe que se compadecesse dela. 39 E inclinando-se em pé sobre ela, pôs preceito à febre: e a febre a deixou. E ela levantando-se logo, se pôs a servi-los. 40 E quando foi sol posto, todos os que tinham enfermos de diversas moléstias lhos traziam. E ele, pondo as mãos sobre cada um deles, os sarava. 41 E de muitos saíam os demônios, gritando, e dizendo: Tu és o Filho de Deus. Mas ele, repreendendo-os, não permitia que eles tal dissessem: que sabiam que ele mesmo era o Cristo. 42 E depois que foi dia, tendo saído, se retirou para um lugar deserto, e as gentes o buscavam, e foram até onde ele estava: e o detinham para que se não apartasse deles. 43 Ele lhes disse: Às outras cidades é necessário também que eu anuncie o reino de Deus: que para isso é que fui enviado. 44 E andava pregando nas Sinagogas da Galiléia.

Pesca milagrosa

5 E aconteceu que atropelando-o a gente, acudia a ele para ouvir a palavra de Deus: e ele estava à borda do lago de Genesaré. 2 E viu duas barcas que estavam à borda do lago: e os pescadores haviam saltado em terra, e lavavam as suas redes. 3 E entrando em uma destas barcas, que era de Simão, lhe rogou que o apartasse um pouco da terra. E estando sentado ensinava ao povo desde a barca. 4 E logo que acabou de falar disse a Simão: Faze-te mais ao largo, e soltai as vossas redes para pescar. 5 E respondendo Simão, lhe disse: Mestre, depois de trabalharmos toda a noite, não apanhamos coisa alguma: porém sobre a tua palavra soltarei a rede. 6 E depois que assim o fizeram, apanharam peixe em tanta abundância, que a rede se lhes rompia. 7 O que os obrigou a dar sinal aos companheiros, que estavam em outra barca, para que os viessem ajudar. E vieram, e encheram tanto ambas as barcas, que pouco faltava que elas não fossem ao fundo. 8 O que vendo Simão Pedro, lançou-se aos pés de Jesus, dizendo: Retira-te de mim, Senhor, que sou um homem pecador. 9 Porque o espanto o tinha assombrado a ele e a todos os que se achavam com ele, de ver a pesca de peixes que haviam feito: 10 e da mesma sorte havia deixado atônitos a Tiago e a João, filhos de Zebedeu, que eram companheiros de Simão. Mas Jesus disse a Simão: Não tenhas medo. Desta hora em diante serás pescador de homens. 11 E como chegaram à terra as barcas, deixando tudo, foram-no seguindo.

Cura de um leproso

12 E sucedeu que se achava Jesus em uma daquelas cidades, e eis que apareceu um ho-

mem cheio de lepra, o qual vendo a Jesus, e lançando-se com o rosto em terra, lhe fez esta rogativa, dizendo: Senhor, se tu queres, bem me podes limpar. 13 E ele, estendendo a mão, lhe tocou, dizendo: Quero. Sê limpo. E no mesmo ponto desapareceu dele a lepra. 14 E o mesmo Jesus lhe mandou que a ninguém o dissesse. Mas, vai, lhe disse, mostra-te ao sacerdote, e oferece pela tua limpeza o que foi ordenado por Moisés, para lhes servir de testemunho. 15 Entretanto se dilatava cada vez mais a fama do seu nome: e concorriam muitas gentes para o ouvirem, e para serem curadas das suas enfermidades. 16 Mas ele se retirava para o deserto, e se punha em oração.

Cura de um paralítico

17 E aconteceu um dia que também ele se achava sentado ensinando. E estavam igualmente assentados ali uns fariseus, e doutores da lei, que tinham vindo de todas as aldeias da Galiléia, e da Judéia, e de Jerusalém: e a virtude do Senhor operava para os sarar. 18 E eis que apareceram uns homens que traziam sobre um leito um homem que estava paralítico: e o procuravam introduzir dentro da casa, e pô-lo diante dele. 19 Mas não achando por onde o introduzir, por ser muita a gente, subiram ao telhado, e pelas lages desceram-no com o leito no meio da casa diante de Jesus. 20 O qual, como viu a fé dos homens, disse: Homem, os teus pecados te são perdoados. 21 Então começaram os escribas, e os fariseus a discorrer lá consigo, dizendo: Quem é este que diz blasfêmias? Quem pode perdoar pecados, senão só Deus? 22 Mas Jesus, como entendia os pensamentos deles, respondendo, lhes disse: Que considerais vós lá nos vossos corações? 23 Qual é mais fácil dizer: São-te perdoados os pecados? Ou dizer: Levanta-te e anda? 24 Pois para que saibais que o Filho do homem tem sobre a terra poder de perdoar pecados (disse ao paralítico): A ti te digo, levanta-te, toma o teu leito e vai-te para tua casa. 25 E levantando-se logo à vista deles, tomou o leito em que jazia: e foi para sua casa, engrandecendo a Deus. 26 E ficaram todos pasmados e engrandeceram a Deus. E penetraram-se de temor, dizendo: Hoje temos visto prodígios.

Vocação de Levi

27 E depois disto saiu Jesus, e viu sentado no telônio um publicano, por nome Levi, e disse-lhe: Segue-me. 28 E ele, deixando tudo, levantando-se, o seguiu. 29 E Levi lhe deu um grande banquete em sua casa: onde concorreu grande número de publicanos, e de outros, que estavam sentados à mesa com eles. 30 Porém os fariseus, e os escribas deles murmuravam, dizendo aos discípulos de Jesus: Por que comeis e bebeis vós com publicanos e pecadores? 31 E respondendo Jesus, lhes disse: Os que se acham sãos não necessitam de médico, mas os que estão enfermos. 32 Eu vim chamar não os justos, mas os pecadores à penitência.

Discurso sobre o jejum

33 Então lhe disseram eles: Por que razão os discípulos de João, e assim mesmo os dos fariseus, fazem muitos jejuns, e orações: e os teus comem, e bebem? 34 Aos quais respondeu Jesus: Porventura podeis vós fazer que jejuem os amigos do esposo, enquanto o esposo está com eles? 35 Mas lá virão dias, nos quais quando o esposo lhes for tirado, então jejuarão naqueles dias. 36 E também lhes propôs esta comparação: Ninguém põe remendo de pano novo em vestido velho: porque doutra sorte rompe-se o pano novo e o retalho novo não condiz com o velho. 37 Também ninguém lança vinho novo em odres velhos: porque de outra sorte fará o vinho novo arrebentar os odres, e entornar-se-á o mesmo vinho, e perder-se-ão os odres: 38 mas o vinho novo deve-se recolher em odres novos, e assim tudo se conserva. 39 De mais que ninguém bebendo do vinho velho, quer logo do novo, porque diz: É melhor o velho.

A lei sabática e os fariseus

6 E aconteceu um dia de sábado, chamado segundo primeiro, que como passasse pelas searas, os seus discípulos cortavam espigas, e machucando-as nas mãos as comiam. 2 E alguns dos fariseus lhes diziam: Por que fazeis o que não é lícito nos sábados? 3 E respondendo-lhes Jesus, disse: Vós não tendes lido o que fez Davi, quando teve fome ele, e os que com ele estavam? 4 Como entrou na casa de Deus, e tomou os pães da proposição, e comeu deles, e deu aos que vinham com ele: sendo assim que não podiam comer deles, senão só os sacerdotes? 5 Disse-lhes mais: O Filho do homem é Senhor também do sábado mesmo. 6 E aconteceu que também outro sábado entrou Jesus na Sinagoga, e ensinava. E achava-se ali um homem que tinha ressecada a mão direita. 7 E os escribas, e os fariseus o estavam observando, para ver se curava em sábado: a fim de terem de que o acusar. 8 Mas Jesus sabia os pensamentos deles: e disse para o homem que tinha a mão ressecada: Levanta-te e põe-te em pé no meio. E levantando-se ele, ficou em pé. 9 E Jesus lhes disse: Pergun-

to-vos, se é lícito nos sábados fazer bem, ou
mal: salvar a vida, ou tirá-la? 10 Depois cor-
rendo a todos com os olhos, disse ao homem:
Estende a tua mão. E estendeu-a ele, e foi-lhe
restituída a mão. 11 E eles se encheram de
furor e falavam uns com os outros, para ver
que fariam de Jesus.

Escolha dos doze apóstolos

12 E aconteceu naqueles dias, que saiu ao
monte a orar, e passou toda a noite em oração
a Deus. 13 E quando foi dia, chamou os seus
discípulos: e escolheu dentre eles doze que
chamou Apóstolos, 14 a saber: Simão, a quem
deu o sobrenome de Pedro, e André seu irmão,
Tiago, e João, Filipe, e Bartolomeu, 15 Mateus,
e Tomé, Tiago, filho de Alfeu, e Simão, chama-
do o Zelador. 16 E Judas, irmão de Tiago, e
Judas Iscariotes, que foi o traidor.

17 Descendo depois com eles, parou numa
planície, acompanhado da comitiva de seus
discípulos e de grande multidão de povo de
toda a Judéia e de Jerusalém e das terras
marítimas, assim de Tiro, como de Sidônia.
18 Que tinham concorrido a ouvi-lo e para que
os sarasse das suas enfermidades. E os que
eram vexados dos espíritos imundos ficavam
sãos. 19 E todo o povo fazia diligência por
tocá-lo: pois saía dele uma virtude, que os
curava a todos.

Sermão da montanha: Bem-aventuranças, maldições, caridade

20 E levantando ele os olhos para seus dis-
cípulos, dizia: Bem-aventurados vós os pobres:
porque vosso é o reino de Deus. 21 Bem-aven-
turados os que agora tendes fome: porque vós
sereis fartos. Bem-aventurados os que agora
chorais: porque vós vos rireis. 22 Bem-aventu-
rados sereis quando os homens vos aborrece-
rem, e quando vos separarem, e carregarem de
injúrias, e rejeitarem o vosso nome como mau,
por causa do Filho do homem. 23 Folgai na-
quele dia, e exultai: porque olhai, grande é o
vosso galardão no céu: porque desta maneira
tratavam aos profetas os pais deles. 24 Mas ai
de vós os que sois ricos, porque tendes a vossa
consolação. 25 Ai de vós os que estais fartos:
porque vireis a ter fome. Ai de vós os que agora
rides: porque gemereis e chorareis. 26 Ai de
vós, quando vos louvarem os homens: porque
assim faziam os falsos profetas aos pais deles.

27 Mas digo-vos a vós outros, que me ouvis:
Amai a vossos inimigos, fazei bem aos que vos
têm ódio. 28 Dizei bem aos que dizem mal de
vós, e orai pelos que vos caluniam. 29 E ao
que te ferir numa face, oferece-lhe também a
outra. E ao que te tirar a capa, não defendas
levar também a túnica. 30 E dá a todo aquele
que te pedir: e ao que tomar o que é teu, não
lho tornes a pedir. 31 E o que quereis que vos
façam a vós os homens, isso mesmo fazei vós
a eles. 32 E se vós amais aos que vos amam,
que merecimento é o que vós tereis? porque
os pecadores também amam aos que o amam
a eles. 33 E se fizerdes bem aos que vos fazem
bem, que merecimento é o que vós tereis?
porque isto mesmo fazem os pecadores. 34 E
se vós emprestardes àqueles, de quem esperais
receber, que merecimento é o que vós tereis?
porque também os pecadores emprestam uns
aos outros, para que se lhes faça outrotanto.
35 Amai pois a vossos inimigos: fazei bem, e
emprestai, sem daí esperardes nada: e tereis
muito avultada recompensa, e sereis filhos do
Altíssimo, que faz bem aos mesmos que lhe
são ingratos e maus. 36 Sede pois misericor-
diosos, como também vosso Pai é misericor-
dioso. 37 Não julgueis, e não sereis julgados:
não condeneis, e não sereis condenados. Per-
doai, e sereis perdoados. 38 Dai, e dar-se-vos-á:
no seio vos meterão uma boa medida, e bem
cheia, e bem acalcada, e bem acogulada. Porque
qual for a medida de que vós usardes para
os outros, tal será a que se use para vós.

Outros preceitos e conclusão

39 E pôs-lhe também esta comparação: Pode
acaso um cego guiar outro cego? não é assim
que um e outro cairão no barranco? 40 Não é
o discípulo sobre o mestre: mas todo o discí-
pulo será perfeito, se o for como o seu mestre.
41 E por que vês tu um argueiro no olho de
teu irmão, e não reparas na trave, que tens
no teu olho? 42 Ou como podes tu dizer a teu
irmão: Deixa-me, irmão, tirar-te do teu olho
um argueiro. Quando tu não vês que tens no
teu uma trave? Hipócrita, tira primeiro a trave
do teu olho: e depois verás para tirar o ar-
gueiro do olho de teu irmão. 43 Porque não
é boa árvore, a que dá frutos maus: nem má
árvore, a que dá bons frutos. 44 Porquanto
cada árvore é conhecida pelo seu fruto. Por-
que nem os homens colhem figos dos espinhei-
ros: nem dos abrolhos vindimam uvas. 45 O
homem bom, do bom tesouro do seu coração
tira o bem: e o homem mau, do mau tesouro
tira o mal. Porque do que está cheio o cora-
ção, disso é que fala a boca. 46 Mas por que
me chamais vós, Senhor, Senhor: e não fazeis
o que eu vos digo? 47 Todo o que vem a mim,
e ouve as minhas palavras e as põe por obra:
eu vos mostrarei a quem ele é semelhante.
48 É semelhante a um homem que edifica uma
casa, o qual cavou profundamente e pôs o

fundamento sobre uma rocha: e quando veio
uma enchente de águas, deu impetuosamente
a inundação sobre aquela casa, e não pode
movê-la: porque estava fundada sobre rocha.
49 Mas o que ouve, e não obra: é semelhante
a um homem que fabrica a sua casa sobre
terra levadiça: na qual bateu com violência a
corrente do rio, e logo caíu: e foi grande a
ruína daquela casa.

A fé do centurião

7 E depois que Jesus acabou de fazer soar
todos estes discursos aos ouvidos do povo,
entrou em Cafarnaum. 2 E achava-se ali gra-
vemente enfermo, já quase às portas da mor-
te, o criado de um centurião, que era muito
estimado dele. 3 E quando ouviu falar de Jesus,
enviou a ele uns anciãos dos judeus, rogando-
-lhe que viesse a sarar o seu criado. 4 E eles
logo que chegaram a Jesus, lhe faziam grandes
instâncias, dizendo-lhe: É pessoa que merece
que tu lhe faças este favor: 5 porque é amigo
da nossa gente: e ele mesmo nos fundou uma
Sinagoga. 6 Ia pois Jesus com eles. E quando
se achava já perto da casa, lhe mandou o
centurião dizer por seus amigos este recado:
Senhor, não te fatigues: porque eu não sou
digno de que tu entres em minha casa. 7 Por
essa razão nem eu me achei digno de te ir
buscar: mas dize tu uma só palavra, e o meu
criado será salvo: 8 porque também eu sou
oficial subalterno, que tenho soldados às mi-
nhas ordens: e digo a um, vai acolá, e ele vai:
e a outro, vem cá, e ele vem: e ao meu servo,
faze isto, e ele o faz. 9 O que ouvindo Jesus,
ficou admirado: e voltando-se para o povo que
ia seguindo, disse: Em verdade vos afirmo, que
nem em Israel tenho achado fé tamanha. 10 E
voltando para casa os que haviam sido envia-
dos, acharam que estava são o criado que es-
tivera doente.

Ressurreição do filho da viúva de Naim

11 E aconteceu isto: No dia seguinte cami-
nhava Jesus para uma cidade chamada Naim:
e iam com ele seus discípulos, e muito povo.
12 E quando chegou perto da porta da cidade,
eis que levavam um defunto a sepultar, filho
único de sua mãe, que já era viúva: e vinha
com ela muita gente da cidade. 13 Tendo-a
visto o Senhor, movido de compaixão para com
ela, disse-lhe: Não chores. 14 E chegou-se, e
tocou no esquife. (Pararam logo os que o leva-
vam.) Então disse ele: Moço, eu te mando, le-
vanta-te. 15 E se sentou o que havia estado
morto, e começou a falar. E Jesus o entregou
a sua mãe. 16 Pelo que se apoderou de todos
o temor: e glorificavam a Deus, dizendo: Um
grande profeta se levantou entre nós: e visitou
Deus o seu povo. 17 E a fama deste milagre
correu por toda a Judéia, e por toda a co-
marca.

Os enviados de João

18 E referiram a João os seus discípulos to-
das estas coisas. 19 E João chamou a dois de
seus discípulos, e os enviou a Jesus, dizendo:
És tu o que hás de vir, ou é outro o que es-
peramos? 20 E como viessem estes homens a
ele, lhe disseram: João Batista nos enviou a
ti, para te perguntar: És tu o que hás de vir,
ou é outro o que esperamos? 21 (E naquela
mesma hora curou Jesus a muitos de enfermi-
dades, e de chagas, e de espíritos malignos, e
deu vista a muitos cegos.) 22 Depois, dando
a sua resposta, lhes disse: Ide referir a João,
o que tendes ouvido, e visto: Que os cegos
vêem, os coxos andam, os leprosos ficam lim-
pos, os surdos ouvem, os mortos ressuscitam,
aos pobres é anunciado o Evangelho: 23 e que
é bem-aventurado todo aquele que se não es-
candalizar a meu respeito.

Elogios ao Batista

24 E partidos que foram os mensageiros de
João, começou Jesus a falar dele ao povo,
dizendo: Que fostes vós ver ao deserto? uma
cana sacudida do vento? 25 Mas que fostes vós
ver? um homem vestido de roupas delicadas?
Bem vedes que os que vestem roupas precio-
sas, e vivem em delícias, são os que vivem
nos palácios dos reis. 26 Mas que fostes vós
ver? um profeta? Na verdade vos digo, é mais
que profeta. 27 Este é aquele de quem está
escrito: Eis aí envio eu o meu anjo diante da
tua face, que preparará o teu caminho diante
de ti. 28 Porque eu vos declaro: Que entre os
nascidos de mulheres não há maior profeta
que João Batista: mas o que é menor no reino
de Deus é maior do que ele.
29 E todo o povo, e os publicanos, que ti-
nham sido batizados com o batismo de João,
deram glória a Deus, ouvindo este discurso.
30 Porém os fariseus, e os doutores da lei
desprezaram os desígnios de Deus, em dano
de si mesmos, em não se terem feito batizar
por ele. 31 Então disse o Senhor: Pois a quem
direi que se assemelham os homens desta ge-
ração? e a quem se parecem eles? 32 São
semelhantes aos meninos que estão sentados
no terreiro, e que falam uns para os outros,
e dizem: Nós temos cantado ao som da gaita
para vos divertir, e vós não bailastes; temos
cantado em ar de lamentação, e vós não cho-
rastes. 33 Porque veio João Batista, que nem

comia pão, nem bebia vinho, e dizeis: Ele está possesso do demônio. 34 Veio o Filho do homem, que come e bebe, e vós dizeis: Vejam o homem glutão, e amigo de vinho, que acompanha com publicanos e pecadores. 35 Mas a sabedoria foi justificada por todos os seus filhos.

O amor perdoa e restaura

36 E lhe rogava um fariseu que fosse a comer com ele. E havendo entrado em casa do fariseu se assentou à mesa. 37 E no mesmo tempo uma mulher pecadora, que havia na cidade, quando soube que estava à mesa em casa do fariseu, levou uma redoma de alabastro cheia de bálsamo. 38 E pondo-se a seus pés por detrás dele, começou a regar-lhe com lágrimas os pés, e os enxugava com os cabelos da sua cabeça, e lhe beijava os pés, e os ungia com o bálsamo. 39 E quando isto viu o fariseu, que o tinha convidado, disse lá consigo, fazendo este discurso: Se este homem fora profeta, bem saberia quem, e qual é a mulher que o toca, porque é pecadora. 40 Então respondendo Jesus, lhe disse: Simão, tenho que te dizer uma coisa. E ele respondeu: Mestre, dize-a. 41 Um credor tinha dois devedores: um lhe devia quinhentos dinheiros e outro cinqüenta. 42 Porém não tendo os tais com que pagarem, remitiu-lhes ele a ambos a dívida. Qual pois o ama mais? 43 Respondendo Simão, disse: Creio que aquele a quem o credor perdoou maior quantia. E Jesus lhe disse: Julgaste bem. 44 E voltando para a mulher, disse a Simão: Vês essa mulher? Entrei em tua casa, não me deste água para os pés: mas esta, com as suas lágrimas regou os meus pés, e os enxugou com os seus cabelos. 45 Não me deste ósculo: mas esta, desde que entrou não cessou de me beijar os pés. 46 Não ungiste a minha cabeça com bálsamo: e esta com bálsamo ungiu os meus pés. 47 Pelo que te digo: que perdoados lhe são seus muitos pecados, porque amou muito. Mas ao que menos se perdoa, menos ama. 48 E disse-lhe a ela: Perdoados te são teus pecados. 49 E os que comiam ali começaram a dizer entre si: Quem é este que até perdoa pecados? 50 E Jesus disse para a mulher: A tua fé te salvou: vai-te em paz.

As piedosas mulheres

8 E aconteceu depois, que Jesus caminhava por cidades e aldeias pregando, e anunciando o reino de Deus: e os doze com ele. 2 E também algumas mulheres, que ele tinha livrado de espíritos malignos e de enfermidades: Maria, que se chama Madalena, da qual Jesus havia expelido sete demônios, 3 e Joana, mulher de Cuza, procurador de Herodes, e Susana, e outras muitas, que lhes assistiam de suas posses.

Ensinamento em parábolas

4 E como houvesse concorrido um crescido número de povo, e acudissem solícitos a ele das cidades, lhes disse Jesus por semelhança: 5 Saíu o que semeia, a semear o seu grão: e ao semeá-lo, uma parte caíu junto ao caminho, e foi pisada, e a comeram as aves do céu. 6 E outra caíu sobre pedregulho: e quando foi nascida se secou, porque não tinha umidade. 7 E a outra caíu entre espinhos, e logo os espinhos que nasceram com ela, a afogaram. 8 E outra caíu em boa terra: e depois de nascer, deu fruto, cento por um. Dito isto, começou a dizer em alta voz: Quem tem ouvidos de ouvir, ouça.

9 Então os seus discípulos lhe perguntaram que queria dizer esta parábola. 10 Ele lhes respondeu: A vós foi-vos concedido conhecer o mistério do reino de Deus, mas aos outros se lhes fala por parábolas: para que vendo não vejam, e ouvindo não entendam.

11 É pois este o sentido da parábola: A semente é a palavra de Deus. 12 A que cai à borda do caminho, são aqueles que a ouvem: mas depois vem o diabo, e tira a palavra do coração deles, porque não se salvem crendo. 13 Quanto à que cai em pedregulho, significa os que recebem com gosto a palavra quando a ouviram: e estes não têm raízes: porque até certo tempo crêem, e no tempo da tentação voltam atrás.

14 E a que caiu entre espinhos: estes são os que a ouviram, porém indo por diante, ficam sufocados dos cuidados, e das riquezas, e deleites desta vida, e não dão fruto. 15 Mas a que caíu em boa terra: estes são os que ouvindo a palavra com coração bom, e muito são, a retêm e dão fruto pela paciência. 16 Ninguém pois acende uma lâmpada, e a cobre com alguma vasilha, ou a põe debaixo da cama: põe-na sim sobre um candeeiro, para que vejam a luz os que entram. 17 Porque não há coisa encoberta que não haja de ser manifestada: nem escondida, que não haja de saber-se, e fazer-se pública. 18 Vede pois como ouvis, porque àquele que tem lhe será dado: e ao que não tem, ainda aquilo mesmo que entende ter, lhe será tirado.

Os verdadeiros parentes de Jesus

19 E vieram ter com ele sua mãe, e seus irmãos, e não podiam chegar a ele, pela muita gente. 20 E vieram-lhe dizer: Tua mãe e teus irmãos estão lá fora, querem-te ver. 21 Ele

respondendo, lhes disse: Minha mãe e meus irmãos são aqueles que ouvem a palavra de Deus, e a põem por obra.

A tempestade acalmada

22 E aconteceu isto num daqueles dias, que entrou ele e os seus discípulos em uma barca, e lhes disse: Passemos à outra ribeira do lago. E eles partiram. 23 E enquanto eles iam navegando, dormiu Jesus, e levantou-se uma tempestade de vento sobre o lago, e se encheu de água, e perigavam. 24 E chegando-se a ele o despertaram, dizendo: Mestre, nós perecemos. E ele, levantando-se, increpou ao vento, e a tempestade da água, e logo tudo cessou. E veio bonança. 25 Disse-lhes então Jesus: Onde está a vossa fé? Eles, cheios de temor, se admiraram, dizendo uns para os outros: Quem cuidas que é este, que assim manda aos ventos e ao mar, e eles lhe obedecem?

O possesso e os porcos

26 E navegaram para a terra dos gerasenos, que está fronteira à Galiléia. 27 E logo que saltou em terra, veio ter com ele um homem que estava endemoninhado havia já muito tempo, e não vestia roupa alguma, nem habitava em casa, senão nos sepulcros. 28 Este, logo que viu a Jesus, prostrou-se diante dele, e gritando muito alto, disse: Que tens tu comigo, Jesus Filho de Deus Altíssimo? Peço-te que me não atormentes. 29 Porque Jesus mandava ao espírito imundo, que saísse do homem. Porque havia muito tempo que o arrebatava, e ainda que o guardassem preso em cadeias, e grilhões, logo rompia as cadeias, e agitado do demônio, fugia para os desertos. 30 E fez-lhe Jesus esta pergunta, dizendo: Que nome é o teu? Ele então respondeu: Legião. Porque eram em grande número os demônios que tinham entrado nele. 31 E estes lhe pediram que os não mandasse ir para o abismo. 32 Ora, andava ali pastando no monte uma grande manada de porcos, e lhe rogavam que lhes permitisse entrar neles. E Jesus lho permitiu. 33 Saíram pois do homem os demônios, e entraram nos porcos, e logo a manada dos porcos se arrojou por um despenhadeiro impetuosamente no lago, e ali ficou toda afogada. 34 Quando isto viram os porqueiros, fugiram e foram-no contar às cidades, e pelas granjas. 35 E saíram a ver o que havia acontecido, e vieram ter com Jesus, e acharam a seus pés sentado, já vestido, e em seu juízo, ao homem, de quem haviam saído os demônios, e tiveram grande medo. 36 E os que haviam presenciado o que tinha sucedido, lhes contaram também como o possesso fora livrado da legião. 37 E toda a gente do território dos gerasenos pediu a Jesus que se retirasse deles: porque estavam possuídos de grande medo. Pelo que ele, embarcando-se, se retirou de volta. 38 E pedia-lhe o homem, de quem tinham saído os demônios, que o deixasse estar com ele. Porém Jesus o despediu, dizendo: 39 Volta para tua casa, e conta as grandes coisas que Deus te fez. E foi publicando por toda a cidade as singulares graças, que lhe fizera Jesus.

A filha de Jairo e a hemorroíssa

40 E aconteceu que tendo voltado Jesus, o receberam as gentes: pois todos o estavam esperando. 41 E eis que veio um homem chamado Jairo, que era príncipe da Sinagoga: e lançou-se aos pés de Jesus, pedindo-lhe que viesse a sua casa. 42 Porque tinha uma filha única que teria doze anos, e estava morrendo. E sucedeu que enquanto ia Jesus caminhando, molestavam-no os apertões do povo. 43 E uma mulher padecia fluxo de sangue havia doze anos, e tinha dispendido com médicos todo o seu cabedal, sem poder de nehum deles ser curada: 44 chegou por detrás, e tocou a orla do vestido de Jesus: e no mesmo instante lhe parou o fluxo de sangue. 45 Disse antão Jesus: Quem é que me tocou? E respondendo todos que nenhum fora, disse Pedro, e os que com ele estavam: Mestre, as gentes te apertam e oprimem, e ainda perguntas: Quem é que me tocou? 46 Replicou todavia Jesus: Alguém me tocou: porque eu conheci que de mim saía uma virtude. 47 Quando a mulher se viu assim descoberta, veio toda tremendo e se prostrou aos pés de Jesus: e declarou diante de todo o povo a causa por que lhe havia tocado: e como ficara logo sã. 48 E ele lhe disse: Filha, a tua fé te salvou: vai-te em paz. 49 Ainda ele não tinha acabado de falar, quando veio um dizer ao príncipe da Sinagoga: É morta tua filha, não lhe dês o trabalho de cá vir. 50 Mas Jesus, tendo ouvido estas palavras, disse para o pai da menina: Não temas, crê somente, e ela será salva. 51 E depois de chegar à casa, mandou que ninguém entrasse com ele, senão Pedro e Tiago, e João, e o pai, e a mãe da menina. 52 Entretanto todos a choravam, e se feriam de pena. Porém Jesus lhes disse: Não choreis, que a menina não está morta, mas dorme. 53 Mas os que sabiam que ela estava morta, zombavam dele. 54 Então Jesus tomando-lhe a mão, disse em alta voz: Menina, levanta-te. 55 Então a sua alma tornou ao corpo, e ela se levantou logo. E Jesus mandou que lhe dessem de comer. 56 Ficaram pois cheios de assombro seus pais, a quem Jesus pôs pre-

ceito de não contarem a pessoa alguma o que se tinha passado.

Missão dos doze apóstolos

9 Tendo porém Jesus convocado os doze apóstolos, deu-lhes poder e autoridade sobre todos os demônios, e virtude de curar enfermidades. 2 Depois enviou-os a pregar o Reino de Deus, e a curar os enfermos. 3 E disse-lhes: Não leveis coisa alguma pelo caminho, nem bordão, nem alforge, nem pão, nem dinheiro, nem tenhais duas túnicas. 4 E em qualquer casa, em que entrardes, ficai aí, e não saiais dela. 5 E quando quaisquer vos não queiram receber: ao sair dessa cidade, sacudi até o pó dos vossos pés, para servir de testemunho contra eles. 6 Tendo eles pois saído, andavam de aldeia em aldeia pregando o Evangelho, e fazendo curas em todo o lugar.

Herodes, João e Jesus

7 E chegou à notícia de Herodes tetrarca tudo o que Jesus obrava, e ficou como suspenso, porque diziam 8 uns: É João que ressurgiu dos mortos; e outros: É Elias que apareceu; e outros: É um dos antigos profetas que ressuscitou. 9 Então lhes disse Herodes: Eu mandei degolar a João: quem és pois este, de quem eu ouço semelhantes coisas? E buscava ocasião de o ver.

Primeira multiplicação dos pães

10 E tendo voltado os apóstolos, lhe contaram tudo quanto haviam feito, e Jesus, tomando-os consigo à parte, foi a um lugar deserto, que é do território de Betsaida. 11 O que ouvindo os povos, o foram seguindo, e Jesus os recebeu, e falava-lhes do Reino de Deus, e sarava os que necessitavam de cura. 12 Ora, o dia tinha começado já a declinar, quando, chegando a ele os doze, lhe disseram: Despede estas gentes, para que indo eles por essas aldeias, e granjas da comarca, se alberguem, e achem que comer: porque aqui estamos em lugar deserto.

13 Mas Jesus lhes respondeu: Dai-lhes vós de comer. E replicaram eles: Nós não temos mais do que cinco pães e dois peixes, senão é que devemos ir comprar mantimento para todo este povo. 14 Porque eram quase cinco mil homens. Então disse Jesus a seus discípulos: Fazei-os sentar para comer, divididos em ranchos de cinqüenta em cinqüenta. 15 E eles assim o executaram. E os fizeram sentar a todos. 16 E tendo tomado Jesus os cinco pães e dois peixes, levantou os olhos ao céu, e os abençoou, e partiu e deu aos seus discípulos, para que os pusessem diante das gentes. 17 E comeram todos, e ficaram fartos. E levantaram, do que lhes sobejou, doze cestos de fragmentos.

Profissão de fé de Pedro e primeiro anúncio da paixão

18 E aconteceu que estando só orando, se achavam com ele também os seus discípulos: e Jesus lhes perguntou, dizendo: Quem dizem as gentes que sou eu? 19 E eles responderam, e disseram: Uns dizem que João Batista, outros que Elias, e outros, que ressuscitou algum dos antigos profetas. 20 Então lhes disse Jesus: E vós quem dizeis que sou eu? Respondendo Simão Pedro, disse: O Cristo de Deus. 21 Ele então ameaçando-os mandou que o não dissessem a ninguém, 22 dizendo: É necessário que o Filho do homem padeça muitas coisas, e que seja rejeitado dos anciãos e dos príncipes dos sacerdotes, dos escribas, e que seja entregue à morte, e que ressuscite ao terceiro dia.

Renúncia

23 E dizia a todos: Se alguém quer vir após de mim, negue-se a si mesmo, e tome a sua cruz cada dia, e siga-me: 24 porque o que quiser salvar a sua alma, virá a perdê-la: e quem perder a sua alma por amor de mim salva-la-á: 25 porque, que aproveita um homem, se grangear todo o mundo, quando se perde a si mesmo, e se faz dano a si? 26 Porque se alguém se envergonhar de mim, e das minhas palavras: também o Filho do homem se envergonhará dele, quando vier na sua majestade e na de seu Pai, e santos anjos. 27 E digo-vos na verdade: que dos que aqui se acham, alguns há que não hão de gostar a morte, até verem o reino de Deus.

Transfiguração

28 E aconteceu que passados quase oito dias depois que disse estas palavras, tomou Jesus consigo não só a Pedro, mas a Tiago, e a João e subiu a um monte a orar. 29 E enquanto orava, pareceu todo outro o seu rosto: e fez-se o seu vestido alvo e brilhante. 30 E eis que falavam com ele dois varões. E estes eram Moisés e Elias. 31 Que apareceram cheios de majestade: e falavam da sua saída deste mundo, que havia de cumprir em Jerusalém. 32 Entretanto Pedro, e os que com ele estavam, se tinham deixado oprimir do sono. E despertando viram a glória de Jesus, e aos dois varões, que com ele estavam. 33 E aconteceu que ao

tempo que se apartaram dele, disse Pedro a
Jesus: Mestre, bom é que nós aqui estamos:
e façamos três tendas, uma para ti, e outro
para Moisés, e outra para Elias: não sabendo
o que dizia. 34 E quando ele estava ainda di-
zendo isto, veio uma nuvem, e os cobriu: e
tiveram medo, entrando eles na nuvem. 35 E
saiu uma voz da nuvem, dizendo: Este é aque-
le meu Filho especialmente amado, ouvi-o. 36 E
ao sair esta voz, acharam só a Jesus. E eles
se calaram, e a ninguém disseram naqueles
dias coisa alguma das que tinham visto.

O menino epilético

37 E sucedeu no dia seguinte que descendo
eles do monte, lhes veio sair ao encontro uma
grande multidão de gente. 38 E eis que um
homem da turba clamou, dizendo: Mestre,
rogo-te que ponhas os olhos em meu filho,
porque é o único que tenho: 39 e eis que um
espírito se apodera dele, subitamente dá gritos,
e o lança por terra, e o agita com violência,
fazendo-o escumar, e apenas o larga deixan-
do-o feito em pedaços: 40 e pedi a teus discí-
pulos que o expelissem, e eles não puderam.
41 E respondendo Jesus, disse: Ó geração infiel
e perversa, até quando estarei eu convosco, e
vos sofrerei? Traze cá o teu filho. 42 E quando
este ia chegando, o lançou o demônio por ter-
ra, e o agitou com violentas convulsões. 43 Mas
Jesus ameaçou ao espírito imundo, e sarou o
menino, e o restituiu a seu pai.

Segundo anúncio da paixão

44 E pasmavam todos do grande poder de
Deus: e admirando-se todos de todas as coisas
que fazia, disse Jesus aos seus discípulos: Pon-
de vós nos vossos corações estas palavras: O
Filho do homem há de vir a ser entregue nas
mãos dos homens. 45 Mas eles não entendiam
esta palavra, e lhes era tão obscura, que não
a compreendiam: e tinham medo de lhe per-
guntar acerca dela.

Lição de humildade e tolerância

46 Veio-lhes então ao pensamento qual de-
les era o maior. 47 Mas Jesus vendo o que eles
cuidavam nos seus corações, tomou um meni-
no, e o pôs junto de si, 48 e lhes disse: Todo
o que receber este menino em meu nome, a
mim me recebe: e todo o que me receber a
mim, recebe àquele que me enviou. Porque
quem dentre vós todos é o menor, esse é o
maior. 49 Então respondendo João, disse: Mes-
tre, nós vimos a um que expelia os demônios
em teu nome, e lho vedamos: porque não te
segue conosco. 50 E Jesus lhes disse: Não lho
proibais; porque o que não é contra vós, é
por vós.

IV. VIAGEM DE JESUS A JERUSALÉM

Hostilidade dos samaritanos

51 E aconteceu que sendo chegado o tempo
da sua assunção, mostrou ele um semblante
intrépido e resoluto para ir para Jerusalém.
52 E enviou adiante de si mensageiros: e indo
eles entraram em uma cidade dos samaritanos
para lhe prevenirem pousada. 53 E não o rece-
beram, por ele dar mostras de que ia para
Jerusalém. 54 O que porém tendo visto seus
discípulos Tiago e João, disseram: Senhor, que-
res tu que digamos que desça fogo do céu, e
que os consuma? 55 Porém Jesus voltando-se
para eles, os repreendeu, dizendo: Vós não sa-
beis, qual é o espírito da vossa vocação. 56 O
Filho do homem não veio a perder as almas,
mas a salvá-las. E foram para outra povoação.

Exigências da vocação cristã

57 E aconteceu isto: Indo ele pelo caminho,
veio um homem, e disse a Jesus: Eu seguir-
-te-ei para onde quer que tu fores. 58 Respon-
deu-lhe Jesus: As raposas têm suas covas, e as
aves do céu têm seus ninhos: mas o Filho do
homem não tem onde reclinar a cabeça. 59 E
a outro disse Jesus: Segue-me. E ele lhe disse:
Senhor, permite-me que vá eu primeiro enter-
rar a meu pai. 60 E Jesus lhe respondeu: Deixa
que os mortos enterrem os seus mortos: e tu
vai, e anuncia o Reino de Deus. 61 E disse-lhe
outro: Eu, Senhor, seguir-te-ei, mas dá-me li-
cença que eu vá primeiro dispor dos bens que
tenho em minha casa. 62 Respondeu-lhe Jesus:
Nenhum que mete a sua mão no arado, e olha
para trás, é apto para o Reino de Deus.

Missão dos setenta e dois discípulos

10 E depois disto designou o Senhor ainda
outros setenta e dois: e mandou-os de
dois em dois adiante de si por todas as cida-
des, e lugares, para onde ele tinha de ir. 2 E
dizia-lhes: Grande é na verdade a messe, e
poucos os trabalhadores. Rogai pois ao dono
da messe, que mande trabalhadores para a sua
messe. 3 Ide. Olhai que eu vos mando como
cordeiros entre os lobos. 4 Não leveis bolsa,

nem alforge, nem calçado, e a ninguém saudeis pelo caminho. 5 Em qualquer casa onde entrardes, dizei primeiro que tudo: Paz seja nesta casa! 6 E se ali houver algum filho da paz, repousará sobre ele a vossa paz, e senão, ela tornará para vós. 7 E permanecei na mesma casa, comendo e bebendo do que eles tiverem: porque o trabalhador é digno do seu jornal. Não andeis de casa em casa. 8 E em qualquer cidade em que entrardes, e vos receberem, comei o que se vos apresentar. 9 E curai os enfermos que nela houver, e dir-lhes-eis: Está a chegar a vós outros o Reino de Deus. 10 Mas se vós entrardes nalguma cidade, e vos não receberem, saindo pelas suas praças, dizei: 11 Vede que até o pó, que se nos pegou da vossa cidade, sacudimos contra vós. Não obstante isto, sabei que está a chegar a vós outros o Reino de Deus. 12 Digo-vos, que naquele dia haverá menos rigor para Sodoma, que para a tal cidade.

Cidades incrédulas

13 Ai de ti, Corozain; ai de ti, Betsaida! Que se em Tiro e Sidônia se tivessem obrado as maravilhas que se obraram em vós, há muito tempo que elas teriam feito penitência, cobrindo-se de cilício e de cinza. 14 Por isso haverá sem dúvida no dia do Juízo para Tiro e Sidônia menos rigor que para vós. 15 E tu, Cafarnaum, que te elevaste até o céu, serás submergida até o inferno. 16 O que a vós ouve, a mim ouve: e o que a vós despreza, a mim despreza. E quem a mim despreza, despreza Aquele que me enviou.

Volta dos setenta e dois

17 Voltaram depois os setenta e dois muito alegres, dizendo: Senhor, até os mesmos demônios se nos submetem em virtude do teu nome. 18 E o Senhor lhes respondeu: Eu via cair do céu a Satanás, como um relâmpago. 19 Eis aí vos dei eu poder de pisardes as serpentes, e os escorpiões, e toda a força do inimigo: e nada vos fará dano. 20 E contudo, o sujeitarem-se-vos os espíritos, não é o de que vós vos deveis alegrar: Mas sim deveis alegrar-vos de que os vossos nomes estão escritos nos céus. 21 Naquela mesma hora exultou Jesus a impulsos do Espírito Santo, e disse: Graças te dou, Pai, Senhor do céu e da terra, porque escondeste estas coisas aos sábios e entendidos, e as revelaste aos pequeninos. Sim, Pai: porque assim foi do teu agrado. 22 Todas as coisas me têm sido entregues por meu Pai. E ninguém sabe quem é o Filho, senão o Pai: nem quem é o Pai, senão o Filho, e aquele a quem o Filho quiser revelar. 23 E tendo-se voltado para seus discípulos disse: Ditosos olhos aqueles que vêem o que vós vedes. 24 Pois eu vos afirmo, que foram muitos os profetas, e reis, que desejaram ver o que vós vedes, e não o viram: e que desejaram ouvir o que vós ouvis, e não o ouviram.

O mandamento máximo

25 E eis que se levantou um doutor da lei, e lhe disse para o tentar: Mestre, que hei de eu fazer para entrar na posse da vida eterna? 26 Disse-lhe então Jesus: Que é o que está escrito na lei? como lês tu? 27 Ele, respondendo, disse: Amarás ao Senhor teu Deus de todo o teu coração, e de toda a tua alma, e de todas as tuas forças e de todo o teu entendimento: e ao teu próximo como a ti mesmo. 28 E Jesus lhe disse: Respondeste bem. Faze isso, e viverás. 29 Mas ele, querendo justificar-se a si mesmo, disse a Jesus: E quem é o meu próximo?

Parábola do Bom Samataritano

30 E Jesus, prosseguindo no mesmo discurso, disse: Um homem baixava de Jerusalém a Jericó, e caiu nas mãos dos ladrões, que logo o despojaram do que levava: e depois de o terem maltratado com muitas feridas, se retiraram deixando-o meio morto. 31 Aconteceu pois que passava pelo mesmo caminho um sacerdote: e quando o viu passou de largo. 32 E assim mesmo um levita, chegando perto daquele lugar, e vendo-o, passou também de largo. 33 Mas um samaritano, que ia seu caminho, chegou perto dele: e quando o viu, se moveu à compaixão. 34 E chegando-se lhe atou as feridas, lançando nelas azeite e vinho, e, pondo-o sobre a sua cavalgadura, o levou a uma estalagem, e teve cuidado dele. 35 E ao outro dia, tirou dois denários, e deu-os ao estalajadeiro, e lhe disse: Tem-me cuidado dele, e quanto gastares de mais, eu to satisfarei quando voltar. 36 Qual destes três te parece que foi o próximo daquele que caiu nas mãos dos ladrões? 37 Respondeu logo o doutor: Aquele que usou com o tal de misericórdia. Então lhe disse Jesus: Pois vai, e faze tu o mesmo.

Marta e Maria

38 E aconteceu, que como fossem de caminho, entrou depois Jesus em uma aldeia: uma mulher, por nome de Marta, o hospedou em sua casa. 39 E esta tinha uma irmã chamada Maria, a qual até sentada aos pés do Senhor ouvia a sua palavra. 40 Marta porém andava

toda fadiga na contínua lida da casa, a qual
se apresentou diante de Jesus, e disse: Senhor,
a ti não se te dá que minha irmã me deixasse
andar servindo só? dize-lhe pois que me ajude.
41 E respondendo o Senhor, lhe disse: Marta,
Marta, tu andas muito inquieta, e te embara-
ças com o cuidar em muitas coisas. 42 Entre-
tanto só uma coisa é necessária. Maria esco-
lheu a melhor parte, que lhe não será tira-
da.

Como se deve orar

11 E aconteceu que estando orando em cer-
to lugar, quando acabou, lhe disse um
dos seus discípulos: Senhor, ensina-nos a orar,
assim como também João ensinou aos seus
discípulos. 2 E Jesus lhes disse: Quando orar-
des, dizei: Pai, santificado seja o teu nome.
Venha a nós o teu reino. 3 O pão nosso de
cada dia nos dá hoje. 4 E perdoa-nos os nos-
sos pecados, pois que também nós perdoamos
a todo o que nos deve. E não nos deixes cair
em tentação.

Parábola do amigo importuno

5 Disse-lhes mais: Se qualquer de vós tiver
um amigo, e for ter com ele à meia-noite, e
lhe disser: Amigo, empresta-me três pães,
6 porque um meu amigo acaba de chegar a
minha casa de uma jornada, e não tenho que
lhe pôr diante. 7 E ele, respondendo lá de den-
tro, lhe disser: Não me sejas importuno, já
está fechada a porta, e os meus filhos estão
também como eu na cama; não me posso le-
vantar a dar-tos. 8 E se o outro perseverar em
bater: digo-vos que no caso que ele se não le-
vantar a dar-lhos, por ser seu amigo, certa-
mente pela sua importunação se levantará, e
lhe dará quantos pães houver mister. 9 Por-
tanto eu vos digo: Pedi, e dar-se-vos-á: buscai,
e achareis: batei, e abrir-se-vos-á. 10 Porque
todo aquele que pede, recebe: e o que busca,
acha: e ao que bate, se lhe abrirá. 11 E se al-
gum de vós outros pedir pão a seu pai, acaso
dar-lhe-á ele porventura em lugar de peixe
uma serpente? 12 Ou se lhe pedir um ovo,
porventura dar-lhe-á um escorpião? 13 Pois se
vós outros, sendo maus, sabeis dar boas dádi-
vas a vossos filhos: quanto mais o vosso Pai
celestial dará espírito bom aos que lho pe-
direm?

O poder de Jesus contra Beelzebu

14 E estava Jesus lançando um demônio, e
ele era mudo. E depois de ter expelido o de-
mônio, falou o mudo, e se admiraram as gen-
tes. 15 Mas alguns deles disseram: Ele expele
os demônios. 16 E outros, para o tentarem, lhe
pediam que lhes mostrasse algum prodígio do
céu. 17 E Jesus, quando viu os pensamentos
deles, lhes disse: Todo o reino dividido contra
si mesmo será assolado, e cairá casa sobre ca-
sa. 18 Pois se Satanás está também dividido
contra si mesmo, como estará em pé o seu
reino? Porque vós dizeis que em virtude de
Beelzebu é que eu lanço fora os demônios.
19 Ora se é por virtude de Beelzebu que eu
lanço fora os demônios: vossos filhos por
virtude de quem os lançam? Por isso eles
serão os vossos juízes. 20 Mas se pelo dedo
de Deus lanço os demônios: é certo que che-
gou a vós o reino de Deus. 21 Quando um
homem valente guarda armado o seu pátio,
estão em segurança os bens que possui. 22 Mas
se, sobrevindo outro mais valente do que ele,
o vencer, este lhe tirará todas as suas armas,
em que confiava, e repartirá os seus despo-
jos. 23 O que não é comigo, é contra mim: e
o que não colhe comigo, desperdiça. 24 Quan-
do o espírito imundo tem saído de um ho-
mem, anda pelos lugares secos, buscando
repouso: e como o não acha, diz: Tornarei
para minha casa, donde saí. 25 E depois de
vir, ele a acha varrida e adornada. 26 Vai
então, e toma consigo outros sete espíritos
piores do que ele, e entrando na casa fazem
nela habitação. E vem o último estado deste
homem a ser o pior do que o primeiro.
27 E aconteceu que dizendo ele estas pala-
vras, uma mulher, levantando a voz do meio
do povo, lhe disse: Bem-aventurado o ventre
que te trouxe, e os peitos a que foste criado.
28 Mas ele respondeu: Antes bem-aventurados
aqueles que ouvem a palavra de Deus, e a
guardam.

O Sinal de Jonas

29 E como o povo vinha concorrendo, co-
meçou Jesus a dizer: Esta geração é uma gera-
ção perversa: ela pede um sinal, e não se lhe
dará outro sinal, senão o sinal do profeta
Jonas. 30 Porque assim como Jonas foi um
sinal para os ninivitas: assim também o Filho
do homem o será para esta nação. 31 A rainha
do meio-dia levantar-se-á no dia do juízo con-
tra os homens desta nação, e condená-los-á:
porque veio do cabo do mundo ouvir a sabe-
doria de Salomão: entretanto sabei que aqui
está quem é maior do que Salomão. 32 Os nini-
vitas levantar-se-ão no dia do Juízo contra es-
ta gente, e condená-la-ão: porque fizeram pe-
nitência ao pregar-lha Jonas; entretanto sabei
que aqui está quem é maior do que Jonas.

A luz do testemunho

33 Ninguém acende uma candeia, e a põe em um lugar escondido, nem debaixo de um alqueire: mas sobre um candeeiro, para que os que entram vejam a luz. 34 O teu olho é a luz do teu corpo. Se o teu olho for simples, todo o teu corpo será lúcido: se porém for mau, também o teu corpo será tenebroso. 35 Olha pois bem que a luz, que é em ti, não sejam trevas. 36 Se pois o teu corpo for todo lúcido, sem ter parte alguma tenebrosa, todo ele será luminoso, e alumiar-te-á, como uma luzerna de brilhante luz.

Denúncia contra os escribas e fariseus

37 E quando Jesus estava falando, pediu-lhe um fariseu que fosse jantar com ele. E havendo entrado, se sentou à mesa. 38 E o fariseu começou a discorrer lá consigo mesmo sobre o motivo por que se não tinha lavado ele antes de comer. 39 E o Senhor lhe disse: Agora vós outros os fariseus limpais o que está por fora do vaso e do prato: mas o vosso interior está cheio de rapina e de maldade. 40 Néscios, quem fez tudo o que está de fora, não fez também o que está de dentro? 41 Dai contudo esmola do que é vosso: e eis aí que todas as coisas vos ficam sendo limpas. 42 Mas ai de vós, fariseus, que pagais o dízimo da hortelã, e da arruda, e de toda a casta de ervas, e que desprezais a justiça, e o amor de Deus! Pois estas eram as coisas que importava que vós praticásseis, sem entretanto omitirdes aquelas outras. 43 Ai de vós, fariseus, que gostais de ter nas sinagogas as primeiras cadeiras, e de vos saúdem na praça! 44 Ai de vós, que sois como os sepulcros, que não aparecem, e que os homens que caminham por cima não conhecem!

45 Então respondendo um dos doutores da lei, lhe disse: Mestre, tu falando assim, também a nós outros nos afrontas. 46 Mas Jesus lhe respondeu: Ai de vós outros também, doutores da lei, que carregais os homens de obrigações que eles não podem desempenhar, e vós nem com um dedo vosso lhes aliviais a carga. 47 Ai de vós, que edificais sepulcros aos profetas, quando vossos pais foram os que lhes deram a morte. 48 Por certo que bem testemunhais que consentis nas obras de vossos pais: porque eles na verdade os mataram, e vós edificais os seus sepulcros. 49 Por isso também disse a Sabedoria de Deus: Mandar-lhes-ei profetas, e apóstolos, e eles darão a morte a uns, e perseguirão a outros: 50 para que a esta nação se peça conta do sangue de todos os profetas, o qual foi derramado desde o princípio do mundo. 51 Desde o sangue de Abel até o sangue de Zacarias, que foi morto entre o Altar e o Templo. Sim, eu vos declaro que a esta nação se pedirá contra disto. 52 Ai de vós, doutores da lei, que depois de terdes arrogado a vós a chave da ciência, nem vós outros entrastes, nem deixastes entrar os que vinham para entrar. 53 E como ele lhes falava desta sorte, começaram os fariseus, e doutores da lei a apertá-lo com fortes instâncias, e a quererem-no fazer calar com a multidão das qusetões, a que o obrigavam a responder. 54 Armando-lhe desta maneira laços e buscando ocasião de lhe apanharem da boca alguma palavra, para o acusarem.

Autenticidade e testemunho

12 E como se tivessem ajuntado à roda de Jesus muitas gentes, de sorte que uns a outros se atropelavam, começou ele a dizer a seus discípulos: Guardai-vos do fermento dos fariseus, que é a hipocrisia. 2 Porque nenhuma coisa há oculta, que não venha a descobrir-se: e nenhuma há escondida, que não venha a saber-se. 3 Porque as coisas que dissestes nas trevas, às claras serão ditas, e o que falastes ao ouvido no gabinete, será apregoado sobre os telhados. 4 A vós outros pois, amigos meus, vos digo: que não tenhais medo daqueles que matam o corpo, e depois disto não têm mais que fazer. 5 Mas eu vos mostrarei a quem haveis de temer: Temei Aquele que, depois de matar, tem poder de lançar no inferno. Sim eu vo-lo digo, temei a este. 6 Não se vendem cinco pardais por dois réis? E nem um deles só está em esquecimento diante de Deus! 7 E até os cabelos da vossa cabeça, todos estão contados. Pois não temais: porque de maior valia sois vós outros que muitos pardais. 8 Ora, eu vos declaro: que todo o que me confessar diante dos homens também o Filho do homem o confessará ante os anjos de Deus. 9 O que porém me negar diante dos homens, também será negado na presença dos anjos de Deus. 10 E todo o que proferir uma palavra contra o Filho do homem, ser-lhe-á dado perdão: mas àquele que blasfemar contra o Espírito Santo, não lhe será isso perdoado. 11 Mas quando vos levarem às sinagogas, e perante os magistrados, e potestades, não estejais com cuidado, ou de que modo respondereis, ou que direis. 12 Porque o Espírito Santo vos ensinará na mesma hora o que for conveniente que vós digais.

O sentido da vida: ser rico para Deus

13 Então lhe disse um homem da plebe: Mestre, dize a meu irmão que reparta comigo

da herança. 14 Porém Jesus lhe respondeu:
Homem, quem me constituiu a mim Juiz, ou
partidor sobre vós outros? 15 Depois lhes dis-
se: Guardai-vos, e acautelai-vos de toda a ava-
reza: porque a vida de cada um não consiste
na abundância das coisas que possui. 16 Sobre
o que lhes propôs esta parábola, dizendo: O
campo de um homem rico tinha dado abun-
dantes frutos: 17 e ele revolvia dentro de si
estes pensamentos, dizendo: Que farei, que
não tenho onde recolher os meus frutos? 18 E
disse: Farei isto: Derribarei os meus celeiros,
e fá-los-ei maiores. E neles recolherei todas as
minhas colheitas, e os meus bens. 19 E direi
à minha alma: Alma minha, tu tens muitos
bens em depósito para largos anos. Descansa,
come, bebe, regala-te. 20 Mas Deus disse a este
homem: Néscio, esta noite te virão demandar
a tua alma: e as coisas que tu ajuntaste, para
quem serão? 21 Assim é o que entesoura para
si, e não é rico para Deus.

A busca fundamental

22 E disse a seus discípulos: Portanto vos
digo: Não andeis solícitos para a vossa vida,
com que a sustentareis: nem para o corpo com
que o vestireis. 23 A vida vale mais do que o
sustento, e o corpo mais do que o vestido.
24 Olhai para os corvos que não semeiam, nem
segam, nem têm dispensa, nem celeiro, e Deus
contudo os sustenta. Quanto mais considerá-
veis sois vós do que eles?

25 Mas qual de vós, por mais voltas que dê
ao entendimento, pode acrescentar um côvado
à sua estatura? 26 Se vós pois não podeis as
coisas que são mínimas, por que estais em
cuidado sobre as outras? 27 Olhai como cres-
cem as açucenas: Elas não trabalham, nem
fiam: e contudo eu vos afirmo que nem Salo-
mão em toda a sua glória se vestia como uma
delas. 28 Se pois o feno, que hoje está no cam-
po, e que amanhã se lança no forno, Deus o
veste assim, quanto mais a vós, homens de
pouquíssima fé? 29 Vós pois não vos inquie-
teis com o que haveis de comer, ou beber; e
não andeis com o espírito suspenso: 30 por-
que as gentes do mundo são as que buscam
todas estas coisas. E vosso Pai bem sabe que
as haveis mister. 31 Buscai logo primeiro o
Reino de Deus e a sua justiça: e em cima dar-
-se-vos-ão todas estas coisas como acessórias.
32 Não temais, ó pequenino rebanho, pois que
foi do agrado do vosso Pai dar-vos o seu reino.

Discernir o sentido da vida

33 Vendei o que possuis, e dai-o em esmo-
las. Provei-vos de bolsas, que se não gastam
com o tempo, ajuntai nos céus um tesouro que
não acaba: onde não chega o ladrão e ao qual
não rói a traça. 34 Porque onde está o vosso
tesouro, aí estará também o vosso coração.

A autoridade deve estar atenta à vinda do Senhor

35 Estejam cingidos os vossos lombos, e nas
vossas mãos tochas acesas. 36 E sede vós ou-
tro semelhantes aos homens que esperam a
seu senhor, ao voltar das bodas: para que,
quando vier, e bater à porta, logo lha abram.
37 Bem-aventurados aqueles servos, a quem o
Senhor achar vigiando quando vier. Na verda-
de vos digo, que ele se cingirá, e os fará sen-
tar à mesa, e passando por entre eles, os ser-
virá. 38 E se vier na segunda vigília, e se vier
na terceira vigília, e assim os achar, bem-aven-
turados são os tais servos. 39 Mas sabei isto,
que se o pai de família soubesse a hora em
que viria o ladrão, vigiaria sem dúvida, e não
deixaria minar a sua casa. 40 Vós outros, pois,
estai apercebidos: porque à hora que não cui-
dais, virá o Filho do homem. 41 Disse-lhe en-
tão Pedro: Senhor, tu propões esta parábola
respectiva só a nós outros: ou também a to-
dos? 42 E o Senhor lhe disse: Quem crês que
é o dispenseiro fiel, e prudente, que pôs o
Senhor sobre a sua família para dar a cada
um a seu tempo a ração de trigo? 43 Bem-
-aventurado aquele servo que quando o Senhor
vier, o achar assim obrando. 44 Verdadeira-
mente vos digo, que ele o constituirá admi-
nistrador de tudo quanto possui. 45 Porém se
disser o tal servo no seu coração: Meu Senhor
tarda em vir. E começar a espancar os servos,
e as criadas, e a comer, e a beber, e a em-
briagar-se: 46 Virá o Senhor daquele servo no
dia em que ele o não espera, e na hora em que
ele não cuida, e removê-lo-á e pô-lo-á à parte
com os infiéis. 47 Porque aquele servo, que
soube a vontade do seu Senhor, e não se aper-
cebeu, e não obrou conforme a sua vontade,
dar-se-lheão muitos açoites: 48 mas aquele que
não a soube e fez coisas dignas de castigo, le-
vará poucos açoites. Porque a todo aquele, a
quem muito foi dado, muito lhe será pedido:
e ao que muito confiaram, mais conta lhe to-
marão.

Jesus diante de sua Paixão

49 Eu vim trazer fogo à terra, e que quero
eu senão que ele se acenda? 50 Eu pois tenho
de ser batizado num batismo: e quão grande
não é a minha angústia, até que ele se con-
clua?

Jesus, sinal de contradição

51 Vós cuidais que eu vim trazer paz à terra? Não, vos digo eu, mas separação: 52 porque de hoje em diante haverá numa mesma casa cinco pessoas divididas, três contra duas, e duas contra três. 53 Estarão divididas: O pai contra o filho, e o filho contra o seu pai, a mãe contra a filha, e a filha contra a mãe, a sogra contra a sua nora, e a nora contra a sua sogra.

Discernir os sinais do tempo

54 E dizia também ao povo: Quando vós tendes visto aparecer uma nuvem da parte do poente, logo dizeis: Aí vem tempestade. E assim sucede. 55 E quando vedes assoprar o vento do meio-dia, dizeis: Há de haver calma. E vem a calma. 56 Hipócritas, sabeis distinguir os aspectos do céu, e da terra, pois como não sabeis reconhecer o tempo presente? 57 E por que não julgais ainda por vós mesmos o que é justo? 58 Ora quando tu fores com o teu contrário ao príncipe, faze o possível por te livrares dele no caminho, para que não suceda que te leve ao juiz, e o juiz te entregue ao meirinho, e o meirinho te meta na cadeia. 59 Digo-te, que não sairás dali, enquanto não pagares até o último ceitil.

Convite à conversão

13 Ora neste mesmo tempo estavam ali uns que lhe davam notícia de certos galileus, cujo sangue misturara Pilatos com o dos sacrifícios deles. 2 E Jesus respondendo lhes disse: Vós cuidais que aqueles galileus eram maiores pecadores que todos os outros de Galiléia, por haverem padecido tão cruel morte? 3 Não eram, eu vo-lo declaro: mas se vós outros não fizerdes penitência, todos assim mesmo haveis de acabar. 4 Assim como também no tocante àqueles dezoito homens, sobre os quais caiu a torre de Siloé, e os matou. Cuidais vós que eles também foram mais devedores que todas as pessoas moradoras em Jerusalém? 5 Não, vo-lo declaro: mas se vós outros não fizerdes penitência, todos acabareis da mesma sorte.

A figueira estéril

6 E dizia também esta semelhança: Um homem tinha uma figueira plantada na sua vinha, e foi a buscar fruto nela, e não o achou. 7 Pelo que disse ao que cultivava a vinha: Olha, três anos há que venho buscar fruto a esta figueira, e não o acho. Corta-a pois pelo pé. Para que está ela ainda ocupando a terra? 8 Mas ele respondendo, lhe disse: Senhor, deixa-a ainda este ano, enquanto eu a escavo em roda, e lhe lanço esterco: 9 e se com isto der fruto, bem está: e se não, virás a cortá-la depois.

Jesus é Senhor das instituições

10 E estava Jesus ensinando na sinagoga deles nos sábados. 11 E eis que veio ali uma mulher, que estava possessa dum espírito, que a tinha doente havia dezoito anos: e andava ela encurvada, e não podia absolutamentee olhar para cima. 12 Vendo-a Jesus, chamou-a a si, e disse-lhe: Mulher, estás livre do teu mal. 13 E pôs sobre ela as mãos, e no mesmo instante ficou direita, e glorificava a Deus. 14 Mas entrando a falar o príncipe da sinagoga, indignado de ver que Jesus fazia curas em dia de sábado, disse para o povo: Seis dias estão destinados para trabalhar! Vinde pois nestes a ser curados, e não em dia de sábado. 15 Mas o Senhor respondedndo, lhe disse: Hipócritas, não desprende cada um de vós nos sábados o seu boi, ou o seu jumento, e não os tira da estrebaria, para os levar a beber? 16 Por que razão logo se não devia livrar deste cativeiro em dia de sábado esta filha de Abraão, que Satanás tinha assim presa do modo que vedes havia dezoito anos? 17 E dizendo ele estas palavras, se envergonhavam todos os seus adversários: mas alegrava-se todo o povo, de todas as ações que por ele eram obradas com tanta glória.

Parábolas

18 Dizia pois: A que é semelhante o Reino de Deus, e a que o compararei eu? 19 É semelhante ao grão de mostarda, que um homem tomou e semeou na sua horta, e que cresceu até se fazer uma grande árvore: e as aves do céu repousaram nos seus ramos. 20 E disse outra vez: A que direi que o reino de Deus é semelhante? 21 Semelhante é ao fermento, que tomou uma mulher, e o escondeu dentro de três medidas de farinha, até que ficasse lêveda toda a massa. 22 E ia pelas cidades, e aldeias ensinando, e caminhando para Jerusalém. 23 E perguntou-lhe um: Senhor, é assim que são poucos os que se salvam? E ele lhes disse: 24 Porfiai a entrar pela porta estreita: Porque vos digo que muitos procurarão entrar, e não poderão. 25 E quando o pai de família tiver entrado, e fechado a porta, vós outros estareis de fora, e começareis a bater à porta, dizendo: Senhor, abre-nos! E ele vos responderá, dizendo: Não sei donde vós sois. 26 Então começareis vós a dizer: Nós somos

aqueles que em tua presença comemos, e bebemos, e a quem tu ensinaste nas nossas praças. 27 E ele vos responderá: Não sei donde vós sois. Apartai-vos de mim, todos os que praticais a iniqüidade. 28 Ali será o choro, e o ranger dos dentes: quando vires que Abraão, Isaac, e Jacó, e todos os profetas estão no Reino de Deus, e que vós ficais fora dele excluídos. 29 E virão do oriente, e do ocidente, e do setentrião, e do meio-dia muitos que se sentarão à mesa no Reino de Deus. 30 E então os que são os últimos, serão os primeiros, e os que são os primeiros, serão os últimos.

Trágica sorte de Jerusalém

31 No mesmo dia chegaram alguns dos fariseus a Jesus, dizendo-lhe: Sai, e vai-te daqui: porque Herodes te quer matar. 32 E ele lhes respondeu: Ide, e dizei a esse raposo: que bem se vê que eu lanço fora demônios, e faço perfeitas curas, hoje, e amanhã, e que ao terceiro dia vou a ser consumado. 33 Importa contudo caminhar eu ainda hoje e amanhã, e depois de amanhã: porque não convém que um profeta morra fora de Jerusalém. 34 Jerusalém, Jerusalém, que matas os profetas, e apedrejas os que a ti são enviados, quantas vezes quis eu ajuntar os teus filhos, bem como uma ave recolhe os do seu ninho debaixo das asas, e tu não quiseste? 35 Eis aí vos será deixada deserta a nossa casa. E digo-vos, que não me vereis até que venha o tempo em que digais: Bendito o que vem em nome do Senhor.

Cura em dia de sábado

14 E aconteceu que entrando Jesus um sábado em casa de um dos príncipes fariseus a tomar a sua refeição, ainda eles o estavam ali observando. 2 E eis que diante dele estava um homem hidrópico. 3 E Jesus dirigindo a sua palavra aos doutores da lei, e aos fariseus, lhes disse, fazendo esta pergunta: É permitido fazer curas nos dias de sábado? 4 Mas eles ficaram calados. Então Jesus pegando no homem o curou, e mandou-o embora. 5 E dirigindo a eles o discurso, lhes disse: Quem há dentre vós que se o seu jumento, ou o seu boi cair num poço em dia de sábado, o não tire logo no mesmo dia? 6 E eles não lhe podiam replicar a isto.

Conselhos sobre a modéstia

7 E observando também como os convidados escolhiam os primeiros assentos na mesa, propondo-lhes uma parábola, lhes disse: 8 Quando forem convidado a algumas bodas, não te assentes no primeiro lugar, porque pode ser que esteja ali outra pessoa mais autorizada do que tu convidada pelo dono da casa, 9 e que vindo este, que te convidou a ti e a ele, te diga: Dá o teu lugar a este, e tu envergonhado vás buscar o último lugar. 10 Mas quando fores convidado, vai tomar o último lugar, para que quando vier o que te convidou, te diga: Amigo, senta-te mais para cima. Servir-te-á isto então de glória na presença dos que estiverem juntamente sentados à mesa: 11 porque todo o que se exalta, será humilhado, e todo o que se humilha, será exaltado. 12 Dizia mais ainda ao que o tinha convidado: Quando deres algum jantar, ou alguma ceia, não chames nem teus amigos, nem teus irmãos, nem teus parentes, nem teus vizinhos que forem ricos: para que não aconteça que também eles te convidem a sua vez e te paguem com isso. 13 Mas quando deres algum banquete, convida os pobres, os aleijados, os coxos, e os cegos: 14 e serás bem-aventurado, porque esses não têm com que te retribuir: mas ser-te-á isso retribuido na ressurreição dos justos.

Parábola da grande ceia

15 Tendo ouvido estas coisas um dos que estavam à mesa, disse para Jesus: Bem-aventurado o que comer o pão no Reino de Deus. 16 Então lhes disse Jesus: Um homem fez uma grande ceia, para a qual convidou a muitos. 17 E quando foi a hora da ceia, enviou um dos seus servos a dizer aos convidados, que viessem, porque tudo estava já aparelhado. 18 Porém todos à uma começaram a escusar-se. Disse-lhe o primeiro: Eu comprei uma quinta, e és-me necessário ir vê-la. Rogo-te que me dês por escusado. 19 E disse outro: Eu comprei cinco juntas de bois, e vou fazer prova deles. Rogo-te que me dês por escusado. 20 Disse também outro: Eu casei, e por isso não posso ir lá. 21 E voltando o servo deu conta a seu senhor de tudo isto. Então irado o pai de família, disse ao seu servo: Sai logo às praças, e às ruas da cidade: e traze-me cá quantos pobres, e aleijados, e cegos, e coxos achares. 22 E disse o servo: Senhor, feito está, como o mandaste, e ainda há lugar para outros mais. 23 E respondeu o senhor ao servo: Sai por esses caminhos, e cercos: e força-os a entrar, para que fique cheia a minha casa. 24 Porque eu vos declaro que nenhum daqueles homens, que foram convidados, provará a minha ceia.

Renúncia e prudência

25 E muitas gentes iam com ele: e voltando Jesus para todos lhes disse: 26 Se algum vem a mim, e não aborrece a seu pai, a mãe, e mulher, e filhos, e irmãos, e irmãs, e ainda a sua mesma vida, não pode ser meu discípulo. 27 E o que não leva a sua cruz, e vem em meu seguimento, não pode ser meu discípulo. 28 Porque qual de vós, querendo edificar uma torre, não se põe primeiro muito de seu vagar a fazer contas dos gastos que são necessários, para ver se tem com que a acabar. 29 Para se não expor a que, depois que tiver assentado o fundamento, e não a puder acabar, todos os que a virem, comecem a fazer zombaria dele. 30 dizendo: Este homem principiou o edifício, e não o pode acabar? 31 Ou que rei há que, estando para ir para a campanha contra outro rei, não tome primeiro muito de assento as suas medidas, a ver se com dez mil homens poderá ir a encontrar-se com o que traz contra ele vinte mil? 32 Doutra maneira, ainda quando o outro está longe, enviando sua embaixada, lhe pede tratados de paz. 33 Assim pois qualquer de vós que não dá de mão a tudo o que possui, não pode ser meu discípulo. 34 O sal é bom. Porém se o sal perder a força, com que outra coisa se há de temperar? 35 Ficará sem servir nem para a terra, nem para o monturo, mas lançar-se-á fora. O que tem ouvidos de ouvir, ouça.

Parábola da ovelha desgarrada

15 Chegavam-se pois a Jesus os publicanos, e os pecadores para o ouvirem. 2 E os fariseus, e os escribas murmuravam, dizendo: Este recebe os pecadores, e come com eles. 3 E ele lhes propôs esta parábola, dizendo: 4 Qual de vós outros é o homem que tem cem ovelhas: e se perde uma delas, não é assim que deixa as noventa e nove no deserto, e vai a buscar a que se havia perdido, até que a ache? 5 E que depois de a achar, a põe sobre seus ombros cheio de gosto: 6 e vindo à casa chama a seus amigos, e vizinhos, dizendo-lhes: Congratulai-vos comigo, porque achei a minha ovelha, que se havia perdido? 7 Digo-vos que assim haverá maior júbilo no céu, sobre um pecador que fizer penitência, que sobre noventa e nove justos, que não hão mister de penitência.

Parábola da dracma perdida

8 Ou que mulher há que, tendo dez dracmas, e perdendo uma, não acenda a candeia, não varra a casa, e não a busque com muito sentido, até que a ache? 9 E que, depois de a achar, não convoque as suas amigas, e vizinhas, para lhes dizer: Congratulai-vos comigo, porque achei a dracma que tinha perdido? 10 Assim vos digo eu, que haverá júbilo entre os anjos de Deus por um pecador que faz penitência.

Parábola do filho pródigo

11 Disse-lhe mais: Um homem teve dois filhos. 12 E disse o mais moço deles a seu pai: Pai, dá-me a parte da fazenda que me toca. E ele repartiu entre ambos a fazenda. 13 E passados não muitos dias, entrouxando tudo o que era seu, partiu o filho mais moço para uma terra muito distante num país estranho, e lá dissipou toda a sua fazenda vivendo dissolutamente. 14 E depois de ter consumido tudo, sucedeu haver naquele país uma grande fome, e ele começou a necessitar. 15 Retirou-se pois dali, e acomodou-se com um dos cidadãos da tal terra. Este porém o mandou para um casal seu a aguardar os porcos. 16 Aqui desejava ele encher a sua barriga de landes, das que comiam os porcos: mas ninguém lhas dava. 17 Até que tendo entrado em si, disse: Quantos jornaleiros há em casa de meu pai, que têm pão em abundância, e eu aqui pereço à fome! 18 Levantar-me-ei, e irei buscar a meu pai, e dir-lhe-ei: Pai, pequei contra o céu, e diante de ti! 19 Já não sou digno de ser chamado teu filho: faze de mim como de um dos teus jornaleiros. 20 Levantou-se pois, e foi buscar a seu pai. E quando ele ainda vinha longe, viu o seu pai, que ficou movido de compaixão, e correndo lhe lançou os braços ao pescoço para o abraçar, e o beijou. 21 E o filho lhe disse: Pai, pequei contra o céu, e diante de ti; já não sou digno de ser chamado teu filho. 22 Então disse o pai aos seus servos: Tirai depressa o seu primeiro vestido, e vesti-lho, e metei-lhe um anel no dedo, e os sapatos nos pés! 23 Trazei também um vitelo bem gordo, matai-o, para comermos e para nos regalarmos! 24 Porque este meu filho era morto, e reviveu! Tinha-se perdido, e achou-se. E começaram a banquetear-se.

25 E o seu filho mais velho estava no campo e quando veio, e foi chegando a casa, ouviu a sinfonia, e o coro: 26 e chamou um dos servos, e perguntou-lhe que era aquilo. 27 E este lhe disse: É chegado teu irmão, e teu pai mandou matar um novilho cevado, porque veio com saúde. 28 Ele então se indignou, e não queria entrar. Mas, saindo o pai, começou a rogá-lo que entrasse. 29 Ele porém deu esta resposta a seu pai: Há tantos anos que te sirvo, sem nunca transgredir mandamento al-

gum teu e tu nunca me deste um cabrito, para me regalar com os meus amigos. 30 Mas tanto que veio este teu filho, que gastou tudo quanto tinha com prostitutas, logo lhe mandaste matar o novilho gordo. 31 Então lhe disse o pai: Filho, tu sempre estás comigo, e tudo o que é meu é teu: 32 era porém necessário que houvesse banquete, e festim, pois que este teu irmão era morto, e reviveu: tinha-se perdido, e achou-se.

O administrador prudente

16 E dizia também Jesus a seus discípulos: Havia um homem rico que tinha um feitor: e este foi acusado diante dele como quem havia dissipado os seus bens. 2 E ele o chamou, e lhe disse: Que é isto que ouço dizer de ti? Dá conta da tua administração: porque já não poderás ser meu feitor. 3 Então o feitor disse entre si: Que farei, visto que meu amo me tira a administração? Cavar não posso, de mendigar tenho vergonha. 4 Mas já sei o que hei de fazer, para que quando for removido da administração, ache quem me recolha em sua casa. 5 Tendo chamado pois cada um dos devedores de seu amo, disse ao primeiro: Quanto deves tu a meu amo? 6 E este lhe respondeu: Cem cados de azeite. Ele então lhe disse: Toma a tua obrigação: e senta-te depressa, escreve outra de cinqüenta. 7 Depois disse a outro. E tu quanto deves? Respondeu ele: Cem coros de trigo. Disse-lhe o feitor: Toma o teu escrito, e escreve oitenta. 8 E o amo louvou este feitor iníquo, por haver obrado como homem de juízo: porque os filhos deste século são mais sábios na sua geração que os filhos da luz.

9 Também eu vos digo: que grangeeis amigos com as riquezas da iniqüidade: para que quando vós vierdes a faltar, vos recebam eles nos tabernáculos eternos. 10 O que é fiel no menos, também é fiel no mais: e o que é injusto no pouco, também é injusto no muito. 11 Se pois vós não fostes fiéis nas riquezas injustas: quem haverá que confie de vós as verdadeiras? 12 E se vós não fostes fiéis no alheio: quem vos dará o que é vosso? 13 Nenhum servo pode servir a dois senhores: porque ou há de ter aborrecimento a um, e amor a outro: ou há de entregar-se a um, e não fazer caso do outro. Vós não podeis servir a Deus e às riquezas.

Denúncia contra os fariseus. Divórcio

14 Ora, os fariseus, que eram avarentos, ouviam todas estas coisas: e zombavam dele. 15 E Jesus lhes disse: Vós outros sois os que vos dais por justificados diante dos homens: mas Deus conhece os vossos corações: porque o que é elevado aos olhos dos homens, é abominação diante de Deus. 16 A lei e os profetas duraram até à vinda de João: desde este tempo é o reino de Deus anunciado, e cada um faz força por entrar nele. 17 É porém mais fácil passar o céu e a terra, do que perder-se um til da lei. 18 Todo o que larga a sua mulher, e casa com outra, comete adultério: e o que casa com a que foi repudiada de seu marido, comete adultério.

O mau rico e o pobre Lázaro

19 Havia um homem muito rico, que se vestia de púrpura, e de holanda: e que todos os dias se banqueteava esplendidamente. 20 Havia também um pobre mendigo, por nome Lázaro, todo coberto de chagas, que estava deitado à sua porta. 21 E que desejava fartar-se das migalhas que caíam da mesa do rico, mas ninguém lhas dava: e os cães vinham lamber-lhe as úlceras. 22 Ora sucedeu morrer este mendigo, que foi levado pelos anjos ao seio de Abraão. E morreu também o rico, e foi sepultado no inferno. 23 E quando ele estava nos tormentos, levantando seus olhos, viu ao longe a Abraão, e a Lázaro no seu seio. 24 E gritando, ele disse: Pai Abraão, compadece-te de mim, e manda cá a Lázaro, para que molhe em água a ponta do seu dedo, a fim de me refrescar a língua, pois sou atormentado nesta chama. 25 E Abraão lhe respondeu: Filho, lembra-te que recebeste os teus bens em tua vida, e que Lázaro não teve senão males: por isso está ele agora consolado, e tu em tormentos: 26 e demais que entre nós e vós está firmado um grande abismo: de maneira que os que querem passar daqui para vós, não podem, nem os de lá passar para cá. 27 E disse o rico: Pois eu te rogo, pai, que o mandes à casa de meu pai: 28 pois que tenho cinco irmãos, para que lhes dê testemunho, que não suceda virem também eles parar a este lugar de tormentos. 29 E Abraão lhe disse: Eles lá têm a Moisés, e aos profetas: ouçam-nos. 30 Disse pois o rico: Não, pai Abraão: mas se for a eles algum dos mortos, hão de fazer penitência. 31 Porém Abraão lhe respondeu: Se eles não dão ouvidos a Moisés, e aos profetas, tão pouco se deixarão persuadir, ainda quando haja de ressuscitar algum dos mortos.

Escândalo, perdão, fé, humildade

17 E disse Jesus a seus discípulos: É impossível que deixe de haver escândalos, mas ai daquele por quem eles vêm. 2 Seria

melhor para ele que se lhe atasse ao pescoço uma pedra de moinho, e que fosse precipitado ao mar, do que ser ele a causa de se escandalizar um destes pequeninos. 3 Estai com cuidado sobre vós.

Se teu irmão pecar contra ti, repreende-o, e se ele se arrepender, perdoa-lhe. 4 E se ele pecar sete vezes no dia contra ti, e sete vezes no dia te vier buscar, dizendo: Pesa-me, perdoa-lhe.

5 E disseram os apóstolos ao Senhor: Aumenta-nos a fé. 6 E o Senhor lhes disse: Se tiverdes fé como um grão de mostarda, direis a esta amoreira: Arranca-te e transplanta-te no mar, e ela vos obedecerá.

7 Qual é pois de vós o que tendo um servo ocupado em lavrar, ou em guardar gado, lhe diga, quando ele se recolhe do campo: Vai já pôr-te à mesa: 8 e que antes lhe não diga: Prepara-me a ceia, e cinge-te, e serve-me, enquanto eu como e bebo, e depois disto comerás tu, e beberás? 9 E quando o servo tenha feito tudo o que lhe ordenou, porventura fica-lhe o Senhor em obrigação? 10 Creio que não. Pois assim também vós, depois de terdes feito tudo o que vos foi mandado, dizei: Somos uns servos inúteis: fizemos o que devíamos fazer.

Dez leprosos

11 Sucedeu pois que indo Jesus para Jerusalém, passava pelo meio da Samaria, e da Galiléia. 12 E ao entrar numa aldeia, sairam-lhe ao encontro dez homens leprosos, que se puseram de longe, 13 e levantaram a voz, dizendo: Jesus, Mestre, tem compaixão de nós. 14 Jesus tanto que os viu, disse-lhes: Ide mostrar-vos aos sacerdotes. E resultou, quando iam no caminho, ficarem limpos. 15 E um deles, quando viu que havia ficado limpo, voltou atrás, engrandecendo a Deus em altas vozes. 16 E veio lançar-se seus pés com o rosto em terra, dando-lhe as graças: e este era samaritano. 17 E respondendo Jesus, disse: Não é assim que todos os dez foram curados? e onde estão os outros nove? 18 Não se achou quem voltasse, e viesse dar glória a Deus, senão só este estrangeiro. 19 E disse para ele: Levanta-te, vai: que a tua fé te salvou.

Vinda do Reino de Deus e do Filho do homem

20 Tendo-lhe feito os fariseus esta pergunta: Quando virá o Reino de Deus? Respondendo-lhe Jesus, disse: O Reino de Deus não virá com mostras algumas exteriores: 21 nem dirão: Ei-lo aqui, ou ei-lo acolá. Porque eis aqui está o Reino de Deus dentro de vós. 22 Depois disse a seus discípulos: Lá virá tempo em que vós desejareis ver um dia o Filho do homem, e não o vereis. 23 Então vos dirão: Ei-lo aqui está, e ei-lo acolá. Não queirais ir, nem o sigais. 24 Porque assim como o relâmpago, que fuzilando na região inferior do céu, faz clarão desde uma até à outra parte: assim será o Filho do homem no seu dia. 25 Mas é necessário que ele sofra primeiro muito, e que seja rejeitado deste povo. 26 E o que sucedeu em tempo de Noé, do mesmo modo sucederá também quando vier o Filho do homem. 27 Eles comiam e bebiam, casavam os homens com as mulheres, e as mulheres com os homens, até ao dia em que Noé entrou na arca, e então veio o dilúvio e fez perecer a todos. 28 E como sucedeu também em tempo de Ló, estavam eles comendo e bebendo, faziam compras e vendas, plantavam e edificavam. 29 Mas no dia em que Ló saiu de Sodoma, choveu fogo e enxofre do céu, que consumiu a todos. 30 Assim mesmo será no dia em que se há de manifestar o Filho do homem. 31 Naquela hora quem estiver no telhado, e tiver os seus móveis em casa, não desça a tirá-los, e da mesma sorte quem estiver no campo, não volte atrás. 32 Lembrai-vos da mulher de Ló. 33 Todo o que procurar livrar a sua vida, perdê-la-á, e todo o que a perder, salvá-la-a. 34 Eu vos declaro que naquela noite, de dois homens que estiverem na mesma cama, um será tomado, e deixado o outro: 35 e de duas mulheres, que estiverem moendo juntas, uma será tomada, e deixada a outra; de dois, que estiverem no campo, um será tomado, e deixado o outro. 36 Replicando, eles lhe disseram: Onde será isso, Senhor? 37 Ele lhes respondeu: Onde quer que estiver o corpo, ajuntar-se-ão ali também as águas.

O juiz iníquo e a viúva importuna

18 E propôs-lhes também Jesus esta parábola, para mostrar que importa orar sempre, e não cessar de o fazer, 2 dizendo: Havia em certa cidade um juiz que não temia a Deus, nem respeitava os homens. 3 Havia também na mesma cidade uma viúva, que costumava vir buscá-lo, dizendo: Sustenta o meu direito contra o que contende comigo. 4 E ele por muito tempo lhe não quis deferir. Mas por último disse lá consigo: Ainda que eu não temo a Deus, nem respeito os homens, 5 todavia como esta viúva me importuna, far-lhe-ei justiça, para que por fim não suceda que vindo ela muitas vezes me carregue de afrontas. 6 Então disse o Senhor: Ouvi o que diz este juiz iníquo: 7 e Deus não fará justiça aos seus escolhidos, que estão clamando a Ele de dia e de noite, e sofrerá Ele que os oprimam?

8 Digo-vos que Ele os vingará bem depressa. Mas quando vier o Filho do homem, julgais vós que achará ele alguma fé na terra?

O fariseu e o publicano

9 E propôs também esta parábola a uns, que confiavam em si mesmos, como se fossem justos, e desprezavam aos outros: 10 Subiram dois homens ao Templo a fazer oração: um fariseu, e outro publicano. 11 O fariseu posto em pé, orava lá no seu interior desta forma: Graças te dou, meu Deus, porque não sou como os mais homens: que são ladrões, uns injustos, uns adúlteros: como é também este publicano. 12 Jejuo duas vezes na semana: pago o dízimo de tudo o que tenho. 13 O publicano, pelo contrário, posto lá de longe, não ousava nem ainda levantar os olhos ao céu: mas batia nos peitos, dizendo: Meu Deus, sê propício a mim pecador. 14 Digo-vos que este voltou justificado para sua casa, e não o outro: porque todo o que se exalta, será humilhado: e todo o que se humilha, será exaltado.

Jesus e as crianças

15 E algumas pessoas lhe traziam também os seus meninos, para ele os tocar; o que vendo os discípulos, repeliram-nos com palavras desabridas. 16 Porém Jesus, chamando a si os meninos, disse: Deixai vir a mim os meninos, e não lho embaraceis: porque dos tais é o Reino de Deus. 17 Em verdade vos digo: Todo o que não receber o Reino de Deus, como um menino, não entrará nele.

O jovem rico

18 Então lhe fez esta pergunta um homem de qualidade, dizendo: Bom Mestre, que devo eu fazer para possuir a vida eterna? 19 E Jesus lhe respondeu: Por que me chamas tu bom? ninguém é bom, senão só Deus. 20 Tu sabes os mandamentos: Não matarás. Não cometerás adultério. Não furtarás. Não dirás falso testemunho. Honrarás a teu pai e a tua mãe. 21 Disse o homem: Todos estes mandamentos tenho eu guardado desde a minha mocidade. 22 O que tendo ouvido Jesus, disse-lhe: Ainda te falta uma coisa: vende tudo quanto tens, e dá-o aos pobres, e terás um tesouro no céu, e depois vem, e segue-me. 23 Quando ele ouviu isto, se entristeceu, porque era mui rico. 24 E Jesus vendo que ele ficara triste, disse: Que dificultosa coisa é entrarem no Reino de Deus os que têm cabedais. 25 Porque é mais fácil entrar um camelo pelo fundo de uma agulha, do que entrar um rico no Reino de Deus. 26 E disseram os que o ouviam: Visto isso, quem é que pode salvar-se? 27 Respondeu-lhes Jesus: O que é impossível aos homens, é possível a Deus.

Recompensa

28 Então disse Pedro: Eis aqui estamos nós, que deixámos tudo, e te seguimos. 29 Jesus lhes respondeu: Em verdade vos digo: que ninguém há que, uma vez que deixou pelo Reino de Deus a casa, ou os pais, ou os irmãos, ou a mulher, ou os filhos, 30 logo neste mundo não receba muito mais, e no século futuro a vida eterna.

Novo anúncio da Paixão

31 Depois tomou Jesus à parte os doze apóstolos, e lhes disse: Eis aqui vamos para Jerusalém, e tudo o que está escrito pelos profetas tocante ao Filho do homem, será cumprido: 32 porque ele será entregue aos gentios, e será escarnecido, e açoitado, e cuspido: 33 e depois de o açoitarem, tirar-lhe-ão a vida, e ele ressurgirá ao terceiro dia. 34 Mas os apóstolos nada disto compreenderam, e era para eles este discurso um segredo, e não penetravam coisa alguma do que se lhes dizia.

O cego de Jericó

35 Sucedeu, porém, que quando Jesus ia chegando a Jericó, estava sentado à borda da estrada um cego pedindo esmola. 36 E ouvindo o tropel da gente que passava, perguntou que era aquilo. 37 E responderam-lhe que era Jesus Nazareno que passava. 38 No mesmo tempo se pôs ele a bradar, dizendo: Jesus, filho de Davi, tem de mim piedade. 39 E os que iam adiante repreendiam-no para que se calasse. Porém ele cada vez gritava mais Filho de Davi, tem de mim piedade. 40 Então Jesus, parando, mandou que lho trouxessem. E quando ele chegou, fez-lhe esta pergunta, 41 dizendo: Que queres que te faça? E ele respondeu: Senhor, que eu veja. 42 E Jesus lhe disse: Vê, a tua fé te salvou. 43 E logo imediatamente viu, e o foi seguindo, engrandecendo a Deus. E todo o povo, assim que isto presenciou, deu louvor a Deus.

Conversão de Zaqueu

19 E tendo entrado em Jericó, atravessava Jesus a cidade. 2 E vivia nela um homem chamado Zaqueu. E era ele um dos principais entre os publicanos, e pessoa rica: 3 e procurava ver a Jesus, para saber quem era: e não o podia conseguir por causa da muita gente, porque era pequeno de estatura. 4 E cor-

rendo adiante, subiu a um sicômoro para o ver: porque por ali havia de passar. 5 E quando Jesus chegou àquele lugar, levantando os olhos, ali o viu, e lhe disse: Zaqueu, desce depressa: porque importa que eu fique hoje em tua casa. 6 E desceu ele a toda a pressa, a recebeu-o gostoso. 7 E vendo isto todos, murmuravam, dizendo que tinho ido hospedar-se em casa de um homem pecador. 8 Entretanto Zaqueu, posto na presença do Senhor, disse-lhe: Senhor: Eu estou para dar aos pobres a metade dos meus bens: e naquilo em que eu tiver defraudado a alguém, pagar-lho-ei quadruplicado. 9 Sobre o que lhe disse Jesus: Hoje entrou a salvação nesta casa: porque este também é filho de Abraão. 10 Porque o Filho do homem veio buscar e salvar o que tinha perecido.

Parábola dos marcos

11 Ouvindo eles isto, continuando Jesus a falar, lhes propôs uma parábola, por ocasião de estar ele perto de Jerusalém: e porque cuidavam que o Reino de Deus se havia de manifestar cedo. 12 Disse pois: Um homem de grande nascimento foi para um país muito distante a tomar posse de um reino, para depois voltar. 13 E chamando dez servos seus, deu-lhes dez marcos de prata, e disse-lhes: Negociai até eu vir. 14 Mas os do seu país o aborreciam, e enviaram nas suas costas deputados que fizessem este protesto: Não queremos que este seja nosso rei. 15 E com efeito voltou ele com a posse do reino tomada: e mandou chamar aqueles servos, a quem dera o seu dinheiro, a fim de saber quanto cada um tinha negociado. 16 Veio pois o primeiro dizendo: Senhor, o teu marco adquiriu dez. 17 E o Senhor lhe respondeu: Está bem, servo bom, porque foste fiel no pouco serás governador de dez cidades. 18 Veio depois o segundo dizendo: Senhor, o teu marco rendeu cinco. 19 E o Senhor lhe respondeu: Sê tu também governador de cinco cidades. 20 Veio também o terceiro dizendo: Senhor, aqui tens o teu marco, que eu guardei embrulhado num lenço: 21 porque tive medo de ti, que és um homem rígido: que tiras donde não puseste, e que recolhes o que não semeaste. 22 Disse-lhe o Senhor: Servo máu, pela tua mesma boca te condeno eu. Tu sabias que eu era um homem rígido, que tiro donde não pus, e que recolho o que não semeei: 23 logo por que não meteste tu o meu dinheiro a banco, para que quando viesse, o recebesse eu então com os seus lucros? 24 E disse aos que estavam presentes: Tirai-lhe o marco de prata, e dai-o ao que tem dez. 25 E eles lhe responderam: Senhor, este já tem dez. 26 Pois eu vos digo, que a todo aquele que tiver se lhe dará, e terá mais: mas ao que não tem, se lhe tirará ainda isso mesmo que tem. 27 Quanto porém àqueles meus inimigos que não quiseram que eu fosse seu rei, trazei-mos aqui, e tirai-lhes a vida em minha presença. 28 E dito isto, ia Jesus adiante de todos subindo para Jerusalém.

V. ÚLTIMOS DIAS DE JESUS EM JERUSALÉM

Entrada messiânica em Jerusalém

29 E aconteceu que quando chegou perto de Betfagé, e de Betânia, no monte que se chama das Oliveiras, enviou dois discípulos seus, 30 dizendo: Ide a essa aldeia, que está fronteira. Entrando nela, achareis um jumentinho atado, em que nunca montou pessoa alguma. Desprendei-o e trazei-o: 31 E se alguém vos perguntar: Por que o soltais vós? Dir-lhe-eis assim: Porque o Senhor deseja servir-se dele. 32 Partiram pois os que tinham sido enviados: e acharam lá o jumentinho, como o Senhor lhes dissera. 33 E quando eles estavam desprendendo o tal jumentinho, lhes disseram seus donos: Por que soltais vós esse jumentinho? 34 E eles responderam: Porque o Senhor tem necessidade dele. 35 Trouxeram-no pois a Jesus. E lançando sobre o jumentinho os seus vestidos, fizeram-no montar em cima.

36 E por onde quer que ele passava, estendiam os seus vestidos no caminho. 37 Mas quando já ia chegando à descida do monte das Oliveiras, todos os seus discípulos, transportados de gosto, começaram de chusma a louvar a Deus em altas vozes por todas as maravilhas que tinham visto, 38 dizendo: Bendito o rei que vem em nome do Senhor; paz no céu, e glória nas alturas. 39 Então alguns dos fariseus, que se achavam entre o povo, disseram-lhe: Mestre, repreende os teus discípulos. 40 Aos quais ele respondeu: Asseguro-vos que se eles se calarem, clamarão as mesmas pedras.

Jesus chora sobre Jerusalém

41 E quando chegou perto, ao ver a cidade, chorou Jesus sobre ela, dizendo: 42 Ah! se ao menos neste dia, que agora te foi dado, co-

nhecesses ainda tu o que te pode trazer a paz! mas por ora tudo isto está encoberto aos teus olhos. 43 Porque virá um tempo funesto para ti: no qual os teus inimigos te cercarão de trincheiras, e te sitiarão: e te porão em aperto de todas as partes: 44 e te derribarão por terra a ti, e a teus filhos, que estavam dentro de ti, e não deixarão em ti pedra sobre pedra: porquanto não conheceste o tempo da tua visitação.

Expulsão dos vendilhões no Templo

45 E havendo entrado no Templo, começou a lançar fora todos os que vendiam e compravam nele, 46 dizendo-lhes: Está escrito: que a minha Casa é Casa de oração. E vós tendes feito dela um covil de ladrões. 47 E todos os dias ensinava no Templo. Mas os príncipes dos sacerdotes, e os principais do povo andavam vendo como o haviam de perder: 48 mas não achavam meio de lhe fazerem mal. Porque todo o povo estava suspenso quando o ouvia.

Autoridade do Messias

20 E aconteceu um daqueles dias que, estando Jesus no Templo ensinando ao povo, e anunciando o Evangelho, se ajuntaram os príncipes dos sacerdotes, e os escribas com os anciãos. 2 E falaram-lhe nestes termos: Dize-nos, com que autoridade fazes tu estas coisas? ou Quem é que te deu este poder? 3 E respondendo Jesus, lhes disse: Também eu vos farei uma pergunta. Respondei-me: 4 O batismo de João era do céu ou era dos homens? 5 Mas eles discorriam dentro de si, dizendo. Se dissermos que era do céu, dirá: Por que razão logo não crestes nele? 6 E se dissermos que era dos homens, todo o povo nos apedrejará: porque eles têm por certo que João era um profeta. 7 Responderam pois que não sabiam donde era. 8 Disse-lhes então Jesus: Pois nem eu vos direi com que autoridade faço estas coisas.

Parábola dos vinhateiros homicidas

9 E começou a dizer ao povo esta parábola: Um homem plantou uma vinha, e arrendou-a a uns fazendeiros: e ele esteve ausente por muito tempo. 10 E em uma ocasião enviou um dos seus servos aos fazendeiros, para que lhe dessem do fruto da vinha. Eles, depois de o ferirem, recambiaram-no sem coisa alguma. 11 E tornou a enviar outro servo. Mas eles, ferindo também a este, e carregando-o de afrontas, o despediram vazio. 12 Tornou a enviar ainda terceiro: eles, ferindo também a este, o deitaram fora. 13 Disse então o senhor da vinha: Que hei de fazer? Mandarei meu filho amado: sem dúvida que quando o virem, lhe guardarão respeito. 14 Quando os fazendeiros o viram, discorreram entre si, dizendo: Este é o herdeiro, matemo-lo, para fazer nossa a herança. 15 E lançando-o fora da vinha, o mataram. Que lhes fará pois o senhor da vinha? 16 Virá e acabará de todo com aqueles fazendeiros, e dará a vinha a outros. O que ouvindo eles, lhe disseram: Deus tal não permita. 17 E ele olhando para eles, disse: Pois que quer dizer isto que está escrito: A pedra, que desprezaram os edificadores, esta veio a ser a principal do ângulo? 18 Todo o que cair sobre aquela pedra, ficará quebrantado: e sobre quem ela cair, será feito em migalhas.

O tributo a César

19 E os príncipes dos sacerdotes, e os escribas lhe desejavam lançar as mãos naquela hora: mas temeram ao povo: e isto porque entenderam que contra eles havia proposto esta parábola. 20 Com o olho pois nele mandaram espias, que se disfarçassem em homens de bem, para o apanharem no que dizia, a fim de o entregarem à jurisdição e poder do governador. 21 Estes pois lhe fizeram uma pergunta, dizendo: Mestre, sabemos que falas e ensinas retamente: e que não fazes acepção de pessoas, mas que ensinas o caminho de Deus em verdade. 22 É-nos permitido dar o tributo a César ou não? 23 E entendendo Jesus a astúcia deles, lhes disse: Por que me tentais? 24 Mostrai-me cá um dinheiro. De quem é a imagem e a inscrição que tem? Respondendo eles, lhe disseram: De César. 25 Então lhes disse o Senhor: Pagai logo a César o que é de César: e a Deus o que é de Deus. 26 E não puderam repreender as suas palavras diante do povo: antes, admirados da sua resposta, se calaram.

Ressurreição dos mortos

27 Chegaram depois alguns dos saduceus, que dizem que não há ressurreição, e lhe fizeram esta pergunta, 28 dizendo: Mestre, Moisés nos deixou escrito: Se morrer o irmão de algum, tendo mulher, e este não deixar filhos, que se case com ela o irmão do tal, e dê sucessão a seu irmão. 29 Havia pois sete irmãos: o primeiro dos quais casou, e morreu sem filhos. 30 Casou também o segundo com a viúva, e morreu sem filho. 31 Casou depois com ela o terceiro. E assim sucessivamente todos os sete, os quais também morreram sem deixar sucessão. 32 Morreu enfim também a

mulher depois de todos eles. 33 Quando for pois a ressurreição, de qual deles será ela mulher? Pois que o foi de todos os sete. 34 E Jesus lhes disse: Os filhos deste século casam homens com mulheres, e mulheres com homens: 35 mas os que forem julgados dignos daquele século, e da ressurreição dos mortos, nem os homens desposarão mulheres, nem as mulheres homens: 36 porque não poderão jamais morrer: porquanto são iguais aos anjos, e são filhos de Deus: visto serem filhos da ressurreição. 37 E que os mortos hajam de ressuscitar, o mostrou também Moisés ao pé da sarça, quando chamou ao Senhor o Deus de Abraão, e o Deus de Isaac, e o Deus de Jacó. 38 Ora, Deus não o é de mortos, mas de vivos: porque todos vivem para Ele. 39 E respondendo alguns dos escribas, lhe disseram: Mestre, disseste bem. 40 E dali em diante não se atreveram mais a fazer-lhe pergunta alguma.

Cristo, filho e Senhor de Davi

41 Mas Jesus lhes disse: Como dizem que o Cristo é filho de Davi? 42 Porque Davi mesmo no livro dos Salmos diz: Disse o Senhor ao meu Senhor: Senta-te à minha mão direita, 43 até que eu ponha os teus inimigos por escabelo de teus pés. 44 Logo Davi lhe chama Senhor: pois como é ele seu filho?

Cautela contra os escribas

45 Estando-o porém ouvindo todo o povo, disse Jesus a seus discípulos: 46 Guardai-vos dos escribas, que querem andar com roupas talares, e gostam de ser saudados nas praças, e das primeiras cadeiras nas sinagogas, e dos primeiros assentos nos banquetes: 47 que devoram as casas das viúvas, fingindo largas orações. Estes tais receberão maior condenação.

O óbolo da viúva

21 E estando Jesus olhando, viu os ricos que lançavam as suas oferendas no gazofilácio. 2 E viu também uma pobrezinha viúva, que lançava duas pequenas moedas. 3 E disse: Na verdade vos digo, que esta pobre viúva lançou mais que todos os outros. 4 Porque todos esses fizeram a Deus ofertas daquilo que tinham em abundância: mas ela deu da sua mesma indigência tudo o que lhe restava para o seu sustento.

A ruína do templo e de Jerusalém

5 E dizendo-lhe alguns a respeito do Templo, que estava ornado de belas pedras, e de magníficos donativos, Jesus lhes respondeu: 6 No tocante a estas coisas que vedes, virão dias em que não ficará pedra sobre pedra, que não seja demolida. 7 Então lhe fizeram esta pergunta, dizendo: Mestre, quando será isto, e que sinal haverá quando assim começar a cumprir-se?

8 Respondeu-lhes Jesus: Vede não sejais enganados: porque muitos hão de vir debaixo do meu nome, dizendo, eu sou: e este tempo está próximo: mas guardai-vos de ir após eles. 9 E quando ouvirdes falar de guerras, e de tumultos, não vos assusteis: estas coisas sim devem suceder primeiro, mas não será logo o fim. 10 Então lhes dizia: Levantar-se-á nação contra nação, e reino contra reino. 11 E haverá grandes terremotos por varias partes, e epidemias, e fomes, e aparecerão coisas espantosas, e grandes sinais do céu.

12 Mas antes de tudo isto lançar-vos-ão eles as mãos, e perseguir-vos-ão entregando-vos às sinagogas e aos cárceres, levando-vos à presença dos reis, e dos governadores, por causa do meu nome: 13 e isto vos será ocasião de dardes testemunho. 14 Gravai pois nos vossos corações, o não premeditar como haveis de responder 15 porque eu vos darei uma boca, e uma sabedoria, à qual não poderão resistir, nem contradizer todos os vossos inimigos. 16 E sereis entregues por vossos pais, e irmãos, e parentes, e amigos, e farão morrer a alguns de vós outros: 17 e sereis aborrecidos de todos por causa do meu nome. 18 Entretanto não se perderá um cabelo da vossa cabeça. 19 Na vossa paciência possuireis as vossas almas.

20 Quando virdes pois que Jerusalém é sitiada de um exército, então sabei que está próxima a sua desolação. 21 Os que nesse tempo se acharem em Judéia, fujam para os montes: e os que dentro da cidade, retirem-se: e os que nos campos, não entrem nela: 22 porque estes são dias de vingança, para que se cumpram todas as coisas que estão escritas. 23 Mais ai das que estiverem prenhes, e das que então criarem naqueles dias! Porque haverá grande aperto sobre a terra, e ira contra este povo. 24 E cairão ao fio da espada: e serão levados cativos a todas as nações, e Jerusalém será pisada dos gentios: até se completarem os tempos das nações.

O fim do mundo

25 E haverá sinais no sol, e na lua, e nas estrelas, e na terra consternações das gentes pela confusão em que as porá o bramido do mar, e das ondas: 26 mirrando-se os homens de susto, e na expectação do que virá sobre

todo o mundo, porque as virtudes dos céus se abalarão: 27 e então verão o Filho do homem, que virá sobre uma nuvem com grande poder, e majestade. 28 Quando começarem pois a cumprir-se estas coisas, olhai, e levantai as vossas cabeças: porque está perto a vossa redenção. 29 Propôs-lhes depois este símile: Olhai para a figueira, e para as mais árvores. 30 Quando elas começam já a produzir de si fruto, conheceis vós que está perto o estio. 31 Assim também quando vós virdes que vão sucedendo estas coisas, sabeis que está perto o Reino de Deus. 32 Em verdade vos afirmo, que esta geração não passará, enquanto se não cumprirem todas estas coisas. 33 Passará o céu e a terra: mas as minhas palavras não passarão.

Exortação à vigilância

34 Velai pois sobre vós, para que não suceda que os vossos corações se façam pesados com as demasias do comer, e do beber, e com os cuidados desta vida: e para que aquele dia vos não apanhe de repentee. 35 Porque ele, assim como um laço, prenderá a todos os que habitam sobre a face de toda a terra. 36 Vigiai pois, orando em todo o tempo, a fim de que vos façais dignos de evitar todos estes males, que têm de suceder, e de vos apresentardes com confiança diante do Filho do homem. 37 Ora, Jesus de dia ensinava no Templo: e de noite saía a ficar no monte, que se chama das Oliveiras. 38 E todo o povo ia ter com ele de madrugada para o ouvir no Templo.

VI. PAIXÃO E RESSURREIÇÃO DE JESUS

Conspiração dos sacerdotes e escribas

22 Estava pois chegada a festa dos pães asmos, que se chama a Páscoa: 2 e os príncipes dos sacerdotes, e os escribas andavam buscando modo de tirarem a vida a Jesus: porém temiam o povo. 3 Ora, Satanás entrou em Judas, que tinha por sobrenome Iscariotes, um dos doze: 4 e foi, e tratou com os príncipes dos sacerdotes, e com os magistrados, de como lho entregaria. 5 E eles folgaram com isso, e ajustaram de lhe darem dinheiro. 6 E Judas deu também a sua palavra. Para o que buscava ocasião oportuna de lho entregar sem tumulto.

A última ceia

7 Entretanto chegou o dia dos pães asmos, no qual era necessário imolar-se a Páscoa. 8 Enviou pois Jesus a Pedro e a João, dizendo: Ide aparelhar-nos a Páscoa, para a comermos. 9 E eles lhe perguntaram: Onde queres tu que nós ta aparelhemos? 10 E respondeu-lhes Jesus: Tanto que vós entrardes na cidade, sair-vos-á ao encontro um certo homem, que levará uma bilha de água. Ide seguindo-o até à casa em que ele entrar. 11 E direis ao pai de família da casa: O mestre te manda dizer, onde está o aposento que tu me dás, para eu nele comer a Páscoa com os meus discípulos? 12 E ele vos mostrará uma grande sala toda ornada, e ali fazei os preparos. 13 Indo eles pois, acharam tudo como o Senhor lhes dissera, e prepararam a Páscoa.

Instituição da Eucaristia

14 E chegada que foi a hora, pôs-se Jesus à mesa, e com ele os doze apóstolos: 15 e disse-lhes: Tenho desejado ansiosamente comer convosco esta Páscoa, antes da minha Paixão. 16 Porque vos declaro que a não tornarei mais a comer, até que ela se cumpra no Reino de Deus. 17 E depois de tomar o cálice, deu graças, e disse: Tomai-o, e distribuí-o entre vós: 18 porque vos declaro que não tornarei a beber do fruto da vida enquanto não chegar o Reino de Deus. 19 Também depois de tomar o pão deu graças, e partiu-o, e deu-lho, dizendo: Este é o meu corpo, que se dá por vós: fazei isto em memória de mim. 20 Tomou também da mesma sorte o cálice, depois de cear, dizendo: Este cálice é o Novo Testamento em meu sangue, que será derramado por vós. 21 Entretanto eis aí a mão de quem me há de entregar, está à mesa comigo. 22 E na verdade o Filho do homem vai, segundo o que está decretado: mas ai daquele homem, por quem ele há de ser entregue! 23 Começaram eles então a perguntar entre si, qual deles seria o que tal houvesse de fazer.

Questão sobre a precedência

24 E excitou-se também entre eles a questão, sobre qual deles se devia reputar o maior. 25 Porém Jesus lhes disse: Os reis dos gentios dominam sobre eles: e os que têm sobre eles autoridade, chamam-se benfeitores. 26 Não há de ser porém assim entre vós outros: mas o que entre vós é maior, faça-se como o mais pequeno: e o que governa, seja

como o que serve. 27 Porque qual é maior, o que está sentado à mesa, ou o que serve? Não é maior o que está sentado à mesa? Pois eu estou no meio de vós outros, assim como o que serve: 28 mas vós outros sois os que haveis permanecido comigo nas minhas tentações: 29 e por isso eu preparo o reino para vós outros, como meu Pai o tem preparado para mim. 30 Para que comais, e bebais à minha mesa, no meu reino: e vos senteis sobre tronos, para julgar as doze tribos de Israel.

Prediz a negação de Pedro

31 Disse mais o Senhor: Simão, Simão, eis aí vos pediu Satanás com instância para vos joeirar como trigo. 32 Mas eu roguei por ti, para que a tua fé não falte: e tu enfim, depois de convertido, conforta a teus irmãos. 33 Respondendo-lhe Pedro: Senhor, eu estou pronto a ir contigo, tanto para a prisão, como a morrer. 34 Mas Jesus lhe disse: Declaro-te, Pedro, que não cantará hoje o galo, sem que tu por três vezes não hajas negado que me conheces. Depois perguntou-lhes: 35 Quando eu vos mandei caminhar sem bolsa, e sem alforge, e sem sapatos, faltou-vos porventura alguma coisa? 36 E eles responderam: Nada. Proseguiu logo Jesus: Pois agora quem tem bolsa, tome-a, e também alforge: e o que a não tem, venda a sua túnica e compre espada. 37 Porque vos digo, que é necessário que se veja cumprido em mim ainda isto que está escrito: "E foi reputado por um dos iníquos." Porque as coisas que dizem respeito a mim, vão já a ter o seu cumprimento. 38 Mas eles responderam: Senhor, eis aqui estão duas espadas. E Jesus lhes disse: Basta.

No horto das Oliveiras

39 E tendo saido, foi dali, como costumava, para o monte das Oliveiras. E seus discípulos o seguiram também. 40 E quando chegou àquele lugar, lhes disse: Orai para que não entreis em tentação. 41 E Jesus se arrancou deles obra de um tiro de pedra: e posto de joelhos, orava, 42 dizendo: Pai, se é do teu agrado, transfere de mim este cálice! Não se faça contudo a minha vontade, senão a tua. 43 Então lhe apareceu um anjo do céu, que o confortava. E posto em agonia, orava Jesus com maior instância. 44 E veio-lhe um suor, como de gôtas de sangue, que corria sobre a terra. 45 Depois, tendo-se levantado da oração, e vindo ter com seus discípulos, achou-os dormindo de tristeza. 46 E disse-lhes: Quê, vós dormis? Levantai-vos, orai, para que não entreis em tentação.

Prisão do Messias

47 Estando ele ainda falando, eis que chega um tropel de gente: e um dos doze, que se chamava Judas, vinha à testa deles: o qual se chegou a Jesus para o beijar. 48 E Jesus lhe disse: Judas, então entregas tu o Filho do homem, dando-lhe um ósculo? 49 Então os que estavam com Jesus, vendo no que isto viria a parar, disseram para ele: Senhor, firamo-los à espada? 50 E um deles deu um golpe num servo do sumo pontífice, e cortou-lhe a orelha direita. 51 Mas respondendo Jesus, disse: Deixai-os, basta. E tendo-lhe tocado a orelha, o sarou. 52 E voltando-se Jesus para os príncipes dos sacerdotes, e para os magistrados do Templo, e para os anciãos, que tinham vindo contra eles, disse: Viestes armados de espadas e de varapaus como contra um ladrão? 53 Havendo eu estado cada dia convosco no Templo, nunca estendestes as mãos contra mim. Porém esta é a vossa hora, e o poder das trevas.

Negação de Pedro

54 Prendendo logo a Jesus, o levaram à casa do sumo pontífice: e Pedro o ia seguindo de longe. 55 E tendo-se acendido fogo no meio do pátio, e sentando-se todos em roda, estava Pedro no meio deles. 56 Então uma escrava, que o viu sentado ao lume, depois de encarar bem nele, disse: Este também era da companhia daquele homem. 57 Mas Pedro o negou, dizendo: Mulher, eu não o conheço. 58 E daí a pouco vendo-o outro, disse-lhe: Tu também és dos tais. Ao que Pedro respondeu: Homem, não o sou. 59 E tendo-se passado o intervalo quase de uma hora, afirmava outro o mesmo, dizendo: Certamente que este também estava com ele: pois que também é galileu. 60 E Pedro lhe respondeu: Homem, eu não sei que é o que tu dizes. E no mesmo ponto, quando ele ainda falava, cantou o galo. 61 E voltando-se o Senhor pôs olhos em Pedro. E Pedro lembrou da palavra do Senhor, como lhe havia dito: Antes que o gale cante, me negarás três vezes. 62 E tendo saído para fora, chorou Pedro amargamente.

O Salvador escarnecido

63 Entretanto os que tinham preso a Jesus, faziam escárneo dele, ferindo-o. 64 E vendaram-lhe os olhos, e davam-lhe na cara: e perguntavam-lhe, dizendo: Adivinha quem é o que te deu? 65 E diziam outras muitas afrontas, blasfemando contra ele.

O Messias diante do Sanedrim

66 E depois que foi dia se ajuntaram os anciãos do povo, e os príncipes dos sacerdotes, e os escribas, e o levaram ao seu conselho, dizendo ali: Se tu és o Cristo, dize-no-lo. 67 E respondeu-lhes Jesus: Se vo-lo disser, não me haveis de dar crédito. 68 E também se vos fizer qualquer pergunta, não me haveis de responder, nem deixar ir. 69 Mas depois disto estará sentado o Filho do homem à mão direita do poder de Deus. 70 Então disseram todos: Logo tu és o Filho de Deus? Respondeu ele: Vós o dizeis, que eu o sou. 71 E eles prosseguiram: Que mais testemunho nos é necessário? quando nós mesmos o ouvimos da sua boca.

Jesus perante Pilatos

23 E levantando-se toda a multidão dos daquele conselho, levaram Jesus a Pilatos. 2 E começaram a acusá-lo, dizendo: A este temos achado pervertendo a nossa nação, e vedando dar o tributo a César, e dizendo que ele é o Cristo Rei. 3 E Pilatos lhe perguntou, dizendo: Tu és o rei dos judeus? E ele respondendo, disse: Tu o dizes. 4 Então disse Pilatos aos príncipes dos sacerdotes, e ao povo: Eu não acho neste homem crime algum. 5 Mas eles porfiavam cada vez mais, dizendo: Ele subleva o povo com a doutrina que prega por toda a Judéia, desde a Galiléia, onde começou, até aqui. 6 E Pilatos, ouvindo falar da Galiléia, perguntou se era galileu aquele homem. 7 E quando soube que era da jurisdição de Herodes, remeteu-o ao mesmo Herodes, o qual naqueles dias pessoalmente se achava também em Jerusalém.

Jesus diante de Herodes

8 E Herodes tendo visto a Jesus, folgou muito; porque de longo tempo tinha desejo de o ver, por ter ouvido dizer dele muitas coisas, e esperava ver-lhe fazer algum milagre. 9 Fez-lhe pois muitas perguntas. Mas ele a nenhuma deu resposta. 10 E os príncipes dos sacerdotes, e os escribas estavam ali presentes, acusando-o com grande instância. 11 Herodes, porém, com os do seu exército desprezou-o, e fez escárneo dele, tendo-o mandado vestir de uma vestidura branca, e tornou-o a enviar a Pilatos. 12 E naquele dia ficaram amigos Herodes e Pilatos, porque estavam antes inimigos um do outro.

Preferência dada a Barrabás

13 Pilatos, pois, tendo chamado os príncipes dos sacerdotes, e os magistrados, e o povo, 14 lhes disse: Vós apresentastes-me este homem, como perturbador do povo, e vede que fazendo-lhe eu perguntas diante de vós outros, não achei neste homem culpa alguma daquelas de que o acusais. 15 Nem Herodes tampouco, porque vos remeti a ele e eis que nada se lhe tem provado que mereça morte. 16 Soltá-lo-ei logo depois de o castigar. 17 Ora, Pilatos estava precisado a soltar-lhes pela festa um criminoso. 18 Por isso todo o povo gritou a uma voz dizendo: Faze morrer este, e solta-nos Barrabás. 19 O qual havia sido preso por causa de uma sedição feita na cidade, e por causa de um homicídio. 20 E Pilatos, que desejava livrar a Jesus, falou de novo aos judeus. 21 Mas eles tornaram a gritar, dizendo: Crucifica-o, crucifica-o. 22 E terceira vez lhes disse Pilatos: Pois que mal fez ele? Eu não acho nele causa alguma de morte; irei logo castigá-lo, e depois soltá-lo-ei. 23 Mas eles instavam, pedindo a grande vozes que fosse crucificado, e cresciam mais as suas vozes. 24 Enfim ordenou Pilatos que se executasse o que eles pediam. 25 No mesmo tempo soltou-lhes aquele que havia sido preso por causa do homicídio, e da sedição, que era quem eles pediam, e permitiu-lhes que fizessem de Jesus o que quisessem.

A Via Sacra

26 Indo-o já levando, pegaram num certo homem de Cirene, chamado Simão, que vinha de uma granja, e puseram a cruz sobre ele, para que a levasse após de Jesus. 27 E seguia-o uma grande multidão de povo, e de mulheres: que batendo nos peitos o choravam e lamentavam. 28 Mas Jesus voltando-se para elas, lhes disse: Filhas de Jerusalém, não choreis sobre mim, mas chorai sobre vós mesmas, e sobre vossos filhos. 29 Porque sabei que virá tempo em que se dirá: Ditosas as que são estéreis, e ditosos os ventres que não gerarem, e ditosos os peitos que não deram de mamar. 30 Então começarão os homens a dizer aos montes: Caí sobre nós: e aos outeiros: Cobri-nos. 31 Porque se isto se faz no lenho verde, que se fará no seco? 32 E eram também levados com Jesus outros dois, que eram malfeitores, para se lhes dar a morte.

A Crucifixão

33 E depois chegaram ao lugar que se chama Calvário; ali o crucificaram a ele, e aos ladrões, um à direita e outro à esquerda. 34 E Jesus dizia: Pai, perdoa-lhes, porque não sabem o que fazem. Dividindo porém os seus vestidos, sortearam-nos. 35 Entretanto estava

o povo olhando para ele e os príncipes dos sacerdotes com o povo o escarneciam, dizendo: Quem salvou aos outros, que se salve a si, se este é o Cristo escolhido de Deus. 36 E da mesma sorte o escarneciam os soldados, chegando-se a ele, e oferecendo-lhe a beber vinagre, 37 e dizendo: Se tu és o rei dos judeus, salva-te a ti mesmo. 38 E estava também sobre ele um título, escrito em letras gregas, e latinas, e hebraicas, o qual dizia: Este é o rei dos judeus.

Dois ladrões

39 E um daqueles ladrões, que estavam dependurados, blasfemava contra ele, dizendo: Se tu és o Cristo, salva-te a ti mesmo, e a nós outros. 40 Mas o outro respondendo, o repreendia, dizendo: Nem ainda tu temes a Deus, estando no mesmo suplício. 41 E nós outros o estamos na verdade justamente, porque recebemos o castigo que merecem as nossas obras: mas este nenhum mal fez. 42 E dizia a Jesus: Senhor, lembra-te de mim, quando entrares no teu reino! 43 E Jesus lhe respondeu: Em verdade te digo: que hoje serás comigo no paraíso. 44 Era então quase a hora sexta, e toda a terra ficou coberta de trevas até à hora nona. 45 Escureceu-se também o sol: e rasgou-se pelo meio o véu do Templo. 46 E Jesus dando um grande brado, disse: Pai, nas tuas mãos encomendo o meu espírito. E dizendo estas palavras, expirou.

Triunfo da verdade

47 O centurião, porém, que tinha visto o que sucedera, deu glória a Deus, dizendo: Na verdade que este homem era justo. 48 E todo o povo que assistia a este espetáculo, e via o que se passava, retirava-se batendo nos peitos. 49 Todos os que eram do conhecimento de Jesus, e as mulheres que o tinham seguido desde Galiléia, estavam da mesma sorte vendo estas coisas lá de parte.

Enterramento do Messias

50 E eis que um varão por nome José, que era do sanedrim, varão bom, e justo, 51 que não tinha consentido com a determinação dos outros nem com o que eles tinham obrado, de Arimatéia, cidade de Judéia, o qual também esperava o reino de Deus: 52 este homem pois foi ter com Pilatos, e pediu-lhe o corpo de Jesus. 53 E depois que o desceu, amortalhou-o num lençol, e depositou-o num sepulcro aberto em rocha, onde ainda ninguém tinha sido posto. 54 Era então dia da preparação, e já raiava o sábado. 55 Ora, as mulheres, que tinham vindo de Galiléia com Jesus, indo atrás de José, observaram o sepulcro, e como o corpo de Jesus fora nele depositado. 56 E voltando, prepararam aromas e bálsamos: e quanto ao dia de sábado, estiveram sem fazer coisa alguma, segundo a lei.

Ressurreição de Jesus Cristo

24 Mas no primeiro dia da semana vieram muito cedo ao sepulcro, trazendo os aromas que haviam preparado. 2 E acharam que a pedra estava revolvida do sepulcro. 3 Entrando depois dentro, não acharam o corpo do Senhor Jesus. 4 E aconteceu que estando por isso consternadas, eis que apareceram junto delas dois homens vestidos de brilhantes roupas. 5 E como estivessem medrosas, e com os olhos no chão, disseram para elas: Por que buscais entre os mortos ao que vive? 6 Ele não está aqui, mas ressuscitou; lembrai-vos do que ele vos declarou, quando ainda estava em Galiléia, 7 dizendo: Importa que o Filho do homem seja entregue nas mãos de homens pecadores, e que seja crucificado, e que ressuscite ao terceiro dia. 8 Então se lembraram elas das suas palavras. 9 E tendo voltado do sepulcro, contaram todas estas coisas aos onze, e a todos os mais. 10 E as que referiam aos apóstolos estas coisas eram Maria Madalena, e Joana, e Maria, mãe de Tiago, e as demais que estavam com elas. 11 Mas os que as mulheres lhes diziam, pareceu-lhes um como desvario, e não lhes deram crédito. 12 Ainda levantando-se Pedro, correu ao sepulcro, e abaixando-se viu só os lençóis ali postos, e retirou-se admirando consigo mesmo o que sucedera.

Aparição aos discípulos de Emaús

13 E eis que no mesmo dia caminhavam dois deles para uma aldeia, chamada Emaús, que estava em distância de Jerusalém sessenta estádios. 14 E eles iam falando um com o outro em tudo o que se tinha passado. 15 E sucedeu que quando eles iam conversando, e conferindo entre si, chegou-se também o mesmo Jesus, e ia com eles. 16 Mas os olhos dos dois estavam como fechados, para o não conhecerem. 17 E ele lhes disse: Que é isso que vós ides praticando e conferindo um com outro, e por que estais tristes? 18 E respondendo um deles chamado Cléofas, lhe disse: Tu só és forasteiro em Jerusalém e não sabes o que ali se tem passado estes dias? 19 Ele lhes

disse: Quê? E responderam os dois: Sobre Jesus Nazareno, que foi um varão profeta, poderoso em obras, e em palavras diante de Deus, e de todo o povo: 20 e de que maneira os sumos sacerdotes, e os nossos magistrados, o entregaram a ser condenado à morte, e o crucificaram. 21 Ora, nós esperávamos que ele fosse o que resgatasse a Israel: e agora sobre tudo isto, é já hoje o terceiro dia, depois que sucederam estas coisas. 22 É verdade também que certas mulheres, das que conosco estavam, nos espantaram, as quais na alvorada foram ao sepulcro. 23 E não tendo achado o seu corpo, voltaram, dizendo que elas também tinham tido uma visão de anjos, os quais dizem que ele vive. 24 E alguns dos nossos foram ao sepulcro: e acharam que era assim como tinham dito as mulheres, mas a ele não o acharam. 25 Então lhes disse Jesus: O estultos, e tardos de coração para crer tudo o que anunciaram os profetas! 26 Porventura não importava que o Cristo sofresse estas coisas, e que assim entrasse na sua glória? 27 E começando por Moisés, e discorrendo por todos os outros profetas, lhes explicava o que dele se achava dito em todas as Escrituras. 28 E quando eles estavam perto da aldeia, para onde caminhavam, fingiu então Jesus que ia para mais longe. 29 Mas eles o constrangeram, dizendo: Fica em nossa companhia, porque é já tarde, e está o dia na sua declinação. E ele entrou com os dois. 30 Mas o caso foi que, estando sentado com eles à mesa, tomou o pão, e o abençoou, e tendo-o partido lho dava. 31 No mesmo tempo se lhes abriam os olhos, e o conheceram: mas ele desapareceu-lhes de diante dos olhos. 32 Então disseram um para o outro: Não é verdade que nós sentíamos abrasar-se-nos o coração, quando ele nos falava pelo caminho, e nos explicava as Escrituras? 33 E levantando-se na mesma hora voltaram para Jerusalém: e acharam juntos os onze, e os que com eles estavam, 34 que diziam: Na verdade que o Senhor ressuscitou, e apareceu a Simão. 35 E eles os dois contaram também o que lhes havia acontecido no caminho: e como conheceram a Jesus ao partir do pão.

Jesus aparece aos apóstolos

36 E estando ainda falando nisto, apresentou-se Jesus no meio deles, e disse-lhes: Paz seja convosco: sou eu, não temais. 37 Mas eles achando-se perturbados, e espantados, cuidavam que viam algum espírito. 38 E Jesus lhes disse: Por que estais vós turbados, e que pensamentos são esses que vos sobem aos corações? 39 Olhai para as minhas mãos e pés, porque sou eu mesmo. Apalpai e vede, que um espírito não tem carne nem ossos como vós vedes que eu tenho. 40 E em dizento isto, mostrou-lhes as mãos e os pés. 41 Mas não crendo eles ainda, e estando com admiração transportados de gosto, lhes disse: Tendes aqui alguma coisa que se coma? 42 E eles lhe puseram diante uma posta de peixe assada, e um favo de mel. 43 E tendo comido Jesus à vista deles, tomando os sobejos lhos deu.

Ascenção do Senhor

44 Depois disse-lhes: Isto que vós estais vendo, é o que queriam dizer as palavras que eu vos dizia, quando ainda estava convosco, que era necessário que se cumprisse tudo o que de mim estava escrito na Lei de Moisés, e nos Profetas, e nos Salmos. 45 Então lhes abriu o entendimento, para alcançarem o sentido das Escrituras. 46 E disse-lhes: Assim é que está escrito, e assim é que importava que o Cristo padecesse, e que ressurgisse dos mortos ao terceiro dia: 47 e que em seu nome se pregasse penitência, e remissão de pecados em todas as nações, começando por Jerusalém. 48 Ora, vós sois as testemunhas destas coisas. 49 E eu vou a mandar sobre vós o dom que vos está prometido por meu Pai; entretanto ficai vós de assento na cidade, até que sejais revestidos de virtude lá do alto. 50 Depois levou-os fora até Betânia: e levantando as suas mãos, os abençoou. 51 E aconteceu que enquanto os abençoava, se ausentou deles, e era elevado ao céu. 52 E eles, depois de o adorarem, voltaram para Jerusalém com grande júbilo. 53 E estavam continuamente no Templo louvando e bendizendo a Deus. Amém.

O Santo Evangelho de Jesus Cristo segundo São João

I. PRÓLOGO

O Verbo divino

1 No princípio era o Verbo, e o Verbo estava com Deus, e o Verbo era Deus. 2 Ele estava no princípio com Deus. 3 Todas as coisas foram feitas por ele: e nada do que foi feito, foi feito sem ele. 4 Nele estava a vida, e a vida era a luz dos homens: 5 e a luz resplandece nas trevas, mas as trevas não a compreenderam. 6 Houve um homem enviado por Deus que se chamava João. 7 Este veio por testemunha, para dar testemunho da luz, a fim de que todos cressem por meio dele. 8 Ele não era a luz, mas para que desse testemunho da luz. 9 Era a luz verdadeira, que alumia a todo o homem, que vem a este mundo. 10 Estava no mundo, e o mundo foi feito por ele e o mundo não o conheceu. 11 Veio para o que era seu, e os seus não o receberam: 12 mas a todos os que o receberam, deu ele poder de se fazerem filhos de Deus aos que creem no seu nome: 13 que não nasceram do sangue, nem da vontade da carne, nem da vontade do varão, mas de Deus. 14 E o Verbo se fez carne, e habitou entre nós: e nós vimos a sua glória, a sua glória como de Filho unigênito do Pai, cheio de graça e de verdade.

15 João dé testemunho dele, e clama, dizendo: Este era o de quem eu disse: O que há de vir depois de mim, foi preferido a mim: porque era antes de mim. 16 E todos nós participamos da sua plenitude, e graça por graça: 17 porque a lei foi dada por Moisés, a graça, e a verdade foi trazida por Jesus Cristo. 18 Ninguém jamais viu a Deus: o Filho unigênito, que está no seio do Pai, esse é quem o deu a conhecer.

II. JESUS MANIFESTA SUA MISSÃO E DIVINDADE EM SUA VIDA PÚBLICA

Testemunho de João Batista

19 E este é o testemunho que deu João, quando os judeus lhe enviaram de Jerusalém sacerdotes e levitas a perguntar-lhe: Quem és tu? 20 Porque ele confessou, e não negou: e confessou: Eu não sou o Cristo. 21 E perguntaram-lhe: Pois quem és logo? És tu Elias? E ele respondeu: Não o sou. És tu profeta? E respondeu: Não. 22 Disseram então eles: Quem és tu logo, para que possamos dar resposta aos que nos enviaram? Que dizes de ti mesmo? 23 Disse-lhes ele: Eu sou a voz do que clama no deserto: Endireitai o caminho do Senhor, como o disse o profeta Isaías. 24 Ora, os que haviam sido enviados, eram de entre os fariseus. 25 E eles lhe fizeram esta pergunta, e lhe disseram: Por que batizas logo, se tu não és o Cristo, nem Elias, nem profeta? 26 João respondeu, dizendo-lhes: Eu batizo em água, mas no meio de vós esteve quem vós não conheceis. 27 Esse é o que há de vir depois de mim, que foi preferido a mim, de quem eu não sou digno de desatar a correia dos sapatos. 28 Estas coisas passaram em Betânia da banda dalém do Jordão, onde João estava batizando.

29 No dia seguinte viu João a Jesus, que vinha para ele, e disse: Eis aqui o Cordeiro de Deus, eis aqui o que tira o pecado do mundo. 30 Este é o mesmo de quem eu disse: Depois de mim vem um homem, que me foi preferido, porque era antes de mim. 31 E eu não o conhecia, mas por isso eu vim batizar em água, para ele ser conhecido em Israel. 32 E João deu testemunho, dizendo: Vi o Espírito que

descia do céu em forma de pomba, e repousou sobre ele. 33 E eu não o conhecia: mas o que me mandou batizar em água, me disse: Aquele, sobre que tu vires descer o Espírito, e repousar sobre ele, esse é o que batiza no Espírito Santo. 34 E eu o vi: e dei testemunho de que ele é o Filho de Deus.

Vocação dos primeiros discípulos

35 Ao outro dia ainda João lá estava, e dois de seus discípulos. 36 E vendo a Jesus, que ia passando, disse: Eis ali o Cordeiro de Deus. 37 Então os dois discípulos, quando isto lhe ouviram dizer, foram logo seguindo a Jesus. 38 E Jesus olhando para trás, e vendo que iam após ele, disse-lhes: Que buscais vós? Disseram-lhe eles: Rabi, (que quer dizer mestre) onde assistes tu? 39 Respondeu-lhes Jesus: Vinde, e vede. Foram eles, e viram onde assistia, e ficaram lá aquele dia. Era então quase a hora décima. 40 E André, irmão de Simão Pedro, era um dos dois que tinham ouvido o que João dissera, e que tinham seguido a Jesus. 41 Este encontrou primeiro a seu irmão Simão, e lhe disse: Temos achado ao Messias (que quer dizer o Cristo). 42 E levou-o a Jesus. E Jesus depois de olhar para ele, disse: Tu és Simão, filho de Jona: tu serás chamado Cefas, que quer dizer Pedro.

43 No dia seguinte quis Jesus ir a Galiléia e achou lá a Filipe. Disse-lhe então: Segue-me. 44 E era Filipe natural da cidade de Betsaida, donde também o eram André e Pedro. 45 Encontrou Filipe a Natanael e disse-lhe: Saberás que achamos aquele de quem falou Moisés na Lei, e de quem escreveram os profetas, a saber, Jesus de Nazaré, filho de José. 46 E Natanael lhe disse: De Nazaré pode sair coisa que boa seja? Disse-lhe Filipe: Vem, e vê. 47 Viu Jesus a Natanael, que vinha buscá-lo e disse dele: Eis aqui um verdadeiro israelita, em quem não há dolo. 48 Perguntou-lhe Natanael: Donde me conheces tu? Respondeu Jesus, e disse-lhe: Primeiro que Filipe te chamasse, te vi eu, quando estavas debaixo da figueira. 49 Natanael lhe respondeu, e disse: Mestre, tu és o Filho de Deus, tu és o rei de Israel. 50 Jesus respondeu, e disse-lhe: Porque eu te disse: que te vi debaixo da figueira, crês? Maiores coisas que estas verás. 51 Também lhe disse: Na verdade, na verdade vos digo, que vereis o céu aberto, e os anjos de Deus subindo e descendo sobre o Filho do homem.

Núpcias em Caná

2 E dali a três dias se celebraram umas bodas em Caná de Galiléia: e achava-se lá a mãe de Jesus. 2 E foi também convidado Jesus com seus discípulos para as núpcias. 3 E faltando o vinho, a mãe de Jesus lhe disse: Eles não têm vinho. 4 E Jesus lhe respondeu: Mulher, que importa isso a mim e a vós? ainda não é chegada a minha hora. 5 Disse a mãe de Jesus aos que serviam: Fazei tudo o que ele vos disser. 6 Ora, estavam ali postas seis talhas de pedra, para servirem às purificações de que usavam os judeus, levando cada uma dois ou três almudes. 7 Disse-lhes Jesus: Enchei de água essas talhas. E encheram-nas até acima. 8 Então lhes disse Jesus: Tirai agora e levai ao arquitriclino. E eles lha levaram. 9 E o que governava a mesa, tanto que provou a água, que se fizera vinho, como não sabia donde lhe viera, ainda que o sabiam os serventes, porque eram os que tinham tirado a água: chamou ao noivo o tal arquitriclino, 10 e disse-lhe: Todo o homem põe primeiro o bom vinho: e quando já os convidados têm bebido bem, então lhes apresenta o inferior. Tu ao contrário tiveste o bom vinho guardado até agora.

11 Por esse milagre deu Jesus princípio aos seus em Caná de Galiléia: e assim fez que se conhecesse a sua glória, e seus discípulos creram nele.

Expulsão dos vendilhões no Templo

12 Depois disto vieram para Cafarnaum, ele e sua mãe, e seus irmãos, e seus discípulos: mas não se demoraram ali muitos dias. 13 Porque como estava a chegar a Páscoa dos judeus, foi logo Jesus para Jerusalém. 14 E achou no Templo a muitos vendendo bois, e ovelhas, e pombas, e os cambiadores lá sentados. 15 E tendo feito de cordas um como azorrague, os lançou fora a todos do Templo, também as ovelhas, e os bois, e arrojou por terra o dinheiro dos cambiadores, e derribou as mesas. 16 E para os que vendiam as pombas, disse: Tirai daqui isto, e não façais da casa de meu Pai casa de negociação. 17 Então se lembraram seus discípulos, do que está escrito: O zelo da tua casa me comeu. 18 Perguntaram-lhe pois os judeus, e disseram-lhe: Que milagre nos fazes tu, para mostrares que tens autoridade para fazeres estas coisas? 19 Responderam-lhes Jesus, e disse: Desfazei este Templo, e eu o levantarei em três dias. 20 Replicaram logo os judeus: Em se edificar este Templo gastaram-se quarenta e seis anos, e tu hás de levantá-lo em três dias? 21 Mas ele falava do Templo de seu corpo. 22 Assim que depois que ele ressurgiu dos mortos, se lembraram seus discípulos do que ele dissera, e creram na Escritura, e nas palavras que Jesus tinha dito.

Conversões imperfeitas

23 E estando em Jerusalém pela festa solene da Páscoa, muitos, vendo os milagres que ele fazia creram no seu nome. 24 Mas o mesmo Jesus não se fiava deles, porque os conhecia a todos. 25 E porque não necessitava de que lhe dessem testemunho de homem algum: pois ele bem sabia por si mesmo o que havia no homem.

Colóquio com Nicodemos

3 E havia um homem de entre os fariseus, por nome Nicodemos, um dos chefes dos judeus. 2 Este uma noite veio buscar a Jesus, e disse-lhe: Rabi, sabemos que és Mestre, vindo da parte de Deus, porque ninguém pode fazer estes milagres, que tu fazes, se Deus não estiver com ele. 3 Jesus respondeu, e lhe disse: Na verdade, na verdade, te digo, que não pode ver o reino de Deus, senão aquele que renascer de novo. 4 Nicodemos lhe disse: Como pode um homem nascer, sendo velho? Porventura pode tornar a entrar no ventre de sua mãe, e nascer outra vez? 5 Respondeu-lhe Jesus: Em verdade, em verdade te digo, que quem não renascer da água, e do Espírito Santo, não pode entrar no reino de Deus. 6 O que é nascido da carne, é carne: e o que é nascido do espírito, é espírito. 7 Não te maravilhes de eu te dizer: Importa-vos nascer outra vez. 8 O espírito assopra onde quer: e tu ouves a sua voz, mas não sabes donde ele vem, nem para onde vai: assim é todo aquele que é nascido do espírito.

9 Perguntou Nicodemos, e disse-lhe: Como se pode isso fazer? 10 Respondeu Jesus, e disse-lhe: Tu és mestre em Israel, e não sabes estas coisas? 11 E verdade, em verdade te digo, que nós dizemos o que sabemos, e que damos testemunho do que vimos, e vós contudo isso não recebeis o nosso testemunho. 12 Se quando eu vos tenho falado nas coisas terrenas, ainda assim vós me não credes: como me crereis vós, se eu vos falar nas celestiais? 13 Também ninguém subiu ao céu, senão aquele que desceu do céu, a saber, o Filho do homem, que está no céu. 14 E como Moisés no deserto levantou a serpente, assim importa que seja levantado o Filho do homem: 15 para que todo o que crê nele, não pereça, mas tenha a vida eterna.

16 Porque assim amou Deus ao mundo, que lhe deu seu Filho unigênito: para que todo o que crê nele não pereça, mas tenha a vida eterna. 17 Porque Deus não enviou seu Filho ao mundo para condenar o mundo, mas para que o mundo seja salvo por ele. 18 Quem nele crê, não é condenado: mas o que não crê, já está condenado: porque não crê no nome do Filho unigênito de Deus. 19 E a causa desta condenação é: que a luz veio ao mundo, e os homens amaram mais as trevas do que a luz: porque eram más as suas obras. 20 Porquanto todo aquele que obra mal, aborrece a luz, e não se chega para a luz, para que não sejam argüidas as suas obras. 21 Mas aquele que obra verdade, chega-se para a luz, para que as suas obras sejam manifestas, porque são feitas em Deus.

Novo testemunho de João Batista

22 Passado isto veio Jesus com seus discípulos para a terra de Judéia: e ali se demorava com eles, e batizava. 23 E João batizava também em Enon, junto a Salim: porque havia ali muitas águas, e eram muitos os que vinham, e eram batizados. 24 Porque ainda João não tinha sido posto no cárcere. 25 Excitou-se pois uma questão entre os discípulos de João e os judeus, acerca da purificação. 26 E foram ter com João, e lhe disseram: Mestre, o que estava contigo da banda dalém do Jordão, de quem tu deste testemunho, ei-lo aí está batizando, e todos vêm a ele. 27 Respondeu João, e disse: O homem não pode receber coisa alguma, se do céu lhe não fôr dada. 28 Vós outros mesmos me sois testemunhas de que eu vos disse: Eu não sou o Cristo mas sou enviado adiante dele. 29 O que tem a esposa, é o esposo: mas o amigo do esposo, que está com ele, e o ouve, se enche de gosto com a voz do esposo. Pois já este meu gozo é cumprido. 30 Convém que ele cresça, e que eu diminua. 31 O que vem lá de riba, é sobre todos. O que é da terra, é da terra, e fala da terra. O que vem do céu, é sobre todos. 32 E o que viu, e ouviu, isso testifica: e ninguém recebe o seu testemunho. 33 O que recebeu o seu testemunho, confirmou que Deus é verdadeiro. 34 Porque aquele a quem Deus enviou, esse fala palavra de Deus: porque não lhe dá Deus o espírito por medida. 35 O Pai ama ao Filho: e todas as coisas pôs na sua mão. 36 O que crê no Filho, tem a vida eterna: o que porém não crê no Filho, não verá a vida, mas sobre ele permanece a ira de Deus.

Volta de Jesus à Galiléia

4 E quando Jesus entendeu que os fariseus tinham ouvido que ele Jesus fazia mais discípulos, e batizava mais pessoas do que João, 2 (sendo assim que não era Jesus o que batizava, mas seus discípulos), 3 deixou a Judéia, e foi outra vez para Galiléia.

Jesus entre os samaritanos

4 E importava que ele passasse por Sama-
ria. 5 Veio pois a uma cidade de Samaria, que
se chamava Sicar, junto da herdade que tinha
dado Jacó a seu filho José. 6 Ora, ali havia um
poço, chamado a fonte de Jacó. Fatigado pois
do caminho, estava Jesus assim sentado sobre
e borda do poço. Era isto quase à hora sexta.
7 Veio uma mulher de Samaria a tirar água.
Jesus lhe disse: Dá-me de beber. 8 (Porque
seus discípulos tinham ido à cidade a comprar
mantimentos).

9 Mas aquela mulher samaritana lhe disse:
Como sendo tu judeu, me pedes de beber a
mim, que sou mulher samaritana? Porque os
judeus não se comunicam com os samaritanos.
10 Respondeu Jesus, e disse-lhe: Se tu conhe-
ceras o dom de Deus, e quem é o que te diz:
Dá-me de beber: tu certamente lhe pediras, e
ele te daria a ti da água viva. 11 Disse-lhe a
mulher: Senhor, tu não tens com que a tirar,
e o poço é fundo; onde tens logo essa água
viva? 12 És tu porventura maior do que nosso
pai Jacó, que foi o que nos deu este poço, do
qual também ele mesmo bebeu, e seus filhos
e seus gados? 13 Respondeu Jesus, e disse-lhe:
Todo aquele que bebe desta água tornará a
ter sede; mas o que beber da água que eu lhe
hei de dar, nunca jamais terá sede. 14 Mas a
água que eu lhe der virá a ser nele uma fonte
de água, que salte para a vida eterna.

15 Disse-lhe a mulher: Senhor, dá-me dessa
água para eu não ter mais sede, nem vir aqui
tirá-la. 16 Disse-lhe Jesus: Vai, chama a teu
marido, e vem cá. 17 Respondeu a mulher, e
disse: Eu não tenho marido. Jesus lhe disse:
Bem disseste, não tenho marido. 18 Porque
cinco maridos tiveste, e o que agora tens não é
teu marido. Isto disseste com verdade. 19 Dis-
se-lhe a mulher: Senhor, pelo que vejo, tu és
profeta. 20 Nossos pais adoraram sobre este
monte, e vós outros dizeis que em Jerusalém
é o lugar onde se deve adorar. 21 Disse-lhe
Jesus: Mulher, crê-me, que é chegada a hora
em que vós não adorareis o Pai, nem neste
monte, nem em Jerusalém. 22 Vós adorais o
que não conheceis: nós adoramos o que co-
nhecemos, porque dos judeus é que vem a
salvação. 23 Mas a hora vem, e agora é, quando
os verdadeiros adoradores hão de adorar o
Pai em espírito e verdade. Porque tais quer
também o Pai que sejam os que o adorem.
24 Deus é espírito, e em espírito e verdade é
que o devem adorar os que o adoram. 25 Dis-
se-lhe a mulher: Eu sei que está a chegar o
Messias (o que se chama o Cristo); quando
pois ele vier então nos anunciará todas as
coisas. 26 Disse-lhe Jesus: Eu sou, que falo
cantigo.

27 E nisto vieram seus discípulos: os quais
se maravilharam de que ele estivesse falando
com uma mulher. Nenhum contudo lhe disse:
Que é o que perguntas, ou que falas com ela?
28 A mulher pois deixou o seu cântaro, e foi-se
à cidade, e disse àqueles homens: 29 Vinde,
e vede um homem, que me disse tudo o que
eu tenho feito; será este porventura o Cristo?
30 Saíram pois da cidade, e vieram ter com
ele.

31 Entretanto seus discípulos o rogavam,
dizendo: Mestre, come. 32 Mas ele lhes respon-
deu: Eu para comer tenho um manjar, que
vós não sabeis. 33 Pelo que diziam os discípu-
los uns para os outros: Será caso que alguém
lhe trouxesse de comer? 34 Disse-lhes Jesus: A
minha comida é fazer eu a vontade daquele
que me enviou, para cumprir a sua obra. 35 Não
dizeis vós, que ainda há quatro meses até à
ceifa? Mas eu digo-vos: Levantai os vossos
olhos, e olhai para essas terras, que já estão
branquejando próximas à ceifa. 36 E o que
sega, recebe galardão, e ajunta fruto para a
vida eterna: Para que assim o que semeia,
como o que sega, juntamente se regozijem.
37 Porque nisto é verdadeiro o ditado: Que
um é o que semeia, e outro o que sega. 38 Eu
enviei-vos a segar o que vós não trabalhastes:
outros foram os que trabalharam, e vós entras-
tes nos seus trabalhos. 39 Ora, daquela cidade
foram muitos os samaritanos que creram em
Jesus, por causa da palavra da mulher, que
dava este testemunho: Ele me disse tudo quan-
to eu tenho feito. 40 Vindo pois ter com ele
os samaritanos, pediram-lhe que se deixasse
ficar ali com eles. E ele ficou ali dois dias.
41 E foram então muitos mais os que creram
nele, pelo ouvirem falar. 42 De sorte que di-
ziam à mulher: Não é já sobre o teu dito que
nós cremos nele: mas é porque nós mesmos
o ouvimos, e porque sabemos ser este verda-
deiramente o Salvador do mundo. 43 E pas-
sados dois dias, saiu Jesus dali, e foi para a
Galiléia. 44 Porque Jesus mesmo deu testemu-
nho de que um profeta não tem honra na sua
pátria. 45 Tendo pois vindo à Galiléia, recebe-
ram-no bem os galileus, porque tinham visto
todas as coisas que Jesus fizera no dia da festa
em Jerusalém: pois eles também tinham ido
à festa.

Cura do filho de um funcionário real

46 Veio pois segunda vez a Caná de Galiléia,
onde fizera da água vinho. Havia porém ali
um régulo, cujo filho estava doente em Cafar-
naum. 47 Este tendo ouvido que Jesus tinha

vindo da Judéia para a Galiléia, foi ter com ele, e rogou-o que viesse a sua casa curar a seu filho: Porque estava a morrer. 48 Disse-lhe pois Jesus: Vós se não vedes milagres e prodígios, não credes. 49 Disse-lhe o régulo: Senhor, vem antes que meu filho morra. 50 Disse-lhe Jesus: Vai, que teu filho vive. Deu o homem crédito ao que lhe disse Jesus, e foi-se. 51 E quando ele já ia andando, vieram os seus criados sair-lhe ao encontro, e deram-lhe novas de que seu filho vivia. 52 E perguntou-lhes a hora em que o doente se achara melhor. E eles lhe disseram: Ontem pela sétima hora o deixou a febre. 53 Conheceu logo o pai ser aquela mesma a hora em que Jesus lhe dissera: Teu filho vive. E creu ele e toda a sua casa. 54 Foi este o segundo milagre que Jesus obrou, tendo vindo da Judéia para a Galiléia.

O milagre da piscina probática

5 Depois disto era dia duma festa dos judeus, e Jesus subiu a Jerusalém. 2 Ora, em Jerusalém está a piscina probática, que em hebreu se chama Betsaida, a qual tem cinco alpendres. 3 Nestes jazia uma grande multidão de enfermos, de cegos, de coxos, dos que tinham os membros ressecados, todos os quais esperavam que se movesse a água. 4 Porque um anjo do Senhor descia em certo tempo ao tanque: e movia-se a água. E o primeiro que entrava no tanque depois de se mover a água, ficava curado de qualquer doença que tivesse. 5 Estava também ali um homem, que havia trinta e oito anos que se achava enfermo. 6 Jesus, que o viu deitado, e que soube que tinha já muito tempo de enfermo, disse-lhe: Queres ficar são? 7 O enfermo lhe respondeu: Senhor, não tenho homem que me meta no tanque, quando a água for movida: porque enquanto eu vou, outro entra, primeiro do que eu. 8 Disse-lhe Jesus: Levanta-te, toma a tua cama, e anda. 9 E no mesmo instante ficou são aquele homem: E tomou a sua cama, e começou a andar.

E era aquele dia um dia de sábado. 10 Pelo que diziam os judeus ao que havia sido curado: Hoje é sábado, não te é lícito levar a tua cama. 11 Respondeu-lhes ele: Aquele que me curou, esse mesmo me disse: Toma a tua cama, e anda. 12 Perguntaram-lhe então: Quem é esse homem que te disse: Toma a tua cama, e anda? 13 Porém o que havia sido curado, não sabia quem ele era: Porque Jesus se havia retirado do muito povo que estava naquele lugar. 14 Depois achou-o Jesus no Templo, e disse-lhe: Olha que já estás são: não peques mais, para que te não suceda alguma coisa pior. 15 Foi aquele homem declarar aos judeus que Jesus era o que o havia curado.

16 Por esta causa perseguiam os judeus a Jesus, por ele fazer estas coisas em dia de sábado. 17 Mas Jesus lhes respondeu: Meu Pai até agora não cessa de obrar, e eu obro também incessantemente. 18 Por isso pois procuravam os judeus com maior ânsia matá-lo: porque não somente quebrantava o sábado, mas também dizia que Deus era seu Pai, fazendo-se igual a Deus. E assim Jesus lhes respondeu, e lhes disse: 19 Em verdade, em verdade vos digo: que o Filho não pode de si mesmo fazer coisa alguma, senão o que vir fazer ao Pai: porque tudo o que fizer o Pai, o faz também semelhantemente o Filho. 20 Porque o Pai ama ao Filho, e mostra-lhe tudo o que ele faz. E maiores obras do que estas lhe mostrará, até o ponto de vós ficardes admirados. 21 Porque assim como o Pai ressuscita os mortos, e lhes dá vida: assim também dá o Filho vida àqueles que quer. 22 Porque o Pai a ninguém julga: mas todo o juízo deu ao Filho. 23 A fim de que todos honrem ao Filho, bem como honram ao Pai. O que não honrar ao Filho, não honra ao Pai, que o enviou. 24 Em verdade, em verdade vos digo, que quem ouve a minha palavra, e crê naquele que me enviou, tem a vida eterna, e não incorre na condenação, mas passou da morte para a vida. 25 Em verdade, em verdade vos digo, que vem a hora, e agora é, em que os mortos ouvirão a voz do Filho de Deus: e os que a ouvirem, viverão. 26 Porque assim como o Pai tem a vida em si mesmo, assim também deu ele ao Filho ter vida em si mesmo. 27 E lhe deu o poder de exercitar o juízo, porque é Filho do homem. 28 Não vos maravilheis disso, porque vem a hora em que todos os que se acham nos sepulcros, ouvirão a voz do Filho de Deus: 29 e os que obraram bem, sairão para a ressurreição da vida: mas os que obraram mal, sairão ressuscitados para a condenação. 30 Eu não posso de mim mesmo fazer coisa alguma. Assim como oiço, julgo: e o meu juízo é justo: porque não busco a minha vontade, mas a vontade daquele que me enviou.

Testemunho do Pai

31 Se eu dou testemunho de mim mesmo, não é verdadeiro o meu testemunho. 32 Outro é o que dá testemunho de mim: e eu sei que é verdadeiro o testemunho que ele dá de mim. 33 Vós enviastes mensageiros a João: e ele deu testemunho da verdade. 34 Eu porém não é do homem que recebo o testemunho: mas digo-vos estas coisas, a fim de que sejais salvos. 35 Ele era uma lâmpada, que ardia e alumiava. E vós por algum tempo quisestes alegrar-vos

com a sua luz. 36 Mas eu tenho maior testemunho, que o de João. Porque as obras que meu Pai me deu que cumprisse: as mesmas obras que eu faço, dão por mim testemunho de que meu Pai é quem me enviou. 37 E meu Pai, que me enviou, esse é o que deu testemunho de mim. Vós nunca ouvistes a sua voz, nem virdes quem o representasse: 38 e não tendes em vós permanente a sua palavra, porque não credes no que ele enviou. 39 Examinai as Escrituras, pois julgais ter nelas a vida eterna: e elas mesmas são as que dão testemunho de mim: 40 mas vós não quereis vir a mim, para terdes vida. 41 Eu não recebo dos homens a minha glória. 42 Mas bem vos conheço, que não tendes em vós a dileção de Deus. 43 Eu vim em nome de meu Pai, e vós não me recebeis. Se vier outro em seu próprio nome, haveis de recebê-lo. 44 Como podeis crer vós outros, que recebeis a glória uns dos outros: e que não buscais a glória, que vem só de Deus? 45 Não julgueis que eu vos hei de acusar diante de meu Pai: o mesmo Moisés, em que vós tendes as esperanças, é o que vos acusa. 46 Porque se vós crêsseis a Moisés, certamente acreditaríeis também em mim: porque ele escreveu de mim. 47 Porém se vós não dais crédito aos seus escritos, como dareis crédito às minhas palavras?

Primeira multiplicação dos pães

6 Depois disto passou Jesus à outra banda do mar da Galiléia, que é o de Tiberíades. 2 E seguia-o uma grande multidão de gente, porque viam os milagres que fazia sobre os que se achavam enfermos. 3 Subiu, pois, Jesus a um monte, e ali se assentou com seus discípulos. 4 E estava perto a Páscoa, dia da festa dos judeus. 5 Pelo que tendo Jesus levantado os olhos, e visto que veio ter com ele uma grandíssima multidão de povo, disse para Filipe: Com que compraremos nós o pão, de que estes necessitam para comer? 6 Mas Jesus falava assim para experimentar: porque ele bem sabia o que havia de fazer. 7 Respondeu-lhe Filipe: Duzentos dinheiros de pão não lhes bastam, para que cada um receba à sua parte um pequeno bocado. 8 Um de seus discípulos, se-lhe: 9 Aqui está um moço, que tem cinco pães de cevada e dois peixes; mas isto que é para se repartir entre tanta gente? 10 Então disse Jesus: Fazei assentar essa gente. Havia muita erva naquele lugar. E se assentaram a comer, em número de cinco mil pessoas. 11 Tomou, pois, Jesus os pães: e tendo dado graças, distribuiu-os aos que estavam assentados: e assim mesmo dos peixes, quanto eles queriam. 12 E como estiveram fartos, disse a seus discípulos: Recolhei os pedaços, que sobejaram, para que se não percam. 13 Eles pois os recolheram, e encheram doze cestos de pedaços dos cinco pães de cevada, que tinham sobejado aos que haviam comido. 14 Vendo então aqueles homens o milagre que Jesus obrara, diziam: Este é verdadeiramente o Profeta que devia vir ao mundo. 15 E entendendo Jesus que o viriam arrebatar para o fazerem rei, tornou-se a retirar para o monte, ele só.

Caminha sobre as ondas

16 E quando veio a tarde, desceram seus discípulos ao mar. 17 E metendo-se numa barca, atravessaram à banda dalém de Cafarnaum; e era já escuro: e ainda Jesus não tinha vindo a eles. 18 Entretanto o mar começava a empolar-se, por causa do vento rijo que assoprava. 19 E tendo navegado quase o espaço de vinte e cinco, ou trinta estádios, viram a Jesus, que vinha andando sobre o mar, e vinha chegando à barca, do que eles ficaram atemorizados. 20 Mas Jesus lhes disse: Sou eu, não temais. 21 Quiseram eles, pois, recebê-lo na barca: e logo a barca chegou à terra, a que eles queriam abordar.

O discurso da Eucaristia

22 No dia seguinte o povo que estava da outra banda do mar, advertiu que não tinha chamado André, irmão de Simão Pedro, disali estado outra barca, senão só aquela, e que Jesus não tinha entrado na barca com seus discípulos, mas que os seus mesmos discípulos tinham ido sós. 23 Mas depois arribaram de Tiberíades outras barcas, perto do lugar onde tinham comido o pão, depois do Senhor ter dado graças. 24 Quando enfim viu a gente que nem Jesus lá estava, nem seus discípulos, entraram naquelas barcas, e vieram até Cafarnaum em busca de Jesus.

25 E depois que o acharam da banda dalém do mar, disseram-lhe: Mestre, quando chegaste tu aqui? 26 Respondeu-lhe Jesus, e disse: Em verdade, em verdade vos digo: que vós me buscais, não porque vistes os milagres, mas porque comestes dos pães, e ficastes fartos. 27 Trabalhai, não pela comida que perece, mas pela que dura até à vida eterna, a qual o Filho do homem vos dará. Porque ele é o em que Deus Pai imprimiu o seu selo. 28 Disseram-lhe pois eles: Que faremos nós para obrarmos as obras de Deus? 29 Respondeu Jesus, e disse-lhes: A obra de Deus é esta, que creiais naquele que ele enviou.

30 Disseram-lhe então eles: Pois que milagre fazes tu, para que o vejamos, e creiamos

em ti? Que obras tu? 31 Nossos pais comeram o maná no deserto, segundo o que está escrito: Ele lhes deu a comer o pão do céu. 32 E Jesus lhes respondeu: Em verdade, em verdade vos digo: que Moisés não vos deu o pão do céu, mas meu Pai é o que vos dá o verdadeiro pão do céu. 33 Porque o pão de Deus é o que desceu do céu, e que dá vida ao mundo. 34 Eles pois disseram-lhe: Senhor, dá-nos sempre deste pão.

35 E Jesus lhes respondeu: Eu sou o pão da vida: o que vem a mim, não terá jamais fome, e o que crê em mim, não terá jamais sede. 36 Porém eu já vos disse, que vós me vistes e que me não credes. 37 Todo o que meu Pai me dá, virá a mim: e o que vem a mim, não o lançarei fora: 38 porque eu desci do céu, não para fazer a minha vontade, mas a vontade daquele que me enviou. 39 E essa é a vontade daquele Pai que me enviou: Que nenhum perca eu de todos aqueles que ele me deu, mas que o ressuscite no último dia. 40 E a vontade de meu Pai que me enviou, é esta: Que todo o que vê o Filho, e crê nele, tenha a vida eterna, e eu o ressuscitarei no último dia. 41 Murmuravam pois dele os judeus, porque dissera: Eu sou o pão vivo, que desci do céu. 42 E diziam: Porventura não é este Jesus o filho de José, cujo pai e mãe nós conhecemos? Como logo diz ele: Desci do céu?

43 Respondeu pois Jesus, e disse-lhes: Não murmureis entre vós outros. 44 Ninguém pode vir a mim, se o Pai, que me enviou, o não trouxer: e eu o ressuscitarei no último dia. 45 Escrito está nos profetas: E serão todos ensinados de Deus. Assim que todo aquele que o Pai ouviu, e aprendeu, vem a mim. 46 Não que alguém tenha visto ao Pai, senão só aquele que é de Deus, esse é o que tem visto ao Pai. 47 Em verdade, em verdade vos digo: O que crê em mim, tem a vida eterna.

O pão da vida é a carne de Cristo

48 Eu sou o pão da vida. 49 Vossos pais comeram o maná no deserto, e morreram. 50 Aqui está o pão que desceu do céu: para que todo o que dele comer, não morra. 51 Eu sou o pão vivo, que desci do céu. 52 Se qualquer comer deste pão, viverá eternamente: e o pão, que eu darei, é a minha carne, para ser a vida do mundo. 53 Disputavam pois entre si os judeus, dizendo: Como pode este dar-nos a comer a sua carne? 54 E Jesus lhes disse: Em verdade, em verdade vos digo: Se não comerdes a carne do Filho do homem, e beberdes o seu sangue, não tereis vida em vós. 55 O que come a minha carne, e bebe o meu sangue, tem a vida eterna: e eu o ressuscitarei no último dia. 56 Porque a minha carne verdadeiramente é comida: e o meu sangue verdadeiramente é bebida. 57 O que come a minha carne, e bebe o meu sangue, esse fica em mim, e eu nele. 58 Assim como o Pai, que é vivo, me enviou, e eu vivo pelo Pai: assim o que se alimenta com a minha carne, esse mesmo também viverá por mim. 59 Aqui está o pão que desceu do céu. Não como vossos pais, que comeram o maná, e morreram. O que come deste pão viverá eternamente. 60 Estas coisas disse Jesus quando em Cafarnaum ensinava na sinagoga.

Efeito do sermão nos discípulos

61 Muitos pois dos seus discípulos, ouvindo isto, disseram: Duro é este discurso, e quem o pode ouvir? 62 Porém Jesus conhecendo em si mesmo que seus discípulos murmuravam por isso, disse-lhes: Isto escandaliza-vos? 63 Pois que será, se vós virdes subir o Filho do homem, onde ele primeiro estava? 64 O espírito é o que vivifica: a carne para nada aproveita. As palavras que eu vos disse são espírito e vida. 65 Mas há alguns de vós outros que não crêem. Porque bem sabia Jesus desde o princípio quem eram os que não criam, e quem o havia de entregar. 66 E dizia: Por isso eu vos tenho dito, que ninguém pode vir a mim, se por meu Pai lhe não for isso concedido. 67 Desde então se tornaram atrás muitos de seus discípulos: e já não andavam com ele. 68 Por isso disse Jesus aos doze: Quereis vós outros também retirar-vos? 69 E respondeulhe Simão Pedro: Senhor, para quem havemos nós de ir? Tu tens palavras da vida eterna. 70 E nós temos crido e conhecido que tu és o Cristo Filho de Deus. 71 Disse-lhes Jesus: Não é assim que eu vos escolhi em número de doze, e contudo um de vós é o diabo? 72 O que ele dizia por Judas Iscariotes, filho de Simão, porque ele era o que o havia de entregar, sendo que era um dos doze.

Circunstâncias da ida a Jerusalém

7 E depois disto andava Jesus pela Galiléia, porque não queria andar pela Judéia: visto que os judeus o queriam matar. 2 Estava porém a chegar a festa dos judeus, chamada dos Tabernáculos. 3 Disseram-lhe pois seus irmãos: Sai daqui, e vai para a Judéia, para que também teus discípulos vejam as obras que fazes. 4 Porque ninguém, que deseja ser conhecido em público, obra coisa alguma em secreto. Já que fazes estas coisas, descobre-te ao mundo. 5 Porque nem ainda seus irmãos criam nele. 6 Disse-lhe pois Jesus: Ainda não é chegado o

meu tempo, mas o vosso tempo sempre está pronto. 7 O mundo não vos pode aborrecer: mas ele me aborrece a mim: porque eu dou testemunho dele, que são más as suas obras. 8 Vós outros subi a esta festa, que eu todavia não vou a esta festa: porque não é ainda cumprido o meu tempo. 9 Tendo dito isto, deixou-se ficar ele mesmo na Galiléia.

10 Mas quando seus irmãos já tinham subido, então subiu ele também à festa não descobertamente, mas como em segredo. 11 Buscavam-no pois os judeus no dia da festa, e diziam: Onde está ele? 12 E era grande a murmuração que dele havia no povo. Porque uns diziam: Ele é bom. Outros porém diziam: Não é, antes engana o povo. 13 Ninguém contudo ousava falar dele em público, por medo dos judeus.

O Messias ensinando no Templo

14 Ora, estando já os dias da festa no meio, entrou Jesus no Templo, e pôs-se a ensinar. 15 E admiravam-se os judeus, dizendo: Como sabe este letras, não as tendo estudado? 16 Respondeu-lhes Jesus, e disse: A minha doutrina não é minha, mas é daquele que me enviou. 17 Se alguém quiser fazer a vontade de Deus: reconhecerá se a minha doutrina vem dele, ou se eu falo de mim mesmo. 18 O que fala de si mesmo, busca a própria glória: mas aquele que busca a glória de quem o enviou, esse é verdadeiro, e não há nele injustiça. 19 Não é assim que Moisés vos deu a Lei, e contudo nenhum de vós cumpre com a Lei? 20 Por que me procurais vós matar? Respondeu o povo, e disse: Tu estás possesso do demônio; quem é que procura matar-te? 21 Respondeu Jesus, e disse-lhes: Eu fiz uma só obra, e todos vós estais por isso maravilhados: 22 vós contudo, porque Moisés vos ordenou a circuncisão (Se bem que ela não vem de Moisés, mas dos patriarcas) no sábado mesmo circuncidais um homem. 23 Se por não se violar a Lei de Moisés recebe um homem a circuncisão em dia de sábado: por que vos indignais vós de que eu em dia de sábado curasse a todo um homem? 24 Não julgueis segundo a aparência, mas julgai segundo a reta justiça.

Jesus revela sua origem divina

25 Então alguns de Jerusalém diziam: Não é este o tal a quem procuram matar? 26 E contudo ei-lo aí está falando em público, e não lhe dizem coisa alguma. Será que tenham verdadeiramente reconhecido os senadores que este é o Cristo? 27 Mas nós sabemos donde este é: e do Cristo, quando vier, ninguém saberá donde ele seja. 28 E Jesus levantava a voz no Templo ensinando, e dizendo: Vós outros não só me conheceis, mas sabeis donde eu sou: e eu não vim de mim mesmo, mas é verdadeiro o que me enviou, a quem vós não conheceis. 29 Eu sou quem o conheço: porque dele sou, e ele me enviou. 30 Procuravam pois os judeus prendê-lo: mas ninguém lhe lançou as mãos, porque não era ainda chegada a sua hora.

Tentam os judeus prender Jesus

31 E muitos do povo creram nele, e diziam: Quando vier o Cristo, fará ele mais prodígios que os que este faz? 32 Ouviram os fariseus este murmúrio que dele fazia o povo: e os príncipes dos sacerdotes, e os fariseus enviaram quadrilheiros para o prenderem. 33 Mas Jesus lhes disse: Ainda por um pouco de tempo estou convosco: e depois vou para aquele que me enviou. 34 Vós me buscareis, e não me achareis: Nem vós podeis vir onde eu estou. 35 Disseram logo entre si os judeus: Para onde é que irá este e que o não possamos achar? Será caso que vá para os que se acham dispersos entre as nações, e para instruir os gentios? 36 Que quer dizer esta palavra, que ele nos disse: Vós me buscareis, e não me achareis: e onde eu estou, não podeis vós ir?

Promessa da água viva

37 E no último dia da festa que era o mais solene, estava ali Jesus, posto em pé, e levantava a voz, dizendo: Se alguém tem sede, venha a mim, e beba. 38 O que crê em mim, como diz a Escritura, do seu ventre correrão rios de água viva. 39 Isto porém dizia ele, falando do espírito, que haviam de receber os que cressem nele: porque ainda o Espírito não fora dado, por não ter sido ainda glorificado Jesus.

Opiniões

40 Entretanto alguns daquele povo, tendo ouvido estas suas palavras, diziam: Este seguramente é profeta. 41 Outros diziam: Este é o Cristo. Porém diziam alguns: Pois que da Galiléia é que há de vir o Cristo? 42 Não diz a Escritura: que o Cristo há de vir da geração de Davi, e da vilota de Belém, onde assistia Davi? 43 Assim que havia esta dissensão entre o povo acerca dele. 44 E alguns deles o queriam prender: mas nenhum lançou as mãos sobre ele. 45 Voltaram pois os quadrilheiros para os príncipes dos sacerdotes, e fariseus. E eles lhes perguntaram: Por que o não trouxestes vós preso? 46 Responderam os quadrilheiros:

nunca homem algum falou como este homem.
47 Replicaram-lhes então os fariseus: Dar-se-á
caso que sejais vós também dos enganados?
48 Houve porventura algum dentre os sena-
dores, ou dos fariseus, que cresse nele? 49 Por-
que enquanto a esta plebe, que não sabe o
que é lei, eles são uns homens amaldiçoados.
50 Disse-lhes Nicodemos que era um deles, e
o mesmo que viera de noite buscar a Jesus:
51 Condena porventura a nossa lei a algum
homem antes de o ouvir, e antes de se infor-
mar das suas ações? 52 Responderam eles, e
disseram-lhe: És tu também galileu? Examina
as Escrituras, e verás que da Galiléia não se
levanta profeta. 53 E tornaram-se cada um
para sua casa.

Perdão da adúltera

8 Entretanto foi Jesus para o monte das
Oliveiras. 2 E ao romper da manhã tornou
para o Templo, e todo o povo veio ter com ele,
e assentado os ensinava. 3 Então lhe trouxe-
ram os escribas e os fariseus uma mulher que
fora apanhada em adultério e a puseram no
meio. 4 E lhe disseram: Mestre, esta mulher
foi agora mesmo apanhada em adultério. 5 E
Moisés na lei mandou-nos apedrejar a estas
tais. Que dizes tu logo? 6 Diziam pois isto os
judeus tentando-o, para o poderem acusar.
Porém Jesus abaixando-se, pôs-se a escrever
com o dedo na terra. 7 E como eles perseve-
ravam em fazer-lhe perguntas, ergueu-se Jesus
e disse-lhes: O que de vós outros está sem
pecado, seja o primeiro que a apedreje. 8 E
tornando a abaixar-se, escrevia na terra. 9 Mas
eles ouvindo-o, foram saindo um a um, sendo
os mais velhos os primeiros: e ficou só Jesus,
e a mulher, que estava no meio em pé. 10 En-
tão ergue-se Jesus, e disse-lhe: Mulher, onde
estão os que te acusavam? Ninguém te conde-
nou? 11 Respondeu ela: Ninguém, Senhor. En-
tão disse Jesus: Nem eu tão pouco te conde-
narei: vai e não peques mais.

A luz do mundo

12 E outra vez lhes falou Jesus, dizendo:
Eu sou a luz do mundo! O que me segue não
anda em trevas, mas terá o lume da vida. 13 E
os fariseus lhe disseram: Tu és o que dás tes-
temunho de ti mesmo: assim o teu testemunho
não é verdadeiro. 14 Respondeu Jesus, e dis-
se-lhes: Ainda que eu mesmo sou o que dou
testemunho de mim, o meu testemunho é ver-
dadeiro: porque sei donde vim e para onde vou:
mas vós não sabeis donde eu venho, nem para
onde vou. 15 Vós julgais segundo a carne. Eu
a ninguém julgo: 16 e se eu julgo a alguém, o
meu juízo é verdadeiro, porque eu não sou só:
mas eu e o Pai, que me enviou. 17 E na vossa
mesma lei está escrito que o testemunho de
duas pessoas é verdadeiro. 18 Ora, eu sou o
que dou testemunho de mim mesmo: e meu
Pai, que me enviou, também dá testemunho
de mim. 19 Perguntaram-lhe eles então: Onde
está teu Pai? Respondeu-lhes Jesus: Vós não
me conheceis a mim, nem a meu Pai. Se me
conhecêsseis a mim, certamente conheceríeis
também a meu Pai. 20 Estas palavras disse
Jesus, ensinando no Templo no lugar do gazo-
filácio: e ninguém o prendeu, porque não era
ainda chegada a sua hora.

O Filho de Deus

21 E em outra ocasião lhes disse Jesus: Eu
retiro-me, e vós me buscareis e morrereis no
vosso pecado. Para onde eu vou não podeis
vós vir. 22 Diziam pois os judeus: Será que
ele se mate a si mesmo, pois diz: Para onde
eu vou, não podeis vós vir? 23 Mas Jesus lhes
respondeu: Vós sois cá de baixo, e eu sou lá
de cima. Vós sois deste mundo, e eu não sou
deste mundo. 24 Por isso eu vos disse, que
morreríeis nos vossos pecados: porque se não
crerdes em quem eu sou, morrerei no vosso
pecado. 25 Perguntaram-lhe pois eles: Quem
és tu? Respondeu-lhes Jesus: Eu sou o prin-
cípio, o mesmo que vos falo. 26 Muitas coisas
são as que tenho que vos dizer, e de que vos
condenar: mas o que me enviou é verdadeiro:
e eu o que digo no mundo é o que dele apren-
di. 27 E não conheceram os judeus que ele
dizia que Deus era seu Pai. 28 Disse-lhes pois
Jesus: Quando vós tiverdes levantado o Filho
do homem, então conhecereis quem eu sou, e
que nada faço de mim mesmo, mas que como
o Pai me ensinou, assim falo. 29 E o que me
enviou, está comigo, e não me deixou só: por-
que eu sempre faço o que é do seu agrado.
30 Ao tempo que Jesus dizia estas palavras,
creram muitos nele.

Controvérsias com os judeus

31 Pelo que dizia Jesus aos judeus que nele
creram: Se vós permanecerdes na minha pa-
lavra, sereis verdadeiramente meus discípulos:
32 e conhecereis a verdade, e a verdade vos
livrará. 33 Responderam-lhe eles: Nós somos
descendentes de Abraão, e em nenhum tempo
fomos escravos de alguém; como dizes tu: que
viremos a ser livres? 34 Respondeu-lhes Jesus:
Em verdade, em verdade vos digo: que todo
o que comete pecado, é escravo do pecado.

35 Ora, o escravo não fica para sempre na casa, mas o Filho fica nela para sempre. 36 Assim que se o Filho vos livrar, sereis verdadeiramente livres. 37 Eu bem sei que sois filhos de Abraão, mas vós quereis me dar a morte, porque a minha palavra não cabe em vós. 38 Eu falo o que vi em meu Pai: e vós fazeis o que vistes em vosso pai. 39 Responderam eles, e disseram-lhe: Nosso pai é Abraão. Disse-lhes Jesus: Se sois filhos de Abraão, fazei obras de Abraão. 40 Mas vós atualmente procurais tirar-me a vida, a mim que sou um homem que vos falei a verdade, que ouvi de Deus: isto é o que Abraão nunca fez. 41 Vós fazeis as obras de vosso pai. E eles lhe disseram: Nós não somos nascidos da impureza; um pai temos que é Deus. 42 Respondeu-lhes pois Jesus: Se Deus fosse vosso pai, vós certamente me amaríeis: porque eu saí de Deus, e vim porque não vim de mim mesmo, mas Ele foi quem me enviou. 43 Por que não conheceis vós a minha fala? É porque não podeis ouvir a minha palavra. 44 Vós sois filhos do diabo, e quereis cumprir os desejos de vosso pai; ele era homicida desde o princípio, e não permaneceu na verdade, porque a verdade não está nele. Quando ele diz a mentira, fala do que lhe é próprio, porque é mentiroso, e pai da mentira. 45 Mas ainda que eu vos digo a verdade, vós não me credes. 46 Qual de vós me argüirá de pecado? Se eu vos digo a verdade, por que não me credes? 47 O que é de Deus, ouve as palavras de Deus. Por isso vós não as ouvis, porque não sois de Deus. 48 Responderam então os judeus, e disseram-lhe: Não dizemos nós bem, que tu és um samaritano, e que tens demônio? 49 Respondeu-lhes Jesus: Eu não tenho demônio, mas dou honra a meu Pai, e vós a mim desonrastes-me. 50 E eu não busco a minha glória: outro é o que a buscará, e que fará justiça. 51 Em verdade, em verdade vos digo: que se alguém guardar a minha palavra, não verá a morte eternamente. 52 Disseram-lhe pois os judeus: Agora é que conhecemos que estás possesso do demônio. Abraão morreu, e os profetas morreram, e tu dizes: Se alguém guardar a minha palavra, não provará a morte eternamente. 53 Acaso és tu maior do que o nosso pai Abraão que morreu? E do que os profetas, que também morreram? Quem te fazes tu ser? 54 Respondeu Jesus: Se eu glorifico a mim mesmo, não é nada a minha glória. Meu Pai é que me glorifica, aquele que vós dizeis que é vosso Deus. 55 E entretanto vós não O tendes conhecido: mas eu conheço-o: e se disser que o não conheço, serei como vós mentiroso. Mas eu conheço-o, e guardo a sua palavra. 56 Vosso pai Abraão desejou ansiosamente ver o meu dia: viu-o, e ficou cheio de gozo. 57 Disseram-lhe por isso os judeus: Tu ainda não tens cinqüenta anos, e viste a Abraão? 58 Respondeu-lhes Jesus: Em verdade, em verdade vos digo, que antes que Abraão fosse feito, sou eu. 59 Então pegaram os judeus em pedras para lhe atirarem: mas Jesus encobriu-se, e saiu do Templo.

Cura de um cego de nascença

9 E passando Jesus, viu a um homem que era cego de nascença: 2 e seus discípulos lhe perguntaram: Mestre, que pecado fez este, ou fizeram seus pais, para nascer cego? 3 Respondeu Jesus: Nem foi por pecado que ele fizesse, nem seus pais: mas foi para se manifestarem nele as obras de Deus. 4 Importa que eu faça as obras daquele que me enviou, enquanto é dia: a noite vem, quando ninguém pode obrar. 5 Eu entretanto que estou no mundo, sou a luz do mundo. 6 Dito isto, cuspiu no chão, e fez lodo do cuspo, e untou o lodo os olhos do cego, 7 e disse-lhe: Vai, lava-te na piscina de Siloé (que quer dizer o Enviado). Foi ele pois e lavou-se, e veio com vista. 8 Então os seus vizinhos, e os que o tinham visto antes pedindo esmola diziam: Não é este aquele que estava assentado e pedia esmola? Respondiam uns: Este é. 9 Outros, pelo contrário: Não é, mas é outro que se parece com ele. Porém ele dizia: Eu é que sou. 10 Perguntaram-lhe pois: Como te foram abertos os olhos? 11 Respondeu ele: Aquele homem que se chama Jesus fez lodo: e untou-me os olhos, e disse-me: Vai ao tanque de Siloé, e lava-te. E fui, lavei-me, e acho-me com vista. 12 E perguntaram-lhe: Onde está ele? Respondeu: Não sei.

13 Então levaram o que fora cego aos fariseus. 14 E era dia de sábado, quando Jesus fez o lodo, e lhe abriu os olhos. 15 Perguntaram-lhe pois de novo os fariseus, de que modo vira. E ele lhes disse: Pôs-me lodo sobre os olhos, e lavei-me, e estou vendo. 16 Pelo que diziam alguns dos fariseus: Esse homem, que não guarda o sábado, não é de Deus. Porém outros diziam: Como pode um homem pecador fazer estes prodígios? E havia dissensão entre eles. 17 Perguntaram pois ainda ao cego: Tu que dizes daquele que te abriu os olhos? E respondeu ele: Que é um profeta.

18 Mas os judeus não creram que ele fosse cego, e visse, enquanto não chamaram os pais do que vira: 19 e lhes fizeram esta pergunta, dizendo: É esse o vosso filho, que vós dizeis que nasceu cego? Pois como vê agora? 20 Seus pais lhe responderam, e disseram: O que nós

sabemos é que este é nosso filho, e que ele nasceu cego: 21 mas não sabemos como ele agora vê: ou quem foi o que lhe abriu os olhos, nós o não sabemos também. Perguntai-lho a ele mesmo: ele idade tem, que fale ele mesmo de si.

22 Isto disseram seus pais, por medo que tinham conspirado em ser expulso fora da Sinagoga todo o que confessasse que Jesus era o Cristo. 23 Por isso é que seus pais responderam: Ele idade tem, perguntai-lho. 24 Tornaram pois a chamar ao homem que fora cego, e disseram-lhe: Dá glória a Deus! Nós sabemos que esse homem é um pecador. 25 Então lhes respondeu ele: Se ele é pecador, não sei. O que só sei, é que sendo eu antes cego, vejo agora. 26 Perguntaram-lhe pois: Que é o que te fez ele? Como te abriu ele os olhos? 27 Respondeu-lhes: Eu já vo-lo disse, e vós já o ouvistes. Por que o quereis vós tornar a ouvir? Quereis vós porventura fazer-vos também seus discípulos? 28 Sobre isto o carregaram eles de injúrias, e lhe disseram: Discípulo dele sejas tu: que nós outros somos discípulos de Moisés. 29 Nós sabemos que Deus falou a Moisés: mas deste não sabemos donde é. 30 Respondeu aquele homem, e disse-lhes: Por certo que é coisa admirável, que vós não saibais donde ele é, e que ele me abrisse os olhos! 31 E nós sabemos que Deus não ouve a pecadores: mas se alguém lhe dá culto, e faz a sua vontade, a este escuta Deus. 32 Desde que há mundo, nunca se ouviu que alguém abrisse os olhos a um cego de nascença. 33 Se este não fosse de Deus, não podia ele obrar coisa alguma. 34 Responderam eles, e disseram-lhe: Tu desde o ventre de tua mãe todo és pecado, e tu és o que nos queres ensinar? E lançaram-no fora.

35 Ouviu Jesus dizer que o tinham lançado fora: e havendo-o encontrado disse-lhe: Tu crês no Filho de Deus? 36 Respondeu ele, e disse: Quem é ele, Senhor, para eu crer nele? 37 Disse-lhe pois Jesus: Até já tu o viste, e é aquele mesmo que fala contigo, 38 Então respondeu ele: Eu creio, Senhor. E prostrando-se, o adorou. 39 E Jesus lhe disse: Eu vim a este mundo a exercitar um juízo: a fim de que os que não vêem, vejam, e os que vêem, se façam cegos. 40 E ouviram alguns dos fariseus, que estavam com ele, e disseram-lhe: Logo também nós somos cegos? 41 Respondeu-lhes Jesus: Se vós fosseis cegos não teríeis culpa: mas como vós agora mesmo dizeis: Nós vemos, fica subsistindo o vosso pecado.

O bom pastor

10 Em verdade, em verdade vos digo: Que o que não entra pela porta no aprisco das ovelhas, mas sobe por outra parte: esse é ladrão e roubador. 2 O que porém entra pela porta, esse é pastor das ovelhas. 3 A este abre o porteiro, e as ovelhas ouvem a sua voz, e às ovelhas próprias chama pelo seu nome, e as tira para fora. 4 E depois que tirou para fora as próprias ovelhas, vai adiante delas: e as ovelhas o seguem, porque conhecem a sua voz. 5 E não seguem o estranho, antes fogem dele: porque não conhecem a voz dos estranhos. 6 E Jesus lhes disse esta parábola. Mas eles não entenderam que era o que lhes dizia. 7 Tornou pois Jesus a dizer-lhes: Em verdade, em verdade vos digo, que eu sou a porta das ovelhas. 8 Todos quantos têm vindo são ladrões e roubadores, e as ovelhas não lhes deram ouvidos. 9 Eu sou a porta. Se alguém entrar por mim, será salvo: e ele entrará, e sairá, e achará pastagens. 10 O ladrão não vem senão a furtar, e a matar, e a perder. Mas eu vim para elas terem vida, e para terem em maior abundância. 11 Eu sou o bom pastor. O bom pastor dá a própria vida pelas suas ovelhas. 12 Porém o mercenário, e o que não é pastor, de quem não são próprias as ovelhas, vê vir o lobo, e deixa as ovelhas, e foge: e o lobo arrebata e faz desgarrar as ovelhas: 13 E o mercenário foge, porque é mercenário, e porque lhe não tocam as ovelhas. 14 Eu sou o bom pastor: e eu conheço as minhas ovelhas, e as que são minhas me conhecem a mim. 15 Assim como meu Pai me conhece, também eu conheço a meu Pai: e ponho a minha vida pelas minhas ovelhas. 16 Tenho também outras ovelhas, que não são deste aprisco: e importa que eu as traga, e elas ouvirão a minha voz, e haverá um aprisco e um pastor.

17 Por isso meu Pai me ama: porque eu ponho a minha vida, para outra vez a assumir. 18 Ninguém a tira de mim, mas eu de mim mesmo a ponho, e tenho poder de a pôr, e tenho poder de a reassumir. Este mandamento recebi de meu Pai.

19 Originou-se por causa destes discursos uma nova dissensão entre os judeus. 20 Porque muitos deles diziam: Ele está possesso do demônio, e perdeu o juízo; por que o estais vós ouvindo? 21 Diziam outros: Estas palavras não são de quem está possesso do demônio; acaso pode o demônio abrir os olhos aos cegos?

Jesus na festa da Dedicação

22 Ora, em Jerusalém celebrava-se a festa da Dedicação: e era inverno. 23 E Jesus andava passeando no Templo, no alpendre de Salomão. 24 Rodearam-no pois os judeus, e disseram-lhe: Até quando nos terás tu perple-

xos? se tu és o Cristo, dize-no-lo claramente. 25 Respondeu-lhes Jesus: Eu digo-vo-lo, e vós não me credes: as obras, que eu faço em nome de meu Pai, elas dão testemunho de mim. 26 Porém vós não credes, porque não sois das minhas ovelhas. 27 As minhas ovelhas ouvem a minha voz, e eu conheço-as, e elas me seguem. 28 E eu lhes dou a vida eterna, e elas nunca jamais hão de perecer, e ninguém as há de arrebatar da minha mão. 29 O que meu Pai me deu, é maior do que todas as coisas, e ninguém as pode arrebatar da mão de meu Pai. 30 Eu e o Pai somos uma mesma coisa.

31 Então pegaram os judeus em pedras para lhe atirarem. 32 Disse-lhes Jesus: Eu tenho-vos mostrado muitas obras boas, que fiz em virtude de meu Pai. Por qual destas obras me quereis vós apedrejar? 33 Responderam-lhe os judeus Não é por causa de alguma boa obra, que nós te apedrejamos, mas sim porque dizes blasfêmias, e porque sendo tu homem, te fazes Deus a ti mesmo. 34 Replicou-lhes Jesus: Não é assim que está escrito na vossa Lei: Eu disse, vós sois deuses? 35 Se ela chama deuses àqueles a quem a palavra de Deus foi dirigida, e a Escritura não pode falhar, 36 a mim, a quem o Pai santificou, e enviou ao mundo, porque dizeis vós: Tu blasfemas, por eu ter dito que sou Filho de Deus? 37 Se eu não faço as obras de meu Pai, não me creiais. 38 Porém se eu as faço: e quando não queirais crer em mim, crede as minhas obras, para que conheçais, e creiais que o Pai está em mim, e eu no Pai. 39 Então procuravam os judeus prendê-lo: mas ele se escapou das suas mãos.

Ida a Peréia

40 E retirou-se outra vez para a banda dalém do Jordão, para o lugar em que João batizava no princípio: e deixou-se lá ficar. 41 E vieram a ele muitos, e diziam: Por certo que João não fez milagre algum. 42 E todas as coisas, que João disse deste, eram verdadeiras. E muitos creram nele.

Volta a Betânia

11 Estava pois enfermo um homem, chamado Lázaro, que era da aldeia de Betânia, onde assistiam Maria e Marta, suas irmãs. 2 (E esta Maria era aquela que ungiu o Senhor com o bálsamo, e lhe limpou os pés com os seus cabelos; cujo irmão Lázaro estava enfermo.) 3 Mandaram pois suas irmãs dizer a Jesus: Senhor, eis aí está enfermo aquele que tu amas. 4 E ouvindo isto Jesus, disse-lhes: Esta enfermidade não se encaminha a morrer, mas a dar glória a Deus, para o Filho de Deus ser glorificado por ela. 5 Ora, Jesus amava a Marta, e a sua irmã Maria, e a Lázaro. 6 Tanto que ouviu pois que Lázaro estava enfermo, deixou-se então ficar ainda dois dias no mesmo lugar. 7 Depois, passado isto, disse a seus discípulos: Tornemos outra vez para Judéia. 8 Disseram-lhe os discípulos: Mestre, ainda agora te queriam apedrejar os judeus, e tu vais outra vez para lá? 9 Respondeu-lhes Jesus: Não são doze as horas do dia? Aquele que caminhar de dia não tropeça, porque vê a luz deste mundo: 10 porém o que andar de noite, porque lhe falta a luz. 11 Assim falou, e depois disto lhes disse: Nosso amigo Lázaro dorme: mas eu vou despertá-lo do sono. 12 Disseram-lhe então seus discípulos: Senhor, se ele dorme estará são. 13 Mas Jesus tinha falado da sua morte: e eles entenderam que falava do dormir do sono. 14 Disse-lhes pois Jesus então abertamente: Lázaro é morto. 15 E eu por amor de vós folgo de me não ter achado lá, para que acrediteis. Mas vamos a ele. 16 Disse então Tomé, chamado Dídimo, aos outros condiscípulos: Vamos nós também, para morrermos com ele.

Ressurreição de Lázaro

17 Chegou enfim Jesus, e achou que Lázaro estava na sepultura havia já quatro dias. 18 (Estava pois Betânia em distância de Jerusalém, perto de quinze estádios). 19 E muitos dos judeus tinham vindo a Marta e a Maria, para as consolarem na morte de seu irmão. 20 Marta pois tanto que ouviu que vinha Jesus, saiu a recebê-lo: e Maria ficou em casa. 21 Disse então Marta a Jesus: Senhor, se tu houveras estado aqui, não morrera meu irmão. 22 Mas também sei agora que tudo o que pedires a Deus, Deus to concederá. 23 Respondeu-lhe Jesus: Teu irmão há de ressurgir. 24 Disse-lhe Marta: Eu sei que ele há de ressurgir na ressurreição, que haverá no último dia. 25 Disse-lhe Jesus: Eu sou a ressurreição e a vida. O que crê em mim, ainda que esteja morto, viverá. 26 E todo o que vive e crê em mim, não morrerá eternamente. Crês isto? 27 Ela lhe disse: Sim, Senhor, eu já estou na crença de que tu és o Cristo, Filho de Deus vivo, que vieste a este mundo. 28 E dito isto, retirou-se Marta, e foi chamar em segredo a sua irmã Maria, a quem disse: É chegado o Mestre, e ele te chama. 29 Ela, como ouviu isto, levantou-se logo, e foi buscá-lo. 30 Porque ainda Jesus não tinha entrado na aldeia: mas estava ainda naquele mesmo lugar, onde

Marta saira a recebê-lo. 31 Então os judeus, que estavam com ela em casa, e a consolavam, como viram que Maria se havia levantado tão depressa, e tinha saido, foram atrás dela dizendo: Ela vai chorar ao sepulcro. 32 Maria, porém, depois de chegar aonde Jesus estava, tanto que o viu, lançou-se aos seus pés, e disse-lhe: Senhor, se tu houveras estado aqui, não morrera meu irmão.

33 Jesus, porém, tanto que viu chorar a ela, e chorar os judeus, que tinham vindo com ela, bramiu em seu espírito, e turbou-se a si mesmo. 34 E perguntou Onde o pusestes vós? Responderam-lhe eles: Senhor, vem e vê. 35 Então chorou Jesus. 36 O que foi causa de dizerem os judeus: Vejam como ele o amava. 37 Mas alguns de entre eles disseram: Este, que abriu os olhos ao que era cego de nascença, não podia fazer que este outro não morresse? 38 Jesus, pois, tornando a bramir em si mesmo, veio ao sepulcro. E era este uma gruta: e em cima dela se havia posto uma campa. 39 Disse Jesus: Tirai a campa. Respondeu-lhe Marta, irmã do defunto: Senhor, ele já cheira mal, porque é já de quatro dias. 40 Disse-lhe Jesus: Não te disse eu, que se tu creres verás a glória de Deus? 41 Tiraram pois a campa: e Jesus levantando os olhos ao céu, disse: Pai, eu te dou graças, porque me tens ouvido! 42 Eu pois bem sabia que tu sempre me ouves, mas falei assim por atender a este povo, que está à roda de mim, para que eles creiam que tu me enviaste. 43 Tendo dito estas palavras, bradou em alta voz: Lázaro, sai para fora. 44 E no mesmo instante saiu o que estivera morto, ligados os pés e mãos com as ataduras, e o seu rosto estava envolto num lenço. Disse Jesus aos circunstantes: Desatai-o e deixai-o ir.

Os chefes judeus sentenciam a morte de Jesus

45 Então muitos dentre os judeus, que tinham vindo visitar a Maria e a Marta, e que tinham presenciado o que Jesus fizera, creram nele. 46 Porém alguns deles foram ter com os fariseus, e disseram-lhes o que Jesus tinha feito. 47 Por cuja causa se ajuntaram os pontífices e os fariseus em conselho, e diziam: Que fazemos nós, que este homem faz muitos milagres? 48 Se o deixamos assim livre, crerão todos nele: e virão os romanos e tirar-nos-ão o nosso lugar e a nossa gente. 49 Mas um deles, por nome Caifás, que era o pontífice daquele ano, disse-lhes: Vós não sabeis nada. 50 Nem considerais que vos convém que morra um homem pelo povo, e que não pereça toda a nação. 51 Ora, ele não disse isto de si mesmo: mas como era pontífice daquele ano, profetizou que Jesus tinha de morrer pela nação. 52 E não somente pela nação, mas também para ele unir num corpo os filhos de Deus que estavam dispersos. 53 Desde aquele dia pois cuidavam eles em ver como lhe dariam a morte.

54 De sorte que já não andava Jesus em público entre os judeus, mas retirou-se para uma terra vizinha do deserto, a uma cidade chamada Efrém, e lá estava com seus discípulos. 55 E estava próxima a Páscoa dos judeus: e muitos daquela terra subiram a Jerusalém antes da Páscoa, para se purificarem a si mesmos. 56 E buscavam a Jesus: E diziam uns para os outros estando no Templo: Que julgais vós de não ter vindo a este dia de festa? Mas os pontífices e fariseus tinham passado ordem, que todo o que soubesse onde Jesus estava, o denunciasse para o prenderem.

Unção em Betânia

12 Seis dias pois antes da Páscoa veio Jesus a Betânia, onde morrera Lázaro, a que Jesus ressuscitou. 2 E deram-lhe lá uma ceia: na qual servia Marta, e onde Lázaro era um dos que estavam à mesa com ele. 3 Tomou Maria então uma libra de bálsamo, feito de nardo puro de grande preço, e ungiu os pés de Jesus e lhe enxugou os pés com os seus cabelos: e ficou cheia toda a casa do cheiro do bálsamo. 4 Então Judas Iscariotes, um dos discípulos de Jesus, aquele que o havia de entregar, disse: 5 Por que se não vendeu este bálsamo por trezentos dinheiros, e se deu aos pobres? 6 E disse isto, não porque ele tivesse cuidado dos pobres, mas porque era ladrão, e sendo o que tinha a bolsa, trazia o que se lançava nela. 7 Mas Jesus respondeu: Deixai-a que ela guarde isto para o dia da minha sepultura. 8 Porque vós outros sempre tendes convosco os pobres: mas a mim não me tendes sempre. 9 Soube pois um crescido número de judeus, que Jesus estava ali. E vieram, não somente por causa dele, senão também para verem a Lázaro, a quem ele havia ressuscitado dentre os mortos. 10 Porém os príncipes dos sacerdotes assentaram matar também a Lázaro: 11 porque muitos por causa dele se retiravam dos judeus, e criam em Jesus.

Entrada messiânica de Jesus em Jerusalém

12 E no dia seguinte uma grande multidão de povo, que tinha vindo à festa, ouvindo di-

zer que Jesus vinha a Jerusalém: 13 tomaram ramos de palmas, e saíram a recebê-lo, e clamavam: Hosana, bendito seja o Rei de Israel, que vem em nome do Senhor! 14 E achou Jesus um jumentinho, e montou em cima dele, segundo o que está escrito: 15 Não temas, filha de Sião. Eis aqui o teu rei, que vem montado sobre o asninho, filho da jumenta. 16 Não fizeram seus discípulos no princípio reflexão nestas coisas: mas quando Jesus foi glorificado, então se lembraram de que assim estava escrito dele: e que eles mesmos haviam contribuído para o seu cumprimento. 17 E o grande número dos que se achavam com Jesus, quando este chamou a Lázaro do sepulcro, e o ressuscitou dos mortos, dava testemunho dele. 18 E isto foi o que também fez que o povo o viesse receber: porque ouviram que ele obrara este milagre. 19 De sorte que disseram entre si os fariseus: Vedes vós que nada aproveitamos? Eis aí vai após ele todo o mundo.

Os visitantes gentios

20 Ora, havia alguns gentios, daqueles que tinham vindo adorar a Deus no dia da festa. 21 Estes pois se encaminharam a Filipe, que era de Betsaida da Galiléia, e lhe fizeram esta rogativa, dizendo: Senhor, nós quiséramos ver a Jesus: 22 Veio Filipe dizê-lo a André: então André e Filipe disseram a Jesus.

23 E Jesus lhes respondeu, dizendo: É chegada a hora em que o Filho do homem será glorificado. 24 Em verdade, em verdade, vos digo, que se o grão de trigo, que cai na terra, não morrer: 25 fica ele só: mas se ele morrer, produz muito fruto. O que ama a sua vida, perdê-la-á: e oque aborrece a sua vida neste mundo, conserva-la-á para a vida eterna. 26 Se alguém me serve, siga-me: e onde eu estiver, estará ali também o que me serve. Se alguém me servir meu Pai o honrará.

Últimas revelações públicas sobre o Messias

27 Agora presentemente está turbada a minha alma. E que direi eu? Pai, livra-me desta hora. Mas para padecer nesta hora é que eu vim a ela. 28 Pai, glorifica o teu nome. Então veio esta voz do céu: Eu não só o tenho já glorificado, mas ainda o glorificarei. 29 Ora, o povo que ali estava, e ouvira aquela voz, dizia que havia sido um trovão. Outros diziam: Algum anjo lhe falou.

30 Respondeu Jesus, e disse: Esta voz não veio por amor de mim, mas veio por amor de vós outros. 31 Agora é o juízo do mundo: agora será lançado fora o príncipe deste mundo. 32 E eu quando for levantado da terra, todas as coisas atrairei a mim msemo: 33 (e dizia isto, para designar de que morte havia de morrer.)

34 Respondeu-lhe o povo: Nós temos ouvido da lei que o Cristo permanece para sempre: como dizes tu logo: Importa que o Filho do homem seja levantado? Quem é este Filho do homem? 35 Respondeu-lhes então Jesus: Ainda por um pouco de tempo está a luz convosco. Andai enquanto tendes luz, para que vos não apanhem as trevas, porque quem caminha em trevas, não sabe por onde vai. 36 Enquanto tendes a luz, crede na luz, para que sejais filhos da luz. Isto disse Jesus, e retirou-se, e escondeu-se deles.

Reflexões do Evangelista

37 Mas sendo tantos os milagres que fizera em sua presença, não criam nele. 38 Para se cumprir a palavra do profeta Isaías, a qual ele proferiu: Senhor, quem chegou a crer o que ouviu de nós? E a quem foi revelado o braço do Senhor? 39 Por isso não podiam crer, porque outra vez disse Isaías: 40 Ele obcecou-lhes os olhos, e obdurou-lhes o coração: para que não vejam com os olhos, e não entendam com o coração: e se convertam, e eu os sare. 41 Isto disse Isaías, quando viu a sua glória, e falou dele. 42 Contudo isto também creram nele muitos senadores, mas por causa dos fariseus não o confessavam, por não serem expulsos da Sinagoga: 43 porque amaram mais a glória dos homens do que a glória de Deus.

Recapitulação dos ensinamentos de Jesus

44 Mas Jesus levantou a voz, e disse: O que crê em mim, não crê em mim, mas naquele que me enviou. 45 E o que me vê a mim vê aquele que mee nviou. 46 Eu, que sou a luz, vim ao mundo: para que todo o que crê em mim, não fique em trevas. 47 E se alguém ouvir as minhas palavras e não as guardar: eu não o julgo: porque não vim a julgar o mundo, mas a salvar o mundo. 48 O que me despreza, e não recebe as minhas palavras, tem quem no julgue. A palavra, que eu tenho falado, essa o julgará no dia último. 49 Porque eu não falei de mim mesmo, mas o Pai, que me enviou, é o mesmo que me prescreveu pelo seu mandamento, o que eu devo dizer, e o que devo falar. 50 E eu sei que o seu mandamento é a vida eterna. Assim que o que eu digo digo-o segundo mo disse o Pai.

III. JESUS MANIFESTA SUA MISSÃO E DIVINDADE EM SUA PAIXÃO E RESSURREIÇÃO

A última Ceia. O lava-pés

13 Antes do dia da festa da Páscoa, sabendo Jesus que era chegada a sua hora, de passar deste mundo ao Pai: como tinha amado os seus, que estavam no mundo, amou-os até ao fim. 2 E acabada a ceia, como já o diabo tinha metido no coração de Judas, filho de Simão Iscariotes, a determinação de o entregar. 3 Sabendo que o Pai depositara em suas mãos todas as coisas, e que ele saíra de Deus, e ia para Deus: 4 levantou-se da ceia, e depós suas vestiduras: e pegando numa toalha, cingiu-se. 5 Depois lançou água numa bacia, e começou a lavar os pés aos discípulos, e limpar-lhos com a toalha com que estava cingido.

6 Veio pois a Simão Pedro. E disse-lhe Pedro: Senhor, tu a mim me lavas os pés? 7 Respondeu Jesus, e disse-lhe: O que eu faço, tu não o sabes agora, mas sabê-lo-ás depois. 8 Disse-lhe Pedro: Não me lavarás tu jamais os pés. Respondeu-lhe Jesus: Se eu te não lavar, não terás parte comigo. 9 Disse-lhe Simão Pedro: Senhor, não somente os meus pés, mas também as mãos, e a cabeça. 10 Disse-lhe Jesus: Aquele que está lavado, não tem necessidade de lavar senão os pés, e no mais todo ele está limpo. E vós outros estais limpos, mas não todos. 11 Porque ele sabia qual era o que o havia de entregar, por isso disse: Não estais todos limpos. 12 E depois que lhes lavou os pés, tomou logo as suas vestiduras, e tendo-se tornado a pôr à mesa, disse-lhes: Sabeis o que vos fiz? 13 Vós chamais-me mestre e Senhor, e dizeis bem: Porque o sou. 14 Se eu logo sendo vosso Senhor, e Mestre, vos lavei os pés, deveis vós também lavar-vos os pés uns aos outros: 15 porque eu dei-vos o exemplo, para que como eu vos fiz, assim façais vós também. 16 Em verdade, em verdade vos digo: Não é o servo maior do que o seu senhor, nem o enviado é maior do que aquele que os enviou. 17 Se sabeis estas coisas, bem-aventurados sereis, se as praticardes. 18 Eu não digo isto de todos vós, eu sei os que tenho escolhido. Porém, é necessário que se cumpra o que diz a Escritura. O que come o pão comigo, levantará contra mim o seu calcanhar. 19 Desde agora vo-lo digo,antes que suceda, para que quando suceder acrediteis que eu sou. 20 Em verdade, em verdade vos digo: O que recebe aquele que eu enviar, a mim me recebe, e o que me recebe a mim, recebe aquele que me enviou.

Jesus prediz a traição. Retira-se o traidor

21 Tendo Jesus dito estas palavras, turbou-se todo no espírito e protestou, e disse: Em verdade, em verdade vos digo: que um de vós me há de entregar. 22 Olhavam pois os discípulos, uns para os outros, na dúvida de quem falava ele. 23 Ora um dos seus discípulos, ao qual amava Jesus, estava recostado à mesa no seio de Jesus. 24 A este pois fez Simão Pedro um sinal, e disse-lhe: Quem é o de quem ele fala? 25 Aquele discípulo pois tendo-se reclinado sobre o peito de Jesus, perguntou-lhe: Senhor, quem é esse? 26 Respondeu Jesus: É aquele a quem eu der o pão molhado. E tendo molhado o pão, deu-o a Judas, filho de Simão Iscariotes. 27 E atrás do bocado entrou nele Satanás. E Jesus lhe disse: O que fazes, faze-o depressa. 28 Nenhum porém dos que estavam à mesa percebeu a que propósito ele lhe dizia isto. 29 Porque alguns, como Judas era o que tinha a bolsa, cuidavam que lhe dissera Jesus: Compra as coisas que havemos mister para o dia da festa. Ou que desse alguma coisa aos pobres. 30 Tendo pois Judas recebido o bocado, saiu logo para fora. E era já noite.

Prelúdio da despedida

31 E depois que ele saiu, disse Jesus: Agora é glorificado o Filho do homem: e Deus é glorificado nele. 32 Se Deus é glorificado nele, também a ele o glorificará Deus em si mesmo: e glorificá-lo-á logo. 33 Filhinhos, ainda estou convosco um pouco. Vós buscar-me-eis, e o que eu disse aos judeus: Vós não podeis vir para onde eu vou: isso mesmo vos digo eu agora. 34 Eu dou-vos um novo mandamento: Que vos ameis uns aos outros, assim como eu vos amei, para que vós também mutuamente vos ameis. 35 Nisto conhecerão todos que sois meus discípulos, se vos amardes uns aos outros.

36 Disse-lhe Simão Pedro: Senhor, para onde vais tu? Respondeu-lhe Jesus: Para onde eu vou não podes tu agora seguir-me: mas seguir-me-ás depois. 37 Disse-lhe Pedro: Por que te não posso eu seguir agora? Eu darei a minha vida por ti. 38 Respondeu-lhe Jesus: Hás de dar a tua vida por mim? Em verdade, em verdade te digo: que não cantará o galo, sem que tu me negues três vezes.

Moradas celestes

14 Não se turbe o vosso coração. Credes em Deus, crede também, em mim .2 Na casa de meu Pai há muitas moradas; se assim não fora, eu vo-lo tivera dito: pois vou a aparelhar-vos o lugar. 3 E depois que eu for, e vos aparelhar o lugar: virei outra vez, e tomar-vos-ei para mim mesmo, para que onde eu estou estejais vós também. 4 Assim que vós sabeis para onde eu vou, e sabeis o caminho.

5 Disse-lhe Tomé: Senhor, nós não sabemos para onde tu vais: e como podemos nós saber o caminho? 6 Respondeu-lhe Jesus: Eu sou o caminho, e a verdade, e a vida. Ninguém vem ao Pai senão por mim. 7 Se vós me conhecesseis a mim, também certamente havíeis de conhecer a meu Pai: mas conhecê-lo-eis bem cedo, e já o tendes visto. 8 Disse-lhe Filipe: Senhor, mostra-nos o Pai, e isso nos basta. 9 Respondeu-lhe Jesus: Há tanto tempo que estou convosco, e ainda me não tendes conhecido? Filipe, quem me vê a mim, vê também o Pai. Como dizes tu logo: Mostra-nos o Pai? 10 Não credes que eu estou no Pai, e que o Pai está em mim? As palavras que eu vos digo, não as digo de mim mesmo: mas o Pai, que está em mim, esse é o que faz as obras. 11 Não credes que eu estou no Pai, e que o Pai está em mim?

Promessas consoladoras

12 Crede-o ao menos por causa das mesmas obras. Em verdade, em verdade vos digo, que aquele que crê em mim, esse fará também as obras que eu faço, e fará outras ainda maiores: porque eu vou para o Pai. 13 E tudo o que pedirdes ao Pai em meu nome, eu vo-lo farei: para que o Pai seja glorificado no Filho. 14 Se me pedirdes alguma coisa em meu nome, essa vos farei. 15 Se me amais: guardai os meus mandamentos. 16 E eu rogarei ao Pai, e Ele vos dará outro Paráclito, para que fique eternamente convosco. 17 O espírito de verdade, a quem o mundo não pode receber, porque o não vê, nem o conhece: mas vós o conhecereis: porque ele ficará convosco, e estará em vós. 18 Não vos hei de deixar órfãos: e eu hei de vir a vós. 19 Resta ainda um pouco: depois já o mundo me não verá. Mas ver-me-eis vós: porque eu vivo e vós vivereis. 20 Naquele dia conhecereis vós que eu estou em meu Pai, e vós em mim, e eu em vós. 21 Aquele que tem os meus mandamentos, e que os guarda: esse é o que me ama. E aquele que me ama, será amado de meu Pai, e eu o amarei também, e me manifestarei a ele.

22 Disse-lhe Judas, não o Iscariotes: Senhor, donde procede que te hás de manifestar a nós e não ao mundo? 23 Respondeu-lhe Jesus, e disse-lhe: Se algum me ama, guardará a minha palavra, e meu Pai o amará, e nós viremos a ele, e faremos nele morada. 24 O que me não ama, não guarda as minhas palavras. E a palavra que vós tendes ouvido não é minha, mas sim do Pai que me enviou. 25 Eu disse-vos estas coisas, permanecendo convosco. 26 Mas o Consolador, que é o Espírito Santo, a quem o Pai enviará em meu nome, ele vos ensinará todas as coisas, e vos fará lembrar de tudo o que vos tenho dito.

27 A paz vos deixo, a minha paz vos dou, e eu não vo-la dou, como a dá o mundo. Não se turbe o vosso coração, nem fique sobressaltado. 28 Já tendes ouvido que eu vos disse: Eu vou, e venho a vós. Se vós me amásseis, certamente havíeis de folgar, de que eu vá para o Pai: porque o Pai é maior do que eu. 29 E eu vo-lo disse agora, antes que suceda, para que quando suceder o creiais. 30 Já não falarei muito convosco: porque vem o príncipe deste mundo, e ele não tem em mim coisa alguma. 31 Mas para que conheça que amo ao Pai, e que faço como ele me ordenou. Levantai-vos, vamo-nos daqui.

Alegoria da videira. União de Caridade

15 Eu sou a videira verdadeira, e meu Pai é o agricultor. 2 Todas as varas, que não derem fruto em mim, ele as tirará, e todas as que derem fruto, limpá-las-á, para que o dêem mais abundante. 3 Vós já estais puros, em virtude da palavra que eu vos disse. 4 Permanecei em mim, e eu permanecerei em vós. Como a vara da videira não pode de si mesmo dar fruto, se não permanecer na videira: assim nem vós o podereis dar, se não permanecerdes em mim. 5 Eu sou a videira, vós outros as varas o que permanece em mim, e o que eu permaneço, esse dá muito fruto, porque vós sem mim não podeis fazer nada. 6 Se alguém não permanecer em mim, será lançado fora como a vara, e secará, e enfeixá-lo-ão, e lançá-lo-ão no fogo, e ali arderá. 7 Se vós permanecerdes em mim, e as minhas palavras permanecerem em vós: pedirei tudo o que quiserdes, e ser-vos-á feito. 8 Nisto é glorificado meu Pai, em que vós deis muito fruto, e em que sejais meus discípulos.

9 Como meu Pai me amou, assim vos amei eu. Permanecei no meu amor. 10 Se guardares os meus preceitos, permanecereis no meu amor, assim como também eu guardei os preceitos de meu Pai, e permaneço no seu amor.

11 Eu tenho-vos dito estas coisas: para que o
meu gozo fique em vós, e para que o vosso
gozo seja completo. 12 O meu preceito é este,
que vos ameis uns aos outros, como eu vos
amei. 13 Ninguém tem maior amor do que
este, de dar um a própria vida por seus ami-
gos. 14 Vós sois meus amigos, se fizerdes o
que eu vos mando. 15 Já vos não chamareis
servos: porque o servo não sabe o que faz seu
senhor. Mas chamei-vos amigos: porque vos
descobri tudo quanto ouvi de meu Pai. 16 Vós
não fostes os que me escolhestes a mim: mas
eu fui o que vos escolhi a vós e o que vos
constituí para que vades e deis frutos, e para
que o vosso fruto permaneça, para que tudo
quanto vós pedirdes a meu Pai em meu nome,
ele vo-lo conceda. 17 Isto é o que eu vos man-
do, que vos ameis uns aos outros.

O ódio do mundo

18 Se o mundo vos aborrece: sabei que pri-
meiro do que a vós, me aborreceu ele a mim.
19 Se vós fôsseis do mundo, amaria o mundo
o que era seu; mas porque vós não sois do
mundo, antes eu vos escolhi do mundo, por
isso que o mundo vos aborrece. 20 Lembrai-
-vos da minha palavra, que eu vos disse: Não
é o servo maior do que seu senhor. Se eles
me perseguiram a mim, também vos hão de
perseguir a vós: Se eles guardaram a minha
palavra, também hão de guardar a vossa.
21 Mas eles far-vos-ão todos estes maus trata-
mentos por causa do meu nome: porque não
conhecem aquele que me enviou. 22 Se eu não
viera e não lhes tivera falado, não teriam eles
pecado: mas agora não têm desculpa no seu
pecado. 23 Aquele que me aborrece: aborrece
também a meu Pai. 24 Se eu não tivera feito
entre eles tais obras, quais não fez outro al-
gum, não haveria da parte deles pecado, mas
agora ele não somente as viram ,mas ainda
me aborreceram, tanto a mim, como a meu
Pai. 25 Mas isto é para se cumprir a palavra
que está escrita na sua lei: Eles me aborrece-
rão sem motivo.
26 Quando porém vier o Consolador, aquele
espírito de verdade, que procede do Pai, que
eu vos enviarei da parte do Pai, ele dará teste-
munho de mim. 27 E também vós dareis teste-
munho, por que estais comigo desde o prín-
cipio.

Profecia da perseguição judia

16 Eu disse-vos estas coisas, para que vós
vos não escandalizeis. 2 Eles vos lança-
rão fora das sinagogas: e está a chegar o tem-
po em que todo o que vos matar, julgará que
nisso faz serviço a Deus. 3 E eles vos tratarão
assim. 4 Ora eu disse-vos estas coisas: para
que quando chegar este tempo, vos lembreis
vós de que eu vo-las disse.

Obras do Espírito Santo

5 Não vo-las disse porém desde o princípio,
porque estava convosco: e agora vou eu para
aquele que me enviou, e nenhum de vós mo
pergunta: para onde vais? 6 Antes porque eu
vos disse estas coisas, se apoderou do vosso
coração a tristeza. 7 Mas eu digo-vos a ver-
dade, a vós convém-vos que eu vá: porque se
eu não for, não virá a vós o Consolador: mas
se for, enviar-vo-lo-ei. 8 E ele quando vier,
argüirá o mundo do pecado, e da justiça, e
do juízo: 9 Sim do pecado, porque não creram
em mim: 10 e da justiça, porque eu vou para
o Pai, e vós não me vereis mais. 11 Do juízo
enfim, porque o príncipe deste mundo já está
julgado. 12 Eu tenho ainda muitas coisas que
vos dizer, mas vós não as podeis suportar ago-
ra. 13 Quando vier porém aquele Espírito de
verdade, ele vos ensinará todas as verdades:
porque ele não falará de si mesmo: mas dirá
tudo o que tiver ouvido, e anunciar-vos-á as
coisas que estão para vir. 14 Ele me glorifi-
cará: porque há de receber do que é meu, e
vo-lo-á de anunciar. 15 Todas quantas coisas
tem o Pai são minhas; por isso é que eu vos
disse, que ele há de receber do que é meu, e
vo-lo-á de anunciar.

Partida e volta de Jesus

16 Um pouco, e já me não vereis: e outra
vez um pouco, e ver-me-eis porque vou para o
Pai. 17 Disseram então alguns de seus discí-
pulos uns para os outros: Que vem a ser isto,
que ele nos diz: Um pouco, e já me não ve-
reis: e outra vez um pouco, e ver-me-eis, e
porque eu vou para o Pai?
18 E diziam: Que vem a ser isto que ele
nos diz: Um pouco? Nós não sabemos o que
ele vem a dizer. 19 E entendendo Jesus que
lho queriam perguntar, disse-lhes: Vós pergun-
tais uns aos outros que é o que vos quis eu
significar, quando disse: Um pouco, e já me
não vereis, e outra vez um pouco, e ver-me-eis.
20 Em verdade, em verdade vos digo: que vós
haveis de chorar, e gemer, e que o mundo se
há de alegrar: e que vós haveis de estar tristes,
mas que a vossa tristeza se há de converter
em gozo. 21 Quando uma mulher pare, está em
tristeza, porque é chegada a sua hora: mas
depois que ela pariu um menino, já se não
lembra do aperto, pelo gozo que tem: por ha-
ver nascido ao mundo um homem. 22 Assim

também vós outros sem dúvida estais agora tristes, mas eu hei de ver-vos de novo, e o vosso coração ficará cheio de gozo: e o vosso gozo ninguém vo-lo tirará. 23 E naquele dia nada mais me perguntareis. Em verdade, em verdade vos digo: Se vós pedirdes a meu Pai alguma coisa em meu nome, ele vo-la-á de dar. 24 Vós até agora não pedistes nada em meu nome. Pedi, e recebereis, para que o vosso gozo seja completo.

Conclusão do discurso e exortação à confiança

25 Eu tenho-vos dito estas coisas debaixo de parábolas. Está chegado o tempo em que eu vos não hei de falar já por parábolas, mas abermente vos falarei do Pai. 26 Naquele dia pedires vós em meu nome: e eu não vos digo que hei de rogar ao Pai por vós outros: 27 porque o mesmo Pai vos ama, porque vós me amastes, e crestes que eu saí de Deus. 28 Eu saí do Pai, e vim ao mundo. Outra vez deixo o mundo, e torno para o Pai. 29 Disseram-lhe seus discípulos: Eis aí está que tu agora é que nos falas abertamente, e não usas de parábola nenhuma: 30 Agora conhecemos nós que tu sabes tudo, e que a ti não é necessário fazer-te ninguém perguntas: nisto cremos que saíste de Deus. 31 Respondeu-lhes Jesus: Vós credes agora? 32 Eis aí vem, e já é chegada a hora em que sejais espalhados, cada um para sua parte, e que me deixeis só: Mas eu não estou só, porque o Pai está comigo. 33 Eu tenho-vos dito estas coisas, para que vós tenhais paz em mim. Vós haveis de ter aflições no mundo: mas tende confiança, eu venci o mundo.

Jesus roga por si próprio

17 Tendo assim falado, Jesus ergueu os olhos ao céu e disse: Pai, é chegada a hora, glorifica a teu Filho, para que teu Filho te glorifique a ti. 2 Assim como tu lhe deste poder sobre todos os homens, a fim de que ele dê a vida eterna a todos aqueles que tu lhe deste. 3 A vida eterna porém consiste em que eles conheçam por um só verdadeiro Deus a ti, e a Jesus Cristo, que tu enviaste. 4 Eu glorifiquei-te sobre a terra. Eu acabei a obra que tu me encarregaste que fizesse. 5 Tu pois agora, Pai, glorifica-me a mim em ti mesmo, com aquela glória que eu tive em ti, antes que houvesse mundo.

Jesus roga pelos apóstolos

6 Eu manifestei o teu nome aos homens que tu me deste do mundo. Eles eram teus, e tu mos deste: e eles guardaram a tua palavra 7 Agora conheceram eles que todas as coisas que tu me deste, vêm de ti: 8 porque eu lhes dei as palavras que tu me deste: e eles as receberam, e verdadeiramente conheceram que eu saí de ti, e creram que tu me enviaste. 9 Por eles é que eu rogo: eu não rogo pelo mundo, mas por aqueles que tu me deste: porque são teus: 10 e todas as minhas coisas são tuas, e todas as tuas coisas são minhas: e neles sou eu glorificado. 11 E eu não estou jamais no mundo, mas eles estão no mundo, e eu vou para ti. Pai santo, guarda em teu nome aqueles que me deste: Para que eles sejam um, assim como também nós. 12 Quando eu estava com eles, eu os guardava em teu nome. Eu conserveu os que tu me deste: e nenhum deles se perdeu, mas somente o que era filho de perdição para se cumprir a Escritura. 13 Mas agora vou eu para ti, e digo estas coisas, estando ainda no mundo, para que eles tenham em si mesmos a plenitude do meu gozo. 14 Eu dei-lhes a tua palavra, e o mundo os aborreceu, porque eles não são do mundo, como também eu não sou do mundo. 15 Eu não peço que os tires do mundo, mas sim que os guardes do mal. 16 Eles não são do mundo, como eu também não sou do mundo. 17 Santifica-os na verdade. A tua palavra é a verdade. 18 Assim como tu me enviaste ao mundo, também eu os enviei ao mundo. 19 E eu me santifico a mim mesmo por eles: para que também eles sejam santificados na verdade.

Jesus roga pela Igreja

20 E eu não rogo somente por eles, mas rogo também por aqueles que hão de crer em mim por meio da sua palavra: 21 para que eles sejam todos um, como tu, Pai, o és em mim, e eu em ti, para que também eles sejam um em nós, e creia o mundo que tu me enviaste. 22 E eu lhes dei a glória que tu me havias dado: para que eles sejam um, como também nós somos um. 23 Eu estou neles, e tu estás em mim, para que eles sejam consumados na unidade, e para que o mundo conheça que tu me enviaste e que tu os amaste, como amaste também a mim.

Epílogo

24 Pai, a minha vontade é que onde eu estou, estejam também comigo aqueles que tu me deste, para verem a minha glória, que tu me deste: porque me amaste antes da criação do mundo. 25 Pai justo, o mundo não te conheceu: mas eu conheci-te, e estes conheceram que tu me enviaste. 26 E eu lhes fiz conhecer

o teu nome, e lho farei ainda conhecer: a fim de que o mesmo amor, com que tu me amaste, esteja neles, e eu neles.

A prisão do Messias

18 Tendo Jesus dito estas palavras, saiu com os seus discípulos para a outra banda do ribeiro de Cedron, onde havia um horto, no qual entrou ele, e seus discípulos. 2 Ora, Judas, que o entregava, sabia também deste lugar, porque a ele tinha vindo Jesus muitas vezes com seus discípulos. 3 Tendo pois Judas tomado uma companhia de soldados, e os quadrilheiros da parte dos pontífices e fariseus, veio ali com lanternas e archotes, e armas. 4 Pelo que Jesus, que sabia tudo o que estava para lhe sobrevir, adiantou-se, e disse-lhes: A quem buscais? 5 Responderam-lhe eles: A Jesus Nazareno. Disse-lhes Jesus. Eu sou. E Judas, que o entregava, estava também com eles. 6 Tanto pois que Jesus lhes disse: Eu sou, recuaram para trás, e cairam por terra.

7 Perguntou-lhes pois Jesus segunda vez: A quem buscais? E responderam eles: A Jesus Nazareno. 8 Disse-lhes Jesus: Já vos disse que eu sou. Se a mim pois é que buscais, deixai ir estes. 9 Para se cumprir a palavra que ele dissera: Dos que me destes não perdi nenhum deles. 10 Mas Simão Pedro, que tinha espada, puxou dela: e feriu um servo do pontífice. E lhe cortou a orelha direita. E o servo se chamava Malco. 11 Porém Jesus disse a Pedro: Mete a tua espada na baínha. Não hei de beber o cálice que o Pai me deu?

O Messias diante de Anás

12 A coorte pois, e o tribuno, e os quadrilheiros dos judeus prenderam a Jesus, e o manietaram: 13 e primeiramente o levaram à casa de Anás, por ser sogro de Caifás, que era o pontífice daquele ano. 14 Caifás porém era aquele que tinha dado aos judeus o conselho: de que convinha que um homem morresse pelo povo.

Primeira negação de Pedro

15 Ora seguia a Jesus Simão Pedro, e outro discípulo. Era pois o tal discípulo conhecido do pontífice, e entrou com Jesus no pátio do pontífice. 16 Mas Pedro estava de fora à porta. Saíu então o outro discípulo, que era conhecido do pontífice, e falou à porteira: e esta fez entrar a Pedro. 17 Esta porteira pois, que era escrava, disse a Pedro: Não és tu também dos discípulos deste homem? Respondeu ele. Não sou. 18 Ora, os servos e quadrilheiros estavam em pé ao lume porque fazia frio, e ali se aquentavam: e com eles estavam também Pedro em pé, do mesmo modo aquentando-se.

O Messias diante de Caifás

19 Entretanto fez o pontífice perguntas a Jesus, sobre que discípulos tinha, e qual era a sua doutrina. 20 Respondeu-lhe Jesus: Eu falei publicamente ao mundo. Eu sempre ensinei na Sinagoga, e no Templo, aonde concorrem todos os judeus: e nada disse em secreto. 21 Por que me fazes tu perguntas? Faze-as àqueles que ouviram o que eu lhes disse. Ei-los aí estão que sabem o que eu ensinei. 22 E tendo dito isto, um dos quadrilheiros, que se achavam presentes, deu uma bofetada em Jesus, dizendo: Assim é que tu respondes ao pontífice? 23 Disse-lhe Jesus: Se eu falei mal, dá tu testemunho do mal, mas se eu falei bem, por que me feres? 24 E Anás o enviou manietado ao pontífice Caifás.

Segunda negação de Pedro

25 Estava pois ali em pé Simão Pedro, aquentando-se ainda. E eles lhe disseram: Não és tu também dos seus discípulos? Negou ele, e disse: Não sou. 26 Disse-lhe um dos servos do pontífice, que era parente daquele a quem Pedro cortara a orelha: Não é assim que eu te vi com ele no horto? 27 E negou-o Pedro outra vez: e imediatamente cantou o galo.

O Messias diante do Governador

28 Levaram pois Jesus da casa de Caifás ao pretório. Era de manhã: e eles não entraram no pretório por se não contaminarem, mas comerem a Páscoa. 29 Pilatos pois saíu fora para lhes falar, e disse: Que acusação trazeis vós contra este homem? 30 Responderam eles e disseram-lhe: Se este não fora malfeitor, não to entregáramos nós. 31 Pilatos lhe disse então: Tomai-o lá vós outros, e julgai-o segundo a vossa lei. E os judeus lhe disseram: A nós não nos é permitido matar ninguém. 32 Para se cumprir a palavra, que Jesus dissera, significando de que morte havia de morrer. 33 Tornou pois a entrar Pilatos no pretório, e chamou a Jesus, e disse-lhe: Tu és o rei dos judeus? 34 Respondeu Jesus: Tu dizes isso de ti mesmo, ou foram outros os que to disseram de mim? 35 Disse Pilatos: Porventura sou eu judeu? A tua nação, e os pontífices são os que te entregaram nas minhas mãos. Que fizeste tu? 36 Respondeu Jesus: O meu reino não é deste mundo. Se meu reino fosse deste mundo, certo que os meus ministros haviam de pele-

jar, para que eu não fosse entregue aos judeus: mas agora não é daqui o meu reino. 37 Disse-lhes então Pilatos: Logo tu és rei? Respondeu Jesus: Tu o dizes, que eu sou rei. Eu para isso nasci, e ao que vim ao mundo foi para dar testemunho da verdade. Todo o que é da verdade, ouve a minha voz. 38 Disse-lhe Pilatos: Que coisa é a verdade? E dito isto, tornou a sair a ver-se com os judeus, e disse-lhes: Eu não acho nele crime algum. 39 Mas é costume entre vós que eu pela Páscoa vos solte um. Quereis vós logo que vos solte o rei dos judeus? 40 Então gritaram todos novamente, dizendo: Não queremos solto a este, mas a Barrabás. Ora, este Barrabás era um ladrão.

A flagelação e o Ecce Homo

19 Pilatos pois tomou então a Jesus, e o mandou açoitar. 2 E os soldados, tecendo de espinhos uma coroa, lha puseram sobre a cabeça: e o vestiram dum manto de púrpura. 3 Depois vinham ter com ele, e diziam-lhe Deus te salve, rei dos judeus! E davam-lhe bofetadas. 4 Saíu Pilatos ainda outra vez fora, e disse-lhes: Eis aqui vo-lo trago fora, para que vós conheçais que eu não acho nele crime algum. 5 (Saiu pois Jesus trazendo uma coroa de espinhos, e um vestido de púrpura.) E Pilatos lhes disse: Eis aqui o homem. 6 Então os príncipes dos sacerdotes, e os oficiais, tendo-o visto, gritaram, dizendo: Crucifica-o, crucifica-o. Disse-lhes Pilatos: Tomai-o vós outros, crucificai-o: porque eu não acho nele crime algum. 7 Responderam-lhe os judeus: Nós temos uma lei, e ele deve morrer segundo a lei, pois se fez Filho de Deus.

Última interrogação, e condenação

8 Pilatos pois como ouviou estas palavras, temeu ainda mais. 9 E entrou outra vez no pretório: e disse a Jesus: Donde és tu? Mas Jesus não lhe deu resposta alguma. 10 Então lhe disse Pilatos: Tu não me falas? Não sabes que tenho poder para te crucificar, e que tenho poder para te soltar? 11 Respondeu-lhe Jesus: Tu não terias sobre mim poder algum, se ele te não fora dado lá de cima. Por isso o que me entregou a ti, tem maior pecado. 12 E deste ponto em diante buscava Pilatos algum meio de o livrar. Mas os judeus gritavam, dizendo: Tu se livras a este, não és amigo de César: porque todo o que se faz rei, contradiz a César. 13 Pilatos pois como ouviu estas vozes, trouxe para fora a Jesus: e assentou-se no seu tribunal, no lugar que se chama Litóstrotos, e em hebraico Gabata. 14 Era então o dia da preparação da Páscoa, quase a hora sexta, e disse Pilatos aos judeus: Eis aqui o vosso rei. 15 Mas eles diziam a gritos: Tira-o, tira-o, crucifica-o. Disse-lhes Pilatos: Pois eu hei de crucificar o vosso rei? Responderam os príncipes dos sacerdotes: Nós não temos outro rei senão César. 16 Então porém lho entregou para que fosse crucificado.

A Crucifixão

E eles tomaram a Jesus, e o tiraram para fora. 17 E levando a sua cruz às costas, saíu para aquele lugar que se chama do Calvário, e em hebreu Gólgota: 18 onde o crucificaram, e com ele outros dois, um de uma parte, outro de outra, e Jesus no meio. 19 E Pilatos escreveu também um título e o pôs sobre a cruz. E dizia a inscrição: JESUS NAZARENO, REI DOS JUDEUS. 20 E muitos dos judeus leram este título: porque estava perto da cidade o lugar onde Jesus fora crucificado. E estava escrito em hebraico, em grego, e em latim. 21 Diziam pois a Pilatos os pontífices dos judeus: Não escrevas rei dos judeus: mas o que ele diz: Eu sou rei dos judeus.

22 Respondeu Pilatos: O que escrevi, escrevi.

A túnica inconsútil

23 Porém os soldados, depois de haverem crucificado a Jesus, tomaram as suas vestiduras (e fizeram delas quatro partes, para cada soldado sua parte) e a túnica. Mas a túnica não tinha costura, porque era toda tecida de alto a baixo. 24 E disseram uns para os outros: Não a rasguemos, mas lancemos sortes sobre ela, a ver quem a há de levar. Para se cumprir a Escritura, que diz: Repartiram meus vestidos entre si: e lançaram sorte sobre a minha vestidura. E os soldados de fato assim o fizeram.

A maternidade espiritual de Maria

25 Entretanto estavam em pé junto à Cruz de Jesus sua mãe, e a irmã de sua mãe, Maria, mulher de Cléofas, e Maria Madalena. 26 Jesus pois tendo visto sua mãe, e ao discípulo que ele amava, o qual estava presente, disse a sua mãe: Mulher, eis aí teu filho. 27 Depois disse ao discípulo: Eis aí tua mãe. E desta hora em diante a tomou o discípulo para sua casa.

Últimas palavras e morte do Messias

28 Depois sabendo Jesus que tudo estava cumprido, para se cumprir uma palavra, que

ainda restava das Escrituras, disse: Tenho sede. 29 Tinha-se porém ali posto um vaso cheio de vinagre. Então os soldados ensopavam no vinagre uma esponja, e atando-a a um hissópo lha chegaram à boca. 30 Jesus porém havendo tomado o vinagre, disse: Tudo está cumprido. E abaixando a cabeça, rendeu o espírito.

A Transfixão

31 E os judeus (porquanto era a preparação) para que não ficassem os corpos na cruz em dia de sábado (porque aquele dia de sábado era de grande solenidade), rogaram a Pilatos que se lhes quebrassem as pernas, e que fossem dali tirados. 32 Vieram pois os soldados: e quebraram as pernas ao primeiro, e ao outro, que com ele fora crucificado. 33 Tendo vindo depois a Jesus, como viram que estava já morto, não lhe quebraram as pernas. 34 Mas um dos soldados lhe abriu o lado com uma lança, e imediatamente saiu sangue e água. 35 Aquele porém que o viu, deu testemunho disso: e o seu testemunho é verdadeiro. E ele sabe que diz a verdade: para que também vós o creiais. 36 Porque estas coisas sucederam para que se cumprisse esta palavra da Escritura. Não quebrareis dele osso algum. 37 E também diz outro lugar da Escritura: Eles verão aquele a quem traspassaram.

Enterramento do Messias

38 E depois disto José de Arimatéia (pois que era discípulo de Jesus, ainda que oculto por medo dos judeus) rogou a Pilatos que o deixasse tirar o corpo de Jesus. E Pilatos lho permitiu. Veio pois, e tirou o corpo de Jesus. 39 E Nicodemus, o que havia ido primeiramente de noite buscar a Jesus, veio também, trazendo uma composição de quase cem libras de mirra e de áloes. 40 Tomaram pois o corpo de Jesus, e o ligaram envolto em lençóis depois de embalsamado com aromas da maneira que os judeus têm por costume sepultar os mortos. 41 No lugar porém em que Jesus fora crucificado havia um horto: e neste horto um sepulcro novo, em que ninguém ainda tinha sido depositado. 42 Portanto em razão de ser o dia da preparação dos judeus, visto que este sepulcro estava perto, depositaram nele a Jesus.

A ressurreição de Jesus Cristo

20 No primeiro dia porém da semana veio Maria Madalena ao sepulcro de manhã, fazendo ainda escuro: e viu que a campa estava tirada do sepulcro. 2 Correu pois, e foi ter com Simão Pedro, e com o outro discípulo, a quem Jesus amava, e disse-lhes: Levaram o Senhor do sepulcro, e não sabemos onde o puseram. 3 Saiu então Pedro, e aquele outro discípulo, e foram ao sepulcro. 4 Ora eles corriam ambos juntos, mas aquele outro discípulo correu mais do que Pedro, e levando-lhe a dianteira chegou primeiro ao sepulcro. 5 E tendo-se abaixado, viu os lençóis postos no chão mas todavia não entrou. 6 Chegou pois Simão Pedro, que o seguia, e entrou no sepulcro, e viu postos no chão os lençóis, 7 e o lenço, que estivera sobre a cabeça de Jesus, o qual não estava com os lençóis, mas estava dobrado num lugar à parte. 8 Então pois entrou também aquele discípulo, que havia chegado primeiro ao sepulcro: e viu, e creu. 9 Porque ainda não entendiam a Escritura, que importava que ele ressuscitasse dentre os mortos. 10 E voltaram os discípulos outra vez para sua casa.

Aparição a Maria Madalena

11 Porém Maria conservava-se em pé da parte de fora, chorando junto do sepulcro. E a tempo quee la chorava, abaixou-se, e olhou para ver o sepulcro. 12 E viu dois anjos vestidos de branco, assentados no lugar onde fora posto o corpo de Jesus, um à cabeceira e outro aos pés. 13 Os quais lhe disseram: Mulher, por que choras? Respondeu-lhes ela: Porque levaram o meu Senhor: e não sei onde o puseram. 14 Ditas estas palavras olhou para trás, e viu a Jesus em pé: sem saber contudo que era Jesus. 15 Disse-lhe Jesus: Mulher, por que choras? Ela, julgando que era o hortelão, disse-lhe: Senhor, se tu o tiraste, dize-me onde o puseste: e eu o levarei. 16 Disse-lhe Jesus: Maria. Ela voltando-se, lhe disse: Raboni (que quer dizer Mestre). 17 Disse-lhe Jesus: Não me toques, porque ainda não subi a meu Pai: mas vai a meus irmãos, e dize-lhes que vou para meu Pai, e vosso Pai, para meu Deus, e vosso Deus. 18 Veio Maria Madalena dar aos discípulos a nova de que ela tinha visto o Senhor, e de que ele lhe havia dito estas coisas.

Aparição a dez apóstolos

19 Chegada porém que foi a tarde daquele mesmo dia, que era o primeiro da semana, e estando fechadas as portas da casa, onde os discípulos se achavam juntos, por medo que tinham dos judeus: veio Jesus, e pôs-se em pé no meio deles, e disse-lhes Paz seja convos-

co. 20 E dito isto, mostrou-lhes as mãos, e o lado. Alegraram-se pois os discípulos de terem visto o Senhor. 21 E ele lhes disse segunda vez: Paz seja convosco. Assim como o Pai me enviou a mim, também eu vos envio a vós. 22 Tendo dito estas palavras, assoprou sobre eles: e disse-lhes: Recebei o Espírito Santo: 23 aos que vós perdoardes os pecados, ser-lhes-ão eles perdoados: e aos que vós os retiverdes, ser-lhes-ão eles retidos.

Aparição aos onze apóstolos

24 Porém Tomé, um dos doze, que se chama Dídimo, não estava com eles quando veio Jesus. 25 Disseram-lhe pois os outros discípulos: Nós vimos o Senhor. Mas ele lhes disse: Eu se não vir nas suas mãos a abertura dos cravos, e se não meter o meu dedo no lugar dos cravos, e se não meter a minha mão no seu lado, não hei de crer. 26 E oito dias depois, estavam os seus discípulos outra vez dentro, e Tomé com eles. Veio Jesus às portas fechadas, e pôs-se em pé no meio, e disse: Paz seja convosco. 27 Logo disse a Tomé: Mete aqui o teu dedo, e vê as minhas mãos, chega também a tua mão, e mete-a no meu lado: e não sejas incrédulo, mas fiel. 28 Respondeu Tomé, e disse-lhe: Senhor meu, e Deus meu. 29 Disse-lhe Jesus: Tu creste, Tomé, porque me viste? Bem-aventurados os que não viram e creram. 30 Outros muitos prodígios ainda fez também Jesus em presença de seus discípulos, que não foram escritos neste livro. 31 Mas foram escritos estes, a fim de que vós creiais que Jesus é o Cristo, filho de Deus: e de que crendo-o assim, tenhais a vida em seu nome.

IV. APÊNDICE

Primeiro epílogo: Aparição no Lago de Tiberíades

21 Depois tornou Jesus a mostrar-se a seus discípulos junto do mar de Tiberíades. E mostrou-lhes desta sorte: 2 Estavam juntos Simão Pedro e Tomé, chamado Dídimo, e Natanael, que era de Caná de Galiléia, e os filhos de Zebedeu, e outros dois de seus discípulos. 3 Disse-lhes Simão Pedro: Eu vou pescar. Responderam-lhe os mais: Também nós outros vamos contigo. Saíram pois, e entraram numa barca: mas naquela noite nada apanharam. 4 Mas chegada a manhã, veio Jesus pôr-se na ribeira: sem que ainda assim conhecessem os discípulos que era Jesus. 5 Disse-lhes pois Jesus: Ó moços, tendes alguma coisa de comer? Responderam-lhes eles: Nada. 6 Disse-lhes Jesus: Lançai a rede para a parte direita da embarcação, e achareis. Lançaram eles pois a rede: mas já a não podiam trazer acima que tão grande era a carga dos peixes. 7 Então aquele discípulo, a quem Jesus amava, disse a Pedro: É o Senhor, Simão Pedro quando ouviu que era o Senhor, cingiu-se com a sua túnica (porque estava nú) e lançou-se ao mar. 8 E os outros discípulos vieram na barca: (porque não estavam distantes de terra, senão só obra de duzentos côvados) trazendo a rede cheia de peixes. 9 E tanto que saltaram em terra, viram umas brasas postas, e um peixe em cima delas, e pão. 10 Disse-lhes Jesus: Dai cá dos peixes, que agora apanhastes. 11 Subiu Simão Pedro à barca, e tirou a rede para terra, cheia de cento e cinqüenta e três grandes peixes. E sendo tão grandes, não se rompeu a rede. 12 Disse-lhes Jesus: Vinde, jantai. E nenhum dos que estavam à mesa ousava perguntar-lhe: Quem és tu? sabendo que era o Senhor. 13 Veio pois Jesus, e tomou o pão, e deu-lho e assim mesmo do peixe. 14 Foi esta já a terceira vez que Jesus se manifestou a seus discípulos, depois de ressurgir dos mortos. 15 Tendo eles pois jantado, perguntou Jesus a Simão Pedro: Simão, filho de João, tu amas-me mais do que estes? Ele respondeu: Sim, Senhor, tu sabes que te amo. Disse-lhe Jesus: Apascenta os meus cordeiros. 16 Perguntou-lhe outra vez: Simão, filho de João, tu amas-me? Ele respondeu: Sim Senhor, tu sabes que eu te amo. Disse-lhe Jesus: Apascenta os meus cordeiros. 17 Perguntou-lhe terceira vez: Simão, filho de João, tu amas-me? Ficou Pedro triste, porque terceira vez lhe perguntara: Tu amas-me? E respondeu-lhe: Senhor, tu conheces tudo. Tu sabes que eu te amo. Disse-lhe Jesus: Apascenta as minhas ovelhas. 18 Em verdade, em verdade te digo: Quando tu eras mais moço, tu te cingias, e ias por onde te dava na vontade, mas quando já fores velho, estenderás as tuas mãos e outro será o que te cinja, e que te leve para onde tu não queiras. 19 E isto disse Jesus, para significar com que gênero de morte havia Pedro de dar glória a Deus. E depois de assim ter falado, disse-lhe: Segue-me. 20 Voltando Pedro, viu que o seguia aquele discípulo que Jesus amava, que ao tempo da ceia estivera até reclinado sobre o seu peito, e lhe perguntara: Senhor, quem é o que te há de entre-

gar? 21 Assim que como Pedro viu a este,
disse para Jesus: Senhor, e este quê? 22 Disse-lhe
Jesus: Eu quero que ele fique assim até
que eu venha; que tens tu com isso? Segue-me
tu. 23 Correu logo esta voz entre os irmãos,
que aquele discípulo não morreria. E não lhe
disse Jesus: Não morre; senão: Eu quero que
ele fique assim, até que eu venha; que tens tu
com isso?

Segundo epílogo: O Discípulo Amado

24 Este é aquele discípulo que dá testemunho
destas coisas, e que as escreveu: e nós sabemos
que é verdadeiro o seu testemunho. 25 Muitas
outras coisas porém há ainda, que fez Jesus:
as quais se se escrevessem uma por uma, creio
que nem no mundo todo poderiam caber os
livros, que delas se houvessem de escrever.

Atos dos Apóstolos

Prefácio

1 No meu primeiro discurso falei na verdade,
ó Teófilo, de todas as coisas que Jesus co-
meçou a fazer, e a ensinar. 2 Até ao dia em
que ascendeu ao céu, depois de ter dado pre-
ceitos pelo Espírito Santo aos apóstolos que
elegeu. 3 Aos quais também se manifestou a
si mesmo vivo com muitas provas depois da
sua paixão, aparecendo-lhes por quarenta dias
e falando-lhes do reino de Deus. 4 E comendo
com eles, lhes ordenou que não saíssem de
Jerusalém, mas que esperassem a promessa
do Pai, que ouvistes (disse ele) da minha boca:
5 porque João na verdade batizou em água,
mas vós sereis batizados no Espírito Santo,
não muito depois destes dias.

Assensão

6 Portanto os que se haviam congregado
lhe perguntavam, dizendo: Senhor, dar-se-á
caso que restituas neste tempo o reino a
Israel? 7 E ele lhes disse: Não é para vós
saber já os tempos, nem momentos, que o Pai
reservou ao seu poder: 8 mas recebereis a vir-
tude do Espírito Santo, que descerá sobre vós,
e me sereis testemunhas em Jerusalém e em
toda a Judéia, e Samaria, e até às extremida-
des da terra.

9 E tendo dito isto, vendo-o eles, se foi ele-
vando: e o recebeu uma nuvem que o ocultou
a seus olhos. 10 E como estivessem olhando
para o céu quando ele ia subindo, eis que se
puseram ao lado deles dois varões com vesti-
duras brancas. 11 Os quais também lhes dis-
seram: Varões galileus, que estais olhando
para o céu? Este Jesus que, separando-se de
vós foi assunto ao céu, assim virá, do mesmo
modo que o haveis visto ir ao céu.

I. A IGREJA DE JERUSALÉM

O grupo dos Apóstolos

12 Então voltaram para Jerusalém desde o
monte, que se chama do Olival que está perto
de Jerusalém à distância da jornada de um
sábado.

13 E tendo entrado em certa casa, subiram
ao quatro de cima, onde permaneciam Pedro
e João, Tiago e André, Filipe e Tomé, Barto-
lomeu e Mateus, Tiago, filho de Alfeu, e Simão
o Zeloso e Judas, irmão de Tiago.

14 Todos estes perseveravam unanimemente
em oração com as mulheres e com Maria, Mãe
de Jesus, e com os irmãos dele.

Substituição de Judas

15 Naqueles dias, levantando-se Pedro no
meio dos irmãos (e montava a multidão dos
que ali se achavam juntos a quase cento e
vinte pessoas) disse: 16 Varões irmãos, é ne-
cessário que se cumpra a Escritura, que o Es-
pírito Santo predisse por boca de Davi, acerca
de Judas, que foi o condutor daqueles que
prenderam a Jesus: 17 o qual estava entre nós
alistado no mesmo número, e a quem coube
a sorte deste ministério. 18 E este possuiu de
fato um campo do preço da iniqüidade, e de-
pois de se pendurar rebentou pelo meio, e
todas as suas entranhas se derramaram. 19 E
tão notório se fez a todos os habitantes de
Jerusalém este sucesso, que se ficou chamando
aquele campo, na língua deles, Haceldamá,
isto é, campo de sangue. 20 Porque escrito está
no Livro dos Salmos:

Fique deserta a habitação deles e não haja
quem habite nela, e receba outro o seu bis-
pado.

21 Convém pois que destes varões, que têm
estado juntos na nossa companhia todo o
tempo em que entrou e saiu entre nós o
Senhor Jesus: 22 começando desde o batismo
de João até ao dia em que foi assunto acima
dentre nós, que um dos tais seja testemunha
conosco da sua ressurreição. 23 E propuseram
dois, a José, que era chamado Barsabás, o
qual tinha por sobrenome o Justo, e a Matias.

24 E orando disseram: Tu, Senhor, que conheces os corações de todos, mostra-nos destes dois um a quem tiveres escolhido, 25 para que tome o lugar deste ministério e apostolado, do qual pela sua prevaricação caiu Judas para ir ao seu lugar. 26 E a seu respeito deitaram sortes, e caiu a sorte sobre Matias, e foi contado com os onze apóstolos.

Descida do Espírito Santo

2 E quando se completavam os dias de Pentecostes, estavam todos juntos num mesmo lugar. 2 E de repente veio do céu um estrondo, como de vento que assoprava com ímpeto, e encheu toda a casa onde estavam assentados. 3 E lhes apareceram repartidas umas como línguas de fogo, que repousou sobre cada um deles: 4 e foram todos cheios do Espírito Santo, e começaram a falar em várias línguas, conforme o Espírito Santo lhes concedia que falassem.

O milagre de Pentecostes

5 E achavam-se então habitando em Jerusalém judeus, varões religiosos de todas as nações, que há debaixo do céu. 6 E tanto que correu esta voz, acudiu muita gente ficou pasmada, porque os ouvia a eles falar cada um na sua própria língua. 7 Estavam pois todos atônitos e se admiravam, dizendo: Porventura não se está vendo que todos estes que falam são galileus? 8 E como assim os temos ouvido nós falar cada um na nossa língua em que nascemos? 9 Partos, e Medos, e Elamitas, e os que habitam a Mesopotâmia, a Judéia e a Capadócia, o Ponto e a Ásia, 10 a Frígia e a Panfília, o Egito e várias partes da Líbia, que é comarcã a Cirene, e os que são vindos de Roma. 11 Também judeus, prosélitos, cretenses e árabes: todos os temos ouvido falar nas nossas línguas as maravilhas de Deus. 12 Estavam pois todos atônitos e se maravilhavam, dizendo uns para os outros: Que quer isto dizer? 13 Outros, porém, escarnecendo, diziam: É porque estes estão cheios de mosto.

Discurso de São Pedro

14 Porém Pedro em companhia dos onze, posto em pé, levantou a sua voz e lhes falou assim: Varões da Judéia, e todos os que habitais em Jerusalém, seja-vos isto notório, e com ouvidos atentos percebei as minhas palavras. 15 Porque estes não estão tomados do vinho, como vós cuidais, sendo a hora terceira do dia. 16 Mas isto é o que foi dito pelo profeta Joel:

17 E acontecerá nos últimos dias, diz o Senhor, que eu derramarei do meu Espírito sobre toda a carne: e profetizarão vossos filhos e vossas filhas, e os vossos mancebos verão visões, e os vossos anciãos sonharão sonhos.

18 E certamente naqueles dias derramarei do meu Espírito sobre os meus servos, e sobre as minhas servas, e profetizarão.

19 E farei ver prodígios em cima no céu e sinais em baixo na terra, sangue e fogo, e vapor de fumo.

20 O sol se converterá em trevas e a lua em sangue, antes que venha o grande e ilustre dia do Senhor.

21 E isto acontecerá: Todo aquele que invocar o nome do Senhor, será salvo.

22 Varões israelitas, ouvi estas palavras: A Jesus Nazareno, varão aprovado por Deus entre vós com virtudes, e prodígios, e sinais, que Deus obrou por ele no meio de vós, como também vós o sabeis. 23 A este depois de vos ser entregue pelo decretado conselho e presciência de Deus, crucificando-o por mãos de iníquos, lhe tirastes a mesma vida. 24 Ao qual Deus ressuscitou livrando-o das dores do inferno, porquanto era impossível que por este fosse ele retido. 25 Porque Davi diz dele:

Eu via sempre ao Senhor diante de mim: porque ele está à minha direita, para que eu não seja comovido.

26 Por amor disto se alegrou o meu coração, e se regozijou a minha língua, além de que também a minha carne repousará em esperança.

27 Porque não deixarás a minha alma no inferno, nem permitirás que o teu santo experimente corrupção.

28 Tu me fizeste conhecer os caminhos da vida: e me encherás de alegria, mostrando-me a tua face.

29 Varões e irmãos, seja-me permitido dizer-vos ousadamente do patriarca Davi, que ele morreu, e foi sepultado: e o seu sepulcro se vê entre nós até o dia de hoje. 30 Sendo ele pois um profeta, e sabendo que com juramento lhe havia Deus jurado que um fruto do seu sangue se assentaria sobre o seu trono: 31 prevendo isto falou da ressurreição de Cristo, que nem foi deixado no inferno, nem a sua carne viu a corrupção. 32 A este Jesus ressuscitou Deus, do que todos nós somos testemunhas. 33 Assim que exaltado pela destra de Deus, e havendo recebido do Pai a promessa do Espírito Santo, derramou sobre nós a este, a quem vós vedes, e ouvis. 34 Porque Davi não subiu ao céu: mas ele mesmo disse:

O Senhor disse ao meu Senhor: Assenta-te à minha mão direita, 35 até que eu ponha a teus inimigos por escabelo de teus pés.

36 Saiba logo toda a casa de Israel com a maior certeza, que Deus o fez não só Senhor, mas também Cristo a este Jesus, a quem vós crucificastes.

Resultado do discurso de São Pedro

37 Depois que eles ouviram estas coisas, ficaram compungidos no seu coração, e disseram a Pedro, e aos mais apóstolos: Que faremos nós, varões irmãos? 38 Pedro então lhes respondeu: Fazei penitência, e cada um de vós seja batizado em nome de Jesus Cristo para remissão de vossos pecados: e recebereis o dom do Espírito Santo. 39 Porque para vós é a promessa, e para vossos filhos, e para todos os que estão longe, quantos chamar a si o Senhor nosso Deus. 40 Com outras muitíssimas razões testificou ainda isto e os exortava, dizendo: Salvai-vos desta geração depravada. 41 E os que receberam a sua palavra, foram batizados: e ficaram agregadas naquele dia perto de três mil pessoas. 42 E eles perseveravam na doutrina dos apóstolos, e na comunicação da fração do pão, e nas orações.

43 E a toda a pessoa se lhe infundia temor. Eram também obrados pelos apóstolos muitos prodígios e sinais em Jerusalém, e em todos geralmente havia grande medo. 44 E todos os que criam, estavam unidos, e tudo o que cada um tinha, era possuído em comum por todos. 45 Vendiam as suas fazendas e os seus bens, e distribuíam-nos por todos, segundo a necessidade que cada um tinha. 46 E todos os dias perseveravam unanimemente no Templo, e partindo o pão pelas casas, tomavam a comida com regozijo e simplicidade de coração. 47 Louvando a Deus, e achando graça para com todo o povo. E o Senhor aumentava cada dia mais o número dos que se haviam de salvar, encaminhando-os à unidade da sua mesma corporação.

Cura de um coxo de nascença

3 Pedro, pois, e João iam ao Templo, à oração, à hora da noa. 2 E era para ali trazido um certo homem que era coxo desde o ventre de sua mãe, ao qual punham todos os dias à porta do Templo chamada a Especiosa, para que pedisse esmola aos que entravam no Templo. 3 Este, quando viu a Pedro e a João, que iam a entrar no Templo, fazia a sua rogativa para receber alguma esmola. 4 E Pedro pondo nele os olhos juntamente com João, lhe disse: Olha para nós. 5 E ele os olhava com atenção, esperando receber deles alguma coisa. 6 E Pedro disse: Não tenho prata nem ouro, mas o que tenho, isto te dou: Em nome de Jesus Cristo Nazareno, levanta-te e anda. 7 E tomando-o pela mão direita, o levantou, e no mesmo ponto foram consolidadas as bases dos seus pés, e as suas plantas. 8 E dando um salto se pôs em pé, e andava: e entrou com eles no Templo, andando e saltando, e louvando a Deus. 9 E todo o povo o viu andando, e louvando a Deus. 10 E conheciam que ele era o mesmo que se assentava à porta Especiosa do Templo à esmola: e ficaram cheios de espanto, e como fora de si, pelo que àquele lhe havia acontecido. 11 E tendo aferrado de Pedro e de João, todo o povo correu para eles de tropel ao pórtico, que se chama Salomão, atônitos.

Sermão de São Pedro no Templo

12 E vendo isto, Pedro disse ao povo: Varões israelitas, por que vos admirais disto, ou por que pondes os olhos em nós, como se por nossa virtude ou poder tivéssemos feito andar a este? 13 O Deus de Abraão, e o Deus de Isaac, e o Deus de Jacó, o Deus de nossos pais glorificou a seu filho Jesus, a quem vós sem dúvida entregastes e negastes perante a face de Pilatos, julgando ele que se soltasse. 14 Mas vós negastes ao santo, e ao justo, e pedistes que se vos desse um homem homicida: 15 e assim matastes ao autor da vida, a quem Deus ressuscitou dentre os mortos, do que nós somos testemunhas.

16 E na fé do seu nome confirmou seu mesmo nome a este que vós tendes visto, e conheceis: e a fé, que há por meio dele, foi a que lhe deu esta inteira saúde à vista de todos vós. 17 E agora, irmãos, eu sei que o fizestes por ignorância, como também os vossos magistrados. 18 Porém Deus, o que já dantes anunciou por boca de todos os profetas, que padeceria o seu Cristo, assim o cumpriu. 19 Portanto, arrependei-vos, e convertei-vos, para que os vossos pecados vos sejam perdoados: 20 para que quando vierem os tempos do refrigério diante do Senhor, e enviar aquele Jesus Cristo que a vós vos foi pregado. 21 Ao qual certamente é necessário que o céu receba até os tempos da restauração de todas as coisas, as quais Deus falou por boca dos seus santos profetas, desde o princípio do mundo. 22 Moisés, sem dúvida, disse: Porquanto o Senhor vosso Deus vos suscitará um profeta dentre vossos irmãos, semelhante a mim. A este ouvireis em tudo o que ele vos disser. 23 E isto acontecerá: Toda a alma que não ouvir aquele profeta, será exterminada do meio do povo. 24 E todos

os profetas desde Samuel, e quantos depois falaram, anunciaram estes dias. 25 Vós sois os filhos dos profetas, e do testamento, que Deus ordenou a nossos pais, dizendo a Abraão: E na tua semente serão abençoadas todas as famílias da terra. 26 Deus ressuscitando a seu Filho vo-lo enviou primeiramente a vós para que vos abençoasse: a fim de que cada um se aparte da sua maldade.

Primeira perseguição. São Pedro e São João aprisionados

4 Estando eles falando ao povo, sobrevieram os sacerdotes, e o magistrado do Templo e os saduceus, 2 doendo-se de que eles ensinassem o povo, e de que anunciassem na pessoa de Jesus a ressurreição dos mortos: 3 e lançaram mão deles, e os meteram em prisão até o outro dia: porque era já tarde. 4 Porém, muitos daqueles que tinham ouvido a pregação, creram nela: e chegou o seu número a cinco mil pessoas.

São Pedro e São João diante do Sanedrim

5 E aconteceu que no dia seguinte se juntaram em Jerusalém os principais deles, e os anciãos, e os escribas: 6 e Anás, príncipe dos sacerdotes, e Caifás, e João, e Alexandre, e todos os que eram da linhagem sacerdotal. 7 E mandando-os apresentar no meio, lhes perguntavam: Com que poder, ou em nome de quem fizestes vós isto?

8 Então Pedro, cheio do Espírito Santo, lhes respondeu: Príncipes do povo, e vós anciãos, ouvi-me. 9 Se a nós hoje se nos pede razão do benefício feito a um homem enfermo, com que virtude este foi curado, 10 seja notório a todos vós, e a todo o povo de Israel: Que em nome de Nosso Senhor Jesus Cristo Nazareno, a quem Deus ressuscitou dos mortos, no tal nome que digo, é que este se acha em pé diante de vós já são.

11 Esta é a pedra, que foi reprovada por vós que a edificastes, e que se tornou como o vértice do ângulo. 12 E não há salvação em nenhum outro: porque do céu abaixo nenhum outro nome foi dado aos homens, pelo qual nós devamos ser salvos.

São Pedro e São João livres

13 Vendo eles, pois, a firmeza de Pedro, e de João, depois de saberem que eram homens sem letras, e idiotas, se admiravam, e conheciam ser os que haviam estado com Jesus: 14 Vendo também estar com eles o homem, que havia sido curado, não podiam dizer nada em contrário.

15 Mandaram-lhes, pois, que saíssem fora da junta: e conferiam entre si, 16 dizendo: Que faremos a estes homens? Porquanto foi por eles feito na verdade um milagre notório a todos os habitantes de Jerusalém. É manifesto, e não o podemos negar. 17 Todavia, para que não se divulgue mais no povo, ameacemo-los que para no futuro não falem mais a homem algum neste nome. 18 E chamando-os, lhes intimaram que absolutamente não falassem mais, nem ensinassem em nome de Jesus. 19 Então Pedro, e João, respondendo, lhes disseram: Se é justo diante de Deus ouvir-vos a vós antes que a Deus, julgai-o vós: 20 porque não podemos deixar de falar das coisas que temos visto e ouvido. 21 Eles então, ameaçando-os, os deixaram ir livres: não achando pretexto para os castigar por medo do povo, porque todos celebravam o milagre que se fizera neste fato que tinha acontecido.

22 Porquanto já tinha mais de quarenta anos o homem, em quem havia sido feito aquele prodígio de saúde.

Ação de graças e organização da comunidade

23 Mas depois de postos em liberdade, vieram aos seus: e lhes referiram quanto lhes haviam dito os príncipes dos sacerdotes e os anciãos. 24 Os quais tendo-os ouvido, levantaram unânimes a voz a Deus, e disseram: Senhor, tu és o que fizeste o céu e a terra, o mar e tudo o que há neles. 25 O que pelo Espírito Santo, por boca de nosso Pai Davi, teu servo, disseste:

Por que bramaram as gentes, e meditaram os povos projetos vãos?

26 Levantaram-se os reis da terra, e os príncipes e ajuntaram em conselho contra o Senhor, e contra o seu Cristo?

27 Porque verdadeiramente se ligaram nesta cidade contra o teu santo Filho Jesus, ao qual ungiste, Herodes, e Pôncio Pilatos com os gentios, e com os povos de Israel, 28 para executarem o que o teu poder, e o teu conselho determinaram que se fizesse. 29 Agora pois, Senhor, olha para as suas ameaças, e concede a teus servos, que com toda a liberdade falem a tua palavra, 30 estendendo a tua mão a sarar as enfermidades, e a que se façam maravilhas e prodígios em nome do teu santo Filho Jesus. 31 E tendo eles assim orado, tremeu o lugar onde estavam congregados: e todos foram cheios do Espírito Santo, e anunciavam a palavra de Deus confiadamente.

Vida comum entre os fiéis

32 E da multidão dos que criam o coração era um, e a alma uma: e nenhum dizia ser sua coisa alguma daquelas que possuía, mas tudo entre eles era comum. 33 E os apóstolos, com grande valor, davam testemunho da Ressurreição de Jesus Cristo nosso Senhor: e havia muita graça em todos eles. 34 E não havia nenhum necessitado entre eles. Porque todos quantos eram possuidores de campos, ou de casas, vendendo isso traziam o preço do que vendiam, 35 e o punham aos pés dos apóstolos. Repartia-se, pois, por eles em particular, segundo a necessidade que cada um tinha. 36 E José, a quem os apóstolos davam o sobrenome de Barnabé (que quer dizer filho de consolação), levita, natural de Chipre, 37 como tivesse um campo, o vendeu, e levou o preço, e o pôs ante os pés dos apóstolos.

A fraude de Ananias e Safira

5 Um varão pois por nome Ananias, com sua mulher Safira, vendeu um campo: 2 a com fraude usurpou certa porção do preço do campo, consentindo-o sua mulher: e levando uma parte a pôs aos pés dos apóstolos. 3 E disse Pedro: Ananias, por que tentou Satanás o teu coração para que tu mentisses ao Espírito Santo, e reservasses parte do preço do campo? 4 Porventura não te era livre ficar com ele, e ainda depois de vendido, não era teu o preço? Como puseste logo em teu coração fazer tal? Sabe que não mentiste aos homens, mas a Deus. 5 Ananias, em ouvindo porém estas palavras, caíu e expirou. E fundiu-se um grande temor em todos os que isto ouviram. 6 Levantando-se pois uns mancebos, o retiraram, e levando-o dali para fora o enterraram. 7 E passado que foi quase o espaço de três horas, entrou também sua mulher, não sabendo o que tinha acontecido. 8 E Pedro lhe disse: Dize-me, mulher, se vendestes vós por tanto a herdade? E ela lhe disse: Sim, por tanto. 9 Pedro então disse para ela: Por que vos haveis por certo concertado para tentar o Espírito do Senhor? Eis aí estão à porta os pés daqueles que enterraram a teu marido, e te levarão a ti. 10 No mesmo ponto caíu a seus pés, e expirou. E aqueles moços entrando, a acharam morta: e a levaram, e a enterraram junto ao seu marido. 11 E difundiu-se um grande temor por toda a igreja, e entre todos os que ouviram este sucesso.

Segunda perseguição dos apóstolos

12 E pelas mãos dos apóstolos se faziam muitos milagres, e prodígios entre a plebe. E estavam todos unânimes no pórtico de Salomão. 13 E nenhum dos outros ousava ajuntar-se com eles, mas o povo lhes dava grandes louvores. 14 E cada vez se aumentava a multidão dos homens, e mulheres, que criam no Senhor. 15 De maneira que traziam os doentes para as ruas, e os punham em leitos e enxergões, a fim de que, ao passar Pedro, cobrisse sequer a sua sombra alguns deles, e ficassem livres das suas enfermidades. 16 Assim mesmo concorriam enxames deles das cidades vizinhas a Jerusalém, trazendo os seus enfermos, e os vexados dos espíritos imundos: os quais todos eram curados.

17 Mas levantando-se o príncipe dos sacerdotes, e todos os que com ele estavam (que é a seita dos saduceus) se encheram de inveja e ciúme: 18 e fizeram prender aos apóstolos, e os mandaram meter na cadeia pública. 19 Mas o anjo do Senhor, abrindo de noite as portas do cárcere, e tirando-os para fora, lhes disse: 20 Ide, e, apresentando-vos no Templo, pregai ao povo todas as palavras desta vida. 21 Os quais, tendo ouvido isto, entraram ao amanhecer no Templo, e se punham a ensinar. Mas chegando o príncipe dos sacerdotes, e os que com ele estavam, convocaram o conselho, e a todos os anciãos dos filhos de Israel: e enviaram ao cárcere para que fossem ali trazidos. 22 Mas tendo lá ido os ministros, e como, aberto o cárcere, os não achassem, depois de voltarem deram a notícia, 23 dizendo: Achamos sim o cárcere fechado com toda a diligência, e os guardas postos diante das portas: mas abrindo-se não achamos ninguém dentro. 24 Quando porém ouviram esta novidade, os magistrados do Templo, e os príncipes dos sacerdotes estavam perplexos sobre o que teria sido feito deles.

25 Mas ao mesmo tempo chegou um que lhes deu esta notícia: Olhai que aqueles homens, que metestes no cárcere, estão postos no Templo, e doutrinando ao povo. 26 Então foi o magistrado com os seus ministros, e os trouxe sem violência: porque temiam que o povo os apedrejasse. 27 E logo que os trouxeram, os apresentaram no conselho. E o príncipe dos sacerdotes lhes fez a seguinte pergunta, 28 dizendo: Com expresso preceito vos mandamos que não ensinásseis neste nome e isto não obstante, eis aí tendes enchido a Jerusalém da vossa doutrina: e quereis lançar sobre nós o sangue desse homem.

29 Mas dando Pedro a sua resposta, e os apóstolos disseram: Importa obedecer mais a Deus do que aos homens. 30 O Deus de nossos pais ressuscitou a Jesus, a quem vós destes a morte, pendurando-o num madeiro. 31 A este

elevou Deus com a sua destra por príncipe, e por salvador, para dar o arrependimento a Israel, e a remissão dos pecados. 32 E nós somos testemunho destas palavras, e também o Espírito Santo, que Deus deu a todos os que lhe obedecem. 33 Quando isto ouviram, enraiveciam-se, e formavam tenção de os matar.

Intervenção de Gamaliel em favor dos apóstolos

34 Mas levantando-se no conselho um fariseu por nome Gamaliel, doutor da lei, homem de respeito em todo o povo, mandou que saíssem para fora aqueles homens por um breve espaço, 35 e lhes disse: Varões israelitas, atendei por vós, reparando no que haveis de fazer acerca destes homens. 36 Porque há uns tempos a esta parte que se levantou um certo Teodas, que dizia ser ele um grande homem, a quem se acostou o número de quatrocentas pessoas com pouca diferença: o qual foi morto: e todos aqueles que o acreditavam foram desfeitos e reduzidos a nada. 37 Depois deste levantou-se Judas Galileu nos dias em que se fazia o arrolamento do povo, e levou-o após si, mas ele pereceu: e foram dispersos todos quantos a ele se acostaram. 38 Agora pois enfim vos digo, não vos metais com estes homens, e deixai-os: porque se este conselho, ou esta obra vem dos homens, ela se desvanecerá. 39 Porém se vem de Deus, não a podereis desfazer, porque não pareça que até a Deus resistis.

E eles seguiram o seu conselho. 40 E tendo chamado aos apóstolos, depois de os haverem feito açoitar, lhes mandaram que não falassem mais no nome de Jesus, e os soltaram. 41 Porém eles saíam por certo gozosos de diante do conselho por terem sido achados dignos de sofrer afrontas pelo nome de Jesus. 42 E todos os dias não cessavam de ensinar, e de pregar a Jesus Cristo no Templo, e pelas casas.

II. AS PRIMEIRAS MISSÕES

Os sete diáconos

6 Naqueles dias porém, crescendo o número dos discípulos, se moveu uma murmuração dos gregos contra os hebreus, pelo motivo de que as suas viúvas eram desprezadas no serviço de cada dia. 2 Pelo que os doze, convocandocando a multidão dos discípulos, disseram: Não é justo que nós deixemos a palavra de Deus, e que sirvamos às mesas. 3 Portanto, irmãos, escolhei dentre vós a sete varões de boa reputação, cheios do Espírito Santo, e de sabedoria, aos quais encarreguemos desta obra. 4 E nós atenderemos de contínuo à oração, e à administração da palavra. 5 E aprouve este arrozoamento a toda a junta. E eles escolheram a Estêvão, homem cheio de fé e do Espírito Santo, e a Filipe, e a Prócoro, e a Nicanor, e a Timão, e a Parmenas, e a Nicolau, prosélito de Antioquia. 6 A estes apresentaram diante dos apóstolos, e orando puseram as mãos sobre eles. 7 E crescia a palavra do Senhor, e se multiplicava muito o número dos discípulos em Jerusalém; uma grande multidão de sacerdotes obedecia também à fé.

Pregação e prisão de São Estêvão

8 Mas Estêvão, cheio de graça e de fortaleza, fazia grandes prodígios e milagres entre o povo. 9 E alguns da sinagoga, que se chama dos Libertinos, e dos Cirenenses, e dos Alexandrinos, e dos que eram da Cilícia, e da Ásia, se levantaram a disputar com Estêvão. 10 E não podiam resistir à sabedoria, e ao Espírito que nele falava. 11 Então subornaram a alguns que dissessem que eles lhe haviam ouvido dizer palavras de blasfêmia contra Moisés e contra Deus. 12 Amotinaram enfim o povo, e os anciãos, e os escribas: e conjurados o arrebataram, e levaram ao conselho. 13 E produziram falsas testemunhas, que dissessem: Este homem não cessa de proferir palavras contra o lugar santo e contra a lei, 14 Porque nós o ouvimos dizer: que esse Jesus Nazareno há de destruir esse lugar, e há de trocar as tradições que Moisés nos deixou. 15 E fixando nele os olhos todos aqueles que estavam assentados no conselho viram o seu rosto como o rosto dum anjo.

7 Então o sumo sacerdote disse: Pois com efeito são assim estas cousas?

Discurso de São Estêvão diante do Sanedrim

2 Respondeu ele: Varões irmãos, e Padres, escutai. O Deus da glória apareceu a nosso pai Abraão, quando estava em Mesopotâmia, antes de assistir em Caran. 3 E lhe disse: Sai do teu país e da tua parentela, e vem para a terra que eu te mostrar. 4 Então saíu ele da terra dos caldeus, e veio morar em Caran. E de lá, depois que morreu seu pai, Deus o fez

passar a esta terra, na qual vós agora habitais. 5 E não lhe deu herança nela, nem ainda o espaço dum pé: mas prometeu dar-lhe a posse dela a ele, e depois dele à sua posteridade, quando ainda não tinha filho. 6 E Deus lhe disse: que a sua descendência seria habitadora em terra estranha, e que a reduziriam à servidão, e a maltratariam por espaço de quatrocentos anos. 7 Mas eu julgarei a gente, a quem eles houverem servido, disse o Senhor: E depois disto sairão, e me servirão neste lugar. 8 E lhe deu o testamento da circuncisão: e assim gerou a Isaac, e circuncidou passados oito dias: e Isaac gerou a Jacó: e Jacó aos doze patriarcas. 9 E os patriarcas, movidos de inveja, venderam a José para ser levado ao Egito: mas Deus era com ele, 10 e o livrou de todas as suas tribulações: e lhe deu graça, e sabedoria diante de Faraó, rei do Egito, o qual o fez governador do Egito, e de toda a sua casa. 11 Veio depois fome por toda a terra do Egito, e de Canaã, e uma grande tribulação, e os nossos pais não achavam que comer. 12 E tendo Jacó ouvido dizer que havia trigo no Egito: enviou a primeira vez a nossos pais. 13 E na segunda foi conhecido José de seus irmãos, e foi descoberta a Faraó a sua linhagem. 14 E enviando José mensageiros, fez ir ao seu pai Jacó e a toda a sua família, que constava de setenta e cinco pessoas. 15 E Jacó desceu ao Egito, e morreu ele, e nossos pais. 16 E foram trasladados a Siquém, e postos no momento que Abraão tinha comprado em moeda de prata, aos filhos d'Hemor, filho de Siquém.

17 E chegando o tempo da promessa, que Deus havia jurado a Abraão, cresceu o povo, e se multiplicou no Egito. 18 Até que se levantou outro rei no Egito, que não conhecia a José. 19 Este, usando de astúcia contra a nossa nação, apertou a nossos pais, para que expusessem a seus filhos, a fim de que não vivessem. 20 Naquele mesmo tempo nasceu Moisés, e foi agradável a Deus, e se criou três meses na casa de seu pai. 21 Depois, como ele fosse exposto, a filha de Faraó o levantou, e o criou como seu filho. 22 Depois foi Moisés instruído em toda a literatura dos egípcios, e era ele poderoso em palavras e obras. 23 E depois que completou o tempo de quarenta anos, lhe veio ao coração o visitar a seus irmãos, os filhos de Israel. 24 E como visse a um que era injuriado, o defendeu: e vingou ao que padecia a injúria, matando ao egípcio. 25 E ele cuidava que seus irmãos estavam capacitados de que por sua mão os havia de livrar Deus, mas eles não o entenderam. 26 Porém no dia seguinte, pelejando eles, se lhes manifestou: e os reconciliava em paz, dizendo: Varões, irmãos sois, por que vos maltratais um a outro? 27 Mas o que fazia injúria ao seu próximo o repeliu, dizendo: Quem te constituiu a ti príncipe, e juiz sobre nós? 28 Dar-se-á caso que tu me queiras matar, assim como mataste ontem aquele egípcio? 29 Porém Moisés, ouvindo esta palavra, fugiu: e esteve como estrangeiro na terra de Madian, onde houve dois filhos. 30 E cumpridos quarenta anos, lhe apareceu no deserto do monte Sinai um anjo na chama de uma sarça que ardia. 31 E vendo isto Moisés, se admirou de uma tal visão e, chegando-se ele para a examinar, se dirigiu a ele a voz do Senhor, a qual dizia: 32 Eu sou o Deus de teus pais, o Deus de Abraão, o Deus de Isaac, e o Deus de Jacó. Moisés, porém, espantado, não ousava olhar. 33 E o Senhor lhe disse: Tira os sapatos dos teus pés, porque o lugar em que estás é uma terra santa. 34 Considerando bem, tenho visto a aflição do meu povo, que reside no Egito, e tenho ouvido os seus gemidos, e baixei a livrá-los. Vem, pois, agora, para eu te enviar ao Egito. 35 A este Moisés, ao qual desprezaram, dizendo: Quem te fez a ti príncipe, e juiz? A este enviou Deus por príncipe e redentor, por mão do anjo que lhe apareceu na sarça. 36 Este os fez sair obrando prodígios, e milagres na terra do Egito, e no mar Vermelho, e no deserto, por espaço de quarenta anos. 37 Este é aquele Moisés, que disse aos filhos de Israel: Deus vos suscitará dentre vossos irmãos um profeta como eu; a ele ouvireis. 38 Este é o que esteve na assembléia do povo, no deserto, com o anjo que lhe falava no monte Sinai, e com os nossos pais, que recebeu palavras de vida, para no-las dar a nós. 39 A quem nossos pais não quiseram obedecer, antes o repeliram, e com os seus corações se tornaram ao Egito, 40 dizendo a Aarão: Faze-nos deuses, que vão adiante de nós, porque no tocante a este Moisés, que nos tirou da terra do Egito, nós não sabemos que foi feito dele. 41 E por aqueles dias fizeram um bezerro, e ofereceram sacrifício ao ídolo, e se alegravam nas obras das suas mãos. 42 Mas Deus se apartou, e os abandonou a que servissem a milícia do céu como está escrito no Livro dos Profetas: Porventura oferecestes-me vós, casa de Israel, algumas vítimas e sacrifícios pelo espaço de quarenta anos no deserto? 43 E recebestes a tenda de Molosque, e a estrela do vosso deus Renfam, figuras que vós fizestes para as adorar. Pois eu vos farei ir para lá de Babilônia.

44 O tabernáculo do testemunho esteve com os nossos pais no deserto, assim como Deus lho ordenou, dizendo a Moisés que o fizesse

conforme o modelo que tinha visto. 45 E nossos pais, depois de o terem recebido, o levaram debaixo da conduta de Josué à possessão dos gentios, aos quais lançou Deus fora da presença de nossos pais, até aos dias de Davi. 46 O qual achou graça diante de Deus, e pediu o achar tabernáculo para o Deus de Jacó. 47 Mas Salomão lhe edificou a casa. 48 Porém o Excelso não habita em feitura de mãos, como diz o profeta: 49 O céu é o meu trono, e a terra o estrado dos meus pés. Que casa me edificareis vós? diz o Senhor; ou qual é o lugar do meu repouso? 50 Não fez porventura a minha mão todas estas coisas?

51 Homens de dura cerviz, de corações e ouvidos incircuncisos, vós sempre resistis ao Espírito Santo; assim como obraram vossos pais, assim o fazeis vós também. 52 A qual dos profetas não perseguiram vossos pais? E mataram eles aos que de antemão anunciavam a vinda do Justo, do qual vós agora fostes traidores e homicidas, 53 vós, que recebestes a lei por ministério dos anjos, e não a guardastes!

Martírio de Santo Estêvão

54 Ao ouvir, porém, tais palavras, enraiveciam-se dentro nos seus corações, e rangiam com os dentes contra ele. 55 Mas como ele estava cheio do Espírito Santo, olhando para o céu, viu a glória de Deus e a Jesus que estava em pé à destra de Deus. E disse: Eis estou eu vendo os céus abertos, e o Filho do homem que está em pé à mão direita de Deus. 56 Então eles, levantando uma grande grita, taparam os seus ouvidos, e todos juntos arremeteram a ele com fúria. 57 E tendo-o lançado para fora da cidade, o apedrejaram: e as testemunhas depuseram os seus vestidos aos pés de um moço que se chamava Saulo. 58 E apedrejavam a Estêvão, que invocava a Jesus, e dizia: Senhor Jesus, recebe o meu espírito. 59 E posto de joelhos, clamou em voz alta, dizendo: Senhor, não lhes imputes este pecado. E tendo dito isto, dormiu no Senhor. E Saulo era consentidor na sua morte.

Grande perseguição

8 Naquele dia pois se moveu uma grande perseguição na Igreja que estava em Jerusalém, e foram todos dispersos pelas províncias da Judéia, e de Samaria, excetuando os apóstolos. 2 E uns homens timoratos trataram de enterrar a Estêvão e fizeram um grande pranto sobre ele. 3 Mas Saulo assolava a Igreja, entrando pelas casas, e tirando com violência homens e mulheres, os fazia meter no cárcere.

Pregação de Filipe

4 Portanto, os que haviam sido dispersos iam de uma parte para outra, anunciando a palavra de Deus. 5 E Filipe, descendo a uma cidade de Samaria, lhes pregava a Cristo. 6 E os povos estavam atentos ao que Filipe lhes dizia, escutando-o com um mesmo ardor, e vendo os prodígios que fazia. 7 Porque os espíritos imundos de muitos possessos saíam dando grandes gritos. 8 E muitos paralíticos e coxos foram curados.

Simão Mago

9 Pelo que se originou uma grande alegria naquela cidade. Havia porém nela um homem, por nome Simão, o qual antes tinha ali exercitado a mágica, enganando ao povo samaritano, dizendo que ele era um grande homem. 10 A quem todos davam ouvidos desde o menor até ao maior, dizendo: Este é a virtude de Deus, a qual se chama grande. 11 E eles o atendiam: porque, com as suas artes mágicas, por muito tempo os havia dementado. 12 Porém, depois que creram o que Filipe lhes anunciava do reino de Deus, iam-se batizando homens e mulheres em nome de Jesus Cristo. 13 Então creu também o mesmo Simão: e depois que foi batizado, andava unido a Filipe. Vendo também os prodígios e grandíssimos milagres que se faziam, todo cheio de pasmo se admirava. 14 Os apóstolos, porém, que se achavam em Jerusalém, tendo ouvido que a Samaria recebera a palavra de Deus, mandaram-lhes lá a Pedro e a João. 15 Os quais, como chegaram, fizeram oração por eles, a fim de receberem o Espírito Santo. 16 Porque ele ainda não tinha descido sobre nenhum, mas somente tinham sido batizados em nome do Senhor Jesus. 17 Então punham as mãos sobre eles, e recebiam o Espírito Santo.

18 E quando Simão viu que se dava o Espírito Santo por meio da imposição das mãos dos apóstolos, lhe ofereceu dinheiro, 19 dizendo: Dai-me também a mim este poder, que qualquer a quem eu impuser as mãos, receba o Espírito Santo. Mas Pedro lhe disse: 20 O teu dinheiro pereça contigo! Uma vez que tu persuadiste que o dom de Deus se podia adquirir com dinheiro, 21 tu não tens parte, nem sorte alguma, que pretender neste ministério, porque o teu coração não é reto diante de Deus. 22 Faze, pois, penitência desta tua maldade! E roga a Deus que, se é possível, te seja

perdoado este pensamento do teu coração. 23 Porque eu vejo que tu estás num fel de amargura, e preso nos laços da iniqüidade. 24 E respondendo Simão, disse: Rogai vós por mim ao Senhor, para que não venha sobre mim nenhuma coisa das que haveis dito. 25 E eles, depois de terem testemunhado com efeito, e anunciado a palavra do Senhor, tornavam já para Jerusalém e pregavam por muitos lugares dos samaritanos.

Filipe batiza um etíope

26 E o anjo do Senhor falou a Filipe, dizendo: Levanta-te e vai contra o meio-dia em direitura ao caminho que vai de Jerusalém a Gaza: esta se acha deserta. 27 E ele, levantando-se, partiu. E eis que um varão etíope, eunuco, valido de Candace, rainha da Etiópia, o qual era superintendente de todos os seus tesouros, tinha vindo a Jerusalém para fazer a sua adoração: 28 e voltava já assentado sobre o seu coche, e ia lendo o profeta Isaías. 29 Então disse o espírito a Filipe: Chega e ajunta-te a este coche. 30 E correndo logo Filipe, ouviu que o eunuco lia no profeta Isaíes, e lhe disse: Crês porventura que entendes o que estás lendo? 31 Ele lhe respondeu: E como o poderei eu entender, se não houver alguém que mo explique? E rogou a Filipe que montasse e se assentasse com ele. 32 Ora, a passagem da Escritura que lia era esta:

Como ovelha foi levado ao matadouro: e como cordeiro mudo diante do que o tosquia, assim ele não abriu a sua boca. 33 No seu abatimento o seu juízo foi exaltado. Quem poderá contar a sua geração, pois que a sua vida será tirada da terra?

34 E respondendo o eunuco a Filipe, disse: Rogo-te que me digas de quem disse isto o Profeta? De si mesmo ou dalgum outro? 35 E abrindo Filipe a sua boca, e principiando por esta Escritura, lhe anunciou a Jesus. 36 E continuando eles o seu caminho, chegaram a um lugar onde havia água, e disse o eunuco: Eis aqui está água; que embaraço há para que eu não seja batizado? 37 E disse Filipe: Se crês de todo o coração, bem podes. E ele respondendo disse: Creio que Jesus Cristo é o Filho de Deus. 38 E mandou parar o coche: e desceram os dois à água, Filipe e o eunuco, e o batizou. 39 E tanto que eles saíram da água, arrebatou o Espírito do Senhor a Filipe, e o eunuco o não viu mais. Porém continuava o seu caminho cheio de prazer. 40 Mas Filipe se achou em Azot, e indo passando pregava o Evangelho em todas as cidades até que veio a Cesaréia.

A conversão de São Paulo

9 Saulo, pois, respirando ainda ameaças e morte contra os discípulos do Senhor, se apresentou ao príncipe dos sacerdotes. 2 E lhe pediu cartas para as sinagogas de Damasco, com o fim de levar presos a Jerusalém quantos achasse desta profissão, homens e mulheres. 3 E indo ele seu caminho, foi coisa fatível que se avizinhasse a Damasco: e subitamente o cercou ali uma luz vinda do céu. 4 E caindo em terra ouviu uma voz que lhe dizia: Saulo, Saulo, por que me persegues? 5 Ele disse: Quem és tu, Senhor? E ele lhe respondeu: Eu sou Jesus, a quem tu persegues! Dura coisa é para ti recalcitrar contra o arguilhão. 6 Então, tremendo e atônito, disse: Senhor, que queres tu que eu faça? 7 E o Senhor lhe respondeu: Levanta-te, e entra na cidade, e aí se te dirá o que convém fazer. A esse tempo aqueles homens, que o acompanhavam, estavam espantados, ouvindo sim a voz, mas sem ver ninguém. 8 Levantou-se pois Saulo da terra, e tendo os olhos abertos, não via nada. Eles porém levando-o pela mão o introduziram em Damasco. 9 E esteve ali três dias sem ver, e não comeu, nem bebeu.

10 Ora, em Damasco havia um discípulo, que tinha por nome Ananias: e o Senhor numa visão lhe disse: Ananias. Ele acudiu dizendo: Eis-me aqui, Senhor. 11 E o Senhor lhe tornou: Levanta-te e vai ao bairro que se chama Direito: e busca em casa de Judas a um de Tarso chamado Saulo: porque ei-lo aí está orando. 12 (E viu um homem por nome Ananias, que entrava e que lhe impunha as mãos para recobrar a vista). 13 Respondeu pois Ananias: Senhor, eu tenho ouvido dizer a muitos a respeito deste homem, quantos males fez aos teus santos em Jerusalém: 14 e este tem poder dos príncipes dos sacerdotes de prender todos aqueles que invocam o teu nome. 15 Mas o Senhor lhe disse: Vai, porque este é para mim um vaso escolhido para levar o meu nome diante das gentes, e dos reis, e dos filhos de Israel. 16 Porque eu lhe mostrarei quantas coisas lhe é necessário padecer pelo meu nome.

17 E foi Ananias, e entrou na casa: e pondo as mãos sobre ele, disse: Saulo irmão, o Senhor Jesus, que te apareceu no caminho por onde vinhas, me enviou para que recobres a vista e fiques cheio do Espírito Santo. 18 E no mesmo ponto lhe caíram dos olhos umas como escamas, e assim recuperou a vista: e levantando-se foi batizado. 19 E depois que tomou alimento, ficou então com as forças recobradas. Alguns dias porém esteve com os discípulos, que se achavam em Damasco. 20 E logo

pregava nas sinagogas a Jesus, que este era o
Filho de Deus. 21 E pasmavam todos os que
o ouviam, e diziam: Pois não é este o que per-
seguia em Jerusalém aos que invocavam esse
nome? E ao que veio cá não foi para os levar
presos aos príncipes dos sacerdotes? 22 Porém
Saulo muito mais se esforçava, e confundia
aos judeus que habitavam em Damasco, afir-
mando que este era o Cristo. 23 E passando
muitos dias, os judeus juntos tiveram conse-
lho para matá-lo. 24 Porém Saulo foi adverti-
do das suas ciladas. Guardavam pois até as
portas de dia e de noite, para o matarem. 25 E
tomando conta dele os discípulos de noite, o
deslizaram pela muralha, metendo-o numa al-
cofa. 26 Tendo porém chegado a Jerusalém,
procurava Saulo ajuntar-se com os discípulos,
mas todos o temiam, não crendo que ele fosse
discípulo.

27 Então Barnabé levando-o consigo, o apre-
sentou aos apóstolos: e lhes contou como ha-
via visto ao Senhor no caminho e que lhe
havia falado, e como depois em Damasco ele
se portara com toda a liberdade em nome de
Jesus. 28 E estava com eles em Jerusalém
entrando, e saindo, e portando-se com liber-
dade em nome do Senhor. 29 Falava também
com os gentios, e disputava com os gregos:
mas eles tratavam de o matar. 30 O que tendo
sabido os irmãos o acompanharam até Cesa-
réia, e o enviaram a Tarso.

Milagres de São Pedro em Lida e Jope

31 Tinha então paz a Igreja por toda a Ju-
déia, e Galiléia, e Samaria, e se propagava ca-
minhando no temor do Senhor, e estava cheia
da consolação do Espírito Santo. 32 Aconteceu
pois que andando Pedro visitando a todos,
chegou aos santos, que habitavam em Lida.
33 E achou ali um homem por nome Enéias,
que havia oito anos jazia em um leito, porque
estava paralítico. 34 E Pedro lhe disse: Enéias,
o Senhor Jesus Cristo te sara. Levanta-te, e
faze a tua cama. E num momento se levantou.
35 E viram-no todos os que habitavam em Lida,
e em Sarona: os quais se converteram ao
Senhor.

36 Houve também em Jope uma discípula,
por nome Tabita, que quer dizer Dorcas. Esta
se achava cheia de boas obras e de esmolas
que fazia. 37 E aconteceu naqueles dias, que
depois de cair enferma, morresse. A qual, ten-
do-a primeiro lavado, a puseram num quarto
alto. 38 E como Lida estava perto de Jope,
os discípulos ouvindo que Pedro se achava lá,
enviaram-lhe dois homens, rogando-lhe: Não
te demores em vir ter conosco. 39 E levantan-
do-se Pedro foi com eles. E logo que chegou,
o levaram ao quarto alto: e o cercaram todas
as viúvas chorando, e mostrando-lhe as túni-
cas, e os vestidos, que lhes fazia Dorcas. 40 Mas
Pedro, tendo feito sair a todos para fora, pon-
do-se de joelhos, entrou a orar: e depois de
se ter voltado para o corpo, disse: Tabita,
levanta-te. E ela abriu os seus olhos: e vendo
a Pedro, se assentou. 41 Mas ele a fez levantar,
dando-lhe a mão. E havendo chamado os san-
tos, e as viúvas, lha entregou viva. 42 E este
caso se fez notório por toda Jope: e foram
muitos os que creram no Senhor. 43 E acon-
teceu que Pedro se deixou ficar em Jope por
muitos dias, em casa dum curtidor de peles,
chamado Simão.

Conversão do centurião Cornélio

10 Havia pois em Cesaréia um homem, por
nome Cornélio, que era centurião da
coórte, que se chama Italiana, 2 cheio de re-
ligião e temente a Deus com toda a sua casa,
que fazia muitas esmolas ao povo, e que estava
orando a Deus incessantemente. 3 Este viu em
visão manifestamente, quase à hora da noa,
que um anjo de Deus se apresentava diante
dele e lhe dizia: Cornélio. 4 E ele fixando nele
os olhos, possuído de temor, disse: Que é isto,
Senhor? Ele, porém, lhe respondeu: As tuas
orações e as tuas esmolas subiram para fica-
rem em lembrança na presença de Deus. 5 En-
via pois agora homens a Jope e faze vir aqui
a um certo Simão, que tem por sobrenome
Pedro. 6 Este se acha hospedado em casa dum
certo Simão, curtidor de peles, cuja casa fica
junta ao mar: ele te dirá o que te convém
fazer.

7 E logo que se retirou o anjo que lhe fala-
va, chamou a dois dos seus domésticos, e a
um soldado temente a Deus, daqueles que es-
tavam às suas ordens: 8 e havendo-lhes con-
tado tudo isto, os enviou a Jope. 9 E no dia
seguinte, indo eles seu caminho e estando já
perto da cidade, subiu Pedro ao alto da casa
a fazer oração perto da hora de sexta. 10 E
como tivesse fome, quis comer. Mas ao tempo
que lho preparavam sobreveio-lhe um rapto de
espírito: 11 e viu o céu aberto, e que descendo
um vaso, como uma grande toalha, suspenso
pelos quatro cantos, era feito baixar do céu
à terra. 12 Na qual havia de todos os quadrú-
pedes, e dos reptis da terra, e das aves do céu.
13 E foi dirigida a ele uma voz, que lhe disse:
Levanta-te, Pedro, mata e come. 14 E disse
Pedro: Não, Senhor, porque nunca comi coisa
alguma comum, nem imunda. 15 E a voz lhe
tornou segunda vez a dizer: Ao que Deus pu-
rificou não chames tu comum. 16 E isto se
repetiu até três vezes: e logo o vaso se reco-

lheu ao céu. 17 E enquanto Pedro entre si duvidava sobre o que seria a visão: eis que os homens, que tinha enviado Cornélio, perguntando pela casa de Simão, chegaram à porta. 18 E havendo chamado, perguntavam se estava ali hospedado Simão, que tinha por sobrenome Pedro. 19 E considerando Pedro na visão, lhe disse o espírito: Eis aí três homens que te procuram. 20 Levanta-te pois, desce e vai com eles sem duvidar: porque eu sou o que os enviei. 21 E descendo Pedro para ir ter com os homens, lhes disse: Aqui me tendes, que eu sou a quem buscais. Qual é a causa por que aqui viestes? 22 Responderam eles: O centurião Cornélio, homem justo e temente a Deus, e que disto mesmo logra o testemunho de toda a nação dos judeus, recebeu resposta do santo anjo, que te mandasse chamar a sua casa, e que ouvisse as tuas palavras. 23 Pedro pois, fazendo-os entrar, os hospedou. E levantando-se ao seguinte dia, partiu com eles: e alguns dos irmãos, que viviam em Jope, o acompanharam. 24 E ao outro dia depois entrou em Cesaréia. E Cornélio os estava esperando, havendo convidado já aos seus parentes, e mais íntimos amigos. 25 E aconteceu que quando Pedro estava para entrar, saiu Cornélio a recebê-lo: e prostrando-se a seus pés o adorou. 26 Mas Pedro o levantou, dizendo: Levanta-te, que eu também sou homem. 27 E entrou falando com ele, e achou muitos que haviam concorrido: 28 e lhes disse: Vós sabeis como é coisa abominável para um homem judeu o juntar-se ou unir-se a um estrangeiro: mas Deus me mostrou que a nenhum homem chamasse comum ou imundo. 29 Por isso, sem duvidar, vim logo assim que fui chamado. Pergunto, pois, por que causa me chamaste?

30 E disse Cornélio: Hoje faz quatro dias que estava orando em minha casa à hora de noa, e eis que se me pôs diante um varão, vestido de branco, e me disse: 31 Cornélio, a tua oração foi atendida, e as tuas esmolas foram lembradas na presença de Deus. 32 Manda pois a Jope, e faze vir a um Simão, que tem por sobrenome Pedro; ele está hospedado em casa de Simão, curtidor de peles, à borda do mar. 33 Em conseqüência disto, enviei logo a buscar-te, e tu fizeste bem em vir. Agora, porém, nós todos estamos na tua presença, para ouvir todas as coisas quantas o Senhor te ordenou que nos dissesses. 34 Então Pedro abrindo a sua boca, disse:

Tenho na verdade alcançado que Deus não faz acepção de pessoas. 35 Mas que em toda a nação aquele que o teme e obra o que é justo, esse lhe é aceito. 36 Deus enviou a sua Palavra aos filhos de Israel, anunciando-lhes a paz por meio de Jesus Cristo: (este é o Senhor de todos). 37 Vós sabeis que a Palavra foi enviada por toda a Judéia, pois começando desde a Galiléia, depois do batismo que pregou João, 38 sabeis que a Palavra mencionada é Jesus de Nazaré: como Deus o ungiu do Espírito Santo e de virtude, o qual andou fazendo bem e sarando a todos os oprimidos do diabo, porque Deus era com ele. 39 E nós somos testemunhas de tudo quanto fez na região dos judeus e em Jerusalém, ao qual eles mataram, pendurando-o num madeiro. 40 A este ressuscitou Deus ao terceiro dia, e quis que se manifestasse, 41 não a todo o povo, mas às testemunhas que Deus havia ordenado antes: a nós, que somemos e bebemos com ele, depois que ressuscitou dentre os mortos. 42 E nos mandou pregar ao povo, e dar testemunho de que ele é o que por Deus foi constituído Juiz de vivos e mortos. 43 A este dão testemunho todos os profetas, de que todos os que crêem nele recebem perdão dos pecados por meio do seu nome.

44 Estando Pedro ainda proferindo estas palavras, desceu o Espírito Santo sobre todos os que ouviam a palavra. 45 E se espantaram os fiéis que eram da circuncisão, os quais tinham vindo com Pedro, de verem que a graça do Espírito Santo foi também derramada sobre os gentios. 46 Porque eles o ouviam falar diversas línguas e engrandecer a Deus. 47 Então respondeu Pedro: Porventura pode alguém impedir a água para que não sejam batizados estes que receberam o Espírito Santo, assim também como nós? 48 E mandou que eles fossem batizados em nome do Senhor Jesus Cristo. Então lhe rogaram que ficasse com eles por alguns dias.

Em Jerusalém São Pedro justifica o batismo dos gentios

11 E ouviram os apóstolos e os irmãos que estavam na Judéia: que também os gentios haviam recebido a palavra de Deus. 2 E quando Pedro passou a Jerusalém disputavam contra ele os que eram da circuncisão, 3 dizendo: Por que entraste tu em casa de homens que não são circuncidados e comeste com eles? 4 Mas Pedro, tomando as coisas desde o princípio, lhas expunha pela sua ordem, dizendo: 5 Eu estava orando na cidade de Jope, e vi, em um arrebatamento de espírito, uma visão que, descendo um vaso, como uma grande toalha, sustida pelas quatro pontas, baixava do céu e veio até onde eu estava. 6 Detendo eu nele os olhos o estava contemplando, e vi dentro animais terrestres de quatro pés, e ali-

márias, e reptis, e aves do céu. 7 E ouvi também uma voz que me dizia: Levanta-te, Pedro, mata e come. 8 E eu disse: De nenhuma sorte, Senhor: porque nunca na minha boca entrou coisa comum ou imunda. 9 E me respondeu outra vez a voz do céu: O que Deus purificou, tu não lhe chames comum. 10 E isto sucedeu por três vezes: e depois todas estas coisas tornaram a recolher-se no céu. 11 E eis que chegaram logo três homens à casa onde eu estava, enviados a mim de Cesaréia. 12 E o Espírito me disse que fosse eu com eles, sem pôr a isso alguma dúvida. Estes seis irmãos que vedes, foram também comigo, e entramos na casa de certo varão. 13 E nos referiu como tinha visto na sua casa ao anjo que estava diante dele e que lhe dizia: Envia a Jope, e faze vir a Simão, que tem por sobrenome Pedro. 14 O qual te dirá as palavras, pelas quais serás salvo tu e toda a tua casa. 15 E como eu tivesse começado a falar, desceu o Espírito Santo sobre eles, assim como também tinha descido sobre nós no princípio. 16 E eu me lembrei então das palavras do Senhor, como ele havia dito: João, na verdade, batizou em água, mas vós sereis batizados no Espírito Santo. 17 Pois se Deus deu àqueles a mesma graça que também a nós, que cremos no Senhor Jesus Cristo: quem era eu para que me pudesse opor a Deus? 18 Eles, tendo ouvido este arrazoamento, se aquietaram: e deram glória a Deus, dizendo: Logo também aos gentios participou Deus o dom da penitência, que conduz à vida.

Fundação da Igreja de Antioquia

19 E na verdade aqueles que haviam sido dispersos pela tribulação, que tinha acontecido por causa de Estêvão, chegaram até Fenícia, Chipre e Antioquia, não pregando a ninguém a palavra senão só aos judeus. 20 E entre eles havia alguns varões de Chipre e de Cirene, os quais, quando entraram em Antioquia, falavam também aos gregos, anunciando-lhes ao Senhor Jesus. 21 E a mão do Senhor era com eles, e um grande número de crentes se converteu ao Senhor. 22 E chegou a fama destas coisas aos ouvidos da Igreja, que estava em Jerusalém, e enviaram Barnabé a Antioquia. 23 O qual, quando lá chegou e viu a graça de Deus, se alegrou: e exortava a todos a perseverar no Senhor pelo propósito do seu coração. 24 Porque era varão bom e cheio do Espírito Santo e de fé. E se uniu ao Senhor grande número de gente. 25 E dali partiu Barnabé para Tarso em busca de Saulo; tendo-o achado o levou a Antioquia. 26 E aqui nesta Igreja passaram eles todo um ano e instruíram uma grande multidão de gente, de maneira que em Antioquia foram primeiro os discípulos denominados cristãos.

27 E por estes dias vieram de Jerusalém a Antioquia uns profetas. 28 E levantando-se um deles, por nome Ágabo, dava a entender, por espírito, que havia de haver uma grande fome por todo o globo da terra; esta veio em tempo de Cláudio. 29 E os discípulos, cada um conforme a possibilidade que tinha, resolveram enviar algum socorro aos irmãos que habitavam na Judéia. 30 O que eles efetivamente fizeram, enviando-o aos anciãos por mãos de Barnabé e de Saulo.

Martírio de São Tiago, prisão e milagrosa libertação de São Pedro

12 E neste mesmo tempo enviou o rei Herodes tropas para maltratar a alguns da Igreja. 2 E matou, à espada, a Tiago, irmão de João.

3 E vendo que agradava aos judeus, fez também prender a Pedro. Eram então os dias dos asmos. 4 Tendo-o, pois, feito prender, meteu-o num cárcere, dando-o a guardar a quatro esquadras, cada uma de quatro soldados, com tenção de o apresentar ao povo, depois da Páscoa. 5 E Pedro estava guardado na prisão a bom recado. Entretanto, pela Igreja se fazia, sem cessar, oração a Deus por ele. 6 Mas quando Herodes estava para o apresentar, nessa mesma noite se achava dormindo Pedro entre dois soldados, liado com duas cadeias: e as guardas à porta vigiavam o cárcere. 7 E eis que sobreveio o anjo do Senhor: e resplandeceu uma claridade naquela habitação: e tocando a Pedro em um lado, o despertou, dizendo: Levanta-te depressa. E caíram as cadeias das suas mãos. 8 E o anjo lhe disse: Toma a tua cinta e calça as tuas sandálias. E fê-lo Pedro assim. E o anjo lhe disse: Põe sobre ti a tua capa e segue-me. 9 E saindo, o ia seguindo, e não sabia que os que se fazia por intervenção do anjo era assim na realidade, mas julgava que ele via uma visão. 10 E depois de passarem a primeira e a segunda guarda, chegaram à porta de ferro que guia para a cidade: a qual se lhes abriu por si mesma. E saindo, caminharam juntos o comprimento duma rua: e logo depois o deixou o anjo. 11 Então Pedro entrando em si, disse: Agora é que eu conheço verdadeiramente que mandou o Senhor o seu anjo, e me livrou da mão de Herodes e de tudo o que esperava o povo dos judeus.

12 E considerando nisto, foi ter à casa de Maria, mãe de João, que tem por sobrenome Marcos, onde muitos estavam congregados e

faziam oração. 13 Mas quando ele bateu à porta, foi uma moça chamada Rode, a que veio ver quem era. 14 E tanto que conheceu a voz de Pedro, com o alvoroço lhe não abriu logo a porta, mas correndo para dentro foi dar a nova de que Pedro estava à porta. 15 Eles, porém, lhe disseram: Tu estás louca. Mas ela asseverava que assim era. E eles diziam: Deve de ser o seu anjo. 16 Entretanto Pedro continuava em bater. E depois de lhe terem aberto a porta, então o conheceram e ficaram pasmados. 17 Mas ele tendo-lhes feito sinal com a mão, que se calassem, contou-lhes como o Senhor o havia livrado da prisão, e disse-lhes: Fazei saber isto a Tiago e aos irmãos. E tendo saído se foi logo a outra parte.

Castigo de Herodes

18 Mas quando foi dia, houve não pequena turbação entre os soldados, sobre o que tinha sido feito de Pedro. 19 E Herodes tendo-o feito buscar, e não o achando, feito exame a respeito dos guardas, os mandou justiçar. E passando de Judéia a Cesaréia deixou-se aí ficar. 20 Ora, Herodes estava irritado contra os de Tiro e de Sidônia. Mas estes de comum acordo o foram buscar, e com o favor de Blasto, que era seu camarista, pediram paz, porque das terras do rei é que o seu país tirava a subsistência. 21 E um dia assinado, Herodes, vestido em traje real, se assentou no tribunal e lhes fazia uma fala. 22 E o povo o aplaudia, dizendo: Isto são vozes de Deus e não de homem. 23 Porém, subitamente o feriu o anjo do Senhor, pelo motivo de que não tinha tributado honra a Deus: e comido de bichos expirou. 24 Entretanto a palavra do Senhor crescia e se multiplicava. 25 Mas Barnabé e Saulo, tendo concluído o seu ministério, tornaram a sair de Jerusalém, levando consigo a João, que tem por sobrenome Marcos.

III. MISSÃO DE BARNABÉ E DE PAULO. O CONCÍLIO DE JERUSALÉM

Primeira viagem de São Paulo: ida a Chipre

13 Havia pois na Igreja, que era de Antioquia, vários profetas e doutores, entre eles Barnabé e Simão, que tinha por apelido o Negro, e Lúcio de Cirene, e Manaen, o qual era colaço de Herodes o tetrarca, e Saulo. 2 A tempo porém que eles ofereciam o sacrifício ao Senhor e jejuavam, disse-lhes o Espírito Santo: Separai-me a Saulo e a Barnabé para a obra a que eu os hei destinado. 3 Depois que jejuavam e oraram, e lhes impuseram as mãos, os despediram. 4 E eles assim enviados pelo Espírito Santo foram a Selêucia, e dali navegaram até Chipre. 5 E quando chegaram a Salamina, pregavam a palavra de Deus nas sinagogas dos judeus. Tinham pois eles também a João no ministério. 6 E tendo discorrido por toda a ilha até Pafos, acharam um homem mago, falso profeta, judeu, que tinha por nome Barjesus. 7 O qual estava com o proconsul Sérgio Paulo, varão prudente. Este, havendo feito chamar a Barnabé e a Saulo, desejava ouvir a palavra de Deus. 8 Mas Elimas, o mago (porque assim se interpreta o seu nome) se lhes opunha, procurando apartar da fé ao proconsul. 9 Porém Saulo, que é também chamado Paulo, cheio do Espírito Santo, fixando nele os olhos, 10 disse: Ó homem cheio de todo o engano e de toda a astúcia, filho do diabo, inimigo de toda a justiça, tu não deixas de perverter os caminhos retos do Senhor. 11 Pois agora eis aí está sobre ti a mão do Senhor, e serás cego, que não verás o sol até certo tempo. E logo caiu sobre ele uma obscuridade e trevas, e andando à roda buscava quem lhe desse a mão. 12 Então o proconsul quando viu este fato, abraçou a fé, admirando a doutrina do Senhor.

Ida a Pisídia

13 E tendo Paulo e os que com ele se achavam, desaferrado de Pafos, vieram a Perge na Panfília. Mas João apartando-se deles, voltou a Jerusalém. 14 E eles passando por Perge vieram a Antioquia de Pisídia: e tendo entrado na sinagoga em dia de sábado, assentaram-se. 15 E depois da lição da lei, e dos profetas, mandaram-lhes dizer os chefes da sinagoga: Varões irmãos, se vós tendes que fazer alguma exortação ao povo, fazei-a.

Dircurso de São Paulo na sinagoga

16 E levantando-se Paulo e fazendo com a mão sinal de silêncio, disse: Varões israelitas, e os que temeis a Deus, ouvi: 17 O Deus do povo de Israel escolheu nossos pais e exaltou a este povo, sendo eles estrangeiros na terra do Egito, donde os tirou com o excelso poder do seu braço. 18 E suportou os costumes deles no deserto, por espaço de quarenta anos. 19 E destruindo sete nações da terra de Canaã, distribuiu entre eles por sorte aquela sua terra,

20 quase quatrocentos e cinqüenta anos depois: e daí em diante lhes deu juízes, até ao profeta Samuel. 21 E depois pediram rei: e Deus lhes deu a Saul, filho de Cis, varão da tribo de Benjamim, por quarenta anos. 22 E tirado este, lhes levantou em rei a Davi: a quem dando testemunho, disse: Achei a Davi, filho de Jessé, homem segundo o meu coração, que fará todas as minhas vontades. 23 Da linhagem deste, conforme a sua promessa, trouxe Deus a Israel o Salvador Jesus, 24 havendo João pregado antes da manifestação da sua vinda, o batismo de penitência a todo o povo de Israel. 25 E João quando acabava a sua carreira, dizia: Não sou eu quem vós cuidais que eu sou, mas eis aí vem após de mim aquele a quem eu não sou digno de desatar o calçado dos pés. 26 Varões irmãos, filhos da linhagem de Abraão, e os que entre vós temem a Deus, a vós é que foi enviada a palavra desta salvação.

27 Porque os que habitavam em Jerusalém e os príncipes dela, não conhecendo a este, nem as vozes dos profetas, que cada sábado se lêem, setenciando-o, as cumpriram. 28 E não achando nele nenhuma causa de morte, fizeram a sua petição a Pilatos, para assim lhe tirarem a vida. 29 E quando tiverem cumprido todas as coisas, que dele estavam escritas, tirando-o do madeiro, o puseram no sepulcro. 30 Mas Deus o ressuscitou dentre os mortos ao terceiro dia: e foi visto muitos dias por aqueles 31 que tinham vindo juntamente com ele da Galiléia a Jerusalém: os quais até agora dão testemunho dele ao povo. 32 E nós vos anunciamos aquela promessa, que foi feita a nossos pais: 33 visto Deus a ter cumprido a nossos filhos, ressuscitando a Jesus, como também está escrito no salmo segundo: Tu és meu Filho; eu te gerei hoje. 34 E que o haja ressuscitado dentre os mortos, para nunca mais tornar à corrupção, Ele o disse desta maneira: Dar-vos-ei pois as coisas santas de Davi firmes. 35 E por isso é que também diz noutro lugar: Não permitirás que o teu santo experimente corrupção. 36 Porque Davi no seu tempo, havendo servido conforme a vontade de Deus, morreu: e foi sepultado com seus pais, e experimentou corrupção. 37 Porém aquele que Deus ressuscitou dentre os mortos, não experimentou corrupção.

38 Seja-vos pois notório, varões irmãos, que por este se vos anuncia remissão de pecados, e de tudo o de que não pudestes ter justificados pela lei de Moisés. 39 Por este é justificado todo aquele que crê. 40 Guardai-vos pois que não venha sobre vós o que foi dito pelos profetas:

41 Vede, ó desprezadores, e admirai-vos e finai-vos: que eu obro uma obra em vossos dias, uma obra que vós não crereis, se alguém vo-la referir.

Resultado do discurso de São Paulo

42 E quando eles saíam lhes rogavam que no seguinte sábado lhes falassem estas palavras. 43 E como tivesse sido despedida a sinagoga, muitos dos judeus, e prosélitos tementes a Deus seguiram a Paulo, e a Barnabé: os quais com as suas razões os exortavam a que perseverassem na graça de Deus.

Os apóstolos dirigem-se aos gentios

44 E no sábado seguinte concorreu quase toda a cidade a ouvir a palavra de Deus. 45 Mas vendo os judeus tanta multidão de gente, encheram-se de inveja, e blasfemando, contradiziam as razões que por Paulo eram proferidas. 46 Então Paulo e Barnabé lhes disseram resolutamente: Vós éreis os primeiros a quem se devia anunciar a palavra de Deus; mas porque vós a rejeitais, e vos jugais indígnos da vida eterna, desde já nos vamos daqui para os gentios: 47 porque o Senhor assim no-lo mandou:

Eu te pus para luz das gentes para que sejas de salvação até à extremidade da terra. 48 Os gentios, porém, ouvindo isto, se alegraram, e glorificaram a palavra do Senhor: e creram todos os que haviam sido predestinados para a vida eterna.

49 Assim por toda esta terra se disseminava a palavra do Senhor. 50 Mas os judeus concitaram a algumas mulheres devotas e nobres, e os principais da cidade, e excitaram uma perseguição contra Paulo e Barnabé: e os lançaram fora do seu país. 51 Então Paulo e Barnabé, tendo sacudido contra eles o pó dos seus pés, foram para Icônia. 52 Entretanto estavam os discípulos cheios de gozo e do Espírito Santo.

Evangelização da Icônia

14 E aconteceu em Icônia, que entraram juntos na sinagoga dos judeus, e que ali pregaram, de maneira que uma copiosa multidão de judeus e de gregos se converteu à Fé. 2 Mas os judeus que permaneceram incrédulos, concitaram e fizeram irritar os ânimos dos gentios contra seus irmãos. 3 Por isso se demoraram ali muito tempo, trabalhando com confiança no Senhor, que dava testemunho à palavra da sua graça, concedendo que se fizesse por suas mãos prodígios e milagres.

4 E se dividiu a multidão da gente da cidade:
e assim uns eram pelos judeus, outros, porém,
pelos apóstolos. 5 Mas como se tivesse levan-
tado um motim dos gentios e dos judeus com
os seus chefes, para os ultrajar e apedrejar,
6 entendendo-o eles, fugiram para Listra e
Derbe, cidades da Licaônia, e para toda aque-
la comarca em circuito, e ali se achavam pre-
gando o Evangelho.

Ida a Listra

7 Ora em Listra residia um homem leso dos
pés, coxo desde o ventre de sua mãe, o qual
nunca tinha andado. 8 Este homem ouviu
pregar a Paulo. Paulo pondo nele os olhos, e
vendo que ele tinha fé de que seria curado,
9 disse em alta voz: Levanta-te direito sobre
os teus pés. E ele saltou, e andava. 10 Os do
povo, porém, tendo visto o que fizera Paulo,
levantaram a sua voz, dizendo em língua licaô-
nica: Estes são deuses que baixaram a nós
em figura de homens. 11 E chamavam a Bar-
nabé Júpiter, e a Paulo Mercúrio, porque ele
era o que levava a palavra. 12 Também o sa-
cerdote de Júpiter, que estava à entrada da
cidade, trazendo para ante as portas touros e
grinaldas, queria sacrificar com o povo. 13 Mas
os apóstolos Barnabé e Paulo, quando isto
ouviram, tendo rasgado as suas vestiduras,
saltaram no meio das gentes, chamando, 14 e
dizendo:
Varões, por que fazeis isto? Nós também
somos mortais, homens assim como vós, e vos
pregamos, que destas coisas vãs vos convertais
a Deus vivo, que fez o céu, e a terra, e o mar,
e tudo quanto há neles: 15 o que nos séculos
passados permitiu a todos os gentios andar
nos seus caminhos. 16 E nunca se deixou por
certo a si mesmo sem testemunho, fazendo
bem lá do céu, dando chuvas, e tempos favo-
ráveis para os frutos, enchendo os nossos co-
rações de mantimento e de alegria. 17 E dizen-
do isto, apenas puderam apaziguar as gentes,
para que lhes não sacrificassem.
18 Então sobrevieram de Antioquia, e de
Icônia alguns judeus: os quais tendo ganhado
para si a vontade do povo e apedrejando a
Paulo, o trouxeram, arrastando-o fora da cida-
de, dando-o por morto. 19 Mas rodeando-o os
discípulos, e levantando-se ele, entrou na cida-
de, e ao dia seguinte partiu com Barnabé para
Derbe.

Volta da primeira viagem de São Paulo

20 E tendo eles pregado o Evangelho àque-
la cidade, e ensinando a muitos, voltaram para
Listra e Icônia e Antioquia, 21 confirmando
os corações dos discípulos, e exortando-os a
perseverar na Fé: e que por muitas tribula-
ções nos é necessário entrar no reino de Deus.
22 Por fim, tendo-lhes ordenado em cada igreja
seus presbíteros e feito orações com jejuns,
os deixaram encomendados ao Senhor, em
quem tinham crido. 23 E atravessando a Pisí-
dia foram a Panfília. 24 E anunciando a pala-
vra do Senhor em Perge, desceram a Atália:
25 e dali navegaram para Antioquia, de onde
haviam sido encomendados à graça de Deus,
para a obra que concluíram. 26 E havendo
chegado e congregado a Igreja, contaram quão
grandes coisas havia Deus feito com eles, e
como havia aberto a porta da Fé aos gentios.
27 E se detiveram com os discípulos não pou-
co tempo.

O problema da observância da lei mosaica

15 E vindo alguns da Judéia, ensinavam as-
sim aos irmãos: Pois se vos não circun-
cidais segundo o rito de Moisés, não podeis
ser salvos. 2 E tendo-se movido uma disputa
não mui pequena de Paulo e Barnabé contra
eles, sem os convencer, resolveram que fosse
Paulo e Barnabé e alguns dos outros aos após-
tolos, e aos presbíteros de Jerusalém sobre
esta questão. 3 Eles, pois, acompanhados pela
Igreja, passavam já pela Fenícia e por Sama-
ria, contando a conversão dos gentios: e davam
grande contentamento a todos os irmãos. 4 E
tendo chegado a Jerusalém, foram recebidos
pela Igreja e pelos apóstolos e pelos presbí-
teros, aos quais eles referiam quão grandes
coisas tinha obrado Deus com eles. 5 Mas le-
vantaram-se alguns da seita dos fariseus, que
abraçaram a Fé, dizendo: É necessário pois
que os gentios sejam circuncidados, mandar-
-lhes também que observem a Lei de Moisés.

Concílio de Jerusalém

6 Congregaram-se pois os apóstolos e os
presbíteros para examinar este ponto. 7 E de-
pois de se fazer sobre ele um grande exame,
levantando-se Pedro lhes disse: Varões irmãos,
vós sabeis que desde os primeiros dias orde-
nou Deus entre nós que da minha boca ouvis-
sem os gentios a palavra do Evangelho, e que
a cressem. 8 E Deus, que conhece os corações,
se declarou por eles, dando-lhes o Espírito
Santo, assim como também a nós. 9 E não fez
diferença alguma entre nós e eles, purificando
com a fé os seus corações. 10 Logo por que
tentais agora a Deus, pondo um jugo sobre as
cervizes dos discípulos, que nem nossos pais
nem nós pudemos suportar? 11 Mas nós cre-
mos que pela graça do Senhor Jesus Cristo

somos salvos, assim como eles também o foram. 12 Então toda a assembléia se calou: e escutavam a Barnabé e a Paulo, que lhes contavam quão grandes milagres e prodígios fizera Deus, por intervenção deles, nos gentios.

Discurso de São Tiago, o Menor

13 E depois que eles se calaram, entrou a falar Tiago, dizendo: Varões irmãos, ouvi-me. 14 Simão tem contado como Deus primeiro visitou aos gentios, para tomar deles um povo para seu nome. 15 E com isto concordam as palavras dos profetas, como está escrito: 16 Depois disto eu voltarei, e edificarei de novo o tabernáculo de Davi que caiu e repararei as suas ruínas e o levantarei: 17 para que os restos dos homens busquem a Deus, e todas as gentes, sobre as quais tem sido invocado o meu nome, diz o Senhor, que faz estas coisas. 18 Pelo Senhor é conhecida a sua obra desde a eternidade. 19 Pelo que, julgo eu, que se não devem inquietar os que dentre os gentios se convertem a Deus. 20 Mas que se lhes deve somente escrever que se abstenham das contaminações dos ídolos e da fornicação, e das carnes sufocadas, e do sangue. 21 Porque Moisés, desde tempos antigos, tem em cada cidade homens que o preguem nas sinagogas, onde é lido cada sábado.

A carta com o decreto do concílio

22 Então pareceu bem aos apóstolos e aos presbíteros com toda a Igreja, eleger varões dentre eles, e enviá-los a Antioquia com Paulo, e Barnabé, enviando a Judas, que tinha o sobrenome de Barsabás, e a Silas, varões principais entre os irmãos, 23 escrevendo-lhes por mão deles assim: Os apóstolos e os presbíteros irmãos, àqueles irmãos convertidos dos gentios, que se acham em Antioquia, e na Síria, e na Cilícia, saúde. 24 Porquanto havemos ouvido que alguns que têm saído de nós, transtornando os vossos corações, vos têm perturbado com palavras, sem lhes termos mandado tal: 25 aprouve-nos a nós, congregados em concílio, escolher varões e enviá-los a vós com os nossos mui amados Barnabé e Paulo, 26 que são uns homens que têm exposto as suas vidas pelo nome de Nosso Senhor Jesus Cristo. 27 Enviamos portanto a Judas, e a Silas, que até de palavra eles vos exporão as mesmas coisas. 28 Porque pareceu bem ao Espírito Santo e a nós, não vos impor mais encargos do que os necessários, que são estes: 29 a saber: que vos abstenhais do que tiver sido sacrificado aos ídolos, e do sangue, e das carnes sufocadas, e da impureza, das quais coisas fareis bem de vos guardar. Deus seja convosco.

30 Eles enviados assim foram a Antioquia. E havendo congregado a multidão dos fiéis, entregaram a carta. 31 A qual, tendo eles lido, se encheram de contentamento pela consolação que lhes causou. 32 E Judas e Silas, como também profetas que eram, consolaram com muitas palavras aos irmãos, e os confirmaram na Fé. 33 E tendo-se demorado ali por algum tempo, foram remetidos em paz pelos irmãos, aos que lhos tinham enviado. 34 A Silas, contudo, pareceu bem ficar ali, e Judas foi só para Jerusalém. 35 E Paulo e Barnabé se demoravam em Antioquia, ensinando e pregando com outros muitos a palavra do Senhor.

IV AS MISSÕES DE PAULO

Segunda viagem de São Paulo

36 E, dali a alguns dias, disse Paulo a Barnabé: Tornemos a ir visitar os irmãos por todas as cidades em que temos pregado a palavra do Senhor, para ver como se portam. 37 E Barnabé queria também levar consigo a João, que tinha por sobrenome Marcos. 38 Mas Paulo lhe rogava, tendo por justo que (pois se havia separado deles desde Panfília, e não havia ido com eles à obra) não devia ser admitido. 39 E houve tal desavença entre eles que se separaram um do outro, e assim Barnabé, levando consigo a Marcos, navegou para Chipre. 40 E Paulo, tendo escolhido a Silas, partiu, encomendado pelos irmãos à graça de Deus. 41 E andava pela Síria e pela Cilícia, confirmando as Igrejas, ordenando-lhes que guardassem os cânones dos apóstolos e dos prebíteros.

Timóteo

16 E chegou a Derbe e a Listra. E eis que havia ali um discípulo por nome Timóteo, filho de uma mulher fiel de Judéia, de pai gentio. 2 Deste davam bom testemunho os irmãos que estavam em Listra, e em Icônia. 3 Quis Paulo que este fosse em sua companhia, e tomando-o o circuncidou por causa dos judeus que havia naqueles lugares. Porque todos sabiam que seu pai era gentio. 4 E quando passavam pelas cidades, lhes ensinavam que guardassem os decretos que haviam sido

estabelecidos pelos apóstolos e pelos presbí-
teros, que estavam em Jerusalém. 5 E, com
efeito, as igrejas eram confirmadas na Fé, e
cresciam em número cada dia.

Ida a Macedônia

6 E atravessando a Frígia, e a província de
Galácia, foram proibidos pelo Espírito Santo
de anunciarem a palavra de Deus na Ásia. 7 E
tendo chegado a Mísia, intentavam passar a
Bitínia: mas o Espírito de Jesus lho não per-
mitiu. 8 E depois de haverem atravessado a
Mísia, baixaram a Tróade: 9 e de noite foi re-
presentada a Paulo esta visão: Achava-se ali
em pé um homem macedônio, que lhe rogava
e dizia: Tu passando a Macedônio ajuda-nos.
10 E assim que teve esta visão, procuramos
logo partir para Macedônio, certificados de
que Deus nos chamava a lhes irmos pregar o
Evangelho.

Ida a Filipos

11 Tendo-nos pois embarcado em Tróade,
viemos em direitura a Samotrácia e ao outro
dia a Nápoles: 12 e daí a Filipos, que é uma
colônia e cidade principal daquela parte da
Macedônia. E nesta cidade nos detivemos al-
guns dias, conferindo. 13 E um dia dos sába-
dos saímos fora da porta junto ao rio, onde
parecia que se fazia oração: e assentando-nos
ali, falávamos às mulheres que haviam con-
corrido. 14 E uma mulher, por nome Lídia,
da cidade dos Tiatirenos, que comerciava em
púrpura, serva de Deus, nos ouviu: o Senhor
lhe abriu o coração, para atender àquelas
coisas que por Paulo eram ditas. 15 E tendo
sido batizada, ela e a sua família, fez esta
deprecação dizendo: Se haveis feito juízo de
que eu sou fiel ao Senhor, entrai em minha
casa, e pousai nela. E nos obrigou a isso.
16 Aconteceu, pois, que indo nós à oração, nos
encontrou uma moça que tinha o espírito de
Piton, a qual com as suas adivinhações dava
muito lucro a seus amos. 17 Esta, seguindo
a Paulo e a nós, gritava, dizendo: Estes ho-
mens são servos do Deus Excelso, que vos
anunciam o caminho da salvação. 18 E isto
fazia muitos dias. Mas Paulo indiganando-se
já, tendo-se voltado para ela, disse ao espírito:
Eu te mando em nome de Jesus Cristo, que
saias desta mulher. E ele na mesma hora saiu.

Prisão de Paulo e Silas

19 E vendo seus amos que se lhes tinha aca-
bado a esperança do seu lucro, pegando em
Paulo e em Silas os levaram à praça, aos do
governo: 20 e apresentando-os aos magistra-
dos, disseram: Estes homens amotinam a nos-
sa cidade, porque são judeus: 21 e pregam um
modo de vida que a nós não nos é lícito rece-
ber, nem praticar, sendo romanos. 22 E acudiu
o povo, pondo-se contra eles: e os magistra-
dos, rasgados os vestidos deles, mandaram que
fossem açoitados com varas. 23 E depois de
muito bem os terem fustigado, meteram-nos
numa prisão mandando ao carceceiro que os
tivesse a bom recato. 24 E tendo recebido
uma ordem tal como esta, os meteu em um
segredo e lhes apertou os pés no cepo.

Milagrosa intervenção em favor dos missionários

25 Mas à meia-noite, postos em oração, Pau-
lo e Silas louvaram a Deus: e os que estavam
na prisão os ouviam. 26 E subitamente se
sentiu um terremoto tão grande, que se mo-
veram os fundamentos do cárcere. E se abri-
ram logo todas as portas: e foram soltas as
prisões de todos. 27 Tendo pois espertado o
carcereiro, e vendo abertas as portas do cár-
cere, tirando da espada queria matar-se, cui-
dando que eram fugidos os presos. 28 Mas
Paulo lhe bradou mui de rijo, dizendo: Não
te faças nenhum mal: porque todos aqui es-
tamos. 29 Então tendo pedido luz, entrou den-
tro: e todo tremendo se lançou aos pés de
Paulo e de Silas. 30 E tirando-os para fora,
disse-lhes: Senhores, que é necessário que eu
faça, para me salvar? 31 E eles lhe disseram:
Crê no Senhor Jesus e serás salvo, tu e tua
família. 32 E lhe pregaram a palavra do Se-
nhor, e a todos os que estavam em sua casa.
33 E tomando-os naquela mesma hora da noite,
lhes lavou as chagas. E imediatamente foi ba-
tizado ele e toda a sua família. 34 E havendo-
-os levado a sua casa, lhes pôs a mesa e se
alegrou com todos os da sua casa, crendo em
Deus.
35 E quando foi dia, lhe enviaram a dizer
os magistrados pelos litores: Deixa ir livres
esses homens. 36 E o carcereiro fez aviso desta
ordem a Paulo: Já os magistrados mandaram
que sejais postos em liberdade; agora, pois
saindo daqui, ide em paz. 37 Então Paulo lhes
disse: Açoitados publicamente sem forma de
juízo, sendo romanos, nos meteram no cárcere
e agora nos lançam fora em segredo? Não
será assim! Mas venham. 38 E tirem-nos eles
mesmos. E os litores deram parte destas pala-
vras aos magistrados: e estes temeram quando
ouviram que eram romanos. 39 E vindo lhes
pediram perdão, e tirando-os lhes rogavam que
saíssem da cidade. 40 Saindo pois do cárcere,
entraram em casa de Lídia: e como viram aos
irmãos, os consolaram e logo partiram.

Dificuldades em Tessalonica

17 E tendo passado por Anfípolis e Apolô-
nia, chegaram a Tessalonica, onde havia
uma sinagoga de judeus. 2 E Paulo entrou a
eles segundo o seu costume, e por três sábados
disputou com eles sobre as Escrituras. 3 De-
clarando e mostrando que havia sido neces-
sário que Cristo padecesse e ressurgisse dos
mortos. E este, dizia, é o Jesus Cristo que eu
vos anuncio. 4 E alguns deles creram e se agre-
garam a Paulo e a Silas, como também uma
grande multidão de prosélitos e de gentios, e
não poucas mulheres de qualidade. 5 Porém
os judeus levados de zelo e fazendo seus al-
guns da escória do vulgo, maus homens, e com
esta gente junta amotinaram a cidade: e, blo-
queando a casa de Jason, procuravam apresen-
tá-los ao povo. 6 E como os não tivessem
achado, trouxeram por força a Jason e a al-
guns irmãos, à presença dos magistrados da
cidade, dizendo a gritos: Estes são pois os que
amotinam a cidade, e vieram a ela. 7 Aos quais
recolheu Jason, e eles todos são rebeldes aos
decretos de César, sustentando que há um
outro rei, que é Jesus. 8 E amotinaram ao povo
e aos principais da cidade ao ouvirem estas
coisas. 9 Mas depois que Jason e os outros
deram caução, os deixaram ir.

Em Beréia

10 E os irmãos, logo que chegou a noite,
enviaram a Paulo e a Silas a Beréia. Os quais
tendo já chegado, entraram na sinagoga dos
judeus. 11 Estes pois eram mais generosos do
que aqueles que se acham em Tessalonica, os
quais receberam a palavra com ansioso dese-
jo, indagando todos os dias nas Escrituras, se
estas coisas eram assim. 12 De sorte que foram
muitos dentre eles os que creram, e dos gen-
tios muitas mulheres nobres, e não poucos
homens. 13 Porém como os judeus de Tessa-
lonica soubessem que também em Beréia tinha
sido pregada por Paulo a palavra de Deus,
foram também lá comover e sublevar o povo.
14 E logo então os irmãos deram modo a que
Paulo se retirasse e fosse para a parte do mar,
porém Silas e Timóteo ficaram ali. 15 E os que
acompanhavam Paulo, o levaram até Atenas,
e depois de haverem dele recebido ordem para
dizerem a Silas e a Timóteo que muito à pres-
sa viessem a ele, partiram logo.

Paulo em Atenas

16 E enquanto Paulo os esperava em Atenas,
o seu espírito se sentia comovido em si mes-
mo, vendo a cidade toda entregue à idolatria.
17 Disputava, portanto, na sinagoga com os
judeus e prosélitos, e na praça todos os dias
com aqueles que se achavam presentes. 18 E
alguns filósofos epicureus e estóicos disputa-
vam com ele, e uns diziam: Que quer dizer
esse paroleiro? E outro: Parece que é prega-
dor de novos deuses: porque lhes anunciava a
Jesus, e a Ressurreição. 19 E depois de pega-
rem nele, o levaram ao Areópago, dizendo:
Podemos nós saber que nova doutrina é essa
que prega? 20 Porque nos andas metendo pe-
los ouvidos umas coisas todas novas para nós.
Queremos pois saber que vem a ser isto. 21 (E
todos os atenienses, e os forasteiros ali assis-
tentes, não se ocupavam noutra coisa senão
em dizer ou em ouvir alguma coia de novo.)

Discurso de São Paulo aos atenienses

22 Paulo, pois, posto em pé no meio do
Areópago, disse: Varões atenienses, em tudo
e por tudo vos vejo um pouco excessivos no
culto da vossa religião. 23 Pois indo passando,
e vendo os vossos simulacros, achei também
um altar, em que se achava essa letra: Ao
Deus desconhecido. Pois aquele Deus que vós
adorais sem o conhecer, esse é de fato o que
eu vos anuncio. 24 Deus, que fez o mundo, e
tudo o que nele há, sendo Ele o Senhor do céu,
e da terra, não habita em templos feitos pelos
homens. 25 Nem é servido por mãos de ho-
mens, com se necessitasse de alguma criatura,
quando Ele mesmo é o que dá a todos a vida,
e a respiração, e todas as coisas!
26 E de um só fez todo o gênero humano,
para que habitasse sobre toda a face da terra,
assinando a ordem dos tempos, e os limites
da sua habitação: 27 para que buscassem a
Deus, se porventura o pudessem tocar, ou
achar, ainda que não esteja longe de cada um
de nós. 28 Porque nele mesmo vivemos, e nos
movemos, e existimos: como disseram alguns
de vossos poetas: Porque dele também somos
linhagem. 29 Sendo nós pois linhagem de Deus,
não devemos pensar que a divindade é seme-
lhante ao ouro, ou à prata, ou à pedra lavrada
por arte e indústria de homem. 30 E Deus,
dissimulando por certo os tempos desta igno-
rância, denuncia agora aos homens que todos
em todo o lugar façam penitência, 31 pelo
motivo de que Ele tem determinado um dia
em que há de julgar o mundo, conforme a
justiça, por aquele varão que destinou para
juiz, do que dá certeza a todos ressuscitan-
do-o dentre os mortos.

Resultado do discurso de São Paulo

32 E quando ouviram a ressurreição dos
mortos, uns na verdade faziam zombaria, e

outros disseram: Outra vez te ouviremos sobre este assunto. 33 Assim saiu Paulo do meio deles. 34 Todavia alguns varões agregando-se a ele abraçaram a Fé: entre os quais foi não só Dionísio areopagita, mas também uma mulher por nome Damáris, e com eles outros.

Fundação da Igreja de Corinto

18 Depois disto, havendo saído Paulo de Atenas, chegou a Corinto. 2 E achando ali um judeu por nome Áquila, natural do Ponto, que pouco antes havia chegado de Itália, e a Priscila sua mulher (pelo motivo de que tinha mandado Cláudio sair de Roma a todos os judeus) se uniu a eles. 3 E porquanto era do seu mesmo ofício, estava com eles, e trabalhava: (porque o ofício deles era o de fazer tendas de campanha.) 4 E disputava todos os sábados na sinagoga, fazendo entrar nos seus discursos o nome do Senhor Jesus, e convencia aos judeus e aos gregos.

5 E quando vieram de Macedônia Silas e Timóteo, Paulo instava com a sua pregação, dando testemunho aos judeus de que Jesus era o Cristo. 6 Mas como eles contradissessem, e blasfemassem, sacudindo ele os seus vestidos, lhes disse: O vosso sangue seja sobre a vossa cabeça! Eu estou limpo, desde agora me vou para os gentios. 7 E saindo dali, entrou em casa de um chamado Tito Justo, temente a Deus, cuja casa vizinha com a sinagoga. 8 E Crispo, que era o príncipe da sinagoga, creu no Senhor com todos os da sua casa. E muitos dos coríntios, ouvindo-o, criam e eram batizados. 9 Ora de noite em visão disse o Senhor a Paulo: Não temas, mas fala, e não te cales. 10 Porque eu sou contigo, e ninguém se chegará a ti para te fazer mal, porque tenho muito povo nesta cidade. 11 E se deteve ali um ano, e seis meses, ensinando entre eles a palavra de Deus.

Paulo levado ao tribunal

12 Mas sendo proconsul de Acaia, Galião, os judeus de comum acordo se levantaram contra Paulo, e o levaram ao tribunal, 13 dizendo: Este pois contra a lei persuade aos homens que sirvam a Deus. 14 E como Paulo começasse a abrir a sua boca, disse Galião aos judeus: Se isto fosse na realidade algum agravo, ou enormíssimo crime, eu vos ouviria, ó varões judeus, conforme o direito. 15 Mas se são questões de palavra, e de nomes, e da vossa lei, vede-o vós lá: porque eu não quero ser juiz destas coisas. 16 E assim os mandou sair do tribunal. 17 Então eles todos, lançando mão de Sóstenes, cabeça da sinagoga, lhe davam pancadas diante do tribunal: e a Galião nada disto lhe dava cuidado.

Volta da segunda viagem de São Paulo

18 Mas Paulo havendo permanecido ali ainda muitos dias, despedindo-se dos irmãos, navegou para a Síria (e com ele Priscila e Áquila) depois de se ter feito cortar o cabelo em Cêncris: porque tinha voto. 19 E chegou a Éfeso, e os deixou ali. E tendo ele entrado na sinagoga, disputava contra os judeus. 20 E rogando-lhe eles que ficasse ali mais tempo, não consentiu nisso. 21 Mas despedindo-se deles, e dizendo-lhes: Outra vez, querendo Deus, voltarei a vós, partiu de Éfeso. 22 E descendo a Cesaréia, subiu a Jerusalém e saudou aquela Igreja, e logo passou a Antioquia.

Terceira viagem de São Paulo: Ida a Éfeso

23 E havendo estado ali por algum tempo, partiu, atravessando por sua ordem a terra de Galácia e a Frígia, fortalecendo a todos os discípulos. 24 E veio a Éfeso um judeu por nome Apolo, natural de Alexandria, homem eloqüente, mui versado nas Escrituras. 25 Este era instruído no caminho do Senhor: e falava com fervor de espírito e ensinava com diligência o que pertencia a Jesus, conhecendo somente o batismo de João. 26 Este pois começou a falar com liberdade na sinagoga. Quando Priscila e Áquila o ouviram, o levaram consigo e lhe declararam mais particularmente o caminho do Senhor. 27 E querendo ele ir a Acaia, havendo-o animado a isso os irmãos, escreveram aos discípulos que o recebessem. Ele, tendo ali chegado, foi de muito proveito para aqueles que haviam crido. 28 Porque com grande veemência convencia publicamente aos judeus, mostrando-lhes, pelas Escrituras, que Jesus era o Cristo.

19 E aconteceu que, estando Apolo em Corinto, Paulo, depois de haver atravessado as altas províncias da Ásia, veio a Éfeso e achou alguns discípulos: 2 e lhes disse: Vós recebeste já o Espírito Santo quando abraçastes a Fé? E eles lhe responderam: Antes nós nem sequer temos ainda ouvido se há Espírito Santo. 3 E eles lhes disse: Em que batismo logo fostes vós batizados? Eles disseram: No batismo de João. 4 Então disse Paulo: João batizou ao povo com batismo de penitência, dizendo: que cressem naquele que havia de vir depois dele, isto é, em Jesus. 5 Ouvindo isto, foram batizados em nome do Senhor Jesus. 6 E havendo-lhes Paulo imposto as mãos, veio sobre eles o Espírito Santo e falavam em

diversas línguas e profetizavam. 7 E eram por todos algumas doze pessoas.

Fundação da Igreja de Éfeso

8 Tendo pois entrado dentro da sinagoga, falou com liberdade por espaço de três meses, disputando e persuadindo-os acerca do reino de Deus. 9 Mas como alguns se endurecessem, e não cressem, desacreditando o caminho do Senhor diante da multidão, apartando-se deles, separou os discípulos, disputando todos os dias na escola de um certo Tirano. 10 E isto foi que moravam na Ásia, ouviram a palavra do Senhor, judeus, e gentios. 11 E Deus fazia milagres, não quaisquer, por mão de Paulo: 12 chegando estes a tal extremo, que até sendo aplicados aos enfermos os lenços e aventais, que tinham tocado no corpo de Paulo, não só fugiam deles as doenças, mas também os espíritos malignos se retiravam.

13 Ora também alguns dos exorcistas judeus que andavam de terra em terra, tentaram invocar o nome do Senhor Jesus sobre os que se achavam possessos dos malignos espíritos, dizendo: Eu vos conjuro por Jesus, a quem Paulo prega. 14 E os que faziam isto eram uns sete filhos de certo judeu, príncipe dos sacerdotes, chamado Sceva. 15 Mas o espírito maligno respondendo, lhes disse: Eu conheço a Jesus e sei quem é Paulo! Mas vós quem sois? 16 E o homem, no qual estava um espírito malignissimo, saltando sobre eles e apoderando-se de ambos, prevaleceu contra eles, de tal maneira que nus, e feridos, fugiram daquela casa. 17 E este caso se fez notório a todos os judeus e gentios que habitavam em Éfeso, e caiu sobre todos eles grande temor, e o nome do Senhor Jesus era engrandecido.

18 E muitos dos que haviam crido vinham confessando e denunciando as suas obras. 19 Muitos também daqueles que tinham seguido as artes vãs, trouxeram juntos os seus livros e os queimaram diante de todos, e calculando o seu valor, acharam que montava a cinqüenta mil dinheiros. 20 Deste modo crescia muito, e tomava novas forças a palavra de Deus.

V. FIM DAS MISSÕES. O PRISIONEIRO DE CRISTO

Projetos de Paulo

21 E concluídas estas coisas, propos Paulo, por instinto do Espírito Santo, ir a Jerusalém depois de atravessar a Macedônia e a Acaia, dizendo: Porque depois que eu estiver ali, é necessário que também eu veja Roma. 22 E enviando a Macedônia dois dos que lhe ministravam, Timóteo, e Erasto, ainda ele mesmo se demorou algum tempo na Ásia.

Tumulto em Éfeso

23 Mas neste tempo se excitou um não muito pequeno tumulto a respeito do caminho do Senhor. 24 Porque um ourives da prata, por nome Demétrio, que fazia de prata uns nichos de Diana, dava não pouco que ganhar aos artífices. 25 Aos quais convocando ele e a outros, que trabalhavam em semelhantes obras, disse: Varões, vós sabeis que o nosso ganho nos resulta deste artifício. 26 E estais vendo e ouvindo, que não só em Éfeso, mas em quase toda a Ásia, este Paulo com as suas persuasões aparta do nosso culto muitas gentes, dizendo: que não são deuses os que são feitos por mãos de homens. 27 Pelo que não somente correrá perigo de que esta nossa profissão venha a ficar em descrédito, senão que também o templo da grande Diana será tido em nada e até começará a cair por terra a majestade daquela a quem toda a Ásia e o mundo adora.

28 Ouvindo isto, se encheram de ira e levantaram um grito, dizendo: Viva a grande Diana dos efésios. 29 E se encheu toda a cidade de confusão e todos à uma arremeteram ao teatro, arrebatando a Gaio e a Aristarco, macedônios, companheiros de Paulo. 30 E querendo Paulo apresentar-se ao povo, os discípulos o não deixaram. 31 E alguns até dos principais da Ásia, que eram seus amigos, lhe enviaram a rogar que não se apresentasse no teatro: 32 e outros levantavam outro grito. Porquanto aquela concorrência de povo estava ali confusa: e os mais deles não sabiam o porque se haviam ajuntado. 33 E tiraram a Alexandre dentre aquela turba, levando-o a empurrões os judeus. E Alexandre, pedindo silêncio com a mão, queria dar satisfação ao povo. 34 Quando conheceram que ele era judeu, todos a uma voz gritaram pelo espaço de quase duas horas: Viva a grande Diana dos efésios.

35 Então o escrivão, tendo apaziguado a gente, disse: Varões de Éfeso, quem há pois dentre todos os homens que não saiba que a cidade de Éfeso é honradora da grande Diana e filha de Júpiter? 36 E porquanto isto se não pode contradizer, convém que vos sossegueis

e que nada façais inconsideradamente. 37 Porque estes homens, que vós fizestes vir aqui, nem são sacrílegos, nem são blasfemadores da vossa deusa. 38 Mas se Demétrio e os oficiais que estão com ele têm alguma queixa contra algum, audiências públicas se dão, e procônsules há; acusem-se uns a outros. 39 E se pretendeis alguma coisa sobre outros negócios: em legítimo ajuntamento se poderá despachar. 40 Porque até corremos risco de sermos argüidos pela sedição de hoje, não havendo nenhuma causa (de que possamos dar razão) deste concurso. E havendo dito isto, despediu o congresso.

Ida a Tróade onde ressuscita Êutico

20 E depois que cessou o tumulto, chamando Paulo aos discípulos, e fazendo-lhes uma exortação, se despediu deles, e se pôs a caminho para ir a Macedônia. 2 E depois de haver andado aquelas terras e de os ter exortado ali com muitas palavras, veio à Grécia, 3 onde, havendo estado três meses, lhe foram armadas ciladas pelos judeus, estando ele para navegar para a Síria: e assim tomou a resolução de voltar por Macedônia. 4 E acompanhou-o Sópatro de Beréia, filho de Pirro, e dos de Tessalonica Aristarco, e Secundo, e Gaio de Derbe, e Timóteo: e dos da Ásia Tíquico e Trófimo. 5 Estes, tendo partido adiante, nos esperaram em Tróade. 6 E nós, depois dos dias dos asmos, nos fizemos à vela desde Filipos, e fomos em cinco dias ter com eles a Tróade, onde nos detivemos sete. 7 Ora, no primeiro dia da semana, tendo-nos nós ajuntado os discípulos a partir o pão, Paulo, que havia de fazer jornada ao dia seguinte, disputava com eles e foi alargando o discurso até à meia-noite. 8 E havia muitas lâmpadas no cenáculo, onde estávamos congregados. 9 E um mancebo, por nome Êutico, que estava assentado sobre uma janela, como fosse tomado de um profundo sono, enquanto Paulo ia prolongando o seu discurso, vencido já do sono, caiu abaixo desde o terceiro andar da casa e foi levantado morto. 10 Para socorrer o qual, havendo Paulo descido, se recostou sobre ele, e, tendo-o abraçado, disse: Não vos perturbeis, porque a sua alma nela está. 11 E subindo, partindo o pão, e comendo, ainda lhes falou largamente até que foi de dia, depois disto partiu. 12 E levaram vivo ao mancebo, de que receberam não mui pequena consolação.

Ida a Mileto

13 Nós, porém, metendo-nos num navio navegamos até Asson para recebermos ali a Paulo, pois assim o havia ele disposto, devendo fazer a viagem por terra. 14 E tendo-se ajuntado conosco em Asson, depois de o tomarmos, fomos a Mitilene. 15 E continuando dali a nossa derrota, chegamos ao seguinte dia bem defronte de Chio, e no outro aportamos em Samos, e no dia seguinte chegamos a Mileto. 16 Porque Paulo havia determinado passar adiante de Éfeso, por se não demorar na Ásia. Apressava-se pois, se possível lhe fosse, por celebrar em Jerusalém o dia de Pentecostes. 17 E enviando desde Mileto a Éfeso, chamou aos anciãos da Igreja.

Corajosos planos de São Paulo

18 Aos quais, depois de virem ter com ele, e estando todos juntos, lhes disse: Vós sabeis, desde o primeiro dia que entrei na Ásia, de que modo me tenho portado convosco por todo esse tempo, 19 servindo ao Senhor com toda a humildade, e com lágrimas e com tentações, que me aconteceram por via das emboscadas dos judeus: 20 como não tenho ocultado coisa alguma das que vos podiam ser úteis, para que vo-las deixasse de anunciar, e vos ensinasse publicamente e dentro em vossas casas, 21 pregando aos judeus e aos gentios a penitência para com Deus, e a fé em nosso Senhor Jesus Cristo. 22 E agora eis aqui estou eu que, liado pelo Espírito, vou para Jerusalém: não sabendo as coisas que ali me hão de acontecer, 23 senão o que o Espírito Santo me assegura por todas as cidades, dizendo que me esperam em Jerusalém prisões e tribulações. 24 Porém eu nada disto temo: nem faço a minha própria vida mais preciosa, que a mim mesmo, contanto que acabe a minha carreira, e o ministério da palavra, que recebi do Senhor Jesus, para dar testemunho do Evangelho da graça de Deus.

Exortação de São Paulo

25 E agora eis aqui estou eu, que já sei que não tornareis mais a ver a minha face todos vós, por entre os quais passei pregando o reino de Deus. 26 Portanto, eu vos protesto neste dia, que estou limpo do sangue de todos. 27 Porque não tenho buscado subterfúgio para vos deixar de anunciar toda a disposição de Deus. 28 Atendei, por vós e por todo o rebanho, sobre o que o Espírito Santo vos constituiu bispos, para governardes a Igreja de Deus, que ele adquiriu pelo seu próprio sangue. 29 Porque eu sei que depois da minha despedida, hão de entrar a vós certos lobos arrebatadores, que não hão de perdoar ao rebanho. 30 E que dentre vós mesmos hão de

sair homens que hão de publicar doutrinas perversas, com o intento de levarem após si muitos discípulos. 31 Por cuja causa vigiai, lembrando-vos que por três anos não cessei de noite e de dia de admoestar com lágrimas a cada um de vós.

32 E agora eu vos encomendo a Deus, e à palavra da sua graça, àquele que é poderoso, para edificar e dar-vos herança entre todos os que são santificados. 33 Não cobicei prata nem ouro nem vestido de nenhum, como 34 vós mesmos sabeis: porque estas mãos me serviram para as coisas que me eram necessárias a mim, e àqueles que estão comigo. 35 E tudo vos tenho mostrado, que trabalhando todos desta maneira, convém receber os enfermos e lembrar daquelas palavras do Senhor Jesus, porquanto ele mesmo disse: Coisa mais bem-aventurada é dar que receber.

Despedida

36 E havendo dito isto, depois de pôr em terra os seus joelhos, orou com todos eles. 37 E entre todos se levantou um grande pranto e lançando-se ao pescoço de Paulo, o beijavam, 38 aflitos em grande maneira, pela palavra que havia dito, que não tornariam a ver mais a sua face. E eles o conduziram a bordo.

Viagem a Jerusalém: Tiro

21 E tendo-nos feito à vela depois que nos separamos deles, fomos em direitura a Cóos, e no dia seguinte a Rodes e dali a Pátara. 2 E como tivéssemos achado um navio, que passava à Fenícia, entrando nele, nos fizemos à vela. 3 E depois de estarmos à vista de Chipre, deixando-a à esquerda, continuamos a nossa derrota para as partes da Síria, e chegamos a Tiro: porque aí se havia de descarregar o navio. 4 E como achássemos discípulos, nos detivemos ali sete dias: os quais inspirados pelo Espírito Santo diziam a Paulo que não subisse a Jerusalém. 5 E passados poucos dias tendo partido dali íamos nosso caminho, acompanhando-nos todos com suas mulheres e com seus filhos até fora da cidade: e postos de joelhos na praia fizemos a nossa oração. 6 E tendo-nos despedido uns dos outros, nos embarcamos: e eles voltaram para suas casas.

Ptolemaida e Cesaréia

7 Nós, porém, concluída a nossa navegação, de Tiro passamos a Ptolemaida. E havendo saudado aos irmãos, nos detivemos um dia com eles. 8 E no dia seguinte, havendo partido dali, chegamos a Cesaréia. E entrando em casa de Filipe, o evangelista, que era um dos sete, ficamos com ele. 9 E tinha ele quatro filhas virgens que profetavam. 10 E como detivéssemos ali por alguns dias, chegou da Judéia um profeta, por nome Ágabo. 11 Este tendo vindo a nós, tomou a cinta de Paulo: e atando-se os pés e as mãos, disse: Isto diz o Espírito Santo: Assim atarão os judeus em Jerusalém ao varão, cuja é esta cinta, e o entregarão nas mãos dos gentios. 12 Quando ouvimos isto, nós e os que eram daquele lugar, lhe rogamos que não fosse a Jerusalém. 13 Então Paulo respondeu e disse: Que fazeis chorando e afligindo-me o coração? Porque eu estou aparelhado não só para ser atado, mas até para morrer em Jerusalém pelo nome do Senhor Jesus. 14 E vendo que o não podíamos persuadir, não o importunamos mais, dizendo: Faça-se a vontade do Senhor.

Chegada a Jerusalém

15 E depois destes dias, tendo-nos prevenido, subimos a Jerusalém. 16 E alguns dos discípulos vieram também conosco desde Cesaréia, os quais levavam consigo a um Mnason de Chipre, discípulo antigo, para nos hospedarmos em sua casa. 17 E chegados que fomos a Jerusalém, os irmãos nso receberam de boa vontade. 18 E no seguinte dia foi Paulo em nossa companhia à casa de Tiago, onde se tinham congregado todos os anciãos. 19 Havendo-os saudado, lhes contou uma por uma todas as coisas que Deus tinha obrado entre os gentios por seu ministério.

20 Eles porém depois que o ouviram, engrandeceram a Deus e lhe disseram: Bem vês, irmãos, quantos milhares de judeus são os que têm crido, e todos são zeladores da lei.

21 E têm ouvido dizer de ti, que ensinas aos judeus, que estão entre os gentios, que deixem a Moisés, dizendo que eles não devem circuncidar a seus filhos, nem andar segundo o seu rito.

22 Pois que se há de fazer? Certamente é necessário que a multidão se ajunte, porque ouvirão que tu és chegado. 23 Faze pois o que te vamos a dizer. Temos aqui quatro varões, que têm voto sobre si. 24 Depois de haveres tomado estes contigo, santifica-te com eles: e faze-lhes os gastos da cerimônia, para que rapem as cabeças: e saberão todos que é falso quanto de ti ouviram, e que pelo contrário segues o teu caminho guardando a lei. 25 E acerca daqueles que creram dentre os gentios, nós temos escrito, ordenando que se abstenham do que for sacrificado aos ídolos, e de sangue, e de sufocado, e da fornicação. 26 Então Paulo, depois de tomar consigo aqueles varões, purificado com eles, no seguinte dia entrou

no Templo, fazendo saber o cumprimento dos dias da purificação, até que se fizesse a oferenda por cada um deles.

Tumulto no Templo

27 Mas quando estavam a findar os sete dias, aqueles judeus que se achavam ali da Ásia, tendo-o visto no Templo, amotinaram todo o povo e lhe lançaram as mãos, gritando: 28 Varões de Israel, socorro! Este é aquele homens, que por todas as partes ensina a todos contra o povo e contra a lei, e contra este lugar, até de mais a mais meteu os gentios no Templo e profanou este santo lugar. 29 Porque tinham visto andar com ele pela cidade a Trófimo de Éfeso, creram que Paulo o havia introduzido no Templo. 30 E se comoveu toda a cidade, e se ajuntou um grande concurso de povo. E lançando mão de Paulo o arrastaram para fora do Templo e logo foram fechadas as portas.

Prisão de São Paulo

31 E procurando eles matá-lo, chegou aos ouvidos do tribuno da coorte: que toda a Jerusalém estava amotinada. 32 Ele havendo logo tomado soldados e centuriões correu a eles. Os quais, tendo visto ao tribuno e aos soldados, cessaram de ferir a Paulo. 33 Então chegando-se o tribuno lançou mão dele, e o mandou atar com duas cadeias, e lhe perguntou quem era o e o que havia feito. 34 Mas nesta confusão de gente, uns gritavam duma sorte, outros doutra; e como por causa do tumulto não podia vir no conhecimento de coisa alguma ao certo, mandou que o levassem à cidadela. 35 E quando Paulo chegou às escadas, foi necessário tomarem-nos os soldados, de grande que era a violência do povo. 36 Porque era grande a aluvião que o seguia, dizendo a gritos: Mata-o.

37 E quando começavam já a meter a Paulo na cidadela, disse ao tribuno: Desejara saber se me é permitido dizer-te duas palavras? O qual lhe respondeu: Sabes o grego? 38 Porventura não és tu aquele egípcio que os dias passados levantaste um tumulto e conduziste ao deserto quatro mil homens assassinos? 39 E Paulo lhe disse: Eu na verdade sou homem judeu, natural de Tarso na Cilícia, cidadão desta não desconhecida cidade. Mas rogo-te que me permitas falar ao povo. 40 E quando lho permitiu o tribuno, pondo-se Paulo em pé sobre os degraus, fez sinal ao povo com a mão, e tendo ficado todos num grande silêncio, falou então em língua hebraica, dizendo:

Discurso de São Paulo

22 Varões irmãos, e padres, ouvi a razão que presentemente vos dou de mim. 2 E quando ouviram que lhes falava em língua hebraica, o escutaram com maior silêncio. 3 E disse: Eu pelo que toca à minha pessoa sou judeu, que nasci em Tarso de Cilícia, e me criei nesta cidade, instruído aos pés de Gamaliel, conforme a verdade da Lei de nossos pais, zelador da Lei, assim como todos vós também o sois no dia de hoje. 4 Eu o que persegui este caminho até à morte, prendendo, e metendo em cárceres a homens, e mulheres. 5 Como o príncipe dos sacerdotes, e todos os anciãos me são testemunhas, dos quais havendo também recebido cartas para os irmãos, ia a Damasco com o fim de os trazer dali presos a Jerusalém, para que fossem castigados. 6 Mas aconteceu que indo eu no caminho, e achando-me já perto de Damasco à hora do meio-dia, de repente me cercou uma grande luz do céu: 7 e caindo por terra, ouvi uma voz que me dizia: Saulo, Saulo, por que me persegues? 8 E eu respondi: Quem és tu, Senhor? E o que falava me disse: Eu sou Jesus Nazareno a quem tu persegues. 9 E os que estavam comigo viram sim a luz, mas não ouviram a voz daquele que falava comigo. 10 Então disse eu: Senhor, que farei? E o Senhor me respondeu: Levanta-te, vai a Damasco, e lá se te dirá tudo o que deves fazer.

11 E como eu ficasse cego pelo intenso clarão daquela luz, tendo sido pelos que me acompanhavam levado pela mão, cheguei a Damasco. 12 E um certo Ananias, varão segundo a Lei, que tinha o testemunho de todos os judeus que ali assistiam: 13 vindo ter comigo, e pondo-se-me diante me disse: Saulo irmão, recebe a vista. E eu no mesmo ponto o vi a ele. 14 E ele me disse: O Deus de nossos pais te predestinou para que conhecesses a sua vontade, e visses ao Justo, ouvisses a voz da sua boca: 15 porque tu serás sua testemunha diante de todos os homens, das coisas que tens visto e ouvido. 16 E agora para que te demoras? Levanta-te, e recebe o batismo, e lava os teus pecados, depois de invocar o seu nome.

17 E aconteceu que voltando eu para Jerusalém, e orando no Templo, fui arrebatado fora de mim, 18 e vi ao que me dizia: Dá-te pressa, e sai logo de Jerusalém, porque não receberão o teu testemunho de mim. 19 E eu disse: Senhor, eles mesmos sabem que eu era o que metia em cárceres, e açoutava pelas sinagogas aos que criam em ti. 20 E quando se derramava o sangue de Estevão, testemunha tua, eu estava presente, e o consentia, e guardava os vestidos dos que o matavam. 21 E Ele me dis-

se: Vai, porque eu te enviarei às nações de longe.

Paulo, cidadão romano, e o tribuno

22 E os judeus o haviam escutado até esta palavra, mas levantaram então a sua voz, dizendo: Tira do mundo a tal homem: porque não é justo que ele viva. 23 E como eles fizessem alaridos, e arrojassem de si os seus vestidos, e lançassem pó ao ar, 24 mandou o tribuno metê-lo na cidadela, e que o açoutassem, e lhe dessem tormento para saber por que causa clamavam assim contra ele. 25 Mas tendo-o liado com umas correias, disse Paulo a um centurião, que estava presente: É-vos permitido açoutar a um cidadão romano, e que não foi condenado? 26 Tendo ouvido isto, foi o centurião ter com o tribuno, lhe fez aviso, dizendo: Que determinas tu fazer? Pois este homem é cidadão romano. 27 E vindo o tribuno, lhe disse: Dize-me se tu és romano? E ele disse: Sim. 28 E respondeu o tribuno: A mim custou-me uma grande soma de dinheiro alcançar este foro de cidadão. Então lhe disse Paulo: Pois eu sou-o de nascimento. 29 Logo ao mesmo tempo se apartaram dele os que o haviam de pôr a tormento. Também o tribuno entrou em temor, depois que soube que era cidadão romano, e porque o tinha feito liar.

São Paulo diante do sanedrim

30 E ao dia seguinte, querendo saber com mais individuação a causa que tinham os judeus para acusá-lo, o fez desatar, e mandou que se ajuntassem os sacerdotes, e todo o conselho, e produzindo a Paulo, o apresentou diante deles.

23 Paulo pois, pondo os olhos no conselho, disse: Varões irmãos, eu até o dia de hoje me tenho portado diante de Deus com toda a boa consciência. 2 E Ananias, príncipe dos sacerdotes, mandou aos que estavam junto dele, que o ferissem na cara. 3 Então lhe disse Paulo: Deus te ferirá a ti, parede branqueada. Tu estás aí sentado para julgar-me a mim segundo a lei, e contra a lei mandas que eu seja ferido? 4 E os que estavam ali disseram: Tu injurias ao sumo sacerdote de Deus? 5 E disse Paulo: Não sabia eu, irmãos, que é príncipe dos sacerdotes. Porque escrito está: Não dirás mal do príncipe do teu povo. 6 Ora sabendo Paulo que uma parte era de saduceus, e outra de fariseus, disse em alta voz no conselho: Varões irmãos, eu sou fariseu, filho de fariseus, acerca da esperança, e da ressurreição dos mortos eu sou julgado. 7 E quando isto disse, se moveu uma grande dissensão entre os fariseus e os saduceus, e se dividiu a multidão. 8 Porque os saduceus dizem que não há ressurreição, nem anjo, nem espírito: ao mesmo tempo que os fariseus reconhecem um e outro. 9 Houve pois grande vozeria. E levantando-se alguns dos fariseus, altercavam, dizendo: Não achamos mal algum neste homem; quem sabe se lhe falou algum espírito ou anjo? 10 E como se tivesse originado daqui uma grande dissenção, temendo o tribuno que Paulo fosse por eles despedaçado, mandou que descessem os soldados, e que o tirassem dentre eles, e o levassem à cidadela.

A visão do Senhor

11 E na seguinte noite, aparecendo-lhe o Senhor, lhe disse: Tem constância: porque assim como deste testemunho de mim em Jerusalém, assim importa que também mo dês em Roma.

Conspiração dos judeus

12 E quando chegou o dia, houve alguns dos judeus que fizeram liga entre si, e apostados se praguejaram dizendo que eles não haviam de comer, nem beber, enquanto não matassem a Paulo. 13 E eram passante de quarenta pessoas, as que tinham entrado nesta conjuração. 14 As quais se foram apresentar aos príncipes dos sacerdotes, e aos senadores, e disseram: Nós temo-nos obrigado por voto, sob pena de maldição, a não provarmos bocado até não matarmos a Paulo. 15 Vós pois agora com o conselho fazei saber ao tribuno que quereis vo-lo produza, como para haverdes de tomar algum conhecimento mais ao certo da sua causa. E nós estaremos prestes para o matar, antes que ele chegue. 16 Mas um filho da irmão de Paulo, tendo ouvido esta conspiração, foi, e entrou na cidadela, e deu aviso a Paulo. 17 Então Paulo chamando a si um dos centuriões, disse: Leva este moço ao tribuno, porque tem coisa que lhe comunicar. 18 E nesta conformidade tomando-o ele consigo, o levou ao tribuno, e disse: O preso Paulo me rogou que trouxesse eu à tua presença este moço, que tem coisa que dizer-te. 19 E o tribuno tomando-o pela mão, o tirou à parte, e lhe perguntou: Que é o que tens que me dizer? 20 E ele disse: Os judeus têm concertado rogar-te que amanhã apresentes Paulo ao conselho, como para haverem de inquirir dele alguma coisa mais ao certo: 21 mas tu não os creias, porque há mais de quarenta deles que lhe armam traição, os quais têm jurado, sob pena de maldição, que não comerão, nem be-

berão, enquanto o não matarem: e para isto
estão já prestes, esperando que tu faças o que
eles desejam. 22 Então o tribuno despediu o
moço, mandando-lhe que a ninguém dissesse
que lhe havia dado aviso disto.
23 E chamando a dois centuriões, lhes disse:
Tende prontos duzentos soldados, que vão até
Cesaréia, e setenta a cavalo, e duzentas lan-
ças, desde a hora terceira da noite: 24 e apare-
lhai cavalgaduras, para que fazendo eles mon-
tar a Paulo o chegassem a levar com seguran-
ça ao presidente Félix, 25 (porque temeu não
se desse caso que os judeus o arrebatassem, e
o matassem, e depois disto fosse ele acusado
como quem havia de receber dinheiro por lho
entregar). 26 Escrevendo uma carta nestes
termos:

Carta a Félix

Cláudio Lísias ao ótimo presidente Félix,
saúde. 27 A este homem, que foi preso pelos
judeus, e que estava a ponto de ser por eles
morto, sobrevindo eu com a tropa o livrei ten-
do sabido já que é romano. 28 E querendo sa-
bem o delito de que o acusavam, o levei ao
conselho deles. 29 Achei que ele era acusado
sobre questões da lei dos mesmos, sem haver
nele delito algum que merecesse morte, ou pri-
são. 30 E como tivesse chegado a mim notícia
das traições que eles judeus lhe tinham apare-
lhado, to remeti, intimando também aos
acusadores que recorram a ti. Adeus.

São Paulo é conduzido a Cesaréia

31 Os soldados pois, conforme a ordem que
tinham, tomando a Paulo, o levaram de noite
a Antipátride. 32 E ao dia seguinte deixando
aos de cavalo que fossem com ele, voltaram
para a guarnição. 33 Os quais, tendo chegado
a Cesaréia, e depois de entregarem ao presi-
dente a carta que levavam, apresentaram dian-
te dele também a Paulo. 34 Ele, porém, depois
de a ler, e perguntar de que província era, e
sabendo que era de Cilícia, 35 ouvir-te-ei, lhe
disse, quando chegarem os teus acusadores. E
mandou que Paulo fosse posto em custódia no
pretório de Herodes.

São Paulo é acusado diante de Félix

24 E dali a cinco dias veio o príncipe dos
sacerdotes, Ananias, com alguns anciãos,
e com um certo Tertulo orador, todos os quais
compareceram ante o presidente contra Paulo.
2 E citado Paulo, começou Tertulo a acusá-lo
nestes termos: Como pela tua autoridade é
que nós gozamos de uma profunda paz, e pela
tua sábia providência se têm emendado muitos
abusos: 3 nós o reconhecemos em todo o tem-
po e lugar, ótimo Felix, com a devida ação de
graças. 4 Mas por te não ter suspenso muito
tempo, rogo-te que oiças com a tua eqüidade
ordinária, o que te vamos a dizer em breves
palavras. 5 Nós temos achado que este homem
é pestífero, e que em todo o mundo excita se-
dições entre todos os judeus, e que é da sedi-
ciosa seita dos Nazarenos: 6 que também in-
tentou profanar o Templo, de maneira que de-
pois de preso o quisemos julgar segundo a
nossa lei. 7 Mas sobrevindo o tribuno Lísias,
ele no-lo tirou das mãos com grande violência,
8 ordenando que os seus acusadores viessem
comparecer diante de ti. Dele poderás tu mes-
mo, julgando, tomar conhecimento de todas
estas coisas, de que nós o acusamos. 9 E tam-
bém os judeus acrescentaram, dizendo ser isto
assim.

Defesa de São Paulo

10 Mas Paulo (tendo-lhe o presidente feito
sinal que falasse) respondeu: Sabendo que tu
és juiz desta nação muitos anos há, com bom
ânimo satisfarei por mim. 11 Tu podes facil-
mente sabre que não há mais que doze dias,
que eu cheguei a Jerusalém a fazer a minha
adoração: 12 e nem me acharam no Templo
disputando com algum, nem fazendo concurso
de gente, nem nas sinagogas, 13 nem na cida-
de: nem te podem provar as coisas de que ago-
ra me acusam. 14 Porém confesso isto diante
de ti que, segundo a seita que eles chamam he-
resia, sirvo eu a meu Pai e Deus, crendo todas
as coisas que estão escritas na lei, e nos pro-
fetas: 15 tendo esperança em Deus, como eles
mesmos também esperam, que há de haver a
ressurreição dos justos, e dos pecadores. 16 E
por isso procuro ter sempre a minha consciên-
cia sem tropeço diante de Deus, e dos homens.
17 E depois de muitos anos vim à minha gente
a fazer esmolas, e oferendas, e votos. 18 Nisto
me acharam purificado no Templo: não com
turba, nem com tumulto. 19 E estes foram uns
judeus da Ásia, que deviam comparecer diante
de ti, e acusar-me se tivessem alguma coisa
contra mim. 20 Ou estes mesmos digam se
acharam em mim alguma maldade, quando eu
compareci em conselho, 21 senão só destas pa-
lavras, que proferi em alta voz, estando no
meio deles: Eu hoje pois sou julgado por vós
acerca da ressurreição dos mortos.

Adiamento do processo

22 Félix, porém, que sabia perfeitissimamen-
te as coisas deste caminho, os remeteu para
outro tempo, dizendo: Quando vier o tribuno

Lísias, então vos ouvirei. 23 E mandou a um
centurião que o tivesse em custódia, mas sem
tanto aperto, e sem proibir que os seus o ser-
vissem. 24 E passados alguns dias, vindo Félix
com sua mulher Drusila, que era judia, cha-
mou a Paulo, e o esteve ouvindo falar da fé
que há em Jesus Cristo. 25 Mas como Paulo
lhe falou em tom de disputa da justiça, e da
castidade, e do juízo futuro, Félix todo atemo-
rizado lhe disse: Por ora basta, vai-te: e quan-
do tiver vagar eu te chamarei. 26 Esperando
também ao mesmo tempo que Paulo lhe desse
algum dinheiro, por cuja causa, mandando-o
chamar ainda repetidas vezes, se entretinha
com ele. 27 Completos porém dois anos, teve
Félix por sucessor a Pórcio Festo. E querendo
Félix ganhar a graça dos judeus, deixou a
Paulo na prisão.

Outra tentativa para matar São Paulo

25 Tendo pois chegado Festo à província
veio, passados três dias, de Cesaréia a
Jerusalém. 2 E os príncipes dos sacerdotes, e
os principais dos judeus acudiram a ele con-
tra Paulo, e lhe rogavam: 3 pedindo favor con-
tra ele, para que o mandasse vir a Jerusalém,
armando-lhe insídias, para o assassinarem no
caminho. 4 Mas Festo respondeu que Paulo
se achava em custódia em Cesaréia: e que ele
partiria para lá dentro de poucos dias. 5 Por
onde, os que dentre vós (disse ele) são os prin-
cipais, vinde comigo, se algum crime há neste
homem, acusem-no.

São Paulo apela para Cesar

6 E havendo-se demorado entre eles não
mais de oito, ou dez dias, baixou a Cesaréia, e
o dia seguinte se assentou no Tribunal, e man-
dou trazer a Paulo. 7 O qual depois de ser
ali trazido, o rodearam os judeus que tinham
vindo de Jerusalém, acusando-o de muitos e
graves delitos, que não podiam provar. 8 Di-
zendo Paulo em sua defesa: Em nada pois
tenho pecado contra a lei dos judeus, nem
contra o Templo, nem contra o César. 9 Mas
Festo querendo comprazer com os judeus, res-
pondendo a Paulo, disse: Queres subir a Je-
rusalém, e ser ali julgado destas coisas diante
de mim?
10 E Paulo disse: Ante o tribunal do César
estou, onde convém que seja julgado. Nenhum
mal tenho feito aos judeus, como tu melhor o
sabes. 11 E se lhes tenho feito algum mal, ou
coisa digna de morte, não recuso morrer: mas
se nada há daquilo de que estes me acusam,
ninguém me pode entregar a eles. Apelo para
o César. 12 Então Festo, depois de haver con-
ferido o negócio com o conselho, respondeu:
Para o César tens apelado? Ao César irás.
13 E alguns dias depois o rei Agripa e Bere-
nice vieram a Cesaréia a dar os emboras a
Festo. 14 E demorando-se ali muitos dias Festo
deu notícia de Paulo ao rei, dizendo: Félix dei-
xou aqui preso a um certo homem. 15 Por
cujo respeito quando estive em Jerusalém,
acudiram a mim os príncipes dos sacerdotes,
e os anciãos dos judeus, pedindo que o con-
denasse. 16 Aos quais respondi que não era
costume dos romanos condenar homem algum
antes do acusado ter presentes os seus acusa-
dores e, antes de se lhe dar liberdade para ele
se defender dos crimes que se lhe imputam.
17 Tendo eles, pois acudido aqui sem a me-
nor dilação, ao outro dia assentando-me no
meu tribunal, mandei trazer a este homem.
18 A quem, estando presentes os seus acusa-
dores, nenhum delito opuseram dos que eu
suspeitava: 19 mas tinham só contra ele algu-
mas questões sobre a sua superstição, e sobre
um certo Jesus defunto, o qual Paulo afir-
mava viver. 20 E duvidando eu de semelhante
questão, lhe disse se queria ir a Jerusalém e
ali ser julgado destas coisas. 21 Mas apelando
Paulo para que ficasse reservado ao conheci-
mento de Augusto, mandei que o guardassem
até que o remeta ao César.
22 Então Agripa disse a Festo: Eu também
queria ouvir a este homem. Amanhã, respon-
deu ele, o ouvirás. 23 Ao outro dia, pois, tendo
vindo Agripa e Berenice com grande pompa, e
depois de entrarem na audiência com os tri-
bunos e pessoas principais da cidade, foi tra-
zido Paulo por ordem que Festo dera. 24 E dis-
se Festo:
Rei Agripa, e todos os varões que aqui estais
conosco, aqui tendes este homem, contra
quem toda a multidão dos judeus me fez re-
curso em Jerusalém, pedindo e gritando que
não convinha que ele vivesse mais. 25 E eu te-
nho achado que ele não tem feito coisa algu-
ma digna de morte. Mas havendo ele mesmo
apelado para Augusto, tenho determinado re-
meter-lho. 26 Do qual não tenho coisa certa
que escrever ao senhor. Pelo que vo-lo tenho
apresentado, e mormente a ti, ó rei Agripa, a
fim de ter que escrever-lhe, depois de feita a
informação. 27 Porque me pareces em razão
remeter um homem preso, e não informar das
acusações que lhe fazem.

Discurso de São Paulo diante de Agripa

26 Disse depois Agripa a Paulo: A ti se te
permite falar em defesa de ti mesmo. En-
tão Paulo estendendo a mão começou a dar a
razão de si.

2 Devendo eu fazer hoje a minha defensa na tua presença, ó rei Agripa, de tudo quanto me acusam os judeus, me tenho por ditoso. 3 Mormente sabendo tu todas as coisas e os costumes, e questões que há entre os judeus: pelo que eu te suplico me oiças com paciência. 4 Quanto à minha vida, desde a mocidade, uma vez que vivi os primeiros tempos entre a minha gente, em Jerusalém, é certo que a sabem todos os judeus. 5 Conhecendo-me desde os meus princípios (se quiserem dar disso testemunho) porque eu, segundo a seita mais segura da nossa religião, vivi fariseu. 6 E agora sou acusado em juízo, por esperar a promessa que foi feita por Deus a nossos pais: 7 a qual as nossas doze tribos, servindo a Deus de noite e de dia, esperam ver cumprida. Por esta esperança, ó rei, sou acusado dos judeus.

8 Reputa-se no vosso conceito por alguma coisa incrível, que Deus ressuscite os mortos? 9 E eu, na verdade, tinha para mim, que devia fazer a maior resistência contra o nome de Jesus Nazareno. 10 E assim o fiz em Jerusalém, e eu encerrei em cárceres a muitos santos, havendo recebido poder dos príncipes dos sacerdotes. E quando os faziam morrer, consenti também nisso. 11 E muitas vezes castigando-os por todas as sinagogas, os obrigava a blasfemar: e enfurecendo-me mais e mais contra eles, os perseguia até nas cidades estrangeiras.

12 Levado destes intentos, indo a Damasco com poder e com missão dos príncipes dos sacerdotes, 13 e ao meio-dia vi, ó rei, no caminho uma luz do céu que excedia o resplendor do sol, a qual me cercou a mim e aos que iam comigo. 14 E como todos nós caíssemos por terra, ouvi uma voz me dizia em língua hebraica: Saulo, Saulo, por que me persegues? dura coisa te é recalcitrar contra o aguilhão. 15 Então disse eu: Quem és tu, Senhor? E o Senhor me respondeu: Eu sou Jesus, a quem tu persegues. 16 Mas levanta-te e põe-te em pé: porque eu por isso te apareci, para te fazer ministros e testemunha das coisas que viste, e de outras que te hei de mostrar em minhas aparições, 17 livrando-te do povo e dos gentios, aos quais eu agora te envio 18 a abrir-lhes os olhos, a fim de que se convertam das trevas à luz, e do poder de Satanás a Deus para que recebam perdão de seus pecados, e sorte entre os santos pela fé que há em mim.

19 Pelo que, ó rei Agripa, não fui desobediente à visão celestial: 20 mas preguei primeiramente aos de Damasco, e depois em Jerusalém e por toda a terra de Judéia e aos gentios, que fizessem penitênêcia e se convertessem a Deus, fazendo dignas obras de penitência. 21 Por esta causa os judeus, estando eu no Templo, depois de preso me intentaram matar. 22 Mas assistido eu do socorro de Deus, permaneço até ao dia de hoje, dando testemunho disso a pequenos e a grandes, não dizendo outras coisas fora daquelas que disseram os profetas e Moisés, que haviam de acontecer: 23 Que o Cristo havia de padecer, que seria o primeiro da ressurreição dos mortos, e para anunciar a luz ao povo e às gentes.

Discussão com Festo e Agripa

24 Dizendo ele estas coisas, e dando razão de si, disse Festo em alta voz: Estás louco, Paulo! As muitas letras te tiram o teu sentido. 25 Então Paulo: Eu não estou louco (disse), ótimo Festo, mas digo palavras de verdade e de prudência. 26 Porque destas coisas tem conhecimento o rei, em cuja presença falo até com toda a liberdade: pois creio que nada disto se lhe encobre. Porque nenhuma destas coisas se fez ali a um canto. 27 Crês, ó rei Agripa, nos profetas? Eu seu que crês. 28 Então, Agripa disse a Paulo: Por pouco me não persuades a fazer-me Cristão. 29 E Paulo lhe respondeu: Prouvera a Deus que por pouco e por muito, não somente tu, senão também todos quantos me ouvem se fizessem hoje tais qual eu também sou, menos estas prisões. 30 Então se levantaram o rei e o presidente e Berenice, e os que estavam assentados com eles. 31 E havendo-se retirado à parte, falaram uns com os outros, dizendo: Este homem, pois, não fez coisa que seja digna de morte nem de prisão. 32 E Agripa disse para Festo: Ele podia ser solto, se não tivesse apelado para o César.

São Paulo é remetido preso a Roma

27 Mas como se determinou enviá-lo por mar à Itália, e que Paulo fosse entregue com outros presos a um centurião da coorte Augusta, por nome Júlio: 2 embarcando num navio de Adrumete, levantamos âncora começando a costear as terras da Ásia, perseverando em nossa companhia Aristarco, macedônio, de Tesalonica. 3 Ao dia seguinte porém chegamos a Sidon. E Júlio, usando de humanidade com Paulo, lhe facultou ir ver seus amigos, e prover-se do que havia mister. 4 E feitos dali à vela, fomos navegando abaixo de Chipre, por nos serem contrários os ventos. 5 E tendo atravessado o mar da Cilícia, e da Panfília, chegamos a Listra, que é da Lícia. 6 E achando ali o centurião um navio de Alexandria que fazia viagem para a Itália, fez-nos embarcar nele. 7 E como por muitos dias navegássemos

lentamente, e apenas pudessemos avistar o Gnido, sendo-nos contrário o vento, fomos costeando a Ilha de Creta junto a Salmona. 8 Navegando com dificuldade ao longo da costa, abordamos a um lugar, a que chamam os Bons Portos, com quem vizinhava a cidade de Talassa. 9 E como se tivesse passado muito tempo, e não fosse já segura a navegação, pelo motivo de haver até já passado o jejum, Paulo os alentava, 10 dizendo-lhes: Varões, vejo que a navegação começa a ser trabalhosa, e com muito dano, não somente do navio, e da sua carga, mas ainda das nossas vidas. 11 Porém o centurião dava mais crédito ao mestre, e ao piloto, do que ao que Paulo lhes dizia. 12 E como o porto não era azado para invernar, foram os mais deles de parecer que se passasse adiante, a ver se dalguma sorte podiam, em ganhando Fenice, invernar ali, por ser este um porto de Creta, o qual olha ao Africo, e ao Coro.

Tempestade

13 Começando porém a ventar brandamente o sul, cuidando eles que tinham o que desejavam, depois de levantarem âncora de Asson, iam costeando Creta. 14 Mas não muito depois veio contra a mesma ilha um tufão de vento que é chamado Euro-aquilão. 15 E sendo a náu arrebatada, e não podendo resistir ao vento, éramos levados, deixada a náu aos ventos. 16 E arrojados da corrente a uma pequena ilha que se chama Cauda, apenas pudemos ganhar o esquife. 17 Tendo-o trazido a nós, eles se valiam de todos os meios, cingindo a náu, temerosos de dar na Sirte, caladas as velas: eram assim levados. 18 E agitados nós da força da tormenta, ao dia seguinte alijaram: 19 e ao terceiro dia também arrojaram com as suas mãos os aparelhos da náu. 20 E não aparecendo por muitos dias sol, nem estrelas, e ameaçando-nos uma não pequena tempestade, tínhamos já perdida toda a esperança de chegarmos a salvamento.

Visão de São Paulo

21 E havendo todos estado muito tempo sem comer, levantando-se então Paulo no meio deles, disse: Era por certo conveniente, ó varões, seguindo o meu conselho, não ter saido de Creta, e evitar este perigo, e dano. 22 Mas agora vos admoesto que tenhais bom ânimo: porque não perecerá nenhum de vós, senão somente o navio. 23 Porque esta noite me apareceu o anjo de Deus, de quem eu sou, e a quem sirvo, 24 dizendo: Não temas, Paulo, importa que tu compareças ante o César. E eu te anuncio que Deus te há dado todos os que navegam contigo. 25 Pelo que, ó varões, tende bom ânimo: porque eu confio em Deus que assim há de suceder como me foi dito. 26 Porém é necessário que vamos dar a uma ilha.

Naufrágio

27 E quando chegou a noite do dia catorze, indo nós navegando pelo mar Adriático, perto da meia-noite suspeitaram os marinheiros que estavam perto dalguma terra. 28 E lançando eles a sonda acharam vinte passos: depois um pouco mais adiante, acharam quinze passos. 29 E temendo que dessemos em alguns penedos, lançando quatro âncoras desde a popa, desejavam que viesse o dia. 30 E procurando os marinheiros fugir do navio, depois de lançarem o esquife ao mar, com o pretexto de começarem a largar as âncoras da proa, 31 disse Paulo ao centurião, e aos soldados:

Se estes homens não permanecerem no navio, não podereis vós salvar-vos. 32 Então cortaram os soldados os cabos ao esquife, e deixaram-no perder. 33 E entretanto que o dia vinha, rogava, Paulo a todos que comessem alguma coisa, dizendo:

Faz hoje já catorze dias, que estais à espera em jejum, sem comer bocado. 34 Portanto rogo-vos por vida vossa, que comais alguma coisa, porque não perecerá nem um só cabelo da cabeça de nenhum de vós. 35 E tendo dito isto, tomando do pão, deu graças a Deus em presença de todos: E depois que o partiu, começou a comer. 36 Todos com isto tomaram ânimo, e se puseram também a comer. 37 E as pessoas do navio éramos por todas duzentas e setenta e seis. 38 E depois que se refizeram com a comida, aliviaram o navio, lançando o trigo ao mar.

39 E como já tivesse aclarado o dia não conheceram a terra. Somente viram uma enseada que tinha ribeira, na qual intentavam, se pudessem, encalhar o navio. 40 Pelo que tendo levantado âncoras, se entregaram ao mar, largando ao mesmo tempo as amarraduras dos lemes. E levantada ao vento a cevadeira, encaminharam-se à praia. 41 Mas tendo nós dado numa língua de terra, que de ambos os lados era torneada de mar, deram com o navio ao través: e a proa sem dúvida afincada permanecia imóvel, ao mesmo tempo que a popa se abria com a força do mar. 42 Nestes termos a resolução dos soldados era matar os presos: por temerem não fugisse algum, salvando-se a nado. 43 Mas o centurião, querendo salvar a Paulo, embaraçou que o fizessem: e mandou que aqueles, que pudessem nadar, fossem os

primeiros que se lançassem às ondas, e se salvassem, e saissem em terra. 44 E quanto aos mais, a uns faziam salvar em tábuas, a outros em cima dos destroços que eram do navio. E deste modo aconteceu que todas as pessoas saissem em terra.

São Paulo em Malta

28 E estando nós já em salvo, soubemos então que a ilha se chamava Malta. E os bárbaros nos trataram com muita humanidade. 2 Porquanto, acesa uma grande fogueira, nos alentaram a todos contra a chuva que vinha, e em razão do frio. 3 Então havendo Paulo ajuntado e posto sobre o lume um molho de vides, uma víbora que fugira do calor, lhe acometeu uma mão. 4 Quando porém os bárbaros viram a bicha pendente da sua mão, diziam uns para os outros: Certamente este homem é algum matador, pois tendo escapado do mar, a Vingança o não deixa viver. 5 Mas é certo que ele sacudindo a bicha no fogo, não experimentou nenhum dano. 6 Os tais porém julgavam que ele viesse a inchar, e que subitamente caisse e morresse. Mas depois de esperarem muito tempo, e vendo qu lhe não sucedia mal nenhum, mudando de parecer, disseram que ele era algum deus.

7 E naqueles lugares havia umas terras do príncipe da ilha, chamado Públio, o qual hospedando-nos em sua casa, três dias nos tratou bem. 8 Sucedeu porém achar-se então doente de febre e de disenteria, o pai de Públio. Foi Paulo vê-lo: e como fizesse oração, e lhe impusesse as mãos, sarou-o. 9 Depois do qual milagre, todos os que na ilha se achavam doentes, vinham a ele e eram curados. 10 Eles nos fizeram também grandes honras, e quando estávamos a ponto de navegar, nos proveram do que era necessário.

De Malta a Roma

11 E ao cabo de três meses embarcamos num navio de Alexandria, que tinha invernado na Ilha, o qual levava por insígnia *Castor e Pollux*. 12 E arribados a Siracusa, ficamos ali três dias. 13 De lá correndo a costa, viemos a Régio: e um dia depois, ventando o sul, chegamos em dois a Puzolo: 14 onde, como achamos irmãos, eles nos rogaram que ficássemos na sua companhia sete dias: e passados eles, tomamos o caminho de Roma. 15 Donde, porém tendo os irmãos novas que chegávamos, sairam a receber-nos à Praça d'Ápio, e às Três Vendas. Paulo, como os viu, dando graças a Deus, cobrou ânimo.

São Paulo em Roma

16 E chegados que fomos a Roma, deu-se licença a Paulo que ficasse onde quisesse com um soldado que o guardasse. 17 Mas passados três dias convocou Paulo os principais dos judeus. Havendo-se eles ajuntado, lhes disse: Eu, varões irmãos, sem cometer nada contra o povo, nem contra os costumes de nossos pais, havendo sido preso em Jerusalém, fui entregue nas mãos dos romanos. 18 Os quais tendo-me examinado, quiseram soltar-me, visto que não achavam em mim crime algum que merecesse morte. 19 Mas opondo-se a isso os judeus, vi-me obrigado a apelar para o César, sem intentar contudo acusar de alguma coisa os da minha nação. 20 Por esta causa pois é que vos mandei chamar aqui, para vos ver, e vos falar. Porquanto, pela esperança de Israel é que eu estou preso com esta cadeia. 21 Então eles lhe responderam: Nós nem temos recebido carta de Judéia que fale em ti, nem de lá tem vindo irmão algum que nos dissesse ou falasse algum mal da tua pessoa. 22 Porém quiseramos que tu nos dissesses o que sentes: porque o que nós sabemos desta seita, é que em toda a parte a impugnam. 23 Tendo-lhe pois aprasado dia, vieram muitos vê-lo ao seu hospício, aos quais ele tudo expunha, dando testemunho do Reino de Deus, e convencendo-os a respeito de Jesus pela lei de Moisés e pelos profetas, de pela manhã até à tarde. 24 Uns criam o que ele dizia, outros porém não criam. 25 E como não estivessem entre si concordes, estavam para se retirar, quando lhes disse Paulo esta palavra: Bem falou pois o Espírito Santo pelo profeta Isaías, a nossos pais, 26 dizendo: Vai a esse povo, e dize-lhes: De ouvido ouvireis, e não entendereis: e vendo vereis, e não percebereis.

27 Porque o coração deste povo se endureceu, e dos ouvidos ouviram pesadamente, e apertaram os seus olhos: porque não vejam com os olhos, e ouçam com os ouvidos, e entendam no coração, e se convertam e eu os sare. 28 Seja-vos pois notório que aos gentios é enviada esta salvação de Deus, e eles a ouvirão. 29 E tendo acabado de dizer isto, sairam dali os judeus, tendo entre si grandes altercações.

Conclusão

30 E dois anos inteiros permaneceu Paulo num aposento que alugara. E recebia a todos que o vinham ver, 31 pregando o reino de Deus, e ensinando as coisas que são concernentes ao Senhor Jesus Cristo, com toda a liberdade, sem proibição.

Epístola de São Paulo Apóstolo aos Romanos

INTRODUÇÃO

Saudações aos fiéis de Roma

1 Paulo, servo de Jesus Cristo, chamado apóstolo, escolhido para o Evangelho de Deus. 2 O qual Evangelho tinha Ele antes prometido pelos seus profetas nas santas Escrituras 3 sobre seu Filho, Jesus Cristo Senhor nosso que lhe foi feito da linhagem de Davi, segundo a carne. 4 Que foi predestinado Filho de Deus com poder, segundo o espírito de santificação, pela ressurreição dentre os mortos: 5 pelo qual havemos recebido a graça, e o apostolado para que se obedeça à fé em todas as gentes pelo seu nome. 6 Entre os quais também vós sois chamados de Jesus Cristo: 7 a todos os que estão em Roma, queridos de Deus, chamados santos, graça vos seja dada, e paz da parte de Deus nossos Pai, e da de Jesus Cristo nosso Senhor.

Exórdio

8 Primeiramente dou na verdade graças ao meu Deus por Jesus Cristo na consideração de todos vós: porque em todo o mundo é divulgada a vossa fé. 9 Porque Deus, a quem sirvo em meu espírito no Evangelho do seu Filho, me é testemunha que incessantemente faço menção de vós, 10 sempre nas minhas orações: rogando-lhe que me abra enfim nalguma ocasião de qualquer modo algum caminho favorável, sendo esta a vontade dele, Deus, para ir a vós. 11 Porque vos desejo ver: para vos comunicar alguma graça espiritual com que sejais confirmados: 12 isto é, para me consolar juntamente convosco, por aquela vossa e minha fé que uns e outros professamos. 13 Mas não quero que vós, irmãos, ignoreis isto: Que muitas vezes tenho proposto ir ver-vos, (e tenho sido impedido até agora) para lograr também algum fruto entre vós como ainda entre as outras nações. 14 Eu sou devedor a gregos, e a bárbaros, a sábios e a ignorantes! 15 Assim (quanto é em mim) estou pronto para vos anunciar também o Evangelho, a vós que viveis em Roma.

Tema da Epístola

16 Porque eu não me envergonho do Evangelho. Porquanto a virtude de Deus é para dar a salvação a todo o que crê, ao judeu primeiro, e ao grego. 17 Porque a Justiça de Deus se descobre nele de fé em fé, como está escrito: O justo porém vive da fé.

I. TODOS OS HOMENS SÃO PECADORES

Necessidade do Evangelho para a salvação

18 Porque a ira de Deus se manifesta do céu contra toda a impiedade, e injustiça daqueles homens, que retêm na injustiça a verdade de Deus. 19 Porque o que se pode conhecer de Deus lhe é manifesto a eles: porque Deus lho manifestou. 20 Na verdade, as perfeições invisíveis de Deus se tornaram visíveis depois da criação do mundo pela consideração das obras que foram feitas: e assim também seu poder eterno e sua divindade, de tal sorte que são eles inescusáveis. 21 Porquanto depois de terem reconhecido a Deus, não o glorificaram como a Deus, ou deram graças: antes se desvaneceram nos seus pensamentos, e se obscureceu o seu coração insensato. 22 Porque atribuindo-se o nome de sábios, se tornaram estultos, 23 e mudaram a glória do Deus incorruptível em semelhança de figura de homem

corruptível, e de aves, e de quadrúpedes, e de serpentes.

Castigo dos gentios

24 Pelo que os entregou Deus aos desejos dos seus corações, à imundícia: de modo que desonraram os seus corpos em si mesmos. 25 Os quais mudaram a verdade de Deus em mentira, e adoraram, e serviram à criatura antes que ao Criador, que é bendito por todos os séculos. Amém. 26 Por isso os entregou Deus a paixões de ignomínia. Porque as suas mulheres mudaram o natural uso em outro uso, que é contra a natureza. 27 E assim mesmo também os homens, deixado o natural uso das mulheres, arderam nos seus desejos mutuamente, cometendo homens com homens a torpeza, e recebendo em si mesmos a paga que era devida ao seu pecado. 28 E assim como eles não deram provas de que tivessem o conhecimento de Deus, assim os entregou Deus a um sentimento depravado, para que fizessem coisas que não convém. 29 cheios de toda a iniqüidade, de malícia, de desonestidade, de avareza, de maldade, cheios de inveja, de homicídios, e contenas, de engano, de malignidade, mexeriqueiros, 30 murmuradores, aborrecidos de Deus, contumeliosos, soberbos, altivos, inventores de males, desobedientes a seus pais, 31 insipientes, imodestos, sem benevolência, sem palavra, sem misericórdia. 32 Os quais tendo conhecido a justiça de Deus, não compreenderam que os que fazem semelhantes coisas, são dignos de morte: não somente os que estas coisas fazem, senão também os que consentem aos que as fazem.

Também os judeus serão julgados por suas obras

2 Pelo que és inescusável, tu, ó homem, qualquer que julgas, porque no mesmo em que julgas a outro, a ti mesmo te condenas: porque fazes essas mesmas coisas que julgas. 2 Porque nós sabemos que o juízo de Deus é segundo a verdade contra aqueles que tais coisas fazem. 3 E tu, ó homem, que julgas aqueles que fazem tais coisas, e executas as mesmas, entendes que escaparás do juízo de Deus? 4 Acaso desprezas tu as riquezas da sua bondade e paciência, e longanimidade? Ignoras que a benignidade de Deus te convida à penitência? 5 Mas pela tua dureza, e coração impenitente, entesouras para ti ira no dia da ira, e da revelação do justo juízo de Deus, 6 que há de retribuir a cada um segundo as suas obras: 7 com a vida eterna por certo, aos que perseverando em fazer obras boas, buscam glória e honra, e imortalidade. 8 Mas com ira, e indignação aos que são de contenda, e que não se rendem à verdade, mas que obedecem à injustiça. 9 A tribulação e a angústia virá sobre toda a alma do homem que obra mal, do judeu primeiramente e do grego. 10 Mas a glória, e a honra, e a paz será dada a todo o obrador do bem, ao judeu primeiramente, e ao grego. 11 Porque não há para com Deus acepção de pessoas.

12 Porque todos os que sem lei pecaram, sem lei perecerão. E quantos com lei pecaram, por lei serão julgados. 13 Porque não são justos diante de Deus os que ouvem a lei: mas os que fazem o que manda a lei, serão justificados. 14 Porque quando os gentios, que não têm lei, fazem naturalmente as coisas, que são da lei, esses tais não tendo semelhante lei, a si mesmos servem de lei. 15 Os quais mostram a obra da lei escrita nos seus corações, dando testemunho a eles a sua mesma consciência, e os pensamentos de dentro, que umas vezes os acusam, e outras os defendem, 16 no dia em que Deus, segundo o meu evangelho, há de julgar as coisas ocultas dos homens, por Jesus Cristo.

17 Mas se tu, que tens o sobrenome de judeu, e repousas sobre a lei, e te glorias em Deus 18 e sabes a sua vontade, e distingues o que é mais proveitoso, instruido pela lei: 19 tu mesmo que presumes ser o guia dos cegos, o farol daqueles que estão em trevas: 20 o doutor dos ignorantes, o mestre das crianças, que tens a regra da ciência, e da verdade na lei: 21 tu pois, que a outro ensinas, não te ensinas a ti mesmo: tu que pregas que se não deve furtar, furtas: 22 tu que dizes que se não deve cometer adultério, o cometes: tu que abominas os ídolos, sacrilegamente os adora: 23 tu que te glorias na lei, desonras a Deus pela transgressão da lei. 24 (Porque o nome de Deus por vós é blasfemado entre as gentes assim como está escrito).

25 A circuncisão na verdade aproveita, se guardares a lei: mas se fores transgressor da lei, a tua circuncisão se converteu em prepúcio. 26 Pois se o incircunciso guardar os preceitos da lei: não é verdade que o seu prepúcio será reputado como circuncisão? 27 E se o que naturalmente é incircunciso cumpre de todo o ponto a lei, te julgará ele a ti, que com a letra, e com a circuncisão és transgressor da lei? 28 Porque não é judeu o que o é manifestamente: nem é circuncisão a que se faz exteriormente na carne: 29 mas é judeu o que o é no interior: e a circuncisão do coração é no espírito, não segundo a letra: cujo louvor não vem dos homens, senão de Deus.

Os judeus culpados ante o tribunal de Deus

3 Que tem pois de mais o judeu? ou que utilidade é a da circuncisão? 2 Muita vantagem logra em todas as maneiras. Principalmente porque lhes foram por certo confiados os oráculos de Deus. 3 Que será pois se alguns deles não creram? Porventura a sua incredulidade destruirá a fidelidade de Deus? Não, por certo. 4 Porque Deus é veraz: e todo o homem mentiroso, segundo está escrito: para que sejas reconhecido por fiel nas tuas palavras: e venças quando fores julgado. 5 Se a nossa injustiça porém faz brilhar a justiça de Deus, que diremos? Acaso Deus, que castiga com ira, é injusto? 6 (Como homem falo.) Não, por certo. De outra maneira, como julgará Deus a este mundo? 7 Porque se a verdade de Deus pela minha mentira cresceu para glória sua, por que sou eu ainda assim julgado como pecador? 8 E não (como somos murmurados, e como alguns dizem que nós dizemos) que façamos males para que venham bens: a condenação dos quais é justa. 9 Que dizemos pois? logramos alguma vantagem sobre eles? De nenhuma sorte. Porque já temos provado que judeus e gentios estão todos debaixo do pecado, 10 assim como está escrito: Não há pois nenhum justo. 11 Não há quem entenda, não há quem busque a Deus. 12 Todos se extraviaram, à uma se fizeram inúteis, não há quem faça bem, não há nem sequer um. 13 A garganta deles é um sepulcro aberto, com as suas línguas fabricavam enganos. Um veneno de áspides se encobre debaixo dos lábios deles, 14 cuja boca está cheia de maldição, e de amargura. 15 Os pés deles são velozes para derramar sangue. 16 A dor, e a infelicidade se acha nos caminhos deles. 17 E não conheceram o caminho da paz. 18 Não há temor de Deus diante dos olhos deles. 19 Sabemos pois que quanto a lei diz, àqueles que debaixo da lei estão, o diz para que toda a boca esteja fechada, e todo o mundo fique sujeito a Deus: 20 porque pelas obras da lei não será justificado nenhum homem diante dele. Porque pela lei só vem o conhecimento do pecado.

II. A JUSTIÇA DE DEUS DÁ A VIDA A TODOS OS HOMENS

O meio de conseguir-se a salvação

21 Mas agora sem a lei se tem manifestado a justiça de Deus: testificada pela lei, e pelos profetas. 22 E a justiça de Deus é infundida pela fé de Jesus Cristo em todos, e sobre todos os que crêem nele: porque não há nisto distinção alguma. 23 Porque todos pecaram, e ficaram privados da glória de Deus. 24 Tendo sido justificados gratuitamente por sua graça, pela redenção que têm em Jesus Cristo. 25 Ao qual propôs Deus para ser vítima de propiciação pela fé no seu sangue, a fim de manifestar a sua justiça pela remissão dos delitos passados, 26 na paciência de Deus, para demonstração da sua justiça neste tempo: a fim de que ele seja achado justo, e justificador daquele que tem a fé em Jesus Cristo.

O ofício da fé

27 Onde está logo o motivo de te gloriares? Todo ele foi excluído. Por que lei? Pela das obras? Não! pela lei da fé. 28 Concluímos pois que o homem é justificado pela fé, sem as obras da lei. 29 Porventura Deus só o é dos judeus? Não o é Ele também dos gentios? Sim, por certo, ele o é também dos gentios. 30 Porque na verdade não há senão um Deus, que justifica pela fé os circuncidados, e que também pela fé justifica os incircuncidados. 31 Logo destruimos nós a lei pela fé? De nenhuma sorte: antes estabelecemos a mesma lei.

Segundo o testemunho da Escritura, Abraão foi justificado pela fé

4 Que vantagem diremos pois ter achado Abraão, nosso pai segundo a carne? 2 Porque, se Abraão foi justificado pelas obras, tem de que se gloriar, mas não diante de Deus. 3 Que diz pois a Escritura? Abraão creu em Deus: e isto lhe foi imputado à justiça. 4 E ao que trabalha, não se lhe imputa salário como favor, mas como dívida. 5 Mas ao que não obra, e crê naquele que justifica o ímpio, à sua fé lhe é imputada a justiça, segundo o decreto da graça de Deus. 6 Como também Davi declara a bem-aventurança do homem, a quem Deus atribui justiça sem obras:

7 Bem-aventurados aqueles, cujas iniqüidades foram perdoadas, e cujos pecados têm sido cobertos.

8 Bem-aventurado o varão, a quem o Senhor não imputou pecado.

9 Ora, esta bem-aventurança está somente na circuncisão, ou também no prepúcio? Porquanto dizemos que a fé foi imputada a Abraão à justiça. 10 Como lhe foi ela pois imputada? depois da circuncisão, ou antes da circuncisão? Não foi depois da circuncisão, mas sim antes da circuncisão. 11 E recebeu o

sinal da circuncisão, como selo da justiça que tinha adquirido pela fé, quando incircunciso, a fim de que fosse pai de todos os crentes incircuncisos, a fim de que também a eles lhes seja imputada a justiça: 12 e seja pai da circuncisão, não somente àqueles que são circuncidados senão também aos que seguem as pisadas da fé, que teve nosso pai Abraão antes de ser circuncidado.

13 Porque a promessa a Abraão, ou à sua posteridade, de que seria herdeiro do mundo, não foi pela lei: mas pela justiça da fé. 14 Porque se os da lei é que são os herdeiros, fica aniquilada a fé, sem valor a promessa. 15 Porque a lei provoca a cólera. Porquanto onde não há lei, não há transgressão. 16 Em conseqüência do que pela fé é que são os herdeiros, a fim de que por graça a promessa seja firme a toda a sua posteridade, não somente ao que é da fé de Abraão, que é pais de todos nós, 17 (como está escrito: Eu pois te constituí pai de muitas gentes) diante de Deus, a quem havia crido, o qual dá vida aos mortos, e chama às coisas que não são, como as que são.

18 Ele creu em esperança, contra a esperança, que seria pai de muitas gentes, segundo o que se lhe havia dito: Assim será a sua descendência. 19 E não fraqueou na fé, nem considerou o seu próprio corpo amortecido, sendo já de quase cem anos: nem que a virtude de conceber se achava extinta em Sara. 20 Não hesitou ainda com a mais leve desconfiança na promessa de Deus, mas foi fortificado pela fé, dando glória a Deus. 21 Tendo por muito certo que também é poderoso para cumprir tudo quanto prometeu. 22 Por isso lhe foi também imputado à justiça. 23 E não está escrito somente por ele, que lhe foi imputado à justiça: 24 mas também por nós, a quem será imputado, se cremos naquele que ressurgiu dos mortos, Jesus Cristo nosso Senhor. 25 O qual foi entregue por nossos pecados, e ressuscitou para nossa justificação.

Vitalidade da justificação cristã

5 Justificados pois pela fé, tenhamos paz com Deus por meio de nosso Senhor Jesus Cristo: 2 pelo qual temos também acesso pela fé a esta graça, na qual estamos firmes, e nos gloriamos na esperança da glória dos filhos de Deus. 3 E não somente nesta esperança, mas também na tribulações nos gloriamos: sabendo que a tribulação produz paciência: 4 e a paciência experiência, e a experiência esperança. 5 E a esperança não traz confusão: porque a caridade de Deus está derramada em nossos corações pelo Espírito Santo, que nos foi dado. 6 A que fim pois, quando nós ainda estávamos enfermos, morreu Cristo, no tempo prescrito, por uns ímpios? 7 Porque apenas há quem morra por um justo, ainda que algum se atreva talvez a morrer por um bom. 8 Mas Deus faz brilhar a sua caridade em nós: porque ainda quando éramos pecadores em seu tempo, 9 morreu Cristo por nós: pois muito mais agora, que somos justificados pelo seu sangue, seremos salvos da ira por ele mesmo. 10 Porque se, sendo nós inimigos, fomos reconciliados com Deus pela morte de seu Filho: muito mais estando já reconciliados, seremos salvos por sua vida. 11 E não só fomos reconciliados: mas também nos gloriamos em Deus por nosso Senhor Jesus Cristo, por quem agora temos recebido a reconciliação.

III. MORTE EM ADÃO E VIDA EM CRISTO

Adão, figura de Cristo

12 Portanto assim como por um homem entrou o pecado neste mundo, e pelo pecado a morte, assim passou também a morte a todos os homens por um homem, no qual todos pecaram. 13 Porque até à lei o pecado estava no mundo: mas não era imputado o pecado, quando não havia lei. 14 Entretanto reinou a morte desde Adão até Moisés, ainda sobre aqueles que não pecaram por uma transgressão semelhante à de Adão, o qual é figura do que havia de vir. 15 Mas não é assim o dom como o pecado: porque se pelo pecado de um morreram muitos: muito mais a graça de Deus, e o dom pela graça de um só homem, que é Jesus Cristo, abundou sobre muitos. 16 E não foi assim o dom como o pecado por um: porque o juízo na verdade se originou de um pecado para condenação: mas a graça procedeu de muitos delitos para a justificação.

17 Porque se pelo pecado de um, reinou a morte por um só homem: muito mais reinarão em vida por um só, que é Jesus Cristo, os que recebem a abundância da graça, e do dom e da justiça. 18 Pois assim como pelo pecado de um só, incorreram todos os homens na condenação: assim também pela justiça de um só, recebem todos os homens a justificação da vida. 19 Porque assim como pela desobediência de um só homem, foram muitos feitos pecadores: assim também pela obediência de um

só, muitos se tornarão justos. 20 E sobreveio a lei para que abundasse o pecado. Mas onde abundou o pecado, superabundou a graça. 21 Para que assim como o pecado reinou para a morte: assim reine também a graça pela justiça para a vida eterna, por meio de Jesus Cristo nosso Senhor.

União a Cristo pelo Batismo

6 Que diremos pois? Permaneceremos no pecado, para que abunde a graça? 2 Deus nos livre, porque uma vez que ficamos mortos ao pecado, como viveremos ainda nele? 3 Vós não sabeis que todos os que fomos batizados em Jesus Cristo, fomos batizados na sua morte? 4 Porque nós fomos sepultados com ele para morrer ao pecado pelo batismo: para que como Cristo ressurgiu dos mortos pela glória do Pai, assim também nós andemos em novidade de vida. 5 Porque se nós fomos plantados juntamente com ele à semelhança da sua morte: sê-lo-emos também igualmente na conformidade da sua ressurreição. 6 Sabendo isto, que o nosso homem velho foi crucificado juntamente com ele para que seja destruido o corpo do pecado e não sirvamos jamais ao pecado. 7 Porque o que é morto, justificado está do pecado. 8 E se somos mortos com Cristo: cremos que juntamente viveremos também com Cristo. 9 Sabendo, que tendo Cristo ressurgido dos mortos, já não morre, nem a morte terá sobre ele mais domínio. 10 Porque enquanto a ele morrer pelo pecado, ele morreu uma só vez; mas enquanto ao viver, vive para Deus. 11 Assim também vós, considerai-vos que estais certamente mortos ao pecado, porém vivos para Deus, em nossos Senhor Jesus Cristo.

Liberação do pecado

12 Não reine pois o pecado no vosso corpo mortal, de maneira que obedeçais aos seus apetites. 13 Nem tão pouco ofereçais os vossos membros ao pecado por instrumentos de iniqüidade: mas oferecei-vos a Deus, como ressuscitados dos mortos: e os vossos membros a Deus, como instrumentos de justiça. 14 Porque o pecado vos não dominará: pois já não estais debaixo da lei, mas debaixo da graça. 15 Pois que? Pecaremos, porque não estamos debaixo da lei, mas debaixo da graça? Deus tal não permita. 16 Não sabeis que seja qual for ou a quem vos ofereceis por servos para lhe obedecer, ficais servos do mesmo a quem obedeceis, ou do pecado para a morte, ou da obediência para a justiça? 17 Porém graças a Deus, que fostes servos do pecado, e haveis obedecido de coração àquela forma de doutrina, a que tendes sido entregues. 18 E libertados do pecado, haveis sido feitos servos da justiça. 19 Humanamente falo, atendendo à fraqueza da vossa carne: que assim como para a maldade oferecestes os vossos membros para que servissem à imundícia e à iniqüidade, assim para santificação oferecei agora os vossos membros para que sirvam à justiça. 20 Porque quando éreis escravos do pecado, fostes livres da justiça. 21 Que fruto pois tivestes então naquelas coisas, de que agora vos envergonhais? Pois o fim delas é a morte. 22 Mas agora que estais livres do pecado, e que haveis sido feitos servos de Deus, tendes o vosso fruto em santificação, e por fim a vida eterna. 23 Porque o estipêndio do pecado é a morte. Mas a graça de Deus é a vida perdurável em nosso Senhor Jesus Cristo.

A nova lei — Cristo

7 Porventura ignorais vós, irmãos, (falo pois com os que sabem a lei), que a lei só tem domínio sobre o homem, por quanto tempo ele vive? 2 Porque a mulher que está sujeita ao marido, enquanto vive o marido, atada está à lei: mas se morrer seu marido, solta fica da lei do marido. 3 Logo se, vivendo o marido, for achada com outro homem, será chamada adúltera: mas se morrer seu marido, livre fica da lei do marido: de maneira que não é adúltera se estiver com outro marido. 4 Pelo que, irmãos meus, também vós estais mortos à lei pelo corpo de Cristo: para que sejais de outro, do que ressuscitou dentre os mortos, a fim de que demos fruto a Deus. 5 Porque enquanto estávamos na carne, as paixões dos pecados, que havia pela lei, obravam em nossos membros, para darem fruto à morte. 6 Mas agora soltos estamos da lei da morte, na qual estávamos presos, de sorte que sirvamos em novidade de espírito, e não na velhice da letra.

IV. MORTE DO HOMEM VELHO E VIDA EM ESPÍRITO

A lei e o pecado

7 Que diremos logo? É a lei do pecado? Deus nos livre de tal cuidarmos. Mas eu não conheci o pecado, senão pela lei: porque eu não conheceria a concupiscência, se a lei não dissera: Não cobiçarás. 8 E o pecado, tomando ocasião pelo mandamento, obrou em mim toda

a concupiscência, porque sem a lei o pecado estava morto. 9 E eu nalgum tempo vivia sem lei. Mas quando veio o mandamento, reviveu o pecado. 10 E eu sou morto. O mandamento que me era para vida, esse foi achado que me era para morte. 11 Porque o pecado tomando ocasião do mandamento me enganou, e me matou pelo mesmo mandamento. 12 Assim que a lei é na verdade santa, e o mandamento é santo e justo e bom.

Potência maligna do pecado

13 Logo, o que é bom se tem feito morte para mim? Não por certo. Mas o pecado, para se mostrar pecado, servindo-se do que é bom, deu-me a morte, para que o pecado se fizesse muito pecaminoso servindo-se do mandamento. 14 Porque sabemos que a lei é espiritual: mas eu sou carnal, vendido para estar sujeito ao pecado. 15 Porque eu não compreendo o que faço: porque não faço esse bem que quero: mas o mal que aborreço, esse é que faço. 16 Se eu porém faço o que não quero: consinto com a lei, tendo-a por boa. 17 E neste caso não sou eu já o que faço isto, mas sim o pecado que habita em mim. 18 Porque eu sei que em mim, quero dizer na minha carne, não habita o bem. Porque o querer o bem, eu o acho em mim: mas não acho o meio de o fazer perfeitamente. 19 Porque eu não faço o bem que quero. Mas faço o mal que não quero. 20 Se eu porém faço o que não quero, não sou eu já o que faço, mas é sim o pecado que habita em mim. 21 Portanto querendo eu fazer o bem, acho a lei de que o mal reside em mim. 22 Porque eu me deleito na lei de Deus, segundo o homem interior. 23 Mas sinto nos meus membros outra lei, que repugna à lei do meu espírito, e que me faz cativo na lei do pecado, que está nos meus membros. 24 Infeliz homem eu, quem me livrará do corpo desta morte? 25 A graça de Deus por Jesus Cristo, nosso Senhor. Assim que eu mesmo sirvo à lei de Deus segundo o espírito, e sirvo à lei do pecado, segundo a carne.

A nova vida: pelo Espírito Santo

8 Agora pois nenhuma condenação têm os que estão em Jesus Cristo: os quais não andam segundo a carne. 2 Porque a Lei do espírito da vida em Jesus Cristo me livrou da lei do pecado, e da morte. 3 Porquanto o que era impossível à lei, em razão de que se achava debilitada pela carne: enviando Deus a seu Filho em semelhança de carne de pecado, ainda do pecado condenou ao pecado na carne, 4 para que a justificação da lei se cumprisse em nós, que não andamos segundo a carne, mas segundo o espírito. 5 Porque os que são segundo a carne, gostam das coisas que são da carne, mas os que são segundo o espírito, percebem as coisas que são do espírito. 6 Ora, a prudência da carne é morte, mas a prudência do espírito é vida e paz. 7 Porque a sabedoria da carne é inimiga de Deus, pois não é sujeita à Lei de Deus, nem tão pouco o pode ser. 8 Os que vivem pois segundo a carne, não podem agradar a Deus.

Vitória sobre a morte

9 Vós porém não viveis segundo a carne, mas segundo o espírito, se é que o espírito de Deus habita em vós. Mas se algum não tem o espírito de Cristo, este tal não é dele. 10 Porém se Cristo está em vós: o corpo verdadeiramente está morto pelo pecado, mas o espírito vive pela justificação. 11 Porque se o Espírito daquele que ressuscitou dos mortos a Jesus, habita em vós: Aquele que ressuscitou dos mortos a Jesus Cristo também dará vida aos vossos corpos mortais, pelo seu Espírito, que habita em vós.

Vitória eterna

12 Portanto, irmãos, somos devedores não à carne, para que vivamos segundo a carne. 13 Porque se vós viverdes segundo a carne, morrereis: mas se vós pelo espírito fizerdes morrer as obras da carne, vivereis. 14 Certamente todos os que são levados pelo Espírito de Deus, estes tais são filhos de Deus. 15 Na verdade vós não recebestes o espírito de escravidão, para estardes outra vez com temor, mas recebestes o espírito de adoção de filhos, segundo o qual clamamos, dizendo: Abba, Pai. 16 Porque o mesmo Espírito dá testemunho ao nosso espírito, de que somos filhos de Deus. 17 E se somos filhos, também somos herdeiros: herdeiros verdadeiramente de Deus, e co-herdeiros de Cristo: se é que todavia nós padecemos com ele, para que sejamos também com ele glorificados.

Felicidade perfeita

18 Porque eu tenho para mim que as penalidades da presente vida, não têm proporção alguma com a glória vindoura que se manifestará em nós. 19 Pelo que a expectação da criatura é esperar ansiosamente a manifestação dos filhos de Deus. 20 Porque a criatura está sujeita à vaidade, não por seu querer, mas pelo daquele que a sujeitou com a esperança: 21 Porque também a mesma criatura será livre da sujeição à corrupção, para participar da liberdade da glória dos filhos de Deus. 22 Por-

que sabemos que todas as criaturas gemem, e estão com dores de parto até agora. 23 E não só elas, mas também nós mesmos, que temos as primícias do espírito. Também nós gememos dentro de nós mesmos, esperando a adoção de filhos de Deus, a redenção do nosso corpo. 24 Porque na esperança é que temos sido feitos salvos. Ora, a esperança que se vê, não é esperança: porque o que qualquer vê, como o espera? 25 E se o que não vemos, esperamos: por paciência o esperamos. 26 E assim mesmo o Espírito ajuda também a nossa fraqueza: porque não sabemos o que havemos de pedir, como convém: mas o mesmo Espírito ora por nós com gemidos inexplicáveis. 27 E aquele que esquadrinha os corações, sabe o que deseja o espírito: porque ele só pede segundo Deus pelos santos. 28 Ora nós sabemos que aos que amam a Deus, todas as coisas lhes contribuem para seu bem, àqueles que segundo o seu decreto são chamados santos. 29 Porque os que Ele conheceu na sua preciência, também os predestinou para serem conformes à imagem de seu filho, para que ele seja o primogênito entre muitos irmãos. 30 E aos que predestinou, a estes também chamou: e aos que chamou, a estes também justificou: e aos que justificou também os glorificou.

Hino ao amor de Deus

31 Pois que diremos à vista destas coisas? Se Deus é por nós, quem será contra nós? 32 O que ainda a seu próprio Filho não perdoou, mas por nós todos o entregou: como não nos deu também com ele todas as coisas? 33 Quem formará acusação contra os escolhidos de Deus? sendo Deus o que os justifica. 34 Quem é que os condenará? Jesus Cristo, que morreu, ou para melhor dizer, que também ressuscitou, que está à mão direita de Deus, que também intercede por nós. 35 Quem nos separará pois do amor de Cristo? será a tribulação? ou a angústia? ou a fome? ou a desnudez? ou o perigo? ou a perseguição? ou a espada? 36 (Assim como está escrito: Porque por amor de ti somos entregues à morte cada dia: somos reputados como ovelhas para o matadouro). 37 Mas em todas estas coisas saímos vencedores por aquele que nos amou. 38 Porque eu estou certo que nem a morte, nem a vida, nem os anjos, nem os principados, nem as virtudes, nem as coisas presentes, nem as futuras, nem a violência, 39 nem a altura, nem a profundidade, nem outra criatura alguma nos poderá apartar do amor de Deus, que está em Jesus Cristo Senhor nosso.

V. DESÍGNIO DE DEUS A RESPEITO DE ISRAEL

Incredulidade dos judeus

9 Eu digo a verdade em Cristo, não minto: dando-me testemunho a minha consciência no Espírito Santo: 2 que tenho grande tristeza, e contínua dor no meu coração. 3 Porque eu mesmo desejara ser anátema por Cristo, por amor de meus irmãos, que são do mesmo sangue que eu segundo a carne. 4 Que são os israelitas, dos quais é a adoção de filhos, e a glória, e a aliança, e a legislação, e o culto e as promessas: 5 cujos pais são os mesmos, de quem descende também Cristo segundo a carne, que é Deus sobre todas as coisas, bendito por todos os séculos, Amém. 6 E não que a palavra de Deus haja faltado. Porque nem todos os que são de Israel, estes tais são israelitas. 7 Nem os que são linhagem de Abraão, todos são seus filhos: mas de Isaac sairá uma estirpe que há de ter o teu nome. 8 isto é, não os que são filhos da carne, esses tais são filhos de Deus: mas os que são filhos da promessa, se reputam descendentes. 9 Porque a palavra da promessa é esta: Por este tempo virei: e Sara terá um filho. 10 E não somente ela: mas também Rebeca de um ajuntamento que teve com Isaac, nosso pai, concebeu. 11 Porque não tendo eles ainda nascido, nem tendo ainda feito bem, ou mal algum (para que o decreto de Deus ficasse firme segundo a sua eleição), 12 não por respeito às suas obras, mas por causa da vocação de Deus, lhe foi dito a ela. 13 O mais velho pois servirá ao mais moço, segundo o que está escrito: Eu amei a Jacó, e aborreci a Esaú.

O Senhor é justo é fidedigno

14 Pois que diremos? Há porventura em Deus injustiça? É certo que não. 15 Porque Ele disse a Moisés: Eu terei misericórdia com quem me aprouver ter misericórdia: e terei piedade com quem me aprover ter piedade. 16 Logo isto não depende do que quer, nem do que corre, mas de usar Deus da sua misericórdia. 17 Porque, diz a Escritura a Faraó: Para isto mesmo pois eu te levantei, para mostrar em ti o meu poder: e para que seja anunciado o meu nome por toda a terra. 18 Logo Ele tem misericórdia de quem quer, e ao que quer endurece.

19 Nestes termos dir-me-ás-tu agora. De que se queixa ele ainda? Porquanto, quem é o que resiste à sua vontade? 20 Mas, ó homem, quem és tu, para replicares a Deus? Porventura o vaso de barro diz a quem o fez: Por que me fizeste assim? 21 Acaso não tem poder o oleiro para fazer por certo de uma mesma massa um vaso para honra e outro para ignomínia? 22 Do que te não deves queixar, se querendo Deus mostrar a sua ira e fazer manifesto o seu poder, sofreu com muita paciência os vasos de ira, aparelhados para a morte. 23 A fim de mostrar as riquezas da sua glória sobre os vasos de misericórdia, que preparou para a glória. 24 Os quais somos nós, a quem Ele também chamou não só dos judeus, mas ainda dos gentios. 25 Assim como Ele diz em Oséias: Chamarei povo meu ao que não era meu povo: e amado, ao que não era amado: e que alcançou misericórdia. 26 E acontecerá isto: No lugar em que lhes foi dito: Vós não sois povo meu: ali serão chamados filhos de Deus vivo. 27 E pelo que toca a Israel, dele clama Isaías: Se for o número dos filhos de Israel como a areia do mar, as relíquias serão salvas. 28 Porquanto a palavra será consumadora e abreviadora em justiça: porque o Senhor fará abreviada a palavra sobre a terra. 29 E assim como predisse Isaías: Se o Senhor dos exércitos nos não tivera deixado alguns da nossa geração, estaríamos nos feitos semelhantes a Sodoma e tais como Gomorra.

Exposição dos pecados de Israel

30 Que diremos, pois? Que os gentios, que não seguiam a justiça, abraçaram a justiça e a justiça que vem da fé. 31 Mas Israel, que seguia a lei da justiça, não chegou à lei da justiça. 32 Por que causa? Porque não pela fé, mas como se ela se pudesse alcançar pelas obras: Porque tropeçaram na pedra do tropeço, 33 conforme o que está escrito: Eis aí ponho eu em Sião o que é a pedra do tropeço, e a pedra de escândalo, e todo aquele que crê nele não será confundido.

10 Irmãos, por certo que o bom desejo do meu coração, e a minha oração a Deus, é para que eles consigam a salvação. 2 Pois eu lhes dou testemunho de que eles têm zelo de Deus, mas não segundo a ciência. 3 Porque, não conhecendo a justiça de Deus, e querendo estabelecer a sua própria, não se sujeitaram à justiça de Deus. 4 Porque o fim da lei é Cristo, para justificar a todo o que crê. 5 Ora, Moisés acerca da justiça que vem da Lei, escreveu que o homem que observar os seus mandamentos, achará a vida neles. 6 Mas a justiça que vem da fé, diz assim: Não digas no teu coração: Quem subirá ao céu? isto é, para trazer do alto a Cristo. 7 Ou quem descerá ao abismo? isto é, para tornar trazer a Cristo de entre os mortos. 8 Mas que diz a Escritura? Perto está a palavra na tua boca e no teu coração. Esta é a palavra da fé, que pregamos. 9 Porque se confessares com a tua boca ao Senhor Jesus, e creres no teu coração que Deus o ressuscitou de entre os mortos, serás salvco. 10 Porque com o coração se crê para alcançar a justiça: mas com a boca se faz a confissão para conseguir a salvação. 11 Porque, diz a Escritura: Todo o que crê nele, não será confundido. 12 Porque não há distinção de judeu e de grego: posto que um mesmo é o Senhor de todos, rico para com todos os que o invocam. 13 Porque todo aquele, quem quer que for, o que invocar o nome do Senhor, será salvo.

14 Como invocarão pois aquele em quem não creram? Ou como crerão àquele que não ouviram? E como ouvirão sem pregador? 15 Porém como pregarão eles, se não forem enviados? Assim como está escrito: Que formosos são os pés dos que anunciam a paz, dos que anunciam os bens!

16 Mas nem todos obedecem ao Evangelho. Porque Isaías diz: Senhor, quem creu ao que nos ouviu pregar? 17 Logo a fé é pelo ouvido, e o ouvido pela palavra de Cristo. 18 Mas pergunto: Acaso eles não têm ouvido? Sim, por certo, pois por toda a terra saiu o som deles, e até aos limites da redondeza da terra, as palavras deles. 19 Pergunto mais: Acaso Israel não o soube? Moisés é o primeiro que lhes diz: Eu vos meterei em ciume com uma gente, que não é gente; eu vos provocarei a ira contra uma gente ignorante. 20 E Isaías se atreve a mais, e diz: Fui achado dos que me não buscavam. Claramente me descobri aos que não perguntavam por mim. 21 E a Israel diz: Todo o dia abri as minhas mãos a um povo incrédulo, e rebelde.

Israel reprovado só parcialmente

11 Digo pois agora: Rejeitou Deus acaso o seu povo? Não por certo. Porque eu também sou israelita, do sangue de Abraão, da tribo de Benjamim. 2 Não rejeitou Deus o seu povo, que Ele conheceu na sua preciência. Porventura não sabeis vós o que a Escritura refere de Elias? De que modo pede ele justiça a Deus contra Israel? 3 Senhor, mataram os teus profetas, derribaram os teus altares! E eu fiquei sozinho, e eles me procuram tirar a vida. 4 Mas que lhe disse a resposta de Deus? Eu re-

servei para mim sete mil homens, que não dobraram os joelhos diante de Baal. 5 Do mesmo modo pois ainda neste tempo, segundo a eleição da sua graça, salvou Deus a um pequeno número, que Ele reservou para si. 6 E se isto foi por graça, não foi já pelas obras: doutra sorte a graça já não será graça. 7 Que diremos logo? Senão que Israel não conseguiu o que buscava: e que os escolhidos o conseguiram: e que os mais foram obcecados: 8 assim como está escrito: Deus lhes deu um espírito de estupidez: olhos para que não vejam, e ouvidos para que não ouçam até o presente dia. 9 E Davi diz: A mesa deles se lhes converta em laço, em prisão, e em escândalo, e em paga. 10 Escurecidos sejam os olhos deles para que não vejam: e encurva sempre o seu espinhaço.

Eleição dos gentios

11 Digo pois: Acaso tropeçaram eles de maneira que caíssem? Não, por certo. Mas pelo pecado deles, veio a salvação aos gentios, para incitá-los à imitação. 12 Porque se o pecado deles são as riquezas do mundo e o menoscabo deles as riquezas dos gentios: quanto mais a plenitude deles? 13 Porque convosco falo, ó gentios: Enquanto eu na verdade for apóstolo das gentes, honrarei o meu ministério. 14 Para ver se de algum modo posso mover à emulação aos da minha nação, e fazer que se salvem alguns deles. 15 Porque se a perda deles é a reconciliação do mundo: que será o seu restabelecimento, senão uma vida restaurada dentre os mortos? 16 Se as primícias porém são santas, também o é a massa: e se é santa a raiz, também o são os ramos. 17 E se alguns dos ramos foram quebrados, e tu, sendo zambujeiro, foste enxertado neles, e tens sido participante da raiz, e do suco da oliveira, 18 não te jactes contra os ramos: porque se te jactas, tu não sustentas a raiz, mas a raiz a ti. 19 Porém dirás: Os ramos foram quebrados, para que eu seja enxertado. 20 Bem! Por sua incredulidade foram quebrados. Mas tu pela fé estás firme: pois não te ensoberbeças por isso, mas teme. 21 Porque se Deus não perdoou aos ramos naturais: deves tu temer que Ele te não perdoe a ti. 22 Considera pois a bondade, e a severidade de Deus: A severidade por certo para com aqueles que caíram: e a bondade de Deus para contigo, se permaneceres na bondade; doutra maneira também tu serás cortado. 23 E ainda eles, se não permanecerem na incredulidade, serão enxertados: pois Deus é poderoso para enxertá-los de novo. 24 Porque se tu foste cortado do natural zambujeiro, e contra a tua natureza foste enxertado em boa oliveira: quanto mais aqueles que são naturais, serão enxertados na sua própria oliveira?

Esperança da conversão de Israel

25 Mas não quero, irmãos, que vós ignoreis este mistério, (para que não sejais sábios em vós mesmos) que a cegueira veio em parte a Israel, até que haja entrado a multidão das gentes. 26 E que assim todo Israel se salvasse, como está escrito: Virá de Sião um que seja libertador, e que desterre a impiedade de Jacó. 27 E esta será com ele a minha aliança: quando eu tirar os seus pecados.

28 É verdade que quanto ao Evangelho, eles agora são aborrecidos por vossa causa: mas quanto à eleição, eles são mui queridos por amor de seus pais. 29 Porque os dons, e a vocação de Deus são imutáveis.

30 Porque assim como também vós em algum tempo não crestes a Deus, e agora haveis alcançado misericórdia pela incredulidade deles: 31 assim também estes agora não creram na vossa misericórdia. 32 Porque Deus a todos encerrou na incredulidade, para usar com todos de misericórdia.

33 Ó profundidade das riquezas da sabedoria e da ciência de Deus! Quão incompreensíveis são os seus juízos, e quão inescrutáveis os seus caminhos! 34 Porque quem conheceu a mente do Senhor? Ou quem foi o seu conselheiro? 35 Ou quem lhe deu alguma coisa primeiro, para esta lhe haver de ser recompensada? 36 Porque dele e por Ele e nele existem todas as coisas! A Ele seja dada glória por todos os séculos. Amém.

VI. CONSELHOS E PRECEITOS MORAIS

A vida nova

12 Assim que pela misericórdia de Deus vos rogo, irmãos, que ofereçais os vossos corpos como uma hóstia viva, santa, agradável a Deus, que é o culto racional que lhe deveis. 2 E não vos conformeis com este século, mas reformai-vos pela regeneração de vosso espírito, para que experimenteis como a vontade de Deus é boa, agradável e perfeita.

Exortações às virtudes cristãs

3 Porque pela graça que me foi dada, digo a todos os que estão entre vós: que não saibam mais do que convém saber, mas que saibam

com temperança: e cada um conforme Deus lhe repartiu a medida da fé.

4 Porque da maneira que em um corpo temos muitos membros, mas todos os membros não têm uma mesma função: 5 assim ainda que muitos, somos um só corpo em Cristo, e cada um de nós membros uns dos outros. 6 Mas temos dons diferentes segundo a graça que nos foi dada: ou seja profecia, segundo a proporção da fé. 7 Ou ministério em administrar, ou o que ensina em doutrina. 8 O que admoesta em exortar, o que reparte em simplicidade, o que preside em vigilância, o que se compadece em alegria. 9 O amor seja sem fingimento. Aborrecerei o mal, aderi ao bem. 10 Amai-vos reciprocamente com amor fraternal. Adiantai-vos em honrar uns aos outros. 11 No cuidado que deveis ter, não sejais preguiçosos. Sede fervorosos de espírito. Servi o Senhor: 12 na esperança alegres, na tribulação sofridos, na oração perseverantes. 13 Socorrei as necessidades dos santos. Exercitai a hospitalidade. 14 Abençoai aos que vos perseguem. Abençoai-os, e não os preguejeis. 15 Alegrai-vos com os que se alegram, chorai com os que choram. 16 Tende entre vós uns mesmos sentimentos. Não blazoneis de coisas altas, mas acomodai-vos às humildes. Não sejais sábios aos vossos olhos. 17 Não torneis a ninguém mal por mal: procurando bens não só diante de Deus, mas também diante de todos os homens. 18 Se pode ser, quanto estiver da vossa parte, tende paz com todos os homens; 19 não vos vingueis a vós mesmos, ó caríssimos, mas dai lugar à ira: porque está escrito: A mim me pertence a vingança: eu retribuirei, diz o Senhor. 20 Antes pelo contrário, se o teu inimigo tiver fome, dá-lhe de comer: se tem sede dá-lhe de beber: porque se isto fizeres amontoará brasas vivas sobre a sua cabeça. 21 Não te deixes vencer do mal, mas vence o mal com o bem.

Deveres para com a autoridade

13 Todo o homem esteja sujeito aos poderes superiores: porque não há poder que não venha de Deus: e os que há esses foram por Deus ordenados. 2 Aquele pois que resiste à potestade, resiste à ordenação de Deus: e os que lhe resistem, a si mesmos trazem a condenação: 3 porque os príncipes não são para temer quando se faz o que é bom, mas quando se faz o que é mau. Queres tu pois não temer a potestade? Obra bem! E terás louvor dela mesma: 4 porque o príncipe é o ministro de Deus para bem teu. Mas se obrares mal, teme: porque não é debalde que ele traz a espada. Porquanto ele é ministro de Deus, vingador em ira contra aquele que obra mal. 5 É logo necessário que lhe estejais sujeitos, não somente pelo temor do castigo, mas também por obrigação de consciência. 6 Porque por esta causa pagais também tributos: pois são ministros de Deus, servindo-os nisto mesmo. 7 Pagai pois a todos o que lhes é devido: A quem tributo, tributo: a quem imposto, imposto: a quem temor, temor: a quem honra, honra.

Exortação à caridade e à vigilância

8 A ninguém devais coisa alguma, senão ao amor com que vos ameis uns aos outros: porque aquele que ama o próximo, tem cumprido com a lei. 9 Porque estes mandamentos de Deus: Não cometerás adultério. Não matarás. Não furtarás. Não dirás falso testemunho. Não cobiçarás. E se há algum outro mandamento, todos eles vêm a resumir-se nestas palavras: Amarás o teu próximo como a ti mesmo. 10 O amor do próximo não obra mal. Logo a caridade é o complemento da lei.

11 E pratiquemos isto sabendo que é chegado o tempo, que é já hora de nos levantarmos do sono. Porquanto agora está mais perto a nossa salvação, que quando recebemos a fé. 12 A noite passou e o dia vem chegando. Deixemos pois as obras das trevas, e vistamo-nos das armas da luz. 13 Caminhemos como de dia, honestamente: não em glotonarias e borracheiras, não em desonestidades e dissoluções, não em contendas e emulações! 14 Mas revesti-vos do Senhor Jesus Cristo: e não façais caso da carne em seus apetites.

Exortação aos fracos e fortes de Roma

14 Ao que é pois ainda fraco na fé ajudai-o, não com debates de opiniões. 2 Porque um crê que pode comer de tudo: outro porém que é fraco não come senão legumes. 3 O que come, não despreze ao que não come: e o que não come, não julgue ao que come: porque Deus o recebeu por seu. 4 Quem és tu, que julgas o servo alheio? Para seu Senhor está em pé, ou cai: mas ele estará firme: porque poderoso é Deus para o segurar. 5 Porque um faz diferença entre dia e dia: outro porém considera iguais todos os dias. Cada um abunde em seu sentido. 6 O que distingue o dia, para o Senhor o distingue: e o que come, para o Senhor come: porque a Deus dá graça: e o que não come, para o Senhor não come, e dá graças a Deus. 7 Porque nenhum de nós vive para si, e nenhum de nós morre para si. 8 Porque se vivemos, para o Senhor vivemos: se morremos, para o Senhor morremos. Logo ou nós vivamos, ou morramos, sempre somos do Se-

nhor. 9 Porque por isso é que morreu Cristo, e ressuscitou: para ser Senhor, tanto de mortos, como de vivos. 10 E tu por que julgas a teu irmão? Ou por que desprezas tu a teu irmão? Pois todos compareceremos ante o tribunal de Cristo: 11 porque escrito está: Por minha vida, diz o Senhor, que ante mim se dobrará todo o joelho: e toda a língua dará louvor a Deus. 12 E assim cada um de nós dará conta a Deus de si mesmo. 13 Não nos julguemos pois mais uns aos outros. Antes cuidai bem nisto, em não pordes tropeço, ou escândalo ao vosso irmão. 14 Eu sei, e estou persuadido no Senhor Jesus, que nenhuma coisa há imunda de sua natureza, senão para aquele que a tem por tal, para esse é que ela é imunda.

15 Poi se por causa da comida entristeces tu a teu irmão: já não andas segundo a caridade. Não percas tu pelo teu manjar aquele por quem Cristo morreu. 16 Não seja pois blasfemado o nosso bem. 17 Porque o reino de Deus não é comida, nem bebida; mas justiça e paz, e gozo no Espírito Santo. 18 E quem nisto serve a Cristo, agrada a Deus, e é aprovado dos homens. 19 Pelo que sigamos as coisas que são de paz: e as que são de edificação, guardemo-las, assim uns, como outros. 20 Não queiras destruir a obra de Deus por causa da comida. Todas as coisas na verdade são limpas: mas é mau para o homem, que come com escândalo. 21 Bom é não comer carne, nem beber vinho, nem coisa em que teu irmão acha tropeço, ou se escandaliza, ou se enfraquece. 22 Tu tens fé? pois tem-na em ti mesmo diante de Deus. Bem-aventurado o que não se condena a si mesmo naquilo que aprova. 23 Mas o que faz distinção, se comer, é condenado: porque não come por fé. E tudo o que não é segundo a fé, é pecado.

15 Portanto nós, que somos mais valentes, devemos suportar as fraquezas dos que são débeis, e não buscar a nossa própria satisfação. 2 Cada um de vós procure agradar ao seu próximo no que é bom, para edificação. 3 Porque Cristo nenhum respeito se guardou a si mesmo, antes como está escrito: Os impropérios dos que se ultrajavam, caíram sobre mim. 4 Porque tudo quanto está escrito, para nosso ensino está escrito: a fim de que pela paciência, e consolação das escrituras, tenhamos esperança. 5 Mas o Deus de paciência, e de consolação vos conceda uma uniformidade de sentimentos entre vós segundo o espírito de Jesus Cristo: 6 para que unânimes, a uma boca, glorifiqueis a Deus, e Pai de nosso Senhor Jesus Cristo: 7 por cuja causa mostrai acolhimento uns aos outros, como também Cristo vo-lo mostrou para a glória de Deus. 8 Digo pois que Jesus Cristo foi ministro da circuncisão, pela verdade de Deus, para confirmar as promessas dos pais: 9 e que os gentios devem glorificar a Deus pela misericórdia de que usou com eles, como está escrito: Por isso eu te confessarei, Senhor, entre os gentios, e entoarei cânticos de louvor ao teu nome. 10 E outra vez diz: Alegrai-vos, ó gentios, com o seu povo. 11 E noutro lugar: Louvai ao Senhor, todos os gentios: e engrandecei-o, todos os povos. 12 E Isaías também diz: Sairá a raiz de Jessé, e naquele que se levantar a reger os gentios, esperarão os gentios. 13 O Deus pois de esperança vos encha de todo o gozo, e de paz na vossa crença: para que abundeis na esperança, e na virtude do Espírito Santo.

VII. COMUNICAÇÕES PESSOAIS

Desculpas de São Paulo

14 E certo estou, irmãos meus, sim eu mesmo a vosso respeito, que também vós mesmos estais cheios de caridade, cheios de todo o saber, de maneira que vos podeis admoestar uns aos outros. 15 O que não obstante, eu, irmãos, vos escrevi com mais uma pouca de ousadia, como trazendo-vos isto à memória: por causa da graça que a mim me foi dada por Deus, 16 a fim de que eu seja o ministro de Jesus Cristo entre os gentios: santificando o evangelho de Deus, para que seja aceita a oblação dos gentios, e santificada pelo Espírito Santo. 17 Tenho pois glória em Jesus Cristo para com Deus. 18 Porque não ouso falar coisa alguma daquelas que não faz Cristo por mim, para trazer as gentes à obediência, por palavras e por obras. 19 Por eficácia de sinais, e de prodígios, em virtude do Espírito Santo: de maneira que desde Jerusalém, e terras comarcãs, até à Ilíria tenho enchido tudo do Evangelho de Cristo. 20 E assim tenho anunciado este Evangelho, não onde se havia feito já menção de Cristo, por não edificar sobre fundamento de outro: mas como está escrito: 21 Aqueles a quem não foi pregado dele, verão: e os que não ouviram, entenderão.

Projetos de viagens

22 Por cuja causa eu até me via embargado muitas vezes para vos ir ver, e tenho sido embaraçado até aqui. 23 Mas agora não tendo

já motivo para demorar-me mais nestas terras, e desejando já muitos anos a esta parte passar a ver-vos. 24 Quando me puser a caminho para Espanha, espero que de passagem vos verei, e que por vós seja encaminhado lá, depois de haver gozado primeiro algum tanto da vossa companhia. 25 Mas agora estou de partida para Jerusalém em serviço dos santos. 26 Porque a Macedônia e a Acaia tiveram por bem fazer uma coleta para os pobres do número dos santos, que estão em Jerusalém. 27 Assim pois o tiveram por bem: e disso lhes são devedores. Porque se os gentios têm sido feitos participantes dos seus bens espirituais: devem também eles assistir-lhes com os temporais. 28 Quando houver eu pois cumprido isto, e lhes tiver feito entrega deste fruto: irei a Espanha passando por onde vós aí estais. 29 E sei que quando vos for ver chegarei com abundância de benção do Evangelho de Cristo. 30 Rogo-vos pois, ó irmãos, por nosso Senhor Jesus Cristo, e pelo amor do Espírito Santo, que me ajudeis com as vossas orações por mim a Deus. 31 Para que eu seja livre dos infiéis, que há na Judéia, e seja grata aos santos de Jerusalém a oferenda do meu serviço. 32 Para que eu passe a ver-vos com alegria pela vontade de Deus e seja recreado convosco. 33 Enfim o Deus de paz seja com todos vós. Amém.

Saudações

16 Recomendo-vos pois a nossa irmã Febe, que está no serviço da Igreja de Cencris. 2 Para que a recebais no Senhor, como devem fazer os santos, e a ajudeis em tudo o que de vós houver mister: porque ela tem assistido também a muitos, e a mim em particular. 3 Saudai a Prisca, e a Áquila, que trabalharam comigo em Jesus Cristo. 4 (Os quais pela minha vida expuseram as suas cabeças, o que não lhes agradeço eu só, mas também todas as Igrejas dos Gentios). 5 E do mesmo modo a Igreja que está em sua casa. Saudai ao meu querido Epéneto, que é as primícias da Ásia em Cristo. 6 Saudai a Maria, a qual trabalhou muito entre vós. 7 Saudai a Andrônico, e a Júnia, meus parentes, e cativos comigo, os quais se assinalaram entre os apóstolos, e que foram cristãos primeiro do que eu. 8 Saudai a Amplíato, a quem mui entranhavelmente amo no Senhor. 9 Saudai a Urbano, que trabalhou comigo em Jesus Cristo, e ao meu amado Stáquis. 10 Saudai a Apeles, provado em Cristo. 11 Saudai aqueles que são da casa de Aristóbulo. Saudai a Herodião, meu parente. Saudai aos que são da família de Narciso, que estão no Senhor. 12 Saudai a Trifena, e a Trifosa, que trabalham no Senhor. Saudai a nossa muito amada Persida, que trabalhou muito no Senhor. 13 Saudai a Rufo, escolhido no Senhor, e a sua mãe, e minha. 14 Saudai a Asíncrito, a Flegonte, a Hermas, a Pátrobas, a Hermes, e aos irmãos que estão com eles. 15 Saudai a Filólogo, e a Júlia, a Nereu, e sua irmã, e a Olimpíades, e todos os santos, que com eles estão. 16 Saudai-vos uns aos outros em ósculo santo. Todas as igrejas de Cristo vos saúdam.

Últimas recomendações

17 Rogo-vos, porém, irmãos, que não percais de vista aqueles que causam dissensões, e escândalos contra a doutrina que vós tendes aprendido, e apartai-vos deles. 18 Porque estes tais não servem a Cristo Senhor nosso, mas ao seu ventre, e com doces palavras, e com bençãos enganam os corações dos símplices. 19 Porquanto a vossa obediência tem-se feito por toda a parte notória. Pelo que eu me alegro em vós. Mas quero que vós sejais sábios no bem e símplices no mal. 20 E o Deus de paz esmague logo a Satanás debaixo de vossos pés. A graça de nosso Senhor Jesus Cristo seja convosco. 21 Sauda-vos Timóteo, meu coadjutor, e Lúcio, e Jason, e Sosípatro, meus parentes. 22 Eu, Tércio, que escrevi esta carta vos saúdo no Senhor. 23 Saúda-vos Caio, meu hospedeiro, e toda a Igreja. Como também Erasto, tesoureiro da cidade, e Quarto, irmão. 24 A graça de nosso Senhor Jesus Cristo seja com todos vós, Amém.

Doxologia final

25 E ao que é poderoso para vos confirmar, segundo o meu Evangelho, e a pregação de Jesus Cristo segundo a revelação do mistério encoberto desde tempos eternos, 26 (o qual agora foi patenteado pelas Escrituras dos profetas segundo o mandamento do eterno Deus, para se dar obediência à fé) entre todas as gentes já sabido. 27 A Deus que só é sábio, a Ele por meio de Jesus Cristo seja tributada honra e glória por todos os séculos dos séculos. Amém.

Primeira Epístola de São Paulo aos Coríntios

PREÂMBULOS E SAUDAÇÕES

Ação de graças

1 Paulo, chamado Apóstolo de Jesus Cristo por vontade de Deus, e Sóstenes, nosso irmão. 2 À Igreja de Deus, que está em Corinto, aos santificados em Jesus Cristo, chamados santos, com todos os que invocam o nome de nosso Senhor Jesus Cristo, em qualquer lugar deles e nosso. 3 Graça vos seja aumentada, e paz da parte de Deus, nosso Pai, e da do nosso Senhor Jesus Cristo. 4 Graças dou incessantemente ao meu Deus por vós, por causa da graça de Deus, que vos foi dada em Jesus Cristo: 5 porque em todas as coisas sois enriquecidos nele em toda a palavra e em toda a ciência: 6 assim como tem sido confirmado em vós o testemunho de Cristo: 7 de maneira que nada vos falta em graça alguma, esperando vós a manifestação de nosso Senhor Jesus Cristo. 8 O qual também vos confirmará até ao fim sem crime, no dia da vinda de nosso Senhor Jesus Cristo. 9 Fiel é Deus: pelo qual fostes chamados à companhia de seu filho Jesus Cristo nosso Senhor.

I. DIVISÕES NA COMUNIDADE

Discórdias e partidarismos

10 Mas, irmãos, rogo-vos, pelo nome de nosso Senhor Jesus Cristo, que todos digais uma mesma coisa, e que não haja entre vós cismas: antes sejais perfeitos em um mesmo sentimento, e em um mesmo parecer. 11 Porque de vós, irmãos meus, se me tem significado pelos que são de Cloé, que há contendas, entre vós. 12 E digo isto, porque cada um de vós diz: Eu na verdade sou de Paulo! E eu de Apolo! Pois eu de Cefas! E eu de Cristo! 13 Está dividido Cristo? Porventura Paulo foi crucificado por vós? Ou haveis sido batizados em nome de Paulo? 14 Dou graças a Deus, porque não tenho batizado a nenhum de vós, senão a Crispo, e a Caio. 15 Para que nenhum diga que fostes batizados em meu nome. 16 E batizei também a família de Estéfanas. Não sei porém se tenho batizado a algum outro.

Falsa concepção da sabedoria cristã

17 Porque não me enviou Cristo a batizar, mas a pregar o Evangelho: não em sabedoria de palavras, para que não seja feita vã a cruz de Cristo. 18 Porque a palavra da cruz é na verdade uma estultícia para os que se perdem: mas para os que se salvam, que somos nós, é ela a virtude de Deus. 19 Porque escrito está: Destruirei a sabedoria dos sábios, e reprovarei a prudência dos prudentes.

20 Onde está o sábio? onde o doutor da lei? onde o esquadrinhador deste século? Porventura não tem Deus convencido de estultícia a sabedoria deste mundo? 21 Porque como na sabedoria de Deus não conheceu o mundo a Deus pela sabedoria: quis Deus fazer salvos aos que crêssem nele, pela estultícia da pregação. 22 Portanto os judeus pedem milagres, como os gregos buscam sabedoria. 23 Mas nós pregamos a Cristo crucificado: que é um escândalo de fato para os judeus, e uma estultícia para os gentios. 24 Mas para os que têm sido chamados, assim judeus como gregos, pregamos a Cristo, virtude de Deus, e sabedoria de Deus. 25 Pois o que parece em Deus uma estultícia, é mais sábio que os homens: e o que parece em Deus uma fraqueza, é mais

forte que os homens. 26 Vede pois, irmãos, a vossa vocação, porque chamados não foram muitos sábios segundo a carne, não muitos poderosos, não muitos nobres. 27 Mas as coisas que há loucas do mundo escolheu Deus para confundir aos sábios: e as coisas fracas do mundo escolheu Deus para confundir as fortes: 28 e as coisas vis, e desprezíveis do mundo escolheu Deus, e aquelas que não são, para destruir as que são: 29 para que nenhum homem se glorie na presença dele. 30 E do mesmo vem serdes vós o que sois em Jesus Cristo, o qual nos tem sido feito por Deus sabedoria, e justiça, e santificação, e redenção: 31 para que, como está escrito: O que se gloria, gloria-se no Senhor.

A verdadeira sabedoria do Evangelho

2 E eu, quando fui ter convosco, irmãos, fui não com sublimidade de estilo, ou de sabedoria, a anunciar-vos o testemunho de Cristo. 2 Porque julguei não saber coisa alguma entre vós, senão a Jesus Cristo, e este crucificado. 3 E eu estive entre vós em fraqueza, e temor, e grande tremor: 4 tanto a minha conversação, como a minha pregação não consistiu em palavras persuasivas de humana sabedoria, mas em demonstração de espírito, e de virtude: 5 para que a vossa fé não se funde em sabedoria de homens, mas na virtude de Deus. 6 Isto não obstante, entre os perfeitos falamos da sabedoria: não porém da sabedoria deste século, nem da dos príncipes deste século, que são destruídos: 7 mas falamos da sabedoria de Deus em mistério, que está encoberta, da que predestinou antes dos séculos, para nossa glória. 8 A qual nenhum dos príncipes deste século conheceu: porque se eles a conheceram, nunca crucificariam ao Senhor da Glória. 9 Mas assim como está escrito: Que o olho não viu, nem o ouvido ouviu, nem jamais veio ao coração do homem, o que Deus tem preparado para aqueles que amam. 10 Porém Deus no-lo revelou a nós pelo seu espírito: porque o espírito tudo penetra, ainda o que há de mais oculto na profundidade de Deus. 11 Porque qual dos homens conhece as coisas que são do homem, senão o espírito do homem, que nele mesmo reside? assim também as que são de Deus, ninguém as conhece, senão o Espírito de Deus. 12 Ora nós não recebemos o espírito deste mundo, mas sim o espírito que vem de Deus, para sabermos as coisas que por Deus nos foram dadas. 13 O que também anunciamos não com doutas palavras de humana sabedoria, mas com a doutrina do espírito, acomodando o espiritual ao espiritual. 14 Mas o homem animal não percebe aquelas coisas, que são do espírito de Deus: porque lhe parecem uma estultícia, e não as pode entender: porquanto elas se ponderam espiritualmente. 15 Mas o espiritual julga todas as coisas: e ele não é julgado de ninguém. 16 Porquanto quem conheceu o conselho do Senhor, para que o possa instruir? Porém nós sabemos a mente de Cristo.

3 E eu, irmãos, não vos pude falar como a espirituais, senão como a carnais. Como a pequeninos em Cristo. 2 Leite vos dei a beber, não comida: porque ainda não podíeis: e nem ainda agora podeis: porque ainda sois carnais.

Missão dos obreiros do Evangelho

3 Porquanto havendo entre vós zelos e contendas: não é assim que sois carnais, e andais segundo o homem? 4 Porque dizendo um: Eu certamente sou de Paulo. E outro: Eu de Apolo. Não se está vendo nisto que sois homens? Que é logo Apolo? e que é Paulo? 5 São uns ministros daquele a quem crestes, e segundo o que o Senhor deu a cada um. 6 Eu plantei, Apolo regou. Mas Deus é o que deu crescimento. 7 Assim que nem o que planta é alguma coisa, nem o que rega: mas Deus, que dá o crescimento. 8 E uma mesma coisa é o que planta e o que rega. E cada um receberá a sua recompensa particular segundo o seu trabalho. 9 Porque nós outros somos cooperadores de Deus: vós sois agricultura de Deus, sois edifício de Deus: 10 segundo a graça de Deus, que me foi dada, lancei o fundamento como sábio arquiteto; mas outro edifica sobre ele. Porém veja cada um como edifica sobre ele. 11 Porque ninguém pode pôr outro fundamento senão o que foi posto, que é Jesus Cristo. 12 Se algum porém levanta sobre este fundamento edifício de ouro, de prata, de pedras preciosas, de madeira, de feno, de palha, 13 manifesta será a obra de cada um: porque o dia do Senhor a demonstrará, porquanto em fogo será descoberta: e qual seja a obra de cada um, o fogo o provará. 14 Se permanecer a obra do que a sobreedificou, receberá prêmio. 15 Se a obra de alguém se queimar, padecerá ele detrimento, mas o tal será salvo: se bem desta maneira, como por intervenção do fogo. 16 Não sabeis vós que sois templo de Deus, e que o espírito de Deus mora em vós? 17 Se alguém pois violar o templo de Deus, Deus o destruirá. Porque o templo de Deus, que sois vós, santo é.

Conselhos práticos

18 Ninguém se engane a si mesmo: Se algum dentre vós se tem por sábio neste mundo,

faça-se insensato para ser sábio. 19 Porque a sabedoria deste mundo é uma estultícia diante de Deus. Porquanto está escrito: Eu apanharei os sábios na sua mesma astúcia. 20 E outra vez: O Senhor conhece os pensamntos dos sábios que são vãos. 21 Portanto nenhum se glorie entre os homens. 22 Porque todas as coisas são vossas, ou seja Paulo, ou seja Apolo, ou seja Cefas, ou seja o mundo, ou seja a vida, ou seja a morte, ou sejam as presentes, ou sejam as futuras, porque tudo é vosso: 23 e vós de Cristo: e Cristo de Deus.

4 Os homens devem-nos considerar como ministros de Cristo: e como dispenseiros dos mistérios de Deus. 2 Ora o que se deseja nos dispenseiros, é que eles se achem fiéis. 3 A mim pois bem pouco se me dá de ser julgado de vós ou de qualquer outro homem: pois nem ainda eu me julgo a mim mesmo. 4 Porque de nada me argúi a consciência: mas nem por isso me dou por justificado: pois o Senhor é quem me julga. 5 Pelo que não julgueis antes de tempo, até que venha o Senhor: o qual não só porá às claras o que se acha escondido nas mais profundas trevas, mas descobrirá ainda o que há de mais secreto nos corações: e então cada um receberá de Deus o louvor.

6 Mas eu, irmãos, tenho representado estas coisas na minha pessoa e na de Apolo, por amor de vós: para que em nós outros aprendais, que um por causa de outro não se ensoberbeça contra o outro fora do que está escrito. 7 Porque quem é o que te diferença? E que tens tu que não recebesses? Se porém o recebeste, por que te glorias, como se o não tiveras recebido? 8 Vós já estais fartos, já estais ricos: vós reinais sem nós: e praza a Deus que reineis, para também nós reinarmos convosco. 9 Porque entendo que Deus nos tem posto a nós, apóstolos, como os últimos dos homens, como sentenciados à morte, porque somos feitos espetáculo ao mundo, e aos anjos, e aos homens. 10 Nós néscios por Cristo, e vós sábios em Cristo: nós fracos, e vós fortes: vós nobres, e nós desprezíveis. 11 Até esta hora padecemos a fome, e a sede, e a desnudez, e somos esbofeteados, e não temos moradas segura. 12 E trabalhamos obrando por nossas próprias mãos: amaldiçoam-nos, e bendizemos: perseguem-nos, e sofremos. 13 Somos blasfemados, e rogamos: temos chegado a ser como a imundícia deste mundo, como a escória de todos até agora.

14 Eu não vos escrevo isto, para vos envergonhar, mas admoesto-vos como a filhos meus, que muito amo. 15 Porque ainda que tenhais dez mil áios em Cristo, não teríeis todavia muitos pais. Pois eu sou o que vos gerei em Jesus Cristo pelo Evangelho. 16 Rogo-vos pois que sejais meus imitadores, como também eu o sou de Cristo. 17 Por isso é que vos enviei Timóteo, que é meu filho muito amado, e fiel no Senhor: que vos fará saber os meus caminhos, que são em Jesus Cristo, como eu ensino por todas as partes em cada Igreja. 18 Alguns andam inchados, como se eu não houvesse de ir ter convosco. 19 Mas brevemente irei ter convosco, se o Senhor quiser: e examinarei, não as palavras dos que assim andam inchados, mas a virtude. 20 Porque o reino de Deus não consiste nas palavras, mas na virtude. 21 Que quereis? irei a vós outros com vara, ou com caridade, e espírito de mansidão?

II. ESCÂNDALOS NA COMUNIDADE

Escândalo grave em Corinto

5 É fama constante que entre vós há fornicação, e tal fornicação, qual nem ainda entre os gentios, tanto que chega a haver quem abusa da mulher de seu pai. 2 E andais ainda inchados! E nem ao menos haveis mostrado pena, para que seja tirado dentre vós o que fez tal maldade. 3 Eu na verdade, ainda que ausente com o corpo, mas presente com o espírito, já tenho julgado como presente aquele que assim se portou. 4 Em nome de Nosso Senhor Jesus Cristo, congregados vós e o meu espírito, com o poder de Nosso Senhor Jesus, 5 seja o tal entregue a Satanás, para mortificação da carne, a fim de que a sua alma seja salva no dia de nosso Senhor Jesus Cristo. 6 Não é boa a vossa jactância. Não sabeis que um pouco de fermento corrompe toda a massa? 7 Purificai o velho fermento, para que sejais uma nova massa, assim como sois asmos. Porquanto Cristo, que é nossa Páscoa, foi imolado. 8 E assim solenizemos o nosso convite, não com o fermento velho, nem com o fermento da malícia e da corrupção: mas com os asmos da sinceridade e da verdade.

9 Por carta vos escrevi: que não tivesseis comunicação com os impuros. 10 Não a entendendo por certo daquela com os impuros deste mundo, ou com os avarentos, ou ladrões, ou com os que adoram ídolos: de outra sorte deveríeis sair deste mundo. 11 Mas agora vos escrevi, que não tenhais comunicação com eles: vindo nisto a dizer que se aquele que se nomeia

vosso irmão, é impuro, ou avarento, ou idóla-
tra, ou maldizente, ou dado a bebedices, ou
ladrão, com este tal nem comer deveis.
12 Porque, que me vai a mim em julgar
daqueles que estão fora? Porventura não jul-
gais vós daqueles que estão dentro? 13 Porque
Deus julgará aos que estão fora. Tirai do meio
de vós outros a esse iníquo.

Condena os litígios perante os gentios

6 Atreve-se algum de vós, tendo negócio con-
tra outro, ir a juízo perante os iníquos, e
não à presença dos santos? 2 Porventura não
sabeis que os santos hão de um dia julgar a
este mundo? E se o mundo há de ser julgado
por vós, sois vós porventura indígnos de jul-
gar das coisas mínimas? 3 Não sabeis, que
havemos de julgar aos anjos? Pois quanto mais
as coisas do século? 4 Portanto, se tiverdes
diferenças por coisas do século: estabelecei
aos que são de menor estimação na Igreja,
para julgá-las. 5 Eu vo-lo digo para confusão
vossa. É possível que não haja entre vós um
homem sábio, que possa julgar entre seus ir-
mãos? 6 Mas o que se vê é que um irmão
litiga com outro irmão: e isto diante de infiéis.
7 Já o haver entre vós demandas de uns con-
tra os outros: é sem controvérsia um pecado
que cometeis. Por que não sofreis vós antes a
injúria? Por que não tolerais antes o dano?
8 Mas vós mesmos sois os que fazeis a injúria,
e os que causais o dano: e isto a vossos pró-
prios irmãos. 9 Acaso não sabeis que os iní-
quos não hão de possuir o reino de Deus? Não
vos enganeis: nem os crapulosos, nem os idó-
latras, nem os adúlteros, 10 nem os efemina-
dos, nem os sodomitas, nem os ladrões, nem
os avarentos, nem os que se dão a bebedices,
nem os maldizentes, nem os roubadores hão
de possuir o reino de Deus. 11 E tais haveis
sido alguns: mas haveis sido lavados, mas ha-
veis sido santificados, mas haveis sido justifi-
cados em nome de nosso Senhor Jesus Cristo,
e pelo Espírito do nosso Deus.

Malícia do vício impuro

12 Tudo me é permitido, mas nem tudo me
convém. Tudo me é permitido, mas eu de nin-
guém me farei escravo. 13 Os manjares são
para o ventre, e o ventre para os manjares:
mas Deus destruirá tanto aquele como a estes:
e o corpo não é para a devassidão mas para o
Senhor: e o Senhor para o corpo. 14 E Deus
também ressuscitou ao Senhor, e nos ressus-
citará a nós pela sua virtude. 15 Não sabeis
que os vossos corpos são membros de Cristo?
Tomarei eu logo os membros de Cristo, e fá-
-los-ei membros duma prostituta? Deus nos
livre de tal. 16 Não sabeis porventura que o
que se ajunta com a prostituta, faz-se um
mesmo corpo com ela? Porque serão, disse,
dois em uma carne. 17 Mas o que está unido
ao Senhor, é um mesmo espírito com ele.
18 Fugi da fornicação. Todo o outro pecado,
qualquer que o homem cometer, é fora do
corpo: mas o que comete fornicação, peca con-
tra o seu próprio corpo. 19 Acaso não sabeis
que os vossos membros são templo do Espírito
Santo, que habita em vós, o qual tendes por
vo-lo haver dado Deus, e que não vos perten-
ceis a vós mesmos, 20 porque vós fostes com-
prados por um grande preço? Glorificai pois,
e trazei a Deus no vosso corpo.

III. PROBLEMA DO CASAMENTO E DO CELIBATO

Sobre matrimônio e virgindade

7 Pelo que pertence porém às coisas, sobre
que me escrevestes: digo que bom seria a
um homem não tocar mulher alguma. 2 Mas
por evitar a luxúria cada um tenha sua mulher,
e cada uma tenha seu marido. 3 O marido
pague a sua mulher o que lhe deve, e da mes-
ma maneira também a mulher ao marido. 4 A
mulher não tem poder no seu corpo, mas tem-
-no o marido. E também da mesma sorte o
marido não tem poder no seu corpo, mas
tem-no a mulher. 5 Não vos defraudeis um
ao outro, senão talvez de comum acordo por
algum tempo, para vos aplicardes à oração:
e de novo tornai a coabitar, porque não vos
tente Satanás, por vossa incontinência. 6 Po-
rém eu digo-vos isto como uma coisa que se
vos perdoa, não por mandamento. 7 Porque
quero que todos vós sejais tais como eu mes-
mo, porém cada um tem de Deus teu próprio
dom: uns na verdade duma sorte, e outros de
outra. 8 Digo também aos solteiros, e às viú-
vas: que lhes é bom se permanecerem assim,
como também eu. 9 Mas se não têm dom de
continência casem-se. Porque melhor é casar-se
do que abrasar-se. 10 Mas àqueles que estão
unidos em matrimônio, mando, não eu, senão
o Senhor, que a mulher se não separe do ma-
rido: 11 e se ela se separar, que fique sem
casar, ou que faça paz com seu marido. E o
marido tão pouco deixe a sua mulher. 12 Pelo

que toca porém aos mais, eu é que lho digo, não o Senhor. Que se algum irmão tem mulher sem fé, e esta consente em coabitar com ele, não a largue. 13 E que se uma mulher com fé tem marido, que é sem fé, e este consente em coabitar com ela, não largue a tal a seu marido. 14 Porque o marido sem fé é santificado pela mulher com fé, e a mulher sem fé é santificada pelo marido com fé. Doutra sorte os vossos filhos não seriam limpos, mas agora são santos. 15 Porém se o com fé se retira, que se retire: porque neste caso já o nosso irmão, ou a nossa irmã não estão mais sujeitos à escravidão: mas Deus nos chamou em paz. 16 Porque donde sabes tu, ó mulher, se salvarás a teu marido? Ou donde sabes tu, ó marido, se salvarás a tua mulher? 17 Porém todavia cada um conforme o Senhor lhe haja repartido, cada um conforme Deus o haja chamado, assim ande. E isto é como eu o ordeno em todas as Igrejas. 18 É chamado algum sendo circuncidado? Não se dê por incircunciso. É chamado algum incircunciso? Não se circuncide. 19 A circuncisão nada vale, e a incircuncisão nada vale: senão a guarda dos mandamentos de Deus. 20 Cada um na vocação em que foi chamado nela permaneça. 21 Foste chamado sendo servo? Não te dê cuidado: e se ainda podes ser livre aproveita-te melhor. 22 Porque o servo que foi chamado no Senhor, liberto é do Senhor: assim mesmo o que foi chamado sendo livre, servo é de Cristo. 23 Por preço fostes comprados, não vos façais servos de homens. 24 Cada um pois, irmãos, permaneça diante de Deus no estado em que foi chamado. 25 Quanto porém às virgens, não tenho mandamento do Senhor: mas dou conselho, como quem do Senhor tem alcançado misericórdia, para ser fiel. 26 Entendo, pois, que isto é bom, por causa da instante necessidade, porque é bom para o homem o estar assim. 27 Estás ligado à mulher? Não busques soltura. Estás livre de mulher? Não busques mulher. 28 Mas se tomares mulher, não pecaste. E se a virgem se casar, não pecou: todavia os tais padecerão tribulação da carne. E eu quisera poupar-vos a ela. 29 Isto finalmente vos digo, irmãos: o tempo é breve: o que resta é que não só os que têm mulheres sejam como se as não tivessem. 30 Mas também os que choram, como se não chorassem, e os que folgam, como se não folgassem: e os que compram, como se não possuíssem: 31 e os que usam deste mundo, como se dele não usassem: porque a figura deste mundo passa. 32 Quero pois que vós vivais sem inquietação. O que está sem mulher, está cuidadoso das coisas que são do Senhor, de como há de agradar a Deus. 33 Mas o que está com mulher, está cuidadoso das coisas que são do mundo, de como há de dar gosto a sua mulher, e anda dividido. 34 E a mulher solteira, e a virgem, cuida nas coisas que são do Senhor, para ser santa no corpo, e no espírito. Mas a que é casada, cuida nas coisas que são do mundo, de como agradará ao marido. 35 Na verdade digo-vos isto para proveito vosso: não para vos ilaquear, mas somente para o que é honesto, e que vos facilite a orar ao Senhor sem embaraço. 36 Mas se algum julgar o que parece ser desonra própria, quanto a sua filha donzela, o ir-lhe passando a idade de casar, e que assim convém fazer-lhe o casamento: faça o que quiser: não peca, se casar. 37 Porque o que formou em seu peito uma firme resolução, não o obrigando a necessidade, mas antes tendo poder na sua própria vontade, e com isto determinou no seu coração conservar a sua filha virgem, bem faz. 38 Assim que o que casa a sua filha donzela, faz bem: e o que a não casa, faz melhor. 39 A mulher está ligada à lei por todo o tempo que seu marido vive: mas se morrer o seu marido, fica ela livre: case com quem quiser: contanto que seja no Senhor. 40 Porém será mais bem-aventurada, se permanecer assim, conforme o meu conselho: e julgo que também eu tenho o Espírito de Deus.

IV. A QUESTÃO DAS CARNES OFERECIDAS AOS ÍDOLOS

Sobre carnes sacrificadas aos ídolos

8 No tocante porém às coisas que são sacrificadas aos ídolos sabemos que todos temos ciência. A ciência envaidece, mas a caridade edifica. 2 E se algum se lisonjeia de saber alguma coisa, este ainda não conheceu de que modo convém que ele saiba. 3 Mas se algum ama a Deus, esse é conhecido dele. 4 Acerca porém das viandas, que são imoladas aos ídolos, sabemos que os ídolos não são nada no mundo, e que não há outro Deus, senão só um. 5 Porque ainda que haja alguns que se chamem deuses, ou no céu, ou na terra (e assim sejam muitos os deuses, e muitos os senhores): 6 para nós, contudo, há só um Deus, o Pai, de quem tiveram o ser todas as coisas, e nós nele: e só um Senhor Jesus Cristo, por quem todas as coisas existem, e nós outros por ele. 7 Mas nem em todos há conhecimento. Porque

alguns até agora com consciência do ídolo, comem como do sacrificado a ídolo: e a consciência destes, como está enferma, é contaminada. 8 E a comida não nos faz agradáveis a Deus. Porque nem comendo-a, seremos mais ricos: nem seremos mais pobres, não a comendo. 9 Mas vede que esta liberdade que tendes, não seja talvez ocasião de tropeço aos fracos. 10 Porque se algum vir ao que tem ciência estar assentado à mesa no lugar dos ídolos: porventura com a sua consciência que está enferma, não se animará a comer do sacrificado aos ídolos? 11 E pela tua ciência perecerá o teu irmão fraco, pelo qual morreu Cristo? 12 E deste modo pecando contra os irmãos, e ferindo a sua débil consciência, pecais contra Cristo.

13 Pelo que a comida serve de escândalo a meu irmão: nunca jamais comerei carne, por não escandalizar a meu irmão.

Sobre o escândalo

9 Não sou eu livre? Não sou apóstolo? Não vi eu a nosso Senhor Jesus Cristo? Não sois vós obra minha no Senhor? 2 E quando eu não seja apóstolo a respeito de outros, ao menos sou-o a respeito de vós, porque vós sois o selo do meu apostolado no Senhor. 3 Esta é a minha defensa contra aqueles que me perguntam: 4 Porventura não temos nós direito de comer e de beber? 5 Acaso não temos nós poder para levar por toda a parte uma mulher irmã, assim como também os outros apóstolos e os irmãos do Senhor e Cefas? 6 Ou eu só, e Barnabé, não temos o poder de fazer isto? 7 Quem jamais vai à guerra à sua custa? Quem planta uma vinha, e não come de seu fruto? Quem apascenta um rebanho, e não come do leite do rebanho? 8 Porventura digo eu isto como homem? Ou não o diz também a lei? 9 Porque escrito está na lei de Moisés: Não atarás a boca ao boi que debulha. Acaso tem Deus cuidado dos bois? 10 Não é antes por nós mesmos que Ele diz isto? Por certo que por nós é que estão escritas estas coisas: porque o que lavra, deve lavrar com esperança: e o que debulha, deve-o fazer com esperança de perceber os frutos. 11 Se nós vos semeamos as coisas espirituais, é porventura muito se recolhermos as temporalidades que vos pertencem? 12 Se outros participam deste poder sobre vós, por que não mais justamente nós? Mas não temos feito uso deste poder: antes sofremos tudo por não ocasionarmos algum obstáculo ao Evangelho de Cristo. 13 Não sabeis que os que trabalham no Santuário, comem do que é do Santuário: e que os que servem ao altar, participam justamente do altar? 14 Por este modo ordenou também o Senhor aos que pregam o Evangelho, que vivessem do Evangelho. 15 Porém eu de nada disto tenho usado.

Exemplo de São Paulo

Nem tão pouco tenho escrito isto, para que se faça assim comigo: porque tenho por melhor morrer antes que algum me faça perder esta glória. 16 Porquanto se prego o Evangelho não tenho de que gloriar-me: pois me é imposta essa obrigação: porque ai de mim se eu não evangelizar. 17 Pelo que se o faço de vontade, terei prêmio: e se for por força, a dispensação que veio só a ser encarregada. 18 Qual é portanto a minha recompensa? Que pregando o Evangelho, dispense eu o Evangelho sem causar gasto, para não abusar do meu poder no Evangelho. 19 Porque sendo livre para com todos, me fiz servo de todos, para ganhar muitos mais. 20 E me fiz para os judeus como judeu, para ganhar os judeus. 21 Para os que estão debaixo da lei, como se eu estivera debaixo da lei, (não me achando eu debaixo da lei) por ganhar aqueles que estavam debaixo da lei: para os que estavam sem lei, como se eu estivera sem lei, (ainda que não estava sem a lei de Deus: mas estando na lei de Cristo) por ganhar os que estavam sem lei. 22 Fiz-me fraco com os fracos, por ganhar os fracos. Fiz-me tudo para todos, por salvar a todos. 23 E tudo faço pelo Evangelho: para dele me fazer participante. 24 Não sabeis que os que correm no estádio, correm sim todos, mas um só é que leva o prêmio? Correi de tal maneira que o alcanceis. 25 E todo aquele que tem de contender, de tudo se abstém, e aqueles certamente por alcançar uma coroa corruptível: nós porém uma incorruptível. 26 Pois eu assim corro, não como a coisa incerta; assim pelejo, não como quem açoita o ar: 27 mas castigo o meu corpo, e o reduzo à servidão: para que não suceda que havendo pregado aos outros, venha eu mesmo a ser reprovado.

Sobre a idolatria

10 Porque não quero, irmãos, que vós ignoreis que nossos pais estiveram todos debaixo da nuvem, e que todos passaram o mar. 2 E todos foram batizados debaixo da conduta de Moisés, na nuvem e no mar. 3 E todos comeram dum mesmo manjar espiritual. 4 E todos beberam duma mesma bebida espiritual, (porque todos bebiam da pedra misteriosa, que os seguia: e esta pedra era Cristo). 5 Mas

de muitos deles Deus se não agradou, pelo que foram prostrados no deserto. 6 Mas estas coisas foram feitas em figura de nós outros, por que não sejamos cobiçosos de coisas más, como também eles as cobiçaram. 7 Nem vos façais idólatras, como alguns deles, conforme está escrito: O povo se assentou a comer e a beber, e se levantaram a jogar. 8 Nem sejamos impuros, como alguns deles foram e morreram em um dia vinte e três mil. 9 Nem tentemos a Cristo: como alguns deles o tentaram e pereceram pelas mordeduras das serpentes. 10 Nem murmureis, como murmuram alguns deles, e foram mortos pelo exterminador. 11 Todas estas coisas porém lhes aconteciam a eles em figura, mas foram escritas para escarmento de nós outros, a quem os fins dos séculos têm chegado. 12 Aquele pois que crê estar em pé, veja não caia. 13 Vós ainda não experimentastes, senão tentações humanas, mas Deus é fiel, o qual não permitirá que vós sejais tentados mais do que podem as vossas forças; antes fará que tireis ainda vantagem da mesma tentação, para o poderdes suportar.

Fugir à idolatria

14 Pelo que, meus caríssimos, fugi da idolatria. 15 Eu falo como a prudentes, julgai vós mesmos o que eu vos digo. 16 Porventura o cálice da benção, que nós benzemos, não é a comunhão do sangue de Cristo? e o pão, que partimos, não é a participação do corpo do Senhor? 17 Porque nós todos somos um pão e um corpo, nós todos, que participamos dum mesmo pão. 18 Considerai a Israel segundo a carne: os que comem as vítimas, porventura não têm parte com o altar?

19 Mas que? digo que o que foi sacrificado aos ídolos, é alguma coisa? ou que o ídolo é alguma coisa?

Solução prática

20 Antes digo que as coisas que sacrificam os gentios, as sacrificam aos demônios, e não a Deus. E eu não quero que vós tenhais sociedade com os demônios: não podeis beber o cálice do Senhor, e o cálice dos demônios. 21 Não podeis ser participantes da mesa do Senhor e da mesa dos demônios. 22 Queremos porventura irritar com zelos ao Senhor? Acaso somos nós mais fortes do que ele? Tudo me é permitido, mas nem tudo me convém. 23 Tudo me é permitido, mas nem tudo edifica. 24 Ninguém busque o que é seu, senão o que é do outro. 25 De tudo o que se vende na praça, comei, sem perguntar nada por causa da consciência. 26 Porque do Senhor é a terra, e tudo quanto há nela. 27 Se algum dos infiéis vos convida e quereis ir: comei de tudo o que se vos põe diante, não perguntando nada por causa da consciência. 28 E se algum disser: Isto foi sacrificado aos ídolos: não no comais em atenção daquele que o advertiu, e por causa da consciência: 29 e digo a consciência, não a tua, mas a do outro. Porque, a que fim a minha liberdade é julgada pela consciência alheia? 30 Ainda que eu com graça participo, a que fim darei ocasião a ser blasfemado por uma coisa por que dou graças? 31 Logo, ou vós comais, ou bebais, ou façais qualquer outra coisa: fazei tudo para glória de Deus. 32 Portai-vos sem dar escândalo, nem aos judeus, nem aos gentios, nem à Igreja de Deus. 33 Como também eu em tudo procuro agradar a todos, não buscando o que me é de proveito, senão o de muitos: para que sejam salvos.

V. TRAJE DAS MULHERES NA IGREJA

11 Sede meus imitadores, bem como eu também o sou de Cristo. 2 Eu vos louvo pois, irmãos, porque em tudo vos lembrais de mim: e guardais as minhas instruções, como vo-las ensinei. 3 Porém quero que vós outros saibais que Cristo é a cabeça de todo o varão: e o varão a cabeça da mulher: e Deus a cabeça de Cristo. 4 Todo o homem que faz oração, ou que profetiza com a cabeça coberta desonra a sua cabeça. 5 E toda a mulher que faz oração, ou que profetiza não tendo coberta a cabeça, desonra a sua cabeça, porque é como se estivesse rapada. 6 Portanto, se a mulher se não cobre, tosquie-se também. E se para a mulher é uma desonra tosquiar-se, ou rapar-se, então cubra a sua cabeça. 7 O varão, na verdade, não deve cobrir a sua cabeça: porque é a imagem e glória de Deus, mas a mulher é a glória do varão. 8 Porque não foi feito o varão da mulher, mas a mulher do varão. 9 E não foi outrossim criado o varão por causa da mulher, mas sim a mulher por causa do varão. 10 Por isso deve a mulher trazer o poder sobre a sua cabeça por causa dos anjos. 11 Contudo isso nem o varão é sem a mulher: nem a mulher sem o varão no Senhor. 12 Porque como a mulher foi tirada do varão, assim também o varão é concebido pela mulher: mas todas as coisas vêm de Deus. 13 Julgai lá vós mesmos: é decente que uma mulher faça oração a Deus,

Via Sacra

Via Sacra

A prática de devoção mais usual em memória à Paixão e Morte de Jesus Cristo e em homenagem a sua Cruz, é sem dúvida o da Via Sacra, enriquecida pela Igreja com um verdadeiro tesouro de indulgências.

Para iniciar tão santo exercício, se reza o ato de contrição, e a seguinte oração de oferecimento:

Docíssimo Jesus: Ajoelhados a seus pés, pedimos sua ajuda para percorrer com fervor e compaixão a dolorosa via que percorreram seus pés ensanguentados. Ilumina Senhor nossas mentes e acenda nossos corações, para que penetremos nos insondáveis mistérios de amor e caridade de tua paixão e morte.

Ao fazer esta Via Sacra nos propomos a ganhar todas as indulgências com este exercício que foi enriquecido pelos Santos Pontífices, e as oferecemos com satisfação por nossos pecados, em expiação por todas as ofensas que se fazem diariamente e em sufrágio às benditas almas do Purgatório.

Aceita Senhor, este serviço de nossa devoção, e fazei-nos dignos de bendizer pela intercessão de vossa dolorosa Mãe, a Santíssima Virgem Maria. Amém.

———— o ————

Antes de cada estação, se invoca a Jesus, dizendo: “Te adoramos, Cristo, e te bendizemos. – Pois por tua santa Cruz redimistes o mundo”.

Depois da oração respectiva, se reza um Pai Nosso e uma Ave Maria.

E declame por fim: “Pequei, Senhor; tende misericórdia de mim”.

Primeira Estação – *Jesus é condenado à morte.*

Jesus é declarado inocente por Pilatos, mas ao mesmo tempo é condenado à morte.

Oh, doce Salvador! Por esta sentença, que tantas vezes temos firmado com nossas covardias, livrai-nos da sentença da morte eterna.

Segunda Estação – *Jesus carrega a cruz nas costas.*

Jesus aceita a pesada cruz. Aceita você a cruz do cumprimento dos seus deveres, com todos os sacrifícios que eles te imponham. Pede ao Divino Redentor a graça de superá-los com sua paciência e com grandes frutos para sua alma.

Terceira Estação – *Jesus cai pela primeira vez.*

Lamenta com profunda dor, o primeiro pecado que cometeste, e do mesmo modo, em geral, os pecados da tua infância, uma vez que você entrou no uso da razão. Volte a pedir perdão a Jesus e ofereça chorá-los por toda a vida como verdadeira penitência, já que tão mesquinhamente soubestes conservar a inocência.

Quarta Estação – *Jesus se encontra com sua Mãe Santíssima a caminho do calvário.*

Ante a força de Maria frente a seu filho, sujo pela poeira e pelo sangue, com suas carnes dilaceradas pelos açoites, aprende, a saber suportar as desgraças que sobrevenham a sua família e a você. Suplica a essa digna Mãe da amargura, atingida em seu coração, pela mais profunda dor, que te alcance e te traga a serenidade e a resignação que necessites.

Quinta Estação – *Jesus é ajudado pelo Cirineu a levar a cruz.*

Bem aventurado esse homem bom e pacífico, que, ao vir do trabalho, foi obrigado a ajudar Jesus a levar a cruz. A história diz que, forçado, primeiramente o fez com má vontade, depois com resignação, e finalmente com alegria. Mais tarde foi um grande Cristão. E assim o Senhor o premiou. Ajuda em Espírito a Jesus Cristo, acompanhando-o ao calvário, com uma vida toda Cristã, e Ele o ajudará com sua graça Divina.

Sexta Estação – *A Verônica enxuga o rosto de Jesus.*

O Senhor deixou impresso seu rosto no lenço que esta piedosa mulher o enxugou. Que nossa compaixão a Jesus deixe impressa em nossas almas a lembrança de sua Sagrada Paixão.

Sétima Estação – *Jesus cai pela segunda vez.*

Pensa na ingratidão e perversidade que revelam suas recaídas ao pecado. Suplica ao Senhor que te ensine a aprofundar a consideração de sua malicia e te ajude a sentir intimamente sua monstruosidade. Seja o conjunto de suas culpas, o motivo da grande confusão e dor.

Oitava Estação – *Jesus carrega a cruz nas costas.*

Oh, bondoso Senhor, que consolastes as boas mulheres que choravam ao te ver tão aflito. Comove nossas almas para que saibamos chorar de verdade a tua paixão, e derrama sobre elas os consolos de tua misericórdia, sobre a qual pusemos nossa confiança.

Nona Estação – *Jesus cai pela terceira vez.*

Oh, Salvador meu! Pela angustia que sofrestes ao cair pela terceira vez, pelo peso da cruz, dai-me a graça singular de sentir-me abatido pelo peso enorme de meus pecados e a força no coração para renunciá-los de uma vez, e levar uma vida de bons serviços a sua majestade e a seu amor.

Décima Estação – *Jesus é despojado de suas vestes.*

Oh, castíssimo Redentor! Qual teria sido sua confusão, ao se ver despojado de suas vestes perante a multidão. Pela pena que esta ofensa te causou, mortifica, Senhor, nossa carne pecadora e modere nossa sensualidade, para que possamos ter a perseverança na pureza do corpo e do coração.

Décima Primeira Estação – *Jesus é pregado na cruz.*

Jesus Benigníssimo! Seus algozes te deram para beber vinho misturado com fel...! Não quisestes isso, para expiar os pecados que se fazem, misturando a piedade com mundanismos? Depois te pregaram na cruz pelos pés e pelas mãos. Oh, Senhor! Pelo amargor da dor que isto te causou, dai-nos a graça de não estender as mãos ao mal nem caminhar pelos caminhos do pecado.

Décima Segunda Estação – *Jesus morre na cruz.*

Jesus morre na cruz, por você, por todos, para salvar-nos da morte eterna. Assim quer expiar nossos pecados, assim quer restabelecer nossa amizade com Deus ofendido. Medite alguns momentos. Resolve o que vai fazer. Pede ao Senhor que faça morrer para sempre o pecado, para poder gozar a vida eterna.

Décima Terceira Estação – *Jesus é descido da cruz.*

Jesus é posto nos braços de Maria. Veja bem! Você se sente inocente pela morte do filho de Deus? Pense bem se está convencido da sua culpa, diga a dolorida Mãe: pelo cruel sofrimento que sentistes ao receber em seus braços o corpo morto e destroçado de Jesus, alcançamos a graça de não voltar a te ofender gravemente.

Décima Quarta Estação – *Jesus é sepultado.*

O Senhor é colocado no sepulcro. Medite uns instantes, agora e várias outras vezes, no fundo de seu coração, como em um sepulcro silencioso, para perguntar: como me portei até o presente? Que tenho que fazer doravante? O que me espera depois da morte? Oh Senhor e nosso Redentor! Pela tua sepultura aqui na Terra, morreu o pecado em nosso coração, tendo em Ti sepultado perpetuamente para que assim viva sempre para Ti, em sua graça.

não tendo véu? 14 Nem a mesma natureza vo-lo ensina, já quanto ao varão, se ele deixasse com efeito crescer os cabelos, isto é para ele uma ignomínia 15 e pelo contrário é glória para a mulher deixá-los crescer? Porque eles lhe foram dados em lugar de véu. 16 Se porém algum quiser ser contencioso: nós não temos tal costume, nem a Igreja de Deus.

VI. CELEBRAÇÃO DA CEIA

17 Isto pois vos prescrevo: não vos dando a minha aprovação, por saber que vos não ajuntais para melhor, senão para pior. 18 Porque em primeiro lugar ouço que quando vos ajuntais na Igreja, há entre vós divisões, e eu em parte o creio. 19 Pois é necessário que até haja heresias para que também os que são provados, fiquem manifestos entre vós. 20 De maneira que quando vos congregais em um corpo, não é já para comer a ceia do Senhor. 21 Porque se antecipa cada um a comer a sua ceia particular, e uns têm na verdade fome: e outros estão mui fartos. 22 Porventura não tendes vós as vossas casas, para lá comerdes e beberdes? Ou desprezais a Igreja de Deus, e envergonhais aqueles que não têm? Que vos direi? Louvar-vos-ei? Nisto não vos louvo. 23 Porque eu recebi do Senhor o que também vos ensinei a vós, que o Senhor Jesus, na noite em que foi entregue, tomou o pão, 24 e dando graças, o partiu, e disse: Recebei, e comei: este é o meu corpo, que será entregue por amor de vós: fazei isto em memória de mim. 25 Por semelhante modo, depois de haver ceado, tomou também o cálice, dizendo: Este cálice é o novo testamento no meu sangue: fazei isto em memória de mim, todas as vezes que o beberdes. 26 Porque todas as vezes que comerdes este pão, e beberdes este cálice: anunciareis a morte do Senhor, até que ele venha. 27 Portanto, todo aquele que comer este pão, ou beber o cálice do Senhor indignamente, será réu do corpo, e do sangue do Senhor. 28 Examine-se pois a si mesmo o homem: e assim coma deste pão, e beba deste cálice. 29 Porque todo aquele que o come, e bebe indignamente, come e bebe para si a condenação: não discernindo o corpo do Senhor. 30 Esta é a razão por que entre vós há muitos enfermos e sem forças, e muitos que dormem. 31 Ora se nos examinássemos a nós mesmos, é certo que não seríamos julgados. 32 Mas quando nós somos julgados, somos corrigidos pelo Senhor, para não sermos condenados com este mundo. 33 Portanto, irmãos meus, quando vos ajuntais a comer, esperai uns pelos outros. 34 Se algum tem fome, coma em casa: para que vos não ajunteis para juízo. No tocante às demais coisas eu as ordenarei quando for.

VII. CARISMAS E SEU EMPREGO

Sobre os carismas

12 E sobre os dons espirituais, não quero, irmãos, que vivais em ignorância. 2 Sabeis que quando éreis gentios, concorríeis aos simulacros mudos conforme éreis levados. 3 Portanto vos faço saber que ninguém, que fala pelo espírito de Deus, diz anátema a Jesus. E ninguém pode dizer Senhor Jesus senão pelo Espírito Santo.

4 Há pois repartição de graças, mas um mesmo é o Espírito: 5 e os ministérios são diversos, mas um mesmo é o Senhor: 6 também as operações são diversas, mas um mesmo Deus é o que obra tudo em todos. 7 E a cada um é dada a manifestação do espírito para proveito. 8 Porque a um pelo espírito é dada a palavra de sabedoria: a outro porém a palavra de ciência, segundo o mesmo espírito: 9 a outro a fé pelo mesmo espírito: a outro graça de curar as doenças em um mesmo espírito: 10 e outro a operação dos milagres, a outro a profecia, a outro o discernimento dos espíritos, a outro a variedade de línguas, a outro a interpretação das palavras. 11 Mas todas estas coisas obra só um e o mesmo espírito repartindo a cada um como quer.

12 Porque assim como o corpo é um, e tem muitos membros, e todos os membros do corpo, ainda que sejam muitos, são contudo um só corpo: assim também Cristo. 13 Porque num mesmo espírito fomos batizados todos nós, para sermos um mesmo corpo, ou sejamos judeus, ou gentios, ou servos, ou livres: e todos temos bebido em um mesmo espírito. 14 Porque também o corpo não é um só membro, mas muitos. 15 Se disser o pé: Porque não sou mão, não sou do corpo. Acaso deixa ele por isso de ser do corpo? 16 E se a orelha disser: Uma vez que eu não sou olho, não sou

do corpo. Porventura deixa ela por isso de ser do corpo? 17 Se o corpo todo fosse olho: onde estaria o ouvido? Se fosse todo ouvido: onde estaria o olfato? 18 Agora porém Deus pôs os membros no corpo, cada um deles assim como quis. 19 Se todos os membros porém fossem um só membro, onde estaria o corpo? 20 Mas a verdade é que são muitos os membros, e um só corpo. 21 Ora, o olho não pode dizer à mão: Eu não necessito do teu préstimo. Nem também a cabeça pode dizer aos pés: Vós não me sois necessários. 22 Antes pelo contrário, os membros do corpo, que parecem mais fracos, são os mais necessários: 23 e os que temos por mais vis membros do corpo, a esses cobrimos com mais decoro: e os que em nós são menos honestos, os recatamos com maior decência. 24 Porque os que em nós são mais honestos, não têm necessidade de nada: mas Deus atemperou o corpo, dando honra mais avultada àquele membro que a não tinha em si, 25 para que não haja cisma no corpo, mas antes conspirem mutuamente todos os membros a se ajudarem uns aos outros. 26 De maneira que se algum mal padece um membro, todos os membros padecem com ele: ou se um membro recebe glória, todos os membros se regozijam com ele.

Sobre o corpo místico de Cristo

27 Vós outros pois sois corpo de Cristo, e membros uns dos outros. 28 E assim a vários pôs Deus na Igreja, primeiramente os apóstolos, secundariamente os profetas, em terceiro lugar os doutores, depois os que têm a virtude de obrar milagres, depois os que têm a graça de curar doenças, os que têm o dom de assistir a seus irmãos, os que têm o dom de governar, os que têm o dom de falar diversas línguas, os que têm o dom de as interpretar. 29 São porventura todos apóstolos? São todos profetas? São todos doutores? 30 Fazem todos porventura milagres? Têm todos a graça de curar doenças? Falam todos muitas línguas? Têm todos o dom de as interpretar?

Sobre a caridade

31 Entre estes dons aspirai pois aos que são melhores. Mas eu ainda vou a mostrar-vos outro caminho mais excelente.

13 Se eu falar as línguas dos homens, e dos anjos, e não tiver caridade, sou como o metal que soa, ou como o sino que tine. 2 E se eu tiver o dom de profecia, e conhecer todos os mistérios, e quanto se pode saber: e se tiver toda a fé, até o ponto de transportar montes, e não tiver caridade, não sou nada. 3 E se eu distribuir todos os meus bens em o sustento dos pobres, e se entregar o meu corpo para ser queimado, se todavia não tiver caridade, nada disto me aproveita. 4 A caridade é paciente, é benigna, a caridade não é invejosa, não obra temerária, nem precipitadamente, não se ensoberbece. 5 Não é ambiciosa, não busca os seus próprios interesses, não se irrita, não suspeita mal. 6 Não folga com a injustiça, mas folga com a verdade. 7 Tudo tolera, tudo crê, tudo espera, tudo sofre. 8 A caridade nunca jamais há de acabar, ou deixem de ter lugar as profecias, ou cessem as línguas, ou seja abolida a ciência. 9 Porque em parte conhecemos, e em parte profetizamos. 10 Mas quando vier o que é perfeito, abolido será o que é em parte. 11 Quando eu era menino, falava como menino, julgava como menino, discorria como menino. Mas depois que eu cheguei a ser homem feito, dei de mão às coisas que eram de menino. 12 Nós agora vemos a Deus como por um espelho em enigmas, mas então face a face. Agora conheço-o em parte, mas então hei de conhecê-lo, como eu mesmo sou também dele conhecido. 13 Agora pois permanecem a fé, a esperança, a caridade, estas três virtudes; porém, a maior delas é a caridade.

Sobre o dom da profecia

14 Segui a caridade, anelai aos dons espirituais, e sobre todos ao de profecia. 2 Porque o que fala uma língua desconhecida, não fala a homens, senão a Deus: porque nenhum o ouve, e em espírito fala mistérios. 3 Mas o que profetiza, fala aos homens para sua edificação, e exortação, e consolação. 4 O que fala uma língua desconhecida, se edifica a Igreja de Deus. 5 Quero pois que todos vós tenhais o dom de línguas: porém muito mais que profetizeis. Porque maior é o que profetiza que o que fala diversas línguas, a não ser que também ele interprete, de maneira que a Igreja receba edificação.

6 Agora pois, irmãos, se eu for ter convosco falando em diversas línguas, de que vos aproveitarei eu, se vos não falar ou por revelação, ou por ciência, ou por profecia, ou por doutrina? 7 Certamente as coisas inanimadas, que fazem consonância, como a flauta, ou a cítara: se não fizerem diferença de sons, como se distinguirá o que se canta à flauta, ou o que se toca na cítara? 8 Porque se a trombeta der um som confuso, quem se preparará para a batalha? 9 Assim também vós, se pela língua não derdes palavras inteligíveis: como se entenderá o que se diz? Porque sereis como quem fala

ao vento. 10 Há, como acontece, tantos gêneros de línguas neste mundo, e nada há sem voz. 11 Se eu pois não entender o que significam as palavras, serei um bárbaro para aquele a quem falo: e o que fala, sê-lo-á para mim do mesmo modo. 12 Assim também vós, porquanto sois desejosos de dons espirituais, procurai abundar neles, para edificação da Igreja.

Sobre o dom das línguas

13 E por isso o que fala uma língua desconhecida: peça o dom de a interpretar. 14 Porque se eu orar numa língua estrangeira, verdade é que o meu espírito ora, mas o meu entendimento fica sem fruto. 15 Que farei eu logo? Orarei com o espírito, orarei também com a mente: cantarei com o espírito, cantarei também com a mente. 16 Mas se louvares com o espírito: o que ocupa o lugar de simplels povo como dirá Amém sobre a tua benção? visto não entender ele o que tu dizes. 17 Verdade é que tu dás bem as graças: mas o outro não é edificado. 18 Graças dou ao meu Deus, que falo todas as línguas que vós falais. 19 Mas eu antes quero falar na Igreja cinco palavras da minha inteligência, para instruir também aos outros: do que dez mil palavras em língua estranha. 20 Irmãos, não sejais meninos no sentido, mas sede pequeninos na malícia: e sede perfeitos no sentido. 21 Na lei está escrito:

Em outras línguas, e noutros lábios falarei pois a este povo: e nem ainda assim me ouvirão, diz o Senhor.

22 E assim as línguas são para sinal, não aos fiéis, mas aos infiéis: porém as profecias, não aos infiéis, mas aos fiéis. 23 Se pois toda a Igreja se congregar em um corpo, e todos falarem línguas diversas, e entrarem então idiotas, ou infiéis: não dirão porventura que estais loucos? 24 Porém se profetizarem todos, e entrarem ali um infiel, ou um idiota, de todos é convencido, de todos é julgado. 25 As causas ocultas do seu coração se fazem manifestas: e assim prostrado com a face em terra adorará a Deus, declarando que Deus verdadeiramente está entre vós.

Regras práticas

26 Pois que haveis de fazer, irmãos? Quando vos congregais, se cada um de vós tem o dom de compor salmos, tem o de doutrina, tem o de revelação, tem o de línguas, tem o de as interpretar: faça-se tudo isto para edificação. 27 Ou se alguns têm o dom de línguas, não falem senão dois, ou quando muito três, e um depois do outro, e haja algum que interprete o que eles disserem. 28 E se não houver intérprete, estejam calados na igreja, e não falem senão consigo, e com Deus. 29 Pelo que toca porém aos profetas, falem também só dois, ou três, e os mais julguem o que ouvirem. 30 E se neste tempo for feita qualquer revelação a algum outro dos que se acham assentados, cale-se o que falava primeiro. 31 Porque vós podeis profetizar todos, um depois do outro: para assim aprenderem todos, e serem todos exortados ao bem: 32 porque os espíritos dos profetas estão sujeitos aos profetas. 33 Porquanto Deus não é Deus de dissenção, senão de paz: como eu também o ensino em todas as igrejas dos santos. 34 As mulheres estejam caladas nas igrejas porque lhes não é permitido falar, mas devem estar sujeitas, como também o ordena a lei. 35 E se querem aprender alguma coisa, perguntem-na em casa a seus maridos. Porque é coisa indecente para uma mulher o falar na igreja. 36 Porventura é dentre vós que saíu a palavra de Deus? Ou não veio ela senão para vós? 37 Se algum crê ser profeta, ou espiritual, reconheça que as coisas, que vos escrevo, são mandamentos do Senhor. 38 Se algum porém o quer ignorar, será ignorado. 39 Assim que, irmãos, tendo emulação ao dom de profetizar: e não proibais o uso do dom de línguas. 40 Mas faça-se tudo com decência, e com ordem.

VIII. SOBRE A RESSURREIÇÃO

15 Ponho-vos pois presente, irmãos, o Evangelho que vos preguei, o qual também vós recebestes, e nele ainda perseverais. 2 Pelo qual é certo que sois salvos: se todavia o conservais, como eu vo-lo preguei, salvo se em vão crestes. 3 Porque desde o princípio eu vos ensinei o mesmo que havia aprendido: Que Cristo morreu por nossos pecados, segundo as Escrituras. 4 E que foi sepultado, e que ressurgiu ao terceiro dia segundo as mesmas Escrituras. 5 E que foi visto por Cefas, e depois disto pelos onze. 6 Depois foi visto por mais de quinhentos irmãos estando juntos: dos quais ainda hoje em dia vivem muitos, e alguns são já mortos. 7 Depois foi visto de Tiago, logo de todos os apóstolos. 8 E ultimamente, depois de todos os mais, foi também visto de mim, como dum aborto. 9 Porque eu sou o mínimo dos apóstolos, que não sou digno de ser chamado apóstolo, porque persegui

a igreja de Deus. 10 Mas pela graça de Deus, sou o que sou, e a sua graça não tem sido vã em mim; antes tenho trabalhado mais copiosamente que todos eles: não eu contudo, mas a graça de Deus comigo. 11 Porque seja eu, ou sejam eles: assim vo-lo pregamos, e assim crestes.

12 E se se prega que Cristo ressuscitou dentre os mortos, como dizem alguns entre vós outros que não há ressurreição de mortos? 13 Pois se não há ressurreição de mortos: nem Cristo ressuscitou. 14 E se Cristo não ressuscitou, é logo vã a nossa pregação, é também vã a nossa fé. 15 E somos assim mesmo convencidos por falsas testemunhas de Deus: porque demos testemunho contra Deus, dizendo que ressuscitou a Cristo, ao qual não ressuscitou, se os mortos não ressuscitam. 16 Porque se os mortos não ressuscitam, também Cristo não ressuscitou. 17 E se Cristo não ressuscitou, é vã a nossa fé, porque ainda permaneceis nos vossos pecados. 18 Também por conseguinte os que dormiram em Cristo, pereceram. 19 Se nesta vida tão somente esperamos em Cristo, somos nós os mais infelizes de todos os homens.

20 Mas agora ressuscitou Cristo dentre os mortos, sendo ele as primícias dos que dormem. 21 Porque como a morte veio na verdade por um homem, também por um homem deve vir a ressurreição dos mortos. 22 E assim como em Adão morrem todos, assim também todos serão vivificados em Cristo, 23 mas cada um em sua ordem: as primícias foi Cristo: depois os que são de Cristo, que creram na sua vinda.

24 Depois será o fim: quando tiver entregado o reino a Deus e ao Pai, quando houver destruido todo o principado, e poder, e virtude. 25 Porque é necessário que ele reine até que ponha todos os seus inimigos debaixo dos seus pés. 26 Ora, o último inimigo destruído será a morte: porque todas as coisas sujeitou debaixo dos pés dele. E quando diz: 27 Tudo está sujeito a ele, excetua-se sem dúvida aquele que lhe sujeitou a ele todas as coisas. 28 E quando tudo lhe estiver sujeito: então ainda o mesmo Filho estará sujeito àquele que sujeitou a ele todas as coisas; para que Deus seja tudo em todos.

29 De outra sorte, que farão os que se batizam pelos mortos, se absolutamente os mortos não ressuscitam? Pois por que até se batizam por eles? 30 Por que nos expomos também nós a perigos a todos a hora? 31 Cada dia, irmãos, morro pela vossa glória, a qual tenho em Jesus Cristo Senhor nosso. 32 Se (como homem) eu batalhei com as feras em Éfeso, que me aproveita isso, se não ressuscitam os mortos? comamos, e bebamos, porque amanhã morreremos. 33 Não vos deixeis enganar:

As ruins conversações corrompem os bons costumes.

34 Vigiai, justos, e não pequeis: porque alguns não têm o conhecimento de Deus, para vergonha vossa o digo.

35 Mas dirá algum: Como ressuscitarão os mortos? ou em que qualidade de corpo virão? 36 Como és insipiente? O que tu semeias, não se vivifica, se primeiro não morre. 37 E quando tu semeias, não semeias o corpo da planta que há de nascer, senão o mero grão, como, por exemplo, de trigo, ou de algum dos outros. 38 Porém Deus lhe dá o corpo como lhe apraz: e a cada uma das sementes o seu próprio corpo. 39 Nem toda a carne é uma mesma carne, mas uma certamente é a dos homens, e outra a dos animais, uma a das aves e outra a dos peixes. 40 E corpos há celestiais, e corpos terrestres: mas uma é por certo a glória dos celestiais, e outra a dos terrestres: 41 uma é a claridade do sol, outra a claridade da lua, e outra a claridade das estrelas. E ainda há diferença de estrela a estrela na claridade. 42 Assim também a ressurreição dos mortos. Semeia-se o corpo em corrupção, ressuscitará em incorrupção.

43 Semeia-se em vileza, ressuscitará em glória: semeia-se em fraqueza, ressuscitará em vigor:

44 É semeado o corpo animal, ressuscitará o corpo espiritual. Se há corpo animal, também o espiritual, assim como está escrito:

45 Foi feito o primeiro homem Adão em alma vivente, o último Adão em espírito vivificante. 46 Mas não primeiro o que é espiritual, senão o que é animal; depois o que é espiritual. 47 O primeiro homem formado da terra, é terreno: o segundo homem, do céu, celestial. 48 Qual foi o terreno, tais são também os terrenos: e qual é o celestial, tais são também os celestiais. 49 Pelo que, assim como trouxemos a imagem do terreno, tragamos também a imagem do celestial.

50 Mas digo, irmãos, que a carne e o sangue não podem possuir o reino de Deus: nem a corrupção possuirá a incorruptibilidade. 51 Eis aqui vos digo um mistério: Todos certamente ressuscitaremos, mas nem todos seremos mudados. 52 Num momento, num abrir e fechar de olhos, ao som da última trombeta: porque uma trombeta soará, e os mortos ressuscitarão incorruptíveis: e nós outros seremos mudados. 53 Porque importa que este corpo corruptível se revista da incorruptibilidade: e que este corpo mortal se revista da imortalidade. 54 E

quando este corpo mortal se revestir da imor-
talidade, então se cumprirá a palavra que está
escrita: Tragada foi a morte na vitória. 55 On-
de está, ó morte, a tua vitória? Onde está, ó
morte, o teu aguilhão? 56 Ora, o aguilhão da
morte é o pecado: e a força do pecado é a lei.
57 Porém graças a Deus, que nos deu a vitó-
ria por nosso Senhor Jesus Cristo. 58 Portan-
to, meus amados irmãos, estai firmes, e cons-
tantes: crescendo sempre na obra do Senhor,
sabendo que o vosso trabalho não é vão no
Senhor.

EPÍLOGO

Coleta para os fiéis de Jerusalém

16 Quanto porém às coletas, que se fazem a
benefício dos santos, fazei também vós o
mesmo que eu ordenei às igrejas da Galácia.
2 Ao primeiro dia da semana, cada um de vós
ponha de parte alguma soma em sua casa,
guardando assim o que bem lhe parecer: para
que se não façam as coletas quando eu chegar.
3 E quando eu for presente: aos que vós apro-
vardes por cartas, a esses tais enviarei eu,
para que levem a Jerusalém o vosso socorro.
4 E se a coisa merecer que também vá eu mes-
mo, irão comigo.

Planos de viagem

5 Eu porém irei ver-vos, depois que tiver
passado pela Macedônia: porque tenho de pas-
sar pela Macedônia. 6 E talvez que ficarei con-
vosco, e passarei também o inverno: para que
vós me acompanheis aonde eu hover de ir.
7 Porque não vos quero agora ver de passagem,
antes espero demorar-me algum tempo convos-
co, se o Senhor o permitir. 8 E ficarei em Éfe-
so até à festa de Pentecostes. 9 Porque se me
abriu uma porta grande, e espaçosa: e os ad-
versários são muitos.

Timóteo e Apolo

10 E se vier Timóteo, vede que esteja sem
temor entre vós: porque trabalha na obra do
Senhor, assim como eu também. 11 Portanto
nenhum o tenha em pouco: antes o acompa-
nhai em paz, para que venha ter comigo: por-
que o espero com os irmãos. 12 E vos faço sa-
ber do irmão Apolo, que lhe roguei muito que
passasse a vós outros com os irmãos: e na ver-
dade não foi sua vontade o ir agora ter con-
vosco: mas irá quando tiver oportunidade.
13 Vigiai, estai firmes na fé, portai-vos varo-
nilmente, e fortalecei-vos. 14 Todas as vossas
obras sejam feitas em caridade. 15 Rogo-vos
porém, irmãos, pois já conheceis a casa de Es-
téfanas, e de Fortunato, e de Acaico; porque
são as primícias da Acaia, e se consagraram ao
serviço dos santos.

Últimas recomendações

16 Que não só vós sejais obedientes a estes
tais, mas também a todo aquele que nos ajuda,
e trabalha. 17 E eu me alegro com a vinda de
Estéfanas, e de Fortunato, e de Acaico: por-
que o que a vós vos faltava, eles o supriram:
18 porque recrearam assim o meu espírito, co-
mo o vosso. Tende pois consideração com tais
pessoas.

Saudações e bênção

19 As igrejas da Ásia vos saudam. Muito vos
saudam no Senhor, Áquila, e Priscila, com a
igreja de sua casa: na qual até me acho hos-
pedado. 20 Todos os irmãos vos saudam. Sau-
dai-vos uns aos outros no ósculo santo. 21 Eu,
Paulo, escrevi de meu próprio punho a seguin-
te saudação. 22 Se algum não ama a nosso
Senhor Jesus Cristo, seja anátema, Maran-Atha.
23 A graça de nosso Senhor Jesus Cristo seja
convosco. 24 O meu amor é por vós todos em
Jesus Cristo. Amém.

Segunda Epístola de São Paulo aos Coríntios

INTRODUÇÃO

Saudação epistolar

1 Paulo, apóstolo de Jesus Cristo pela von-
tade de Deus, e Timóteo, seu irmão, à Igre-
ja de Deus, que está em Corinto, e a todos os
santos, que há por toda a Acaia. 2 Graça vos
seja dada, e paz da parte de Deus nosso Pai
e da do Senhor Jesus Cristo.

Consolações divinas

3 Bendito seja o Deus, e Pai de nosso
Senhor Jesus Cristo, Pai de misericórdias e
Deus de toda a consolação: 4 o qual nos con-
sola em toda a nossa tribulação para que pos-
samos também nós mesmos consolar aos que
estão em toda a angústia, pelo conforto com
que também nós somos confortados de Deus.
5 Porque à medida que em nós crescem as pe-
nas de Cristo: crescem também por Cristo as
nossas consolações.
6 Porque se somos atribulados, para vossa
exortação é, e salvação; se somos consolados
para vossa consolação é; se somos conforta-
dos, para vosso conforto é, e salvação, a qual
se realiza pelo sofrimento das mesmas afli-
ções, que nós também sofremos. 7 Para que
seja firme a nossa esperança por vós; estando
certos, que assim como sois companheiros nas
aflições, assim o sereis também na consolação.
8 Porque não queremos, irmãos, que vós igno-
reis a nossa tribulação, que se excitou na Ásia,
porque fomos maltratados desmedidamente
sobre as nossas forças, de sorte que até a mes-
ma vida nos causava tédio. 9 Mas nós dentro
de nós mesmos tivemos reposta de morte, para
não pormos a nossa confiança em nós, mas em
Deus, que ressuscita os mortos: 10 o qual nos
livrou de tão grandes perigos, e livra ainda:
como esperamos que ainda igualmente nos li-
vrará, 11 se vós nos ajudardes também orando
por nós: para que pelo dom, que se nos tem
concedido em atenção de muitas pessoas, por
intervenção de muitos sejam dadas graças por
nós outros.

I. APOLOGIA DO MINISTÉRIO DE SÃO PAULO

Sinceridade de São Paulo

12 Porque a nossa glória é esta, o testemu-
nho da nossa consciência, de que em simplici-
dade de coração e em sinceridade de Deus: e
não em sabedoria carnal, mas pela graça de
Deus temos vivido neste mundo: e maiormente
convosco. 13 Porque não vos escrevemos outra
coisa, senão o que haveis lido, e conhecido. E
espero que conhecereis até ao fim. 14 E como
também nos haveis conhecido em parte, que
somos a vossa glória, assim como também vós
sereis a nossa, no dia de nosso Senhor Jesus
Cristo.

Alterações nos projetos de viagem

15 E nessa confiança tinha resolvido primei-
ro ir ver-vos, para que vós recebêsseis uma do-
brada graça: 16 e passar por vós a Macedônia,
e de Macedônia ir outra vez ter convosco, e
ser acompanhado de vós outros até à Judéia.
17 Tendo eu pois por então formado este de-
sígnio, foi acaso por inconstância não o
executar eu? Ou quando eu tomo uma resolu-
ção, é esta uma resolução, que não passa de
humana, de sorte que venha a se achar em
mim sim e não? 18 Mas Deus é fiel testemu-
nha, de que não há sim e não naquela fala que

tive convosco. 19 Porque o Filho de Deus Jesus Cristo, que tem sido por nossa intervenção pregado entre vós, por mim, e por Silvano e Timóteo, não foi tal que se achasse nele sim e não, mas sempre houve sim. 20 Porque todas as promessas de Deus são sim em seu Filho: e por ele também é o Amém, que se diz a Deus para nossa glória. 21 E o que nos confirma em Cristo convosco, e o que nos ungiu, é Deus: 22 o qual também nos selou, e deu em nossos corações a prenda do espírito.

Razão da mudança de itinerário

23 Mas eu chamo a Deus por testemunha sobre a minha alma, de que por perdoar-vos não tenho ido mais a Corinto. 24 Não porque tenhamos domínio sobre a vossa fé, mas porque somos cooperadores do vosso gozo: pois pela fé estais em pé.

2 Eu porém assentei isto mesmo comigo, não ir outra vez ter convosco por não vos causar tristeza. 2 Porque se eu vos entristeço: quem é também o que me alegrará, senão o que por via de mim é entristecido? 3 E isto mesmo vos escrevi, para que quando passar a ver-vos, não tenha tristeza sobre tristeza, dos que me devera alegrar: confiando em todos vós que a minha alegria é a de todos vós. 4 Porque pela muita tribulação, e angústia de coração, com muitas lágrimas vos escrevi: não porque fôsseis contristados: mas para que soubésseis quanto maior amor tenho para convosco.

Perdão ao escandaloso

5 E se algum me contristou, não me contristou, senão em parte, por não carregar-vos a todos vós. 6 Basta-lhe ao que é tal, esta repreensão, que é dada por muitos. 7 De sorte que, pelo contrário, deveis agora usar com ele de indulgência, e consolá-lo, para que não aconteça que seja consumido de demasiada tristeza quem se acha em tais circunstâncias. 8 Por conta do que vos rogo, que lhe deis efetivas provas da vossa caridade. 9 E por isso também vos escrevi, para ver por esta prova, se sois obedientes em todas as coisas. 10 E ao que perdoastes em alguma coisa, também eu: pois eu também a indulgência de que usei, se de alguma tenho usado, foi por amor de vós na pessoa de Cristo. 11 Para não sermos surpreendido por Satanás: pois que não ignoramos as suas maquinações.

Ansiedades e satisfação

12 Mas quando passei à Tróade, pelo Evangelho de Cristo, e me foi aberta a porta do Senhor, 13 não tive repouso no meu espírito, porque não achei a meu irmão Tito, mas despedindo-me deles, parti para Macedônia. 14 Mas graças a Deus, que sempre nos faz triunfar em Jesus Cristo, e que por nosso meio difunde o cheiro do conhecimento de si mesmo em todo o lugar! 15 Porque nós somos diante de Deus o bom cheiro de Cristo, nos que se salvam, e nos que perecem: 16 para uns na verdade cheiro de morte para morte: e para outros cheiro de vida para vida. E para estas coisas quem é tão idôneo? 17 Porque não somos falsificadores da palavra de Deus, como muitos, mas falamos em Cristo com sinceridade, e como da parte de Deus diante de Deus.

Cartas comendatícias

3 Começamos de novo a louvar-nos a nós mesmos? ou temos acaso necessidade (como alguns) de cartas de recomendação para vós ou de vós? 2 A nossa carta sois vós, escrita em nossos corações, que é reconhecida, e lida por todos os homens. 3 Sendo manifesto que vós sois a carta de Cristo, feita pelo nosso ministério, e escrita não com tinta, mas com o Espírito de Deus vivo: não em tábuas de pedra, mas em tábuas de carne do coração. 4 E temos uma tal confiança em Deus por Cristo: 5 não que sejamos capazes de nós mesmos: mas a nossa capacidade vem de Deus: 6 o qual é também o que nos fez idôneos ministros do Novo Testamento: não pela letra, mas pelo Espírito: porque a letra mata, e o Espírito vivifica.

Ministério cristão superior ao mosáico

7 E se o ministério de morte gravado com letras sobre pedras, foi acompanhado de tanta glória, de maneira que os filhos de Israel não podiam olhar para o rosto de Moisés, pela glória do seu semblante, a qual era transitória: 8 como não será de maior glória o ministério do Espírito? 9 Porque se o ministério da condenação foi glória: de muito maior glória vem a ser o ministério da justiça. 10 Porque o que resplandeceu nesta parte, não foi glorioso, à vista da sublime glória. 11 Porque se o que se desvanece é reputado por grande glória: de muito maior glória é o que fica permanente.

Liberdade cristã

12 Tendo pois uma tal esperança, falamos com muita confiança: 13 e não como Moisés, que punha um véu sobre seu rosto, para que os filhos de Israel não fixassem a vista no seu semblante, cuja glória havia de perecer. 14 E

assim os sentidos deles ficaram obtusos. Porque até ao dia de hoje permanece na lição do Antigo Testamento o mesmo véu sem levantar-se, (porque não se tira senão por Cristo) 15 pelo que até ao dia de hoje, quando lêem a Moisés, o véu está posto sobre o coração deles. 16 Mas quando se converter ao Senhor, será tirado o véu. 17 Ora, o Senhor é Espírito. E onde há o Espírito do Senhor: aí há liberdade. 18 Todos nós pois, registrando à cara descoberta a glória do Senhor, somos transformados de claridade em claridade na mesma imagem, como pelo Espírito do Senhor.

4 Pelo que tendo nós esta administração e segundo a misericórdia que temos alcançado, não desmaiamos. 2 Antes lançamos fora de nós as paixões, que por ignominiosas se ocultam, não nos conduzindo com artifício, nem adulterando a palavra de Deus, mas recomendando-nos a nós mesmos a toda a consciência de homens diante de Deus na manifestação da verdade. 3 E se o nosso Evangelho ainda está encoberto: naqueles que se perdem, está encoberto: 4 nos quais o deus deste século cegou os entendimentos dos infiéis, para lhes não resplandecer o farol do Evangelho da glória de Cristo, o qual é a imagem de Deus. 5 Porque não nos pregamos a nós mesmos, mas a Jesus Cristo nosso Senhor: e nós nos consideramos como servos vossos por Jesus: 6 porque Deu, que disse que das trevas resplandecesse a luz, Ele mesmo resplandeceu em nossos corações para iluminação do conhecimento da glória de Deus, na face de Jesus Cristo.

Tribulações e esperanças dos ministros do Evangelho

7 Temos porém este tesouro em vasos de barro: para que a sublimidade seja da virtude de Deus, e não de nós. 8 Em tudo padecemos tribulação, mas nem por isso nos angustiamos: somos cercados de dificiuldades insuperáveis, e a nenhuma sucumbimos: 9 somos perseguidos, mas não desamparados: somos abatidos, mas nem por isso perecemos: 10 trazendo sempre no nosso corpo a mortificação de Jesus, para que também a vida de Jesus se manifeste nos nossos corpos. 11 Porque nós, que vivemos, somos a toda a hora entregues à morte por amor de Jesus: para que também a vida de Jesus apareça na nossa carne mortal. 12Em nós logo obra-se a morte, e em vós a vida. 13 E porque nós temos um mesmo espírito da fé segundo está escrito: Eu cri, por isso é que falei. Também nós cremos, por isso é também que falamos: 14 sabendo que aquele que ressuscitou a Jesus, nos ressuscitará também com Jesus, e nos colocará convosco. 15 Porque tudo é por amor de vós: para que a graça que abunda pela ação de graças rendida por muitos, redunde em glória de Deus. 16 Esta é a razão por que não desfalecemos: mas ainda que se destrua em nós o homem exterior: todavia o interior se vai renovando de dia em dia. 17 Porque o que aqui é para nós de uma tribulação momentânea, e ligeira, produz em nós, de um modo todo maravilhoso no mais alto grau, um peso eterno de glória, 18 não atendendo nós às coisas que se vêem, mas sim às que se não vêem. Porque as coisas visíveis são temporais: e as invisívieis são eternas.

Esperança da glória celeste

5 Porque sabemos que se a nossa casa terrestre desta morada for desfeita, temos de Deus um edifício, casa não feita por mãos humanas, que durará sempre nos céus. 2 E por isto também gememos, desejando ser revestidos da nossa habitação, que é do céu, 3 se todavia formos achados vestidos e não nus. 4 Porque também os que estamos neste tabernáculo, gememos carregados. Não que desejemos ser despojados dele, mas sim ser revestidos por cima, de sorte que o que há em nós de mortal, seja absorvido pela vida. 5 Mas o que nos fez para isto mesmo, é Deus, que nos deu o penhor do Espírito. 6 Por isto vivemos sempre confiados, sabendo que enquanto estamos no corpo, vivemos ausentes do Senhor: 7 (porque andamos por fé, e não por visão). 8 Mas temos confiança, e ansiosos queremos mais ausentar-nos do corpo, e estar presentes ao Senhor. 9 E por isso forcejamos por lhe agradar, ou estejamos dele ausentes, ou lhe estejamos presentes. 10 Porque importa que todos nós compareçamos diante do tribunal de Cristo, para que cada um receba o galardão segundo o que tem feito, ou bom ou mau, estando no próprio corpo.

Procedimento de São Paulo

11 Certos pois do temor que se deve ao Senhor, persuadimos aos homens, mas a Deus estamos descobertos. E espero que também nós estejamos descobertos nas vossas consciências. 12 Isto não é que queiramos ainda recomendar-nos ao vosso conceito, mas é querer dar-vos acasião de vos gloriardes em nós: para terdes que responder aos que se gloriam na aparência, e não no coração. 13 Porque se enlouquecemos, é para Deus: e se conservamos o juízo, é para vós. 14 Porque o amor de Cristo nos constrange: fazendo este juízo, que

se um morreu por todos, por conseqüência todos são mortos: 15 e Cristo morreu por todos: a fim de que também os que vivem, não vivam mais para si mesmos, mas para aquele que morreu e ressurgiu por eles. 16 Por isso nós desde agora a ninguém conhecemos segundo a carne. E se houve tempo em que conhecemos a Cristo segundo a carne: já agora o não conhecemos deste modo. 17 Se algum pois é de Cristo, é uma nova criatura, passou o que era velho. Notai que tudo se fez novo. 18 E tudo vem de Deus, que nos reconciliou consigo mesmo por Cristo: que confiou de nós o ministério da reconciliação: 19 porque certamente Deus estava em Cristo reconciliando o mundo consigo, não lhes imputando os seus pecados, e ele é o que pos em nós a palavra da reconcilaição. 20 Logo nós fazemos o ofício de embaixadores em nome de Cristo, como que Deus vos admoesta por nós outros. Por Cristo vos rogamos que vos reconcilieis com Deus. 21 Aquele que não havia conhecido pecado o fez pecado por nós, para que nós fôssemos feitos justiça de Deus nele.

Trabalho por Deus e pelas almas

6 E assim nós como coadjutores vos exortamos a que não recebais a graça de Deus em vão. 2 Porque Ele diz: Eu te ouvi no tempo aceitável, e te ajudeu no dia da Salvação. Eis aqui agora o tempo aceitável, eis aqui agora o dia da Salvação. 3 Não demos a ninguém ocasião alguma de escândalo para que não seja vituperado o nosso ministério. 4 Mas em todas as coisas nos portemos em nossas mesmas pessoas como ministros de Deus, na muita paciência, nas tribulações, nas necessidades, nas angústias, 5 nos açoutes, nos cárceres, nas sedições, nos trabalhos, nas vigílias, nos jejuns, 6 na castidade, na ciência, na longanimidade, na mansidão, no Espírito Santo, na caridade não fingida, 7 na palavra da verdade, na virtude de Deus, pelas armas da justiça, na prosperidade, e na adversidade: 8 por honra, e por desonra, por infâmia, e por boa fama: como enganadores, ainda que verdadeiros, como os que são desconhecidos, ainda que conhecidos: 9 como morrendo, e eis aqui está que vivemos: como castigados, mas não amortecidos: 10 como tristes mas sempre alegres: como pobres, mas enriquecendo a muitos: como quem não tendo nada, mas possuindo tudo.

Desabafos de São Paulo

11 A nossa boca aberta está para vós, ó coríntios, o nosso coração se tem dilatado. 12 Não estais estreitados em nós: mas estais apertados nas vossas entranhas: 13 e correspondendo-me vós com igual ternura, eu vos falo como a filhos: Dilatai-vos também vós outros. 14 Não vos prendais ao jugo com os infiéis. Porque que a união pode haver entre a justiça e a iniqüidade? Ou que comércio entre a luz e as trevas? 15 E que concórdia entre Cristo e Belial? Ou que sociedade entre o fiel e o infiel? 16 E que consenso entre o templo de Deus e os ídolos? Porque vós sois o templo de Deus vivo, como Deus diz: Eu pois habitarei neles, e andarei entre eles, e serei o seu Deus, e eles serão o meu povo. 17 Portanto saí do meio deles, e separai-vos dos tais, diz o Senhor, e não toqueis o que é imundo: 18 e eu vos receberei: e ser-vos-ei Pai, e vós sereis para mim filhos, e filhas, diz o Senhor Todo Poderoso.

7 Tendo pois recebido estas promessas, meus caríssimos, purifiquemo-nos de toda a imundícia da carne, e do espírito, aperfeiçoando a nossa santificação no temor de Deus.

Consolações e expansão

2 Recebei-nos dentro do vosso coração. Nós a ninguém temos ofendido, a ninguém temos corrompido, a ninguém temos enganado. 3 Não vos digo isto por vos condenar: pois já vos declarámos que vós estais nos nossos corações para a morte e para a vida. 4 Tenho grande confiança em vós, e grande motivo de me gloriar de vós, cheio estou de consolação, exubero de gozo em toda a nossa tribulação.

Elogio aos coríntios

5 Porque ainda quando passamos à Macedônia, nenhum repouso teve a nossa carne, antes sofremos toda a tribulação: combates fora, sustos dentro. 6 Porém Deus, que consola aos humildes, nos consolou a nós com a chegada de Tito. 7 E não somente com a sua chegada, mas também com a consolação que ele recebeu de vós, tendo-me o mesmo referido as extremosas saudades, que vós tendes de me ver, as vossas lágrimas, o vosso zelo por mim, o que tudo fez crescer a minha alegria. 8 Porque ainda que eu vos entristeci com a minha carta, não me arrependo disso: se bem que ao princípio me pesasse, vendo que a tal carta (ainda que por breve tempo) vos entristeceu. 9 Agora folgo: não de vos haver entristecido, mas de que a vossa tristeza vos trouxe à penitência. A tristeza, que tivestes, foi segundo Deus, de sorte que nela nenhum detrimento recebestes de nós. 10 Porque a tristeza, que é segundo Deus, produz para a salvação uma penitência estável: e a tristeza do

século produz a morte. 11 Considerai pois quanto esta mesma tristeza, que sentistes segundo Deus, produziu em vós não só de vigilante cuidado: mas também de apologia, de indignação, de temor, de saudade, de zelo, de vingança; vós mostrastes em tudo que não tínheis culpa neste negócio. 12 Portanto, ainda que vos escrevi, não o fiz por causa do que fez a injúria, nem por causa do que a padeceu: mas sim para vos manifestar o nosso cuidado, que de vós temos, 13 diante de Deus: por isso nos havemos consolado. Mas na nossa consolação ainda mais nos havemos alegrado, pela alegria de Tito, vendo que todos vós contribuístes a aliviar-lhe o espírito. 14 E se de vós em alguma coisa eu me tenho gloriado com fizemos a Tito, se tem achado ser verdade. 15 E por isso a sua ternura por vós é cada ele, não me envergonho disso: antes, como tudo que vos temos falado foi com verdade, assim também a gloriosa abonação que de vós recebestes com temor, e tremor. 16 Eu me alegro, vendo que tudo me possa prometer vez maior: quando ele se lembra da obediência que vós todos lhe prestastes: de como o de vós.

II. COLETA PARA OS FIÉIS DE JERUSALÉM

Generosidade dos macedônios

8 Assim mesmo vos fazemos saber, irmãos, a graça de Deus, que foi dada nas igrejas de Macedônia. 2 Como em grande prova de tribulação, tiveram eles abundância de gosto, e a sua abatidíssima pobreza abundou em riquezas da sua beneficência. 3 Porque eu lhes dou testemunho, que segundo as suas forças, e ainda sobre as suas forças têm sido voluntários. 4 Rogando-nos com muito encarecimento que comunicássemos a graça, e serviço, que se faz para os santos. 5 E não só o fizeram como nós o esperávamos, mas ainda se deram a si mesmos, primeiro ao Senhor, depois a nós pela vontade de Deus. 6 De maneira que rogamos a Tito: Que assim como começou, assim também acabe em vós ainda esta graça.

Convite aos coríntios

7 Para que como em tudo abundais em fé, e em palavra, e em ciência, e em toda a diligência, e além disso no afeto que nos tendes, assim também abundeis nesta graça. 8 Não o digo como quem manda: mas pelo cuidado acerca dos outros, e ainda para experimentar a boa índole da vossa caridade. 9 Porque sabeis que a graça não foi a de nosso Senhor Jesus Cristo, que sendo rico, se fez pobre por vosso amor, a fim de que vós fosseis ricos pela sua pobreza. 10 E neste particular vos dou um conselho: porque isto é o que vos cumpre, se bem não só o começastes a fazer, mas já tivestes o desígnio disso mesmo desde o ano passado. 11 Agora pois cumpri-o já de fato: para que assim como a vontade está pronta para querê-lo, assim também o esteja para o cumprir, segundo as posses que tendes. 12 Porque se a vontade está pronta para dar, segundo aquilo que tem, é aceita, não segundo aquilo que não tem. 13 Não é porém minha intenção que os outros hajam de ter alívio, e vós fiqueis em aperto, mas sim que haja igualdade. 14 Ao presente a vossa abundância supra a indigência daqueles: para que também a abundância dos tais sirva que suplemento à vossa indigência, de maneira que haja igualdade como está escrito: 15 Ao que dele colheu muito, não lhe sobejou: e ao que pouco, não lhe faltou.

Recomendação de Tito

16 E graças a Deus, que pôs no coração de Tito o mesmo cuidado por vós. 17 Porque na verdade recebeu a exortação: mas indo ele estando mais solícito, por sua vontade partiu a visitar-nos. 18 Enviamos também com ele a um irmão, cujo louvor é célebre pelo Evangelho em todas as igrejas: 19 e não somente isto, senão que pelas igrejas foi também escolhido por companheiro da nossa peregrinação, para esta graça, que por nós é ministrada para a glória do Senhor, e para mostrar a nossa pronta vontade: 20 evitando isto, que ninguém nos possa censurar nesta abundância, que por nós é ministrada. 21 Porque procuramos fazer o bem não só diante de Deus, senão também diante dos homens. 22 E com eles enviamos também a outro nosso irmão, o qual várias vezes temos em muitas coisas experimentado ser diligente: e agora será muito mais pela grande confiança que há de vós. 23 Ou seja por causa de Tito, que é meu companheiro, e coadjutor para convosco, ou por causa dos nossos irmãos, que são legados das igrejas, glória de Cristo. 24 Portanto dai para com eles ante a face das igrejas mostras do vosso amor, e de que sois a nossa glória.

Modo de dar esmola

9 Já quanto à administração que se faz a
benefício dos santos, coisa supérflua é o eu
escrever-vos. 2 Porque conheço a prontidão do
vosso ânimo pela qual eu de vós me glorio
diante dos macedônios. Porquanto Acaia tam-
bém está pronta desde o ano passado, e o
vosso zelo tem alentado a muitíssimos. 3 En-
viei porém estes irmãos: para que o de que
nos gloriamos acerca de vós, não deixe de ter
fundamento nesta parte, para que (como o te-
nho dito) estejais prevenidos: 4 por não suce-
der que quando vierem comigo os macedônios,
e se vos acharem desapercebidos, tenhamos
nós de que nos envergonhar, (por não dizer
vós outros) neste ponto. 5 Portanto julguei
que era necessário rogar aos irmãos, que vão
antes de vós, e que preparem a bênção já
prometida, que ela esteja pronta, assim como
bênção, não como avareza. 6 E digo isto: Que
aquele que semeia pouco também segará pou-
co: e que aquele que semeia em abundância,
também segará em abundância. 7 Cada um co-
mo propôs o seu coração, não com tristeza,
nem como por força: porque Deus ama ao que
dá com alegria. 8 E poderoso é Deus para fazer
abundar em vós toda a graça: para que estan-
do sempre abastados de tudo, abundeis para
toda a obra boa. 9 Assim como está escrito:

Espalhou, deu aos pobres:
A sua justiça dura para sempre dos sempres.

10 E o que subministra semente ao semea-
dor: dará também pão para comer, e multipli-
cará a vossa semente, e aumentará os acres-
centamentos dos frutos da vossa justiça, 11 pa-
ra que enriquecidos em todas as coisas, abun-
deis em toda sinceridade, a qual faz que por
nós sejam dadas graças a Deus. 12 Porque a
administração desta oferenda não somente su-
pre o que aos santos falta, senão que abunda
também em muitas ações de graças ao Senhor,
13 pela experiência deste serviço, dando eles
glória a Deus pela submissão que vós mostrais
ao Evangelho de Cristo, e pela sinceridade da
vossa comunicação com eles e com todos. 14 E
testemunhando na oração, que eles fazem por
vós, o amor que vos têm, por causa da iminen-
te graça de Deus, que há em vós. 15 Graças a
Deus pelo seu dom inefável.

III. DEFESA POLÊMICA DE SÃO PAULO

Autoridade apostólica

10 Mas eu mesmo Paulo vos rogo pela man-
sidão e modéstia de Cristo, eu que quan-
do pessoalmente estou entre vós me mostro
na verdade humilde, mas ausente sou ousado
convosco. 2 Rogo-vos pois que quando estiver
presente, não me veja obrigado a usar com
liberdade da ousadia que se me atribui ter
contra alguns, que nos julgam, como se andás-
semos segundo a carne. 3 Porque ainda que
andamos em carne, não militamos segundo a
carne. 4 Porquanto as armas da nossa milícia
não são carnais, mas são poderosas em Deus
para destruição das fortificações, derribando
os conselhos, 5 e toda a altura que se levanta
contra a ciência de Deus, e reduzindo a cati-
veiro todo o entendimento, para que obedeça
a Cristo. 6 E tendo em nossa mão o poder de
castigar a todos os desobedientes, depois que
for cumprida a vossa obediência.

7 Julgai ao menos das coisas pelo que elas
são na aparência. Se algum está confiado que
ele é de Cristo, considere isto também dentro
de si: Que como ele é de Cristo, assim também
nós o somos. 8 Porque ainda que eu me glorie
mais algum tanto do meu poder, que o Senhor
me deu para vossa edificação, e não para vos-
sa destruição: não me envergolharei por isso.
9 Mas para que não pareça que vos quero co-
mo aterrar por cartas: 10 porque na verdade
as cartas, dizem alguns, são graves e fortes,
mas a presença do corpo é fraca, e a palavra
desprezível. 11 O tal que assim pensa entenda
que quais somos nas palavras por cartas es-
tando ausentes, tais seremos também de fato
quando estivermos presentes.

A autoridade de Paulo não vem de usurpação

12 Porque não ousamos entremeter-nos, ou
comparar-nos com alguns que se gabam a si
mesmos: mas nós nos medidos conosco, e nos
comparamos a nós mesmos. 13 Nós pois não
nos gloriaremos fora de medida, mas segundo
a medida da regra com que Deus nos mediu,
medida de chegar até vós outros. 14 Porque
não nos entendemos fora dos limites, como se
não chegássemos lá a vós: pois temos chegado
até vós pregando o Evangelho de Cristo: 15 não
nos gloriando fora de medida nos trabalhos
alheios: mas esperando que, crescendo a vossa
fé, sejamos em abundância engrandecidos em
vós outros, segundo a nossa regra. 16 Que tam-
bém anunciemos o Evangelho nos lugares que
estão além de vós, não no distrito de outrem,
para nos gloriarmos no que estava já apare-
lhado. 17 Aquele pois que se gloria, glorie-se

no Senhor. 18 Porque não é o que a si mesmo se recomenda, o que é estimável: mas é sim aquele a quem Deus recomenda.

Constrangimento de Paulo em se elogiar

11 Oxalá que suportásseis por um pouco a minha insipiência, mas enfim tolerai-me: 2 porque vos zelo com zelo de Deus. Porquanto eu vos tenho desposado com Cristo, para vos apresentar como virgem pura ao único Esposo. 3 Mas temo que assim como a serpente enganou a Eva com a sua astúcia, assim sejam corrompidos os vossos sentidos, e se apartem da sinceridade que há em Cristo. 4 Porque se aquele que vem, prega outro Cristo, que nós não temos pregado, ou recebeis outro Espírito que não haveis recebido: ou outro Evangelho, que não haveis abraçado: bem o toleraríeis. 5 Mas eu cuido que em nada tenho sido inferior aos maiores dentre os apóstolos. 6 Porque ainda que eu sou grosseiro nas palavras, não o sou todavia na ciência, mas em tudo a vós nos temos dado a conhecer.

7 Ou porventura cometi eu delito, humilhando-me a mim mesmo, para que vós fôsseis exaltados? Porque sem interesse vos preguei o Evangelho de Deus. 8 Eu despojei as outras igrejas, recebendo delas estipêndio por vos servir. 9 E quando eu estava convosco, e necessitava: não fui oneroso a nenhum: porque os irmãos, que tinham vindo de Macedônia, supriram tudo o que me faltava: em tudo me guardei, e guardarei de vos ser pesado. 10 A verdade de Cristo está em mim, porque não será quebrantada em mim esta glória, enquanto às regiões da Acaia. 11 Por quê? Será por que eu vos não amo? Deus o sabe. 12 Mas eu o faço, e farei sempre: por cortar a ocasião de se gloriarem aos que a buscam, querendo parecer-se também conosco, para daí se gloriarem. 13 Porque os tais falsos apóstolos são obreiros dolosos, que se transformam em apóstolos de Cristo. 14 E não é de espantar: porque o mesmo Satanás se transforma em anjo de luz: 15 não é logo muito que os seus ministros se transformem como em ministros de justiça: cujo fim será segundo as suas obras.

São Paulo reitera as desculpas

16 Outra vez o digo, (para que ninguém me tenha por imprudente, ao menos sofrei-me como a insensato, para que eu me glorie ainda por um pouco). 17 O que falo, pelo que toca a esta matéria de glória, não o digo segundo Deus, mas como por insipiência. 18 Porque muitos se gloriam segundo a carne: também eu me gloriarei. 19 Porque vós, sendo como sois uns homens sensatos: sofreis de boamente aos insensatos. 20 Porque sofreis a quem vos de vós recebe, a quem se exalta, a quem vos põe em escravidão, a quem vos devora, a quem dá na cara. 21 Digo-o quanto à afronta como se nós afracássemos nesta parte. No que qualquer tem ousadia, (falo com imprudência) também eu a tenho.

Títulos de São Paulo para o apostolado

22 São hebreus, também eu: são israelitas, também eu: são descendência de Abraão, também eu: 23 são ministros de Cristo, (falo como menos sábio) mais o sou eu: em muitíssimos trabalhos, em cárceres muito mais, em açoutes sem medida, em perigo de morte, muitas vezes. 24 Dos judeus recebi cinco quarentenas de açoutes, menos um. 25 Três vezes fui açoutado com varas, uma vez fui apedrejado, três vezes fiz naufrágio, uma noite e um dia estive no profundo do mar. 26 Em jornadas muitas vezes eu me vi em perigos de rios, em perigos de ladrões, em perigos dos da minha nação, em perigos dos gentios, em perigos na cidade, em perigos no deserto, em perigos no mar, em perigos entre falsos irmãos: 27 em trabalho e fadiga, em muitas vigílias, com fome e sede, em muitos jejuns, em frio e desnudez. 28 Afora estes males, que são exteriores, me combatem as minhas ocorrências urgentes de cada dia, o cuidado que tenho de todas as igrejas. 29 Quem enferma, que eu não enferme? Quem se escandaliza, que eu me não abrase? 30 Se importa que algum se glorie de alguma coisa: eu me gloriarei nas coisas que são da minha fraqueza, 31 o Deus, e Pai do nosso Senhor Jesus Cristo, que é bendito por todos os séculos, sabe que não minto. 32 Em Damasco o que era governador da província por el-rei Aretas, fazia que estivessem guardas naquela cidade, para me prender: 33 mas numa alcofa me desceram por uma janela da muralha abaixo, e assim escapei das suas mãos.

Dons divinos e fraquezas humanas

12 Se importa que alguém se glorie (o que não convém na verdade): descerei agora às visões, e às revelações do Senhor. 2 Conheço a um homem em Cristo, que catorze anos há foi arrebatado, se foi no corpo não o sei, ou se fora do corpo, também não sei, Deus o sabe, até ao terceiro céu. 3 E conheço a esse tal homem, se foi no corpo, ou fora do corpo, não o sei, Deus o sabe: 4 que foi arrebatado ao paraíso: e que ouviu lá palavras secretas, que não é permitido a um homem referir. 5 Deste tal me gloriarei: mas de mim em na-

da me gloriarei, senão nas minhas fraquezas.
6 Porque, ainda quando me quiser gloriar, não
serei insipiente: porque direi a verdade: mas
deixo isto, para que nenhum cuide de mim
fora do que vê em mim, ou ouve de mim.
7 E para que a grandeza das revelações me
não ensoberbecesse, permitiu Deus que eu sen-
tisse na minha carne um estímulo, que é o
anjo de Satanás, para me esbofetear. 8 Por
cuja causa roguei ao Senhor três vezes, que
Ele se apartasse de mim: 9 e então me disse:
Basta-te a minha graça: porque a virtude se
aperfeiçoa na enfermidade. Portanto de boa
vontade me gloriarei nas minhas enfermida-
des, para que habite em mim a virtude de
Cristo. 10 Pelo que sinto complacência nas
minhas enfermidades, nas afrontas, nas neces-
sidades, nas perseguições, nas angústias por
Cristo: porque quando estou enfermo, então
estou forte.

Apostolado e desinteresse

11 Tenho-me feito insipiente, vós mesmos
me obrigastes a isso: porque eu devia ser lou-
vado de vós: pois que em nada fui inferior aos
mais excelentes apóstolos: ainda que eu nada
sou: 12 entre vós contudo se tem visto os
de tolerância, nos milagres, e nos prodígios, e
sinais do meu apostolado em todo o gênero
nas virtudes. 13 Porque em qu tendes vós sido
inferiores às outras igrejas, se não é que em
nada vos quis eu mesmo ser pesado? Perdoai-
-me esta injúria. 14 Eis aqui estou pronto ter-
ceira vez a vos ir ver: e também agora vos não
gravarei. Porque eu não busco as vossas coisas,
mas a vós. Pois que não são os filhos que
devem entesourar para os pais, mas os pais
para os filhos. 15 E eu de mui boa vontade
darei o meu, e me darei a mim mesmo pelas
vossas almas: ainda que amando-vos eu mais,
seja menos amado. 16 Mas seja assim: eu não
vos gravei: porém, como sou astuto, vos tomei
com dolo. 17 Porventura enganei-vos por al-
gum daqueles que vos enviei? 18 Roguei a
Tito, e enviei com ele um irmão. Porventura
enganou-vos Tito? Não andamos com o mes-
mo espírito? Não fomos por umas mesmas
pisadas?

Apreensões de São Paulo

19 Cuidais há bem tempo que nos escusamos
convosco? Deus é testemunha que em Cristo
falamos: e tudo, meus muito amados, para
vossa edificação. 20 Porque temo que talvez
quando eu vier, vos não ache quais vos eu
quero: e que vós me acheis qual não quereis:
que por desgraça não haja entre vós conten-
das, invejas, rixas, dissensões, detrações, me-
xericos, altivezas, parcialidades: 21 para que
não suceda que quando eu vier outra vez, me
humilhe Deus entre vós, e que chore a muitos
daqueles que antes pecaram, e não fizeram
penitência da imundície, e fornicação, e deso-
nestidade, que cometeram.

Admoestações

13 Eu me disponho a vos ir ver pela terceira
vez. Na boca de duas, ou três testemunhas
estará toda a palavra. 2 Assim como já o disse
dantes achando-me presente, assim o digo tam-
bém agora estando ausente, que se eu for outra
vez, não perdoarei aos que antes pecaram, nem
a todos os demais. 3 Porventura buscais prova
daquele que fala em mim, Cristo, o qual não
é fraco em vós, mas sim poderoso em vós?
4 Porque ainda que foi crucificado por enfer-
midade: vive todavia pelo poder de Deus. Por-
que também nós somos enfermos nele: mas
viveremos com ele, pela virtude de Deus em
vós. 5 Examinai-vos a vós mesmos, se estais
firmes na fé: provai-vos a vós mesmos. Acaso
não vos conheceis a vós mesmos, que Jesus
Cristo está em vós? Se é que porventura não
sois reprovados. 6 Mas espero que conhecereis
que nós não somos reprovados. 7 E rogamos
a Deus que não façais mal nenhum, não por-
que nós pareçamos aprovados, mas a fim de
que vós façais o que é bem: ainda que nós
sejamos como reprovados. 8 Porque nada po-
demos contra a verdade, senão pela verdade.
9 Porque nos alegramos de ser fracos, enquan-
to vós sois fortes. E ainda rogamos pela vossa
perfeição. 10 Portanto, eu vos escrevo isto au-
sente, para que estando presente não empre-
gue com rigor a autoridade, que Deus me deu
para edificação, não para destruição.

CONCLUSÃO

Recomendações e saudações

11 Quanto ao mais, irmãos, alegrai-vos, sede
perfeitos, admoestai-vos, senti uma e a mesma
coisa, tende paz, e o Deus da paz e da dileção
será convosco. 12 Saudai-vos uns aos outros
em ósculo santo. Todos os santos vos saúdam.
13 A graça de nosso Senhor Jesus Cristo, e a
caridade de Deus, e a comunicação do Espírito
Santo seja com todo vós. Amém.

Epístola de São Paulo aos Gálatas

INTRODUÇÃO

Endereço

1 Paulo, apóstolo, não pelos homens, nem por algum homem, mas por Jesus Cristo, e por Deus Pai, que o ressuscitou dentre os mortos: 2 e todos os irmãos, que estão comigo, às igrejas da Galácia.

Saudação epistolar

3 Graça a vós, e paz da parte de Deus Pai, e de nosso Senhor Jesus Cristo. 4 O qual se deu a si mesmo por nossos pecados, para nos livrar deste presente século mau, segundo a vontade de Deus, e Pai nosso. 5 Ao qual seja dada glória por todos os séculos dos séculos! Amém.

I. APOLOGIA DO MINISTÉRIO DE SÃO PAULO

Não de homens mas de Deus recebeu Paulo o Evangelho

6 Eu me espanto de que deixando aquele que vos chamou à graça de Cristo, passásseis assim tão depressa a outro evangelho: 7 porque não há outro, senão é que há alguns que vos perturbam, e querem transtornar o Evangelho de Cristo. 8 Mas ainda quando nós mesmos, ou um anjo do céu vos anuncie um evangelho diferente do que nós vos temos anunciado, seja anátema. 9 Assim como já vo-lo dissemos, agora de novo também vo-lo digo: Se algum vos anunciar um evangelho diferente daquele que recebestes seja anátema. 10 Por que enfim desejo eu por acaso ser agora aprovado dos homens, ou de Deus? Ou é aos homens que eu pretendo agradar? Se agradasse ainda aos homens, não seria servo de Cristo.

11 Porque vos faço saber, irmãos, que o evangelho, que por mim vos tem sido pregado, não é segundo o homem: 12 porque eu não o recebi, nem aprendi de homem algum, mas sim por revelação de Jesus Cristo. 13 Porque vós ouvistes dizer de que modo eu vivi noutro tempo no judaísmo: com que excesso perseguia a Igreja de Deus, e a devastava, 14 e aproveitava no judaísmo mais do que muitos coetâneos meus da minha nação, sendo em extremo zeloso das tradições de meus pais.

15 Mas quando aprouve àquele que me destinou desde o ventre da minha mãe, e me chamou pela sua graça, 16 o revelar seu Filho por mim, para que eu o pregasse entre a gente: desde aquele ponto não me acomodei à carne, nem ao sangue. 17 Nem vim a Jerusalém aos que eram apóstolos antes de mim, mas parti para a Arábia, e voltei outra vez a Damasco.

18 Dali, no fim de três anos, vim a Jerusalém por ver a Pedro, e fiquei com ele quinze dias. 19 E dos outros apóstolos não vi a nenhum, senão a Tiago, irmão do Senhor. 20 E nisto que vos escrevo, vos digo diante de Deus que não minto.

21 Ao depois fui para as partes da Síria, e da Cilícia. 22 E as igrejas da Judéia, que criam em Cristo, nem ainda de vista me conheciam. 23 Mas somente tinham ouvido dizer: Aquele porém que antes nos perseguia, agora prega aquela fé que noutro tempo combatia. 24 E davam glória a Deus a respeito de mim.

O Concílio de Jerusalém

2 Catorze anos depois, subi dali outra vez a Jerusalém com Barnabé, levando também comigo a Tito. 2 E subi em conseqüência duma revelação: comuniquei com eles o Evangelho, que prego entre os gentios, e particularmente com aqueles que pareciam ser de maior consideração: por temor de não correr em vão, ou de haver corrido: 3 mas nem ainda Tito, que estava comigo, sendo gentio, foi compelido a que se circuncidasse. 4 Nem ainda pelos falsos irmãos, que se intrometeram a esquadrinhar a nossa liberdade, que temos em Jesus Cristo, para nos reduzirem à servidão. 5 Aos quais nem só uma hora quisemos estar em sujeição, para que permaneça entre vós a verdade do Evangelho.

6 Mas quanto àqueles que pareciam ser mais consideráveis (quais tenham sido noutro tempo, nada me toca, Deus não aceita a aparência do homem) a mim certamente, os que pareciam ser alguma coisa, nada me comunicaram. 7 Antes, pelo contrário, tendo visto que me havia sido encomendado o Evangelho da incircuncisão, como também a Pedro o da circuncisão: 8 (porque o que obrou em Pedro para o apostolado da circuncisão, também obrou em mim para com as gentes). 9 E como Tiago, e Cefas, e João, que pareciam ser as colunas, conheceram a graça que se me havia dado, deram as destras a mim, e a Barnabé, em sinal de companhia: para que nós fôssemos aos gentios, e eles à circuncisão: 10 recomendando somente que nos lembrássemos dos pobres, isto mesmo é o que eu também procurei executar com cuidado.

O incidente de Antioquia

11 Ora tendo vindo Cefas a Antioquia: eu lhe resisti na cara, porque era repreensível. 12 Porque antes que chegassem os que vinham de estar com Tiago, comia ele com os gentios: mas depois que eles chegaram, subtraía-se, e separava-se dos gentios, temendo ofender aos que eram circuncidados. 13 E os outros judeus consentiram na sua dissimulação, de sorte que ainda Barnabé foi induzido por eles àquela simulação. 14 Mas quando eu vi que não andavam direitamente segundo a verdade do Evangelho, disse a Cefas diante de todos:

Discurso de São Paulo

Se tu, sendo judeu, vives como os gentios, e não como os judeus: por que obrigas tu os gentios a judaizar? 15 Nós somos judeus por natureza, e não pecadores dentre os gentios. 16 Mas como sabemos que o homem não se justifica pelas obras da lei, senão pela fé de Jesus Cristo: por isso também nós cremos em Jesus Cristo, para sermos justificados pela fé de Cristo, e não pelas obras da lei: porquanto pelas obras da lei não será justificada toda a carne. 17 Pois se nós que procuramos ser justificados em Cristo somos também achados pecadores, é porventura Cristo ministro do pecado? Certo que não. 18 Porque se eu torno a edificar o que destruí, faço-me prevaricador. 19 Porque eu estou morto à lei pela mesma lei, para viver para Deus, estou encravado com Cristo na Cruz. 20 E vivo, por melhor dizer, não sou eu já o que vivo: mas Cristo é que vive em mim. E se eu vivo agora em carne: vivo na fé do Filho de Deus, que me amou, e se entregou a si mesmo por mim. 21 Eu não rejeito a graça de Deus. Porque se a justiça é pela lei, segue-se que morreu Cristo em vão.

II. JUSTIFICAÇÃO PELA FÉ

Experiência dos gálatas

3 Ó insensatos gálatas, quem vos fascinou para não obedecerdes à verdade, vós ante cujos olhos foi já representado Jesus Cristo, como crucificado entre vós mesmos? 2 Só quero saber isto de vós: Tendes recebido o Espírito pelas obras da lei, ou pela fé que ouvistes? 3 Sois vós tão faltos de juízo, que depois de terdes começado pelo Espírito, acabeis agora pela carne? 4 Será debalde que vós tenhais padecido tantos trabalhos? Se é que todavia foram debalde. 5 Aquele pois que vós dá o seu Espírito, e que obra milagres entre vós, acaso fá-lo ele pelas obras da lei, ou pela fé, que vós ouvistes pregar?

Abraão justificado pela fé

6 Assim como está escrito, Abraão creu a Deus, e lhe foi imputado a justiça. 7 Reconhecei pois que os que são da fé, esses tais são filhos de Abraão. 8 Mas vendo antes a Escritura, que Deus pela fé justifica as gentes, anunciou primeiro a Abraão: Em ti serão pois benditas todas as gentes. 9 Assim os que são da fé, serão benditos com o fiel Abraão. 10 Porque todos os que são das obras da lei, estão debaixo da maldição. Porque escrito está: Maldito todo o que não permanecer em todas as coisas, que estão escritas no livro da lei, para fazê-las. 11 E é claro que pela lei nenhum é justificado diante de Deus: porque o justo vive da fé. 12 Ora a lei não é da fé, mas diz: O que observar estes preceitos, achará neles vida.

Lei libertadora de Cristo

13 Cristo nos remiu da maldição da lei, feito ele mesmo maldição por nós: porque está escrito: Maldito todo aquele que é pendurado no lenho: 14 para que a bênção de Abraão fosse comunicada aos gentios em Jesus Cristo, a fim de que pela fé recebamos a promessa do espírito. 15 Irmãos (falo como homem) ainda que um testamento seja de um homem, contudo, sendo confirmado, ninguém o reprova, nem lhe acrescenta coisa alguma. 16 As promessas foram ditas a Abraão, e à sua semente. Não diz: E as sementes, como de muitos: senão como de um: E à tua semente, que é Cristo. 17 Mas digo isto, que o testamento foi confir-

mado por Deus: a lei que foi feita quatrocentos e trinta anos depois, não o faz nulo para abrogar a promessa. 18 Porque se da lei é que vem a herança, logo não vem ela já da promessa. Ora, pela promessa é que Deus deu a esperança a Abraão. 19 Para que é logo a lei? Por causa das transgressões foi posta, até que viesse a semente, a quem havia feito a promessa, ordenada por anjos, na mão de um mediador. 20 O mediador porém não é um só: e Deus é só um. 21 Logo a lei é contra as promessas de Deus? De nenhuma sorte. Porque se a lei, que foi dada, pudesse vivificar, a justiça na verdade seria pela lei. 22 Mas a Escritura todas as coisas encerrou debaixo do pecado, para que a promessa fosse dada aos crentes, pela fé em Jesus Cristo. 23 Ora, antes que a fé viesse, estávamos debaixo da guarda da lei, encerrados para aquela fé que havia de ser revelada. 24 Assim que a lei nos serviu de pedagogo, que nos conduziu a Cristo, para sermos justificados pela fé. 25 Mas depois que veio a fé, já não estamos debaixo de pedagogo.

Verdadeira posteridade de Abraão

26 Porque todos vós sois filhos de Deus pela fé, que é em Jesus Cristo. 27 Porque todos os que fostes batizados em Cristo, revestistes-vos de Cristo. 28 Não há judeu, nem grego: não há servo, nem livre: não há macho, nem fêmea. Porque todos vós sois um em Jesus Cristo. 29 E se vós sois de Cristo: logo sois vós a semente de Abraão, os herdeiros segundo a promessa.

Situação do gênero humano antes de Cristo

4 Digo pois: que quanto tempo o herdeiro é menino, em nada difere do servo, ainda que esja senhor de tudo. 2 Mas está debaixo dos tutores, e curadores, até o tempo determinado por seu pai: 3 assim também nós quando éramos meninos, servíamos debaixo dos rudimentos do mundo. 4 Mas quando veio o cumprimento do tempo, enviou Deus a seu Filho, feito de mulher, feito sujeito à lei. 5 A fim de remir aqueles que estavam debaixo da lei, para que recebêssemos adoção de filhos. 6 E porque vós sois filhos, mandou Deus aos vossos corações o Espírito de seu Filho, que clama: Pai, Pai. 7 E assim já não é servo, mas filho. E se é filho: também é herdeiro por Deus.

8 Mas então que certamente não conhecíeis a Deus, servíeis aos que por natureza não são deuses. 9 Porém agora tendo vós conhecido a Deus, ou para melhor dizer, sendo conhecidos de Deus: como tornais outra vez aos rudimentos fracos, e pobres, aos quais quereis de novo servir? 10 Observais os dias, e os meses, e os tempos, e os anos. 11 Temo-me de vós, não tenha sido salvez baldado o trabalho que tive convosco.

Ansiedades de São Paulo

12 Sede como eu, porque também eu sou como vós, o que vos peço, irmãos: Vós nunca me ofendestes. 13 E sabeis que ao princípio vos preguei o Evangelho com enfermidade da carne: e sendo eu a vossa tentação na minha carne, 14 vós me não desprezastes, nem rejeitastes: antes me recebestes como a um anjo de Deus, como a Jesus Cristo. 15 Onde está logo a vossa bem-aventurança? Porque vos dou testemunho, que, se pudesse ser, vos arrancaríeis os olhos, e mos houvéreis dado. 16 Tornei-me eu logo vosso inimigo, porque vos disse a verdade? 17 Eles vos zelam, não retamente: mas querem-vos separar, para que os sigais a eles: 18 sede pois zelosos do bem em bem sempre: e não só quando eu estou presente convosco. 19 Filhinhos meus, por quem eu de novo sinto as dores do parto, até que Jesus Cristo se forme em vós. 20 Eu porém quisera agora estar convosco, e mudar de palavras: porque me vejo em tormento, sobre como vos hei de falar.

Agar e Sara: Escravidão e Liberdade

21 Dizei-me vós, os que quereis estar debaixo da lei, não tendes lido a lei? 22 Porque está escrito: que Abraão teve dois filhos, um de mulher escrava, e outro de mulher livre. 23 Mas o que nasceu da escrava, nesceu segundo a carne: e o que nasceu da livre, nasceu por promessa: 24 as quais coisas foram ditas por alegoria. Porque estes são os dois Testamentos. Um certamente no monte Sinai, que gera para servidão; este é figurado em Agar. 25 Porque Sinai é um monte da Arábia, que representa a Jerusalém, que é cá debaixo, e que é escrava com seus filhos. 26 Mas aquela Jerusalém, que é lá de cima, é livre, a qual é nossa mãe. 27 Porque escrito está: Alegra-te, ó estéril, que não pares: esforça-te, e dá vozes, tu que não estás de parto: porque são muitos mais os filhos da desolada, que daquela que tem marido. 28 E nós, irmãos, somos filhos da promessa segundo Isaac. 29 Mas como então aquele, que havia nascido segundo a carne, perseguia ao que era segundo o espírito: assim também agora. 30 Mas o que diz a Escritura? Lança fora a escrava e a seu filho: porque o filho da escrava não será herdeiro com o filho da livre. 31 E assim, irmãos, não somos filhos da escrava, senão da livre: com cuja liberdade Cristo nos fez livres.

III. EXORTAÇÕES DE SÃO PAULO

Liberdade Cristã

5 Tende-vos firmes, e não vos coloqueis outra vez sob o jugo da escravidão. 2 Olhai que eu Paulo vos digo: Que se vos fazeis circuncidar, Cristo vos não aproveitará nada. 3 E de novo protesto a todo o homem que se circuncida, que está obrigado a guardar toda a lei. 4 Vazios estais de Cristo os que vos justificais pela lei: decaístes da graça. 5 Porque nós aguardamos pelo Espírito a esperança da justiça pela fé. 6 Porque em Jesus Cristo nem a circuncisão vale alguma coisa, nem a incircuncisão: mas sim a fé, que obra por caridade.

7 Vós corríeis bem: quem vos impediu que não obedecêsseis à verdade? 8 Esta persuasão não vem daquele que vos chamou. 9 Um pouco de fermento altera toda a massa. 10 Eu confio de vós no Senhor, que não tereis outros sentimentos: mas o que vos inquieta, quem quer que ele seja, levará sobre si a condenação. 11 E quanto a mim, irmãos, se eu ainda prego a circuncisão: a que fim padeço eu ainda perseguição? Logo está tirado o escândalo da cruz. 12 Oxalá que também foram cortados os que vos inquietam.

Limites da liberdade

13 Porque vós, irmãos, haveis sido chamados à liberdade: cuidai só em que não deis a liberdade por ocasião da carne, mas servi-vos uns aos outros pela caridade do Espírito. 14 Porque toda a lei se encerra neste só preceito: Amarás ao teu próximo como a ti mesmo. 15 Se vós porém vos mordeis, e vos devorais uns aos outros: vede não vos consumais uns aos outros.

16 Digo-vos pois: Andai segundo o espírito e não cumprireis os desejos da carne. 17 Porque a carne deseja contra o espírito: e o espírito contra a carne: porque estas coisas são contrárias entre si: para que não façais todas aquelas coisas que quereis. 18 Se vós porém sois guiados pelo espírito, não estais debaixo da lei. 19 Mas as obras da carne estão patentes: como são a fornicação, a impureza, a desonestidade, a luxúria, 20 a idolatria, os envenenamentos, as inimizades, as contendas, os zelos, as iras, as brigas, as discórdias, as seitas, 21 as invejas, os homicídios, as bebedices, as devassidões, e outras coisas semelhantes, das quais eu vos declaro, como já vos disse, que o reino de Deus. 22 Mas o fruto do espírito é: A caridade, o gozo, a paz, a paciência, a benignidade, a bondade, e a longanimidade, 23 a mansidão, a fidelidade, a modéstia, a continência, a castidade. Contra estas coisas não há lei. 24 E os que são de Cristo, crucificaram a sua própria carne com os seus vícios e concupiscências. 25 Se nós vivemos pelo espírito, conduzamo-nos também pelo espírito. 26 Não nos façamos cobiçosos da vanglória, provocando-nos uns aos outros, tendo inveja uns dos outros.

Diversos conselhos

6 Irmãos, se algum como homem for surpreendido ainda em algum delito, vós outros, que sois espirituais, admoestai ao tal com espírito de mansidão: tu considera-te a ti mesmo, não sejas também tentado. 2 Levai as cargas uns dos outros, e desta maneira cumprireis a lei de Cristo. 3 Porque se algum tem para si que é alguma coisa não sendo nada, ele mesmo a si se engana. 4 Mas prove cada um a sua obra, e então terá glória em si mesmo somente, e não em outro. 5 Porque cada um levará a sua carga. 6 E o que é catequizado na palavra, reparta de todos os bens com o que o doutrina. 7 Não queirais errar, de Deus não se zomba. 8 Porque aquilo que semear o homem, isso também segará. Porquanto o que semeia na sua carne, da carne também segará corrupção: mas o que semeia no espírito, do espírito segará a vida eterna. 9 Não nos cansemos pois de fazer bem: porque a seu tempo segaremos, não desfalecendo. 10 Logo, enquanto temos tempo, façamos bem a todos, mas principalmente aos domésticos da fé.

CONCLUSÃO

11 Vede que carta vos escrevi de minha própria mão. 12 Porque todos os que querem agradar na carne, estes vos obrigam a que vos circuncideis, só por não padecerem eles a perseguição da cruz de Cristo. 13 Porque esses mesmos, que se circuncidam, não guardam a Lei: mas querem que vós vos circuncideis, para se gloriarem na vossa carne. 14 Mas nunca Deus permita que eu me glorie, senão na cruz de Nosso Senhor Jesus Cristo: por quem o mundo está crucificado para mim, e eu crucificado para o mundo. 15 Porque em Jesus Cristo nem a circuncisão, nem a incircuncisão valem nada, mas o ser uma nova criatura. 16 E a todos os que seguirem esta regra, paz, e misericórdia sobre eles, e sobre o Israel de Deus. 17 Quanto ao mais ninguém me seja molesto: porque eu trago no meu corpo as marcas do Senhor Jesus. 18 A graça de Nosso Senhor Jesus Cristo, irmãos, assista no vosso espírito. Amém.

Epístola de São Paulo aos Efésios

Endereço e saudação epistolar

1 Paulo, apóstolo de Jesus Cristo por vontade
de Deus, a todos os santos que há em
Éfeso, e fiéis em Jesus Cristo. 2 Graça seja a
vós outros, e paz da parte de Deus nosso Pai,
e da do Senhor Jesus Cristo.

I. PARTE DOGMÁTICA: O MISTÉRIO DE CRISTO

No plano divino

3 Bendito o Deus, e Pai de nosso Senhor
Jesus Cristo, que nos abençoou com toda a
bênção espiritual em bens celestiais em Cristo.
4 Assim como nos elegeu nele mesmo antes do
estabelecimento do mundo, pelo amor que nos
teve, para sermos santos e imaculados diante
de seus olhos. 5 O qual nos predestinou para
sermos seus filhos adotivos por Jesus Cristo
em crédito de si mesmo: por um puro efeito
da sua benevolência. 6 Em louvor, e glória da
sua graça, pela qual nele nos fez agradáveis a
si em seu amado Filho. 7 No qual nós temos
a redenção pelo seu sangue, a remissão dos
pecados, segundo as riquezas da sua graça.
8 A qual Ele derramou em abundância sobre
nós, enchendo-nos de toda a sabedoria, e de
prudência: 9 a fim de nos fazer conhecer o se-
gredo da sua vontade, segundo o seu beneplá-
cito que havia proposto em si mesmo. 10 Para
restaurar em Cristo todas as coisas na dispen-
sação do cumprimento dos tempos, assim as
que há no céu, como as que há na terra, nele
mesmo. 11 Nele é também que a herança nos
caíu como por sorte, sendo predestinados pelo
decreto daquele que obra todas as coisas se-
gundo o conselho da sua vontade: 12 pâra que
sejamos o motivo do louvor da sua glória, nós
que antes havíamos esperado em Cristo: 13 no
qual também vós esperastes, quando ouvistes
a palavra da verdade, (o Evangelho da vossa
salvação) e havendo crido nele, fostes selados
com o Espírito Santo, que fora prometido:
14 o qual é o penhor da nossa herança, para
redenção da possessão adquirida, em louvor
da glória dele mesmo.

O mistério iniciado em Cristo

15 Por isso eu também, tendo ouvido a fé,
que vós tendes no Senhor Jesus, e o amor para
com todos os santos, 16 não cesso de dar gra-
ças a Deus por vós, fazendo memória de vós
nas minhas orações: 17 para que o Deus de
glória, o Pai de nosso Senhor Jesus Cristo, vos
dê o espírito de sabedoria, e de luz, para o
conhecerdes: 18 para que Ele esclareça os
olhos do vosso coração, em ordem a que vós
conheçais qual é a esperança a que Ele vos
chamou, e quais as riquezas e a glória da he-
rança que Ele prepara aos santos. 19 E qual é
a suprema grandeza do poder que Ele exercita
em nós, os que cremos, pela força toda pode-
rosa da sua operação. 20 A qual efetuou em
Cristo ressuscitando-o dos mortos, e pondo-o
à sua mão direita no céu: 21 sobre todo o prin-
cipado, e potestade, e virtude, e dominação, e
sobre todo o nome, que se nomeia, não só
neste século, mas ainda no futuro. 22 E lhe
meteu debaixo dos pés todas as coisas: e o
constituiu a ele mesmo cabeça de toda a Igre-
ja, 23 que é o seu corpo, e o inteiro comple-
mento daquele que cumpre tudo em todas as
coisas.

Os homens associados ao mistério de Cristo

2 E ele é quem vos deu a vida, quando vós
estáveis mortos pelos vossos delitos e pe-
cados. 2 Em que noutro tempo andastes se-
gundo o costume deste mundo, segundo o
príncipe das potestades deste ar, o príncipe
daqueles espíritos, que agora exercitam o seu
poder sobre os filhos da infidelidade. 3 Entre
os quais também vivemos todos nós em outro
tempo segundo os desejos da nossa carne, fa-
zendo a vontade da carne, e dos seus pensa-
mentos, e éramos por natureza filhos da ira,
como também os outros: 4 mas Deus, que é
rico em misericórdia, pela sua extremada ca-
ridade, com que nos amou, 5 ainda quando es-
távamos mortos pelos pecados nos deu vida

juntamente em Cristo (por cuja graça sois salvos). 6 E com ele nos ressuscitou, e nos fez assentar nos céus, com Jesus Cristo: 7 para mostrar nos séculos futuros as abundantes riquezas da sua graça, pela sua bondade sobre nós outros em Jesus Cristo. 8 Porque pela graça é que sois salvos mediante a fé, e isto não vem de vós: porque é um dom de Deus. 9 Não vem das nossas obras, para que ninguém se glorie. 10 Porque somos feitura dele mesmo, criados em Jesus Cristo para boas obras que Deus preparou, para caminharmos nelas.

Judeus e gentios reconciliados em Cristo

11 Pelo que lembrai-vos, que vós noutro tempo fostes gentios em carne, que éreis chamados prepúcio pelos que em carne têm a circuncisão feita por mãos dos homens. 12 Que estáveis naquele tempo sem Cristo, separados da comunicação de Israel, e hóspedes dos testamentos, não tendo esperança na promessa, e sem Deus neste mundo. 13 Mas agora por Jesus Cristo, vós, que noutro tempo estáveis longe, vos haveis avizinhado pelo sangue de Cristo. 14 Porque ele é a nossa paz, ele que de dois fez um, e destruindo na sua própria carne o lanço do muro das inimizades, que os dividia: 15 abolindo com os seus decretos a lei dos preceitos, para formar em si mesmo os dois em um homem novo, fazendo a paz, 16 e para reconciliá-los com Deus a ambos em um só corpo pela cruz, matando as inimizades em si mesmo. 17 E vindo evangelizou a paz a vós outros, que estáveis longe, e paz àqueles que estavam perto; 18 porquanto por ele uns e outros temos entrado ao Pai em um Espírito. 19 De maneira que já não sois hóspedes, nem adventícios: mas sois cidadãos dos santos e domésticos de Deus: 20 edificados sobre o fundamento dos apóstolos, e dos profetas, sendo o mesmo Jesus Cristo a principal pedra angular. 21 No qual todo o edifício que se levantou, cresce para ser um templo santo no Senhor: 22 no qual vós outros sois também juntamente edificados, para morada de Deus pelo Espírito Santo.

A missão de Paulo

3 Por esta causa eu, Paulo, eu sou o prisioneiro de Jesus Cristo por amor de vós outros gentios, 2 se é que ouvistes a dispensação da graça de Deus, que me foi dada para convosco: 3 posto que por revelação se me tem feito conhecer o Sacramento, como acima escrevi em poucas palavras. 4 Onde pela lição podeis conhecer a inteligência, que tenho no mistério de Cristo: 5 o qual em outras gerações não foi conhecido dos filhos dos homens, assim como agora tem sido revelada aos seus santos apóstolos, e profetas pelo Espírito. 6 Que os gentios são co-herdeiros, e incorporados, e juntamente participantes da sua promessa em Jesus Cristo pelo Evangelho: 7 do qual eu fui feito ministro, segundo o dom da graça de Deus, que me foi comunicada pela sua operação toda-poderosa. 8 A mim, que sou o mínimo de todos os santos, me foi dada esta graça de anunciar entre os gentios as riquezas incompreensíveis de Cristo. 9 E de manifestar a todos, qual seja a comunicação do Sacramento escondido desde os séculos em Deus, que tudo criou. 10 Para que a multiforme sabedoria de Deus seja patenteada pela Igreja aos principados, e potestades nos céus. 11 Conforme a determinação dos séculos, que ele cumpriu em Jesus Cristo nosso Senhor. 12 No qual temos a segurança, e o chegarmo-nos a ele confiadamente pela sua fé. 13 Pelo que eu vos rogo, que não desfaleçais nas minhas tribulações por vós outros: pois que elas vos são gloriosas.

São Paulo reza pelos efésios

14 Por esta causa dobro eu os meus joelhos diante do Pai de nosso Senhor Jesus Cristo. 15 Do qual toda a paternidade toma o nome nos céus e na terra. 16 Para que, segundo as riquezas da sua glória, vos conceda que sejais corroborados em virtude pelo seu Espírito no homem interior. 17 Para que Cristo habite pela fé nos vossos corações: arraigados e fundados em caridade. 18 Para que possais compreender com todos os santos, qual seja a largura, e o comprimento, e a altura, e a profundidade. 19 E conhecer também a caridade de Cristo, que excede todo o entendimento, para que sejais cheios segundo toda a plenitude de Deus.

Doxologia

20 E àquele que é poderoso para fazer todas as coisas mais abundantemente do que pedimos, ou entendemos, segundo a virtude que obra em nós outros. 21 A esse glória na Igreja, e em Jesus Cristo por todas as idades do século dos séculos! Amém.

II. PARTE MORAL: A VIDA CRISTÃ

Exortação à unidade

4 E assim vos rogo eu, o prisioneiro no Senhor, que andeis como convém à vocação, com que haveis sido chamados, 2 com toda a humildade, e mansidão, com paciência,

sofrendo-vos uns aos outros em caridade. 3 Trabalhando cuidadosamente por conservar a unidade de espírito pelo vínculo da paz. 4 Sendo um mesmo corpo, e um mesmo espírito, como fostes chamados em uma esperança da vossa vocação. 5 Assim como não há senão um Senhor, uma fé, um batismo, 6 um Deus, e Pai de todos, que é sobre todos, e governa todas as coisas, e reside em todos nós.

Diversidade dos dons divinos

7 Ora a cada um de nós foi dada a graça, segundo a medida do dom de Cristo. 8 Pelo que diz: Quando ele subiu ao alto, levou cativo o cativeiro: deu dons aos homens. 9 E quanto a dizer subiu, por que é isto, senão porque também antes havia descido aos lugares mais baixos da terra? 10 Aquele que desceu, esse mesmo é também o que subiu acima de todos os céus, para encher todas as coisas. 11 E ele mesmo fez a uns certamente apóstolos, e a outros profetas, e a outros evangelistas, e a outros pastores, e doutores. 12 Para consumação dos santos em ordem à obra do ministério, para edificar o corpo de Cristo. 13 Até que todos cheguemos à unidade da fé, e ao conhecimento do Filho de Deus, a estado de varão perfeito, segundo a medida da idade completa de Cristo: 14 para que não sejamos já meninos flutuantes, nem nos deixemos levar em roda de todo o vento de doutrina, pela malignidade dos homens, pela astúcia com que induzem ao erro. 15 Mas praticando a verdade em caridade, cresçamos em todas as coisas naquele que é a cabeça, Cristo: 16 do qual todo o corpo coligado, e unido por todas as juntas, por onde se lhe subministra o alimento, obrando à proporção de cada membro, toma aumento dum corpo perfeito para se edificar em caridade.

Revestir-se do homem novo

17 Isto pois digo, e requeiro no Senhor, que não andeis já como andam também os gentios na vaidade do seu sentido. 18 Tendo o entendimento obscurecido de trevas, alienados da vida de Deus pela ignorância que há neles, pela cegueira do coração dos mesmos. 19 Que desesperando, se entregaram a si mesmos à dissolução, à obra de toda a impureza, à avareza. 20 Mas vós não haveis assim aprendido a Cristo. 21 Se é que o haveis ouvido, e haveis sido ensinados nele, como está a verdade em Jesus: 22 a despojar-vos do homem velho, segundo o qual foi a vossa antiga conversação, que se vicia segundo os desejos do êrro. 23 Renovai-vos pois no espírito do vosso entendimento. 24 E vesti-vos do homem novo, que foi criado segundo Deus em justiça, e em santidade de verdade.

Conselhos

25 Pelo que renunciando a mentira, fale cada um a seu próximo a verdade, pois somos membros uns dos outros. 26 Se vos irardes, seja sem pecar: não se ponha o sol sobre a vossa ira. 27 Não deis lugar ao diabo: 28 aquele que furtava, não furte mais: mas ocupe-se antes do trabalho, fazendo alguma obra de mãos que seja boa e útil, para daí ter com que socorra ao que padece necessidade. 29 Nenhuma palavra má saia da vossa boca, senão só a que seja boa para edificação da fé, de maneira que dê graça aos que a ouvem. 30 E não entristeçais ao Espírito Santo de Deus: no qual estais selados para o dia da redenção. 31 Toda a amargura, e ira, e indignação, e gritaria, e blasfêmia, com toda a malícia seja desterrada dentre vós outros. 32 Antes sede uns para com os outros benignos, misericordiosos, perdoando-vos uns aos outros, como também Deus por Cristo vos perdoou.

5 Sede pois imitadores de Deus, como filhos muito amados: 2 e andai em caridade, assim como também Cristo nos amou, e se entregou a si mesmo por nós-outros, como oferenda, e hóstia a Deus em odor de suavidade. 3 Portanto a luxúria, e toda a impureza ou avareza, nem sequer se nomeie entre vós-outros, como convém a santos: 4 nem palavras torpes, nem loucas, nem chocarrices, que são impertinentes: mas antes ações de graças. 5 Porque haveis de saber, e entender: que nenhum fornicário, ou imundo, ou avaro, o que é culto de ídolos, não tem herança no reino de Cristo e de Deus. 6 Ninguém vos seduza com discursos vãos: porque por estas coisas vem a ira de Deus sobre os filhos da incredulidade. 7 Não queirais logo nada com eles.

Filhos da luz

8 Porque noutro tempo éreis trevas: mas agora sois luz no Senhor. Andai como filhos da luz: 9 porque o fruto da luz consiste em toda a bondade, e em justiça, e em verdade: 10 aprovando o que é agradável a Deus: 11 e não comuniqueis com as obras infrutuosas das trevas, mas antes pelo contrário condenai-as. 12 Porque as coisas que eles fazem em secreto, vergonha é ainda o dizê-las. 13 Mas todas as que são repreensíveis, se descobrem pela luz. 14 Pelo que se diz: Desperta tu que dormes, e levanta-te dentre os mortos, e Cristo te alumiará.

15 E assim vedê, irmãos, de que modo andais sobreaviso: não como insipientes, 16 mas como sábios: remindo o tempo, pois que os dias são maus. 17 Portanto não sejais imprudentes: mas entendei qual é a vontade de Deus. 18 E não vos dei com excesso ao vinho, donde nasce a luxúria: mas enchei-vos do Espírito Santo. 19 Falando entre vós mesmos em salmos, e em hinos, e canções espirituais, cantando, e louvando ao Senhor em vossos corações. 20 Dando sempre graças ao Deus, e Pai por tudo, em nome de nosso Senhor Jesus Cristo: 21 submetidos uns aos outros no temor de Cristo. 22 As mulheres sejam sujeitas a seus maridos, como ao Senhor.

Deveres dos cônjuges

23 Porque o marido é a cabeça da mulher: assim como Cristo é a cabeça da Igreja: Ele mesmo que é o seu corpo, do qual é o Salvador. 24 Bem como pois é a Igreja sujeita a Cristo, assim o sejam também as mulheres em tudo a seus maridos. 25 Vós, maridos, amai a vossas mulheres, como também Cristo amou a Igreja, e por ela se entregou a si mesmo, 26 para a santificar, purificando-a no batismo da água pela palavra da vida. 27 Para a apresentar a si mesmo Igreja gloriosa, sem mácula, nem ruga, nem outro algum defeito semelhante, mas santa, e imaculada. 28 Assim é que também os maridos devem amar as suas mulheres, como a seu próprio corpo. O que ama a sua mulher, ama-se a si mesmo. 29 Porque ninguém aborreceu jamais a sua própria carne: mas cada um a nutre, e fomenta, como também Cristo o faz à sua Igreja: 30 porque somos membros do seu corpo, da sua carne, e dos seus ossos. 31 Por isso o homem deixará a seu pai, e a sua mãe, e se unirá a sua mulher: e serão dois em uma mesma carne. 32 Este sacramento é grande, mas eu digo em Cristo, e na Igreja. 33 Contudo também vós, cada um de per si ame a sua mulher como a si mesmo: e a mulher reverencie a seu marido.

Deveres paternais e filiais

6 Filhos, obedecei a vossos pais no Senhor: porque isto é justo. 2 Honra a teu pai e tua mãe, que é o primeiro mandamento com promessa. 3 Para que te vá bem e sejas de larga vida sobre a terra. 4 E vós outros, pais, não provoqueis a ira a vossos filhos: mas criai-os em disciplina, e correção do Senhor.

Escravos e amos

5 Servos, obedecei a vossos senhores temporais com temor, e tremor, na sinceridade de vosso coração, como a Cristo. 6 Não os servindo ao olho, como por agradar a homens, senão com servos de Cristo, fazendo de coração a vontade de Deus. 7 Servindo-os com boa vontade, como ao Senhor e não como a homens. 8 Sabendo que cada um receberá do Senhor a paga do bem que tiver feito, ou seja escravo, ou livre. 9 E vós outros os senhores fazei isso mesmo com eles, deixando as ameaças: sabendo que o Senhor, tanto deles, como vosso, está nos céus: e que não há acepção de pessoas para ele.

Milícia cristã

10 Quanto ao mais, irmãos, fortalecei-vos no Senhor, e no poder da sua virtude. 11 Revesti-vos da armadura de Deus, para que possais estar firmes contra as ciladas do diabo: 12 Porque nós não temos que lutar contra a carne e o sangue: mas sim contra os principados, e potestades, contra os governadores destas trevas do mundo, contra os espíritos de malícia espalhados por essses ares. 13 Portanto tomai a armadura de Deus para que possais resistir no dia mau, e estar perfeitos em tudo. 14 Estai pois firmes, tendo cingidos os vossos lombos em verdade, e vestidos da couraça da justiça. 15 E tendo os pés calçados, na preparação do Evangelho da paz: 16 embraçando sobretudo o escudo da fé, com que possais apagar todos os dardos inflamados do mais que maligno: 17 tomai outrossim o capacete da salvação: e a espada do espírito (que é a palavra de Deus). 18 Orando em todo o tempo com todas as deprecações e rogos em espírito: e vigiando para isto mesmo com todo o fervor, e rogando por todos os santos: 19 e por mim, para que me seja dada no abrir da minha boca palavra com confiança, para fazer conhecer o mistério do Evangelho: 20 pelo qual ainda estando na cadeia, faço ofício de embaixador, de maneira que eu fale livremente por ele, como devo falar.

CONCLUSÃO

Notícias e bênção

21 E para que vós saibais também o estado das minhas coisas, e o que eu faço: vos informará de tudo Tíquico, nosso irmão muito amado, e ministro fiel no Senhor. 22 A quem vo-lo enviei para isto mesmo, para que saibais o que é feito de nós, e para que console os vossos corações. 23 Paz seja aos irmãos, e caridade com fé, da parte de Deus Pai, e da do Senhor Jesus Cristo. 24 A graça seja com todos os que amam a nosso Senhor Jesus Cristo com toda a pureza. Amém.

Epístola de São Paulo aos Filipenses

Endereço e saudação

1 Paulo, e Timotéo, servos de Jesus Cristo, a
todos os santos em Jesus Cristo, que se
acham em Filipos, com os bispos, e diáconos.
2 Graça seja a vós outros, e paz da parte de
Deus nosso Pai, e da do Senhor Jesus Cristo.

Ação de graças, elogios e orações

3 Graças dou a meu Deus, cada vez que me
lembro de vós. 4 Fazendo sempre deprecações
com gosto por todos vós em todas as minhas
orações. 5 Sobre a vossa comunicação no
Evangelho de Cristo desde o primeiro dia até
agora. 6 Tendo por certo isto mesmo, que
quem começou em vós a boa obra a aperfei-
çoará até o dia de Jesus Cristo. 7 Como é jus-
to que eu sinta isto de todos vós: porque vos
tenho no coração, e me acho convosco nas
minhas prisões, e na defensa e confirmação
do Evangelho, por serdes todos vós compa-
nheiros do meu gosto. 8 Porque Deus me é
testemunha, de quão ternamente eu vos amo a
todos nas entranhas de Jesus Cristo. 9 E o
que eu lhe peço é que a vossa caridade cresça
mais e mais em ciência, e em todo o conheci-
mento. 10 Para que aproveis o melhor, para
que sejais sinceros e sem tropêço para o dia
de Cristo. 11 Cheios de frutos de justiça por
Jesus Cristo, para glória e louvor de Deus.

Notícias

12 Quero pois, irmãos, que vós saibais que
todas as coisas que passam comigo, têm con-
tribuido mais ao proveito do Evangelho. 13 De
maneira que as minhas prisões se têm feito no-
tórias em Cristo, por toda a corte do impera-
dor, e em todos os outros lugares. 14 E muitos
dos irmãos no Senhor cobrando ânimo com
as minhas prisões, têm ousado mais alentada-
mente falar a palavra de Deus sem temor. 15 É
verdade que alguns pregam a Cristo até por
inveja e por emulação: mas outros o fazem
também por uma boa vontade. 16 Outros por
caridade: sabendo que eu tenho sido posto
para defensa do Evangelho. 17 Mas outros
pregam a Cristo por contenção, não sincera-
mente, crendo acrescentar aflição às minhas
cadeias. 18 Mas que importa? Contanto que
Cristo em todas as maneiras seja anunciado,
ou por pretexto, ou por verdade: não só nisto
me alegro, mas ainda me alegrarei. 19 Porque
sei que isto se me converterá em salvação, pela
vossa oração, e pelo socorro do espírito de
Jesus Cristo, 20 segundo as minhas ânsias e
esperanças, que tenho, de que em nenhuma
coisa serei confundido: antes com toda a con-
fiança, assim como sempre, também agora
será Cristo engrandecido no meu corpo, ou
seja pela vida, ou pela morte.

Esperança de libertação

21 Porque para mim o viver é Cristo, e o
morrer lucro. 22 E se o viver em carne, este
é para mim fruto do trabalho, não sei na ver-
dade que devo escolher. 23 Pois me vejo em
aperto por duas partes: tendo desejo de ser
desatado da carne, e estar com Cristo, que é
sem comparação muito melhor. 24 Mas o per-
manecer em carne, é necessário por amor de
vós. 25 E persuadido disto, sei que ficarei, e
permanecerei com todos vós, para proveito
vosso, e gozo da fé. 26 A fim de que o vosso
regozijo abunde por mim em Cristo Jesus, pela
minha nova ida a vós outros.

Exortações:
Constância no combate pela Fé

27 Somente vos recomendo que vos porteis
conforme ao Evangelho de Cristo: para que,
ou seja que eu vá ver-vos, ou que esteja au-
sente, ouça de vós que permaneceis unânimes
em um mesmo espírito, trabalhando concorde-
mente na fé do Evangelho. 28 E em nada te-
nhais medo dos vossos adversários: o que para
eles é motivo de perdição, é para vós outros
de salvação, e isto vem de Deus: 29 porque a
vós vos é dado por Cristo, não somente que
creiais nele, senão que padeçais também por
ele. 30 Sofrendo o mesmo combate, qual vós
também vistes em mim, e agora tendes ouvido
de mim.

Caridade desinteressada

2 Portanto, se há alguma consolação em Cristo, se algum refrigério de caridade, se alguma comunicação de espírito, se algumas entranhas de compaixão: 2 fazei completo o meu gozo, de sorte que sintais uma mesma coisa, tendo uma mesma caridade, um mesmo ânimo, uns mesmos pensamentos. 3 Nada façais por porfia, nem por vanglória: mas com humildade, tendo cada um aos outros por superiores. 4 Não atendendo cada um às coisas que são suas próprias, senão às dos outros.

5 E haja entre vós o mesmo sentimento que houve também em Jesus Cristo. 6 O qual tendo a natureza de Deus, não julgou que fosse nele uma usurpação o ser igual a Deus: 7 mas ele se aniquilou a si mesmo, tomando a natureza de servo, fazendo-se semelhante aos homens, e sendo reconhecido na condição como homem. 8 Humilhou-se a si mesmo, feito obediante até à morte, e morte de cruz. 9 Pelo que Deus também o exaltou, e lhe deu um nome que é sobre todo o nome: 10 para que ao nome de Jesus se dobre todo joelho dos que estão nos céus, na terra e nos infernos. 11 E toda a língua confesse que o Senhor Jesus Cristo está na glória de Deus Pai.

Cooperação com a graça

12 Portanto, meus caríssimos, (posto que sempre fostes obedientes) obrai a vossa salvação com receio, e com tremor, não só como na minha presença, senão muito mais agora na minha ausência. 13 Porque Deus é o que obra em vós o querer, e o perfazer, segundo o seu beneplácito. 14 Fazei logo todas as coisas sem murmurações e sem dúvidas. 15 A fim de serdes sem nota, e sem refôlho, como filhos de Deus irrepreensíveis no meio duma nação depravada e corrompida: onde vós brilhais como astros no mundo. 16 Retendo a palavra da vida para glória minha no dia de Cristo, pois não corri em vão, nem trabalhei em vão. 17 Mas ainda quando eu seja imolado sobre o sacrifício e vítima da vossa fé, me alegro, e me dou o parabéns com todos vós. 18 E vós também regozijai-vos, e dai-me parabéns a mim por isto mesmo.

Notícias de Timóteo e Epafrodito

19 E tenho esperança no Senhor Jesus de brevemente vos enviar a Timóteo: para que eu também esteja de bom ânimo, sabendo o estado das vossas coisas. 20 Porque não tenho nenhum tão unido de coração comigo, que com sincera afeição mostre cuidadoso por vós outros. 21 Porque todos buscam as suas próprias coisas, e não as que são de Jesus Cristo. 22 E em prova disto sabei que, como filho a pai, serviu comigo no Evangelho. 23 Espero pois mandar-vo-lo, logo que eu tiver visto o estado dos meus negócios. 24 E confio no Senhor, que também eu mesmo cedo vos irei ver.

25 Entretanto julguei necessário remeter--vos Epafrodito, meu irmão, e coadjutor, e companheiro, e vosso apóstolo, e que me tem assistido nas minhas necessidades. 26 Pois que ele vos desejava por certo ver a todos: e tinha pena de que vós tivésseis notícia da sua doença. 27 Porque ele com efeito esteve mortalmente enfermo: mas Deus se compadeceu dele, e não somente dele, mas ainda também de mim, para que eu não tivesse aflição sobre aflição. 28 Por isso me dei mais pressa a remetê-lo, para vos dar o renovado gosto de o ver, e tirar-me a mim mesmo da pena. 29 Assim que, recebei-o com todo o gênero de alegria no Senhor, e tratai com honra a umas tais pessoas. 30 Porque pela obra de Cristo chegou às portas da morte, arriscando a própria vida por suprir com a sua assistência aquela que vos não era possível fazer no meu serviço.

Estejam de atalaia contra os falsos doutores

3 No mais, irmãos meus, alegrai-vos no Senhor. A mim por certo não me é penoso, e a vós é-vos conveniente que eu vos escreva as mesmas coisas.

2 Guardai-vos dos cães, guardai-vos dos maus operários, guardai-vos dos falsos circuncidados. 3 Porque nós é que somos os circuncidados, pois que servimos a Deus em espírito, e nos gloriamos em Jesus Cristo, sem nos lisonjearmos de alguma vantagem carnal. 4 Se bem que eu também posso ter alguma confiança no que é carnal. Se algum outro a pode ter, muito mais eu: 5 que foi circuncidado ao oitavo dia, que sou da geração de Israel, que sou da tribo de Benjamim, nascido hebreu de pais hebreus, que quanto à lei, fui fariseu. 6 Que quanto ao zelo, cheguei a perseguir a Igreja de Deus, que quanto à justiça da lei, vivia irrepreensível. 7 Porém as coisas que me foram lucro, as reputei como perdas por Cristo. 8 E na verdade tudo tenho por perda, pelo eminente conhecimento de Jesus Cristo meu Senhor: pelo qual tudo tenho perdido, e o avalio por esterco, contanto que ganhe a Cristo. 9 E que seja achado nele, não tendo a minha justiça, que vem da lei, senão aquela que nasce da fé em Jesus Cristo: a justiça que vem de Deus pela fé. 10 Para conhecê-lo a ele, e a virtude de sua ressurreição, e

a comunicação das suas aflições: tendo-me conformado a ele na sua morte: 11 por ver se de alguma maneira posso chegar à ressurreição, que é dos mortos.

12 Não que a tenha eu já alcançado, ou que seja já perfeito: mas eu prossigo, para ver se de algum modo poderei alcançar aquilo, para o que eu também fui tomado por Jesus Cristo. 13 Irmãos, eu não julgo havê-lo já alcançado. Mas antes o que agora faço, é que esquecendo-me por certo do que fica para tráás, e avançando-me ao que resta para o diante, 14 prossigo segundo o fim proposto ao prêmio da soberana vocação de Deus em Jesus Cristo. 15 E assim todos os que somos perfeitos vivamos nestes sentimentos: e se sentis alguma coisa de outra maneira, Deus também vo-lo revelará. 16 E na verdade quanto ao que temos já chegado, tenhamos uns mesmos sentimento, e permaneçamos em uma mesma regra.

Sigam o exemplo de São Paulo

17 Sede meus imitadores, irmãos, e não percais de vista aos que assim andam, conforme tendes o nosso exemplo. 18 Porque muitos andam, de quem outras vezes vos dizia, (e agora também o digo chorando) que são inimigos da cruz de Cristo: 19 cujo fim é a perdição: cujo Deus é o ventre: e a sua glória é para a confusão deles, que gostam só do que é terreno. 20 Mas a nossa conversação está nos céus: donde também esperamos ao Salvador nosso Senhor Jesus Cristo. 21 O qual reformará o nosso corpo abatido, para o fazer conforme ao seu corpo glorioso, segundo a operação com que também pode sujeitar a si todas as coisas.

Concórdia

4 Portanto, meus muito amados e desejados irmãos, gosto meu, e coroa minha: estai assim firmes no Senhor, caríssimos. 2 Rogo a Evódia, e suplico a Síntique, que sintam o mesmo no Senhor. 3 Também te rogo a ti ainda, ó fiel companheiro, que as ajudes como pessoas que trabalharam comigo no Evangelho com Clemente, e com os outros que me ajudaram, cujos nomes estão no livro da vida.

Alegria, paz e ideal de virtude

4 Alegrai-vos incessantemente no Senhor: outra vez digo, alegrai-vos. 5 A vossa modéstia seja conhecida de todos os homens: o Senhor está perto. 6 Não tenhais cuidado de coisa alguma: mas com muita oração e rogos, com ação de graças sejam manifestas as vossas petições diante de Deus. 7 E a paz de Deus, que sobrepuja todo o entendimento, guarde os vossos corações, e os vossos sentimentos em Jesus Cristo. 8 Quanto ao mais, irmãos, tudo o que é verdadeiro, tudo o que é honesto, tudo o que é justo, tudo o que é santo, tudo o que é amável, tudo o que é de boa fama, se há alguma virtude, se há algum louvor de costumes, isto seja o que ocupe os vossos pensamentos. 9 O que não só aprendestes, mas recebestes, e ouvistes, e vistes em mim, isso também praticai: e o Deus da paz será convosco.

Agradecimento pela generosidade dos filipenses

10 Muito me tenho pois alegrado no Senhor, de que já por fim tenhais renovado o vosso cuidado acerca de mim, pois é certo que o tínheis: mas só vos faltava a oportunidade. 11 Não o digo como apertado da necessidade: porque eu tenho aprendido a contentar-me com o que tenho. 12 Sei ainda viver humilhado, sei também viver na abundância: (para tudo e para todos os encontros me costumei a estar apercebido) ter assim fartura, como ter fome, e passar em afluência, e padecer necessidade: 13 tudo posso naquele que me conforta. 14 Contudo fizestes bem, em tomar parte na minha tribulação. 15 E sabei também vós, ó filipenses, que no princípio do Evangelho, quando parti de Macedônia, nenhuma igreja comunicou comigo em razão de dar, e de receber, senão vós somente: 16 porque vós me mandastes duas vezes ainda a Tessalônica, o que me era necessário. 17 Isto não é porque eu busque dádivas, mas busco fruto que abunde à vossa conta. 18 Assim tenho tudo, e o desfruto em abundância: cheio estou, depois que recebi de Epafrodito o que me mandastes, como cheiro de suavidade, como hóstia aceita, agradável a Deus. 19 O meu Deus pois cumpra todos os vossos desejos, conforme as suas riquezas, na glória por Jesus Cristo. 20 E glória a Deus e Pai nosso por todos os séculos dos séculos. Amém.

Saudação final

21 Saudai a todos os santos em Jesus Cristo. 22 Os irmãos, que estão comigo, vos saúdam. Todos os santos vos saúdam, mas com muita especialidade os que são da família de César. 23 A graça de nosso Senhor Jesus Cristo seja com o vosso espírito. Amém.

Epístola de São Paulo aos Colossenses

INTRODUÇÃO

Endereço

1 Paulo, apóstolo de Jesus Cristo pela vonta-
de de Deus, e Timóteo seu irmão: 2 aos
santos e fiéis irmãos em Jesus Cristo, que
habitam em Colossos.

Ação de graças

3 Graça a vós outros, e paz da parte de
Deus nosso Pai, e da de nosso Senhor Jesus
Cristo. Graças damos ao Deus, e Pai nosso
Senhor Jesus Cristo, orando sempre por vós:
4 ouvindo a vossa fé em Jesus Cristo, e o
amor que tendes a todos os santos. 5 Pela
esperança que vos está guardada nos céus, a
qual tendes ouvido pela palavra da verdade
do Evangelho: 6 o qual vos tem chegado a vós,
como está também em todo o mundo, e fru-
tifica, e cresce como entre vós, desde o dia
em que ouvistes, e conhecestes a graça de Deus
segundo a verdade. 7 Como o aprendestes de
Epafras, nosso conservo muito amado, que é
por vós fiel ministro de Jesus Cristo. 8 O qual
também nos informou do vosso amor segundo
o espírito.

Oração

9 Por isso nós também desde o dia em que
o ouvimos, não cessamos de orar por vós, e de
pedir que sejais cheios do conhecimento da sua
vontade, e em toda a sabedoria, e inteligência
espiritual. 10 Para que andeis dignamente dian-
te de Deus, agradando-lhe em tudo: fortifican-
do em toda a boa obra, e crescendo na ciência
de Deus: 11 sendo confortados em toda a vir-
tude, segundo o poder da sua glória, em toda a
paciência, e longanimidade com alegria. 12 Dan-
do graças a Deus Pai, que nos fez dignos de
participar da sorte dos santos em luz: 13 que
nos livrou do poder das trevas, e nos trans-
feriu para o Reino de seu Filho muito amado.
14 No qual pelo seu sangue temos a redenção,
a remissão dos pecados.

I. PARTE DOGMÁTICA: O MISTÉRIO DE CRISTO

Cristo na criação e na Igreja

15 Que é a imagem de Deus invisível, o Pri-
mogênito de toda a criatura: 16 porque por
ele foram criadas todas as coisas nos céus e na
terra, visíveis e invisíveis, quer sejam os Tro-
nos, quer sejam as Dominações, quer sejam
os Principados, quer sejam as Potestades: tudo
foi criado por ele, e para ele: 17 e ele é antes
de todos, e todas as coisas subsistem por ele.
18 E ele é a cabeça do corpo da Igreja, ele é
o princípio, o Primogênito dentre os mortos:
de maneira que ele tem a primazia em todas
as coisas: 19 porque foi do agrado do Pai que
residisse nele toda a plenitude. 20 E reconciliar
por ele a si mesmo todas as coisas, pacifican-
do pelo sangue da sua cruz, tanto o que está
na terra, como o que está no céu. 21 E sendo
vós noutro tempo estranhos, e inimigos de
coração pelas más obras. 22 Agora por certo
vos reconciliou no corpo da sua carne pela
morte, para vos apresentar santos, e imacula-
dos, e irrepreensíveis diante dele. 23 Se é que
perseverais fundados na fé, e firmes, e imóveis
na esperança, que vos dá o Evangelho, que vos
foi anunciado, que foi pregado a todas as cria-
turas que há debaixo do céu, do qual eu Paulo
fui constituído ministro.

São Paulo, mensageiro do "mistério"

24 Eu, que agora me alegro nas penalidades
que sofro por vós, e que cumpro na minha
carne o que resta a padecer a Jesus Cristo pelo
seu corpo, que é a Igreja. 25 Da qual eu fui
constituído Ministro, segundo a dispensação
de Deus, que me foi dada para convosco, para
dar cumprimento à palavra de Deus. 26 Anun-
ciando-vos o mistério que esteve escondido
pelos séculos, e gerações, e que agora foi des-
coberto aos seus santos. 27 Aos quais quis
Deus fazer conhecer as riquezas da glória des-
te mistério entre os gentios, que é Cristo, em
quem vós tendes a esperança da glória. 28 A

quem nós anunciamos, admoestando a todas as pessoas, e ensinando a todos os homens, em toda a sabedoria, para que apresentemos a todo o homem perfeito em Jesus Cristo. 29 No que eu ainda trabalho, combatendo segundo a sua eficácia, que obra em mim por seu poder.

Solicitude pela fé dos colossenses

2 Quero pois que saibais qual é o cuidado que tenho por vós, e por aqueles que estão em Laodicéia, e por quantos não viram a minha face em carne. 2 A fim de que os seus corações sejam consolados, instruídos em caridade, e cheios de todas as riquezas de uma perfeita inteligência, para conhecerem o mistério de Deus Pai e de Jesus Cristo. 3 No qual estavam encerrados todos os tesouros da sabedoria, e da ciência.

Cautela contra erros

4 E digo-vos isto, para que ninguém vos engane com sublimidade de discursos. 5 Porque ainda que estou ausente quanto ao corpo, estou contudo presente em espírito: gozando-me, e vendo o vosso concerto, e a fimeza daquela vossa fé, que é em Cristo. 6 Pois assim como recebestes ao Senhor Jesus Cristo, andai nele. 7 Arraigados, e sobreedificados nele, e fortificados na fé, como também o aprendestes, crescendo nele em ação de graças. 8 Estai sobre aviso, para que ninguém vos engane com filosofias, e com os seus falaces sofismas, segundo a tradição dos homens, segundo os elementos do mundo, e não segundo Cristo. 9 Porque nele habita toda a plenitude da Divindade corporalmente. 10 E nele é que vós estais cheios, nele, que é a cabeça de todos os Principados e Potestades. 11 Também nele é que vós circuncidados, de circuncisão não feita por mão de homem no despojo do corpo da carne, mas sim na circuncisão de Cristo. 12 Estando sepultados juntamente com ele no batismo, no qual vós também ressuscitastes mediante a fé no poder de Deus, que o ressuscitou dos mortos. 13 E a vós, que estáveis mortos em vossos pecados, e no prepúcio da vossa carne, vos deu vida juntamente com ele, perdoando-vos todos os pecados. 14 Cancelando a cédula do decreto que havia contra nós, a qual nos era contrária, e aboliu inteiramente, encravando-a na cruz. 15 E despojando os Principados, e Potestades, os trouxe confiadamente, triunfando em público deles em si mesmo.

16 Ninguém pois vos julgue pelo comer, nem pelo beber, nem por causa dos dias de festa, ou das luas novas, ou dos sábados: 17 que são sombra das coisas vindouras: mas o corpo é em Cristo. 18 Ninguém vos desencaminhe, afetando parecer humilde, e dar culto aos anjos, que nunca viu no estado de viador, inchado vãmente no sentido da sua carne. 19 E sem estar unido com a cabeça, da qual todo o corpo fornido, e organizado pelas suas ligaduras, e juntas, cresce em aumento de Deus. 20 Portanto, se estais mortos com Cristo aos rudimentos deste mundo: por que dogmatizais ainda assim, como se vivêsseis para o mundo? 21 Não toqueis, nem manuseeis semelhantes coisas: 22 as quais são todas para morte pelo mesmo uso, segundo os preceitos, e doutrinas dos homens: 23 as quais coisas na verdade têm aparência de sabedoria em culto indevido, e humildade, e em mau tratamento do corpo, na escassez do necessário para sustentar a carne.

II. MORAL: VIDA NOVA EM CRISTO

3 Pelo que, se ressuscitastes com Cristo: buscai as coisas que são de lá de cima, onde Cristo está assentado à destra de Deus. 2 Cuidai nas coisas que são lá de cima, não nas que há sobre a terra. 3 Porque já estais mortos, e a vossa vida está escondida com Cristo em Deus. 4 Quando aparecer Cristo, que é a vossa vida: então também vós aparecereis com ele na glória.

Vícios a serem evitados

5 Mortificai pois os vossos membros que estão sobre a terra: a fornicação, a impureza, a lascívia, os desejos maus, e avareza, que é serviço de ídolos: 6 pelas quais coisas vem a ira de Deus sobre os filhos da incredulidade: 7 nas quais vós também andastes em outro tempo, quando vivíeis nelas. 8 Mas agora deixai também vós todas estas coisas, a ira, a indignação, a malícia, a blasfêmia, a palavra torpe da vossa boca. 9 Não mintais uns aos outros, despojando-vos do homem velho com todas as suas obras. 10 E revestindo-vos do novo, que é aquele que se renova para o conhecimento, segundo a imagem daquele que o criou: 11 onde não há diferença de gentio e de judeu, de circuncisão, e de prepúcio, de bárbaro e de cita, de servo e de livre: mas Cristo é tudo, e em todos.

Virtudes a serem praticadas

12 Vós pois como escolhidos de Deus, santos, e amados, revestí-vos de entranhas de mi-

sericórdia, de benignidade, de humildade, de modéstia, de paciência: 13 sofrendo-vos uns aos outros, e perdoando-vos mutuamente, se algum tem razão de queixa contra o outro, assim como ainda o Senhor vos perdoou a vós, assim também vós. 14 Mas sobre tudo isto, revestí-vos de caridade, que é o vínculo da perfeição: 15 e triunfe em vossos corações a paz de Cristo, na qual também fostes chamados num mesmo corpo: e sede agradecidos. 16 A palavra de Cristo more em vós outros abundantemente em toda a sabedoria, ensinando-vos e admoestando-vos uns aos outros com salmos, hinos, e cânticos espirituais, cantando co ma graça do fundo dos vossos corações louvores a Deus. 17 Tudo quanto quer que fizerdes seja de palavra ou de obra, fazei tudo isso em nome do Senhor Jesus Cristo, dando por ele graças a Deus, e Pai.

Deveres familiares

18 Casadas, estai sujeitas a vossos maridos, como convém no Senhor. 19 Maridos, amai a vossas mulheres, e não as trateis com amargura. 20 Filhos, obedecei em tudo a vossos pais: porque isto é agradável ao Senhor. 21 Pais, não provoqueis a indignação a vossos filhos, para que se não façam de ânimo apoucado. 22 Servos, obedecei em todas as coisas a vossos senhores temporais, não servindo só na presença, como para agradar a homens, mas com sinceridade de coração temendo a Deus. 23 Tudo o que fizerdes, fazei-o de boa mente, como quem o faz pelo Senhor, e não pelos homens. 24 Sabendo que recebereis do Senhor o galardão da herança. Servi a Cristo, o Senhor: 25 pois o que faz injustiça receberá o pago que fez injustamente, porque não há acepção de pessoas em Deus.

4 Vós, senhores, fazei com os vossos servos o que é de justiça e eqüidade: sabendo que também vós tendes Senhor no Céu.

Oração e prudência

2 Perseverai em oração, velando nela com ação de graças: 3 orando ao mesmo tempo também por nós, para que Deus nos abra a posta da palavra para anunciarmos o mistério de Cristo (pelo qual todavia estou preso) 4 para que o manifeste, assim como é necessário que eu o apregoe. 5 Conduzi-vos em sabedoria com aqueles que estão fora, remindo o tempo. 6 A vossa conversação seja sempre sazonada em graça com sal, para que saibais como deveis responder a cada um.

CONCLUSÃO

Saudações finais

7 O muito amado irmão Tíquico, e fiel ministro, e companheiro meu no Senhor vos fará saber o estado de todas as minhas coisas: 8 o qual eu vo-lo enviei expressamente para que saiba o estado das vossas coisas, e console os vossos corações, 9 juntamente com Onésimo, muito bem amado, e fiel irmão, que é da vossa naturalidade. Eles vos informarão de tudo o que aqui se passa.

Despedida

10 Saúda-vos Aristarco, que é meu companheiro na prisão, e Marcos, primo de Barnabé, sobre o qual vos tenho já feito minhas recomendações: Se ele for ter convosco, recebei-o: 11 e Jesus, que se chama Justo: os quais são da circuncisão: estes sós são os que me ajudam no Reino de Deus, eles têm sido a minha consolação. 12 Saúda-vos Epafras, que é vosso conterrâneo, servo de Jesus Cristo, sempre solícito por vós nas suas orações, para que sejais com firmeza perfeitos, e completos em toda a vontade de Deus. 13 Porque lhe dou este testemunho, que tem muito trabalho, por vós, e pelos que estão em Laodicéia, e pelos que se acham em Hierápolis. 14 O muito amado Lucas, médico, vos saúda, e também Demas. 15 Saudai aos irmãos que estão em Laodicéia, e a Ninfas, e a Igreja que está em sua casa. 16 E lida que for esta Carta entre vós, fazei-a ler também na Igreja dos laodicenses: e lede vós outros a dos de Laodicéia. 17 E dizei a Arquipo: Vê o ministério, que recebeste do Senhor, para o cumprires. 18 Esta saudação escrevo eu, Paulo, do meu próprio punho. Lembrai-vos das minhas prisões. A graça seja convosco. Amém.

Primeira Epístola de São Paulo aos Tessalonicenses

Saudação e ação de graças

1 Paulo, Silvano e Timóteo, à Igreja dos
Tessalonicenses em Deus Pai, e no Senhor
Jesus Cristo.
2 Graça, e paz a vós. Sempre damos graças
a Deus por todos vós, fazendo memória de vós
nas nossas orações sem cessar. 3 Lembrando-
-nos diante de Deus, e nosso Pai, da obra da
nossa fé, e do trabalho, e da caridade, e da
firmeza da esperança em Nosso Senhor Jesus
Cristo: 4 porque sabemos, amados irmãos, que
a vossa eleição é de Deus. 5 Porquanto o nosso
Evangelho não foi pregado a vós outros somen-
te de palavra, mas também com eficácia, e em
virtude do Espírito Santo, e em grande pleni-
tude, como sabeis quais nós fomos entre vós
por amor de vós. 6 E vós vos fizestes imitado-
res nossos, e do Senhor, recebendo a palavra
com muita tribulação, com gozo do Espírito
Santo. 7 De tal sorte que vos haveis feito mo-
delo a todos os que abraçaram a fé na Mace-
dônia, e na Acaia. 8 Porque por vós outros
foi divulgada a palavra do Senhor, não só na
Macedônia e na Acaia, mas também se propa-
gou com grande boato por todas as partes a
fé que tendes em Deus, de sorte que nós outros
não temos necessidade de dizer coisa alguma.
9 Porque eles mesmos publicam de nós qual
entrada tivemos a vós outros: e como vos
convertestes dos ídolos a Deus, para servirdes
ao Deus vivo e verdadeiro. 10 E para esperar-
des do céu a Jesus seu Filho (a quem Ele res-
suscitou dos mortos), o qual nos livrou da ira,
que há de vir.

I. REMINISCÊNCIAS CONSOLADORAS

Ministério de São Paulo em Tessalonica

2 Porque vós mesmos não ignorais, irmãos,
que a nossa chegada a vós não foi sem
fruto. 2 Antes, havendo primeiro padecido, e
tolerado afrontas (como sabeis) em Filipos,
tivemos liberdade em nosso Deus para vos pre-
gar o Evangelho de Deus com o maior cuida-
do. 3 Porque a nossa exortação não foi de erro,
nem de imundícia, nem por engano. 4 Mas
assim como fomos aprovados de Deus, para
que se nos confiasse o Evangelho: assim fa-
lamos, não como para agradar a homens, senão
a Deus, que prova os nossos corações. 5 Porque
a nossa linguagem nunca foi de adulação, como
sabeis, nem um pretexto de avareza: Deus é
testemunha: 6 nem buscando glória dos ho-
mens, nem de vós, nem de outros. 7 Podendo
como apóstolos de Cristo ser-vos gravosos: mas
fizemo-nos párvulos no meio de vós outros
como uma mãe que amima a seus filhos. 8 As-
sim amando-vos muito, ansiosamente desejá-
vamos não só dar-vos o conhecimento do Evan-
gelho de Deus, mas ainda as nossas próprias
vidas: porquanto nos fostes muito amados.
9 Porque já vos lembrais, irmãos, do nosso
trabalho, e fadiga: trabalhando de noite e de
dia, por não gravarmos a nenhum de vós, pre-
gamos entre vós o Evangelho de Deus. 10 Vós
sois testemunhas e Deus, de quão santa, e jus-
ta, e sem querela, foi a nossa mansão com
vós outros que crestes: 11 assim como sabeis
de que maneira a cada um de vós (como um
pai a seus filhos) 12 vos admoestávamos, e
consolávamos, protestando-vos que andásseis
de uma maneira digna de Deus, que vos cha-
mou ao seu reino, e glória. 13 Por isso é que
nós também damos sem cessar graças a Deus:
porque quando ouvindo-nos recebestes de nós
outros a palavra de Deus, vós a recebestes,
não como palavra de homens, mas (segundo
é verdade) como palavra de Deus, o qual obra
em vós, os que crestes. 14 Porque vós irmãos,
vos haveis feito imitadores das Igrejas de

Deus, que há pela Judéia em Jesus Cristo: porquanto as mesmas coisas sofrestes também vós da parte dos da vossa nação, que eles igualmente da dos judeus: 15 os quais também mataram ao Senhor Jesus, e aos profetas, e nos têm perseguido a nós, e não são do agrado de Deus, e são inimigos de todos os homens: 16 proibindo-nos falar aos gentios, para que sejam salvos, a fim de encherem sempre a medida dos seus pecados: porque a ira de Deus caíu sobre eles até o fim.

Boas notícias

17 Nós, porém, irmãos, privados por um pouco de tempo de vós, de vista, não de coração, tanto mais nos temos apressado com grande desejo, para vos ver em pessoa. 18 Pelo que quisemos ir ter convosco: eu, Paulo na verdade uma, e outra vez, mas Satanás no-lo estorvou. 19 Porque, qual é a nossa esperança, ou o nosso gozo, ou coroa de glória? Porventura não sois vós outros ante nosso Senhor Jesus Cristo na sua vinda? 20 Certamente vós sois a nossa glória, e o nosso contentamento.

3 Pelo que não podendo mais sofrer a falta de notícias vossas, fomos de parecer deixarmo-nos ficar sós em Atenas: 2 e enviamos a Timóteo, nosso irmão, e ministro de Deus no Evangelho de Cristo, para vos fortalecer e consolar na vossa fé. 3 A fim de que nenhum se comova por estas tribulações: pois vós mesmos sabeis que para isto é que nós fomos destinados. 4 Sois ainda estando convosco, já dantes vos dizíamos que havíamos de padecer tribulações, como tem com efeito acontecido, e vós o sabeis. 5 E por isso não podendo eu sofrer mais dilação, enviei a reconhecer a vossa fé: temendo não vos haja tentado aquele que tenta, e que se torne inútil o nosso trabalho. 6 Mas agora vindo Timóteo a nós, depois de vos haver visto, e fazendo-nos saber a vossa fé e caridade, e como sempre tendes afetuosa lembrança de nós, estando com desejo de nos ver, assim como também nós outros igualmente a vós: 7 por isso, irmãos, no meio de toda a nossa necessidade e tribulação, temos sido consolados em vós por causa de vossa fé. 8 Porque agora vivemos nós, se vós estais firmes no Senhor. 9 E verdadeiramente que ação de graças podemos nós render a Deus por vós, em atenção de todo o gozo, com que nos regozijamos, por causa de vós outros diante do nosso Deus: 10 rogando-lhe de noite e de dia, com a maior instância, que cheguemos a ver a vossa face, e que cumpramos o que falta à vossa fé? 11 E o mesmo Deus, e Pai nosso, e nosso Senhor Jesus Cristo encaminhe os nossos passos para vós outros. 12 E o Senhor vos multiplique, e faça crescer mais e mais a vossa caridade entre vós, e para com todos, assim como nós também vo-la temos. 13 Para confirmar os vossos corações sem repreensão em santidade, diante de Deus, e Pai nosso, na vinda de nosso Senhor Jesus Cristo com todos os seus santos. Amém.

II. EXORTAÇÕES À PERSEVERANÇA FINAL

Fidelidade à tradição, pureza, caridade e trabalho

4 Quanto porém ao mais, nós, irmãos, vos rogamos e vos exortamos no Senhor Jesus, que como haveis aprendido de nós, de que maneira vos convém andar e agradar a Deus, assim também andeis para ir crescendo cada vez mais. 2 Porque já sabeis que preceitos vos tenho dado, por autoridade do Senhor Jesus. 3 Pois esta é a vontade de Deus, a vossa santificação: que vos abstenhais da fornicação. 4 Que saiba cada um de vós possuir o seu corpo em santificação e honra.

5 Não em efeito de concupiscência, como igualmente fazem os gentios, que não conhecem a Deus. 6 E que nenhum oprima, nem engane em nada a seu irmão: porque o Senhor é vingador de todas estas coisas, como já antes vo-lo temos dito e protestado. 7 Porque Deus não vos chamou para a imundícia senão para a santificação. 8 E assim o que despreza isto, não despreza a um homem, senão a Deus: que pôs também o seu Espírito Santo em nós outros. 9 E pelo que toca à caridade fraterna, não temos a necessidade de vos escrever: porquanto vós mesmos aprendestes de Deus, que vos ameis uns aos outros. 10 E de fato vós assim o praticais com todos os irmãos em toda a Macedônia. Mas nós vos rogamos, irmãos, que vades cada vez mais avante neste amor. 11 E que procureis viver quietos e que trateis do vosso negócio, e que trabalheis com as vossas mãos, como vo-lo temos ordenado: e que andeis honestamente com os que estão fora e não cobiceis coisa alguma dalguém. 12 E não queremos, irmãos, que vós ignoreis coisa alguma acerca dos que dormem, para que não vos entristeçais como também os outros, que não têm esperança.

Os mortos e a "vinda do Senhor"

13 Porque se cremos que Jesus morreu e
ressuscitou: assim também Deus trará com
Jesus aqueles que dormiram por ele. 14 Nós
pois vos dizemos isto na palavra do Senhor,
que nós outros, que vivemos, que temos ficado
aqui para a vinda do Senhor não preveniremos
aqueles que dormiram. 15 Porque o mesmo
Senhor com mandato e com voz de arcanjo,
e com a trombeta de Deus, descerá do céu: e
os que morreram em Cristo, ressurgirão pri-
meiro. 16 Depois nós os que vivemos, os que
ficamos aqui, seremos arrebatados juntamente
com eles nas nuvens a receber a Cristo nos
ares, e assim estaremos para sempre com o
Senhor. 17 Portanto consolai-vos uns aos ou-
tros com estas palavras.

5 Acerca porém dos tempos e dos momentos,
não haveis mister, irmãos, que nós vos es-
crevamos. 2 Porque vós sabeis muito bem, que
assim como costuma vir um ladrão de noite,
assim virá o dia do Senhor. 3 Porque quando
disserem paz e segurança: então lhes sobrevirá
uma morte repentina, como a dor a uma mu-
lher que está de parto, e não escaparão. 4 Mas
vós, irmãos, não estais em trevas, de modo que
aquele dia como um ladrão vos surpreenda.
5 Porque todos vós sois filhos da luz, e filhos
do dia: nós não somos filhos da noite, nem das
trevas. 6 Não durmamos pois como também
os outros, mas vigiemos e sejamos sóbrios.
7 Porque os que dormem, dormem de noite: e
os que se embebedam, embebedam-se de noite.
8 Mas nós, que somos filhos do dia, sejamos
sóbrios, estando vestidos da couraça da fé e
da caridade, e tendo por elmo a esperança da
salvação: 9 porque não nos pôs Deus para
ira, senão para alcançar a salvação por nosso
Senhor Jesus Cristo, 10 que morreu por nós:
a fim de que, ou vigiemos ou durmamos, viva-
mos sempre com ele. 11 Pelo que consolai-vos
mutuamente: e edificai-vos uns aos outros, co-
mo ainda o fazeis.

CONCLUSÃO

Admoestações e saudação final

12 Ora, nós vos suplicamos, irmãos, que te-
nhais consideração com aqueles que trabalham
entre vós, e que vos governam no Senhor, e
que vos admoestam, 13 a que tenhais uma par-
ticular veneração em caridade, por causa do
seu trabalho, conservai paz com eles. 14 Pedi-
mo-vos também, irmãos, que repreendais os
inquietos, que consoleis os pusilânimes, que
suporteis os fracos, que sejais pacientes para
todos. 15 Vede que nenhum dê a outro, mal
por mal: antes segui sempre o que é bom entre
vós e para com todos. 16 Estai sempre alegres.
17 Orai sem intermissão. 18 Em tudo dai gra-
ças: porque esta é a vontade de Deus em Jesus
Cristo para com todos vós. 19 Não extingais o
Espírito de Deus. 20 Não desprezeis as profe-
cias. 21 Examinai porém tudo: abraçai o que
é bom. 22 Guardai-vos de toda a aparência do
mal. 23 E o mesmo Deus de paz vos santifique
em tudo, para que todo o vosso espírito, e a
alma, e o corpo se conservem sem repreensão
para a vinda de nosso Senhor Jesus Cristo.
24 Fiel é o que vos chamou: qual também o
cumprirá. 25 Irmãos, orai por nós. 26 Saudai
a todos os irmãos em ósculo santo. 27 Eu vos
conjuro pelo Senhor, que se leia esta carta a
todos os santos irmãos. 28 A graça de nosso
Senhor Jesus Cristo seja convosco. Amém.

Segunda Epístola de São Paulo aos Tessalonicenses

INTRODUÇÃO

Saudação epistolar

1 Paulo, e Silvano, e Timóteo, à Igreja dos Tessalonicenses em Deus nosso Pai, e no Senhor Jesus Cristo. 2 Graça seja a vós outros, e paz da parte de Deus nosso Pai, e da do Senhor Jesus Cristo.

Ação de graças e oração

3 Nós devemos, irmãos, dar graças a Deus sem cessar por vós, como é justo, porque a vossa fé vai em grande crescimento, e abunda a caridade de cada um de vós, correspondendo-vos nela reciprocamente: 4 de sorte que ainda nós mesmos nos gloriamos de vós outros nas igrejas de Deus, pela vossa paciência, e fé e em todas as vossas perseguições, e tribulações, que sofreis. 5 Em prova do justo juízo de Deus, para que sejais tidos por dignos no reino de Deus, pelo qual outrossim padeceis.

6 Se bem é justo diante de Deus, que Ele dê em paga tribulação àqueles que vos atribulam: 7 e a vós, que sois atribulados, descanso juntamente conosco, quando aparecer o Senhor Jesus descendo do céu, com os anjos da sua virtude. 8 Em chama de fogo, para tomar vingança daqueles que não conheceram a Deus, e dos que não obedecem ao Evangelho de nosso Senhor Jesus Cristo: 9 os quais pagarão a pena eterna de perdição ante a face do Senhor, e a glória do seu poder: 10 quando ele vier para ser glorificado nos seus santos, e para se fazer admirável em todos os que creram nele, pois que o testemunho, que nós demos à sua palavra, foi por vós recebido na esperança daquele dia. 11 Por isso também é que nós oramos incessantemente por vós: para que o nosso Deus vos faça dignos da sua vocação, e cumpra todo o conselho de bondade, e a obra de fé pelo seu poder. 12 Para que o nome de nosso Senhor Jesus Cristo seja glorificado em vós, e vós nele pela graça de nosso Deus, e do Senhor Jesus Cristo.

I. SOBRE A VINDA DO SENHOR

2 Ora nós vos rogamos, irmãos, pela vinda de nosso Senhor Jesus Cristo e pela nossa reunião com ele. 2 Que não vos movais facilmente da vossa inteligência, nem vos perturbeis, nem por qualquer espírito, nem por discurso, nem por carta como enviada de nós, como se o dia do Senhor estivesse já perto. 3 Ninguém de modo algum vos engane: porque não será, sem que antes venha a apostasia, e sem que tenha aparecido o homem do pecado, o filho da perdição. 4 Aquele que se opõe, e se eleva sobre tudo o que se chama Deus, ou que é adorado, de sorte que se assentará no Templo de Deus, ostentando-se como se fosse Deus.

5 Não vos lembrais que eu vos dizia estas coisas quando ainda estava convosco? 6 E vós sabeis que é o que agora o detém, a fim de que seja manifestado a seu tempo. 7 Porque o mistério da iniqüidade já de presente se opera. Somente que aquele que agora tem, tenha, até que este homem seja destruído. 8 E então aparecerá o tal iníquo, a quem o Senhor Jesus matará com o assopro da sua boca, e o destruirá com o resplendor da sua vinda: 9 a vinda do qual é, segundo a obra de Satanás, em todo o poder, e em sinais, e em prodígios mentirosos. 10 E em toda a sedução da iniqüidade para aqueles que perecem: porque não receberam o amor da verdade para serem sal-

vos. Por isso lhes enviará Deus a operação do erro, para que creiam a mentira. 11 Para que sejam condenados todos os que não deram crédito à verdade, antes assentiram à iniqüidade. 12 Mas nós outros devemos sempre dar graças a Deus por vós, ó irmãos queridos de Deus, porque Deus vos escolheu como primícias para salvação, na satisfação do espírito e na fé da verdade.

13 Na qual vos chamou também pelo nosso Evangelho, para alcançar a glória de nosso Senhor Jesus Cristo. 14 E assim, irmãos, estai firmes: e conservai as tradições que aprendestes, ou de palavra, ou por carta nossa. 15 E o mesmo nosso Senhor Jesus Cristo, e Deus e Pai nosso, o qual nos amou, e nos deu uma consolação eterna, e uma boa esperança em sua graça, 16 consolo as vossas orações, e os confirme em toda a boa obra, e palavra.

II. EXORTAÇÕES

3 Quanto ao mais, irmãos, orai por nós, para que a palavra de Deus se propague, e seja glorificada, como também o é entre vós: 2 e para que sejamos livres de homens importunos e maus: porque a fé não é de todos. 3 Mas Deus é fiel que vos confirmará, e guardará do maligno. 4 E confiamos no Senhor de vós outros, que não só fazeis, mas fareis o que vos mandamos. 5 O Senhor, porém dirija os vossos corações no amor de Deus, e na paciência de Cristo. 6 Mas nós vos intimamos, em nome de nosso Senhor Jesus Cristo, que vos aparteis de todo o irmão que andar desordenadamente, e não segundo a tradição, que ele e os mais receberam de nós outros. 7 Porque vós mesmos sabeis como deveis imitar-nos: pois que não vivemos desregrados entre vós. 8 Nem comemos de graça o pão de algum, antes com trabalho e fadiga, trabalhando de dia e de noite, por não sermos pesados a nenhum de vós. 9 Não porque não tivéssemos poder para isso, mas para vos oferecer em nós mesmos um modelo que imitásseis. 10 Porque ainda quando estávamos convosco, vos denunciávamos isto: Que se algum não quer trabalhar não coma. 11 Porquanto temos ouvido, que andam alguns entre vós inquietos, que nada fazem senão indagar o que lhes não importa. 12 A estes pois, que assim se portam, lhes denunciamos, e rogamos no Senhor Jesus Cristo que comam o seu pão, trabalhando em silêncio. 13 E vós, irmãos, não vos canseis nunca de fazer bem. 14 Se algum, porém, não obedece ao que ordenamos pela nossa carta, notai-o, e não tenhais comércio com ele, a fim de que se envergonhe. 15 Não o considereis todavia como um inimigo, mas advertí-o como vosso irmão.

Saudação final

16 E o mesmo Senhor da paz vos dê a paz sem fim em todo o lugar. O Senhor seja com todos vós. 17 Eu, Paulo, vos saúdo aqui de minha própria mão: que é o sinal em todas as cartas. Assim é que escrevo. 18 A graça de nosso Senhor Jesus Cristo seja com todos vós. Amém.

Primeira Epístola de São Paulo a Timóteo

Endereço e saudação epistolar

1 Paulo, apóstolo de Jesus Cristo, por man-
dado de Deus nosso Salvador, e de Jesus
Cristo nossa Esperança. 2 a Timóteo, amado
filho na fé, graça, misericórdia e paz, da parte
de Deus nosso Pai e da de Jesus Cristo nosso
Senhor.

I. O BOM COMBATE

Contra as doutrinas malsãs

3 Como te roguei que ficasses em Éfeso,
quando me parti para Macedônia, para que
admoestasses alguns que não ensinassem de
outra maneira, 4 nem se ocupassem em fábu-
las e genealogias intermináveis: as quais antes
ocasionam questões, que edificação de Deus,
que se funda na fé. 5 Ora, o fim do preceito é
a caridade nascida dum coração puro e duma
boa consciência, e duma fé não fingida. 6 Don-
de, apartando-se alguns, se deram a discursos
vãos. 7 Querendo ser doutores da lei, não sa-
bendo nem o que dizem, nem o que afirmam.
8 Sabemos pois que a lei é boa, para aquele
que usa dela legitimamente: 9 sabendo isto,
que a lei não foi posto para o justo, mas para
libertinos e desobedientes, para os ímpios e
pecadores, para os irreligiosos e profanos, para
os parricidas e matricidas, para os homicidas.
10 Para os devassos, sodomitas, roubadores de
homens, para os mentirosos e perjuros, e para
tudo o que é contra a sã doutrina. 11 Que é
segundo o Evangelho da glória de Deus bem-
-aventurado, cuja pregação me foi encarregada.
12 Graças dou àquele que me confortou, a
Jesus Cristo nosso Senhor, porque me teve
por fiel, pondo-me no ministério: 13 a mim
que havia sido antes blasfemo, e perseguidor,
e injuriador: mas alcancei a misericórdia de
Deus porque o fiz por ignorância na creduli-
dade. 14 Mas a graça de nosso Senhor abun-
dou em grande maneira com a fé e caridade,
que é em Jesus Cristo. 15 Fiel é esta palavra,
e digna de toda a aceitação: Que Jesus Cristo
veio a este mundo, para salvar aos pecadores,
dos quais o primeiro sou eu. 16 Mas por isto
alcancei misericórdia: para que em mim, sen-
do o primeiro, mostrasse Jesus Cristo a sua
extremada paciência, para modelo dos que ha-
viam de crer nele, para a vida eterna. 17 Ao
rei pois dos séculos imortal, invisível, a Deus
só seja honra e glória pelos séculos dos sécu-
los. Amém. 18 Este mandamento te encarrego,
filho Timóteo, segundo as profecias que pre-
cederam, feitas sobre ti, que milites por elas
boa milícia. 19 Conservando a fé e a boa cons-
ciência, a qual porque ainda alguns repeliram,
naufragaram na fé. 20 Deste número é Hime-
neu, e Alexandre, os quais eu entreguei a Sa-
tanás, para que aprendam a não blasfemar.

II. DEVERES PASTORAIS

Orar por todos

2 Eu te rogo pois, antes de tudo, que se fa-
çam súplicas, orações, petições, ações de
graças por todos os homens: 2 pelos reis, e por
todos os que estão elevados em dignidade, para
que vivamos uma vida sossegada, e tranqüila
em toda a sorte de piedade, e de honestidade:
3 porque isto é bom, e agradável diante de
Deus nosso Salvador. 4 Que quer que todos

os homens se salvem, e que cheguem a ter o conhecimento da verdade. 5 Porque só há um Deus, e só há um Mediador entre Deus e os homens, que é Jesus Cristo homem: 6 que se deu a si mesmo para redenção de todos, testemunho no tempo próprio: 7 por isso é que eu fui constituído pregador e apóstolo (eu digo a verdade, não minto) doutor das gentes na fé e na verdade.

Modo de orar

8 Quero pois que os homens orem em todo o lugar, levantando as mãos puras, sem ira e sem contenda. 9 Que do mesmo modo orem também as mulheres em traje honesto, ataviando-se com modéstia e sobriedade, e não com cabelos encrespados, ou com ouro ou pérolas, ou vestidos custosos: 10 mas sim como convém a mulheres que demonstram piedade por boas obras. 11 A mulher aprenda em silêncio com toda a sujeição. 12 Pois eu não permito à mulher que ensine, nem que tenha domínio sobre o marido: senão que esteja em silêncio. 13 Porque Adão foi formado primeiro: depois Eva. 14 E Adão não foi seduzido: mas a mulher foi enganada em prevaricação. 15 Contudo ela se salvará pelos filhos que der ao mundo, se permanecer na fé e caridade, e em santidade junta com modéstia.

Qualidade dos bispos

3 Isto é uma verdade certa: Que se algum deseja o episcopado, deseja uma obra boa. 2 Importa logo que o bispo seja irrepreensível, esposo de uma só mulher, sóbrio, prudente, concertado, modesto, amador da hospitalidade, capaz de ensinar. 3 Não dado ao vinho, não espancador, mas moderado: não litigioso, não cobiçoso, mas 4 que saiba governar bem a sua casa: que tenha seus filhos em sujeição, com toda a honestidade. 5 Porque o que não sabe governar a sua casa, como terá cuidado da Igreja de Deus? 6 Que não seja neófito: por não suceder que, inchado de soberba, venha a cair na condenação do diabo. 7 Importa outrossim que também ele tenha bom testemunho daqueles que são de fora, para que não caia no opróbrio e no laço do diabo.

Dos diáconos

8 Que por semelhante modo os diáconos sejam modestos, não dobres nas suas palavras, nem sujeitos a beber muito vinho, nem amigos de sórdidas ganâncias. 9 Que conservem o mistério da fé com uma consciência pura. 10 E também estes sejam antes provados: e assim exercitem o ministério, achando-se que não têm crime algum. 11 Que assim mesmo as mulheres sejam honestas, não maldizentes, sóbrias, fiéis em tudo. 12 Os diáconos sejam esposos de uma só mulher; que governem bem a seus filhos e as suas casas. 13 Porque os que houverem exercitado bem o seu ministério, ganharão para si melhor grau e muita confiança na fé, que é em Jesus Cristo.

As igrejas

14 Estas coisas te escrevo, esperando que em breve passarei a ver-te. 15 E se tardar, para que saibas como deves portar-te na casa de Deus, que é a Igreja do Deus vivo, coluna e firmamento da verdade. 16 E visivelmente é grande o sacramento da piedade, com que Deus se manifestou em carne, foi justificado pelo espírito, foi visto dos anjos, tem sido pregado aos gentios, crido no mundo, recebido na glória.

III. CONTRA AS HERESIAS E PELA GUARDA DO REBANHO

Futuras heresias e falsas doutrinas

4 Ora, o Espírito manifestamente diz que nos últimos tempos apostatarão alguns da fé, dando ouvidos a espíritos de erro e a doutrinas de demônios. 2 Que com hipocrisia falarão mentira, e que terão cauterizada a sua consciência. 3 Que proibirão casarem-se, e que se faça uso das viandas que Deus criou, para que com ação de graças participem delas os fiéis, e os que conheceram a verdade. 4 Porque toda a criatura de Deus é boa, e não é para desprezar nada do que se participa com ação de graças. 5 Porquanto ele se santifica pela palavra de Deus e pela oração.

6 Propondo isto aos irmãos, serás um bom ministro de Jesus Cristo, criado com as palavras da fé, e da boa doutrina que até agora seguiste. 7 E despreza as fábulas impertinentes, e de velhas: e exercita-te em obras de piedade. 8 Porque o exercício corporal para pouco é proveitoso: mas a piedade para tudo é útil, porque tem a promessa da vida, que agora é, e da que há de ser. 9 Fiel palavra é esta, e digna de toda a aceitação. 10 Pois que isto é que padecemos trabalhos, e somos amaldiçoa-

dos, porque esperamos no Deus vivo, que é o Salvador de todos os homens, principalmente dos fiéis.

11 Manda estas coisas e ensina-as. 12 Nenhum tenha em pouco a tua mocidade: mas sê o exemplar dos fiéis na conversação, no modo de tratar com o próximo, na caridade, na fé, na castidade. 13 Enquanto eu não vou, aplica-te à lição, à exortação e à instrução. 14 Não desprezes a graça, que há em ti, que te foi dada por profecia pela imposição das mãos do Presbitério. 15 Medita estas coisas, ocupa-te nelas: a fim de que o teu aproveitamento seja manifesto a todos. 16 Olha por ti, e pela instrução dos outros: persevera nestas coisas: porque fazendo isto te salvarás tanto a ti mesmo, como aos que te ouvem.

Trato com os anciãos e jovens.
Situação das viúvas

5 Não repreendas com aspereza ao velho, mas adverte-o como a pai: aos moços, como a irmãos. 2 Às velhas, como a mães: às moças, como a irmãs com toda a pureza. 3 Honra as viúvas, que são verdadeiramente viúvas. 4 E se alguma viúva tem filhos, ou netos: aprenda primeiro a governar a sua casa, e a corresponder a seus pais: porque isto é aceito diante de Deus. 5 Mas a que verdadeiramente é viúva e desamparada, espere em Deus, e esteja perseverante em rogar e orar de noite e de dia. 6 Porque a que vive em deleites, vivendo está morta. 7 Manda pois isto, para qu elas sejam irrepreensíveis.

8 E se algum não tem cuidado dos seus, e principalmente dos da sua casa, esse negou a fé, e é pior que um infiel. 9 A viúva seja eleita, não tendo menos de sessenta anos, a qual não haja tido mais de um marido. 10 Aprovada com testemunho de boas obras, se educou a seus filhos, se exercitou a hospitalidade, se lavou os pés aos santos, se acudiu ao alívio dos atribulados, se praticou toda a obra boa. 11 Mas não admitas viúvas moças. Porque depois de terem vivido licenciosamente contra Cristo, querem casar-se: 12 tendo a sua condenação, porque fizeram vã a primeira fé. 13 Além disto, vivendo também na ociosidade, elas se acostumam a andar de casa em casa: não somente feitas ociosas, mas também palreiras, e curiosas, falando o que não convém. 14 Quero, pois, que as que são moças se casem, criem filhos, governem a casa, que não dêem ocasião ao adversário de dizer mal. 15 Porque já algumas se perverteram por irem após Satanás. 16 Se algum dos fiéis tem viúvas, mantenha-as, e não seja rgavada a Igreja: a fim de que haja o que baste para as que são verdadeirmente viúvas.

Os prebísteros

17 Os presbíteros que governam bem sejam honrados com estipêndio dobrado: principalmente os que trabalham em pregar e ensinar. 18 Porque diz a Escritura: Não ligarás a boca ao boi que debulha. E o que trabalha é digno da sua paga. 19 Não recebas acusação contra os presbíteros, senão com duas ou três testemunhas. 20 Aos que pecarem repreende-os diante de todos, para que também os outros tenham medo. 21 Eu te esconjuro diante de Deus, e de Jesus Cristo e dos seus anjos escolhidos, que guardes estas coisas sem preocupação, não fazendo nada por inclinação particular. 22 A ninguém imponhas ligeiramente as mãos, e não te faças participante dos pecados de outrem. Conserva-te a ti mesmo puro. 23 Não bebas mais água só, mas usa de um pouco de vinho por causa do teu estomago, e das tuas freqüentes enfermidades. 24 Os pecados de alguns homens são manifestos antes de se examinarem em juízo. Mas os de outros se manifestam ainda depois dele. 25 Assim mesmo as boas obras também são manifestas: e as que o não são ainda, não podem por muito tempo estar ocultas.

Os servos

6 Todos os servos que estão debaixo do jugo, estimem a seus amos por dignos de toda a honra, para que o nome do Senhor, e a sua doutrina não sejam blasfemados. 2 E os que têm senhores fiéis não os desprezem, porque são irmãos: antes os sirvam melhor, porque são fiéis, e amados, como participantes que são do benefício. Isto ensina tu, e admoesta.

Distinção entre os falsos e verdadeiros mestres

3 Se algum ensina doutrina diferente desta, e não abraça as sãs palavras de nosso Senhor Jesus Cristo, e aquela doutrina que é conforme à piedade: 4 é um soberbo, que nada sabe, mas antes titubeia sobre questões e contendas de palavras: de onde se originam invejas, bulhas, blasfêmias, más suspeitas: 5 alterações de homens perversos de entendimento, e que estão privados da verdade, crendo que a piedade é um mero interesse. 6 Mas a piedade é um grande lucro com o que basta. 7 Porque nada trouxemos para este mundo: e é sem dúvida que não podemos levar nada dele. 8 Tendo, pois, com que nos sustentarmos, e com que nos cobrirmos, contentemo-nos com isto. 9 Porque os que querem fazer-se ricos, caem na tentação, e no laço do diabo, e em muitos desejos inúteis e perniciosos, que submergem os homens no abismo da morte, e da

perdição. 10 Porque a raiz de todos os males é a avareza: a qual cobiçando alguns se desencaminharam da fé, e se enredaram em muitas dores.

Exortação a Timóteo

11 Mas tu, ó homem de Deus, foge destas coisas, e segue em tudo a justiça, a piedade, a fé, a caridade, a paciência, a mansidão. 12 Há-te com valor no santo combate da fé, trabalha por levar a vida eterna, para a qual foste chamado, havendo também feito boa confissão ante muitas testemunhas. 13 Eu te mando diante de Deus, que vivifica todas as coisas, e diante de Jesus Cristo, que sob Pôncio Pilatos deu testemunho da verdade, por uma boa confissão: 14 que guardes o mandamento sem mácula, nem repreensão, até à vinda de nosso Senhor Jesus Cristo. 15 A qual mostrará a seu tempo o bem-aventurado, o só Poderoso, o Rei dos Reis, e o Senhor dos Senhores: 16 aquele que só possui a imortalidade, e que habita numa luz inacessível: a quem nenhum dos homens viu, nem ainda pode ver: ao qual seja dada honra, e império sem fim. Amém. 17 Manda aos ricos deste mundo que não sejam altivos, nem esperem na incerteza das riquezas, senão no Deus vivo (que nos dá abundantemente todas as coisas para nosso uso). 18 Que façam bem, que se façam ricos em boas obras, que dêem, que repartam francamente, 19 que façam para si um tesouro, como um fundamento sólido para o futuro, a fim de alcançarem a verdadeira vida.

CONCLUSÃO

20 Ó Timóteo, guarda o depósito, evitando as profanas novidades de palavras, e as contradições duma ciência de falso nome, 21 da qual fazendo alguns profissão, descaíram da fé. A graça seja contigo. Amém.

Segunda Epístola de São Paulo a Timóteo

INTRODUÇÃO

Endereço e saudação epistolar

1 Paulo, apóstolo de Jesus Cristo pela vontade de Deus, segundo a promessa da vida, que é em Jesus Cristo: 2 a Timóteo, muito amado filho, graça, misericórdia, paz da parte de Deus Pai, e da de Jesus Cristo nosso Senhor.

Ação de graças

3 Dou graças a Deus, a quem desde os meus ascendentes sirvo com consciência pura, de que sem cessar faço memória de ti nas minhas orações, de noite e de dia. 4 Desejando ver-te lembrado das tuas lágrimas, para me encher de gosto. 5 Trazendo à memória aquela fé, que há em ti não fingida, a qual não só habitou primeiro em tua avó Loide, mas também na tua mãe Eunice, e estou certo que também em ti.

I. TIMÓTEO, TESTEMUNHA DO CRISTO

Intrepidez sacerdotal

6 Pelo qual motivo te admoesto que tornes a ascender o fogo da graça de Deus, que recebeste pela imposição das minhas mãos. 7 Porque Deus não nos deu um espírito de pusilanimidade: mas de fortaleza, e de caridade, e de temperança. 8 Portanto não te envergonhes do testemunho de nosso Senhor, nem de mim que sou preso seu: antes trabalha comigo no Evangelho, segundo a virtude de Deus: 9 que nos livrou, e chamou com a sua santa vocação, não segundo as nossas obras, mas segundo o seu propósito e graça, que nos foi dada em Jesus Cristo antes de todos os séculos. 10 E que agora foi manifestada pela aparição de nosso Salvador Jesus Cristo, o qual na verdade destruiu a morte, e tirou à luz a vida, e a imortalidade pelo Evangelho: 11 no qual eu fui constituído pregador, e apóstolo, e mestre das Gentes. 12 Por cuja causa também padeço isto, mas não me envergonho. Porque sei a quem tenho crido, e estou certo de que ele é poderoso para guardar o meu depósito para aquele dia. 13 Guarda a forma das sãs palavras, que me tens ouvido na fé e no amor em Jesus Cristo. 14 Guarda o bom depósito pelo Espírito Santo, que habita em nós outros.

15 Tu sabes isto, que se apartaram de mim todos os que estão na Ásia, do número dos quais é Figelo e Hermógenes. 16 O Senhor faça misericórdia à casa de Onesíforo: porque muitas vezes me consolou, e não teve vergonha das minhas cadeias. 17 Antes quando veio a Roma, me buscou com diligência e me achou. 18 O Senhor lhe faça a graça de achar misericórdia diante do Senhor naquele dia. E quanto serviço ele me fez em Éfeso melhor o sabes tu.

Devotamento sacerdotal

2 Tu pois, filho meu, fortifica-te pela graça, que é em Jesus Cristo: 2 e guardando o que me ouviste da minha boca diante de muitas testemunhas, entrego-o a homens fiéis, que sejam capazes de instruir também a outros. 3 Trabalha como um bom soldado de Jesus Cristo. 4 Ninguém, que milita para Deus, se embaraça com negócio do século: para assim agradar àquele que o alistou. 5 Porque também o que combate nos jogos públicos, não é coroado senão depois que combateu conforme a lei. 6 Convém que o lavrador que trabalha recolha dos frutos primeiro. 7 Percebe o que te digo: porque o Senhor te dará inteligência em todas as coisas.

Sofrer com Cristo é reinar

8 Lembra-te que o Senhor Jesus Cristo, que nasceu do sangue de Davi, ressurgiu dos mortos, segundo o Evangelho que eu prego. 9 No

qual eu trabalho até estar em prisões, como um malfeitor: mas a palavra de Deus não está comigo atada. 10 Portanto sofro tudo pelos escolhidos, para que também eles consigam a salvação, que é em Jesus Cristo, com a glória do céu. 11 Esta é uma palavra fiel: Se pois somos mortos com ele, também com ele viveremos. 12 Se sofremos, reinaremos também com ele, se o negarmos, ele também nos negará a nós. 13 Se não cremos, ele permanece fiel, não pode negar-se a si mesmo.

II. TIMÓTEO PASTOR

Fugir de vãs disputas

14 Admoesta estas coisas: dando testemunho diante do Senhor. Foge de contendas de palavras: que para nada aproveitam, senão para perverter aos que as ouvem. 15 Cuida muito em te apresentares a Deus digno de aprovação, como um operário que não tem de que se envergonhar, que maneja bem a palavra da verdade. 16 Mas evita as práticas vãs e profanas: porque servem muito para a impiedade. 17 E a prática deles lavra como gangrena, de cujo número é Himeneu, e Fileto, 18 que se extraviaram da verdade, dizendo que a ressurreição era já feita, e perverteram a fé de alguns. 19 Porém o fundamento de Deus está firme, o qual tem este selo: O Senhor conhece aos que são dele, e aparte-se da iniqüidade todo aquele que invoca o nome do Senhor. 20 Ora numa grande casa há não somente vasos de ouro e de prata, mas também vasos de pau e de barro: e uns por certo são destinados a usos de honra, outros porém a usos de desonra. 21 Se algum pois se purificar destas coisas, será um vaso de honra santificado, e útil para serviço do Senhor, preparado para toda a boa obra.

Mansidão pastoral

22 Foge outrossim das paixões da gente moça, e segue a justiça, a fé, a esperança, a caridade e paz com aqueles que invocam o Senhor com pureza de coração. 23 Evita igualmente questões desassizadas, e que não servem para instrução: sabendo que produzem contendas. 24 Porque não convém que o servo do Senhor se ponha a altercar: mas que seja manso para com todos, capaz de instruir, sofrido, 25 que corrija com modéstia aos que resistem à verdade: na esperança de que poderá Deus algum dia dar-lhe o dom da penitência, para lhes fazer conhecer a verdade, 26 e que saiam dos laços do diabo, em que estão cativos à vontade dele.

Perigos futuros: falsos mestres

3 Sabe pois isto, que nos últimos dias virão uns tempos perigosos. 2 Haverá homens amantes de si mesmos, avarentos, altivos, soberbos, blasfemos, desobedientes a seus pais, ingratos, malvados, 3 sem afeição, sem paz, caluniadores de nenhuma temperança, desumanos, inimigos dos bons, 4 traidores, protervos, orgulhosos e mais amigos de deleites do que de Deus, 5 tendo por certo uma aparência de piedade, porém negando a virtude dela. Foge também deste tais. 6 Porque deste número são os que entram pelas casas e levam cativas mulherzinhas carregadas de pecados, as quais são arrastadas de diversas paixões: 7 aprendendo sempre, e nunca chegando ao conhecimento da verdade. 8 E assim como Janes e Mambres resistiram a Moisés: assim também estes resistem à verdade, homens corrompidos do coração, réprobos acerca da fé. 9 Mas eles não irão com o seu progresso avante: porque se fará manifesta a todos a sua insipiência, como também se fez a daqueles.

A Tradição e a Sagrada Escritura

10 Tu porém já tens compreendido a minha doutrina; instituição, intento, fé, longanimidade, caridade, paciência, 11 as minhas perseguições, vexações: quais me aconteceram em Antioquia, Icônia e em Listra: quão grandes perseguições sofri e como de todas me livrou o Senhor. 12 E todos os que querem viver piamente em Jesus Cristo, padecerão perseguição. 13 Mas os homens maus e impostores irão pior, errando e metendo a outros em erros. 14 Mas tu, persevera nas coisas que aprendestes e que te foram confiadas: sabendo de quem as aprendestes: 15 e que desde a infância foste educado nas sagradas letras, que te podem instruir para a salvação, pela fé que é em Jesus Cristo. 16 Toda a Escritura divinamente inspirada, é útil para ensinar, para repreender, para corrigir, para instruir na justiça, 17 a fim de que o homem de Deus seja perfeito, estando preparado para toda a boa obra.

Exortação final

4 Eu te esconjuro diante de Deus e de Jesus Cristo, que há de julgar os vivos e os mortos na sua vinda e no seu Reino, 2 que pregues a palavra, que instes a tempo e fora de tempo, que repreendas, rogues, admoestes com toda a paciência e doutrina. 3 Porque virá tempo em

que muitos homens não sofrerão a sã doutrina,
mas tendo comichão nos ouvidos, acumularão
para si mestres conforme aos seus desejos. 4 E
assim apartarão os ouvidos da verdade e os
aplicarão às fábulas. 5 Tu porém vigia, traba-
lha em todas as coisas, faze a obra dum evan-
gelista, cumpre com o teu ministério. Sê sóbrio.
6 Porque quanto a mim, eu estou a ponto de
ser sacrificado, e o tempo da minha morte se
avizinha. 7 Eu pelejei uma boa peleja, acabei
a minha carteira, guardei a Fé. 8 Pelo mais
me está reservada a coroa da justiça, que o
Senhor, justo juiz, me dará naquele dia: e não
só a mim, senão também àqueles que amam
a sua vinda. Procura vir ter comigo com bre-
vidade.

CONCLUSÃO

Notícias

9 Porque Demas me desamparou, amando
este século, e foi para Tessalonica: 10 Crescen-
te para Galácia, Tito para Dalmácia. 11 Só
Lucas está comigo. Toma a Marcos e traze-o
contigo: porque me é útil para o ministério:
12 também enviei Tíquico a Éfeso. 13 À vinda
traze contigo a capa, que deixei em Trôade em
casa de Carpo, e os livros e principalmente os
pergaminhos. 14 Alexandre, o latoeiro, tem-me
feito muitos males: o Senhor lhe pagará se-
gundo as suas obras. 15 Tu também guarda-te
dele: porque fez uma forte resistência às nos-
sas palavras. 16 Nenhum me assistiu na minha
primeira defensa, mas todos me desampara-
ram. Permita Deus que isto lhes não seja
imputado. 17 Mas o Senhor me assistiu, e me
confortou, para que fosse cumprida por mim
a pregação, e a ouvissem todos os gentios, e
assim fui livre da boca do leão. 18 O Senhor
me livrará de toda a obra má; e me preservará
para o seu reino celestial, a Ele seja dada gló-
ria pelos séculos dos séculos. Amém.

Saudação e benção

19 Saúda a Prisca e a Áquila, e a família
de Onesíforo. 20 Erasto se deixou ficar em
Corinto. E eu deixei a Trófimo doente em
Mileto. 21 Apressa-te a vir antes do inverno.
Saúdam-te Eubulo, e Prudente, e Lino e Cláu-
dia, e todos os irmãos. 22 O Senhor Jesus
Cristo seja com o teu espírito. A graça seja
convosco. Amém.

Epístola de São Paulo a Tito

Endereço e saudação epistolar

1 Paulo, servo de Deus, e apóstolo de Jesus Cristo, segundo a fé dos escolhidos de Deus, e o conhecimento da verdade, que é segundo a piedade. 2 Para a esperança da vida eterna, que aquele Deus, que não pode mentir, prometeu antes dos tempos dos séculos: 3 e manifestou em seus tempos a sua palavra pela pregação, que me foi confiada segundo o preceito de Deus Salvador nosso: 4 a Tito, seu amado filho, segundo a fé, que nos é comum, graça e paz da parte de Deus Pai, e da de Jesus Cristo Salvador nosso.

Qualidades dos prebísteros e bispos

5 Eu pelo motivo que vou a dizer é que te deixei em Creta, para que regulasses o que falta, e estabelecesses presbíteros nas cidades, como também eu to mandei. 6 O que está sem crime, marido de uma mulher que tenha filhos fiéis, que não possam ser acusados de dissolução, ou que sejam desobedientes. 7 Porque convém que o bispo seja sem crime, como dispenseiro que é de Deus: que não seja soberbo, nem iracundo, nem dado ao vinho, nem propenso a espancar, nem amigo de sórdidas ganâncias: 8 mas que seja inclinado à hospitalidade, benigno, sóbrio, justo, santo, homem de temperança. 9 Que abrace constantemente a palavra da fé, que é segundo a doutrina; para que possa exortar conforme a sã doutrina, e convencer aos que o contradizem.

Luta contra os falsos doutores

10 Porque há ainda muitos desobedientes, vãos faladores, e impostores: principalmente os que são da circuncisão. 11 É necessário convencer a estes tais: que transformam casas inteiras, ensinando o que não convém por torpe ganho. 12 Disse um dentre eles, próprio profeta seu: Que os de Creta sempre são mentirosos, más bestas, ventres preguiçosos. 13 Este testemunho é verdadeiro. Por cuja causa repreende-os asperamente, para que sejam sãos na fé. 14 Não dêem ouvidos às fábulas judaicas, nem aos mandamentos de homens que se apartam da verdade. 15 Para os limpos todas as coisas são limpas, mas para os impuros e infiéis, nada há limpo, antes se acham contaminadas tanto a sua mente, como a sua consciência. 16 Eles confessam que conhecem a Deus, mas negam-no com as obras: sendo abomináveis, e rebeldes, e reprovados para toda a obra boa.

O que se há de ensinar:
Aos anciãos, jovens e servos

2 Tu porém fala o que convém à sã doutrina. 2 Ensina aos velhos que sejam sóbrios, honestos, prudentes, sãos na fé, na caridade, na paciência. 3 Semelhantemente às anciãs que mostrem no seu exterior uma compostura santa, que não sejam caluniadoras, não dadas a muito vinho, que ensinem o bem: 4 que instruam na prudência às mulheres moças, que amem a seus maridos, queiram bem a seus filhos. 5 Que sejam prudentes, castas, sóbrias, cuidadosas da casa, benignas, sujeitas a seus maridos, para que a palavra de Deus não seja blasfemada. 6 Exorta também aos mancebos a que sejam regrados. 7 Faze-te a ti mesmo um exemplar de boas obras em tudo, na doutrina, na integridade, na gravidade. 8 As tuas palavras sejam sãs, irrepreensíveis: para que os nossos adversários se envergonhem, não tendo que dizer de nós mal algum. 9 Exorta aos servos a que sejam submissos a seus senhores, que em tudo os comprazam, que os não contradigam. 10 Que os não fraudem em nada, mas que em tudo lhes testemunhem inteira fidelidade: para que assim façam respeitar a todos a doutrina de Deus nosso Salvador.

A graça é o fundamento destas exigências

11 Porque a graça de Deus nosso Salvador apareceu a todos os homens. 12 Ensinando-nos que renunciando a impiedade e as paixões mundanas, vivamos neste século sóbria, e justa, e piamente. 13 Aguardando a esperança bem-aventurada, e a vinda gloriosa do grande Deus e Salvador nosso Jesus Cristo. 14 Que se

deu a si mesmo por nós outros, para nos remir de toda a iniqüidade, e para nos purificar para si, como povo agradável, seguidor de boas obras. 15 Prega estas coisas, e exorta, e repreende com toda a autoridade. Ninguém te despreze.

Deveres dos cristãos

3 Adverte-os, que sejam sujeitos aos príncipes e aos magistrados, que lhes obedeçam, que estejam prontos para toda a boa obra: 2 que não digam mal de ninguém, nem sejam questionadores, mas sossegados, mostrando toda a mansidão para com todos os homens. 3 Porque também nós algum tempo éramos insensatos, incrédulos, metidos no erro, escravos de várias paixões e deleites, vivendo em malícia e em inveja, dignos de ódio, aborrecendo-nos uns aos outros.

A graça de Cristo, fundamento destes deveres

4 Mas quando apareceu a bondade e a humanidade do Salvador nosso Deus: 5 não por obras de justiça que tivéssemos feitos nós outros, mas segundo a sua misericórdia, nos salvou pelo batismo de regeneração do Espírito Santo. 6 O qual ele difundiu sobre nós abundantemente por Jesus Cristo nosso Salvador: 7 Para que, justificados pela sua graça, sejamos herdeiros segundo a esperança da vida eterna.

Conselhos a Tito

8 Esta é uma verdade infalível: e quero que isto afirmes: para que procurem avantajar-se com boas obras os que crêem em Deus. Estas são coisas boas e úteis aos homens. 9 Mas foge de questões impertinentes, e de genealogias, e de disputas, e de contestações sobre a lei: porque são inúteis e vãs. 10 Foge do homem hereje depois da primeira e segunda correção: 11 sabendo que o que é tal está pervertido e peca, sendo condenado pelo seu próprio juízo.

Recomendações, saudação e benção

12 Quando eu te enviar a Artemas, ou a Tíquico, apressa-te a vir ter comigo a Nicópolis: porque tenho determinado passar ali o inverno. 13 Envia adiante a Zenas, doutor da lei, e a Apolo, procurando que nada lhes falte. 14 E aprendam também os nossos a serem os primeiros em boas obras, para as coisas que são necessárias: para que não sejam infrutuosos. 15 Todos os que estão comigo te saúdam: Saúda aos que nos amam na fé. A graça de Deus seja com todos vós. Amém.

Epístola de São Paulo a Filémon

Endereço e saudação epistolar

1 Paulo, preso de Jesus Cristo, e Timóteo,
seu irmão: ao amado Filémon, e coadjutor
nosso, 2 e a Ápia nossa muito amada irmã,
e a Árquipo companheiro da nossa milícia, e
à Igreja que está em tua casa. 3 Graça a vós,
e paz da parte de Deus nosso Pai, e da do
Senhor Jesus Cristo.

Ação de graças

4 Graças dou ao meu Deus, fazendo sempre
memória de ti nas minhas orações. 5 Ouvindo
a tua caridade, e a fé que tens no Senhor Jesus,
e para com todos os santos: 6 para que a co-
munidade da tua fé seja clara, pelo conheci-
mento de toda a obra boa, que há em vós por
Jesus Cristo. 7 Pois tenho tido grande gozo e
consolação na tua caridade: porquanto os co-
rações dos santos por ti, irmão, foram con-
fortados.

Petição em favor de Onésimo

8 Pelo que, ainda que eu tenha muita liber-
dade em Jesus Cristo, para te mandar o que
te convém. 9 Contudo antes te rogo com cari-
dade, porque tu és tal como Paulo, velho, e
atualmente preso de Jesus Cristo. 10 Rogo-te
por meu filho Onésimo, que eu gerei nas pri-
sões. 11 O qual em algum tempo te foi inútil,
mas agora é útil assim para mim, como para
ti. 12 O qual te tornei a enviar. E tu recebe-o,
como às minhas entranhas. 13 Eu queria de-
morá-lo comigo, para que me servisse por ti
nas prisões do Evangelho. 14 Mas sem o teu
consentimento nada quis fazer, para que o
teu benefício não fosse como por necessidade,
senão voluntário. 15 Porque talvez ele se apar-
tou de ti por algum tempo, para que tu o re-
cobrasses para sempre. 16 Não já como um
servo, mas em vez de servo, um irmão muito
amado, principalmente de mim: e quanto mais
de ti assim na carne, como no Senhor? 17 Por-
tanto se me tens por companheiro recebe-o
como a mim. 18 E se algum dano te fez ou te
deve alguma coisa: carrega-o sobre mim. 19 Eu,
Paulo, o escrevi de mão própria: Eu o pagarei,
por te não dizer que até a ti mesmo te me
deves. 20 Sim, irmão. Eu me gozarei de ti
no Senhor. Recreia as minhas entranhas no
Senhor. 21 Eu te escrevi estas coisas na con-
fiança que a tua obediência me dá: sabendo
que farás ainda mais de quanto digo.

Recomendações, saudações e bênção

22 Mas também com isto prepara-me pou-
sada: porque espero pelas vossas orações, que
eu seja concedido a vós outros. 23 Epafras que
está preso comigo por Jesus Cristo te saúda.
24 O mesmo fazem Marcos, Aristarco, Demas
e Lucas, que são meus coadjutores.
25 A graça de nosso Senhor Jesus Cristo
seja com o vosso espírito. Amém.

Epístola de São Paulo aos Hebreus

INTRODUÇÃO

Deus nos fala agora por meio
do seu próprio Filho

1 Deus tendo falado muitas vezes, e de mui-
tos modos noutro tempo a nossos pais pe-
los profetas: 2 ultimamente nestes dias nos
falou pelo Filho, ao qual constituiu herdeiro
de tudo, por quem fez também os séculos: 3 o
qual sendo o resplendor da glória e a figura
da sua substância, e sustentando tudo com a
palavra da sua virtude, havendo feito a puri-
ficação dos pecados, está sentado à direita da
majestade nas alturas: 4 feito tanto mais ex-
celente que os anjos, quando herdou mais
excelente nome do que eles.

I. SUPERIORIDADE DA NOVA ALIANÇA SOBRE A ANTIGA
(Parte dogmática)

A) *Seu mediador, Jesus:*
1) *É superior aos anjos*

5 Porque a qual dos anjos disse jamais: Tu
és meu filho, eu te gerei hoje? E outra vez:
Eu serei seu Pai e ele me será meu Filho? 6 E
segunda vez quando introduz ao primogênito
no mundo, diz: E todos os anjos de Deus o
adorem. 7 Assim mesmo sobre os anjos diz:
O que faz aos seus anjos espíritos, e aos seus
ministros chama de fogo. 8 Mas acerca do
Filho diz: O teu trono, ó Deus, subsistirá no
século do século. Vara será de eqüidade a vara
do teu reino. 9 Tu amaste a justiça e aborre-
ceste a iniqüidade: por isso, ó Deus, o teu Deus
te ungiu com óleo de alegria sobre os teus
companheiros. 10 E noutro lugar: Tu, Senhor,
no princípio fundaste a terra: e os céus são
obras de tuas mãos. 11 Eles perecerão, mas
tu permanecerás e todos se envelhecerão, como
vestido: 12 e tu os mudarás como uma capa,
e eles serão mudados: mas tu és sempre o
mesmo, e os teus anos não minguarão. 13 Pois
a qual dos anjos disse alguma vez: Senta-te à
minha direita, até que eu ponha teus inimigos
por estrado de teus pés? 14 Porventura são
todos os espíritos uns administradores, envia-
dos para exercer o seu ministério a favor da-
queles que hão de receber a herança da sal-
vação?

Aplicação aos fiéis: maior fidelidade

2 Portanto é-nos necessário guardar mais exa-
tamente as coisas que temos ouvido, para
que não suceda que nos esqueçamos: 2 porque
se a lei, que foi anunciada pelos anjos, ficou
firme, e toda a prevaricação e desobediência
recebeu a justa retribuição que merecia: 3 co-
mo evitaremos nós, se desprezarmos tão gran-
de salvação? A qual tendo começado a ser
anunciada pelo Senhor, foi depois confirmada
entre nós pelos que a ouviram. 4 Confirman-
do-a ao mesmo tempo Deus com sinais e ma-
ravilhas, e com virtudes diversas, e com dons
do Espírito Santo, que repartiu segundo a sua
vontade.

Motivos da morte de Jesus

5 Porque Deus não submeteu aos anjos o
mundo vindouro, de que falamos. 6 E um em
certo lugar deu testemunho, dizendo: Que coisa
é o homem, que assim te lembras dele, ou o
Filho do homem, que assim o visitas? 7 Tu
o fizeste por um pouco de tempo menor que
os anjos. Tu o coroaste de glória e de honra:
e o constituíste sobre as obras das tuas mãos.
8 Tu lhe sujeitaste todas as coisas, metendo-
-lhas debaixo dos pés.
Ora, uma vez que Ele lhe sujeitou todas
as coisas, nada deixou que lhe não ficasse

sujeito. E contudo nós não vemos ainda que lhe esteja sujeito tudo. 9 Mas aquele Jesus, que por um pouco foi feito menor que os anjos, nós o vemos pela paixão da morte coroado de glória e de honra: para que pela graça de Deus gostasse a morte por todos.

10 Porque convinha que aquele, para quem são todas as coisas, e por quem todas existem, havendo de conduzir muitos filhos à glória, consumasse pela paixão ao autor da salvação deles. 11 Porque o que santifica, e os que são santificados, todos vêm dum mesmo princípio. Por esta causa não tem rubor de lhes chamar irmãos, dizendo: 12 Anunciarei o teu nome a meus irmãos: louvar-te-ei no meio da Igreja. 13 E outra vez: Eu confiarei nele. E noutro lugar: Eis aqui estou eu, e os meus filhos, que Deus me deu. 14 E porquanto os filhos tiveram carne e sangue comum, ele também participou igualmente das mesmas coisas: para destruir pela sua morte ao que tinha o império da morte, isto é, ao diabo. 15 E para livrar aqueles que pelo temor da morte estavam em escravidão toda a vida. 16 Porque ele em nenhum lugar tomou aos anjos, mas tomou a descendência de Abraão. 17 Por onde foi conveniente que ele se fizesse em tudo semelhante a seus irmãos, para vir a ser diante de Deus um Pontífice compassivo, e fiel no seu ministério, a fim de expiar os pecados do povo. 18 Porque à vista de tudo quanto ele padeceu, e em que foi tentado, é poderoso para ajudar também aqueles que são tentados.

2) *Jesus Cristo é superior a Moisés*

3 Pelo que, santos irmãos, que sois participantes da vocação celestial, considerai ao Apóstolo, e ao Pontífice da nossa confissão, Jesus. 2 O qual é fiel ao que o constituiu, assim como também Moisés o era em toda a sua casa. 3 Porque este é tido por digno de tanto maior glória que Moisés, quanto o que edificou a casa tem maior honra que a mesma casa. 4 Porque toda a casa é edificada por algum, mas o que criou todas as coisas é Deus. 5 E Moisés na verdade era fiel em toda a casa de Deus, como um servo, para testificar aquelas coisas que se haviam de anunciar: 6 mas Cristo como Filho manda em sua casa própria: a qual casa somos nós outros, contanto que tenhamos firme a confiança, e a glória da esperança até ao fim.

Aplicação: fidelidade a Jesus Cristo

7 Pelo que, como diz o Espírito Santo: Se vós ouvirdes hoje a sua voz, 8 não endureçais os vossos corações, como sucedeu quando o povo estava no deserto, no lugar chamado Contradição e Tentação. 9 Onde vossos pais me tentaram, provaram e viram as minhas obras, 10 por espaço de quarenta anos: por isto me indignei contra esta geração, e disse: Estes sempre erram de coração. E eles não conheceram os meus caminhos. 11 Assim lhes jurei na minha ira: Não entrarão no meu descanso.

12 Vede, irmãos, que se não ache talvez nalgum de vós um coração corrompido da incredulidade, que se aparte do Deus vivo: 13 mas admoestai-vos vós mesmos uns aos outros cada dia, durante o tempo que a Escritura chama Hoje, por não acontecer que algum de vós, seduzido pelo pecado, caia na obduração. 14 Porque é verdade que nós somos incorporados com Cristo: mas isto é debaixo da condição que nós conservemos inviolavelmente até ao fim o novo ser que começamos a ter nele. 15 Enquanto se nos diz: Hoje, se vós ouvirdes a sua voz, não endureçais os vossos corações, como sucedeu no lugar chamado Contradição. 16 Porque alguns depois de a terem ouvido, irritaram a Deus com as suas contradições: mas não foram todos os que Moisés tinha feito sair do Egito. 17 E contra quem esteve indignado quarenta anos? Porventura não foi contra aqueles que pecaram, cujos cadáveres ficaram estendidos no deserto? 18 E quais são aqueles a quem Deus jurou que não entrariam no lugar do seu descanso, senão aqueles que foram incrédulos? 19 E nós vemos que eles não puderam lá entrar por causa da sua incredulidade.

4 Temamos logo não suceda que, desprezando a promessa que nos foi feita, de entrar no descanso de Deus, haja dentre vós algum que dele seja excluído. 2 Porque tanto a nós foi anunciado, como também a eles: mas a palavra que eles ouviram não lhes aproveitou, não sendo acompanhada da fé naqueles que a tinham ouvido. 3 Porque nós, que temos crido, havemos de entrar naquele descanso, da maneira que disse: Como eu jurei na minha ira: Não entrarão no meu descanso. E Deus fala daquele descanso, que se seguiu à consumação das suas obras na criação do mundo. 4 Porque em certo lugar disse assim do dia sétimo de todas as suas obras. 5 E outra vez aqui: Não entrarão no meu descanso. 6 Pois porque ainda resta que alguns entrem nele e que aqueles a quem primeiro foi anunciado, não entraram pela sua incredulidade: 7 Assina de novo um certo dia, que Ele chama Hoje, dizendo por Davi tanto tempo depois, como acima se disse: Hoje se ouvirdes a sua voz, não queirais endurecer os vossos corações. 8 Porque se Jesus lhe houvera dado o

repouso, nunca jamais ao depois falaria doutro dia. 9 Pelo que resta um dia de repouso para o povo de Deus. 10 Porque aquele que entrou no seu descanso: esse também descansou das suas obras, assim como Deus das suas. 11 Apressemo-nos pois a entrar naquele descanso: para que nenhum caia em igual exemplo de incredulidade. 12 Porque a palavra de Deus é viva e eficaz, e mais penetrante do que toda a espada de dois gumes: e que chega até ao íntimo da alma e do espírito, também às juntas e medulas, e discerne os pensamentos e intenções do coração. 13 E não há nenhuma criatura que esteja encoberta no seu acatamento: mas todas as coisas estão nuas e descobertas aos olhos daquele de quem falamos.

B) *O sacerdócio de Jesus, perfeito Sumo Sacerdote, é superior ao sacerdócio levítico*

14 Tendo nós pois aquele grande pontífice, que penetrou os céus, Jesus, filho de Deus: conservemos a nossa confissão. 15 Porque não temos um pontífice, que não possa compadecer-se das nossas enfermidades: mas que foi tentado em todas as coisas à nossa semelhança, exceto o pecado. 16 Cheguemo-nos pois confiadamente ao trono da graça: a fim de alcançar misericórdia e de achar graça, para sermos socorridos em tempo oportuno.

5 Porque todo o pontífice assunto de entre os homens, é constituído a favor dos homens naquelas coisas que se referem a Deus, para que ofereça dons e sacrifícios pelos pecados. 2 O qual se possa condoer daqueles que ignoram e erram: porquanto ele também está cercado de enfermidade. 3 E por esta causa deve, tanto pelo povo, como também até por si mesmo, oferecer sacrifício pelos pecados. 4 E nenhum usurpa para si esta honra, senão o que é chamado por Deus, como Aarão. 5 Assim também Cristo não se glorificou a si mesmo, para se fazer pontífice: mas aquele que lhe disse: Tu és meu filho, eu hoje te gerei. 6 Como também diz noutro lugar: Tu és sacerdote eternamente, segundo a ordem de Melquisedec.

7 O qual nos dias da sua mortalidade, oferecendo com um grande brado, e com lágrimas, preces e rogos ao que o podia salvar da morte, foi atendido pelo seu humilde respeito. 8 E na verdade sendo Filho de Deus, aprendeu a obediência, pelas coisas que padeceu. 9 E pela sua consumação veio a fazer-se o autor da salvação eterna, para todos os que lhe obedecem, 10 chamado por Deus Pontífice segundo a ordem de Melquisedec.

11 Do qual temos muitas coisas que dizer, e difíceis de declarar: porque sois fracos para ouvir. 12 Porque devendo vós ser já mestres pelo tempo: tendes ainda necessidade de que vos ensinem quais são os elementos do princípio das palavras de Deus: e vos tendes tornado tais, que haveis mister leite, e não mantimento sólido. 13 Porque todo aquele que usa de leite, é incapaz da palavra justiça, porque é menino. 14 Mas o mantimento sólido é dos perfeitos, daqueles que pelo costume têm os sentidos exercitados, para discernir o bem e o mal.

6 Pelo que deixando os rudimentos dos que começam a crer em Cristo, passemos a coisas mais perfeitas, não lançando de novo o fundamento da penitência das obras mortas, e da fé em Deus. 2 Da doutrina sobre os batismos, como também da imposição das mãos, e da ressurreição dos mortos, e do juízo eterno. 3 E isto é o que nós faremos, se Deus o permitir. 4 Porque é impossível que os que foram uma vez iluminados, que tomaram já o gosto ao dom celestial e que foram feitos participantes do Espírito Santo: 5 que gostaram igualmente a boa palavra de Deus, e as virtudes do século vindouro. 6 E depois disto caíram; é impossível, digo, que eles tornem a ser renovados pela penitência, pois crucificam de novo ao Filho de Deus em si mesmos, e o expõem ao ludíbrio. 7 Porque a terra que embebe a chuva, que cai muitas vezes sobre ela, e produz erva proveitosa àqueles por quem é lavrada: recebe a bênção de Deus: 8 mas se ela produz espinhos e abrolhos, é reprovada, e está perto de maldição: cujo fim é ser queimada.

9 Porém de vós outros, ó muitos amados, esperamos melhores coisas, e mais vizinhas à salvação, ainda que assim falamos. 10 Porque Deus não é injusto, para que se esqueça da vossa obra, e da caridade que mostrastes em seu nome, os que haveis subministrado o necessário aos santos, e ainda o subministrais. 11 Mas desejamos que cada um de vós mostre o mesmo zelo até ao fim, para complemento da sua esperança: 12 para que vos não façais frouxos, mas sim imitadores daqueles que, por fé e por paciência, hão de herdar as promessas.

13 Porque quando Deus fez a Abraão a promessa, como não teve outro maior por quem jurasse, jurou por si mesmo, 14 dizendo: Certamente abençoando te abençoarei, e multiplicando te multiplicarei. 15 E assim esperando com larga paciência, alcançou a promessa. 16 Porque os homens juram pelo que há maior que eles: e o juramento é a maior segurança

para terminar todas as suas contendas. 17 Pelo que querendo Deus mostrar mais seguramente aos herdeiros da promessa a imutabilidade do seu conselho, interpôs o juramento. 18 Para que por duas coisas infalíveis, pelas quais é impossível que Deus minta, tenhamos uma poderosíssima consolação, os que pomos o nosso refúgio em alcançar a esperança proposta. 19 A qual temos como uma âncora segura, e firme da alma, e que penetra até as coisas do interior do véu. 20 Onde Jesus, nosso precursor, entrou por nós, sendo constituído pontífice eterno, segundo a ordem de Melquisedec.

Cristo, Sacerdote segundo a ordem de Melquisedec, superior a Abraão e Aarão

7 Porque este Melquisedec, rei de Salém, sacerdote do Deus altíssimo, que veio sair ao encontro a Abraão, quando ele voltava da matança dos reis e que o abençoou: 2 ao qual também Abraão deu o dízimo de todas as coisas: primeiramente quer por certo dizer rei de justiça: e depois também rei de Salém, que vem a ser, rei de paz. 3 Sem pai, nem mãe, sem genealogia, que nem tem princípio de dias, nem fim de vida, mas feito semelhante ao filho de Deus, permanece sacerdote para sempre. 4 Considerai pois quão grande devia ele ser a quem até o patriarca Abraão deu dízimos das melhores coisas. 5 E certamente os que dentre os filhos de Levi recebem o sacerdócio, tem mandamento de tomar, segundo a lei, os dízimos do povo, isto é, de seus irmãos: ainda que eles hajam saído também dos lombos de Abraão. 6 Mas aquele cuja linhagem não é contada entre eles tomou dízimos de Abraão, e abençoou ao que tinha as promessas. 7 E sem nenhuma contradição, o que é inferior recebe a benção do que é superior. 8 E aqui certamente tomam dízimos homens que morrem: mas ali os recebe de quem se dá testemunho que vive. 9 E (para que assim o diga) até o mesmo Levi que recebeu dízimos, foi dizimado em Abraão. 10 Porque ainda ele estava nos lombos de seu pai, quando Melquisedec saíu a encontrar a Abraão. 11 E se a perfeição fosse pelo sacerdócio levítico (porquanto o povo debaixo deste é que recebeu a Lei) que necessidade havia ainda de que se levantasse depois outro sacerdote, chamado segundo a ordem de Melquisedec, e não segundo a ordem de Aarão? 12 Pois mudado que seja o sacerdócio, é necessário que se faça também mudança da lei. 13 Porque aquele de quem isto se diz, é de outra tribo, da qual nenhum serviu ao altar. 14 Porque manifesta coisa é que da linhagem de Judá nasceu nosso Senhor. Na qual tribo nada falou Moisés tocante aos sacerdotes. 15 E ainda isto se manifesta mais claramente: se à semelhança de Melquisedec se levanta outro sacerdote. 16 O qual não foi feito segundo a lei do mandamento carnal, mas segundo a virtude da vida imortal. 17 Porque diz assim: Tu és pois sacerdote eternamente, segundo a ordem de Melquisedec. 18 O mandamento primeiro é na verdade abrogado pela sua fraqueza e inutilidade: 19 porque a Lei nenhuma coisa levou à perfeição: mas foi introdutora de melhor esperança: pela qual nós chegamos a Deus.

Outras prerrogativas do Sacerdócio de Jesus Cristo

20 E quanto é mais para estimar o não ser instituído este sacerdócio sem juramento (porque os outros sacerdotes na verdade foram feitos sem juramento. 21 Mas este o foi com juramento, por aquele que lhe disse: Jurou o Senhor, e não se arrependerá: Tu és sacerdote eternamente. 22 Em tanto Jesus foi feito fiador do testamento mais perfeito. 23 E na verdade os outros foram feitos sacerdotes em maior número, porquanto a morte não permitia que durassem: 24 mas este, porque permanece para sempre, possui um sacerdócio eterno. 25 E por isto pode salvar perpetuamente aos que por ele mesmo se chegam a Deus: vivendo sempre para interceder por nós. 26 Porque tal pontífice convinha que nós tivéssemos, santo, inocente, imaculado, segregado dos pecadores, e mais elevado que os céus: 27 que não tem necessidade, como os outros sacerdotes, de oferecer todos os dias sacrifícios, primeiramente pelos seus pecados, depois pelos do povo: porque isto o fez uma vez oferecendo-se a si mesmo. 28 Porque a lei constituíu sacerdotes a homens que têm enfermidade: mas a palavra do juramento, que é depois da lei, constitui ao Filho perfeito eternamente.

C) *O sacrifício de Jesus é superior aos do Antigo Testamento*

8 Tudo o que nós porém acabamos de dizer, se reduz a isto: Temos um pontífice tal, que está assentado nos céus à direita do trono da grandeza. 2 Ministro das coisas santas, e daquele verdadeiro tabernáculo, que fixou o Senhor e não o homem. 3 Porque todo o pontífice é constituído para oferecer dons e vítimas: donde é necessário que este tenha também alguma coisa que oferecer. 4 Se ele estivesse pois sobre a terra, nem sacerdote seria: havendo outros que oferecessem os dons, segundo a lei, 5 os quais servissem de modelo

e sombra das coisas celestiais. Como foi respondido a Moisés, quando estava para acabar o Tabernáculo: Olha (disse) faze todas as coisas conforme o modelo que te foi mostrado no monte. 6 Mas agora aquele alcançou tanto melhor ministério, quanto é mediador ainda do melhor testamento, o qual está estabelecido em melhores promessas. 7 Porque se aquele primeiro houvera sido sem defeito: certamente que não se buscaria lugar para o segundo. 8 E assim diz repreendendo-os: Eis aí virão dias, diz o Senhor: e neles consumarei sobre a casa de Israel, e sobre a casa de Judá, um testamento novo. 9 Não como o testamento que fiz com os pais deles no dia em que lhes peguei pela mão para os tirar da terra do Egito: porquanto eles não perseveraram no meu testamento. Por isso também eu os desprezei, diz o Senhor: 10 porque este é o testamento que ordenarei à casa de Israel depois daqueles dias, diz o Senhor: imprimindo as minhas leis na mente deles, e as escreverei também sobre o seu coração; e serei para eles o seu Deus, e eles serão para mim o meu povo. 11 E cada um não ensinará mais a seu próximo, nem cada um a seu irmão dizendo: Conhece ao Senhor: porque todos eles me conhecerão, desde o mais pequeno até o maior: 12 porque eu lhes perdoarei as suas iniqüidades, e não me lembrarei mais dos seus pecados. 13 Chamando-o pois novo: deu por antiquado o primeiro. E o que se dá por antiquado, e envelhece, perto está de perecer.

O Sacrifício da Antiga Lei e o da Nova Lei

9 O primeiro na verdade teve também regulamentos sagrados do culto, e um santuário temporal. 2 Porque no Tabernáculo que foi construído, havia uma primeira parte, em que estava o candieiro, e a mesa, e os pães da proposição, o que se chama o santuário. 3 E depois do segundo véu, o Tabernáculo, que se chama o Santo dos Santos: 4 onde estava um turíbulo de ouro, e a Arca do Testamento, coberta de ouro em roda por todas as partes, na qual havia uma urna de ouro, que continha o maná, e a vara de Aarão, que tinha florescido, e as tábuas do Testamento. 5 E sobre ela estavam os querubins de glória, que cobriam o Propiciatório; mas não é aqui o lugar de falarmos de tudo isto individualmente. 6 E dispostas assim estas coisas, não há dúvida que entravam sempre no primeiro tabernáculo os sacerdotes, para cumprirem as funções dos seus ministérios: 7 mas no segundo só entrava o pontífice uma vez no ano, não sem sangue que oferecesse por suas próprias ignorâncias e pelas do povo: 8 significando com isto o Espírito Santo que o caminho do santuário não estava ainda descoberto, enquanto subsistia o primeiro Tabernáculo: 9 o qual é figura do que se passava naquele tempo, no qual se ofereciam dons e sacrifícios, que não podiam purificar a consciência do que sacrificava por meio somente de manjares e de bebidas, 10 e de diversas abluções e justiças da carne postas até ao tempo da correção. 11 Mas estando Cristo já presente, pontífice dos bens vindouros, por outro mais excelente e perfeito tabernáculo, não foi feito por mão de homem, isto é, não desta criação: 12 nem por sangue de bodes ou de bezerros, mas pelo seu próprio sangue entrou uma só vez no' Santuário, havendo achado uma redenção eterna. 13 Porque se o sangue dos bodes e dos touros, e a cinza espalhada de uma novilha santifica aos imundos para purificação da carne: 14 quanto mais o sangue de Cristo, que pelo Espírito Santo se ofereceu a si mesmo sem mácula a Deus, alimpará a nossa consciência das obras da morte para servir ao Deus vivo? 15 E por isso é mediador de um novo testameto, para que intervindo a morte, para expiação daquelas prevaricações que havia debaixo do primeiro etstamento, recebam a promessa de herança eterna os que têm sido chamados. 16 Porque onde há um testamento é necessário que intervenha a morte do testador. 17 Porque o testamento não tem força senão pela morte; doutra maneira não vale enquanto vive o que fez o testamento. 18 Por onde nem ainda o primeiro foi celebrado sem sangue.

19 Porque Moisés, havendo lido a todo o povo todo o mandamento da Lei, tomando o sangue dos bezerros e dos bodes com água e com lã tinta de escarlate e com hissopo, borrifou também o mesmo livro e a todo o povo, 20 dizendo: Este é o sangue do Testamento, que Deus vos tem mandado. 21 E rociou assim mesmo com sangue o Tabernáculo e todos os vasos do ministério. 22 E quase todas as coisas, segundo a Lei, se purificam com sangue; e sem efusão de sangue não há remissão. 23 Era logo necessário que as figuras por certo das coisas celestiais fossem purificadas com tais coisas: mas que as mesmas coisas celestiais o fossem com umas vítimas melhores do que estas. 24 Porque não entrou Jesus em um santuário feito por mão de homem, que era figura do verdadeiro: senão no mesmo céu, para se apresentar agora diante de Deus por nós outros. 25 E não entrou para se oferecer muitas vezes a si mesmo, como o pontífice cada ano entra no santuário com sangue alheio. 26 De outra maneira lhe seria necessário padecer muitas vezes desde o princípio do mundo. Mas agora apareceu uma só vez,

na consumação dos séculos, para destruição do pecado, oferecendo-se a si mesmo por vítima. 27 E assim como está decretado aos homens que morram uma só vez, e que depois disto se siga o juízo: 28 assim também Cristo foi uma só vez imolado para esgotar os pecados de muitos; e a segunda aparecerá sem pecado aos que o esperam para salvação.

Ineficácia do Sacrifício da Antiga Lei e eficácia do Sacrifício da Nova Lei

10 Porque a Lei, tendo a sombra dos bens futuros, não a mesma imagem das coisas, nunca pode por aquelas mesmas vítimas, que se oferecem incessantemente cada ano, fazer perfeitos aos que se chegam ao altar. 2 De outra sorte teriam elas cessado de se oferecer pelo motivo de que não teriam dali em diante consciência de pecado algum os ministros que uma vez fossem purificados. 3 Mas nos mesmos sacrifícios se faz memória dos pecados todos os anos. 4 Porque é impossível que com sangue de touros e de bodes se tirem os pecados. 5 Por isso é que o Filho de Deus, entrando no mundo, diz: Tu não quiseste hóstia nem oblação, mas tu me formaste um corpo. 6 Os holocaustos pelo pecado não te agradaram. 7 Então disse eu: Eis aqui venho. No princípio do Livro está escrito de mim: Para fazer, ó Deus, a tua vontade. 8 Dizendo acima: Porque tu não quiseste as hóstias, e as oblações, e os holocaustos pelo pecado, nem te são agradáveis as coisas que se oferecem segundo a Lei.

9 Então disse eu: Eis aqui venho, para fazer, ó Deus, a tua vontade. Tira o primeiro para estabelecer o segundo. 10 Na qual vontade somos santificados, pela oferenda do corpo de Jesus Cristo feita uma vez. 11 E assim todo o sacerdote se apresenta cada dia a exercer o seu ministério, e a oferecer muitas vezes as mesmas hóstias, que nunca podem tirar os pecados. 12 Mas este, havendo oferecido uma só hóstia pelos pecados, está assentado para sempre à destra de Deus, 13 esperando o que resta, até que os seus inimigos sejam postos por estrado de seus pés. 14 Porque, com uma só oferenda fez perfeitos para sempre aos que tem santificado. 15 E o Espírito Santo também no-lo testifica. Porque depois de haver dito: 16 Este é pois o testamento, que eu farei com eles, depois daqueles dias, diz o Senhor, dando as minhas leis, as escreverei sobre os corações deles e sobre os seus entendimentos: 17 acrescenta: E nunca jamais me lembrarei dos pecados deles, nem das suas iniqüidades. 18 Pois onde há remissão destes: não é já necessária oferenda pelo pecado.

II. PARTE PARENÉTICA

Exortação à perseverança na fé: A mediação de Cristo

19 Portanto, irmãos, tende confiança de entrar no santuário pelo sangue de Cristo. 20 Seguindo este caminho novo, e de vida que nos consagrou primeiro pelo véu, isto é, pela sua carne. 21 E tendo um grande sacerdote sobre a casa de Deus: 22 cheguemo-nos a ele com verdadeiro coração, revestidos duma completa fé, tendo os corações purificados de consciência má e lavados os corpos com água limpa. 23 Conservemos firme a profissão da nossa esperança (porque fiel é o que fez a promessa). 24 E consideremo-nos uns aos outros, para nos estimularmos à caridade, e a boas obras: 25 não abandonando a nossa congregação, como é costume de alguns, mas alentando-nos, e tanto mais quanto virdes que se chega o dia.

Os castigos da apostasia

26 Porque se nós pecamos voluntariamente, depois de termos recebido o conhecimento da verdade, já não resta mais hóstia pelos pecados, 27 senão uma esperança terrível do juízo, e o ardor de um fogo zeloso, que há de devorar aos adversários. 28 Se algum quebranta a lei de Moisés, sendo-lhe provado com duas ou três testemunhas, morre sem dele se ter comiseração alguma. 29 Pois quanto maiores tormentos credes vós que merece o que pisar aos pés ao Filho de Deus, e tiver em conta de profano o sangue do testamento, em que foi santificado, e que ultrajar ao espírito da graça? 30 Porque nós sabemos quem é o que disse: A mim pertence a vingança, e eu recompensarei. E outra vez: Julgará pois o Senhor ao seu povo. 31 É horrenda coisa cair nas mãos do Deus vivo.

Os merecimentos já adquiridos

32 Trazei pois à memória os dias primeiros, em que depois de haverdes sido iluminados, sofrestes grande combate de trabalhos. 33 Pois por uma parte com opróbrios e tribulações fostes na verdade feitos um espetáculo: e por outra fostes feitos companheiros dos que se achavam no mesmo estado. 34 Porque não só vos compadecestes dos encarcerados, mas le-

vastes com contentamento que vos roubassem as vossas fazendas, conhecendo que tendes patrimônio mais excelente e durável. 35 Não queirais pois perder a vossa confiança, que tem um crescido galardão. 36 Porque vos é necessária a paciência: para que, fazendo a vontade de Deus, alcanceis a promessa. 37 Porque ainda dentro dum poucochinho de tempo o que há de vir, virá, e não tardará: 38 mas o meu justo vive da fé: porém se ele se apartar, não agradará à minha alma. 39 Mas nós outros não somos filhos de apartamento para perdição, senão da fé para lucro da alma.

Os exemplos dos heróis da fé

11 É pois a fé a substância das coisas que se devem esperar, um argumento das coisas que não aparecem. 2 Porque por esta alcançaram testemunho os antigos. 3 Pela fé é que nós entendemos que foram formados os séculos pela palavra de Deus: para que o visível fosse feito do invisível. 4 Pela fé é que ofereceu Abel a Deus muito maior sacrifício que Caim, pela qual alcançou testemunho de que era justo, dando Deus testemunho a seus dons, e ele, estando morto, ainda fala por ela. 5 Pela fé é que foi trasladado Enoc, para que não visse a morte, e não foi achado: porquanto Deus o trasladou: porque antes desta trasladação teve testemunho de haver agradado a Deus. 6 Assim que sem fé é impossível agradar a Deus. Porquanto é necessário que o que se chega a Deus creia que há Deus, e que é remunerador dos que o buscam. 7 Pela fé é que Noé, depois que recebeu resposta de coisas que ainda se não viam, temendo, foi aparelhando uma arca, para livramento da sua casa, pela qual condenou o mundo: e foi constituído herdeiro da justiça, que é pela fé. 8 Pela fé é que aquele que é chamado Abraão obedeceu para sair em demanda da terra, que havia de receber por herança: e saiu, não sabendo aonde ia. 9 Pela fé é que ele se deixou ficar na terra da promessa, como em terra alheia, habitando em cabanas com Isaac e Jacó, herdeiros com ele da mesma promessa. 10 Porque esperava a cidade que tem fundamentos: cujo arquiteto e fundador é Deus. 11 Pela fé até a mesma Sara, que era estéril, recebeu a virtude para conceber, ainda fora de tempo da idade: porque creu que era fiel o que lho havia prometido. 12 Por isso até de um só homem (e esse já como morto) saiu uma posteridade tão numerosa como as estrelas do céu, e como a areia inumerável, que está à borda do mar. 13 Na fé morreram todos estes, sem terem recebido as promessas, mas vendo-as de longe, e saudando-as, e confessando que eles eram peregrinos, e hóspedes sobre a terra. 14 Porque os que isto dizem declaram que buscam a pátria. 15 E se eles tivessem por certo memória daquela donde saíram, tinham na verdade tempo de tornarem para ela. 16 Mas agora aspiram a outra melhor, isto é, à celestial. Por isso Deus não se digna de se chamar Deus deles, porque lhes aparelhou uma cidade. 17 Pela fé é que Abraão ofereceu a Isaac, quando foi provado, e ofereceu a seu filho unigênito, aquele que havia recebido as promessas. 18 A quem se havia dito: Porque de Isaac é que há de sair a estirpe que há de ter o teu nome. 19 Considerando que Deus o podia ressuscitar até de entre os mortos. Por onde ele o recobrou também nesta figura. 20 Pela fé abençoou também Isaac a Jacó e Esaú, acerca das coisas que haviam de vir. 21 Pela fé é que Jacó, estando para morrer, abençoou a cada um dos filhos de José. Inclinou-se profundamente perante o fastígio do seu cetro. 22 Pela fé é que José, quando estava para morrer, fez menção da partida dos filhos de Israel, e dispôs sobre os seus ossos. 23 Pela fé é que, depois de nascido Moisés, o tiveram seus pais escondido três meses, porque o viram menino formoso, e não temeram o mandamento do rei. 24 Pela fé é que Moisés, depois de grande, disse que não era filho da filha de Faraó. 25 Escolhendo antes ser afligido com o povo de Deus, que gozar da complacência transitória de pecado. 26 Tendo por maiores riquezas o opróbrio de Cristo, que os tesouros dos egípcios: porque olhava para a recompensa. 27 Pela fé é que ele deixou o Egito, não temendo a sanha do rei: porque esteve firme, como se vira ao invisível. 28 Pela fé é que ele celebrou a Páscoa e o derramamento do sangue: para que os não tocasse o que matava aos primogênitos. 29 Pela fé é que eles passaram o Mar Vermelho, como por terra seca. Tentando a mesma passagem os egípcios, foram sorvidos das ondas. 30 Pela fé é que caíram os muros de Jericó, depois do sítio de sete dias. 31 Pela fé é que Raab, que era uma prostituta, não pereceu com os incrédulos, recebendo aos espias com paz. 32 E que mais direi eu ainda? Faltar-me-á, pois, o tempo, se eu quiser falar de Gedeão, de Barac, de Sansão, de Jefté, de Davi, de Samuel e dos Profetas. 33 Que pela fé conquistaram reinos, praticaram a justiça, alcançaram as promessas, taparam as bocas dos leões. 34 Suspenderam a violência do fogo, evitaram o fio da espada, convalesceram de enfermidades, foram fortes na guerra, puseram em fugida exércitos estrangeiros. 35 As mulheres recobraram os seus filhos mortos por meio da ressurreição. E uns foram torturados, não querendo resgatar a

sua vida, por alcançarem melhor ressurreição. 36 Outros, porém, sofreram ludíbrios e açoites, e além disto, cadeias e prisões. 37 Eles foram apedrejados, foram serrados pelo meio, foram tentados, foram mortos ao fio da espada, eles andaram vagabundos, cobertos de peles de ovelhas, de peles de cabras, necessitados, angustiados, aflitos. 38 Uns homens de que o mundo não era digno: errantes nos desertos, nos montes, e escondendo-se nas covas e nas cavernas da terra. 39 E todos estes provados pelo testemunho da fé, ainda contudo não receberam a recompensa prometida. 40 Tendo disposto Deus alguma coisa melhor a nosso favor, para que eles, sem nós, não fossem consumados.

Constância nas tribulações

12 E por isso, tendo também posta sobre nós uma tão grande nuvem de testemunhas, deixando todo o peso que nos detém e o pecado que nos cerca, corramos pela paciência ao combate que nos está proposto. 2 Pondo os olhos no autor e consumador da fé, Jesus, o qual, havendo-lhe sido proposto gozo, sofreu a cruz, desprezando a ignomínia, e está assentado à direita do trono de Deus. 3 Considerai, pois, atentamente aquele que sofreu tal contradição dos pecadores contra a sua pessoa: para que não vos fatigueis, desfalecendo em vossos ânimos. 4 Pois ainda não tendes resistido até derramar o sangue, combatendo contra o pecado: 5 e estais esquecidos daquela consolação que vos fala como a filhos, dizendo: Filho meu, não desprezes a correção do Senhor: nem te desanimes quando por Ele és repreendido. 6 Porque o Senhor castiga ao que ama: e açoita a todo o que recebe por filho. 7 Perseverai firmes na correção. Deus se vos oferece como a filhos: porque qual é o filho a quem não corrige seu pai? 8 Mas se estais fora da correção, do qual todos têm sido feitos participantes: logo sois bastardos e não filhos legítimos. 9 Depois disto, se na verdade tivemos a nossos pais carnais, que nos corrigiam e os olhávamos com respeito: como não obedeceremos muito mais ao Pai dos espíritos, e viveremos? 10 E aqueles na verdade em tempo de poucos dias nos corrigiam, segundo a sua vontade: mas este castiga-nos, atendendo ao que nos é proveitoso, para receber a sua santificação. 11 Ora toda a correção ao presente na verdade não parece ser de gozo, senão de tristeza: mas ao depois dará um fruto mui saboroso de justiça, aos que por ela têm sido exercitados. 12 Pelo que levantai essas vossas mãos remissas, e esses vossos joelhos enfraquecidos, 13 e dai passos direitos com os vossos pés, para que o que claudica não se desvie, antes porém seja sanado.

Necessidade de paz interior

14 Segui a paz com todos, e a santidade, sem a qual ninguém verá a Deus: 15 atendendo a que nenhum falte à graça de Deus: a que nenhuma raiz de amargura, brotando para cima, vos impeça, e por ela sejam muitos contaminados. 16 Que não haja algum sensual, ou profano, como Esaú: o qual por um manjar vendeu a sua primogenitura. 17 Sabei porém que desejando ele ainda depois herdar a benção, foi rejeitado: porque não achou lugar de arrependimento, ainda que o solicitou com lágrimas. 18 Porque não vos haveis ainda chegado ao monte palpável, e ao fogo incendido, e ao turbilhão, e à obscuridade, e à tempestade, 19 e ao som da trombeta, e à voz das palavras, que os que a ouviram, suplicaram que não se lhes falasse mais. 20 Porque não podiam sofrer o que se intimava: Se até um animal tocar o monte, será apedrejado. 21 E assim era terrível o que se via. Moisés chegou a dizer: Eu estou todo espavorido, e todo tremendo. 22 Mas vós chegastes ao monte de Sião, e à cidade do Deus vivo, à Jerusalém celestial, e ao congresso de muitos milhares de anjos, 23 e à Igreja dos primogênitos, que estão escritos nos céus, e a Deus, que é o juiz de todos, e aos espíritos dos justos consumados, 24 e a Jesus Mediador do Novo Testamento, e à aspersão do sangue, que fala melhor do que o de Abel. 25 Olhai não desprezeis ao que fala. Porque se não escaparam aqueles que desprezavam ao que lhes falava sobre a terra, muito menos nós-outros, se desprezamos ao que nos fala do céu: 26 cuja voz moveu então a terra: mas agora faz uma promessa, dizendo: Ainda uma vez: e eu moverei, não só a terra, mas também o céu. 27 Ora isto que diz: Ainda uma vez: declara a mudança das coisas movíveis, como coisas feitas, para que permaneçam aquelas que são imóveis. 28 Assim que recebendo nós um reino imovível, temos graça: pela qual agradando a Deus, sirvamos com temor e reverência. 29 Porque o nosso Deus é um fogo consumidor.

Últimas recomendações:
Caridade, pureza, desinteresse

13 Permaneça entre vós a caridade fraternal. 2 E não vos esqueçais da hospitalidade, porque por esta alguns sem o saberem, hospedaram anjos. 3 Lembrai-vos dos presos, como se estivésseis juntamente em cadeias com

eles: e dos aflitos, como se também vós habi-
tásseis no mesmo corpo. 4 Seja por todos tra-
tado com honra o matrimônio, e o leito sem
mácula. Porque Deus julgará aos fornicários,
e aos adúlteros. 5 Sejam os vossos costumes
sem avareza, contentando-vos com as coisas
presentes: porque ele disse: Não te deixarei,
nem te desampararei. 6 De maneira que diga-
mos com confiança: O Senhor é quem me
ajuda: não temerei o que me possa fazer o
homem.

Submissão aos chefes espirituais

7 Lembrai-vos dos vossos prelados, que vos
falaram a palavra de Deus: cuja fé haveis de
imitar, considerando qual haja sido o fim da
sua conversação. 8 Jesus Cristo era ontem, e
é hoje, o mesmo também será por todos os
séculos. 9 Não vos deixeis tirar do caminho
por doutrinas várias e estranhas. Porque é
muito bom fortificar o coração com a graça,
não com viandas, que não aproveitaram aos
que andaram nelas. 10 Nós temos um Altar,
do qual os ministros do Tabernáculo não têm
faculdade de comer. 11 Porque os corpos da-
queles animais, cujo sangue é metido pelo
pontífice no Santuário para expiação do pe-
cado, são queimados fora dos arraiais. 12 Pelo
que também Jesus, para que santificasse ao
ao povo pelo seu sangue, padeceu fora da
porta.

13 Saiamos pois a ela fora dos arraiais, le-
vando sobre nós o seu opróbrio. 14 Porque
não temos aqui cidade permanente, mas vamos
buscando a futura. 15 Ofereçamos pois por ele
a Deus sem cessar sacrifício de louvor, isto é,
o fruto dos lábios, que confessam o seu nome.
16 E não vos esqueçais de fazer bem, e de
repartir dos vossos bens com os outros: por-
que com tais oferendas é que Deus se dá por
obrigado. 17 Obedecei a vossos superiores, e
sede-lhes sujeitos. Porque eles velam, como
quem há de dar conta das vossas almas, para
que façam isto com gozo, e não gemendo: pois
isto é uma coisa que vos não convém.

CONCLUSÃO

Oremos uns pelos outros

18 Orai por nós, porque temos a confiança
de dizer em que nenhuma coisa nos acusa a
consciência desejando em tudo portar-nos bem.
19 E com mais instância vos rogo que façais
isto, para que eu vos seja mais depressa res-
tituído. 20 E o Deus de paz, que ressuscitou
dos mortos pelo sangue do Testamento eterno
a Jesus Cristo Senhor nosso, grande pastor
das ovelhas, 21 vos faça idôneos em todo o
bem, para que façais a sua vontade: fazendo
ele em vós o que seja agradável a seus olhos
por Jesus Cristo: ao qual é dada glória pelos
séculos dos séculos. Amém.

Saudação e benção

22 Mas rogo-vos, irmãos, que sofrais esta
palavra de exortação. Porque pouco foi o que
vos escrevi. 23 Sabei, que nosso irmão Timóteo
está em liberdade. Eu (se ele vier com preste-
za) irei com ele ver-vos. 24 Saudai da minha
parte aos vossos prelados, e a todos os santos.
Os nossos irmãos de Itália vos saúdam. 25 A
graça seja com todos vós. Amém.

Epístola católica de São Tiago Apóstolo

Endereço e saudação

1 Tiago, servo de Deus e de Nosso Senhor
Jesus Cristo, às doze tribos, que estão
dispersas, saúde.

Conselhos para o tempo das provações

2 Meus irmãos, tende por um motivo da
maior alegria para vós as diversas tribulações
que vos sucedem. 3 Sabendo que a prova da
vossa fé produz a paciência. 4 Ora, a paciência
deve ser perfeita nas suas obras: a fim de que
vós sejais perfeitos e completos, não faltando
em coisa alguma.
5 E se algum de vós necessita da sabedoria
peça-a a Deus, que a todos a dá liberalmente
e não impropera: e ser-lhe-á dada. 6 Mas pe-
ça-a com fé, sem hesitação alguma: porque
aquele que duvida, é semelhante à onda do
mar, que é agitada e levada de uma parte
para a outra pela violência do vento. 7 Não
cuide, pois, este tal que alcançará do Senhor
alguma coisa. 8 O homem que tem o espírito
repartido é inconstante em todos os seus ca-
minhos.
9 Aquele porém de nossos irmãos, que é
duma condição baixa, glorie-se na sua exalta-
ção: 10 pelo contrário, o que é rico, na sua
baixeza, porque ele passará como a flor da
erva: 11 porque bem como ao sair com ardor
o sol, a erva logo se seca, e a flor cai e perde
a gala da sua beleza: assim também se mur-
chará o rico nos seus caminhos.
12 Bem-aventurado o homem que sofre com
paciência a tentação: porque depois que ele
tiver sido provado, receberá a coroa da vida,
que Deus tem prometido aos que o amam.

Origem das tentações

13 Ninguém, quando é tentado, diga que
Deus é o que o tenta: porque Deus é incapaz
de tentar para o mal: e Ele a ninguém tenta.
14 Mas cada um é tentado pela sua própria
concupiscência, que o abstrai e alicia. 15 De-
pois, quando a concupiscência concebeu, pare
ela o pecado: e o pecado, quando tiver sido
consumado, gera a morte.
16 Não queirais, pois, errar, irmãos meus
muito amados. 17 Toda a dádiva em extremo
excelente, e todo o dom perfeito vem lá de
cima, e desce do Pai das luzes, no qual não
há mudança, nem sombra alguma de variação.
18 Porque de pura vontade sua é que Ele nos
gerou pela palavra da verdade, a fim de que
sejamos como as primícias das suas criaturas.

I. O EVANGELHO É CARIDADE

Nossos deveres para com o Evangelho

19 Vós o sabeis, meus diletíssimos irmãos.
Assim cada um de vós seja pronto para ouvir:
porém, tardo para falar e tardo para se irar.
20 Porque a ira do homem não cumpre a jus-
tiça de Deus. 21 Pelo que, renunciando a toda
a imundícia e abundância de malícia, recebei
com mansidão a palavra que em vós foi en-
xertada e que pode salvar as vossas almas.
22 Sede, pois, fazedores da palavra e não ou-
vidores tão somente, enganando-vos a vós mes-
mos. 23 Porque se algum é ouvinte da palavra
e não fazedor: este será comparado a um ho-
mem que contempla num espelho o seu rosto
nativo: 24 porque se considerou a si mesmo,
e se foi, e logo se esqueceu qual haja sido.
25 Mas o que contemplar a Lei perfeita, que
é a da liberdade, e perseverar nela, sendo não
ouvinte esquecediço, mas fazedor de obra: este
será bem-aventurado no seu feito. 26 Se algum,
pois, cuida que tem religião não refreando a
sua língua, mas seduzindo o seu coração, a sua
religião é vã. 27 A religião pura e sem mácula
aos olhos de Deus e nosso Pai consiste nisto:
Em visitar os órfãos e as viúvas nas suas afli-
ções, e em se conservar cada um a si isento
da corrupção deste século.

Imparcialidade

2 Meus irmãos, não queirais pôr a fé da gló-
ria de nosso Senhor Jesus Cristo em acep-
ção de pessoas. 2 Porque se entrar no vosso
congresso algum varão que tenha anel de ouro
com vestido precioso, e entrar também um
pobre com vestido humilde: 3 e se atenderdes
ao que vem vestido magnificamente e lhe dis-
serdes: Tu assenta-te aqui neste lugar que te
compete. E disserdes ao pobre: Deixa-te estar
para ali em pé, ou assenta-te aqui abaixo do
estrado de meus pés. 4 Não é certo que fazeis
distinção dentro de vós mesmos, e que sois
juízes de pensamentos iníquos?
5 Ouvi, meus diletíssimos irmãos, porventu-
ra não escolheu Deus aos que eram pobres
neste mundo, para serem ricos na fé e herdei-
ros do Reino, que o mesmo Deus prometeu
aos que o amam? 6 E vós, pelo contrário,
desonrais o pobre. Não são os ricos os que
vos oprimem com o seu poder, e não são eles
os que vos trazem por força aos tribunais da
justiça? 7 Não blasfemam eles o bom nome
que tem sido invocado sobre vós?
8 Se vós contudo cumpris a Lei real confor-
me as Escrituras: Amarás o teu próximo como
a ti mesmo. Fazeis bem. 9 Mas se vós fazeis
acepção de pessoas, cometeis nisso um pecado,
sendo condenados pela Lei como transgresso-
res. 10 Porque qualquer que tiver guardado
toda a Lei e faltar em um só ponto, fez-se
réu de ter violado todos. 11 Porque aquele
que disse: Não cometerás adultério, também
disse: Não matarás. Se tu, pois, matares, ainda
que não adulteres, fizeste-te transgressor da
Lei.
12 Falai, pois, de tal sorte e de tal sorte
obrai, como quem principia a ser julgado pela
Lei da liberdade. 13 Porque se fará juízo sem
misericórdia, àquele que não usou de miseri-
córdia. Mas a misericórdia triunfa sobre o
juízo.

A verdadeira fé exige as obras

14 Que aproveitará, irmãos meus, a um que
diz que tem fé, se não tem obras? Acaso po-
dê-lo-á salvar a fé? 15 Se um irmão, porém,
ou uma irmã estiverem nus e lhes faltar o
alimento quotidiano, 16 e lhes disser algum
de vós: Ide em paz, aquentai-vos, e fartai-vos,
e não lhes derdes o que hão mister para o
corpo, de que lhes aproveitará? 17 Assim tam-
bém a fé, se não tiver obras, é morta em si
mesma.
18 Poderá logo algum dizer: Tu tens a fé
e eu tenho as obras. Mostra-me tu a tua fé
sem obras: e eu te mostrarei a minha fé pelas
minhas obras. 19 Tu crês que há um só Deus:
fazes muito bem: mas também os demônios
o crêem e tremem. 20 Queres tu, pois, saber,
ó homem vão, que a fé sem obras é morta?
21 Não é assim que nosso pai Abraão foi
justificado pelas obras, oferecendo a seu filho
Isaac sobre o altar? 22 Não vês como a fé
acompanhava as suas obras, e que a fé foi
consumada pelas obras? 23 E se cumpriu a
Escritura, que diz: Abraão creu em Deus, e
lhe foi imputada a justiça e foi chamado amigo
de Deus.
24 Não vedes como pelas obras é justificado
o homem, e não pela fé somente? 25 Do mes-
mo modo até Raab, sendo uma prostituta, não
foi ela justificada pelas obras, recebendo os
mensageiros e fazendo-os sair por outro cami-
nho? 26 Porque bem como um corpo sem
espírito é morto, assim também a fé sem obras
é morta.

II. CENSURAS AOS PSEUDO-DOUTORES E MESTRES

Pôr um freio na língua

3 Não queirais, irmãos meus, fazer-vos mui-
tos de vós mestres, sabendo que vos ex-
pondes a um juízo mais severo. 2 Porque todos
nós tropeçamos em muitas coisas. Se algum
não tropeça em qualquer palavra, este é varão
perfeito: ele pode também suster com o freio
a todo o corpo. 3 E se pomos freio nas bocas
dos cavalos, para que nos obedeçam, também
governamos todo o corpo deles. 4 Vede tam-
bém as naus, ainda que sejam grandes, e se
achem agitadas de impetuosos ventos, com
um pequeno leme se voltam para onde quiser
o impulso do que as governa. 5 Assim também
a língua, pequeno membro é na verdade, mas
de grandes coisas se gloria. Vede como um
pouco de fogo abrasa um grande bosque!
6 Também a língua é um fogo: um mundo de
iniqüidade. Entre os nossos membros se conta
a língua, a qual contamina todo o corpo, e
tisna a roda do nosso nascimento, inflamada
do fogo do inferno. 7 Porque toda a natureza
de alimárias, e de aves, e de serpentes, e de
peixes do mar se doma, e a natureza humana
as tem domado todas: 8 porém a língua ne-
nhum homem a pode domar: ela é um mal
inquieto, está cheia de veneno mortífero. 9 Com

ela louvamos a Deus e Pai: e com ela amaldiçoamos aos homens, que foram feitos à semelhança de Deus. 10 De uma mesma boca procede a benção e a maldição. Não convém, meus irmãos, que isto assim seja.

11 Porventura uma fonte lança por uma mesma bica água doce e água amargosa? 12 Acaso, irmãos meus, pode uma figueira dar uvas ou uma videira dar figos? Assim uma fonte de água salgada não pode dar água doce.

Verdadeira sabedoria

13 Quem é entre vós-outros sábio e instruído? Mostre pela boa conversação as suas obras em mansidão de sabedoria. 14 Mas se tendes um zelo amargo, e reinarem contendas em vossos corações: não vos glorieis, nem sejais mentirosos contra a verdade. 15 Porque esta não é a sabedoria que vem lá do alto: mas é uma sabedoria terrena, animal, diabólica. 16 Porque onde há ciúme e contenda, ali há inconstância e toda a obra má.

17 A sabedoria, porém, que vem lá de cima, primeiramente é na verdade casta, depois pacífica, moderada, dócil, susceptível de todo o bem, cheia de misericórdia e de bons frutos, não julga, não é dissimulada.

18 Ora o fruto da justiça se semeia em paz, por aqueles que fazem obras de paz.

Concupiscência, causa das discórdias

4 Donde vêm as guerras e contendas entre vós? Não vêm elas deste princípio? Das vossas concupiscências, que combatem em vossos membros? 2 Cobiçais, e não tendes o que quereis: matais e invejais, e não podeis alcançar o que desejais: litigais e fazeis guerra, e não tendes o que pretendeis, porque não pedis. 3 Pedis e não recebeis: e isto porque pedis mal: para satisfazerdes as vossas paixões.

Deus e o mundo

4 Adúlteros, não sabeis que a amizade deste mundo é inimiga de Deus? Logo todo aquele que quiser ser amigo deste século se constitue inimigo de Deus. 5 Acaso imaginais vós que em vão diz a Escritura: Que o espírito que habita em vós vos ama com ciúme? 6 Porém dá maior graça. Por isso diz: Deus resiste aos soberbos e dá a sua graça aos humildes.

7 Sede logo sujeitos a Deus e resisti ao diabo, ele fugirá de vós. 8 Chegai-vos para Deus, e Ele se chegará para vós. Lavai, pecadores, as mãos: e os que sois de ânimo dobrado, purificai os corações. 9 Afligi-vos a vós mesmos, e lamentai, e chorai! Converta-se o vosso riso em pranto e a vossa alegria em tristeza. 10 Humilhai-vos na presença do Senhor e Ele vos exaltará.

III. DIVERSOS CONSELHOS E AVISOS

Evitai a maledicência

11 Irmãos, não faleis mal uns dos outros. O que detrai de seu irmão, ou o que julga a seu irmão, detrai da Lei e julga a Lei. Se tu porém julgas a Lei: não és observador dela, mas fazeste seu juiz. 12 Não há mais que um Legislador e um Juiz, que pode perder e que pode salvar.

Evitai os projetos temerários

13 Mas tu quem és que julgas a teu próximo? Pois vede agora como vós vos portais os que dizeis: Hoje ou amanhã iremos àquela cidade, e demorar-nos-emos ali sem dúvida um ano, e comerciaremos, e faremos o nosso lucro. 14 Sendo que vós não sabeis o que sucederá amanhã. 15 Porque que coisa é a vossa vida? É um vapor, que aparece por um pouco de tempo, e que depois se desvanecerá; em vez de dizerdes: Se o Senhor quiser. E: Se nós vivermos, faremos esta ou aquela coisa. 16 Mas vós, pelo contrário, elevai-vos nos vossos presumidos pensamentos. Toda a presunção, tal como esta, é maligna. 17 Aquele pois que sabe fazer o bem, e não o faz, peca.

Os ricos avarentos serão castigados

5 Eia vós agora, ó ricos, chorai, dando urros na consideração das vossas misérias, que visão sobre vós. 2 As vossas riquezas apodreceram: e os vossos vestidos têm sido comidos da traça. 3 O vosso ouro è a vossa prata se enferrujaram: e a ferrugem deles dará testemunho contra vós, e devorará a vossa carne como um fogo. Ajuntastes para vós um tesouro de ira lá para os dias últimos. 4 Sabei que o jornal, que vós retivestes aos trabalhadores, que ceifaram os vossos campos, clama: e que os seus gritos subiram até aos ouvidos do Senhor dos exércitos. 5 Tendes vivido em delícias sobre a terra, e em dissoluções haveis cevado os vossos corações, para o dia do sa-

crifício. 6 Condenastes, e matastes o justo, sem
que ele vos resistisse.

Paciência nas aflições

7 Tende pois paciência, irmão, até à vinda
do Senhor. Vós bem vedes como o lavrador
na expectação de recolher o precioso fruto da
terra, está esperando pacientemente que ve-
nham as chuvas temporãs e seródias. 8 Espe-
rai pois também vós outros com paciência, e
fortalecei os vossos corações: porque a vinda
do Senhor está próxima. 9 Não vos ressintais,
irmãos, uns contra os outros, para que não
sejais julgados. Olhai que o juiz está diante
da porta. 10 Tomai, irmãos, por exemplo do
fim que tem a aflição, o trabalho e a paciên-
cia, aos profetas, que falaram em nome do
Senhor. 11 Vede que temos por bem-aventu-
rados aos que sofreram. Vós ouvistes qual foi
a paciência de Jó e vistes o fim do Senhor,
porque o Senhor é misericordioso e compas-
sivo.

Evitai jurar inutilmente

12 Mas antes de todas as coisas, irmãos
meus, não jureis nem pelo céu, nem pela terra,
nem façais outro qualquer juramento. Mas seja
a vossa palavra: Sim, sim: não, não: para que
não caiais debaixo do juízo

Extrema-Unção

13 Está triste algum de vós? ore. Está ale-
gre? cante louvores a Deus. 14 Está entre vós
algum enfermo? chame os Presbíteros da igre-
ja, e estes façam oração sobre ele, ungindo-o
com óleo em nome do Senhor: 15 e a oração
da fé salvará o enfermo, e o Senhor o alivia-
rá: e se estiver em alguns pecados, ser-lhe-ão
perdoados.

Confissão dos pecados e poder da oração

16 Confessai pois os vossos pecados uns aos
outros, e orai uns pelos outros, para serdes
salvos: porque a oração do justo, sendo fer-
vorosa, pode muito. 17 Elias era um homem
semelhante a nós outros, sujeito a padecer; e
fez oração, para que não chovesse sobre a
terra, e por três anos e seis meses não choveu.
18 E orou de novo: e o céu deu chuva e a terra
deu o seu fruto.

Trabalhai na conversão dos pecadores

19 Meus irmãos, se algum dentre vós se
extraviar da verdade, e algum outro o meter
a caminho: 20 deve saber que aquele que fizer
converter a um pecador do erro do seu des-
caminho, salvará a sua alma da morte, e co-
brirá a multidão dos pecados.

Primeira Epístola de São Pedro Apóstolo

INTRODUÇÃO

Endereço e saudação epistolar

1 Pedro, apóstolo de Jesus Cristo, aos estrangeiros que estão dispersos pelo Ponto, Galácia, Capadócia, Ásia e Bitínia, escolhidos, 2 segundo a presciência de Deus Pai para receberem a santificação do espírito, para prestarem obediência a Deus, e terem parte na aspersão do sangue de Jesus Cristo. Graça, e paz vos seja multiplicada.

Ação de graças

3 Bendito seja o Deus e Pai de nosso Senhor Jesus Cristo, que, segundo a grandeza de sua misericórdia, nos regenerou para a esperança da vida, pela ressurreição de Jesus Cristo dentre os mortos. 4 Para uma herança incorruptível, e que não pode contaminar-se, nem murchar-se, reservada nos céus para vós outros. 5 Que sois guardados na virtude de Deus por fé para a salvação, que está aparelhada para se manifestar no último tempo. 6 No qual vós exultareis, ainda que ao presente convém que sejais afligidos um pouco de tempo com várias tentações: 7 para que a prova da vossa fé, muito mais preciosa que o ouro (o qual é acrisolado com o fogo), se ache digna de louvor, e glória, e honra, quando Jesus Cristo for manifestado: 8 ao qual vós amais, posto que o não vistes: no qual vós credes, posto que o não vedes ainda agora: mas crendo, exultais com uma alegria inefável e cheia de glória: 9 alcançando o fim da vossa fé, que é a salvação das vossas almas. 10 Da qual salvação os profetas, que vaticinaram da graça, que havia de vir a vós-outros, inquiriram e indagaram muito, 11 esquadrinhando em que tempo, e em que conjuntura o Espírito de Cristo, que lhes assistia, sinalava esta graça: anunciando antes os sofrimentos que se haviam de verificar em Cristo, e as glórias que os seguiriam: 12 aos quais foi revelado, que não para si mesmos senão para vós-outros administravam as coisas, que agora vos têm sido anunciadas por aqueles que vos pregaram o Evangelho, havendo sido enviado do céu o Espírito Santo, ao qual os mesmos anjos desejam ver.

I. EXORTAÇÃO À SANTIDADE

Dignidade do Cristão

13 Portanto, cingidos os lombos da vossa mente, vivendo com temperança, esperai inteiramente naquela graça, que vos é oferecida, para a manifestação de Jesus Cristo: 14 assim como filhos obedientes, não vos conformando com os desejos que antes tínheis na vossa ignorância: 15 mas segundo é santo aquele que vos chamou: Sede vós também santos em todas as ações. 16 Porque escrito está: Santos sereis, porque eu sou santo. 17 E se invocais como pai aquele que, sem acepção de pessoas, julga segundo a obra de cada um, vivei em temor durante o tempo da vossa peregrinação. 18 Sabendo que haveis sido resgatados da vossa vã conversação, que recebestes de vossos pais, não por ouro nem por prata, que são coisas corruptíveis: 19 mas pelo precioso sangue de Cristo, como de um cordeiro imaculado, e sem contaminação alguma. 20 Na verdade predestinado já antes da criação do mundo, porém manifestado nos últimos tempos, por amor de vós. 21 Que por ele sois fiéis em Deus, o qual o ressuscitou dos mortos, e lhe deu glória para que a vossa fé e a vossa esperança fosse em Deus.

22 Fazendo puras as vossas almas na obediência da caridade, no amor da irmandade, com sincero coração amai-vos intensamente uns aos outros: 23 posto que haveis renascido, não de semente corruptível, mas de incorruptível, pela palavra do Deus vivo, e que permanece eternamente. 24 Porque toda a carne é

como a erva: e toda a sua glória como a flor
da erva: secou-se a erva, e caiu a sua flor.
25 Mas a palavra do Senhor permanece eter-
namente: e esta palavra é a que vos foi anun-
ciada pelo Evangelho.

2 Deixando pois toda a malícia e todo o en-
gano, e fingimento e invejas, e toda a sorte
de detrações. 2 Como meninos recém-nascidos,
desejai o leite racional, sem dolo, para com
ele crescerdes para a salvação. 3 Se é que ha-
veis gostado quão doce é o Senhor. 4 Chegai-
-vos para ele, como para a pedra viva, que os
homens tinham sim rejeitado, mas que Deus
escolheu e honrou: 5 também sobre ela vós
mesmos, como pedras vivas, sede edificados
em casa espiritual, em sacerdócio santo, para
oferecer sacrifícios espirituais, que sejam acei-
tos a Deus por Jesus Cristo. 6 Por cuja causa
se acha na Escritura: Eis aí ponho eu em Sião
a principal pedra do ângulo, escolhida, precio-
sa: e o que crer nela não será confundido.
7 Ela é pois honra para vós, que credes: mas
para os incrédulos a pedra, que os edificantes
rejeitaram, esta foi posto por cabeça do ângu-
lo. 8 E Pedra de tropeço, e pedra de escândalo
para os que tropeçam na palavra, e não crêem
em quem igualmente foram postos. 9 Mas vós
sois a geração escolhida, o sacerdócio real, a
gente santa, o povo de aquisição: para que
publiqueis as grandezas daquele que das trevas
vos chamou à sua maravilhosa luz. 10 Vós, que
noutro tempo éreis não povo, mas agora sois
povo de Deus, vós que não tínheis alcançado
misericórdia, mas agora haveis alcançado mi-
sericórdia.

II. CONSELHOS ESPECIAIS

Bom exemplo e obediência

11 Caríssimos, eu vos rogo como a estran-
geiros e peregrinos, que vos abstenhais dos
desejos carnais, que combatem contra a alma.
12 Tendo boa conversação entre os gentios:
para que assim como agora murmuram de vós,
como de malfeitores, considerando-vos por vos-
sas boas obras, glorifiquem a Deus no dia da
sua visita.
13 Submetei-vos pois a toda a humana cria-
tura, por amor de Deus: quer seja o rei, como
a soberano: 14 quer aos govenadores, como
enviados por ele para tomar vingança dos mal-
feitores, e para louvar dos bons. 15 Porque
assim é a vontade de Deus, que obrando bem
façais emudecer a ignorância dos homens im-
prudentes: 16 como livres, e não tendo a liber-
dade como véu para encobrir a malícia, mas
como servos de Deus. 17 Honrai a todos: amai
a irmandade: temei a Deus: respeitai ao rei.
18 Servos, sede obedientes aos vossos senho-
res com todo o temor, não somente aos bons
e moderados, mas também aos de dura con-
dição. 19 Porque isto é uma graça, se algum
pelo conhecimento do que deve a Deus sofre
moléstias, padecendo injustamente. 20 Porque
que glória é se, pecando vós, tendes sofrimen-
to ainda sendo esbofeteados? Mas se fazendo
bem, sofreis com paciência: isto é que é agra-
dável diante de Deus. 21 Porque para isto é
que vós fostes chamados: posto que Cristo
padeceu também por nós, deixando-vos exem-
plo para que sigais as suas pisadas: 22 o qual
não cometeu pecado, nem foi achado engano
na sua boca: 23 o qual, quando o amaldiçoa-
vam, não amaldiçoava: Padecendo, não amea-
çava: mas se entregava àquele que o julgava
injustamente: 24 o qual foi o mesmo que le-
vou os nossos pecados em seu corpo sobre o
madeiro: para que mortos aos pecados, viva-
mos à justiça: por cujas chagas fostes vós
sarados. 25 Porque vós éreis como ovelhas
desgarradas, mas agora vos haveis convertido
ao Pastor e Bispo das vossas almas.

Instruções aos casados

3 Igualmente as mulheres sejam também su-
jeitas a seus maridos: para que se ainda
alguns há, que não creem na palavra, sejam
estes ganhados pela boa vida de suas mulhe-
res sem o socorro da palavra. 2 Considerando
a vossa santa vida, que é em temor. 3 Não
seja o adorno destas o exterior enfeite dos
cabelos riçados, ou as guarnições de renda
de ouro, ou a gala da compostura dos vesti-
dos: 4 mas o homem que está escondido no
coração, em incorruptibilidade de um espírito
pacífico e modesto, que é rico diante de Deus.
5 Porque assim é que noutro tempo se ador-
navam até as santas mulheres, que esperavam
em Deus, estando sujeitas a seus próprios
maridos. 6 Como Sara obedecia a Abraão,
chamando-lhe senhor: da qual vós sois filhas,
fazendo bem, e não temendo perturbação al-
guma.
7 Do mesmo modo vós, maridos, coabitai
com elas, segundo a ciência, tratando-as com
honra, como um vaso mais fraco e como co-
-herdeiras da graça da vida: para que as vos-
sas orações não tenham impedimento.

Deveres da caridade fraterna

8 E finalmente sede todos de um mesmo coração, compassivos, amadores da irmandade, misericordiosos, modestos, humildes. 9 Não deis mal por mal, nem maldição por maldição, mas pelo contrário bendizei-os: pois para isto fostes chamados, para que possuais a benção por herança. 10 Porque o que quer amar a vida, e ver os dias bons, refreie a sua língua do mal, e os seus lábios não profiram engano. 11 Aparte-se do mal, e faça o bem: busque paz, e vá após dela. 12 Porque os olhos do Senhor estão sobre os justos, e os seus ouvidos atentos aos rogos deles: mas o rosto do Senhor está sobre os que fazem mal.

A atitude cristã no sofrimento

13 E quem é que vos poderá fazer mal, se vós fordes zelosos pelo bem? 14 E também se alguma coisa padeceis pela justiça, sois bem-aventurados. Portanto não temais as ameaças deles, e não vos turbeis. 15 Mas santificai a Cristo Senhor nosso em vossos corações, aparelhados sempre para responder a todo o que vos pedir razão daquela esperança que há em vós. 16 Mas com modéstia, e com temor, tendo uma boa consciência: para que no que dizem mal de vós, sejam confundidos os que desacreditam a vossa santa conversação em Cristo. 17 Porque melhor é fazendo bem (se Deus assim o quiser) padecerdes vós, que fazendo mal.

18 Porque também Cristo uma vez morreu pelos nossos pecados, o Justo pelos injustos, para nos oferecer a Deus, sendo sim morto na carne, mas ressuscitado pelo espírito. 19 No qual ele também foi pregar aos espíritos que estavam no cárcere, 20 que noutro tempo tinham sido incrédulos, quando nos dias de Noé esperavam a paciência de Deus, enquanto se fabricava a Arca: na qual poucas pessoas, isto é, somente oito se salvaram no meio da água. 21 O que era uma figura do batismo de agora, que também vos salva: não a purificação das imundícies da carne, mas a promessa de boa consciência para com Deus pela ressurreição de Jesus Cristo: 22 que está à direita de Deus depois de haver absorvido a morte, para que fôssemos herdeiros da vida eterna: tendo subido ao céu, sujeitos a ele os anjos, e as potestades, e as virtudes.

4 Havendo pois Cristo padecido na carne, armai-vos também vós outros desta mesma consideração: que aquele que padeceu na carne cessou de pecados: 2 de sorte que o tempo, que lhe resta da vida mortal, ele não vive mais segundo as paixões do homem, mas segundo a vontade de Deus. 3 Porque basta para estes, que no tempo passado hajam cumprido a vontade dos gentios, vivendo em luxúrias, em concupiscências, em temulências, em glotonerias, em excessos de ber, e em abomináveis idolatrias. 4 Pelo que estranham muito, que não concorrais à mesma ignomínia de dissolução, enchendo-vos de vitupérios. 5 Os quais darão conta àquele que está aparelhado para julgar vivos e mortos. 6 Porque por isso foi o Evangelho também pregado aos mortos: para que na verdade sejam julgados segundo os homens em carne, mas vivam segundo Deus em espírito.

Em vista do fim último: vida santa

7 Mas o fim de todas as coisas está chegado. Portanto sede prudentes, e vigiai em oração. 8 E antes de todas as coisas, tende entre vós mesmos mutuamente uma constante caridade, Porque a caridade cobre a multidão dos pecados. 9 Exercitai a hospitalidade uns com os outros sem murmuração: 10 cada um, segundo a graça que recebeu, comunique-as aos outros, como bons dispenseiros das diferentes graças que Deus dá. 11 Se algum fala, seja como palavras de Deus: se algum ministra, seja conforme à virtude que Deus dá: para que em todas as coisas seja Deus honrado por Jesus Cristo: o qual tem a glória e o império nos séculos dos séculos. Amém.

Alegria nas perseguições

12 Caríssimos, não vos perturbeis no fogo da tribulação, que é para prova vossa, como se vos acontecesse alguma coisa de novo: 13 mas folgai de serdes participantes das penalidades, de Cristo, para que folgueis também com júbilo na aparição da sua glória. 14 Se sois vituperados pelo nome de Cristo, bem-aventurados sereis: porque o que há de honra, de glória e de virtude de Deus, e o espírito que é dele, repousa sobre vós.

15 Porém nenhum de vós padeça como homicida, ou ladrão, ou maldizente, ou cobiçador do alheio. 16 Se ele porém padece como cristão, não se envergonhe: mas glorifique a Deus neste nome: 17 porque é tempo que principie o juízo pela casa de Deus. E se primeiro começa por nós: qual será o paradeiro daqueles que não crêem no Evangelho de Deus? 18 E se o justo apenas se salvará, o ímpio e o pecador onde comparecerão? 19 Assim que também aqueles que sofrem segundo a vontade de Deus, encomendem as suas almas ao seu fiel Criador, fazendo boas obras.

Deveres dos sacerdotes e dos fiéis

5 Esta é pois a rogativa que eu faço aos pres-
bíteros, que há entre vós, eu presbítero
como eles e testemunha das penas que pade-
ceu Cristo: e que hei de ser participante da-
quela glória, que se há de manifestar para o
futuro: 2 Apascentai o rebanho de Deus que
está entre vós, tendo cuidado dele, não por
força, mas espontâneamente, segundo Deus:
nem por amor de lucro vergonhoso, mas de
boa vontade. 3 Não como quem quer ter do-
mínio sobre a herança do Senhor, mas fazen-
do-vos, de boa vontade, o modelo do rebanho.
4 E quando aparecer o Príncipe dos pastores,
recebereis a coroa de glória, que nunca se po-
derá murchar.
5 Semelhantemente vós, mancebos, obedecei
uns aos outros. E inspirai-vos todos a humil-
dade uns aos outros, porque Deus resiste aos
soberbos e dá a sua graça aos humildes.
6 Humilhai-vos pois debaixo da poderosa
mão de Deus, para que Ele vos exalte no tem-
po da sua visita, 7 remetendo para Ele todas
as vossas inquietações, porque Ele tem cuida-
do de vós. 8 Sede sóbrios, e vigiai: e porque
o diabo vosso adversário anda ao derredor de
vós, como um leão que ruge, buscando a quem
possa tragar. 9 Resisti-lhe fortes na fé, sa-
bendo que os vossos irmãos, que estão espa-
lhados pelo mundo, sofrem a mesma tribu-
lação.
10 Mas o Deus de toda a graça, o que nos
chamou em Jesus Cristo à sua eterna glória,
depois que tiverdes padecido um pouco, Ele
vos aperfeiçoará, fortificará e consolidará.
11 A Ele glória, e império por séculos de
séculos. Amém.

CONCLUSÃO

Despedida

12 Por Silvano, que vos é, segundo entendo,
irmão fiel, vos escrevi brevemente: adomes-
tando-vos e protestando-vos que esta é a ver-
dadeira graça de Deus, na qual estais firmes.
13 A Igreja, que está em Babilônia, escolhida
com vós-outros, vos saúda, e Marcos meu fi-
lho. 14 Saudai-vos uns aos outros pelo santo
ósculo. Graças a vós todos que estais em
Jesus Cristo. Amém.

Segunda Epístola de São Pedro Apóstolo

INTRODUÇÃO

Endereço e saudação epistolar

1 Simão Pedro, apóstolo, servo de Jesus
Cristo, aos que alcançaram igual fé conos-
co pela justiça de Deus, e salvador Jesus
Cristo. 2 Graça e paz completa seja a vós ou-
tros pelo conhecimento de Deus, e de Jesus
Cristo nosso Senhor.

I. DONS DE DEUS E VIRTUDES CRISTÃS

Fidelidade à vocação cristã

3 Como todos os dons do seu divino poder,
que dizem respeito à vida, e à piedade nos
têm sido dados pelo conhecimento daquele
que nos chamou pela sua própria glória e vir-
tude. 4 Pelo qual nos comunicou as mui gran-
des e preciosas graças que tinha prometido:
para que por elas sejais feitos participantes
da natureza divina: fugindo da corrupção da
concupiscência, que há no mundo. 5 Vós ou-
tros aplicando pois todo o cuidado, ajuntai à
vossa fé a virtude, e à virtude a ciência, 6 e à
ciência a temperança, e à temperança a pa-
ciência, e à paciência a piedade: 7 e à piedade
o amor de vossos irmãos, e ao amor de vossos
irmãos a caridade.

8 Porque se estas cousas se acharem e abun-
darem em vós, elas vos não deixarão vazios,
nem infrutuosos no conhecimento de nosso
Senhor Jesus Cristo. 9 Mas o que não tem
prontas estas coisas, é cego, e anda apalpan-
do com a mão, esquecido da purificação dos
seus pecados antigos. 10 Portanto, irmãos, pon-
de cada vez maior cuidado em fazerdes certa
a vossa vocação, e eleição por meio das boas
obras: porque fazendo isto, não pecareis ja-
mais. 11 Porque assim vos será dada larga-
mente a entrada no reino eterno de nosso
Senhor, e Salvador Jesus Cristo.

12 Pelo que não cessarei de vos admoestar
sempre sobre estas coisas: e isto ainda que
vós estejais instruídos e confirmados na pre-
sente verdade. 13 Porque tenho por coisa
justa, enquanto estou neste tabernáculo,
despertar-vos com as minhas admoestações:
14 estando certo de que logo tenho de deixar
o meu tabernáculo, segundo o que também
me deu a entender nosso Senhor Jesus Cristo.
15 E terei cuidado que ainda depois do meu
falecimento possais vós ter repetidas vezes me-
mória destas coisas.

A transfiguração e os profetas confirmam a parousia

16 Porque não vos temos feito conhecer a
virtude e a presença de nosso Senhor Jesus
Cristo, seguindo fábulas engenhosas: mas sim
depois de nós termos sido os espectadores da
sua grandeza. 17 Porque ele recebeu de Deus
Pai honra e glória, quando da magnífica glória
lhe foi dirigida uma voz desta maneira: Este
é o meu Filho amado, em quem eu me com-
prazi, ouvi-o. 18 E nós mesmos ouvimos esta
voz que vinha do céu, quando estávamos com
ele no monte santo. 19 E ainda temos mais
firme a palavra dos profetas: à qual fazeis
bem de atender, como a uma tocha que alumia
em um lugar tenebroso, até que o dia escla-
reça e o luzeiro nasça em vossos corações:
20 entendendo primeiro isto, que nenhuma
profecia da Escritura se faz por interpretação
própria. 21 Porque em nenhum tempo foi dada
a profecia pela vontade dos homens: mas os
homens santos de Deus é que falaram inspi-
rados pelo Espírito Santo.

II. CONTRA AS FALSAS DOUTRINAS

Falsos doutores

2 Houve porém no povo até falsos profetas,
assim como também haverá entre vós fal-
sos doutores, que introduzirão seitas de per-
dição, e negarão aquele Senhor que os resga-
tou, trazendo sobre si mesmos apressada

ruína. 2 E muitos seguirão as suas dissolu-
ções, por quem será blasfemado o caminho
da verdade. 3 E por avareza com palavras fin-
gidas farão de vós outros uma espécie de ne-
gócio: cuja condenação já de longo tempo não
tarda: e a perdição deles não dormita. 4 E se
Deus não perdoou aos anjos que pecaram, mas
tirados pelos calabres do inferno, os precipi-
tou no abismo, para serem atormentados e
tidos como de reserva até o juízo. 5 E se ao
mundo original não perdoou, mas guardou a
Noé, oitavo pregoeiro da sua justiça, trazendo
o dilúvio sobre um mundo de ímpios. 6 E se
Ele castigou com uma total ruína as cidades
de Sodoma e de Gomorra, reduzindo-as a
cinzas: pondo-as por escarmento daqueles que
vivessem em impiedade. 7 E livrou ao justo
Ló oprimido das injúrias daqueles abominá-
veis, e da sua vida relaxada: 8 porque de vista,
e pela nomeada era justo: habitando entre
aqueles que todos os dias atormentavam uma
alma justa com obras detestáveis.

9 O Senhor sabe livrar da tentação aos jus-
tos: e reservar aos maus para o dia do juízo,
a fim de serem atormentados. 10 E principal-
mente aqueles que, seguindo a carne, andam
em desejos impuros, e desprezam a domina-
ção; atrevidos, pagos de si mesmos, não temem
introduzir novas seitas, blasfemando: 11 sendo
assim que os anjos, que são maiores em for-
taleza, e em virtude, não pronunciam contra
si juízo de execração. 12 Mas estes, como ani-
mais sem razão, naturalmente feitos para pre-
sa e para perdição, blasfemando das coisas que
ignoram, perecerão na sua corrupção, 13 rece-
bendo a paga da sua injustiça, reputando por
prazer as delícias do dia: que são contamina-
ções e manchas, entregando-se com excesso
aos prazeres, mostrando a sua dissolução nos
banquetes que celebram convosco. 14 Tendo
os olhos cheios de adultério e de um contínuo
pecado: atraindo com afagos as almas incons-
tantes, tendo um coração exercitado em ava-
reza, como filhos da maldição.

15 Que deixando o caminho direito, se ex-
traviaram, seguindo o caminho de Balaão, filho
de Bosor, que amou o prêmio da maldade:
16 mas teve a repreensão da sua loucura: um
animal mudo, em que ia montado, falando
com voz de homem, refreou a insipiência do
profeta. 17 Estes são umas fontes sem água,
e umas névoas agitadas de turbilhões, para os
quais está reservada a obscuridade das trevas.
18 Porque falando palavras arrogantes de vai-
dade, atraem aos desejos impuros da carne
aos que pouco antes haviam fugido dos que
vivem em erro. 19 Prometendo-lhes a liberda-
de, quando eles mesmos são escravos da cor-
rupção: porque todo o que é vencido, é tam-
bém escravo daquele que o venceu. 20 Porque
se depois de se terem retirado das corrupções
do mundo pelo conhecimento de Jesus Cristo
nosso Senhor e Salvador, se deixam delas ven-
cer, enredando-se de novo: é o seu último es-
tado pior do que o primeiro.

21 Porque melhor lhes era não ter conhe-
cido o caminho da justiça, do que depois de
o ter conhecido tornar para trás, deixando
aquele mandamento santo, que lhes fora dado.
22 Porque lhes sucedeu o que diz aquele ver-
dadeiro provérbio: Voltou o cão ao que havia
vomitado. E a porca lavada tornou a revol-
ver-se no lamaçal.

A vinda do Senhor

3 Esta é já, caríssimos, a segunda carta que
vos escrevo, em ambas as quais desper-
to com admoestações o vosso ânimo sincero:
2 para que tenhais presentes as palavras dos
santos profetas, de que já vos falei, e os man-
damentos do Senhor e Salvador, que ele vos
deu pelos seus apóstolos: 3 sabendo isto pri-
meiramente, que nos últimos tempos virão
impostores artificiosos, que andarão segundo
as suas próprias concupiscências, 4 dizendo:
Onde está a promessa, ou vinda dele? porque
desde que os pais dormiram, tudo permanece
assim como no princípio da criação.

5 Mas isto é porque eles ignoram volunta-
riamente que os céus eram já dantes, e a terra
foi tirada fora da água, e por meio da água
subsiste pela palavra de Deus: 6 pelas quais
coisas aquele mundo de então pereceu afoga-
do em água. 7 Mas os céus e a terra, que agora
existem, pela mesma palavra se guardam com
cuidado, reservados para o fogo no dia do juí-
zo, e da perdição dos homens ímpios. 8 Mas
isto só não se vos esconda, caríssimos, que
um dia diante do Senhor é como mil anos, e
mil anos como um dia. 9 Não retarda o Senhor
a sua promessa, como alguns entendem: mas
espera com paciência por amor de vós, não
querendo que algum pereça, senão que todos
se convertam à penitência. 10 Virá pois como
ladrão o dia do Senhor: no qual passarão os
céus com grande ímpeto, e os elementos com
o calor se dissolverão, e a terra e todas as
obras que há nela, se abrasarão.

11 Como pois todas estas coisas hajam de
ser desfeitas, quais vos convém ser em santi-
dade de vida, e em piedade de ações, 12 espe-
rando, e apropinquando-vos para a vinda do
dia do Senhor, no qual os céus ardendo se
desfarão, e os elementos com o ardor do fogo
se fundirão? 13 Porém esperamos, segundo as
suas promessas, uns novos céus e uma nova
terra, nos quais habita a justiça.

CONCLUSÃO

Exortação Final

14 Portanto, caríssimos, esperando estas coi-
sas, procurai com diligência que sejais dele
achados em paz, imaculados e irrepreensíveis.
15 E tende por salvação a larga paciência de
nosso Senhor: assim como também nosso ir-
mão caríssimo Paulo vos escreveu segundo a
sabedoria que lhe foi dada. 16 Como também
em todas as suas cartas, falando nelas disto,
nas quais há algumas coisas difíceis de enten-
der, as quais adulteram os indoutos e incons-
tantes, como também as outras Escrituras,
para ruína de si mesmos. 17 Vós pois, irmãos,
estando já de antemão advertidos, guardai-vos:
para que não caiais da vossa própria firme-
za levados do erro destes insensatos. 18 Mas
crescei na graça, e no conhecimento de nosso
Senhor, e Salvador Jesus Cristo. A ele glória,
assim agora, como até no dia da eternidade.
Amém.

Primeira Epístola de São João Apóstolo

INTRODUÇÃO

Tema da carta: O Verbo da Vida

1 O que foi desde o princípio, o que ouvimos,
o que vimos com os nossos olhos, o que
miramos, e palparam as nossas mãos do Verbo
da vida. 2 (porque a vida foi manifestada, e
nós a vimos, e damos dela testemunho, e nós
vos anunciamos esta vida eterna, que estava
no Pai e que nos apareceu a nós-outros) 3 o
que vimos e ouvimos, isso vos anunciamos,
para que também vós tenhais comunhão co-
nosco, e que a nossa comunhão seja com o
Pai, e com seu Filho Jesus Cristo. 4 E estas
coisas vos escrevemos para que vos alegreis,
e a vossa alegria seja completa.

I. DEUS É LUZ

A união com Deus exige que caminhemos na luz

5 E esta é a nova que ouvimos dele mesmo,
e que nós vos anunciamos: Que Deus é luz, e
não há nele nenhumas trevas. 6 Se dissermos
que temos sociedade com ele, e andamos nas
trevas, mentimos, e não sentimos a verdade.
7 Porém se nós andamos na luz, como ele mes-
mo também está na luz, estamos mutuamen-
te na mesma sociedade, e o sangue de Jesus
Cristo, seu Filho, nos purifica de todo o peca-
do. 8 Se dissermos que estamos sem pecado,
nós mesmos nos enganamos, e não há verdade
em nós. 9 Porém se nós confessarmos os nos-
sos pecados: Ele é fiel e justo para nos perdoar
esses nossos pecados, e para nos purificar de
toda a iniqüidade. 10 Se dissermos que não
pecamos: fazemo-lo mentiroso, e a sua palavra
não está em nós.

2 Filhinhos meus, eu vos escrevo estas coisas,
para que não pequeis. Mas se algum ainda
pecar, temos por advogado para com o Pai, a
Jesus Cristo, o Justo. 2 Porque ele é a propi-
ciação pelos nossos pecados, e não somente
pelos nossos, mas também pelos de todo o
mundo.

Guardar os Mandamentos

3 E nisto sabemos que o conhecemos, se
guardarmos os seus mandamentos. 4 Aquele
que diz que o conhece, e não guarda os seus
mandamentos, é um mentiroso, e não há nele
a verdade. 5 Mas se algum guarda a sua pala-
vra é nele verdadeiramente perfeito o amor
de Deus: e por aqui é que nós conhecemos
que estamos nele. 6 Aquele que diz que está
nele, deve também ele mesmo andar como ele
andou.
7 Caríssimos, eu não vos escrevo um man-
damento novo, mas sim o mandamento velho,
que vós recebestes desde o princípio: este
mandamento velho é a palavra que vós ouvis-
tes. 8 Todavia eu vos escrevo um mandamento
novo, o qual é verdadeiro, assim nele mesmo,
como em vós outros: porque as trevas já pas-
saram, e a verdadeira luz já luz. 9 Aquele que
diz que está na luz, e aborrece a seu irmão,
até agora está nas trevas. 10 O que ama a seu
irmão, permanece na luz, e não há escândalo
nele. 11 Mas aquele que tem ódio a seu irmão,
está em trevas e anda nas trevas, e não sabe
onde vai: porque as trevas cegaram os seus
olhos.

Fuga do mundo

12 Eu vos escrevo, filhinhos, porque os vos-
sos pecados vos são perdoados pelo seu nome.
13 Eu vos escrevo, pais, porque conhecestes
aquele que é desde o princípio. Eu vos escre-
vo, moços, porque vencestes o maligno. 14 Eu
vos escrevo, meninos, porque conhecestes o
Pai. Eu vos escrevo, pais, porque conhecestes
aquele que é desde o princípio. Eu vos escrevo,
moços, porque sois fortes, e porque a palavra

de Deus permanece em vós, e porque vencestes o maligno. 15 Não ameis ao mundo, nem ao que há no mundo. Se algum ama ao mundo, não há nele o amor do Pai: 16 porque o que há no mundo é concupiscência da carne, e concupiscência dos olhos, e soberba da vida: a qual não vem do Pai, mas sim do mundo. 17 Ora, o mundo passa, e também a sua concupiscência. Mas o que faz a vontade de Deus, permanece eternamente.

Anticristos

18 Filhinhos, é chegada a última hora: e como vós tendes ouvido dizer que o Anticristo vem: também já desde agora há muitos Anticristos; donde conhecemos que é chegada a última hora. 19 Eles saíram de nós, mas não eram de nós: porque se eles tivessem sido de nós, ficariam certamente conosco: mas isto é para que se conheça que não são todos de nós. 20 Porém vós outros tendes a unção do Santo e sabeis todas as coisas. 21 Eu não vos escrevi como se vós ignorásseis a verdade, mas como a quem a conhece: e sabe que da verdade não vem nenhuma mentira. 22 Quem é mentiroso, senão aquele que nega que Jesus seja Cristo? Este tal é o Anticristo, que nega o Pai e o Filho. 23 Todo aquele que nega o Filho, não reconhece o Pai: Todo o que confessa o Filho, reconhece também o Pai. 24 O que vós ouvistes desde o princípio, permanece em vós outros. Se em vós permanecer o que ouvistes desde o princípio, vós permanecereis também no Filho e no Pai. 25 E esta é a promessa que ele nos fez, de que teríamos a vida eterna.

26 Eis aqui o que eu julguei que vos devia escrever acerca daqueles que vos seduzem. 27 E permaneça em vós a unção que recebestes dele. Ora vós não tendes necessidade que ninguém vos ensine: mas como a sua unção vos ensina em todas as coisas, e ela é uma verdade, e não é mentira, também como ela vos tem ensinado, permanecei nele.

II. DEUS É PAI

Os filhos de Deus

28 Sim, meus filhos, permanecei nele: para que quando ele aparecer, tenhamos confiança, e não sejamos confundidos por ele na sua vinda. 29 Se sabeis que ele é justo, sabei que todo aquele que pratica a justiça, também é nascido dele.

3 Considerai qual foi o amor que nos mostrou o Pai, em querer que nós sejamos chamados dos filhos de Deus, e com efeito o sejamos. Por isso o mundo nos não conhece a nós: porque o não conhece a ele. 2 Caríssimos, agora somos filhos de Deus: e não apareceu ainda o que havemos de ser. Sabemos que quando ele aparecer, seremos semelhantes a ele: porquanto nós outros o veremos bem como ele é. 3 E todo o que nele tem esta esperança, santifica-se a si mesmo, assim como também ele é santo. 4 Todo o que comete um pecado, comete igualmente uma iniqüidade: porque o pecado é uma iniqüidade. 5 E sabeis que ele apareceu para tomar sobre si os nossos pecados: e nele não há pecado. 6 Todo o que permanece nele, não peca: e todo o que peca, não o viu, nem o conheceu.

7 Filhinhos, ninguém vos seduza. Aquele que faz obras de justiça, é justo: como ele também é justo. 8 Aquele que comete o pecado, é filho do diabo: porque o diabo peca desde o princípio. Para destruir as obras do diabo é que o Filho de Deus veio ao mundo. 9 Todo o que é nascido de Deus, não comete o pecado: porque a semente de Deus permanece nele, e não pode pecar, porque é nascido de Deus. 10 Nisto se conhece quais são os filhos de Deus, e os filhos do diabo. Todo o que não é justo, não é filho de Deus e o que não ama a seu irmão. 11 Porque esta é a doutrina que tendes ouvido desde o princípio, que vos ameis uns aos outros. 12 Não assim como Caim, que era filho do maligno, e que matou a seu irmão. E por que o matou ele? Porque as suas obras eram más: e as de seu irmão justas.

Caridade fraterna

13 Não vos admireis, irmãos, de que o mundo vos tenha ódio. 14 Nós sabemos que nós fomos trasladados da morte para a vida, porque amamos a nossos irmãos. Aquele que não ama, permanece na morte. 15 Todo o que tem ódio a seu irmão, é um homem homicida. E vós sabeis que nenhum homicida tem a vida eterna permanente em si mesmo. 16 Nisto temos nós conhecido o amor de Deus, em que ele deu a sua vida por nós: e nós devemos também dar a nossa vida pelos nossos irmãos. 17 O que tiver riquezas deste mundo, e vir a seu irmão ter necessidade, e lhe fechar as suas entranhas: como está nele a caridade de Deus?

18 Meus filhinhos, não amemos de palavra,
nem de língua, mas por obra e em verdade.
19 Por aqui é que nós conhecemos que somos
filhos da verdade: e que nós o persuadiremos
ao nosso coração diante de Deus. 20 Porque
se o nosso coração nos repreender: Deus é
maior do que o nosso coração, e ele conhece
todas as coisas.

21 Caríssimos, se o nosso coração nos não
repreender, temos nós confiança diante de
Deus: 22 e tudo quanto nós lhe pedirmos,
recebermos dele: porque guardamos os seus
mandamentos e fazemos o que é do seu agra-
do. 23 E este é o seu mandamento: Que creia-
mos no nome de seu Filho Jesus Cristo: e que
nos amemos uns aos outros, como ele nos
mandou. 24 Ora, o que guarda os seus man-
damentos, está em Deus, e Deus nele: e nisto
sabemos que ele permanece em nós, pelo Es-
pírito qu nos deu.

Espírito de verdade e espírito de mentira

4 Caríssimos, não creiais a todo o espírito,
mas provai se os espíritos são de Deus:
porque são muitos os falsos profetas, que se
levantaram no mundo: 2 nisto se conhece o
espírito que é de Deus: Todo o espírito que
confessa que Jesus Cristo veio em carne, é de
Deus: 3 e todo o espírito que divide a Jesus,
não é de Deus, mas este tal é o Anticristo, do
qual vós tendes ouvido que vem, e ele agora
está já no mundo. 4 Vós, filhinhos, sois de
Deus, e vós o vencestes, porque o que está em
vós outros, é maior que o que está no mundo.
5 Eles do mundo são: por isso falam do mun-
do, e o mundo os ouve. 6 Nós outros somos
de Deus. Quem conhece a Deus, ouve-nos: o
que não é de Deus, não nos ouve: nisto co-
nhecemos o espírito da verdade e o espírito
do erro.

III. DEUS É AMOR

Caridade divina e fraterna

7 Caríssimos, amemo-nos uns aos outros.
Porque a caridade vem de Deus. E todo o que
ama, é nascido de Deus e conhece a Deus.
8 Aquele que não ama, não conhece a Deus:
porque Deus é caridade. 9 Nisto é que se ma-
nifestou a caridade de Deus para conosco, em
que Deus enviou a seu Filho unigênito ao
mundo, para que nós vivamos por ele. 10 Esta
caridade consiste nisto: Em não termos nós
sido os que amamos a Deus, mas em que ele
foi o primeiro que nos amou a nós, e enviou
a seu Filho como vítima de propiciação pelos
nossos pecados.

11 Caríssimos, se Deus nos amou assim: de-
vemos nós também amarmo-nos uns aos outros.
12 Nenhum jamais viu a Deus. Se nós nos
amamos mutuamente, permanece Deus em nós,
e a sua caridade é em nós perfeita. 13 No em
que nós conhecemos que estamos nele e ele
em nós: é em nos ter feito participantes do
seu Espírito. 14 E nós vimos, e nós testifica-
mos, que o Pai enviou a seu Filho para ser o
Salvador do mundo. 15 Todo aquele pois que
confessar que Jesus é Filho de Deus, perma-
nece Deus nele, e ele em Deus. 16 E nós temos
conhecido e crido a caridade que Deus tem
por nós. Deus é caridade: e assim aquele que
permanece na caridade, permanece em Deus
e Deus nele.

17 Por isso foi consumada em nós a carida-
de de Deus, para que tenhamos confiança no
dia do juízo: pois como ele mesmo é, assim
somos nós outros neste mundo. 18 Na carida-
de não há temor: mas a caridade perfeita lan-
ça fora ao temor, porque o temor anda acom-
panhado de pena, e aquele que teme não é
perfeito na caridade. 19 Portanto, amemos nós
a Deus, porque Deus nos amou primeiro. 20 Se
algum disser pois, eu amo a Deus, e aborrecer
a seu irmão, é um mentiroso. Porque aquele
que não ama a seu irmão a quem vê, como
pode amar a Deus a quem não vê? 21 E nós
temos de Deus este mandamento: Que o que
ama a Deus, ame também a seu irmão.

Obras e amor

5 Todo o que crê que Jesus é o Cristo, é nas-
cido de Deus. E todo o que ama ao que o
gerou, ama também ao que nasceu dele. 2 Nisto
conhecemos que amamos aos filhos de Deus,
se amamos a Deus e guardamos os seu manda-
mentos. 3 Porque o amor de Deus está em que
guardemos os seus mandamentos: e os seus
mandamentos não são custosos. 4 Porque todo
o que é nascido de Deus, vence ao mundo: e
esta é a vitória que vence ao mundo, a nossa
fé. 5 Quem é o que vence o mundo, senão
aquele que crê que Jesus é o Filho de Deus?
6 Este é Jesus Cristo, que veio com a água e
com o sangue: não com a água tão somente,
senão com a água e com o sangue: e o Espírito
é o que dá testemunho, que Cristo é a verdade.
7 Porque três são os que dão testemunho no
céu, o Pai, o Verbo, e o Espírito Santo, e estes
são todos a mesma coisa. 8 E três são os que
dão testemunho na terra: o Espírito, e a água

e o sangue, e estes são uma mesma cousa. 9 Se
nós recebemos o testemunho dos homens, o
testemunho de Deus é maior; pois este é o tes-
temunho de Deus, que é o maior, porque ele
testificou de seu Filho. 10 O que crê no Filho
de Deus, tem em si o testemunho de Deus. O
que não crê ao Filho, vem a fazê-lo mentiroso,
porque não crê no testemunho que Deus deu
de seu Filho. 11 E este é o testemunho que
Deus nos deu, a vida eterna. E esta vida está
em seu Filho. 12 O que tem ao Filho, tem a
vida; o que não tem ao Filho, não tem a vida.

CONCLUSÃO

Oração e confiança

13 Eu vos escrevo estas coisas, para que sai-
bais que tendes a vida eterna, os que credes
no nome do Filho de Deus. 14 E esta é a con-
fiança que temos nele: que em tudo quanto
lhe pedirmos, ele nos ouve, sendo conforme à
sua vontade. 15 E sabemos que nos ouve em
tudo quanto lhe pedirmos, sabemo-lo, porque
temos já recebido o efeito das petições que lhe
fizemos. 16 O que sabe que seu irmão comete
um pecado que não é para morte, peça, e será
dada vida ao tal, cujo pecado não é para mor-
te. É o seu pecado, para morte: não digo eu
que rogue alguém por ele. 17 Toda a iniqüi-
dade é pecado, e há pecado que é para morte.
18 Sabemos que todo aquele que é nascido de
Deus, não peca, mas o nascimento que tem
de Deus o guarda, e o maligno lhe não toca.
19 Sabemos que somos de Deus, e todo o mun-
do está sob o império do espírito maligno.
20 E sabemos que veio o Filho de Deus, e que
nos deu entendimento, para que conheçamos
ao verdadeiro Deus, e estejamos em seu ver-
dadeiro Filho. Este é o verdadeiro Deus e a
vida eterna. 21 Filhinhos, guardai-vos dos ído-
los. Amém.

Segunda Epístola de São João Apóstolo

Endereço e saudação epistolar

1 O Presbítero à senhora Electa, e a seus
filhos, aos quais eu amo na verdade, e não
somente eu, mas também todos os que têm
conhecido a verdade. 2 Por causa da verdade
que permanece em nós, e que será conosco
eternamente. 3 Seja convosco a graça, a mise-
ricórdia, a paz da parte de Deus Pai e da
Jesus Cristo, Filho do Pai, em verdade, e em
caridade.

Exortação ao amor fraterno

4 Muito me alegrei por ter achado que al-
guns de teus filhos andam em verdade, assim
como temos, recebido o mandamento do Pai.
5 E agora rogo-te, senhora, não como se te
escrevesse um novo mandamento, senão, o que
havemos tido desde o princípio, que nos ame-
mos uns aos outros.

6 E nisto consiste a caridade, que andemos
segundo os mandamentos de Deus. Porque este
é o mandamento que andemos nele, como ten-
des ouvido desde o princípio.

Cautela contra os falsos mestres

7 Porque muitos impostores se têm levanta-
do no mundo, os que não confessam que Jesus
Cristo veio em carne. Este tal é impostor e
Anticristo. 8 Estai alerta sobre vós, para que
não percais o que haveis obrado: mas antes
recebais uma plena recompensa. 9 Todo o que
se aparta e não permanece na doutrina de
Cristo, não tem a Deus: o que permanece na
doutrina, este tem assim ao Pai como ao Filho.
10 Se algum vem a vós, e não traz esta doutri-
na, não no recebais em vossa casa, nem lhe
digais Deus te salve. 11 Porque o que lhe diz
Deus te salve comunica com as suas malignas
obras.

Saudação

12 Posto que eu tinha mais coisas que vos
escrever, eu o não quis fazer por papel e tinta:
porque espero ser convosco, e falar-vos cara
a cara: para que o vosso gosto seja perfeito.
13 Os filhos da tua irmã Electa te saúdam.

Terceira Epístola de São João Apóstolo

Endereço e saudação epistolar

1 O Presbítero ao caríssimo Gaio, a quem eu amo na verdade.

Congratulações afetuosas

2 Caríssimo, eu peço a Deus nas minhas orações que te prospere em tudo e que te conserve em saúde, assim como a tua alma se acha em bom estado. 3 Eu me alegrei muito pela vinda dos irmãos, e pelo testemunho que deram da tua verdade, assim como tu andas na verdade. 4 Eu não tenho maior gosto de outra coisa, que de ouvir que os meus filhos andam no caminho da verdade. 5 Caríssimo, tu te portas com fidelidade em tudo o que fazes com os irmãos, e particularmente com os peregrinos. 6 Os quais deram testemunho da tua caridade na face da Igreja: aos quais, se encaminhares como convém segundo Deus, farás bem. 7 Porque pelo seu nome é que eles partiram, não recebendo nada dos gentios. 8 Nós pois devemos receber a estes tais, para trabalharmos com eles no adiantamento da verdade.

Diótrefes Demétrio

9 Eu talvez tivera escrito à Igreja: mas aquele Diótrefes, que ama ter entre eles a primazia, não nos recebe: 10 por isso se eu lá for, darei a entender as obras que ele faz, chilrando com palavras malignas contra nós: e como se isto não lhe bastasse: nem ainda quer receber a nossos irmãos: e veda aos que os recebem que o não façam, e os lança fora da Igreja. 11 Caríssimo, não imites o mal, mas o bem. Aquele que faz bem, é de Deus: o que faz mal, não viu a Deus. 12 De Demétrio todos dão testemunho e a mesma verdade lho dá, e nós lho damos também: e tu sabes que o nosso testemunho é verdadeiro.

Saudação

13 Eu tinha mais coisas que te escrever: mas não quis fazê-lo por tinta e pena. 14 Porque espero ver-te cedo e então falaremos cara a cara. A paz seja contigo. Os nossos amigos te saúdam. Tu saúda também os nossos amigos cada um em particular.

Epístola Católica de São Judas Apóstolo

Endereço e saudação epistolar

1 Judas, servo de Jesus Cristo, e irmão de
Tiago, àqueles que são amados em Deus Pai,
e conservados, e chamados pela graça de Jesus
Cristo. 2 A misericórdia e a paz, e a caridade
se aumente em vós outros.

Finalidade da carta

3 Caríssimos, desejando eu com toda a ânsia
escrever-vos acerca da vossa comum salvação,
me foi necessário escrever-vos agora: exortan-
do-vos, a que combatais pela fé, que uma vez
foi dada aos santos. 4 Porque entraram furti-
vamente a vós certos homens ímpios (que estão
antecipadamente destinados para este juízo) os
quais trocam a graça de nosso Deus em luxú-
ria, e negam a Jesus Cristo, nosso único Domi-
nador e Senhor.

Guardai-vos dos falsos mestres, já condenados pela tradição bíblica

5 Mas quero-vos trazer à memória, posto
que já sabeis tudo isto, como Jesus, salvando
ao povo da terra do Egito, destruiu depois
aqueles que não creram: 6 e que os anjos, que
não guardaram o seu principado, mas desam-
pararam o seu domicílio, os tem reservados
com cadeias esternas em trevas, para o juízo
do grande dia. 7 Assim como Sodoma, e Go-
morra, e as cidades comarcãs, que se entrega-
ram aos mesmos excessos e praticando as
mesmas torpezas, foram postas por escarmen-
to, sofrendo a pena do fogo eterno. 8 Da mes-
ma maneira também estes contaminam por
certo a sua carne, e desprezam a dominação,
e blasfemam da majestade. 9 Quando o arcan-
jo Miguel, disputando com o diabo, altercava
sobre o corpo de Moisés, não se atreveu a
fulminar-lhe sentença de blasfemo: mas disse:
Manda-te o Senhor. 10 Porém estes blasfemam
na verdade de todas as coisas que ignoram: e
se pervertem como brutos irracionais, em todas
aquelas coisas que sabem naturalmente. 11 Ai
deles, porque andaram pelo caminho de Caim,
e por preço se deixaram levar do erro de Ba-
laão, e pereceram na rebelião de Coré. 12 Estes
são os que contaminam os seus festins, ban-
queteando-se sem temor, apascentando-se a si
mesmos, como nuvens sem água, que os ventos
levam de uma parte para outra, como árvores
do outono, sem fruto, duas vezes mortas, de-
sarraigadas. 13 Como ondas furiosas do mar,
que arrojam as espumas de sua abominação,
como estrelas errantes: para os quais está re-
servada uma tempestade de trevas por toda a
eternidade.

Profecia de Enoc

14 Também Enoc, que foi o sétimo depois
de Adão, profetizou ainda destes, dizendo:
Eis aqui veio o Senhor entre milhares de
seus santos: 15 a fazer juízo contra todos, e
a convencer a todos os ímpios de todas as
obras da sua impiedade, que impiamente fize-
ram, e de todas as palavras injuriosas que os
pecadores ímpios têm falado contra Deus.
16 Estes são uns murmuradores queixosos,
que andam segundo as suas paixões, e a sua
boca fala coisas soberbas, que mostram admi-
ração das pessoas, por causa de interesse.

Recomendações aos fiéis

17 Mas vós outros, caríssimos, lembrai-vos
das palavras que vos foram preditas pelos
apóstolos de nosso Senhor Jesus Cristo. 18 Os
quais vos diziam, que nos últimos tempos vi-
riam impostores, que andariam segundo as suas
paixões, todas cheias de impiedade. 19 Estes
são os que se separam de si mesmos, sensuais,
que não têm o espírito. 20 Mas vós outros,
caríssimos, edificando-vos a vós mesmos sobre
o fundamento da vossa santíssima fé, orando
no Espírito Santo: 21 conservai-vos a vós mes-
mos no amor de Deus, esperando a misericór-
dia de nosso Senhor Jesus Cristo para a vida
eterna. 22 E assim repreendei aos que estão já
julgados. 23 E salvai aos outros, arrebatando-os
do fogo. E dos demais tende compaixão com
temor: aborrecendo até a túnica que está con-
taminada da carne.

Doxologia final
Ao Senhor, honra e glória

24 E àquele que é poderoso para vos conservar sem pecado, e para vos apresentar ante a vista da sua glória imaculada com exultação na vinda de nosso Senhor Jesus Cristo.
25 Ao só Deus Salvador nosso, por Jesus Cristo nosso Senhor, seja glória e magnificência, império e poder antes de todos os séculos, e agora, e para todos os séculos dos séculos. Amém.

Apocalipse de São João Apóstolo

PRÓLOGO

1 Revelação de Jesus Cristo que Deus lhe
concedeu para descobrir aos seus servos o
que dentro em pouco deve acontecer, e o fez
conhecer por intermédio de um anjo enviado
ao seu servo João. 2 O qual deu testemunho
à palavra de Deus, e o testemunho de Jesus
Cristo, em todas as coisas que viu. 3 Bem-
-aventurado aquele que lê e ouve as palavras
desta profecia: e guarda as coisas que nela
estão escritas: porque o tempo está próximo.
4 João às sete Igrejas, que há na Ásia. Graça
a vós outros, e paz da parte daquele que é, e
que era, e que há de vir, e da dos sete Espí-
ritos, que estão diante do seu trono. 5 E da
parte de Jesus Cristo, que é a testemunha
fiel, o primogênito dos mortos, e o príncipe
dos reis da terra, que nos amou, e nos livrou
dos nossos pecados no seu sangue. 6 E nos fez
sermos o reino, e os sacerdotes de Deus, e seu
Pai: a ele glória e império pelos séculos. Amém.
7 Ei-lo aí vem sobre as nuvens, e todo o olho
o verá, e os que o traspassaram. E baterão nos
peitos ao vê-lo todas as tribos da terra. Assim
se cumprirá. Amém. 8 Eu sou o Alfa e o Ome-
ga, o princípio e o fim, diz o Senhor Deus: que
é, e que era, e que há de vir, o Todo-Poderoso.

I. EPÍSTOLAS ÀS SETE IGREJAS

Visão inicial

9 Eu João, vosso irmão, que tenho parte na
tribulação, e no reino, e na paciência em Jesus
Cristo: estive em uma ilha, que se chama
Patmos, por causa da palavra de Deus, e pelo
testemunho de Jesus. 10 Eu fui arrebatado em
espírito um dia de domingo, e ouvi por detrás
de mim uma grande voz como de trombeta,
11 que dizia: O que vês, escreve-o em um livro:
e envia-o às sete Igrejas que há na Ásia, a
Éfeso, e a Smirna, e a Pérgamo, e a Tiatira,
e a Sardes, e a Filadélfia, e a Laodicéia. 12 E
me voltei, para ver a voz que falava comigo:
e assim voltado vi sete candeeiros de ouro:
13 e no meio dos sete candeeiros de ouro há
um semelhante ao Filho do homem, vestido
de uma roupa talar, e cingido pelos peitos
com uma cinta de ouro: 14 e a sua cabeça,
porém, e os seus cabelos eram brancos como
a lã branca, e como a neve, e os seus olhos
pareciam uma como chama de fogo, 15 e os
seus pés eram semelhante ao latão fino, quan-
do está numa fornalha ardente, e a sua voz
igualava o estrondo das grandes águas: 16 e
tinha na sua direita sete estrelas: e saía da sua
boca uma espada aguda de dois fios: e o seu
rosto resplandecia como o sol na sua força.
17 Logo que eu o vi, caí ante seus pés como
morto. Porém ele pôs a sua mão direita sobre
mim, dizendo: Não temas, eu sou o primeiro
e o último 18 e o vivente; e fui morto, mas
eis aqui estou eu vivo por séculos dos séculos,
e tenho as chaves da morte e do inferno. 19 Es-
creve pois as coisas que viste, e as que não, e
as que têm de suceder ao depois destas. 20 Eis
aqui o mistério das sete estrelas, que tu viste
na minha mão direita, e dos sete candeeiros
de ouro: as sete estrelas são os sete anjos das
sete Igrejas: E os sete candeeiros são as sete
Igrejas.

Epístola à Igreja de Éfeso

2 Escreve ao anjo da Igreja de Éfeso: Isto
diz aquele que tem as sete estrelas na sua
direita, que anda no meio dos sete candeeiros
de ouro: 2 Eu sei as tuas obras, e o teu traba-
lho, e a tua paciência, e que não podes supor-
tar os maus: e que tens provado os que dizem
ser apóstolos, e não o são: e tu os achaste
mentirosos: 3 e que tens paciência, e sofreste
pelo meu nome, e não tens desfalecido. 4 Mas
tenho contra ti, que deixaste a tua primeira
caridade. 5 Lembra-te pois de onde caíste: e
arrepende-te, e faze as primeiras obras: e se

não, venho a ti, e moverei o teu candeeiro do seu lugar, se não fizeres penitência. 6 Mas isto tens de bom, que aborreces os feitos dos nicolaítas, que eu também aborreço. 7 Aquele que tem ouvidos, ouça o que o espírito diz às Igrejas: Ao vencedor darei a comer da árvore da vida, que está no paraíso do meu Deus.

Epistola à Igreja Smirna

8 E ao anjo da Igreja de Smirna escreve: Isto diz o primeiro e o último, que foi morto e que está vivo. 9 Eu sei a tua tribulação, e a tua pobreza, mas tu és rico: e és caluniado por aqueles que se dizem judeus, e não o são, mas são a sinagoga de Satanás. 10 Não temas nada do que tens que padecer. Eis aí está que o diabo fará meter em prisão alguns de vós, a fim de serdes provados: e tereis tribulação dez dias. Sê fiel até à morte, e eu te darei a coroa da vida. 11 Aquele que tem ouvidos, ouça o que o Espírito diz às Igrejas: O que sair vencedor, ficará ileso da segunda morte.

Epístola à Igreja de Pérgamo

12 Escreve também ao anjo da Igreja de Pérgamo: Isto diz aquele que tem o afiado montante de dois gumes: 13 Sei onde habitas, onde está a cadeira de Satanás: e que conservas o meu nome, e não negaste a minha fé. E isto até naqueles dias em que Antipas se ostentou minha fiel testemunha, o qual foi morto entre vós, onde Satanás habita. 14 Mas tenho contra ti umas poucas de coisas: porque tens aí aos que seguem a doutrina de Balaão, que ensinava a Balac a pôr tropeço diante dos filhos de Israel, para que comessem e fornicassem. 15 Assim tens tu também aos que seguem a doutrina dos nicolaítas. 16 Faze igualmente penitência: porque de outra maneira, virei a ti logo, e pelejarei contra eles com a espada da minha boca. 17 Aquele que tem ouvidos, ouça o que o espírito diz às Igrejas: Eu darei ao vencedor o maná escondido, e dar-lhe-ei uma pedrinha branca: e um nome novo escrito na pedrinha, o qual não conhece senão quem o recebe.

Episítola à Igreja de Tiatira

18 Escreve mais ao anjo da Igreja de Tiatira: Isto diz o Filho de Deus, que tem os olhos como uma chama de fogo, e os seus pés são semelhantes ao latão fino. 19 Eu conheço as tuas obras, e a tua fé, e a tua caridade, e serviços, e a tua paciência, e as tuas últimas obras, que em número excedem as primeiras. 20 Porém tenho umas poucas de coisas contra ti: porque tu permites a Jezabel, mulher que se diz profetisa, pregar, e seduzir aos meus servos, para cometerem impurezas e comerem das coisas sacrificadas aos ídolos. 21 Eu porém lhe tenho dado tempo para fazer penitência: e ela não quer arrepender-se da sua prostituição. 22 Eis aí a reduzirei a uma cama: e os que adulteram com ela, se verão numa grandíssima tribulação, se não fizerem penitência das suas obras. 23 E ferirei de morte a seus filhos, e todas as igrejas conhecerão que eu sou aquele que sonda os rins e os corações: e retribuirei a cada um de vós segundo as suas obras. Mas eu vos digo a vós, 24 e aos outros que estais em Tiatira: a respeito de todos os que não seguem esta doutrina, e que não têm conhecido as profundidades, como eles lhes chamam, de Satanás, eu não porei sobre vós outro peso: 25 mas guardai bem aquilo que tendes, até que eu venha. 26 E àquele que vencer, e que guardar as minhas obras até ao fim, eu lhe darei poder sobre as nações: 27 e ele as regerá como vara de ferro, e serão quebrados como vaso de oleiro. 28 Assim como também eu a recebi de meu Pai: e dar-lhe-ei a estrela d'alva. 29 Aquele que tem ouvidos, ouça o que o espírito diz às Igrejas.

Epístola à Igreja de Sardes

3 Escreve também ao anjo da Igreja de Sardes: Isto diz aquele que tem os sete espíritos de Deus e as sete estrelas. Eu sei as tuas obras, que tens a reputação de que vives e tu estás morto. 2 Sê vigilante, e confirma os restos que estavam para morrer. Pois que não acho as tuas obras completas diante do meu Deus. 3 Lembra-te pois do que recebeste e ouviste, e guarda-o, e faze penitência. Porque se tu não vigiares, virei a ti como um ladrão, e tu não saberás a que hora virei a ti. 4 Mas tens algumas pessoas em Sardes que não têm contaminado os seus vestidos: os quais andarão comigo em vestiduras brancas, porque são dignos disso. 5 Aquele que vencer, será assim vestido de vestiduras brancas, e eu não apagarei o seu nome do livro da vida, e confessarei o seu nome diante de meu Pai, e diante dos seus anjos. 6 Aquele que tem ouvidos, ouça o que o Espírito diz às Igrejas.

Epistola à Igreja de Filadélfia

7 Escreve também ao anjo da Igreja de Filadélfia: Isto diz o santo, e o verdadeiro, que tem a chave de Davi, que abre e ninguém fecha: que fecha e ninguém abre. 8 Eu conheço as tuas obras. Eis aqui pus diante de ti uma porta aberta, que ninguém pode fechar: por-

que tens pouca força, e guardaste a minha palavra, e não tens negado o meu nome. 9 Eis aqui apresentarei alguns da sinagoga de Satanás, e que dizem que são judeus, e não o são, mas mentem. Eis aqui farei com que eles venham, e que se prostrem a teus pés. E eles conhecerão que eu te amei. 10 Porque tu guardaste a palavra da minha paciência, também eu te guardarei da hora da tentação, que virá a todo o Universo, para provar aos que habitam na terra. 11 Vê, que venho logo: guarda o que tens, para que ninguém tome a tua coroa. 12 Ao que vencer, fá-lo-ei coluna no templo do meu Deus, e não sairá jamais fora: e escreverei sobre ele o nome do meu Deus, e o nome da cidade do meu Deus, a nova Jerusalém, que desce do céu vinda do meu Deus, e o meu novo nome. 13 Aquele que tem ouvidos, ouça o que o Espírito diz às Igrejas.

Epístola à Igreja de Laodicéia

14 Escreve igualmente ao anjo da Igreja de Laodicéia: Isto diz aquele que é a mesma verdade, a testemunha fiel e verdadeira, o que é princípio da criatura de Deus. 15 Sei as tuas obras, que não és nem frio, nem quente: oxalá que tu foras ou frio, ou quente. 16 Mas porque tu és morno, e nem és frio, nem quente, começar-te-ei a vomitar da minha boca. 17 Porque dizes: Rico sou pois, e estou enriquecido, e de nada tenho falta: e não conheces tu que és um coitado, e miserável, e pobre, e cego, e nu. 18 Eu te aconselho a que me compres ouro retemperado no fogo para te fazeres rico, e te vestires de roupas brancas, e não se descubra a vergonha da tua desnudez, e unge os teus olhos com colírio para que vejas. 19 Eu aos que amo, repreendo e castigo. Arma-te pois de zelo, e faze penitência. 20 Eis aí estou eu à porta, e bato: se algum ouvir a minha voz e me abrir a porta, entrarei eu em sua casa, e cearei com ele, e ele comigo. 21 Aquele que vencer, eu o farei assentar comigo no meu trono, assim como eu mesmo também depois que venci, me assentei igualmente com meu Pai no seu trono. 22 Aquele que tem ouvidos, ouça o que o Espírito diz às Igrejas.

II. O LIVRO DOS SETE SELOS

Visão preliminar: o Supremo Juiz

4 Depois disto, olhei, e vi uma porta aberta no céu, e a primeira voz que ouvi era como de trombeta, que falava comigo, dizendo: Sobe cá, e mostrar-te-ei as coisas que é necessário fazerem-se depois destas. 2 E logo fui arrebatado em espírito: e vi imediatamente um trono, que estava posto no céu, e sobre o trono estava um assentado. 3 E aquele que estava assentado no trono, era pelo que parecia semelhante a uma pedra de jaspe e de sardônio, e ao derredor do trono estava um iris que se assemelhava à cor de esmeralda. 4 Estavam também ao derredor do trono outros vinte e quatro tronos: e sobre estes tronos se viam assentados vinte e quatro anciãos, vestidos de roupas brancas, e nas suas cabeças coroas de ouro. 5 E do trono saíam relâmpagos e vozes, e trovões: e diante do trono estavam sete lâmpadas ardentes, que são os sete Espíritos de Deus. 6 E à vista do trono havia um como mar de vidro transparente semelhante ao cristal: e no meio do trono, e ao redor do trono, quatro animais cheios de olhos, por diante e por detrás. 7 E o primeiro animal era semelhante a um leão, e o segundo animal semelhante a um novilho, e o terceiro animal tinha o aspecto como de homem, e o quarto animal era semelhante a uma águia voando.

8 E os quatro animais, cada um deles tinha seis asas: e à roda e por dentro estavam cheios de olhos: e não cessavam de dia e de noite de dizer: Santo, Santo, Santo, o Senhor Deus onipotente, o que era, e o que é, e o que há de vir. 9 E quando aqueles animais davam glória, e honra, e benção ao que estava assentado sobre o trono, que vive pelos séculos dos séculos: 10 os vinte e quatro anciãos se prostravam diante do que estava assentado no trono, e adoravam ao que vive pelos séculos dos séculos, e lançavam as suas coroas diante do trono, dizendo: 11 Tu és digno, ó Senhor nosso Deus, de receber glória, e honra, e poder: porque tu criaste todas as coisas, e pela tua vontade é que elas eram, e foram criadas.

Só o Cordeiro tem poder sobre os sete selos

5 E vi na mão direita do que estava assentado sobre o trono um livro escrito por dentro e por fora, selado com sete selos. 2 E vi um anjo forte, que dizia a grande brado: Quem é digno de abrir o livro, e de desatar os seus selos? 3 E nenhum podia, nem no céu, nem na terra, nem debaixo da terra, abrir o livro, nem olhar para ele. 4 E eu chorava muito, por ver que ninguém foi achado digno de abrir o livro, nem de olhar para ele. 5 Porém um dos anciãos me disse: Não chores! Eis aqui o Leão da Tribo

de Judá, a Raiz de Davi, que pela sua vitória alcançou o poder de abrir o livro, e de desatar os seus sete selos. 6 E olhei: E vi no meio do anciãos um Cordeiro como morto, que estava em pé, o qual tinha sete cornos, e sete olhos: que são os sete Espíritos de Deus, mandados por toda a terra. 7 E veio: e tomou o livro da mão direita do que estava assentado no trono. 8 E tendo aberto o livro, os quatro animais e os vinte e quatro anciãos se prostraram diante do Cordeiro, tendo cada um suas cítaras e suas redomas de ouro cheias de perfumes, que são as orações dos santos: 9 e cantavam um cântico novo, dizendo: Digno és, Senhor, de tomar o livro e de desatar os seus selos: porque tu foste morto, e nos remiste para Deus pelo teu sangue, de toda a tribo, e de toda a língua, e de todo o povo, e de toda a nação: 10 e nos tens feito para o nosso Deus reino e sacerdotes: e reinaremos sobre a terra. 11 E olhei, e ouvi a voz de muitos anjos ao derredor do trono, e dos animais, e dos anciãos: e era o número deles milhares de milhares. 12 Que diziam em alta voz: Digno é o Cordeiro, que foi morto, de receber a virtude, e a divindade, e a sabedoria, e a fortaleza, e a honra, e a glória, e a benção. 13 E a toda a criatura, que há no céu e sobre a terra, e debaixo da terra, e as que há no mar, e quanto ali há: ouvi dizer a todas: Ao que está assentado no trono, e ao Cordeiro, benção, e honra, e glória, e poder pelos séculos dos séculos. 14 E os quatro animais respondiam: Amém. E os vinte e quatro anciãos se prostraram sobre os seus rostos: e adoraram ao que vive pelos séculos dos séculos.

Os sete selos: 1.º O cavalo branco

6 E vi que o Cordeiro abriu um dos sete selos, e ouvi que um dos quatro animais dizia, como em voz de trovão: Vem e vê. 2 E olhei: e vi um cavalo branco, e o que estava montado sobre ele tinha um arco, e lhe foi dada uma coroa, e saíu vitorioso para vencer. 3 E como ele tivesse aberto o segundo selo, ouvi o segundo animal, que dizia: Vem e vê.

2.º *O cavalo vermelho*

4 E saíu outro cavalo vermelho. E foi dado poder ao que estava montado sobre ele, para que tirasse a paz de cima da terra, e que se matassem uns aos outros, e foi-lhe dada uma grande espada.

3.º *O cavalo negro*

5 E quando ele abriu o terceiro selo, ouvi ao terceiro animal, que dizia: Vem e vê. E apareceu um cavalo negro: e o que estava montado sobre ele tinha na sua mão uma balança. 6 E ouvi uma como voz no meio dos quatro animais, que diziam: Meia oitava de trigo revelará um dinheiro, e três oitavas de cevada, um dinheiro: mas não faças dano ao vinho, nem ao azeite.

4.º *O cavalo amarelo*

7 E quando ele abriu o quarto selo, ouvi a voz do quarto animal, que dizia: Vem e vê. 8 E apareceu um cavalo amarelo: e o que estava montado sobre ele tinha por nome Morte, e seguia-o o Inferno, e foi-lhe dado poder sobre as quatro partes da terra, para matar à espada, à fome, e pela mortandade, e pelas alimárias da terra.

5.º *As almas dos mártires*

9 E quando ele abriu o quinto selo, vi debaixo do altar as almas dos que tinham sido mortos por causa da palavra de Deus, e pelo testemunho que tinham dado dele. 10 E clamavam em alta voz, dizendo: Até quando, Senhor, santo e verdadeiro, dilatas tu o fazer-nos justiça e vingar o nosso sangue dos que habitam sobre a terra? 11 E foram dadas a cada um deles umas vestiduras brancas: e foi-lhes dito que repousassem ainda um pouco de tempo, até que se completasse o número dos seus conservos e o de seus irmãos, que haviam de padecer como também eles a morte.

6.º *O grande terremoto*

12 E olhei quando ele abriu o sexto selo: e eis que sobreveio um grande terremoto e se tornou o sol negro, como um saco de cilício: e a lua se tornou toda como sangue: 13 e as estrelas caíram do céu sobre a terra, como quando a figueira, sendo agitada dum grande vento, deixa cair os seus figos verdes: 14 e o céu se recolheu como um livro, que se enrola: e todos os montes e ilhas se moveram dos seus lugares: 15 e os reis da terra, e os príncipes, e os tribunos, e os ricos, e os poderosos, e todo o servo e livre se esconderam nas cavernas e entre os penhascos dos montes. 16 E disseram aos montes e aos rochedos: Cai sobre nós e escondei-nos de diante da face do que está assentado no trono e da ira do Cordeiro: 17 porque chegou o grande dia da ira deles: e quem poderá subsistir?

Os cento e quarenta e quatro mil

7 Depois disto vi quatro anjos, que estavam sobre os quatro ângulos da terra, tendo mão

nos quatro ventos da terra, para que não asso-
prassem sobre a terra, nem sobre o mar, nem
contra árvore alguma. 2 E vi outro anjo que
subia da parte do nascimento do sol, tendo o
sinal do Deus vivo: e clamou em alta voz aos
quatro anjos, a quem fora dado o poder de
fazer mal à terra e ao mar, 3 dizendo: Não
façais mal à terra, nem ao mar: nem às árvo-
res, até que assinalemos os servos do nosso
Deus nas suas testas. 4 E ouvi o número dos
que foram assinalados, que eram cento e qua-
renta e quatro mil assinalados de todas as
tribos dos filhos de Israel. 5 Da tribo de Judá
doze mil assinalados: da tribo de Rúben doze
mil assinalados: da tribo de Gad doze mil as-
sinalados: 6 da tribo de Aser doze mil assina-
lados: da tribo de Neftali doze mil assinalados:
da tribo de Manassés doze mil assinalados: 7 da
tribo de Simeon doze mil assinalados: da tribo
de Levi doze mil assinalados: da tribo de Issa-
car doze mil assinalados: 8 da tribo de Zabulon
doze mil assinalados: da tribo de José, doze
mil assinalados: da tribo de Benjamim doze mil
assinalados.

Inumerável multidão doutros marcados

9 Depois disto vi uma grande multidão, que
ninguém podia contar, de todas as nações e
tribos, e povos e línguas: que estavam em pé
diante do trono, e à vista do Cordeiro, cober-
tos de vestiduras brancas e com palmas nas
suas mãos: 10 e clamavam em voz alta, dizen-
do: Salvação ao nosso Deus, que está assenta-
do sobre o trono e ao Cordeiro. 11 E todos os
anjos estavam em pé ao derredor do trono, e
dos anciãos, e dos quatro animais: e se pros-
traram ante o trono sobre os seus rostos e
adoraram a Deus, 12 dizendo: Amém. Benção,
e claridade, e sabedoria, e ação de graças, hon-
ra, e virtude, e fortaleza a nosso Deus pelos
séculos dos séculos. Amém. 13 E respondeu
um dos anciãos, e me disse: Estes que estão
cobertos de vestiduras brancas, quem são? e
donde vieram? 14 E eu lhe respondi: Meu
Senhor, tu o sabes. E ele me disse: Estes são
os que vieram de uma grande tribulação, e
lavaram as suas roupas, e as embranqueceram
no sangue do Cordeiro: 15 por isso estão ante
o trono de Deus e o servem de dia e de noite
no seu templo: e o que está assentado no
trono habitará sobre eles: 16 não terão fome
nem sede nunca jamais, nem cairá sobre eles
o sol, nem ardor algum: 17 porque o Cordeiro,
que está no meio do trono, os guardará, e os
levará às fontes das águas da vida, e enxugará
Deus toda a lágrima dos olhos deles.

7.º *Silêncio no céu*

8 E quando ele abriu o sétimo selo fez-se um
silêncio no céu, quase por meia hora.

III. AS SETE TROMBETAS

Toque das seis primeiras trombetas

2 E vi sete anjos que estavam em pé diante
de Deus, e lhes foram dadas sete trombetas.
3 E veio outro anjo, e parou diante do altar,
tendo um turíbulo de ouro, e lhe foram dados
muitos perfumes das orações de todos os san-
tos, para que os pusesse sobre o altar de ouro,
que estava ante o trono de Deus. 4 E subiu o
fumo dos perfumes das orações dos santos da
mão do anjo diante de Deus. 5 E o anjo tomou
o turíbulo e o encheu de fogo do altar, e o
lançou sobre a terra, e logo se fizeram trovões,
e estrondos, e relâmpagos, e um grande terre-
moto. 6 Então os sete anjos, que tinham as
sete trombetas, se prepararam para as fazer
soar.

7 E tocou o primeiro anjo a trombeta, e
formou-se uma chuva de pedra, e de fogo,
misturados com sangue que caíu sobre a terra,
e foi abrasada a terceira parte da terra, e foi
queimada a terceira parte das árvores, e quei-
mada toda a erva verde.

8 E o segundo anjo tocou a trombeta e foi
lançado no mar um como grande monte arden-
do em fogo, e se tornou em sangue a terceira
parte do mar. 9 E a terça parte das criaturas,
que viviam no mar, morreu, e a terça parte
das naus pereceu. 10 E tocou o terceiro anjo
a trombeta: e caíu do céu uma grande estrela
ardente como um facho, e caíu ela sobre a
terça parte dos rios, e por sobre as fontes das
águas: 11 e o nome desta estrela era absíntio:
e a terceira parte das águas se converteu em
absíntio, e muitos homens morreram das águas,
porque elas se tornaram amargosas.

12 E o quarto anjo tocou a trombeta: e foi
ferida a terça parte do sol, e a terça parte da
lua, e a terça parte das estrelas, de maneira
que se obscureceu a terça parte deles, e não
resplandecia a terceira parte do dia, e o mes-
mo era da noite.

13 E vi eu, e ouvi a voz de uma águia que
voava pelo meio do céu, a qual dizia em alta
voz: Ai, ai, ai dos habitantes da terra, por
causa das outras vozes dos três anjos que
haviam de tocar a trombeta.

9 E o quinto anjo tocou a trombeta: e vi que uma estrela caíu do céu na terra, e lhe foi dada a chave do poço do abismo. 2 E abriu ela o poço do abismo: e subiu fumo do poço como fumo de uma grande fornalha: e se escureceu o sol e o ar com o fumo do poço. 3 E do fumo do poço saíram gafanhotos para a terra e lhes foi dado um poder, como têm poder os escorpiões da terra. 4 E lhes foi mandado que não fizessem dano à erva da terra, nem a verdura alguma, nem a árvore alguma: senão somente aos homens que não têm o sinal de Deus nas suas testas. 5 E lhes foi concedido, não que os matassem: mas que os atormentassem cinco meses: e o seu tormento é como o tormento do escorpião quando fere ao homem. 6 E naqueles dias os homens buscarão a morte, e não a acharão, e eles desejarão morrer, e a morte fugirá deles. 7 E as figuras dos gafanhotos eram parecidas a cavalos aparelhados para a batalha, e sobre as suas cabeças tinham umas como coroas semelhantes ao ouro: e os seus rostos eram como rostos de homens: 8 E tinham os cabelos como os cabelos das mulheres, e os seus dentes eram como os dentes dos leões. 9 E vestiam couraças, como couraças de ferro, e o estrondo das suas asas era como o estrondo de carros de muitos cavalos, que correm ao combate. 10 E tinham caudas semelhantes às dos escorpiões, e havia aguilhões nas suas caudas: e o seu poder se estendia a fazerem mal aos homens cinco meses, e tinham sobre si 11 por seu rei um anjo do abismo, chamado em hebreu Abaddon, e em grego Apollyon, que segundo o latim quer dizer Exterminador. 12 O primeiro aí já passou, e eis aqui se seguem ainda desgraças.

13 Tocou também o sexto anjo a trombeta: e eu ouvi uma voz, que saía dos quatro cantos do altar de ouro, que está ante os olhos de Deus. 14 A qual dizia ao sexto anjo, que tinha a trombeta: Solta os quatro anjos que estão atados no grande rio Eufrates. 15 Logo foram desatados os quatro anjos, que estavam prestes para a hora, dia, mês e ano, para matarem a terça parte dos homens. 16 E o número deste exército de cavalaria era de duzentos milhões. E eu ouvi dizer o número deles. 17 E vi assim os cavalos na visão: os que estavam pois montados neles, tinham umas couraças de fogo, e de côr de jacinto e de enxofre, e as cabeças dos cavalos eram como cabeças de leões: e da sua boca saía fogo, e fumo, e enxofre. 18 E por estas três pragas, isto é, pelo fogo, e pelo fumo, e pelo enxofre, que saíam da sua boca, foi morta a terça parte dos homens. 19 Porque o poder dos cavalos está na sua boca, e nas suas caudas: porque as suas caudas assemelham-se com as das serpentes, e têm cabeças, e com elas danam.

20 E os outros homens, que não foram mortos por estas pragas nem se arrependeram das obras das suas mãos, para que não adorassem os demônios, e os ídolos de ouro, e de prata, e de cobre, e de pedra, e de pau, que nem podem ver, nem ouvir, nem andar: 21 e não fizeram penitência dos seus homicídios, nem das suas impurezas, nem dos seus furtos.

O livro profético

10 Então vi outro anjo forte, que descia do céu, vestido duma nuvem, e com o arco-íris sobre a sua cabeça, e o seu rosto era como o sol, e os seus pés como colunas de fogo. 2 E tinha na sua mão um pequeno livro aberto, e pôs o seu pé direito sobre o mar, e o esquerdo sobre a terra. 3 E gritou em alta voz, como um leão quando ruge. E depois que gritou, fizeram sete trovões soar as suas vozes. 4 E como os sete trovões tivessem feito ouvir as suas vozes, eu me punha já a escrevê-las, mas ouvi uma voz do céu, que me dizia: Sela as palavras dos sete trovões e não as escrevas.

5 E o anjo que eu vira, que estava em pé sobre o mar, e sobre a terra levantou a sua mão para o céu. 6 E jurou por aquele que vive pelos séculos dos séculos, que criou o céu, e tudo o que nele há, e a terra, e tudo o que há nela, e o mar, e tudo o que nele há, jurou, que não haveria mais tempo. 7 Mas nos dias da voz do sétimo anjo, quando começasse a soar a trombeta, se cumpriria o mistério de Deus, como ele o anunciou pelos profetas seus servos.

8 E ouvi a voz do céu, que falava outra vez comigo, e que dizia: Vai, e toma o livro aberto da mão do anjo, que está em pé sobre o mar, e sobre a terra. 9 E fui eu ter com o anjo, dizendo-lhe que me desse o livro. E ele me disse: Toma o livro e come-o, e ele te causará amargor no ventre, mas na tua boca será doce como mel. 10 E tomei o livro da mão do anjo, e traguei-o: E na minha boca era doce como mel, mas depois que o traguei, ele me causou amargor no ventre.

11 Então me disse: Importa que tu ainda profetes a muitas gentes, e povos, e homens de diversas línguas, e reis.

As duas testemunhas

11 E deu-se-me uma cana semelhante a uma vara, e foi-me dito: Levanta-te e mede o templo de Deus, e o altar, e os que nele fazem as suas orações: 2 mas o átrio, que está fora do Templo, deixa-o de fora, e não o meças: porque ele foi dado aos gentios, e eles hão de

pisar com os pés a Cidade Santa por quarenta e dois meses: 3 e darei às minhas duas testemunhas, e eles vestidos de saco profetarão por mil duzentos e sessenta dias.

4 Estes são duas oliveiras, e dois candeeiros, postos diante do Senhor da terra. 5 Se alguém pois lhes quiser fazer mal, sairá fogo das suas bocas, que devorará a seus inimigos: e se alguém os quiser ofender, importa que ele seja assim morto. 6 Eles têm poder de fechar o céu, para que não chova, pelo tempo que durar a sua profecia: e têm poder sobre as águas, para as converter em sangue, e de ferir a terra com todo o gênero de pragas, todas as vezes que quiserem. 7 E depois que eles tiverem acabado de dar o seu testemunho, uma fera que sobe do abismo, fará contra eles guerra, e vencê-los-á e matá-los-á. 8 E os seus corpos jazerão estirados nas praças da grande cidade, que se chama espiritualmente Sodoma e Egito, onde também o Senhor deles foi crucificado. 9 E os das tribos, e povos, e línguas, e nações verão os corpos deles estirados por três dias e meio: e não permitirão que os seus corpos sejam postos em sepúlcros: 10 e os habitantes da terra se alegrarão sobre eles e farão festas: e mandarão presentes uns aos outros, porque estes dois profetas tinham atormentado aos que habitavam sobre a terra. 11 Mas depois de três dias e meio o espírito de vida entrou neles da parte de Deus. E eles se levantaram sobre os seus pés, e dos que os viram se apoderou um grande temor. 12 E ouviram uma grande voz do céu, que lhes dizia: Subi para cá. E subiram ao céu em uma nuvem e os viram os inimigos deles. 13 E naquela hora sobreveio um grande terremoto, e caíu a décima parte da cidade, e no terremoto foram mortos os nomes de sete mil homens: e os demais foram atemorizados e deram glória ao Deus do céu. 14 É passado o segundo aí: e eis aqui o terceiro que cedo virá.

Toque da sétima trombeta

15 E o sétimo anjo tocou a trombeta: e ouviram-se no céu grandes vozes, que diziam: O reino deste mundo passou a ser de nosso Senhor, e do seu Cristo, e ele reinará pelos séculos dos séculos. Amém. 16 E os vinte e quatro anciãos, que diante de Deus estão assentados nas suas cadeiras, se prostraram sobre os seus rostos, e adoraram a Deus, dizendo: 17 Graças te damos, Senhor Deus Todo-Poderoso, que és, e que eras, e que hás de vir: por haveres recebido o teu grande poderio, e entrada no teu reino. 18 E as gentes se irritaram, mas chegou a tua ira, e o tempo de serem julgados os mortos, e de dar o galardão aos profetas teus servos, e aos santos, e aos que temem o teu nome, aos pequenos, e aos grandes, e de exterminar aos que corromperam a terra.

IV. OS SETE PORTENTOS

A Mulher e o Dragão

19 Então foi aberto no séu o Templo de Deus: e apareceu a Arca do seu Testamento no seu Templo, e sobrevieram relâmpagos, e vozes, e um terremoto, e uma grande chuva de pedra.

12 Apareceu outrossim um grande sinal no céu: uma Mulher vestida do sol, que tinha a lua debaixo de seus pés, e uma coroa de doze estrelas sobre a sua cabeça. 2 E estando pejada, clamava com as dores de parto que a atormentavam. 3 E foi visto outro sinal no céu: E eis aqui um grande Dragão vermelho, que tinha sete cabeças e dez cornos: e nas suas cabeças sete diademas. 4 E a cauda dele arrastava a terça parte das estrelas do céu, e as fez cair sobre a terra, e o Dragão parou diante da mulher, que estava para parir: a fim de tragar ao seu filho, depois que ela o tivesse dado à luz. 5 E deu à luz um filho varão, que havia de reger todas as gentes com vara de ferro: e seu filho foi arrebatado para Deus, e para o seu trono, 6 e a mulher fugiu para o deserto, onde tinha um retiro, que Deus lhe havia preparado, para nele a sustentarem por mil e duzentos e sessenta dias.

7 Então houve no céu uma grande batalha: Miguel, e os seus anjos pelejavam contra o Dragão e o Dragão com os seus anjos pelejavam contra ele. 8 Porém estes não prevaleceram, nem o seu lugar se achou mais no céu. 9 E foi precipitado aquele grande Dragão, aquela antiga serpente, que se chama o Diabo e Satanás, que seduz a todo o mundo: sim, foi precipitado na terra, e precipitados com ele os seus anjos.

10 E ouvi uma grande voz do céu, que dizia: Agora foi estabelecida a salvação, e a fortaleza, e o reino do nosso Deus, e o poder do seu Cristo: porque foi precipitado o acusador de nossos irmãos, que os acusava de dia e de noite diante do nosso Deus. 11 E eles o venceram pelo sangue do Cordeiro, e pela palavra do seu testemunho e não amaram as suas vidas

até à morte. 12 Por isso, ó céus, alegrai-vos, e vós os que habitais neles. Ai da terra e do mar, porque o Diabo desceu a vós cheio duma grande ira, sabendo que lhe resta pouco tempo.

13 E o Dragão depois que se viu precipitado na terra, começou a perseguir a mulher que tinha dado à luz o filho macho. 14 E foram dadas à mulher duas asas de uma grande águia, para voar para o deserto, ao lugar do seu retiro, onde é sustentada um tempo, dois tempos e a metade dum tempo, fora da presença da serpente. 15 E a serpente lançou da sua boca, atrás da mulher, água como um rio, para fazer que ela fosse arrebatada da corrente. 16 Porém a terra ajudou a mulher, e abriu a terra e sua boca e enguliu o rio, que o Dragão tinha vomitado da sua boca. 17 E o Dragão se irou contra a mulher: e foi fazer guerra aos outros seus filhos, que guardam os mandamentos de Deus, e têm o testemunho de Jesus Cristo. 18 E deixou-se estar sobre a areia do mar.

A Besta que saiu do mar

13 E vi levantar-se do mar uma Besta, que tinha sete cabeças e dez cornos, e sobre os seus cornos dez diademas, e sobre as suas cabeças nomes de blasfêmia. 2 esta Besta que eu vi, era semelhante a um leopardo, e os seus pés como pés de urso, a sua boca como boca de leão. E o Dragão lhe deu a sua força e o seu grande poder. 3 E vi uma das suas cabeças como ferida de morte: e foi curada a sua ferida mortal. E se maravilhou toda a terra após a Besta. 4 E adoraram ao Dragão, que deu poder à Besta: e adoraram a Besta, dizendo: Quem há semelhante à Besta? e quem poderá pelejar contra ela? 5 E foi dada à Besta uma boca, que se gloriava com insolência e pronunciava blasfêmias: e foi-lhe dado poder de fazer guerra por quarenta e dois meses. 6 E abriu a sua boca em blasfêmias contra Deus, para blasfemar o seu nome, o seu tabernáculo, e os que habitam no céu. 7 E foi-lhe concedido que fizesse guerra aos santos, e que os vencesse. E foi-lhe dado poder sobre toda a tribo, povo, língua e nação. 8 E todos os habitantes da terra a adoraram: aqueles, cujos nomes não estão escritos no livro da vida do Cordeiro, que foi imolado desde o princípio do mundo.

9 Se alguém tem ouvidos, ouça. 10 Aquele que levar para o cativeiro, irá para o cativeiro: aquele que matar à espada, importa que seja morto à espada. Aqui está a paciência e a fé dos santos.

A Besta que subiu da terra

11 E vi outra Besta, que subia da terra, e que tinha dois corpos semelhantes aos do Cordeiro, e que falava como o Dragão. 12 E ela exercitava todo o poder da primeira Besta na sua presença, e fez que a terra, e os que a habitam, adorassem a primeira Besta, cuja ferida mortal tinha sido curada. 13 E obrou grandes prodígios, de sorte que até fazia descer fogo do céu sobre a terra à vista dos homens. 14 E seduziu aos habitantes da terra com os prodígios, que se lhe permitiram fazer diante da Besta, dizendo aos habitantes da terra que fizessem uma imagem da Besta, que tinha recebido um golpe de espada, e ainda estava viva. 15 E foi-lhe concedido que comunicasse espírito à imagem da Besta, e que falasse a tal imagem da mesma Besta: e que fizesse que fossem mortos todos aqueles que não tivessem adorado a imagem da Besta.

16 E a todos os homens pequenos, e grandes, e ricos, e pobres, e livres, e escravos fará ter um sinal na sua mão direita, ou nas suas testas: 17 e que nenhum possa comprar, nem vender, senão o que tiver o sinal, ou nome da Besta, ou o número do seu nome.

18 Aqui há sabedoria. Quem tem inteligência, calcule o número da Besta. Porque é número de homem: e o número dela é seiscentos e sessenta e seis.

O Cordeiro

14 E olhei: e eis que o Cordeiro estava em pé sobre o monte de Sião e com ele cento e quarenta e quatro mil, que tinham escrito sobre as suas testas o nome dele, e o nome de seu Pai. 2 E ouvi uma voz do céu, como o estrondo de muitas águas, e como o estrondo de um grande trovão: e a voz, que ouvi, era como de tocadores de cítara, que tocavam as suas cítaras. 3 E cantavam um como cântico novo diante do trono, e diante dos quatro animais e dos anciãos: e ninguém podia cantar este cântico senão aqueles cento e quarenta e quatro mil, que foram comprados da terra. 4 Estes são aqueles que se não contaminaram com mulheres: porque são virgens. Estes seguem o Cordeiro, para onde quer que ele vá. Estes foram comprados dentre os homens para serem as primícias para Deus e para o Cordeiro. 5 E na sua boca não se achou mentira: porque estão sem mácula diante do trono de Deus.

Os três anjos e a voz do céu

6 E vi outro anjo voando pelo meio do céu, que tinha o Evangelho eterno, para o pregar aos que fazem assento sobre a terra, e a toda a nação, e tribo, e língua, e povo: 7 dizendo em alta voz: Temei ao Senhor, e dai-lhe glória, porque é chegada a hora do seu juízo: e adorai

aquele que fez o céu, e a terra, o mar e as fon-
tes das águas.
8 E outro anjo o seguiu, dizendo: Caíu, caíu
aquela grande Babilônia, que deu a baber a
todas as gentes do vinho da ira da sua forni-
cação.
9 E seguiu-se a estes o terceiro anjo, dizendo
em alta voz: Se algum adorar a Besta, e a sua
imagem, e trouxer o seu caráter na sua testa,
ou na sua mão: 10 este beberá também do
vinho da ira de Deus, que está misturado com
outro puro no cálice da sua ira, e será ator-
mentado em fogo e enxofre diante dos santos
anjos, e na presença do Cordeiro: 11 e o fumo
dos seus tormentos se levantará por séculos
de séculos: sem que tenham descanso algum
nem de dia, nem de noite, os que tiverem ado-
rado a Besta, e a sua imagem, e o que tiver
trazido o caráter do seu nome. 12 Aqui está a
paciência dos santos que guardam os manda-
mentos de Deus, e a fé de Jesus.
13 Então ouvi uma voz do céu que me dizia:
Escreve: Bem-aventurados os mortos, que mor-
rem no Senhor. De hoje em diante diz o Espí-
rito, que descansem dos seus trabalhos: por-
que as obras deles os seguem.

As fouces e a vindima dos pecadores

14 E tornei a olhar, e eis que vi uma nuvem
branca: e um assentado sobre a nuvem, que
se parecia com o Filho do homem, o qual tinha
na sua cabeça uma coroa de ouro, e na sua mão
uma fouce aguda. 15 E outro anjo saiu do tem-
plo, gritando em alta voz para o que estava
assentado sobre a nuvem: Mete a tua fouce, e
sega, porque é chegada a hora de segar, pois
a seara da terra está madura. 16 Então o que
estava assentado sobre a nuvem, meteu a sua
fouce à terra, e a terra foi segada.
17 E outro anjo saiu do templo que há no
céu, tendo também ele mesmo uma aguda fou-
ce. 18 Saiu mais do altar outro anjo, que tinha
poder sobre o fogo: e este em alta voz gritou
para o que tinha a fouce aguda, dizendo: Mete
a tua fouce aguda, e vindima os cachos da
vinha da terra, porque as suas uvas estão ma-
duras. 19 E meteu o anjo a sua fouce aguda
à terra, e vindimou a vinha da terra, e lançou
a vindima no grande lagar da ira de Deus:
20 e o lagar foi pisado fora da cidade, e o
sangue, que saiu do lagar, subiu até chegar aos
freios dos cavalos, por espaço de mil e seis-
centos estádios.

O mar de vidro

16 E vi no céu outro sinal grande, e admi-
rável, sete anjos que tinham as sete últi-
mas pragas: porque nelas é consumada a ira
de Deus. 2 E vi assim um como mar de vidro
envolto em fogo, e aos que venceram a Besta,
e a sua imagem, e número do seu nome, que
estavam sobre o mar de vidro, tendo cítaras de
Deus: 3 E cantavam eles o cântico do servo
de Deus Moisés, e o cântico do Cordeiro, di-
zendo: Grandes e admiráveis são as tuas obras,
ó Senhor Deus Todo-Poderoso; justos e verda-
deiros são os teus caminhos, ó rei dos séculos.
4 Quem te não temerá, Senhor, e quem não
engrandecerá o teu nome? porque só tu és pie-
doso: em conseqüência do que todas as nações
virão e se prostrarão na tua presença, porque
os teus juízos foram manifestados.

V. OS SETE ANJOS E OS SETE CÁLICES

Visão do Templo

5 E depois disto olhei, e eis que vi que o
Templo do Tabernáculo do testemunho se abriu
no céu: 6 e os sete anjos, que traziam as sete
pragas, saíram do Templo, vestidos de linho
puro e branco, e cingidos pelos peitos com
cintas de ouro. 7 Então um dos quatro animais
deu aos sete anjos sete cálices de ouro, cheios
da ira de Deus, que vive pelos séculos dos sé-
culos. 8 E o Templo se encheu de fumo pela
majestade do Deus e da sua virtude: e ninguém
podia entrar no Templo, enquanto se não cum-
prissem as sete pragas dos sete anjos.

Os sete cálices vasados

15 E ouvi uma grande voz, que saía do
Templo, a qual dizia aos sete anjos: Ide,
e derramai sobre a terra os sete cálices da ira
de Deus. 2 E foi o primeiro, e derramou o seu
cálice sobre a terra, e veio um golpe cruel, e
perniciosíssimo sobre os homens, que tinham
o sinal da Besta: e sobre aqueles que adora-
ram a sua imagem.
3 Derramou também o segundo anjo o seu
cálice sobre o mar, e se tornou em sangue
como de um morto: e morreu no mar toda a
alma vivente.
4 E o terceiro derramou o seu cálice sobre
os rios e sobre as fontes das águas, e estas se
converteram em sangue. 5 E ouvi dizer ao anjo
das águas: Justo és, Senhor, que és, e que
eras santo, que isto julgaste: 6 porque eles
derramaram o sangue dos santos e dos profe-
tas, lhes deste também a beber sangue: porque
assim o merecem. 7 E ouvi a outro que dizia

do altar: Certamente, Senhor Deus Todo-Poderoso, verdadeiros e justos são os teus juízos.

8 E o quarto anjo derramou o seu cálice sobre o sol, e foi-lhe dado poder de afligir os homens com calor e fogo: 9 e os homens se abrasaram com um calor devorante, e blasfemaram o nome de Deus, que tem poder sobre estas pragas, e não se arrependeram para lhe darem glória.

10 Derramou igualmente o quinto anjo o seu cálice sobre o trono da Besta: e o seu reino tornou-se tenebroso, e os homens se morderam a si mesmos as línguas com a veemência da sua dor: 11 e blasfemaram o Deus do céu por causa das suas dores e das suas feridas, e não fizeram penitência das suas obras.

12 E derramou o sexto anjo o seu cálice sobre aquele grande rio Eufrates: e secou as suas águas, para que se aparelhasse caminho para os reis do Oriente. 13 E eu vi saírem da boca do Dragão, e da boca da Besta, e da boca do Falso Profeta, três espíritos imundos, semelhantes às rãs. 14 Estes pois são uns espíritos de demônios, que fazem prodígios e que vão aos reis de toda a terra, para os ajuntar para a batalha no grande dia do Deus Todo-Poderoso. 15 Eis aí venho como ladrão. Bem-aventurado aquele que vigia e guarda os seus vestidos, para que não ande nu e vejam a sua fealdade. 16 E ele os ajuntará num lugar, que em hebraico se chama Armagedon.

17 E o sétimo anjo derramou o seu cálice pelo ar, e saiu uma grande voz do Templo da banda do trono, que dizia: Está feito. 18 Logo sobrevieram relâmpagos, vozes e trovões, e houve um grande tremor de terra: tal e tão grande terremoto, qual nunca se sentiu desde que existiram homens sobre a terra. 19 E a grande cidade foi dividida em três partes: e as cidades das nações caíram, e Babilônia, a grande, veio em memória diante de Deus, para lhe dar a beber o cálice do vinho da indignação da sua ira. 20 E toda a ilha fugiu, e os montes não foram achados. 21 E caiu do céu sobre os homens uma grande chuva de pedra, como do peso dum talento: e os homens blasfemaram de Deus, por causa da praga da pedra: porque foi grande em extremo.

VI. A BESTA DAS SETE CABEÇAS

Simbolismo da Besta e da Prostituta

17 Então veio um dos sete anjos, que tinham os sete cálices, e falou comigo, dizendo: Vem cá, e eu te mostrarei a condenação da grande Prostituta, que está assentada sobre as grandes águas. 2 Com quem se corromperam os reis da terra, e que tem embebedado os habitantes da terra com vinho da sua prostituição.

3 E me arrebatou em espírito ao deserto. E vi uma mulher assentada sobre uma Besta de côr de escarlata, cheia de nomes de blasfêmias, que tinha sete cabeças e dez cornos. 4 E a mulher estava cercada de púrpura, e de escarlata, e adornada de ouro, e de pedras preciosas, e de pérolas, e tinha uma taça de ouro na sua mão, cheia de abominação, e da imundície da sua torpeza. 5 E estava escrito na sua testa este nome: Mistério! A grande Babilônia, a mãe das devassidões e das abominações da terra. 6 E vi esta mulher embebedada do sangue dos santos, do sangue dos mártires de Jesus. E quando a vi fiquei espantado com uma grande admiração.

7 Então me disse o anjo: Por que te admiras? Eu te direi o mistério da mulher, e da Besta que leva, e que tem sete cabeças e dez cornos. 8 A Besta, que tu viste, era, e já não é, e ela há de subir do abismo, e há de ser precipitada na perdição: e os habitantes da terra (cujos nomes não estão escritos no livro da vida desde o princípio do mundo) se encherão de pasmo, quando virem a Besta, que era, e já não é. 9 E aqui há sentido que tem sabedoria. As sete cabeças são sete montes, sobre os quais a mulher está assentada; são também sete reis. 10 Morreram cinco, resta ainda um, e o outro ainda não veio: e quando ele vier convém que dure pouco tempo. 11 E a Besta, que era, e que já não é: é ela também a oitava: é também uma das sete, e caminha à sua perdição. 12 E os dez cornos, que tu viste, são dez reis: que ainda não receberam reino, mas eles receberão poder como reis, uma hora depois da Besta.

13 Estes têm todos o mesmo intento, e darão a sua força e o seu poder à Besta.

14 Estes pelejarão contra o Cordeiro, e o Cordeiro os vencerá: porque ele é o Senhor dos Senhores, e o Rei dos Reis, e os que são com ele, são os Chamados, os Escolhidos, e os Fiéis.

15 Disse-me mais o anjo: As águas que tu viste, onde a Prostituta está assentada, são os povos, e as nações, e as línguas. 16 E os dez cornos que tu viste na Besta: estes aborrecerão a Prostituta, e a reduzirão à desolação, e a deixarão nua, e comerão as suas carnes, e queimá-la-ão no fogo. 17 Porque Deus lhes pôs nos

seus corações o executarem o que é do seu agrado dele: que é, darem o seu Reino à Besta, até que se cumpram as palavras de Deus. 18 E a mulher que viste, é a Grande Cidade que reina sobre os reis da terra.

Um anjo anuncia a queda de Babilônia

18 E depois disto vi descer do céu outro anjo, que tinha um grande poder: e a terra foi iluminada da sua glória. 2 E exclamou fortemente, dizendo: Caiu, caiu a grande Babilônia: e se converteu em habitação de demônios, e em retiro de todo o espírito imundo, e em guarida de toda a ave hedionda e abominável. 3 Porque todas as nações beberam do vinho da ira da sua prostituição: e os reis da terra se corromperam com ela: e os mercadores da terra se fizeram ricos com o excesso das suas delícias.

4 Depois ouvi outra voz do céu, que dizia: Sai dela, povo meu: para não serdes participantes dos seus delitos, e para não serdes compreendidos nas suas pragas. 5 Porque os seus pecados chegaram até ao céu, e o Senhor se lembrou das suas iniqüidades. 6 Tornai-lhe assim como ela também vos tornou: e pagai-lhe em dobro, conforme as suas obras: no cálice que ela vos deu a beber, dai-lhe a beber dobrado. 7 Quanto ela se tem glorificado e tem vivido em deleites, tanto lhe dai de tormento e pranto: porque diz no seu coração: Eu estou assentada como rainha: e não sou viúva: e não verei o pranto. 8 Por isso num mesmo dia virão as suas pragas, a morte, e o pranto, e a fome, e ela será abrasada em fogo: porque é forte o Deus que a há de julgar.

Lamentações sobre Babilônia

9 E chorarão, e ferirão os peitos sobre ela os reis da terra, que fornicaram com ela, e viveram em deleites, quando eles virem o fumo do seu incêndio: 10 estando longe por medo dos tormentos dela, dirão: Ai, ai daquela grande cidade de Babilônia, aquela cidade forte: porque num momento veio a tua condenação.

11 E os negociantes da terra chorarão, e se lamentarão sobre ela: porque ninguém comprará mais as suas mercadorias: 12 mercadorias de ouro, e de prata, e de pedras preciosas, e de pérolas, e de linho finíssimo, e de escarlata, e de seda, e de grã, e toda a madeira odorífera, e todos os móveis de marfim, e todos os móveis de pedras preciosas, e de cobre, e de ferro, e de mármore. 13 E de cinamomo, e de cheiros, de bálsamos, e de incenso, e de vinho, e de azeite, e de flor da farinha, e de trigo, e de bestas de carga, e de ovelhas, e de cavalos, e de carroças, e de escravos, e de almas de homens. 14 E os frutos do desejo da tua alma se retiraram de ti, e todas as coisas pingues, e formosas te têm faltado e não as acharão jamais. 15 Os mercadores destas coisas, que se enriqueceram, estarão longe dela por medo dos tormentos dela, chorando e fazendo pranto. 16 E dizendo: Ai, ai daquela Grande Cidade, que estava coberta de linho finíssimo de escarlata, e de grã, e que se adornava de ouro, e de pedras preciosas, e de pérolas.

17 Que em uma hora têm desaparecido tantas riquezas; e todos os pilotos, e todos os que navegam no mar, e os marinheiros, e quantos negoceiam sobre o mar, estiveram ao longe. 18 E vendo o lugar do incêndio dela, clamaram, dizendo: Que cidade houve semelhante a esta Grande Cidade? 19 E lançaram pó sobre as suas cabeças, e fizeram alaridos; chorando e lamentando diziam: Ai, ai daquela Grande Cidade, na qual se enriqueceram todos os que tinham navios no mar, dos preços dela; que em uma hora foi desolada.

20 Exulta sobre ela, ó Céu, e vós, Santos Apóstolos e Profetas: porque Deus julgou a vossa causa, quanto a ela.

21 Então um forte anjo levantou em alto uma pedra, como uma grande mó de moinho, e lançou-a no mar, dizendo: Assim com este de Babilônia, de sorte que ela se não achará ímpeto será precipitada aquela grande cidade jamais. 22 E não se ouvirá mais em ti nem a voz de tocadores de cítara, nem de músicos, nem de tocadores de flauta e de trombeta: nem se achará mais em ti artífice algum de qualquer mister que seja: nem se tornará mais a ouvir em ti o ruído da mó: 23 e não luzirá mais em ti a luz das lâmpadas: nem se ouvirá mais em ti a voz do esposo e da esposa: porque os teus mercadores eram uns príncipes da terra, porque nos teus encantamentos erraram todas as gentes. 24 E nela foi achado o sangue dos profetas, e dos santos: e de todos os que foram mortos sobre a terra.

Cântico de triunfo no céu

19 Depois disto ouvi uma como voz de muitas gentes no céu, que diziam: Aleluia: a salvação, e a glória, e o poder é ao nosso Deus: 2 porque verdadeiros e justos são os seus juízos, porque ele condenou a grande Prostituta que corrompeu a terra com a sua prostituição, e porque vingou o sangue de seus servos, das mãos dela. 3 E outra vez disseram: Aleluia. E o fumo dela sobe por séculos de séculos. 4 Então os vinte e quatro anciãos e os quatro animais se prostraram e adoraram

a Deus, que estava assentado sobre o trono, e diziam: Amém. Aleluia.

5 E saiu do trono uma voz que dizia: Dizei louvor ao nosso Deus todos os seus servos, e os que o temeis, pequeninos e grandes. 6 E ouvi uma como voz de muita gente e um como estrondo de muitas águas, e como o estampido de grandes trovões, que diziam: Aleluia. Porque reinou o Senhor nosso Deus: o Todo-Poderoso. 7 Alegremo-nos e exultemos: e demos-lhe glória: porque são chegadas as bodas do Cordeiro, e a sua esposa está ataviada. 8 E lhe foi dado o vestir-se de finíssimo linho, resplandescente e branco. E este linho fino são as justificações dos santos. 9 Então me disse ele: Escreve: Bem-aventurados os que foram chamados à ceia das bodas do Cordeiro: e me disse: Estas palavras de Deus são verdadeiras. 10 E eu me prostrei a seus pés para o adorar. E ele me disse: Vê não faças tal: eu sou servo contigo e com teus irmãos, que têm testemunho de Jesus. Adora a Deus. Porque o testemunho de Jesus é o espírito de profecia.

Extermínio das duas bestas

11 Depois vi o céu aberto, e eis que apareceu um cavalo branco, e o que estava montado em cima dele se chamava o Fiel, e o Verdadeiro, que julga, e que peleja justamente. 12 E os seus olhos eram uma como chama de fogo, e na sua cabeça estavam postos muitos diademas, e tinha um nome escrito, que ninguém conhece senão ele mesmo. 13 E vestiu uma roupa salpicada de sangue: e o seu nome, por que se apelida, é O VERBO DE DEUS. 14 E seguiam-no os exércitos que estão no céu, em cavalos brancos, vestidos de fino linho branco e limpo. 15 E da sua boca saía uma espada de dois gumes: para ferir com ela as nações. Porque ele as governará com uma vara de ferro: e ele mesmo é o que pisa o largar do vinho do furor da ira de Deus Todo-Poderoso. 16 E ele traz escrito no seu vestido e na sua coxa: O Rei dos Reis e o Senhor dos Senhores. 17 E vi um anjo que estava no sol, e clamou em alta voz, dizendo a todas as aves que voavam pelo meio do céu: Vinde e congregai-vos à grande ceia de Deus: 18 para comerdes carnes de reis, e carnes de tribunos e carnes de poderosos, e carnes de cavalos, e dos que neles montam, e carnes de todos os livres, e escravos, e pequeninos, e grandes. 19 E vi a Besta, e os reis da terra, e os seus exércitos congregados para fazerem guerra àquele que estava montado no cavalo, e ao seu exército. 20 Mas a Besta foi presa e com ela o falso profeta: que tinha feito os prodígios na sua presença, com os quais ele tinha seduzido aos que tinham recebido o caráter da Besta e que tinham adorado a sua imagem. Estes dois foram lançados vivos no tanque ardente de fogo e de enxofre: 21 e os outros morreram à espada, que saía da boca do que estava montado sobre o cavalo: e todas as aves se fartaram das carnes deles.

VII. OS MIL ANOS

O Dragão amarrado e desamarrado

20 E vi descer do céu um anjo, que tinha a chave do abismo e uma grande cadeia na sua mão. 2 E ele tomou o Dragão, a Serpente antiga, que é o Diabo e Satanás, e o amarrou por mil anos: 3 e meteu-o no abismo, e fechou-o, e pôs selo sobre ele para que não engane mais as gentes, até que sejam cumpridos os mil anos: e depois disto convém que ele seja desatado por um pouco de tempo. 4 E vi cadeiras, e se assentaram sobre elas, e lhes foi dado o poder de julgar: e também vi as almas dos decapitados pelo testemunho de Jesus, e pela palavra de Deus, e os que não adoraram a Besta, nem a sua imagem, nem receberam o seu caráter nas testas, nem nas suas mãos e viveram, e reinaram com Cristo mil anos. 5 Os outros mortos não tornarão à vida, até que sejam cumpridos mil anos. Esta é a primeira ressurreição. 6 Bem-aventurado e santo aquele que tem parte na primeira ressurreição; a segunda morte não tem poder sobre eles, mas antes serão sacerdotes de Deus e de Cristo, e reinarão com ele mil anos.

A batalha final e o Juízo Universal

7 E depois que os mil anos forem cumpridos, será desamarrado Satanás da sua prisão, e sairá, e seduzirá as nações que estão nos quatro ângulos da terra, a Gog, e a Magog, e os congregará para dar batalha, cujo número é como a areia do mar. 8 E subiram sobre o âmbito da terra, e cercaram os arraiais dos santos, e a cidade querida. 9 Mas desceu do céu, por mandado de Deus, um fogo que os tragou; e o diabo que os enganava, foi metido no tanque de fogo e de enxofre, onde assim a Besta, 10 como o falso Profeta serão atormentados de dia e de noite pelos séculos dos séculos.

11 E vi um grande trono branco, e um que estava assentado sobre ele, de cuja vista fugiu a terra e o céu, e não foi achado o lugar deles. 12 E vi os mortos, grandes e pequeninos, que estavam em pé diante do trono, e foram abertos os livros; e foi aberto outro livro que é o da vida, e foram julgados os mortos pelas coisas que estavam escritas nos livros, segundo as suas obras. 13 E o mar deu os mortos que estavam nele; e a morte e o inferno deram os seus mortos que estavam neles, e se fez juízo de cada um deles segundo as suas obras. 14 E o inferno e a morte foram lançados no tanque de fogo. Esta é a segunda morte. 15 E aquele que se não achou escrito no livro da vida, foi lançado no tanque de fogo.

A Nova Jerusalém

21 E vi um céu novo, e uma terra nova. Porque o primeiro céu e a primeira terra se foram, e o mar já não é. 2 E eu, João, vi a cidade santa, a Jerusalém nova, que da parte de Deus descia do céu, adornada como uma esposa ataviada para o seu esposo. 3 E ouvi uma grande voz vinda do trono que dizia: Eis aqui o tabernáculo de Deus com os homens, e ele habitará com eles. E eles serão o seu povo, e o mesmo Deus, no meio deles, será o seu Deus. 4 E Deus lhes enxugará todas as lágrimas de seus olhos, e não haverá mais morte, nem haverá mais choro, nem mais gritos, nem mais dor, porque as primeiras coisas são passadas.

5 Então o que estava assentado no trono, disse: Eis aí faço eu novas todas as coisas. E ele me disse: Escreve, porque estas palavras são muito fiéis e verdadeiras. 6 Também me disse: Tudo está cumprido; eu sou o Alfa e o Omega, o princípio e o fim. Eu darei gratuitamente a beber da fonte dágua da vida ao que tiver sede. 7 Aquele que vencer, possuirá estas coisas, e eu serei seu Deus, e ele será meu filho. 8 Mas pelo que toca aos tímidos, e aos incrédulos, e aos execráveis, e aos homicidas, e aos fornicários, e aos que dão veneno, e aos idólatras, e a todos os mentirosos, a sua parte será no tanque ardente de fogo e de enxofre que é a segunda morte.

9 Então veio um dos sete anjos que tinham os seus sete cálices cheios das sete pragas últimas, e falou comigo, dizendo: Vem cá, e eu te mostrarei a esposa, a consorte do Cordeiro. 10 E ele me transportou em espírito a um grande e alto monte, e me mostrou a santa cidade de Jerusalém que descia do céu da presença de Deus. 11 A qual tinha a claridade de Deus; e o lustre dela era semelhante a uma pedra preciosa como pedra de jaspe, à maneira de cristal. 12 E tinha um muro grande e alto, com doze portas, e nas portas doze anjos, e uns nomes escritos, que são os nomes das doze tribos dos filhos de Israel. 13 Três destas portas estavam ao oriente, e três portas aos setentrião, e três portas ao meio-dia, e três portas ao ocidente. 14 E o muro da cidade tinha doze fundamentos, e neles os doze nomes dos doze apóstolos do Cordeiro.

15 E o que falava comigo, tinha por vara de medir uma cana de ouro para medir a cidade, e as suas portas e o muro. 16 E a cidade é fundada em quadro, e tão comprida, como larga; e mediu ele a cidade com a cana de ouro e achou que era de doze mil estádios; e o seu comprimento, e a sua altura, e a sua largura são iguais. 17 Mediu também o seu muro que era de cento e quarenta e quatro côvados, da medida de homem, que era a do anjo. 18 A estrutura porém deste muro era de pedra de jaspe, e a mesma cidade era de puro ouro, semelhante a um vidro claro. 19 E os fundamentos do muro da cidade eram ornados de toda a qualidade de pedras preciosas. O primeiro fundamento era de jaspe, o segundo de safira, o terceiro de calcedônia, o quarto de esmeralda. 20 O quinto de sardônio, o sexto de sarda, o sétimo de crisolita, o oitavo de berilo, o nono de topázio, o décimo de crisópraso, o undécimo de jacinto, o duodécimo de ametista. 21 E as doze portas eram doze margaritas, uma em cada uma; e cada porta era feita de uma margarita, e a praça da cidade era de puro ouro como vidro transparente. 22 E não vi templo nela. Porque o Senhor Deus Todo-Poderoso, e o Cordeiro é o seu templo. 23 E esta cidade não há mister de sol nem lua que alumiem nela, porque a claridade de Deus a alumiou, e a lâmpada dela é o Cordeiro. 24 E as nações caminharão à sua luz, e os reis da terra lhe trarão a sua glória e a sua honra. 25 E as suas portas não se fecharão de dia, porque noite não haverá ali. 26 Trar-lhe-ão também a glória, e a honra das nações. 27 Não entrará nela coisa alguma contaminada, nem quem cometa abominação ou mentira, mas somente aqueles que estão escritos no livro da vida do Cordeiro.

22 E ele me mostrou um rio da água da vida, resplandescente como cristal, que saía do trono de Deus e do Cordeiro. 2 No meio da sua praça, e de uma e outra parte do rio, estava a árvore da Vida, que dá doze frutos, produzindo em cada mês seu fruto, e as folhas da árvore servem para a saúde das gentes. 3 E não haverá ali jamais maldição; mas os tronos de Deus e do Cordeiro estarão nela.

e os seus servos o servirão. 4 E verão a sua
face, e o seu nome estará nas testas deles. 5 E
não haverá ali mais noite, nem eles terão ne-
cessidade de luz de lâmpada, nem de luz do
sol, porque o Senhor Deus os alumiará, e reina-
rão pelos séculos dos séculos.

EPÍLOGO

Garantia

6 Outrossim me disse: Estas palavras são
muito fiéis e verdadeiras. E o Senhor Deus dos
espíritos dos profetas enviou o seu anjo para
mostrar aos seus servos as coisas que devem
acontecer dentro de pouco tempo. 7 E eis aqui
venho à pressa. Bem-aventurado aquele que
guarda as palavras da profecia deste livro.
8 E eu, João, sou o que ouvi, e o que vi estas
coisas. E depois de as ter ouvido e visto, me
lancei aos pés do anjo, que mas mostrava para
o adorar. 9 E ele me disse: Vê, não faças tal;
porque eu servo sou contigo, e com teus ir-
mãos os profetas, e com aqueles que guardam
as palavras da profecia deste livro: adora a
Deus. 10 Também me diz: Não seles as pala-
vras da profecia deste livro, porque o tempo
está próximo. 11 Aquele que faz injustiça, fa-
ça-a ainda; e aquele que está sujo, suje-se ain-
da, e aquele que é justo justifique-se ainda;
e aquele que é santo santifique-se ainda. 12 Eis
aqui que depressa virei, e o meu galardão anda
comigo para recompensar a cada um, segundo
as suas obras. 13 Eu sou o Alfa e o Omega;
o primeiro, e o último, o princípio e o fim.
14 Bem-aventurado aqueles que lavam as suas
vestiduras no sangue do Cordeiro, para terem
parte na árvore da Vida, e para entrarem na
cidade pelas portas! 15 Fora daqui os cães, e
os que dão veneno, e os impúdicos, e os ho-
micidas, e os idólatras, e todo o que ama e
obra a mentira. 16 Eu, Jesus, enviei o meu
anjo para vos dar testemunho destas coisas
nas Igrejas. Eu sou a raiz e a geração de Davi,
a estrela resplandescente da manhã. 17 E o
Espírito e a Esposa dizem: Vem. E o que ouve,
diga: Vem. E o que tem sede venha; e o que
a quer, receba de graça a água da vida. 18 Por-
que eu protesto a todos os que ouvem as pa-
lavras da profecia deste livro: que se algum
lhe ajuntar alguma coisa, Deus o castigará com
as pragas que estão escritas neste livro. 19 E
se algum tirar qualquer coisa das palavras do
livro desta profecia, tirará Deus a sua parte
do livro da vida, e da cidade santa, e das coisas
que estão escritas neste livro. 20 O que dá tes-
temunho destas coisas, diz: Certamente que
venho logo. Amém. Vem, Senhor Jesus. 21 A
graça de nosso Senhor Jesus Cristo seja com
todos vós. Amém.

PRINCIPAIS ORAÇÕES DO BOM CRISTÃO.

Pai Nosso

Pai nosso que estais nos céus, santificado seja o vosso nome, venha a nós o vosso reino, seja feita a vossa vontade, assim na terra como no céu. O pão nosso de cada dia nos dai hoje; perdoai-nos as nossas ofensas assim como nós perdoamos a quem nos tem ofendido, e não deixeis cair em tentação, mas livrai-nos do mal.

Amém.

Ave Maria

Ave, Maria, cheia de graça, o Senhor é convosco; bendita sois vós entre as mulheres e bendito é o fruto do vosso ventre, Jesus. Santa Maria, Mãe de Deus, rogai por nós, pecadores, agora e na hora de nossa morte.

Amém.

Creio

Creio em Deus Pai, todo-poderoso, criador do céu e da terra; e em Jesus Cristo, seu único Filho, Nosso Senhor; que foi concebido pelo poder do Espírito Santo; nasceu da Virgem Maria, padeceu sob Pôncio Pilatos, foi crucificado, morto e sepultado; desceu à mansão dos mortos; ressuscitou ao terceiro dia; subiu aos céus, está à direita de Deus Pai todo-poderoso, donde há de vir a julgar os vivos e os mortos. Creio no Espírito Santo, na santa Igreja Católica, na comunhão dos santos, na remissão dos pecados, na ressurreição da carne, na vida eterna.

Amém.

Glória ao Pai

Glória ao Pai, ao Filho, e ao Espírito Santo.

Como era no princípio, agora e sempre.

Amém.

Salve Rainha

Salve Rainha, Mãe de misericórdia, vida, doçura e esperança nossa, salve! A vós bradamos os degredados filhos de Eva. A vós suspiramos, gemendo e chorando neste vale de lágrimas. Eia, pois, advogada nossa, esses vossos olhos misericordiosos a nós volvei, e depois deste desterro mostrai-nos Jesus, bendito fruto do vosso ventre, ó clemente, ó piedosa, ó doce sempre Virgem Maria.

V.-Rogai por nós, Santa Mãe de Deus.

R.-Para que sejamos dignos das promessas de Cristo.

Oração de São Francisco

Senhor, fazei-me instrumento de vossa paz!
Onde houver ódio, que eu leve o amor.
Onde houver discórdia, que eu leve a união.
Onde houver ofensa, que eu leve o perdão.
Onde houver dúvida, que eu leve a fé.
Onde houver desespero, que eu leve a esperança.
Onde houver tristeza, que eu leve a alegria.
Onde houver trevas, que eu leve a luz.
Mestre, fazei que eu procure mais consolar do que ser consolado;
Mais compreender que ser compreendido;
Mais amar, que ser amado.
Pois é dando que se recebe;
E perdoando que se é perdoado;
É morrendo que se vive para a vida eterna!

Os Dez Mandamentos da Lei de Deus

1º - Amar a Deus sobre todas as coisas.

2º - Não tomar o seu santo nome em vão.

3º - Guardar domingos e festas.

4º - Honrar pai e mãe.

5º - Não matar.

6º - Não pecar contra a castidade.

7º - Não furtar.

8º - Não levantar falso testemunho.

9º - Não desejar a mulher do próximo.

10º - Não cobiçar as coisas alheias.

Sacramentos

1º - Batismo.

2º - Confirmação ou Crisma.

3º - Eucaristia ou Comunhão.

4º - Penitência ou Confissão.

5º - Unção dos enfermos.

6º - Ordem.

7º - Matrimônio.

Pecados Capitais

Soberba ou orgulho.

Avareza.

Impureza ou luxúria.

Ira.

Gula.

Inveja.

Preguiça.

Obras de Misericórdia

Dar de comer aos que têm fome.

Dar de beber aos que têm sede.

Dar roupas aos que precisam.

Tratar dos doentes e cuidar dos presos.

Ajudar os apenados a conseguir liberdade.

Dar casa aos que não têm.

Enterrar os mortos.

Dar bons conselhos.

Ensinar aos ignorantes.

Consolar os aflitos.

Corrigir os que erram.

Perdoar as ofensas.

Suportar os defeitos alheios.

Rezar pelos vivos e falecidos.